時代の概

史資料と時代の展望

テーマ史

特集

歴史の舞台

☞対外関係・外交について学ぶ

☞貨幣制度について学ぶ

☞教育について学ぶ

● この本の使い方・凡例 ●

見出しの記号
1　ページタイトルの中の中項目
1A　中項目に関連する小項目

注記の記号
＊　補足や詳細な情報

その他の記号
考察の視点　そのページのテーマをつかむ問い
読み解く　写真や資料から読み取る問い
国　国宝指定の文化財
世　世界文化遺産に登録された文化財
史　別冊『必修日本史史料210選』に掲載されている史料
・相互関連などの記号は，考察や読み取りの際に働かせる「歴史的な見方・考え方」を示しています。
・解答例は別冊に掲載しています。
歴史ナビ　関連する博物館や書籍の紹介，豆知識を掲載
P.○○　関連するページ

出題マーク
セ出題 共出題　近年のセンター試験，大学入学共通テストで出題された事項，写真・地図など
出題　近年の国公立大学二次試験・私立大学入試で出題された写真・地図など

■監　　修　東北福祉大学教授　下山　忍
■編集委員　會田康範　島村圭一　永松靖典　三原慎吾
■執筆委員　淺岡宏二　久保田和彦　鈴木俊　髙橋貞喜
（五十音順）　髙橋朝彦　藤井伸泰　堀口博史　山野井功夫

本書の使い方

「日本史探究」は，「歴史総合」の学習で獲得した技能や歴史の学び方を活用し，日本の歴史の展開に関わる諸事象について，事象の意味や意義，伝統と文化の特色などを考察し，歴史的経緯を踏まえて，現代の日本の課題を探究する科目です。資料から情報を読み取ったりまとめたりする【技能】の学習や，興味・関心や疑問を基に学習事項に見通しをもって問いを表現するなどの【歴史の学び方】の学習を重視しています。本書はそれらにも対応できるように編集しました。

「時代の概観」ページの特徴

「日本史探究」は，A 原始・古代の日本と東アジア，B 中世の日本と世界，C 近世の日本と世界，D 近現代の地域・日本と世界という４つの大項目から構成されています。本書ではこの**４つの時代冒頭に「時代の概観」のページを設置**しました。

「時代の概観」では，時代を概観するリード文や日本と世界のつながりをつかむ地図とともに，**資料に基づいて「時代を通観する問い」を表現する学習**を進められるようにしてあります。

1. 時代を概観するリード文・略年表
2. 日本と世界のつながりをつかむ地図
3. 資料と問い「考えてみよう」
4. 「時代を通観する問い」をつくる
5. 仮説を立てる

「時代を通観する問い」を表現する学習の進め方

「時代の概観」ページには，掲載されている各時代の資料に即して**「考えてみよう」**という問いかけが設けられています。各時代にいくつかの問いかけがありますので，それぞれの問いかけの解答を考えてみてください。次にそれらの解答を考え合わせて，その**時代の特色を探究するための問い**をつくりましょう。

これは，一人ひとりが解き明かしたい問いであり，**時代の転換**を捉え，これからの学習の筋道や方向性を導くための問いとなります。こうした問いを「時代を通観する問い」とよんでいます。

さらに，こうして表現した「時代を通観する問い」に対して「それは○○だったからではないだろうか」という**仮説**を立てて，それぞれの時代を探究していきましょう。

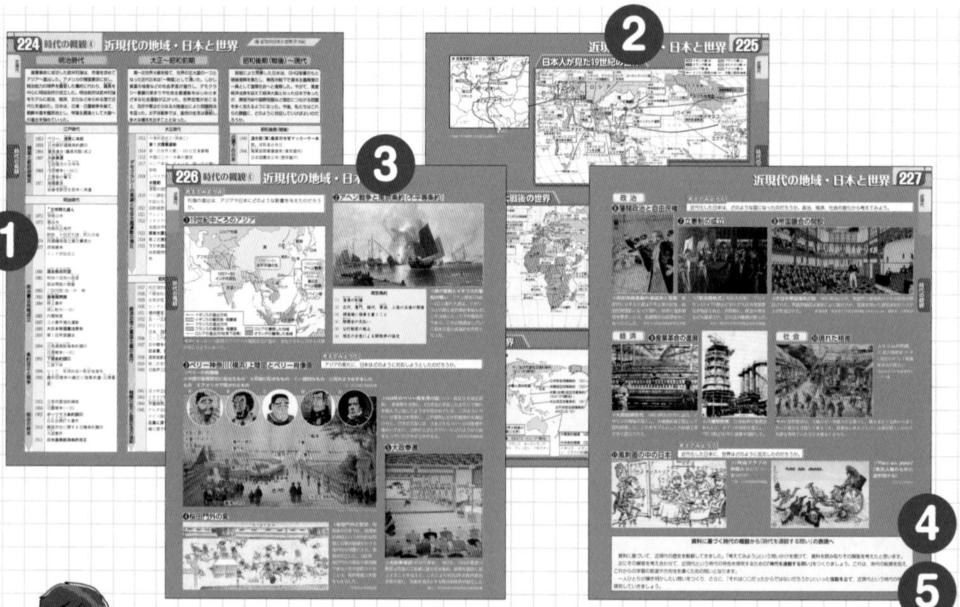

続く「**史資料と時代の展望**」では，さまざまな資料から情報を読み取って各時代の特色について考えることができます。

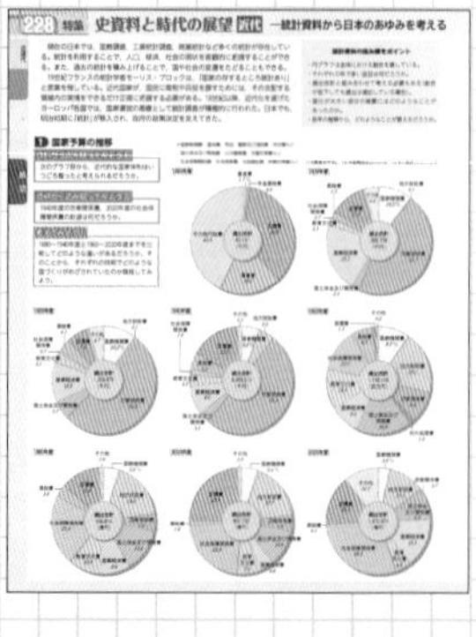

【資料から形成する「仮説」の例】

- ○○のような社会が実現したのは，○○の影響があったのではないだろうか。
- ○○のような社会は○○のような方法で実現したのではないだろうか。
- ○○という状況になったのは○○が関係していたからではないだろうか。
- ○○は○○が契機となり変化を生み出したのではないだろうか。

本文ページの特徴

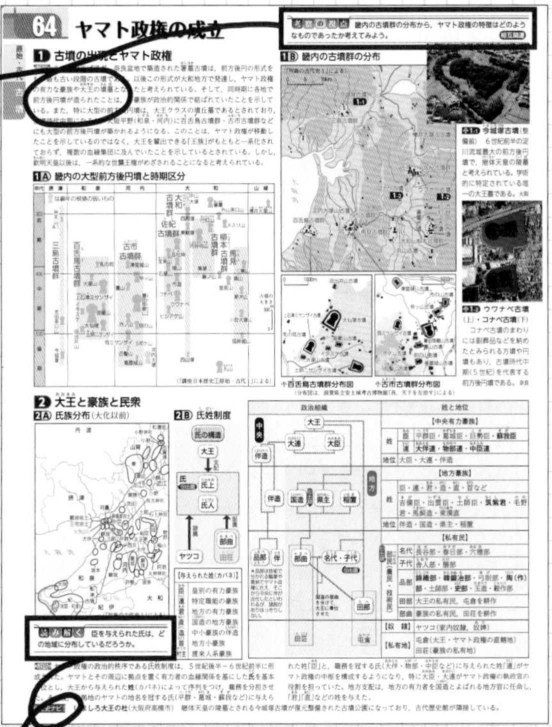

「考察の視点」の活用

約 260 箇所に「考察の視点」を設置しています。これは，歴史的な見方・考え方をナビゲートし，**単元のテーマ**をつかんでもらうことを意図しており，「日本史探究」の学習で重視される「**解釈**」，「**説明**」，「**論述**」との関連を意識するように心がけました。事象の意味や意義，関係性などを考察し，**諸事象の解釈や歴史の画期などを，根拠を示して表現する学習**に活用できます。

【歴史の解釈・説明・論述】

・歴史の解釈…諸資料を活用して歴史の展開における諸事象の意味や意義を理解すること。

・歴史の説明…複数の歴史的解釈について，根拠や論理を踏まえて説明すること。

・歴史の論述…学習を通して身に付けた知識や技能を踏まえ，主題を設定して探究し論述すること。

【歴史的な見方・考え方】

時系列	時系列に関わる視点	時期・年代・順序性・同時代性など
推　移	諸事象の推移に関わる視点	展開・変化・継続など
比　較	諸事象の比較に関わる視点	類似・差異・変化など
相互関連	事象相互のつながりに関わる視点	背景・原因・結果・影響・関係性・相互作用など
現　在	現在とのつながり	現在との共通点・自分たちとのつながり・将来への見通し

その事象がいつ起こったのか，なぜ起こったのか，その後どうなったのかなどを意識することが大切なんだね。

「読み解く」の活用

歴史を考えていく上で，年表，地図，文学作品や文書などの文献史料，絵画・写真等の図像資料，映画・録音などの映像・音響資料，日常の生活用品を含めた遺物，地名，伝承など多岐にわたる資料があります。

本書には，絵画・写真・地図・グラフなどに約 140 箇所の「読み解く」を設置し，**資料の着目ポイントを提示**しています。「日本史探究」の学習では，こうした資料を活用する技能を身に付けることが大変重視されていることから，この「読み解く」を活用していただくことを期待しております。

別冊の特徴

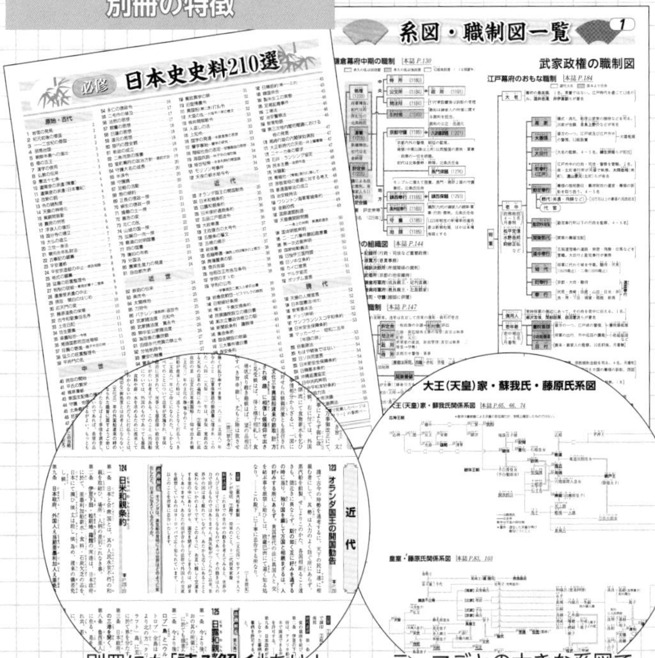

別冊にも「**読み解く**」あり！
「言葉」「現代語訳」付き

テーマごとの大きな系図で
流れがわかる

「必修日本史史料210選」／「系図・職制図一覧」

歴史科目の入試では，図版や史料を用いた読み取り問題など，**思考力を問う問題**が多く出題されます。教科書に掲載されていない初見の史料が出題されても，「必修日本史史料210選」で**史料の読み解き**に慣れておけば安心です。

「日本史探究」では，「興味関心や疑問を基に学習事項に見通しをもって問いを表現する学習」，「主題を設定し，現代的な諸課題の形成に関わる歴史についての考察や理解を深める学習」，「歴史的な状況を考察するための観点を活用した，現代的な諸課題の形成に関わる歴史の考察に関する学習」，「現代的な諸課題の理解や展望について考察・構想し，それを表現する学習」などが求められています。本書を活用し，これらの学習を進めていただくことを願ってやみません。

《テーマ史》対外交流史

古　代

57 倭《わ》の奴国《なこく》，後漢に遣使
107 倭国王帥升《すいしょう》ら，後漢に遣使
2c後 倭国大乱(『後漢書』東夷伝)

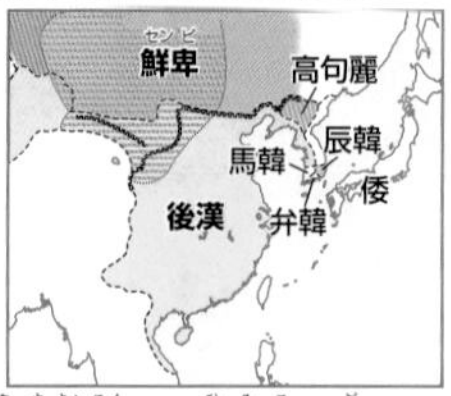

239 邪馬台国《やまたいこく》女王卑弥呼《ひみこ》，魏《ぎ》に遣使(「魏志」倭人伝)

266 倭女王(壱与《いよ》?)，西晋《せいしん》に遣使
372 百済《くだら》王，七支刀《しちしとう》を倭王に贈る
391 倭，百済《ひゃくさい》・新羅《しらぎ》《しんら》を破り，高句麗《こうくり》と交戦(高句麗広開土王《こうかいどおう》碑文)
404 倭，高句麗に敗れ後退
413~ 倭の五王遣使(『宋書』倭国伝)
478 倭王武《ぶ》，宋に上表文捧呈

512 大伴金村《おおとものかなむら》，加耶《かや》西部を百済に割譲《かつじょう》
527 磐井《いわい》の乱
538 仏教公伝(『上宮聖徳法王帝説《じょうぐうしょうとくほうおうていせつ》』)
562 新羅により加耶諸国滅亡
607 小野妹子《おののいもこ》ら遣隋《ずい》使として派遣
630 第1回遣唐《とう》使派遣
660 百済滅亡
663 白村江《はくそんこう》《はくすきのえ》の戦い→唐・新羅軍に敗北
668 高句麗滅亡
676 新羅，朝鮮半島統一
702 第8回遣唐使「日本国号」使用
727 渤海《ぼっかい》使，出羽《でわ》に来日
753 鑑真《がんじん》来朝
755 安史《あんし》の乱[~763]
804 最澄《さいちょう》・空海《くうかい》，遣唐使に随行し入唐
894 遣唐使派遣中止
907 唐滅亡
926 渤海滅亡
936 新羅滅亡。高麗《こうらい》，朝鮮半島統一

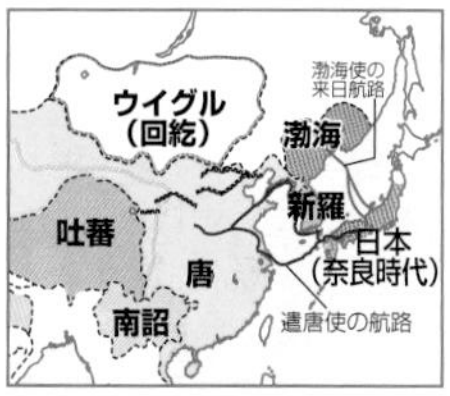

960 宋建国 P.104 5
1019 刀伊《とい》の入寇《にゅうこう》

奴国、後漢に朝貢

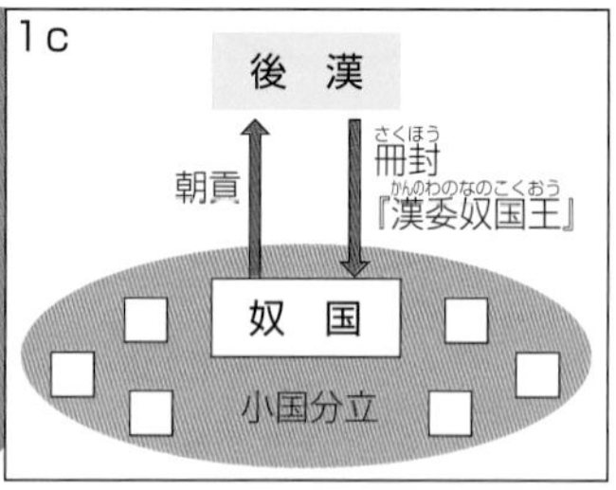

邪馬台国、魏に朝貢

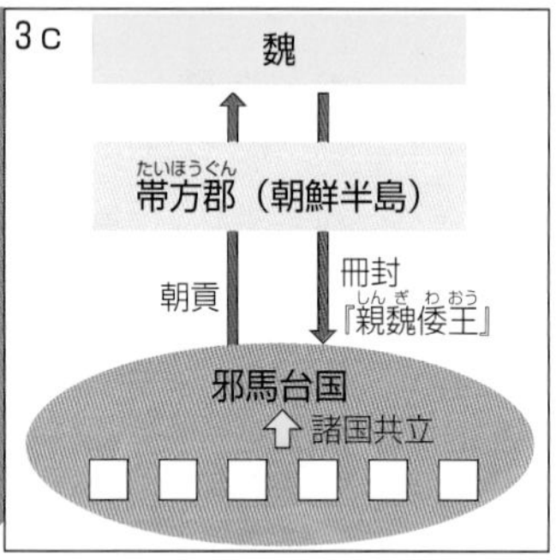

倭の五王、南朝の宋に朝貢

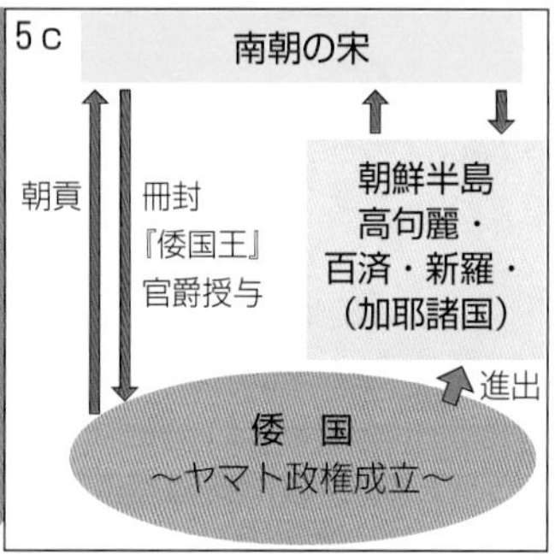

冊封受けず自立・大陸文化を摂取

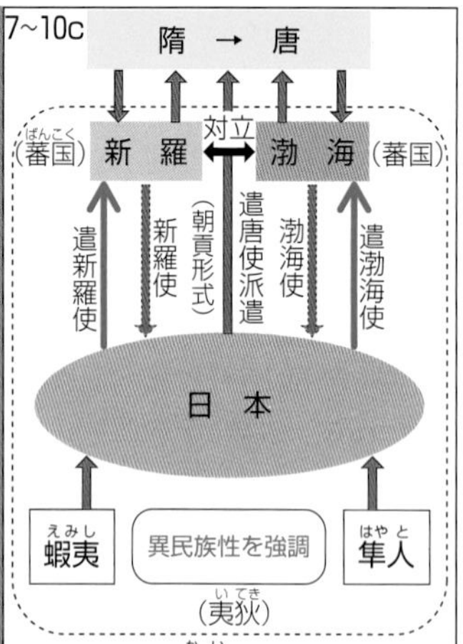

日本型華夷《かい》秩序（小帝国）

　日本は唐から冊封は受けなかったが，遣唐使派遣は実質的には唐に臣従する朝貢であった。しかし一方で，国内では，**日本が中華となる帝国構造**を築こうとし，新羅や渤海を蕃国，さらに蝦夷や隼人を夷狄として扱った。

　新羅は半島統一の前後は，唐との対立から日本に従う姿勢を示したが，唐との関係が改善されると対等外交を主張したため，従属国として扱おうとする日本と，しばしば緊張が生じた。

中世～近世

1180 大輪田泊《おおわだのとまり》修築

1258 フビライ，高麗を征服
1271 フビライ，国号を元とする
1273 元，三別抄《さんべつしょう》の抵抗を鎮圧
1274 元軍博多湾来襲(文永《ぶんえい》の役)
1279 元，南宋を滅ぼす
1281 元・高麗軍再来襲(弘安《こうあん》の役)
1294 フビライ没

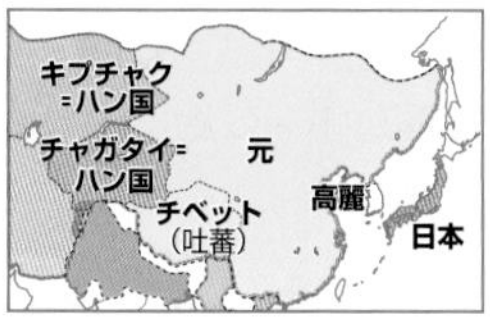

1325 鎌倉幕府，建長寺《けんちょうじ》船を元に派遣
1342 足利尊氏《あしかがたかうじ》，天龍寺《てんりゅうじ》船を元に派遣
1367 高麗，倭寇《わこう》禁圧を要請
1368 朱元璋《しゅげんしょう》(太祖洪武《こうぶ》帝)，明建国
1369 洪武帝，日本国王良懐(懐良《かねよし》《なが》親王)に倭寇禁圧を要求
1392 李成桂《りせいけい》，朝鮮建国
1401 足利義満《よしみつ》，祖阿《そあ》らを明に派遣

1404 勘合《かんごう》貿易開始
1411 足利義持《よしもち》，勘合貿易を中止
1419 応永《おうえい》の外寇《がいこう》
1432 足利義教《よしのり》，勘合貿易を再開
1510 三浦《さんぽ》の乱
1523 寧波《ニンポー》の乱
1543 種子島《たねがしま》に鉄砲伝来
1549 ザビエル来日，キリスト教伝来
1551 大内氏滅亡
1588 豊臣秀吉《とよとみひでよし》，海賊取締令発布
1592 文禄《ぶんろく》の役[~93]
1597 慶長《けいちょう》の役[~98]
1607 朝鮮通信使来日，日朝国交回復
1609 己酉約条《きゆうやくじょう》→朝鮮・宗《そう》氏間の貿易

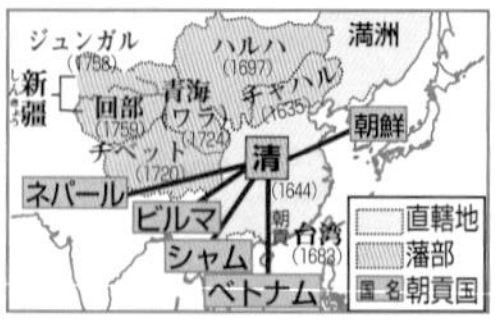

1624 スペイン船の来航禁止
1633 奉書《ほうしょ》船以外の海外渡航禁止
1635 日本人の海外渡航・帰国禁止
1637 島原の乱[~38]
1639 ポルトガル船の来航禁止
1641 オランダ商館を長崎出島に移転
1688 唐人屋敷建設→翌年完成
1715 海舶互市新例《かいはくごししんれい》(正徳《しょうとく》新令)

南宋・元との貿易

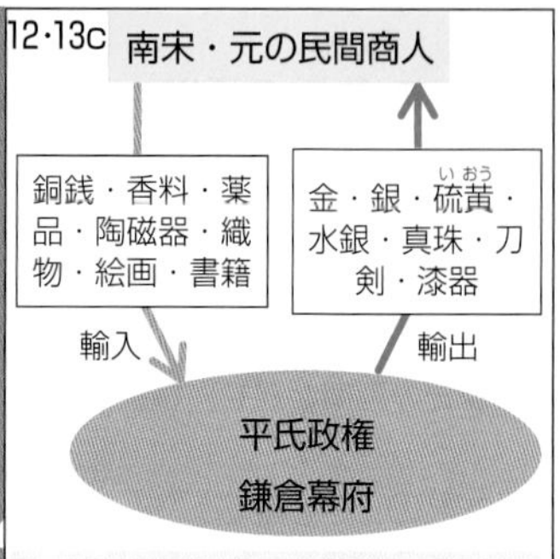

貿易船派遣

　宋との間には国交は結ばれず，私貿易が継続，南宋成立後は**平氏政権**が貿易を担った。元との関係では，2度にわたる**元寇**があったものの，幕府による**建長寺船**などの寺社造営料唐船をはじめ，民間交易は活発であった。また，往来する禅僧たちは**禅宗文化**隆盛の担い手となった。

倭寇活発化

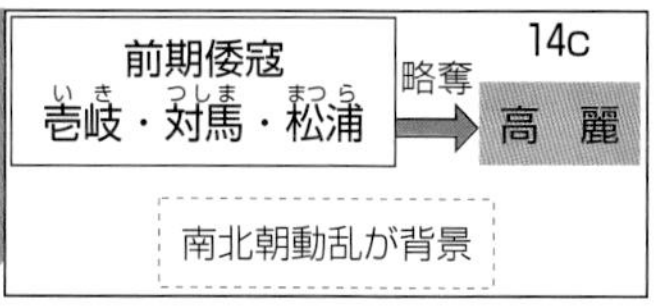

日明貿易（勘合貿易）

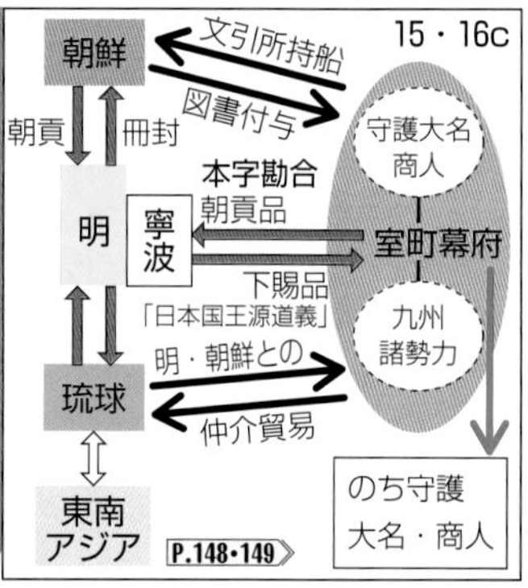

南蛮貿易

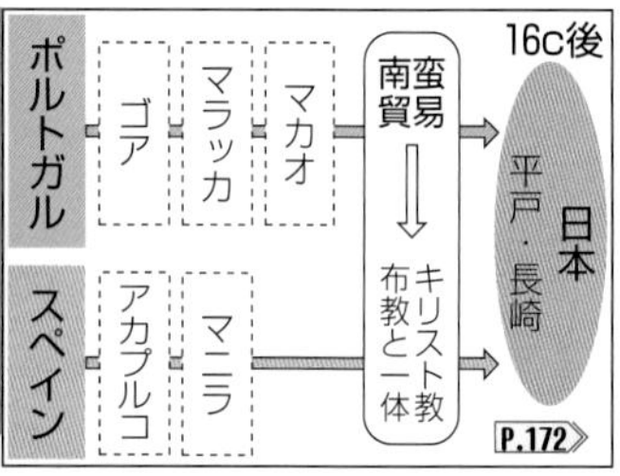

鎖国体制下の四つの窓口

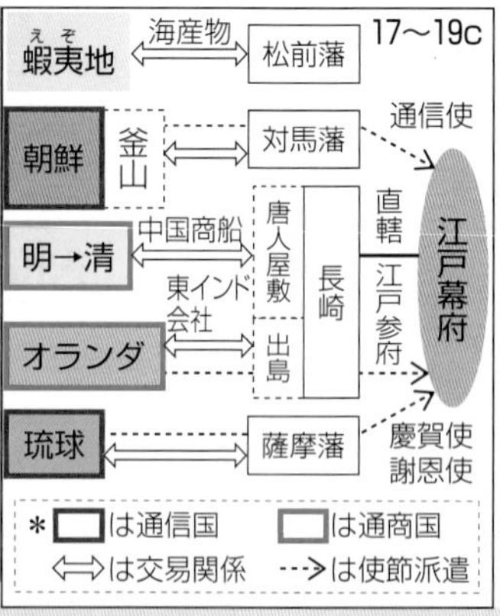

近現代

1792	ロシア使節ラクスマン，根室に来航
1825	異国船打払令
1840	アヘン戦争[～42]
1853	ペリー，浦賀に来航。国書提出
1854	ペリー，再来航。日米和親条約調印
1858	日米修好通商条約に無勅許調印
1863	薩英《さつえい》戦争
1871	日清修好条規調印
1875	樺太《からふと》・千島交換条約調印
1876	日朝修好条規調印
1879	琉球処分
1894	日英通商航海条約調印。日清戦争
1895	下関条約調印。三国干渉
1904	日露戦争
1905	ポーツマス条約調印
1910	韓国併合
1914	第一次世界大戦勃発→日本参戦
1915	袁世凱《えんせいがい》政権に二十一カ条要求
1917	ロシア革命。石井・ランシング協定
1918	シベリア出兵
1919	ヴェルサイユ条約調印
1920	国際連盟発足→日本は常任理事国
1921	ワシントン会議[～22]
1928	パリ不戦条約調印
1930	ロンドン海軍軍備制限条約調印
1931	満洲事変勃発
1933	日本，国際連盟脱退
1937	盧溝橋《ろこうきょう》事件→日中戦争勃発
1939	第二次世界大戦勃発
1940	日独伊三国同盟調印
1941	日ソ中立条約調印。独ソ戦争開始。真珠湾奇襲→太平洋戦争勃発

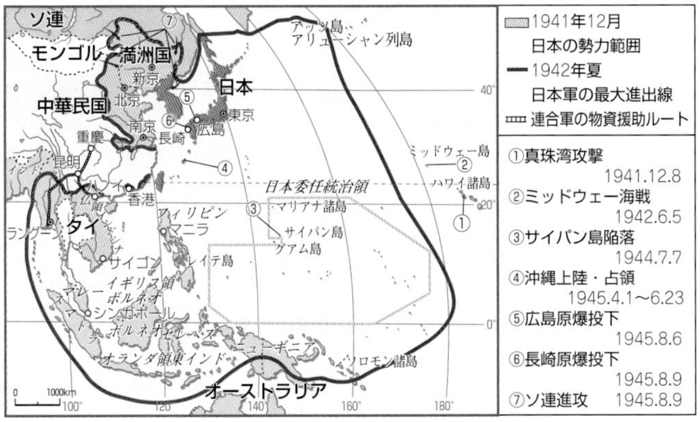

1945	日本，ポツダム宣言受諾。国際連合発足
1949	中華人民共和国成立
1950	朝鮮戦争
1951	サンフランシスコ平和条約・日米安全保障条約調印
1952	日華平和条約調印
1956	日ソ共同宣言(国交回復)。日本，国際連合に加盟
1960	日米新安保条約調印
1965	日韓基本条約調印
1968	小笠原諸島の日本復帰
1972	ニクソン訪中→米中共同声明。沖縄の施政権返還，沖縄県発足。
	日中共同声明調印(国交正常化)
1973	第４次中東戦争勃発→石油危機
1975	ベトナム戦争終結。第１回先進国首脳会議(サミット)
1978	日中平和友好条約調印
1989	ベルリンの壁崩壊。マルタ会談(米ソ首脳会談)→冷戦終結
1991	湾岸戦争。ソ連邦消滅

開国した日本

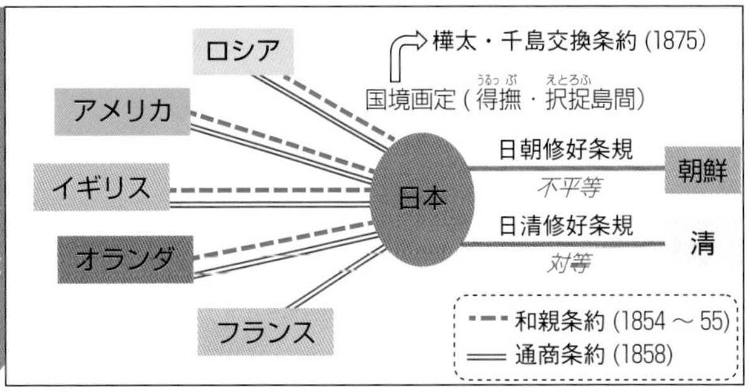

帝国主義化する日本

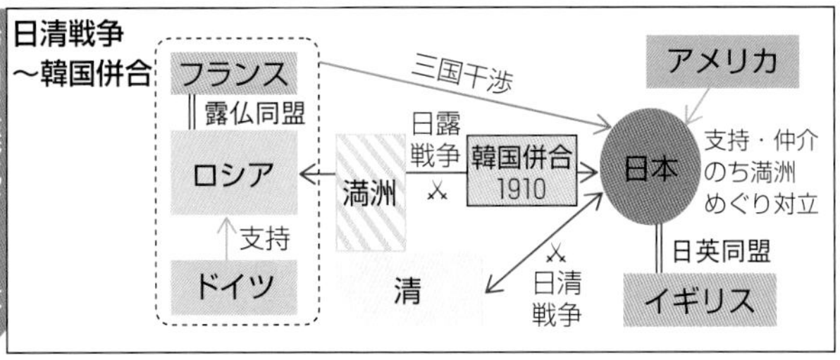

第一次世界大戦と日本

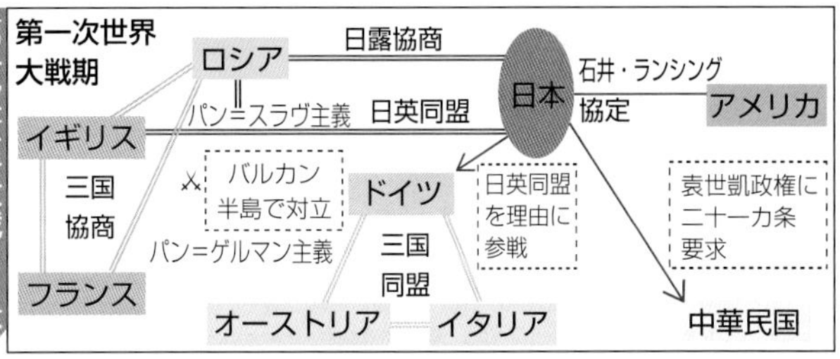

国際協調とその破綻

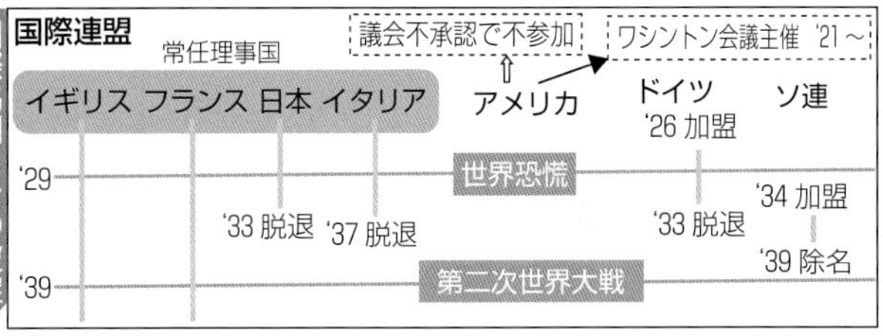

第二次世界大戦と日本

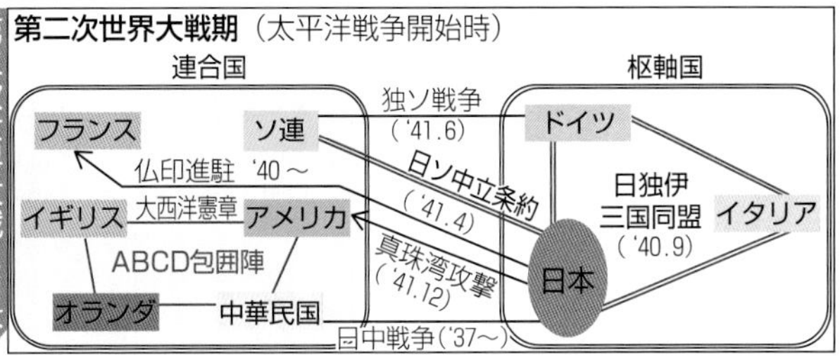

戦後冷戦構造

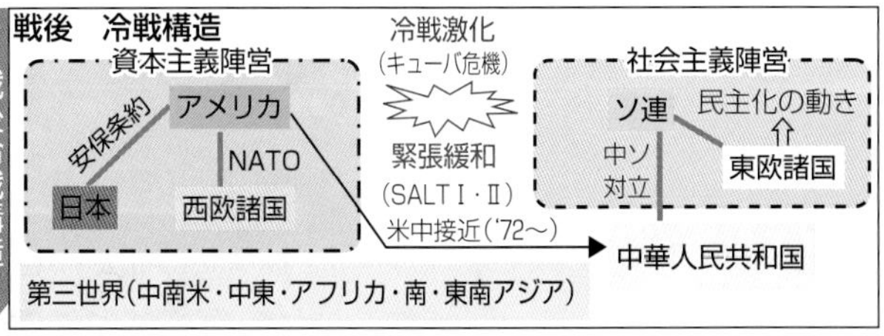

冷戦後の世界

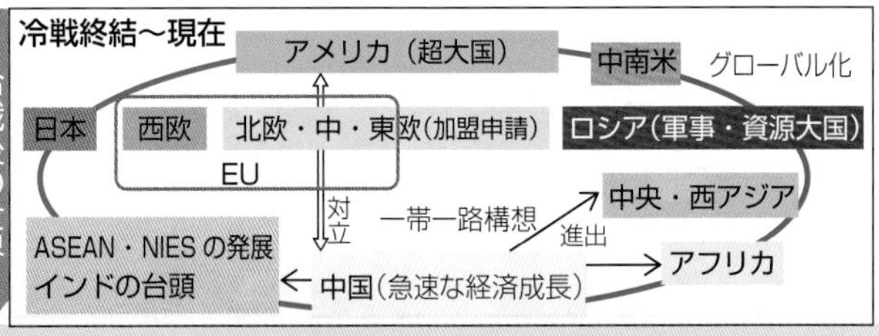

《テーマ史》土地制度史

時代	古墳	飛鳥			奈良	平安		
世紀	6C	7C			8C	9C	10C	11C
転換点		大化の改新	壬申《じんしん》の乱	大宝律令(701)	墾田永年私財法	藤原氏北家の台頭 →	延喜《えんぎ》・天暦《てんりゃく》の治《ち》 →	摂関政治
重要人物		孝徳《こうとく》天皇	天武《てんむ》・持統《じとう》天皇	文武《もんむ》天皇	聖武《しょうむ》天皇	桓武《かんむ》天皇・嵯峨《さが》天皇	醍醐《だいご》天皇・藤原時平／藤原道長・頼通《よりみち》／後三条天皇	

体制

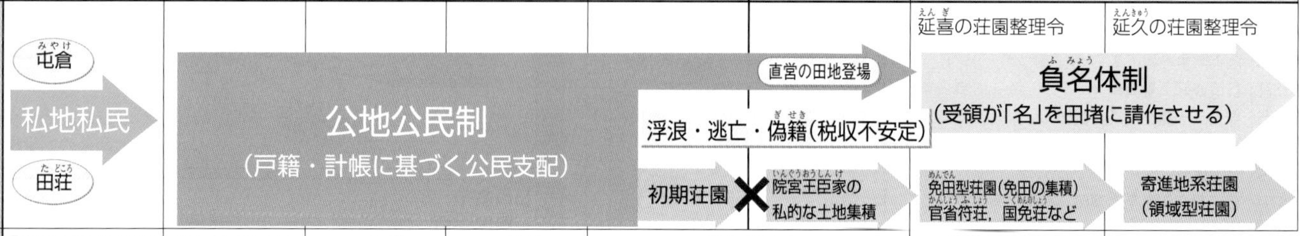

解説

「私地私民」の状態

この時期は，「国家の土地」という意識が乏しい。大王の私有地である**屯倉**，豪族の私有地である**田荘**が広がっており私地と私民がひろがる状況にあった。古墳時代後期には大王の権力が拡大し，地方に屯倉が設置されたことは，地方豪族に大きな脅威となった。

公地公民めざす

6世紀後半に隋が成立すると，周辺国は中央集権化を図った。推古《すいこ》天皇と厩戸《うまやと》王の政治を経て，孝徳天皇らの改新政府は「**改新の詔**」(史料①)で公地公民を宣言するも，中央集権が確立していないため，不徹底に終わる。

→ 完成

壬申の乱で没落する豪族が相次ぐ中，天皇の中央集権化が完成。これをもとに，天智天皇のときには認められていた豪族の土地・人民の私有は廃止された(史料②)。

→ 施行

律令による税制・土地制度が完成。「**班田収《はんでんしゅう》授《じゅ》法**」(史料③)にもとづき**戸籍・計帳**を作成し，それぞれに登録された公民(班田農民)から**租・調・庸**を徴収する「人に対する課税」の税制度が確立した。

行き詰まり

人口増加に加え，課役《かえき》を逃れる**浮浪・逃亡**や**偽籍**が横行(史料④)。中央財源(調・庸など)の確保が困難に。そのため，奈良時代には**墾田永年私財法**(史料⑤)による輸租田(**初期荘園**)が登場。これらは，律令制の枠内での経営(班田農民の**賃租**)だったため，律令制の衰退とともに，9世紀には消滅していく。

一方，中央の税収難は地方官庁(大宰府《だざいふ》など)の運営を困難にし，平安時代初期に直営方式の田地経営(**公営田《くえいでん》・官田**など)が図られた。このような動きの中で，院宮王臣家による土地の集積も行われ，戸籍と実態が合わなくなる事態に陥る(史料⑥⑦)と，公地公民の原則にもとづく「人に対する課税」は崩れた。

私的な土地の集積

院宮王臣家は，「富豪の輩」とよばれた有力農民と結びついて私的な土地(荘園)の集積を行った。天皇家(王家)の勅旨《ちょくし》田もまた，結果として国衙領の圧迫をもたらしたため，醍醐天皇の延喜の荘園整理令の背景となった。

公領支配の転換

醍醐天皇は**延喜の荘園整理令**(史料⑧)で新規荘園や勅旨田の廃止を試みたが効果は上がらず。これを機に律令に基づく税制度(班田収授法)は破綻，口分田を**名《みょう》**に再編し，有力化した農民(**田堵**)に請け負わせる負名体制に転換。国司(**受領**)は一定の税を中央へ納入することで地方支配を一任されたため，郡司や百姓らとの紛争も多発(史料⑨)。

免田型荘園の発達

田堵による私領の開発後，**太政官符《だいじょうかんぷ》**や**民部省符**，国司免判《こくしめんぱん》などによって不輸の権を得た荘園(免田型荘園：**官省符荘**，**国免荘**など(史料⑩))が登場。荘園が公領を圧迫し，公領支配の不安定化の要因となる。また，11世紀になると，荘園に対する国司の課税を逃れるために，寄進によって保護を求める者もあらわれる。

寄進地系荘園(領域型荘園)

国免荘は，国司が交代すると不輸の権が取り消される点で不安定である。11世紀以後，安定的な土地経営をめざして，摂関家などの権力者に荘園を寄進する動きが強まる。**寄進地系荘園**(史料⑪)である。また，これらの荘園は免田のみで構成された荘園と異なり，免田とその周辺に居住する荘民，村落，山野河海などの領域を伴っていった。結果的に領域型荘園となっていった。延久の荘園整理で残った荘園は，院政期には不輸の権，不入の権をもつのが一般的となった。公領から明確に区別され，国衙の力が及ばない荘園となったのである。こうして院や摂関家の経済的基盤として荘園収入が大部分を占めるようになった。

(天武天皇四年二月乙亥《きのとい》の朔《ついたち》)己丑《きのとうし》に，詔して曰く「甲子《きのえね》の年に諸氏に給へりし部曲は，今より以後，皆除《や》めよ。又親王・諸王及び諸臣，幷《あわせ》て諸寺等に賜へりし山沢・嶋浦・林野・陂池《いけ》は，前も後も並に除めよ。 (『日本書紀』)

(意訳)

672年2月に(天武天皇が)「664年(天智天皇の称制期)に豪族らに許可された私有民の保有は，今後一切廃止する。また，天皇の兄弟，皇子その他の皇族や豪族，それぞれの寺院に賜っていた土地は，今後すべて返却するように。」と命令された。

太政官符《だいじょうかんぷ》す　伊勢国司

応《まさ》に醍醐寺所領の曾禰庄《そねのしょう》を不輸租田と為し，幷びに庄司・寄人《よりうど》等の臨時雑役を免ずべき事壱志《いちし》郡に在り (『醍醐寺雑事記』)

(意訳)

太政官の命令　伊勢国の国司へ

醍醐寺の所領の曾禰荘(荘園)を不輸租田とし，また，この荘園に課せられている臨時雑役を免除しなさい。この荘園は，壱志郡にある。

史料							
史料でチェック！ 図：別冊「必修日本史史料210選」に収録	①『改新の詔』 図P.4	②『部曲《かきべ》の廃止』	③班田収授法 図P.5 「戸令」「田令」	④「浮浪人の増加」 図P.6 ⑤「墾田永年私財法」図P.7	⑥「意見封事十二箇条」図P.8 ⑦「阿波国戸籍」	⑧「延喜の荘園整理令」図P.8　⑨「尾張国郡司百姓等解」図P.11 ⑩「官省符荘」	⑪「荘園の発達(鹿子木荘)」図P.11

土地

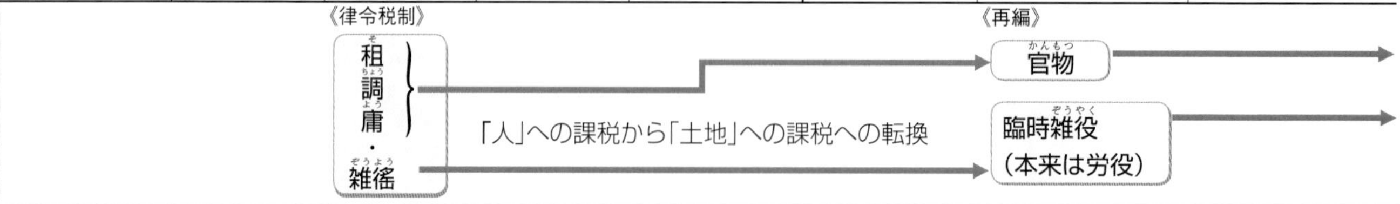

人民

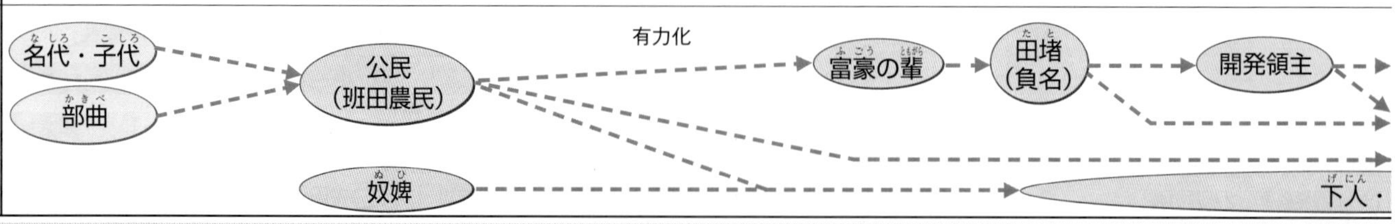

	鎌倉				建武新政	南北朝期 室町		戦国時代	安土桃山
12C	13C			14C			15C	16C	
→ 院政	承久《じょうきゅう》の乱→執権政治→モンゴル襲来→得宗専制			滅亡		南北朝の動乱→義満の政治→嘉吉《かきつ》の変→応仁の乱→戦国時代へ			天下統一
白河・鳥羽《とば》・後白河	源頼朝／北条時政《ときまさ》／義時《よしとき》／泰時	時頼《ときより》／時宗	貞時《さだとき》	後醍醐天皇		足利尊氏／義満／義持《よしもち》／義教《よしのり》／義政		上杉・武田・毛利・北条 など	豊臣秀吉

荘園と公領の同質化

後三条天皇の**延久の荘園整理令**(史料⑫)により，荘園と公領が明確に区別されることになる。**知行国制**により知行国主の荘園のように変質した公領(**郡・郷・保**)と荘園，同質の２種類の土地が並立する**荘園公領制**が成立。12世紀後半以降の平氏政権や鎌倉幕府も，多くの荘園と知行国を経済基盤とした。

　ちなみに，このちに成立する鎌倉幕府の頼朝の経済基盤は，**関東御《ご》領《りょう》**(頼朝の荘園)，**関東知行国**(頼朝が知行国主)であることから，鎌倉幕府も荘園公領制に依拠していたことがわかる。

公家と武家の二元的支配

「公家」と「武家」は，それぞれ支配領域において，荘園公領制のもと，対立しながらも相互に補完しあう形で権力が並立していた。ただ，「**太田文**」とよばれる一国の荘園・公領ごとの面積や地頭を調べた資料を，守護が在庁官人につくらせていたことから，国衙に対する武家の力が及んでいることを示している。

承久の乱後の変化

①後鳥羽上皇側(公家側)の敗北によって，公家と武家の二元的な支配が，武家優位の状況に変わることになる。これを背景に，地頭を公家の荘園に補任する動きが強まる(**新補《しんぽ》地頭**)(史料⑬)。

②地頭の現地支配が強まることになり，荘園領主との間に土地支配をめぐる紛争が急増した。

土地紛争の解決法

①**地頭請**

地頭の本来の役割は，荘園領主への年貢の納入である。しかし，承久の乱後はその怠慢が目に余った。領主はやむなく荘園の現地管理を地頭に一任，代わりに年貢納入を地頭に請け負わせた。地頭の横暴は目に余り，なかには百姓が領主に非法を訴える場合もあった(史料⑭)。

②**下地中分**

地頭請が現地管理権と引き換えに年貢納入を約束する契約であるのに対し，下地(土地)そのものを領主と地頭が折半，相互に支配権を認め合う(地頭の領主権獲得)**下地中分**も行われた。地頭の荘園侵略がさらに進展。

地下請

南北朝期には，鎌倉期の農業進展を背景に，荘園内に**惣村**が発生。動乱期を経て徐々に自立的な性格を強めた。荘園領主との交渉で,年貢納入を村が請け負う**地《じ》下《げ》請《うけ》**や,**自《じ》検断《けんだん》**による自治を営む惣村も増えていった。(15世紀頃)(史料⑮)

守護の強大化

半済令をもとにした守護の権限拡大。守護は，当初年貢の徴発権を限定的に認められたが，やがて土地の分割も認められた。

室町幕府と守護大名の支配

権限が拡大した守護(**守護大名**)は，**半済令**(史料⑯)と**守護請**(史料⑰)を背景に荘園の現地支配を進めた。また，それまで国司が管轄していた公領(国衙領)にも進出，在庁官人らを支配下に置くことで，支配を進めた。これにより，守護大名は任国を荘園，公領の区別なく一円的に支配することをめざした。この動きは当然荘園領主層の反発を招いたため，幕府に働きかけて「守護不入」権を獲得する領主も現れた。

　一方，鎌倉時代の地頭などの領主の系譜を引く**国人**は，守護大名の被官(家臣)となる者もいれば，国人同士が一揆を結んで守護大名に対抗する者たちもいた(**国人一揆**)。

戦国大名の支配

戦国大名は守護大名と異なり，荘園領主の地位さえも否定し，分国(戦国大名が実力で切り拓いた領国)内の一円支配をめざした(史料⑱)。それは守護大名の支配とは異なり，領主を戦国大名に一本化することをめざしたのである。事実上，荘園公領制は解体に向かった。

検地の実施

戦国大名は，分国一円支配をめざして**指出検地**(史料⑲)を行った。検地とは言い換えれば「不入の権」の否定であり，荘園制の否定である。また，年貢高は，銅銭に換算されて表示する「貫高《かんだか》制」が行われた。

荘園公領制の終焉

秀吉の**太閤検地**は，戦国大名よりさらに強力な直接検地(検地奉行を派遣)を行った(史料⑳)。これにより，荘園領主の地位は完全に否定され，その地位は大名に一本化された。また，耕作権も一人の作人(**検地帳**に登録された百姓)に限定された。さまざまな権利(「職」)が複合的に重なる荘園公領制は，ここに完全に否定された。

廿《(二十)》六日，当国中寺社・本所《ほんじょ》・諸寺・諸山・国衆《くにしゅう》・悉《ことごと》く以て一円に指出すべきの旨，悉く以て相触れられおはんぬ。沈思《ちんし》沈思。……前代未聞，是非なき次第。（『多聞院日記』）

(意訳)

当国(大和国)のすべての公家，寺院，国人の荘園にかかる，収穫高などの目録をすべて提出するようとの(信長からの)命令が出された。前代未聞であり，慎重に考える必要がある。

⑫「延久の荘園整理令」図P.12
⑬「新補地頭」図P.15
⑭「紀伊国阿弖河荘民の訴状」図P.16
⑮「惣の規約」図P.21
⑯「半済令」図P.20
⑰「守護請」図P.20
⑱「分国法」図P.23
⑲「指出検地」
⑳「太閤検地」図P.25

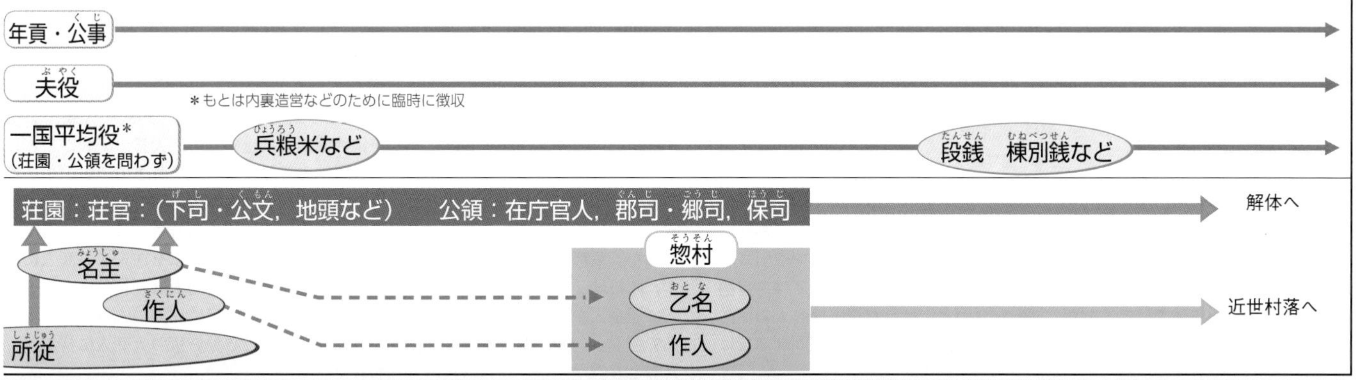

《テーマ史》交通・流通史

古代

交通

官道と駅家《うまや》の整備

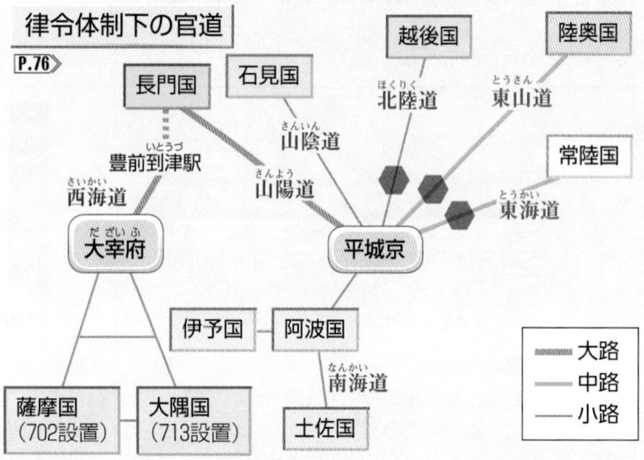

●は北陸道の愛発関《あらち》・東山道の不破関《ふわ》・東海道の鈴鹿関《すずか》の三関《さんげん》(のち愛発関に代わり逢坂関《おうさか》)。恵美押勝《えみのおしかつ》の乱，平城《へいぜい》太上天皇の変など国家の非常事態の際には東国から畿内への侵入，都から東国への逃亡防止のため，閉鎖された(固関《こげん》)。

①政府が監察のために派遣する使節は畿内と七道ごとに任命され，諸国の国府を順次通過しながら職務を遂行した。

②『続日本紀』宝亀2年(771)10月已卯日条

　武蔵《むさし》国は東山道に属しているが，同時に東海道にも接続していて，使者の往来も多い。東海道は，相模《さがみ》国夷参《いさま》駅から四駅で下総《しもうさ》国に達していて近く便利であり，武蔵国を東山道から東海道に所属を替えれば，公私共々，人も馬も負担が軽減される。

Q　七道は駅路の名称，かつ広域行政区画の名称である。当初東山道に属していた武蔵国は，なぜ東海道に変更され，その後，両駅路のルートはどう変わったのか。資料①・②から考えてみよう。

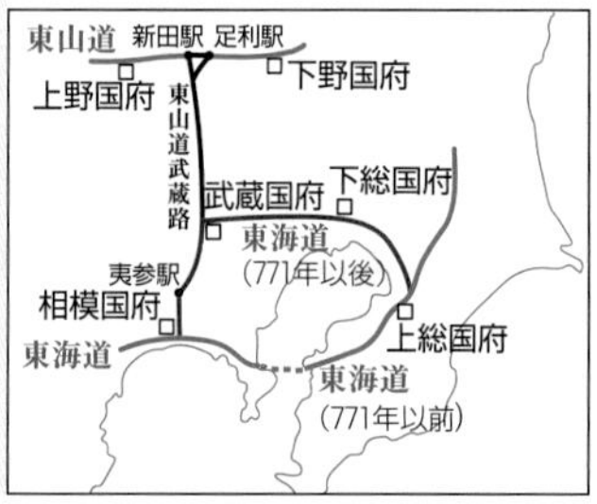

流通

貢納物の物流と遠隔地交易の萌芽

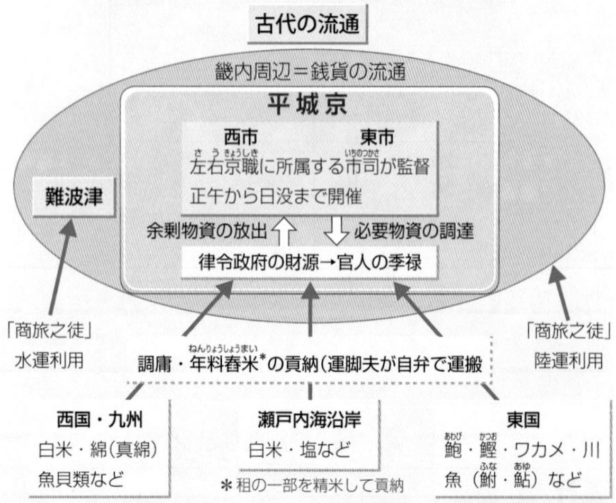

＊租の一部を精米して貢納

解説 律令体制下では，調や庸が政府に納入され，官人の季禄《きろく》や神社への幣帛《へいはく》など諸経費に充てられた。これらの一部は東市や西市で取引された。京以外にも軽市《かるのいち》や海柘榴市《つばいち》などがあった。社会全体としては，貢納物の物流が主体ではあったが，「商旅之徒」とよばれた遠隔地商人の活動や地方の市の存在も確認されている。また，畿内周辺では和同開珎《わどうかいちん》《ほう》をはじめとした貨幣が流通していた。

中世

海上交通の発達・港湾都市の繁栄

解説 11世紀には，海外交易の活発化と並行して，国内の海・湖沼・河川を利用した水上交通が発達した。とりわけ都と諸国の物流は海運への依存度を高め，各地に津・浦・浜・泊《とまり》などとよばれる港が発達した。一方，陸上交通も水上交通の発展と不可分な関係で発達。古代の駅家を継承しつつ，12世紀頃には新たな「宿」が生まれたが，宿は河原にたつことが多く，水上交通との関係の深さが窺われる。13世紀以降，宋銭の流入により，貨幣経済が広く社会に浸透すると，海陸の交通は飛躍的に発達した。それとともに，津や泊，宿では商業活動に従事する多様な人々が往来し，都市化の様相を呈し始め，下図のような港湾都市が繁栄した。しかし，水陸交通の要所では関銭《せきせん》・津料徴収目的の関所が乱立したことや統一権力不在で治安が悪化し，海賊・山賊が横行したことは，著しく交通および流通の障害要因となった。

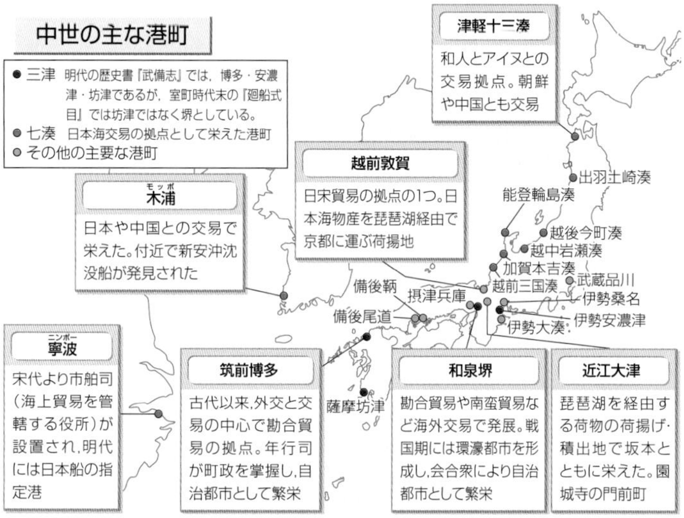

貨幣経済の発展と商品流通の拡大

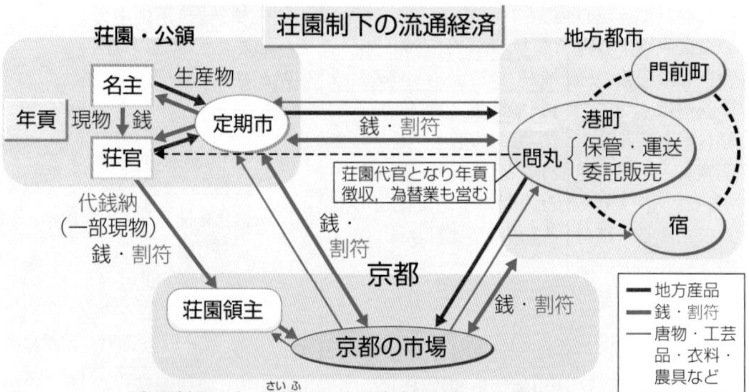

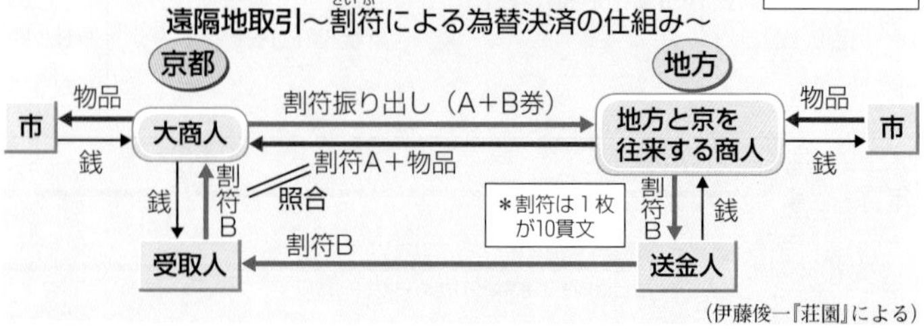

（伊藤俊一『荘園』による）

解説 13世紀後半に成立した元王朝が銅銭使用を禁止すると，大量の宋銭が日本に流入し，経済構造が大きく変化した。**代銭納《だいせんのう》**の普及により，それまで年貢として都に上った米や布などの生産物が，地方で換金され，膨大な「商品」としての流通が展開したのである。また，遠隔地取引には，割符《さいふ》とよばれる為替手形による決済が行われた。京都および周辺の大商人が割符を振り出し，地方と京を往来する商人に渡す。割符は２つに切れるようになっており，地方に下った商人は割符Ｂ券と引き替えに送金人から銭を受け取り，その銭で商品を仕入れ，荷に片方のＡ券をつけて京まで運ぶ。一方，銭の受取人は，送金人から送られたＢ券を京の大商人に持参し，Ａ券とＢ券が照合されれば銭が支払われた。

近 世

内陸輸送を支えた河川舟運《しゅううん》

川の湊「河岸《かし》」の発達

(『下総名所図会』より)

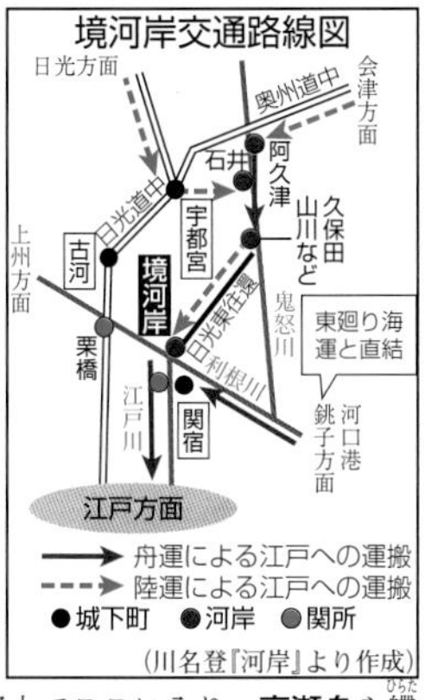

(川名登『河岸』より作成)

解説 港湾と内陸地方を結ぶ物資や旅客の輸送は河川舟運が担い，船着場である**河岸**が陸上交通と舟運との結節点として全国で発達した。上図は，奥州から鬼怒《きぬ》川・利《と》根《ね》川・江戸川を経て江戸に至る輸送ルートの要衝として繁栄した関宿藩領の境《さかい》河岸。奥州道中筋からの**年貢米**をはじめ，山形最上《もがみ》の**紅花《べにばな》**や**漆**，米沢の**蠟《ろう》**，会津の**漆器**などが，鬼怒川の諸河岸から陸路経由でここに入り，**高瀬舟**や艜《ひらた》舟《ぶね》で江戸川を下り江戸に運ばれた。一方，銚子《ちょうし》から利根川・江戸川を通るルートは**東廻り海運**と直結する最重要ルートだが，**干鰯《ほしか》**などの荷の一部はここで陸揚げされ北関東各地に送られたP.199。

“天下の台所”大坂の盛衰

幕藩制市場の変容

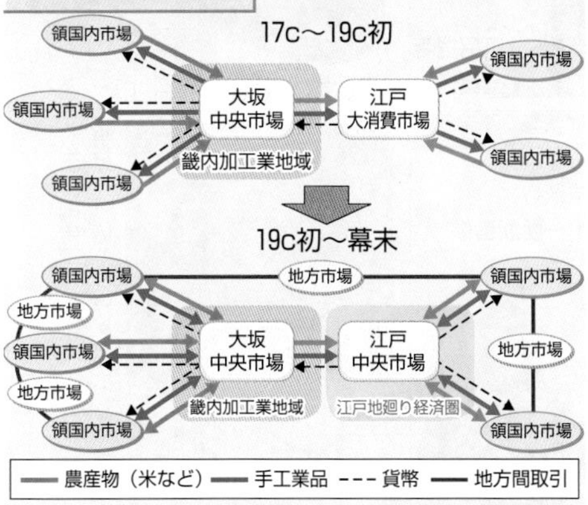

(佐々木克朗「江戸時代中後期における経済発展と株仲間の研究」より作成)

大坂への商品入津量

商品	1736(元文元)	1804～30(化政期)	1840(天保11)	増減率
蔵米	75	100	72	▲28%
炭	28	100	73	▲27%
木綿	15	100	38	▲62%
藍	53	100	105	5%
鉄	390	100	42	▲58%
銅	305	100	49	▲51%

(林玲子『近世の市場構造と流通』より作成)
＊数字は文化・文政期を100とした場合の指数

解説 19世紀初頭までの幕藩体制下の市場構造では，大坂に諸国の物産が集中した。しかし天保期には**在郷商人**らによる地方間取引の活発化，**買い積み船**の活動などにより大坂の入荷量は激減。一方，**江戸地廻り経済圏**が発達，諸藩の**専売制**による江戸直送も増え，大坂を経由しないルートでの取引が増加した。

近現代

鉄道時代の幕開け

鉄道の発達

↑高輪築堤遺構《たかなわちくてい》 港区立郷土歴史館蔵

↑写真名所一覧高輪蒸気車往返之図(四代歌川国政筆)

↓明治11年の地図

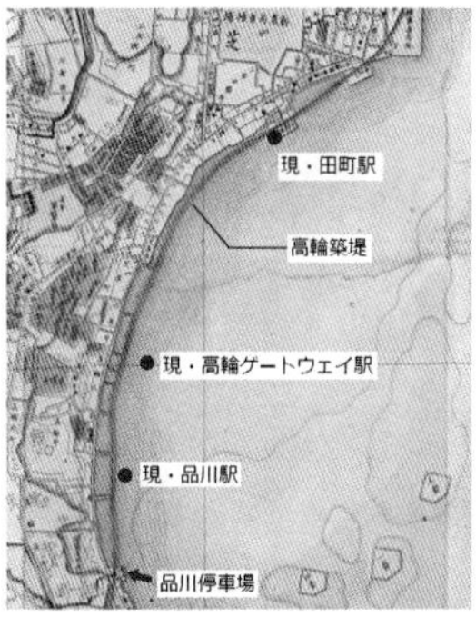

解説 1872年に**新橋・横浜間に開通**した鉄道では，上の錦絵のように陸蒸気が海上に築かれた堤の上を走っていたが，2020(令和２)年，高輪ゲートウェイ駅新設に伴う工事中にその遺構(高輪築堤)が発掘された。鉄道建設当初，海岸沿いの建設予定地に兵部《ひょうぶ》省の所有地があり，軍を統轄する**西郷隆盛**や兵部省高官が，軍備拡張を最優先すべきと主張して強硬に反対，用地の引き渡しを拒んでいたため，その場所を避け海上に堤をつくり線路を敷設したのである。

- 1871(明治4) 工部省に鉄道寮を設置
- 1872(明治5) 新橋・横浜間鉄道開業
- 1881(明治14) **日本鉄道会社**設立
- 85～90 第１次私鉄ブーム
- 1889(明治22) 東海道線全通(新橋・神戸間)
- 1891(明治24) 東北線全通(上野・青森間)
- 95～1900 第２次私鉄ブーム
- 1904(明治37) 甲武鉄道，飯田町・中野間に電車運転開始(以降，電化が進む)
- 1906(明治39) **鉄道国有法**公布

解説 **日本鉄道会社**の設立で横浜と東北・北関東地方が直結すると，輸送時間の短縮や輸送費の削減が実現し，利根川水運に代わり鉄道が利用された。日本鉄道会社の成功により私鉄が続々と開通し，企業勃興の中心になったが，軍事上の事情から，1906年の**鉄道国有法**により鉄道の90％が官営化されたP.278。その後，東京・大阪を中心に都市化が進行し，さらに郊外の人口増加に伴い，大都市と郊外を結ぶ私鉄が発展。通勤・通学という新しい交通の需要が生まれた。

都市化の進展と大衆消費社会の到来

明治・大正期物品販売業の動向

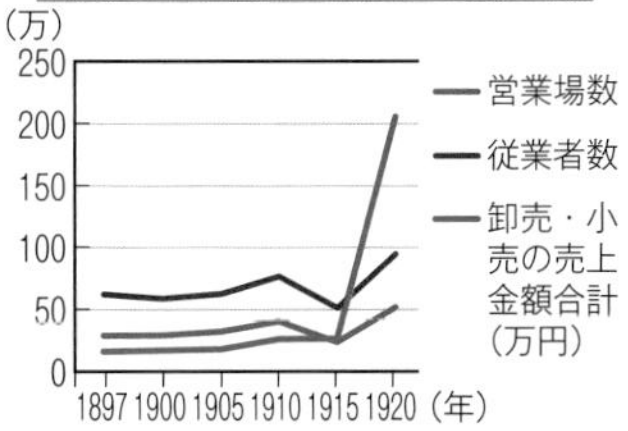

(石井寛治編『近代日本流通史』より作成)

解説 物品販売業では，営業場数・従業者数・売上額が1915年以降は急速に伸長した。いわゆる**大戦景気**による商業の隆盛がうかがえるが，その背景には，**日露戦争**後から進んだ人口集中を伴う都市化の進展とサラリーマンなどの**新中間層**の出現による個人消費支出の拡大があげられる。20年代には，労働者の実質賃金向上により，その傾向はより顕著になり，洋食・洋服の本格的普及，**文化住宅**や集合住宅の流行など西洋化の方向での消費慣習の変化とともに，大衆消費社会が到来したといえる。また，私鉄により都市と郊外が結ばれ，住宅の分譲や，**ターミナルデパート**および動物園，劇場などの娯楽施設を備えた総合的な沿線開発が進んだP.288。

新幹線の整備とモータリゼーション

旅客輸送の発展

年	旅客輸送(百万人キロ) 鉄道	旅客輸送(百万人キロ) 自動車	乗用車保有台数(千台)	高速道路延長(km)
1960	184,340	55,531	457	—
1965	255,384	120,756	2,181	181
1970	288,816	284,229	8,779	638
1975	323,800	360,868	17,236	1,519
1980	314,542	431,669	23,660	2,579
1985	330,083	489,260	27,845	3,555

年	主要な新幹線・高速道路の開通
1964	東海道新幹線全線開通
1965	名神高速道路全線開通
1969	東名高速道路全線開通
1975	山陽新幹線全線開通
1982	東北新幹線 大宮–盛岡開通 上越新幹線 大宮–新潟開通
1983	中国自動車道全線開通
1985	関越自動車道全線開通

(『数字でみる日本の100年』より作成)

解説 **高度経済成長**による国民所得の向上とともに，旅客輸送の規模は拡大。1964(昭和39)年の**東京オリンピック**に合わせて**東海道新幹線**が開通し，その後も山陽・東北・上越新幹線が開通した。一方，国民の中流意識の高まりを背景に，**石油危機**後も乗用車保有台数は伸び続け，70年代後半には自動車が交通手段の主力となった(**モータリゼーション**)。1965(昭和40)年の**名神高速道路**，69(昭和44)年の**東名高速道路**の開通など，高速道路網の整備が進んだ。

消費行動の変化

戦後消費者の消費行動

	1964年	1984年	2009年
一般小売店からの購入	73.0	53.1	28.8
スーパーからの購入	7.7	27.1	36.0
百貨店からの購入	9.0	9.8	6.7
その他	10.3	10.0	28.5
合計	100.0	100.0	100.0

(注１)全国の２人以上の普通世帯が，１カ月に商品購入に支出した額に占める構成比。単位は％。
(注２)一般小売店とは，スーパー，百貨店，生協，購買部，行商などを除く小売店を指す。
(「全国消費実態調査報告」より作成)

解説 戦後日本では，一般小売店保護のために**大規模小売店舗法(大店法)**により大型店出店を規制してきたが，**日米貿易摩擦**を背景に，1989(平成元)年からの**日米構造協議**を経て規制緩和が続き，郊外型の大型ショッピングセンターの出店が盛んになった。特に大店法が廃止となった2000(平成12)年以降，急拡大した。その一方で，市街地では，いわゆる「シャッター商店街」が全国的に広がり問題化した。また，量販専門店，コンビニ，ネット販売など購入先が多様化し，百貨店は苦境に立っている。

《テーマ史》美術史(古代～中世)

文化	時期	時代相 文化の特徴	建築	仏像彫刻	絵画・工芸
飛鳥文化(→P.67～72)	7世紀前半	王権中心の国家形成へ 渡来人の活躍 初の仏教文化 中国南北朝や朝鮮・西域の影響	 法隆寺金堂  法隆寺五重塔	北魏様式(端正)  飛鳥寺釈迦如来坐像(飛鳥大仏、鞍作鳥作) 南朝様式(柔和)  中宮寺半跏思惟像《はんかしゆい》	 中宮寺天寿国繡帳《しゅうちょう》  法隆寺玉虫厨子
白鳳文化(→P.87～89)	7世紀後半～8世紀初頭	律令国家の形成 唐・新羅と通交 初唐文化の影響 国家仏教の発展と仏教の地方展開	 薬師寺西塔  薬師寺東塔 …西塔は戦国時代の兵火で焼失。1981年に再建され双塔式伽藍《がらん》が復活	 薬師寺金堂薬師如来像  興福寺仏頭	 法隆寺金堂内陣小壁壁画飛天図…1949年の焼損を免れる  高松塚古墳壁画男子群像…高句麗の影響
天平文化(→P.90～95)	8世紀	律令国家の完成 唐・新羅・渤海と通交 盛唐文化の影響 国際色豊かな貴族文化 鎮護国家思想による仏教興隆	 唐招提寺金堂…和様建築の原点  東大寺法華堂…右手の礼堂は鎌倉時代  東大寺正倉院宝庫…校倉造	塑像(粘土で造形)  東大寺法華堂執金剛神像《しゅこんごう》 乾漆像(漆を塗って造形)  興福寺阿修羅像  唐招提寺鑑真像	 正倉院鳥毛立女屛風  薬師寺吉祥天像 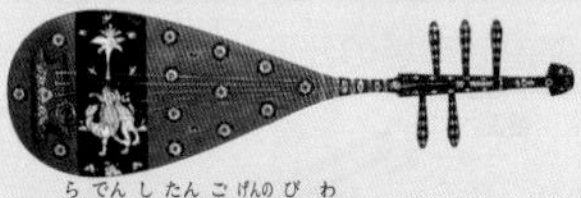 螺鈿《らでん》紫檀《したん》五弦《ごげんの》琵琶《びわ》…正倉院宝物
弘仁・貞観文化(→P.99～102)	9世紀	律令国家の再編 唐・新羅・渤海と通交 唐文化の摂取と消化 天台・真言両宗の開宗 密教と山岳信仰の発展 神秘的な密教美術	 室生寺金堂  室生寺五重塔…山岳地形に応じた伽藍配置	一木造の技法・翻波式の衣文  教王護国寺講堂不動明王坐像  法華寺十一面観音像  薬師寺僧形八幡神像…神仏習合の影響	 教王護国寺両界曼荼羅《まんだら》・胎蔵界…仏の世界を図示 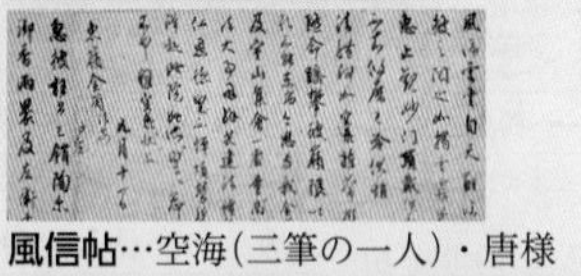 風信帖…空海(三筆の一人)・唐様
国風文化(→P.106～109)	10～11世紀	摂関政治 遣唐使の停止(唐・新羅商人の来航) 優雅な貴族文化 浄土教の流行	 平等院鳳凰堂  法界寺阿弥陀堂	寄木造の技法で仏像の需要増に対応  平等院鳳凰堂阿弥陀如来像(定朝作)  浄瑠璃寺九体《くたい》阿弥陀如来像…この時代，現存唯一の九体阿弥陀如来像・制作は1047年説と1107年説あり	 高野山聖衆《しょうじゅ》来迎図 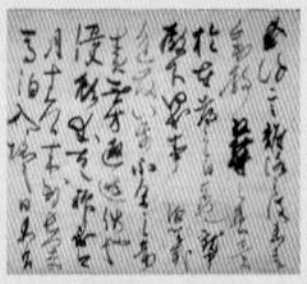 離洛帖…藤原佐理(三跡の一人)・和様

文化	時期	時代相 文化の特徴	建築・庭園	仏像彫刻	絵画・工芸
院政期の文化(→P.123～125)	11世紀後半～12世紀	院政 武士の台頭 平氏政権 日宋貿易 浄土教の地方波及と阿弥陀堂の建立	 富貴《ふき》寺大堂  厳島神社  毛越《もうつう》寺庭園 …浄土庭園	 中尊寺金色堂内陣  臼杵《うすき》磨崖仏	 源氏物語絵巻(柏木二・柏木を見舞う夕霧)…引目鉤鼻  鳥獣人物戯画(猿と兎の水遊び)  平家納経
鎌倉文化(→P.137～143)	13世紀～14世紀前半	公武の二元政治 伝統的公家文化と新興武家文化 南都の復興 新旧仏教の興隆 南宋・元文化の影響	大仏様(天竺様)  東大寺南大門 禅宗様(唐様)  功山寺仏殿 …山口県下関市 和様  蓮華王院本堂(三十三間堂)	 東大寺南大門金剛力士像(運慶・快慶ら慶派作)  興福寺北円堂無著像・世親像(運慶作)	 一遍上人絵伝(備前国福岡市)…異時同図法  蒙古襲来絵詞(元船に乗り込み敵を討つ竹崎季長)  蘭溪道隆像…頂相  後鳥羽上皇像(藤原信実筆)…似絵
南北朝文化(→P.155)	14世紀中頃	南北朝の動乱期 バサラの気風	禅宗様  永保寺開山堂 …岐阜県多治見市  天龍寺庭園 …池泉廻遊式庭園		水墨画  寒山図(可翁筆)
北山文化(→P.156)	14世紀末～15世紀前半	室町幕府の最盛期 日明貿易・日朝貿易 公武文化の融合 五山文化の発展 元・明文化の影響	 鹿苑寺金閣…寝殿造と禅宗様  興福寺東金堂・五重塔 …応永年間の再建  鹿苑寺庭園 …池泉廻遊式の浄土庭園		水墨画  瓢鮎《ひょうねん》図(如拙筆) …禅の公案が題材  寒山拾得《じっとく》図(伝周文筆)
東山文化(→P.157～158)	15世紀後半	応仁・文明の乱 町衆や惣村の発展 侘びと幽玄 文化の地方伝播と民衆文化の発展 日本の伝統文化の源流形成	 慈照寺銀閣 …禅宗様と書院造  東求堂同仁斎 …書院造  瑠璃光寺五重塔…山口市  大徳寺大仙院庭園 …枯山水		水墨画 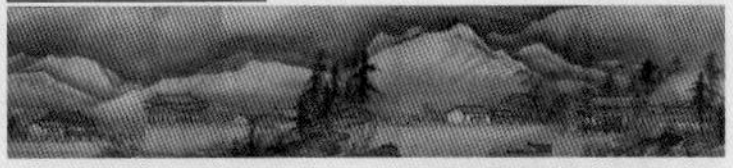 四季山水図巻(山水長巻)(雪舟筆) 狩野派  大徳寺大仙院花鳥図 (伝狩野元信筆)

《テーマ史》美術史(近世～近代)

文化	時期	時代相 文化の特徴	建築・庭園	絵画・工芸
桃山文化(→P.176～181)	16世紀後半	織豊政権による天下統一 南蛮貿易・朝鮮出兵 豪壮・華麗 城郭建築の発達 仏教色の後退 南蛮文化の影響	城郭  姫路城(白鷺城) 書院造  醍醐寺三宝院表書院・庭園 伝存遺構  西本願寺飛雲閣 茶室  妙喜庵待庵(千利休)…侘茶の草庵風茶室	障壁画(濃絵)  唐獅子図屏風(狩野永徳筆) 障壁画(水墨画)  松林図屏風(長谷川等伯筆) 風俗画  洛中洛外図屏風(上杉本)(狩野永徳筆)  花下遊楽図屏風(狩野長信筆)  泰西王侯騎馬図
寛永期の文化(→P.191～192)	17世紀前半	幕藩体制の確立 鎖国の完成 桃山文化の継承 宮廷や京都の町衆が担い手	 日光東照宮陽明門  桂離宮古書院・中書院…数寄屋造  修学院離宮庭園…比叡山を借景	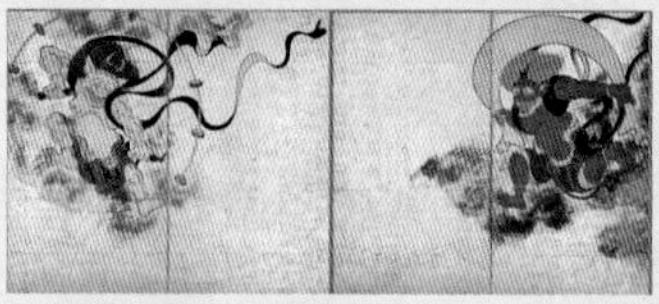 風神雷神図屏風(俵屋宗達筆) 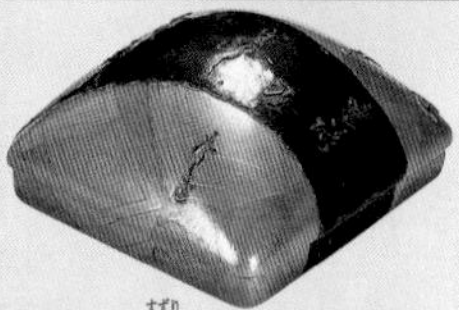 舟橋蒔絵硯《すずり》箱(本阿弥光悦作) 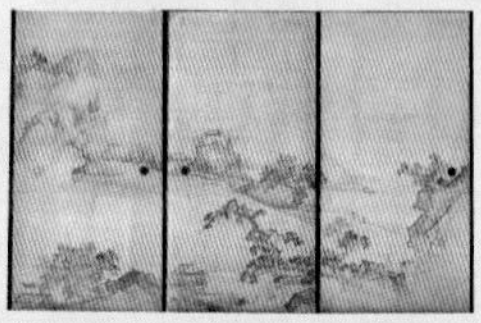 大徳寺方丈襖絵(狩野探幽筆)  夕顔棚納涼図屏風(久隅守景筆)
元禄文化(→P.204～208)	17世紀末～18世紀初頭	文治政治 流通経済の発展 上方(京都・大坂)中心の町人文化 現実主義・合理主義	 東大寺大仏殿 …2度の焼失を経て1709年再建  六義《りくぎ》園…柳沢吉保邸・廻遊式築山池泉庭園	住吉派  洛中洛外図巻(住吉具慶筆) 琳派  紅白梅図屏風(尾形光琳筆)  八橋蒔絵螺鈿《らでん》硯箱(尾形光琳作) 土佐派 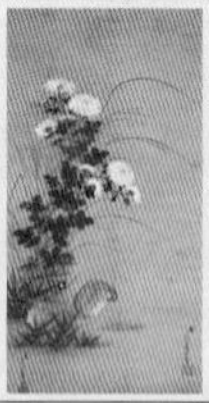 秋郊鳴鶉図(土佐光起・光成筆) 浮世絵  見返り美人図(菱川師宣筆)  如意輪観音菩薩坐像(円空作)  色絵月梅図茶壺(野々村仁清作)
宝暦・天明期の文化(→P.212～214)	18世紀後半	田沼時代 江戸の上層町人と武士層が担い手 出版・教育の普及 地方への文化波及 蘭学・国学の興隆	浮世絵  弾琴美人(鈴木春信筆)…錦絵を創始  當時《とうじ》三美人(喜多川歌麿筆)  市川蝦蔵《えびぞう》の竹村定之進(東洲斎写楽筆) 大首絵	写生画 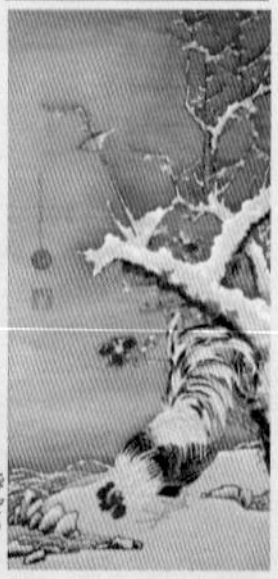 雪梅雄鶏図《せつばいゆうけい》(伊藤若冲筆)  雪松《ゆきまつ》図屏風(円山応挙筆)…遠近法 文人画(南画)  十便十宜図・釣《ちょう》便《べん》図(池大雅筆)と宜《ぎ》春《しゅん》図(与謝蕪村筆) 西洋画 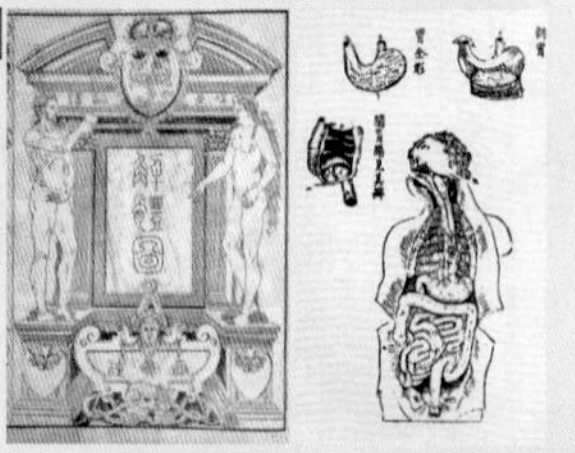 解体新書・表紙と解剖図(小田野直武筆)

文化	時期	時代相 / 文化の特徴
化政期の文化(→P.219〜221)	19世紀前半	時代相：大御所時代 文化の特徴：三都の繁栄による大衆文化／洒落や滑稽を好み，享楽的
明治の文化(→P.281〜286)	19世紀後半〜20世紀初頭	時代相：藩閥政府と自由民権運動／政府による近代化政策／産業革命 文化の特徴：西洋文化の摂取(お雇い外国人や留学生)／フェノロサと岡倉天心による伝統美術の再評価(→東京美術学校・日本美術院設立)
大正〜昭和初期の文化(→P.288〜292)	20世紀前半	時代相：デモクラシーと政党政治／都市化・工業化の進展／都市中間層の誕生／衣食住の洋風化 文化の特徴：大衆文化／メディアの発達

絵画

化政期の文化

浮世絵

富嶽三十六景(凱風快晴・赤富士)(葛飾北斎筆)

東海道五十三次・金谷宿(歌川〔安藤〕広重筆)

写生画

柳鷺群禽図屏風(呉春〔松村月溪〕筆)

西洋画

浅間山図屏風(亜欧堂田善筆)

文人画

鷹見泉石像(渡辺崋山筆)

明治の文化

日本画

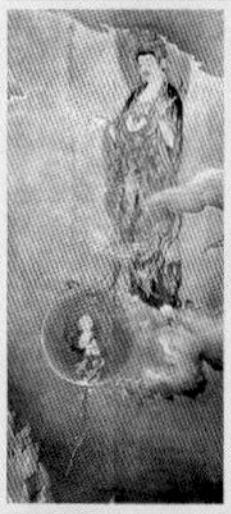

悲母観音(狩野芳崖筆)

無我(横山大観筆)

龍虎図(橋本雅邦筆)

大原御幸(下村観山筆)

落葉(菱田春草筆)

西洋画

鮭(高橋由一筆)…西洋画の先駆

読書(黒田清輝筆)…外光派・白馬会結成

収穫(浅井忠筆)…脂派・明治美術会結成

海の幸(青木繁筆)

彫刻

老猿(高村光雲作)

女(荻原守衛作)

建築

ニコライ堂(コンドル・英)

日本銀行本店(辰野金吾・コンドルに師事)

旧東宮御所(迎賓館赤坂離宮)(片山東熊・コンドルに師事)

大正〜昭和初期の文化

官設展覧会：文展(文部省美術展覧会)→帝展(帝国美術院展覧会)の開催

日本画　日本美術院の再興・院展の開催

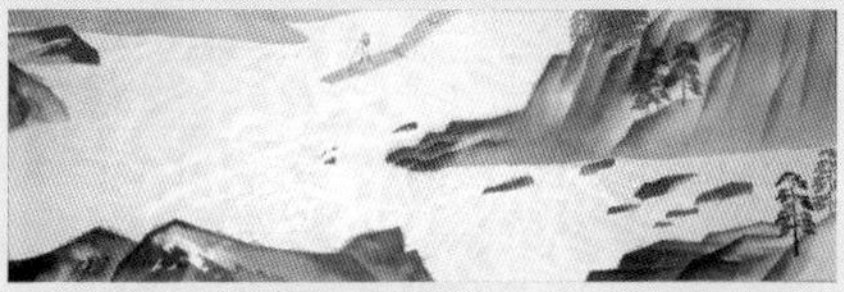

生々流転(横山大観筆)

白狐(下村観山筆)

黒船屋(竹久夢二筆)

西洋画　若手による二科会の設立

金蓉(安井曽太郎筆)

紫禁城(梅原龍三郎筆)

童女図(麗子立像)(岸田劉生筆)

彫刻

手(高村光太郎作)

建築

東京駅(辰野金吾)

《テーマ史》女性・男性・多様性・家族の歴史

	年表	女性・男性・多様性・家族
縄文	Q 「男性の仕事」「女性の仕事」は何だろうか。 P.45 》**縄文人の生活**	①小家族による同居 ②土偶は「女」P.45 》3
弥生・古墳・飛鳥	239 **Ⓐ卑弥呼**，魏に遣使 538? 仏教公伝 592 **Ⓑ推古天皇**即位 663 白村江の戦い P.74 》(斉明天皇) 690 **Ⓒ持統天皇**即位 701 大宝律令	双系制(父系・母系対等)集団，女性指導者の存在 ①女性首長(卑弥呼，壱与《いよ》) ②7～8世紀の天皇(大王)の半数が女性。8代6人の女帝 ③男女とも村の集団生活の中で分業。集団生活優先 ④育児は親族や隣人に支えられる ⑤夫婦は経済的依存なし
奈良	729 **Ⓓ光明子**立后 741 国分寺・国分尼寺建立詔 752 東大寺大仏開眼供養 770 称徳天皇(孝謙天皇重祚)崩御	父系制(父親の家系重視)社会の成立，女性の地位低下 ①律令国家成立を契機に父系制社会が成立 ②仏教経典の古代インド社会の女性蔑視観も影響 ③8世紀はまだ男女とも財産所有権をもつ ④朝廷が行う法会は男女同数の僧が鎮護国家を祈願→次第に尼僧は呼ばれず，大仏開眼供養は男僧のみ ⑤称徳天皇崩御後は江戸時代まで女帝は現れず
平安	858 清和天皇(初の子どもの天皇)即位 866 藤原良房，摂政就任 884 藤原基経，事実上の関白 1000頃 清少納言『枕草子』，**Ⓔ紫式部**『源氏物語』成立 1016 藤原道長，摂政就任。摂関政治の全盛期へ 1086 院政開始	①「女は死んでも成仏できない，女は子どもの頃は父に従い，結婚したら夫に従い，老いては子に従う」意識の広がり ②月経の血を穢れとする考え方も登場 ③清和天皇から母方祖父が政治を代行。外祖父が摂政関白 ④妻問い婚(男性が女性の元に通う)…対等，双方の気持ちで成立する事実婚。子は妻方で育つ。育児は母の役目 家父長制(男性権力・支配が優位)社会の進行 ⑤嫁入り婚(家父長制。女性は男性経済力に依存)…貴族は官職を父から子へ相伝。女性が夫の「家」に入る。夫婦同居が基本。夫は妻以外に妾をもつ (一夫一婦多妾制) ⑥**Ⓕ暲子《しょうし》内親王**(**八条院**。鳥羽上皇皇女)は例外的に，全国に多数の荘園を継承
鎌倉	1185 源頼朝，諸国に守護・地頭を設置 1221 承久の乱(北条政子 P.131》の演説) 1232 御成敗式目(女性御家人を認める)→戦国期には女性城主も(例：井伊直虎) 1333 鎌倉幕府滅亡	①厳しい実力社会，暴力が日常的におきる社会…**Ⓖ巴御前**(源義仲の妾)ら，女性も戦場に参加 ②女性は家内の管理。夫不在時は夫の権限を代行し，夫の死後は後家として家を管轄。妻は後家分として所領を譲られた(のち「一期分」として女子1代に限定)。子に財産分与し，嫡子を指導して家を存続させた ③父権・母権とも強く，子は逆らうことが難しい ④夫婦別姓が一般的 ⑤寿司屋(魚を漬け込んだ発酵食品)，酒造り，土器づくりは女性の職業。繊維，衣料関係も女性が多い。年貢(米40%，麻や絹30%)も比重の高い繊維製品づくりは女性の仕事。座を女性がもつ場合もあり，村の祭り＝神事に女性の座もあった 分割相続から嫡子単独相続へ(女性財産相続権の喪失) ⑥南北朝期は嫡子単独相続。女性の所領はほぼ無くなる
室町・戦国・安土桃山	1336 南北朝分裂 1338 室町幕府成立 1465 日野富子 P.151》，将軍足利義政の子出産 1467 応仁の乱(～77) 1560 桶狭間の戦い 1573 室町幕府滅亡 1582 本能寺の変	①中世の村は武装。山や水をめぐっての紛争が多い…一向一揆では，百姓の男女は共に合戦に参加 ②領主権力は男性を戸主として把握(実際の店は妻もちでも，夫が代表者とされる) ③女性の芸能者・行商人・巫女《みこ》(白拍子《しらびょうし》P.125》，大原女《おはらめ》P.164》，桂女《かつらめ》P.164》，出雲お国 P.180》)の存在。 民衆も含めた男尊女卑意識の浸透 ④15世紀末～16世紀に女性差別思想が民衆にも定着 ⑤籠城戦では，武家の妻や娘，女房は，夫や父，主人と共に参戦するのが常 ⑥戦国時代の政略結婚は，平和維持外交の重要手段(浅井長政に嫁した**Ⓗお市の方**ら)

人物の解説

Ⓐ卑弥呼《ひみこ》

「魏志」倭人伝等の中国史書に記された邪馬台《やまたい》国の女王。宗女の壱与《いよ》が後継者。

Ⓑ推古《すいこ》天皇

欽明《きんめい》天皇と蘇我堅塩媛《そがのきたしひめ》の娘。女性初の天皇。厩戸王《うまやとおう》(聖徳太子)を摂政に任命，蘇我馬子の協力を得て政治。遣隋使派遣，憲法十七条，冠位十二階制定，『天皇記』『国記』編纂開始。

→**推古天皇像**(土佐光芳筆) 聖徳太子御廟所 叡福寺蔵

Ⓒ持統《じとう》天皇

→**錦百人一首あつま織**(勝川春章筆) 国立国会図書館蔵

天智天皇の娘で，天武天皇の皇后。天武天皇の政治を支え，その死後に天皇となり政治を引き継いだ。飛鳥浄御原令《あすかきよみはらりょう》の施行，庚寅年籍《こういんねんじゃく》の作成，藤原京遷都。

Ⓓ光明子《こうみょうし》(光明皇后)

藤原不比等と県犬養三千代の娘。長屋王の変を経て聖武天皇皇后に。皇族以外初の皇后。仏教を篤く信仰。悲田院・施薬院を置き孤児や病人を救済した。娘が孝謙天皇になると，皇太后となり国政を実質掌握。藤原仲麻呂を政治補佐とした。

↑**光明皇后** 早稲田大学図書館蔵

Ⓔ紫式部

→**紫式部**(土佐光成筆) 石山寺蔵

下級貴族の藤原為時《ためとき》の娘。宮仕えの頃，父や兄が式部丞だったため藤式部，『源氏物語』の「紫の上」にちなんで「紫式部」という。藤原宣孝《のぶたか》と結婚し一女がいたが，夫と死別。それ以降書き始めた『源氏物語』が評判となり藤原道長に召され，一条天皇の中宮彰子《しょうし》に仕える間に完成(1008年頃)。

Ⓕ八条院

鳥羽《とば》天皇と美福門院《びふくもんいん》の娘。終生未婚で，母の勧めで出家。父母の莫大な資産(所領)と，全国二百数十カ所に及ぶ寄進地系荘園を所有。以仁《もちひと》王の養母。1161年，女院号宣下を受け八条院と称す(皇位を経ない初の女院＝三后に準ずる位)。異母兄の後白河法皇の院政を支え，平清盛も八条院を無視できなかった。

→**八条院像** 安楽寿院蔵

Ⓖ巴《ともえ》御前

信濃国の女性。源義仲《よしなか》と幼い頃から共に育ち，武術も学んだ。『平家物語』には，義仲の平氏討伐に参加する女武者として描かれる。義仲の墓がある義仲《ぎちゅう》寺(滋賀県大津市)には無名庵(義仲寺前身)がある。義仲が亡くなった場所に戻ってきた巴が，墓のそばにつくったとの伝説がある。

→**巴御前出陣図**(法橋関月筆) 東京国立博物館蔵

Ⓗお市の方

→**浅井長政《あざいながまさ》夫人像** 高野山持明院蔵

戦国大名・織田信長の妹(他説あり)。「於市」「市」とも。近江の戦国大名・浅井長政の後妻となる。子に茶々《ちゃちゃ》(豊臣秀吉側室)，初《はつ》(京極高次《たかつぐ》正室)，江《ごう》(徳川秀忠の後妻)の3姉妹がいる。1573年の小谷城の戦いで浅井氏は自害したが，市と3姉妹は生き延びた。1582年の本能寺の変で信長が死ぬと，市は柴田勝家と再婚。1583年，秀吉と対立した勝家は賤ヶ岳《しずがたけ》の戦いで敗れ，越前北ノ庄城に退却した。市は勝家と共に自決した。

	年表	女性・男性・多様性・家族
江戸	1603 家康，江戸幕府を開く 1629 ❶明正天皇(~43) 1710 貝原益軒『和俗童子訓』(後に『女大学』教訓書として広がる) 1762 ❿後桜町天皇(~70)	「家制度」(「家」に従属する女性)と性別役割の固定化 ①村や町は男性家長運営。女性の参加は著しく制限 ②武士の家は家長の権力強大。当主(男性)が幕府や藩に勤務奉公して知行俸禄を受け，妻子を養う。先祖以来の苗字(家名)と財産(家産)をもつ「家」を次世代につなげることが重要 ③男性は知的学問を学ぶ。女性は実用的内容，稽古事を学ぶ。女性労働は零細な賃仕事から芸能まで多様(裁縫，三味線，琴など) ④「修行の妨げ」の理由で女性の富士山登山禁止
明治	1868 明治維新 1874 民撰議院設立建白書，自由民権運動開始 台湾出兵 1875 江華島事件 1877 西南戦争 1882 壬午軍乱 1883 新聞紙条例改正 1884 甲申事変 1888 市制・町村制公布 1889 大日本帝国憲法発布，皇室典範制定。衆議院議員選挙法公布 1890 集会及政社法公布。教育勅語，第Ⅰ回帝国議会。女学校教師養成の女子高等師範学校創設 1891 中学校令改正 1893 女子教育に関する訓令 1894 日清戦争 1898 修正民法施行 1899 高等女学校令 1900 治安警察法 1902 日英同盟協約締結 1904 日露戦争	「家」制度と性別役割分業の近代法制化と女性解放運動 ①富国強兵による近代化の展開。自国の少数民族を抑圧し，他国を植民地化する「帝国」へ向かう ②天賦人権思想の広がり。自由民権運動も始まる。Ⓚ岸田俊子の登場 ③女性新聞発行人・編集人禁止。女性の政治活動許認可権は警察官次第 ④「皇位継承者は男系の男子」。天皇・皇后は一夫一婦制モデル。政治主権者と慈善実践者 ⑤女性の政治参加や選挙・被選挙権を否定 ⑥廃娼(公娼制廃止)運動や『青鞜』の「新しい女性」たちの運動 ⑦明治期前半，日本の女子教育は，わずかなキリスト教各団体が設立した女学校が支える ⑧教育勅語＝「修身」を重視。男性は男らしく家長に，女性は女らしく良妻賢母の教育 ⑨高等女学校を規定 ⑩裁縫と母親準備教育の必要性を規定 ⑪良妻賢母教育(修業年限4年。男子中学校は5年。女性には「高等」の名付け) ⑫女性向け専門学校＝女子英学塾(現津田塾大学。津田梅子 P.248・250)，女子美術学校(現女子美術大学)，女子医学校(現東京女子医科大学) ⑬富国強兵を支えた女性中心の繊維産業は，労働者の6割が女性。その8割は未婚女性(工女 P.277) ⑭1910年代後半，女性が労働条件改善等で行動 ⑮1920~30年代，M字型就労が顕著
大正	1914 第一次世界大戦参戦 1918 米騒動，大正デモクラシー 1920 新婦人協会結成 P.273 1922 治安警察法改正 1924 婦人参政権獲得期成同盟会結成	女性の自立や女性参政権獲得を求める運動の高揚 ①「職業婦人」の増加…大正後半，女性の組織的運動や組合活動が展開 ②新婦人協会…平塚らいてう，市川房枝，奥むめお ③母性保護論争(1918~19)…Ⓛ与謝野晶子，平塚らいてう，山川菊栄 P.273，山田わか ④女性の政治演説会参加可能に
昭和・平成・令和	1930 第1回全国日本婦選大会 1931 満洲事変 1937 日中戦争。国民精神総動員中央連盟結成 1941 太平洋戦争。「人口政策確立綱領」 1945 終戦。女性参政権を認めた衆議院議員選挙法改正 1946 日本国憲法公布(翌年施行)。Ⓜ加藤シヅエら初の女性代議士39名が誕生 P.317 1947 改正民法 1955 高度経済成長期(~73) 1975 国際婦人年，第1回世界女性会議 1979 女子差別撤廃条約 1985 男女雇用機会均等法公布(97改正) 1999 男女共同参画社会基本法制定 2023 LGBT理解増進法制定	女性の戦争体制への積極的協力 ①権利獲得運動で活躍した女性が戦争協力に率先して関わる ②「夫婦平均5人の子どもを産み育てる」として，男性25歳，女性21歳までの結婚奨励 男女平等の憲法の成立と生活に根づかせる運動 ③人権保障，国民主権，戦争放棄，男女平等，両性の合意による婚姻 ④女性参政権と初の女性衆議院議員誕生。男女共学。労働基準法に女性保護規定 ⑤高度経済成長(1955~70年代初)→重化学工業・軽工業従事者増加。「男は仕事，女は家庭」意識が強まる ⑥世界的な「ウーマン・リブ(liberation「解放」の略)」運動(1960~70年代) ⑦性と生殖に関する健康と権利(1994国際人口開発会議)＝産む権利，産まない権利 ⑧国連国際家族年宣言(1994)…家族政策に関する国家中立の原則＝多様な結婚・家族の形態を認める国際的潮流 ⑨男女平等や女性の地位向上のための法律が整備 「性の多様性」の時代へ ⑩1990年代~国際的なLGBTQ+の権利運動活発化

(参考文献：『学びあう　女と男の歴史』，『女たちの20世紀・100人　姉妹たちよ』)

人物の解説

❶明正天皇《めいしょう》

「市」の娘「江」と徳川秀忠の5女源和子《かずこ》(まさこ)が後水尾《ごみずのお》天皇の中宮となり，その子として生まれる。家光の姪。徳川将軍家を外戚とする唯一の天皇で，称徳天皇以来859年ぶりの女性天皇。後水尾天皇は，幕府による朝廷への制約の多さと紫衣《しえ》事件 P.185 への不満を機に譲位を決断したともされる。朝廷実権は後水尾上皇にあった。

(御歴代百廿一天皇御尊影)

Ⓙ後桜町《ごさくらまち》天皇

桜町天皇と二条舎子《いえこ》の娘。1762年に桃園天皇が22歳で崩御したとき，皇子の英仁《ひでひと》親王が5歳だったため新天皇に。皇位継承などの重大事は事前に江戸幕府に諮る(禁中並公家諸法度)ことになっていたが，非常事態を理由に幕府には事後報告の形で進められた。皇室史上最後の女帝。

(御歴代百廿一天皇御尊影)

Ⓚ岸田俊子《きしだとしこ》

中島信行《のぶゆき》(坂本龍馬の海援隊で活躍。神奈川県令，板垣退助の自由党副総理，第1回帝国議会初代衆議院議長等を歴任)の後妻。「同胞姉妹に告ぐ」等の論文・著作。1879年頃，宮中に出仕し皇后に漢学を進講。1882年，信行らの日本立憲政党の大阪演説会で「婦女の道」を演説。1883年集会条例違反で入獄。1884年星亨《ほしとおる》主宰の新聞『自由燈』に論説発表。1885年，信行と共にキリスト教受洗。1886年『女学雑誌』に中島湘煙《しょうえん》の筆名で論説発表。1887年保安条例により東京から横浜に移る。1888年フェリス和英女学校名誉教授就任。

国立国会図書館蔵

Ⓛ与謝野晶子《よさのあきこ》

幼少から朱子学・儒学を学び，『源氏物語』などの古典や尾崎紅葉らの小説に精通。22歳の時に与謝野鉄《てっ》幹《かん》の歌会に参加し，妻子ある鉄幹と相思相愛に。鉄幹は妻と別れ，晶子と再婚。晶子は1901年，鉄幹主宰の『明星《みょうじょう》』に「みだれ髪」を発表し有名に。1904年，日露戦争時に「君死にたまふこと勿れ」を発表。1911年，史上初の女性文芸誌『青鞜《せいとう》』創刊号に「山の動く日きたる」で始まる詩を寄稿。1918~19年，母性保護論争で，平塚らいてう等の母性中心主義や，山川菊栄《きくえ》の社会主義的立場の意見に反対し，「婦人は男子にも国家にも寄りかかるべきではない」と主張。1921年，西村伊作や鉄幹らと，自由な服装，文化や芸術で感性を育てる教育を行う文化学院創設。1923年，日本初の男女共学を実現した。

国立国会図書館蔵

Ⓜ加藤シヅエ

裕福な家庭で生まれ，女子学習院中等科に進学。1914年，石本恵吉男爵と結婚。恵吉はリベラルで社会運動に熱心だった。ロシア革命の影響を受けた恵吉の後を追って1919年に渡米。米国滞在中に産児調節運動(妊娠と堕胎《だたい》から女性を守る)のマーガレット・サンガーに出会う。母性保護の重要性と共に，当時流行した優生学の「不良な子孫の出生防止」も訴えた。1931年，日本産児調節連盟設立。1944年，恵吉と離婚し，労働運動家の加藤勘十《かんじゅう》と再婚。1946年，第22回衆議院議員総選挙に日本社会党 P.337 から立候補し当選。1948年優生保護法成立に関わる(2018年以降，この法律をめぐって全国訴訟提訴)。1950年参議院議員となり，売春防止法や公害防止法成立に尽力。1988年国連人口賞受賞。

国立国会図書館蔵

●主な災害と人の関係史

	年	主な災害と対応	
原始・古代	416	『日本書紀』に地震発生の記事あり①	災害の記録化と対応の始まり
	599	『日本書紀』に地震被害の記事あり②	
	684	白鳳《はくほう》南海地震(高松塚《たかまつづか》古墳に地割れの痕跡)	
	737	天然痘流行に対し聖武《しょうむ》天皇の鎮護国家思想で対処	
	864	富士山貞観《じょうがん》噴火	
	869	貞観三陸地震(三陸地震は以後も, 1896 明治三陸地震, 1933 昭和三陸地震, 2011 東日本大震災)	
	1052	末法《まっぽう》の世到来	
中世	1181	養和《ようわ》の飢饉《ききん》おこる	災害を伝承する建碑の動き
	1259	正嘉《しょうか》の飢饉, 翌年, 日蓮『立正安国論《りっしょうあんこくろん》』著す	
	1361	康安《こうあん》南海地震(『太平記《たいへいき》』に記事あり)③	
	1460	長禄《ちょうろく》・寛正《かんせい》の飢饉, 京都で82,000人が餓死	
	1498	明応《めいおう》地震	
近世	1585	天正《てんしょう》地震	江戸幕府による災害への対応
	1596	慶長伏見《けいちょうふしみ》地震	
	1641	寛永《かんえい》の飢饉おこる	
	1657	明暦《めいれき》の大火	
	1707	宝永《ほうえい》地震, 富士山大噴火④	
	1732	享保《きょうほう》の飢饉おこる	
	1782	天明《てんめい》の飢饉おこる	
	1783	浅間山大噴火⑤	
	1833	天保《てんぽう》の飢饉おこる	
近・現代	1855	安政《あんせい》江戸地震⑥	近代国家の防災と現代の課題
	1891	足尾《あしお》鉱毒事件発生	
		濃尾《のうび》地震	
	1896	明治三陸地震・津波, 河川法制定	
	1897	砂防法・森林法制定	
	1914	桜島噴火	
	1923	関東大震災	
	1933	昭和三陸地震	
	1947	災害救助法制定	
		カスリーン台風	
	1974	多摩川水害	
	1977	有珠《うす》山噴火	
	1986	伊豆大島噴火	
	1995	阪神・淡路大震災⑦	
	2004	新潟県中越地震	
	2011	東日本大震災⑧	
	2016	熊本地震⑨	
	2020	熊本県球磨《くま》川流域豪雨災害⑩	

1 災害の記録化と対応の始まり

①・②『日本書紀』に記された最初の地震と被害

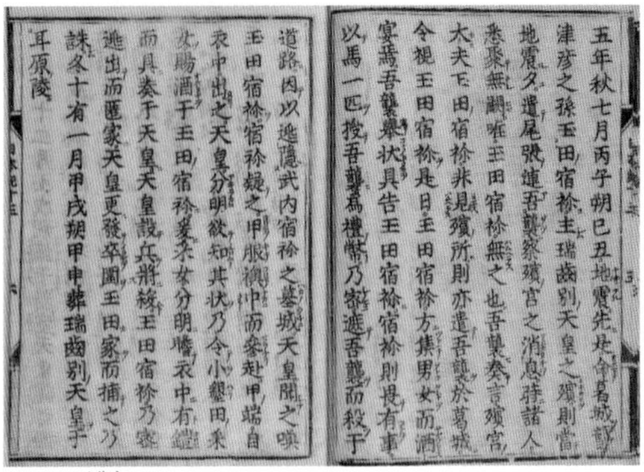
五年秋七月丙子朔巳丑地震先是令葛城襲津彦之孫玉田宿祢主瑞齒別天皇之殯則當地震夕遣尾張連吾襲察殯宮之消息時諸人悉聚無闕唯玉田宿祢無之也吾襲奏言殯宮大夫玉田宿祢非見殯所則亦遣吾襲於葛城令視玉田宿祢是日玉田宿祢方集男女而酒宴焉吾襲舉狀具告玉田宿祢則畏有事以馬一匹授吾襲爲禮幣乃密遮吾襲而殺于道路因以逃隱武内宿祢之墓域天皇聞之喚玉田宿祢宿祢疑之甲服襖中而參赴甲端自衣中出之天皇分明欲知其狀乃令小墾田采女賜酒于玉田宿祢爰采女分明瞻衣中有鎧而具奏于天皇天皇設兵將殺玉田宿祢乃密逃出而匿家天皇更發卒圍玉田家而捕之乃誅冬十有一月甲戌朔甲申葬瑞齒別天皇于耳原陵

1-1 允恭《いんぎょう》天皇の時代におこった地震の記録(416年)

東京国立博物館蔵

推古天皇七年夏四月乙未朔辛酉。地動。舎屋悉破。則令四方、俾祭地震神。

(現代語訳)

七年夏四月二十七日、地震がおきて建物がすべて倒壊した。そこで全国に命じて地震の神をお祭りさせた。

1-2 推古《すいこ》朝での地震とその被害の記録(599年)

2 災害を伝承する建碑の動き

③『太平記』に記された地震

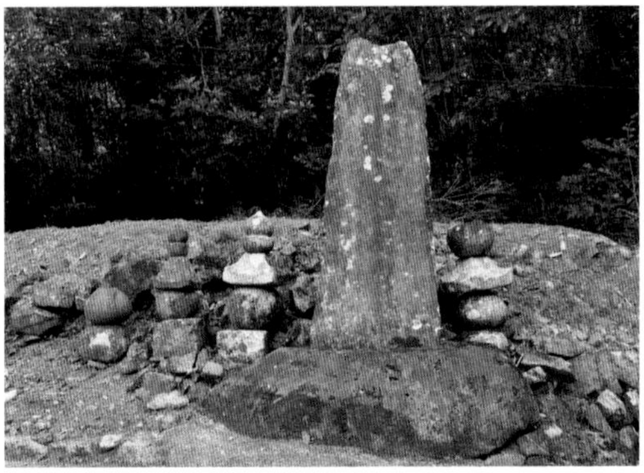

2-1 **東由岐康暦碑《ひがしゆきこうれきひ》** 『太平記』には, 1361年7月におこった地震についての記録が残されている。その際に発生した津波被害は甚大で, 阿波《あわ》の由岐湊《みなと》では1,700軒余りが犠牲になった。この碑(現存しているのは一部)はそのときの犠牲者を供養したものとされ, 徳島県海部《かいふ》郡美波《みなみ》町東由岐にある。現存最古の災害伝承碑で, 1380年に建立された。

徳島県所蔵

4 近代国家の防災と現代の課題

⑦阪神・淡路大震災のボランティア

4-1 **ボランティア元年とされる阪神・淡路大震災のボランティア**

写真提供：人と防災未来センター

解説 阪神・淡路大震災がおこった1995年は,「ボランティア元年」とされる。学生や社会人等, それまでボランティア経験がなかった人びとも含め多数が参加し, ボランティアがきめ細やかに行政の事業を補完する役割をになった。

⑧文化財レスキュー

4-2 **陸前高田《りくぜんたかた》市立博物館での文化財レスキューのようす**(2011年4月21日)

陸前高田市立博物館提供

解説 災害では, 人命とともに私たちが歴史を学ぶ際に重要な史資料でもある文化財も被害を受ける。こうした被災文化財を救出するために, 現在では, 文化財レスキュー活動も実施されており, 阪神・淡路大震災の際の活動が先駆的であった。2011年3月の東日本大震災では, 多くの文化財も被災し, 全国の関係機関などによりレスキュー活動が組織された。

3 江戸幕府による災害への対応

④宝永富士山大噴火

解説 この噴火では関東や江戸の市中にも火山灰が降り積もった。富士山麓から相模《さがみ》国西部を流れる酒匂《さかわ》川では土砂などが堆積し，氾濫《はんらん》の危機に瀕《ひん》した。

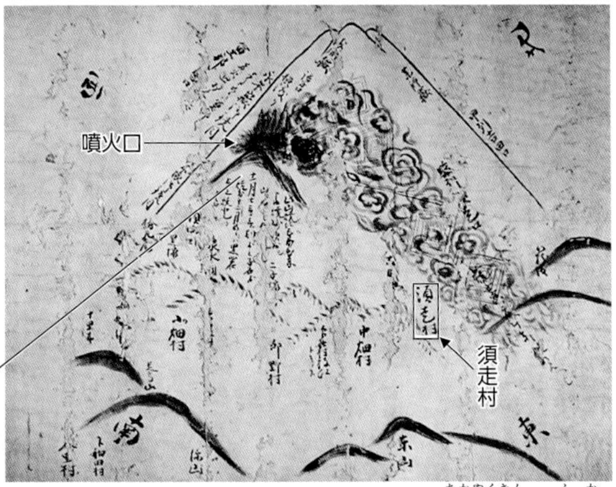

3-1 富士山宝《ほう》永《えい》噴火之《の》図 1707(宝永４)年の富士山大噴火では，山麓《さんろく》の須走《すばしり》村が火《か》山弾《ざんだん》により半数の家を焼失，残りも３m以上の焼砂で埋没《まいぼつ》した。

所蔵：滝口文夫　資料提供：静岡県立中央図書館歴史文化情報センター

3C 須走村焼失家屋への家作御救金《かさくおすくいきん》

	被災者	給付金額	坪数
1	茂左衛門	金10両	10坪
2	吉兵衛	金24両	24坪
3	善七	金10両	10坪
4	市郎右衛門	金11両12匁	11.2坪
5	善九郎	金15両２分	15.5坪
6	兵右衛門	金21両	21坪
7	七兵衛	金19両	19坪
8	名主甚大夫	金126両	126坪
9	十三郎	金93両	93坪
10	久右衛門	金59両	59坪

解説 家作御救金は，諸国高役金から支出された。

Q　この危機に，幕府がとった救済措置では，被災地の救援より酒匂川中下流域の平野部の復興が優先された。それは，なぜか。　(東京大2021改)

3-2 復興の最前線で指揮した関東郡代伊奈忠順像(静岡県駿東郡小山町須走)　窮民救済のため幕府の米蔵を開放したという伝承がある。

3A 幕府が講じた救済命令

武州・相州・駿州[*1]三ヶ国の内、去る冬砂積り候村々、今にその侭にて差し置き候由あい聞こえ候、当春耕作前砂取りのけ候様に、地頭より申し付けらるべく候、大分砂積り、村中、百姓の自力になりがたき程の村々、まずとりかかり、砂片付けの儀申し付けらるべく候、重ねて吟味の上御救いこれあるべく候、その内飢え申さざる様、念を入れらるべく候。委細荻原近江守[*2]相談せらるべく候

(『柳営日次記』)

*1 武州・相州・駿州：武蔵国・相模国・駿河国　*2 荻原近江守：荻原重秀のこと

3B 諸国高役金《たかやくきん》の賦課《ふか》

去冬武州・相州・駿州三か国の内、砂積り候村々御救いかたがたの儀に付き、今度、諸国役、御料・私領共に高百石に付き金二両ずつのつもり、在々より取立て上納あるべく候

(『御触書寛保集成』)

解説 幕府は1708(宝永５)年１月に3Aを出し，被災地の領主に春の耕作前までに降り積もった火山灰などの除去と領民の飢餓への対応を命じ，領主として復興と救済の自覚を促し，その上で幕府としての救済も講じ，3Bのように全国の幕領・大名領などに100石につき金２両の諸国高役金を課して救済策を講じた。しかし，この時の諸国高役金の多くは赤字であった幕府財政の補てんに流用され，被災地救済にあてられたのはわずかであった。

⑤浅間山大噴火

3-3 浅間山噴火夜分大焼之図

個人蔵

⑥安政江戸地震

3-4 安政江戸地震の鯰《なまず》絵(「しんよし原大なまづゆらひ」)　東京大学総合図書館蔵

解説 大鯰が動き地震がおこるという俗説は，浮世絵師の想像力をかき立て，多くの鯰絵が製作された。鯰絵を含む災害瓦版《かわらばん》が市中に多く出回ったが，幕府は人心の動揺を抑えるため版元から版木を没収した。

⑨熊本地震

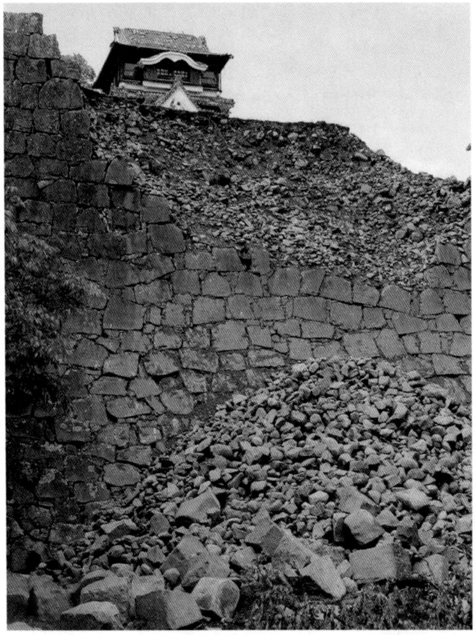

4-3 被災した熊本城　もっとも大きな被害は石垣の崩壊であった。

⑩ハザードマップを活かして防災意識を高めよう

4-4 熊本県球磨《くま》川流域の豪雨災害で被災した人吉《ひとよし》城歴史館の浸水被害(2020年７月，人吉市)

4-5 熊本県人吉市のハザードマップ

出典：ハザードマップポータルサイト

解説 雨量が急激に増大し，河川の氾濫による浸水や土砂災害が生じる危険がある。ハザードマップは，浸水や土砂災害のほか，高潮《たかしお》や津波も含めさまざまな災害を予測する貴重な情報として日頃から確認しておきたい。国土地理院では，ハザードマップポータルサイトを開設しており，身のまわりの災害リスクを調べることができる。

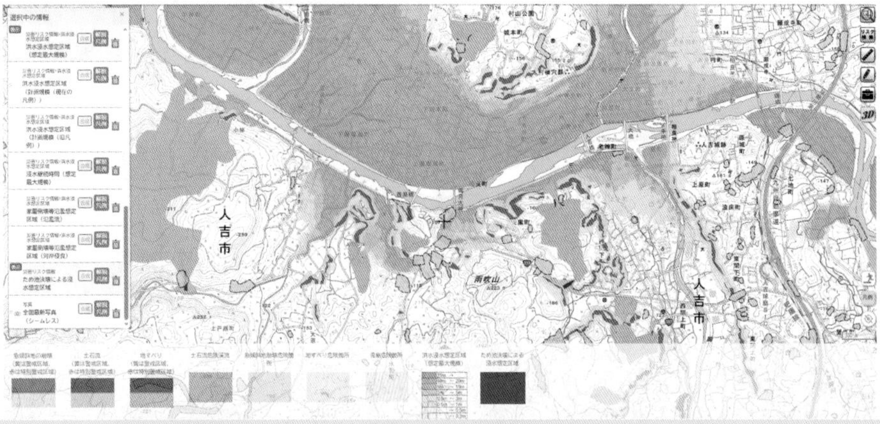

歴史的な見方・考え方を身につけよう！

共通テスト対策

大学入学共通テストでは，どのようなことが問われるのだろうか？そんな不安を解消するために，ここでトレーニングをしてみよう！

大学入学共通テストでは，**思考力・判断力・表現力**等が一層重視される。単に歴史用語の知識を問うのではなく，**「歴史的な見方・考え方」**を踏まえて，**多面的・多角的に考察する**ことが求められるのである。資料やデータ等を活用して考察するなど，学習の過程を意識した場面設定が重視されることになる。

ここでは，**古代**，**中世**，**近世**，**近現代**の各項目で，資料をもとにした課題解決の例題を設定した。**事象同士の因果関係を明らかにする**，**類似や差異などを比較する**，**推移や変化に着目する**といった**「歴史的な見方・考え方」**を踏まえ，課題⇒資料⇒考察の手順⇒考察の結果というように思考の流れに沿って構成した。また，その後の**「問題にチャレンジしよう！」**は，実際のテスト問題を想定した問題形式となっている。

これらの例題を通して**思考力・判断力・表現力**を鍛え，さらに各単元に設置されている考察の視点・読み解くを活用することで，**「歴史的な見方・考え方」**を身につけよう！そして共通テストに対する自信をつけよう！

活用しよう！

考察の視点
ページ上部タイトル横に設置。そのページのテーマをつかむ問いや複数の資料を組み合わせて考える問い。

読み解く
グラフや絵画，地図など個別の資料そばに設置。資料を見るときに着目すべきポイントを提示。

時系列　**推移**　**比較**　**相互関連**　**現在**
考察や読み取りの際に働かせる「歴史的な見方・考え方」を示しています。

新学習指導要領「日本史探究」で求められる力をアイコンで表示

我が国の歴史の展開に関わる事象の意味や意義，伝統と文化の特色などを，**時期や年代**，**推移**，**比較**，**相互の関連**や**現在とのつながり**などに着目して，概念などを活用して多面的・多角的に考察したり，歴史に見られる課題を把握し解決を視野に入れて構想したりする力や，考察，構想したことを効果的に説明したり，それらを基に議論したりする力を養う。
（文部科学省「高等学校学習指導要領（平成30年告示）」）

古代　律令国家の都

課題

なぜ律令国家は平城京のような壮大な都をつくったのだろうか。次の**図1**，**図2**及び**史料1**，**史料2**によって考えられることをまとめてみよう。**相互関連**

資料

図1

←東西4.3km，南北4.8kmの都。中央の朱雀《すざく》大路は幅が約88mあった。

図2　P.81〉〔歴史の舞台〕

↑大極殿《だいごくでん》は平城宮最大の宮殿。高さ約27m。下の写真はこの中の高御座《たかみくら》で，天皇の玉座《ぎょくざ》である。

←高御座

史料1

和銅元年二月十五日　次のような詔《みことのり》を下した。
朕《ちん》は天帝の命を承って天下に君主として臨んでいる。徳が薄いにもかかわらず，天皇という尊い位にいる。（中略）王公大臣がみな言う。昔から近頃に至るまで，太陽や星を観測して宮室の基礎を固め，世を占い地相を見て，帝皇の都を立てている。天子の証である鼎《かなえ》を安定させる基は，永く固く無窮《むきゅう》で，天子の業もここに定まるであろうと。（中略）都というものは百官の府であり，四海の人の集まるところであって，ただ自分一人が遊ぶ楽しむところだけでよかろうか。
（続日本紀）

史料2

文武《もんむ》天皇三年七月十九日
種子島《たねがしま》，屋久島《やくしま》，奄美《あまみ》大島，徳之島《とくのしま》などの人々が朝廷から遣わされた役人に従ってやってきて，土地の産物を献上した。（中略）徳之島の人が中国（日本のこと）に渡来するのはこの時から始まった。
（続日本紀）

考察の手順

図1からは，**朱雀大路が幅88mもあったことや，東西4.3km，南北4.8kmの壮大な都であった**ことを確認する。
なぜこのような壮大な都をつくったのだろうか。
→朱雀大路は道路だけでなく，国家的な儀礼の場としても使われた。礎石《そせき》の上に朱塗りの柱が立ち，緑色の瓦《かわら》を載せた建物は，古代国家の威信を示すものだったと思われる。
図2では，大極殿や高御座から，**天皇の権威の荘厳**を読みとる。
民衆の住まいは依然として竪穴住居が一般的であった時代に，大極殿はどのように見えただろうか。
→天皇は現人神《あらひとがみ》として民衆に崇敬されることを通じて，隔絶した権威として民衆に臨《のぞ》んだであろう。
史料1からは，**「天子の証である鼎を安定させる基は，永く固く無窮で，天子の業もここに定まる」「都というものは百官の府」「四海の人の集まるところ」**などのキーワードを読み取る。
平城京に律令政府が期待したものは何だろうか。　→中央集権的な国家の象徴としての機能だったことがわかる。
史料2では，**律令政府が自らを「中国」と呼んでいる**ことに注目したい。
→唐に対抗して，「帝国」であろうとする強い意志が読み取れる。南西諸島の人々に対して，異民族としてこれを支配する「帝国」としての王権の絶対性を誇示《こじ》する姿勢を見ることができる。

参考文献：『続日本紀（上）全現代語訳』

大学入学共通テストにおいて問われる「思考力・判断力・表現力」

大学入試センターは，平成30年度試行調査（プレテスト）実施にあたり「『大学入学共通テスト』における問題作成の方向性等と本年11月に実施する試行調査（プレテスト）の趣旨について」を発表しています。この巻頭特集では，発表資料で**「大学入学共通テストにおいて問いたい『思考力・判断力・表現力』」**として整理されている学力を分析し，見方・考え方として示しています。

また，例題において史料読み取りの際の注目ポイントを**黄色マーカー**で示しています。

見方・考え方

- 資料から読み取った情報と**歴史的事象との関わり**を類推する
- **背景，原因，結果，影響**に着目して歴史の諸事象相互の関連を考える
- 資料から読み取った情報や習得した知識を活用して，歴史的事象の**推移や変化**について考察する

考察の結果

壮大な都を建設することにより，国内的には天皇の政治的権威を民衆に誇示し，国際的には唐王朝と並ぶ大国として日本をアピールしようとしたから。

中世 戦国大名の家臣団構造

「毛利家文書《もうりけもんじょ》」には，1557(弘治３)年12月２日付の文書が２通伝来する。そのうち，**史料Ⅰ**は「毛利元就《もうりもとなり》外十一名契状」，**史料Ⅱ**は「福原貞俊《ふくはらさだとし》以下家臣連署起請文《きしょうもん》」である。**史料Ⅰ**は３カ条からなり，内容は下記の<読み下し>の通りである。一方の**史料Ⅱ**は２カ条で，**史料Ⅰ**の第１条・第２条と同じ内容について，241名の家臣がその遵守を毛利氏に対して誓約している。

資料

史料Ⅰ

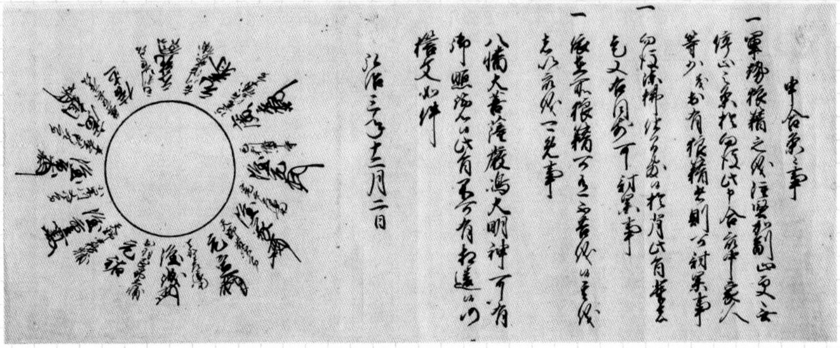

毛利博物館蔵

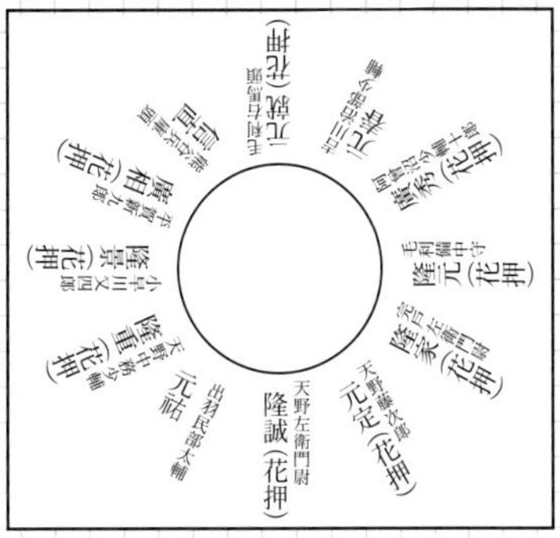

課題

なぜ，**史料Ⅰ**と**史料Ⅱ**という類似する内容の文書が，同日付で別々に作成されたのだろうか。**史料Ⅰ**から毛利元就と他の11名の関係を読み解いてみよう。**比 較**

「毛利家文書」：江戸時代の長州藩主毛利家に伝わった中世以来の文書群。

契状：契約状。

起請文：契約の遵守を神仏に誓約し，違反した場合は神罰・仏罰を受ける旨を記した文書。

花押《かおう》：自身の象徴として書き加えた一種のサイン。

史料Ⅰの読み下し

申し合わす条々の事

一　軍勢狼藉[注1]の儀、堅く制止を加うと雖《いえど》も、更に停止《ちょうじ》なきの条、向後《きょうこう》[注2]に於いては、この申し合う衆中の家人等、少《すこ》も狼藉あるに於いては、則《すなわ》ち討ち果たすべき事。

一　向後陣払い[注3]仕《つかまつ》るまじく候。此《こ》の旨《むね》に背く輩《ともがら》に於いては、是又《これまた》右同前に討ち果たすべき事。

一　在所[注4]により、狼藉苦しからざる儀[注5]あるべく候。其《そ》の儀は衆議を以《もっ》て免ず[注6]べき事。

八幡大菩薩、厳島大明神御照覧《しょうらん》あるべく候。此の旨相違あるべからず候。仍《よっ》て誓文件《せいもんくだん》の如し。

弘治三年十二月二日

注1　狼藉：略奪などの乱暴行為

注2　向後：今後

注3　陣払い：勝手に陣を引き払って撤退すること

注4　在所：場所・地域

注5　苦しからざる儀：差し支えない場合

注6　免ず：許可する

史料Ⅱ

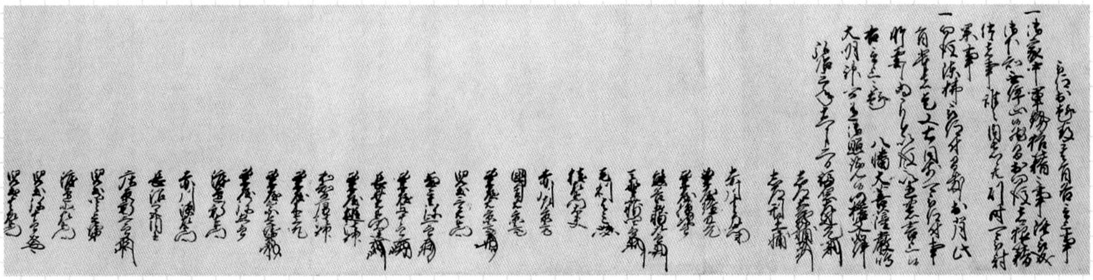

毛利博物館蔵

見方・考え方

- 資料から読み取った情報や習得した知識を活用して，歴史的事象の推移や変化について考察する
- 複数の歴史的事象を比較して共通性や差異をとらえる

考察の手順

史料Ⅰの条文から考察

- 第１条は**「軍勢の狼藉」の禁止**を，第２条は**「陣払い」の禁止**を申し合わせ，違反者は「討ち果たすべき」と定める。
- 第３条は地域によっては(おそらく「敵地」の場合)，**「衆議」により狼藉は差し支えない**とする。

→狼藉を認める地域の決定権は「衆中」の「衆議」にあった。また，狼藉を行った家人などの処罰権も「衆中」にあったと読み取れる。

史料Ⅰの署判から考察

- 毛利元就を含む12名の**「衆中」が，丸く放射状に署判を加えている**(署判者には元就の嫡子《ちゃくし》毛利隆元《たかもと》や，吉川《きっかわ》氏を継いだ次男元春《もとはる》，小早川《こばやかわ》氏を継いだ三男隆景《たかかげ》らの名もみえる)。

→これは傘連判《からかされんぱん》とよばれ，署判者の地位の対等性を示している。国人一揆の契状などで使用された。P.117

考察の結果

史料Ⅰは毛利氏を含む12名の「衆中」が結んだ軍事協定で，「衆中」は毛利氏を盟主としながらも，12名の対等性も残す同盟関係であった。

参考文献：池亨「戦国大名の支配」(『古文書の語る日本史　5　戦国・織豊』)
『毛利元就展－その時代と至宝－』

●参考●　毛利氏の勢力の推移

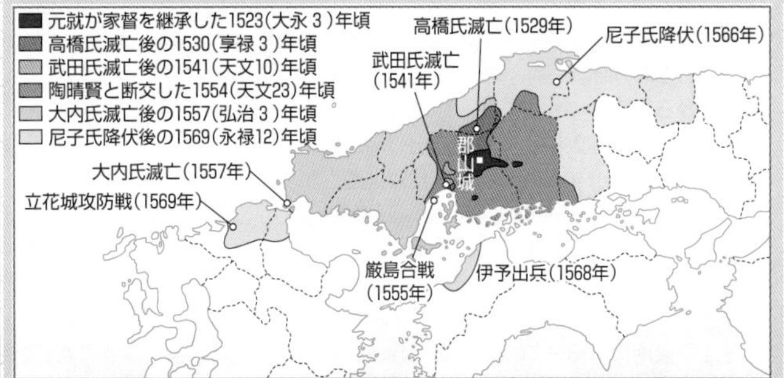

1555年，毛利元就は厳島《いつくしま》合戦で陶晴賢《すえはるかた》(1551年，主君大内義隆《おおうちよしたか》を謀反により滅ぼす)を討ち，これを機に安芸《あき》国の国人領主から中国地方の有力戦国大名へと発展を遂げる。**史料Ⅰ**の「衆中」はその過程で，毛利氏の傘下に加わった安芸・石見《いわみ》両国の国人領主らである(熊谷《くまがい》氏・宍戸《ししど》氏は毛利氏の姻戚でもあった)。一方，**史料Ⅱ**は福原貞俊以下241名の「御家中(＝家臣団)」が署判を連ねて毛利氏に誓約したものである。この時期の毛利氏が率いる軍勢の秩序は，２通の文書が示すように，二重の手続きによって機能していた。その後，毛利氏が大名権力を確立する過程で，「衆中」もその家臣団に組み込まれていく。

歴史的な見方・考え方を身につけよう！

近　世　江戸時代の貿易と産業の変化

課　題

江戸時代を通じて，輸出入品の品目はどのように変化しただろうか。また，それは日本の産業にどのような変化をもたらしたのだろうか。次の①・②の図及び③・④の史料によって考えられることをまとめてみよう。

推　移

資　料

①オランダとの貿易

P.189》

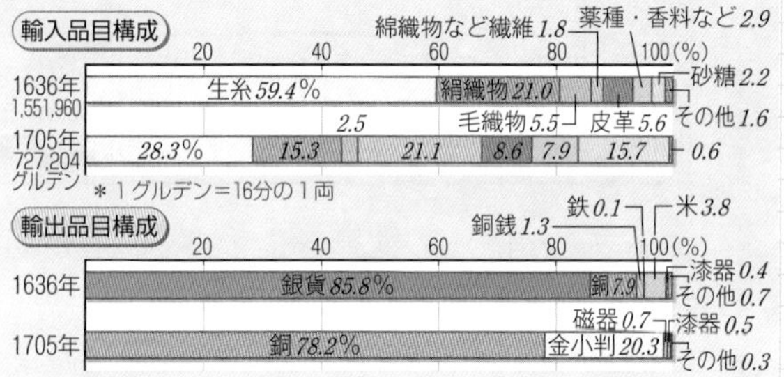

(『オランダ東インド会社の歴史』による)

②幕末期の輸出入品

輸　入	1865年(千ドル)	1867年(千ドル)	1867年(%)	輸　出	1865年(千ドル)	1867年(千ドル)	1867年(%)
綿織物	4,308	4,398	27.6	生　糸	14,843	5,599	46.2
毛織物	6,701	3,184	20.0	蚕卵紙	727	2,303	19.0
砂　糖	208	1,661	10.4	茶	1,935	2,006	16.5
武　器	1,067	1,619	10.1	乾　魚	95	300	2.5
綿　糸	875	1,351	8.5	石　炭	13	263	2.2
米		788	4.9	木　蠟	51	123	1.0
綿　花	1	757	4.7	樟　脳	33	97	0.8
金　属	527	209	1.3	銅		62	0.5
その他	389	1,986	12.4	その他	794	1,371	11.3
計	14,077	15,952	100.0	計	18,491	12,124	100.0

＊1867年の金額が多い順に並べてある。

(『日本経済史』)

③『農業全書』自序

P.197》

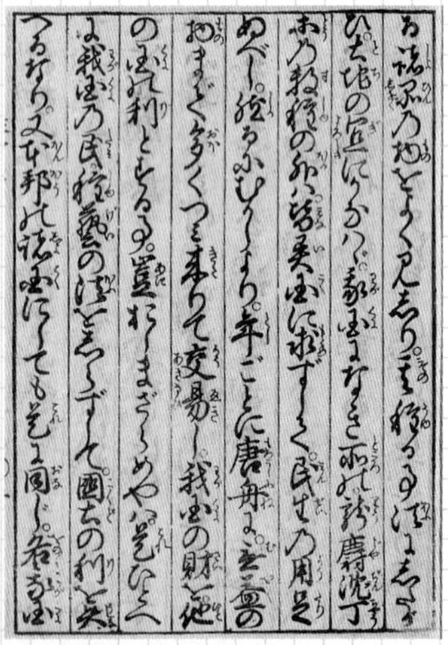

(訳)国内の流通品をよく観察し、その土地にあった栽培をすれば、日本にない麝香《じゃこう》や沈香《じんこう》など数種を除き、異国に求めなくても人々の需要を満たすはずである。しかし中国船と無益の物まで交易して、日本の財(金銀)が他国の利益となっているのは残念なことだ。

④『養蚕秘録《ようさんひろく》』

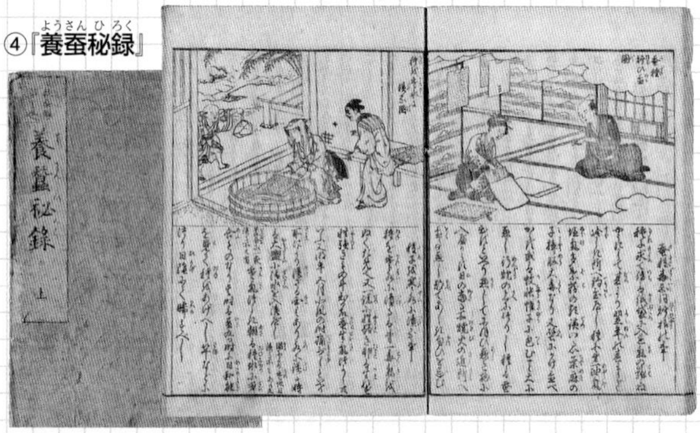

『養蚕秘録』は，蚕種《さんしゅ》商人の上垣守國《うえがきもりくに》が著わした，最も代表的な江戸時代の養蚕書である。守國は，但馬《たじま》国養父《やぶ》郡(出石《いずし》藩の領地)の豪農出身であり，18歳の時に，養蚕の先進地であった信州・関東を経て，陸奥《むつ》国伊達《だて》郡福島に赴き，蚕種を持ち帰りその改良に尽力した。その後も年々蚕種の仕入れに奥州へ通い，郷里但馬のほか，周辺地域に販売する一方，45歳の時には自ら蚕種の製造も手がけた。その功により現兵庫県養父市は江戸後期から近年まで養蚕が盛んな地帯であった。その後，守國は生涯をかけて研究した養蚕技術の普及をはかり，1803(享和3)年48歳のときに『養蚕秘録』全3巻を出版した。この書は，図解を多用して，蚕種の取り扱い，桑の栽培，道具などの諸技術を解説し，さらに和漢の故事をもとにした挿話や体験談を織り込んだ，啓蒙書ともいえる書物である。序文を記した桜井篤忠が出石藩の政治顧問役だったことからも，殖産興業を推進する藩の支援があったと推察できる。この『養蚕秘録』は，ドイツのシーボルトによってオランダに渡り，フランス語やイタリア語に訳された。日本式の養蚕技術がヨーロッパに広まる契機となった。

考察の手順

①と②を比較して，それぞれの貿易品目の特徴を読みとる。

- 江戸初期には，長崎でオランダ・中国との貿易が行われ，日本は主に中国産の生糸・絹織物を輸入し，当初は銀，のちに銅・金が輸出された。
- 幕末には，主にイギリスを対象として綿織物・毛織物を輸入し，生糸・蚕卵紙・茶を輸出している。 P.232》

江戸初期と幕末で輸出品と輸入品が入れ替わっているものは何だろうか。

→江戸初期には主要輸入品だった生糸が，幕末には主要輸出品になっていることがわかる。

③と④から考察

- 中国産生糸の輸入による金銀流出の問題があった。
- 輸入品の代替とするための国産化が推進されている。
- 江戸後期に養蚕技術の普及をはかる『養蚕秘録』が出版された。
- 『養蚕秘録』により日本の養蚕技術が西洋にも紹介された。

江戸時代を通じて日本の産業の構造がどのように変化したことを意味するだろうか。

→江戸後期にはヨーロッパにも紹介された『養蚕秘録』のような水準の高い養蚕書が存在したことは，同時に製糸業の生産力向上を示すものである。

見方・考え方

- 資料から読み取った情報や習得した知識を活用して，歴史的事象の**推移**や**変化**について考察する
- **背景**，**原因**，**結果**，**影響**に着目して歴史の諸事象相互の関連を考える
- 歴史的事象を**時系列**的にとらえる

考察の結果

江戸初期には，長崎貿易において中国産生糸の輸入により金銀が流出し，幕府財政を悪化させていた問題があった。幕府はその回避にむけ，17世紀末の元禄期から，生糸輸入の制限を本格化した。それとともに，その頃に出版された『農業全書』序文の提言にあるように，輸入品の代替とするための国産化が推進された。こうした流れのなかで京都西陣織による国産生糸へ切り替えを契機として，幕府や諸藩の奨励のもと，東日本を中心として養蚕製糸業が発達し，さらに桐生などの絹織物の新たな特産地も生まれた。幕末に国産生糸が中国産生糸に劣らぬ品質と評価され，主要輸出品となりえたのは，江戸時代を通じて鉱産物の輸出に頼る経済から諸産業の振興を図る経済へと構造転換を果たした結果なのである。

参考文献：『幕末に海を渡った養蚕書』『蚕にみる明治維新』

近現代　アジア・太平洋戦争勃発の原因

問1　AさんとBくんは，日本がなぜアジア・太平洋を舞台にした第二次世界大戦に参戦していったのかを，それぞれ異なる視点から探って資料を集め，後にあげる**【論述の要旨】**にまとめた。空欄［X］・［Y］に入る文a～dの組合せとして正しいものを，①～④のうちから一つ選べ。　**相互関連**

【論述の要旨】
　日本がアジア・太平洋を舞台にした第二次世界大戦に参戦したのは，［X］が直接的な理由ではなかった。1933年には国際連盟を脱退する一方，中国とは塘沽《タンクー》停戦協定を結んでいた。しかしその後，［Y］という状況となり，それが軍部内の派閥抗争を生んだ。皇道派対統制派（＋自由主義陣営）という構図が，統制派対自由主義陣営へと変化した。日中間の武力衝突事件がおきると一気に「熱い戦争」へ転換した。

a　金融恐慌や世界恐慌による貿易の保護主義政策
b　赤字国債を利用した重化学工業化と為替相場を低下させるダンピング政策
c　国内の政党勢力の復活
d　国際協調路線の回帰

選択肢
①　X－a　Y－c　　②　X－a　Y－d
③　X－b　Y－c　　④　X－b　Y－d

考察の手順

（X）
日本は保護主義に反対して通商自由の原則を掲げ輸出を拡大。アフリカや中南米等にも市場開拓した。**日本の輸出額は1928年：約20億円→1931年：約11億円→1934年：約21億円→1936年：約27億円。**1930年代前半には安定した経済環境が実現した。
（Y）
・1933年の塘沽停戦協定後，対外危機意識が沈静し，政党勢力復活の兆しとなった。一方で国際協調路線を放棄したことが1935～36年における国際安全保障の不安定さへの危機感となって現れた。
・1935年３月に国際連盟脱退発効。ロンドン海軍軍備制限条約が1936年１月，ワシントン海軍軍備制限条約が1936年12月に失効。国際条約下，日本の海軍力は米英より不利に。ソ連の第２次５カ年計画完成で軍事力強化の懸念もあった。
・陸軍省は1934年10月，世界戦争に勝ち抜くため個人主義や自由主義を排撃し，統制経済を実施して，国民と軍隊が一体となって戦争に参加することを求めた（「陸軍パンフレット事件」）。
・1935年２月の天皇機関説排撃運動等もおきた。
→陸軍内部での主導権争いが深刻化し，二・二六事件で「統制派vs元老西園寺公望《さいおんじきんもち》の自由主義陣営」の構図ができる。この対立は，後の宇垣一成《うがきかずしげ》内閣不成立の遠因となった。

グラフ1　P.297》1B

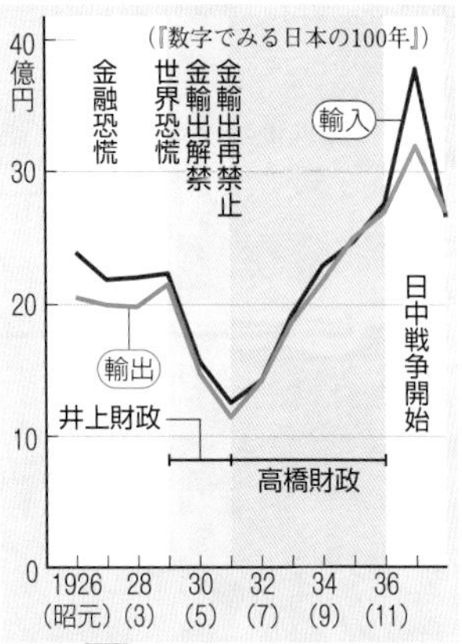

史料1　P.298》2C

……国家及全体の為《た》め、自己滅却《めっきゃく》の崇高なる犠牲的精神を涵養《かんよう》し、国家を無視し、国家の必要とする統制を忌避《きひ》し、国家の利益に反する如《ごと》き行動に出でんとする極端なる国際主義、利己主義、個人主義的思想を芟除《さんじょ》*すること。
*刈り除くこと

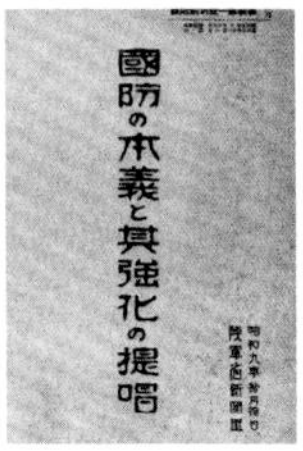

図1　P.298》1B

皇道《こうどう》派　荒木貞夫《あらきさだお》・真崎甚三郎《まさきじんざぶろう》ら	統制《とうせい》派　永田鉄山《ながたてつざん》・東条英機《とうじょうひでき》ら
・三月事件後，宇垣一成《うがきかずしげ》に替わって荒木貞夫が陸相となって勢力伸長 ・天皇親政，反ソ主義，農村救済・反財閥を主張	・荒木の派閥人事への反感と，国家の全目標を国防の充実におく国家戦略（高度国防国家）から形成。1934年に統制派に傾いた林銑十郎《はやしせんじゅうろう》が陸相となって勢力伸長 ・政財界提携の国家総動員体制を主張

真崎甚三郎（皇）教育総監更迭《こうてつ》（1935. 7）
➡
相沢《あいざわ》事件（1935. 8）
相沢三郎《さぶろう》（皇）中佐が，永田鉄山（統）軍務局長を殺害
➡
二・二六事件（1936）
事件後，皇道派が一掃され，統制派が権力を握る

見方・考え方
・歴史的事象を**時系列**的にとらえる
・**背景，原因，結果，影響**に着目して歴史の諸事象相互の関連を考える
・資料から読み取った情報や習得した知識を活用して，歴史的事象の**推移や変化**について考察する

問2　AさんとBくんは，国際協調路線を放棄したことから生じていた「危機意識」の扇動が戦争勃発の引き金になったと気づいた。この時期の出来事を説明した文a～fについて，古いものから年代順に正しく配列したものを，右の①～⑥のうちから一つ選べ。　**時系列**

a　ロンドン会議では，海軍軍令部も民政党内閣の決定に従ったが，野党の政友会が海軍軍令部と結んで「軟弱外交」「統帥権干犯《とうすいけんかんぱん》」として問題化させ，民政党政権批判を展開した。
b　二・二六事件で皇道派が一掃された。後に自由主義陣営が推薦した宇垣内閣不成立の遠因となった。
c　為替相場安定と輸出増進をめざし，財政緊縮で物価引き下げ，産業合理化で国際競争力強化をめざした。
d　日独防共協定を調印したが，ソ連の対日不信を増強することになった。後のノモンハン事件の伏線となった。
e　円安を利用して輸出増大を図るとともに，赤字国債発行による財政膨張政策を実施した。
f　日本が「国民政府を対手《あいて》とせず」と声明し，和平交渉の糸口が完全に断たれた。

選択肢
①a→e→c→b→f→d　　②a→e→c→f→b→d
③c→a→e→b→d→f　　④c→e→a→f→b→d
⑤e→a→c→f→b→d　　⑥e→c→a→b→f→d

考察の手順

前半は，経済政策と二大政党内の対立の関係を考える。後半は軍部統制派の台頭の流れを考える。ノモンハン事件がその後の戦争拡大の伏線にもなった。
c（1929年７月），a（1930年４月），e（1931年12月），b（1936年２月），d（1936年11月），f（1938年１月）

問1　①　　問2　③

日本史の中の素材① 五穀

五穀　米・麦・大豆《だいず》・粟《あわ》・黍《きび》の五種類の穀物をいう。近世までは，庶民は米を常食としたのではなく，さまざまな穀物を米とともに食していた。

1 五穀《ごこく》（＿は五穀を原料とする食品）

1-1 稲穂と短《たん》粒種籾《りゅうしゅもみ》　アジアイネの起源は東南アジアの丘陵地帯のどこかと考えられ，その後日本へ伝播《でんぱ》した。縄文時代晩期にはすでに稲の栽培が行われていた。

1-2 小麦の穂と種子　日本でも弥生時代から栽培され利用された。麺《めん》は飛鳥時代に，唐菓子《とうがし》は奈良時代に伝来。

1-3 大麦の穂　縄文～弥生頃伝来。麦飯として食された。江戸後期には麦茶が商品化。

1-4 大豆とその種子　東アジアに自生するツルマメから発生した。豆腐《とうふ》，味噌《みそ》，納豆《なっとう》，醤油《しょうゆ》などの原料として広く利用されている。

1-5 粟の穂と穀粒　中央アジアからインド西北部にかけてが原産地。米と混ぜて炊《た》いたり，粒粥《つぶがゆ》や団子，餅《もち》，粟おこしや飴《あめ》づくりにも利用。

1-6 黍の穂と穀粒　粟と同じくユーラシア大陸一円で栽培されてきた。日本では粉にしての黍団子《だんご》や黍餅《もち》，駄菓子に利用されたり，炊《た》いて粥《かゆ》としても食された。

2 五穀を原料とした食品製造

2-1 江戸時代の酒造風景　右側では蒸《む》した米の仕込み，左側では発酵を進めるための醪《もろみ》の仕込みが行われている。左の階上で熟成される。こうした多くの蔵人《くろうど》を集めた醸造所《じょうぞうしょ》が，江戸時代後期には灘《なだ》や伊《い》丹《たみ》・池田などに立ち並んでいた。杜氏《とうじ》や蔵人は付近の農家から農閑期《のうかんき》に雇われて働きに来ていた。P.198》　小西酒造蔵

解説　すでに「魏志《ぎし》」倭人伝《わじんでん》に酒の記述がある。律令制下では造酒司《ぞうしゅし》があった。中世では奈良の酒が有名。近世になって，伊丹《いたみ》や灘《なだ》で醸造《じょうぞう》が盛んになった。

2-2 4代勝文斎《かつぶんさい》作の押し絵細工《さいく》「野田《のだ》醤油《しょうゆ》醸造《じょうぞう》の図」　1877（明治10）年の第１回内国勧業《ないこくかんぎょう》博覧会《はくらんかい》出品のもの。中央奥の麹《こうじ》室で麹菌を培養し，いくつもの大釜《おおがま》で大豆《だいず》を蒸《む》している。当時の役者も見学している。醤油は室町中期より普及。大豆と砕いた小麦に麹菌を加え，できた麹をねかせ，もろみに力を加えて絞り出した汁を加熱殺菌して完成となる。料理中に味付けすることが可能となった。江戸中期以降は関東の濃口醤油《こいくちしょうゆ》が中心となった。

キッコーマン国際食文化研究センター蔵

2-3 味噌醤油問屋の店先　看板に樽《たる》売りのほか，小売りすると書かれている。大豆を主原料にした発酵《はっこう》調味料の味噌は奈良時代までに伝来し，室町時代には味噌汁も登場。江戸時代には各地方で特有の味噌がつくられるようになった。調味料だけでなくタンパク質源としての役割も大きい。近世では関東以北で米麹《こめこうじ》を用いた塩辛《しおから》い味噌が，京都では白味噌が，江戸では塩分の少ない赤褐色の甘味噌もつくられた。江戸市中では赤味噌系の仙台味噌や信州味噌が人気であった。

重要な食料資源「稗《ひえ》」

1873（明治６）年に上梓《じょうし》された『斐太後風土記《ひだごふどき》』には，江戸時代末期の飛驒の人口，戸数，風土，物産などが克明に記録されている。食品のうち，もっとも生産量の多いものは米で５万2,000石，ついで稗が3万石となっている。稗が主要な穀物の一つであったことがわかる。約400カ村の中で米をつくっていない村も70余りあり，特に山間部では農民の常食として稗が消費されていた。また堅果《けんか》類も重要な食料資源として利用されていた。クリ，トチ，ナラの３種類は重要で，米，稗についで大きなエネルギー源となっていた。

稗の穂と穀粒　かつて稲のつくれない丘陵地，山村で栽培されて，主食用として重要な役割を果たしてきた。粥にしたり，粉にしての団子，飴《あめ》，味噌，醤油，酒の原料にもなった。

木《ぼく》　江戸時代に栽培された樹木の
特に重要な茶・桑・漆《うるし》・楮《こうぞ》をいう。

1 茶　飲用

1-1 茶と茶葉　ツバキ科ツバキ属の常緑樹で，中国南部が原産ともいわれる。日本にも在来種が自生していたとの説もある。平安時代に中国から伝えられたようだが，喫茶の風習が広まったのは室町時代からで，やがて侘茶《わびちゃ》が生まれた。煎茶《せんちゃ》は江戸時代に現在のようなものが生まれ，広まった。

1A 製茶方法

(日本山海名物図会)
❶**茶摘み**　立春より88日～100日ごろの好天の日に摘む。

(教草《おしえぐさ》)東京・早稲田大学図書館蔵
❷**蒸す**　蒸籠《せいろう》に入れて茶葉を蒸す。

(製茶図解)
❸**もむ**　蒸した茶葉を冷まし，火を入れた焙爐《ほいろ》の上でもむ。

(製茶図解)
❹**選別**　茶葉を等級ごとに選別する。

1-2 茶(煎茶)

2 桑　蚕《かいこ》のエサ

(蚕・生糸については P.26)

2-1 桑　クワ科クワ属の落葉高木。日本では葉を養蚕に用いるため広く畑や山で植栽されていた。雌雄《しゆう》が異なり，雌木には黒紫の実がなり，食用となる。材木としても狂いが少ないため家具材として使われる。また樹皮も黄色の染料として用いられたり，繊維からロープなどもつくられたりする。中国から栽培が伝来したとされ，令《りょう》では上戸は桑300根，中戸は200根，下戸は100根を植えるように規定されていた(田令《でんりょう》)。中世には絹が中国から輸入されたため一時栽培が衰えたが，江戸時代には四木の一つとして盛んに栽培された。

3 漆《うるし》　木工品の塗料

3-1 漆と漆搔《か》き　ウルシ科ウルシ属の落葉高木。樹液の主成分はウルシオールで，古くから木工品の塗料として用いられてきた。縄文早期の1万年前の遺跡からも漆の木が発見されており，約7000年前からすでに漆器が用いられてきた。平安時代には蒔絵《まきえ》や螺鈿《らでん》などの貴族が用いる高級品に使用されたが，江戸時代には武士や庶民も用いるような一般的なものとなった。

3-2 漆搔《か》きの図(斐太後風土記)

3-3 縄文時代の宴の漆器
新潟・分谷地《わけやち》A遺跡
胎内市教育委員会提供

3-4 片輪車蒔《かたわぐるままき》絵螺鈿手箱《えらでんてばこ》　国
東京国立博物館蔵
高さ13.0cm

4 楮《こうぞ》　和紙の原料

4-1 楮　クワ科コウゾ属の落葉低木で，樹皮《じゅひ》の繊維《せんい》が和紙の原料となる。「紙麻(かみそ)」という語の音便から「こうぞ(かうぞ)」という語が生まれたとする説も存在する。古くから和紙原料として知られており，今日でも和紙の主要原料である。

4A 和紙のつくり方

❶～❹『紙漉重宝記』，❺『斐太後風土記』

❶**煮る**　剝《は》いだ樹皮を鍋で煮る。

❷**たたく**　棒を使ってたたき，とろろや米・小麦からつくったのりを混ぜる。

❸**船に入れる**　水を張った紙漉《かみす》き船に入れ，ふのりのようにする。

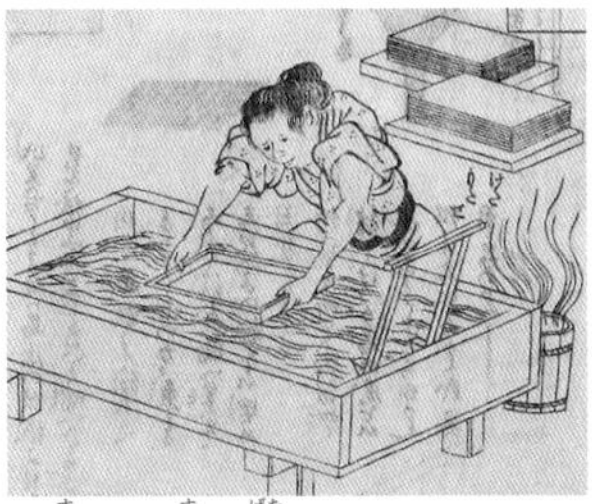
❹**漉《す》く**　漉《す》き桁《げた》を使って紙を漉く。漉いた紙は水を切り重ねていく。

❺**干す**　板に張り付け，紙を干す。板に張り付けた面が紙の表となる。

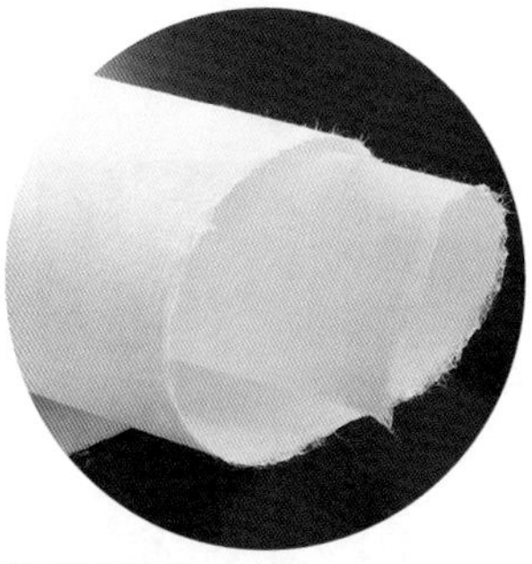
4-2 和紙

日本史の中の素材③ 商品作物⑵ 三草

三草《さんそう》 江戸時代に広く栽培された麻《あさ》・紅花・藍をいう。

撮影 藤森武／平凡社『日本の自然布』より

1 麻

1-1 カラムシ(苧《お》・苧麻《ちょま》)(左)**とアサ(大麻《たいま》)**(右) 日本で麻と称されてきたものは多様だが，イラクサ科のカラムシ(苧《お》・苧麻《ちょま》)とアサ科の大麻《たいま》が，弥生時代の前期から使われてきたことがわかっている。近世になって木綿が普及するまで，庶民衣料の中心となった。

1A 資料にみる麻の利用

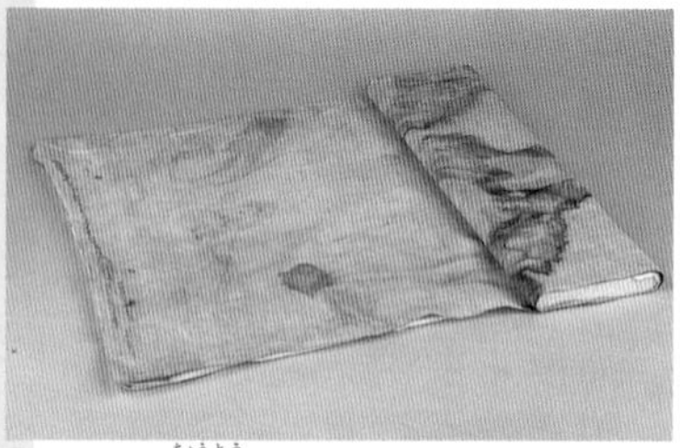

1-2 調庸《ちょうよう》として納められた白布

正倉院宝物

1-3 白布から仕立てられた袴《はかま》

正倉院宝物

1-4 市の布売り(一遍上人絵伝) 備前国福岡《びぜんのくにふくおか》の市《いち》に描かれた布売りのようす。

国 神奈川・清浄光寺蔵

1B 麻布のつくり方

❶苧麻《ちょま》を7月末から8月初旬に刈り取る。

❷苧皮の表面の被皮を除いて，繊維(青苧《あおそ》)を取り出す。

❸青苧《あおそ》を束ねて陰干しにする。糸の原料であるこの状態のものが貢納・売買された。

❹繊維を細く裂き，つなぎ合わせて1本の糸にしていく。

❺績《う》み上げた(つないで1本にした)糸に撚《よ》りをかける。

1-5 紡錘車《ぼうすいしゃ》で糸を撚る女性(信貴山縁起絵巻) 中世までは紡錘車を使用していた。

国 奈良・信貴山朝護孫子寺蔵

❻撚った糸を綛《かせ》枠にかけ糸筋を正し，糸の長さを合わせる。

❼秋から冬を越して春まで1人の女性が織っても3～4反《たん》程度といわれている。

1-6 イザリ機《ばた》

新潟・十日町市博物館蔵

2 紅花《べにばな》 セ出題

2-1 紅花《べにばな》 小アジア，エジプト原産のキク科の一・二年草。紅赤色の花弁を圧搾《あっさく》し，丸く固めた紅餅《べにもち》(花餅《はなもち》)をつくり，発酵し乾燥させた。これを京などの紅染屋《べにぞめや》で染料として用いた。主要な生産地は出羽村山《でわむらやま》(最上《もがみ》)地方。明治時代になって化学染料の普及で紅花栽培は衰退したが，近年では切り花や食用油として再び栽培されるようになった。

2-2 紅花摘み(紅花絵巻) 梅雨明けのころに開花し，花を摘む。

2-4 紅餅《べにもち》

2-3 紅餅《べにもち》づくり(紅花絵巻) 水を加えて花びらを踏み，雑汁を除く。その後餅状に丸めて乾燥させる。

武田とし子氏蔵／写真提供：最上義光歴史館

3 藍《あい》 セ出題

3-1 藍《あい》 タデ科の一年草。正倉院文書《しょうそういんもんじょ》に記載があり，紫の染料として古代から用いられてきた。葉を刻んで乾燥させ，水を加えつつ発酵させ，それを突き固めて藍玉《あいだま》をつくった。これを紺屋《こうや》が染料として利用した。主要な生産地は阿波《あわ》で，江戸時代後半には関東地方でも栽培された。明治時代までは染料として重要であったが，ドイツで人工藍が発明されると急速に栽培が衰退した。

3-2 藍玉《あいだま》づくり(藍栽培製造図) 発酵した藍(すくも)を杵《きね》と臼《うす》で餅状に搗《つ》き固め，藍玉をつくる。

徳島・(公社)三木文庫蔵

3-3 藍玉俵《あいだまたわら》(阿波藍栽培及び製造法) できあがった藍玉は俵に詰められて紺屋に出荷された。

徳島・徳島県立図書館蔵

3-4 藍染めの布

1 木綿《もめん》

1-1 **綿《わた》の実(綿花)**　アオイ科ワタ属の一年草で，綿花とは綿の種子を包んでいる白い毛状繊維のことをいう。この綿花を紡《つむ》いで綿糸とする。日本では，朝鮮や中国からの輸入品として13世紀頃に初めて登場したといわれている。14世紀以降は日朝貿易や日明貿易によって多くの綿布が輸入されるようになり，国内で木綿の需要が高まった。戦国時代には国内生産が始まり，江戸時代には各地で生産されるようになった。近代になると殖産興業の一環として紡績業が振興した。しかし原料の綿花は輸入にたよったため，国内の綿花生産は激減した。

1A 木綿の特長・用途とその発展

- 麻と比べて肌触《はだざわ》りがよく，保温性・吸湿性・染色性がよい。また，生産性も高い。
- 日常衣料のほか，兵衣・陣幕・馬具・船の帆布《はんぷ》・鉄砲の火縄など，軍事用にも用いられる。

近世　染料の藍《あい》P.24，肥料の干鰯《ほしか》P.27の生産が向上。
近代　大規模工業化。綿糸は生糸《きいと》とならぶ主要輸出品に。

1-2 **綿布と綿糸**

1B 綿織物ができるまで

(❶❹撮影 藤森武／平凡社『日本の自然布』より　❷❸❺～❼「織耕図屏風」大阪市・藤田美術館蔵)

❶綿花を摘む。
❷綿ろくろにかけて，実と綿を分ける。
❸綿を計量し，俵に詰める。この状態で問屋に出荷される。
❹綿を紡《つむ》ぐ。
❺紡いだ糸を，かせに巻く。
❻１反《たん》の糸目を調べて，経糸《たていと》を整える。
❼機《はた》にかけ，織る。

2 荏胡麻《えごま》

2-1 **荏胡麻《えごま》(左)とその種子(右)**　シソ科シソ属の一年草で，種子に含まれる油を圧縮して採取し，主に灯明用として用いられた。日本では縄文時代から栽培されていたようである。室町時代には，大山崎《おおやまざき》の油座が西日本の販売権を独占したP.154。江戸時代には菜種油が一般化し，荏胡麻油の需要は急速に低下した。現在では，栄養価が評価され，食用油として広まりつつある。

2-2 **大山崎離宮八幡宮《おおやまざきりきゅうはちまんぐう》**

2-3 **食用の荏胡麻油**　現代では荏胡麻油に含まれるα－リノレン酸が血流を促したり，神経細胞を活性化して認知症を抑えたりするなどの効用が認められ，健康食品として注目されている。

3 菜種

3-1 **油菜《あぶらな》(左)とその種子(菜種)(右)**　アブラナ科アブラナ属の一・二年草。種子を圧縮して油をとった。燃やしても煤《すす》や臭いが少ない上質な油として，近世初頭に急速に広まった。水《みず》油《あぶら》ともいう。油をとった粕《かす》は上等な肥料として売買されたP.27。近代になってからは，ガス・石油・電気の普及で灯明油の需要が減り，現在では食用油として用いられている。

3A 菜種油ができるまで

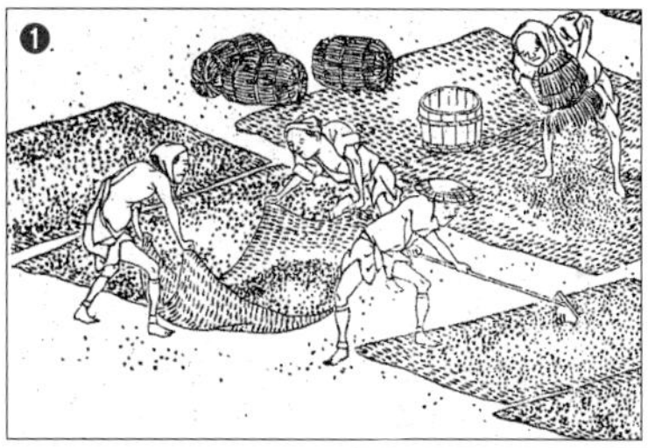

❶収穫した菜種を干す。

(❶～❻「製油録」(独)国立公文書館蔵)

❷菜種を炒《い》る。
❸炒った菜種を唐臼《からうす》で粉砕する。
❹粉砕した菜種の粉をふるいにかける。

❺菜種の粉を蒸す。
❻蒸した菜種の粉を搾《さく》油《ゆ》機《き》にいれ，油を絞る。

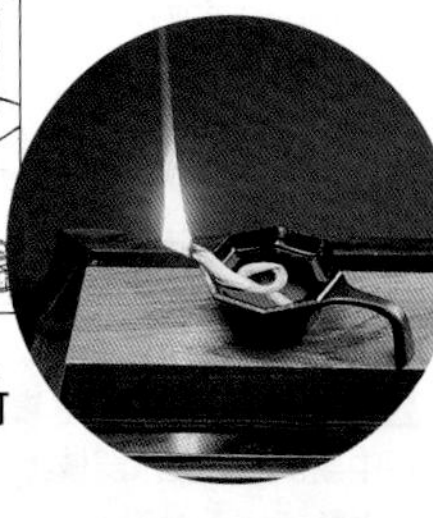

3-2 **菜種油の灯《ひ》**

日本史の中の素材⑤　生糸

1 蚕《かいこ》と生糸《きいと》

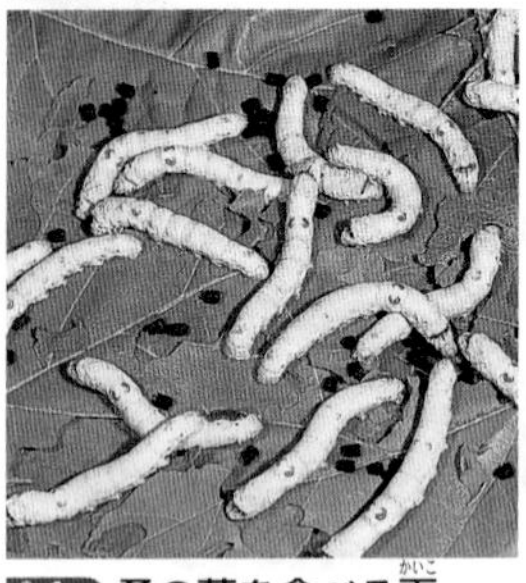

1-1 桑の葉を食べる蚕《かいこ》

1-2 蚕の繭《まゆ》

解説　生糸は蚕蛾《かいこが》の幼虫の蚕が変態するときに繭《まゆ》をつくるために出す糸を撚《よ》ったもの。中国ではすでに紀元前5000年頃から使用し始めたようである。野生の蚕が家蚕《かさん》化され，シルクロードを通って，ヨーロッパで珍重された。日本では縄文晩期に渡来したと考えられ，平織《ひらおり》の断片が出土している。

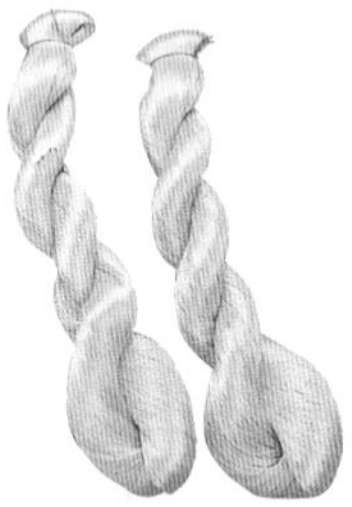

1-3 生糸

2 絹織物ができるまで

（❶～❺『養蚕秘録』，❻『機織彙編』）

❶蚕に桑の葉を与える（1日5回）。

❷まぶし（藁《わら》や薪《まき》の束）に蚕を入れて繭をつくらせる。

❸まぶしから繭を取り出す。蚕《さん》種《しゅ》を取る場合は蚕を羽化《うか》させ種紙に産卵させる。

❹繭をお湯で煮て糸口を出し，5～8個の繭糸を撚《よ》り合わせ紡《つむ》いでいく。

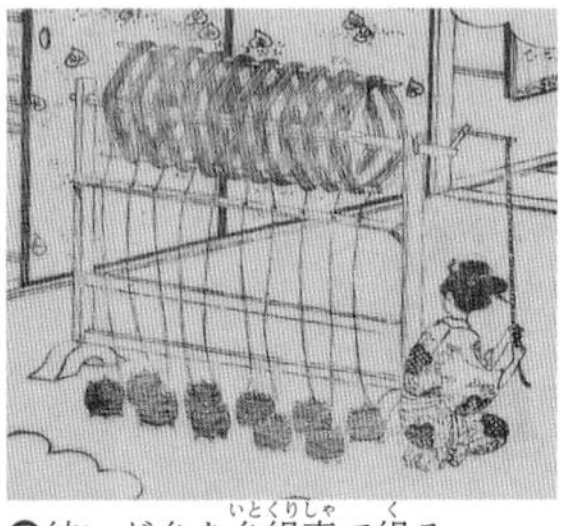

❺紡いだ糸を糸繰車《いとくりしゃ》で繰《く》る。

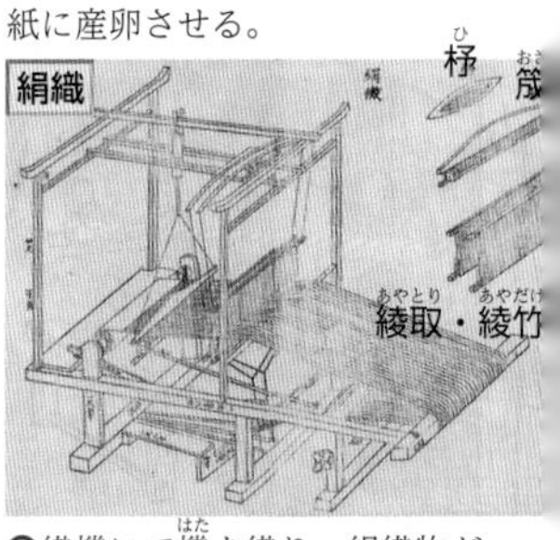

❻織機にて機《はた》を織り，絹織物が完成する。

3 生糸の歴史

3A 古代・中世

古代　「魏志《ぎし》」倭人伝《わじんでん》には「蚕桑緝績《さんそうしゅうせき》して，細紵《さいちょ》・縑緜《けんめん》を出だす」と記されており，生糸生産が行われていたことが推測される。また『日本書紀』によれば，応神《おうじん》天皇の時代に弓月君《ゆづきのきみ》が渡来して養蚕を伝えたともいう。律令制のもとでは，調などとして絹が課されたため，全国に養蚕・生糸生産が広まった。奈良の正倉院《しょうそういん》には調として平城京に運ばれた絁《あしぎぬ》（太めの糸で粗く織った平織）が残されている。

中世　延喜《えんぎ》式にはほとんど全国で生糸が生産されたと記されているが，その多くは古代以来の品質の良くないものだったと考えられる。中世後期からは，博多や京などでは中国からの輸入生糸（白糸《しらいと》）で高級絹織物が織られるようになり，国内の養蚕は衰退したと考えられている。

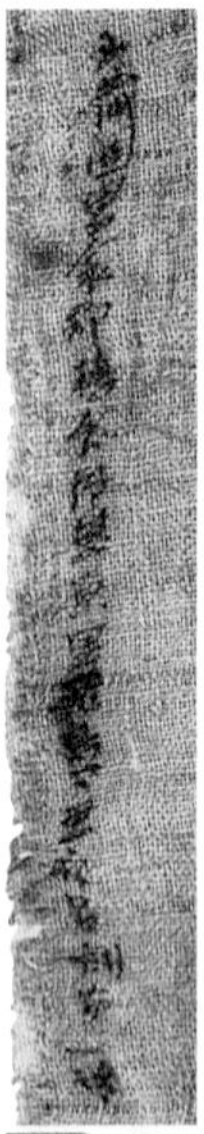

3-1 調として納められた絁《あしぎぬ》　正倉院宝物

3B 近世 P.187

近世　江戸時代初期には高級絹織物の原料として中国から大量の白糸が輸入された。利益を独占するため1604（慶長9）年以降，糸割符《いとわっぷ》制度により長崎で幕府の統制のもと輸入されるようになった。しかしその代価として莫大《ばくだい》な金銀が海外に流出することになったため，1685（貞享2）年幕府は白糸の輸入制限に転じ，17世紀末から国内産の生糸の生産が急増することになった。同時に西陣《にしじん》などの技術が地方に流出し，桐生《きりゅう》などの地方でも絹織物業が発展した。こうした需要の増大が養蚕・製糸業の技術的発展をもたらし，品質も向上した。幕末の貿易の開始，爆発的な海外需要の増大により養蚕・製糸業は一大転機を迎え，生糸はながらく日本の最大輸出品目となった。

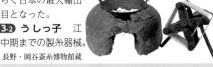

3-2 うしっ子　江戸中期までの製糸器械。
長野・岡谷蚕糸博物館蔵

3C 近代 P.277

3-3 座繰《ざぐり》製糸のようす（明治時代）埼玉県立図書館蔵

3-4 フランス式繰糸《くりいと》機　富岡製糸場で使用されたもの（器械製糸）。　長野・岡谷蚕糸博物館蔵

近代　開国によって生糸が高値で欧米に輸出されるようになり，養蚕業は急激に発展した。養蚕業は基本的に農家の副業として営まれていたが，群馬県や長野県では季節雇《やと》いや日雇いを雇い入れる経営も広がった。製糸業では座繰《ざぐり》製糸が一般的だったが，1872（明治5）年に官営の富岡製糸場が開業し，器械製糸が普及し始め，1894（明治27）年には器械製糸の生産量が座繰製糸を上回った。器械製糸の中心地は長野県の諏訪《すわ》地方で，各地の小作人層から未婚女子労働者が集まり，過酷な労働条件のもとで働いた。

3D 現代

3-5 レーヨンの糸

現代　1920年代にアメリカでレーヨン糸の開発・普及が進み，特に1929（昭和4）年の世界恐慌以降，化学繊維が普及し，製糸業はしだいに衰退していった。現在では高級着物などに絹糸が用いられるほかは，日常衣料としてはあまり用いられなくなっている。

富岡製糸場

富岡製糸場は2014（平成26）年6月に正式に世界遺産に登録された。江戸時代に生産量が限られていた生糸の大量生産を実現するとともに，世界と日本との技術交流のあかしとして，世界遺産に登録されたものである。富岡製糸場建設以降の日本の製糸業の発展は，かつては特権階級の独占物であった絹製品を一般の人びとにも広め，生活を豊かで華やかなものとした。工場跡地には主要な建物が国指定の登録文化財として保護されている。繰糸場跡には，かつてはフランスから輸入されたフランス式繰糸機が設置されていたが，現在は1987（昭和62）年の操業停止まで使われたニッサン製の自動繰糸機が保存されている。そのほかフランス積みのレンガ積みの倉庫や建設指導者として来日したブリュナの住んだ家なども残されている。

↓ 現在の富岡製糸場（繰糸所内部）囲
画像提供　富岡市

1 俵物《たわらもの》《ひょうもつ》

干しあわび

1-1 **生あわび**(左)**と干しあわび**(右)

1-2 **中華料理のあわび**　縄文の古来から日本では食用とされた。「干しあわび」は中国では乾《カン》鮑《パオ》とよばれ，中華料理で愛好されている。

ふかひれ

1-3 **ヨシキリザメ**　ヨシキリザメやメジロザメの鰭《ひれ》を「ふかひれ」という。中華料理の満漢全席などにも欠かせない食材で，背鰭や尾鰭が高級とされる。

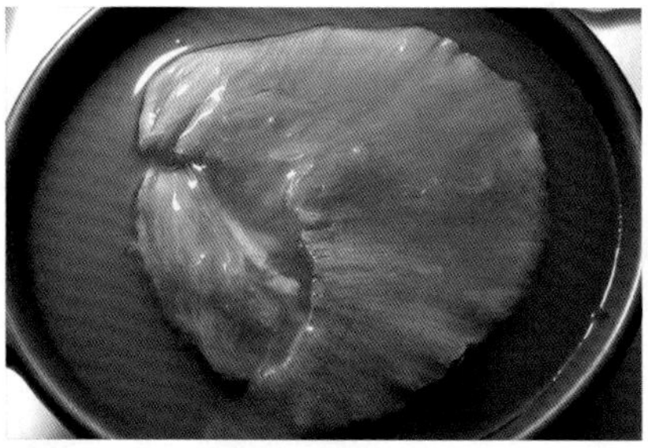

1-4 ふかひれの姿煮

いりこ

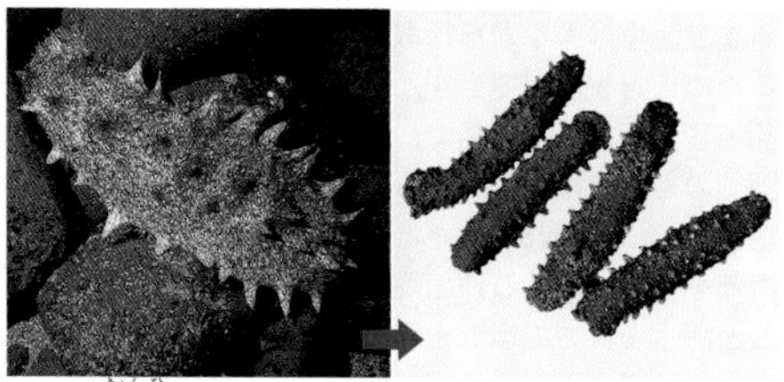

1-5 **棘皮《きょくひ》動物のナマコ**(左)**を煮て乾かしたものが「いりこ」**(右)　中華料理では海蔘《ハイシェン》とよんで珍重した。いりこをつくるときに抜き取った腸(副産物)を塩水で洗い食べるのが「このわた」である。

1-6 なまこの煮込み

解説 江戸時代の長崎貿易で銅と並ぶ，中国向けの主要輸出品であった海産物を俵物という。いりこ，干しあわび，ふかひれが代表的なもの。18世紀後半には独占的な集荷体制を確立し，幕末まで続けられた。

1A 諸色《しょしき》

解説 一般に，江戸時代において「諸《しょ》色《しき》」とは米以外の諸物価を指し，長崎貿易において海産物を諸色ということもある。昆布は奈良時代には朝廷に献上されていた記録があり，平安時代にも陸奥《むつ》から送られていた。江戸時代には西廻り海運で大坂に運ばれ上方の味となった。

1-7 昆布

1-8 するめ

1-9 とさかのり

1-10 てんぐさ

2 肥料

鎌倉	室町	江戸	内　容
㋝出題 刈敷《かりしき》──→	──→	──→	草や樹木の葉を刈り取り，田にそのまま敷き込み地中で腐らせる
㋝出題 草木灰《そうもくばい》──→	──→	──→	草木を焼いて灰にしたものを肥料として施す
	下肥《しもごえ》──→	──→	人の糞尿《ふんにょう》を薄め腐らせて窒素肥料とする
		㋝出題 金肥《きんぴ》→	干鰯《ほしか》，〆粕《しめかす》，油粕《あぶらかす》 P.197 ＊金肥とは，お金を出して購入する肥料のこと。江戸中期以降，普及した。自給肥料に対する言葉。

2-5 **刈敷**(成形図説)　肥料とするため，田に刈った草をすき込む。　国立国会図書館蔵

2-6 **苗に下肥を与える**(民家検労図)　石川県立図書館蔵

干鰯《ほしか》・〆粕《しめかす》・油粕《あぶらかす》

2-1 **マイワシ**　鰯《いわし》類は群れで遊泳するため大量に漁獲できる。近世では九十九里浜の地曳網での漁が著名P.198。

2-2 **干鰯《ほしか》**(復元)　鰯を1カ月弱天《てん》日《び》で乾燥させたのが「干鰯」。　千葉県立中央博物館蔵

2-3 **〆粕**(復元)　鰯や鰊《にしん》などの魚類や胡麻・豆などから油を搾り取った残り粕《かす》が「〆粕《しめかす》」。　千葉県立中央博物館蔵

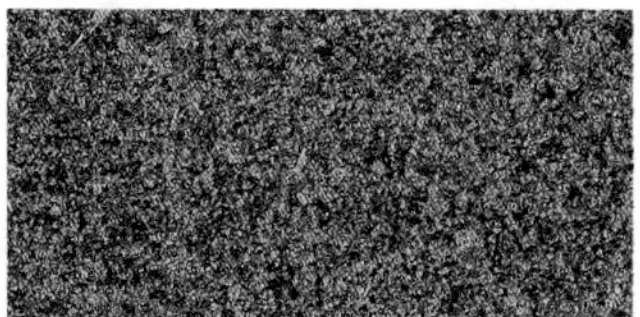

2-4 **油粕**　油菜の菜種や綿実，荏《え》胡麻《ごま》から油を搾《しぼ》った粕が「油粕《あぶらかす》」。金肥《きんぴ》の普及も商品作物の栽培増大要因。

2A 下肥《しもごえ》をめぐる江戸と近郊農村

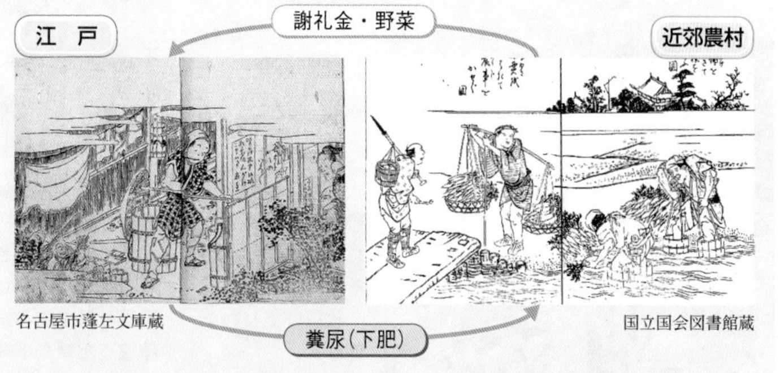

名古屋市蓬左文庫蔵　　国立国会図書館蔵

解説 江戸市民が排泄《はいせつ》する糞尿《ふんにょう》は農民にとって貴重な肥料(下肥)であり，農民は武家《ぶけ》屋敷《やしき》・商家・裏長屋等と契約して糞尿を汲《く》み取った。裏長屋の惣雪隠《そうせっちん》＝共同便所の糞尿(左)は部《へ》切船《きりふね》という専用船により近郊の農村に運ばれ，練馬大根《ねりまだいこん》(右)等の特産の農産物を生み出した。下肥の代償《だいしょう》として相応《そうおう》の謝礼《しゃれい》金や野菜が支払われたが，裏長屋の場合は管理人である大家の収入となった。

1 塩

解説 日本には岩塩や塩湖が存在しないので，原始から現在に至るまで，塩は海水から採取している。また，日本は多雨多湿であるため天日製塩ができず，塩は海水を煮詰めてつくる。塩は交易品・税としても重要品で，古代では調《ちょう》や庸《よう》として都に送られ，荘園制のもとでは瀬戸内から年貢として送られた。製塩は縄文時代からすでに行われていたと推定され，古代ではホンダワラなどの海藻を焼いてつくる藻塩焼《もしおや》きという製法でつくられた。中世になると海水を人力で塩浜まで汲《く》み揚げる揚浜式《あげはましき》塩田が開発された。近世では潮の干満を利用して自然に海水を導入する入浜式《いりはましき》塩田が広まった。いずれも砂浜で海水を凝縮して鹹水《かんすい》(濃い塩水)をつくり，煮詰めて塩を結晶させる。

1A 藻塩焼《もしおや》き

東京・たばこと塩の博物館蔵

1-1 藻塩焼きの復元ジオラマ(古墳時代)

❶海藻を刈り取り砂浜に干す。
❷干した海藻に海水をかけ，鹹水《かんすい》を採る。
❸鹹水を入れた製塩土器を煮詰めて塩を採る。

1B 揚浜式塩田《あげはましきえんでん》 P.152

❶塩浜に海水を汲み揚げる。

1-2 能登《のと》の揚浜 石川県珠洲市・1978年撮影

❷汲み揚げた海水を塩浜にまく。

1C 入浜式塩田《いりはましきえんでん》 P.198

1-3 赤穂《あこう》の大規模塩田(大日本物産図会 播磨国赤穂塩浜之図) 遠浅で日照時間の長い瀬戸内地方は製塩業が盛んとなった。特に赤穂の塩は特産品として全国的に有名な銘柄となった。絵図中の煙が上がる小屋は鹹《かん》水《すい》を煮詰める釜屋《かまや》。

東京・たばこと塩の博物館蔵

2 煙草(タバコ)

2-1 煙草 ナス科タバコ属の一年草。乾燥・発酵させた葉を細かく刻み喫煙に供する。近世初頭の南蛮貿易で日本にもたらされ，各地に栽培が普及した。江戸時代初期には栽培がたびたび禁止されたが，その後は本田・畑以外での栽培が許可され，嗜《し》好品《こうひん》を代表する商品作物となった。

2A 煙草ができるまで

(❶〜❸「薩隅煙草録《さつぐうえんそうろく》」国立国会図書館蔵)

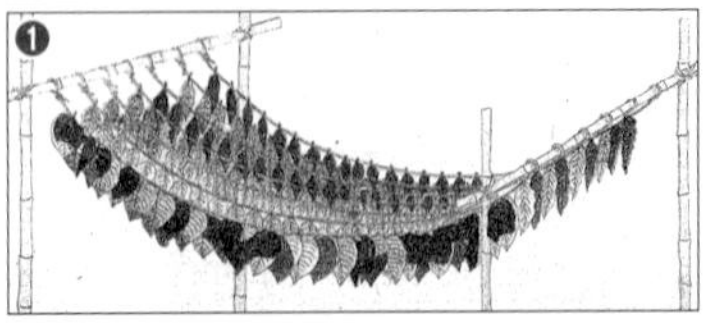

❶熟した下葉を摘み取り，吊るして干す。

❷茎と葉を分け，葉を束ねて薦《こも》(むしろ)に包む。

❸湿らせた葉を樽に詰めて発酵させ，その後，葉を一枚一枚広げてしわを伸ばす。

3 櫨《はぜ》

3-1 櫨(左)とその実(右) ウルシ科ウルシ属の低木で，果実を蒸し，圧搾《あっさく》して生蠟《きろう》(木蠟《もくろう》)がつくられる。これが和蠟燭《ろうそく》や髪を整える鬢付油《びんつけあぶら》の原料となる。中世では松脂《まつやに》をこねた蠟燭がつくられたが，室町期には漆《うるし》の果実から生蠟がつくられるようになった。江戸時代には櫨が一般的となり，西日本で盛んに栽培された。

3A 蠟ができるまで

❶黄櫨の実を踏臼《ふみうす》でつぶす。つぶした実はふるいにかけ，粉と仁《さね》に分ける。
❷粉を蒸し，蒸し上がった粉を俵に詰める。
❸蒸し粉を絞る。
❹絞った蠟を小鉢に流し入れて固める(生蠟)。
❺生蠟を湯に入れ，底のない籠を立てた中に溶け出てくる蠟を汲《く》み取る。
❻ふるいでこし，灰汁《あく》を入れてかき回し固める。
❼固めた蠟を削り，干す。干し上げた蠟は，水を加えて煮る→削る→干すを何度か繰り返す。

(❶〜❼「農家益」国立国会図書館蔵)

3-2 和蠟燭の製造 和紙や藺草《いぐさ》を巻いた芯に溶かした蠟をかけ，乾燥させる作業を繰り返す。

1 金の歴史

古代　金印など権威の象徴。東北地方などで砂金
中世　戦国期に武田氏の甲斐《かい》金山や上杉氏の佐渡《さど》金山などが開発
近世　金貨(一両小判)が貨幣の中心
近代　1897年，金本位制確立

1-1 自然金(上)**と砂金**(下)　金は一般に化合物をつくらず，錆《さ》びない。天然には自然金として産出され，石英脈《せきえいみゃく》中に存在する。岩石の風化により砂金としても採集される。世界中で富の象徴として扱われた。

1A 金製品

奈良文化財研究所蔵

1-2 飛鳥《あすか》寺の鎮壇具《ちんだんぐ》　銀は黒く変色しているが，金は古代の輝きのままである。

1-3 獅子《しし》図《ず》三所物《みところもの》(後《ご》藤祐乗《とうゆうじょう》作)　後藤家は室町時代～江戸時代にかけて彫金技術を極めた家系。銅と金の合金は「赤銅《しゃくどう》」といい，深い黒色となる。

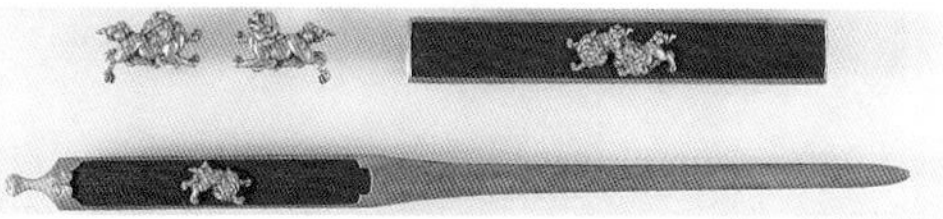

愛知・徳川美術館蔵

1B 佐渡《さど》金山

佐渡金銀山絵巻
新潟・佐渡市提供

1-4 坑道の掘削　佐渡《さど》金山は硬い岩盤におおわれていたため，たがねで採掘する坑道掘りが発達した。江戸時代は幕府が直轄した。

2 銀の歴史

古代　対馬で銀が産出
中世　戦国期に鉱山開発が進み，灰吹法《はいふきほう》により産出量が拡大。石見《いわみ》銀山では最盛期に世界の銀の3分の1を産出
近世　西日本では銀が貨幣の中心に

2-1 金銀鉱　電気や熱の伝導率が最も高い金属である。輝銀鉱《きぎんこう》などの硫化鉱物として産出するが，日本では単独の銀鉱床はなく，すべて金も含む金銀鉱として採掘される。精錬方法が複雑で，世界的には金より遅れて使用。

2A 灰吹法《はいふきほう》

2-2 2-4とも『大森銀山図解』中村俊郎氏蔵

2-2 灰吹《はいふき》のようす　16世紀，神屋《かみや》(谷)寿禎《じゅてい》が朝鮮で行われていた灰吹法(鉛《なまり》を灰に吸収させて分離し，銀を取り出す方法)を伝えた。石見銀山で初めて成功し，産出の急増をもたらした。

2-3 灰吹銀
島根・大田市教育委員会蔵

2B 石見《いわみ》銀山 世 ㊦出題

2-4 坑道内の排水のようす　戦国時代は，大内《おおうち》氏・尼子《あまご》氏・毛利《もうり》氏が支配。江戸時代は幕領。慶長期が最盛期で，以後しだいに衰退。

3 銅の歴史

古代　弥生時代には青銅器に使用。和同開珎《わどうかいちん》や東大寺大仏の鋳造にも使用
中世　16世紀初頭より精錬技術が進む
近世　別子《べっし》銅山・足尾《あしお》銅山などが開発され，寛永《かんえい》通宝《つうほう》の鋳造や長崎貿易の主要輸出品に

3-1 黄銅鉱《おうどうこう》　主要鉱石は黄銅鉱・輝銅鉱《きどうこう》など。展延性・柔軟性に富み，導電率が高いことから，電線・導線・建築材料など用途は広い。古代からスズとの合金の青銅が広く用いられた。

3A 棹銅《さおどう》

3-2 3-3すべて京都・住友史料館蔵

『鼓銅図録』

3-2 棹銅《さおどう》製作(左)**と棹銅**(右)　棹銅とは，近世の長崎貿易の輸出用に鋳造された棒状の銅製品。大坂の銅座で吹きたてられた。銅と鉛を分離する「南蛮吹《なんばんぶき》」の技術で，住友《すみとも》家は銅吹屋《どうふきや》の中心となり，別子《べっし》銅山など主要銅山を請け負って，銅の生産，精錬，貿易などを独占的に行った。

3B 別子《べっし》銅山

3-3 坑道内のようす(別子銅山絵巻)　17世紀末に開坑され，日本の産銅量の4分の1を産出し，日本の銅輸出の大黒柱であった。

4 主な鉱山の分布

P.198 1，P.244 2，P.276 1A

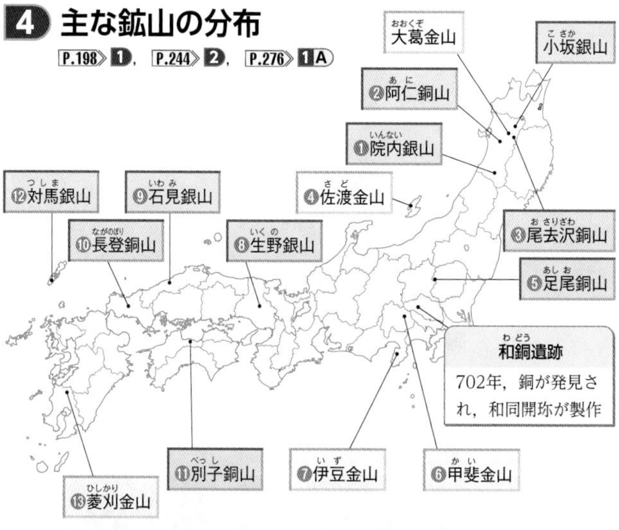

鉱山名	操業期間(世紀) 8 16 17 18 19 20 21	特徴
①院内銀山		江戸時代は秋田藩の経営。江戸時代日本最大の銀山
②阿仁銅山		江戸時代は秋田藩の経営
③尾去沢銅山		東大寺大仏や中尊寺にも使われたとの伝承。江戸時代には南部藩の経営で，17世紀末からは主要銅山に
④佐渡金山		1B参照
⑤足尾銅山		江戸時代には幕府の直轄。明治時代に渡良瀬《わたらせ》川の鉱毒事件が発生
⑥甲斐金山		武田氏が開発か？信玄の時代から慶長期に最盛期
⑦伊豆金山		17世紀前半が最盛期。以後衰退
⑧生野銀山		9世紀に創設との伝承。山名《やまな》氏・織田《おだ》氏・豊臣《とよとみ》氏を経て江戸幕府の直轄に
⑨石見銀山		2B参照
⑩長登銅山		東大寺大仏に使用
⑪別子銅山		3B参照
⑫対馬銀山		確認できる最古の銀山
⑬菱刈金山		現在，日本産金のほぼすべてを産出

原始・古代の日本と東アジア

中世の日本と世界(P.114) ▶

今から約４万年前の最終氷期に，現在の日本列島にあたる土地に人類が渡来した。その後温暖化とともに土器や弓矢などが使用されるようになり，狩猟採集を主な生業《なりわい》とする文化が形成された。紀元前10世紀～５世紀に大陸から水稲《すいとう》耕作や金属器が伝わり，北九州に農耕を基盤とする「クニ」が出現した。「クニ」を治めた首長はその力を強め，３世紀半ばには古墳をつくり始め，大和《やまと》地方の首長を中心に「ヤマト政権」が誕生した。「ヤマト政権」は氏姓制度などに基づいた「大王」を中心とする政治制度を整え，東アジアにおける政治的な緊張関係の中で，中央集権国家をめざす改革を進めた。中国にならって「律令」を施行し，平城京を建設して，中央集権化を完成した。

８世紀末からは律令制度の変質の中で，桓武《かんむ》天皇が平安京に遷都して新しい政治を始めた。律令制度は次第に変質・解体し，全国に荘園が形成されるようになり，都では藤原氏が権力を強め，摂関政治が始まった。荘園を基盤とした地方の武士の力が強まる中，院政が形成されると，権力者間の対立も深まり，武士の世に変化していった。

旧石器時代

人類の登場	50万年前	北京《ペキン》原人
	20万年前	ネアンデルタール人
	5万年前	クロマニョン人
	3万5000年前	**日本列島で石器《せっき》の使用**
	1万8000年前	沖縄で港川人《みなとがわじん》

縄文時代

土器使用と定住化	1万3000年前頃	**土器《どき》の使用が始まる**
	1万年前頃	大型ほ乳類ほぼ全滅
		温暖化が始まる
		日本列島ができる
	6500年前頃	**本格的な定住《ていじゅう》が始まる**
	B.C.3000	エジプト文明
	5500年前頃	青森の三内丸山《さんないまるやま》で大規模集落が営まれる
	B.C.2500	黄河《こうが》文明
	B.C.2300	インダス文明
	B.C.1500	殷《いん》王朝おこる

弥生時代

水稲農耕とクニの出現	B.C.900頃	**大陸から水稲農耕《すいとうのうこう》が伝わる**
	B.C.221	秦《しん》の始皇帝《しこうてい》，中国統一
	B.C.1C頃	**青銅器《せいどうき》が国産化される**
	A.D.25	光武帝《こうぶてい》，漢(後漢)再興
	57	倭《わ》の奴国《なこく》の王，後漢に遣使
	2C初	ローマ帝国，領土が最大に
	2C中	**倭国大乱**
	226	ササン朝ペルシア成立
	239	邪馬台国《やまたいこく》の女王卑弥呼《ひみこ》，魏《ぎ》に遣使
	250	ローマ帝国のキリスト教迫害《はくがい》

古墳時代(～飛鳥時代初期)

古墳の造営とヤマト政権の成立	3C中	**前方後円墳《ぜんぽうこうえんふん》がつくられる**
	4C前	**ヤマト政権の地方支配が進む**
	375	ゲルマン民族の大移動
	4C末	倭が高句麗《こうくり》と戦う
	395	ローマ帝国東西に分裂《ぶんれつ》
	476	西ローマ帝国滅亡《めつぼう》
	478	倭王武《ぶ》，中国南朝に遣使
	570頃	ムハンマド誕生
	7C	**前方後円墳がつくられなくなる**
	618	唐《とう》建国
	626頃	石舞台古墳《いしぶたいこふん》がつくられる
	646	薄葬令《はくそうれい》(墳墓の築造を簡素化)

(古墳時代末期～)飛鳥時代

推古朝の政治	538	仏教公伝
	581	隋《ずい》建国
	593	**厩戸王《うまやと》(聖徳太子《しょうとくたいし》)，推古《すいこ》天皇の政治を補佐する**
	603	冠位十二階《かんいじゅうにかい》の制定
	604	憲法十七条の制定
	607	小野妹子《おののいもこ》を隋に派遣
	618	唐《とう》建国
	630	第１回遣唐使を派遣
	645	**乙巳《いっし》の変**
律令国家への道	660	百済《くだら》(ペクチェ)滅亡
	663	白村江《はくそんこう(はくすきのえ)》の戦い
	668	高句麗《こうくり》(コグリョ)滅亡
	672	壬申《じんしん》の乱
	676	新羅《しらぎ》(シルラ)，朝鮮半島統一
	694	藤原京《ふじわらきょう》へ遷都
		＊白鳳《はくほう》文化が隆盛
	698	渤海《ぼっかい》建国
	701	**大宝律令《たいほうりつりょう》の制定**

奈良時代

律令国家の成立	710	**平城京《へいじょうきょう》へ遷都**
	712	『古事記《こじき》』がつくられる
	718	養老律令《ようろうりつりょう》の制定
	724	聖武《しょうむ》天皇即位
	729	**長屋王《ながやおう》の変**
		＊天平《てんぴょう》文化が隆盛
	740	藤原広嗣《ひろつぐ》の乱
政局の動揺	743	墾田永年私財法《こんでんえいねんしざいほう》
		大仏造立《だいぶつぞうりゅう》の詔
	752	**大仏開眼供養《かいげんくよう》**
	754	鑑真《がんじん》，東大寺に戒壇《かいだん》を築く
	755	安禄山《あんろくざん》・史思明《ししめい》の乱(～763)
	757	橘《たちばなの》 奈良麻呂《ならまろ》の変
道鏡政権	764	恵美押勝《えみのおしかつ》の乱
		孝謙《こうけん》上皇，重祚《ちょうそ》し称徳《しょうとく》天皇となる
	765	道鏡《どうきょう》，太政大臣禅師《ぜんじ》となる
	769	宇佐八幡神託《うさはちまんしんたく》事件
桓武天皇の政治刷新	770	光仁《こうにん》天皇即位
	780	唐で両税法施行
	781	桓武《かんむ》天皇即位
	784	長岡京《ながおかきょう》へ遷都
	786～809	アッバース朝全盛期

平安時代

平安京遷都	781	桓武天皇の即位(～806)
	784	長岡京《ながおかきょう》への遷都
	794	**平安京への遷都**
	797	坂上田村麻呂《さかのうえのたむらまろ》を征夷大将軍《せいいたいしょうぐん》に任命
	805	徳政相論，平安京造営を中止
		最澄，天台宗を開く
	806	空海，真言宗を開く
律令制の解体・藤原北家の台頭	810	藤原冬嗣《ふゆつぐ》を蔵人頭《くろうどのとう》に任命
		平城太上《へいぜいだいじょう》天皇の変(薬子《くすこ》の変)
	842	承和《じょうわ》の変，恒貞《つねさだ》親王の廃太子
	858	清和《せいわ》天皇，９歳で即位，藤原良房《よしふさ》，実質上の摂政《せっしょう》
	866	**応天門《おうてんもん》の変。良房を正式の摂政に任命**
	884	陽成《ようぜい》天皇を廃位，藤原基経《もとつね》，実質上の関白《かんぱく》
	887	基経を正式の関白に任命，阿衡《あこう》の紛《ふん》議《ぎ》(～888)
	894	遣唐使派遣を中止
	901	菅原道真《すがわらのみちざね》を大宰府《だざいふ》に左遷
	902	延喜《えんぎ》の荘園整理令，最後の班田《はんでん》実施
	907	唐の滅亡
	938	空也《くうや》，京で浄土教を説く
	939	**平将門《たいらのまさかど》の乱**(～40)
		藤原純友《すみとも》の乱(～41)
摂関政治の確立	960	宋《そう》の成立
	969	安和《あんな》の変，左大臣源高明《みなもとのたかあきら》を大宰府に左遷
	988	尾張国郡司百姓等解《おわりのくにぐんじひゃくしょうらげ》
	1016	**藤原道長《みちなが》を摂政に任命**
	1019	刀伊《とい》の入寇《にゅうこう》
	1028	平忠常《たいらのただつね》の乱(～31)
	1051	前九年《ぜんくねん》合戦(～62)
院政の開始・平氏政権	1068	後三条《ごさんじょう》天皇の即位
	1069	延久《えんきゅう》の荘園整理令
	1083	後三年《ごさんねん》合戦(～87)
	1086	**白河《しらかわ》上皇，院政の開始**
	1108	平正盛《たいらのまさもり》，源義親《よしちか》の乱を平定
	1156	**保元《ほうげん》の乱**
	1159	**平治《へいじ》の乱**
	1167	平清盛《きよもり》を太政大臣《だいじょうだいじん》に任命
	1177	鹿ヶ谷《ししがだに》の陰謀
	1179	**清盛の軍事独裁，**後白河院政を停止
	1180	以仁王《もちひとおう》挙兵。源頼朝《よりとも》挙兵

古代文明と縄文世界～前2000年紀の世界～

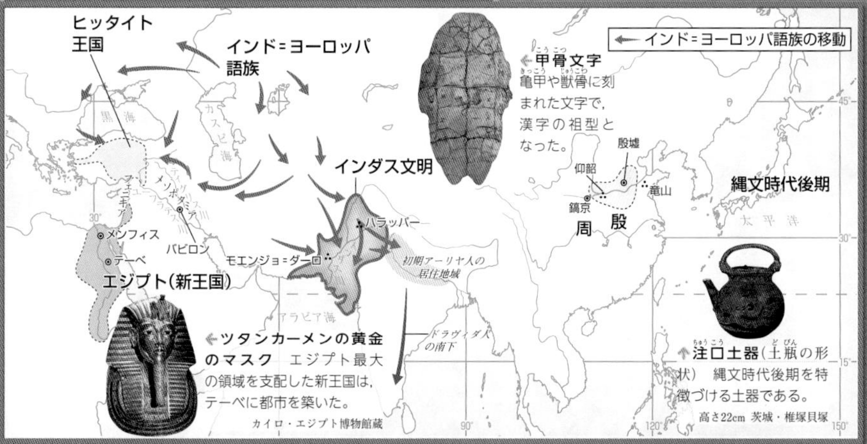

甲骨《こうこつ》文字　亀甲《きっこう》や獣骨《じゅうこつ》に刻まれた文字で，漢字の祖型となった。

ツタンカーメンの黄金のマスク　エジプト最大の領域を支配した新王国は，テーベに都市を築いた。
カイロ・エジプト博物館蔵

注口《ちゅうこう》土器（土瓶《どびん》の形状）　縄文時代後期を特徴づける土器である。
高さ22cm 茨城・椎塚貝塚

東アジア世界と倭《わ》～2世紀の世界～

弥生の戦士

大陸からの文化流入～5世紀の世界～

考えてみよう1

5世紀の東アジアの政治状況は，日本にどのような影響を与えたのだろうか。

大帝国唐の繁栄と遣唐使の道～8世紀～

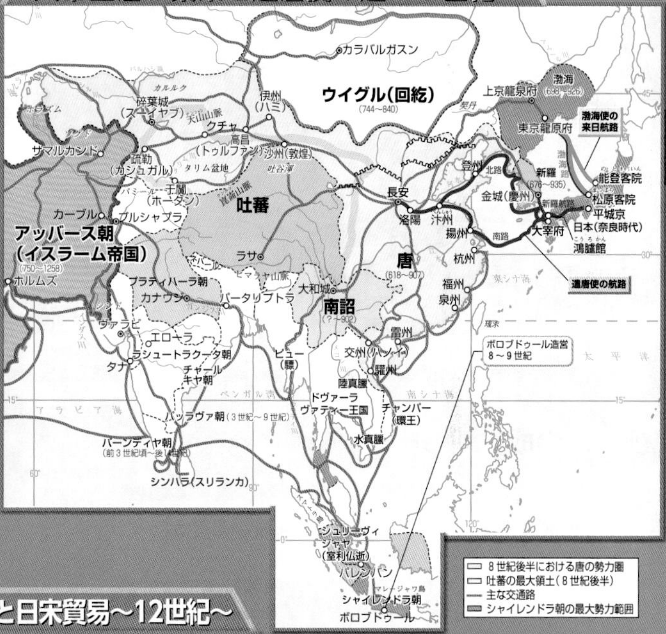

宋の成立と平安時代の日本～11世紀～

中国周辺諸国の自立と日宋貿易～12世紀～

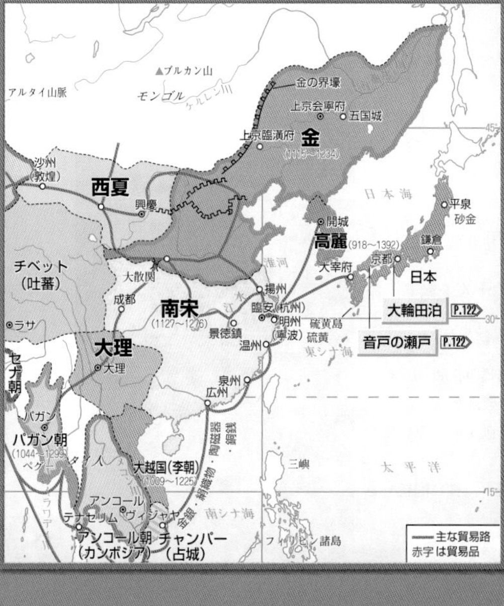

考えてみよう2

唐帝国の発展は，周辺諸国にどのような影響を与えたのだろうか。

考えてみよう3

11～12世紀の東アジア世界の変化は，日本の文化をどのように変質させたのだろうか。

原始・古代の日本と東アジア

❶農耕社会へ

⇦**縄文時代の村のようす**　長野県塩尻市の平《ひら》出《いで》遺跡の復元図。
塩尻市立平出博物館蔵

⇩**弥生水田の復元**
大陸から九州北部に水稲農耕が伝わり，日本列島に広まった。
佐賀・菜畑遺跡

考えてみよう４

なぜ弥生時代になると，村落の景観が変化したり，傷ついたことが分かる人骨が出土したりするようになるのだろうか。

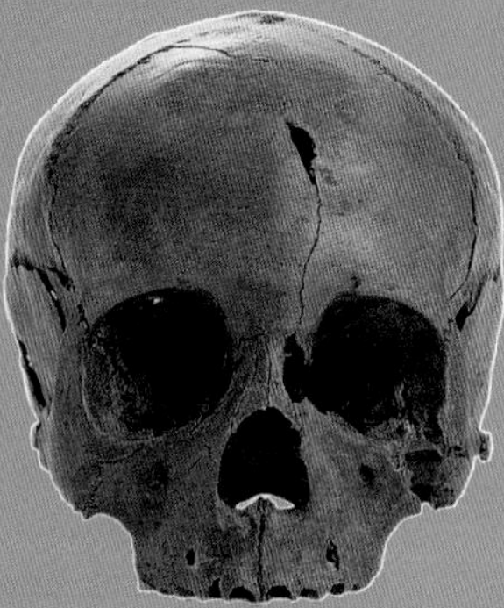

高さ17.2cm
幅　13.3cm

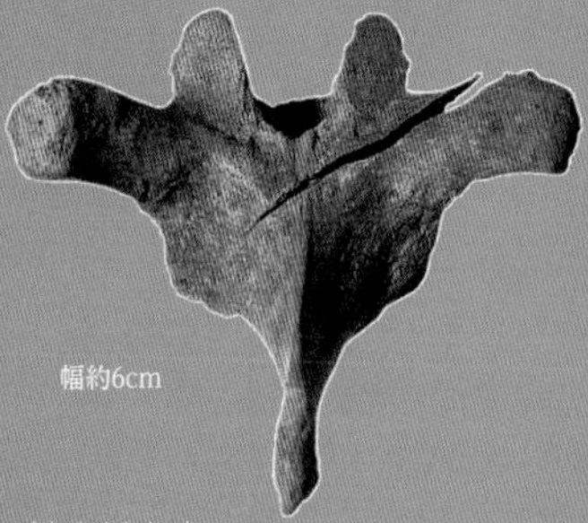

幅約6cm

⇩**弥生時代の集落のようす**　佐賀県の吉野ケ里《よしのがり》遺跡を復元した模型。中央に２階建ての楼閣《ろうかく》が立っており，二重の壕《ほり》に囲まれた環濠集落である。見張り台のような櫓《やぐら》も見える。

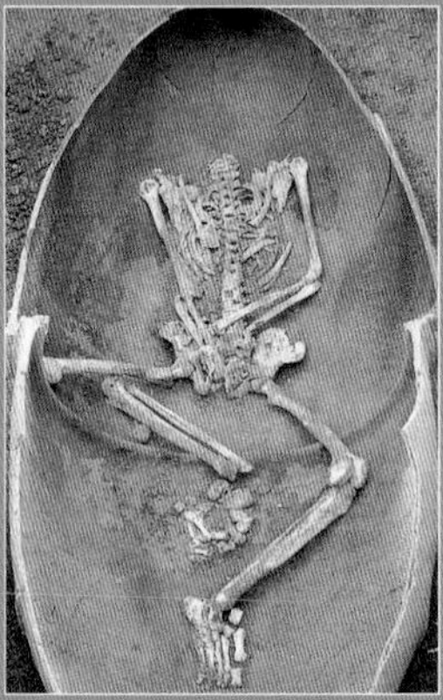

⇧**吉野ケ里遺跡で発見された甕棺墓《かめかんぼ》**
佐賀・吉野ケ里遺跡
佐賀県教育委員会提供

⇧**青谷上寺地《あおやかみじち》遺跡の人骨**　弥生時代中後期の遺跡からは，殺傷痕《さっしょうこん》をもった人骨が出土する。上の頭蓋骨《ずがいこつ》には頭部に矢じりの跡が残る。下の胸椎《きょうつい》にも殺傷痕が残っている。
鳥取県埋蔵文化財センター，鳥取大学医学部機能形態統御学講座形態解析学分野提供

❷クニの成立

考えてみよう５

九州北部の「クニ」はなぜ，中国の王朝に使いを送ったのだろうか。

中国の史書に書かれている日本

○『漢書《かんじょ》』地理志《ちりし》

夫《そ》れ楽浪海中《らくろうかいちゅう》に倭人《わじん》有り。分れて百余国と為《な》る。歳時《さいじ》を以《もっ》て来《きた》り，献見《けんけん》すと云《い》ふ。

(現代語訳)朝鮮の楽浪郡の海の向こうに住む倭人は100余りの小国に分かれている。彼らは定期的に楽浪郡に使者を送って貢物を持ってあいさつに来るという。

○『後漢書《ごかんじょ》』東夷伝《とういでん》

建武中元《けんむちゅうげん》二年，倭の奴国《なこく》，奉貢朝賀《ほうこうちょうが》す。……光武《こうぶ》賜《たま》ふに印綬《いんじゅ》を以《もっ》てす。

安帝《あんてい》の永初《えいしょ》元年，倭の国王帥升等《すいしょうら》，生口《せいこう》，百六十人を献《けん》じ，請見《せいけん》を願ふ。

桓《かん》・霊《れい》の間，倭国大いに乱れ，更々相攻伐《こもごもあいこうばつ》し，歴年主《れきねんあるじ》なし。

(現代語訳)建武中元２(57)年，倭の奴国は使者を都に送り，貢物を奉じてあいさつに来た。……これに対して光武帝は印綬を与えた。

安帝の永初元(107)年，倭国王帥升等は奴隷160人を献上し，皇帝にお会いしたいと願った。

桓帝と霊帝の時代(２世紀後半)に，倭国は内乱が続き，長い間統一されなかった。

重さ109g

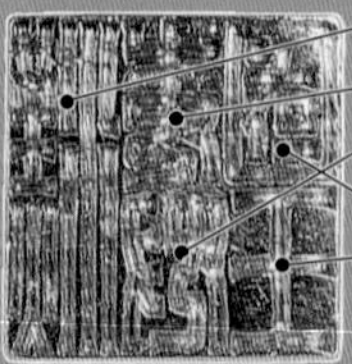

１辺2.3cm(後漢の一寸)
⇧**金印**
国福岡市博物館蔵
＊読みは２説あり，「漢《かん》の委奴《いと》(伊都)の国王」との読み方もある。

⇩**九州北部のクニの分布**

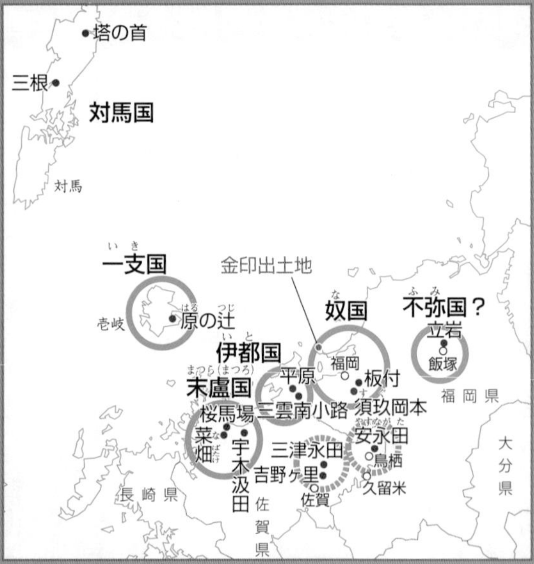

解説 奴国は，福岡市付近にあったクニと考えられている。

中国鏡(復元)　福岡・春日市奴国の丘歴史資料館蔵

■解説■ 福岡県の伊都国の首長墓があったと考えられる平原遺跡からは，中国製の大量の銅鏡，鉄製大刀などが出土している。また奴国の首長墓があったと考えられる須玖岡本遺跡では弥生時代中期後半の鉄器製作途上の遺物が発見されており，鉄器生産が想定される。さらにガラス玉の工房跡も見つかっている。また青銅器鋳造の関係遺跡も発見されている。

青銅武器類
東京国立博物館蔵，写真提供：九州国立博物館

❸「魏志《ぎし》」倭人伝《わじんでん》の世界

考えてみよう6

邪馬台国《やまたいこく》は「国家」といえるだろうか。

国家とは

一定の地域に住む人々を支配統治する組織。特に近代，一定の領土を有し，そこに居住する人々で構成され，一つの統治組織を持つ団体。基本条件として，国民・領土・統治権の３つの要素を必要とする。（『日本国語大辞典』）

「魏志」倭人伝

●倭人《わじん》は帯方《たいほう》の東南大海《とうなんたいかい》の中《なか》にあり，山島《さんとう》に依《よ》りて国邑《こくゆう》をなす。旧百余《もとひゃくよ》国。漢《かん》の時朝見《ちょうけん》する者あり，今，使訳《しやく》通ずる所三十国。……南，邪馬壹国《やまたいこく》に至る，女王の都《みやこ》する所，水行十日陸行一月。

(現代語訳)倭人は帯方郡の東南方の大海の中にあって，山がちな島に国をつくっている。もと100余国に分かれていた。漢代に朝貢する者があったが，現在魏に使者(や通訳)を送って来る国は30国である。……そこから南へ船で10日さらに陸路を１カ月(船で10日または陸路１カ月)で邪馬台国に着く。女王が都をおいているところである。

●その法を犯《おか》すや，軽き者はその妻子を没《ぼっ》し，重き者はその門戸《もんこ》および宗族《そうぞく》を没す。……租賦《そふ》を収む，邸閣《ていかく》あり，国国市《いち》あり。有無を交易し，大倭《だいわ》をしてこれを監《かん》せしむ。

……下戸《げこ》，大人と道路に相逢《あ》へば，逡巡《しゅんじゅん》して草《そう》に入り，辞を伝へ事を説くには，或は蹲《うずくま》り或は跪《ひざまず》き，両手は地に拠《よ》り，これが恭《きょう》敬《けい》を為《な》す。

(現代語訳)もし法を犯した場合は，軽罪の者は妻子を取り上げて奴隷とされ，重罪の者はその家族及び親類一族までも奴隷とされる。……租税を納め，それを収める倉庫があり，各国に市がある。ここで産物を交易し，大倭にこれを監督させている。

……身分の低い人が身分の高い人と道で出会うと，後ずさりして草むらに入り，話をする時は，うずくまるかひざまずき，両手を地につけて，つつしみうやまう。

●その国，本《もと》また男子を以《もっ》て王となし，住《とど》まること七，八十年。倭《わ》国乱れ，相攻伐《あいこうばつ》すること歴年《れきねん》，乃《すなわ》ち共に一女子を立てて王となす。名づけて卑弥呼《ひみこ》といふ。鬼道《きどう》に事《つか》へ，能《よ》く衆《しゅう》を惑《まど》はす。

(現代語訳)邪馬台国では，前は男王を立てて，7，80年過ごしたが，倭国内が乱れて，何年間も戦争が続いたので，共同で一人の女子を王として立てた。この女王の名は卑弥呼といい，呪術にたくみで，人民をうまく信頼させ支配している。

●景初《けいしょ》二年*六月，倭《わ》の女王，大夫難升米《たいふなしめ》等《ら》を遣はして郡に詣《いた》り，天子に詣りて朝献《ちょうけん》せむことを求む。……

その年十二月，詔書《しょうしょ》して倭の女王に報じて曰《いわ》く，「……今汝を以て親魏倭王《しんぎわおう》となし，金印紫綬《しじゅ》を仮《ゆる》し，装封《そうふう》して帯方の太守《たいしゅ》に付し仮授《かじゅ》せしむ。……」と。……

(現代語訳)景初３(239)年６月，倭の女王が大夫難升米らを帯方郡に派遣し，魏の皇帝に謁見して朝貢することを求めた。……

その年12月，詔書で倭の女王に報じられたのは「……今，あなたを親魏倭王に任じ，金印紫綬を授けるが，これは封をして帯方郡長官にことづける。……」というものだった。……

＊景初３(239)年の誤りとするのが通説。

卑弥呼《ひみこ》の復元
大阪府立弥生文化博物館蔵

箸墓古墳《はしはか》と三輪山　畿内や西日本の王たちは，巨大な古墳を造営した。
奈良・桜井市

現在の纒向《まきむく》遺跡

■解説■ 奈良盆地の東南部の桜井市に纒向遺跡がある。纒向遺跡は弥生時代の最終盤の２世紀の終わりに突然出現した集落である。その規模は東西２㎞，南北1.5㎞という国内でもまれにみる大型遺跡である。この遺跡では2009(平成21)年に大型建物群跡が発見された。また土木用の鋤《すき》ばかりが発見され，農耕用の鍬《くわ》はほとんど見つからない。さらに出土する土器を見ると山陰地方から関東地方の広い範囲の土器が発見されている。また，すぐ隣接して出現期の大型の前方後円墳である箸墓や渋谷向山古墳《しぶたにむこうやま》(景行《けいこう》天皇陵)があり，古くから初期ヤマト政権の故地と考えられてきた。

大型建物群復元模型
奈良・桜井市教育委員会蔵

原始・古代の日本と東アジア

❹倭の五王の時代

⇩5世紀前半の東アジア

■解説■ 5世紀のヤマト政権はしばしば中国王朝に使いを派遣した。5人の王の名が知られ倭の五王という。最後の武《ぶ》と考えられる「ワカタケル」の名を記した鉄剣が，埼玉県の稲荷《いなり》山《やま》古墳から出土している。

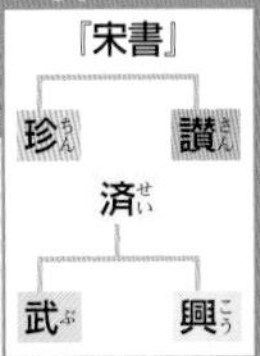

倭王武《わおうぶ》の上表文

●……興《こう》死して弟武《ぶ》立ち，自ら使持節都督倭《しじせつととくわ》・百済《くだら》・新羅《しらぎ》・任那《みまな》・加羅《から》・秦韓《しんかん》・慕韓《ぼかん》七国諸軍事，安東大将軍《あんとうだいしょうぐん》，倭国王《わこくおう》と称す。

順帝《じゅんてい》の昇明《しょうめい》二年《(四七八)》，使を遣はして表を上《たてまつ》る。曰く，「封国《ほうこく》は偏遠《へんえん》にして，藩《はん》を外《そと》に作《な》す。昔より祖禰躬《そでいみずか》ら甲冑《かっちゅう》を擐《つらぬ》き，山川《さんせん》を跋渉《ばっしょう》し，寧処《ねいしょ》に遑《いとま》あらず。東は毛人《もうじん》を征《せい》すること五十五国，西は衆夷《しゅうい》を服《ふく》すること六十六国，渡りて海北《かいほく》を平《たいら》ぐること九十五国。王道融泰《ゆうたい》にして，土を廓《ひら》き畿《き》を遐《はる》かにす。……」と。

(『宋書《そうじょ》』倭国伝)

(現代語訳)……興が死んで弟の武が即位し，自ら「使持節都督倭・百済・新羅・任那・加羅・秦韓・慕韓七国諸軍事，安東大将軍，倭国王」と称した。

順帝の昇明2(478)年，武は使者を派遣して上表し，次のように述べた。「私の国は中国からはるか遠くにあり，辺鄙《へんぴ》なところを支配しています。昔から私の祖先は自ら甲冑をつけ，山河をかけめぐり，休む暇もなく国土の平定に努めました。東の蝦夷《えみし》の55国，西の熊襲《くまそ》等の66国，海を渡り朝鮮の95国を平定しました。王権が行き届いて平安で，国土も広大です。……」と。

考えてみよう7

なぜ，倭王武は中国王朝の皇帝に手紙を送ったのだろうか。当時の東アジアの政治状況を考慮して，考えてみよう。

⇦稲荷山《いなりやま》古墳出土鉄剣　畿内で成立したヤマト政権は，地方に支配を広げていった。　埼玉・行田市
国長さ73.5cm　文化庁蔵　埼玉県立さきたま史跡の博物館提供

⇨鉄鋌《てってい》(鉄素材)
奈良　ウワナベ6号墳
宮内庁書陵部蔵

⇨鉄滓《てっさい》・フイゴの羽口
奈良　南郷遺跡群

■解説■ 5世紀の古墳からは鉄鋌や甲冑《かっちゅう》・刀などが大量に出土する。また鉄滓やフイゴの羽口など出土する鉄器生産の工房も発見されている。しかし日本で製鉄が始まったのは6世紀からで，それまでは南朝鮮の鉄山で採掘される鉄鉱石に頼っていたことがわかっている。倭王武の上表文には「祖先は自ら甲冑をつけ」と記している。ヤマト政権は武具となる大量の鉄を必要としていた。

⇨甲冑と武器

❺東アジア激動の時代

■解説■ 倭は2万7千の大軍を半島に送ったが，663年白村江《はくそんこう》《はくすきのえ》で唐・新羅《しらぎ》《しんら》連合軍に大敗した。白村江の戦いの敗戦のあと，大宰府防衛のために水城や大野城・鞠智《きくち》城が築造された。

⇨全長80mにおよぶ木樋《もくひ》(木製の水路)の底板
九州歴史資料館蔵

考えてみよう8

なぜ，7世紀以降，日本では中央集権国家の形成がめざされたのだろうか。

⇦大野《おおの》城の百間《ひゃっけん》石垣　最下部の幅9m，高さ8mの石垣が，6.2kmにわたり取り囲んでいる。　福岡県太宰府市

⇩水城《みずき》跡　大宰府《だざいふ》の北，全長約1km・高さ約14mの堤。　福岡県太宰府市

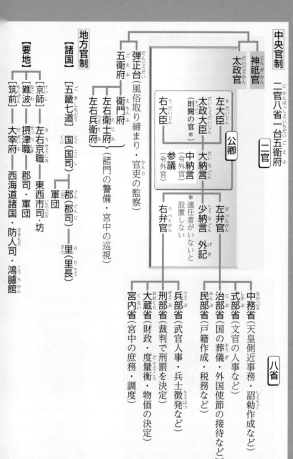

中央官制　二《に》官《かん》八《はっ》省《しょう》一《いち》台《だい》五《ご》衛《え》府《ふ》

二官
- 神祇官《じんぎかん》
- 太政官《だいじょうかん》
  - **公卿**
    - 左大臣《さだいじん》
    - 太政大臣《だいじょうだいじん》(則闕《そっけつ》の官＊)
    - 右大臣《うだいじん》
    - 大納言《だいなごん》
    - 中納言(令外官)
    - 参議(令外官)
  - 左弁官《さべんかん》
  - 少納言《しょうなごん》
  - 外記《げき》
  - 右弁官《うべんかん》

＊適任者がいないと設置しない

八省
- 中務省《なかつかさ》(天皇側近事務・詔勅《しょうちょく》作成など)
- 式部省《しきぶ》(文官の人事など)
- 治部省《じぶ》(国の葬儀《そうぎ》・外国使節の接待など)
- 民部省《みんぶ》(戸籍作成・税務など)
- 兵部省《ひょうぶ》(武官人事・兵士徴発《ちょうはつ》など)
- 刑部省《ぎょうぶ》(裁判で刑罰を決定)
- 大蔵省《おおくら》(財政・度量衡《どりょうこう》・物価の決定)
- 宮内省《くない》(宮中の庶務・調度)

弾正台《だんじょうだい》(風俗取り締まり・官吏《かんり》の監察)

五衛府《ごえふ》
- 衛門府《えもんふ》
- 左右衛士府《えじふ》
- 左右兵衛府《ひょうえふ》

(諸門の警備・宮中の巡視)

地方官制

【諸国】
[五畿七道《ごきしちどう》]　国《くに》(国司《こくし》)―郡《ぐん》《こおり》(郡司《ぐんじ》)―里《り》《さと》(里長《りちょう》)
　　　　　　　　　　　　　　　　　└軍団

【要地】
[京師《けいし》]―左右京職《さきょうしき》―東西市司《いちのつかさ》・坊
[難波《なにわ》]―摂津職《せっつしき》―郡司・軍団
[筑前《ちくぜん》]―大宰府《だざいふ》―西海道諸国・防人司《さきもり》・鴻臚館《こうろかん》

長安城《ちょうあんじょう》

平城京

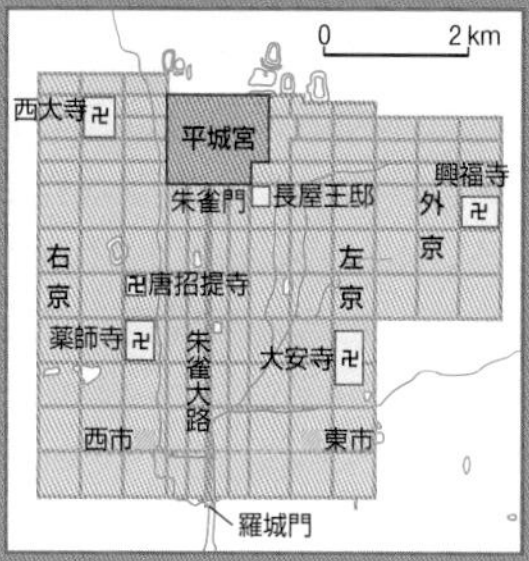

上京竜泉府《じょうけいりゅうせんふ》(渤海)

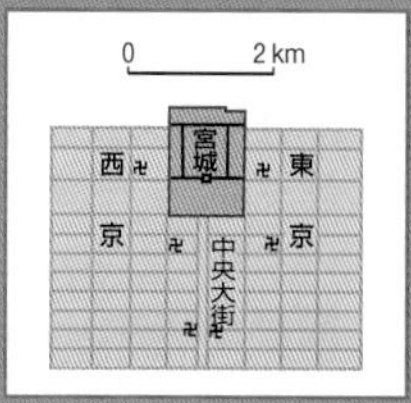

▲ 道教寺院　巛 ゾロアスター教寺院
卍 仏寺　† 景教寺院

解説 唐の都長安は，宮城から南に延びる朱雀《すざく》門街を軸に東西に広がる広大な都市であり，周辺諸国の首都のモデルとなった。長安には周辺諸国から朝貢のための使節や多くの留学生，商人たちが集まった。また仏教や道教のほか，ネストリウス派のキリスト教やゾロアスター教などの寺院もつくられた。胡人(イラン系)も多く移住してきており，その風俗が唐文化の文物にもみられる。

❻古代社会の成熟

考えてみよう９

天平文化はどのような特色をもっていたのだろうか。

↑**合子《ごうし》(正倉院《しょうそういん》宝物・模造)**　合子とは碁石入れである。２羽の鸚鵡《おうむ》が旋回《せんかい》している。周囲の連珠の文様と共にペルシア起原である。
宮内庁正倉院事務所蔵

↑**絹の敷物(正倉院宝物・模造)**　敷物の文様はヤシの木の下に獅子が２頭，黒人を思わせる人物が配されている。
宮内庁正倉院事務所蔵

→**唐招提寺《とうしょうだいじ》鑑真《がんじん》像**
鑑真は中国から日本に戒律を伝えるため渡来した。
国　像高79.7cm　奈良

←**磁鼓《じこ》(正倉院宝物・模造)**
唐三彩《とうさんさい》という当時中国で流行した文様が用いられている。
宮内庁正倉院事務所蔵

←**伎楽《ぎがく》面(正倉院宝物・模造)**　伎楽は中国南部由来の仮面劇で，日本では寺院での儀式の際に演じられた。
宮内庁正倉院事務所蔵

資料に基づく時代の概観から「時代を通観する問い」の表現へ

資料に基づいて，原始・古代の歴史を概観してきました。「考えてみよう」という問いかけを受けて，資料を読み取りその解答を考えたと思います。

次にその解答を考え合わせて，原始・古代という時代の特色を探究するための**「時代を通観する問い」**をつくりましょう。これは，時代の転換を捉え，これからの学習の筋道や方向性を導くための問いとなります。

一人ひとりが解き明かしたい問いをつくり，さらに，「それは○○だったからではないだろうか」といった**仮説を立て**，原始・古代という時代の特色を探究していきましょう。

特集 史資料と時代の展望 古代—木簡から古代社会を考える

木簡とは，書写の材料に木材を用いるものの総称で，古代から中世・近世，現代まで用いられている。しかし木簡が多量に用いられた時代は，大化改新から奈良時代にかけてであり，出土した木簡の大部分はこの時代のものである。藤原宮や平城宮，長屋《ながや》王邸，さらに地方の官衙《かんが》などから木簡が見つかっており，38万点(2018年現在)以上の木簡が出土している。なぜこの時代に木簡が大量に使われたのだろうか。古代の木簡がどのように使われていたのかを探究して，この時代の特色を考えてみよう。

木簡の読み解きポイント

- どのような用途で使用されたのだろうか(荷札・伝票，通信・伝達，過所，呪符など)。
- いつ書かれたものなのだろうか。
- 誰から誰に送られたものなのだろうか(人名・役職名・官庁名など)。
- (荷札などの場合)品目や税目などは何だろうか。
- (通信などの場合)どのような情報を伝えたのだろうか。
- どのようなことがわかるだろうか(文献史料をどう補えるだろうか)。

1 木簡使用の始まり

戊
稲
稲
戊
申
年

解説 現在知られている限りでは，木簡は630年代から使用され始めたようである。左の木簡が現在，年代を記載した最古の木簡として知られている。大阪市の難波《なにわの》宮跡から出土したもので，「戊」「稲稲」「戊申年《つちのえさる》」と記載されている。戊申年は648年と推定される。この木簡より古い時代のものと推定される木簡も出土しているが，640年代から660年代のものは，多くても100点程度が発見されているのみである。天武《てんむ》天皇の時代に木簡の使用は急激に増加する。天武天皇4年(675)以降には年紀を記録した木簡がほぼ連続して見つかっている。7世紀から8世紀が木簡の時代である。

1-1 **難波宮跡出土木簡** 大阪府文化財センター蔵

資料から読み取ってみよう 1

木簡が見つかった難波宮跡は孝徳《こうとく》天皇(在位645〜654年)の宮跡である。孝徳天皇の時代とはどのような時代だろうか。

資料から読み取ってみよう 2

年紀を記録した木簡が連続して見つかる天武天皇4年(675)以降とは，どのような時代だろうか。

考えてみよう 1

なぜ7世紀に木簡の時代を迎えるのだろうか。木簡が出現する時代や大量に使われるような時代の特色から考えてみよう。

ここに着目！

645年には大きな出来事があったよね。蘇我氏の本家が滅ぼされ，中大兄皇子を中心とした政治改革が始まった年であることに着目してみよう。

2 木簡の主な使われ方

解説 木簡には，荷札などの付札《つけふだ》として用いられたものが多い。荷札が大量に平城京跡から見つかっている。2-1の木簡には「己《つちのと》亥《い》年十月上捄国阿波評松里」と記載されている。己亥年は699年のことで，大宝令《りょう》(701年成立)以前は，「郡《こおり》」の代わりに「評《こおり》」が使われていたことを示している。『日本書紀』の「改新の詔」に関する信憑性をめぐって古代史学会で論争されていた「郡評論争」に終止符を打った木簡として有名である。

2-1 **藤原宮跡出土木簡**
1967年に発見された。
奈良・橿原考古学研究所蔵

越
中
國
羽
咋
郡
中
男
作
物
鯖
壹
伯
隻

2-2 **平城宮跡出土木簡**
越中国羽咋郡《えっちゅうのくにはくい》から送られた中男作物の鯖100隻と記されている。 奈良文化財研究所蔵

資料から読み取ってみよう 3

なぜ，荷札木簡には「地名」が書かれているのだろうか。

解説 木簡には，文書として通信や情報の伝達に使われたもの，控えなどとして記録されたものもある。律令制度の下では，官庁などではある一定の期間，出納《すいとう》の記録をとって上級機関に報告する義務があり，その伝票として当座の記録が残される必要があった。また，式部省跡からは，2-3のような木簡が大量に見つかった。

2-3 **平城宮跡出土木簡** 「位出雲臣安麻呂　年廿九《にじゅう》　山背《やましろ》國乙當《おたぎ》郡　上日　日三百廿」などと書かれている。
出典：ColBase

資料から読み取ってみよう 4

2-3の木簡はどのように使用されたのだろうか。

ここに着目！

「上日」とは出勤した日のことだよ。式部省は官人の勤務評定を行う職務があったことから考えてみよう。

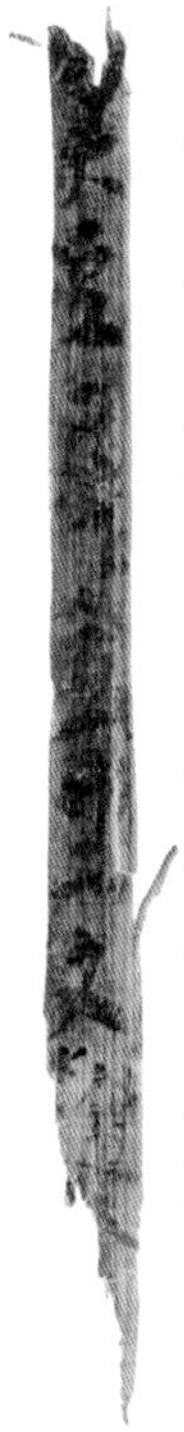

大豆二升直廿二文使□

解説 発掘で見つかる木簡で，完全な形で見つかるものは２％程度といわれている。大部分は折れたり割れたりして破損したものが多く，さらに7～8割は鉋《かんな》屑のような「削り屑」のようなものである。平城宮跡で1万点を超える木簡が見つかった式部省跡の木簡も，主体は削り屑であった。2-4は1961年1月に最初の木簡が発見された3日後に発掘された削り屑である。

2-4 平城宮跡出土木簡

出典：木簡庫(https://mokkanko.nabunken.go.jp/ja/6ABOBI80000017)

資料から読み取ってみよう５

削り屑が大量に見つかることから考えられる，木の使用の利点を考えてみよう。

ここに着目！

木簡は削って何回も使われたのだね。

2-5 長屋王邸出土木簡 この木簡は，長屋王邸から出土した木簡である。「犬六頭料飯六升瘡男」「六月一日麻呂」と書かれている。長屋王邸では犬を飼っており，犬にも米を食べさせていたようである。

出典：ColBase

解説 貴族の家政を取り仕切る「家令」の働く政所で見つかった木簡には，物資を支給する際の「伝票」として用いられたものが多く出土する。長屋王邸では牛乳も飲んでいたようだが，それがわかったのも「牛乳持参人」へ支給した「伝票」からであった。

資料から読み取ってみよう６

長屋王邸でなぜ「伝票」が必要なのだろうか。

考えてみよう２

なぜ，奈良時代には木簡が多用されたのだろうか。2-1から2-5の木簡が使用された状況などから考えてみよう。

3 さまざまに使用される木簡

(表)關々司前解近江國蒲生郡阿伎里人大初上阿□〔伎カ〕勝足石許田作人

(裏)同伊刀古麻呂

大宅女右二人左京小治町大初上笠阿曾弥安戸人右二

送行乎我都　鹿毛牡馬歳七　里長尾治郡留伎

3-1 「過所《かしょ》」木簡 関所を通過する際に用いられた通行証である。近江《おうみ》国の阿波勝伊刀古麻呂が藤原京に行く際に使用したものと考えられる。

奈良文化財研究所蔵

資料から読み取ってみよう７

なぜこのような「過所」が必要だったのだろうか。

3-2 「告知札」木簡 黒鹿毛の馬が逃げたので，見つけた人は山階《やましな》寺(興福《こうふく》寺)まで知らせてほしいという告知をしたもの。

奈良文化財研究所蔵

資料から読み取ってみよう８

このような告知板が有効だったのは，人びとのどのような状況を物語っているだろうか。

ここに着目！

「告知」は不特定多数の人に知らせようとするものだよ。この「告知」が有効である前提とは何だろう。

告知　往還諸人　走失黒鹿毛牡馬一匹　在験片目白 額少白

件馬以今月六日申時山階寺南花薗池辺而走失也　九月八日

若有見捉者可告来山階寺中室自南端第三房之

3-3 「呪符」木簡 古代ではさまざまなまじないが行われた。この木簡には「此身護為」のほか特殊な文字が書かれている。

袖ケ浦市郷土博物館蔵

資料から読み取ってみよう９

「此身護為」を現代語に直してみよう。

考えてみよう３

古代の遺跡で見つかった木簡の資料としての価値は何だろうか。

4 木簡の大量使用の終わり

木簡は奈良時代までの出土数が26万点余り，長岡京の時代にも約1万点が出土しているが，平安時代の木簡は数千点しか発見されていない。平安時代に入ると，各地からの貢納物に付けられた荷札木簡などの出土数も減少する。年紀を記した荷札は，延《えん》暦《りゃく》16年のものが現在のところ最後のものとなっている。

時代の特色を考えてみよう

なぜ，平安時代になると木簡の使用が急速に減少するのだろうか。古代社会の特質を考えて，仮説を立ててみよう。

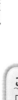

38 年代の測定

考察の視点 自然科学的な年代法がなぜ必要なのだろうか。 相互関連

遺跡などから発掘された年紀(年号)が記されていない遺物や遺構の年代を推定・決定する方法には，考古学的方法と自然科学的方法の二種類がある。これらの方法により，より正確で詳細な年代が決定されることは，考古学的研究の基礎となり，そこから展開する古代史の議論の正確さに大きな影響を与えることになる。

1 考古学的方法

1A 層位学的方法《そういがく》

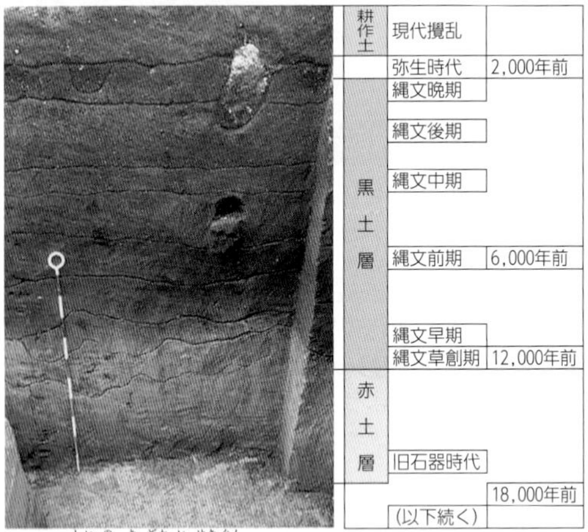

耕作土	現代攪乱	
	弥生時代	2,000年前
	縄文晩期	
	縄文後期	
黒土層	縄文中期	
	縄文前期	6,000年前
	縄文早期	
	縄文草創期	12,000年前
赤土層	旧石器時代	
		18,000年前
	(以下続く)	

1-1 **椎《しい》ノ《の》木坂《きざか》遺跡群《いせきぐん》地層断面** 地質学の「地層累積の法則」に基づく相対年代の決定方法である。同一地点においては，地層の乱れがなければ，上層の地層ほど形成された時期が新しい，という原則。だから，より下層の地層から出土した遺物が古いものであると判断する。そして，遺跡の上層の地層には，下層の地層にはない新しい遺物が含まれていると判断する。

考古学では，新しい地層(上層)から古い地層(下層)へと発掘を進めていく。 神奈川

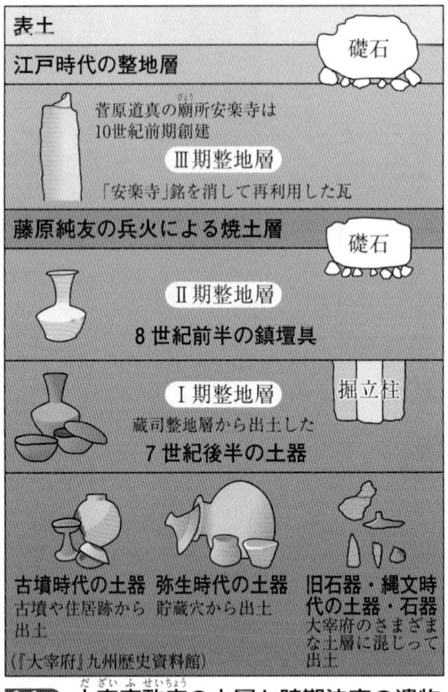

(『大宰府』九州歴史資料館)

1-2 **大宰府政庁《だざいふせいちょう》の土層と時期決定の遺物**

読み解く 大宰府政庁の土層から何がわかるのだろうか。 時系列

解説 年紀が記されていない遺物の年代決定に重要となるのは，相対年代(遺物が新しいものか古いものか)をできるだけ詳細にすることである。そして，相対年代に暦年代を推定できる定点を与えて「年代を測るものさし」をつくる。この二つの作業が必要となってくる。

1B 型式学的方法

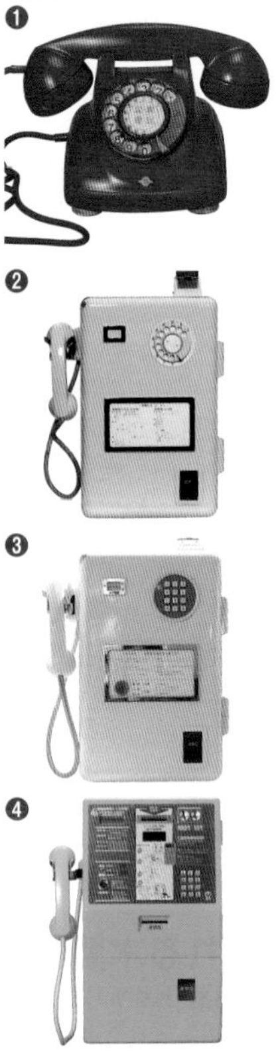

1-3 **公衆電話機の変遷**

型式学的方法は，生物学の進化論を基にしている方法である。人間は，生活環境のなかで使用する道具類を少しずつ改変していく。この変化を細かく分析して，遺物の新旧を決定する。

たとえば左の公衆電話機の変遷は，ダイヤルに注目する。

❶ ダイヤルの数字は，指を入れる孔の中に書かれている。

❷ ダイヤルの数字は，回転部の外に書かれ，数字が確認しやすくなった。

❸ ダイヤルがプッシュボタンに変化した。このボタンは，円形の枠に収められている。これは，❷の電話機を意識しているからである。

❹ 本体の上半分が斜面になりボタン操作が容易になった。硬貨だけでなくカードも利用できるようになった。

よって，❶→❷→❸→❹と変化したといえる。

(『遺跡の年代を測るものさしと奈文研』による)

2 自然科学的方法

2A 炭素14年代法

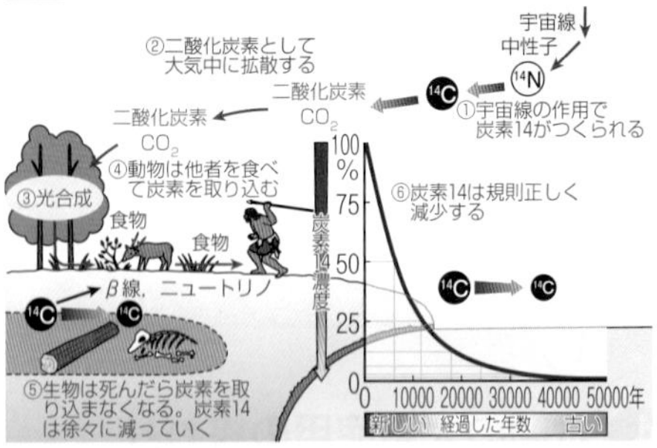

(『ここまでわかった！縄文人の植物利用』)

2B 炭素14年代法による農耕拡散の年代観の変化

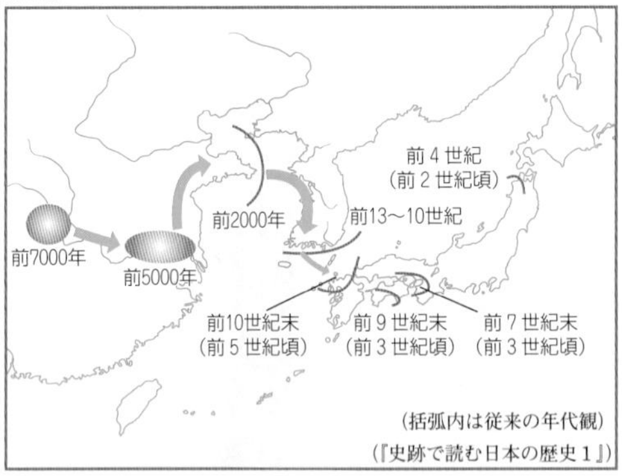

(『史跡で読む日本の歴史1』)

解説 炭素14は，二酸化炭素として大気中に存在していて，地球の自然の生き物には大気と同じ濃度の炭素14をもっている。生き物が死ぬとその炭素14は減り始め，約5730年ごとに半分減少していくことに着目した測定方法が，**炭素14年代法**である。国立歴史民俗博物館の炭素14研究チームが土器の付着物を測定した結果，弥生文化の始まりは紀元前950年～900年代となったという研究成果を2003年に発表した。これは，従来の弥生文化の始まりより約500年さかのぼることになる。さまざまな反論があったが，弥生文化の起源は，紀元前10世紀頃という説になる。

2C 年輪年代法

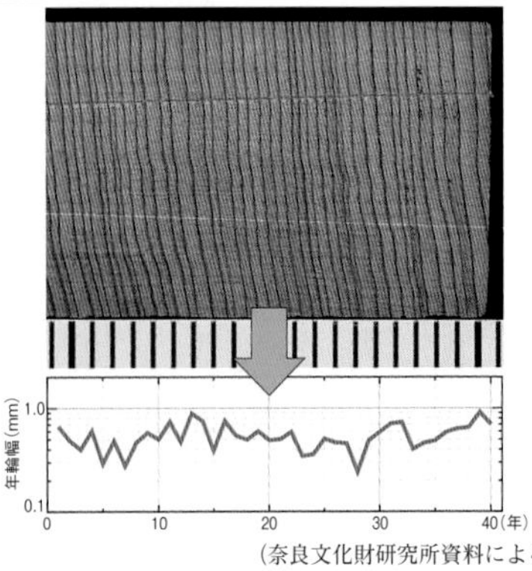

(奈良文化財研究所資料による)

2D 暦年標準パターン作成模式図

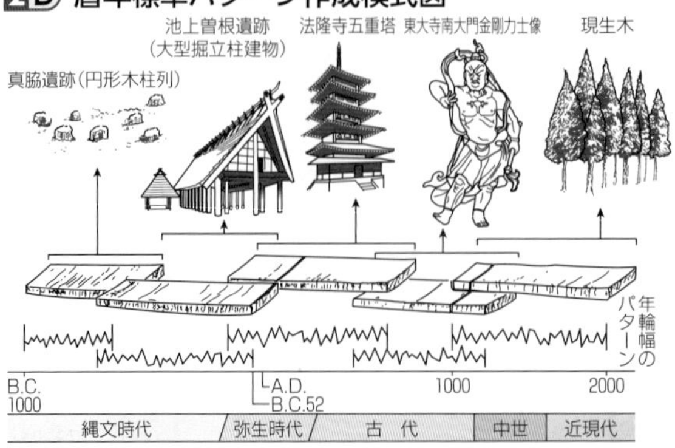

(『史跡で読む日本の歴史1』)

解説 **年輪年代法**は1920年にアメリカの天文学者ダグラスが開発した方法で，樹木は，一年ごとに一層の年輪を形成する自然法則を利用したもの。年輪は，その年の気候に左右されて，年ごとに変動しており，樹種や地域ごとに類似性が認められている。この特性を照合することで一年という高い精度で誤差のない年代を決定することが可能となる。この方法を用いて奈良文化財研究所では，大阪府池上曽根遺跡の大型建物に使用された柱材を紀元前52年に伐採されたものだと解明した。そして，現在研究所では，主として近畿から中部地方での過去約3000年間にわたる標準年輪曲線が構築されている。

歴史ナビ **九州歴史資料館**(福岡県小郡市) 大宰府史跡の出土品や九州福岡県の貴重な文化財，発掘調査で発見された炉跡などの遺跡の一部が切り取られて展示されている。

考察の視点 日本列島に人類が出現したのは，新人の段階であるが，この頃の日本列島はどのようであったのだろうか。

人類の進化と日本列島の形成

1 地質年代と人類の進化

時系列

解説 地質年代は，46億年前の地球誕生から現代までを地層などから相対的に区分する方法である。人類の誕生は，新生代第三紀中新世で，人類の進化が進む**更新世**は氷期と間氷期が繰り返す環境となり，１万年前の完新世に温暖になる。

年前	700万	530	260	100	70	20	13	5	3.5	1	
地質時代	中新世	鮮新世《せんしんせい》	更《こう》新《しん》世《せい》								完新世《かんしんせい》
氷期				ギュンツ	ミンデル	リス		ヴュルム			

猿人(約650万年前)
アウストラロピテクス群・ジンジャントロプス
原人(約200万年前)
ジャワ原人・北京原人・ハイデルベルク人
ネアンデルタール人・ローデシア人など
旧人(第３間氷期中心に生存)
クロマニョン人・周口店上洞《しゅうこうてんじょうどう》人・浜北人など
新人(現生人類，約20万年前)

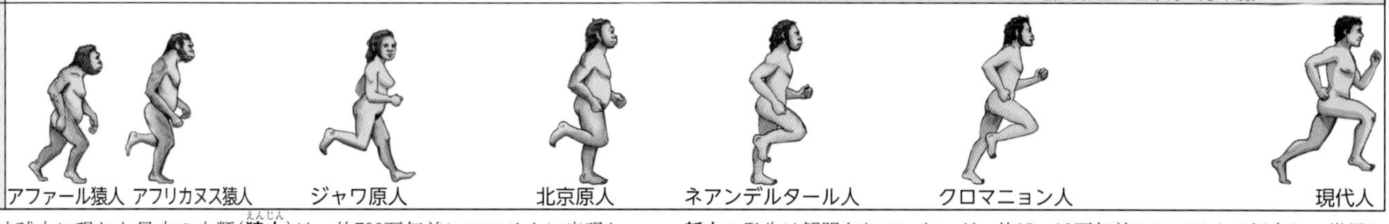

解説 地球上に現れた最古の人類(**猿人《えんじん》**)は，約700万年前にアフリカに出現し，約200万年前に**原人《げんじん》**，約20万年前に**旧人《きゅうじん》**が現れた。我々とほぼ同じ機能をもった**新人**の発生は解明されていないが，約15～10万年前にアフリカで誕生し，世界に拡散したと考えられている。

2 ２万年前の日本列島

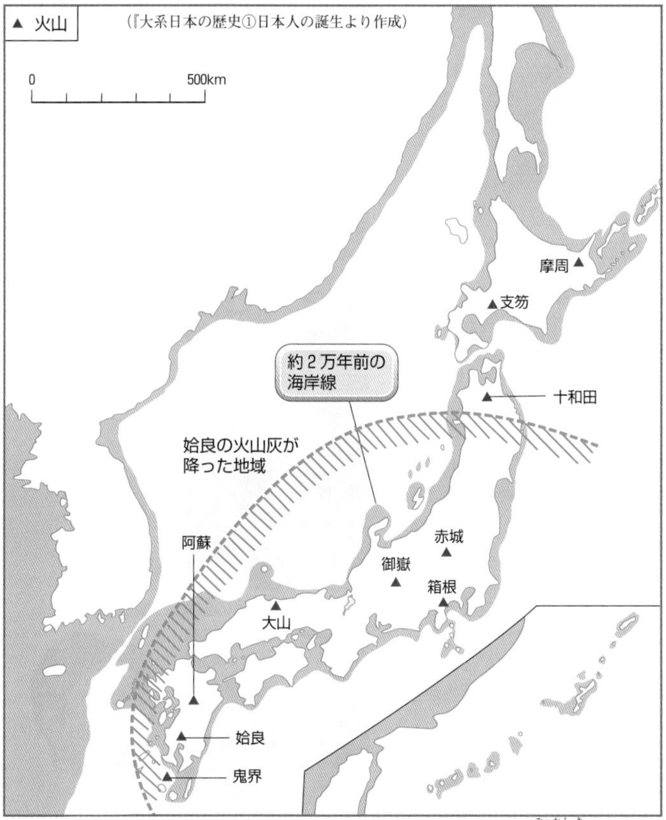

(『大系日本の歴史①日本人の誕生』より作成)

解説 氷河時代最後のヴュルム氷期に海水面が低下した。特に，極寒期《ごっかんき》の約２万年前には現海水面マイナス140～150mにもなり，大陸と陸続きとなった。また，火山活動が活発となり，噴出した火山灰は偏西風《へんせいふう》に運ばれて，**ローム層(赤土)**を形成した。

3 大型動物とその広がり

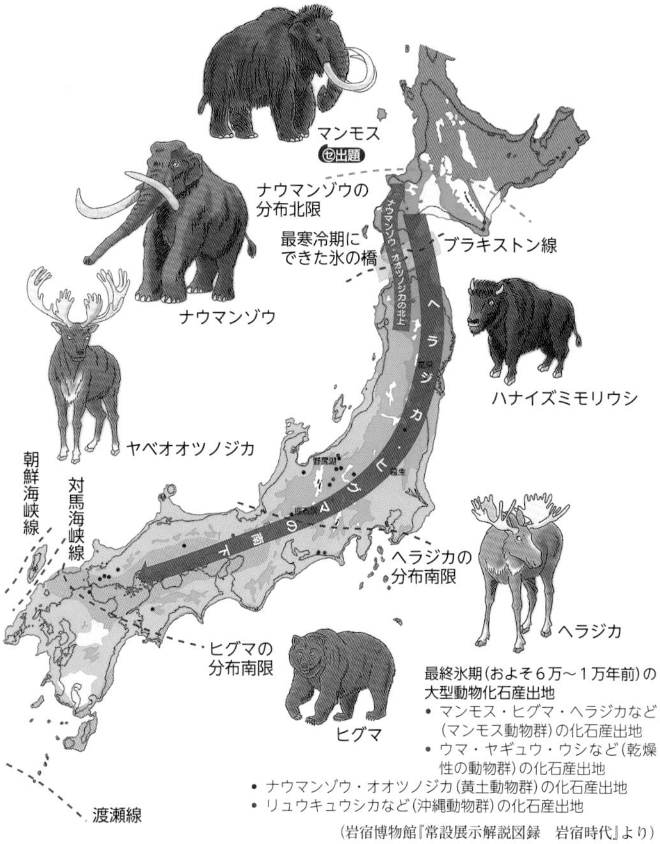

(岩宿博物館『常設展示解説図録　岩宿時代』より)

解説 日本列島に人類が出現したのは，約４万年前頃の最終氷期であると考えられている。人類の進化でいう「新人」の段階にあたる。同時期に大型の哺乳《ほにゅう》動物が生息《せいそく》していたことが化石の発見でわかっている。これらの動物は，樺太《からふと》・北海道を経由して北からやってきたマンモス・ヘラジカなどで，このほか朝鮮半島・対馬《つしま》を経由して西からやってきたナウマンゾウやオオツノジカなどがいる。これらの大型動物を，人びとは湿地などへ追い込み動けなくさせて狩猟したことが野尻湖底遺跡などでわかっている。

4 大型動物の体高

(2012年度明治大学博物館特別展『氷河時代のヒト・環境・文化』より)

解説 最終氷期に生存していた大型動物は，更新世末までに世界的な規模で絶滅《ぜつめつ》した。絶滅の要因はさまざまであるが，北ユーラシアでは環境の変化と生息域の減少とする説が有力である。

歴史ナビ **マンモス絶滅の原因** 人間のマンモス狩りという説より，地球が温暖になった環境変化だと考えられている。

40 日本人の形成

考察の視点 日本人はどのように形成されたのだろうか。考えてみよう。

現在

1 ホモ＝サピエンスの拡散

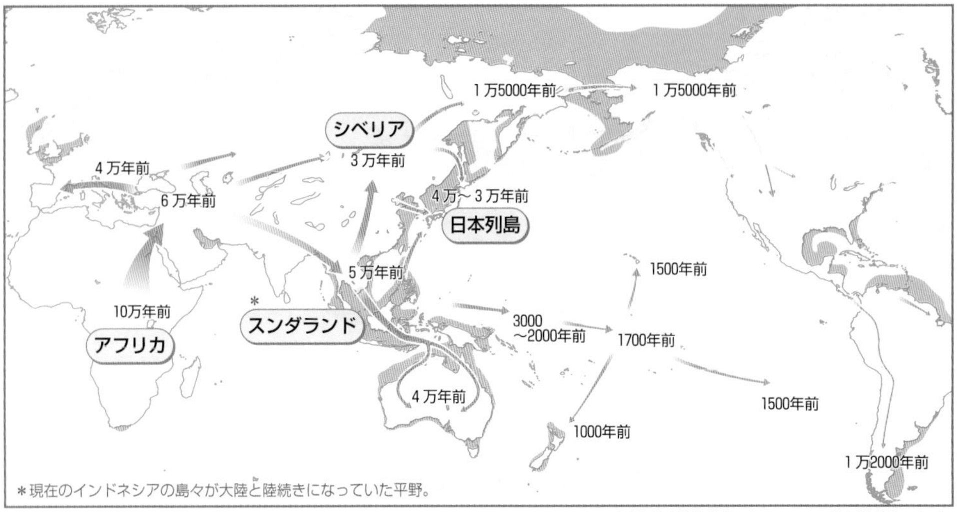

＊現在のインドネシアの島々が大陸と陸続きになっていた平野。

（国立科学博物館『日本人はるかな旅展』図録による）

解説 私たち**現生人類**《げんせいじんるい》**(ホモ＝サピエンス)**の起源は，約10万年前にアフリカで進化した人類であるといわれている(アフリカ単一起源説)。そのホモ＝サピエンスの多数の集団がユーラシア大陸にわたり，各地に分散したのが約６万年前のことである。この集団の一部が日本列島にわたってきたのが約４万年前になる。その渡来《とらい》ルートは，アジア大陸に進出した後期更新世《こうきこうしんせい》人類が南西諸島・朝鮮半島・シベリア樺太《からふと》経由で日本列島へ移住してきたと考えられているが，研究者によってさまざまな見解が示されているので，いまだ確定されていない。

2 新人の化石人骨

2A 出土分布図

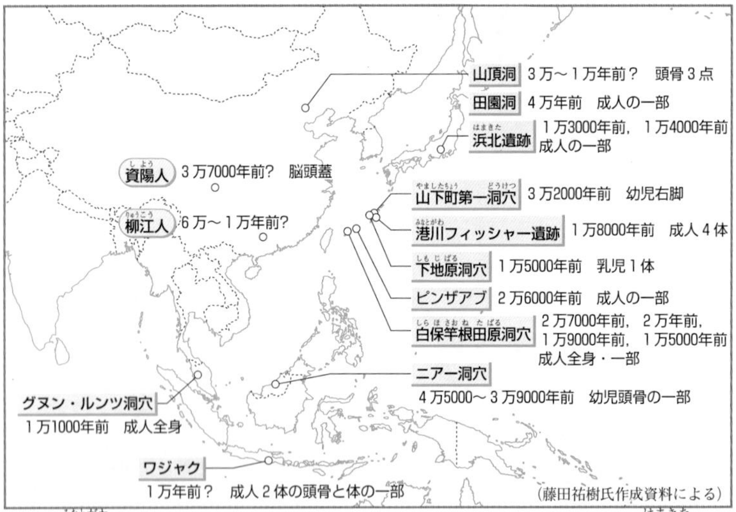

（藤田祐樹氏作成資料による）

解説 日本列島で発見されている後期更新世人骨は，静岡県で頭骨の一部などが発見された**浜北人**《はまきた》以外，沖縄などの南西諸島で発見されたものだけである。特に沖縄本島で発見された**港川人**《みなとがわ》は，日本で最初に発見された全身骨だが，のちの縄文人と直接つながるかは，今後の研究が待たれる。また，2016年に沖縄県石垣島の**白保竿根田原洞穴遺跡**《しらほさおねたばるどうけつ》から発見された19体分の化石人骨の1体が，約２万7000年前の国内最古の全身骨とされた。

2B 港川人《みなとがわ》(沖縄県)

国立科学博物館提供

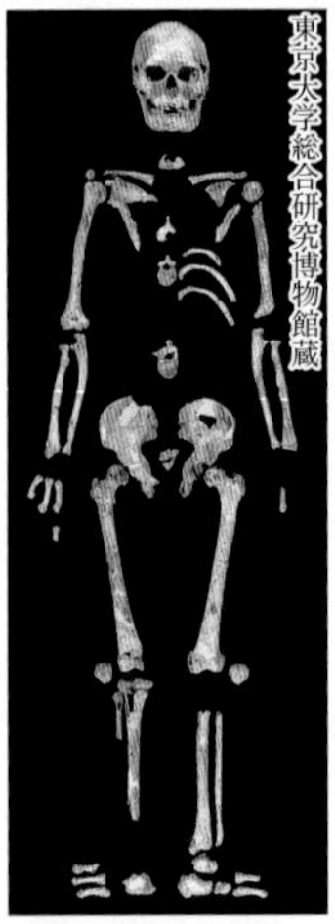

2-2 港川人１号の復元モデル

2-1 港川人１号人骨全身骨格

2C 浜北人《はまきた》(静岡県)

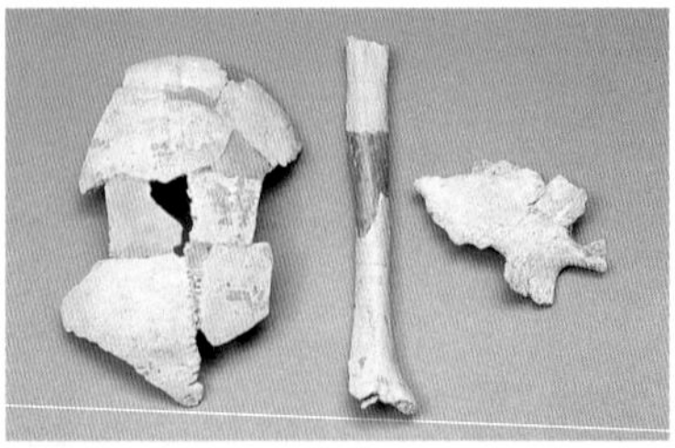

2-3 浜北人骨　東京大学総合研究博物館蔵

2D 白保竿根田《しらほさおねた》原洞穴《ばるどうけつ》出土人骨(沖縄県石垣島)

沖縄県立埋蔵文化財センター蔵

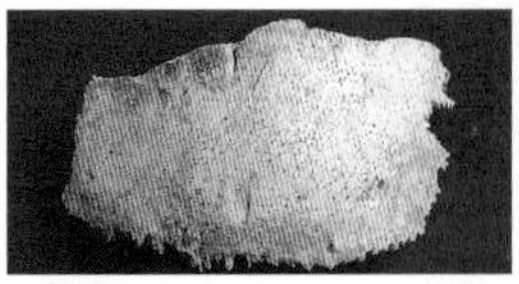

2-4 第２号人骨(約２万年前)

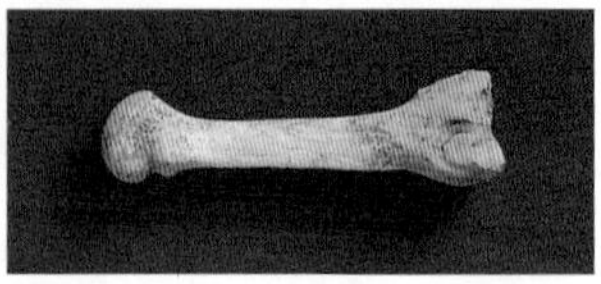

2-5 第４号人骨(約１万9000年前)

3 日本人の形成

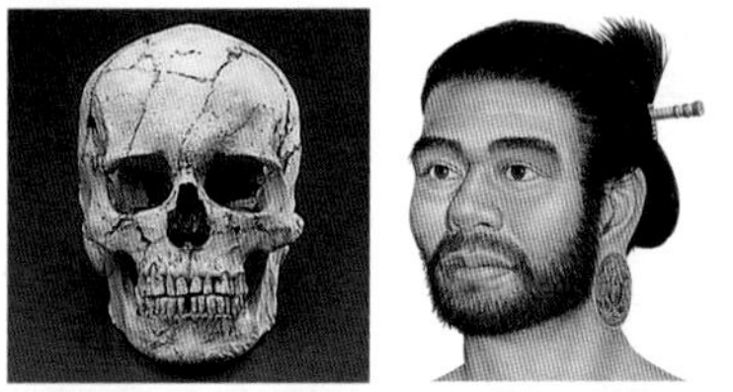

3-1 縄文人の頭骨と復顔図

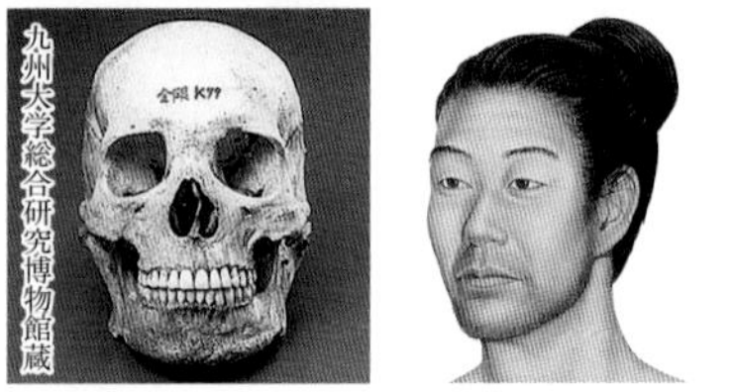

3-2 弥生人の頭骨と復顔図

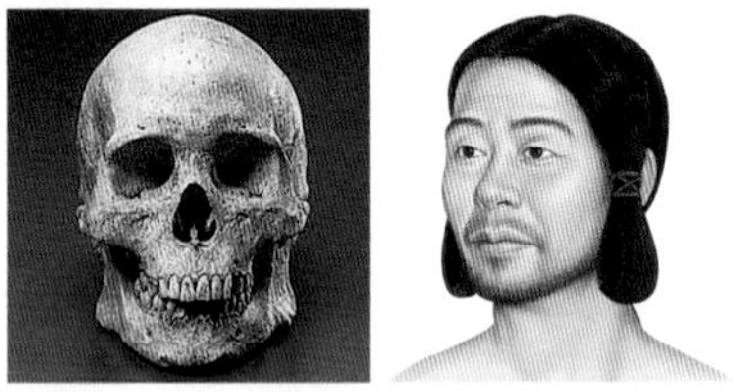

3-3 古墳人の頭骨と復顔図

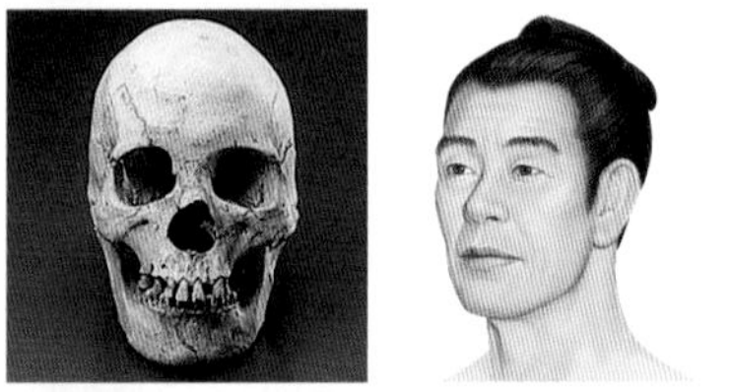

3-4 鎌倉人の頭骨と復顔図

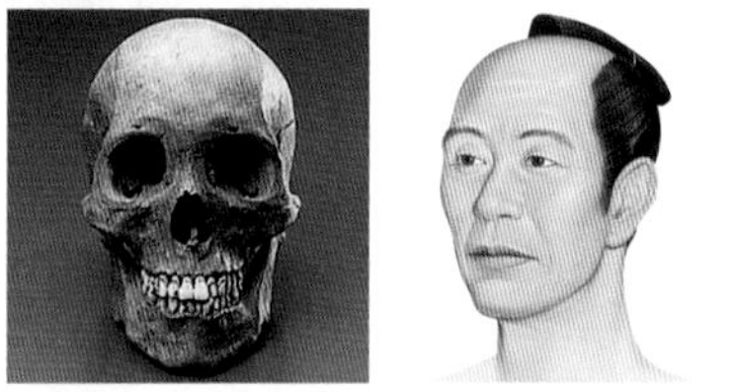

3-5 江戸庶民の頭骨と復顔図

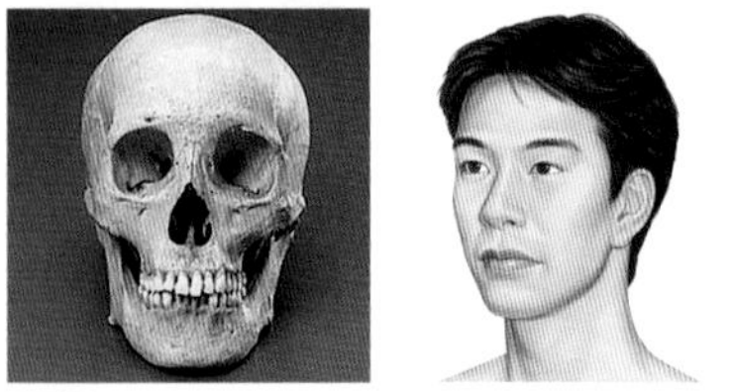

3-6 現代人の頭骨と復顔図

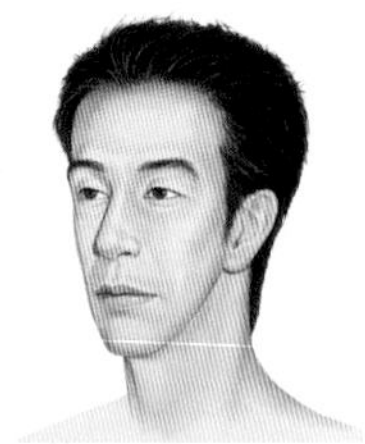

3-7 未来人(予想)

解説 日本列島で発見された縄文《じょうもん》人と弥生《やよい》・古墳《こふん》人の頭蓋《ずがい》骨《こつ》から復元される顔面の極端な変化は，中国・朝鮮半島からの大陸系の人類が日本列島にわたってきていることを示しているが，その渡来人と縄文人との混血があったとも考えられている。その後の変化は，食生活などによる変化とされているが，具体的な原因は不明である。

国立科学博物館提供／石井礼子氏画

旧石器時代の日本列島

考察の視点　沖縄では，なぜ複数の化石人骨《かせきじんこつ》が発見されるのだろうか。

比較

1 旧石器時代の遺跡の分布図 (日本旧石器学会「日本列島の旧石器時代遺跡」より)

解説　日本列島には，約１万カ所の旧石器時代の遺跡が確認されている(日本旧石器学会ＨＰより)。関東地方などの都市圏が，発掘された遺跡で赤く塗りつぶされているのは，開発が進み発掘調査の事例が多くなっているからである。

1-1 白滝遺跡群黒曜石露頭

白滝《しらたき》遺跡群(北海道)

黒曜石《こくようせき》の埋蔵量が数十億トンともいわれる赤石山の南側を東西に流れる湧別《ゆうべつ》川の河岸段丘上を中心に，約100カ所も旧石器時代の遺跡が分布(遠軽町)

1-2 富沢《とみざわ》遺跡(宮城県)

地底の森ミュージアム地下展示室では，湿地林《しっちりん》跡と野営跡が発掘されたままの状態で公開(仙台市)

冠《かんむり》遺跡群(広島県)

原石の採取地，石器の製作跡。冠山は標高1,339m(廿日市市)

1-9 石器製作とは逆の工程をたどり，石器と石くずから復元された原石

(公財)広島県教育事業団事務局埋蔵文化財調査室蔵

1-3 野尻湖《のじりこ》遺跡(長野県)

オオツノジカの角《つの》と，ナウマンゾウの牙《きば》がナイフ形石器などとともに出土(信濃町)

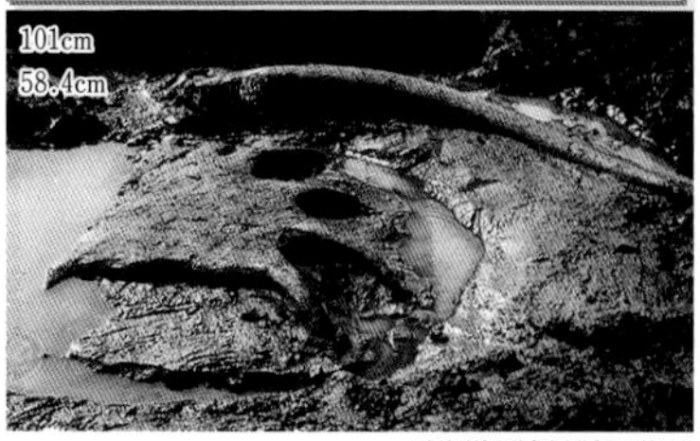

野尻湖発掘調査団提供

福井洞穴《ふくいどうけつ》遺跡(長崎県)

土器と細石器がともに出土(佐世保市)

1-10 港川《みなとがわ》フィッシャー遺跡(沖縄県)

石灰岩の採石場の割れ目から，少なくとも男性２体，女性３体の更新世《こうしんせい》人骨(港川人)発見(八重瀬町港川)

写真提供：国立科学博物館

1-4 岩宿《いわじゅく》遺跡(群馬県)

1946年相沢忠洋《あいざわただひろ》が関東ローム層より尖頭器《せんとうき》を発見，49年の調査で確認。日本旧石器時代解明の端緒《たんしょ》 (みどり市笠懸町)

1-5 相沢が発見した尖頭器 7 cm

相澤忠洋記念館蔵

1-6 相沢忠洋

(1926～89)

1-11 白保竿根田原《しらほさおねたばる》洞穴遺跡(沖縄県)

2016年に約２万7000年前の日本最古の全身骨発見(石垣市)

1-8 田名向原《たなむかいはら》遺跡(神奈川県)

川原石で囲まれた直径約10mのイエの跡が発見された。内部には，２カ所の炉《ろ》跡や12本の柱穴跡が確認された(相模原市)

1-7 岩宿遺跡の関東ローム層

岩宿遺跡では，浅間山・榛名《はるな》山・赤城山などの火山灰からなる約３mのローム層が確認されている。

最古の旧石器を求めて！

かつて日本にも60万年前の原人が存在していた。しかし，2000年に毎日新聞社のスクープとして発覚した「前・中期旧石器」遺跡捏造《ねつぞう》事件により，否定された。その後，発掘調査の慎重性と透明性が高められ，長野県飯田市竹佐中原《たけさなかはら》遺跡，岩手県遠野《とおの》市金取《かねどり》遺跡などで４万年前以前の石器とされる遺物が出土しているが，十分な議論が求められ，今後の研究が注目されている。

現在，すべての研究者が共通して確認している４万年前以前の前・中期旧石器時代の遺跡は，日本列島においては存在していないのである。

捏造のスクープ記事

(『毎日新聞』2000.11. 5)　写真提供：毎日新聞社

旧石器発掘ねつ造
宮城・上高森遺跡
調査団長の
自ら埋める
「魔がさ
北海道の遺跡で

岩手県金取遺跡の出土石器

岩手・遠野市教育委員会蔵

歴史ナビ　**野尻湖遺跡の発掘**　市民参加方式で，「友の会」に入会し，条件を満たせば参加できる。

42 旧石器時代の生活

考察の視点　旧石器時代の住居跡が発見されることはあまりないのはなぜだろうか。
相互関連

1 旧石器

1A 種類

1-1 打製石斧　原石の表面を加工して形を整えた石器。打つ，掘る，切る，削るなど多目的に使用。　9.5cm 群馬・岩宿遺跡

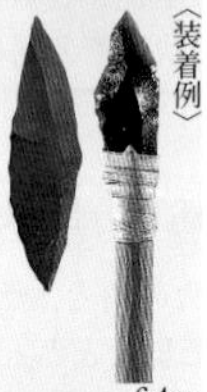

1-2 ナイフ形石器　原石から薄くはぎ取った鋭い剝片《はくへん》を調整して，切る，削る，突く道具として使用。　6.4cm 埼玉・砂川遺跡

1-3 尖頭器《せんとうき》（ポイント）　主に刺突《しとつ》する目的でつくられ，剝片の両面を丁《てい》寧《ねい》に加工する。槍先《やりさき》として使用。　9.8cm 長野・神子柴遺跡

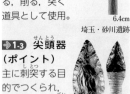

㋝出題

1-4 細石器《さいせっき》（マイクロリス）　幅5mm，厚さ2〜3mm，長さ数cm程度のカミソリのような剝片を木や骨に装着し槍《やり》として使用。　2.8〜4.0cm 北海道・上白滝8遺跡

1B 石器の材料

北海道

1-5 **黒曜石《こくようせき》**（白滝《しらたき》産）

1-6 **珪質頁岩《けいしつけつがん》**（トワルベツ川産）

東北

1-7 **珪質頁岩**（蟹田川《かにたがわ》産）

1-8 **珪質頁岩**（寒河江川《さがえがわ》産）

関東・中部

1-9 **黒曜石**（和田峠産）

1-10 **チャート**（秋川産）

中国・四国・近畿

1-11 **サヌカイト**（二上山産）

1-12 **サヌカイト**（五色台産）

九州

1-13 **黒曜石**（腰岳《こしだけ》産）

1-14 **流紋岩《りゅうもんがん》**（大野川産）

1C 石器の製作

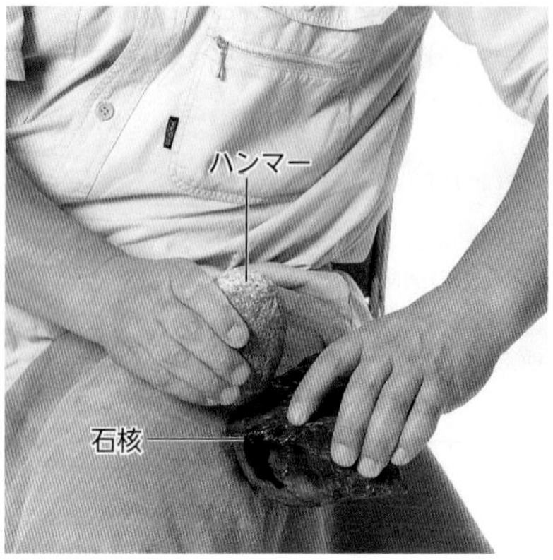

1-15 **直接打撃法**

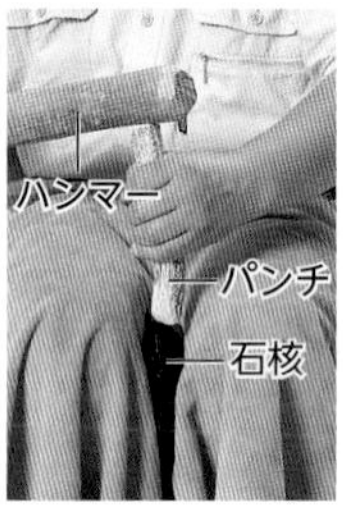

1-16 **間接打撃法**

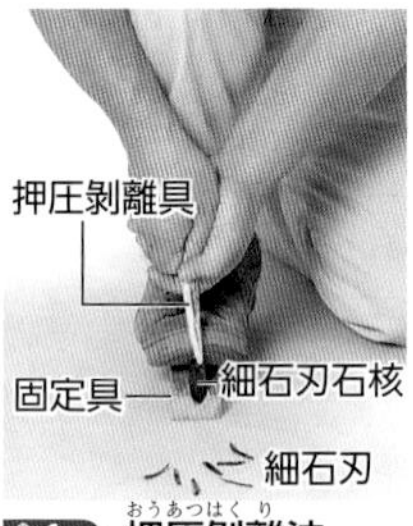

1-17 **押圧剥離法《おうあつはくり》**

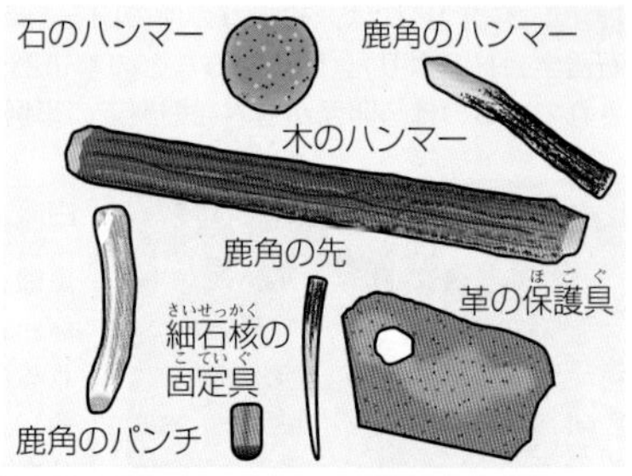

1-18 **使用する道具**（岩宿博物館資料による）

解説　**打製石器**は，文字どおり石をたたき割って製作した道具である。作成に当たって旧石器時代の人びとは，材料となる石の性質・大きさ・重さ・硬さなどから割り方に工夫をしていたようである。

直接打撃法…基本的な割り方
間接打撃法…一定の形をした石器の材料をつくる
押圧剥離法…石槍《いしやり》や**細石器《さいせっき》**を製作する

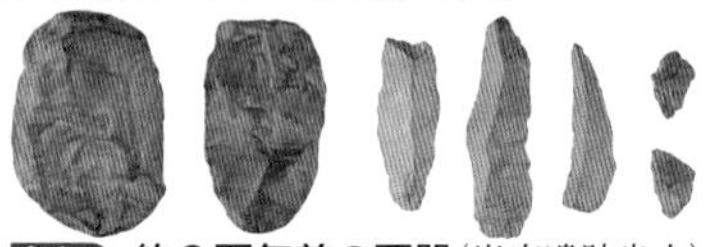

1-19 **約3万年前の石器**（岩宿遺跡出土）
右5点が**ナイフ形石器**で，左2点が石斧である。日本列島最古の段階の打製石器である。　左端長さ10.0㎝ 群馬

1D 石器の変遷

（『日本の歴史1　列島創世記』）

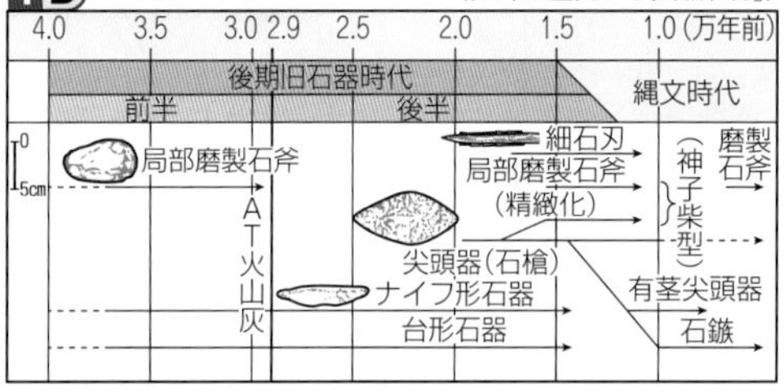

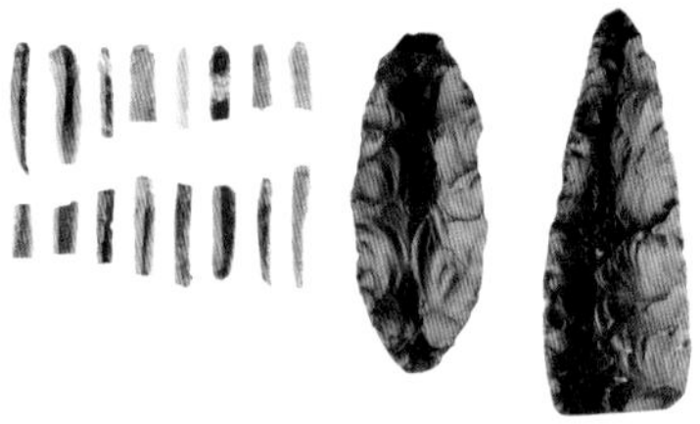

1-20 1.6〜1.4万年前の石器（白滝服部台遺跡出土）　旧石器時代後半になると東北アジアから北海道・九州に細石器《さいせっき》文化が流入してきた。左が**細石器**，右の2点が**尖頭器《せんとうき》**。　右端長さ11.8㎝ 北海道

2 旧石器人の生活

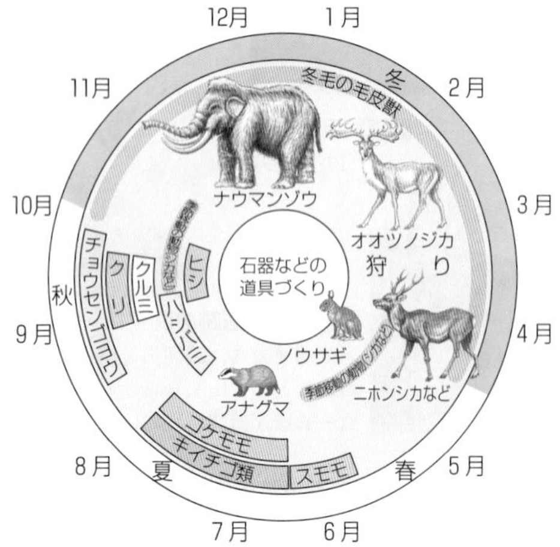

解説　旧石器時代の人びとは，主に狩猟採集が中心の生活であったとされている。しかしその生活は，決して無計画なものではなく，一年間の自然環境に適応したものであったと考えられる。また，広範囲な遊動生活をしていたので，その住居も移動がしやすいテント式の住居であったと考えられている。したがって，住居跡の発掘例は少ない。

2-1 **皮で覆われた復元住居**

2-2 **石槍猟の準備**

解説　旧石器時代の狩猟は，ナイフ形石器や尖頭器・細石器を木の柄に付けた石槍猟がイメージされているが，箱根山麓の初音ケ原《はつねがはら》遺跡（静岡県）や大津保畑遺跡（鹿児島県）から土坑《どこう》が発掘され，落《おと》し穴《あな》猟があったことが裏付けられた。

2-3 **上林遺跡の環状ブロック群復元図**　栃木
作成：佐野市教育委員会

2-4 **落し穴猟の復元ジオラマ**

2-5 **立切《たちきり》遺跡（今平・清水地区）の世界最古（約3万年前）の落し穴**　鹿児島

歴史ナビ　**岩宿博物館**（群馬県みどり市）　相沢忠洋によって発見された岩宿遺跡に隣接。岩宿遺跡に関する資料だけでなく日本の旧石器時代の資料が充実している。

考察の視点　環境の変化は，縄文人たちの生活にどのような変化をもたらしたのだろうか。　推移

環境の変化と縄文土器の変遷

1 縄文時代の環境と生活

1A 日本列島の植生の変化

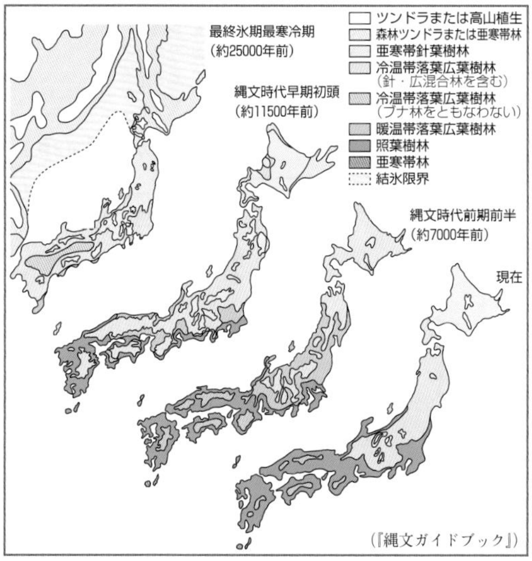

（『縄文ガイドブック』）

1-1 照葉樹林　1-2 マテバシイ

1-3 落葉広葉樹林　1-4 クヌギ

解説　１万5000年前から気候の温暖化が進み，氷河期であった旧石器時代から縄文時代へと移った。7000年前から6000年前の縄文時代前期に温暖化のピークを迎え，現在の平均気温より１～２度高かった。この気候により，東日本から西日本の海沿いではシイやカシなどの照葉樹林が，東日本の内陸から東北にかけてはブナやミズナラなどの落葉広葉樹林が広がった。この植生の変化は，日本列島にさまざまな変化をもたらし，縄文人たちはこの環境の変化に対応した生活を編み出していった。

1B 縄文人たちの植物利用

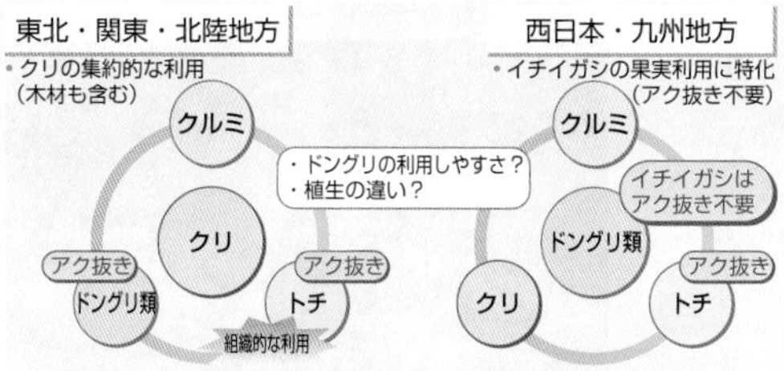

（『ここまでわかった縄文人の植物利用』）

1-6 トチの実

1-5 **トチの実のアク抜き**　トチの実は，そのままでは渋くて食べることはできず，「アク抜き」が必要。「アク抜き」のための水さらしをしたとされる縄文時代の遺構が発見されている。

解説　縄文時代の木の実の利用には地域差があり，東日本ではクリを主に利用し，後期になるとトチを利用した。西日本ではイチイガシなどのドングリ類を利用し，クリやトチの利用は多くなかった。

1C 縄文前期の関東平野　出題

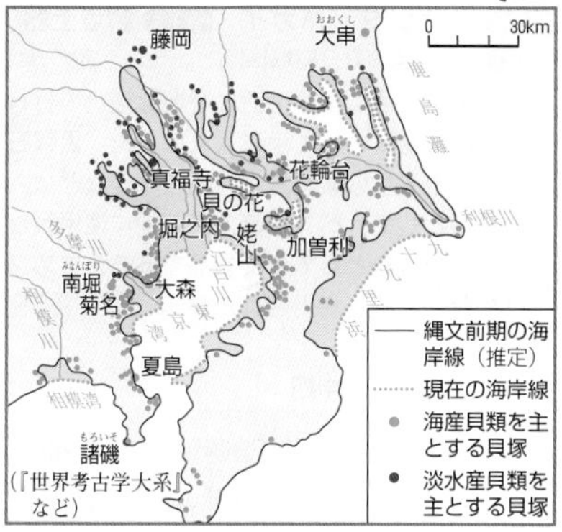

（『世界考古学大系』など）

解説　縄文時代前期には，気温の上昇で現在よりも海水面が約２mあまり高くなったため，現在の内陸部に多くの**貝塚**が残された。

2 縄文土器の変遷

＊草創期の縄文土器は，現在のところ世界最古の土器である。

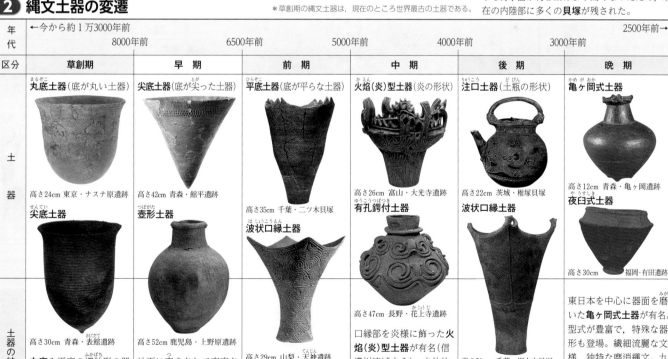

年代	←今から約１万3000年前	8000年前	6500年前	5000年前	4000年前	3000年前　2500年前→
区分	草創期	早　期	前　期	中　期	後　期	晩　期
土器	**丸底《まるぞこ》土器**(底が丸い土器)  高さ24cm 東京・ナスナ原遺跡 **尖底《せんてい》土器**  高さ30cm 青森・表館《おもてだて》遺跡	**尖底土器**(底が尖《とが》った土器)  高さ42cm 青森・館平遺跡 **壺形《つぼがた》土器**  高さ52cm 鹿児島・上野原遺跡	**平底《ひらぞこ》土器**(底が平らな土器)  高さ35cm 千葉・二ツ木貝塚 **波状口縁《はじょうこうえん》土器** 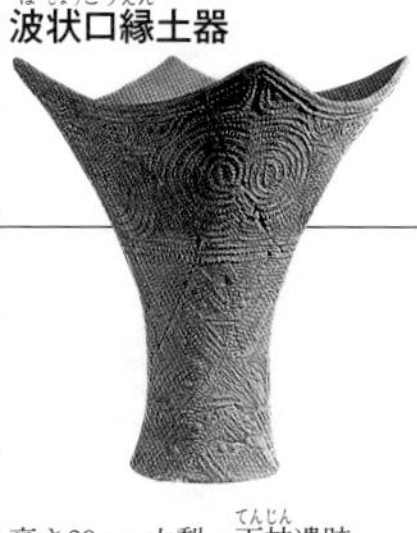 高さ29cm 山梨・天神《てんじん》遺跡	**火焔《かえん》(炎)型土器**(炎の形状)  高さ26cm 富山・大光寺遺跡 **有孔鍔付《ゆうこうつばつき》土器**  高さ47cm 長野・花上寺《かじょうじ》遺跡	**注口《ちゅうこう》土器**(土瓶《どびん》の形状)  高さ22cm 茨城・椎塚貝塚 **波状口縁土器** 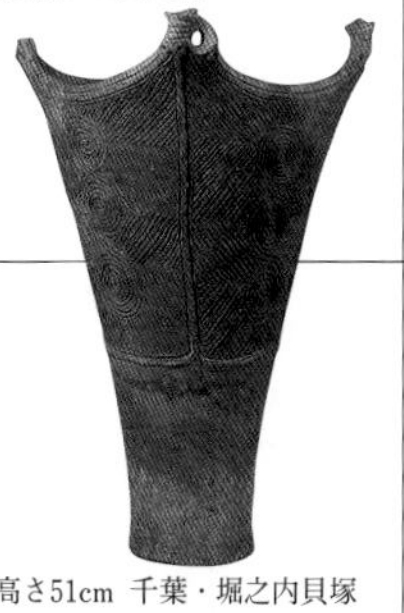 高さ51cm 千葉・堀之内貝塚	**亀ヶ岡《かめがおか》式土器**  高さ12cm 青森・亀ヶ岡遺跡 **夜臼式《やうすしき》土器**  高さ30cm 福岡・有田遺跡
土器の特色	**丸底**や平底の深鉢《ふかばち》形の器形。口縁《こうえん》部に**隆起線文《りゅうきせんもん》**，胴部以下は無文。爪形文《つめがたもん》，豆粒文《とうりゅうもん》，押圧《おうあつ》縄文など単純な文様もある	地面に突《つ》きさして安定させ煮炊《にた》き用とした尖底の円錐《えんすい》形深鉢が一般的。文様は撚糸《よりいと》文，押型《おしがた》文，沈《ちん》線《せん》文など	**平底深鉢土器**が一般化。縄目文様の最盛期。**大型土器**も出現	口縁部を炎様に飾った**火焔(炎)型土器**が有名(信濃川流域中心)。立体的装飾で，文様は複雑化。←温暖化にともない食料が豊富で生活が安定。芸術的ともいえる土器	深鉢・浅鉢・**注口土器**が一般化。器形は大いに変化に富む。文様は独特の**磨消縄文《すりけし》**の手法が発達	東日本を中心に器面を磨《みが》いた**亀ヶ岡式土器**が有名。型式が豊富で，特殊な器形も登場。繊細流麗な文様，独特な磨消縄文。九州では最末期に**夜臼《やうす》式土器**(縄文が無く口縁と胴部に凸帯のめぐる突帯文《とったいもん》系土器)が登場する

歴史ナビ　**尖石遺跡《とがりいし》**(長野県茅野市)　縄文時代中期の代表的な集落遺跡。隣接する尖石縄文考古館では，国宝土偶「縄文のビーナス」「仮面の女神」が展示されている。

44 縄文時代の遺跡分布

考察の視点 各地域の遺跡から出土する黒曜石やヒスイ・琥珀などから，縄文時代の社会についてどのようなことがわかるだろうか。 **相互関連**

1 縄文遺跡の分布

1-1 ベンガラの原石

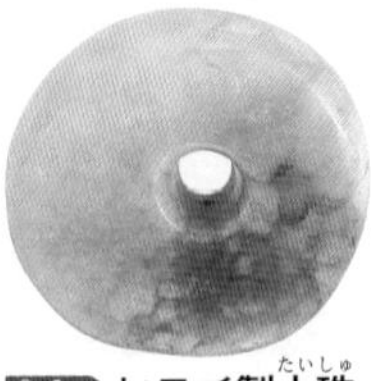
1-2 ヒスイ製大珠《たいしゅ》
青森・三内丸山遺跡

1-3 琥珀垂飾《こはくすいしょく》
山梨・甲ッ原遺跡

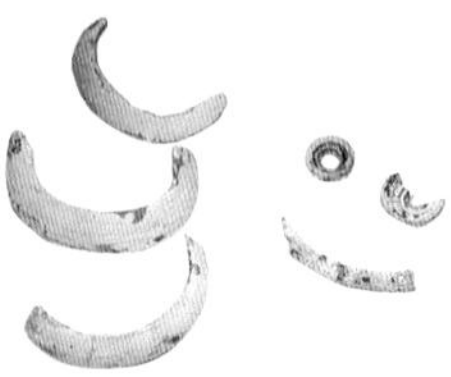
1-4 オオツタノハガイ製貝輪
北海道・入江貝塚

1-5 製塩土器
宮城・里浜貝塚

解説 定住生活により生活に必要な道具の材料は，集落間の交易によって手に入れていた。**黒曜石《こくようせき》**は，石鏃《せきぞく》などの刃物の素材，ヒスイ・琥珀などは，装飾品の材料として，ベンガラは，呪術《じゅじゅつ》に使用したとされる赤色の材料としての交易品である。アスファルトは接着剤として利用された。

草創期

大平山元I《おおだいやまもといち》遺跡（青森・外ヶ浜町）世

縄文時代草創期初頭(B.C.13000年頃)の遺跡で，最も古い特徴をもつ無文《むもん》土器が出土

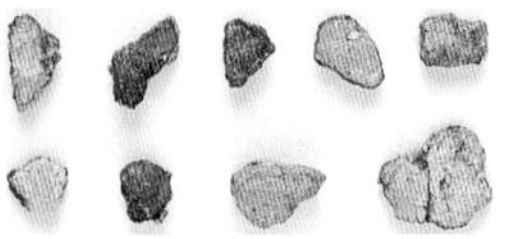
1-6 無文土器片

晩期

亀ヶ岡《かめがおか》遺跡（青森・つがる市）世

津軽《つがる》平野の北側の丘陵先端部に位置しており，**遮光器《しゃこうき》土偶《どぐう》**が明治時代に発見された遺跡としても有名。縄文時代を代表する遺跡

1-7 遮光器土偶

中期

尖石《とがりいし》遺跡（長野・茅野市）

八ヶ岳西麓の計100余戸に及ぶ中期集落遺跡。祭壇や貯蔵穴のある住居跡もある

後期～晩期

津雲《つくも》貝塚（岡山・笠岡市）

約160体の人骨を出土。**抜歯《ばっし》**風習のあとを残す。多量の貝・石製装身具も出土

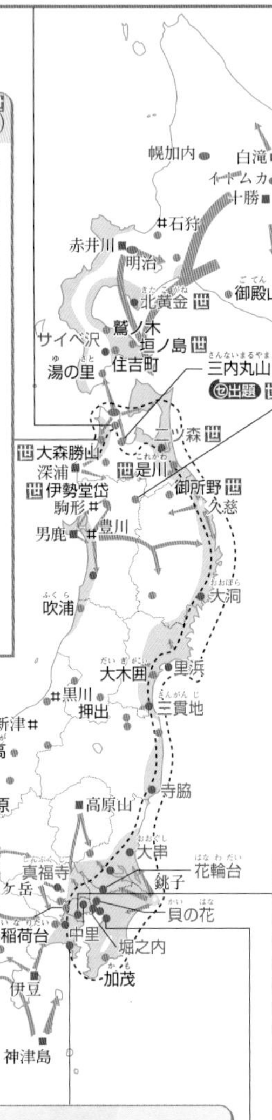
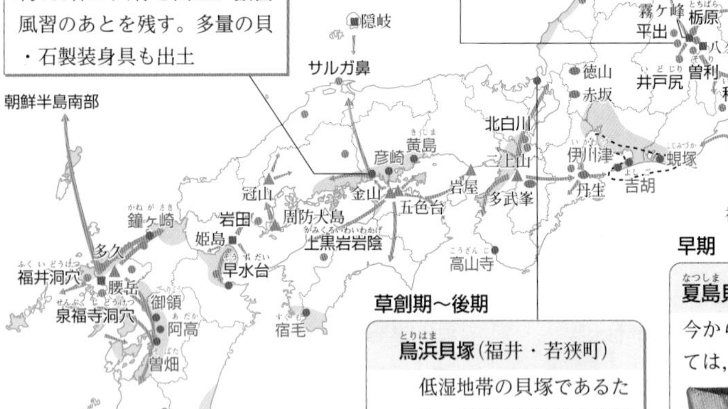

後期

大湯《おおゆ》環状列石（秋田・鹿角《かづの》市）世

二つの環状列石《かんじょうれっせき》によって構成される「集《しゅう》団墓《だんぼ》」であると考えられ，出土した祭祀《さいし》の遺物などから，「祭祀施設」であったとされる

1-8 大湯環状列石《おおゆかんじょうれっせき》

後期～晩期

大森《おおもり》貝塚（東京・大田区・品川区）セ出題

1877年アメリカ人動物学者**モース**によって，日本で初めて学術的発掘が行われた貝塚

1-9 モース（1838～1925）の胸像と大森貝塚石碑

中期～後期

加曽利《かそり》貝塚（千葉・千葉市）

径130mの北貝塚(中期)，径170mの南貝塚(後～晩期)で構成されている

千葉市立加曽利貝塚博物館蔵

草創期～後期

鳥浜《とりはま》貝塚（福井・若狭町）

低湿地帯の貝塚であるため，当時の自然物が良好な状態で発掘された

1-11 出土したヒョウタンの果皮

早期

夏島《なつしま》貝塚（神奈川・横須賀市）

今から約9500年前の貝塚としては，最も古い貝塚の一つ

1-10 深鉢形土器

早期

上野原《うえのはら》遺跡（鹿児島・霧島市）

約9500～6300年前の定住を示す縄文早期の集落跡 P.46

（『週刊 新発見！日本の歴史(49)』などによる）

歴史ナビ **若狭三方縄文博物館【DOKIDOKI館】**（福井県若狭町） 鳥浜貝塚の紹介をし，「縄文を体験できる」ことをコンセプトとした博物館である。

考察の視点 縄文時代の人びとの精神生活の特徴を考えてみよう。

1 食生活

解説 縄文人たちの基本的な生活パターンは，採集・狩猟《しゅりょう》・漁労であった。彼らは，自然環境の中で効率的に食料を手に入れるために，季節ごとの活動パターンがあったと考えられている。それを「縄文カレンダー」1Aとよんでいる。また，食生活においては，植物資源の利用が盛んであったと考えられているが，これは各地域の環境に応じて差異があった1B。

1A 縄文カレンダー

（宮城・里浜《さとはま》貝塚　岡村道雄氏作成）

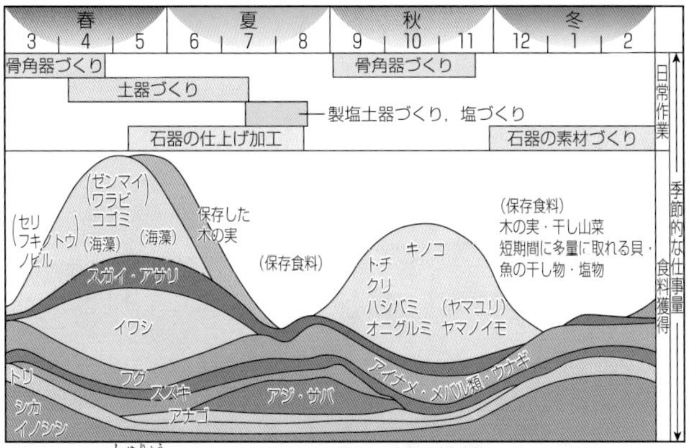

1B 縄文人のたんぱく源

（『企画展　食と考古学』福島県立博物館）

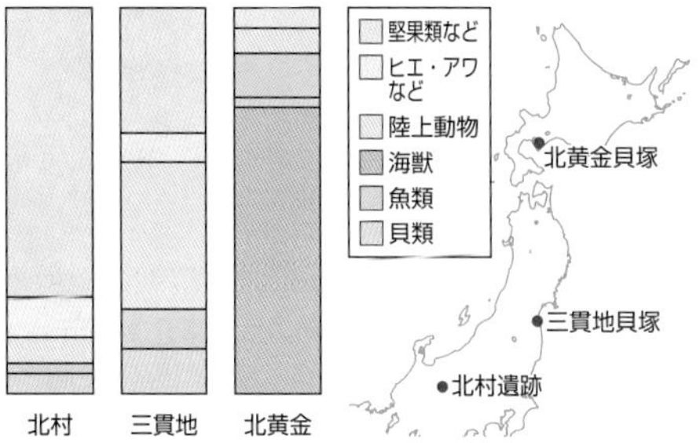

解説 縄文人がどのような食材からたんぱく質を得ていたかを示したもの。北村《きたむら》遺跡は堅果類《けんかるい》(クルミ等)，北黄金《きたこがね》貝塚は海獣《かいじゅう》の割合が高く，たんぱく源は環境による差異があった。

1C 採集

出題

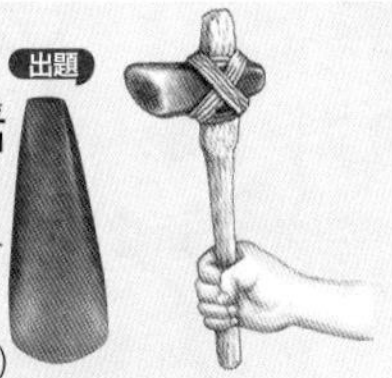

1-1 磨製石斧《ませいせきふ》　縦約13.4cm
東京・多摩ニュータウン遺跡

1-2 石皿(下)とクッキー状炭化物(上)

新潟・岩野原遺跡

セ出題

栃木県立博物館蔵

1-3 貯蔵穴《ちょぞうけつ》(復元)　栃木・梨木平《なしのきだいら》遺跡

1D 狩猟《しゅりょう》

1-4 石槍《せきそう》《いしやり》
縦約8.7cm
広島・帝釈峡《たいしゃくきょう》馬渡《まわたり》岩陰《いわかげ》遺跡

出題

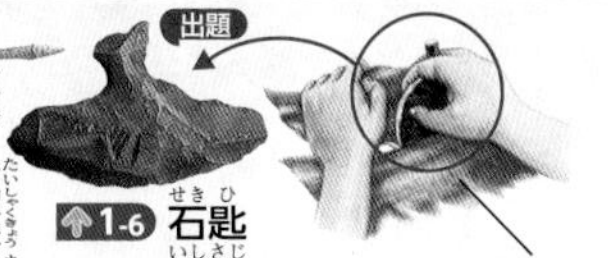

1-6 石匙《せきひ》《いしさじ》

1-7 落し穴　イノシシなどを捕獲《ほかく》するための落し穴。底に逆茂木《さかもぎ》を設置する穴が残る。
235×110cm 深さ90cm
群馬・小暮東新山《こぐれひがしにいやま》遺跡

上下とも石井礼子氏画

セ出題

高知・不動ヶ岩遺跡　岩手・雨滝《あまたき》遺跡

1-5 石鏃《せきぞく》
上：縦約2.5cm
下：縦約4.2cm

想定図

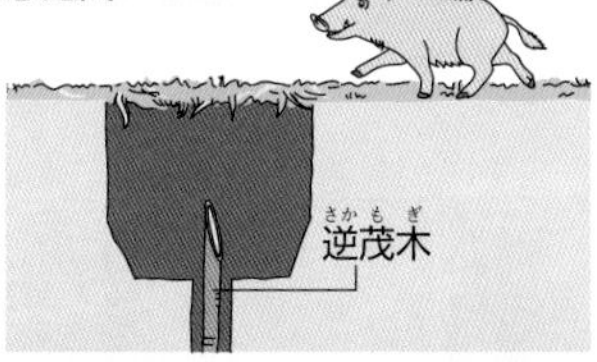

（『第23回特別展　イノシシの考古学』かみつけの里博物館による）

1E 漁労《ぎょろう》

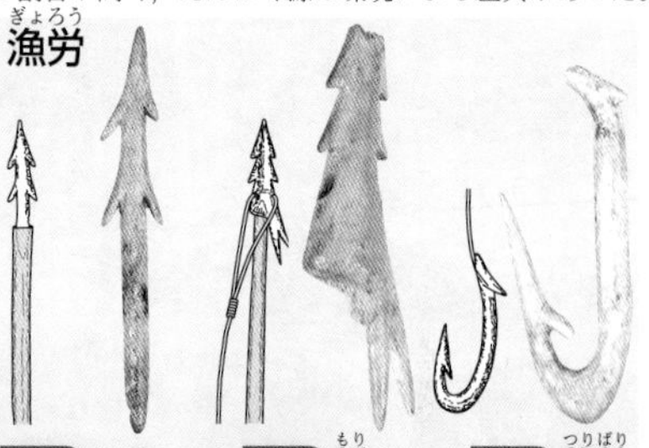

1-8 やす　1-9 銛《もり》　1-10 釣針《つりばり》
上記3点とも宮城・里浜貝塚

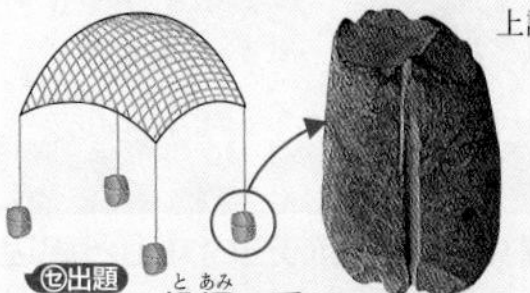

セ出題

投網《とあみ》の重り

1-11 石錘《せきすい》
縦約5.7cm
岩手・雨滝遺跡

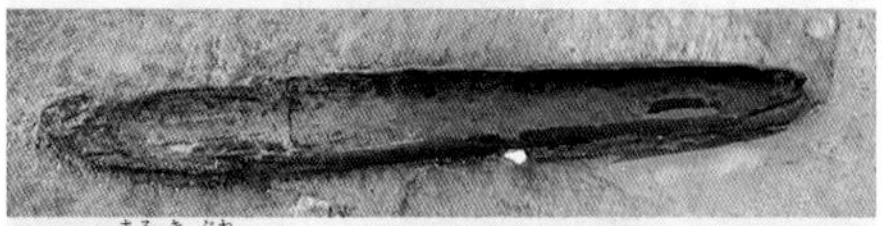

1-12 丸木舟《まるきぶね》　5.8m×0.7m　東京・中里遺跡

2 住まい（竪穴住居はP.32）

2-1 竪穴住居跡《たてあなじゅうきょ》
群馬・荒砥前原《あらとまえはら》遺跡

2A 竪穴住居《たてあなじゅうきょ》のつくり方

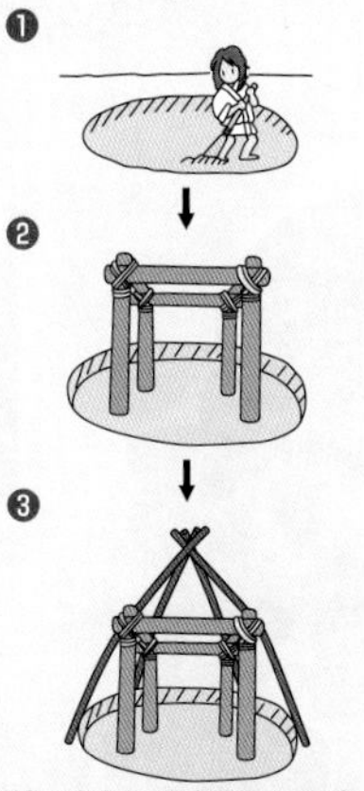

（『列島の考古学　縄文時代』による）

❶地面を掘り込んで床面を叩《たた》き固める。
❷床面に柱穴を掘って4～5本の主柱を立てる。
❸主柱に桁《けた》を渡し補強する。桁に垂木《たるき》を立てかけてカヤを地面まで葺《ふ》く。床面には炉《ろ》がつくられる。

2B 縄文時代の集落の形

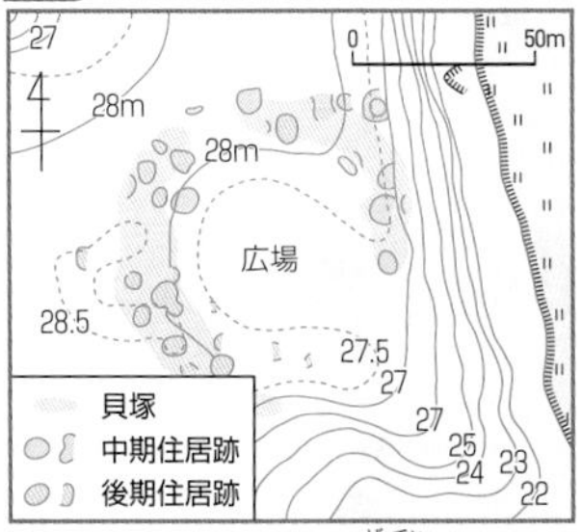

解説 貝塚と住居跡が馬蹄《ばてい》形に形成されている。　千葉・貝の花貝塚

3 習俗

出題

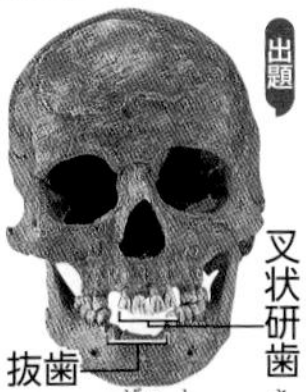

3-1 抜歯《ばっし》と叉《さ》状研歯《じょうけんし》
愛知・伊川津《いかわづ》貝塚

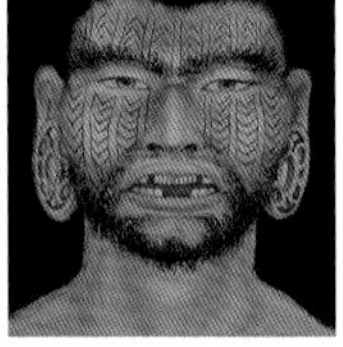

3-2 縄文人の風貌(復元)
（安芸早穂子氏画　週刊朝日百科「日本の歴史」より）

3-3 入れ墨を思わせる土偶頭部
岩手・萪内《しだない》遺跡

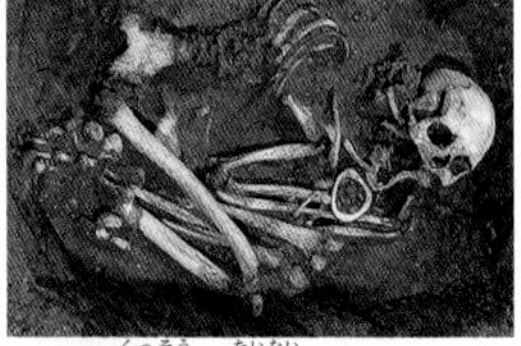

3-4 屈葬《くっそう》　胎内《たいない》の姿をとらせた，さまよい出る霊をとどめるためなど諸説ある。頭骨下方にあるのは貝製腕輪で，副葬品が伴う例もみられる。静岡・蜆塚《しじみづか》貝塚

3A 土偶《どぐう》 セ出題

国宝指定の土偶5体

❶合掌《がっしょう》土偶 青森・風張《かざはり》1遺跡 高さ19.8cm　❷立像《りゅうぞう》土偶「縄文のビーナス」長野・棚畑《たなばたけ》遺跡　高さ27.0cm
❸中空《ちゅうくう》土偶「茅空《かっくう》」北海道・著保内野《ちょぼないの》遺跡 高さ41.5cm　❹立像土偶「縄文の女神」山形・西ノ前遺跡 高さ45.0cm　❺仮面土偶「仮面の女神」長野・中ッ原《なかっぱら》遺跡 高さ34.0cm

解説 土偶《どぐう》は，その形態から女性を表していて，安全な出産を願う呪術具《じゅじゅつぐ》であると考えられている。破壊されて出土することが多い。また，明確に男性の形態をした土偶は，現在出土していない。

歴史ナビ **奥松島縄文村歴史資料館**(宮城県)　日本最大規模の「里浜《さとはま》貝塚」から出土した縄文土器や骨角器，石器，縄文人の食料である魚や獣《けもの》の骨などを展示。

北と南の大規模集落遺跡

考察の視点 縄文文化の形成にしたがっ
相互関連 て，定住化が促進された理由について考えてみよう。

解説 縄文《じょうもん》文化の一つの特色として，定住生活の開始があげられる。縄文草創期《そうそうき》から早期に，四季がはっきりする自然環境の変化から，特定の季節に特定の場所へ回帰《かいき》するようになった。その場所に，耐久《たいきゅう》性があり居住性もある竪穴《たてあな》住居がつくられるようになった。そして，縄文前期になると，広場・墓域・居住域などの配置に規則性のある定住《ていじゅう》集落が出現する。

青森県の三内丸山《さんないまるやま》遺跡のような大規模集落の遺跡が有名であるが，近年，国内最古の縄文時代早期の大規模集落である，**鹿児島県の上野原《うえのはら》遺跡**も注目されている。

1 三内丸山《さんないまるやま》遺跡(青森県) 世

1-1 復元された大型掘立柱建物と大型竪穴住居 大型竪穴住居は共同作業所や冬期間の共同家屋などの説がある。

1-2 板状土偶《ばんじょうどぐう》 縄文時代中期の盛土から出土した国内最大級の土偶。 高さ32cm

解説 三内丸山遺跡は，約5500年前～4000年前(縄文前期～中期)の日本最大級の**縄文時代の集落跡**である。竪穴住居が600棟以上も発見されており，今後の発掘により増加することは間違いない。1992年からの発掘調査で，集落全体のようすや当時の自然環境などが具体的にわかってきた。また，膨大な量の縄文土器，石器，土偶，土・石の装身具，木製品，骨角器，他の地域から運ばれた**ヒスイ**や**黒曜石《こくようせき》**なども出土している。DNA分析によりクリを栽培していたことが明らかになるなど，数多くの発見が縄文文化のイメージを大きく変えた。

1-3 高床の倉庫群 地面に穴を掘り，柱を立てた建物跡が，まとまって見つかった。高床式の建物として復元された。

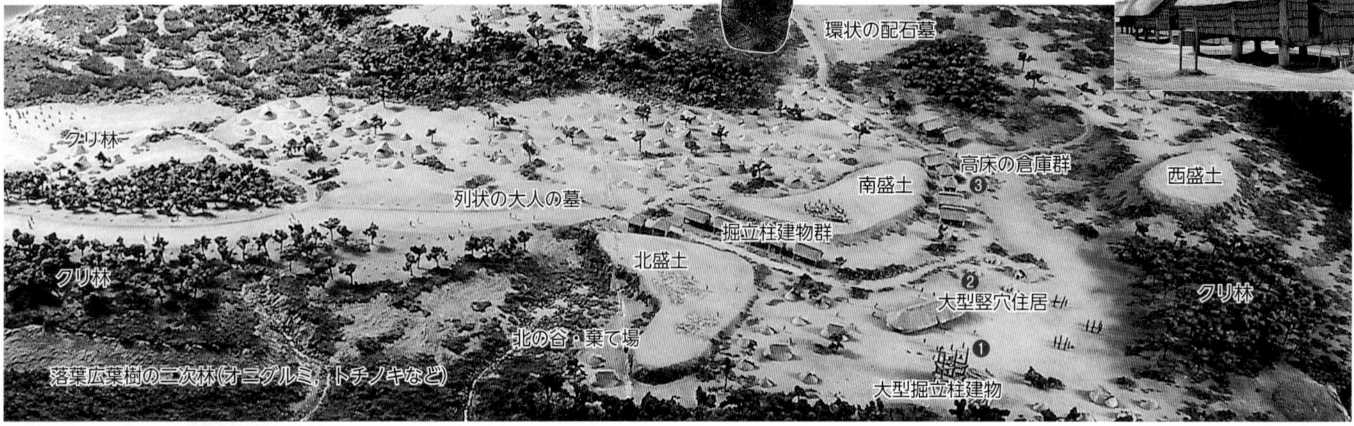

1-4 復元された縄文時代中期の三内丸山と周辺の生態系(北方上空から見た復元模型) 青森県教育庁文化財保護課三内丸山遺跡保存活用推進室蔵

2 上野原《うえのはら》遺跡(鹿児島県)

2-1 上野原遺跡の復元住居 鹿児島県立埋蔵文化財センター提供

解説 **上野原遺跡**は，霧島《きりしま》連山の裾野《すその》から西にシラス台地が広がる標高250mの台地に位置している。その上野原台地の北側に，２条の道筋に沿った52軒の竪穴住居群を中心に，39基の集石《しゅうせき》や16基の連穴土坑《れんけつどこう》などの調理施設をもった縄文時代早期(約9500年前)の大規模集落が発見された。南九州地域における定住化初期のようすを知る大集落であり，縄文時代の定住生活は，東日本からという定説を覆《くつがえ》す発見であった。

2-2 復元イラスト 中西立太氏画

2-3 さまざまな出土品 多量で，しかも多種・多様な土器・土製品や石器・石製品などの遺物が約15万点以上も出土した。 鹿児島県立埋蔵文化財センター蔵

2-4 土器埋納遺構 約7500年前の地層から完全な形の壺形土器(重文)が出土し，まつりなどの儀式を行っていたと考えられている。 鹿児島県立埋蔵文化財センター蔵

2-5 九州地方最古級(縄文時代早期)**の土偶**(重文) 土偶は，東日本から伝えられてきたと考えられていたが，これまでの定説が見直されることになった。 鹿児島県立埋蔵文化財センター蔵

歴史ナビ 三内丸山遺跡と上野原遺跡の史跡公園は，2007年に都市公園法施行50周年を記念した「日本の歴史公園100選」に選定されている。

考察の視点　弥生文化は，どのような時間的経過を経て日本列島に広がっていったのか，考えてみよう。　時系列

読み解く　2「弥生文化遺跡の分布」をみて，弥生文化遺跡の時代別の分布が，地域ごとにどのような特徴をもっているかまとめてみよう。　比較

1 弥生時代の概観

＊弥生時代の時期区分については P.38

年代	中国	朝鮮半島	北海道	沖縄(南西諸島)	本州・四国・九州	時期	できごと
前900	西周(前1027〜前771)	無《む》文《もん》土器時代	縄文文化	貝塚時代(前期)	弥生時代	早期	●北九州で水田耕作開始 ●環濠《かんごう》集落が出現する
前800							
前700	春秋(前771〜前403)					前期	●北九州で青銅器出現
前600							
前500							●鉄器の使用
前400	戦国(前403〜前221)					中期	●朝鮮の青銅製武器，鏡の出土
前300							
前200	秦 / 前漢(前202〜後8)	高句麗		貝塚時代(後期)			●関東地方南部水田耕作
前100		原三国時代(馬韓《ばかん》・弁韓《べんかん》・辰韓《しんかん》) / 楽浪《らくろう》郡(前108〜後313)					
B.C. / A.D.	新		続《ぞく》縄文文化				●百余国に分立，楽浪郡に遣使《けんし》 ●倭《わ》の奴国《なこく》の王《おう》，後漢に遣使，印《いん》綬《じゅ》を賜《たま》る(57)
100	後漢(25〜220)					後期	●倭国王帥升《すいしょう》，後漢に遣使(107) ●倭国大乱(2世紀半ば〜後半)
200	三国時代(魏・呉・蜀)	帯方《たいほう》郡(210〜313)					●邪馬台国卑弥呼《やまたいこくひみこ》，魏に遣使(239)
300	西晋				古墳時代		

解説　弥生時代の始まりに関しては，2003年国立歴史民俗博物館の研究グループにより，炭素14年代測定法で新たに測定した研究成果が発表され，これまでより約500年さかのぼって，紀元前10世紀とすべきであろうとの説が出された。その後，研究が進み，北九州では紀元前10世紀にすでに水田耕作が始まったことはほぼ明らかとなり，環濠《かんごう》集落も福岡市の比恵《ひえ》・那珂《なか》遺跡群で紀元前９世紀に出現したことがわかった。また従来弥生中期後半と想定された大阪府の池《いけ》上《がみ》曽根《そね》遺跡で発掘された井戸の木枠の伐採年が紀元前52年であることがわかり，前期と中期を区分する年代の修正も必要となった。2008年には国立歴史民俗博物館が縄文・弥生時代の全期にわたる年代をほぼ完成させた。上記の年表は国立歴史民俗博物館の学説に従っている。研究者の中には異なった年代観を唱えている研究者もいる。中国・朝鮮の青銅器文化の展開を考慮するなど検討すべき課題もあり，整合性のある年代観が求められている。

2 弥生文化遺跡の分布

青森・弘前市

砂沢《すなざわ》遺跡(青森)　前期

ほぼ完全な形の２枚の水田跡を発見。最北端に位置する農耕遺跡。東北地方への稲作伝《でん》播《ぱ》の早さを伝える

高さ25.5cm　恵山貝塚　市立函館博物館蔵

続縄文文化

→**恵山《えさん》式土器**　北海道・函館市

北海道を中心に展開した狩猟・漁労を中心とする文化。７世紀以降には擦《さつ》文《もん》文化やオホーツク沿岸のオホーツク文化に移行していく。 頻出題

青森・田舎館村

垂柳《たれやなぎ》(田舎館《いなかだて》)遺跡(青森)　中期

弥生中期の水田跡。現在の水田と比べ，かなり小規模であることがわかる

土井ヶ浜《どいがはま》遺跡(山口)　前期

縄文人的特徴をもたない「渡来《とらい》系」の300体以上の人骨が出土

前期〜後期

唐古《からこ》・鍵《かぎ》遺跡(奈良)

1937年唐古池から多数の土器，木製農具，植物性遺物を出土。日本最大級の環濠《かんごう》集落。楼閣《ろうかく》を描いた線刻《せんこく》土器片も発見

弥生町《やよいちょう》遺跡(東京)　後期

1884年本郷弥生町(現，文京区弥生２丁目)向《むこう》ヶ岡《がおか》貝塚で，縄文土器と異なった土器を初めて発見。弥生土器と名づける

板付《いたづけ》遺跡(福岡)　早期

縄文晩期〜弥生の水田跡，前期最古式の土器や壺に入った炭化米など出土。高度な灌漑《かんがい》技術を推定させる用水路跡も発掘

登呂《とろ》遺跡(静岡)　後期

1943年発見。47年〜50年発掘。12の住居跡と２棟の高床倉庫，多数の木製農耕具，矢板を打ち込んで仕切った畦畔《あぜくろ・けいはん》，水田跡を発見

前期〜後期

吉野ヶ里《よしのがり》遺跡(佐賀) P.50

日本最大級の環濠集落。集落は前期から形成，中期には卓越した墳丘《ふんきゅう》墓を築造。後期には「魏《ぎ》志《し》」倭人伝《わじんでん》中の「楼観《ろうかん》」に相当するような望楼《ぼうろう》を築く

須玖岡本《すぐおかもと》遺跡(福岡) P.52 中期

豊かな副葬品を伴う合口甕棺墓《あわせぐちかめかんぼ》群《ぐん》を主とする遺跡。すぐ北には青銅器やガラスの工房跡もあり，奴国《なこく》の中心的大集落群と推定

貝塚後期文化 頻出題

南西諸島で展開した文化で南島文化ともいう。サンゴ礁の海での漁労・採集を生活基盤とする。

→**具志原《ぐしばる》貝塚**　沖縄・伊江村

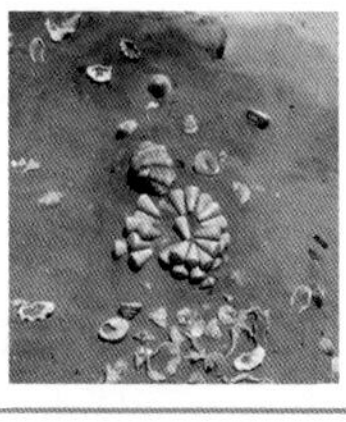

纒向《まきむく》遺跡(奈良) P.53 後期

2009年に大型建物が発見され，３世紀後半の大集落遺跡であることがわかった。卑弥呼《ひみこ》の墓との説もある箸《はし》墓《はか》古墳などの出現期大型古墳が近接し，邪馬台国《やまたいこく》の候補地として注目されている

歴史ナビ　**静岡市立登呂博物館**(静岡県静岡市)　登呂遺跡から発掘された土器や木製農具などが展示されており，弥生時代の農耕を学習することができる。

48 水稲農耕の始まり

考察の視点 弥生文化が始まって，人びとの暮らしはどのように変化しただろうか。

推移

1 弥生人（渡来系）と縄文人の特徴

1-1 北方系モンゴロイド（弥生タイプ） 1-2 南方系モンゴロイド（縄文タイプ）

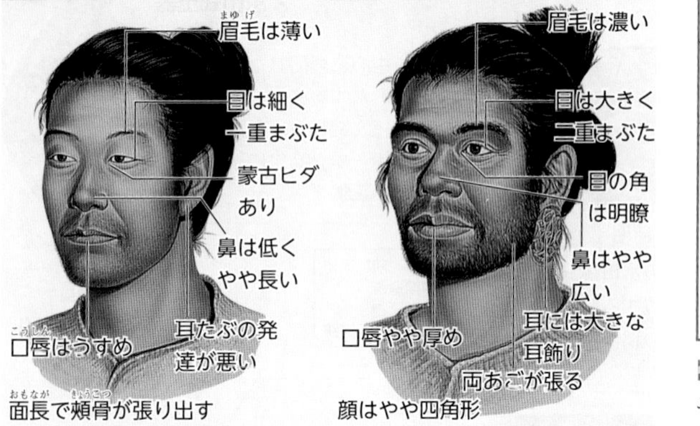

（２点とも石井礼子氏画）

2 稲の道と栽培稲

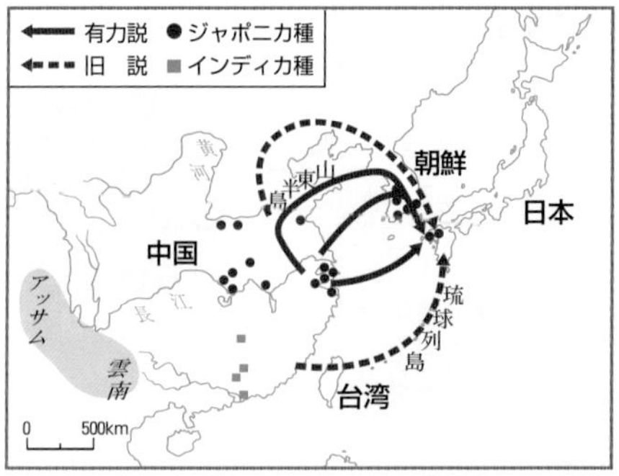

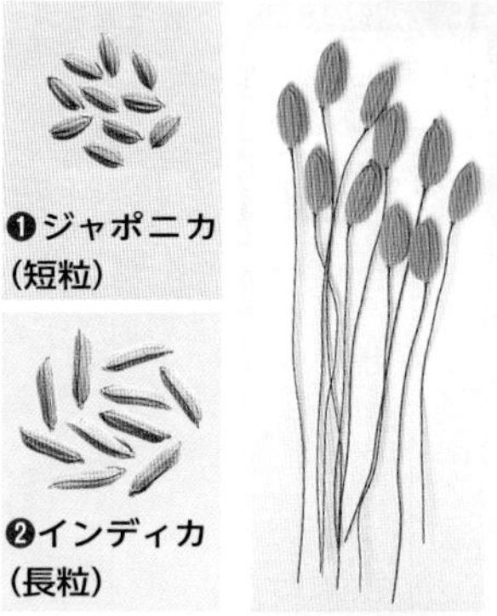

❶ジャポニカ（短粒）

❷インディカ（長粒）

❸ジャバニカ（中間）

解説 稲の原産地はアッサム地方～雲南《うんなん》地方。稲の種類には❶ジャポニカ種（短粒）❷インディカ種（長粒）❸ジャバニカ種（中間）があり，日本に伝来したのは長江中・下流域が原産といわれる❶。

稲の伝来ルート

最近の稲のＤＮＡ分析によると，温帯ジャポニカにはRM1-a～hの８種類があり，中国ではRM1-bが多く，RM1-aがそれに続く。朝鮮半島にはRM1-bを除いた7種類が存在し，RM1-aがもっとも多い。また，日本ではRM1-a，RM1-b，RM1-cの３種類が存在し，RM1-bが最も多い。RM1-aは東北も含めた全域で，RM1-bは西日本を中心に発見されている。こうしたＤＮＡの分析から，朝鮮半島から日本に伝《でん》播《ぱ》した可能性は低いとみられるが，日本でこのようにＤＮＡの種類が少ないのは，伝播した稲がかなり少数であったことを物語っているという説もある。

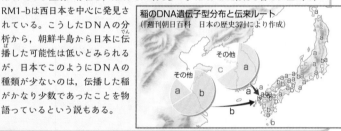

稲のDNA遺伝子型分布と伝来ルート
（『週刊朝日百科　日本の歴史37』により作成）

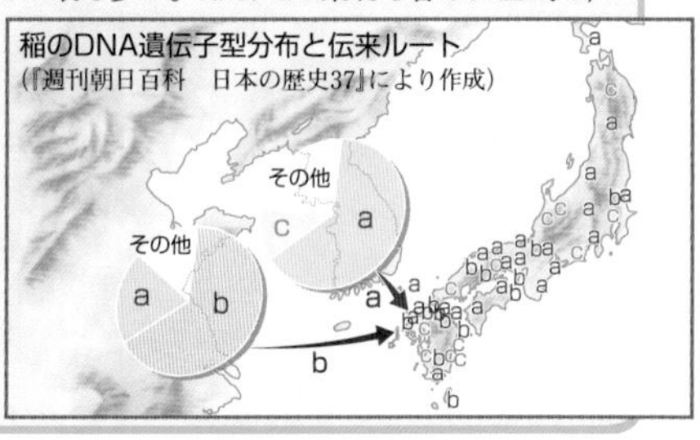

3 弥生時代の稲作

（『大系日本の歴史１』）

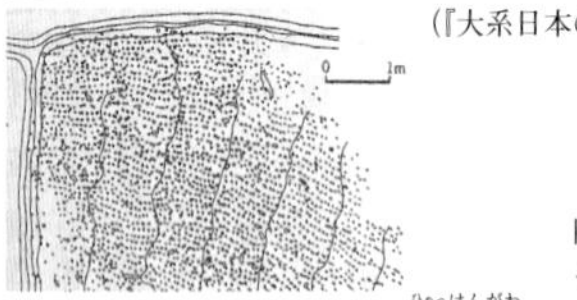

岡山県古代吉備文化財センター提供

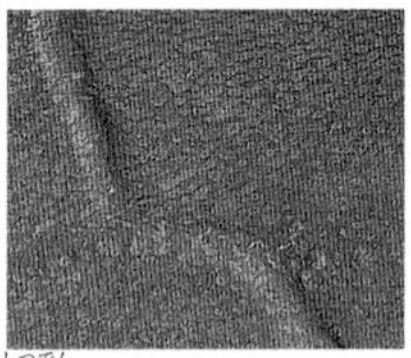

3-1 **稲株の跡**（岡山県百間川《ひゃっけんがわ》遺跡）　水稲《すいとう》耕作には**湿田《しつでん》**が利用され，やがて**半乾田《かんでん》**も拡大した。湿田とは常に水が抜けきらない沼地などであり，生産性は低い。稲が実った後は排水したほうが土壌が肥沃《ひよく》化しやすいので，次第に排水設備を整えた半乾田が増加したと考えられる。湿田では**直播《じかまき》**されたであろうが，半乾田ではこの遺跡の例のように**田植え**をした可能性が高い。微高地などに灌《かん》漑《がい》排水設備を整えた乾田が一般化するのは鉄製農具が普及する古墳時代以降と考えられている。現在の水田はほとんどが乾田である。

ⓒ出題

4 弥生時代の１年間の農耕のようす—春の田起こしから秋の収穫へ

出題

中西立太氏画（週刊朝日百科「新訂増補日本の歴史」）より

解説 当時の水稲《すいとう》農耕のようすを描いた想像図であるが，実際の考古学上の発掘の成果などから復元《ふくげん》されている。灌《かん》漑《がい》・排水《はいすい》のための用水路がつくられ，水田に水が引き込まれている。❶では鋤《すき》や鍬《くわ》によって土壌の掘り返しが行われ，❷では苗代《なわしろ》がつくられている（多くは集落に近いところで行われた例が多いようである）。❸ではえぶりや鋤を使って踏耕《とうこう》が行われ，水田が造成される。❹では田植えが行われている。そして❺で夏の除草《じょそう》。❻で秋の刈り入れが石包《いしぼう》丁《ちょう》で行われている。この図のように，当時の稲作には，灌漑設備の施設，田起こし，田植え，刈り取りなど集約的な労働力の投入が必要であり，また１年間のサイクルによる農作業を共同で行うことが不可欠だった。

5 弥生時代の住居

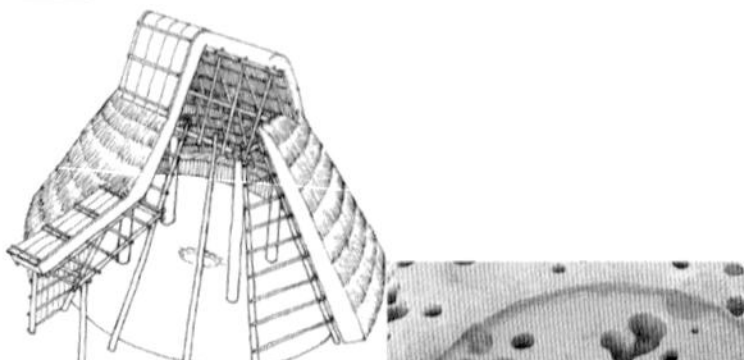

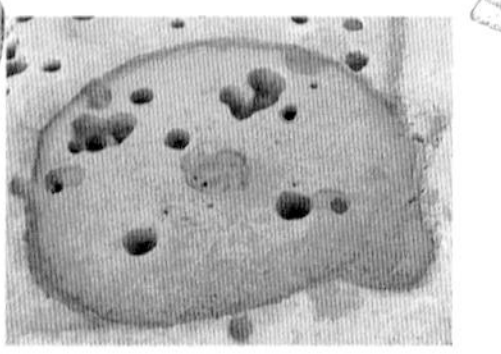

5-1 古い竪穴住居

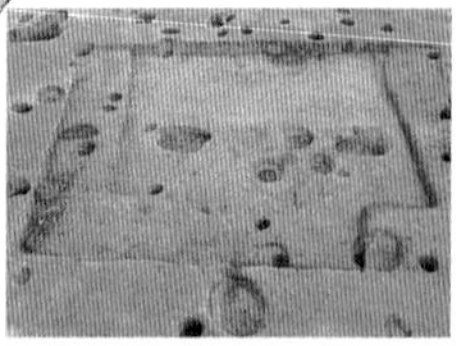

5-2 新しい竪穴住居

解説 弥生時代の人びとは，竪穴《たてあな》住居に住んでいたが，中期までは円い住居が多く，後期になると四角い住居が多くなる。

歴史ナビ　**伊勢神宮　内宮正殿《ないくうせいでん》**（三重県伊勢市）　高床倉庫から発展し，中世の一時期を除いて原則20年ごとにつくり直されてきたため，古代の様式を現代によく残している。

考察の視点 縄文時代の採取から弥生時代の農耕へと生活が変化したことによって，人びとの意識はどう変わっただろうか。 推移

1 弥生土器のセット

奈良・唐古・鍵遺跡出土

1-1 米の煮《に》炊《た》き(模式図)

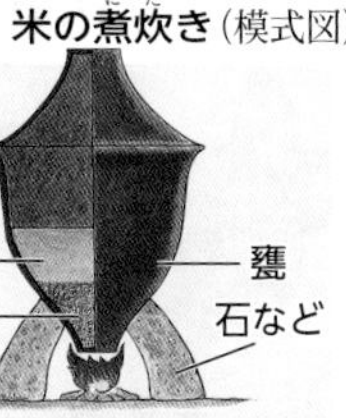

器種	用途
甕《かめ》	煮《に》炊《た》き
壺《つぼ》	貯蔵
鉢《はち》 高杯《たかつき》	盛り付け

解説 米は甕《かめ》で煮て食べていたらしく(模式図)，蒸《む》すための甑《こしき》は出土数が少ない。また出土した土器の半分以上を壺《つぼ》が占めていることから，籾《もみ》などの貯蔵が重要な意味をもつようになったことがうかがえる。

2 木製農具

2-1 えぶり(水田面をならす) 長野・石川条里遺跡

鋤《すき》

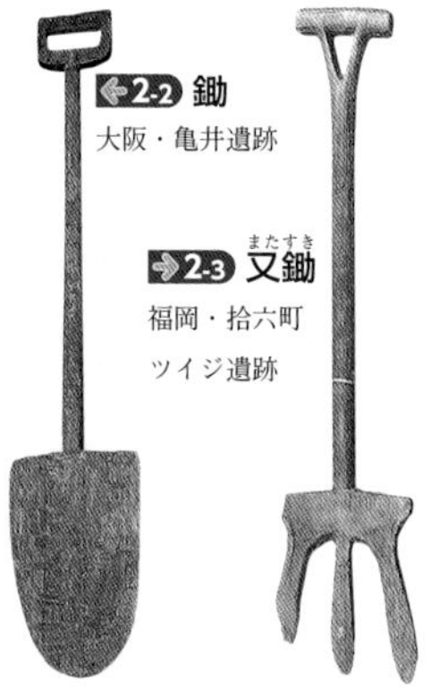

2-2 鋤 大阪・亀井遺跡

2-3 又鋤《またすき》 福岡・拾六町ツイジ遺跡

鍬《くわ》

2-5 鍬 長野・石川条里遺跡

2-6 又鍬《またぐわ》 長野・石川条里遺跡

2-7 広鍬《ひろぐわ》 長崎・里田原《さとたばる》遺跡

脱穀《だっこく》用

セ出題

2-8 竪杵《たてぎね》 大阪・鬼虎川遺跡

2-9 臼《うす》 高さ43.0cm 佐賀・生立ヶ里《うりゅうがり》遺跡

2-4 田下駄《たげた》(水田で足の沈下を防ぐ) 静岡・登呂遺跡

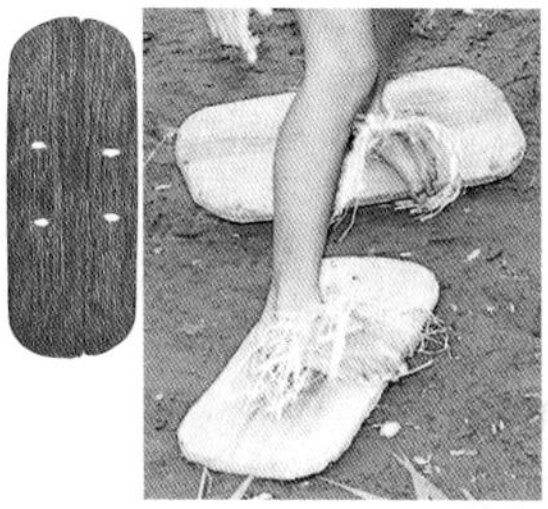

読み解く

❶P.48 4 の絵の中に描かれている農具を三つ見つけよう。
❷弥生時代の遺跡から，なぜ，水田で足の沈下を防ぐ田下駄が発見されるのだろうか。 相互関連

3 石製農具・石製工具・鉄製工具

3A 石製農具

セ出題 出題

大阪・池上曽根遺跡

3-1 石包丁《いしぼうちょう》 弥生時代後期まで用いられた。品種が均一化していなかったので結実《けつじつ》の時期が異なることから用いられた。中国や朝鮮でも使用されていた。

3B 石製工具

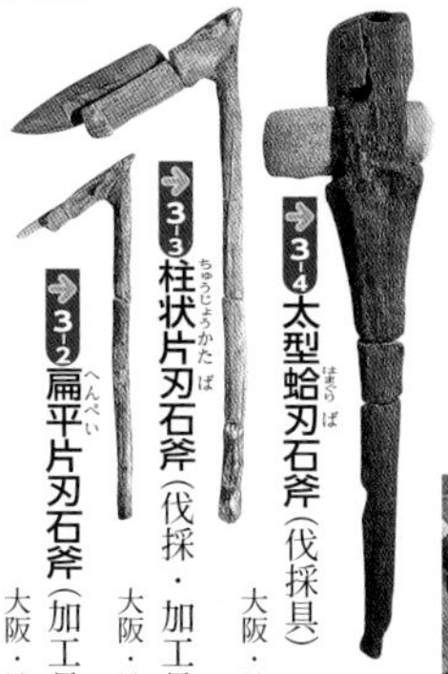

3-2 扁平《へんぺい》片刃石斧(加工具) 大阪・池上曽根遺跡

3-3 柱状片刃《ちゅうじょうかたば》石斧(伐採・加工具) 大阪・池上曽根遺跡

3-4 太型蛤刃《はまぐりば》石斧(伐採具) 大阪・池上曽根遺跡

3-5 石斧《せきふ》での伐採 切り倒すのに約12分かかったが，思いのほか早く切れる。 大阪府立弥生文化博物館

3C 鉄製工具

3-6 鉄斧《てっぷ》での伐採 石斧と比べ1/4の時間(約3分)で切り倒せた。 大阪府立弥生文化博物館

3-7 鉄斧 福岡・辻田遺跡

4 高床倉庫

4-1 高床《たかゆか》倉庫 収穫された稲は左のような高床倉庫に収納された。収穫された初めての稲穂は，神へささげられたと考えられており，伊勢神宮の内宮正殿《ないくうせいでん》はこの高床倉庫の形が洗練《せんれん》されて，現在の**神明造**《しんめいづくり》という神殿形式になったとされる。 静岡・登呂遺跡

4-2 ネズミ返し 静岡・登呂遺跡

4-3 神明造 三重・伊勢神宮

5 機織り

5-2 紡錘車《ぼうすいしゃ》

5-1 機織《はたお》り 滋賀・安土城考古博物館蔵

5A 糸撚《いとよ》りの方法

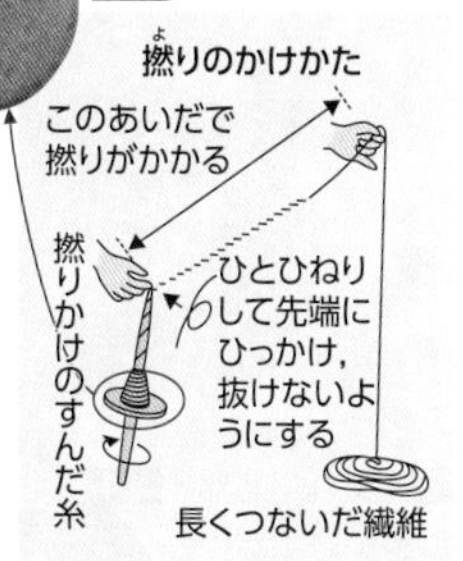

(『日本歴史館』により作成)

6 弥生人の精神生活

解説 弥生文化の時代の人々の精神生活を物語る遺物には，占いに使ったと思われるシカやイノシシの骨が見つかっているほか，木の鳥も発見されている。朝鮮では同じような木の鳥が村の境に置かれ，「賽《さい》の神《かみ》」の役割を果たしている。木の鳥は神の使者，先導者として考えられていたのだろう。

6-1 鳥形木製品 石川・八日市地方遺跡

歴史ナビ **大阪府立弥生文化博物館**(大阪府和泉市) 池上曽根《いけがみそね》遺跡P.52の一角に建てられた弥生文化を専門に扱う日本で唯一の博物館である。

50 弥生人の社会

考察の視点 農耕社会が成立すると，なぜ身分や階級が生まれ，政治的社会が形成されるのだろうか。 相互関連

読み解く 水稲《すいとう》農耕が開始されると，ムラが形成された。❶ムラとムラの争いも始まり，やがてムラが統合してクニが生まれ，❷王が誕生したと考えられている。❶・❷の証拠となる考古学上の事実をあげてみよう。

1 環濠《かんごう》集落 弥生前・中・後期

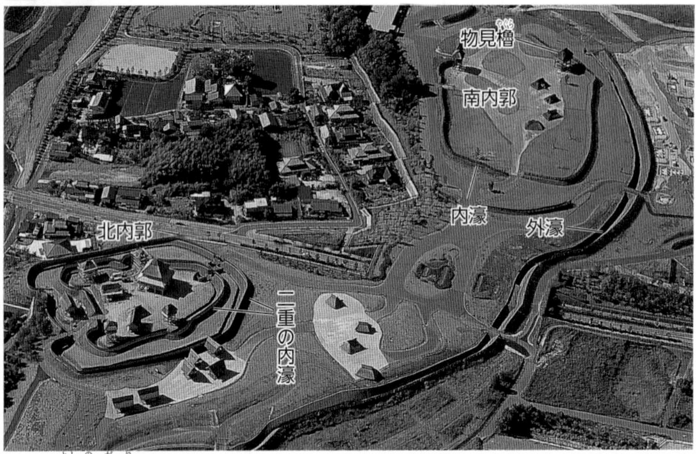

1-1 吉野ヶ里《よしのがり》遺跡全景(復元)

解説 環濠は前期の板付《いたづけ》遺跡からも発見されていて，そもそも弥生文化の大きな文化的要素の一つであったと考えられている。大陸から水稲農耕や鋭利《えいり》な武器を使う文化要素の一つとして環濠もともに伝来したと考えられるようになっている。中期以降は，上の吉野ヶ里遺跡の復元のように外濠は幅６～７m，深さ3.5mの巨大な濠がつくられた。

2 高地性《こうちせい》集落 弥生中・後期

2A 高地性集落の分布

(『日本の歴史02』による)

2-1 紫雲出山《しうでやま》遺跡(香川県三豊《みとよ》市) 標高352mの山頂にある弥生中期の高地性集落。石鏃《せきぞく》や石槍《せきそう》が大量に出土したことから軍事的性格を有した遺跡と考えられる。

3 人骨にみる戦いの痕跡

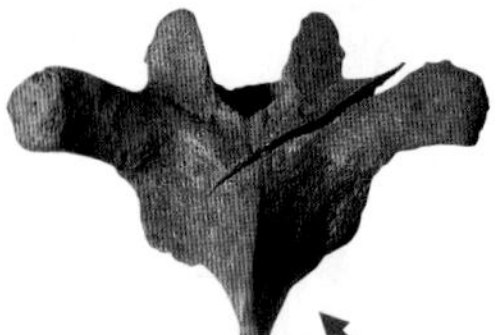

幅約6cm

3-1 殺傷痕《さっしょうこん》を伴う胸椎《きょうつい》

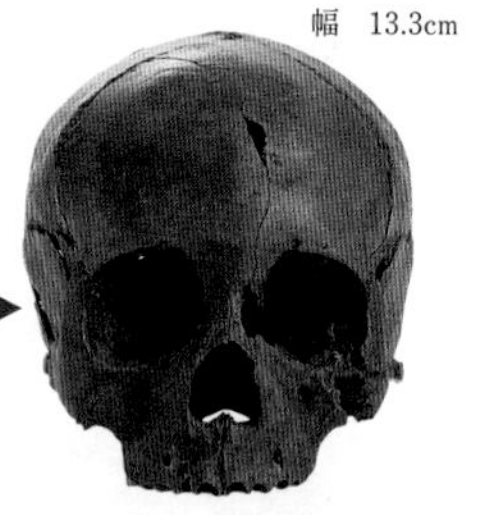

高さ17.2cm
幅 13.3cm

3-3 頭に傷を受けた頭骨

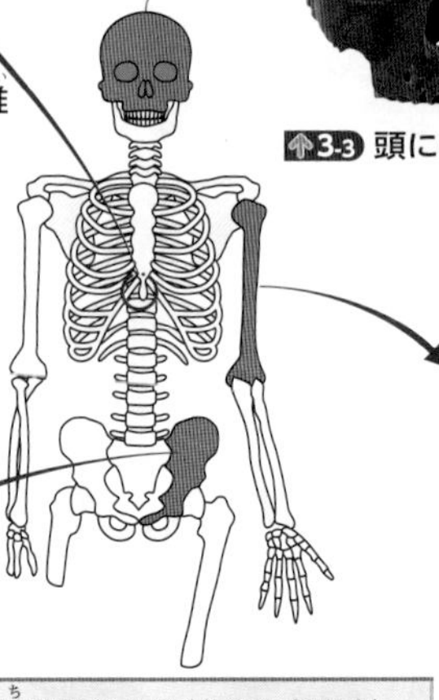

3-2 銅鏃《どうぞく》が刺さった左の骨盤《こつばん》

銅鏃の長さ8mm

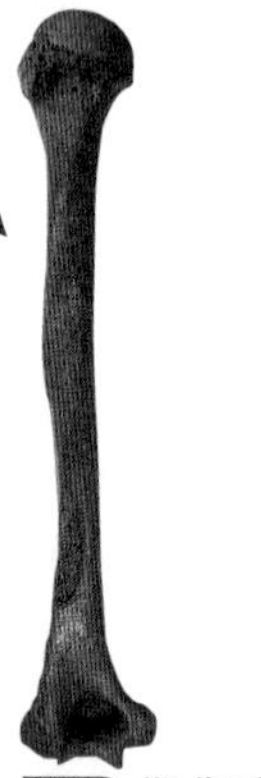

3-4 殺傷痕を伴う上腕骨《じょうわんこつ》

青谷上寺地《あおやかみじち》遺跡の人骨(鳥取県鳥取市)
戦争または集落内の争いを暗示させる人骨は，いずれも溝状《みぞじょう》遺構からバラバラに折り重なって65体分も見つかった。
胸椎・上腕骨は鳥取大学医学部機能形態統御学講座形態解析学分野，頭骨・骨盤は鳥取県埋蔵文化財センター提供

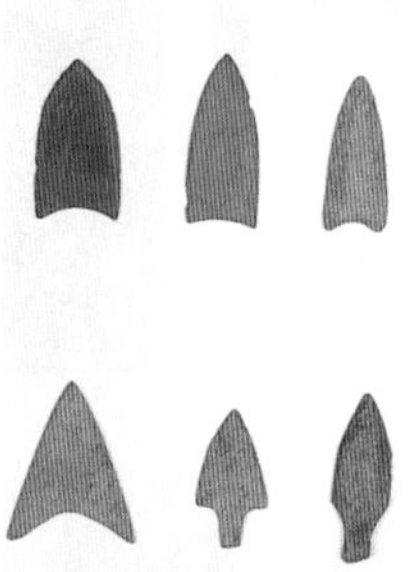

3-5 人骨に打ち込まれた鏃《やじり》
佐賀県教育委員会提供

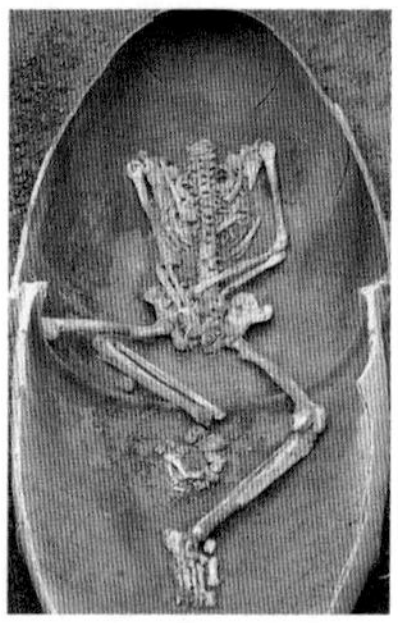

出題
3-6 首が切られた人骨 吉野ヶ里遺跡の甕棺《かめかん》から発見された。ムラのために戦った戦士を葬《ほうむ》ったのだろう。佐賀・吉野ヶ里遺跡 佐賀県教育委員会提供

4 墓制

4A 甕棺墓《かめかんぼ》

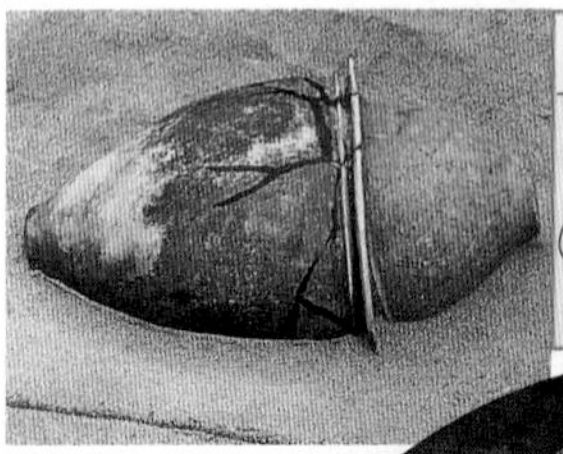

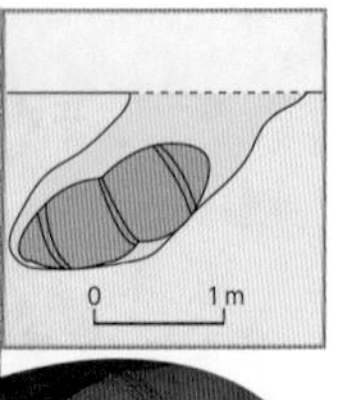

4-1 九州北部に多い。土器の口と口を合わせた合口甕棺《あわせぐちかめかん》のほかに木などで蓋《ふた》をしただけの単甕棺もある。
福岡・藤崎遺跡

4-2 埋葬想像図
福岡・春日市奴国の丘歴史資料館蔵

4B 支石墓《しせきぼ》

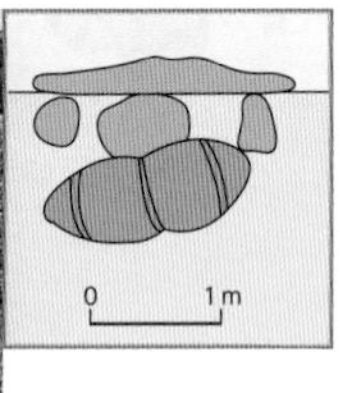

4-3 朝鮮半島系の墓制で九州北部に多い。地上に数個の石で巨石を支え，その地下に土坑《どこう》・甕棺・まれに石棺などの施設がある。
長崎・里田原《さとだばる》遺跡

4C 箱式石棺墓《はこしきせっかんぼ》

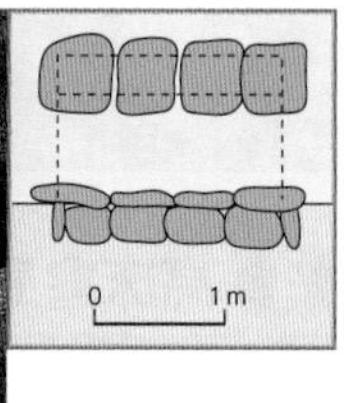

4-4 西日本に多い。薄くはがしやすい安山岩などの板石を箱形に組み，板石で蓋をする。 広島・花園遺跡

4D 方形周溝墓《ほうけいしゅうこうぼ》

4-5 弥生～古墳前期の墓制で，関東を中心に全国でみられる。墓域を溝で囲み，中央部に土坑を掘って盛り土をする。 神奈川・歳勝土《さいかちど》遺跡

4E 四隅突出型墳丘墓《よすみとっしゅつがたふんきゅうぼ》

4-6 出雲～北陸に分布する。墳丘の四隅を出す形の墳丘墓。鳥取・妻木晩田《むきばんだ》遺跡

4F 墳丘墓

4-7 大規模な墳丘と豊富な副葬品がみられる。
佐賀・吉野ヶ里遺跡

歴史ナビ **吉野ヶ里歴史公園**(佐賀県吉野ヶ里町) 王の住まい，物見櫓などの建物が復元され，当時のクニのようすが想像できる史跡公園となっている。

考察の視点 弥生時代の青銅器の特徴から，当時の社会のようすを考えてみよう。相互関連

1 青銅器の種類と用途

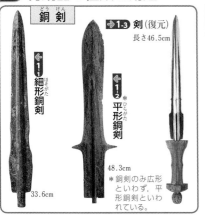

銅剣《どうけん》

1-1 細形《ほそがた》銅剣 33.6cm

1-2 平形《ひらがた》銅剣* 48.3cm

*銅剣のみ広形といわず，平形銅剣といわれている。

1-3 剣(復元) 長さ46.5cm

銅矛《どうほこ》

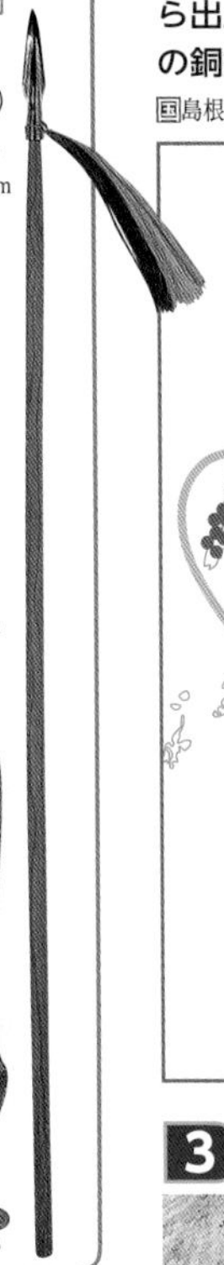
1-4 矛《ほこ》(復元) 長さ210cm 最大幅5cm

1-5 中《なか》細形銅矛《どうほこ》 50.3cm

1-6 広形銅矛 85.8cm

銅戈《どうか》

1-7 細形銅戈《どうか》 27.1cm

1-8 広形銅戈 39.7cm

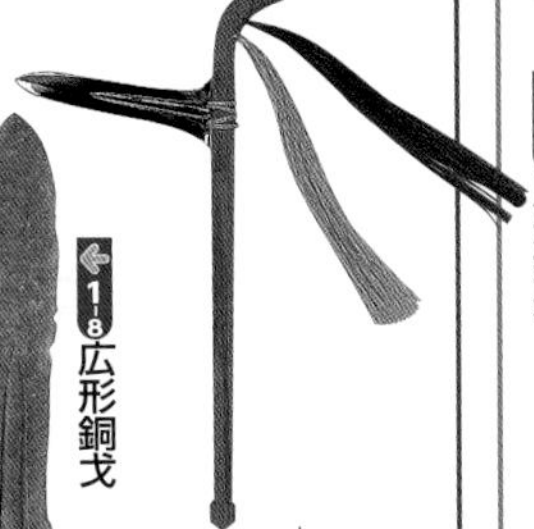
1-9 戈《か》(復元)

銅鐸《どうたく》

1-10 三遠《さんえん》式銅鐸 高さ62.7cm

1-11 近畿式銅鐸 東京国立博物館蔵

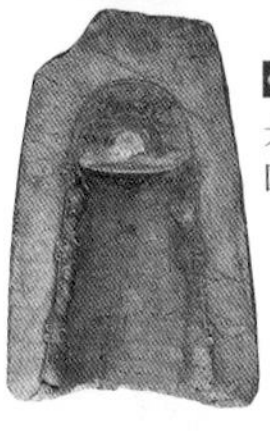
1-12 石製鋳《い》型 大阪・東奈良遺跡 国(文化庁)保管

1-13 土製鋳型 奈良・唐古・鍵遺跡 田原本町教育委員会蔵

1-14 国内最大の銅鐸の復元 高さ134.6cm 滋賀・銅鐸博物館蔵

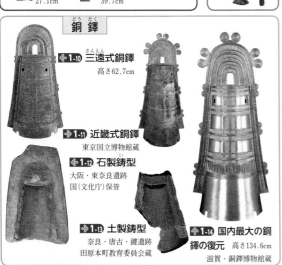

青銅器	種　類	用　途	装着方法
銅剣	細形銅剣	武器	剣下方の突出部を柄に差す
	平形銅剣	祭祀	
銅矛	細形銅矛	武器(槍のように刺突)	矛の下方に袋状の空洞を設けて柄を差す
	広形銅矛	祭祀	
銅戈	細形銅戈	武器(引きずり倒す)	刃に直角に柄をつける
	広形銅戈	祭祀	
銅鐸	近畿式銅鐸	朝鮮式銅鐸が祖形。鳴らすカネ→祭器へ	*銅鐸は中国，朝鮮半島では元来内部に舌《ぜつ》をつり下げて鳴らすカネであった。日本では十数cmのものから1mを超すものまであり，しだいに大型化・祭器化したと考えられる。
	三遠《さんえん》式銅鐸		

解説 大陸から伝播《でんぱ》した金属器は，銅・錫《すず》の合金である青銅器と鉄器であった。鉄器は主に武器や農工具などの実用利器として用いられたが，青銅器は非実用的な**祭器・宝器**となった。㋣出題

2 青銅器の分布

2-1 加茂岩倉遺跡から出土した39個の銅鐸 国島根・加茂岩倉遺跡

読み解く 2の地図を見て，広形銅矛，平形銅剣，近畿式銅鐸，三遠式銅鐸の発掘事例が地域的に偏《かたよ》っていることは，何を意味しているのだろうか。相互関連

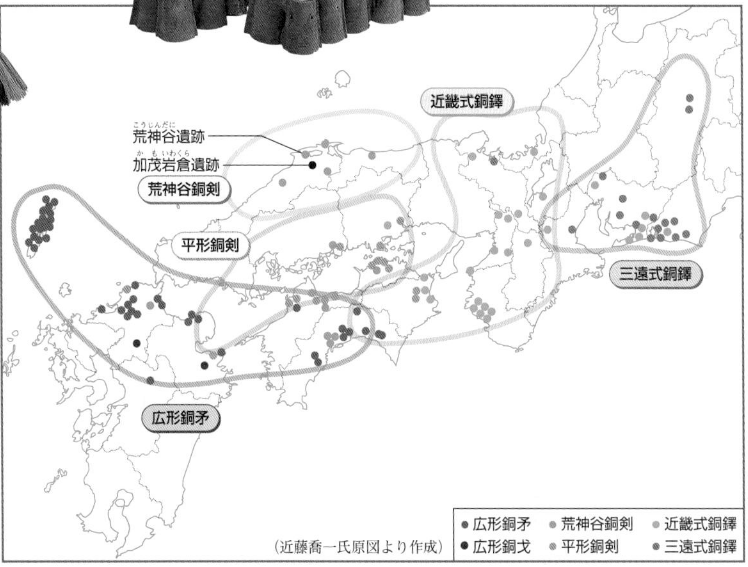

(近藤喬一氏原図より作成)

3 荒神谷《こうじんだに》遺跡から発掘された大量の銅剣《どうけん》と銅鐸《どうたく》

3-1 銅剣 国島根・荒神谷遺跡

解説 **荒神谷遺跡**では，358本という大量の銅剣が発見された。さらに銅鐸6個と16本の銅矛が一緒に埋められていた。このような大量の青銅器が発見されたのはこの遺跡だけである。また荒神谷遺跡から3.4km離れた**加茂岩倉《かもいわくら》遺跡**からは39個の銅鐸が一括して発見された。この両遺跡から発見された銅鐸には「×」の刻印《こくいん》がともに記されたものがあり，両者は密接な関係があると考えられている。

3-2 銅鐸と銅矛 国島根・荒神谷遺跡

3-3 加茂岩倉遺跡で発見された銅鐸に記された「×」の刻印 国島根・加茂岩倉遺跡

4 鉄器

解説 弥生文化の成立とともに鉄器が使用されるようになったと考えられるが，当時は鋳造《ちゅうぞう》でもろいものであった。弥生後期に鍛造《たんぞう》のものが現れたが，国内では6世紀まで製錬《せいれん》や製品化を行うことはなく，朝鮮半島から入手していた。4世紀以降，倭の王権が繰り返し朝鮮へ進出したのは，鉄資源の掌握《しょうあく》が列島内での覇権に密接に結びついていたからであろう。

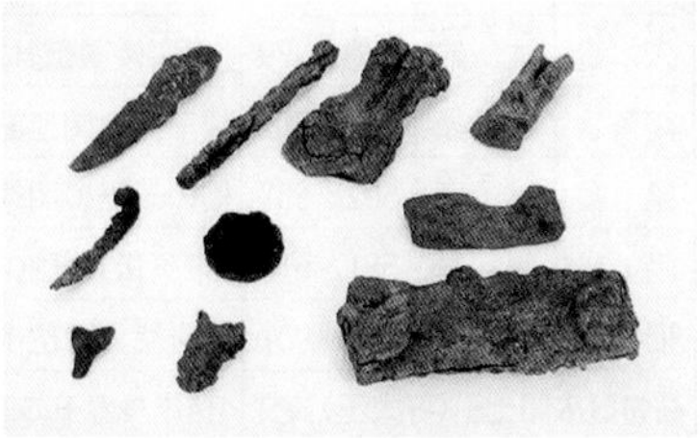
4-1 出土した鉄器 鳥取・妻木晩田《むきばんだ》遺跡

歴史ナビ **荒神谷史跡公園**(島根県出雲市) 復元された荒神谷遺跡の埋納遺構や，発掘の成果を学べる博物館などを整備した史跡公園である。

52 小国の分立

考察の視点　1世紀頃，九州北部に成立したクニは，朝鮮半島を介して中国王朝と交渉をもった。なぜ朝鮮半島や中国王朝と交渉をもったのだろうか。　相互関連

1 大陸との交渉

中国	日本　色は史料一覧の書名に対応。▒は『日本書紀』	朝鮮
前漢 A.D.8	紀元前後　百余国に分立。楽浪郡《らくろう》に遣使	↑ B.C.108 楽浪郡
23 新	A.D.57　**倭《わ》の奴国《なこく》の王《おう》**朝貢，光武帝《こうぶてい》より「**漢委奴国王《かんのわのなのこくおう》**」の印綬を賜う 2A	
25 後漢（東漢） 220	107　倭国王帥升《すいしょう》ら，生口《せいこう》160人献上	
	147～189頃　倭国大乱，歴年主無し	
220 221 222 三国時代 220～280	239　邪馬台国《やまたい(と)こく》女王**卑弥呼《ひみこ》**，遣使。「**親魏《しんぎ》倭王《わおう》**」の金印紫綬《しじゅ》・銅鏡賜う	馬韓　辰韓　弁韓
魏 265　蜀 263　呉	243　魏に朝貢　247　狗奴国《くなこく》と交戦	
晋(西晋) 280	266　倭女王(**壱与《いよ》**？)，西晋《せいしん》に遣使	
316	**(以後，147年間中国正史に日本関係記事空白)**	313
304 317 五胡十六国　東晋	369　百済《くだら》《ひゃくさい》と結び新羅《しらぎ》《しんら》と交戦，任那《みまな》(加耶《かや》諸国)支配　372　百済王，七支刀《しちしとう》を献上　382　新羅と交戦	346 356 369
386	391　百済・新羅を破り臣民とする	高句麗　百済　新羅　加耶(加羅)
	404　帯方《たいほう》に進出し高句麗《こうくり》と交戦，敗北	
420	413　倭王(讃《さん》？)，東晋に貢物献上	
(南朝)	421　**讃**，宋《そう》に朝貢。武帝，称号受く	
	425・430にも朝貢　438　讃没。弟の**珍《ちん》**，遣使。「安東《あんとう》将軍倭国王」の称号受く	
439　宋	443　**済《せい》**，遣使。「安東将軍倭国王」受く	
南北朝時代 439～589	462　済没。**興《こう》**，「安東将軍倭国王」受く	
	478　**武《ぶ》**，遣使上表。「**使持節都督倭・新羅・任那・加羅《から》・秦韓《しんかん》・慕韓《ぼかん》六国諸軍事安東大将軍倭王**」受く(百済は除かれ除授は「六国」)	
北魏 479		
斉	479　武，斉《せい》から「鎮東《ちんとう》大将軍」受く	
502	502　武，梁《りょう》から「征東《せいとう》将軍」受く	
534　梁	512　大伴金村《おおとものかなむら》，百済に「任那４県」割譲	
535　東魏　西魏　550	538　百済聖明王《せいめいおう》，欽明《きんめい》天皇に仏像・経論献上＝仏教公伝(『上宮聖徳法王帝説《じょうぐうしょうとくほうおうていせつ》』『元興寺縁起《がんごうじえんぎ》』)	
556　北斉	552　日本書紀が伝える仏教公伝年	
557	554　新羅と百済交戦。百済を救援	
北周　577　陳	562　加耶，新羅に滅ぼされる	
581	600　倭王，隋《ずい》に遣使	
589　隋	607　**小野妹子《おののいもこ》**を隋に派遣　608　再遣	
618	614　**犬上御田鍬《いぬかみのみたすき》**を隋に派遣	
唐	630　第１回**遣唐使**(犬上御田鍬ら)	668まで↓
	631　遣使，貢物を献ず	

1A 倭国関連史料一覧

書名	著撰者	記載年代	内容
漢書《かんじょ》	班固《はんこ》	B.C.202～A.D.8	「地理志」に倭《わ》の記事初見
後漢書《ごかんじょ》	范曄《はんよう》	25～220	「東夷伝《とういでん》」に倭の奴国の王の印綬受領等
三国志《さんごくし》	陳寿《ちんじゅ》	220～280	『魏書《ぎしょ》』東夷伝倭人の条に邪馬台国
晋書《しんじょ》	房玄齢《ぼうげんれい》	280～420	413年の倭国遣使記事
宋書《そうじょ》	沈約《しんやく》	420～479	「夷蛮《いばん》倭国伝」に倭の五王遣使記事
南斉書《なんせいしょ》	蕭子顕《しょくしけん》	479～502	倭王武の関連記事
梁書《りょうしょ》	姚子廉《ようしれん》	502～557	倭の五王の関連記事
隋書《ずいしょ》	魏徴《ぎちょう》	581～618	「東夷伝」倭国条に遣隋使・冠位等
旧唐書《くとうじょ》	劉昫《りゅうく》	618～907	遣唐使・冠位十二階の関連記事等
高句麗広開土王《こうかいどおう》(好太王《こうたいおう》)碑《ひ》文			414年長寿王《ちょうじゅおう》の建立，倭の朝鮮出兵記事

歴史ナビ　**福岡市博物館**(福岡県福岡市)　金印が常設展示されている。レプリカは国内に四つあるが，本物は字の彫り込みや蛇の鱗《うろこ》のシャープさが違う。

2 九州北部のクニ

2A 「漢委奴国王《かんのわのなのこくおう》」の金印

重さ109g

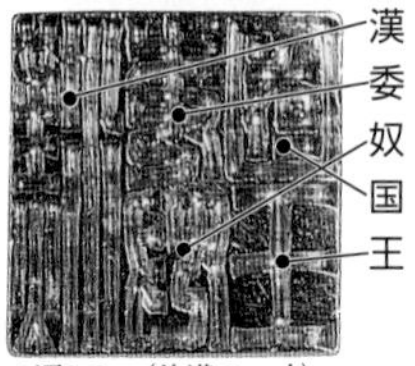

1辺2.3cm(後漢の一寸)

2-1 金印

国福岡市博物館蔵

＊読みは２説あり，「漢《かん》の委奴《いと》(伊都)の国王」との読み方もある。

2B 九州北部のクニの分布

解説 **「魏志」倭人伝**に記載される諸国のうち，対馬《つしま》国から不弥《ふみ》《(ふや)》国までは九州北部のクニとしてその所在地が比定されている。

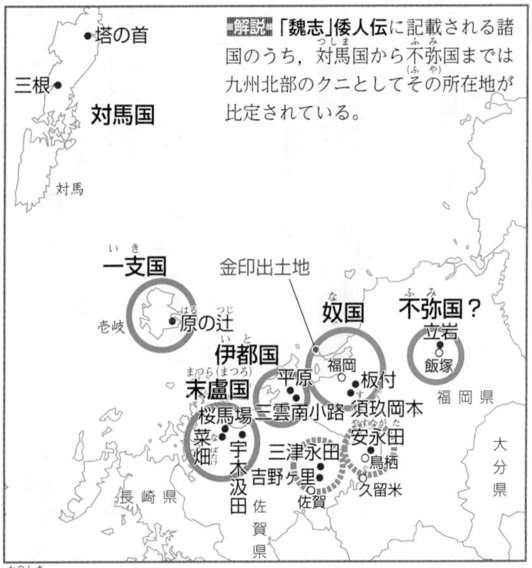

解説 1784年に博多湾内の志賀島《しかのしま》から発見された金印には「**漢委奴国王**」と刻印されている。『**後漢書《ごかんじょ》**』**東夷伝《とういでん》**にある紀元57年に奴国が後漢の**光武帝《こうぶてい》**に使者を送り，賜った金印にあたるものである。発見当初から偽印説があった。その主な論拠は蛇鈕《だちゅう》(蛇の形の持ち手)がほかの漢代の印に見られないことや，薬研彫《やげんぼり》された韻文《いんぶん》が当時のものとしては疑わしい点があることなどである。しかし，蛇鈕については中国の雲南《うんなん》から同様のものが発見され，偽印説が否定された。

奴国は内陸部の福岡県春日市に比定《ひてい》されており，なぜ，博多湾内の志賀島にこの印があったのか，現在でもその理由は明らかにされていない。

2C 須玖岡本《すぐおかもと》遺跡の出土品

解説 **須玖岡本遺跡**は，福岡市の南の春日市にある弥生時代中期後半の南北２km，東西１kmの巨大な集落跡である。1899年に甕棺墓《かめかんぼ》から銅矛《どうほこ》６本，銅剣《どうけん》２本，銅戈《どうか》１本以上，中国鏡30面あまり，ガラス璧《へき》などが出土した。この時代に，これだけの副葬品をともなう墳墓は，ほかには三雲南小路《みくもみなみしょうじ》遺跡の甕棺墓だけで，いずれもこの時代のクニの王墓と考えられている。また，この遺跡からは青銅器鋳造遺跡や鉄器製作途上の製品も発見されており，各種の工房があったことがわかる。

2-3 中国鏡(復元)　福岡・春日市奴国の丘歴史資料館蔵

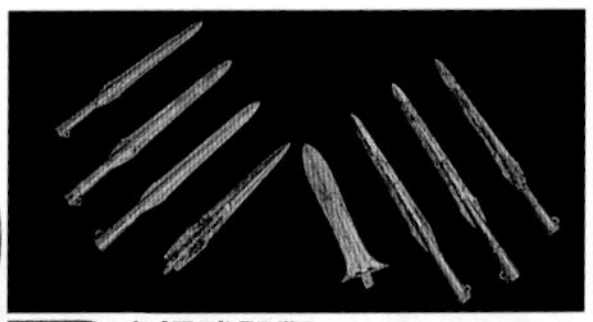

2-2 青銅武器類　東京国立博物館蔵，写真提供：九州国立博物館

3 近畿地方のクニ

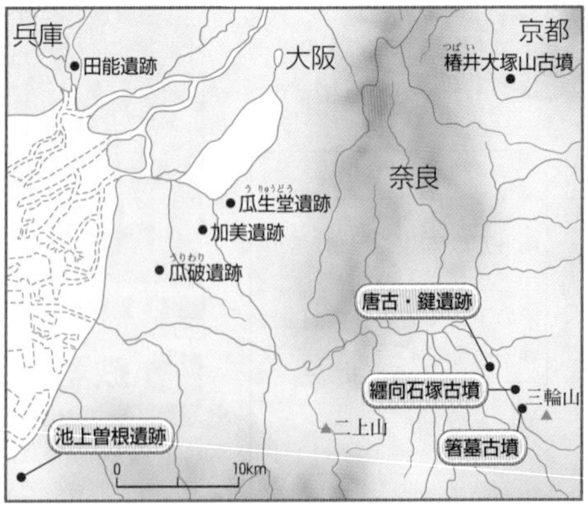

解説 弥生時代中期には近畿地方にもクニとよべるような大きな集落が出現する。**池上曽根遺跡**は南北1.5km，東西600mの大環濠《かんごう》集落である。巨大な高床式建物の跡が発見された。また大井戸の木材は，紀元前52年に伐採されたことがわかっている。　写真提供：和泉市教育委員会

3A 池上曽根《いけがみそね》遺跡　大阪・和泉《いずみ》市

3-1 復元された大型掘立柱《ほったてばしら》建物

東西19.2m，南北6.9m

3-2 直径約２．３ｍの大井戸

１本のクスノキをくり抜いてつくられた。

邪馬台国と纒向遺跡

考察の視点　邪馬台国が「九州にあった？　近畿にあった？」が，なぜ大論争になるのだろうか。　比較

1 邪馬台国　㊥出題

1A 3世紀の東アジアと邪馬台国

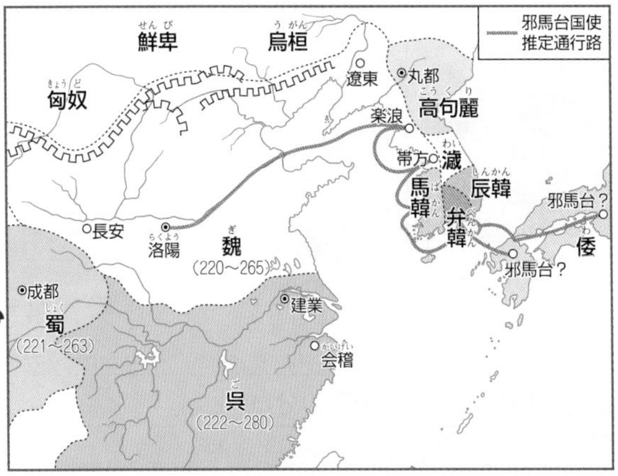

1B 邪馬台国の位置

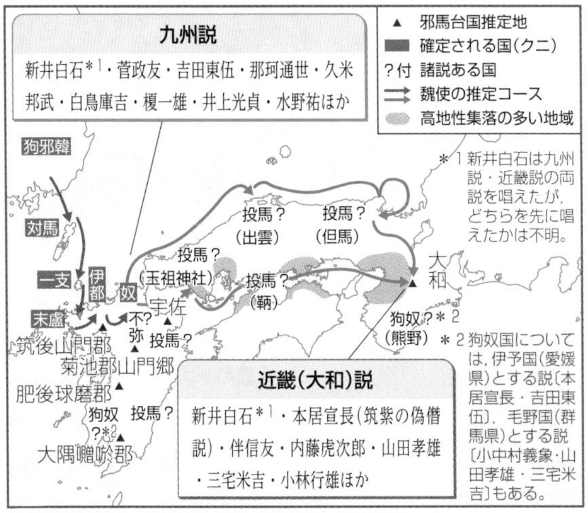

解説　**「魏志」倭人伝**の記述に見える狗邪韓《くやかん》国(朝鮮南部)，対馬国，一支《いき》国(壱岐)，末盧《まつら(まつろ)》国(松浦)までは所在地が確定できるが P.52》，邪馬台国の所在地については，九州説と近畿説がある。**九州説**だと，3世紀には九州北部を中心とする小国連合が誕生していたとするにとどまる。一方，**近畿説**だと3世紀にすでに畿内から九州北部にかけての西日本全体が統率されていたことになり，ヤマト政権そのものということになる。

1C 邪馬台国への里程

方位　里程　国名　(「魏志」倭人伝の記述順)

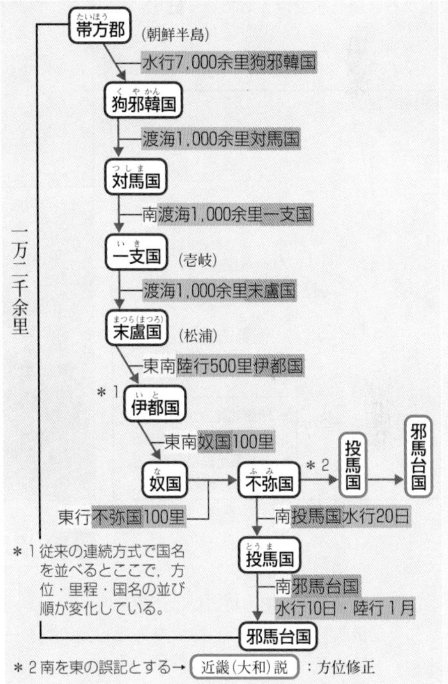

▶**榎一雄《えのきかずお》説：北九州(九州北部)説**
榎一雄は，伊都国に着くまでの行程記事と，伊都国から以後の記し方の違いに注目して，奴国以下の国々は伊都国が拠点であるとし，放射式の読み方を提示した(従来の説では方位修正して大和に至ったり，邪馬台国が九州のはるか南になってしまったりしていた)。

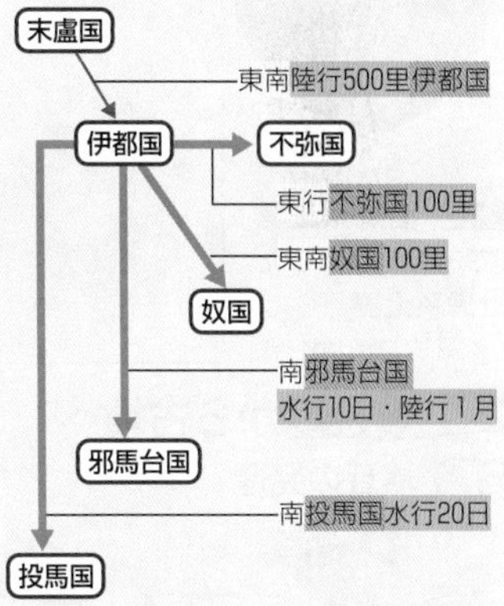

解説　**纒向遺跡**の大型建物群跡にあった居館状建物は，南北19.2m，東西12.4mで，3世紀中頃までの建物では国内最大規模のものである。纒向遺跡の周辺には，古墳出現期の巨大墳墓が存在し，その中央に巨大な居館跡が発見されている。纒向遺跡から発見される土器が各地の特徴をもったものが出土すること P.54》，また鍬《くわ》の出土が極端に少なく，整地用の鋤《すき》が9割以上を占めることなどから，農業を主とする集落ではなく，各地から人が多く集まった都市的な場であったと考えられている。こうしたことから，邪馬台国《やまたいこく》の所在地であるとの説も提唱されている。

2 纒向遺跡《まきむく》

2A 纒向遺跡周辺

2-1 現在の纒向《まきむく》遺跡

2-2 3世紀中頃の纒向遺跡想像復元図　寺沢薫氏作成

2B 辻地区大型建物群

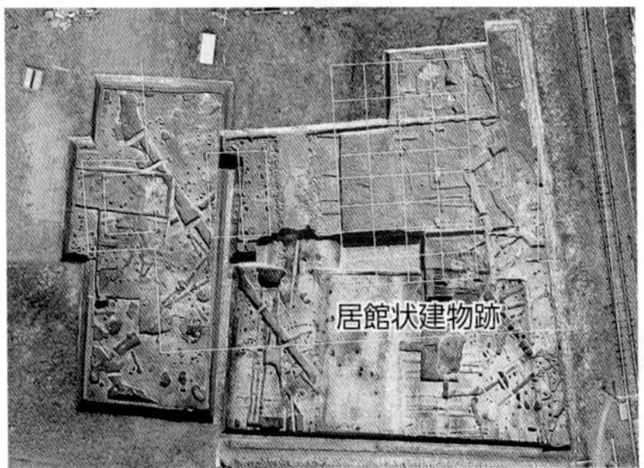

2-3 大型建物群跡

2-4 大型建物群復元模型　奈良・桜井市教育委員会蔵

2C 纒向遺跡周辺

2-5 **箸墓《はしはか》古墳**(奈良県桜井市)　出現期の古墳では突出した大古墳である。墳長およそ280m，後円部は径約150m，高さ約30m。日本書紀には倭迹迹日《やまとととひ》百襲姫命《ももそひめのみこと》の墓とある。3世紀半ばの築造と考えられている。

歴史ナビ　**纒向遺跡**(奈良県桜井市)　大和《おおやまと》古墳群のなかにある。三輪山《みわやま》をご神体とする大神《おおみわ》神社も近く，初期ヤマト政権発祥の地とも目される地域である。

54 弥生から古墳へ

考察の視点 弥生時代後期の環境の変化が，人びとの生活におよぼした影響を考えてみよう。 推移

1 環境の変化と人びとの移動

1A 花粉の割合から見た寒暖の変容

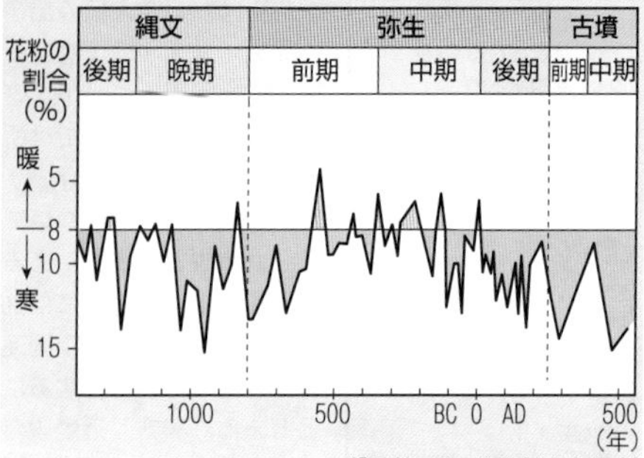

(『尾瀬ヶ原の自然史』より作成)

1B 3世紀の世界的な動き

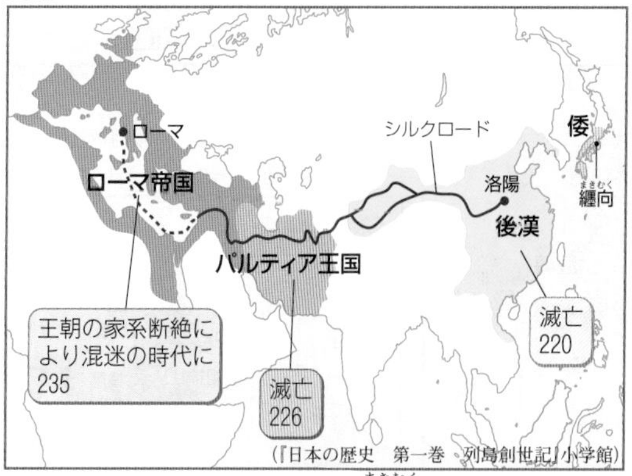

(『日本の歴史　第一巻　列島創世記』小学館)

1C 3世紀前半の人びとの動き

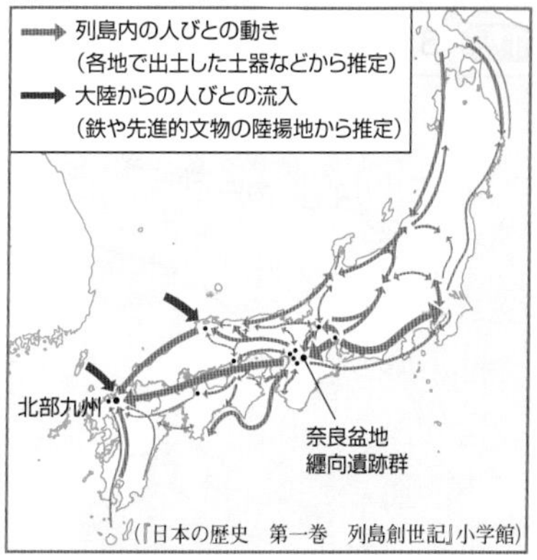

(『日本の歴史　第一巻　列島創世記』小学館)

解説 弥生時代の後期に，世界的な環境の変化(寒冷化)がおこった1A。ユーラシア大陸で，国家の衰退や滅亡した原因も，この寒冷化が影響していると考えられている1B。日本列島でも，寒冷化により新たな資源(食糧など)を求めて人びとの動きが活発になったことが，弥生時代の遺跡から出土した土器などの研究から判明している1C。なかでも，奈良盆地では，地理的条件から通過する人びとが多くなり，環濠や防御機能のない纒向《まきむく》遺跡群P.53が形成された。遺跡群から出土する土器の3割が瀬戸内以西から南関東に至る範囲(そのうち伊勢湾沿岸のものが多い)から持ち込まれた1D。また，近畿系土器も南東北から宮崎県まで流入している1E。

1D 纒向《まきむく》遺跡に持ち運ばれた土器の分布

(奈良県立橿原考古学研究所附属博物館HPより)

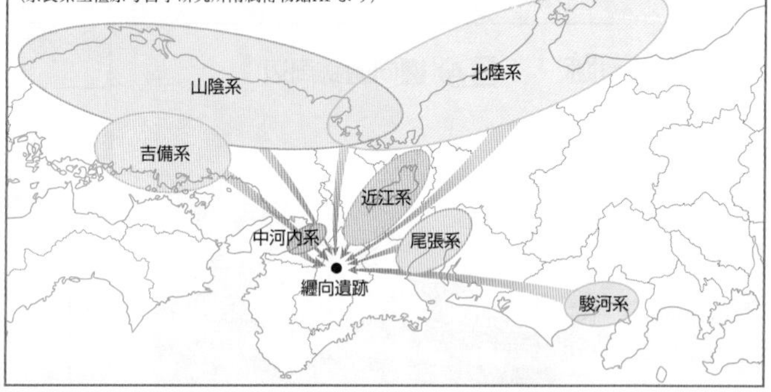

1-1 纒向遺跡に運ばれた各地の土器
奈良・桜井市教育委員会蔵

1E 近畿系土器の流入地域

1-2 福岡県三雲《みくも》遺跡から出土した近畿系土器
福岡県教育委員会蔵

(『日本の歴史02　王権誕生』講談社)

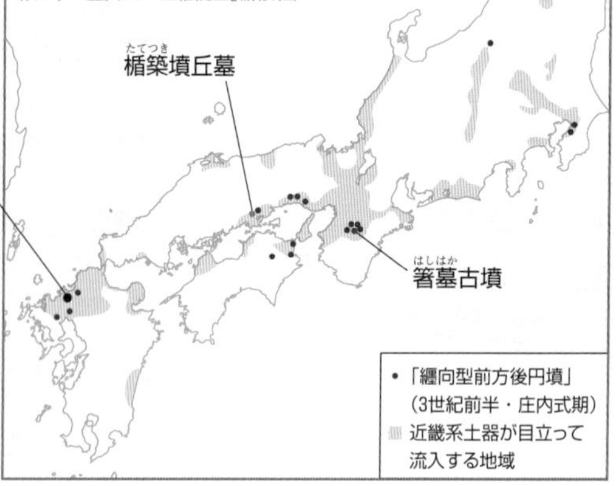

2 墳丘墓《ふんきゅうぼ》から古墳へ

2A 墳丘の発達

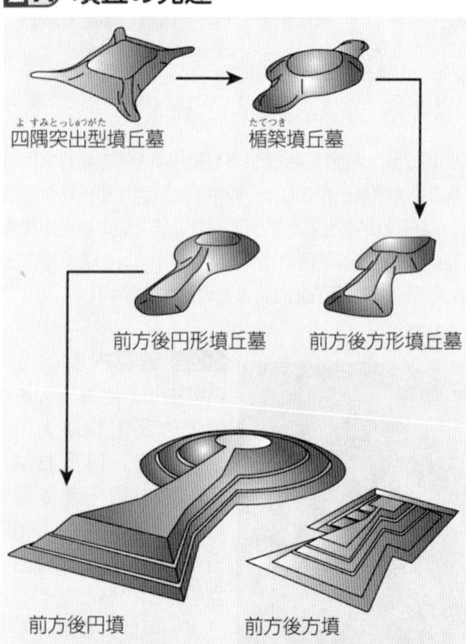

(『日本の歴史　第一巻　列島創世記』小学館)

解説 墳丘墓の築造には,「前・後」の意識が薄く，古墳の築造には，一方向に突出を設け，明確に「前・後」を意識していたと考えられている。また，弥生時代後期後半には，青銅器を用いた祭祀《さいし》が姿を消し，出雲《いずも》・吉備《きび》地方において後の古墳と同形な墳丘墓が築かれる。このことは，有力者たちが墳丘墓を築造することによって，共通の祭祀を共同で執り行っていたことを示していると考えられている。

読み解く 古墳時代前期になると，前方後円墳が広く普及してきたのはなぜだろうか。 相互関連

2B 墳丘墓から古墳への動向

(国立歴史民俗博物館企画展図録『倭国乱る』より作成)

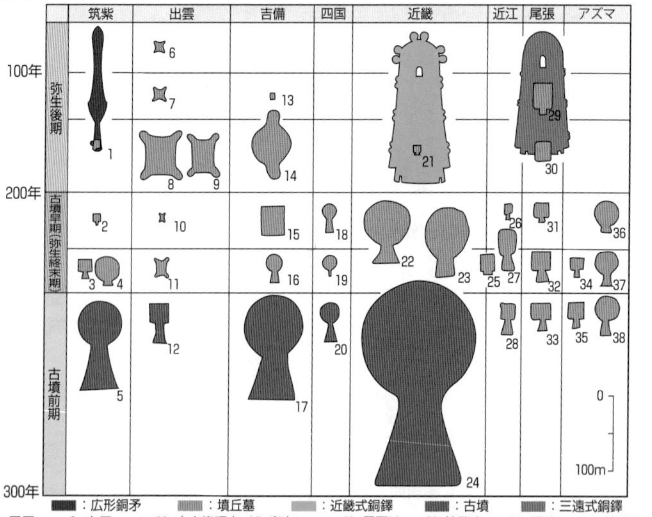

■：広形銅矛　■：墳丘墓　■：近畿式銅鐸　■：古墳　■：三遠式銅鐸

1．平原　2．宮ノ前　3．吉野ヶ里　4．津古生掛　5．石塚山
6．友田　7．阿弥大寺3　8．西桂見1　9．西谷3　10．間内越1
11．大木権現山　12．松本3　13．伊予部山　14．楯築　15．鯉喰
16．宮山　17．浦間茶臼山　18．鶴尾4　19．萩原1　20．爺ヶ松
21．黒石10　22．石塚　23．ホケノ山　24．箸墓　25．芝ヶ原
26．法勝寺　27．小松　28．冨波　29．瑞龍寺山　30．加佐美山
31．廻間　32．西上免　33．象鼻山　34．高部32　35．高部30
36．神門5　37．神門4　38．神門3

歴史ナビ 野洲市歴史民俗博物館(銅鐸博物館)　滋賀県野洲市出土の大岩山銅鐸の展示を中心に，銅鐸の発生から移り変わり，鋳造方法などを紹介している。

考察の視点　古墳の形態や大きさの変化からどのようなことが読み取れるのだろうか。 推移

古墳時代の始まりと古墳の変遷

1 古墳の出現

1A 墳丘の形態(前方後円墳)

1-1 **箸墓《はしはか》古墳**(奈良県桜井市)

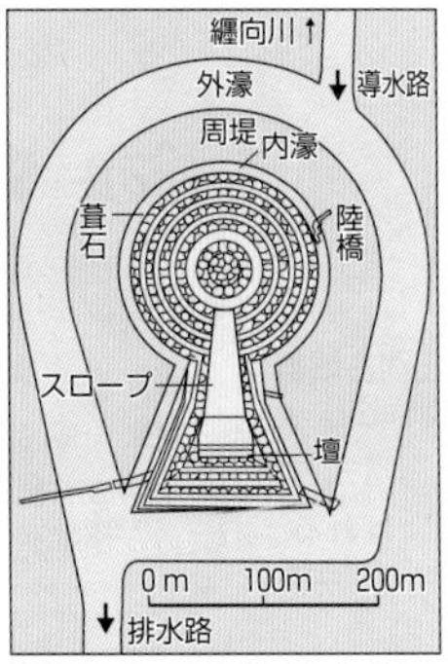

1-2 **箸墓古墳想定復元図**(滋賀県立安土城考古博物館資料)

解説 大和《やまと》三山の一つである三輪山麓の纒向《まきむく》遺跡群内にあり，発掘調査で出土した特殊器台などから，定型化した最古の前方後円墳と考えられている。墳丘長276m

1B 埋葬方法

1-3 **下《しも》池山《いけやま》古墳**(奈良県天理市)**の竪《たて》穴《あな》式石室と木棺《もっかん》** 長さ5mをこえる高野《こうや》槇《まき》製の割竹《わりたけ》形木棺が出土し，中央の遺骸《いがい》を納める空間のみをくり抜いた構造であることがわかった。 墳丘長120m 奈良

1C 画一性

墳　形	前方後円(方)の相似形
埋　葬	大型の割竹《わりたけ》形木棺 竪穴《たてあな》式石室
副葬品	鏡(三角縁神獣鏡《さんかくぶちしんじゅうきょう》など) 鉄製武器 農工具
その他	葺石《ふきいし》 円筒埴輪《えんとうはにわ》 特殊器台

解説 3世紀中頃になると，弥生時代の後半にみられるような地域的特徴がみられなくなり，墳丘の形態，埋葬の仕方，副葬品の組合せに至るまで，極めて画一的な内容をもつ大型古墳が奈良盆地に出現する。

2 古墳文化の変遷

前方後円墳　● 円墳　■ 方墳　● 八角墳

＊複数人を追加して埋葬すること。個人埋葬向けの竪穴式石室とは異なり家族墓的な性格を備えている。

区　分	**前期**(3世紀中頃～4世紀後半)	**中期**(4世紀後半～5世紀末)	**後期**(6世紀)	**終末期**(6世紀末～7世紀)
分　布	畿内《きない》～瀬戸内沿岸の各地に散在	全国に拡大	全国に分布	全国に分布
形　態	円墳《えんぷん》・方墳《ほうふん》・前方後方墳《ぜんぽうこうほうふん》・**前方後円墳**など(表面に葺石《ふきいし》)	**前方後円墳全盛**。規模が巨大化，周囲に濠《ほり》や陪冢《ばいちょう》(濠外の小古墳)を有する セ出題	大規模な前方後円墳(近畿中央部)・規模の縮小(吉備《きび》地方など)・小規模な**円墳**や**横穴**が増加(**群集墳《ぐんしゅうふん》**)	前方後円墳の消滅。大型の方墳や円墳の築造。八角墳(大王墓)
内部の構造	**竪穴《たてあな》式石室** 4A(個人を埋葬) **粘土槨《ねんどかく》**(槨の中に木棺《もっかん》・石棺を入れる)	**竪穴式石室**，5世紀中頃から横穴《よこあな》式石室発生。長持《ながもち》式石棺《せっかん》など	**横穴式石室** 4B が全国的に普及。追《つい》葬《そう》＊が可能。**装飾古墳**もある	**横穴式石室**
副葬品 P.57	**司祭者的・呪術《じゅじゅつ》的**宝器類が中心で鏡，玉，碧玉《へきぎょく》製腕飾り，玉杖《ぎょくじょう》など。ほかに鉄製農工具，土師《はじ》器など セ出題	大陸・朝鮮渡来の**権力的・軍事的**なものが中心で馬具，甲冑《かっちゅう》，冠《かんむり》，金銀製装身具，多量の鉄器，土師器，須恵《すえ》器など	前期・中期を継承しつつも**日常生活の用具**が中心。武器，馬具のほか，工芸装身具，土師器，須恵器など	質・量とも貧弱になる
埴　輪 P.57 セ出題	**円筒埴輪《えんとうはにわ》**が中心。ほかに器台形《きだいけい》埴輪	円筒埴輪，**形象《けいしょう》埴輪**(東日本・南九州で発達)	形象埴輪が普及・石人石馬(北九州)	埴輪祭祀《さいし》の消滅
実　例 P.56	ホケノ山古墳(奈良県桜井市) **箸墓《はしはか》古墳**(奈良県桜井市) 黒塚《くろづか》古墳(奈良県天理《てんり》市) 行灯山《あんどんやま》古墳(奈良県天理市) 渋谷向山《しぶたにむこうやま》古墳(奈良県天理市) 黄金塚《こがねづか》古墳(大阪府和泉《いずみ》市)	**大仙陵《だいせんりょう》古墳**(大阪府堺市) **誉田御廟山《こんだごびょうやま》古墳**(大阪府羽曳野《はびきの》市) 五色塚《ごしきづか》古墳(兵庫県神戸市) **造山《つくりやま》古墳**(岡山県岡山市) **江田船山《えたふなやま》古墳**(熊本県和水《なごみ》町) **稲荷山《いなりやま》古墳**(埼玉県行田市)	**藤ノ木《ふじのき》古墳**(奈良県斑鳩《いかるが》町)● 石舞台《いしぶたい》古墳(奈良県明日香《あすか》村)■ P.65 丸山《まるやま》古墳(奈良県橿原《かしはら》市) **岩戸山《いわとやま》古墳**(福岡県八女《やめ》市) **群集墳** 新沢千塚《にいざわせんづか》(奈良県橿原市) 岩橋《いわせ》千塚(和歌山県和歌山市)	龍角寺岩屋《りゅうかくじいわや》古墳(千葉県栄町)■ 壬生車塚《みぶくるまづか》古墳(栃木県壬生町)● **高松塚《たかまつづか》古墳**(奈良県明日香村)● キトラ古墳(奈良県明日香村)● 野口王墓《のぐちおうのはか》古墳(奈良県明日香村)●

3 古墳の形態

3A 前方後円墳の変遷

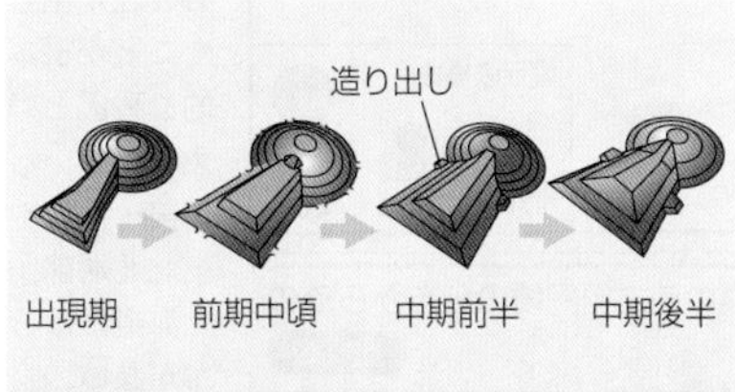

4 竪穴《たてあな》式石室と横穴式石室 セ出題

4A 竪穴式石室の構造

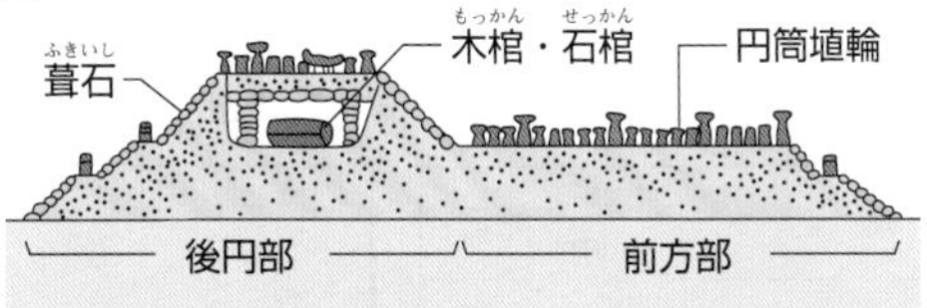

解説 墳丘に大きな土坑《どこう》を掘り，遺体を納めた棺を安置した後，石室を築き，天井石で封鎖し土で埋める。

雪野山《ゆきのやま》古墳 滋賀・東近江市

4B 横穴式石室の構造

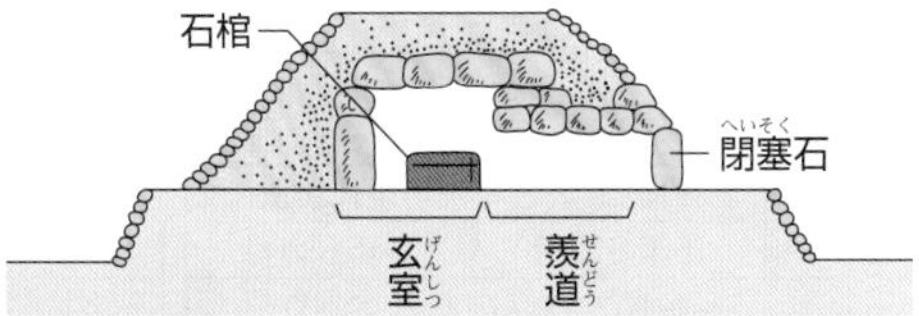

解説 遺体を安置する玄室と，古墳の横から続く羨道からなる。羨道を塞《ふさ》ぐ閉塞《へいそく》石をあければ追葬が可能である。

物集女車塚《もずめくるまづか》古墳 京都・向日市 向日市教育委員会提供

56 古墳の分布

考察の視点　「古墳の分布」や「日本の巨大古墳」から当時の列島の政治のようすを考えてみよう。　相互関連

1 古墳の分布

● 古墳・古墳群	畿内の勢力
古墳前期	畿内以外の勢力
古墳中期	前方後円墳
古墳後期	円墳
古墳終末期	方墳
● 古墳時代の遺跡	八角墳

1-1 造山古墳《つくりやま》(岡山)

墳丘全長360m。日本列島で第４位の規模の，吉《き》備《び》の代表的前方後円墳

黄金塚古墳《こがねづか》(大阪)

岩橋千塚古墳群《いわせ》(和歌山)
群集墳520基以上

五色塚古墳《ごしきづか》(兵庫)

浦間茶臼山古墳《うらまちゃうすやま》(岡山)

作山古墳《つくりやま》(岡山)

石塚山古墳(福岡)

森将軍塚古墳(長野)
前期の前方後円墳を復元

会津大塚山古墳(福島)

壬生車塚古墳《みぶくるまづか》(栃木)

天神山古墳《てんじんやま》(群馬)
全長210mは東日本一

観音山古墳《かんのんやま》(群馬)

黒井峯遺跡《くろいみね》(群馬)

三ッ寺Ⅰ遺跡(群馬)

椿井大塚山古墳《つばい》(京都)

藤ノ木古墳(奈良)

続縄文文化～擦文文化 P.47

江別古墳群《えべつ》
(北海道)
北海道式古墳とよばれる

オホーツク文化

５世紀頃に，道北～道東にかけての沿岸に大陸のアムール川流域を起源とするオホーツク文化の人びとが渡来。彼らは，クマを神聖視し，海陸獣の狩猟を生業《なりわい》としていた。しかし，10世紀頃に忽然《こつぜん》と姿を消した。

1-4 角塚古墳《つのづか》(岩手)

最北端の前方後円墳で，墳丘長約46m，高さ4.8m。５世紀後半の築造

雷神山古墳《らいじんやま》
(宮城)

虎塚古墳《とらづか》(茨城)

龍角寺岩屋古墳《りゅうかくじいわや》
(千葉)

1-2 竹原古墳《たけはら》(福岡)

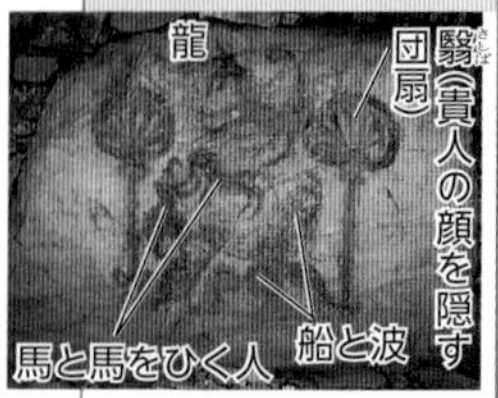

装飾古墳。石室内部に黒と丹《たん》(赤)の装飾壁画

宮若市教育委員会提供

誉田御廟山古墳《こんだごびょうやま》(大阪)

西都原古墳群《さいとばる》(宮崎)
300基以上からなる九州の代表的古墳群

野口王墓古墳《のぐちおうのはか》(奈良)

大仙陵古墳《だいせんりょう》(大阪)
日本最大の規模

高松塚古墳《たかまつづか》(奈良)
1972年**石室内部の壁画**を発見 P.89

1-5 埼玉古墳群《さきたま》(埼玉)

稲荷山古墳《いなりやま》からは「獲加多支鹵大王《わかたける》」の漢字銘文《めいぶん》のある鉄剣出土。**江田船《えたふな》山《やま》古墳大刀銘**の大王名を読み解く契機となり雄略《ゆうりゃく》期を解明 P.60

江田船山古墳《えたふなやま》(熊本)
銀象嵌《ぎんぞうがん》の「**獲加多《わかた》支鹵《ける》大王**」の銘文をもつ鉄刀出土。全長46m

1-3 横瀬古墳(鹿児島)

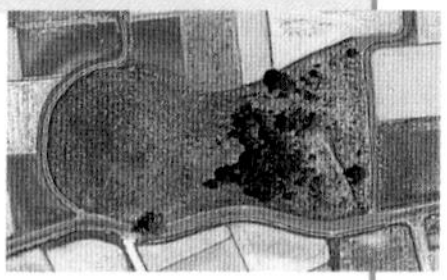

墳丘長約140m。５世紀前半築造。同じ大隅地区に最南端の前方後円墳である塚崎39号墳がある

黒塚古墳《くろづか》(奈良)

1-6 吉見百穴《よしみひゃくあな》(埼玉)

家族墓と推定される237基よりなる代表的横穴墓群。明治時代に「墓vs住居」論争がおこる

岩戸山古墳《いわとやま》(福岡)
筑紫国造磐井《つくしのくにのみやつこいわい》の墓といわれる(『筑後国風土記』) P.65

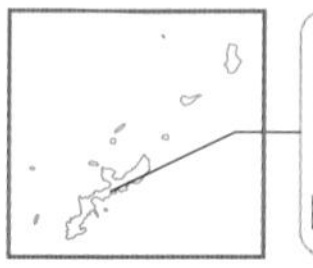

貝塚後期文化 P.47

石舞台古墳《いしぶたい》(奈良)
一説に**蘇我馬子**の墓と伝えられる P.65

箸墓古墳《はしはか》(奈良)
最古級の中で最大の前方後円墳。**纒向《まきむく》遺跡** P.53にあり，「卑弥呼《ひみこ》の冢《つか》(墓《め》)」ともいわれている

1A 大仙陵古墳の築造比較 (大林組『復元と構想』)

	古代工法	現代工法
工　期	15年８カ月	２年６カ月
作業員	延べ6,807,000人（１日あたりピーク時で2,000人）	延べ29,000人（１日あたりピーク時で60人）
総工費	796億円	20億円

1-7 百舌鳥《もず》古墳群　大阪府堺市にあり，大仙陵古墳や上石津ミサンザイ古墳など巨大前方後円墳を含む。古市古墳群とならぶ河内平野の大古墳群である。

1B 日本の巨大古墳

古　墳　名	墳丘長 m	旧国名
大仙陵《だいせんりょう》(仁徳天皇陵《にんとくてんのうりょう》)古墳●	486	和泉
誉田御廟山《こんだごびょうやま》(応神天皇陵《おうじんてんのうりょう》)古墳●	425	河内
上石津《かみいしづ》ミサンザイ古墳●	365	和泉
造山《つくりやま》古墳●	360	備中
河内大塚山《かわちおおつかやま》古墳●？	335	河内
丸山《まるやま》古墳●	318	大和
渋谷向山《しぶたにむこうやま》古墳●	302	大和
土師《はじ》ニサンザイ古墳●	288	和泉
仲津山《なかつやま》古墳●	286	河内
作山《つくりやま》古墳●	286	備中
箸墓《はしはか》古墳●	280	大和
五社神《ごさし》古墳●	276	大和
ウワナベ古墳●	265	大和
市庭《いちにわ》古墳●	250	大和
行灯山《あんどんやま》(崇神《すじん》天皇陵)古墳●	242	大和

●＝前期　●＝中期　●＝後期

1C 旧国別の最大規模古墳

(『日本の歴史一』)

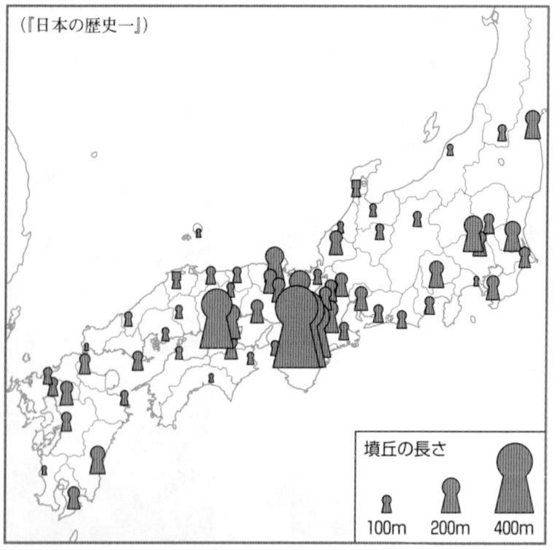

解説 巨大前方後円墳の出現は，文字による情報伝達で上下関係の身分制が意識される社会以前では，人工物による知覚によって上下関係の身分制を意識させる必要性が生じたことが根本的な要因と考えられている。奄美・沖縄や東北北端部，北海道には分布がない。

読み解く　最大規模の前方後円墳の分布からその特徴を考えよう。　比較

1 古墳副葬品の変遷

1A 呪術《じゅじゅつ》・祭祀《さいし》的副葬品　前期：3世紀中頃～4世紀後半

1-1 勾玉《まがたま》・管玉《くだたま》・銅鏡などの副葬品(復元・左)と出土状況(右)　大阪・弁天山C1号墳

1B 軍事・権力的副葬品　中期：4世紀後半～5世紀末

1-2 武具類・馬具類・金銅製帯金具　滋賀・新開1号墳

滋賀県立安土城考古博物館蔵

1C 装飾的副葬品　後期：6世紀

1-3 金銅製冠(復元)　奈良・藤ノ木古墳

1-4 金銅装馬具　愛知・馬越長火塚古墳　協力：豊橋市教育委員会

前期 → 中期 → 後期

1-5 首長のすがたの変遷(復元)　古墳時代の首長は司祭者(前期)→軍事指揮者(中期)→政治指導者(後期)へと性格を変化させていった。　滋賀・安土城考古博物館蔵

1-6 藤ノ木《ふじのき》古墳石棺内部(奈良県斑鳩《いかるが》町)　法隆寺の西350mにある後期の円墳。横穴式石室で，玄室奥に朱塗りの家形石棺があった。石棺内部からは2体の被葬者と多彩な副葬品が発見され，大陸文化の強い影響をうかがわせる。　奈良県立橿原考古学研究所提供

2 埴輪の世界

解説 埴輪は，粘土を材料とした素焼きの焼き物である。前方後円墳の出現とともに古墳の墳丘《ふんきゅう》などに並べ飾られ，前方後円墳の消失とともに姿を消す。埴輪には，円《えん》筒《とう》埴輪・形象《けいしょう》埴輪の二種類があり，形象埴輪には，更に家形・器財・動物・人物埴輪などの種類がある。

埴輪をおく意味としては，境界の役割や，葬送《そうそう》や王の儀礼を再現しているものと考えられている。また，木や石を材料とした埴輪も墳丘などに並べられた。

2A 円筒埴輪

2-1 特殊壺をのせた特殊器台　弥生後期に吉備地方の墳丘墓におかれた器台型土器。円筒埴輪に発展した。
岡山・西江遺跡
器台：高さ85cm

2-2 円筒埴輪　高さ117.0cm　奈良・メスリ山古墳

2B 形象埴輪

家形埴輪

2-3 家形埴輪　高さ170cm　大阪・今城塚古墳

器財埴輪

2-5 靫《ゆき》形埴輪　神奈川・瀬戸ヶ谷古墳　東京国立博物館蔵

2-4 蓋《きぬがさ》形埴輪　高さ93.0cm　京都・庵寺山古墳

動物埴輪

2-6 馬形埴輪　高さ87.5cm　埼玉・熊谷市大字上中条

人物埴輪

2-7 男子女子埴輪　男子は上衣と袴《はかま》で正装，女子は弧文《こもん》の筒袖《つつそで》の上衣と裳《も》を着用している。
群馬・伊勢崎市　東京国立博物館蔵　高さ124.2cm　高さ126.5cm

2-8 復元された人物・動物埴輪群　群馬・保渡田八幡塚《ほとだはちまんづか》古墳

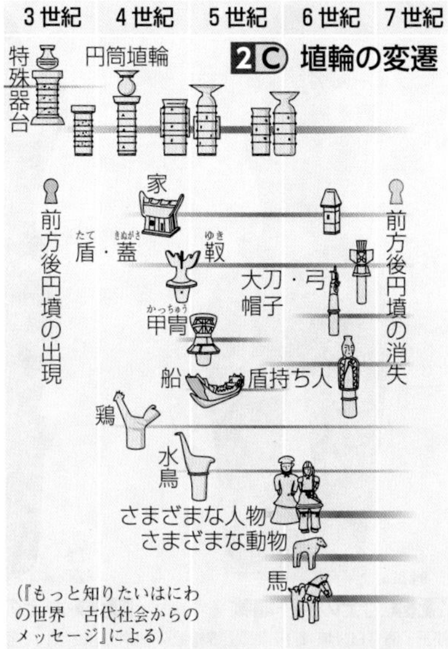

2C 埴輪の変遷

(『もっと知りたいはにわの世界　古代社会からのメッセージ』による)

2-9 木の埴輪　奈良・四条古墳

2-10 石の埴輪(馬形)　左：鳥取・石馬ケ谷古墳，右：福岡・岩戸山古墳

歴史ナビ　保渡田八幡塚古墳(群馬県高崎市)　王の儀礼や遊び，王が所持する財物と考えられている埴輪群像が，復元された埴輪によって再現されている。

埴輪から読む大陸の影響

古墳《こふん》時代の日本列島について語るときは，東アジア，特に朝鮮半島の動静を視野に入れなければならない。**倭《わ》の五王《ごおう》**が大陸との積極外交を進めていた折，朝鮮半島は高句麗《こうくり》の南下により新羅《しらぎ》・百済《くだら》・加耶《かや》が圧迫され，その結果，日本列島に**渡《と》来人《らいじん》**が増加し，大陸の学問や先進的な生産技術や文化がもたらされた。そして，５世紀後半頃につくられた古墳に並べられた埴輪《はにわ》の造形からも，渡来人による大陸文化の影響を読み取ることができる。

1 服装

1A 埴輪の衣服

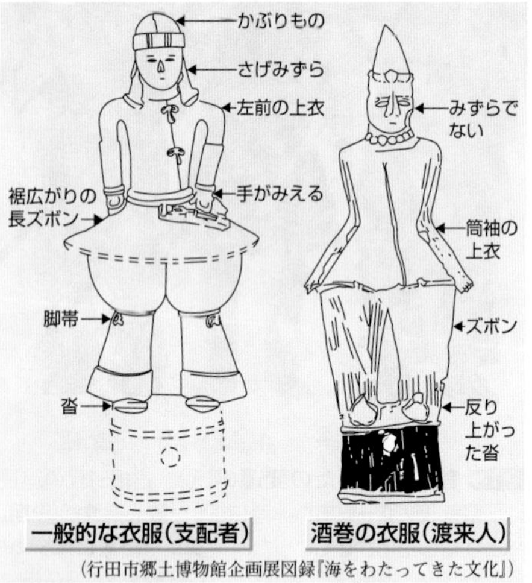

(行田市郷土博物館企画展図録『海をわたってきた文化』)

解説 **人物埴輪**の衣服において，渡来人《とらい》をかたどったのではないかと思われる埴輪が出土している。その形は，上着《うわぎ》では，手先が見えない程の筒袖《つつそで》の衣服を着ていて，下衣《したごろも》は，脚帯《あゆい》をせず，くびれのないズボン状のものを履《は》いている。沓《くつ》は，爪先が上に反り返っている。このような衣服は，当時の倭国《わこく》の一般的な支配者のフォーマルな衣服と違い，中国や朝鮮半島の壁画に描かれている人物と同様で，人物埴輪の造形に渡来系文化の影響がおよんでいると指摘されている。

1-1 群舞図（5世紀・高句麗の壁画）
中国吉林省・舞踊塚

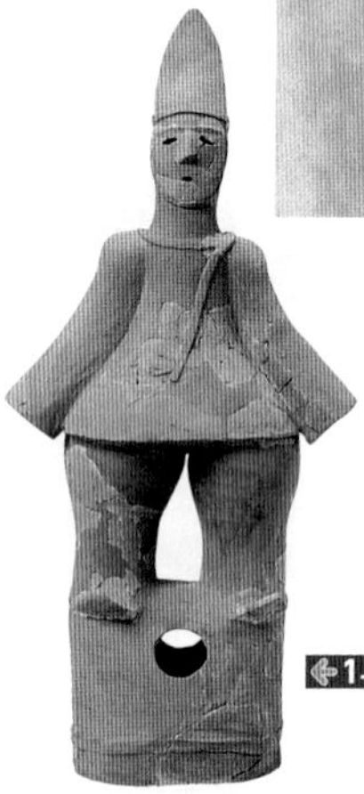
1-2 筒袖《つつそで》の男子埴輪
神奈川・北門《ほっかど》1号墳
横浜市歴史博物館蔵

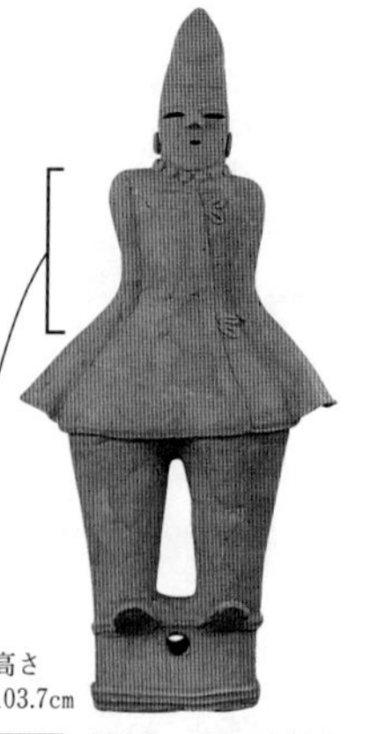
高さ
103.7cm

1-3 筒袖の男子埴輪
埼玉・酒巻《さかまき》14号墳 埼玉・行田市郷土博物館蔵

高さ
113.6cm

1-4 筒袖の男子埴輪
千葉・山倉《やまくら》1号墳 千葉・市原市教育委員会蔵

上着の合わせ方の相違

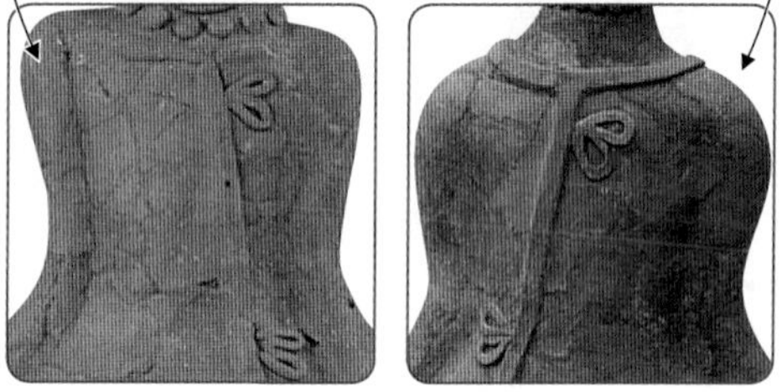

2 相撲《すもう》

解説 相撲は，東アジアで紀元前には行われていた。紀元後になると，中国や朝鮮半島の古墳壁画《こふんへきが》に描かれるようになった。日本列島には，５世紀後半頃に力士埴輪が現れるので，この頃に伝来したものと考えられる。力士埴輪の特徴は，①髷《まげ》を結っている②褌《ふんどし》を付けているので，他の人物埴輪と一別できる。力士埴輪の出土分布は，現在北は福島県，南は宮崎県で，関東・近畿・九州地方に集中して分布している。

2-1 手搏図《しゅばくず》（4世紀後半・高句麗の壁画）
北朝鮮黄海南道・安岳《あんがく》3号墳

2A 古代東アジアの力士と関連遺跡

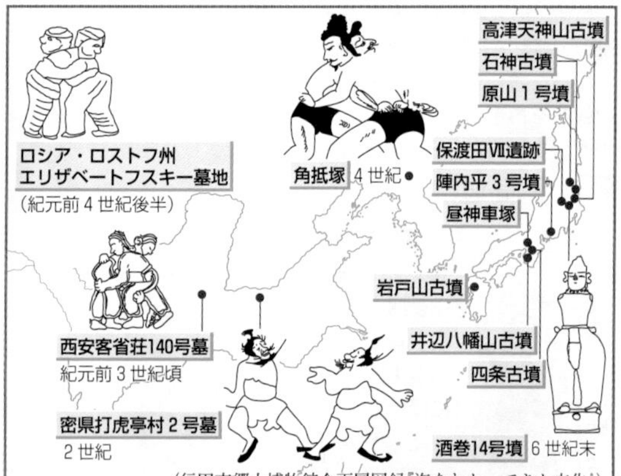

(行田市郷土博物館企画展図録『海をわたってきた文化』)

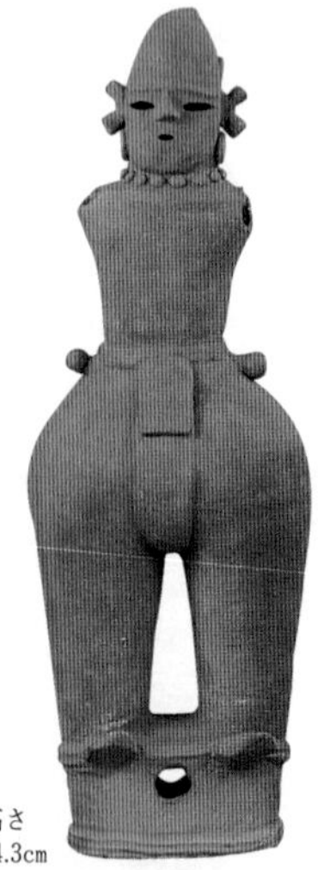
高さ
94.3cm

2-2 力士の男子埴輪
埼玉・酒巻14号墳 行田市郷土博物館蔵

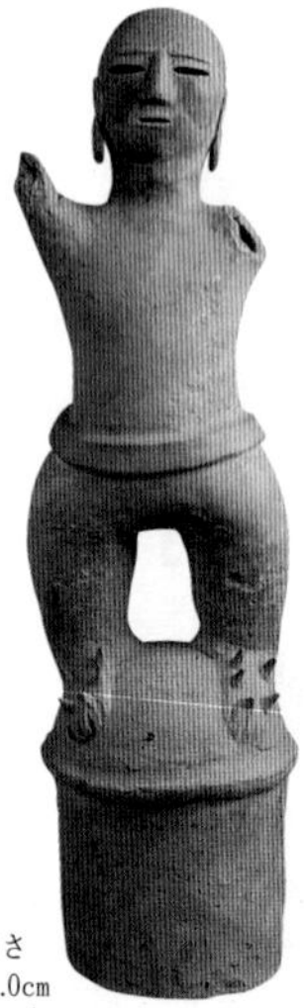
高さ
81.0cm

2-3 力士の男子埴輪
神奈川・登山《どうやま》1号墳 厚木市郷土資料館蔵

高さ
101.0cm

2-4 力士の男子埴輪
大阪・今城塚《いましろづか》古墳 今城塚古代歴史館蔵

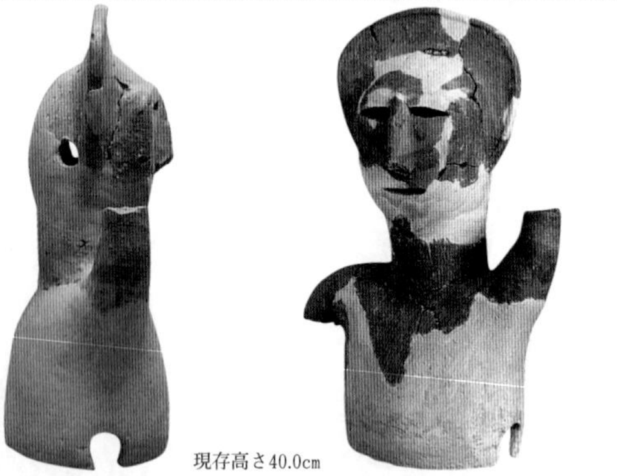
現存高さ40.0cm

2-5 力士の男子埴輪（左／側面・右／正面）
群馬・保渡田《ほとだ》Ⅶ遺跡 かみつけの里博物館蔵

歴史ナビ **行田市郷土博物館**(埼玉県) 酒巻古墳群(埼玉県行田市)から出土し，重要文化財に指定された筒袖の男子埴輪・力士埴輪を常設展示室で見学することができる。

考察の視点 倭の五王の遣使の目的について説明してみよう。 相互関連

大陸文化の伝来① 大陸との交渉

1 4・5世紀の東アジアとヤマト政権

中国	日本	朝鮮半島
晋(西晋)	前方後円墳の成立・全国的拡大 → **ヤマト政権の確立**	楽浪郡・帯方郡(～313)／馬韓(～346)・弁韓(～369)・辰韓(～356)
304 五胡十六国*(～439) 316 / 317 東晋(～420) 386 北魏	**謎の4世紀**＝中国王朝と交流無し 369 百済《くだら》王，**七支刀**《しちしとう》をつくり，ともに高句麗《こうくり》に対抗するため倭王へ贈る(372)(七支刀銘文・『日本書紀』) 391 倭，百済・新羅《しらぎ》を破り臣民とする 404 倭，高句麗に敗れ後退(高句麗**広開土王碑文**《こうかいどおうひぶん》2A)	高句麗／百済／*加耶(任那)／新羅
420 宋(～479) 北魏	**倭の五王の遣使**＝中国王朝からの冊封 413 倭王(讃《さん》？)東晋に遣使(『晋書』) 421 **讃**，宋《そう》に遣使 438 **珍**《ちん》，遣使。「安東《あんとう》将軍倭国王」賜う 443 **済**《せい》，遣使。「安東将軍倭国王」賜う 462 **興**《こう》，遣使。「安東将軍倭国王」賜う 478 **武**，遣使，上表文《じょうひょうぶん》を提出。「使持《しじ》節都督倭《せつととくわ》・新羅・任那《みまな》・加羅《から》・秦《しん》韓《かん》・慕韓《ぼかん》六国諸軍事安東大将軍倭王」賜う(『**宋書**』**倭国伝**・沈約《しんやく》) 3	高句麗／百済／加耶／新羅
479 斉 502 梁	[以後，遣使の記録がなくなる] 史 中国冊封体制から離脱 → **大王権威の確立** ○氏姓制度 ○漢字の使用	

*強国中国の分裂で中国周辺に国が生まれ始めた。

*加耶は、加羅(から)などともいう。

2 4世紀後半の朝鮮半島と倭

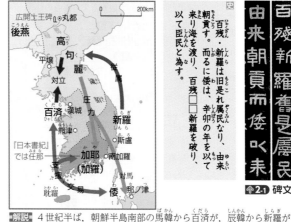

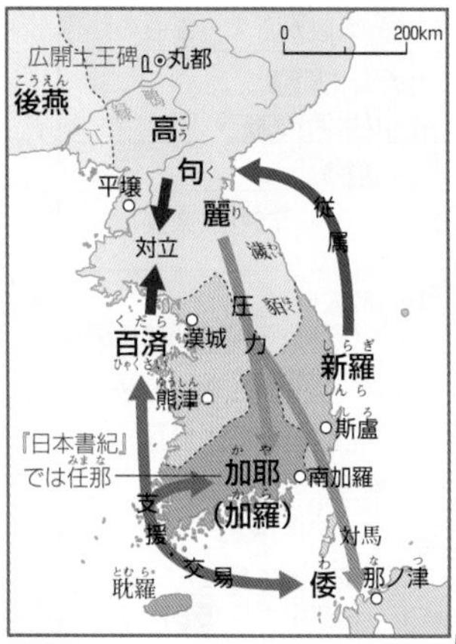

解説 4世紀半ば，朝鮮半島南部の馬韓《ばかん》から百済《くだら》が，辰韓《しんかん》から新羅《しらぎ》が建国された。半島北部にある高句麗《こうくり》の**広開土王**《こうかいどおう》**(好太王**《こうたいおう》**)**は，391年に即位。南方の百済・新羅支配地への拡大に成功し，その背後にあった倭《わ》の勢力を駆逐《くちく》したとされる。広開土王碑は彼の子長寿王《ちょうじゅおう》がその功績《こうせき》を讃《たた》えるため，高句麗の都**丸都**《がんと》**(中国吉林**《きつりん》**省集安**《しゅうあん》**市)**に建立したものである。碑文の内容から，ヤマト政権が朝鮮半島南部に大きな影響力をもつようになったのは明らかで，渡来人《とらいじん》や先進技術，鉄資源などを得て国力の充実を図ることができた。

2A 広開土王《こうかいどおう》(好太王《こうたいおう》)碑《ひ》

史

百残《ひゃくざん》・新羅《しんら》は旧《もと》是れ属民《ぞくみん》なり、由来《ゆらい》朝貢《ちょうこう》す。而《しか》るに倭《わ》は、辛卯《しんぼう》の年を以《もっ》て来《きた》り海を渡り、百残□□新羅を破り、以て臣民《しんみん》と為《な》す。

2-1 碑文

2-2 広開土王《こうかいどおう》(好太王《こうたいおう》)碑《ひ》 世高さ6.2m

2B 鉄資源と朝鮮半島―鉄鋌(鉄素材)の出土地

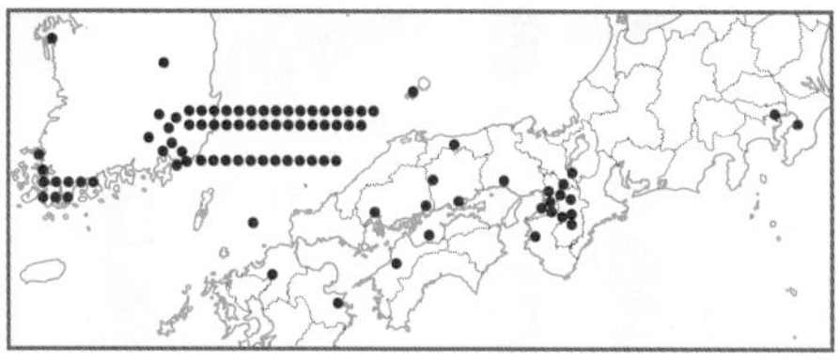

(『日本の歴史② 倭人争乱』による)

2-3 古墳に納められた鉄鋌(鉄素材) 宮内庁書陵部蔵

解説 5世紀の倭国では，朝鮮半島南部から武器や農耕具の素材である**鉄鋌**《てってい》を手に入れ，国内で再分配していたと考えられる。5世紀前半の大和《やまと》6号墳からは772枚もの鉄鋌が出土している。ヤマト政権が朝鮮半島との関係を重視した背景には，こうした**鉄資源の安定的な確保**という目的があった。

3 倭の五王《ごおう》の遣使

解説 5世紀になると，倭王が次々と中国南朝に遣使・朝貢《ちょうこう》して王権を承認されるとともに，中国の冊封体制《さくほうたいせい》下に入り，その権威を利用して国内支配を進めた。

3A 5世紀前半の東アジア

共出題

3B 倭の五王

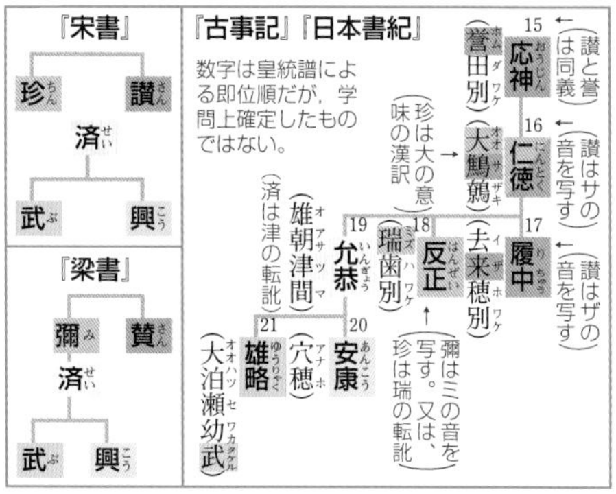

4 渡来人とヤマトの豪族

＊3 五経は『書経』『易経』『詩経』『春秋』『礼記』をさす
＊4 538年伝来の説もある

4～5世紀の渡来人(渡来説話)＊1 ＊1 楽浪・帯方から渡来の漢民族	
意義：古墳文化の形成に貢献。ヤマト政権下で品部《しなべ》に編入され，畿内中心に活躍	
応神天皇	**弓月君**《ゆづきのきみ》(秦氏《はたうじ》の祖) 養蚕《ようさん》・機織《はたおり》を伝える
応神天皇	**王仁**《わに》(西文氏《かわちのふみうじ》の祖) 百済から『論語《ろんご》』『千字文《せんじもん》』を伝える
応神天皇	**阿知使主**《あちのおみ》(東漢氏《やまとのあやうじ》の祖) 帯方《たいほう》郡を経て渡来。文筆に秀《ひい》で，史部《ふひとべ》を管理

6～7世紀の渡来人＊2 ＊2 韓民族中心。今来漢人ともよばれる	
意義：飛鳥文化成立に寄与《きよ》。大王家や蘇我氏らに仕え，東国にも居住	
継体天皇	セ出題 **五経博士**《ごきょうはかせ》 513,516年，百済より渡来。五経＊3を伝える
継体天皇	**司馬達等**《しばたっと》(鞍作《くらつくり》氏の祖) 鞍作鳥《くらつくりのとり》(止利仏師《とりぶっし》)の祖父。522年＊4，仏教私伝・帰依《きえ》礼拝
欽明天皇	セ出題 **医・易・暦博士** 554年，百済より渡来
欽明天皇	**仏教公伝** 538年，百済の聖明《せいめい》王が仏像・経論を伝える
推古天皇	**観勒**《かんろく》 百済僧。602年，暦法・天文地理の書を伝える
推古天皇	**曇徴**《どんちょう》 高句麗僧。610年，紙・墨・絵の具を伝える

倭の五王がもらった将軍号の国際ランク

中国(南朝)		東晋					宋								
任官年		372	386	413	416	420	421	430	438	443	451	457	462	463	478
第一品	車騎大将軍													高句麗	
第二品	車騎将軍														
第二品	征東大将軍					高句麗									
第二品	鎮東大将軍					百済		百済				百済			
第二品	安東大将軍										済？				武
第三品	征東将軍			高句麗											
第三品	鎮東将軍	百済	百済		百済										
第三品	安東将軍						讃		珍	済			興		

高句麗の将軍号　百済の将軍号　倭の五王の将軍号

(『再現日本史 原始・奈良③』をもとに作成)

倭の五王が授与された将軍号は，同じように中国南朝に朝貢《ちょうこう》していた高句麗《こうくり》や百済《くだら》に授与されたものよりもかなりランク(位階)が低かった。中国南朝は，北朝を包囲するため高句麗・百済を重要視しており，倭はその下位に位置付けられていたのである。倭王武は478年，遣使を通じて百済の軍事的な支配権を認めるよう要求したが，宋は認めなかった。倭王が授与された将軍号は外交的には意義の低いものであったが，国内的には王の地位を高め，独自の権威である「治天下**大王**《おおきみ》」として，安定した支配体制を固めることができたのである。

歴史ナビ **広開土王碑文の拓本** 明治時代に最初に持ち込まれた拓本が，改竄《かいざん》されたものであるという論争があったが，碑文の信憑性《しんぴょうせい》が確認されている。

考察の視点 江田船山古墳出土鉄刀や稲荷山古墳出土鉄剣の銘文から，ヤマト政権の支配についてどのようなことがわかるだろうか。

1 漢字の伝来

1-1 貨泉《かせん》 佐賀・吉野ヶ里遺跡

1-2 漢字「奉」(？)の刻まれた弥生土器 三重・大城《だいしろ》遺跡

1A 文字の歴史

時代		文字の歴史(◎は，大陸から入ったもの)
弥生	1世紀	◎「貨泉《かせん》」と書かれた貨幣 1-1 ◎「漢委奴国王《かんのわのなのこくおう》」金印(福岡) P.52
	2世紀中頃	大城《だいしろ》遺跡の刻書《こくしょ》土器 1-2
	2世紀後半	◎東大寺山《とうだいじやま》古墳の「中平…」銘鉄剣(奈良) 倭国大乱
	3世紀前半	卑弥呼《ひみこ》の支配「魏志《ぎし》」倭人伝 「鏡」の略字の刻書土器(福岡・三雲南小路《みくもみなみしょうじ》遺跡)
	239年	◎三角縁神獣鏡《さんかくぶちしんじゅうきょう》の「景初三年」銘
古墳	4世紀初頭	木製短甲破片に「田」の墨書《ぼくしょ》(熊本・柳町遺跡)
	4世紀前半	「田」の墨書土器(三重・片部《かたべ》遺跡)
	369年	◎石上《いそのかみ》神宮の七支刀《しちしとう》銘(奈良) 2-1
	5世紀中頃	「王賜」銘鉄剣(千葉・稲荷台《いなりだい》1号墳)
	471年	「辛亥」銘鉄剣(埼玉・稲荷山古墳) 2-2
飛鳥	622年	法隆寺釈迦三尊像台座《ほうりゅうじしゃかさんぞん》の墨書 これ以降，木簡や墨書土器が普遍的にみられるようになる

(三重県津市教育委員会資料による)

解説 漢字は，紀元前後に朝鮮半島を経由して九州北部に，貨幣・金印・鏡などに刻まれたものが伝来した。また，倭人により刻書・墨書《ぼくしょ》されたとする弥生土器も数は多くないが発見されている。5世紀前後には，銘文を刻んだ刀剣の出土例が9例ほど確認されており，文字数も多く当時の日本列島のようすを解明する第一級の資料となっている。

2 漢字の使用

2A 石上《いそのかみ》神宮七支刀《しちしとう》

(表)**泰和四年**五月十六日丙午正陽　造百練鐵**七支刀**
出辟百兵宜供供侯王　□□□□作

(裏)先世以来未有此刀　**百済**王世□奇生聖音故
為倭王旨造　伝示□世

長さ74.9cm 奈良・石上神宮蔵

2-1 物部《もののべ》氏の氏神《うじがみ》だった石上神宮の神宝の刀。「泰和《たいわ》四年」は369年とされる。この年**百済《くだら》**《ひゃくさい》がこの刀を製作し，372年献上(一説に下賜《かし》)してきた。百済の目的は，倭と友好関係を結び，高句麗《こうくり》に対し背後を固めることにあった。

2B 稲荷山古墳《いなりやまこふん》出土鉄剣

(表)**辛亥年**七月中記　乎獲居臣　上祖名意富比垝　其児多加利足尼　其児名弖已加利獲居　其児名多加披次獲居　其児名多沙鬼獲居　其児名半弖比

(口語訳)**辛亥《しんがい》(四七一)年**七月に記した。オワケの臣、祖先の名はオオヒコ、その子の名はタカリスクネ、その子の名はテヨカリワケ、その子の名はタカヒシワケ、その子の名はタサキワケ、その子の名はハテヒ

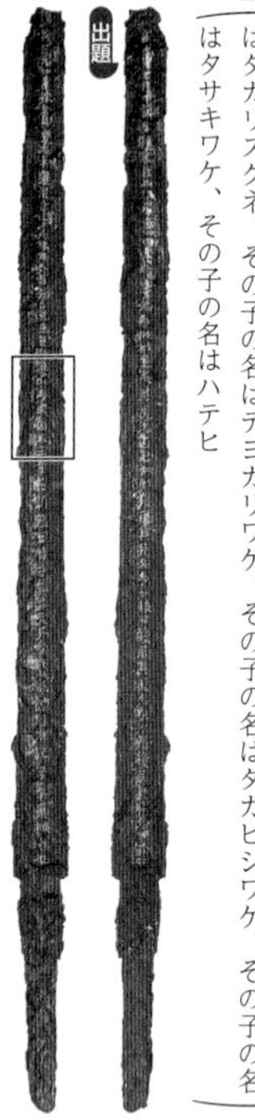

(裏)其児名加差披余　其児名乎獲居臣　世〻為杖刀人首　奉事来至今　**獲加多支鹵大王寺**　在斯鬼宮時　吾左治天下　令作此百錬利刀　記吾奉事根原也

(口語訳)その子の名はカサヒヨ、その子の名はオワケの臣。代々武官の長として大王にお仕えして今に至った。**ワカタケル大王(雄略天皇)**の朝廷が斯鬼宮《しきのみや》にあった時、私が大王の統治を補佐し、このすばらしい刀をつくらせて、私がお仕えしている経緯を記すものである。

2-3 復元鉄剣(表)

2-2 埼玉県行田《ぎょうだ》市埼玉《さきたま》古墳群の**稲荷山古墳**から出土した**鉄剣**で，X線撮影の結果115文字の金象嵌銘文が発見された。**「獲加多支鹵大王《わかたけるおおきみ》」は雄略《ゆうりゃく》天皇**とされる。**「辛亥《しんがい》年」は471年**とされるが，それが正しければ，5世紀後半にヤマト政権の支配が関東に及んでいたことになる。

長さ73.5cm 文化庁蔵 埼玉県立さきたま史跡の博物館提供

2C 江田船山古墳《えたふなやまこふん》出土鉄刀

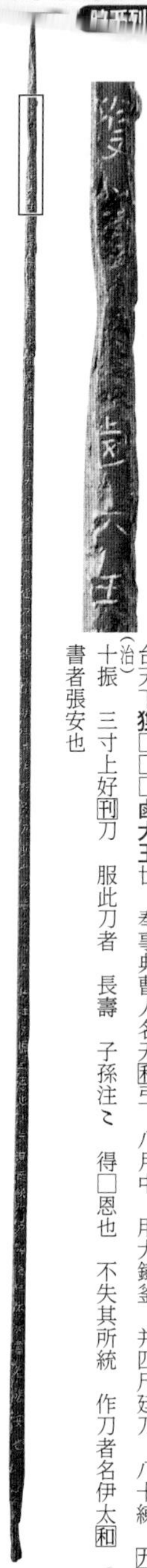

台(治)天下**獲□□□鹵大王**世　奉事典曹人名无利弖　八月中　用大鐵釜　并四尺廷刀　八十練九十振　三寸上好刊刀　服此刀者　長壽　子孫注〻　得□恩也　不失其所統　作刀者名伊太和　書者張安也

(口語訳)天下を治める**ワカタケル大王(雄略天皇)**の時代に典曹人《てんそうじん》として仕えていたムリテという名の者が八月に大きな鉄釜と四尺の廷刀を用いて精錬を重ねた三寸の良い太刀を献上した。この刀を身につけた者は長寿を全うし、子孫もその恩恵にあずかることができるし、その統治するところを失うこともない。刀の作成者はイタワであり、銘文は張安が書いた。

2-4 鉄製の刀の棟《むね》(峰《みね》)に銀で75字象嵌《ぞうがん》されている。「獲□□□鹵大王」の部分は，「獲宮《たじひのみや》弥《み》都《ず》歯大王《はのおおきみ》」と読まれ，反正《はんぜい》天皇をさすのが一般的だったが，稲荷山古墳出土の鉄剣銘文にある大王名と相似《そうじ》していたため，**雄略《ゆうりゃく》天皇**をさすと推定される。**5世紀後半，ヤマト政権の支配は関東から九州におよんでいたことがわかる。**

長さ90.7cm 東京国立博物館蔵

2D 隅田八幡《すだはちまん》神社人物画像鏡

2-5 隅田八幡神社伝存の日本製青銅鏡。鏡裏面に銘文48字がある。「癸未《きび》年」については503年とする説と，443年説がある。「**意柴沙加**」は大和国の忍《おし》坂《さか》の漢字による表記。(国宝指定書では「**人物画象鏡**」と表記。)

直径19.8cm 和歌山・隅田八幡神社蔵

2E 岡田山1号墳出土大刀

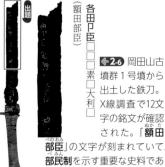

各田卩臣□□□素□大利□
(額田部臣)

2-6 岡田山古墳群1号墳から出土した鉄刀。X線調査で12文字の銘文が確認された。「**額田《ぬかた》部臣《べのおみ》**」の文字が刻まれていて，**部民《べみん》制**を示す重要な史料である。刀身約52cm 島根・六所神社蔵
島根県古代文化センター提供

2F 古代銘文刀剣一覧

西暦	出土地	象嵌	文字数	刻銘位置	刀剣長(cm)
175〜350	184〜189 東大寺山古墳出土大刀	金	24	峰	約110
	369？ 石上神宮七支刀	金	61	身	74.9
400〜450〜	稲荷台1号墳出土鉄剣	金	12	身	不明
	471 稲荷山古墳出土鉄剣	金	115	身	73.5
	江田船山古墳出土鉄刀	銀	75	峰	90.7
500〜550	岡田山1号墳出土大刀	銀	12	身	52
〜600	608 箕谷《みいだに》2号墳出土大刀	銅	6	身	68
	四天王寺出土大刀	金	4	身	65.8
年代不明	群馬県出土大刀	金	4	身	64.5

(『史跡で読む日本の歴史2　古墳の時代』による)

考察の視点　大陸の技術を受容し，普及した影響について考えてみよう。　相互関連

大陸文化の伝来③　さまざまな技術

1 須恵器《すえき》

解説　須恵器は，４世紀末頃に朝鮮半島南部の陶質《とうしつ》土器の製作技術（ろくろの使用と穴窯での焼成）が伝わり日本列島で生産された，青く硬い土器である。今までの野焼きの土器と違い，穴窯（のぼり窯）を使用し1,000度近くの高温で焼成する。火に弱く，煮炊きに使用できなかったので，主に食器として使用され，５世紀後半以降に死者に食物を供える新しい葬送儀礼の定着と普及により古墳の副葬品として使用されるようになった。

1-1 小型壺形土器（４世紀）　長崎・原の辻遺跡

1-2 初期須恵器
大阪・大庭寺《おおばでら》遺跡

1-3 祭祀に使用した須恵器（６世紀）
愛媛・高橋仏師古墳群２号墳

1-4 調査中の高蔵寺66-2号窯
大阪・堺市文化財課提供

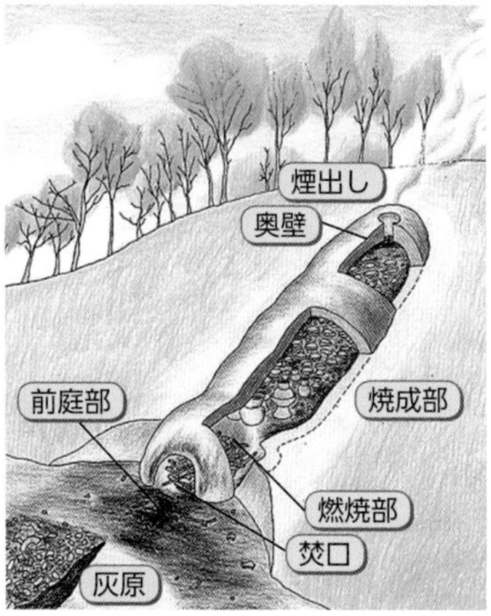

1-5 三谷三郎池西岸窯跡復元イラスト　大阪府文化財センター蔵

2 機織《はたお》り

解説　日本列島での布づくりは，縄文時代に植物性繊維を利用した編布《あんぎん》から始まる。弥生時代には，大陸から原始機《ばた》を使用した織布《しょくふ》の技術が伝来した。古墳時代の５世紀頃には，大陸から地機《じばた》を使用した織布の技術が伝わり，現在でも，茨城県・栃木県の結城紬《ゆうきつむぎ》の製作に地機が使用されている。

地機は，６世紀前半頃の遺跡から部材が発掘されていたが，近年，栃木県の甲《かぶと》塚《づか》古墳から機織形《はたおりがた》埴輪が発掘され，古墳時代の地機の構造が明らかになった。

2-1 原始機を使った機織り想像図
東京・大田区立郷土博物館蔵

2-2 金銅製雛機《こんどうせいひなばた》（８～９世紀）　沖の島出土の祭具として奉納された地織機。
国福岡・宗像大社蔵

2-3 甲塚古墳機織形埴輪（６世紀後半）　栃木・下野市教育委員会蔵

2-4 CGによる原型再現　栃木・下野市教育委員会蔵

3 金属工芸

解説　古墳時代の金属工芸品として，古墳から出土する副葬品の馬具《ばぐ》や刀装具がある。これらの工芸品には，さまざまな装飾が加工されており，古墳時代以降に大陸の渡来人たちによってもたらされた技術と考えられている。

3A 鍍金《ときん》

解説　銅製品などの表面に金や銀などの金属を薄くした皮膜で覆う技術のことである。列島内でも，５世紀中頃から本格化する。水銀に金を溶融してアマルガムにし，それを製品に塗った後に，加熱すると水銀が蒸発し鍍金が施される。これを加工して，帯金具《おびかなぐ》・冠・装身具などを製作した。

3-1 高台付蓋付銅鋺（中央）・銅鋺（後列）（複製品）（古墳時代）
さきたま史跡の博物館蔵

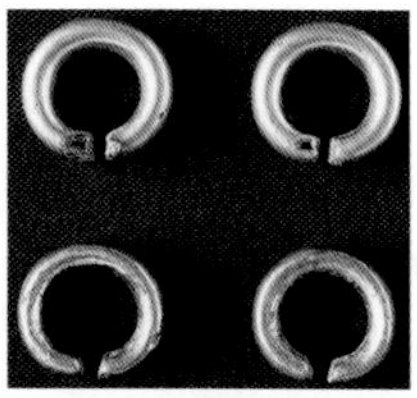

3-2 金環《きんかん》（古墳後期）　銅製に鍍金が施された耳飾り。埼玉・桜山古墳群

3B 甲冑《かっちゅう》製作

解説　弥生時代の武装に使用された短甲は，主に木製や革製であった。古墳時代には，鉄製の甲冑が製作された。この甲冑には，部品の鉄板を鋲留《びょうど》めにする技術が使用され，大量生産を可能とした。製作者は，渡来人なのか列島内の工人なのかはっきりとしていない。

3-3 甲冑（古墳時代中期）
大阪・黒姫山古墳　堺市立みはら歴史博物館蔵

3C 象嵌《ぞうがん》

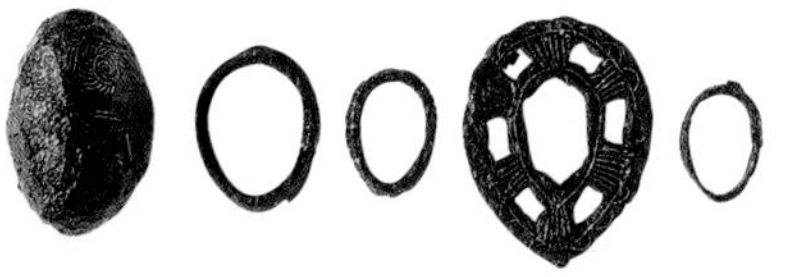

3-4 頭椎大刀《かぶつちのたち》の刀装具
埼玉・塚本山137号墳

解説　鉄製品の表面に溝をつくり，金または銀をはめ込んで，さまざまな模様を描く技術のことである。

3D 鏨《たがね》彫り

解説　鏨を用いて金属に装飾を施す技術である。古墳時代の馬具などに，細い線の模様を付ける毛彫りや彫り抜く透かし彫りなどがある。

3-5 藤ノ木古墳出土棘葉《ぎょくよう》形杏葉《けいぎょうよう》　奈良県立橿原考古学研究所蔵

歴史ナビ　**堺市立みはら歴史博物館**（大阪府堺市）　黒姫山古墳（５世紀中　前方後円墳）から発掘された24領の甲冑や大量の鉄製武具や武器の一部を展示している。

62 古墳時代の人びとのくらし① 集落

読み解く　古墳時代のムラのようすを説明しよう。

1 ムラのようす

—黒井峯《くろいみね》遺跡復元図

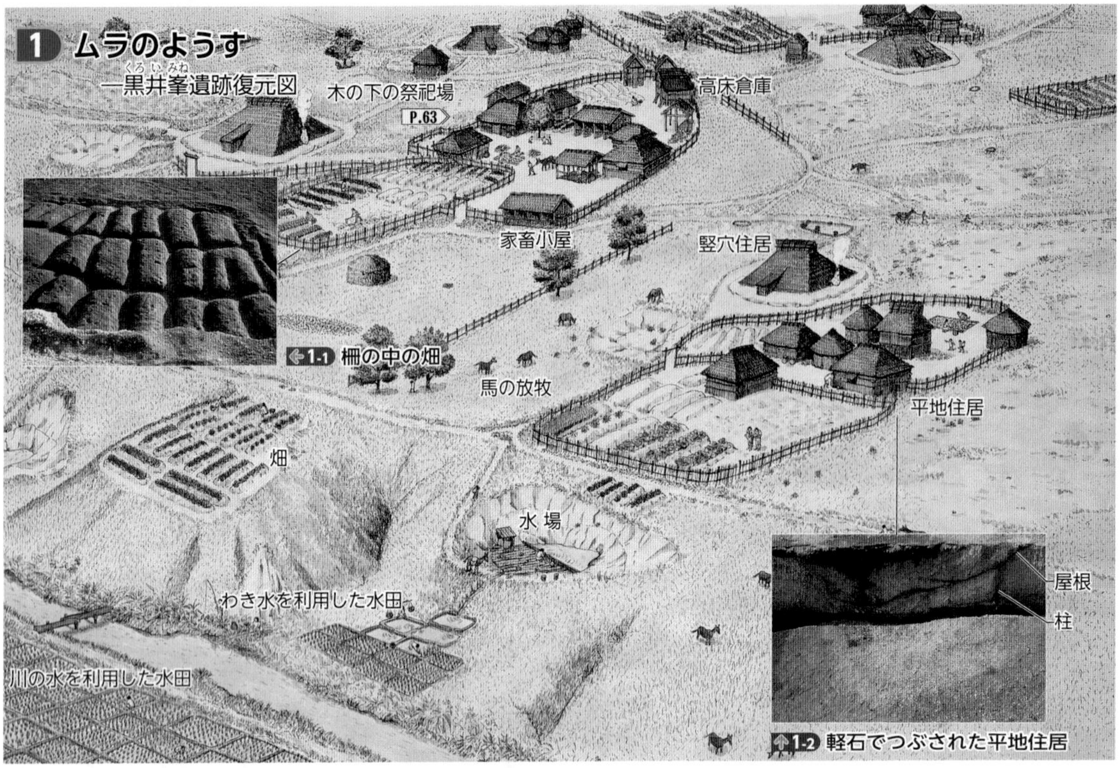

1-1 柵の中の畑

1-2 軽石でつぶされた平地住居

比較

解説 黒井峯遺跡は，６世紀中頃に二度目の大噴火をした榛名《はるな》山から噴出した軽石などに埋もれたムラの跡である。軽石は，約２mの厚さで堆積《たいせき》したが，その下からはさまざまな建物(竪穴住居・平地住居・高床倉庫・家畜小屋)，道，祭祀の場，畑，水場など古墳時代のムラがそのまま残されていた。このムラが古墳時代の普遍的なものなのか地域的なものなのかは，今後の研究が待たれる。

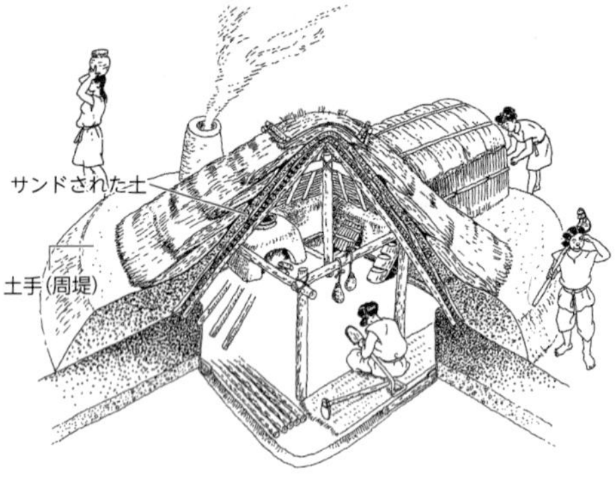

1-3 竪穴住居のつくり

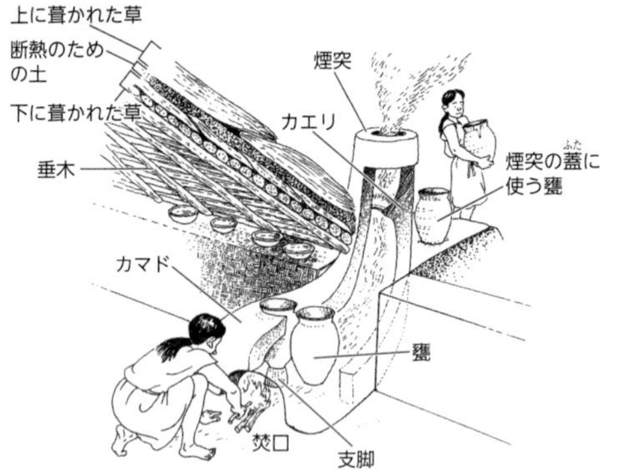

1-4 カマドの構造

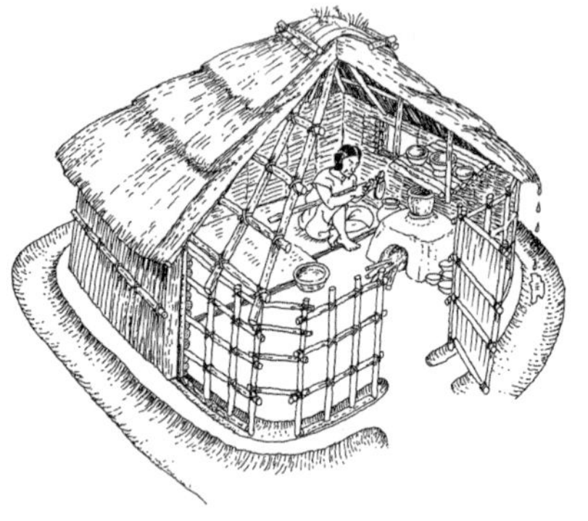

1-5 平地住居のつくり

2 豪族の居館

2-1 三ツ寺Ⅰ遺跡推定復元模型

2-2 竪穴住居遺構

2-3 石をはった堀の斜面

2-4 中心の大型建物遺構

群馬県教育委員会提供

解説 1981年に発掘調査された三ツ寺Ⅰ遺跡では，当時知られていなかった古墳時代の豪族の居館が発見された。居館の内部は，約86m四方の方形で南北の区画に分けられている。南の区画には，約48坪の床面積をもつ東日本では最大の掘立柱の建物が検出された。

2-5 極楽寺ヒビキ遺跡大型掘立柱建物復元図

2-6 極楽寺ヒビキ遺跡大型掘立柱建物全景

解説 極楽寺ヒビキ遺跡(奈良県)では，古墳時代中期前半の石積みを施した濠《ほり》に囲まれた大型建物(中心部分8.5m×8.0m)をはじめとする遺構が検出された。葛城《かつらぎ》地域の有力豪族に関連する施設として注目されている。

解説 赤堀茶臼山古墳(群馬県)から出土した８棟の家形埴輪に関しては，さまざまな配置が検討されているが，この埴輪から地方権力者(豪族)の居館のあり方を推測することができる。

2-7 赤堀茶臼山《あかぼりちゃうすやま》古墳出土家形埴輪　東京国立博物館蔵

歴史ナビ　**かみつけの里博物館**(群馬県高崎市)　榛名山東南麓地域の５世紀の古墳時代社会をテーマに，三ツ寺Ⅰ遺跡や保渡田古墳群に関する資料を展示している。

古墳時代の人びとのくらし② 信仰

考察の視点 古墳時代の人びとの祭祀を支える宗教的な心情を考えてみよう。 相互関連

1 祭祀遺跡《さいし》

解説 古墳時代の人びとは，自然の中に神の力を感じ祈りを捧げてきた。特に，形の整った山，離島，道の脇，樹木の下，畑の脇などに奉献品を手向《たむ》け，神々を鎮《しず》めた。その場所が祭祀遺跡と考えられている。

1A 三輪山《みわやま》

1-1 **三輪山《みわやま》** 奈良盆地東南部にある三輪山は，標高467m・周囲16kmの円錐形の山である。古代から神マツリの対象とされた。山そのものをご神体（大物主《おおものぬしの》大神《おおかみ》）とする大神《おおみわ》神社は，本殿を有していない原初の信仰を伝えている。初期ヤマト政権との関連が指摘されている**纒向《まきむく》遺跡**が麓《ふもと》に広がり，三輪山信仰との関わりが考えられている。

大神神社提供

1-2 **三輪山の磐座《いわくら》** 磐座とは祭祀を行う際に神の憑《よ》り代《しろ》となっている岩。山中に３つ存在する。

1-3 **石製模造品** 三輪山山中で出土した子持勾玉《まがたま》。

1B 沖ノ島

1-4 **沖ノ島** 世 宗像大社提供

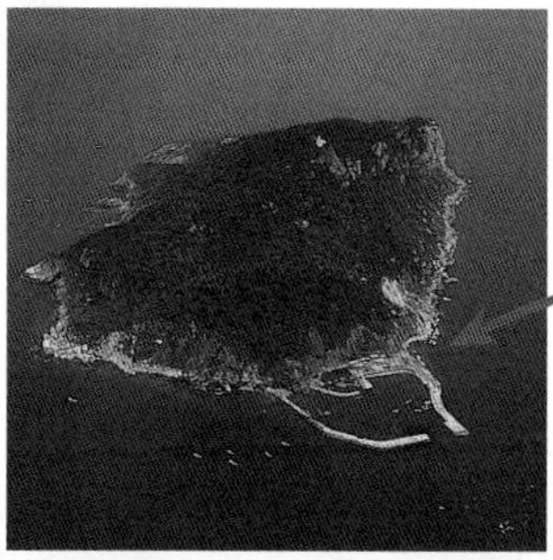

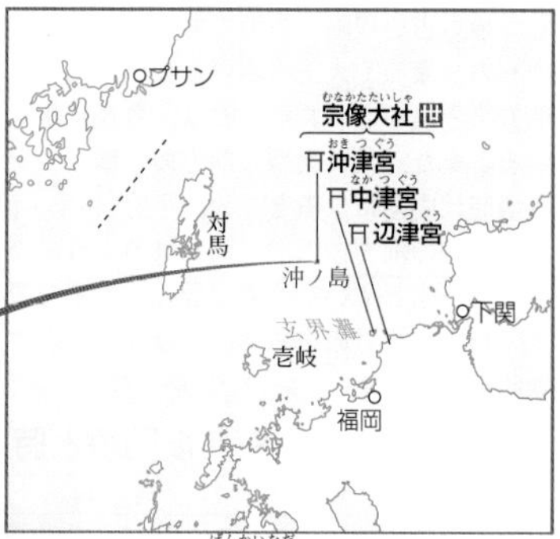

1-5 **沖ノ島17号地点磐座模型**（４世紀後半） 千葉・国立歴史民俗博物館蔵

解説 玄界灘《げんかいなだ》に浮かぶ沖ノ島は，周囲約４km，標高243mの孤島である。島は，宗像《むなかた》三女神を祀る**宗像《むなかた》大社**の沖津宮《おきつぐう》がある神体島でもある。４世紀後半から10世紀初めまでの間の豪華な奉献品が出土していることからヤマト政権の朝鮮半島との海上交通に関わる祭祀が執り行われていたと考えられている。約８万点の出土神宝は，国宝に指定されている。2017年には世界文化遺産に登録された。

2 ムラの祭祀

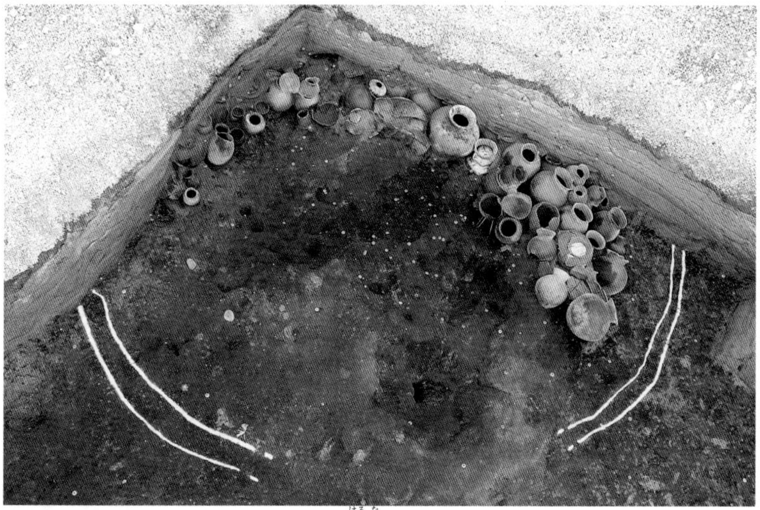

2-1 **祭祀遺構**（５世紀頃） ６世紀初頭に榛名《はるな》山二ツ岳が噴火し，火山灰や火砕流で埋もれて発見されたのが，金井東裏《かないひがしうら》遺跡である。この遺跡から，円形に巡る幅10cmほどの溝に囲まれた中に「コ」の字形に配列した600個におよぶ甕《かめ》や壺，杯《さかずき》などが重ねて置かれていた状態で出土した。また，周囲からは臼玉《うすだま》，管玉《くだたま》，ガラス玉，勾玉《まがたま》なども９千点以上出土した。群馬・金井東裏遺跡

2-2 **木の下の祭祀想像図** 群馬・かみつけの里博物館蔵

2-3 **石製模造品** ４世紀後半，近畿地方を中心に有力者の古墳の副葬品として登場し，斧・鎌などの農工具類と鏡，刀子《とうす》などを石で加工して模した祭具である。石に開けられた穴は，木の枝からひもでつり下げられていたものと推測されている。群馬・芦田《あしだ》貝戸《かいど》遺跡

3 さまざまな神事

3-1 **禊《みそぎ》** 身に穢《けが》れや罪のある時，あるいは重大な神事などの際に，自分自身の身を氷水，滝，川や海で洗い清めるのが禊である。写真は三重県の二見興玉《ふたみおきたま》神社。

3-2 **祓《はらえ》** ６月と12月に行われる大祓のうち，６月の大祓を夏越《なこし》の祓といい，多くの神社で茅草でつくられた輪の中を通って穢れを祓う「茅《ち》の輪潜《わくぐ》り」が行われる。写真は奈良県**大神《おおみわ》神社**。

3-3 **太占《ふとまに》の法** 鹿や猪《いのしし》の肩甲《けんこう》骨《こつ》などに焼けた棒の先を押し当てて焼き，そのようすを見て占う。 宮城・東北歴史博物館蔵

3-4 **盟神探湯《くかたち》** 盟神探湯は煮えたぎる湯に手を入れることによって神意を確認する。写真は奈良県甘樫坐《あまかしにいます》神社での再現。 奈良・明日香村教育委員会提供

64 ヤマト政権の成立

考察の視点 畿内の古墳群の分布から，ヤマト政権の特徴はどのようなものであったか考えてみよう。 **相互関連**

1 古墳の出現とヤマト政権

解説 3世紀の半ば過ぎ，奈良盆地で築造された箸墓《はしはか》古墳は，前方後円の形式をもつ最も古い段階の古墳である。以後この形式が大和地方で発達し，ヤマト政権の有力な豪族や大王《おおきみ》の墳墓《ふんぼ》となったと考えられている。そして，同時期に各地で前方後円墳が造られたことは，各豪族が政治的関係で結ばれていたことを示している。また，特に大型の前方後円墳は，大王クラスの墳丘墓であるとされており，古墳時代中期になると，大阪平野(和泉《いずみ》・河内《かわち》)に百舌鳥《もず》古墳群・古市《ふるいち》古墳群などにも大型の前方後円墳が築かれるようになる。このことは，ヤマト政権が移動したことを示しているのではなく，大王を輩出できる「王族」がもともと一系化されておらず，複数の血縁集団に及んでいたことを示しているとされている。しかし，欽明《きんめい》天皇以後は，一系的な世襲王権がめざされることになると考えられている。

1A 畿内の大型前方後円墳と時期区分

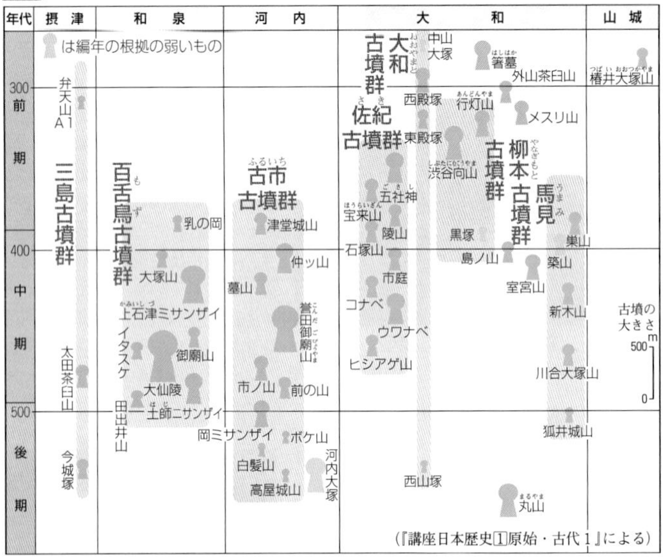

(『講座日本歴史①原始・古代1』による)

1B 畿内の古墳群の分布

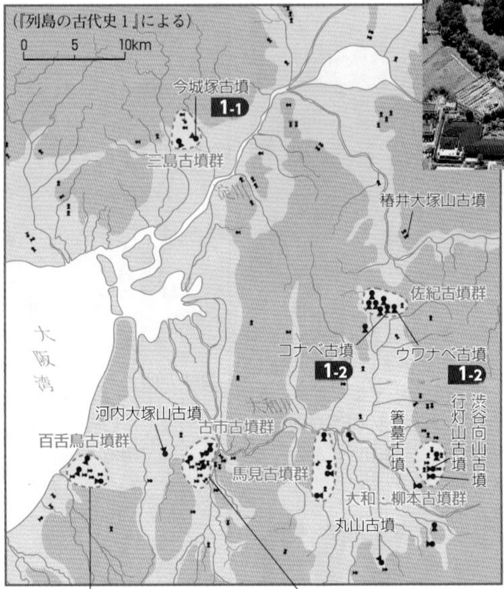

(『列島の古代史1』による)

1-1 今城塚《いましろづか》古墳(整備前) 6世紀前半の淀川流域最大の前方後円墳で，継体《けいたい》天皇の陵墓《りょうぼ》と考えられている。学術的に特定されている唯一の大王墓である。大阪

1-2 ウワナベ古墳(上)・**コナベ古墳**(下) コナベ古墳のまわりには副葬品などを納めたとみられる方墳や円墳もあり，古墳時代中期(5世紀)を代表する前方後円墳である。奈良

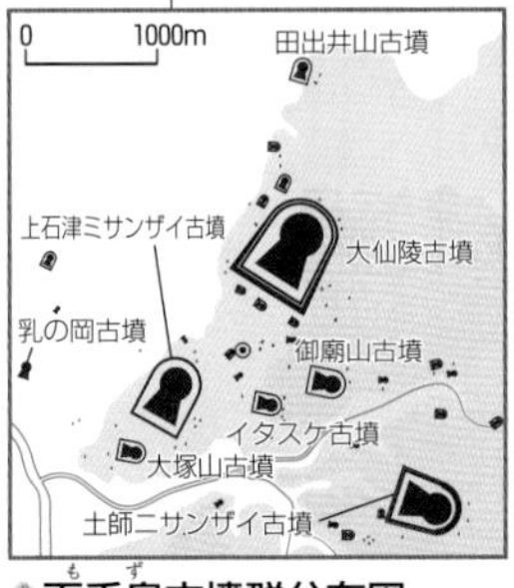

百舌鳥《もず》古墳群分布図

古市《ふるいち》古墳群分布図

(分布図は，滋賀県立安土城考古博物館『吾，天下を左治す』による)

2 大王《おおきみ》と豪族と民衆

2A 氏族分布(大化以前)

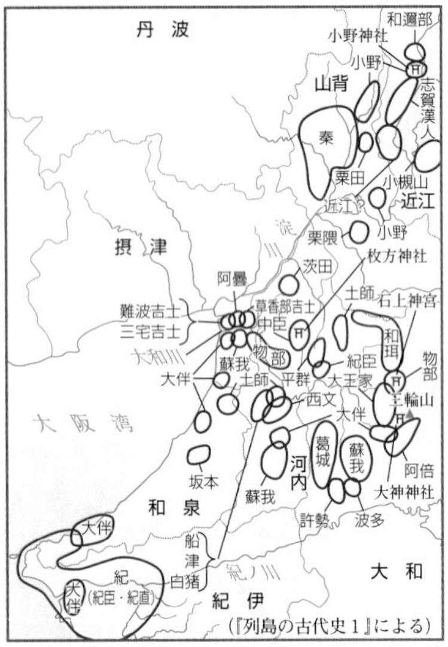

(『列島の古代史1』による)

読み解く 臣を与えられた氏は，どの地域に分布しているだろうか。

2B 氏姓《しせい》制度

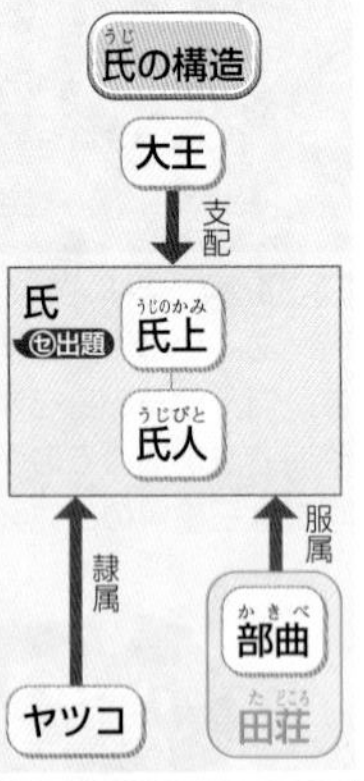

【与えられた姓(カバネ)】	
臣《おみ》	皇別の有力豪族
連《むらじ》	特定職能の豪族
君《きみ》	地方の有力豪族
直《あたい》	国造《くにのみやつこ》の地方豪族
造《みやつこ》	中小豪族の伴造《とものみやつこ》
首《おびと》	地方小豪族
村主《すぐり》	渡来人系豪族

政治組織

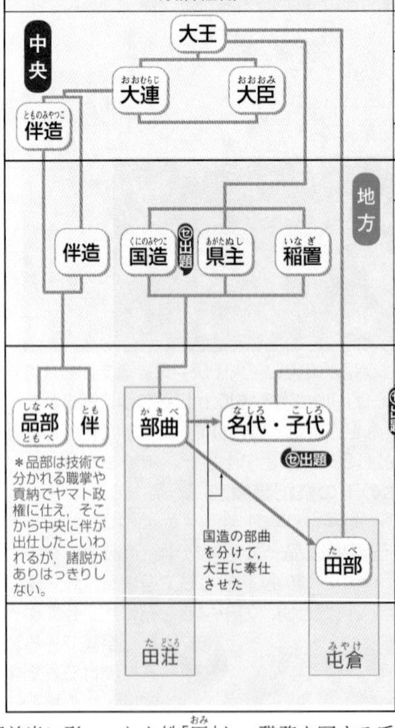

姓と地位		
【中央有力豪族】		
姓	臣《おみ》	平群《へぐり》臣・葛城《かずらき》臣・巨勢《こせ》臣・**蘇我《そが》臣**
	連《むらじ》	**大伴《おおとも》連・物部《もののべ》連・中臣《なかとみ》連**
地位	大臣・大連・伴造	
【地方豪族】		
姓	臣・連・君《きみ》・造《みやつこ》・直《あたい》・首《おびと》など	
	吉備《きび》臣・出雲《いずも》臣・土師《はじ》臣・**筑紫《ちくし》君**・毛野《けの》君・馬飼《うまかい》造・東漢《やまとのあや》直	
地位	伴造・国造・県主・稲置	
【私有民】		
セ出題 部民《べのたみ》(農民・技術民)	名代	長谷《はせ》部・春日《かすが》部・穴穂《あなほ》部
	子代	舎人《とねり》部・膳《かしわで》部
	品部	**錦織《にしごり》部・韓鍛冶《からかぬち》部**・弓削《ゆげ》部・**陶《すえつくり》(作)部**・土師部・**史《ふひと》部**・玉造《たまつくり》・鞍作《くらつくり》部
	田部	大王の私有民，屯倉を耕作
	部曲	豪族の私有民，田荘を耕作
【奴　隷】	ヤツコ(家内奴隷，奴婢《ぬひ》)	
【私有地】	屯倉(大王・ヤマト政権の直轄地) 田荘(豪族の私有地)	

解説 ヤマト政権の政治的秩序である氏姓《しせい》制度は，5世紀後半～6世紀前半に形成された。ヤマトとその周辺に拠点を置く有力者の血縁関係を基にした**氏**《うじ》を基本単位とし，大王から与えられた**姓**(カバネ)によって序列をつけ，職務を分担させた。その後，本拠地のヤマトの地名を冠する氏(平群《へぐり》・葛城《かずらき》・蘇我《そが》など)に与えられた姓「臣《おみ》」と，職務を冠する氏(大伴《おおとも》・物部《もののべ》・中臣《なかとみ》など)に与えられた姓「連《むらじ》」がヤマト政権の中枢を構成するようになり，特に大臣《おおおみ》・大連《おおむらじ》がヤマト政権の執政官の役割を担っていた。地方支配は，地方の有力者を国造《くにのみやつこ》とよばれる地方官に任命し，「君《きみ》」「直《あたい》」などの姓を与えた。

歴史ナビ **いましろ大王の杜**(大阪府高槻市) 継体天皇の陵墓とされる今城塚古墳が復元整備された古墳公園になっており，古代歴史館が隣接している。

考察の視点 ヤマト政権の支配は，6世紀になってどのように変化したのだろうか。 推移

ヤマト政権の発展

1 6世紀の政治的動向

天皇 大臣 大連

中国	朝鮮	年	日本	天皇	大臣	大連
北魏 / 宋 479	高句麗《こうくり》(5世紀半ばすぎ強大化。百済・新羅を圧迫) / 百済《くだら》 / 新羅《しらぎ》 / 加耶《かや》(加羅)『日本書紀』では任那《みまな》	478	**倭《わ》王武《ぶ》(雄略《ゆうりゃく》)**，宋《そう》の順帝《じゅんてい》に上表文	雄略 : 武烈	平群真鳥《へぐりまとり》 雄略～仁賢朝	大伴室屋《おおとものむろや》 雄略～武烈朝 / 物部目《もののべのめ》 雄略元年就任
斉 502		507	**大伴金村《おおとものかなむら》**ら，越前《えちぜん》より**継体《けいたい》天皇**を迎える	507	許勢男人《こせのおひと》 継体元年就任	大伴金村 武烈～欽明朝 / 物部麁鹿火 仁賢～宣化朝
		512	**大伴金村**，「任那《みまな》四県」(加耶《かや》西部)を百済《くだら》《ひゃくさい》に割譲	継体		継体天皇擁立《ようりつ》
		513	二県追加			「任那四県」割譲
南北朝時代(～589)		527	近江毛野《おうみのけの》ら，加耶の失地回復に向かう 筑紫国造《つくしのくにのみやつこ》**磐井《いわい》の乱** 3A			
		528	**物部麁鹿火《もののべのあらかひ》**，磐井の乱を平定			磐井の乱平定
534 東魏 / 535 西魏 / 梁		534	**安閑《あんかん》・宣化《せんか》朝**と**欽明《きんめい》朝**，対立し両統併立？	531 / 534 安閑	蘇我氏，欽明天皇擁立	
		538	仏教公伝(『上宮聖徳法王帝説《じょうぐうしょうとくほうおうていせつ》』『元興寺《がんごうじ》縁起《えんぎ》』)(『日本書紀』では552年) セ出題	536 宣化	蘇我稲目 宣化～欽明朝	対韓外交政策の失敗 / 物部尾輿 弾劾《だんがい》
		540	**大伴金村**，「任那四県」割譲問題で引責辞職	539		540 失脚 / 欽明朝の大連を独占
557 北周 / 北斉 / 陳		552	**蘇我稲目《そがのいなめ》**と**物部尾輿《もののべのおこし》**，崇仏《すうぶつ》論争(『日本書紀』)	欽明	**崇仏派** ←対立→	**排仏派**
		562	新羅《しらぎ(しんら)》により加耶滅亡(紀の「任那滅亡」) 4			
577		571	**欽明《きんめい》天皇**，加耶再建を遺詔《いしょう》	572	蘇我馬子 572 就任	物部守屋 572 就任
581				敏達 / 用明	←抗争→ 皇位継承争いもからむ	
隋 / 589		587	**蘇我馬子《うまこ》**，**物部守屋《もりや》**を滅ぼす セ出題	587 崇峻		587 滅亡
		592	**蘇我馬子**，東漢直駒《やまとのあやのあたいこま》に**崇峻《すしゅん》天皇**を暗殺さす	592	弑逆《しぎゃく》 / 推古天皇擁立	
		593	厩戸王《うまやとおう》(聖徳太子)，**推古《すいこ》天皇**の摂政《せっしょう》となる	推古		

1A 大王(天皇家)略系図

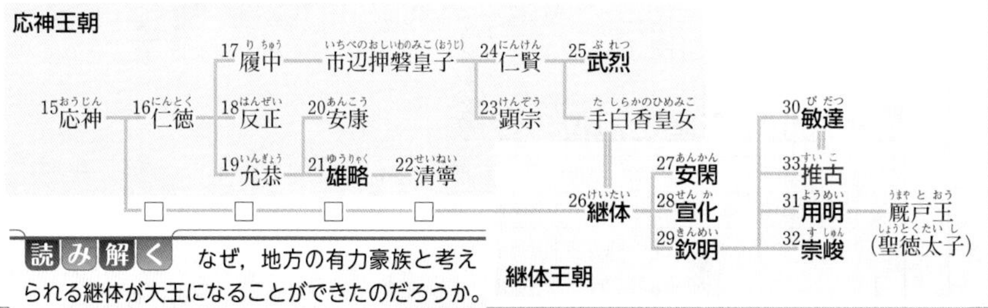

読み解く なぜ，地方の有力豪族と考えられる継体が大王になることができたのだろうか。

解説 『日本書紀』などによれば，雄《ゆう》略《りゃく》天皇(倭王武《わおうぶ》)のち，仁賢《にんけん》・顕《けん》宗《ぞう》・武烈《ぶれつ》と王統が続いたとされるが，これらの大王の存在は確認されていない。その後，越前から応神《おうじん》5世孫の継体《けいたい》が突然，仁賢の息女である手白香皇女《たしらかのひめみこ》に婿入りする形で大王をついだとされる。継体はおそらく前の王権とは直接血統がつながらない地方の有力豪族出身の大王だったと考えられている。

2 6世紀半ばの朝鮮半島

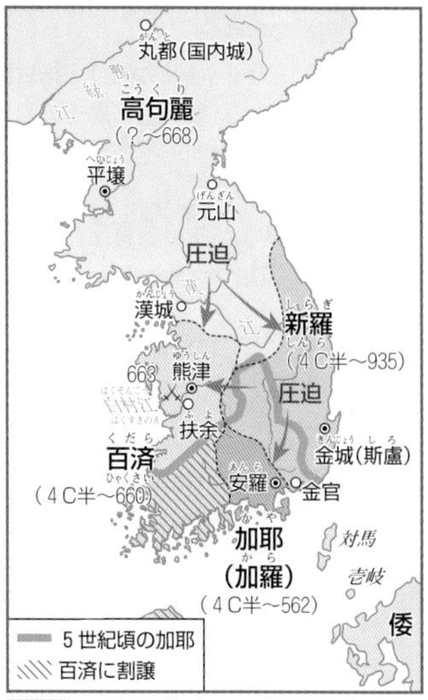

解説 5世紀後半に，朝鮮半島では高句麗《こうくり》が攻勢を強めて南方へ進出し，百済《くだら》は漢城《かんじょう》を放棄して，南の熊津《ゆうしん》へ移った。そのため百済は6世紀には半島西南部への進出を図るようになり，512年には加耶《かや》諸国の一部を含む「任那《みまな》四県」を支配するに至った。また新羅《しらぎ》も国制を整備して国力を高め，加耶諸国への進出を強めた。新羅は562年に加耶諸国を併合し(いわゆる任那の滅亡)，日本の加耶諸国における政治力は決定的に失われた。

3 ヤマト政権の地方支配

相互関連

3A 磐井《いわい》の乱 527年 セ出題

解説 『日本書紀』によれば，新羅《しらぎ》の加耶《かや》諸国への進出に対して527年，近江毛野《おうみのけの》が率いる6万の大軍が派遣された。これに対して新羅は，北九州に大きな勢力をもっていた**筑紫国造磐井《つくしのくにのみやつこいわい》**に賄賂《わいろ》を送って毛野の軍を防ぐように勧め，磐井の反乱が始まった。ヤマト政権は物部麁鹿火《もののべのあらかひ》を派遣して，ようやく，この反乱を鎮圧した。磐井の子の葛子《くずこ》は糟屋《かすや》の屯倉《みやけ》を献上して，その罪を許された。

3-1 **岩戸山《いわとやま》古墳**(福岡県八女《やめ》市) 九州北部最大の前方後円墳。磐井の墓と伝えられる。

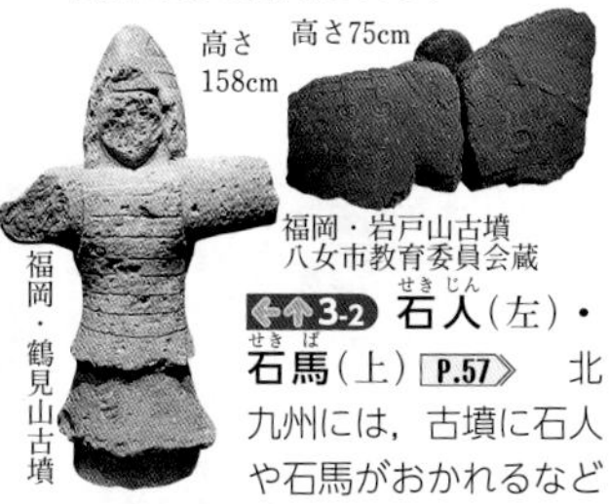

3-2 **石人《せきじん》**(左)・**石馬《せきば》**(上) P.57 北九州には，古墳に石人や石馬がおかれるなど独自の文化が栄えていた。磐井の独立性を物語るものといえよう。

3B 上毛野《かみつけの》の勢力

解説 『日本書紀』には，安閑《あんかん》天皇のときに武蔵国造《むさしのくにのみやつこ》をめぐって争いがあり，ヤマト政権に敵対した上毛野の勢力が駆逐《くちく》されて，四つの屯倉《みやけ》がつくられたという伝承もある。この頃，ヤマト政権は地方豪族の拠点に屯倉という直轄地をおいて，地方支配を強化したことが推測される。

3-3 **太田天神山《おおたてんじんやま》古墳**(群馬県太田市) 東日本最大の前方後円墳。上毛野の首長は大きな勢力を誇ったが，6世紀以降その力はしだいに弱まり，ヤマト政権の地方支配に服するようになったと考えられる。

4 蘇我《そが》氏の台頭・崇仏《すうぶつ》論争 552年

解説 欽明《きんめい》天皇の頃に急速に力を伸ばしたのが蘇我氏である。蘇我氏は葛城《かつらぎ》氏の一族という説もあるが，正確にはわからない。韓子《からこ》・高麗《こま》に続いて稲目《いなめ》が現れ急速に台頭した。こうした名前から渡来人ではないかとの説もある。**三蔵《みつのくら》**(斎蔵《いみくら》・内蔵《うちつくら》・大蔵《おおくら》)を管理し，ヤマト政権の財政を司《つかさど》ったり，東漢氏《やまとのあやうじ》をはじめとする渡来系の人びとを配下に取り込んだりして勢力を拡大した。

蘇我氏は仏教の受容をめぐって物部《もののべ》氏と対立し，その対立は用明《ようめい》天皇の死後，大王に誰を擁立するかをめぐって武力衝突に発展し，蘇我馬子《うまこ》は物部守屋《もりや》を滅ぼした。

4A 蘇我氏略系図

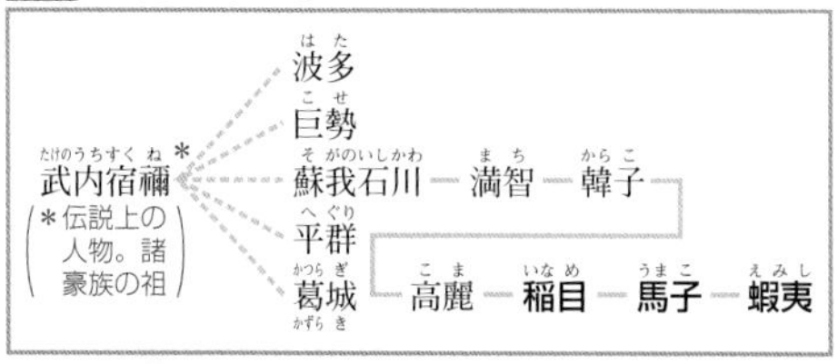

4-1 **蘇我馬子の墓と伝えられる石舞台《いしぶたい》古墳**(奈良県明日香村) 石室全長19.7m，玄室長さ7.7m，幅3.3m，高さ4.8mで全国でも屈指の巨大横穴式石室。中に入ることができる。

66 推古朝の政治

考察の視点　推古朝の国政改革がめざしたものは何だったのだろうか。 相互関連

1 推古朝関係略年表

崇峻《すしゅん》 592	592	蘇我馬子《そがのうまこ》，崇峻《すしゅん》天皇を殺害し推古《すいこ》天皇を擁立
593	593	**廐戸王《うまやとおう》(聖徳太子《しょうとくたいし》)，推古天皇の政治を補佐する** (廐戸王・馬子の共同統治) 難波《なにわ》に四天王寺《してんのうじ》を建立
	594	**仏教(三宝《さんぼう》)興隆の詔《みことのり》**。以後，造寺盛んとなる
	600	倭王阿毎多利思比孤《あめのたりしひこ》が隋《ずい》に遣使(『隋書』)
	601	斑鳩宮《いかるがのみや》を建立(奈良県生駒《いこま》郡斑鳩町)。新羅《しらぎ》(しんら)征討計画
	602	百済《くだら(ひゃくさい)》僧観勒《かんろく》渡来し，暦・天文地理の本等を伝える
	603	小墾田宮《おはりだのみや》造営。**冠位十二階《かんいじゅうにかい》を制定** 4 太秦《うずまさ》に広隆寺《こうりゅうじ》の造営開始(秦《はた》氏の氏寺《うじでら》)
	604	初めて冠位を授ける。初めて暦を使用 **憲法十七条の制定**
	607	**小野妹子《おののいもこ》**らを隋に派遣。国書に「日出《ひい》づる処《ところ》の天子，書を日没する処の天子に致す，恙無《つつがな》きや，云々《うんぬん》」と記し，倭の「天子」使用が煬帝《ようだい》を怒らせる。伝　法隆寺創建
推古	608	小野妹子，隋使裴世清《はいせいせい》とともに帰朝。**小野妹子を再び隋に派遣**。国書に「東天皇，敬《つつし》みて西皇帝に白《もう》す」と記す。このとき，セ出題 **高向玄理《たかむこのげんり》，旻《みん》，南淵請安《みなぶちのしょうあん》** P.74 ら同行し留学
	610	高句麗僧曇徴《どんちょう》，紙・墨・絵の具の製法を伝える
	611	廐戸王，『**勝鬘経義疏《しょうまんぎょうのぎしょ》**』を著《あらわ》す → 『三経義疏《さんぎょうのぎしょ》』
	613	廐戸王，『**維摩経義疏《ゆいまぎょうのぎしょ》**』を著す → 『三経義疏』 難波より大和への大道開通
	614	犬上御田鍬《いぬかみのみたすき》らを隋に派遣(翌年帰朝)
	615	廐戸王，『**法華経義疏《ほけきょうのぎしょ》**』を著す → 『三経義疏』
	618	隋滅亡し，唐建国
	620	大臣《おおおみ》蘇我馬子とともに『**天皇記**』『**国記**』『**臣連伴造国造《おみむらじとものみやつこくにのみやつこ》百《ももあまり》八十《やそ》部并公民等本記《とものをあわせておおみたからどものもとつふみ》**』撰録
	622	**廐戸王没**(49歳)。蘇我馬子執政(専制へ) 橘大郎女《たちばなのおおいらつめ》(廐戸王后《きさき》)，天寿国繡帳《てんじゅこくしゅうちょう》 P.72 を作製
	624	蘇我馬子，天皇に葛城県《かつらぎのあがた》を請うも許されず
	626	蘇我馬子没。子の蝦夷《えみし》，大臣となる
628	628	推古天皇没(75歳)

読み解く

❶隋の煬帝は，この国書を見て「無礼なる者有り，復《ま》た以《もっ》て聞《ぶん》する勿《なか》れ」と怒ったという。何が無礼だったのだろうか。

❷❶にもかかわらず，翌年煬帝は答礼使を日本に派遣した。なぜ派遣したのだろううか。2 を参考に考えてみよう。相互関連

2 7世紀初めの東アジア

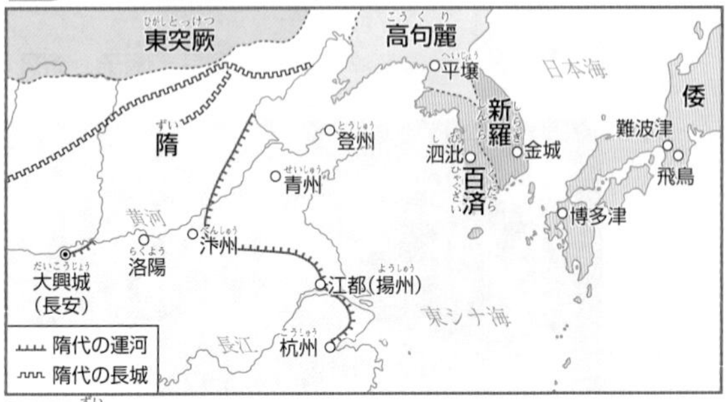

解説 隋《ずい》が約350年ぶりに中国を再統一(589)すると，朝鮮の三国は隋に入貢した。のちに高句麗《こうくり》と隋は関係が悪化し，611，613，614年と三度にわたって隋は高句麗遠征をおこなった。朝鮮半島では隋と高句麗の対立を軸に，百済《くだら》(ひゃくさい)と新羅《しらぎ》(しんら)はどちらにつくかが政治的争点となった。一方，新羅と倭《わ》は旧加耶《かや》諸国をめぐって対立し，倭は6世紀末から7世紀初頭に筑紫《つくし》に軍を集結させ，新羅を威嚇《いかく》した。

3 大王(天皇)家・蘇我氏関係系図

出題

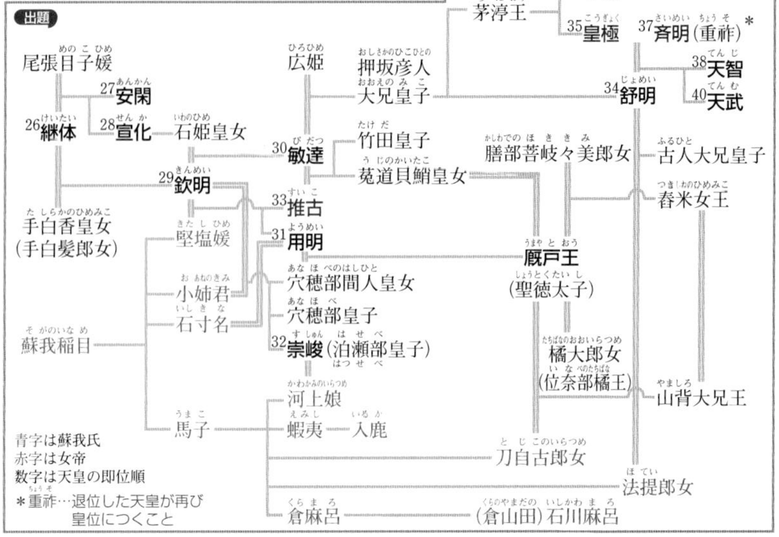

廐戸王《うまやとおう》(聖徳太子《しょうとくたいし》)(574～622)

廐戸王(聖徳太子)は，用明《ようめい》天皇の子として生まれ，『日本書紀』によれば10人の言葉を聞きわけたというくらいに聡明な人物だったという。右の「唐本御影」は法隆寺から皇室に献納されたもの。一時期「聖徳太子」の像ではないとされていたが，現在では8世紀に廐戸王をモデルにし描いたものとされている。廐戸王が「聖徳太子」として崇《あが》められるのは後のこととされるが，推古朝の国政改革は蘇我《そが》氏との連携のもと，大王《おおきみ》を中心とする中央集権をめざしたものであった。

↑「唐本御影《とうほんみえい》」縦1.25m 宮内庁蔵

4 冠位十二階と冠位の変遷

	603(十二階)	647(十三階)	649(十九階)	664(二十六階)	685(四十八階)	701(三十階)
冠位十二階と冠の色(冠の実際の色は不明)	推古	孝徳		中大兄称制	天武	文武
		大小織《しょく》 大小繡《しゅう》 大小紫《し》	大小織 大小繡 大小紫	大小織 大小縫《ぶう》 大小紫	正《しょう》 (8階級)	正従一 正従二 正従三
	大小徳《とく》	大錦《きん》	大花《か》上下	大錦上中下	直《じき》 (8階級)	正《しょう》四上下 従《じゅ》四上下
	大小仁《じん》	小錦	小花上下	小錦上中下		正五上下 従五上下
	大小礼《らい》	大青《せい》	大山《せん》上下	大山上中下	勤《ごん》 (8階級)	正六上下 従六上下
	大小信《しん》	小青	小山上下	小山上中下	務《む》 (8階級)	正七上下 従七上下
	大小義《ぎ》	大黒《こく》	大乙《おつ》上下	大乙上中下	追《つい》 (8階級)	正八上下 従八上下
	大小智《ち》	小黒	小乙上下	小乙上中下	進《しん》 (8階級)	大初位上下 少初位上下
		建武《けんむ》	立身《りっしん》	大小建《こん》		

解説 冠位十二階は，これまで氏族ごとに世襲されてきた姓《かばね》と違い，個人の才能や功績，忠誠に応じて授けられるもので，本人一代限りのものである。この制度により，世襲的な**氏姓制度から官僚制への転換**がはかられたことに大きな意義がある。なお大臣家の蘇我氏や王族，地方豪族は授位の範囲外であったことにも注意したい。

小墾田宮《おはりだのみや》

推古朝の国政改革で最近注目されているのは，603(推古11)年に造営された小墾田宮である。雷丘《いかづちのおか》周辺にそれまでの豊浦宮《とゆらのみや》と隔絶する規模をもった宮殿が造営された。小墾田宮の構造は，門を入ると朝堂や朝庭が並び，その奥に大王のいる大殿があったとされ，以後の宮殿のモデルとなった。冠位十二階はこの小墾田宮での最初の朝賀として604(推古12)年の正月に賜与《しよ》された。宮殿があった場所は特定されていないが，雷丘から飛鳥寺《あすかでら》にかけての地域にあったことは確かで，発掘などにより具体的な姿がわかることが期待される。

(『読売新聞』2014. 4. 9)

歴史ナビ　**紙幣に登場した「聖徳太子」**　初登場は1930(昭和5)年発行の100円札。原画は「唐本御影《とうほんみえい》」から模写されたが，明治天皇の肖像に似せられたという。

飛鳥文化① 仏教の伝播

考察の視点　仏教は伝来した地域にどのような影響を与えたのだろうか。　相互関連

時　期　７世紀前半
推古朝(592～628)を中心とする時代
中心地　飛鳥《あすか》・斑鳩《いかるが》地方
担い手　蘇我氏・王族・渡来人
❶日本初の仏教文化
推古朝の仏教興隆政策
❷文化の国際性
西域(ギリシア・ペルシア・インド)，中国南北朝時代の文化，朝鮮半島の高句麗《こうくり》や百済《くだら》(ひゃくさい)の影響

1 仏教の源流

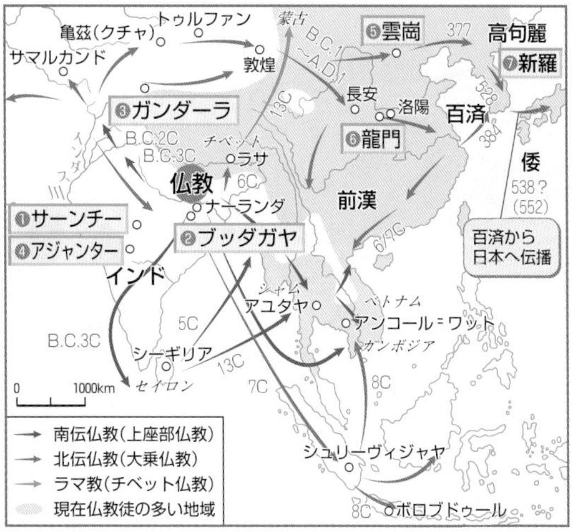

1-1 **サーンチーの仏塔(ストゥーパ)**　インド中部のサーンチーは，三つの主要な仏塔(舎利《しゃり》[ブッダの遺骨]を収める塔)からなる仏教遺跡。左は第一塔で，直径36.6m，高さ16.5mで最大。造営はアショーカ時代に遡《さかのぼ》る。　世

1-2 **ブッダガヤの菩提樹《ぼだいじゅ》**　苦行を捨てた釈迦が，スジャータという村娘に乳粥の施《ほどこ》しをもらい，この菩提樹の下で瞑想《めいそう》を続け，悟りを開き「ブッダ」(目覚めた人)となった。

1-3 **ガンダーラ仏**　アレクサンドロス大王は，紀元前327年，北インドに侵入。インダス川を東境とし西はギリシア・エジプトにおよぶ大帝国を形成した。東西世界を融合したこの帝国の文化がヘレニズム文化であるが，その文化の影響下紀元前後にガンダーラ地方で，ギリシア系の人びとにより初めて仏像が製作された。　インド・デリー国立博物館蔵

1-4 **アジャンター石窟寺院《せっくつじいん》**　ワゴーラ川の浸食による高さ約80mの磨崖《まがい》面約450mにわたり29窟院がある。紀元前３世紀頃よりつくられ５世紀以降再開掘。５～７世紀の優れた壁画が多く，その画風は日本の法隆寺金堂壁画《ほうりゅうじこんどうへきが》にも伝播《でんぱ》している P.89》。　世

1-5 **雲崗石窟《うんこうせっくつ》寺院第20洞の大仏**　北魏《ほくぎ》時代の５～６世紀，山西《さんせい》省大同西郊の地の武州川断崖《だんがい》に東西約１kmにわたり，大小42石窟が造営された。諸仏はガンダーラ・グプタ様式の影響を受けている。　世 全高13.7m

1-6 **龍門《りゅうもん》石窟の仏像**　中国河南《かなん》省洛陽《らくよう》南方に位置し，494年の北魏の洛陽遷都《せんと》から唐の玄宗《げんそう》までの各時代につくられた。初期には弥勒菩薩が多く，雲崗石窟よりも手法・様式の中国化が進展している。写真は賓陽《ひんよう》洞の本尊で北魏時代の代表作。服制から光背《こうはい》・文様《もんよう》に至るまで法隆寺金堂の釈迦三尊像の本尊との類似が指摘されている P.70》。　世

1-7 **新羅《しらぎ》(しんら)の金銅《こんどう》弥勒菩薩半《みろくぼさつはん》跏《か》像**　像高94.0cm 韓国・国立中央博物館蔵

1-8 **広隆寺《こうりゅうじ》半跏思惟《はんかしゆい》(弥《み》勒菩薩《ろくぼさつ》)像**　国京都

解説　当時の朝鮮半島の国々と日本の仏教美術は類似している。この文化交流を示す好例が，左の慶尚北道安東《アンドン》出土の金銅像と広隆寺の半跏思惟《はんかしゆい》像 P.71》 が酷似していることである。後者は飛鳥仏に一般的な楠《くすのき》材でなく赤松が使用されていることからも，寺伝のように朝鮮渡来仏ではないかとも考えられている。

歴史ナビ　**横浜ユーラシア文化館**(神奈川県横浜市)　故江上波夫氏から寄贈を受けた資料をもとにヨーロッパとアジアを一体化したユーラシアの文化を体験できる。

68 飛鳥文化② 国際性

考察の視点　飛鳥文化における国際性を説明してみよう。 相互関連

1 東西を結ぶ三つの道

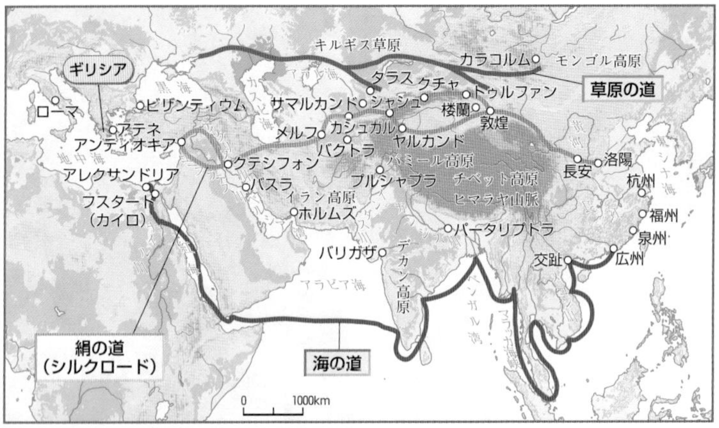

1-1 ペルシアの水差し　高さ37cm
イラン国立博物館蔵

1-2 龍首水瓶《りゅうしゅすいびょう》　形はペルシアの水差しで，頭部に中国の伝説上の動物である龍の首をもち，胴部にギリシア神話の天馬ペガサスが毛彫《けぼり》されている。**ペルシア**と**中国**の各要素が結合した工芸品。法隆寺に伝来。奈良時代（天平《てんぴょう》文化）の製作と考えられている。 P.94
国高さ49.8cm　東京国立博物館蔵

1-3 法隆寺伎楽面《ぎがくめん》　一種の仮面劇である伎楽に使用する面で，**ギリシア仮面の影響**を受けている。面は十数種あるが，酔胡《すいこ》とよばれる面（左）は，著しく高い鼻・薄い唇・彫《ほり》の深い顔など明らかにアーリア人の特徴を示している。右の迦楼羅《かるら》は東南アジアのガルーダで毒蛇を食う霊鳥《れいちょう》。
東京国立博物館蔵

1-4 イラン人

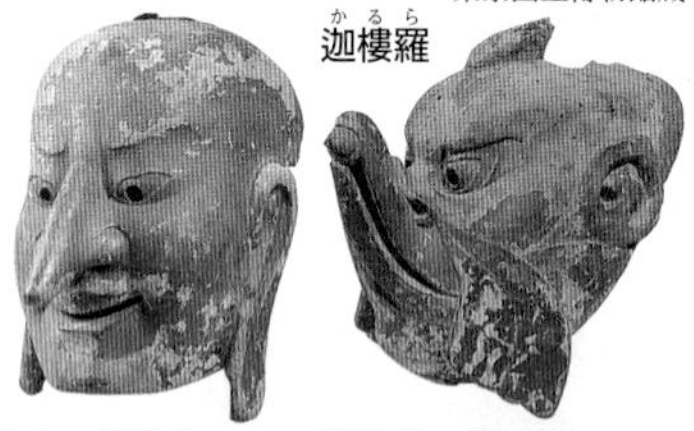

縦30.6cm 横20.2cm　縦28.8cm 横22.3cm

1-5 パルテノン神殿世（左）と法隆寺中門《ちゅうもん》・歩廊《ほろう》（下）
法隆寺中門・歩廊の列柱《れっちゅう》は，上から下まで同じ太さではなく，中央部で徳利《とっくり》形にふくらんでいる。この技法はギリシア建築の**エンタシス**に源流をもつともいわれる。

国奈良

1-6 法隆寺獅子狩文様錦《ししかりもんようきん》
円形を連ねた連珠文《れんじゅもん》の円内に４騎士と獅子４頭を左右対称に配す。人物の顔は明らかにペルシア系。**西アジア・ペルシア**にその源流が求められる。日本最古の染色絵画。
国部分 250×134.5cm

1-7 ペルシアの絵皿《えざら》
（公財）中近東文化センター蔵

2 忍冬唐草文様《にんどうからくさもんよう》の変遷

解説 忍冬《すいかずら》のような蔓草《つるくさ》を図案化したこの文様は，アッシリア・エジプトの葡萄蔓《ぶどうつる》文様にその起源をもつ。その後ギリシア・ペルシアに拡大し，ガンダーラ地方で仏教と邂逅《かいこう》，仏教の製作技法とともに中国に伝播《でんぱ》し東アジアに広まる。百済《くだら》《ひゃくさい》経由で大陸から仏教を摂取した日本では，法隆寺玉虫厨子（写真）や法隆寺金堂天蓋《てんがい》・瓦《かわら》・金銅灌頂幡《こんどうかんじょうばん》などに見つけることができる。

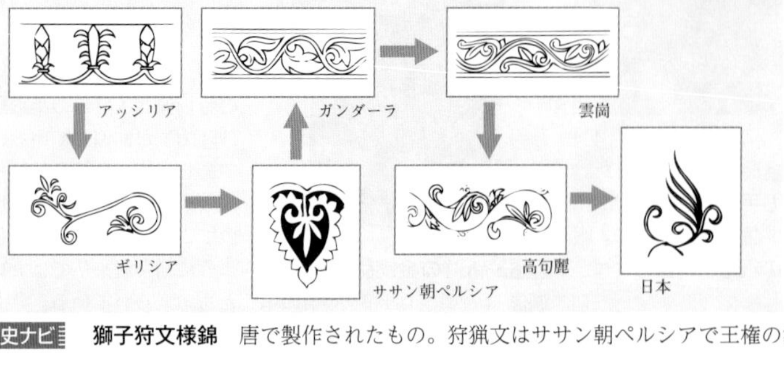

2-1 法隆寺若草伽藍《わかくさがらん》跡出土軒平瓦
蓮華唐草《れんげからくさ》文様が手で彫られている。
奈良文化財研究所蔵

2-2 法隆寺玉虫厨子「忍冬唐草文様」　国部分

歴史ナビ　**獅子狩文様錦**　唐で製作されたもの。狩猟文はササン朝ペルシアで王権の象徴とされていた。

考察の視点 飛鳥時代に仏教寺院が建立されたとき，当時の民衆はどのように感じたか想像してみよう。相互関連

建築	
建築	**飛鳥建築は一つも残存せず**
	白鳳《はくほう》期の建築と思われるが飛鳥建築の特色を残すもの
	法隆寺《ほうりゅうじ》世(斑鳩寺《いかるがでら》。670年焼失，７世紀後半再建。金堂《こんどう》・五重塔《ごじゅうのとう》・中門《ちゅうもん》・歩廊《ほろう》)
	創建は飛鳥時代だが再建されたりしたもの
	飛鳥寺《あすかでら》…蘇我《そが》氏の氏寺《うじでら》として**蘇我馬子《そがのうまこ》**が建立《こんりゅう》。最古の伽《が》藍配置《らんはいち》(平城京に移したのちは元興寺《がんごうじ》世) セ出題
	四天王寺《してんのうじ》…天王寺。伝**厩戸王《うまやとおう》**建立
	広隆寺《こうりゅうじ》…太秦寺《うずまさでら》。伝秦河勝《はたのかわかつ》建立
	中宮寺《ちゅうぐうじ》…斑鳩尼寺《いかるがにじ》。厩戸王の母穴穂部間人《あなほべのはしひと》皇后の宮跡を寺としたもの
	法起寺《ほっきじ》世…厩戸王の岡本宮《おかもとのみや》を**山背大兄王《やましろのおおえのおう》**が寺としたもの。三重塔《さんじゅうのとう》は飛鳥様式を伝える
	法輪寺《ほうりんじ》…**山背大兄王**らの建立

1 伽藍配置《がらんはいち》

出題

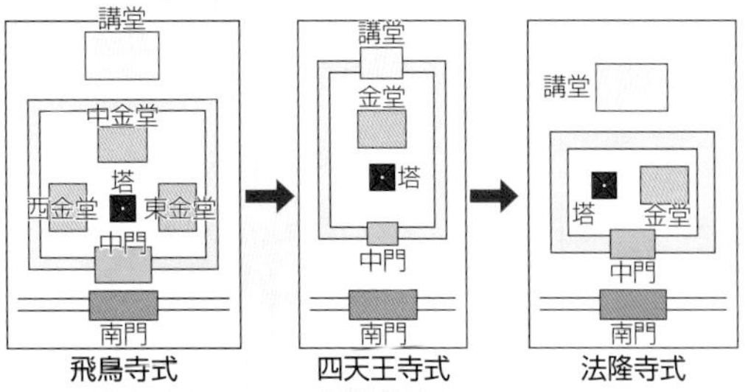

解説 寺院は元来《がんらい》，**仏舎利《ぶっしゃり》(釈迦の遺骨)を安置する塔**が中心の伽藍配置であったが，しだいに**本尊を安置する金堂**が中心の配置に移行した。塔や金堂を南北一直線上に配する形式は中国南北朝時代以降，中国寺院の基本形式であった。日本に仏教が伝来した初期に建てられた寺院にはこの形式が多く，法隆寺創建以前の若草《わかくさ》伽藍もこの伽藍配置であった。

伽藍配置 伽藍とは，本来は僧侶《そうりょ》の住居を建てる敷地《しきち》のことであったが，土地および建物を含む寺院の総称《そうしょう》となった。寺院建築には，本尊を安置する**金堂《こんどう》**(本堂，仏殿)と仏舎利《ぶっしゃり》をまつる**塔**，仏法を講ずる**講堂**を中心として経蔵《きょうぞう》，鐘楼《しょうろう》，僧坊《そうぼう》などがあり，これらの配置を「**伽藍配置**」という。

中西立太氏画(『週刊朝日百科「新訂増補 日本の歴史42」』)

1-1 飛鳥寺伽藍配置

1-2 四天王寺伽藍配置

1-3 法隆寺伽藍配置 出題

2 飛鳥文化の建築様式

2-1 **法隆寺金堂** 世界最古の木造建造物。

国高さ15.2m 平面18.4×15.2m 奈良

法隆寺歩廊のエンタシスと礎石《そせき》

P.68 1-5

従来の地面に穴を掘り直接柱を埋める掘立柱《ほったてばしら》工法だと，柱が根腐れしやすい欠点があった。屋根に瓦を使用したこともあり，大陸から渡来した技術である耐久性に優れた礎石工法が取り入れられた。この工法は，後に宮殿などにも使用された。

2-2 **法隆寺金堂の組物に見る飛鳥建築の特徴**

❶卍崩《まんじくず》しの勾欄《こうらん》
❷雲斗《くもと》
❸人字形割束《ひとじがたわりづか》
❹雲形肘木《くもがたひじき》

これらの手法は，中国南北朝時代の建築様式の特徴で，６世紀の北魏《ほくぎ》から東・西魏にかけてのものである。

組物 軒を支える，肘木《ひじき》と斗《ます》が組み合わされた複雑な木組みのこと。

法隆寺五重塔断面図

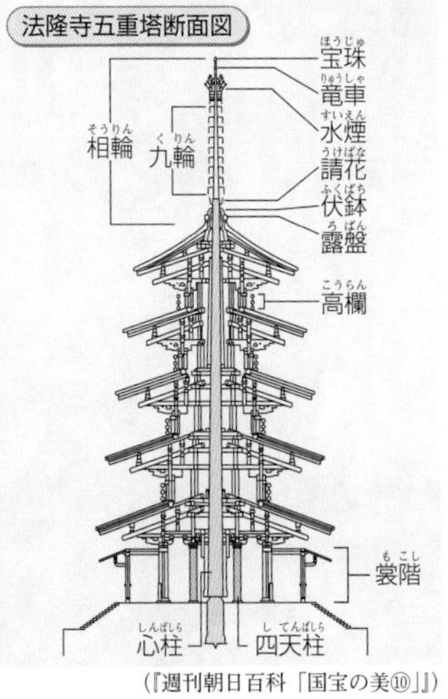

(『週刊朝日百科「国宝の美⑩」』)

2-3 **法隆寺五重塔《ほうりゅうじごじゅうのとう》** 重厚かつ均整のとれた安定感のある建築。国高さ32.45m 奈良

3 法隆寺再建・非再建論争

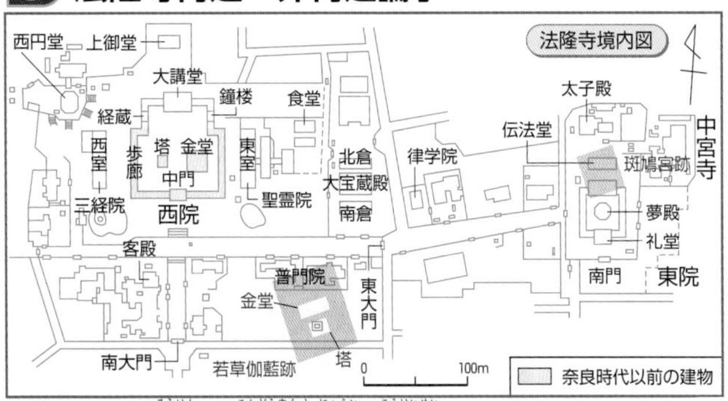

解説 法隆寺の創建《そうけん》は，金堂薬師如来《こんどうやくしにょらい》の光背銘《こうはいめい》から607年頃と推定される。『日本書紀』によると，670年に炎上したことが記されているので，歴史学者からは法隆寺は再建されたものだとされていた。しかし，建築史家からは建築様式や尺度から飛鳥建築だと非再建論が主張され，明治時代から論争が続いていた。しかし，1939(昭和14)年に**四天王寺《してんのうじ》式の伽藍《がらん》をもつ若草《わかくさ》伽藍跡**が発掘され，現在では再建説が確実視されている。法隆寺が再建されたとすると，白鳳《はくほう》文化の範疇《はんちゅう》である。

歴史ナビ **四天王寺**(大阪市) たび重なる戦火や災害に見舞われ，伽藍の多くが焼失したが，現在の建物は創建当時(飛鳥時代)の様式を忠実に再現している。

70 飛鳥文化④ 彫刻

探究の視点　厩戸王が，法隆寺を建立するなど，仏教を積極的に保護した背景は何だろうか。

彫刻	●金銅像　●木像　北魏《ほくぎ》様式　南朝《なんちょう》様式
	北魏様式 ●法隆寺〔世〕金堂釈迦三尊像《しゃかさんぞんぞう》(止利仏師《とりぶっし》＝鞍作鳥《くらつくりのとり》) ●飛鳥寺釈迦如来《しゃかにょらい》像(飛鳥大仏。伝鞍作鳥) ●法隆寺金堂薬師如来《やくしにょらい》像(607年作？) ●法隆寺夢殿《ゆめどの》救世《くぜ》観音《かんのん》像
	南朝様式 ●広隆寺半跏思惟《はんかしゆい》(弥勒菩薩《みろくぼさつ》)像(伝朝鮮伝来) ●中宮寺半跏思惟(弥勒菩薩)像 ●法隆寺百済観音像(寺伝では百済から)

1 北魏《ほくぎ》様式(止利《とり》様式)の仏像

＊仏典により釈迦の背丈が一丈六尺(4.85m)なので仏像の基準が「丈六」。坐像は，その半分。

1-1 飛鳥寺《あすかでら》釈迦如来《しゃかにょらい》坐像《ざぞう》(飛鳥大仏)　鞍作鳥《くらつくりのとり》(止利仏師《とりぶっし》)による製作年代(605年)がわかる日本最古の仏像。蘇我《そが》氏の氏寺として**蘇我馬子**《そがのうまこ》によって建立されたのが飛鳥寺である。後世の補修も多い。金銅像。　像高275.2cm　奈良

1-2 法隆寺《ほうりゅうじ》金堂《こんどう》釈迦《しゃか》三尊《さんぞん》像　釈迦如来が本尊として中心にあり，脇侍《きょうじ》として文殊菩薩《もんじゅぼさつ》・普賢《ふげん》菩薩が立っている。厩戸王《うまやとおう》の冥福を祈るため、死の翌年(623年)に諸王・諸臣らの発願で**鞍作鳥《くらつくりのとり》(止利仏師《とりぶっし》)**がつくったと，光背《こうはい》に記されている。金銅像。国中尊(釈迦如来)像高86.4cm　奈良

上下二重の台座に坐《ざ》す金色の釈迦如来坐像は，教典(『大智度論』)の内容の世界観を具体的に表現している。

1A 北魏《ほくぎ》様式(止利《とり》様式)

- 鞍作鳥《くらつくりのとり》(止利仏師《とりぶっし》)とその一派によって製作された様式。
- 主に中国北魏の様式が取り入れられている。
- 正面から拝むことを重視してつくられている。
- アーモンド形の目(杏仁《きょうにん》)と大きな鼻。唇の両端がかすかにあがったアルカイックスマイル(古拙《こせつ》の微笑《びしょう》)。木像は，日本特産の樟《くすのき》を使用。

1-3 法隆寺夢殿《ゆめどの》救世《くぜ》(くせ)観音《かんのん》像　部分

2 法隆寺金堂内陣《こんどうないじん》

解説　法隆寺金堂の内陣は，**釈迦三尊像**《しゃかさんぞん》が坐す「中《なか》の間《ま》」を中心に，向かって右側に薬師如来《やくしにょらい》坐像を安置する「東の間」，左側に阿弥陀如来《あみだにょらい》坐像を安置する「西の間」の配置となっている。須弥座《しゅみざ》の四隅には，現存する最古の木像四天王像が配置され，釈迦三尊像の背後に平安時代作の吉祥天《きちじょうてん》立像と毘沙門天《びしゃもんてん》立像が安置されている。

(朝日百科『国宝と歴史の旅①』)

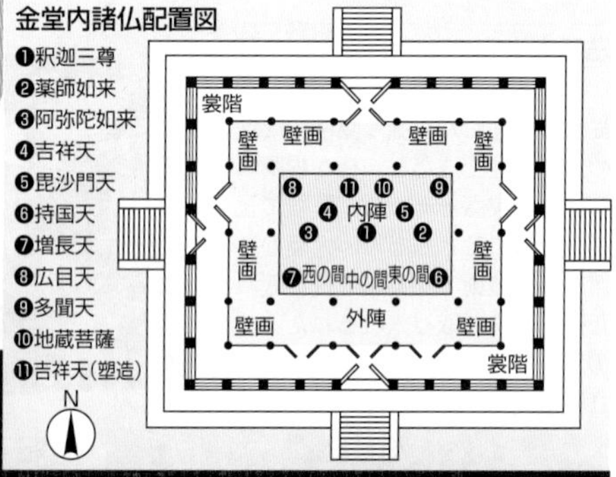

歴史ナビ　法隆寺金堂には，11世紀頃まで，百済観音《くだらかんのん》像や玉虫厨子《たまむしのずし》も安置されていたと伝えられている。江戸時代の1690年頃から庶民も参拝できるようになった。

考察の視点 北魏様式と南朝様式の違いをまとめてみよう。**比較**

1-4 法隆寺夢殿救世観音像《ゆめどのくぜかんのん》 厩戸王《うまやとおう》(聖徳太子)の死後，間もなくつくられたとされる。明治時代まで秘仏として人の目に触れることがなかったが，1878(明治11)年にアメリカ人**フェノロサ**と**岡倉天心《おかくらてんしん》**によって開帳された。木像。

国像高178.8cm 奈良

1B 中国王朝の歴史

●は六朝《りくちょう》(呉～陳)

三国時代 220～280		
魏《ぎ》 265	蜀《しょく》 263	●呉《ご》 280
晋《しん》(西晋)		316
304 五胡《ごこ》十六国		317 ●東晋 420
386 (北朝)	439	(南朝) ●宋 479
北魏		
南北朝時代 439～589		●斉《せい》
535	534	502
西魏 556	東魏 550	●梁《りょう》 557
北周 581	北斉 577	●陳《ちん》 589
隋 618		

3 南朝様式(非止利様式)の仏像

3-1 法隆寺百済《くだら》観音像 謎の多い仏像で，「百済」との名称が付けられているが，国産の樟《くすのき》の一木造《いちぼくづくり》で，日本でつくられたと考えられている。丸みをもった姿態は，止利様式とは違った特徴をもっている。 国像高210.9cm 奈良

3-2 広隆寺半跏思惟(弥勒菩薩)像《こうりゅうじはんかしゆいみろくぼさつ》 **厩戸王《うまやとおう》**(聖徳太子)が秦河勝《はたのかわかつ》に下賜《かし》した仏像で，朝鮮伝来と伝えられている。赤松の一木造《いちぼくづくり》で，基本部である頭体部が一材から彫り出されている。背板に日本特産の樟《くすのき》が使用されているので，日本でつくられたという説もある。創建当時の広隆寺の本尊で，金箔がほどこされていた。国宝彫刻第１号。

国座高84.2cm 京都

3A 南朝《なんちょう》様式(非止利様式)

・顔や姿が全体的に柔らかく丸味がある。
・衣文《えもん》にも自然の変化がある。
・アルカイックスマイル。

4 中宮寺半跏思惟像《ちゅうぐうじはんかしゆい》を読む

顔・表情
飛鳥仏の特徴である，かすかに微笑《ほほえ》む「**アルカイックスマイル**」。

光背《こうはい》
樟《くすのき》の一枚板でつくられていて，真ん中に蓮華《れんげ》の花が開いている。

髪型
頭のてっぺんに二つのまげを結い，両肩に長く垂れ，先がカールしたおさげ髪。植物のわらびに似ていることから「蕨手《わらびて》」とよばれる。

姿
丸い台座に腰をおろし，片足をほかの足の腿《もも》の上に組み(半跏)，指先を頬に当てて思索する(思惟)姿勢をとっている。

衣文《えもん》
衣文の表現は飛鳥仏の特徴の一つである。裳《も》とよばれる巻きスカートのようなものを身につけている。

左足
足の指先がわずかに反《そ》りあがっているのは，今まさに足を地に下ろす瞬間をとらえたものである。

出題

4-1 中宮寺半《はん》跏《か》思《し》惟《ゆい》(弥《み》勒《ろく》菩《ぼ》薩《さつ》)像 中宮寺の本尊で，寺伝では如意輪観音《にょいりんかんのん》とされる。樟《くすのき》が使用されている。

国座高87.9cm 奈良

5 飛鳥仏の高さ比較

歴史ナビ 広隆寺には，「泣き弥勒」とよばれるもう一体の国宝の弥勒菩薩半跏像(木像，飛鳥～白鳳時代)がある。日本でつくられたと考えられているが，異説もある。

飛鳥文化⑤　工芸・絵画

考察の視点　飛鳥時代の工芸技術を担ったのはどのような人びとだったのだろうか。　時系列

工芸	法隆寺玉虫厨子《たまむしのずし》 法隆寺金堂天蓋《てんがい》　}忍冬唐草文様《にんどうからくさもんよう》 中宮寺天寿国繡帳《ちゅうぐうじてんじゅこくしゅうちょう》(厩戸王妃 橘《たちばなの》大郎女《おおいらつめ》) 獅子狩文様錦《ししかりもんようきん》 金銅灌頂幡《こんどうかんじょうばん》 伎楽面《ぎがくめん》　}法隆寺に伝来
絵画	法隆寺玉虫厨子須弥座《たまむしのずししゅみざ》(台座)絵・宮殿部扉《とびら》絵

1 玉虫厨子《たまむしのずし》

1A 工芸としての玉虫厨子

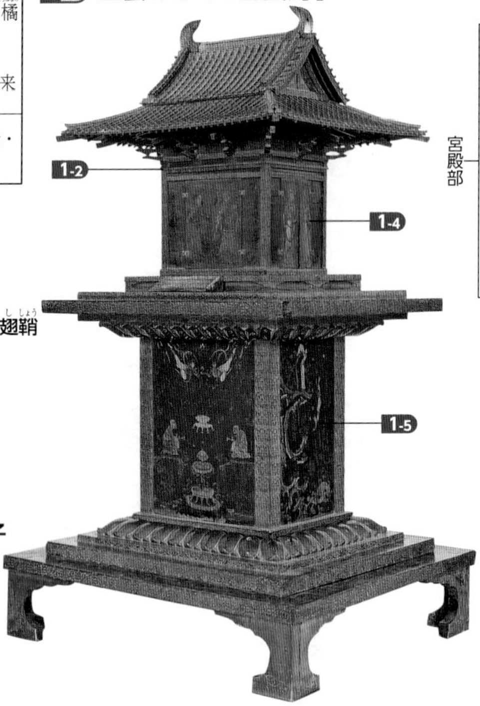

1-1 法隆寺玉虫厨子　国高さ233cm 奈良

解説 法隆寺に伝えられた玉虫厨子は，寺伝によると推古《すいこ》天皇の御物《ぎょぶつ》とされている。厨子の構造は，上部に仏像を安置する宮殿部と下部に須弥座《しゅみざ》があり，それらを支える台座で構成され高さが約２mである。宮殿部と須弥座の側面には，それぞれに仏画が描かれており，框《かまち》(周囲の枠)の金具の下に4,665枚の玉虫(ヤマトタマムシ)の翅《はね》が伏せてあり，名前の由来となっている。また，厨子に安置されていた仏像(おそらく，釈迦三尊像)は，13世紀頃までには盗難に遭ったと記録されている。

＊厨子…小型の仏像や舎利《しゃり》・教典などを安置する工芸品

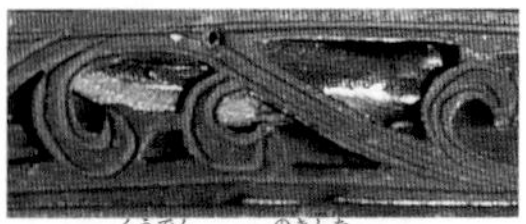

1-2 宮殿《くうでん》正面軒下《のきした》部分の玉虫の翅鞘《ししょう》

1-3 ヤマトタマムシ　成虫25〜40mm。

1B 玉虫厨子(復元)

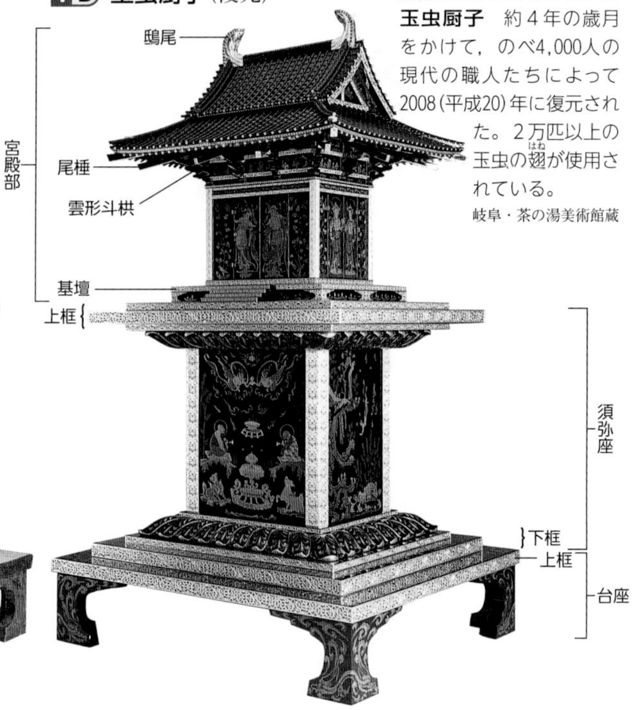

1-6 忠実に再現された玉虫厨子　約４年の歳月をかけて，のべ4,000人の現代の職人たちによって2008(平成20)年に復元された。２万匹以上の玉虫の翅《はね》が使用されている。
岐阜・茶の湯美術館蔵

1C 絵画としての玉虫厨子

1-4 宮殿《くうでん》部扉絵《とびらえ》菩薩《ぼさつ》像(側面扉)
正面扉には天王像が描かれている。
縦31.5×横19.5cm

1-5 捨身飼虎図《しゃしんしこ》(須弥座右側面)
釈迦《しゃか》の前世である薩埵《さった》王子が，飢えた虎の親子に出会い，我が身を与えるべく崖《がけ》から身を投じ虎たちの餌食となったという物語を３コマの絵画として表現している。仏教では，我が身を捨てることは最高の布施《ふせ》行とされている。
❶衣服を木にかける王子の姿。
❷合掌しながら虎のもとへ落下していく。
❸飢えた虎たちに食べられている。

2 天寿国繡帳

出題

2-1 中宮寺天寿国繡帳《ちゅうぐうじてんじゅこくしゅうちょう》　厩戸王《うまやとおう》の死後，妃《きさき》の橘大郎女《たちばなのおおいらつめ》が天寿国での夫のようすを渡来人《とらいじん》に描かせ，采女《うねめ》たちに刺繡《ししゅう》させたもの。元の周囲には１個に４字ずつ入れた100個の亀甲《きっこう》があったが，今日では数個のみ伝存。『上宮聖徳法王帝説《じょうぐうしょうとくほうおうていせつ》』に全文あり。
国縦88.8cm×横82.5cm

3 その他の工芸品

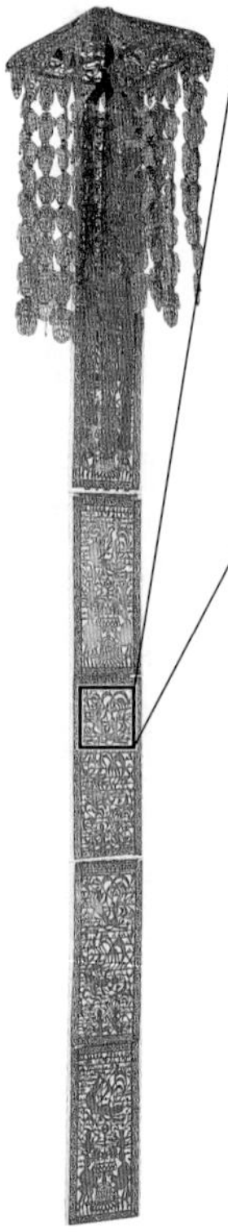

3-1 法隆寺伝来金銅灌頂幡《こんどうかんじょうばん》　灌頂幡は仏頭上に吊《つる》し長くたらした錦の細布。古くは金銅透《すか》し彫《ぼり》でつくった。　国幡幅33.3cm 東京国立博物館蔵

3-2 法隆寺伝来の伎楽面《ぎがくめん》(呉公《ごこう》)
縦31.0cm 横20.0cm 東京国立博物館蔵

歴史ナビ　747年の『法隆寺伽藍縁起幷流記資財帳』には，天武期に玉虫厨子と天寿国繡帳が，法隆寺金堂に納められていたと記されている。

飛鳥を歩く

飛鳥(現奈良県明日香村)には，古代中央集権国家が形成された地であることから，大君・天皇の宮や都が造営された。そして，大陸文化が流入し，寺院が建立され，それらの遺跡が良好に残されている。現在でも，発掘調査が続けられ，新たな古代国家の姿が発見されている。

→古代より信仰を集める大和《やまと》三山

→❶空から見た藤原宮跡(南から)　中央奥にみえる小高い山が耳成山。その前にある四角い区画が藤原宮で，そこから南(写真下)に延びる幅広の通りが朱雀《すざく》大路である。P.75

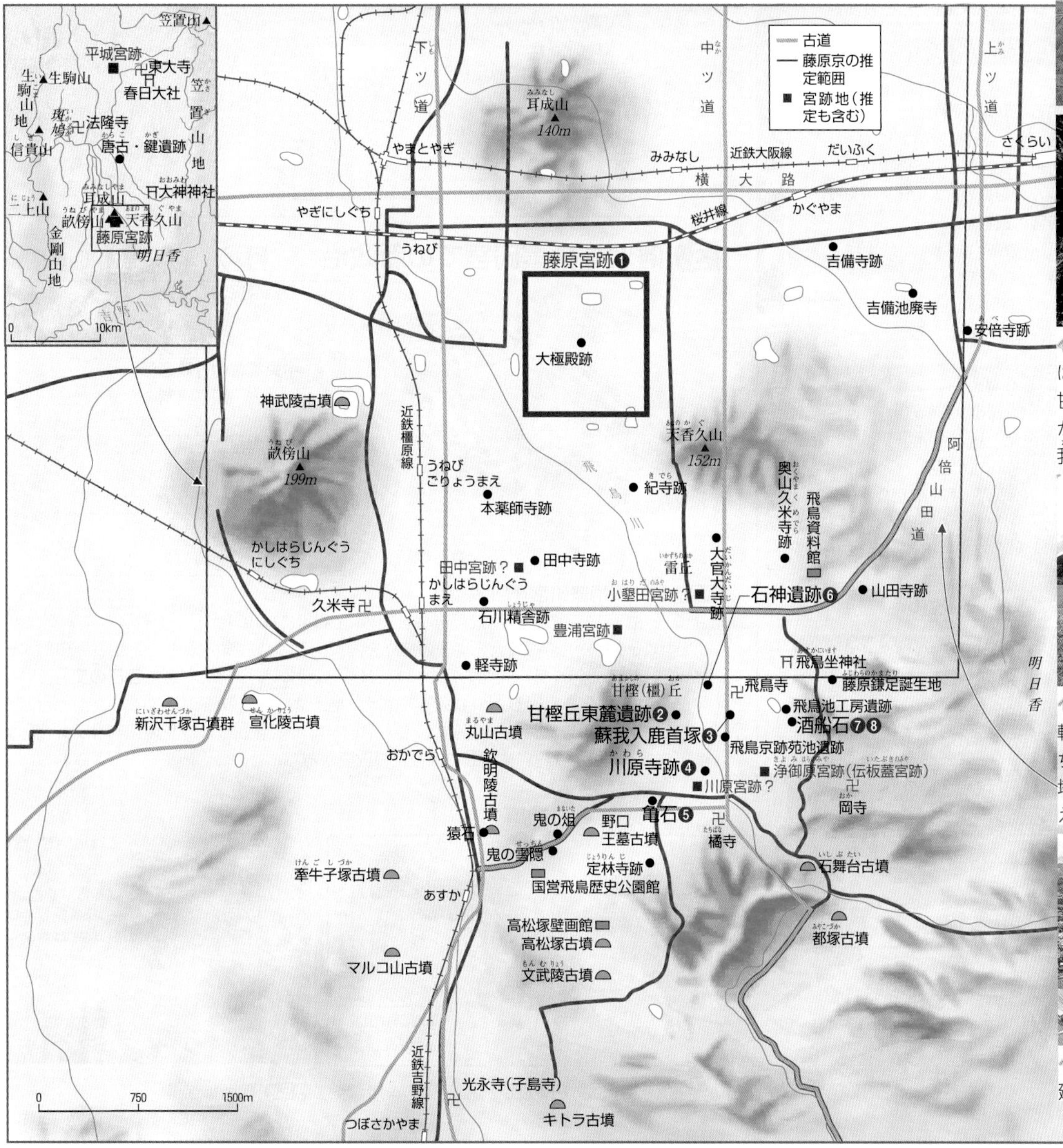

❷甘樫丘東麓遺跡《あまかしのおかとうろく》　飛鳥川をはさんで飛鳥板蓋宮《いたぶきの》の対岸にある甘樫丘の東麓から焼けた土器や炭が出土した。乙巳《いっし》の変で焼けた蘇《そ》我《が》氏の邸宅跡と推測されている。

❸蘇我入鹿首塚《そがのいるかくびづか》　乙巳《いっし》の変で斬られた入鹿の首が飛んできて落ちた場所と伝えられている。五輪塔は後世のものである。後ろにみえるのは，甘樫丘である。

❹現在の川原寺《かわらでら》跡　天智《てんじ》朝に建てられた官立の大寺。

→謎の石造物　ほとんどが固い花崗岩《かこうがん》で作られており，水にかかわる祭祀との関連が推測されている。
左から❺亀石《かめいし》，❻石神《いしがみ》遺跡出土石造男女像，❼酒船石《さかふねいし》遺跡の石敷広場・亀形石槽，❽酒船石

歴史ナビ　**国営飛鳥歴史公園**(奈良県明日香村)　石舞台古墳，甘樫丘《あまかしのおか》，高松塚古墳，キトラ古墳など飛鳥時代の歴史を楽しめる国営公園。

考察の視点 東アジア情勢と改新政治の関係について考えてみよう。相互関連

1 大化改新～天智朝略年表

＊1は天子の特権
＊2称制…即位式をあげずに政治をとること

舒明《じょめい》		**大化改新前の動向─蘇我氏の専横と滅亡**
641	640	南淵請安《みなぶちのしょうあん》・高向玄理《たかむこのげんり》，唐《とう》より帰国(旻《みん》は632年帰国)
642	642	蘇我蝦夷《そがのえみし》，旱魃《かんばつ》時に雨乞《ご》い＊1。祖廟《そびょう》建立し八佾《やつら》の舞＊1
皇極《こうぎょく》	643	蝦夷，私《わたくし》に紫冠《しかん》を入鹿《いるか》に授け大臣の位に擬《ぎ》す
		入鹿，山背大兄王《やましろのおおえのおう》を襲い，王一族を滅ぼす ⓒ出題
	644	蝦夷・入鹿，甘樫丘《あまかしのおか》に邸宅を並べ建て宮門《みかど》と称す
645	645. 6.12	中大兄皇子《なかのおおえのみこ》・中臣鎌足《なかとみのかまたり》，宮中で入鹿を暗殺
	. 6.13	蝦夷自殺し，**蘇我本宗家《ほんそうけ》滅亡(乙巳《いっし》の変)**
		大化改新
		新政府の発足とその施策
	. 6.14	新政府発足
	. 6.19	**大化元年とする**(初の年号制定)
孝徳《こうとく》	. 8. 5	東国に国司任命。戸籍作成を命ず。民の声を聞く鐘匱《かねひつ》の制・男女良賤《だんじょりょうせん》の法を定める
	. 9.12	中大兄皇子，謀反《むほん》の疑いで古人大兄皇子《ふるひとのおおえのみこ》を殺害
	.12. 9	**難波長柄豊碕宮《なにわながらのとよさきのみや》へ遷都**
	646. 1. 1	**改新の詔**(新政府の基本方針４か条) 3A
	. 3.22	薄葬令《はくそうれい》(➡巨大古墳消滅へ)
	649	冠位《かんい》十九階制定，八省百官設置。蘇我石川麻呂を討つ
	650	白雉《はくち》献上を瑞祥《ずいしょう》(吉兆《きっちょう》)として白雉と改元
654		**百済・高句麗の滅亡と日本の動向(東北経営・百済救援)**
655		
斉明《さいめい》	658	阿倍比羅夫《あべのひらふ》，蝦夷《えみし》《えぞ》・粛慎《みしはせ》の征討開始(～660)。有間皇子《ありまのみこ》の変
	660	**百済《くだら(ひゃくさい)》滅亡**。翌年，天皇・中大兄皇子，百済再興軍を率い九州へ
661	663	**白村江《はくそんこう》《(はくすきのえ)》の戦い**で唐・新羅《しらぎ(しんら)》軍に敗北 5
中大兄《なかのおおえの》皇子《みこ》 称制《しょうせい》＊2	664	冠位二十六階制定。氏上《うじのかみ》・民部《たみべ》・家部《やかべ》を定める(部曲《かきべ》復活)。対馬《つしま》・壱岐《いき》・筑紫《つくし》に**防人《さきもり》・烽《とぶひ》**を設置。筑紫に水城《みずき》築城 5A
	667	**近江大津宮《おうみおおつのみや》に遷都**。大和高安城《やまとたかやすじょう》・讃岐屋島城《さぬきやしま》・対馬金《かな》田《た》城築城
668	668	**高句麗《こうくり》，唐・新羅に滅ぼされる** ⓒ出題
		律令国家の形成(天智・天武・持統・文武天皇の時代)
天智《てんじ》	669	中臣鎌足没(大織冠《たいしょくかん》・藤原姓・内大臣の位を与える)
	670	**庚午年籍《こうごねんじゃく》の作成**(初の全国的戸籍，永久保存) ⓒ出題
671	671	668年制定の**近江令《おうみりょう》を施行**。大海人皇子《おおあまのみこ》，吉野へ

2 皇族と蘇我氏関係系図

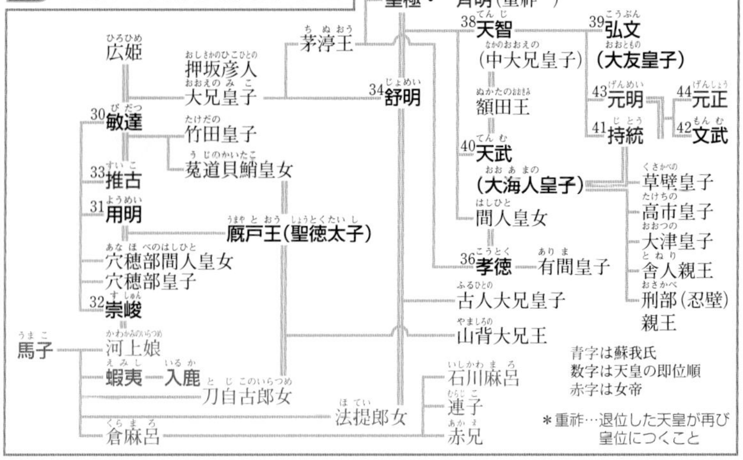

3 難波長柄豊碕宮《なにわながらのとよさきのみや》での新政治

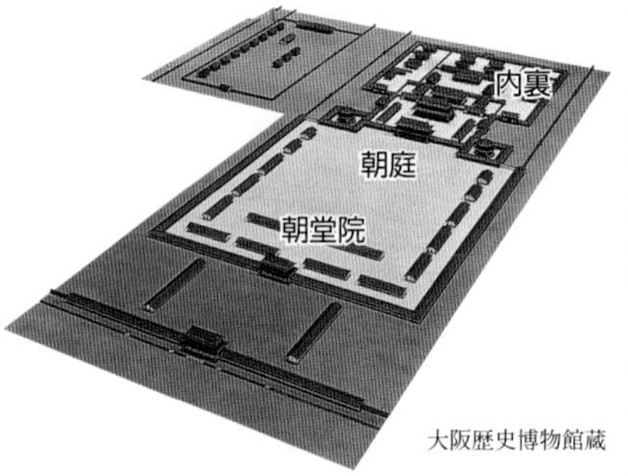

大阪歴史博物館蔵

3-1 **難波長柄豊碕宮**(復元模型)

3A 改新の詔《みことのり》 646年 史

第1条	**公地公民制の原則** 屯倉《みやけ》，田荘《たどころ》，名代《なしろ》・子代《こしろ》，部曲《かきべ》の廃止 豪族に食封《じきふ》を支給
第2条	**中央集権的行政区画** 畿内・国郡里制の整備 軍事・交通制度の確立
第3条	**班田収授法** 戸籍・計帳の作成 班田収授法の実施・租
第4条	**新税法の実施** 調・調副物・庸・仕丁《しちょう》・采女《うねめ》

解説 推古天皇の死後，蘇我氏は専横を極め，643年には山背大兄王《やましろのおおえのおう》を殺害した。蘇我入《そがのいる》鹿《か》は蘇我氏の血を引く古人《ふるひとの》大兄皇子の擁立を画策，これに危険を感じた中大兄皇子《なかのおおえのみこ》は，先手を打つ形で645年６月，入鹿を宮中に殺害し，蘇我本宗家を滅ぼした(**乙巳《いっし》の変**)。王家による中央集権化を意図したのである。中大兄皇子は，叔父の軽《かるの》皇子を立てて孝徳《こうとく》天皇とし，都を飛鳥から難波長柄豊碕宮に移した。646年，改新政府は「改新の詔」を出し，新しい政治方針を示した(内容に関しては後世の改変があることがわかっているP.36)。

4 阿倍比羅夫《あべのひらふ》の遠征 P.82

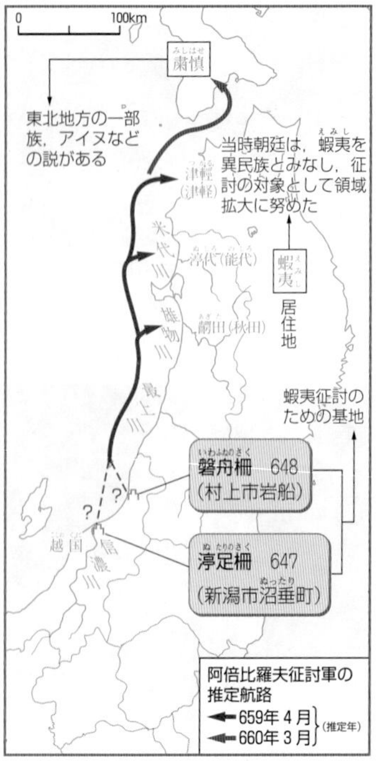

5 白村江《はくそんこう》《はくすきのえ》の戦い 663年 ⓒ出題 共出題

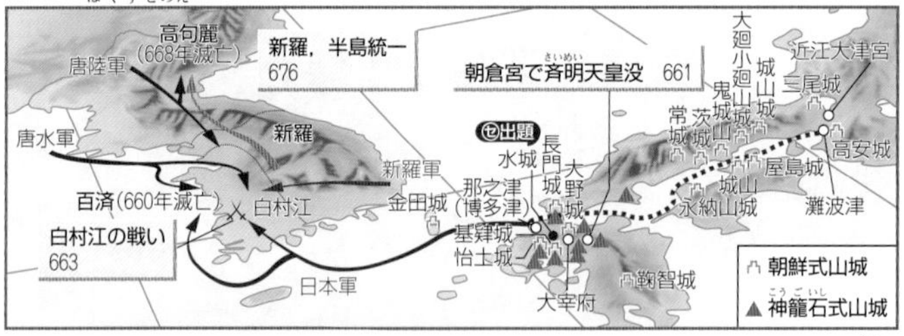

5-3 **鞠智城《きくち》全景**
歴史公園鞠智城・温故創生館蔵

5-1 **白村江** 現在のクム川(錦《きん》江《こう》)の河口。

5A 水城《みずき》断面図

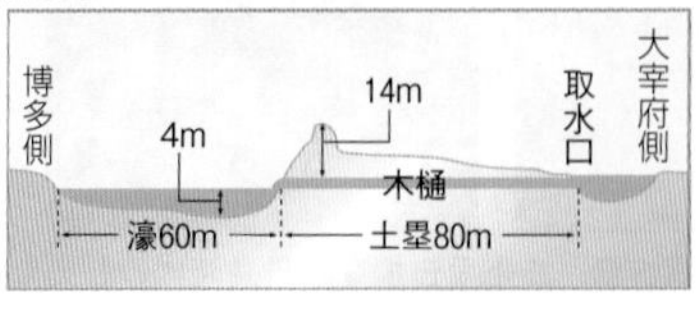

5-2 **水城跡《みずき》** 大宰府《だざいふ》の北，全長約１km・高さ約14mの堤。
福岡県太宰府市

解説 ７世紀になると，唐は積極的な外交政策に転じ，朝鮮半島では高句麗《こうくり》との軍事的緊張が高まった。こうした状況の中，高句麗では泉蓋蘇文《せんがいそぶん》が実権を掌握し，百済《くだら》でも義慈《ぎじ》王による権力の集中が図られた。642年百済《ひゃくさい》が新羅《しらぎ》《しんら》に侵攻し，危機感を強めた新羅は唐と結びこれを撃退し，逆に660年に百済を滅亡させた。百済復興をめざす倭は２万７千の大軍を半島に送ったが663年白村江で唐・新羅連合軍に大敗した。唐の日本侵攻を危惧した中大兄皇子は，大津に遷都するとともに，大宰府の防衛のための水城や西日本の各地に朝鮮式山城を築くなど防衛線の強化に躍起となった。

考察の視点 日本の律令国家成立の過程をまとめてみよう。 推移

天武・持統朝の政治

1 律令国家の形成略年表

赤字は女帝

671	671	近江令《おうみりょう》(668年制定)を施行。大海人皇子《おおあまのみこ》，出家して吉野《よしの》へ	近江大津宮
(弘文《こうぶん》)	672	**壬申の乱《じんしん》**2。大友皇子《おおともの》に勝利した**大海人皇子，飛鳥浄御原宮《あすかきよみはらのみや》**へ	飛鳥浄御原宮
673	673	大海人皇子即位。美濃《みの》に不破関《ふわ》設置	
	675	諸氏の部曲《かきべ》廃止3	
天武《てんむ》	680	官寺《かんじ》の制を定める。天皇，薬師寺《やくしじ》建立を発願《ほつがん》(698　完成)	
	681	草壁皇子《くさかべの》，皇太子。律令の編纂開始。『**帝紀《ていき》**』・『**旧辞《きゅうじ》**』撰録開始	
	684	**八色の姓《やくさかばね》**を制定3	
686	686	天武天皇没。持統称制。大津皇子《おおつの》の変	
称制《しょうせい》*	689	草壁皇子没。**飛鳥浄御原令施行**	
690	690	**庚寅年籍《こういんねんじゃく》の作成**(6年ごとの戸籍作成の開始)	
持統《じとう》	694	**藤原京遷都《せんと》**(～710，初の都城《とじょう》制を採用)4	藤原京
697	697	草壁皇子の子，軽《かるの》皇子即位(持統上皇が702没まで後見《こうけん》)	
文武《もんむ》	701	**大宝律令《たいほうりつりょう》完成**(702　施行)	
	702	遣唐使《けんとうし》の派遣(粟田真人《あわたのまひと》・山上憶良《やまのうえのおくら》ら34年ぶり)	
	705	中納言《ちゅうなごん》設置	
707	708	武蔵《むさし》国から自然銅を献上，和銅《わどう》と改元。藤原不比等《ふひと》，右大臣。**和同開珎《わどうかいちん》**(銀銭・銅銭)**発行**。平城京造都開始	
元明《げんめい》	710	**平城京遷都**4	平城京

*称制…即位式をあげずに政治をとること

2 壬申の乱《じんしん》 672年

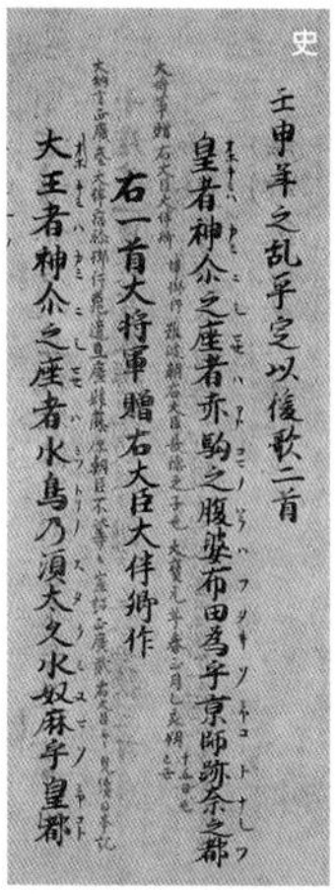

大君《おおきみ》は神にしませば
赤駒《あかごま》のはらばふ田井《たい》を都となしつ
大君は神にしませば
水鳥の多集《すだ》く水沼を都となしつ

2-1『万葉集』

解説 天智《てんじ》天皇の死後，子の**大友皇子《おおともの》**と天智天皇の弟の**大海人皇子《おおあまの》**との間で皇位継承をめぐる古代史上最大の内乱がおこった。天智天皇の死の直前に吉野に逃れた大海人皇子は，大友皇子側の挙兵を察知し，わずかな人数で吉野を逃れ，尾張《おわり》から美濃《みの》へ移り，ここで兵を整えて，最終的には**近江《おうみ》大津宮《おおつの》**を攻め，飛鳥古京，瀬田の戦いで勝利。大友皇子は自殺した。673年に大海人皇子は即位して**天武天皇**となり，中央集権化を進める。

読み解く
『万葉集』の歌に「大君は神にしませば」とあるように，天武天皇は神としてあがめられた。なぜだろうか。

3 天武天皇の政治

- 甲子《かっし》の宣《せん》による**部民《べみん》制の廃止**(675)
- **八色の姓《やくさかばね》***による豪族秩序の再編成(684)
- 官位相当制や官吏の考選(勤務評定)制などの形成
- **歴史書**の編纂《へんさん》
- 新たな**銅貨の使用**(『日本書紀』の記述，683)

*八色は真《ま》人《ひと》・朝臣《あそみ》・宿《すく》禰《ね》・忌寸《いみき》・道《みちの》師《し》・臣《おみ》・連《むらじ》・稲置《いなぎ》。実際には道師以下の賜姓《しせい》はない。

解説 大海人皇子《おおあまの》は，**飛鳥浄御原宮《あすかきよみはらのみや》**で即位し天武天皇となったが，「天皇」号を最初に使用した可能性が高い。天武天皇は道教に傾倒していたらしく，天文占いなども行ったと伝えられる。「天皇」は道教の最高神の一つの「天皇大帝《てんこうたいてい》」から採用したと考えられている(唐では高宗《こうそう》が天皇号を使用しており，その影響も考えられる)。

3-1「天皇」号の木簡(奈良・飛鳥池《あすかいけ》遺跡出土)
長さ11.8cm 幅1.9cm
厚さ0.3cm
奈良文化財研究所蔵

3-2 **飛鳥池遺跡**(左)と**富本銭《ふほんせん》**(左下)・**鋳棹《いざお》**(右下)　683年に使用を命じたという銅貨が富本銭だと考えられている。飛鳥池遺跡(当時の大規模な官営工房跡)からは富本銭が大量に見つかった。 奈良文化財研究所蔵

奈良文化財研究所蔵

4 藤原京

縮尺1：1000
奈良・橿原市教育委員会蔵

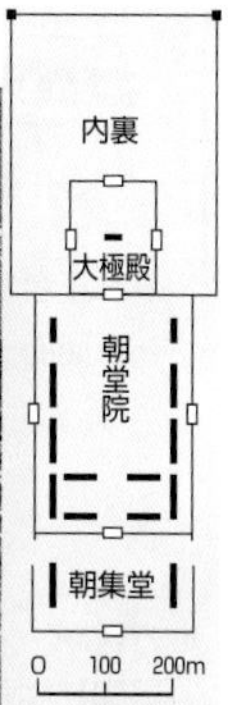

4-1 藤原京模型

解説 日本で最初の**条坊制**による都として藤原京がつくられた。史料上は藤原京という言葉はみえず，『日本書紀』などには「新益京《しんやくのきょう》」「新城《にいき》」などと表現されている。京域は1996年に東と西の京極にあたる地が発掘で確定し，東西5.3kmであることがわかった。これは平城京以後の都城と比べても最大である。のちの平城京とは異なり，藤原宮はこの都城の中央に位置したことになる。天武天皇の即位後すぐに新たな都の建設が始まったという説もあるが，持統《じとう》天皇が即位した690年頃から本格的に造成が始まったと考えられている。

4A 古代の宮都

P.83

出題

歴史ナビ 「京」と「宮」 「京」は首都や都を意味する。「宮」は天皇の宮殿そのものを指す。平安京などでは「宮」の周囲に官衙，その南に条と坊で区画された都市域が広がっていた。

76 律令と官僚制

考察の視点 律令制のもと，国司・郡司・里長のなかで，民衆支配を主に担ったのは誰だろうか。 相互関連

1 律令の制定

律…刑法 P.77　令…行政法・訴訟法・民法・刑法など

- 天智 668 ― 近江令《おうみりょう》　制定？
- 天武 681 ― 飛鳥浄御原令《あすかきよみはらりょう》　編纂開始
- 持統 689 ― 施行
- 文武 701 ― 大宝律令　制定，令施行 ㋟出題
- 文武 702 ― 律施行
- 元正 718 ― 養老律令《ようろうりつりょう》　制定
- 孝謙 757 ― 施行

解説 近江令についてはその存在を疑う説もある。飛鳥浄御原令は大宝律令まで使われたもので22巻とされるが現存しない。『続日本紀《しょくにほんぎ》』に大宝令について「浄御原朝庭を以て，准正と為す」とあることから，大宝令と大差がなかったとする説もあるが，細部はかなり異なっていたという説もある。大宝律令も現存しないが，令については平安時代に作成された『令集解《りょうのしゅうげ》』に引用された部分から一部は復元できる。養老律令も一部しか現存しないが，令の大部分は833年に編纂された『令義解《りょうのぎげ》』P.98に一部(倉庫令，医疾《いしつ》令)をのぞいて残存している。

古代の交通・通信制度

隠岐家宝物館蔵

↑駅鈴《えきれい》

島根県古代文化センター提供

駅伝制は大宝律令で確立した。中央と諸国の間には駅路《えきろ》(山陽道《さんようどう》・東山道《とうさんどう》など)が整備され，30里(約16km)ごとに駅家《うまや》がおかれた。特定の目的のために派遣される駅使に駅鈴が給され駅馬《えきば(はゆま)》を利用できた。諸国内には国衙《こくが》と郡家《ぐうけ》などを結ぶ伝路《でんろ》があり，郡家には伝馬《てんま》がおかれた。

2 律令官制

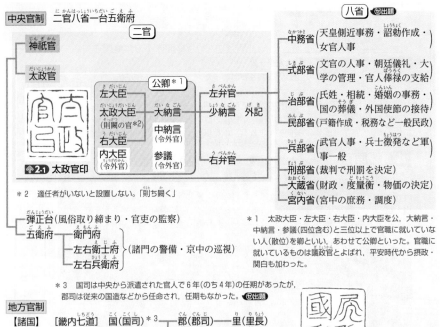

中央官制　二官八省一台五衛府《にかんはっしょういちだいごえふ》

二官
- 神祇官《じんぎかん》
- 太政官《だいじょうかん》
  - 公卿＊1
    - 左大臣《さだいじん》
    - 太政大臣《だいじょうだいじん》(則闕《そっけつ》の官＊2)
    - 右大臣《うだいじん》
    - 内大臣(令外官《りょうげのかん》)
    - 大納言《だいなごん》
    - 中納言(令外官)
    - 参議(令外官)
  - 左弁官《さべんかん》
  - 少納言《しょうなごん》　外記《げき》
  - 右弁官《うべんかん》

↑2-1 太政官印

八省 ㋟出題
- 中務省《なかつかさ》(天皇側近事務・詔勅《しょうちょく》作成・女官人事)
- 式部省《しきぶ》(文官の人事・朝廷儀礼・大学の管理・官人俸禄《ほうろく》の支給)
- 治部省《じぶ》(氏姓・相続・婚姻《こんいん》の事務・国の葬儀《そうぎ》・外国使節の接待)
- 民部省《みんぶ》(戸籍作成・税務など一般民政)
- 兵部省《ひょうぶ》(武官人事・兵士徴発《ちょうはつ》など軍事一般)
- 刑部省《ぎょうぶ》(裁判で刑罰を決定)
- 大蔵省《おおくら》(財政・度量衡《どりょうこう》・物価の決定)
- 宮内省《くない》(宮中の庶務・調度)

＊2　適任者がいないと設置しない。「則《すなわ》ち闕《か》く」

- 弾正台《だんじょうだい》(風俗取り締まり・官吏の監察)
- 五衛府《ごえふ》
  - 衛門府《えもんふ》
  - 左右衛士府《えじふ》
  - 左右兵衛府《ひょうえふ》
  - (諸門の警備・京中の巡視)

＊1　太政大臣・左大臣・右大臣・内大臣を公，大納言・中納言・参議(四位含む)と三位以上で官職に就いていない人(散位)を卿といい，あわせて公卿といった。官職に就いているものは議政官《ぎじょうかん》とよばれ，平安時代から摂政・関白も加わった。

＊3　国司は中央から派遣された官人で6年(のち4年)の任期があったが，郡司は従来の国造などから任命され，任期もなかった。㋟出題

地方官制

【諸国】　[畿内七道《しちどう》]　国《こく》(国司《こくし》)＊3 ― 郡《ぐん》(郡司《ぐんじ》) ― 里《り》(里長《りちょう》)(715年「郷《さと ごう》」と改称)；国 ― 軍団《こおり》

【要地】
- [京師《けいし》] ― 左右京職《さうきょうしき》(京の一般民政) ― 東西市司《いちのつかさ》・坊
- [難波《なにわ》] ― 摂津職《せっつしき》(摂津国の民政・難波津の管理・外交) ― 郡司・軍団
- [筑前《ちくぜん》] ― 大宰府《だざいふ》(西海道の統括・外交・防衛) ― 西海道諸国・防人司《さきもり》・鴻臚館《こうろかん》

←2-2 諸国印(尾張《おわり》国印)

3 古代の行政区分(畿内七道) ㋟出題

↑3-1 三日市《みっかいち》A遺跡　幅が約12mもある道路跡。古代北陸道の遺構《いこう》と考えられる。両端に側溝を備え，直線的に構築されている。　石川県野々市《ののいち》市

読み解く なぜ，古代にこのような大きな道路が必要だったのだろうか。 相互関連

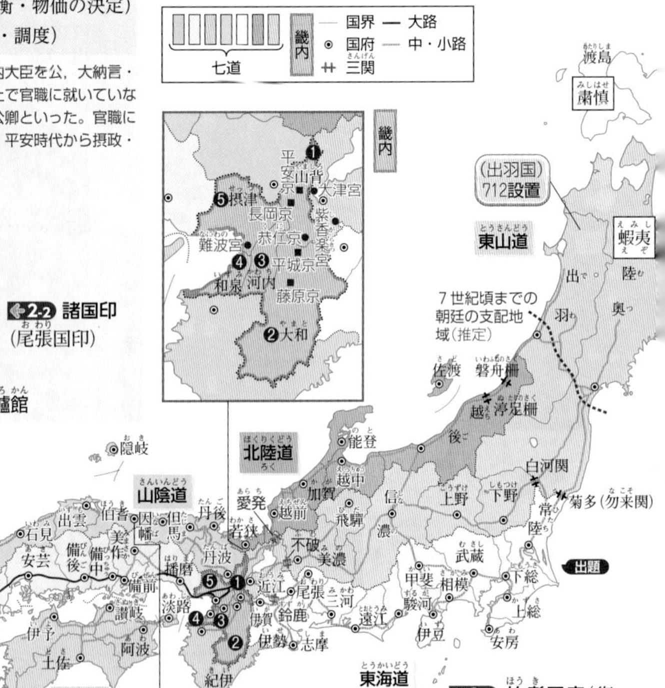

←3-2 都築郡家《ぐうけ》建物配置(復元模型)　郡家(郡衙《ぐんが》)は郡司が地方支配の拠点とした施設。伝統的な地方豪族が終身で任命された郡司は現地で大きな力をもっていた。㋟出題

神奈川・横浜市歴史博物館蔵

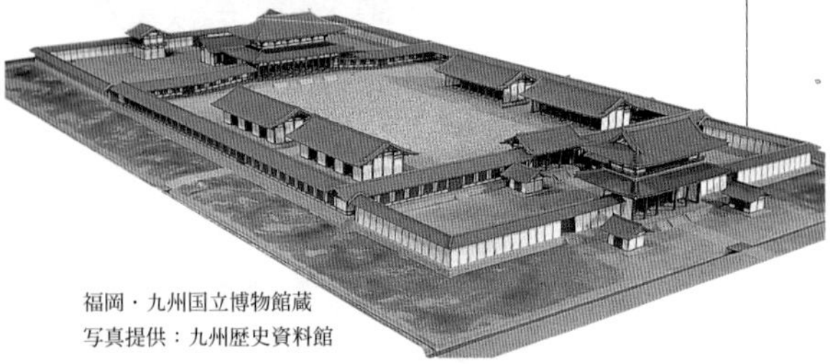

福岡・九州国立博物館蔵
写真提供：九州歴史資料館

←3-3 大宰府《だざいふ》政庁(復元模型)　「遠《とお》の朝廷《みかど》」ともよばれ，対外交渉の窓口ともなった。

千葉・国立歴史民俗博物館蔵

←3-4 伯耆《ほうき》国府(復元模型)　国府(国衙)は都から派遣された国司が支配の拠点とした。国司は宗教統制・人民管理・徴税などの行政をつかさどったが，現実には郡司の現地支配力に依存する面も多かった。

歴史ナビ　**東山道武蔵路跡**(東京都国分寺市)　幅12mの古代の道路が復元され，当時の道路を実感することができる。近くには国分寺跡や国分尼寺跡も見つかっている。

考察の視点 貴族はなぜこのような特権をもっていたのだろうか。 相互関連

1 官位相当制と四等官制

□：長官《かみ》 □：次官《すけ》 □：判官《じょう》 □：主典《さかん》
赤字は令外官《りょうげのかん》

	位階		神祇官《じんぎかん》	太政官《だいじょうかん》	中務省《なかつかさしょう》	他の7省	衛府《えふ》	大宰府《だざいふ》	国《くに》
貴族（上級官人） 貴《き》	正一位 従一位			太政大臣					
	正二位 従二位			左・右大臣 内大臣					
	正三位			大納言					
	従三位			中納言			大将	帥	
貴族（上級官人） 通貴《つうき》	正《しょう》四位	上			卿				
		下		参議		卿			
	従《じゅ》四位	上		左右大弁					
		下	伯				中将		
	正五位	上		左右中弁	大輔		衛門督	大弐	
		下		左右小弁		大輔 大判事	少将		
	従五位	上			少輔		兵衛督		大国守
		下	大副	少納言	侍従	少輔	衛門佐	少弐	上国守
下級官人	正六位	上	少副	左右弁大史					
		下			大丞	大丞 中判事	兵衛佐	大監	大国介 中国守
	従六位	上	大祐		少丞	少丞	将監《しょうげん》	少監	上国介
		下	少祐			少判事	衛門大尉		下国守
	正七位	上		大外記 左右弁小史	大録	大録	衛門少尉	大典	
		下			大主鈴	判事大属	兵衛大尉	主神	大国大掾
	従七位	上		少外記			兵衛少尉		大国少掾 上国掾
		下					将曹《しょうそう》	博士	
	正八位	上			少録 少主鈴	少録		小典・医師	中国掾
		下	大史			判事少属	衛門大志		
	従八位	上	少史				衛門少志 兵衛大志		大国大目
		下					兵衛少志		大国少目 上国目
	大初位《そい》《しょい》	上						判事大令史	
		下						判事少令史	中国目
	少初位	上							下国目
		下							

1-1 藤原京の下級官人

1A 四等官制

	神祇官	太政官	省	職	寮	弾正台	衛府	大宰府	国	郡《ぐん》《こおり》
長官《かみ》	伯	太政大臣 左大臣 右大臣	卿	大夫	頭	尹	督	帥《そち》《そつ》	守	大領
次官《すけ》	大副 少副	大納言	大輔 少輔	亮	助	弼	佐	大弐 少弐	介	少領
判官《じょう》	大祐 少祐	少納言 左右大中少弁	大丞 少丞	大進 少進	大允 少允	大忠 少忠	大尉 少尉	大監 少監	大掾 少掾	主政
主典《さかん》	大史 少史	左右弁大少史 左右外記	大録 少録	大属 少属	大属 少属	大疏 少疏	大志 少志	大典 少典	大目 少目	主帳

解説 律令の官僚制度においては，職員の構成は基本的に統轄者である**長官**《かみ》，長官を補佐する**次官**《すけ》，文案審査などをする**判官**《じょう》，記録・文書起草などを行う**主典**《さかん》の4等級からなった。なお，官司により表記が異なるが，読みは同じである。

2 貴族の特権

2A 位階《いかい》による収入

位階	位田《いでん》	位封《いふ》	位禄《いろく》				季禄《きろく》				位分資人《いぶんしじん》
			絁《あしぎぬ》	綿	布	庸布《ようふ》	絁	綿	布	鍬《くわ》	
	町	戸	匹	屯	端	常	匹	屯	端	口	人
正一位	80	300					30	30	100	140	100
従一位	74	260					30	30	100	140	100
正二位	60	200					20	20	60	100	80
従二位	54	170					20	20	60	100	80
正三位	40	130					14	14	42	80	60
従三位	34	100					12	12	36	60	60
正四位	24		10	10	50	360	8	8	22	30	40
従四位	20		8	8	43	300	7	7	18	30	35
正五位	12		6	6	36	240	5	5	12	20	25
従五位	8		4	4	29	180	4	4	12	20	20
正六位							3	3	5	15	
従六位							3	3	4	15	
正七位							2	2	4	15	
従七位							2	2	3	15	
正八位							1	1	3	15	
従八位							1	1	3	10	
大初位							1	1	2	10	
少初位							1	1	2	5	

四・五位に絹・布など給す

五位以上に給付

三位以上に封戸《ふこ》支給

すべての官人に春秋2期鍬《くわ》などを給す

警護駆使《くし》の供人《ともびと》

2B 官職による特権

＊事力…朝廷より地方官に与えられた従者

官職	職田《しきでん》	職封《しきふ》	職分資人《しきぶんしじん》
太政大臣	40(町)	3,000(戸)	300(人)
左・右大臣	30	2,000	200
大納言	20	800	100
(中納言)		200	30
大宰帥	10		事力《じりき》＊ 20
国司(大国守)	2町6段		事力 8

解説 官吏の給与は**位階**と**官職**に応じて支給された。特に五位以上は多くの収入を得た。位封・職封とは封戸《ふこ》のことで，その戸の租の半分と調・庸の全額が支給された。

2C 役人の収入(年収)

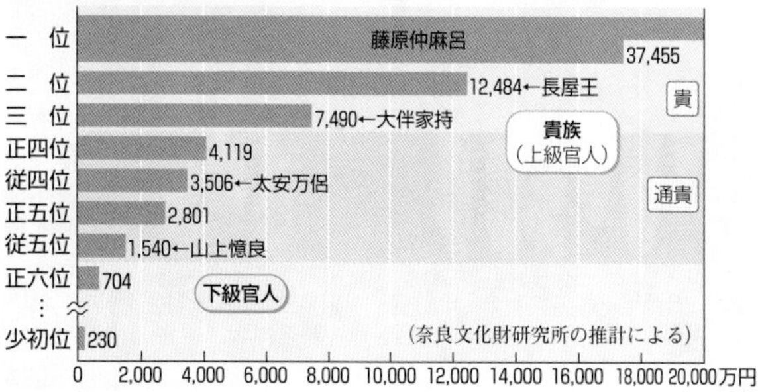

2D 蔭位《おんい》の制

父祖の位階	嫡子《ちゃくし》	庶子《しょし》	嫡孫《ちゃくそん》	庶孫《しょそん》
一位	従五位下	正六位上	正六位上	正六位下
二位	正六位下	従六位上	従六位上	従六位下
三位	従六位上	従六位下	従六位下	正七位上
正四位	正七位下	従七位上		
従四位	従七位上	従七位下		
正五位	正八位下	従八位上		
従五位	従八位上	従八位下		

嫡子：正妻の長子
庶子：嫡子以外の子

解説 五位以上の子と三位《さんみ》以上の子・孫は21歳になると左の表の位階を与えられ，将来父祖の地位が約束された。この**蔭位の制**は，上層貴族の独占を生んだ。

3 司法制度

3A 五刑《ごけい》

笞《ち》	細い木の棒で臀《しり》や背を打つ体刑。10・20・30・40・50打の5段階
杖《じょう》	笞より太い木の棒で臀や背を打つ体刑。60・70・80・90・100の5段階
徒《ず》	現在の懲役刑に相当。年限は1年・1年半・2年・2年半・3年間の5段階
流《る》	【近流《こんる》】近国への流罪。越前《えちぜん》・安芸《あき》への配流《はいる》 【中流《ちゅうる》】信濃《しなの》や伊予《いよ》などへの配流 【遠流《おんる》】伊豆《いず》・安房《あわ》・常陸《ひたち》・佐渡《さど》・隠岐《おき》・土佐《とさ》などへの配流
死《し》	死刑。絞《こう》(絞首刑)・斬《ざん》(斬首刑)の2種

3B 八虐《はちぎゃく》

＊謀叛《むほん》は天皇に直接危害を加えないという点で謀反《ぼうへん》と区別される。

謀反《ぼうへん》	天皇殺害・国家転覆《てんぷく》をはかる罪
謀大逆《ぼうたいぎゃく》	御陵《ごりょう》・皇居の破壊をはかる罪
謀叛《むほん》＊	敵国との内通・亡命・降伏・開城などをはかる罪
悪逆《あくぎゃく》	祖父母・父母を殴打《おうだ》し殺害をしたり，尊属殺人を犯す罪
不道《ふどう》	一家3人以上を殺害，尊属殴打・告訴《こくそ》・殺害をはかる罪
大不敬《だいふけい》	大社破壊・祭具を盗む，勅使《ちょくし》への反抗など天皇に対する不敬にあたる罪
不孝《ふきょう》	祖父母・父母を告訴したり，籍を別にするなどの罪
不義《ふぎ》	主人・国守・師の殺害，夫の喪中《もちゅう》の再婚などに対する罪

解説 五刑は律にあった5種の刑罰である。八虐は重罪として特に指定されたもので，貴族なども減刑の特権を受けられず，恩赦《おんしゃ》の対象からも除外された。

歴史ナビ **中央諸官庁** 奈良時代前半の官人は約1万数千人で，五位以上(貴族)は150名程度であった。

78 民衆の負担① 戸籍・計帳と土地制度

考察の視点 条里制の目的を，723年の三世一身法以降の政府の対策を踏まえて考えてみよう 相互関連

1 戸籍 史 筑前《ちくぜん》国嶋《しま》郡戸籍川辺《かわべり》里(福岡県糸島郡志摩町馬場) 大宝２(702)年 (正倉院文書)

郷戸主のこと
筑前《ちくぜん》国嶋《しま》郡戸籍川辺《かわべ》里
戸主 卜部乃母曽《うらべのもそ》年肆拾玖歳(四十九) 正丁
母葛野部伊志売《かどのべのいしめ》年漆拾肆歳(七十四) 耆女
妻卜部甫西豆売《ほせずめ》年肆拾漆歳(四十七) 丁妻
男卜部久漏麻呂《くろ》年拾玖歳(十九) 少丁 嫡子
男卜部和哿志《わかし》年陸歳(六) 小子 嫡弟
女卜部哿吾良売《かわらめ》年拾陸歳(十六) 小女
女卜部乎哿吾良売《おがわらめ》年拾参歳(十三) 小女 上件二口嫡女
従父弟卜部方名《かたな》年肆拾陸歳(四十六) 正丁
妻中臣比多米売年参拾漆歳(三十七) 丁妻
男卜部黒《くろ》年拾漆歳(一七) 少丁 嫡子
男卜部赤猪《あかい》年拾陸歳(十六) 小子
男卜部乎許自《おこじ》年弐歳(二) 緑児 上件二口嫡弟
女卜部比佐豆売《ひさずめ》年拾捌歳(十八) 次女
女卜部赤売《あかめ》年拾参歳(十三) 小女
女卜部羊売《ひつじめ》年玖歳(九) 小女
女卜部麻呂売《まろめ》年壱歳(一) 緑女 上件四口嫡女
口、壱拾陸(一十六) 口壱拾弐(一十二) 不課 口肆課(四)
受田弐町(二)弐段(二)陸拾歩(六十)

2A参照 大宝二年(七〇二)
課戸：課役(調・庸・雑徭)の負担を課せられた戸 P.79
不課：課役負担のない者
房戸 房戸 郷戸

＊戸籍には，計帳にあるような身体的特徴は記載されない。

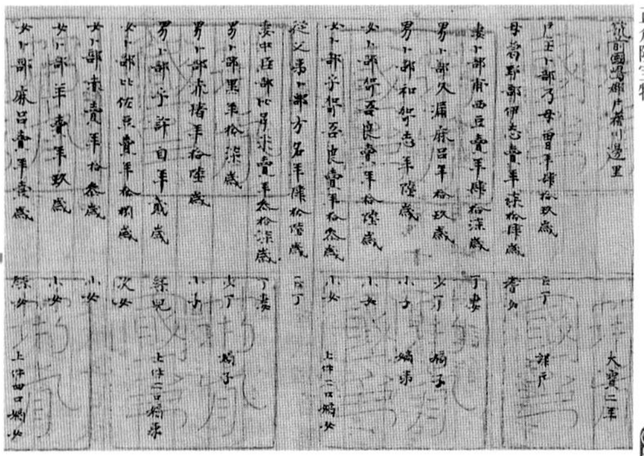
正倉院宝物

郷	50戸の郷戸で構成
郷戸	20～30人の大家族的構造。２～３戸の房戸で構成される
房戸	10人程度の直系親族中心の小家族単位

解説 **戸籍**は班田のための台帳で**６年ごと**に作成。家族関係・氏名・年齢・「正丁」などの表記で性別および課・不課の税負担能力を，という順で記し，**末尾に家族数の集計と受田額を記す。** セ出題

2 計帳 セ出題 山背《やましろ》国愛宕《おたぎ》郡出雲《いずも》郷雲下里《くもしものさと》計帳(京都市上京区付近) 神亀《じんき》３(726)年 (正倉院文書)

山背《やましろ》国愛宕《おたぎ》郡出雲《いずも》郷雲下里《くもしものさと》計帳 神亀《じんき》三年(七二六)
戸主出雲臣吉事《いずものおみよごと》ノ戸《こ》
去年ノ帳定ニムルニ ①良賤《りょうせん》ノ口参拾(三十) 男五 女十九 奴二 婢四
帳後新附ニクル 壱人(一) 小女
今年ノ計帳定ニムル見(現)良賤大小口参拾壱人(三十一) 男五 女廿 奴二 婢四
不課口参拾人(三十) 旧廿九 新一
男肆人(四) 小子三 篤疾一
女弐拾肆人(二十四) 妻一 丁女十三 小女二 老女二 残女一 耆女一 婢四
課口壱人(一)
②見輸《げんゆ》壱人 正丁
③輸調《ゆちょう》銭玖文(九)
戸主出雲臣吉事 年参拾肆歳(三十四) ④癲狂《てんきょう》 ⑤篤疾《とくしつ》 左頬《ほほ》ニ黒子《ほくろ》
母酒人連鳥木売《さかひとのむらじとりきめ》 年陸拾弐歳(六十二) 一目盲 ⑥残疾《ざんしつ》
男出雲臣豊嶋《とよしま》 年捌歳(八) 小子 右頬ニ黒子
男出雲臣豊成《とよなり》 年肆歳(四) 小子
女出雲臣豊日売《とよひめ》 年陸歳(六) ⑦括首《かっしゅ》
姉出雲臣真飛鳥売《まあすかめ》 年参拾柒歳(三十七) 丁女 右頬ニ黒子
姉出雲臣宅主売《やかぬしめ》 年参拾柒歳 丁女 右頬ニ黒子
養老六年 ⑧逃
姉出雲臣辞无売《ことなしめ》 年参拾肆歳(三十四) 丁女 左唇《くちびる》ニ黒子
姑《おば》出雲臣形名売《かたなめ》 年陸拾陸歳(六十六) 耆女 和銅六年逃
婢乎都貴売《おつきめ》 年陸拾壱歳(六十一) 左頤《おとがい》ニ黒子 戸主ノ婢
(以下二十一名略)

①**良賤**：良民と賤民。この房戸《ぼうこ》の賤民は私奴婢《しぬひ》②**見輸**：現に課役《かえき》を負う(この戸では31人中１人)③**輸調銭**：調を銭納④**癲狂**：神経障害⑤**篤疾**：重度障害者(篤疾は不課)⑥**残疾**：軽度障害者(残疾は徭役《ようえき》を免除)⑦**括首**：これまでの帳簿落ち⑧**逃**：逃亡(行先不明)

2A 年齢規定と漢数字

年齢	男	女
0～3歳	緑児《りょくじ》	緑女
4～16歳	小子《しょうし》	小女
17～20歳	中男《ちゅうなん》(少丁《しょうてい》)	次女(少女)
21～60歳	正丁《せいてい》	丁女・丁妻
61～65歳	次丁(老《ろう》丁)	老女
66歳以上	耆《き》老	耆女

□男 ▨女
□課丁《かちょう》(調《ちょう》・庸《よう》を負担する成年男子)

一	壱(壹)	六	陸
二	弐	七	漆・柒
三	参	八	捌
四	肆	九	玖
五	伍	十	拾

解説 **計帳は毎年作成**された課税台帳。当時の課税の中心は人頭税であるため，戸籍より詳細に戸口の氏名，年齢，**身体的特徴**，課口・不課口の別を記入。農民が過重な負担を免れるために**偽籍**《ぎせき》(女や障害者と偽る。この戸も女性数が異常)・**逃亡**などの手段で抵抗しているのがわかる。『正倉院文書』中には８世紀の計帳が手実《しゅじつ》(戸主から国司に提出する申告書)・歴名・目録ともに遺存しているが，中国でも西魏《せいぎ》や唐《とう》代の各種計帳が発見されている。

3 条里制と班田 P.79 1A

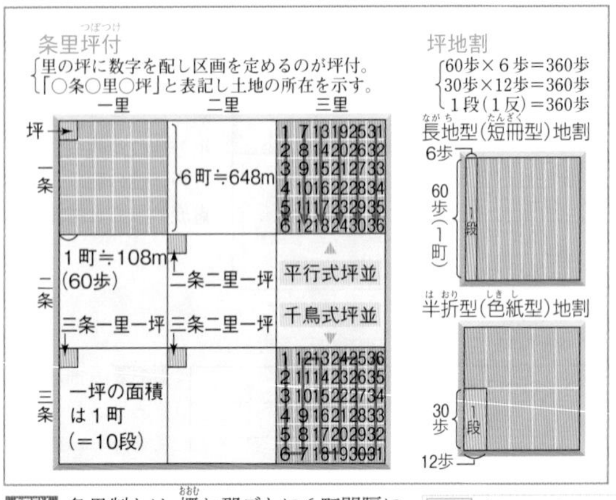

3-1 **条里制の遺構** 条里制の地割りをもとにした土地の区分けが現在まで維持されてきた例。
奈良県天理市

解説 条里制とは，概《おおむ》ね郡ごとに６町間隔に縦横に区切り，一辺を条，もう一辺を里とよんで全国で実施された地割りである。それを１町四方に36等分して１段ごとに分け，班田や収公に役立てた。条里制の施行時期は国によって異なるが，８世紀半ば過ぎである。

長さ 大尺１尺＝0.36m
１歩《ぶ》＝５尺＝1.8m
１町＝60歩＝108m
面積 １段《たん》＝360歩
＝１町(60歩)×６歩
＝1166.4m^2＝11.7a

➡ 〈班田される口分田〉
良民男子：２段
＝48.3m四方
良民女子：１段120歩
＝39.4m四方

3A 田の種類(土地制度)

輸租田《ゆそでん》	**口分田**《くぶんでん》：６歳以上の良男に２段，良女は３分の２の１段120歩 **位田**《いでん》：五位以上の有位者。正一位80町～従五位８町 **賜田**《しでん》：特別の功績者に，別勅《べっちょく》で令規定外の土地を下賜《かし》 **功田**《こうでん》：功績者に与えた。大功田(永久私有)，上功田(三世)，中功田(二世)，下功田(子)の４等級。世襲代数に差があった **郡司職田**《ぐんじしきでん》：大領６町，少領４町，主政・主帳２町 **墾田**《こんでん》：743年の墾田永年私財法《こんでんえいねんしざいほう》以来，私有が認められた開墾地
不輸租田《ふゆそでん》	**職田(職分田)**《しきでん しきぶんでん》：太政大臣40町，左右大臣30町，大納言20町，大宰帥《だざいのそち》10町。国司は大国守２町６段～中・下国目１町 **神田・寺田**《しんでん じでん》：社寺の用にあてる永代所有地。開墾や買得，寄進で急増。賜田の存在とともに荘園成立の要因となる **官田**《かんでん》：畿内《きない》に多く分布する皇室の用にあてる供御田《くごでん》や，位禄《いろく》などの公用にあてるために設定された田。省営田と国司管轄の国営田があった **官賤**《かんせん》**の口分田**：官戸《かんこ》・奴婢《ぬひ》の田は不税田
輸地子田《ゆじしでん》	**諸国の公田(乗田**《じょうでん》**)**：位田・職田や口分田班給後の余剰地。地子《じし》(賃料)を取って賃租《ちんそ》(１年期限で貸与)

解説 田は租を納める義務がある輸租田と義務のない不輸租田に大別された。不輸租田は主に特権階級の田であった。

考察の視点 律令制度における民衆の税負担の負担感はどのようなものであったか，想像してみよう。 相互関連

民衆の負担② 税負担

1 税制

セ出題 課丁《かてい》

区分	税目	正丁《せいてい》(21～60歳男性)	次丁《じてい》(61～65歳男性)	中男《ちゅうなん》(17～20歳男性)	備考	
	租《そ》	口分田受給の**男女共通**で，田１段につき稲**２束《そく》２把《わ》**納入(公定収穫高の約３％相当)。706年より１束５把とする。			国府《こくふ》の財源。一部中央へ(舂米《しょうまい》)	田租
物納税	調《ちょう》	諸国の諸産物から１種類を朝廷に貢納。正規には絹・絁《あしぎぬ》８尺《しゃく》５寸《すん》，絹糸８両，綿１斤《きん》，**布**(麻布)**２丈《じょう》６尺**。ほかに鉄，鍬《くわ》，塩，鰒《あわび》など34種の雑物	正丁の$\frac{1}{2}$	正丁の$\frac{1}{4}$	京・畿内の正丁は調布１丈３尺。次丁はその$\frac{1}{2}$，中男は$\frac{1}{4}$	成年男性への人頭税
物納税	調副物《ちょうのそわつもの》《ちょうのそえもの》	紫《むらさき》３両，紅《くれない》３両，茜《あかね》２斤，麻２斤，胡麻《ごま》油，紙，鹿角等から１種類納入	―――	―――	正丁のみの負担。京・畿内《きない》は免除	成年男性への人頭税
物納税	庸《よう》 セ出題	歳役の代納に**布**(麻布)**２丈６尺**	正丁の$\frac{1}{2}$	―――	同上。政府は庸布収入をもとに雇役を用い土木事業	成年男性への人頭税
労働税	歳《さい》役《えき》	上京し年10日間の労役。実際は中央官庁に庸布を代納	正丁の$\frac{1}{2}$	―――		成年男性への人頭税
労働税	雑《ぞう》徭《よう》 セ出題	年間60日を限度に国府へ労役提供。国司が私用にあてた場合も多い	正丁の$\frac{1}{2}$	正丁の$\frac{1}{4}$	日数は国司が決定。757年に半減	成年男性への人頭税
労働税	兵役	正丁３人に１人(国内正丁の$\frac{1}{3}$)を徴兵。兵士は諸国**軍団**に配属→交代で**衛士《えじ》**(宮門警護，任期１年)・**防人《さきもり》**(九州防備，任期３年。８世紀末廃止)	―――	―――	兵士は徭役免《ようえきめん》，食料・武装は自弁。防人は課役《かえき》免《めん》	成年男性から徴兵・徴発
労働税	仕《し》丁《ちょう》 セ出題	50戸ごとに正丁２人を３年間徴発。上京して中央政府の雑用に従事	―――	―――	造営事業の重要な労働力源	成年男性から徴兵・徴発
雑税	公出挙《くすいこ》	国府が春に稲や粟《あわ》を貸付け，秋に利息５割とともに徴収。私出挙は利息10割				戸ごと
雑税	義《ぎ》倉《そう》	備荒用に粟・稲・麦・大豆などを供出，各地に貯蔵。上々戸２石～下々戸１斗				戸ごと

1A 班田収授法 P.78 3

起源	485年北魏《ほくぎ》の孝文帝《こうぶんてい》実施(→隋《ずい》・唐《とう》継承→日本)	
目的	①豪族の大土地兼併《けんぺい》・農民支配を阻止《そし》 ②徴税対象の確保 ③農民に最低限度の生活を保障	
班給方法	基本台帳	戸籍。６年ごとに３部作成，30年間保存
班給方法	班給期	６年１班。生存中は同じ田を班給される
班給方法	班給対象	６歳以上の男女。(唐は18～59歳男性のみ)
班給方法	班給単位	数房戸《ぼうこ》で編成された郷戸《ごうこ》単位
班給方法	収公条件	死者の田は次の班田で収公
班給額	良民男性	２段(１段＝360歩≒11.7a)
班給額	良民女性	良民男性の３分の２。１段120歩
班給額	賤民	家人・私奴婢《しぬひ》は良民男女のそれぞれ３分の１
班給額	複雑な地形，土地の広狭や肥瘦《ひそう》などの理由で差もある 例：易田《えきでん》(やせ地や荒れ地)は２倍を給与	

1B 兵士の負担

(『軍防令』)

区分	単位	品目	内容
個人の負担		食料	糒《ほしい》(乾飯《ほしいい》)６斗《と》，塩２升《しょう》
個人の負担		武器	弓１張《ちょう》，弓弦袋《ゆんづるぶくろ》１口，副弦《そえつる》(弓弦の予備)２条，征箭《そや》50隻《しゃく》
個人の負担		装身具	藺帽《いかさ》１枚，脛巾《はばき》１具，鞋《からからくつ》(わらじ)１両
個人の負担		用具	礪石《といし》１枚，飯袋《いいぶくろ》１口，水桶《みずおけ》１口，塩桶１口
共同の負担	火(10人)ごと	天幕	紺布の幕１口
共同の負担	火(10人)ごと	調理具	銅盆(炊器)か小釜のどちらか２口
共同の負担	火(10人)ごと	道具	鍬《くわ》１具，斧《おの》１具，鎌《かま》２張など
共同の負担	隊(50人)ごと		火鑽《ひうち》１具，手鋸《のこぎり》１具 熟艾《やいぐさ》(点火用に良く乾かしたよもぎ)１斤

1C 免税・免役規定

- 「戸令《こりょう》」による**不課口《ふかこう》**(課役を負担しない者)：皇親《こうしん》，八位以上の者，16歳以下の男性，蔭子《おんし》，耆《き》(66歳以上)，廃疾《はいしつ》・篤疾《とくしつ》(中度・重度障害者)，妻妾女《さいしょうめ》(女性)，家人《けにん》，奴婢《ぬひ》
- 「賦役令《ぶやくりょう》」による**課役免《かえきめん》**(調・庸・雑徭免除)：三位以上の者の父祖兄弟子孫，五位以上の者の父子，舎人《しゃにん》，史生《ししょう》(書記官)，伴部《ばんぶ》，兵衛《ひょうえ》，仕丁《しちょう》，防人《ぼうにん》，帳内《ちょうない》(親王・内親王に与えられた官吏《かんり》)，資人《しにん》，事力《じりき》，駅長《やくちょう》，烽長《ぶちょう》，内外諸司の初位《そい》の年長者，勲位八等以上の者，雑戸《ぞうこ》，陵戸《りょうこ》，品部《ほんべ》，徒人《づにん》
- 「賦役令」による**徭役免《ようえきめん》**(歳役《さいえき》または庸・雑徭免除)：(郡司の)主政《しゅしょう》・主帳《しゅちょう》，諸国軍団の大毅《だいき》以下兵士以上，牧長帳《ぼくちょうちょう》，駅子(諸国宿駅所属の駅戸から徴発の人夫)，烽子《ぶし》，牧子《ぼくし》，国学博士，医師《くすし》《やくし》，諸学生《もろもろのがくしょう》，侍丁《じちょう》，里長《りちょう》，得第未叙《とくだいみじょ》の貢人《くにん》(官吏候補者)，勲位九等以下，初位，残疾《ぜんしち》(軽度障害者)
- 「賦役令」による**雑役免《ぞうえき》**(雑徭免除)：坊長《ぼうちょう》(京の坊の治安・納税責任者)，価長《けちょう》(商長《しょうちょうやく》)
- 「賦役令」**その他の規定**：外蕃《がいはん》(外国)から帰国の公使は１年，唐《とう》から帰国の公使は３年課役免。父母の死にあえばその年は徭役免

(注) ふりがなは暫定的につけたものもある。 (『令義解』)

1D 運脚《うんきゃく》に要した日数(延喜式《えんぎ》P.98・10世紀)

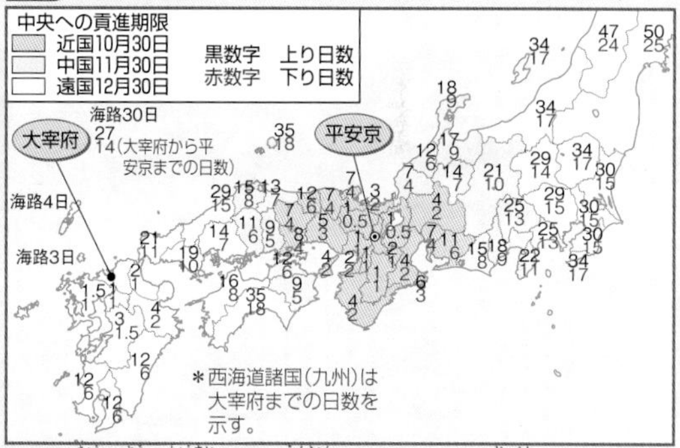

解説 調《ちょう》・庸《よう》・舂米《しょうまい》を運ぶ運脚《うんきゃく》は，農民が食料自弁《じべん》で果たさなければならない義務で，大きな負担であった。重い荷物を背負った都までの旅は過酷《かこく》で，飢えや病気で途中で死ぬ者も多かった。

1-1 運脚 令《りょう》の規定に「運脚は等しく庸調の家に出さしめる」とある。

2 律令の身分

2A 良民《りょうみん》

	君	天皇…氏をもたぬ超越的存在		
良《りょう》民《みん》		皇親《こうしん》(皇族)…皇子が臣籍降下《しんせきこうか》するときは氏をもつ		
良民	臣	官人	有位：貴《き》(三位以上)／通貴《つうき》(五位以上) 30位階	**貴族(上級官人)**…蔭位《おんい》の制など特権(位田《いでん》・位封《いふう》・位禄《いろく》・季禄《きろく》・資人《しじん》の給与。大臣及び大納言《だいなごん》の職田《しきでん》。不課)
良民	臣	官人	有位：六位～初位《そい》 30位階	**下級官人**…八位以上不課。内外初位の長上は課役免《かえきめん》。初位は徭役免《ようえきめん》
良民	臣	官人	無位	
良民	民	百姓(公民)＝一般農民		課丁《かちょう》は租《そ》・調《ちょう》・庸《よう》などを負担
良民		**雑色人《ぞうしきにん》**＝品部《しなべ》《とも》・雑戸《ざっこ》		実質は良賤の中間。課役免

2B 賤民《せんみん》

				口分田《くぶんでん》の額	租《そ》	課役《かえき》
賤民《せんみん》(五色《ごしき》の賤)	官有	陵戸《りょうこ》	治部《じぶ》省諸陵司に隷属。天皇・皇后・皇族の陵墓の守衛役	良民と同額		課役免《かえきめん》
	官有	官戸《かんこ》	管轄は宮内省《くないしょう》の官奴司《かんぬし》。諸官司に配属し駆使《くし》。一家を構えられる	良民と同額	不輸租《ふゆそ》(官納)	
	官有	公奴婢《くぬひ》(官奴婢)	官有の奴隷で官田《かんでん》耕作や雑役《ぞうえき》《やく》に駆使。戸を成せず売買もされた	良民と同額	不輸租	不課(課役免)
	民間所有	家人《けにん》	貴族・寺社など民間所有の賤民。戸を成して生活。売買はされず	良民の$\frac{1}{3}$		不課(課役免)
	民間所有	私奴婢《しぬひ》	民間所有の奴隷《どれい》。戸を成せず，売買・譲渡・寄進の対象となった	良民の$\frac{1}{3}$		不課(課役免)

歴史ナビ 中央に送られるものとして庸・調のほかに贄《にえ》(魚介類・海藻類など)のあったことが，藤原京・平城京などから出土する木簡によって明らかになっている。

80 奈良時代の外交

考察の視点　なぜ，さまざまな困難があったにもかかわらず，遣唐使が定期的に派遣されたのだろうか。 相互関連

1 8・9世紀の東アジア

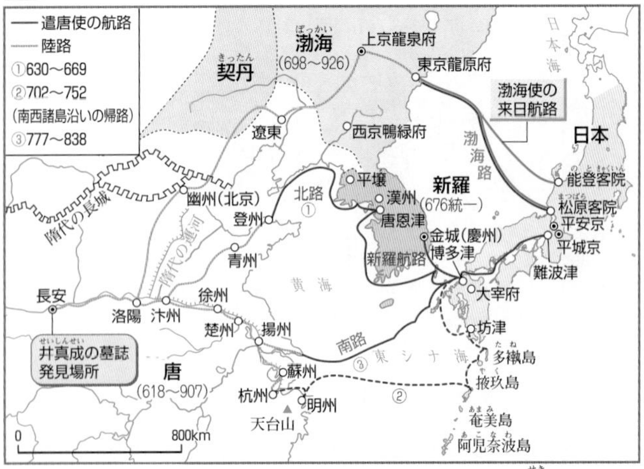

解説　遣唐使は20回の任命があり，十数回渡海した。当初は2隻《せき》，奈良時代には4隻(よつのふね)編成が基本であった。航海技術・造船技術が未熟なため，難破・漂流することも多く，命がけの航海だった。阿倍仲麻呂《あべのなかまろ》や藤原清《きよ》河《かわ》のように帰国できず唐朝に仕え没した者もいた。

1-1 中国に着いた遣唐使船4隻(鑑真和上東征絵伝《がんじんわじょうとうせいえでん》)
第4巻第3段 部分 高さ(幅)37.3cm 第4巻全体の長さ1,633.2cm 奈良・唐招提寺蔵

3 東アジアの国際関係

唐 (618～907)
新羅→唐：朝貢
渤海→唐：朝貢→対立
日本→唐：遣唐使　朝貢　／　唐→日本：回賜

日本と唐の関係
遣唐使は朝貢形式をとる
朝貢品 ― 黄絁《きのあしぎぬ》(黄は皇帝の色)・砂金・水晶など
回賜品 ― ガラス器・銀器・唐三彩《とうさんさい》・香木など(正倉院御物として遺存)

新羅《しらぎ》(356～935)《しんら》
渤海《ぼっかい》(698～926)
日本
遣新羅使　新羅使
遣渤海使　渤海使

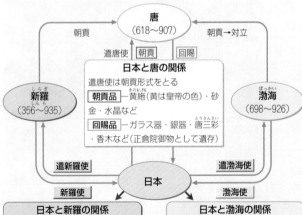

日本と新羅の関係
遣新羅使 ― 675(天武期)～779(宝亀10)まで22回
新羅使 ― 7世紀後半，積極的に来航(人参・松の実・蜂蜜《はちみつ》，唐や西域や南海の文物を輸入)
新羅は日本と対等外交を主張したが，日本は優位に立とうとしたため関係が悪化した(759年新羅征討計画があったが実現せず)。

セ出題

日本と渤海の関係
遣渤海使 ― 728(神亀5)～811(弘仁2)まで13回
渤海使 ― 727(神亀4)～919(延喜19)まで33回(豹《ひょう》・虎《とら》・熊・貂《てん》の毛皮や薬用人参，蜂蜜などを輸入)
日本は新羅《しらぎ》と対抗関係にあり，渤海は唐・新羅《しんら》と対抗関係にあった。そのため，日本と渤海は友好的な関係が続いた。

2 遣唐使

＊1　押使・執節使とは，大使の上席をいう。
＊2　迎入唐大使使とは，前大使を迎える使をいう。
(網掛け)は国外事項　(枠囲み)は特に重要な回

任命	出発	帰国	隻数	航路(予定)	主な遣唐使・関係者など	備考
1	630	632		北路	**犬上御田鍬《いぬかみのみたすき》**・薬師恵日《くすしえにち》	627～49 太宗《たいそう》，貞観《じょうがん》の治
2	653	654	1	北路	吉士長丹《きしのながに》(大使)・吉士駒(副使)	
	653		1	南路	高田根麻呂《たかたのねまろ》(大使)	薩摩沖で往路遭難
3	654	655	2	北路	**高向玄理《たかむこのげんり》**(押使＊1)・河辺麻呂(大使)	654 高向玄理，唐で客死
4	659	661	2	北路	坂合部石布《さかいべのいわしき》(大使)	第一船，往途漂流
5	665	667		北路	守大石《もりのおおいわ》・坂合部石積《いわつみ》ら(送唐客使)	663 白村江《はくそんこう》《はくすきのえ》の戦い
6	667	668		北路	伊吉博徳・笠諸石(送唐客使)	
7	669	?		北路	河内鯨《かわちのくじら》	帰国不確実
8	702	704 707		南路	**粟田真人《あわたのまひと》**(執節使＊1)・高橋笠間(大使) **山上憶良《やまのうえのおくら》**(少録) P.84	676 新羅の半島統一 713～41 玄宗《げんそう》，開元《かいげん》の治
9	717	718	4	南路	多治比《たじひの》県守(押使)・大伴山守(大使) 藤原馬養《うまかい》(＝宇合《うまかい》，副使)	**玄昉《げんぼう》・吉備真備《きびのまきび》・阿倍《あべの》仲麻呂《なかまろ》・井真成《せいしんせい》**ら，留学
10	733	734 736 739	4	南路	多治比広成《ひろなり》(大使) 中臣《なかとみの》名代(副使)	玄昉・吉備真備帰国 P.83 第4船難破 共出題
11	746				石上乙麻呂(大使)	発遣停止
12	752	753 754	4	南路	**藤原清河《きよかわ》**(大使)・**吉備真備**(副使) ～帰途にあたり詠んだ仲麻呂の歌～ あまの原　ふりさけ見れば 春日なる　三笠の山にいでし月かも	**鑑真《がんじん》**の来日 P.93 。第1船は安南漂着。藤原清河・阿倍仲麻呂，唐に戻り帰国せず
						755～763 安史《あんし》の乱
13	759	761	1	渤海路	高元度《こうげんど》(迎入唐大使使＊2)	
14	761		4		仲石伴《なかのいわとも》(大使)・石上宅嗣《いそのかみのやかつぐ》(副使)	船破損のため停止
15	762		2		中臣鷹主《たかぬし》(送唐客使)	風波便なく停止
16	777	778	4	南路	佐伯今毛人(大使)・小野石根《おののいわね》(副使)	大使，病と称し行かず。小野，帰途遭難して没
17	779	781	2	南路	布勢清直《ふせのきよなお》(送唐客使)	
18	804	805 806	4	南路	藤原葛野麻呂《かどのまろ》(大使) 石川道益(副使)	**最澄《さいちょう》・空海《くうかい》・橘逸勢《たちばなのはやなり》**ら，入唐，帰国 P.99・102
19	838	839 840	4	南路	藤原常嗣《つねつぐ》(大使)・小野篁《おののたかむら》(副使)	小野篁，仮病を使い乗船拒否。**円仁《えんにん》**，入唐 P.99 875～84 黄巣《こうそう》の乱
20	894				**菅原道真《すがわらのみちざね》**(大使) P.103 紀長谷雄《きのはせお》(副使)	道真の上奏により中止

読み解く　2の年表をみると，航路に関して大きな変化がある。何がきっかけで変化したのだろうか。2の年表から探してみよう。 推移

井真成《せいしんせい》

2004年，西安《せいあん》(旧，唐都長安)で，唐で死亡した日本人留学生の墓誌が発見された。墓誌に記された人物の名は**井真成**。彼は717年の第9回**遣唐使**にともなわれ入唐。時の留学生・留学僧には阿倍仲麻呂《あべのなかまろ》・吉備真備《きびのまきび》・玄昉《げんぼう》などがいた。死去したのは開元22(734)年，36歳のことだった。墓誌は，**国号を「日本」と中国が認めていたことを示す最古の資料である。**玄宗《げんそう》皇帝より尚衣奉御《しょういほうぎょ》を追贈されたという記載もある。長安東郊の滻《さんすい》水の東原に埋葬されたが，魂は故郷に帰ることができたのであろうか。

井真成の墓誌

贈尚《しょう》衣《い》奉《ほう》御《ぎょ》井公の墓誌の文。序并《あわ》せたり。
公は姓は井、字《あざな》は真成。国は日本と号し、才は天の縦《ゆる》せるに称《かな》う。
…開元二十二年正月□日、乃ち官弟《かんだい》に終わる。春秋三十六。皇上、
□く傷みて、追崇するに典有り。詔して尚衣奉御を贈り、葬は官を
令《し》て□せしむ。即ち其の年二月四日を以て、萬年県の滻水《さんすい》の□原に
窆《ほうむ》る。礼なり。

歴史ナビ　**井真成《せいしんせい》の墓誌**　中国陝西《せんせい》省西安《せいあん》市で工事中に偶然発見された。レプリカが藤井寺市立生涯学習センター(大阪府藤井寺市)に展示されている。

考察の視点 なぜ律令国家は平城京のような壮大な都をつくったのだろうか。相互関連

平城京 奈良

1 平城京

平城京は唐の長安にならって，碁盤の目のように東西・南北を走る道路に区切られた条坊制の都市である。東西約4.3km（外京《げきょう》まで入れると約6km），南北約4.8kmで面積は25km²におよぶ。中央に道幅74mの朱雀《すざく》大路が南北に走り，その東側を左京，西側を右京という。北端に大内裏があって太政官をはじめとする官庁街，さらにその奥に天皇の皇居にあたる内裏がおかれていた。

1-1 復元模型

1A 大路の規模

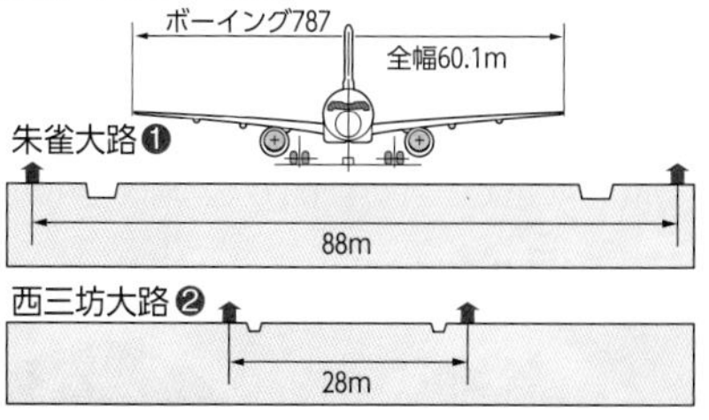

読み解く なぜこのように広い朱雀大路がつくられたのだろうか。相互関連

1-3 平城宮《へいじょうきゅう》(へいぜいきゅう)の第二次大極殿・朝堂院《ちょうどういん》・内裏《だいり》 復元模型 千葉・国立歴史民俗博物館蔵

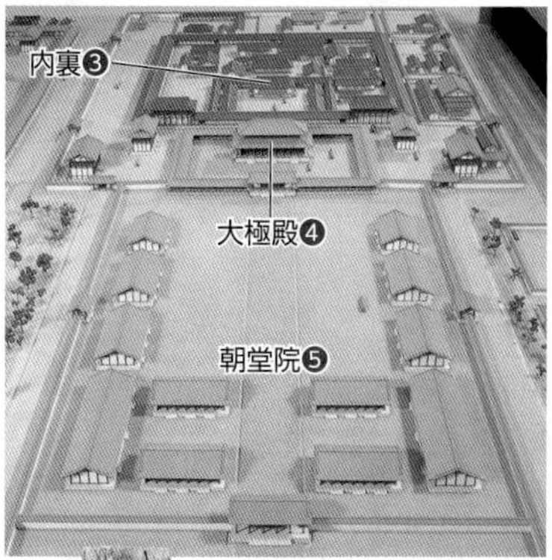

1B 長安城《ちょうあんじょう》との比較

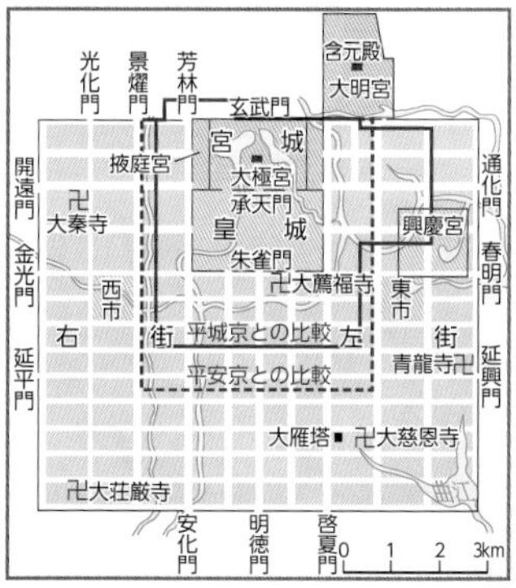

1-2 **第一次大極殿《だいごくでん》**（復元） 2008年に遷都1300年を記念して復元された。正面約44m，側面約20m，地面より高さ約27m。直径70cmの朱色の柱44本，屋根瓦約９万7,000枚を使った平城宮最大の宮殿である。内部には玉座《ぎょくざ》である**高御座《たかみくら》**（右）が復元されている。

③内裏 …天皇の生活空間
④大極殿…儀式などの際天皇が出御する正殿
⑤朝堂院…儀式などの際官吏が列席する場。手前には待機場所の朝集殿院がある

2 長屋王邸《ながやおう》

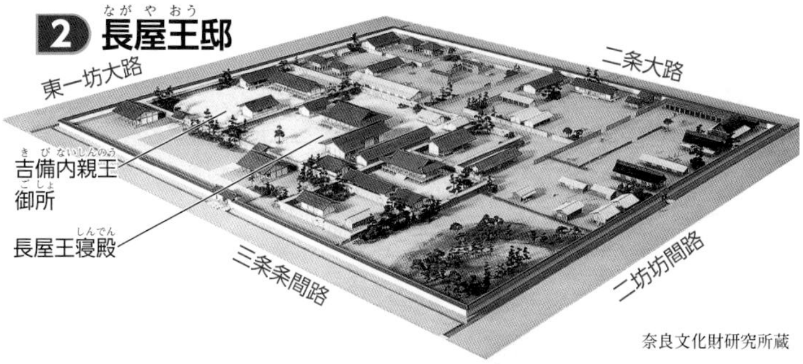

奈良文化財研究所蔵

2-1 **長屋王邸の復元模型** 長屋王邸は４町分（約６万7,000m²）あった。東京ドーム（４万6,755m²）の1.5倍近い広さである。

2-2 **庶民の食事**（復元） 米（強飯《こわめし》）中心の粗末な食事。

2-3 **長屋王邸から出土した木簡をもとに復元した長屋王の食事** 永山久夫氏蔵

解説 平城京左京三条二坊一・二・七・八坪に長屋王邸があったことが発掘によって判明した。約５万点の木簡が出土しており，その木簡から，８世紀初頭の皇族の生活のようすを知ることができる。たとえば牛乳が運び込まれていたことや，奈良市郊外にあたる都《つ》祁《げ》に氷室があって夏に氷を調達していたことなどもわかった。「長屋親王宮」と書かれた木簡もあり，長屋王は天武天皇の皇子の高市《たけちの》皇子の子どもながら親王（天皇の子または兄弟）扱いされていたこともわかる。

2-4 **長屋王邸跡出土木簡** 「長屋親王」という文字や，各地からさまざまなものが送られていたことが読み取れる。

木簡すべて奈良文化財研究所蔵 縦21.4cm 縦30.0cm 縦25.5cm

歴史ナビ **平城宮跡**（奈良県奈良市） 第一次大極殿や朱雀門が復元され，同史跡内には平城宮跡資料館もあり，平城宮の歴史を学ぶことができる。

82 奈良時代の社会

考察の視点　715年の元日の儀式には陸奥と出羽の蝦夷や南西諸島の人びとが参加していた。また隼人の一部を畿内に移し，天皇の即位儀礼などで隼人舞をまわせた。なぜ，このようなことをしたのだろうか。

相互関連

1 地下資源の産出

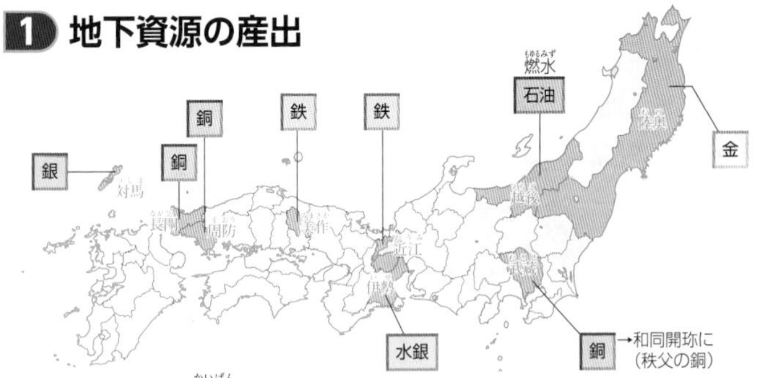

解説 資源の献上は改元《かいげん》とも関係する。708年に武蔵国秩父郡から自然銅が献上され，「和銅《わどう》」とした。ほかに，701年対馬《つしま》から金が献上され「大宝《たいほう》」，749年陸奥《むつ》から黄金が初めて出て「天平感宝《てんぴょうかんぽう》」とした祥瑞《しょうずい》改元の例が知られる。

2 本朝《ほんちょう》(皇朝《こうちょう》)十二銭

＊「珎」は寳の略字説，珍の異体字説がある。

原寸大

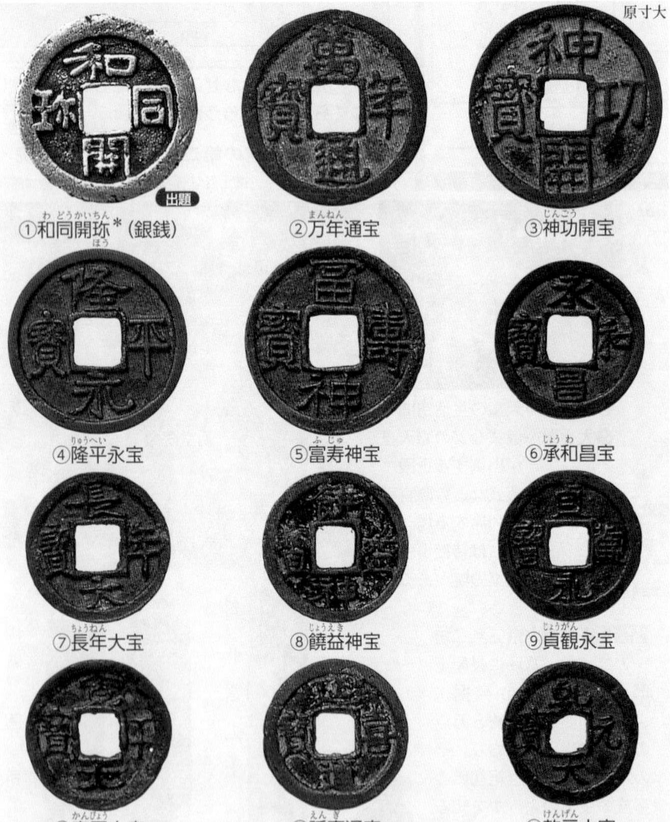

出題

①和同開珎《わどうかいちん》*(銀銭)　②万年《まんねん》通宝　③神功《じんごう》開宝
④隆平《りゅうへい》永宝　⑤富寿《ふじゅ》神宝　⑥承和《じょうわ》昌宝
⑦長年《ちょうねん》大宝　⑧饒益《じょうえき》神宝　⑨貞観《じょうがん》永宝
⑩寛平《かんぴょう》大宝　⑪延喜《えんぎ》通宝　⑫乾元《けんげん》大宝

名称	天皇	鋳造年	材料
①**和同開珎《わどうかいちん》**	元明《げんめい》	708(和銅《わどう》 元)年	銀・銅
②万年通宝《まんねんつうほう》	淳仁《じゅんにん》	760(天平宝字《てんぴょうほうじ》4)年	銅
③神功開宝《じんごうかいほう》	称徳《しょうとく》	765(天平神護《てんぴょうじんご》元)年	〃
④隆平永宝《りゅうへいえいほう》	桓武《かんむ》	796(延暦《えんりゃく》 15)年	〃
⑤富寿神宝《ふじゅしんぽう》	嵯峨《さが》	818(弘仁《こうにん》 9)年	〃
⑥承和昌宝《じょうわしょうほう》	仁明《にんみょう》	835(承和《じょうわ》 2)年	〃
⑦長年大宝《ちょうねんたいほう》	仁明	848(嘉祥《かしょう》 元)年	〃
⑧饒益神宝《じょうえきしんぽう》	清和《せいわ》	859(貞観《じょうがん》 元)年	〃
⑨貞観永宝《じょうがんえいほう》	清和	870(貞観 12)年	〃
⑩寛平大宝《かんぴょう》	宇多《うだ》	890(寛平《かんぴょう》 2)年	〃
⑪延喜通宝《えんぎ》	醍醐《だいご》	907(延喜《えんぎ》 7)年	〃
⑫**乾元大宝《けんげん》**	村上《むらかみ》	958(天徳《てんとく》 2)年	〃

解説 『日本書紀』天武《てんむ》天皇12年条に「銅銭を用いよ」との記事があり，これが富本銭《ふほんせん》P.75にあたると考えられている。708年鋳造の和同開珎《わどうかいちん》以降，958年の乾元大宝《けんげんたいほう》まで，12の銅銭が約250年にわたって鋳造された。銅銭に政府は高い法定価値を与えて大きな利益を得たが，貨幣価値の下落や私鋳銭の横行が頻繁《ひんぱん》におこった。そのため，政府は新銭を発行して旧銭の10倍の価値を義務付けることを繰り返したので，貨幣制度は混乱し，律令制度の衰退とともに，10世紀末には銭貨を使用することも衰えた。その後，中世では宋銭や明銭が使われることになる。古代において，200年以上にわたって独自の貨幣を発行し続けたのは，中国と日本のみである。

3 東北経営・南西諸島の服属

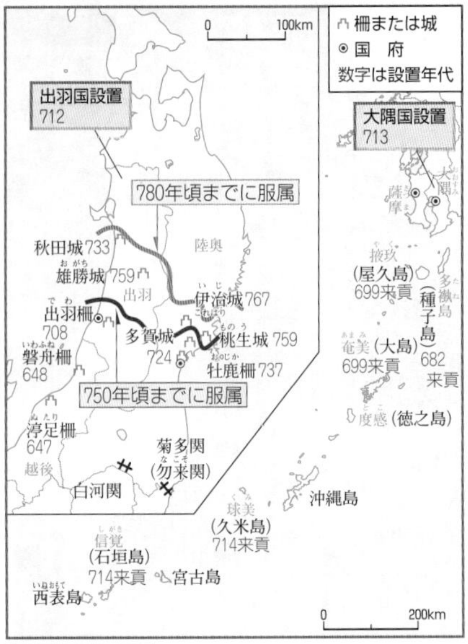

蝦夷《えみし》　蝦はエビ(海老)を意味する。周辺諸地域を北狄《ほくてき》や南蛮《なんばん》とした古代中国の**中華思想**の影響を受けての呼称であるとみてよい。中央政府に同化せぬ東国の住民が**蝦夷**といわれていたが，大化以後は東北地方に限定，その辺民をよぶようになった。一方に，江戸時代の「**蝦夷＝アイヌ**」という考え方を古代にまでおよぼし，農耕を知らぬ石器時代人に比定する説もある。

熊襲《くまそ》・隼人《はやと》　九州南部には**熊**や鳥の**ハヤブサ**の字をあてられた人びとが住んでいた。**熊襲**の熊は肥後《ひご》の球磨《くま》地方，襲は大隅《おおすみ》の囎唹《そお》地方をさすともいわれる。記紀では熊襲は朝廷に従わざる者，隼人は服従した者とされている。

3-1 **隼人の盾**(左)**とその復元**(右)　奈良文化財研究所蔵

3A 陸奥国分寺と多賀《たが》城

3-2 **陸奥国分寺**　741年聖武天皇が発した**国分寺建立の詔**P.83により建立された，全国でも最北端の国分寺である。七重の塔がそびえ立つ壮大な寺院であったことがわかっている。

縮尺１/100 復元模型
千葉・国立歴史民俗博物館蔵

解説 ８世紀になると，中央政府の支配拠点は**多賀城**が設けられたことで太平洋側におよび，日本海側の**秋田城**とともに蝦夷対策*の要となった。

＊蝦夷対策は，帰順する蝦夷は優遇し，反抗する蝦夷は武力で制圧するという二面的なものであった。

3-3 **多賀城**(左)**とその政庁**(下)　東北支配の要として724年設置。陸奥国府と鎮守府《ちんじゅふ》がおかれた。標高約60mの丘陵《きゅうりょう》先端部を築地《ついじ》で囲った防衛的施設。　両模型とも東北歴史博物館蔵

歴史ナビ　**多賀《たが》城碑(壺碑《つぼのいしぶみ》)**(宮城県多賀城市)　日本三古碑に数えられる奈良時代建立の石碑。芭蕉《ばしょう》も『奥の細道』でこれに触れ，「涙も落つるばかりなり」と感慨にふけっている。

考察の視点 聖武天皇はなぜ，国分寺・国分尼寺の建立や大仏造営を行ったのだろうか。 相互関連

1 政局の推移

赤字は女帝　藤原氏　皇族　僧侶　他氏

天皇	政権	年	事項	都
697 文武《もんむ》	藤原不比等《ふひと》	701	大宝律令《たいほうりつりょう》制定。翌年諸国頒布《はんぷ》	藤原京
		708	和銅《わどう》改元・和同開珎《わどうかいちん》発行	
707 元明《げんめい》		708	新都造営の詔《みことのり》	
		710	平城京遷都《せんと》	平城京
		711	蓄銭叙位令《ちくせんじょいれい》	
		712	『**古事記**《こじき》』撰上(太安万侶《おおのやすまろ》ら)。史 **出羽国**《でわ》設置	
		713	丹後《たんご》・美作《みまさか》・**大隅**《おおすみ》**国**設置。諸国に『**風土記**《ふどき》』撰上を命ずる	
715 元正《げんしょう》		718	養老《ようろう》律令撰修(757 施行)	
		720	没	
	長屋王《ながやおう》政権	722	百万町歩開墾《ひゃくまんちょうぶかいこん》計画	
		723	**三世一身法**《さんぜいっしんほう》(養老七年の格《きゃく》)施行	
724 聖武《しょうむ》		724	蝦夷《えみし》反乱。陸奥《むつ》国に多賀城《たがじょう》設置	
		729	長屋王の変(皇親《こうしん》政治終焉) セ出題	
	藤原四子	729	光明子《こうみょうし》立后実現	
		735〜37	天然痘《てんねんとう》流行	
		737	四子病死　房前《ふささき》(57歳)，麻呂《まろ》(43歳)，武智麻呂《むちまろ》(58歳)，宇合《うまかい》(44歳)の順で没	
	橘諸兄《たちばなのもろえ》政権	738	僧玄昉《げんぼう》・学者吉備真備《きびのまきび》を登用	
		739	藤原広嗣《ひろつぐ》，大宰少弐《だざいのしょうに》に左遷《させん》	
		740	藤原広嗣の乱。**恭仁京**《くにきょう》造営・遷都 セ出題	恭仁京
		741	国分寺《こくぶんじ》・国分尼寺《にじ》建立の詔 史 4	
		743. 5	**墾田永年私財法**《こんでんえいねんしざいほう》(天平《てんぴょう》十五年の格)	
		. 10	**紫香楽宮**《しがらきのみや》で大仏造立の詔 史 3	(紫香楽宮)
		744	**難波宮**《なにわのみや》**・紫香楽宮**遷都	難波宮・紫香楽宮
		745	**平城京**に戻り大仏造立も大和《やまと》に移す 玄昉を筑紫観世音寺《つくしかんぜおんじ》に左遷	平城京
749 孝謙《こうけん》		752	東大寺大仏開眼供養《かいげんくよう》 セ出題	
		756	引退	
	藤原仲麻呂《なかまろ》	757	養老律令施行 橘奈良麻呂《ならまろ》の変 セ出題	
758 淳仁《じゅんにん》		758	官名を唐風に改称。恵美押勝《えみのおしかつ》賜名	
		759	新羅《しらぎ》征討計画	
		760	大師《たいし》(太政大臣)	
		764	恵美押勝の乱(道鏡排除企図)	
764 称徳《しょうとく》 セ出題	道鏡《どうきょう》の政権	764	恵美押勝の乱後，大臣禅師となる	
		765	太政大臣禅師(766　法王)となる	
		769	宇佐八幡神託《うさはちまんしんたく》事件，和気清麻呂《わけのきよまろ》配流《はいる》	
770 没		770	下野《しもつけ》国薬師寺別当《やくしじべっとう》に左遷	
770 光仁《こうにん》	藤原政権	770	永手・百川《ももかわ》ら，光仁天皇擁立(天武《てんむ》系から天智《てんじ》系へ)。道鏡左遷。清麻呂召還《しょうかん》	
		780	陸奥国伊治呰麻呂《これはりのあざまろ》の乱(按察使《あぜち》殺害)	
781 桓武《かんむ》		784	長岡京遷都	長岡京
		794	平安京遷都	平安京

読み解く 奈良時代の政局の推移を年表からまとめてみよう。 推移

1A 奈良時代の宮都の変遷 P.75

Ⓐ 710.3	Ⓑ 740.12	Ⓒ 744.2	Ⓓ 745.1	Ⓔ 745.5
平城京	恭仁京	難波宮	紫香楽宮	平城京
元明	聖武	聖武	聖武 (742.8〜離宮造営)	聖武

解説 聖武天皇自身の移動の順はⒶ→Ⓑ→Ⓓ→Ⓒ，遷都宣言の順はⒶ→Ⓑ→Ⓒ→Ⓓとなる。

2 皇室・藤原氏関係系図

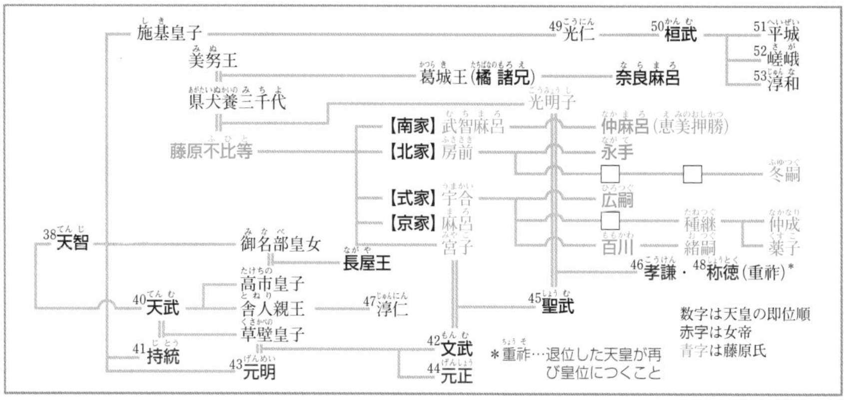

3 鎮護国家

3-1 **東大寺毘盧遮那大仏**《びるしゃな》　vairocana《ビルシャナ》は梵語《ぼんご》で太陽を意味する。この大仏は，ほとんどが後世に補修《ほしゅう》されている。頭部は元禄《げんろく》期のもので，天平期の部分は台座蓮弁《れんべん》の一部のみである。　国 像高14.73m 奈良

3A 大仏の鋳造《ちゅうぞう》方法と資材

資材 (『扶桑略記』より)

1斤《きん》≒675g・1石《こく》≒4斗《と》3升《じょう》で換算した推定原材料

熟銅《じゅくどう》(高純度の銅)	739,560斤	約499t
白鑞《はくろう》(錫《すず》と鉛《なまり》の合金)	12,618斤	約8.5t
錬金《れんきん》(精錬した黄金)	10,446両	約441kg
水銀	58,620両	約2.5t
炭	18,656石	約8,022石

役夫 (『東大寺要録』より)

材木役夫 延べ1,665,071人・金役夫 延べ514,902人
合計 延べ2,179,973人
1カ月平均 12,748人　1日平均〔÷30〕 425人*

*大仏造立の詔《みことのり》が発せられた743年10月より，塗金が完了したといわれる757年(年末)までの14年3カ月間をもとに算出。

4 国分寺《こくぶんじ》・国分尼寺《にじ》

4-1 武蔵《むさし》国分寺イメージ図

武蔵国分寺跡資料館提供

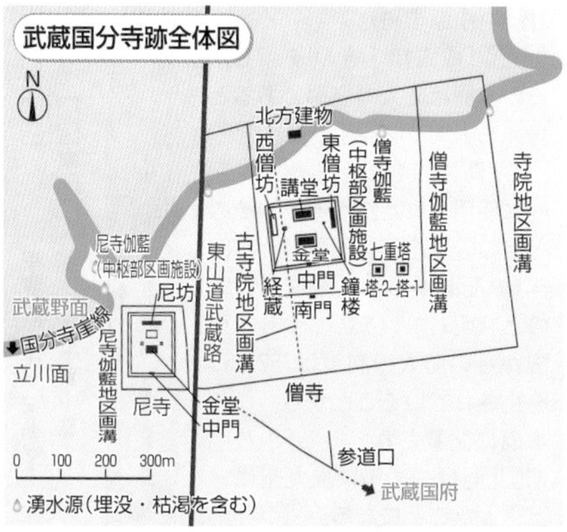

(武蔵国分寺跡資料館資料による)

解説 国分寺は，741年に聖武《しょうむ》天皇の命により，諸国に建立された。正式名称は金光明四天王護国之寺《こんこうみょうしてんのうごこくのてら》という。前年に七重塔を建立すること，法華経の写経をすることが諸国に命じられていたが，改めて建立が命じられたものである。国分寺には封戸《ふこ》50戸と水田10町が施入《せにゅう》(献上)され，僧20人がおかれた。七重塔には聖武天皇直筆の経典が納められ，五穀豊穣《ほうじょう》と国家鎮護が祈られた。しかし各国で順調に建立が進んだとはいえず，747年には督促の命が発せられている。また併せて国分尼寺(法華滅罪之寺《ほっけめつざいのてら》)の建立も命じられ，水田10町が施入され，尼僧10人がおかれた。

歴史ナビ **現在の国分寺**　史跡公園として整備されているところ(武蔵《むさし》国分寺，信濃《しなの》国分寺など)がある一方，所在が不明なところ(駿河《するが》国分寺，加賀《かが》国分寺など)もある。

84 奈良時代の民衆のくらし

考察の視点　律令制のもとでの農民のくらしはどのようなものだったのだろうか。考えてみよう。 相互関連

1 奈良時代の農村のようす

↑1-1 **農村の景観**（千葉・八千代市村上遺跡）　復元模型 縮尺1/200 千葉・国立歴史民俗博物館蔵

1A 平地式掘立柱《ほったてばしら》住居と竪穴《たてあな》住居

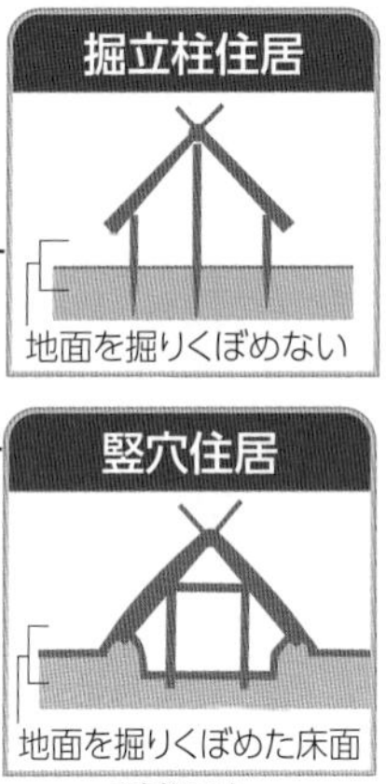

↑1-2 **東日本の農家**（竪穴住居）　復元 長野・塩尻市立平出博物館蔵

解説 奈良時代の頃から，農家は西日本からしだいに平地式の**掘立柱《ほったてばしら》住居**が主流になってきたが，東日本では相変わらず縄文時代以来の**竪穴《たてあな》住居**が一般的であった。

1B 家族生活

㋝出題

結婚	妻問婚（通い）→父母の元で生活→夫婦の家をもつ 平安時代になると婿取婚が一般化
女性	結婚後も別姓，財産私有，強力な発言権＊ ＊生業分業，子供たちの養育面などで発言権があった。
律令	律令の立前では父系相続を重視 ⇦中国の家父長制的家族制度に倣う

1C 妻問婚《つまどいこん》の歌

秋萩《あきはぎ》の咲きたる野辺はさ男鹿《をしか》ぞ露を分けつつ妻問ひしける　田辺福麻呂

古《いにしへ》の小竹田《しのだ》壮士《をとこ》の妻問ひし菟原処女《うなひをとめ》のおきつく（＝墓）ぞこれ

伊勢の海の沖つ白波花にもが包みて妹が家づと（＝土産）にせむ　安貴王《あきのおおきみ》

（『万葉集』）

1D 逃亡《とうぼう》・浮浪《ふろう》する農民―726（神亀3）年山背《やましろ》国愛宕《おたぎ》郡計帳

史

（『週刊朝日百科 日本の歴史47』をもとに作成）

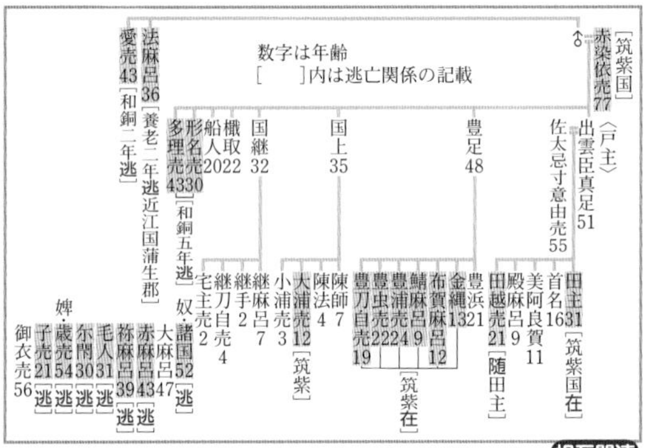

相互関連

読み解く　なぜ多くの者が逃亡・浮浪したのだろうか。

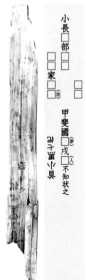

解説 計帳は毎年各戸の戸主が戸口の実情を申告し，それをまとめたもので，課税台帳として作成された。この計帳を見ると，図では▒で示した人物はいずれも「逃」や「筑紫在」などと書かれている。つまり，**本貫《ほんがん》**（本籍地）である山背国愛宕郡出雲郷にはおらず，逃亡したり，遠く九州に在国したりしている。律令の規定では本貫を離れても，その地で課役を納めれば**浮浪《ふろう》**として扱われる。これに対して**逃亡《とうぼう》**は課役を納入していないものである。

1E 貧窮問答歌《ひんきゅうもんどうか》

史　㋝出題

…かまどには　火気《ほけ》吹《ふ》き立てず　こしき①には蜘蛛《くも》の巣懸《すか》きて　飯炊《いひかし》ぐ　ことも忘れて　ぬえ鳥の　呻吟《のどよ》ひをるに　いとのきて②　短きものを　端切《はしき》ると　言へるがごとく　しもと③取る　里長《さとおさ》が声は　寝屋処《ねやど》④まで　来立《きた》ち呼ばひぬ　かくばかり　術《すべ》なきものか　世の中の道

（『万葉集』）

①米を炊《た》く器　②そうでなくても　③笞《むち》　④寝室の入口

解説 農民の苦しみを歌った「貧窮問答歌」（『万葉集』）は，山上憶良《やまのうえのおくら》が筑前国守であった731年頃の作といわれる。大宰府《だざいふ》を「遠の朝廷《とおのみかど》」といったが，都から遠く離れた九州の地で，律令施行後わずか30年にして人びとの生活は破綻《はたん》し始め，その姿が克明に描かれている。権力側に立つ憶良でさえ，こんなにまでやるせないことが世の規則でなくてはならぬのかと深い溜息を吐いているのである。

1F 防人《さきもり》の実態

→1-3 **「戍人《じゅにん》」と書かれた木簡**（佐賀・中原遺跡）

小長□部□□　□□
甲斐國□（津）戍□（人）不知状之
□□家□□（注）
（裏）具小　黒七把

解説 「戍人」は「防人」を示し，この木簡は防人の名簿であると考えられている。「小長□部□□」が防人の名であろう。二次的に使用された跡があり，そのときの□暦八年（延暦《えんりゃく》八年＝789年）の記載から8世紀後半のものと判明している。しかし，東国からの防人の制度は757年に廃止されていることから，この木簡に記載されている「小長□部□□」は，30年以上九州にとどまったことになる。

2 国家財政と民衆の負担

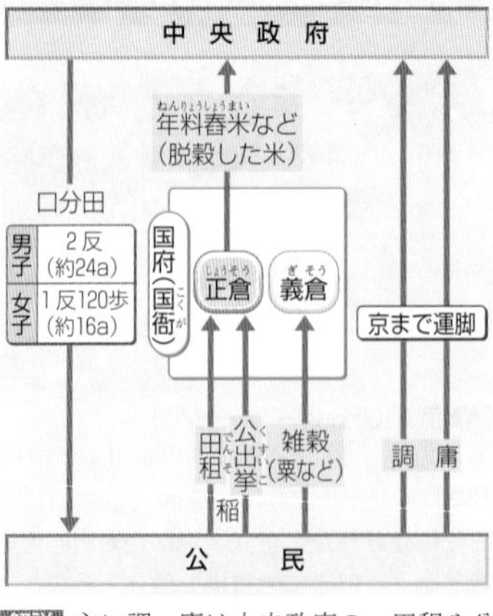

解説 主に調・庸は中央政府の，田租や公出挙は国府の財源となるシステムであったが，重い税負担や虫害，天候不順等で農民の暮らしは不安定であった。浮浪・逃亡が続出し，早々に制度の見直しを迫られた。

3 平城京の庶民の家

↑3-1 **庶民の家**（左京九条三坊十坪）

解説 平城京の南の端に近い，左京九条三坊十坪からは32分の1町の宅地の実例が発見されている。宅地には建物が1，2棟あり，井戸が付随している。柱は20cmほどの細いもので，板葺《いたぶ》きか草葺《くさぶ》きの粗末な屋根があったと推定される。長さ約7m，奥行き5mの小さな建物である。内部には仕切りもなく，土間にむしろや竹を敷いて暮らしていたと思われる。敷地は広いが，おそらく普段食べる野菜などを栽培していたものと推定されている。それでも地方の竪穴住居に比べれば立派な住居だったのかもしれない。

歴史ナビ　**国立歴史民俗博物館**（千葉県佐倉市）　律令制下の村のようすをはじめ，中世の京の街並み，江戸時代の旅籠《はたご》のようすなどのレプリカや模型を多数展示。

考察の視点　墾田永年私財法が発布された目的と，発布された結果どうなったのかを説明してみよう。 推移

奈良時代の土地政策と初期荘園

1 初期荘園の成立関係略年表

公地公民《こうちこうみん》制の動揺	646	**改新の詔《みことのり》**で屯倉《みやけ》・田荘《たどころ》廃止，**班田収授法《はんでんしゅうじゅほう》**を明示
	652	班田収授初施行。戸籍の作成
	715	逃亡の浮浪人に逃亡地で庸調賦課《ようちょうふか》
	717	百姓の浮浪・違法な出家《しゅっけ》(私度僧《しどそう》)禁止
公地公民制の崩壊／墾田所有の進行	**722**	**百万町歩開墾計画《ひゃくまんちょうぶかいこん》** 2
	723	**三世一身法《さんぜいっしんほう》** 2
	743	**墾田永年私財法《こんでんえいねんしざいほう》**(貴族～庶民，限定された面積内での開墾・私有認可。**諸寺の制限無し**) 2
	749	諸寺の墾田所有に制限設定 2B
	765	**寺院以外の新墾田開発と私有禁止**
	772	**墾田私有の禁を解く**(開墾の再自由化)
	792	辺要地以外の軍団廃止(**健児《こんでい》の制**) セ出題
	795	公出挙《くすいこ》率を３割に減じ，**雑徭《ぞうよう》も半減**　令制改革
	801	**畿内の班田を一紀《いっき》(12年)１班《いっぱん》とする**　令制改革
	812	国司の職田《しきでん》以外の私営田禁止(784年禁令の再令)
初期荘園の発達 3／勅旨田・賜田増加，公営田・官田の経営	806	**勅旨田《ちょくしでん》をおく**(文献上初見)
		◎親王賜田《しんのうしでん》の増加
	823	**大宰府《だざいふ》管内で公営田《くえいでん》実施**(～881)
		◎壱岐《いき》・上総《かずさ》などでも公営田実施 セ出題
	831	下野《しもつけ》で400町，摂津《せっつ》で908町を勅旨田とする
	828	畿内《きない》で班田実施(**以後50年間行われず**)
	879	畿内で班田実施(男１段《たん》180歩《ぶ》，女は無支給)
		畿内に官田《かんでん》4,000町設定(元慶官田《がんぎょう》)
	881	諸司田《しょしでん》の設置
不輸・不入権発達		◎９世紀末より不輸《ふゆ》・不入《ふにゅう》権獲得進展
		〔**官省符荘《かんしょうふしょう》**・**国免荘《こくめんのしょう》**の増加
		院宮王臣家《いんぐうおうしんけ》・**権門勢家《けんもんせいか》への荘園寄進**〕
		◎賃租《ちんそ》による負作田《ふさくでん》・請作田《うけさくでん》の増加
		◎荘園以外に治田《はりだ》・名田《みょうでん》の発生
	896	五位以上の私田経営を禁止

2 奈良時代の土地政策

班田農民の動向と律令制の動揺

①過重な諸税負担による生活困窮
- 兵役，調・庸の都への運搬(運脚)60日の雑徭→生活に余裕なし
- 天候不順や虫害による飢饉
- 国司・郡司の勧農政策→効果不充分
- 不安定な生活―『万葉集』「貧窮問答歌」

↓

②対抗策(律令国家への抵抗)
- 戸籍に女性名が急増(**偽籍**)*
- 課役免の資人の増加，私度僧急増
- 本貫地からの**逃亡・浮浪**

↓

③影響
- 租税の減少(国府財政・国家歳入危機)

④その他の社会的矛盾
- 放棄された口分田の荒廃
- 人口増に伴う口分田不足
- 特権的土地所有の存在(寺田《じでん》・神田《しんでん》・位田《いでん》・賜田《しでん》・職田《しきでん》)

＊女子の方が男子よりも税負担が軽かったため，戸籍を女子と偽り(偽籍)，脱税が横行していた。

➡

新しい土地政策

①722(養老６)年 **百万町歩開墾計画** [長屋王政権]
目的は，人口増加に伴う口分田不足の解消・税収増への期待
農民に食料と道具を支給して10日間開墾(徭役労働に依存)
→律令制の動揺期の農民徴発→非現実的で開発に失敗

↓

②723(養老７)年 **三世一身法** (養老七年の格) [長屋王政権] 史　セ出題
目的は，民間の開墾による耕地の拡大。灌漑施設を新造して開墾した者には三世(三代)の保有許可。旧来の灌漑施設を利用しての墾田は一身(本人一代)の保有許可。墾田は輸租田。三世一身後の墾田は国が収公。一代で墾田意欲をなくして失敗

↓

③743(天平15)年 **墾田永年私財法** (天平十五年の格) [橘諸兄政権] 史
目的は，政府掌握の田地を増加させ土地支配の強化を図る。墾田の永年私財を許可。位階による墾田面積保有制限
親王一品・一位：500町～初位以下庶民：10町

↓

結果
①中央の貴族・大寺社・地方豪族が主体となって未墾地の開発。国司・郡司は「雑徭」を利用して班田農民を動員して協力→**初期荘園の成立**
②９世紀以降の律令制の衰退とともに初期荘園も大部分が衰退

2A 初期荘園の仕組み

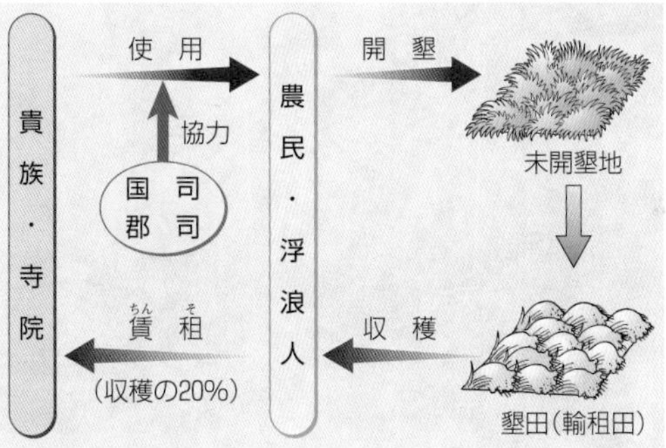

解説 **墾田永年私財法**をきっかけに，経済力のある有力貴族や寺院は私有地を増やすため農民や浮浪人を使用して大規模な開墾を進めた。こうしてできた荘園を**初期荘園**という。墾田は租を納める**輸租田**であり，政府の土地支配を強化する政策であったが，結果的に貴族や寺院の私有地を増やすこととなった。

2B 開墾制限

＊1 親王には一品～四品までの品位《ほんい》があった。

身分・位階	一品《いっぽん》＊1，一位	500町
	二品《にほん》，二位	400町
	三品・四品，三位	300町
	四位	200町
	五位	100町
	六位・七位・八位	50町
	初位《しょい(そい)》，庶民	10町
	郡司…大領《だいりょう》・少領《しょうりょう》	30町
	主政《しゅせい》・主張《しゅちょう》	10町
＊2 寺院	東大寺	4,000町
	元興寺《がんごう》	2,000町
	大安寺《だいあん》・興福寺《こうふく》・国分寺など	1,000町
	法隆寺・新薬師寺	500町
	国分尼寺	400町

＊2 寺院の開墾制限は749年に設定された。

3 初期荘園(東大寺領越前国道守荘《ちもりのしょう》) P.110》

解説 東大寺は最大規模の4,000町の墾田所有が認められたが，10世紀後半の史料によれば92荘(4,800町)におよんだことがわかっている。道守荘は現在の福井市近郊になるが，地図をみると北半分は「野地」とされていて，水はけの悪い後背湿地《こうはいしっち》であり，条件の悪い土地だった。また，荘園内には百姓家はなく，賃租《ちんそ》(１年契約の小作)によっていたと考えられる。こうした公民への賃租は，現地の有力な豪族である郡司《ぐんじ》などの力に頼っていたと思われる。

3-1 越前国足羽《あすわ》郡道守村地図　正倉院宝物

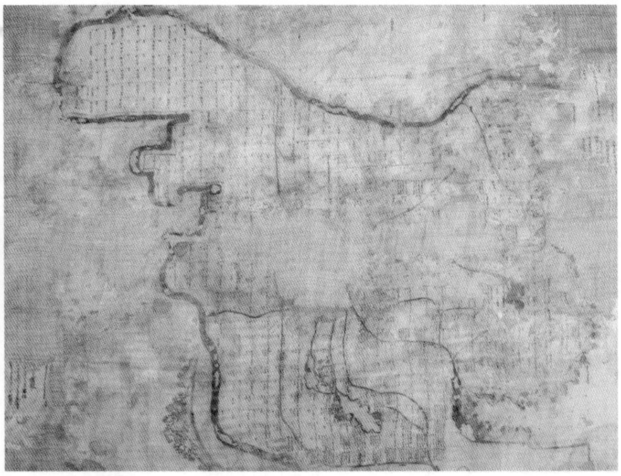

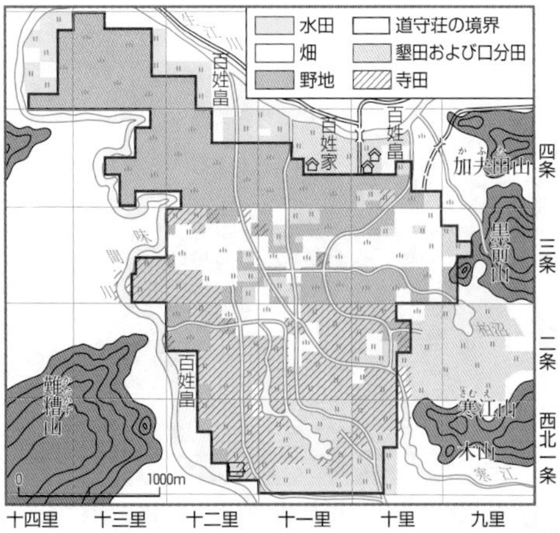

2-1 山野の開墾(石山寺縁起絵巻)
14世紀に描かれたもの。ここでは中世の開墾のようすを描いている。

歴史ナビ　**東大寺開田図**　越前・越中・近江などの初期荘園の開田地図が正倉院に残されている。毎年奈良国立博物館で開かれる正倉院展で公開されることがある。

仏像の種類

	如来部《にょらいぶ》	菩薩部《ぼさつぶ》	明王部《みょうおうぶ》	天《てん》部
意味	如来とは「仏」の別名。真に崇拝の対象となるもの。梵語《ぼんご》の「悟《さと》りを開いた覚《かく》者《しゃ》」の意。如(＝真理)によって来生した者。真理を認識した最高位の仏	如来の弟子として，**悟りを求めて修行する者**の意。修行により如来の境地に達せんと勇猛に努力しつつ，衆生《しゅじょう》を教化救済する誓願《せいがん》を立てている	明呪《みょうじゅ》(真言陀羅尼《しんげんだらに》という呪文《じゅもん》)の保持者＝**持明使者**の意。大日如来の使者又は化身として，仏道修行を妨げる障害を粉砕し，衆生の救済にあたる	仏教成立以前からインドに存在していたバラモン教・民間信仰の神々を取り込み仏法の守護にあたらせたもの。本来天界に住むので天とよぶ
種類	・**釈迦《しゃか》**如来 ・**薬師《やくし》**如来 ・**阿弥陀《あみだ》**如来 ・**大日《だいにち》**如来(最高の智の仏とされる) ・弥勒仏《みろくぶつ》 ・毘盧遮那仏《びるしゃなぶつ》(盧舎那仏《るしゃなぶつ》)	・**弥勒《みろく》**菩薩　・勢至《せいし》菩薩 ・**観音《かんのん》**菩薩　六観音 聖《しょう》観音　千手《せんじゅ》観音　不空羂索《ふくうけんじゃく》観音 如意輪《にょいりん》観音　十一面《じゅういちめん》観音　馬頭《ばとう》観音 ・日光《にっこう》菩薩　・月光《がっこう》菩薩 ・文殊《もんじゅ》菩薩　・普賢《ふげん》菩薩 ・地蔵《じぞう》菩薩など	・**五大明王** ㊥不動《ふどう》明王(大日如来の化身) ㊡降三世《ごうざんぜ》明王　㊠軍荼利《ぐんだり》明王 ㊢大威徳《だいいとく》明王　㊣金剛夜叉《こんごうやしゃ》明王 ・愛染《あいぜん》明王 ・孔雀《くじゃく》明王 ・大元帥《だいげんすい》明王など	－武人天部－ ・**四天王《してんのう》** ㊡持国《じこく》天㊠増長《ぞうちょう》天 ㊢広目《こうもく》天 ㊣多聞《たもん》(毘沙門《びしゃもん》)天 ・十二神将《じゅうにしんしょう》など ・執金剛神《しゅこんごうしん》(金剛力士) －貴顕《きけん》天部－ ・梵天《ぼんてん》・弁才《べんざい》天 ・帝釈《たいしゃく》天 ・伎芸《ぎげい》天 ・吉祥《きちじょう》天 ・訶梨帝母《かりていも》など
特徴	①修行に打ち込んだ厳しさ，出家・解《げ》脱《だつ》を示す姿のため，**衲衣《のうえ》**という粗末な法衣を着て何の装身具もつけない ②頭部に**肉髻《にっけい》**という隆起をもち，頭髪は**螺髪《らほつ》**という渦《うず》巻状の縮れ毛 ③眉間《みけん》に**白毫《びゃくごう》**という白い巻き毛がある ④衆生《しゅじょう》(すべての生物)救済時，彼らが指間からこぼれ落ちぬようにと手指間に**縵網《まんもう》**という水掻《みずかき》がある	①釈迦の出家以前の王子姿を表現 ②髪は**宝髻《ほうけい》**に結い，**宝冠《ほうかん》**を戴《いただ》く ③胸飾り(**瓔珞《ようらく》**)を垂《た》れ，**釧《せん》**とよばれる金色の輪を両腕両足にはめるなど豪華な装身具をつけている ④上半身裸体，下半身に**裳《も》**をまとう。肩から**天衣《てんね》**を長く垂らす ⑤温顔《おんがん》で慈悲《じひ》の相 ⑥白毫・縵網など身体的特徴は如来と同じ	①温容《おんよう》では救済しがたい衆生を威力で仏法に導くべく，厳しい**忿怒相《ふんぬそう》**。魔力を打破するに十分な激しさを表す，力強く勇猛な姿態 ②怒髪《どはつ》天を衝《つ》くが如き，炎が燃え上がるような**焔髪《えんぱつ》** ③多面多臂《ひ》の非人間的な姿 ④多くの手に，悪を懲《こ》らしめるさまざまな**持物《じもつ》**(杵《しょ》・鉾《ほこ》・剣などの武器)をもつ	①まったく自由な多種多様な表現 ②**武人天部**には，甲冑《かっちゅう》で身を固め武器をもち，足元に邪鬼《じゃき》を踏み，忿怒相のものが多い ③**貴顕天部**の姿は多種多様 ④天女形《てんにょ》で天衣《てんね》をまとう吉祥天・弁才天・日天《にってん》・月天《がってん》・伎芸天などは自然が神格化されたもの

写真と各部名称

1-1 平等院鳳凰堂阿弥陀如来像《びょうどういんほうおうどうあみだにょらいぞう》 国 京都

1-2 唐招提寺千手観音立像《とうしょうだいじせんじゅかんのんりゅうぞう》 国 奈良

1-3 西大寺愛染明王像《さいだいじあいぜんみょうおうぞう》 奈良

1-4 浄瑠璃寺吉祥天立像《じょうるりじきちじょうてんりゅうぞう》 京都

	十大弟子	羅漢《らかん》	祖師《そし》・高僧
種類・特徴	釈迦直《しゃかじき》弟子のうち，主だった10人。いずれも法衣をまとった僧形姿である	尊敬と施し与えるにふさわしい仏教修行者で，特に，釈迦に仏教を護持することを誓った十六人を十六羅漢という	仏教各宗の開祖や徳の高い僧侶たち。インドでは無著《むちゃく》・世親《せしん》・達磨《だるま》大師など。中国では鑑真《がんじん》など。日本では聖徳太《しょうとくたい》子《し》・最澄《さいちょう》・空海《くうかい》・法然《ほうねん》・日蓮《にちれん》など
写真	 1-5 興福寺須菩提《すぼだい》像(左)・迦旃延《かせんねん》像(右) 国 奈良	 1-6 興福寺維摩居士像《こうふくじゆいまこじぞう》 国 奈良	 1-7 達磨《だるま》寺達磨大師坐《ざ》像 奈良

垂迹部《すいじゃくぶ》(神像)

神道《しんとう》では神の依《よ》り代《しろ》を信仰していたが，仏教の影響で平安時代から神像がつくられた

1-8 薬師寺《やくしじ》神功皇后《じんぐうこうごう》坐像 国 奈良

解説 仏教の伝来とともに，仏像も6世紀半ばには日本に伝えられた。仏像は，厳密にいえば仏陀《ぶっだ》の像のみをさすが，広義には，「如来」「菩薩」「明王」「天」の四つのグループがあり，釈迦の弟子や高僧などの像もつくられている。9世紀に盛んになった密教によって，盧舎那仏《るしゃなぶつ》が「大日如来」と称して，根本の仏として多くの仏や菩薩をその分身であると考えるようになった。

歴史ナビ **奈良国立博物館**(奈良県奈良市)　「なら仏像館」では，飛鳥時代から鎌倉時代の国宝や重要文化財の仏像を展示している。併せて，興福寺国宝館も見学したい。

考察の視点 白鳳文化はなぜ清新さにあふれ，若々しく活気に満ちているのだろうか。相互関連

時期　７世紀後半～８世紀初頭
天武《てんむ》・持統《じとう》朝(673～697)を中心とする時代
中心地　飛鳥・斑鳩《いかるが》地方
担い手　王族・渡来人《とらいじん》・遣唐使《けんとうし》
❶律令国家形成期の活気・清新《せいしん》さがあふれる
❷国家の仏教興隆策により，仏教文化を基調としている
❸遣唐使によって初唐文化の影響を受けている

建築	薬師寺《やくしじ》㊥東塔《とうとう》(三重塔)

解説 白鳳文化期の建築の中心は，藤原京《ふじわらきょう》に建設された宮殿や役所，そして官の大寺である大官大寺《だいかんだいじ》や薬師寺《やくしじ》などである。これらの建築物に共通することは，屋根に建築材料として瓦《かわら》が用いられたことである。寺院にしか使用されていなかった瓦が，藤原宮の宮殿にも使用されるようになった 1-2 。現存する建築物は，薬師寺東塔《とうとう》 3-5 のみであるが，1982年，山田寺の東回廊《ひがしかいろう》が発掘調査で出土した 2-1 。これは，現存する最古の木造建築である法隆寺《ほうりゅうじ》に先行する実例である。

1 藤原京《ふじわらきょう》の建築

©藤原京ＣＧ再現プロジェクト
↑1-1 藤原宮大極殿《だいごくでん》(ＣＧ再現)

→1-2 藤原宮の軒丸瓦《のきまるがわら》と軒平瓦《のきひらがわら》
奈良文化財研究所蔵

2 山田寺東回廊《ひがしかいろう》

↑2-1 山田寺回廊連子窓《かいろうれんじまど》の発掘　奈良文化財研究所提供

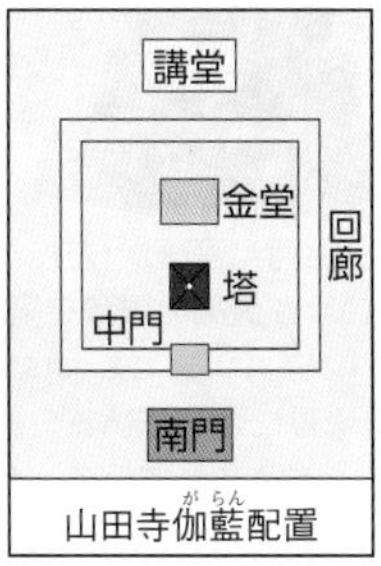

山田寺伽藍《がらん》配置

←2-2 山田寺東回廊の再現

3 薬師寺《やくしじ》を解剖する

解説 薬師寺は，天武《てんむ》天皇が皇后の病気平癒《へいゆ》を祈って藤原《ふじわら》京《きょう》内に建立した(本薬師寺《もとやくしじ》)。現在の薬師寺は，平城京《へいじょうきょう》遷都で移ったものである。薬師寺東塔《とうとう》は，建築材の年輪年代測定の結果，720年代に伐採されたことが判明し，平城京遷都後に新築されたことが確定的となった。

3A 本薬師寺《もとやくしじ》

↑3-1 本薬師寺跡

↑3-2 本薬師寺の創建瓦《そうけんがわら》
奈良文化財研究所蔵

3B 薬師寺《やくしじ》

↑3-3 薬師寺全景　1971年から始められた復興事業で，金堂・西塔・中門・大講堂が完成。
奈良

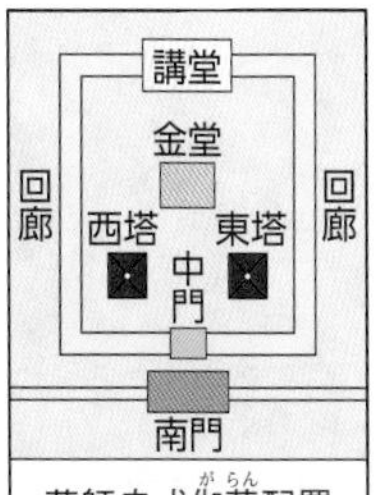

薬師寺式伽藍《がらん》配置

㋝出題
←3-4 フェノロサ(1853～1908)　1878(明治11)年に来日し，東京大学の教壇に立つ。日本美術に関心が高く，法隆寺夢殿《ほうりゅうじゆめどの》救世観音《くぜかんのん》像 P.71 を発見したのも彼である。

↓3-6 薬師寺東塔の水煙《すいえん》　相《そう》輪《りん》の上に付けられた４枚からなる装飾《そうしょく》。舞い踊り音楽を奏《かな》でる24人の天人を飛雲《ひうん》の中に配し，透《す》かし彫《ぼ》りで仕上げている。火焔《かえん》型だが，火を嫌《きら》い水煙《すいえん》とよばれる。国総高193cm 下辺長さ約48cm 厚さ２～６cm

出題
→3-5 薬師寺東塔《とうとう》　調和のとれた優美な三重塔で，アメリカ人フェノロサはその均整美に感嘆し「凍《こお》れる音楽」と表現したといわれるが，この表現は美術評論家黒田鵬心《くろだほうしん》のものとの説もある。３層の各層が**裳階**《もこし》をもつため六重塔のように見える。
国総高34.1m 相輪部10.3m

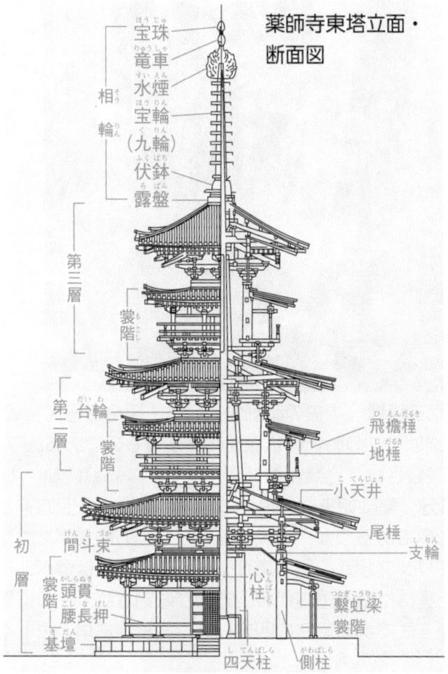

歴史ナビ　**飛鳥資料館**(奈良県明日香村)　飛鳥の文化財を調査・研究する奈良文化財研究所の展示施設で，山田寺東回廊を再現・展示している 2-2 。

白鳳文化② 彫刻

考察の視点 飛鳥仏と白鳳仏を比べ，その違いを挙げてみよう。 比較

彫刻	薬師寺国金堂薬師三尊像《こんどうやくしさんぞんぞう》(薬師如来《にょらい》像　日《にっ》光《こう》・月光菩薩《がっこうぼさつ》像)［金銅像］ 薬師寺東院堂聖観音《とういんどうしょうかんのん》像［金銅像］ 法隆寺《ほうりゅうじ》国阿弥陀三尊《あみださんぞん》像(橘夫人念持仏《たちばなふじんねんじぶつ》)［金銅像］ 法隆寺夢違観音《ゆめたがいかんのん》像［金銅像］ 興福寺《こうふくじ》国仏頭《ぶっとう》(旧山田寺本尊薬師如来《やまだでらほんぞんやくしにょらい》像の頭部と推定)［金銅像］

1 白鳳仏の特徴

①童顔で初々しい
②ふっくらとした両頰に切れ長の目，僅かに笑みをたたえた口元

1-1 法隆寺阿弥陀三尊像《ほうりゅうじあみださんぞん》(橘夫人念持仏《たちばなふじんねんじぶつ》)　橘夫人は光明皇后《こうみょうこうごう》の母。丸顔の柔らかな表情に白鳳から天平への発展が認められる。 国中尊像高34.0cm 奈良

1-2 法隆寺夢違《ほうりゅうじゆめたがい》(ちがい)観音像　悪夢を良い夢に変じてくれるという伝説がある。 国像高86.9cm 奈良

出題

1-3 興福寺仏頭《こうふくじぶっとう》　もとは蘇我倉山田石川麻呂《そがのくらやまだのいしかわまろ》(大化改新時の右大臣)が建立した山田寺の本尊・薬師三尊像の中尊像(丈六仏)であった。685年に鋳造《ちゅうぞう》されたとされ，1187年に山田寺から興福寺東金堂に移され，1411年の火災で頭部のみが奇跡的に焼け残った。その後，現東金堂台座に納められ，1937年に発見された。 国頭高98.3cm 奈良

2 薬師寺の白鳳仏

出題

2-1 薬師寺金堂薬師三尊像《やくしじこんどうやくしさんぞん》　中央の薬師如来像と，脇侍《きょうじ》の日光菩薩《にっこうぼさつ》像(右)と月光菩薩《がっこうぼさつ》像(左)。威厳と優しさを兼ね備えた表現は，この時代の仏像を代表するものである。フェノロサが最高の讃辞を呈したように，その肉体表現の美しさは，比類がない。 国像高 薬師：254.7cm 日光：317.3cm 月光：315.5cm 奈良

2-2 薬師如来台座部分　薬師如来像の台座の四面には邪鬼《じゃき》と四方神が浮き彫りにされている。この造形は，シルクロードの影響であろうか，唐代に流行した西方的要素をもつものと考えられている。台座の框《かまち》(枠のこと)には，❶ギリシア起源の葡萄唐草《ぶどうからくさ》文様，その下には❷ペルシア風蓮華文，腰部部分には❸インド風の裸形の力神，下框《しもがまち》には❹中国古代の四方神が彫刻されている。四方神は，東側が青龍《せいりゅう》，西側が白《びゃっ》虎《こ》，南側が朱雀《すざく》，北側が玄武《げんぶ》である。この四方神は，高松塚古墳・キトラ古墳の壁画にも描かれている。 国台座高 152cm

2-3 薬師寺東院堂聖観音像《とういんどうしょうかんのん》　飛鳥様式の外面性から白鳳様式の内面性への推移を示し，技巧的にも非常に優れた像である。金銅像。 国像高188.9cm 奈良

歴史ナビ　薬師寺では，毎年３月に修二会花会式《しゅにえはなえしき》が行われる。この行事では薬師三尊像が色とりどりの造花で飾られ華やかな光景がみられる。

白鳳文化③ 絵画

考察の視点
白鳳文化の絵画は，中国唐の影響を強く受けているとされるが，それはなぜか。 相互関連

絵画	法隆寺世金堂壁画《へきが》(1949年焼損) 高松塚《たかまつづか》古墳壁画 (1972年発見・2007年石室解体) キトラ古墳壁画(1983年発見) 上淀廃寺《かみよどはいじ》壁画(1991年発見)

1-1 法隆寺金堂内陣《ないじん》小壁壁画飛天《ひてん》図

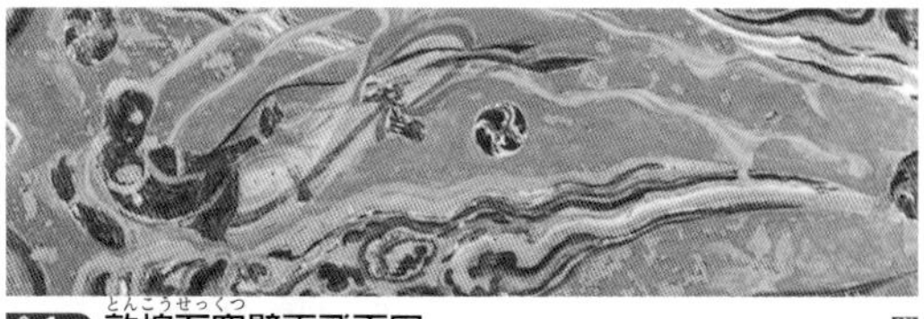

1-2 敦煌石窟《とんこうせっくつ》壁画飛天図 世

解説 法隆寺金堂の外陣《げじん》には，高さ３mを超える浄土《じょうど》図４面と菩薩《ぼさつ》図８面，内陣《ないじん》小壁に20面の鮮やかな壁画があったが，1949年の火災で内陣小壁以外は損傷を受け，取り外され保管されている。

1 絵画

1A 法隆寺金堂壁画

1-3 法隆寺金堂壁画６号阿弥陀浄土《あみだじょうど》図　頭高107cm 奈良　＊この写真は焼損後の模写を撮影したもの。

解説 法隆寺金堂壁画は，インドのグプタ朝で製作されたアジャンター石窟寺院《せっくつじいん》の壁画の画風などに，敦煌莫高窟《とんこうばっこうくつ》の中国初唐の様式が加わり，これらの影響を受けて描かれたと考えられている。

1-4 アジャンター石《せっ》窟寺院《くつじいん》壁画 世

1-5 敦煌莫高窟《とんこうばっこうくつ》220窟南壁阿弥陀浄土経変図《きょうへんず》 世

1B 高松塚《たかまつづか》古墳壁画

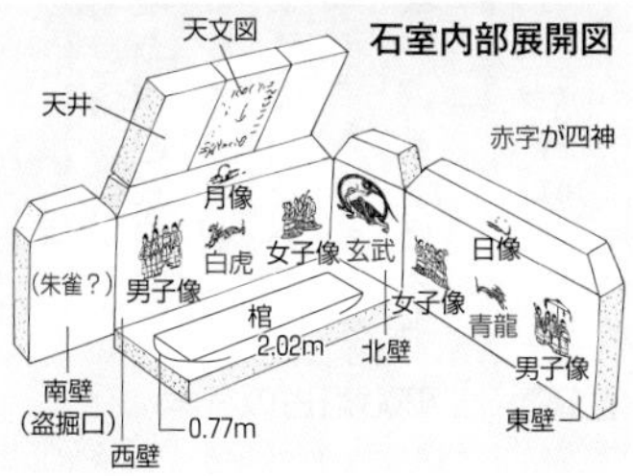

解説 高松塚古墳は，終末期古墳で，直径23m，高さ５mの円墳。2005年の発掘調査によって，藤原京期(694～710年)の築造と確定された。南北の長さ265cm，東西の幅103cm，高さ113cmの石室から，1972年に極彩色《ごくさいしき》の壁画が発見された。 国

1C キトラ古墳壁画

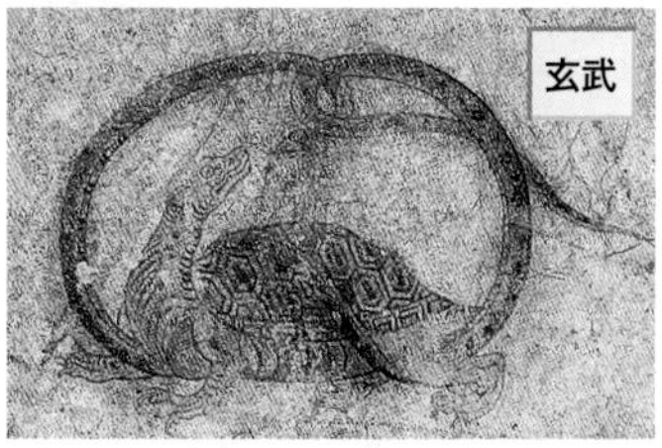

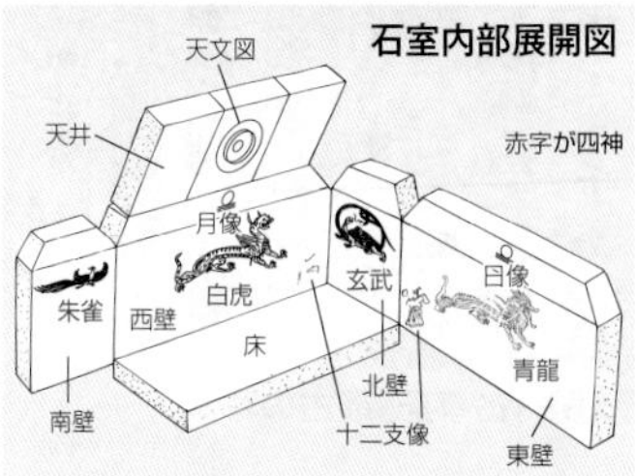

解説 キトラ古墳は，終末期古墳で，直径13.8m，高さ3.5mの円墳。石室内部の東西南北の四壁の中央に四神《しじん》の青龍《せいりゅう》，白虎《びゃっこ》，朱雀《すざく》，玄武《げんぶ》が描かれ，天井の中央には本格的な天文図が描かれている。 国

1D 壁画にみられる高松塚古墳とキトラ古墳のちがい

	高松塚古墳	キトラ古墳
四神像	朱雀《すざく》が欠けている 白虎《びゃっこ》が南向き(一般的) 筆致《ひっち》がおとなしい	四つ揃っている 白虎が北向き(めずらしい) 躍動感がある
天文図	一般的な星空	精密で古代中国の洛陽《らくよう》や長安《ちょうあん》付近からみた星空
男女人物像	飛鳥美人とよばれる唐風の人物群像	なし
十二支像	なし	朝鮮半島風の獣頭人身《じゅうとうじんしん》十二支像

(国営飛鳥歴史公園ホームページなどによる)

高松塚古墳壁画の保存

代表撮影

だれもが眼をうばわれた高松塚古墳の極彩《ごくさい》色《しき》壁画が，1972年に発見された。国宝に指定された壁画は，現状のまま保存されていたが，2004年に退色・変色が判明し，文化庁は急遽《きゅうきょ》，壁画の恒久保存方針等の検討を始め，2006年に石室を解体した。2007年に修理施設に壁画を移動し，2020年に12年かけた壁画の修復が終了した。壁画は，期間限定で年4回公開しているが，文化庁は2029年までに，公開機能を備えた施設の整備計画を進めている。

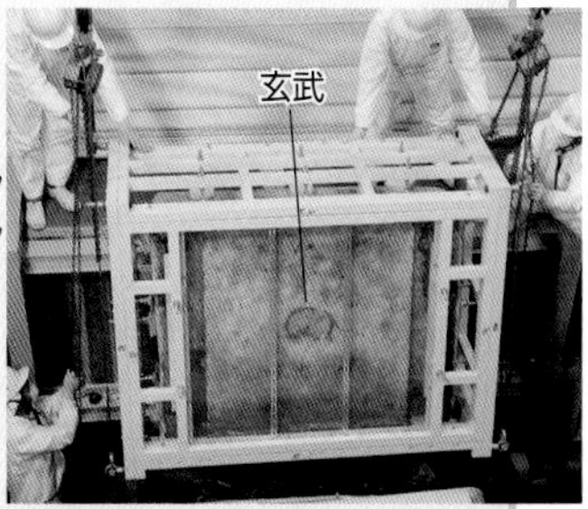

取り出される北壁石(2007.4.17)

歴史ナビ　高松塚壁画館(奈良県明日香村)　発見当時のままの壁画を忠実に写し取った「現状模写」と，一部復元した「復元模写」などを展示している。

90 天平文化① 文学・教育

考察の視点 律令国家によって歴史書が編纂されるようになったのはなぜだろうか。 推移

時期　8世紀
聖武《しょうむ》天皇の天平年間を中心とする奈良時代
❶律令国家完成期の豪壮・雄大な文化(国富の中央集中)
❷鎮護《ちんご》国家思想に基づく仏教文化(国家の仏教保護政策)
❸平城京を中心に開花した高度な貴族文化
❹盛唐文化の影響を受けた国際色豊かな文化
(東ローマ・西アジア・インド等の西方《さいほう》要素も流入)

1 歴史・地誌・文学

		名称・成立年	巻数・内容	関係人物
歴史		『古事記《こじき》』712(和銅《わどう》5) (注)六国史《りっこくし》に含まず	3巻。神代《じんだい》〜推古《すいこ》天皇まで。文体は漢字の音訓を併用	**稗田阿礼《ひえだのあれ》** **太安万侶《おおのやすまろ》**(安麻呂)
歴史		『日本書紀《にほんしょき》』 セ出題 720(養老《ようろう》4)	30巻。神代〜持統《じとう》天皇まで。系図1巻は現存せず。**六国史の初め**。編年体《へんねんたい》が主	**舎人親王《とねりしんのう》** 太安万侶(安麻呂)
地誌		『風土記《ふどき》』713(和銅6) 諸国に撰進《せんしん》命ずる	郡郷《ぐんごう》や山川原野の名称の由来・地味《ちみ》地形・産物・伝承など。諸国は解文《げぶみ》として報告	元明《げんめい》天皇 (713年撰上の詔《みことのり》)
文学	漢詩	『懐風藻《かいふうそう》』 751(天平勝宝《てんぴょうしょうほう》3)	1巻。天智《てんじ》朝以降，64人の詩を作者別・年代順に収録。**現存最古の漢詩文集**	編者…諸説あり　淡海三船《おうみのみふね》 葛井広成《くずいのひろなり》　石上宅嗣《いそのかみのやかつぐ》
文学	和歌	『万葉集《まんようしゅう》』 セ出題 760〜770頃	20巻約4,500首。相聞歌《そうもんか》・挽歌《ばんか》・雑歌《ぞうか》。巻14に東歌《あずまうた》230余首。巻20に防人歌《さきもりのうた》84首	額田王《ぬかたのおおきみ》　柿本人麻呂《かきのもとのひとまろ》　山部赤人《やまべのあかひと》　山上憶良《やまのうえのおくら》　大伴家持《おおとものやかもち》

(セ出題)

1A 記紀の成立

＊国家成立の由来や天皇支配の必然性を示すために，国史の編纂が行われた。

古事記
元明《げんめい》天皇
稗田阿礼が誦習していた『帝紀』・『旧辞』を**太安万侶《おおのやすまろ》**が筆録。3巻を712年撰上《せんじょう》

日本書紀
元正《げんしょう》天皇
撰修総裁《せんしゅうそうさい》の**舎人親王《とねりしんのう》**は天武第3皇子。720年撰上。この年は厩戸《うまやと》王《おう》らの『天皇記』・『国記』等編纂P.66からちょうど100年後。『日本書紀』以後，国家事業としての史書編纂は，10世紀初めの**延喜《えんぎ》の治《ち》**まで続く

1B 六国史《りっこくし》＊の編纂

＊漢文・編年体の体裁を共通とする勅撰六正史。

書名(巻数)	成立年・天皇	主な編者	記載年代
『日本書紀《にほんしょき》』(30)日本紀《にほんぎ》とも	720(養老《ようろう》4)元正《げんしょう》	舎人親王《とねりしんのう》・太安万侶《おおのやすまろ》	神代《じんだい》〜持統《じとう》天皇(697まで)
『続日本紀《しょくにほんぎ》』(40)　初編→	794(延暦《えんりゃく》13)桓武《かんむ》	石川名足《いしかわのなたる》・淡海三船《おうみのみふね》	文武《もんむ》〜孝謙《こうけん》天皇(697〜758)
後編→	797(延暦16)桓武	菅野真道《すがののまみち》・藤原継縄《ふじわらのつぐただ》	淳仁《じゅんにん》〜桓武天皇(758〜791)
『日本後紀《にほんこうき》』(40)	840(承和《じょうわ》7)仁明《にんみょう》	藤原緒嗣《おつぐ》・藤原冬嗣《ふゆつぐ》	桓武〜淳和《じゅんな》天皇(792〜833)
『続日本後紀《しょくにほんこうき》』(20)	869(貞観《じょうがん》11)清和《せいわ》	藤原良房《よしふさ》・藤原良相《よしすけ》	仁明天皇一代　(833〜850)
『日本文徳天皇実録《にほんもんとくてんのうじつろく》』(10)	879(元慶《がんぎょう》3)陽成《ようぜい》	藤原基経《もとつね》・菅原是善《すがわらのこれよし》	文徳《もんとく》天皇一代　(850〜858)
『日本三代実録《にほんさんだいじつろく》』(50)	901(延喜《えんぎ》元)醍醐《だいご》	藤原時平《ときひら》・菅原道真《みちざね》	清和・陽成・光孝《こうこう》天皇(858〜887)

1C 現存する風土記《ふどき》

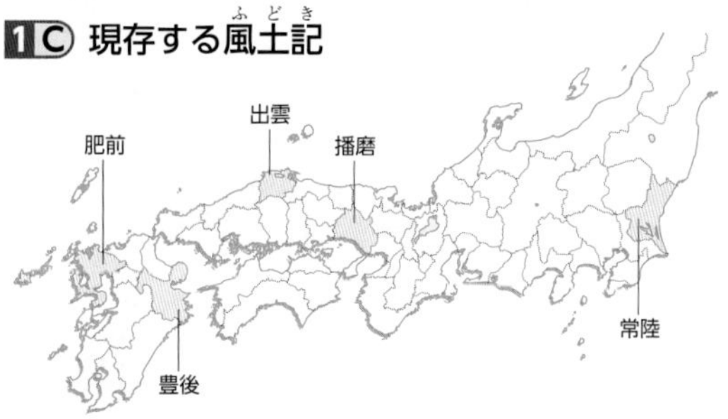

解説 歴史書とともに，諸国に郷土の産物，地名の由来，伝承などから地誌《ちし》を編纂させたのが，**『風土記《ふどき》』**である。現在，常陸《ひたち》・出雲《いずも》・播磨《はりま》・豊後《ぶんご》・肥前《ひぜん》の5カ国の『風土記』が伝えられており，出雲のみが，ほぼ完全に残されている。

太安万侶《おおのやすまろ》の墓誌《ぼし》

1979年に平城京の東の山中で見つかった銅製の墓誌。『古事記』を編纂した太安万侶(？〜723)が住んでいた場所や，死去した年月日などが記されている。
「左京四條四坊従四位下勲五等《じゅしいのげくんごとう》太《おおの》朝臣安萬侶《あそんやすまろ》以癸亥年《みずのといのとし》七月六日卒之養老七年十二月十五日乙巳《きのとみ》」

→発見された墓誌の一部分

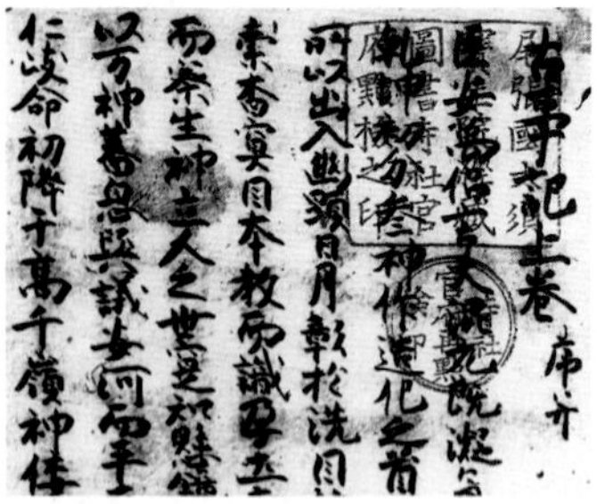

1-1 『古事記』最古の写本
愛知・宝生院蔵

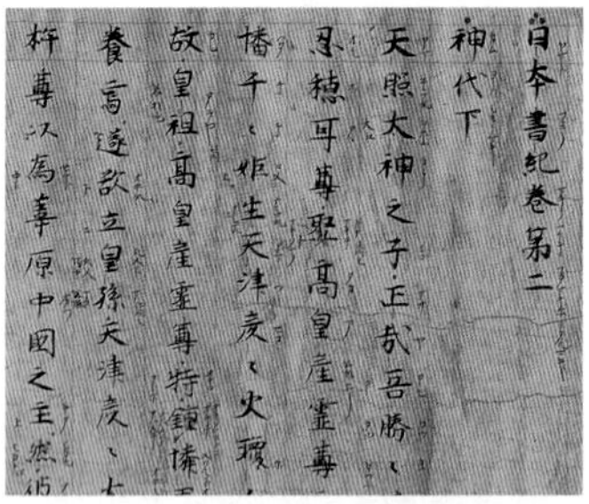

1-2 『日本書紀』神代巻(吉田本)
天理大学附属天理図書館蔵

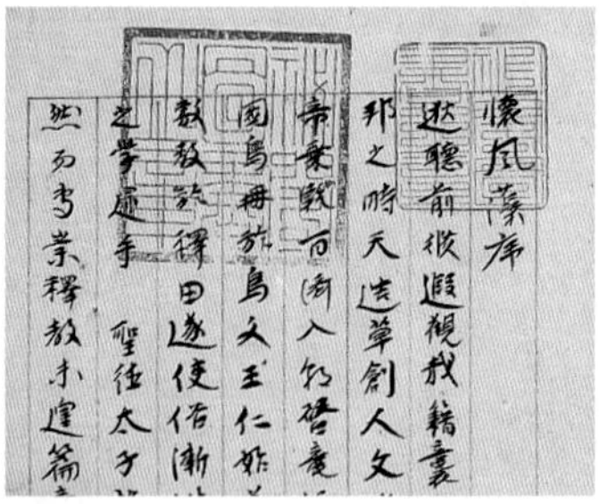

1-3 『懐風藻』最古の写本
国立公文書館蔵

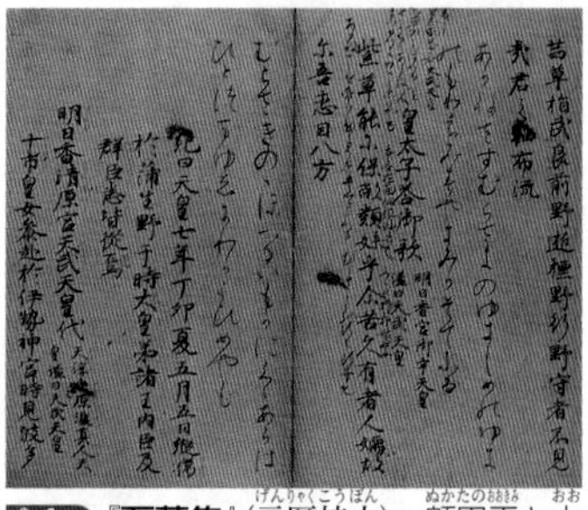

1-4 『万葉集』(元暦校本《げんりゃくこうほん》)　額田王《ぬかたのおおきみ》と大海人皇子《おおあまのみこ》の有名な相聞歌。　東京国立博物館蔵

万葉《まんよう》がな

奈良時代には平《ひら》がな片《かた》かなはまだない。白村江《はくそんこう(はくすきのえ)》の戦い直前に中大兄皇子《なかのおおえのみこ》とともに九州へ向かった額田王《ぬかたのおおきみ》が，現松山市で詠《よ》んだ歌は，――熟田津尒《にきたつに》　船乗世武登《ふなのりせむと》　月待者《つきまてば》　潮毛可奈比沼《しほもかなひぬ》　今者許芸乞菜《いまはこぎいでな》――とすべて漢字の音訓組合せ表記である。万葉がなの用例には①字音《じおん》表記：阿米《あめ》＝天，奈津可之《なつかし》＝懐かし，久尓《くに》＝国　②義訓：寒＝ふゆ，暖＝はる　③字訓(意味)表記：天＝あめ[正訓《せいくん》]，名津蚊為《なつかし》＝懐かし，八間跡《やまと》＝大和[借訓]　④戯訓：神楽声《ささ》＝笹などがあるが，戯訓は面白い。「八十一」は？　9×9だから「くく」。では「十六」は？　4×4で「しし」。「なみだ」はどう記したか。ロマンチックに「恋水」が答。

2 教育制度 セ出題

	大学《だいがく》	国学《こくがく》
所管	式部省《しきぶしょう》が大学寮《りょう》を設置	国司《こくし》(国ごとに設置)
学生定員	学生《がくしょう》400名，算生《さんしょう》30名，書生若干名《しょしょうじゃっかんめい》	国ごと国学生20〜50人，医学生4〜10人
入学資格	五位以上の貴族子弟《してい》。八位までの子弟の志願者，東西史部《やまとかわちのふひとべ》の子弟など	13〜16歳の聡明《そうめい》な郡司《ぐんじ》の子弟
登用試験など	10日ごとの旬試《じゅんし》・1年ごとの年終試。在学9年で修学見込みなき者は退学。式部省で秀才・明経《みょうぎょう》・進士・明法《みょうぼう》の4科受験，合格者は太政官《だいじょうかん》に推薦《すいせん》され25歳になると授位(五位以上の子弟は蔭位《おんい》の制により21歳で自動的に授位)	儒学《じゅがく》・医学教育が中心。終業者は上京(諸国貢人《こうじん》)。受験を経て官吏《かんり》に。平安後期になると教官の地方赴任《ふにん》が行われなくなり衰退

2A 教科

奈良初期
本科(のちの明経道)とそれに付随の**算道**・**書道**

奈良中期
本科から**文章《もんじょう》**・**明法**の2道に分かれる

平安中期
明経・**明法**・**文章**・**算道**の4道が確立。明経は儒教を，明法は律令格式《りつりょうきゃくしき》を学ぶ。文章は文学・史学を学び**紀伝《きでん》道《どう》**ともいう。教官の文章博士を務めたのが大江・菅原氏。算道は数学を学ぶ

歴史ナビ　奈良県立橿原考古学研究所附属博物館(奈良県橿原市)　太安万侶の墓誌など，遺跡から出土した資料の実物が展示されている。

考察の視点 天平時代の現存する建築の特徴をまとめてみよう。比較

天平文化② 建築

建築	東大寺《とうだいじ》世法華堂《ほっけどう》(三月《さんがつ》堂)・転害門《てがいもん》・正倉院宝庫《しょうそういんほうこ》 法隆寺《ほうりゅうじ》世伝法堂《でんぽうどう》(住宅建築遺構《いこう》)・夢殿《ゆめどの》 唐招提寺《とうしょうだいじ》世金堂《こんどう》(天平期唯一の金堂《こんどう》遺構) 講堂(平城宮朝集殿《ちょうしゅうでん》を移建。唯一の平城宮遺構)

1 建築

1-1 **東大寺転害門《とうだいじてがいもん》** 創建当時の東大寺の門で唯一現存する。緩《ゆる》やかな勾配《こうばい》をもち，堂々とした安定感をもつ**八脚門**。 国高さ10.6m 奈良

1-2 **東大寺法華堂《ほっけどう》(三月《さんがつ》堂)** かわらの古い左の寄棟造《よせむねづくり》の正堂が天平期のもの。礼堂《らいどう》は鎌倉時代につくられた。毎年3月に法華会《ほっけえ》を行うことからこの名前がある。不空羂索《ふくうけんじゃく》観音像，執金剛《しゅこんごう》神像などが安置される。P.92,93 国平面17.4×25.2m

1-3 **唐招提寺《とうしょうだいじ》金堂** 堂々として雄大，正面観が美しい金堂は天平期唯一の金堂遺構《いこう》。**寄棟造**で，和様建築の出発点となる。前面の吹放《ふきはな》し柱廊《ちゅうろう》はギリシア建築の流れを汲《く》む。 国平面28.0×14.7m 奈良

1-4 **唐招提寺講堂** 平城宮の建築物の中で唯一現存している建物。もともと東朝集堂《ちょうしゅうどう》の中の一棟としてつくられたが，切妻造《きりづまづくり》であったものを入《いり》母屋造《もやづくり》にして移築《いちく》している。 国平面33.8×13.5m

1-5 **法隆寺伝法堂《でんぽうどう》** 東院の講堂で橘三千代《たちばなのみちよ》あるいは聖武《しょうむ》夫人の橘古那可智《こなかち》邸を移建したと伝えられる。国平面25×10.7m 奈良

1-6 **法隆寺夢殿** 厩戸王《うまやとおう》の斑鳩宮跡《いかるがのみやあと》に建てられた**八角円堂**で東院の中心建築。内部の仏壇・柱・梁《はり》・屋頂の露盤《ろばん》等に創建当初の面影をとどめる。本尊は救世観音《くぜかんのん》像。 国1辺4.7m

出題

1-7 **校倉造《あぜくらづくり》** 断面が三角形の木材を井桁《いげた》に組み壁面《へきめん》を構成する建築方法。南倉と北倉にみられる。正倉院のものが最古で最大である。

1-8 **東大寺正倉院宝庫《しょうそういんほうこ》** 光明《こうみょう》皇后が東大寺に献納《けんのう》した**聖武《しょうむ》天皇の遺品など数千点を収蔵**。南中北3倉からなる。P.94 国平面33.1×9.4m 床下2.4m 奈良

1A 伽藍《がらん》配置

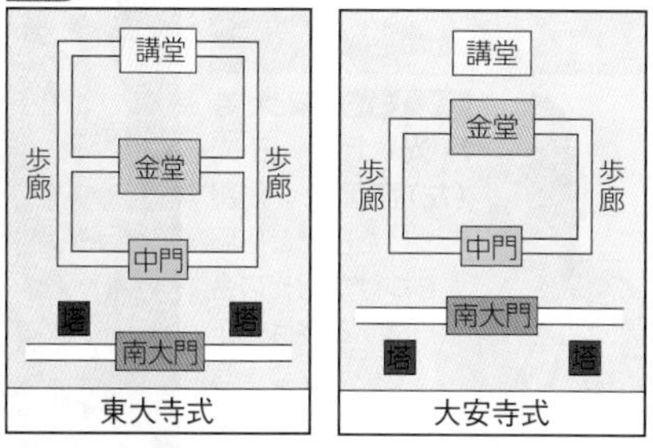

読み解く 奈良時代になり，寺院の伽藍配置がどのように変化したか，P.69の飛鳥時代の伽藍配置と比較して読み解いてみよう。比較

歴史ナビ **正倉院** 宮内庁の管理で，外構(外観)は平日のみ公開されていて無料で見学できる。

考察の視点　塑像《そぞう》は，金銅像などと比べてどのような点で優れているのだろうか。　比較

1 彫刻(塑像《そぞう》)

彫刻	塑《そ》像《ぞう》	東大寺㊃法華堂執金剛神《しゅこんごうしん》像　東大寺日光菩薩《にっこうぼさつ》像・月光《がっこう》菩薩像 東大寺戒壇堂《かいだんどう》四天王《してんのう》像(東…持国天《じこくてん》，南…増長《ぞうちょう》天，西…広目《こうもく》天，北…多聞《たもん》天) 新薬師寺《しんやくしじ》十二神将《しんしょう》像　法隆寺《ほうりゅうじ》㊃五重塔初層群像

読み解く　広目天《こうもくてん》は両手にそれぞれ何をもっているのだろうか。また，それは何を意味しているのだろうか。

塑像

心木《しんぎ》に荒縄《あらなわ》を巻き，荒土を盛りつけて像の形をつくる。表面に仕上《しあげ》土として白土をかぶせ整え彩色《さいしき》を施《ほどこ》して完成する。

- 粘土《ねんど》を使用するため自由に造形が可能
- もろくて重い

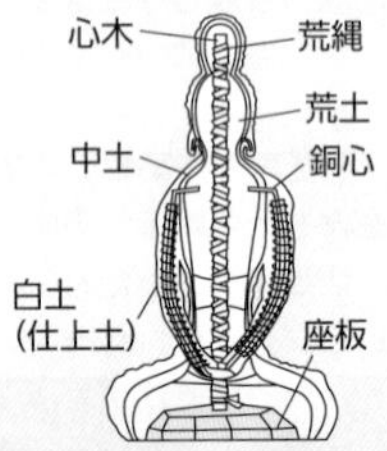

↑1-1 **東大寺戒壇堂《とうだいじかいだんどう》四天王像(広目天《こうもくてん》)**　四天王像の一つで，東に持国天《じこくてん》，南に増長《ぞうちょう》天，西に広目《こうもく》天，北に多聞《たもん》天を配す。　国像高162.7cm　奈良

↑1-2 **東大寺法華堂執金剛神像《ほっけどうしゅこんごうしん》**　秘仏のため保存状態が良好で，手に**金剛杵《しょ》**をもち仏法を護《まも》る夜叉神《やしゃがみ》を力強く表現している。のちに半裸の力士形が一般化した。　国像高170.4cm

←1-3 **法隆寺《ほうりゅうじ》五重塔初層群像**(北面)　沙羅双樹《さらそうじゅ》の木の下で，80歳で入滅《にゅうめつ》した釈迦《しゃか》のようす。涅槃《ねはん》に入った師を囲み悲嘆《ひたん》のあまり号泣《ごうきゅう》する弟子・信者たちの劇的瞬間が見事にとらえられている。　国羅漢像高30cm内外　奈良

↑←1-4・5 **東大寺月光《がっこう》(上)・日光《にっこう》(左)菩薩《ぼさつ》像**　法服をつけた日光と唐服をつけた月光の合《がっ》掌《しょう》する姿は端正《たんせい》で敬虔《けいけん》な姿を写実的に描写《びょうしゃ》している。P.93

国月光像高204.8cm
国日光像高207.2cm

↑1-6 **新薬師寺十二神将《しんやくしじじゅうにしんしょう》像 迷企羅《めきら》*大将**　国＊国宝指定名称は迷企羅，寺伝尊名は伐折羅《ばさら》

↑1-7 **新薬師寺十二神将像**　中央に座《ざ》す木造一木造《いちぼくづくり》の本尊薬師如来像を取り囲む塑像群の豊かな表情が印象的。12体中波夷羅《はいら》大将だけは1931(昭和6)年の作。本尊は，弘仁《こうにん》・貞観《じょうがん》期につくられた。国薬師如来像191.5cm　奈良

↑1-8 **新薬師寺十二神将像 因達羅《いんだら》大将**　国十二神将像高各160cm内外

考察の視点　乾漆像は，金銅像や木像などと比べてどのような点で優れているだろうか。　比較

1 彫刻(乾漆《かんしつ》像)

彫刻	乾漆《かんしつ》像	東大寺㊂法華堂不空羂索観音《ふくうけんじゃくかんのん》像 ㊦出題	脱乾漆像
		唐招提寺㊂(御影堂)鑑真《がんじん》像・金堂盧舎那仏《るしゃなぶつ》像	脱乾漆像
		興福寺《こうふくじ》㊂八部衆《はちぶしゅう》像(阿修羅《あしゅら》像は八部衆像の一つ)	脱乾漆像
		興福寺十大弟子像(６体が残存)	脱乾漆像
		聖林寺《しょうりんじ》十一面観音像(木心《もくしん》乾漆像)	

乾漆像

乾漆《かんしつ》像は中国の技法で，粘土《ねんど》の原形の上に麻布を漆《うるし》で塗《ぬ》り固め，その後粘土を抜いて内部を空洞にし，木枠を入れた**脱《だっ》乾漆**と，木でおおまかな像形をつくり，その上に麻布を貼《は》って漆で塗り固めた**木心乾漆《もくしんかんしつ》**がある。乾漆像の手法は，写実的表現や柔らかな表現に適するが，漆は高価であり，乾《かわ》くまでにかなりの日数を要した。

脱乾漆	・体内が空洞のため軽い ・漆を大量に使用
木心乾漆	・体内が木のため重い ・脱乾漆より漆の量は少ない

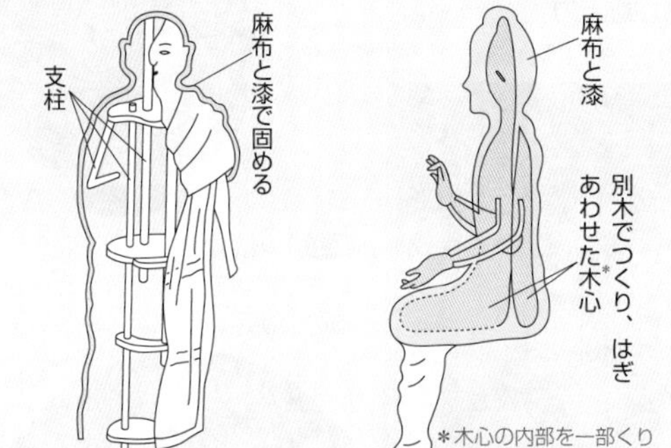

＊木心の内部を一部くりぬいたものもある。

1-1 **興福寺《こうふくじ》十大弟子像(須菩提《すぼだい》)**　釈迦《しゃか》の高弟《こうてい》10人の１人で，人と争うことがなく解空《げくう》(真理を理解)第一と言われたその人柄が，見事に表現されている。脱乾漆像。　国像高147.6cm 奈良

出題
1-2 **東大寺法華堂不空羂索観音像《とうだいじほっけどうふくうけんじゃくかんのん》**(中央)　法華堂の本尊で，煩悩《ぼんのう》に悩む人々を救済する三目八臂《さんもくはっぴ》(三つの目と八つの手)の観音像。３万の宝石類を散りばめた華麗な宝冠《ほうかん》も著名。脱乾漆像。　国像高363.6cm 奈良
＊現在，日光・月光菩薩は保存上の理由から，「東大寺ミュージアム」に安置されている。

1-3 **唐招提寺鑑真像《とうしょうだいじがんじん》**　『唐大和上東征伝《とうだいわじょうとうせい》』によると，鑑真死去の直前に弟子たちによってつくられたという。微笑をたたえる口元を始め，細部にわたって写実的に表現されている。盲目になる苦難を乗り越えながら来航した鑑真の不屈の精神を感じ取ることができる**肖像彫刻《しょうぞう》**の最高峰。　国像高79.7cm 奈良

1-5 **阿修羅《あしゅら》像**(彩色復元)
奈良国立博物館蔵

1-6 **興福寺阿修羅像**　西金堂本尊釈迦如来《しゃかにょらい》像の従者として安置された八部衆《はちぶしゅう》像の一つで**三面六臂《さんめんろっぴ》**。思いつめたような真剣な顔つき，全体の見事なバランスは比類がない。脱乾漆像。制作当初は朱塗りで，金箔で装飾されていた。　国像高152.3cm

1-4 **唐招提寺金堂盧舎那《るしゃな》仏《ぶつ》像**　唐招提寺本尊。脱乾《だっかん》漆《しつ》技法を駆使《くし》し，千体釈迦を光背《こうはい》にもつこの斬新《ざんしん》的な仏像は，密教大日如来《だいにちにょらい》を暗示しているともいわれ，天平《てんぴょう》から平安への移行期の様式を示す。脱乾漆像。　国像高304.5cm

1-7 **興福寺五部浄《ごぶじょう》像**　胸部のみの残存であるが，脱乾漆像の構造がよくわかる。　国残存高50.0cm

1-8 **聖林寺《しょうりんじ》十一面観音《かんのん》像**　明治の神仏分離で引き取られる前は，大神《おおみわ》神社の神宮寺である大御輪《だいごりん》寺にあった。天平《てんぴょう》後期の優雅で均整のとれた仏像。木心乾漆像。　国像高209.0cm 奈良

歴史ナビ　**唐招提寺鑑真像**　唐招提寺の御影堂《みえいどう》に安置され，開山忌《かいさんき》の前後(６月５～７日)に公開されている。模像「御身代わり像」は常時拝観できる。

94 天平文化⑤ 工芸

考察の視点 正倉院には，ペルシアなど西アジア産の工芸品が多く残されているが，それはなぜだろうか。 相互関連

1 工芸

工芸	正倉院宝物《ほうもつ》…螺鈿紫檀五絃琵琶《らでんしたんごげんのびわ》・漆胡瓶《しっこへい》・銀薫炉《ぎんのくんろ》など 東大寺㊍大仏殿八角灯籠《とうろう》(火袋《ひぶくろ》の扉のうち２枚が天平期) 龍首水瓶《りゅうしゅすいびょう》…銀製鍍金《ときん》 P.68

無垢浄光經
自心印陀羅尼

高さ21.4cm

1-1 **百万塔《ひゃくまんとう》**(右)・**陀羅尼《だらに》**(左)　**称徳《しょうとく》天皇**の発願《ほつがん》で木製の三重小塔が百万基つくられ，南都十大寺に分けられた。塔内に納められた陀羅尼は制作年代のわかる世界最古の印刷物である。　千葉・国立歴史民俗博物館蔵

1A 正倉院宝物

以下ヤコウガイ以外すべて正倉院宝物

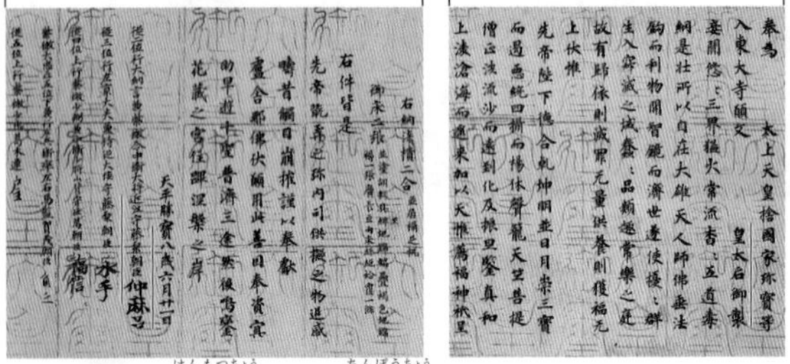
巻末　巻首

1-2 **東大寺献物帳《けんもつちょう》　国家珍宝帳《ちんぼうちょう》**　756年に**聖武太上天皇**の遺愛品六百数十点を大仏に奉献した際のもので，東大寺正倉院の宝物献入目録では最古のもの。巻首と巻末に献上の趣意を述べた**光明《こうみょう》皇太后**の願文がある。巻末からは時の政局担当者もうかがえる。天皇御璽《ぎょじ》489顆《か》が表面に捺《お》されている。縦25.8×全長1,470cm奈良

1-3 **紺瑠璃坏《こんるりのつき》**
西アジア産のもので天平《てんぴょう》文化の国際性を示す好例。
高さ11.2cm 重さ260g

1-4 **三彩鉢《さんさいのはち》**
唐三彩《とうさんさい》・ペルシア三彩との関連が注目される。
口径26.9cm 重さ1,458g

高さ27.0cm
重さ633g

高さ8.5cm
重さ485g

1-5 **白瑠璃瓶《はくるりのびょう》**(左)**白瑠璃碗《はくるりのわん》**(下)
瑠璃とは中国で硝子《ガラス》のこと。器形はササン朝ペルシア風。西アジアのものが唐に伝えられ，**遣唐使《けんとうし》**により日本にもたらされたと考えられる。

1-6 **漆胡瓶《しっこへい》**
ペルシア風の水瓶《すいびょう》
高さ41.3cm
胴径18.9cm

1-7 **東大寺《とうだいじ》大仏殿八角灯籠《はっかくとうろう》**　銅製の灯籠の火袋《ひぶくろ》の扉に見事な音聲菩薩《おんじょうぼさつ》と唐獅子《からじし》の透彫《すかしぼ》りがあり，天平期の技術水準を物語る。　㊟火袋部93.6×44.0cm 奈良

1-8 **音聲菩薩《おんじょうぼさつ》立像**

1-9 **金銀鈿荘唐大刀《きんぎんでんかざりのからたち》**　全長99.9cm
＊下半部は明治時代の補作である。

1-10 **銀薫炉《ぎんのくんろ》**　牡丹唐草文《ぼたんからくさもん》を透《すか》し彫《ぼ》りにしてある。香《こう》をたきしめるのに使用。　総高20.0cm 重さ1,550g

1-11 **鳥獣花背方鏡《ちょうじゅうかはいのほうきょう》**　唐代の鏡の形はさまざまな変化に富んでいるが，この四角形のものは方鏡。海獣葡萄《かいじゅうぶどう》の鋳上《いあ》がりが見事。　辺長17.1cm

1-12 **平螺鈿背八角鏡《へいらでんはいのはっかくきょう》**　赤い部分は丹《たん》か朱《しゅ》を塗って琥珀《こはく》を貼ってある。ヤコウガイの螺鈿技法も秀逸《しゅういつ》。径27.4cm

表

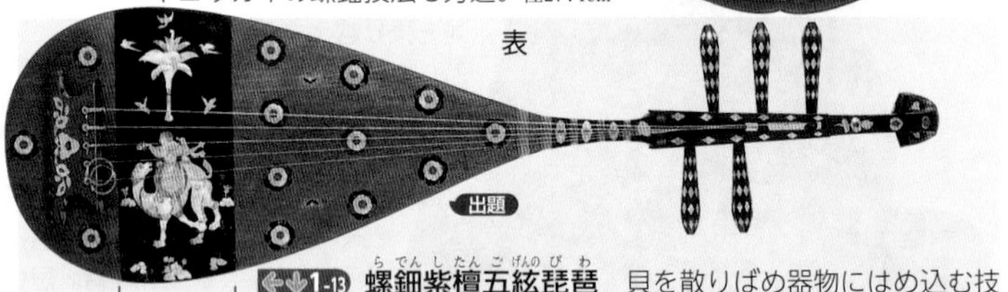

1-13 **螺鈿紫檀五絃琵琶《らでんしたんごげんのびわ》**　貝を散りばめ器物にはめ込む技法が螺鈿。裏には唐花文がデザインされている。紫檀は，インド原産のマメ科の常緑高木。堅く紫色を帯びた材で古くから建築材・家具材・器具材として珍重《ちんちょう》された。　長さ108.1cm

裏

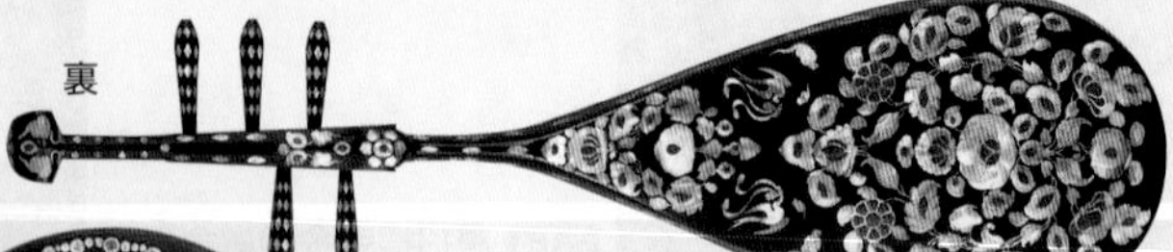

正倉院の工芸品と動物

正倉院に納められた工芸品には，世界のさまざまな動物の姿を見つけることができる。①は**螺鈿紫檀五絃琵琶《らでんしたんごげんのびわ》**に描かれた熱帯樹と駱駝《らくだ》に乗った楽人。②③は正倉院﨟纈屏風《ろうけちびょうぶ》より羊と象。④は花樹孔雀文刺繡《かじゅくじゃくもんのししゅう》。

1-14 **螺鈿紫檀阮咸《らでんしたんのげんかん》**
長さ100.4cm

1-15 ヤコウガイ

考察の視点　8世紀に日本で描かれた美人図と，同時代に西アジアや中央アジアで描かれた美人図が同様の構図で描かれているのはなぜだろうか。　相互関連

1 絵画

絵画	正倉院鳥毛立女屏風《しょうそういんちょうもうりゅうじょびょう》(樹下美人図《ぶじゅか》) 薬師寺㊀吉祥天像《きちじょうてん》(吉祥天画像) 過去現在絵因果経《かこげんざいえいんがきょう》(上品《じょうぼん》蓮台寺等に4巻残存)

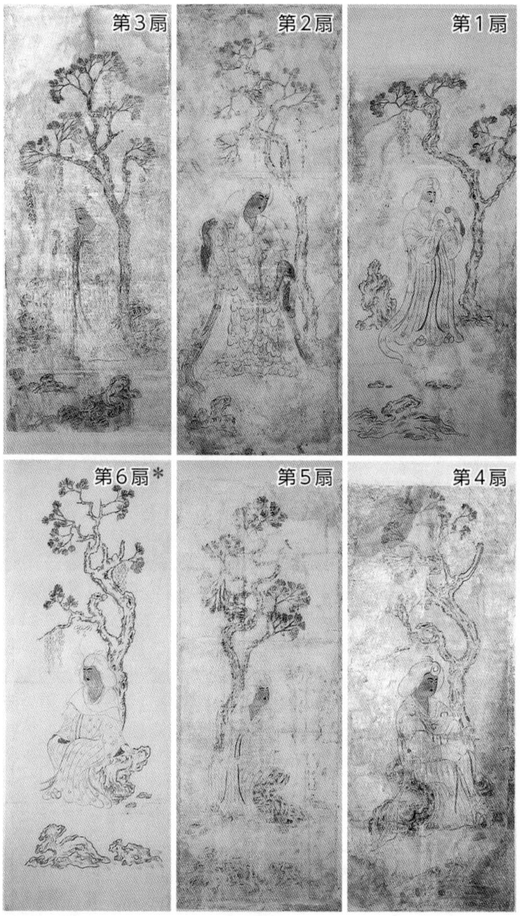

出題

セ出題 **1-1 正倉院鳥毛立女《しょうそういんちょうもうりゅうじょ》屏風《びょうぶ》**(樹下美人図)　樹下に唐装の一美女を描く6面の屏風である。顔や手の部分を除き衣服などに鳥毛が貼《は》られていた。瑞々《みずみず》しい顔立ちや豊満な肉体は当時の美人の条件である。また，この屏風が国内製なのか中国製なのか疑問視されていたが，最近，屏風の下張りの反故紙に「天平勝宝四年(752)六月二十六日」の文字が見いだされ，前者が有力となった。各約136.0×56.0cm 正倉院宝物

解説　第1～3扇は樹下に立ち姿で描かれ，第4～6扇は樹下の岩の上に座す美人図が描かれている。

＊第6扇は，人物の顔以外は後世の補修である。

1-2 中国トルファン市の樹下美人図《じゅかびじん》(8世紀中頃)　この構図は西アジアから中央アジアまで広く用いられたモチーフである。長さ139.1×幅53.3cm 静岡・MOA美術館蔵

1-3 薬師寺吉祥天像《やくしじきちじょうてん》　天下泰平《てんかたいへい》・五《ご》穀豊穣祈念《こくほうじょうきねん》のため吉祥天信仰が盛行《せいこう》する中，称徳《しょうとく》天皇の発願《ほつがん》で始めた吉祥悔過会《きちじょうけかえ》の本尊《ほんぞん》画像として製作された。麻布に描かれている。**樹下美人図と共通する**ふっくらとした美人相は，唐代の人形や中央アジア出土の美人図などにも広く共通している。　国縦53.0×横31.7cm 奈良

1-4 東大寺盧舎那仏《とうだいじるしゃなぶつ》台座蓮弁毛彫《れんべんけぼり》　刻まれた仏・菩薩の表現は豊かな美しさを保ち，強く張りをもった刻線は盛唐期の絵画の雅《みや》びで気品高い鉄線描《てっせんびょう》を彷彿《ほうふつ》させる。　国奈良

1-5 麻布《まふ》菩薩図　雲上《うんじょう》の菩薩を堂々とした筆力で描き，生々《いきいき》とした気迫が描線にあふれている。正倉院の数少ない絵画遺品の一つ。　正倉院宝物

1-6 墨絵《すみえ》人物図　写経生が暇に任せて筆を滑《すべ》らせた落書き。写経生の風俗を表しているが，怒りを表現しているのかユーモアがある。　正倉院宝物

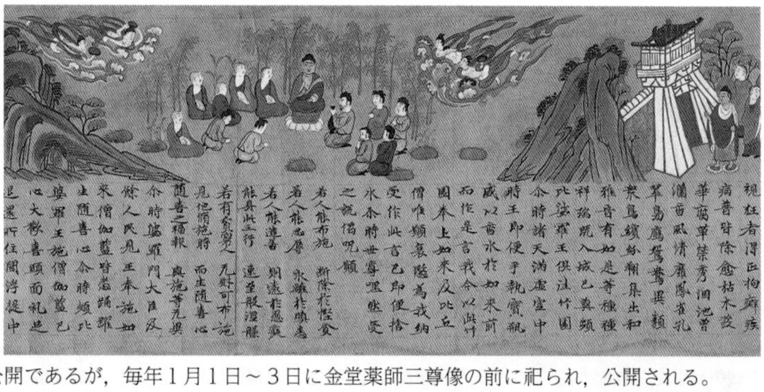

1-7 過去現在絵因果経《かこげんざいえいんがきょう》　釈迦《しゃか》の前世《ぜんせ》と現世《げんせ》の物語を述べた経文《きょうもん》を，**唐風の楷書《かいしょ》**で下段に書き，その物語を上段に絵で描いてある。絵巻物のはじめとしての意義が大きい。天平《てんぴょう》期のものは京都醍醐寺《だいごじ》，上品蓮台寺《じょうぼんれんだいじ》，東京藝術大学に3巻が伝存。　国縦26.5×横1,036.4cm 東京藝術大学蔵

歴史ナビ　**薬師寺吉祥天像**　通常は非公開であるが，毎年1月1日～3日に金堂薬師三尊像の前に祀られ，公開される。

古代都市・平安京

考察の視点 桓武天皇が平城京から山背国へ遷都した理由を考えてみよう。 相互関連

1 平安京《へいあん》

新しい天智《てんじ》系の皇統の都として，784年長岡京《ながおか》，794年平安京《へいあん》が造営された。平安時代のはじまりである。

1-1 平安京復元模型 縮尺1000分の１の平安京復元模型は，考古学・歴史学・地理学・建築学の各分野の平安京研究の成果が生かされている。平安京は東西約4.5km，南北約5.2kmの大きさで，平城京によく似ている。九条八坊から構成され，中央に朱雀大路が南北に走り，南端には羅城門があった。東西に東寺《とうじ》と西寺《さいじ》，七条には東西市と東西鴻臚《こうろ》館《かん》が置かれていた。左京三条一坊には神泉苑《しんせんえん》があり，天皇の行幸や祈雨など祭祀の場として使用された。10世紀後半に文人として活躍した慶滋保胤《よしししげのやすたね》の著『池亭記《ちていき》』では，賀茂川の洪水を原因とする右京の衰退と左京四条以北，平安京東郊・北郊への都市域の拡大という現象を指摘している。

2 長岡京《ながおか》と平安京

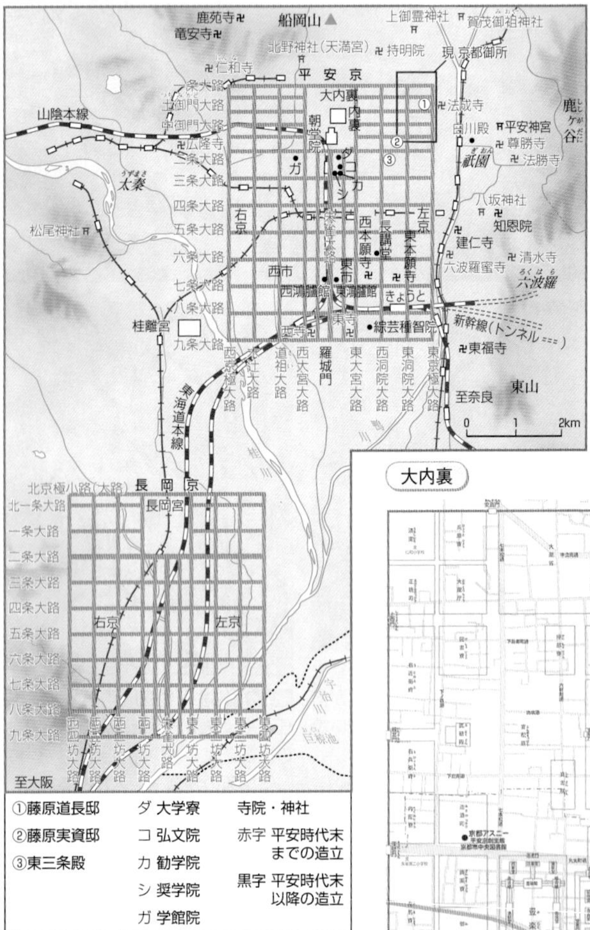

解説 784年，桓武《かんむ》天皇は仏教政治の弊害を改め，天皇権力を強化するため，平城京《へいじょう》から山背国《やましろのくに》の長岡京《ながおか》に遷都した。造営長官には腹心の藤原種継《ふじわらのたねつぐ》(式家)を起用したが，種継の暗殺事件や洪水によって工事は進まず，794年に平安京に再遷都し，山背国を山城国に改めた。

* 現在の京都御所は18世紀に平安期の考証を基に建造されたものを江戸末期に再建したものであり，平安期の御所と建物の配置等が異なっている。

3 大内裏《だいだいり》と内裏《だいり》

解説 大内裏は，朝堂院(八省院)・豊楽院・二官八省の庁舎・職《しき》・寮《りょう》・司《つかさ》などの建物がある。内裏は天皇の住居。清涼殿など天皇の御《ご》座所《ざしょ》や，皇后や女官の居住する後宮《こうきゅう》があった。818年に施設の名称が中国風に変更され，内裏の正殿を紫宸殿，大内裏(伊藤展安氏画)門もこれまでの氏族名から嘉字に変更された。

宮内庁京都事務所提供

3-1 現在の京都御所*(紫宸殿《ししんでん》)

(『平安京図会』(公財)京都市生涯学習振興財団より作成)

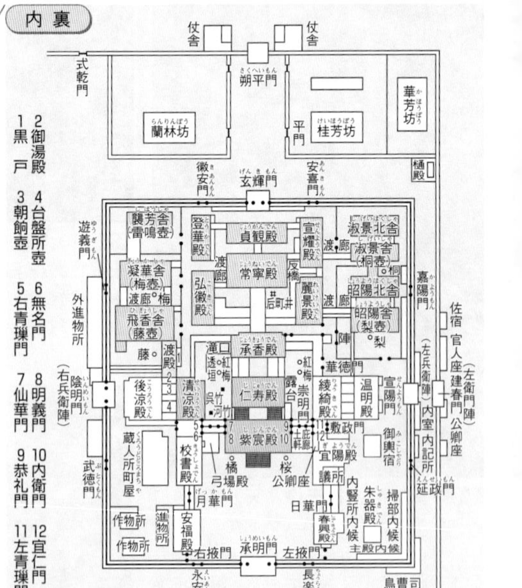

歴史ナビ **徳政相論《とくせいそうろん》** 東北での蝦夷《えみし》との戦争や平安京の造営は，国家財政や民衆にとって大きな負担となり，805年，桓武《かんむ》天皇は藤原緒嗣《ふじわらのおつぐ》の意見を採用し，二大事業を停止した。

中世都市・京都

考察の視点 中世の京都が平安時代初期の平安京と比較してどのように変化しているか，その理由も含め考えてみよう。

1 平安京《へいあん》・市街地地図

比較 推移

＊京都市都市計画基本図（縮尺１万分の１）を基図とし，その上に平安宮（大内裏）および条坊図を表記した。

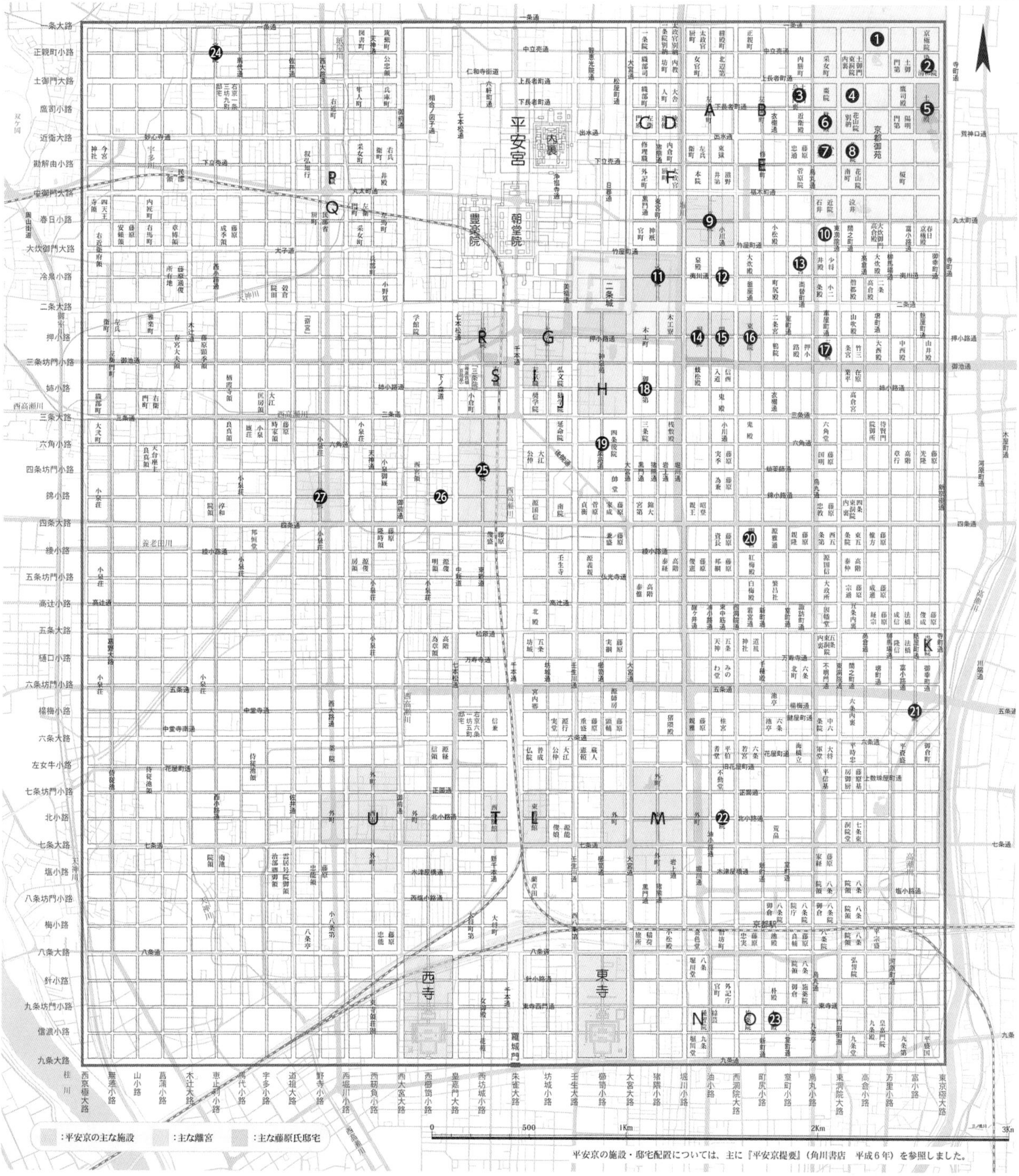

平安京の施設・邸宅配置については、主に『平安京提要』（角川書店 平成６年）を参照しました。

主な邸宅
❶一条殿
❷染殿
❸土御門内裏
❹高倉殿
❺土御門殿
❻枇杷殿
❼小一条院
❽花山院
❾高陽院
❿大炊殿
⓫冷泉院
⓬陽成院
⓭小野宮
⓮堀河院
⓯閑院
⓰東三条院
⓱三条院
⓲御子左第
⓳四条後院
⓴四条宮
㉑河原院
㉒亭子院
㉓九条殿
㉔宇多院
㉕朱雀院
㉖西宮
㉗淳和院

官衙・公的施設
A 左近衛府
B 左衛門町
C 左極
D 検非違使庁
E 修理職町
F 太政官厨家
G 大学寮
H 神泉苑
I 左京職
J 勧学院
K 崇親院
L 東鴻臚館
M 東市
N 綜芸種智院
O 施薬院
P 右獄
Q 民部省厨町
R 穀倉院
S 右京職
T 西鴻臚館
U 西市

（『平安京図会』（公財）京都市生涯学習振興財団，『日本古代の歴史４ 平安京の時代』より作成）

公家権門の所在地としての京都は権門勢家《けんもんせいか》やその一門・従者・隷属民の集住地であり，全国からの荘園年貢の集散地であり，さまざまな文化の中心地であった。院政の進展の中で，白河院政期における六条周辺の再開発，京都に隣接する白河・鳥羽《とば》地域の発達，平家の六波羅《ろくはら》・西八条への集住など，京の範囲は，鴨川を越えた領域を含みこんで，中世都市・京都が確立する。

2 鳥羽殿《とばどの》

2-1 鳥羽殿復元模型 平安京から南へ約３km，朱雀《すざく》大路の延長線に位置する。白河天皇が1086年から離宮の造営をはじめ，鳥羽上皇がこれを引き継ぎ完成させた。東殿・北殿などの殿舎群と庭園からなる大規模な離宮である。造営は受領《ずりょう》層が請け負い，資材が諸国から集められ，院近臣《いんのきんしん》・貴族も宅地を与えられ，鳥羽は京・白河 P.121》 とともに政治・経済・宗教・文化の中心地であった。広大な離宮の半分近くは池で，淀川から瀬戸内海に至る水運交通の拠点であり，京都への陸運交通の拠点でもあった。1179年に平清盛《たいらのきよもり》が院政を停止した際，後白河法皇を幽閉《ゆうへい》したのが鳥羽殿である。

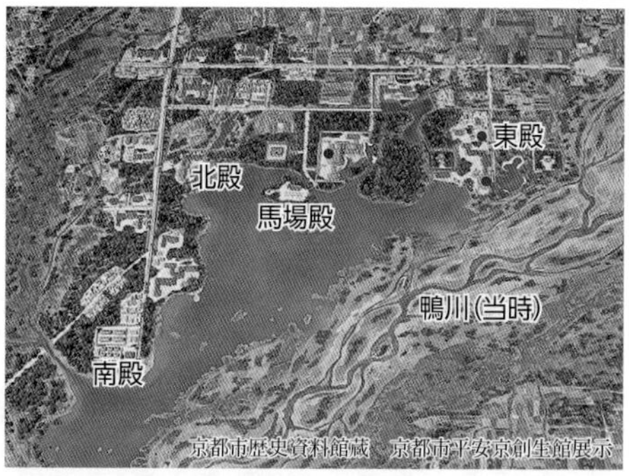

京都市歴史資料館蔵 京都市平安京創生館展示

98 平安初期の政治改革

1 新しい皇統の誕生

1A 平安初期の皇室系図

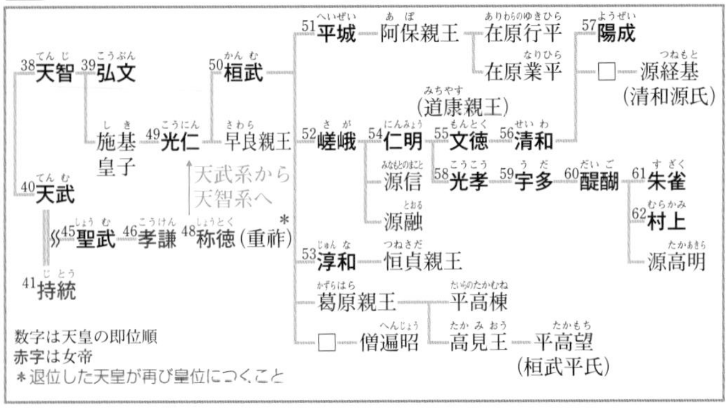

天智系への転換

770年，聖武《しょうむ》天皇と光明《こうみょう》皇后の間に生まれ，一生を独身で通した女帝称徳《しょうとく》が53歳で亡くなり，天武《てんむ》系の正統な皇統は絶えた。後継の天皇となった天智《てんじ》系の光仁《こうにん》の即位をもって天智系への転換といわれる。桓武《かんむ》天皇は中国の王朝交替の歴史を自身の正当性の根拠とした。その最大の政策が長岡京・平安京への遷都《せんと》であったので律令制再建が必要となった。

2 平安初期の政治改革

天皇	政治改革		遣唐使・蝦夷征討《えみしせいとう》
光仁《こうにん》 770〜781	770	道鏡《どうきょう》を下野薬師寺《しもつけやくしじ》に左遷《させん》	
	772	寺院以外の墾田私有《こんでんしゆう》の解禁	
	780	冗官《じょうかん》の整理	伊治呰麻呂《これはりのあざまろ》(いじの)の乱
桓武《かんむ》 781〜806	784	長岡京《ながおかきょう》に遷都《せんと》，造宮《ぞうぐう》長官に藤原種継《たねつぐ》(式家)を任命	
	785	種継の暗殺，早良《さわら》親王の廃太子 ㊦出題	
	788		第1回蝦夷征討で敗北
	789		征東大使紀古佐美《せいとうたいしきのこさみ》，蝦夷の族長阿弖流為《あてるい》に大敗
	792	陸奥《むつ》・出羽《でわ》・九州以外の軍団廃止，健児《こんでい》の制を採用	
	794	平安京に遷都	
	797	勘解由使《かげゆし》の設置 3	第3回蝦夷征討，坂上田村麻呂《さかのうえのたむらまろ》を征夷大将軍《せいいたいしょうぐん》に任命
	802		胆沢城《いさわじょう》を築き，鎮守府《ちんじゅふ》を移す 2A 阿弖流為の降伏
	804		第18回 遣唐使の派遣(橘逸勢《たちばなのはやなり》・最澄《さいちょう》・空海《くうかい》の渡唐)
	805	徳政相論，藤原緒嗣《おつぐ》の建議で軍事と造作《ぞうさく》を中止	
平城《へいぜい》 806〜809	807	勅旨田《ちょくしでん》を設置	
嵯峨《さが》 809〜823	810	蔵人所《くろうどどころ》を設置 3，藤原冬嗣《ふゆつぐ》(北家)を蔵人頭《くろうどのとう》に任命 平城太上《だいじょう》天皇の変(薬子《くすこ》の変)，嵯峨天皇と平城太上天皇，対立	
	811		征夷大将軍文室綿麻呂《ふんやのわたまろ》，蝦夷平定
	823	大宰府《だざいふ》管内に公営田《くえいでん》を設置，空海《くうかい》に東寺《とうじ》を下賜《かし》	

2-1 桓武天皇(737〜806) 滋賀・延暦寺蔵

2-2 嵯峨《さが》天皇 (786〜842) 第52代天皇。桓武《かんむ》天皇の第2皇子。兄平城《へいぜい》との対立に勝利し，平安初期の改革を継承した。
宮内庁蔵

2-3 北方を守護する兜跋《とばつ》毘沙門天立像《びしゃもんてんりゅうぞう》 毘沙門天は外敵を撃退する力があるとされた。鎧《よろい》に身を固めた5m近い巨像は，朝廷がこの地を制圧した平安中期以降に造立され，北方の蝦夷を見すえていた。
高さ4.73m 岩手・成島毘沙門堂蔵

考察の視点 桓武《かんむ》天皇による政治の特徴を，2の年表からまとめてみよう。

時系列

3 令外官《りょうげのかん》の設置

＊令外官とは，令に規定された以外の官職

官職	設置年	天皇	主な職務内容
中納言《ちゅうなごん》	705	文武《もんむ》	大納言《だいなごん》の補佐
按察使《あぜち》	719	元正《げんしょう》	数国の国守から1人選び，地方行政を監督
鎮守府将軍《ちんじゅふ》	729頃	聖武《しょうむ》	蝦夷《えみし》対策のため多賀城《たがじょう》に設置された将軍
参議《さんぎ》	731	聖武	公卿《くぎょう》として太政官《だいじょうかん》会議に参加
内大臣《ないだいじん》	777	光仁《こうにん》	右大臣の次。左右大臣の代理として政務を統轄
征夷大将軍《せいいたいしょうぐん》	794	桓武《かんむ》	蝦夷征討のための臨時の大将軍
勘解由使《かげゆし》	797頃	桓武	国司《こくし》交替時の文書である解由状《げゆじょう》の審査
蔵人頭《くろうどのとう》	810	嵯峨《さが》	天皇の側近《そっきん》で，詔勅《しょうちょく》・宣旨《せんじ》を担当。その役所が蔵人所《くろうどどころ》で，長官が蔵人頭
検非違使《けびいし》	816頃	嵯峨	平安京内の警察，のちには裁判も担当
摂政《せっしょう》	866	清和《せいわ》	天皇幼少時に天皇の政務を代行
関白《かんぱく》	884	光孝《こうこう》	天皇を補佐し，天皇より先に奏上《そうじょう》を一覧
追捕使《ついぶし》	932	朱雀《すざく》	海賊《かいぞく》・盗賊《とうぞく》の追跡・逮捕

4 格式《きゃくしき》の編集

＊格は律令の追加法，式は施行細則

名称		制定年	天皇	施行年	天皇	編者	巻	備考
三代格式 ㊦出題 弘仁《こうにん》	格	820(弘仁11)	嵯峨《さが》	820(弘仁11)	嵯峨	藤原冬嗣《ふじわらのふゆつぐ》ら	10	格のみ一部伝存。701〜819年間の格式を官庁ごとに収録
	式						40	
三代格式 貞観《じょうがん》	格	869(貞観11)	清和《せいわ》	869(貞観11)	清和	藤原氏宗《うじむね》ら	12	格は819〜868年間の詔勅官符《しょうちょくかんぷ》を編集。式は弘仁式の補遺
	式	871(貞観13)		871(貞観13)			20	
三代格式 延喜《えんぎ》	格	907(延喜7)	醍醐《だいご》	908(延喜8)	醍醐	藤原時平《ときひら》ら	12	869〜907年間の詔勅官符。式は現存
	式	927(延長5)		967(康保《こうほう》4)	冷泉《れいぜい》	藤原忠平《ただひら》ら	50	
令義解《りょうのぎげ》		833(天長10)	淳和《じゅんな》	834(承和《じょうわ》元)	仁明《にんみょう》	清原夏野《きよはらのなつの》ら	10	養老令の公式注釈書
令集解《りょうのしゅうげ》		貞観年間	清和	—	—	惟宗直本《これむねのなおもと》	30	私的に編集された令の注釈書

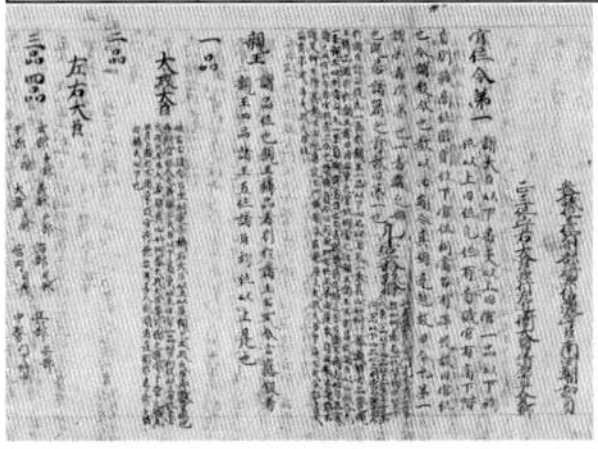
4-1 『令義解』 千葉・国立歴史民俗博物館蔵

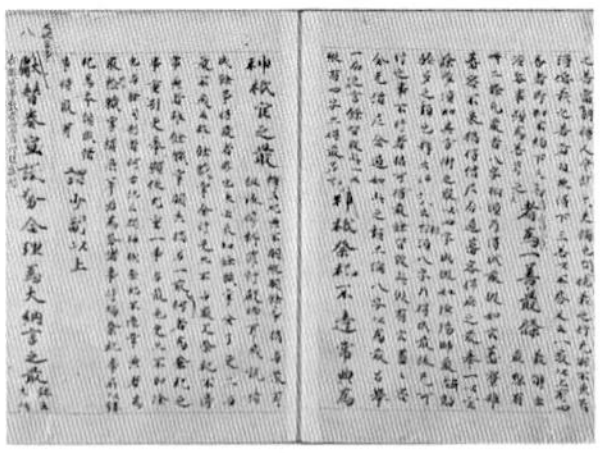
4-2 『令集解』国立国会図書館蔵

2A 東北の経営

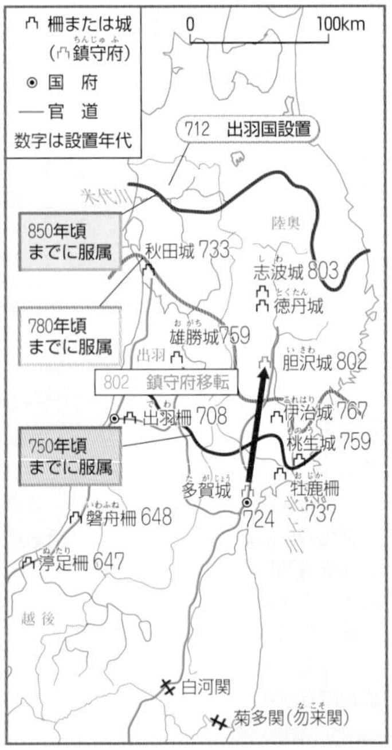

弘仁・貞観文化① 仏教

考察の視点 弘仁《こうにん》・貞観《じょうがん》文化の特色をまとめてみよう。 相互関連

時期　９世紀
弘仁《こうにん》年間(810～824)＝嵯峨《さが》朝 } 中心
貞観《じょうがん》年間(859～877)＝清和《せいわ》朝 }

❶大陸の新要素を摂取し，新時代開拓の活気あふれる多彩な文化
❷一木造《いちぼくづくり》の木彫。翻波《ほんぱ》式彫法
❸密教の伝来と影響(重厚・神秘的な密教芸術)
❹唐文化を消化。唐風書道(唐様《からよう》)隆盛。漢文学発達

1 弘仁・貞観文化一覧

建築	室生寺金堂《むろうじこんどう》・五重塔
彫刻(表中すべて木像)	室生寺金堂釈迦如来《しゃかにょらい》像・十一面観音《かんのん》像 室生寺弥勒堂《みろくどう》釈迦如来坐像・諸像 元興寺《がんごうじ》世薬師如来《やくしにょらい》像 神護寺《じんごじ》薬師如来像 薬師寺《やくしじ》世僧形八幡神《そうぎょうはちまんしん》像 観心寺如意輪《かんしんじにょいりん》観音像 法華寺十一面観音《ほっけじじゅういちめんかんのん》像 教王護国寺《きょうおうごこくじ》世講堂《こうどう》五大明王《みょうおう》像(不動《ふどう》・降三世《ごうざんぜ》・軍荼《ぐんだ》利《り》・大威徳《だいいとく》・金剛夜叉《こんごうやしゃ》) 新薬師寺《しんやくしじ》薬師如来像
絵画	神護寺両界曼荼羅《りょうかいまんだら》(金剛界《こんごうかい》と胎蔵界《たいぞうかい》の２幅《ふく》) 教王護国寺両界曼荼羅(伝　真言院《しんごんいん》曼荼羅) 園城寺《おんじょうじ》不動明王《ふどうみょうおう》像(黄不動《きふどう》) 西大寺《さいだいじ》十二天像 高野山《こうやさん》明王院不動明王像(赤不動)
書	三筆《さんぴつ》(空海《くうかい》・橘逸勢《たちばなのはやなり》・嵯峨天皇)…唐様《からよう》の名手
漢詩文集	『凌雲集《りょううんしゅう》』(嵯峨天皇の命。小野岑守《おののみねもり》ら編) セ出題 『文華秀麗集《ぶんかしゅうれいしゅう》』(藤原冬嗣《ふじわらのふゆつぐ》ら編。嵯峨天皇親撰) 『経国集《けいこくしゅう》』(淳和《じゅんな》天皇の命。良岑安世《よしみねのやすよ》ら編) 『性霊集《しょうりょうしゅう》』(空海) 『菅家文草《かんけぶんそう》』(菅原道真《すがわらのみちざね》)

2 平安新仏教の誕生―天台宗と真言宗

2-1 **最澄《さいちょう》＝伝教大師《でんぎょうだいし》像**(767～822)　唐で天台教学を学び，帰国後，比叡山延暦寺《ひえいざんえんりゃくじ》を開いた。 滋賀・延暦寺蔵

2-2 **空海《くうかい》＝弘法大師《こうぼうだいし》像**(774～835)　現存する大師像のうち，２番目に古い作例。平安時代の唯一の絹本《けんぽん》の遺品。 大阪・金剛寺蔵

	天台宗	真言宗
開　祖	最澄《さいちょう》(伝教大師《でんぎょうだいし》)	空海《くうかい》(弘法大師《こうぼうだいし》)
中心寺院	比叡山延暦寺《ひえいざんえんりゃくじ》(近江《おうみ》) 園城寺《おんじょうじ》(三井寺《みいでら》)(近江)	高野山金剛峯寺《こうやさんこんごうぶじ》(紀伊《きい》) セ出題 教王護国寺《きょうおうごこくじ》(東寺《とうじ》)(山城《やましろ》)
留　学	804年，遣唐留学僧として天台山に巡礼，天台宗の奥義･密教･禅を学ぶ。翌年に帰朝《きちょう》	804年，遣唐留学僧として長安の青竜寺で恵果《けいか》に密教・真言宗を学ぶ。806年に帰朝
教　義	法華経《ほけきょう》が根本経典《きょうてん》。仏の前における人間の平等を主張	大日経《だいにちきょう》・金剛頂経《こんごうちょうきょう》が根本経典。加持祈禱《かじきとう》による現世利益《げんぜりやく》，即身成仏《そくしんじょうぶつ》を主張
主　著	『山家学生式《さんげがくしょうしき》』：大乗戒壇《だいじょうかいだん》の独立 『顕戒論《けんかいろん》』：奈良の南都六宗《なんとろくしゅう》に対抗	『三教指帰《さんごうしいき》』：儒教・道教に対する仏教の優位 『十住心論《じゅうじゅうしんろん》』：真言密教の立場
発　展	弟子の円仁《えんにん》・円珍《えんちん》によって密教(台密《たいみつ》)を導入。朝廷の支持を得るが，山門《さんもん》派と寺門《じもん》派に分裂	真言密教・東密《とうみつ》とよばれ朝廷に支持。嵯峨《さが》天皇の帰依《きえ》を受け，教王護国寺(東寺)を勅賜《ちょくし》

3 密教とは？

3-1 **東寺御影堂《とうじみえいどう》の護摩壇《ごまだん》**　如来の智恵である火の中へ，煩悩《ぼんのう》になぞらえた供物《くもつ》(薪《たきぎ》)を投じて浄め，息災《そくさい》・増益《ぞうやく》・調伏《ちょうぶく》・敬愛《けいあい》を祈願する。
野中昭夫氏撮影　㈱新潮社芸術新潮

3-2 **密教の法具**　空海が唐の師である恵果《けいか》から帰国に際し授けられた密教法具。五鈷鈴《ごこれい》・五鈷杵《ごこしょ》・金剛盤の３点で，「根本渡来《こんぽんとらい》の霊物」として代々，東寺の長者が相承《そうじょう》した。 国五鈷鈴高さ25.8cm
五鈷杵長さ24.0cm
京都・東寺蔵

4 円仁《えんにん》と円珍《えんちん》

4-1 **円仁**(794～864)　838年に最後の遣唐使と入唐《にっとう》し，５年にわたり長安で密教教理を学んだ。入唐中の旅行記『入唐求法巡礼行記《にっとうぐほうじゅんれいこうき》』は，唐での生活や遣唐使の行動などを記した貴重な資料である。山門派《さんもんは》の祖。 栃木・輪王寺蔵

セ出題 4-2 **円珍**(814～891)　853年に民間船で入唐。帰国後は延暦寺の別院として園城寺《おんじょうじ》(三井寺《みいでら》*)を再興し，寺門派《じもんは》の祖となる。 滋賀・園城寺蔵
*三井寺という名称は，天智・天武・持統の三人の天皇が寺内から湧き出る井戸水を産湯に使用したことに由来する。

歴史ナビ　**東寺御影堂《とうじみえいどう》**　大師堂(国宝)は西院御影堂ともよばれ，後堂・前堂・中門廊からなる住宅風仏堂で，弘法大師《こうぼうだいし》の住房《じゅうぼう》との伝承を有する。

考察の視点　室生寺などでは山間に堂塔が建立された。その文化的な背景について考えてみよう。

相互関連　出題

1 山岳仏教・室生寺《むろうじ》

（『図説 日本建築のみかた』を参考に作成）

1-1 室生寺の伽藍《がらん》配置　奈良県宇陀《うだ》市にある真言宗室生寺派の大本山。室生は古くから水神信仰が行われ，聖地とされていた。女人高野《にょにんこうや》の別称がある。国宝の金堂・本堂（灌頂堂《かんちょうどう》）・五重塔・釈迦如来立像《しゃかにょらいりゅうぞう》・十一面観音像・釈迦如来坐像など，平安時代初期の密教芸術の宝庫である。

2 建築

2-1 室生寺金堂《むろうじこんどう》　９世紀後半の建立《こんりゅう》と推定。屋根は寄棟造《よせむねづくり》・柿《こけら》葺《ぶ》き。山岳寺院で段差のある地面に建てたため，斜面に張り出して束《つか》で支えている。　国平面12×12m

2-2 室生寺《むろうじ》五重塔　建立《こんりゅう》年代は奈良時代末から平安時代初め。総高16mの小塔である。　国

2-3 室生寺《むろうじ》本堂（灌頂堂《かんちょうどう》）　1308（延慶《えんきょう》元）年の建立《こんりゅう》。内部は一般の密教寺院本堂のように内陣・外陣に分かれている。　国

3 彫刻

3-1 室生寺金堂釈迦《むろうじこんどうしゃか》如来像　金堂五仏の中尊《ちゅうぞん》。榧《かや》材の一木造《いちぼくづくり》。平安時代初期彫刻に特有の量感を保つ。　国像高234.8cm

3-2 室生寺弥勒堂釈迦如来坐像《むろうじみろくどうしゃかにょらいざぞう》　榧《かや》材の一木造《いちぼくづくり》。翻波式衣文《ほんぱしきえもん》が特徴。　国像高106.3cm

3-3 室生寺金《むろうじこん》堂《どう》十一面観音像　榧《かや》材の一木造《いちぼくづくり》。翻波式衣文《ほんぱしきえもん》が特徴。　国像高196.2cm

歴史ナビ　**女人高野《にょにんこうや》**　1698（元禄《げんろく》11）年，新義真言宗《しんぎしんごんしゅう》の寺院として興福寺の支配から独立。高野山《こうやさん》が女人禁制であるのに対し，「女人高野」と称するようになった。

1 彫刻

1-1 **教王護国寺《きょうおうごこくじ》(東寺《とうじ》)講堂立体曼荼羅《まんだら》**(京都)　現在の講堂は，室町時代の1491(延徳《えんとく》3)年に再建されたもので，幅34m，奥行15m，中央に幅24m，奥行6.8m，高さ0.9mの壇が築かれる。壇上には21体の仏像が整然と並び，中央は大日如来《だいにちにょらい》で，それを囲むように如来・菩薩《ぼさつ》・明王《みょうおう》・四天王が安置されている。　国

御請来目録

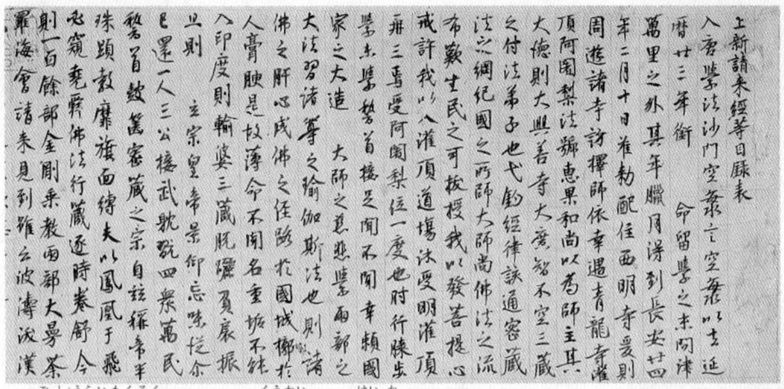

御請来目録《ごしょうらいもくろく》(京都)　空海《くうかい》の師恵果《けいか》は「密教は奥深く，文章で表すことは困難である。かわりに図画をかりて悟らないものに開き示す。」といって，両界曼荼羅《りょうかいまんだら》・経典《きょうてん》・法具《ほうぐ》を空海に授けた。空海は唐からもち帰った品々の目録を朝廷に献上した。　国27×885cm 教王護国寺蔵

1-4 **観心寺如意輪観音像《かんしんじにょいりんかんのん》**(大阪)　華麗に彩色《さいしき》された神秘的で豊満な観音菩薩像。　国像高108.8cm

1-6 **法華寺十一面観音像《ほっけじじゅういちめんかんのん》**(奈良)　光明《こうみょう》皇后《こうごう》がモデルとされる檜《ひのき》の一木造《いちぼくづくり》。全身が素木《そぼく》でつくられ，目・口・髪を彩色《さいしき》する平安初期を代表する檀像《だんぞう》彫刻(白檀《びゃくだん》など木目の細かい材を使用)。　国像高100.0cm

国像高38.8cm

国像高35.8cm

1-2・3 **薬師寺の僧形八幡《そうぎょうはちまん》神《しん》像(左)と神《じん》功皇后《ぐうこうごう》像(右)**(奈良)　現存最古の神像。8世紀頃から神仏《しんぶつ》習合《しゅうごう》が進み，仏像に似せた神像がつくられた。

1-5 **新薬師寺薬師如来像《しんやくしじやくしにょらい》**(奈良)　一木《いちぼく》造《づくり》。大きな眼が印象的。　国像高191.5cm

歴史ナビ **一木造《いちぼくづくり》と翻波式《ほんぱしき》**　一木造とは頭部から足先まで1本の木から彫り出す技法である。翻波式とは仏像彫刻の布のしわの表現様式をさす。

考察の視点　曼荼羅は何を表したものか，まとめてみよう。

1 絵画

1A 密教絵画ー曼荼羅《まんだら》

国183.0×154.0cm

国183.0×154.0cm

1-1・2 **教王護国寺《きょうおうごこくじ》(東寺《とうじ》)両界《りょうかい》曼荼羅**(京都)　左が金剛界《こんごうかい》，右が胎蔵界《たいぞうかい》。曼荼羅は壇ー道場と訳すが，密教では宇宙の真理を表すために一定枠内に仏・菩薩《ぼさつ》を配し図示したもの。金剛界曼荼羅は，大日如来《だいにちにょらい》を中央部最上段に置き，諸尊をめぐらし，煩悩《ぼんのう》を打ち破る仏の力が金剛のごとく強いことを図示。胎蔵界曼荼羅は中心に大日如来をすえ，周囲に諸仏を配し，即身成仏《そくしんじょうぶつ》するための教理を示しつつ，それを胎児が成長する如く悟りへ進む人間の姿と説明する。

1B 不動明王《ふどうみょうおう》

1-3 **高野山明王院《こうやさんみょうおういん》不動明王像**(和歌山)　智証《ちしょう》大師の筆と伝える。赤不動とよばれる。鎌倉時代初期の製作とする説もある。　165.0×95.8cm

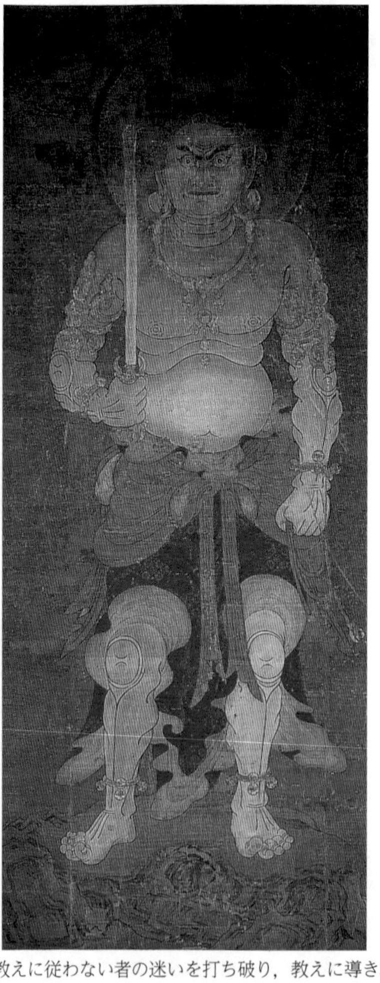

1-4 **曼殊院《まんしゅいん》黄不動《きふどう》**(京都)　黄不動は，833年円珍が感得《かんとく》した不動の姿を描かせたと伝えられる**園城寺《おんじょうじ》黄不動**(秘仏のため非公開)**を根本像とし**，天台系寺院などで転写が行われた。　国168.2×80.3cm

2 書道ー三筆《さんぴつ》(空海《くうかい》・嵯峨《さが》天皇・橘逸勢《たちばなのはやなり》)

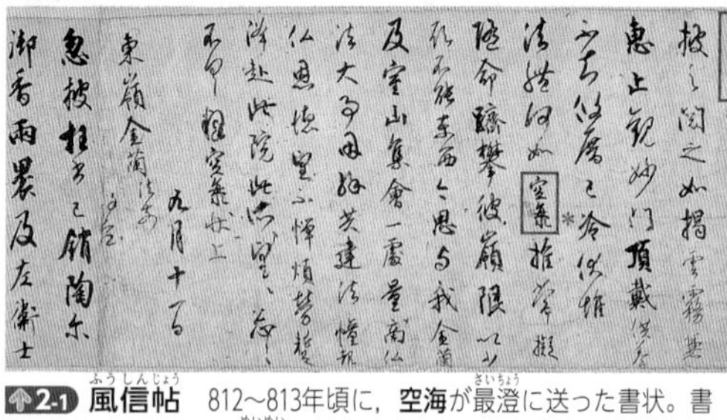

2-1 **風信帖《ふうしんじょう》**　812〜813年頃に，**空海**が最澄《さいちょう》に送った書状。書き出しの「風信…」から命名《めいめい》。　国28.8×158cm 京都・東寺蔵　＊棄＝海

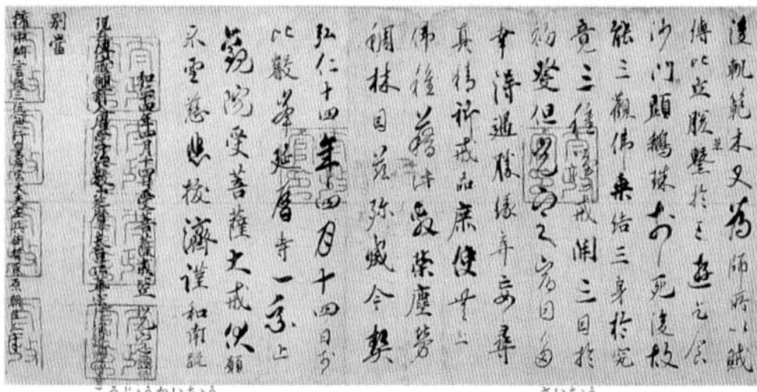

2-2 **光定戒牒《こうじょうかいちょう》**　**嵯峨天皇**の書。内容は最澄《さいちょう》の弟子の光定が，823(弘仁《こうにん》14)年に一乗止観院《いちじょうしかんいん》において菩薩戒《ぼさつかい》を受けたことの証明書。　国37×148cm 滋賀・延暦寺蔵

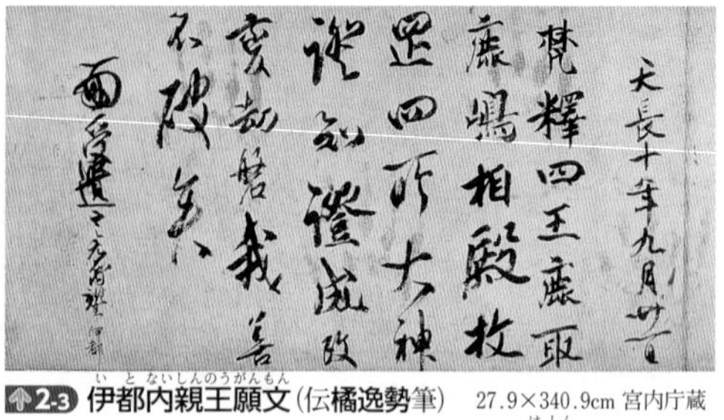

2-3 **伊都内親王願文《いとないしんのうがんもん》**(伝橘逸勢筆)　27.9×340.9cm 宮内庁蔵

歴史ナビ　**不動明王《ふどうみょうおう》**　明王は怒りの形相《ぎょうそう》を表し，如来《にょらい》の教えに従わない者の迷いを打ち破り，教えに導き救済する仏である。特に不動明王は大日如来の化身《けしん》と見られた。

考察の視点 藤原氏北家は，どのように勢力を拡大したのだろうか。 推移

藤原氏北家の台頭

1 藤原氏の台頭

青字の天皇は母が藤原氏　青数字は即位年齢
天皇親政　藤原氏の他氏排斥

天皇（即位年・即位年齢）：809 嵯峨《さが》24／823 淳和《じゅんな》38／833 仁明《にんみょう》24／850 文徳《もんとく》24／858 清和《せいわ》9／876 陽成《ようぜい》9／884 光孝《こうこう》55／887 宇多《うだ》21／897 醍醐《だいご》13／930 朱雀《すざく》8／946 村上21／967 冷泉《れいぜい》18／969 円融《えんゆう》11／984 花山《かざん》17／986 一条7／1011 三条36／1016 後一条9／1036 後朱雀28／1045 後冷泉21／1068 後三条35

摂政　関白：866 良房《よしふさ》／872 基経《もとつね》／884 基経 890／忠平《ただひら》／実頼《さねより》／969 実頼／伊尹《これただ》／兼通《かねみち》／頼忠《よりただ》／兼家《かねいえ》／道隆《みちたか》／道兼《みちかね》／995 道長《みちなが》（内覧）／道長／頼通《よりみち》／頼通／1068 教通《のりみち》

藤原北家の台頭

810　蔵人所《くろうどどころ》設置。冬嗣《ふゆつぐ》，蔵人頭《くろうどのとう》に就任 ㋝出題
810　平城太上天皇の変《へいぜいだいじょう》（薬子《くすこ》の変）　仲成《なかなり》・薬子兄妹，平城上皇復位と平城京遷都《せんと》を企図《きと》したが失敗【藤原式家の没落】

摂関政治の開始

842　承和の変《じょうわ》　良房《よしふさ》，恒貞《つねさだ》親王派の伴健岑《とものこわみね》・橘逸勢《たちばなのはやなり》らを謀反《むほん》の疑いで隠岐《おき》・伊豆《いず》に配流《はいる》 ㋝出題
866　応天門の変《おうてんもん》　伴善男《とものよしお》，源信《みなもとのまこと》の失脚をねらい応天門に放火。発覚し紀豊城《きのとよき》・夏井《なつい》とともに配流 史
866　良房，人臣にして初めて摂政《せっしょう》就任 ㋝出題
884　基経，光孝天皇を擁立《ようりつ》し，事実上初めての関白《かんぱく》となる 史
887～888 阿衡の紛議《あこう》　基経，関白の詔《みことのり》の文言に反発，出仕拒否。宇多天皇，起草者橘広相《たちばなのひろみ》を罰し勅書を改める【藤原氏の示威《じい》事件】

寛平の治《かんぴょうのち》（891～897）
894　菅原道真《すがわらのみちざね》の建議で，遣唐使《けんとうし》派遣を中止 史
［この間，滝口の武者《たきぐちのむしゃ》設置］

延喜の治《えんぎ》（897～930）
901　昌泰の変《しょうたい》　時平《ときひら》の陰謀で，道真を大宰権帥《だざいのごんのそち》に左遷《させん》 1-1 ㋝出題
902　延喜《えんぎ》の荘園整理令…勅旨田《ちょくしでん》・親王賜田《しでん》廃止。最後の班田 ㋝出題
914　三善清行《みよしのきよゆき》の意見封事《ふうじ》十二箇条，奏上

939～941　天慶の乱《てんぎょう》（平将門《まさかど》・藤原純友《すみとも》が東・西国で反乱）

天暦の治《てんりゃく》（949～967）
958　乾元大宝《けんげん》鋳造（最後の本朝十二銭《ほんちょうじゅうにせん》）

摂関常置

967　実頼，関白となり，以後摂関常置
969　安和の変《あんな》　源満仲《みつなか》の密告で，源高明《たかあきら》を大宰府に左遷

摂関家の内部抗争

977　兼家を左遷…［兼通・兼家の争い］
995　道長，内覧《ないらん》となり伊周《これちか》と対立…［道長・伊周の争い］
996　伊周を大宰権帥に，隆家《たかいえ》を出雲権守に左遷

摂関政治の全盛

1016　道長，摂政就任
1017　頼通，摂政就任
1018　威子《いし》立后で一家三后を達成。道長「望月の歌」史
1019　刀伊の入寇《といのにゅうこう》，藤原隆家が撃退。頼通，関白となる
1045　寛徳《かんとく》の荘園整理令…前任国司以後の新立荘園禁止

1-2 藤原道長《ふじわらのみちなが》（966～1027）（紫式部日記絵巻）藤田美術館蔵 国部分

摂関政治の衰退

1068　藤原氏を外戚《がいせき》としない後三条天皇即位，大江匡房《おおえのまさふさ》登用
1069　延久《えんきゅう》の荘園整理令…記録荘園券契《けんけい》所設置

国 京都・北野天満宮蔵

1-1 清涼殿《せいりょうでん》を襲う雷神（北野天神縁起絵巻）　菅原道真《すがわらのみちざね》は，藤原時平《ふじわらのときひら》の陰謀で大宰府《だざいふ》に左遷されて，失意のうちに没し，都でおこる災いは，道真の怨霊《おんりょう》によるものと信じられていた。この場面では，雷神となって時平のいる清涼殿を襲っている。

2 公卿《くぎょう》の変化と藤原氏の比率

①藤原氏公卿数
②公卿総人数

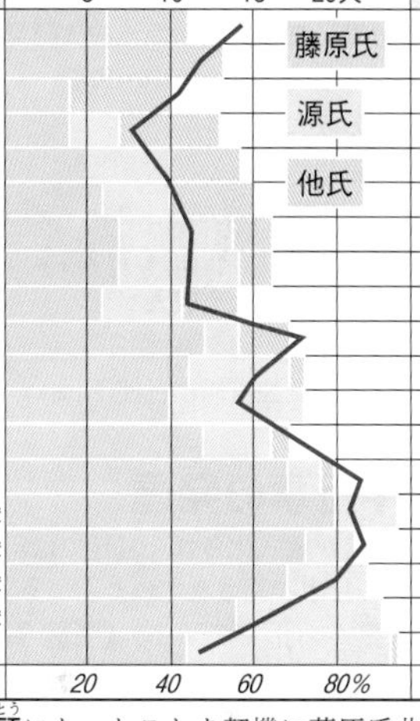

年代	事項	天皇	①	②	%
794	平安京遷都	桓武	6	11	55
811	薬子の変(810)後	嵯峨	6	13	46
820	冬嗣，台頭	嵯峨	4	10	40
841	承和の変(842)前	仁明	4	13	30
858	良房，事実上摂政	清和	5	14	36
866	応天門の変	清和	6	15	40
884	基経，事実上関白	光孝	7	16	44
887	基経，正式に関白	宇多	7	16	44
901	菅原道真を左遷	醍醐	6	14	43
930	醍醐天皇譲位	朱雀	12	17	71
969	安和の変	冷泉	11	18	61
977	兼通・兼家の対立終	円融	10	18	56
998	道長，台頭	一条	12	17	71
1008		一条	17	20	85
1017	頼通，摂政	後一条	20	24	83
1028	摂関政治全盛期	後一条	18	21	86
1032		後一条	17	22	77
1070	摂関家衰退	後三条	14	23	61
1103	白河院政	堀河	11	24	46

解説 810(弘仁元)年，冬嗣《ふゆつぐ》が蔵人頭《くろうどのとう》になったことを契機に藤原氏北家の台頭が始まった。藤原氏北家が天皇の外祖父として摂政《せっしょう》・関白《かんぱく》を独占する一方（摂関家《せっかんけ》），他氏を次々と失脚させていった。10世紀初頭の醍醐・村上天皇の時代は摂政・関白がおかれず，天皇親政《しんせい》による律令政治の立て直しが試みられたものの（延喜《えんぎ》・天暦の治《てんりゃく》），969(安和２)年の安和の変《あんな》以降は藤原氏北家の勢力は絶対的なものとなり，摂関政治は全盛期を迎えた。

3 藤原氏の系図 出題

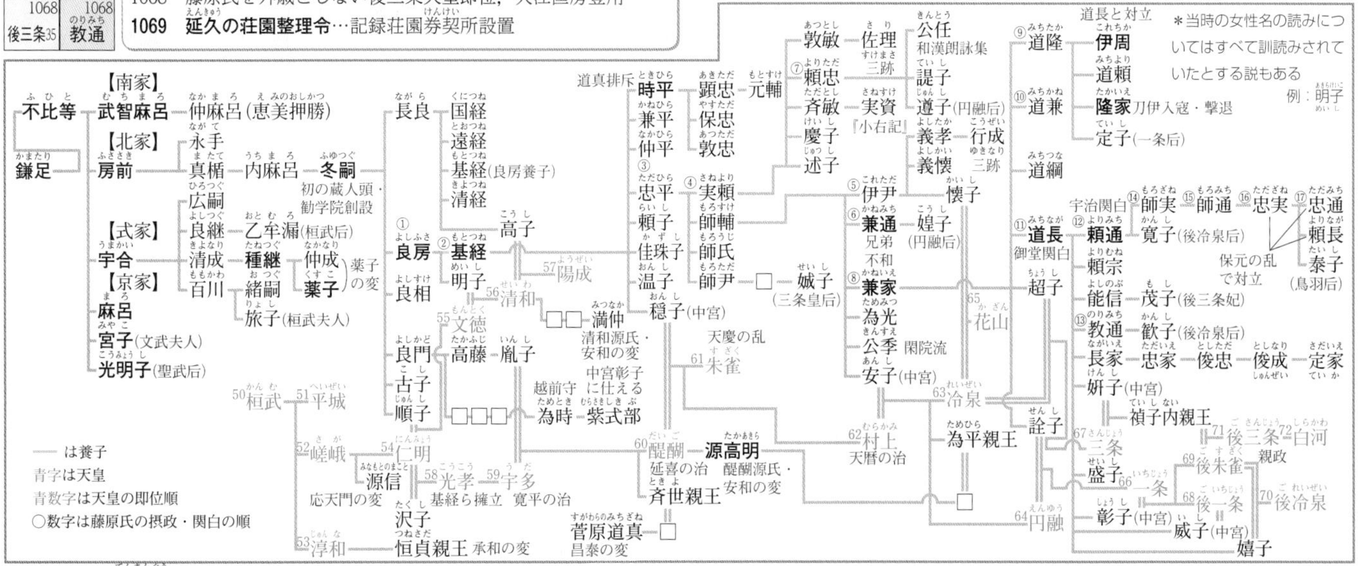

歴史ナビ　天満宮《てんまんぐう》(天神)　京都での落雷や時平の死が道真の怨霊によると信じられ，道真を祀るために建立された。天神は学問の神様となり，信仰されている。

摂関政治

考察の視点 摂関政治の全盛期には，政治上の意思決定はどのように行われていたのだろうか。 推移

1 藤原氏系図

青字は摂政《せっしょう》・関白《かんぱく》　赤字は女性

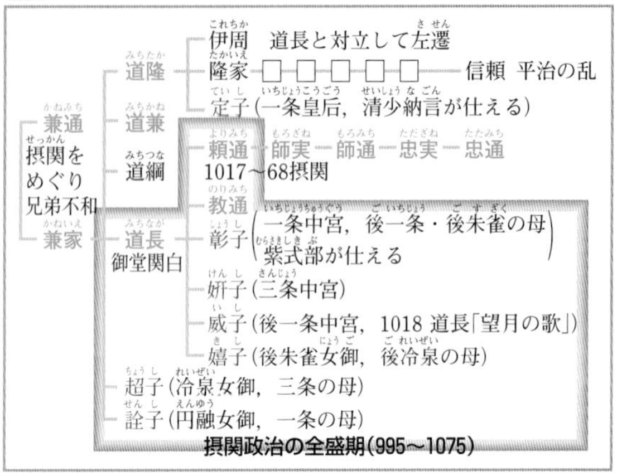

2 摂関政治の機構

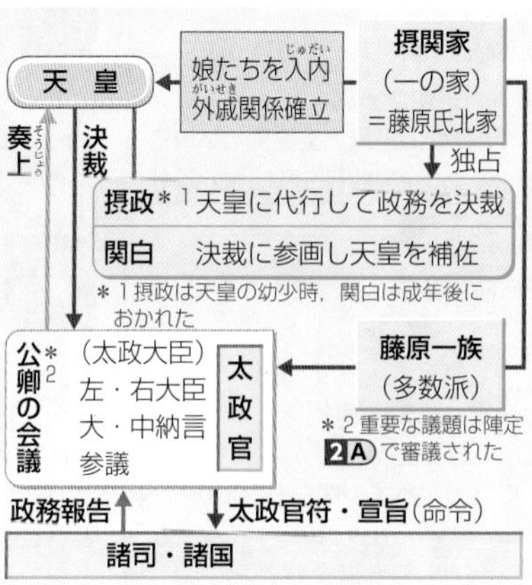

2A 陣定《じんのさだめ》(仗議《じょうぎ》)

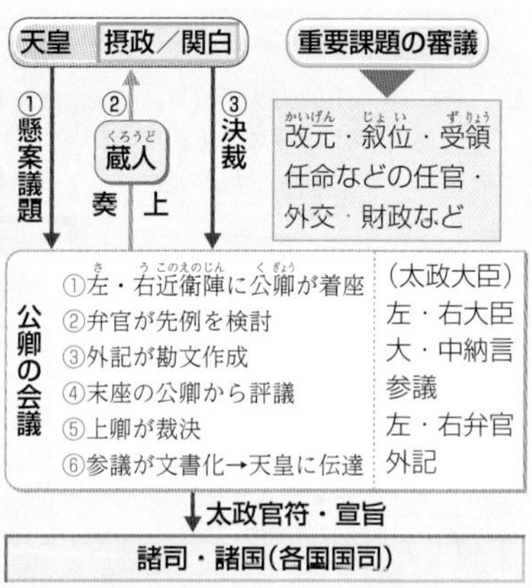

3 摂関家の経済基盤

①律令の位階・官職にともなう収入 3A

⇒膨大な位田・位封・職田・職封

②荘園からの収入 P.105

- 墾田地系荘園《こんでんちけいしょうえん》からの収入
- 寄進地系荘園《きしんちけいしょうえん》からの収入(領家《りょうけ》・本家《ほんけ》としての収入)

＝摂関家の荘園は，荘園整理の対象外

③成功《じょうごう》・重任《ちょうにん》にともなう収入

摂関家は官吏《かんり》任免権を掌握

⇒国司任命権を独占的に行使 P.105

3A 位階・官職にともなう収入

P.77

	位階		官職	
	正一位	正二位	太政大臣	左・右大臣
位田《いでん》	80町	60町		
位封《いふ》	300戸	200戸		
職田《しきでん》			40町	30町
職封《しきふ》			3,000戸	2,000戸
功封《こうふ》	(摂関家：1万7,000戸)			

3B 貴族の日記

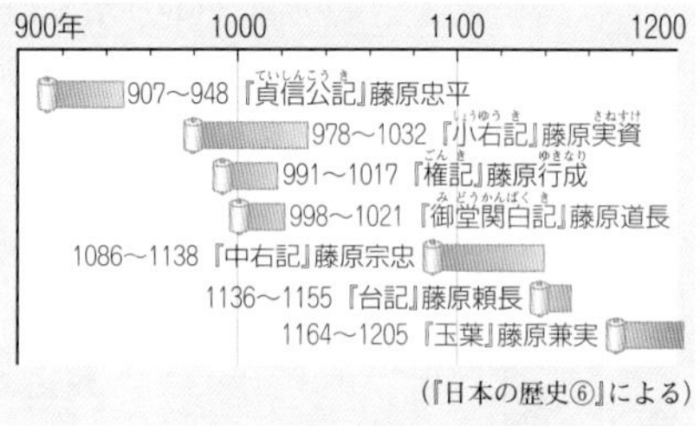

(『日本の歴史⑥』による)

解説 平安時代の政治は次第に儀式や先例が重視されるようになると，公家の日記は，子孫に儀式の作法や行事の進め方などの先例を正しく伝える役割も果たすようになった。代々の日記を伝える公家は「日記の家」とよばれた。

4 年中行事の発達

解説 政治運営が儀式化され，宮廷では年中行事が発達した。清涼殿《せいりょうでん》の東廂に立てられていた「年中行事障子」には約270項目の行事が記されていたという。

4-1 **曲水宴**《ごくすいのえん》　水辺での宴で，浮かべた盃《さかずき》が流れて来るまでに歌を詠《よ》む。

4-2 **賀茂祭**《かものまつり》　上賀茂・下鴨両神社の例大祭《れいたいさい》である葵祭《あおいまつり》を，平安時代には賀茂祭といっていた。

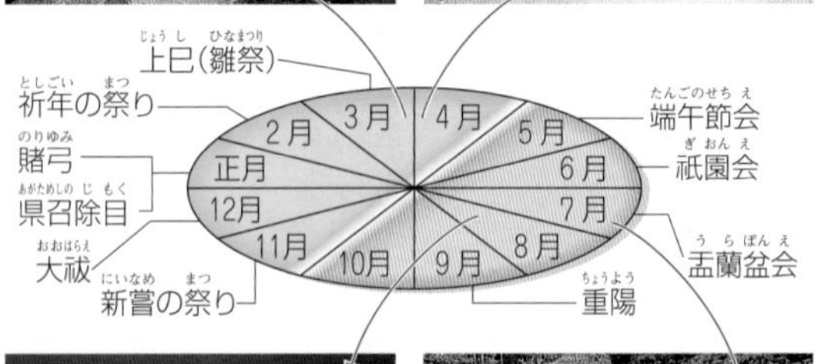

4-3 **仲秋観月**《ちゅうしゅうかんげつ》　月の名所の大覚寺《だいかくじ》大沢池に浮かべた船上で楽しむ月見の宴。

4-4 **七夕**《たなばた》　冷泉《れいぜい》家で古式にのっとり行われている七夕の行事。平安時代は乞巧奠《きこうでん》といった。

5 摂関期の東アジアの動向

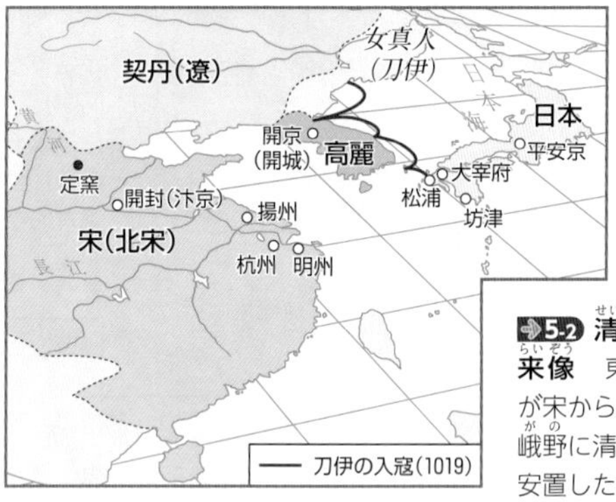

解説 東アジアの国際関係に注目すると，907年に唐が滅び，五代十国時代を経て**宋**《そう》が建国された。朝鮮半島では新羅《しらぎ》が高麗《こうらい》に，大陸北部では渤海《ぼっかい》が契丹《きったん》に滅ぼされた。道長の三女立后なった翌年の1019年，高麗人が「刀伊《とい》」とよんだ女真人《じょしんじん》が突然，九州を襲った(**刀伊の入寇**《にゅうこう》)。当時，道長との権力争いに敗れて大宰権帥《だざいのごんのそち》となっていた**藤原隆家**《たかいえ》の活躍で刀伊は撃退されたが，隆家が武士団を組織していたことは注目される。遣唐使の停止後も，中国との非公式な交易は継続され，宋の商人が博多に来航している。主な輸入品は書籍，陶磁器などの工芸品，薬品，錦などで，金，水銀，真珠《しんじゅ》，硫黄《いおう》などが輸出された。日本人の渡航は禁止されていたが，天台山《てんだいさん》や五台山《ごだいさん》への巡礼目的の僧は許され，清凉寺に釈迦如来像をもち帰った奝然《ちょうねん》や成尋《じょうじん》などが入宋した。

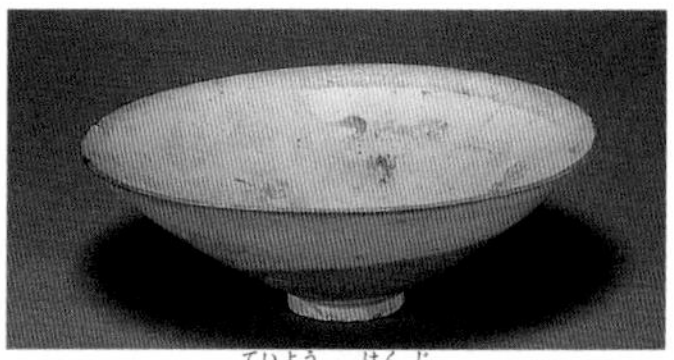

5-1 **北宋の定窯《ていよう》の白磁《はくじ》**　定窯は北宋の官窯で，主に白磁を焼いた名窯として名高い。　東京国立博物館蔵

5-2 **清凉寺釈迦如《せいりょうじしゃかにょ》来像《らいぞう》**　東大寺僧奝然《ちょうねん》が宋からもち帰り，嵯《さ》峨野《がの》に清凉寺を建てて安置した。像の内部から文書や仏教版画，絹製の内臓の模型「五臓《ごぞう》六腑《ろっぷ》」など多数の納入品が発見された。

国 像高160.0cm　京都

歴史ナビ **陽明文庫**(京都府京都市)　『御堂関白記《みどうかんぱくき》』の自筆本をはじめ，五摂家の筆頭であった近衛《このえ》家に伝来した貴重な文化財約20万点が保管されている。

考察の視点 10世紀以降，地方の政治の転換にともない，徴税のしくみはどのようになっただろうか。 推 移

1 地方政治の変質

土地税 人頭税

9世紀

律令体制の変質
- ●**班田制の後退**
- ・902 記録上最後の班田
- ・〃 延喜《えんぎ》の荘園整理令
- ・914 三善清行《みよしのきよゆき》，醍醐《だいご》天皇に「意見封事《いけんふうじ》十二箇条」提出
- ●**有力農民台頭**，私営田《しえいでん》領主に成長
- ・墾田開発推進
- ・中央貴族・寺社と結合

→ 指摘

備中《びっちゅう》国邇磨《にま》郷の課丁《かてい》数の変化（戸籍の形骸化を指摘）	
642	兵２万を得る
765頃	1,900余人
860頃	70余人
893	次丁《じてい》２人・正丁《せいてい》４人・中男《ちゅうなん》３人
910	戸口０

税体系：戸籍・計帳に基づき徴税　租 ＋ 調 庸 雑徭

↓ 戸籍・計帳をもとにした税制崩壊

政府の対応：国ごとに納税額を定め，国司に任国支配を一任 →**徴税請負人化 1A**

→ **売位売官の風潮**
成功《じょうごう》・重任《ちょうにん》 1B
国司に徴税額決定権
→国司のポストが利権化
→成功・重任の横行
・国司の苛政 2

公領：名(土地)に基づき徴税　官物 ＋ 臨時雑役《ぞうやく》

↓ 人頭税から土地税への転換

10世紀

地方は荘園公領制《しょうえんこうりょう》へ P.111

公領(国衙領)	荘園
・国司の私有地化 ・有力農民(**田堵《たと》**)の公領耕作請負制(**負名体制《ふみょうたいせい》**)	・墾田《こんでん》開発の更なる進展 ↓ **大名田堵《だいみょうたと》(開発《かいはつ》領主《りょうしゅ》)**の出現

遙任《ようにん》の盛行 1C
国司が任国へ赴かず，目代《もくだい》を派遣→遙任
国司(守《かみ》・介《すけ》・掾《じょう》・目《さかん》)のうち，任国に赴く最上級の者
→**受領《ずりょう》**

11世紀

- ・国司支配下，在庁官人の管理
- ・郡《ぐん》・郷《ごう》・保《ほ》・院《いん》・村《そん》などに再編
- ・在庁官人が郡司《ぐんじ》・郷司《ごうじ》・保司《ほうじ》となり徴税を請け負(ほし)わされる
- 国司と郡司・有力農民の対立

- ・**寄進地系荘園の発達**
開発領主が国司による所領没収を逃れるため，権門勢家《けんもんせいか》(中央の貴族・寺社)へ寄進
→不輸《ふゆ》・不入《ふにゅう》の特権を獲得，開発領主は荘官として実質支配を継続

荘園＊：年貢《ねんぐ》 ＋ 夫役 公事
＊荘園領主(寄進先)へ納める

1A 国司の徴税請負人化《ちょうぜいうけおいにん》

中 央 政 府
↑ 一定額の税　↓ 任国の統治を委任
国 司(受領)
↑ 官物《かんもつ》・臨時《りんじ》雑役《ぞうやく》　↓ 田地(名)の耕作を請け負わせる
田堵《たと》＊(負名《ふみょう》)(有力農民)
｜ 使用
作人《さくにん》・下人《げにん》(下層農民)

＊他から田地を借りて耕作する農民。たくさんの田地を借請して耕作した田堵を大名田堵という

解説 これまで徴税などの実務は郡司《ぐんじ》の役割であったが，国司が直接徴税する権限を得たことで，地方政治における国司の役割が一段と拡大した。

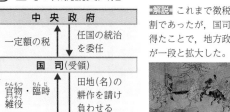

1-1 任国に赴く国司一行(因幡堂縁起《いなばどうえんぎ》絵巻《えまき》)　東京国立博物館蔵

2 国司の非法

2A 悪状・善状を出された国司

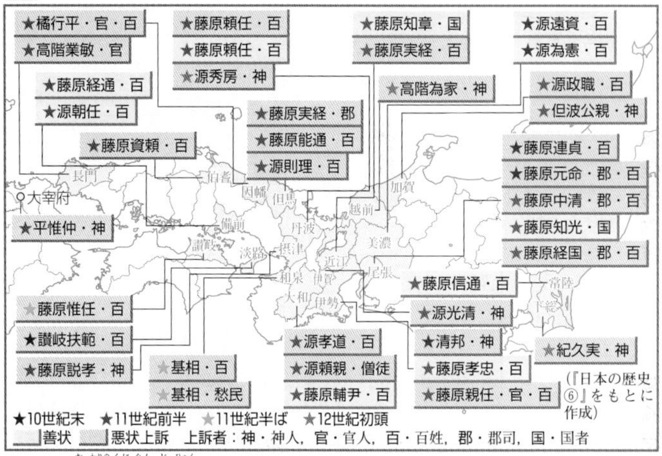

★10世紀末　★11世紀前半　★11世紀半ば　★12世紀初頭
善状　悪状上訴　上訴者：神・神人，官・官人，百・百姓，郡・郡司，国・国者

（『日本の歴史⑥』をもとに作成）

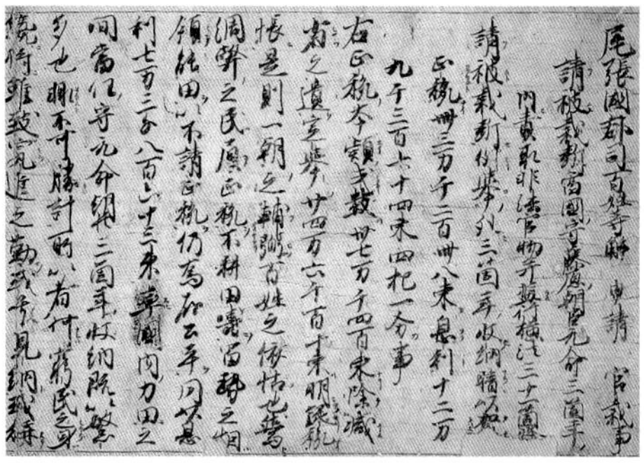

出題 2-1 **尾張国郡司百《おわりのくにぐんじひゃく》姓等解《しょうらげ》** 巨利を得よ(ひゃく)うとする強欲な受領も(せい)多く，郡司や有力農民に訴えられることもあった。988(永延《えいえん》2)年の尾張国司**藤原元命《ふじわらのもとなが》**のように非法を訴えられ，罷免《ひめん》される者がいたが，必ずしも政治生命そのものが失われたわけではなかった。

早稲田大学図書館蔵

1B 成功・重任

成功《じょうごう》・重任《ちょうにん》

中央政府
国家財政不足(調《ちょう》・庸《よう》未進による)

① 宮中の行事費用や営繕費用，寺社の造営・修築費用
② 任官＝**成功**
国司任官希望貴族
③ 任地(国衙《こくが》領)で私財蓄積
④成功で再任＝**重任**

1C 遙任のしくみ

遙任《ようにん》国司 出題

遙任国司
任国に赴任《ふにん》しない国司

任国の収入のみ受け取る

目代《もくだい》
遙任国司の一族・子弟・家人派遣

国衙＝留守所《るすどころ》
目代が地方豪族を**在庁官人**に任じ，地方行政・年貢徴収を行う

解説 摂関家が政治の中枢を占めると，ほかの貴族たちは，実務官人となるか，国司(**受領《ずりょう》**)として地方に赴《おもむ》くようになった。律令制崩壊による政策転換により，強大な徴税権をもつようになった受領のポストは利権化した。朝廷の儀式や寺社造営などを請け負い，その代償として受領などの収入の多い官職に任官される**成功《じょうごう》**や，再度任じてもらう**重任《ちょうにん》**などが盛んに行われるようになった。また，任国へ赴かず，国司の収入のみを得る**遙任《ようにん》**も，多くみられるようになった。

3 儀礼化する政治

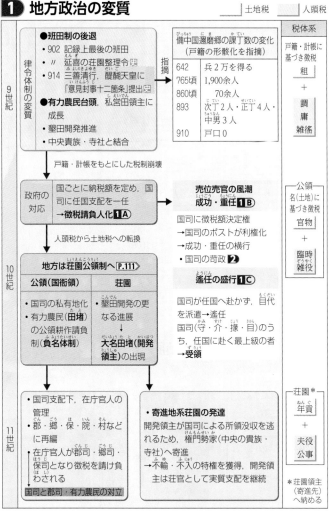

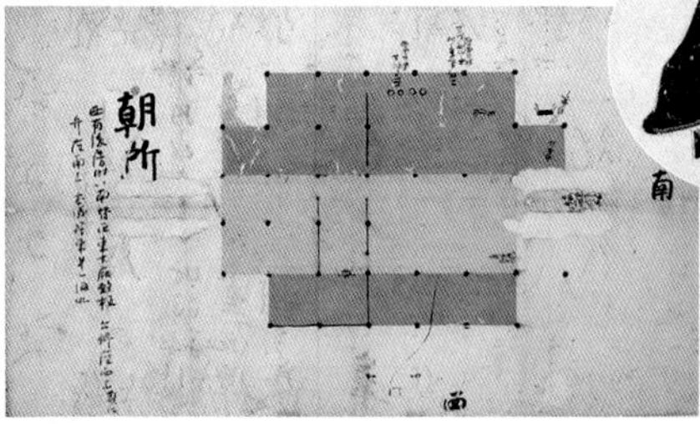

3-1 **朝儀図《ちょうぎず》「朝所《あいたんどころ》」と束帯《そくたい》人形** 藤原定《さだ》家《いえ(ていか)》自筆のもので，朝所とは太政官《だいじょうかん》庁の北東にあった建物で，儀式などの際にここで会食が行われた。紙でつくられた「束帯人形」も残されており，定家が建物の見取り図の上で人形を動かし，儀式の練習をしていたのであろうか。　冷泉家時雨亭文庫蔵

解説 官吏の人事権を摂関家が掌握すると，中・下級の貴族たちは摂関家に隷属《れいぞく》するようになり，やがて昇進の順序や権限は，家格によってほぼ決まるようになった。主要な官職は特定の「家」による請け負いで世襲化が進み，政治は儀礼化していった。

歴史ナビ 『**今昔物語集**』 巻28に，受領の貪欲さを示す信濃守藤原陳忠《のぶただ》の逸話がある。

国風文化① かな文字・文学・書

考察の視点 かな文字の成立によって，この時期の文化にどのような影響があったのか，かな文字の利点を踏まえて考えてみよう。 相互関連

時期　10〜11世紀　摂関政治《せっかんせいじ》の時期
❶大陸文化の吸収・消化→日本の風土に合致
❷優美な貴族文化
❸かな文字の成立→和歌《わか》・女流文学の発達
❹浄土教《じょうどきょう》の流行→熱心な阿弥陀《あみだ》信仰

解説 **平《ひら》がな**(女手《おんなで》・女文字・女がな・草《そう》がな)は，漢字(真名《まな》)を表音的に用いた万葉《まんよう》がなの字形をくずし簡略化したもの。**片《かた》かな**は，漢字の**旁《つくり》**・**偏《へん》**・**冠《かんむり》**などの一部を表音符号としたものである。

読み解く　平がな・片かなのもとになった万葉がなで，何か文章を書いてみよう！

1 かな文字の発達

无	和	良	也	末	波	奈	太	左	加	安
ん	わ	ら	や	ま	は	な	た	さ	か	あ
	為	利		美	比	仁	知	之	幾	以
	ゐ	り		み	ひ	に	ち	し	き	い
		留	由	武	不	奴	川	寸	久	宇
		る	ゆ	む	ふ	ぬ	つ	す	く	う
	恵	礼		女	部	祢	天	世	計	衣
	ゑ	れ		め	へ	ね	て	せ	け	え
	遠	呂	与	毛	保	乃	止	曽	己	於
	を	ろ	よ	も	ほ	の	と	そ	こ	お

爾	和	良	也	末	八	奈	多	散	加	阿
ン	ワ	ラ	ヤ	マ	ハ	ナ	タ	サ	カ	ア
	井	利		三	比	二	千	之	幾	伊
	ヰ	リ		ミ	ヒ	ニ	チ	シ	キ	イ
		流	由	牟	不	奴	州	須	久	宇
		ル	ユ	ム	フ	ヌ	ツ	ス	ク	ウ
	恵	礼		女	部	祢	天	世	介	江
	ヱ	レ		メ	ヘ	ネ	テ	セ	ケ	エ
	乎	呂	与	毛	保	乃	止	曽	己	於
	ヲ	ロ	ヨ	モ	ホ	ノ	ト	ソ	コ	オ

2 文学の発達

赤字は女性

	作品名	編著者名	内容
詩歌	古今和歌集《こきんわかしゅう》	紀貫之《きのつらゆき》・友則《とものり》ら	905(延喜5)年醍醐《だいご》天皇の命による最初の勅撰《ちょくせん》和歌集。『万葉集』以後の約1,100首を撰録。20巻。繊細で技巧的な歌風(古今調)
	和漢朗詠集《わかんろうえいしゅう》	藤原公任《きんとう》	朗詠に適した漢詩文と和歌800首を撰録。2巻
日記・随筆	土佐日記	紀貫之	「おとこもすなる日記といふ…」で始まる最初のかな日記。935年頃成立
	蜻蛉《かげろう》日記	藤原道綱《みちつな》の母	正妻でない作者の，多情な夫藤原兼家《かねいえ》との結婚生活を描く自照《じしょう》文学
	和泉式部《いずみしきぶ》日記	和泉式部	敦道《あつみち》親王との恋愛回想自伝。自身の160余首を中心とした歌日記
	紫式部《ひらさきしきぶ》日記	紫式部	一条天皇中宮彰子《ちゅうぐうしょうし》に仕えていた頃の日記。宮廷の見聞・人物評等，随筆風。これをもとに鎌倉時代に絵画化されたのが「紫式部日記絵巻」
	更級《さらしな》日記	菅原孝標《たかすえ》の女《むすめ》	父の任地上総《かずさ》からの帰京から宮仕え・結婚・夫との死別等回想録
	枕草子《まくらのそうし》	清少納言《せいしょうなごん》	感受性豊かに宮廷生活等を描いた随筆集。簡潔で余情性に富む，「をかし」の文学。清少納言は一条皇后定子《ていし》に仕えた女房《にょうぼう》
物語	竹取《たけとり》物語	未詳(学者か僧侶？)	竹取の翁《おきな》とかぐや姫の伝奇物語。姫の婿《むこ》選び説話中に当時の貴族社会の内面を描写。「物語の出《い》でき初めの祖《おや》」(紫式部の評)
	伊勢《いせ》物語	未詳(業平《なりひら》に縁《ゆかり》ある人？)	「昔，男ありけり」の主人公らしき男は在原業平《ありわらのなりひら》。120余編の短編物語。歌物語の初め。業平は六歌仙《ろっかせん》の1人
	宇津保《うつぼ》物語	未詳(藤原為時《ためとき》？)	左大将の娘貴宮《あてみや》をめぐる求婚と政権争い，清原仲忠《きよはらのなかただ》一族の栄華を描く
	落窪《おちくぼ》物語	未詳	継母《ままはは》に虐待《ぎゃくたい》された落窪の君が左近少将《さこんしょうじょう》の妻となり，夫が継母に報復。継子《ままこ》いじめの物語としては最古。御伽草子《おとぎぞうし》への影響大
	源氏《げんじ》物語	紫式部	光源氏中心の前44帖と薫《かおる》大将(源氏の子)主人公の「宇治十帖《うじじゅうじょう》」。雄大な構想，変化の妙《みょう》がある展開で貴族社会を描く。世界最古の長編小説
	栄華《えいが》物語	赤染衛門《あかぞめえもん》？	かな文字で書かれ，藤原道長の栄華を賛美
辞書	和名類聚抄《わみょうるいじゅうしょう》	源順《みなもとのしたごう》	930年代に成立した，最初の百科漢和辞書

3 和歌の世界

【口語訳】和歌は，人の心を種として，多くの言葉となって出たものである。人が生きていると，さまざまなことに出会うので，その中で，心に思ったものを，見るもの聞くものにつけて，口に出していうのである。

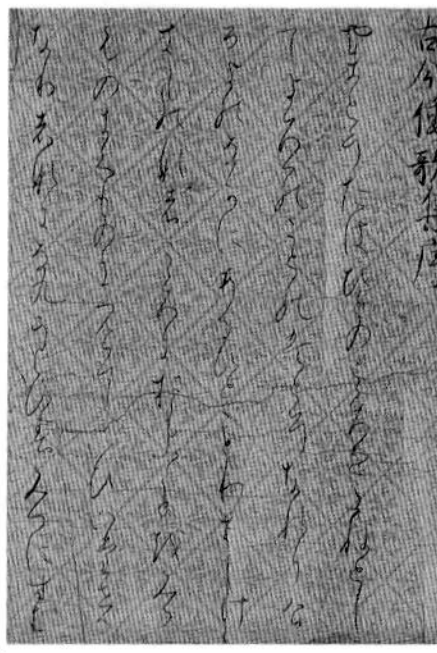

3-1 『古今《こきん》和歌集』仮名序(伝俊頼筆) 国 東京・大倉文化財団蔵

3A 八代集《はちだいしゅう》

古今《こきん》和歌集(905)
後撰《ごせん》和歌集(951)
拾遺《しゅうい》和歌集(1006)
後拾遺《ごしゅうい》和歌集(1086)
金葉《きんよう》和歌集(1126)
詞花《しか》和歌集(1151)
千載《せんざい》和歌集(1187)
新古今《しんこきん》和歌集(1205)

解説 『古今和歌集』以後，鎌倉時代初めの『新古今和歌集』まで，合計8回にわたって勅撰《ちょくせん》和歌集が編集されたので，これらを総称して「八代集」とよぶ。古今・後撰・拾遺の3つを「三代集」という。

4 藤原道長の日記

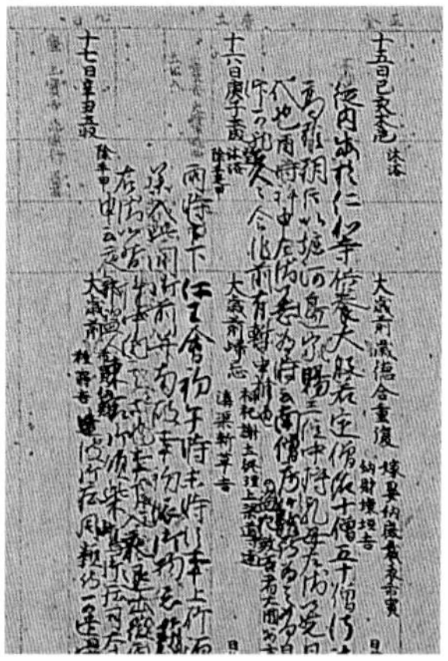

4-1 『御堂関白《みどうかんぱく》記』 これは，藤原道長(966〜1027)の自筆の日記『御堂関白記』である。毎日の出来事を「具注暦《ぐちゅうれき》」という暦の余白に，和様漢文体《わようかんぶんたい》で書き込んでいる。平安時代の貴族は，備忘《びぼう》や子孫《しそん》への伝達のために日記を書いたが，これは儀式や行事を適切に務めるためでもあった。2013年にユネスコの「世界記憶遺産」に登録された。 国京都・陽明文庫蔵

5 三跡* ―和様の書

*王羲之《おうぎし》(東晋《とうしん》の書家)の書体をもととし，字形に丸味を加えた草体の流麗・優美な筆跡の和風能書家3人をさす。

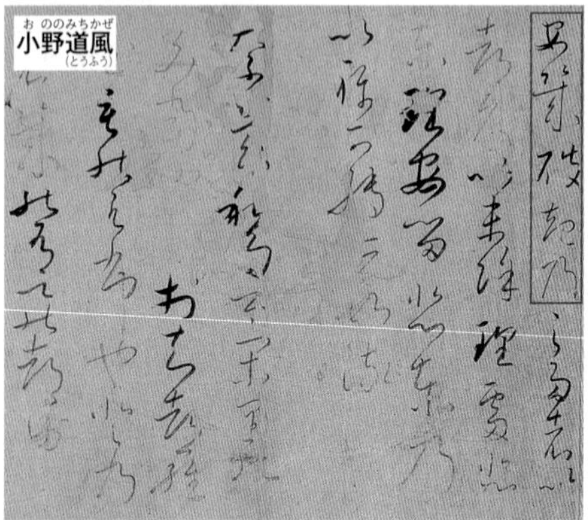

5-1 秋萩帖《あきはぎじょう》　冒頭が「安幾破起乃《あきはぎの》」(『古今和歌集』)の和歌で始まるのでこの名がある。道風は和様の基礎を形成，青蓮院流《しょうれんいんりゅう》に影響。 国部分 東京国立博物館蔵

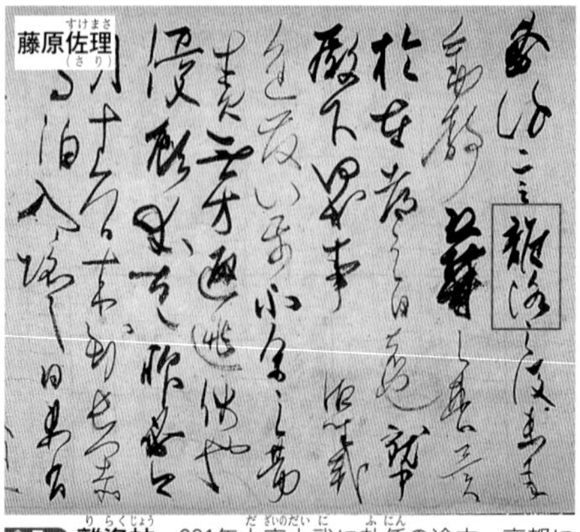

5-2 離洛帖《りらくじょう》　991年大宰大弐《だざいのだいに》に赴任《ふにん》の途中，京都にいる甥の藤原誠信《さねのぶ》にあてた書状。赤枠に「離洛」とある。和様の書風を一層発展させた。 国部分 東京・㈶畠山記念館蔵

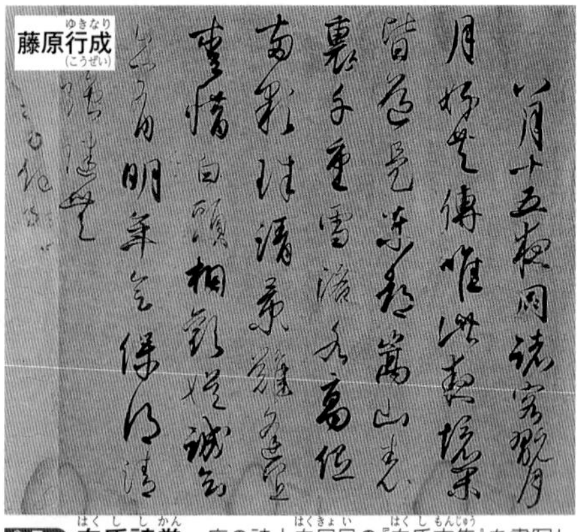

5-3 白氏詩巻《はくししかん》　唐の詩人白居易《はくきょい》の『白氏文集《はくしもんじゅう》』を書写した巻物。和様(上代様《じょうだいよう》)の書風に一層洗練の度を加え，全体の調和を重視。彼は世尊寺流《せそんじりゅう》の祖。 国部分 東京国立博物館蔵

歴史ナビ　**宇治市源氏物語ミュージアム**(京都府宇治市)　『源氏物語』宇治十帖《うじじゅうじょう》にちなむ資料展示やオリジナル映像がある。

考察の視点 平安時代に日本の風土にあった文化が形成されたといわれるが，なぜだろうか。 推移 相互関連

1 貴族の正装《せいそう》—束帯《そくたい》と女房装束《にょうぼうしょうぞく》

1-1 束帯《そくたい》(三十六歌仙絵) 平安時代以降の男子貴族の正装で，朝廷の儀式や通常の参内《さんだい》に着用した。石帯《せきたい》(皮製の帯)で上部から腰を束《たば》ねたのでこの名がある。 東京・五島美術館蔵

1-2 女房装束《にょうぼうしょうぞく》(三十六歌仙絵) 平安時代以降の女房(女官《じょかん》)の正装で，単《ひとえ》の上に唐衣《からぎぬ》や裳《も》をつけた。十二単というが，12枚とは限らなかった。 奈良・大和文華館蔵

2 成人—元服《げんぷく》と裳着《もぎ》

元服《げんぷく》 男子の成人を示し祝う儀式。11～16歳頃が多い。有力者より烏帽子《えぼし》を被《かぶ》せられる加冠《かかん》を行い，幼名《ようみょう》を廃して新たな名をつけた。初めて頭に冠《かんむり》をつけることから「初冠《ういこうぶり》」ともいう。

裳着《もぎ》 男子の元服にあたる女子の成人の儀式。初めて裳《も》をつけることからこの名がある。12～14歳頃に配偶者の決まったときや，その見込みがあるときに行うことが多い。

3 住居(寝殿造《しんでんづくり》)

千葉・国立歴史民俗博物館蔵

3-1 寝殿造《しんでんづくり》(東三条殿《ひがしさんじょうどの》復元模型) 藤原氏嫡流《ちゃくりゅう》の邸宅《ていたく》。寝殿造は内裏の模倣《もほう》であり，**白木造《しらきづくり》**の丸柱，屋根は**檜皮葺《ひわだぶき》**が特徴である。南向きの寝殿を中心に池・築山《つきやま》のある大きな庭園を有する。

3-2 東三条殿《ひがしさんじょうどの》の大饗《たいきょう》に集まる人びと(年中行事絵巻)
摂関家《せっかん》は正月に，貴族を自邸に招き饗宴《きょうえん》を行った。 田中家蔵

4 調度品

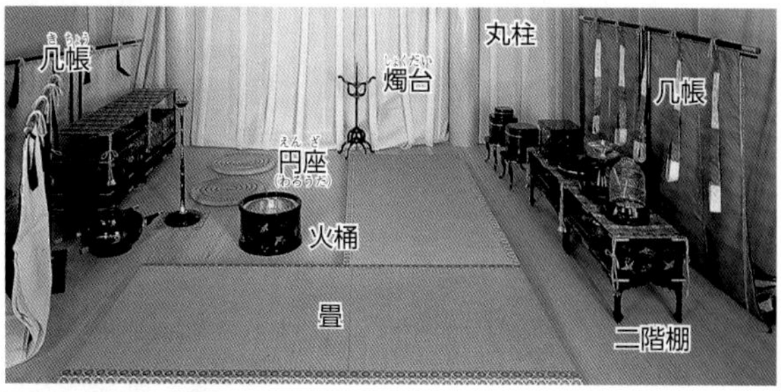

4-1 邸宅の復元 室内は華やかな中にも落ち着いた雰囲気で整えられた。漆器《しっき》は珍重《ちんちょう》され，漆《うるし》で文様《もんよう》を描き金銀粉をまきつける「蒔絵《まきえ》」の技法や，貝殻《かいがら》を薄く剝《は》いで磨き，これを埋め込む「螺鈿《らでん》」の技法が発達した。 千葉・国立歴史民俗博物館蔵

5 食事

5-1 貴族の食事(模型) 京都・向日市文化資料館蔵

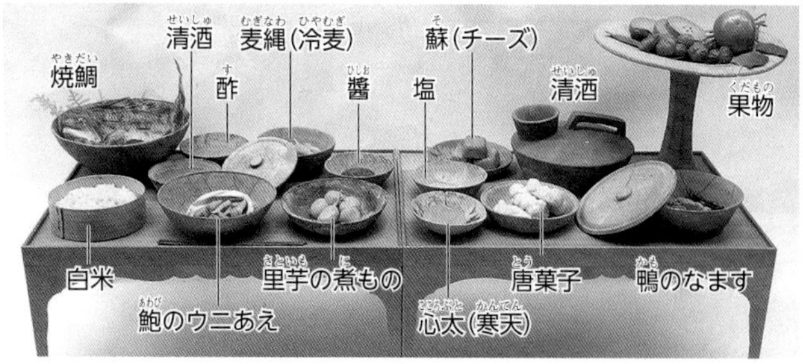

読み解く 次の「年中行事」の中で，今でも残っている行事は何だろうか。 現在

6 主な年中行事

人事	叙位《じょい》・県召除目《あがためしのじもく》(1月)，司召除目《つかさめしのじもく》(10月)…官吏に位階・官職を授与
神事	賀茂祭《かものまつり》(4月：賀茂神社祭礼)，石清水《いわしみず》臨時祭(3月：石清水八幡宮祭礼) 月次祭《つきなみさい》(6月・12月：伊勢神宮ほかに祈願)，大祓《おおはらえ》(6月・12月)
仏事	御斎会《ごさいえ》(1月)・仁王会《にんのうえ》(2～3月・7～8月)…鎮護国家の法会 涅槃会《ねはんえ》(2/15：釈迦入滅日)，灌仏会《かんぶつえ》(4/8：釈迦誕生日) 盂蘭盆会《うらぼんえ》(7月：祖先の霊を迎えて読経)
農事	祈年《としごい》の祭《まつ》り(2/4：豊作祈願)，新嘗《にいなめ》の祭《まつ》り(11/23：収穫祝賀)
武芸・遊興	賭弓《のりゆみ》(1月)，曲水《ごくすい》の宴(3/3)，鶏合《とりあわせ》(3/3)，騎射《うまゆみ》(5月)，競馬《くらべうま》(5月) 相撲《すまい》(7/7)，駒牽《こまひき》(8月)
節日《せつにち》(季節の変わり目)	元旦《がんたん》(1/1)，白馬《あおうま》(1/7)，踏歌《とうか》(1/16)，上巳《じょうし》(3/3)，端午《たんご》(5/5)， 七夕《たなばた》(7/7)，重陽《ちょうよう》(9/9)，豊明《とよあかり》(新嘗の祭りの翌日)

解説 貴族たちは，朝廷で行われる毎年恒例の儀式など(年中行事)を務めた。その数は大変多く，ここにあげたものはその一部である。周知するために，御所《ごしょ》の清涼殿《せいりょうでん》に一覧を記した「年中行事障子」という衝立《ついたて》も置かれていたという。

7 陰陽道《おんみょうどう》

7-1 祈禱《きとう》をする陰陽師《おんみょうじ》(不動利益縁起) 陰陽道の影響で貴族たちは運命や吉凶《きっきょう》を気にしていた。絵は，陰陽師の安倍《あべの》晴明《せいめい》が疫病神《やくびょうがみ》(左上)を追い払うため祈禱《きとう》をしている場面である。 東京国立博物館蔵

物忌《ものいみ》 陰陽師の判断で，平安貴族たちが物怪《もののけ》に憑《つ》かれたときなどの一定期間，引き籠《こ》もること

方違《かたたがえ》 他出の際，その方向に凶方が割り出されたとき，前夜に吉方《えほう》の家に泊まり，方角を変えて行くこと

歴史ナビ **一条戻橋《いちじょうもどりばし》**(京都府京都市) 陰陽師安倍晴明が式神《しきがみ》を隠していたとする伝説も残る。近くの晴明神社にはその式神像もある。

国風文化③　浄土教・信仰・絵画

考察の視点 この時代になぜ末法思想が流行し，浄土教が盛んになったのか考えてみよう。

相互関連

絵画	高野山聖衆来迎図《こうやさんしょうじゅらいごうず》(阿弥陀《あみだ》二十五菩薩《ぼさつ》来迎図) 平等院鳳凰堂扉絵《びょうどういんほうおうどうとびらえ》
建築	平等院鳳凰堂　法界寺阿弥陀堂《ほうかいじあみだ》 醍醐寺《だいごじ》五重塔
彫刻	平等院鳳凰堂阿弥陀如来像《あみだにょらいぞう》(定朝《じょうちょう》作) 法界寺阿弥陀如来像

1 浄土教の発展

天台宗《てんだいしゅう》・**真言宗《しんごん》**…現世利益《げんぜりやく》追求・**世俗化《せぞく》**
天台宗…山門《さんもん》派と寺門《じもん》派の対立・**門閥《もんばつ》化**

↓

社会不安増大…盗賊《とうぞく》・火災・疫病《えきびょう》・戦乱・怨霊《おんりょう》等→現世《げんぜ》の不安逃れ，**来世《らいせ》***の幸福期待

*三世《さんぜ》(前世《ぜんせ》・現世《げんぜ》・来世)の一つ

↓

末法《まっぽう》思想流行…末法初年＝1052(永承《えいしょう》7)年

↓

浄土教の発展
- 求道者《ぐどうしゃ》の出現→布教活動(10世紀)
  空也《くうや》…市の念仏(民間布教。市聖《いちのひじり》)
  源信《げんしん》(恵心僧都《えしんそうず》)…山の念仏『往生要集《おうじょうようしゅう》』
- 極楽浄土《ごくらくじょうど》への往生期待の**阿弥陀仏信仰《あみだぶつしんこう》**
- 往生伝《おうじょうでん》の作成
  慶滋保胤《よししげのやすたね》『日本往生極楽記』(セ出題)
  三善為康《みよしのためやす》『拾遺《しゅうい》往生伝』

↓

鎌倉新仏教…浄土宗《じょうどしゅう》・浄土真《じょうどしん》宗・時《じ》宗

末法思想

釈迦《しゃか》の入滅《にゅうめつ》後，正法《しょうぼう》(1000年)・像法《ぞうぼう》(1000年)・**末法《まっぽう》**(10000年)へと時代が下るにしたがい，仏法が衰え乱世になるという考え方。日本では**1052(永承《えいしょう》7)年**が末法初年とされ，平安中期以降，極楽往生を願い**浄土教**が流行した。

釈迦入滅　1052(永承7)年
↓正法　｜　像法　↓末法 ………
←1000年→←1000年→←10000年- - - - -

1A 浄土教の思想

来世
浄土《じょうど》…仏の住む浄《きよ》らかな国土。210億あるといわれる浄土群の中で，阿弥陀仏《あみだぶつ》の極楽浄土《ごくらくじょうど》がもっとも代表的
阿弥陀仏…西方《さいほう》極楽浄土の教主。一切の衆生《しゅじょう》を救済する

↑ **往生《おうじょう》**　浄土に往《い》って生まれ変わる
↓ **来迎《らいごう》**　阿弥陀仏が聖衆《しょうじゅ》とともに，念仏行者《ねんぶつぎょうじゃ》を「お迎え」に来る

現世
穢土《えど》…煩悩《ぼんのう》に汚《けが》れたもの(衆生)が住む迷いの世界。戦乱等で末法到来の不安

撮影 浅沼光晴氏

1-1 空也《くうや》(903～72)　(セ出題)　各地を行脚《あんぎゃ》したのち，庶民へ念仏を広めた。「市聖《いちのひじり》」とよばれる。この像は鎌倉時代中期の康勝《こうしょう》の作P.141。
京都・六波羅蜜寺蔵

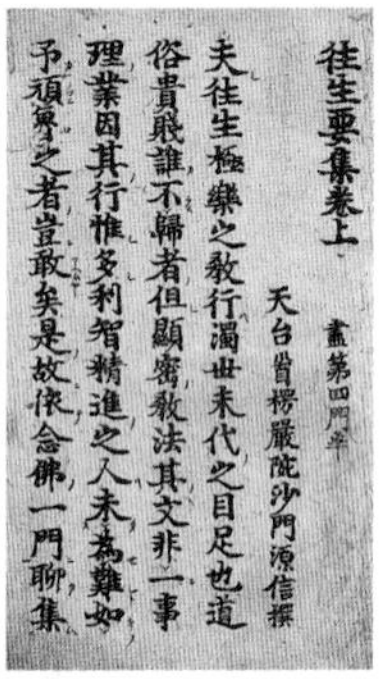
往生要集巻上
天台首楞厳院沙門源信撰
夫往生極樂之教行濁世末代之目足也道
俗貴賤誰不歸者但顯密教法其文非一事
理業因其行惟多利智精進之人未為難如
予頑魯之者豈敢矣是故依念佛一門聊集

(セ出題) **1-2『往生要集《おうじょうようしゅう》』**　写真は1253年の版本《はんぽん》で現存最古の遣宋完本《けんそうかんぽん》として知られるもの。『往生要集』は985年の完成，天台浄土教《てんだいじょうどきょう》*の聖典《せいてん》として社会に大きな影響を与えた。中国の天台山国清寺《こくせいじ》でも絶賛《ぜっさん》されたという。
京都・龍谷大学大宮図書館蔵

*浄土教は独立した宗派ではなかった。

1-3 源信《げんしん》(942～1017)(伝巨勢広貴《こせのひろたか》筆)　比叡《ひえい》山横川《よかわ》の良源《りょうげん》に師事。恵心院《えしんいん》に住んだので恵《え》心僧都《しんそうず》ともいう。
滋賀・聖衆来迎寺蔵

2 摂関時代の信仰

2A 神仏習合《しんぶつしゅうごう》

日本の神と仏教の仏を融合させた信仰。すでに奈良時代に始まっていたが，この時代も続いており，神社の境内《けいだい》に「神宮寺《じんぐうじ》」が建てられ，神前で読経《どきょう》が行われたりした。
こうした信仰のあり方は明治初年の神仏分離令《ぶんりれい》まで続いた。

2B 本地垂迹説《ほんじすいじゃくせつ》

神仏習合思想の一つで，日本の神は仏が仮に形をかえて現れたとする考え方。この時代には，具体的に個々の神々が仏に結びつけられていった。

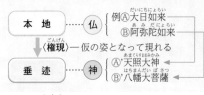

本地……仏｛例Ⓐ大日如来《だいにちにょらい》／Ⓑ阿弥陀如来《あみだにょらい》｝
↓〈権現《ごんげん》〉―仮の姿となって現れる
垂迹……神｛Ⓐ'天照大神《あまてらすおおみかみ》／Ⓑ'八幡大菩薩《はちまんだいぼさつ》｝

2C 御霊会《ごりょうえ》

恨みをのんで死んだ怨霊《おんりょう》や，わざわいをなす厄神《やくじん》などを慰めることで祟《たた》りを逃れようとする鎮魂の法会《ほうえ》や祭礼《さいれい》。863年に非業《ひごう》の死を遂げた早良《さわら》親王(桓武《かんむ》天皇の弟)らを祀《まつ》ったのが早い例とされる。藤原氏によって退けられた菅原道真《すがわらのみちざね》を祀る北野天満宮《きたのてんまんぐう》や，牛《ご》頭天王《ずてんのう》という外来の厄神を祀る祇園《ぎおん》社(1868年の神仏分離令で八坂《やさか》神社と改称)のものが有名である。

3 絵画

3-1 高野山聖衆来迎図《こうやさんしょうじゅらいごうず》(阿弥陀《あみだ》二十五菩薩《ぼさつ》来迎図)
臨終《りんじゅう》に際して，阿弥陀如来が多くの菩薩たちとともに迎えに来るようすを描いており，こうした図を「来迎図」という。本図は，最大規模の来迎図として知られており，大和絵《やまとえ》の手法で描かれている。11～12世紀の制作で，元々は比叡山《ひえいざん》にあったが，織田信長《おだのぶなが》の焼き討ちの際に高野山に移されたという。 国中幅210.8×210.6cm 右幅211.2×106.0cm 左幅210.8×105.7cm　和歌山・有志八幡講十八箇院蔵

読み解く
3-3の「早来迎」の図からは，早く阿弥陀如来に迎えに来てほしいという願いが読みとれるが，それはどこからわかるだろうか。

3-2 平等院鳳凰堂扉絵《びょうどういんほうおうどうとびらえ》
鳳凰堂内部の４面の扉と周囲の壁に描かれた仏画のうちの「下品上生図《げぼんじょうしょうず》」。極楽往生《ごくらくおうじょう》の九つの等級を描いた「九品来迎図《くぼんらいごうず》」の一つである。11世紀の制作で，扉絵にはほかにも日本風の山水も描かれている。 国京都

3-3 知恩院阿弥陀《ちおんいんあみだ》二十五菩薩来迎図《ぼさつらいごうず》　鎌倉時代の絵画だが，阿弥陀如来たちが急峻《きゅうしゅん》な山を越えて，往生者の家に向かうようすが描かれており，こうした構図は「早来迎《はやらいごう》」とよばれた。 国京都

考察の視点　定朝様式の阿弥陀仏が円満な顔立ちや柔らかい体つきなどをしているのはなぜだろうか。相互関連

1 建築

出題

1-1 **平等院鳳凰堂《びょうどういんほうおうどう》**　**藤原頼通《よりみち》**は，末法《まっぽう》に入ると信じられていた1052(永承《えいしょう》7)年に，**宇治《うじ》**の別荘を寺院とし，翌年仏師定朝《じょうちょう》の阿弥陀如来《あみだにょらい》像を安置した。宇治川から訪れると西に極楽浄土《ごくらくじょうど》が現れるように設計された。裳階《もこし》のある中堂《ちゅうどう》から左右に広がる翼《よく》廊《ろう》が，鳳凰が翼を広げた姿に似ているのでこの名がついたという。
国平面46.9(正面)×35.3(奥行)m 京都

1-2 **鳳凰**　中堂《ちゅうどう》の屋根にある鳳凰。古代中国で麒麟《きりん》・亀《かめ》・龍《りゅう》とともに尊ばれた想像上の瑞鳥《ずいちょう》。国
＊現在は平等院ミュージアム鳳翔館内で展示。中堂の屋根の鳳凰は複製品。

1-3 **法界寺阿弥陀堂《ほうかいじあみだどう》**　法界寺は京都市伏見《ふしみ》区にある寺院で，藤原氏の血を引く日野《ひの》氏の氏寺。平等院鳳凰堂ほど豪奢《ごうしゃ》ではないが，堂内には「天《てん》人飛翔《にんひしょう》図」などの壁画も描かれ，鳳凰堂と同様に極楽浄土《ごくらくじょうど》を表現している。　国平面13.4×13.4m 京都

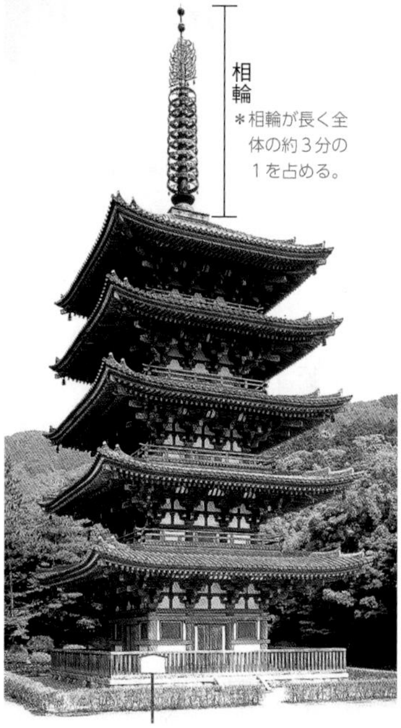

1-4 **醍醐寺《だいごじ》五重塔**　醍醐寺は京都市伏見区にある真言《しんごん》宗醍醐派の総本山。五重塔は951(天暦《てんりゃく》5)年に完成。初層と二層の間を広げ安定感を高め，相輪が全体の3分の1を占めているのも特徴である。内部に両界曼陀羅《まんだら》の壁画があるなど密教《みっきょう》の影響が強いが，初重内部を板敷きにするなど和様化もみられる。
国高さ38.2m 京都

2 彫刻

2-1・2 **平等院鳳凰堂雲《うん》中供養菩薩《ちゅうくようぼさつ》像**　堂内を飾る52体の浮彫《うきぼり》の像。雲に乗り，楽奏《がくそう》して舞い降りる姿は，阿弥陀如《あみだにょ》来《らい》とともに来《らい》迎《ごう》するようすを表している。木造。　国像高40.0～87.0cm

出題

2-3 **平等院鳳凰堂阿弥陀如来《あみだにょらい》像**　仏師定《じょう》朝《ちょう》が「寄木造《よせぎづくり》」の技法で造立した。丸い円満な顔立ち，柔らかく自然な体つきなどの作風は，「定朝様《じょうちょうよう》」として後世の模範となった。 P.86
国像高278.7cm
セ出題

2-4 **法界寺阿弥陀如来像**　平等院鳳凰堂像より後，11世紀末頃の制作と推定されている。定朝様を踏襲《とうしゅう》し，柔和《にゅうわ》な表情に特徴がある。
国像高280.0cm

寄木造《よせぎづくり》

1本の木材から1体の仏像を彫《ほ》る「一木《いちぼく》造《づくり》」に対し，仏像をいくつかの部分に分けて分担して彫り，これを寄せ合わせて完成させたのが「寄木造」である。この技法により，大型の仏像を短期間に制作することが可能になり，この時代の貴族たちからの造《ぞう》仏《ぶつ》需要に応えられるようになった。

←木取《きど》り～像の形に合わせて材を寄せ，下図を描く

→寄木造の解体写真(平等院阿弥陀如来像の概略構造)
(製作者：山崎隆之氏・松永忠興氏　写真：奈良国立博物館提供)

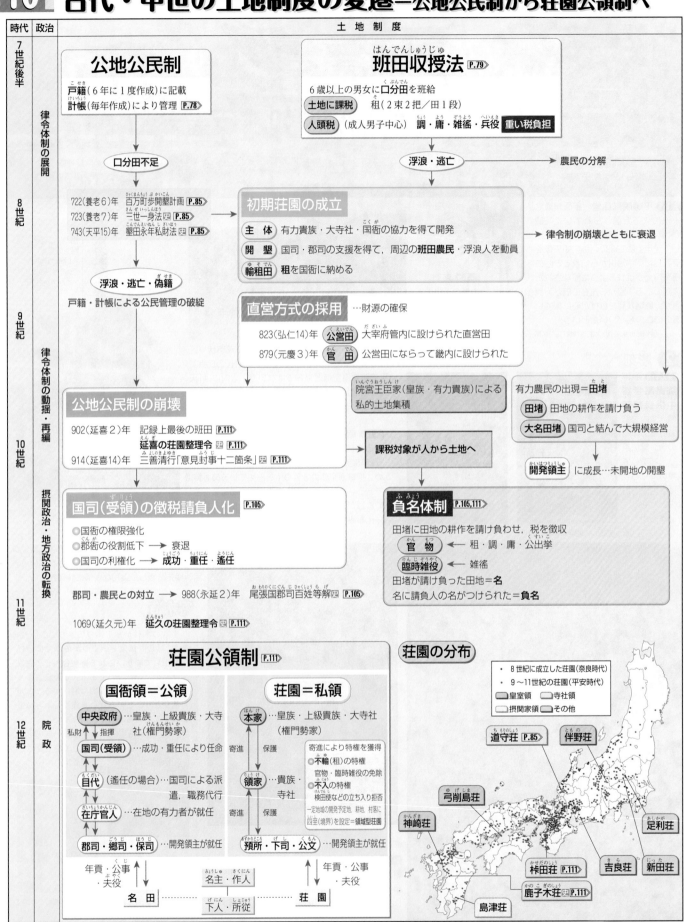

古代・中世の土地制度の変遷—公地公民制から荘園公領制へ

時代	政治	土地制度
7世紀後半	律令体制の展開	
8世紀		
9世紀	律令体制の動揺・再編	
10世紀	摂関政治・地方政治の転換	
11世紀		
12世紀	院政	

公地公民制

戸籍《こせき》(6年に1度作成)に記載
計帳《けいちょう》(毎年作成)により管理 P.78

↓

口分田不足

↓

722(養老6)年 百万町歩開墾計画《ひゃくまんちょうぶかいこん》 P.85
723(養老7)年 三世一身法《さんぜいっしんほう》 史 P.85
743(天平15)年 墾田永年私財法《こんでんえいねんしざいほう》 史 P.85

↓

浮浪・逃亡・偽籍《ぎせき》

戸籍・計帳による公民管理の破綻

班田収授法《はんでんしゅうじゅ》 P.79

6歳以上の男女に口分田《くぶんでん》を班給
土地に課税　租《そ》(2束2把/田1段)
人頭税　(成人男子中心)　調《ちょう》・庸《よう》・雑徭《ぞうよう》・兵役《へいえき》 **重い税負担**

↓

浮浪・逃亡 → 農民の分解

↓

初期荘園の成立

主体　有力貴族・大寺社・国衙《こくが》の協力を得て開発
開墾　国司・郡司の支援を得て，周辺の**班田農民**・浮浪人を動員
輸租田《ゆそでん》　**租**を国衙に納める

→ 律令制の崩壊とともに衰退

直営方式の採用

…財源の確保

823(弘仁14)年 公営田《くえいでん》 大宰府《だざいふ》管内に設けられた直営田
879(元慶3)年 官田《かんでん》 公営田にならって畿内に設けられた

院宮王臣家《いんぐうおうしんけ》(皇族・有力貴族)による私的土地集積

有力農民の出現＝**田堵《たと》**
田堵　田地の耕作を請け負う
大名田堵　国司と結んで大規模経営

↓

開発領主《かいはつりょうしゅ》に成長…未開地の開墾

公地公民制の崩壊

902(延喜2)年 記録上最後の班田 P.111
延喜《えんぎ》の荘園整理令 史 P.111
914(延喜14)年 三善清行《みよしきよゆき》「意見封事《ふうじ》十二箇条」 史 P.111

→ 課税対象が人から土地へ

↓

国司(受領《ずりょう》)の徴税請負人化 P.105

- 国衙の権限強化
- 郡衙《ぐんが》の役割低下 → 衰退
- 国司の利権化 → **成功《じょうごう》**・**重任《ちょうにん》**・**遙任《ようにん》**

郡司・農民との対立 → 988(永延2)年 尾張国郡司百姓等解《おわりのくにぐんじひゃくしょうらげ》 史 P.105

1069(延久元)年 **延久《えんきゅう》の荘園整理令** 史 P.111

負名《ふみょう》体制 P.105,111

田堵に田地の耕作を請け負わせ，税を徴収
官物《かんもつ》 ← 租・調・庸・公出挙《くすいこ》
臨時雑役《りんじぞうやく》 ← 雑徭
田堵が請け負った田地＝**名**
名に請負人の名がつけられた＝**負名**

荘園公領制 P.111

国衙領＝公領

中央政府 …皇族・上級貴族・大寺社(権門勢家《けんもんせいか》)
私財 ↑ ↓ 指揮
国司(受領) …成功・重任により任命
↑↓
目代《もくだい》 (遙任の場合)…国司による派遣，職務代行
↑↓
在庁官人《ざいちょうかんじん》 …在地の有力者が就任
↑↓
郡司・郷司《ごうじ》・保司《ほうじ》 …開発領主が就任

年貢・公事《くじ》・夫役《ぶやく》 ↑↓

名田

荘園＝私領

本家《ほんけ》 …皇族・上級貴族・大寺社(権門勢家)
寄進 ↑ ↓ 保護
領家《りょうけ》 …貴族・寺社
寄進 ↑ ↓ 保護
預所《あずかりどころ》・下司《げし》・公文《くもん》 …開発領主が就任

寄進により特権を獲得
- 不輸《ふゆ》(租)の特権
  官物・臨時雑役の免除
- 不入《ふにゅう》の特権
  検田使《けんでんし》などの立ち入り拒否

一定地域の開発予定地，耕地，村落に四至《しいし》(境界)を設定＝**領域型荘園**

年貢・公事・夫役 ↑↓

荘園

名主《みょうしゅ》・作人《さくにん》
下人《げにん》・所従《しょじゅう》

荘園の分布

考察の視点　朝廷が度々荘園整理令を発したのはなぜだろうか。　推移

1 土地支配の変化

1A 初期荘園と地方支配　8～9世紀

P.85

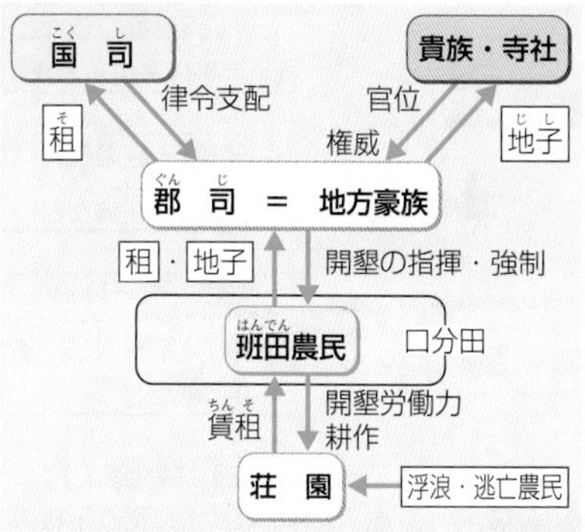

1B 負名体制《ふみょうたいせい》による請作《うけさく》経営　10～11世紀中

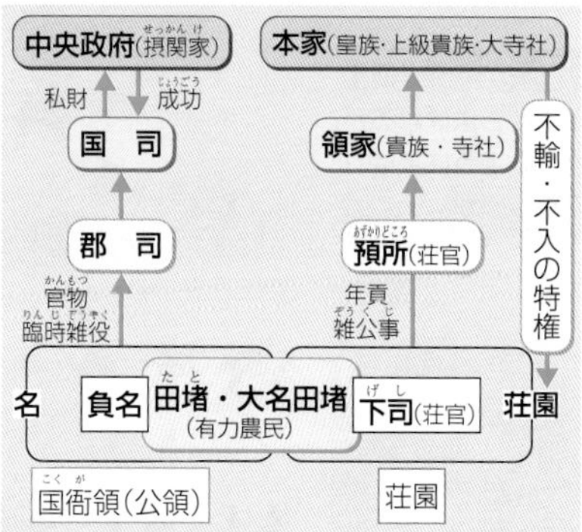

1C 荘園公領制《しょうえんこうりょうせい》による名田《みょうでん》経営　12世紀～

P.133

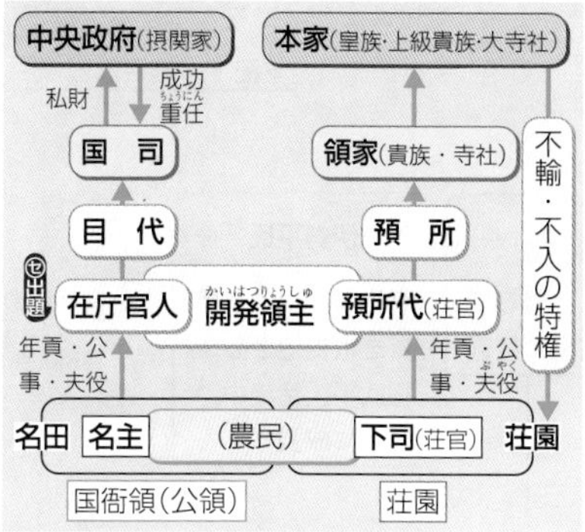

解説　律令体制下の国郡制《こくぐんせい》に依存していた**初期荘園**(**墾田地系荘園《こんでんちけい》**)は，律令体制の変質とともに10世紀までに衰退した。その一方で，10世紀後半には国衙から**臨時雑役《りんじぞうやく》**(**公事《くじ》・夫役《ぶやく》**)などの免除を受けた有力農民(**大名田堵**)が盛んに開発を行い，彼らは11世紀には**開発領主《かいはつりょうしゅ》**とよばれ，多くは在庁官人となって地方行政に進出した。なかには所領を上級貴族や皇族に寄進し，**下司《げし》・公文《くもん》**などの荘官となって実質的な支配を継続する者もあった。荘園領主は寄進された小規模の土地をもとに，一定地域の耕地や開発予定地を含めて四至《しいし》を設け，領域を設定して「立荘」した。このような荘園を**領域型荘園**という。こうした荘園は11～12世紀にかけて各地に広がり，**荘園公領制**とよばれる中世の土地制度の基礎が築かれていった。

2 荘園公領制の展開

2A 紀伊国《きいのくに》の荘園公領分布

当国(紀伊)は七箇郡《か》を管する なり。いはゆる伊都《いと》・那賀《なか》・名草《なぐさ》・海部《あま》・在田《ありた》・日高《ひだか》・牟婁《むろ》等これなり。件の七箇郡の内、牟婁・日高・海部・在田・伊都・那賀の六箇郡は、毎郡十分の八九すでに庄領《しょうりょう》となり、公地いくばくもあらず、僅《わず》かに残る所はただ名草一郡ばかりなり。件《くだん》の内には又……諸神社・仏寺の領する田畠等あり。

(一一〇七年の官宣旨より)

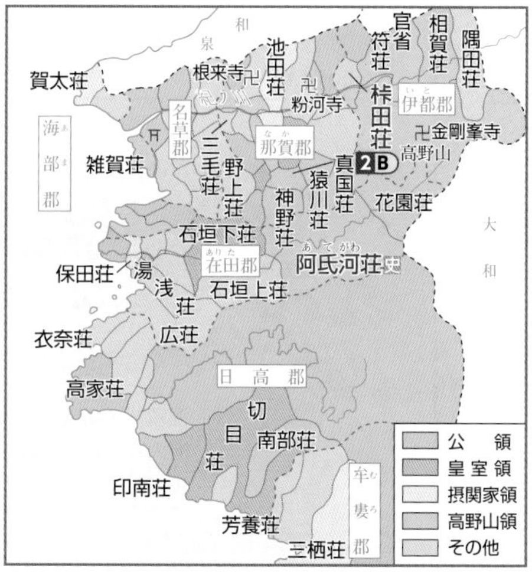

読み解く　2Aの史料から，1107年の紀伊国では，荘園と公領の割合はどのようになっていたか読み取ってみよう。

2B 荘園絵図 ―紀伊国桛田荘《かせだのしょう》　セ出題

解説　桛田荘は825(天長２)年に日根秋友が開発。12世紀後半には後白河院領，次いで1183(寿永２)年には神護寺《じんごじ》に寄進された。荘域は高野山《こうやさん》の北西麓にあり，紀伊《きい》川(現，紀ノ川)と静川《しずかわ》に囲まれている。五つの黒点は領域の境目を示す牓示《ぼうじ》で，これで四至を定めた。この絵図は12世紀後半に作成されたと推定される。この時期に，寄進された土地をもとに荘園の領域を設定して，領域型荘園となったことが読み取れる。

共出題

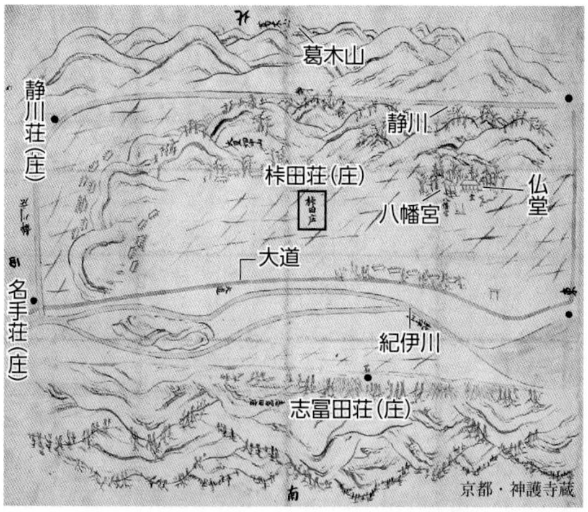

京都・神護寺蔵

3 寄進地系荘園の発達と荘園整理

赤字天皇　青字上皇　□主な荘園整理令

延喜の治		●10世紀以降，寄進地系《きしんちけい》荘園の発達　セ出題
	902(延喜2)	**延喜《えんぎ》の荘園整理令**史　醍醐《だいご》(最初の荘園整理令) ◆勅旨田《ちょくしでん》・百姓の寄進行為・院宮王臣家《いんぐうおうしんけ》の山林藪沢《そうたく》占有禁止 ◆券契《けんけい》*が明らかで国務を妨げぬものは公認 *証拠書類。
		この年，**班田《はんでん》記録の最後**
	914	**三善清行《みよしのきよゆき》「意見封事《ふうじ》十二箇条《かじょう》」**(正丁《せいてい》数減少・課《か》丁《てい》の皆無等につき粛正《しゅくせい》を奏上《そうじょう》)史
藤原氏北家 政権独占		●名田《みょうでん》の発達・名主《みょうしゅ》層の成長。**国衙《こくが》領の形成**，国司の遙任《ようにん》盛ん。権門寺社への荘園寄進盛行
	967	藤原実頼関白《さねよりかんぱく》就任。以後**摂関《せっかん》常置**
		●摂関家への荘園寄進集中
	984	花山《かざん》　延喜２年以降の新立《しんりゅう》荘園停止
↓	988	尾張国郡司百姓等解《おわりのくにぐんじひゃくしょうらげ》→翌年国守藤原元命《もとなが》停職
摂関政治 全盛		**●11世紀前半摂関政治全盛(道長《みちなが》・頼通《よりみち》)**
	1045(寛徳2)	**寛徳《かんとく》の荘園整理令**　後冷泉《ごれいぜい》 ◆前任国司の任期中以後の新立荘園停止
↓	1055(天喜3)	**天喜《てんぎ》の荘園整理令**　後冷泉(寛徳の荘園整理令の再令) ◆寛徳２年以後の新立荘園停止
衰退	1069(延久元)	**延久《えんきゅう》の荘園整理令**　後三条《ごさんじょう》 ◆寛徳２年以後の新立荘園・券契不明のもの・国務に妨げあるものを停止
		この年，**記録荘園券契所(記録所)**設置史　セ出題
院政の展開→武士の中央進出	1075	白河《しらかわ》　寛徳２年以後の新立荘園停止
		●院による荘園整理・院への荘園の寄進集中
	1091	堀河《ほりかわ》・白河　源義家《よしいえ》の荘園設立を禁止
	1097	平正盛《まさもり》，六条院《ろくじょういん》へ荘園を寄進し院に接近
	1099	白河　寛徳２年以後の新立荘園停止の宣旨《せんじ》
		●知行国《ちぎょうこく》制の発達
	1127(大治2)	**大治《だいじ》の荘園整理令**　白河 ◆重ねて寛徳以後の新立荘園停止
	1141	八条院領《はちじょういんりょう》の成立(鳥羽《とば》　皇女に譲与)
	1156(保元元)	**保元《ほうげん》の荘園整理令**　後白河《ごしらかわ》(最後の荘園整理令) ◆久寿《きゅうじゅ》２(1155)年以後の新立荘園停止
		●長講堂《ちょうこうどう》領の成立(後白河　持仏堂《じぶつどう》に寄進)
武士政権確立		**●平氏政権**→30余の知行国，500余の荘園所有
		●源頼朝《よりとも》→関東御領《ごりょう》・関東御分国《ごぶんこく》

2C 寄進地系荘園の事例―肥後国鹿子木荘《ひごのくにのかのこぎのしょう》　史　セ出題

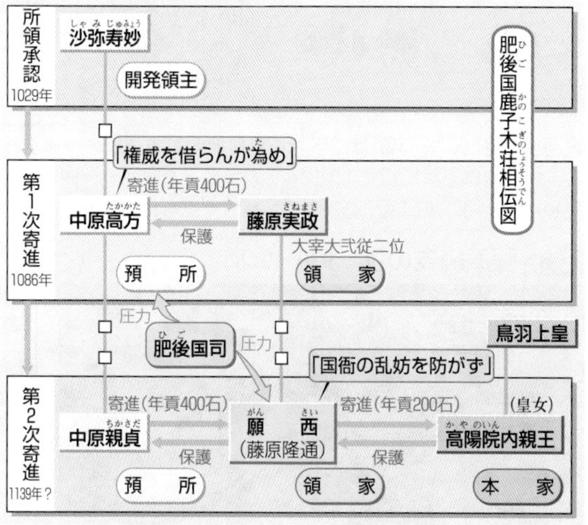

解説　**寄進地系荘園**は，開発領主が自己の権益を守るために，上位の権力者に土地を寄進し保護を受け，**不輸・不入の特権**を得ることで成立した。この史料(史P.11)から寄進の経過を読み取ることができるが，13世紀末に，東寺が開発領主の権利を継承していることを主張するものであり，開発領主・荘官の権利を実態より大きく記している。

112 武士団の形成

考察の視点　天慶の乱をきっかけに武士の力が強まったといわれるが，なぜだろうか。　相互関連

1 武士団の形成

律令制度の崩壊→地方政治の乱れ（9～10世紀）

成功《じょうごう》・重任《ちょうにん》の風潮，**遙任《ようにん》・受領《ずりょう》**＝国司職の利権化（強欲・暴政）

荘官・郡司などが，所領維持・農民反乱防止などのために武装化→**兵（武士）の出現**

武士団の形成（9～10世紀）1A

①主人を中心に武士の家を形成

②土着した貴族（軍事貴族）・有力在庁官人を**棟梁《とうりょう》**として武士が連合→**武士団を形成**

武士団の成長（10～11世紀）

天慶《てんぎょう》の乱 2 で地方の武士団が活躍

→国司や朝廷が有力武士を治安維持に活用

地方	**追捕使《ついぶし》・押領使《おうりょうし》**（国内の治安維持） 館侍《たちざむらい》・国侍《くにざむらい》（受領・国衙《こくが》の警護）
中央	10世紀　**滝口《たきぐち》の武者《むしゃ》**（宮中の警護）。侍《さむらい》（摂関家・上級貴族の警護） 11世紀　**北面の武士**（上皇の警護）

読み解く　武士は「侍《さむらい》」ともよばれるが，なぜそのようによばれるのだろうか。

田中家蔵

1-1 **関白の警護《けいご》をする武士**（年中行事絵巻）

1A 武士団の構成（兵《つわもの》の家の構造）

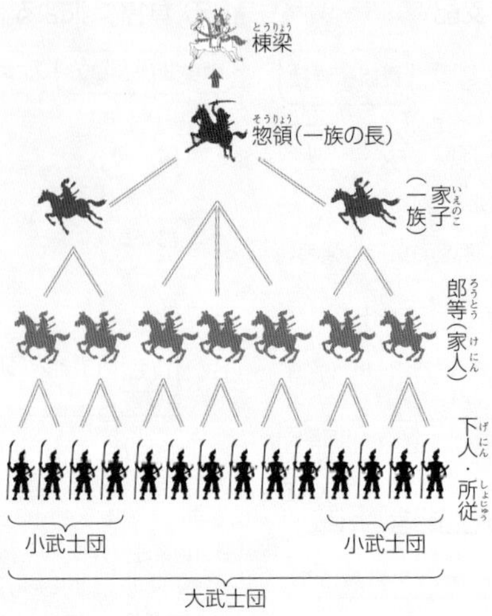

棟　梁
土着した賜姓《しせい》皇族など（桓武平氏・清和源氏）

惣領（一族の長）
在庁官人《ざいちょうかんじん》・荘官《しょうかん》など

家　子（一族）
同族の分家や庶子《しょし》，部下の土豪《どごう》など

郎　等*（家人）
上級武士に従う下級の武士

＊郎党・郎従ともいう。

下　人・所　従
支配下の農民など

2 天慶《てんぎょう》の乱

出題

❶国府《こくふ》の占領　939

常陸《ひたち》国司に追われた藤原玄明《はるあき》を保護。常陸国府を焼き払い，続いて下野《しもつけ》・上野《こうずけ》の国府も占領し，国守追放

❷新皇《しんのう》と称する　939

上野《こうずけ》の国府で新皇《しんのう》と号し，下総《しもうさ》の石井《いわい》郷を王城とし，一族を関東8カ国の国司として任命

2A 平将門の乱　939～940年

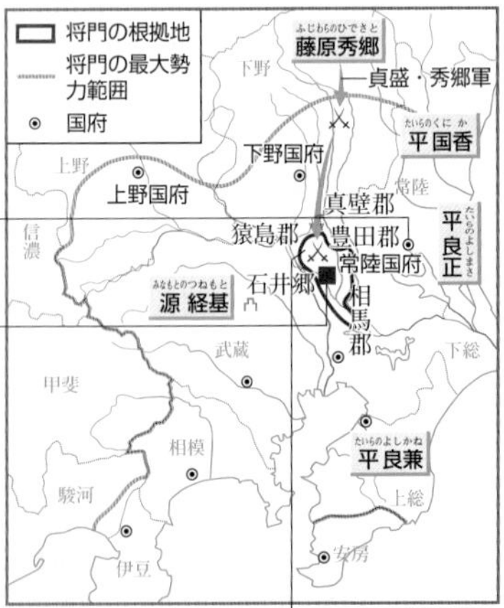

2-1 **新皇《しんのう》となり国司《こくし》を任命する将門《まさかど》**（秀郷草子《ひでさとぞうし》）

宮内庁書陵部蔵

❸反乱の鎮定《ちんてい》　940

下野押領使《しもつけおうりょうし》藤原秀郷《ひでさと》と平貞盛《さだもり》ら，下総《しもうさ》の猿島《さしま》（現，茨城県坂東市付近）で平将門を討《う》つ（北山の決戦）

解説　平将門（？～940）は，下総《しもうさ》を根拠地として一族の争いを繰り返すうちに，常陸《ひたち》国府を襲撃して，国家への反乱者となった。一時は東国の大半を支配したが，同じ東国武士の平貞盛《さだもり》・藤原秀郷《ふじわらのひでさと》らに討たれた。

2B 藤原純友の乱　939～941年

広島・楽音寺蔵

2-2 **炎上する純友方の船**（楽音寺縁起絵巻）　島にこもる純友らに対し，海と陸から同時に攻撃している。

【藤原氏北家】

- 藤原冬嗣《ふゆつぐ》
  - 長良《ながら》
    - 遠経《とおつね》 ― 良範《よしのり》 ― 純友
    - 基経《もとつね》
  - 良房《よしふさ》 ― 基経
    - 時平《ときひら》
    - 忠平《ただひら》 ― 実頼《さねより》

（― は養子関係）

2-3 **純友の根拠地・日振島**

解説　前伊予掾《さきのいよのじょう》藤原純友《すみとも》は，日振《ひぶり》島を根拠地に瀬戸内海で反乱をおこし，九州まで勢力をのばしたが，伊予で警固使《けいごし》橘遠保《たちばなのとおやす》に討たれた。

3 諸国の武士団

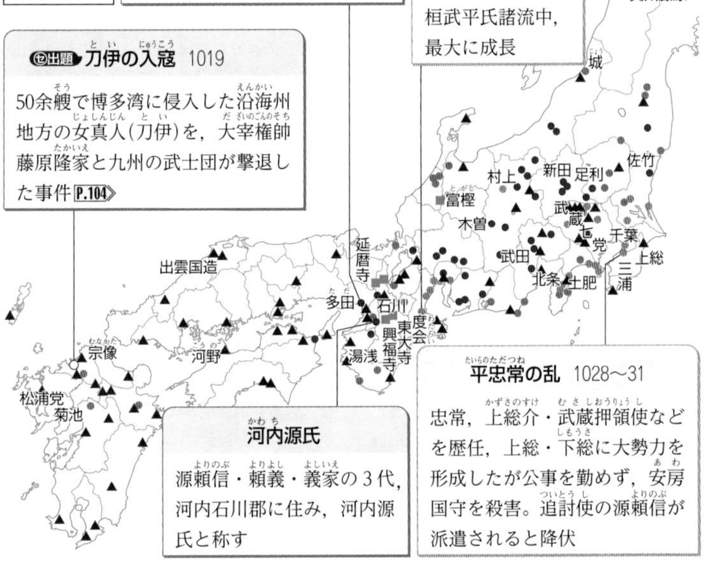

多田《ただ》源氏
源満仲《みつなか》，摂津《せっつ》多田荘に土着して多田源氏を称し，摂関家に接近

伊勢《いせ》平氏
平維衡《これひら》，伊勢・伊賀《いが》を根拠地とし，桓武平氏諸流中，最大に成長

出題 **刀伊《とい》の入寇《にゅうこう》**　1019
50余艘《そう》で博多湾に侵入した沿海州《えんかい》地方の女真人《じょしんじん》（刀伊《とい》）を，大宰権帥《だざいのごんのそち》藤原隆家《たかいえ》と九州の武士団が撃退した事件 P.104

河内《かわち》源氏
源頼信《よりのぶ》・頼義《よりよし》・義家《よしいえ》の3代，河内石川郡に住み，河内源氏と称す

平忠常《たいらのただつね》の乱　1028～31
忠常，上総介《かずさのすけ》・武蔵押領使《むさしおうりょうし》などを歴任，上総・下総《しもうさ》に大勢力を形成したが公事を勤めず，安房《あわ》国守を殺害。追討使《ついとうし》の源頼信《よりのぶ》が派遣されると降伏

解説　盗賊鎮圧などのために地方に派遣された武士たちは，土着してしだいに成長し，武士団を形成した。朝廷や貴族たちは，彼らを侍《さむらい》として奉仕させ，治安維持に活用するようになった。

1 平氏・源氏の成長 出題

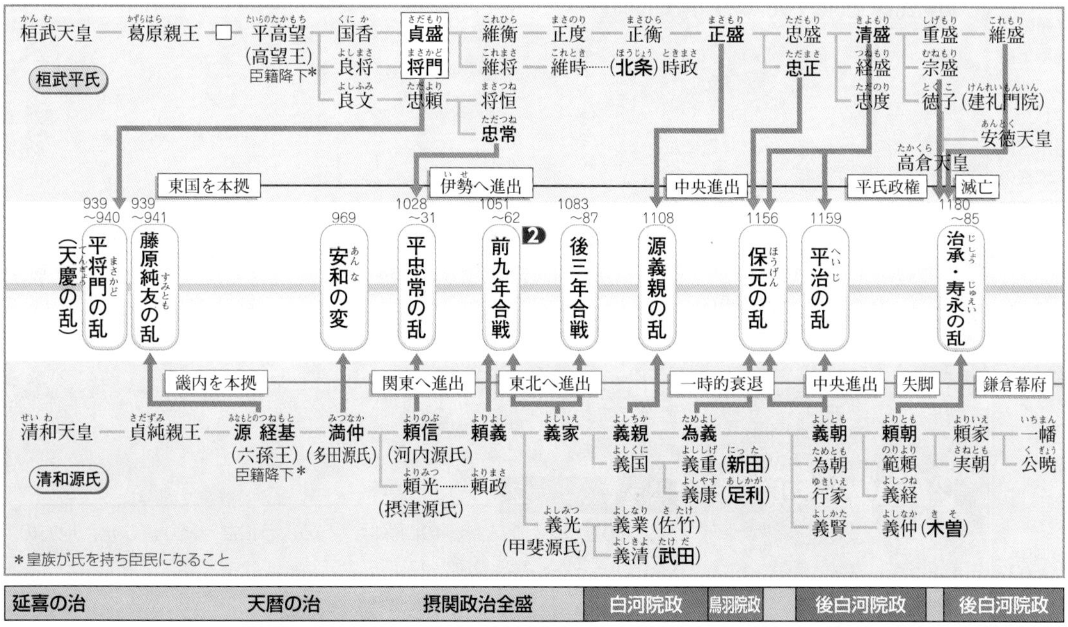

乱《らん》・変《へん》・役《えき》

乱 時の国家や権力に対し，秩序を乱す政治的抗争や戦乱に用いられることが多い。
- 天慶《てんぎょう》の乱
- 承久《じょうきゅう》の乱
- 応仁《おうにん》の乱

変 社会的に大きな影響を与えるような事件が不意に発生した時などに用いられ，乱より小規模的。
- 安和《あんな》の変
- 桜田門外《さくらだもんがい》の変

役 人民を徴発し動員するという意味をもち，そのための異民族との戦争などに用いられる場合が多い。
- 文永《ぶんえい》・弘安《こうあん》の役
- 文禄《ぶんろく》・慶長《けいちょう》の役

2 前九年・後三年合戦

1050	陸奥守《むつのかみ》藤原登任《なりとう》，鬼切部《おにきるべ》で安倍頼時《あべのよりとき》に敗北
1051 (永承6)	源頼義《よりよし》，陸奥守となる。**前九年合戦始まる** 安倍頼時，源頼義に帰順
1053	源頼義，鎮守府《ちんじゅふ》将軍を兼任
1054	安倍貞任《さだとう》，源頼義の営所を襲う
1056	安倍頼時，再び反乱
1057 (天喜5)	源頼義，鳥海柵《とりみのさく》で頼時を討つが，黄海《きのみ》柵で安倍貞任に大敗
1062 (康平5)	源頼義，出羽《でわ》の清原武則《きよはらのたけのり》の援軍を得て，厨川《くりやがわ》柵で貞任らを滅ぼす。**前九年合戦終わる**
1083 (永保3)	源義家《よしいえ》，陸奥守兼鎮守府将軍となり，清原氏の内紛に介入。**後三年合戦始まる**
1085	清原清衡《きよひら》と家衡《いえひら》の兄弟が争う
1087 (寛治元)	源義家，清衡を支援，出羽金沢柵《でわかねざわのさく》で家衡らを滅ぼす。**後三年合戦終わる**

2A 関連地図

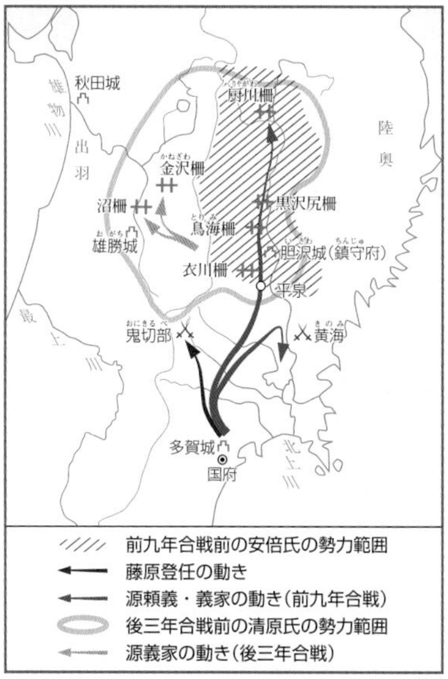

2B 安倍・清原・奥州藤原氏系図

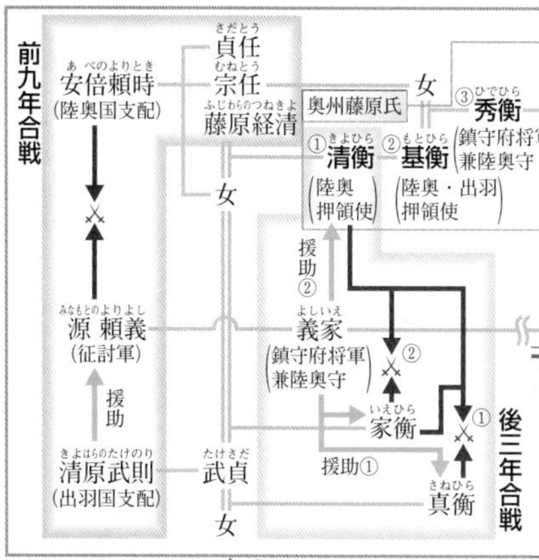

読み解く 清原清衡が藤原姓を名乗るようになったのはなぜだろうか。

解説 **前九年合戦**は陸奥《むつ》の豪族安倍氏の反乱を源頼義・義家が出羽の清原氏の援助で終結させた事件。**後三年合戦**は清原氏兄弟の内紛に義家が介入，清原清衡を助けて内紛を終結させた事件。前九年合戦後清原氏に育てられた**清衡**は，後三年合戦に勝利した後は藤原姓を名乗り，平泉《ひらいずみ》に政庁をおき**奥州藤原氏の祖**となった。

3 奥州《おうしゅう》藤原氏と平泉

解説 後三年合戦後，奥州藤原氏は，陸奥《むつ》・出羽《でわ》の荘園・公領の荘官や郡司らを支配下に置き，勢力を伸ばした。北方との交易や，陸奥・出羽で豊富に産出される金や馬などによる富を背景に，院や摂関家との関係を深めていった。藤原氏が拠点とした平泉には，京都の文化も移入され，独自の文化が花開いた。中尊寺《ちゅうそんじ》・毛越寺《もうつう》P.123の遺構から，繁栄のようすをうかがうことができる。また，藤原氏の居館であった柳之御所《やなぎのごしょ》の発掘調査の成果などにより，都市としての平泉の姿が明らかになっている。

3-1 **毛越寺通り《もうつうじ》**(復元ＣＧ) 幅30mほどで，平泉で最も広く賑わった通り。右側は観自在王院《かんじざいおういん》の築地塀で，左側には数十棟の高屋が並んでいた。
岩手・平泉文化遺産センター蔵

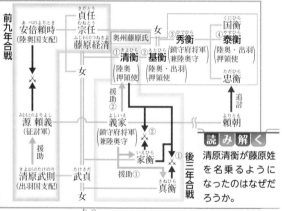

3-2 **奥州藤原三代の画像** 奥州藤原氏は平安後期の約100年間，平泉《ひらいずみ》を本拠に奥羽を支配した豪族。清衡は中尊寺《ちゅうそんじ》，基衡は毛越寺《もうつうじ》，秀衡は無量光院《むりょうこういん》を建立。４代泰衡《やすひら》のとき源頼朝《よりとも》に攻められ滅亡。
岩手・毛越寺蔵

歴史ナビ **中尊寺宝物館讃衡蔵《さんこうぞう》**(岩手県西磐井郡平泉町) 国宝中尊寺経や奥州藤原氏三代の遺体の副葬品など，約3,000点の文化財を収蔵し，展示している。

◀原始・古代の日本と東アジア(P.30)
近世の日本と世界(P.166)▶

鎌倉時代

治承《じしょう》・寿永《じゅえい》の内乱に勝利した源頼朝《みなもとのよりとも》は，鎌倉に幕府を開いた。その後，後鳥羽《ごとば》上皇との間におこった承久《じょうきゅう》の乱に勝利した北条《ほうじょう》氏は法と合議による執権政治を展開した。蒙古襲来《もうこしゅうらい》を契機に，幕府は北条氏得宗《とくそう》家による専制化が進んだ。経済面では，宋銭の流入により貨幣経済が浸透し，文化面では，京と鎌倉の特色ある文化が展開した。

鎌倉時代		
鎌倉幕府の成立	1180	**源 頼朝《みなもとのよりとも》，伊豆《いず》で挙兵**
	1183	源頼朝，東国支配権獲得
	1185	平家《へいけ》滅亡，**守護《しゅご》・地頭《じとう》**設置
	1189	奥州藤原《おうしゅうふじわら》氏滅亡
	1190	源頼朝，上洛
	1192	源頼朝，**征夷大将軍《せいいたいしょうぐん》**に就任
	1195	**東大寺《とうだいじ》再建供養**
	1199	源頼朝，死去
執権政治の成立・展開	1203	２代将軍**源頼家《よりいえ》**の独裁を制限 比企能員《ひきよしかず》の乱，**北条時政《ほうじょうときまさ》**，政所《まんどころ》別当《べっとう》＝**執権《しっけん》**に就任
	1205	**『新古今和歌集《しんこきんわかしゅう》』**の撰進《せんしん》
	1206	モンゴル帝国の成立
	1213	和田合戦，**北条義時《よしとき》**，政所・侍《さむらい》所《どころ》別当を兼務＝執権の成立
	1219	３代将軍**源実朝《さねとも》**の暗殺
	1221	**承久《じょうきゅう》の乱**，**六波羅探題《ろくはらたんだい》**設置
	1225	**連署《れんしょ》・評定衆《ひょうじょうしゅう》**設置
	1232	北条泰時《やすとき》，御成敗式目《ごせいばいしきもく》制定
	1243	**木像の大仏完成(1252に金銅像に改鋳《かいちゅう》)**
	1247	宝治《ほうじ》合戦(三浦泰村《みうらやすむら》の滅亡)
	1249	**北条時頼《ときより》**，引付衆《ひきつけしゅう》設置
得宗専制政治《とくそうせんせいせいじ》	1252	宗尊《むねたか》親王，６代将軍に就任
	1268	**フビライ**の国書，大宰府《だざいふ》に到着，**北条時宗《ときむね》**８代執権に就任
	1271	**元《げん》**の成立
	1274	**文永《ぶんえい》の役**
	1275	**紀伊国阿氐河荘百姓片仮名言上状《きいのくにあてがわのしょうひゃくしょうかたかなごんじょうじょう》で地頭の非法を訴える**
	1279	南宋《そう》の残存勢力滅亡 **一遍《いっぺん》，信濃国小田切の里で踊念仏**
	1281	**弘安《こうあん》の役**
	1285	**霜月騒動《しもつき》**(安達泰盛《あだちやすもり》の滅亡)
鎌倉幕府の滅亡		**13世紀末，畿内《きない》とその周辺で悪党《あくとう》が活躍**
	1293	**鎮西探題《ちんぜいたんだい》**設置。平頼綱《たいらのよりつな》(内管領《うちかんれい》)の乱
	1297	北条貞時《さだとき》，**永仁《えいにん》の徳政令《とくせいれい》**発令
	1316	北条高時《たかとき》，14代執権に就任 内管領長崎高資《ながさきたかすけ》の専権
	1318	**後醍醐《ごだいご》天皇**，即位
	1324	正中《しょうちゅう》の変(第１回討幕計画)
	1331	元弘《げんこう》の変(第２回討幕計画)，後醍醐天皇を隠岐《おき》に配流
	1333	**足利高氏《あしかがたかうじ》**，六波羅探題を攻略 新田義貞《にったよしさだ》，鎌倉を攻略(鎌倉幕府の滅亡)

❶武家政権700年が開始

考えてみよう１

鎌倉幕府はどのような政権だったのだろうか。

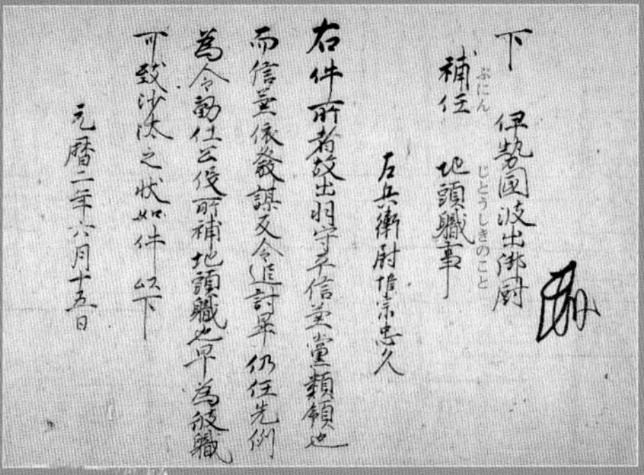

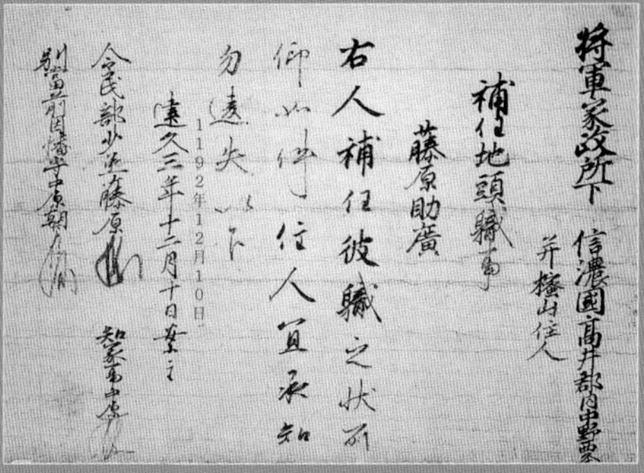

⇧**源頼朝下文**(島津家文書・左)**と将軍家政所下文**(市河文書・右)　源頼朝は当初，御家人に所領を与える場合，下文に自筆の花押《かおう》を据えていたが，征夷大将軍になってからは，政所から下文が出されるようになり，頼朝の花押はなくなった。

❷公武の武力対決

考えてみよう２

承久の乱後の幕府と朝廷の関係は，どのようになったか。また，地方の支配にどのような変化があっただろうか。

⇦**後鳥羽《ごとば》上皇像**(1180～1239)　鎌倉幕府成立後も，京都で天皇や公家による政治が行われていた。1221年，後鳥羽上皇は幕府に対抗して承久の乱をおこすが，敗れて隠岐《おき》に配流《はいる》された。　国 大阪・水無瀬神宮蔵

⇦**北条政子《まさこ》木像**(1157～1225)　承久の乱では，鎌倉殿の御恩を説き，御家人の団結をはかった。　鎌倉・安養院蔵

北条義時追討《ついとう》の宣旨《せんじ》(現代語訳)

近頃，関東の北条氏の政治によって，国中が乱れている。将軍も幼く名ばかりである。だから北条義時は何かにつけ尼将軍政子の命令だということにして政治をほしいままにし，天皇が定めた決まりも忘れ，勢いをふるっている。これはまさに，政道からはずれたものである。早く五畿七道諸国に命令して義時を討ち滅ぼせ。また，守護・地頭は訴えることがあれば鎌倉でなく，院庁《いんのちょう》へ申し出て，院庁のさばきを受けよ。

(『小松氏文書』)

承久の乱と乱後の守護・地頭の配置

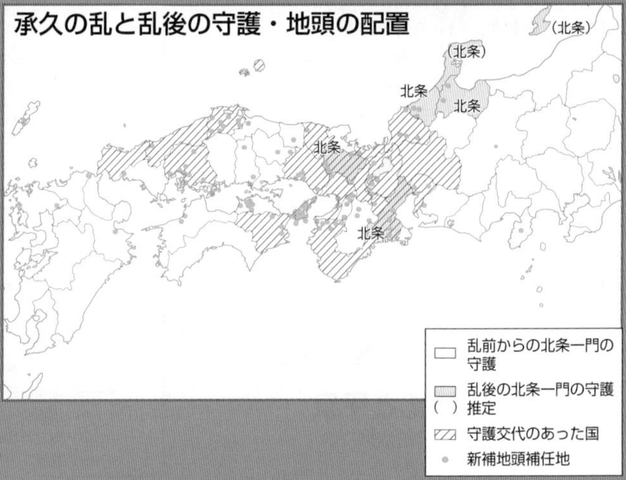

❸南都仏教の復興

考えてみよう３

南都寺院はどのような人びとの力で復興することができたのだろうか。

⇨**東大寺南大門金剛力士像《とうだいじなんだいもんこんごうりきしぞう》阿形《あぎょう》**　武士の豪放な気風が反映した面も見られる。　国 像高836.3cm　奈良

⇩**東大寺重源上人像《とうだいじちょうげんしょうにん》**　国 像高81.4cm 奈良

⇧**東大寺南大門《とうだいじなんだいもん》**　平家に焼き討ちされた東大寺などの南都寺院が復興した際に，新たな様式の仏像や建築も生み出された。源頼朝らの援助を受けた重源は広く民衆から寄付を募り，宋で学んだ建築様式を採り入れて再建した。　世 国 高さ26m　奈良

元の成立と鎌倉時代の日本

考えてみよう4

元の成立によって，ユーラシア大陸の諸地域にどのような影響があったのだろうか。

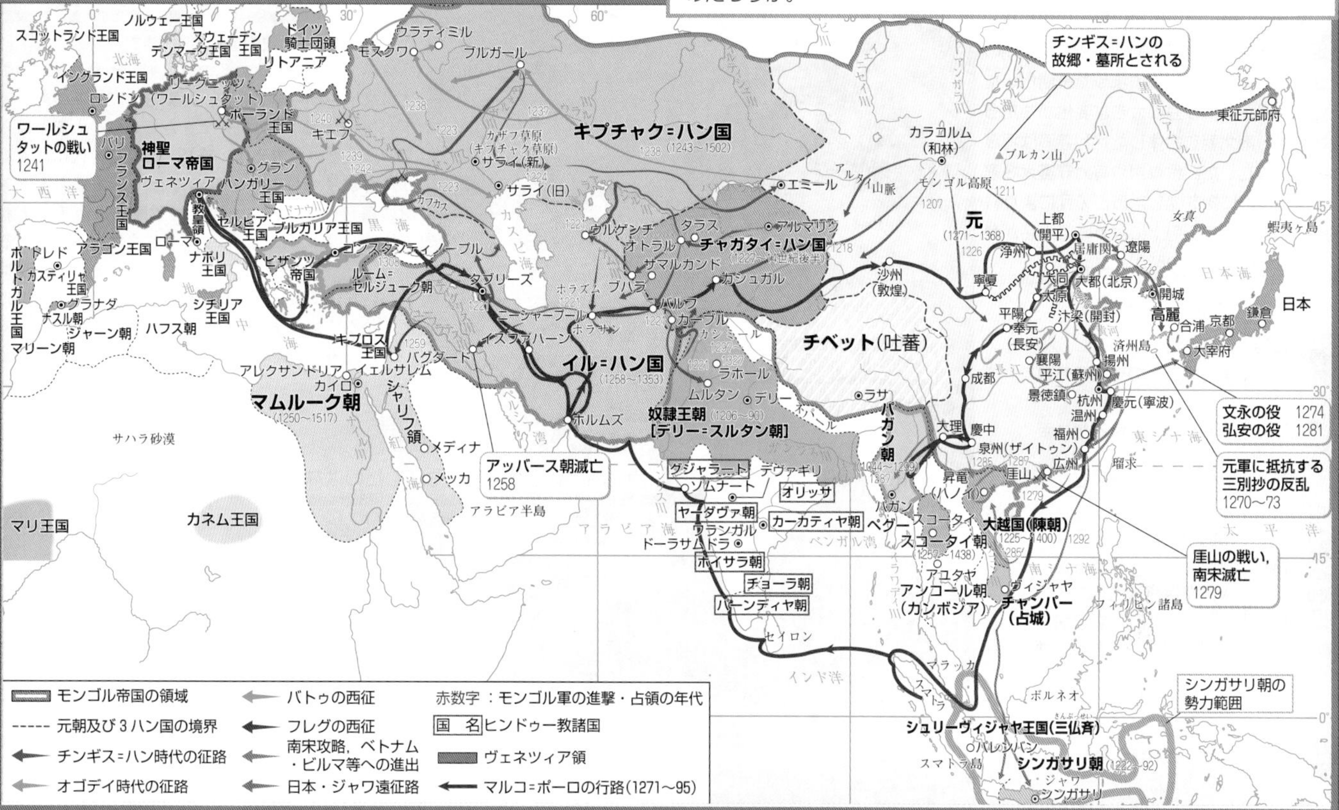

❹鎌倉仏教

考えてみよう5

鎌倉時代に成立した仏教は，どのような特色をもっているだろうか。

⇧**法然《ほうねん》のもとに集まる人びと**（法然上人絵伝）　鎌倉時代以降も，旧仏教が力を持ち続けたが，新たな仏教宗派も誕生し，信仰されるようになった。　国 知恩院蔵

❺モンゴル襲来

考えてみよう6

モンゴル襲来の影響で御家人が困窮することになったが，それはなぜだろうか。

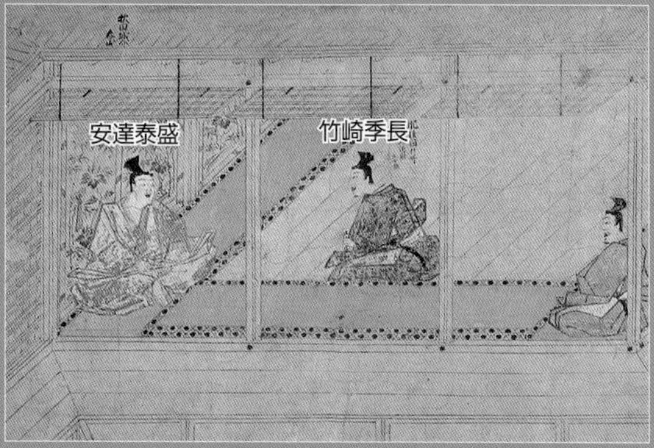

⇦**恩賞《おんしょう》を求める竹崎季長《たけざきすえなが》**（蒙古襲《もうこしゅう》来絵詞《らいえことば》）　ユーラシア大陸に強大な帝国を形成したモンゴルは，日本に朝貢を求めたが鎌倉幕府が拒否したため，２度にわたって日本に襲来した。鎌倉武士たちは苦戦したが，暴風雨にも助けられモンゴル軍を撃退することができた。　国 宮内庁三の丸尚蔵館蔵

❻鎌倉幕府の滅亡

考えてみよう7

後醍醐天皇に協力して鎌倉幕府を滅ぼしたのは，どのような人びとだっただろうか。

等持院蔵

観心寺蔵

⇦**足利尊氏《あしかがたかうじ》像**（左）**と楠木正成《くすのきまさしげ》像**（右）　足利尊氏は源氏の流れを汲む有力御家人だったが，幕府に不満をもち，倒幕の兵を挙げた。楠木正成は河内の豪族で，後醍醐《ごだいご》天皇倒幕計画に参加して兵を挙げた。鎌倉幕府を倒そうとした後醍醐天皇は２度失敗して隠岐《おき》に流されるが，1333年に鎌倉幕府を滅ぼした。

⇦**悪党**（芦引絵《あしひきえ》）
畿内やその周辺では，非御家人や新興武士が荘園領主に対抗して悪党とよばれた。
部分 大阪・(公財)逸翁美術館蔵

中世の日本と世界

南北朝・室町時代

後醍醐《ごだいご》天皇による新政は短命に終わり，足利尊氏《あしかがたかうじ》が室町幕府を開いたが，南北朝の動乱がおこり，全国に広まって長期化した。動乱の過程で，社会に大きな変化がもたらされた。南北朝を合体した足利義満《よしみつ》は将軍権力を確立した。将軍家や有力守護大名家の家督争いに端を発した応仁の乱により幕府は弱体化し，下剋上《げこくじょう》により戦国大名が台頭して，群雄割拠《かっきょ》の時代となった。

南北朝・室町時代		
建武政権	1333	鎌倉幕府滅亡
		後醍醐天皇の建武の新政
	1335	足利尊氏，建武政権に叛《そむ》く
南北朝の動乱	1336	尊氏，建武式目制定
		室町幕府成立
		南北朝の動乱始まる
	1338	尊氏，征夷大将軍就任
		＊前期倭寇《わこう》活発化
	1368	朱元璋《しゅげんしょう》(太祖《たいそ》)，明建国
	1378	足利義満，花の御所造営
室町幕府の確立	1392	南北朝の合体
		高麗に代わり李成桂《りせいけい》《イソンゲ》，朝鮮建国
	1394	**義満，太政大臣就任**
	1398	鹿苑寺《ろくおんじ》金閣造営
		＊世阿弥《ぜあみ》，『風姿花伝《ふうしかでん》』を著す
	1401	**義満，明に遣使**
		翌年，**「日本国王」宛ての返書を得る**
	1404	**日明(勘合《かんごう》)貿易の開始**
一揆の時代	1428	**正長《しょうちょう》の徳政一揆**
	1429	**尚巴志《しょうはし》，琉球王国統一**
	1438	永享《えいきょう》の乱(～39)
		鎌倉公方《かまくらくぼう》足利持氏《もちうじ》自害
	1441	嘉吉《かきつ》の変
		将軍足利義教《よしのり》暗殺される
	1457	コシャマインの戦い
		＊ルネサンス最盛期
戦国大名の台頭	1467	**応仁の乱(～77)**
		＊公家の下向と文化の地方伝播
	1485	**山城《やましろ》の国一揆(～93)**
	1488	**加賀《かが》の一向一揆(～1580)**
	1492	コロンブス，アメリカ到達
	1498	ヴァスコ＝ダ＝ガマ，インド到達
	1500	**戦災から復興した京都で祇園会《ぎおんえ》復活**
	1517	ルターの宗教改革始まる
	1519	マゼランの世界周航(～22)
		＊後期倭寇活発化
	1543	鉄砲伝来
	1549	キリスト教伝来
	1568	織田信長《おだのぶなが》，足利義昭《よしあき》を奉じて上洛
	1573	室町幕府滅亡

❼建武の新政

⇦**後醍醐天皇**(1288～1339)　二重の冠に袈裟《けさ》をまとい，両手に密教の法具をもつ「異形《いぎょう》の天皇像」。上部には天皇家・藤原氏・源氏の祖神である「天照皇大神」「春日大明神《かすがだいみょうじん》」「八幡大菩薩《はちまんだいぼさつ》」の三社託宣を描く。後醍醐天皇は自ら幕府転覆《てんぷく》の祈禱をおこなうなど強烈な個性を示した。　神奈川・清浄光寺蔵

考えてみよう８

後醍醐天皇はどのような政治をおこなおうとしたのだろうか。

新政の成立(現代語訳)

保元《ほうげん》・平治《へいじ》や治承《じしょう》の乱の時以来，武家が思いのままに政治を行ってきたが，元弘３(1333)年の今，天下が(朝廷によって)統一できたことは，大変すばらしい。天皇のお考えは，延喜《えんぎ》・天暦《てんりゃく》の時代にたち返り，皆が平和に暮らす政治を行うことである。諸国に国司や守護をおき，公卿《くぎょう》や殿上人《てんじょうびと》がそれぞれの位階にのぼった様子はまことに立派な善政である。……「今，先例となっているものは，そもそも昔は新しい方法であった。私の新しいやり方は未来の先例となるであろう。」と，新しい政治を次々と行っていった。……

(『梅松論』)

❽南北朝の動乱

考えてみよう９

南北朝の動乱が60年間も続いたのはなぜだろうか。

⇦**太平記絵巻《たいへいきえまき》**　江戸時代に描かれた絵巻物。1338年に新田義貞《にったよしさだ》が足利方の越前国黒丸城を攻める場面。騎馬武者による一騎打ちから集団戦法に変化していたことがわかる。　埼玉県立歴史と民俗の博物館蔵

⇧**伝源頼朝像**(左)**と伝平重盛《たいらのしげもり》像**(右)　近年の研究で伝平重盛像は足利尊氏を，伝源頼朝像は尊氏の弟の足利直義《ただよし》を描いたものとする説が有力となっている。これらの像は神護寺に対に安置されていたと考えられる。室町幕府は当初，尊氏・直義兄弟の二頭政治で出発したが，尊氏の執事・高師直《こうのもろなお》と直義の対立が深まり，配下の守護勢力や南朝を巻き込んでの戦乱を生み出した。　京都・神護寺蔵

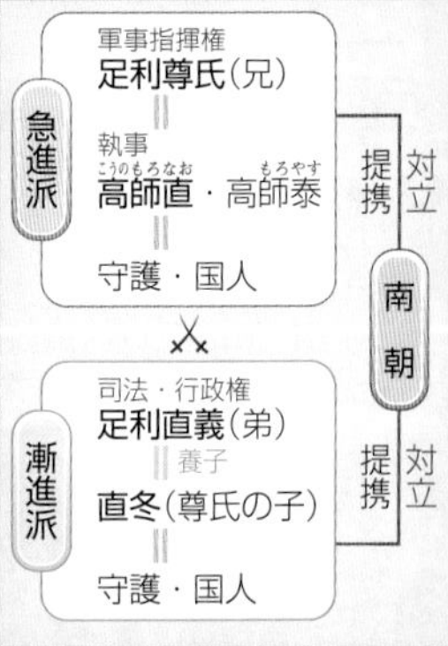

❾日本国王　足利義満

⇧**足利義満**(1358～1408)　室町幕府３代将軍として南北朝の合体を実現し，太政大臣に任じられ，公武両勢力の頂点に立った。また，明に朝貢し，「日本国王」に冊封された。京都・鹿苑寺蔵

考えてみよう10

足利義満は，征夷大将軍，太政《だいじょう》大臣を退いて，出家した後も政治をおこなっていたが，どのような立場になっただろうか。

義満の対明国書(現代語訳)

日本国の准三后《じゅんさんごう》である私(足利義満)が，国書を大明国の皇帝陛下に差し上げます。日本は開国以来，あいさつの使いを貴国に送らなかったことはありません。私は幸いにも国政をつかさどり，国内を平和に治めています。特に昔からの方式に従って，肥富《こいづみ》を祖阿《そあ》に同行させ，日本の土産物を献上させます。……また，日本に漂着した人を何人かさがし出したので，送還します。恐れ謹み，敬意を表して申し上げます。

(『善隣国宝記《ぜんりんこくほうき》』)

明の国書(現代語訳)

……ここに日本国王源道義《みなもとのどうぎ》が，わが王室に思いを寄せ，忠義の誠を持って荒波の海を越えて，使いを派遣して来朝し漂流民を返したこと，……朕《ちん》はほめたたえる。

……使者の道彝《どうい》・一如《いちにょ》を派遣し大統暦を授け，宗属国として認め，錦綺《きんき》20匹を与える。到着したら受け取れ。

建文４(1402)年２月６日

(『善隣国宝記《ぜんりんこくほうき》』)

明の海禁政策と環東・南シナ海世界

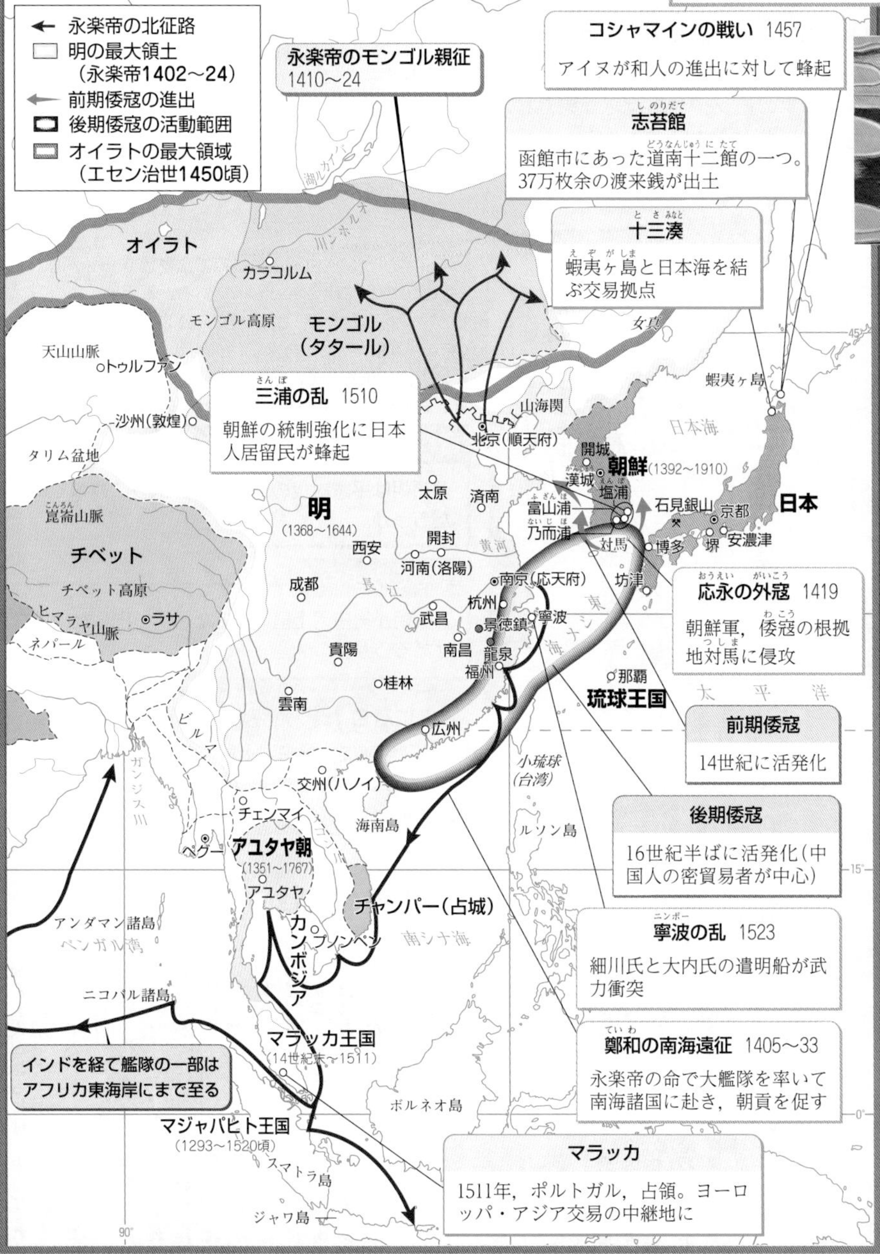

考えてみよう11

室町時代の日本と明との関係はどのようなものだっただろうか。

↑遣明船（真如堂縁起絵巻）　京都・真正極楽寺蔵

⑩一揆の時代

考えてみよう12

一揆契状《けいじょう》に記されている人びとはどのような関係をもっていただろうか。また，一揆とはどのような集団だったのだろうか。

解説 人びとの結びつきが，それまでの血縁的な関係から地縁的な関係へと変化し，国人《こくじん》一揆，土一揆など，さまざまな一揆が形成されるようになった。

↑**毛利元就《もうりもとなり》外十一名契状**（毛利家文書）　1557（弘治3）年12月に周防《すおう》・長門《ながと》を制した毛利元就父子と安芸《あき》の国衆が結んだ一揆契状。円形の署判から，彼らの関係をうかがうことができる。　山口・毛利博物館蔵

正長《しょうちょう》の徳政一揆（現代語訳）

正長元(1428)年９月　日天下の土民が暴動を起こした。徳政だと言って酒屋・土倉《どそう》・寺院などを破壊し，質入れした品物を奪ったり，借用証文などを破った。管領《かんれい》はこれを処罰した。そもそも国が滅びる原因でこれ以上のものはない。日本が始まって以来土民の暴動は初めてである。　（『大乗院《だいじょういん》日記目録』）

⑪下剋上の時代

↑**伊勢宗瑞《いせそうずい》（北条早雲《ほうじょうそううん》）**
(1456?〜1519)

解説 応仁の乱後，室町幕府の権威は失墜し，下の者が上の者を倒してとって代わるという「下剋上の時代」が到来した。

考えてみよう13

どのような人びとが，どのようにして戦国大名になったのだろうか。

資料に基づく時代の概観から「時代を通観する問い」の表現へ

資料に基づいて，中世の歴史を概観してきました。「考えてみよう」という問いかけを受けて，資料を読み取りその解答を考えたと思います。

次にその解答を考え合わせて，中世という時代の特色を探究するための**「時代を通観する問い」**をつくりましょう。これは，時代の転換を捉え，これからの学習の筋道や方向性を導くための問いとなります。

一人ひとりが解き明かしたい問いをつくり，さらに，「それは○○だったからではないだろうか」といった**仮説を立て**，中世という時代の特色を探究していきましょう。

日本では古くからさまざまな文書がつくられ，現在も多くの古文書や古記録が残されている。古文書の発信者は，人または官庁，寺社などで，発信者から受信者に伝達する内容が記されている。古記録とは，必要のある事柄を記した記録のうち，古い時代のもので，主なものは貴族や僧侶などの日記類である。政治や社会が大きく変動した中世には，時代を反映したバラエティーに富んだ文書類がつくられた。さまざまなタイプの古文書や古記録が果たした役割をみながら，中世社会や人びととの関係はどのようなものだったか，考えてみよう。

古文書・古記録の読み解きポイント

- いつ書かれたものなのだろうか。
- 誰が発信した(差し出した)ものなのだろうか。
- 誰が受信した(受け取った)ものなのだろうか。あるいは，誰が読むことを想定したものだろうか。
- どのようなことを伝えて(残して)いるのだろうか。
- そのことを伝えた(残した)意図は何だろうか。
- その背景にはどんなことがあったのだろうか。

1 武家社会の成立

東大寺所蔵／画像提供　奈良国立博物館

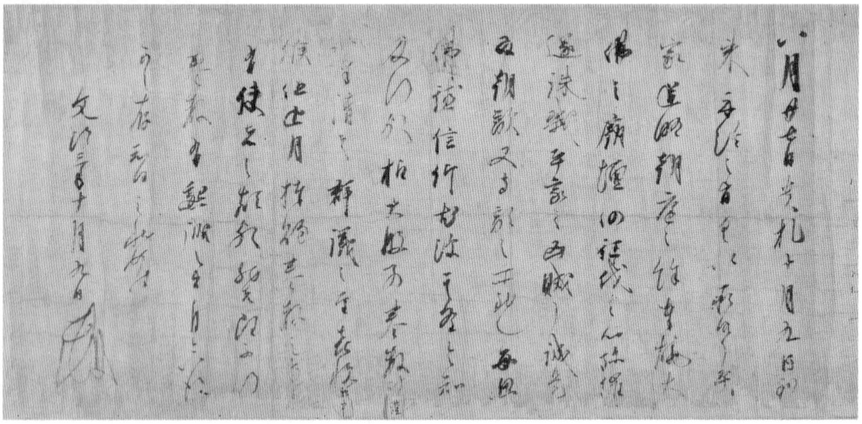

源頼朝書状

八月二十七日の貴札、十月九日到来す。示し給うの旨、具に以て承り候おわんぬ。平家は朝庭(廷)に逆略するの余り、大仏の廟壇を焼き奉る。仍《よっ》て征伐の心いよいよ催し、遂に平家の凶賊を誅戮《ちゅうりく》しおわんぬ。誠にこれ朝敵また寺敵がためにこれを致す所なり。そもそも大般若《はんにゃ》巻数、謹んで以てこれを請け奉る。其の条知り及び給わしむるか。仏徳を思う毎に信仰もっとも深し。群議の至り、喜悦申され候。但し月を追って巻数を捧げ賜うの事、使者の煩《わずら》い有るか。然らば巻数を給わらずといえども、懇誠の旨有り。自今以後、存知せしむべきの状件《くだん》の如《ごと》し。

文治三(一一八七)年十月九日　(花押)

(東大寺文書)

(現代語訳)

八月二十七日付けのあなたのお手紙、十月九日にこちらに届きました。お示しになっている内容は、よくわかりました。平家は朝廷に反逆するあまり、東大寺大仏や大仏殿などの建造物を焼いてしまいました。そのため、私の平家征伐の心がいよいよ強まり、ついに平家の凶賊らを滅ぼすことになりました。まことにこれは朝敵・仏敵であるためにおこなったことであります。その仏徳を思うごとに信仰はもっとも深いものとなりました。そのことについてはご存知のことと思います。また大般若経の巻数も拝受いたしました。衆徒のかたがたの群議の状にも、悦《よろこ》んでおります。ただし、毎月巻数をお送りいただくのは、使者のご負担もおかけすることになると存じます。ですので、巻数をお送りいただかなくとも、あなたの真心はしっかり受け止めることができます。今後、そのことを承知いただければと存じます。

(日本古文書学会『古文書への招待』勉誠出版による)

解説 源頼朝が後白河《ごしらかわ》上皇に宛てた書状で，壇ノ浦《だんのうら》で平家が滅亡した後に出されたものである。頼朝は，この書状で平家討伐は私的な復讐ではなく，公的なものであるとしている。頼朝は焼失した大仏殿の再建にも協力し，1190年には上洛を果たして，後白河上皇と8回も会談し，権大納《ごんだいな》言《ごん》と右近衛大将《うこんえのだいしょう》の官職を与えられている。

資料から読み取ってみよう1

源頼朝は平家討伐の理由をどのように述べているだろうか。

考えてみよう1

源頼朝が後白河上皇に宛てた書状を出したのはなぜだろうか。

ここに着目！

この2年前に，後白河上皇は義経に頼朝追討宣旨《せんじ》を出し，両者は対立していたよ。

2 鎌倉幕府の政治

御成敗式目《ごせいばいしきもく》末尾の起請文《きしょうもん》

……評定《ひょうじょう》(幕府の議決機関)では、道理に合っているかどうかの判断は、親しいかどうかや好き嫌いによることなく、道理の推すところ、心にあることを、仲間のことを憚《はばか》らず、身分の高い家柄の人を恐れずに、発言すること。裁判で落着した結論は、評定衆全体の道理にかなったことである。間違った決定を下したらそれは一同の責任である。今後は、訴人や縁者に対して、「自分は正しい意見をもっていたが、他の者の意見が採用された」などということを申し聞かせるようなことがあれば、それは連帯責任を忘れた行為である。

解説 武家による最初の法令である御成敗式目の末尾の起請文で，13人の評定衆が，今後，どのように裁判などを行うかということを述べ，神仏に誓っている。

資料から読み取ってみよう2

この起請文で，どのように裁判を行うとしているだろうか。

考えてみよう2

このような裁判を行う必要があったのはなぜだろうか。承久の乱後の幕府の課題を踏まえて考えてみよう。

3 神々の戦い

如円《にょえん》上人が語るには「(中略)これは異国降伏のためである。先のモンゴル襲来のとき、この社でめでたいしるしがあった」という。夜になって茂長朝臣(中略)また語るには「筑前《ちくぜん》国青木荘に祀られている北野社がある。その社中に傷を負った蛇が現れたという。それでも人びとが驚かなかったところ、神が巫女《みこ》に託して『異国は既に襲来している。香椎《かしい》・筥崎《はこざき》・高良《こうら》の神と私たちが合戦し、香椎宮は既に半死半生という。私は大自在(北野社の祭神菅原道真)の徳によって、蛇となって現れたのだ』といった」という。朕《ちん》(花園天皇)は、不徳の身であるのに天皇の地位にある。よってこのような災いが訪れるのだろうか。悲嘆のあまり、筆が及ばない。仏神の助けを仰ぐばかりである。

(『花園天皇日記』正和三(一三一四)年閏三月十九日)

解説 1274年と1281年のモンゴル襲来の際に，鎌倉幕府は各地の御家人を動員してモンゴル軍と戦い，併せて，全国の寺社に祈禱を指示している。資料にあるように各地の神々もモンゴル軍と戦ったとされ，モンゴル襲来における「神々の戦い」は，語り継がれていたようである。

資料から読み取ってみよう3

資料の傍線部で「巫女」はどのようなことを伝えているだろうか。

考えてみよう3

神々がモンゴル軍と戦ったということが語られるのは，なぜだろうか。

4 綸旨《りんじ》による所領安堵《あんど》

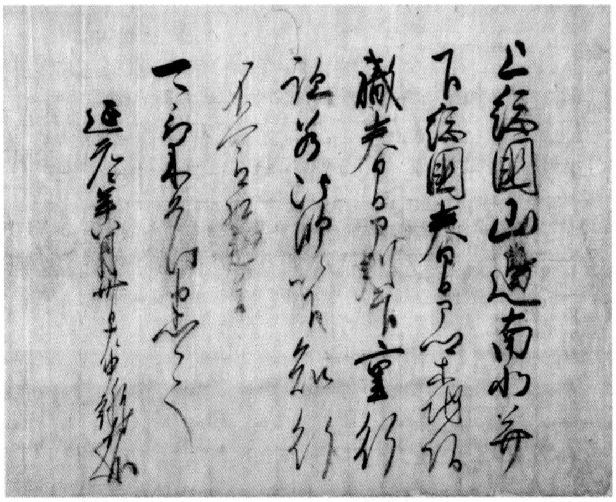

米沢市上杉博物館蔵

解説 綸旨とは天皇の意志を伝える文書様式で，署名をしている左中弁(中御門《なかみかど》宣明《のぶあき》)が執筆している。宛先はないが，本文から春日部重行《かすかべしげゆき》の嫡子と思われる若法師に宛てられたものであることがわかる。料紙が薄墨色だが，これは，使用済みの紙をすき返した再生紙である宿紙《しゅくし》に記されており，これも綸旨の特徴である。

後醍醐《ごだいご》天皇綸旨

上総《かずさ》国山辺南北并《なら》びに下総《しもうさ》国春日部郷等の地頭職《じとうしき》の春日部判官重行跡、若法師以下の知行、相違あるべからずて*へれば、天気此くの如し、これを悉《つ》くせ。

延元々年八月卅日　左中弁(花押)

*てへれば…というわけで

資料から読み取ってみよう4

この綸旨は何のために発せられたものだろうか。

考えてみよう4

このようなことは，鎌倉時代には将軍(鎌倉殿)によって行われていたが，天皇が直接行うようになったのはなぜだろうか。

5 武士たちの結びつき

山内《やまのうち》一族一揆契約起請文

契約　一族一揆の子細の事

右、元弘以来、一族が心を一つにしているので、将軍家から恩賞に預かり、知行を安堵されている。ところが昨年の秋ごろから両殿(足利尊氏と直義《ただよし》)が不和になり、世の中が乱れている(観応《かんのう》の擾乱《じょうらん》のこと)。宮方と称したり、あるいは、将軍家(尊氏)方や錦小路《にしきこうじ》殿(直義)方と称したりして、国人らもまちまちであるが、この一族においては、武家の御恩を受けているので、御恩を忘れることなく軍忠を尽くし、*弓箭《きゅうせん》の面目を末代まで掲げたい。このこの上は二心があってはならない。今後、このことに背いたら、一同で相談して措置を決める。もしこの条々に、一つでも偽りを申したなら、梵《ぼん》天《てん》・帝釈《たいしゃく》天・四大天王、日本国中の大小の神々、殊に諏訪《すわ》・八幡大菩薩・当国の吉備津大明神《きびつだいみょうじん》の罰を各々の身に蒙《こうむ》ることになる。

貞和七年十月二日　藤原俊清(花押)

(以下、十名省略)

(山内首藤家文書)

*弓箭…弓矢を取る身＝武士

解説 備後《びんご》国地毗荘《じびのしょう》の地頭であった山内首藤《やまのうちすどう》氏の一揆契約状である。山内氏は14世紀初頭まで，惣領と諸氏の関係が調整されており，南北朝期に入っても，一族が分裂することがなかったが，観応《かんのう》の擾乱《じょうらん》で足利尊氏《あしかがたかうじ》と直義《ただよし》が対立すると，分裂の危機に見舞われたようで，このような一揆契約状が作成されることとなった。

資料から読み取ってみよう5

山内一族はどのように行動することを約束しているだろうか。

考えてみよう5

一族が分裂の危機に見舞われた背景について考えてみよう。

6 くじ引きで将軍を選ぶ

管領《かんれい》以下諸大名、各一所に参会して、昨日神前(石清水《いわしみず》八幡宮)において取る所の御《み》鬮《くじ》、これを開き了《おわ》んぬ。青蓮院《しょうれんいん》殿(後の足利義教)たるべき由、御鬮なり。諸人珍重の由、一同にこれを申す。

(「満済准后日記」応永三五(一四二五)年一月一八日)

解説 室町幕府第4代将軍義持《よしもち》は，第5代将軍義量《よしかず》が早世すると，大御所として政治を行ったが，後継の将軍を決めずに没した。後継の将軍は，義持の子(いずれも出家していた)からくじで選ぶことになり，義教《よしのり》が第6代将軍となった。

資料から読み取ってみよう6

この資料はくじを開封したときのものであるが，どのように行われたのだろうか。

ここに着目！

このくじはどこで引かれたのかな。

考えてみよう6

将軍の後継者をくじで選ぼうとしたのはなぜだろうか。

7 神仏に誓って同盟する

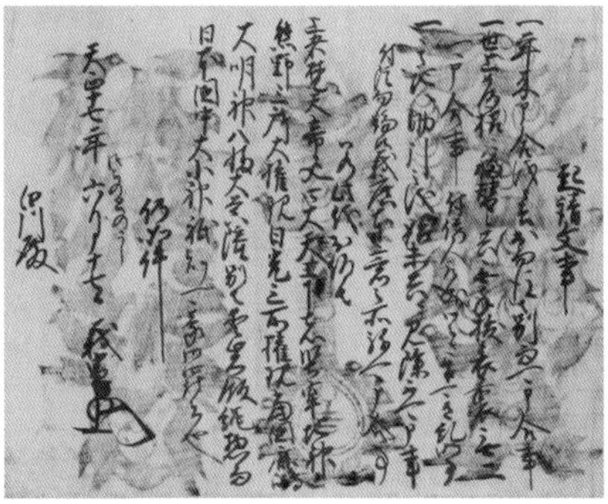

早稲田大学図書館蔵

解説 常陸《ひたち》国の戦国大名佐竹義宣《さたけよしのぶ》の，陸奥《むつ》国の戦国大名白川義親《よしちか》に宛てた血判《けっぱん》起請文である。起請文とは，神仏を仲立ちにして誓約をし，もし違反したら神仏の罰を蒙ることを確約したものである。領主間の軍事対立や緊張関係が続くなかで同盟や講和を結ぶ場面で多く用いられた。起請文は本来護符である牛王《ごおう》宝印の裏面に記されることが多いが，誓約する者にとって，覚悟が必要となる。

佐竹義宣血判起請文

起請文の事

一　年来申し合わす儀といい、*1向後《きょうこう》においてはわけて申し合わすべき事、

一　世上如何様に移り替わり候共、手抜なく表裏無二申し合わすべき事、付けたり*2佞人《ねいじん》取り成し候はば、互に*3糾明《きゅうめい》あるべき事、

一　其地へ助引の儀、始末共に見除申すべからざる事、付けたり勿論に候といえども、義広本意の所いよいよ申し合わすべき事、

若此儀に偽るにおいては、上は、梵天帝釈四天王、下は堅牢地神《けんろうじしん》、熊野三所大権現《ごんげん》、日光三所権現、当国鹿嶋《かしま》大明神八幡大菩薩、わけては愛宕《あたご》、飯縄《いいづな》、すべて日本国中大小神祇、則ち御罰を蒙るべき者也、

仍って件の如し、

天正十七(一五八九)年《つちのとうし》　六月十七日　義宣(花押)

白川殿

(早稲田大学図書館所蔵結城白川文書)

*1 向後…今後　*2 佞人…口先だけで心のよこしまな人

*3 糾明…罪や不正を問いただし、真相を明らかにすること

資料から読み取ってみよう7

起請文の前半には約束事が書かれているが，後半には何が書かれているだろうか。

考えてみよう7

大名同士の誓約を神仏に誓ったのはなぜだろうか。

時代の特色を考えてみよう

中世の人びとの関係性はどのようなものだったか，考えてみよう。

考察の視点 上皇は出家して法皇となることも多かったが，その背景には何があったのだろうか。 相互関連

1 後三条《ごさんじょう》天皇の政治 (1068～72年)－摂関家《せっかんけ》を外戚《がいせき》としない天皇

・人材の登用…大江匡房《おおえのまさふさ》ら
・**延久《えんきゅう》の荘園整理令**(1069年)史
　記録荘園券契所《けんけいじょ》を設置して，証拠書類と国司の報告を精査
・延久の**宣旨枡《せんじます》**の制定(1072年)
　枡の大きさ(容量単位)を統一→年貢量の把握が可能
・子の**白河《しらかわ》天皇**に譲位するとともに，皇太子(弟)も指名(1072年)
→自分の血統に皇位を継がせる動き。こうした皇位継承権の行使はのちの「**院政**」と同じ。
　しかし，後三条天皇はその翌年に死去。

1A 後三条・藤原頼通関係系図

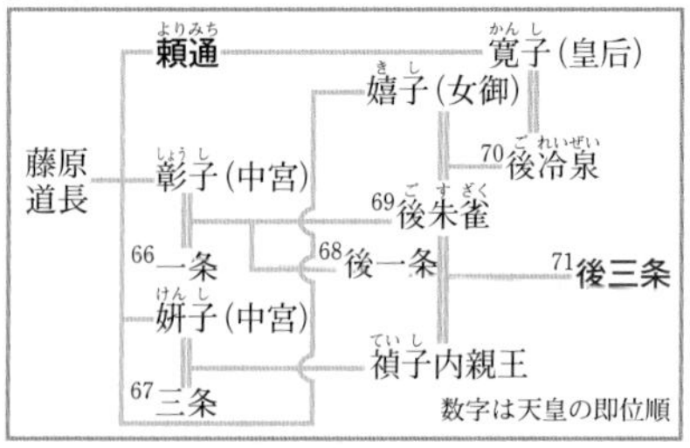

読み解く①
藤原頼通《ふじわらのよりみち》にとって，後《ご》冷泉《れいぜい》天皇は娘(寛子《かんし》)の夫で，義理の子にあたる。それでは後三条天皇とはどのような血縁関係になるだろうか。

2 院政の開始 史

・**白河《しらかわ》天皇**即位の翌年に，父**後三条《ごさんじょう》天皇**は死去(1073年)，さらに自分の皇位を継ぐはずだった弟(皇太弟実仁《さねひと》親王)も先に死去(1085年)。
・有力な皇位継承者(輔仁《すけひと》親王)を押さえ，自分の直系に皇位を継がせるため，わずか8歳の子(堀河《ほりかわ》天皇)に譲位(1086年)。
　政治の実権は**白河上皇《じょうこう》**が握ったので，この年を「**院政開始**」とする。
・出家し，**白河法皇**となる(1096年)。
・堀河，鳥羽《とば》，崇徳《すとく》と自らの血筋を引く3代にわたり院政を行った。
　院政は天皇の父か父方の祖父として行い，この地位は「**治天《ちてん》の君《きみ》**」とよばれた。

2A 院の権勢

2-1 **春日《かすが》神社に御幸《ごこう》する白河《しらかわ》上皇**(春日権現験記絵)　白河上皇が乗る牛車を中心に，貴族が整列して控える。その背後には護衛の武士，さらにその奥には僧侶の姿もみえる。三者の上に君臨する院の権勢を象徴する光景である。　国宮内庁三の丸尚蔵館蔵

名ばかりになった天皇

　白河院は天皇として14年間政治をとったが，堀河天皇に譲位したのちも院中で政治を行ったので，摂政《せっしょう》や関白《かんぱく》は名前ばかりのものになってしまった。政治の姿が一変したというべきであろう。天皇の宣旨《せんじ》や太政官符《だいじょうかんぷ》よりも院宣《いんぜん》や院庁下文《いんのちょうくだしぶみ》の方が重視されるようになったので，天皇も名前ばかりになってしまった。　(『神皇正統記』より)

3 院政関係図と略年表

＊**上皇**…太上天皇《だいじょうてんのう》の略で，譲位《じょうい》後の天皇の称号
　法皇…上皇が出家したときの称号

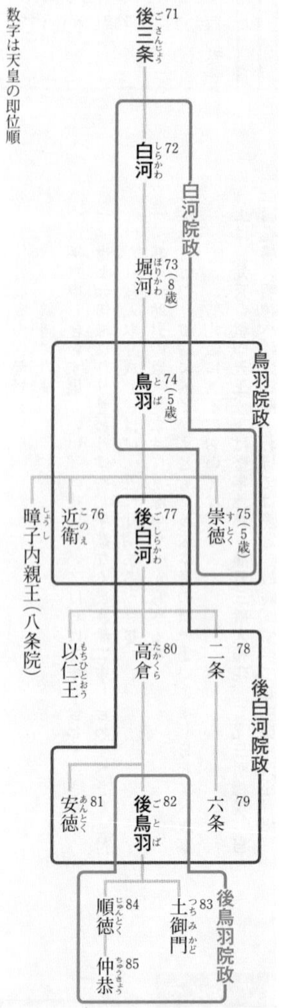

院政	西暦	事　項
	1068	**後三条天皇**即位
	1069	**延久《えんきゅう》の荘園整理令**
		記録荘園券契所《きろくしょうえんけんけいじょ》(記録所)設置
	1072	**宣旨枡《せんじます》**の制定
	1083	後三年合戦(～87) P.113
白河院政(1086～1129)	1086	白河上皇，**院政**開始
	1090	白河上皇，初めて熊野《くまの》に参詣《さんけい》 7
	1093	興福寺僧兵，入京し強訴《ごうそ》(僧兵の強訴顕著となる) 8
	1095	院に**北面《ほくめん》の武士**を設置
	1098	源義家《よしいえ》，院の昇殿を許される
	1108	平正盛《まさもり》，源義親《よしちか》を討つ
		平氏の台頭
	1129	平忠盛《ただもり》，瀬戸内海の海賊を追討
鳥羽院政(1129～56)		鳥羽上皇，院政開始
	1132	忠盛，内昇殿《ないしょうでん》を許される
	1146	**平清盛《きよもり》**，安芸守《あきのかみ》に任ぜられる
	1155	後白河天皇即位
	1156	鳥羽法皇死去。**保元《ほうげん》の乱**
後白河院政(1158～79，1181～92)	1158	後白河上皇，院政開始
	1159	**平治《へいじ》の乱**
	1167	**清盛**，**太政大臣《だいじょうだいじん》**となる
	1172	清盛の娘徳子，高倉天皇の中宮となる
		平氏の全盛 史
	1177	鹿ヶ谷《ししがだに》の陰謀《いんぼう》
	1179	清盛，後白河法皇を幽閉《ゆうへい》
	1180	(以仁王《もちひとおう》の令旨《りょうじ》，源頼政《よりまさ》挙兵)福原遷都，**源頼朝《よりとも》**挙兵
	1185	**平氏の滅亡**
	1192	後白河法皇死去
後鳥羽院政(1198～1221)	1221	**承久の乱**(後鳥羽上皇が隠岐，順徳上皇が佐渡，土御門上皇が土佐に配流)

読み解く② 白河院政と鳥羽院政の時代における武士の動きをみてみよう。

4 院政の機構

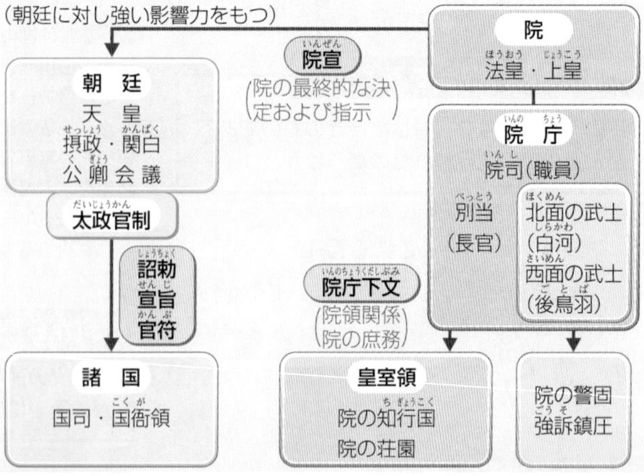

解説 院政のもとでは院が下す**院宣**が，天皇が下す**詔勅**や**宣旨**・**官符**より権威をもつようになった。もともと**院**とは上皇・法皇の住居をさしていたが，やがて上皇・法皇のことをいうようになった。

歴史ナビ **白河**　六勝寺が建立された白河の地は，現在の岡崎公園(京都市)あたりである。1895年に内国勧業博覧会が開かれたのもこの地である。

考察の視点　なぜ院政期に中世が始まったといわれるのだろうか。時系列

5 院政の経済的基盤

●院の荘園
・八条院領《はちじょういんりょう》
（平安末期100カ所）
→大覚寺《だいかくじ》統（南朝）が継承
・長講堂《ちょうこうどう》領
（鎌倉初期86カ所）
→持明院《じみょういん》統（北朝）が継承
●院の知行国《ちぎょうこく》（院公領の収益を得る）
●国司の奉仕（成功《じょうごう》・重任《ちょうにん》）
（寺院などの造営を請け負う）

↓ 収入

院

↓ 支出

●白河殿・鳥羽殿造営など 5B
●六勝寺《ろくしょうじ》造営（京都）6
●熊野詣《くまのもうで》（紀伊）7　高野詣《こうやもうで》（紀伊）

5A 知行国の制度

知行国主《ちぎょうこくしゅ》（上級貴族）→ 国守《くにのかみ》（赴任《ふにん》しない遙任《ようにん》国司）
知行国主 ← 利益を取得 ← 国衙《こくが》（留守所《るすどころ》）
国守 → 代理人（目代）を派遣 → 国衙（留守所）
子弟や近親者を任命

解説 知行国の制度は，身分上，国司に就任できない上級貴族などに，知行国主として一国の知行権（支配権）を与え，諸国の収益を得させるための制度。

5B 離宮の造営

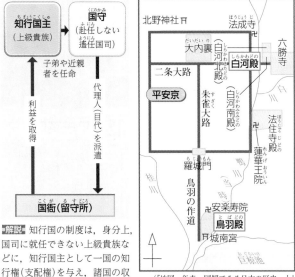

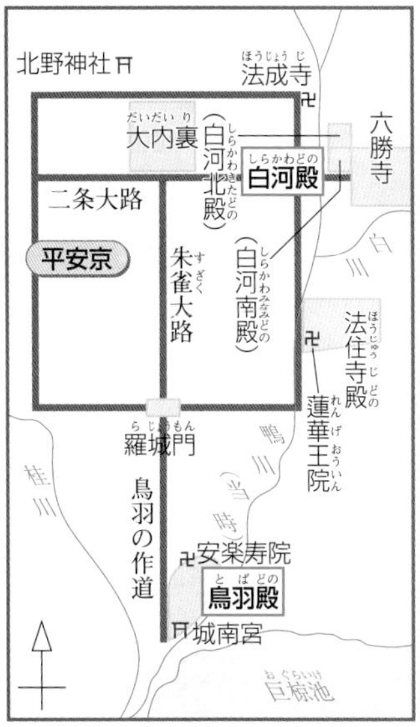

（『地図・年表・図解でみる日本の歴史　上』による）

解説 院の御所として，白河《しらかわ》上皇の「白河殿」，鳥羽《とば》上皇の「鳥羽殿」が造営された。これらの建築費用の多くは，受領《ずりょう》層からの成功《じょうごう》によってまかなわれたという。

5-1 **鳥羽《とば》法皇**（1103～56）　白河《しらかわ》法皇の孫で，その死後，院政を行った。その時期には荘園が院に集中したといわれる。この肖像は室町時代に描かれたものだが，鳥羽法皇の造営した鳥羽殿に建てられた安楽寿院《あんらくじゅいん》に所蔵されている。　京都・安楽寿院蔵

6 六勝寺《ろくしょうじ》 共出題

京都市歴史資料館蔵

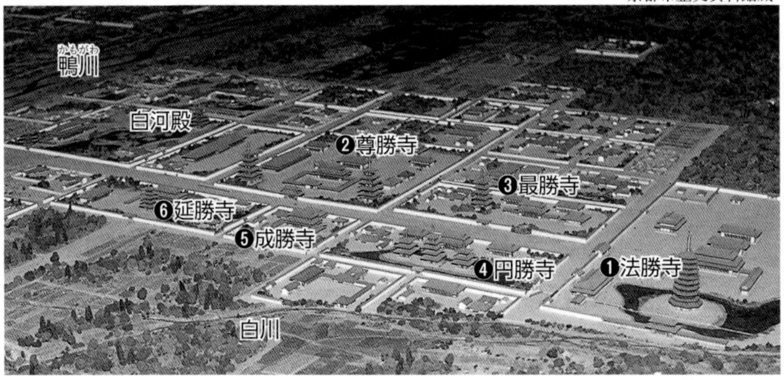

解説 院政期に天皇家（待賢門院《たいけんもんいん》は鳥羽《とば》天皇の皇后）の手によって，白河《しらかわ》の地に造立された「勝」の字がつく六つの寺院。多くは受領《ずりょう》層からの成功《じょうごう》によって造営された。白河天皇の建てた**法勝寺《ほっしょうじ》**八角九重塔は80m以上の高さがあったといわれ，院の権力を象徴していた。

六勝寺	名　称	発願者《ほつがんしゃ》	上皇・法皇	造立年	名　称	発願者	上皇・法皇	造立年
	❶法勝寺《ほっしょうじ》	白河天皇	―	1077年	❹円勝寺《えんしょうじ》	待賢門院《たいけんもんいん》	白河法皇	1128
	❷尊勝寺《そんしょうじ》	堀河《ほりかわ》天皇	白河法皇	1102	❺成勝寺《じょうしょうじ》	崇徳天皇	鳥羽上皇	1139
	❸最勝寺《さいしょうじ》	鳥羽天皇	白河法皇	1118	❻延勝寺《えんしょうじ》	近衛《このえ》天皇	鳥羽法皇	1149

セ出題

7 熊野詣《くまのもうで》 共出題

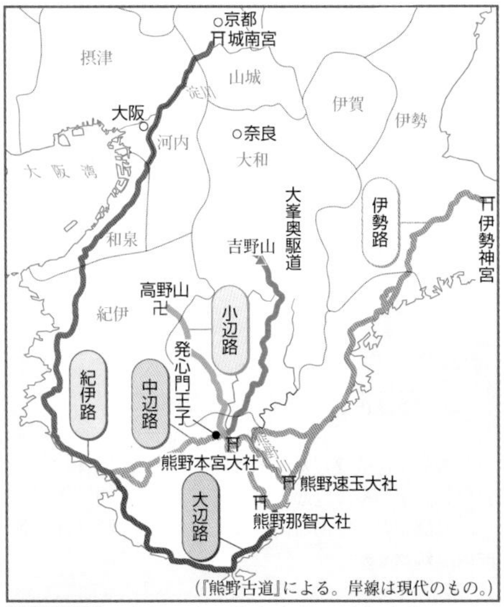

（『熊野古道』による。岸線は現代のもの。）

7A 上皇の熊野詣

上皇名	回数
花山《かざん》	1
白河《しらかわ》	12
鳥羽《とば》	23
崇徳《すとく》	1
後白河《ごしらかわ》	33
後鳥羽《ごとば》	29
後嵯峨《ごさが》	2

解説 熊野詣《くまのもうで》は，熊野三山《さんざん》（本宮・新宮（速玉《はやたま》）・那智《なち》）への参詣《さんけい》のことで，院政期に入って急激に盛んになった。参詣路も整備され，その一部は「熊野古道」として現在に残る。一行が数千人におよぶこともあり，都から往復約700km，約1カ月を要した旅であった。

8 僧兵の強訴

朝廷 ← 僧兵の強訴《ごうそ》 国司の処罰などを要求 ― 南都《なんと》（興福寺《こうふくじ》） 春日《かすが》神社の神木《しんぼく》・榊《さかき》を捧げて強訴
院 ― 北面《ほくめん》の武士 → 強訴の鎮圧 → 北嶺《ほくれい》（延暦寺《えんりゃくじ》） 日吉《ひよし》神社の神輿《しんよ》をかついで強訴《みこし》

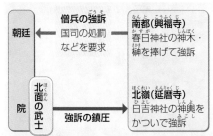

8-1 **神輿《しんよ》を立てて強訴《ごうそ》する僧兵**（山法師強訴図屏風）　日吉《ひよし》神社の神輿をかついで強訴する延暦寺の僧兵。奈良の興福寺《こうふくじ》の僧兵も春日《かすが》神社の神木をもって強訴した。あわせて「南都《なんと》・北嶺《ほくれい》」という。大寺院は多くの荘園を有し，国司と対立することもあった。朝廷や院の裁断に不満があると，宗教的権威をふりかざして要求を通そうとしたのである。僧兵の強訴をおさえるために，動員されたのが武士である。法によらず実力で争うという院政期の特徴をよく表している。
滋賀県立琵琶湖文化館蔵

部分　東京国立博物館蔵

8-2 **僧兵のいでたち**（天狗草子・模本）　地方武士や農民出身の下級僧侶は雑《ぞう》役《えき》に従事していたが，ことあるごとに武装した。彼らは僧兵や悪僧などとよばれ，裹頭《かとう》という覆面をするのを常とした。

歴史ナビ　**鳥羽**　鳥羽離宮跡公園（京都市伏見区中島御所ノ内町）や，鳥羽殿の鎮守であった城南宮（京都市伏見区中島鳥羽離宮町）がある。

平氏政権

考察の視点 比較 平氏政権の貴族的な性格は，どのようなところにみられるだろうか。

1 保元・平治の乱

1A 保元の乱 1156(保元元)年

勝者 天皇方		敗者 上皇方
後白河《ごしらかわ》(弟)	皇室	崇徳《すとく》(兄) →讃岐へ配流
関白忠通《ただみち》(兄)	藤原氏	左大臣頼長《よりなが》(弟) →傷死
清盛《きよもり》(甥)	平氏	忠正《ただまさ》(叔父) →斬首
義朝《よしとも》(子)(兄)	源氏	為義《ためよし》(父)→斬首 為朝《ためとも》(弟) →伊豆大島へ配流

解説 上皇・天皇の対立に，摂関家内部対立が結びつく。双方が武士(源氏・平氏)を動員して武力で決着したことから，武士の政治的地位が上昇した。

1B 平治の乱 1159(平治元)年

勝者		敗者
藤原通憲《みちのり》(信西《しんぜい》) →自害(梟首《きょうしゅ》)	院近臣《いんのきんしん》	藤原信頼《のぶより》 →斬首
平清盛《たいらのきよもり》 平重盛《しげもり》 平宗盛《むねもり》 源頼政《よりまさ》	武士	源義朝《よしとも》 →謀殺 源義平《よしひら》 →斬首 源頼朝《よりとも》 →伊豆へ配流

解説 **後白河上皇**の近臣《きんしん》の対立に，源平2氏の対立が結びつく。先手を打った**源義朝《よしとも》**らが当初優位に立つが，熊野詣《くまのもうで》から戻った**平清盛《たいらのきよもり》**の反撃にあって敗北。平氏の権力が高まった。

1-2 **後白河法皇《ごしらかわ》**(1127～92)(天子摂関御影) 保元《ほうげん》の乱で兄崇徳《すとく》上皇を配流《はいる》し，二条天皇に譲位後，天皇5代にわたり院政《いんせい》を行った。平氏政権成立後も隠然《いんぜん》たる権力をもつが，平清盛《きよもり》と対立して幽閉された。清盛の死後に院政を再開し，源頼朝《よりとも》に平氏を打倒させた。

1-1 **平治の乱**(平治物語絵巻) 後白河《ごしらかわ》上皇の御所を襲撃する藤原信頼《のぶより》・源義朝《よしとも》の軍勢。信頼と義朝は，後白河上皇と二条天皇の身柄を確保して当初は優位に立つが，熊野詣《くまのもうで》より戻ってきた平清盛《きよもり》の軍勢の前に敗《やぶ》れた。

部分 ボストン美術館蔵

2 平氏系図

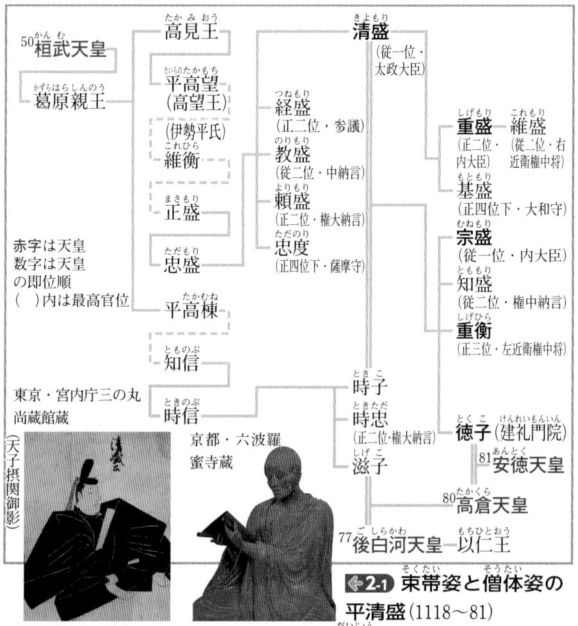

東京・宮内庁三の丸尚蔵館蔵 (天子摂関御影)

京都・六波羅蜜寺蔵

2-1 **束帯姿《そくたい》と僧体姿《そうたい》の平清盛**(1118～81)

解説 清盛は1167年に武士として初めて太政大臣《だいじょう》となった。1168年出家し，家督を重盛《しげもり》に譲るが，福原にあって依然影響力を行使した。娘の徳子《とくこ》を高倉《たかくら》天皇の中宮とし，生まれた皇子を安徳《あんとく》天皇として擁立したが，源氏との戦いが始まるなか，1181年に病死した。

3 平氏政権の性格

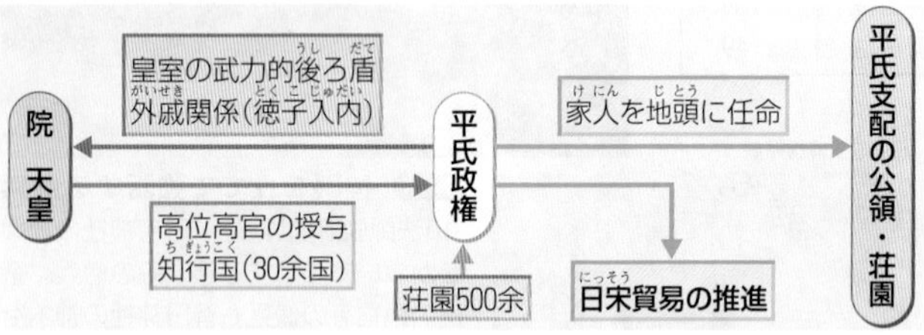

3A 平氏の知行国

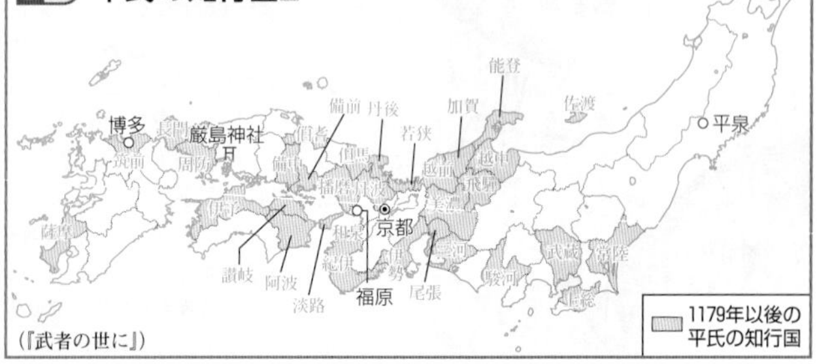

(『武者の世に』)

解説 知行国は上級貴族に一国の知行権(支配権)を与え，諸国の収益を得させる制度であったが，平氏もまた自らの経済的基盤の一つとした。後白河《ごしらかわ》法皇を幽閉《ゆうへい》して全権を掌握した1179年以降には，その数30カ国を超えたという。『平家物語』は全国の過半数を超えたと記述している。

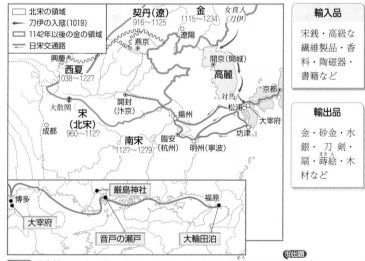

3B 日宋貿易の航路

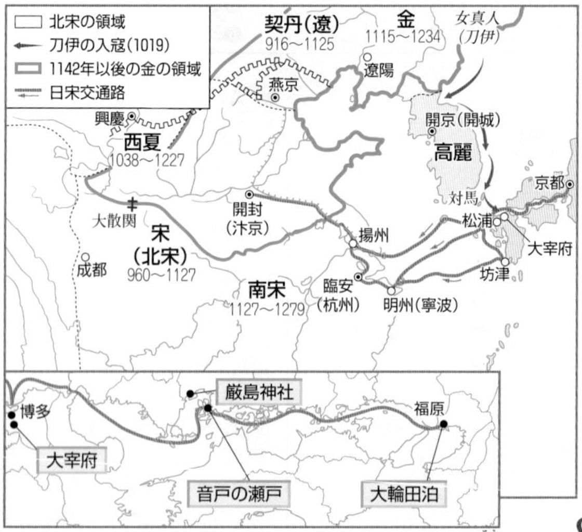

輸入品

宋銭・高級な繊維製品・香料・陶磁器・書籍など

輸出品

金・砂金・水銀・刀剣・扇・蒔絵《まきえ》・木材など

解説 遣唐使は894年に停止されたが，960年に成立した宋《そう》とは民間交易が行われ，1127年の南宋となってからはさらに活発化し，宋銭《そうせん》や珍宝などがもたらされた。平氏は忠盛《ただもり》以来日宋貿易に力を入れていたが，清盛《きよもり》は，難所である「音戸《おんど》の瀬戸《せと》」を開削したり，貿易港「大輪田泊《おおわだのとまり》」を修築するなど瀬戸内海航路を整備した。

歴史ナビ **三十三間堂(蓮華王院)**(京都府京都市) 後白河上皇の住んだ法住寺殿《ほうじゅうじどの》の仏殿の一つで，平清盛が寄進した。1,001体の観音像で有名。

考察の視点 院政期，地方に浄土教などの文化が波及したのはなぜだろうか。 **推移**

時期　11世紀後半～12世紀
中心地　平安京中心，文化が地方へ普及
担い手　上皇・貴族に加え武士・庶民
❶聖《ひじり》などとよばれた民間の布教者が浄土教を全国に広める
❷地方豪族が各地に阿弥陀堂《あみだどう》などを建立《こんりゅう》するようになる

歴史・文学	歴史物語	大《おお》　鏡《かがみ》 ⓒ出題 (作者未詳) 今《いま》　鏡《かがみ》 (藤原為経《ふじわらのためつね》)	藤原道長の時代を中心に摂関政治を批判，別名世継《よつぎ》物語 大鏡の構想を模倣し，後一条《ごいちじょう》天皇から高倉《たかくら》天皇までの歴史を記述
	説話集	今昔物語集 (伝源隆国《みなもとのたかくに》)	インド・中国・日本の古今の説話1,000余話
	軍記物	将門記《しょうもんき》 (作者未詳) 陸奥話記《むつわき》 (作者未詳)	平将門《たいらのまさかど》の乱を記す最初の軍記物 前九年合戦《ぜんくねんかっせん》を描く
彫刻	蓮華王院千手観音立像《れんげおういんせんじゅかんのんりゅうぞう》(京都市) 臼杵磨崖仏《うすきまがいぶつ》(大分県臼杵市) 浄瑠璃寺本堂九体阿弥陀如来像《じょうるりじほんどうくたいあみだにょらいぞう》(京都府木津川市)		
建築	中尊寺《ちゅうそんじ》㊐金色堂《こんじきどう》(岩手県平泉町) 富貴寺大堂《ふきじおおどう》(大分県豊後高田市) ⓒ出題 白水阿弥陀堂《しらみずあみだどう》(福島県いわき市) 三仏寺投入堂《さんぶつじなげいれどう》(鳥取県三朝町)		

1 建築・庭園・彫刻

1-3 毛越寺庭園《もうつうじていえん》　毛越寺は**藤原基衡《もとひら》**の建立した寺だが，伽藍は火災や戦火で失われた。現在は大泉池《おおいずみ》を残すのみだが，平安時代の浄土庭園の様式を伝えている。 ㊐

1-6 中尊寺金色堂内陣《ちゅうそんじこんじきどうないじん》 ㊖

1-7 金色堂
金色堂は**藤原清衡《きよひら》**が1124年に建立。**光堂《ひかりどう》**ともよばれ，随所に金箔《きんぱく》が押されている。 ㊖
出題

1-4 三仏寺投入堂《さんぶつじなげいれどう》　堂が断崖《だんがい》の窪《くぼ》みの中に投げ入れられたような奇抜《きばつ》な構造になっている。 ㊖

1-8 白水阿弥陀堂《しらみずあみだどう》　願成寺《がんじょうじ》内にあり，豪族の岩城《いわき》則通《のりみち》の妻(藤原秀衡《ひでひら》の妹)が，夫の冥福《めいふく》を祈るため1160年建立。白水は平泉の泉を分けた字といわれる。 ㊖

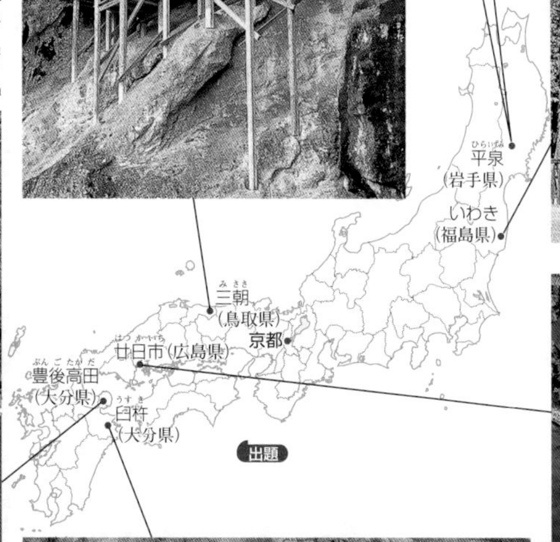

1-1 富貴寺大堂《ふきじおおどう》(上)と大堂内部(下)　**阿弥陀堂《あみだどう》**では九州最古の建築物。堂内には定朝様阿弥陀如来《じょうちょうようあみだにょらい》が安置されている。 ㊖平面7.7×9.3m

1-2 大堂内部の実物大復元模型　堂内は浄土教的主題を描いた壁画で装飾されていた。
大分県立歴史博物館

1-5 臼杵磨崖仏《うすきまがいぶつ》
凝灰岩《ぎょうかいがん》の岩壁に刻まれた磨崖仏は4群60余体におよび，写真はその中心的存在である古園《ふるぞの》石仏群(全13体)。中尊《ちゅうそん》の大日如来《だいにちにょらい》坐像は，以前は落ちた仏頭が下の台座に安置されていたが，近年修復された。 ㊖

1-9 厳島神社《いつくしまじんじゃ》　遠景(上)と海上から望む大鳥居と本殿(下)。航海の守護神として古くから信仰され，平清盛《たいらのきよもり》が安芸守《あきのかみ》となってからは平氏の氏神のように尊崇された。干潮時には大鳥居まで歩いて行くことができる。 ㊐㊖

歴史ナビ　**大分県立歴史博物館**(大分県宇佐市)　史跡公園「宇佐風土記の丘」にあり，富貴寺大堂《ふきじおおどう》(国宝)を創建当時の鮮やかな色彩で実物大に再現。

124 院政期の文化②

1 絵画

絵画	絵巻物	源氏物語絵巻《げんじものがたりえまき》(伝藤原隆能《ふじわらのたかよし》)　信貴山縁起絵巻《しぎさんえんぎえまき》 伴大納言絵巻《ばんだいなごんえまき》(常磐光長《ときわみつなが》) 鳥獣人物戯画《ちょうじゅうじんぶつぎが》(伝鳥羽僧正覚猷《とばそうじょうかくゆう》)　年中行事絵巻《ねんじゅうぎょうじえまき》
	装飾経	扇面古写経《せんめんこしゃきょう》(扇面法華経冊子《ほけきょうさっし》) 厳島神社《いつくしまじんじゃ》国平家納経《へいけのうきょう》

1-1 伴大納言絵巻《ばんだいなごんえまき》(常磐光長《ときわみつなが》筆)　全3巻からなる12世紀の絵巻物で，866(貞観《じょうがん》8)年に大納言伴善男《とものよしお》が左大臣源《みなもとの》信《まこと》を失脚させるために仕組んだ平安京大内裏《だいだいり》の応天門《おうてんもん》放火事件を題材としている。善男のもくろみは外れ，真犯人は善男自身であることが発覚する。ただし，実際の事件の真相は不明である。　国東京・出光美術館蔵

絵画(1)

1-2 絵巻物には物語の筋を説明した文章が記されたものが多く，これを詞書《ことばがき》という。絵の前段に書かれるのが一般的である。

読み解く　当時の人びとは，絵巻物をどのようにして鑑賞したのだろうか。

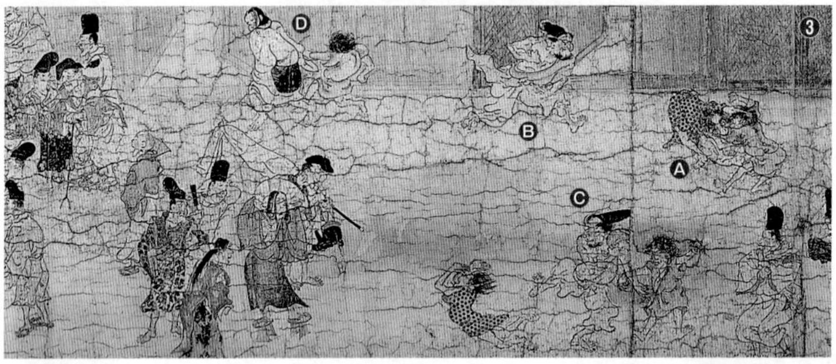

❶(上巻)炎上する応天門《おうてんもん》の甍《いらか》
❷(上巻)会昌門《かいしょうもん》前の官人たち…応天門炎上の報にひしめきあう官人たちは100人ほども描かれている。衣冠《いかん》の上衣にあたる袍《ほう》が黒や紫，緋《ひ》の色の者は五位以上の公卿《くぎょう》や殿上人《てんじょうびと》
❸(中巻)舎人《とねり》(下級官人)の子と出納《すいとう》(伴大《ばんだい》納言《なごん》家の召《め》し使《つか》い)の子のけんか…このけんかが伴大納言の秘密をあばくこととなる
Ⓐ右が伴大納言家の出納の子
Ⓑ血相を変えて出納の男が飛び出す
Ⓒ舎人の子を蹴《け》っとばし，詞書《ことばがき》によれば死ぬばかりに踏みつけたという
Ⓓ我が子を家につれ戻す出納の妻
(同じ画面に同一人物を２度も３度も描き，時間の経過を示す異時同図法)
❹(下巻)これに舎人の怒りは爆発し，これまで黙っていた，火事の夜に伴大納言が門の上に登っていたのを目撃したことを思わず叫んでしまう。これが噂となって舎人は役人の尋問を受け，真相を白状することになる
❺(下巻)伴大納言を乗せた八葉車《はちようのくるま》…罪人はうしろ向きに座らされ，顔を見せながら市中を連行された。車の中に伴善男《とものよしお》の袍《ほう》と指貫《さしぬき》の一部が見えるが，顔は隠れていてその表情はうかがい知れない。右側は護送する検非違使の一行

❶～❺ 国東京・出光美術館蔵

1-3 源氏物語絵巻(伝藤原隆能《ふじわらのたかよし》筆)「柏木《かしわぎ》」　紫式部の『源氏物語』を題材にした12世紀の絵巻物で，詞書《ことばがき》と絵からなる。この場面は薫《かおる》を沈痛な面持ちで抱く光源氏《ひかるげんじ》を描く。人物の顔は引目鉤鼻《ひきめかぎばな》の画法が用いられており，室内は吹抜屋台の画法で描かれている。

国21.9×48.1cm 部分 愛知・徳川美術館蔵

引目鉤鼻《ひきめかぎばな》

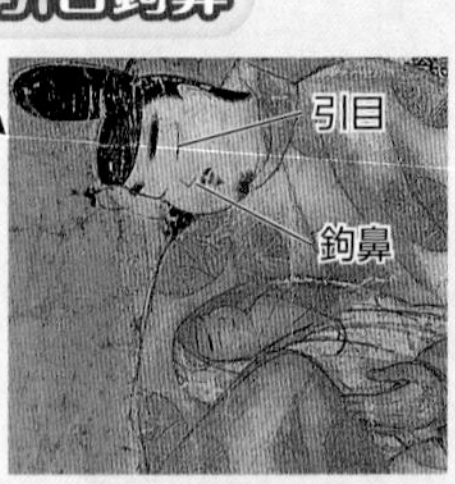

大和絵《やまとえ》の物語絵では，一直線で目を引き，鼻を短く「く」の字の形に描く**引目鉤鼻**の人物描写がみられる。高貴な人物を描く場合に用いられ，一見単純にも思えるが，「源氏物語絵巻」では細密な筆線から微妙な心理を読み取らせる。

歴史ナビ　**徳川美術館**(愛知県名古屋市)　「源氏物語絵巻」(国宝)など，尾張徳川家伝来の美術品を所蔵。原本の展示はごく短期間。

考察の視点 この時代の絵画に庶民が多く描かれるのはなぜだろうか。 相互関連

1-4 信貴山縁起絵巻《しぎさんえんぎえまき》「飛倉《とびくらの》巻《まき》」 奈良県の信貴山朝護孫《ちょうごそん》子寺《しじ》に伝わる3巻の絵巻の一つで，制作はいずれも12世紀。3巻とも信貴山の僧命蓮《みょうれん》の奇跡を描き，背後に毘沙門天《びしゃもんてん》の功徳《くどく》を説く。右は，命蓮が自在に操る鉢が，托鉢《たくはつ》を拒んだ山崎長者の米を倉ごと空へと運び上げ，人びとが大騒ぎしている場面。

国31.5×872.2cm 部分
奈良・信貴山朝護孫子寺蔵

出題 **1-5 鳥獣人物戯画《ちょうじゅうじんぶつぎが》** 現状は甲《こう》巻・乙《おつ》巻・丙《へい》巻・丁《てい》巻の4巻で，いずれも詞書《ことばがき》はなく，墨線による絵のみで構成。**擬人化された兎《うさぎ》，猿，蛙《かえる》などの動物**を描く甲・乙巻は平安時代後期，庶民の姿が描かれる丙・丁巻は鎌倉時代の作とされる。鳥羽僧《とばそう》正覚猷《じょうかくゆう》の筆ともいわれるが，制作年代の幅や作風の違いなどから，現在は複数の作者の作品をまとめたものと考えられている。 国31.0×1,148.4cm 部分 京都・高山寺蔵

1-6 扇面古写経《せんめんこしゃきょう》（扇面法華《せんめんほけ》経冊子《きょうさっし》）「栗拾《くりひろ》い図」 12世紀後半に成立したとされ，大和絵手法の下絵の上に経文《きょうもん》を記す。

国各縦21.6，上弦49.4，下弦19.0cm 大阪・四天王寺蔵

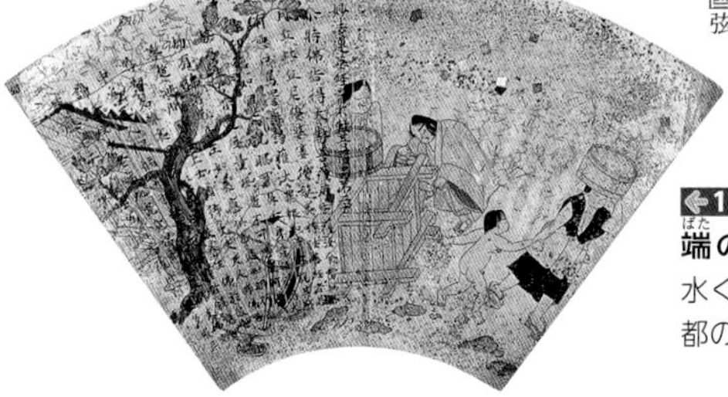

1-7 扇面古写経「井戸《いど》端《ばた》の女たち」 下絵には水くみや洗濯姿の女性など都の風俗が描かれている。

1-8 平家納経《へいけのうきょう》 1164（長寛《ちょうかん》2）年，**平清盛《たいらのきよもり》**が一門の繁栄を祈願して，一門が分担制作した法華経《ほけきょう》28巻など計33巻を**厳島《いつくしま》神社**に奉納《ほうのう》。各巻の表紙と見返しに絵が描かれている。 国各約26.0×約812.6～891.4cm 部分 広島・厳島神社蔵

2 芸能

今様《いまよう》	平安末期に流行した歌謡。『梁塵秘抄《りょうじんひしょう》』は後白《ごしら》河法皇《かわほうおう》が今様《いまよう》や催馬楽《さいばら》などを集大成
催馬楽《さいばら》	10世紀頃に始まった宮廷歌謡で，神事の神楽(歌)や歌謡を編曲したものとされる
猿楽《さるがく》	滑稽な物まねや雑芸・歌舞。散楽《さんがく》が源流で，後に演劇化して能と狂言《きょうげん》に発展
田楽《でんがく》	田植えに際し，笛・太鼓《たいこ》・鼓《つづみ》・びんざさらを鳴らして豊作を祈る農民芸能
傀儡《くぐつ》	漂泊の芸能民による操り人形芸
白拍子《しらびょうし》	白い水干《すいかん》を着た男装の女性による歌舞。平安末～鎌倉初期に流行。源義経の愛妾《あいしょう》であった静御前《しずかごぜん》などが有名

2A 今様

遊びをせむとや生まれけむ
戯《たわぶ》れせむとや生まれけむ
遊ぶ子供の声聞けば
我が身さへこそ動《ゆる》がるれ
（『梁塵秘抄《りょうじんひしょう》』） 史

2-1 後白河《ごしらかわ》法皇像 若い頃から今様を愛好した後白河法皇は，名人であれば遊女《ゆうじょ》や身分の低い者でも御所に呼び集め，歌い明かして喉《のど》を痛めることもあった。その有様を，鳥羽《とば》上皇は「即位の器量にあらず」と評したという。 京都・長講堂蔵

2B 田楽

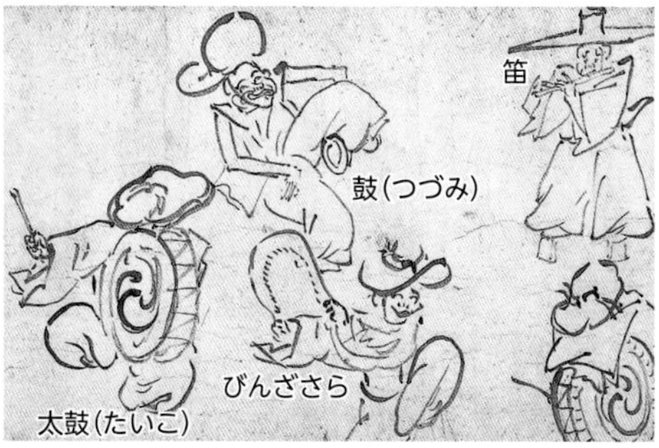

2-2 田楽踊り（鳥獣人物戯画丁巻） のちには公家の間でも流行した。 国31.0×1,130.3cm 部分 京都・高山寺蔵

歴史ナビ **四大絵巻物** 「源氏物語絵巻」「信貴山縁起絵巻」「伴大納言絵巻」「鳥獣人物戯画」を四大絵巻物とよぶ。

武家の古都・鎌倉

考察の視点　源頼朝が武家(幕府)の拠点として鎌倉を選んだ理由を，歴史・地理的にまとめてみよう。　相互関連

中世都市・鎌倉の境界

◎**四角四堺祭《しかくしきょうさい》**…陰陽《おんみょう》道で疫神《えきじん》の災厄をはらい，穢《けが》れを追放するため境界で行った祭祀。当時の鎌倉の境界がわかる。
東…六浦《むつら》　西…固瀬《かたせ》(片瀬)
南…小壺《こつぼ》(小坪)　北…巨福呂坂《こぶくろざか》

△**七瀬祓《ななせのはらえ》**…将軍の除災を目的として，禍を負わせた人形を７人の使に命じて７カ所の河海の岸で祓いをする儀礼。当時の鎌倉の境界がわかる。
東…六浦　西…固瀬(片瀬)，江島《えのしま》
南…杜戸《もりと》(森戸)，金洗沢《かねあらいざわ》，由比浦《ゆいのうら》　北…鼬河《いたちがわ》

□**七口《ななくち》(七切通《きりどおし》)**…三方を山に囲まれた鎌倉への陸路の入口を指す名数《めいすう》。
東…六浦(朝《あさ》夷[比《ひ》]奈《な》)　西…極楽寺坂，大仏坂
南…名越《なごえ》坂，小坪　北…化粧《けわい》坂，巨福呂坂
＊小坪口の代わりに亀ケ谷《かめがやつ》坂を加えることがある。

寺院・神社

・**鎌倉五山**…**1建長《けんちょう》寺**　**2円覚《えんがく》寺**　**3寿福《じゅふく》寺**
4浄智《じょうち》寺　**5浄妙《じょうみょう》寺**

・**主要寺院**…海蔵《かいぞう》寺，瑞泉《ずいせん》寺，報国《ほうこく》寺，円応《えんのう》寺，東慶《とうけい》寺，明月院《めいげついん》，常楽《じょうらく》寺(以上，臨済宗)，英勝《えいしょう》寺，光明《こうみょう》寺，高徳院《こうとくいん》，長谷寺《はせでら》，称妙《しょうみょう》寺(以上，浄土宗)，浄光明《じょうこうみょう》寺，覚園《かくおん》寺，満福《まんぷく》寺(以上，真言宗)，安国論《あんこくろん》寺，妙法《みょうほう》寺，妙本《みょうほん》寺，本覚《ほんがく》寺，長勝《ちょうしょう》寺，龍口《りゅうこう》寺(以上，日蓮宗)，極楽《ごくらく》寺(以上，律宗)，宝戒《ほうかい》寺，杉本寺《すぎもとでら》(以上，天台宗)，光触《こうしょく》寺(以上，時宗)

・**寺院跡(廃寺)**…東勝《とうしょう》寺，太平《たいへい》寺，永福《えいふく》寺，勝《しょう》長寿《ちょうじゅ》院

・**神社**…鶴岡八幡宮《つるがおかはちまんぐう》，元八幡宮，甘縄神明《あまなわしんめい》社，銭洗弁天《ぜにあらいべんてん》社，荏柄天神《えがらてんじん》社，鎌倉宮，御霊《ごりょう》神社，佐助稲荷《さすけいなり》神社，十二所《じゅうにしょ》神社，八雲《やくも》神社，小動《こゆるぎ》神社，龍口明神社《りゅうこうみょうじんじゃ》，葛原岡《くずはらおか》神社

史跡

・若宮大路《わかみやおおじ》，段葛《だんかずら》，鎌倉大仏，稲村ケ崎《いなむらがさき》(新田《にった》義貞《よしさだ》徒渉伝説地)，日蓮辻説法《にちれんつじぜっぽう》跡，北条氏常《とき》盤亭《わのてい》跡，大倉《おおくら》御所跡，宇都宮辻子《うつのみやずし》御所跡，若宮大路御所跡，源頼朝の墓，護良《もりよし》親王の墓，大江広元《おおえのひろもと》の墓，日野俊基《ひのとしもと》の墓，畠山重保《はたけやましげやす》の墓，高時《たかとき》腹切りやぐら，和田塚《わだづか》，まんだら堂跡，六地蔵，和賀江島《わかえじま》，仏法《ぶっぽう》寺跡，六代御前《ろくだいごぜん》の墓

鎌倉主要道路と商業地域

(『中世都市鎌倉を歩く』)

源頼朝と鎌倉　清和《せいわ》源氏と鎌倉との関係は，頼朝の五代前の先祖にあたる頼義《よりよし》が，11世紀中頃に妻の父である平直方《たいらのなおかた》より大倉の地にあった屋敷を譲り受けたことに始まる。1051年から62年におよぶ奥州の前九年合戦の戦勝祈願のため，源氏の氏神である八幡神を由比ガ浜に勧請する(元八幡宮)。また，頼朝の父義朝《よしとも》は亀ケ谷《かめがやつ》(寿福寺付近)に館を構え，ここを拠点として相模《さがみ》武士団を率いて大庭御厨《おおばのみくりや》や鵠沼《くげぬま》郷に侵入を繰り返し，相模国に大きな勢力を築いた。頼朝が鎌倉を武家政権の本拠地として選択した最大の理由は，河内源氏と鎌倉との先祖代々の関係であった。

歴史ナビ　**段葛**　若宮大路の二の鳥居から三の鳥居の間，左右に土手を築いた参道を段葛という。1182年，源頼朝が妻政子の安産を祈願して御家人に築かせたという。

考察の視点 大倉御所・宇都宮辻子御所・若宮大路御所の３つの幕府跡と北条義時邸，北条泰時・時頼邸，北条高時（得宗）邸との位置関係はどうなっているだろうか。 相互関連

写真提供：国土地理院（2004年撮影）

源平の争乱(治承・寿永の乱)

考察の視点　源頼朝が富士川の戦いののち，敗走する平氏軍を追撃して都に攻め上らなかったのはなぜだろうか。
相互関連

1 源平争乱略年表

青太字は幕府樹立関係・月は陰暦

院政	年	月	事項
後白河	1177	. 6	鹿ヶ谷《ししがだに》の陰謀《いんぼう》❶
	1179 (治承3)	.11	平清盛《たいらのきよもり》，院政《いんせい》を停止《ちょうじ》，後白河法皇《ごしらかわほうおう》を幽閉《ゆうへい》
高倉	1180 (治承4)	. 4	以仁王《もちひとおう》の平氏追討《ついとう》の令旨《りょうじ》
		. 5	以仁王・源頼政《みなもとのよりまさ》の挙兵❷
		. 6	福原遷都《ふくはらせんと》(11月には京都に戻る)❸
		. 8	源頼朝《よりとも》の挙兵，石橋山《いしばしやま》の戦い❹
		. 9	源(木曽《きそ》)義仲《よしなか》の挙兵
		.10	源頼朝の鎌倉《かまくら》入り。富士川《ふじがわ》の戦い❺
		.11	源頼朝，侍所《さむらいどころ》を設置
		.12	平重衡《しげひら》，東大寺・興福寺を焼打ち ㋝出題
後白河	1181	.閏《うるう》2	平清盛没(64歳)。養和《ようわ》の飢饉《ききん》
	1183 (寿永2)	. 5	倶利伽羅峠《くりからとうげ》(砺波山《となみやま》)の戦い❻
		. 7	平氏の都落ち。源義仲の入京
		.10	源頼朝，宣旨《せんじ》により東国支配権を獲得(寿永《じゅえい》二年十月宣旨) ㋝出題 史
	1184 (寿永3)	. 1	宇治川《うじがわ》の戦い(源義仲，源範頼《のりより》・義経《よしつね》に敗れ粟津《あわづ》で敗死)❼
		. 2	一《いち》の谷《たに》の戦い❽
		.10	源頼朝，公文所《くもんじょ》(のち政所《まんどころ》と改称)・問注所《もんちゅうじょ》を設置
	1185 (文治元)	. 2	屋島《やしま》の戦い❾
		. 3	壇《だん》の浦《うら》の戦い(平氏滅亡)❿
		.11	源頼朝，義経追討《ついとう》の院宣《いんぜん》を得る 源頼朝，諸国に守護《しゅご》・地頭《じとう》を設置
	1189 (文治5)	.閏4	衣川《ころもがわ》の戦い(藤原泰衡《ふじわらのやすひら》，義経を殺害)
		. 9	源頼朝，藤原泰衡を討ち奥州《おうしゅう》を平定(奥州藤原氏の滅亡)⓫ ㋝出題
	1190	.11	源頼朝，右近衛大将《うこのえたいしょう》に就任
	1192	. 3	後白河法皇没(66歳)
	(建久3)	. 7	源頼朝，征夷大将軍《せいいたいしょうぐん》就任

治承《じしょう》・寿永《じゅえい》の乱(1180.4〜1185.3)

＊丸数字は 3 の地図に対応

山梨・甲斐善光寺蔵
→1-1 源頼朝坐像

2 平氏・源氏系図

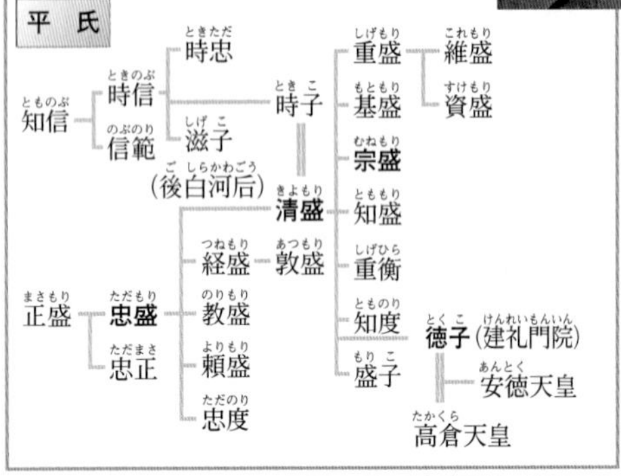

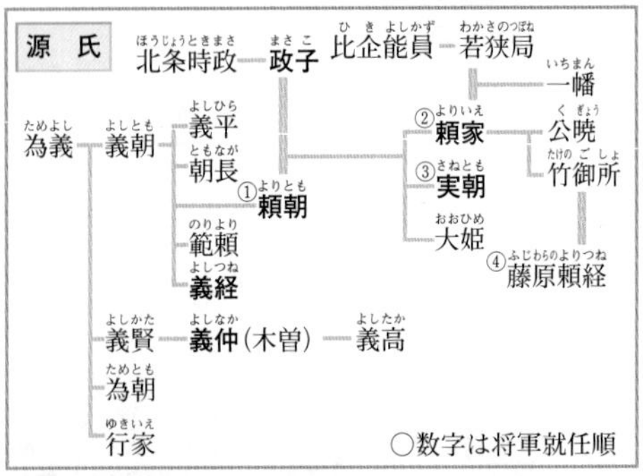

3 源平の合戦

3A 頼朝挙兵・東国制圧　1180(治承４)年

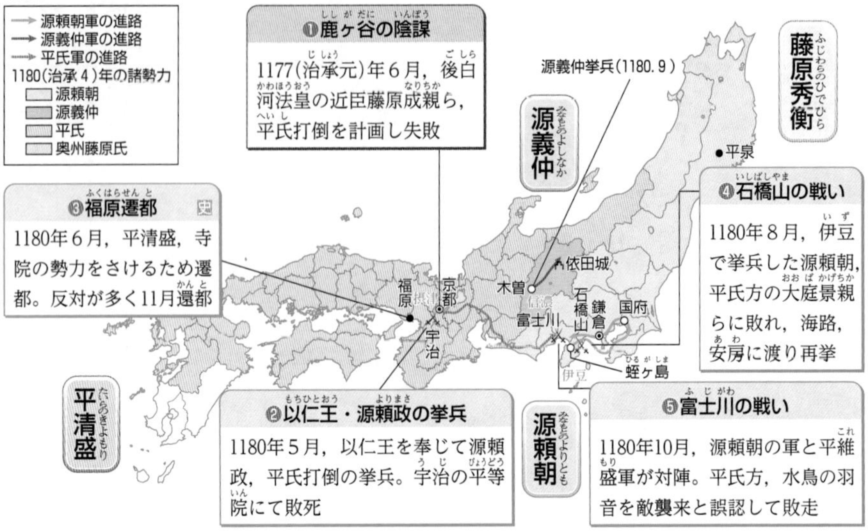

❶鹿ヶ谷《ししがだに》の陰謀《いんぼう》
1177(治承《じしょう》元)年６月，後白《ごしら》河法皇《かわほうおう》の近臣藤原成親《なりちか》ら，平氏《へいし》打倒を計画し失敗

❸福原遷都《ふくはらせんと》 史
1180年６月，平清盛，寺院の勢力をさけるため遷都。反対が多く11月還都《かんと》

❹石橋山《いしばしやま》の戦い
1180年８月，伊豆《いず》で挙兵した源頼朝，平氏方の大庭景親《おおばかげちか》らに敗れ，海路，安房《あわ》に渡り再挙

❷以仁王《もちひとおう》・源頼政《よりまさ》の挙兵
1180年５月，以仁王を奉じて源頼政，平氏打倒の挙兵。宇治《うじ》の平等《びょうどう》院《いん》にて敗死

❺富士川《ふじがわ》の戦い
1180年10月，源頼朝の軍と平維《これ》盛《もり》軍が対陣。平氏方，水鳥の羽音を敵襲来と誤認して敗走

3B 義仲入京・天下三分　1183(寿永２)年

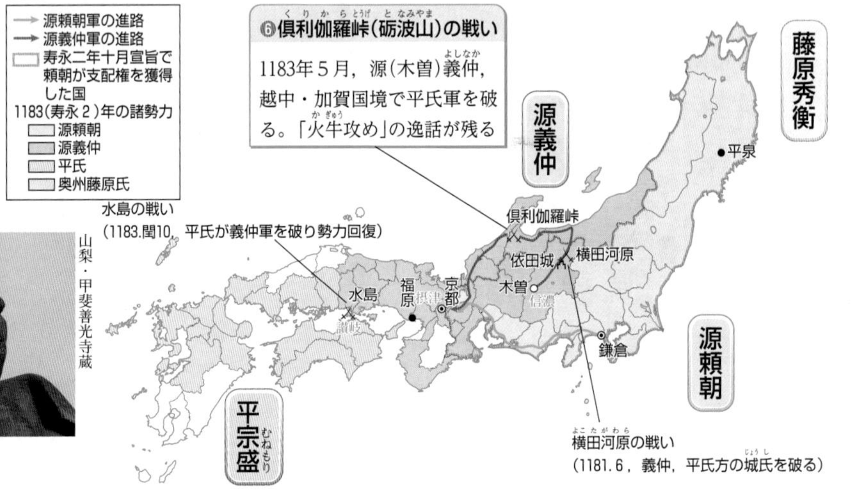

❻倶利伽羅峠《くりからとうげ》(砺波山《となみやま》)の戦い
1183年５月，源(木曽)義仲《よしなか》，越中・加賀国境で平氏軍を破る。「火牛《かぎゅう》攻め」の逸話が残る

3C 平氏滅亡　1185(文治元)年・奥州藤原氏滅亡　1189(文治５)年

❽一《いち》の谷《たに》の戦い
1184年２月，摂津《せっつ》国福原《ふくはら》に結集した平氏軍を源範頼《のりより》・義経《よしつね》軍が挟撃。平氏方は多くの武将が討たれ，屋島《やしま》に敗走

❾屋島《やしま》の戦い
1185年２月，屋島の平氏を源義経《よしつね》，背後より急襲。平氏，敗走し海上へ逃れる。那須与一《なすのよいち》の「扇《おうぎ》の的《まと》」はこの戦い

❿壇《だん》の浦《うら》の戦い
1185年３月，源平最後の戦い。平氏，安徳《あんとく》天皇を擁して戦ったが帝《みかど》は入水《じゅすい》，平氏も滅亡

❼宇治川《うじがわ》の戦い
1184(元暦《げんりゃく》元)年１月，源範頼《のりより》・義経《よしつね》，源義仲を討つ。佐々木高《たか》綱《つな》と梶原景季《かじわらかげすえ》の先陣争いが有名。義仲はその後近江粟津で敗死

⓫奥州藤原氏滅亡
1189年９月，逃亡した義経をかくまったことを理由に頼朝自ら大軍を率いて進撃，藤原泰《やす》衡《ひら》を討つ

歴史ナビ　**永井路子『炎環』**(文春文庫)　鎌倉幕府草創期を阿野全成，その妻北条保子，梶原景時，北条義時という４人の人物を通して描いた長編歴史小説である。

考察の視点

「鎌倉幕府がいつ成立したか」ということについて，次の６つの説がある。６つの説の根拠となった歴史的事象は次のとおりである。このうち，あなたが最もふさわしいと思う年代を挙げ，その理由を説明しよう。

❶1180年(侍所《さむらいどころ》を設置する)
❷1183年(東国の支配権を認められる＝寿永《じゅえい》２年10月宣旨《せんじ》)
❸1184年(公文所《くもんじょ》と問注所《もんちゅうじょ》を設置する)
❹1185年(守護《しゅご》・地頭《じとう》を設置する)
❺1190年(源頼朝《みなもとのよりとも》が右近衛大将《うこのえたいしょう》となる)
❻1192年(頼朝が征夷大将軍《せいいたいしょうぐん》となる)

時系列

1 鎌倉幕府初期の職制

(　　)内は設置時期(年)

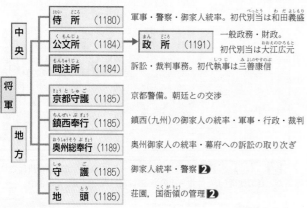

- 将軍
  - 中央
    - 侍《さむらい》　所《どころ》 (1180)　軍事・警察・御家人統率。初代別当《べっとう》は和田義盛《わだよしもり》
    - 公文所《くもんじょ》 (1184) → 政《まん》　所《どころ》 (1191)　一般政務・財政。初代別当は大江広元《おおえのひろもと》
    - 問注所《もんちゅうじょ》 (1184)　訴訟・裁判事務。初代執事《しつじ》は三善康信《みよしのやすのぶ》
  - 地方
    - 京都守護《きょうとしゅご》 (1185)　京都警備。朝廷との交渉
    - 鎮西奉行《ちんぜいぶぎょう》 (1185)　鎮西(九州)の御家人の統率・軍事・行政・裁判
    - 奥州総奉行《おうしゅうそうぶぎょう》 (1189)　奥州御家人の統率・幕府への訴訟の取り次ぎ
    - 守《しゅ》　護《ご》 (1185)　御家人統率・警察 2
    - 地《じ》　頭《とう》 (1185)　荘園，国衙領《こくがりょう》の管理 2

解説 鎌倉幕府初期の職制は簡素で実務的なものであり，治承《じしょう》・寿永《じゅえい》の乱と並行して整備されていった。**侍所**の別当(長官)には有力な東国御家人の和田義盛が任じられたが，公文所(**政所**)の別当(長官)の大江広元，**問注所**の執事(長官)の三善康信はいずれも京都の貴族出身者であり，いわゆる政務や裁判事務などについては彼らの力が必要だったのである。

2 守護《しゅご》と地頭《じとう》 史

守　護 共出題		地　頭
各国１名	設置区域	**荘園《しょうえん》**と**公領《こうりょう》**(国衙領《こくがりょう》→郡《ぐん》・郷《ごう》・保《ほ》) 初め平家没官領《へいけもっかんりょう》・謀叛人跡地《むほんにんあとち》
東国出身の有力御家人	資格	御家人
大犯三カ条《だいぼんさんかじょう》 ・大番催促《おおばんさいそく》 ・謀叛《むほん》人の逮捕 ・殺害人の逮捕	任務権限	●土地管理 ●所領内の治安維持 ●年貢を徴収し荘園領主や国司に納入
●守護としての収入はない ●地頭を兼ねて収入を得る	得分《とくぶん》(収入)	荘官や郷司《ごうじ》の収入を継承する １段《たん》につき５升《しょう》の兵粮米《ひょうろうまい》(1186年中止)

解説 後白河法皇《ごしらかわほうおう》が源義経《みなもとのよしつね》に頼朝《よりとも》追討を命じると，頼朝は軍勢を京都に送って法皇に迫り，諸国に**守護**，荘園や公領(国衙領)に**地頭**を設置する権利を認めさせた。

3 御家人制度

将軍(鎌倉殿《かまくらどの》) ⇄ 御家人

奉公（御家人→将軍） 共出題
- ●軍役《ぐんやく》（合戦への参加）
- ●京都大番役《おおばんやく》 ┐平時の軍役
- ●鎌倉番役 ┘
- ●関東御公事《おんくじ》（内裏《だいり》・幕府・寺社などの修造役）

御恩（将軍→御家人）
- ●本領安堵《ほんりょうあんど》*（土地支配の保障）
- ●新恩給与《しんおんきゅうよ》*（功績のあるものへの新たな土地配分）
- ●律令官職への推薦《すいせん》

*地頭職補任《じとうしきぶにん》の形をとる

3A 同じ日付の地頭職補任状《じとうしきぶにんじょう》

3-1 源頼朝袖判下文《そではんくだしぶみ》　神奈川県立歴史博物館蔵

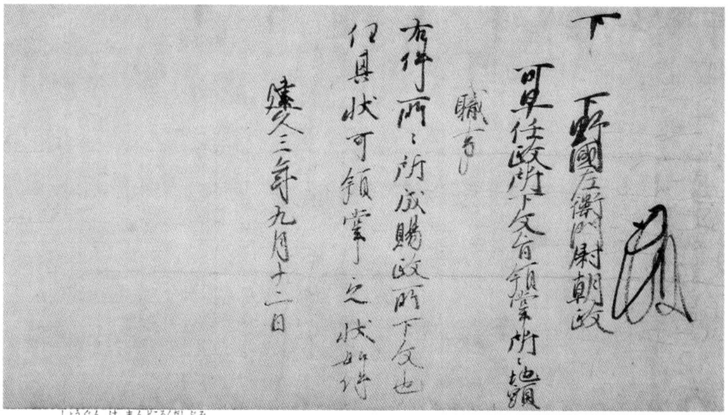

3-2 将軍家政所下文《しょうぐんけまんどころくだしぶみ》　茨城・個人蔵

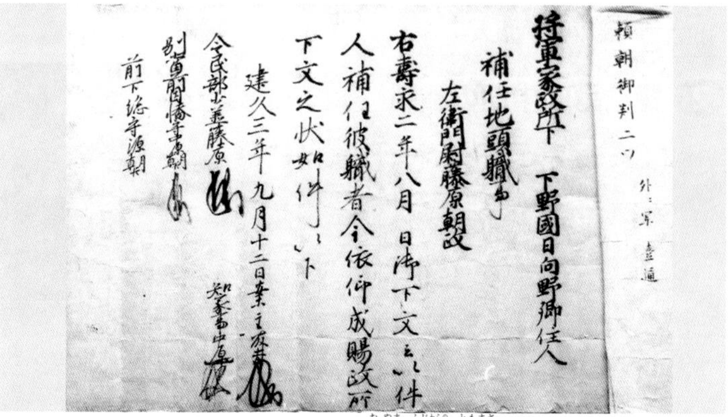
将軍家政所下　下野國日向野郷住人
補任地頭職事
左衛門尉藤原朝政
右壽永二年八月
建久三年九月十二日

解説 この２通はいずれも，東国御家人の小山《おやま》(藤原《ふじわらの》)朝政《ともまさ》を地頭職に任命した補任状である。幕府の職制が整備され，1191(建久２)年に政所が開設されると，3-2の「将軍家政所下文」によって地頭職を任命した。しかし，この文書にあるのは政所職員の連署のみで，頼朝の署判《しょはん》(花押《かおう》)がないことから，小山朝政は，それ以前の形式であった「源頼朝袖判下文」を重ねて求めたのであろう。頼朝がこれに応えて発給したため，２通の地頭職補任状が残ったのである。頼朝と旧知の御家人たちが，個人的な主従の結びつきを大切にしていたことを物語る史料である。

御家人と地頭

御家人《ごけにん》って何？

御家人とは将軍と主従関係を結んだ武士のことである。主人に臣従する従者は平安時代から「家人《けにん》」とよばれていたが，将軍(鎌倉殿《かまくらどの》)に敬意を表して「御家人」とよばれた。御家人は軍役《ぐんやく》の奉仕などの「奉公《ほうこう》」を行い，その見返りに土地支配の保障(**本領安堵《ほんりょうあんど》**)や新しい土地の給付(**新恩給与《しんおんきゅうよ》**)などの「**御恩《ごおん》**」を受けた。

御家人の人数はどのくらいか？

源頼朝挙兵以来の本拠地である東国には多かったが，建久《けんきゅう》年間(1190〜99)に作成された御家人交名(名簿)によれば，西国では１カ国30数名程度であった。

御家人以外の武士はいたの？

鎌倉時代の武士がすべて御家人ではない。公家や寺社の力も強く，荘園の荘《しょう》官《かん》や公領の郡司《ぐんじ》・郷司《ごうじ》などで御家人にならなかった武士もいた。こうした武士を「非御家人《ひごけにん》」とよんでいる。

地頭《じとう》になる条件は？

地頭は，御恩として将軍(鎌倉殿)から土地支配を認められた役職であり，御家人であることが条件だった。なお，鎌倉時代の女性の地位は比較的高く，**地頭に任命される女性もいた。**

歴史ナビ　**鎌倉幕府の移転**　頼朝が開いた「大倉幕府」から，北条泰時が「宇都宮辻子《ずし》」さらに「若宮大路」に移し，鎌倉幕府は２回移転している。

130 北条氏の台頭と執権政治

考察の視点 鎌倉幕府が将軍独裁制から執権政治に移行する上で，職制上の変化はどのようにあらわれているだろうか。 推移

1 北条氏・源氏・摂関家・皇室系図

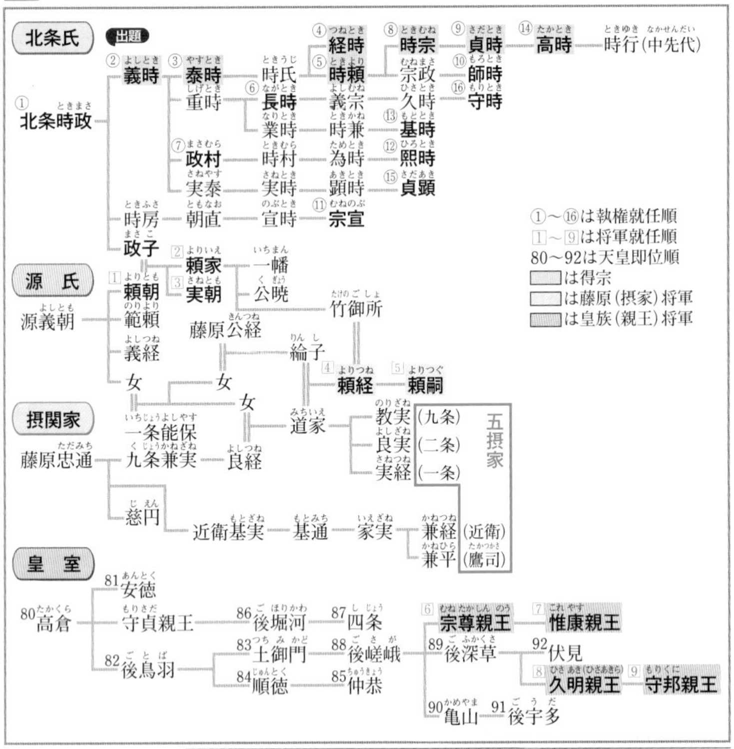

読み解く① 1の系図で，鎌倉幕府の源氏将軍3代，藤原(摂家)将軍2代，皇族(親王)将軍4代を確認してみよう。

2 鎌倉幕府中期の職制

→2-1 執権・連署による署判文書

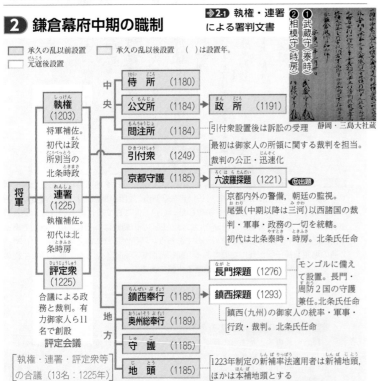

静岡・三島大社蔵

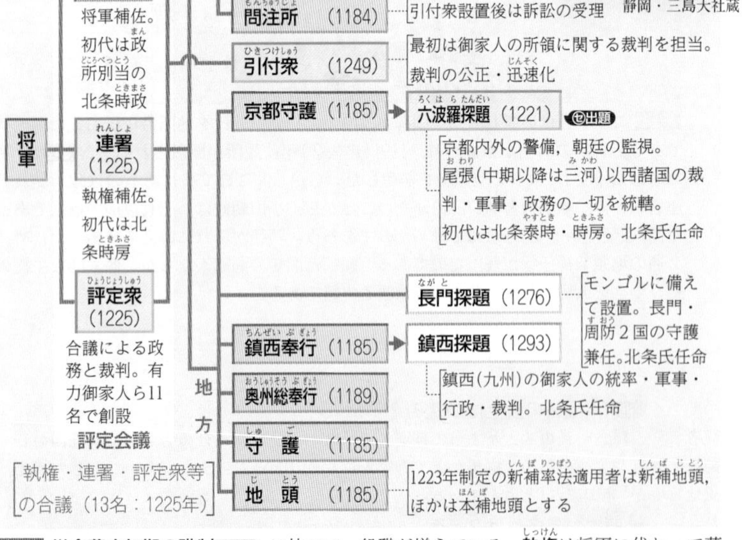

解説 **鎌倉幕府初期の職制**P.129に比べて，役職が増えている。**執権《しっけん》**は将軍に代わって幕府の実権を握り北条氏が世襲した。連署《れんしょ》は執権とともに署名加判することから名付けられた補佐役で，これも北条氏から任命された。**評定衆《ひょうじょうしゅう》**や**引付衆《ひきつけしゅう》**のメンバーも次第に北条氏の割合が増えていった。**六波羅探題《ろくはらたんだい》**は北方と南方に置かれたが，いずれも北条氏から任命された。頼朝《よりとも》時代の将軍独裁制から北条氏中心の執権政治への移行にともなう職制の変化といえる。

3 執権政治の展開略年表 P.135

将軍	執権	幕政の推移(□は北条氏に排斥《はいせき》された有力御家人)	
源《みなもとの》 頼朝《よりとも》		1192 頼朝，征夷《せいい》大将軍	将軍独裁《どくさい》
1199		1199 頼朝没。頼家の独裁停止。有力御家人13人の合議制《ごうぎせい》	
		1200 梶原景時《かじわらかげとき》を追討《ついとう》	
1202 源《みなもとの》 頼家《よりいえ》			
1203	1203 ①北条時政《ほうじょうときまさ》	1203 比企能員《ひきよしかず》(頼家の義父《ぎふ》)を謀殺《ぼうさつ》 頼家を幽閉《ゆうへい》(翌年殺害)	北条氏台頭《たいとう》
源《みなもとの》 実朝《さねとも》	1205	1205 畠山重忠《はたけやましげただ》を追討	
		1213 和田義盛《わだよしもり》が挙兵《きょへい》，敗死《はいし》(和田合戦)	
1219	②義時《よしとき》	1219 実朝，公暁《くぎょう》(頼家の子)に暗殺される	
		1221 承久《じょうきゅう》の乱。**六波羅探題《ろくはらたんだい》**の設置	執権政治確立
		1223 大田文《おおたぶみ》作成。新補《しんぽ》地頭の得分《とくぶん》率決定	
	1224	1225 北条政子《まさこ》没。**連署《れんしょ》・評定衆《ひょうじょうしゅう》**の設置	
1226	③泰時《やすとき》	1226 藤原頼経，将軍就任(摂家《せっけ》将軍)	
藤原頼経《ふじわらのよりつね》		1232 御成敗式目《ごせいばいしきもく》(貞永式目《じょうえいしきもく》)の制定 セ出題	
1244	1242 ④経時《つねとき》	1246 幕府の要請により，朝廷(院政)に院評定衆《いんのひょうじょうしゅう》設置	
藤原頼嗣《ふじわらのよりつぐ》	1246 ⑤時頼《ときより》	1247 三浦泰村《みうらやすむら》を追討(宝治《ほうじ》合戦) セ出題	
		1249 **引付衆《ひきつけしゅう》**の設置	得宗専制《とくそうせんせい》
1252 宗尊親王《むねたかしんのう》	1256 ⑥長時《ながとき》	1252 宗尊親王，将軍就任(皇族《こうぞく》将軍)	

読み解く② 3の年表で，それぞれの有力御家人が排斥されたときの執権(または北条氏の当主)はだれかを整理してみよう。

4 北条氏一門の守護数

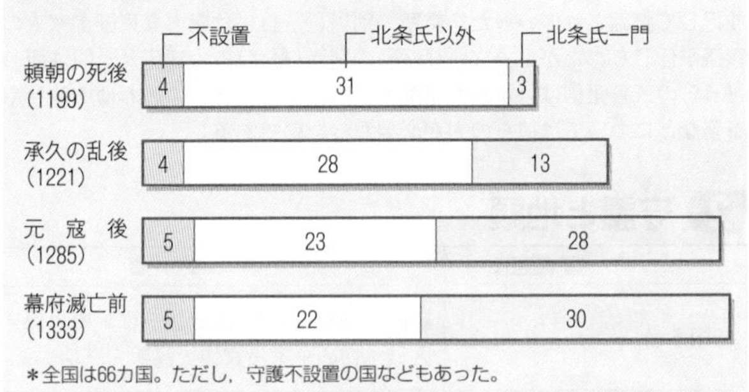

＊全国は66カ国。ただし，守護不設置の国などもあった。

(『鎌倉幕府守護制度の研究』)

5 訴訟制度のしくみ

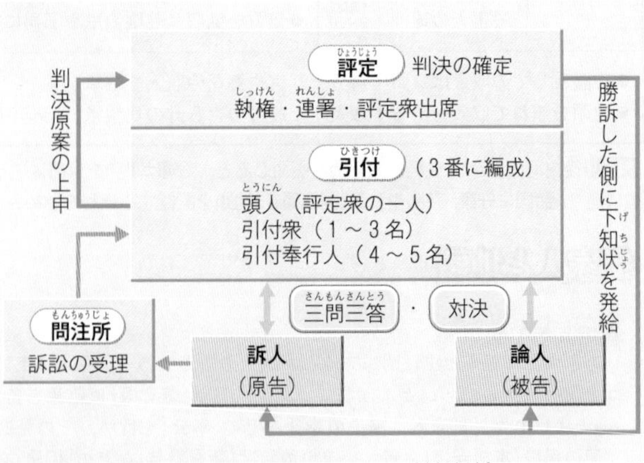

解説 原告・被告両者が書面での弁論を3回(三問三答《さんもんさんとう》)行い，次いで引付《ひきつけ》の場で両者に口頭弁論(対決《たいけつ》)させた。引付はこれをもとに判決案を作成して，評定《ひょうじょう》に上申した。評定で最終決定し，勝訴した側に下知状《げちじょう》を発給した。原告・被告とも証拠書類を自ら集める当事者《とうじしゃ》主義の色濃いものであった。

考察の視点 武士は全国を支配していたと評価できるのだろうか。 相互関連

公武二元支配と承久の乱

1 幕府の財政基盤

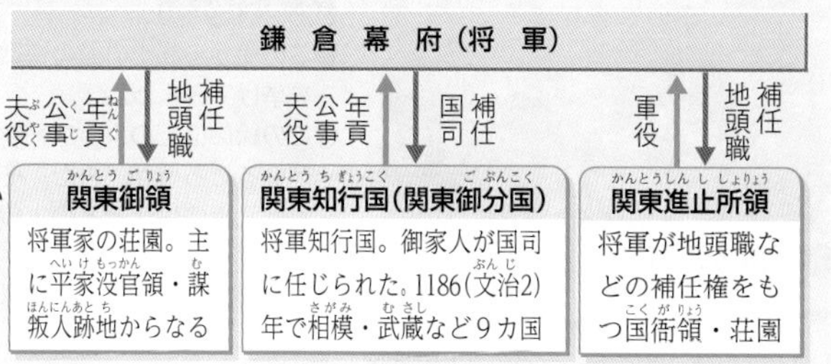

解説 この時代の土地制度は荘園公領制であり，初の本格的な武家政権である鎌倉幕府もその財政基盤からみると，当初は知行国や荘園に依存していた。これは京都の公家と共通するものであった。

2 公武の二元支配

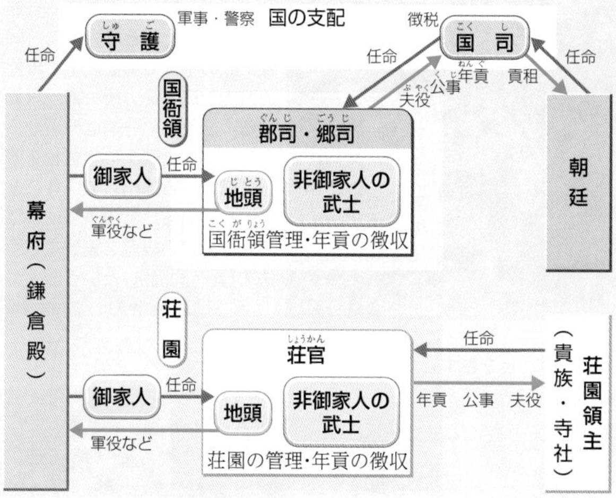

解説 幕府成立後も朝廷が国司の任命など従来の支配を続けており，貴族や寺社など荘園領主の力も強かった。とりわけ西国には地頭も少なく，「非御家人」とよばれる幕府に属さない武士たちも多かった。

3 承久の乱後の守護・地頭の配置

読み解く 承久の乱後に設置された守護や地頭は畿内や西国に多いが，このことは何を物語っているのだろうか。

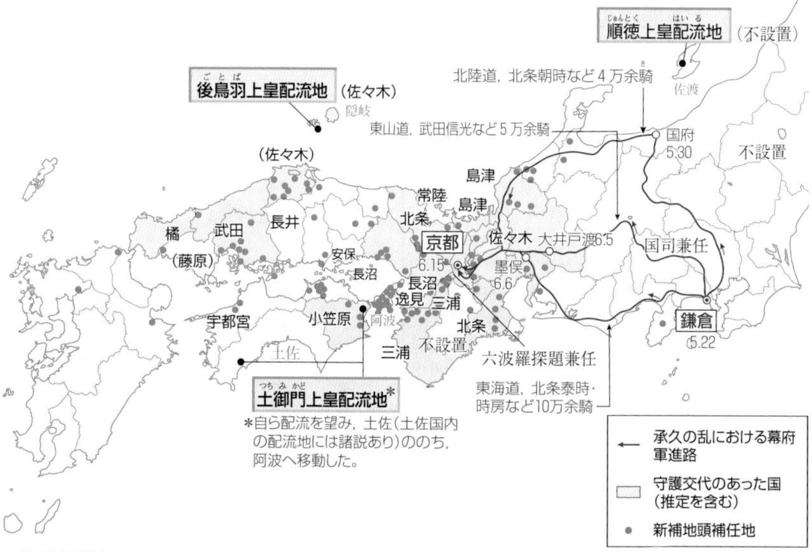

時代を動かした3人

源実朝《みなもとのさねとも》(1192~1219)

京都市・大通寺蔵

山はさけ　海はあせなむ　世なりとも　君にふた心《ごころ》　わがあらめやも 『金槐《きんかい》和歌集』（山は裂け，海は干上がる世であろうとも，あなた様(後鳥羽上皇)にそむく心を抱くようなことはありません。）

兄頼家《よりいえ》が北条氏によって廃されたのち，３代将軍となった。歌道に励み，京都文化への憧れも強く，後鳥羽上皇とも親交が深かった。右大臣拝賀《うだいじんはいが》の儀式の際に鶴岡八幡宮《つるがおかはちまんぐう》で暗殺された。その死は上皇に幕府との対決を決意させたともいわれる。

後鳥羽上皇《ごとばじょうこう》(1180~1239)

応《まさ》に早く陸奥守平義時朝臣《むつのかみたいらのよしときあそん》の身を追討《ついとう》し，院庁《いんのちょう》に参り裁断《さいだん》を蒙《こうむ》らしむべき，諸国庄園守護人地頭等の事。「北条義時追討の宣旨」〔小松美一郎氏所蔵文書〕（諸国の守護地頭らは早急に北条義時を追討し，院庁に出頭して裁断を受けなければならない。）

国大阪・水無瀬神宮蔵

幕府権力が強まる中，朝廷の復権に意を砕き，皇室領荘園を再編成して経済基盤を整備し，西面《さいめん》の武士などを置いて武力を強化した。『新古今和歌集』の勅撰も文芸復興を意図したものであった。実朝の死後，幕府に公然と戦いを挑んだ。

北条政子《ほうじょうまさこ》(1157~1225)

鎌倉市・安養院蔵

皆心を一《いつ》にして奉《うけたまわ》るべし。是最期《これさいご》の詞《ことば》なり。故《こ》右大将軍，朝敵《ちょうてき》を征罰し，関東を草創してより以降《このかた》，官位と云《い》ひ，俸禄《ほうろく》と云ひ，其の恩既《すで》に山岳よりも高く，溟渤《めいぼつ》よりも深し。報謝の志浅からんや。而《しか》るに今，逆臣の讒《そしり》に依《よ》り，非義の綸旨《りんじ》を下さる。「北条政子の演説」『吾妻鏡』（皆心を一つにして聞きなさい。これが私の最後の言葉です。故頼朝公が朝敵を征伐し，幕府を開いて以来，皆が得た官位や俸禄などその恩は山よりも高く，海よりも深いものです。その感謝の気持ちは，浅くはないはずです。ところが今，上皇に味方する逆臣たちの偽りの告げ口により，道理のない綸旨《りんじ》が下されました。）

北条時政《ときまさ》の娘で，頼朝《よりとも》の妻。当時は女性の地位は比較的高く，頼朝の死後は幕府政治を動かし「尼将軍《あましょうぐん》」とよばれた。涙ながらの演説で御家人の結束を説いた結果，上皇に味方する武士は少なく，幕府軍は圧勝し１カ月ほどで京都を制圧した。

4 本補地頭《ほんぽじとう》と新補《しんぽ》地頭

	本補地頭 承久《じょうきゅう》の乱(1221)以前	新補地頭 承久の乱(1221)以後
設置された経緯	・従来から荘官《しょうかん》や郡司《ぐんじ》・郷《ごう》司《じ》として支配していた荘園や公領。 ・平氏から没収した荘園や公領。約500カ所。	・後鳥羽《ごとば》上皇方についた貴族や武士から没収した荘園や公領。約3,000カ所。
得分(給与)	・それぞれの荘園や公領の慣習や地頭の力などにより差異があった。 新補率法 ①田畑11町につき１町の免田《めんでん》(土地) ②田地１段《たん》につき５升《しょう》の加徴米《かちょうまい》(米) ③山・野，川・海からの収益の半分	・それぞれの荘園や公領の先例を継承した。 ・得分が少なかったり，初めて地頭が置かれた場合は，新補率法《しんぽりっぽう》を適用した。

5 御成敗式目(貞永式目)

制定	1232(貞永元)年　３代執権**北条泰時**による
目的	御家人間や御家人・荘園領主間の紛争(土地紛争)を**公平に判断する基準**を示す
基準	**頼朝以来の先例**と**道理**(武家社会の慣習・道徳)を成文化
適用範囲	**幕府の支配領域**(御家人社会，幕府勢力の拡大とともに全国に適用)
内容	①守護・地頭の任務や権限②所領の支配や相続③刑罰など51カ条
追加法	**式目追加**

歴史ナビ **後鳥羽上皇御火葬塚** 後鳥羽上皇は隠岐から都に戻ることなく，19年後に崩御した。隠岐島前《どうぜん》にはその御火葬塚(隠岐郡海士町)も残る。

武士の生活と社会

考察の視点　惣領制とは何か。また，それは幕府の大部とどのように結びついていたのだろうか。　相互関連

1 武士の生活

㋝出題

読み解く
❶この絵から武士の館の特徴を挙げてみよう。
❷この絵にはどのような動物がいるだろうか。また，それは武士の生活とどのような関係があるだろうか。

1-1 筑前国《ちくぜんのくに》の武士の館（一遍上人絵伝）　一遍が筑前国の武士の館を訪れた場面で，一遍は櫓門《やぐらもん》の下と庭と２カ所に，同様に館の主人である武士も母屋《おもや》の室内と庭と２カ所に描かれている。これは，一遍は母屋から庭に出てきた武士に念仏札を渡して櫓門から退出していることを表している。このように一つの絵で時間の経過を表現する手法を「異時同図法」という。
国部分 神奈川・清浄光寺蔵

1A 騎射三物《きしゃみつもの》《うまゆみ》

解説 鎌倉時代に武士が盛んに行った流鏑馬《やぶさめ》・笠懸《かさがけ》・犬追物《いぬおうもの》の三種の馬上弓技のことをさす。

1-2 流鏑馬《やぶさめ》　一定の間隔にあけた三つの的を疾駆《しっく》する馬上から，鏑矢《かぶらや》で射るもの。

1-3 笠懸《かさがけ》（男衾三郎絵巻《おぶすまさぶろうえまき》）　ぶら下げた笠を的にして馬上から射《い》た。出題
部分 東京国立博物館蔵

1-4 犬追物《いぬおうもの》（犬追物図屏風）　馬上から走る犬を的とした競技。
部分 東京国立博物館蔵

2 惣領制《そうりょうせい》

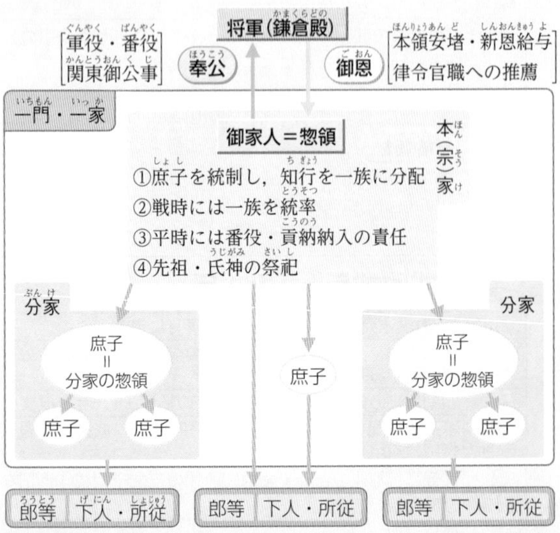

3 分割相続—大友《おおとも》氏の例

3A 大友能直《おおともよしなお》の所領分割

相続者	相続分
①嫡男《ちゃくなん》　大炊助入道《おおいのすけにゅうどう》分	相模《さがみ》国大友郷地頭郷司《じとうごうじ》職
②次男　宅万別当《たくまべっとう》分	豊後《ぶんご》国大野荘内志賀村半分地頭職
③大和太郎兵衛尉《ひょうえのじょう》分	同荘内上村半分地頭職
④八郎分	同荘内志賀村半分地頭職
⑤九郎入道分	同荘内下村地頭職
⑥犬御前《いぬごぜん》分*	同荘内中村地頭職
⑦美濃局《みののつぼね》分	同荘内上村半分地頭職
⑧帯刀左衛門尉後家《たてわきさえもんのじょうごけ》分	同荘中村内保多田名《ほただみょう》
	＊赤字は女子の相続

解説 大友氏は相模《さがみ》国大友郷（神奈川県小田原市）を本拠とする御家人であったが，能直《よしなお》が豊後《ぶんご》守護となった。庶子たちが豊後国の所領を相続したようすがわかる。女子も含まれていた。こののちモンゴル襲来に備えるため，惣領も豊後国に移住した。戦国大名大友義鎮《よししげ》（宗麟《そうりん》）はその子孫である。

3B 惣領《そうりょう》・庶子《しょし》の相続

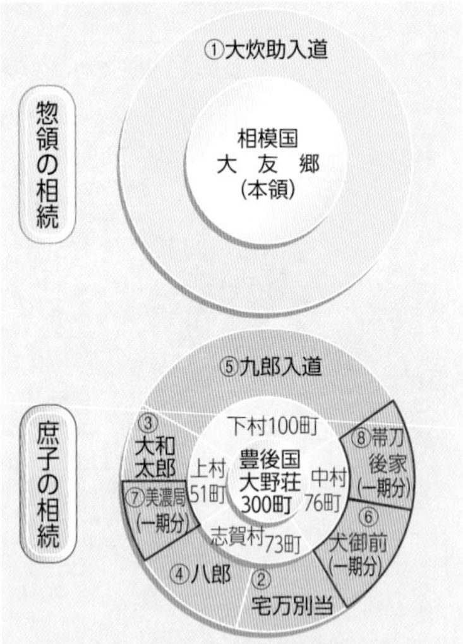

歴史ナビ　**流鏑馬**　現在も鶴岡八幡宮（鎌倉市）など神社の神事として残る。全国各地で行われているので，実施日を調べて見学してみよう。

武士の土地支配

考察の視点　武士と荘園領主との関係は，土地の支配にどのような影響を及ぼしたのだろうか。　相互関連

1 中世荘園の復元模型

ため池
水が集まる谷筋をせき止めてため池をつくった。

神社と神宮寺《じんぐうじ》
荘園全体の鎮守《ちんじゅ》となっていた。

武士の館《やかた》(たち)
周囲を堀や土塁《どるい》，板塀《いたべい》などで囲んでいる。

荒野
農業開発が盛んに進められたが，当時の技術力には限界があり，開発されない荒野も残っていた。

市場
街道筋《かいどうすじ》など人びとの集まるところに開かれ，色々なものが取引された。

大阪・泉佐野市教育委員会蔵

解説　この復元模型は，和泉国日根野《ひねの》(大阪府泉佐野《いずみさの》市)をモデルにした中世の村の景観である。灌漑《かんがい》用のため池から水を引いて農業生産がなされていたが，この時代はまだ開発されていない荒野も残っている。武士の館や農民の家も見える。街道に面した市場でさまざまなものが取引された。神社(神宮寺)は人びとの信仰と結合の場であった。鎌倉時代より少々時代が下るものだが，当時のようすがよく分かる。

2 農民の税負担

税の流れ	種類	例
*⬆の太さは，税負担の大きさを示す。 荘園領主 ↑ 荘官《しょうかん》・地頭《じとう》 ⬆ 名主《みょうしゅ》	年貢《ねんぐ》	米納入(全収穫高の30～40%) 畑地では麦・大豆など
	公事《くじ》	耕作副産物(藁《わら》・筵《むしろ》など) 山林の産物(薪《まき》・炭など) 手工業製品(布・絹《きぬ》など) 水産物(塩・魚類など)
	夫役《ぶやく》	佃《つくだ》(領主直営地)の耕作 兵士役(領主の館の警備) 池溝《ちこう》の構築・修理
荘官・地頭 ↑ 名主	夫役	佃の耕作　一般の雑事 京上夫《きょうのぼりふ》(京への年貢輸送) 鎌倉夫《かまくらふ》(鎌倉への年貢輸送)
名主 ↑ 作人	年貢 加地子《かじし》(小作料)	

2A 荘園の内部構造(名田経営《みょうでん》)

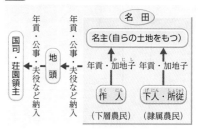

名田
名主(自らの土地をもつ)
↑ 年貢・加地子《かじし》 ― 作人《さくにん》(下層農民)
↑ 年貢・加地子 ― 下人《げにん》・所従《しょじゅう》(隷属農民)
名主 ―年貢・公事・夫役など納入→ 地頭 ―年貢・公事・夫役など納入→ 国司・荘園領主

3 地頭請所《じとううけしょ》と下地中分《したじちゅうぶん》

❶地頭《じとう》の設置
荘園領主
↓ 荘園の管理権　↑ 年貢納入
荘園
地頭

↓

荘園領主
↓ 幕府に訴える
紛争
↑
荘園
地頭
年貢横領・納入遅怠

和与 ↓　　和与 →

❷地頭請所《じとううけしょ》 ㋝出題
荘園領主
↓ 荘園管理一切の委任　↑ 定額の年貢の請負
地頭
荘園
地頭の事実上の荘園支配権確立

❸下地中分《したじちゅうぶん》
地頭	荘園領主
↑ 年貢	↑ 年貢
荘園 地頭分 地頭の支配権確立	荘園 領家分

解説　❶荘官《しょうかん》は地頭になることで，幕府権力を背景に領地の保障を得る。一方で，彼らは年貢を徴収《ちょうしゅう》して荘園領主に納め，土地管理・治安維持を行った。
❷地頭がしだいに年貢を怠《おこた》るようになると，荘園領主は一定額の年貢収入を前提に，一切の荘園管理を地頭にゆだねるようになる。このような荘園を**地頭請所《じとううけしょ》**という。
❸地頭が年貢の納入を滞《とどこお》らせたり横領したりすると，荘園領主は幕府に申請して荘園を分割(強制中分《ちゅうぶん》)したり，示談《じだん》により荘園を折半《せっぱん》(和与中分《わよちゅうぶん》)した。このような紛争解決方法を**下地中分《したじちゅうぶん》**という。

読み解く　3Aの絵図から何(❶土地の情報，❷作成された理由，❸作成された時期など)が読み取れるだろうか。

3A 下地中分の例－伯耆国東郷荘《ほうきのくにとうごうのしょう》

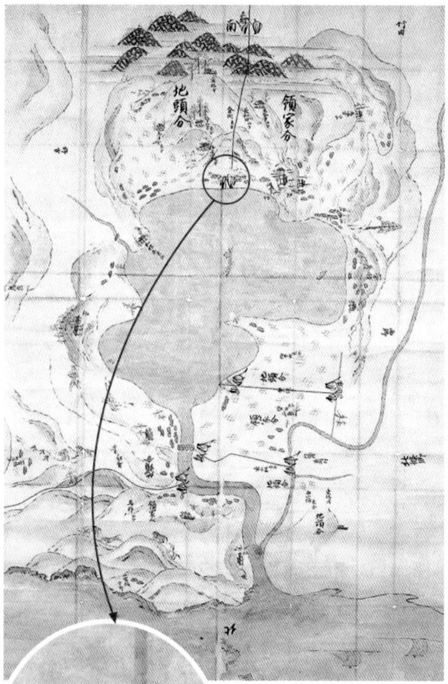

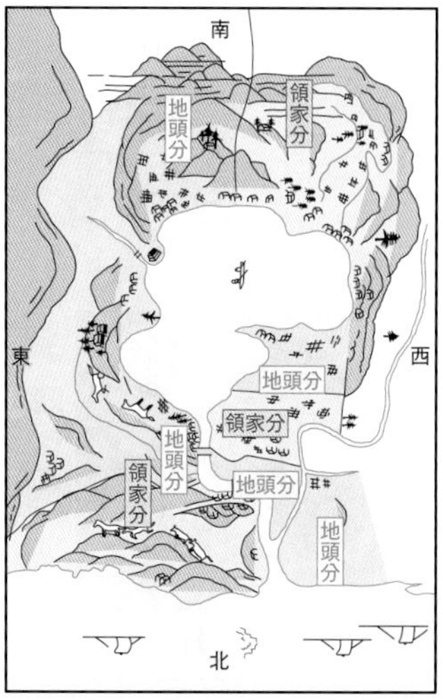

3-1 伯耆国東郷荘の下地中分絵図(1258年作図)　東京大学史料編纂所蔵

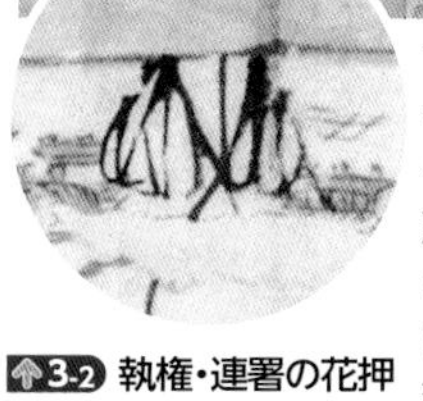

3-2 執権・連署の花押

解説　東郷荘(鳥取県湯梨浜《ゆりはま》町)は松尾《まつのお》神社(現在の松尾大社，京都市)の荘園である。この絵図は1258年に地頭の東郷氏との間で**下地中分**が行われた際に作成されたものである。中央の東郷湖の周囲には山林や水田があり，家屋や馬，舟なども描かれている。それぞれの場所に朱線が引かれ，「地頭分」「領家分」と記されている。朱線の脇には執権北条長時《ほうじょうながとき》・連署北条政村《まさむら》の花押《かおう》が添えられており，幕府による裁定があったことを示している。下地中分は各地で行われ，現在も地名として残る「地頭(方)」「領家(方)」はそのなごりである。

歴史ナビ　**歴史館いずみさの**(大阪府泉佐野市)　ここで紹介した中世荘園の復元模型など，日根野荘についての展示が見学できる。

134 モンゴル襲来(元寇)

考察の視点 弘安の役は文永の役に比べて，元軍の艦船数・兵力が4～5倍に増えているが，その理由は何だろうか。 相互関連

1 モンゴル襲来関係略年表

＊モンゴル帝国については，P.115 参照。

皇帝	執権		できごと
モンケ	⑥長時《ながとき》	1258	フビライ，高麗《こうらい》を征服。のち**三別抄**《さんべつしょう》の抵抗(1270～73) ⓒ出題
-1260-		1260	世祖《せいそ》**フビライ**即位
	-1264-	1264	フビライ，都を大都《だいと》(北京《ペキン》)に移す
	⑦政村《まさむら》	1268	高麗使，フビライの牒状《ちょうじょう》(国書)2をもって大宰府《だざいふ》に到着
	-1268-	1271	フビライ，国号を**元**《げん》とする。元使趙良弼《ちょうりょうひつ》が筑前《ちくぜん》の今津《いまづ》に到着
フビライ(忽必烈)		1272	筑前，肥前《ひぜん》の要害警固を鎮西《ちんぜい》御家人に命ず
		1274	**文永《ぶんえい》の役《えき》**3
	⑧時宗《ときむね》	1275	**異国警固番役**《いこくけいごばんやく》の制を定める 元使杜世忠《とせいちゅう》らを鎌倉竜《たつ》の口《くち》で斬《き》る
		1276	鎮西武士に**防塁**《ぼうるい》**(石築地**《いしついじ》**)**を築かせる
		1279	南宋《なんそう》滅亡。元使周福《しゅうふく》・欒忠《らんちゅう》らを斬る
		1281	**弘安《こうあん》の役**3
	-1284-	1286	元，3度目の日本遠征を中止
	⑨貞時《さだとき》	1293	**鎮西探題**《たんだい》設置。「**蒙古襲来絵詞**」なる
-1294-		1294	フビライ没

1-1 フビライ(1215～94) 台北・故宮博物院蔵

2 蒙古の牒状《ちょうじょう》－フビライは何を求めたのか？

上天《しょうてん》の眷命《けんめい》せる大蒙古国《だいもうこここく》皇帝書を日本国王に奉《たてまつ》る。(略)冀《こいねがわ》くは、今より以往《いおう》、問を通じ好《よしみ》を結び、以て相親睦《しんぼく》せん。且《か》つ聖人は四海《しかい》を以て家と為《な》す。相通好せざるは豈《あに》一家の理ならんや。兵を用ふるに至るは、夫《そ》れ孰《いずれ》か好む所ならん。王其《そ》れを図《はか》れ。不宣《ふせん》

(東大寺尊勝院蔵本《とうだいじそんしょういんぞうほん》 蒙古国牒状《もうここくちょうじょう》)

天のいつくしみを受ける大蒙古国の皇帝が、書を日本国王に差し上げる。(略)今後は、互いに訪問して友好を結び、親睦を深めていくよう願うものである。また、聖人は全世界を一つの家とするという。互いに通好しないで、どうして一つの家だといえよう。兵を用いることは誰が望もうか。王はそのことをよく考え対応されたい。不宣。

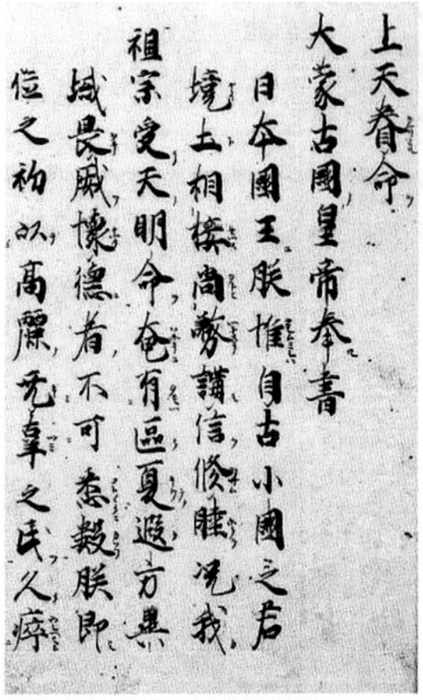
上天眷命
大蒙古國皇帝奉書
日本國王朕惟自古小國之君
境土相接尚務講信修睦況我
祖宗受天明命奄有區夏遐方異
域畏威懷德者不可悉數朕即
位之初以高麗無辜之民久瘁

2-1 蒙古牒状《ちょうじょう》 1268(文永5)年に届いたフビライの牒状(国書)。 国 奈良・東大寺蔵

3 元軍の侵入 1274(文永11)・1281(弘安4)年

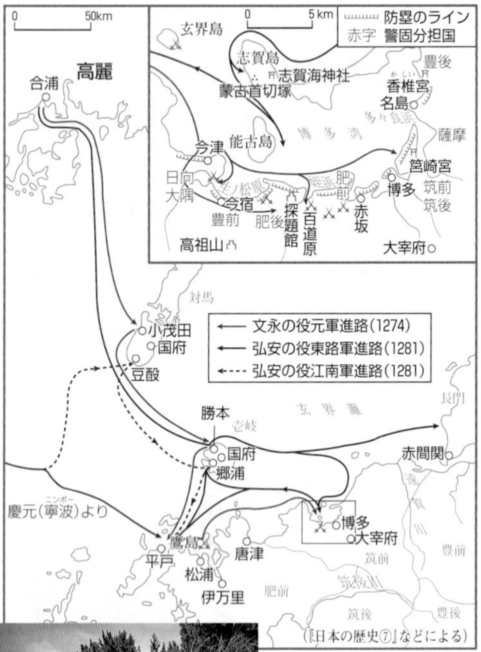

ⓒ出題 3-2 文永《ぶんえい》の役《えき》(蒙古《もうこ》襲来絵詞《しゅうらいえことば》) 上巻第7・8紙
縦39.5cm×横2,335.2cm
国部分 宮内庁三の丸尚蔵館蔵

読み解く① ❶3-2を見て，気づいたことを挙げよう。
❷竹崎季長と対峙する3人の元軍兵士は後から加筆されたともいわれている。この3人が描かれていなかったら，この図の印象はどう変わるだろうか。

3-1 **防塁跡**《ぼうるいあと》 文永の役後，異国警固番役《いこくけいごばんやく》で九州各国の御家人《ごけにん》を動員して築いた石築地《いしついじ》。香椎《かしい》から今津まで全長約20km，前面(敵側)の高さは約2.6mもあった。

3-3 弘安《こうあん》の役(蒙古襲来絵詞) 後巻第27紙
縦39.5cm×横1,999.5cm 国部分 宮内庁三の丸尚蔵館蔵

読み解く② 元軍の人物の顔つきを見て，気づいたことを挙げよう。

3A 元軍の兵力

<table>
<tr><th rowspan="2"></th><th colspan="3">文永《ぶんえい》の役《えき》</th><th colspan="3">弘安《こうあん》の役</th></tr>
<tr><th>元・漢軍</th><th>高麗《こうらい》軍</th><th>合計</th><th>東路《とうろ》軍</th><th>江南《こうなん》軍</th><th>合計</th></tr>
<tr><td>艦　船</td><td></td><td>900艘《そう》</td><td>900艘</td><td>約5倍
900艘</td><td>3,500艘</td><td>4,400艘</td></tr>
<tr><td>兵　士</td><td>20,000人</td><td>5,600人</td><td rowspan="2">32,300人</td><td>25,000人</td><td rowspan="2">100,000人</td><td rowspan="2">142,029人</td></tr>
<tr><td>梢工《しょうこう》・水手《すいしゅ》*</td><td></td><td>6,700人</td><td>17,029人
約4.4倍</td></tr>
</table>

＊梢工はかじとり，水手は水夫 (『蒙古襲来』)

3B モンゴル襲来が残したもの

3-4 **元軍が残したもの** 弘安《こうあん》の役《えき》で元軍が壊滅した長崎県鷹島《たかしま》沖からは，中国製や高麗《こうらい》製の陶磁器や火薬や水などを入れた壺が発見された。元のパスパ文字で刻《きざ》まれた印《いん》，投石機《とうせきき》で使われる石弾《せきだん》やてつはうも見つかった。

長崎・鷹島町教育委員会蔵

歴史ナビ **生の松原**(福岡県福岡市) 何カ所か残っている元寇防塁の一つ。国史跡として整備されている。

得宗専制と幕府の衰退

考察の視点 13世紀後半以降，鎌倉幕府が直面した困難は何だっただろうか。 推移

1 鎌倉幕府衰退関係略年表 P.130

将軍	執権	幕政の推移(□は得宗専制強化)	
宗尊親王《むねたかしんのう》	⑦北条《ほうじょう》政村《まさむら》	(○数字は執権就任順)	元寇《げんこう》の負担
—1266—	—1268—	1274 文永《ぶんえい》の役《えき》 執権時宗《ときむね》，自邸で寄合《よりあい》を開き，重要政務を決定	
惟康《これやす》親王	⑧時宗《ときむね》	1281 弘安《こうあん》の役	
	—1284—	1285 霜月騒動《しもつき》で有力御家人安達泰盛《あだちやすもり》一族滅亡 内管領《うちかんれい》平頼綱《よりつな》実権掌握。北条氏に守護職集中	
—1289—			
久明《ひさあき》親王	⑨貞時《さだとき》	1293 鎮西探題《ちんぜいたんだい》設置(鎮西〈九州〉の御家人の統率・政務・裁判を担当。北条氏一門が任命) 平禅門《ぜんもん》(頼綱)の乱で平頼綱滅亡 内管領長崎《ながさき》氏実権掌握	御家人《ごけにん》の窮乏
	—1301—	1297(永仁5) 永仁《えいにん》の徳政令《とくせいれい》(翌年打ち切る) 5 →御家人の救済策	
—1308—	⑩師時《もろとき》 ⑪宗宣《むねのぶ》 ⑫熙時《ひろとき》 ⑬基時《もととき》 ⑭高時《たかとき》 ⑮貞顕《さだあき》 ⑯守時《もりとき》	1322 陸奥安東《むつあんどう》一族の内紛(惣領《そうりょう》・庶子《しょし》間の所領争い。幕府が訴訟をこじらせ内乱激化) 1331 内管領長崎高資《ながさきたかすけ》の専横 北条氏，30カ国の守護職独占	惣領制の解体 悪党の登場
守邦《もりくに》親王			
—1333—	—1333—	1333 鎌倉幕府崩壊…北条一族滅亡	

2 得宗専制政治《とくそうせんせい》の構造

＊得宗専制政治の始期については，時頼・時宗・貞時と諸説ある。

(□)は得宗関連組織

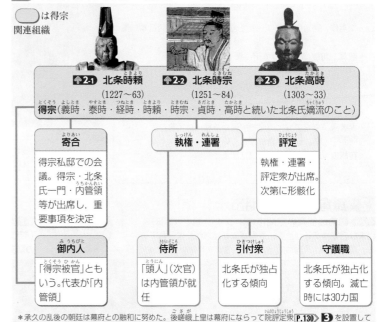

2-1 北条時頼《ときより》(1227～63)　2-2 北条時宗《ときむね》(1251～84)　2-3 北条高時《たかとき》(1303～33)

得宗《とくそう》(義時《よしとき》・泰時《やすとき》・経時《つねとき》・時頼《ときより》・時宗《ときむね》・貞時《さだとき》・高時《たかとき》と続いた北条氏嫡流《ちゃくりゅう》のこと)

- **寄合《よりあい》**：得宗私邸での会議。得宗・北条氏一門・内管領《うちかんれい》等が出席し，重要事項を決定
- **執権《しっけん》・連署《れんしょ》**
- **評定《ひょうじょう》**：執権・連署・評定衆が出席。次第に形骸化
- **御内人《みうちびと》**：「得宗被官《とくそうひかん》」ともいう。代表が「内管領」
- **侍所《さむらいどころ》**：「頭人《とうにん》」(次官)は内管領が就任
- **引付衆《ひきつけしゅう》**：北条氏が独占化する傾向
- **守護職**：北条氏が独占化する傾向。滅亡時には30カ国

＊承久の乱後の朝廷は幕府との融和に努めた。後嵯峨《ごさが》上皇は幕府にならって院評定衆《いんのひょうじょうしゅう》 P.130 3 を設置して有能な公卿を任じ，合議制による政治を進めた。

3 御家人《ごけにん》の窮乏

国宮内庁三の丸尚蔵館蔵

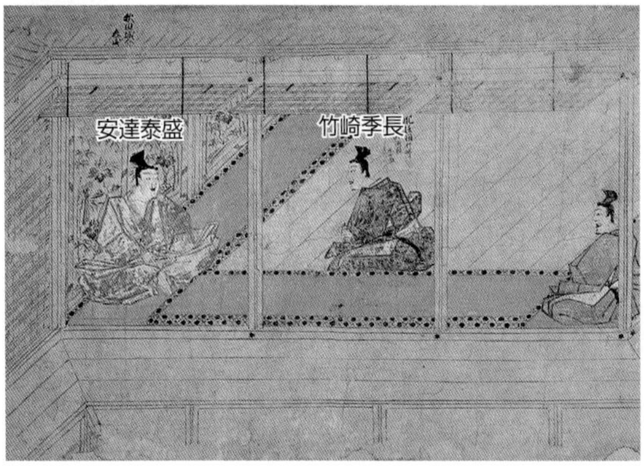

3-1 **恩賞《おんしょう》を求める竹《たけ》崎季長《ざきすえなが》**(蒙古襲来絵詞《もうこしゅうらいえことば》)　九州から鎌倉に赴いた竹崎季長(右)は苦労のすえ御恩奉行《ごおんぶぎょう》の安達泰盛《あだちやすもり》(左)と面会でき，ようやくモンゴル襲来《しゅうらい》の恩賞を得た。しかし，恩賞を得られない御家人も多く，幕府に対する不満が高まった。なお，有力御家人であった安達泰盛はこの後，霜月《しもつき》騒動で滅ぼされることとなる。

4 神仏のいくさ－朝廷・寺社とモンゴル襲来

4-1 **筑前筥崎宮《ちくぜんはこざきぐう》に残る「敵国降伏」の文字**　これは亀山《かめやま》上皇直筆《じきひつ》の扁額《へんがく》である。モンゴル襲来に際して，朝廷や寺社は異国調伏《ちょうぶく》の祈禱《きとう》を行った。当時の人びとは神仏も戦っていると考えたのである。そのため寺社も幕府に恩賞《おんしょう》を求めた。

3度目の可能性も？

弘安《こうあん》の役《えき》の後もフビライは日本遠征を計画していた。1294年には高麗《こうらい》から朝貢《ちょうこう》を促す国書も来ている。九州沿岸を警備する「異国警固番役《いこくけいごばんやく》」は幕府滅亡まで続いた。対外的緊張の中で，御家人の負担は減らなかったのである。

5 永仁《えいにん》の徳政令《とくせいれい》

読み解く 永仁の徳政令は，何をめざし，どうして失敗したのだろうか。 相互関連

背景

御家人《ごけにん》救済の必要性

❶モンゴル襲来による負担増加と恩賞《おんしょう》不足
❷分割相続による所領《しょりょう》の細分化
❸貨幣経済の進展による出費の増加

内容

永仁の徳政令(1297)

❶御家人所領の売買や質入れの禁止
❷すでに売却された御家人所領の無償返却
・売った相手が「御家人」の場合→売却後20年を過ぎたものは不問
・売った相手が「非御家人・凡下《ぼんげ》」*の場合→年限なしで返却
＊「非御家人」とは，御家人以外の武士
「凡下」とは，一般庶民のことで，この場合は借上(金融業者)
❸御家人に対する金銭貸借《たいしゃく》に関する訴訟を幕府は不受理《ふじゅり》
❹越訴《おっそ》(再審)の禁止

結果

借上《かしあげ》(金融業者)の態度硬化
・金融引き締め
→貧しい御家人はさらに窮乏《きゅうぼう》
経済界の混乱
↓
徳政令廃止(1298)

6 悪党《あくとう》の登場 セ出題

国宮内庁三の丸尚蔵館蔵

6-1 **討ち取られる悪党**(春日権現験記絵)　春日《かすが》神社の神鏡を盗み，追手と合戦になって敗れ，今まさに討ち取られる悪党の大将，池尻家政《いけじりいえまさ》。徒党《ととう》を組んで犯罪行為を行う者は「悪党」として取り締まられていた。年貢の横領《おうりょう》など荘園《しょうえん》領主の支配に反抗した武士も「悪党」とされたが，そうした動きは鎌倉時代末期から畿内《きない》やその周辺に広がっていった。

歴史ナビ **得宗の邸宅跡**　現在の宝戒寺(鎌倉市)である。境内には高時を祀った「徳崇《とくそう》大権現」の小祠も残る。

鎌倉時代の社会・経済

考察の視点 ❶農業生産力の向上は，経済や社会にどのような変化をもたらしただろうか。❷荘園の年貢《ねんぐ》の銭納化《せんのうか》が進んだが，それはなぜだろうか。

相互関連

1 鎌倉時代の農業

- 二毛作《にもうさく》…鎌倉中期から，麦を裏作として畿内～西日本一帯に普及
- 肥料…刈敷《かりしき》(草を刈って田に敷く)，草木灰《そうもくばい》を利用
- 牛馬耕《ぎゅうばこう》…犂《からすき》・馬鍬《まぐわ》を牛馬に着して耕作。牛耕は西日本中心で，馬耕は全国的に広く行われた
  P.152》室町時代の農業
- 鉄製農具…鍬《くわ》・鋤《すき》・鎌《かま》などを使用
- 大唐米《だいとうまい》…東南アジア原産で中国から移入。災害に強く多収穫。赤米《あかごめ》・唐法師《とうぼし》ともいう（セ出題）
- 荏胡麻《えごま》…灯油の原料。農民は副業で栽培

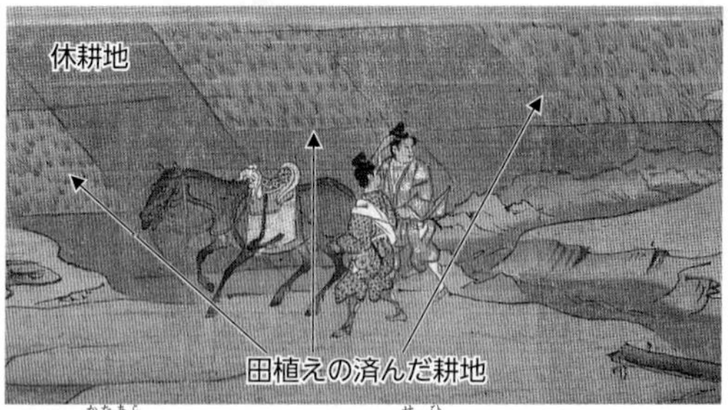

1-1 **片荒《かたあら》し**(一遍上人絵伝)　施肥《せひ》が十分でなかったので，連作すると地味《ちみ》が痩《や》せて生産力が減退した。そこで，1年～数年おきに交互に休耕《きゅうこう》して，地味の回復をはかった。休耕地のことを片荒し・年荒《ねんこう》といった。　国部分 神奈川・清浄光寺蔵

備前《びぜん》国福岡市と福岡県福岡市

豊臣秀吉の軍師《ぐんし》として知られる黒田官兵衛《かんべえ》(孝高《よしたか》・如水《じょすい》)は，播磨《はりま》国姫路城主であったが，その祖先は備前国福岡の出身であった。官兵衛の子の黒田長政は，関ヶ原の戦いののちに筑前《ちくぜん》一国に封じられると，新たに築いた城を黒田氏ゆかりの地名をとって福岡城と命名した。以後，那珂《なか》川以西は武家の町福岡，以東は商人の町博多《はかた》として栄えた。

2 鎌倉時代の定期市

2-1 **備前国福岡の定期市のようす**(一遍上人絵伝)　粗末な店ではあるが，実にさまざまな品物が並べられている。現在の岡山県瀬戸内市。　国部分 神奈川・清浄光寺蔵

2-2 **はきもの(ぞうり・高下駄)の販売**

共出題 2-3 **Ⓐ反物《たんもの》を売る女性にⒷ銭《ぜに》さしを渡す男**

出題

2-4 **信濃国伴野市《しなののくにとものいち》**(一遍上人絵伝)　三《さん》斎市《さいいち》で市が開かれていない日を描く。閑散《かんさん》とした市庭に寝泊まりする浮浪者《ふろうしゃ》が，犬を追い払う。現在の長野県佐久市。　国部分

2A 備前国福岡市

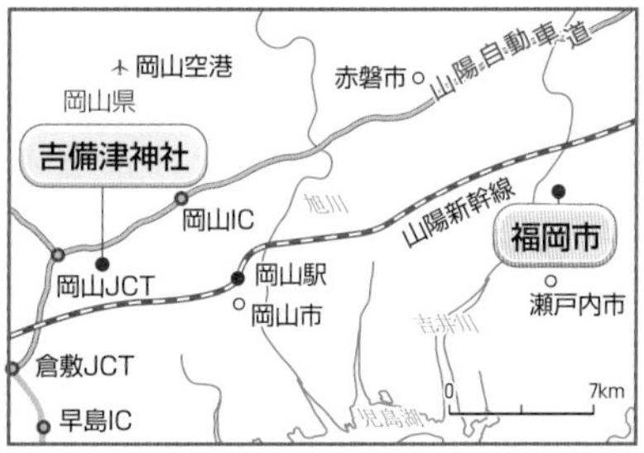

2B 信濃国伴野市

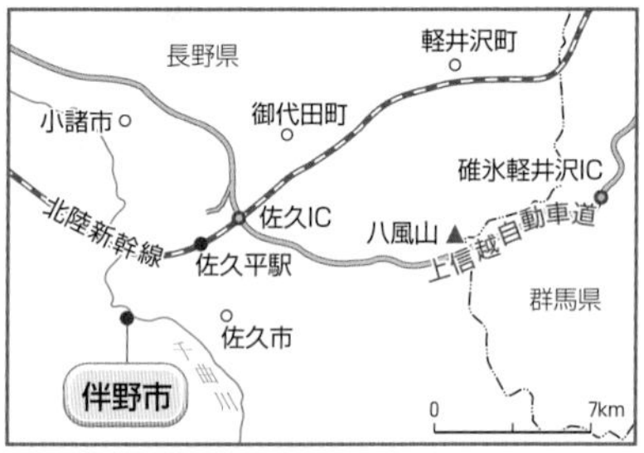

描き直された「一遍上人絵伝」

市の広場で，太刀《たち》に手をかけて一遍に斬りつけようとしている人物の従者の一人は，最初は弓に矢をつがえる姿であったのが，描き直されている。中世の市は河原などに立つことが多く，河原は無主の地で世俗の権力がおよばないとされた。そのため，護身用の刀はともかく，弓矢の持ち込みはタブーとされていたので，描き改められたのであろうか。

斬りつけようとしているのは吉備津神社の神官の息子で，留守中に妻が一遍の説法を聞いて出家したことに怒って，一遍を追ってきたのである。彼もまた一遍に帰依して出家する姿が，その左上に描かれる。このような手法を**異時同図法《いじどうずほう》**といい，絵巻物でよく用いられる。

3 貨幣経済の発達

為替《かわせ》

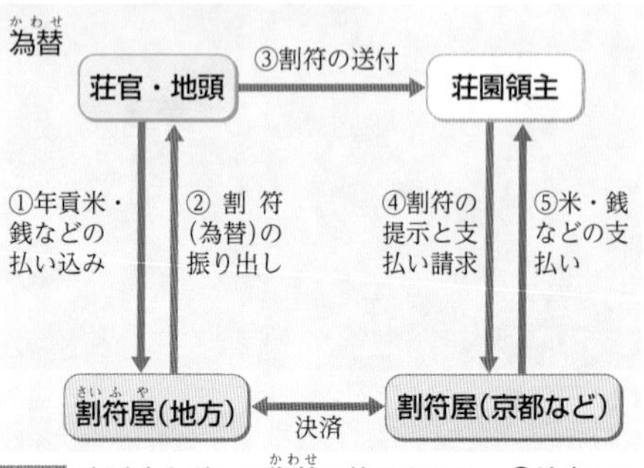

解説　遠隔地取引には**為替《かわせ》**が使用された。❶地方から中央への現物輸送が困難，❷年貢の**銭納**が浸透していた，などの理由が考えられる。割符屋《さいふや》は信用と資本の裏付のある者が行った。

3A 銭の流通（共出題）

3-1 **政和通宝《せいわつうほう》**(北宋)

3-2 **元豊通宝《げんぽう》**(北宋)

3B 借上《かしあげ》の出現

3-3 **借上**(山王霊験記《さんのうれいげんき》絵巻／下巻)　京都から訴訟のために鎌倉に下った女房が，高利貸業者である借上から20貫文(1貫文＝約1,000文)を借りることになり，使い(縁《えん》の下の男)が銭《ぜに》を届けたところ。銭はひもを通した状態で管理された。
32.4×1102.5cm 部分
大阪・和泉市久保惣記念美術館蔵

歴史ナビ　榎原雅治『中世の東海道をゆく』(中公新書)　鎌倉後期，東海道を鎌倉へと下った公家の紀行文を題材に，中世の風景や人びとの営みを読み解く。

考察の視点 鎌倉時代に新たな仏教宗派が誕生し，旧仏教でも革新運動がおこったのはなぜだろうか。 相互関連

1 鎌倉仏教

＊6人の開祖のうち，法然《ほうねん》・親鸞《しんらん》・栄西《えいさい》《ようさい》・道元《どうげん》は比叡山延暦寺《ひえいざんえんりゃくじ》に，一遍《いっぺん》は伊予《いよ》の，日蓮《にちれん》は安房《あわ》の天台寺院《てんだいじいん》に入って修行した経験をもつ。

宗派		開祖		主著・関係寺院・信者	教義・特徴	
浄土宗系	浄土宗《じょうどしゅう》	→1-1 法然《ほうねん》 (源空《げんくう》) (1133～1212)	京都・二尊院蔵 	『選択本願念仏集《せんちゃくほんがんねんぶつしゅう》』 『一枚起請文《じゃく》』史 知恩院《ちおんいん》(京都) 広く公家・武士等各層(京都周辺)	念仏による他力《たりき》(阿弥陀仏《あみだぶつ》)本願	専修念仏《せんじゅねんぶつ》＝念仏(南無阿弥陀仏《なむあみだぶつ》)第一 極楽往生《ごくらくおうじょう》 旧仏教の迫害で土佐《とさ》(実際は讃岐)に配流
	浄土真宗《じょうどしんしゅう》(一向宗《いっこう》)	セ出題 →1-2 親鸞《しんらん》 (範宴《はんえん》) (1173～1262)	奈良国立博物館蔵 	『教行信証《きょうぎょうしんしょう》』 『歎異抄《たんにしょう》』史(弟子唯円《ゆいえん》の収録) 本願寺《ほんがんじ》(京都) 武士・農民特に下層農民(関東のちに北陸・東海・近畿)		一向専修《いっこうせんじゅ》＝信心に基づく念仏 戒律《かいりつ》否定＝凡夫《ぼんぷ》の生活肯定 悪人正機説《あくにんしょうきせつ》＝阿弥陀仏の本願は悪人(煩悩《ぼんのう》の多い大衆)の救済にある 法然に連座して越後《えちご》に配流
	時宗《じしゅう》(遊行宗《ゆぎょう》)	→1-3 一遍《いっぺん》 (智真《ちしん》・遊行上人《ゆぎょうしょうにん》) (1239～89)	神奈川・清浄光寺蔵 	自著をすべて焼却 『一遍上人語録』(弟子智応《ちおう》の収録) 清浄光寺《しょうじょうこうじ》(神奈川県藤沢) 賤民《せんみん》も受容，武士・農民		諸国を遊行《ゆぎょう》して踊念仏《おどりねんぶつ》を興行，賦算《ふさん》(念仏札)を配って民衆に布教 また神社信仰と結びつけて参詣《さんけい》者を教化
天台宗系	日蓮宗《にちれんしゅう》(法華宗《ほっけ》)	セ出題 →1-4 日蓮《にちれん》 (1222～82)	静岡・妙法華寺蔵 	『立正安国論《りっしょうあんこくろん》』史 (北条時頼《ほうじょうときより》に建白) 身延山久遠寺《みのぶさんくおんじ》(山梨) 下級武士・商工業者	題目唱和	法華経《ほけきょう》が最高の経典と悟り題目《だいもく》(南無妙法蓮華経《なむみょうほうれんげきょう》)唱和を説く 他宗批判(念仏無間《むげん》，禅天魔《ぜんてんま》，真言亡国《しんごんぼうこく》，律国賊《りつこくぞく》)や国難の予言をして辻説法《つじせっぽう》を行う 幕政批判により伊豆・佐渡配流
禅宗系	臨済宗《りんざいしゅう》	→1-5 栄西《えいさい》《ようさい》 (1141～1215)	神奈川・寿福寺蔵 	『興禅護国論《こうぜんごこくろん》』 『喫茶養生記《きっさようじょうき》』 建仁寺《けんにんじ》(京都) 建長寺《けんちょうじ》・円覚寺《えんがくじ》(鎌倉) 京都・鎌倉などの上級武士	自力(坐禅)で悟りを開く	坐禅《ざぜん》による修行。公案《こうあん》(師より与えられる問題)を順次解決して悟《さと》りに達する。北条政子や源頼家・実朝が帰依《きえ》し，幕府の保護を受ける
	曹洞宗《そうとうしゅう》	→1-6 道元《どうげん》 (1200～53)	福井・宝慶寺蔵 	『正法眼蔵《しょうぼうげんぞう》』 『正法眼蔵随聞記《ずいもんき》』史(弟子懐奘《えじょう》) 永平寺《えいへいじ》(福井) 地方武士・農民		只管打坐《しかんたざ》＝坐禅そのものを重視 世俗の権力からは距離をおく

1A 鎌倉時代の僧侶の活動 出題

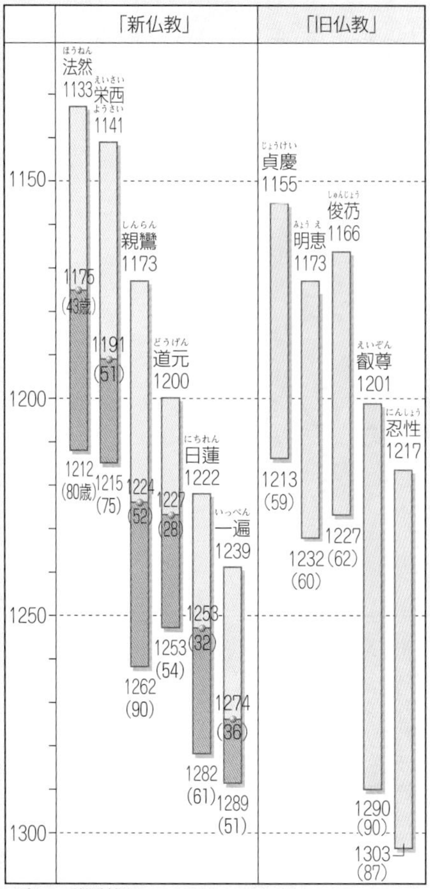

開宗年
法然＝専修念仏《せんじゅねんぶつ》を始めた年
栄西＝宋より帰国した年 セ出題
親鸞＝『教行信証《きょうぎょうしんしょう》』を著した年
道元＝宋より帰国した年
日蓮＝安房《あわ》の清澄寺《せいちょうじ》で初めて法華題目を唱えた年
一遍＝熊野に参詣《さんけい》して神示を受けた年　(　)開宗時年齢

出題
→1-7 踊念仏《おどりねんぶつ》(一遍上人絵伝)　一遍は全国各地を念仏遊行《ねんぶつゆぎょう》し，250万人に結縁《けちえん》したといわれる。絵は京都に入った一遍が，念仏衆とともに踊念仏を興行している場面で，踊り続ける念仏衆の躍動が伝わってくる。
国38.2×807.8cm 部分
東京国立博物館蔵

3 旧来の仏教の革新

僧侶名	宗派	活動内容
貞慶《じょうけい》(解脱《げだつ》) (1155～1213)	法相宗《ほっそうしゅう》	僧侶の堕落《だらく》を嫌い笠置山《かさぎ》に籠《こも》る。戒律《かいりつ》を復興し，法然《ほうねん》の浄土宗《じょうどしゅう》を批判する
明恵《みょうえ》(高弁《こうべん》) (1173～1232)	華厳宗《けごんしゅう》	京都栂尾《とがのお》に高山寺《こうざんじ》を開く。戒律を重んじて念仏の門徒《もんと》の進出に対抗する
俊芿《しゅんじょう》(我禅《がぜん》) (1166～1227)	律宗《りっしゅう》	入宋《にっそう》して戒律を学んで，京都に泉涌寺《せんにゅうじ》を開き，天台・真言・禅・律兼学の道場とする
叡尊《えいぞん》(思円《しえん》) (1201～90)	律宗	西大寺《さいだいじ》を復興し，戒律により下層民を救済しようとする。架橋《かきょう》などの社会事業も実施
忍性《にんしょう》(良観《りょうかん》) (1217～1303)	律宗	叡尊に師事《しじ》。律宗を広め，病人や貧民救済の社会事業を行う。北山十八間戸《きたやまじゅうはっけんど》《こ》を設立

→3-1 北山十八間戸《きたやまじゅうはっけんど》《こ》　忍性《にんしょう》の建立といわれるハンセン病患者救済施設。全長約38mの東西に長い棟割《むねわ》り長屋《ながや》。18間《ま》の小室に分かれている。社会事業史のうえで重要。　奈良

2 臨済僧の来日

セ出題

蘭溪道隆《らんけいどうりゅう》 (1213～78)	1246年に南宋から来日。北条時頼《ときより》の帰依《きえ》を受けて建長寺《けんちょうじ》開山となる。宋風の本格的な臨済禅を伝えた P.142
無学祖元《むがくそげん》 (1226～86)	1279年，北条時宗の招きで南宋から来日。円覚寺《えんがくじ》開山となる。時宗《ときむね》の参禅の師で，モンゴル襲来に際しての決断に影響を与えた
一山一寧《いっさんいちねい》 (1247～1317)	1299年，元から来日。鎌倉の建長寺・円覚寺や京都の南禅寺《なんぜんじ》の住持に迎えられて，朱子学や五山文学隆盛の基礎を築いた

歴史ナビ　杉本苑子『落とし穴　鎌倉釈迦堂の僧たち』(PHP文庫)　鎌倉の釈迦堂を拠点に貧者救済活動を行っていた忍性と弟子たちを描いた小説短編集。

鎌倉仏教(2)・神道・学問・文学

考察の視点　鎌倉時代，武士たちが学問に関心を示すようになったのはなぜだろうか。

4 鎌倉時代仏教関連地図

読み解く　一遍上人の足跡をたどってみよう。

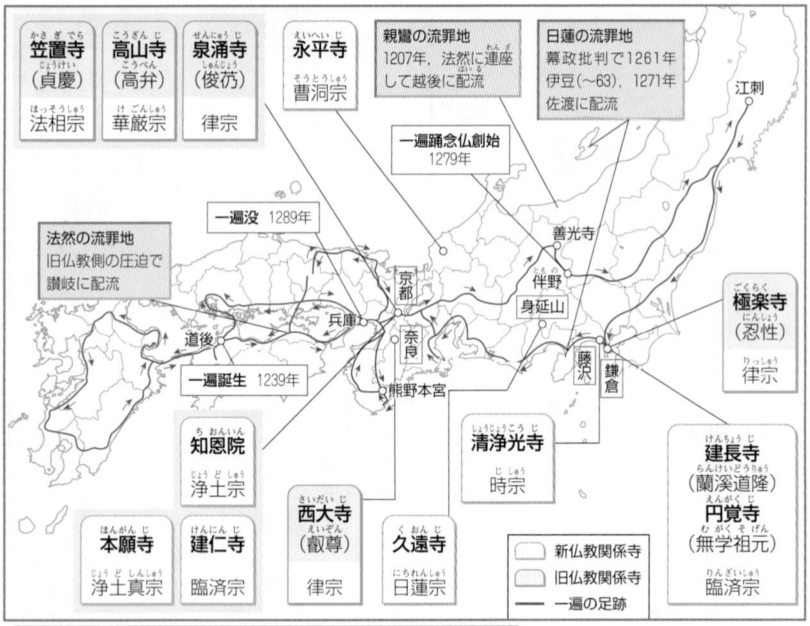

鎌倉文化の特徴

時期　13世紀〜14世紀前半

❶公武二元《こうぶにげん》文化(武家風文化の興隆《こうりゅう》)

❷宋・元文化の影響
　宋学(朱子学)の伝来・大義名分論の強調

❸宗教的色彩の強い文化

❹平易な庶民的性格

神道	**伊勢神道《いせしんとう》**　『類聚神祇本源《るいじゅうじんぎほんげん》』(度会家行《わたらいいえゆき》)
学問	**図書館**　金沢《かねざわ》文庫(北条実時《さねとき》)…和漢書収集 セ出題 **有職故実《ゆうそくこじつ》**　朝廷儀式・先例などの研究。『禁秘抄《きんぴしょう》』(順徳《じゅんとく》天皇)
文学	**和歌集**　『山家集《さんかしゅう》』(西行《さいぎょう》) 『新古今和歌集』(後鳥羽《ごとば》上皇の命，藤原定家《さだいえ》・家隆《いえたか》ら編) 『拾遺愚草《しゅういぐそう》』(藤原定家)　『金槐《きんかい》和歌集』(源実朝《さねとも》) セ出題 **説話集**　『十訓抄《じっきんしょう》』(作者不詳)　『沙石集《しゃせきしゅう》』(無住《むじゅう》) 『宇治拾遺《うじしゅうい》物語』(作者不詳)　『古今著聞集《ここんちょもんじゅう》』(橘成季《たちばなのなりすえ》) **随　筆**　『方丈記《ほうじょうき》』(鴨長明《かものちょうめい》)　『徒然草《つれづれぐさ》』(兼好法師《けんこうほうし》) **紀行文**　『海道記《かいどうき》』(作者不詳)　『東関紀行《とうかんきこう》』(源親行《ちかゆき》？) 『十六夜《いざよい》日記』(阿仏尼《あぶつに》) **軍記物語**　『保元《ほうげん》物語』　『平治《へいじ》物語』 『平家物語』(信濃前司行長《しなののぜんじゆきなが》？)『源平盛衰記《げんぺいじょうすいき》』(作者不詳) **歴史書**　『愚管抄《ぐかんしょう》』(慈円《じえん》) セ出題　『元亨釈書《げんこうしゃくしょ》』(虎関師錬《こかんしれん》) 『吾妻鏡《あづまかがみ》』(編者未詳) セ出題　『水鏡《みずかがみ》』(中山忠親《ただちか》？) **古典注釈**　『万葉集註釈《ちゅうしゃく》』(仙覚《せんがく》)　『釈日本紀《しゃくにほんぎ》』(卜部兼方《うらべかねかた》)

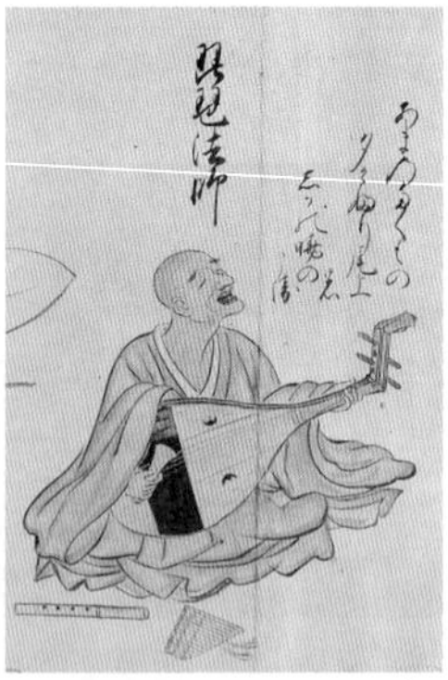

7-1『新古今和歌集』　8番目の勅撰和歌集で1205年に完成。技巧的で華麗な歌風は新古今調とよばれる。

筑波大学附属図書館蔵

セ出題

7-2 **琵琶法師《びわほうし》**(七十一番職人歌合)　『平家物語』は盲目の琵琶法師が平曲として語り継ぎ，民間に普及した。『平家物語』は鎌倉中期頃の成立と推定され，軍記物の最高傑作とされる。諸本があり，原作者は信濃前司行長，協力者は生仏とする説が有力。　東京・前田育徳会蔵

相互関連

遊《ゆ》行《ぎょう》上人・一遍

伊予《いよ》国の豪族河野氏出身。九州で浄土宗の僧として修行したのち，紀伊《きい》国の熊野本宮《くまのほんぐう》参籠中に熊野権現《ごんげん》の啓示を受けた。すべてのものを捨離してこそ往生できると悟った一遍は，全国を遊行して念仏の教えを説き，「捨聖」「遊行上人」と称された。

5 神道

	本地垂迹説《ほんじすいじゃくせつ》	反本地垂迹説
成立時期	10世紀以降	モンゴル襲来以降
理論	仏が本地(本来の姿)で，神は衆生《しゅじょう》救済のため仏が姿を変えて現れたもの(垂迹)である	本地垂迹説に反発して，神を本地，仏を垂迹とする
例	両部《りょうぶ》神道(真言宗で唱えられた神仏習合《しんぶつしゅうごう》説)	伊勢神道(度会《わたらい》神道) 室町　唯一《ゆいいつ》神道(吉田神道)

5A 伊勢神道(度会《わたらい》神道) セ出題

形成期	鎌倉末期〜南北朝期。度会行忠《ゆきただ》が成立の上で大きな役割を果たした
大成者	度会家行《いえゆき》。『類聚神祇本源《るいじゅうじんぎほんげん》』を著し，教説を体系化
根本経典	『神道五部書』。神道優位とするため，神を本地《ほんじ》，仏を垂迹《すいじゃく》とする神本仏迹説《しんぽんぶつじゃくせつ》(反本地垂迹説)を唱えた

6 学問—金沢文庫のおこり

6-1 **北条《ほうじょう》(金沢)実時《さねとき》像**(1224〜76)　鎌倉中期，北条実時が武蔵《むさし》国金沢《かねざわ》郷(横浜市)の別荘内に蔵書を移し，内外に公開した。これが金沢文庫のおこりである。この別荘は称名《しょうみょう》寺《じ》の起源ともなった。現在は神奈川県立金沢文庫として，文庫や寺に伝わる文化財の保管や研究・展示を行う。

6-2 **称名寺境内**　神奈川

7 文学—藤原定家と和歌の家系

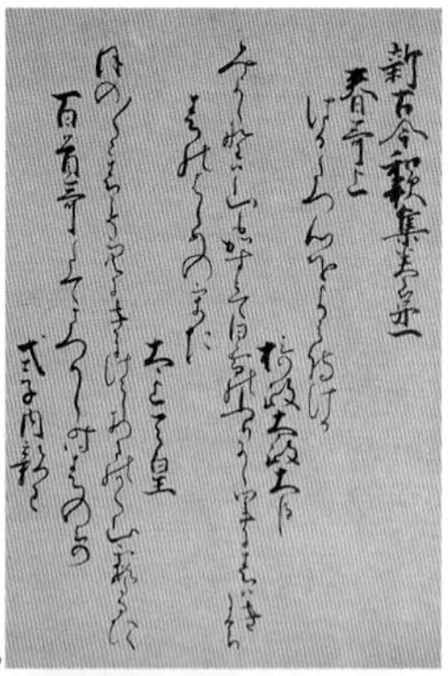

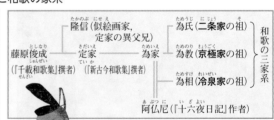

藤原俊成《としなり》(『千載《せんざい》和歌集』撰者)
　├ 隆信《たかのぶ》(似絵《にせえ》画家，定家の異父兄)
　└ 定家《さだいえ》(『新古今和歌集』撰者)
　　　└ 為家《ためいえ》
　　　　　├ 為氏《ためうじ》(二条《にじょう》家の祖《そ》)
　　　　　├ 為教《ためのり》(京極《きょうごく》家の祖)
　　　　　╟ 為相《ためすけ》(冷泉《れいぜい》家の祖)
　　　　　╙ 阿仏尼《あぶつに》(『十六夜《いざよい》日記』作者)

為氏・為教・為相：和歌の三家系

(俊成《しゅんぜい》，定家《ていか》)

7-3 **藤原定家像**(1162〜1241)　定家は鎌倉初期の代表的歌人で，『新古今和歌集』の撰者の1人。鎌倉幕府3代将軍源実朝《みなもとのさねとも》は定家の弟子。『新古今和歌集』は1205年，後《ご》鳥羽《とば》上皇の院宣《いんぜん》で編集された勅撰《ちょくせん》和歌集。

7-4 **兼好法師《けんこうほうし》**(1283?〜1352?)(徒然草画帖)　兼好は俗名を吉《よし》田《だ》(卜部《うらべ》)兼好といい，京都吉田神社の神職の家に生まれた。後二条天皇に蔵人《くろうど》として仕えたが，天皇の死により職を退き，その後出家して兼好と号した。『徒然草《つれづれぐさ》』は鎌倉末期の成立。兼好の心に触れたさまざまな事柄や処世術など広範囲の内容が記される。当時の上流社会人の精神生活の理想を知ることができる随筆の名作である。兼好は歌人としても名高く，四条派の和歌四天王の1人に数えられる。

部分 東京国立博物館蔵

考察の視点　南都の復興は，どのような人びとの援助によって実現したのだろうか。　推移

1 建築

建築	大仏様《だいぶつよう》(天竺様《てんじくよう》)	東大寺《とうだいじ》国南大門《なんだいもん》
	禅宗様《ぜんしゅうよう》(唐《から》　様《よう》)	円覚寺舎利殿《えんがくじしゃりでん》　正福寺千体地蔵堂《しょうふくじせんたいじぞうどう》
	和《わ》　様《よう》	蓮華王院《れんげおういん》本堂(三十三間堂《さんじゅうさんげんどう》)　石山寺多宝塔《いしやまでらたほうとう》
	折衷様《せっちゅうよう》(新和様《しんわよう》)	観心寺金堂《かんしんじこんどう》

→1-1 **東大寺南大門《とうだいじなんだいもん》　大仏様(天竺様)**は**重源《ちょうげん》**が宋からもち帰った建築様式。平安期の優美な建築とは異なり，**雄大豪壮《ゆうだいごうそう》**なつくりで，変化に富んだ構造美をもつところが特色。東大寺南大門は，太い円柱をそのまま上屋まで立てたものに肘木《ひじき》を差し込んで重ね，重い屋根を支えている。　国高さ26m 奈良

東大寺南大門断面図

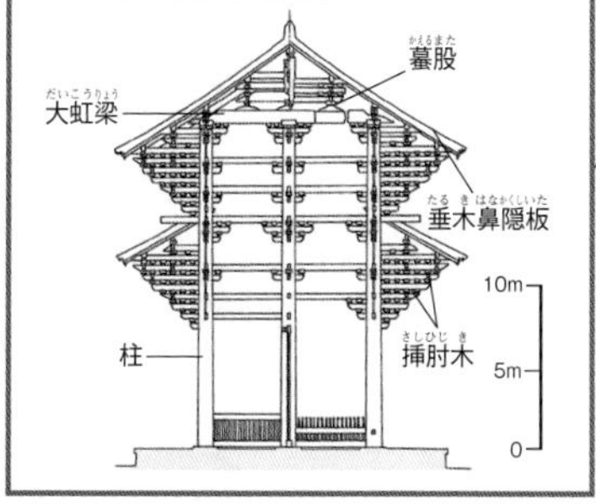

円覚寺舎利殿断面図

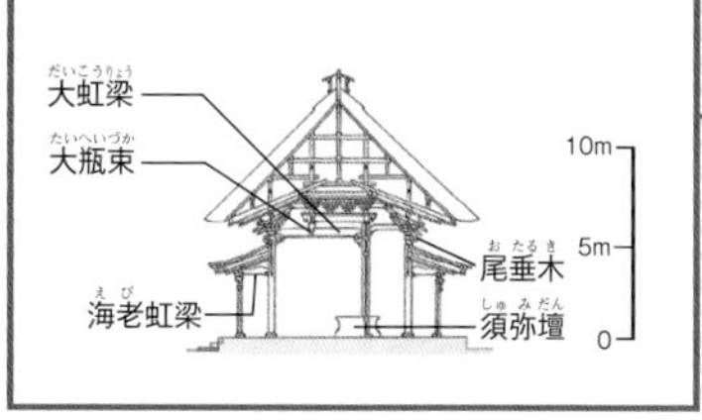

セ出題 →1-2 **円覚寺舎利殿《えんがくじしゃりでん》　禅宗様(唐様)**は鎌倉中期以降に**宋から輸入された建築様式**で，禅宗寺院に多く採用された。屋根は急勾配《こうばい》で軒《のき》反《ぞ》りが強く，その屋根を支えるための垂木《たるき》を放射状に配置したり，大瓶束《たいへいづか》を大虹梁《だいこうりょう》に乗せて仏壇前面の柱を省いて内陣《ないじん》を広く見せ，**桟《さん》唐戸《からど》・花頭窓《かとうまど》**(火灯窓・尖頭アーチ型の窓)などの細部にわたる繊細さや全体としての力強さに特色がある。　国平面8.1×8.1m 神奈川

→1-3 **蓮華王院本堂《れんげおういんほんどう》(三十三間堂)　和様《わよう》**は平安時代以来の建築様式で，緩い勾配《こうばい》の檜皮葺《ひわだぶき》の屋根など**寝殿造《しんでんづくり》**の繊細さ・優雅さを備える。蓮華王院本堂は**平清盛**が後白河法皇のために造営した。現在のものは焼失後の1266(文永３)年の再建。1,001体の千手観音《せんじゅかんのん》像 P.141》1-11 を安置する。**源頼朝**寄進と伝える石山寺多宝塔も和様建築の代表。　国平面118.2×16.4m 京都

重源による東大寺再建　セ出題

平氏によって焼打ちされた南都復興のため，朝廷は重源《ちょうげん》(俊乗房《しゅんじょうぼう》)(1121～1206)を造東大寺勧進職《かんじんしき》に任じた。重源は諸国を廻って勧進(資金調達)に努めるとともに，平泉の藤原秀衡《ひでひら》や鎌倉の源頼朝にも協力を要請した。そして，運慶・快慶らの南都仏師や宋人陳和《ちんな》卿《けい》らを率いて大事業を成し遂げたのである。セ出題

→**東大寺重源上人《とうだいじちょうげんしょうにん》像**　木像。　国像高81.4cm 奈良

1A 大仏様《だいぶつよう》(天竺様《てんじくよう》)　出題

1B 禅宗様《ぜんしゅうよう》(唐様《からよう》)

＊現代の舎利殿は室町時代の建築で，ほかの場所にあったものを移したという説が有力である。

1C 和様《わよう》

↑1-4 **石山寺多宝塔《いしやまでらたほうとう》**　国高さ約17m 滋賀

1D 折衷様(新和様)

←1-5 **観心寺金堂《かんしんじこんどう》**　鎌倉時代を通じて，大仏様・禅宗様が発展すると，和様もしだいにその影響を受けるようになった。鎌倉末期になると，大仏様・禅宗様が部分的に和様に取り入れられ**折衷様(新和様)**という様式が生まれた。観心寺金堂は南北朝期の建立であるが，折衷様の代表的な建築である。　国平面19.6×17.8m 大阪

歴史ナビ　高橋直樹『**悪党重源**』(文藝春秋)　自力救済の中世，リスクをチャンスに変えて，東大寺再建という巨大プロジェクトを成し遂げた重源の生涯を描く。

鎌倉文化④　彫刻(1)

考察の視点　鎌倉時代の代表的な仏像が奈良に多いのはなぜだろうか。

相互関連

奈良	東大寺：南大門金剛力士像《こんごうりきしぞう》(運慶《うんけい》・快慶《かいけい》ら) 世　僧形八幡神像《そうぎょうはちまんしんぞう》(快慶) 重源上人《ちょうげんしょうにん》像(運慶・快慶ら慶派一門) P.139	京都	六波羅蜜寺《ろくはらみつじ》：空也《くうや》《こうや》上人《しょうにん》像(康勝《こうしょう》) 蓮華王院《れんげおういん》：本堂千手観音《せんじゅかんのん》像(湛慶《たんけい》)
	興福寺：無著《むちゃく》・世親《せしん》像(運慶ら) 世　天灯鬼《てんとうき》・龍灯鬼《りゅうとうき》像(康弁《こうべん》ら) 金剛力士像(伝定慶《じょうけい》)	鎌倉	明月院《めいげついん》：上杉重房《うえすぎしげふさ》像 高徳院《こうとくいん》：阿弥陀如来《あみだにょらい》像[鎌倉大仏]

1 彫刻

1A 運慶と慶派略系図

定朝《じょうちょう》――(3代略)――康慶《こうけい》(慶派興隆のもと)
康慶――運慶《うんけい》(鎌倉時代の新様式完成)――湛慶《たんけい》・康弁《こうべん》・康勝《こうしょう》
康慶――定覚《じょうかく》
康慶┈┈快慶《かいけい》
康慶┈┈定慶《じょうけい》

┈┈ は師弟関係

国阿形像高836.3cm 奈良

国吽形像高842.3cm 奈良

1-1 東大寺南大門金剛力士像阿形《とうだいじなんだいもんこんごうりきしぞうあぎょう》(左)・**吽形《うんぎょう》**(右)(運慶《うんけい》・快慶《かいけい》・定覚《じょうかく》・湛慶《たんけい》作)　東大寺南大門の左右に立つ，それぞれ約3,000個の部材からなる**寄木《よせぎ》造《づくり》**。1203(建仁《けんにん》3)年運慶と快慶が仏師ら18名を動員して，69日で仕上げたといわれる。解体修理の結果，運慶が両像の制作責任者であったことが判明した。

1-2 阿形像がもつ金剛杵《こんごうしょ》から発見された墨書銘《ぼくしょめい》
❶「大仏師法眼《ほうげん》運慶」は運慶，❷「安《あん》阿弥陀仏」は快慶，❸「造東大寺大勧進《だいかんじん》大和尚南無阿弥陀仏《おしょうなむあみだぶつ》」は重源《ちょうげん》を表している。

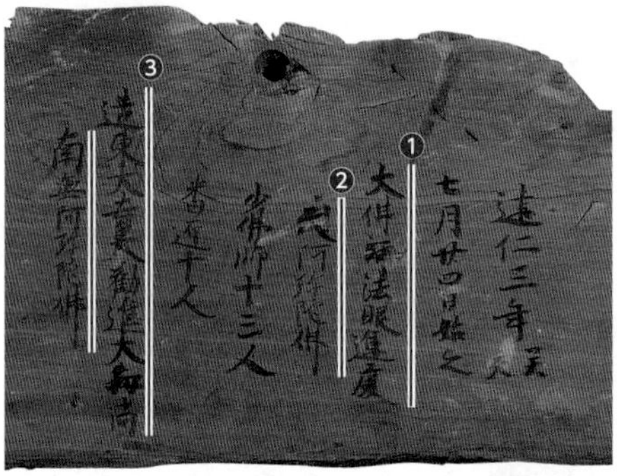

1-3 興福寺金剛力士像阿形《こうふくじこんごうりきしぞうあぎょう》(伝定慶《じょうけい》作)　等身大の像高で，堂内にあって壇上を守る役目の像。木像。　国像高154.0cm 奈良

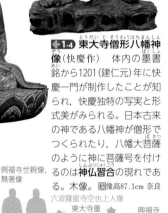

1-4 東大寺僧形八幡神《とうだいじそうぎょうはちまんしん》像《ぞう》(快慶作)　体内の墨書《ぼくしょ》銘《めい》から1201(建仁元)年に快慶一門が制作したことが知られ，快慶独特の写実と形式美がみられる。日本古来の神である八幡神が僧形でつくられたり，八幡大菩薩《ぼさつ》のように神に菩薩号を付けるのは**神仏習合《しんぶつしゅうごう》**の現れである。木像。国像高87.1cm 奈良

1B 仏像彫刻の大きさ比較

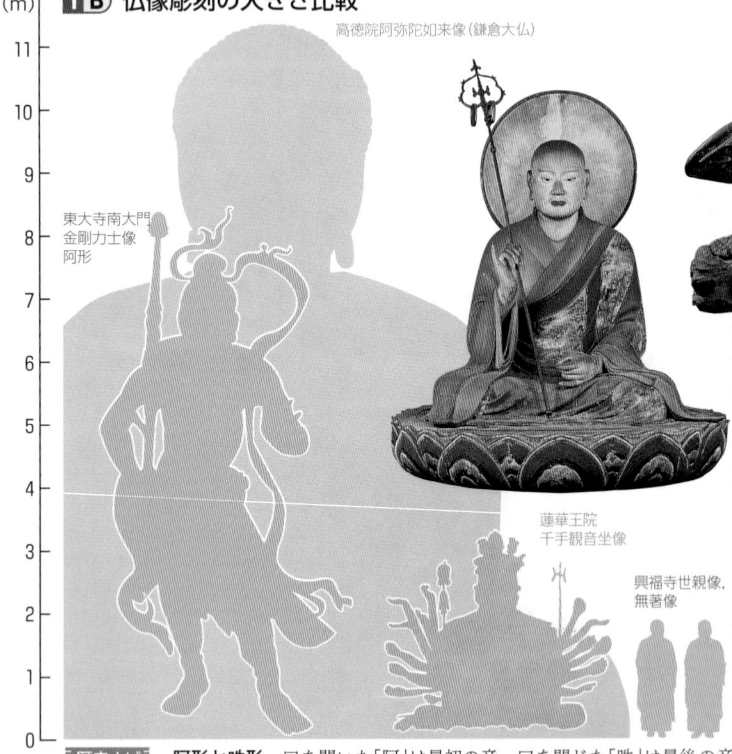

仏像プロデューサー 運慶

　平安時代末，仏像をつくる仏師は院派・円派・慶派の三集団に分かれていた。慶派は当初ふるわなかったが，源平争乱で焼失した奈良の諸寺院の復興事業で多くの仏像をつくることになり，康慶・運慶父子の時代に彫刻界の新しい主役として現れ，写実性豊かな鎌倉時代の彫刻様式を完成させていく。その**慶派のリアリズムを象徴するものが玉眼《ぎょくがん》**である。水晶やガラスを目の形に削り，彩色して綿などで白目を作り，仏像の内側からはめて瞳《ひとみ》を表現したものである。鎌倉時代以後の仏像は多くこの方法を用いた。初期には自らノミを振るっていた運慶であるが，東大寺金剛力士像の制作時には原型の作成は行ったものの，現場では弟子たちにその作成を任せるという総合プロデューサー的な存在であった。

六波羅蜜寺《ろくはらみつじ》運慶《うんけい》像　京都

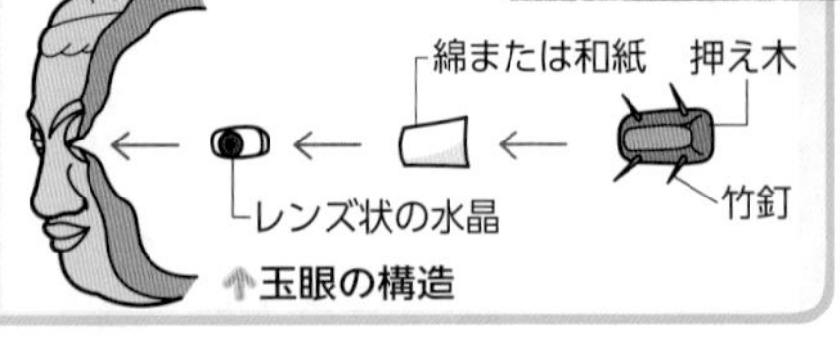

玉眼の構造

歴史ナビ　**阿形と吽形**　口を開いた「阿」は最初の音，口を閉じた「吽」は最後の音であり，密教ではそれぞれが万物の始原と終極を示すものとされる。

考察の視点 鎌倉彫刻の写実性(リアリズム)はどのようなところにみられるだろうか。 比較

龍灯鬼像

天灯鬼像

世親像

無著像

1-5 興福寺龍灯鬼像《こうふくじりゅうとうき》(左上・左)・**天灯鬼像**《てんとうき》(右上)(康弁《こうべん》作)　興福寺西金堂《さいこんどう》(現存せず)内の本尊のための灯籠《とうろう》である。像内納入の紙片で，1215(建保《けんぽう》3)年の康弁《こうべん》の作であることが知られている。龍灯鬼は頭上に灯籠を載せ，上目づかいに頭上の灯籠に気をつかいながら，右手で龍の尻尾《しっぽ》をつかんでいる。下顎《したあご》からはえている2本の牙《きば》が上唇《うわくちびる》を突き破って顔を出している。逆立っている眉《まゆ》は銅板を用い，眼は玉眼《ぎょくがん》P.140で，牙は水晶でつくられている。肩に巻き付く龍の背びれには牛革が使われている。想像上の鬼を主題に，小作品ながら邪鬼《じゃき》をユーモアで包み込み表現した，力強い木像彫刻である。

国龍灯鬼像高77.8(総高137.3)cm　国天灯鬼像高78.2(総高110.5)cm 奈良

1-6 興福寺北円堂無著像《こうふくじほくえんどうむちゃく》(右)・**世親像**《せしん》(左)(運慶作)　無著・世親兄弟は5世紀頃，インドのガンダーラ地方に生まれ，法相宗《ほっそう》の祖師《そし》とされる高僧。運慶一門により製作され，高僧の姿を生き生きと表現した写実性には目を見張るものがある。木像。

国無著像高193.0cm 世親像高190.4cm 奈良

1-7 明月院上杉重房像《めいげついんうえすぎしげふさ》　重房は公家の勧修寺《かじゅうじ》流藤原氏の出身で，鎌倉幕府6代将軍宗尊《むねたか》親王に従って鎌倉に下向した。丹波国上杉荘を賜って上杉氏を称した。重房の孫娘清子は足利貞氏《さだうじ》に嫁いで尊氏・直義兄弟を生んだ。上杉氏は足利氏の姻族として室町幕府の成立に多大な貢献をし，関東管領や各国の守護職を務めて繁栄した。木像。

像高68.2cm 神奈川

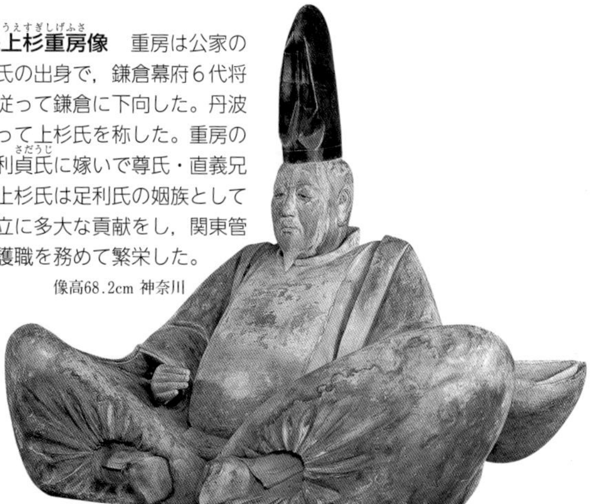

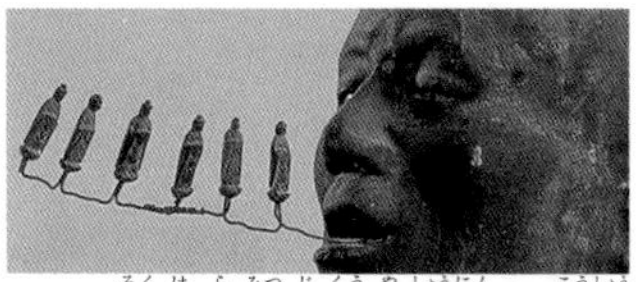

出題

1-8 六波羅蜜寺空也上人像《ろくはらみつじくうやしょうにん》(康勝《こうしょう》作)　空也《こうや》上人(903~72)は可愛がっていた鹿の死を悼《いた》み，その角《つの》を杖《つえ》に付け，革を身にまとい，鉦《かね》を撞木《しゅもく》で鳴らしながら念仏を唱え京を歩き回った。木像。

像高117.6cm 京都

読み解く　空也上人の口から現れたものは何だろうか。

1-9 高徳院《こうとくいん》**阿弥陀如来像**《あみだにょらいぞう》**(鎌倉大仏**《かまくらだいぶつ》**)**

鋳造には宋銭《そうせん》が使用された。

国像高11.4m 神奈川

1-10 蓮華王院《れんげおういん》**本堂(三十三**《さんじゅうさん》**間堂**《げんどう》**)千手観音坐像**《せんじゅかんのん》　蓮華王院本堂P.139 1-3内には湛慶作である中尊の丈六千手観音坐像を中心に，その左右には平安末期から鎌倉時代にかけて制作された千体の等身大千手観音立像が安置される。

中尊国像高334.8cm 京都

1-11 蓮華王院本堂千体千手観音立像　国

歴史ナビ　**興福寺国宝館**(奈良県奈良市)　奈良時代の八部衆像や十大弟子像，鎌倉時代の天灯鬼・龍灯鬼像などがガラスケースなしで見学できる。

考察の視点　似絵が描かれるようになったのはなぜだろうか。 相互関連

1 絵画

絵画	**絵巻物**　北野天神縁起絵巻《きたのてんじんえんぎえまき》(伝藤原信実《のぶざね》)　春日権現験記絵《かすがごんげんげんきえ》・石山寺縁起絵巻《いしやまでらえんぎ》(高階隆兼《たかしなたかかね》)　法然上人絵伝《ほうねんしょうにんえでん》　一遍上人絵伝《いっぺんしょうにん》(円伊《えんい》)　平治《へいじ》物語絵巻　蒙古襲来絵詞《もうこしゅうらいえことば》　男衾三郎《おぶすまさぶろう》絵巻　地獄草紙《じごくぞうし》　病草紙《やまいのそうし》　餓鬼草紙《がきぞうし》 **似絵《にせえ》**　伝源頼朝《よりとも》像・平重盛《たいらのしげもり》像(伝藤原隆信《たかのぶ》) ㋞出題

1-1 **明恵上人樹上坐禅図《みょうえしょうにんじゅじょうざぜんず》**(成忍《じょうにん》筆)　高山寺《こうざんじ》を開山し華厳《けごん》教学の研究につとめた明恵(高弁《こうべん》)の坐禅姿。
国146.0×58.8cm部分 京都・高山寺蔵

1-3 **伝源頼朝《みなもとのよりとも》像**(左)**と伝平重盛《たいらのしげもり》像**(右)　鎌倉時代の写実志向の風潮は肖像画にも発揮され，**似絵《にせえ》**とよばれた。神護寺《じんごじ》の史料によれば，同寺の仙洞院《せんとういん》には12世紀末の似絵の名手である藤原隆信《のぶ》の筆による，後白河法皇・平重盛・源頼朝・藤原光能《ふじわらのみつよし》・平業房《たいらのなりふさ》の５人の肖像が安置されていたとされ，現在同寺には頼朝・重盛・光能の３幅《ぷく》の肖像が伝えられる。近年，服飾の特徴や美術史学の観点から，重盛像を足利尊氏，頼朝像を尊氏の弟の直義《ただよし》，光能像を尊氏の子の義詮《よしあきら》にあてる説(米倉迪夫《よねくらみちお》説)が提唱され，学界で論争をよんでいる。仮にその説が正しいとなると，時代的に作者も別人ということになる。　国143.0×112.8cm　143.0×111.2cm　京都・神護寺

1-2 **蘭溪道隆像《らんけいどうりゅう》**　南宋から来朝して**建長寺《けんちょうじ》**を開いた蘭溪道隆の**頂相《ちんぞう》**(禅僧の肖像画)。禅宗では修行僧が一人前となった証《あかし》として師や先徳の肖像画が与えられた。この絵の上部には自賛《じさん》(賛＝詩文)が書き加えられている。　国104.8×46.4cm 部分 神奈川・建長寺蔵

読み解く　絵巻物にはどのような主題のものがあるだろうか。P.142・143の上・中・下段の作品を比較してみよう。 比較

1-4 **法然上人絵伝《ほうねんしょうにんえでん》**　京都の知恩院《ちおんいん》に伝わる全48巻からなる大作で14世紀の作。**浄土宗開祖法然《ほうねん》**の生涯を描く。右は第34巻で，讃岐《さぬき》に流される途中の法然と，身の罪業《ざいごう》を嘆きに来て念仏することを説《と》かれる室津《むろつ》の遊女の姿を描く。国32.3×1,126.0cm 部分 京都・知恩院蔵

1-5 **北野天神縁起絵巻《きたのてんじんえんぎ》**　全８巻からなる絵巻物で13世紀の作。右は第５巻で，大宰府《だざいふ》に憤死《ふんし》した**菅原道真《すがわらのみちざね》**の怨霊《おんりょう》が雷神と化して清涼殿《せいりょうでん》の藤原時平《ふじわらのときひら》(左端)を襲う場面。
国51.5×926.2cm 部分
京都・北野天満宮蔵

1-6 **平治物語絵巻《へいじものがたり》**　13世紀作の絵巻で，３巻が現存。右は六波羅行幸《ろくはらぎょうこう》の巻で，夜中内裏《だいり》を女装《みゆき》して脱出する二条《にじょう》天皇が源義朝方の武士に調べられる場面。
国42.3×951.0cm 部分
東京国立博物館蔵

歴史ナビ　**海外に渡った「平治物語絵巻」**　平治の乱の勃発を描いた「三条殿夜討巻《さんじょうどのようちのまき》」は，明治時代にフェノロサの手を経てアメリカのボストン美術館の所蔵となった。

考察の視点　絵巻物に寺院や僧侶を題材としているものが多いのはなぜだろうか。　相互関連

鎌倉文化⑦　絵画(2)・工芸・書

1-7 **餓鬼草紙《がきぞうし》**
人が来世に赴《おもむ》く六道《ろくどう》のうち，餓鬼道《がきどう》を描いた絵巻物。前世の報《むく》いで食糞《じきふん》餓鬼《がき》に落ちた者たちの哀《あわ》れな姿を描く。
国26.8×49.3cm 部分
東京国立博物館蔵

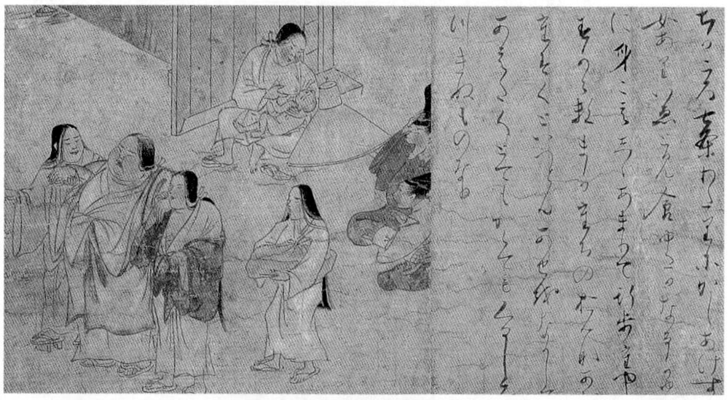

1-8 **病草紙《やまいのそうし》**
人びとを教化する六道絵の一つ。美食大食を重ね，歩行も困難なほどに太って介助されながらやっとのことで歩く**借上《かしあげ》(高利貸)**の女。
断簡25.3×45.1cm
福岡市美術館蔵

工芸・書	**刀剣**	岡崎正宗《おかざきまさむね》(鎌倉)　粟田口吉光《あわたぐちよしみつ》(京都)　長船長光《おさふねながみつ》(備前《びぜん》)
	甲冑《かっちゅう》	明珍《みょうちん》
	製陶	加藤景正《かとうかげまさ》(瀬戸焼《せとやき》)
	青蓮院流《しょうれんいんりゅう》	鷹巣帖《たかのすじょう》(尊円入道親王《そんえんにゅうどうしんのう》)

2 工芸

日本甲冑騎馬研究会蔵

2-1 **赤糸縅鎧《あかいとおどしよろい》**(大鎧)**と騎馬武者**　鎌倉後期には戦勝祈願《きがん》で奉納《ほうのう》されることが増え，鎧は装飾性を強めた。日本の在来馬の体高は110〜135cmとポニー並みであり，140cmを超えると大馬とされた。一方，これに騎乗する武士も現代人に比べて小柄であったが，約30kgの大鎧に人間の体重や太刀・弓矢の重さを加えると，馬の負担は80〜90kgにもなった。　国赤糸縅鎧 青森・櫛引八幡宮蔵

1-9 **一遍上人絵伝《いっぺんしょうにんえでん》**
(法眼円伊《ほうげんえんい》筆)　一遍の生涯を描いた絵巻物で全12巻。上は第５巻で，1282(弘安５)年春，鎌倉入りを**北条時宗《ほうじょうときむね》**に阻止される一遍の一行。
国神奈川・清浄光寺蔵

2-2 **瀬戸焼《せとやき》**　道元《どうげん》とともに入宋《にっそう》した**加藤景正《かげまさ》**が中国の製法を伝え，瀬戸焼を創始したといわれる。　高さ27.1cm 東京国立博物館蔵

1-10 **石山寺縁起絵巻《いしやまでらえんぎ》**
(高階隆兼《たかしなたかかね》筆)　石山寺草創の由来と本尊如意輪観音《にょいりんかんのん》の霊験《れいげん》を描いた７巻の絵巻。左は第１巻で石山寺創建の場面。
33.9×1,532.5cm 部分
滋賀・石山寺蔵

1-11 **蒙古襲来絵詞《もうこしゅうらい》**
全２巻からなる。画面右で騎乗《きじょう》の竹崎季長《たけざきすえなが》が防塁《ぼうるい》上の菊池武房《きくちたけふさ》に後事《こうじ》を託《たく》して出陣する場面。
後巻第27紙
39.5×1,999.5cm 部分
国宮内庁三の丸尚蔵館蔵

3 書

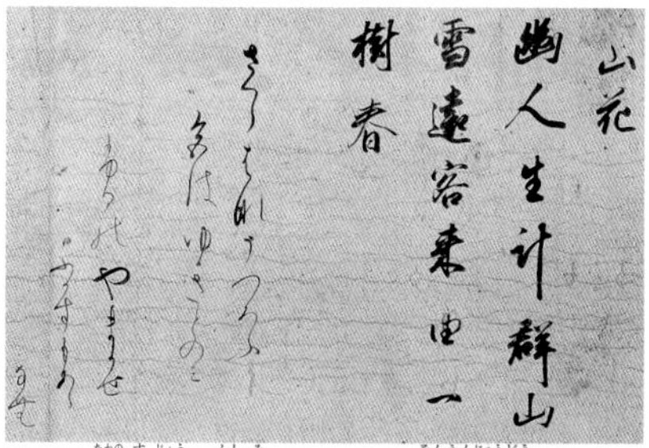

3-1 **鷹巣帖《たかのすじょう》**　伏見《ふしみ》天皇の皇子尊円入道《そんえんにゅうどう》は，古来の和風に宋の書風を取り入れて**青蓮院流《しょうれんいんりゅう》**という書道の一派を開いた。青蓮院流は和様書道の主流になり，江戸時代には御家流《おいえりゅう》に発展した。これは1349(正平４)年，後光厳《ごこうごん》天皇に習字の手本として書いたもの。　部分 京都・西本願寺蔵

歴史ナビ　**愛知県陶磁美術館**(愛知県瀬戸市)　鎌倉時代に始まる瀬戸焼の産地にあり，復元された窯や焼物体験ができる陶芸館など，陶磁器に関するさまざまな施設が整う。

鎌倉幕府の滅亡～南北朝の動乱

考察の視点 鎌倉幕府を滅ぼした側にはどのような勢力が結集していたか。また，どのような理由で幕府を滅ぼそうとしたのだろうか。

1 鎌倉幕府の滅亡～南北朝の動乱

	天皇	西暦	事項
鎌倉幕府	花園（持明院統）(1308～18)	1272	後嵯峨《ごさが》上皇死去→持明院統《じみょういんとう》(後深草《ごふかくさ》上皇)と大覚寺《だいかくじ》統(亀山《かめやま》天皇)，皇位・皇室領荘園の相続で争う
		1316	**北条高時**《たかとき》(得宗)執権就任。内管領《うちかんれい》長崎高資《たかすけ》の専権
		1317	文保《ぶんぽう》の和談《わだん》(幕府，皇位継承の順位を両統の協議に委ねる→破談→以後，両統迭立《りょうとうてつりつ》)
	後醍醐（大覚寺統）(1318～39，1336～南朝)	1318	**後醍醐**《ごだいご》**天皇**(大覚寺統)即位
		1321	後醍醐天皇の親政開始(院政の廃止，記録所《きろくしょ》再興)
		1324	**正中**《しょうちゅう》**の変**❶(倒幕計画露見)
	光厳《こうごん》（持明院統）(1331～33)	1331	**元弘**《げんこう》**の変**(倒幕計画再失敗)。天皇，笠置山《かさぎやま》に籠るが捕らえられる❷
			楠木正成《くすのきまさしげ》，河内《かわち》赤坂城で挙兵❸
			幕府，光厳《こうごん》天皇(持明院統)擁立
		1332	後醍醐天皇を隠岐《おき》に配流《はいる》。護良《もりよし》親王，吉野で挙兵❹
		1333	赤松則村《あかまつのりむら》(円心《えんしん》)，播磨《はりま》で挙兵❺
			後醍醐天皇，隠岐脱出❻
			肥後《ひご》の菊池武時《きくちたけとき》，鎮西探題《ちんぜいたんだい》を攻めるが敗死❼
			足利高《あしかがたか》(尊)氏《うじ》，六波羅探題《ろくはらたんだい》を攻略❽
			新田義貞《にったよしさだ》・足利千寿王《せんじゅおう》(義詮《よしあきら》)，鎌倉攻略(**鎌倉幕府滅亡**)❾❷
建武 史			後醍醐天皇還京❿。光厳《こうごん》天皇廃位。記録所・雑訴決断所《ざっそけつだんしょ》・武者所《むしゃどころ》設置 ㋝出題
		1334	建武《けんむ》と改元
		1335	**中先代**《なかせんだい》**の乱**(北条時行《ときゆき》の乱)①
			足利直義《ただよし》，幽閉《ゆうへい》中の護良《もりよし》親王を殺害して鎌倉を放棄②
			尊氏，中先代の乱を平定。建武政権に背《そむ》いて鎌倉にとどまる③
			箱根・竹ノ下の戦い①
		1336	奥州《おうしゅう》の北畠顕家《きたばたけあきいえ》軍，上洛の途に②
			尊氏，入京するも顕家軍に敗れて九州に敗走③
			尊氏，光厳《こうごん》上皇から新田義貞追討の院宣《いんぜん》を得る④
			尊氏軍，筑前多々良浜《ちくぜんたたらはま》で菊池武敏《きくちたけとし》ら南朝方を破る⑤
			尊氏東上。新田・楠木軍を摂津湊川《せっつみなとがわ》で破る⑥。楠木正成敗死
南北朝・室町幕府	(南朝) (北朝)光明(1336～48)		尊氏入京⑦。光明《こうみょう》天皇(持明院統)擁立。**建武式目制定**史
			後醍醐天皇，吉野《よしの》**に逃れる**⑧**→南北朝分裂**
			北畠顕家軍，再び上洛開始❶
		1338	顕家が和泉石津《いずみいしづ》❷で，新田義貞，越前藤島《えちぜんふじしま》❸で敗死
			足利尊氏，征夷大将軍《せいいたいしょうぐん》就任
			後醍醐天皇，懐良《かねよし》親王を九州に派遣❹
			北畠親房《ちかふさ》(顕家の父)，南朝の拠点構築のため常陸《ひたち》に下る❺(翌年，小田城に入城，『神皇正統記《じんのうしょうとうき》』を著す)
	後村上《ごむらかみ》(1339～68)	1339	後醍醐天皇没。尊氏，天皇慰霊のため天龍寺を創建
	崇光《すこう》(1348～51)	1348	楠木正行《まさつら》(正成の子)，河内四条畷《かわちしじょうなわて》で敗死❻
		1349	高師直《こうのもろなお》，足利直義と対立。執事を罷免される
			師直，クーデタで復権。直義失脚
		1350	**観応**《かんのう》**の擾乱**《じょうらん》。直義，南朝に帰順して河内で挙兵❶
		1351	師直，摂津武庫川《せっつむこがわ》で直義方の上杉能憲《よしのり》に謀殺される❷
			直義，京都を脱出して鎌倉に逃れる❸
			南朝に帰順した尊氏，駿河薩埵峠《するがさった》で直義軍を破る❹
	後光厳《ごこうごん》(1352～71)	1352	尊氏，鎌倉入り。直義急死で擾乱終わる❺
			～1364足利直冬《ただふゆ》らの抵抗続く❻
			南朝軍，京都を一時占領。北朝方の３上皇を拉致
		1358	尊氏没。**足利義詮**《よしあきら》，２代将軍就任
		1361	懐良《かねよし》親王，大宰府《だざいふ》に入り，征西《せいせい》将軍府を開く❼
		1363	山名時氏(直冬派)，幕府に帰順
	長慶《ちょうけい》(1368～83)	1368	義詮死去。**足利義満**《よしみつ》が３代将軍就任
	後円融《ごえんゆう》(1371～82)	1371	今川貞世《さだよ》(了俊《りょうしゅん》)，九州探題《たんだい》となる
		1372	今川貞世，大宰府攻略。懐良親王は筑後《ちくご》に逃れる❽
		1392	**南北朝の合体**

2 鎌倉幕府滅亡 相互関連

解説 鎌倉幕府の命で上洛した足利《あしかが》高《たか》(尊)氏《うじ》は，後醍醐《ごだいご》天皇の綸旨《りんじ》を受けて挙兵し，六波羅探題《ろくはらたんだい》を攻略した。また，上野《こうずけ》で挙兵した新田義貞《にったよしさだ》と鎌倉から逃れた足利千寿王《せんじゅおう》(義詮《よしあきら》)が鎌倉を攻め，鎌倉幕府を滅ぼした。

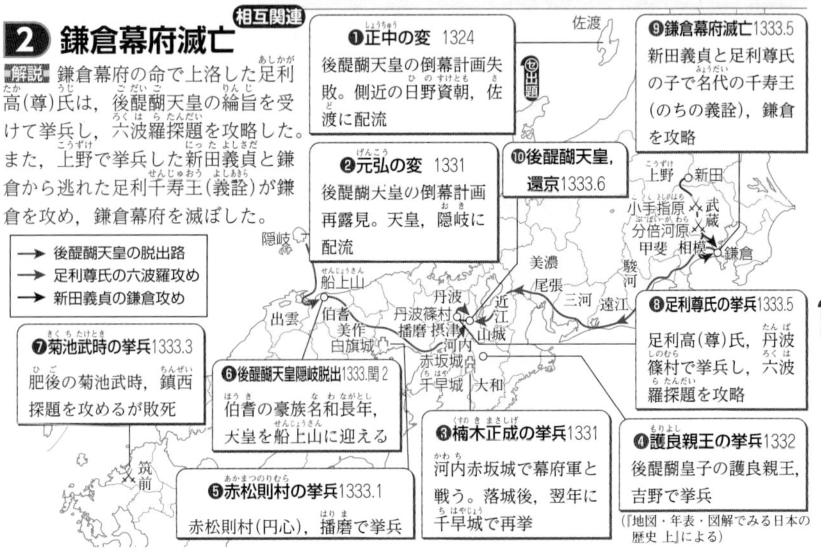

(『地図・年表・図解でみる日本の歴史 上』による)

2A 畿内要図

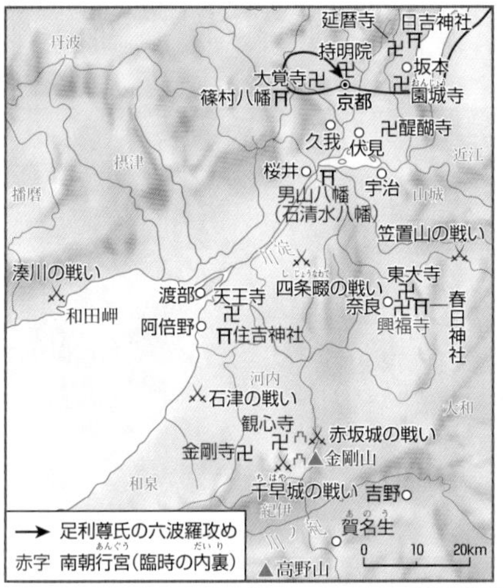

2-1 元弘の変で笠置山から逃れる後醍醐天皇(太平記絵巻)
埼玉県立歴史と民俗の博物館蔵

2B 鎌倉の攻防と陥落

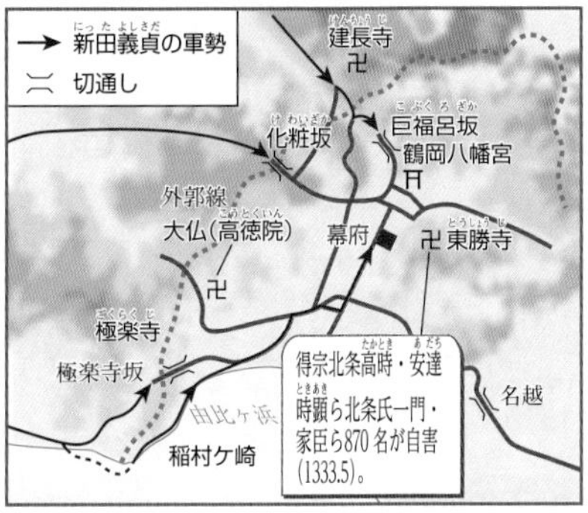

3 皇室系図

読み解く 後醍醐天皇は皇統上どのような立場にあっただろうか。

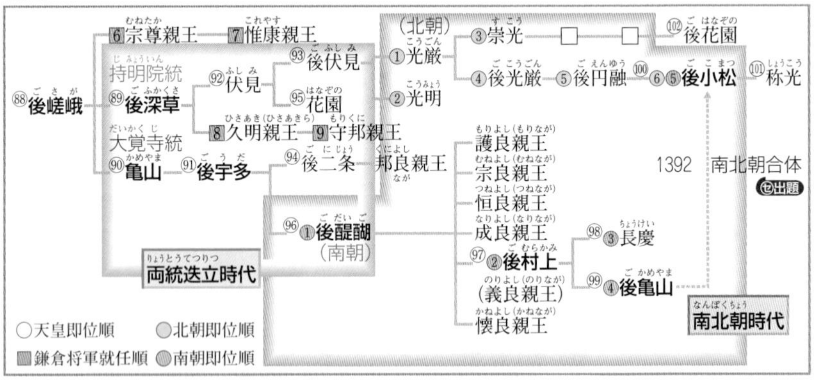

4 建武政府の組織図

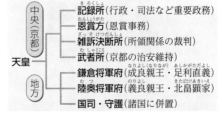

天皇
- 中央(京都)
  - 記録所《きろくしょ》(行政・司法など重要政務)
  - 恩賞方《おんしょうがた》(恩賞事務)
  - 雑訴決断所《ざっそけつだんしょ》(所領関係の裁判)
  - 武者所《むしゃどころ》(京都の治安維持)
- 地方
  - 鎌倉将軍府(成良《なりよし(なりなが)》親王・足利直義《あしかがただよし》)
  - 陸奥《むつ》将軍府(義良《のりよし》親王・北畠顕家《きたばたけあきいえ》)
  - 国司・守護(諸国に併置)

4A 建武の新政の混乱 史

①**旧領回復令**《きゅうりょうかいふくれい》…武士社会の慣習無視
②**政務の停滞**…土地訴訟の増加
③**恩賞の不公平**…貴族・寺社を厚遇《こうぐう》，武士を薄遇《はくぐう》
④**大内裏**《だいだいり》**の造営**…地頭に費用負担を命じる

解説 **後醍醐**《ごだいご》**天皇**は10世紀前半の醍醐《だいご》・村上《むらかみ》期の天皇親政，延喜《えんぎ》・天暦《てんりゃく》の治P.103を理想としたが，政策や恩賞の失敗で武士の不満が増大。３年たらずで**足利尊氏**《たかうじ》に政権を奪われた。

考察の視点　南朝が軍事的に劣勢であったにもかかわらず，南北朝の戦乱が長期化したのはなぜだろうか。相互関連

5 中先代《なかせんだい》の乱　1335年７～10月

解説　建武政権の混乱に乗じて**北条高時《たかとき》の遺児時行《ときゆき》**が挙兵し，鎌倉を占拠した。先代(北条氏)と後代(足利氏)とのあいだで，一時的に鎌倉を支配したことから，「中先代の乱」とよぶ。乱を平定した尊氏は東国武士の信望を集め，鎌倉にとどまって建武政権に背《そむ》いた。

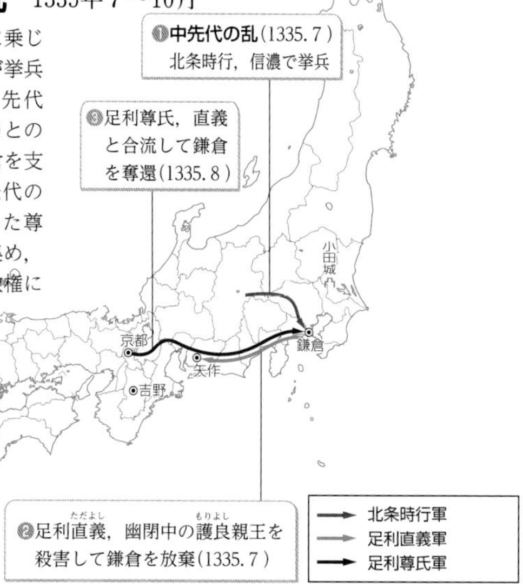

6 室町幕府の成立と南北朝の分裂　1335年12月～36年11月

解説　光明《こうみょう》天皇に譲位した後醍醐《ごだいご》天皇が**吉野**に逃れ，光明天皇に渡した三種の神器《じんき》は偽物だとして自らの正統性を主張。**南北朝の動乱**が始まった。

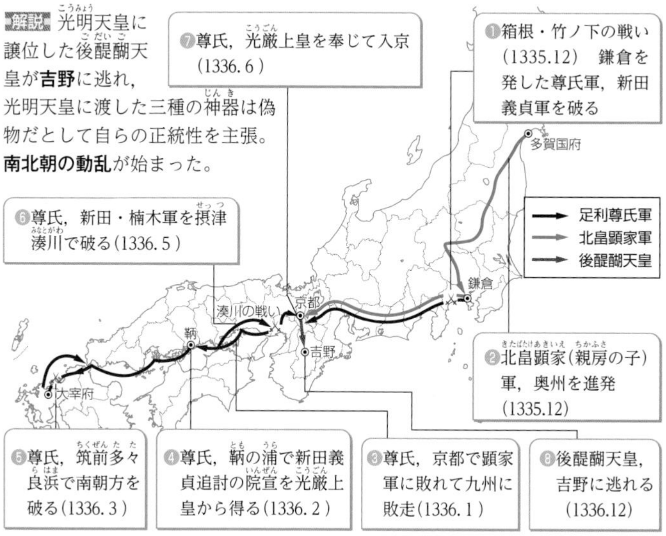

7 戦乱の拡大　1337年３月～72年

解説　後醍醐《ごだいご》天皇は，皇子たちを各地に派遣して南朝方の立て直しをはかったが，その試みは失敗に終わった。

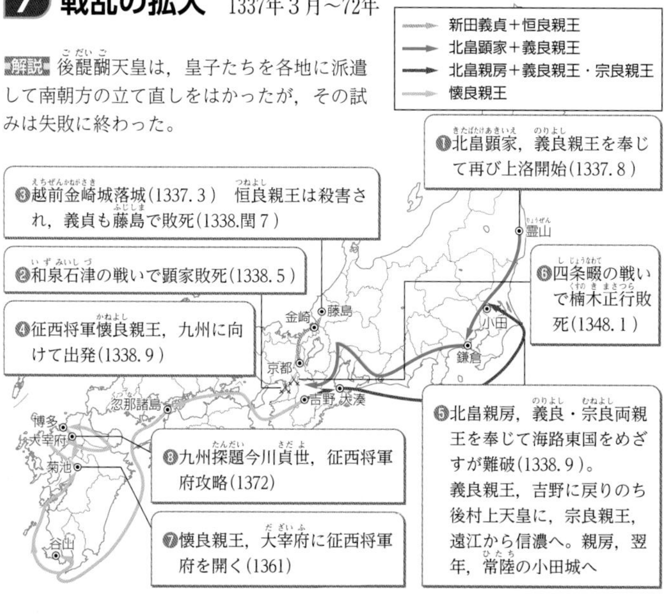

8 観応《かんのう》の擾乱《じょうらん》　1349年９月～55年３月

セ出題

解説　**足利尊氏《たかうじ》と直義《ただよし》の二頭《にとう》政治体制が破綻**し，室町幕府を二分した。両者は時に南朝と結んで戦いを優位に進めようとしたため，戦乱は長期化した。

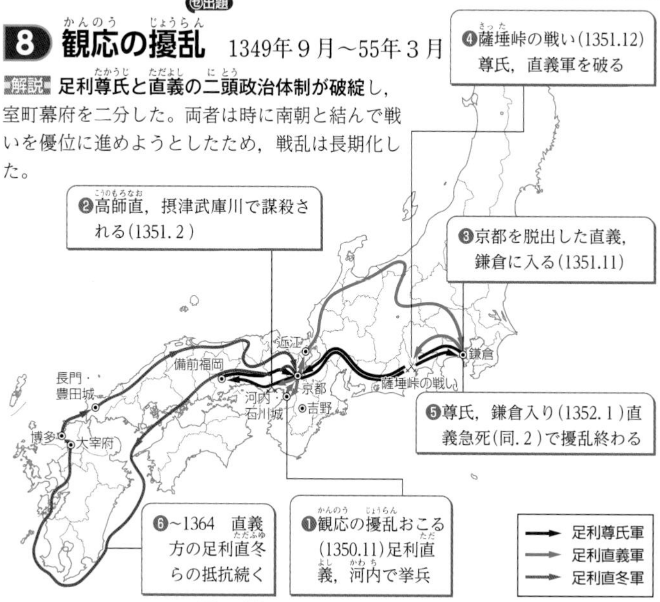

(５～８は『地図・年表・図解でみる日本の歴史　上』を参考に作成)

8A 対立構造

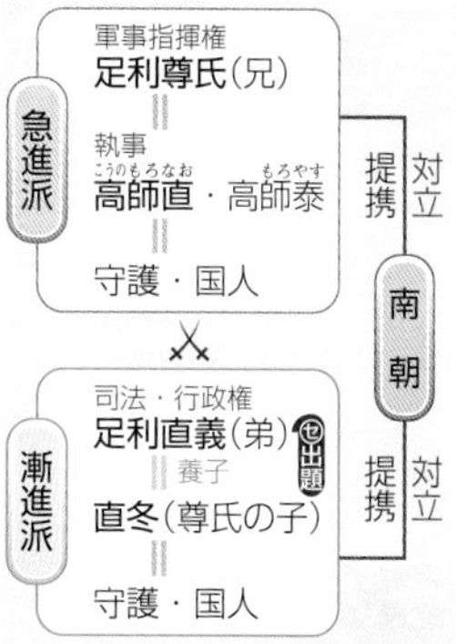

解説　足利尊氏《あしかがたかうじ》と直義《ただよし》は同母兄弟である。室町幕府は当初，尊氏・直義兄弟の二頭政治で出発した。尊氏は侍所《さむらいどころ》・恩賞方《おんしょうがた》・政所《まんどころ》などの機関を通じて軍事指揮権を行使し，一方の直義は評定《ひょうじょう》衆《しゅう》・引付衆《ひきつけしゅう》・問注所《もんちゅうじょ》などの機関を通じて司法・行政権を行使した。しかし，**尊氏の執事高師直《こうのもろなお》**は伝統的権威を無視して畿内の新興領主層の組織化を進める**急進派**で，旧来の秩序を重視して有力御家人や本所寺社勢力の支持を受ける**漸進《ぜんしん》派の直義と対立**を深め，配下の守護勢力を巻き込んでの抗争を生み出した。両者の対立は1349(貞和５・南朝正平４)年，直義が高師直を罷免《ひめん》したことに端を発した。しかし，同年師直は直義追放に成功，執事に復帰した。これに対し直義は，翌年足利直冬《ただふゆ》らを率いて反撃を始め，1351(観応２・南朝正平６)年，師直一族を摂津武庫川《せっつむこがわ》に滅ぼした。これを契機として尊氏・直義両派の衝突は激化し，翌年尊氏は一時南朝に降って直義の討伐を正当化し，直義を破って鎌倉に入った。直義はその直後に急死し，尊氏によって毒殺されたとする説もある。しかし，この紛争はなおも続き，直義党の直冬・山名時氏《やまなときうじ》らは南朝と連合して一時京都を占領するほどであった。

なお，兄弟の関係が破綻する以前の1345(康永４・南朝興国６)年に直義が京都の神護《じんご》寺に納めた願文《がんもん》には，兄尊氏と自分の肖像を奉納すると記されている。神護寺蔵の「伝平重盛《たいらのしげもり》像」と「伝源頼朝像」がこれに該当するとする学説P.142》がある。

8B 新田・足利氏略系図

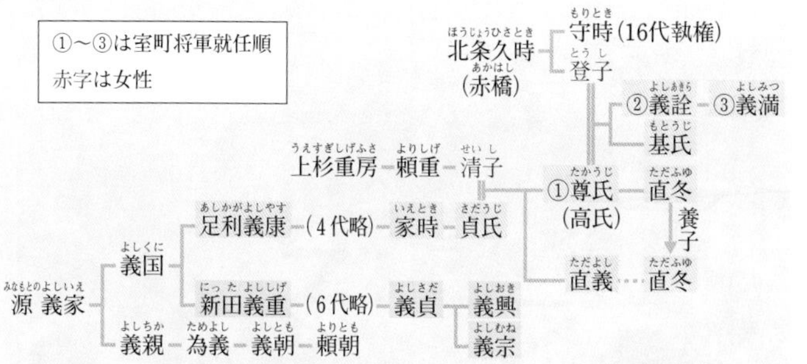

解説　新田氏は源義家の孫の義重が上野国《こうずけのくに》新田荘を領したことに，足利氏は同じく義家の孫の義康が下野国《しもつけのくに》足利荘を領したことに始まる。鎌倉時代，足利氏は代々北条氏と姻戚《いんせき》関係を結び，上総《かずさ》・三河《みかわ》両国の守護を務めるなど，幕府内で重きをなした。

南北朝・室町時代の京都

考察の視点　平安京の範囲と秀吉が築いた御土居の範囲が異なっているのはなぜだろうか。　推移

↑❶鹿苑寺《ろくおんじ》金閣 P.156　世

↑❷龍安寺石庭《りょうあんじせきてい》 P.157　世

↑❸慈照寺銀閣 P.157　世

↑❹天龍寺《てんりゅうじ》　世

↓❺等持院《とうじいん》

平安京の右京《うきょう》南部は低湿地であったため，早い時期に荒廃《こうはい》した。そして，比較的乾燥した土地である左京《さきょう》北部に貴族の邸宅などが集中し，院政期には郊外にあたる東山《ひがしやま》や南の鳥羽《とば》などに大寺院や離宮が建設された。**応仁《おうにん》の乱《らん》**で京都は主戦場となったため，乱の勃発《ぼっぱつ》からわずか1年足らずの間に上京《かみぎょう》の大部分，下京《しもぎょう》の東側，洛外《らくがい》の寺社など広い範囲にわたって戦禍《せんか》にみまわれた。荒廃した京都は大きく姿を変え，**町衆《ちょうしゅう》**によって復興した戦国時代の京都は，上京と下京の二つの離れた市区を形成し，両区を1本の室町通りが結んだ。

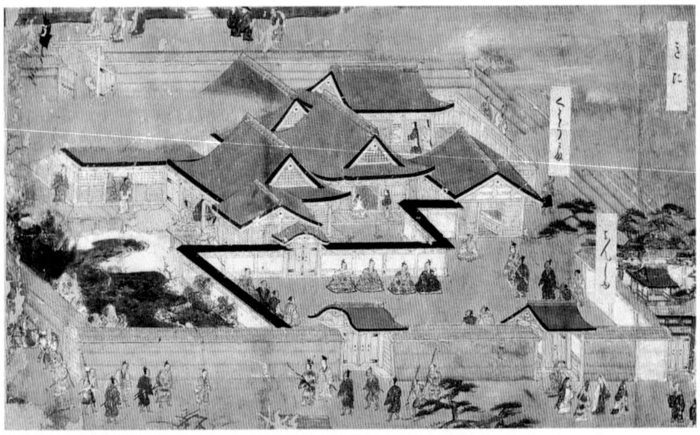

←**足利将軍邸**　数十点伝来するうち，最古の「**洛中洛外図屏風《らくちゅうらくがいずびょうぶ》**」に描かれた足利将軍邸。三条公爵家に伝来し，町田家・東京国立博物館を経て国立歴史民俗博物館(歴博)へと所有が移ったため，三条(家)本・町田(家)本・歴博甲本などとよばれる。描かれた京都の景観は1525〜35年のものとされ，この将軍邸は12代将軍足利義晴《よしはる》が造営した柳原御所だと考えられる。

左隻　千葉・国立歴史民俗博物館蔵

Ⓐ1452(宝徳4)年の土御門四丁町

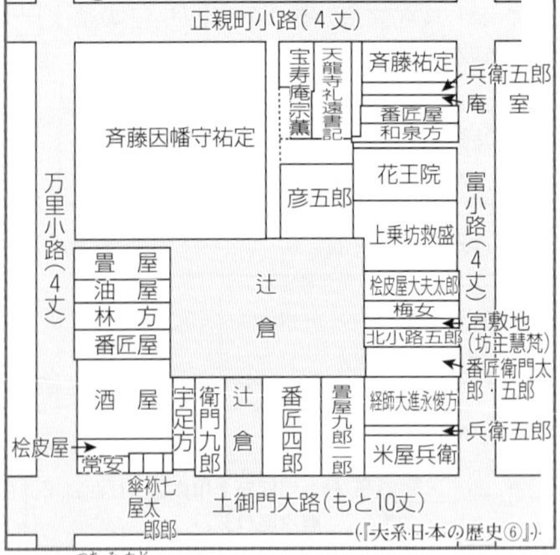

(『大系日本の歴史⑥』)

解説　土御門《つちみかど》四丁町は，上京の中心街にあたり，その1町区画内には武家や土倉(辻倉)，さまざまな商人・職人が住んでいた。

考察の視点 室町幕府の職制を鎌倉幕府のものと比較してみよう。 比較

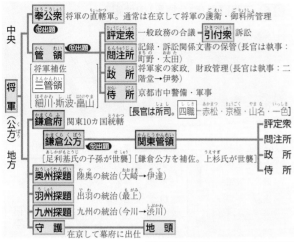

室町幕府の構造と守護大名

1 室町幕府の職制

将軍(公方《くぼう》)

- 中央
  - 奉公衆《ほうこうしゅう》 将軍の直轄《ちょっかつ》軍。通常は在京して将軍の護衛《ごえい》・御料所《ごりょうしょ》管理 ㋝出題
  - 管領《かんれい》 ㋝出題 [将軍補佐 三管領《さんかんれい》 細川《ほそかわ》·斯波《しば》·畠山《はたけやま》]
    - 評定衆《ひょうじょうしゅう》 一般政務の合議 ― 引付衆《ひきつけしゅう》 訴訟
    - 問注所《もんちゅうじょ》 記録・訴訟関係文書の保管(長官は執事：町野《まちの》・太田《おおた》)
    - 政所《まんどころ》 将軍家の家政，財政管理(長官は執事：二階堂→伊勢)
    - 侍所《さむらいどころ》 京都市中警備・軍事 [長官は所司《しょし》。四職《ししき》―赤松《あかまつ》・京極《きょうごく》・山名《やまな》・一色《いっしき》]
- 地方
  - 鎌倉府《かまくらふ》 関東10カ国統轄《とうかつ》
    - 鎌倉公方《かまくらくぼう》 ㋝出題 [足利基氏《あしかがもとうじ》の子孫が世襲《せしゅう》] ― 関東管領《かんとうかんれい》 [鎌倉公方を補佐。上杉《うえすぎ》氏が世襲] ― 評定衆・問注所・政所・侍所
  - 奥州探題《おうしゅうたんだい》 陸奥《むつ》の統治(大崎《おおさき》→伊達《だて》)
  - 羽州探題《うしゅう》 出羽《でわ》の統治(最上《もがみ》)
  - 九州探題 九州の統治(今川→渋川《しぶかわ》)
  - 守護 ― 地頭 在京して幕府に出仕

2 室町幕府の財政

幕府

納入者	守護・地頭	商工業者	五山禅院《ござんぜんいん》	庶民	御料所《ごりょうしょ》(幕府直轄地)	関・津	都市民	外国貿易
収入	公用銭《くようせん》 臨時役《りんじやく》	土倉役《どそうやく》 酒屋役《さかややく》	五山官銭《ござんかんせん》 五山献銭《ござんけんせん》	段銭《たんせん》 棟別銭《むねべつせん》 分一銭《ぶいちせん》	年貢《ねんぐ》 公事《くじ》 夫役《ぶやく》	関銭《せきせん》 津料《つりょう》 ㋝出題	間別銭《まべつせん》	明朝頒賜物《みんちょうはんしぶつ》 明朝頒賜銅銭《みんちょうはんしどうせん》 抽分銭《ちゅうぶんせん》
内容	分担金や臨時の賦課金	高利貸し業者への課税 営業税	住持補任の謝礼金 金融活動への謝礼	土地一段ごとに課税 一棟ごとに課税 徳政のとき債権・債務に課税	奉公衆が御料所を管理	通行料 港湾使用料	家屋の間口の幅に応じて課税。地子銭とも	明皇帝から下賜された物品や銅銭 貿易収入に課税

3 足利氏系図

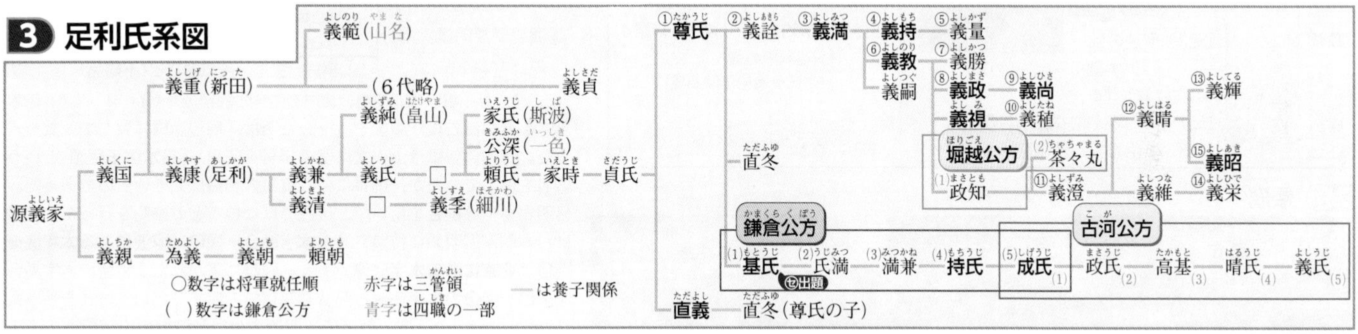

読み解く 足利氏系図から，管領をつとめた守護大名と，足利将軍家との関係を読み取ってみよう。 相互関連

4 足利義満の地位 P.116

年齢は数え年による

1383(26歳)	准三后《じゅさんごう》の宣下《せんげ》(太皇太后《たいこうたいごう》・皇太后《こうたいごう》・皇后《こうごう》に准じる待遇)
1392(35歳)	南北朝の合体を実現 ㋝出題
1394(37歳)	将軍職を義持《よしもち》に譲る。**太政大臣《だいじょうだいじん》**に任官
1395(38歳)	太政大臣を辞任，出家(法名道義)
1401(44歳)	明に遣使。国書に「日本准三后某」と名乗る
1402(45歳)	明の皇帝から「**日本国王**」に冊封 ㋝出題
1406(49歳)	天皇の准父，形式的には法皇の地位に
1408(51歳)	死去。朝廷の「太上法皇《だいじょうほうおう》」の尊号追贈を義持が辞退

5 守護大名の成長

	鎌倉期 1336 南北朝の動乱期 1392 室町期
軍事・警察	●1185大犯《だいぼん》三カ条(京都大番役《おおばんやく》の催促《さいそく》，謀反人《むほんにん》・殺害人《さつがいにん》の逮捕) ●1232夜討《よう》ち・強盗・山賊などの検断権(警察・裁判権) ●1346刈田狼藉《かりたろうぜき》の検断権
司法	使節遵行《しせつじゅんぎょう》権(裁判判決の執行)
所領給与	●1352半済地《はんぜいち》給与権 ㋝出題 ●闕所《けっしょ》(没収地)預置《あずけおき》権
課税	●一国検注《けんちゅう》権(賦課《ふか》台帳の作成) ●1372段銭《たんせん》などの徴収権
請負	(荘園の年貢徴収を請け負う) ●守護請

解説 **南北朝の動乱・観応《かんのう》の擾乱《じょうらん》** P.145 の際，幕府は守護クラスの武士を自らの味方につけるため，彼らにさまざまな権限を付与した。このため，室町時代の守護の権限は鎌倉時代に比べて飛躍的に拡大した。中でも**半済令《はんぜいれい》**は荘園領主などに納入する年貢の半分を守護が軍費《ぐんぴ》として取得し，守護から在地武士(国人《こくじん》)に分与することを認めたものである。当初は限定的な制度であったが，しだいに諸国に拡大・恒常化し，守護が国人を家臣(被官《ひかん》)化していく基礎となった。また，荘園・公領の領主が領地の経営を守護に一任させ，毎年一定の年貢納入を請け負わせる**守護請《しゅごうけ》**もさかんに行われた。そのようななか，国衙《こくが》の機能を吸収して一国を一元的に支配する領主のような守護も現れた。このような守護を鎌倉時代と区別して，**守護大名《しゅごだいみょう》**とよぶこともある。

6 守護大名の抑圧と抵抗

❷明徳《めいとく》の乱 1391(明徳2) ㋝出題
山名《やまな》氏は一族で11カ国を領して権勢を誇ったが，義満が山名氏の内紛に介入し，山名氏清《うじきよ》は京都で敗死

❻結城合戦《ゆうきがっせん》 1440(永享12)
結城氏朝《うじとも》が鎌倉公方足利持氏の遺子を擁立して幕府に反抗，敗北

❼嘉吉《かきつ》の変 1441(嘉吉元)
将軍義教の圧迫に危険を感じた赤松満祐《あかまつみつすけ》が先制し，義教を殺害。満祐も幕府の追討により敗死
㋝出題

❹上杉禅秀《うえすぎぜんしゅう》の乱 1416(応永23)
前関東管領《かんれい》上杉氏憲《うじのり》(禅秀)が鎌倉公方《くぼう》足利持氏《もちうじ》に反乱，翌年自殺

❶土岐康行《ときやすゆき》の乱 1390(明徳元)
美濃《みの》・尾張《おわり》・伊勢《いせ》の3カ国の守護大名土岐氏の勢力を削ぐため，義満が土岐康行を挑発し討伐

❺永享《えいきょう》の乱 1438(永享10)
鎌倉公方足利持氏が6代将軍義教《よしのり》に反抗。義教の討伐をうけ，翌年持氏は鎌倉で自殺

❸応永《おうえい》の乱 1399(応永6) ㋝出題
大内義弘《おおうちよしひろ》は6カ国の守護として大勢力を誇り，和泉《いずみ》の堺で挙兵したが敗死

明徳の乱直前の山名一族の領国・11カ国
(日本60余国の6分の1)→六分《ろくぶん》の一衆《いちしゅう》(六分一殿《ろくぶいちどの》)
応永の乱直前の大内義弘の領国・6カ国
鎌倉公方の管轄領域(のち出羽・陸奥も管轄)
丸数字は年代順　守護大名の配置は1400年頃

解説 室町時代の**守護大名**は数カ国の守護を兼ねることも珍しくなく，彼らは京都に屋敷を構えて幕府の要職を占め，大きな勢力を誇った。そのため守護大名が幕府に対して反乱をおこしたり，幕府が守護大名を挑発して勢力を削減することがあった。

室町幕府の外交と倭寇

考察の視点 義満の始めた勘合貿易は日本側の利益が多かったが，後を継いだ義持が中止したのはなぜだろうか。相互関連

1 対外関係略年表

将軍	倭寇	中国		朝鮮	
(鎌倉)		元《げん》	1325 鎌倉幕府，**建長寺船**《けんちょうじせん》を元に派遣 セ出題	高麗《こうらい》	
(建武)					
尊氏《たかうじ》	前期倭寇		1342 尊氏，**天龍寺船**《てんりゅうじ》を元に派遣		1350 倭寇，高麗沿岸に出現
義詮《よしあきら》			1368 明の建国(太祖洪武帝《たいそこうぶてい》)		1367 高麗，倭寇禁圧を要請
義満《よしみつ》			1369 洪武帝，征西将軍懐良《かねよし》親王に倭寇《わこう》禁圧を要請 セ出題		1391 今川了俊《いまがわりょうしゅん》，高麗人を送還
					1392 **李成桂**《りせいけい》**，朝鮮を建国** セ出題
義持《よしもち》			1401 **義満，僧祖阿《そあ》・肥富《こいつみ》を明に派遣**		1398 朝鮮，幕府に遣使
			1402 義満，倭寇を禁圧		
			1404 **勘合《かんごう》貿易開始** 2		
			1411 義持，勘合貿易を中止 セ出題		1419 **応永《おうえい》の外寇《がいこう》** [朝鮮軍，倭寇根拠地と考えて対馬《つしま》襲撃]
義教《よしのり》			1432 義教，勘合貿易を再開		
		明《ミン》		朝鮮《ちょうせん》	1443 **癸亥約条**《きがいやくじょう》(嘉吉《かきつ》条約)締結 [宗《そう》氏との貿易取り決め (宗氏歳遣船《さいけんせん》年間50隻《せき》)]
義稙《よしたね》					1510 **三浦《さんぽ》の乱** 3 [朝鮮三浦の日本人蜂起]
義晴《よしはる》	後期倭寇		1523 **寧波《ニンポー》の乱** セ出題 共出題 [大内対細川→大内氏の勘合貿易独占]		1512 **壬申約条**《じんしん》(永正《えいしょう》条約)締結 [貿易制限の強化 (宗氏歳遣船年間25隻)]
義輝《よしてる》			1551 大内氏の滅亡(**勘合貿易の断絶**)		
(安土・桃山)			1588 豊臣秀吉，海賊取締令		1592 文禄の役

1-1 足利義満
(1358～1408)
京都・鹿苑寺蔵

2 勘合貿易と倭寇

2A 日明貿易(勘合貿易)の仕組み

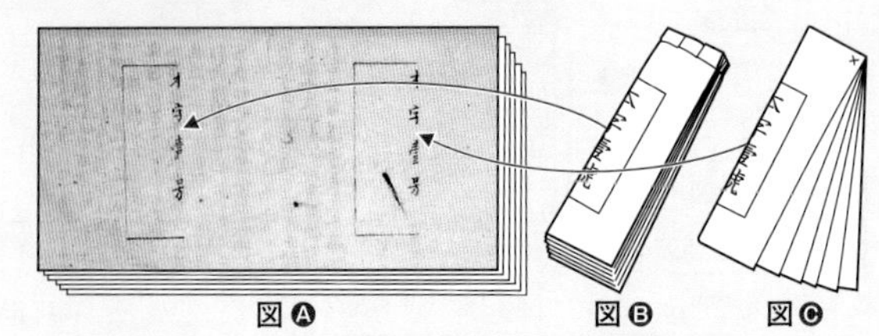

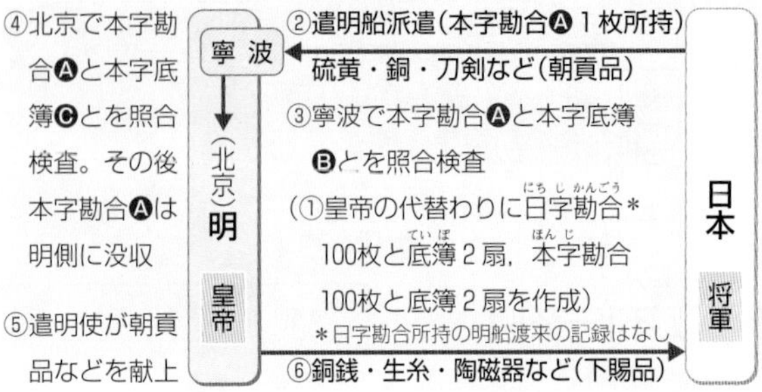

(『対外関係と文化交通』，『朝日百科 歴史を読みなおす4』などを参考に作成)

解説 元の滅亡後，中国を統一した明は，周辺諸国に対して朝貢《ちょうこう》を求めた。日本の将軍は上表文《じょうひょうぶん》に明の年号を使用し「**日本国王臣源**《しんげん》」という署名を付していたが，朝貢に伴う貿易の利益は大きいものであった。日明貿易では**勘合**を用いて，倭寇ではないことの確認を行った。図Aは日本側が遣明船に持参させた**本字勘合**《ほんじかんごう》，図Bは**寧波**《ニンポー》**にある本字底簿**《ほんじていぼ》，図Cは**北京にある本字底簿**である。図Aに書かれた2カ所の本字勘合を図B・図Cの本字底簿と照合し北京で没収するという方式をとった。(勘合は「日本」の2字をわけて，明船には「**日字勘合**《にちじかんごう》」を用意し，日本船は「**本字勘合**」を持参した。)

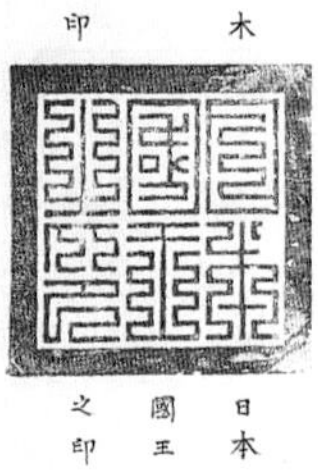

2-1 **日本国王印** 義満は1402年，明から「日本国王」に任じられ，1404年，日本は正式に冊封《さくほう》体制下に入った。この印は印面10.1cmの正方形の木印で，義満に与えられた印は金印であったが，戦乱の間に原印が失われたので，代用として製作されたものと考えられる。大内《おおうち》氏滅亡後に毛利元就《もうりもとなり》が入手した。 セ出題 山口・毛利博物館蔵

2B 倭寇

2-3 **倭寇**(倭寇図巻) 後期倭寇(右)と明《ミン》の官兵の戦闘場面を描いたもの。倭寇は明から「**北虜南倭**《ほくりょなんわ》」としてモンゴル族とともに恐れられ，明滅亡の一因となった。構成員は必ずしも日本人だけではなく，朝鮮人や中国人なども多く，特に後期倭寇の構成員は，大部分が中国人であった。 東京大学史料編纂所蔵

3 日朝貿易

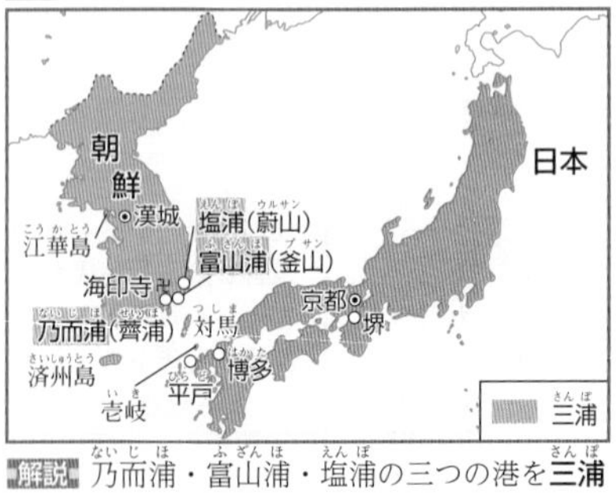

解説 乃而浦《ないじほ》・富山浦《ふざんほ》・塩浦《えんぽ》の三つの港を**三浦**《さんぽ》とよび，日本人の居留地・交易地であった。しかし，朝鮮側が貿易統制を強化すると，これに反発した日本人は1510年，対馬の宗氏の支援を得て暴動をおこしたが鎮圧され，貿易は衰退した(**三浦の乱**)。

3-1 **海印寺大蔵経版殿**《かいいんじだいぞうきょうはんでん》 大蔵経とは仏教の聖典を網羅的に集成したもので一切経ともいい，中国宋代に開版印刷が始まった。**高麗**では最初の版木がモンゴル軍の侵入で焼失したため，鎮護国家を祈念して1236～51年に再刻され，のちに海印寺に収められた。この版木で印刷された高麗《こうらい》版大蔵経が日朝貿易で日本にもたらされた。海印寺には約8万枚の版木が現存する。 世 韓国

2-2 **遣明船**《けんみんせん》 国内用の大型船を改造したもので，中央に檜皮《ひわだ》葺《ぶ》きの主屋形を設け，帆は蓆帆《むしろほ》で，船腹には櫓《ろ》を漕《こ》ぐための台が据え付けられた。この模型は，「真如堂縁起《しんにょどうえんぎ》」に描かれた遣明船 P.117 を参考に復元した750石積《こくづみ》級の船である。 広島県立歴史博物館蔵

考察の視点 この時期，琉球と蝦夷地を介してどのような産物が日本にもたらされたのだろうか。

推移

1 中世の琉球《りゅうきゅう》と蝦夷《えぞ》ヶ島《がしま》

琉球王国(沖縄)の歴史	
12世紀～	各地に按司《あじ》(首長)が出現，グスク(城)を築く
14世紀	本島に山北《さんほく》(北山《ほくざん》)・中山《ちゅうざん》・山南《さんなん》(南山《なんざん》)の３王朝分立 4
1372	中山王，明に初めて入貢《にゅうこう》。山北・山南も入貢
1429	中山王**尚巴志**《しょうはし》による統一→**琉球王国**成立 4
15世紀	東・東南アジア諸国との中継《ちゅうけい》貿易で繁栄
1470	尚円《しょうえん》(金丸《かなまる》)による第二尚氏王朝成立
16世紀中	ポルトガルの進出で貿易衰退
16世紀末	豊臣秀吉《とよとみひでよし》，服属・朝貢《ちょうこう》要求を拒否
1609	島津《しまづ》氏による琉球征服
1634	江戸上《のぼ》り(慶賀使《けいがし》・謝恩使《しゃおんし》)開始

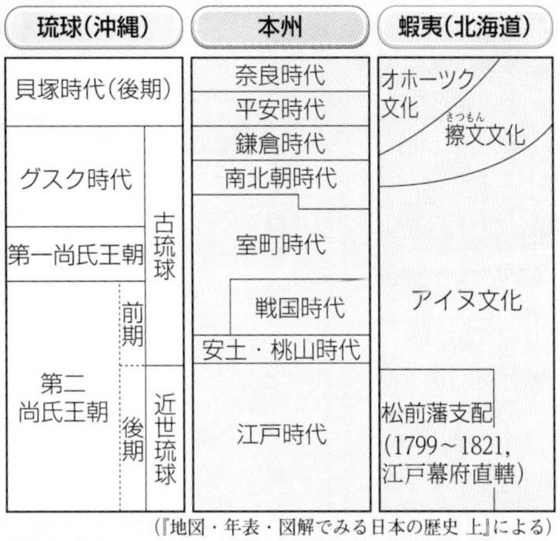

(『地図・年表・図解でみる日本の歴史 上』による)

蝦夷ヶ島(北海道)の歴史	
13世紀前	得宗被官安藤《あんどう》(安東)氏が蝦夷管領《えぞかんれい》(代官)に任じられ，津軽の十三湊《とさみなと》を拠点に勢力伸長 3
14～15世紀	蝦夷地に和人《わじん》が進出，道南に12の城館を築く 3
1457	**コシャマインの蜂起**《ほうき》→蠣崎《かきざき》氏の客将武田信広《たけだのぶひろ》が鎮圧し蠣崎氏を継承 3
～16世紀	アイヌと和人《わじん》の抗争→蠣崎氏台頭《たいとう》
1514	蠣崎光広《みつひろ》，松前《まつまえ》を本拠とする
1551	蠣崎季広《すえひろ》，蝦夷地交易の制を定める
1593	豊臣秀吉《とよとみひでよし》，蠣崎慶広《よしひろ》の蝦夷地支配を認可
1599	蠣崎慶広，松前氏に改姓
1604	徳川家康《とくがわいえやす》，松前慶広にアイヌとの交易独占権を認可

特集

2 琉球とアイヌの対外交易

(『地図・年表・図解でみる日本の歴史 上』などによる)

2-1 中国からの貿易陶磁器
沖縄県立埋蔵文化財センター蔵

2-2 各地で使用された明銭

3 道南十二館《どうなんじゅうにたて》とコシャマインの蜂起《ほうき》

(『地図・年表・図解でみる日本の歴史 上』による)

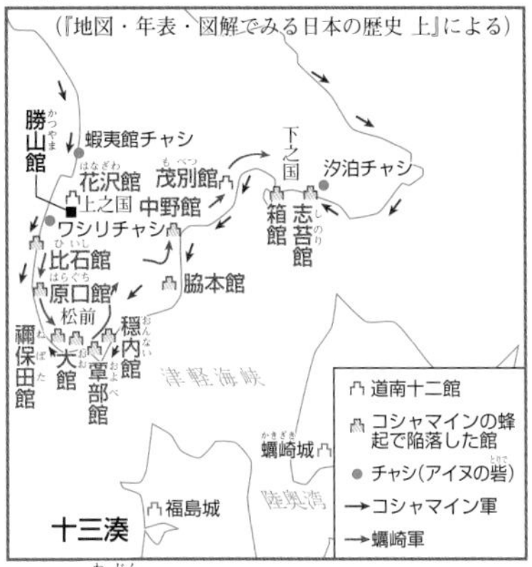

解説 和人《わじん》の圧迫に対し，アイヌの首長**コシャマイン**が蜂起《ほうき》。道南十二館のうち10館が陥落したが，花沢館の蠣崎《かきざき》氏の客将武田信広《たけだのぶひろ》が鎮圧して蠣崎氏を継承した。

3-1 津軽十三湊《つがるとさみなと》(現在の十三湖《じゅうさんこ》付近)

中世津軽の豪族**安藤氏**は，14～15世紀，**十三湊**を拠点に蝦夷《えぞ》交易や日本海交易によって栄えた。北海道南部渡島《おしま》半島に住む和人《わじん》やアイヌを配下に，鮭《さけ》・昆布《こんぶ》など北海の産物や中国の産物を畿内《きない》にもたらし，また日本海交易を通じて，はるか中国・朝鮮の陶磁器や中国銭を獲得した。

4 三山の支配地域と主なグスク

4-2 **万国津梁の鐘**《ばんこくしんりょうのかね》 1458年鋳造《ちゅうぞう》。尚泰久《しょうたいきゅう》王の代に首里《しゅり》城正殿に掛けられた。銘文《めいぶん》に「琉球国は南海の勝地《しょうち》にして，…此《こ》の二つ(大明と日本の)中間に在りて湧《ゆう》出《しゅつ》する蓬莱島《ほうらいとう》なり。舟楫《しゅうしゅう》(舟運)をもって万国の津梁《しんりょう》(架け橋)となし，異産《いさん》至宝《しほう》は十方刹《じっぽうさつ》に充満せり。…」とある。

沖縄県立博物館・美術館蔵

解説 琉球《りゅうきゅう》では12世紀頃から按司《あじ》とよばれる地域の首長が現れ，グスク(城)を築いて各地に割拠した。やがて，琉球本島は山北《さんほく》(北山《ほくざん》)・中山《ちゅうざん》・山南《さんなん》(南山《なんざん》)の３王朝に統合され，それぞれ明に入貢《にゅうこう》してその冊封《さくほう》を受けた。そのうち，中山王の**尚巴志**《しょうはし》が山北を，ついで山南を滅ぼして全島を統一し，1429(永享元)年に**琉球王国**が誕生した。

4-1 **首里城**《しゅりじょう》(那覇市) 琉球王国の王城。石積《いしづみ》の城壁は琉球独特の波状形で，主郭には和漢折衷《わかんせっちゅう》の正殿《せいでん》のほか，冊封使《さくほうし》接待のための中国風の北殿《ほくでん》と薩摩《さつま》役人接待のための和風の南殿《なんでん》があった。沖縄戦で破壊されたが，1958年に守礼門《しゅれいもん》，1992年に正殿以下が復元され，2000年にほかのグスク(城)などとともに世界遺産に登録された。

*2019年に正殿など主要な建物が焼失。

4-3 **進貢船**《しんこうせん》 明から冊封《さくほう》を受けた琉球王国は，明に進貢船を送って交易した。その入貢《にゅうこう》回数は171回におよび，２位の安南(ベトナム北部)の89回を大きく上回る。日本は13位で19回に過ぎない。中国から那覇港《なはこう》に帰国した進貢船が，ハーリー舟(爬竜船《はりゅうせん》競漕舟)や大勢の人に出迎えられている情景が描かれている。

134.5×63.0cm 部分 沖縄県立博物館・美術館蔵

歴史ナビ **市立函館博物館**(北海道函館市) コシャマインの戦いの舞台ともなった志苔館《しのりだて》跡から出土した，大甕３個に入った渡来銭約39万枚を展示している。

惣村の形成と一揆

考察の視点　土一揆(徳政一揆)と国一揆・一向一揆の違いはどこにあるか。参加した階層から考えてみよう。 比較

1 惣村《そうそん》の形成

農民の自治的結合

時期・地域

14～15世紀の近畿地方を先頭に，北陸・東海・中国など社会経済の発展が進み，土地生産力の高い地域で**惣《そう》**または**惣村**とよばれる自治的村落結合が誕生

結合の理由

- 「惣ノ地」「惣森」などの入会地《いりあいち》・用水施設の共同管理
- 荘園領主や国人《こくじん》の非法に対する抵抗
- 戦乱期の掠奪《りゃくだつ》・傷害に対する自衛
- 村の神社の祭などの共同行事の必要

郷村制《ごうそんせい》への発展

惣村は更に周辺の村々と連合して，より大きな結合体を形成

惣《そう》の構造

- **指導者層…長《おとな》(乙名《おとな》)・年寄《としより》・沙汰人《さたにん》**(惣の構成員として農民でありながら侍《さむらい》身分を得た**地侍《じざむらい》**や有力名主《みょうしゅ》などから選出)。指導者層の会議により日常の惣村運営が行われる
- **寄合《よりあい》**…惣の決定機関。大事の場合は一般作人《さくにん》層全員参加による審議判断。村の鎮守《ちんじゅ》の社《やしろ》などに集会(寄合への参加権のない下人《げにん》・名子《なご》・間人《もうど》なども相当数存在)
- **惣掟《そうおきて》(地下掟《じげおきて》・村掟《むらおきて》)**…自治的村落としての惣の規約
- **宮座《みやざ》**…鎮守《ちんじゅ》(氏神《うじがみ》)の共同祭祀《さいし》
- **番水《ばんすい》・分水《ぶんすい》**…灌漑《かんがい》用水の取水配分などの管理

荘園領主 守護

対抗

①**地下請《じげうけ》(百姓請《ひゃくしょううけ》)**
惣村が年貢《ねんぐ》・公事《くじ》などの徴収を請け負う

②**地下検断《じげけんだん》(自検断《じけんだん》)**
村内の司法・裁判の処理と警察権の行使

③**反抗**
愁訴《しゅうそ》・強訴《ごうそ》・逃散《ちょうさん》・一揆《いっき》

1-1 今堀地下掟　延暦寺《えんりゃくじ》領近江国今堀郷(現，滋賀県東近江市)の地下掟で，全20カ条に及ぶ。史

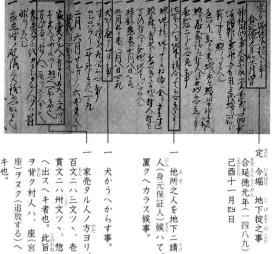

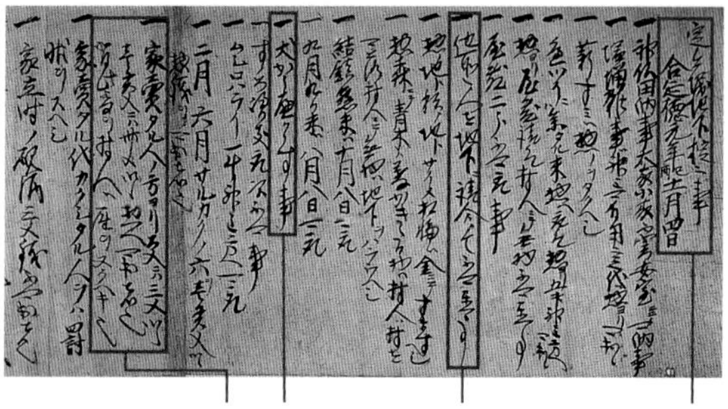

定《さだむ》　今堀《いまぼり》　地下《じげ》掟之事《おきてのこと》
合延徳元年《あわせてえんとくがん》(一四八九)
己酉《つちのととり》十一月四日
一　他所之人《よそのひと》を地下ニ請人《うけにん》(身元保証人)候《そうら》ハて、置クヘカラス候事。
一　犬かうへからす事。
一　家売タル人ノ方《かた》ヨリ、百文《もん》ニハ三文ツヽ、壱貫文ニハ卅《三十》文ツヽ、惣へ出スヘキ者也。此旨《このむね》ヲ背《そむ》ク村人ハ、座(宮座)ヲヌク(追放する)ヘキ也。

2 一揆《いっき》の世

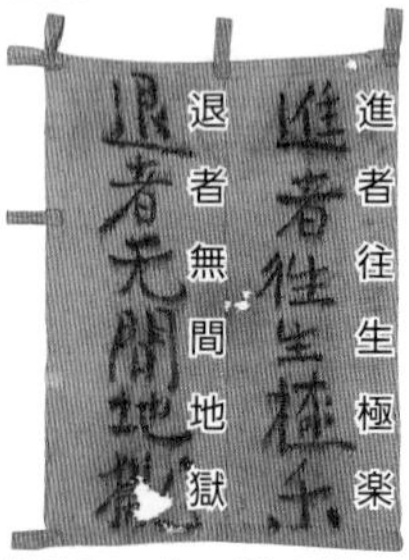

2-1 一向一揆の旗

読み解く① 一向一揆の旗の文字はどのような意味だろうか。

解説 **一揆**とは「揆(はかりごと)を一にする」という意味で，具体的には目的実現のため神や仏に誓って一致団結して行動することをさす。したがって，その主体や目的によって多様な一揆が形成された。

土一揆
国一揆
一向一揆
法華一揆
一向一揆発生地・地名など
● 土一揆関係
丸数字は年代順

❶正長《しょうちょう》の徳政《とくせい》一揆 2A　1428(正長元)　共出題
近江坂本《おうみさかもと》の馬借《ばしゃく》が蜂起《ほうき》。畿内の都市民衆や農民に波及。高利貸を襲い，私徳政《しとくせい》を実施 史

❺加賀《かが》の一向一揆　1488～1580　共出題 セ出題
加賀国では一向宗の勢力が強く，門徒《もんと》である国人や農民が，1488年守護の富樫政親《とがしまさちか》を攻め滅ぼし，以後約100年間一向宗僧侶や国人・農民の合議による自治支配を実施 史

❸嘉吉《かきつ》の徳政一揆 2B
1441(嘉吉元)

❷播磨《はりま》の土一揆　1429
矢野荘国人《やののしょうこくじん》が中心となり守護大名赤松氏の軍勢の国外退去を要求。赤松満祐《みつすけ》により鎮圧 史

❼越前《えちぜん》の一向一揆
1555～76

❾石山《いしやま》合戦(石山戦争)1570～80
全国統一をめざす織田信長と対立した石山本願寺《ほんがんじ》が10年にわたり抗戦したが敗れ，堂舎は焼失

❿長島《ながしま》の一向一揆《いっこういっき》　1570～74
本願寺《ほんがんじ》の命令で，長島の一向宗信徒が信長に対抗

❽三河《みかわ》の一向一揆
1563～64

❻法華《ほっけ》一揆
京都の町衆《まちしゅう》が日蓮宗《にちれんしゅう》寺院を中心に一揆を結び，一向一揆に対抗し，1532(天文《てんぶん》元)年山科本願寺《やましなほんがんじ》を焼打ち。1536(天文5)年延暦寺《えんりゃくじ》と抗争し，多くの日蓮宗寺院が焼き払われた(天文法華《てんぶんほっけ》の乱)

❹山城《やましろ》の国一揆　1485～93　共出題
家督《かとく》争いのため，南山城に畠山義就《はたけやまよしなり》・政長《まさなが》両軍が長期対陣。国人らが一揆を結んで両軍の撤兵を要求。両軍は撤兵。以後南山城を8年間にわたり自治支配 史

解説 **「自力救済」と「一揆」の時代**　自力救済とは，自分や自分が所属する集団の生命・財産・権利が侵害された場合，自分たちの力で自らを守り，権利の回復を図ることをいう。公権力による司法が脆弱《ぜいじゃく》であった中世社会では，惣や一揆などの社会集団が，集団や構成員にかかわる紛争を実力行使によって解決することが社会的な慣習となっていた。

2A 柳生徳政碑文《やぎゅうとくせいひぶん》

セ出題　約33cm×21cm

解説 1428(正長《しょうちょう》元)年の**正長の徳政一揆**の時，興福寺《こうふくじ》が徳政令を布告すると柳生《やぎゅう》郷《ごう》(現在の奈良市柳生町)の農民たちは負債の破棄を宣言し，記念に疱瘡地蔵《ほうそうじぞう》の右脇に碑文《ひぶん》を刻んだ。

読み解く② 碑文の内容を読み取ってみよう。

2B 嘉吉《かきつ》の徳政一揆《とくせいいっき》

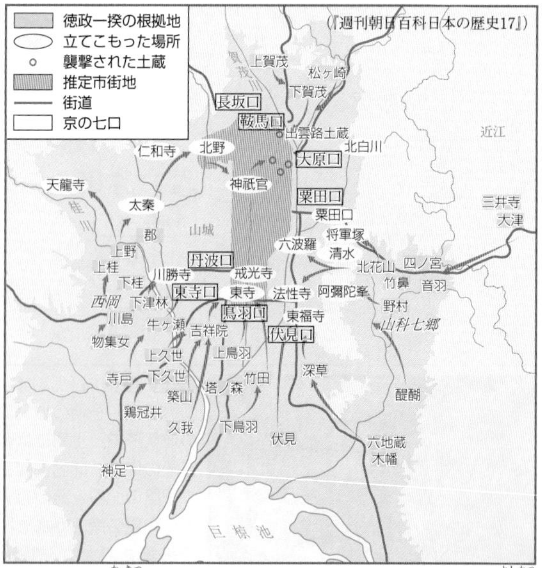

解説 1441(嘉吉《かきつ》元)年，**嘉吉の変**直後の幕府に対して，**将軍義勝《よしかつ》の「代始めの徳政」**を要求して数万人が京都を包囲。幕府は初めて正式に徳政令を発令した。徳政は代始めや改元《かいげん》に際し要求された。

歴史ナビ　**岩井三四二『月ノ浦惣庄公事置書《そうしょうくじのおきがき》』**(文春文庫)　隣村との土地争いの公事《くじ》(裁判)のために京に上った月ノ浦の村民たちを思わぬ結果が待ち受ける。

考察の視点 応仁の乱が長期化した理由を考えてみよう。

相互関連

1 応仁の乱関係略年表

1454	畠山義就《はたけやまよしひろ》と畠山政長《まさなが》の家督《かとく》争いが始まる
55	畠山義就，家督を継ぐ
60 (寛正元)	管領**細川勝元《かつもと》**，畠山氏の家督争いに介入し，義就が追放され，政長，家督を継ぐ(畠山勢力の分裂)
61	寛正《かんしょう》の大飢饉が深刻化し，京都の餓死《がし》者８万人以上
64	将軍**義政**，弟の義尋《ぎじん》を養子とする。義尋，**義視《よしみ》**と改名
65	将軍**義政**の夫人**日野富子《ひのとみこ》**，**義尚《よしひさ》**を産む
66 (文正元)	将軍**義政**，斯波《しば》氏の家督相続に介入。家督を斯波義廉《よしかど》から義敏《よしとし》に移す 将軍義政の側近，**足利義視**暗殺を企て失敗(文正《ぶんしょう》の政変)。**細川勝元**(東軍)・**山名持豊《やまなもちとよ》**(西軍)ら軍勢を京都に結集
67 (応仁元)	**応仁の乱始まる**。畠山政長軍(東軍)と畠山義就軍(西軍)の衝突。**細川勝元**，「花の御所《ごしょ》」占拠《せんきょ》。**山名持豊**，京都堀川の西に陣を移す(**西陣**の始まり)。京都市街戦が始まり，多くの禅僧が地方に逃れる
68	**足軽《あしがる》**など傭兵《ようへい》集団が活動。主要寺社の多くが炎上
69	大内政弘《おおうちまさひろ》(西軍)，摂津《せっつ》制圧(戦局の中心が地方に移行)
73	３月，**山名持豊**(**宗全《そうぜん》**)，死去(70歳)。５月，**細川勝元**，死去(44歳)。**足利義尚**，９代将軍となる
77 (文明９)	畠山義就(西軍)，河内《かわち》に撤兵。西軍諸将も分国《ぶんこく》に撤兵 **応仁の乱終わる**
85 (文明17)	畠山義就と畠山政長の対立が続き，南山城《やましろ》(政長の分国)で両軍が長期間対陣。南山城の国人《こくじん》・農民・荘園領主らが両軍の撤兵を要求し，撤兵さす(**山城の国一揆**)
86	山城の国人，宇治平等院《うじびょうどういん》に会合して国中の掟《おきて》を定める

2 応仁の乱の対立関係

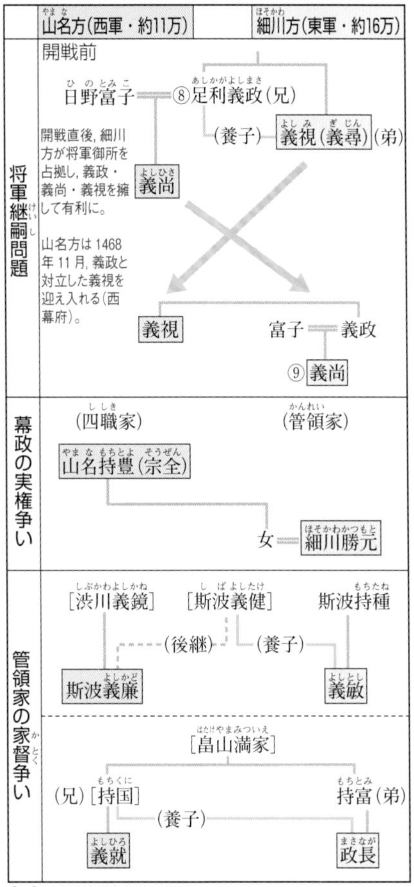

[ ] 内は開戦時すでに故人

2-1 足利義政《あしかがよしまさ》 (1436～90)

2-2 日野富子《ひのとみこ》 (1440～96)

3 応仁の乱と京都

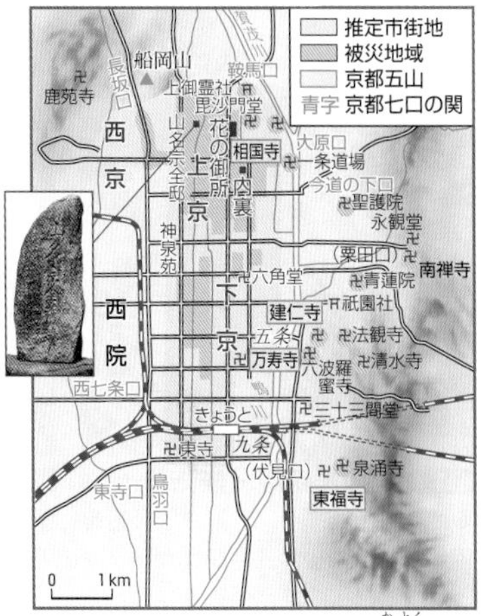

解説 応仁の乱は足利将軍家の家督《かとく》問題，有力守護の家督問題のほか，幕府内の指導権争いも絡んだ戦乱であった。京都市中の市街戦が中心であったため，例えば東軍の骨皮道賢《ほねかわどうけん》など身軽に行動できる悪党が重用され，「足軽」「疾足《しっそく》の徒」とよばれた。一条兼良《かねよし》は『樵談治要《しょうだんちよう》』のなかでこれを「ひる強盗」と罵倒《かねら》している。京都は多くの寺院が焼失し，現存するのは六波羅蜜《ろくはらみつ》寺，八坂塔など数カ所である。この乱により幕府・将軍家の権威が失墜した。

4 応仁の乱の勢力分布

セ出題 4-1 **足軽の活動**(真如堂縁起《しんにょどうえんぎ》) 足軽が陣地構築の資材を得るために，真如堂を破壊・略奪している場面。足軽は後方攪乱《かくらん》や放火などを任務とし，荘園制の崩壊や農民層の分解を背景に，畿内の農民から徴用された。**応仁の乱**を境に，それまでの騎馬による個人戦から足軽の集団戦闘に変化し，やがて訓練された槍隊や弓隊・鉄砲隊に編成された。

読み解く 右下の武士は何をしているのだろうか。

部分 京都・真正極楽寺蔵

5 享徳《きょうとく》の乱と関東

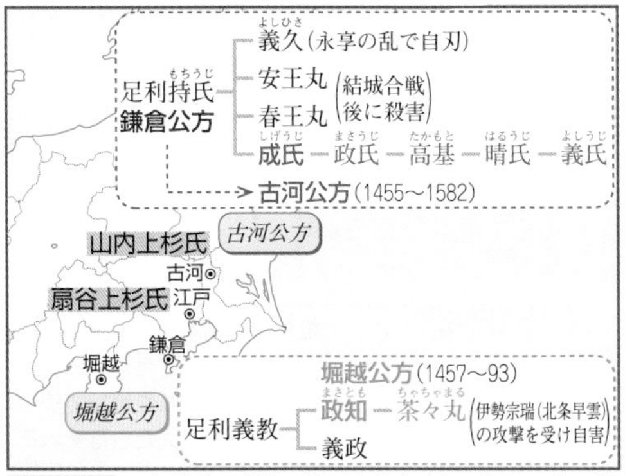

解説 **享徳の乱**(1454～77)は，鎌倉公方足利成氏《しげうじ》が関東管領《かんとうかんれい》上杉憲《のり》忠《ただ》を謀殺したことに始まる関東の大乱。幕府の追討を受けた成氏は下総古河《こが》に移って**古河公方《くぼう》**と称し，幕府が派遣した足利政知《まさとも》は伊豆堀越《ほりごえ》に拠《よ》って堀越公方と称して鎌倉《ほりこし》公方は分裂した。また，関東管領上杉氏も山内《やまのうち》上杉氏と扇谷《おうぎがやつ》上杉氏に分かれて抗争を繰り返すようになる。このような関東の情勢は，新興勢力である**小田原《おだわら》北条氏(後北条氏)の台頭**を招いた。

歴史ナビ **永井路子『銀の館』**(文春文庫) 応仁の乱に揺れる争乱の時代，将軍家の正室として中傷の渦巻くなかで幕府を支え続けた日野富子の生涯を描く。

室町時代の産業① 農業・特産物

考察の視点 室町時代の農業は，どのような点で前の時代に比べて進歩したのだろうか。 比較

1 室町時代の農業

①牛馬耕《ぎゅうばこう》の普及
②二毛作《にもうさく》の普及(稲と麦・麦と大豆・麦とソバなど，近畿・瀬戸内は三毛作も)史・品種改良(早稲《わせ》・中稲《なかて》・晩稲《おくて》)
③肥料の普及(草木灰《そうもくばい》・刈敷《かりしき》・厩肥《きゅうひ》・人糞尿《じんぷんにょう》の使用)出題
④農業用水の確保，龍骨車・水車の普及

生産力の増大＝段《たん》あたりの収穫高増加
→名主《みょうしゅ》層の成長・作人《さくにん》層の自立
各地に特産物が生まれる(商品作物)

1A 農業技術の進歩

1-1 **牛耕**《ぎゅうこう》(松崎天神縁起絵巻《まつざきてんじんえんぎえまき》) 犂《すき》を引く牛のようすが見える。 部分 東京国立博物館蔵

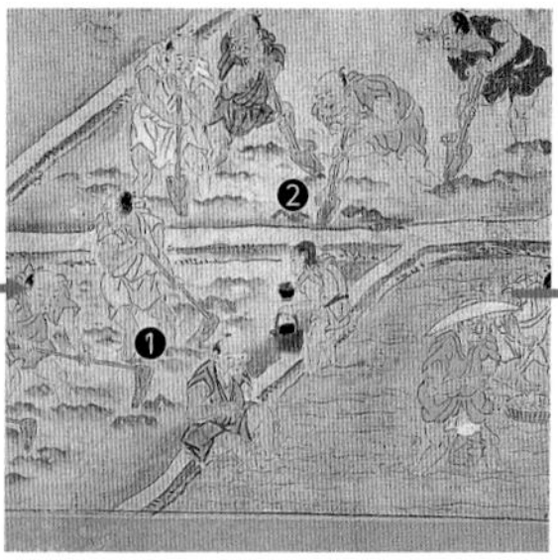

1-2 **田おこし**(たはらかさね耕作絵巻) 鍬《くわ》❶と鋤《すき》❷での苗代《なわしろ》づくり。 部分 東京大学史料編纂所蔵

1-3 **田植え**(月次風俗図屏風《つきなみふうぞくずびょうぶ》) 豊作を祈る田楽《でんがく》とともに大勢で行われた。 部分 東京国立博物館蔵

部分 東京大学史料編纂所蔵

1-4 **稲扱**《いねこき》**・籾摺**《もみすり》**・俵詰**《たわらづめ》(たはらかさね耕作絵巻) 脱穀には扱箸《こきばし》を用いた。千歯扱《せんばこき》は江戸時代から。

1-5 **なげつるべと龍骨車**《りゅうこつしゃ》(たはらかさね耕作絵巻) 龍骨車は中国伝来。4人で足踏みし，蛇腹《じゃばら》を回して水を汲《く》み上げる。 部分 東京大学史料編纂所蔵

1-6 **水車**(石山寺縁起絵巻《いしやまでらえんぎえまき》) 水流を利用して汲み上げる揚水《ようすい》水車。 部分 滋賀・石山寺蔵

1-7 **施肥**(町田本洛中洛外図屏風) 人糞尿《じんぷんにょう》は大切な肥料だった。 部分 千葉・国立歴史民俗博物館蔵

2 諸国の特産物

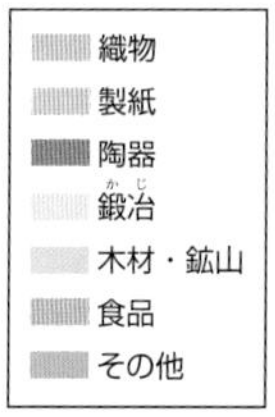

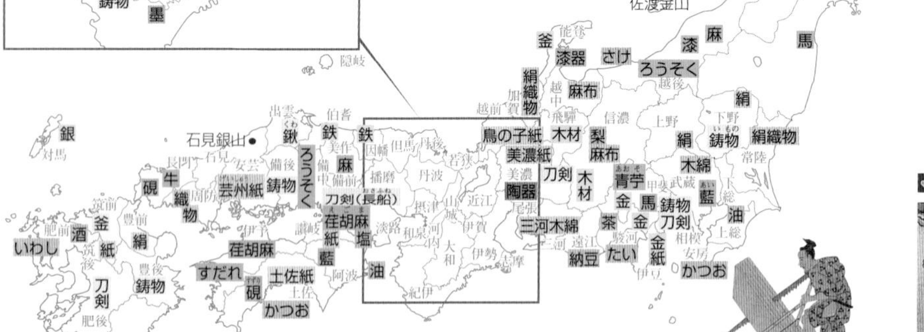

2-1 **紙漉**《かみすき》(七十一番職人歌合《しちじゅういちばんしょくにんうたあわせ》) 鳥《とり》の子紙(越前《えちぜん》)，杉原紙《すいばら》(播磨《はりま》)など全国的に紙が生産された。
部分 東京・前田育徳会蔵

2-2 **鋳物師**《いもじ》(職人歌合絵巻) 足踏み式の「ふいご」を用いて銅の精錬《せいれん》を行っているところ。
部分 千葉・国立歴史民俗博物館蔵

2-3 **波文様漆器**《はもんようしっき》
神奈川・鎌倉市教育委員会蔵

2-4 **大鋸**《おが》**ひき**(三十二番職人歌合絵《うたあわせ》巻) 二人でひく縦びき用の大形の鋸《のこぎり》が中国から伝来した。木材を角材や板に加工できるようになり，大型船の建造が可能になった。 東京・サントリー美術館蔵

2-5 **製塩**《せいえん》(文正草紙《ぶんしょう》) 部分 宮内庁書陵部蔵

読み解く ここに描かれた塩田は揚浜法《あげはま》P.28で，塩田に海水を撒《ま》いてならして蒸発させ，塩の結晶がついた砂を集めて濃縮海水とし，これを塩釜《しおがま》で煮つめて塩をつくった。描かれた❶～❸の人たちはそれぞれどんな仕事をしているだろうか。

2-6 **『七十一番職人歌合』の女性たち** 16世紀初頭に描かれたこの「職人尽絵《しょくにんづくしえ》」には，さまざまな生業に携わる女性たちが登場する。
部分 東京・前田育徳会蔵

考察の視点 貨幣経済が浸透したことは，どのような点から窺えるだろうか。相互関連

1 職人の分化

1A 『七十一番職人歌合《うたあわせ》』にみる職人たち

部分 東京国立博物館蔵

1-1 1-2

1-3 1-4

1-1 鍛冶《かじ》 熱した鉄を打ち鍛え，刀や農具などをつくる職人。侍《さむらい》烏帽子《えぼし》と直垂《ひたたれ》に袴《はかま》姿で，左手に鉄箸《はし》，右手に槌《つち》をもつ。傍《かたわ》らには鉄《かな》床《とこ》(鉄製の台)・やすり入りの木箱・小さい槌がみえる。

1-2 番匠《ばんじょう》 現代の大工《だいく》にあたる。侍烏帽子と直垂に袴で腰刀を差す。右手に手斧《ちょうな》をもち，傍らには曲尺《かねじゃく》・墨壺《すみつぼ》・鑿《のみ》・槌がある。

1-3 経師《きょうし》 僧形《そうぎょう》。経巻《きょうかん》をもって巻目を点検している。裁《た》ち盤の上に経巻・巻き紐・包丁などが置かれている。

1-4 仏師《ぶっし》 僧形。小刀で蓮弁《れんべん》を削る。傍らに蓮弁・手斧・鑿・小槌・細工刀などがある。

解説 『職人歌合』とは，さまざまな職人(商人や芸能者など多様な職能民を含む)の姿を描いた『職人尽絵』に，それぞれ相応する和歌を添えたもので，中世社会史の重要史料。『七十一番職人歌合』には左方・右方あわせて142種の職人が登場する。

部分 埼玉・喜多院蔵 川越市立博物館提供

1-5 桶師《おけし》と畳師《たたみし》(職人尽図屛風《しょくにんづくしずびょうぶ》) 薄板を円筒形にした曲物に代わり，縦板をたがで締めた結桶が登場。書院造で畳の需要が増加。

部分 埼玉・喜多院蔵 埼玉県立歴史と民俗の博物館提供

1-6 機織《はたお》り(同左) 機織り職人とその家族が一緒に機を織っている。

2 商業の発達

2A 行商する人びと

2-1 連雀商人《れんじゃくしょうにん》(石山寺縁《いしやまでらえん》起絵巻《ぎえまき》) 連雀は荷物を運ぶために背負う道具。室町時代から行商が活発になった。

部分 滋賀・石山寺蔵

京都・室町通りの商店街(**見世棚《みせだな》**) P.163
振売《ふりうり》，女性の行商人(**大《お》原女《はらめ》と桂女《かつらめ》**) P.164

「ケガレ」と「キヨメ」—職能から生まれた差別

「**ケガレ**」とは，仏教や神道・陰陽道《おんみょうどう》などの影響を受けて浸透した観念で，死や出産・病・動物の屠殺《とさつ》など死や血を忌《い》み嫌うものである。一方の「**キヨメ**」はケガレを排除して清浄な状態を回復することをいう。中世社会では，清掃や葬送，死牛馬処理，犯罪者の逮捕や処刑，乞食《こつじき》，呪術的な芸能と宗教行為などに携わることになった人びとがケガレにかかわる者として，「**非人《ひにん》**」と総称され被差別民としての扱いを受けた。㋝出題 しかし，一方で非人は同時にキヨメにかかわる「聖なる者」として，宮中や寺社の保護の下に存在した。例えば，非人の一種である**犬神人《いぬじにん》**は，大寺社に隷属し，清掃や葬送などのキヨメの役割を果たしたり，弓弦《ゆみづる》などの製造業に従事したりしていた。彼らは，非定住民として卑賤《ひせん》視される一方，神仏の技を身につけた者，ケガレを清める者として畏怖《いふ》される存在でもあった。しかし，南北朝期以降，朝廷や寺社などの権威が失われていくなかで，聖なるものとの結びつきを弱め，しだいに職能ごとの社会集団として分化していった。専門化によって一定の社会的地位を確保する者もいれば，皮革業などの職能と引き換えに卑賤視されるだけの集団も形成されていった。このように，近世の被差別身分は，古代・中世より存在した「ケガレ」「キヨメ」という観念と深く結びついて形成されてきたものと考えられる。

犬神人《いぬじにん》(遊行上人絵巻)

部分 山形・光明寺蔵

江戸時代初頭，京都・賀茂河原付近のようす(九博本洛中洛外図屛風) 解体した牛を運搬する人びとや剝《は》いだ牛皮の処理をする人びとが描かれている。

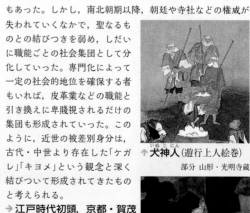

部分 九州国立博物館蔵

3 貨幣の流通

3A 明銭と私鋳銭 ㋝出題 ㊡出題

3-1 洪武通宝《こうぶつうほう》(明銭)

出題
3-2 永楽通宝《えいらくつうほう》(明銭)

3-3 私鋳銭《しちゅうせん》(びた銭)

解説 商業の発達にともなって増大した貨幣需要は，明からの輸入銭でまかなわれた。一方明銭を模《も》した粗悪な私鋳銭《しちゅうせん》もつくられたため，取引の場で**撰銭《えりぜに》**が行われた。㋝出題 撰銭とは良銭と粗悪銭とを区別選択して，粗悪銭の受け取り拒否や割り増しを要求する行為。

3B 酒屋と土倉《どそう》

解説 京都の酒屋と土倉の推定分布(15世紀前半)。ともに金融業者で，土倉は質物を保管するための土蔵からおこった名。酒屋の中には，酒造業のかたわら金融業を営む者が多かった。

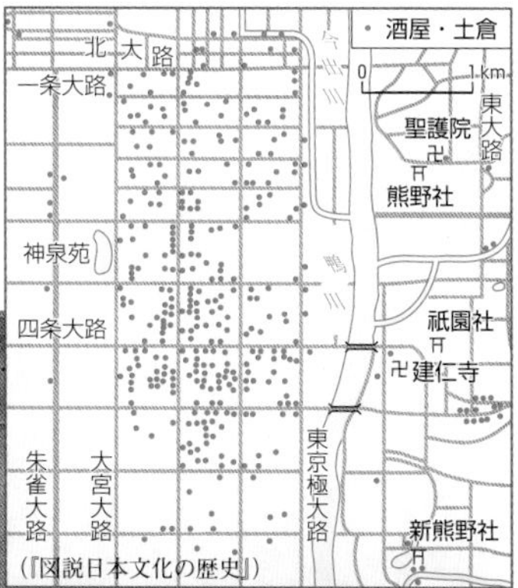

(『図説日本文化の歴史』)

3-4 火災で焼け残った土倉(春日権現験記絵《かすがごんげんげんき》)

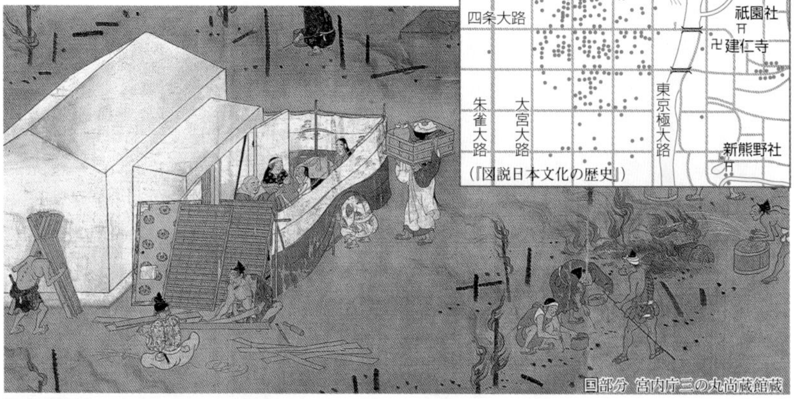
国部分 宮内庁三の丸尚蔵館蔵

歴史ナビ **広島県立歴史博物館**(福山市) 幻の中世都市・草戸千軒を実物大の模型で再現。瀬戸内の民衆生活と文化に視点を当てた博物館である。

考察の視点　多くの馬借や車借が近江の坂本や大津，京都南郊の鳥羽や淀などを拠点に活動したのはなぜだろうか。
相互関連

1 交通・座の発達

解説 中世の交通路は古代の駅制のように国家によって整えられたものではなく，地方武士や農民が切り開いたものであり，農民や荘園関係者の年貢輸送路が発展したものである。寺社・公家・幕府は**関銭**《せきせん》徴収を目的として京都の**七口**《ななくち》を初めとし，各地に**関所**を設置した。畿内の幹線輸送路である淀川《よどがわ》沿岸には中世後期に約380，全国では約600の関所が設けられたといわれる。水上交通路も各地の港を中継地として沿岸航路や河川交通路が整えられていったが，港にも関所が設けられ，水上交通者は**津料**《つりょう》を支払わなければならなかった。㊝出題

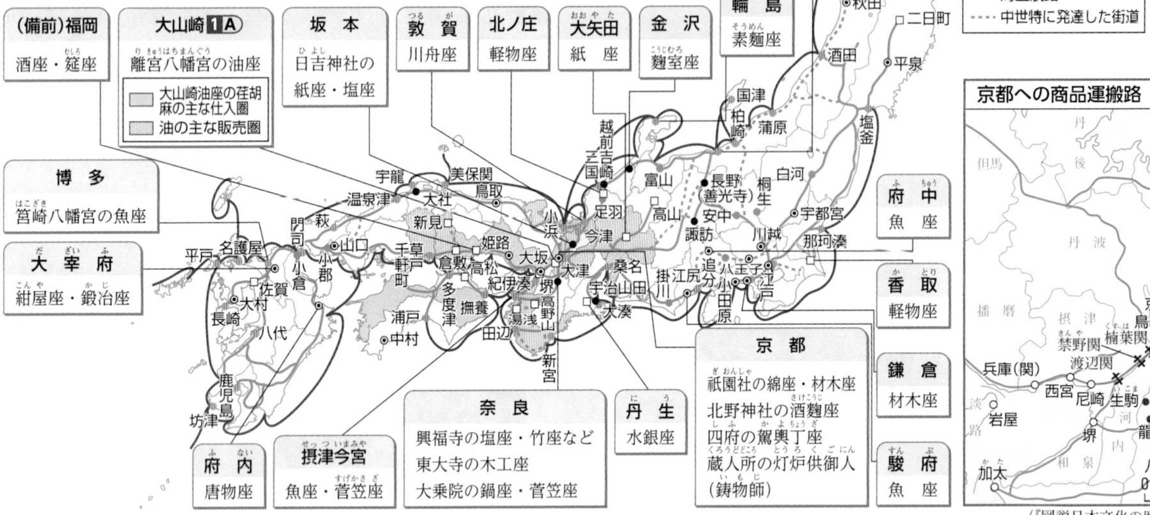

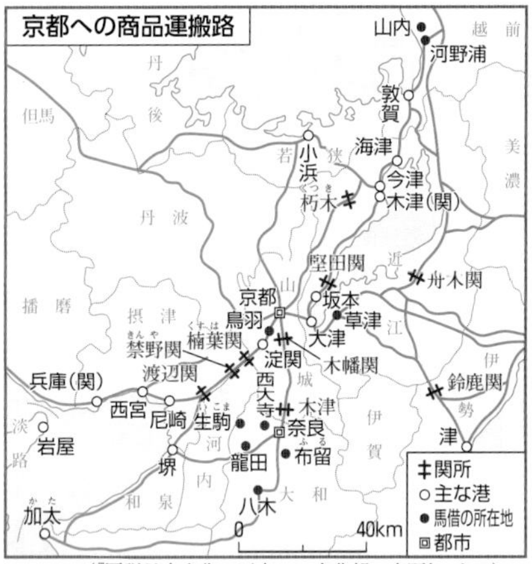

(『図説日本文化の歴史６　南北朝・室町』による)

1A 大山崎離宮八幡宮の油座 ㊝出題

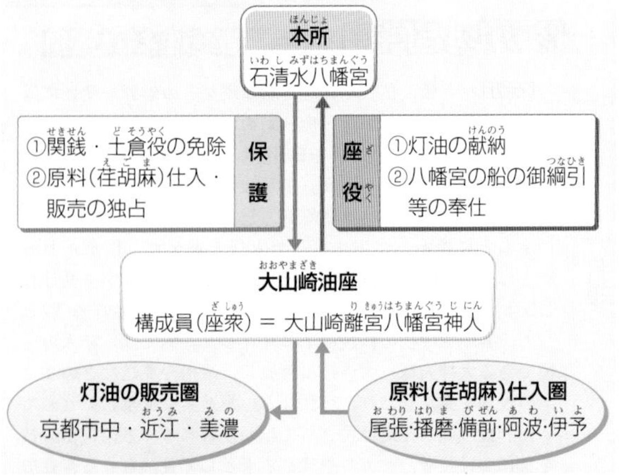

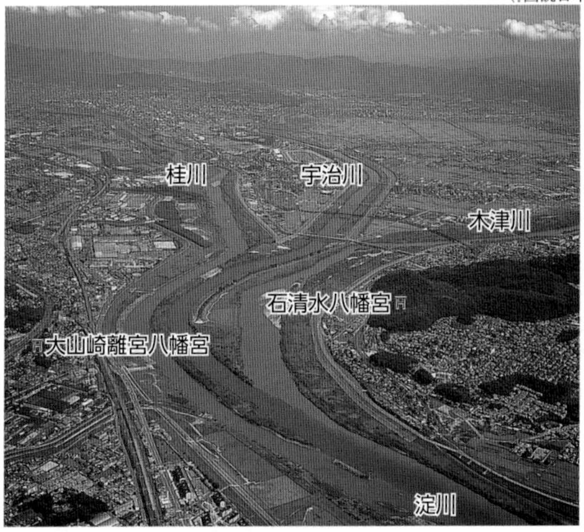

1-1 石清水八幡宮《いわしみず》と大山崎《おおやまざき》離宮八幡宮　二つの神社は，桂川・宇治川・木津川が合流して淀川になる両岸に位置し，摂津《せっつ》(大阪)・山城《やましろ》(京都)の境にある。その距離は約2.5km。大山崎は淀川の河港で，油の原料である荏胡麻《えごま》もここで陸揚げされた。大山崎の油座は，応仁の乱以降の幕府権力の失墜や豊臣秀吉《とよとみひでよし》による座の破棄，菜種油の普及によって衰退した。　京都

1-3 油売り　その主体は大山崎離宮八幡宮の神人(下級神職)であった。

「長谷雄草紙」東京・永青文庫蔵

1B 馬借と車借 ㊝出題

部分 滋賀・石山寺蔵

部分 千葉・国立歴史民俗博物館蔵

1-2 馬借《ばしゃく》(石山寺縁起絵巻《いしやまでらえんぎえまき》)(左)と**車借**《しゃしゃく》(洛中洛外図屛風《らくちゅうらくがいずびょうぶ》)(右)　ともに陸上輸送業者で馬借は馬の背を，車借は荷車を用いた。中世では馬借が主であった。

供御人《くごにん》・神人《じにん》

朝廷に属し，天皇家の食事(供御)などを貢納《こうのう》する者を供御人とよんだ。彼らの中には，のちに課税免除や販売独占権などの特権を与えられる者もあった。また，天皇の輿《こし》や祭礼の神輿《みこし》を担ぐ人を駕《が》輿丁《よちょう》といい，神社に所属し神社の警備などの奉仕を行う下級の神職は神人とよばれた。彼らもまた，各種の座を結成して，商業や運送業に従事した。

多種多様な供御人・神人

粟津《あわづ》**供御人・菅浦**《すがうら》**供御人**(琵琶湖の魚類)　**精進御薗**《しょうじんみその》**供御人**(野菜類)　**木幡竹子**《こはたたけのこ》**供御人**(筍)　氷室《ひむろ》供御人(氷)　**日吉**《ひよし》**神人**(日吉神社・延暦寺《えんりゃく》・金融業)　**供祭**《ぐさい》**人**(上賀茂《かみがも》神社・下《しも》賀茂神社・魚類)　**石清水**《いわしみず》**神人**(石清水八幡宮・淀《よど》魚市の専売権・馬借や淀川水運などの水陸運送)　**大山崎**《おおやまざき》**神人**(離宮八幡宮・荏胡麻《えごま》油)など

考察の視点　バサラとは何か。また，それが流行した背景には何があったのか。　相互関連

室町文化①　南北朝文化

南北朝《なんぼくちょう》文化(動乱期の文化)	北山《きたやま》文化	東山《ひがしやま》文化
時期　14世紀中頃(南北朝の動乱期) ❶動乱や時代の転換点を背景に，歴史書や軍記物《ぐんきもの》が発達 ❷新興武士によるバサラ(華美でぜいたく)の気風が興隆	時期　14世紀末～15世紀前半(３代将軍足利義満《あしかがよしみつ》の時代) ❶武家《ぶけ》文化が公家《くげ》文化を摂取して発展 ❷宋・元・明文化の融合 ❸五山《ござん》・十刹《じっさつ》の制の完成と禅宗《ぜんしゅう》文化の普及	時期　15世紀後半(８代将軍足利義政《よしまさ》の時代) ❶諸文化が融合し，禅の精神に基づく簡素さと，伝統文化の幽玄《ゆうげん》・侘《わび》を基調とする ❷庶民文化の誕生や文化の地方伝播《でんぱ》

1 南北朝文化

学問	歴史書	増鏡《ますかがみ》(未詳)…公家の立場
	(セ出題)	神皇正統記《じんのうしょうとうき》(北畠親房《きたばたけちかふさ》)…南朝の正統性
	有職故実《ゆうそくこじつ》	建武年中行事《けんむねんじゅうぎょうじ》(後醍醐《ごだいご》天皇)　職原抄《しょくげんしょう》(北畠親房)
	論語《ろんご》解釈	正平《しょうへい》版論語(道祐《どうゆう》)
文学	軍記物	太平記《たいへいき》(未詳)
		梅松論《ばいしょうろん》(未詳)…足利政権の正当性
		曽我《そが》物語(未詳)…曽我兄弟の仇討《あだうち》
	連歌《れんが》	菟玖波《つくば》集・応安新式《おうあんしんしき》(二条良基《にじょうよしもと》)
建築	禅宗様《ぜんしゅうよう》	永保《えいほう》寺開山堂(岐阜)
庭園	池泉廻遊式《ちせんかいゆうしき》	西芳寺《さいほうじ》世　天龍寺《てんりゅうじ》世
絵画	水墨画《すいぼくが》	寒山図《かんざんず》(可翁《かおう》)
	絵巻物	慕帰絵詞《ぼきえことば》…本願寺３世覚如《かくにょ》の生涯
その他	二条河原落書《にじょうがわらのらくしょ》	
	バサラ＝派手で新奇なものを好む新興武士の台頭	
	→連歌・能楽《のうがく》・茶寄合《ちゃよりあい》・闘茶《とうちゃ》の流行	

1A 建築

1-1 永保寺開山堂《えいほうじかいさんどう》　南北朝時代を代表する禅宗様式の建築。岐阜県多治見《たじみ》市にある。　国平面5.5×13.1m

1B 文学

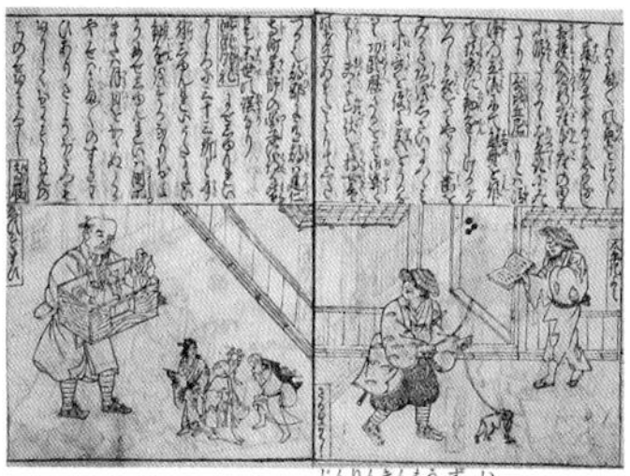

1-2 太平記読み(人倫訓蒙図彙《じんりんきんもうずい》)　『太平記』は『平家物語』と同様，物語僧の朗読によって普及した。江戸時代には政道や兵法を学ぶという武家の要請から，図のような職業的講《こう》釈師《しゃくし》が登場した。　部分 京都大学附属図書館蔵

1-3 連歌会《れんがかい》と立花《たてはな》(慕帰絵詞《ぼきえことば》)　正面奥に柿本人麻呂《かきのもとのひとまろ》の画像，左右に竹などを描いた水墨画《すいぼくが》を掛け，立花を左右に置いて，人びとが連歌に興じている。　部分 京都・西本願寺蔵

1C 絵画

1-4 寒山図《かんざんず》(可翁《かおう》筆)　寒山と拾得《じっとく》は中国唐の貞観《じょうがん》年間(７世紀)の人で，その個性的な生き方が古来禅僧《ぜんそう》から尊ばれ，好んで絵の題材にされてきた。可翁は南北朝時代の代表的な画僧である。
国98.6×33.5cm 部分 個人蔵

1D バサラの文化

1-5 会所での無礼講《ぶれいこう》(酒飯論絵巻)　『太平記』にはバサラ大名の典型とされる佐々木道誉《ささきどうよ》らが「衆ヲ結ビテ茶ノ会ヲ始メ，日々ニ寄合《よりあい》」とあり，酒食をともなう連歌会《れんがかい》や茶《ちゃ》寄合《よりあい》が盛行したようすがうかがえる。　京都・三時知恩寺蔵

2 南北朝時代の庭園

2-2 上段の枯山水　この部分には，夢窓疎石《むそうそせき》が創建した当時の面影が残っているといわれる。

2-3 天龍寺《てんりゅうじ》庭園　南北朝　夢窓疎石《むそうそせき》の勧めで足利尊氏《あしかがたかうじ》が後醍醐《ごだいご》天皇の冥福《めいふく》を祈るために建立した天龍寺の庭園は，西芳寺《さいほうじ》と同様に夢窓疎石の作による池泉廻遊式庭園である。　京都

(『図説日本庭園のみかた』)

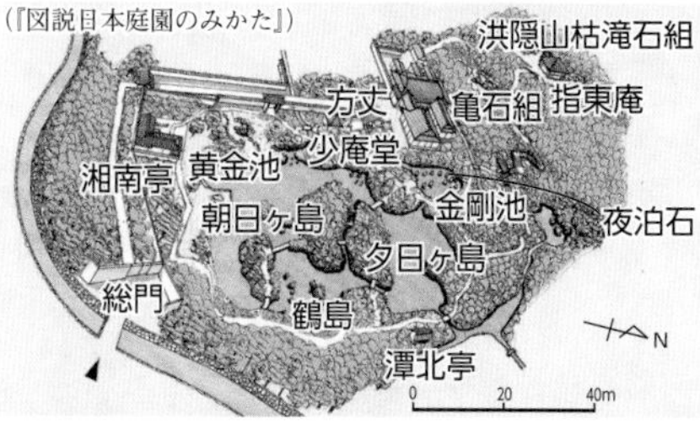

2-1 西芳寺《さいほうじ》庭園　南北朝　西芳寺は1339年夢窓疎石《むそうそせき》が再興。庭園は上下２段に分かれ，上段は石組みの枯山水《かれさんすい》《せんずい》，下段は池泉廻遊式庭園である。多種多様の苔《こけ》におおわれており，苔寺《こけでら》と通称されている。　京都

2A 室町時代の庭園の比較

南北朝　北山　東山

様式	池泉廻遊式庭園《ちせんかいゆうしきていえん》	池泉廻遊式庭園(一部石組み)	枯山水《かれさんすい》《せんずい》庭園
代表例	天龍寺《てんりゅうじ》庭園，鹿苑寺《ろくおんじ》庭園	西芳寺《さいほうじ》庭園，慈照寺《じしょうじ》庭園	大徳寺大仙院《だいとくじだいせんいん》庭園，龍安寺《りょうあんじ》石庭
特色	自然をそのまま利用。池を中心に広大な庭園の周囲をめぐることでさまざまな風景を楽しむ。	廻遊式庭園の一部に白砂や石組みを配し，禅宗風の精神世界を醸《かも》しだす。	水をまったく用いず，石と白砂だけで，狭い庭の中に山水自然の姿を表す。

歴史ナビ　**高師直**　足利尊氏の執事でバサラの代表。「王が必要ならば人形《ひとがた》をこしらえ，生きている院や天皇は面倒だから流してしまえ」と嘯《うそぶ》いたという。

室町文化② 北山文化

考察の視点 京都五山や鎌倉五山を中心に，五山文学や五山版の出版が隆盛となったのはなぜだろうか。 相互関連

学問	歴史書	難太平記《なんたいへいき》(今川了俊《いまがわりょうしゅん》)…今川氏の歴史を記すとともに，『太平記』の誤りを正す
文学・書物	五山《ござん》文学	禅僧による漢詩文学(義堂周信《ぎどうしゅうしん》・絶《ぜっ》海中津《かいちゅうしん》ら) ㋝出題
	五山版	禅の経典・漢詩文集の出版 ㋝出題
	能《のう》	風姿花伝《ふうしかでん》[花伝書《かでんしょ》](世阿弥《ぜあみ》)・申楽談《さるがくだん》儀《ぎ》(世阿弥の談話を子の元能《もとよし》が筆録)
	軍記物	義経記《ぎけいき》(未詳)…源義経《みなもとのよしつね》伝説を生む
建築	寝殿造《しんでんづくり》・禅宗様《ぜんしゅうよう》	鹿苑寺《ろくおんじ》国金閣《きんかく》
	和様	興福寺《こうふくじ》国東金堂《とうこんどう》・五重塔
庭園	池泉廻遊式《ちせんかいゆう》	鹿苑寺
絵画	水墨画《すいぼくが》	妙心寺退蔵院瓢鮎図《みょうしんじたいぞういんひょうねんず》(如拙《じょせつ》)
		寒山拾得図《かんざんじっとくず》(伝周文《しゅうぶん》) ㋝出題
芸能など	能・狂言《きょうげん》	大和猿楽《さるがく》四座(金春《こんぱる》・金剛《こんごう》・観世《かんぜ》・宝生《ほうしょう》)…興福寺・春日神社が本所
	能楽の大成	観世座《かんぜざ》の観阿弥清次《かんあみきよつぐ》・世阿弥元清《ぜあみもときよ》
	教材等	庭訓往来《ていきんおうらい》(玄恵《げんえ》？) 童子教《どうじきょう》 実語教《じつごきょう》 節用集《せつようしゅう》の刊行(饅頭屋宗二《まんじゅうやそうじ》)

1 建築・庭園

1-2 鹿苑寺金閣の3層内部　3層は究竟頂《くっきょうちょう》とよばれる禅宗様の仏間で，床は黒漆《くろうるし》塗り，天井・壁には金箔《きんぱく》が押され，花頭窓《かとうまど》から取り入れる外光で輝いている。中央には仏舎利《ぶっしゃり》(釈迦《しゃか》の遺骨《いこつ》)を安置している。　撮影 柴田明蘭

1-3 鹿苑寺庭園　金閣を中心とした池泉廻遊式の浄土庭園。

1-4 興福寺東金堂《とうこんどう》と五重塔　東金堂は726(神亀3)年，五重塔は730(天平2)年に創建された。その後何度か焼失したが，現在の東金堂は1415(応永22)年，五重塔は1426(応永33)年に再建された純和様建築。

国東金堂 平面23.8×13.0m
国五重塔 総高50.1m 奈良

1-1 鹿苑寺金閣《ろくおんじきんかく》　足利義満《あしかがよしみつ》が京都北山にある西園寺《さいおんじ》家の山荘を譲り受けて**北山殿**《きたやまどの》を造営。ここに後小松《ごこまつ》天皇や明《ミン》の使節を招いた。義満の死後，**鹿苑寺**(臨済宗)となる。金閣は3層の楼閣で，舎利殿《しゃりでん》として1398(応永5)年に建てられた。下層は寝殿造《しんでんづくり》，2層は寝殿造と書院造《しょいんづくり》の折《せっ》衷《ちゅう》，上層は禅宗様《ぜんしゅうよう》で，2層・上層の外壁と上層の内壁・天井に金箔《きんぱく》がはられた。1950(昭和25)年に焼失，1955年に再建。1986〜87年に金箔がはりかえられ，約20kgの金を使用(総工費7億4,000万円)。

高さ13m 京都

2 絵画

国111.5×75.8cm 部分 京都・妙心寺退蔵院蔵

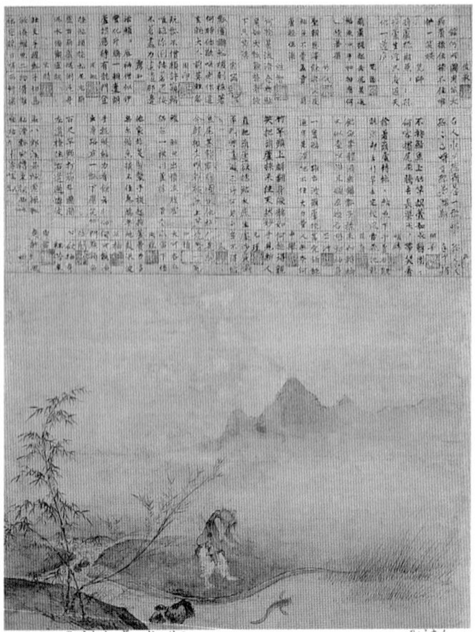

出題

2-1 瓢鮎図《ひょうねんず》(如拙《じょせつ》筆)　川辺に立つ老人が瓢箪《ひょうたん》で鮎《なまず》(鯰《なまず》の古字)をつかまえようとしている。禅の公案《こうあん》(禅問答《もんどう》)を題材とした水墨山水画。上部に京都五山の禅僧31人の賛《さん》(詩や文章)がある。如拙は相国寺《しょうこくじ》の画僧で，日本における水墨画の開拓者。

読み解く　現在

「瓢箪《ひょうたん》でナマズを押さえつけられるか」。この問いは4代将軍足利義持《よしもち》の発問(公案)という。禅僧の一人周崇《しゅうすう》の答えは，「瓢箪でナマズを押さえつけるとは，なかなかうまいやり方だ。もっとうまくやるなら，瓢箪に油をぬっておくがよい」。あなたならどう答える？

2-2 寒山拾得図《かんざんじっとくず》(伝周文《しゅうぶん》筆)　周文も相国寺の画僧。如拙の後を受けて水墨画を発展させた。 出題

100.3×37.4cm 部分 東京国立博物館蔵

3 芸能

3A 能

田楽《でんがく》 → 田楽能 →
猿楽《さるがく》 → 猿楽能 →
今様《いまよう》・白拍子《しらびょうし》・曲舞《くせまい》・延年《えんねん》 →

能《のう》(能楽《のうがく》)：**観阿弥《かんあみ》・世阿弥《ぜあみ》**による大成
・立方《たちかた》(演技者)
・地謡《じうたい》(コーラス)
・囃子《はやし》(音曲)
よりなる一種の歌舞劇
能面の使用。**謡曲**《ようきょく》(能の脚本)

狂言《きょうげん》：能の幕間《まくあい》に演ずる喜劇として発達

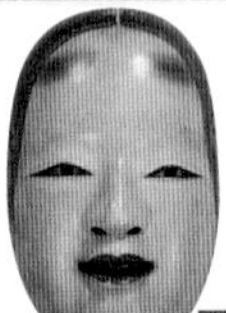

3-2 能面「小面《こおもて》」

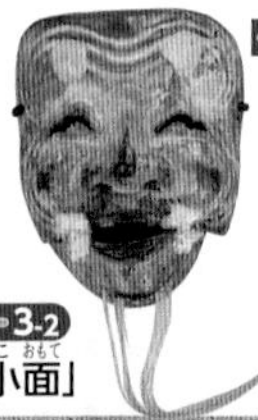

3-3 能面「翁《おきな》」

東京国立博物館蔵

3-1 現代の能舞台(上)と室町時代の能楽《のうがく》の舞台(下，洛中洛外図屏風《らくちゅうらくがいずびょうぶ》)　下は賀茂川七条河原《かもがわしちじょうがわら》で催された観世能《かんぜのう》の興行《こうぎょう》風景。簡素な舞台だが，橋掛《はしかか》りの存在など現代に残る能舞台の要素がみられる。

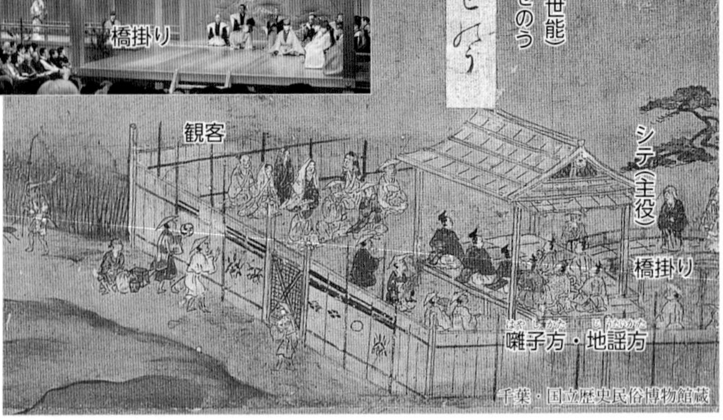

歴史ナビ　杉本苑子『華の碑文　世阿弥元清』(中公文庫)　能の大成者である世阿弥元清の生涯を，弟にあたる観世四郎元仲の目を通して描く。

室町文化③ 東山文化(1)

考察の視点 枯山水とはどのような特徴をもっているだろうか。 **比較**

学問	**外交史書**	善隣国宝記《ぜんりんこくほうき》(瑞溪周鳳《ずいけいしゅうほう》)
	有職故実《ゆうそくこじつ》	公事根源《くじこんげん》(一条兼良《いちじょうかねよし》)
	政治意見書	樵談治要《しょうだんちよう》(一条兼良《(かねら)》)→９代将軍足利義尚《あしかがよしひさ》
	注釈書	花鳥余情《かちょうよせい(じょう)》(一条兼良)…『源氏物語』の注釈
文学	**古今伝授《こきんでんじゅ》**	東常縁《とうつねより》→宗祇《そうぎ》→三条西実隆《さんじょうにしさねたか》
	正風連歌《しょうふうれんが》	水無瀬三吟百韻《みなせさんぎんひゃくいん》(宗祇・肖柏《しょうはく》・宗長《そうちょう》)
		新撰菟玖波集《しんせんつくばしゅう》(宗祇)
	俳諧連歌《はいかい》	犬筑波集《いぬつくばしゅう》(宗鑑《そうかん》)
建築	**書院造《しょいんづくり》・禅宗様《ぜんしゅうよう》**	慈照寺《じしょうじ》世銀閣《ぎんかく》
	書院造	慈照寺東求堂同仁斎《とうぐどうどうじんさい》
庭園	**池泉廻遊式《ちせんかいゆうしき》**	慈照寺(善阿弥《ぜんあみ》)
	枯山水《かれさんすい》	龍安寺《りょうあんじ》世　大徳寺大仙院《だいとくじだいせんいん》
絵画	**水墨画**	四季山水図巻《しきさんすいずかん》(山水長巻《さんすいちょうかん》)・秋冬山水図《しゅうとう》・天橋立図《あまのはしだて》(雪舟《せっしゅう》)
	狩野派《かのう》	狩野正信《まさのぶ》・元信《もとのぶ》父子が幕府御用絵師に
		周茂叔愛蓮図《しゅうもしゅくあいれんず》(狩野正信)
		大徳寺大仙院花鳥図《だいせんいんかちょうず》(伝狩野元信)
	土佐派	土佐光信《とさみつのぶ》が宮廷絵所預《えどころあずかり》に
庶民文化など	**小歌**	閑吟集《かんぎんしゅう》(未詳)
	茶道《ちゃどう》	侘茶《わびちゃ》の成立…村田珠光《じゅこう》
	花道《かどう》	生花の確立　立花《たてはな》…池坊専慶《いけのぼうせんけい》
	工芸	金工…後藤祐乗《ゆうじょう》
	神道	唯一神道の大成…吉田兼倶《かねとも》
	民間芸能	祇園会《ぎおんえ》の復興(1500)　幸若舞《こうわかまい》
		風流《ふりゅう》踊り　念仏踊り　盆踊り　古浄瑠璃《こじょうるり》
	御伽草子《おとぎぞうし》	物くさ太郎・一寸法師《いっすんぼうし》・酒呑童子《しゅてんどうじ》・浦島太郎

1-3 慈照寺《じしょうじ》東求堂《とうぐどう》(書院造)　足利義政《よしまさ》が営んだ東山山荘の持仏堂《じぶつどう》。国
平面6.9×6.9m 京都

1 建築

1-1 慈照寺銀閣《じしょうじぎんかく》　足利《あしかが》義政《よしまさ》が応仁の乱後の1489年に，金閣にならって東山山荘(東山殿)に造営した２層の楼閣。山荘は義政の死後，慈照寺(臨済宗)となった。銀閣は堂中に観音像を安置するので，観音殿《かんのんでん》といわれた。
国高さ約10m 平面8.2×7.0m 京都

1-2 創建時の東山山荘
義政は東山山荘の造営にあたり，京都周辺の名石，名木，建築物を強引に収集した。そのため，義政の死後に元のもち主が取り戻し，破壊が進んで廃墟と化した。その後，江戸時代に修復されて，現在のような姿となった。

書院造の特徴
①接客用の**広間**が中心
②広間には**床**・**違い棚**がある
③部屋は**襖《ふすま》**(**襖障子《ふすましょうじ》**)で間仕切りする
④**角柱《かくばしら》**を用い，**天井**をはる
⑤室内に**畳**を敷き詰める
⑥**明障子《あかりしょうじ》**，雨戸《あまど》を用いる

東山山荘復元図（中西立太氏作図をもとに作図）

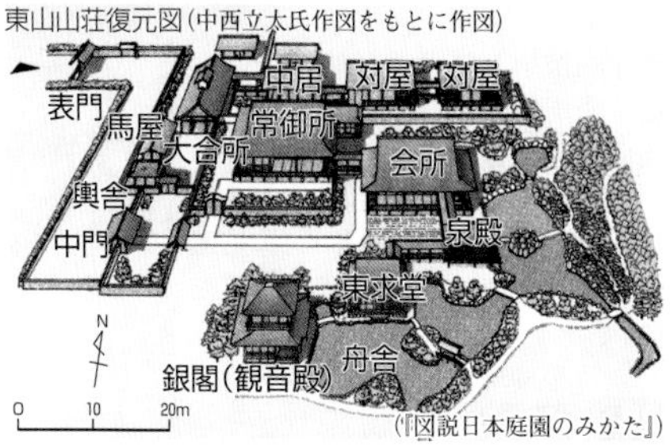

(『図説日本庭園のみかた』)

読み解く　1-4，1-5から，近代の和風住宅に共通する特徴は何だろうか。 **現在**

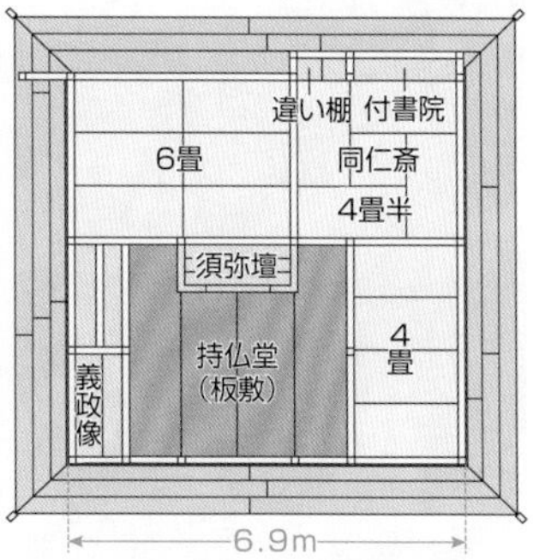

1-4 東求堂内部の間取り　南に２間四方《しほう》で板《いた》敷《じき》の持仏堂《じぶつどう》(仏間)があり，東北に義政の書斎であった同仁斎《どうじんさい》がある。付書院《つけしょいん》とはつくりつけの机のこと。
(『日本歴史館』)

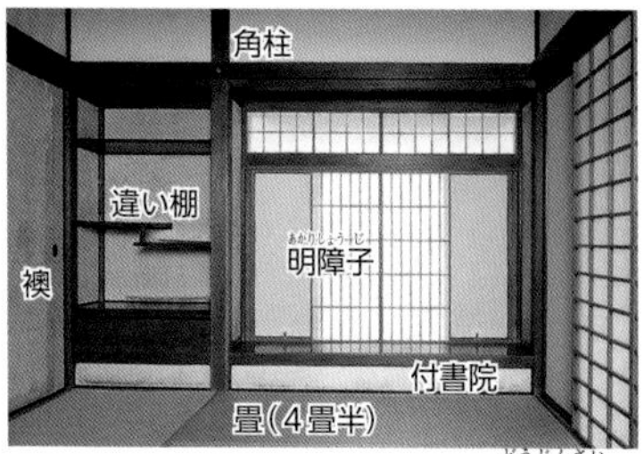

1-5 慈照寺東求堂同仁斎《どうじんさい》
東求堂内にある義政《よしまさ》の書斎。国

2 庭園

2-1 慈照寺庭園《じしょうじ》
西芳寺《さいほうじ》庭園を模《も》してつくられた池泉廻遊式庭園。東求堂阿《とうぐどうあ》弥陀仏《みだぶつ》に対応した浄土庭園*。　京都
*阿弥陀堂《あみだどう》・池などを配し，極楽浄土の世界を具現《ぐげん》するためにつくられた庭園。毛《もう》越寺《つうじ》・白水《しらみず》阿弥陀堂など

2-2 龍安寺石庭《りょうあんじせきてい》　龍安寺は1488年細川政元《ほそかわまさもと》が再建した禅寺。その庭園は塀《へい》と建物(方丈《ほうじょう》)に囲まれた空間に大小15個の石を配置し，全面に白砂を敷いただけの，枯山水の代表的庭園である。　京都

2-3 大徳寺大仙院庭園《だいとくじだいせんいん》　30坪《つぼ》ほどのせまい空間に石と砂を配し，深山幽谷《しんざんゆうこく》から水が流れ出る大自然の景観を豊かに表現している。　京都

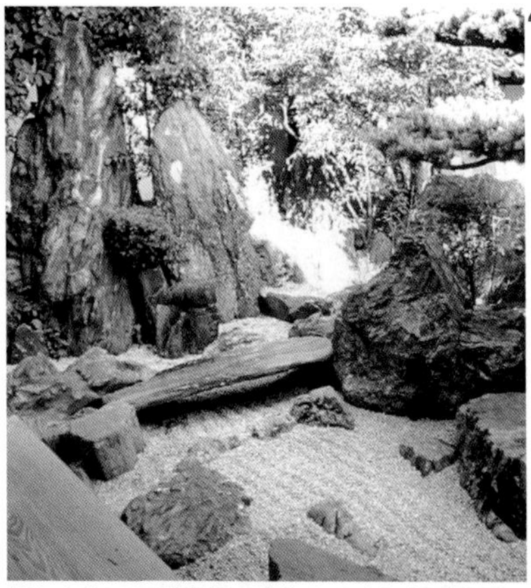

歴史ナビ　**岩井三四二『銀閣建立』**(講談社文庫)　足利義政の東山山荘を造ることになった番匠《ばんしょう》橘三郎右衛門は，技の限りを注いで最上級の建物をつくりあげる。

考察の視点　連歌が流行したのはなぜだろうか。　相互関連

1 絵画

1A 水墨画《すいぼくが》 セ出題

1-1 **四季山水図巻《しきさんすいずかん》(山水長巻《さんすいちょうかん》)**(雪舟《せっしゅう》筆)　明《ミン》から帰国した雪舟は独自の山水画の世界を築く。写真は1486年(67歳)の作品で，長大な画面に四季の変化を描いた傑作《けっさく》。場面は夏景。

国39.7×1,568.0cm 部分 山口・毛利博物館蔵

1-4 **秋冬山水図《しゅうとうさんすいず》**(雪舟筆)　2幅からなる山水画で，左は秋景図，右は冬景図。

国各46.4×29.4cm 1幅 東京国立博物館蔵

セ出題

1-2 **雪舟《せっしゅう》**(雲《うん》谷等益《こくとうえき》筆 1420～1506？*)　明《ミン》で作画技術を学び，帰国後は独自の水墨画様式を確立した。*1502とも。山口・常栄寺蔵

1-3 **天橋立図《あまのはしだてず》**(雪舟筆)　雪舟最晩年の作品で，日本三景の天橋立を描く。

国89.5×169.5cm 京都国立博物館蔵

1B 狩野派 セ出題

出題

1-5 **周茂叔愛蓮図《しゅうもしゅくあいれんず》**(狩野正信《かのうまさのぶ》筆)　中国北宋《ほくそう》の学者，周茂叔と池中に広がる蓮《はす》を描いた図。筆者の正信は室町幕府御用絵師《ごようえし》で，子の元信《もとのぶ》とともに狩野派の画風を確立。狩野派の祖《そ》となる。

国85.0×33.0cm 部分 個人蔵

1-6 **大徳寺大仙院花鳥図《だいとくじだいせんいんかちょうず》**(伝狩野元信《かのうもとのぶ》筆)　襖絵《ふすまえ》の一部。漢画に大和絵《やまとえ》の技法を取り入れた新しい画風の作品。元信は正信の長男。

174.5×139.5cm 部分 京都・大徳寺蔵

2 文学

2A 正風連歌《しょうふうれんが》

〈発句《ほっく》〉　雪ながら山もとかすむ夕べかな　宗祇《そうぎ》
〈脇句〉　行水《ゆく》遠く梅にほふさと　肖柏《しょうはく》
〈第三句〉　川風に一むら柳春見えて　宗長《そうちょう》
〈第四句〉　船さす音もしるきあけがた　祇
〈第五句〉　月やなほ霧渡る夜に残るらん　柏
〈第六句〉　霜おく野はら秋はくれけり　長
〈第七句〉　なく虫の心ともなく草かれて　祇
〈第八句〉　かきねをとへばあらはなるみち　柏
…
〈第九十九句〉　いやしきも身ををさむるは有りつべし　祇
〈挙句《あげく》〉　人におしなべ道ぞたゞしき　長
(水無瀬三吟百韻《みなせさんぎんひゃくいん》)

解説　連歌は，和歌を上の句と下の句に分け，次々と連作する文芸。水無瀬三吟百韻は宗祇・肖柏・宗長の３人が後鳥羽《ごとば》上皇を祀《まつ》った水無瀬神宮に奉納《ほうのう》した連歌集。発句・脇句に始まって，百韻目の最後の句が挙句。正風とは，和歌の伝統を生かした深みのある芸術的な連歌の意。

2-1 **宗祇《そうぎ》**(1421～1502)　共出題　正風連歌を確立。周防(現在の山口県)や東国など諸国を歴遊するなど生涯を旅に過ごし，西行《さいぎょう》や芭蕉《ばしょう》と並び称される。また，東常縁《とうつねより》から古今伝授《こきんでんじゅ》を受けた。

山口県立山口博物館蔵

2B 古今伝授《こきんでんじゅ》

東常縁《とうつねより》 ― 宗祇《そうぎ》 ― 三条西実隆《さんじょうにしさねたか》〔当流〕 ＝ 公条《きんえだ》 ＝ 実枝《さねき》 ＝ 公国《きんくに》
　　　　　　　　　　　　　　　　　　　　　　　　　　　　　　　　 実枝 ― 細川幽斉《ほそかわゆうさい》 ― 中院通勝《なかのいんみちかつ》／智仁親王《としひと》／烏丸光広《からすまるみつひろ》／松永貞徳《まつながていとく》〔貞門派〕
宗祇 ― 近衛尚道《このえひさみち》
宗祇 ― 肖柏《しょうはく》〔堺伝授〕 ― 饅頭屋宗二《まんじゅうやそうじ》

―― は師弟関係
＝＝ は親子関係

解説　古今伝授とは，和歌の聖典とされた『古今和歌集』の故事・解釈などの秘伝を弟子に授けること。東山文化の時代，宗祇が三条西実隆や肖柏らに伝授を行い，当流・堺伝授といった系統に分かれていった。

歴史ナビ　**綿抜豊昭『戦国武将と連歌師』**(平凡社新書)　諸国を廻って連歌を指南した連歌師の，武将間をとりもつ使者・交渉人としての一面を明らかにする。

考察の視点 禅宗の五山派が衰え，林下や浄土真宗・日蓮宗が盛んになったのはなぜだろうか。 比較

室町文化⑤ 仏教・庶民文化

1 臨済宗《りんざいしゅう》

↑1-1 夢窓疎石《むそうそせき》(1275～1351)　後醍醐《ごだいご》天皇・足利尊氏《あしかがたかうじ》らが帰依《きえ》。天龍寺を創建し，臨済宗の黄金期を築いた。また造園にもすぐれていた。
京都・妙智院《みょうちいん》蔵

五山《ござん》・十刹《じっさつ》の制

僧録《そうろく》
（五山僧侶の任免，寺領の管理）
初代僧録：春屋妙葩《しゅんおくみょうは》
↓
南禅寺《なんぜんじ》(五山之上)

京都五山	鎌倉五山
①天龍寺《てんりゅうじ》	①建長寺《けんちょうじ》
②相国寺《しょうこくじ》	②円覚寺《えんがくじ》
③建仁寺《けんにんじ》	③寿福寺《じゅふくじ》
④東福寺《とうふくじ》	④浄智寺《じょうちじ》
⑤万寿寺《まんじゅじ》	⑤浄妙寺《じょうみょうじ》

↓
京都十刹・関東十刹
↓
諸　山

2 林下《りんか》

↑2-1 一休宗純《いっきゅうそうじゅん》(1394～1481)　大徳寺派の禅僧《ぜんそう》。在野《ざいや》的・民衆的な禅を説き，禅宗の腐敗を風刺・批判した。伝説的な奇行でも知られる。　東京国立博物館蔵

曹洞《そうとう》系…永平寺《えいへいじ》・総持寺《そうじじ》など
臨済《りんざい》系…大徳寺《だいとくじ》・妙心寺《みょうしんじ》など

解説 林下とは，足利将軍家など権力者の保護を受けた五山派(叢林《そうりん》とよばれていた)に対し，より自由な活動を求めて民間布教に努めた禅宗諸派のことをいう。地方や民衆の支持を集め，やがて五山派をしのぐほどとなった。

2A 仏教関連地図

3 浄土真宗(一向宗)

	本願寺派				
蓮如《れんにょ》	(本願寺第8代法主《ほっす》，1415～99)らの布教活動により北陸・東海・近畿に門徒《もんと》(信者)を増やす。加賀の一向一揆のように門徒集団は一揆を結び，大名権力と対立するまでに力をつけることもあった				
布教拠点	**京　都** (1457～65) **大谷《おおたに》本願寺**	**越前吉崎《えちぜんよしざき》** (1471～75) **吉崎御坊《ごぼう》(吉崎道場)**	**京　都** (1478～1532) **山科《やましな》本願寺**	**摂津大坂《せっつおおざか》** (1533～80) **石山本願寺(大坂本願寺)**	**石山合戦(戦争)** (1570～80)
布教活動など	**御文《おふみ》**による布教開始(1461) セ出題	御文による布教。講《こう》の組織。一向一揆激化	蓮如が1478年から5年をかけて，山科本願寺をつくる	石山(大坂)御坊建立(1496) 現在の大阪城付近に建立 蓮如没(1499) 本寺となる(1533)	顕如《けんにょ》を中心に織田信長に抗戦するも敗北。本願寺，石山を去る
その他	延暦寺衆徒大谷本願寺を破壊(1465)	守護富樫《とがし》氏からの干渉	日蓮宗徒から焼打ちにあう	**加賀《かが》の一向一揆**(1488～1580)　守護富樫政親《まさちか》を倒し，加賀は本願寺領国となる	

↑3-1 蓮如　京都・西本願寺蔵

→3-2 石山本願寺復原模型　大阪・難波別院蔵

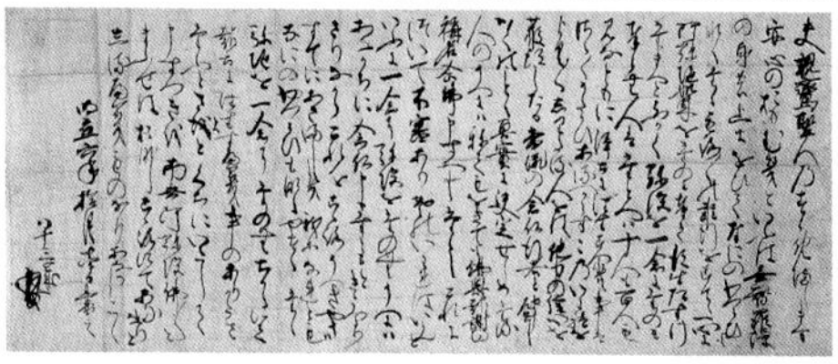
←3-3 御文《おふみ》(御文章《ごぶんしょう》)
蓮如は諸国の門徒に正しい信仰や門徒の心得について記した，平易な文章の手紙を精力的に書き送った。現在，260通以上が残る。
京都・東本願寺蔵

4 日蓮宗《にちれん》(法華宗《ほっけ》)

日親《にっしん》(1407～88)は京都で辻説法《つじぜっぽう》を行い，町衆を中心に支持を集めた。6代将軍足利義教《よしのり》に『立正治国論《りっしょうちこくろん》』を献上し，邪教を捨てて法華経に帰依すべきことを諫言《かんげん》したため，1440年，捕らえられて頭に焼鍋をかぶせられる拷問《ごうもん》を受けた。「鍋冠《なべかぶ》り上人《しょうにん》」とよばれる。

法華一揆《いっき》(1532～36)　法華宗(日蓮宗)の信徒であった京都の町衆らによる一揆。戦国期，京都では法華宗が町衆の間に浸透していたが，一方で一向宗の影響も強かった。1532年，法華宗徒は細川晴元と結び，山科本願寺を焼打ちした。法華一揆は年貢・地子銭《じしせん》の免除や自検断《じけんだん》の権利を獲得し，法華宗寺院を拠点に京都の自治を掌握した。

天文《てんぶん》法華の乱(1536)　天文5(1536)年，法華宗徒との宗論《しゅうろん》に延暦寺の僧侶が敗れたことを発端に，延暦寺《えんりゃくじ》僧徒が六角《ろっかく》氏や園城寺《おんじょうじ》などと結んで法華一揆を襲撃。21の法華寺院が焼かれて法華一揆は壊滅した。これ以降，京都では1542年まで法華宗は禁止された。
セ出題

←4-1 鍋冠《かぶ》り日親
京都・本法寺蔵

5 庶民文化

↓5-1 **風流踊《ふりゅうおど》り**(豊国祭礼図屏風《ほうこくさいれいずびょうぶ》)　風流はもとは華美なつくり物の意味で，庶民に流行した踊りをさすようになり，念仏踊《ねんぶつおど》りと結びついて**盆踊《ぼんおど》り**となった。
部分 大英博物館蔵

↑5-2 **御伽草子《おとぎぞうし》**(十二類絵巻)　御伽草子は室町時代の庶民的な短編物語。十五夜の夜，十二支の動物たちが**歌合《うたあわせ》**(和歌の優劣を競う遊興)をしている場面。その後，狸《たぬき》が判者になろうとして十二支の動物らと合戦し，惨敗《ざんぱい》して出家する。異類物の御伽草子を絵巻にしたもの。
個人蔵

考察の視点 都の文化が地方へ伝わった背景は何だろうか。推移

1 文化の地方伝播

1-1 **常栄寺《じょうえいじ》庭園(雪舟《せっしゅう》庭)** 雪舟が築庭したと伝えられ，樹木を植えず，その配石や立石の手法は独特なものがある。 山口

1-2 **瑠璃光寺《るりこうじ》五重塔** 応永の乱で戦死した大内義弘《おおうちよしひろ》の菩提を弔うため，[illegible]が建立，1442年に完成した。 高さ31.2m 山口

1-3 **江戸中期の姿に復原された足利学校** 栃木

1-4 **足利学校門** 1668年創建。

隈府《わいふ》（熊本県菊池市）

肥後国守護の菊池氏，孔子廟《こうしびょう》を建て，山口出身の臨済宗禅僧で朱子学者である**桂庵玄樹《けいあんげんじゅ》**を招く

山口

対明貿易などで富を蓄えた大内氏の城下町。応仁の乱後，戦火を避けた公家やザビエルらの宣教師，**雪舟・宗祇**らの画僧・文人らが集まり，文化の中心地となる。雪舟，雲谷庵《うんこくあん》で水墨画を完成，大内氏，大内版とよばれる書籍を刊行

堺

阿佐井野宗瑞《あさいのそうずい》(堺の医師)，明の医学書『医書大全』を1528年に刊行。
茶人に**武野紹鷗《たけのじょうおう》**が現れる

足利

鎌倉時代に足利氏，一族の学校として**足利学校**を創設。1439年に関東管領上杉憲実《うえすぎのりざね》，再興。戦国時代に来日したザビエルが「**坂東の大学**」と西洋に紹介している

江戸

禅僧の**万里集九《ばんりしゅうく》**，太田道灌《おおたどうかん》の招きで江戸城に赴《おもむ》き，中部・関東などの各地をめぐり，漢詩文を残す

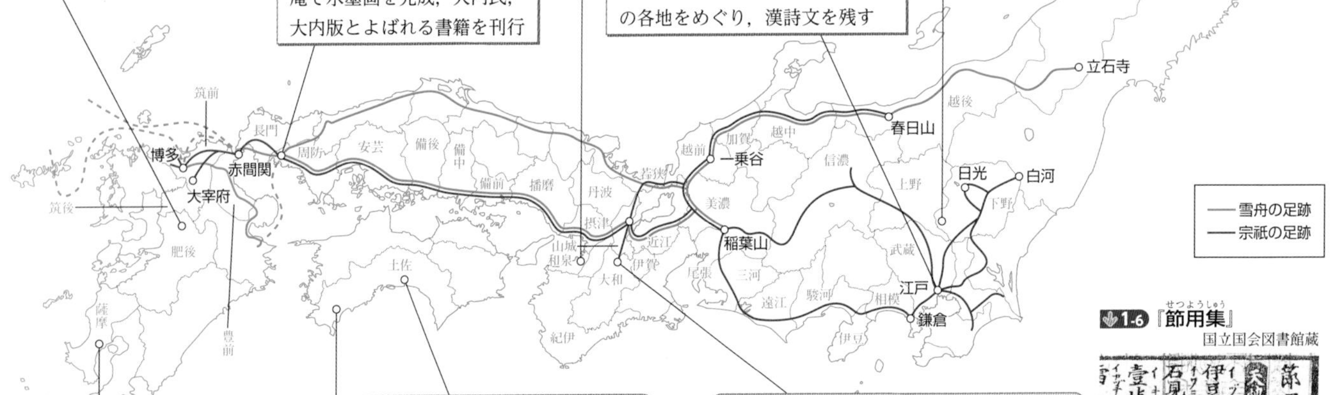

鹿児島

㋝出題
桂庵玄樹，島津忠昌《ただまさ》に招かれ薩南《さつなん》学派の基をつくる。1481年に「大学」の注釈書『大学章句《だいがくしょうく》』を刊行

弘岡（高知県高知市）

南学の基礎をつくった**南村梅軒《みなみむらばいけん》**，1548～49年頃，土佐の土豪吉良宣経《きらのぶつね》に仕え朱子学を講じた。江戸初期に谷時中《たにじちゅう》を輩出

奈良

室町時代中期に建仁寺の僧，『節用集《せつようしゅう》』という辞書を編集し，16世紀には町人学者の饅頭屋宗二《まんじゅうやそうじ》によって刊行。**一条兼良《かねよし》**，応仁の乱のとき奈良に下る。

1-6 『節用集《せつようしゅう》』 国立国会図書館蔵

小京都・土佐中村《とさなかむら》(四万十市《しまんと》)

高知県南西部に位置し，四万十川の清流が流れる中村の歴史は，一条兼良《いちじょうかねよし》の子で前関白の一条教房《のりふさ》が応仁の乱の戦火を避け，家領があった土佐に下向したことに始まる。教房は国内の武士に迎えられて中村に居を構え，京都の文化を移入した。土佐一条家は戦国大名化したが，教房の孫兼定《かねさだ》のときに長宗我部元親《ちょうそかべもとちか》に滅ぼされた。中村には碁盤目状の街路や石清水《いわしみず》八幡宮を勧請《かんじょう》した不破《ふば》八幡宮，大文字の送り火などが今も残っている。

1-5 **大文字の送り火**

同朋衆《どうぼうしゅう》

足利将軍に仕え，芸能や雑事に携わった僧体の者。阿弥《あみ》号を称した。唐物《からもの》の鑑定や水墨画《すいぼくが》・連歌《れんが》に優れた能阿弥《のうあみ》・芸阿弥《げいあみ》・相阿弥《そうあみ》の親子孫３代，将軍義政《よしまさ》から天下第一と称えられた作庭の善阿弥《ぜんあみ》らが知られている。ことに義政の頃の活躍が目立ち，東山文化は同朋衆の存在を抜きにして語ることはできない。「足利義持若宮八幡宮社参図絵巻」には，剃髪《ていはつ》した僧体姿であるが，帯刀《たいとう》して将軍に近侍《きんじ》する３人の同朋衆が描かれる。

部分 京都・若宮八幡宮蔵

戦国大名の台頭

考察の視点　戦国大名はどのような政策によって家臣団を統制し，領民を統治したのだろうか。守護大名との相違点は何だろうか。　比較

1 戦国大名

解説　応仁の乱後の幕府の求心力低下により，各地に数郡から数カ国規模の戦国大名が割拠して，領国拡大をめぐって熾烈《しれつ》に抗争した。

龍造寺隆信(1529〜84)

セ出題
1555
毛利元就《もうりもとなり》，陶晴賢《すえはるかた》を破る

セ出題

1A 分国法 セ出題

分国法	制定者	領国	年代	内容・特徴
塵芥集《じんかいしゅう》 史	伊達稙宗《だてたねむね》	出羽《でわ》 陸奥《むつ》	1536	現存する分国法のうち最大の171条。形式や体裁は御成敗式目にならう。刑法や農奴に関する規定が多い。
結城氏新法度《ゆうきししんはっと》	結城政勝《ゆうきまさかつ》	下総《しもうさ》	1556	全106条。重臣への諮問《しもん》を経て制定された協約的内容。
早雲寺殿廿一箇条《そううんじどのにじゅういっかじょう》	伊勢宗瑞《いせそうずい》 (北条早雲《ほうじょうそううん》)	伊豆《いず》 相模《さがみ》	不明	武士の心得など家訓的内容。伊勢盛時《もりとき》(出家して早雲庵宗瑞)制定と伝えられるが，確証はない。
甲州法度之次第《こうしゅうはっとのしだい》 (信玄家法) 史	武田信玄《たけだしんげん》	甲斐《かい》	1547 〜54	喧嘩両成敗《けんかりょうせいばい》や私的盟約禁止など，家臣団統制の条目が特色。今川仮名目録の影響がみられる。
今川仮名目録《いまがわかなもくろく》 史・今川仮名目録追加	今川氏親《うじちか》 義元《よしもと》	駿河《するが》 遠江《とおとうみ》	1526 1553	氏親制定の33条とその子義元制定の21条。喧嘩両成敗や私婚の禁止のほか，訴訟に関する規定が多い。
朝倉孝景条々《あさくらたかかげじょうじょう》(朝倉敏景十七箇条)	朝倉孝景 (敏景《としかげ》)	越前《えちぜん》	1471 〜81頃	家臣団の城下町(一乗谷《いちじょうだに》)集住や人材登用など合理的内容だが，必ずしも実現せず。
六角氏式目《ろっかくししきもく》 (義治式目)	六角義賢《よしかた》 義治《よしはる》	南近江《みなみおうみ》	1567	重臣らが起草し，義賢・義治父子と相互に起請文《きしょうもん》を交換。六角氏の恣意《しい》的な支配を制約する内容。
大内氏掟書《おおうちしおきてがき》 (大内家壁書)	大内持世《もちよ》 〜政弘《まさひろ》	周防《すおう》 長門《ながと》	1495頃	個別法令を集録。伝本により異同があるが最大のもので147条。儀礼や軍役，寺社保護などの規定が多い。
新加制式《しんかせいしき》	三好長治《みよしながはる》	阿波《あわ》 淡路《あわじ》	1562 〜73頃	寺社保護の規定にはじまり，相論《そうろん》処理の規定が多い。形式・内容ともに御成敗式目を模倣。
長宗我部氏掟書《ちょうそかべしおきてがき》 (元親百箇条) 史	長宗我部元《もと》親《ちか》・盛親《もりちか》	土佐《とさ》	1596	分国法のうち最も新しく内容も完備。家臣団統制に加え，領民統治に関する司法・行政規定も多い。
相良《さがら》氏(家)法度	相良為続《ためつぐ》〜晴広《はるひろ》	南肥後《みなみひご》	1493 〜1555	国人による郡中惣の掟を相良氏が承認して法度となったとみられ，一揆契状から分国法への過渡的な性格。

解説　戦国大名は家臣団統制や領国統治の強化のために分国法(家法)を制定したが，なかには大名と重臣が相互に起請文《きしょうもん》を交わした協約的なものや，大名の恣意的な権力行使を制約する内容の分国法も存在した。

1B 主な下剋上の動き

守護大名→実権の推移
細川《ほそかわ》氏→執事《しつじ》**三好長慶**《みよしながよし》→家宰《かさい》**松永久秀**《まつながひさひで》
斯波《しば》氏 {(越前《えちぜん》)→守護代**朝倉**《あさくら》氏 / (尾張《おわり》)→守護代**織田**《おだ》氏→分家**織田信長**《のぶなが》}
京極《きょうごく》氏 {(北近江《おうみ》)→国人**浅井**《あざい》氏 / (出雲《いずも》)→守護代**尼子**《あまご》氏} **大内**《おおうち》氏 (周防《すおう》)→家老**陶**《すえ》氏 }→国人**毛利**《もうり》氏
鎌倉公方《かまくらくぼう》→**古河**《こが》**公方・堀越**《ほりごえ》**公方** P.151 / **扇谷上杉**《おうぎがやつうえすぎ》氏(武蔵《むさし》)・**山内上杉**《やまのうち》氏(上野《こうずけ》) }→**北条**《ほうじょう》氏

1C 戦国大名の家臣団

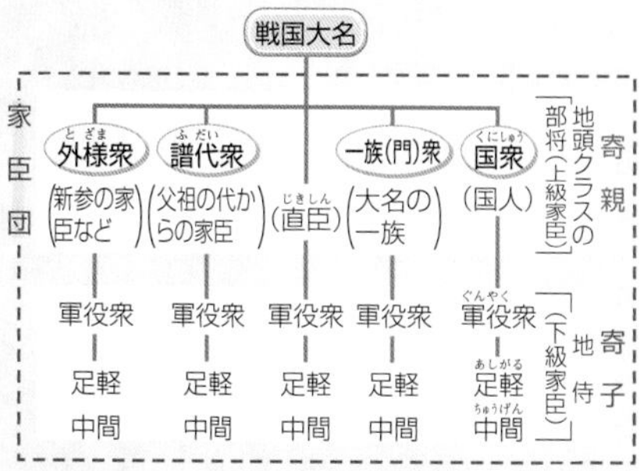

解説　戦国大名は地侍《じざむらい》を被官(家臣)化することで軍事力を増強した。彼らにその収入額を銭に換算して(貫高《かんだか》)保証し，貫高に応じた軍役《ぐんやく》を課した(**貫高制**)。そして地侍を寄子《よりこ》として有力家臣(寄親《よりおや》)に預けて軍事的に編成した(**寄親・寄子制**)。

1D 戦国大名の領国経営

1-1 信玄堤と甲州金　戦国大名は治水《ちすい》事業や鉱山経営など，領国の開発を通じて富国化にも努めた。

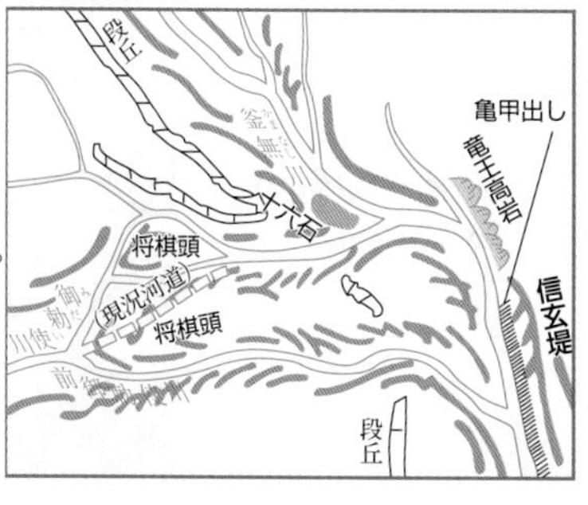

1-2 竜王高岩《りゅうおうたかいわ》　武田信玄は御勅使《みだい》川の流れを竜王高岩にぶつけて弱めてから釜無《かまなし》川に合流させ，下流2kmにわたって石堤を築き，前面に亀甲《きっこう》出しを置くことで水勢を弱めた。

都市の発達①―「洛中洛外図屏風」(上杉本)を読み解く

「洛中洛外図屏風《らくちゅうらくがいずびょうぶ》」(上杉《うえすぎ》本)

「洛中洛外図屏風」は，京都の市街と郊外を俯瞰的《ふかんてき》に描いたもので，室町末期から江戸初期にかけて数多く制作された。そのうち，米沢《よねざわ》藩主上杉家に伝来した作品を上杉本とよび，狩野永徳《かのうえいとく》作で，1574(天正２)年に織田信長《おだのぶなが》が上杉謙信《うえすぎけんしん》に贈ったものと伝えられる。制作年代は1560年代前半頃と推定され，各地の名所，季節の風物や祭礼，約2,500人もの人びとが華やかに描かれている。13代将軍足利義輝《あしかがよしてる》が謙信に上洛を促すため，謙信に贈ることを意図して永徳に発注したが，義輝が松永久秀らに殺害されたため，完成した絵は永徳の許にとどまった。その後，信長が謙信との同盟を維持するため，この絵を贈ったという経緯が指摘されている。　国山形・米沢市上杉博物館蔵

読み解く　現在

戦国時代の京都をのぞいてみよう！

❶将軍御所に向かう行列の主は誰だろうか。 P.162》③

❷人びとの職業や子どもたちの楽しみを探してみよう。 P.164》

❸知っている名所や寺社を挙げてみよう。 P.162・163》

屏風の形式

屏風とは，部屋の仕切りや装飾に用いる家具。「風を屏(ふせ)ぐ」という言葉に由来する。

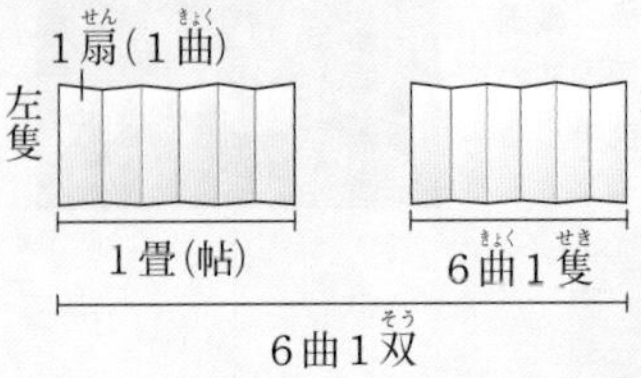

室町時代頃から，２畳(１双)を単位とするものがふえた。

〈左隻〉

6曲1双　左隻・右隻各159.2×361.8cm

将軍御所と武家の屋敷

❶豪壮な構えの将軍御所(公方《くぼう》邸)　邸内《ていない》に多くの武士が参上し，門前には供の者が待機している。ただし，ここに描かれた御所(花の御所)は，応仁《おうにん》の乱で焼失する以前の姿である。 P.146》

❷管領・細川邸　細川家は代々作庭に優れた家柄で知られ，美しい庭園が描かれている。

❺鶏合《とりあわ》せ　武衛《ぶえい》(管領・斯《し》波《ば》氏)邸の門前で鶏合せ(闘鶏)に興じる人びと。家臣に囲まれた少年は，幼い頃の足利義輝といわれる。

❸将軍御所に向かう行列　先頭の馬に緋毛氈《ひもうせん》の鞍覆《くらおおい》をかけるなど，格式は管領級《かんれいきゅう》。輿《こし》に乗る人物を関東管領上杉謙信《けんしん》とみて，将軍足利義輝《よしてる》による，上洛して将軍を補佐してほしいという謙信への期待が込められているとする見解が有力。

❹松永弾正《まつながだんじょう》(久秀)邸前での左義《さぎ》長《ちょう》　松永久秀は1565(永禄８)年に足利義輝を自害に追い込んだ，下《げ》剋上《こくじょう》の典型的武将。左義長は正月15日の厄除《やくよ》け行事。

内裏と年中行事

❻内裏《だいり》での元旦の節会《せちえ》　紫宸殿《ししんでん》の庭で舞楽《ぶがく》が演じられている。

❼飛鳥井《あすかい》邸の蹴鞠《けまり》
公家の飛鳥井家は蹴鞠を家職《かしょく》とした。

❽近衛《このえ》邸(近衛殿)
近衛家は五摂家《ごせっけ》筆頭。庭の糸桜が有名で「桜御所」ともよばれた。

P.164》 商工業と農業 年中行事と娯楽・遊興

他の作品も見てみよう▶
「洛中洛外図屏風」(舟木《ふなき》本)岩佐又兵衛《いわさまたべえ》筆　国東京国立博物館蔵

京都の賑わい

❾室町通の商店街
常設の店舗が軒を並べ，見世棚《みせだな》にはさまざまな商品が陳列されている。通りには振売《ふりうり》(行商人)の姿もみられる。

出題

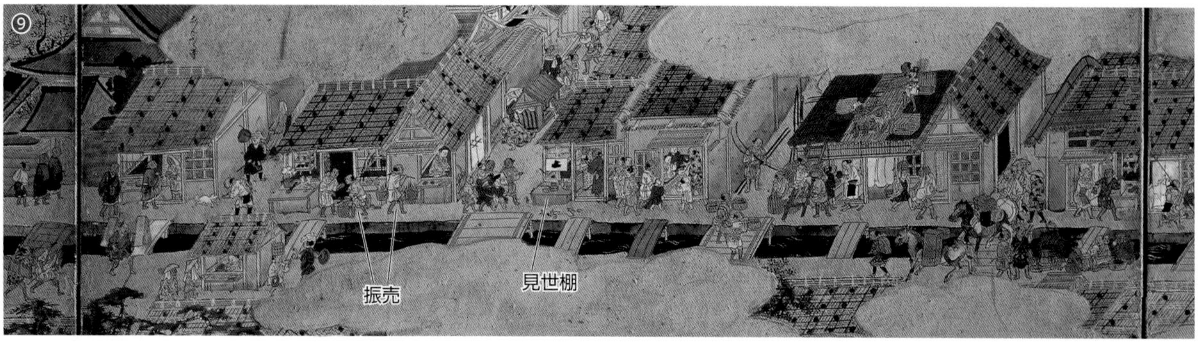

国山形・米沢市上杉博物館蔵　〈右隻〉

町衆による自治

❿革堂《こうどう》(上京《かみぎょう》全体の惣町《そうちょう》集会所)　戦国期の京都では，町衆《ちょうしゅう》とよばれる富裕な商工業者によって町《ちょう》が組織された。そして，複数の町が集まって町組《ちょうぐみ》を，町組は上京と下京ごとにまとまって惣町《そうちょう》を構成して，重層的な自治組織を形成していた。町衆から選ばれた月《がち》《がつ》行事《ぎょうじ》が，町や町組の自治を運営した。

⓫六角堂(下京《しもぎょう》全体の惣町集会所)

京都の復興と祭礼

出題　＊写真中の矢印は山鉾の進行方向。最後尾が船鉾。

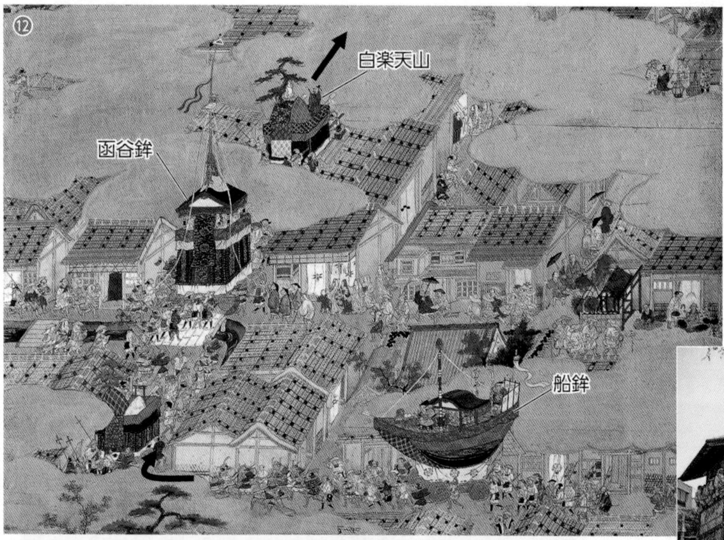

⓬祇園《ぎおん》祭の山鉾《やまぼこ》巡行
京都八坂神社の祭礼である祇園祭は応仁の乱で一時中断したが，1500年，下京《しもぎょう》の町衆《ちょうしゅう》によって町の復興とともに復活した。町々を単位に，趣向《しゅこう》を凝らした豪華な山鉾(山車《だし》)が京中を巡行する山鉾巡行は，南北朝時代に始まったものである。

←現在の祇園祭

⓭風流《ふりゅう》踊り　時宗《じしゅう》の踊り念仏が華《はな》やかになったもので，趣向を凝らしたそろいの衣装で一体となって踊る。盆踊りのルーツの一つとされる。

特集

都市の発達①―「洛中洛外図屏風」(上杉本)を読み解く

商工業と農業

↑**米屋と馬借《ばしゃく》**　京都には米市場《こめいちば》もあった。大消費都市京都には，馬借や車借《しゃしゃく》によってさまざまな物資が運び込まれた。

↑**大原女《おはらめ》**　洛北《らくほく》の大原《おおはら》から，炭や薪を頭に載《の》せて行商に来た。㋣出題

↑**桂女《かつらめ》**　桂の里に住む鵜飼《うかい》集団の女性で，頭に巻いた白布《はくふ》(桂包《かつらづつみ》)が特徴。鮎《あゆ》の行商や巫女《みこ》の仕事に携わった。

↑**振売《ふりうり》**　天秤棒《てんびんぼう》の両端に商品を入れた籠を下げて売り歩いた。近世には棒手振《ぼてふり》ともいわれた。

↑**扇屋**　扇は贈答品として重宝され，また，日明《にちみん》貿易の輸出品でもあった。

↑**髪結床**　看板にハサミやカミソリの絵がみえる。

↑**一服一銭《いっぷくいっせん》**　道端で煎茶《せんちゃ》一服を一銭で商う行商人。

↑**牛耕**　田起こしする牛。

↑**夏の鴨川《かもがわ》**　鮎《あゆ》漁や鵜飼《うかい》が行われ，水遊びを楽しむ人びともいた。

→**麦の刈入れと脱穀《だっこく》作業**
鎌倉時代に畿内や山陽道などで米と麦の二毛作《にもうさく》が始まり，室町時代にはそばを加えた三毛作も行われるようになった。

年中行事と娯楽・遊興

↑**師走の光景**　餅つきや門松などの用意に忙しい。犬に追われる琵琶法師もみえる。

↑**正月の遊び**　子どもたちが綱引きやホッケーのような毬打《ぎっちょう》という遊びに興じている。

↑**猿回し**　新春を祝う芸として家々を回る。

→**相撲《すもう》に興じる人びと**

↑**鷹狩《たかがり》から帰る行列**
行列は細川邸に向かっており，手に隼《はやぶさ》を止まらせた馬上の人物は細川殿か。

→**千本閻魔堂《せんぼんえんまどう》の念仏狂言**　仏の教えを庶民にわかりやすく説いた。顔を赤く塗っている人は閻魔様の役。

→**風呂と湯女《ゆな》**
湯船《ゆぶね》はなく蒸《むし》風呂であった。白い着物の湯女が客の頭を洗っている。

考察の視点 室町時代に各地で都市が発達したのはなぜだろうか。 推移

1 主な都市の種類と分布

1A 自由都市—堺

解説 海に面した西側を除く三方に**環濠**《かんごう》をめぐらせ，浪人《ろうにん》を雇《やと》って武装し，戦国の争乱から町を守った。

堺《さかい》（自由都市） 史 ㋝出題

15世紀後半より勘合貿易・南蛮貿易で栄える。**会合衆**《かいごうしゅう》《えごうしゅう》とよばれる36人の豪商により町政が運営され，３人交代で実務を担当。平和で自由な自治都市として，**ガスパル＝ヴィレラ**ら宣教師にも注目された。織田信長の矢銭《やせん》（軍費）提出を拒否したが，1569（永禄12）年に信長に屈服。豊臣秀吉の大坂城築城にともない，城下への移住を命じられ，堺は衰微《すいび》。

石山本願寺（寺内町《じないまち》） P.159

本願寺８世**蓮如**《れんにょ》が1496（明応５）年に築いた隠居所に始まる。1532（享禄５）年，法華門徒らに山科《やましな》本願寺を焼打ちされた10世証如《しょうにょ》，この地に本山を移転。周辺に寺内町が発展して大坂の原型となった。11世**顕如**《けんにょ》，信長との11年におよぶ石山合戦の末，1580（天正８）年に紀伊鷺森《さぎのもり》に退去し，石山全土焼失。

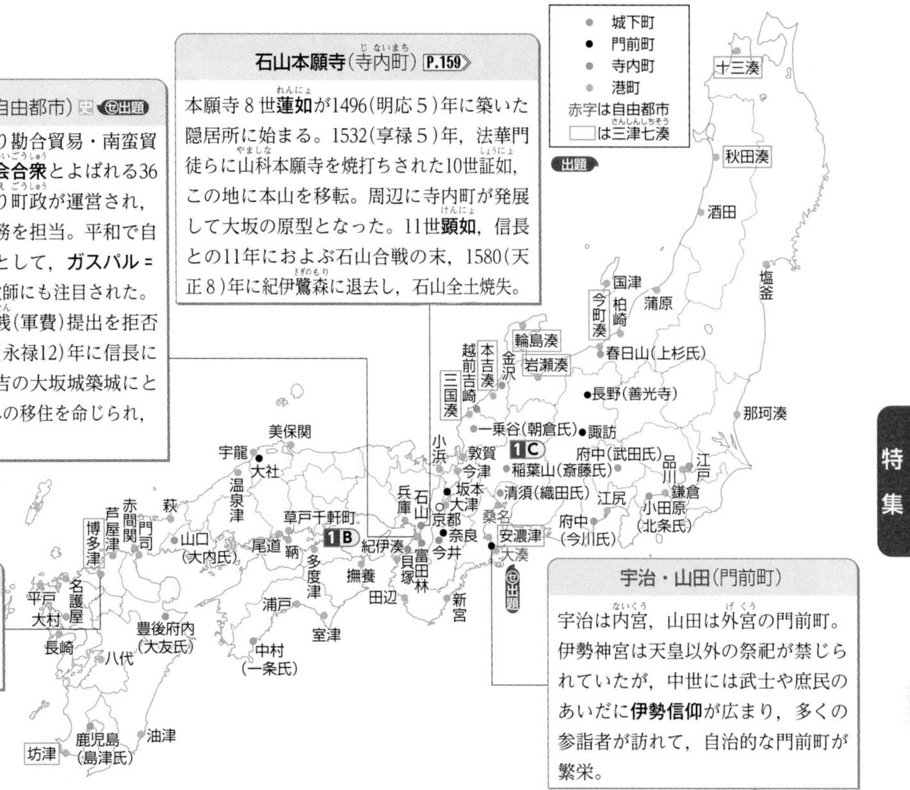

博多（自由都市）

堺とともに日明貿易の中心地。勘合貿易が盛んな頃，博多商人は大内氏と結んで活躍。**年行司**《ねんぎょうじ》（年寄）とよばれる12人の豪商が月ごとの輪番《りんばん》で町政を掌握。

宇治・山田（門前町）

宇治は内宮《ないくう》，山田は外宮《げくう》の門前町。伊勢神宮は天皇以外の祭祀が禁じられていたが，中世には武士や庶民のあいだに**伊勢信仰**が広まり，多くの参詣者が訪れて，自治的な門前町が繁栄。

1B 港町—草戸千軒町《くさどせんげん》（広島県福山市）

1-1 草戸千軒町の全景

1-2 草戸千軒町（復元模型）
東西91〜112m，南北約143m，広島県立歴史博物館蔵

解説 草戸千軒町《くさどせんげん》は，鎌倉〜室町時代にかけて瀬戸内海の水運で栄えた港町である。約450年の時間を経て，遺跡から多くの土器・陶磁器・木製品・銅銭などが出土した。

1C 城下町— 一乗谷《いちじょうだに》（福井県福井市）

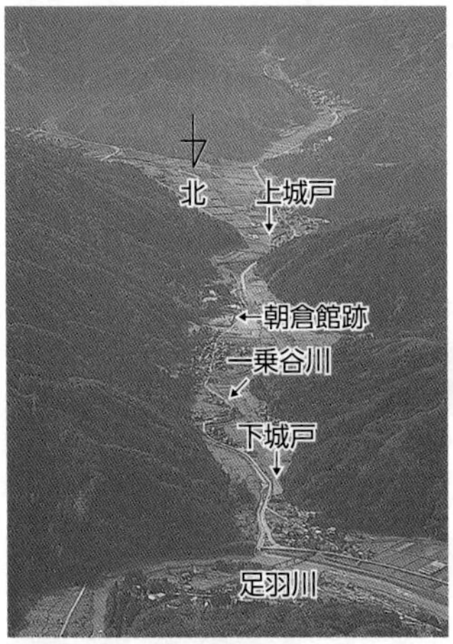

1-3 一乗谷の全景

福井県立一乗谷朝倉氏遺跡資料館蔵

1-4 復元された町並み（上）と武家屋敷（下）

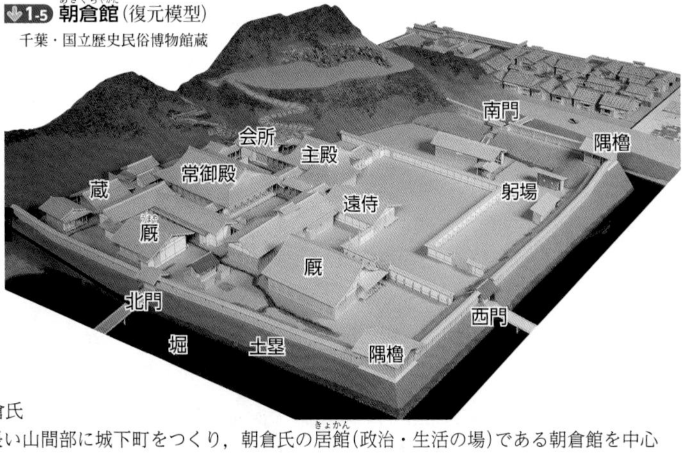

1-5 朝倉館《あさくらやかた》（復元模型）
千葉・国立歴史民俗博物館蔵

解説 一乗谷は越前（福井県）の戦国大名朝倉氏の城下町。南北約４km，東西約400mの細長い山間部に城下町をつくり，朝倉氏の居館《きょかん》（政治・生活の場）である朝倉館を中心に武家屋敷・町屋などを区割りし，家臣や商工業者を集住させた。また，非常時に備えて，朝倉館の背後には山城が築かれた。城下町の防備のため，南北の谷が一番狭くなる場所に土塁《どるい》を築き，城門を設けた。これを下城戸《しもきど》・上城戸《かみきど》という。

近世の日本と世界

中世の日本と世界(P.114)
近現代の地域・日本と世界(P.224)

中世後期には民衆の自治が発達した一方，15世紀後半以降は公権力が不安定となり，日本国内は一揆や戦乱の時代に突入した。約１世紀続いた戦国乱世は，織田信長《おだのぶなが》や豊臣秀吉《とよとみひでよし》によって全国統一が進められ，征夷大将軍となった徳川家康《とくがわいえやす》は全国政権として江戸に幕府を開いた。幕藩体制を確立した徳川氏は，15代，260年余りに及ぶ長期政権を築いた。諸大名を統制し，海外との通交や貿易も厳しく統制したが，国内の生産力は向上して全国的な流通経済が促進し，庶民文化が栄え学問も進展した。

		安土・桃山時代
全国統一過程	1575	長篠《ながしの》の戦い
	1576	織田信長《おだのぶなが》，安土《あづち》城築城
	1582	**本能寺《ほんのうじ》の変**
	1583	賤ヶ岳《しずがたけ》の戦い。**秀吉《ひでよし》，大坂城築城**
	1585	秀吉，関白となる
	1587	**バテレン追放令発布**
	1588	聚楽第《じゅらくてい》に後陽成《ごようぜい》天皇を迎える
	1590	北条《ほうじょう》氏滅亡・全国統一
	1592	文禄《ぶんろく》の役《えき》
	1597	慶長《けいちょう》の役
	1600	**関ヶ原《せきがはら》の戦い**
		江戸時代
幕藩体制の成立	1602	オランダ，東インド会社設立
	1603	徳川家康《とくがわいえやす》，征夷大将軍就任
	1609	島津《しまづ》氏，琉球《りゅうきゅう》王国征服
	1612	幕領に禁教令
	1615	大坂夏の陣
	1627	紫衣《しえ》事件
	1635	日本人の海外渡航禁止
	1637	島原《しまばら》の乱
	1639	ポルトガル船来航禁止
	1641	**出島《でじま》にオランダ商館移転**
幕藩体制の展開	1644	明の滅亡
	1651	由井正雪《ゆいしょうせつ》の乱(慶安《けいあん》の変)
	1657	明暦《めいれき》の大火
	1685	徳川綱吉《つなよし》，生類憐《しょうるいあわれ》みの令発布
	1709	**新井白石《あらいはくせき》を登用**
	1716	**徳川吉宗《よしむね》，享保《きょうほう》の改革開始**
	1732	享保の飢饉《ききん》
	1772	田沼意次《たぬまおきつぐ》，老中となる
	1774	**『解体新書《かいたいしんしょ》』刊行**
	1782	天明《てんめい》の飢饉(～87)
	1783	浅間山大噴火
幕藩体制の動揺	1787	松平定信《まつだいらさだのぶ》，寛政《かんせい》の改革開始
	1791	林子平《はやししへい》『海国兵談《かいこくへいだん》』刊行
	1792	ラクスマン，根室《ねむろ》に来航
	1800	伊能忠敬《いのうただたか》，蝦夷地《えぞち》測量
	1804	**レザノフ，長崎に来航**
	1808	フェートン号事件
	1825	異国船打払令
	1833	天保《てんぽう》の飢饉(～39)
	1837	**大塩《おおしお》の乱**
	1839	蛮社《ばんしゃ》の獄《ごく》
	1840	清《シン》国でアヘン戦争勃発《ぼっぱつ》
	1841	水野忠邦《ただくに》，天保の改革開始
	1842	天保の薪水給与令《しんすいきゅうよれい》
	1843	上知令《じょうちれい》。水野忠邦失脚
	1844	オランダ国王開国勧告
	1846	ビッドル，浦賀《うらが》に来航
	1850	日本初の**反射炉《はんしゃろ》を建設**

「鎖国」体制における日本の外交

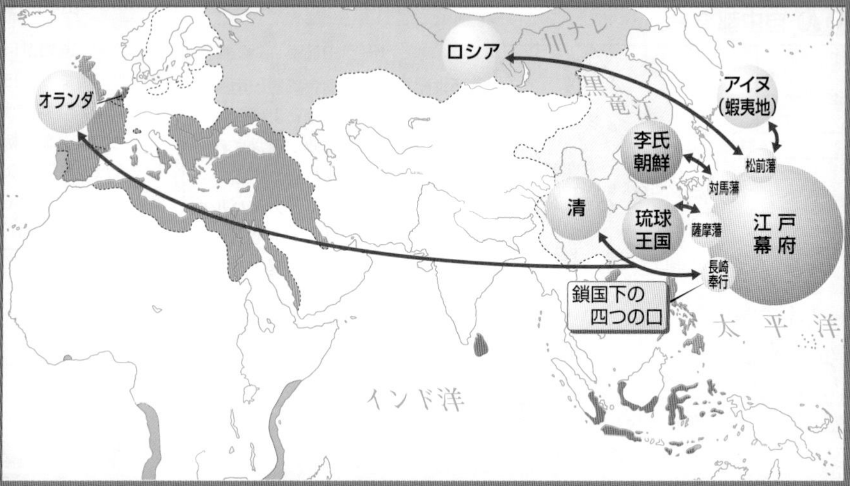

四つの口(概念図)

解説 江戸幕府は17世紀前半に海禁政策として，①キリスト教の禁教，②日本人の海外渡航と海外からの帰国禁止，③幕府による貿易統制を実施した。これがいわゆる「鎖国」政策とよばれるものだが，実際には国を閉ざしたものではなく，対外関係を幕府の統制下とし，四つの口で中国・オランダ，琉球・朝鮮，蝦夷地との関係をもった。「鎖国」の語は，18世紀後半から19世紀の列強の接近に対し，それを対外危機ととらえた立場から対外関係を閉ざすことが良策とする立場から造語されたものである。

考えてみよう１

「鎖国」体制下でもオランダとの通商は江戸時代を通して継続した。なぜ江戸幕府はオランダとの貿易を続けたのだろうか。

⇧**聖フランシスコ＝ザビエル像**(1506～52) 手に神への燃える愛を象徴する赤い心臓を抱き，口から「満ちたれり，主よ満ちたれり」というラテン語を発している。

61.0×48.7cm 部分 神戸市立博物館蔵

長さ 99.8cm 重さ約４kg

種子島時邦氏蔵 種子島開発総合センター提供

⇧**種子島銃《たねがしまじゅう》** 1543年に種子島に漂着したポルトガル人が伝えた。

⇨**長崎の出島《でじま》**(寛文長崎図屏風) いわゆる鎖国政策により，西洋諸国との貿易はオランダを対象とし，長崎の出島に限定された。

長崎歴史文化博物館蔵

三人の天下人 ―信長・秀吉・家康―

⇧**織田信長**　1560年，桶狭間《おけはざま》の戦いで今川義元《いまがわよしもと》を倒し全国統一を進めたが，1582年，明智光秀《あけちみつひで》による本能寺の変で最期を遂げた。　愛知・長興寺蔵

⇧**豊臣秀吉**　織田信長の死後，山崎の戦いで明智光秀を倒して政権を掌握し，1590年に全国統一を実現した。　京都・高台寺蔵

⇧**徳川家康**　秀吉の死去後，1600年の関ヶ原《せきがはら》の戦いで毛利輝元《もうりてるもと》や石田三成《いしだみつなり》らを退け，1603年に征夷大将軍となり江戸幕府を開く。　日光東照宮蔵

政治と外交 ―安定政権に向けて―

❶織田信長の統一政策

⇦**天下布武の印章**　信長は美濃《みの》斎藤氏攻略後の1567年よりこの印判を使用。この場合の「天下」は，将軍の支配が及ぶ範囲を指すものと考えられ，全国を指すものでなく畿内やその範囲における政治秩序を意味するものと考えられる。

解説 茶の湯に親しむことを許可制にしたことを「御茶湯御政道《おちゃゆごせいどう》」という。貴重な茶道具は権威の象徴として全国統一を図る織田信長に政治的に利用され，権力者の間を流転《るてん》した。

⇦**唐物肩衝茶入《からものかたつきちゃいれ》〈銘初《はつ》花《はな》〉**　徳川記念財団蔵

⇦**千利休《せんのりきゅう》**　秀吉は全国統一のため，諸大名を服属させる手段として茶の湯宗匠《そうしょう》らを取次《とりつぎ》として利用した。なかでも千利休(宗易《そうえき》)は「内々のことは宗易(利休)に」といわれ，豊臣政権の内部に深くかかわった。
長谷川等伯筆
京都・不審菴蔵

考えてみよう２

織田信長や豊臣秀吉の全国統一過程では，文化と政治はどのような関係にあったのだろうか。

❷豊臣秀吉の統一政策

⇩**刀狩令**　島津家文書　　東京大学史料編纂所蔵

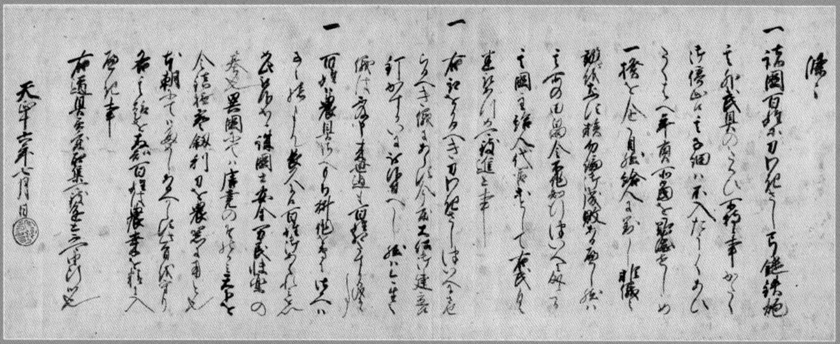

條々(現代語訳・抜粋)

一　諸国の百姓たちが、刀、短刀、弓、槍、鉄砲その他の武器武具の類を所持することを、堅く禁止する。そのわけは、不必要な武具類を百姓たちが手もとにたくわえていると、年貢やその他の雑税の納入をしぶったり、万一一揆を企てて領主に不法な行為をする者たちがあったりすれば、当然処罰しなければならない。……

一　右のように取り上げた刀、短刀等は、無駄にしてしまうのではなく、今度の大仏造営に際し、その建立用の釘、かすがいの材料にするよう命ずるものである。……

一　百姓は、農具だけをもって耕作に専念していれば、子々孫々に至るまで幸せに暮らしていけるであろう。……外国の例を見れば、中国の堯帝がその昔、天下を鎮め、宝剣、利刀を作り変えて農具に用いたということである。……右の武器武具の類を必ず取り集めて、差し出すようにしなさい。

天正十六年　七月八日　秀吉朱印

(『小早川家文書』)

解説 刀狩は身分統制策として百姓からあらゆる武器の没収を求めた。これにより太閤検地と合わせて兵農分離を進め，統一政権による強固な支配体制の基盤を築いた。

人掃令《ひとばらい》

急度《きっと》申候《もうしそうろう》

一　当関白様より六十六ケ国へ人掃の儀仰せ出され候の事。……

一　家数・人数・男女・老若共ニ一村切りニ書付けらるべき事。

付《つけたり》、奉公人ハ奉公人、町人ハ町人、百姓者百姓、一所ニ書出すべき事。

但し書立案文《かきたてあんもん》別紙これを遣し候。

天正十九年三月六日

(『吉川家文書』)

解説 前年の身分固定のための家数・人数調査について1592年には豊臣秀次《ひでつぐ》により全国的に実施した。朝鮮出兵に必要な人員を確保するねらいがあったとみられている。

近世の日本と世界

❸江戸幕府の法整備と大名統制

徳川氏系図

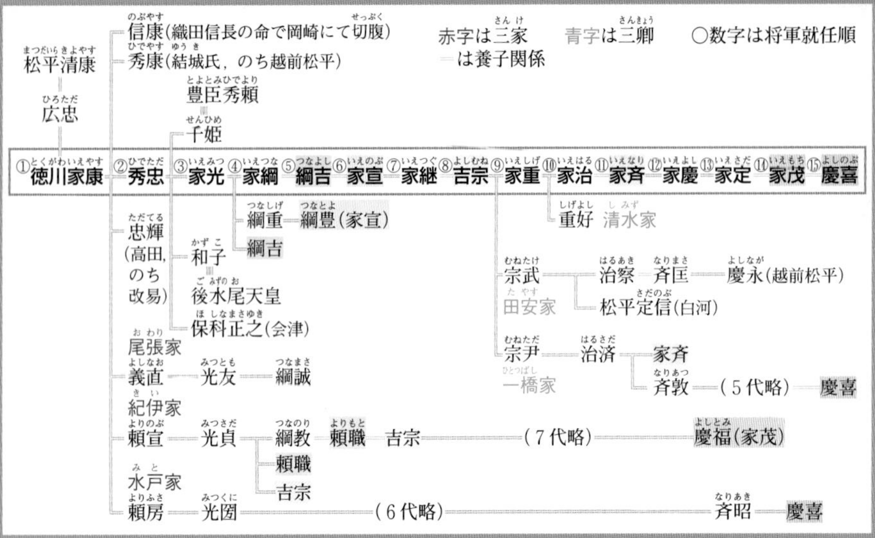

考えてみよう3

豊臣政権や江戸幕府は，政治を安定させるためにどのように大名との関係を統制しただろうか。

解説 三河《みかわ》の土豪出身の松平氏は源氏に連なる新田《にった》氏(上野国)の流れを汲むとしてその出身地の得川郷から徳川氏と称した。家康が征夷大将軍となり，その2年後には家督を秀忠に譲り，将軍職は徳川氏の世襲であることを明示した。

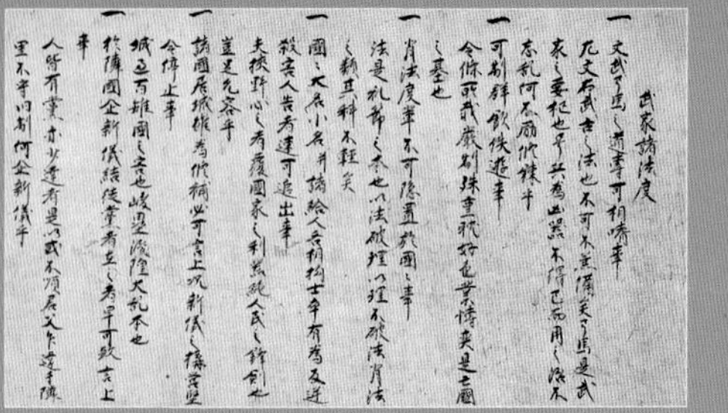

⇩**武家諸法度《ぶけしょはっと》草稿**(以心崇伝筆)　金地院蔵

武家諸法度(現代語訳・抜粋)

一　学問・武術の修業にひたすら心がけて励むこと。……(第一条)

一　諸国の居城を修繕する場合であっても、必ず届け出なければならない。まして、新たな築城は厳禁する。……(第六条)

一　隣国(近隣の大名のなか)において徒党を結び、新たな企てを成す者があれば、速やかに届け出ること。……(第七条)

一　諸大名が出仕する方法についてのこと。……(第九条)

(『御触書寛保集成《おふれがきかんぽうしゅうせい》』)

解説 幕府が大名を統制するために定めた武家諸法度は，諸大名を一堂に集め，口頭で伝達された。将軍と諸大名の主従関係が可視化され，将軍の権威を強化する儀礼的な意義があった。

❹江戸幕府の対外統制

考えてみよう4

なぜ江戸幕府は対外関係を統制したのだろうか。

⇧**将軍に臣従する諸大名**(徳川盛世録)

国立国会図書館蔵

⇦**志筑忠雄の「鎖国論」**　17世紀終わりに来日したドイツ人医師ケンペルが著した『日本誌』の一部は，1801年に和訳され「鎖国論」とされた。

国立国会図書館蔵

解説 「四つの口」によって統制された対外関係は，18世紀後半以降の列強の接近により「鎖国」は祖法という論理で実態化した。異国船の来航は禁止し，従来より関係をもつ国は例外であるとしたのである。

経済と社会 ―豊かな暮らしを求めて―

❺農業の発達

耕地面積の増大

石高の増加

考えてみよう5

耕地面積や生産力の拡大によって人びとの暮らしはどのように変化しただろうか。

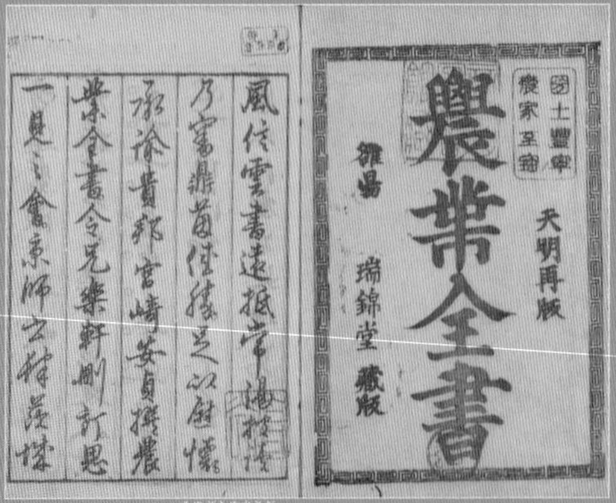

⇧**『農業全書』**　宮崎安貞《みやざきやすさだ》により1697年に刊行された日本初の体系的な農書で，多くの農民に受容され農業の発展に資した。

国立国会図書館蔵

⇩**『家業考』農事暦**(広島，丸屋甚七著，1764～69)

		稲作	畑作	年中行事など
正月	3が日 4日 7日 15日 20日	焼土を田へふる	麦に下肥施肥	雑煮，年始 仕事始め 休日 小正月 二十日正月
2月		一番つまみ肥	麦に追肥，畑に焼土	
3月	3日 土用	苗代すく		3月節句
4月	中	苗代肥や牛耕	茶摘みや麦刈り	
5月	節 半夏	田植え 除草	麦刈りや畑牛耕	田植え休み
6月	土用	除草	草刈り	祇園社祭礼
7月	13・14日 15日	水干し	大豆・小豆収穫	盆掃除 盆休み，盆礼
8月	節 彼岸 15～16日	田干し 稲刈り	祭礼	
9月	節 土用	稲扱き	干し田へ麦まき	年貢納め開始
10月	9～10日 24日		麦まき	伊勢祭 報恩講
11月	冬至			年貢皆済
12月	20日			煤取

(『図録　農民生活史事典』による)

❻三都の繁栄

⇦にぎわう江戸日本橋のようす（江戸図屏風）

千葉・国立歴史民俗博物館蔵

考えてみよう6

交通の整備によって社会や人びとの生活はどのように変化しただろうか。

❼五街道と海運航路の整備

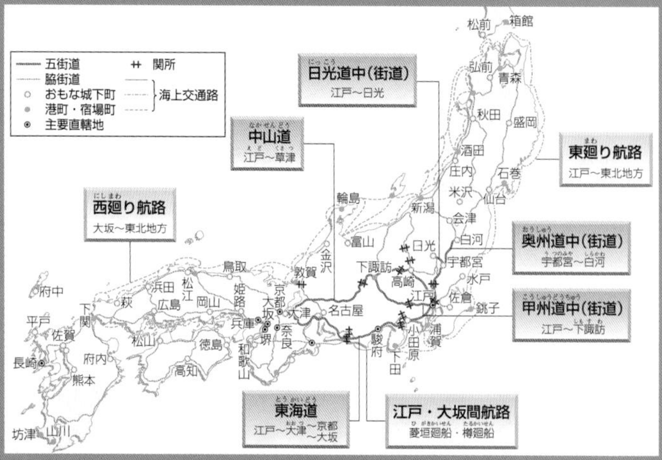

❽貨幣経済の浸透

寸法は縦寸

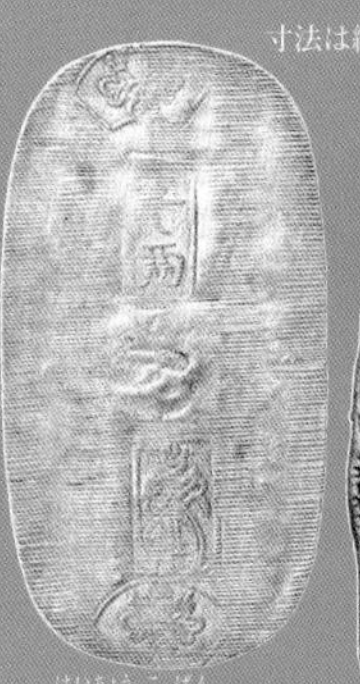

⇧慶長小判《けいちょうこばん》 71mm

⇧丁銀《ちょうぎん》 92mm

⇧寛永通宝《かんえいつうほう》 径24mm

❾五人組

五人組（現代語訳）

一 五人組の中で法に背《そむ》いた者があれば、組の者が申し出ること。外《ほか》の者が申し出た場合には、その者にほうびを与え、五人組の者は名主《なぬし》とともに処罰する。

一 独身の百姓が病気のときは、五人組はもちろん、村の者が協力して田植えを行い、収穫や年貢の納入を助け合いなさい。

（『徳川禁令考』）

❿幕藩領主の仁政《じんせい》

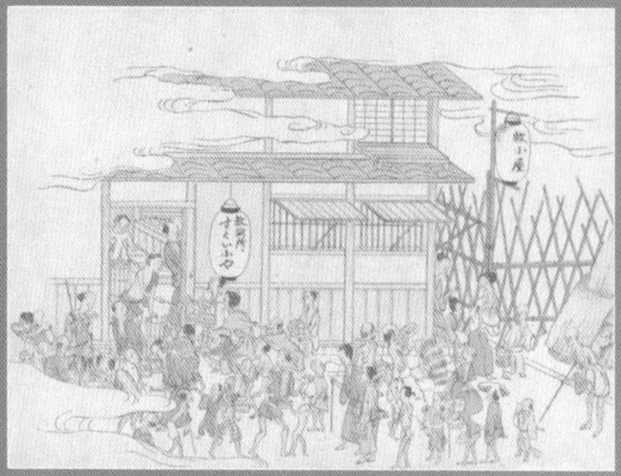

⇨御救小屋《おすくいごや》（渡辺崋山《わたなべかざん》『荒歳流民救恤図』） 飢饉《ききん》などによる窮民《きゅうみん》を救済するために利用された。 国立国会図書館蔵

文化 ―生活を楽しむ―

⓫近世文化を担った町人

考えてみよう7

江戸時代に町人らが文化の担《にな》い手になった背景にはどのようなことがあるだろうか。

⇧井原西鶴《いはらさいかく》（1642～93） 大坂の町人で，元禄期の町人文芸の中心であった。

寺子屋の普及

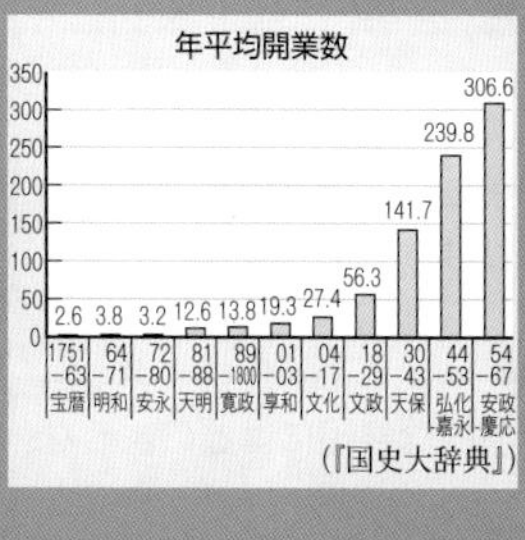

（『国史大辞典』）

⓬自然科学の発達

考えてみよう8

なぜ和算や本草《ほんぞう》学などの自然科学が発達したのだろうか。

和算 ねずみ算

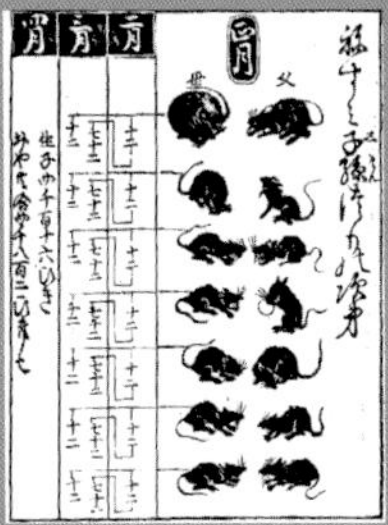

⇧『塵劫記《じんこうき》』（吉田光由《よしだみつよし》著）

宮城・東北大学附属図書館蔵

本草学

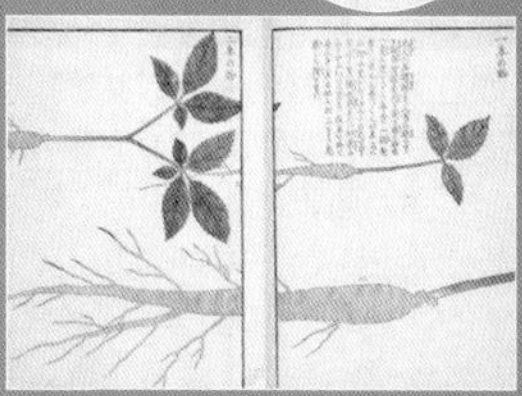

⇧朝鮮人参の国産化（『本草図譜』） 国立国会図書館蔵

⓭村の豊かな暮らし ―在村文化―

考えてみよう9

地方で特色ある文化が育まれた背景にはどのようなことがあるだろうか。

⇧『調布玉川惣畫圖《そうがず》』（東京都多摩市，相沢伴主《あいざわともぬし》筆） 村の暮らしが豊かになり，各地では在村文化が展開した。多摩地域では関戸村の相沢五流《ごりゅう》・伴主父子が在村文人として活躍し，そのネットワークは地域文化の興隆に貢献した。本図は伴主が多摩川の源流から河口までの下絵を描き，絵師の長谷川雪堤《はせがわせってい》によって1845年に完成された。

多摩市教育委員会蔵／協力：パルテノン多摩

資料に基づく時代の概観から「時代を通観する問い」の表現へ

資料に基づいて，近世の歴史を概観してきました。「考えてみよう」という問いかけを受けて，資料を読み取りその解答を考えたと思います。

次にその解答を考え合わせて，近世という時代の特色を探究するための**「時代を通観する問い」**をつくりましょう。これは，時代の転換を捉え，これからの学習の筋道や方向性を導くための問いとなります。

一人ひとりが解き明かしたい問いをつくり，さらに，「それは○○だったからではないだろうか」といった**仮説を立て**，近世という時代の特色を探究していきましょう。

憂《う》き世から浮き世へ

現実の世を意味する浮き世は，世を憂《うれ》うという仏教的社会観による憂き世から転じたものとされ，社会が安定した17世紀後半頃から使われ，浮世草子や浮世絵に表現された。

浮世絵版画の題材

江戸の都市文化は，浮世絵版画の題材になった。美人画，役者絵，相撲《すもう》絵のほか，風俗画や風景画などが人気を博した。

肉筆浮世絵と浮世絵版画

浮世絵には，肉筆と版画の二系統あり，木版の浮世絵版画は広く社会に普及した。参勤交代で江戸から国元へ帰る武士や江戸に出向いた庶民らが江戸土産《みやげ》として買い求めたので，それを通じ江戸の都市文化が地方に広がることにもなった。

絵画資料の読み解きポイント

- 何が描かれているだろうか。
- この絵は事実を反映したものだろうか。
- この絵からどんなことがわかるのか，あるいはわからないのか。
- この絵の特徴は何だろうか。
- （複数の絵を比較する場合）相違点と共通点は何だろうか。
- この絵は何のために描かれたのだろうか。

1 描かれた人びと

1-1 見返り美人図（菱川師宣《ひしかわもろのぶ》筆） 菱川師宣は浮世絵の大成者で，本の挿絵《さしえ》であった浮世絵版画を独立したものに発展させた。本図は師宣晩年の肉筆による美人画で，真横に向き半面を見せた姿勢は不自然だが，この構図によって流行の髪型や着物帯（吉弥《きちや》結び），着物の模様が一覧できる。 出典：ColBase

1-2 三代目大谷鬼次《おおたにおにじ》の奴江戸兵衛《やっこえどべえ》（東洲斎写楽《とうしゅうさいしゃらく》筆） 東洲斎写楽は生没年不詳の絵師で，活動期間は1794（寛政６）年５月からの１年弱とされる。本図は河原崎《かわらざき》座の演目（『恋女房《こいにょうぼう》染分手綱《そめわけたづな》』）に取材し，大谷鬼次が演じた江戸兵衛の上半身を描いた大首絵《おおくびえ》で，敵役に因縁《いんねん》をつけるような仕草と憎々しい表情となっている。

出典：ColBase

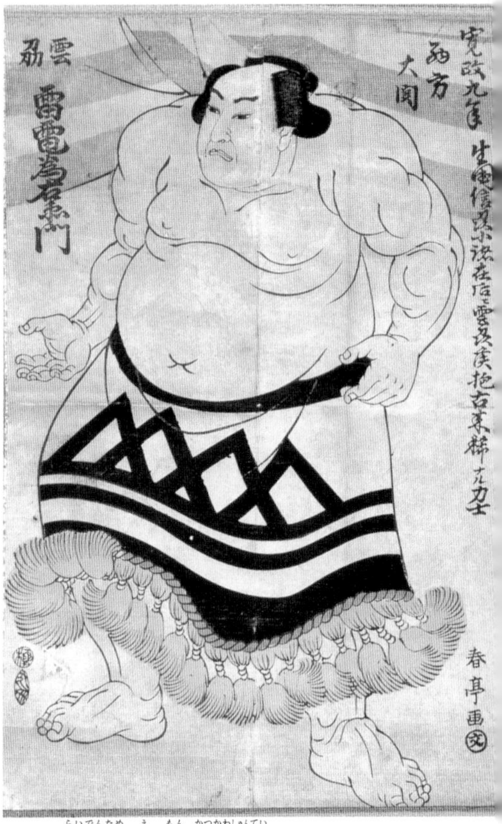

1-3 雷電為右衛門《らいでんためえもん》（勝川春亭《かつかわしゅんてい》筆） 勝川春亭が人気力士雷電為右衛門を描いた相撲絵。雷電は1767（明和４）年に信濃《しなの》国小県《ちいさがた》郡大石村（長野県東御《とうみ》市大石）で生まれ，勝率９割を超える大相撲最強の力士とされた。全身を描き，均整がとれた筋肉が力強さを物語っている。

画像提供：東京都江戸東京博物館 / DNPartcom

資料から読み取ってみよう１

この図の女性の髪型や着物の特徴を読み取り，当時の世相を考えよう。

資料から読み取ってみよう２

上半身だけを描く絵画表現からは，どのような効果が期待されたと考えられるだろうか。

資料から読み取ってみよう３

浮世絵の題材に相撲が採り入れられたのはなぜだろうか。

ここに着目！

版画で大量につくられる浮世絵の題材には，何が多く好まれたのかな。
江戸で人気があった人物が描かれているよ。

考えてみよう１

都市の文化や風俗が地方に広まった背景には，浮世絵版画が果たした役割も大きかったと思われる。それはなぜだろうか。

考えてみよう２

浮世絵版画が人びとの間に広まった経済的な要因にはどのようなことが考えられるだろうか。

2 描かれた風景と名所

2-1 『東海道《とうかいどう》五十三次《ごじゅうさんつぎ》』のうち「草津《くさつ》宿」(歌川広重《うたがわひろしげ》筆)　浮世絵には，江戸の人気者だけでなく，各地の風景や名所も題材にされ，中でも歌川広重の本図や葛飾北斎《かつしかほくさい》の『富嶽《ふがく》三十六景』など，大規模な連作の続《つづき》絵《え》もつくられた。　出典：ColBase

資料から読み取ってみよう4

どのような人びとが描かれているだろうか。

考えてみよう3

各地の風景画や名所絵が大きな人気を得たのはなぜだろうか。

ここに着目！

交通が発達すると，人びとは移動しやすくなるね。

3 浮世絵版画の普及

3-1 江戸名物錦画《にしきえ》耕作(喜多川歌麿《きたがわうたまろ》筆)　この図は，3枚続きで浮世絵版画を制作している場を描いている。

資料から読み取ってみよう5

当時，浮世絵版画がどのように制作されていたことが読み取れるだろうか。

資料から読み取ってみよう6

下の2つの図は，絵草紙《えぞうし》屋の店先を描いたものだが，販売方法に違いがある。より工夫されているのは3-3の店先だが，それはどのような点で工夫されているのだろうか。

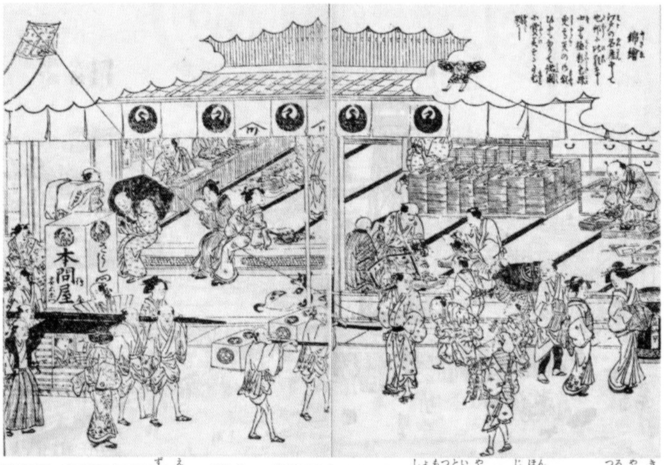

3-2 江戸名所図会《ずえ》　巻之一「錦絵」　老舗の書物問屋《しょもつといや》兼地本《じほん》問屋の鶴屋喜《つるやき》右衛《え》門《もん》の店頭が描かれている。右上の詞書には，「江戸の名産にして他邦に比類なし。中にも極彩色殊更《ことさら》高貴の御翫《もてあそ》ひにもなりて諸国に賞美する事尤夥《もっともおびただ》し」と記されている。浮世絵版画が江戸名産で，貴賤の人びとに広がっていたことがわかる。

国立国会図書館蔵

3-3 絵草紙屋の店先(手前翰謂喜《てまえかんいうき》作，渓斎英泉《けいさいえいせん》画『豊年武都英《ほうねんむつのはなぶさ》』)　大勢の客で賑わう絵草紙屋。役者絵や美人画が店先には吊るし売りされ，奥には在庫する商品が平積みされている。

国立国会図書館蔵

考えてみよう4

3つの図を読み解き，浮世絵版画がどのようにつくられ，普及したのか考えてみよう。

時代の特色を考えてみよう

江戸時代には，版画の他，印刷技術も進展し，さまざまな印刷物や出版物が製造された。これらが社会に普及した背景にはどのようなことが考えられるだろうか。

鉄砲とキリスト教の伝来

考察の視点　鉄砲は有力な武器であったが弱点もあった。鉄砲の弱点はどこにあっただろうか。
比較

1 大航海時代と日本の遣欧《けんおう》使節

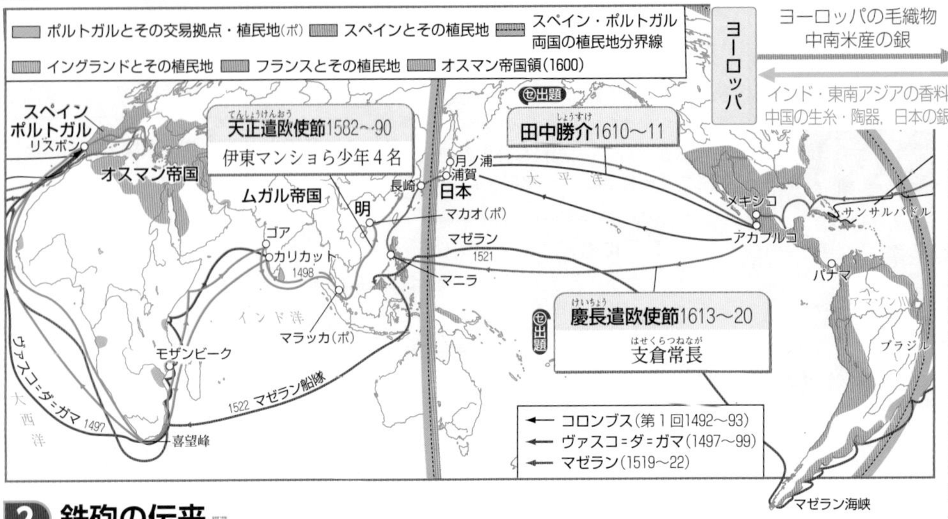

1A ポルトガル商人の交易

1-1 天正遣欧使節《てんしょうけんおう》　1586年ドイツのアウグスブルクで発行された印刷物で，使節の訪問が伝えられる。
京都大学図書館蔵

2 鉄砲の伝来

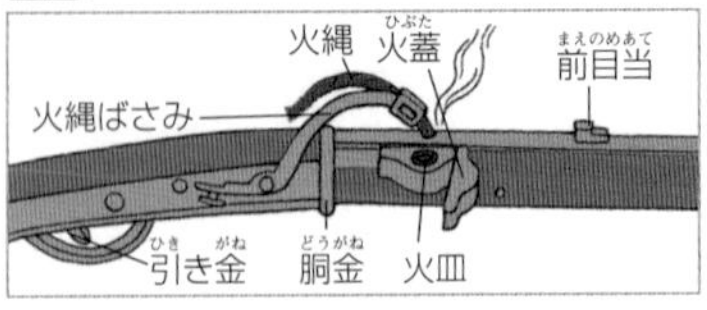

2-1 **種子島銃《たねがしまじゅう》**　1543年に種子島に漂着したポルトガル人が伝えた2挺《ちょう》の鉄砲は戦闘法や築城法を変化させた。また国内でも**和泉《いずみ》の堺，紀伊の根来《ねごろ》・雑賀《さいか》，近江《おうみ》の国友《くにとも》**などで大量生産された。

長さ 99.8cm 重さ約4kg
種子島時邦氏蔵 種子島開発総合センター提供

2-2 **鉄砲足軽**　定紋《じょうもん》付きのお貸し具足《ぐそく》と陣笠《じんがさ》を着用している。江戸時代に雑兵《ぞうひょう》の心得を説いた『雑兵物語』の挿絵から。
東京国立博物館蔵

2A 銃の操作

①銃口から火薬と弾《たま》を入れる。
②かるか(槊杖《さくじょう》)で火薬と弾を押し込める。
③火蓋《ひぶた》を開《あ》けて火薬を火皿《ひざら》に入れ，火蓋を閉めてから火縄《ひなわ》を火縄ばさみに装着。
④銃を構え，火蓋を開《あ》け，引き金を引く。
(熟練した者で約20秒に一発発射したという)

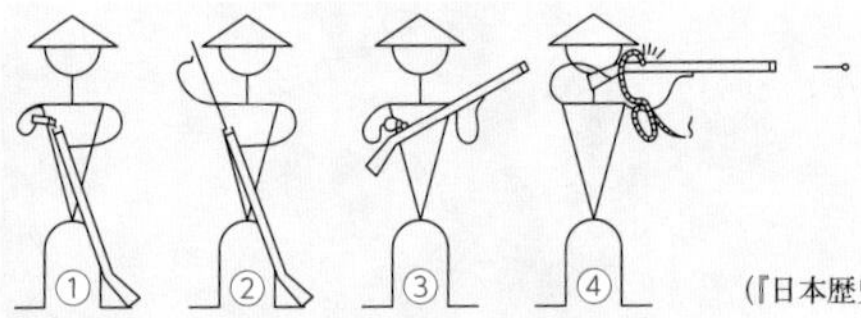

(『日本歴史館』)

3 キリスト教の伝来

3A 主な宣教師の活動

来日年	活動(ス)=スペイン(ポ)=ポルトガル(イ)=イタリア
1549	**フランシスコ=ザビエル**(ス)　**イエズス会**を結成，マラッカで日本人ヤジロウと出会って来日，**鹿児島**へ上陸。大内義隆《よしたか》・大友義鎮《よししげ》ら大名の保護を受け，鹿児島・平戸・山口・豊後府内《ぶんごふない》で布教
56	**ガスパル=ヴィレラ**(ポ)　室町幕府より布教許可を獲得。『**耶蘇会士《やそかいし》日本通信**』に収められた書簡中で当時の堺《さかい》の状況を報告
63	**ルイス=フロイス**(ポ)　信長・秀吉と親交。僧日乗朝山《にちじょうちょうざん》との宗論に勝つ。『**日本史**』を著述
70	オルガンティノ(イ)　フロイスを助けて畿内で布教。信長の信任を得て，京都に教会堂(南蛮寺《なんばんじ》)，安土《あづち》にセミナリオを開設
79	**ヴァリニャーノ**(イ)　日本の国情に適した布教活動展開。**天正遣欧使節《てんしょうけんおう》**に同行して日本を去り(1582)，再来日(90)。活字印刷機をもたらし，キリシタン版・天草版を出版。イエズス会宣教師
1603	ルイス=ソテロ(ス)　家康《いえやす》・秀忠《ひでただ》の好意を受ける。伊達政宗《だてまさむね》を知り慶長《けいちょう》遣欧使節(1613~20)支倉常長《はせくらつねなが》に同行

3B キリシタンの増加

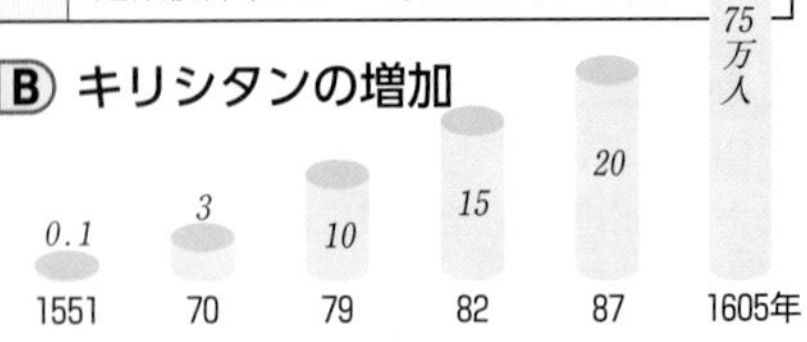

3-1 **聖フランシスコ=ザビエル像**(1506~52)　手に神への燃える愛を象徴する赤い心臓を抱《いだ》き，口から「満ちたれり，主よ満ちたれり」というラテン語を発している。
61.0×48.7cm 部分 神戸市立博物館蔵

3C キリシタン大名の印判

3-2 **黒田孝高《よしたか》(如水)の印**　Josuiと洗礼名ドン=シメオンのSimeonが刻まれている。

3-3 **大友義鎮《よししげ》の印**　洗礼名ドン=フランシスコのFranciscoを図案化。

3D キリスト教の発展

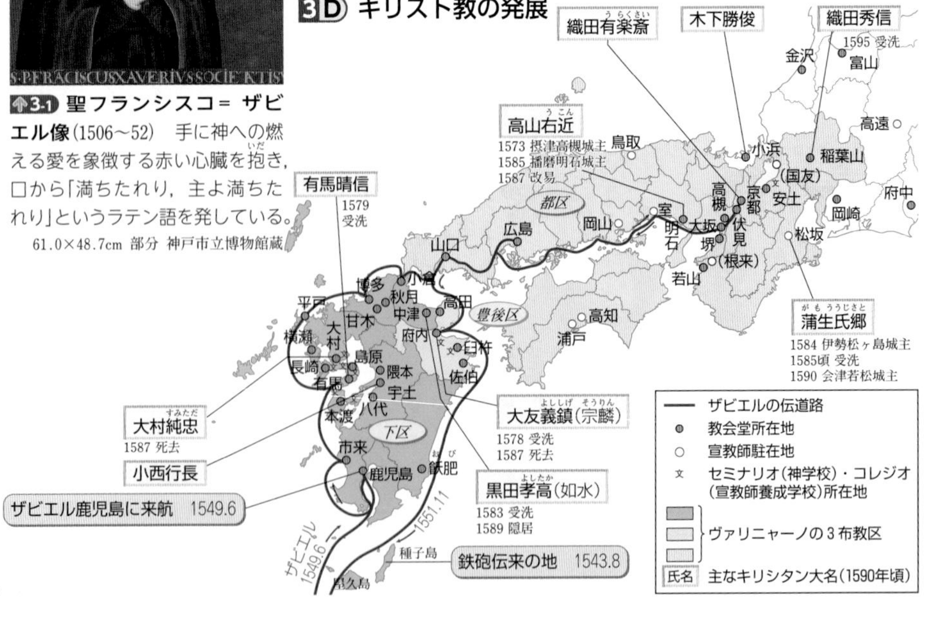

考察の視点 織田信長が寺院勢力を打倒したのはなぜだろうか。 相互関連

1 信長の統一過程

1560	桶狭間《おけはざま》の戦いで今川義元《いまがわよしもと》を討つ❶
67	美濃《みの》の斎藤龍興《さいとうたつおき》を追い，稲葉山《いなばやま》城を岐阜《ぎふ》城と改め，本拠を移す❷。美濃加納《かのう》を楽市《らくいち》とする。「天下布武《てんかふぶ》」の印判使用始める
68	足利義昭《あしかがよしあき》を奉じて入京❸・将軍に擁立《ようりつ》 六角《ろっかく》氏の旧領蒲生《がもう》郡で指出検地《さしだしけんち》実施
69	京都・天王寺門前町に撰銭令《えりぜにれい》発布
70	浅井《あざい》・朝倉《あさくら》連合軍を姉川《あねがわ》で破る(姉川の戦い)❹。本願寺11世顕如《けんにょ》，信長に対して挙兵(石山《いしやま》合戦～80)❺
71	延暦寺《えんりゃくじ》を焼打ち❻
73	将軍足利義昭を追放(室町幕府滅亡)❼
74	伊勢長島《いせながしま》の一向一揆《いっこういっき》平定❽
75	長篠《ながしの》の戦い❾。越前《えちぜん》の一向一揆平定❿
76	近江《おうみ》に安土《あづち》城を築き始める
77	安土城下を楽市とする
80	石山合戦終結(本願寺屈伏《くっぷく》)
82	天目山《てんもくざん》の戦い(武田氏滅亡)⓬。明智光秀《あけちみつひで》の謀叛《むほん》で信長死去(本能寺《ほんのうじ》の変)⓮

1-1 **織田信長《おだのぶなが》**(1534～82)
尾張の守護大名斯波《しば》氏の守護代織田家の分家に生まれる。父信秀が1551年死去し，18歳で家督を継ぐ。 愛知・長興寺蔵

1-2 **「天下布武《てんかふぶ》」の印**
信長は1567年美濃《みの》を攻略して以降，この印を用い，上洛する意志を示した。

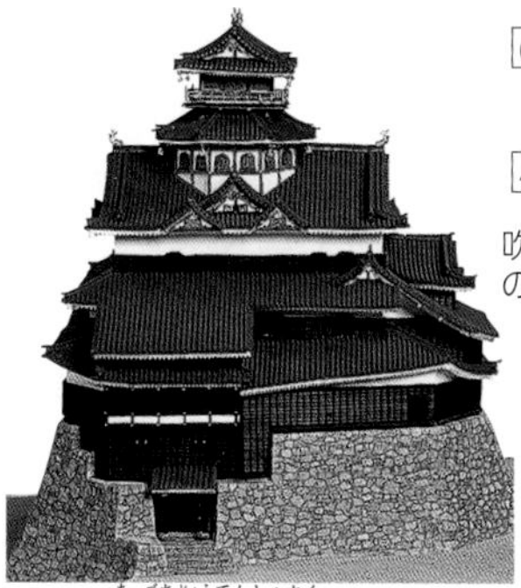

1-3 **安土城天守閣復元模型《あづちじょうてんしゅかく》**(内藤昌氏復元)

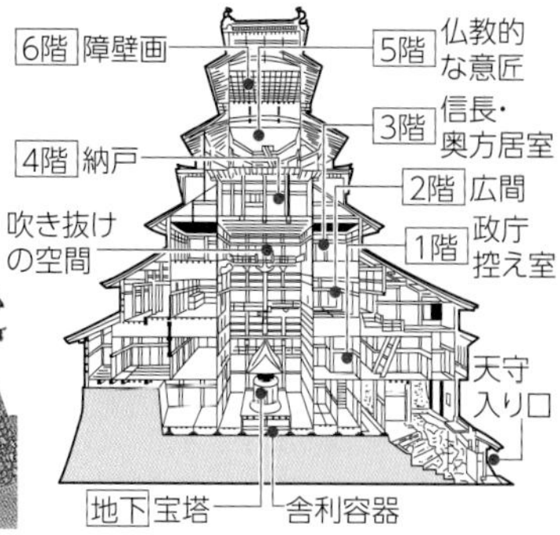

1-4 **安土城天守閣内部**(内藤昌氏復元図)

解説 信長は1576（天正《てんしょう》４)年，東海・北陸と畿内を結ぶ交通の要所である近江に大城郭《だいじょうかく》の築造を行い，３年後には完成させた。安土城は琵琶《びわ》湖畔の安土山に築かれた平山城《ひらやまじろ》で天守と石垣を備えた最初の本格的城郭といわれる。本能寺《ほんのうじ》の変《へん》ののち山崎《やまざき》の戦い(1582)の混乱期に焼失した。 セ出題

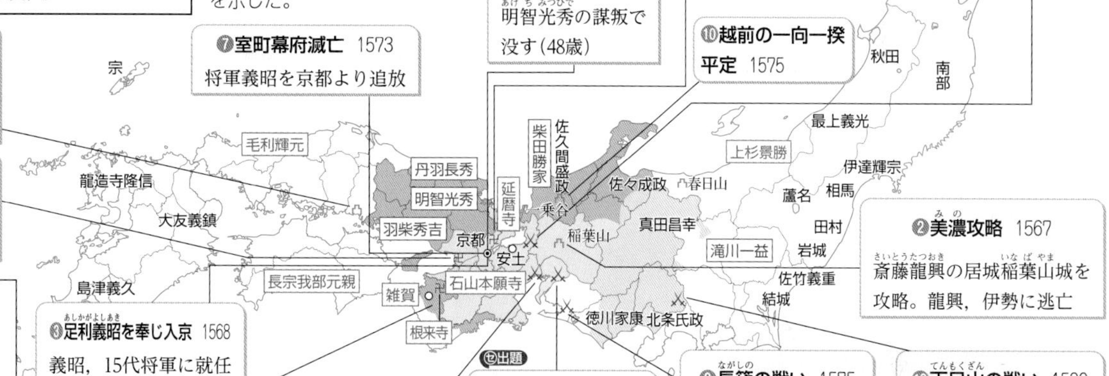

⓮本能寺《ほんのうじ》の変《へん》 1582 セ出題
中国(毛利《もうり》)攻めの秀吉を救援途中，明智光秀《あけちみつひで》の謀叛で没す(48歳)

❻延暦寺《えんりゃくじ》焼打ち 1571
寺社勢力最大拠点を破壊。荘園制に大打撃

❹姉川《あねがわ》の戦い 1570
浅井・朝倉連合軍を織田・徳川連合軍が撃破

⓭備中《びっちゅう》高松城包囲 1582
中国平定中の羽柴秀吉《はしばひでよし》，毛利の将清水宗治《むねはる》を攻撃

❼室町幕府滅亡 1573
将軍義昭を京都より追放

❿越前の一向一揆平定 1575

❺石山《いしやま》合戦(戦争)1570～1580
石山本願寺と戦い，1580年に和睦《わぼく》

❷美濃《みの》攻略 1567
斎藤龍興《さいとうたつおき》の居城稲葉山《いなばやま》城を攻略。龍興，伊勢に逃亡

❸足利義昭《あしかがよしあき》を奉じ入京 1568
義昭，15代将軍に就任

信長の領域
- 1560年(桶狭間の戦い)頃
- 1576年(安土城築城)頃
- 1581年頃
- 1582年(武田氏旧領を併合)
- 信長の有力家臣(本能寺の変直前)
- 反信長勢力

丸数字は年代順

⓫紀伊《きい》の根来《ねごろ》・雑賀《さいか》一揆と戦う 1577

❽伊勢長島《いせながしま》の一向《いっこう》一揆《いっき》平定 1574

セ出題
❶桶狭間《おけはざま》の戦い 1560
今川義元《いまがわよしもと》を討ち破る

❾長篠《ながしの》の戦い 1575
織田・徳川連合軍，武田勝頼《たけだかつより》の軍に大勝

⓬天目山《てんもくざん》の戦い 1582
武田勝頼，逃走途中自刃《じじん》。武田氏滅亡

2 信長の政策

特　色	・伝統的秩序や権威を克服し，新しい支配体制の確立をめざす
土地政策	・支配地域で指出検地《さしだしけんち》を実施 セ出題
経済政策	・楽市《らくいち》令により商工業者に自由な営業活動 史 セ出題 ・撰銭《えりぜに》令を発し，貨幣交換比率を定め，撰銭を制限 共出題 ・主要都市の直轄(堺・大津など) P.174 ・南蛮貿易の推進
交通政策	・領内の関所を廃止し，交通路を整備
宗教政策	・仏教勢力の弾圧 比叡山延暦寺《ひえいざんえんりゃくじ》焼打ち 一向一揆《いっこういっき》の平定(伊勢長島《いせながしま》，越前《えちぜん》，加賀《かが》)，石山本願寺《いしやまほんがんじ》を屈伏 ・キリスト教の保護 ルイス＝フロイスに京都居住を許可 南蛮寺(教会堂)やコレジオ・セミナリオの建設を許可

2-1 **長篠《ながしの》合戦図屏風**　6曲1隻 157.9×366.0cm 部分 愛知・徳川美術館蔵

解説 1575（天正《てんしょう》３)年５月，武田勝頼《かつより》を織田信長・徳川家康の連合軍が三河国設楽ヶ原《したらがはら》で迎撃。主力を繰《く》り出して柵を破ろうとする武田の騎馬《きば》隊を，織田・徳川軍の足軽《あしがる》鉄砲隊が一斉射撃で応戦したことが読み取れる。１万人近い死傷者を出した武田軍は甲斐国に撤退し，東海地方での織田・徳川両氏の優位が確定した。

歴史ナビ **安土城跡**(滋賀県近江八幡市)　石垣や天守の礎石などを見学可能。また，滋賀県立安土城考古博物館には，安土城の復元模型や関連資料が展示されている。

豊臣秀吉の統一事業

考察の視点　秀吉が聚楽第《じゅらくてい》に後陽成天皇《ごようぜい》を招いた目的は何だろうか。

1 秀吉の統一過程

1582	本能寺《ほんのうじ》の変《へん》がおこり，毛利《もうり》氏と和睦《わぼく》❶。山崎《やまざき》
(天正10)	の戦い(明智光秀《あけちみつひで》敗死)❷。清洲《きよす》会議❸。太閤《たいこう》
	検地《けんち》開始(～98)史 3
83	賤ヶ岳《しずがたけ》の戦い(柴田勝家《しばたかついえ》敗死)❹。大坂城築城
(天正11)	開始❺
84	小牧《こまき》·長久手《ながくて》の戦い(織田信雄《おだのぶかつ(お)》・徳川家康《とくがわいえやす》と和睦)❻
85	根来《ねごろ》・雑賀一揆《さいかいっき》平定❼。関白《かんぱく》就任。九州に停戦命
(天正13)	令(惣無事令《そうぶじれい》)。四国平定(長宗我部元親《ちょうそかべもとちか》の降伏)❽
86	聚楽第《じゅらくてい》造営❾。太政《だいじょう》大臣就任，豊臣《とよとみ》姓を賜る
87	九州平定(島津義久《しまづよしひさ》の降伏)❿。バテレン追
(天正15)	放令発布⓫史 6。聚楽第完成。北野大茶会。
	惣無事令発布(関東，奥羽)
88	後陽成《ごようぜい》天皇，聚楽第に行幸。刀狩令《かたながりれい》発布史。
(天正16)	海賊《かいぞく》取締令発布
90	小田原攻《おだわらぜ》め(北条氏の滅亡)⓬。奥州《おうしゅう》平定(全
(天正18)	国統一の完成)⓭
91	人掃令《ひとばらいれい》(身分統制令)発布。肥前名護屋《ひぜんなごや》城築城⓮
92	文禄《ぶんろく》の役《えき》 4
96	サン=フェリペ号事件。26聖人殉教《じゅんきょう》
97	慶長《けいちょう》の役 4
98	秀吉死去(61歳)

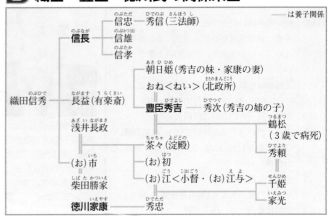

京都・高台寺蔵

1-1 豊臣《とよとみ》(羽柴《はしば》)秀吉《ひでよし》(1537～98)　尾張中村《おわりなかむら》(名古屋市)に地侍木下弥右衛門《きのしたやえもん》の子として生まれる。信長に仕え有力家臣となり，彼の死後８年目に全国統一を達成した。(太閤とは前関白の尊称)

1A 政治組織

五大老《ごたいろう》への秀吉の遺言状

返々《かえすがえす》秀より(頼)事たのミ申候。五人のしゆ(衆)たの(頼)ミ申候。いさい(委細)五人の物(者)ニ申わたし候。なごりおしく候。以上。

(中略)

八月五日(一五九八年)　秀吉御判

いへやす(徳川家康)　ちくせん(前田利家)　てるもと(毛利輝元)　かけかつ(上杉景勝)　秀いへ(宇喜多秀家)

(『毛利家文書《もうりけもんじょ》』)

2 織田・豊臣・徳川氏の関係系図

相互関連

━━は養子関係

- 織田信秀《のぶひで》
  - 信長《のぶなが》
    - 信忠《のぶただ》 ━━ 秀信《ひでのぶ》(三法師《さんほうし》)
    - 信雄《のぶかつ(お)》
    - 信孝《のぶたか》
  - 長益《ながます》(有楽斎《うらくさい》)
  - 朝日姫《あさひひめ》(秀吉の妹・家康の妻)
  - 豊臣秀吉《ひでよし》 ━━ 秀次《ひでつぐ》(秀吉の姉の子)
    - おね＜ねい＞(北政所《きたのまんどころ》)
  - (お)市《いち》
    - 浅井長政《あざいながまさ》 ＝ (お)市
      - 茶々《ちゃちゃ》(淀殿《よどどの》) ＝ 豊臣秀吉
        - 鶴松《つるまつ》(３歳で病死)
        - 秀頼《ひでより》 ＝ 千姫
      - (お)初《はつ》
      - (お)江《ごう》＜小督《こ(お)ごう》・(お)江与《えよ》＞ ＝ 秀忠
        - 千姫《せんひめ》
        - 家光《いえみつ》
    - 柴田勝家《しばたかついえ》 ＝ (お)市
- 徳川家康《いえやす》 ━━ 秀忠《ひでただ》

解説　秀吉は晩年に幼少の嫡子秀頼《ちゃくしひでより》を補佐するため，有力大名を大《たい》老《ろう》(当初６名で小早川隆景《こばやかわたかかげ》の没後**五大老**とよばれた)として重要政務を合議させた。この秀吉の遺言状は，五大老に宛てられたことがわかる。「五人の物(者)」は**五奉行《ごぶぎょう》**のことで，**浅野長政《あさのながまさ》**(司法)，**石田三《いしだみつ》成《なり》**(行政)，**増田長盛《ましたながもり》**(土木)，**長束正家《なつかまさいえ》**(財政)，**前田玄以《まえだげんい》**(宗教)が一般政務を担当した。

❹賤ヶ岳《しずがたけ》の戦い 1583
柴田勝家《しばたかついえ》を討ち，信長の後継者の地位を確保

⓭奥州《おうしゅう》平定 1590
伊達政宗《だてまさむね》を降伏させて奥州を制圧し，全国統一達成

⓫バテレン追放令 1587
九州平定後，博多《はかた》で発令

❻小牧《こまき》・長久手《ながくて》の戦い 1584
織田信雄・徳川家康と交戦するが，決着はつかず和睦

⓮肥前名護屋《ひぜんなごや》城築城 1591
朝鮮出兵における本陣として築城

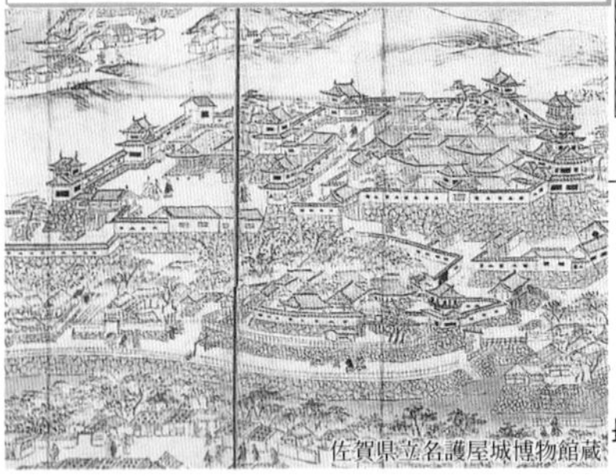

佐賀県立名護屋城博物館蔵

❶毛利《もうり》氏との和睦《わぼく》 1582
備中高松《びっちゅうたかまつ》城を攻撃中，本《ほん》能寺《のうじ》の変《へん》を知り和睦

❷山崎《やまざき》の戦い 1582
織田信長を倒した明智光《あけちみつ》秀《ひで》を，山城《やましろ》の山崎で討つ

⓬小田原攻《おだわらぜ》め 1590
停戦命令(惣無事令《そうぶじれい》)違反として北条氏政《ほうじょううじまさ》・氏直《うじなお》の居城小田原城を攻撃。北条氏の滅亡

❸清洲《きよす》会議 1582
信長の後継者を信忠の遺児秀信とし，後見人となる

❼和泉《いずみ》・紀伊《きい》平定 1585
根来《ねごろ》・雑賀一揆《さいかいっき》平定

❿九州平定 1587
大友《おおとも》氏の援助要請に応じて12万の軍勢で出陣し，島津義久《しまづよしひさ》を降伏させる

❽四国平定 1585
四国一円を平定した長宗我部元親《ちょうそかべもとちか》を服属させる

❾聚楽第《じゅらくてい》造営 1586～87
京都に聚楽第を造営し，1588年後陽成《ごようぜい》天皇を招き，天皇の前で諸大名に関白秀吉への忠誠を誓わせる

東京・三井記念美術館蔵

❺大坂城築城 1583～85 セ出題
石山本願寺《いしやまほんがんじ》の跡地に，天下統一の拠点として築城

大阪城天守閣蔵

1B 小田原攻め　1590(天正18)年 セ出題

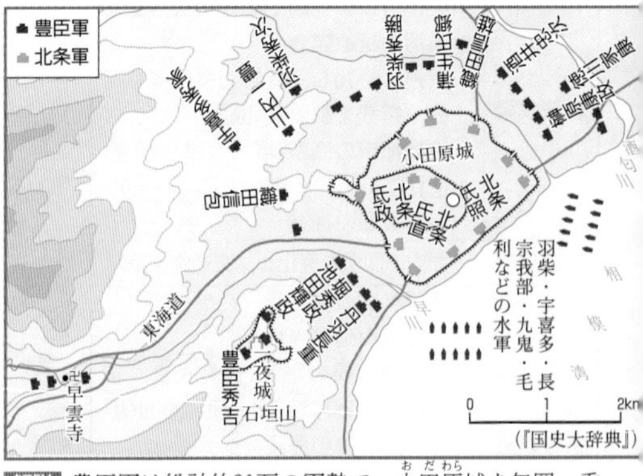

(『国史大辞典』)

解説　豊臣軍は総計約21万の軍勢で，小田原《おだわら》城を包囲。秀吉は海上より物資を補給させ，石垣山《いしがき》には一夜城《いちやじょう》を築かせた。北条氏は豊臣軍と徹底抗戦するか否かで揉《も》め，俗に「小田原評定《ひょうじょう》」という言葉が生まれたが，半年あまりの籠城《ろうじょう》ののち，降伏した。

考察の視点　秀吉の行った検地(太閤《たいこう》検地)は，それ以前の指出《さしだし》検地とどのような違いがあったのだろうか。　比較

3 太閤検地

3-1 検地《けんち》の実施　自己申告による指出検地《さしだしけんち》と異なり，検地役人が立ち会って縄《なわ》打《うち》・竿入《さおいれ》を行い，田の面積を測量している。場面は江戸時代末期の検地のようす。　長野・松本市立博物館蔵

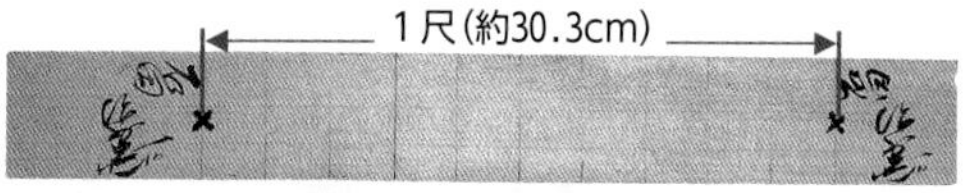

3-2 検地尺《けんちじゃく》　1594(文禄3)年石田三成《いしだみつなり》が島津領検地の際に使用したものといわれる。×印間が1尺，さらに1寸ごとの目盛りがあり，石田三成の署名と花押《かおう》がある。　鹿児島・尚古集成館蔵

出題　3-3 京枡《きょうます》　京都付近で使われていた京枡を公定枡とした。1升枡は内のり4寸9分(約14.8cm)，深さ2寸7分(約8.2cm)。　個人蔵

3-4 検地帳　個人蔵

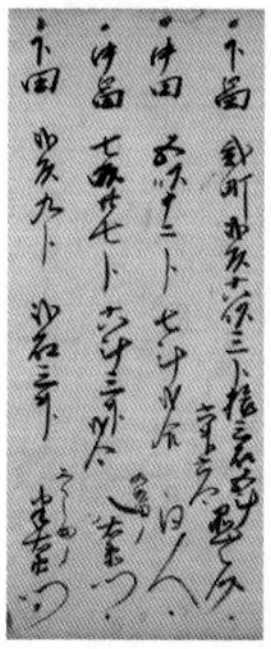

下畠　弐町弐反六畝三歩　拾三石五斗六舛六合　懸之介
中田　五畝十二歩　七斗弐合　同人
中畠　七畝廿七歩　六斗三舛弐合　九反田ノ八右衛門
下田　弐反九歩　弐石三舛　ふくしまノ半右衛門

御検地水帳写也

3A 検地国数の推移

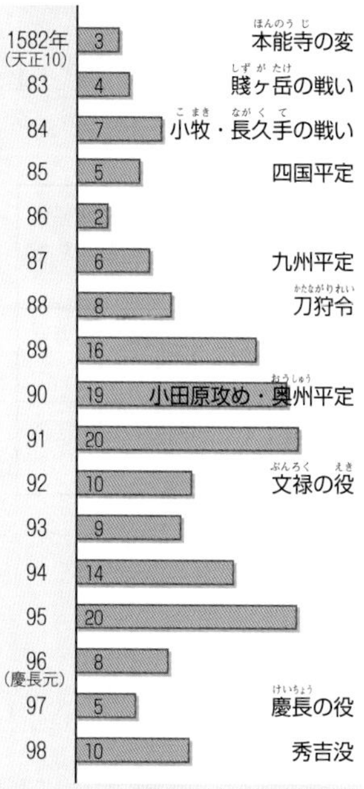

(『社会科資料図解大事典』)

3B 単位の統一(度量衡《どりょうこう》の統一)

長さ(江戸時代に1間＝6尺＝約180cmとなる。) 6尺3寸＝1間＝約191cm	
面積	容積
6尺3寸四方＝1歩《ぶ》	10合＝1升(約1.8ℓ)
30歩＝1畝《せ》	10升＝1斗
10畝＝1段(反)	10斗＝1石
10段＝1町	(約150kg)米俵2俵半

解説　令の規定では，1段＝360歩であったが，太閤検地により，1段＝300歩とされた。

3C 年貢高の計算

＊石盛は地域・時代により若干の差がある。

等級	石盛《こくもり》＝1段あたり米の標準生産高		面積		石高《こくだか》
上田《じょうでん》	15	1石《こく》5斗《と》×	上田の面積	＝	上田の石高
中田《ちゅうでん》	13	1石3斗×	中田の面積	＝	中田の石高
下田《げでん》	11	1石1斗×	下田の面積	＝	下田の石高
下々田《げげでん》	9	9斗×	下々田の面積	＝	下々田の石高
畑・屋敷地についても石盛を定め，石高で表示する。				＝	畑・屋敷地の石高
合計					村高
年貢高＝村高×⅔(二公一民制 1586年)					

4 文禄《ぶんろく》・慶長《けいちょう》の役(壬辰《じんしん》・丁酉倭乱《ていゆうわらん》)　出題

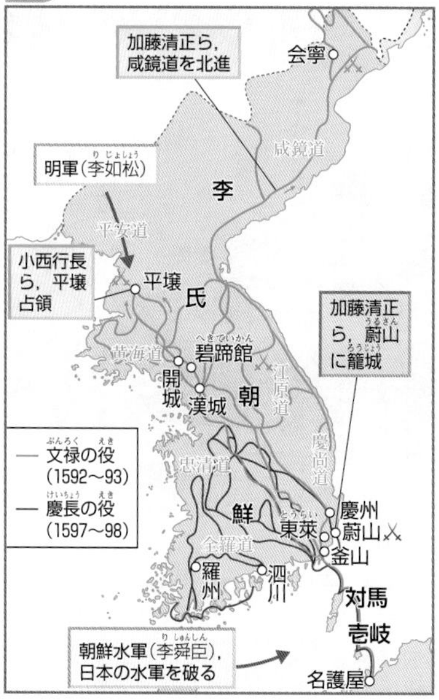

4-1 鼻塚《はなづか》(耳塚《みみ》)　慶長《けいちょう》の役《えき》において秀吉は，首に代えて鼻を戦功の証拠として送るように指示した。その結果非戦闘員を含む何万もの朝鮮人の鼻が塩漬けにされたうえ日本に運ばれ，方広寺《ほうこうじ》で供養《くよう》された。　京都

出題　4-2 李舜臣《りしゅんしん》(1545〜98)(現在の釜山《ふざん》(プサン)港の銅像)　李舜臣(イスンシン)の率いる朝鮮水軍は，堅い板(鉄または銅とする説もある)でおおわれた**亀甲船**で日本軍を苦しめた。

秀吉の野望

大陸支配を図る秀吉の領土的野心は，国内統一以前から表明されていた。1585(天正13)年には家臣に書簡でその意志が伝えられ，翌年にはキリスト教宣教師らにも語られた。秀吉は九州平定後，対馬の宗氏を介し朝鮮に服属と明《ミン》征服の先導役を命じた。外交交渉は曲折の末，朝鮮は秀吉の意を拒絶したため2度の朝鮮出兵となった。秀吉は諸大名に軍役《ぐんやく》を課して組織化，文禄の役では15万余，慶長の役では14万余を派兵した。恩賞のための領土拡大のほか，豊臣政権を支えた豪商の貿易拡大などが大陸侵略の目的であったと考えられる。

5 豊臣政権の財政基盤・経済政策

蔵入地《くらいりち》(直轄領)	約220万石(1598)，畿内と周辺が約7割，全国総石高1,850万石の約12%を占《し》めた
直轄鉱山	佐渡相川・但馬生野・石見大森など
都市の直轄と豪商の掌握《しょうあく》	大坂・京都・堺・博多・長崎などを直轄 堺の千利休《せんのりきゅう》・小西隆佐《こにしりゅうさ》，博多の神屋宗湛《かみやそうたん》・島《しま》井宗室《いそうしつ》らの経済力を利用
貨幣鋳造	天正大判《てんしょうおおばん》(金貨)，丁銀《ちょうぎん》(銀貨)，天正通宝《てんしょうつうほう》(銭貨《せんか》)など
南蛮貿易	生糸《きいと》貿易の独占など
交通制度	関所撤廃(1582〜86)，一里塚の設置(1592)
商業政策	楽市令(1586，大山崎《おおやまざき》油座廃止など)

出題　5-1 天正大判《てんしょうおおばん》(10両)　秀吉が1588(天正16)年から後藤徳乗《ごとうとくじょう》につくらせたもの。表面に拾両，後藤の花押が墨書されている。大判は儀礼用などに用いられ，一般には流通しなかった。　縦約14.5cm 重さ約165g

6 バテレン追放令と26聖人殉教《じゅんきょう》

6-1 日本二十六聖人記念碑(長崎市)

解説　秀吉は，九州平定後の1587(天正15)年に博多で**バテレン(宣教《せんきょう》師《し》)追放令**を発し，宣教師の国外退去を命じた。しかし，貿易を奨励したため徹底されなかった。1596(慶長元)年に土佐に漂着したスペイン船サン＝フェリペ号の乗組員が「スペインは宣教師を領土征服に利用している」と証言したことから，秀吉はフランシスコ会の宣教師や信徒26人を長崎で処刑した。

歴史ナビ　**佐賀県立名護屋城博物館**(佐賀県唐津市)　名護屋城跡(特別史跡)に隣接し，史跡の保存整備をするとともに関連資料の展示をしている。

桃山文化①　城郭と城郭建築

考察の視点　城郭が山城から平山城や平城へと移行したのはなぜだろうか。　析務

時期　16世紀後半
❶豪華・壮大な城郭《じょうかく》，新鮮味豊か
❷仏教色薄れ現実的・人間的
} 大名や豪商の気風・経済力反映
❸侘茶《わびちゃ》の精神性　❹南蛮《なんばん》文化の影響

1 城郭《じょうかく》の種類

山《やま》　城《じろ》	山頂に本丸《ほんまる》をおき，険しい地形を防御に利用する。山全体を城郭化したものと，平時の居館《きょかん》は麓《ふもと》にあって山上を籠城《ろうじょう》用の城郭としたものがあった。
平山城《ひらやまじろ》	平野部にある低い丘陵上を本丸とし，周囲の平地に二の丸・三の丸などの曲輪《くるわ》や城下町が築かれた。
平《ひら》　城《じろ》	平野部に築かれ，周囲を石垣や水堀で防御する。領内の政治・経済の中心であり，周囲には広大な城下町が形成された。

2 現存する12天守閣《てんしゅかく》

セ出題

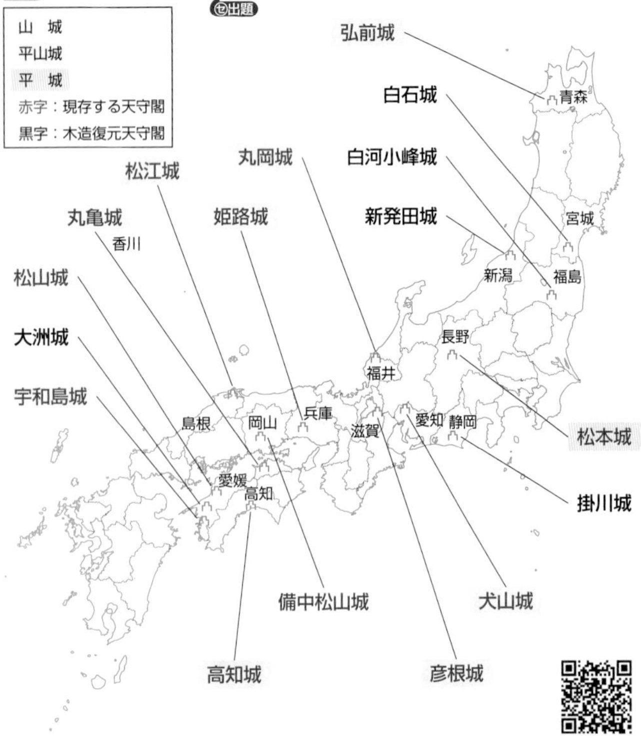

2-1 弘前城

2-2 丸岡城

2-3 犬山城国

2-4 彦根城国

2-5 備中松山城

2-6 松江城国

2-7 丸亀城

2-8 松山城

2-9 高知城

2-10 宇和島城

解説　現存天守閣は江戸時代の創建・再建もある。明治維新で多くの天守閣が破却され，戦災で焼失した天守閣もあった。一方，確かな資料をもとに，当時の工法で復元された天守閣もある。

1A 山城《やまじろ》

1-1 **村上要害《ようがい》**（村上城・新潟県）　上杉氏の武将本庄氏が標高135mの臥牛山《がぎゅうさん》に築いた山城。山上の曲輪《くるわ》や建物とともに，山麓に形成された城下町が読み取れる。

「越後国瀬波郡絵図」米沢市上杉博物館所蔵

1B 平山城《ひらやまじろ》

1-2 **姫路城**　小高い丘を利用した平山城で，天守閣《てんしゅかく》は三つの小天守を配した連立式。1993年，法隆寺とともに日本最初の世界遺産に選定される。出題　国兵庫

1C 平城《ひらじろ》

1-3 **松本城**　平地に築かれた平城で，天守閣《てんしゅかく》は小天守を渡櫓《わたりやぐら》で連結し，辰巳附櫓《たつみつけやぐら》とさらにその下に月見櫓《つきみやぐら》を複合した複合連結式。石垣は自然石を利用した野面積《のづらづみ》。国長野

歴史ナビ　**兵庫県立歴史博物館**（姫路市）　兵庫県の歴史とともに，姫路城をはじめとした全国の城郭と城下町を展示・紹介している。

考察の視点　安土・桃山時代の城郭建築にみられる特徴は何だろうか。　比較

1 建築・庭園

建築・庭園	姫路《ひめじ》城世(白鷺《しらさぎ》城)・松本《まつもと》城天守閣《てんしゅかく》・彦根《ひこね》城・犬山《いぬやま》城・二条《にじょう》城世二の丸御殿《ごてん》 都久夫須麻《つくぶすま》神社本殿(伏見《ふしみ》城遺構) 西本願寺《にしほんがんじ》世飛雲閣《ひうんかく》・大徳寺唐門《だいとくじからもん》(伝聚楽第《じゅらくてい》遺構) 西本願寺書院《にしほんがんじしょいん》(鴻《こう》の間《ま》)・唐門 醍醐寺《だいごじ》世三宝院表書院《さんぼういんおもてしょいん》・三宝院庭園・妙喜庵《みょうきあん》茶室(待庵《たいあん》)(伝千利休《せんのりきゅう》)

1-1・2 **二条城二の丸御殿《にじょうじょうにのまるごてん》**　徳川家康が諸国大名に命じて築城した平城。上洛《じょうらく》の際の徳川氏の宿所《しゅくしょ》であり，京都の治安警備の拠点でもあった。将軍に代わり城を預る二条城代《じょうだい》，その下で城内を守る二条定《じょう》(城)番《ばん》がおかれた。　国京都

名前の由来～桃山文化

豊臣秀吉は晩年，京都南郊の伏見《ふしみ》(現，京都市伏見区)に伏見城を築いて居城とし，1598(慶長《けいちょう》３)年にこの城で最期を迎えた。秀吉の死後は徳川家康が入城し，関ヶ原の戦いでは西軍に攻められて落城した。家康は伏見城を再建して，1603(慶長８)年にはここで将軍宣下《せんげ》を受けた。1623(元和《げんな》９)年に廃城となり，建物の一部は寺社に移築された。城跡は桃畑となって桃山とよばれ，桃山文化(安土・桃山時代)のよび名の由来となった。

読み解く　二条城二の丸御殿の大広間には，将軍の権威を高めるためにどのような仕掛けが設けられているだろうか。

❶格子・天井を埋め尽くす天井絵
❷背後や側面の壁に松の絵
❸違《ちが》い棚《だな》，背後の絵は竹
❹襖障子《ふすましょうじ》に鳥・つつじの絵
❺将軍が出入りする一の間
❻家臣《かしん》がひかえる二の間

＊柿葺《こけらぶき》　こけら＝薄い木片のことで，杉・さわら・檜などの小さな薄い板を何枚も重ね合わせて屋根を葺《ふ》く

1-3 **西本願寺飛雲閣《にしほんがんじひうんかく》**　同寺滴翠園《てきすいえん》にある柿葺《こけらぶき》＊の３層楼閣《ろうかく》。屋根は，寄棟《よせむね》・入母屋《いりもや》・唐《から》破風《はふ》のものを巧みに配し，軽快・変化と調和を保つ。異説もあるが，**聚楽第遺構《じゅらくていいこう》**と伝えられる。　国平面25.8×12.5m 京都

1-4 **大徳寺唐門《だいとくじからもん》**　聚楽第《じゅらくてい》の遺構《いこう》と伝えられる**四足門《しそくもん》**。前後が軒唐破《のきからは》風《ふ》，左右側面が切妻《きりづま》の屋根。その壮大さ・彩色・彫刻にこの時代の文化の特色がみえる。　国高さ約８m 京都

1-6 **琵琶湖に浮かぶ竹生島**

1-5 **都久夫須麻《つくぶすま》神社本殿**(左)**と内部**(右)　琵琶湖《びわこ》の北部に浮かぶ竹生《ちくぶ》島は古来より信仰の対象とされ，都久夫須麻神社が鎮座する。本殿は**伏見城からの移築**と伝えられ，扉や板壁に施された透かし彫など豪華な装飾がみられる。　国滋賀

1-7 **醍醐寺三宝院表書院《だいごじさんぼういんおもてしょいん》**　醍醐寺は三宝院・報恩院《ほうおんいん》など五《ご》門跡《もんぜき》のある一山の総名。表書院は代表的な桃山期**書院造《しょいんづくり》の遺構《いこう》**。有名な庭園は1598(慶長《けいちょう》3)年に行われた醍醐の花見に際し，豊臣秀吉自身設計したと伝えられる。　国京都

考察の視点 豪壮な桃山文化の担い手はどのような人たちだっただろうか。 推移

1-9 欄間彫刻《らんまちょうこく》

1-8 西本願寺《にしほんがんじ》書院(鴻《こう》の間《ま》)

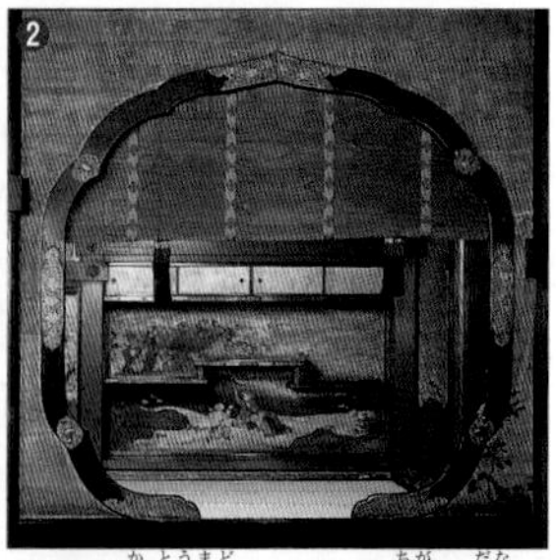

1-10 花頭窓《かとうまど》から見た違《ちが》い棚《だな》

解説 伏見《ふしみ》城の遺構《いこう》とされてきたが，近年では1632(寛永９)年の完成とみなされている。部屋の広さ(203畳)とともに，天井画《てんじょうが》・障壁画《しょうへきが》などの豪華壮麗《ごうかそうれい》さは，桃山文化の特色をよくあらわしている。上段と下段の境の**欄間彫刻**《らんまちょうこく》には鴻《こう》の鳥《とり》が彫られていて，この部屋の名の由来となっている。右奥には付書院，違《ちが》い棚《だな》が設けてある。 国

西本願寺と東本願寺

浄土真宗《じょうどしんしゅう》(一向宗《いっこうしゅう》)の本山である石山《いしやま》本願寺は，11世法主《ほっす》の**顕如**《けんにょ》(1543〜92)の代に織田信長との11年にわたる抗争(石山合戦)の後，信長に降伏して石山の地を明け渡し，紀伊《きい》国鷺森《さぎもり》(現，和歌山市)に退去した。1591(天正19)年，顕如は豊臣秀吉から京都に寺地の寄進を受けて本願寺を再興した。顕如の死後は子の**教如**《きょうにょ》が12世となるが，弟の**准**《じゅん》**如**《にょ》との間に後継争いがおこり，1593(文禄２)年に秀吉の裁定で准如に法主の地位を譲った。1602(慶長７)年，徳川家康が教如に本願寺の東に寺地を寄進して東本願寺が成立し，准如の本願寺は西本願寺とよばれるようになった。この時，末寺も東西に分割され，かつて各地の一向一揆を率いて戦国大名並みの威勢を誇った本願寺教団は二分された。

2 絵画

	障壁画《しょうへきが》	風俗画
絵画	唐獅子図屏風《からじしずびょうぶ》・檜図屏風《ひのきずびょうぶ》(狩野永徳《かのうえいとく》) 松鷹図《しょうようず》・牡丹図《ぼたんず》(狩野山楽《さんらく》) 智積院襖絵《ちしゃくいんふすまえ》(楓図：伝長谷川《はせがわ》等伯《とうはく》・桜図：長谷川久蔵《きゅうぞう》) 松林図《しょうりんず》屏風(長谷川等伯) 山水図《さんすいず》屏風(海北友松《かいほうゆうしょう》)	洛中洛外図《らくちゅうらくがいず》屏風(狩野永徳) 花下遊楽図《かかゆうらくず》屏風(狩野長信《ながのぶ》) 職人尽図《しょくにんづくしず》屏風(狩野吉信《よしのぶ》) 南蛮《なんばん》屏風 高雄観楓図《たかおかんぷうず》屏風(狩野秀頼《ひでより》)

2A 狩野派の系譜

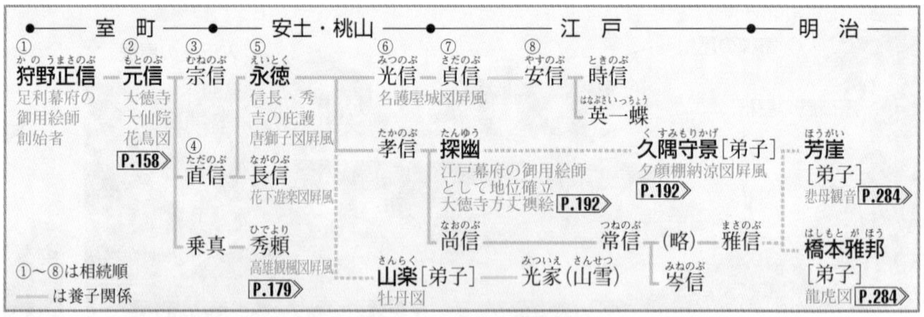

出題
2-1 **唐獅子図屏風**《からじしずびょうぶ》(狩野永徳《かのうえいとく》筆) この時代，**障壁画**《しょうへきが》の題材として好まれて描かれたものは，獅子《しし》・龍虎《りゅうこ》・鳳凰《ほうおう》などで，力強さや吉兆《きっちょう》を求める大名たちの気風が反映されている。右下に狩野永徳法印《ほういん》筆とあるこの屏風は，雌雄一対《しゆういっつい》の獅子が堂々と闊歩《かっぽ》しているように，力強い画法で描かれている金碧《きんぺき》の６曲１隻《せき》。狩野元信《もとのぶ》の孫にあたる永徳は画壇の寵児《ちょうじ》として織田信長・豊臣秀吉に仕え，安土城や聚楽第《じゅらくてい》・大坂城の障壁画を描き続け，のちに幕府御用絵師《ごようえし》となる基礎を築いた。

国６曲１隻 222.8×452.0cm 宮内庁蔵

2-2 **上杉本洛中洛外図屏風**(狩野永徳筆) P.162
1574(天正２)年に織田信長から上杉謙信へ贈られたと伝えられ，以後米沢藩上杉家に伝来したという由来がある。

国山形・米沢市上杉博物館蔵

2-3 **洛中洛外図屏風に描かれた清水寺**

洛中洛外図屏風 京都市中と郊外の名所や生活風俗を俯瞰《ふかん》的に描く。国宝の上杉本や重要文化財の6点をはじめ，室町末期から江戸初期にかけて描かれた約100点が現存する。

読み解く　桃山文化の絵画には濃絵(金碧画)と水墨画がある。P.178・179の作品をそれぞれ見分けてみよう。　**比較**

❶金箔《きんぱく》の雲と大地を背景にして，檜《ひのき》の生命力あふれる姿を鮮やかに浮かびあがらせる。

❷水墨画の技法を用いて質感あふれる岩を描く。水墨画と大和《やまと》絵的な濃絵《だみえ》を融合させている。

セ出題

2-4 檜図屏風《ひのきずびょうぶ》(伝狩野《かのう》永徳《えいとく》筆)　巨大な檜《ひのき》が踊りだすような勢いで大画面をはみ出し描かれている。豊臣秀吉が注文主で，初め襖絵《ふすまえ》として描かれたものを屏風に改めた。

国8曲1隻 169.5×460.5cm
東京国立博物館蔵

出題

❸濃い緑青《ろくしょう》の遠景が金の輝《かがや》きと強烈なコントラストをなす。

出題 **2-5 牡丹図《ぼたんず》**(狩野山楽《さんらく》筆)　「牡丹・紅梅図襖絵《こうばいずふすまえ》」(8面)の一部。「紅梅図」とは背中合わせになっている。金地《きんじ》に緑青《ろくしょう》も使用し，満開の牡丹を堂々と描いている。

1面184.0×99.0cm 部分 京都・大覚寺蔵

2-6 松鷹《しょうよう》《(まつたか)》図(狩野山楽《さんらく》筆)　12面の襖絵《ふすまえ》の一部。松の枝にとまった親鷹《おやだか》が，巣のひなを見守っている構図の雄大な**水墨画**。猛禽《もうきん》の鷹の雄姿《ゆうし》に大名たちは自らの姿を投影し，鷹は獅子《しし》などとともに画題として広く愛好された。

178.5×91.0cm 部分 京都・大覚寺蔵

出題 **2-7 松林図屏風《しょうりんずびょうぶ》**(長谷川等伯《はせがわとうはく》筆)　松林という大和絵的主題を水墨技法と破格《はかく》の構図によって表現した極めて精神性の高い水墨画の傑作。

国6曲1双(左隻《させき》) 155.7×346.9cm 東京国立博物館蔵

❶墨のグラデーションで霧に包まれた松林の空気感・遠近を鮮やかに表現した。

❷画面のところどころに金泥《きんでい》を刷《す》き，霧の中に朝の光が差してくるようすを表現した。

2-8 智積院襖絵《ちしゃくいんふすまえ》(桜図)(長谷川久蔵《きゅうぞう》筆)　長谷川等伯が長《ちょう》子《し》久蔵や弟子たちを率いて智積院の各部屋に25面の金碧《きんぺき》障壁画を描いた。楓《かえで》図は等伯，桜図は子の久蔵の作とされる。 出題

国部分 京都・智積院蔵

出題 **2-9 山水図屏風《さんすいずびょうぶ》**(海北友松《かいほうゆうしょう》筆)　濃墨で鋭い筆勢《ひっせい》で力強く描かれた6曲1隻の屏風絵。友松は近江《おうみ》の武士出身。父は浅井長政《あざいながまさ》の重臣で，その関係で斎藤道三《さいとうどうさん》とも親交があった。狩野派の影響を受けたとされるが，画風は実に個性的。京都建仁寺《けんにんじ》の襖絵《ふすまえ》，妙心寺《みょうしんじ》の屏風絵も有名。

6曲1隻 155.0×361.0cm 部分 東京国立博物館蔵

2-10 高雄観楓図屏風《たかおかんぷうずびょうぶ》(狩野秀頼《ひでより》筆)　秀頼は元信《もとのぶ》の次男で，この屏風は狩野派の初期風俗画として有名。一服《いっぷく》の喫茶に遊ぶ者，楽しげに歓談に興《きょう》ずる庶民の姿が，京都高雄の秋の風情《ふぜい》とともに，美しい色彩で描かれている。

国6曲1双 149.1×363.9cm 部分 東京国立博物館蔵

歴史ナビ　**山本兼一『花鳥の夢』**(文春文庫)　『洛中洛外図屏風』『唐獅子図屏風』などで時代を拓いた絵師狩野永徳の，芸術の華を開花させるまでの苦闘を描く。

桃山文化⑤　芸能・風俗・茶道・工芸

考察の視点　豪商らに愛好された侘茶が信長・秀吉，諸大名にも広がり，彼らの交流にも活用されたのはなぜだろうか。　相互関連

1 芸能・風俗

1-1 **花下遊楽図《かかゆうらくず》屏風**(狩野長信《ながのぶ》筆)　満開の桜の下で花見を楽しむ貴人とその供の一行。左手の八角堂に座り，中央の風流《ふりゅう》踊りを眺める貴人。右手の刀をもって踊る４人は，流行の**阿国《おくに》歌舞伎**をまねたものとみられる。

国6曲1双 左隻 149×348cm 東京国立博物館蔵

1-2 **阿国歌舞伎**(国女《くにじょ》歌舞伎絵詞《えことば》)　中央で鉦《かね》を打つのが出雲《いずもの》お国(阿国《おくに》)。お国は出雲大社の巫《み》女《こ》といわれ，京都で念仏踊りや風流系の踊り 1-1 などを取り入れて阿国歌舞伎を創始し人気を博した。「かぶき」は異様な風体《ふうてい》や奔放な行動を指した「傾《かぶ》き(者)」に由来する。　京都大学附属図書館蔵

1-3 **礼装《れいそう》の婦人**　夏以外は打掛を羽《は》織《お》り礼装となるが，打掛の両肩を脱ぎ腰にまとうのが夏の礼装。この女性は織田信長の妹で浅井長政《あざいながまさ》夫人(のち柴田勝家《しばたかついえ》夫人)の**お市《いち》の方《かた》**。

96×41cm 部分 和歌山・高野山持明院蔵

2 茶道《ちゃどう》《さどう》

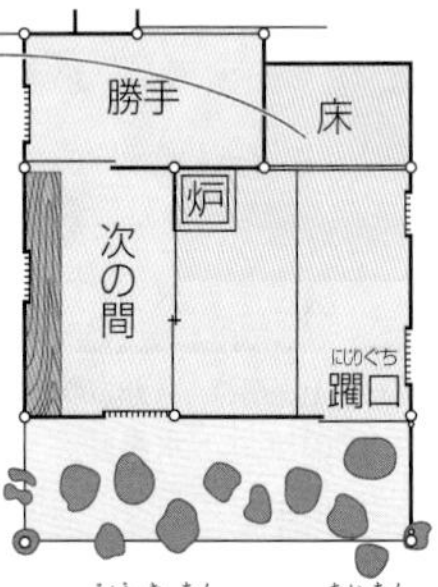

2-1 **妙喜庵《みょうきあん》茶室(待庵《たいあん》)**　伝**千利《せんのり》休《きゅう》**作の単層切妻《きりづま》のわずか２畳の草庵《そうあん》風茶室で，**侘茶《わびちゃ》**の精神を凝集した空間である。妙喜庵は京都山崎にある臨済宗《りんざいしゅう》寺院。　国平面3.3×2.8m

2-2 **如庵《じょあん》**　信長の弟織田有楽《おだうらく》斎《さい》(長益《ながます》)の柿葺入母屋造《こけらぶきいりもやづくり》，２畳半の茶室。現在は犬山市有楽苑に移築されている。　国平面4.7×4.5m

2A 茶道の系譜

室　町			安土・桃山	江　戸		
				蒲生氏郷《がもううじさと》		千　宗左《そうさ》【表千家《おもてせんけ》】(紀州徳川家)
			今井宗久《いまいそうきゅう》	古田織部《ふるたおりべ》	小堀遠州《こぼりえんしゅう》	
セ出題 **村田珠光《むらたじゅこう》**(しゅこう)[創始]	十四屋宗伍《じゅうしやそうご》(悟)[推進]	**武野紹鷗《たけのじょうおう》**[洗練]	津田宗及《つだそうぎゅう》	細川忠興《ほそかわただおき》		千　宗室《そうしつ》【裏千家《うらせんけ》】(加賀前田家)
			千《せんの》　利休《りきゅう》[大成]	織田有楽斎《おだうらくさい》		
				千《せんの》　少庵《しょうあん》	千　宗旦《そうたん》(千家再興)	千　宗守《そうしゅ》【武者小路千家《むしゃのこうじせんけ》】(讃岐松平家)

2-3 **千利休《せんのりきゅう》**(1522～91)　堺の商家に生まれ，武野紹鷗《たけのじょうおう》に茶を学んで侘茶《わびちゃ》を大成した。織田信長，次いで豊臣秀吉に茶頭《さどう》として仕え，秀吉の厚い信任を得て，政治的にも大きな影響力をもつようになった。茶人として名声の絶頂にあったが，突如秀吉の勘気に触れ，切腹を命じられた。70歳であった。

長谷川等伯筆 京都・不審菴蔵

2-4 **豊臣秀吉の黄金の茶室**(復元)
秀吉は1586年，黄金の茶室を御所に運び込み，正親町《おおぎまち》天皇に茶を献じた。３畳の室内は全面が金箔で覆われており，室内の茶道具も黄金製であった。茶室は組み立て式で運搬が容易で，北野大茶湯《おおちゃのゆ》などの茶会で披露され，秀吉の権勢を誇示した。　静岡・MOA美術館蔵

3 工芸

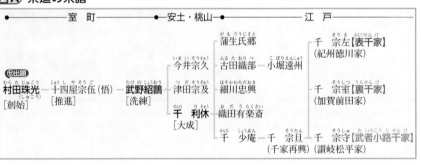

3-1 **志野芦絵水指《しのあしえみずさし》**　茶《ちゃ》の湯《ゆ》の流行にともない各地で陶磁器が製作されたが，志野焼は美濃《みの》(岐阜県)の代表的陶器。磁器の白さを求め釉《うわぐすり》の工夫がなされた。芦の絵は鉄の粉を使って描かれている。　高さ17.9cm

東京・畠山記念館蔵

3-2 **高台寺蒔絵**(秋草蒔絵歌書箪笥《うたがきたんす》)　高台寺は北政所が秀吉の冥福《めいふく》を祈るために1606年，京都に創建した寺で，北政所が愛用した蒔絵調度品が伝えられている。

高さ39cm 幅33cm 奥行24cm 京都・高台寺蔵

3A 朝鮮出兵と陶磁器

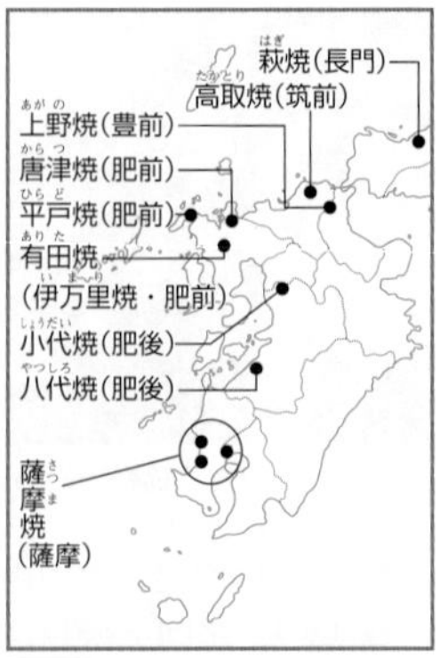

3-3 朝鮮人陶工による陶磁器産地

解説　出陣した諸大名が朝鮮人陶工を連行して，領内に窯を開かせたことで，陶磁器生産が大きく発展した。

1 南蛮文化

↑1-1 **南蛮屏風**　90件以上が現存するうち，本作品は狩野内膳《かのうないぜん》筆（右隻）。左隻には異国の港を出帆する南蛮船が描かれる。6曲1双(右隻) 154.5×363.2cm 部分 神戸市立博物館蔵

↑1-2 **上陸したカピタンモール**（艦隊司令官）**と傘をさしかける黒人の従者**

↑1-3 **眼鏡《めがね》をかけた人**

↓1-4 **生きた虎**

↑1-5 **マストに登る黒人船員**

←1-6 **戦国武将が猟犬として好んだグレイハウンド種の犬**

↑1-7 **出迎えるバテレンたち**

→1-8 **左隻**(この絵と対になる)**に描かれた象**　スペイン使節が豊臣秀吉に献上したドン＝ペドロであろうか。

解説　このほかにも，アラビア馬，南蛮寺で行われるミサ，南蛮渡りの商品を売る店など，南蛮屏風にはさまざまな外国人，南蛮渡来の動物や文物・風俗が描かれる。㋣出題

織田信長の黒人従者・弥助《やすけ》

信長は宣教師ヴァリニャーノが連れていた黒人奴隷の肌が黒いのを，墨を塗っているものと疑い，着物を脱がせて体を洗わせた。肌が本当に黒いことを確かめた信長は，彼を家来に加えて弥助と名づけた。本能寺《ほんのうじ》の変に遭遇した弥助は，明智《あけち》軍と戦い捕らえられたが，解放された。その後の弥助の消息は不明である。

NIFON NO
COTOBA TO
Historia uo narai xiran to
FOSSVRV FITO NO TAME-
NI XEVA NI YAVA RAGVETA-
RV FEIQE NO MONOGATARI.

IESVS NO COMPANHIA NO
Collegio Amacusa ni voite Superiores no go men-
qio to xite core uo fan ni qizamu mono nari.
Go xuxxe yori M. D. L. XXXXII.

←1-9 **天草版平家物語** ㋣出題
ヴァリニャーノが活字印刷機を伝え，宗教書や辞典・古典文学などが，ポルトガル系ローマ字体で出版された。写真は1592（文禄元）年に天草で刊行された『平家物語』。ローマ字で書かれた文字は「日本の言葉とイストリア（歴史）を習い知らんと欲《ほっ》する人のために世話にやわらげたる平家の物語」と記されている。㋣出題
大英図書館蔵

↑1-10 **地球儀**　南蛮人宣教師がもってきたもので，信長もこの地球儀をみていたといわれている。
奈良・天理大学附属天理図書館蔵

1Ⓐ 外来語

ポルトガル語系		
カッパ	合羽	capa
カステラ	加須底羅	castella
カルタ	加留多	cartas
シャボン	石鹼	sabão
タバコ	煙草	tabaco
パン	麵麭	pão
カボチャ	南瓜	cambodia
テンプラ	天婦羅	tempero
ビロード	天鵞絨	veludo
ボタン	釦	botão
ブランコ		balanco
フラスコ		frasco
ジョウロ	如雨露	jarro
ジュバン	襦袢	jibão
カンテラ		candela
バテレン	伴天連	padre
キリシタン	切支丹	christão
ミイラ	木乃伊	mirra
ラシャ	羅紗	raxa
コンペイトウ	金米糖	confeito
オランダ語系		
ガラス	硝子	glas
カン	缶	kan
コーヒー	珈琲	koffie
ゴム	護謨	gom
コンパス		kompas
ブリキ		blik
ジャガイモ	馬鈴薯	jacatra
ビール	麦酒	bier
ランドセル		ransel
ペンキ	番瀝青	pek
スペイン語系		
カナリア	金糸雀	canaria
メリヤス	莫大小	medias

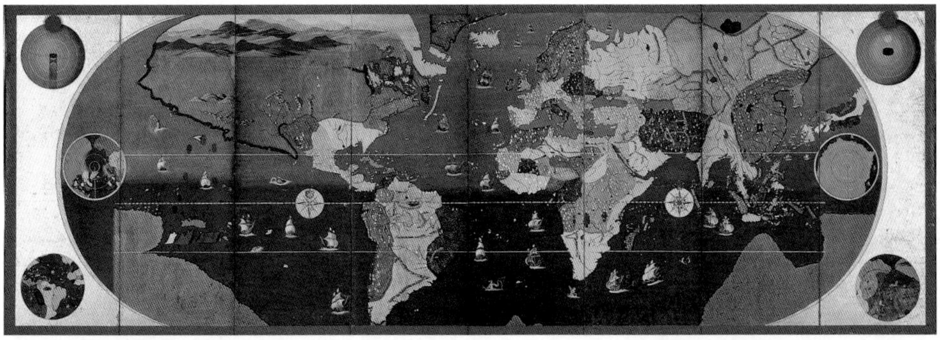

←1-11 **世界図屏風**　1609年版のカエリウス世界地図をもとに日本人が制作したとされ，日本が強調して描かれている。当時の日本人の世界観を大きく変えたことであろう。
8曲1双(右隻) 158.7×477.7cm 神戸市立博物館蔵

南蛮とは？

中国の中華思想で，周囲の異民族を東夷《とうい》・西戎《せいじゅう》・南蛮・北狄《ほくてき》という。東南アジアから来航するポルトガル人やスペイン人を，日本人は南蛮人とよんだ。のちに渡来するオランダ人・イギリス人は紅毛《こうもう》人とよばれた。

関ヶ原の戦いと大坂の陣

考察の視点 「天下分け目」といわれた関ヶ原の戦いに勝利した徳川家康が，大坂の陣で豊臣秀頼に戦いをしかけたのはなぜだろうか。**相互関連**

1 関ヶ原の戦い　1600（慶長５）年９月15日

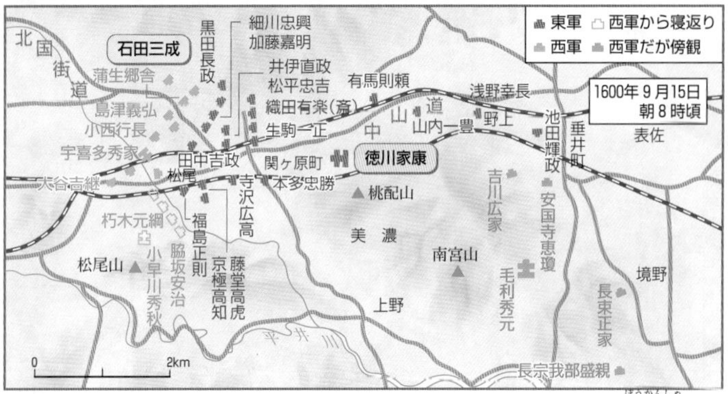

解説 東・西両軍合わせて十数万の軍勢といわれるが，西軍の中にいた傍観者的な存在や，小早川秀秋《こばやかわひであき》らが寝返ったことにより，**東軍の圧勝**に終わった。

1A 関ヶ原の戦い前後の大名配置　1600（慶長５）年

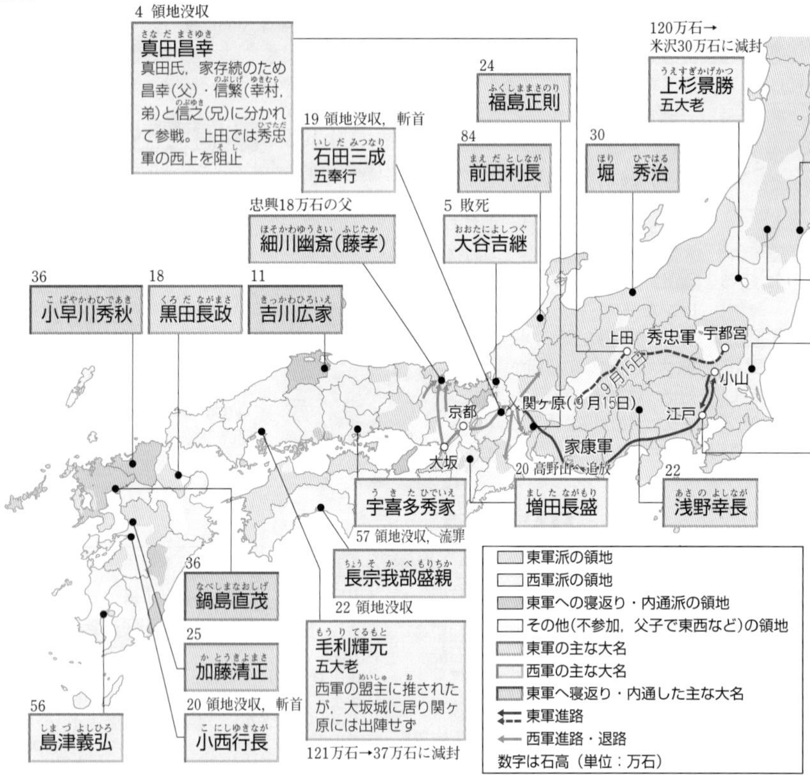

1B 戦後処分

改易《かいえき》	88家	約416万石
減封《げんぽう》	５家	約216万石
計	93家	約632万石

（『幕藩体制史の研究』）

解説 戦後，当時の諸大名総石高（約1,800万石）の約３分の１が没収された。豊臣氏も諸大名預け領地が没収され，領地は約220万石から65万石余に減じた。

読み解く 1600年と1617年の大名配置図を見比べて，変わったところを見つけよう。**比較**

解説 秀忠や家光の頃には，長年徳川家に仕え，功績のあった大名にも武家諸法度違反により**改易**《かいえき》（領地没収）や**減封**《げんぽう》（領地削減）などの処分を下した。

2 大坂の陣

2-1 方広寺《ほうこうじ》（京都市東山区）**の鐘と銘文**《めいぶん》　家康は豊臣氏の財力を削るため，秀頼《ひでより》に方広寺大仏殿などの寺社造営・修築を勧めた。方広寺鐘銘《しょうめい》には**「国家安康」「君臣豊楽」**とあり，家康は大坂の陣の口実とした。

2A 大坂冬の陣

1614（慶長19）年12月

（『日本歴史館』）

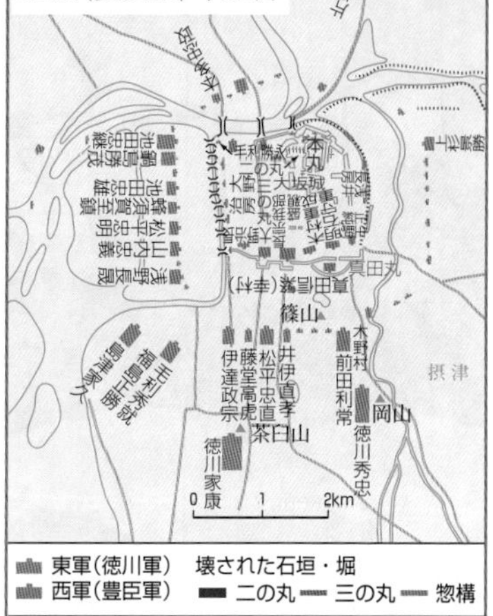

2B 大坂夏の陣

1615（元和《げんな》元）年５月

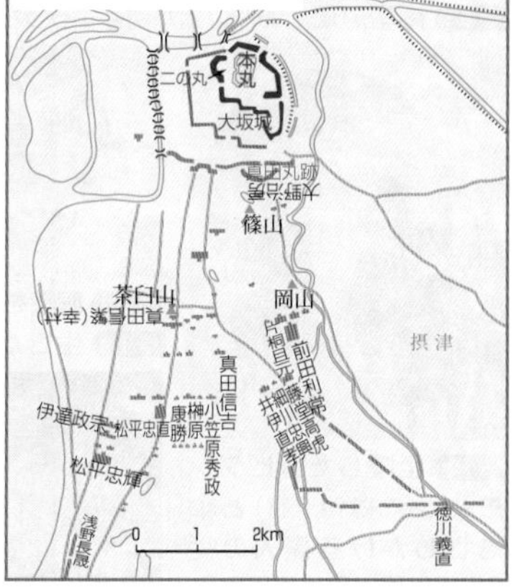

解説 1615年の夏の陣で，燃え上がる大坂城の中で秀頼・淀殿は自害し豊臣家は滅亡した。これによって戦国の世は終結し，徳川家による平和**「元和偃武**《えんぶ》**」**が訪れた。

2C 大坂の陣後の大名配置

1617（元和３）年

考察の視点 大名は「鉢植え」ともいわれ，大名の領地が将軍からの預かり物であるという考え方が生まれたのはなぜだろうか。 相互関連

1 幕藩体制

1A 仕組み

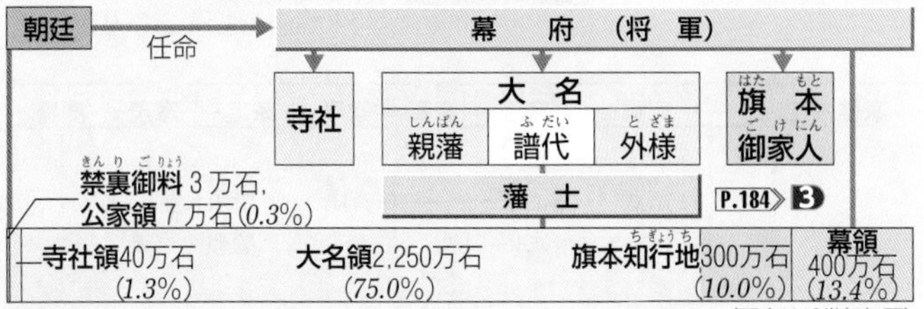

(石高は18世紀初頭)

1B 藩の支配機構

藩

大名	石高1万石以上。将軍直属
	約260～270家(江戸時代中期以降) 幕府政策の範囲内で独自の支配
義務	**軍役**—石高に応じて兵馬を常備 1万石に235人の藩士(1649) (お手伝い)**普請役**—幕府が課す土木事業 **参勤交代**など
藩士	家老・奉行・代官などの役職
	地方知行制 俸禄制度 (17世紀後半にはおおむね俸禄制となる)

統制

ⓒ出題
武家諸法度《ぶけしょはっと》
- **元和令《げんな》**13カ条(1615)
  …**秀忠《ひでただ》**
  天海《てんかい》・金地院崇伝《こんちいんすうでん》が起草
- **寛永令**19カ条(1635)
  …**家光**
  林羅山《はやしらざん》が改訂
  参勤交代制度化

以降将軍代替わりごとに公布

1C 大名の分類と数

	50万石以上	20万石以上	10万石以上	5万石以上	5万石以下	計
親藩《しんぱん》	2	4	8	1	8	23
譜代《ふだい》	0	2	16	33	94	145
外様《とざま》	5	9	8	12	64	98
計	7	15	32	46	166	266
%	8		29		63	100

(慶応年間)(『幕藩体制』)

参勤交代…大名は江戸と国元を1年交代を原則とし，妻子は江戸に居住した。ⓒ出題
一国一城令…大名の居城以外の城郭をすべて破却させた。
親藩…徳川氏一門の大名。三家など。幕末には約20家になった。ⓒ出題
譜代…三河以来，徳川氏の家臣であった大名。石高は低いが幕府の要職についた。
外様…関ヶ原の戦い前後から徳川氏に従った大名。石高は高いが，辺境に配置された。
改易…大名の領地を没収すること。減らすことが「減封《げんぽう》」。国替(移転)させることが「転封《てんぽう》」。

2 大名の改易《かいえき》

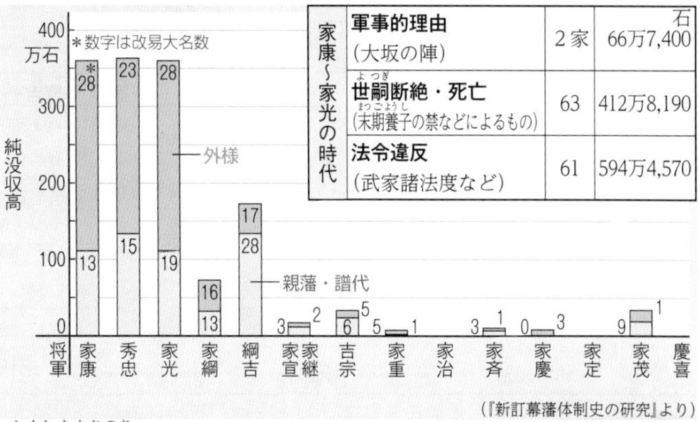

(『新訂幕藩体制史の研究』より)

2A 原因別改易大名数と純没収高

			石
家康～家光の時代	**軍事的理由** (大坂の陣)	2家	66万7,400
	世嗣《よつぎ》断絶・死亡 (末期養子《まつごようし》の禁などによるもの)	63	412万8,190
	法令違反 (武家諸法度など)	61	594万4,570

福島正則《ふくしままさのり》(1561～1624)

秀吉《ひでよし》恩顧の外様大名にもかかわらず，関ヶ原の戦いで先陣を勤めるなどの功をあげたため，戦後に家康《いえやす》から安芸《あき》・備後《びんご》2カ国約50万石を与えられた。しかし，1619年広島城を無断で修築したことが武家諸法度違反とされ，改易《かいえき》(安芸・備後没収)後，信濃《しなの》へ転封《てんぽう》(4万5,000石)された。さらに1620(元和6)年に2万5,000石減封《げんぽう》の処分となった。このとき，秀忠《ひでただ》の年寄(のちの老中)であった本多正純《ほんだまさずみ》が正則をかばう姿勢を見せたことが，のちの正純失脚の要因ともなったといわれている。

2-1 福島正則像
東京国立博物館蔵

3 幕藩体制完成期の大名配置

1664(寛文4)年

読み解く 右の大名配置の特徴は何だろうか。また，その理由も考えよう。 相互関連

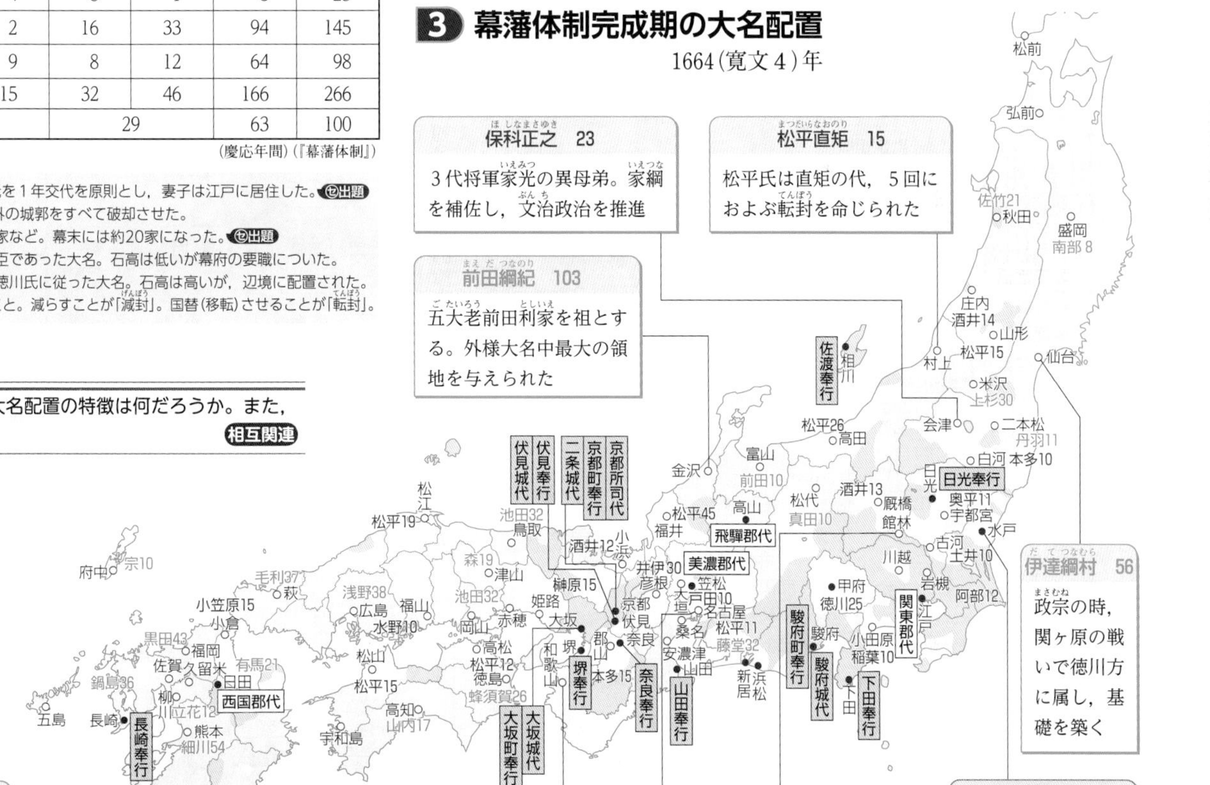

保科正之《ほしなまさゆき》 23
3代将軍家光《いえみつ》の異母弟。家綱《いえつな》を補佐し，文治《ぶんち》政治を推進

松平直矩《まつだいらなおのり》 15
松平氏は直矩の代，5回におよぶ転封《てんぽう》を命じられた

前田綱紀《まえだつなのり》 103
五大老《ごたいろう》前田利家《としいえ》を祖とする。外様大名中最大の領地を与えられた

伊達綱村《だてつなむら》 56
政宗《まさむね》の時，関ヶ原の戦いで徳川方に属し，基礎を築く

島津光久《しまづみつひさ》 73
島津義弘《よしひろ》の時，関ヶ原の戦いで豊臣方に属し奮戦。敗北後も本領安堵《ほんりょうあんど》された

紀伊徳川家 56
家康の第10男頼宣《よりのぶ》に始まる三家。8代将軍吉宗《よしむね》，14代将軍家茂《いえもち》を輩出

尾張徳川家 62
家康の第9男義直《よしなお》に始まる三家

徳川綱吉 25
家光の4男。この時には館林《たてばやし》の藩主。1680年5代将軍就任

水戸徳川家 24
家康《いえやす》の第11子頼房《よりふさ》に始まる三家。その子光圀《みつくに》は水戸黄門《こうもん》として名高い

歴史ナビ **中村彰彦『保科正之―徳川将軍家を支えた会津藩主』**(中公文庫) 異母兄家光の信頼を得て幕政に尽力し，会津藩経営にも名声を残した保科正之の事績を掘り起こした。

幕藩体制② 組織

考察の視点 老中などの役職は複数の譜代大名や旗本があてられ月番交代制がしかれたのはなぜだろうか。 相互関連

1 徳川氏系図

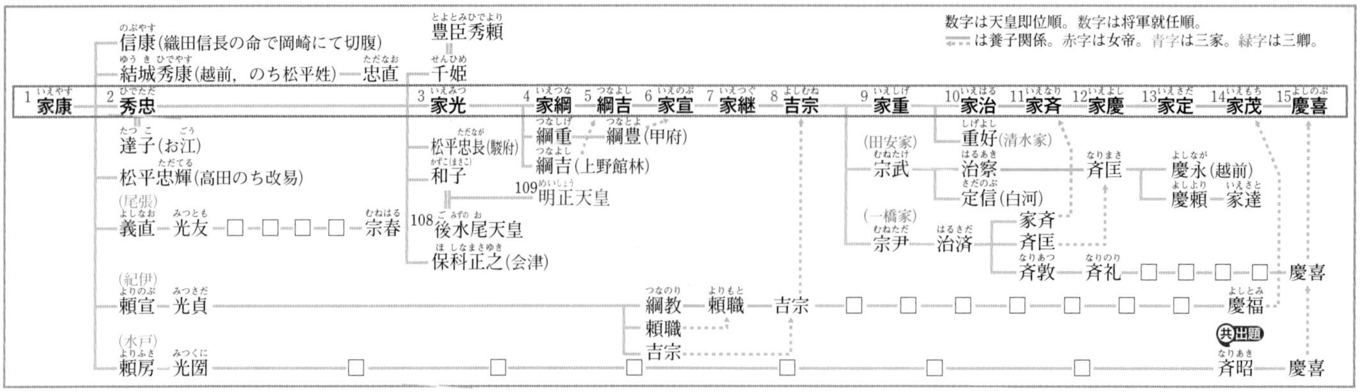

2 江戸幕府の職制

□ 譜代大名　□ 旗本より任命

- **将軍**
  - **大《たい》老《ろう》**…〔幕府の最高職，1名。常置ではない。江戸時代を通じて13名のみ。**酒井忠清《さかいただきよ》**，**井伊直弼《いいなおすけ》**らが著名〕
  - **老《ろう》中《じゅう》**（政務総括 4～5名 月番制）**松平定信《まつだいらさだのぶ》** **水野忠邦《みずのただくに》** **阿部正弘《あべまさひろ》** など
    - **側《そば》衆《しゅう》**…〔交替で江戸城に宿直し，夜間，老中にかわって城中の事務を処理。5～8名〕
    - **高《こう》家《け》**…〔儀式・典礼，勅使《ちょくし》公家衆の接待などを司《つかさど》る。26家が世襲，**吉良上野介《きらこうずけのすけ》**などが有名〕
    - **大番頭《おおばんがしら》**…〔番方の一つ。江戸城及び江戸市中の警備。12組設置〕—大番組頭
    - **大目付《おおめつけ》**…〔大名の監察。4～5名。**柳生宗矩《やぎゅうむねのり》**らが初任〕 セ出題
    - ＊**町奉行《まちぶぎょう》(江戸)**…〔江戸市中の行政・司法・警察を管轄。2名。南・北町奉行所が月番《つきばん》で執務。**大岡忠相《ただすけ》**(南町)，**遠山景元《かげもと》**(北町)らが有名〕
    - ＊**勘定《かんじょう》奉行**…〔幕領の租税徴収・幕府財政の運営・幕領の訴訟を取り扱う。4～5名〕
      - **郡代**(美濃・飛騨など)…〔10万石以上の幕領の民政担当〕
      - **代　官**
      - **勘定組頭**
      - **金・銀・銭座**
    - **勘定吟味役《ぎんみやく》**…〔勘定奉行所以下の行政を監察。4～6名〕
    - **関東郡代**…〔関東の幕領支配。伊奈家が世襲〕
    - **作事《さくじ》奉行**…〔建築工事担当。2～3名〕
    - **普請《ふしん》奉行**…〔石垣・堀などの土木担当。2名〕
    - **道中《どうちゅう》奉行**…〔五街道宿場の道路・旅宿・飛脚・伝馬などを管轄。大目付と勘定奉行が兼務〕
    - **宗門改《しゅうもんあらため》**…〔キリシタンの摘発，大目付・作事奉行が兼務〕
    - **城《じょう》代《だい》**…〔将軍に代わり城を守衛。駿府《すんぷ》・伏見《ふしみ》(1619廃止)・二条(1699廃止)〕
    - **町奉行**…〔京都・大坂・駿府〕 —**遠国《おんごく》奉行**
    - **奉　行**…〔伏見・長崎・佐渡《さど》・山田・日光・奈良・堺《さかい》・下田《しもだ》・浦賀《うらが》・箱館《はこだて》・新潟〕 —**遠国奉行**
    - **甲府勤番《きんばん》支配**…〔1724年甲府藩を廃し，幕領として支配〕
  - **側用人《そばようにん》**…〔常時将軍の側近にあって，その命を老中に伝える。1名。**柳沢吉保《やなぎさわよしやす》**，**間部詮房《まなべあきふさ》**，**田沼意次《たぬまおきつぐ》**らが著名〕
  - **若年寄《わかどしより》**（老中補佐 3～5名 月番制）
    - **書院番頭《しょいんばんがしら》**…〔番方《ばんかた》の一つ。江戸城の警備，〕—書院番組頭《しょいんばんくみがしら》
    - **小姓組番頭《こしょうぐみばんがしら》**…〔将軍の出行，市中巡回の護衛〕—小姓組組頭《こしょうぐみくみがしら》 など
    - **目《め》付《つけ》**…〔旗本・御家人の監察。10名前後。月番制〕
  - **奏者番《そうじゃばん》**…〔大名・旗本の将軍謁見《えっけん》などを司る〕
  - ＊**寺社《じしゃ》奉行**…〔全国の寺社，寺社領の管理，宗教統制全般を司る。4名。月番制〕
  - **京都所司代《しょしだい》**…〔京都の護衛，朝廷の監察，京都周辺8カ国の幕領の訴訟，西国大名の監察など。1名〕
  - **大坂城代《じょうだい》**…〔大坂城の守護，城下諸役人の統率，西国諸大名の監察。1名〕

＊は三奉行

評定所《ひょうじょうしょ》…最高司法機関。三奉行・大目付らで構成され，式日には老中も出席

月番制《つきばん》…1カ月交替で勤務する方法。1人が月番として勤務，ほかは非番。大事は合議制

3 幕府の軍事力

＊将軍に謁見《えっけん》すること

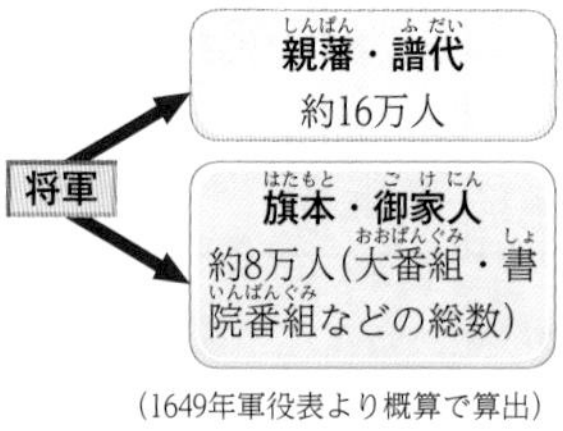

(1649年軍役表より概算で算出)

旗本	御家人
石高1万石未満の直参《じきさん》【お目見え＊可】	石高1万石未満の直参【お目見え不可】
5,205人(1722年)	17,399人(1722年)
番方《ばんかた》(軍事部門) 役方《やくかた》(行政部門)	番方・役方の与力《よりき》・同心《どうしん》
無役《むやく》は寄合組《よりあいぐみ》(3,000石以上)，小普請組《こぶしんぐみ》に編入	

4 幕府の財政

4A 財政基盤

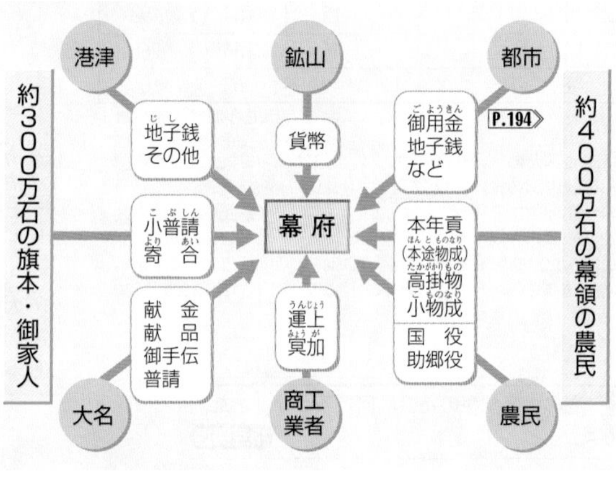

解説 幕府の財政収入は約400万石におよぶ幕領から上がる年貢のほか，主要鉱山からの収入もあった。江戸後期になるにしたがって，株仲間からの運上・冥加 P.200 が重要な財源となっていった。

4B 財政の内訳

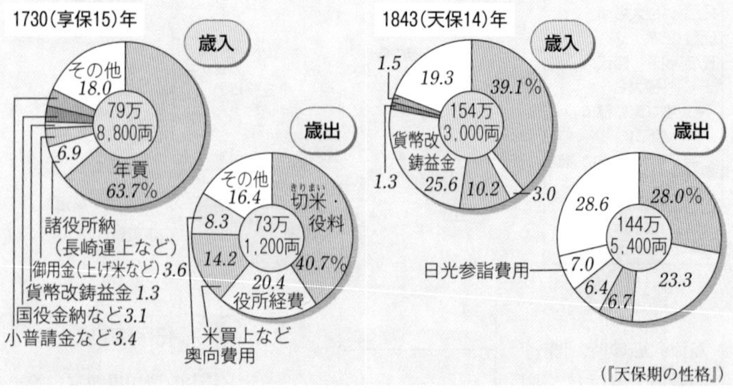

(『天保期の性格』)

読み解く

4Bのグラフで，歳入はどのように変化しているだろうか。 推移

歴史ナビ 庄屋仕立て 湯浅常山《ゆあさじょうざん》(江戸中期の儒学者)の『文会雑記《ぶんかいざっき》』に，「御当家ノ政ハ庄屋シタテ也。大庄屋，名主，年寄ニテ三職ナリ」とある。

考察の視点　宗門人別改帳《しゅうもんにんべつあらためちょう》は，江戸時代の人口動態を調査するためには欠かせない史料であるが，それはなぜだろうか。

幕藩体制③ 天皇と朝廷・禁教と寺社

1 幕府と朝廷

相互関連

1A 朝廷の統制

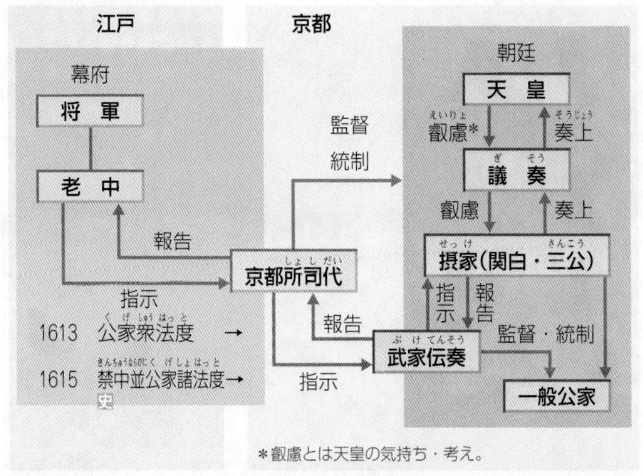

＊叡慮とは天皇の気持ち・考え。

1B 紫衣《しえ》事件　1629(寛永６)年

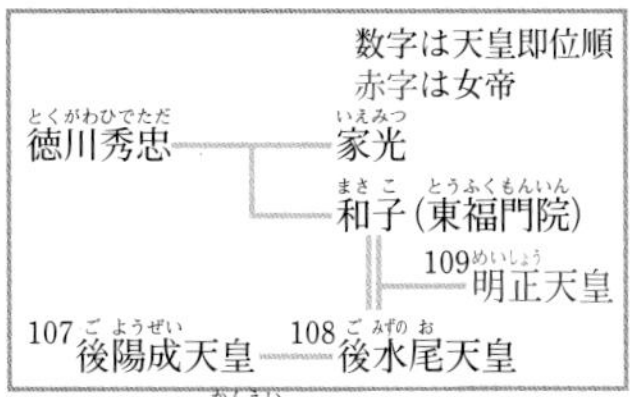

解説　1627(寛永《かんえい》４)年，幕府は朝廷による1615(元和《げんな》元)年以降の無断の紫衣勅許《ちょっきょ》を取り消すなど，５つの禁制を出した。これに対して抗議した大徳寺《だいとくじ》の**沢庵**《たくあん》らは1629年，出羽《でわ》・陸奥《むつ》に配流となり，**後水尾天皇**は明正天皇に譲位した。この事件により，幕府の法度《はっと》が勅許よりも優先されることが明示された。

1-1 **沢庵宗彭**《たくあんそうほう》(1573～1645)　江戸初期の臨済《りんざい》宗《しゅう》大徳寺《だいとくじ》派の禅僧《ぜんそう》。但馬《たじま》国出石《いずし》の出身。1609(慶長14)年，京都大徳寺の住持《じゅうじ》となる。紫衣《しえ》事件の中心人物の一人として出《で》羽《わ》上山《かみのやま》に配流《はいる》された。

1-2 **後水尾天皇**《ごみずのお》(1596～1680)　後陽成《ごようぜい》天皇の第３皇子。２代将軍秀忠《ひでただ》の娘和子《まさこ》(東福門院《とうふくもんいん》)を中《ちゅう》宮《ぐう》とした。紫衣《しえ》事件など幕府の朝廷干渉への反発もあり，1629(寛永《かんえい》６)年，にわかに娘の明正《めいしょう》天皇に譲位した。

2 禁教

2A 元和《げんな》の大殉教《だいじゅんきょう》　1622(元和８)年

2-1 **元和の大殉教**(元和八年長崎大殉教図)　1622年９月10日，長崎西坂で，宣教師・信者など幼い子どももふくめて55人が火刑と斬首《ざんしゅ》によって処刑された。この事件ののち，幕府の弾圧はさらに強化されてゆくが，宣教師は殉死《じゅんし》覚悟で日本に潜入した。　ローマ・ジェズ教会蔵

2B 絵踏《えぶみ》 ㋝出題

2-2 **絵踏の図**　摘発《てきはつ》されたキリスト教信徒には，水責《ぜ》め・俵詰《たわらづ》め・逆穴吊《さかさあなづ》りなどの拷《ごう》問《もん》により，「転《ころ》び」すなわち改宗が強要された。改宗した者を転《ころび》キリシタンとよび，表面上だけ改宗し，密かに信仰を貫いた者を潜伏《せんぷく》(隠《かく》れ)キリシタンとよぶ。転ばない者は処刑された。　ライデン国立民族学博物館蔵

出題

2-3 踏絵《ふみえ》

東京国立博物館蔵

2C キリシタン訴人《そにん》の制札《せいさつ》

2-4 **正徳《しょうとく》元年の制札**　この制札にはバテレンなどのキリシタン，立ち返り者などを訴え出た者に褒美《ほうび》を与えるとする密告奨励《みっこくしょうれい》とともに，隠した場合には名主《なぬし》・五人組まで罰すると記されており，いわばアメとムチによってキリシタンを摘発《てきはつ》しようとしている。このような制札は全国の高札《こうさつ》場に掲げられ，撤去されたのは1873(明治６)年のことである。　東京・明治大学博物館蔵

定

キリスト教は以前来より禁止されている。もし不審な者がいれば申し出なさい。ご褒美《ほうび》として

＊ばてれんを訴えた者　銀五〇〇枚
＊いるまんを訴えた者　銀三〇〇枚
＊立ち帰り者を訴えた者　銀三〇〇枚
教会に勤める者や信者を訴えた者　銀一〇〇枚

右のように与えることとする。たとえ(訴人《そにん》)が教会に勤める者・信者であっても申出の内容により銀五〇〇枚を与える。隠し置き他所から露見した場合には，その地の名主・五人組まですべて罪に問うこととする。

正徳元年　五月　日　奉行

＊「いるまん」は「ばてれん」の下にある宣教師。立ち帰り者は，一度棄教したが再び信者となった者。

3 寺社の統制と寺請《てらうけ》制度

3A 寺社の統制

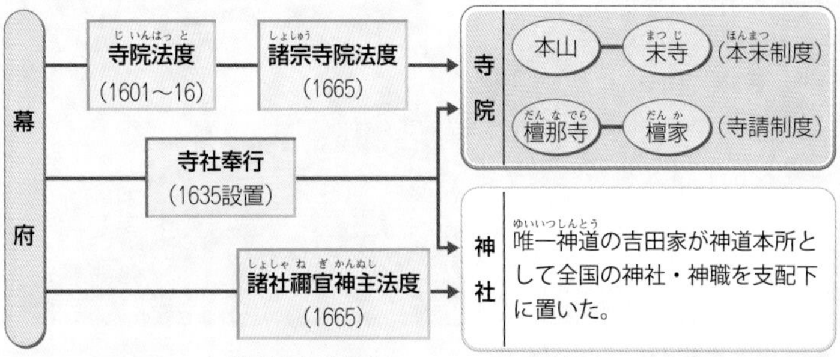

3B 寺請制度と宗門人別改帳《しゅうもんにんべつあらためちょう》

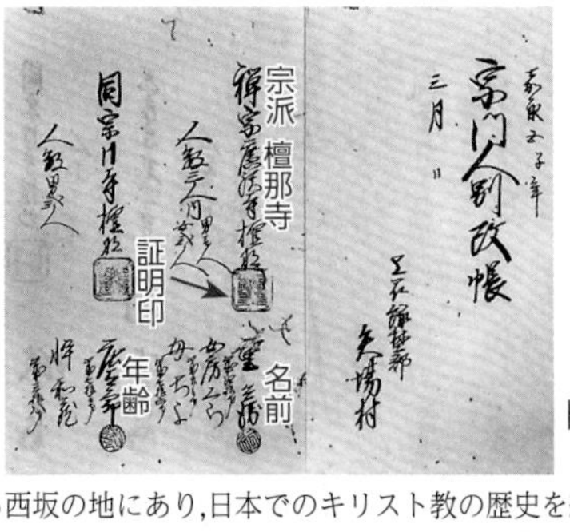

解説　1637(寛永《かんえい》14)年の**島原《しまばら》の乱**P.188を契機にキリシタン禁制が徹底化し，**絵踏**《えぶみ》などによる**宗門改《しゅうもんあらた》め**(宗旨《しゅうし》の検査)が行われた。㋝出題 1640～50年代の試行錯誤《しこうさくご》を経て，60年代には**寺請**(キリシタンではなく寺に属することを寺に証明させる)による宗門改制度が成立した。幕府は毎年，各村(町)に宗門改めの結果を記載した**宗門人別改帳**を提出させた。檀那寺は檀家が結婚や転居，旅行の際には**寺請証文**(檀家の証明書)を発給した。

3-1 宗門人別改帳

東京・明治大学博物館蔵

歴史ナビ　**日本二十六聖人記念館**(長崎県長崎市)　26聖人が殉教したとされる西坂の地にあり,日本でのキリスト教の歴史を紹介。記念館の前には記念碑がある。P.175

ふたつの江戸屏風

1 江戸図屏風

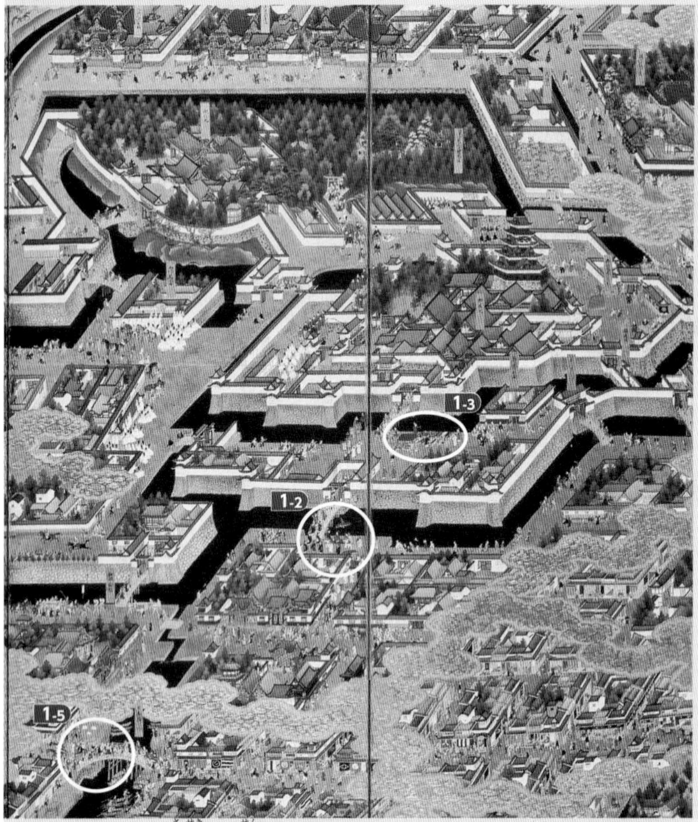

1-1 江戸図屏風(左隻《させき》第１扇《せん》・第２扇) 千葉・国立歴史民俗博物館蔵

1-2 入城する朝鮮通信使一行

解説 江戸図屏風は６曲《きょく》１双《そう》からなり，左隻《させき》は，江戸城を中心に，画面上部には増上寺《ぞうじょうじ》など徳川家ゆかりの寺社や大名屋敷などが，下部には日本橋周辺など市街地が描かれている。右隻《うせき》は，郊外を描き，川越《かわごえ》城や鴻巣御殿《こうのすごてん》，狩猟場面が大きく扱われている。絵師は不明で，制作年代も諸説あるが，景観年代は，明暦《めいれき》の大火《たいか》(1657)以前，限定的には寛永《かんえい》期であると考えられている。

1-3 並べられた朝鮮からの献上品の数々

読み解く① 江戸城の大手門前には，朝鮮通信使がまさに入城する場面が描かれているが，あえてこの場面を選んだ理由は何だろうか。

1-4 **川越御鞭打《かわごえごむちうち》**(右隻《うせき》第３扇《せん》) 鞭打とは，竹刀《しない》を使った武術競技のこと。右隻には，ほか猪狩《いのししがり》，川狩《かわがり》，鷹狩《たかがり》の場面が描かれ，武芸や狩猟を好んだ３代将軍徳川家光《とくがわいえみつ》との関連が指摘されている。それらの場面には，赤い傘《かさ》に隠れた人物がおり，家光を表すともいわれる。

1-5 日本橋を行き交う人びと

2 江戸名所図屏風

2-1 江戸城天守閣(江戸名所図屏風) 東京・出光美術館蔵

解説 江戸名所図屏風は，寛永《かんえい》期の上野から品川に至る江戸の町並みを８曲１双の横長の画面に描いた作品である。全面にわたり名もなき庶民たちの活気に満ちたくらしぶりが伝わってくる。なお，江戸城天守閣は1657(明暦３)年の明暦の大火によって焼失。それ以降は再建されなかった。

2-2 日本橋端の高札場《こうさつば》

2-3 日本橋上の人びと

2-4 かぶき者たちの喧嘩《けんか》

解説 江戸名所図屏風では，江戸図屏風とは対照的に景観よりも当時の人びとの生活実態や元吉原《よしわら》や若衆歌舞伎《わかしゅかぶき》，湯女風呂《ゆなぶろ》といった新興《しんこう》都市の歓楽《かんらく》に重点がおかれている。

読み解く② 「江戸図屏風」と「江戸名所図屏風」を以下の点に着目し比較してみよう。

❶江戸城の描き方(1-1，2-1)

❷日本橋上の人びとと高札場前の人びとのようす(1-5，2-2，2-3) 比較

歴史ナビ 国立歴史民俗博物館「WEBギャラリー」 「江戸図屏風」「洛中洛外図屏風(歴博本)」などの所蔵品を，拡大して詳細に見ることができる。

考察の視点 中国(明)の生糸を中国から直接輸入できなかったのはなぜだろうか。 **相互関連**

1 日本人の海外進出

1A 渡航地と日本町

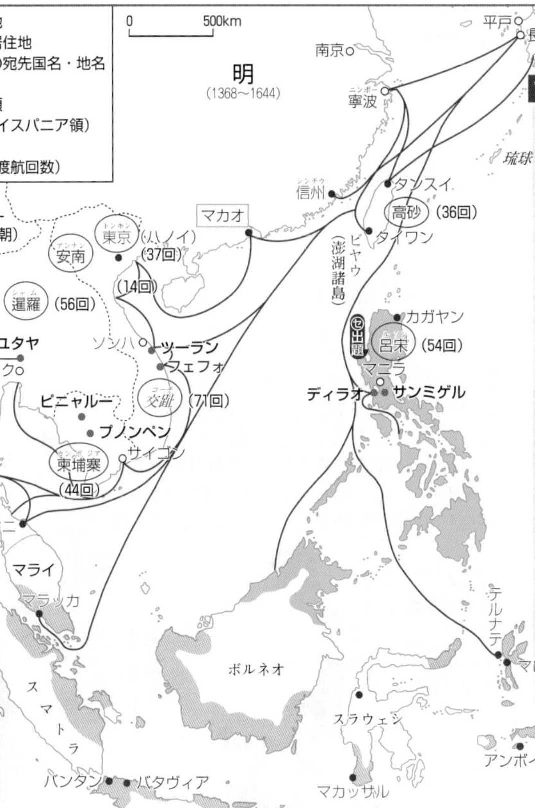

1-1 山田長政《やまだながまさ》(?～1630)
1611年頃シャムへ渡航し，のちにアユタヤの長《おさ》となって活躍。王の信任を得たとされる。 静岡・浅間神社蔵

1B 朱印船の渡航数

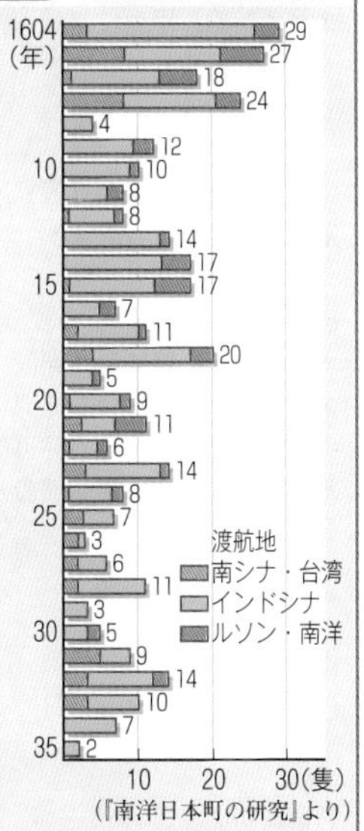

(『南洋日本町の研究』より)

2 朱印船貿易

2A 朱印船と朱印状

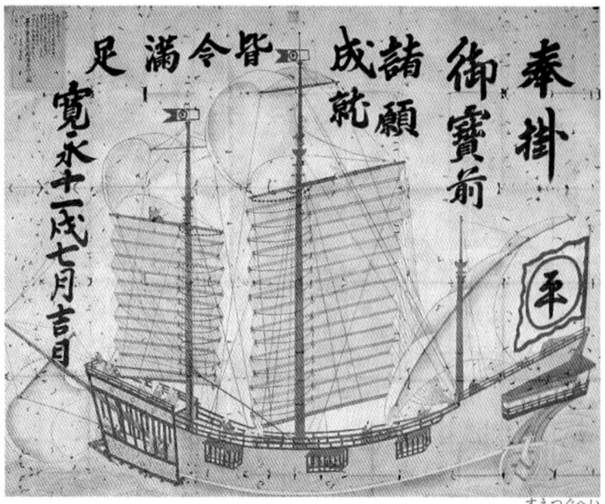

2-1 末次船絵馬(下絵) 長崎代官を務めた末次平蔵《すえつぐへいぞう》が仕立てた朱印船を末次船という。この絵馬には「奉掛御宝前《ごほうぜんにかけたてまつる》 諸願成就《しょがんじょうじゅ》 皆令満足《みなまんぞくせしむ》 寛永十一戌七月《かんえいじゅういちいぬしちがつ》吉日《きちじつ》」と記されている。 長崎歴史文化博物館蔵

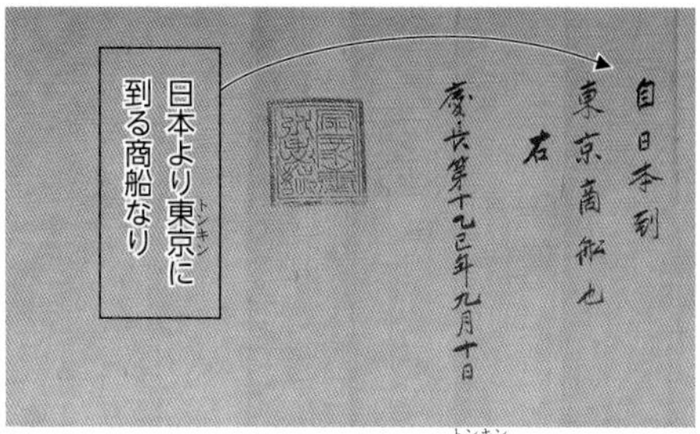

2-2 朱印状 1605(慶長10)年の東京《トンキン》(現ハノイを中心としたベトナム北部)への渡航許可証。幕府から与えられた朱印状を携帯する日本船は，外交関係があったポルトガル，オランダ，東南アジア諸国の保護を受けることができた。

2B 朱印船貿易家

大名	松浦鎮信《まつらしげのぶ》・島津家久《しまづいえひさ》・有馬晴信《ありまはるのぶ》・鍋島勝茂《なべしまかつしげ》・加藤清正《かとうきよまさ》ら西国大名
商人	末次平蔵《すえつぐへいぞう》・荒木宗太郎《あらきそうたろう》(長崎) 島井宗室《しまいそうしつ》(博多) 今井宗薫《いまいそうくん》(堺) 末吉孫左衛門《すえよしまござえもん》(摂津) 角倉了以《すみのくらりょうい》・茶屋四郎次郎《ちゃやしろうじろう》(京都)など
外国人	ウィリアム＝アダムズ(三浦按針《みうらあんじん》)[英] ヤン＝ヨーステン(耶揚子《やようす(やよす)》)[蘭]など

2C 主な貿易品

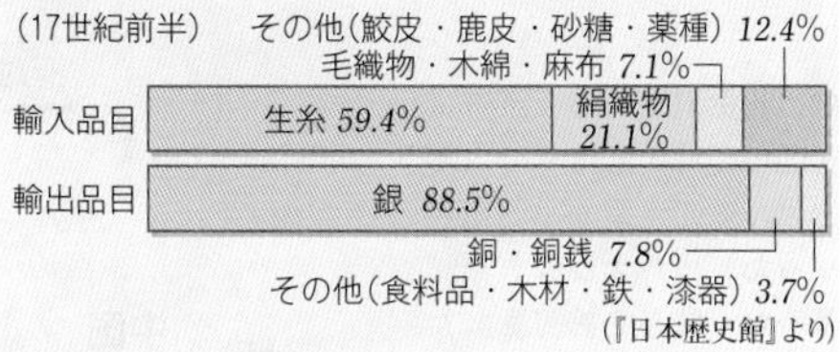

(『日本歴史館』より)

解説 正式な国交がなかった明《ミン》の生糸や絹を輸入するため，東南アジア諸港で中国船との出会い貿易が行われた。輸出した銀は，当時の世界産銀の3分の1にも達していた。

2-3 主な輸入品
＊東南アジア産の鮫皮《さめ》・鹿皮《しか》は武具に利用された。

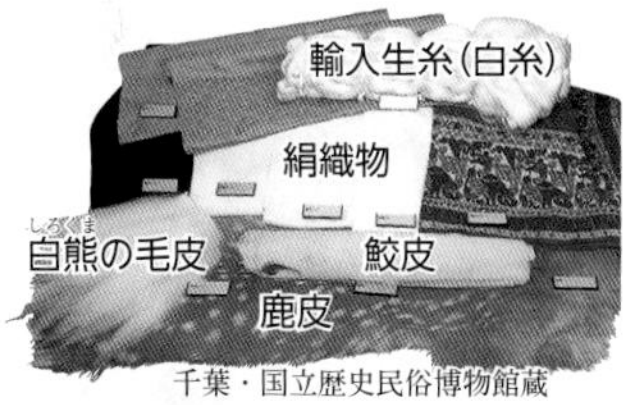

千葉・国立歴史民俗博物館蔵

3 糸割符《いとわっぷ》制度

中国産の生糸《きいと》(白糸《しらいと》)
↓ ポルトガル船 / 中国船 / オランダ船

糸割符仲間(五カ所商人)
京都・堺・長崎の三カ所商人であったが，江戸・大坂商人も加わる
→価格決定・一括《いっかつ》購入

↓ 五カ所商人が時価《じか》で販売

諸国の商人

解説 糸割符とは，白糸割符《しらいとわっぷ》ともいい，中国産生糸の独占取引権を示す証札であるが，1604(慶長9)年幕府はポルトガルなど外国商人の利益独占を抑えるため，特定の商人(**五カ所商人**)に輸入生糸の価格決定と一括購入を許し，諸国の商人に分売させた。

4 徳川家康の積極外交

対中国 琉球国・南京《ナンキン》商人を介して対明外交再開に向けての交渉を行うが，明側が拒絶

対朝鮮 対馬藩《つしまはん》宗氏を通じ関係修復図る。宗氏による国書偽造により国交回復，朝鮮と対馬藩との間に**己酉約条《きゆうやくじょう》**締結

対オランダ・イギリス
ウィリアム＝アダムズ(三浦按針《みうらあんじん》)を外交顧問として交渉

1605	オランダに交易希望を表明する親書発送
1609	オランダ船平戸入港。家康，貿易許可の朱印状発給
1613	イギリス船平戸入港。家康，貿易許可の朱印状発給

対スペイン

1609	スペイン領ルソン前総督**ドン＝ロドリゴ**，上総《かずさ》に漂着
1610	家康，船を与えドン＝ロドリゴをスペイン領メキシコに送還。**田中勝介《たなかしょうすけ》**らを同行させ通商求める(初のアメリカ大陸渡航)
1611	スペイン，答礼使としてビスカイノを派遣。家康に駿府《すんぷ》で国書を手渡すも交渉不成立
1613	ビスカイノ，ルイス＝ソテロや**支倉常長《はせくらつねなが》**ら慶長遣欧使節《けいちょうけんおうしせつ》団の船に同乗し帰国

対東南アジア諸国 1599～1613年のあいだ，通算33通の書状を発送

5 慶長遣欧使節《けいちょうけんおうしせつ》

5-1 支倉常長像
(1571～1622)
国宮城・仙台市博物館蔵

解説 1613(慶長18)年，**宣教師ルイス＝ソテロ**のすすめにより，仙台藩主**伊達政宗《だてまさむね》**が西欧に派遣した使節。正使支倉常長《はせくらつねなが》ら200名は，スペインで国王**フェリペ3世**に謁見《えっけん》，メキシコとの通商を求めたが成功せず1620(元和 6)年帰国した。

家康《いえやす》は，将軍職を秀忠《ひでただ》に譲った後も，駿府《すんぷ》においてアダムズらの外国人を利用しつつ，積極的な外交を展開した。多数の国ぐにとの貿易関係樹立を実現し，幕府の威光《いこう》を高めるとともに，ポルトガルが生糸貿易を独占する状況を打開しようとした姿勢がうかがわれる。

「鎖国」体制の完成

考察の視点　17世紀初頭には盛んに外国との交渉があったにもかかわらず，なぜ「鎖国」政策がとられたのだろうか。　相互関連

1 禁教と貿易統制－「鎖国」*への道

＊1801(享和元)年に蘭学者志筑忠雄《しづきただお》がケンペル著『日本誌』の一部を「鎖国論」として訳した後に用いられるようになった。

政権	年代	外国船来航・キリスト教関係	貿易関係
	1549	ザビエル，キリスト教を伝える P.172	
	1550		ポルトガル船，平戸《ひらど》に来航
豊臣秀吉《とよとみひでよし》	1584		スペイン船，平戸に来航 セ出題
	1587	秀吉，バテレン追放令 P.175	
	1596	サン＝フェリペ号事件(長崎で26聖人殉教《じゅんきょう》)	
徳川家康《とくがわいえやす》・秀忠《ひでただ》	1600	オランダ船リーフデ号，豊後《ぶんご》に漂着 セ出題	
	1602		オランダ東インド会社設立
	1604	**朱印船貿易《しゅいんせんぼうえき》**開始 P.187	**糸割符《いとわっぷ》制度**開始 史 P.187
	1607	朝鮮使節(回答兼刷還使《かいとうけんさっかんし》)来日	
	1609		己酉約条《きゆうやくじょう》 セ出題 オランダ，平戸に商館開設
	1610		メキシコに田中勝介《たなかしょうすけ》を派遣
	1612	**幕領に禁教令**(1613　**全国に拡大**)	中国(明)船の長崎貿易許可
	1613	伊達政宗《だてまさむね》，慶長遣欧《けいちょうけんおう》使節を派遣 P.187	イギリス，平戸に商館開設
	1614	高山右近《たかやまうこん》らをマニラとマカオへ追放	
	1616	中国船を除く外国船の寄港地を平戸・長崎に限定	
	1622	元和《げんな》の大殉教《だいじゅんきょう》(信徒ら55人を長崎で処刑) P.185	
徳川家光《いえみつ》	1623		イギリス，平戸商館閉鎖
	1624	**スペイン船の来航を禁止**	(アンボイナ事件が背景)
	1629	長崎で**絵踏《えぶみ》**開始 P.185	
	1630	キリスト教関係の書物輸入禁止	
	1631		奉書船《ほうしょせん》制度開始
	1633		**奉書船以外の海外渡航禁止**
	1634	長崎に出島建設	海外往来・通商を制限 史
	1635	寺請《てらうけ》制度開始 P.185	**日本人の海外渡航・帰国を全面禁止** 史
	1636	ポルトガル人の子孫を追放	**ポルトガル人を出島に移す** P.189
	1637	**島原《しまばら》の乱** 2	
	1639	**ポルトガル船の来航禁止** 史	
	1640	幕領に宗門改役《しゅうもんあらためやく》を設置　宗門改帳の作成	
	1641		**オランダ商館を出島に移転**
	1688		**唐人屋敷《とうじんやしき》**を長崎郊外に建設

国際貿易港平戸《ひらど》とジャガタラ文

↑復元された平戸オランダ商館外観　写真提供：平戸オランダ商館

中世には倭寇《わこう》の根拠地であった平戸は，古くから海上交通の要地として知られる。1550年にポルトガル船が入港すると南蛮貿易の窓口となった。平戸オランダ商館は，1609年に幕府から貿易を許可された東インド会社が設置した東アジアにおける貿易拠点。1641年5月に，幕府の命により長崎出島へ移転した。

平戸には各地から商家も集まり，外国人の現地妻になる女性や混血児も多かった。禁教政策でジャガタラ(バタヴィア，現ジャカルタ)などに国外追放された日本人妻子らの手紙をジャガタラ文とよぶ。「日本こいしや　こいしや…又とかえらぬふるさとおもへば…なみだにむせび…」と望郷の念が，茶包みの布に綴《つづ》られていた。

←ジャガタラ文　平戸オランダ商館蔵

↙「オランダ東インド会社上席商務員ピーテル＝クノルとその家族の肖像画」(クーマン筆)　右側の女性が妻のコルネリア。平戸オランダ商館長を父に，平戸の女性を母にもつ混血児で，幕府の命によりバタヴィアからの帰国は許されなかった。平戸の母に送った手紙や木彫りが現存している。

アムステルダム国立美術館蔵

2 島原《しまばら》の乱 セ出題　1637(寛永14)年11月

(『地図・年表・図解でみる日本の歴史下』による)

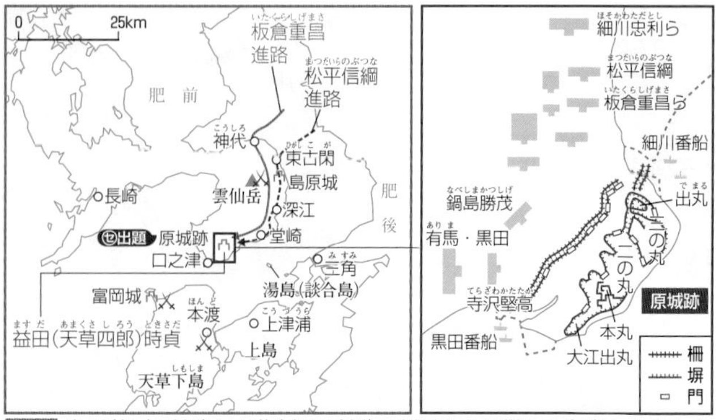

解説　島原(松倉氏領)と天草(寺沢氏領)の領民たちは厳しい収奪とキリシタン弾圧に抵抗し，1637年11月，16歳の**益田《ますだ》(天草四郎《あまくさしろう》)時貞《ときさだ》**を盟主《めいしゅ》として百姓・牢人《ろうにん》ら約3万7,000人が蜂起《ほうき》，幕府は老中松平信綱率いる12万余の大軍と約40万両の戦費を投入して，翌年2月原城《はらじょう》跡に立てこもる一揆軍をようやく鎮圧した。こののち，キリスト教の禁教を徹底し，ポルトガル船の来航を禁止，オランダ商館を平戸から長崎の出島に移した。

→2-1 **益田《ますだ》(天草《あまくさ》四郎《しろう》)時貞《ときさだ》**(1623?～38)　小西行長《こにしゆきなが》の遺臣益田甚兵衛《いしんますだじんべえ》の子。「でいうす(デウス)の再誕《さいたん》」と称され，一揆の象徴的存在となった。　島原市

↑2-2 **益田時貞《ますだときさだ》の陣中旗《じんちゅうき》**　中央に聖杯のぶどう酒と聖体を表すパン，両脇に天使が描かれている。

天草市立天草キリシタン館蔵

3 開かれた4つの窓口 出題

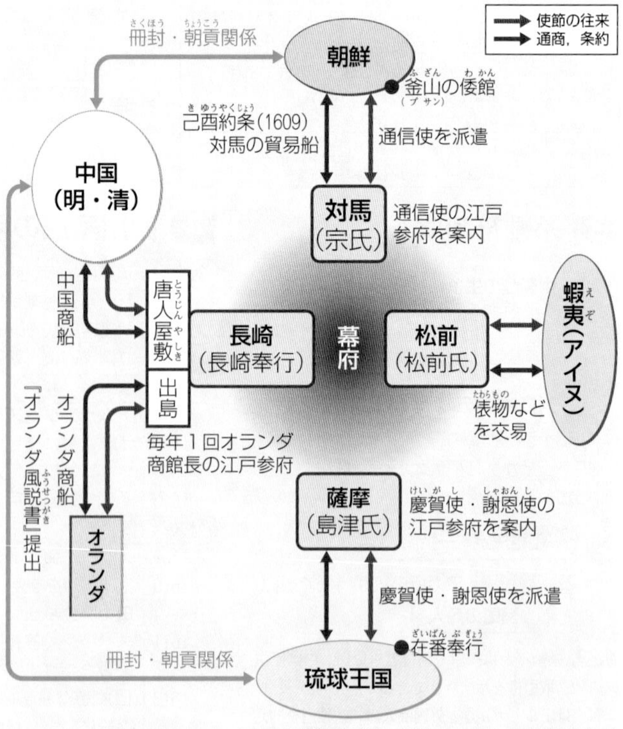

(『地図・年表・図解でみる日本の歴史下』による)

歴史ナビ　**平戸オランダ商館**(長崎県平戸市)　発掘の成果に基づき倉庫が復元され，内部ではオランダ貿易に関する資料が展示されている。

考察の視点 順調に伸びていた長崎貿易を，幕府が制限するようになったのはなぜだろうか。 相互関連

1 長崎貿易

1A 出島

1-1 出島復元図（1820［文政３］年） 当初はポルトガル人を隔離《かくり》するために，1636（寛永13）年，幕府が豪商に命じて築造させた扇形の人工島。1641（寛永18）年，平戸のオランダ商館が移転し，鎖国政策下，唯一の西欧に開かれた窓となった。わずか約1.31ha（東京ドームの約３分の１）ほどの敷地のなかに，**カピタン（商館長）**部屋などオランダ人居住建物のほか，出島乙名《おとな》・通詞《つうじ》など日本人が詰める建物などがあった。また，毎年オランダ船が入港するたびに商館長が長崎奉行《ぶぎょう》を通じて提出した『**オランダ風説書《ふうせつがき》**』は，貴重な海外情報であった。

1B オランダとの貿易

（『オランダ東インド会社の歴史』による）

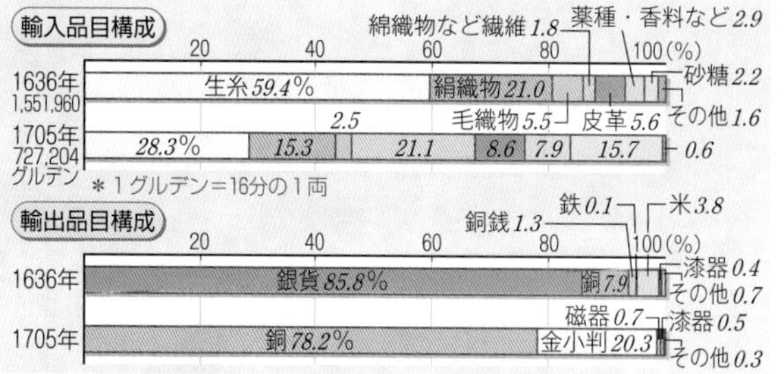

読み解く① 1636年と1705年を比較して，最も割合が増加した輸入品と輸出品はそれぞれ何だろうか。

解説 輸入総額を比較すると，1705年は1636年の46.9%となっている。これは幕府による輸入規制が厳しくなったためである。また，輸出品目で1705年に銀貨が姿を消し，金小判が現れるのは，1668年に銀貨の輸出が禁止され，金の輸出禁止が解禁されたためである。

1C 長崎貿易の変遷

共出題

16C後半〜　**南蛮《なんばん》貿易**（自由貿易）

ポルトガル商人らが生糸取引で利益独占

1604（慶長９）　**糸割符《いとわっぷ》制度開始**　史

（1631　中国に適用
1641　オランダに適用）

1655（明暦元）　**糸割符制度廃止，相対《あいたい》自由貿易**

白糸《しらいと》価格高騰，金銀流出増大

1685（貞享２）　**定高貿易仕法《さだめだかぼうえきしほう》**（貞享令《じょうきょうれい》）
糸割符制度復活，年間貿易額制限

清　船　銀6,000貫《かん》
オランダ船　銀3,000貫　に制限

1715（正徳５）　**海舶互市新例《かいはくごししんれい》**（正徳《しょうとく》新令），**年間貿易船数大幅に制限**

清　船　年間30隻
オランダ船　年間２隻　に制限　史

1D オランダ商館長の江戸参府《さんぷ》

1-2 **長崎屋を見物に来た江戸の人びと**（葛飾北斎「画本東都遊」） 参府の際の定宿《じょうやど》であった長崎屋は，江戸の蘭学者らにとっては，海外情報や知識を収集できる場であった。 東京・たばこと塩の博物館蔵

1E 唐人屋敷《とうじんやしき》

長崎歴史文化博物館蔵

読み解く② 二ノ門前で役人（左図）は何をしているのだろうか。

1-3 **唐人屋敷**（長崎唐館図絵巻） 密貿易が多発し膨大な金銀の流出に頭を痛めた幕府が，その取り締まりのため1689（元禄２）年に設立。唐館ともいう。

2 日朝関係

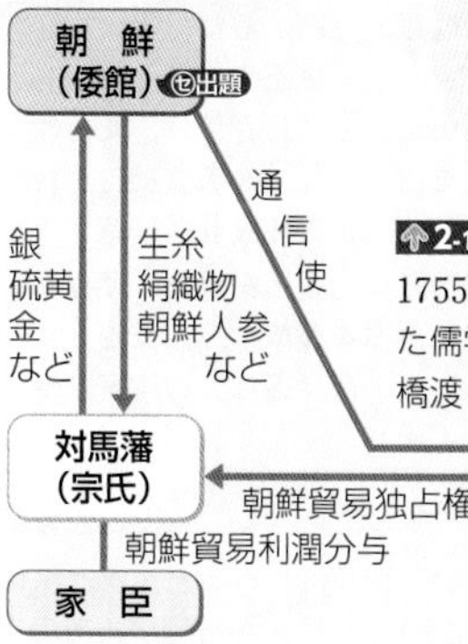

2-1 **雨森芳洲《あめのもりほうしゅう》**（1668〜1755） 対馬《つしま》藩に仕えた儒学者。朝鮮外交の橋渡しをした。セ出題

解説 対馬《つしま》藩主宗《そう》氏は，1609（慶長14）年朝鮮との間に己酉《きゆう》約条を結び，幕府は宗氏に釜山《プサン》におかれた倭館《わかん》での対朝鮮貿易の独占権を与えた。輸入品の生糸・絹織物は中国産品である。

2-2 **朝鮮通信使行列図絵巻** 将軍の代替わりなどに，李氏朝鮮の国王から派遣された使節。秀吉の朝鮮侵略以降，徳川家康は**対馬《つしま》の宗《そう》氏**を通じて国交回復に努めた結果，1607（慶長12）〜1811（文化８）年まで計12回，使節が来日した。最初の３回は日本側の国書（宗氏の老臣柳川氏が改ざん）への回答と朝鮮侵略時の捕虜《ほりょ》の返還を目的とし，４回目以降は，「朝鮮通信使」（信《よしみ》［＝親しい交わり］を通じる修好使節）とよばれた。 共出題

2A 朝鮮通信使年表

年	使節の名称	派遣の目的	人員
1607	**回答《かいとう》兼刷還《さっかん》使**	修好，国書に回答し捕虜を連れ帰る	504
1617	回答兼刷還使	大坂平定祝賀，国書に回答し捕虜を連れ帰る	428
1624	回答兼刷還使	家光襲職《いえみつしゅうしょく》祝賀，国書に回答し捕虜を連れ帰る	460
1636	**通信使**	泰平《たいへい》祝賀，日光山参詣	478
1643	通信使	家綱《いえつな》誕生祝賀，日光山参詣	477
1655	通信使	家綱襲職祝賀，日光山参詣	485
1682	通信使	綱吉《つなよし》襲職祝賀	473
1711	通信使	家宣《いえのぶ》襲職祝賀	500
1719	通信使	吉宗《よしむね》襲職祝賀	475
1748	通信使	家重《いえしげ》襲職祝賀	477
1764	通信使	家治《いえはる》襲職祝賀	477
1811	通信使	家斉《いえなり》襲職祝賀	328

（『江戸時代館』，『天下泰平の時代』による）

解説 通信使一行は，漢詩や朱子学《しゅしがく》を学ぼうとした日本の知識人のみならず，一般庶民にも人気の的で，とりわけ行進する行列の壮麗な姿と響き渡る異国情緒あふれる音楽に魅了された。現在でも，岡山県牛窓《うしまど》町の唐子《からこ》踊りなどの芸能や各地の祭りの仮装行列に受け継がれている。

2B 朝鮮通信使行路（往路宿泊地）

（『江戸時代館』による）

解説 通信使一行は約500人規模で，海路で釜山《プサン》から対馬《つしま》，壱岐《いき》，瀬戸内海を経て大坂に至り，淀川を遡上して京都に赴き，さらに陸路で江戸に向かった。

2-3 **楽士** 東京国立博物館蔵

琉球と蝦夷地

考察の視点　江戸幕府は，琉球や蝦夷地をどのような位置づけとしたのだろうか。　相互関連

1 琉球《りゅうきゅう》

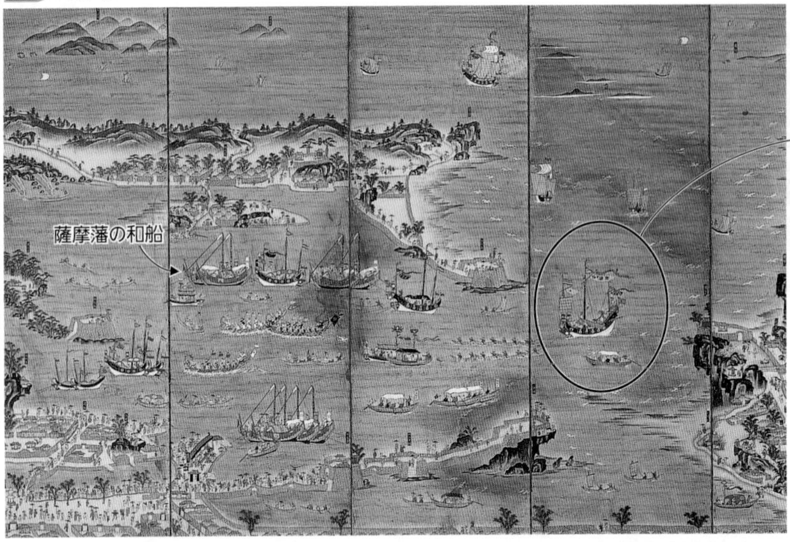

1-1 那覇港の繁栄(琉球貿易図屛風)　滋賀大学経済学部附属史料館蔵

1-2 琉球国の進貢船《しんこうせん》と薩摩藩の御用船《ごようせん》

解説　秋に中国に向かった進貢船が春に帰港《きこう》し，それを迎える那覇港のようすを描く。琉球や，薩摩藩の貿易船など種々の船が続々と入港している。進貢船の下にみえる「唐物方《とうものほう》」の幟《のぼり》を掲げた和船は薩摩藩の船である。

1429	**琉球王国の成立**(尚巴志《しょうはし》による統一)
15世紀	東アジア諸国との中継貿易によって繁栄。島津《しまづ》氏とも善隣《ぜんりん》友好関係
16世紀中	ポルトガルのアジア進出により後退
16世紀末	朝鮮出兵に際し，秀吉が服属と朝貢《ちょうこう》を求めるが，琉球は拒否。島津氏との通交も断絶
1609	**島津氏による琉球征服**，検地実施(～11)
1611	奄美《あまみ》諸島は島津氏の直轄地《ちょっかつち》とされる
1634	慶賀使《けいがし》・謝恩使《しゃおんし》の初め

1-3 琉球使節《りゅうきゅう》(琉球中山王《ちゅうざんおう》両使者登城行列)　琉球からは，徳川将軍代がわりごとに**慶賀使《けいがし》**が，琉球王代がわりごとには**謝恩使《しゃおんし》**が，江戸幕府に派遣された。この使節はことさらに異国風の髪形や服装を強制され，将軍権威高揚《こうよう》のために利用された。東京・国立公文書館蔵

蝦夷地《えぞち》～越中《えっちゅう》～琉球《りゅうきゅう》～清《シン》　壮大なる昆布《こんぶ》ロード

セ出題

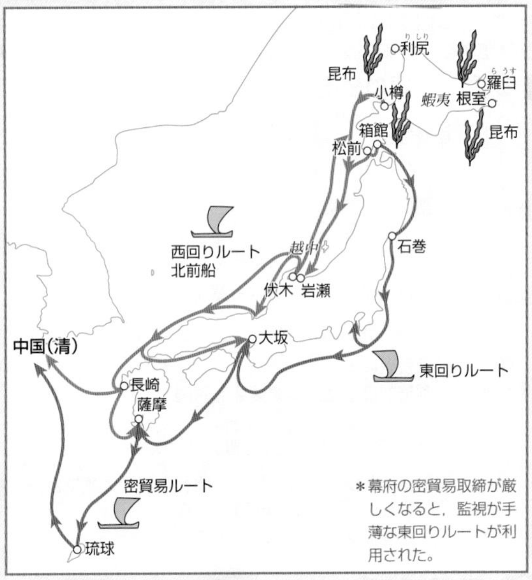

昆布の交易ルート(『昆布ロードと越中』による)

江戸後期，薩摩藩は慢性的な財政難を克服するため，大規模な抜荷《ぬけに》(密貿易)を行った。中国で古くから風土病に効くヨードを含む昆布が薬として珍重《ちんちょう》されていたことに目を付け，北前船《きたまえぶね》で蝦夷地から運ばれた昆布を，大坂商人のほか，幕府に目を付けられないように越中富山の薬売り商人から仕入れ，琉球を中継地として中国に輸出した。中国からは生糸《きいと》・絹織物・薬種《やくしゅ》などを輸入したが，「富山の薬売り」は昆布を薩摩に運んだ帰りに，貴重な漢方薬の材料を入手した。一方，薩摩藩はこの密貿易や奄美《あまみ》の黒砂糖で得た財力で近代化を図り，やがて討幕の主力となり明治維新に突き進んだのである。

2 蝦夷地《えぞち》

1457	コシャマインの蜂起
1599	蠣崎《かきざき》氏，松前《まつまえ》氏に改姓
1604	松前藩主，家康よりアイヌとの交易独占権を認められる
1630年代	**商場知行制《あきないばちぎょうせい》**始まる
1669	**シャクシャインの戦い**
18世紀初	**場所請負《うけおい》制確立**
1789	**クナシリ・メナシの蜂起《ほうき》**　アイヌ最後の蜂起
1792	ラクスマン，根室来航
1854	日米和親条約・箱館開港

2-1 アッケシの総首長イコトイ(夷《い》酋列像《しゅうれつぞう》)　中国(清)製の錦織《にしきお》りの服を着て(内側)，耳にはイヤリングをしている。これらは山丹《さんたん》交易＊によりもたらされ，本州では「蝦夷錦《えぞにしき》」「山丹玉」の名で珍重《ちんちょう》された。また，ロシア製のコートも身にまとい，大陸との盛んな交易をうかがわせる。

北海道・函館市中央図書館蔵

＊黒龍江(アムール川)下流域と樺太を舞台に行われたアイヌの交易

＊松前藩との和議の席上，謀殺された。

2-2 シャクシャイン像＊　商場知行制《あきないばちぎょうせい》が行われると，アイヌには不利な条件が重なった。1669(寛文９)年，日高《ひだか》から釧路《くしろ》までのアイヌを統率していた大首長であるシャクシャインが松前藩に対する決起《けっき》をよびかけ大騒乱となったが，松前藩はこれを鎮圧し，以降各地のアイヌに忠誠を誓わせ，支配を強化した。＊2018年建立の新像

セ出題

2-3 オムシャ(アイヌと和人の交歓《こうかん》儀礼)(日高《ひだか》アイヌオムシャ之《の》図)　本来は，交易に伴う交歓儀礼であったが，のちに鰊《にしん》漁の終了時などに，請負人や役人などが場所内のアイヌを運上屋《うんじょうや》(会所《かいしょ》)に集めて労をねぎらう年中行事となった。ほかにもウイマムという儀礼があるが，しだいに松前藩主に対するアイヌ首長の服属儀礼のようになった。北海道・函館市中央図書館蔵

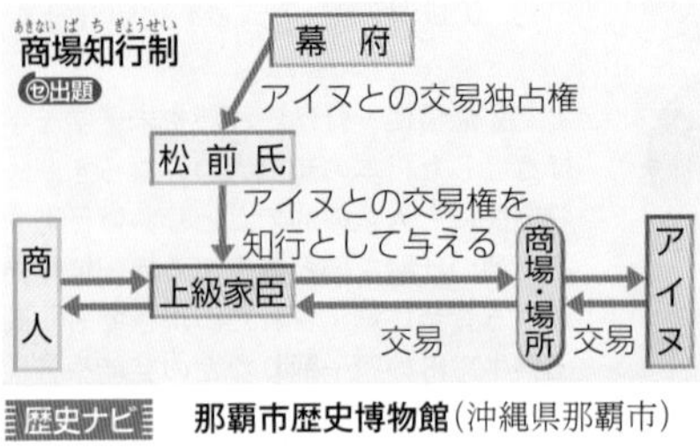

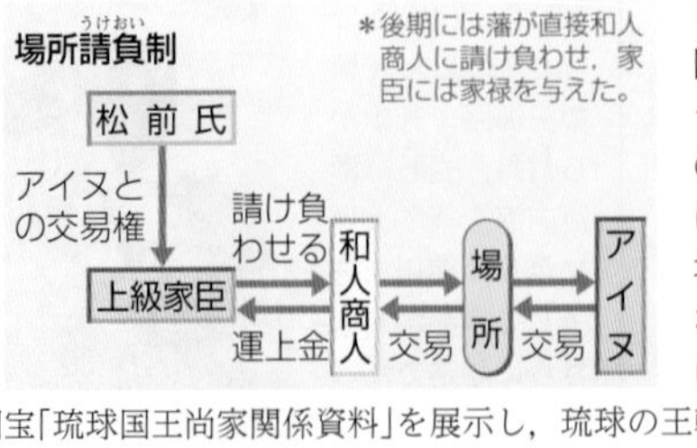

歴史ナビ　**那覇市歴史博物館**(沖縄県那覇市)　国宝「琉球国王尚家関係資料」を展示し，琉球の王朝文化を知ることができる。

寛永期の文化① 建築

考察の視点　霊廟建築と数寄屋造の代表的な建築物を挙げ，それらがどのような特色をもっていたかまとめてみよう。比較

時期　17世紀前半
❶桃山文化の継承
❷幕藩体制に適応
❸武士・町人(上層町衆《まちしゅう》)が担い手

建築	桂離宮《かつらりきゅう》・修学院《しゅがくいん》離宮(数寄屋造《すきやづくり》) 日光東照宮《にっこうとうしょうぐう》世(権現造《ごんげんづくり》)・陽明門 清水寺《きよみずでら》世本堂《ほんどう》　延暦寺《えんりゃくじ》世根本中堂《こんぽんちゅうどう》 崇福寺《そうふくじ》大雄宝殿《だいゆうほうでん》　万福寺《まんぷくじ》大雄宝殿
絵画	風神雷神図屏風《ふうじんらいじんずびょうぶ》(俵屋宗達《たわらやそうたつ》) 大徳寺方丈襖絵《だいとくじほうじょうふすまえ》(狩野探幽《かのうたんゆう》) 夕顔棚納涼図《ゆうがおだなのうりょうず》屏風(久隅守景《くすみもりかげ》) 彦根《ひこね》屏風(作者不詳)
工芸	舟橋蒔絵硯箱《ふなはしまきえすずりばこ》(本阿弥光悦《ほんあみこうえつ》) 色絵花鳥文深鉢《いろえかちょうもんふかばち》(酒井田柿右衛門《さかいだかきえもん》)
文学	【仮名草子《かなぞうし》】　浮世草子《うきよぞうし》の前身 【俳諧《はいかい》】　松永貞徳《まつながていとく》
学問	【朱子学】　藤原惺窩《ふじわらせいか》・林羅山《はやしらざん》

1 建築

1-1 古書院・中書院付近

1-2 松琴亭《しょうきんてい》

1-3 **桂離宮《かつらりきゅう》**　後陽成《ごようぜい》天皇の弟八条宮智仁《としひと》親王(桂宮)とその子智忠《としただ》親王が，京都桂川の近くに，17世紀のはじめから中頃までに造営した別荘。書院造《しょいんづくり》に茶室様式を取り入れた**数寄屋造**の建物で，回遊《かいゆう》式庭園と良く調和している。　京都

後陽成《ごようぜい》107 ― 後水尾《ごみずのお》108 ― 明正《めいしょう》109
徳川秀忠 ― 和子《かずこ》（後水尾の妃）
智仁《としひと》親王(八条宮) ― 智忠《としただ》親王[桂宮家]

1-4 新御殿一の間

1-5 **修学院離宮《しゅがくいんりきゅう》**　後水尾《ごみずのお》天皇が比叡山《ひえいざん》下に営《いとな》んだ山荘。上《かみ》・中《なか》・下《しも》の離宮と比叡山を借景《しゃっけい》とした雄大な庭園からなる。　京都

セ出題

1-6 **日光東照宮陽明門《にっこうとうしょうぐうようめいもん》**　徳川家康を東照大権現《だいごんげん》としてまつる神社。3代将軍家光が造営。建築様式は本殿と拝殿《はいでん》を石の間《ま》で工字形に結んだ**権現造**。桃山建築の様式を受け継《つ》ぎ豪壮・華麗である。極彩色《ごくさいしき》の彫刻で飾る陽明門は特に有名。　国高さ11.1m　日光

解説　日光は古代，中世と隆盛を極めた関東の一大霊場であった。江戸時代になると1617(元和3)年に天台宗の僧・**天海《てんかい》**の活躍で東照宮が創建され，寛永年間には家光による東照宮の全面建替え・大造営が行われた。江戸初期の美術工芸の粋を集めた装飾が施された建築物で，総工費は金57万両，工期1年5カ月，労働人数延べ約650万人(推定)にもおよぶ大事業であった。幕府の威信をかけた大事業であるとともに，安定した財源の確立を物語っている。

(権現造)
陽明門　拝殿 ― 石の間 ― 本殿

1-7 **清水寺本堂《きよみずでらほんどう》**　1633(寛永10)年3代将軍家光が再建。本堂は**舞台造《ぶたいづくり》**で，創建時(平安時代)の様式を伝える。　国平面33.4×32.4m　京都

1-8 **万福寺大雄宝殿《まんぷくじだいゆうほうでん》**　明《ミン》僧**隠元隆琦《いんげんりゅうき》**が創建した**黄檗宗《おうばくしゅう》**(禅宗の一派)の本山。セ出題　1668年完成　高さ19.8m　宇治

1-9 **崇福寺《そうふくじ》大雄宝殿**　黄檗宗《おうばくしゅう》寺院。長崎にいた中国人商人たちによって建立。1646(正保3)年完成。中国風の禅宗寺院の様式を伝えている。　国平面14.1×13.4m　長崎

寛永期の文化② 絵画・工芸

考察の視点　寛永期の文化が桃山文化を受け継いだ点はどのようなところにみられるだろうか。　比較

1 絵画

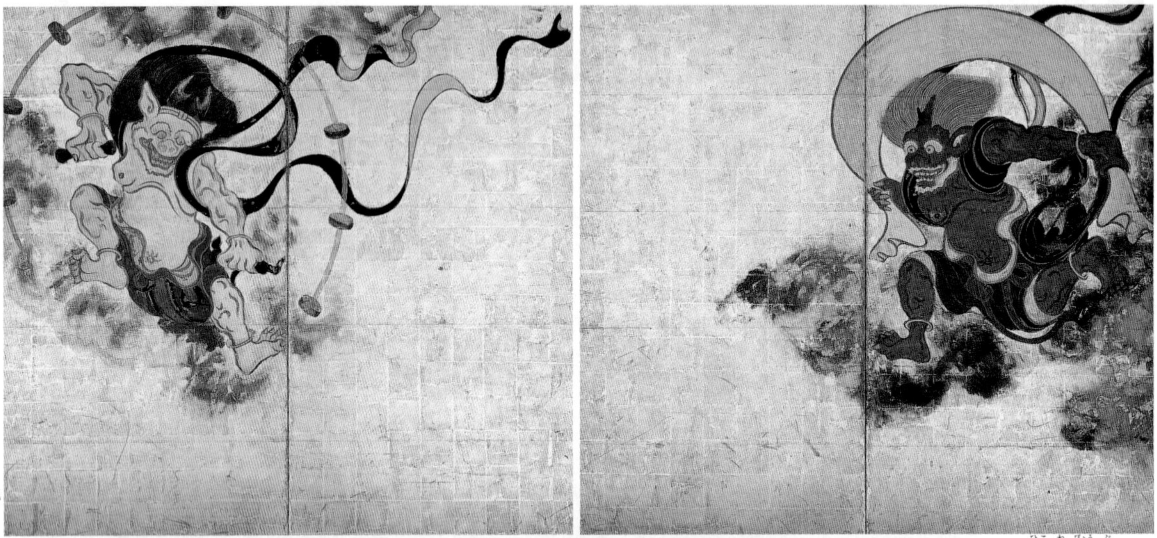

1-1 **風神《ふうじん》雷神《らいじん》図《ず》屏風《びょうぶ》**(俵屋宗達《たわらやそうたつ》筆)　2曲1双の屏風の右双に風神，左双に雷神が描かれている。俵屋宗達は京都の富裕な町衆の出身ともいわれ，本阿弥《ほんあみ》光悦《こうえつ》とも交流があったとされる。土佐派の画法をもとに**装飾画**に新様式を生み出し，元禄期の琳派《りんぱ》の先駆となった。

国2曲1双 各154.5×169.8cm 京都・建仁寺蔵

出題

1-2 **彦根屏風《ひこねびょうぶ》**　寛永期を代表する**風俗画**とされ，彦根藩主井伊《いい》家に所蔵されていたため，「彦根屏風」とよばれている。作者不詳《ふしょう》だが，衣装や髪形はこの時代の流行をあらわしている。

国6曲1隻 94.5×278.8cm 滋賀・彦根城博物館蔵

読み解く　彦根屏風に描かれている娯楽品を書き出してみよう。

1-3 **大徳寺《だいとくじ》方丈《ほうじょう》襖絵《ふすまえ》**(狩野探幽《かのうたんゆう》筆)　探幽は幕府御用絵師として優美・知的な様式を生み出した。大徳寺方丈は9室あり，探幽はそのすべてに山水《さんすい》・花鳥《かちょう》・龍虎《りゅうこ》図などを描いた。 セ出題

4面 各178.0×91.0cm 部分 京都・大徳寺蔵

1-4 **夕顔棚納涼図屏風《ゆうがおだなのうりょうずびょうぶ》**(久隅守景《くすみもりかげ》筆)　久隅守景は狩野探幽《かのうたんゆう》の門人であったが，狩野派にとらわれず好んで庶民，農民の姿を画題とし，風雅な佳品《かひん》を残した。

国2曲1双 150.6×167.3cm 部分 東京国立博物館蔵

2 工芸

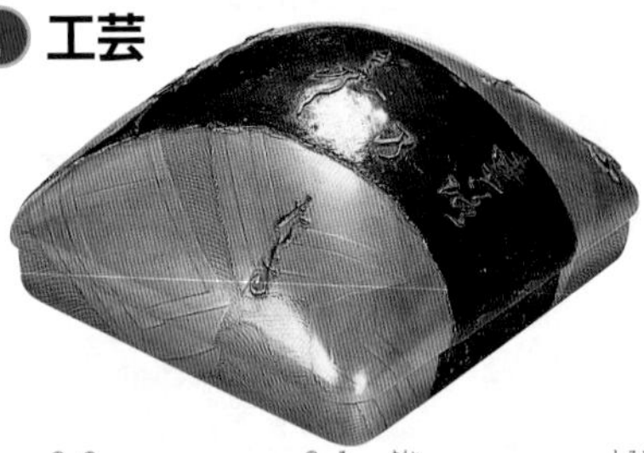

2-1 **舟橋《ふなはし》蒔絵《まきえ》硯箱《すずりばこ》**(本《ほん》阿弥光悦《あみこうえつ》作)　蓋《ふた》の中央に鉛で橋，金で舟と波模様，銀で『後撰《ごせん》和歌集』の歌「東路《あずまじ》乃《の》　さ乃ゝ《のの》(舟橋)かけて濃三《のみ》　思《おもい》　わたる　を知人《しるひと》そ　なき」を貼り付けて記す。(舟橋)の部分は省略してあり，鉛で描いた舟橋から読み取る仕掛けとなっている。光悦は1615(元和《げんな》元)年，家康より京都洛北《らくほく》の鷹ヶ峰《たかがみね》の一帯を与えられ，一族・町衆とともに芸術村を築いた。

国24.2×22.9cm 高さ11.8cm 東京国立博物館蔵

2-2 **色絵《いろえ》花鳥文《かちょうもん》深鉢《ふかばち》**(酒井田柿右衛門《さかいだかきえもん》作)　柿右衛門は，一度焼いた陶磁器の上に色絵をつけ，再び焼いて彩色陶磁器をつくる上絵付《うわえつけ》の技法を研究。濁手《にごしで》とよばれる乳白色《にゅうはくしょく》の生地《きじ》に上品な赤を主調としたところから**赤絵**とよぶ。

高さ21.3cm 東京国立博物館蔵

伊万里焼《いまり》の旅―中国発，朝鮮経由，ヨーロッパ行

日本の磁器は，朝鮮半島の技術で中国の磁器をめざして始まった。その後，1659(万治2)年10月15日，オランダ東インド会社の商船フォーゲルザンク号が日本の磁器を載せて長崎から出帆し，はるかヨーロッパへと旅立った。載せられていた陶磁器の数は実に約5,700点であったそうだ。そしてこの旅立ちこそが，伊万里焼がヨーロッパを魅了する第一歩でもあった。

ヨーロッパに輸出された伊万里焼には，江戸時代の日本にはなかった形が沢山ある。たとえば皿の一部分を欠いた形で，髭《ひげ》を剃《そ》る際にそこに顎《あご》をあてて使用する髭皿などである。つくっていた日本の陶工たちはどんなことを考えていたのだろうか。

考察の視点　百姓と農民の違いは何だろうか。 比較

1 身分制度

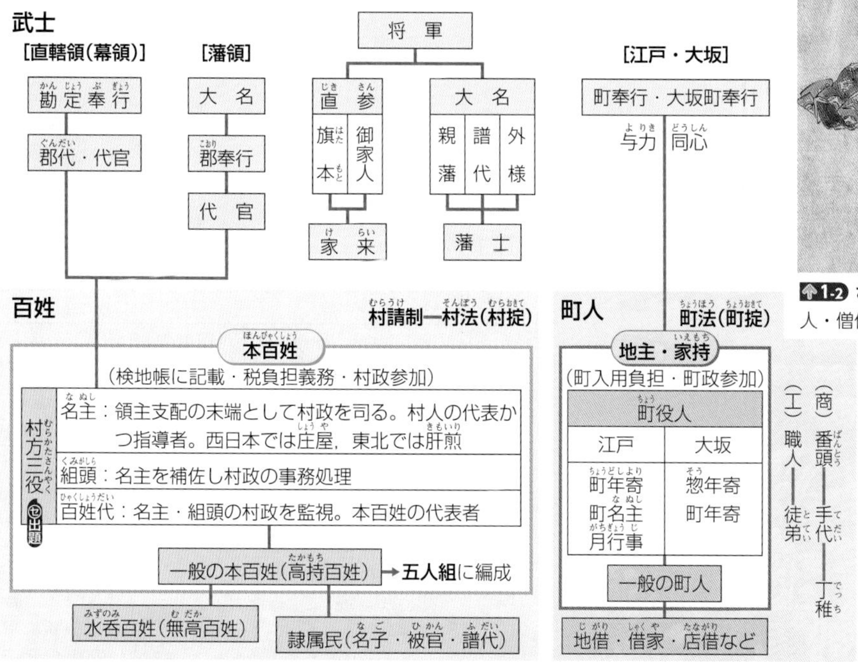

賤民《せんみん》(被差別民)

かわた(えた):一般の百姓が住む本村とは別の村(枝村・枝郷)に集められ,死牛馬の処理や行刑役《ぎょうけいやく》などを強いられた。皮革の製造・わら細工などの手工業に従事し,土地をもち,農業を営むものもいた。

セ出題 **非人**:村や町から飢饉・貧困・刑罰などにより排除され集団化した乞食《こつじき》。村や町に散在して住み,村や町の番人・芸能・掃除・物乞いなどに従事した。

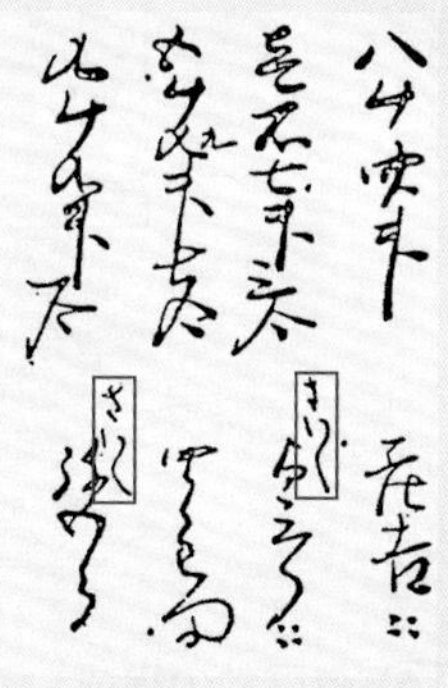

←1-1 検地帳《けんちちょう》に肩書き記載された被差別民 検地帳に「さいく」と記された百姓は,近世被差別民の源流の一つになったと考えられている(1594年摂津《せっつ》国検地帳の一部)。このほか「かわた」「かわや」などの肩書きもあり,これが江戸初期に「えた」の呼称で制度化されていくものと思われる。

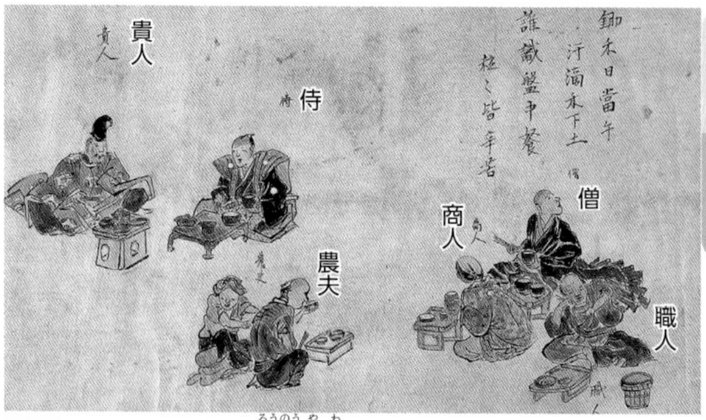

↑1-2 さまざまな身分(老農夜話《ろうのうやわ》)　貴族・武士・農民・商人・職人・僧侶の食膳を描いている。　東京大学史料編纂所蔵

1A 身分別人口構成

1849(嘉永2)年江戸後期の秋田藩の例

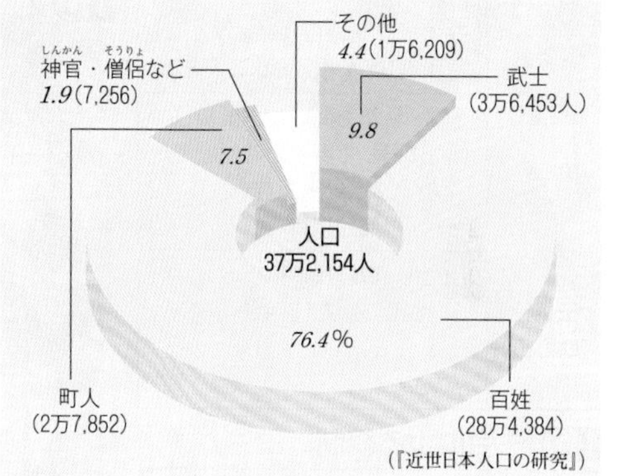

(『近世日本人口の研究』)

解説 江戸時代の人びとは,ある集団に属し,そこでどのような「役《やく》」を負担しているかということで,身分として位置づけられていた。百姓は農業・林業に従事するものだが,商業や漁業などに従事していても,検地帳に登録され年貢を納める義務を負ったものは百姓身分とされた。また,町役を負担した職人・商人は町人身分とされた。そのほか,僧侶・神職・医者・学者・芸能者及び賤民《せんみん》など,士農工商という単純な区分では類別しきれないさまざまな小さな身分集団があった。 セ出題

2 江戸時代の社会

2A 年齢別の死亡率(信濃国湯舟沢村)

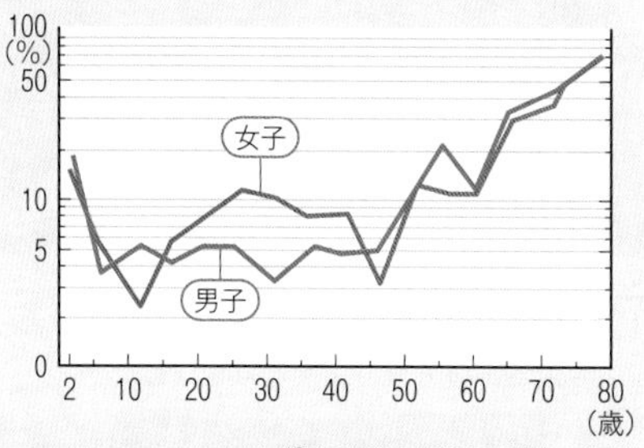

(『一目でわかる江戸時代』による)

解説 江戸時代の平均寿命は概《おおむ》ね30歳代から40歳代であるが,乳幼児死亡率が高く,20歳代前半までに30%が死亡した。一方で70歳代まで生き延びた者も30%おり,壮年《そうねん》を迎えればかなり長生きできた。生命の時間には大きな個人差があったといえる。

読み解く 2Aのグラフで,女子の死亡率が10歳代後半から40歳代にかけて男子を大きく上回るのはどうしてだろうか。 相互関連

2B 農民のライフサイクル

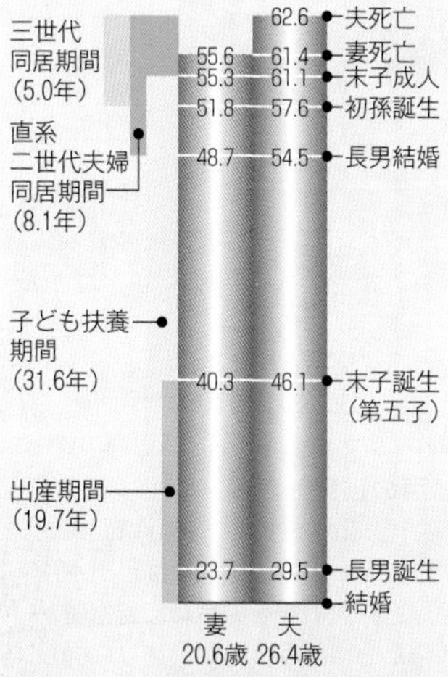

(『一目でわかる江戸時代』による)

解説 18世紀の信濃《しなの》国湯舟沢《ゆふねざわ》村(現岐阜県中津川市)の無事結婚までに至った農民男女の平均的な一生を示したもの。現在に比べ,多産で出産期間が長い。

三行半《みくだりはん》(離縁状《りえんじょう》)

❶**標題**:離縁・離別がつく場合と「一札《いっさつ》之事《のこと》」など
❷**離婚文言《もんごん》**:妻を離婚するという内容
❸**離婚理由**:夫婦としてうまくいかない,縁がないという内容が多い
❹**再婚許可**:今後誰と再婚しようとも一向に構わないという文言
❺**年月日**　❻**差出人**:夫
❼**印章《いんしょう》**:印章の押捺《おうなつ》か爪印《つめいん》
❽**名宛人**:妻が大半。妻の父の場合もある

三行半《みくだりはん》とは,庶民間に取り交わされた離婚証明書のことである。文が三行半で書かれることが多いのでこの名がある。女性の地位の低さを示し,夫の独断で一方的に申し渡すイメージがあるが,後半の再婚許可の文言(❹)に最も意味があり,女性にとっても必要な文書であったため,親族に説得され,夫が渋々離縁状を書かされる例もあった。妻が駆込寺《かけこみでら》に入った場合でも,数年内に寺が介入し,夫に離縁状を書かせた。

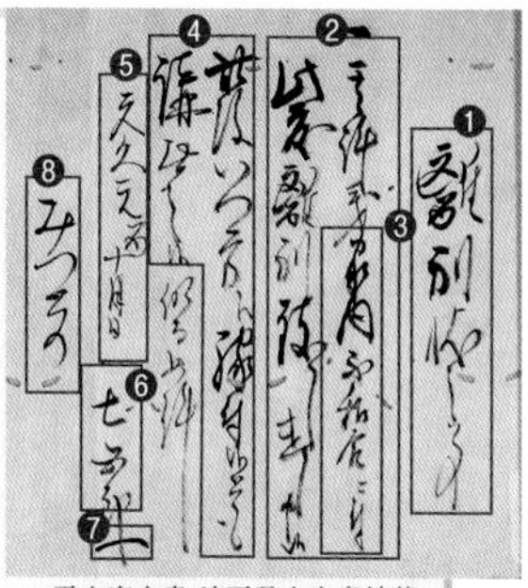

平山家文書 埼玉県立文書館蔵

離別状之事
一 其許義家内不和合ニ付
此度離別致し遣し申候
此後いつ方江縁付候とも
構無之候仍而如件
文久元年酉十月日　七五郎　爪印
みつとの

歴史ナビ **満徳寺**(群馬県太田市)　鎌倉の東慶寺と並んで縁切寺(駆込寺)として著名であった寺で,資料館が併設されている。

考察の視点　中世の惣村と近世の村で共通する点と異なる点は何だろうか。　比較　相互関連

1 村と百姓

1A 農民の負担

年貢（本途物成《ほんとものなり》）	田畑・屋敷にかけられる本租 田地は米納，畑地は貨幣納が原則 年貢率　検見法《けみほう》 四公六民《しこうろくみん》 → 定免法《じょうめんほう》 五公五民《ごこうごみん》（享保《きょうほう》頃）
	付加税　口米《くちまい》・口銀《くちぎん》・欠米《かんまい》など
小物成《こものなり》	山林・河・海・池沼《ちしょう》・副業・特産物などの収益に課せられる雑税《ざつぜい》。貨幣納
高掛物《たかがかりもの》	村高に応じて課せられる付加税 高掛三役《たかがかりさんやく》　御伝馬宿入用《おてんましゅくにゅうよう》（幕領の宿場の経費） 六尺給米《ろくしゃくきゅうまい》（江戸城台所人夫費） 御蔵前入用《おくらまえにゅうよう》（浅草米蔵人夫費）
国役《くにやく》	幕領・私領を問わず一国単位で石高に応じて課す臨時税。河川堤防の改修費・日光東照宮法会《ほうえ》・朝鮮使節接待費など，金納
伝馬役《てんまやく》（助郷役《すけごうやく》）	街道沿いの農民に宿駅の人馬を提供させる。常時課される定助郷《じょうすけごう》と臨時の加助郷《かすけごう》あり。農村疲弊の主要因となる

1-1 年貢を納める農民（会津農耕春秋図）

1B 年貢収納高と年貢収納率

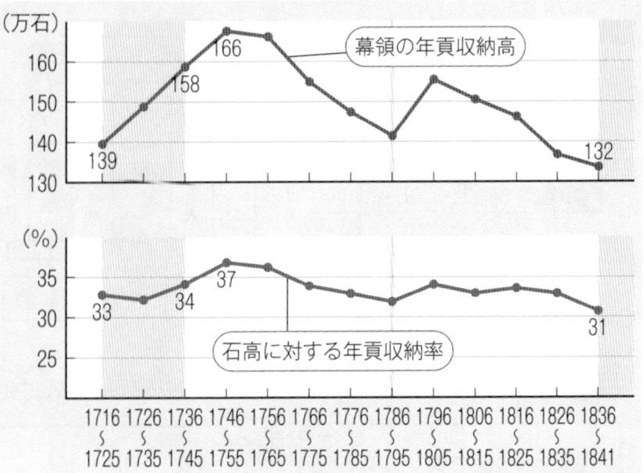

（『地図・グラフ・図解でみる 一目でわかる江戸時代』による）

解説　年貢は名主《なぬし》が本百姓に割り付けし，村で一括納入する（村請制《むらうけせい》）。百姓にとって年貢諸役の負担は重いものであったが，五公五民《ごこうごみん》といわれる年貢率は，実際にはそれ以下で，しかも低下傾向にあった。江戸時代の社会には，百姓の生活を保障する「仁政《じんせい》」が武士の責務であるとする通念があり，むやみに年貢を増徴することはできなかったのである。

1C 村と豪農

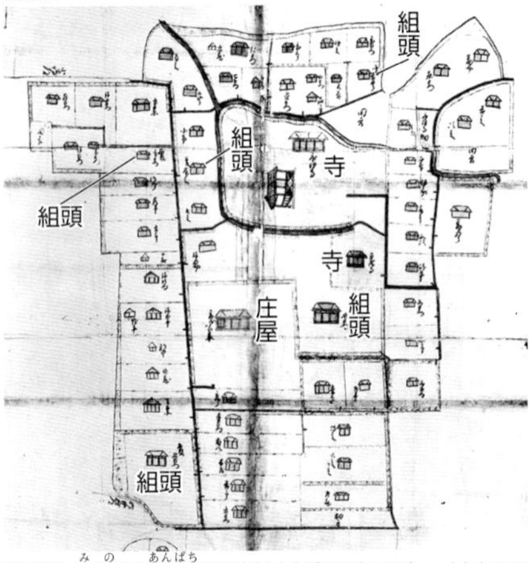

1-2 美濃《みの》国安八《あんぱち》郡横井村絵図（1677）　村高610石余，戸数72戸。庄屋《しょうや》・寺が村の中央にあり，村民はいくつかの組に分かれ，それぞれに組頭《くみがしら》がおかれて統制されている。

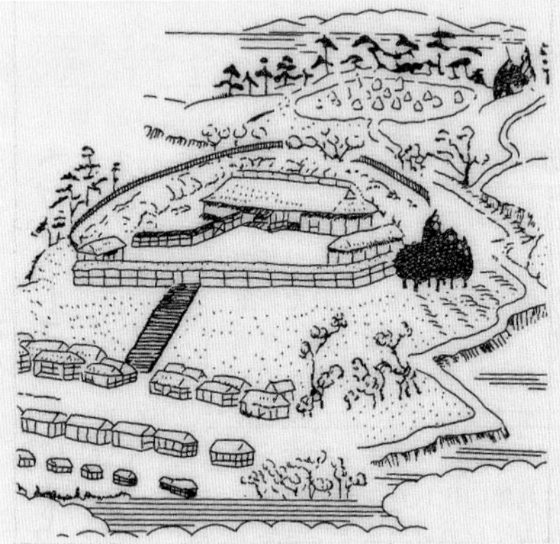

1-3 豪農の館（新編相模国風土記稿）　高台にあるのは，中世土豪《どごう》の系譜《けいふ》をもつ豪農の館で，村の名主《なぬし》（庄屋《しょうや》）を務めた。高台の下にある隷属農民の家にも格差がみられる。

1D 法令による統制

1643	田畑永代売買《でんばたえいたいばいばい》の禁止令 史 セ出題 田畑勝手作《でんばたかってづく》りの禁*
1673	分地制限令《ぶんちせいげんれい》 史

＊この政策の存在の有無については，近年，見直されている。

解説　実態としては，米以外の商品作物の栽培も拡大し，質地売買は広く行われており，厳重な統制とはいいがたかった。

2 町と町人

2A 町屋敷の構成

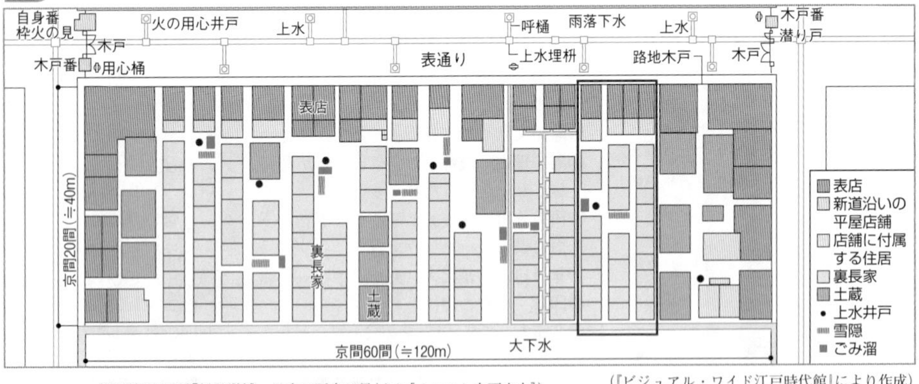

（『ビジュアル・ワイド江戸時代館』により作成）

（週刊朝日百科「新訂増補・日本の歴史66号」より［イラスト中西立太］）

2-1 江戸の長屋《ながや》　表通りに面して，間口《まぐち》京間《きょうま》5間《けん》（9.8m）～10間，奥行《おくゆき》京間20間の町屋敷が並ぶ。通りの両端には，町木戸《まちきど》と木戸番屋《きどばんや》と枠火《わくひ》の見《み》をのせた自身番屋《じしんばんや》が治安維持のために設けられた。通りに面して表店《おもてだな》（店舗）があり，狭い路地を進むと裏長屋が奥まで連なっている。ここには，大工《だいく》などの職人，棒手振《ぼてふり》，奉公人，浪人などさまざまな店子《たなこ》が住んだ。井戸や雪隠《せっちん》（トイレ）は共用であった。

2-2 職人のくらし　大工《だいく》・鍛冶《かじ》・木挽《こびき》などを総称して職人とよび，親方《おやかた》と徒弟《とてい》（弟子）の区別があった。徒弟は熟練すると親方となり独立した。

2-3 商人のくらし　主人・番頭《ばんとう》・手代《てだい》・丁稚《でっち》の区別があった。番頭になるまでは何十年もかかり，その後のれん分けによって独立できた。

歴史ナビ　深川江戸資料館（東京都江東区）　江戸時代末期の深川の街並みを再現した体験型資料館。長屋の構造も知ることができる。

考察の視点 「殉死の禁止」により，武家において主人と従者との関係はどのように変わったのだろうか。 推移

1 幕政の展開－武断から文治へ

武断政治～武力強圧の支配～

(1603～51) ①家康《いえやす》 ②秀忠《ひでただ》 ③家光《いえみつ》

幕藩体制の確立

- **大名統制**－改易《かいえき》・減封《げんぽう》（関ヶ原《せきがはら》敗者／武家諸法度《ぶけしょはっと》違反／無嗣《むし》絶家）▶ 牢人《ろうにん》の増加
- **農民統制**，**鎖国《さこく》**政策，かぶき者の取り締まり

➡1-1 **かぶき者のけんか**(江戸名所図屛風) 「傾《かぶ》く」に由来し，異様な風体で反体制的な振る舞いをするかぶき者たちが横行し，社会秩序・風俗を乱した。 東京・出光美術館蔵

由井《ゆい》(比《ひ》)正雪《しょうせつ》の乱(慶安《けいあん》の変)1651(慶安４)

幕政の安定(いわゆる文治政治)

④家綱《いえつな》 (1651～80) 11歳で就任 〈補佐〉 保科正之《ほしなまさゆき》 ➡ 大老 酒井忠清《さかいただきよ》

文治主義への転換

- **末期養子《まつごようし》の禁止の緩和**＊(1651)……牢人対策
- **殉死《じゅんし》の禁止**(1663) 2C ｝……寛文の二大美事
- **大名の人質制廃止**(1665) ｝
- 大名に**領知宛行状《りょうちあてがいじょう》**の発給(1664)
- 江戸に**定火消役《じょうびけし》**設置(1658)⬅**明暦《めいれき》の大火**(1657) 2D

＊1651年の末期養子の禁止の緩和では，大名・旗本の当主の年齢が17歳より上50歳より下の場合のみ認めた。綱吉の武家諸法度(天和令)で17歳以下・50歳以上についても吟味の上認めることにした。

〈諸藩でも藩政確立のための文治政治を展開〉3

⓪出題 ⑤綱吉《つなよし》 (1680～1709) 〈補佐〉 大老 堀田正俊《ほったまさとし》 1684暗殺 ➡ 側用人《そばようにん》 柳沢吉保《やなぎさわよしやす》

綱吉の政治(元禄時代)

- **武家諸法度**(天和《てんな》令)(1683)－「忠・孝」「礼儀」重視
- **学問の奨励**－**湯島聖堂《ゆしませいどう》建設**
  大学頭《だいがくのかみ》に林鳳岡《はやしほうこう》(信篤《のぶあつ》)，歌学方《かがくかた》に北村《きたむら》季吟《きぎん》，天文方《てんもんかた》に渋川春海《しぶかわはるみ》(しゅんかい)(安井算哲《やすいさんてつ》)を任命
- **服忌令《ぶっきれい》**(1684)－服喪や忌引きの日数を定める
- **生類憐みの令《しょうるいあわれみのれい》**(1685～)－生類すべての殺生《せっしょう》を禁止
- **大嘗会《だいじょうえ》の再興**(1687)
- **赤穂事件**(1701～02)　富士山大噴火(1707)
- **貨幣の改鋳《かいちゅう》**－勘定吟味役《かんじょうぎんみやく》**荻原重秀《おぎわらしげひで》**の意見により品質の悪い元禄《げんろく》小判を発行
  ➡インフレ，経済混乱を招く

〈封建社会の矛盾発生－幕府・諸藩の財政難，貨幣経済の発展と町人の台頭〉

⑥家宣《いえのぶ》 (1709～12) ⑦家継《いえつぐ》 (1713～16) 3歳で就任 〈補佐〉 将軍侍講《じこう》 新井白石《あらいはくせき》 側用人《そばようにん》 間部詮房《まなべあきふさ》

正徳の政治

- **生類憐みの令廃止**(1709)
- **閑院宮家《かんいんのみやけ》の創設**(1710)……朝幕関係の融和
- **通信使《つうしんし》の待遇の簡素化**
- **貨幣の改鋳**－良質の正徳《しょうとく》小判を鋳造
- **貿易の改革**－**海舶互市新例《かいはくごししんれい》**(1715　長崎新令・正徳新令)……金銀流出の防止

〈儒教的理想主義の限界－観念的政策・形式主義に流れ，封建社会の矛盾を認識できず，幕政は停滞した〉

3 諸藩の政治改革

藩名	藩　主	指導者	藩政の内容
会津	**保科正之《ほしなまさゆき》**(1611～72)	山崎闇斎《あんさい》(朱子学者)	藩学の設立・風俗の矯正《きょうせい》・社倉《しゃそう》設置・新田開発・殖産興業(櫨《はぜ》・漆《うるし》)
岡山	**池田光政**(1609～82)	熊沢蕃山《くまざわばんざん》(陽明学者)	⓪出題 **花畠教場《はなばたけきょうじょう》**(私塾)・岡山藩学校(藩学《はんがく》)・**閑谷《しずたに》学校**(郷校《ごうこう》)を設立し，武士・庶民を教化。治水・新田開発・殖産興業・義倉《ぎそう》の設置
水戸	**徳川光圀《みつくに》**(1628～1700)	朱舜水《しゅしゅんすい》(明の学者)	『**大日本史**』編纂《へんさん》(完成1906年)。編纂局として江戸小石川藩邸に**彰考館《しょうこうかん》**を設立。水戸学の基礎を築く
加賀	**前田綱紀《つなのり》**(1643～1724)	木下順庵《じゅんあん》(朱子学者)	古文献の収集保存・編集事業，改作法《かいさくほう》(領地を直接支配，貢納体制整備)の実施

2 文治主義の政治

2A 徳川氏関係系図

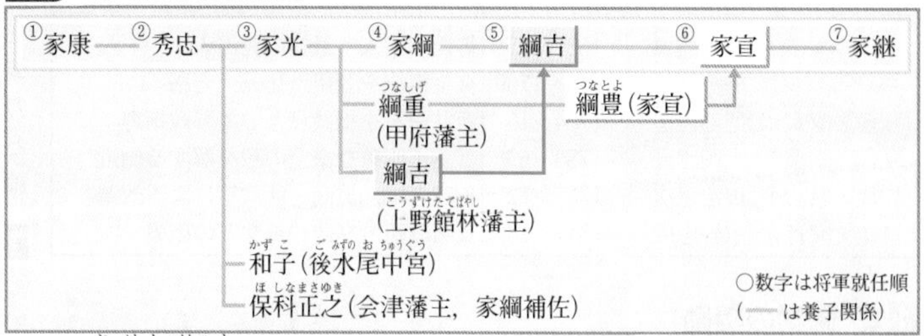

2B 武家諸法度《ぶけしょはっと》の変遷

1615年	元和《げんな》令(秀忠《ひでただ》)	第１条「文武弓馬《ぶんぶきゅうば》の道，専《もっぱ》ら相嗜《あいたしな》むべき事」
1635年	寛永《かんえい》令(家光《いえみつ》)	参勤交代制度化，500石以上の大船建造禁止など 共出題
1663年	寛文《かんぶん》令(家綱《いえつな》)	キリスト教禁止の明文化，不孝者の処罰を追加
1683年	天和《てんな》令(綱吉《つなよし》)	第１条「文武忠孝を励《はげま》し，礼儀を正すべき事」。共出題 末期養子《まつごようし》の禁の緩和《かんわ》，殉死《じゅんし》の禁止の明文化
1710年	宝永《ほうえい》令(家宣《いえのぶ》)	起草者は新井白石《あらいはくせき》。「文武の道を修め，人倫を明かにし風俗を正しくすべき事」。仁政《じんせい》を強調，和文体
1717年	享保《きょうほう》令(吉宗《よしむね》)	以降，天和令を踏襲《とうしゅう》し，以後改正は行われない

2C 殉死《じゅんし》の禁止

主な殉死者数

年	主　君	数
1607	松平忠吉(家康６男)	3
1636	伊達政宗《だてまさむね》(仙台)	15
1641	細川忠利《ほそかわただとし》(熊本)	19
1651	徳川家光《いえみつ》(将軍)	5
1657	鍋島勝茂《なべしまかつしげ》(佐賀)	26

解説 追腹《おいばら》ともいい，主君《しゅくん》の死に殉じて家臣《かしん》が自害《じがい》する殉死は，しばしば戦国の遺風といわれるが，実際には松平忠吉《まつだいらただよし》の際が最初であり，戦国期にその風習はなかった。むしろ，泰平《たいへい》の世となり，戦場で忠誠心を表現する機会を失った武士たちの流行であった。家綱《いえつな》政権は，1663(寛文《かんぶん》３)年，武家諸法度の公布とともに殉死の禁止を口頭伝達した。1668(寛文８)年にはこれに反したとして，宇都宮藩の奥平昌能《おくだいらまさよし》が転封《てんぽう》処分を受けた。こののち，1680(延宝《えんぽう》８)年に堀田正信《ほったまさのぶ》が家綱死去の際に自害したのが江戸時代最後の殉死とされている。1683(天和《てんな》３)年の武家諸法度(天和令)には末期養子《まつごようし》禁止の緩和《かんわ》とともに殉死の禁止が組み込まれ，本格的な禁令がなされた。これは，**家臣は主君個人の人格や器量に対して奉公するのではなく，主従の関係が永続的に継承されるべきことが示されたといえる。**

2D 明暦《めいれき》の大火　1657(明暦３)年

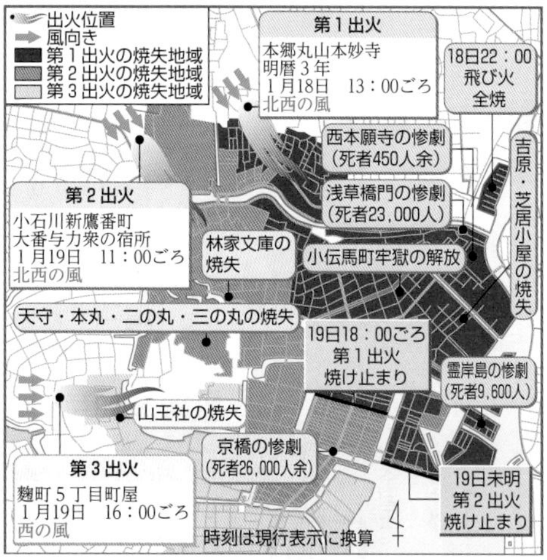

(『図表でみる江戸・東京の世界』などによる)

解説 1657(明暦３)年正月18日午後１時頃，本郷丸山の本妙寺からの出火をはじめとして翌日にかけ，３ヵ所から出火した火は，現在の千代田・中央両区にあたる江戸市街の大部分を灰にし，西の丸を除く江戸城の大半も焼失した。死者は当時の人口の４分の１と推定される10万人以上におよんだ。これを契機に延焼防止のための広小路《ひろこうじ》・火除地《ひよけち》が各所に設けられ，また，隅田《すみだ》川に両国《りょうごく》橋が架橋され，本所《ほんじょ》・深川《ふかがわ》地区が開発されるなど，防災重視の都市へと変貌《へんぼう》を遂げた。

➡3-1 **保科正之**(1611～72)　２代将軍徳川秀忠《ひでただ》の子，３代将軍家光《いえみつ》の異母弟で，秀忠の密命により武田信玄《しんげん》の娘の見性院《けんしょういん》に養育された。その縁で７歳のときに武田遺臣の高遠《たかとお》城主保科正光《まさみつ》の養子になり，同藩主，出羽《でわ》山形藩主を経て，初代会津《あいづ》藩主となった。家光の遺言により家綱《いえつな》を補佐し，集団指導体制のリーダーとして手腕を振るい，末期養子《まつごようし》の禁止の緩和《かんわ》，殉死《じゅんし》の禁止などの政策を手がけた。

幕政の安定②

考察の視点　生類憐みの令や服忌令は，どのような意図をもって発せられたのだろうか。　相互関連

1 元禄時代

1A 主な側用人《そばようにん》

将軍	氏名	在職期間	備考
5代・綱吉《つなよし》	牧野成貞《まきのなりさだ》	1681～95	御側御用人《おそばごようにん》＝最初の側用人
	柳沢吉保《やなぎさわよしやす》	1688～1709	荻生徂徠《おぎゅうそらい》を登用，1698大老《たいろう》格
6代・家宣《いえのぶ》	間部詮房《まなべあきふさ》	1704～16	新井白石《あらいはくせき》を相談役として幕政指導
9代・家重《いえしげ》	大岡忠光《おおおかただみつ》	1756～60	言語不明瞭な家重の意を解する側近
10代・家治《いえはる》	田沼意次《たぬまおきつぐ》	1767～72	1772老中，重商主義政策による改革
11代・家斉《いえなり》	水野忠成《みずのただあきら》	1812～18	貨幣改鋳《かいちゅう》・文政改革などの施策

1B 儒学の奨励

1-1 湯島聖堂《ゆしませいどう》　1632(寛永９)年，林羅山《はやしらざん》が上野忍ヶ岡《しのぶがおか》に設置した孔子廟《こうしびょう》を1690(元禄３)年，５代将軍綱吉が湯島昌平坂に移転し，大成殿と称した。ここに林家《りんけ》の家塾《かじゅく》が付属していたが，寛政《かんせい》の改革における「寛政異学の禁」により官立の昌平坂《しょうへいざか》学問所となり，聖堂・学問所ともに林家が世襲経営した。

赤穂事件

1701(元禄14)年３月14日，播磨赤穂《はりまあこう》藩主浅野内匠頭長矩《あさのたくみのかみながのり》が，勅使《ちょくし》供応に関する作法の指導を高家《こうけ》の吉良上野介義央《きらこうずけのすけよしなか》から受けた際に，不親切な取り扱いに立腹し，江戸城中松之廊下において斬りつけ，即日切腹・改易を命じられた。翌年12月14日旧赤穂藩士大石内蔵助良雄《おおいしくらのすけよしお》率いる47人が本所吉良邸に討ち入り，主君の仇を討った。この事件は，義挙とするか罪とするかで儒学者を中心に大論争を巻き起こした。荻生徂徠《おぎゅうそらい》は私論では忠義，公論では罪人とみて，公論を重視すべきとして義士論を批判。これをうけ，評定所は浪士らに切腹《せっぷく》を命じた。後に『仮名手本《かなでほん》忠臣蔵《ちゅうしんぐら》』など演劇・文学の題材となり，今に語り継がれている。

↑吉良邸討ち入り(誠忠義士討入姓名)　江戸東京博物館蔵

1C 朝幕関係の改善

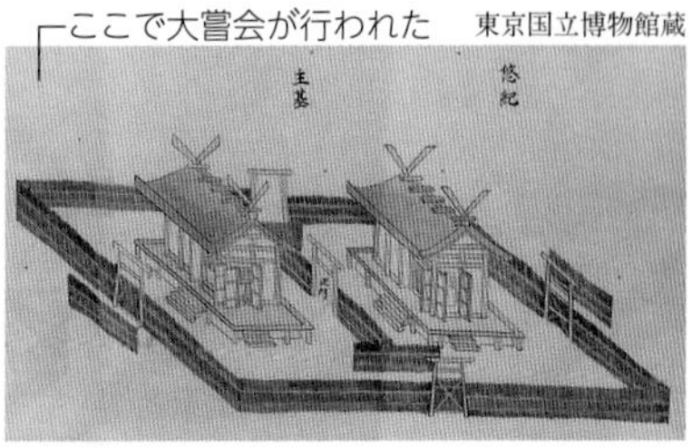

東京国立博物館蔵

1-2 大嘗会《だいじょうえ》の再興(貞享四年大嘗会図)　天皇の即位後に初めて行う新《にい》嘗《なめ》の祭りを大嘗会というが，幕府は1687(貞享４)年東山天皇即位時に，朝廷の求めに応じ，応仁《おうにん》の乱以来221年ぶりに再興を認めた。このことは，幕府の対朝廷政策が，協調路線に転じたことを示している。

1D 生類憐《しょうるいあわれ》みの令　史料　セ出題

解説　この名の法令が存在するわけではなく，生類愛護の趣旨で出された一連の政策をいう。1685(貞享２)年に始まり，捨子，捨病人，捨牛馬の禁止，鷹の飼育禁止などが知られ，中野の犬小屋設置に至る犬愛護令は江戸市民の反感を買った。処罰は徐々にエスカレートし蚊《か》や蠅《はえ》を殺しただけでも罰せられたため「天下の悪法」とよばれたが，近年では，犬の愛護は食犬の風習があるかぶき者対策の面もあり，戦国時代以来の遺風を断ち慈愛に満ちた秩序ある社会の実現に向けた政策として評価されている。

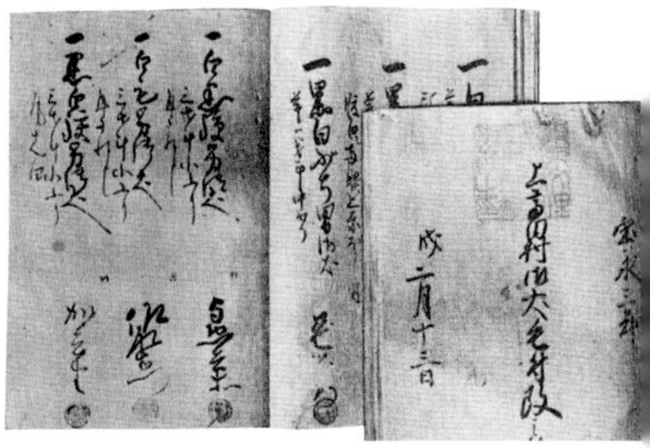

1-3 犬の戸籍帳　1706(宝永３)年のもの。幕府は犬虐待防止のために犬目付とよばれる役人を配置し，捨犬《すていぬ》収容のために四谷・大久保・中野に計20万坪余りの犬小屋を設け，１日１匹米３合などを与え，１年に数十万両の経費を費やした。

1E 小判の重量・金成分比の推移　史料

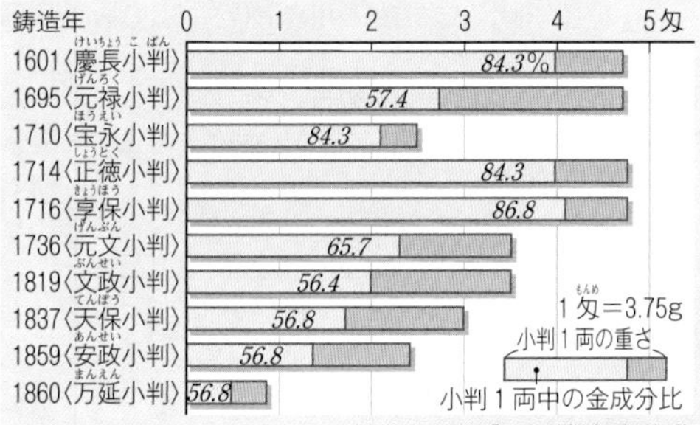

(大蔵省理財局『日本通貨変遷図鑑』)

読み解く

❶元禄小判は，慶長小判と比べて何が違うのかグラフから読み解いてみよう。

❷それぞれ何のための改鋳であったのか考えてみよう。

比較　相互関連

セ出題　出題　共出題

2 正徳の政治

2A 新井白石

2-1 新井白石《あらいはくせき》(1657～1725)　江戸中期の儒学《じゅがく》者，政治家。**木下順庵《じゅんあん》**に入門し朱子学を学び，順庵の推挙で甲府藩主徳川綱豊の儒臣となる。綱豊が**6代将軍家宣《いえのぶ》**となると幕政に参画，「正《しょう》徳《とく》の政治」を行った。吉宗が８代将軍になると退けられ，晩年は著述に専念した。主著に『読史余論《とくしよろん》』『古史通《こしつう》』『藩翰譜《はんかんふ》』『折《おり》たく柴《しば》の記《き》』『西洋紀聞《せいようきぶん》』『采覧異言《さいらんいげん》』など。

2B 閑院宮家《かんいんのみやけ》の創設

解説　1710(宝永７)年，新井白石は，朝幕関係の融和を図るため，新宮家創設を献策して実現。伏《ふし》見宮《みのみや》・有栖川《ありすがわ》宮・桂《かつら》宮と並び四親王家となった。２代閑院宮典仁《すけひと》親王の子，光格《こうかく》天皇のときに，いわゆる「**尊号一件《そんごういっけん》**」P.215で朝幕関係は再び緊張した。

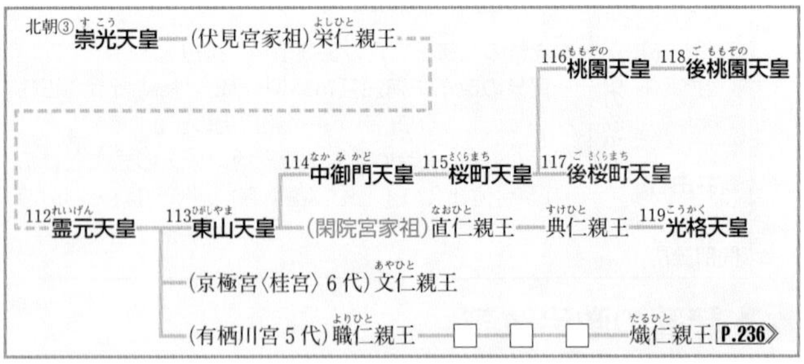

2C 朝鮮との関係整備　1711(正徳元)年

解説　新井白石は，国書に記す将軍の称号を，「大君《たいくん》」は朝鮮では国王の世子《せいし》(継嗣《けいし》)をさすとして，「日本国王《こくおう》」とした。また，100万両も費やしていた通信使接待の格を下げ，簡略化した。

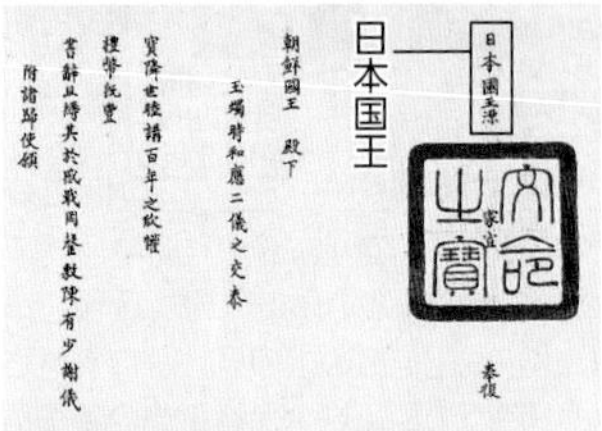

2-2 徳川家宣から朝鮮国王への国書　九州国立博物館蔵・山田満穂氏撮影

2D 海舶互市新例《かいはくごししんれい》(長崎新令・正徳新令)　史料

解説　1715(正徳５)年，金銀の海外流出を防ぐため，新井白石の貿易制限案をもとに出された法令。中国船に対しては密貿易を防ぐため信牌《しんぱい》(貿易許可証)を発行し，その持参を義務づけた。

	清船	オランダ船
取引高	銀6,000貫 (銅渡し高300万斤《きん》)	銀3,000貫 (銅渡し高150万斤)
船数	年30隻	年２隻

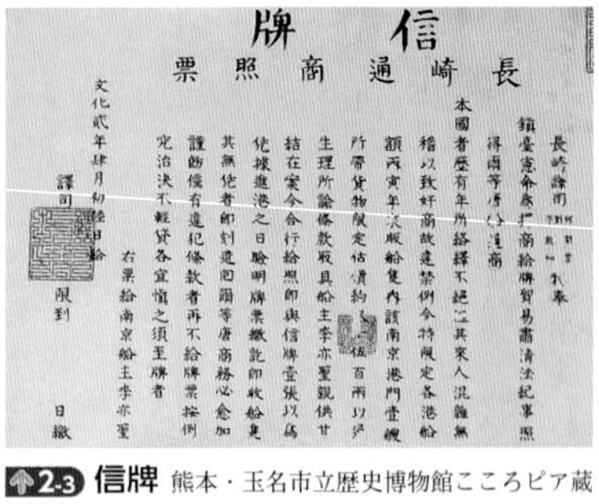

2-3 信牌　熊本・玉名市立歴史博物館こころピア蔵

歴史ナビ　**赤穂市立歴史博物館**(兵庫県赤穂市)　赤穂の塩・赤穂の城と城下町・赤穂義士・旧赤穂上水道の４つをテーマとした博物館。愛称は「塩と義士の館」。

考察の視点 木綿の普及は，諸産業の発達にどのように影響しただろうか。 相互関連

1 農業の発達

農業技術の向上
- 農具の改良 3
  耕作－備中鍬《びっちゅうぐわ》
  脱穀《だっこく》－千歯扱《せんばこき》
  選別－唐箕《とうみ》・千石簁《せんごくどおし》
  灌漑《かんがい》－踏車《ふみぐるま》
- 金肥《きんぴ》の利用 1A
  干鰯《ほしか》・〆粕《しめかす》・油粕《あぶらかす》など
- 品種改良

農業知識 4
宮崎安貞《みやざきやすさだ》『農業全書《のうぎょうぜんしょ》』
大蔵永常《おおくらながつね》『広益国産考《こうえきこくさんこう》』
『農具便利論《のうぐべんりろん》』
二宮尊徳《にのみやそんとく》，大原幽学《おおはらゆうがく》
…幕末の農村改革指導者

商品作物栽培
- 四木《しぼく》 P.23
  桑《くわ》・楮《こうぞ》・茶《ちゃ》・漆《うるし》
- 三草《さんそう》 P.24
  紅花《べにばな》・藍《あい》・麻《あさ》
- その他
  木綿《もめん》・菜種《なたね》・藺草《いぐさ》
  櫨《はぜ》・煙草《たばこ》など

→ **農業生産力向上** ←

新田開発 2 セ出題
- 代官見立《みたて》新田(幕府の代官が適地を見立て，農民に開発させた新田)
- 藩営新田(藩が主導して開発を推進した新田)
- 土豪《どごう》開発新田(江戸初期に土豪が資金を出し開発した新田)
- 町人請負《うけおい》新田(町人が資金や技術を出し開発)・村請《むらうけ》新田(村役人や村民が開発を申請)

1A 金肥《きんぴ》の種類 セ出題 P.27

干鰯《ほしか》	鰯《いわし》や鰊《にしん》を乾燥させた後に固めた速効性肥料
〆粕《しめかす》	鰯や鰊などの魚類，胡麻《ごま》，豆などから油を搾《しぼ》り取った残り粕
油粕《あぶらかす》	菜種《なたね》(油菜などの種子)や綿実《めんじつ》(綿花の種子)から油を絞った粕

解説 **金肥**とは，金銭で購入する肥料のことで，17世紀後半，商品作物の生産拡大にともない，即効性の高い肥料として注目された。**木綿の普及**により，特に上方とその周辺では，**綿花栽培**が盛んとなり，**干鰯**の需要が急増した。大坂や堺においては，干鰯の集積や流通を扱う**干鰯問屋**が成立した。

2 新田開発

2A 新田増加率

国別新田増加率(%)
(天保石高 − 正保石高 / 正保石高 ×100)
(　)内数字は開発年代

40%以上 / 30～39% / 20～29% / 10～19% / 10%未満 / 増加せず

正保郷帳に記載のない上総国と陸奥国の石高は慶長3年(太閤検地)の石高を使用(『続新田開発』)
＊各新田を囲む枠の色は1の文字色に対応。

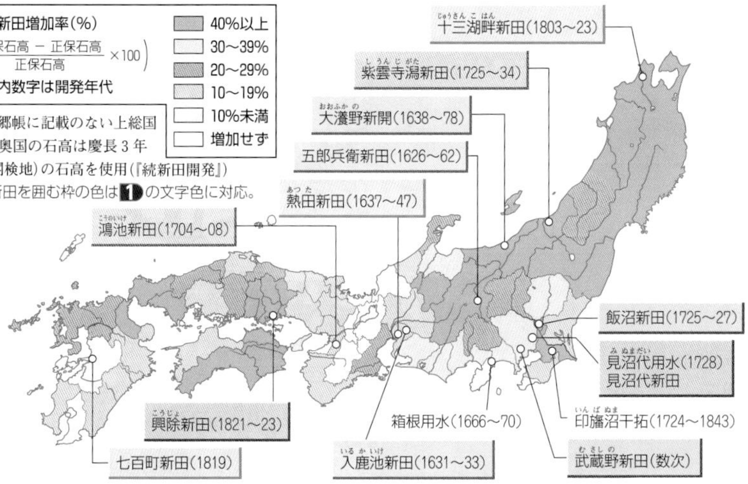

2B 耕地面積の増大

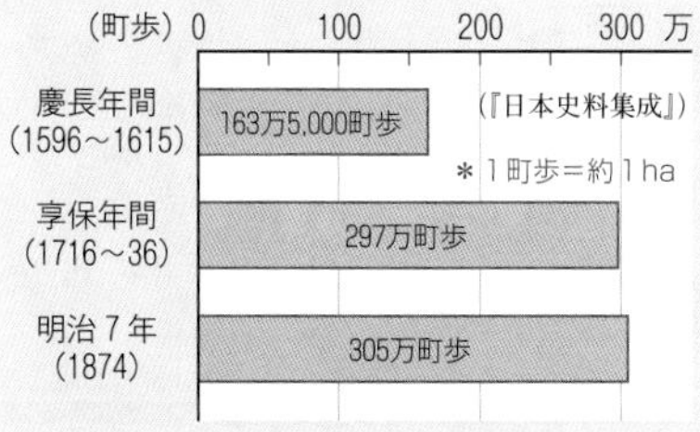

2C 石高の増加

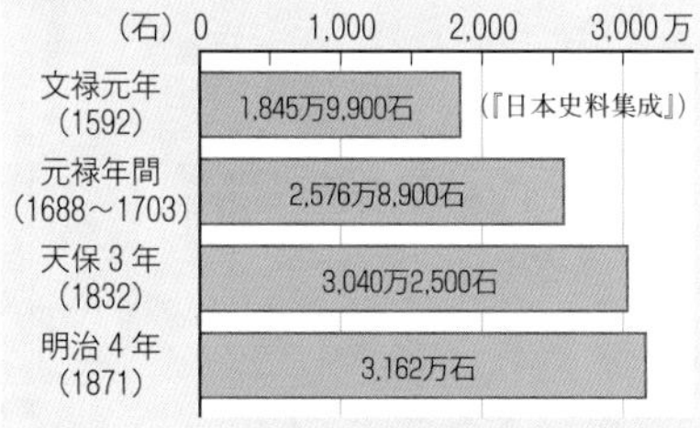

読み解く 2Bのグラフで，慶長年間から享保年間にかけて耕地面積が増大したのは，どのような理由が考えられるだろうか。 相互関連

3 農具の発達

セ出題 出題
備中鍬《びっちゅうぐわ》…田の荒おこし。深耕用の鍬。

からさお…穀類・豆類などの脱穀具。竿の先にさらに短い竿をつけ，回転させて打つ。

扱箸《こきばし》…脱穀具。2本の竹棒に穂をはさんで扱《こ》く。

セ出題 出題
千歯扱《せんばこき》…元禄頃考案された脱穀具。能率の飛躍的向上をもたらし，「後家倒《ごけだお》し」とよばれた。

龍骨車《りゅうこつしゃ》…揚水機。破損しやすく，のち小型の踏車が普及。

出題
踏車《ふみぐるま》…揚水機。

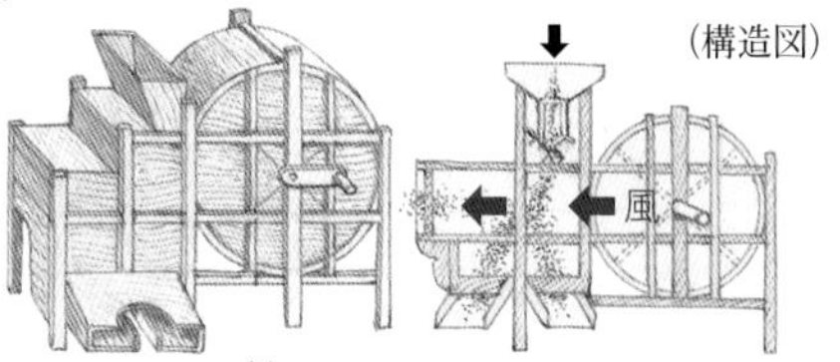

出題
唐箕《とうみ》…選別農具。籾《もみ》がらやしいな(実のない籾)などを取り去る。

千石簁《せんごくどおし》…選別用農具。傾斜した金網の上を流し穀粒の大小や糠《ぬか》を選別。

4 農学の発達

4-1『農業全書《のうぎょうぜんしょ》』(宮崎安貞《みやざきやすさだ》著，1697年刊表紙・部分) (独)国立公文書館蔵 セ出題

解説 各地の実地調査をもとに刊行された日本初の体系的農書。挿絵《さしえ》は唐臼《からうす》による籾摺《もみす》りとからさお打ちが描かれている。また，序文にあるように，江戸初期の輸入超過の状況を問題視し，栽培法の普及による国産化の必要性を主張している。

…唐船に無益の物まで多くつみ来たりて交易し我国の財を他の国の利とする事。豈《あに》おしまざらめやハ。是ひとへに我国の民、種芸の法を知らずして国土の利を失へるなり。(『農業全書』序文より)
(中国船と無益の物まで(長崎で)交易し，日本の財(金銀)が他国の利益となることは残念だ。これはもっぱら日本の民が栽培の方法を知らないために国土の利を失うということだ。)

セ出題
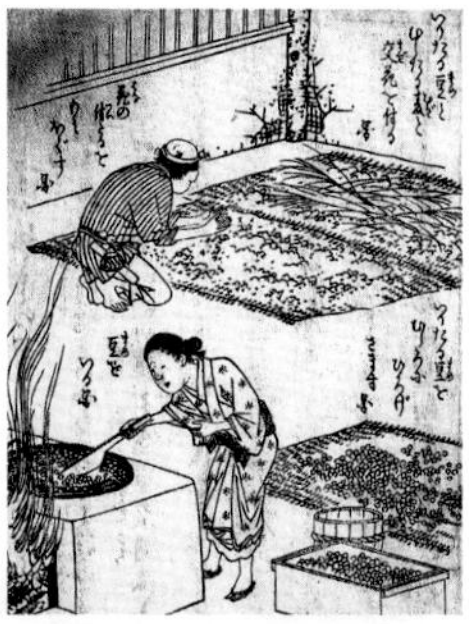
4-2『広益国産考《こうえきこくさんこう》』(大蔵永常《おおくらながつね》著，1859年全巻刊行) 各地の特産物の栽培を奨励《しょうれい》して，殖《しょく》産興業《さんこうぎょう》を説く。図は醤油《しょうゆ》の手づくりのようすを示している。
(『日本農書全集第14巻』)

諸産業の発達

考察の視点 地図中の紀伊半島と房総半島には共通の地名が多数あり，関連性が指摘されている。どのようなつながりがあるか，商品作物生産や食品加工業との関連から考えてみよう。 相互関連

1 各地の産業

1A 主な特産物

絹	西陣織《にしじんおり》・桐生《きりゅう》絹・足利《あしかが》絹・伊勢崎《いせざき》絹・丹後《たんご》縮緬《ちりめん》・上田紬《うえだつむぎ》	製紙	越前(鳥《とり》ノ子紙《こがみ》・奉書紙《ほうしょがみ》)・杉原紙《すいばら》・美濃紙 美濃・土佐・駿河・石見《いわみ》・伊予《いよ》の日用紙
木綿	小倉織《こくらおり》・久留米絣《くるめかすり》・有松絞《しぼり》(尾張)，尾張木綿《もめん》・三河《みかわ》木綿・河内《かわち》木綿	醸造	酒(灘《なだ》・伊丹《いたみ》・池田・伏見《ふしみ》) セ出題 醤油《しょうゆ》(湯浅《ゆあさ》・龍野《たつの》・野田・銚子《ちょうし》) セ出題
麻	奈良晒《ならさらし》・近江《おうみ》麻(蚊帳《かや》など)・越後縮《ちぢみ》(小千谷《おぢや》)・薩摩上布《じょうふ》	水産業	鰯《いわし》(九十九里浜) 鰹《かつお》(土佐) 鯨《くじら》(紀伊・土佐・肥前)鮪《まぐろ》(肥前五島) 鰊《にしん》・昆布《こんぶ》・俵《たわら》物(蝦夷地) 製塩業(瀬戸内) セ出題
陶磁器	有田《ありた》焼(伊万里《いまり》焼)・九谷《くたに》焼・京焼(清水《きよみず》焼) 瀬戸焼・備前《びぜん》焼	林業	檜《ひのき》(木曽《きそ》) 杉(吉野・秋田・飛驒)
漆器	春慶塗《しゅんけいぬり》(能代《のしろ》，飛驒《ひだ》高山)・輪島《わじま》塗・会津《あいづ》塗・南部塗	鉱業	金(佐渡《さど》相川・伊豆《いず》) 銀(石見大森《いわみおおもり》・但馬生野《たじまいくの》・院内) 銅(足尾・別子《べっし》・阿仁《あに》) 鉄(出雲《いずも》・釜石《かまいし》)

1B 漁業

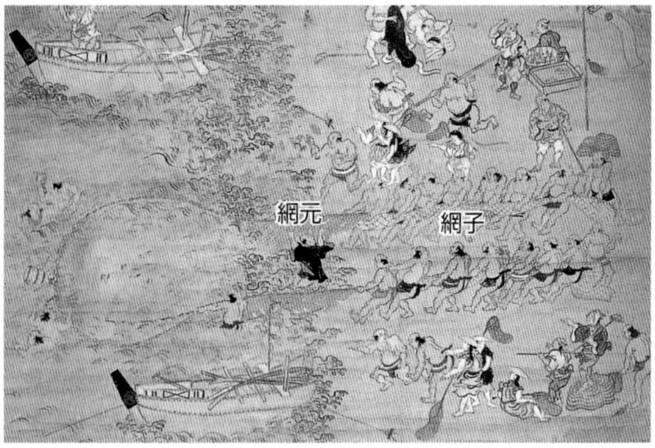

1-1 九十九里浜の大地引網 九十九里浜では戦国時代の頃より，紀州の漁師によって地引網が伝えられ，鰯《いわし》漁が盛んになった。とれた鰯は**干鰯**《ほしか》(肥料)として全国に販売され，商業的農業の進展を促した。

1C 鉱業

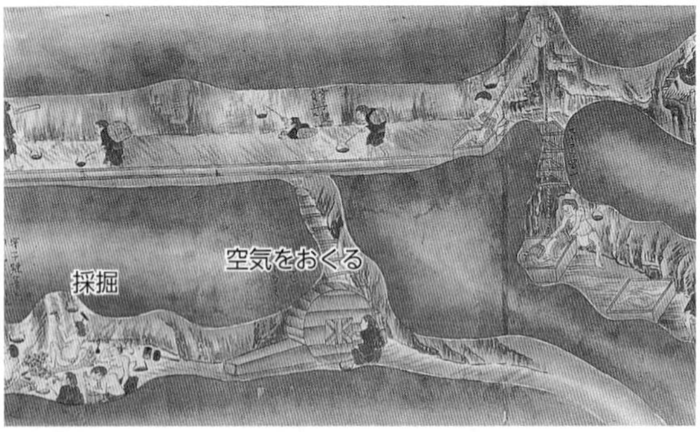

1-2「佐渡《さど》鉱山金銀採製全図」 佐渡には相川《あいかわ》・鶴子《つるし》など10カ所以上の金・銀山があったが，総称して佐渡金山とよんだ。産出額の全盛期は17世紀前半だった。東京大学大学院工学系研究科地球システム工学専攻蔵

1E 林業

1-4 木曽檜《きそひのき》の大木伐倒の図 木曽山では伐木《ばつぼく》の際，鋸《のこぎり》ではなく，斧《おの》が使われた。木曽檜《ひのき》や秋田杉は藩《はん》が直轄《ちょっかつ》支配し(木曽は尾張《おわり》藩支配下)，重要な産物であった。中部森林管理局蔵

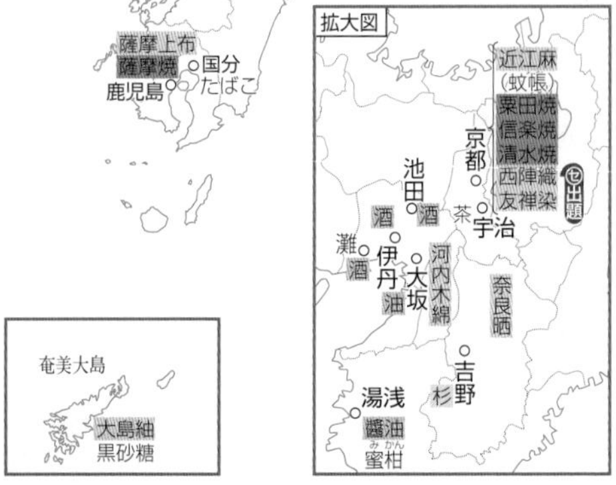

1D 酒造業

兵庫県立歴史博物館蔵

1-3 酒造りの図(摂津名所図会《せっつめいしょずえ》) 杜氏《とうじ》の指揮の下，十数人の蔵人《くらびと》が協業によって仕事を進めている。冬期の出稼《でかせぎ》農民に依存するマニュファクチュア的経営が行われていた。上方《かみがた》の酒は樽廻船《たるかいせん》によって江戸に運ばれ「下り酒」として市場を独占した。

1F 製塩業 セ出題

1-5 入浜式塩田《いりはまえんでん》 **入浜式**とは干満《かんまん》の差を利用して海水を塩田に導く方法である。毛細管現象によって塩田表面に上昇した海水を蒸発させ，その砂から濃い塩水をとり釜で煮つめる。従来の塩田に海水を汲《く》みあげる**揚浜式**《あげはま》に代わって主流となった。

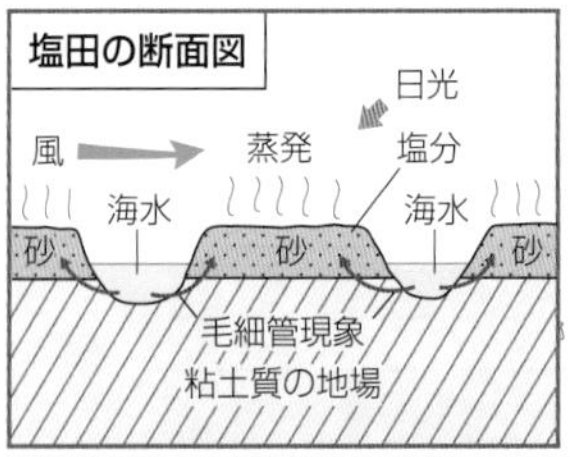

❶ロープで釜を吊《つる》す ❷鹹《かん》水(塩分を多量に含む水)を入れた釜 ❸薪で燃やす ❹塩分を含んだ砂を運び，鹹水をつくる 東京・国立国会図書館蔵

下《くだ》り荷《に》と地《じ》回り物

急速に発展した江戸の経済を支えたのは，京・大坂など上方から入ってくる商品＝下り荷と関東周辺から入ってくる地回り物であった。当初は高度な技術による品質の良い下り荷が地回り物を圧倒していたが，江戸中期になると関東周辺でも技術力・生産力が向上し，下り荷に劣らない高品質の商品を生産するようになった。代表的な例として，京都西陣《にしじん》の技術を導入した桐生《きりゅう》の絹織物や紀州の人たちが上方の製法を伝えたとされる銚子《ちょうし》や野田《のだ》の醤油《しょうゆ》づくりがある。関東醤油は，明治維新前後には完全に上方を圧倒するまでになった。セ出題

歴史ナビ **野田市郷土博物館**(千葉県野田市) 伝統的な醤油醸造学に関わる道具や資料を多数展示している。

考察の視点 陸上・水上の交通網の整備により経済面ではどのような発展がみられただろうか。 相互関連

交通の整備と発達

1 水上交通と陸上交通

水上交通	大量の物資を安価に運ぶのに適した。河川・湖上の舟運《しゅううん》と江戸や大坂などを結ぶ海運も整備された。
	河川整備…**角倉了以**《すみのくらりょうい》による鴨川・富士川整備など **舟運**…淀川・利根川，琵琶湖《びわこ》・霞ヶ浦《かすみがうら》など
	廻船《かいせん》…菱垣廻船《ひがきかいせん》，樽廻船《たるかいせん》 1-4・5 **海運**…東廻《ひがしまわ》り海運(航路)，西廻《にしまわ》り海運(航路) ⇒**河村瑞賢**《かわむらずいけん》が整備 1-3
陸上交通	江戸幕府が三都《さんと》を中心に各地の城下町《じょうかまち》をつなぐ街道を整備。飛脚《ひきゃく》による通信制度も発達した。
	五街道《ごかいどう》…東海道《とうかいどう》，中山道《なかせんどう》，甲州道中《こうしゅうどうちゅう》，日光《にっこう》道中，奥州《おうしゅう》道中 ⇒江戸の日本橋《にほんばし》を起点。幕府直轄の道中奉行《どうちゅうぶぎょう》が支配。
	脇街道《わきかいどう》**(脇往還**《わきおうかん》**)**…三国《みくに》街道・山陰《さんいん》道・長崎《ながさき》街道・北国《ほっこく》街道など ⇒五街道以外の主要街道。勘定奉行《かんじょうぶぎょう》が間接的に支配。

㊥出題
1-1 **北前船**《きたまえぶね》(復元模型)
蝦夷地《えぞち》・東北と大坂を結んだ。

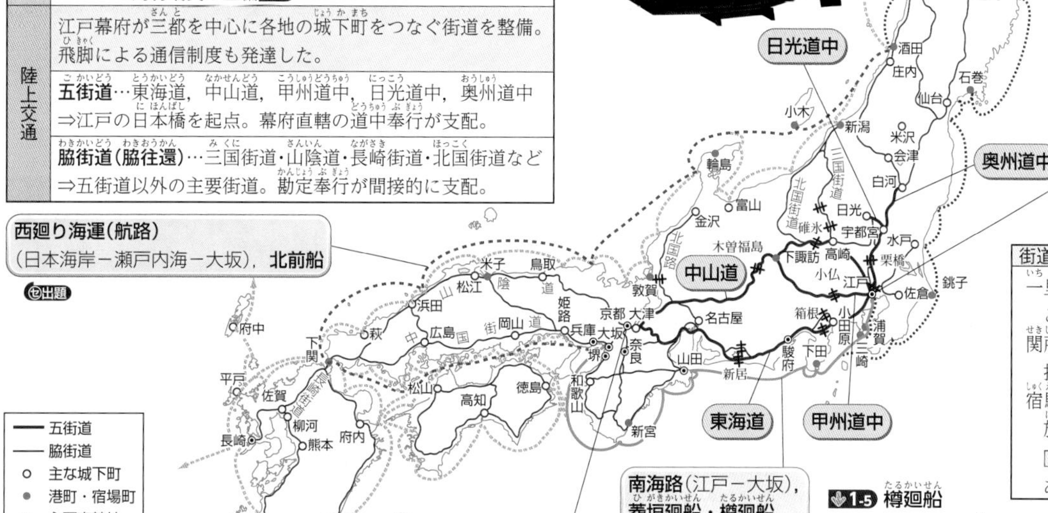

㊥出題
1-3 **河村瑞賢**《かわむらずいけん》(1618～99)
伊勢国の貧農に生まれ，13歳のとき江戸に出て材木商となり，明暦の大火で莫大《ばくだい》な利益を得る。幕命により東廻り・西廻り海運を整備。淀《よど》川治水のため安治《あじ》川を開く。

街道の諸施設

一里塚《いちりづか》…日本橋を起点に一里(約4km)ごとに設置。㊥出題
関所《せきしょ》 1-6 …人や物の出入りなど治安維持のために設置。
宿駅《しゅくえき》…宿泊施設(本陣《ほんじん》 1-7 ・脇《わき》本陣，旅籠屋《はたごや》)や問屋場《といやば》(宿役人《しゅくやくにん》が伝馬役《てんまやく》 P.194 の差配や継飛脚《つぎびきゃく》 1-8 の業務にあたった)などが設置された。

㊥出題
1-2 **角倉了以**《すみのくらりょうい》(1554～1614)
京都の豪商，朱印船《しゅいんせん》貿易に活躍。1606年大堰《おおい》川(保津《ほづ》川)を始め，富士川・鴨《かも》川・高瀬川などの河川開発に貢献

1-5 **樽廻船**《たるかいせん》
(復元模型)
東京・船の科学館蔵

1-6 **箱根**《はこね》**の関所**(復元)
解説 幕府直轄《ちょっかつ》の関所は全国で約50カ所あったが，中でも箱根・新居《あらい》・碓氷《うすい》・木曽《きそ》福島《ふくしま》の4関所は最重要関所とされた。関東の関所では，**「入鉄砲**《いりでっぽう》**に出女**《でおんな》**」**を厳しく取り締まった。庶民(男性)の関所手形は名主や寺社・家主などが発行した。

1-4 **菱垣廻船**《ひがきかいせん》 東京・物流博物館蔵

菱垣廻船《ひがきかいせん》	樽廻船《たるかいせん》 ㊥出題
17世紀はじめに成立し，主に日用品を輸送した。名前の由来は江戸十組問屋《えどとくみといや》 P.200 が専用船の証として，両舷《りょうげん》に菱形《ひしがた》の格子《こうし》(垣)を付けたことであるといわれる。	1730年に江戸十組問屋から酒店《しゅだな》組が独立し，酒樽専門輸送船として始まった。酒以外の荷物も低料金で迅速《じんそく》に輸送したため，しだいに菱垣廻船を圧倒していった。
南海路(大坂―江戸)を定期運行	

1A 東海道(53宿・品川―大津)と中山道《なかせんどう》(67宿・板橋―守山)

1-7 **本陣**《ほんじん》(東海道・関《せき》宿) 宿駅《しゅくえき》には，問屋場《といやば》のほかに，大名らが宿泊する**本陣・脇**《わき》**本陣**，一般旅行者のための**旅籠屋**《はたごや》などが設けられた。
東京国立博物館蔵

㊥出題
1-8 **継飛脚**《つぎびきゃく》 継飛脚は幕府公用のための飛脚で，江戸―京都間を70時間弱で走った(1763年)。ほかに大名が江戸と国元《くにもと》間においた大名飛脚，三都の商人が設けた町飛脚(三度《さんど》飛脚)がある。㊥出題
東京・郵政博物館蔵

商業・貨幣経済の発展

考察の視点 江戸時代の金貨と銀貨にはどのような違いがあっただろうか。 **比較**

1 江戸時代の流通機構

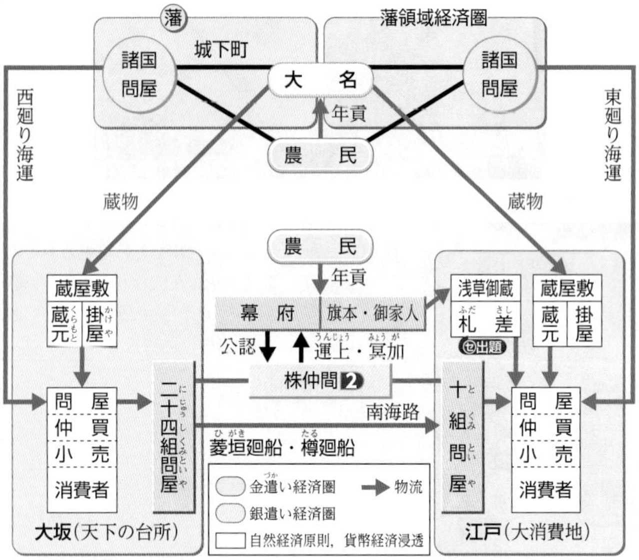

ⓢ出題 **江戸の十組問屋** 1694(元禄７)年，「十組問屋仲間」が結成した荷受問屋の仲間。
大坂の二十四組問屋 1694(元禄７)年，江戸の十組問屋仲間に対応して結成された荷積問屋の仲間。当初は10組であったが安永年間に24組に拡大。

解説 江戸時代の全国流通の中心は大坂であった。各藩は，年貢米など藩の産物を大坂で売却するために，大坂に倉庫を兼ねた蔵屋敷《くらやしき》をおいた。大坂の中之島《なかのしま》には各藩の蔵屋敷が軒《のき》を連《つら》ね，大坂は「天下の台所」ともよばれたP.203》。江戸にも幕府の御蔵《おくら》や東日本の藩の蔵屋敷がおかれたが，多くの物産は大坂を経由して全国流通した。また江戸は参勤交代する大名が藩邸をおき，多くの武士が集住したため，一大消費地であった。江戸への物産の輸送のために菱垣廻船《ひがきかいせん》などが就航し，独占的に江戸へ送荷する二十四組問屋や江戸でそれらを荷受けする十組問屋という株仲間も生まれた。

1-1 蔵屋敷《くらやしき》(摂津名所図会《せっつめいしょずえ》)

大坂では蔵屋敷が元禄《げんろく》期で97邸，天保《てんぽう》期で124邸あった。場面は中之島の蔵屋敷へ米を積みこんでいるところ。落ちこぼれた米を拾って生活している人たちもいた。

1-2 安治川河岸《あじかわかし》の賑《にぎ》わい(菱垣新綿番船《ひがきしんめんばんぶね》川口出帆之図) 新綿番船《しんめんばんぶね》は木綿を積んで江戸まで運ぶ競争。安治川河岸には，菱垣廻船や樽廻船の蔵が建ち並び，手前は伝馬船《てんません》や競争見物の船で賑わっている。右手の「切手場」で手形を受け取った伝馬船は安治川の河口で待つ右手上の菱垣廻船に向けてこぎ出すのである。安治川口は入船千艘《いりふねせんそう》・出船千艘《でふねせんそう》の賑わいを見せた。 大阪城天守閣蔵

2 株仲間の変遷

世紀	時期		内容
17世紀	(初期)	禁止	楽座政策の継承。全国的な商品流通の育成をはかる。
	(明暦《めいれき》～元禄《げんろく》)	結成	同業者同士の「内分《ないぶん》の仲間」を形成―幕府は黙認。商品流通統制のために利用
18世紀	(享保《きょうほう》の改革)	公認	1721・26年，株仲間を結成させる。奢侈《しゃし》品《ひん》禁止令の励行《れいこう》や物価引き下げを企図
	(田沼時代)	奨励	運上《うんじょう》・冥加《みょうが》の増徴，商品流通(在郷《ざいごう》商人の台頭)を統制
	(天保《てんぽう》の改革)	解散	1841年，株仲間解散令。流通活発化による物価引き下げをはかるが，失敗
19世紀	(嘉永《かえい》)	再興	1851年，株仲間再興令。在郷商人を加え，仲間の枠を拡大させ，商品流通を統制
	(明治《めいじ》)	解散	1872年，封建的諸制度の撤廃

2-1 株札(鑑札)

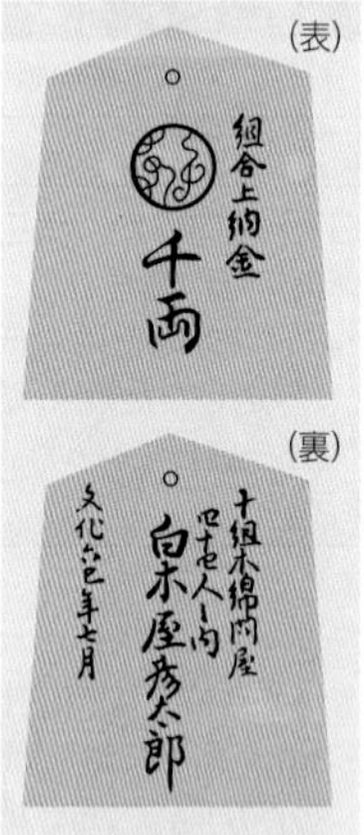

(『日本財政経済史料』第３巻)

解説 幕府は営業権・独占権を保障した**株仲間**を公認し，**運上《うんじょう》・冥加《みょうが》**を徴収した。株仲間の構成員数は限定され，仲間帳に記載され，**株札《かぶふだ》**(鑑札)を与えられた。上の例では，十組木綿問屋の構成員は44人と定められており(裏面)，その仲間で当初幕府に1,000両の冥加金を納めたことになる。新規の加入は困難で，売買・譲渡などによって株を取得し，一定の手続を経てようやく加入が認められた。

運上 幕府や藩が営業従事者に納付させた租税にあたるもの。
冥加 営業従事者が特権に対して上納する献金。

3 三井越後屋の新商法

3-1 越後屋《えちごや》の店内
三井高利《みついたかとし》は1673(延宝《えんぽう》元)年，江戸本町に越後屋呉服店を開業し，1683(天和《てんな》３)年には両替商も始めた。その後，京都・江戸・大坂に14店舗を構えるまでに成長し，1832(天保《てんぽう》３)年に江戸日本橋に本店を構えた。越後屋による新しい商法は大きな利益を上げ，最大年間売り上げ23万両を超える呉服店に成長した(松江藩の収入18.6万石＝10万5,697両の約２倍)。 東京・三越資料室蔵

読み解く 越後屋の商法は従来の商法と大きく異なる点が多数あった。下にあげた従来の商法を参考にしながら，どのような点が新しくなったのか3-1の絵から見つけ出そう。 **比較**

従来の商法
・**屋敷売り**…風呂敷包みで各家をまわる
・**見世物商い**…受注後，商品を持参する
・**掛売**…利子をつけていたので割高
・**顧客層**…大名，旗本，大商人など

3-2 看板
東京・三井文庫蔵

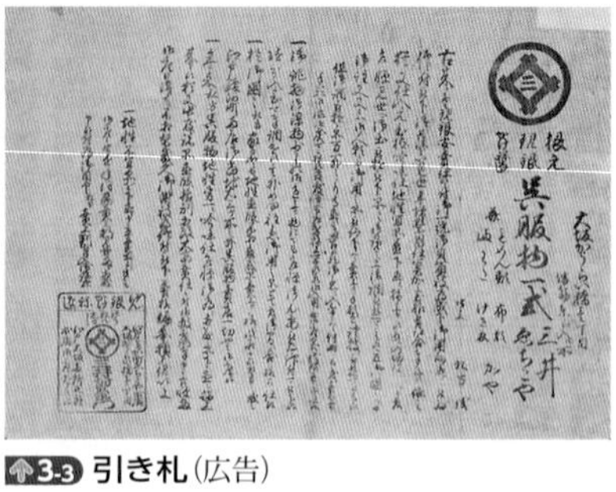

3-3 引き札(広告)
東京・アド・ミュージアム東京蔵

4 貨幣制度

寸法は縦寸

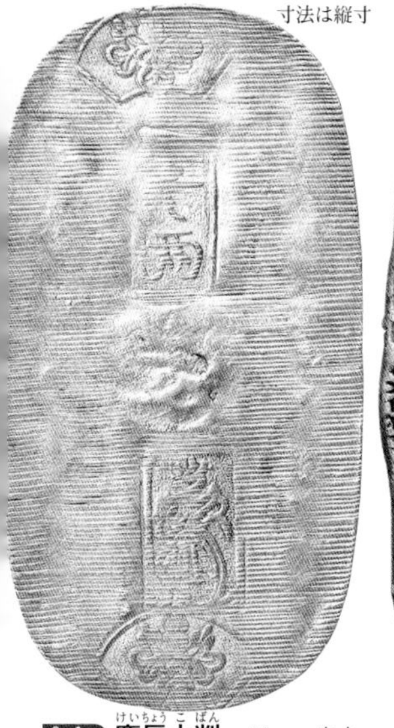

4-1 慶長小判《けいちょうこばん》 71mm・実寸

4-2 元禄大判《げんろくおおばん》
153mm・実寸

4-3 丁銀《ちょうぎん》
92mm・実寸

4-4 豆板銀《まめいたぎん》
14mm・実寸

出題

4-7 寛永通宝《かんえいつうほう》
径24mm・実寸

4-5 一分銀《いちぶぎん》 25mm・実寸

4-6 一朱銀《いっしゅぎん》
15mm・実寸

解説 江戸時代の貨幣は金・銀・銭の**三貨《さんか》**を基本とした。金貨の**大判**は10両の表示貨幣であるが，実際には８両前後で通用し儀礼《ぎれい》用に用いられた。**小判**は１両の表示貨幣。銀貨は**秤量貨幣《しょうりょう》**(目方を量って使う貨幣)で，**丁銀**は42～43匁，**豆板銀**は重量調整のために用いられた。また，のちには**一朱銀・一分銀**などの計数銀貨も鋳造された。銭貨《せんか》は1636(寛永13)年発行されて以来**寛永通宝**が中心であった。また，江戸中期以降，幕府の許可を得て自領内だけで通用する**藩札**を発行する藩も多かった。

共出題

4A 三貨制度

＜1609(慶長14)年の交換率＞
金　貨　１両(小判１枚)＝４分＝16朱
銀１貫＝1,000匁《もんめ》(秤量貨幣)
銭１貫＝1,000文
三　貨　金１両＝銀50匁＝銭《ぜに》４貫文
＜江戸中期(18世紀)以降＞
三　貨　金１両＝銀60匁＝銭４貫文

＊実際には時々の相場により，銭も１両が４～10貫文と変動した。

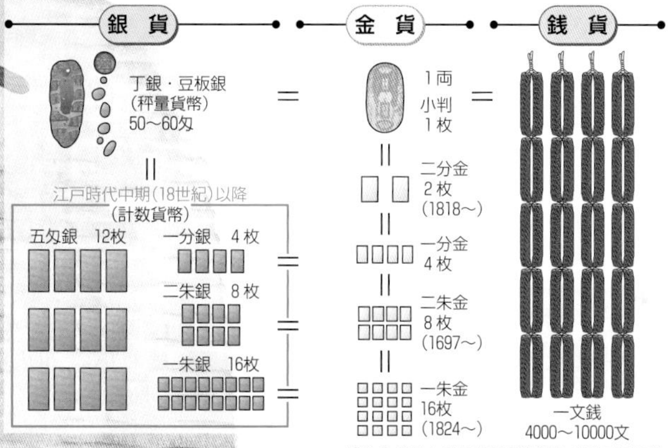

(『日本銀行金融研究所貨幣博物館展示図録』)

＊１両の値打ちを米価で換算すると，米１石＝約150kg，元禄頃の米価１石＝１両，現在の米価５kg=1,973円(2015年「小売物価統計調査年報」単一原料米〔コシヒカリ以外〕精米５kg東京都区部平均価格)で計算すると，**１両=59,190円**

4-8 越前福井藩札《えちぜんふくいはんさつ》
155mm・実寸

5 両替商

解説 東日本では金貨，西日本では銀貨が主に流通し，東日本では「金遣い」，西日本では「銀遣い」といわれた。交換比率はその折々の相場によって変動したので，金貨・銀貨・銭貨の両替を商売とする両替商が生まれた。両替商は，やがて預金の受入れ，大名・商人などへの貸付け，手形の発行，為替《かわせ》の取組みなどの業務を営む金融業者へ発展するようになった。

5-1 **両替商の店頭**(元禄版塵劫記大全　口絵より)　東京・日本銀行金融研究所貨幣博物館蔵

5-2 **両替商の天秤・分銅**　銀貨は，重さが価値を表わす秤量《しょうりょう》貨幣であったことから，天秤と分銅を用いて目方をはかった。
東京・日本銀行金融研究所貨幣博物館蔵

江戸

鎌倉時代の「吾妻鏡《あづまかがみ》」に江戸氏が見えるのが「江戸」の名称の最初である。16世紀に太田道灌《おおたどうかん》が江戸城を建設し，江戸湊は発展し始めた。後北条氏がその後支配したが，1590(天正18)年徳川家康が江戸入りしてから都市化が始まった。1657(明暦３)年の明暦の大火以前は，隅田川と江戸城の外堀に区切られた地域で，浅草や品川は江戸の域外であった。その後18世紀になるとほぼ左の地図の地域に拡大し，町方の人口でも50万人を超える巨大都市となった。しかし江戸の約70%は武家地(その半分は大名屋敷)で，町人地は16%に過ぎなかった(残りの14%は寺社地)。

1 19世紀初めの江戸

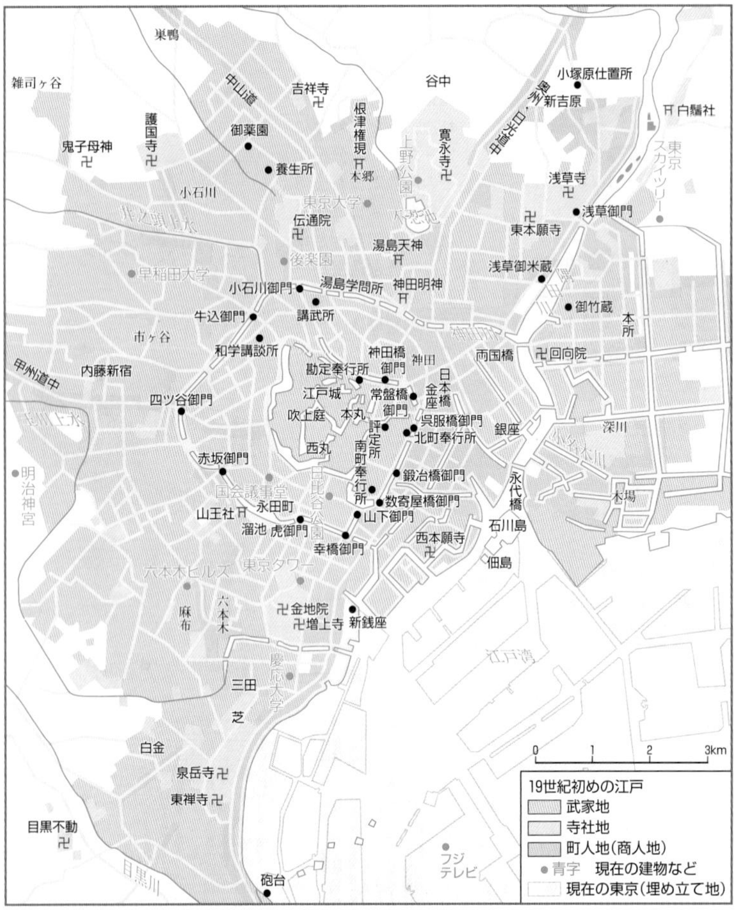

2 17世紀前半の江戸

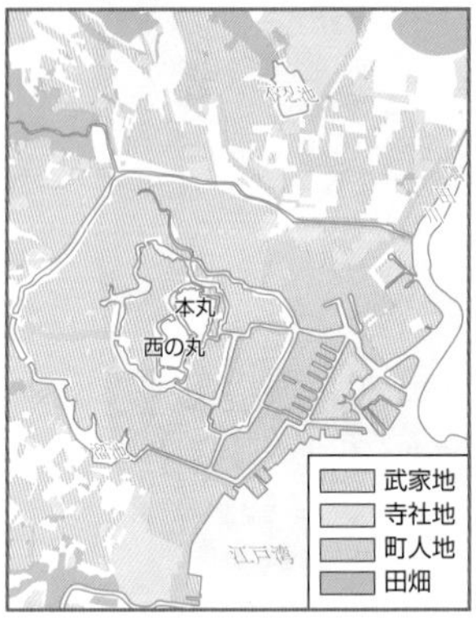

2A 明暦の大火焼失地域(推定)

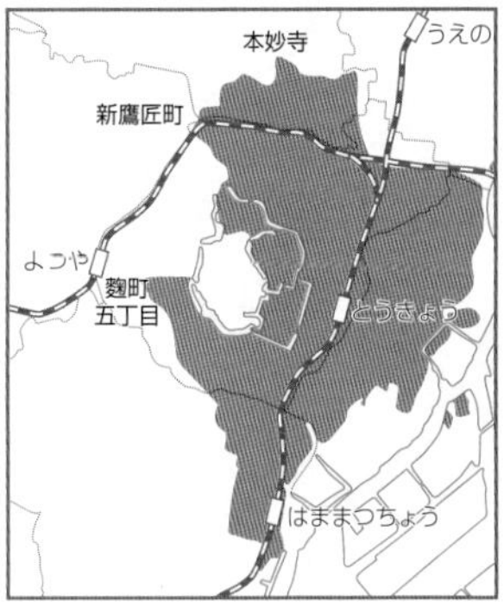

(『図表でみる江戸・東京の世界』)

1-2 **棟割長屋《むねわりながや》**(復元模型)　長屋にはいろいろあるが，「九尺《しゃく》二間《けん》の裏長屋」が多かった。間口《まぐち》が9尺(約2.7m)奥行2間(約3.9m)で3坪《つぼ》ほどの広さであった。こうした狭い長屋に家族3～4人で住んでいた。P.194　江戸東京博物館蔵

1-1 **日本橋界隈の賑わい**(歌川広重筆「東都名所　日本橋真景并二魚市全図」)
江戸東京博物館蔵

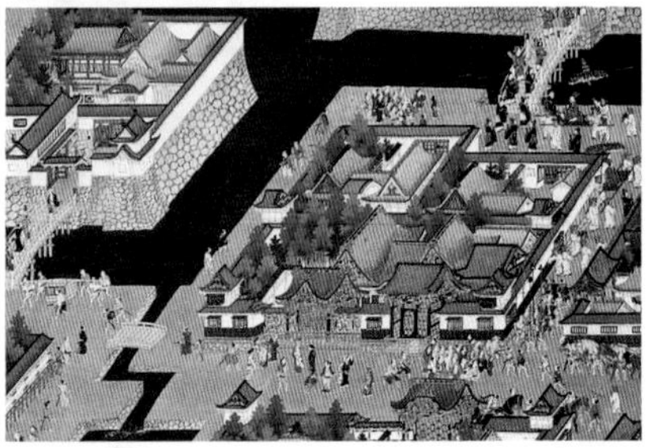

1-3 **大名屋敷**(江戸図屏風)
千葉・国立歴史民俗博物館蔵

3 江戸町人の人口構成(町奉行所管轄内)

1721(享保６)年11月

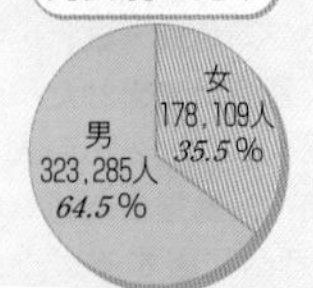

総計◆501,394人

読み解く
なぜ江戸町人は，女性より男性の割合が多いのだろうか。　相互関連

1832(天保３)年４月

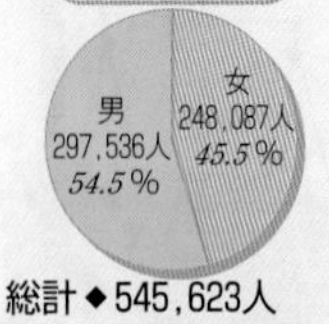

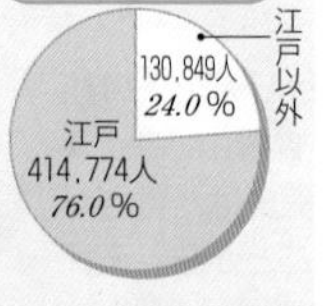

総計◆545,623人

(『図表でみる江戸・東京の世界』)

4 江戸のくらし

4A 江戸における１年の家計費

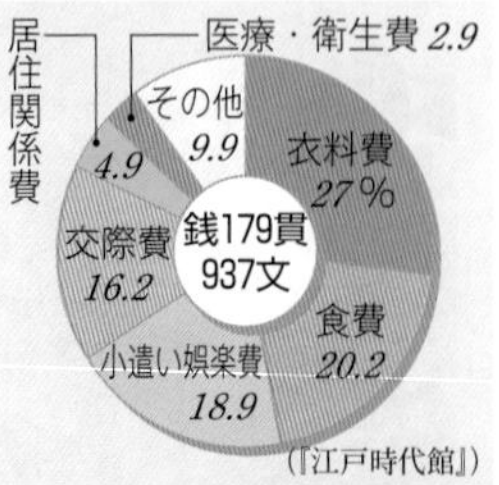

(『江戸時代館』)

解説 4Aは参勤交代によって江戸に来た紀州藩士の年間総支出である(金に換算すると約28両)。4Bは文政年間の大工の家計費(金に換算すると約25両)。

4B ある大工の年間収支

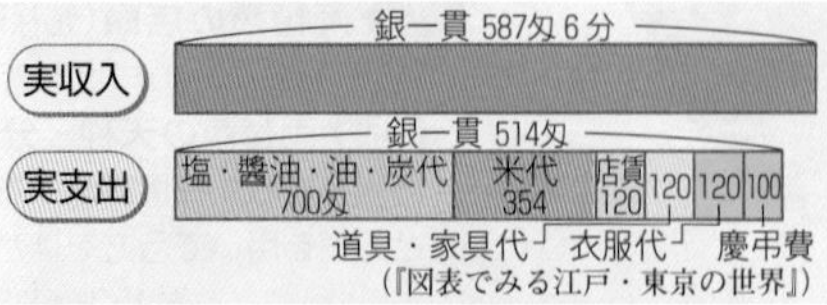

(『図表でみる江戸・東京の世界』)

4C 江戸の上水道　18世紀初

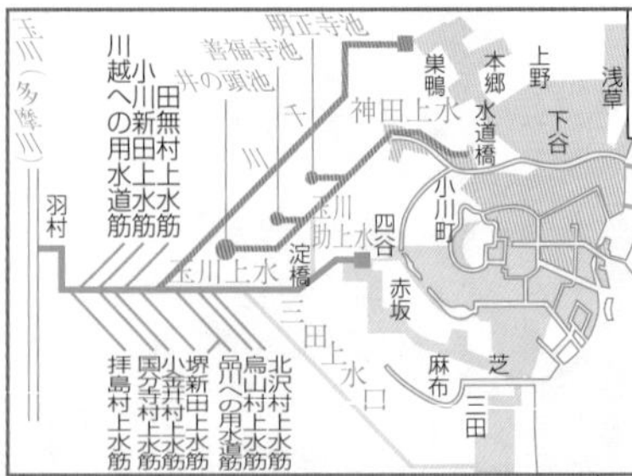

解説 江戸の下町は埋め立て地であったため，井戸を掘っても飲用水には適さなかった。そこで，幕府は神田上水を引き，さらに1653年に玉川上水の工事に着手した。四谷大木戸《よつやおおきど》からは地中を通し，江戸市中に水を引いた。「水道の水で産湯《うぶゆ》を使い」が江戸っ子の自慢でもあった。

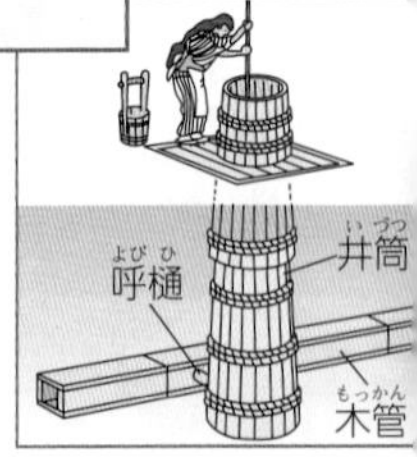

大坂・京都

1 大坂

1Ⓐ 天下の台所

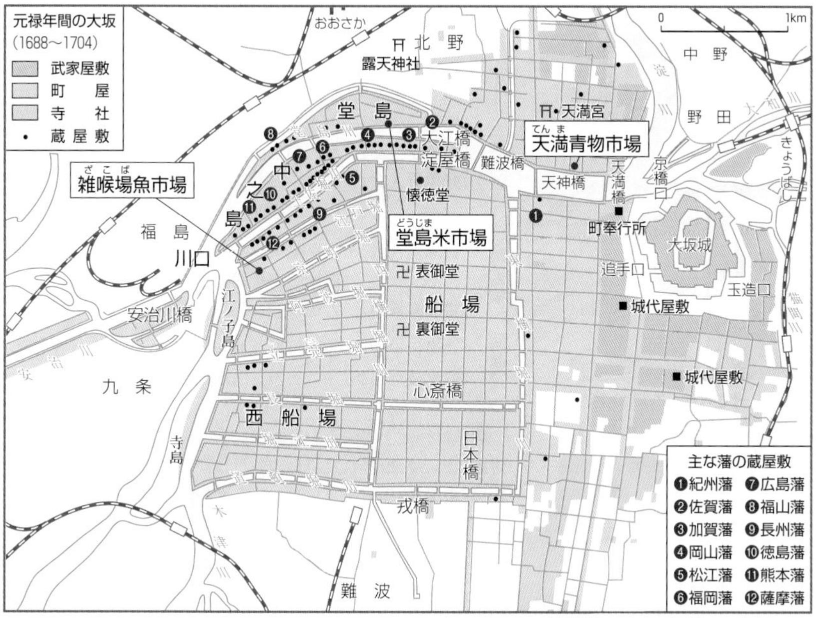

近世の大坂は，石山本願寺《いしやまほんがんじ》跡に豊臣秀吉が大坂城を築城したことに始まる。大坂夏の陣で灰燼《かいじん》に帰《き》したが，堺の商人の移住などによって復興し，河川の整備，諸藩の蔵屋敷の設置などもあって，「天下の台所」として全国流通の中心となった。17世紀初頭には20万人だった人口も18世紀初頭には40万人となり，元禄文化の中心ともなった。

1-1 雑喉場《ざこば》の魚市場

1-2 天満《てんま》の青物市場

解説 雑喉場《ざこば》市場は，17世紀後半頃より魚市場を形成し，大坂全市の需要のみならず，地方にも商圏を拡大し西日本最大の生魚市場となった。天満《てんま》青物市場は，16世紀に石山本願寺の門前市として近在の農家が野菜を売ったのが始まり。**雑喉場魚市場・天満青物市場・堂島《どうじま》米市場**は商都大坂の三大市場として発展を遂げた。

国立国会図書館蔵

1Ⓑ 元禄文化の中心

1-3 **懐徳堂《かいとくどう》**(復元模型) 1724年に大坂の豪商によって創設された。富永仲基《とみながなかもと》，山片蟠桃《やまがたばんとう》が出た。P.213 懐徳堂記念会蔵

1-4 **露天《つゆのてん》神社** 近松門左衛門《ちかまつもんざえもん》の『曽根崎心中《そねざきしんじゅう》』でお初と徳兵衛が心中した。P.204

2 京都

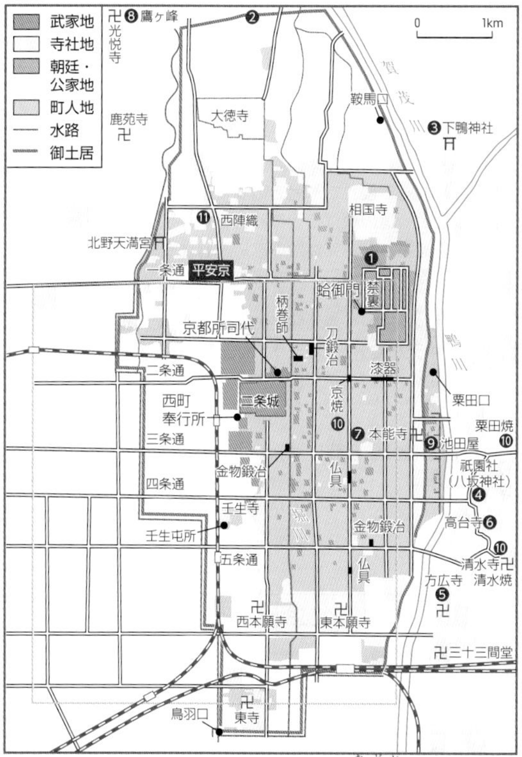

❶**京都御所** 御所周辺には宮家や公家の屋敷が集められ，公家町が形成された。

❷**御土居《おどい》** 豊臣秀吉は，1591(天正19)年，外敵の侵入と鴨川の氾濫に備え御土居を築き，京都の都市改造に着手した。御土居の内側を洛中，外側を洛外とよび，要所には鞍馬口・粟田口などの出入口を設けた。

❸**下鴨神社** ❹**祇園社**(八坂神社) ❺**方広寺鐘銘事件**P.182 ❻**高台寺蒔絵**P.180 ❼**本能寺の変**P.173 ❽**鷹ヶ峰**P.192 本阿弥光悦の芸術村 ❾**池田屋事件**P.234 ❿**京焼** 尾形乾山《けんざん》が日常雑器をつくって売り出して以降発展。幕末には粟田焼・清水焼など32の窯《かま》があった。 ⓫**西陣織** 17世紀末の京都には将軍家御《ご》用達《ようたし》の呉服所7軒，大名御用達呉服所が167軒あった。

扇屋

経師屋《きょうじや》 眼鏡をかけた店主が巻物を広げている。経師屋とは書画や屏風・襖などを表装《ひょうそう》する職人。

弓師《ゆみし》 弓矢の製作・修理屋。片肌を脱いだ男が弓の反り具合を点検している。

さまざまな人の姿 ①身分が高い武士を乗せた駕籠《かご》とその従者。②儒学者とその弟子。

仕立《したて》 反物から着物などに仕上げていくようす。

機織《はたおり》屋・繍屋 左は機織屋。右は「繍屋」で，刺繍《ししゅう》をする店。

2-1 **洛中洛外図巻**(住吉具慶筆) この絵巻物は，現実の京都の町の姿というわけではなく，作者が京都のようすを思い描いたものであるが，17世紀中頃の京の町の雰囲気，貴族・武家・庶民のようす，町屋と商人や職人の活動風景，郊外の農家のようすなどを良く伝えている。 東京国立博物館蔵

2-2 二条城

京都は，秀吉の大改造を受けて近世の街並みが整備された。家康によって京都における幕府の拠点として築かれた二条城は，幕府の朝廷統制のシンボルであった。中世以来の手工業が栄え，西陣織や京焼などが有名であった。江戸時代中期からは観光都市としても発展し，全国から多くの人びとが訪れ，名所記や案内記が出版された。

考察の視点 この時代に上方の町人文化が栄えたのはなぜだろうか。 **相互関連**

時期　17世紀末～18世紀初期
元禄《げんろく》時代，５代将軍綱吉の時代中心
❶上方《かみがた》(京都・大坂)中心
❷武士と上方豪商が担い手
❸現実主義・合理主義(儒学《じゅがく》・古典・学問研究)
❹自由な人間性の追求(町人文芸)
❺洗練された美(桃山《ももやま》文化・寛永《かんえい》期の文化継承)

文学	俳諧《はいかい》	松尾芭蕉《まつおばしょう》
	小説	井原西鶴《いはらさいかく》
	脚本	近松門左衛門《ちかまつもんざえもん》 セ出題
芸能	歌舞伎《かぶき》	市川団十郎《いちかわだんじゅうろう》…荒事《あらごと》の名優。江戸で活躍
		坂田藤十郎《さかたとうじゅうろう》…和事《わごと》の名優。大坂で活躍
		芳沢《よしざわ》あやめ…女形《おやま》の名優
	浄瑠璃《じょうるり》	竹本義太夫《たけもとぎだゆう》…語り手(義太夫節《ぶし》)

2 歌舞伎

解説 歌舞伎は出雲《いずもの》お国(阿国《おくに》)が17世紀初めに京都で始めたとされる。「かぶき」とは，異様な振る舞いや風俗という意味の「傾《かぶ》く」の名詞形。**女《おんな》歌舞伎→若衆《わかしゅ》歌舞伎→野《や》郎《ろう》歌舞伎**と変遷して，今日まで，男性のみが演じている。舞踏中心から次第に演劇中心となり，劇場演劇に発展。

2-1 『暫《しばらく》』　提供：松竹株式会社，(公社)日本俳優協会

2-2 **女《おんな》歌舞伎**　女歌舞伎は出雲お国 P.180 のかぶき踊りから生まれ，舞踊を主とする歌舞伎であった。多くは遊女による踊りであったため，風俗を乱すという理由で1629(寛永６)年に禁止され，以後，若衆が女役を演じるようになった。

部分 静岡・MOA美術館蔵

2-3 **若衆《わかしゅ》歌舞伎**　女歌舞伎が禁止されると，若衆歌舞伎が全盛となり，前髪を豊かにたくわえ，華美な服装をした元服前の少年たちの踊りが主体となった。これも，風俗を乱すとして，1652(承応元)年に禁止された。

部分 東京・(公財)出光美術館蔵

2-4 **野郎《やろう》歌舞伎**　初代市《いち》川団十郎《かわだんじゅうろう》の演じる竹抜き五郎。若衆歌舞伎禁止後，役者は前髪を切った「野郎頭」で演じることとなった。以後，女形も登場し，演技中心に発展して今日まで続いている。

東京国立博物館蔵

1 元禄文学

1-1 井原西鶴（1642～93）

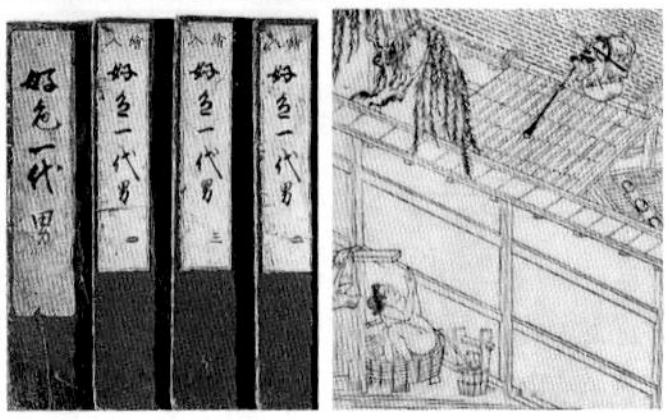

1-2 『好色一代男』　早稲田大学図書館蔵

大坂町人の子で，初め俳諧《はいかい》を学ぶが，のちに**浮世草子**作家となり，散文による近世小説を確立した。人間の物欲や愛欲を肯定的にとらえ，近世町人のありのままの姿を描き出している。 セ出題

好色物	**『好色一代男《こうしょくいちだいおとこ》』**…主人公世之介《よのすけ》の遊興《ゆうきょう》に満ちた生涯を描き，町人の生活感情を表現	
	『好色一代女』	
	『好色五人女』…八百屋《やおや》お七《しち》など実話をもとに，５人の女の恋愛を描く	
町人物	**『日本永代蔵《にっぽんえいたいぐら》』** セ出題…富を追求する町人の姿を描く。三井八郎《みついはちろう》右衛門《えもん》が新商法で成功した話は有名	
	『世間胸算用《せけんむねさんよう》』…大晦日《おおみそか》の借金取立てにあえぐ中下層町人の悲喜劇	
武家物	『武道伝来記《ぶどうでんらいき》』『武家義理《ぎり》物語』…仇討《あだうち》などを題材に，町人とは違う武士の生活倫理を描く	

1-3 松尾芭蕉（1644～94）　奈良・天理大学附属天理図書館蔵

芭蕉《ばしょう》は伊賀上野《いがうえの》の人。遊戯《ゆうぎ》的なものに堕《だ》した貞門《ていもん》・**談林風《だんりんふう》俳諧**にあきたらず「さび」「しおり」「軽み」などであらわされる**蕉風《しょうふう》(正風)俳諧**を確立した。旅を愛し，旅の中に人生を探求し，旅の中から味わいの深い作品を数多く残している。

紀行文	❶『野ざらし紀行』❷**『笈《おい》の小文《こぶみ》』**❸『更科《さらしな》紀行』
	❹**『奥の細道』**…1689(元禄２)年春，門人曽良《そら》を伴い，東北・北陸の旅に出て美濃大垣に至る
俳諧七部集	門人の撰《せん》
	『冬の日』『春の日』『曠野《あらの》』『ひさご』『炭俵《すみだわら》』**『猿蓑《さるみの》』**『続猿蓑』
	「さび」…句全体から感じられる閑寂《かんじゃく》な趣《おもむき》
	「しおり」…人間や自然によせる思いがおのずから句にあらわれる風情《ふぜい》

1-4 近松門左衛門（1653～1724）　兵庫・(公財)柿衛文庫蔵

1-5 人形浄瑠璃　国立劇場提供

浄瑠璃の語り手，義太夫節《ぎだゆうぶし》の開祖《かいそ》である**竹本義太夫**と組み，大坂の竹本座で優れた舞台を数多く生み出した。近松の作品は，義理と人情の板ばさみに苦悩し，最後には死をもってしか自らの誠実さを示すほかのない，封建社会に生きる人間の姿を描いて，多くの町人たちの共感をよんだ。

世話物	**『曽根崎心中《そねざきしんじゅう》』**…醤油《しょうゆ》屋手代《てだい》徳兵衛と遊女《ゆうじょ》お初《はつ》の心中を脚色
	『心中天網島《しんじゅうてんのあみじま》』…大坂天満《てんま》の紙屋治兵衛と遊女小春の心中
	『冥途《めいど》の飛脚《ひきゃく》』…飛脚問屋の息子忠兵衛と遊女梅川との恋愛悲劇
時代物	**『国性《こくせん》(姓)爺合戦《やかっせん》』** セ出題…日本人の母をもつ明《ミン》の遺臣**鄭成功《いしんていせいこう》**(国性爺)が明朝再興《さいこう》のために奮戦した史実を脚色

3 俳諧・演劇の系譜

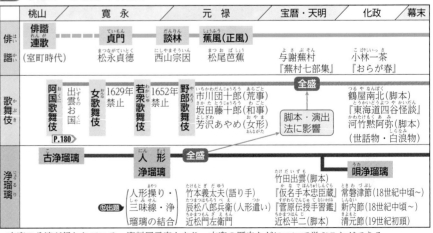

	桃山	寛永	元禄	宝暦・天明	化政	幕末
俳《はい》諧《かい》	**俳諧連歌《れんが》**(室町時代)	**貞門《ていもん》** 松永貞徳《まつながていとく》	**談林《だんりん》** 西山宗因《にしやまそういん》 / **蕉風《しょうふう》(正風)** 松尾芭蕉《まつおばしょう》	与謝蕪村《よさぶそん》『蕪村七部集』	小林一茶《こばやしいっさ》『おらが春』	
歌舞伎《かぶき》	**阿国《おくに》歌舞伎** 出雲《いずもの》お国《くに》 P.180	**女《おんな》歌舞伎** 1629年禁止 / **若衆《わかしゅ》歌舞伎** 1652年禁止	**野郎《やろう》歌舞伎** 市川団十郎《いちかわだんじゅうろう》(荒事《あらごと》) 坂田藤十郎《さかたとうじゅうろう》(和事《わごと》) 芳沢《よしざわ》あやめ(女形《おやま》《おんながた》)	全盛 脚本・演出法に影響	鶴屋南北《つるやなんぼく》(脚本)『東海道四谷怪談《とうかいどうよつやかいだん》』 河竹黙阿弥《かわたけもくあみ》(脚本)(世話物・白浪《しらなみ》物)	
浄瑠璃《じょうるり》	**古《こ》浄瑠璃**	**人形《にんぎょう》浄瑠璃** (人形操《あやつ》り・三味線《しゃみせん》・浄瑠璃の結合) セ出題	全盛 竹本義太夫《たけもとぎだゆう》(語り手) 辰松八郎兵衛《たつまつはちろうべえ》(人形遣《つか》い) 近松門左衛門《ちかまつもんざえもん》	竹田出雲《たけだいずも》(脚本)『仮名手本忠臣蔵《かなでほんちゅうしんぐら》』『菅原伝授手習鑑《すがわらでんじゅてならいかがみ》』 近松半二《ちかまつはんじ》(脚本)	**唄《うた》浄瑠璃** 常磐津節《ときわづぶし》(18世紀中頃～) 新内《しんない》節(18世紀中頃～) 清元《きよもと》節(19世紀初頭)	

歴史ナビ　**国立文楽劇場**(大阪市中央区)　主に人形浄瑠璃・文楽の公演が行われている。資料展示室もあり，文楽の歴史などについて学ぶことができる。

考察の視点 朱子学が幕府や藩に重んじられたのはなぜだろうか。

相互関連

1 儒学者の系統

＊寛政の三博士(岡田寒泉のあと古賀精里)

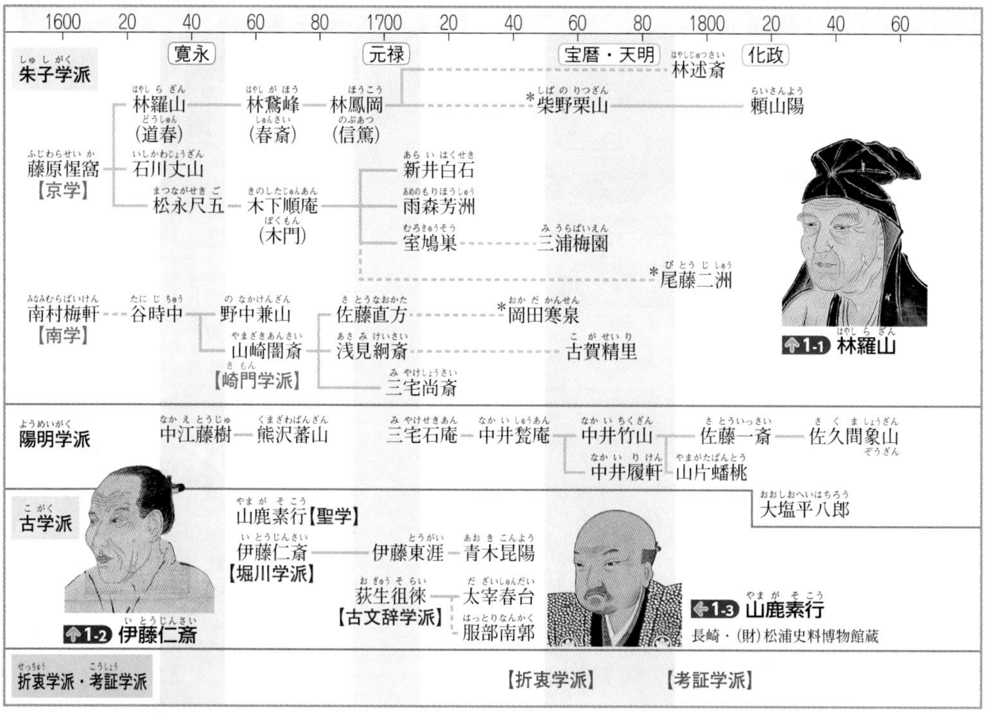

1-1 林羅山《はやしらざん》

1-2 伊藤仁斎《いとうじんさい》

1-3 山鹿素行《やまがそこう》
長崎・(財)松浦史料博物館蔵

1A 儒学と主な学派

解説 孔子《こうし》・孟子《もうし》の教えである儒教の教説や儒教に関する古典などをもとに研究する教学。鎌倉時代に朱子学《しゅし》が伝来し，江戸時代に陽明学《ようめい》が伝わり，古学などがおこった。

朱子学派《しゅしがく》 1B	12世紀に南宋の朱熹《しゅき》が大成した。**大義名分論**《たいぎめいぶん》を基礎に身分秩序を重視した。鎌倉時代に伝来し，五山僧に普及した。封建社会を維持するための教学として幕府や藩に重んじられた
陽明学派《ようめいがく》 1C	明《ミン》の**王陽明**《おうようめい》が創始した。**知行合一**《ちこうごういつ》を説き，実践を重視して朱子学を批判した。日本には江戸時代に伝わり，時世に対する批判傾向が強いため，幕府から警戒された
古学派《こがく》 1D	朱子学・陽明学などは解釈であるとして批判し，**孔子・孟子の原典**から直接教えを理解しようとする学派
折衷学派《せっちゅう》	朱子学，陽明学，古学など特定の学派にとらわれず，諸説の長所をとって調和していく立場
考証学派《こうしょう》	古典の解釈を，文献における証拠に基づいて実証的に行おうとする立場。折衷学派の学者の間からおこった

1B 朱子学派

藤原惺窩《ふじわらせいか》(1561～1619)	京都相国寺《しょうこくじ》の禅僧。近世朱子学・京学の祖《そ》	京学
林羅山《はやしらざん》**(道春**《どうしゅん》**)**(1583～1657) セ出題	藤原惺窩に学び，家康～家綱4代の侍講《じこう》。林家《りんけ》の祖。上野忍ヶ岡に家塾を開く	
林鵞峰《はやしがほう》**(春斎**《しゅんさい》**)**(1618～80)	父羅山とともに『**本朝通鑑**《ほんちょうつがん》』を編集	
林鳳岡《はやしほうこう》**(信篤**《のぶあつ》**)**(1644～1732)	家綱～吉宗5代に仕える。綱吉の時，聖堂学問所の初代大学頭《だいがくのかみ》となる	
木下順庵《きのしたじゅんあん》(1621～98)	前田綱紀《つなのり》，徳川綱吉の侍講。木門《ぼくもん》派を形成	
新井白石《あらいはくせき》(1657～1725)	家宣《いえのぶ》・家継《いえつぐ》に仕え，朱子学の理想を政治で実現させようとした。『**読史余論**《とくしよろん》』『**古史通**《こしつう》』『**折《おり》たく柴《しば》の記《き》**』『**藩翰譜**《はんかんふ》』などを著す	
室鳩巣《むろきゅうそう》(1658～1734)	吉宗に仕える。『**駿台雑話**《すんだいざつわ》』『**六諭衍義大意**《りくゆえんぎたいい》』を著す	

谷時中《たにじちゅう》(1598～1649)	土佐におこった南学の実質上の祖	南学
野中兼山《のなかけんざん》(1615～63)	土佐藩の家老。南学による藩政改革を推進(新田開発・殖産興業《しょくさんこうぎょう》など)	
山崎闇斎《やまざきあんさい》(1618～82)	儒教と神道《しんとう》を習合させた垂加《すいか》神道を説く。京都に塾を開き崎門《きもん》学派形成	

1C 陽明学派

1-4 **中江藤樹**《なかえとうじゅ》
(1608～48)
滋賀・(公財)藤樹書院蔵

滋賀県高島市教育委員会蔵

近江国《おうみ》(滋賀県)出身。日本陽明学《ようめい》の祖。藤樹書院を開き，近江聖人と称《たた》えられた。

1-5 **藤樹書院**《とうじゅしょいん》(滋賀県) 門人の教育拠点とした。

熊沢蕃山《くまざわばんざん》**(了介**《りょうかい》**)**(1619～91)	岡山藩主池田光政《いけだみつまさ》の藩政改革に貢献《こうけん》。『**大学或問**《だいがくわくもん》』で，幕政を批判したとして，下総古河《しもうさこが》に幽閉《ゆうへい》

1D 古学派

山鹿素行《やまがそこう》(1622～85)	朱子学《しゅし》を批判し，古代の聖賢《せいけん》にかえることを主張した『**聖教要録**《せいきょうようろく》』を刊行したため，赤穂《あこう》に流された。兵学にも優れる	聖学
伊藤仁斎《いとうじんさい》(1627～1705) **伊藤東涯**《いとうとうがい》(1670～1736)	『論語《ろんご》』『孟子《もうし》』などの原典に直接学ぶ古義《こぎ》学を唱える。古義堂(堀川塾)を創設	堀川学派(古義学派)
荻生徂徠《おぎゅうそらい》(1666～1728) 	古語(古文辞《こぶんじ》)本来の意味をさぐって原典を解釈することを主張。吉宗の諮問《しもん》に答え，『**政**《せい》**談**《だん》』を著す 1-6 **蘐園の額**《けんえん》 徂徠は江戸茅場《かやば》町に蘐園塾を開いた。(蘐＝茅《かや》の意)	古文辞学派(蘐園学派)
太宰春台《だざいしゅんだい》(1680～1747)	徂徠の経世論《けいせいろん》を発展させる。『**経済録**』『**経済録拾遺**《しゅうい》』を著す	

1E 儒学者の主な活躍地

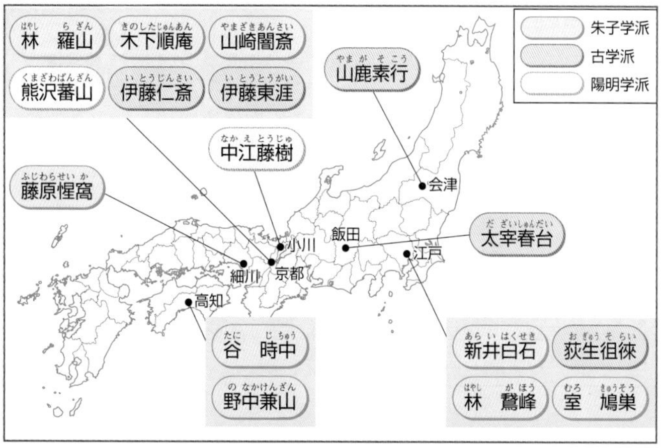

歴史ナビ **湯島聖堂**(東京都文京区) 建物は関東大震災で焼失したが，1935年に寛政期の旧制を模して，鉄筋コンクリートで再建された。

考察の視点 この時代にどのような分野の自然科学の学問が発展したのだろうか。 推移

1 諸学問の発達

1A 歴史学・国学

歴史学	林家《りんけ》	『本朝通鑑《ほんちょうつがん》』…林羅山《はやしらざん》・鵞峰《がほう》父子が幕命により編集。神武《じんむ》～後陽成《ごようぜい》天皇までの漢文編年《へんねん》体《たい》通史。310巻。儒教的合理主義
	水戸藩《みと》	『大日本史《だいにほんし》』…徳川光圀《みつくに》が始め，1906(明治39)年に完成。神武《じんむ》～後小松《ごこまつ》天皇までを紀《き》伝体《でんたい》で編纂《へんさん》。朱子学《しゅしがく》の大義名分論に基づく。史実考証に優れ，水戸学の基礎を築く
	山鹿素行《やまがそこう》(1622～85)	『中朝事実《ちゅうちょうじじつ》』…中国崇拝を廃し，日本の風土・歴史の優位を説く 『武家事紀《ぶけじき》』…武家政治の由来・武家の儀礼などを事実に基づいて叙述
	新井白石《あらいはくせき》(1657～1725)	『読史余論《とくしよろん》』…武家政治の推移を時代区分し，徳川政権の正統性を説く。歴史を法則的・実証的に解明しようとした 圖 『古史通《こしつう》』…『日本書紀《にほんしょき》』の神代《じんだい》の巻についての合理的解釈を試みる
国文学→国学へ発展	下河辺長流《しもこうべちょうりゅう》(1627～86)	万葉集《まんようしゅう》の研究を通じ，伝統にとらわれない自由な解釈を主張
	戸田茂睡《とだもすい》(1629～1706)	秘事公伝《ひじくでん》・制《せい》の詞《ことば》*などの拘束を否定。歌学の革新を主張
	契沖《けいちゅう》(1640～1701)	『万葉代匠記《まんようだいしょうき》』…万葉集の注釈書。徳川光圀の命によって完成。和歌を道徳的に解釈しようとする従来の方法を排斥した考証的研究
	北村季吟《きたむらきぎん》(1624～1705)	『源氏物語湖月抄《げんじものがたりこげつしょう》』…源氏物語の注釈書。平易で実証的な研究姿勢

*和歌を詠《よ》むのに用いてはならない語句

1B 自然科学

本《ほん》草《ぞう》学《がく》	動物・植物・鉱物などの薬用についての研究から，博物学へと発展	
	貝原益軒《かいばらえきけん》(1630～1714)	『大和本草《やまとほんぞう》』…日本・海外の動・植・鉱物1,362種について解説。儒学者として，『和《わ》俗童子訓《ぞくどうしくん》』・『養生訓《ようじょうくん》』などの著書が有名
	稲生若水《いのうじゃくすい》(1655～1715)	『庶物類纂《しょぶつるいさん》』…諸書中の物産に関する記事を採録《さいろく》，実物調査し分類。生前362巻，死後，幕命で弟子により完成。1,000巻。加賀《かが》藩主前田綱紀《つなのり》の儒者
農学	宮崎安貞《みやざきやすさだ》(1623～97)	『農業全書』…日本初の体系的な農書。農業技術の発展に寄与 P.197》
暦《れき》学《がく》	日月や星の運行を観測して，暦をつくる学問。中国暦に学び，オランダ天文学の流入とともに幕府天文方《てんもんかた》を中心に発達。1年は太陽，1月は月の運行を基準とする太陰《たいいん》太陽暦《たいようれき》を使用	
	渋川春海《しぶかわはるみ》(安井算哲《やすいさんてつ》)(1639～1715)	平安時代以来使われていた宣明暦《せんみょうれき》の誤りを幕府に建言。元《げん》の授時暦《じゅじれき》を長期天体観測により修正して，貞享暦《じょうきょうれき》を完成(1684)。初代幕府天文方に任命。晩年渋川春海に改名
和《わ》算《さん》	吉田光由《よしだみつよし》(1598～1672)	『塵劫記《じんこうき》』…日常的問題を例に，そろばんを用いた基本的計算方法を解説
	関孝和《せきたかかず》(1640?～1708)	『発微算法《はつびさんぽう》』…縦書きの筆算《ひっさん》による代数の基礎確立。行列式や円の研究も行う
医学	名古屋玄医《なごやげんい》(1628～96)	実験を重んじ，漢代の医方に復古せよという古医方《こいほう》を説く

1C 主な活躍地

1-1 徳川光圀《とくがわみつくに》(1628～1700)

1-2 『大日本史』稿本　水戸藩江戸藩邸におかれた彰考館で編集された。明治年間までかかって完成。
茨城・(財)水府明徳会 彰考館 徳川博物館蔵

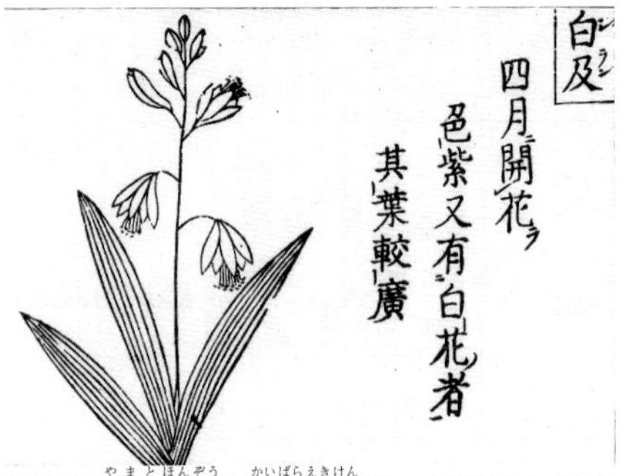

1-3 『大和本草《やまとほんぞう》』(貝原益軒《かいばらえきけん》著)　1709(宝永6)年刊。本編16巻。本草学が博物学として発展する先駆《せんく》となった書物。
国立国会図書館蔵

1-4 地球儀
幕府天文方《てんもんかた》の渋川春海《しぶかわはるみ》が，元禄《げんろく》時代に日本で初めてつくった地球儀。明《ミン》で活躍したマテオ＝リッチの「坤輿万《こんよばん》国全図《こくぜんず》」(1602年刊)を参考にしている。

三重・神宮徴古館農業館蔵

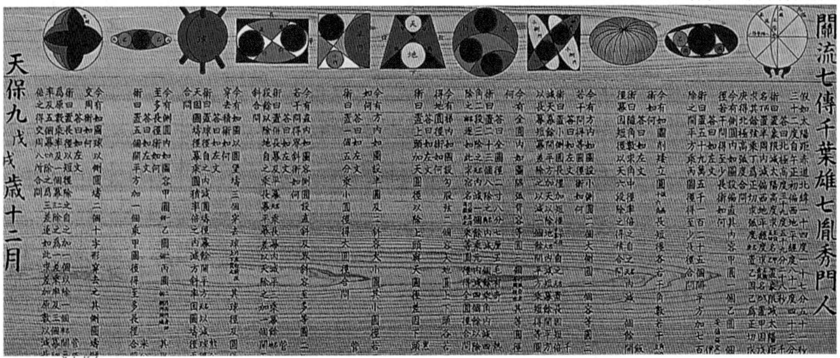

110cm×195cm 岩手・一関市博物館蔵

1-5 算額《さんがく》(復元)　和算家が自作の問題やその解法を絵馬にして神社仏閣に奉納《ほうのう》したもの。解答できたことを神仏に感謝するとともに，問題を広く伝える意図もあった。全国にこうした算額が多く残されており，地方でも和算家が活躍したことがうかがえる。写真は岩手県一関市の八幡神社に奉納されたもの。

■πの計算　(『πの話』)
アルキメデス(ギリシア紀元前3世紀)　π≒3.14
祖沖之《そちゅうし》(中国5世紀)　3.1415926＜π＜3.1415927
関孝和　πを「3尺1寸4分1厘5毛9糸《し》2忽《こつ》6・5・3・5・9微弱」と推定

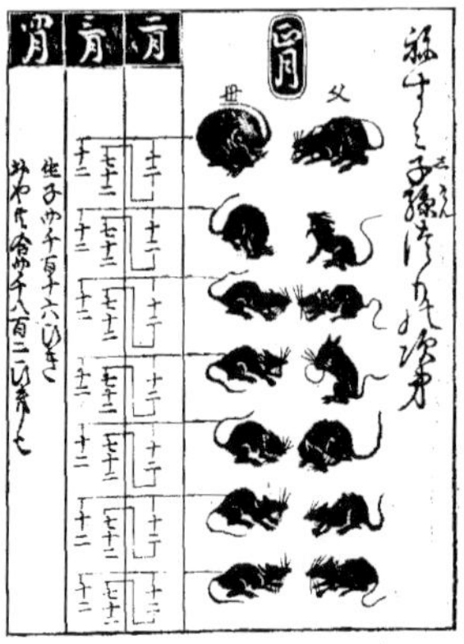

ねずみ算に挑戦！

[問題]　正月に，ねずみの父母が子どもを12匹生んで，親子とも14匹になるとします。
この14匹のねずみが，2月には7組の父母として12匹ずつ生むと，全部で98匹となります。
このように月に一度ずつ，親も子も孫もひ孫も12匹ずつ生むとしたら，12月には何匹になるでしょうか。

[答え]　276億8257万4402匹
[解法]　n月のねずみの数　2×7^n

1-6 『塵劫記《じんこうき》』(吉田光由《よしだみつよし》著)　1627(寛永4)年刊。実用的な和《わ》算《さん》の入門書。平易な例題でわかりやすく，江戸時代に広く普及した。左はねずみ算の解説部分。
宮城・東北大学附属図書館蔵

歴史ナビ　冲方丁《うぶかたとう》『天地明察』(角川文庫)　渋川春海(安井算哲)の生涯が描かれている。2012年には映画化もされた。

考察の視点　この時期の工芸品は，どのような人びとの注文にこたえて制作されたのだろうか。　相互関連

1 工芸

1-1 八橋《やつはし》蒔絵《まきえ》螺鈿《らでん》硯箱《すずりばこ》(尾形光琳《おがたこうりん》作)
二段重ねの上段は硯《すずり》箱，下段は料紙《りょうし》入れになっている。光琳作の「燕子花図屛風《かきつばたずびょうぶ》」と同様に，『伊勢物語』第９段，在原業平《ありわらのなりひら》が東国に向かう途中，三河の八橋《やつはし》で一面に咲く燕子花の美しさに打たれ，都への思いを歌に詠む*という場面をモチーフにした。人物は描かず，省略することによって見る人に想像力を要求している。光琳は京都の裕福な呉服商の子として生まれ，狩野派に学び，のち本阿弥光悦《ほんあみこうえつ》や俵屋宗達《たわらやそうたつ》に影響を受け，洗練された作品を，絵画・蒔絵・着物などに残した。

*㋕ら衣㋖つつなれにし㋡ましあれば㋩るばるきぬる㋟《たび》をしぞ思ふ（かきつばたの５文字を詠み込んで歌った。）

㋝出題
出題

国縦27.3×横19.7×高さ14.2cm　東京国立博物館蔵

❶螺鈿《らでん》　螺鈿とは，夜光《やこう》貝・蝶《ちょう》貝・鮑《あわび》貝などの貝殻の裏側を薄く剝《は》いで小片とし，それを漆で塗り固め研ぎだす技法。光琳は，燕子花《かきつばた》の花びらに鮑貝を用いている。

❷鉛平文《なまりひょうもん》・銀平文《ぎんひょうもん》　平文《ひょうもん》とは漆器《しっき》の表面に金属の薄板を定着させる技法。蓋表《ふたおもて》から側面に連続する八橋《やつはし》は鉛板を貼り込んだ鉛平文。表面を腐食させて質感を出している。橋杭《くい》は銀平文である。

❹金平蒔絵《きんひらまきえ》　蓋表《ふたおもて》や側面に水の流れは描かれておらず，箱の中底に蒔絵で波文が描かれている。

❸黒漆塗立《くろうるしぬりたて》　表面に黒漆を塗り，表面を磨かず艶消《つやけし》にして仕上げ，金蒔絵や螺鈿《らでん》の光沢と色彩の対比を強調した。

工芸	**蒔　絵《まきえ》**	八橋蒔絵螺鈿硯箱《やつはしまきえらでんすずりばこ》(尾形光琳)
	陶磁器《とうじき》	色絵吉野山《いろえよしのやま》図茶壺・色絵藤花文《とうかもん》茶壺・色絵月梅《つきうめ》文茶壺(野々村仁清《ののむらにんせい》) 絵替土器皿《えがわりどきざら》・色絵槍梅図茶碗《やりうめずちゃわん》(尾形乾山《けんざん》)
	染　色	友禅染《ゆうぜんぞめ》(宮崎友禅《みやざきゆうぜん》)
	木　彫	鉈彫《なたぼり》(円空《えんくう》)
建築		善光寺本堂《ぜんこうじほんどう》 東大寺《とうだいじ》世大仏殿《だいぶつでん》
庭園		小石川後楽園《こいしかわこうらくえん》…水戸《みと》藩邸 六義園《りくぎえん》…柳沢吉保《やなぎさわよしやす》の屋敷

1-2 両面宿儺像《りょうめんすくなぞう》(円空《えんくう》作)　両面宿儺は，二つの顔をもつ飛驒《ひだ》地方の伝説の怪人像である。遍歴《へんれき》の僧円空は12万体の仏像をつくることを発願《ほつがん》し，蝦夷《えぞ》地を含む各地で修行・布教しながら**鉈彫《なたぼり》**の素朴な仏像彫刻を残した。
高さ87.7cm 部分 岐阜・千光寺蔵

1-6 染分縮緬地京名所模様友禅染小袖《そめわけちりめんじきょうめいしょもようゆうぜんぞめこそで》　友禅染の技法によって，自由で多彩な絵模様が可能になり，繊細《せんさい》で華やかな美しさを表現できるようになった。
千葉・国立歴史民俗博物館蔵

1-3 色絵槍梅図茶碗《いろえやりうめずちゃわん》(尾形《おがた》乾山《けんざん》作)　乾山は光琳《こうりん》の実弟。陶法を野々村仁清《ののむらにんせい》に学ぶ。奔放《ほんぽう》で絵画性豊かな絵付《えつけ》に特色がある。国高さ7.3cm MIHO MUSEUM蔵

国高さ18.0×長さ47.6×奥行12.5cm　石川県立美術館蔵

1-4 色絵雉子香炉《いろえきじこうろ》(野々村仁清《ののむらにんせい》作)　仁清の彫塑《ちょうそ》的作品の代表作。彩色が華麗で，立体感に富む。

国高さ28.8cm 静岡・MOA美術館蔵

1-5 色絵藤花文茶壺《いろえとうかもんちゃつぼ》(野々村仁清作)　仁清は京焼色絵陶器を大成した。連続的に展開する藤の花が豊満な器形とよく調和し，日本風の優雅な意匠《いしょう》を生み出している。

2 建築

2-1 善光寺本堂《ぜんこうじほんどう》　善光寺は７世紀初めに創建され，広く民衆の信仰を集めた。現在ある本堂は1707(宝永《ほうえい》４)年再建されたものである。
国平面23.9×53.7m 長野

2-2 東大寺大仏殿《とうだいじだいぶつでん》　鎌倉時代に再建された東大寺は，戦国期再び焼失した。現在の大仏殿は1709(宝永６)年に再建されたもの。**木造建造物としては世界最大**の規模をもつ。
国高さ約47m・平面57.0×50.5m 奈良

3 庭園

写真：佐藤哲郎／アフロ

3-1 小石川後楽園《こいしかわこうらくえん》　水戸藩邸(江戸上屋敷)につくられた廻遊式築山泉水《かいゆうしきつきやませんすい》庭園。徳川光圀《みつくに》の命により，作庭に参画した明《ミン》の遺臣朱舜水《しゅしゅんすい》により，「後楽園」と命名された。
東京

歴史ナビ　**小石川後楽園・六義園**　現在東京都が所有し，一般に公開されている廻遊式庭園である。

考察の視点 琳派の絵画はどのような特色をもっているだろうか。 比較

1 絵画

絵画	琳《りん》 派《ば》	紅白梅図屛風《こうはくばいずびょうぶ》・燕子花《かきつばた》図屛風(尾形光琳《おがたこうりん》)
	土佐《とさ》派	秋郊鳴鶉図《しゅうこうめいじゅんず》(土佐光起《とさみつおき》・光成《みつなり》)
	住吉《すみよし》派	洛中洛外図巻《らくちゅうらくがいずかん》(住吉具慶《すみよしぐけい》)
	浮世絵	見返《みかえ》り美人図(菱川師宣《ひしかわもろのぶ》)

1-1 **洛中洛外図巻《らくちゅうらくがいずかん》**(住吉具慶《すみよしぐけい》筆) 京都と郊外の農村を描いた図巻のうち，京都を描いたもの。具慶は大和絵《やまとえ》系の画家として幕府御用絵師となり，**住吉派**を確立した。P.203

40.9×全長1,368.0cm 部分 東京国立博物館蔵

1-2 **秋郊鳴鶉図《しゅうこうめいじゅんず》**(土佐光起《とさみつおき》・光成《みつなり》筆) 光起が鶉《うずら》，子の光成が菊を描いた合作。光起は狩野派の様式を取り入れて大和絵《やまとえ》の画派である**土佐派**を再興《さいこう》し，朝廷の絵師となった。

84.3×43.5cm

東京国立博物館蔵

1-3 **見返《みかえ》り美人図**(菱川師宣《ひしかわもろのぶ》筆) この作品は**肉筆《にくひつ》**による浮世絵の名品である。師宣の晩年の代表作で，当時流行した髪型や衣装を描いている。師宣は版本の挿絵を**浮世絵版画**として独立させて芸術作品にまで高めた。

63.0×31.2cm

東京国立博物館蔵

㊥出題 出題

1-4 **紅白梅図屛風《こうはくばいずびょうぶ》**(尾形光琳《おがたこうりん》筆) 左右に紅梅・白梅を力強く描き，中央に水流をおいて微妙な曲面をつくり上げている。俵屋宗《たわらやそう》達《たつ》の「風神雷神図」を想《おも》わせる見事な構成である。

国2曲1双

各156.0×172.2cm

静岡・MOA美術館蔵

出題

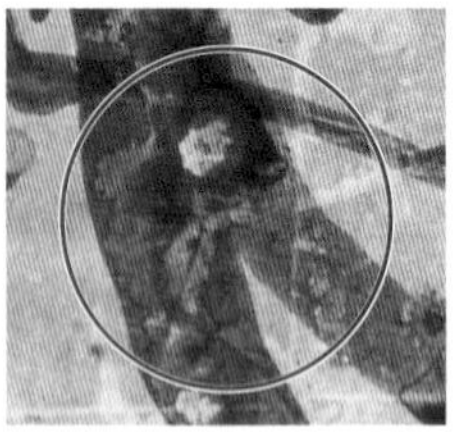

❶墨または絵具が乾かないうちに，水気を多く含んだ墨や絵具をその上にたらし込んで，にじみを生み出す「たらし込み」の技法により，梅樹を写実的に表現している。

❷地は金箔《きんぱく》を貼ったように見えるが，実際は金泥等を混ぜて塗り，線を描き，金箔を貼ったかのように表現したと推定される。

❸S字曲線と渦巻の繰り返しで描かれた水流は，のちに「光琳波」とよばれる。

❹五弁の輪郭《りんかく》と，単純な線と点で花《か》芯《しん》を描く梅花のデザインは，のちに「光琳梅《うめ》」とよばれ流行した。

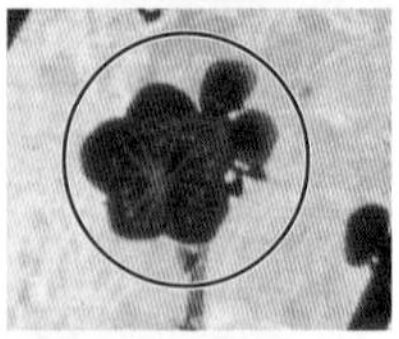

1-5 **燕子花図屛風《かきつばたずびょうぶ》**(尾形光琳筆) 金箔の大画面に余分なものを一切排除し，ただ燕子花だけが描かれ，しかもみずみずしく，爽快《そうかい》で律動感に満ちている。

国6曲1双 各150.9×338.8cm

東京・根津美術館蔵

出題

歴史ナビ **「風神雷神図」**(東京国立博物館蔵) 尾形光琳が，俵屋宗達《たわらやそうたつ》の作品を模写したものが残されている。光琳が宗達に学んだことがうかがえる。

考察の視点 幕府が享保の改革で財政再建を図る必要があったのはなぜだろうか。

1 封建社会の変容

商品・貨幣経済の発展(17世紀後半)

農村構造の変化
- 階層分化の進行
  - 本百姓《ほんびゃくしょう》の没落→小作農増大
  - 豪農《ごうのう》の成長
    - 地主手作《じぬしてづくり》→寄生地主《きせいじぬし》へ
- 村方騒動《むらかたそうどう》の頻発

都市の発展
- 特権商人の台頭
  - 幕府・藩の御用達《ごようたし》
  - 金融(大名貸し)・散財《さんざい》(遊興《ゆうきょう》)
  - 投資(新田開発・農村手工業へ)
- 貧民の増大(裏長屋)

年貢《ねんぐ》収奪基盤の動揺 → 収入減
支出増 ← 都市の消費生活

対策
- 幕府：年貢増徴・新田開発／貨幣改鋳《かいちゅう》の益金(出目《でめ》)／町人に御用金を課す／運上《うんじょう》・冥加《みょうが》の営業税
- 藩：年貢増徴・新田開発／借りあげ(借知《しゃくち》・半知《はんち》)／御用金・大名貸し／特産物の専売
- 武士：札差《ふださし》などからの借金／内職／御家人株売却

相互関連
1A 長州藩の負債額累計

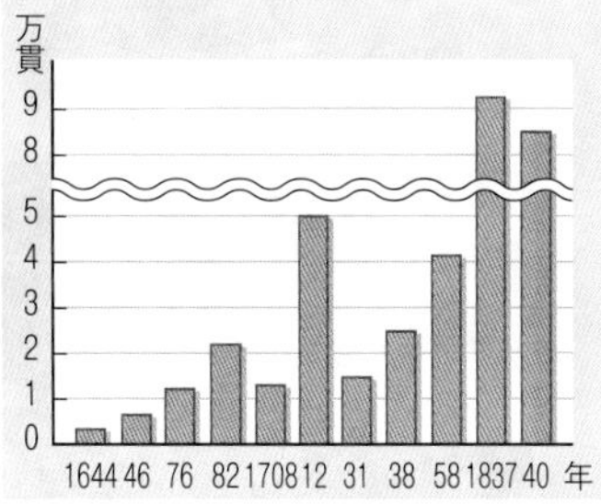

解説 長州藩では，1646年には早くも家臣の給禄を20%削減(借知《しゃくち》)したが，18世紀以降負債額は急増し，1840年には歳入額の約22倍にも達した。藩は専売などによりかなりの財源を別会計として蓄えていたが，負債の負担は農民を苦しめた。

1B 武士の家計 (1825年高500石の旗本の例)

〔収入総額〕 150両(高500石を換算)

〔支出合計〕 143両
使用人への扶持給金 32両
用人1名7両・侍1名4両・中間3名8両・女中2名6両ほか
生計費 111両
衣服代10両・手元入用12両・勤入用15両・飯米代17両・年中臨時入用12両・盆暮付届12両 ほか

〔残 金〕 7両

(『賄方経済録』など)

解説 上級武士の旗本ですら支出を切り詰めてようやく赤字を出さない状況。臨時支出があれば借金生活となった。

2 享保《きょうほう》の改革 8代将軍吉宗(将軍在位1716～45)

目標		復古理想主義(初代家康時代への復帰)――将軍独裁制の確立 財政再建を企図
施策	政治刷新	• 武芸と質素倹約奨励 • 人材登用…**大岡忠相《おおおかただすけ》**(町奉行)・**荻生徂徠《おぎゅうそらい》**, **室鳩巣《むろきゅうそう》**(侍講)・**田中丘隅《きゅうぐ》**(代官。『民間省要《せいよう》』著)ら
	財政再建	• **倹約令《けんやくれい》**(1724) • **上《あ》げ米《まい》の令**(1722～30) セ出題 (将軍 ←石高1万石につき100石上納― 大名／将軍 ―参勤交代江戸在府を半分に→ 大名) • **足高《たしだか》の制**(1723)…人材登用・財政負担の軽減 • **新田開発の奨励**…**町人請負新田《ちょうにんうけおいしんでん》(見沼代《みぬまだい》用水など)** • **年貢増徴《ねんぐぞうちょう》**(五公五民←四公六民)・**定免法《じょうめんほう》**採用←検見法《けみほう》
	殖産興業《しょくさんこうぎょう》	• **商品作物栽培の奨励**…甘藷《かんしょ》(さつまいも)・甘蔗《かんしゃ》(さとうきび)・櫨《はぜ》・朝鮮人参《にんじん》など • 実学の奨励…**漢訳洋書輸入制限の緩和《かんわ》** セ出題 **青木昆陽《あおきこんよう》**・野呂元丈《のろげんじょう》に蘭語《らんご》を学ばせる
	支配機構の整備	• **相対済《あいたいすま》し令**…金銀貸借《たいしゃく》訴訟の停止と裁判事務の簡素化 • **公事方御定書《くじかたおさだめがき》**…大岡忠相《おおおかただすけ》らの編纂《へんさん》, 裁判・刑罰の基準 • 御触書寛保集成《おふれがきかんぽうしゅうせい》…幕府法令の収集編纂 • 田安《たやす》家・一橋《ひとつばし》家の創設
	都市政策	• **町火消《まちびけし》・目安箱《めやすばこ》の設置**(1721)→**小石川養生所《こいしかわようじょうしょ》** セ出題
	商業統制	• **株仲間《かぶなかま》公認**…価格・流通の統制 • 米価調節…**大坂堂島米《どうじまこめ》市場公認**(1730) • 貨幣改鋳…物価対策を目的として元文《げんぶん》金銀鋳造(1736)
結果		財政の安定(1744年年貢収納高史上最高額に)→後世の改革の模範 社会の動揺{年貢増徴策→農民生活を圧迫・**享保の飢饉**／米価の変動→下層町人の生活苦}→百姓一揆・打ちこわし

2-1 **徳川吉宗**(1684～1751) 紀伊《きい》徳川家より将軍就任。東京・徳川記念財団蔵

●はたもとに(は)今ぞ淋しさまさりけり
御金もとらで暮らすと思へば
(一七二一・二二年旗本の禄米支給が遅れた)
●向後万事倹約を相守り、只今まで鬼ども虎の皮のふんどしを致し候へども、以後は相止め、自今は木綿にて虎の皮染にざっと染め用ひ申すべく候。
(『享保世話』)

2A 幕府財政の変化

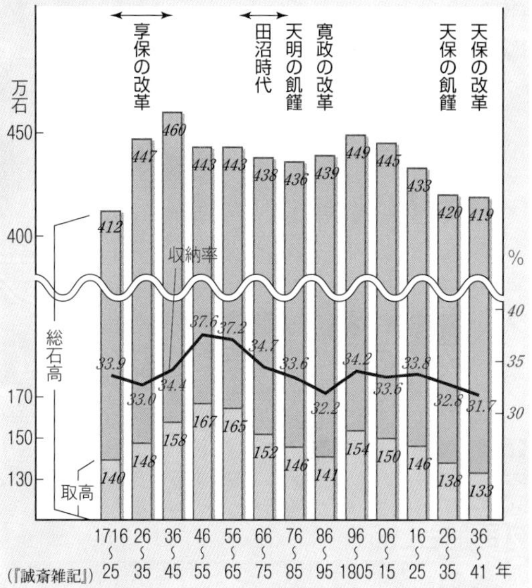

解説 10年間の平均値を示した。**享保《きょうほう》の改革期には新田開発**などによって総石高も増え，年貢《ねんぐ》収納率も際立って上がっており，年貢増徴策の成果が読み取れる。年度ごとの数字をあげると，1744年には180万石という幕府史上最高の年貢取り高に達した。また**天明《てんめい》の飢饉《ききん》**の1786年には108万石，**天保《てんぽう》の飢饉**の1836年には104万石という低い年貢取り高が記録されている。

2-2 **大岡忠相《おおおかただすけ》**(越前《えちぜん》)(1677～1751) 1717(享保2)年から19年町奉行を務め，**小石川養生所《こいしかわようじょうしょ》・町《まち》火消《びけし》制度**の設置，江戸の物価対策，関東幕領の農政などに力を尽《つ》くした。「大岡裁き」は大半が後世の創作。
東京・早稲田大学演劇博物館蔵

2B 足高《たしだか》の制による人材登用の実態

役職／石高《こくだか》	大番頭《おおばんがしら》 足高以前	大番頭 足高以後	大目付《おおめつけ》 足高以前	大目付 足高以後	町奉行《まちぶぎょう》 足高以前	町奉行 足高以後	勘定奉行《かんじょうぶぎょう》 足高以前	勘定奉行 足高以後
500石未満	0人	0	0	13	0	6	1	22
500石以上1,000石未満	0	0	4	12	0	6	2	8
1,000石台	4	0	11	15	15	7	18	19
2,000石台	5	9	12	6	3	2	6	3
3,000石台	16	14	3	3	2	1	6	2
4,000石台	5	3	5	0	1	0	1	1
5,000石以上	26	27	4	1	2	0	4	0

(『足高制に関する一考察』)

解説 禄高《ろくだか》の少ない者でも，在任期間中は役職に応じた規定の役高が支給された(退任後は元の禄高)。大番頭は軍事担当で，家格の高い者の名誉職であったため変化はなかった。

読み解く① 2Bで，足高の制以後，大目付や町奉行，勘定奉行登用にどのような変化があっただろうか。 推移

2C 米価の変動と吉宗の米価対策

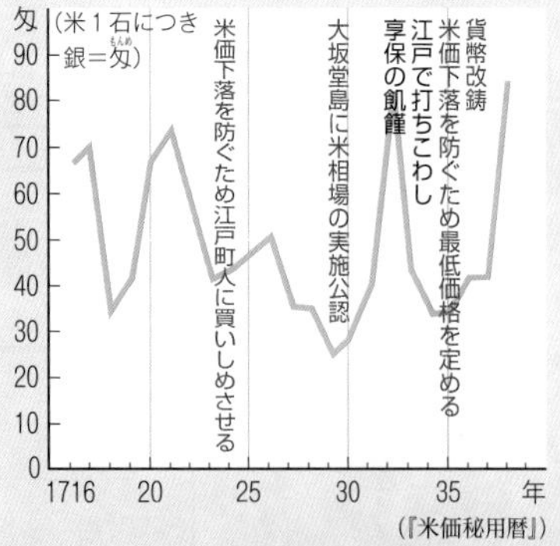

2D 享保の改革の成果

年度	1年平均米年貢残高
1722～31	3万5,000石余
1732～41	4万8,000石余
1742～51	7万5,000石余

年度	1年平均金残高
1722～31	12万7,000両余
1732～41	37万4,000両余
1742～51	41万5,000両余

(『誠斎雑記』)

読み解く② 享保の米価の下落に対する対策は，効果があったのだろうか。

社会の変化と一揆と打ちこわし

考察の視点　農村の階層分化が進み，社会はどのような状況となったのだろうか。推移

1 農村の分解

1A 本百姓《ほんびゃくしょう》の分解（河内国下小坂村）

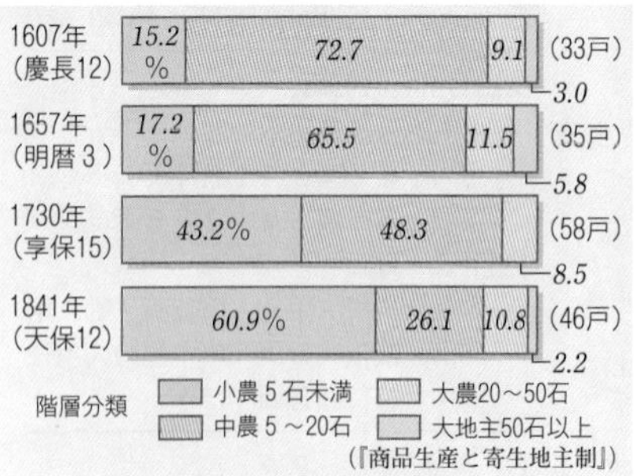

読み解く① 1Aで時代を追って割合を増やしているのはどの階層だろうか。また，その理由を考えよう。

解説 商品経済の発達・貨幣経済の浸透は，本百姓を主体とした農村のあり方を大きく変えた。有力な本百姓は資金の貸し付け・質流れという形で田畑を集積して豪農となり，一方で土地を手放した本百姓は小作人となった。

1B 豪農

1-1 神原家住宅長屋門《かんばらけじゅうたくながやもん》　入母屋造《いりもやづくり》の木造平屋一部2階建て，茅葺《かやぶき》（銅板仮葺）の建物。門構えを中心とする通路部分や軒《のき》・小屋組は建築当初の形式を残し，豪壮な屋敷構えを伝える。
神奈川・相模原市

読み解く② 1Cの表の年貢米・雑税の割合は石高の何%か。また，肥料や農具などはどのように手に入れていたのだろうか。

1C 農家の家計（文化年代・熊本藩の事例）

耕地	田一4反《たん》4畝《せ》15歩《ぶ》　畑一3反2畝3歩 石高一10石《こく》	
収入	田の収穫　米6石9斗《と》6升《しょう》 畑の収穫　粟6石4斗	麦2石（裏作） 麦2石5斗6升（裏作）
支出	年貢米　4石6斗6升 雑税　米1石2斗6升 銀　85匁《もんめ》 傭人《ようにん》給銀　300匁 食料費 米・粟　118匁 味噌・茶・塩／小豆・酒・醤油　45匁 灯油　10匁 世帯道具修理代　5匁	肥料　80匁 鯨油（殺虫剤）7匁 種子　23匁 農具　21匁 馬飼料代等　49匁 冠婚葬祭／その他　75匁
	（匁未満は切り捨て）	
残高	銀　－293匁	

＊1石＝10斗＝100升　（『近世農民生活史』〈井田衍義《せいでんえんぎ》〉）

2 一揆と打ちこわし

2A 百姓一揆の発生件数

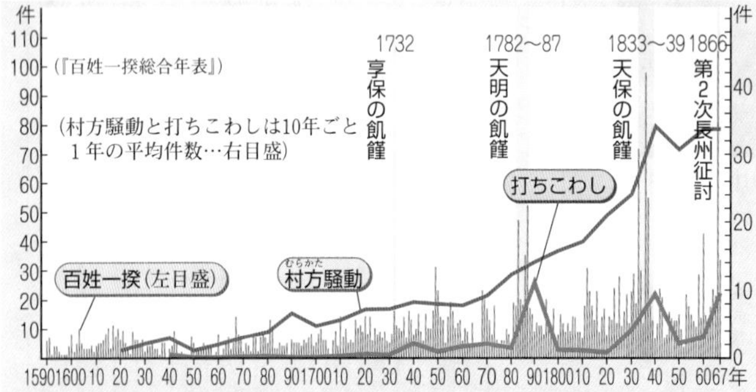

解説 幕藩領主に対する闘争である百姓一揆は，江戸時代を通じて約3,200件におよんでいる。また，村内の対立である村方騒動は，中・後期から激増しており，村落内の階層分化の進行をうかがわせる。

2B 打ちこわし

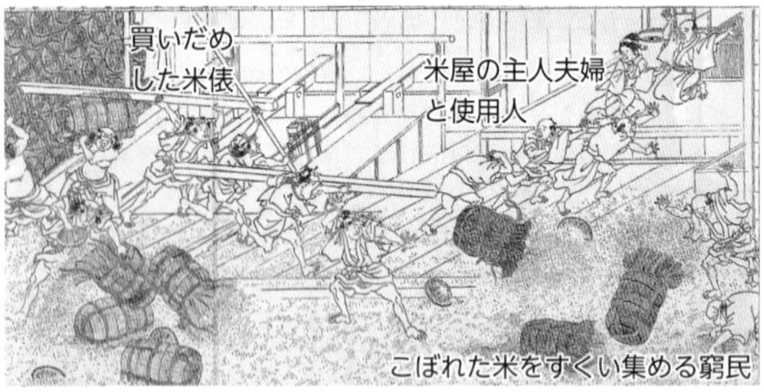

2-1 1866（慶応2）年に江戸でおこった打ちこわし（幕末江戸市中騒動図）　東京国立博物館蔵

解説 打ちこわしは，下層都市民が，米屋・質屋・酒屋などの富商を襲撃し，家屋や家財を破壊したもの。1787（天明《てんめい》7）年には江戸・大坂を中心に多発。

2C 傘連判状《からかされんぱんじょう》

解説 平等に一致団結し，一揆の首謀者《しゅぼうしゃ》がだれかを隠すため工夫された。車連判状ともいう。

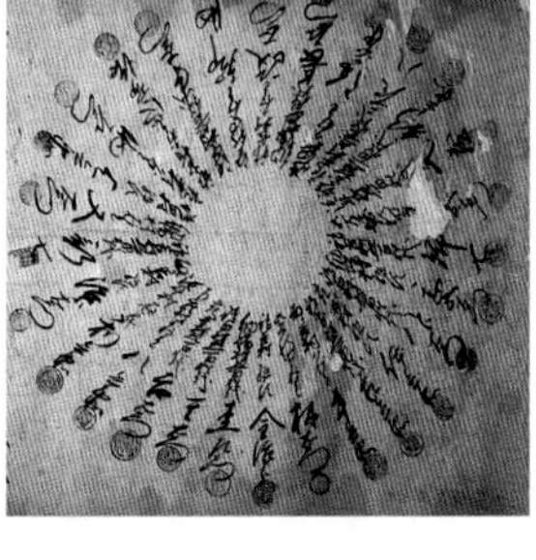

2-2 1754（宝暦4）年常陸《ひたち》国茨城《いばらき》郡の傘連判状　個人蔵

3 民衆運動

3A 民衆運動の分布

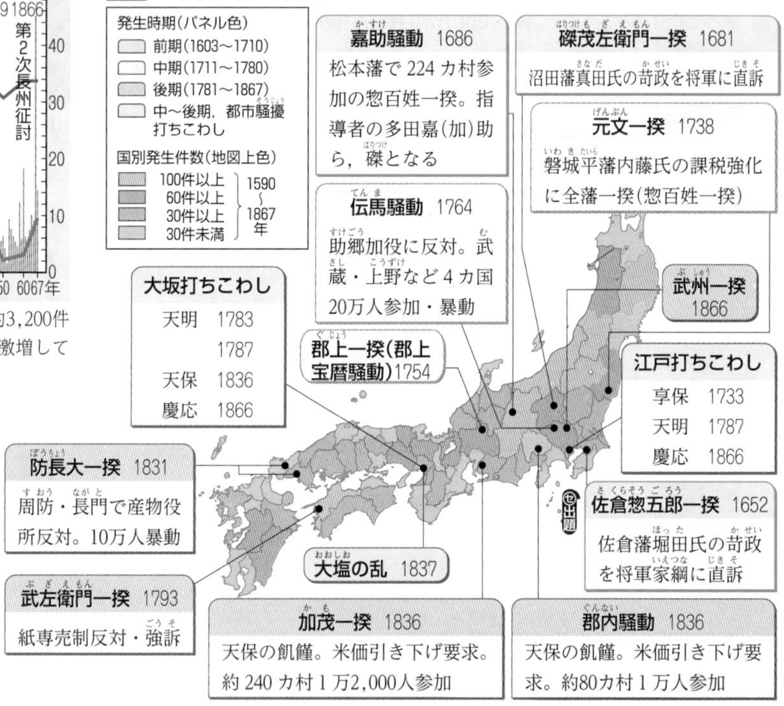

3B 百姓一揆の形態

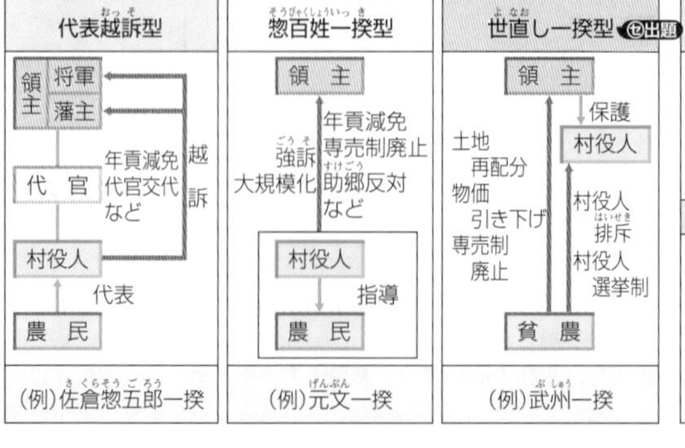

3C 村方騒動・打ちこわし・国訴

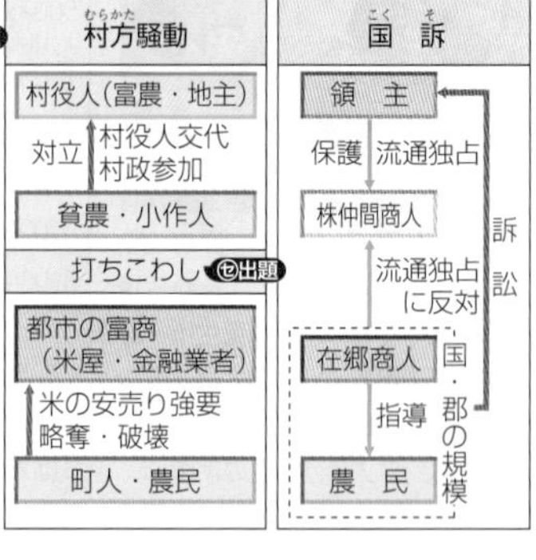

考察の視点 年貢増徴に限界を感じた田沼意次は，どのように幕府財政を再建しようとしたのだろうか。 相互関連

1 田沼意次《たぬまおきつぐ》の政治(1772～86)

セ出題 1-1 田沼意次(1719～88) 側用人《そばようにん》(1767～72)・老中(1772～86)。田沼家の家紋《かもん》である七曜紋《しちようもん》が見える。

東京・勝林寺蔵

1A 主な政策

目標		・商業資本の積極的利用←年貢増徴《ねんぐぞうちょう》の限界 ・吉宗《よしむね》の商業政策―殖産興業《しょくさんこうぎょう》の方針を継承
施策	商業政策	・専売制度の拡張…銅・真鍮《しんちゅう》・鉄・朝鮮人参《ちょうせんにんじん》などの幕府直営の座を設置 ・**株仲間の積極的公認**…運上《うんじょう》・冥加《みょうが》の増徴を企図2 ・南鐐二朱銀《なんりょうにしゅぎん》の鋳造《ちゅうぞう》3
	貿易拡大	・**長崎貿易の制限緩和《かんわ》**…銅・俵物《たわらもの》による支払い。金・銀輸入促進4
	開発計画	・**新田開発**…印旛沼《いんばぬま》・手賀沼《てがぬま》の干拓《かんたく》(町人請負《うけおい》新田)→失敗5 ・蝦夷地《えぞち》開発計画…俵物増産・ロシアとの貿易を企図←工藤平助《くどうへいすけ》の『赤蝦夷風説考《あかえぞふうせつこう》』6 **最上徳内《もがみとくない》**ら蝦夷地探検
結果		・天災頻発《ひんぱつ》(浅間山《あさまやま》大噴火《ふんか》1783・**天明《てんめい》の飢饉《ききん》**1782～87)→百姓一揆・**打ちこわし**激発 ・**賄賂《わいろ》政治**への不満→田沼父子の失脚…意知《おきとも》の暗殺(1784)・意次罷免《ひめん》(1786)7

2 株仲間の積極的公認

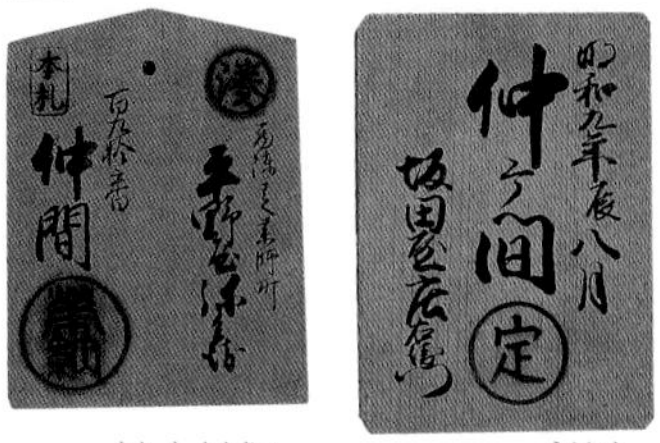

2-1 **仲間鑑札《なかまかんさつ》** 田沼時代には運上《うんじょう》・冥加《みょうが》の増徴を図るため，営業権・独占権を保障された株仲間がより広く公認された。仲間鑑札は幕府・諸藩が株仲間の成員である証拠として下付《かふ》した札。

東京・明治大学博物館蔵

3 南鐐二朱銀《なんりょうにしゅぎん》の鋳造《ちゅうぞう》

3-1 **南鐐二朱銀《なんりょうにしゅぎん》**(右側が表) 幕府は金貨を中心とする貨幣制度への一本化を図った。表には南鐐二朱銀8枚(片)で小判1枚(1両)と換えると記されている。南鐐とは上質銀を意味し，品位は98%前後であった。

4 長崎貿易の拡大

4-1 **長崎貿易**(唐蘭館絵巻) 長崎の出島《でじま》で，輸出品を小船に積み込む場面を描いている。 長崎歴史文化博物館蔵

読み解く 船に積み込まれている商品(上の拡大図)は，棹状《さおじょう》にして日本から輸出された金属であるが，何だろうか。

5 下総国《しもうさ》印旛沼《いんばぬま》の干拓

5-1 **印旛沼の干拓**(上，『続保定記』)**と現在の印旛沼**(下) 印旛沼の水を江戸湾に流し，新田開発・水運の便・利根川洪水の防止をはかろうとしたが，1786(天明6)年の大洪水と意次の失脚《しっきゃく》により，工事は中断した(その後，天保《てんぽう》の改革時や明治以降も試みられたが失敗し，印旛用水路が完成するのは昭和40年代になってからである)。

千葉・船橋市西図書館蔵

田沼意次と平賀源内

平賀源内《ひらがげんない》(1728～79)

香川・(公財)平賀源内先生顕彰会蔵

田沼時代には，南鐐二朱銀《なんりょうにしゅぎん》の鋳造用の銀や輸出用の銅の増産のため鉱山開発が奨励され，そのための技術や知識が求められた。こうした社会的要請により，平賀源内のような「山師」的な人物が活躍する舞台が生まれた。意次は源内の長崎遊学を斡旋《あっせん》するなどの支援をしたといわれる。1776(安永《あんえい》5)年に源内が復元したエレキテル(摩擦起電器《まさつきでんき》)は評判をよび，この珍品《ちんぴん》をみようと源内宅には大名以下さまざまな人が訪れたが，意次の実子意知《おきとも》や意正《おきまさ》も訪れていることからも，意次と源内の深いつながりをみることができる。

エレキテル

東京・郵政博物館蔵

6 蝦夷地の開発と対ロシア交易構想

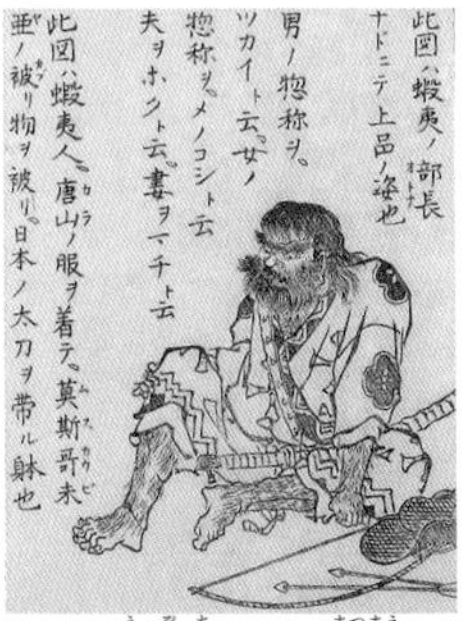

6-1 **蝦夷《えぞ》の族長**(三国通覧図説) 早稲田大学図書館蔵

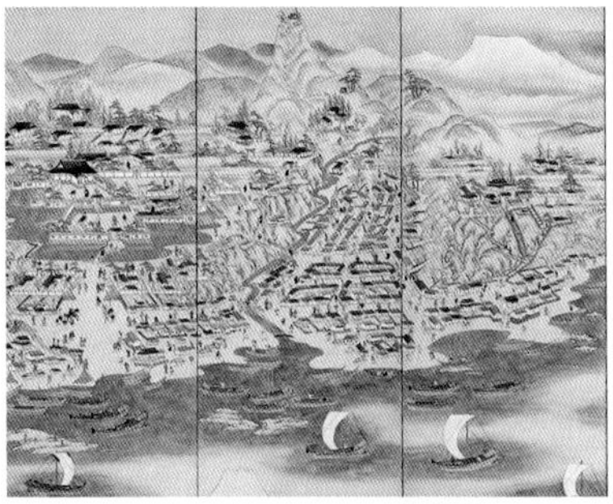

6-2 **松前屏風** 約1.6×約3.7m 部分 北海道・松前町郷土資料館蔵

解説 蝦夷地《えぞち》では，松前藩《まつまえ》を通じてアイヌとの交易が行われていたが，田沼時代には中国向け輸出用の**俵物《たわらもの》**P.27や木綿《もめん》栽培に不可欠である**鰊《にしん》**や**〆《しめ》粕《かす》**P.27,197の供給地としての存在意義を高めた。さらに，18世紀後半にはロシアが蝦夷地に接近したが，意次は**工藤平助《くどうへいすけ》**の**『赤蝦夷風説考《あかえぞふうせつこう》』**の影響を受け，危機への対応として，積極的に蝦夷地開発とロシアとの交易を企図する政策を採った。**本多利明《ほんだとしあき》**に師事し，病の本多に代わり派遣された**最上《もがみ》徳内《とくない》**らの蝦夷地調査もその一環であった。

6-3 **最上徳内**(1755～1836)

7 自然災害の多発と田沼の失脚《しっきゃく》

解説 1782(天明2)～87(天明7)年，長雨や浅間山大噴火による冷害で，東北地方を中心に全国的な大飢饉となった。百姓一揆や打ちこわしが各地で頻発するなか，意次の子で若年寄《わかどしより》の田沼意知《おきとも》が江戸城中で刺殺されると，意次の勢力は急速に衰え，1786年，10代将軍家治《いえはる》の死とともに老中《ろうじゅう》を罷免《ひめん》された。

7-1 **天明《てんめい》の飢饉《ききん》**(天明飢饉之図) 福島・会津美里町教育委員会

7-2 **浅間《あさま》山大噴火**(浅間山噴火夜分大焼之図)

宝暦・天明期の文化① 洋学と国学

考察の視点 享保期に蘭学が発展した背景にはどのようなことが考えられるだろうか。 相互関連

時期　宝暦《ほうれき》・明和《めいわ》・安永《あんえい》・天明《てんめい》期(1751～89年)を中心とする江戸中期。
　主に上層町人を担い手として発展した文化。学問や思想の分野では，鎖国下の限られた情報環境のなか洋学が発展し，一方で古典研究から国学が発達した。また，幕藩体制の動揺を背景に，古い体制に対して批判的な動きや尊王《そんのう》思想も現れた。教育が庶民に至るまで普及し，識字率の向上が顕著となり，多様な文学作品が生まれた。絵画では錦絵が誕生し，文人画や洋風画も流行した。

1 洋学

1A 洋学者の系統

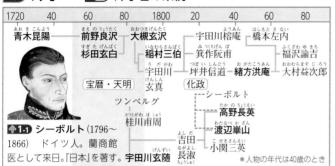

1720　40　60　80　1800　20　40　60　80

宝暦・天明　化政

青木昆陽《あおきこんよう》 ― 前野良沢《まえのりょうたく》・杉田玄白《すぎたげんぱく》 ― 大槻玄沢《おおつきげんたく》 ― 稲村三伯《いなむらさんぱく》・宇田川《うだがわ》玄真《げんしん》
宇田川玄真 ― 宇田川榕庵《ようあん》・箕作阮甫《みつくりげんぽ》・坪井信道《つぼいしんどう》
坪井信道 ― 緒方洪庵《おがたこうあん》 ― 橋本左内《はしもとさない》・福沢諭吉《ふくざわゆきち》・大村益次郎《おおむらますじろう》
ツンベルグ ― 桂川甫周《かつらがわほしゅう》
桂川甫周・宇田川玄随 ― 吉田《よしだ》長淑《ながよし/ちょうしゅく》
シーボルト ― 高野長英《たかのちょうえい》・渡辺崋山《わたなべかざん》
吉田長淑 ― 高野長英・小関三英《こせきさんえい》

＊人物の年代は40歳のとき

1-1 シーボルト(1796～1866)　ドイツ人。蘭商館医として来日。『日本』を著す。

1B 洋学者一覧

(　　は化政期に活躍)

先駆	西川如見《にしかわじょけん》	『華夷通商考《かいつうしょうこう》』…長崎で見聞した世界の地理・物産を紹介
	新井白石《あらいはくせき》	『采覧異言《さいらんいげん》』『西洋紀聞《せいようきぶん》』…1708(宝永5)年屋久島《やくしま》に潜入して捕《とら》えられたイタリア人宣教師シドッチの尋問《じんもん》をもとに，世界の地理・風俗を詳述《しょうじゅつ》 ㋣出題
	青木昆陽《あおきこんよう》・野呂元丈《のろげんじょう》	吉宗の命でオランダ語とオランダ語を通じての西洋の学問(蘭学《らんがく》)を学ぶ。 〔昆陽は甘藷《かんしょ》栽培を勧めた『蕃藷考《ばんしょこう》』でも有名〕
発展	前野良沢《まえのりょうたく》・杉田玄白《すぎたげんぱく》	『解体新書《かいたいしんしょ》』…1774(安永3)年刊。ドイツの医学者クルムスの『解剖図譜《かいぼうずふ》』の蘭訳『ターヘル＝アナトミア』を重訳《じゅうやく》したもの。中川淳庵《なかがわじゅんあん》・桂川甫周《かつらがわほしゅう》も訳述に参加。玄白は『蘭学事始《らんがくことはじめ》』で翻訳の苦心談を紹介史
	大槻玄沢《おおつきげんたく》	『蘭学階梯《らんがくかいてい》』…1783(天明3)年刊。蘭学の入門書。江戸に家塾芝蘭堂《しらんどう》を開く
	稲村三伯《いなむらさんぱく》	『ハルマ和解《わげ》』…1796(寛政8)年刊。日本最初の蘭和辞典
	宇田川玄随《うだがわげんずい》	『西説内科撰要《せいせつないかせんよう》』…1793(寛政5)年刊。オランダの内科書の翻訳
	平賀源内《ひらがげんない》	寒暖計・エレキテルなどを考案試作
	志筑忠雄《しづきただお》	『暦象新書《れきしょうしんしょ》』…1802(享和2)年完成。地動説・万有引力説などを紹介
	高橋至時《たかはしよしとき》	幕府天文方《てんもんかた》。寛政暦《かんせいれき》を作成
	伊能忠敬《いのうただたか》	『大日本沿海輿地全図《だいにほんえんかいよちぜんず》』…1821(文政4)年完成。全国の沿岸を実測
	宇田川榕庵《ようあん》	『舎密開宗《せいみかいそう》』…1837(天保8)年刊。イギリスの化学書を訳述。舎密とは化学のこと
	桂川甫周《かつらがわほしゅう》	『北槎聞略《ほくさぶんりゃく》』…大黒屋光太夫《だいこくやこうだゆう》から聞き，ロシアの風俗・制度を著す

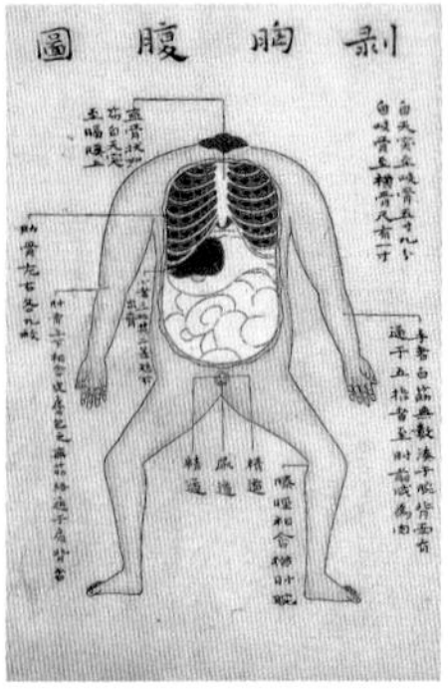

1-2 『蔵志《ぞうし》』(1759年刊)観臓図　古医方(中国の漢時代の医学)を学んだ医師，山脇東洋《やまわきとうよう》による日本初の解剖書で，粗雑な図ながらもその後の近代医学発展に大きく貢献した。
早稲田大学図書館蔵

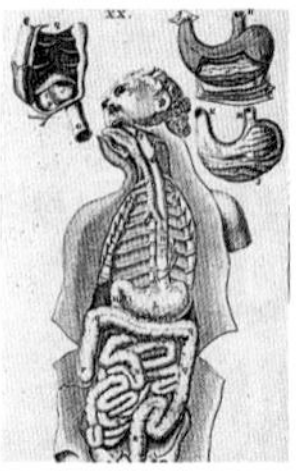

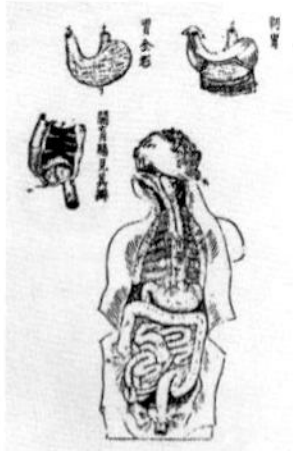

1-3 解剖図『ターヘル＝アナトミア』(左)
慶應義塾大学メディアセンター蔵

1-4 『解体新書《かいたいしんしょ》』(右)　『解体新書』は日本初の西洋医学書の翻訳書。前野《まえの》良沢《りょうたく》を中心に，約3年を費やし刊行した。図版は平賀源内《ひらがげんない》の紹介で参加した秋田藩士で画家の小田野直武《おだのなおたけ》による。

早稲田大学図書館蔵

1-5 『ハルマ和解《わげ》』　1796(寛政8)年，大槻玄沢《おおつきげんたく》の門人稲村三伯《いなむらさんぱく》がフランソア＝ハルマの蘭仏辞書を玄沢から借り受け，長崎通詞の石井恒右衛門《いしいつねえもん》の教示，同じ玄沢門下の宇田川玄随《うだがわげんずい》らの助力を得て作成。実収録語数6万語余。

2 国学

2A 国学者の系統

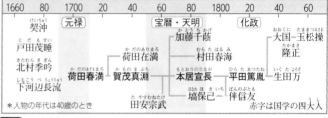

1660　80　1700　20　40　60　80　1800　20　40　60

元禄　宝暦・天明　化政

契沖《けいちゅう》
戸田茂睡《とだもすい》
北村季吟《きたむらきぎん》
下河辺長流《しもこうべちょうりゅう》
荷田春満《かだのあずままろ》 ― 荷田在満《かだのありまろ》・賀茂真淵《かものまぶち》
賀茂真淵・田安宗武《たやすむねたけ》 ― 加藤千蔭《かとうちかげ》・村田春海《むらたはるみ》・本居宣長《もとおりのりなが》・塙保己一《はなわほきいち》
本居宣長 ― 平田篤胤《ひらたあつたね》・伴信友《ばんのぶとも》
平田篤胤 ― 大国《おおくに》隆正《たかまさ》・玉松操《たままつみさお》・生田万《いくたよろず》

＊人物の年代は40歳のとき　赤字は国学の四大人《うし》

2B 国学者一覧

2-1 荷田春満(1669～1736)

2-2 賀茂真淵(1697～1769)

2-3 本居宣長(1730～1801)

2-4 平田篤胤(1776～1843)

国学	日本の古典を研究し，儒教や仏教などの外来思想に影響される以前の民族精神(古道《こどう》)を究明しようとする学問	
先駆	下河辺長流《しもこうべちょうりゅう》・北村季吟《きたむらきぎん》・戸田茂睡《とだもすい》・契沖《けいちゅう》ら元禄《げんろく》期の実証《じっしょう》的《てき》古典研究	
成立	荷田春満《かだのあずままろ》	『創学校啓《そうがくこうけい》』…日本固有の道(古道)を明らかにするために，古語・古典(国学)の振興を説く
	賀茂真淵《かものまぶち》	『万葉考《まんようこう》』…『万葉集』の研究から古道解明 『国意考《こくいこう》』…儒仏《じゅぶつ》を批判し，古道復帰を説く
大成	本居宣長《もとおりのりなが》 史	『玉小櫛《たまのおぐし》』…『源氏物語』の注釈書。文学の本質を「もののあわれ」にあると主張した ㋣出題 『古事記伝《こじきでん》』…『古事記』の注釈書。巻1に「直毘霊《なおびのみたま》」と題し，「漢意《からごころ》」を排斥《はいせき》し，日本古代の精神(大和心)への復帰を説く。古道説を確立し，国学を体系化 書斎の鈴屋《すずのや》(伊勢松坂)で門人に講義をした
展開	平田篤胤《ひらたあつたね》	『古道大意《こどうたいい》』…尊王《そんのう》思想・排仏《はいぶつ》・排儒《はいじゅ》の国粋主義にたつ復古神道《ふっこしんとう》確立。尊王攘夷《じょうい》運動に影響
	塙保己一《はなわほきいち》	『群書類従《ぐんしょるいじゅう》』…古代より江戸初期までの古書を編集・刊行。和学講談所《わがくこうだんしょ》設立。盲目の学者
	伴　信友《ばんのぶとも》	宣長の古典の考証的研究を継承

3 尊王思想

前期水戸学	2代水戸藩主徳川光圀《とくがわみつくに》の『大日本史《だいにほんし》』の編纂が中心。徳をもって治める王者は，力により支配をする覇者に勝るという大義名分をもとに尊王斥覇《せきは》の考えを主張
竹内式部《たけのうちしきぶ》(1712～67)	越後《えちご》の人。京都で垂加《すいか》神道を学び，軍学にも通じる。1758(宝暦8)年公家に尊王論を説き，京都から追放された(宝暦事件)。1767(明和4)年の明和事件にも連座して流罪 ㋣出題
山県大弐《やまがただいに》(1725～67)	甲斐《かい》の人。宝暦事件に際し，『柳子新論《りゅうししんろん》』を著し「天に二日なく，民に二主なし」と江戸で尊王論を説き，幕臣の賄賂《わいろ》を批判，謀反の疑いで捕縛され処刑された(明和事件) ㋣出題
高山彦九郎《たかやまひこくろう》(1747～93)	上野《こうずけ》の人。諸国を巡歴し尊王論・海防論を説いた。奇行も多く，林子平《はやししへい》・蒲生君平とともに寛政の三奇人とよばれた
蒲生君平《がもうくんぺい》(1768～1813)	下野《しもつけ》の人。荒廃した全国の天皇陵を踏査《とうさ》して『山陵志《さんりょうし》』を著し，のちの尊王論に大きな影響を与えた
頼　山陽《らいさんよう》(1780～1832)	安芸《あき》の人。『日本外史《にほんがいし》』を著し，源平から徳川に至る武家興亡史を叙述。尊王思想で一貫し，尊攘運動に影響を与えた

歴史ナビ　吉村昭『冬の鷹』(新潮文庫)　貧窮のなか孤高の生涯を貫いた前野良沢と，流行医への道を歩んだ杉田玄白との相克を描いた作品。

考察の視点 江戸時代の庶民の識字率が高まったのはなぜだろうか。 相互関連

宝暦・天明期の文化② 思想と教育・文芸

1 社会思想

1-1 手島堵庵《てしまとあん》の心学舎《しんがくしゃ》(孝経童子訓)

石田梅岩によって創始《そうし》された心学は，儒教道徳《じゅきょうどうとく》に仏教や神道《しんとう》を取り入れ，日常生活に必要な道徳(倹約《けんやく》・堪忍《かんにん》・正直など)の実践を説き，女子にも聴聞《ちょうもん》を許した。梅岩は商行為の正当性を強調したので，当初は町人の哲学としての役割を担《にな》ったが，江戸後期には，農村荒廃に対処するための方策として地方にも広がった。

石田梅岩《いしだばいがん》
『**都鄙問答**《とひもんどう》』
心学の祖《そ》
｜
手島堵庵
明倫舎《めいりんしゃ》
(京都)
｜
中沢道二《なかざわどうに》
江戸へ普及

心学	石田梅岩《いしだばいがん》 (1685～1744)	丹波《たんば》の農家に生まれ，京都で神道・儒教・仏教を学び，1729(享保14)年から心学《しんがく》の道話を講じた。勤勉を励行《れいこう》し，商行為を罪悪視する偏見を打破した。著書に『**都鄙問答**《とひもんどう》』がある。門下の手島堵庵《てしまとあん》，中沢道二《どうに》らは心学を平易化して普及させた。
封建制批判	安藤昌益《あんどうしょうえき》 (1707?～62)	奥州八戸《おうしゅうはちのへ》で町医を開業。『**自然真営道**《しぜんしんえいどう》』を著《あらわ》して，支配者がなく万人が自ら耕作して生活する平等な「自然《じねん》世」を理想とし，武士が農民から収奪する社会や身分制を批判した。
合理主義	富永仲基《とみながなかもと》 (1715～46)	尼崎《あまがさき》の人。幼少より懐徳堂《かいとくどう》に学ぶ。主著『**出定後語**《しゅつじょうごご》』では，幻覚(定)から脱け出る(出)ことを説き，仏教思想が釈迦《しゃか》の教えでなく，あとから追加されて成立したとして，大乗仏教《だいじょうぶっきょう》を否定。
	山片蟠桃《やまがたばんとう》 (1748～1821)	播磨《はりま》の人。大坂の両替商升屋《ますや》(山片家)で理財の才を発揮，養子となり，仙台藩などの財政再建に尽力した。懐徳堂《かいとくどう》に学び，蘭学《らんがく》の影響のもと無神論的立場から儒教・仏教を批判，地動説を主張。主著『**夢の代**《しろ》』
海防論	工藤平助《くどうへいすけ》 (1734～1800)	仙台藩の医師。1783(天明3)年にロシアの南下を警告し，蝦夷《えぞ》地開拓の必要を説く『**赤蝦夷風説考**《あかえぞふうせつこう》』を老中《ろうじゅう》田沼意次《おきつぐ》に献上した。
	林子平《しへい》 (1738～93)	仙台藩士で数度にわたり長崎に遊学，海外事情を学び，ロシアの南下を警告し，『三国通覧図説《さんごくつうらんずせつ》』でロシアへの防備策としての蝦夷地開発を説き，『**海国兵談**《かいこくへいだん》』では江戸湾防備の急務を説いたが，1792(寛政4)年幕府から弾圧され，著書の版木没収，蟄居《ちっきょ》処分となった。

2 教育の普及

2A 藩校(学)と私塾

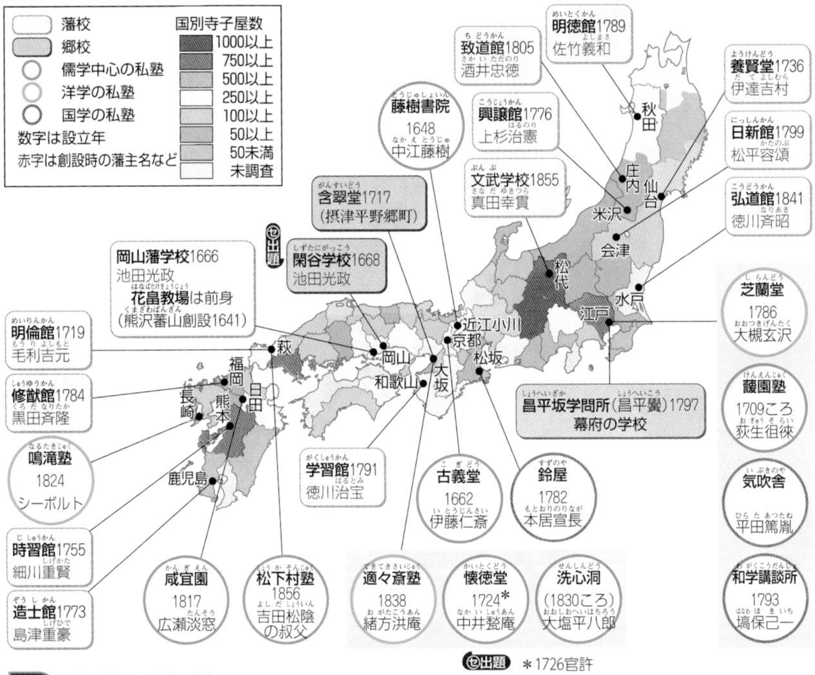

早稲田大学図書館蔵

2-1 オランダ正月

(芝蘭堂新元会図) 1794(寛政6)年閏11月11日(太陽暦の1795年の元日)，江戸の蘭学者《らんがくしゃ》たちが**大槻玄沢**《おおつきげんたく》の居宅である**芝蘭堂**《しらんどう》に集まり，いわゆる「オランダ正月」を祝ったときのようす。

2B 寺子屋

2-2 **寺子屋の授業風景**(アンベール『幕末日本図絵』丸善雄松堂) 江戸時代の庶民向けの初等教育機関。僧侶《そうりょ》や牢人らが師匠となり，手習いを通して読み・書き・そろばんなどを教えた。18世紀半ば以降，災害・飢饉《ききん》の多発などの危機への対応や商品経済の浸透により，庶民にも読み・書き能力の必要性が増し，寺子屋の数が急増した。

2C 寺子屋の普及

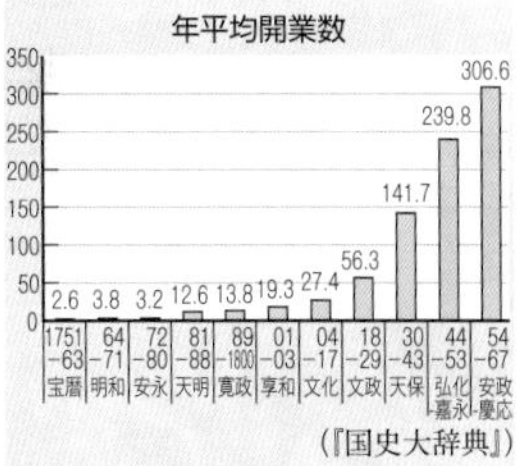

(『国史大辞典』)

3 文芸と演劇

＊寛政の改革で弾圧された。

文芸	小説	洒落本《しゃれぼん》	『仕懸《しかけ》文庫』(1791年刊)	山東京伝《さんとうきょうでん》(1761～1816)
		黄表紙《きびょうし》	『金々先生栄花夢《きんきんせんせいえいがのゆめ》』(1775年刊) 『江戸生艶気樺焼《えどうまれうわきのかばやき》』(1785年刊)	恋川春町《こいかわはるまち》(1744～89)＊ 山東京伝
		読本《よみほん》	『雨月《うげつ》物語』(1776年刊)	上田秋成《うえだあきなり》(1734～1809)
	俳諧《はいかい》		『蕪村七部集《ぶそんしちぶしゅう》』(1809年刊)	与謝蕪村《よさぶそん》(1716～83)
	川柳《せんりゅう》		『誹風柳多留《はいふうやなぎだる》』(1765～1840年刊)	柄井川柳《からいせんりゅう》(1718～90)ら撰
	狂歌		大田南畝《おおたなんぽ》(蜀山人《しょくさんじん》)(1749～1823) 石川雅望《いしかわまさもち》(宿屋飯盛《やどやのめしもり》)(1753～1830)	
演劇	浄瑠璃《じょうるり》		『菅原伝授手習鑑《すがわらでんじゅてならいかがみ》』(1746年初演)・『仮名手本忠臣蔵《かなでほんちゅうしんぐら》』(1748年初演) 『本朝廿四孝《ほんちょうにじゅうしこう》』(1766年初演)	竹田出雲《いずも》〈2世〉(1691～1756) 近松半二《はんじ》(1725～83)

〈洒落本《しゃれぼん》〉 遊里《ゆうり》を題材に滑稽《こっけい》と通《つう》を描く。

〈黄表紙《きびょうし》〉 風刺《ふうし》・滑稽《こっけい》を描いた絵入り小説・大人向けの読み物。

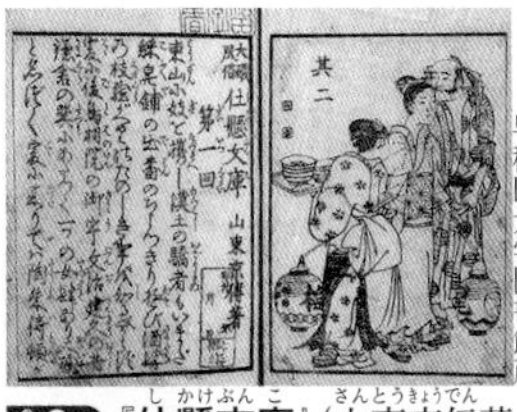

早稲田大学図書館蔵

3-1 『**仕懸文庫**《しかけぶんこ》』(山東京伝《さんとうきょうでん》著 1791刊) 仕懸文庫とは遊女の着がえを入れてもたせる手箱のこと。題材を曽我兄弟にとり，深川の遊里の姿を描いた。

3-2 『**金々先生栄花夢**《きんきんせんせいえいがのゆめ》』(恋川春町《こいかわはるまち》著 1775刊) 江戸に出てきた男が，うたたねに栄華の夢をみる。当時の江戸の世相を風刺のきいた文と絵で描いた。

宝暦・天明期の文化③　絵画

考察の視点　洋風画は18世紀後半から描かれるが，その背景は何だろうか。　相互関連

1 主な作品

浮世絵	ささやき・弾琴美人《だんきんびじん》(鈴木春信《すずきはるのぶ》) 婦女人相十品《ふじょにんそうじっぴん》[ポッピンを吹く女]・寛政三美人(喜多川歌麿《きたがわうたまろ》) 市川鰕蔵《えびぞう》・三代目大谷鬼次《おおたにおにじ》の奴江戸兵衛《やっこえどべえ》(東洲斎写楽《とうしゅうさいしゃらく》)
文人画	十便十宜図《じゅうべんじゅうぎず》(池大雅《いけのたいが》・与謝蕪村《よさぶそん》合作)
写生画	雪松図屏風《ゆきまつずびょうぶ》・保津川《ほづがわ》図屏風(円山応挙《まるやまおうきょ》) 動植綵絵《どうしょくさいえ》(伊藤若冲《いとうじゃくちゅう》)
洋風画	不忍池図《しのばずのいけず》(司馬江漢《しばこうかん》) 西洋婦人図《せいようふじんず》(平賀源内《ひらがげんない》) 不忍池図(小田野直武《おだのなおたけ》)

謎の浮世絵師・写楽

東洲斎写楽《とうしゅうさいしゃらく》は，寛政期の浮世絵画壇《がだん》に彗星《すいせい》のごとく現れ，蔦谷重三郎《つたやじゅうざぶろう》を版元として145点余りの作品を世に残した。当時江戸最大の版元だった“蔦重”は，寛政の改革により厳しい統制の対象となり存亡の危機にあったが，その窮地《きゅうち》を救ったのが写楽だった。特に初期の作品に「三代目大谷鬼次《おおたにおにじ》の奴江戸兵衛《やっこえどべえ》」「市川鰕蔵《えびぞう》」などの傑作が多く，これらはすべて雲母摺《きらず》り(背景に雲母《うんも》の粉を摺《す》りつける技法)とよばれる豪華仕立ての大首絵《おおくびえ》である。しかし，写楽の作画期間はわずか10カ月ほどで，その後忽然《こつぜん》と姿を消した。そのため，写楽がいったい何者なのか，深い謎であるが，『増補浮世絵類考《ぞうほうきよえるいこう》』(斎藤月岑《さいとうげっしん》著)を根拠に阿波《あわ》徳島藩主蜂須賀《はちすか》家お抱えの能役者，斎藤十郎兵衛《さいとうじゅうろうべえ》だとする説が有力である。

2 浮世絵

2-1 雪中相合傘《せっちゅうあいあいがさ》(鈴木春信《すずきはるのぶ》筆)　多色《たしょく》刷木版画(**錦絵《にしきえ》**)の創始者である鈴木春信の作品。若い男女が一つの傘で真冬の雪の道を歩く姿を描く。　26.7×20.0cm 大英博物館蔵

出題

2-2 大谷鬼次《おおたにおにじ》の奴江戸兵衛《やっこえどべえ》(東洲斎写楽《とうしゅうさいしゃらく》筆)　上半身を大きく描く**大首絵《おおくびえ》**の手法と大胆な誇張によって歌舞伎の敵《かた》役の個性を強烈に表現している。　38.1×25.6cm 東京国立博物館蔵

出題

2-3 婦女人相十品《ふじょにんそうじっぴん》「ポッピンを吹く女」(喜多川歌麿《きたがわうたまろ》筆)　**大首絵《おおくびえ》**の手法によって，内面的な個性までも感じさせるような質の高い美人画を生み出した。　38.7×25.7cm 東京国立博物館蔵

3 文人画(南画)

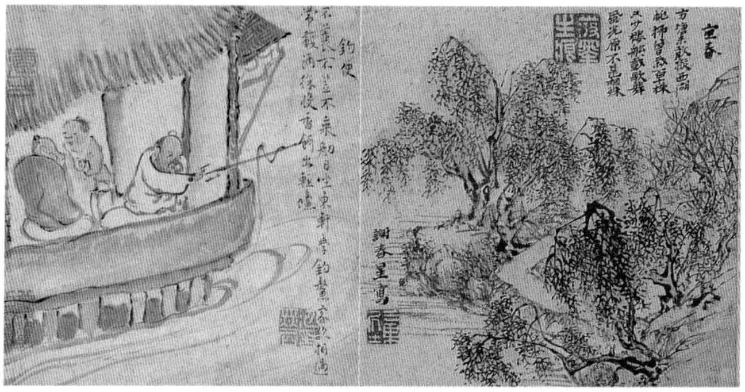

3-1 十便十宜図《じゅうべんじゅうぎず》　十便を**池大雅《いけのたいが》**が，十宜を**与謝蕪村《よさぶそん》**が描いた合作。左は十便のうち釣便図《ちょうべんず》で隠遁《いんとん》生活の興趣《きょうしゅ》を描く。右は十宜のうち宜春図《ぎしゅんず》で，自然の変化がいかに隠遁生活に興趣を与えているかを描く。
国十便17.9×17.9cm
十宜17.7×17.7cm
部分 神奈川・川端康成記念会蔵

4 写生画

4-1『動植綵絵《どうしょくさいえ》』の内「群鶏図《ぐんけいず》」(伊藤若冲《いとうじゃくちゅう》筆)　若冲は狩野《かのう》派出身で，宋・元・明の中国画を模写したのち，**本草学《ほんぞうがく》**の流行を背景に動植物の実物写生を専《もっぱ》らとし，特に鶏の絵を好んだ。「動植綵絵」30幅には，鶏，鳳凰《ほうおう》，草花，魚介類などがさまざまな色彩と形態で描かれている。写実と空想を巧みに融合させた奇想天外な作風で知られる。
国142.6×79.7cm
宮内庁三の丸尚蔵館蔵

4-2 雪松図屏風《ゆきまつずびょうぶ》(円山応挙《まるやまおうきょ》筆)　応挙は狩野《かのう》派を学び，更に西洋画の遠近法・陰影法を取り入れて，革新的な写実的表現様式を完成させた。濃淡とりどりの描線で描かれた松葉や独特な技法で立体感を表現した幹にも写実的姿勢がうかがえる。
国6曲1双 各155.8×362.0cm
東京・(公財)三井文庫蔵

5 洋風画

5-1 西洋婦人図《せいようふじんず》(平賀源内《ひらがげんない》筆)　博識多才の源内が残した唯一の西洋画。その画法は，秋田藩主佐竹曙山《さたけしょざん》，藩士小田野直武《おだのなおたけ》や弟子の司馬江漢《しばこうかん》に受け継がれた。
41.5×30.5cm 兵庫・神戸市立博物館蔵

5-2 不忍池図《しのばずのいけず》(司馬江漢《しばこうかん》筆)　江漢が創始した腐蝕《ふしょく》銅版画(エッチング)の作品。当時流行したのぞき眼鏡《めがね》を通して見ると，いっそう遠近感が際立った。
25.1×37.2cm 部分 兵庫・神戸市立博物館蔵

秋田県立近代美術館蔵

5-3 不忍池図《しのばずのいけず》(小田野直武《おだのなおたけ》筆)　直武は阿仁《あに》銅山検分のため秋田を訪れた平賀源内《ひらがげんない》から西洋画を学び，**秋田蘭画《らんが》**とよばれる一派を形成した。『解体新書《かいたいしんしょ》』の挿絵《さしえ》を描いたことでも知られる。98.5×132.5cm

考察の視点 寛政の改革の柱は①農村復興策と②江戸の都市政策であるが，それぞれの代表的政策をあげてみよう。③また，双方に関連が深いと考えられる政策には，どのようなねらいがあっただろうか。

1 寛政の改革 セ出題

↑1-1 **松平定信**(1758～1829) 吉宗の孫，白河《しらかわ》藩主。

解説 定信は吉宗の孫で白河藩松平家の養子となり，天明の飢饉の際にも被害を最小限に抑え，1787(天明7)年老中首座に登用された。自叙伝『宇《う》下人言《げのひとこと》』(書名は定信の2字を分解)・随筆『花月草子《かげつそうし》』の著作がある。

1A 松平定信系図 セ出題 相互関連

(8)吉宗《よしむね》 ― (9)家重《いえしげ》 ― (10)家治《いえはる》 ― (11)家斉《いえなり》

(田安家)宗武《むねたけ》 ― 治察《はるあき》・定信《さだのぶ》(白河藩主)

家重 ― 重好《しげよし》(清水家)

(一橋家)宗尹《むねただ》 ― 治済《はるさだ》 ― 家斉《いえなり》

青字は三卿
┅ は養子関係

目標		・復古的理想主義―享保《きょうほう》の改革を目標・田沼《たぬま》政治の粛正《しゅくせい》 ・農村再建，本百姓維持と商業資本抑圧
施策	農村復興	・**旧里帰農令《きゅうりきのうれい》**(1790)…旅費を支給し帰村奨励・助郷役《すけごうやく》軽減 史
	社会政策	・**囲米《かこいまい》**の制《せい》…社倉《しゃそう》・義倉《ぎそう》の設置，諸藩には大名1万石につき50石の蓄米 ・**七分積金《しちぶつみきん》** セ出題…江戸町費節約，米や銭で積立て，貧民救済・低利金融 ・人足寄場《にんそくよせば》 2 …江戸石川島に設置。浮浪人・無宿《むしゅく》人に職業指導
	財政緊縮	・倹約令《けんやくれい》 ・**棄捐令《きえんれい》**(1789) 3 …旗本・御家人を救済するために，札差《ふださし》に貸金を放棄させる
	風俗矯正《きょうせい》	・文武奨励，女髪結《かみゆい》・混浴・賭博《とばく》の禁止 ・**出版統制** 4 …洒落《しゃれ》本作者**山東京伝《さんとうきょうでん》**・黄表紙《きびょうし》作者恋川春町《こいかわはるまち》・出版元蔦《つた》屋重三郎《やじゅうざぶろう》らを処罰 セ出題
	思想統制	・**寛政異学《かんせいいがく》の禁**(1790) 5 ・林子平《はやししへい》の処罰…『三国通覧図説《さんごくつうらんずせつ》』『海国兵談《かいこくへいだん》』の出版禁止
	海防強化	・定信，伊豆《いず》・相模《さがみ》巡視，諸藩に海防厳命←ラクスマン根室《ねむろ》来航(1792)
	朝廷対策	・**「尊号一件《そんごういっけん》」**(1789) 6 で家斉との対立
結果		・一時的に幕政緊縮→庶民の不満増大 ・反動色強く，失敗に終わる――貨幣経済の進展と農村の変貌《へんぼう》に対応できず

2 人足寄場《にんそくよせば》 セ出題

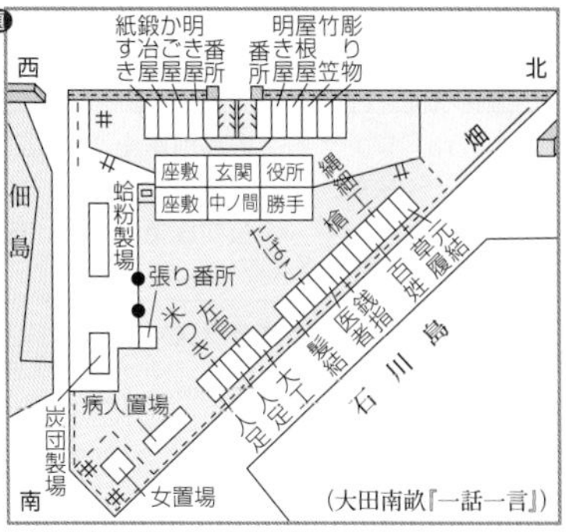

(大田南畝『一話一言』)

解説 火付盗賊改《ひつけとうぞくあらため》長谷川《はせがわ》平蔵《へいぞう》の建議により，隅田川河口の石川島と佃《つくだ》島間を埋め立てて設置した軽犯罪者・無宿者の収容施設で，蛤粉《ごふん》(石灰)製場など各種の作業所があった。寛政期には百数十人，天保期には600人ほどが収容され，江戸の治安対策とともに，職業指導や心学講話などの生活指導により社会復帰させる目的をもった。

3 棄捐令《きえんれい》 1789(寛政元)年 史

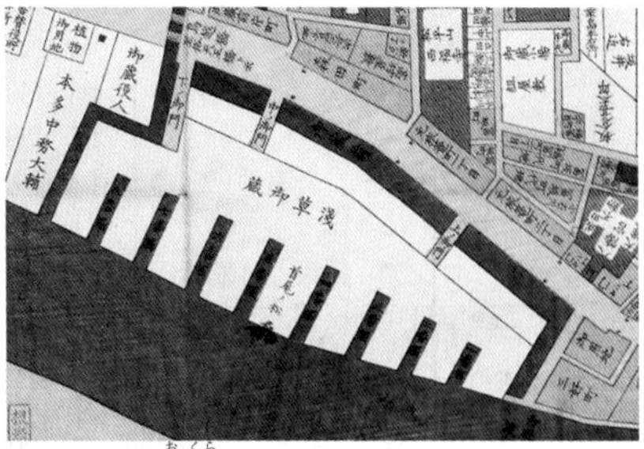

↑3-1 **浅草御蔵《おくら》**(江戸切絵図) 国立国会図書館蔵

解説 浅草御蔵周辺＝蔵前に店を並べた札差《ふださし》は蔵米取《くらまいどり》の旗本・御家人の俸禄《ほうろく》米を売買して換金する商人。しだいに俸禄米を担保に旗本らに金銀の貸し付けも行った。棄捐令は，旗本・御家人たちの札差からの借金を，発布された1789年より6年以前までの分は帳消し，5年以内の分は低利子，年賦返済とするという法令である。これにより，当時の96軒の札差らは平均して1万両以上の債権放棄を強いられることとなった。

4 出版統制－出版統制令 1790(寛政2)年

東京・早稲田大学図書館蔵

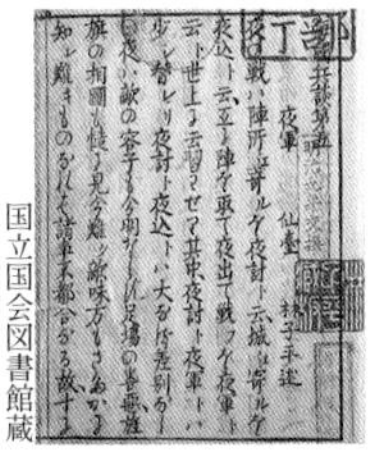

国立国会図書館蔵

↑→4-1 **林子平《はやししへい》**(1738～93)と**『海国兵談《かいこくへいだん》』** セ出題

↑4-2 **山東京伝《さんとうきょうでん》**(1761～1816)

解説 林子平は江戸湾岸の防備の急務を1791(寛政3)年刊の**『海国兵談』**で主張したが，幕政批判とされ，翌年蟄居《ちっきょ》処分となり，版木も没収された。その心境を「親も無し　妻無し子無し版木無し　金も無ければ死にたくも無し」と詠み，自ら**六無斎**と号した。さらに寛政の改革では，風俗統制も厳しく，黄表紙《きびょうし》や洒落《しゃれ》本作家の山東京伝は，『仕懸《しかけ》文庫』などが風紀を乱すとして手鎖《てぐさり》50日の刑を受けた。

5 寛政異学《かんせいいがく》の禁 1790(寛政2)年 史

←5-1 **湯島聖堂《ゆしませいどう》**(聖堂講釈図) 定信は朱子学のみを正学とし，他の儒学は異学とし湯島聖堂の学問所での講義や研究を禁じた。儒官には**柴野栗山《しばのりつざん》・尾藤二洲《びとうじしゅう》・岡田寒泉《おかだかんせん》**(のち**古賀精里《こがせいり》**)を登用(**寛政《かんせい》の三博士《さんはかせ》**)。1797(寛政9)年には学問所は官立に改められ，**昌平坂《しょうへいざか》学問所**とよばれるようになった。 東京大学史料編纂所蔵

6 尊号一件《そんごういっけん》 1789(寛政元)年 セ出題

6A 皇室系図

113 東山《ひがしやま》天皇 ― 114 中御門《なかみかど》天皇 ― 115 桜町《さくらまち》天皇 ― 116 桃園《ももぞの》天皇 ― 118 後桃園《ごももぞの》天皇

115 桜町天皇 ― 117 後桜町《ごさくらまち》天皇

113 東山天皇 ― (閑院宮)直仁《なおひと》親王 ― 典仁《すけひと》親王 ― 119 光格《こうかく》天皇

↑6-1 **光格《こうかく》天皇**(1771～1840) 東京大学史料編纂所蔵

解説 光格天皇は，古代の朝廷の儀式や神事を復古し，「幕府が朝廷を恐れ敬うべき」と発言するなど朝廷の立場向上を図っていた。1789年，光格天皇は，皇位についたことがない実父閑院宮《かんいんのみや》典仁親王に太上《だいじょう》天皇(上皇)の称号を贈るよう幕府に打診したが，定信の反対で実現せず，朝幕関係に緊張が走った(尊号一件)。定信は**大政《たいせい》委任論**(将軍は天皇から国政の権限を委任されて統治を行うという考え方)を説き，天皇の権威を幕政に利用しようとしたが，幕末にかけて内憂外患が深まるにつれ，天皇の存在は政治的に浮上した。

7 藩政改革 セ出題

藩	藩主	主な政策
秋田	**佐竹義和《さたけよしまさ》**(1775～1815)	天明《てんめい》の飢饉《ききん》後藩政改革につとめ，開墾政策推進，固有産業(鉱山・林業)を振興。藩校明徳《めいとく》館を設立
米沢《よねざわ》	**上杉治憲《はるのり》(鷹山《ようざん》)**(1751～1822)	殖産興業《しょくさんこうぎょう》(養蚕・絹織物)，新田開発・備荒《びこう》貯蓄・倹約奨励などにつとめる。藩校**興譲館《こうじょうかん》**を再興し，学問を奨励
松代	**真田幸弘《さなだゆきひろ》**(1740～1815)	恩田杢《おんだもく》を登用。倹約令《けんやくれい》などによる財政再建。殖産興業・文武の奨励
熊本	**細川重賢《しげかた》**(1720～85)	質素倹約・殖産興業(養蚕・植林)につとめる。藩校**時習館《じしゅうかん》**を設立，文武を奨励。宝暦《ほうれき》の改革と称された

→7-1 **上杉治《はる》憲《のり》**(1751～1822) 山形・上杉神社稽照殿蔵

一、国家は先祖より子孫へ伝え候国家にして我私すべき物にはこれなく候
一、人民は国家に属したる人民にして我私すべき物にはこれなく候
一、国家人民のために立たる君にして君のために立たる国家人民にはこれなく候
(上杉治憲「伝国の辞」)

解説 天明期から寛政期には，藩主自らリーダーシップを発揮し，藩政改革を断行して成果をあげた例がいくつかある。なかでも上杉治憲(鷹山《ようざん》)は破産寸前の米沢藩を殖産興業策や藩民の意識改革を通じて再興させた。「伝国の辞」は，藩主の心得として藩と民を私物化することを戒めた遺訓である。その民主的な思想を，ケネディ米大統領は「最も尊敬する日本の政治家」と賞賛した。

列強の接近と鎖国の動揺

考察の視点　幕府が蝦夷地を直轄化したのはなぜだろうか。　相互関連

1 列強の動向と幕府の対応　(色の丸数字は資料3を参照)

	列強の動向	幕府の対応
田沼時代	1778　ロシア船，蝦夷地厚岸《えぞちあっけし》に来航，通商を要求 →松前藩拒絶	1783　**工藤平助**《くどうへいすけ》『**赤蝦夷風説考**《あかえぞふうせつこう》』を著す　セ出題 84　田沼意次《たぬまおきつぐ》，蝦夷地開発計画 85〜86　**最上徳内**《もがみとくない》ら千島探検，得撫《うるっぷ》島に至る　セ出題
寛政改革期	1792　ロシア使節**ラクスマン**，**根室**《ねむろ》**に来航**❶，通商要求(**大黒屋光太夫**《だいこくやこうだゆう》送還)	1792　**林子平**《はやししへい》の『**三国通覧図説**《さんごくつうらんずせつ》』『**海国兵**《かいこくへい》**談**《だん》』史を出版禁止。子平は禁固《きんこ》 →幕府拒絶　海防強化を諸藩に命令
大御所《おおごしょ》時代(家斉《いえなり》)		1798　**近藤重蔵**《こんどうじゅうぞう》の千島探検(択捉《えとろふ》島探査) 99　東蝦夷地を幕府の直轄《ちょっかつ》とする　セ出題 1800　**伊能忠敬**《いのうただたか》，蝦夷地を測量
	1804　ロシア使節**レザノフ**，**長崎に来航**❷，通商要求	02　松前奉行を設置　セ出題　共出題 →幕府拒絶 06　文化の薪水《しんすい》給与令(撫恤《ぶじゅつ》令) 06〜07　ロシア軍艦蝦夷地襲撃事件(文化露寇《ろこう》) 07　西蝦夷地の直轄。松前奉行の支配　セ出題
	1808　**フェートン号事件**(英)❸	08〜09　**間宮林蔵**《まみやりんぞう》，樺太《からふと》探検 11　国後《くなしり》島でロシア艦長**ゴローウニン**を捕える❹ (露との緊張)
	12　ロシア，報復として高田《たかだ》屋嘉兵衛《やかへえ》を捕える　セ出題	13　高田屋嘉兵衛・ゴローウニンともに釈放(ロシアとの緊張緩和)
	18　イギリス人ゴルドン，浦《うら》賀《が》に来航，通商要求	21　東西蝦夷地を松前藩に返還
	24　イギリス捕鯨船員，大津浜・宝島《たからじま》に上陸❺❻	25　**異国船打払令**《いこくせんうちはらいれい》(**無二念**《むにねん》**打払令**)史 28　**シーボルト事件**❼
	37　**モリソン号事件**❽史	39　**蛮社**《ばんしゃ》**の獄**《ごく》❾ (英との緊張)
天保改革期	1840〜42　アヘン戦争(清－英)	1842　**天保**《てんぽう》**の薪水給与令**史　セ出題

2 北方探検

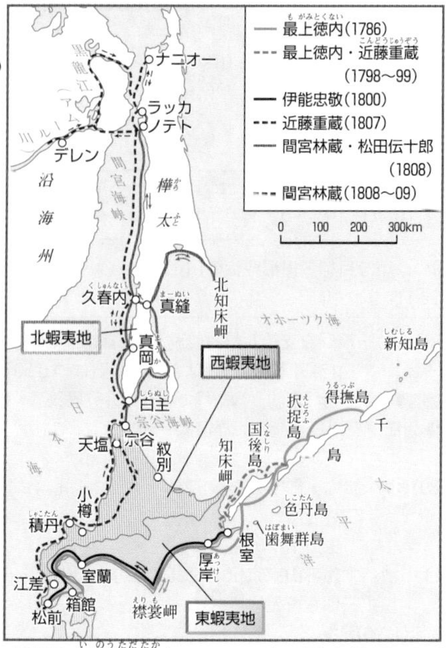

2-1 **間宮林蔵**《まみやりんぞう》(1775〜1844)　1800(寛政12)年，幕府の蝦夷地《えぞち》御用雇となり，蝦夷地に渡り伊能忠敬《いのうただたか》に測量術を学ぶ。1808(文化5)年，樺太《からふと》からアムール川(黒龍江《こくりゅうこう》)を探査，樺太が島であることを確認した(**間宮海峡の発見**)。

つくばみらい市立間宮林蔵記念館 協力

2-2 **伊能忠敬**《いのうただたか》(1745〜1818)**の日本地図**　51歳のときに幕府天文方高橋至時《たかはしよしとき》に天文学・測量術を学んだ。幕命により1800(寛政12)年から1816(文化13)年に蝦夷地をはじめとして，初の実測による全国測量を実施。その成果により，死後の1821(文政4)年(至時の子・高橋景保《かげやす》の監督下)，「大日本沿海輿地《だいにほんえんかいよち》全図《ぜんず》」が完成した。

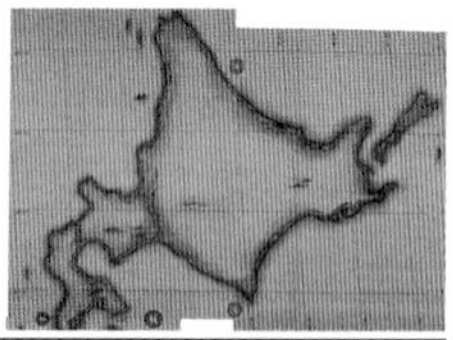

3 列強の接近

3-2 **レザノフとロシア国旗**(ロシア使節レザノフ来航絵巻)東大史料編纂所蔵

❷ レザノフ来航(露) 1804

ラクスマンが持ち帰った信牌を携《たずさ》え長崎に来航，通商を要求するも幕府に拒絶され翌年退去。報復として部下が樺太《からふと》・択捉《えとろふ》島を襲撃。

3-1 **松前城下を行く光太夫**(『魯西亜国漂船聞書』)東洋文庫蔵

❶ ラクスマン来航(露) 1792　セ出題

エカチェリーナ2世の命により，初の遣日使節に任じられ根室《ねむろ》に来航，漂流民大黒屋光太夫《だいこくやこうだゆう》らを送還し，シベリア総督の通商要望の信書を持参したが，幕府は受理せず，長崎への入港許可証(信牌《しんぱい》)を交付。

セ出題
- ● 日米和親条約(1854年調印)の開港地
- ● 日米修好通商条約(1858年調印)の開港地

色の丸数字は年代順

❺ 大津浜事件〈水戸藩〉 1824　セ出題

イギリス捕鯨《ほげい》船員12人が常陸大津浜《ひたちおおつはま》に上陸，水戸藩士会沢正志斎《あいざわせいしさい》はこの事件を機に『新論』を執筆，後の尊王攘夷《そんのうじょうい》運動に大きな影響を与えた。

❸ フェートン号事件(英) 1808

フランスの勢力下にあったオランダの船を捕獲するため，イギリス軍艦フェートン号がオランダ国旗を掲げて長崎に侵入。薪水《しんすい》などを強奪して退去。長崎奉行松平康英《やすひで》は切腹。

3-3 **フェートン号**　長崎歴史文化博物館蔵　セ出題

❹ ゴローウニン事件(露) 1811　セ出題

松前藩，国後《くなしり》島測量中のロシア軍艦ディアナ号を拿捕《だほ》し，艦長ゴローウニンらを監禁。1812年ロシア側，報復として商人高田屋嘉兵衛《たかだやかへえ》を捕らえたが，翌年両者とも釈放，緊張は緩和。ゴローウニン，拘留《こうりゅう》中『日本幽囚記《ゆうしゅうき》』を著《あらわ》した。

3-4 **ゴローウニンの捕縛**《ほばく》　先頭がゴローウニン。「カヒイタン」(船長)と記されている。　早稲田大学図書館蔵

❼ シーボルト事件(蘭) 1828

オランダ商館付医師シーボルトが帰国の際，国禁であった日本地図の持出しが発覚，シーボルトは国外追放，地図を渡した幕府天文方高橋景保《かげやす》は死罪，鳴《なる》滝塾《たきじゅく》門下生ら他十数名が処分され，洋学者弾圧の端《たん》緒《しょ》となった。

(公財)江川文庫蔵　セ出題

3-5 **モリソン号**

❽ モリソン号事件(米) 1837

日本人漂流民7名を乗せて鹿児島湾・浦賀沖に現れたアメリカ商船モリソン号(イギリス船と認識されていた)を異国船打払令に基づき撃退した事件。

❻ 宝島事件〈薩摩藩〉 1824

イギリス捕鯨船員が薩摩宝島《たからじま》に上陸し牛3頭を略奪，薩摩藩兵がイギリス人1名を射殺した事件。大津浜事件とともに異国船打払令《うちはらいれい》発布の要因となった。

❾ 蛮社《ばんしゃ》**の獄**《ごく》 1839

モリソン号事件にからみ，渡辺崋山《かざん》が『慎機論《しんきろん》』，高野長英《ちょうえい》が『戊戌《ぼじゅつ》夢物語』により幕政批判をしたとして処罰された事件。背後に開明派の江川太郎《えがわたろう》左衛門《ざえもん》と保守派の鳥居耀蔵《とりいようぞう》との激しい対立があった。

田原市蔵

3-6 **奉行所で取り調べを受ける崋山**(渡辺崋山『自筆獄廷素描』)

内憂外患の深化と天保の改革

考察の視点　幕府が，大名や旗本の反対によって上知令や三方領知替えを撤回せざるを得なかった要因は何だったのだろうか。

1 文化・文政時代 −11代将軍家斉《いえなり》の大御所《おおごしょ》政治　1793〜1841年

相互関連

特色		放漫財政——将軍・大奥の華美な生活(文政期へ) 政治腐敗——老中水野忠成《ただあきら》の賄賂《わいろ》政治 (「水の(野)でて　もとの田沼に　もどりけり」) 商業の発展，農村の荒廃
施策	財政政策	• **悪貨の大量発行による出目《でめ》の収益** • 商人への御用金賦課《ふか》
	治安対策	• **関東取締出役《とりしまりしゅつやく(でやく)》の設置**(1805) 1A • **寄場組合《よせばくみあい》組織**(1827) 1A
	対外政策	• 最上徳内《もがみとくない》・近藤重蔵《こんどうじゅうぞう》の千島探査(1798) • 間宮林蔵《まみやりんぞう》の樺太《からふと》探査(1808) • 伊能忠敬《いのうただたか》，全国の沿岸測量(1800〜16) • 文化の薪水《しんすい》給与令(1806) • **異国船打払令《いこくせんうちはらいれい》(無二念《むにねん》打払令)**(1825) 史
結果		㋝出題 **天保《てんぽう》の飢饉《ききん》**(1833〜39) **大塩《おおしお》の乱**(1837) 2　} 一揆《いっき》の激増 江戸町人文化の隆盛(**化政文化**)

東京大学総合図書館蔵

1-1 溶姫《ようひめ》の輿入《こしい》れ(香朝楼国貞筆「松之栄」)　**11代将軍家斉《いえなり》**には40人の側室《そくしつ》と55人の子どもがいた。場面は1827(文政10)年，第21女の溶姫が15歳で加賀藩主前《かがはんしゅまえ》田斉泰《だなりやす》に輿入れするところ。このときに**前田家上屋敷**に建てられた正門が，現在の**東京大学の赤門**である。家斉の娘たちを迎える大名の負担は重かったが，何かと幕府から優遇されているとの噂があった。

1A 関東取締出役《とりしまりしゅつやく(でやく)》と寄場《よせば》組合

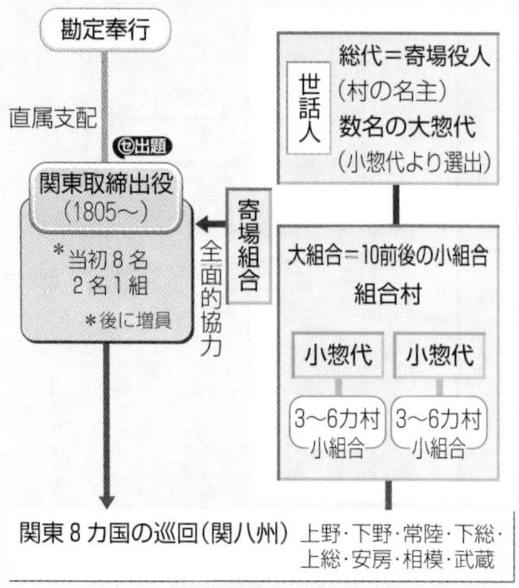

解説　江戸時代の関東は幕領・私領《しりょう》・寺社領《じしゃりょう》が複雑に入り組み，無宿人や博徒《ばくと》などの渡世人《とせいにん》が横行しても，取締りが十分に行われにくかった。そこで，1805(文化２)年に関東取締出役を設置し，さらに1827(文政10)年，文政改革により寄場組合を編成し治安の強化を図った。これは近隣数カ村で小組合をつくり，それを10前後まとめて大組合とし，中心的な村を寄場とした。

2 大塩《おおしお》の乱 史 ㋝出題

大阪歴史博物館蔵

2-1 大塩の乱(出潮引汐奸賊聞集記《でしおひきしおかんぞくもんしゅうき》)

2-2 旗

2-3 大塩平八郎《おおしおへいはちろう》(1793〜1837)

解説　大坂町奉行所《まちぶぎょう》元与力《よりき》で陽明学者《ようめいがくしゃ》の大塩《おおしお》は，**天保の飢饉**のもと江戸への米廻送に抗議。1837(天保８)年，「救民」の旗をかかげ門弟20余人と貧民を率いて大坂で武装蜂起。乱は半日で鎮圧されたが，全国中に大きな衝撃を与えた。

3 三方領知替え

解説　幕府は1840(天保11)年，川越・庄内・長岡３藩の三方領知替えを命じたが，庄内藩農民の反対一揆や諸藩の反発もあり，翌年中止された。**転封《てんぽう》の命令が撤回**されたのは初めてのことであった。

3-1 集結する一揆勢(「夢の浮橋」)

山形・致道博物館蔵

読み解く　この場面は庄内藩農民の反対一揆のなかでも，大変重要な意味をもつ行動を描いているが，駕籠《かご》の下にひざまずく農民は何をしようとしているのだろうか。

(「夢の浮橋」)
山形・致道博物館蔵

4 天保《てんぽう》の改革 −12代家慶《いえよし》の時代 ㋝出題 ：水野忠邦の改革　1841〜43年

目標		復古《ふっこ》理想主義(享保《きょうほう》・寛政《かんせい》の改革を模範《もはん》とする) 絶対主義的傾向——商品経済の直接支配を企図。幕府権力強化
施策	風俗矯正《きょうせい》	• **倹約令《けんやくれい》**…衣食住・年中行事・風俗・趣味・娯楽など生活のあらゆる面にわたり厳しく統制 • 出版統制…人情本《にんじょうぼん》の**為永春水《ためながしゅんすい》**らを処罰
	商業政策	• **株仲間《かぶなかま》解散**…物価引き下げと在郷《ざいごう》商人直接統制を意図 史 ㋝出題 • 物価引き下げ令
	財政対策	• 三都商人へ御用金《ごようきん》 • 悪貨の発行 • **棄捐令《きえんれい》**…旗本・御家人の借金救済
	農村復興 幕府権力 強化	• **人返《ひとがえ》しの法**…都市に流入した農民の帰村(1843) 史 ㋝出題 • 印旛沼《いんばぬま》の干拓事業 • 軍事改革…西洋砲術の採用(高島秋帆《たかしましゅうはん》) • **上知令《じょうちれい(あげち)》**…江戸・大坂周辺地の直轄化企図(1843) 4A
	対外政策	• 天保の薪水《しんすい》給与令(1842) 史
結果		絶対主義的政策は，その機構や基盤の弱さから各階層に不満と混乱を招き，改革は失敗に終わる。 →幕府権力の衰退

4-1 水野忠邦《みずのただくに》(1794〜1851)　1834(天保５)年老中就任。家斉《いえなり》死後，改革を推進。

4A 上知令 史

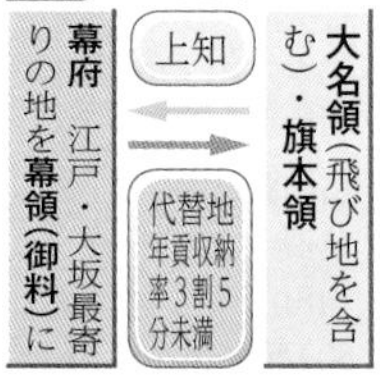

解説　上知令の意図は，幕府財政の充実，支配強化，さらに海防強化が目的とされるが，諸大名や百姓，町人の大規模な反対を受けて撤回され，水野忠邦も直後に老中を罷免された。

5 アヘン戦争の衝撃

解説　1840(天保11)年に勃発《ぼっぱつ》したアヘン戦争の情報は，『オランダ風説書《ふうせつがき》』などを通じてまもなく日本に伝えられ，大きな衝撃を与えた。対外政策を異国船打《いこくせんうち》払令《はらいれい》から薪水給与《しんすいきゅうよ》令《れい》に転換したほか，国防策への着手を余儀なくされた。

5-1 印旛沼《いんばぬま》の掘割《ほりわり》工事(印旛沼古地図)　大規模な印旛沼の掘割工事に着手した背景には，外国からの攻撃により江戸湾が封鎖された場合に，物資を利根川《とねがわ》筋から江戸に運ぶ目的があった。千葉・船橋市西図書館蔵

5-2 徳丸《とくまる》ケ原《はら》演習図(砲術稽古業見分之図)　幕府は長崎の砲術家《ほうじゅつか》高島秋帆《たかしましゅうはん》の意見書を採用し，武蔵《むさし》国徳丸ケ原で日本初の洋式砲術の公開演習を行った。

東京・板橋区立郷土資料館蔵

近代化のめばえと雄藩の登場

天保期以降に藩政改革を進めた藩の特色は何だろうか。また，それは幕末の政局にどのように影響しただろうか。

相互関連

1 近代産業のめばえ

農村家内工業（農家の副業）

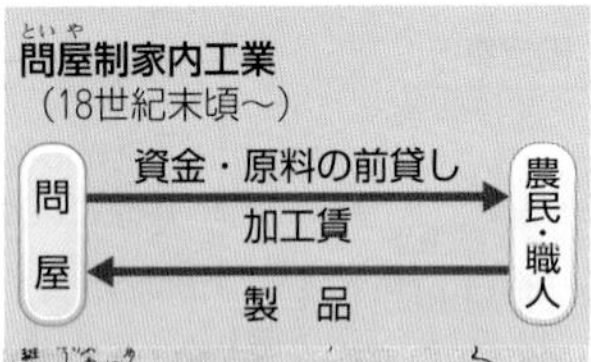

1-1 木綿を織っている農家の縁先で，商人が値段の交渉をしているところ（河内名所図会《かわちめいしょずえ》）。 東京・国立公文書館蔵

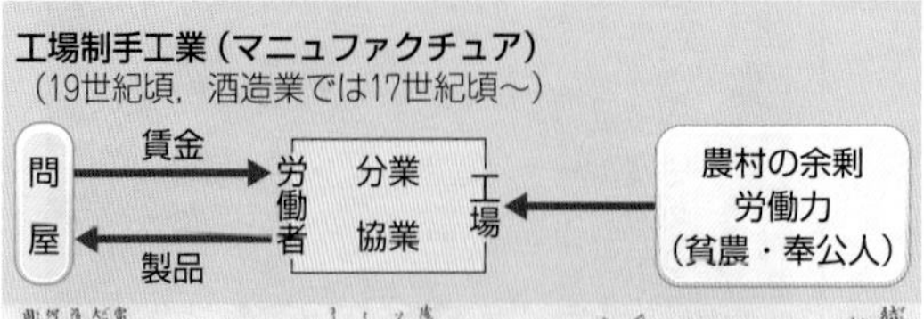

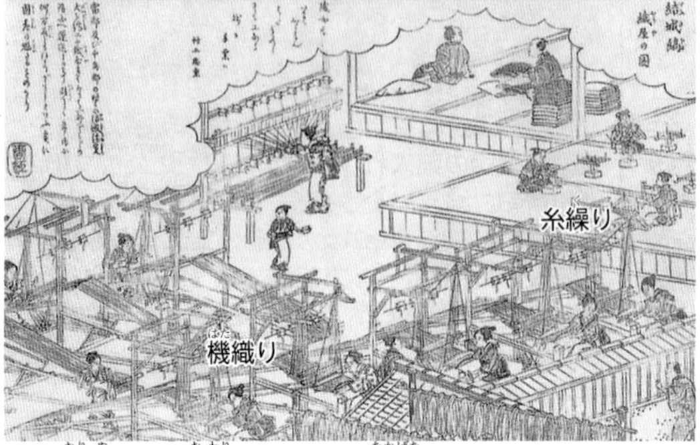

1-2 織屋《おりや》の図（尾張《おわり》名所図会） 高機《たかばた》は腰かけた姿勢で両足を使って作業するので複雑な織り方ができた。女子労働者が分業によって織物生産を行っているようすが分かる。 名古屋市蓬左文庫蔵

1-3 **韮山反射炉《にらやまはんしゃろ》**（国指定史跡） 1854（安政元）年，洋学知識に長《た》けた韮山代官江川太郎左衛門《えがわたろうざえもん》（英龍《ひでたつ》・坦庵《たんあん》）の尽力により築造が始まり，子の英敏《ひでとし》のときに，洋学導入に積極的であった佐賀藩の協力を得て1857（安政４）年に完成した。 世

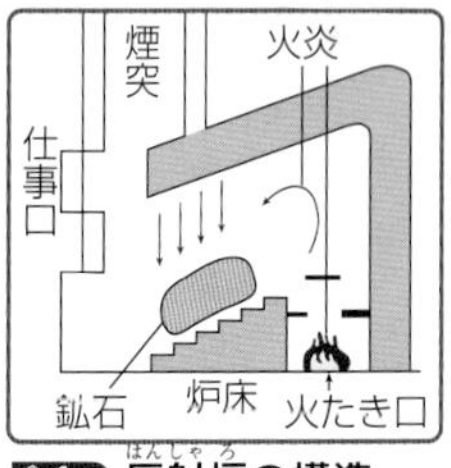

1-4 **反射炉《はんしゃろ》の構造**

反射炉とは，銑鉄《せんてつ》（鉄鉱石や砂鉄から直接製造した不純物を多く含む鉄）を千数百度の高温で溶かし，優良な鉄を生産するための炉。溶解炉《ようかい》の天井《てんじょう》部分に熱を反射させ高温を実現する構造からこの名がある。溶かした鉄は鋳型《いがた》に流し込んで大砲などに加工された。

2 藩政改革－雄藩《ゆうはん》の登場

2-1 **薩摩集成館《しゅうせいかん》**（武雄鍋島家資料「薩州見取絵図」） （公財）鍋島報效会 所蔵／佐賀県立図書館 寄託

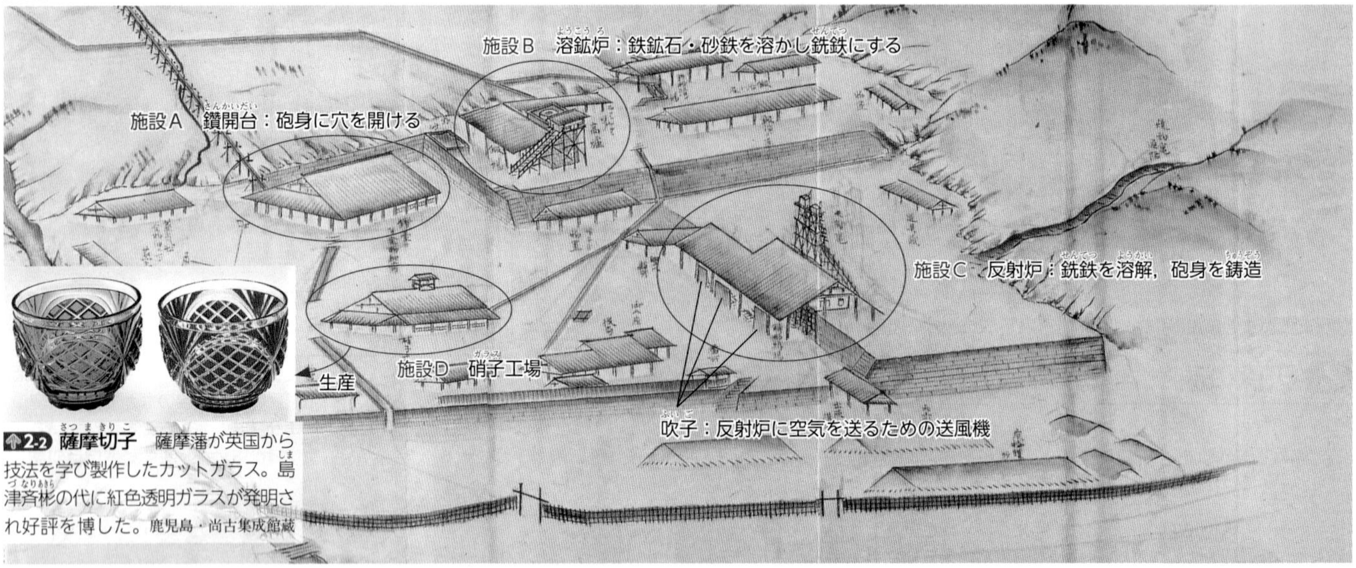

2-2 **薩摩切子《さつまきりこ》** 薩摩藩が英国から技法を学び製作したカットガラス。島《しま》津斉彬《づなりあきら》の代に紅色透明ガラスが発明され好評を博した。 鹿児島・尚古集成館蔵

読み解く 2-1でどのような工程を経て，大砲が製造されたのだろうか。施設Ａ～Ｃを工程順に並べてみよう。

2A 天保期以降の藩政改革一覧

藩	中心人物	改革の主な内容
水戸藩	徳川斉昭《とくがわなりあき》	藤田東湖《ふじたとうこ》・会沢安《あいざわやすし》らを登用。均田《きんでん》制・専売制・軍事増強に尽力
松代藩	真田幸貫《さなだゆきつら》	佐久間象山《さくましょうざん》らの人材登用，洋学導入。殖産興業《しょくさんこうぎょう》。文武《ぶんぶ》学校開設
越前藩	松平慶永《まつだいらよしなが》	橋本左内《はしもとさない》・由利公正《ゆりきみまさ》を登用，横井小楠《よこいしょうなん》を政治顧問に招く。重商主義政策
土佐藩	山内豊信《やまうちとよしげ》	吉田東洋《よしだとうよう》を登用，財政緊縮。専売制。洋式砲術採用など軍事力強化
宇和島藩	伊達宗城《だてむねなり》	富国強兵と洋式兵学導入，村田蔵六《むらたぞうろく》（大村益次郎《おおむらますじろう》）を招き蒸気軍艦建造
長州藩	村田清風《むらたせいふう》	負債整理，紙・蠟《ろう》の専売強化。下関に越荷方《こしにかた》を設置。西洋砲術導入
佐賀藩	鍋島直正《なべしまなおまさ》	均田《きんでん》制により本百姓体制再建。陶磁器専売。日本初の大砲製造所建設
薩摩藩	調所広郷《ずしょひろさと》	500万両の負債整理。奄美《あまみ》の黒砂糖専売。琉球経由清との密貿易
	島津斉彬《しまづなりあきら》	西郷隆盛《さいごうたかもり》ら中・下士層登用。集成館事業。日本初の蒸気船「雲行丸《うんこうまる》」建造

2B 天保期以降の藩政改革の特色

①藩財政再建に尽力…負債整理・特産物の専売制・藩営工業
②有能な中・下級藩士を登用…門閥《もんばつ》政治を打破
③軍備の近代化推進…洋式軍事工場設立，軍制改革着手→藩権力強化に成功，**雄藩《ゆうはん》**として発言権強める

薩摩藩の集成館事業

薩摩藩主島津斉彬《しまづなりあきら》（1809～58）が建設したアジア初の近代的西洋式工場群で，製鉄のための溶鉱炉《ようこうろ》・反射炉《はんしゃろ》をはじめとした工場を設置し，大砲製造から洋式帆《はん》船《せん》・蒸気船の製造，その他武器弾薬《だんやく》から食品製造，ガラス製品製造，ガス灯・製塩術・写真術の研究・実験など，単なる軍備強化のみを目的とせず，社会インフラの整備にむけた事業を展開した。斉彬の死後縮小され薩英《さつえい》戦争で焼失したが，その後，急接近した英国の協力のもと，再興《さいこう》され銃砲《じゅうほう》・機械などを製造，洋式紡《ぼう》績《せき》工場も建てられた。

歴史ナビ　**尚古集成館**（鹿児島県鹿児島市）　島津家の歴史や近代化事業を紹介する博物館。薩摩切子や工場操業時の機械などを収蔵・展示している。

考察の視点 尊王論・平田派国学の広がりや洋学の実学化には，どのような国際状況の変化が背景にあるのだろうか。 相互関連

化政期の文化① 思想と教育

時期　文化・文政期(1804～29年)を中心に発展
江戸をはじめとする三都の繁栄を背景にして発展した，下層の民衆をも基盤とする町人文化。交通網の発達，教育・出版の普及，商人・文人らの全国的ネットワーク形成により，世情の諸情報とともに全国各地に伝えられた。

1 政治・社会思想

1A 経世論《けいせいろん》

本多利明《ほんだとしあき》(としあきら)(1743～1820)	西洋事情に通じ，外国貿易の促進，蝦夷地《えぞち》開発など重商主義政策を説いた。主著は『西域物語《せいいき》』『経世秘策』
海保青陵《かいぼせいりょう》(ほ)(1755～1817)	商品経済の発展を肯定,武士の利潤追求を正当化するとともに,藩による専売制採用を説いた。主著は『稽古談《けいこだん》』
佐藤信淵《のぶひろ》(1769～1850)	国家による徹底した商業統制と貿易振興を説き，絶対主義的な国家像を提唱した。主著は『経済要録』『農政本論』

1B 尊王論《そんのうろん》

後期水戸学	**藤田幽谷**《ゆうこく》(1774～1826)	彰考館総裁，『大日本史』編纂に尽力。攘夷実行の根底として天皇中心の国家体制(国体)確立を強調した。
	㋝出題 **会沢安(正志斎)**《あいざわやすし せいしさい》(1782～1863)	藩主徳川斉昭《なりあき》を助け，藩政改革・藩校弘道館創設に尽力。主著『新論《しんろん》』は尊王・大義名分・富国強兵を強調，尊攘派志士らに大きな影響を与えた。
	㋝出題 **藤田東湖**《とうこ》(1806～55)	幽谷の次男。斉昭の側用人として藩政改革にあたる。尊攘派志士の信望を集めた。主著は『弘道館記述義』
国　学	**平田篤胤**《あつたね》(1776～1843)	本居宣長《もとおりのりなが》の古道説を継承し復古神道《ふっこしんとう》を提唱。地方の豪農層に広く信奉され尊攘運動を支えた。

千葉・国立歴史民俗博物館蔵

1-1 平田篤胤《あつたね》自筆のロシア文字練習帳
1795(寛政7)年，秋田藩を脱藩し江戸に出た平田篤胤が，**本居宣長**の業績に触れる以前，**大黒屋光太夫**《だいこくやこうだゆう》が伝えたロシア文字を学習していたことがわかる。篤胤の国学研究の契機は，当時のロシア船接近にともなう対外危機であり，さらに，西洋諸国の富強の源泉にキリスト教の観念があるとみて，それへの対抗を強く意識して，日本のあるべき姿とかたちを考える独自の神学(**復古神道**《ふっこしんとう》)をうち立てた。

1C 自然科学

伊能忠敬《いのうただたか》(1745～1818)	高橋至時《よしとき》(1764～1804)に西洋暦法・測量術を学んだ。1800(寛政12)年幕命で蝦夷地《えぞち》を測量，以後全国を測量した。その成果が「大日本沿海輿地《よち》全図」として没後の1821(文政4)年に完成。
志筑忠雄《しづきただお》(1760～1806)	蘭学者でオランダ通詞，語学および天文学研究に努めた。特に『暦象新書《れきしょうしんしょ》』の訳述は，天文学発達に大いに貢献した。ケンペルの『日本誌』の一部を『鎖国論』の題で訳す。
緒方洪庵《おがたこうあん》(1810～63)	大坂・江戸・長崎で蘭学を学んだ蘭医。1838(天保9)年，大坂で適々斎塾《てきてきさい》(適塾) 2-2 を開いた。種痘《しゅとう》の普及に貢献，1862(文久2)年奥医師・西洋医学所(旧種痘所)頭取となる。

1-2　茨城・古河歴史博物館蔵

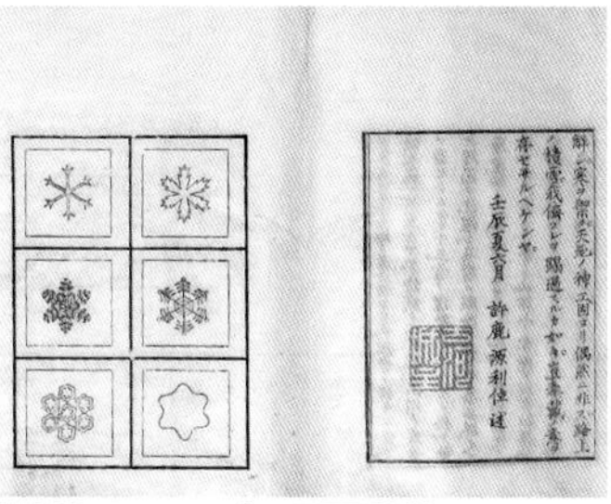

読み解く 1-2は古河藩主土井《どい》利位《としつら》(1789～1848)が，家臣で蘭学者の鷹見泉石《たかみせんせき》(1785～1858)の手ほどきにより，1-3の顕微鏡を使ってあるものを観察した記録書である。そのさまざまな模様は鈴木牧之《ぼくし》(1770～1842)の書物に引用されて以降，江戸で大流行し，1-4の浮世絵《うきよえ》にみえる着物や1-5の印籠《いんろう》などの工芸品の意匠《いしょう》としてさかんに描かれた。利位が観察したものは何だろうか。

1-3 カルペパー型顕微鏡

*18世紀後半に日本に輸入されていたもの。
ユニオン光学株式会社蔵

1-4 江戸の松　名木尽　押上妙見の松(渓斎英泉筆)　茨城・古河歴史博物館蔵

1-5 印籠

茨城・古河歴史博物館蔵

1D 開国論

 **1-6 渡辺崋山**《わたなべかざん》(1793～1841)	三河国《みかわ》(愛知県)田原藩の家老で画家。海防への関心から蘭学研究に没頭，**尚歯会**《しょうし》で**高野長英**・小関三英《こせきさんえい》らと交流を深め，蘭学者の指導者的存在になる。1839(天保10)年の蛮社《ばんしゃ》の獄《ごく》で『**慎機論**《しんきろん》』が幕政批判の罪に問われ，自宅蟄居《ちっきょ》(無期謹慎)となり，2年後に自害した。 ㋝出題
 **1-7 高野長英**《たかのちょうえい》(1804～50)	陸奥《むつ》国水沢の町医者。**シーボルトの鳴滝塾**《なるたき》で医学・蘭学を学んだ。**渡辺崋山**と出会い，崋山の要請に応じ蘭学書の翻訳に当たった。蛮社の獄で『**戊戌夢物語**《ぼじゅつ》』が問題となり，永牢《えいろう》処分となる。脱獄したが後に江戸で捕縛された。
 **1-8 佐久間象山**《さくましょうざん》(ぞうざん)(1811～64)	信濃《しなの》国(長野県)松代《まつしろ》藩士。朱子学を基礎とし，蘭学・兵学を学んだ。「東洋道徳･西洋芸術(技術)」を唱え，開国進取による西洋科学の積極的導入を主張。門人に**吉田松陰**《よしだしょういん》・**勝海舟**《かつかいしゅう》・**坂本龍馬**《さかもとりょうま》らがいる。

2 教育

2A 私塾

長崎大学附属図書館経済学部分館蔵

2-1 鳴滝塾舎之図　1824(文政7)年，オランダ商館医の**シーボルト**が長崎郊外に開いた診療所兼私塾。門人から高野長英《たかのちょうえい》・伊東玄朴《いとうげんぼく》らを出し，洋学の発展に貢献した。 ㋝出題

2-2 適々斎塾(適塾)　1838(天保9)年，**緒方洪庵**《おがたこうあん》が大坂に開いた蘭学塾。福沢諭吉《ふくざわゆきち》・大村益次郎《おおむらますじろう》・橋本左内《はしもとさない》・大鳥圭介《おおとりけいすけ》らの人材が育った。

2-3 松下村塾
1856(安政3)年，長州萩《ちょうしゅうはぎ》郊外に，謹慎中の**吉田松陰**《よしだしょういん》が叔父の塾を引き継ぎ開塾。高杉晋作《たかすぎしんさく》・久坂玄瑞《くさかげんずい》・伊藤博文などの門下生を出し，明治維新に与えた影響は大きい。 世

2B 幕府学校と東京大学

蛮書和解御用《ばんしょわげごよう》(1811)	洋学所(1855)	蕃書調所《ばんしょしらべしょ》(1856)	洋書調所(1862)	開成所《かいせいしょ》(1863)	開成学校(1868)		大学南校(1869.12)	
忍岡学塾《しのぶおか》(1630)	湯島聖堂《ゆしませいどう》付属学問所(1691)		昌平坂《しょうへいざか》学問所(1797)		昌平学校(1868)	大学校(1869.8)	大学(本校)(1869.12)	東京大学(1877)
種痘館《しゅとう》(1858)	種痘所(1860)	西洋医学所(1861)		医学所(1863)	医学校(1868)		大学東校(1869.12)	

蛮書和解御用　1811(文化8)年，高橋景保《かげやす》の建議により幕府天文方におかれた蘭書の翻訳機関。大槻玄沢《おおつきげんたく》・宇田川榕庵《うだがわようあん》ら優れた蘭学者が相次いで翻訳官になった。その後，洋学所→蕃書調所→洋書調所→開成所→開成学校と発展し，東京大学の前身となる。

歴史ナビ　**シーボルト記念館**(長崎県長崎市)　鳴滝塾跡の隣地に開設された。日本の近代化に貢献したシーボルトの生涯と功績を紹介している。

考察の視点 化政文化の興隆から，当時の民衆の娯楽を考えてみよう。相互関連

1 出版文化の発展

1A 文芸と演劇

文芸	小説	滑稽本《こっけい》	東海道中膝栗毛《とうかいどうちゅうひざくりげ》(1802～22年刊) セ出題 浮世風呂《うきよぶろ》(1809～13年刊)・浮世床《どこ》(1823年刊)	十返舎一九《じっぺんしゃいっく》(1765～1831) 式亭三馬《しきていさんば》(1776～1822)
		人情本《にんじょうぼん》	春色梅児誉美《しゅんしょくうめごよみ》(1832～33年刊)	為永春水《ためながしゅんすい》(1790～1843) ＊天保の改革で弾圧
		読本《よみほん》	南総里見八犬伝《なんそうさとみはっけんでん》(1814～42年刊) セ出題 椿説弓張月《ちんせつゆみはりづき》(1807～11年刊)	曲亭馬琴《きょくていばきん》(1767～1848)
		合巻《ごうかん》	偐紫田舎源氏《にせむらさきいなかげんじ》(1829～42年刊)	柳亭種彦《りゅうていたねひこ》(1783～1842) ＊天保の改革で弾圧
	俳諧：おらが春(1819年刊)…小林一茶《こばやしいっさ》(1763～1827) 和歌：良寛《りょうかん》(1758～1831) その他：菅江真澄遊覧記《すがえますみゆうらんき》…菅江真澄(1754～1829)　北越雪譜《ほくえつせっぷ》…鈴木牧之《すずきぼくし》(1770～1842)			
演劇	歌舞伎	東海道四谷怪談《とうかいどうよつやかいだん》(1825年初演) 白浪五人男《しらなみごにんおとこ》(1862年初演)・三人吉三廓初買《さんにんきちさくるわのはつがい》(1860年初演)		鶴屋南北《つるやなんぼく》(1755～1829) 河竹黙阿弥《かわたけもくあみ》(1816～93)

解説 出版文化を支えたのは蔦屋重三郎《つたやじゅうざぶろう》らの出版と販売を兼ねた地本問屋《じほんどいや》で，店先では狂歌《きょうか》・浄瑠璃本《じょうるりぼん》や浮世絵《うきよえ》を販売した。貸本屋の活躍と寺子屋教育の普及による識字率《しきじりつ》向上により，地方農村にまで読書の習慣が広がった。農村では豪農が蔵書家となり，図書館的機能を備えた。

1B 江戸時代の小説の系統

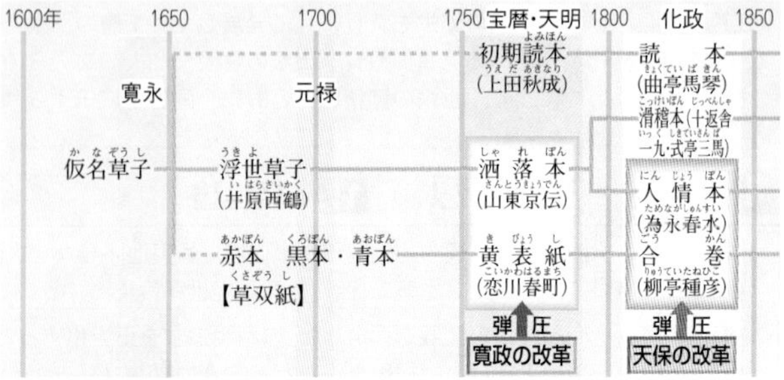

1C 読書の広がり

1-1 蔦屋耕書堂《つたやこうしょどう》の店先(画本東都《とうと》遊《ゆう》・葛飾北斎《かつしかほくさい》筆)

1-2 貸本屋(日本風俗図絵)　店舗もあるが，大風呂敷に包んで得意先を回った。

国立国会図書館蔵

2 民衆文化

2A 生活と信仰

都市の娯楽	**芝居小屋《しばい》**2B，**見世物小屋《みせもの》**，**寄席《よせ》**(講談・落語・曲芸)， **相撲《すもう》**2C，**銭湯《せんとう》**，**髪結床《かみゆいどこ》**…庶民の娯楽場 **縁日《えんにち》**(神仏に何らかの縁があって祭典・供養の行われる日) **開帳《かいちょう》**(寺の秘仏などを公開すること。他所へ出張して行うのは出開帳《でかいちょう》)2E **富突《とみつき》**(寺社が収益目的で主催)2D **湯治《とうじ》**(温泉療養)・**物見遊山《ものみゆさん》**(見物・遊興)
信仰	**寺社参詣《さんけい》**…伊勢参宮《さんぐう》(御蔭参り《おかげまい》)2F・善光寺参り 金毘羅《こんぴら》参り・成田参りなど **巡礼(遍路)《じゅんれいへんろ》**…西国三十三カ所(美濃《みの》～播磨《はりま》，観音《かんのん》信仰)・ 四国八十八カ所(四国，弘法大師《こうぼうだいし》信仰)など **講《こう》**…信仰のための組織から社交・娯楽的傾向へ 日待《ひまち》講・月待《つきまち》講・庚申《こうしん》講(特定の日に集会をもつ)2G 伊勢《いせ》講・富士《ふじ》講・一心《いっしん》講(参詣のための組織)
年中行事	**正月**…年神《としがみ》を迎える。門松《かどまつ》は年神の依代《よりしろ》 **節分《せつぶん》**…立春の前日，悪霊邪鬼《あくりょうじゃき》を祓《はら》う。豆まきの風習は室町時代，中国より伝わる **五節句《ごせっく》**…人日《じんじつ》(1/7)・上巳《じょうし》(3/3)・端午《たんご》(5/5)・七夕《たなばた》(7/7)・重陽《ちょうよう》(9/9) **彼岸会《ひがんえ》**…太陽が真西に沈む春分と秋分を中日《ちゅうにち》とする7日間。西方浄土《さいほうじょうど》を観《かん》じ，祖先をしのぶ **祇園会《ぎおんえ》**…災厄《さいやく》をもたらす御霊《ごりょう》を鎮《しず》める。旧暦6月の行事 **盂蘭盆会《うらぼんえ》**…旧暦の7月15日を中心に，祖先の霊をまつる

2B 芝居小屋

2-1 大芝居繁栄之図(歌川豊国筆)　歌舞伎狂言《かぶききょうげん》のなかでも人気の高い演目『菅原伝授手習鑑《すがわらでんじゅてならいかがみ》』の「車曳《くるまびき》」という場面を描いた作品。芝居小屋で歌舞伎を楽しむ観客の生き生きした姿を見ることができる。

東京都立中央図書館特別文庫室蔵

2C 勧進相撲《かんじんずもう》

2-2 勧進相撲(「東都歳時記」)　神社仏閣などの再建資金を募集するために，相撲《すもう》を興行《こうぎょう》したもので室町時代に始まる。力士たちは大名ら贔屓筋《ひいきすじ》から贈られた化粧廻《けしょうまわ》しをつけている。本所《ほんじょ》の**回向院《えこういん》**の境内《けいだい》で行われ，**両国《りょうごく》の大相撲**の起源となった。

国立国会図書館蔵

2D 富突《とみつき》(富くじ)

個人蔵

＊富札は茅場町薬師堂のもの。

2-3 谷中天王寺富興行(「東都歳時記」)(左)と**富札**(右)　谷中天王寺《やなかてんのうじ》(旧感應寺《かんのうじ》)は，享保年間に現代の宝くじにあたる富くじ興行が許可され，湯島天満宮《ゆしまてんまんぐう》，目黒不動龍泉寺《めぐろふどうりゅうせんじ》とともに「江戸の三富《さんとみ》」と称され賑《にぎ》わった。左は木箱に入れた木札《きふだ》を寺僧が錐《きり》で突いて抽選を行っているところ。

国立国会図書館蔵

2E 開帳

2-4 回向院《えこういん》開帳(「江戸名所図会」)

国立国会図書館蔵

解説 開帳とは堂舎修復などの費用を賄《まかな》うため，秘仏を公開して拝観させること。自身の寺で行う居開帳《いがいちょう》では浅草寺《せんそうじ》観音や護国寺《ごこくじ》観音など，ほかの場所に出張する出開帳では信州善光寺如来《ぜんこうじにょらい》・成田不動《なりたふどう》などが人気だった。本所《ほんじょ》の回向院《えこういん》は近くに両国《りょうごく》の盛り場をひかえ，絶好の出開帳場所として繁盛した。

2F 御蔭参り《おかげまい》

解説 御蔭参りとは，江戸時代，60年前後を周期として特定の年におこった伊《い》勢神宮《せじんぐう》への熱狂的集団参詣《さんけい》をいう。この絵馬《えま》は1830(文政13)年のようすを描いたもの。民衆は宗教的熱狂のなか封建的抑圧からの解放感に浸り，後の「**ええじゃないか**」につながる様相を呈している。

大規模なもの	
1705年	330万～370万人
1771年	約200万人
1830年	約500万人

2-5 御蔭参り図絵馬　奈良龍王宮蔵　千葉・国立歴史民俗博物館複製

2G 庚申信仰

2-6 庚申塔　**庚申講《こうしんこう》**とは，60日に一度の庚申の夜，睡眠中に三尸《さんし》虫という3匹の虫が体内から抜け出て，その人の罪悪《ざいあく》を天帝《てんてい》に告げるため寿命が縮むので，徹夜して語り合う集まり。庚申塔はこの信仰から造立，庚申の日には御神酒《おみき》・供物《くもつ》などを供えた。

考察の視点 ヨーロッパ印象派の画家たちは，浮世絵のどのような点に影響を受けたのだろうか。 相互関連

1 主な作品

浮世絵	富嶽三十六景《ふがくさんじゅうろっけい》(葛飾北斎《かつしかほくさい》) 東海道五十三次《ごじゅうさんつぎ》・名所江戸百景(歌川広重《うたがわひろしげ》) 朝比奈《あさひな》小人嶋遊《こびとしまあそび》・源頼光《みなもとのよりみつ》《(らいこう)》公館土蜘作妖怪図《こうのやかたにつちぐもようかいをなすのず》(歌川国芳《うたがわくによし》)
文人画	鷹見泉石《たかみせんせき》像・一掃百態《いっそうひゃくたい》(渡辺崋山《わたなべかざん》)
写生画	柳鷺群禽図屛風《りゅうろぐんきんずびょうぶ》(呉春《ごしゅん》[松村月溪《げっけい》])
洋風画	浅間山図屛風《あさまやまずびょうぶ》(亜欧堂田善《あおうどうでんぜん》)

2 浮世絵とジャポニスム(日本趣味)

2A 葛飾北斎

2-1 『富嶽《ふがく》三十六景《けい》』のうち「神奈川沖浪裏《なみうら》」(葛飾北斎筆) 出題

26.4×38.0cm 東京国立博物館蔵

解説 北斎が行元寺《ぎょうがんじ》(千葉県いすみ市)で「伊八」が彫った波に出会ったことで，後に「神奈川沖浪裏」が誕生する。北斎は通常の遠近法(手前の波頭と富士山)に加え，伊八の彫刻で表現されている高遠・深遠・平遠の三動的遠近法により大波に揺れる船を躍動的に描き，覗き画法により巨大な波の彼方に富士山を描いた。波しぶきの描き方＝点描法は西洋絵画に広く影響した。また，フランスの作曲家ドビュッシーはこの絵に深く感動し，交響詩『海(ラ・メール)』が誕生したといわれる。

2-2 行元寺《ぎょうがんじ》の欄間《らんま》彫刻「波に宝珠《ほうしゅ》」(武志伊八郎信由《たけしいはちろうのぶよし》作)

2-3 ドビュッシーの交響詩「海」のスコア表紙

2B 歌川広重

2-4 『東海道五十三次』のうち「沼津」(歌川広重筆)

東京国立博物館蔵

2-5 『名所江戸百景』のうち「大はしあたけの夕立」(歌川広重筆)と 2-6 雨中の橋(ゴッホ筆)

青の時代

天保期以降(1830年〜)の浮世絵界では，西洋伝来の深い青の染料＝プルシアンブルー(ベロ藍)が大流行し，広重の「東海道五十三次」や北斎の「富嶽三十六景」のように，ベロ藍をふんだんに使った作品が続々と発表され，まさに「青の時代」といえる様相となった。浮世絵の大胆な構図と色彩に魅了され，480枚以上を収集した印象派の画家ゴッホは，広重の「名所江戸百景」などの作品を模写している。

2C 歌川国芳－社会への風刺

2-7 荷宝蔵壁《にたからぐらかべ》のむだ書《がき》(歌川国芳筆1848年頃) 早稲田大学演劇博物館蔵

2-8 源頼光公館土蜘作妖怪図《みなもとのよりみつこうやかたにつちぐもようかいをなすのず》(歌川国芳筆1843年) 37.1×77.7cm 江戸東京博物館蔵

解説 いずれも天保の改革を痛烈に風刺した絵である。2-7は役者絵が規制されたので，庶民が描いた落書きを模写した絵。2-8は源頼光《みなもとのよりみつ》(右端)が**12代将軍家慶《いえよし》**，四天王の一人卜部季武《うらべのすえたけ》(右から二番目)が**水野忠邦《みずのただくに》**，背後の化け物たちが改革で取り締まられた人びとの怨念だとされ，改革を風刺した判じ絵だとして評判になった。

3 文人画

3-1 鷹見泉石像《たかみせんせき》(渡辺崋山《わたなべかざん》筆1837年)

国115.4×57.6cm 東京国立博物館蔵

解説 田原《たはら》藩家老《かろう》の**渡辺崋山**と古河《こが》藩家老の鷹見泉石は，蘭学に通じた同志であり，**『オランダ風説書』**などの海外情報を交換し見識を深め合っていた。この絵は，1837(天保8)年の**大塩《おおしお》の乱**の鎮圧の指揮を務めた泉石が江戸に報告に出向いた際に描かれたとされる。陰影を施した洋画的手法が写実性を高めている。

4 洋風画

4-1 浅間山図屛風《あさまやまずびょうぶ》(亜欧堂田善《あおうどうでんぜん》筆)

6曲1隻 149.0×342.4cm 東京国立博物館蔵

田善は1794(寛政6)年白河《しらかわ》藩藩主であった松平定信《まつだいらさだのぶ》に取り立てられ，当時定信に随行《ずいこう》していた谷文晁《たにぶんちょう》に洋風画を学んだ。「亜欧堂」の堂号は，定信からアジアとヨーロッパにわたるという意味で授けられた号である。この作品は写実的な洋風画と装飾的な屛風様式を見事に融合させている。

歴史ナビ **判じ絵** 絵画にある意味を隠しておき，それを当てさせるようにしたもの。

江戸時代の災害と人びと

1 江戸時代の主な災害一覧

(『日本歴史災害事典』による)

発生年	名称	概要
1605(慶長《けいちょう》10)	慶長東海南海地震	房総半島から九州にかけての太平洋岸で大津波発生
1641～42	**寛永《かんえい》の飢饉《ききん》**	西南日本では干ばつ，東北日本では冷害。この飢饉への対策が幕藩制社会の農政の基本となり，危機管理システムが成立
1657(明暦《めいれき》３)	**明暦の大火❶**	３日にわたり江戸の大半を焼き尽くした。江戸城も焼失
1703(元禄《げんろく》16)	元禄地震❷	房総沖を震源とする巨大地震。強い揺れと大津波で房総半島南部から相模湾沿岸にかけ甚大な被害。小田原城下全滅
1707(宝永《ほうえい》４)	宝永地震❸	南海トラフを震源とし，東海から九州まで大津波の被害
1707	**富士山大噴火❹ 2**	宝永地震から49日後に噴火，南関東で降灰による被害甚大
1732(享保《きょうほう》17)	**享保の飢饉**	冷夏と蝗害《こうがい》により西日本を中心に凶作，米価騰貴《とうき》
1742(寛保《かんぽう》２)	寛保２年洪水❺	台風により利根川・荒川・多摩川筋で出水，関東農村水没
1782～87	**天明《てんめい》の飢饉**	主に東北地方の太平洋側で冷害による不作，餓死者続出
1783(天明３)	**天明浅間山《あさまやま》噴火❻ 2**	北斜面に発生した土砂災害が激甚《げきじん》，山麓《さんろく》の鎌原《かんばら》村が火砕流《かさいりゅう》で埋《まい》没《ぼつ》，吾妻《あがつま》川沿いの村々も土石流《どせきりゅう》に襲われた
1786(天明６)	天明６年洪水❼	浅間噴火の降灰による河床《かしょう》上昇の影響，利根川筋大洪水
1792(寛政《かんせい》４)	寛政雲仙岳《うんぜんだけ》噴火❽	「島原大変肥後迷惑《しまばらたいへんひごめいわく》」といわれ，眉山《まゆやま》が地震で大崩落し，島原城下埋没，対岸の肥後領を大津波が襲撃
1832～36	**天保《てんぽう》の飢饉**	東北地方を中心に続いた冷害による凶作
1854(嘉永《かえい》７)	安政《あんせい》東海・南海地震❾ 3	遠州灘《えんしゅうなだ》沖と土佐沖を震源とする巨大地震が30時間内に連発，大津波発生，列島の半分に大被害
1855(安政２)	安政江戸地震❿ 3	江戸を震源とする直下型地震。下町では，家屋の倒壊率が40％以上の所もあった。地震後大量の「鯰絵《なまずえ》」が出版

1A 災害発生場所(地震の場合は震源)

2 富士山と浅間山《あさまやま》の噴火

2-1 富士山宝永《ほうえい》噴火之《の》図 1707(宝永４)年の富士山噴火では，山麓《さんろく》の須《す》走《ばしり》村が火山弾《かざんだん》により半数の家を焼失，残りも３m以上の焼砂で埋没《まいぼつ》した。

所蔵：滝口文夫

資料提供：静岡県立中央図書館歴史文化情報センター

2-2 鎌原《かんばら》観音堂石段の人骨 浅間山噴火時の火砕流《かさいりゅう》から逃げ遅れたとみられる２女性の遺体で，姑《しゅうとめ》を背負った嫁と推測される。

群馬・嬬恋郷土資料館蔵

2-3 日光街道幸手宿《さってじゅく》中利根川を流れる人馬家土蔵の図

美斉津洋夫氏蔵

解説 浅間山噴火で発生した土石流《どせきりゅう》が吾妻《あがつま》川を堰《せ》き止め，鉄砲水が生じ，川沿いの村々では家屋や人馬が流され，利根川を下って江戸湾まで達した。図は利根川中流域で夥《おびただ》しい数の家屋・家具類・立木・人馬が流されるようす。

3 大地震

3A 江戸の年間地震日数

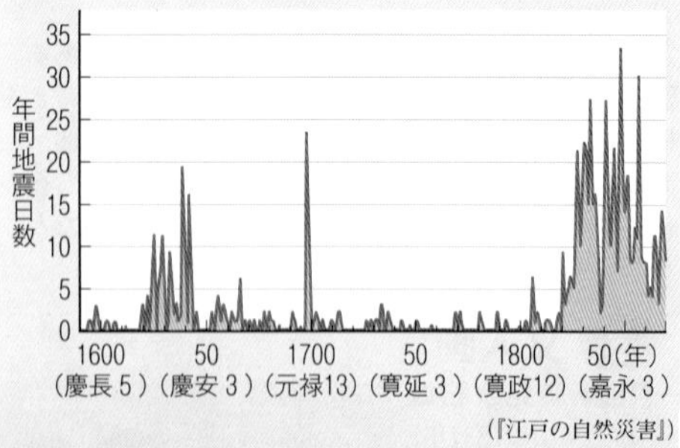

(『江戸の自然災害』)

解説 江戸では，地震が多発する時期には３回のピークがあるが，とりわけ文政～安政期(1820年代～50年代)に頻発した。

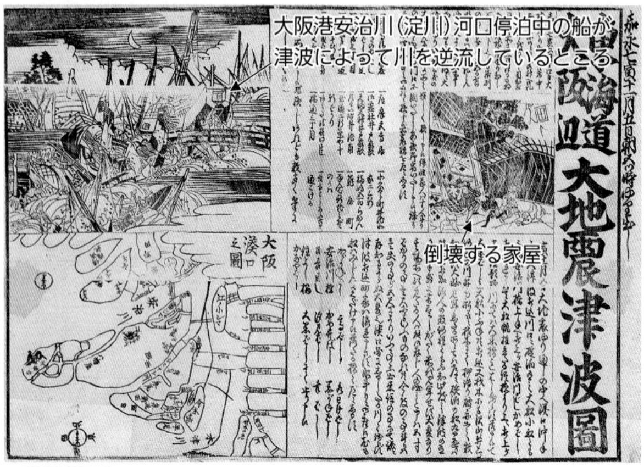
嘉永七年十一月五日朝五ツ時ゆり出し

3-1 東海道大阪辺大地震津波図 1854(嘉永《かえい》７)年11月の安政南海地震による大阪近辺の被害状況を速報した瓦版《かわらばん》。前年のペリー来航で対外的緊張が高まるなか，東海・南海で連動して大地震がおき，「嘉永」から「安政《あんせい》」に改元したが，政治を安んじたいという願いもむなしく，翌年には江戸でも大地震が発生。幕末はまさに内外ともに大揺れの時代であった。

千葉・国立歴史民俗博物館蔵

3-2 鯰父子《なまずおやこ》取押之図《とりおさえのず》

千葉・国立歴史民俗博物館蔵

3-3 持丸《もちまる》からの出船《でふね》

埼玉県立文書館蔵

解説 1855(安政《あんせい》２)年の安政江戸地震発生後，普段は鹿島神宮《かしまじんぐう》の要石《かなめいし》で押さえつけられている鯰が暴れたためという俗信《ぞくしん》をもとにした鯰絵を含む瓦版《かわらばん》が続々と板行《はんこう》された。3-2は地震で被害に遭《あ》った江戸の庶民たちが鯰の父子を懲《こ》らしめているようす。3-3は鯰が持《もち》丸《まる》(富者)の背中をさすり，小判をばらまかせ，人びとが拾い集めているようすを描いている。

読み解く 鯰絵は災害から時間が経過するにつれ，3-2のように鯰を懲らしめる絵から3-3のように鯰が救済者として描かれる絵に変化するが，それはなぜだろうか。 **推移**

歴史ナビ **浅間火山博物館**(群馬県長野原町) 浅間山の歴史や周辺の自然，火山について映像や模型などを使って展示している。

1 漂流民たちの異国体験

1A 大黒屋光太夫《だいこくやこうだゆう》－貴重な異国体験者　洋学発展に寄与　(『大黒屋光太夫』による)

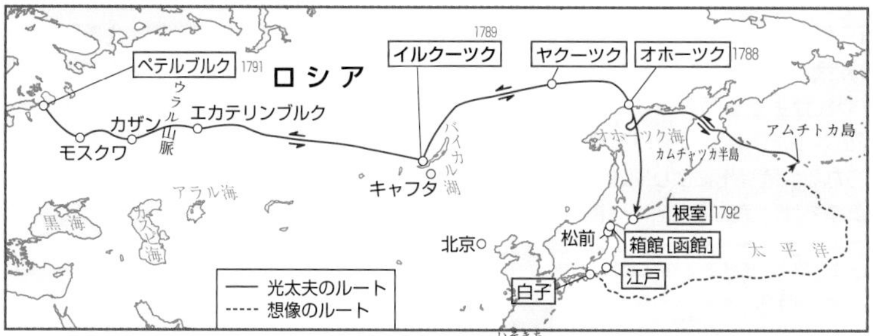

↑光太夫の漂流ルート

早稲田大学図書館蔵

←1-1 光太夫(1751～1828)と磯吉《いそきち》

解説 1782(天明《てんめい》2)年，伊勢国白子《しろこ》を出航後遭難した神昌丸《しんしょうまる》が，アムチトカ島に漂着，船頭の大黒屋光太夫ほか乗組員らは，のちにイルクーツクに到着。光太夫は帰国嘆願《たんがん》のため，キリル＝ラクスマンの協力を得て1791年ペテルブルクを訪れ，女帝エカチェリーナ2世に拝謁《はいえつ》，帰国を許される。翌年キリルの子アダム＝ラクスマンの根室来航に伴われ，磯吉とともに送還された。その後は江戸で桂川甫《かつらがわほ》周《しゅう》や大槻玄沢《おおつきげんたく》らと交流し，洋学発展に寄与した。『北槎聞略《ほくさぶんりゃく》』は，甫周による聞き取りの記録である。

1B 津太夫《つだゆう》ら若宮丸《わかみやまる》船員－初めて世界一周した日本人

↑1-2 気球を見上げる人びと　東京・東洋文庫蔵

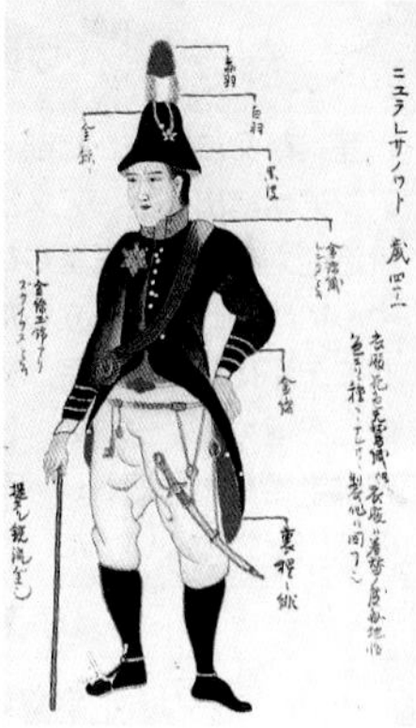
東京・東洋文庫蔵

↑1-3 使節レザノフ(1764?～1807)(『環海異聞《かんかいいぶん》』)

解説 1793(寛政《かんせい》5)年11月，石巻港を出港後遭難した若宮丸は，アリューシャン列島の小島に漂着，ロシア人に救出され，イルクーツクへ移される。10年後，帰国を熱望した津太夫ら4人は，対日使節レザノフとともに，ペテルブルク近郊の港からロシア初の世界周航船で大西洋・太平洋を横断し，およそ1年2カ月後の1804(文化元)年9月長崎に到着した。一行の訊問《じんもん》をした大槻玄沢《おおつきげんたく》は，その内容を『環海異聞』としてまとめた。

1C 中浜万次郎(ジョン万次郎)－日米外交と教育の架け橋

←1-4 ジョン万次郎(1827?～98)　写真：毎日新聞社／アフロ

解説 万次郎は土佐中浜村の漁師の子で，1841(天保《てんぽう》12)年14歳のときに出漁中遭難。米捕鯨船《ほげいせん》に救われ，アメリカに渡り教育を受けたのち，1851(嘉永《かえい》4)年帰国。土佐藩の召し抱えとなる。河田小龍《かわだしょうりょう》がまとめた訊問《じんもん》の記録『漂巽紀畧《ひょうそんきりゃく》』は坂本龍馬《さかもとりょうま》らに影響を与えた。ペリー来航時には幕府に仕え，以後も通訳・翻訳・軍艦操練《そうれん》所教授・鯨漁御用などを務め，1860年遣米使節に随行《ずいこう》。維新後は開成学校の教授となる。

1D 浜田彦蔵《はまだひこぞう》(ジョセフ＝ヒコ)－日本人初アメリカ国籍取得　新聞の父

←1-5 ジョセフ＝ヒコ(1837～97)　米国で撮影した写真。ジョセフ＝ヒコ記念会提供

→1-6『海外新聞』第20号表紙　神奈川・日本新聞博物館蔵

解説 播磨《はりま》に生まれ，1850(嘉永《かえい》3)年，13歳のとき，船乗りの見習い中，遠州灘《えんしゅうなだ》で遭難，米国商船に救助され，アメリカで教育を受け生活。1858年，洗礼名ジョセフ＝ヒコの名で日本人として初めてアメリカ国籍を得た。翌年アメリカ領事館通訳として帰国し，日米交渉に貢献。横浜で貿易商を営む傍《かたわ》ら，1864年，英字新聞から訳出した日本初の新聞『海外新聞』を発行。伊藤《いとう》博文《ひろぶみ》や木戸孝允《きどたかよし》らとも交わり，維新後は大蔵省で活躍した。

2 幕末遣外使節と留学生

2A 主な遣外使節

派遣元	期　間	訪問地	正　使	主な随行者	目　的
幕府	1860. 2～.11	米	新見正興《しんみまさおき》	小栗忠順《おぐりただまさ》・立石斧次郎《たていしおのじろう》	日米修好通商条約の批准《ひじゅん》
幕府	1860. 2～. 6	米	提督：木村喜毅《きむらよしたけ》，艦長：勝海舟《かつかいしゅう》，福沢諭吉《ふくざわゆきち》・中浜万次郎《なかはままんじろう》(咸臨丸《かんりんまる》にて)		使節団の護衛が名目，内実は日本初の蒸気船による太平洋横断
幕府	1862. 1～63. 1	欧州	竹内保徳《たけうちやすのり》	福沢諭吉・福地源一郎《ふくちげんいちろう》・松木弘安《まつきこうあん》(寺島宗則《てらしまむねのり》)・箕作秋坪《みつくりしゅうへい》	兵庫・新潟の開港と東京・大阪の開市の延期交渉，西欧事情探索
幕府	1864. 2～. 8	仏	池田長発《いけだながおき》	河津祐邦《かわづすけくに》・田辺太一《たなべたいち》	横浜鎖港談判《さこうだんぱん》
幕府	1865. 6～66. 3	英仏	柴田剛中《しばたたけなか》	福地源一郎	製鉄所建設及び軍制調査
薩摩藩	1866. 3～67.10	仏	岩下方平《いわしたみちひら》		パリ万博への出展
幕府	1866.11～67. 6	露	小出秀美《こいでほずみ》		樺太《からふと》国境画定交渉
幕府	1867. 2～. 7	米	小野友五郎《おのともごろう》	福沢諭吉	軍艦購入
幕府	1867. 2～68.12	欧州	徳川昭武《とくがわあきたけ》	渋沢栄一《しぶさわえいいち》・田辺太一	パリ万博への出展
佐賀藩	1867. 4～68. 6	欧州	佐野常民《さのつねたみ》		パリ万博への出展・軍艦建造発注

2B 主な留学生派遣

2A・2Bとも赤字の人物は，1871(明治4)年岩倉使節団にも参加

派遣元	期　間	留学先	主な参加者	目　的
幕府	1862. 7～69. 1	蘭	内田恒次郎《うちだつねじろう》・榎本釜次郎《えのもとかまじろう》(武揚《たけあき》)・津田真一郎《つだしんいちろう》(真道《まみち》)・西周助《にししゅうすけ》(周《あまね》)	軍艦建造発注，西洋軍事技術・学問の修得
長州藩	1863. 5～68.12	英	井上聞多(馨《かおる》)・伊藤俊輔《いとうしゅんすけ》(博文《ひろぶみ》)・遠藤謹助《えんどうきんすけ》・山尾庸三《やまおようぞう》・野村弥吉《のむらやきち》(井上勝《いのうえまさる》)	軍事技術習得
薩摩藩	1865. 4～68. 6	英	森有礼《もりありのり》・松木弘安(寺島宗則)・五代友厚《ごだいともあつ》	軍事技術習得
佐賀藩	1865.11～68. 3	英	石丸安世《いしまるやすよ》・馬渡八郎	海軍研究
幕府	1866.12～68. 5	英	川路寛堂《かわじかんどう》・林董《はやしただす》	海軍・化学・医学などの習得

＊諸藩の留学生は，藩命もしくは藩の支援を受けているが，すべて密航

→2-1 幕府オランダ留学生　1865年，ハーグのホーマン写真館で撮った記念写真。　国立国会図書館蔵

←2-2 長州藩イギリス留学生(密航)　この5名は，伊藤《いとう》博文《ひろぶみ》・井上馨《いのうえかおる》を始めとしてのちの明治新政府で活躍し，長州五傑《ごけつ》といわれる。　山口・萩博物館蔵

近現代の地域・日本と世界

近世の日本と世界(P.166)

明治時代

産業革命に成功した欧米列強は，市場を求めてアジアへ進出した。アメリカの開国要求に対し，統治能力の限界を露呈《ろてい》した幕府に代わり，薩長《さっちょう》を中心に明治政府が成立した。明治政府は欧米列強をモデルに政治，経済，文化などあらゆる面で近代化を進めた。日本は，日清・日露戦争を経て，朝鮮半島を植民地とし，帝国主義国として大陸への進出を強めていった。

大正～昭和前期

第一次世界大戦を経て，世界の五大国の一つとなった近代日本は「一等国」として沸《わ》いた。しかし貧富の格差などの社会矛盾が進行し，デモクラシー意識の高まりや社会主義運動をはじめさまざまな社会運動が広がった。世界恐慌がおこると，政府や軍はさらなる大陸進出により問題解決を図った。太平洋戦争では，国民の生活は破綻《はたん》し，多大な犠牲を出すこととなった。

昭和後期(戦後)～現代

敗戦により荒廃《こうはい》した日本は，GHQ指導のもと戦後復興を果たし，東西冷戦下で資本主義陣営の一員として国際社会へと復帰した。やがて，高度経済成長を迎えて経済大国となった日本であったが，環境汚染や国際問題など現在につながる問題を多く抱えるようになった。今後，私たちはこれらの課題に，どのように対処していけばよいのだろうか。

江戸時代

開国と新政府発足	1853	**ペリー，浦賀《うらが》に来航**
	1858	日米修好通商条約調印《にちべいしゅうこうつうしょう》
	1866	薩長《さっちょう》連合(薩長同盟)成立
	1867	**大政奉還《たいせいほうかん》**
		王政復古《おうせいふっこ》の大号令《だいごうれい》
	1868	戊辰《ぼしん》戦争(～69.5)
		五箇条《ごかじょう》の誓文《せいもん》
	1871	廃藩置県《はいはんちけん》
		岩倉使節団《いわくらしせつだん》を欧米に派遣

明治時代

三大改革と士族反乱		***文明開化盛ん**
	1872	学制《がくせい》公布
	1873	徴兵令《ちょうへい》
		地租改正《ちそかいせい》条例
		朝鮮，大院君《たいいんくん》失脚。閔《びん》氏政権
	1874	民撰議院設立建白書《みんせんぎいんせつりつけんぱくしょ》提出
	1877	西南戦争
		インド帝国成立
明治憲法体制成立	1880	**国会期成同盟《こっかいきせいどうめい》**
	1881	明治十四年の政変《せいへん》
		国会開設の勅諭《ちょくゆ》
	1882	三国同盟(独・伊・墺)
	1883	**鹿鳴館《ろくめいかん》開館**
	1884	秩父《ちちぶ》事件
		清仏《しんふつ》戦争(～85)
	1885	内閣制度
	1887	三大事件建白運動
	1889	**大日本帝国憲法発布**
	1890	第1回帝国議会
条約改正と戦争	1894	日英通商航海《にちえいつうしょうこうかい》条約調印
		日清《にっしん》戦争(～95)
	1895	**下関《しものせき》条約調印**
		三国干渉《さんごくかんしょう》
	1896	ロシア，東清《とうしん》鉄道の敷設《ふせつ》権獲得
	1900	義和団《ぎわだん》戦争の鎮圧に陸軍派遣(北清事変《ほくしんじへん》)
明治の終末	1902	日英同盟協約締結
	1904	日露《にちろ》戦争(～05)
	1905	**ポーツマス条約調印**
		日比谷焼打《ひびややきう》ち事件
	1910	韓国併合に関する日韓条約調印
		大逆《たいぎゃく》事件
	1911	**日米通商航海条約改正**

大正時代

デモクラシーの高揚《こうよう》と社会主義運動の弾圧	1912	中華民国《ちゅうかみんこく》成立(清《シン》滅亡)
		第1次護憲《ごけん》運動
	1914	第一次世界大戦(～18)に日本参戦
	1915	中国に二十一カ条の要求
	1917	ロシア革命。アメリカ，第一次大戦に参戦
	1918	シベリア出兵(～22)
		米騒動
		原敬《はらたかし》の政党内閣成立
	1919	パリ講和会議。朝鮮の三《さん》・一《いち》独立運動
		中国の五《ご》・四《し》運動。ヴェルサイユ条約
	1920	国際連盟発足(常任理事国)
	1921	ワシントン会議(～22)
	1922	イタリアにファシスト政権成立
		全国水平社結成
	1923	**関東大震災**
	1924	第2次護憲運動
	1925	**ラジオ放送開始**
		治安維持法公布。(男性)普通選挙法公布

昭和時代(前期)

経済恐慌と軍国主義の進行	1927	南京国民政府成立
	1928	不戦《ふせん》条約(パリ)
	1929	世界恐慌
	1930	ロンドン会議
	1931	満洲事変
	1932	五《ご》・一五《いちご》事件
	1933	ドイツにナチス政権(ナチ党)成立
		日本，国際連盟を脱退
	1936	二《に》・二六《にろく》事件
	1937	日中戦争(～45)。中国で国共合作成立
		日本軍，南京を占領
	1938	国家総動員法
	1939	第二次世界大戦(～45)
	1940	日独伊三国同盟。大政翼賛会《たいせいよくさんかい》
戦線の拡大と国民生活の破綻《はたん》	1941	日ソ中立条約。太平洋戦争(～45)
	1943	イタリア降伏
	1944	学童疎開《がくどうそかい》，本土空襲《ほんどくうしゅう》の本格化(～45)
	1945	ヤルタ会談。**沖縄戦開始**
		ドイツ降伏。ポツダム会談
		広島に原子爆弾。ソ連の対日参戦。長崎に原子爆弾。ポツダム宣言受諾《じゅだく》

昭和後期(戦後)

占領下の日本	1945	**連合国(軍)最高司令官マッカーサー来日。** 国際連合発足
	1946	極東《きょくとう》国際軍事裁判(東京裁判)
		日本国憲法公布(翌年施行)
国際社会への復帰	1949	中華人民共和国成立
	1950	朝鮮戦争勃発(～53)
	1951	サンフランシスコ平和条約・日米安全保障条約調印
	1954	第五福龍丸《だいごふくりゅうまる》ビキニ環礁《かんしょう》で被爆事故
		自衛隊発足
	1955	神武景気(高度経済成長へ)
	1956	日ソ共同宣言
		国際連合加盟
	1959	キューバ革命
高度経済成長	1960	**日米新安全保障条約締結**
	1962	キューバ危機
	1964	**東海道新幹線開業**
		オリンピック東京大会
	1965	アメリカ北ベトナム空爆開始
		日韓基本条約調印
	1966	中国文化大革命
	1967	**公害対策基本法制定**
	1968	ソ連軍チェコ侵入
	1969	大学紛争激化(東大紛争)
	1970	日米新安保自動延長
		日本万国博覧会《ばんこくはくらんかい》開催
世界の中の日本	1971	沖縄返還協定調印(翌年本土復帰)
	1972	田中角栄《かくえい》首相訪中，日中共同声明《せいめい》
	1973	第1次石油危機
	1978	新東京国際空港開港
		日中平和友好条約調印
	1979	イラン革命
	1980	イラン＝イラク戦争
	1989	**昭和天皇崩御《ほうぎょ》**
		天安門《てんあんもん》事件
	1990	株価大暴落(バブル経済の崩壊，平成不況へ)
	1991	湾岸《わんがん》戦争
		ソ連邦解体
	1992	PKO協力法成立
	1993	細川護熙《もりひろ》内閣成立・55年体制崩壊
	1995	阪神・淡路大震災《あわじだいしんさい》
	1999	新ガイドライン関連法成立
	2001	アメリカで同時多発テロ
	2002	北朝鮮による拉致《らち》被害者帰国
	2009	裁判員制度開始
	2011	**東日本大震災，東京電力福島第一原子力発電所事故**

日本人が見た19世紀の世界

(『脱亜の明治維新』日本放送出版協会より)

考えてみよう 1

イギリス，フランス，オランダは，アジアのどのような地域にそれぞれ進出したのだろうか。

第一次世界大戦後の世界

考えてみよう 2

第一次世界大戦後，日本は世界の中でどのような地位を占めるようになったのだろうか。

冷戦期の世界

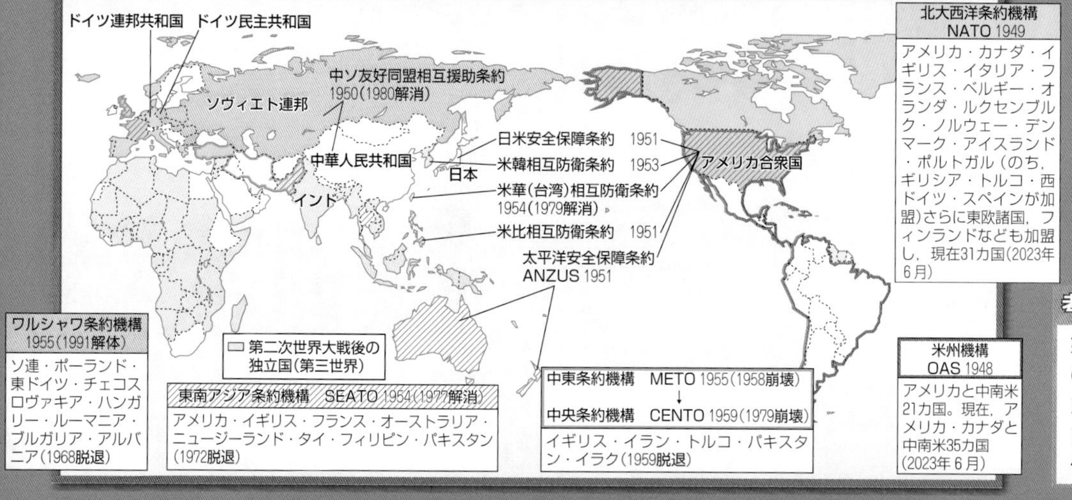

考えてみよう 3

第二次世界大戦後の世界では，どのような国際関係が形成されたのだろうか。
また，日本はどのようにして安全保障を確保したのだろうか。

近現代の地域・日本と世界

考えてみよう４

列強の進出は，アジアや日本にどのような影響を与えたのだろうか。

❶19世紀中ごろのアジア

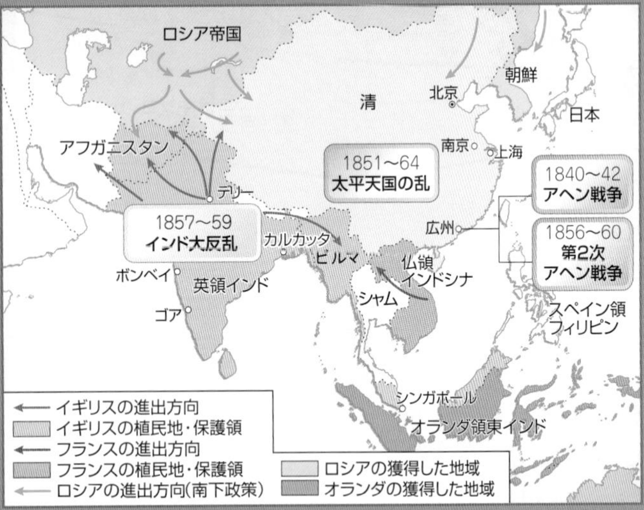

解説 ヨーロッパ各国のアジアへの植民地化が進み，各地でそれに対する反発がおこるようになった。

❷アヘン戦争と南京《ナンキン》条約(不平等条約)

⇧**清の軍船とイギリスの軍船の戦い** アヘン戦争(1840～42)に敗れた清は，イギリスとの間に南京条約を結んだ。これは清にとって不平等条約であり，これ以降清はしだいに資本主義の従属的な市場となった。

南京条約

(1) 香港《ホンコン》の割譲《かつじょう》
(2) 広州，厦門《アモイ》，福州，寧波《ニンポー》，上海の五港の開港
(3) 開港場に領事を置くこと
(4) 賠償《ばいしょう》金の支払い
(5) 公行制度の廃止
(6) 相互の合意による関税率の協定

考えてみよう５

アジアの変化に，日本はどのように対応しようとしたのだろうか。

❸ペリー神奈川(横浜)上陸図とペリー肖像画

⇩**ペリーの肖像画**
Ⓐ中国の豪傑《こうけつ》関羽《かんう》に似《に》せたもの Ⓑ天狗《てんぐ》に似《に》せたもの Ⓒ一般的なもの Ⓓ鳥のような手をしたもの Ⓔアメリカで描かれたもの

Ⓐ～Ⓓ(公財)黒船館蔵

Image:TNM Image Archives

⇦**1854年のペリー再来港の図**(ペリー提督日本遠征画集) 軍楽隊を先頭に，約500名の武装した水兵らで隊列を組んで上陸したようすが描かれている。このようにペリーは軍事力を背景に，江戸幕府に日米和親条約を締結させた。日本の瓦版には，さまざまなペリーの肖像画が描かれており，当時の人びとがペリーにどのような印象をもっていたのかがうかがえる。 東京国立博物館蔵

❹桜田門外の変

⇦**桜田門外之変図** 開国後の日本では，通商条約締結という対外的な問題と将軍の継嗣をめぐる国内的な問題により，意見が対立した。1860年，桜田門外で幕府の最高職である大老が暗殺されたことは，幕府権威の失墜をもたらした。

茨城県立図書館蔵

❺大政奉還《たいせいほうかん》

⇧**大政奉還図**(邨田《むらた》丹陵《たんりょう》筆) 1867年，15代将軍徳川慶喜《よしのぶ》は京都の二条城に諸大名を集め，政権を朝廷に返上することを伝えた。これにより約260年の幕府政治が幕を閉じ，天皇を頂点とする明治新政府が成立した。

東京・明治神宮外苑聖徳記念絵画館蔵

政治

考えてみよう6

近代化した日本は，どのような国になったのだろうか。政治，経済，社会の変化から考えてみよう。

❻藩閥政治と自由民権

⇧**自由民権運動の演説会と官憲**　新政府に対する不満は不平士族の反乱，自由民権運動となって現れ，政府に国会開設を要求したり，私擬憲法の起草をおこなったりした。　東京大学明治新聞雑誌文庫蔵

❼立憲制の成立

⇧**「憲法発布式」**（和田英作筆）　プロイセン（ドイツ）憲法に学んで大日本帝国憲法が制定された。同時期に，民法や商法なども編纂され，近代法の整備が進んだ。
東京・明治神宮外苑聖徳記念絵画館蔵

❽帝国議会の開設

⇧**大日本帝国議会之図**　1890（明治23）年，衆議院と貴族院からなる国会が開設された。衆議院議員は選挙により選出され，言論を用いた意思決定のシステムが形成された。　画像提供：東京都江戸東京博物館/DNPartcom　撮影者：上野則宏

経済

❾産業革命の進展

⇧**大阪紡績会社**　1882（明治15）年に設立，イギリスの機械を導入し，大規模紡績工場として翌年開業した。これをモデルとした大紡績工場が多く設立された。

⇧**八幡《やはた》製鉄所**　日清戦争の賠償金をもとに，ドイツの技術を導入し，1901（明治34）年に操業を開始した。

社会

❿現れた格差

⇦**スラムの形成**
（「鮫河橋貧家の夕（明治36年）」『新撰東京名所図会』）
法政大学江戸東京研究センター蔵

解説　首都東京は，大量の安い労働力を必要とし，職を求めて全国から多くの人が東京を目指して集まった。低賃金にあえぐ人びとは貧民窟《ひんみんくつ》といわれた劣悪な環境での生活を余儀なくされた。

考えてみよう7

近代化した日本に，世界はどのように反応したのだろうか。

⓫風刺画の中の日本

⇦**「列強クラブの仲間入り」**（ビゴー筆1897年）
千葉・日本漫画資料館蔵

⇦**"Place aux jaunes"**
「黄色人種のために道を開けろ」
Cynet Photo

資料に基づく時代の概観から「時代を通観する問い」の表現へ

資料に基づいて，近現代の歴史を概観してきました。「考えてみよう」という問いかけを受けて，資料を読み取りその解答を考えたと思います。

次にその解答を考え合わせて，近現代という時代の特色を探究するための**「時代を通観する問い」**をつくりましょう。これは，時代の転換を捉え，これからの学習の筋道や方向性を導くための問いとなります。

一人ひとりが解き明かしたい問いをつくり，さらに，「それは○○だったからではないだろうか」といった**仮説を立て**，近現代という時代の特色を探究していきましょう。

　現在の日本では，国勢調査，工業統計調査，商業統計など多くの統計が存在している。統計を利用することで，人口，経済，社会の現状を客観的に把握することができる。また，過去の統計を積み上げることで，国や社会の変遷をたどることもできる。

　19世紀フランスの統計学者モーリス・ブロックは，「国家の存するところ統計あり」と言葉を残している。近代国家が，国民に徴税や兵役を課すためには，その支配する領域内の実情をできるだけ正確に把握する必要がある。18世紀以降，近代化を遂げたヨーロッパ各国では，国家運営の基礎として統計調査が積極的に行われた。日本でも，明治初期に「統計」が移入され，政府の政策決定を支えてきた。

統計資料の読み解きポイント

- 円グラフは全体における割合を表している。
- それぞれの年で多い品目は何だろうか。
- 歳出合計と組み合わせて考える必要もある(割合が低下しても歳出は増加している場合)。
- 変化が大きい部分の背景にはどのようなことがあったのか。
- 各年の推移から，どのようなことが言えるだろうか。

1 国家予算の推移

資料から読み取ってみよう 1

次のグラフ群から，近代的な国家体制はいつごろ整ったと考えられるだろうか。

資料から読み取ってみよう 2

1940年度の防衛関係費，2020年度の社会保障関係費の財源は何だろうか。

考えてみよう 1

1880～1940年度と1960～2020年度までを比較してどのような違いがあるだろうか。そのことから，それぞれの時期でどのような国づくりがめざされていたのか類推してみよう。

＊国家機関費：国会費，司法，警察及び消防費，外交費など
国土保全及び開発費：公共事業費，災害対策費など
社会保障関係費：社会保険費，社会福祉費，失業対策費など

(『大蔵省百年史』,『日本国勢図会』2003/04,『日本の統計』2023による)

1880年度

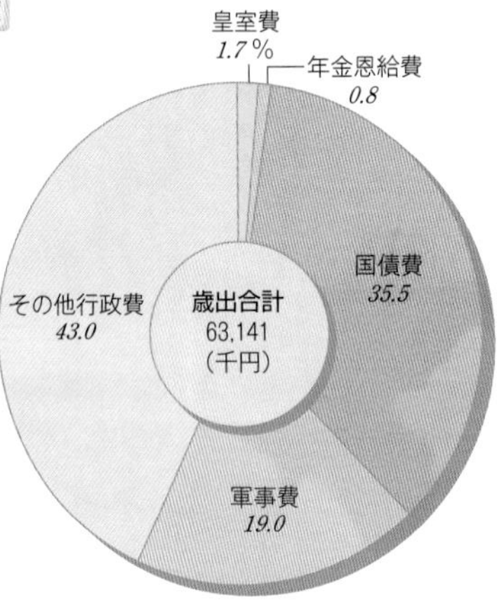

1900年度

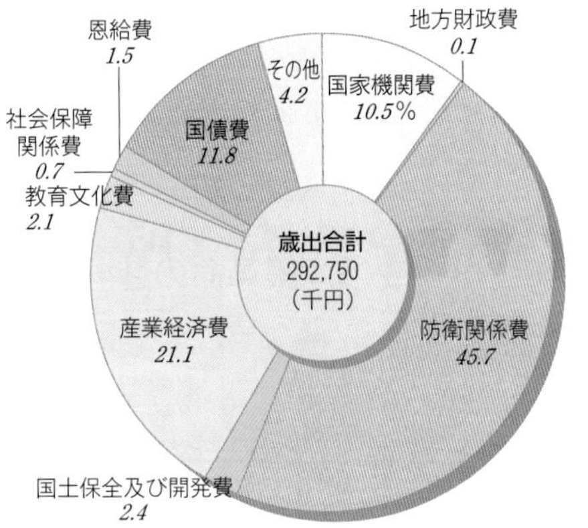

1920年度

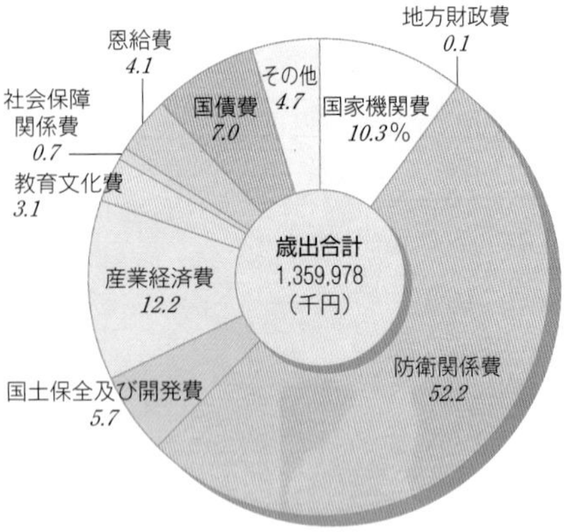

1940年度

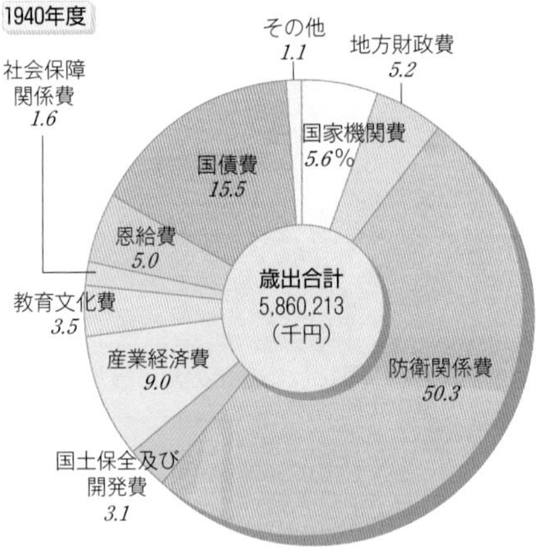

1960年度

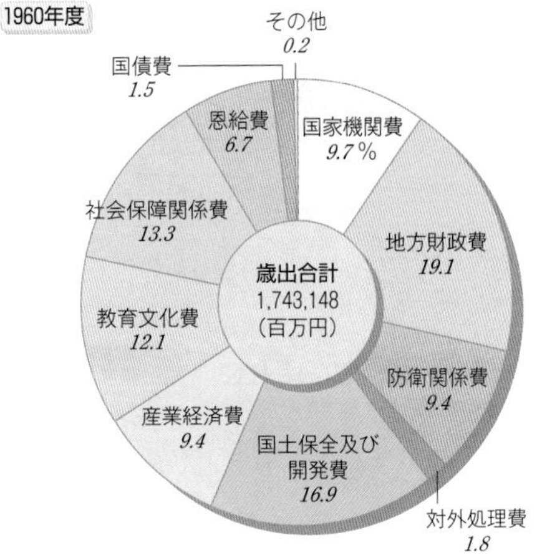

1980年度

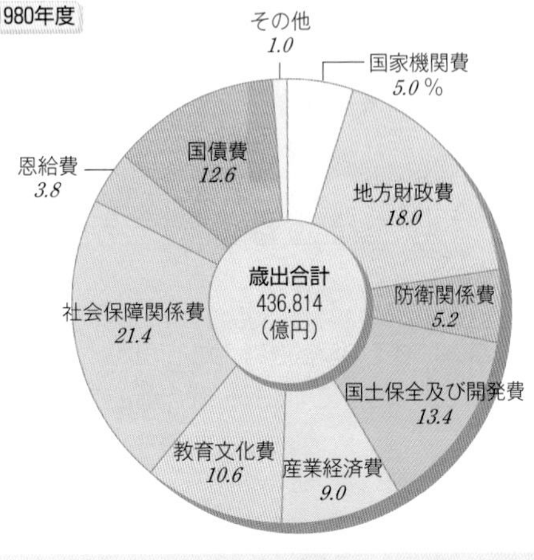

2000年度

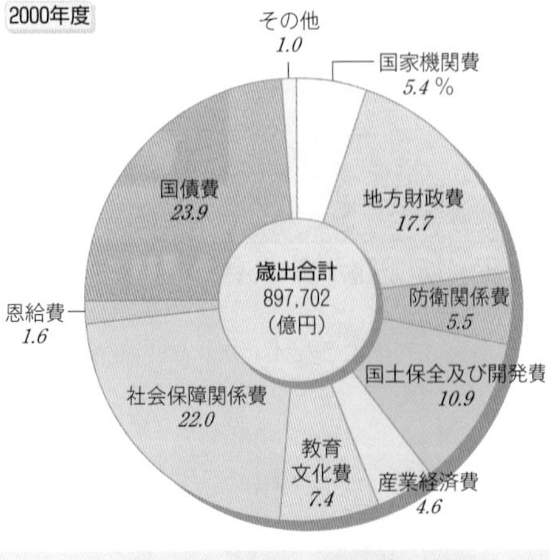

2020年度

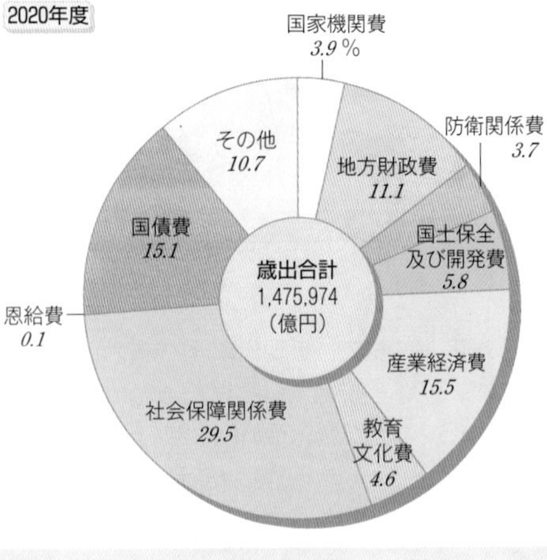

2 軍事費

2A 1880〜1945年の軍事費と国会予算に占める割合

（『昭和財政史第４巻』による）

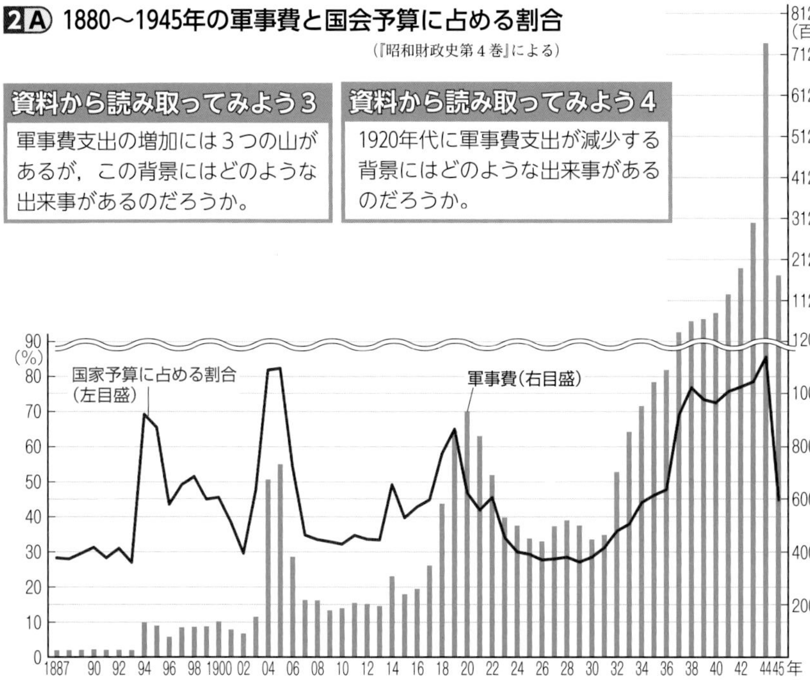

資料から読み取ってみよう３

軍事費支出の増加には３つの山があるが，この背景にはどのような出来事があるのだろうか。

資料から読み取ってみよう４

1920年代に軍事費支出が減少する背景にはどのような出来事があるのだろうか。

考えてみよう２

多額の軍事費で得られたのは何だったのだろうか。

資料から読み取ってみよう５

1914年ころ，国の強さはどのような尺度ではかられていたのだろうか。

2B 列強の植民地領有（1911〜13年）

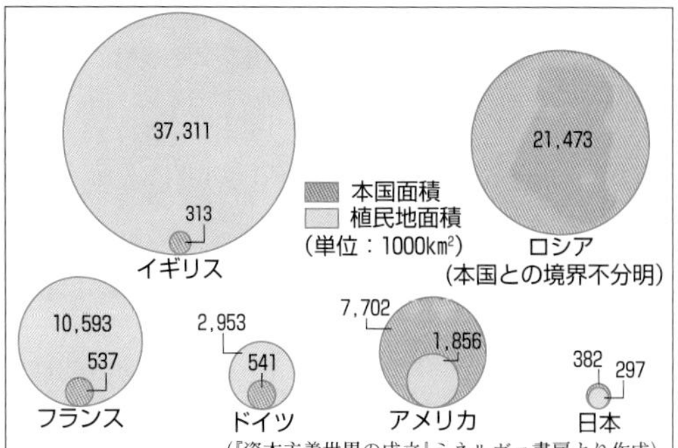

（『資本主義世界の成立』ミネルヴァ書房より作成）

2C 列強の面積・人口・GDP（1914年）

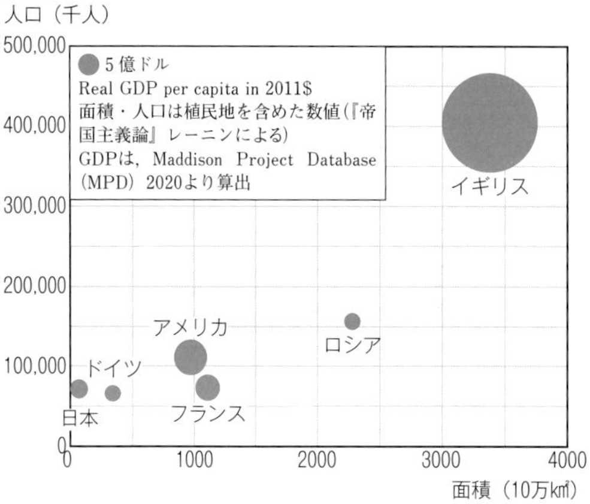

3 戦後の歳出の特徴

3A 公共事業費によるインフラの整備

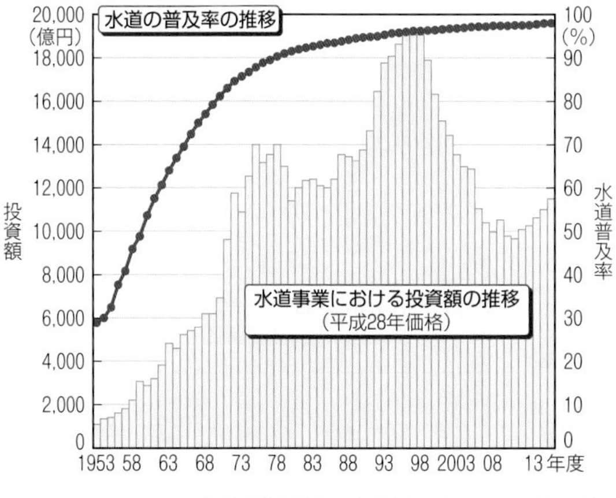

（厚生労働省「最近の水道行政の動向について」2019年）

3B 公共事業を巡る社説に占める各論点を含む社説の割合推移

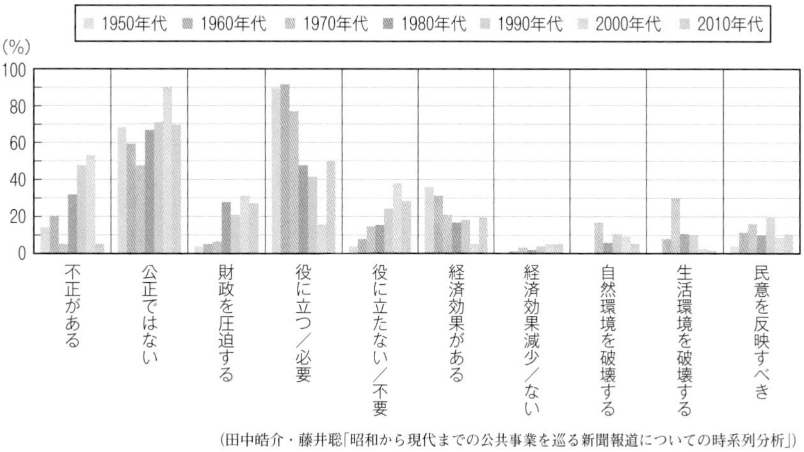

（田中皓介・藤井聡「昭和から現代までの公共事業を巡る新聞報道についての時系列分析」）

資料から読み取ってみよう６

1960年以降の公共事業費は人びとの生活にどのような影響を与えただろうか。水道事業の事例から考えてみよう。

考えてみよう３

戦後の公共事業への人びとの受け止め方はどのように変化したのだろうか。

3C 日本の男女別・年齢別人口の推移

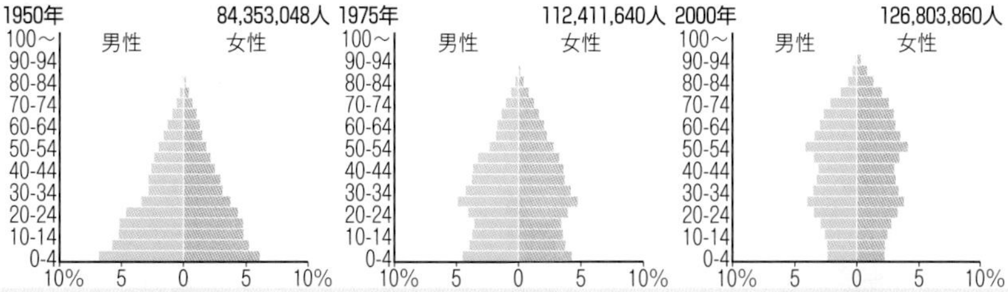

資料から読み取ってみよう7

戦後の年齢別人口構成はどのように変化したのだろうか。

考えてみよう４

戦後の人口ピラミッドの変化と社会保障費とはどのように関係しているのだろうか。

時代の特色を考えてみよう

近代以降の日本はどのような国づくりをめざしたのだろうか。財政支出の変遷から，現代日本の課題を考えてみよう。

ペリー来航と開国

考察の視点 アメリカはなぜ日本の開国を求めたのだろうか。 相互関連

1 ペリーの来航

1-1 ペリー(1794～1858) 1852年東インド艦隊司令長官に就任，日本開国の指令を受け浦賀《うらが》に来航，久里浜《くりはま》に上陸して**フィルモア大統領の国書《こくしょ》**を幕府側に提出した。

1-2 **ミシシッピ号図** ペリーがアメリカ出発時に旗艦《きかん》とした蒸気船。上海到着後，当時世界最大の蒸気船**サスケハナ号**を旗艦とし，帆船《はんせん》サラトガ号・プリマス号とともに4隻《せき》で，浦賀に入港した。磯子《いそご》村(現横浜市)の農民出身でのちに日本初の石鹸《せっけん》製造会社をおこした堤磯《つつみいそ》右衛門《えもん》が描いた写生画。 横浜開港資料館蔵

1-4 **捕鯨船《ほげいせん》の図** 19世紀中頃，産業革命の進行に伴い灯油の需要が拡大し，鯨油《げいゆ》獲得のための捕鯨産業はおおいに繁栄した。日本近海にもアメリカの**捕鯨船**が頻繁に出没し，薪水《しんすい》を補給し，貯炭場《ちょたんじょう》とするための寄港地《きこうち》を求めるようになった。 ピーボディー・エセックス博物館蔵

1A ペリー艦隊来航の経路 セ出題

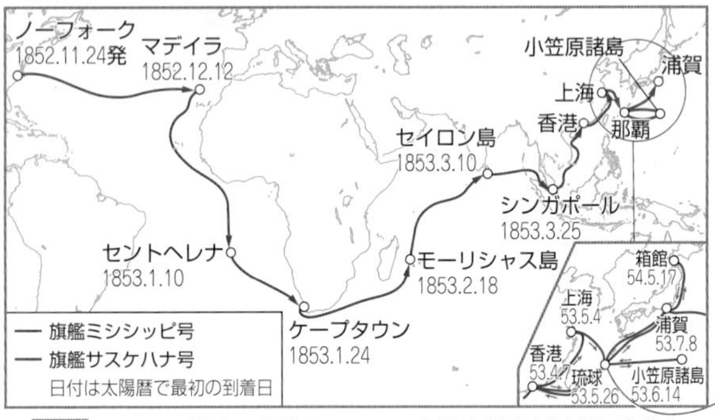

解説 ペリー一行は，北米ノーフォーク港を1852年11月に出発し，大西洋・インド洋を航海，シンガポール・香港・上海を経由して約半年後に琉球に至った。

1-3 **ペリーの首里《しゅり》訪問**(『ペリー提督日本遠征記』) 守礼門《しゅれいもん》の手前でペリー一行(右側)と出迎えの琉球の役人(左側)が居並んでいる。

2 開国までのみちすじ

＊年表中の月数は旧暦で表記

老中	年	外国の圧力	幕府の対応
	1844	オランダ国王開国勧告	勧告拒絶(1845)
阿《あ》部《べ》正弘《まさひろ》	1846 (弘化3)	ビッドル，浦賀来航，通商要求	要求拒絶  2-3 **阿部正弘**(1819～57) 備後《びんご》福山藩主。
	1853 (嘉永6)	.6 **ペリー**，浦賀に来航 1 **フィルモア大統領**の国書《こくしょ》提出。開港要求 .7 ロシア使節プチャーチン，長崎へ来航	.6 **阿部正弘**，朝廷に報告 .7 諸大名・幕臣《ばくしん》に諮問《しもん》 .8 **品川台場《しながわだいば》**築造着工 3 .9 大船《たいせん》建造解禁 共出題
	1854 (安政元)	.1 ペリー，浦賀に再来航 .2 ペリー，横浜上陸。条約交渉開始 1，4 .10 **プチャーチン**，下田来航(安政地震で遭難) 5	.3 **日米和親条約**調印 6 .4 **韮山反射炉《にらやまはんしゃろ》**築造着工 .8 日英和親条約調印 .12 日露和親条約調印(下田・箱館・長崎開港)
	1855	.3 フランス艦隊下田に来航。イギリス艦隊箱館に来航	.1 長崎に**海軍伝習所《かいぐんでんしゅうじょ》**設置。**洋学所**設置 .12 日蘭和親条約調印
堀《ほっ》田《た》正睦《まさよし》	1856	.7 米総領事**ハリス**，下田に着任 .10 第2次アヘン戦争(～60)	.2 洋学所を**蕃書調所《ばんしょしらべしょ》**と改称 .4 江戸に**講武所《こうぶしょ》**
	1857	.10 ハリス，通商条約締結を迫る  2-1 **ハリス**(1804～78) 貿易商人から米総領事へ。	 2-4 **堀田正睦**(1810～64) 下総佐倉《しもうささくら》藩主。
井《い》伊《い》直弼《なおすけ》	1858	.6 清《シン》，天津《てんしん》条約締結 共出題  2-2 **井伊直弼**(1815～60) 彦根藩主。	.3 朝廷から条約勅許《ちょっきょ》得られず .4 井伊直弼，大老就任 .6 **日米修好通商条約**。無勅許で調印 6 .9 安政の大獄

3 江戸湾の防備 セ出題

3-1 **横浜の応接所に入るペリー提督《ていとく》と日本の役人**(『ペリー提督日本遠征記』) 横浜開港資料館蔵

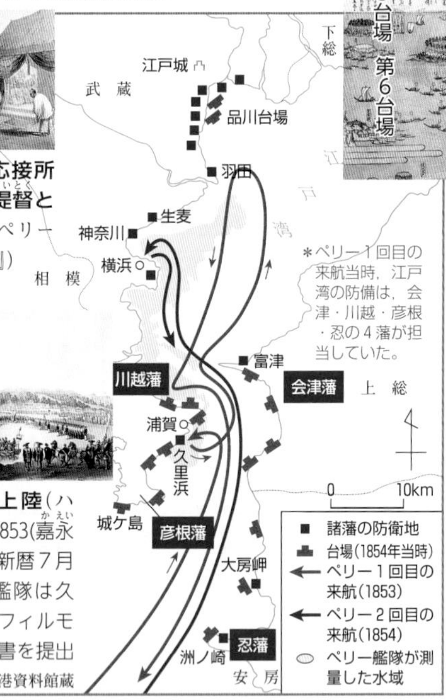

3-2 **久里浜《くりはま》上陸**(ハイネ石版画) 1853(嘉永《かえい》6)年6月9日(新暦7月14日)，ペリー艦隊は久里浜に上陸し，フィルモア米大統領の国書を提出した。 横浜開港資料館蔵

3-3 **品川台場《だいば》**(品川大筒御台場出来之図) 第5・6台場の工事のようすが完成した第1～3台場とともに描かれている。本来，韮山《にらやま》代官**江川太郎左衛門《えがわたろうざえもん》**の建《けん》議《ぎ》により11基の砲台を築造する計画であったが，完成したのはこの5基に終わった。莫大な費用と労力を投入したが，実戦に使われることはなく維新を迎えた。 品川歴史館蔵

4 条約の交渉と日米の交流

4-1 **ポーハタン号上甲板での宴会**(『ペリー提督日本遠征記』) 条約締結交渉の大詰めを迎えた1854(安政元)年2月29日(旧暦)，ペリーは旗《き》艦《かん》ポーハタン号に幕府の要人らを招いて大宴会を催した。極上の料理と酒，ミンストレル(歌や踊りによる寸劇)などでもてなした。 江戸東京博物館蔵

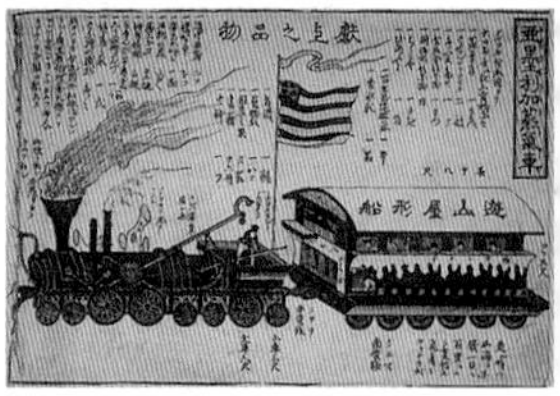

4-2 **亜墨利加蒸気車《あめりかじょうきしゃ》** 贈り物の一つで，2月15日に陸揚《りくあ》げされた蒸気機関車の4分の1の模型。 新潟・黒船館蔵

郵政博物館蔵

4-3・4 **ミンストレル上演のようす**(左)**と電信機の実験**(右) 松代《まつしろ》藩絵師高川文筌《たかがわぶんせん》原画の写し。

読み解く ペリーは蒸気機関車のミニチュアや電信機を贈ったが，そのねらいを推測してみよう。 相互関連

考察の視点 安政の五カ国条約によって，欧米諸国との関係で大きく変わったことは何だろうか。 **比較**

5 プチャーチンの来航

5-1 プチャーチン(1804～83)

5-2 川路聖謨《かわじとしあきら》(1801～68)

解説 ペリーに１カ月半遅れ長崎に来航したロシア使節プチャーチンと交渉の全権を担《にな》った川路聖謨の十数回の交渉の末，1854(安政元)年12月に日露和親条約が締結された。条約では下田・箱館・長崎の３港を開港し，**択捉《えとろふ》島と得撫《うるっぷ》島間を国境**とし，**樺太《からふと》は境界を定めない**地とすることなどが約定《やくじょう》された。

鳥取県立博物館蔵

5-3 プチャーチン長崎入港(甲寅長《こういんなか》崎江魯夷入津図《さきえろいにゅうしんのず》)

5-4 ディアナ号の沈没 1854(安政元)年10月プチャーチン一行は，交渉のため下田に入港したが、乗船ディアナ号は11月の安政東海・南海地震P.222》による津波により破損，応急修理のため戸田《へだ》村に向かう途中に駿河《するが》湾で沈没した。 神奈川県立歴史博物館蔵

5-5 ヘダ号の進水式 ロシア人指導の下，日本の船大工により代船が建造された(日本初の洋式船の建造)。和親条約締結後，建造した戸田村から「ヘダ号」と命名されたこの船でプチャーチンは帰路についた。 東京・東洋文庫蔵

6 安政の五カ国条約と条約の批准《ひじゅん》

条約	**日米和親条約**史 (全12条)＊日付は旧暦 1854(安政元)年３月３日調印 大学頭**林韑**《だいがくのかみはやしあきら》(復斎)↔**ペリー**	**日米修好通商条約**史 (全14条と附属**貿易章程《しょうてい》**７則) 1858(安政５)年６月19日調印 **井上清直**《いのうえきよなお》(下田奉行)・**岩瀬忠震**《いわせただなり》(目付)↔**ハリス**
主な内容	• 下田・箱館の開港 • 薪水《しんすい》・食料の供給 • 米への片務的《へんむてき》**最恵国待遇**《さいけいこくたいぐう》＊ • 領事の下田駐在 ＊今後日本のみ，別の国と新しい有利な条件を与えた場合，無条件でアメリカにも与えるという条項	• 神奈川・長崎・新潟・兵庫開港 セ出題 • 江戸・大坂を開市 • 自由貿易を行う • 協定関税(＝日本に**関税自主権**《かんぜいじしゅけん》なし) • 領事裁判権《りょうじさいばんけん》認める(＝**治外法権**) • 条約の有効期限規定なし(協議時期は1872年)
締結国	イギリス・ロシア＊・オランダとも同一内容で締結	オランダ・ロシア・イギリス・フランスとも締結(＝**安政《あんせい》の五カ国条約**)

＊日露和親条約には国境策定協定P.251》が付け加えられた。

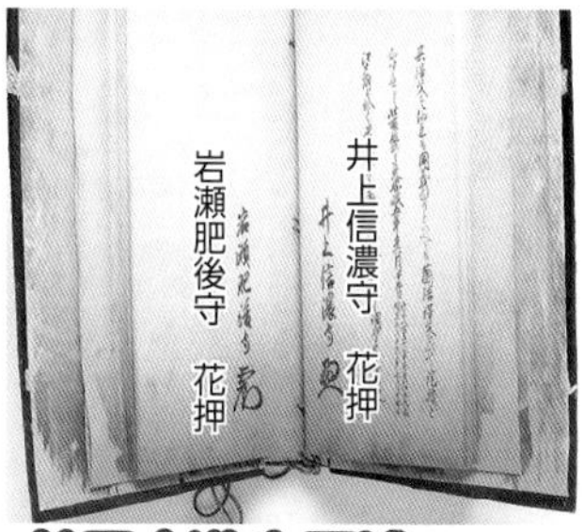

6-4 日米修好通商条約(日本側原本) 幕府側全権井上清直《いのうえきよなお》(川路聖謨《かわじとしあきら》の実弟)，岩瀬忠震《いわせただなり》がハリスと談判《だんぱん》を重ねた。**井伊直弼**《いいなおすけ》の大老《たいろう》就任後の1858(安政5)年６月に勅許《ちょっきょ》を得ないまま調印された。 外務省外交史料館蔵

6-1 新見正興《しんみまさおき》を正使とした使節団 1860(万延《まんえん》元)年，米艦ポーハタン号で渡米し，批准書《ひじゅんしょ》の交換を行った。一行はホワイトハウスのブキャナン大統領を表敬《ひょうけい》訪問した。

国立国会図書館蔵

6-2・3 咸臨丸《かんりんまる》(左)とその乗組員(上) ポーハタン号の護衛という名目で，オランダから購入した咸臨丸が，日本船としては初めて太平洋を渡り，サンフランシスコに向かった。艦長は**勝海舟**《かつかいしゅう》で，上写真の前列右が**福沢諭吉**《ふくざわゆきち》，ほかはのちの海軍を担ったエリートたちである。
写真：毎日新聞社／アフロ

外国人遊歩区域

幕末に列強諸国と締結された条約は，領事裁判権の容認や関税自主権の欠如など不平等条約といわれるが，敗戦条約ではなく交渉による条約であったため，外国人にとって種々の制限があった。土地所有権はなく，内地雑居《ないちざっきょ》も不可，開港場・開市《かいし》以外での商取引は一切禁止されていた。外国人が遊歩できる範囲は開港場から10里(約40km)四方と定められていたが，横浜の場合は上図の桃色線の内側で，東は多摩川，西は酒匂《さかわ》川，南は三浦半島の半ばあたり，北は八王子，日野あたりまでであり，この地域を越えて旅行する場合は「内地旅行免状」が必要だった。この制度は，日本国内で外国人が自由に貿易を行うことを阻止するためにあった。

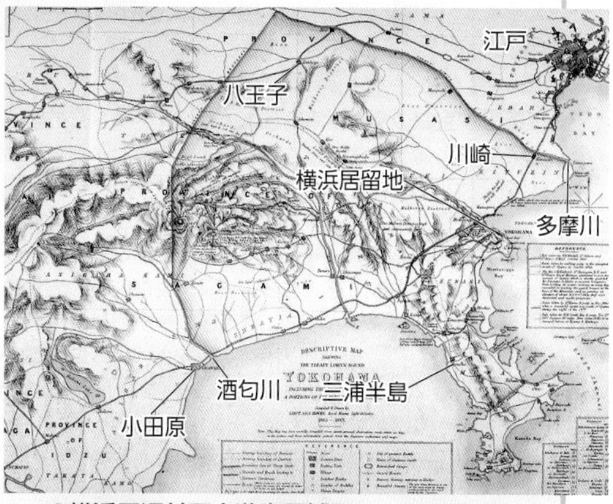

横浜周辺外国人遊歩区域図 横浜開港資料館蔵

歴史ナビ **吉村昭『落日の宴』**(講談社文庫) プチャーチンとの対露交渉を担い，和親条約締結交渉にあたった勘定奉行・川路聖謨の生涯を描いた作品である。

開港の経済的影響

読み解く① 輸入品に綿織物・毛織物の割合が多いのはなぜだろうか。

考察の視点 横浜での貿易開始が物価の高騰につながったのはなぜだろうか。 相互関連

1 貿易の開始

1-1 横浜港での交易のようす
（横浜交易西洋人荷物運送之図）
神奈川県立歴史博物館蔵

読み解く② 水夫たちが船に積み上げている荷物は何だろうか。1Aのグラフを参考に推測してみよう。

1A 主要貿易品の割合

（1A～1C『図説日本文化史大系』）

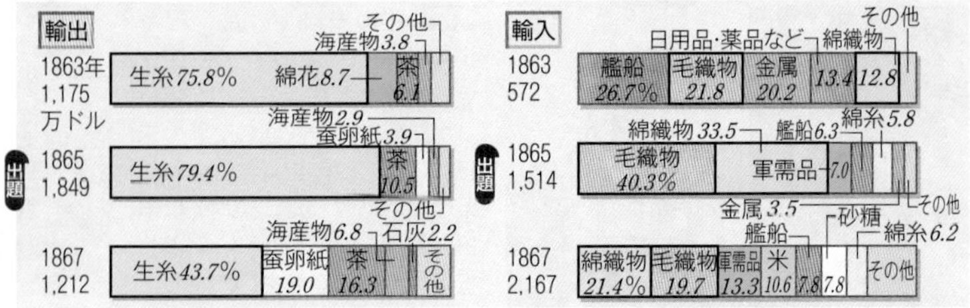

1B 港別貿易額比率 1865（慶応元）年

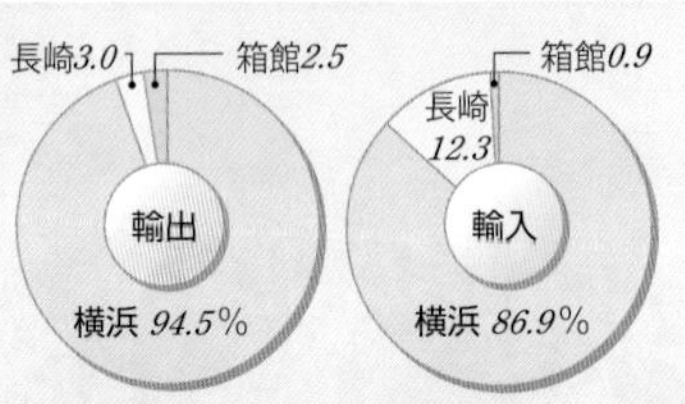

1C 横浜港の国別取扱高 1865年

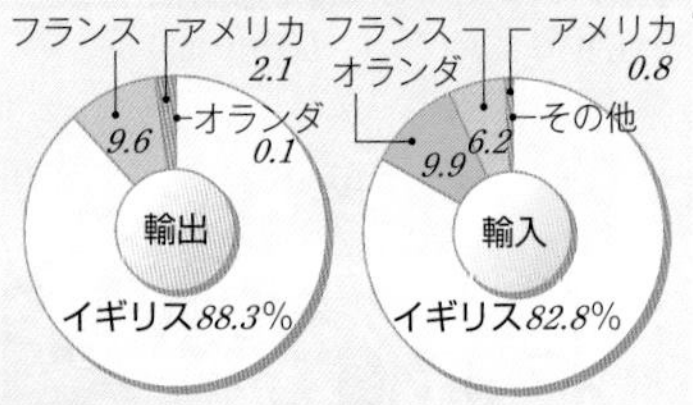

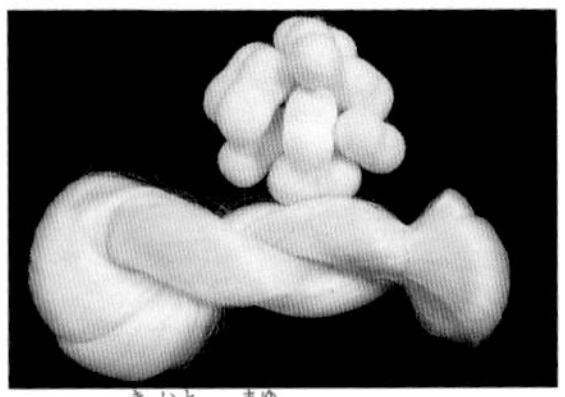

1-2 生糸《きいと》と繭《まゆ》

1-3 蚕卵紙《さんらんし》

解説 輸出品の大部分は，生糸や蚕《かいこ》の蛾《が》に卵を産み付けさせた蚕卵紙であった。**蚕卵紙**はヨーロッパでの蚕種の病害のため，開港後，明治初期に至るまで重要な輸出品となった。

1D 貿易額の推移

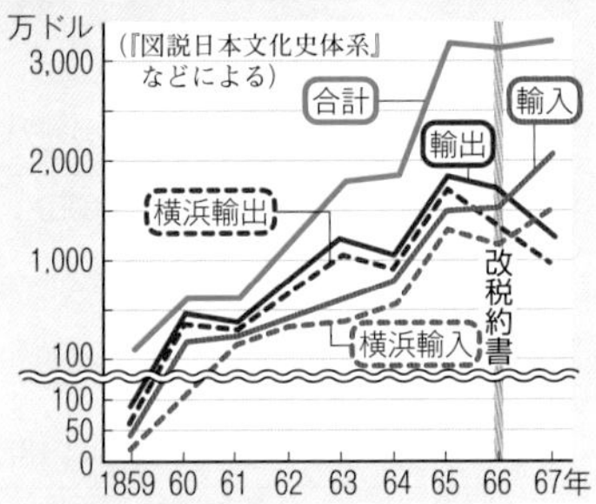

解説 貿易の伸びは著《いちじる》しく，かつ**連年出超《しゅっちょう》**であった。1867（慶応３）年に入超《にゅうちょう》に転ずるのは，前年の**改税約書《かいぜいやくしょ》による税率引き下げ**（平均20%から一律５%）と，攘夷《じょうい》派に押された幕府が生糸輸出抑制政策をとったことによる。３港（横浜・長崎・箱館）の貿易額では，**横浜**が圧倒的に多く，国別貿易額では，**イギリス**が圧倒的である。日本を開国させたものの，アメリカは南北戦争（1861～65）の勃《ぼっ》発《ぱつ》に伴って後退を余儀《よぎ》なくされた。

2 通貨の海外流出

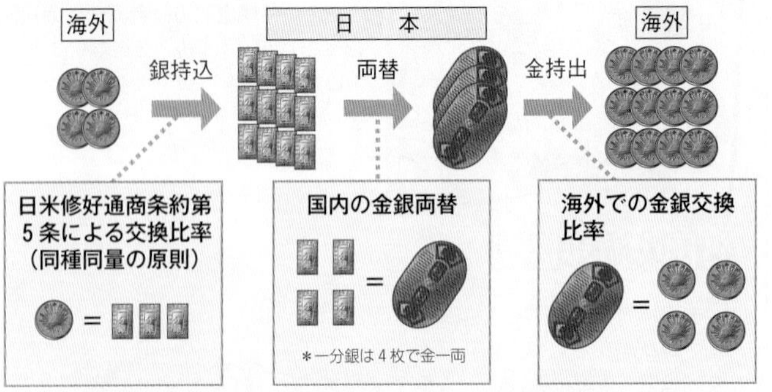

解説 **金銀の交換比率**は日本ではほぼ１：５，外国では１：15と差があり，それを考慮すれば，日本では銀高であるため１ドル貨幣=一分銀１枚が妥当な交換比率であった。しかし，日米修好通商条約の第５条で同種同量の原則が規定されたため，１ドル貨幣=一分銀３枚で交換された。外国人は，１ドル銀貨４枚を日本に持ちこみ一分銀12枚と交換，それを小判３枚と交換，その後外国に持ち出して１ドル銀貨12枚に交換して利益を上げた。このため開港直後の1859（安政《あんせい》６）年には多額の金が海外に流出した。幕府は金貨流出を防止するため，同年に天保小判（純金19g）から**安政小判**（純金5.1ｇ）に改鋳《かいちゅう》し，さらに翌年**万延《まんえん》小判**（純金1.9ｇ）を発行したが（万延貨幣改鋳），インフレを招き物価が騰貴《とうき》した。

2A 幕末の内外貨幣

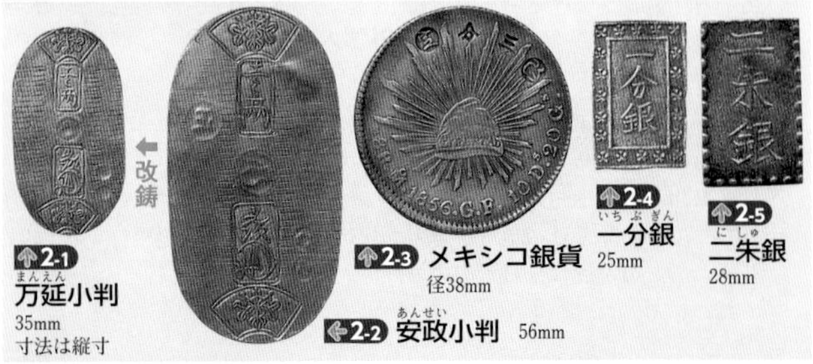

2-1 万延《まんえん》小判 35mm 寸法は縦寸

2-2 安政《あんせい》小判 56mm

2-3 メキシコ銀貨 径38mm

2-4 一分銀《いちぶぎん》 25mm

2-5 二朱銀《にしゅ》 28mm

3 貿易の実態と影響

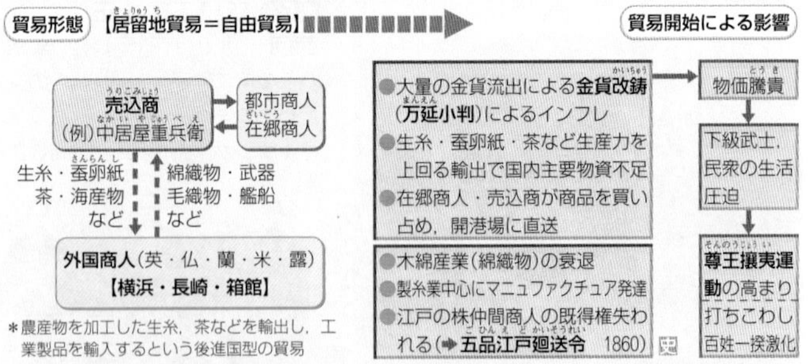

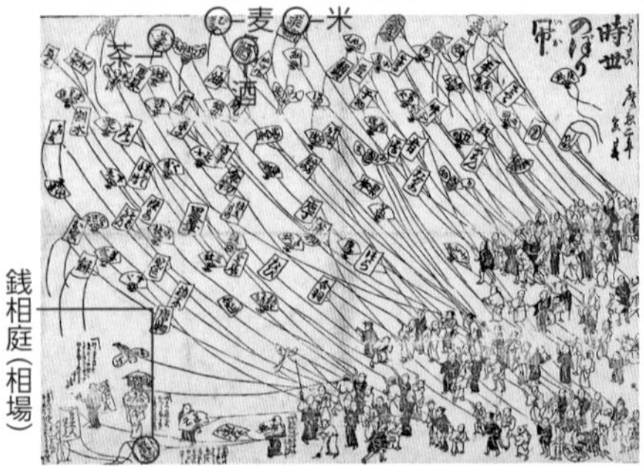

3-1 **物価騰貴《とうき》を描いた瓦版《かわらばん》** 諸物価の高騰は，庶民・下級武士を困窮させ，都市での打ちこわし，地方での百姓一揆多発の原因となり，さらに**尊王攘夷《そんのうじょうい》運動**が活発化し，各地で外国人殺傷事件がおきた。左図は「時世のぼり凧《いか》」と題された瓦版で生活必需品が高騰し，銭相場が下落している。 大阪城天守閣蔵

歴史ナビ **横浜開港資料館**（神奈川県横浜市） 日米和親条約が締結された地に開設された。幕末以降の横浜に関する歴史資料を，展示や閲覧室で公開している。

考察の視点 南紀派と一橋派はそれぞれどのような大名の連合だろうか。 比較

安政の大獄と公武合体策

1 幕末の主要な動向

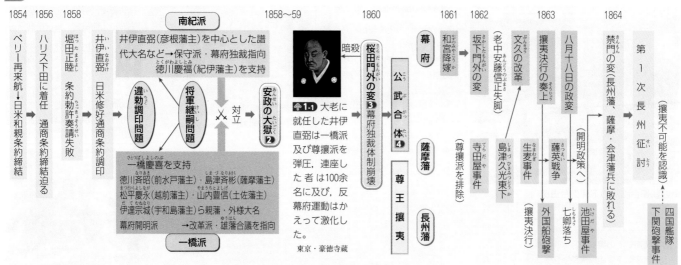

1854 ペリー再来航→日米和親条約締結
→ 1856 ハリス下田に着任 通商条約締結迫る
→ 1858 堀田正睦《ほったまさよし》 条約勅許奏請《ちょっきょそうせい》失敗
→ 井伊直弼《いいなおすけ》 日米修好通商条約調印
→ 違勅《いちょく》調印問題 / 将軍継嗣《けいし》問題

南紀派
井伊直弼(彦根藩主)を中心とした譜代大名など→保守派・幕府独裁指向
徳川慶福《とくがわよしとみ》(紀伊藩主)を支持

一橋派
一橋慶喜《ひとつばしよしのぶ》を支持
徳川斉昭《なりあき》(前水戸藩主)・島津斉彬《しまづなりあきら》(薩摩藩主)
松平慶永《まつだいらよしなが》(越前藩主)・山内豊信《やまうちとよしげ》(土佐藩主)
伊達宗城《だてむねなり》(宇和島藩主)ら親藩・外様大名
幕府開明派 →改革派・雄藩《ゆうはん》合議を指向

対立 → 1858〜59 安政《あんせい》の大獄《たいごく》 2

1-1 大老に就任した井伊直弼は一橋派及び尊攘派を弾圧，連座した者は100余名に及び，反幕府運動はかえって激化した。

東京・豪徳寺蔵

暗殺 ← 1860 桜田門外《さくらだもんがい》の変 3 幕府独裁体制崩壊 → 公《こう》武《ぶ》合《がっ》体《たい》 4 / 尊王攘夷

幕府：1861 和宮降嫁《かずのみやこうか》 → 1862 坂下門外《さかしたもんがい》の変(老中安藤信正《あんどうのぶまさ》失脚) → 文久《ぶんきゅう》の改革

薩摩藩：(尊攘派を排除) 寺田屋《てらだや》事件 島津久光《しまづひさみつ》東下《とうか》 生麦《なまむぎ》事件 → 1863 薩英《さつえい》戦争 →(開明政策へ)

長州藩：1863 攘夷決行の奏上《そうじょう》 → (攘夷決行) 外国船砲撃
八月十八日の政変 → 七卿《しちきょう》落ち
池田屋《いけだや》事件 → 1864 禁門《きんもん》の変(長州藩、薩摩・会津藩兵に敗れる) → 第1次長州征《せい》討《とう》
四国艦隊下関砲撃事件 → (攘夷不可能を認識)

2 安政《あんせい》の大獄《たいごく》 1858(安政5)〜59(安政6)年

2A 主な被処罰者

＊死罪・切腹・獄門は合計8名。被処罰者は100名を超えた。

大名	**徳川斉昭《とくがわなりあき》**(前水戸藩主，水戸で永蟄居《えいちっきょ》) 徳川慶篤《よしあつ》(水戸藩主，差控《さしひかえ》＊)＊登城停止 **松平慶永《まつだいらよしなが》**(越前藩主，隠居《いんきょ》・謹慎《きんしん》) **一橋慶喜《ひとつばしよしのぶ》**(一橋家当主・斉昭の子，隠居・謹慎) **山内豊信《やまうちとよしげ》**(土佐藩主，隠居・謹慎) 徳川慶勝《よしかつ》(尾張藩主，隠居・謹慎)
幕臣	岩瀬忠震《いわせただなり》(作事奉行，隠居・謹慎) 川路聖謨《かわじとしあきら》(勘定奉行，左遷《させん》・隠居・謹慎) 永井尚志《ながいなおゆき》(軍艦奉行，隠居・謹慎)
公卿	近衛忠熙《このえただひろ》(左大臣) 鷹司輔熙《たかつかさすけひろ》(右大臣) 鷹司政通《まさみち》(前関白) 三条実萬《さんじょうさねつむ》(前内大臣・三条実美《さねとみ》の父) (辞官・落飾《らくしょく》＊など) ＊髪をそり落とし出家すること
藩士	**橋本左内《はしもとさない》**(越前・26歳，死罪) **吉田松陰《よしだしょういん》**(長州・30歳，死罪) 梅田雲浜《うめだうんぴん》(元小浜《おばま》・儒学者・45歳，獄死)
その他	**頼三樹三郎《らいみきさぶろう》**(儒学者・頼山陽《さんよう》の子・35歳，死罪)

3 桜田門外《さくらだもんがい》の変 1860(万延《まんえん》元)年3月

3-1 桜田門外襲撃図 1860(万延元)年3月3日，降りしきる雪の中，藩邸《はんてい》から江戸城桜田門へと登城途中の大老井伊《いい》直弼《なおすけ》一行を水戸・薩摩藩の脱藩浪士《だっぱんろうし》が襲撃し，大老を暗殺した。白昼の大老の横《おう》死《し》は幕府権威の失墜《しっつい》を天下に知らしめた。

茨城県立歴史館蔵

4 公武合体策《こうぶがったいさく》

4A 皇女和宮降嫁《こうじょかずのみやこうか》

4-1 和宮肖像 (1846〜77)

東京・徳川記念財団蔵

解説 老中安藤信正《あんどうのぶまさ》は，孝明《こうめい》天皇の妹和宮と14代将軍家茂《いえもち》の婚姻を実現した。これは幕府権力強化を目論《もくろ》んだ公武合体の象徴としての政略結婚であり，尊王攘夷派を刺激した。安藤信正は**坂下門外の変《さかしたもんがい》**で負傷し失脚した。

公武合体(＝公武一和)−1860(安政7).3〜62(文久2).4

【幕府】＝武
14代将軍 **家茂《いえもち》** セ出題
老中 **安藤信正《あんどうのぶまさ》**
老中 **久世広周《くぜひろちか》**
●一橋《ひとつばし》派への処罰解く
●全国市場の支配
五品江戸廻送令《ごひんえどかいそうれい》(1860)
万延貨幣改鋳《まんえんかへいかいちゅう》(1860)
●幕府軍の軍政改革

【朝廷】＝公
孝明《こうめい》天皇
侍従《じじゅう》 **岩倉具視《いわくらともみ》**
●朝廷権威の回復狙う
●鎖国攘夷《じょうい》
外国との条約破棄
攘夷の実行を幕府に約束させる

幕府→朝廷：攘夷の約束
朝廷→幕府：攘夷の約束を迫る
朝廷→幕府：**和宮降嫁《こうか》**の勅《ちょっ》許《きょ》(1860.10)

4B 薩摩藩の公武合体策(文久《ぶんきゅう》の改革) 1862(文久2)年

4-2 **島津久光《しまづひさみつ》**(1817〜87) 斉彬《なりあきら》の異母《いぼ》弟で藩主忠義《ただよし》の実父として藩の実権を掌握《しょうあく》，上京し勅使《ちょくし》大原重徳《おおはらしげとみ》を奉じて幕政改革を要求した。久光は上京した際，藩内尊攘《そんじょう》派の粛清《しゅくせい》(**寺田屋《てらだや》事件**)，江戸から帰国の際外国人殺傷事件(**生麦《なまむぎ》事件**)をおこした。

鹿児島・尚古集成館蔵

背景	**坂下門外の変《さかしたもんがい》**後，薩摩藩主の父**島津久光《しまづひさみつ》**の幕政改革策を幕府が採用。朝廷と幕府の融和《ゆうわ》策(**公武合体策**)であり，幕府の再編強化策でもあった。	
具体策	人事改革	**将軍後見職《こうけんしょく》→一橋慶喜《ひとつばしよしのぶ》**(一橋家当主) **政事総裁職《せいじそうさいしょく》→松平慶永《まつだいらよしなが》**(越前藩主) **京都守護職**＊**→松平容保《かたもり》**(会津藩主) ＊新選(撰)組は京都守護職支配下
	参勤交代制緩和	隔年を3年ごとに1回出府。妻子の帰国許可。
	軍制の改革	陸・海軍に分けそれぞれ総裁・奉行をおく。
	洋学調査	**洋書調所《ようしょしらべしょ》**(**蕃書調所《ばんしょしらべしょ》**の改組拡充)。海外留学生の派遣(西周《にしあまね》・榎本武揚《えのもとたけあき》らオランダへ派遣)。

世界初の松陰伝『ヨシダ・トラジロー』と文豪スティーヴンスン

→**吉田松陰《よしだしょういん》**(1830〜59) 長州藩士。1854(安政元)年，ペリー再来の際に密航を企て失敗。萩《はぎ》で出獄後，松下村塾《しょうかそんじゅく》で多くの俊才を育成した。 山口県文書館蔵

→**ロバート＝ルイス＝スティーヴンスン**(1850〜94) 『宝島』『ジキル博士とハイド氏』などの著書で有名。

吉田松陰の伝記を初めて書いたのは，イギリスの文豪ルイス＝スティーヴンスンであった(以降ルイスと表記)。その不思議なつながりは，若き日のルイスの偶然の体験による。

1878(明治11)年，元長州藩出身の正木退蔵《まさきたいぞう》という明治政府の役人が，エディンバラ大学の土木工学科教授ジェンキンのもとを訪れた。目的は優秀な「御雇《おやとい》外国人」を探すことにあった。白《しら》羽《は》の矢が立ったのがルイスの友人ユーイングであった。ルイスはたまたま居合わせたにすぎなかったが，このとき正木が語った話が彼の運命を大きく変えた。ユーイングは次のように回想する。「マサキ氏は私たちに日本の革新時代初期の英雄ヨシダ・トラジロー(吉田松陰)の話をした。それは愛国と冒険・苦闘の連続と希望と挫折《ざせつ》の物語であった。ルイスは深く感動した。」列強の圧力に揺れる幕末日本で，対等な関係を望み東奔西走《とうほんせいそう》する吉田松陰の純粋で潔い生きざまは，イギリス王国の支配に苦しんできたスコットランド人のルイスにとって共感を覚えるものであり，かつ元来病弱で自らの進路や恋愛にも思い悩むことが多かった彼に大いなる勇気を与えてくれた。

ルイスは，意中《いちゅう》の女性と結婚すべく決死の思いでアメリカに渡った。窮地に陥ったときに自らを鼓舞《こぶ》するため執筆した短編が『ヨシダ・トラジロー』である。以降転地療養を繰り返す短い人生ではあったが，幸福な家庭のもとで数々の名作を世に残した。

尊王攘夷運動の激化

考察の視点 薩英戦争や四国艦隊下関砲撃事件を通し，薩長両藩の考え方はどう変化したのだろうか。 推移

読み解く 下の写真で，水兵たちの軍服がそろっていないのはなぜだろうか。 相互関連

↑四国連合艦隊の下関砲台占拠

F.ベアト撮影 横浜開港資料館蔵

⑯第1次長州征討《せいとう》 1864.7
⑱第2次長州征討 1866.6

[第1次]禁門《きんもん》の変を理由に長州藩征討の勅命《ちょくめい》が下り，幕府，広島に軍を集結。長州藩内も四国艦隊下《しこくかんたいしもの》関砲撃《せきほうげき》事件後，保守派が台頭《たいとう》し，幕府に恭順《きょうじゅん》。

[第2次]長州藩に高杉晋作《たかすぎしんさく》ら倒幕政権が成立。幕府，将軍家茂《いえもち》が大坂城入りし督戦したが，戦況は幕府軍不利に展開。家茂の病死を理由に休戦。

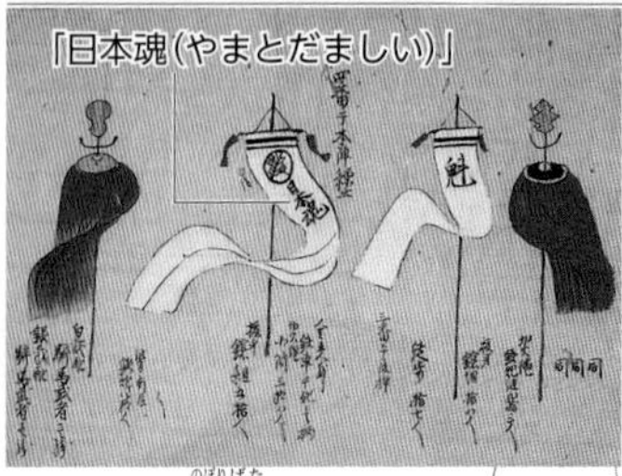

↑天狗党の幟旗《のぼりばた》

(水戸浪士見聞記)

埼玉県立文書館蔵

⑬天狗党《てんぐとう》の乱 1864.3

水戸藩内の内紛《ないふん》から尊攘《そんじょう》過激派の藤田小四郎《ふじたこしろう》ら，横浜即時鎖港《さこう》を求め筑波山《つくばさん》で挙兵，武田耕雲斎《たけだこううんさい》を総大将として一橋慶喜《ひとつばしよしのぶ》に攘夷実行を訴えるべく，上野《こうずけ》・信濃《しなの》・美濃《みの》を経て上京をめざした。この間幕府軍・諸藩軍と戦闘を繰り返したが，ついに加賀藩に降伏，多くが厳罰に処された。

↑東禅寺事件 横浜開港資料館蔵

(Illustrated London News 1861.10.12)

⑧下関海峡での攘夷《じょうい》決行 1863.5
⑰四国艦隊下関砲撃《しこくかんたいしものせきほうげき》事件 1864.8

1863(文久３)年の長州藩の攘夷決行に対する英・仏・米・蘭の報復《ほうふく》戦争。長州藩，４日間の激戦の末屈服《くっぷく》。幕府，300万ドルの賠償《ばいしょう》金支払いを約束。

①ヒュースケン暗殺 1860.12
②東禅寺《とうぜんじ》事件 1861.5
③坂下門外の変 1862.1
⑤文久《ぶんきゅう》の改革 1862.5
⑦イギリス公使館焼打ち事件 1862.12

品川御殿山《ごてんやま》に建築中のイギリス公使館を高杉晋作《たかすぎしんさく》・井上馨《いのうえかおる》・伊藤博文《いとうひろぶみ》ら，襲撃。

⑩天誅組《てんちゅうぐみ》の変 1863.8

孝明《こうめい》天皇の大和行幸《やまとぎょうこう》を機に公家中山忠光《なかやまただみつ》と吉村寅太郎《とらたろう》ら，五条代官所を襲撃したが壊滅《かいめつ》。

⑫生野《いくの》の変 1863.10

天誅組《てんちゅうぐみ》の挙兵《きょへい》に呼応して福岡藩士平野国臣《ひらのくにおみ》ら，生野代官所を襲撃したが鎮圧《ちんあつ》。

④寺田屋《てらだや》事件 1862.4
⑪八月十八日の政変 1863.8
⑭池田屋事件 1864.6
⑮禁門《きんもん》(蛤御門《はまぐりごもん》)の変 1864.7

京都守護職松平容保《まつだいらかたもり》(会津藩主)と薩摩藩，1863(文久３)年８月18日，朝廷内の三条実美《さんじょうさねとみ》ら尊攘派公家(七卿《しちちょう》)と長州藩を京都から追放，翌年新選《しんせん》(撰)組《ぐみ》による尊攘派襲撃(池田屋事件)を機に長州藩,京都に攻め上るが，会津・薩摩藩兵に敗北(禁門(蛤御門)の変)。

↑生麦事件の現場 F.ベアト撮影

⑥生麦《なまむぎ》事件 1862.8

文久の改革を主導した薩摩藩の島津久光《しまづひさみつ》，江戸からの帰途《きと》，東海道生麦付近で行列と遭遇した英人４名に藩士が斬《き》りかかり，１名を殺害。薩英《さつえい》戦争の原因となった。

⑨薩英《さつえい》戦争 1863.7

生麦《なまむぎ》事件の犯人の逮捕と処罰，妻子養育料などの英側の要求を薩摩藩が拒否したため，英艦隊，鹿児島を艦砲射撃《かんぽうしゃげき》。城下の破壊は甚《はなは》だしかったが，英艦隊も消耗《しょうもう》，多数の死傷者を出した。英も薩摩藩の実力を認め，のち和解し急接近，薩摩藩，開国倒幕へと舵を切る。

↑禁門付近での戦闘(蛤御門合戦図屏風)

↓英艦隊の鹿児島砲撃

(Illustrated London News 1863.11. 3)

横浜鎖港《さこう》問題と第２回遣欧《けんおう》使節

第２回遣欧使節は，池田長発《いけだながおき》を正使《せいし》として1863(文久《ぶんきゅう》３)年12月から1864(元治《げんじ》元)年７月にかけてフランスに派遣した外交団である。目的は開港場横浜を鎖港する交渉を行うことであった。幕府は攘夷派に押され1863年５月に攘夷決行の命令を下しており，長州藩による下関《しものせき》での攘夷決行，薩英《さつえい》戦争など外国との軋轢《あつれき》が深まるなか，幕府はいわば政権公約であった攘夷実現の姿勢を示すため，この交渉を計画した。しかし，それはもとより達成不可能な任務であった。西洋の近代文明を目の当たりにした池田長発は，帰国後開国論を唱え，蟄居《ちっきょ》処分となった。

←往路エジプトを経由した際スフィンクス前で撮影した記念写真 A.ベアト撮影 横浜美術館蔵

歴史ナビ 司馬遼太郎『世に棲む日日』(文春文庫) 吉田松陰とその弟子・高杉晋作の２人を軸に幕末長州の動向を描いている。

幕末動乱期の社会

考察の視点　幕末の世直し一揆や打ちこわしは，従来の百姓一揆とどのような点で違っていたのだろうか。比較

1 ええじゃないかと世直し一揆 ㋝出題

1-1 ええじゃないかの熱狂　雲に乗って現れた伊勢大神宮の御祓《おはらい》(御札《おふだ》)のもとで，「御蔭《おかげ》踊り」「ええじゃないか」の大幟《おおのぼり》を立て，踊りに熱狂する人びとの姿が描かれている。1867(慶応３)年７月から翌年４月まで江戸以西でおきたこのような大衆乱舞《らんぶ》は幕藩体制を混乱させ，倒幕派の活動を隠蔽《いんぺい》する役割を担ったともいわれる。幕府が崩壊するなか，極度の社会不安により引きおこされた民衆の底知れぬエネルギーを示す。

兵庫・神河町教育委員会蔵

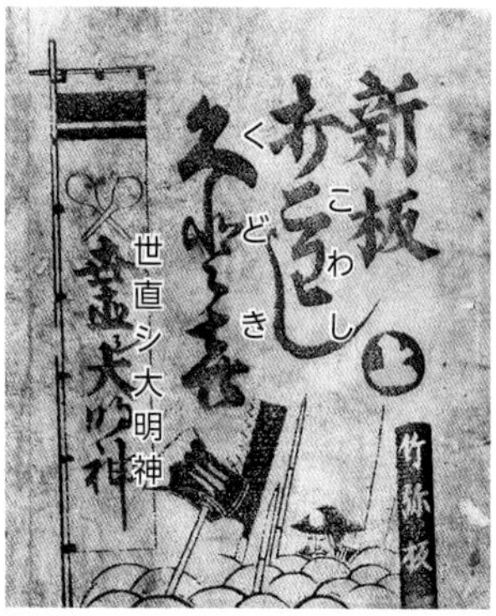

1-2 新板打ちこわしくどき　1866(慶応２)年の武州《ぶしゅう》世直し一揆の際に，一揆のおこりや経過を綴《つづ》った俗曲《ぞっきょく》「くどき」の表紙部分。

埼玉県立歴史と民俗の博物館蔵

解説　幕末期に激増した農民一揆は，「**世直し一揆**」とよばれ，従来のように貢租《こうそ》の減免《げんめん》だけでなく，村役人の交替，質地《しちち》・質物《しちもつ》の無償返還など多様な要求をした。攻撃対象は幕府や諸藩およびこれと結託した村役人・御用商人などに向かい，権力に対する敵意がむき出しである点に特色がある。左図には世直し大明神の幟《のぼり》，鋸《のこぎり》，まさかり，人の波が描かれ，日常の農工具によって富者の屋敷を壊し，世均《よなら》し(平均化)を図るという，従来の一揆の作法と世直しの行動理念がうかがわれる。

1-3 上州の打ちこわし　1868(慶応４)年，上州・信州などで農民たちが蜂起《ほうき》し，物持《ものもち》(富裕者)や村役人の屋敷を襲撃した。この背景には，**戊辰《ぼしん》戦争**にともなう生活苦の深刻化と，治安体制の崩壊という現実があった。

東京大学史料編纂所蔵

2 民衆宗教(教派神道《きょうはしんとう》)の成立と普及《ふきゅう》

教派	開祖	成立	特徴
天理《てんり》教	中山みき (1798～1887) 大和《やまと》の農婦	1838 (天保《てんぽう》９)	天理王命《てんりおうのみこと》を信じ奉仕《ほうし》と相互扶助《そうごふじょ》により幸福を得ると説く。みき直筆《じきひつ》の「おふでがき」が教典的性格をもつ。1874年から弾圧
黒住《くろずみ》教	黒住宗忠《むねただ》 (1780～1850) 備前《びぜん》の神官《しんかん》	1814 (文化11)	天照大神《あまてらすおおみかみ》信仰を中心に，瀕死《ひんし》の病の中に神人《しんじん》合一の境地《きょうち》を悟《さと》る。教典「日々家内心得《ひびかないこころえ》の事」。教派神道として最も早く組織化
金光《こんこう》教	川手文治郎《かわてぶんじろう》 (1814～83) 備中《びっちゅう》の農民	1859 (安政６)	金神《こんじん》を天地の祖神《そしん》とし，人と神との助け合いを説く。迷信や守り札を否定し，商売繁盛《はんじょう》など現世利益《げんせりやく》の宗教として広まる

解説　幕末動乱期のゆきづまった世相から解放されたいという庶民の願いを反映し，天理教，黒住教，金光教などが生まれた。これらは，のちに明治政府から宗教として公認された，13派の神道(**教派神道**)に含まれる。

3 幕末動乱期を生きた人びと

氏名	出身	経歴・役職等	生没年(赤字は1867年時の年齢) 1867 1800 20 40 80 1900 20 40
勝《かつ》海舟《かいしゅう》	幕臣	軍艦奉行	23　44　99
岩倉《いわくら》具視《ともみ》	京都	侍従	25　42　83
小栗《おぐり》忠順《ただまさ》	幕臣	外国奉行他	27　40　68(処刑)
山内《やまうち》豊信《とよしげ》	土佐藩	藩主	27　40　72
西郷《さいごう》隆盛《たかもり》	薩摩藩	下級藩士	27　40　77(自刃)
大久保《おおくぼ》利通《としみち》	薩摩藩	下級藩士	30　37　78(暗殺)
木戸《きど》孝允《たかよし》	長州藩	藩士	33　34　77
江藤《えとう》新平《しんぺい》	肥前藩	下級藩士	34　33　74(刑死)
岩崎《いわさき》弥太郎《やたろう》	土佐藩	郷士	34　33　85
福沢《ふくざわ》諭吉《ゆきち》	中津藩	下級藩士	34　33　01
坂本《さかもと》龍馬《りょうま》	土佐藩	酒造業・郷士	35　32　67(暗殺)
井上《いのうえ》馨《かおる》	長州藩	小姓役	35　32　15
松方《まつかた》正義《まさよし》	薩摩藩	藩士	35　32　24
三条《さんじょう》実美《さねとみ》	京都	公家	37　30　91
徳川《とくがわ》慶喜《よしのぶ》	一橋家	第15代将軍	37　30　13
板垣《いたがき》退助《たいすけ》	土佐藩	藩士	37　30　19
中岡《なかおか》慎太郎《しんたろう》	土佐藩	大庄屋の子・藩士	38　29　67(暗殺)
後藤《ごとう》象二郎《しょうじろう》	土佐藩	藩士	38　29　97
山県《やまがた》有朋《ありとも》	長州藩	下級藩士	38　29　22
大隈《おおくま》重信《しげのぶ》	肥前藩	藩士	38　29　22
高杉《たかすぎ》晋作《しんさく》	長州藩	藩士	39　28　67
黒田《くろだ》清隆《きよたか》	薩摩藩	藩士	40　27　00
渋沢《しぶさわ》栄一《えいいち》	武蔵国	豪農・幕臣	40　27　31
伊藤《いとう》博文《ひろぶみ》	長州藩	下級武家奉公人	41　26　09(暗殺)

4 幕末日本で活動した外国人

ハリス(1804～78) 米 の外交官 P.230	日米和親条約に基づき，1856年下田に着任した初代駐日総領事。58年日米修好通商条約に調印
ヒュースケン(1832～60) 蘭 ハリスの通訳 P.234	1855年ハリスの通訳となり，56年ハリスとともに着任。60年薩摩藩士らに襲われ死亡
オールコック(1809～97) 英 の外交官	1859年着任した駐日総領事でのち公使。四国艦隊の下関砲撃事件を指導。64年解任
パークス(1828～85) 英 の外交官 P.236	オールコックに代わった駐日公使。1865年着任。ロッシュに対抗して薩長に接近
グラバー(1838～1911) 英 の貿易商人	1859年21歳で来日し，長崎を基点に貿易で大きな財を成した商人。邸宅は公園で有名
アーネスト＝サトウ(1843～1929) 英 の外交官	書記官・通訳官としてパークスの対日外交を支えた。著書に『一外交官の見た明治維新』
ロッシュ(1809～1900?) 仏 の外交官 P.236	1864年着任した駐日公使。幕府に接近し幕政改革を支援，財政・軍事面の援助をした

4-1 富士登山(『大君《たいくん》の都』挿絵)

国立国会図書館蔵

解説　初代の英国公使**オールコック**は多忙な公務に従事するかたわら，外国人として初めて富士山に登頂した。さらに日本各地に視察旅行をし，江戸近郊に度々出かけては日本の自然・風物にも目を向け，町や農村の人びととの交流を楽しんだ。著書の『**大君の都**』では深い見識に基づき，幕末日本の社会・産業・文化などを鋭く観察しており，これは当時の日本の国情を知る上で貴重な記録である。

坂本龍馬《さかもとりょうま》と海援隊《かいえんたい》

海援隊の面々　写真：近現代PL／アフロ

1864(元治《げんじ》元)年，坂本龍馬らが長崎で亀山《かめやま》社中《しゃちゅう》を創設，薩摩藩の保護下に，西国諸藩のために武器・物産・艦船を輸入するなど政治色の強い貿易業を展開した。土佐藩は1867(慶応３)年４月，龍馬の脱藩を許し社中を藩に属させ，「海援隊」として龍馬を隊長に任じた。隊員は土佐藩を始めとする諸藩の浪士ら約50名で，のちに明治政府で外相として活躍する陸奥宗光《むつむねみつ》も隊員であった。

歴史ナビ　**幕末と明治の博物館**(茨城県大洗町)　幕末の志士・田中光顕によって創立された。幕末と明治維新の青春群像を展示。

江戸幕府の滅亡

考察の視点　15代将軍徳川慶喜は，なぜ大政奉還《たいせいほうかん》の動向に応じたのだろうか。　相互関連

1 倒幕への道筋

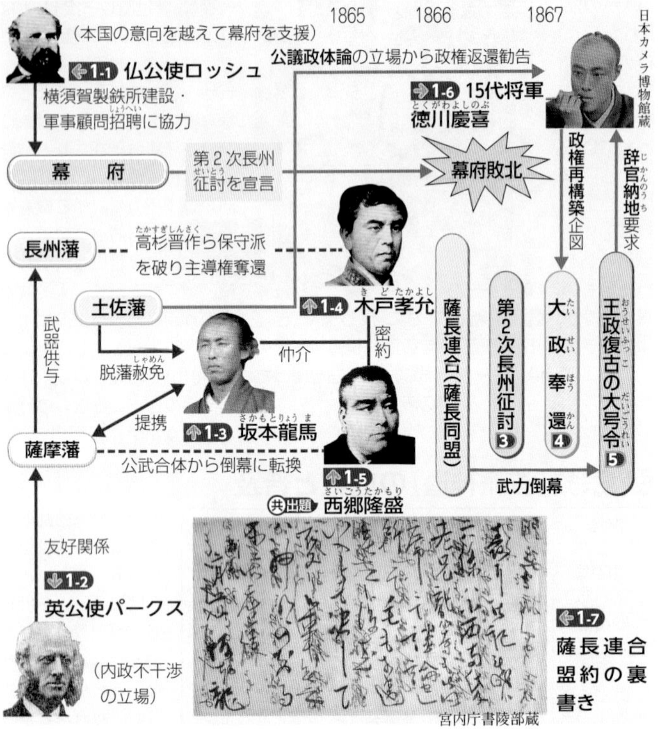

1-7 薩長連合盟約の裏書き　宮内庁書陵部蔵

解説 1866(慶応2)年1月，京都の薩摩藩邸で西郷隆盛と木戸孝允が坂本龍馬を仲介者として6カ条の盟約を口頭で成立させた。木戸は6カ条を記した書簡を坂本に送り確認を求め，坂本は木戸書簡の裏に朱筆で間違いない旨を記し保証した。

2 高杉晋作《たかすぎしんさく》と奇兵隊《きへいたい》

2-1 高杉晋作(1839～67) 山口・萩市教育委員会蔵

2-2 長州奇兵隊の隊士　個人蔵

解説 長州藩士高杉晋作は松下村塾《しょうかそんじゅく》で吉田松陰《よしだしょういん》に学び，久坂玄瑞《くさかげんずい》と並び称される。1863(文久《ぶんきゅう》3)年奇兵隊を組織した。奇兵隊とは，門閥《もんばつ》制にとらわれず，下級武士と農民・町人らで組織される隊である。1865(慶応元)年，高杉は諸隊を率いて下関で挙兵，保守派を打倒し藩の主導権を奪還した。

3 第2次長州征討《せいとう》　1866(慶応2)年6月

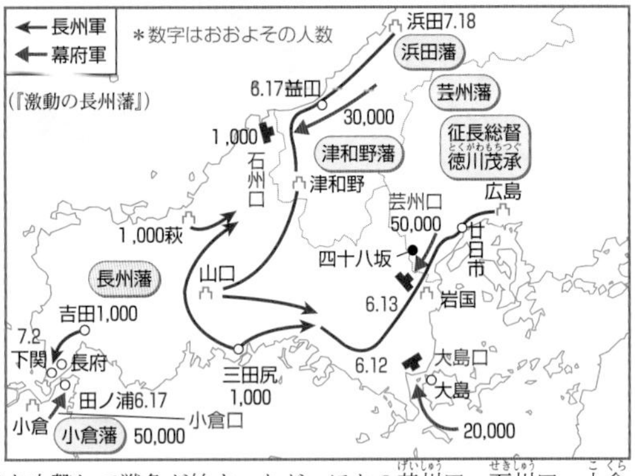

解説 1865(慶応元)年1月，高杉《たかすぎ》晋作《しんさく》ら倒幕派が藩の主導権を握ると，幕府は同年4月に長州再征を指令，将軍家茂《いえもち》が大坂城に入った。しかし，1866年1月に薩長同盟を結んだ薩摩藩が出兵を拒否するなど，諸藩の動員は難航した。6月，征長軍が大島口を攻撃して戦争が始まったが，ほかの芸州《げいしゅう》口・石州《せきしゅう》口・小倉《こくら》口いずれの戦線でも征長軍の敗退が続くなか，7月に家茂が病死したのを機に撤兵した。幕府はこの戦争に敗北し，その権威は完全に失墜《しっつい》した。

4 公議政体論《こうぎせいたいろん》の経過と大政奉還《たいせいほうかん》

1867(慶応3)年10月14日

ペリー来航 → 公武合体運動 → 大政奉還の実現

[先駆]
阿部正弘《あべまさひろ》政権　諸侯への諮問《しもん》

[公議政体論の活性化]
参預会議《さんよかいぎ》(1863～64)
徳川慶喜《とくがわよしのぶ》(一橋家)・松平慶永《まつだいらよしなが》(越前)・山内豊信《やまうちとよしげ》(土佐)・伊達宗城《だてむねなり》(宇和島)・松平容保《かたもり》(会津)・島津久光《しまづひさみつ》(薩摩)

四侯《しこう》会議(1867　5月)
島津久光(薩摩)・松平慶永(越前)・山内豊信(土佐藩)・伊達宗城(宇和島)

[公議政体論による政権構想]
(土佐藩)
坂本龍馬「新政府綱領八策」《さかもとりょうま　しんせいふこうりょうはっさく》(1867.11)
①・②人材登用　③外交政策　④憲法制定　⑤議会開設　⑥陸海軍創設　⑦親兵創設　⑧通貨政策

(幕府)
西周《にしあまね》「議題草案」(1867.11)
三権分立の形式，大君《たいくん》(徳川慶喜)を頂点に上下院制(上院＝各藩大名，下院＝藩士代表で構成)による議政院を立法府とする

解説 開国後の混乱が深まるにつれ，幕府の威信は急降下し，**公議政体論**(大名会議を中心とした幕藩体制の立て直し策)が活性化した。山内豊信《やまうちとよしげ》(容堂《ようどう》)(前土佐藩主)は，1867(慶応3)年10月，後藤象二郎《ごとうしょうじろう》，坂本龍馬《さかもとりょうま》の建議をもとに，武力倒幕派の矛先《ほこさき》をかわして政権を返還することを将軍慶喜《よしのぶ》に勧告，これを受けて慶喜は，公議政体論に基づく，徳川主導による大名連合政権樹立を企図して**大政奉還**を上表した。その後の政権構想には，西周《にしあまね》の「議題草案」や坂本龍馬の「新政府綱領八策」がある(大政奉還に影響したとされる龍馬の「船中八策《せんちゅうはっさく》」は，明治期に創作された可能性があり，近年その実在が疑問視されている)。これに対し，薩長中心の武力倒幕派は，**王政復古《おうせいふっこ》のクーデタ**を断行し，徳川家の政権参加を否定，**戊辰《ぼしん》戦争**で旧幕府勢力を倒したが，維新政権は，多数を占める公議政体派大名の支持を得るため，公議政体論の理念である「公議輿論《よろん》」に政権の正当性をおいた。

4-2 **山内豊信《やまうちとよしげ》(容堂《ようどう》)**(1827～72)　土佐藩主。公議政体論による雄藩《ゆうはん》連合政権実現をめざし，後藤象二郎の建議を入れて大政奉還《たいせいほうかん》を徳川慶喜《とくがわよしのぶ》に建白。

4-3 **後藤象二郎《ごとうしょうじろう》**(1838～97)　土佐藩士。藩主山内豊信を補佐し，大政奉還論を建議，維新後は参議となり民撰議院《みんせんぎいん》設立の建白《けんぱく》に参画。

4-1 **「大政奉還」公表の図**　慶喜が「大政奉還」を上表した10月14日，薩長に「討幕の密勅《みっちょく》」が出された。東京・明治神宮外苑聖徳記念絵画館蔵

5 王政復古《おうせいふっこ》のクーデタ

三職*の制定－1867年12月9日から	
総裁	有栖川宮熾仁親王《ありすがわのみやたるひと》　*1868年政体書によって廃止された。
議定	※皇族・公卿《くぎょう》・諸侯(＝大名) 仁和寺宮嘉彰《にんなじのみやよしあき》(皇族)　など 中山忠能《なかやまただやす》(前大納言・公卿)　など 徳川慶勝《とくがわよしかつ》(前尾張藩主) 山内豊信《やまうちとよしげ》(前土佐藩主) 松平慶永《まつだいらよしなが》(前越前藩主)　など
参与	※公卿・諸侯(＝大名)・藩士 岩倉具視《いわくらともみ》，三条実美《さんじょうさねとみ》　など 西郷隆盛《さいごうたかもり》，大久保利通《おおくぼとしみち》など薩摩藩から3名 後藤象二郎《ごとうしょうじろう》，福岡孝弟《ふくおかたかちか》など土佐藩から3名 由利公正《ゆりきみまさ》など越前藩から3名 芸州《げいしゅう》藩・尾張藩から3名 ※1868年1月以降，広沢真臣《ひろさわさねおみ》，伊藤博文《いとうひろぶみ》，木戸孝允《きどたかよし》ら長州藩士，大隈重信《おおくましげのぶ》ら肥前《ひぜん》藩士も

5-1 **小御所《こごしょ》会議の図**　慶喜擁護《よしのぶようご》の山内豊信《やまうちとよしげ》の意見が優勢だったが，休憩後一転した。

東京・明治神宮外苑聖徳記念絵画館蔵

解説 **大政奉還《たいせいほうかん》**後，岩倉具視を中心とした薩摩・長州藩などの武力倒幕派は，**公議政体論《こうぎせいたいろん》**をおさえて慶応3年12月9日(西暦1868年1月3日)クーデタを敢行《かんこう》し，「**王政復古の大号令《だいごうれい》**」を発した。摂政・関白・幕府などは廃止し，新たに**総裁《そうさい》・議定《ぎじょう》・参与《さんよ》**の**三職《さんしょく》**が設けられた。その夜三職による**小御所会議**で徳川慶喜に対する**辞官納地《じかんのうち》**要求が決定された。

歴史ナビ　**高知県立坂本龍馬記念館**(高知県高知市)　坂本龍馬をテーマにした博物館。龍馬が兄や姉・乙女に宛てた手紙，海援隊約規などが展示されている。

考察の視点 戊辰戦争が1年半続くなか，新政府と諸藩の財政はどのように支えられたのだろうか。相互関連

1 戊辰戦争 1868～69年

②偽官軍事件《にせかんぐん》 1868.3

豪農出身の相楽総三《さがらそうぞう》は新政府軍東征の先鋒隊である赤報隊《せきほうたい》に加わり，年貢半減令を掲げて民衆の恭順をはかった。しかし財源に困窮していた新政府は同令を撤回，相楽らを「偽官軍」として処刑

①鳥羽《とば》・伏見《ふしみ》の戦い 1868.1

小御所《こごしょ》会議による慶喜《よしのぶ》の辞官納地に憤激した旧幕府軍1万5,000人，京都に攻め入ろうとして薩長軍5,000人と衝突。薩長軍の勝利により，慶喜追討令が発せられ東征を開始

④奥羽越列藩同盟《おううえつれっぱんどうめい》の結成 1868.5

新政府が仙台藩に会津藩討伐を命じると，仙台・米沢藩など14藩は会津藩の赦免《しゃめん》を嘆願。拒否されるとほかの奥羽・北越17藩を加え31藩の同盟を組織

⑥長岡城の戦い 1868.5～.7

長岡藩，家老河井継之助《かわいつぐのすけ》を中心に新政府軍に抵抗し，一時は新政府軍を退けたが7月に落城。北越《ほくえつ》戦争ともいう

⑧五稜郭《ごりょうかく》の戦い 1868.10～69.5

旧幕府海軍副総裁榎本武揚《えのもとたけあき》ら，軍艦を率いて箱館に逃走。土方歳三《ひじかたとしぞう》らも加わり共和政府の樹立を構想したが新政府軍の攻撃により敗北。戊辰《ぼしん》戦争終結

1-3 箱館《はこだて》の五稜郭《ごりょうかく》 箱館奉行庁舎として1857(安政4)年に着工，1864(元治元)年にほぼ完成。西欧式の花菱型《はなびし》城塞《じょうさい》で，死角ができないように五角形であることからこの名で通称されている。

⑦会津《あいづ》の戦い(会津戦争) 1868.8～.9

藩主松平容保《かたもり》，恭順《きょうじゅん》の意を表したが容《い》れられず，奥羽越列藩同盟と東征軍(官軍)の激烈な戦争となる。8月に白虎隊自刃《びゃっこたいじじん》，9月に会津若松城落城

読み解く 新政府軍はどちら側に描かれているか，その根拠とともに説明しよう。 時系列

1-1 鳥羽・伏見の戦い(山崎合戦官軍大勝利之図) 兵庫・神戸市立博物館蔵

⑤彰義隊《しょうぎたい》の戦い 1868.5

一橋家の家臣を中心に旧幕臣ら，彰義隊を結成。江戸城開城後，上野寛永寺《かんえいじ》にこもり挙兵。大村益次郎《おおむらますじろう》率いる新政府軍に敗北し，榎本武《えのもとたけ》揚《あき》ら，箱館《はこだて》に逃亡

③江戸無血開城 1868.4

1-2 江戸開城談判 1868(慶応《けいおう》4)年3月13～14日，江戸薩摩《さつま》藩邸で会談する勝海舟《かつかいしゅう》と西郷隆盛《さいごうたかもり》。慶喜《よしのぶ》の水戸謹慎《きんしん》，江戸城の引き渡しなどで合意，江戸城総攻撃は回避された。

2 明治新政府の財政基盤

2A 1869(明治2)年における通貨の種類と概算流通額

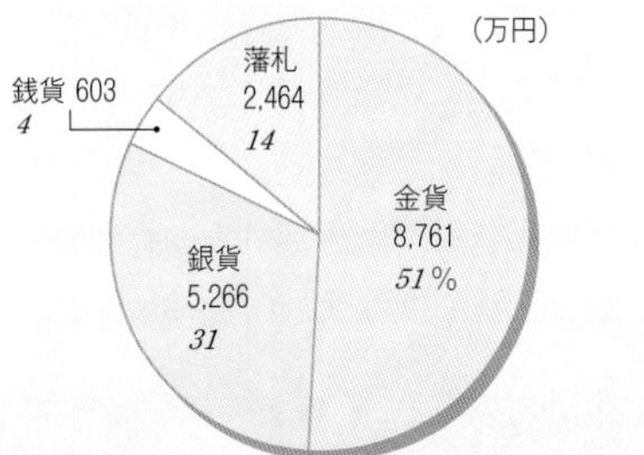

＊1936(昭和11)年の概算

貨幣	種　類
金貨	大判，一両小判，二分判，二朱判など
銀貨	一分判，一朱判，長銀，豆板銀など
銭貨	永楽銭，一文銭，真鍮《しんちゅう》四文銭，鉄銭四文銭など
藩札	各藩が発行した1600種類余り

(『明治大正財政史』)

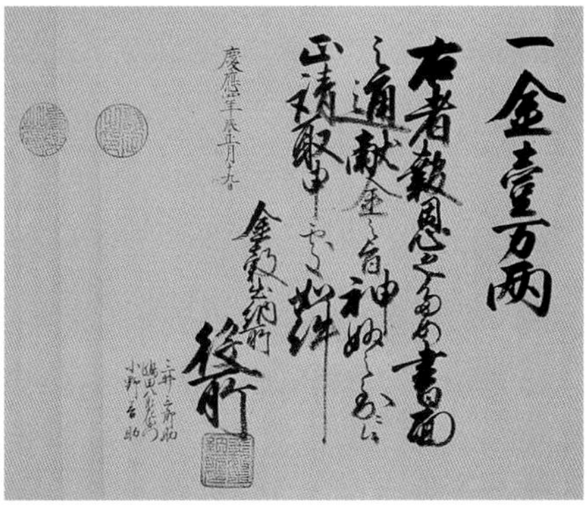

2-1 御用金の受領書 新政府は三井・小野らの豪商からの借金で財政をまかなった。 東京・三井文庫蔵

解説 旧幕領を基礎とした新政府の財源は乏しかった。そこで，戊辰戦争の軍費などを補うため，**太政《だじょう》官札《かんさつ》**(1868)や**民部省札《みんぶしょうさつ》**(1869)などの**不換紙幣《ふかんしへい》** P.245 共出題 を発行した。太政官札は1両以上の高額券が多く，日常生活では不便だった。そのため少額の民部省札が発行された。諸藩領では藩札に圧倒されて流通せず，さらに贋悪貨幣《がんあくかへい》がさかんに私鋳《しちゅう》された。

戊辰戦争で使用された武器

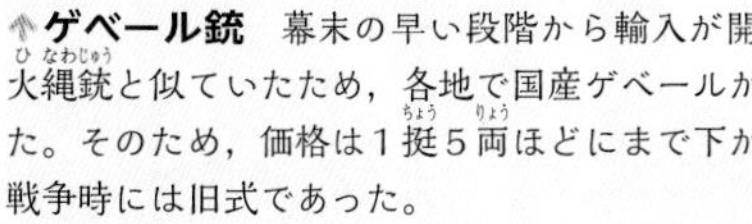

ゲベール銃 幕末の早い段階から輸入が開始された。火縄銃《ひなわじゅう》と似ていたため，各地で国産ゲベールが製造された。そのため，価格は1挺《ちょう》5両《りょう》ほどにまで下がり，戊辰戦争時には旧式であった。

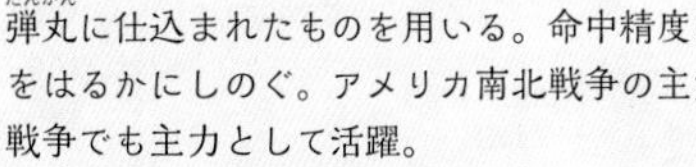

エンフィールド銃 先込《さきごめ》式。溝《みぞ》(施条《しじょう》，ライフル)が弾丸《だんがん》に仕込まれたものを用いる。命中精度はゲベール銃をはるかにしのぐ。アメリカ南北戦争の主力銃で，戊辰戦争でも主力として活躍。

共出題 **スペンサー銃** 元込《もとごめ》式で，連発が可能であった。それゆえ高価であり，1挺約28両ほどである。

3点とも千葉・国立歴史民俗博物館蔵

中央集権国家の確立

考察の視点 五箇条の誓文と五榜の掲示のそれぞれの内容を比較してみよう。 比較

1 明治新政府の発足

赤字は３大改革。1872年以前の月は旧暦

1867	.12 **王政復古の大号令**(**三職**《さんしょく》設置) P.236
1868	. 3 **五箇条《ごかじょう》の誓文《せいもん》** 1A。**五榜《ごぼう》の掲示《けいじ》** 1B
(慶4)	. 閏4 **政体書**公布(**七官制**) 史 2 セ出題
	. 5 太政官札など新紙幣を発行
	. 7 **江戸を東京と改称《かいしょう》** 1C
(明元)	. 9 **一世一元《いっせいいちげん》の制**(**明治**と改元)
	.10 天皇，東京へ行幸《ぎょうこう》(江戸城を皇居に)
1869	. 1 薩長土肥４藩，版籍奉還《はんせきほうかん》を上表
(明2)	. 5 五稜郭《ごりょうかく》の戦い(**戊辰《ぼしん》戦争終結**) P.237
	. 6 **版籍奉還**(諸藩主を知藩事《ちはんじ》に任命) 史 1D
	. 7 官制改革(**二官六省制**) 2
1871	. 2 薩長土３藩の兵１万を徴集，親兵《しんぺい》を編成
(明4)	. 5 **新貨条例**制定(円・銭・厘を採用)
	. 7 **廃藩置県《はいはんちけん》**の詔書(御親兵の武力背景) 官制改革(**三院制**) 2
	. 8 えた・非人《ひにん》の称廃止
	.11 **岩倉使節団**を米欧へ派遣《はけん》(73年帰国) 史
1872	. 1 全国で初めて戸籍調査実施
(明5)	. 8 文部省，**学制**頒布《はんぷ》
	.11 国立銀行条例制定。徴兵告諭《こくゆ》
	.12 太陽暦採用
1873	. 1 **徴兵令**制定(各地に反対一揆) P.240 セ出題
(明6)	. 7 **地租改正条例**を公布

1A 五箇条《ごかじょう》の誓文《せいもん》 史 1868(慶応４)年

セ出題

1-1 五箇条《ごかじょう》の誓文《せいもん》 1868(慶応４)年３月14日，江戸無血開城と時を同じくして，京都では天皇が公卿《くぎょう》・諸侯を率《ひき》いて五箇条を神前に誓うという形で，新政府は国策の基本方針を発布した。**由利公正《ゆりきみまさ》**起草，**福岡孝弟《ふくおかたかちか》**が修正，**木戸孝允《きどたかよし》**が加筆し，**公議世論**の尊重，**開国和親**の方針などが示された。 宮内庁書陵部蔵

1B 五榜《ごぼう》の掲示《けいじ》 史 1868(慶応４)年

セ出題

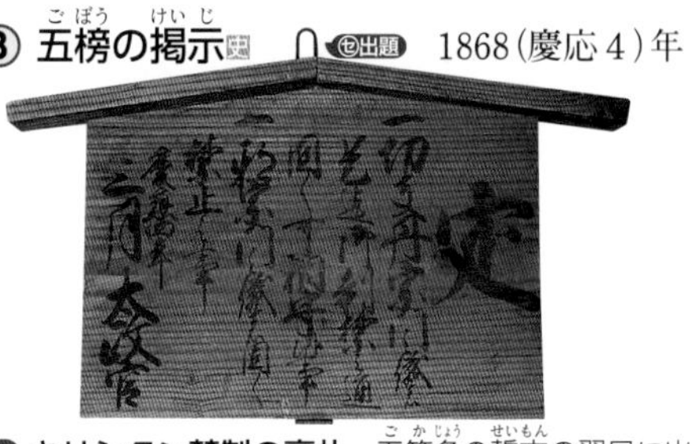

1-2 キリシタン禁制の高札 五箇条《ごかじょう》の誓文《せいもん》の翌日に出され，民衆の心得《こころえ》を布告した５種の高札。形式・内容とも幕藩体制そのままである。上写真のキリスト教禁止は1873(明治６)年に撤廃された。 長崎・(公財)松浦史料博物館蔵

1C 東京遷都《せんと》

1-3 江戸城に入る明治天皇の鳳輦《ほうれん》 1868(明治元)年，**江戸は東京**(当時は東京《とうけい》)**と改称**された。前年皇位を継承した明治天皇は，10月と翌69年の３月，２度の東京行幸《ぎょうこう》を行い，公式の声明がないまま事実上の遷都《せんと》となった。写真は，江戸城に入る明治天皇の鳳輦《ほうれん》*。*天皇の乗り物(屋形の上に金色の鳳凰をとりつけてある)東京・明治神宮外苑聖徳記念絵画館蔵

1D 版籍奉還 1869(明治２)年

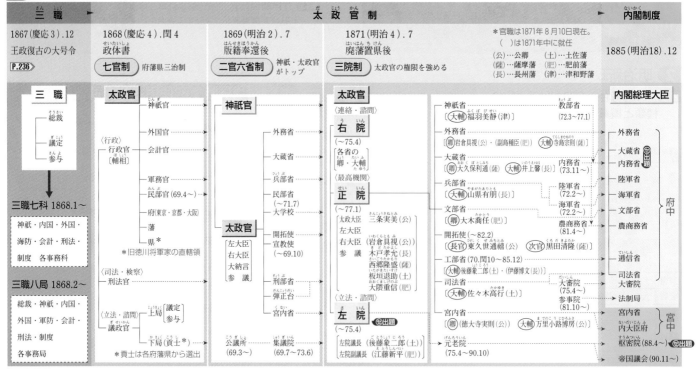

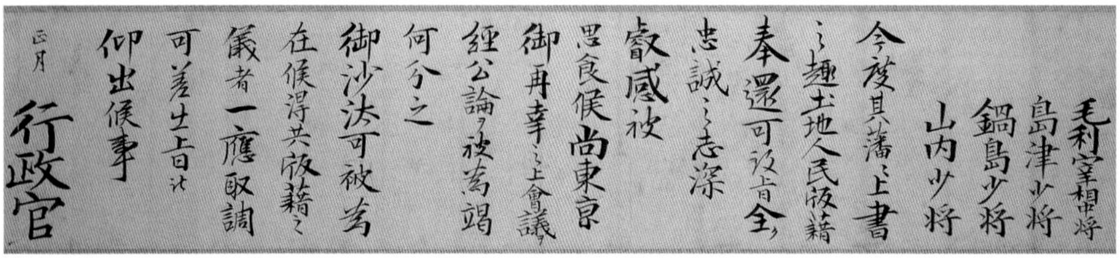

1-4 版籍奉還上表《はんせきほうかんじょうひょう》への沙汰《さた》書 1869(明治２)年１月，薩長土肥の４藩主は版籍奉還の上表文を提出した。すべての**土地(版《はん》)**と**人民(籍《せき》)**は天皇のものであるとして，朝廷に奉還を願い出たものである。３月までには，ほとんどの藩がこれにならった。政府は，これにより全国支配権を握る一方，藩主をそのまま知藩事としたため，藩体制は維持された。 山口・毛利報公会蔵

読み解く 三院制で政府の要職に就《つ》いたのは，主にどのような藩の出身者だろうか。

2 中央官制の変遷 三職…▶太政官制…▶内閣制度 —藩閥《はんばつ》政府の形成へ

三《さん》職《しょく》 ▶ 太《だ》政《じょう》官《かん》制 ▶ 内閣《ないかく》制度

1867(慶応３).12 王政復古の大号令 P.236

三職
- 総裁《そうさい》
- 議定《ぎじょう》
- 参与《さんよ》

↓

三職七科 1868.1〜
神祇・内国・外国・海防・会計・刑法・制度　各事務科

三職八局 1868.2〜
総裁・神祇・内国・外国・軍防・会計・刑法・制度　各事務局

1868(慶応４).閏4 政体書《せいたいしょ》 七官制 府藩県三治制

太政官
- 〈行政〉行政官〔輔相《ほしょう》〕
  - 神祇《じんぎ》官
  - 外国官
  - 会計官
  - 軍務官
  - 民部《みんぶ》官(69.4〜)
  - 府(東京・京都・大阪)
  - 藩
  - 県*
- 〈司法・検察〉刑法官
- 〈立法・諮問〉議政官《ぎせいかん》
  - 上局《じょうきょく》〔議定・参与〕
  - 下局《かきょく》(貢士《こうし》*)

*旧徳川将軍家の直轄領
*貢士は各府藩県から選出

1869(明治２).７ 版籍奉還後《はんせきほうかん》 二官六省制 神祇・太政官がトップ

- 神祇官
- 太政官〔左大臣・右大臣・大納言・参議〕
  - 外務省
  - 大蔵省
  - 兵部《ひょうぶ》省
  - 民部省(〜71.7)
  - 大学校
  - 開拓使
  - 宣教使(〜69.10)
  - 刑部《ぎょうぶ》省
  - 弾正台《だんじょうだい》
  - 宮内《くない》省
- 公議所《こうぎしょ》(69.3〜) → 集議院《しゅうぎいん》(69.7〜73.6)

1871(明治４).７ 廃藩置県後《はいはんちけん》 三院制 太政官の権限を強める

*官職は1871年８月10日現在。
(　)は1871年中に就任
(公)…公卿　(土)…土佐藩
(薩)…薩摩藩　(肥)…肥前藩
(長)…長州藩　(津)…津和野藩

太政官
- 〈連絡・諮問〉右《う》院《いん》(〜75.4)〔各省の卿《きょう》・大輔《たいふ》〕
- 〈最高機関〉正《せい》院《いん》(〜77.1)
  - 太政大臣　三条実美《さんじょうさねとみ》(公)
  - 左大臣
  - 右大臣　(岩倉具視《いわくらともみ》(公))
  - 参議　木戸孝允《きどたかよし》(長)　西郷隆盛《さいごうたかもり》(薩)　板垣退助《いたがきたいすけ》(土)　大隈重信《おおくましげのぶ》(肥)
- 〈立法・諮問〉左《さ》院《いん》(〜75.4) セ出題
  - 〔左院議長　(後藤象二郎《ごとうしょうじろう》(土))　左院副議長　(江藤新平《えとうしんぺい》(肥))〕
  - → 元老院《げんろういん》(75.4〜90.10)

正院のもとの各省
- 神祇省〔大輔 福羽美静《ふくばびせい》(津)〕 → 教部《きょうぶ》省(72.3〜77.1)
- 外務省〔卿 岩倉具視(公)・(副島種臣(肥))　大輔 寺島宗則《てらしまむねのり》(薩)〕
- 大蔵省〔卿 大久保利通《おおくぼとしみち》(薩)　大輔 井上馨《いのうえかおる》(長)〕 → 内務省(73.11〜)
- 兵部省〔大輔 山県有朋《やまがたありとも》(長)〕 → 陸軍省(72.2〜)・海軍省(72.2〜)
- 文部省〔卿 大木喬任《たかとう》(肥)〕
- → 農商務省(81.4〜)
- 開拓使(〜82.2)〔長官 東久世通禧《ひがしくぜみちとみ》(公)　次官 黒田清隆《くろだきよたか》(薩)〕
- 工部省(70.閏10〜85.12)〔大輔 後藤象二郎《しょうじろう》(土)・(伊藤博文(長))〕
- 司法省〔大輔 佐々木高行《たかゆき》(土)〕 → 大審院《だいしん》(75.4〜)　参事院(81.10〜)
- 宮内省〔卿 (徳大寺実則(公))　大輔 万里小路博房《までのこうじひろふさ》(公)〕

1885(明治18).12 内閣総理大臣

府中
- 外務省
- 大蔵省 セ出題
- 内務省
- 陸軍省
- 海軍省
- 文部省
- 農商務省
- 逓信《ていしん》省
- 司法省

大審院
法制局

宮中
- 宮内省
- 内大臣府《ないだいじんふ》

枢密院《すうみついん》(88.4〜) セ出題
帝国議会(90.11〜)

歴史ナビ **司馬遼太郎『花神』**(新潮文庫)　日本近代兵制の創始者・大村益次郎(村田蔵六)の生涯を描く。

考察の視点 版籍奉還を行ったにもかかわらず，２年後に廃藩置県を行わなければならなかった理由は何だろうか。 推移

3 府県制の実施過程

1868(慶４)	**政体書《せいたいしょ》**史により，幕府直轄地は府，旧幕領・旗本領は県に編成。藩は諸大名が統治(**府藩県三治制**)
1869(明２)	**版籍奉還《はんせきほうかん》**史。藩主を**知藩事《ちはんじ》**に任命 **開拓使《かいたくし》**設置。蝦夷《えぞ》地を北海道と改称 長州藩で奇兵隊などの脱退騒動がおきる(～1870)
1871(明４)	**廃藩置県《はいはんちけん》**。261藩が廃藩。**１使３府302県→１使３府72県**(琉球《りゅうきゅう》を除く。使は開拓使)に統合。知藩事は免官，政府任命の開拓長官(当時は次官)・**府知事・県令**を派遣 4
1872(明５)	大区小区制を定める。庄屋・名主の名称廃止
1878(明11)	**地方三新法**(郡区町村編制法・地方税規則・府県会規則)発布 セ出題
1879(明12)	府県会発足。**沖縄県**設置(**琉球《りゅうきゅう》処分**)
1882(明15)	**開拓使を廃止**。札幌・函館・根室の３県設置
1886(明19)	札幌・函館・根室の３県廃し，北海道庁設置
1888(明21)	**市制・町村制**公布。**１道３府43県**
1890(明23)	**府県制・郡制**公布。地方自治制確立

解説 1872(明治５)年に江戸時代以来の村を統合した大区小区制を制定するも，地方の実情とは離れていた。この頃から一部の地域では民会が開かれた。1878(明治11)年にはいわゆる地方三新法を制定し，地方制度の統一がめざされ，1888(明治21)年の市制・町村制，1890(明治23)年の府県制・郡制制定により地方自治制が体系的に整備された。

3A 府県藩数の変化

(『日本の歴史24』による)

年　月	開拓使	府	県	藩	計	備　考
1868年閏４		10	23	277	310	
69・末	1	3	46	271	321	開拓使設置(７月)
71・７	1	3	302		306	廃藩置県
11	1	3	72		76	全国の県を改廃
72・９	1	3	69	1	74	琉球藩設置 P.251 3
79・４	1	3	36		40	沖縄県設置
88・末	北海道→1	3	43		47	以後変化なし

4 廃藩置県史 1871(明治４)年７月

解説 薩長土肥の藩主が**版籍奉還***を願い出て，他の藩主もこれに続いた。藩主はそのまま**知藩事**に任命された。一揆の続発や不平士族の反対に対し，より強力な中央集権体制をめざす政府は，1871(明治４)年に薩長土３藩兵を「**御《ご》親兵《しんぺい》**」として東京に集中させ，武力を背景に**廃藩置県**を断行した。知藩事は罷免《ひめん》と東京居住を命じられ，かわって政府の官吏が**府知事・県令**として派遣された。旧藩の負債と藩士への家禄は政府が引き継いだため，ほとんど反発はおきなかった。 セ出題

＊版とは版図(領地)，籍とは戸籍(領民)のこと。

府　首都かその代替になりえる都市という意味である。東京が都となるのは，東京府と東京市が廃止された1943(昭和18)年のこと。太平洋戦争で強力な行政権をもつ地方組織が必要だったため編成された。

藩　長州藩，薩摩藩といった「藩」が公式名称になったのは，1868年**政体書**に基づいて地方制度が「**府・藩・県**」に改められてから。江戸時代は，長州も薩摩も自治権を認められた「国」だった。

読み解く 自分の住んでいる県や地方の現在の県境と比較してみよう。 現在

1869.7　開拓使《かいたくし》設置 P.241
.8　北海道と改称

開拓使の管轄

1882　開拓使廃止
3県(函館・根室・札幌)設置
1886　3県廃止，北海道庁創設

1871(明治４)年11月の３府72県
―― 府県界　● 県庁所在地
―― 旧国界　■ 府庁所在地
赤字　府県名と異なる府県庁所在地名
＊府県庁所在地名が府県名と同じものは省略。
３府＝東京・大阪・京都

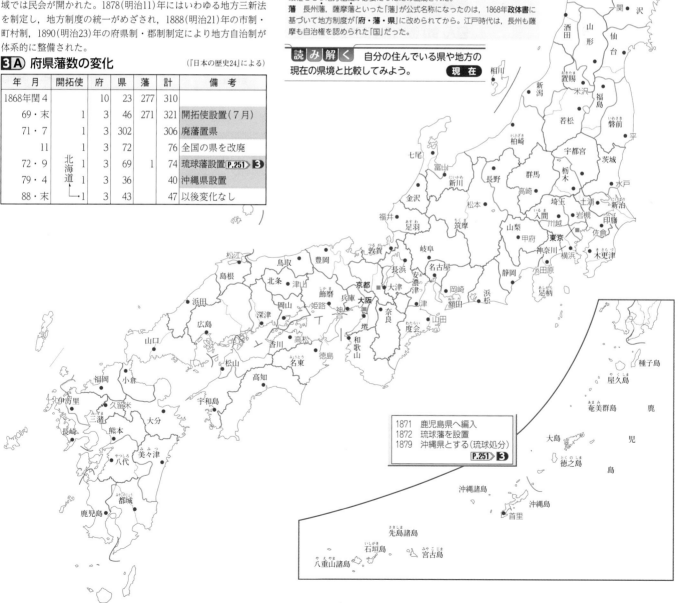

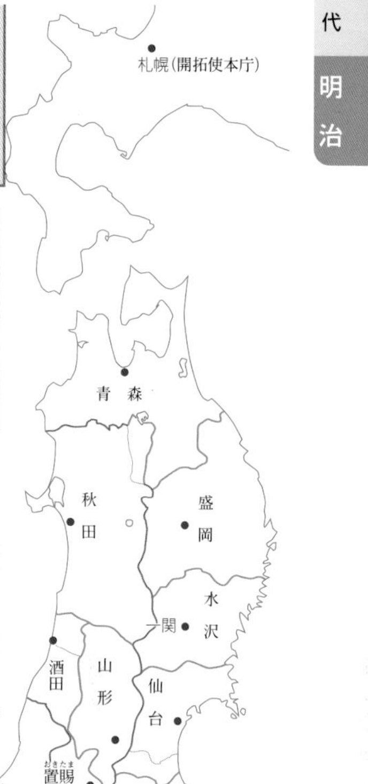

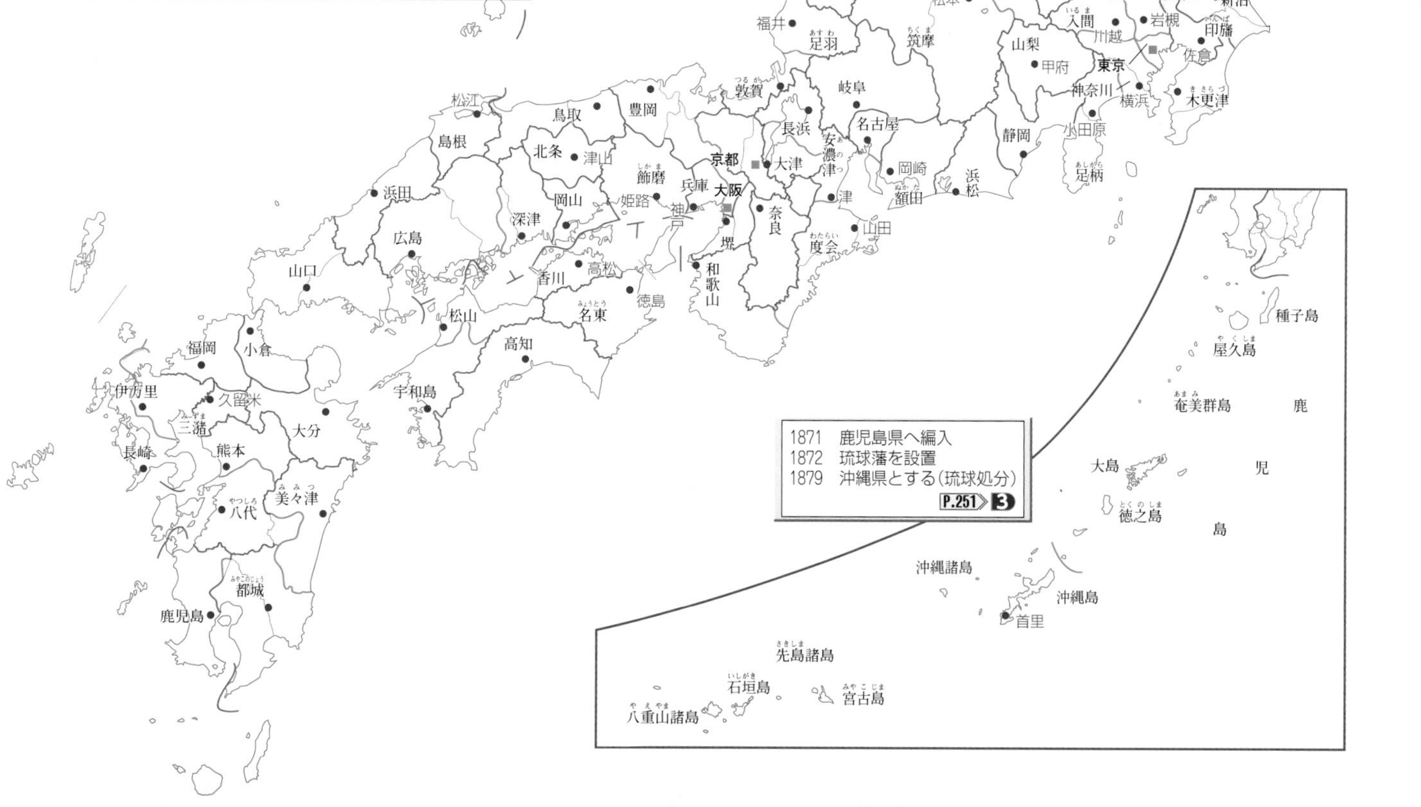

警察制度と軍制の整備

1 警察制度の確立

1871	東京府に邏卒《らそつ》3,000人からなる取締組創
(明4)	設(邏卒はポリスとも称される)
1872	司法省に**警保寮**《けいほりょう》設置(全国警察の統合を
(明5)	はかる。司法卿《きょう》は**江藤新平**《えとうしんぺい》)
	東京府邏卒移管
1873	**内務省**設置(内務卿は**大久保利通**《おおくぼとしみち》) ㋝出題
1874	警保寮を内務省に移管
(明7)	**東京警視庁**《けいしちょう》(首都警察事務を行う)設置。
	川路利良《かわじとしよし》が大警視* ＊現在の警視総監
1875	全国で邏卒を巡査《じゅんさ》と改称
1877	東京警視庁廃止，西南戦争に巡査を出征《しゅっせい》
(明10)	全国に警察署・警察分署体制ができる
1881	内務省警視局を警保局とする。警視庁復
(明14)	置(警視総監《けいしそうかん》**樺山資紀**《かばやますけのり》)
1882	警部長(のち警察部長，警察本署長とし
(明15)	て府県警察事務統括)全国設置
1911	警視庁に**特別高等課**(**特高**《とっこう》)*新設 ＊特高警察の先駆
1926	警察署・警察分署を警察署に一本化
1928	全府県に**特別高等課** P.294 設置
(昭3)	

1A 治安立法一覧

1875	讒謗律《ざんぼうりつ》
(明8)	新聞紙条例
1880	集会条例
1887	保安条例
1890	集会及政社法
1893	出版法
1900	治安警察法 ㋝出題
1909	新聞紙法
1925	治安維持法

解説 明治政府は早くから治安対策に力を入れた。軽犯罪の取締りとともに，思想統制の役割が強まっていった。言論，出版，集会の自由を制限する法が制定され，1877(明治10)年には各都市に警察署，その下に派出所・駐在所を設けて国民の監視を強めた。大日本帝国憲法発布後は労働運動・社会主義運動の取締りにも乗り出し，1911(明治44)年，大逆事件を機に警視庁に設けられた**特別高等課**(**特高**《とっこう》)は，1928(昭和3)年に全府県に設置され，治安警察法・治安維持法を核として一切の反政府的言動を取締りの対象とした。特別高等警察は内務省に直接指揮を受ける組織であり，天皇制維持に関する特別に高等な活動を担うことから名づけられた。

1-1 川路利良《かわじとしよし》(1834～79)　薩摩出身。1872(明治5)年に渡欧《とおう》して警察制度を調査。西郷と同郷ながら西南戦争に出征《しゅっせい》。「日本警察の父」。

1-2 明治初期の警察官　初めは3尺ばかりの棍棒《こんぼう》をもち，一般巡査の帯剣《たいけん》(日本刀)が許されたのは1882(明治15)年から。

東京・徳川林政史研究所蔵

1B 内務省警察のしくみ

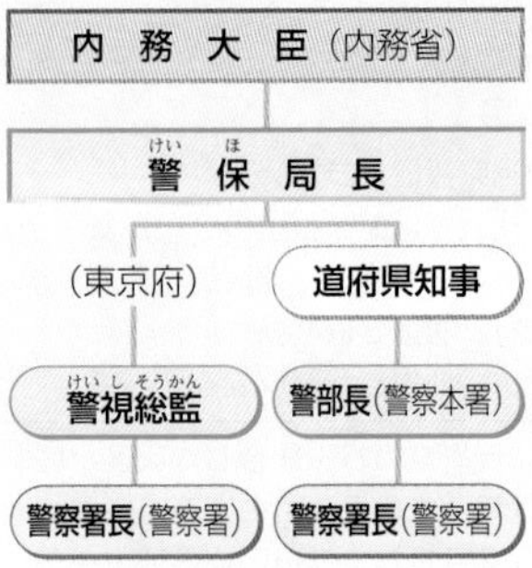

解説 内務省が全国警察を管理し，内務大臣は警保局長の補佐により警視総監・道府県知事を指揮監督，知事は警部長(のち警察部長)を通じて警察事務を処理，警部長は最下級の警察官庁である警察署長を指揮監督した。東京府の警察は内務大臣の直轄である。

2 軍制改革の動向

1869	兵部《ひょうぶ》省設置(二官六省制)
(明2)	兵部大輔《たゆう》**大村益次郎**《おおむらますじろう》襲撃されて死亡
1871	薩長土3藩兵で**御親兵**《ごしんぺい》(のちの**近衛兵**《このえへい》)を
(明4)	組織。4**鎮台**《ちんだい》をおく。**身分解放令**公布
1872	兵部省廃止。陸軍省・海軍省設置
(明5)	**山県有朋**《やまがたありとも》，陸軍大輔となる。**徴兵告諭**《ちょうへいこくゆ》*
1873	全国を6軍管区に分け，6**鎮台**設置 2A
(明6)	**徴兵令**公布。各地で**血税一揆**《けつぜいいっき》頻発《ひんぱつ》
	山県有朋が陸軍卿《きょう》，勝海舟《かつかいしゅう》が海軍卿となる
1876	この頃，兵役免除率全国で82%
1877	**西南戦争**《せいなん》…徴兵軍が旧士族に勝利
1878	**竹橋事件**《たけばし》…近衛兵の反乱に対し厳罰《げんばつ》
(明11)	**参謀本部**《さんぼう》設置(陸軍)
1879	東京招魂社を靖国神社と改称
1882	**軍人勅諭**《ぐんじんちょくゆ》発布
1883	徴兵令改正…代人料《だいにんりょう》廃止
1885	陸・海軍卿を陸・海軍大臣と改称(内閣制度)
1888	鎮台を**師団**《しだん》に改編 2B
1889	徴兵令改正…すべての免役規定廃止
(明22)	大日本帝国憲法施行により軍隊の**統帥権**《とうすいけん》独立
1893	**海軍軍令部**《ぐんれいぶ》設置

＊天皇が国民に兵役に就くよう命じた詔書

2A 徴兵制と軍管区制

●徴兵制度＝「国民皆兵」とその実態

満20歳以上の男子で徴兵免除対象とならない者の中から抽選で3年間の**常備軍**兵役。

免役規定　①一家の主人(戸主)　②家の跡継《あとつぎ》
③養家に住む養子　④独《ひと》り子，孫が独りの者
⑤父兄が病気や事故で代わりに家を治める者
⑥徴兵在役中の兄弟のある者
⑦身長5尺1寸(約155cm)未満の者
⑧兵役に耐《た》えない病者，障害をもつ者
⑨徒刑(島地に送り重労働)以上の刑を受けた者
⑩官省府県に勤《つと》めている者
⑪海軍陸軍の生徒
⑫文部工部開拓その他官立学校の生徒，洋行修業者(留学生のこと)，医術・馬医術を学ぶ者
⑬代人料《だいにんりょう》270円を納入する者

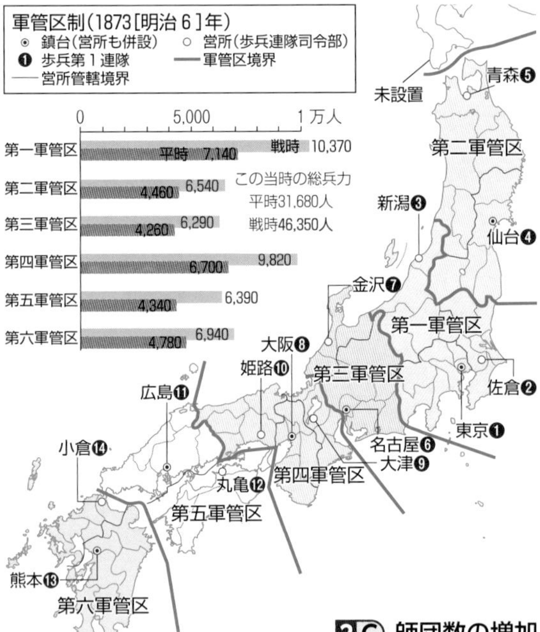

解説 もと長州藩の**大村益次郎**《おおむらますじろう》，**山県有朋**《やまがたありとも》らは「**国民皆兵**《こくみんかいへい》」を原則とする**徴兵制**を構想し，身分の区別なく徴兵する近代的軍事制度を創設した。しかし，1873(明治6)年には徴兵免役《めんえき》規定が多く，これは『徴兵免役心得《ちょうへいのがれのこころえ》』などで教示された。そのため，実際には貧農の次男以下が中心となり軍隊が成立した。1879(明治12)年，83(明治16)年に規定が厳しくなり，次第に国民皆兵の原則に近づいた。

2-1 稲葉永孝訓解《いなばえいこうくんかい》**『徴兵免役心得**《ちょうへいのがれのこころえ》**』の表紙**

群馬・みどり市大間々博物館蔵

2B 師団制《しだん》(1936年の平時編成)

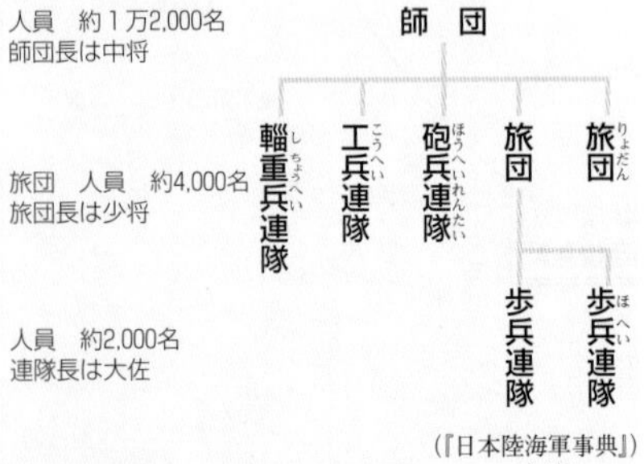

(『日本陸海軍事典』)

解説 師団とは，国内鎮圧を目的とする鎮台《ちんだい》と異なり，対外戦争を主とする常備兵団としての最高単位。平時には約1万人，戦時には約2万5,000人の規模であった。師団長は天皇に直隷《ちょくれい》すると定められた。

2C 師団数の増加

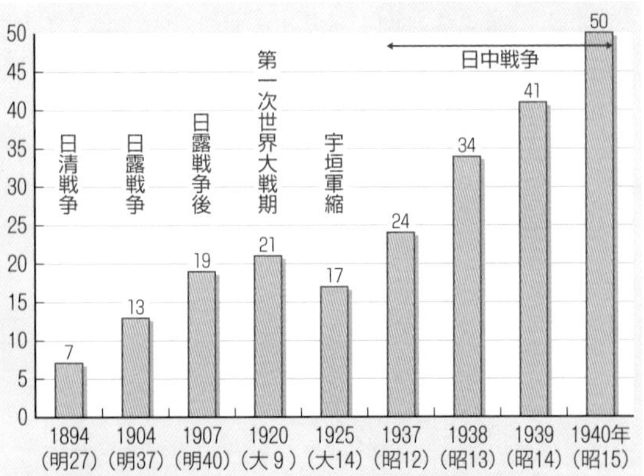

(『日本歴史大辞典』などによる)

考察の視点 下級士族が不満を高めていくのはなぜだろうか。 **相互関連**

四民平等と秩禄処分

1 四民平等・秩禄処分《ちつろくしょぶん》関連年表

1869(明2)	.6	維新《いしん》の功労者に賞典禄《しょうてんろく》を下賜《かし》。版籍奉還《はんせきほうかん》。**公卿《くぎょう》・諸侯《しょこう》を華族《かぞく》**とする。現石10分の1を家《か》禄《ろく》とする。家臣《かしん》を**士族《しぞく》**とし，家禄に改める
1870	.9	**平民に苗字《みょうじ》(名字《みょうじ》)使用を許可**
1871(明4)	.4	**戸籍法**制定(**華族・士族・平民**の3族籍)
	.8	散髪《さんぱつ》・脱刀《だっとう》の自由を認可(**脱刀令**)。**華族・士族・平民間の結婚を許可**。えた・非人の称を廃止(**解放令《かいほうれい》**) ＊下級の足軽などの武士
	.12	華族・士族・卒《そつ》＊に職業選択の自由を認可
1872(明5)	.1	初の全国戸籍調査実施(**壬申戸籍《じんしんこせき》**2B)
	.10	人身売買を禁止
1873(明6)	.12	**秩禄奉還《ほうかん》の法**制定(100石未満の希望者に4～6年分を現金か公債証書《こうさいしょうしょ》で支給)
1874(明7)	.3	**秩禄公債証書発行条例**制定
	.11	秩禄奉還を100石以上の者にも許可
1875(明8)	.1	東北3県の士族から屯田兵《とんでんへい》を募集
	.8	**士族授産《しぞくじゅさん》**4の失敗により秩禄奉還を停止
	.9	秩禄(家禄・賞典禄)を金禄に改める
1876(明9)	.3	帯刀を禁止(**廃刀令《はいとうれい》**)
	.8	**金禄公債証書発行条例《きんろくこうさいしょうしょ》**制定。華士族の家禄・賞典禄を廃止，金禄公債を支給(**秩禄処分**)3
1878(明11)	.7	金禄公債証書発行を開始(金禄5～14年分を元金5年間据置《すえお》き，6年目から抽選《ちゅうせん》で30年間償却《しょうきゃく》)
	.9	金禄公債証書の質入れ・売買を解禁
1906	.4	金禄公債の償還《しょうかん》完了 ＊1872年以前の月は旧暦

2 封建的身分の廃止

2A 身分別人口構成 1872(明治5)年

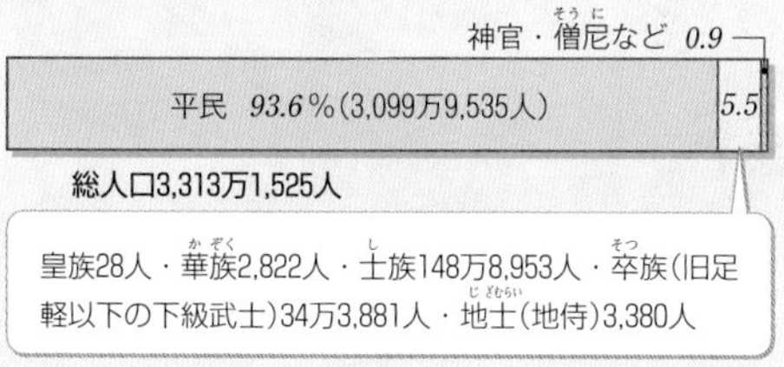

(『近代日本経済史要覧』)

解説 **版籍奉還**後，身分秩序の再編成が進められた。公家・大名は**華族**，武士は**士族**，百姓・町人などは**平民**とされた。平民は**苗字**が許され，それぞれの間の婚姻や，**移住・職業選択の自由**も認められた。1871年にはいわゆる**解放令**も出され，えた・非人などの称を廃止して制度上平民と同じとした。しかし実際には社会的・経済的差別は残され，解放令反対一揆さえもおこった。同じ年には戸籍法を定め，翌年より全国的な戸籍の編成が行われた(**壬申戸籍**)。

2B 壬申《じんしん》戸籍

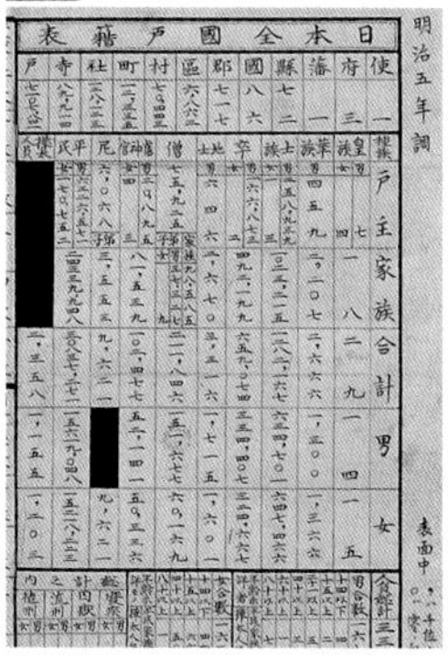

2-1 1872(明治5)年の日本全国戸籍表 行政が直接住民を把握できるようになり，徴税・徴兵など行政の基礎台帳となった。

部分 国立公文書館蔵

3 秩禄処分《ちつろくしょぶん》 1876(明治9)年8月

3A 金禄公債《きんろくこうさい》の支給状況 (『明治維新の土地変革』など)

	金禄高(推定現石)	公債利子	金禄高に乗ずる年数	利子の対旧収入比	公債受取人員	発行総額	1人平均	年間利子
領主層(大名・家老・公卿)	1000円以上(220石以上)	5分	5.00～7.50	*35～44 %*	**519人** (*0.2%*)	3,141万円(*18.0%*)	6万527円	3,026円35銭
上・中士層	100円以上(22石以上)	6分	7.75～11.00	*46～74*	**15,377** (*4.9*)	2,504(*14.3*)	1,628	97円68銭
下士層	10円以上(2.2石以上)	7分	11.50～14.00	*88～98*	**262,317** (*83.7*)	1億884(*62.3*)	415	29円5銭
売買家禄		1割	10.00	*100*	**35,304** (*11.3*)	935(*5.4*)	265	26円50銭
合計					**313,517**	1億7,464	557	

3B 政府の財政支出 1877(明治10)年

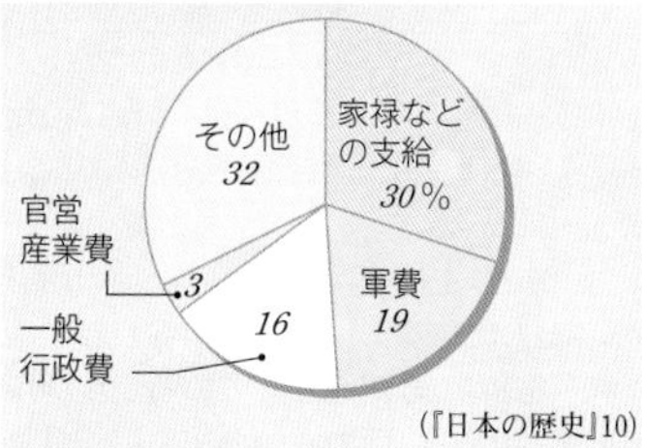

(『日本の歴史』10)

解説 廃藩置県で引き継いだ**秩禄《ちつろく》**(家禄《かろく》と賞典禄《しょうてんろく》)が財政を圧迫していたため，政府は金禄公債証書《きんろくこうさいしょうしょ》を発行し秩禄を全廃した(**秩禄処分**)。下級士族の公債の額面は低く，生活が困窮していった。

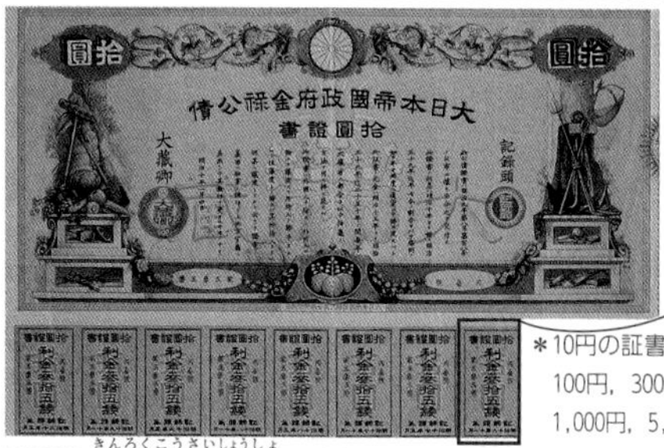

＊10円の証書。25円，50円，100円，300円，500円，1,000円，5,000円の8種類

3-1 金禄公債証書《きんろくこうさいしょうしょ》 金禄公債証書は記名式で利払いは半年に1回。公債の番号で抽選が行われ，当選したら額面をもらい，外れたら利子をもらう。写真は7分利付の証書で発行部数が多く，価格も高騰《こうとう》した。鎌《かま》，鍬《くわ》，漁網《ぎょもう》，野菜のデザインはお雇い外国人のキヨソネによるもの。 日本銀行金融研究所保管資料

4 士族授産

4-1 士族の商法
Ⓐ「有平党《あるへいとう》」(不平士族)
Ⓑ「不平おこし」(薩摩士族)
Ⓒ「熊鹿戦《せん》べい」(熊本鎮台と鹿児島の戦いをさす)
Ⓓ「三菱《みつびし》形西洋風蒸洋艦《じょうようかん》」(三菱が儲かっていることを示す)
Ⓔ「困弊盗《こんぺいとう》」(窮乏《きゅうぼう》士族)
国文学研究資料館蔵

読み解く この絵は，元士族とみられる威張った店主の態度を風刺しているが，下げ札(商品表示)からは何が読み取れるだろうか。

北海道大学附属図書館北方資料室蔵

4-2 明治20年代の屯田兵《とんでんへい》村の家族 開拓と北方の防備にあたった農兵で，黒田清隆《くろだきよたか》の建議《けんぎ》により開始。西南戦争や日清戦争に参加した。1904(明治37)年の廃止まで7万5,000町歩《ちょうぶ》を開墾《かいこん》。

4A 士族救済策のまとめ

①開拓と移住の奨励
- 屯田兵制《とんでんへいせい》による北海道開拓
- 青森，山形，鹿児島など内地の開拓
- 安積疏水《あさかそすい》と安積原野の開墾など

②事業資金の貸付
製糸業・養蚕《ようさん》業・雑工業(傘《かさ》，足袋《たび》など)・印刷業・マッチ製造・牛乳商など

↓

結果
- 開墾や養蚕・製糸業などで一部成果はみられた
- 1890(明治23)年，返納不可能な95%の授産金の返納を免除し授産は終了

歴史ナビ **琴似《ことに》屯田兵村兵屋跡《とんでんへいそんへいおくあと》**(北海道札幌市) 屯田兵が入植した際の木造建築物が復元されている。縁《ふち》なしの畳なども見られる。

地租改正

考察の視点 地租改正の目的は何だったのだろうか。 相互関連

1 地租改正

1A 地租改正の経過

財政の安定は政府の最重要課題(地租改正の背景)

❶米の作柄《さくがら》によって税額が左右され安定しない
❷旧各藩ごとに税制度が不統一(税額が異なる)
❸江戸時代以来市街地は無税。税負担が不公平
❹財源の安定と近代的税制の確立を図る

封建的規制の撤廃《てっぱい》

1871(明4) 田畑勝手作り《でんばたかってづく》の許可(作付け《さくづ》制限を廃止)
1872(明5) 田畑永代売買《えいたいばいばい》の禁止令《きんしれい》 P.194》を解禁
地価の決定・地券の交付(壬申《じんしん》地券)

1873(明6) 地租改正条例の布告(改正《かいせい》地券) 史

	改正前		改正後
	収穫高(不安定)	課税対象	地 価(一定)
	五公五民(幕領)	税 率	地価の3%
	現物納《げんぶつのう》・村単位	納入方法	金納《きんのう》*・個人
	年貢負担者(本百姓)	納 税 者	地券所有者(地主・自作農)

＊小作料は現物納のまま

セ出題

地租改正の影響

政 府…財政が安定(貨幣で徴収)。各藩で不統一だった税制を統一(近代的税制の確立)
地 主…高率の小作料を搾取《さくしゅ》➡寄生地主《きせいじぬし》制の確立
自作農…高率の地租。地租金納のため米価下落で経営困難。小作農に転落➡地租改正反対一揆
小作農…高率の小作料(現物納)で窮乏化《きゅうぼう》

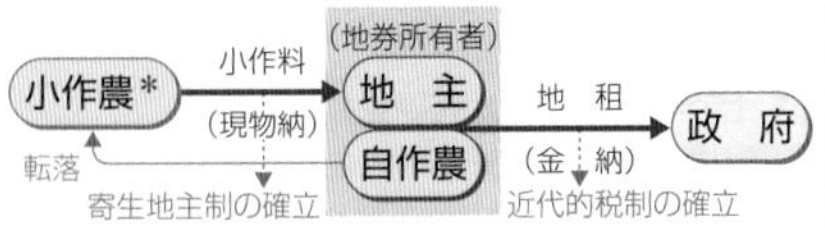

＊第二次世界大戦後の農地改革実施まで現物納での小作料を払い続けることになった。 共出題

地租改正反対一揆《いっき》の高揚《こうよう》(1876 伊勢《いせ》暴動)

1-1 **伊勢暴動** 地租改正反対一揆のピークは1876(明治9)年で，三重県のほか，茨城・愛知・岐阜・堺など各県で発生した。大蘇芳年筆　東京大学明治新聞雑誌文庫蔵

1877(明10) 地租の軽減(3%→2.5%へ) セ出題
1898(明31) 地租が3.3%に

地租改正の意義

❶各藩で不統一だった税制が統一
❷豊作・不作に左右されず，財政の基礎が確立
❸金納化により農業が商品経済と直結

解説 安定した財政基盤を確保することが目的だった。商工業の未発達や不平等条約の影響もあり，土地所有者から徴税《ちょうぜい》を行った。しだいに商品経済が発達すると，自作農は小作農に解体する一方，地主へ土地が集中していった。

1B 「地方官心得」による地価算出法

第一則 自作地の場合

❶田1段歩《たんぶ》の標準収穫量の代金を算出する
※標準収穫量は1石《こく》6斗《と》／段 代金は3円／石 ＝4円80銭《せん》

❷必要経費を控除《こうじょ》する

代金		4円80銭
－種籾《たねもみ》・肥代《こえだい》(代金の15%)	＝	72銭
－村入費《むらいり》(地租[地価の3%]の1/3)	＝	40銭8厘《りん》
－地租(地価の3%)	＝	1円22銭4厘
残金(＝純利益)	＝	2円44銭8厘

❸純利益を地価の6%とし地価を算定する
2円44銭8厘÷0.06 ＝40円80銭

〈収益の配分〉 出題

村入費	地 租	純利益
地租の1/3 40銭8厘	地価の3% ＝1円22銭4厘	＝2円44銭8厘 ＝収益4円8銭の60%
40%＝税		60%＝農民の取り分

解説 **地価**は従来の貢租《こうそ》額を減じないように設定されたため，負担は重く，引き下げを求めて大規模な一揆が発生した。

地券は土地の持ち主に交付された。土地の所有権は地券の名義人にある。裏面には地券及び土地所有についての説明書きが記されている。土地所有者の変更の場合は，裏面の左側の枠に追記された。地券制度は1889(明治22)年3月に廃止され，以後，登記による土地台帳制度に変わった。1899(明治32)年には不動産登記法が制定され，2004年に内容が一新され現在に至る。

1-2 地券 セ出題

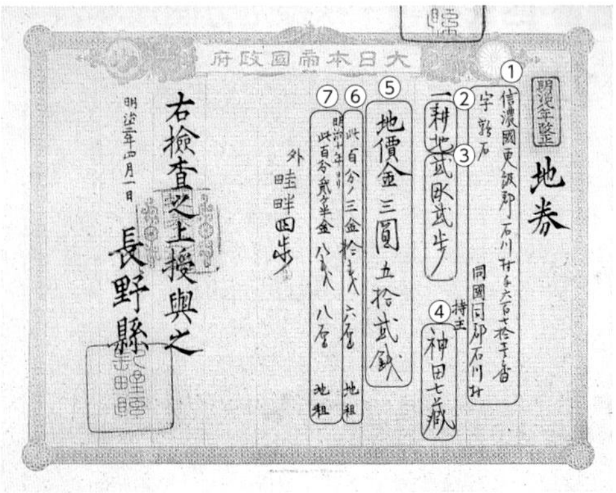

①所在地(国・郡・町村・字・番地) ②地目《ちもく》(田・畑の別)
③面積 ④所有者(地租納入者) ⑤地価
⑥税率・地租＊百分ノ三＝3%
⑦引き下げ後の税率・地租＊1877(明10)年から百分ノ二ヶ半＝2.5%

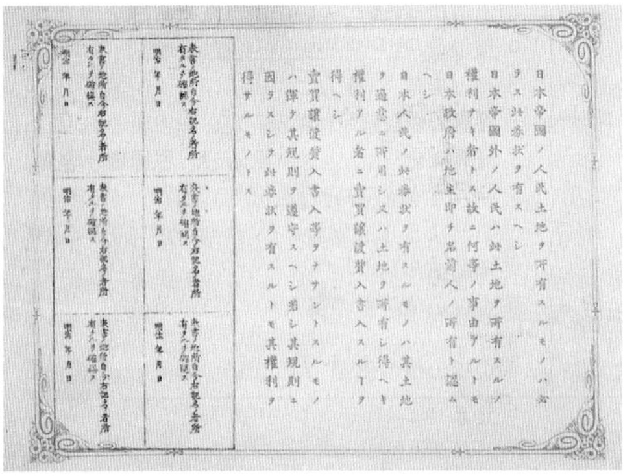

1-3 地券記載例(裏)
東洋計量史資料館(東洋計器)蔵

2 小作農生産米の配分比率の推移

読み解く ❶2で，政府，地主，小作農の配分はどのように変化しただろうか。
❷3で，国税収入において，地租の割合はどのように変化しただろうか。
推 移

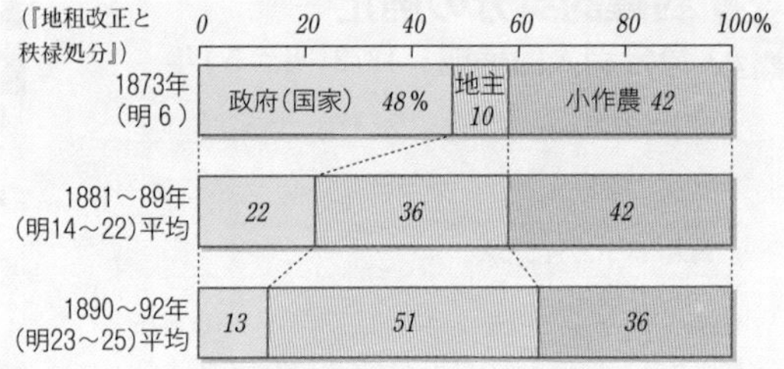

3 国税収入の変遷

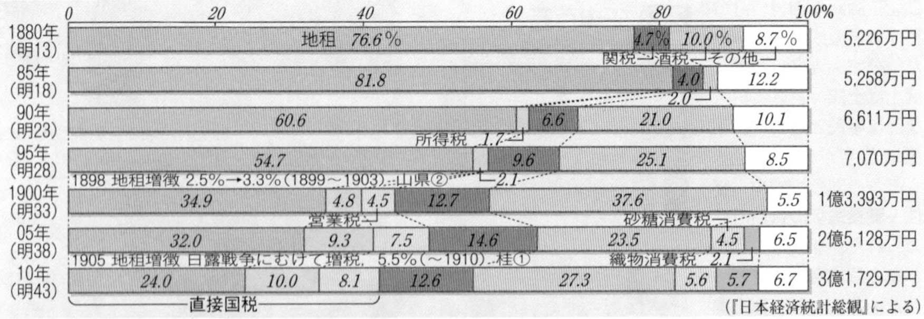

(『日本経済統計総観』による)

3-1 **地租改正・土地測量状況図** 1876(明治9)年，秋田県雄勝《おがち》郡で農民が土地丈量《じょうりょう》をしている。 秋田県立博物館蔵

解説 政府の命を受けて農民が自ら土地の測量を行い，面積や収穫量の算出も行った。そのため，土地所有意識を高めることにも影響を与えた。江戸時代には税がかけられていなかった入会地《いりあいち》や無届けだった隠《かく》し田《だ》，開墾地《かいこんち》にも測量が入り，それらにも課税された。

歴史ナビ **寄生地主** 多くの地主は，小作農に土地を貸して耕作させ，農作物の一部を小作料として徴収した。小作料に依存し，小作人に寄生したことから寄生地主という。

開港の地　横浜

↓**開港当時の横浜の模型**　横浜開港資料館蔵

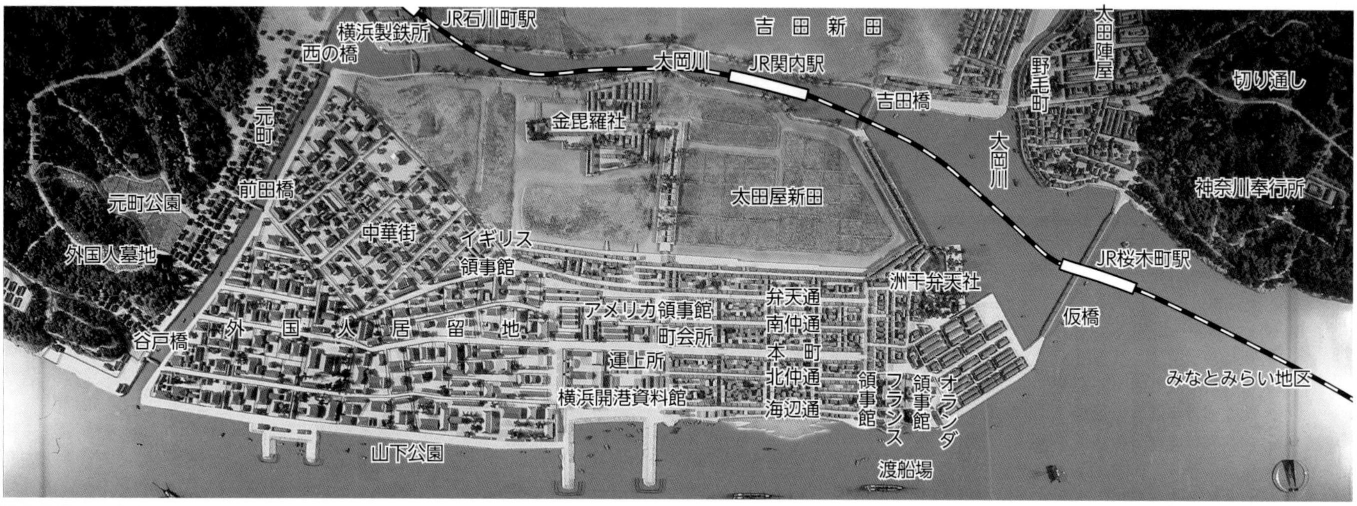

↑**幕末の横浜**（一部，F.ベアト撮影　1863年夏）　現在は川が流れていたことはわからないが，開港当時は川が流れていた。吉田川の端に関門をおいたことから，その内側を「関内《かんない》」といい，現在の地名の由来である。写真は山手から関内方面を望んだもの。沖合に停泊中の船は薩英《さつえい》戦争で鹿児島に向け出航するイギリス艦隊だと考えられる。　横浜開港資料館蔵

↑**「横浜往返蒸気車ヨリ海上之図」**（歌川広重《うたがわひろしげ》３代筆）　1872（明治５）年，新橋～横浜間（現JR桜木町駅）に日本初の鉄道が開通した。この絵は開通まもないときのもの。右には山手のフランス山がみえる。　横浜開港資料館蔵

↑**「神奈川横浜新開港図」**（五雲亭貞秀《ごうんていさだひで》筆）　開港直後，横浜の本町通りを描いたもの。左手にみえるのは三井呉服店《みついごふくてん》。三井は幕府とも密接な関係をもっており，開港と同時に横浜に出店した。　神奈川県立歴史博物館蔵

←**鉄桟橋《さんばし》を望む**　1894（明治27）年に鉄桟橋（大桟橋）が完成したことにより，横浜港は大型船の係留《けいりゅう》が可能になった。　横浜開港資料館蔵

←**新港埠頭《しんこうふとう》のようす**　1914（大正３）年に完成。一度に13隻《せき》の大型船が停泊できるため，東洋一とよばれた。クレーンや引き込み鉄道など，運輸の近代化もみられる。　北海道立文書館蔵

→**明治期の横浜市街**　1897（明治30）年頃，元町百段上から関内《かんない》方向を撮影したもの。　横浜開港資料館蔵

→**関東大震災前の横浜市街**　1923（大正12）年頃，山手から関《かん》内《ない》方向を撮影したもの。上の写真と見比べるとその繁栄がわかる。　横浜開港資料館蔵

歴史ナビ　**横浜都市発展記念館**（神奈川県横浜市）　横浜の都市形成・生活文化を，関東大震災以降を中心に展示している。

殖産興業

考察の視点　工部省と内務省の殖産興業政策を比較しよう。　比較

1 殖産興業の歩み

※封建的諸制度の撤廃に関するもの

1869	.1	※箱根など諸道の関所廃止
(明2)	.7	北海道に**開拓使**《かいたくし》をおく
	.12	東京～横浜間に**電信線**開通 4B
1870	.10	岩崎弥太郎《いわさきやたろう》，九十九《つくも》商会設立(73年三菱商会，75年郵便汽船《きせん》三菱会社) 5
(明3)	.閏《うるう》10	**工部省**発足(工部卿《きょう》**伊藤博文**《いとうひろぶみ》)
1871	.1	**郵便制度**発足(東京～大阪間) 4A
(明4)	.5	**新貨条例**《しんか》制定(**円**・**銭**《せん》・**厘**《りん》の十進法) 3A
1872	.1	※各駅の助郷《すけごう》・宿駅《しゅくえき》廃止
(明5)	.4	※大阪で株仲間《かぶなかま》廃止
	.9	新橋～横浜間に**鉄道開通**
	.10	官営**富岡**《とみおか》**製糸場**開業 1A
	.11	**国立銀行条例**制定 3B
1873	.11	**内務省**設置(内務卿**大久保利通**《おおくぼとしみち》)
1876	.9	**臥雲辰致**《がうんときむね》，ガラ紡《ぼう》を完成 セ出題
1877	.6	万国郵便連合条約に加盟
(明10)	.8	第1回**内国勧業博覧会**《ないこくかんぎょうはくらんかい》(上野)開場 1B
1878	.6	東京株式取引所開業
(明11)	.8	大阪株式取引所開業
1880	.11	**工場払下げ概則**《がいそく》制定 セ出題
1881	.11	日本鉄道会社設立(民営鉄道)
1884	.10	工場払下げ概則廃止

＊1872年以前の月は旧暦

富岡の「一等工女《こうじょ》」

富岡《とみおか》製糸場は開業当初，血を取られるなどの噂から工女の募集に苦戦した。やがて旧士族の娘たちをはじめとして，全国から約400人の工女が集まった。労働時間は1日約８時間で，週休１日のほか夏冬各10日間の休暇があり，食費や寮費などは製糸場が負担していた。多くの糸を取る工女は「一等工女」とされ，高草履《たかぞうり》と赤いたすきの着用を許された。長野県松代《まつしろ》出身の和田英は，技術を習得し一等工女になる過程や工場での生活の様子を『富岡日記』に残している。彼女は郷里に戻ると，旧松代藩士の設立した製糸会社，六工社の製糸教師となった。富岡で学んだ工女達が，日本の製糸業の発展を支えた。

←『**富岡製糸場工女勉強之図**』　一等工女は錦絵《にしきえ》に描かれるほど憧《あこが》れの対象となった。　群馬県立図書館蔵

2A 主な官営事業の払下げ P.276 1A

払下げ年	名称	払下げ先
1887(明20)	新町《しんまち》紡績所	三井財閥
1888(明21)	三池炭鉱 セ出題	三井財閥
1893(明26)	富岡製糸場	三井財閥
1874(明7)	高島炭鉱	三菱財閥
1887(明20)	長崎造船所 セ出題	三菱財閥
1896(明29)	佐渡金山	三菱財閥
1896(明29)	生野《いくの》銀山	三菱財閥
1884(明17)	院内《いんない》銀山	古河財閥
1885(明18)	阿仁《あに》銅山	古河財閥
1884(明17)	深川セメント	浅野財閥
1887(明20)	兵庫造船所	川崎財閥

払下げ先

四大財閥
- 三井財閥
- 三菱財閥
- 住友財閥
- 安田財閥

その他の財閥
- 古河《ふるかわ》財閥
- 浅野財閥
- 川崎財閥

1A 官営模範工場　セ出題

↑1-1 **官営富岡《とみおか》製糸場**　1872(明治５)年設立。フランスの工場システムと器械を導入し，全国から工女を募集した。工女達は帰郷後各地へ技術を伝えていった。　長野・市立岡谷蚕糸博物館蔵　セ出題

1B 内国勧業博覧会　東京・GAS MUSEUMがす資料館蔵

↑1-2 **第１回内国勧業博覧会での糸繰《いとく》りの実演**
工部省の勧業政策が官営事業に重点をおいたのに対し，1873(明治６)年に設置された内務省は，民間の在来産業の近代化に力点をおいた。第１回は８万点余の出展があるほど盛況で，1877～1903年の間に５回開かれた。

2 官営事業・鉱山と鉄道

読み解く
九州・北海道に早くから鉄道が敷設されたのはなぜだろうか。
相互関連

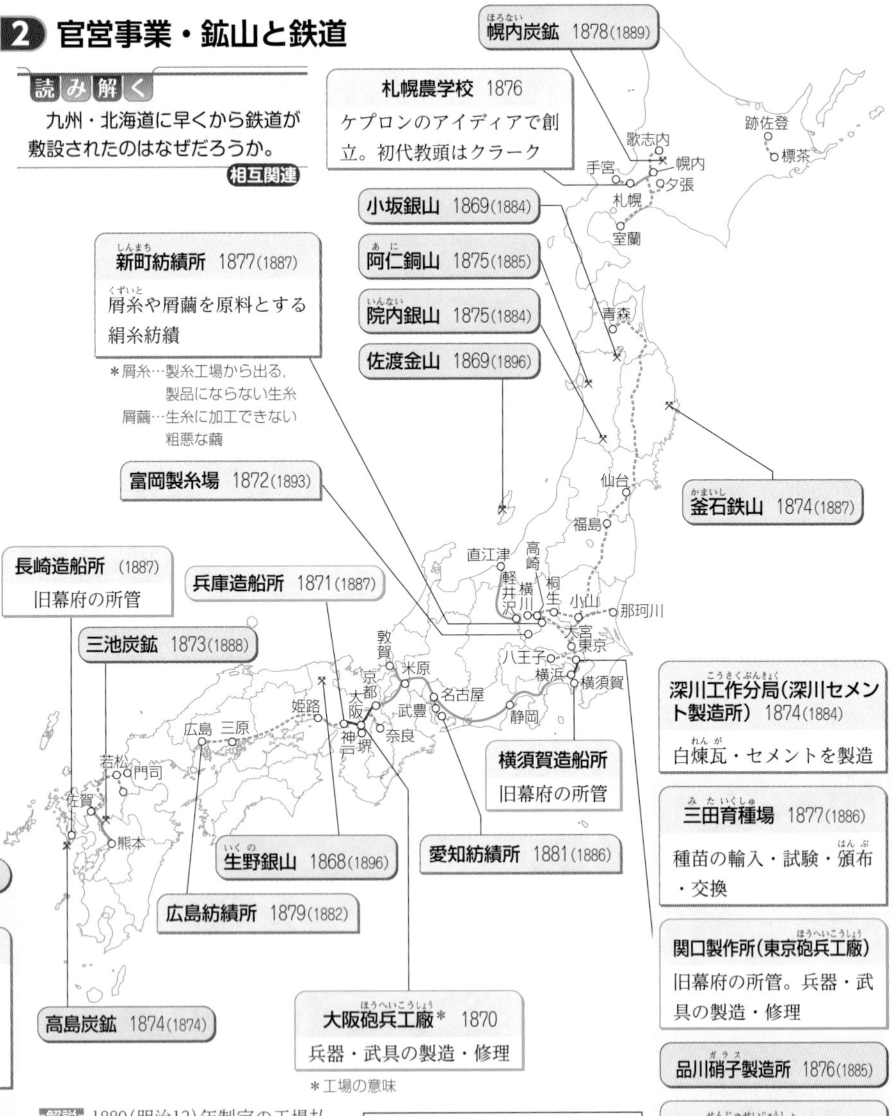

官営模範工場
明治初期の軍事工場
数字は官営で操業を開始した年
(　)内は民間に払い下げた年
― 1877(明治10)年までに開通した鉄道
― 1892(明治25)年までに開通した鉄道
(----は会社線)　P.278 2

解説　1880(明治13)年制定の工場払下げ概則は当初条件が厳しく払下げが進まなかったが，1884(明治17)年に廃止されたため，それ以降財閥への払下げが増えた。

歴史ナビ　**富岡製糸場**(群馬県富岡市)　2014年世界遺産登録。ほぼ明治の姿のまま残されている。

3 明治初期の貨幣・金融制度

維新直後の紙幣

3-1 **太政官札**
(10両) 159×68mm

解説 財政基盤の弱い明治政府は1868(明治元)年から**太政官札**《だじょうかんさつ》，翌年から**民部省札**《みんぶしょうさつ》(両方とも**不換紙幣**《ふかんしへい》)を発行したが十分に流通せず，そのため統一的な通貨制度の確立が急務となっていた。P.237》 2

3A 新貨条例 1871(明治4)年

円の誕生

3-2 **1円金貨**
直径14mm＊金1.5g＝1円

3-3 **10円金貨** 29mm

3-4 **貿易用1円銀貨** 38mm

3-5 **1銭銅貨** 28mm

3-6 **半銭銅貨** 22mm

3-7 **1厘銅貨** 16mm

3-8 **新紙幣(明治通宝)10円券**(不換紙幣) 137×88mm

解説 政府は1871(明治4)年**新貨条例**を制定し，1円金貨(ほぼ1両と等価)を正《せい》貨《か》とし**円**《えん》・**銭**《せん》・**厘**《りん》の十進法《しんほう》を採用。貨幣制度の混乱を是正し，**金本位制度**を確立しようとした。しかし，当時の日本の貿易は銀中心であり，事実上は**金銀複本位制**《きんぎんふくほんいせい》というべき状態にとどまった。

3B 国立銀行条例 1872(明治5)年

3-9 **第一国立銀行**(東京第一)

○国立銀行の開業

銀行名	開業年月日	当初資本金
東京第一	1873. 7.20	250万円
横浜第二	74. 8.15	25
新潟第四	74. 3. 1	20
大阪第五	73.12.10	50

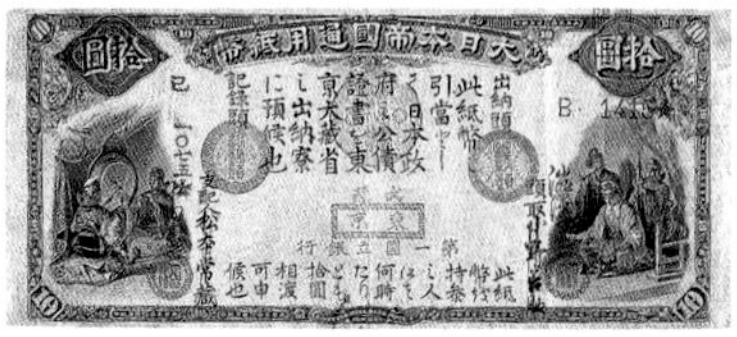

3-10 **国立銀行紙幣(旧券)10円券**(兌換券《だかんけん》) 初期の国立銀行券(旧券)はニューヨークで印刷。153行すべて同一図案で銀行名のみ違っていた。 1873年 80×190mm

＊紙幣の下に「此紙幣を持参の人えは何時たりとも拾円相渡可申候也」とある

解説 **渋沢栄一**《しぶさわえいいち》らの尽力で1872(明治5)年に発布された**国立銀行条例**に基づき，民間資本による**国立銀行**が開業した。アメリカにならって銀行券の発行を認可し，発行する紙幣(**国立銀行券**)には正貨との兌換《だかん》を義務付けた。正貨の準備を行う資金力が民間になかったため，国立銀行は当初4行に留まった。1876(明治9)年に国立銀行条例を改正し**兌換義務を廃止**すると，**金禄公債証書**を手にした華族・士族P.241》や商人・地主によって各地に国立銀行が設立され，1879(明治12)年までに153行を数えるにいたった。このうち，第十五国立銀行は岩倉具視《いわくらともみ》が華族の金禄公債を集めて開業したため，華族銀行とよばれた。

3-11 渋沢栄一《しぶさわえいいち》(1840～1931)

4 郵便制度・電信制度

4A 郵便制度

4-1 **郵便物の輸送人車便**《じんしゃびん》**(人力車)と馬車便**(郵便現業絵図) 東京・郵政博物館蔵

解説 近代国家形成をめざす政府の課題は，国内の政治的統一のため，宿駅《しゅくえき》・飛脚《ひきゃく》など幕藩《ばくはん》体制以来の制度を利用しながら政府の意向《いこう》をすみやかに地方にまで行き渡《わた》らせることだった。

4-2 **日本最初の郵便切手**(竜文切手)

4-3 **前島密**《まえじまひそか》(1835～1919) 元幕臣。官営の郵便システムを整備した。

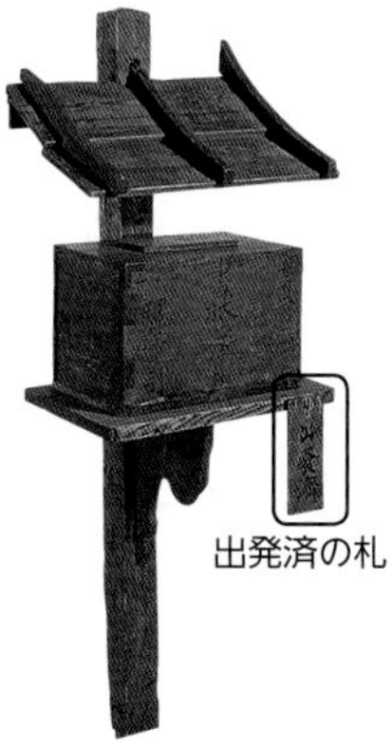

4-4 **創業期のポスト** 「書状集メ箱」と書かれ，出発済の札が見える。 郵政博物館蔵

4B 電信制度

4-5 **電信線架設作業**(1872) 東京～横浜間鉄道沿い，大森付近。沿道の並木を電信柱に使うこともあった。

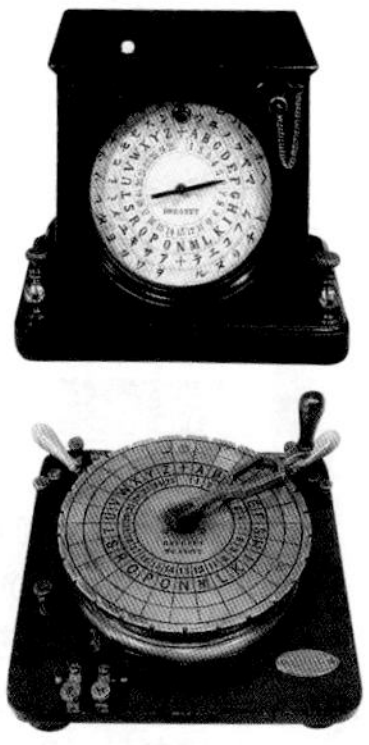

4-6 **受信機**(上)**と送信機**(下)(1869) 郵政博物館蔵

解説 日本初の電信は，1869(明治2)年12月に東京～横浜間で開始された。政治的統一のために通信網の整備が急がれ，郵便よりも早く東京～大阪間は1870(明治3)年に開始された。1877(明治10)年の**西南戦争**《せいなん》の際には政府軍にとって重要な情報伝達手段となった。電話は1876年にアメリカでベルが発明した翌年，いち早く官庁へ導入された。

5 政商の出現

解説 殖産興業や官営事業払下げの機会をとらえ，**政商**とよばれるものが現れた。彼らは政府の経済的・軍事的な側面を支援し，その見返りに強力な保護を受けた。江戸時代以来の**三井**《みつい》・**住友**《すみとも》。**岩崎弥太郎**《いわさきやたろう》や**安田善次郎**《やすだぜんじろう》のように急激に富を蓄えたもの，**五代**《ごだい》，**渋沢**《しぶさわ》のように官僚出身のものなどがある。彼らは藩閥政治家とつながりながら成長し，のちに**財閥**を形成したものも多かった。

5A 長者番付

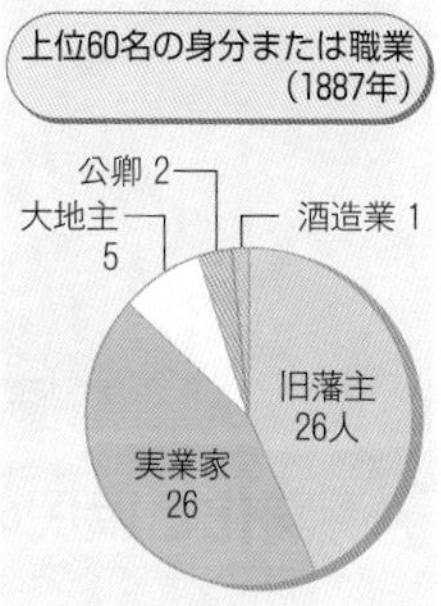

(『日本の歴史⑰』)

(三菱財閥) 岩崎弥太郎《いわさきやたろう》(1834～85) セ出題	 三菱史料館蔵	土佐出身。藩営事業を経て海運業に進出。政府の軍事輸送を引き受け利益を得る。**三菱財閥**の基礎を築く。
(三井財閥) 三井高福《みついたかよし》(1808～85)	 (財)三井文庫蔵	江戸時代以来の豪商三井北家の8代目。新政府の軍用金を整《ととの》え，1876(明治9)年に三井銀行，三井物産を設立。**三井財閥**の基礎を築く。
(住友財閥) 住友友純《すみともともいと》(1864～1926)	 国立国会図書館蔵	公家出身。西園寺公望《さいおんじきんもち》の実弟。住友家の婿養子《むこようし》となる。銅山・銀行経営を行い，**住友財閥**を確立。
五代友厚《ごだいともあつ》(1835～85)	 大阪商工会議所蔵	薩摩出身。政府を退官後，実業界に進出。大阪財界の組織づくりに尽力し，大阪株式取引所などを設立。1881(明治14)年，**黒田清**《くろだきよ》**隆**《たか》と**官有物払下げ事件**を起こす。セ出題

文明開化① 開化政策の光と影

考察の視点 文明開化を庶民はどのように受けとめたのだろうか。 推移

1 文明開化関連年表

1869(明2)	人力車《じんりきしゃ》発明(営業は翌年から)。乗合《のりあい》馬車(東京～横浜)開業。**本木昌造《もときしょうぞう》**, **鉛製活字《なまりせいかつじ》**量産に成功。**電信開通**(東京～横浜) P.245
1870(明3)	背広《せびろ》・コウモリ傘《がさ》の流行。靴《くつ》の国産化始まる。自転車の使用。**『横浜毎日新聞』**(日本最初の日《にっ》刊《かん》新聞)発行
1871(明4)	西洋建築始まる。椅子《いす》・テーブルの使用。**散《さん》髪《ぱつ》・脱刀令《だっとうれい》**。西洋料理店出始める。**新郵便制《ゆうびんせい》度《ど》**開始 P.245
1872(明5)	帽子《ぼうし》・ビール流行。博覧会《はくらんかい》開催。ガス灯《とう》(横浜)。**鉄道敷設《ふせつ》(新橋～横浜)** P.244 セ出題 **太陽暦《たいようれき》採用**(旧暦明治5年12月3日を新暦明治6年元旦とする。1日24時間) セ出題
1873	巻煙草《まきたばこ》始まる。野球輸入。暑中休暇《しょちゅうきゅうか》始まる
1874	東京の銀座にガス灯できる(翌年浅草にも)
1876	**廃刀令《はいとうれい》**
1877	**電話開通**(前年ベルが発明)
1882(明15)	鉄道馬車(新橋～日本橋)開業。銀座にアーク灯できる

2 生活の西洋化

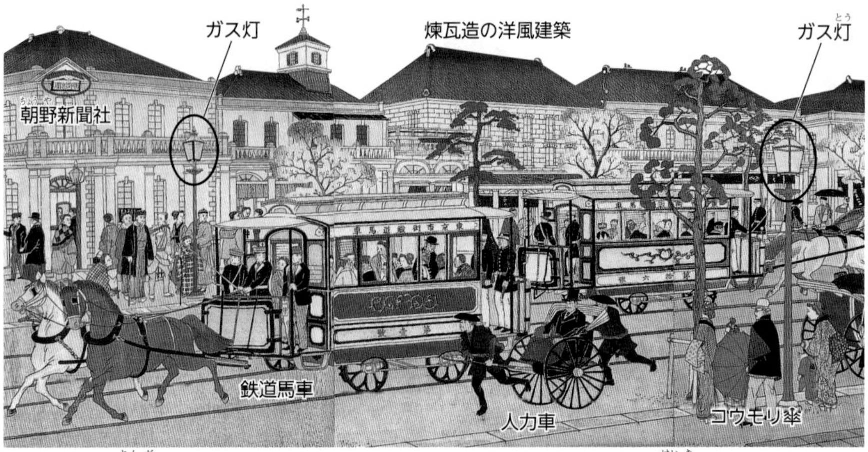

2-1 **銀座の煉瓦《れんが》街**(銀座通煉瓦造鉄道馬車往復図)　**1872(明治5)年の大火を契機《けいき》に**新橋～日本橋間に鉄道馬車が開通し，銀座は洋風建築の街並《まちな》みに変わった。**鉄道馬車・人力車《じんりきしゃ》・洋装《ようそう》**など文明開化の風俗《ふうぞく》がうかがわれる。しかし，裏には従来の町屋《まちや》が残り，裸で外を歩く人もあり**「日本橋付近の文明開化」**(木戸《きど》孝允《たかよし》)だった。　東京・GAS MUSEUM がす資料館蔵

セ出題
2-2 **洋服姿の明治天皇**(1852～1912)
1873(明治6)年，断髪《だんぱつ》した明治天皇は，軍服《ぐんぷく》を着用，洋風の椅子《いす》に掛け，舟形の帽子《ぼうし》を脇《わき》机《づくえ》においている。この洋服姿の「御真影《ごしんえい》」は，天皇が国家の家父長《かふちょう》であるとともに，文明開化の推進者であるというイメージ定着に大いに効果があった。
宮内庁蔵

2-3 **『安愚楽鍋《あぐらなべ》』**(仮名垣魯文《かながきろぶん》著・1871刊)**挿絵《さしえ》**　牛鍋屋《ぎゅうなべや》で散切頭《ざんぎりあたま》の西洋かぶれの男(新聞をもち，フランス製マントにイギリス製チョッキ)が，連れの男(愚助《ぐすけ》さん，丁髷頭《ちょんまげあたま》)に生半可《なまはんか》な西洋知識をひけらかしている。
日本近代文学館蔵

ザンギリ頭《あたま》，トラ刈り騒動

「東海道大磯宿《おおいそじゅく》の髪結床へ中国地方あたりの旧藩士《はんし》風のザンギリ頭の客がきて，髪の毛を切りそろえてほしいと申し入れた。店主は自分にはできないと断ったが，居合《いあ》わせた職人がさもできそうに引き受けたものの，甚《はなは》だ不慣れなようすで，店主は裏口から逃げてしまった。程《ほど》なく切りあがったが，ひどいトラ刈りになってしまい，客が激怒して大騒動になった。」
(『横浜毎日新聞』明治5年4月17日の記事より口語訳)

※1871(明治4)年の散髪《さんぱつ》・脱刀令《だっとうれい》は，強制的ではなかったが，髷《まげ》を落とし，いわゆる「ザンギリ頭」にする旧武士は増えていった。しかし，散髪ができる職人は少なかったため，このようなトラブルがよくおきた。

3 開化と庶民の困惑

3-1 **開化因循興廃鏡《いんじゅんこうはい》**(昇斎一景筆1873年)
新しいもの(開化)が旧《ふる》いもの(因循)を圧倒していく興廃の姿を描いている。人力車《じんりきしゃ》にかご，牛鍋《ぎゅうなべ》におでん，コウモリ傘《がさ》に両天傘《りょうてんがさ》(晴天・雨天両用の傘)，煉瓦《れんが》石に瓦《かわら》，ランプにかんてらなど，日本米以外は洋物が勝っている。こうした「物」のみならず，太陽暦《たいようれき》の採用や庶民生活へのさまざまな規制などの開化政策，すなわち西洋化の押しつけが，広く社会におよんでいった。　静岡県立中央図書館蔵

3-2 **流行悪疫退《あくえきたい》さんの図**
コレラ大流行により10万人以上の死者を出した1879(明治12)年の翌年の錦絵《にしきえ》。コレラに見立てた怪物に右側の官吏《かんり》と巡査が消毒薬を噴霧《ふんむ》している。当時のコレラ対策は，庶民には理解しがたかった西洋の衛生観念に基づき，消毒と避病院《ひびょういん》への隔離《かくり》が強権的に行われた。庶民の反発は激しく，各地でコレラ一揆がおきた。その矛先《ほこさき》は，隔離執行の主役である巡査らに向けられた。
東京大学法学部附属明治新聞雑誌文庫蔵

3A 違式詿違《いしきかいい》条例

国立国会図書館蔵

3-3 **京都府違式詿違条例図解**　現在の軽犯罪法の起源とされる違式詿違条例とは，各府県で制定された「文明的ではない」庶民の伝統的習俗への規制で，外国人の目を強く意識して出された。左図は，条例をわかりやすく図解したものであるが，「第15条　身体へいれずみするもの」「第16条　男女入込《いりごみ》の湯(混浴)を渡世《とせい》(営業)する者」「第17条　本街へ袒裼《たんせき》(肌をあらわすこと)赤《せき》裸《ら》にて戸外《こがい》へ立出《たちいづ》る者」とあり，このほかにも，特に人目につく往来での人びとの容姿や習慣に関すること，交通の妨げになるような行為などへの規制が多い。

読み解く
右図には，「外国人を私に雑居《ざっきょ》せしむる者」と書かれており，外国人の宿泊禁止が定められているが，それはなぜだろうか。3-3の図とあわせて考えてみよう。 相互関連

歴史ナビ　**旧新橋停車場 鉄道歴史展示室**(東京都港区)　お雇い外国人が使用した西洋陶磁器，改札鋏，汽車土瓶など発掘調査で出土した遺物が常設展示されている。

考察の視点　明治政府が神道《しんとう》を国教化したのはなぜだろうか。　相互関連

1 西洋思想の紹介

福沢諭吉《ふくざわゆきち》(1834～1901)	『西洋事情』セ出題『学問のすゝめ』『文明論之概略《ぶんめいろんのがいりゃく》』	欧米へ3回渡航《とこう》。代表的な啓蒙《けいもう》思想家で，1868年**慶応義塾《けいおうぎじゅく》**を創立。「三田の文部卿《もんぶきょう》」と称され，のちに「脱亜入欧《だつあにゅうおう》」を唱え，国権論を主張
中村正直《まさなお》(1832～91)	『西国立志編《さいごくりっしへん》』Ⓐ『自由之理《じゆうのことわり》』Ⓑ	Ⓐはスマイルズ，ⒷはJ.S.ミルの翻訳《ほんやく》。自主独立の人間観を唱え，志《こころざし》を立てて努力すれば成功すると説いた
加藤弘之《かとうひろゆき》(1836～1916)	『国体《こくたい》新論』Ⓐ『人権新説』Ⓑ	Ⓐで天賦人権《てんぷじんけん》説を主張したが，のちⒷで社会ダーウィニズムの立場からそれを否定。帝国大学総長
西《にし》　周《あまね》(1829～97)	『万国公法』『致知啓蒙《ちちけいもう》』	J.S.ミルやコントを翻訳し紹介。哲学・主観《しゅかん》・客《きゃっ》観《かん》などを造語《ぞうご》。軍人勅諭《ぐんじんちょくゆ》の起草《きそう》に参加
津田真道《つだまみち》(1829～1903)	『泰西国法論《たいせいこくほうろん》』	官僚《かんりょう》・法学者。西洋法学を初めて紹介し，啓蒙運動にも活躍
植木枝盛《うえきえもり》(1857～92)	『民権自由論』『天賦人権弁《てんぷじんけんべん》』	『民権自由論』は民権派の愛読書。自由党の代表的理論家であり活動家
中江兆民《なかえちょうみん》(1847～1901)	『民約訳解《みんやくやくかい》』『三酔人経綸問答《さんすいじんけいりんもんどう》』	1871年**岩倉使節団《いわくらしせつだん》**一行《いっこう》とともに出帆《しゅっぱん》。フランス留学。**ルソーの『民約論』**の訳でフランス流自由民権論を説く
馬場辰猪《ばばたつい》(1850～88)	『天賦人権論』	イギリス留学。**交詢社《こうじゅんしゃ》**などでの言論活動を経て，自由党機関誌『自由新聞』を主筆《しゅひつ》
田口卯吉《たぐちうきち》(1855～1905)	『日本開化小史《かいかしょうし》』	自由主義経済論を展開。嚶鳴《おうめい》社・実業界でも活躍
明六社《めいろくしゃ》(1873～79)	森有礼《もりありのり》・福沢・中村・加藤・西・津田・西村茂樹《しげき》・神田孝平《たかひら》らの啓蒙的思想団体。**『明六雑誌《めいろくざっし》』**(1874～75)発行。彼らはしだいに**国家主義**に転じていく	

＊自由民権運動家および理論家として活躍。いずれも土佐藩出身

福沢諭吉と『学問のすゝめ』 史

福沢諭吉《ふくざわゆきち》(1834～1901)

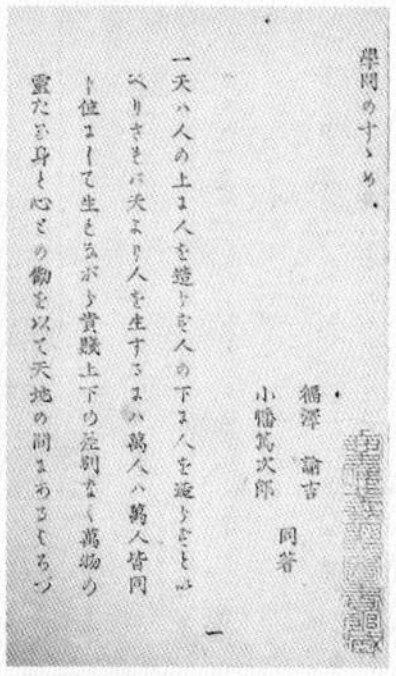
學問のすゝめ
福澤諭吉　小幡篤次郎　同著
一 天ハ人の上に人を造らず人の下に人を造らずと云へりされバ天より人を生ずるにハ萬人ハ萬人皆同じ位にして生れながら貴賤上下の差別なく萬物の靈たる身と心との働を以て天地の間にあるよろづ

『学問のすゝめ』初編　国立国会図書館蔵

福沢諭吉は，豊前国中津藩《ぶぜんのくになかつ》(現大分県中津市)の下級藩士の子として生まれ，激しい身分格差に苦心した父を見て育ち，のちに「門閥《もんばつ》制度は親の敵で御座《ござ》る」(『福翁自伝《ふくおうじでん》』)と述べたように封建制度への反発心は強かった。1854(安政元《あんせい》)年長崎に出て蘭学《らんがく》にふれ，翌年**緒方洪庵《おがたこうあん》**の**適々斎塾《てきてきさいじゅく》**に入門した。1859(安政6)年横浜で蘭学の無力を痛感し英学に転向。翌年咸臨丸《かんりんまる》での渡米を機《き》に，幕府の欧米使《し》節団《せつだん》に随行《ずいこう》。維新後は啓蒙《けいもう》思想家の第一人者としての地位を確立した。

『学問のすゝめ』冒頭の「天ハ人の上に人を造らず人の下に人を造らずといへり」は，**天賦人権説《てんぷじんけんせつ》**を端的《たんてき》に示す文言《もんごん》としてよく知られているが，この書物は，人権の尊さそのものを説いたものではない。その大意《たいい》は，「人は生まれながらにして平等であるというが，実際には人の間に大きな差がある。それは，なぜか。その理由は学ぶか学ばないかの違いによるものである。各々《おのおの》が学問を身に付け，自分の役割を果たし独立すべき。個人が独立すれば，家も国家も独立することができる。自由とわがままは異なる。学問とは自由に伴う義務を知ることである。」と述べられており，だからこそ『学問のすゝめ』なのである。

諭吉は，西洋文明の積極的導入こそ維新間《いしんま》もない日本が真に独立する道だと強く主張した。諭吉の戒名《かいみょう》は「大観院独立自尊居士《だいかんいんどくりつじそんこじ》」である。

2 明治初期の宗教

2A 関連年表

年代	神道《しんとう》	キリスト教
1868(慶応4・明治元)	**神仏分離令《しんぶつぶんりれい》**，**廃仏毀釈《はいぶつきしゃく》**運動おこる(1870～71年がピーク)2B **神祇官《じんぎかん》**再興《さいこう》(**政体書《せいたいしょ》**)	切支丹《きりしたん》・邪宗門《じゃしゅうもん》禁制の高札《こうさつ》(**五榜《ごぼう》の掲示**) **浦上《うらかみ》教徒弾圧事件**(～73)
1869(明2)	神祇官を太政官《だじょうかん》の上位におく(職員令) 宣教使創設	
1870(明3)	**大教宣布《たいきょうせんぷ》の詔《みことのり》**(神道国教化の推進，宣教使による布教	
1871(明4)	**神社制度**制定(官幣社《かんぺいしゃ》・国幣社《こくへいしゃ》・地方官所管の神社の区分)2C 神祇官を**神祇省**へ格下げ(神道国教化政策から国民教化政策への転換)	
1872(明5)	神祇省廃省，**教部省《きょうぶしょう》**新設 宣教使に代わって**教導職《きょうどうしょく》**をおく	
1873(明6)		キリシタン禁制の高札撤去
1878(明11)		**内村鑑三《うちむらかんぞう》**・**新渡戸稲造《にとべいなぞう》**ら受洗《じゅせん》
1891(明24)		内村鑑三不敬《ふけい》事件
1903(明36)		内村鑑三，日露非戦論主張

2-2 大浦天主堂《おおうらてんしゅどう》(長崎市)　国　世

2-1 **伊勢《いせ》神宮**(三重県伊勢市)

2B 神仏分離令《しんぶつぶんりれい》と廃仏毀釈《はいぶつきしゃく》

読み解く　相互関連
❶なぜ鶴岡八幡宮の境内に大塔などの仏堂があるのだろうか。
❷なぜ大塔は破壊されたのだろうか。

2-3 **鶴岡八幡宮境内大塔《つるがおかはちまんぐうけいだいだいとう》**　大塔が破壊される直前の境内。　横浜美術館蔵

解説　明治新政権は，**天皇の神格化《しんかくか》**を進めるため**神道《しんとう》の国教化**を企図《きと》した。一方で**廃仏毀釈**運動によって仏教への激しい攻撃が展開された。奈良興福寺《こうふくじ》の五重塔が25円で売りに出された話は有名である。キリスト教は五榜の掲示で禁止とされたが，各国の反対もあり，なし崩《くず》し的な解禁がなされた。

2C 社格制度＊の成立と新神社の創設

＊社格制度は第二次大戦後に廃止

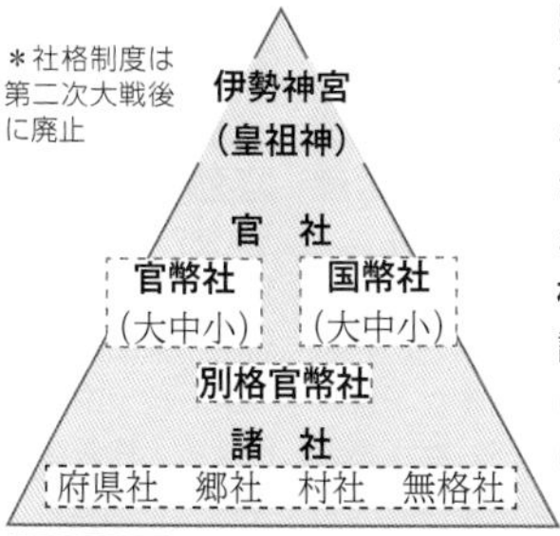

解説　1871(明治4)年の太政官《だじょうかん》布告により，神社の格は大きく「官社」と「諸社」に分けられた。官社は神祇官《じんぎかん》が祀《まつ》る**官幣社《かんぺいしゃ》**と地方官が祀る**国幣社《こくへいしゃ》**に分類され，のちにそのいずれでもない官社(功臣《こうしん》を祀るなど)として**別格官幣社**が導入された。官社以外の神社を諸社とよび，府県社－郷社《ごうしゃ》－村社－無格社に序列化された。また，**伊勢神宮《いせじんぐう》**は正式には「神宮」と称し，皇祖神《こうそしん》を祀る別格の神社とされた。

明治期に創建された主な新神社

名称	創建	祭神等
東京招魂社《しょうこんしゃ》(靖国《やすくに》神社)	1869(明2)	戊辰《ぼしん》戦争時，官軍の戦没者《せんぼつしゃ》
湊川《みなとがわ》神社	1872(明5)	楠木正成《くすのきまさしげ》
橿原神宮《かしはらじんぐう》	1890(明23)	神武《じんむ》天皇
平安神宮	1895(明28)	桓武《かんむ》天皇
明治神宮	1920(大9)	明治天皇

□は社格が官幣大社，□は別格官幣社

解説　**神道国教化**政策により，功臣や国家のために戦い没した人を祀る神社が各地に創建された。

2D 教派神道十三派《きょうはしんとう》

現在の宗派名		創始者	成立
教祖創唱系	黒住教《くろずみきょう》	黒住宗忠《むねただ》	1814
	天理教《てんりきょう》	中山みき	1838
	金光教《こんこうきょう》	川手文治郎《かわてぶんじろう》	1859
山岳信仰系	扶桑教《ふそうきょう》	宍野《ししの》　半《なかば》	1873
	御岳教《おんたけきょう》	下山応助《しもやまおうすけ》	1873
	実行教《じっこうきょう》	柴田花守《しばたはなもり》	1878
その他の神道系	禊教《みそぎきょう》	井上正鉄《いのうえまさかね》	1840
	出雲大社教《いずもおおやしろきょう》	千家尊福《せんけたかとみ》	1873
	神道修成派《しんとうしゅうせいは》	新田邦光《にったくにてる》	1873
	神道大教《しんとうたいきょう》	神道事務局	1875
	神道大成教《しんとうたいせいきょう》	平山省斎《ひらやませいさい》	1879
	神理教《しんりきょう》	佐野経彦《さのつねひこ》	1880
	神習教《しんしゅうきょう》	芳村正秉《よしむらまさもち》	1881

青字は江戸期に成立

解説　明治政府は**国家神道**(神社神道)以外の神道に対して公認制を設けて統制した。**教派神道**とは，幕末維新《いしん》期以降，国学《こくがく》や復古《ふっこ》神道，古来の神祇《じんぎ》信仰に影響を受けながら成立した神道系の教団で，神道事務局の成立を機《き》に1876(明治9)年の黒住教以降，国家に公認された十三派の教団をさす。

歴史ナビ　福沢諭吉『福翁自伝』(岩波文庫)　近代思想の先駆者として日本を導いた福沢諭吉の自叙伝。「門閥制度は親のかたき」などの有名な言葉もこの自伝による。

文明開化③ 教育

考察の視点 江戸時代と比べて明治初期の初等教育は，どのように変わっただろうか。 比較

1 明治期教育制度（前半）

P.282》

＊日付は旧暦

1871(明4)	**文部省《もんぶしょう》**設置
1872(明5)	文部省，東京に師範《しはん》学校設置 .8.2　**学事奨励《がくじしょうれい》に関する太政官《だじょうかん》布告**（「被仰出書《おおせいだされしょ》」）を公布史 .8.3　**学制（フランス式）**公布
1874(明7)	愛知・広島・長崎・新潟に師範学校設置。東京に女子師範学校設置4
1877(明10)	**東京大学**設立
1879(明12)	**教育令（アメリカ式）**公布。学制廃止
1880(明13)	教育令を改正（国家統制の強化）
1885(明18)	**森有礼《もりありのり》**，最初の文部大臣就任
1886(明19)	**帝国大学令**公布。東京大学を帝国大学に改組《かいそ》3。師範学校令・小学校令・中学校令公布。東京師範学校を高等師範学校に改組
1890(明23)	女子高等師範学校設立4 共出題 **教育に関する勅語《ちょくご》（教育勅語）**発布

解説 政府は教育を通じて政策に自発的に協力する国民の育成をめざした。1872(明治5)年に学制を公布したが実情に合わず，1879(明治12)年には教育令を公布したが，翌年には統制を強化した。こののち，学校令が公布され教育制度が確立した。国民皆学をめざす一方，師範学校や帝国大学などの高等教育も拡充された。

2 義務教育制度の成立

2-1 **開智《かいち》学校**（長野県松本市）

2-2 **入山《いりやま》学校**（群馬県入山村）

解説 学制・教育令・改革教育令と試行錯誤《しこうさくご》を続け，初代文部大臣**森有礼《もりありのり》**のもとで，国家主義的色彩の強い教育制度が成立した。

開智学校は現存する最も古い小学校の一つ。廃《はい》寺《じ》を仮《かり》校舎に1873(明治6)年開校，76年に木造2階建ての擬《ぎ》洋風校舎が竣工《しゅんこう》した。しかし，このような校舎は稀《まれ》であり，入山学校のように名主《なぬし》宅を校舎にする場合や，寺や神社を利用することが多かった。

2A 教科目の推移

1872(明5)	下等小学校	綴字《ていじ》　習字　単語　会話　読本《とくほん》　**修身《しゅうしん》**　書牘《しょとく》　文法　算術　養生《ようじょう》法　地学大意　理学大意　体術　唱歌《しょうか》 セ出題
1886(明19)	尋常《じんじょう》小学校	**修身**　読書　作文　習字　算術　体操　＊図画　＊唱歌（＊はその土地の状況により選択できる。）
1907(明40)	尋常小学校	**修身**　国語　算術　日本歴史　地理　理科　図画　唱歌　体操　裁縫《さいほう》　＊手工《しゅこう》
1941(昭16)	国民学校初等科	**修身**　国史　国語　地理｝国民科　算数　理科｝理数科　体操　武道｝体錬科　音楽　習字　図画　工作　裁縫｝芸能科

3 学制の大学区分と大学の創立

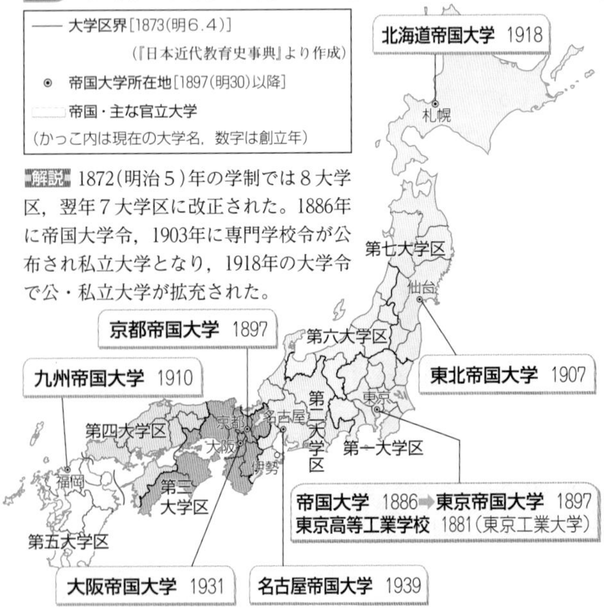

解説 1872(明治5)年の学制では8大学区，翌年7大学区に改正された。1886年に帝国大学令，1903年に専門学校令が公布され私立大学となり，1918年の大学令で公・私立大学が拡充された。

3A 幕末・明治初期の教育機関の変遷

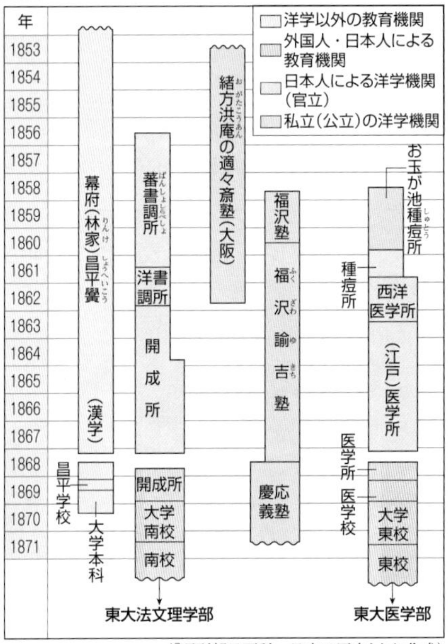

（『週刊朝日百科　日本の歴史』より作成）

4 女子教育

1871(明4)	**津田梅子《つだうめこ》**ら5名の女子留学生を米国派遣
1874(明7)	**東京女子師範《しはん》学校**設立
1882(明15)	東京女子師範学校付属高等女学校創立（最初の**高等女学校**）
1890(明23)	**女子高等師範学校**設立（高等師範学校女子部を独立）
1899(明32)	**高等女学校令**
1900(明33)	**女子英学塾**創立
1901(明34)	**日本女子大学校**創立
1908(明41)	奈良女子高等師範学校設置
1910(明43)	実科高等女学校発足（高等女学校令改正）

津田塾大学津田梅子資料室蔵

4-1 **開校当時の女子英学塾**

日本女子大学蔵

4-2 **開校当時の日本女子大学校**

4-3 **開校当時の東京女子師範《しはん》学校** 明治政府の女子教育振興の熱意は強く，1874(明治7)年官立の女子師範学校が開設された。
お茶の水女子大学ジェンダー研究センター蔵

5 近代の教育家たち

5-1 **福沢諭吉《ふくざわゆきち》**
(1834～1901)
1868(慶応4)年，私塾福沢塾を慶応義塾と改称。明治の先駆的《せんくてき》教育者。

津田塾大学津田梅子資料室蔵
5-4 **津田梅子《つだうめこ》**
(1864～1929)
1900(明治33)年，女子英学塾創設。英語教育を通し女子の国際的人格形成をめざした。

同志社大学蔵

5-2 **新島襄《にいじまじょう》**
(1843～90)
1875(明治8)年，同志社英学校創設。キリスト教を徳育の基本とした。

5-5 **沢柳政太《さわやなぎまさた》郎《ろう》**(1865～1927)
1917(大正6)年，私立成城《せいじょう》小学校（のちの成城学園）創設。大正自由教育の代表的実践者。

日本女子大学蔵

5-3 **成瀬仁蔵《なるせじんぞう》**
(1858～1919)
1901(明治34)年，日本初の女子大学・日本女子大学校創設。女子高等教育に寄与《きよ》。

5-6 **羽仁《はに》もと子**(1873～1957)
1921(大正10)年，自由学園創設。キリスト教自由主義による人格教育を実践。

歴史ナビ　**松本市立博物館分館　旧開智学校校舎**（長野県松本市）　現在は教育博物館になっており，江戸末期以降の教育関係資料が展示されている。

1 歌による国民教育

1-1 伊《い》沢《さわ》修《しゅう》二《じ》 (1851～1917) 音楽取調掛《とりしらべがかり》として，アメリカ人メーソンとともに西洋音楽の受容を行い，1882～84年には『小学唱歌集《しょうがくしょうかしゅう》』を編集・発行した。

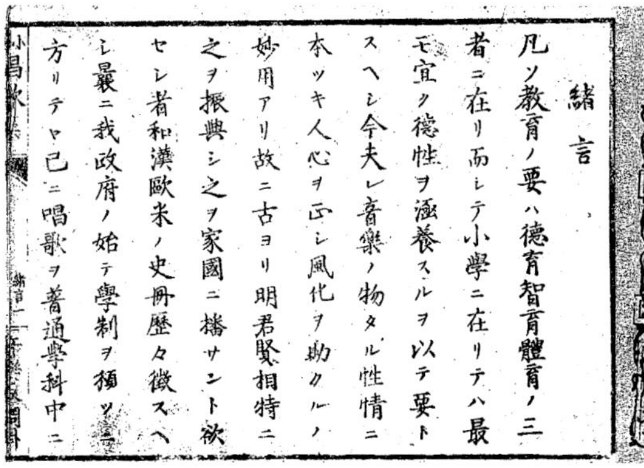

緒言

凡ソ教育ノ要ハ徳育智育體育ノ三者ニ在リ而シテ小學ニ在リテハ最モ宜ク徳性ヲ涵養スルヲ以テ要トスヘシ今夫レ音樂ノ物タル性情ニ本ツキ人心ヲ正シ風化ヲ助クルノ妙用アリ故ニ古ヨリ明君賢相特ニ之ヲ振興シ之ヲ家國ニ播サント欲セシ者和漢歐米ノ史冊歴々徴スヘシ曩ニ我政府ノ始テ學制ヲ頒ツニ方リテヤ已ニ唱歌ヲ普通學科中ニ

1-2·3 『小学唱歌《しょうがくしょうか》集《しゅう》』の表紙と緒言《しょげん》 西洋音楽の受容は，芸術のために行われたものではなく，「徳育」「智育」「体育」のために受容されたことがうかがえる。音楽は「人心ヲ正シ風化ヲ助クル」働きがあるとも述べられており，これを教育に用いることが目的だった。

国立国会図書館蔵

1A 歌いこまれた「忠君愛国《ちゅうくんあいこく》」

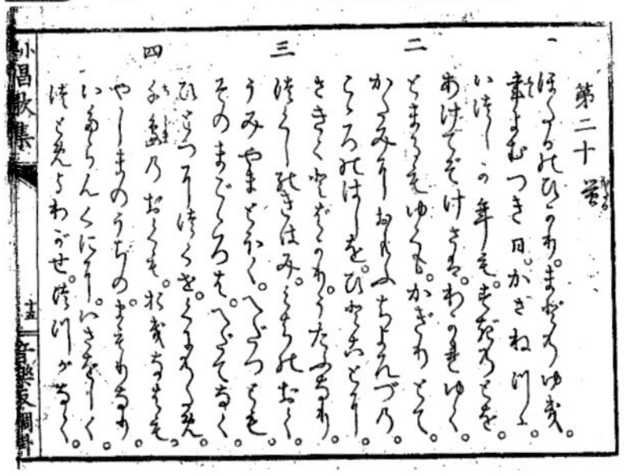

1-4 「蛍」(「蛍の光」『小学唱歌集《しょうがくしょうかしゅう》』初編より) 原曲はスコットランド民謡《みんよう》の「Auld Lang Syne」であり，日本にも讃美歌《さんびか》というかたちで伝わり，日本語の歌詞がつけられた。現在，2番まで歌われることが多いが，本来は3番と4番が存在する。3番の歌詞は「筑紫《つくし》のきわみ，みちのおく，海山《うみやま》とおく，へだつとも，その真心《まごころ》は，へだてなく，ひとつに尽くせ，国のため」，4番の歌詞は「千島《ちしま》のおくも，沖縄も，八洲《やしま》のうちの，守りなり。いたらん国に，いさをしく。つとめよわがせ，つつがなく。」という内容である。この歌は卒業式で歌われ，子どもたちだけでなく家庭でも広く知られるようになった。

国立国会図書館蔵

2 体操と規律訓練

東京都立中央図書館特別文庫室所蔵

2-1 **1877(明治10)年頃の体操のようす**(「生徒勉強東京小学校双六《すごろく》」) 欧米人と比べ，日本人の体格は「痩身《そうしん》」であり，大きなコンプレックスだった。1873(明治6)年に体操が教科に設置され，西洋体操の実施が指示された。

2-2 **小学校の連合運動会**(井上探景《いのうえたんけい》筆「学校生徒大運動会図」1888) うしろにある建物は陸軍参謀《さんぼう》本部。画面右側は，のちの大正天皇が運動会を観覧《かんらん》しているという構図で描かれている。運動会は，体操が身体を丈夫《じょうぶ》にする重要性をアピールする場となり，地域の祭りと結合，独特の体育行事となっていった。

2-3 **小学校の兵式体操**(「湊川《みなとがわ》小学校沿革絵巻」1913) 1886(明治19)年には体操は必修科目となり，兵式体操という名で軍隊式の集団行動が課せられた。これは小学校低学年を除くすべての男子に課せられ，軍隊式の規律の訓練が学校で行われるようになった。日清戦争・日露戦争後には，ますます学校での体操を通じた身体の改造と，規律化が図られていった。 神戸市立博物館蔵

3 祝祭日と儀式

3A 明治の祝祭日

祝祭日	由来・内容など	月 日
元始祭《げんしさい》	皇位の元始を祝う	1月3日
新年宴会	新年を祝う宮中《きゅうちゅう》行事(休日)	1月5日
孝明《こうめい》天皇祭	孝明天皇崩御《ほうぎょ》の日	1月30日
紀元節《きげんせつ》	神武天皇即位の日	2月11日
春季皇霊《こうれい》祭	神武天皇を始めとする皇霊を祭る	3月21日頃
神武《じんむ》天皇祭	神武天皇崩御の日	4月3日
秋季皇霊祭	神武天皇を始めとする皇霊を祭る	9月23日頃
神嘗祭《かんなめさい》	天皇が伊勢神宮に新穀を奉る	10月17日
天長節《てんちょうせつ》	天皇誕生日	11月3日
新嘗祭《にいなめさい》	天皇が新穀を神と共食する	11月23日

(『ビジュアル・ワイド明治時代館』)

3-1 **天長節《てんちょうせつ》を祝う民家のようす** (『風俗画報』) 国立国会図書館蔵

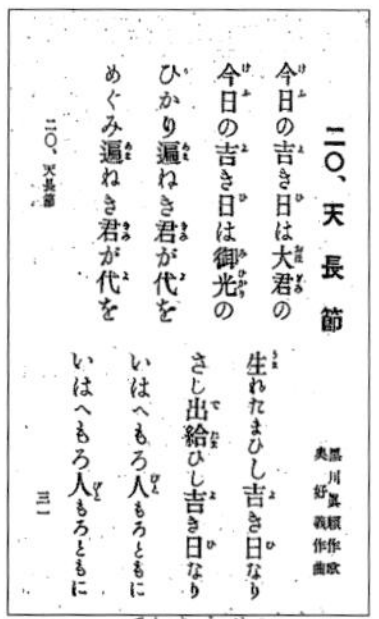

二〇、天長節

黒川真頼作歌
奥好義作曲

今日《けふ》の吉《よ》き日《ひ》は大君《おほきみ》の
生《うま》れたまひし吉《よ》き日《ひ》なり
今日《けふ》の吉《よ》き日《ひ》は御光《みひかり》の
さし出《で》給《たま》ひし吉《よ》き日《ひ》なり
ひかり遍《あまね》き君《きみ》が代《よ》を
いはへもろ人《びと》もろともに
めぐみ遍《あまね》き君《きみ》が代《よ》を
いはへもろ人《びと》もろともに

二〇、天長節 三一

3-2 **天長節《てんちょうせつ》の歌** (『祝祭日唱歌《しょうか》集』より)

解説 新しい祝祭日が1873(明治6)年に定められ，これに合わせてさまざまな儀式が執り行われるようになった。祝祭日は儀式を行うために，児童・生徒は午前中に学校に集まり，現在のように全休ではなかった。各祝祭日にはそのための唱歌がつくられ，「君が代」も歌われた。これらの儀式は卒業式や教育勅語《ちょくご》の奉読《ほうどく》とも合わせて地域に浸透し，「万歳三唱《ばんざいさんしょう》」「御真影《ごしんえい》」「日の丸」とともに国民化の装置としてはたらいた。

歴史ナビ **唐澤博物館**(東京都練馬区) 寺子屋の再現や，明治～戦中に実際に使われた教具などが展示されている。入館は電話での完全予約制となっている。

明治初期の外交① 領域の画定

1 明治初期の外交関係略年表

1868	.1	旧幕府締結《ていけつ》の条約遵守《じゅんしゅ》を各国公使に通告
1871	.7	**日清修好条規**《にっしんしゅうこうじょうき》調印 P.251 1
(明4)	.11	**岩倉使節団**出発 2
1872	.9	琉球国を琉球藩(**尚泰**《しょうたい》琉球藩王)に改称
1873	.5	遣米欧副使，大久保利通《おおくぼとしみち》帰国
(明6)	.8	「征韓論《せいかんろん》」表面化
		閣議で西郷隆盛《さいごうたかもり》の朝鮮派遣内定
	.10	西郷の朝鮮派遣無期延期
		西郷ら，**征韓派下野**《げや》(**明治六年の政変**)
1874	.2	閣議で台湾出兵決定
(明7)	.5	**台湾出兵** P.251 1
1875	.5	**樺太《からふと》・千島交換《ちしまこうかん》条約**調印 P.251 2
(明8)	.9	**江華島**《こうかとう》(カンフワド)**事件** P.251 1
1876	.2	**日朝修好条規(江華《こうか》条約)**調印 P.251 1
(明9)	.10	各国公使に**小笠原諸島**《おがさわら》の領有を通告
1878	.7	日米関税改定約書調印(英独反対で失効)
1879	.4	琉球藩を廃し沖縄県設置(**琉球処分**《りゅうきゅうしょぶん》) P.251 3
1895	.1	尖閣《せんかく》諸島を日本の領土に編入 P.331 3
1905	.1	竹島を日本の領土に編入 P.330 1

＊1872年以前の月は旧暦

2 岩倉使節団

2-1 岩倉使節団の正使・副使 ＊年齢は出発時

読み解く 大使の岩倉具視の服装を4人の副使と比べてみよう。

2A 使節団の主なメンバー

特命全権大使《とくめいぜんけんたいし》	右大臣	**岩倉具視**《いわくらともみ》(公家)
副使	参議	**木戸孝允**《きどたかよし》(長州)
副使	大蔵卿《きょう》	**大久保利通**《おおくぼとしみち》(薩摩)
副使	工部大輔《たいふ》	**伊藤博文**《いとうひろぶみ》(長州)
副使	外務少輔《しょうゆう》	**山口尚芳**《やまぐちなおよし》(肥前《ひぜん》)
一等書記官		福地源一郎《ふくちげんいちろう》(幕臣《ばくしん》)
二等書記官		林《はやし》 董《ただす》(幕臣)
理事官	陸軍少将《しょうしょう》	山田顕義《あきよし》(長州)
理事官	司法大輔	佐々木高行《ささきたかゆき》(土佐)
理事官	侍《じ》従《じゅう》長	東久世通禧《ひがしくぜみちとみ》(公家)
理事官	会計	田中光顕《みつあき》(土佐)
大使随行《ずいこう》	権少外史《ごんのしょうがいし》	**久米丈市**《くめたけいち》**(邦武**《くにたけ》**)**(肥前)

解説 条約改正の予備交渉と欧米の国情視察を目的に，特命全権大使岩倉具視以下46名に，随従者《ずいじゅうしゃ》と同行の留学生を合わせて108名が横浜港を出帆《しゅっぱん》した。ワシントンでの条約改正交渉は，日本国内の近代的諸制度が未整備であるため失敗に終わった。しかし，使節団は欧米の政治・経済・社会・軍事・産業・教育・文化等あらゆる分野について詳細に調査し，後の近代化政策に大きな影響を与えた。この使節団の外遊体験と**留守政府**との疎隔《そかく》が**征韓論争**《せいかんろんそう》の伏線《ふくせん》となった。

考察の視点 岩倉使節団はどのような成果をもたらしたのだろうか。 **相互関連**

2B 使節団の行程

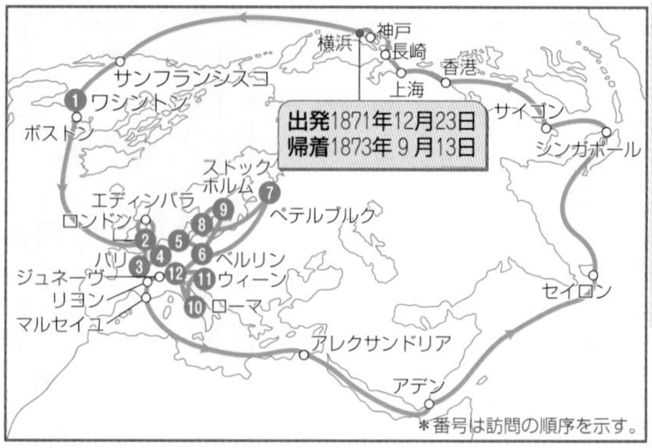

主な訪問地(到着日＝太陽暦)
❶ワシントン(1872. 2.29)
❷ロンドン(. 7.14) ❸パリ(.12.16)
❹ブリュッセル(1873. 2.17)
❺ハーグ(. 2.24) ❻ベルリン(. 3. 9)
❼ペテルブルク(. 3.30)
❽コペンハーゲン(. 4.18)
❾ストックホルム(. 4.24)
❿ローマ(. 5.11) ⓫ウィーン(. 6. 3)
⓬チューリヒ(. 6.19)

2-2 パリ凱旋門《がいせんもん》
(『特命全権大使米欧回覧実記《とくめいぜんけんたいしべいおうかいらんじっき》』) 長崎大学附属図書館経済学部分館蔵

2C 女子留学生

津田塾大学津田梅子資料室蔵

解説 5名のうち，吉益亮子《よしますりょうこ》と上田悌子《うえだていこ》は病気のため1年未満で帰国した。旧幕臣《ばくしん》の娘で最年少の**津田梅子**《つだうめこ》は，1882(明治15)年に帰国したのち，再三渡米・渡英して学び，1900(明治33)年に**女子英学塾(現津田塾**《つだじゅく》**大学)**を創設するなどして，女子教育の発展に尽くした。**山川捨松**《やまかわすてまつ》は，旧会津藩士の娘で戊辰《ぼしん》戦争も経験した。アメリカの大学を卒業して1882年に帰国した捨松は，陸軍卿**大山巌**《きょうおおやまいわお》と結婚し，鹿鳴館時代には「鹿鳴館の女王」として社交界でも活躍した。社会事業や女子教育の振興に力を尽くし，梅子の女子英学塾の援助をした。旧幕臣の娘**永井繁子**《ながいしげこ》は1881年に帰国し，翌年，海軍軍人でのちに海軍大将《たいしょう》となる瓜生外吉《うりゅうそときち》と結婚した。結婚後も，東京音楽学校で音楽教育に尽力した。

3 征韓論争《せいかんろんそう》

3A 征韓派と内治《ないち》派の対立

留守政府(征韓派)		使節団(内治派)
征韓論 (武力による朝鮮開国を主張)	対立	**内治優先論** (国内政治の優先を主張)
西郷隆盛《さいごうたかもり》(薩摩) 板垣退助《いたがきたいすけ》(土佐) 後藤象二郎《ごとうしょうじろう》(土佐) 江藤新平《えとうしんぺい》(肥前《ひぜん》)	→対立←	岩倉具視《いわくらともみ》(公家) 木戸孝允《きどたかよし》(長州) 大久保利通《おおくぼとしみち》(薩摩) 伊藤博文《いとうひろぶみ》(長州)

解説 留守政府は，**西郷隆盛**を朝鮮へ派遣して開国を迫り，拒否された場合は武力行使も辞さないという強硬策を決定したが，帰国した**岩倉具視・大久保利通**らは内治優先を理由に，西郷の朝鮮派遣を無期延期させた。これは，有力参議による政治の主導権争いでもあったが，西郷ら征韓派参議は，参議を辞職し，士族の不満を背景に政府批判の運動を展開した。大久保は新たに内務卿《きょう》となり，政治の実権を握った。

4 領域の画定

解説 小笠原諸島は久しく無人島として放置されてきたが，幕末から明治初年，主に米英との間で争いを生じた。日本の領有画定後，在住外国人も1882(明治15)年までに全員日本に帰化した。

4A 小笠原諸島の帰属

1827(文政《ぶんせい》10)	英国測量艦ブロッサム号父島《ちちじま》入港。**英国領宣言**
1830(天保《てんぽう》元)	米人セーボリ，ハワイ原住民20余名とともに移住
1853(嘉永《かえい》6)	**米国ペリー提督**《ていとく》父島寄港，貯炭所《ちょたんじょ》用地買収。セーボリを植民政府長官に任命
1861(文久《ぶんきゅう》元)	幕府，外国奉行水野忠徳《みずのただのり》を父島・母島《ははじま》に派遣，日本の領有を宣言
1876(明治9)	**寺島宗則**《てらしまむねのり》外務卿《きょう》，日本の領有を各国に通告，英米は主張を放棄。内務省所管
1880(明治13)	東京府に移管

歴史ナビ 久米邦武『**特命全権大使米欧回覧実記**《とくめいぜんけんたいしべいおうかいらんじっき》』 岩波文庫(全5冊)で読むことができる，岩倉使節団の公式報告書。

考察の視点 明治初期，政府は，朝鮮に対してどのような外交姿勢で臨んだのだろうか。

明治初期の外交② 東アジアの中の日本

1 中国(清)・朝鮮との外交 推移

1A 中国・朝鮮との明治初期外交略年表

	日中関係		日朝関係
	＊1872年以前の月は旧暦	1868(明元)	.12 対馬藩を介し，国交回復連絡するも拒絶《きょぜつ》
1870(明3)	.9 通商条約の予備交渉開始	1870(明3)	.10 朝鮮に国交求め拒絶される
1871(明4)	.7 **日清修好条規《にっしんしゅうこうじょうき》**調印 .12 **琉球漂流民殺害事件《りゅうきゅうひょうりゅうみん》** **〈台湾・琉球の支配権めぐり日中対立表面化〉**		**〈朝鮮の日本への警戒感強まる〉**
		1873(明6)	.8 閣議で西郷隆盛《さいごうたかもり》の朝鮮派遣内定 **〈征韓論争《せいかんろんそう》・明治六年の政変〉**
1874(明7)	.2 日本，台湾出兵を閣議決定		.10 朝鮮派遣無期延期 **〈征韓派下野《げや》〉**
	.4 参議木戸孝允《きどたかよし》台湾出兵に反対し下野	1874(明7)	.8 草梁会館にて国交交渉始まる
	.5 日本，**台湾出兵** .10 **日清互換条款《にっしんごかんじょうかん》**調印(琉球は日本，台湾は中国)	1875(明8)	.5 日本軍艦**雲揚《うんよう》**釜山《ふざん》(プサン)に入港し威嚇《いかく》 .9 **江華島《こうかとう》(カンフワド)事件**
		1876	.2 **日朝修好条規**調印

解説 明治政府は，中国(清)・朝鮮と国交を結ぼうとした。まず，1871(明治4)年に中国と**日清修好条規**を結び，相互に開港し，領事裁判権を認め合うことなどを定め，琉球漂流民殺害事件を契機に台湾出兵を強行した。「鎖国」政策を続けて日本との交渉に応じない朝鮮に対しては，江華島事件を機に，1876(明治9)年日朝修好条規を締結させた。

1B 日清修好条規《にっしんしゅうこうじょうき》 1871(明治4)年7月

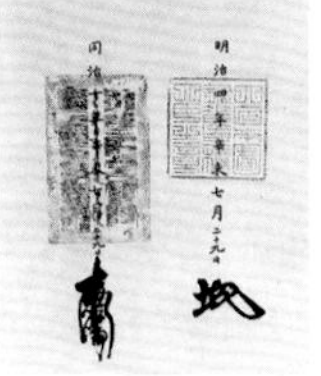

1-1 **日清修好条規** 日本全権**伊達宗城《だてむねなり》**(右署名)，中国全権**李鴻章《りこうしょう》**(左署名)との間で対等条約を結んだ。 外務省外交史料館蔵

解説 日中両国の自主的条約であり，①相互に**領事裁判権《りょうじさいばんけん》**と**協定関税**を認め②**自由貿易**を相互に認め③両国の領土保全と相互援助を締約した。

1C 台湾出兵 1874(明治7)年5月

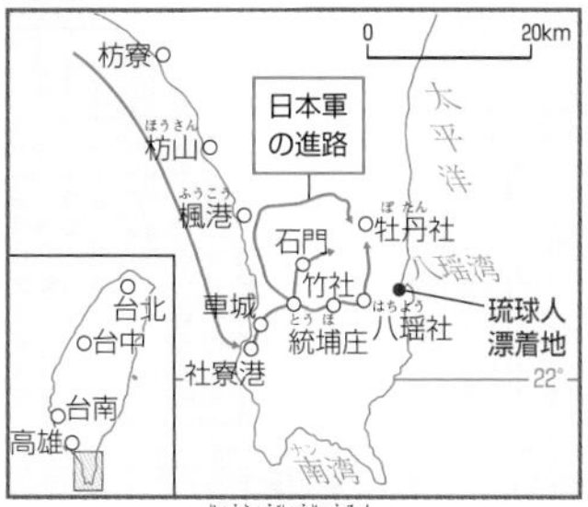

解説 1871年**琉球漂流民殺害事件《りゅうきゅうひょうりゅうみん》**と**琉球帰属問題**を背景に清と交渉したが，清が台湾東海岸を「化外《けがい》の地」としたため，**台湾出兵**を決定した。政府は英米の反対でいったん出兵停止を命じたが，**西郷従道《さいごうつぐみち》**らは台湾「征討《せいとう》」を強行した。

1D 江華島《こうかとう》(カンフワド)事件 1875(明治8)年9月

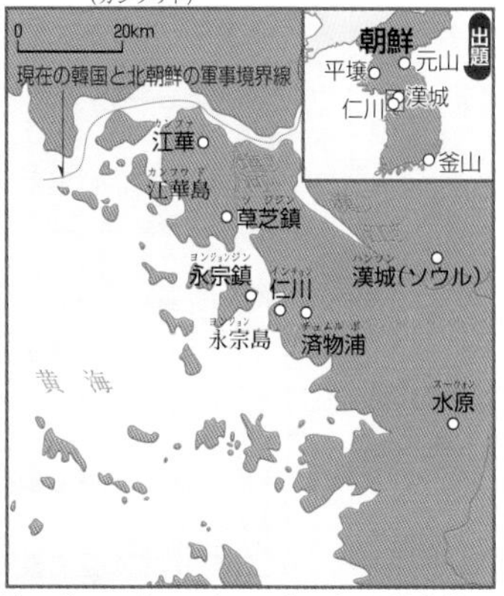

解説 日本は朝鮮との関係打開のため，軍艦で威嚇《いかく》する方針をとった。1875年，軍艦雲揚《うんよう》が朝鮮沿岸を測量中に江華島の砲台から砲撃を受けると，雲揚も応戦し，砲台を破壊して対岸の永宗島を占領した。全権**黒田清隆《くろだきよたか》**は軍艦3隻《せき》，汽《き》船《せん》3隻を率いて交渉に臨み，翌1876年，日本の無関税特権・領事裁判権，釜山《ふざん》(プサン)・仁川《じんせん》(インチョン)・元山《げんざん》(ウォンサン)の開港を内容とする日朝修好条規《にっちょうしゅうこうじょうき》を締結させた。

1-2 江華島《こうかとう》(カンフワド)の南，永宗島《えいそう》(ヨンジョン)の永宗城を襲う日本軍(村井静馬《むらいしずま》『明治太平記』)

2 ロシアとの外交と北方政策

2A 日露関係，北方地域略年表

1854(安政元)	**日露和親条約**調印 ＊**樺太《からふと》は国境を定めず**
1855	樺太は幕府の直轄《ちょっかつ》地とする
1869(明2)	**開拓使《かいたくし》**設置。樺太は開拓使所管 蝦夷地《えぞち》は北海道と改称
1870	樺太は樺太開拓使の所管
1874	**屯田兵制《とんでんへいせい》**の制定(1904年廃止)
1875(明8)	**樺太・千島交換条約**調印(特命全権公使，**榎本武揚《えのもとたけあき》**) ＊**樺太はロシア領** ＊**千島列島は日本領**
1876	**札幌農学校**開校
1881	**開拓使《かいたくし》官有物払《かんゆうぶつはらい》下《さ》げ事件**

2B 樺太・千島交換条約関係図

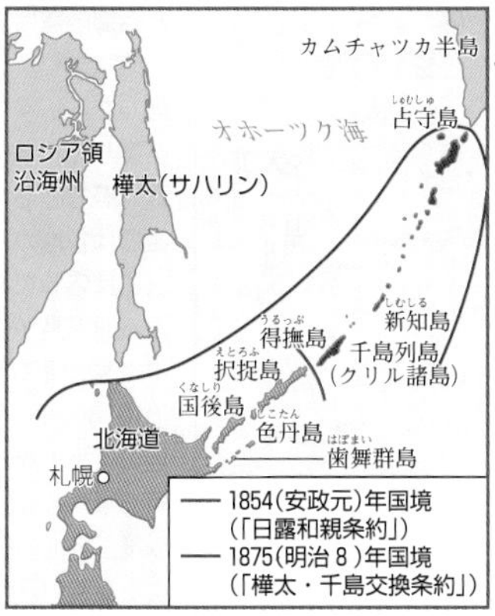

解説 ロシアとの国境は1854(安政《あんせい》元)年の**日露和親条約**で規定P.231され，樺太は両国雑居であり住民間の紛争も頻発《ひんぱつ》していた。ロシアは1860(万延《まんえん》元)年に清から沿海州《えんかいしゅう》を割譲《かつじょう》させ樺太経営にも積極的となった。一方，明治政府は北方開発のため1869(明治2)年太政官《だじょうかん》直属の**開拓使**をおいたが財政難もあり北海道経営が優先課題だった。1875(明治8)年特命全権公使**榎本武揚**はペテルブルクで**樺太・千島交換条約**を調印し，樺太のすべての権利を放棄《ほうき》した。

2-1 **北海道に移住した樺太アイヌ** **開拓使**は巨額の資金を投入して北海道開発を進めた。開拓使は，アイヌ民族の呼称を「旧土人」とし，生業《せいぎょう》の剥奪《はくだつ》，強制移住，言語・生活風俗の日本への同化政策を進めた。また，樺太・千島交換条約締結後，希望する樺太アイヌを対雁《ついしかり》(現江別《えべつ》市)に移住させた。 北海道大学附属図書館蔵

3 琉球帰属問題(沖縄県の設置)

3A 近代琉球関係略年表

1853	ペリー，浦賀に来航
1854(安政元)	**琉米修好条約**締結(琉球―アメリカ)
1871(明4)	鹿児島県管轄。**琉球漂流民殺害事件**
1872(明5)	**琉球藩設置**。**藩王に尚泰《しょうたい》**。外交権は外務省が接収《せっしゅう》
1874	**台湾出兵**。内務省管轄
1875(明8)	清への朝貢《ちょうこう》，慶賀使《けいがし》・冊封使《さくほうし》の廃止を伝達。琉球藩吏は存続を日清両国に訴える
1876(明9)	内務省出張官吏が裁判官・警察官を兼ねる(司法権接収)
1879(明12)	琉球藩廃し沖縄県設置(**琉球処分**) ＊**旧慣温存制**

宮内庁書陵部蔵

3-1 **1877年頃の首里城《しゅり》** 明治政府は「琉球処分」後も沖縄に対し，旧来の土地制度・税制度を温存する政策をとった。

3-2 **最後の琉球国王，尚泰《しょうたい》**(1843～1901)

3B 琉球帰属問題関係地図

解説 薩摩藩の支配を受けながらも，中国(清)を宗主《そうしゅ》国とするという関係にあった琉球王国を，日本に統合するため，明治政府は，1872(明治5)年**琉球藩**をおいて政府直属とし，琉球国王**尚泰**を藩王とした。1879(明治12)年には警察・軍隊を動員して琉球藩および藩王を廃し，**沖縄県**の設置を強行した。これを**琉球処分**という。

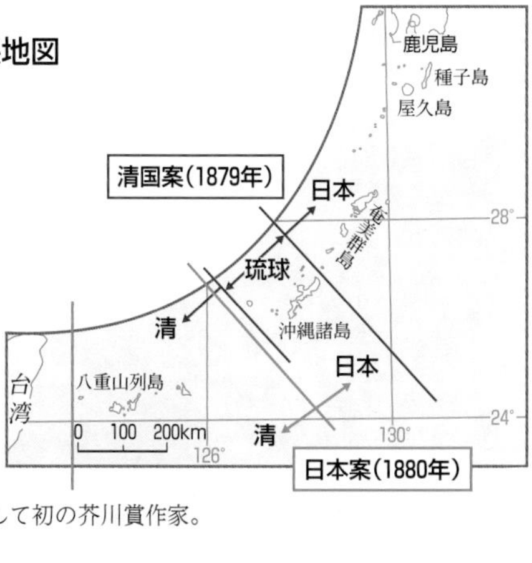

歴史ナビ 大城立裕『小説琉球処分』(講談社文庫) 琉球の立場で琉球処分を描いている。著者は沖縄県出身者として初の芥川賞作家。

新政府への抵抗

考察の視点 農民や士族が新政府に抵抗したのはそれぞれなぜだろうか。 相互関連

＊1872年以前の月は旧暦

1 農民・士族の新政府への抵抗

	政府の政策	農民・士族の抵抗運動
1868	. 3 **五榜《ごぼう》の掲示**	.10 会津世直し一揆
1869	. 6 **版籍奉還《はんせきほうかん》**，全藩へ	＊この年維新後，一揆最多
1870		. 1 長州藩(諸隊)脱隊騒動
(明3)		.12 (信州)中野騒動
1871	. 7 **廃藩置県《はいはんちけん》**の詔書	
1872	. 8 **学制**公布	. 4 信濃《しなの》川疎通《そつう》反対
1873	. 1 **徴兵令《ちょうへいれい》**公布	. 5～ 徴兵令反対一揆多発
(明6)	. 7 **地租改正条例《ちそかいせい》**制定	＊血税一揆・北条《ほうじょう》県で多数
	.10 **明治六年の政変**	＊農民騒擾《そうじょう》 約56件
1874		. 1 板垣・後藤・江藤ら**愛国公党《あいこくこうとう》**結成
(明7)	. 1 左院 ←提出	. 1 **民撰議院設立《みんせんぎいんせつりつ》の建白書《けんぱくしょ》**提出
	. 5 **台湾出兵**	. 2 ❶**佐賀の乱(江藤新平《えとうしんぺい》)** P.253
	政府軍による鎮圧	. 8 **わっぱ騒動**(酒田県)
		＊地租改正反対一揆多発
1876	. 3 **廃刀令《はいとうれい》**公布	.10 ❷**敬神党《けいしんとう》(神風連《じんぷうれん》)の乱**
(明9)	. 8 **秩禄処分《ちつろくしょぶん》**	❸**秋月《あきづき》の乱**
	鎮台による鎮圧	❹**萩《はぎ》の乱**
		.11～ 地租改正反対一揆
	政府軍による鎮圧	＊茨城・愛知・岐阜・三重・堺などで大農民一揆 P.242 1
1877	. 1 地租３％→2.5％	. 2 ❺**西南《せいなん》戦争**(不平士族・西郷《さいごう》) 2

解説 明治政府成立後も政府の政策に反対する**農民一揆**が頻発《ひんぱつ》した。徴兵制度や学制に基づく小学校設置による負担増や，過去の高米価を含めて平均した地価を基準に地租を定めたことによる重税などに反発するものであった。政府は，地租率引き下げなど民衆の動向に敏感に反応した。また，**廃刀令**や**秩禄処分**などにより特権を奪われた士族が，各地で反乱をおこした。

❷敬神党《けいしんとう》(神風連《じんぷうれん》)の乱 1876(明９).10.24
太田黒伴雄《おおたぐろともお》ら旧熊本藩士，廃《はい》刀令《とうれい》を不満として挙兵

❹萩《はぎ》の乱 1876(明９).10.28
前原一誠《まえばらいっせい》ら不平士族の反乱。前原は処刑され梟首

❶佐賀の乱 1874(明７).2
江藤新平《えとうしんぺい》を擁《よう》して蜂起《ほうき》。江藤は梟首《きょうしゅ》(さらし首)

赤坂喰違《あかさかくいちが》いの変 1874(明７).1.14
征韓派による岩倉具視襲撃

紀尾井坂《きおいざか》の変 1878(明11).5.14
不平士族による大久保利通暗殺

❸秋月《あきづき》の乱 1876(明９).10.27
宮崎車之助《みやざきしゃのすけ》ら旧秋月藩士，征《せい》韓《かん》・国権拡張を主張して挙兵

わっぱ騒動 1874(明７)
酒田県(山形)で旧税法の継続に反対した一揆。県令三《み》島通庸《しまみちつね》 P.255 により弾圧

信濃川疎通《そつう》反対 1872(明５)

会津世直し一揆 1868(明元)
会津落城の10日後の政治空白期に農民が世直しを要求

中野騒動 1870(明３)
中野県(長野)で，年貢《ねんぐ》値引きなどを要求して蜂起。県庁を焼き払う

地租改正《ちそかいせい》反対一揆 1876(明９) P.242 1
茨城・愛知・岐阜・三重・堺などでおこる。政府，翌年地租税率を３％から2.5％に軽減

(❶～❺) ● 主な士族の反乱地
●(規模大)・(規模小)農民一揆(1868～99)の発生地
襲撃・暗殺事件

❺西南《せいなん》戦争 1877(明10).2～9
西郷隆盛《さいごうたかもり》と私学校系の士族を中心に３万人の不平士族，挙兵。徴兵軍に敗北し西郷ら，自刃《じじん》。最終・最大の士族反乱

徴兵令《ちょうへいれい》反対一揆 1873(明６)
美作《みまさか》の北条《ほうじょう》県(岡山)で数万人が参加。２万人が処罰。血税《けつぜい》騒動の代表例

1A 幕末・維新期の農民一揆

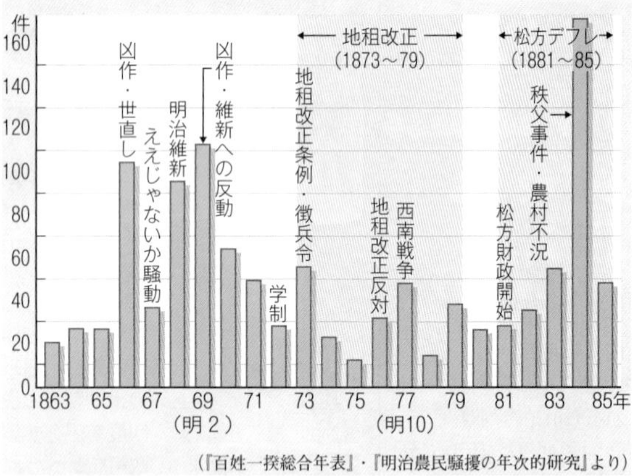

(『百姓一揆総合年表』・『明治農民騒擾の年次的研究』より)

読み解く 1Aのグラフで，農民一揆の発生件数が最も多いのは何年か。また，その理由を考えてみよう。

◀1-1 **血税《けつぜい》一揆(美作《みまさか》)** 1873年に徴兵令が発布されると，農民一揆のスローガンに**徴兵令《ちょうへいれい》反対(血税反対)**が加わった。徴兵令への抵抗は一揆だけではなく**徴兵忌避《きひ》**としても現れた。

2 西南《せいなん》戦争

2A 西南戦争関係図 1877年

解説 1873(明治６)年，**明治六年の政変(征韓《せいかん》論争)**で下野《げや》した**西郷隆盛《さいごうたかもり》**は，鹿児島に隊学校と砲隊学校からなる私学校を設立した。私学校には不平士族が結集して私学校党を結成し，反政府勢力の最大の拠点となった。西郷は各地の不平士族の決起要求には応じなかったが，政府による鹿児島からの武器弾薬の搬出や密偵事件を機に，1877(明治10)年２月に決起し，九州各地の不平士族もこれに加わった。西郷軍は政府軍と激戦を繰り返したが，田原坂《たばるざか》の戦いで敗北。以後，各地の戦闘に敗れ，９月24日に西郷が自刃し，士族による最後の反乱は，徴兵中心の政府軍の勝利に終わった。以後は自由民権運動が反政府運動の主体となった。

▲2-1 **鹿児島の私学校跡《あと》に残る弾痕《だんこん》**

◀2-2 **西郷札《さいごうさつ》** 西南戦争の際に，西郷軍が戦費調達のために発行した急造の紙幣。「管内通宝」「通用三ケ年限」と記されているのが読み取れる。西郷の信望によってわずかに流通したほか，西郷軍により強制的に使用された。

▶2-3 **西郷星《さいごうぼし》** 西南戦争末期の1877(明治10)年８月，大接近した火星に軍服姿の西郷隆盛が見えたといううわさが流れ，何種類もの錦絵が売り出された。この絵には，さまざまな人びとが星を見上げて，自分の願いや西郷への感謝の気持ちを述べて拝んでいるようすが描かれている。西郷隆盛の人気の高さがうかがえる。 千葉・松戸市立博物館蔵

歴史ナビ **熊本市田原坂西南戦争資料館**(熊本県熊本市) 西南戦争の激戦を物語る銃や弾，古文書などの資料を展示している。

考察の視点 国会開設を求める自由民権運動の高まりに政府はどのように対応したのだろうか。

推移

1 自由民権運動の展開と政府の対応 1874(明治7)～89(明治22)年

Ⅰ 士族民権…立志社《りっししゃ》を中心とした運動

1874(明7).1 **愛国公党《あいこくこうとう》**結成(板垣退助《いたがきたいすけ》)
民撰議院設立《みんせんぎいんせつりつ》の建白書《けんぱくしょ》提出(板垣退助ら) 2A
.4 **立志社**設立(高知，板垣・片岡健吉《かたおかけんきち》) 2B
75(明8).2 **愛国社《あいこくしゃ》**設立(大阪)

Ⅱ 豪農民権…国会開設運動の高まり セ出題

1877(明10).1 **立志社建白**の上奏《じょうそう》(片岡)
78(明11).9 **愛国社**再興大会(大阪)
79(明12).11 愛国社第3回大会
80(明13).3 **国会期成同盟《こっかいきせいどうめい》**の結成
.4 **国会開設請願書の提出**
(2府22県・8万7,000人) 2D
81(明14).10 **自由党**の結成(板垣)
82(明15).3 **立憲改進党《りっけんかいしんとう》**の結成(大隈重信《おおくましげのぶ》)

Ⅲ 農民民権…自由民権運動の激化

1882(明15).11 **福島事件**〔～.12〕
83(明16).3 高田事件
84(明17).5 群馬事件
.9 加波山《かばさん》事件
.10 **秩父《ちちぶ》事件**〔～.11〕・名古屋事件(自由党解党)
.12 飯田事件(大隈，立憲改進党脱党)
85(明18).11 **大阪事件**
86(明19).6 静岡事件

Ⅳ 運動の転換…自由民権運動の再燃

1886(明19) **大同《だいどう》団結運動**(～89) P.255
87(明20) **三大事件建白運動** 史
(地租《ちそ》の軽減，言論・集会の自由，外交失策の回復)
89(明22).5 大同倶楽部《だいどうクラブ》結成(河野広中《こうのひろなか》・大江卓《おおえたく》)
大同協和会《だいどうきょうわかい》結成(大井憲太郎《おおいけんたろう》)
90(明23).5 愛国公党《あいこくこうとう》結成(板垣)
.9 立憲自由党《りっけんじゆうとう》結成(大井)

明治六年の政変(政権内部の対立と分裂)

1873(明6) 征韓《せいかん》派と内治《ないち》派の対立
.10 征韓派参議《さんぎ》の下野《げや》(西郷隆盛《さいごうたかもり》・板垣退助ら)

政府の弾圧と懐柔《かいじゅう》策

1875(明8).1 **大阪会議**〔～.2〕(木戸孝允《きどたかよし》・板垣退助を政府に迎える)
.4 元老院・大審院・地方官会議設置
.4 **漸次立憲政体樹立《ぜんじりっけんせいたいじゅりつ》の詔《みことのり》** 史 セ出題
.6 **讒謗律《ざんぼうりつ》・新聞紙条例** 2C
.9 **出版条例**改正
78(明11).7 **地方三新法**(郡区町村編制法・府県会規則・地方税規則)
80(明13).4 **集会条例** 史 2E

明治十四年の政変(政権内部の対立と分裂)

1881(明14).7 **開拓使官有物払下《かいたくしかんゆうぶつはらいさ》げ事件**
.10 **明治十四年の政変**
大隈重信罷免《ひめん》
国会開設の勅諭《ちょくゆ》 史
82(明15).3 **立憲帝政党**結成

松方財政(1881～92) P.275 によるデフレーション・自作農没落

鹿鳴館《ろくめいかん》時代(1879～87)
・欧化政策
・条約改正交渉の失敗

立憲体制の確立

1882(明15).3 伊藤博文渡欧《とおう》
84(明17).3 制度取調《せいどとりしらべ》局設置
.7 **華族《かぞく》令**
85(明18).12 **内閣制度**創設(伊藤博文)
88(明21).4 枢密院《すうみついん》設置
89(明22).2 **大日本帝国憲法**発布
90(明23).11 第1回**帝国議会**

政府の弾圧と懐柔

1882(明15).6 集会条例改正
.11 板垣・後藤象二郎《ごとうしょうじろう》渡欧
87(明20).12 **保安条例** 史
88(明21).2 大隈重信入閣(外相)
89(明22).3 後藤象二郎入閣(逓信《ていしん》相)

2D 国会開設運動の高まり―自由民権の結社数

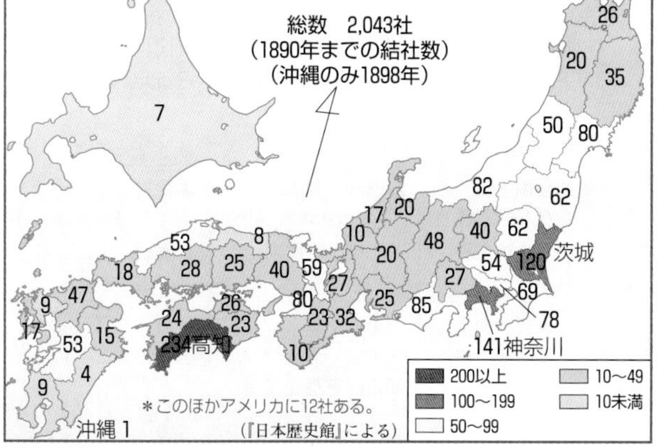

解説 全国に結成された政社が国会開設運動をになった。1880(明治13)年には**国会期成同盟《こっかいきせいどうめい》**が結成され，民権運動に多くの豪農層《ごうのうそう》も参加し，8万7,000名を超える国会開設請願署名を集めた。80年の1年間に国会開設建白50件，請願35件が政府に出され国民的運動となった。

2 国会開設運動と明治政府の政策

2A 民撰議院設立《みんせんぎいんせつりつ》の建白書《けんぱくしょ》の提出 1874(明治7)年 史

2-1 **民撰議院設立の建白書提出をスクープした『日新真事誌《にっしんしんじし》』** 1874(明治7)年1月，「征韓論《せいかん》争」で参議を辞任して下野《げや》した板垣《いたがき》退助《たいすけ》・後藤象二《ごとうしょうじ》郎《ろう》・江藤新平《えとうしんぺい》・副《そえ》島種臣《じまたねおみ》と由利公正《ゆりきみまさ》・古沢滋《ふるさわしげる》らは，愛国公党《あいこくこうとう》を組織して民撰議院設立の建白書を太政官《だじょうかん》左院に提出した。建白書は，提出の翌日にイギリス人ブラックが発行する『日新真事誌』に掲載されて人びとの知るところとなり，民権運動が盛んになるきっかけとなった。

東京大学明治新聞雑誌文庫蔵

2B 政治結社と大阪会議

2-2 **板垣退助《いたがきたいすけ》が創立した土佐立志社《とさりっししゃ》** 1875(明治8)年2月自由民権運動の始まりを前に，参議**大久保利通《おおくぼとしみち》**は下野《げや》していた**板垣退助・木戸孝允《きどたかよし》**と大阪で会談。**元老院《げんろういん》・大審院《だいしんいん》**の創設，**地方官会議**設置などが決められ，板垣・木戸は参議に復帰した。

高知市立市民図書館蔵

2C 演説会と讒謗律《ざんぼうりつ》・新聞紙条例 史

2-3 **懇親会席上演説絵馬《えま》** 絵馬のように懇親会の場で演説が行われることもあった。(政談)演説会は，自由民権運動の思想を広め，運動のすそ野を広げる大きな役割を果たした。

高知・仁井田神社蔵

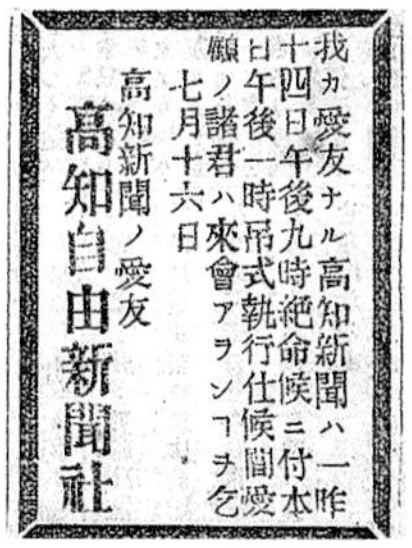
我カ愛友ナル高知新聞ハ一昨
十四日午後九時絶命候ニ付本
日午後一時葬式執行仕候間愛
顧ノ諸君ハ來會アランコトヲ乞
七月十六日
高知新聞ノ愛友
高知自由新聞社

2-4 **発行を禁止された『高知新聞』の「葬式」広告**(『高知自由新聞』1882.7.16) 高知市立自由民権記念館提供

解説 新聞・雑誌などによる政府批判の激化に対し，政府は1875(明治8)年6月に讒謗律《ざんぼうりつ》・新聞紙条例を公布して対抗した。これにより，記者の投獄や新聞の発行禁止が相次《あいつ》いだ。

2E 集会条例等による言論弾圧 セ出題

2-5 **演説会中止を命じる警察官**(西村天囚《にしむらてんしゅう》『屑屋《くずや》の籠《かご》』) 警察官が弁士《べんし》に演説の中止を命令し，聴衆が抗議しているようすが描かれている。**集会条例**により，演説会や結社には警察の許可が必要となり，警察官は演説会に臨席して解散させることもできるようになった。 国立国会図書館蔵

歴史ナビ **高知市立自由民権記念館**(高知県高知市) 高知県を中心とする自由民権運動の資料が保管・展示されている。

明治十四年の政変・私擬憲法

考察の視点 憲法制定をめぐり，政府と民間でどのような考え方の違いがあったのだろうか。

1 明治十四年の政変 1881(明治14)年

1878(明治11)年5月**紀尾井坂《きおいざか》の変** 参議《さんぎ》・内務卿《ないむきょう》，**大久保利通《おおくぼとしみち》**が不平士族に暗殺される

- 明治政権は強力な指導者を失い政権内の権力争いが表面化
- **国会開設運動**への対応策の違いも顕在化《けんざいか》

↓

	参議・伊藤博文《いとうひろぶみ》(内務卿)		参議・大隈重信《おおくましげのぶ》(大蔵卿)
	・欽定《きんてい》憲法，天皇大権重視 ・プロシア憲法の漸進《ぜんしん》主義 【井上毅《いのうえこわし》・岩倉具視《いわくらともみ》と同調】	国会	・イギリス流議院内閣制採用 ・早期の憲法制定，国会開設の意見 【福沢諭吉の影響大きい】
	・殖産興業《しょくさんこうぎょう》政策の見直し ・不換紙幣《ふかんしへい》の整理 ・緊縮《きんしゅく》財政への転換	財政	・大隈財政(1873～81年) 不換紙幣大量発行 →インフレ →政府の財政難 ・外債《がいさい》募集による不換紙幣整理 (大隈案)1880年6月否決

↓

1881年7月～10月**開拓使官有物払下《かいたくしかんゆうぶつはらいさ》げ事件**

- 北海道の開拓使官有物の払下げの実態が新聞に暴露《ばくろ》される
- 自由民権派の払下げ反対，藩閥《はんばつ》政府批判・国会即時《そくじ》開設要求
- 政府内の混乱の中から薩長両派の連携《れんけい》強まる

↓

1881年10月**明治十四年の政変** 御前《ごぜん》会議(参議大隈重信を除く)で決定

- 開拓使官有物の払下げを中止 ・**参議大隈重信の罷免《ひめん》**
- **国会開設の勅諭《ちょくゆ》「明治二十三年ヲ期シ，議員ヲ召シ国会ヲ開ク」**史

比較

1A 開拓使官有物払下《かいたくしかんゆうぶつはらいさ》げ事件 1881(明治14)年

1-1 **「幕内《まくうち》の相撲《すもう》」**(黒ダコ[黒田]と大熊[大隈]の明治14年秋場所の取組)(『団団珍聞《まるまるちんぶん》』1881.10) 右方の見物人は民権派，左方は明治政府の官吏《かんり》たち。この後大熊は「力負をして今度は自分で土俵の外へ踏み出したわい」とセリフを吐いている。 千葉・日本漫画資料館蔵

1-2 **黒田清隆《くろだきよたか》**(1840～1900)

1-3 **五代友厚《ごだいともあつ》**(1835～85)

解説 開拓使長官**黒田清隆**は同郷《どうきょう》の**五代友厚**P.245らの**関西貿易社**に，1,400万円投入した北海道開拓の施《し》設《せつ》・鉱山のほとんどを38万円余，無《む》利息《りそく》30年賦《ねんぷ》で払い下げようとした。1881年7月26日**『東京横浜毎日新聞』**がこの払下げを報じた。

読み解く 1-1の絵は何を表しているのだろうか。

ぬれ手の粟

1-4 **「水を引く畔田の風暴れ」**(『団団珍聞《まるまるちんぶん》』1881.10) 左上方の「防疫社《ぼうえきしゃ》」は五代友厚《ごだいともあつ》が関係していた関西貿易社。 千葉・日本漫画資料館蔵

解説 国会開設・憲法制定対応策の対立が明治十四年の政変となった。**伊藤博文・井上毅《こわし》**らは，1881年10月12日に①**官有物払下げ中止**②**10年後の国会開設の勅諭《ちょくゆ》**③**大隈重信らの免官《めんかん》**を発表し，世論の沈静を図り**薩長中心の藩閥政権**を確立した。

1B 政変前後の参議の出身地

参議	出身	参議	出身
伊藤博文《いとうひろぶみ》	長州	**黒田清隆《くろだきよたか》**	薩摩(免官)
山県有朋《やまがたありとも》	長州	**寺島宗則《てらしまむねのり》**	薩摩(免官)
井上《いのうえ》 馨《かおる》	長州	大山《おおやま》 巌《いわお》	薩摩(新任)
山田顕義《やまだあきよし》	長州	大木喬任《おおきたかとう》	肥前
松方正義《まつかたまさよし》	薩摩	**大隈重信《おおくましげのぶ》**	肥前(免官)
西郷従道《さいごうつぐみち》	薩摩	福岡孝弟《ふくおかたかちか》	土佐(新任)
川村純義《かわむらすみよし》	薩摩	佐々木高行《ささきたかゆき》	土佐(新任)

2 私擬《しぎ》憲法

解説 1880(明治13)年11月の国会期成同盟第2回大会で憲法案持参が決議され，1881(明治14)年には38種の私擬憲法が起草《きそう》された。これらは民約憲法・議院内閣制・人権重視等で共通しており，1889(明治22)年に制定された君権主義的な大日本帝国憲法とは異なっていた。

私擬憲法名称	起草者	起草年月	特徴
嚶鳴社《おうめいしゃ》憲法草案《そうあん》	嚶鳴社(都市民権派)	1879(明12)年中	二院制議会・議院内閣制度
私擬憲法案	交詢社《こうじゅんしゃ》(改進党系)	1881(明14)年4月頃	イギリスの議院内閣制を範《はん》とする立憲君主制・二院制・制限選挙
五日市《いつかいち》憲法草案(日本帝国憲法)	千葉卓三郎《ちばたくさぶろう》ら(小学校教員)	1881(明14)年4月頃	国民の自由と人権重視の規定 議院内閣制・三権分立
東洋大日本国国憲按《とうようだいにほんこくこっけんあん》史(日本国国憲按)	**植木枝盛《うえきえもり》**(民権家)	1881(明14)年8月以降	人民主権・連邦制・一院制 革命権・女性参政権を規定
日本憲法見込案《みこみあん》	**立志社《りっしゃ》**(自由党系)	1881(明14)年9月	人民主権・一院制・抵抗権 君主権縮小と人権の保障

2-1 **五日市《いつかいち》憲法が発見された土蔵《どぞう》** 五日市町郷土館蔵

解説 山里(東京五日市)の深沢家土蔵で見つかった**五日市憲法**は地元の小学校教員だった千葉らが討論を重ねまとめた。基本的人権を強く意識している。

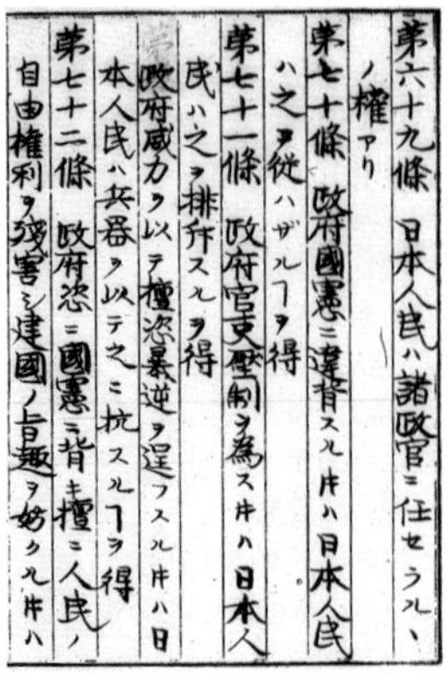

第六十九條 日本人民ハ諸政官ニ任セラル、ノ権アリ
第七十條 政府國憲ニ違背スル𪜈ハ日本人民ハ之ヲ従ハザルヿヲ得
第七十一條 政府官吏壓制ヲ為ス𪜈ハ日本人民ハ之ヲ排斥スルヲ得
政府威力ヲ以テ擅恣暴逆ヲ逞フスル𪜈ハ日本人民ハ兵器ヲ以テ之ニ抗スルヿヲ得
第七十二條 政府恣ニ國憲ニ背キ擅ニ人民ノ自由権利ヲ残害シ建國ノ旨趣ヲ妨クル𪜈ハ

2-2・3 **土佐出身植木枝盛《うえきえもり》**(1857～92)と**国《こっ》憲按《けんあん》** 人民の抵抗権，革命権など徹底した人権規定をもっていた。 国立国会図書館蔵

3 政党の結成

	自由党(1881年)	立憲改進党《かいしんとう》(1882年)	立憲帝政党《ていせいとう》(1882年)
政党名・代表者・機関紙	 日本近代史研究会蔵 3-1 **板垣退助《いたがきたいすけ》** (1837～1919) 土佐藩出身，倒幕派。維新政府の参議《さんぎ》。征韓《せいかん》論《ろん》で下野《げや》，自由民権運動へ。 『自由新聞』	 日本近代史研究会蔵 3-2 **大隈重信《おおくましげのぶ》** (1838～1922) 肥前《ひぜん》藩出身，尊攘《そんじょう》派。維新後参議，大蔵卿《きょう》を歴任。**明治十四年の政変**で罷免《ひめん》。 『郵便報知《ほうち》新聞』	 東京大学明治新聞雑誌文庫蔵 3-3 **福地源一郎《ふくちげんいちろう》** (1841～1906) 幕臣《ばくしん》。一時維新政府に出仕《しゅっし》。反民権派の『東京日《にち》日《にち》新聞』主筆《しゅひつ》。 『東京日日新聞』
主張	**先進的自由主義(フランス流)** 一院制，主権在民，普通選挙	**漸進的《ぜんしんてき》立憲主義(イギリス流)** 二院制，君民同治《くんみんどうち》，制限選挙	**国粋《こくすい》主義**(政府系政党) 二院制，主権在君，制限選挙
支持・主な党員	士族・豪農層が支持 **地方，農村を基盤** 後藤象二郎《ごとうしょうじろう》，星亨《ほしとおる》ら	都市の知識人，産業資本家(三菱など)， **都市部を基盤** 犬養毅《いぬかいつよし》，尾崎行雄《おざきゆきお》ら	官吏《かんり》・神官《しんかん》・僧侶《そうりょ》・国学者などの支持 丸山作楽《まるやまさくら》ら

歴史ナビ **町田市立自由民権資料館**(東京都町田市) 自由民権運動や町田の歴史に関する資料を保管・展示している。

考察の視点　自由民権運動の激化期(1882～86)・再燃期(1886～89)に政府はどう対応したのだろうか。推移

1 自由民権運動(主な政社と事件)

1881	.10 明治十四年の政変
1882	. 4 **板垣退助遭難**《いたがきたいすけそうなん》❶
(明15)	.11 板垣・後藤欧州出発
	福島事件(～.12)❷
1883	. 3 **高田事件**❸
1884	. 5 **群馬事件**❹
(明17)	. 9 **加波山**《かばさん》**事件**❺
	.10 自由党解党
	秩父《ちちぶ》**事件**(～.11)❻
	.12 **名古屋事件**❼
	飯田事件❽
	大隈重信《おおくましげのぶ》，立憲改進党を離党《りとう》
1885	.11 **大阪事件**❾
1886	. 6 **静岡事件**❿

凡例：主要事件(❶～❿)　赤字 主な政社など　当時の府県界　1880(明治13)年4月国会開設上願に参加した府県

❶板垣退助遭難 1882.4
遊説《ゆうぜい》途中の岐阜で刺客《しかく》に襲《おそ》われ負傷。「板垣死すとも自由は死せず」の言葉を残したと伝えられるが，星亨《ほしとおる》の作ともいわれる

❸高田事件 1883.3
大臣暗殺・内乱陰謀《いんぼう》の容疑で，高田地方の主要自由党員を一斉検挙《けんきょ》

❻秩父事件 1884.10～.11
埼玉県秩父地方の農民約1万人，困民党《こんみんとう》として武装蜂起。政府は軍を出して鎮圧《ちんあつ》❷

❺加波山《かばさん》**事件** 1884.9
栃木県令三島通庸の圧政に対し暗殺を企て失敗，加波山で蜂起

❹群馬事件 1884.5
自由党急進派，農民を率いて妙義山麓《みょうぎさんろく》で蜂起《ほうき》

❷福島事件 1882.11～.12
県令三島通庸《みしまみちつね》，道路開削《かいさく》工事強行に抵抗した多数の農民や自由党員を逮捕処罰《しょばつ》

1874.4 立志社《りっし》(板垣退助・片岡健吉《かたおかけんきち》)→1875.2 愛国社(板垣ら)→1878.9 再興愛国社→1880.3 国会期成同盟(→1881.10自由党→1884.10解党)

1-1 三島通庸(1835～88)
山形・福島・栃木などの県令，内務省土木局長，警視総監《けいしそうかん》などを歴任。強引な土木工事の手法から「土木県令」などの異名をもつ。

1-2 河野広中《こうのひろなか》(1849～1923)
福島自由党の中心人物。事件後，衆議院議長・農商務相を歴任。

＊沖縄の自由民権運動
沖縄県民の帝国議会参政権獲得《かくとく》運動は**謝花昇**《じゃはなのぼる》らが中心となり，1912年ようやく実現

❾大阪事件 1885.11
大井憲太郎《おおいけんたろう》ら，朝鮮に独立党政権を樹立し民権運動を再興《さいこう》しようと計画。渡航直前に逮捕

❼名古屋事件 1884.12
自由党左派の一部による政府転覆《てんぷく》計画が未然に発覚《はっかく》。逮捕・処罰

❿静岡事件 1886.6
静岡の自由党員を中心とした政府転覆計画が発覚し，検挙《けんきょ》された

❽飯田事件 1884.12
愛知・長野の自由党員による挙兵未遂《きょへいみすい》事件

共出題

1A 会津三方道路

解説 1882(明治15)年に福島県令になった三島が進めた土木事業。福島事件などの一因になる。この事業により，会津から西北南がつながった。1884(明治17)年竣工《しゅんこう》。

2 秩父事件

2A 秩父事件関係図

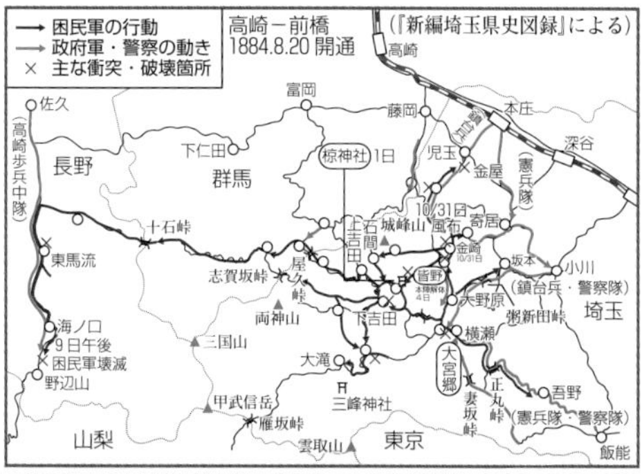

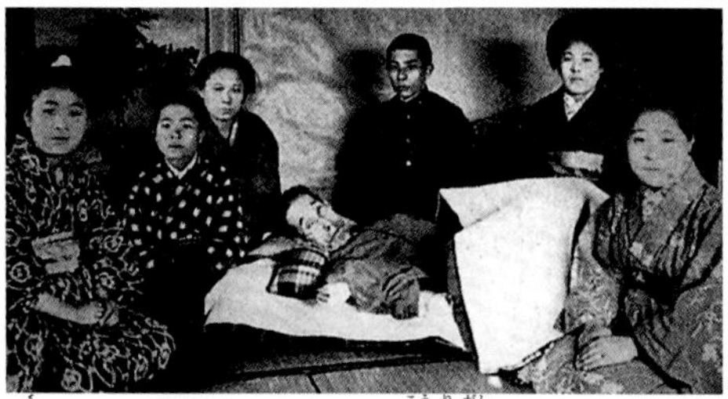

解説 **松方財政**下の不況の中，高利貸《こうりがし》からの借金に苦しむ負債《ふさい》農民は**困民党**《こんみんとう》**・借金党**《しゃっきんとう》を結成して請願《せいがん》運動を展開したが行き詰《づ》まり，1884(明治17)年10月に武装蜂起《ぶそうほうき》した。頼みにしていた自由党は，秩父事件直前に解党を決めていた。困民党に対し政府は軍隊を動員し長野県側で壊滅《かいめつ》させた。首謀者《しゅぼうしゃ》とされた田代栄助《たしろえいすけ》ら7名の死刑を含む4,000名余が処罰され，当時は「秩父暴動」とよばれた。指導者の一人**井上伝蔵**は北海道に逃《のが》れ，死の直前に家族に素性《すじょう》を告げた(写真)。その後，復権に向けた活動と顕彰《けんしょう》運動が進められ，事件の史実が解明されるようになった。

3 民権運動への弾圧・懐柔

3-1 言論弾圧の風刺画(ビゴー筆『トバエ』1888)　警官が漫画雑誌『トバエ』を示し，民権論派新聞記者に猿ぐつわをかませ，物言えぬようにしている。政府が民権運動を**新聞紙条例**などで弾圧していることへの風刺《ふうし》。憲法発布を控《ひか》え1887(明治20)年には**保安条例**公布により弾圧は一層強まった。右上のピエロ姿はビゴー自身。　千葉・日本漫画資料館蔵

3-2「自遊《じゆう》**の怨説**《えんぜつ》**」**(小林清親筆1882)
　自由党総理板垣退助《いたがきたいすけ》はフランスに外遊《がいゆう》した。資金の出所《しゅっしょ》をめぐり疑惑が生まれ，自由党員の不信を買った。自由党幹部は外遊中止を説得したが，板垣は聞き入れなかった。板垣を懐柔《かいじゅう》して自由党勢力を弱めようと，伊藤博文《いとうひろぶみ》・井上馨《いのうえかおる》が三井家を説得して洋行費を出させたのだった。　千葉・日本漫画資料館蔵

4 民権運動の再結集

1886 (明19)	井上外相の条約改正交渉案(関税引上げ，外国人判事任用など譲歩)→政府内対立
1887 (明20)	三大事件建白《けんぱく》運動史(片岡健吉「地租軽減，言論・集会の自由，外交失策の挽回《ばんかい》」建白書を元老院に提出)。大同《だいどう》団結運動(後藤象二郎，国会開設前の民権派再結集をよびかけ)の高揚《こうよう》。尾崎行雄・星亨らも参加 →政府は，保安条例制定・新聞紙条例改正❸
1888	伊藤内閣に大隈重信《おおくましげのぶ》を起用(外相)
1889	黒田内閣に後藤象二郎を起用(逓信《ていしん》相)

4-1 後藤象二郎《ごとうしょうじろう》
(1838～97)

4-2 星《ほし》**　亨**《とおる》
(1850～1901)

4-3 片岡健吉《かたおかけんきち》
(1843～1903)

4-4 尾崎行雄《おざきゆきお》
(1858～1954)

憲法制定と立憲国家体制

考察の視点 立憲体制の成立に向けて，日本がドイツにならった国家体制をめざしたのはなぜだろうか。 **相互関連**

1 憲法制定の過程

青字は諸制度の整備，赤字は憲法作成

内閣	年	事項
	1875	漸次立憲政体樹立《ぜんじりっけんせいたいじゅりつ》の詔《みことのり》
	1881（明14）	明治十四年の政変→国会開設の勅諭《ちょくゆ》。皇室財産の設定開始 ・イギリス流議院内閣制を主張する大隈重信《おおくましげのぶ》，下野《げや》
	1882（明15）	伊藤博文《いとうひろぶみ》，憲法調査のため渡欧《とおう》（ドイツ流を模範とする） ・ウィーン大のシュタイン，ベルリン大のグナイストに学ぶ
	1884（明17）	制度取調《とりしらべ》局設置 華族令制定（公爵《こうしゃく》・侯《こう》爵・伯《はく》爵・子《し》爵・男《だん》爵の５爵）
伊藤①	1885	内閣制度発足（太政官《だじょうかん》制廃止）㋝出題
	1887（明20）	憲法草案の作成 ・政府法律顧問《こもん》ロエスレル（独）1-1の助言を受け，伊藤・井《いの》上毅《うえこわし》・伊東巳代治《いとうみよじ》・金子堅太郎《かねこけんたろう》ら，起草《きそう》 ・伊藤の別荘があった神奈川県横須賀《よこすか》市の夏島《なつしま》で検討
黒田	1888（明21）	市制・町村制公布3 ・モッセ（独）1-2，教養と財産のある住民に名誉職を与えて国家や政府を支える公共の精神をもたせるよう助言。山県《やまがた》有朋《ありとも》内相を中心に地方制度考案 枢密院《すうみついん》設置（天皇の諮問《しもん》機関。議長は伊藤博文）㋝出題 枢密院で憲法草案審議
	1889（明22）	. 2.11　大日本帝国憲法発布（欽定《きんてい》憲法）史 ㋝出題 皇室典範《こうしつてんぱん》制定。衆議院議員選挙法公布
山県①	1890（明23）	府県制・郡制公布3 第１回貴族院伯子男爵《はくしだんしゃく》議員互選《ごせん》選挙（公侯爵《こうこうしゃく》は自動的） . 7. 1　第１回衆議院議員総選挙 .10.30　「教育に関する勅語《ちょくご》」（教育勅語）発布 .11.29　第１回大日本帝国議会召集

枢密院　憲法発布後も議会の制約を受けない特別機関として存続。「台湾銀行救済のための勅令《ちょくれい》案」(1927)，「ロンドン海軍軍備制限条約」(1930)を否決した。

1-1 ロエスレル（1834～94，独）　1878年に外務省顧問《こもん》として来日。その後内閣顧問となり，君主権の強いドイツ流の大日本帝国憲法成立に多大な影響。㋝出題

1-2 モッセ ㋝出題（1846～1925，独）　1886年来日。教養と財産のある住民に名誉職を与え，政府を支えるよう助言。山県有朋《やまがたありとも》内相は，国家の強い統制下におく，地方有力者中心の自治体制を確立。

千葉・日本漫画資料館蔵

1-3「元旦（お祈り）先生，私をお導き下さい。ナムミョー・ボーレン・ダブツ・アーメン!!」（ビゴー筆『トバエ』22号［明治21年１月１日］）

「御利益を以(もち)まして　病死も致さず　暗殺にも逢己(あわ)ず　兎も角も恙(つつ)がなき結光なる初春を迎へ　誠に難有仕合　猶(なほ)今年も御見捨て無く　相変(かわら)ず御ひいき御引立の程奉願候(ねがいたてまつりそうろう)　南無妙法蓮陀仏アーメン」と書かれている。このとき伊藤は，大同団結《だいどうだんけつ》運動の高揚《こうよう》で窮地《きゅうち》に追い込まれていた。

読み解く① 1-3で伊藤博文《いとうひろぶみ》は，プロイセンのビスマルクのことをどのように見ていると描かれているか。

東京・明治神宮外苑聖徳記念絵画館蔵

1-4 大日本帝国憲法発布の式典（和田英作《わだえいさく》筆）　宮中《きゅうちゅう》で明治天皇が黒田清隆《くろだきよたか》首相に憲法を授けている。

読み解く② 医師ベルツ（独）は２月９日の日記で憲法制定を祝う民衆のことを書いたが，なぜ「滑稽なこと」と表現したのだろうか。

東京全市は，十一日の憲法発布をひかえてその準備のため，言語に絶した騒ぎを演じている。到《いた》るところ，奉祝門《ほうしゅくもん》，照明《イルミネーション》，行列の計画。だが，滑稽《こっけい》なことには，誰も憲法の内容をご存じないのだ。

（『ベルツの日記』一八八九年二月九日）

1-5 憲法制定を祝う２月11日の民衆のようす（ビゴー筆『トバエ』）　「憲法万歳」と叫ぶ子どもたちを動員する町長。

千葉・日本漫画資料館蔵

2 大日本帝国憲法下の政治機構

は憲法規定外の機関

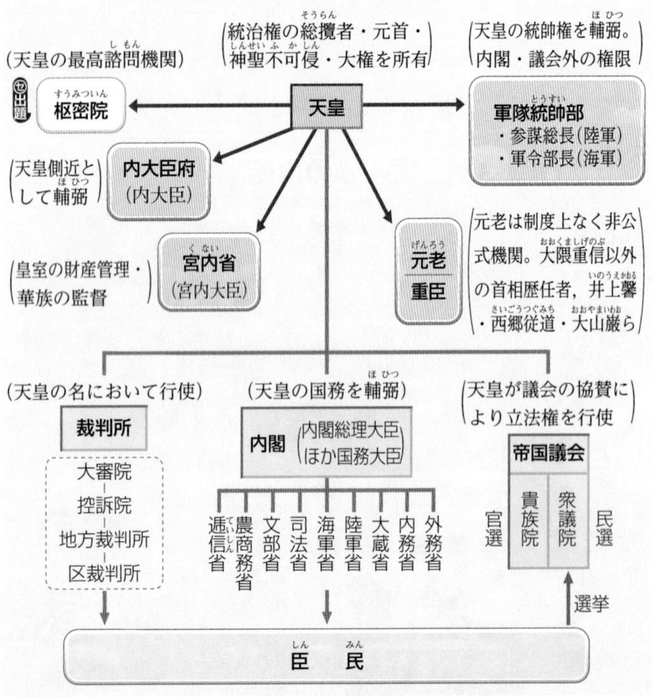

解説 ２院制・責任内閣制・司法権の独立などを規定し，一応近代的な体裁をとったが，**神聖不可侵の天皇が統治権を総攬する**という**天皇主権**が基本原則であり，議会制の機能は制約されていた。

3 地方制度の確立

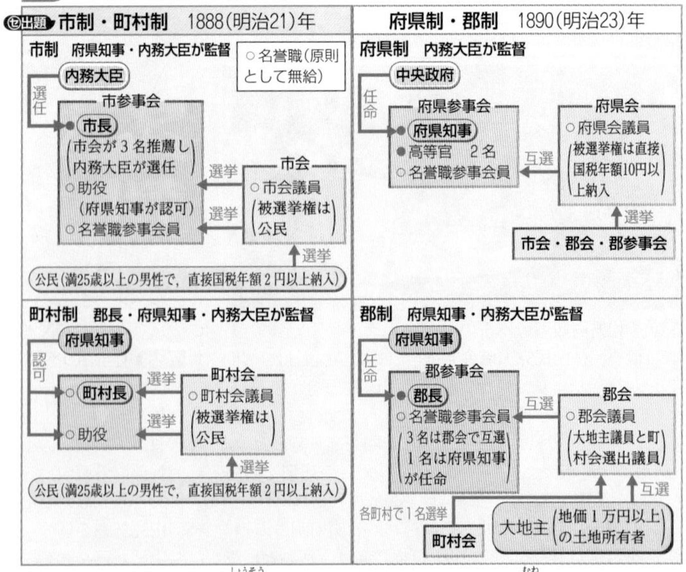

歴史ナビ　**清水勲《しみずいさお》『明治の諷刺画家・ビゴー』**（新潮選書）　ビゴーは日本の独国化阻止と仏国の国策拡大，条約改正尚早《しょうそう》，日本の近代化には時間がかかる旨《むね》を主張したと指摘。

考察の視点 初期議会において，政府と民党はどのような点をめぐって対立したのだろうか。 相互関連

諸法典の整備と初期議会

1 諸法典の整備

□は六法

刑　法	1880 公布 1882 施行	ボアソナード起草《きそう》の近代的刑法。大逆罪《たいぎゃく》・不敬罪《ふけい》・内乱罪を規定
治罪法《ちざいほう》	1880 公布 1882 施行	ボアソナード起草の近代的刑事訴訟法。拷問《ごうもん》の禁止・証拠《しょうこ》法を規定
大日本帝国憲法	1889 公布 1890 施行	ロエスレルらの指導により，ドイツ憲法を範《はん》に伊藤博文《いとうひろぶみ》らが起草
皇室典範《こうしつてんぱん》	1889 制定 1890 施行	皇室関係の法規であるが公布されず。皇位の継承・即位などを規定
刑事訴訟法	1890 公布 施行	治罪法を改正
民事訴訟法	1890 公布 1891 施行	ドイツ法を模範《もはん》とする。1926年に改正
民　法	1890 公布 施行は延期	ボアソナード起草。民法典《みんぽうてん》論争により施行延期。
商　法	1890 公布 施行は延期	ロエスレル起草。民法と重複が多くあった。日本の商慣習にも合わないとして，修正を前提に施行延期。
(修正)民法 史	1896・98公布 1898 施行	1893年に設置された法典調査会により修正。居住と結婚について戸主権が強く，家督は長男が単独相続するとした。女性の地位は低く抑えられていた。
(修正)商法	1899 公布 施行	民法同様，法典調査会により修正。ドイツ商法を基本に，日本の商慣習も取り入れて大きく改正。

＊1870年に新律綱領《しんりつこうりょう》，1873年に改定律例《かいていりつれい》が制定されるも，身分による刑罰の差があるなど，近代法としては不十分であった。

解説 フランス人法学者ボアソナードが顧問となり，刑法や民法が編纂《へんさん》された。近代法の整備は条約改正のための条件でもあり，治外法権の撤廃のために刑法と治罪法は憲法に先んじて公布された。

1A 民法典《みんぽうてん》論争

1-1 ボアソナード(1825〜1910)　明治政府に招かれて1873年に来日。法典の整備のほか，井上馨《かおる》の条約改正案 P.258 に対し反対の意見書を提出した。井上毅《いのうえこわし》がひそかに民間にもらすと，反対運動は高揚《こうよう》した。1895年帰国。

民法(1890年公布　93年施行予定)
ボアソナード起草《きそう》のフランス流

↓

民法典論争

1-2 穂積八束《ほづみやつか》(1860〜1912)

「民法出《い》デテ《て》、忠孝亡《ちゅうこうほろ》ブ」
施行延期主張

1-3 梅謙次郎《うめけんじろう》(1860〜1910)

「家父長《かふちょう》制は封建制の遺風《いふう》」
実施断行主張

↓

1892年，第三議会で修正を前提に**施行延期**
家制度を維持したまま，修正に着手(ドイツ民法を参考)

↓

1893年，**法典調査会**設置。穂積陳重《ほづみのぶしげ》，梅謙次郎ら

↓

新民法(明治民法)(1896・98年公布　98年施行)

解説 **ボアソナード**が起草した民法はフランスの自由主義・個人主義的なものだったため，日本古来の家族制度の美風《びふう》を損《そこ》なうとして，1889年から本格的に論争がおこった。結果として「家」を重視した**戸主権**《こしゅけん》の極めて強い新民法が施行された。この民法は1947年の改正まで続いた。

読み解く 初期内閣の大臣の出身旧藩はどこが多いだろうか。

2 初期内閣の構成

(　　)は出身藩

	第１次伊藤内閣 1885(明18).12〜	黒田内閣史 1888(明21). 4〜	第１次山県内閣 1889(明22).12〜	第１次松方内閣 1891(明24). 5〜	第２次伊藤内閣 1892(明25). 8〜
総理	伊藤博文《いとうひろぶみ》(長州)	黒田清隆《くろだきよたか》(薩摩)	山県有朋(長州)	松方正義(薩摩)	伊藤博文(長州)
外務	井上《いのうえ》　馨《かおる》(長州)	大隈重信《おおくましげのぶ》(肥前)	青木周蔵《あおきしゅうぞう》(長州)	青木周蔵(長州)	陸奥宗光(紀伊)
内務	山県有朋《やまがたありとも》(長州)	山県有朋(長州)	山県有朋(長州)	西郷従道(薩摩)	井上　馨(長州)
大蔵	松方正義《まつかたまさよし》(薩摩)	松方正義(薩摩)	松方正義(薩摩)	松方正義(薩摩)	渡辺国武《わたなべくにたけ》(高島)
陸軍	大山《おおやま》　巌《いわお》(薩摩)	大山　巌(薩摩)	大山　巌(薩摩)	大山　巌(薩摩)	大山　巌(薩摩)
海軍	西郷従道《さいごうつぐみち》(薩摩)	西郷従道(薩摩)	西郷従道(薩摩)	樺山資紀《かばやますけのり》(薩摩)	仁礼景範《にれかげのり》(薩摩)
司法	山田顕義《やまだあきよし》(長州)	山田顕義(長州)	山田顕義(長州)	山田顕義(長州)	山県有朋(長州)
文部	森《もり》　有礼《ありのり》(薩摩)	森　有礼(薩摩)	榎本武揚(幕臣)	芳川顕正《よしかわあきまさ》(徳島)	河野敏鎌《こうのとがま》(土佐)
農商務	谷《たに》　干城《たてき》(土佐)	榎本武揚(幕臣)	岩村通俊《いわむらみちとし》(土佐)	陸奥宗光《むつむねみつ》(紀伊)	後藤象二郎(土佐)
逓信《ていしん》	榎本武揚《えのもとたけあき》(幕臣《ばくしん》)	榎本武揚(幕臣)	後藤象二郎《ごとうしょうじろう》(土佐)	後藤象二郎(土佐)	黒田清隆(薩摩)

3 初期議会

3A 初期議会における政府と民党の対立

山県有朋《やまがたありとも》(第１次)超然主義内閣	第一議会 3B 1890.11〜91.3	山県の「主権線」演説 政府と「政費節減《せいひせつげん》・民力休養《みんりょくきゅうよう》」をとなえ，地租軽減を主張する民党《みんとう》の対立激化 自由党土佐派の一部を買収し予算成立
松方正義《まつかたまさよし》(第１次)緞帳《どんちょう》内閣 黒幕《くろまく》内閣	第二議会 1891.11〜91.12	自由党再結束。民党は軍拡に反対 樺山資紀《かばやますけのり》海相の「蛮勇《ばんゆう》演説」 予算案不成立。議会解散
	第２回総選挙　内務大臣品川弥二郎《しながわやじろう》の選挙干渉→民党勝利	
	第三議会 3B 1892.5〜92.6	民党は**選挙干渉**の責任追及 民法・商法の実施延期可決 政府は軍拡予算を提出，対立→総辞職
伊藤博文(第２次)元勲総出《げんくんそうで》内閣	第四議会 1892.11〜93.2	軍拡予算をめぐり紛糾《ふんきゅう》。**天皇の詔書**《しょうしょ》(和衷《わちゅう》協同《きょうどう》の詔書)で妥協《だきょう》，可決 **自由党**が政府に協力，星亨《ほしとおる》が条約改正案上奏《じょうそう》
	第五議会 1893.11〜93.12	星亨，収賄《しゅうわい》疑惑により衆議院を除名 改進党ら**対外硬派**《たいがいこうは》が条約改正交渉に反対，政府を攻撃。解散
	第３回総選挙	
	第六議会 1894.5〜94.6	条約改正をめぐり自由党，対外硬派が内閣弾劾上奏《だんがいじょうそう》案提出，可決。解散後**日清戦争**へ P.262 1

3B 初期議会での衆議院勢力分野

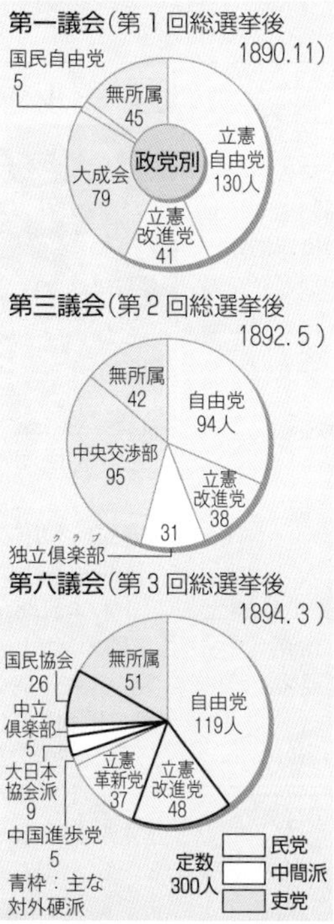

解説 選挙への圧力は強かったが，自由党と改進党は躍進。**民党**《みんとう》として**吏党**《りとう》と対決した。
職業別にみれば地主《じぬし》が多く，地方議員の経歴者が70%を超えていたため，土地所有者の利害と地方的利害を中心に動いていった。

3C 第１回総選挙

千葉・日本漫画資料館蔵

3-1 **衆議院議員総選挙の投票風景**(ビゴー筆)
1890(明治23)年７月１日に行われた。選挙権は**直接国税15円以上**を納める**満25歳以上の男性**に限られ，有権者総数約45万人(総人口の1.1%)の大部分は地主であった。投票率93.9%は，現在までの最高記録。

歴史ナビ **民権ばあさん**　高知県の楠瀬喜多《くすのせきた》は，戸主《こしゅ》だが女性のために地方選挙権が認められないことに抗議，婦人参政権運動の初めての実力行使を行った。

1 条約改正の経過

<table>
<tr><td>内閣</td><td colspan="2">三条実美《さんじょうさねとみ》(太政大臣《だじょうだいじん》)</td><td>第1次伊藤博文《いとうひろぶみ》</td><td>黒田清隆《くろだきよたか》</td></tr>
<tr><td>担当者</td><td>岩倉《いわくら》使節団 P.250》</td><td>寺島宗則《てらしまむねのり》
外務卿(1873～79)</td><td>井上馨《いのうえかおる》 ㋞出題
外務卿のち外務大臣(1879～87)</td><td>大隈重信《おおくましげのぶ》
外務大臣(1888～89)</td></tr>
<tr><td>略歴</td><td colspan="2">1-1 寺島宗則(1832～93)　薩摩出身。江戸に出て蕃書調所《ばんしょしらべしょ》に入る。1865(慶応元)年にイギリスへ渡る。明治政府では主に外交を任され，台湾出兵，樺太・千島交換条約にあたる。

黒田清輝筆 東京国立博物館蔵</td><td>1-2 井上馨(1835～1915)　長州出身。鹿鳴館外交1Aなど欧化政策をとる。ボアソナードや谷《たに》干城《たてき》らの批判を浴びる。のち農商務相・内相を歴任，以後は元老《げんろう》となった。
</td><td>1-3 大隈重信(1838～1922)　肥前《ひぜん》出身。明治十四年の政変で下《げ》野《や》したが，抜擢《ばってき》され外相に。秘密交渉を徹底。のちに首相となった。
</td></tr>
<tr><td>目標</td><td colspan="2">関税自主権の回復</td><td>領事裁判権の撤廃・関税自主権の一部回復</td><td>領事裁判権の撤廃・税権の一部回復</td></tr>
<tr><td>相手国</td><td colspan="2">アメリカ</td><td>欧米列強と一括交渉</td><td>アメリカ・ドイツ・ロシア
(一国ずつ秘密交渉)</td></tr>
<tr><td>経過および結果</td><td colspan="2">背景：関税が低く，輸入超過に陥っていた
地租改正反対一揆で，1877(明治10)年に地租を2.5%に減税。
これによって政府は財政難に陥っていた
治外法権撤廃は困難であった(法が未整備のため)

経過：1878(明治11)年，アメリカと同意に至る
「日米関税改定約書」調印
↓
イギリス・ドイツなどが反対
↓
条約改正無効(他国と同条件での改正は実施条件のため)

結果：失敗

解説 当時，イギリスが日本の最大の貿易相手国であった。
アメリカとの取引量は少なく，日本が関税を自由に設定できるようになると，イギリスなど列強が不利になってしまうために失敗に追い込まれた。</td><td>背景：寺島の失敗を受け，一括交渉に切り替え
1882(明治15)年，内地雑居《ないちざっきょ》が閣議決定
経過：1882年から予備会議
1886(明治19)年から各国と正式会議
1887(明治20)年，井上改正案が了承される
①外国人に内地を開放(内地雑居)1E
②欧米同様の法をつくり，外国人被告の場合は外国人判事の任用を認める
③輸入関税の一部引き上げ(5％→11％)
↓
①井上案は国家主権の侵害という批判
②極端な欧化主義1Aへの反感
③政府内にも反対論(法律顧問ボアソナード，農商務相谷干城)
④ノルマントン号事件で世論沸騰1B

結果：条約改正会議無期延期(1887年7月)。
井上は辞任(9月)
解説 旧自由党系，改進党系，国粋主義者らが強く反対したうえに，政府内の対立もあり失敗した。</td><td>背景：民権派の取り込みを狙う
領事裁判権の撤廃のために内地雑居・外国人判事任用を大審院に限り，認めることを取引材料とした
経過：1889(明治22)年2月アメリカと新条約調印。
ドイツ・ロシアとも合意
4月　『ロンドンタイムズ』(英)が条約改正案掲載
5月　日本の新聞に掲載
①外国人判事を大審院に限定
②外国人の内地開放を認める
↓
不満や反対が噴出
政府内：外国人判事は憲法19条違反。
民権派・国権派も反対。世論沸騰
↓
10月　玄洋社《げんようしゃ》社員来島恒喜《くるしまつねき》による爆弾テロで，大隈が負傷，右足を失う

結果：改正交渉中止。内閣総辞職</td></tr>
</table>

1A 鹿鳴館外交

1-8 **鹿鳴館《ろくめいかん》**
イギリス人コンドルの設計で1883(明治16)年に完成。舞踏会など社交場として，欧化主義の象徴的な建築である。
江戸東京博物館蔵

1-9 **社交界に出入りする紳士《しんし》淑女《しゅくじょ》**(ビゴー筆『トバエ』1887)　「名魔行(なまいき)」の字が見え，鏡にはサルが映っている。
千葉・日本漫画資料館蔵

読み解く 1-9の写真で，ビゴーは鹿鳴館外交をどのように評価しているのだろうか。

1B ノルマントン号事件　1886(明治19)年

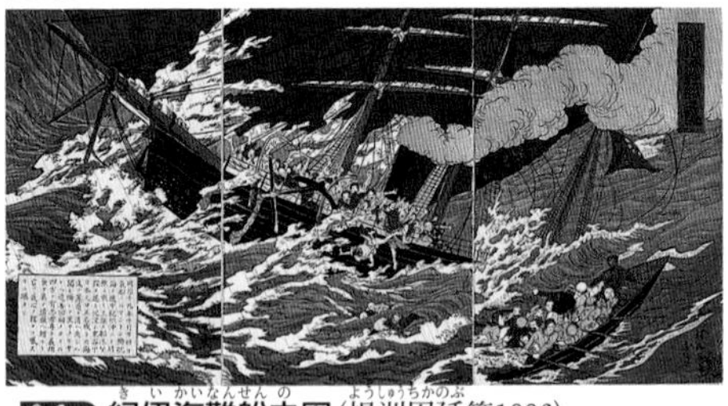

1-10 **紀伊海難船之図《きいかいなんせんのず》**(楊洲周延《ようしゅうちかのぶ》筆1886)
早稲田大学図書館蔵

1-11 **ノルマントン号事件風刺画**(ビゴー筆『トバエ』1887)　フランス船メンザレ号遭難を利用，イギリスの対応を痛烈に風刺している。

解説 1886年，イギリスの貨物船ノルマントン号が沈没。船長以下イギリス人26名はボートで脱出するも日本人乗客25(23とも)名が取り残され，全員が死亡した。しかし，領事裁判により船長は無罪。殺人罪で改めて告訴するも禁錮《きんこ》3カ月で賠償はなかった。

1C 三大事件建白運動と政府対応

井上馨《いのうえかおる》が外務大臣を辞任(1887.9)
政府内で意見が対立していたことが漏れる

↓

三大事件建白運動(1887)史
片岡健吉《かたおかけんきち》らが元老院《げんろういん》に建白書を提出(.10)
地租軽減，言論・集会の自由，外交失策の挽回を要求
政府内では後藤象二郎《ごとうしょうじろう》が自由党と組んで条約に反対の姿勢を示した

↓

保安条例(1887.12)
在京の民権派を皇居外3里へと追放
大隈重信《おおくましげのぶ》外務大臣就任(1888.2)
後藤象二郎逓信《ていしん》相就任(1889.3)

歴史ナビ **大隈記念室**(早稲田大学早稲田キャンパス2号館1階)　大隈重信の生涯を資史料とともに展示してある。遺難時の衣服もある。

考察の視点 青木外相のときから，相手国をイギリスに絞った交渉をするようになったのはなぜだろうか。**相互関連**

第１次山県有朋《やまがたありとも》・第１次松方正義《まつかたまさよし》		第２次伊藤博文	第２次桂太郎《かつらたろう》
青木周蔵《あおきしゅうぞう》 外務大臣(1889～91)	**榎本武揚《えのもとたけあき》** 外務大臣(1891～92)	**陸奥宗光《むつむねみつ》** セ出題 外務大臣(1892～96)	**小村寿太郎《こむらじゅたろう》** 外務大臣(1908～11)
領事裁判権の撤廃・税権の一部回復		領事裁判権の撤廃・税権の一部回復・相互最恵国待遇《さいけいこくたいぐう》	関税自主権の回復
イギリスを優先		イギリスを優先	イギリス・アメリカなど

1-4 青木周蔵(1844～1914) 長州出身。ロシアを警戒するイギリスの態度軟化を受けてイギリスと交渉。大津事件後も駐英公使として交渉を続けた。

1-5 陸奥宗光(1844～97) 和歌山出身。幕末は海援隊《かいえんたい》に属した。西南戦争の際，政府倒閣の嫌疑《けんぎ》で投獄《とうごく》される。出獄後に欧州遊学《ゆうがく》。帰国後に外務省入り。日清戦争の外交回顧録として『**蹇《けん》蹇録《けんろく》**』がある。

1-6 小村寿太郎(1855～1911) 宮崎出身。外務官僚として頭角をあらわす。**ポーツマス条約**の全権。駐韓公使として閔妃《びんひ》(ミンビ)暗殺事件を処理。韓国併合と日米新通商航海条約を調印。

第1次山県有朋・第1次松方正義（青木周蔵・榎本武揚）

背景：政府方針の決定→大審院への判事任用取消
各国と個別交渉
経過：ロシアの南下を懸念《けねん》するイギリスが態度を軟化
イギリスはロシアと対立を深めていった

↓

1891(明治24)年３月　イギリスと同意。調印目前
５月　大津事件 1D
結果：改正交渉中止。青木は引責《いんせき》辞任
後任は榎本武揚，不調
青木は駐英公使として交渉継続

1-7 榎本武揚《えのもとたけあき》(1836～1908) 幕臣《ばくしん》。オランダ留学を経て，幕府の海軍総裁。五稜郭《ごりょうかく》の戦いで新政府軍に抗戦するが降伏。政府の大臣などを歴任。1875(明治８)年樺太・千島交換条約締結。

東京・石黒コレクション蔵

第２次伊藤博文（陸奥宗光）

背景：青木周蔵を駐英公使に任命
自由党総務である**星亨《ほしとおる》**が内地雑居を容認する条約改正案を上奏《じょうそう》，1893(明治26)年２月可決 1E
イギリスを最優先に交渉
経過：内地雑居 1E と引き換えに領事裁判権の撤廃を要求
ロシアの南下と極東進出にイギリスが日本重視へ変化
大津事件により日本の国際的評価が高まる 1D

↓

自由党の政府への接近に反発する改進党ら対外硬派連合(硬六派《こうろっぱ》)の反対を受ける衆議院議長の星は贈賄を糾弾され，衆議院を除名。
陸奥は硬六派への対決姿勢を崩さず，条約改正交渉継続

↓

結果：1894(明治27)年７月16日　**日英通商航海条約**調印
領事裁判権撤廃に成功 セ出題
実施は５年後，有効期間は**12年**とされた

↓

1894年７月25日　**日清戦争**開始(豊島沖《ほうとうおき》海戦)

第２次桂太郎（小村寿太郎）

背景：1895(明治28)年　**日清戦争**勝利→下関条約調印
1895年　三国干渉
1902(明治35)年　日英同盟締結
1904(明治37)年　**日露戦争**
1905(明治38)年　ポーツマス条約調印
明治憲法体制の整備が整う
1899(明治32)年に発効した日英通商航海条約の期限が**1911(明治44)年で切れる**
経過：1910(明治43)年　イギリスなど12カ国に日英通商航海条約の廃棄を通告

↓

1911(明治44)年　改正交渉開始

↓

結果：**イギリス・アメリカ**と新通商航海条約を締結

↓

関税自主権の完全回復に成功 セ出題
条約上列強と対等の地位を得た
開国以来の外交課題決着

1D 大津事件　1891(明治24)年

1-13 児島惟謙《こじまこれかた》(いけん)(1837～1908)

1-12 長崎でのロシア皇太子ニコライ

解説 1891年，シベリア鉄道起工《きこう》式で来日中のロシア皇太子ニコライは，滋賀県大津で警備の巡査**津田三蔵《つださんぞう》**に頭部を切りつけられた。成立直後の松方内閣はロシアとの関係悪化をおそれ，大逆罪を拡大解釈することにより津田を死刑に処そうとした。これに対し児島は一般人に対する謀殺未遂罪《ぼうさつみすい》を適用，無期徒刑《むきとけい》とした。この判決は**司法権の独立**を守ったと，国内外から評価された。

大逆罪(1880年刑法で制定，1947年廃止)
天皇，三后《さんごう》，皇太子に危害を加えた者は死刑とする。裁判は大審院のみの一審判決とされていた。

1E 内地雑居問題

兵庫・神戸市立図書館蔵

解説 安政の五カ国条約では領事裁判権容認と引き換えに外国人の居住・通商・移動の自由はなく，居留地が設定された。居留地居住の欧米人から内地雑居の要求が出されると，井上馨《いのうえかおる》はこれを取引材料に，領事裁判権撤廃をめざした。

1-14「痩《や》せる人と肥《こ》える人」(神戸又新日報)　内地雑居で得をする人，損をする人がいることを風刺している。

民間でもさまざまな議論がなされ，内地雑居賛成派は，「文明国」として認めるべきと主張した。反対派は日本経済が欧米資本に乗っ取られる危険性が高いと主張したほか，中国から低賃金労働者が大量に流入し，日本の下層労働者が失業すると主張した。第２次伊藤内閣のときには星亨《ほしとおる》率いる自由党が内地雑居賛成を掲げ政府へ接近，改進党ら対外硬派連合と全面対決となった。この問題は日清戦争直前まで国内最大の政治争点であった。

日英通商航海条約が1899(明治32)年に発効すると内地雑居が認められ，政治問題としての性格を低下させていった。なお，中国人の内地雑居に関しては条約では認められず，勅令で認められた。

西郷伝説

↑露国皇太子上陸之図　鹿児島市立美術館蔵

津田三蔵《つださんぞう》がニコライを切りつけた理由は，ロシアが日本を侵略するために調査しに来た，という噂を本当だと信じていたためだという。当時日本では西南戦争で自決《じけつ》したはずの西郷が実はロシアで生存していて，ニコライに同行しているという噂が流布《るふ》しており，上図のようなものが売れていたという。

歴史ナビ　**吉村昭『ニコライ遭難』**(新潮文庫)　大津事件の前後や司法権の独立などを描いた。

日清戦争

考察の視点　朝鮮国内の政治的な対立に日清両国はどう関わっていたのだろうか。
相互関連

1 朝鮮をめぐる日清間の争い

年号	日本	朝鮮	清
1871(明4)		**日清修好条規**	
1873(明6)	征韓論《せいかんろん》 明治六年の政変		
1874(明7)	**台湾出兵**6 →		イギリスの斡旋《あっせん》で決着
1875(明8)	**江華島《こうかとう》(カンファド)事件** → 軍艦を派遣，示威《じい》行為	挑発に対し交戦，砲台が破壊される	
1876(明9)	**日朝修好条規** 朝鮮を開国させる 「独立国」として清の宗主《そうしゅ》権を否認	領事裁判権・無関税特権 釜山《ふざん》(プサン)の開港	
1879(明12)	琉球処分 沖縄県設置 ←		承認せず
1880(明13)	漢城《かんじょう》(ハンソン)(現ソウル)に公使館設置 →		
1882(明15)	改革派支援のため出兵 →	**壬午軍乱《じんごぐんらん》**(壬午事変)1-2 閔《びん》(ミン)氏政権　親日・開国派 ⚔ 大院君《たいいんくん》(テウォングン)派　親清・攘夷派 大院君を支持する軍隊，反乱 民衆も呼応し公使館包囲	← 宗主国として出兵 ← 清軍，鎮圧
	公使館に守備兵設置	済物浦《さいもっぽ》条約：首謀者処罰，日本へ賠償金支払い	← 朝鮮への影響力拡大
1884(明17)	独立党を支援 → 金玉均亡命 ←	セ出題 **甲申事変《こうしんじへん》**1-3 独立党　金玉均《きんぎょくきん》(キムオッキュン)ら　親日改革派 ⚔ 事大党《じだいとう》　閔氏政権　親清保守派 清国敗北の機を狙い，独立党，クーデタをおこす。失敗に終わる	清仏戦争で敗北 ← 出兵・干渉
1885(明18)		漢城条約：日本へ謝罪と賠償金	
	全権：伊藤博文《いとうひろぶみ》	**天津条約** 内容：朝鮮出兵の際，日清両国は相互に通告 両国は朝鮮から撤兵	全権：李鴻章《りこうしょう》
	福沢諭吉《ふくざわゆきち》「脱亜論《だつあ》」 大阪事件		
1889(明22)	賠償金請求 → ←	**防穀令《ぼうこく》**：米・大豆の対日輸出禁止 セ出題 1893年に11万円の支払いで決着	支払いを斡旋《あっせん》
1894(明27)	通告を受け，出兵 → 朝鮮内政改革の共同提案 → **日英通商航海条約**	**甲午農民戦争《こうご》**(東学の乱)2 セ出題 東学《とうがく》に率いられた農民，蜂起《ほうき》 減税と排日を要求。政府鎮圧できず清に救援要請	← 出兵，日本に通告 拒否
		日清戦争(～95)3	
1895(明28)	**下関条約**4 **三国干渉**5　閔妃暗殺事件	親日派の大院君政権を，親露派の閔妃らが倒す	

1A 朝鮮王権内の権力争い

大院君李是応《たいいんくんりかおう》 ＝ 閔《びん》(ミン)氏一族の娘
→ (第26代国王)高宗《こうそう》 ＝ 閔妃《びんひ》(ミンビ)(1863年王妃)

解説　高宗の妃，閔妃は**大院君派**と対立，最終的にはロシアと結んで日本の侵略に対抗した。閔妃は，1895年，三浦梧楼《みうらごろう》に暗殺された。

1-1 「漁夫の利」(ビゴー筆1887年)
千葉・日本漫画資料館蔵

読み解く　1-1で魚はどの国を表しているだろうか。日本，ロシア，清の思惑はそれぞれどのように描かれているだろうか。

1-2 壬午軍乱《じんごぐんらん》(1882)　朝鮮軍の改革のために派遣されていた陸軍少尉《しょうい》が殺害され，公使館も焼打ちを受けた。　楊洲周延画 東京経済大学図書館蔵

1-3 甲申事変《こうしんじへん》(1884)　金玉均《きんぎょくきん》(キムオッキュン)・朴泳孝《ぼくえいこう》(パクヨンヒョ)らがクーデタをおこすと，日本公使館もこれを支援。清国により鎮圧され失敗。

1-4 金玉均《きんぎょくきん》(キムオッキュン)(1851～94)
国立国会図書館蔵

2 甲午農民戦争《こうご》

ペンタックスカメラ博物館蔵
2-1 仁川《じんせん》(インチョン)に上陸する日本軍(1894)　天津条約による相互通知のため，清が出兵したことを受け日本も出兵した。清国軍が朝鮮に到着するより先に日本軍が到着しており，両国間の緊張は高まった。

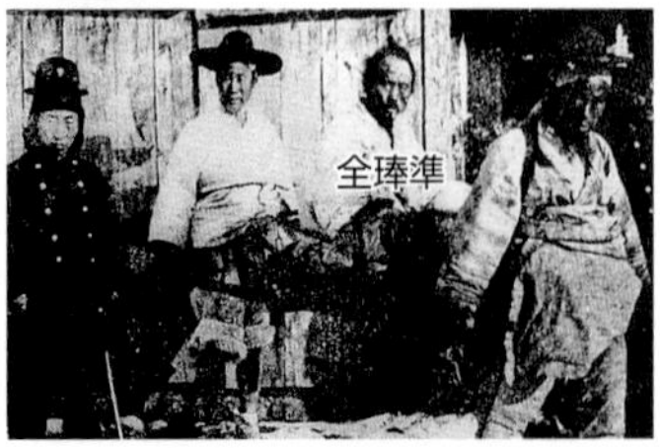

2-2 捕らえられた東学《とうがく》の指導者全琫準《ぜんほうじゅん》(チョンボンジュン)　東学はカトリックの西学に対する呼称で，崔済愚《さいせいぐ》が創始した民衆宗教。幹部の全琫準らが農民を率いて大反乱へと発展した。1894年10月に再蜂起《ほうき》したが，全は逮捕された。日本公使井上馨《いのうえかおる》は彼を評価し，処刑を待つように要請したが，1895年４月に処刑された。

脱亜論《だつあ》 史

福沢諭吉《ふくざわゆきち》は甲申事変《こうしんじへん》の失敗を契機に，自身が社主である『時事《じじ》新報《しんぽう》』の社説において「脱亜入欧《だつあにゅうおう》」を唱え，朝鮮政府を痛烈に批判した。この考え方は軍事的対決の気運《きうん》を高めた。福沢は，事変前には多くの朝鮮人留学生を慶応義塾に迎えており，金玉均《きんぎょくきん》(キムオッキュン)には多額の援助を行っている。「脱亜論」は朝鮮の改革に期待をかけていた福沢が，甲申事変で改革派が一掃されたことに失望して書いたものであり，アジアの侵略を正当化するために発表されたものではない。

考察の視点 下関条約を締結した後も1年間，大本営が広島に残ったのはなぜか。

相互関連

3 日清戦争の経過

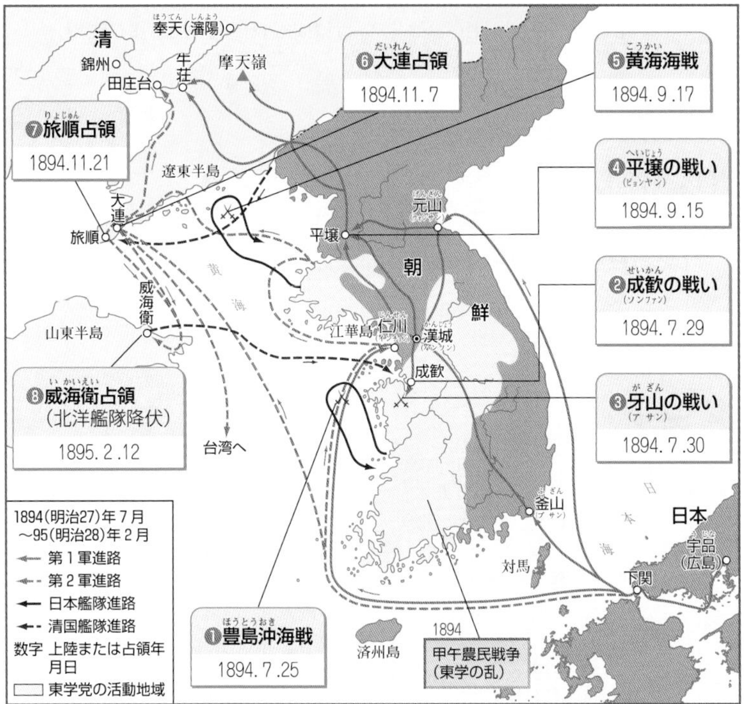

解説 蜂起《ほうき》した農民軍は朝鮮政府と和解したが，出兵した日清両国が朝鮮の内政改革をめぐり対立を深めた。1894(明治27)年7月16日，**日英通商航海条約調印**でイギリスの支持を得たと判断した日本は，23日に朝鮮王宮を占領し親日派政権を樹立させ，清の撤退を要求させた。清が拒否すると，25日に宣戦布告なく豊島沖《ほうとうおき》↗で戦闘となり，日本は8月1日に正式に宣戦を布告した。9月には**大本営**と議会が広島に移された。黄海《こうかい》海戦で日本が清の主力艦隊を破ると，軍事的に優位となった。農民軍の再蜂起もあったが，11月に旅順《りょじゅん》・大連《だいれん》，翌年2月に威海衛《いかいえい》を占領すると日本の勝利は決定的となり，3月から講和会議が始まった。

3A 日清動員戦力比較

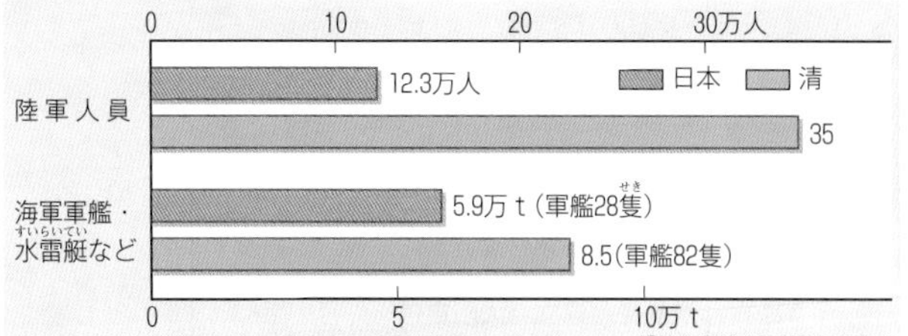

(『社会科資料図解大事典』)

3-1 **広島大本営《だいほんえい》** 大本営(天皇の下におかれた戦争の指揮・統率本部)は下関条約締結後も台湾統治のために広島に残った。台湾住民の激しい抵抗のため，大本営が解散されたのは1896(明治29)年4月のことだった。

3B 日清戦争データ

	日本	清
出兵兵士数	24万616人	不明
死者総数	1万3,488人	不明
病死者数	1万1,894人	不明
臨時戦費	2億48万円	不明
軍艦数	28隻《せき》	82

(『日清戦史』，『週刊朝日百科日本の歴史』より)

解説 日本軍兵士の戦死・戦傷死者が約10%，病死者は約88%だった。病気は脚気《かっけ》・赤痢《せきり》・マラリア・コレラの順に多かった。清国側に関しては「旅順虐殺事件《りょじゅんぎゃくさつじけん》」も含め正確な数字はわかっていない。

4 下関条約 1895(明治28)年4月17日調印

4-1 **春帆楼《しゅんぱんろう》*での下関条約の署名** 日本側全権は**伊藤博文《いとうひろぶみ》首相**と**陸奥宗光《むつむねみつ》外相**，清国側全権は**李鴻章《りこうしょう》**であった。

＊春帆楼は現在も営業を続ける料亭。

4A 下関条約の主な内容 史

1. 清は朝鮮の独立を承認する。
2. 清は遼東《りょうとう》半島・台湾・澎湖《ほうこ》諸島を日本に割譲《かつじょう》する。
3. 清は日本に賠償金《ばいしょうきん》2億両《テール》(約3億1,000万円)を支払う。
4. 清は沙市《さし》《シャーシー》・重慶《じゅうけい》《チョンチン》・杭州《こうしゅう》《ハンチョウ》・蘇州《そしゅう》《フーチョウ》の4港開港を承認する。

4-2 日清講和条約附属地図(遼東半島地図) 外務省外交史料館蔵

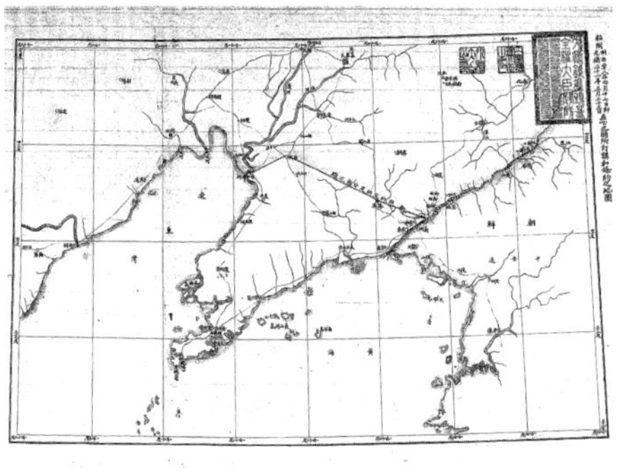

5 三国干渉 1895(明治28)年4月

解説 中国東北部・朝鮮への勢力拡大を狙《ねら》うロシアは，フランス・ドイツを誘い，**下関条約**締結直後から遼東《りょうとう》半島の清への返還を日本に求め，日本は受諾《じゅだく》した。以後，「臥薪嘗胆《がしんしょうたん》」を標語としてロシアに対する敵愾心《てきがいしん》が増幅《ぞうふく》し**日露開戦**の伏線《ふくせん》となった。

6 台湾統治 P.265

1874	**台湾出兵**
1894	**日清戦争**3
1895	.4 **下関条約**調印4
(明28)	.5 台湾総督兼軍務司令官**樺山資紀《かばやますけのり》**就任
	台湾住民，台湾民主国建国を宣言し，日本の軍事占領に激しく抵抗。全島占領に4カ月を要した。
1896	台湾総督府条例公布
1898	第4代総督**児玉源太郎《こだまげんたろう》**，
(明31)	民政長官**後藤新平《ごとうしんぺい》**就任
	土地調査事業開始(～1905)
1899	台湾銀行設立
1900	**台湾製糖《せいとう》会社**設立

6-1 **台湾総督府《そうとくふ》** 1911年着工，16年完成，現在は「中華民国政府」の「総統府」として利用。

6-2 **第4代台湾総督《そうとく》児玉源太郎《こだまげんたろう》**(1852～1906)(右)と**民政長官後藤新平《ごとうしんぺい》**(1857～1929)(左)

解説 日清戦争の結果，1895(明治28)年**台湾総督府**が設けられた。当初は軍政《ぐんせい》が施行され独立運動を鎮圧。翌1896(明治29)年からは民政としたが，総督は陸海軍の大・中将が就任した。 セ出題

歴史ナビ **日清講和記念館**(山口県下関市) 春帆楼《しゅんぱんろう》に隣接。講和会議の部屋を調度品そのままに再現している。

日清戦争後の政治と社会

日清戦争後，なぜ政府は政党との提携を求めたのだろうか。 相互関連

1 立憲政友会の成立と日清戦争後の政治史

P.257 3 伊藤博文《いとうひろぶみ》② 1892.8～96.8 元勲《げんくん》内閣	1894.8 **日清戦争**(～95.3) P.261 1895.4 **下関条約・三国干渉** P.261 軍備拡張・産業育成⇒増税が必要 政党の協力が不可欠＝**自由党と提携** **板垣退助《いたがきたいすけ》**を内務大臣として入閣 自由・進歩党と大連立に失敗，総辞職
松方正義《まつかたまさよし》② 1896.9～98.1 松隈《しょうわい》内閣	**進歩党と連立**＝**大隈重信**を外務大臣に 1897.3 貨幣法成立＝**金本位制《きんほんいせい》確立** 共出題 地租増徴《ちそぞうちょう》案で連立解消，内閣総辞職
伊藤博文③ 1898.1～98.6	1898.3 自由・進歩党との連立に失敗， 政党との提携をあきらめ**超然主義**に。 地租増徴案を否決。衆議院解散 自由・進歩党が**憲政党に合同**。多数党に
大隈重信《おおくましげのぶ》① 1898.6～98.11 隈板《わいはん》内閣	1898.8 憲政党が議席をほぼ占有 **最初の政党内閣**「隈板内閣」 板垣が内務大臣。**共和演説事件**で内紛《ないふん》， 一回の会期を迎えず総辞職
山県有朋《やまがたありとも》② 1898.11 ～1900.10	憲政党と提携 ⓒ出題 **文官任用令《ぶんかんにんようれい》**改正 3・**軍部大臣現役武官制《ぐんぶだいじんげんえきぶかんせい》**制定 4 北清《ほくしん》事変対応で憲政党離反《りはん》，総辞職
伊藤博文④ 1900.10～01.5	伊藤が結成した**立憲政友会**が与党 増税法案可決 貴族院が伊藤に反発，総辞職
桂太郎《かつらたろう》① 1901.6～06.1 小山県内閣	元勲以外を首班《しゅはん》とする初内閣 **日英同盟・日露戦争** P.263 政友会と和解・西園寺に政権禅譲《ぜんじょう》 （桂園時代）
西園寺公望《さいおんじきんもち》① 1906.1～08.7	立憲政友会と伊藤系官僚との連合 **鉄道国有法**成立，**赤旗《あかはた》事件**で総辞職 （桂園時代）

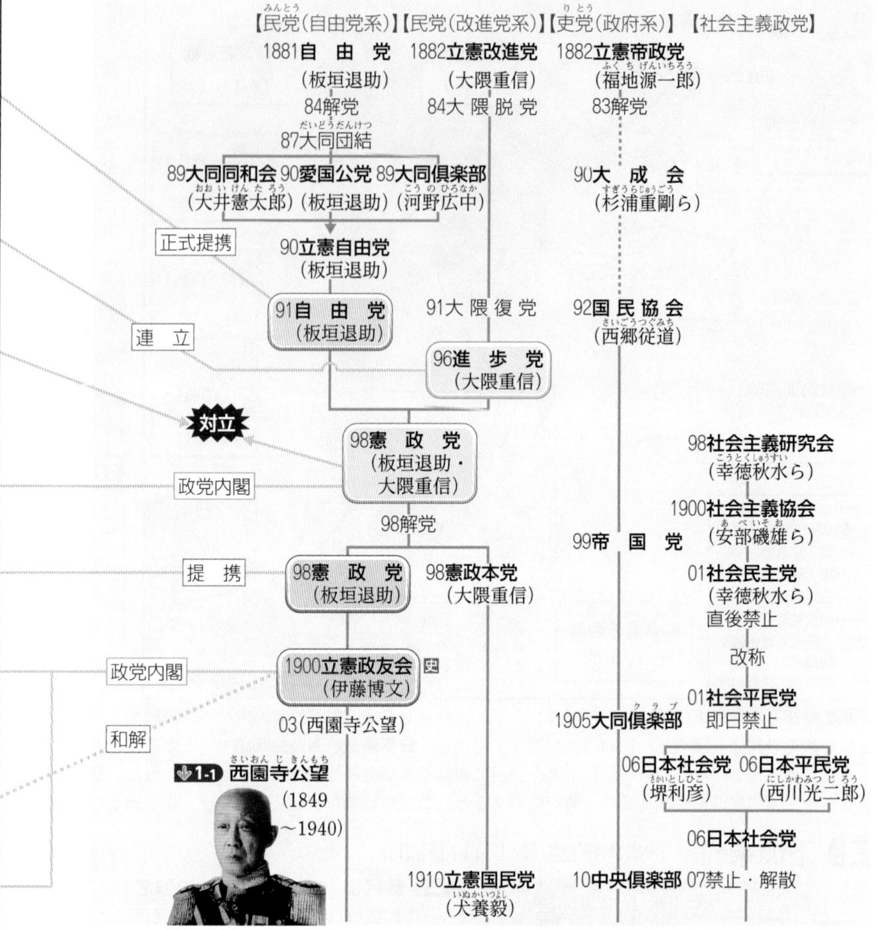

2 軍事費の増大

2A 賠償金の使途

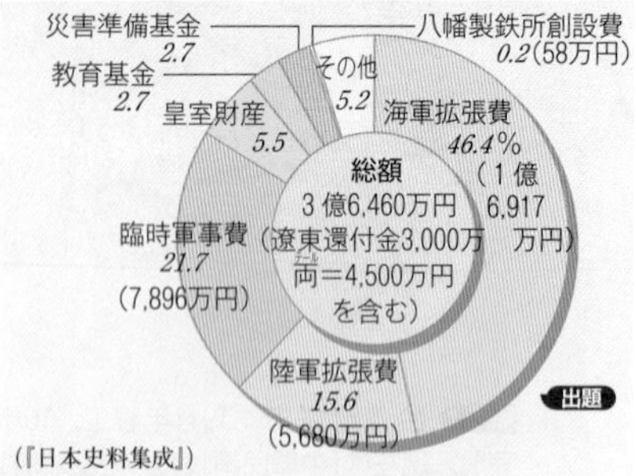

(『日本史料集成』)

2B 財政支出に占める軍事費

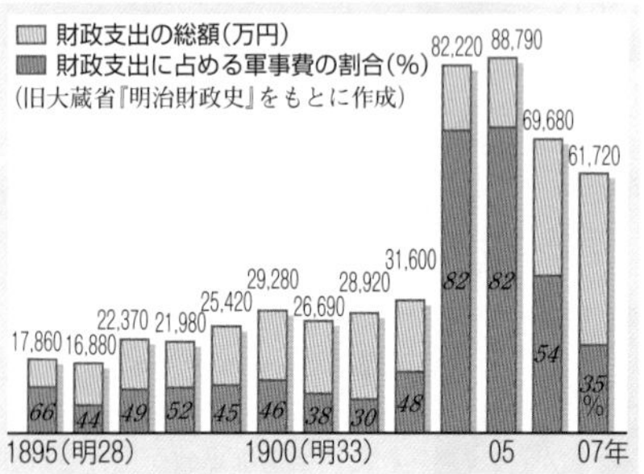

解説 「**臥薪嘗胆《がしんしょうたん》**」の標語に代表される国民のロシアへの敵意を背景に，政府は軍備拡張をめざした。軍備拡張は日清戦争後の政治課題となった。

3 文官任用令の改正

高等官	親任官《しんにんかん》	内閣総理大臣・各省大臣・陸海軍大将《たいしょう》・枢密院《すうみついん》議長など天皇の親任式で叙任《じょにん》される 規定なし＝自由任用
	勅任官《ちょくにんかん》	各省庁の次官や局長・府知事・県知事・帝国大学教授など規定なし＝自由任用 ⇒**文官高等試験**合格の奏任官より任官(1899)
	奏任官《そうにんかん》	各省庁の課長以下の事務官・技師・帝国大学助教授など **文官高等試験**合格者
判任官《はんにんかん》		警部・警部補など，下級官吏《かんり》 文官普通試験合格者

解説 第1次大隈《おおくま》内閣で政党員が規定のない勅任官に任じられることがおきると，第2次山県《やまがた》内閣は**文官任用令**を全面改正した。勅任官は**文官高等試験**に合格した奏任官から承認させることにした。経験，知識のないものが各省庁の次官になることを制限し，政党の影響から守ろうとした。

4 軍部大臣現役武官制の変遷 ⓒ出題

年	内閣	内容
1900(明33) **制定**	第2次 山県《やまがた》 有朋《ありとも》	陸軍省官制・海軍省官制の改正 陸軍省職員表・海軍省定員表に「**大臣(大中将)**」と明記された 備考一 「**大臣及《および》総務長官ニ任セラルルモノハ現役将官ヲ以《もっ》テス**」 →軍部大臣は陸海軍**現役**大中将《だいちゅうじょう》であること
1913(大2) **廃止**	第1次 山本 権兵衛《ごんべえ》 P.267	陸軍省官制・海軍省官制の改正 備考一 **削除** →軍部大臣は陸海軍大中将であること (**予備・後備役**の将官にまで拡大した) ＊大中将で補職されない場合，定年までは予備役，定年後は6年間後備役であった。
1936(昭11) **復活**	広田 弘毅《こうき》 P.298	陸軍省官制・海軍省官制の改正 備考一 **復活→現役制復活**

解説 政党の影響力が軍部におよぶのを防ぐために，第2次山県有朋内閣は軍部大臣現役武官制を制定した。軍部が大臣を出さないと，内閣が成立しなくなるこの制度は，**軍部の発言権を強大**なものにし，軍部の政治介入のきっかけとなった。

4A 陸軍将校の階級 P.240 2B

大将《たいしょう》：参謀総長《さんぼうそうちょう》・教育総監《そうかん》クラス ＊編成大権・統帥権を輔弼
中将《ちゅうじょう》：師団長《しだんちょう》クラス(約1万人を指揮)
少将《しょうしょう》：旅団長《りょだんちょう》クラス(約3,500人を指揮)

歴史ナビ **千葉功『桂太郎―外に帝国主義，内に立憲主義』**(中公新書) 戦前の憲政史上最長の在任期間をもつ首相，桂の生涯を描いた。

考察の視点 なぜ日本はロシアと戦うことになったのだろうか。

推移

1 列強の中国侵略 1900年前後

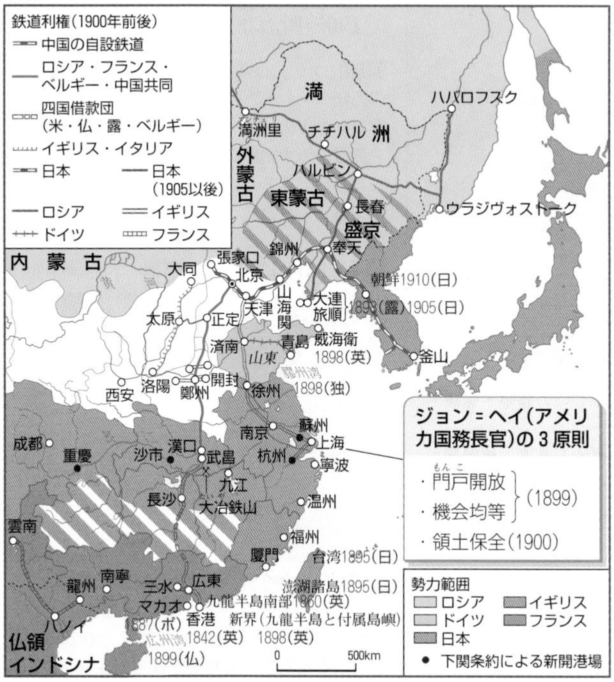

1A 北清事変《ほくしんじへん》(義和団《ぎわだん》戦争) 1900(明治33)年

1-1 8カ国連合軍の兵士 1900年 「**扶清滅洋**《ふしんめつよう》」を掲《かか》げる義和団が河北《かほく》省に進出すると，日本は2万2,000の軍隊を派遣，英・米・露・独・仏・伊・墺・英領印の**8カ国連合軍**の中心となり義和団を鎮圧した。

北京議定書(1901)
①総額4億5,000万両《テール》の賠償金の支払い(39年賦，年利4分。1940年完済)
②北京にある各国公使館所在区域の治外法権を認める。軍隊駐留も認める
③海岸から北京までの間，各地点に兵を置く権利を認める

2 日露戦争前の帝国主義列強の関係

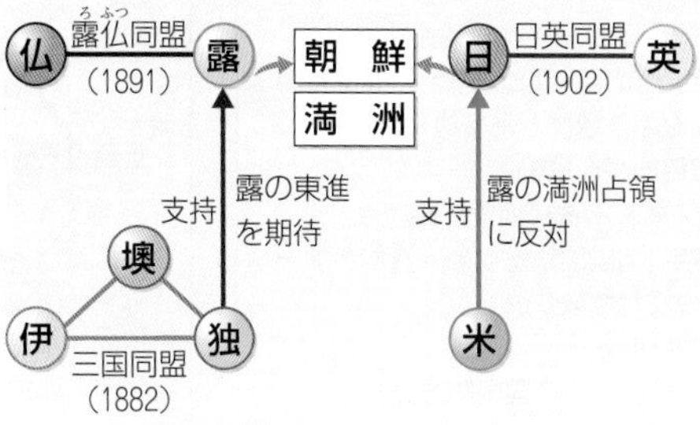

解説 北清《ほくしん》事変ののち，ロシアは軍を駐留《ちゅうりゅう》し，事実上満洲を占領した。イギリスはロシアの南下を警戒，アメリカは門戸《もんこ》開放を唱え満洲占領に反対した。このため，両国は日本に対し援助を行った。ロシアの支援は，バルカン半島へのロシア南下を避けたいドイツが行った。

2-1 火中《かちゅう》の栗(『中央新聞』1903.10) 千葉・日本漫画資料館蔵

読み解く
❶上の解説を参考に，2-1の漫画に描かれている国を答えよう。
❷「火中の栗」はどの国を表しているのだろうか。

2A 日英同盟 1902(明治35)年

●日清戦争後 露の旅順《りょじゅん》・大連《だいれん》租借《そしゃく》
●北清《ほくしん》事変後 露の満洲占領

韓国での日本の権益をおびやかす

【日露協商論】		【日英同盟論】
「満韓《まんかん》交換論」 伊藤博文《いとうひろぶみ》(元老《げんろう》・首相) 井上馨《いのうえかおる》(元老) らが主張	⚔	山県有朋《やまがたありとも》(元老) 桂太郎《かつらたろう》(首相) 加藤高明《かとうたかあき》(外相《がいしょう》) 小村寿太郎《こむらじゅたろう》(外相)
露の満洲支配と日本の韓国支配を相互に認める		英と結び露の南下を抑え込み韓国支配を強化

1902.1.30
史 日英同盟協約締結

2B 日露戦争前後の世論

主戦論	「七博士《しちはくし》意見書」提出(戸水寛人《とみずひろんど》ら1903.6) 対露同志会《たいろどうしかい》結成(1903.8) 史 『**国民新聞**』(徳富蘇峰《とくとみそほう》ら)
非戦論	『**万朝報**《よろずちょうほう》』(黒岩涙香《くろいわるいこう》1903年以降主戦論へ) 内村鑑三《うちむらかんぞう》(キリスト教徒) 史 幸徳秋水《こうとくしゅうすい》・堺利彦《さかいとしひこ》(社会主義者) 「お百度詣《ひゃくどもう》で」大塚楠緒子《おおつかなおこ》(詩人) 「君死にたまふこと勿《なか》れ」史 与謝野晶子《よさのあきこ》(詩人)
反戦論	『**平民新聞**』(1903.11～05.1) 史 平民主義・社会主義・平和主義をスローガンに日露の戦争反対を訴える。

2-2 平民社の人びと 1903(明治36)年10月に設立された**平民社**結成の写真。石川三四郎《さんしろう》，**幸徳秋水**《こうとくしゅうすい》，**堺利彦**《さかいとしひこ》，西川光次郎《にしかわみつじろう》らは『**平民新聞**』により反戦論を展開した。

3 日露戦争の経過 1904(明治37)年2月～05(明治38)年5月

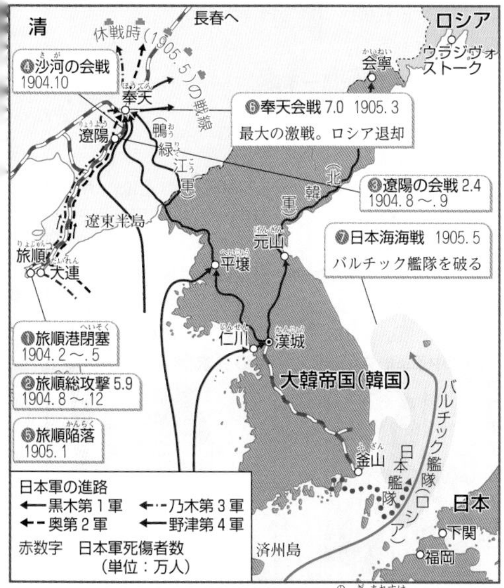

3A 日清・日露戦争比較

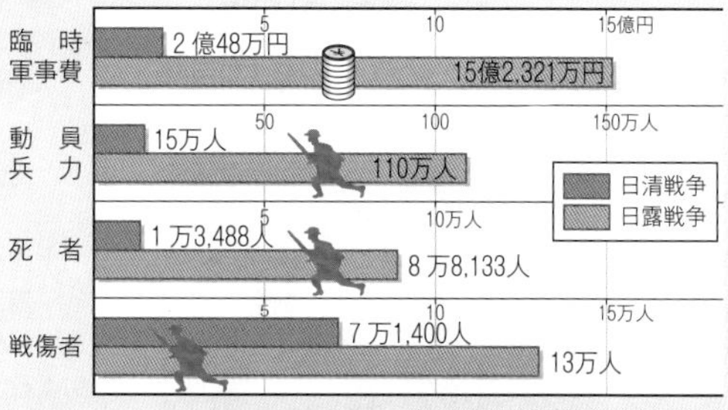

(『日本歴史大辞典』などより作成)

3B 外債《がいさい》で戦われた戦争

臨時軍事費 17億4,600万円

外債	内債	その他
6億9,000万円	6億2,400万円	

(『近代日本経済史要覧』による)

解説 日本は戦費を大きく外債に依存した。外債募集には高橋是清《たかはしこれきよ》の活躍もあった。ロシアでも血の日曜日事件を機に革命が活発化し，日本海海戦後，ローズヴェルト米大統領の講和仲介《ちゅうかい》が本格化した。

解説 **日英同盟**が結ばれ日露協商交渉が失敗に終わると，日本は1904年2月に仁川沖，旅順港のロシア艦隊を奇襲《きしゅう》し，日露それぞれが宣戦布告を行った。激しい消耗戦《しょうもうせん》となるも日本が**旅順**を陥落，最大の激戦，**奉天会戦**でロシアを退却させ，1905年5月に**日本海海戦**で疲弊《ひへい》していた**バルチック艦隊**を破った。しかし，日本に戦争を継続する能力はなく，ロシアの士気《しき》も低下し，講和への転機となった。 セ出題

3-1 陥落《かんらく》後の旅順《りょじゅん》

歴史ナビ **映画「二百三高地」** 乃木希典《のぎまれすけ》を中心として旅順《りょじゅん》攻防戦を描いた映画で，ドラマ化もされた。戦局だけでなく，戦争の悲惨さも描いている。

日露戦争後の国際関係

考察の視点 なぜ日本は敵国だったロシアに接近し協約を結んだのだろうか。 相互関連

1 日露講和後の国際関係略年表

内閣	年	事項
桂《かつら》太《た》郎《ろう》①	1904	.2 対露戦争宣戦布告 .8 第1次日韓協約調印 史
	1905 (明38)	.7 **桂・タフト協定**(米のフィリピン統治，日本の韓国への優越的支配を相互承認した密約) セ出題
		.8 **第2次日英同盟協約**調印 3B
		.9 **日露講和(ポーツマス)条約**調印 2 セ出題
		.10 **桂・ハリマン協定**(南満洲鉄道への米資本参加を承認)。小村外相の反対で取り消し
		.11 第2次日韓協約調印 史
西園寺公望《さいおんじきんもち》①	1907 (明40)	.4 米を仮想敵国と想定した「**帝国国防方針**」決定
		.7 第3次日韓協約調印 史
		第1次日露協約調印(清国の領土保全，機会均等を承認。秘密協定で満洲・内蒙古《ないもうこ》の互いの特殊利益共同防護を約す)
桂太郎②	1908 (明41)	.11 **高平《たかひら》・ルート協定**(太平洋の現状維持，清国への機会均等)
	1910	.7 **第2次日露協約**調印 3B
	1911 (明44)	.2 **日米通商航海条約調印(関税自主権回復)** }条約改正
		.4 **日英通商航海条約調印(関税自主権回復)** }条約改正
		.7 **第3次日英同盟協約**調印 3B
		.10 中国で**辛亥革命《しんがいかくめい》**始まる 4
西園寺②	1912 (明45)	.2 **中華民国《ちゅうかみんこく》成立**(清朝滅亡)
		.7 **第3次日露協約**調印(東西内蒙古における特殊利益を相互承認)

2 日露講和(ポーツマス)条約

1905(明治38)年

解説 ロシアは革命的状況(**血の日曜日事件**1905年1月)をかかえ，日本は軍事・財政的な継戦能力を失っていた。日露両国は**日本海海戦**を契機に**米大統領ローズヴェルト**の斡旋《あっせん》を受け入れ，1905年8月より米国**ポーツマス軍港**で講和交渉に入った。

2A 条約の主な内容 史

1. **韓国に対するいっさいの指導・保護・監督権の承認**
2. **旅順《りょじゅん》・大連《だいれん》の租借《そしゃく》権と長春《ちょうしゅん》・旅順間の鉄道およびその付属の権利の譲渡**
3. **北緯50度以南の樺太《からふと》の割譲** セ出題
4. **沿海州《えんかいしゅう》とカムチャツカの漁業権の承認(以上ロシアに対し)**
5. **満洲(日本の租借地などを除く)からの両軍の撤兵**
6. **清国に対する機会均等**

解説 日本は韓国における日本の優越，関東州租借地と鉄道などの利権譲渡，南樺太割譲《かつじょう》，沿海州沿岸での漁業権付与などをロシア側に認めさせたが，**賠償金支払要求は放棄《ほうき》**せざるを得なかった。

2B 日比谷焼打ち事件 1905(明治38)年

2-2 日比谷公園入り口の民衆と警官

解説 1905年9月5日，**対露同志会**などが日露講和条約反対の大会を東京日比谷公園で開催。**治安警察法**により公園は封鎖されたが，約3万人の民衆が集まっていた。閉会後，彼らは国民新聞社，内相官邸を襲撃，交番を焼打ちした。戦時下の過酷な負担増のため，賠償金が欠落した講和は不満であった。政府は戒厳令《かいげんれい》を敷き，軍隊を出動させた。

3 帝国主義時代の国際対立 1900年代

3A 同盟と協商の対立

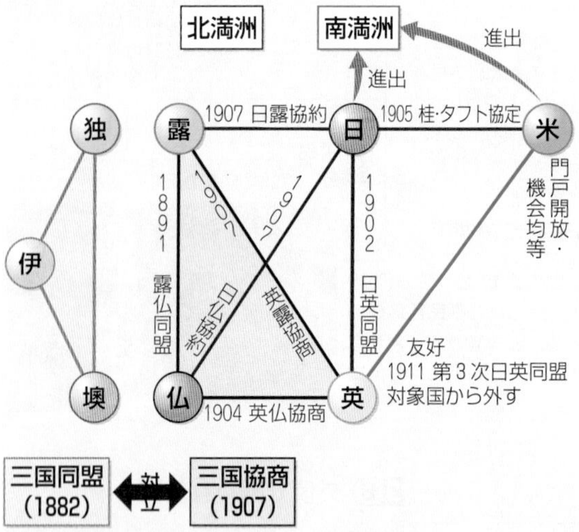

解説 イギリスのロシアに対する警戒心は**日露戦争**の敗北により，ロシアの南下政策が挫折《ざせつ》したことで払拭《ふっしょく》された。「大英帝国最大の敵はドイツ」との認識が強まり，英仏協商についで，英露協商が成立し，**独・伊・墺**の**三国同盟**との対決が鮮明になった。日本は，日英同盟・日露協約と英・仏・露の**三国協商**陣営に組み込まれていく。一方，南満洲の鉄道利権をめぐり，**米との対立が深まっていった。**

3B 日英同盟協約の改正と日米関係の悪化

第1次日英同盟協約 1902(明治35) 史
①清国・韓国における日英相互の利益の尊重
②防御同盟(第三国と戦争の際，中立を守る)

第2次日英同盟協約 1905(明治38) ポーツマス講和会議中
①同盟の適用範囲をインドまで拡大
②英は日本の朝鮮保護国化を認める
③攻守同盟(第三国と戦争の際，相互に参戦義務)

第2次日露協約 1910(明治43)
ロシアと満洲権益を相互に承認
満洲進出を強めるアメリカと対立が生まれる

第3次日英同盟協約 1911(明治44)
アメリカに関しては，同盟協約の対象外とした

3C アメリカでの移民問題

3-1 日露戦争前後から，カリフォルニアを中心に**日本人移民排斥《はいせき》問題**がおきた。日本人の低賃金労働がアメリカ人の職場を奪うなどの批判が背景にあった。

4 辛亥革命《しんがい》 1911～12年

	革命勢力の動き		清朝・袁世凱《えんせいがい》の動き
1894	孫文《そんぶん》，ハワイで**興中会《こうちゅうかい》**結成		
	日清戦争(～95)		
	以後，中国分割本格化	1898	変法《へんぽう》(自強《じきょう》)運動失敗
1905	孫文ら，東京で革命結社を統合し**中国同盟会**組織	1905	科挙《かきょ》廃止
	三民主義：民族独立 民権伸張《しんちょう》 民生《みんせい》安定		
	☆民族資本家による利権回収運動が盛んになる	1908	憲法大綱《たいこう》発表。国会開設を公約
	辛亥革命(第一革命)		
1911	**武昌《ぶしょう》**の新軍が蜂起《ほうき》し，辛亥革命，勃発		
1912	**中華民国《ちゅうかみんこく》成立。孫文，臨時大総統**就任。首都：南京《ナンキン》	1912	**宣統帝《せんとうてい》(溥儀《ふぎ》)退位。清朝，滅亡。袁世凱，臨時大総統**
1913	国会選挙で**国民党**，圧勝 ←		**袁世凱**，国民党弾圧
	第二革命(反袁世凱の反乱)→失敗。孫文，東京へ亡命	1914	袁世凱，独裁体制確立
1914	孫文, 東京で**中華革命党**結成	1915	袁世凱，**日本の二十一カ条の要求**受諾《じゅだく》

4-1 孫文(1866～1925)

4-2 袁世凱(1859～1916)

歴史ナビ **吉村昭『ポーツマスの旗』**(新潮文庫) 小村寿太郎を主人公に，講和成立までの交渉，帰国後の国民のようすまで描いた。

考察の視点　日本の植民地支配は，どのように拡大していっただろうか。　推移

1 日本の植民地支配などの関連年表と地図

内閣(1月時点)	と年	台湾	朝鮮	樺太・千島	南洋諸島
伊藤②	1894 (明27)	日清戦争(～95)	甲午《こうご》農民戦争。日清戦争(～95)		
	1895 (明28)	下関条約(日本領) 台湾総督府《そうとくふ》設置(台北《タイペイ》)。海軍大将樺山資紀《かばやますけのり》，初代台湾総督 日本統治反対派，「台湾民主国」建国→日本軍の掃討《そうとう》作戦 総督府「全島平定宣言」→島民の武力抵抗は継続	閔妃《びんひ》(ミンビ)殺害事件 三国干渉で日本の影響力が弱まった朝鮮で，閔氏一族，ロシアの助力を受けて復権。日本公使三浦梧楼《みうらごろう》ら，閔妃を排除		
	1896	台湾総督府条例公布			
松方②	1897		「大韓《だいかん》帝国」と改称		
伊藤③	1898 (明31)	総督児玉源太郎《こだまげんたろう》，民政長官後藤新平《ごとうしんぺい》就任 土地調査事業開始(～1905)			
山県②	1899	台湾銀行営業開始			
	1900 (明33)	台湾製糖会社設立			
桂①	1904 (明37)		第1次日韓協約(日本政府の推薦する財政・外交顧問)史 日露戦争(～05)		
	1905 (明38)		第2次日韓協約(韓国保護国化)史。統監府《とうかんふ》設置	ポーツマス条約(北緯50度以南は日本領)	
西園寺①	1907 (明40)		ハーグ密使《みっし》事件→第3次日韓協約(内政掌握《しょうあく》)史 義兵闘争全土に拡大	樺太《からふと》庁官制公布	
	1908		東洋拓殖会社設立		
桂②	1909 (明42)		伊藤博文《いとうひろぶみ》，ハルビン駅で安重根《あんじゅうこん》(アンジュングン)に射殺される　セ出題		
	1910 (明43)	台湾製糖連合会設立	韓国併合条約史。朝鮮総《そう》督府《とくふ》設置。朝鮮に改称		
	1911 (明44)		朝鮮教育令(日本語強制)。土地調査事業等(武断《ぶだん》政治)		
山本①	1914 (大3)			三井合名会社大《おお》泊《どまり》紙料(パルプ)工場操業《そうぎょう》	赤道以北ドイツ領南洋諸島占領
原	1919 (大8)	文官《ぶんかん》総督を認める。台湾軍司令官設置	三《さん》・一《いち》独立運動。上海に大韓民国臨時政府。 ※柳宗悦《やなぎむねよし》，吉野作造《よしのさくぞう》らは独立運動に理解を表明		ヴェルサイユ条約(赤道以北の独領南洋諸島を委任統治)
	1920		産米《さんまい》増殖計画(～34)		
	1921 (大10)				南洋庁《なんようちょう》設置(パラオ島)
高橋	1922 (大11)	治安警察法実施。武官《ぶかん》総督制復活			
清浦	1924 (大13)		柳宗悦，朝鮮民族美術館設立		
加藤①	1925		朝鮮共産党創立		
若槻①	1927 (昭2)	台湾銀行救済問題発生。台湾銀行休業	新幹会《しんかんかい》(民族統一戦線組織)創立		
浜口	1930 (昭5)	霧社《むしゃ》事件(台湾先住民の抗日蜂起《こうにちほうき》)			
近衛①	1938		「皇民化《こうみんか》」政策本格化		
平沼	1939		朝鮮人労務者の動員本格化		
米内	1940	改姓名《かいせいめい》始まる	創氏改名《そうしかいめい》始まる		
東条	1944	徴兵制実施	建国同盟結成		
小磯	1945 (昭20)		終戦後，米ソの南北分割占領始まる		

解説　日清戦争は「文明(日本)対野蛮(清国)の戦い」として意識され，アジア諸国に対する優越意識へつながった。

1-1 台湾製糖《せいとう》会社

1-2 北緯50度線を守る日本兵
(株)国書刊行会蔵

1-3 東洋拓殖《たくしょく》会社京城《けいじょう》本店

1-4 日本語の授業風景

1-5 南洋神社(1940創建，現パラオ共和国コロール島)

アホウドリと日本人

明治以降，日本人は小船で太平洋の島々に進出した(遠くは北西ハワイ諸島，南シナ海の南沙諸島まで)。1887(明治20)年，八丈島出身の玉置《たまおき》半右衛門《はんえもん》が鳥島に進出し，何百万羽ものアホウドリを捕獲して羽毛を採取，外国商人に売って莫大《ばくだい》な利益を得た。それに触発されて1891(明治24)年頃から無人島探検ブームがおきた。乱獲はアホウドリ絶滅の危機を，海洋進出は米中との摩擦を招いた。

❶台湾　下関条約(1895)　❷朝鮮　韓国併合条約(1910)
❸南樺太《からふと》・❹関東州　ポーツマス条約(1905)
❺南洋諸島　ヴェルサイユ条約(1919)

2 日朝関係

2-1 伊藤博文《いとうひろぶみ》の鵺亀《ぬえかめ》(『東京パック』1908)　「統監《とうかん》政治」と背中に記された亀(伊藤)が韓国皇太子をかかえ，しっぽの蛇《へび》は韓国国民にかみつく。

2-2 抗日《こうにち》の戦いに決起《けっき》した義兵《ぎへい》たち(『Tragedy of Korea』1908)　義兵らは各地で武装抗日闘争をおこして日本軍と激しく衝突した。

「鹿野琢見」蔵／弥生美術館

2-3・4 伊藤博文《いとうひろぶみ》を暗殺した安重根《あんじゅうこん》(アンジュングン)　義兵闘争の苦戦から伊藤博文の暗殺を決意。1909年にハルビン駅で伊藤を射殺した。逮捕された安はその堂々とした態度から接する人びとの敬意を集めたが，翌1910年に処刑された。

2-5 朝鮮総督府《そうとくふ》　韓国併合後，漢城《かんじょう》(ソウル)を京城《けいじょう》と改称し，景福宮《けいふくきゅう》(王宮)の正面をふさぐ形で庁舎が建設された。戦後，韓国の国立博物館として利用されていたが，1996年に撤去された。

歴史ナビ　**日本の植民地支配の特徴**　同化主義に基づく「皇民化」政策が行われ，日本語教育が徹底されたほか，朝鮮では「創氏改名」も行われた。

特集

日露戦争後の国内政治　桂園時代

考察の視点　第2次桂《かつら》内閣が戊申詔書《ぼしんしょうしょ》を出さなければならなかった社会状況はどのようなものであったか。
相互関連

1 日露戦争後の政治動向

第1次桂太郎《かつらたろう》内閣 1901.6〜06.1	1902	.1 **日英同盟**協約調印
	1904(明37)	.2 **日露戦争**始まる(〜05)
		.8 第1次日韓協約調印
	1905(明38)	.7 桂・タフト協定
		.8 第2次日英同盟協約調印
		.9 **ポーツマス条約**調印➡**日比谷《ひびや》焼打ち事件**
		.11 第2次日韓協約調印
第1次西園寺《さいおんじ》公望《きんもち》内閣 3C 1906.1〜08.7	1906(明39)	.1 **日本社会党**結成(翌年禁止)
		.3 鉄道国有法公布(民営鉄道買収計画)
		.8 関東都督府《ととくふ》，旅順《りょじゅん》に設置
		.11 **南満洲鉄道株式会社(満鉄)**設立
	1907(明40)	.4 **帝国国防方針**(軍備拡充案)裁可《さいか》 3D
		.7 第3次日韓協約調印。第1次日露協約調印
第2次桂内閣 1908.7〜11.8	1908	.10 **戊申詔書《ぼしんしょうしょ》**発布 4
	1909(明42)	.7 第1回**地方改良事業**講習会開催
		.10 伊藤博文枢密院《すうみついん》議長，ハルビン駅で暗殺
	1910(明43)	.5 **大逆《たいぎゃく》事件**での検挙始まる(.6 幸徳秋水《こうとくしゅうすい》逮捕) 5
		.7 第2次日露協約調印 セ出題
		.8 **韓国併合条約**調印(韓国を朝鮮と改称)
		.10 朝鮮総督府《そうとくふ》設置
		.11 **帝国在郷《ざいごう》軍人会**結成 セ出題
	1911(明44)	.2 日米通商航海条約改正(**関税自主権回復**)
		.3 **工場法**公布
		.7 第3次日英同盟協約調印
第2次西園寺内閣 1911.8〜12.12	1912(明45)	.7 第3次日露協約調印
		.11 上原勇作《うえはらゆうさく》陸相，2個師団増設を閣議提出➡否決
		.12 上原陸相，**帷幄上奏《いあくじょうそう》** ➡西園寺公望内閣総辞職 セ出題

2 桂園《けいえん》時代　1901(明治34)〜13(大正2)年

2-1 渡欧《とおう》する桂《かつら》を見送る西園寺《さいおんじ》(1912. 7)

解説　維新で活躍した元勲《げんくん》政治家が一線から退《しりぞ》いた後，藩閥《はんばつ》官僚勢力を代表する**桂太郎**と政友会総裁**西園寺公望**が1901〜13年の間，交互に政権を担当した。後継《こうけい》首相は桂と西園寺の相談で決め相互に議会運営を援助することを約束した。

3 戦後処理

3A 増税につぐ増税

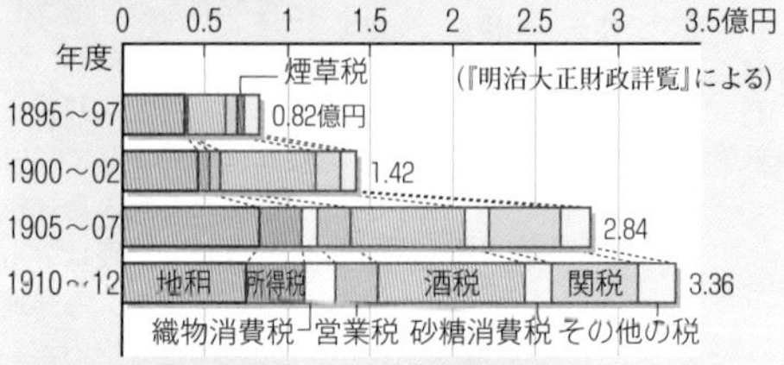

読み解く　3-1の絵の庶民は，なぜ苦しんでいるのだろうか。3A・3Bのグラフを見て考えよう。　相互関連

3B 1戸あたりの租税負担の推移

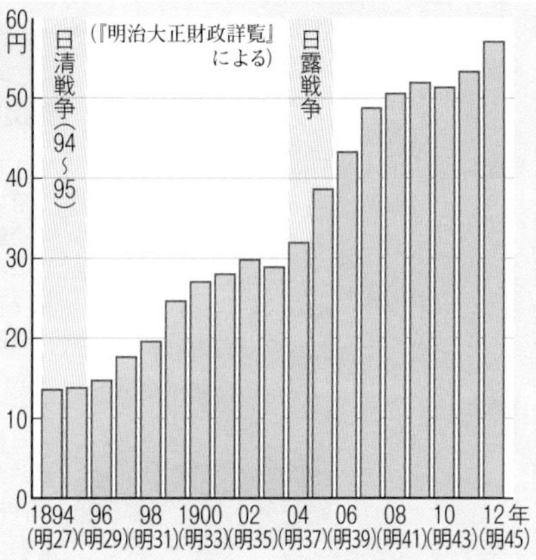

3-1 庶民の苦しみ(『東京パック』1908)　日露戦争は庶民に増税を強い，その不満が**日比谷《ひびや》焼打ち事件**となった。

3C 第1次西園寺《さいおんじ》内閣の政策(増税が前提)

セ出題
- **鉄道国有法**の具体的実施(新たな公債《こうさい》発行)
- 「**帝国国防方針**」決定 3D
- 植民地経営
- 内外債の元利《がんり》払い

3D 帝国国防方針　1907(明治40)年4月制定

方針
陸軍…現有17師団を25個師団に増設
海軍…八《はち》・八《はち》艦隊をめざす。
　戦艦8隻，装甲巡洋艦《そうこうじゅんようかん》8隻
仮想敵国はロシア・アメリカ・ドイツ・フランス

↓

経過
陸軍…1907年までに19師団。さらに2個師団を要求(1912)
海軍…戦艦4隻・巡洋艦4隻建造(1911)

↓

結果
財政難もあり，西園寺《さいおんじ》内閣は否決
上原勇作《うえはらゆうさく》陸相，**帷幄上奏権《いあくじょうそうけん》**を乱用し単独辞任
後任を送らず，西園寺内閣総辞職

3E 明治の主な艦船

戦艦	装甲《そうこう》が厚く，備砲《びほう》の口《こう》径《けい》も広い。鈍足《どんそく》で大型。第二次世界大戦で航空《こうくう》母艦《ぼかん》(**空母《くうぼ》**)に取って代わられるまで海戦の主力
巡洋艦《じゅんようかん》	偵察《ていさつ》・捜索《そうさく》・船舶《せんぱく》の護《ご》衛《えい》を担う。駆逐艦と戦艦の中間サイズ。**日本海海戦**で活躍。装甲巡洋艦など，さまざまな種類を建艦
駆逐艦《くちくかん》	魚雷《ぎょらい》などで攻撃する小型快速船。装甲が薄いが汎用性《はんようせい》に優れる
その他	水雷艇《すいらいてい》など

4 地方改良運動

セ出題
解説　地方改良運動は戊申詔書に示された勤倹貯蓄《きんけんちょちく》・産業奨励を目標に進められた。町村では青年団や在郷《ざいごう》軍人会を中心に，貯蓄運動や道路修復などの活動が政府の方針に従うだけでなく，自発的に行われた。「立身出世《りっしんしゅっせ》」を夢見て挫折《ざせつ》した青年たちの活動もあり，この運動は支えられていた。

朕惟フニ方今人文日ニ就リ月ニ將ミ東西相倚リ彼此相濟シ以テ其ノ福利ヲ共ニス朕ハ爰ニ益ミ國交ヲ修メ友義ヲ惇シ列國ト與ニ永ク其ノ慶ニ賴ラムコトヲ期ス顧ミルニ日進ノ大勢ニ伴ヒ文明ノ惠澤ヲ共ニセムトスル固ヨリ内國運ノ發展ニ須ツ戰後日尚淺ク庶政益ミ更張ヲ要ス宜ク上下心ヲ一ニシ忠實業ニ服シ勤儉産ヲ治メ惟レ信惟レ義醇厚俗ヲ成シ華ヲ去リ實ニ就キ荒怠相誡メ自彊息マサルヘシ
抑ミ我カ神聖ナル祖宗ノ遺訓ト我カ光輝アル國史ノ成跡トハ炳トシテ日星ノ如シ寔ニ克ク恪守シ淬礪ノ誠ヲ輸サハ國運發展ノ本近ク斯ニ在リ朕ハ方今ノ世局ニ處シ我カ忠良ナル臣民ノ協翼ニ倚藉シテ維新ノ皇猷ヲ恢弘シ祖宗ノ威徳ヲ對揚セムコトヲ庶幾フ爾臣民其レ克ク朕カ旨ヲ體セヨ

4-1 戊申詔書　日露戦争後，個人主義や自由主義の広まりにより，風紀《ふうき》が乱れていた。内相平田《ひらた》東助《とうすけ》は詔書奉読《ほうどく》を指示し，**地方改良運動**の主軸とした。
国立公文書館蔵

4-2 **中等の自作農民の苦しみ**(『東京パック』1910)　自作耕地《じさくこうち》(1町=約9,917m²の土地)をもつ中等の農民でさえ，税金，被服《ひふく》費，肥《ひ》料《りょう》代などの出費で赤字になるという内容。　東京大学明治新聞雑誌文庫蔵

5 大逆《たいぎゃく》事件—時代閉塞《へいそく》の現状

5-1 石川啄木《いしかわたくぼく》(1886〜1912)

5-2 徳冨蘆花《とくとみろか》(1868〜1927)

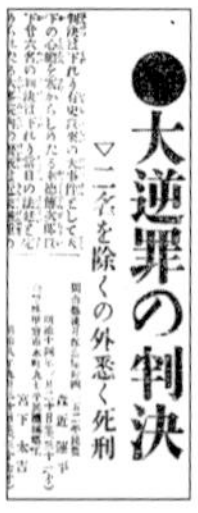

解説　**地方改良運動**を通じ天皇制の浸透をはかった桂《かつら》内閣は，社会主義者・無政府主義者の徹底弾圧《てっていだんあつ》をめざした。1910年の**大逆事件**は，弾圧法規だけでは撲滅《ぼくめつ》できない社会主義者を一網打尽《いちもうだじん》にした。こうした状況を**石川啄木**は「時代閉塞」ととらえ「日本はダメだ」と記した。**徳冨蘆花**は「謀叛論《むほんろん》」で**幸徳秋《こうとくしゅう》水《すい》**らを擁護《ようご》したが，反政府運動の「冬の時代」がしばらく続いた。P.279

歴史ナビ　**徳冨記念園**(熊本県熊本市)　徳富蘇峰・徳冨蘆花兄弟が少年時代を過ごした住居跡。約2,000点におよぶ資料や遺品が展示されている。

考察の視点 第３次桂太郎内閣が50日余りで退陣せざるを得なかったのはなぜだろうか。相互関連

1 第１次護憲運動

1A 関連年表

（網掛けは第１次護憲運動の事項 1B）

内閣	年月日	事　項
西園寺《さいおんじ》公望《きんもち》② 1911.8～12.12		○日露戦争による財政難で緊縮財政
	1912. 7.30	明治天皇没，大正改元
	(大元). 8.13	桂太郎，内大臣兼侍従長《じじゅうちょう》に就任
	.11.22	上原勇作《うえはらゆうさく》陸相，朝鮮駐屯《ちゅうとん》２個師団増設案を閣議に提出 1C
	.12. 2	上原陸相，２個師団増設案否決(閣議)を不満とし単独で辞表を天皇に提出
		○陸軍は後任を推薦せず
	.12. 5	西園寺内閣総辞職
桂太郎《かつらたろう》③ 1912.12～13.2 史	.12.19	東京で憲政擁護《けんせいようご》第１回大会開催
	.12.21	桂，内大臣・侍従長を辞任し，組閣
		○「宮中《きゅうちゅう》・府中《ふちゅう》の境界を乱す」の批判
	1913. 1.20	桂，新党(立憲同志会《りっけんどうしかい》)結成計画発表
	(大2). 1.21	議会に15日間停会命令
	. 2. 5	国会再開，政友会・国民両党が内閣不信任決議案提出
		尾崎行雄《おざきゆきお》，桂首相弾劾《だんがい》演説を行う 1-2
		議会に５日間停会命令
	. 2.10	再開議会を護憲派の民衆が取り巻く
		議会に３日間停会命令
		民衆，政府系新聞社・交番等を襲撃
	. 2.11	桂内閣総辞職(大正政変《せいへん》) 1D
山本《やまもと》権兵衛《ごんべえ》① 1913. 2～14. 4	. 2.20	山本権兵衛内閣成立
	. 6.13	軍部大臣現役武官制《ぐんぶだいじんげんえきぶかんせい》から現役規定を削除
	. 8. 1	文官《ぶんかん》任用令改正
	.12.23	立憲同志会《りっけんどうしかい》結成(総裁加藤高明《かとうたかあき》)
	1914. 1.23	シーメンス事件 2
	(大3). 3.24	貴族院の反対で予算不成立
		山本内閣総辞職
大隈《おおくま》重信《しげのぶ》② 1914. 4～16.10	. 6.28	サライェヴォ事件
	1915. 3.25 (大4)	第12回総選挙(同志会153，政友会108，中正会《ちゅうせいかい》33，国民党27，大隈伯《はく》後援会12，無所属48)
	. 6.21	陸軍２個師団増設を含む予算公布

1B 第１次護憲運動の流れ

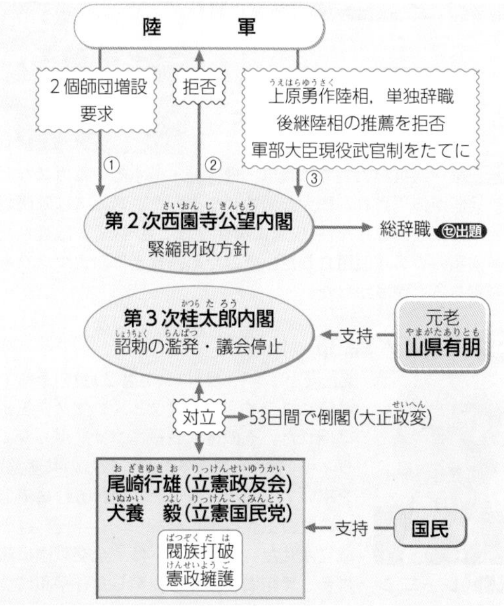

1C ２個師団増設問題 セ出題

読み解く
①の人物がもつ杭《くい》には何と書いてあるだろうか。

軍部大臣現役武官制《ぐんぶだいじんげんえきぶかんせい》
法律ではなく勅令《ちょくれい》(官制)により決められた。山県有朋が，政党勢力が軍に影響力をもたないようにするためにとった策。軍部大臣を予備役《よびえき》，後備役《こうびえき》，退役《たいえき》軍人ではなく現役軍人(軍に人事権がある)に限ると，総理大臣が勝手に選ぶわけにはいかず，内閣は軍部の意思の範囲内で政策を行うことになる。第１次山本内閣で一時廃止されたが，広田内閣のときに復活(1936)。

1-1 第２次西園寺《さいおんじ》内閣に軍拡を要求する陸海軍(『東京パック』1912)　日露戦争後，陸軍は19個師団を整備し，さらに25個師団への拡充を計画した。海軍は戦艦８隻，装《そう》甲巡洋艦《こうじゅんようかん》８隻を計画した。韓国併合後，陸軍は朝鮮駐屯《ちゅうとん》２個師団増設を主張したが，要求は財政上の理由で第２次桂《かつら》内閣に続いて第２次西園寺内閣でも拒否された。上原勇作《うえはらゆうさく》陸相は辞職し，西園寺内閣は後継陸相を得られず総辞職した(２個師団は第２次大隈《おおくま》内閣 3 のときに増設)。
千葉・漫画資料館蔵

1D 大正政変《せいへん》 1913(大正２)年

1-2 弾劾《だんがい》演説をする尾崎行雄《おざきゆきお》(山尾平筆「桂内閣弾劾」)　1913(大正２)年２月５日，政友会・国民党両党から内閣不信任案が提出され，尾崎行雄は桂太郎《かつらたろう》首相の弾劾演説を行った。尾崎はのちに回想録で，「ここで桂公《かつらこう》を指させば，ひっくり返って椅子《いす》から転げ落ちるのではないかと思った」と記している。このとき，藩閥打破を主張した議員たちは胸に白バラ(政治浄化の象徴)をつけ登院した。史　東京・憲政記念館蔵

2 シーメンス*事件 1914(大正３)年

＊Siemens ドイツ語読み「ジーメンス」 英語読み「シーメンス」

2-1 シーメンス事件の風刺画(『東京パック』1914)
山本権兵衛《やまもとごんべえ》内閣は，軍部大臣現役武官制《ぐんぶだいじんげんえきぶかんせい》と文官《ぶんかん》任用令の改正により，軍部や官僚の介入を弱めることに成功した。しかし，1914(大正３)年１月，日本の海軍首脳とドイツのシーメンス社の疑獄《ぎごく》事件が発覚した。海軍はこの会社から軍需品を購入していたが，その際，発注品代金の一部を手数料として受け取っていた。ロイター通信の報道で日本でも発覚し，島田三郎《しまださぶろう》や尾崎行雄らが追及した。この絵は山本内閣(軍艦「内閣丸」)がシーメンス事件という岩で座礁《ざしょう》し，沈没しかけていることを風刺している。

3 第２次大隈《おおくま》内閣 1914(大正３)年４月～16(大正５)年10月

解説 第１次山本内閣後，徳川家達《とくがわいえさと》・清浦奎吾《きようらけいご》に組閣の大命が降下するが失敗し(鰻香《まんこう》内閣)*，続いて大命降下された大隈重信《おおくましげのぶ》が組閣することになった。大隈と密接な三菱財閥と血縁関係にあった加藤高明《かとうたかあき》(立憲同志会)が外相として補佐し，加藤外相主導のもと，第一次世界大戦に参戦した。1915年３月実施の第12回総選挙で，大隈首相は当時としては珍しく，汽車の展望車から停車駅ごとに演説を行ったり(停車場演説)，自身の演説を録音したレコード(「憲政における世論の勢力」)を全国に配布したりした。結果は与党が勝利し，立憲同志会が第１党となって懸案だった陸軍２個師団増設が可決された。しかし，大浦兼武《おおうらかねたけ》内相による選挙干渉が批判を浴びることとなり，最終的には内閣総辞職した(1916.10)。

＊鰻香内閣《まんこうないかく》＝鰻《うなぎ》の香り(大命降下)だけで，鰻丼《うなどん》(首相の地位)にはありつけないの意。

3-1 大隈重信の停車場演説(神奈川県国府津駅)

歴史ナビ **憲政記念館**(東京都千代田区永田町)　議会制民主主義の認識を深める目的で1972年３月開館。

第一次世界大戦

考察の視点 第一次世界大戦がおこった理由を，当時のヨーロッパ情勢から考えてみよう。 相互関連

1 第一次世界大戦の勃発

1A 大戦前の国際関係①

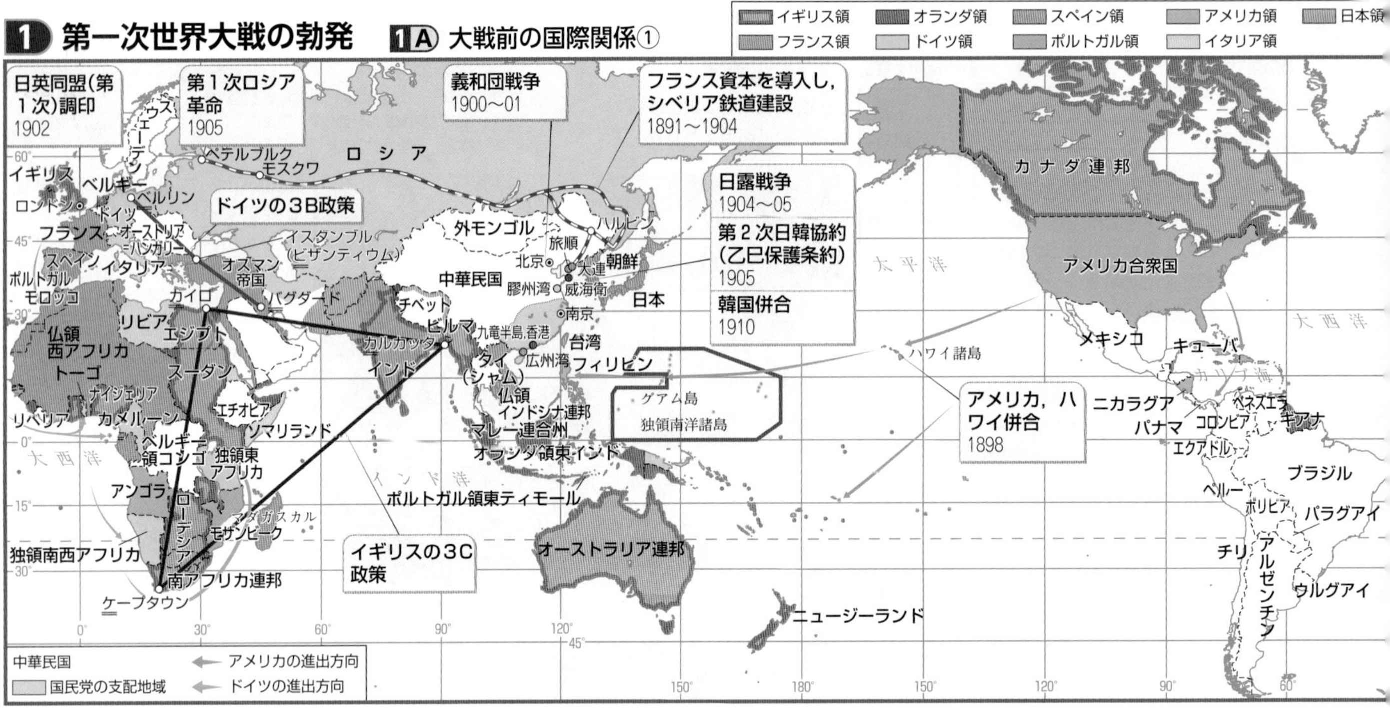

1B 大戦前の国際関係②

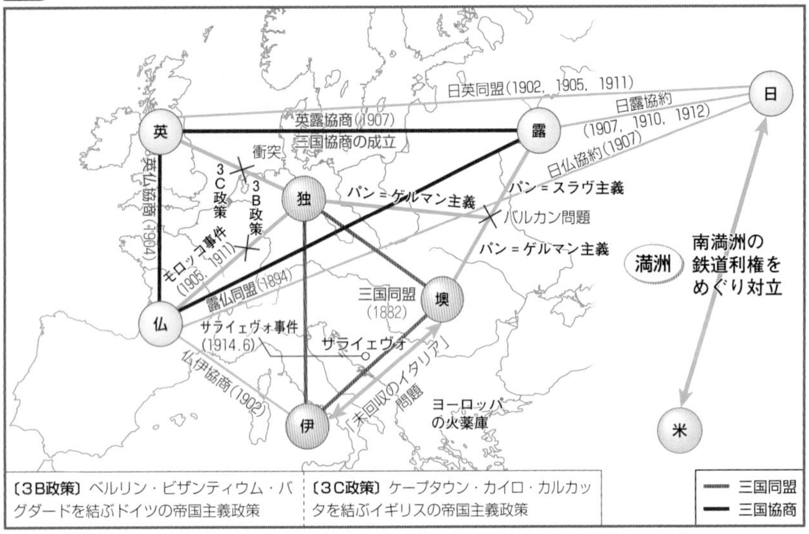

解説 イギリス３Ｃ政策とドイツ３Ｂ政策の対立のほか，オーストリア(ドイツ語圏)とともにゲルマン民族(ドイツ系諸民族)の勢力を拡大しようとするパン＝ゲルマン主義の考え方をとるドイツと，スラヴ民族の勢力を拡大しようとするパン＝スラヴ主義の考え方をとるロシアの対立もあった。アメリカは，５代大統領ジェームズ＝モンロー以来のモンロー主義(ヨーロッパに対しては外交上相互不干渉)により，中立の立場をとった。

2 新兵器の登場

2-1 マークⅣ型戦車 イギリスが開発した世界初の戦車

2-2 ニューポール28複葉《ふくよう》戦闘機(フランス)

2-3 Ｕボート(ドイツ潜水艦)

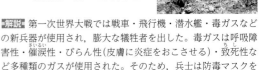

2-4 防毒マスクをつけて機関銃を構える英軍兵士

解説 第一次世界大戦では戦車・飛行機・潜水艦・毒ガスなどの新兵器が使用され，膨大な犠牲者を出した。毒ガスは呼吸障害性・催涙《さいるい》性・びらん性(皮膚に炎症をおこさせる)・致死《ちし》性など多種類のガスが使用された。そのため，兵士は防毒マスクを装着することが多かった。

3 アメリカの参戦 1917年

"All the News That's Fit to Print."

The New York Times. EXTRA

LUSITANIA SUNK BY A SUBMARINE, PROBABLY 1,260 DEAD;
TWICE TORPEDOED OFF IRISH COAST; SINKS IN 15 MINUTES;
CAPT. TURNER SAVED, FROHMAN AND VANDERBILT MISSING;
WASHINGTON BELIEVES THAT A GRAVE CRISIS IS AT HAND

読み解く 左は1917年のアメリカでつくられたポスターである。シルクハットの紳士は，何をよびかけているのだろうか。

3-1 ルシタニア号沈没を報道する新聞記事(『ニューヨークタイムズ』1915. 5. 8) 1915年5月，イギリス客船ルシタニア号がドイツ潜水艦(Ｕボート)に無警告で撃沈された。乗客のアメリカ人128人が犠牲となった。1917年2月にドイツが無制限潜水艦作戦の宣言を行うと，4月に対ドイツ宣戦布告を行った。

4 ロシア革命 1917年

4-1 レーニン(1870〜1924)

解説 1917年3月(ロシア暦２月)の革命で皇帝ニコライ２世は退位し，ロマノフ王朝は倒れた。その後，レーニンは，ボリシェヴィキ(革命勢力の多数派。のちの共産党)を率いて，同年11月(ロシア暦10月)に史上初の社会主義政権(ソヴィエト＝評議会)を成立させた。ソヴィエトは，全交戦国に無併合・無賠償の講和を提案した(「平和についての布告」)。

歴史ナビ ソ連の国旗 ソ連の国旗の鎌は農民，ハンマーは労働者，星は共産主義の勝利を表している。

考察の視点　なぜ日本は第一次世界大戦に参戦したのだろうか。 相互関連

日本の第一次世界大戦参戦

1 日本の参戦

1A 関連年表

赤字は欧米でのできごと

内閣	年月	事項
大隈《おおくま》重信《しげのぶ》② 1914.4～16.10	1914. 6	サライェヴォ事件
	(大3). 7	オーストリア，セルビアに宣戦布告
	. 8	ドイツに宣戦布告 1B
	.10	赤道以北のドイツ領南洋諸島を占領
	.11	山東《さんとう》半島の青島《チンタオ》を占領
	1915. 1	中華民国に二十一カ条の要求❶
	1916. 7 (大5)	第４次日露協約を調印❷
寺内正毅《てらうちまさたけ》 1916.10～18.9	1917. 1	西原借款《にしはらしゃっかん》(～1918)❸
	(大6). 2	ドイツ，無制限潜水艦作戦
	. 2	日本艦隊を地中海に派遣❹
	. 3	ロシア，三月革命(露暦二月革命)
	. 4	アメリカ，対ドイツ宣戦布告
	.11	石井・ランシング協定を調印❺
	.11	ロシア，十一月革命(露暦十月革命) ソヴィエト「平和に関する布告」発表
	1918. 1	ウィルソン米大統領，14カ条発表
	(大7). 7	米騒動発生(～.9) 史
	. 8	シベリア出兵(～1922) 2
原敬《はらたかし》 1918. 9～21.11	.11	第一次世界大戦終結
	1919. 1	パリ講和会議(～.6)
	(大8). 3	朝鮮で三《さん》・一《いち》独立運動
	. 5	中国で五《ご》・四《し》運動
	. 6	ヴェルサイユ条約調印
	1920. 1	国際連盟発足(本部ジュネーヴ)
	(大9). 3	尼港《にこう》事件 2

❶山東省のドイツ権益継承，南満洲および東部内蒙古《ないもうこ》権益延長などを要求。最後通牒を出し，４項16カ条を承認させた。中国は受諾《じゅだく》した５月９日を国恥《こくち》記念日とし排日運動が強まる。史

❷日露両国による満蒙《まんもう》独占の秘密協約。第三国(＝アメリカ)が中国を支配することを防ぐため相互に援助すると約した。1917年のロシア革命で消滅。

❸段祺瑞《だんきずい》(1865～1936。袁《えん》世凱《せいがい》政府の陸軍総長・国務総理代理)に対し，寺内首相の私設秘書官・西原亀三《かめぞう》を通じて総額１億4,500万円の政治資金を提供(借款)。日本の勢力扶植《ふしょく》を目的とした。成果が得られず資金回収もできず，内外から批判を浴びた。

❺石井菊次郎《きくじろう》特派《とくは》大使とアメリカのランシング国務長官が交渉。日本はアメリカの主張(領土保全，門戸《もんこ》開放)を承認し，アメリカは日本の主張(特殊利益)を承認。のちに特殊利益をめぐって日米は対立。九カ国条約により1923(大正12)年に廃棄。史　セ出題

❹イギリスの要請で艦隊を派遣。マルタ島を基地とし，ドイツの無制限潜水艦作戦から連合国側の輸送船を護衛した。

1B 加藤高明《たかあき》外相の提言　1914(大正３)年８月９日

日本は今日同盟条約(＝日英同盟協約)の義務に依《よ》って参戦せねばならぬ立場には居《い》ない。条文の規定が日本の参戦を命令するやう《よ》な事態は今日の所では未《いま》だ発生しては居ない。たゞ一《ひとつ》は英国からの依頼に基く同盟の情誼《じょうぎ》(＝義理)と，一は帝国が此《この》機会に独逸《ドイツ》の根拠地を東洋から一掃《いっそう》して，国際上に一段と地位を高めるの利益と，この二点から参戦を断行するのが機宜《きぎ》の良策と信ずる。(『加藤高明』)

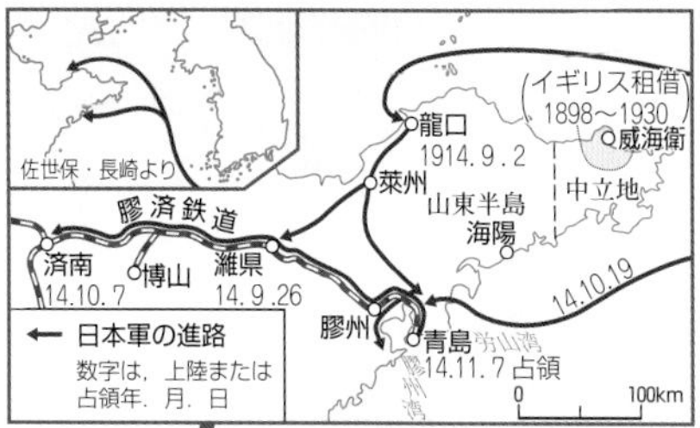

読み解く
1Cの地図中，第一次世界大戦で日本が攻撃した地域はどこだろうか。

1C 関連地図

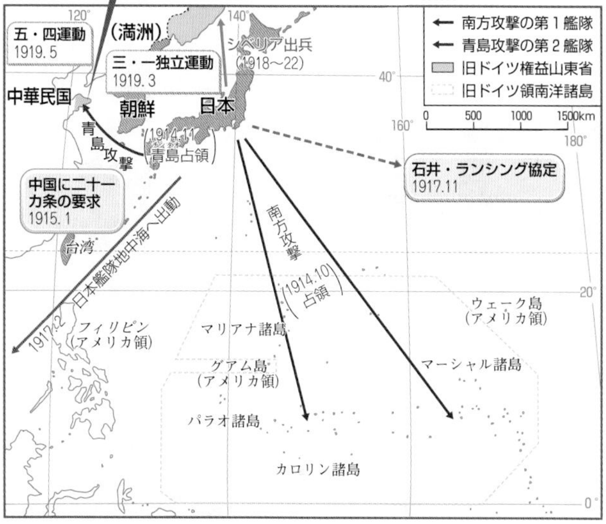

2 シベリア出兵　1918(大正７)年

解説　ロシア革命の翌1918年，日米英仏は革命に干渉するために出兵した(名目「チェコスロヴァキア兵救出」)。各国が撤兵した後も日本だけは派兵を続けた。1920年には，シベリアの黒龍江《こくりゅうこう》河口のニコラエフスク(尼港)を占領した日本守備隊が，ロシアの抗日パルチザン(労働者・農民のゲリラ部隊)に包囲され多数の死傷者を出した。原内閣は，この事件を受けて北樺太《からふと》を占領した。

2-1 ウラジヴォストーク市街を行進する日本陸軍部隊

2-2 シベリア出兵を題材にした漫画(北沢楽天《きたざわらくてん》筆)
❶日本軍が白熊(ボルシェヴィキ)に手を焼くようす。
❷暖炉《だんろ》の前で成り行きを見る，先に撤兵《てっぺい》した連合国。
❸約10億円の軍事費を底なし井戸《いど》(西伯利＝シベリア)に投げ入れている日本。
さいたま市立漫画会館蔵

歴史ナビ　**佐藤三千夫《みちお》**(1900～22)　宮城県出身でウラジヴォストークのマッチ工場で働き，シベリア出兵の日本軍に戦争反対をよびかけ，反革命軍と戦った。ハバロフスクで病死。

米騒動・政党内閣の成立

考察の視点　政党内閣は民衆の期待にどの程度応えたのだろうか。　相互関連

1 米騒動　1918(大正７)年７月　㋣出題

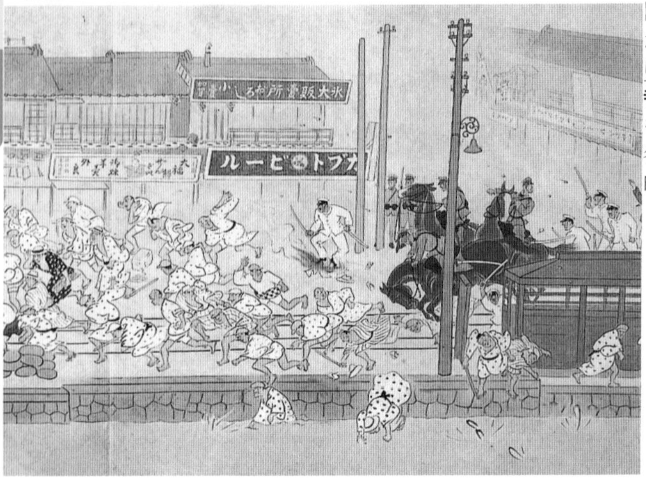

1-1 米騒動をめぐる民衆と軍隊の衝突《しょうとつ》(米騒動絵巻)　シベリア出兵を見越した地主と米商人の投機《とうき》・買占《かいし》めが騒動の発端《ほったん》。　愛知・徳川美術館蔵

解説 1918(大正７)年７月，米価高騰《こうとう》に対して富山県で漁村の主婦たちが蜂起《ほうき》。新聞報道を機に，たちまち１道３府35県で米価引き下げを要求する運動となり，参加者は70万人以上となった。寺内正毅《てらうちまさたけ》内閣は米騒動の報道を厳しく統制し，警察・軍隊を投入した(死者30名以上，検挙《けんきょ》２万5,000人以上，死刑２名，無期懲役《むきちょうえき》12名)。その後，寺内内閣は民衆の反発を受け総辞職した。

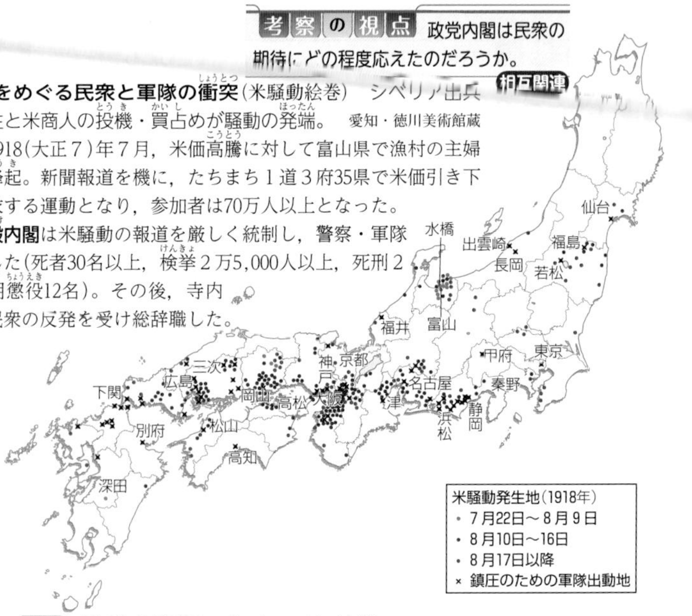

2 政党内閣の成立

2A 原敬《はらたかし》内閣の成立

2-1 「平民宰相《へいみんさいしょう》」原敬　爵位をもたない「平民宰相」で，陸・海・外相以外は政友会党員からなるわが国初の本格的な**政党内閣**を組織した。しかし，普選実施などの国民の要求を抑え，党利を優先したため，国民の反感は強かった。

(右)千葉・日本漫画資料館蔵

2B 主な閣僚

原敬	(首相兼司法大臣)
高橋是清	(大蔵大臣)
内田康哉《うちだやすや》《こうさい》	(外務大臣)
田中義一	(陸軍大臣)
加藤友三郎《かとうともさぶろう》	(海軍大臣)

2-2 **普通選挙期成演説会**　1920(大正9)年2月11日，東京芝公園で演説する**尾崎行雄《おざきゆきお》**。1920年から1921年にかけて，**普選運動**は空前の高まりをみせた。東京では連日集会やデモが行われ，2月11日のデモ参加者は，111団体約7.5万人に達した。

日本近代史研究会蔵

2C 原敬内閣の政策

性格	平民籍の衆議院議員で，立憲政友会総裁の原敬が組閣(陸・海・外相以外の閣僚を立憲政友会から任命)，「平民宰相《さいしょう》」とよばれる。大戦景気を背景に，公共事業など地方利益の誘導(積極政策)で有権者の支持を集めようとした。
4大政綱	①**教育の充実**……●大学令(1918)＝帝国大学以外にも大学設置を認める。慶応義塾・早稲田・明治・中央・同志社・法政・國學院・日本の８校が専門学校から大学へ昇格　●高等学校令(1918)＝８校から22校へ新設されるようになり，大学進学の準備機関の性格を強めた ②**産業・貿易の振興** ③**交通通信の整備拡充**＝鉄道院を鉄道省に昇格(1920) ④**国防の充実**＝海軍八《はち》・八《はち》艦隊(戦艦８隻《せき》・装甲巡洋艦《そうこうじゅんようかん》８隻)の建造
選挙制	①憲政会・立憲国民党が提出した普選法案は時期尚早《しょうそう》として拒否 ②衆議院議員選挙法改正(1919)＝選挙権の納税資格引き下げ(10円→３円)，小選挙区制の導入
結果	①政党内閣制が確立　②利益誘導型政治・汚職事件への批判が高まる ③戦後恐慌(1920)で財政逼迫《ひっぱく》　④原首相が東京駅で刺殺される(1921)

2D 政党の変遷　大正～昭和前期

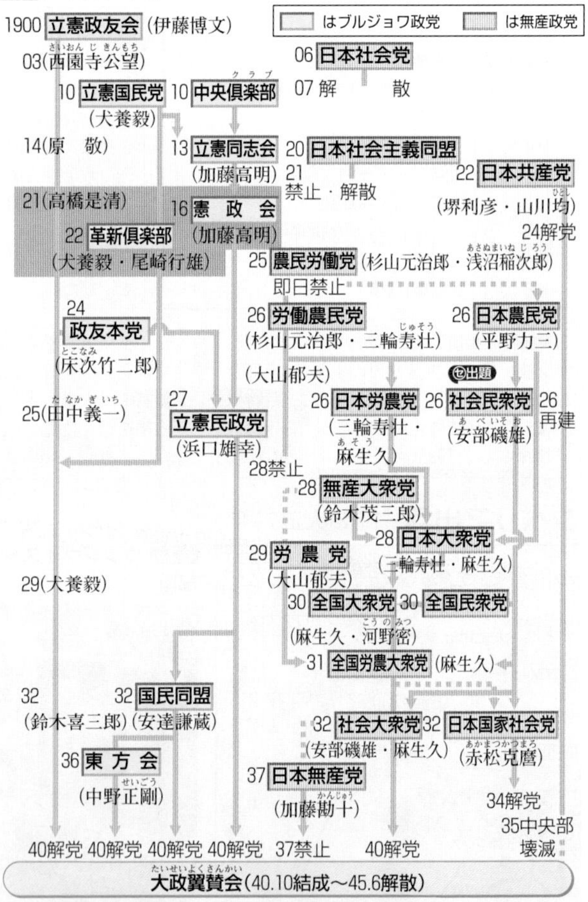

大正デモクラシーの理論

吉野の**民本主義**は，主権者が民衆の利益・幸福や意向を重視することが大切であるとした点で主《しゅ》権在民《けんざいみん》(民主主義)とは異なる。しかし帝国憲法下，吉野や美濃部の理論は**大正デモクラシー**の諸運動に多大な影響を与えた。

↑吉野作造《よしのさくぞう》
(1878～1933)

↑美濃部達吉《みのべたつきち》
(1873～1948)

↑上杉慎吉《うえすぎしんきち》
(1878～1929)

考察の視点　朝鮮や中国で民族運動がおこったのはなぜだろうか。

ヴェルサイユ体制と朝鮮・中国の民族運動

相互関連

1 パリ講和会議　1919年

1-1 ヴェルサイユ宮殿の「鏡の間」でドイツ代表団が講和条約(ヴェルサイユ条約)に調印

外務省外交史料館蔵

1-2 **日本の全権委員**　前列右から３番目が主席全権の西園寺公望《さいおんじきんもち》，その左が次席全権の牧野伸顕《まきののぶあき》。

1A ヴェルサイユ条約の主な内容

1　ドイツは，ポーランド，チェコ，デンマーク，フランス，ベルギー，リトアニアに領土をゆずる(領土の６分の１)
2　ドイツは海外領土・植民地を全部失う
3　ドイツは陸軍兵力10万人，海軍力軍艦総トン数10万トン，その他の制限
4　賠償金1,320億金マルク*を払う
*当時のドイツ国家予算52億マルク

解説　実質的には米・英・仏がリードし，伊・日を含む５カ国の利益が優先された。中国は調印せず。過酷なドイツへの要求は，のちにヒトラーのナチスを躍進させる一因となった。

1B 旧ドイツ領南洋諸島 P.269

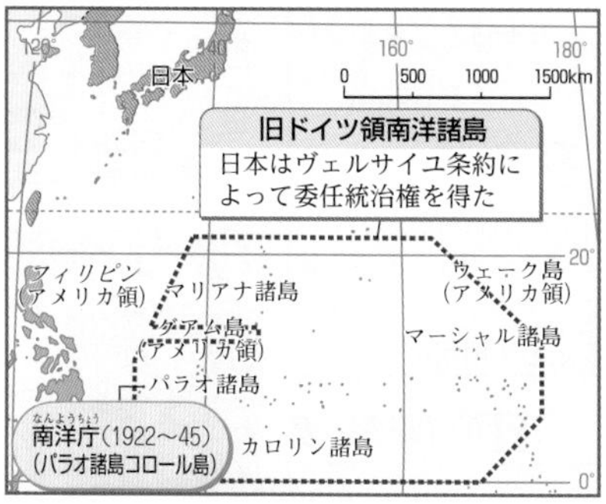

1C ウィルソンの14カ条　1918年

①**秘密外交の廃止**
②公海の自由
③平等な通商関係の確立
④**軍備縮小**
⑤**植民地についての公平な調整(民族自決)**
⑥ロシアからの撤兵とロシアの完全独立
⑦ベルギーの主権回復
⑧アルザス・ロレーヌのフランスへの返還
⑨イタリア国境の再調整
⑩オーストリア＝ハンガリー国内の諸民族の国際的地位の保障
⑪バルカン諸国の独立保障
⑫オスマン帝国支配下のトルコ人地域の主権と他の民族の自治の保障
⑬ポーランドの独立
⑭**国際連盟の設立**

1-3 **ウィルソン**
(任1913～21)

日本近代史研究会蔵

1-5 **新渡戸稲造《にとべいなぞう》**
(1862～1933)

1D 国際連盟

1-4 **国際連盟第１回総会**　1920年11月15日，ジュネーヴ(スイス)。原加盟国は42カ国だが，総会には53以上の国・代表が参加した。日本は常任理事国となり，同年から1926年まで**新渡戸稲造《にとべいなぞう》**が事務局次長を務めた。

1E 国際連盟の特徴

参加国	1920年42カ国　1934年58カ国 1938年52カ国　*アメリカは不参加
本部	ジュネーヴ
常任理事国	英・仏・伊・日
特色	議決：全会一致主義 制裁：経済封鎖中心，武力制裁は不可

解説　アメリカ議会では，「外交の原則はモンロー宣言以来の孤立主義で，合衆国の名誉が侵害されない限り外国の紛争に巻きこまれないことが大事」との主張がなされた。

1F 国際連盟加盟国　1920年

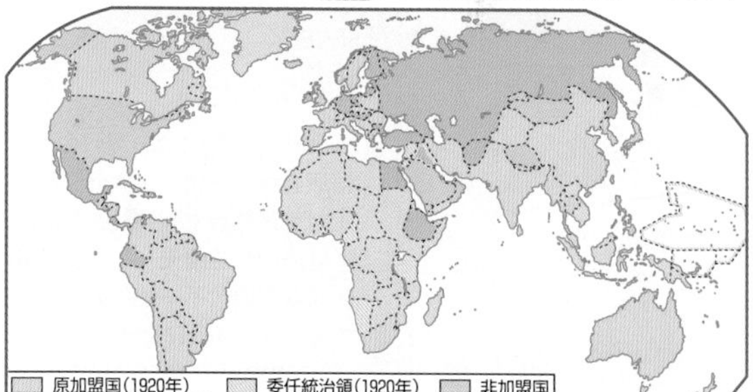

2 民族運動

(『アジア歴史地図』などによる)

2A 朝鮮の三《さん》・一《いち(サミル)》独立運動　1919(大正８)年

解説　高宗《こうそう(コジョン)》の国葬《こくそう》(1919年３月３日)直前の３月１日，日本の植民地支配に反対し，朝鮮の知識人・学生らが京城《けいじょう》(ソウル)のパゴダ公園(現タプッコル公園)で独立宣言(33名の署名)を発表した。「独立万歳」を叫ぶ運動は朝鮮全土に広がった(三・一独立運動)。日本は軍隊を動員して運動を鎮圧し，膨大な死傷者を出した。当時の多くの日本人は傍観《ぼうかん》したが，朝鮮人の独立運動に共感した少数の日本人もいた(柳宗悦《やなぎむねよし》，吉野作造《よしのさくぞう》，石橋湛山《いしばしたんざん》ら)。

2-1 **ソウル市内をデモ行進する女子学生**

2-2 **三・一独立運動を記念するパゴダ公園(現タプッコル公園)のレリーフの１枚**

2B 中国の五《ご》・四《し》運動　1919(大正８)年

外務省外交史料館蔵

2-3 **抗日運動のビラ**　パリ講和会議で二十一カ条の要求解消が認められないことがわかると，1919年５月４日，中国で抗日運動がおきた。吉野作造《よしのさくぞう》はこの運動に共感を寄せた。

2C 日本が得た中国での権益

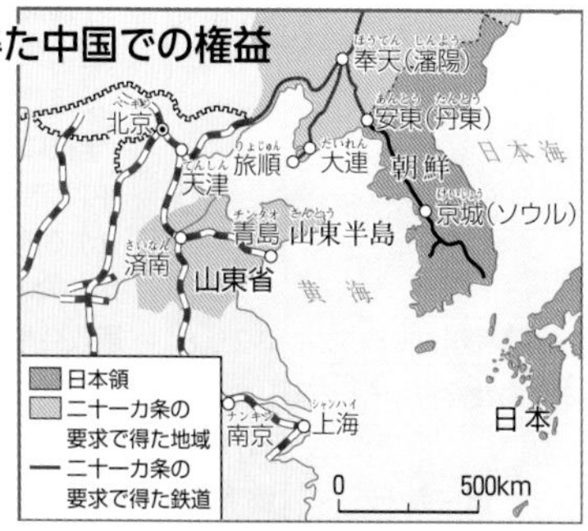

解説　1910(明治43)年の韓国併合に続き，山東省や南満洲鉄道の権益を得た。

歴史ナビ　英国植民地だったインドでは，ガンディーの指導の下，非暴力・不服従による完全自治獲得運動がおきた。崇高《すうこう》な思想から「マハトマ(偉大なる魂)」とよばれた。

ワシントン体制と協調外交

考察の視点 1920年代初頭にワシントン体制が成立してから，日本の協調外交と軍縮はどのように進んだか。**推移**

1 主な国際条約

ヴェルサイユ体制 1919年のヴェルサイユ条約に基づくヨーロッパの新しい国際秩序。
ワシントン体制 1921〜22年のワシントン会議で締結された諸条約に基づくアジア・太平洋地域の新しい国際秩序。

条約・会議名	参加国	日本全権代表	条約の内容と関連事項
ヴェルサイユ条約 (1919.6)	27カ国	西園寺公望《さいおんじきんもち》 牧野《まきの》 伸顕《のぶあき》	**第一次世界大戦の処理と戦後体制**を規定。国際連盟成立
ワシントン会議 1921.11〜1922.2：四カ国条約 (1921.12)	英・米・日・仏		**太平洋地域**の安全保障と現状維持を約《やく》定《じょう》。これにより**日英同盟終了**
ワシントン会議：九カ国条約 (1922.2)	英・米・日・仏・中・蘭・ベルギー・ポルトガル・伊	加藤友三郎《かとうともさぶろう》 徳川《とくがわ》 家達《いえさと》 幣原喜重郎《しではらきじゅうろう》	**中国**の主権尊重・門戸《もんこ》開放・機会均等を定めた中国に関する条約。**石井・ランシング協定廃棄**
ワシントン会議：海軍軍備制限条約 史 1A (1922.2)	英・米・日・仏・伊		**主力艦**・航空母艦《こうくうぼかん》の保有量制限，老朽《ろうきゅう》化しても10年間の代艦《だいかん》建造禁止
山東懸案解決条約《さんとうけんあん》 (1922.2)	日・中	加藤友三郎 幣原喜重郎	**日本は二十一カ条の要求で獲得した山東半島旧ドイツ権益《けんえき》を返還**
ジュネーヴ会議 (1927.6)	英・米・日 (仏・伊，不参加)	斎藤《さいとう》 実《まこと》 石井菊次郎《いしいきくじろう》	補助艦制限をめざしたが，仏・伊は総トン数制限案の拒否を理由に不参加，3国間も調停不成立
不戦条約(戦争放棄《ほうき》に関する条約) (1928.8)	15カ国(のち63カ国調印)	内田《うちだ》 康哉《やすや》《こうさい》	**「人民の名において」が問題化**
ロンドン海軍軍備制限条約 1B (1930.4)	英・米・日・仏・伊	若槻礼次郎《わかつきれいじろう》 財部《たからべ》 彪《たけし》	主力艦建造を5カ年延長(1936年まで)し，保有量比率を英米15，日本9と改正。**補助艦**総トン数制限を日英米3国で実施。**国内で統帥権干犯《とうすいけんかんぱん》として問題化**

1A ワシントン海軍軍備制限条約による主力艦・航《こう》空母艦《くうぼかん》の保有制限量 1922年

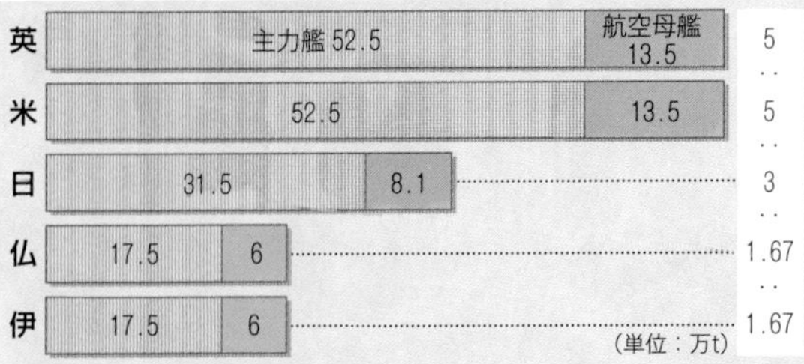

1B ロンドン海軍軍備制限条約による補助艦の保有制限量 1930年

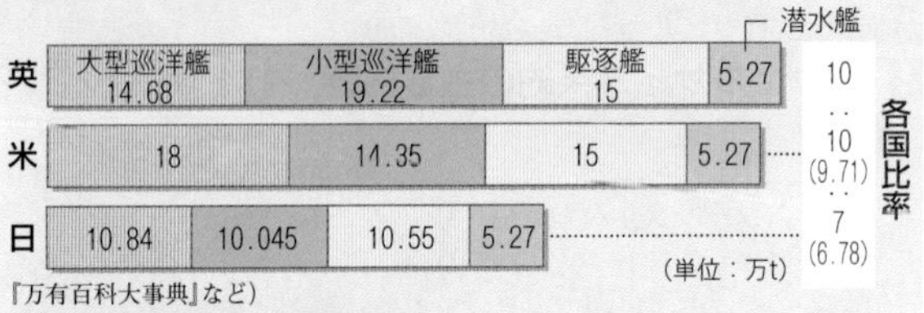

『万有百科大事典』など)

北一輝《きたいっき》と大川周明《おおかわしゅうめい》

↑北一輝
(1883〜1937)

↑大川周明
(1886〜1957)

北一輝(輝次郎《てるじろう》)は，明治憲法の天皇制を厳しく批判し，天皇が一国民として一般の国民とともに国家のために行動することを主張した。1911(明治44)年の中国辛亥《しんがい》革命に参加，1923(大正12)年に『日本改造法案大綱《たいこう》』を刊行した。そこには，言論の自由の保障，基本的人権の尊重等，戦後の改革を先取りする内容もあった。内務省から危険思想とみなされ，特高《とっこう》警察の監視対象とされた。直接関与はなかったが，1936(昭和11)年の二・二六事件で理論的指導者の一人として銃殺刑になった。

大川周明は，インドの独立運動を支援し，日本が日英同盟を重視してイギリス側に立つことを批判。欧米からのアジアの解放や日本精神復興を唱《とな》えた。1932(昭和7)年の満洲国建国を支持した。戦後，民間人としては唯一《ゆいいつ》A級戦犯《せんぱん》の容疑で起訴《きそ》された。

2 協調外交(1920年代)の展開

2A 関連年表

内閣	年月	事項
原敬《はらたかし》 1918.9〜21.11		**第一次世界大戦後の世界的厭戦《えんせん》気分と政党政治の展開**
高橋是清《たかはしこれきよ》 1921.11〜22.6	1921.12	ワシントン四カ国条約 1
	1922.2 (大正11)	ワシントン九カ国条約 1 ワシントン海軍軍備制限条約 1
加藤友三郎《かとうともさぶろう》 1922.6〜23.8	1922.6	**山梨半造《やまなしはんぞう》陸相の軍縮(陸軍初)** **師団《しだん》・歩兵連隊《ほへいれんたい》・騎兵隊《きへいたい》の変更はせず，平時兵力の削減と装備の充実で軍の近代化を図る。関東大震災で頓挫《とんざ》**
	.10	シベリア出兵の撤兵完了
山本権兵衛《やまもとごんべえ》②1923.9〜.12	1923.9	関東大震災
清浦奎吾《きようらけいご》1924.1〜.6		
加藤高明《かとうたかあき》① 1924.6〜25.7	1924.6 (大正13)	護憲三派《ごけんさんぱ》(立憲政友会《りっけんせいゆうかい》・憲政会《けんせいかい》・革新倶楽部《かくしんクラブ》)内閣 **幣原喜重郎《しではらきじゅうろう》外相の協調外交** **①対英米協調主義(戦後，英米が首相として期待)** **②経済的利益優先　③平和主義** **④対中国内政不干渉《ないせいふかんしょう》(のちに軟弱外交批判)**
	.7	アメリカで「排日移民法《はいにちいみんほう》」施行
	1925.1	日ソ基本条約締結(日ソ国交樹立)
	.3	治安維持法，(男性)普通選挙法
	.5 (大正14)	**宇垣一成《うがきかずしげ》陸相の軍縮** **4個師団《しだん》を削減(大量の将校《しょうこう》リストラ。のちに宇垣が組閣に失敗し，総理大臣になれなかった遠因に)。削減した経費を戦車・航空機・自動車等の装備近代化に回し，学校に軍事教練を設けて失業将校対策とした**
	.5	中国で五《ご》・三〇《さんじゅう》事件(上海《シャンハイ》の日本人経営の紡績《ぼうせき》工場(在華《ざいか》紡《ぼう》)でストライキ発生，イギリス警察が発砲して死傷者を出した)
加藤高明②1925.8〜26.1	1925.8	憲政会単独内閣を組閣
若槻礼次郎《わかつきれいじろう》①1926.1〜27.4	1926.12	大正天皇没。昭和改元
田中義一《たなかぎいち》 1927.4〜29.7	1927.4 (昭和2)	**田中義一外相(兼任)の積極外交** **①対欧米協調主義　②対中国強硬外交(積極外交)**
	.5	**第1次山東《さんとう》出兵(対中国強硬外交)**
	.6	**ジュネーヴ会議(条約不成立)。東方《とうほう》会議開催**

2B 国家予算に占める軍事費の割合

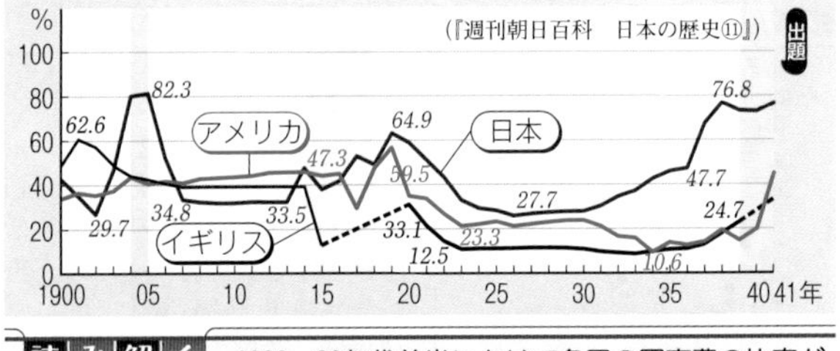

読み解く 1920〜30年代前半にかけて各国の軍事費の比率が低減しているのはなぜだろうか。

帝国主義を批判して小国主義を唱えた 石橋湛山《いしばしたんざん》(1884〜1973)

写真：読売新聞／アフロ

↑石橋湛山

東洋経済新報社《とうようけいざいしんぽうしゃ》に入社。「民主主義」を提唱し，1914(大正3)年に日本軍が青島《チンタオ》を占領すると，「青島は断じて領有すべからず」と題する社説を『東洋経済新報』に掲載した。朝鮮を含めたすべての帝国主義政策による獲得物の放棄，軍備の撤廃(小国主義)を主張。1931(昭和6)年の満洲事変後の戦争拡大時にも反対し，言論の自由を訴えた。1952(昭和27)年に立正《りっしょう》大学学長，1956(昭和31)年に自由民主党総裁・首相に就任。積極財政による日本経済の成長，対米自主外交路線，金権《きんけん》政治の否定を持論《じろん》とした。

歴史ナビ 山梨平和ミュージアム(山梨県甲府市)　石橋湛山《いしばしたんざん》に関する資料が多数展示されている。

考察の視点　女性は何に束縛され，何を求めたのだろうか。　相互関連

1 女性解放運動

1A 女性史関連年表

1871	津田梅子《つだうめこ》ら最初の女子留学生，米国へ出発	明治
1872	女性の富士登山許可，大相撲の見学を女性に開放	
(明５)	学制発布(男女平等の義務教育実施)	
1879	教育令公布(小学校以外で男女別学を規定)	
1886	雨宮《あめみや》製糸紡績場の女工スト(近代ストの初め)	
1890	**集会及《および》政社法公布(女性の政治活動全面禁止)**	
1899	高等女学校令公布(良妻賢母《りょうさいけんぼ》主義に基づく女子教育)	
1900	**治安警察法公布(女性の集会結社を禁止)**	
1907頃	「からゆきさん*」シンガポールで推定２～３万人 ＊19世紀後半に，貧困のため海外に売られた女性たちのこと。	
1911	管野《かんの》スガ(29歳)，大逆《たいぎゃく》事件(1910年)で処刑	
(明44)	工場法公布(女性の12時間以上労働禁止)(1916 施行) **『青鞜《せいとう》』創刊**1C	
1916	『婦人公論』創刊	大正
(大５)	友愛会婦人部(日本最初の労働組合婦人部)	
1918	富山の女性たちの米騒動，全国に波及	
1920	**新婦人協会設立(平塚《ひらつか》らいてう《ちょう》・市川房枝《いちかわふさえ》ら)**1C	
1921	**赤瀾会《せきらんかい》**結成(山川菊栄《やまかわきくえ》・伊藤野枝《いとうのえ》ら)1D	
1922	女性運動家マーガレット・サンガー来日→加藤シヅ	
(大11)	エら，産児制限に関する運動展開	
1924	婦人参政権獲得期成同盟会結成(市川房枝ら)1D	
1930	昭和恐慌《きょうこう》→農村の女子の身売り続出	昭和(戦前)
1938	上海《シャンハイ》に慰安婦《いあんふ》集める。以後各戦地に送られる	
1942	大日本婦人会発足(貯蓄増殖，廃品回収，防空訓練実	
(昭17)	施)	
1945	新日本婦人同盟結成，46年，婦人民主クラブ結成	

1B 明治民法下の女性の環境

戸主権《こしゅけん》	「家」制度存続のために，戸主権を法制化した。(家族の居住指定権，結婚同意権，未成年者への親権行使《しんけんこうし》)
婚姻《こんいん》	男は30歳，女は25歳になるまで父母の同意が必要。戸主の同意は常に必要であった。
夫婦	妻の法律的無能力規定。財産管理権や運用権がなく，夫に従属する。妻は夫の姓を称するのが原則。
親権《しんけん》	父のみに親権があり，父のいない場合に限り母も行使できる。
相続	家督《かとく》相続と遺産相続があり，跡取り(通常は長男)だけが戸主権と財産を相続した。子や孫がない場合のみ妻が相続できた。

解説　1890(明治23)年**ボアソナード**の指導下にフランス流の民法が完成したが，いわゆる**民法典論争**《みんぽうてん》P.257がおこり，日本は天皇制的家族国家であり，ヨーロッパの家族制度を規準とした民法は日本の美風をそこなうものだとして，結局**ドイツ法**をもとにした**明治民法**が制定され(1898[明治31]年)，家父長《かふちょう》的家族制度が法的に確立された。

1C 青鞜《せいとう》と新婦人協会

1-1 **『青鞜《せいとう》』*の創刊号　「元始《げんし》，女性は實《じつ》に太陽であった。」**と宣言して始まる『青鞜』は女性だけの文芸誌として，1911(明治44)～16(大正５)年まで52号にわたって発刊されたが，文芸活動にとどまらず，女性解放運動に大きな役割を果たした。

＊当時，知的な女性との意味で使われたブルーストッキングに由来。

共出題
1-2 **新婦人協会の設立**　1920(大正９)年，女性の政治活動の自由を求めて発足，治安警察法第５条の改正に成功。左２人目(奥)から市川房枝《いちかわふさえ》・奥むめお・２人おいて平塚《ひらつか》らいてう《ちょう》(明《はる》)。

1D 女性解放運動家の女性たち

人物像	 **景山《かげやま》(福田《ふくだ》)英子《ひでこ》** (1865～1927) 女性解放運動の先駆者《せんくしゃ》。自叙伝《じじょでん》『妾《わらわ》の半生涯』	 **平塚《ひらつか》らいてう《ちょう》(明《はる》)** (1886～1971) 雑誌『青鞜《せいとう》』発刊 **新婦人協会**設立	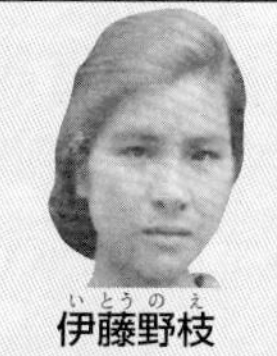 **伊藤野枝《いとうのえ》** (1895～1923) **『青鞜《せいとう》』**主宰 **赤瀾会《せきらんかい》**結成	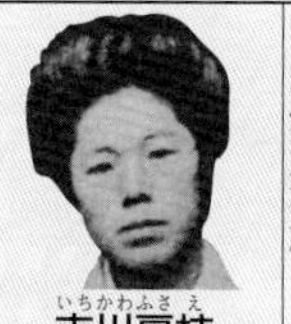 **市川房枝《いちかわふさえ》** (1893～1981) **新婦人協会**設立 戦後は参議院議員として活躍	山川菊栄記念会蔵  **山川菊栄《やまかわきくえ》** (1890～1980) 赤瀾会《せきらんかい》結成 初代労働省婦人少年局長に就任
主な活動	岸田俊子《きしだとしこ》らと自由民権運動に活躍。1885年**大阪事件**P.255で逮捕。出獄後，**大井憲太郎**《おおいけんたろう》と結婚するも離婚し，福田友作《ともさく》と再婚。友作の死後，石川三四郎《いしかわさんしろう》と社会主義運動にかかわり，1907年雑誌**『世界婦人』**を発刊。	共出題 1911年青鞜社を創立。『青鞜』創刊号で「元始《げんし》，女性は實《じつ》に太陽であった。」と宣言。1920年**市川房枝**《いちかわふさえ》，奥《おく》むめおらと**新婦人協会**を設立し，**治安警察法**第５条「女子の政治結社・政治集会参加禁止」条項の一部改正に成功。	セ出題 1913年青鞜社に加わる。夫の**大杉栄**《おおすぎさかえ》とともに無政府主義運動に参加。21年には山川菊栄《やまかわきくえ》らとともに，女性社会主義運動の団体，**赤瀾会**を結成した。23年関東大震災直後，憲兵大尉甘粕正彦《あまかすまさひこ》により夫妻ともに殺害された。	1920年**平塚らいてう**らと**新婦人協会**を設立。1921年渡米し，アメリカの女性運動に学ぶ。1924年**婦人参政権獲得期成同盟会**を結成。戦後は参議院議員として「理想選挙」の実現，女性の人権擁護，再軍備反対などを訴えた。	堺利彦《さかいとしひこ》らから社会主義を学ぶ。山川均《ひとし》と結婚。母性保護論争で，社会主義の立場から平塚《ひらつか》らいてう・与謝野晶子《よさのあきこ》らの主張を批判。1921年，日本初の社会主義女性団体赤瀾会を結成。1947年に片山内閣で婦人少年局長に就任。

2 その他の社会運動

2A 新人会《しんじんかい》と黎明会《れいめいかい》

2-1 **初期の新人会メンバー**　1918(大正７)年，**吉野作造**《よしのさくぞう》門下の東大学生が結成した**新人会**は，その後十数年にわたり学生運動をリード，普選運動や労働運動にも参加した。同年吉野作造ら進歩的な学者グループは**黎明会**を結成した。前列左端が赤松克麿《あかまつかつまろ》。　(財)水平社博物館蔵

2B 森戸《もりと》事件

2-2 **森戸辰男《もりとたつお》**　(1888～1984)　1920(大正９)年，東京帝大経済学部助教授森戸辰男が学部機関雑誌『経済学研究』に発表した「クロポトキンの社会思想の研究」が無政府共産主義を宣伝する危険思想とされ，森戸は休職処分・禁固《きんこ》３カ月に処された。戦後，森戸は衆議院議員，文部大臣を歴任した。

2C 日本共産党の結成

2-3 **検挙《けんきょ》された日本共産党幹部**　1922(大正11)年，日本共産党が**コミンテルン**(1919年モスクワで結成された世界の革命政党の指導機関。ソ連共産党の指導力が圧倒的であった)の支部として，**堺利彦《さかいとしひこ》・山川均《やまかわひとし》**らによって非合法のうちに結成された。しかし，結成１年足らずで幹部が**治安警察法**違反で検挙され，壊滅《かいめつ》した。写真はそのときの東京地裁における公判《こうはん》。前列右端が堺利彦。

2D 水平社《すいへいしゃ》の創立

部落解放同盟中央本部蔵

2-4 **荊冠旗《けいかんき》**　部落解放運動の中核として，**全国水平社**が1922(大正11)年３月３日，京都の岡崎公会堂で創立され，翌年荊冠旗が水平運動の旗として制定された。

(財)水平社博物館蔵

2-5 **水平社結成時の中心メンバー**

護憲三派内閣の成立と政党政治の進展

挙はどのようにして実現しただろうか。

1 政党政治の展開 1A 政党内閣の変遷

●大日本帝国憲法下では，総理大臣の任命権は天皇の大権《たいけん》で，通常は元老《げんろう》が次期内閣首班《しゅはん》を推挙《すいきょ》していた		
憲政党	大隈重信《おおくましげのぶ》① 1898．6～98.11	・初の政党内閣　(**隈板内閣**《わいはん》) ・首相兼外相(大隈)，内相(板垣退助《いたがきたいすけ》)以下，陸相・海相以外すべて憲政党員 ・尾崎行雄《おざきゆきお》文相の**共和演説事件**で旧自由党系と旧進歩党系が内紛して自壊《じかい》
立憲政友会	伊藤博文《いとうひろぶみ》④ 1900.10～01．6	・伊藤が，衆議院第1党の立憲政友会総裁として組閣 ・閣僚の大半が立憲政友会会員からなる ・北清《ほくしん》事変後の外交財政政策に苦心。予算案閣内不一致で総辞職
●伊藤が政党勢力を無視できないと考えて自ら政党をつくると，快く思わない山県有朋《やまがたありとも》は明治天皇に働きかけ，伊藤を枢密院《すうみついん》議長にし，政党の党首を辞させることに成功した。以降，立憲政友会総裁となった西園寺公望と，山県に近い陸軍閥の桂太郎《かつらたろう》が交互に政権を担当した(**桂園時代**《けいえん》)		
立憲政友会	西園寺公望《さいおんじきんもち》② 1911．8～12.12	・西園寺が，衆議院第1党の立憲政友会総裁として組閣 ・**2個師団**《しだん》**増設問題**で総辞職
●第1次護憲運動をはじめ，大正デモクラシーの機運《きうん》が高まると，政党勢力は，元老は衆議院の多数党党首を総理大臣として天皇に推挙することを「**憲政**《けんせい》**の常道**《じょうどう》」とするよう要求した(1924年に確立。1932年まで続く)		
立憲政友会	原敬《はらたかし》 1918．9～21.11	・**初の本格的な政党内閣** ・原が，衆議院第1党の立憲政友会総裁として組閣。陸相・海相・外相以外すべて立憲政友会会員 ・原は爵位《しゃくい》をもたず，衆議院に議席をおく初の首相(**平民宰相**《へいみんさいしょう》) ・普通選挙導入には消極的。原首相が東京駅で刺殺され，総辞職
立憲政友会	高橋是清《たかはしこれきよ》 1921.11～22．6	・原の急死後を引き継ぐ ・立憲政友会の内部対立で総辞職

1-1 護憲三派の首脳たち　1924年に清浦奎吾《きようらけいご》が**超然**《ちょうぜん》**内閣**を組閣すると，憲政会・立憲政友会・革新倶楽部《クラブ》の護憲三派は第2次護憲運動をおこした。

護憲三派→憲政会	加藤高明《かとうたかあき》①② 1924.6～26.1	・加藤が，衆議院第1党の憲政会総裁として組閣。以降定着し，「憲政の常道」といわれる ・加藤首相の急死で総辞職
憲政会	若槻礼次郎《わかつきれいじろう》①	1926．1～27．4
立憲政友会	田中義一《たなかぎいち》	1927．4～29．7
立憲民政党	浜口雄幸《はまぐちおさち》	1929．7～31．4
立憲民政党	若槻礼次郎②	1931．4～31.12
立憲政友会	犬養毅《いぬかいつよし》	1931.12～32．5(五《ご》・一五《いちご》事件で死亡)

＊以降，戦後初の総選挙後に組閣された吉田茂《よしだしげる》内閣まで，政党内閣は復活せず。

2 関東大震災による混乱

2A 被害地域

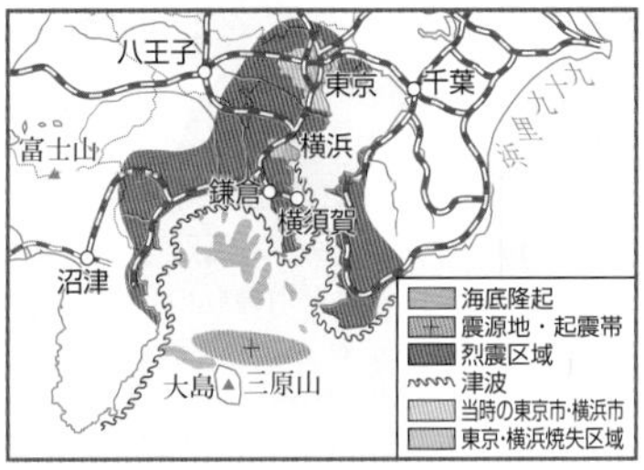

2B 被害統計

家屋(戸)	
全　壊	128,226
半　壊	126,233
焼　失	447,128
津波による流出	868
計	**70万余**
人員(人)	
死　者	99,331
負傷者	103,733
行方不明	43,476
虐殺《ぎゃくさつ》された朝鮮人	約6,000
罹災《りさい》者計	**約340万**

(『日本生活文化史』などによる)

解説 1923(大正12)年9月1日午前11時58分，相模湾《さがみわん》海底部を震源地とするマグニチュード7.9の大地震が発生した。東京・横浜では地震に伴《ともな》う火災による被害が大きく，特に陸軍本所被服廠《ほんじょひふくしょう》跡地では火災旋風《せんぷう》により，3万8,000人が焼死。混乱の中，「朝鮮人が井戸に毒を投げ込んでいる」等の流言《りゅうげん》が広まり，東京府・神奈川県下に戒厳令《かいげんれい》がしかれた。民間の自警団《じけいだん》が次々に結成され，多数の朝鮮人・中国人が虐殺された。労働運動家の平沢計七《ひらさわけいしち》・川合義虎《かわいよしとら》らが亀戸《かめいど》署に捕えられ，軍隊により虐殺された(亀戸事件)。さらに，無政府主義者の大杉栄《おおすぎさかえ》・妻の伊藤野枝《いとうのえ》・大杉の甥《おい》の橘宗一《たちばなそういち》が憲兵大尉《けんぺいたいい》甘粕正彦《あまかすまさひこ》によって殺害された(甘粕事件)。㋝出題

2-1 武装した自警団《じけいだん》の人びと

2-2 大杉栄《おおすぎさかえ》と伊藤野枝《いとうのえ》，魔子《まこ》(長女)　1923年，フランスへ密出国し，パリのメーデーで演説。パリで逮捕され，7月に日本へ強制送還された。

3 普通選挙

＊第24回参議院議員選挙(2016.7)のもの。

3A 衆議院議員選挙法の変遷

公布時の内閣	黒田清隆《くろだきよたか》	山県有朋《やまがたありとも》②	原《はら》敬《たかし》	加藤高明《かとうたかあき》①	幣原喜重郎《しではらきじゅうろう》	安倍晋三《あべしんぞう》
公布	1889(明22)	1900(明33)	1919(大8)	1925(大14)	1945(昭20)	2015(平27)
有権者の資格 年齢	**満25歳以上**	満25歳以上	満25歳以上	㋝出題 満25歳以上	**満20歳以上**	**満18歳以上**
有権者の資格 性別	**男**	男	男	男	**男女**	男女
有権者の資格 直接国税	**15円以上**	10円以上	3円以上	**制限なし**	**制限なし**	制限なし
有権者数(万人)／全人口比(%)	45／**1.1**	98／2.2	307／5.5	1,241／**20.8**	3,688／**50.4**	10,620*／84.8
総選挙年	1890(明23)	1902(明35)	1920(大9)	1928(昭3)	1946(昭21)	2017(平29)
選挙区制	小選挙区	大選挙区	小選挙区	中選挙区	大選挙区	小選挙区比例代表

読み解く
1928年の衆議院議員選挙で初めて実施された男性普通選挙の結果はどうであったか。

3B 第一回普通選挙の結果　1928(昭和3)年

	政党	当選者	得票数
保守	立憲政友会	217	424.5万
	立憲民政党	216	425.6
	実業同志会	4	16.6
	革新党	3	8.1
	中立・その他	18	62.8
無産政党	社会民衆党	4	12.0
	労働農民党	2	19.3
	日本労農党	1	8.6
	九州民権党	1	4.7

解説 第一回普通選挙では，下の写真のほかに河上丈太郎《かわかみじょうたろう》(日本労農党)を加えて計8名が無産政党から当選した。

3-1 当選した無産政党の代議士

亀井貫一郎《かめいかんいちろう》(社会民衆党)　鈴木文治《すずきぶんじ》(社会民衆党)　浅原健三《あさはらけんぞう》(九州民権党)
西尾末広《にしおすえひろ》(社会民衆党)　水谷長三郎《みずたにちょうざぶろう》(労働農民党)　安部磯雄《あべいそお》(社会民衆党)　山本宣治《やまもとせんじ》(労働農民党) P.299

4 治安維持法

時系列

4-1 「口に雨戸」(北沢楽天《きたざわらくてん》筆『楽天漫画集大成』)
言論・思想の自由を弾圧しようという政府の姿勢を風刺している。さいたま市立漫画会館蔵

解説 普通選挙法の成立で労働運動・社会主義運動が活発になることを恐れた政府が，新たな治安対策として成立させたのが治安維持法である。当初は無政府主義・共産主義を取り締まるためと説明されたが，のちには一切の反政府思想が抑圧された。1928(昭和3)年の**三**《さん》**・一五**《いちご》**事件** P.280 で初めて本格的に適用され，同時に最高刑を死刑とする改正を行った。1941(昭和16)年には再改正され，予防拘禁《よぼうこうきんせい》制(思想を変えない限り刑期が終わっても拘禁され続ける)が導入された。

歴史ナビ　**虎《とら》の門《もん》事件**　亀戸《かめいど》事件や甘粕《あまかす》事件に反発した無政府主義者の難波大助《なんばだいすけ》が，1923年12月，帝国議会の開院式に向かう摂政宮《せっしょうのみや》(昭和天皇)を狙撃《そげき》した暗殺未遂事件。

考察の視点 松方財政の結果，農村でどのような変化があらわれただろうか。 推移 相互関連

1 大隈財政から松方財政へ

大蔵卿・大臣	年	事項
	1868(明元)	・太政官札《だじょうかんさつ》(10両・５両・１両等)発行
松平《まつだいら》	1869	
伊達《だて》	(明２)	・渋沢栄一《しぶさわえいいち》，大隈重信《おおくましげのぶ》の説得で大蔵省入省 ・民部省札《みんぶしょうさつ》(２分《ぶ》・１分・２朱《しゅ》等)発行
大久保利通《おおくぼとしみち》	1871(明４)	◉新貨《しんか》条例制定→金本位制《きんほんいせい》(金銀複本位制) 金貨(20円・10円等)，銀貨(１円・50銭《せん》等)，銅貨(１銭・１厘《りん》等)発行
	1872(明５)	・政府の不換《ふかん》紙幣発行 ◉国立銀行条例制定(太政官札・民部省札を回収)
	1873	・第一国立銀行設立。国立銀行券発行(金貨兌換《だかん》紙幣)
大隈重信《おおくましげのぶ》	1876(明９)	◉国立銀行条例改正 金貨兌換義務なくす。不換紙幣発行
	1877(明10)	◉西南戦争 約4,156万円の戦費調達のため紙幣濫発《らんぱつ》→インフレ(紙幣価値下落，歳入の実質的減少，正貨《せいか》保有高減少)
佐野《さの》		
松方正義《まつかたまさよし》	1881(明14)	◉明治十四年の政変(大隈重信，参議《さんぎ》を辞職し下野《げや》) ◉松方財政→極端なインフレ収束政策(増税[醬油《しょうゆ》税・菓子税等]，緊縮財政，歳出減少，官営工場等の払下げ促進)→デフレが進行(不換紙幣回収，自作農の没落) ㋝出題
	1882	◉日本銀行設立 1B
	1883(明16)	◉国立銀行条例再改正 国立銀行の紙幣発行権を停止し普通銀行化
	1884	・兌換銀行券条例(日本銀行が唯一の発券銀行)
	1885(明18)	・日本銀行，銀兌換銀行券発行→銀本位制 1B ㊥出題 輸出の急拡大，紡績《ぼうせき》・鉄道等企業が勃興《ぼっこう》

1A 通貨流通量の変遷

出題

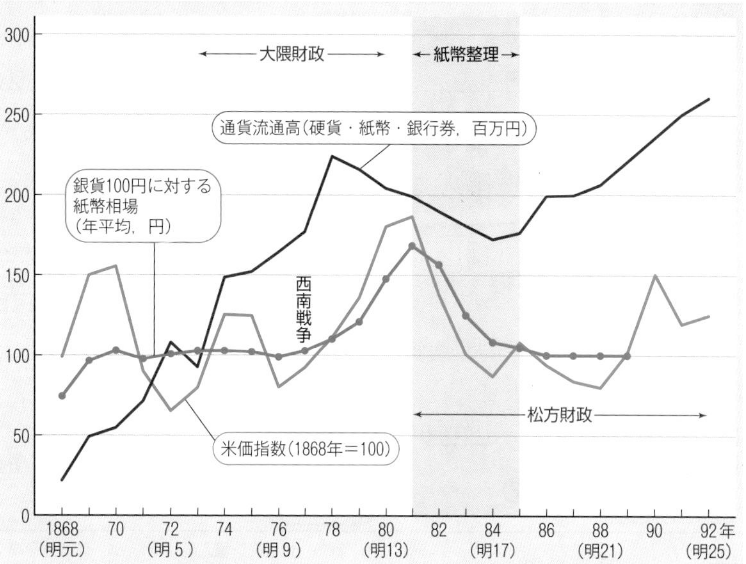

(『明治・大正期日本経済統計総観』などによる)

解説 大隈重信《おおくましげのぶ》は殖産興業のため，鉄道・港湾・道路などの整備や国立銀行を通じた産業資金の供給など，積極的な財政政策を進めた。西南戦争後の紙幣濫発《らんぱつ》からインフレーションを招いた。1881年の明治十四年の政変後に財政を担当した**松方正義**《まつかたまさよし》は，兌換《だかん》制度の樹立による通貨の安定を重視し，インフレ収束策を打ち出した(デフレーションへ)。一方で軍備拡張の財源として新税創設や増税を行い，多くの農民はデフレと重なり困窮が深刻化した。

読み解く 1Aのグラフから，松方財政が始まる直前，米価，紙幣価値はどのような状態になっていただろうか。 時系列

1B 日本銀行と兌換《だかん》銀行券

1-1 **日本銀行** 1882(明治15)年，日本銀行条例により東京永代橋《えいたいばし》に設立，開業。紙幣整理による近代的貨幣・信用制度の確立をめざし，**銀兌換銀行券**を発行した。写真は1896(明治29)年竣工《しゅんこう》の日本銀行本館。 ㋝出題

1-2 **日本銀行兌換銀行券** 1885(明治18)年発行。不換《ふかん》紙幣の整理によって紙幣価値が回復した85年から100円・10円・５円・１円の４種の**兌換銀行券**が発行された。 縦115×横186mm

此《この》券引かへに銀貨百圓《えん》相渡可申候也《あいわたしもうすべくそうろうなり》

兌換銀行券條例《じょうれい》ヲ遵奉《じゅんぽう》シテ発行スルモノ也

1C 価格の下落

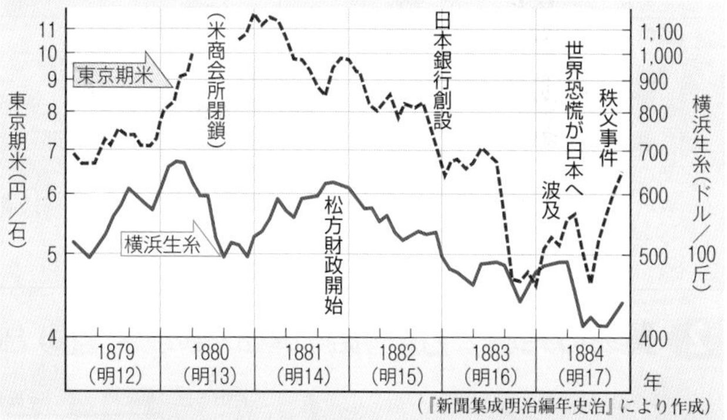

(『新聞集成明治編年史治』により作成)

1D 農民の窮乏

(『岩波講座　日本歴史』など)

小作地率	10 %	15	20	25	30	35	40	45	50	55	60	65	全国平均小作地率
1883～84(明治16～17)	1	1	2	6	6	10	8	6	1				36.8%
1887(明20)		1		4	6	9	11	7	4	2			39.3
1892(明25)			2	3	3	13	6	11	3	2	2		40.0
1903(明36)				2	3	8	11	12	4	3	1	1	44.4

(府県)

㋝出題

解説 **松方デフレ政策**のもとでの増税と米・生糸価格の下落のため，多くの中下層農民が小作農に没落し，**寄生地主制**《きせいじぬしせい》の基盤ができあがった。また，多額の負債を抱えた中小農民は**民権運動**の中心となり，各地で**激化事件**をおこした。

1-3 **養蚕**《ようさん》**農家の子どもたち** 養蚕は開港以来，生糸《きいと》の輸出増大にあわせ関東・中部養蚕地帯の農業経営の中心となっていた。繭価の下落は養蚕農家の経営と生活を直撃《ちょくげき》した。

歴史ナビ **金銀複本位制** 東アジアは中国が銀本位制のため貿易は銀決済だった。欧米は金本位制だったため日本は制度的に金本位制をとり，貿易では銀貨を用いた。

近代産業の発展① 産業革命

考察の視点 第１次産業革命期，日本はどのような輸出品で外貨を獲得していたのだろうか。 時系列

1 産業革命と経済展開

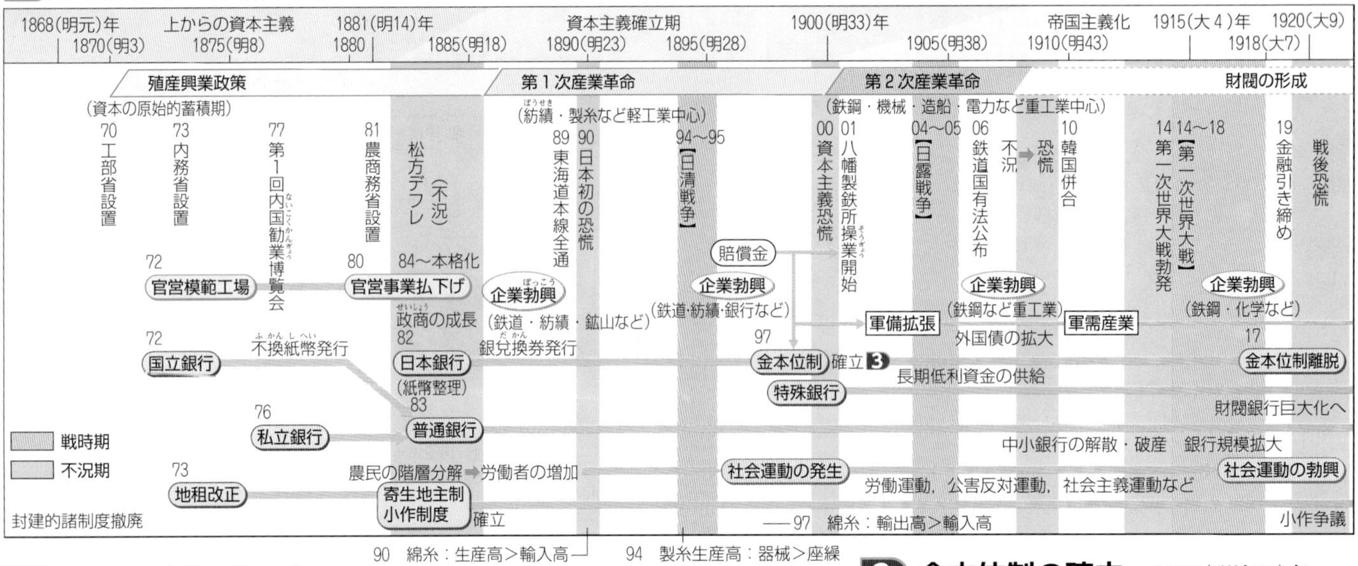

1A 主な官営事業の払下げ

(『日本の工業化と官業払下げ』など)

	名 称	官営時投下資本	払下げ額	払下げ年	払下げ先	現在所属企業(現状)
鉱山	高島炭鉱	393,848円	550,000円	1874	後藤象二郎《ごとうしょうじろう》	(1986年閉山)
	小坂銀山	547,476	273,659	84	久原庄三郎《くはらしょうざぶろう》	(1990年閉山)
	院内《いんない》銀山	703,093	108,977	84	古河市兵衛《ふるかわいちべえ》	(1953年閉山)
	阿仁《あに》銅山	1,673,211	337,766	85	古河市兵衛	(1978年閉山)
	釜石《かまいし》鉱山	2,376,625	12,600	87	田中長兵衛《たなかちょうべえ》	(1993年閉山)
	三池《みいけ》炭鉱	757,060	4,590,439	88	佐々木八郎《ささきはちろう》	(1997年閉山)
	佐渡金山	1,419,244	2,560,926	96	三菱《みつびし》	(1989年閉山)
	生野《いくの》銀山	1,760,866				(1973年閉山)
造船	長崎造船所	1,130,949	459,000	87	三菱	三菱重工業
	兵庫造船所	816,139	188,029	87	川崎正蔵《かわさきしょうぞう》	川崎重工業
その他	品川硝子《ガラス》	294,168	79,950	85	西村勝三《にしむらかつぞう》・磯部栄一《いそべえいいち》	(1892年廃止)
	札幌麦酒醸造所《ビールじょうぞうしょ》		27,672	86	大倉喜八郎《おおくらきはちろう》	サッポロビール
	新町屑糸紡績所《しんまちくずいと》	138,984	141,000	87	三井	クラシエフーズ
	幌内《ほろない》炭鉱・鉄道	2,291,500	352,318	89	北海道炭礦《たんこう》鉄道	北海道炭礦汽船
	深川《ふかがわ》セメント製造所		61,741	84	浅野総一郎《あさのそういちろう》	太平洋セメント
	富岡製糸場	310,000	121,460	93	三井	富岡市

3 金本位制の確立 1897(明治30)年

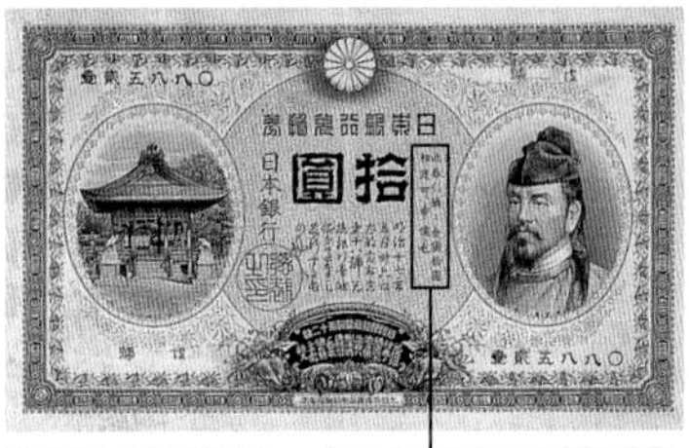

3-1 甲10円券 (1899) 96mm×159mm

此《この》券引換ニ金貨拾《じゅう》圓相渡可申候也《えんあいわたしもうすべくそうろうなり》

(表) (裏)

3-2 新10円金貨(原寸大) 直径21.121mm 重量8.3333g

解説 1897年に**貨幣法**が制定されて**金本位制**が確立する。これが可能となったのは日清戦争の賠償金をロンドンにおいてポンドで受け取ったことで，必要な正貨準備ができたからである。この政策の中心となったのは大蔵大臣**松方正義**《まつかたまさよし》であった。なお，貨幣法では１円を金0.75ｇとしたので10円金貨が**新貨条例**によるものの半分の大きさであるP.245》。 共出題

2 貿易の発展

2A 明治期の輸出入額の推移

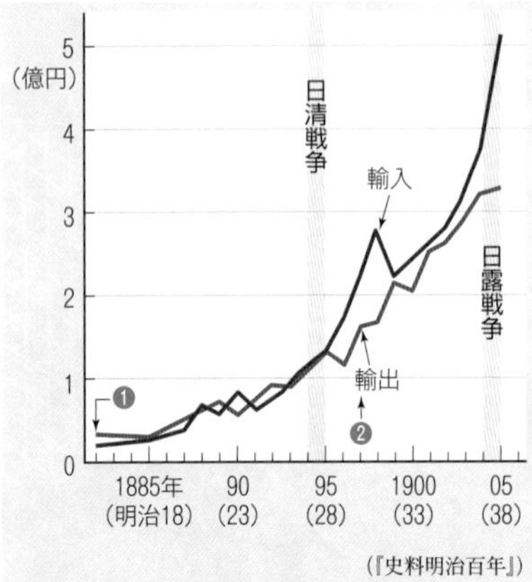

(『史料明治百年』)

2B 品目別輸入・輸出の割合

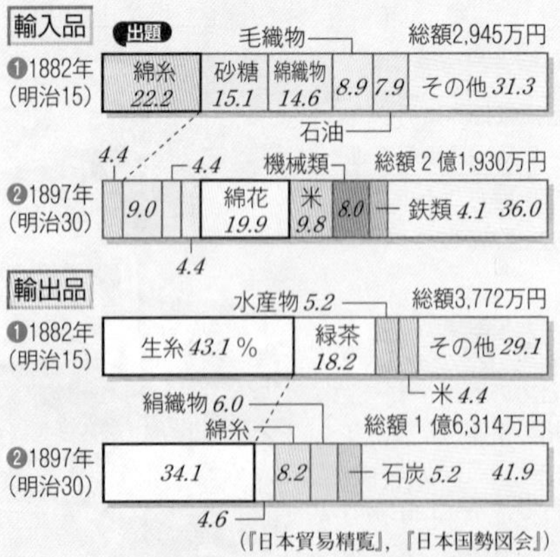

(『日本貿易精覧』，『日本国勢図会』)

2C 植民地貿易

(『日本貿易精覧』)

輸移出 1898～1900	1907～1909	1912～1914	年代	輸移入 1898～1900	1907～1909	1912～1914
202	429	666	計(百万円)	266	468	716
41.2%	39.2%	43.7%	東北アジア	19.2%	23.1%	21.9%
3.4	5.0	6.3	台 湾	1.5	5.6	6.2
3.8	7.0	6.0	朝 鮮	2.2	3.2	3.2
—	4.2	4.0	関東州	—	2.8	4.1
16.7	17.0	21.6	清 国	11.2	11.2	8.1
17.3	5.0	4.8	香 港	4.3	0.2	0.1
5.2	6.0	7.3	東南アジア	22.4	21.3	30.0
21.1	21.3	17.7	ヨーロッパ	38.8	37.0	27.1
28.3	30.7	28.3	北アメリカ	17.8	15.4	16.3
4.2	2.8	3.0	その他	1.8	3.2	4.7

解説 貿易の規模は，**産業革命**の進展にともない拡大した。日清戦争後に鉄道・紡績などで**企業勃興**がおきると，生糸を輸出し，**綿花**などの原料品や**機械・鉄**などの重工業品を輸入する産業構造となったため，大幅な**輸入超過**(赤字)となった。貿易品の取り扱いや市場拡大には三井物産会社などの**商社**が活躍し，決済など金融面を特殊銀行である**横浜正金銀行**《よこはましょうきん》が担った。

解説 輸移出入ともに台湾・朝鮮・関東州の植民地の比重が上昇し，第一次世界大戦直前期には輸移出の16.3%，輸移入の13.5%を占めた。商品別では綿織物の輸移出が増え，米・砂糖・大豆粕(油粕)の輸移入の比重が高まった。

歴史ナビ **神奈川県立歴史博物館**(神奈川県横浜市) 旧横浜正金銀行本店の建物をそのまま利用。貿易で栄えたようすを建物と展示から知ることができる。

考察の視点 製糸業と紡績業の原料と発展のあり方を比較してみよう。 比較

近代産業の発展② 紡績業・製糸業

1 紡績業・製糸業の発達

1A 紡績機械の発達

1-1 糸車《いとぐるま》 **綿花**の繊維を撚《よ》り合わせて糸車に巻き取る。
(一財)日本綿業振興会蔵

出題

1-2 ガラ紡《ぼう》 水車駆動《くどう》で，ガラガラという音を出したので，「**ガラ紡**」とよばれる。製作が容易で取り扱いも簡便《かんべん》なため，一時は普及したが，本格的な洋式技術の普及とともに衰退《すいたい》した。発明者は**臥雲辰致《がうんときむね》**。 セ出題
愛知・明治村蔵

1-3 大阪紡績会社（大阪三軒家《さんげんや》工場） セ出題 1883(明治16)年に**渋沢栄一《しぶさわえいいち》**がイギリス製リング機を導入して**1万錘規模《すいきぼ》の大規模紡績**として開業した。

1B 製糸器械の発達

1-4 座繰《ざぐり》製糸《せいし》(模型) 鍋で繭《まゆ》を煮て，撚《よ》り合わせた糸を小枠に巻く。
群馬県立日本絹の里蔵

1-5 足踏《あしぶみ》式座繰《ざぐり》器 小枠の回転を足踏式に改良。明治初期より広く普及《ふきゅう》した。
長野・市立岡谷蚕糸博物館蔵

1-6 長野県岡谷の製糸工女 フランスなどの輸入機械に学んで在来技術を改良した**器《き》械製糸《かいせいし》**が1870年代後半から長野県を中心として普及した。紡績業に比べて機械化が困難だったため，基本工程の繰糸《くりいと》は女工の熟練した技術に依存せざるを得なかった。

解説 **紡績業**とは，綿を栽培して実から綿花P.25を取り，それを撚《よ》り合わせて糸にする工業。原料である綿花は主に輸入品が使われ，それに合わせて外国産の機械が用いられ発展していった。**製糸業**とは，桑の葉を餌に蚕《かいこ》を育て，その繭《まゆ》から生糸《きいと》P.26をつくる工業。原料の繭は国産であり，生糸は幕末から輸出品の主要品目であったP.232。国内で技術改良が進み，**座繰製糸**に加え**器械製糸**が発展していった。

1C 綿糸生産高・輸出入高と製糸生産高 セ出題 出題

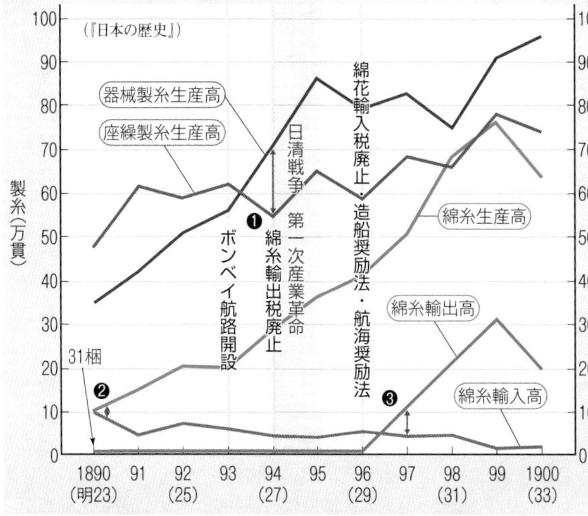

読み解く ❶器械製糸生産高が座繰製糸生産高を上回るのは何年だろうか。
❷綿糸の生産高が輸入高を超えたのは何年だろうか。
❸綿糸の輸出高が輸入高を超えたのは何年だろうか。

1D 生糸の輸出先

年	アメリカ	フランス	イギリス
1899(明32)	**63.8**	30.6	0.5
1909(明42)	**69.3**	19.4	0.1
1919(大8)	**95.8**	2.4	0.6

(単位：%) (『日本経済統計総観』)

解説 器械製糸が発展すると均一，高品質な生糸が大量生産されるようになり，輸出の中心もアメリカへ移った。ドレスやストッキングなどの高級品の素材として重宝《ちょうほう》された。

1E 綿花の輸入先

年	インド	アメリカ	中国	その他	総額(万円)
1895(明28)	31.0	0.9	**57.0**	11.1	2,482
1896(明29)	**59.1**	13.1	26.0	1.8	3,257
1897(明30)	**59.0**	16.7	22.1	2.2	4,362
1898(明31)	**54.3**	32.2	11.0	2.5	4,574
1899(明32)	**63.2**	26.5	7.3	3.0	6,221

(単位：%) (『日本経済統計総観』)

解説 原料となる綿花は，ほぼ輸入に頼っていた。海運業の発展と整備に沿うかたちで，輸入先の中心はインドに移った。

2 創業年次別にみた工場数 1902(明治35)年末現在

	創業1876年以前	1877～85	1886～94	1895～1902年 Ⓐ(Ⓐ/Ⓑ:%)	工場数 Ⓑ	女工数割合(%)
製糸業	82	304	796	1,296(52.3)	2,478	93.9
紡績業	1	22	59	125(60.4)	207	79.4
発火物	6	21	70	115(54.2)	212	69.8
織物業	123	94	454	959(58.8)	1,630	87.1
船舶車両《せんぱくしゃりょう》	18	10	15	30(41.1)	73	0.1
煙草《たばこ》業	77	23	79	184(50.7)	363	68.8
窯《よう》業	116	59	104	156(35.9)	435	15.9
印刷製本	12	44	70	88(41.1)	214	12.1
醸造《じょうぞう》業	208	21	59	76(20.9)	364	5.2
機械製造	8	17	51	60(44.1)	136	1.0
製紙業	5	4	22	51(62.2)	82	36.9
計	656	619	1,779	3,140(50.7)	6,194	72.1

(『日本の産業革命』)

解説 製糸・紡績・発火物(ほとんどはマッチ製造)・織物・煙草・製紙6分野は，1902年末に活動していた工場の過半が1895(明治28)年以降の創業であり，日清戦争後の**企業勃興《ぼっこう》**がいかに重要であったかがわかる。製糸業・紡績業・発火物・織物業・煙草業における女工数の多さも注目に値する。

男軍人，女は工女

産業革命による製糸業の発展は，工女(女工)の労働環境を過酷なものに変化させた。特に過酷だった長野県諏訪地方の工場では，繁忙期の就業時間が14時間以上に及んだ。休憩時間を与えず，休日も月に2日，食事時間も5分以内という規則を定めた工場もあった。彼女たちは工場の寄宿舎で過ごし，一つの布団を二人で分け合って寝る状況だったという。結核で亡くなったり，帰郷を余儀なくされる者も多かった。

紡績業では原料が輸入品のため，安い費用で大量生産ができるよう，昼夜2交代で深夜業が課された。『職工事情《しょっこうじじょう》』などでこのような問題が提起されていくのは，労働のあり方や貧困が問題視されるようになったことを意味している。日本は「糸で軍艦を買った」と言われるように，急速な発展の背景には，工女の過酷な労働があった。

工女の1日(長野県諏訪郡製糸工場)

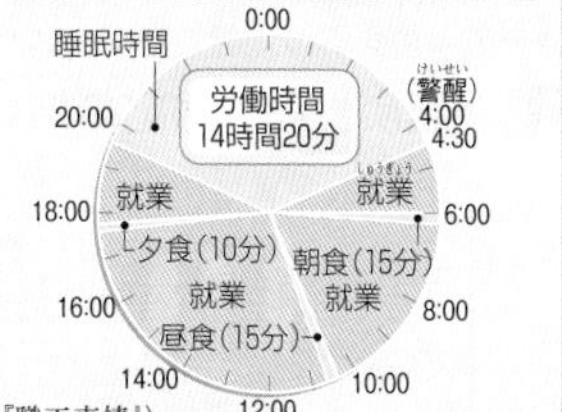

(『職工事情』)

歴史ナビ 映画「あゝ野麦峠」 長野県諏訪地方で働いていた工女からの聞き取りを基にした，山本茂実の同名ノンフィクション文学を原作とした映画である。

近代産業の発展③　重工業・鉄道・海運

考察の視点　日本の重工業発展にはどのような特徴があるだろうか。　推移

1 重工業の発達と労働者の増加

1A 部門別生産高増加指数

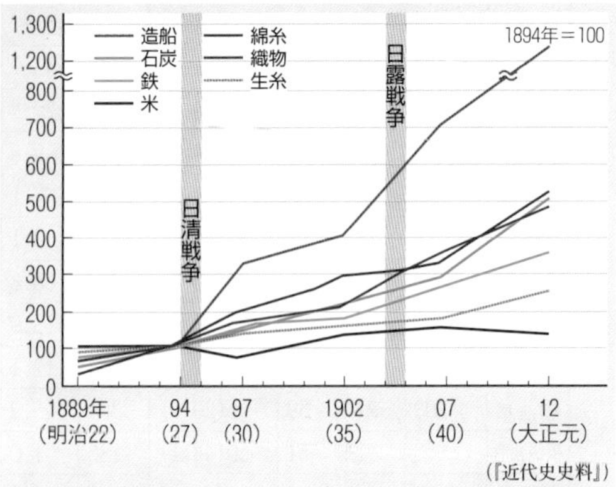

（『近代史史料』）

読み解く① 日露戦争前後，急激に生産高が増加した部門は何か。

1-1 官営八《や》幡《はた》製鉄所（1901）　日清戦争の賠償金などをもとにして，1897（明治30）年に着工し1901（明治34）年から操業《そうぎょう》を開始した官営の製鉄所。農商務省が管轄《かんかつ》しドイツの技術を取り入れた。背後に**筑豊炭田**《ちくほうたんでん》を控えていることから福岡県八幡村が建設地に選ばれ，鉄鉱石は中国の**大**《たい》《ター》**冶**《や》《イエ》**鉄山**から安く輸入した。世

1B 日露戦争後の重工業産業

	資本系統	成立	1913年製鋼能力
（八幡製鉄）	官営	1901	375,000t
日本製鋼所	北炭（三井） アームストロング ヴィッカース	07	158,000
日本鋼管《こうかん》	白石・大倉 大川・大橋	12	38,000
住友鋳鋼《ちゅうこう》	住友	01	23,000
神戸製鋼	鈴木	05	11,000
川崎造船鋳鋼	川崎	07	?

（『日本の産業革命』）

解説　日露戦争後から政府の保護のもと，八《や》幡《はた》製鉄所が拡張されて1906（明治39）年に国産銑鉄《せんてつ》が輸入を上回った。銑鉄から鋼鉄をつくる民間製鋼会社の設立が進み，**日本製鋼所**は軍用工場として設立された。工作機械では**池貝鉄工所**が先進国並みの精度をもつ旋盤《せんばん》製造に成功した。

1C 石炭生産・輸出の拡大

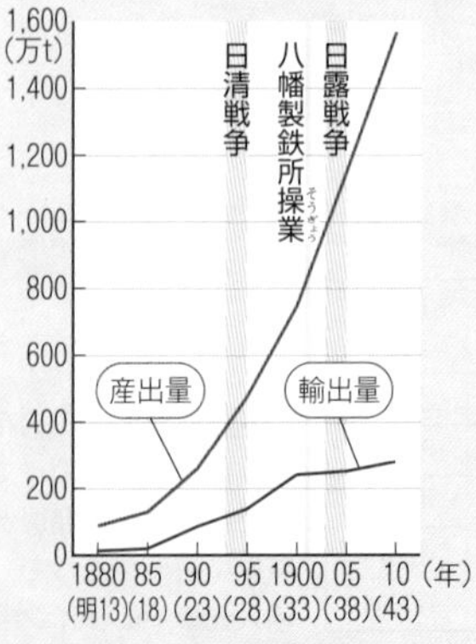

（『日本経済統計総観』による）

解説　石炭は明治時代の最大の鉱産品で，重要な輸出品でもあった。九州や北海道を中心に開発が進み，特に筑豊炭田は蒸気機関の導入国内最大の規模であった。

1-2 山本作兵衛《やまもとさくべえ》「炭坑記録画」　筑豊《ちくほう》の炭坑夫《たんこうふ》であった作者（1892～1984）の体験と見聞をもとに描かれた。男女が二人組で労働する場面。2011年にユネスコ世界記憶遺産に登録。
©Yamamoto Family 福岡・田川市石炭・歴史博物館所蔵

2 鉄道・海運の発達

2A 鉄道網の整備　1907（明治40）年

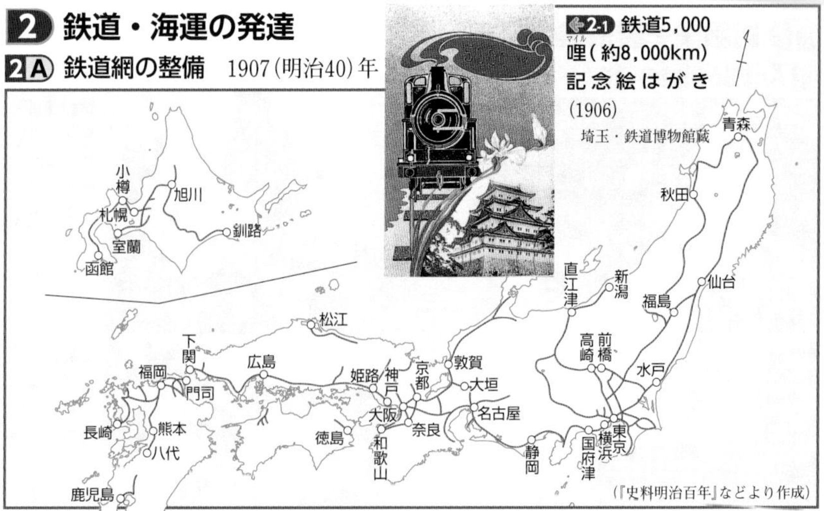

（『史料明治百年』などより作成）

2-1 鉄道5,000哩《マイル》（約8,000km）記念絵はがき（1906）
埼玉・鉄道博物館蔵

2B 鉄道営業距離と乗客数・貨物量　出題

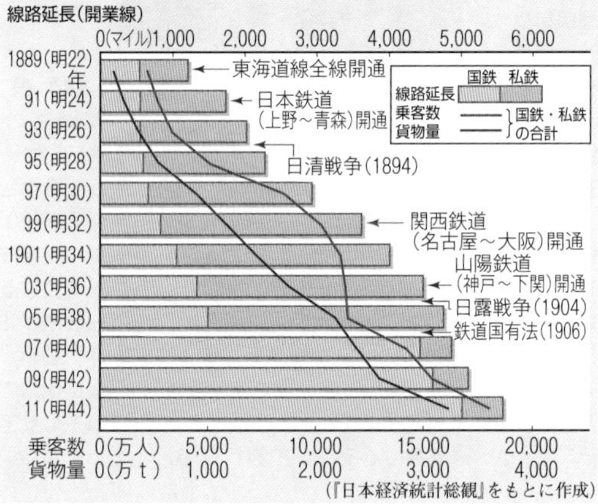

（『日本経済統計総観』をもとに作成）

解説　近代産業の発展に伴い，華族を主体に1881（明治14）年に設立された**日本鉄道会社**が成功したことから，鉄道部門への進出がおこった。1889（明治22）年には**民営鉄道の営業距離が官営鉄道を上回った**。第1次西園寺《さいおんじ》内閣は，経済的・軍事的な配慮もあり，全国の鉄道を統一的に管理するために，1906（明治39）年に**鉄道国有法**を公布し，民営の17社を買収した。出題

読み解く② 1907年以後に国鉄の線路延長が大幅に伸びた理由は何だろうか。

2C 海運の発達（遠洋航路図）

横浜みなと博物館蔵

2-2 日本郵船ポスター（1907）　女性と富士山で日本をイメージし，そこに自社の汽船《きせん》を描き入れるものが多かった。

（『ビジュアル・ワイド明治時代館』による）

解説　西南戦争における軍事輸送で，岩崎弥太郎《いわさきやたろう》の三菱《みつびし》商会は莫大《ばくだい》な利益を得た。これに対抗して半官半民《はんかんはんみん》の**共同運輸会社**が1882（明治15）年に設立されると，互いに熾烈《しれつ》な価格引き下げ競争が展開された。政府は共倒れをおそれ，合併を勧めた。こうして1885（明治18）年に**日本郵船会社**が設立されると，1893（明治26）年に**インドへのボンベイ航路**を開拓，1896（明治29）年には**造船奨励法**《しょうれい》**・航海奨励法**も公布され，ヨーロッパ・アメリカ・オーストラリアへの各航路を開いていった。

歴史ナビ　**日本郵船歴史博物館**（神奈川県横浜市）　映像展示が豊富な，日本郵船の企業博物館。モデルシップも展示されている。

考察の視点 工場労働者の中心はどのような人々だったのだろうか。 相互関連

1 社会・労働問題略年表

1870	高島炭鉱《たかしまたんこう》で暴動…83年までの間に5回❶	
1875	岐阜・高知県で小作人組合結成	労働問題のはじまり
1882	東洋社会党(小農民)・車会党《しゃかいとう》(人力車夫《じんりきしゃふ》)結成	
1886	甲府雨宮《あめみや》製糸で女工《じょこう》のストライキ=初のストライキ❷	
1888	高島炭鉱の鉱夫虐待《こうふぎゃくたい》事件⬅**三宅雪嶺**《みやけせつれい》,『**日本人**』で告発	
1890	活版印刷工同志会《かっぱんいんさつこうどうしかい》結成	労働運動の組織化
1891	**足尾鉱毒**《あしおこうどく》**事件**問題化⬅**田中正造**《たなかしょうぞう》,衆議院に問題提起 4	
1894	大阪天満《てんま》紡績で女工のストライキ❸	
1897	足尾銅山鉱毒被害農民,東京へ請願デモ➡警官により阻止《そし》	
(明30)	職工義友会《しょっこうぎゆうかい》結成(**高野房太郎**《たかのふさたろう》ら)➡**労働組合期成会**に発展	
	『**労働世界**』発刊	
1898	日本鉄道会社のストライキ…上野~青森間全線不通❹	
(明31)	日本鉄道矯正会《きょうせいかい》結成	
1899	**横山源之助**《よこやまげんのすけ》『**日本之下層社会**《にほんのかそうしゃかい》』史	
(明32)	普通選挙期成同盟会結成(東京)	
1900	**治安警察法**《ちあんけいさつほう》公布➡社会・労働運動弾圧史	社会主義運動への進展
1901	田中正造,足尾鉱毒事件で天皇に直訴《じきそ》・未遂《みすい》 4	
1903	農商務省『**職工事情**《しょっこうじじょう》』編集。幸徳秋水《こうとくしゅうすい》・堺利彦《さかいとしひこ》ら,**平民社**結	
(明36)	成…『**平民新聞**』発行,反戦論を展開	
1907	足尾銅山・別子《べっし》銅山で鉱夫のストライキ・暴動➡軍隊	
(明40)	により鎮圧❺❻	
1910	大逆《たいぎゃく》事件(幸徳秋水ら処刑) 5B	
1911	**工場法**制定(1916年施行)=初めての労働関係法史	「冬の時代」
(明44)	東京市電のストライキ	
1925	細井和喜蔵《ほそいわきぞう》『**女工哀史**《じょこうあいし》』	

2 主な社会・労働問題関係地図

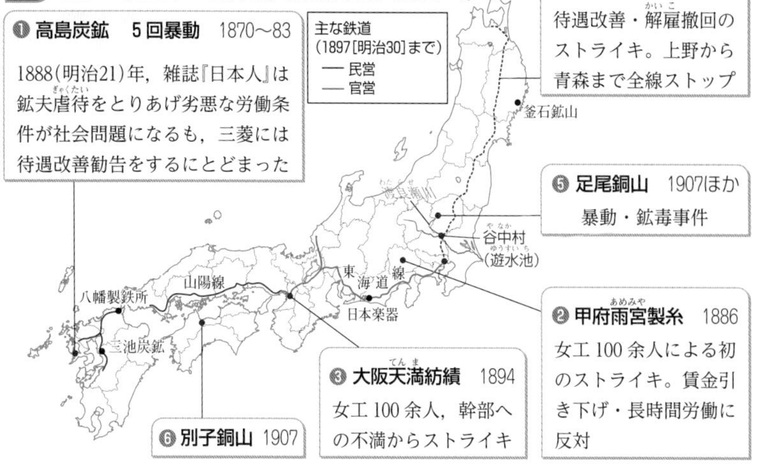

3 労働者の実態

3A 労働者の賃金

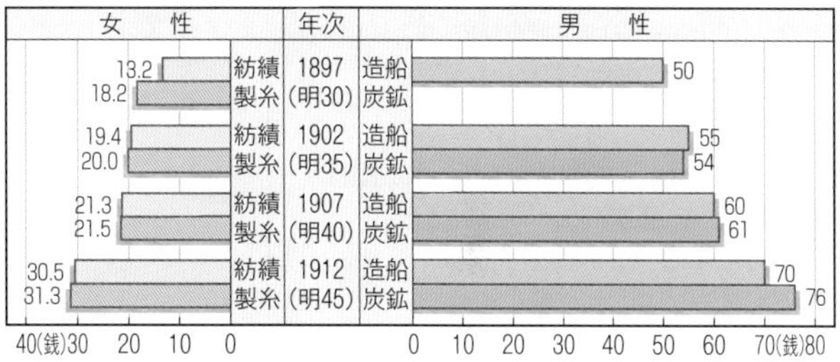

(『日本綿業労働論』などをもとに作成)

3B 工場労働者数の推移

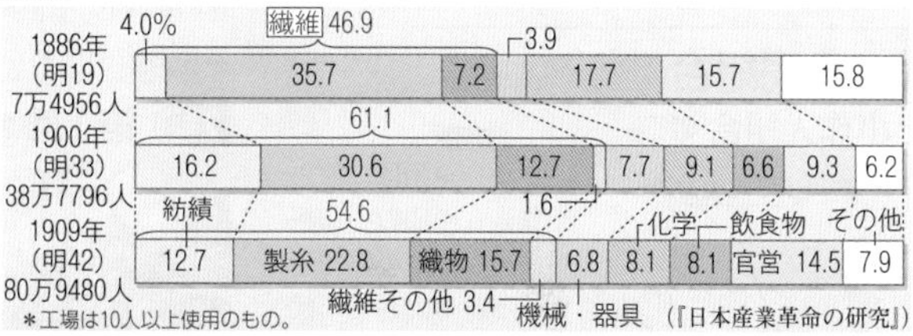

＊工場は10人以上使用のもの。 (『日本産業革命の研究』)

解説 工業の発展により,労働者は急増した。繊維産業を支えた女性は,多くが家計補助のために出稼ぎに出た小作農家の子女たちであり,低賃金で長時間の労働に従事した。男性の熟練工は少なく,炭鉱では暴力的な強制のもとで働かされる者もあった。児童労働も行われており,大都市には貧民の集中する地域ができた。

4 足尾鉱毒事件 史

セ出題

解説 1877(明治10)年に古河市兵衛《ふるかわいちべえ》が**足尾銅山**を買い取り,開発に乗り出した。一方で鉱毒が渡良瀬《わたらせ》川に流入,流域が汚染され,農漁業に深刻な被害をもたらした。政府は鉱毒の予防を命じたが,操業は停止させなかった。1907(明治40)年に谷中《やなか》村を遊水池《ゆうすいち》とすることで決着。

4A 被害地域図

(『週刊朝日百科 日本の歴史93』)

➡4-1 直訴《じきそ》当時(上)と晩年(下)の田中正造《たなかしょうぞう》(1841~1913)
被害住民の救済に奔走《ほんそう》。1901(明治34)年には天皇に直訴を試みた。正造は亡くなるまで谷中《やなか》村に住み続けた。

5 初期社会主義運動の発展と挫折

- 1880~90年代 城多虎雄《きたとらお》・徳富蘇峰《とくとみそほう》らが社会主義を紹介
- 1898(明31) **社会主義研究会**の結成…理論と可否を研究(安部磯雄《あべいそお》・幸徳秋水《こうとくしゅうすい》・片山潜《かたやません》ら)
- 1900 社会主義協会と改称…社会主義の実践と宣伝
  - 1900(明33) **治安警察法**の制定…集会・結社・言論の自由を制限 セ出題
- 1901(明34) **社会民主党**の結成…わが国最初の社会主義政党 5A(安部磯雄・片山潜・幸徳秋水・木下尚江《なおえ》ら)
  - 1901 **治安警察法**により社会民主党を即日解散
- 1903(明36) **平民社**の設立…平民主義・社会主義・平和主義を掲げて日露戦争に反対 ➡1905年解散
- 1906(明39) **日本社会党**の結成…わが国最初の合法的社会主義政党(幸徳秋水・堺《さかい》利彦・西川光二郎・大杉栄《さかえ》・山口義三《ぎぞう》ら)
- 1907(明40) 議会政策論(田添鉄二《たぞえてつじ》)と直接行動論(幸徳秋水)の対立
  - 1907 直接行動論の優勢を警戒して日本社会党を禁止
  - 1908(明41) **赤旗**《あかはた》**事件**…「無政府共産」の赤旗を掲げた大杉栄・堺利彦・山川均《ひとし》・荒畑寒村《あらはたかんそん》らを投獄《とうごく》
  - 1910(明43) **大逆**《たいぎゃく》**事件**…明治天皇暗殺を計画したとして幸徳秋水・管野《かんの》スガら26名を逮捕 12名を処刑 5B ➡以後,社会主義運動は**「冬の時代」**へ

5A 社会民主党の結成 1901(明治34)年

⬆5-1 **社会民主党の党員** 結党時の6名。

5B 大逆《たいぎゃく》事件 1910(明治43)年

解説 **幸徳秋水**らが天皇暗殺を計画したとして,それを口実に社会主義者が次々と弾圧された事件。26名が処罰された。幸徳秋水,**管野スガ**は判決後すぐに死刑執行となった。

P.266

⬆5-2 **幸徳秋水**《こうとくしゅうすい》(1871~1911)と**管野**《かんの》**スガ**(1881~1911)

歴史ナビ **渡良瀬**《わたらせ》**遊水地** 栃木,群馬,埼玉,茨城の4県にまたがる。谷中村役場跡地,雷電神社跡地などの遺構が谷中湖北にある。

考察の視点 第一次世界大戦後に労働運動が日本で活発になるのはなぜだろうか。 相互関連

1 社会運動関係史

赤字は女性解放運動関係項目

内閣	年代	事項
西園寺《さいおんじ》②	1911	平塚《ひらつか》らいてう《ちょう》ら，青鞜社《せいとうしゃ》結成 P.273
	(明44)	工場法公布(実施1916年)
桂《かつら》③	1912	鈴木文治《すずきぶんじ》ら，友愛会《ゆうあいかい》結成 2-1　第1次護憲《ごけん》運動
大隈《おおくま》②	1916	吉野作造《よしのさくぞう》，民本《みんぽん》主義を発表
寺内《てらうち》	1918	米騒動，全国に波及 セ出題
	(大7)	吉野作造ら，黎明会《れいめいかい》結成。新人会結成
原	1919	北一輝《きたいっき》・大川周明《おおかわしゅうめい》ら，猶存社《ゆうぞんしゃ》結成
	(大8)	友愛会，大日本労働総同盟友愛会と改称
		普通選挙獲得運動が高揚《こうよう》(～20年)
	1920	森戸《もりと》事件 P.273
	(大9)	平塚・市川房枝《いちかわふさえ》ら，新婦人協会結成 P.273
		第1回メーデー 2B
	1921	山川菊栄《やまかわきくえ》・伊藤野枝《いとうのえ》ら，赤瀾会《せきらんかい》結成 P.273
	(大10)	日本労働総同盟友愛会，日本労働総同盟と改称
高橋	1922	西光万吉《さいこうまんきち》ら，全国水平社《すいへいしゃ》結成 P.273
	(大11)	杉山元治郎《すぎやまもとじろう》ら，日本農民組合を結成 3B
加藤友		堺利彦《さかいとしひこ》・山川均《やまかわひとし》ら，日本共産党結成(非合法) P.273
山本②	1923	関東大震災。亀戸《かめいど》事件・甘粕《あまかす》事件 P.274
清浦《きようら》	1924	第2次護憲運動
加藤高①②	(大13)	市川ら，婦人参政権獲得期成《きせい》同盟会結成 P.273
	1925	治安維持法，普通選挙法公布
	(大14)	日本労働総同盟，左派と右派に分裂
		農民労働党結成(即日結社禁止)
若槻《わかつき》①	1926	労働農民党などの無産政党結成
田中	1928	第1回普通選挙で無産政党が議席獲得
	(昭3)	三《さん》・一五《いちご》事件(共産党員ら一斉検挙《いっせいけんきょ》)

3 小作争議と農民組合

3A 小作争議と小作人組合 出題

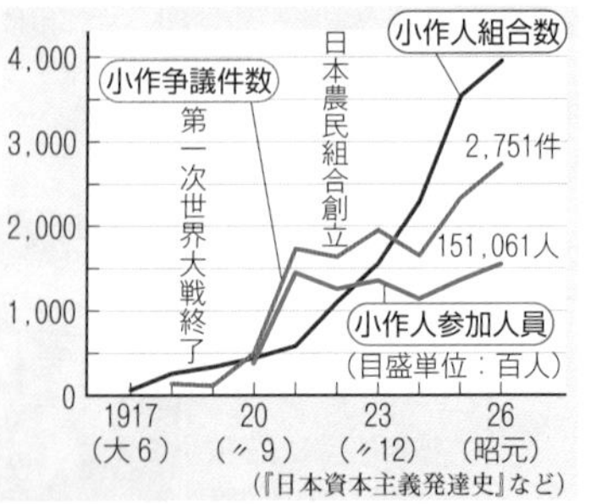

(『日本資本主義発達史』など)

セ出題

解説 小作争議は，地主と小作人との間の小作料や耕作権などの小作関係をめぐる紛争。1920年代に急増した。1922年には日本農民組合が結成されたが，日本農民組合はその後分裂・合同をくり返した。寄生地主制は戦後の農地改革まで続いた。

3B 農民組合の変遷

1922　日本農民組合
- 賀川豊彦《かがわとよひこ》と杉山元治郎《すぎやまもとじろう》らが結成
- 創立当初は吉野作造《よしのさくぞう》も評議員《ひょうぎいん》
- 小作料減免《げんめん》を直接地主に要求 共出題
- 全国の小作人組合設立，小作争議の指導に影響。伏石《ふせいし》争議(香川県)，強戸《ごうど》争議(群馬県)，木崎《きざき》争議(新潟県)などが代表的

→ **1926　日本農民組合**　左派
→ **1926　全日本農民組合同盟**　右派

→ **1927　日本農民組合**　左派
→ **1927　全日本農民組合**　中間派
→ **1927　全日本農民組合同盟**　右派

2 労働争議と労働組合

2-1 友愛会《ゆうあいかい》を創設した鈴木文治《すずきぶんじ》(写真中央)
左側は**吉野作造《よしのさくぞう》**。友愛会は共済《きょうさい》・修養《しゅうよう》機関から，本格的労働組合に発展。1921(大正10)年には**(日本労働)総同盟**と改称した。

2A 労働争議と参加人員 出題

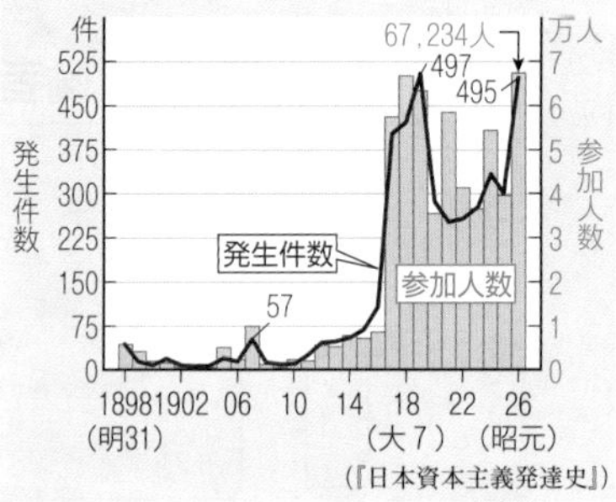

(『日本資本主義発達史』)

解説 工場労働者の増加，物価急騰《きゅうとう》による生活不安，ロシア革命や米騒動の衝撃，ILO(国際労働機関)の設置などを背景に，日本でも労働運動が飛躍的に発展した。

2B 第1回メーデー セ出題

2-2 日本初のメーデー

解説 1920年5月2日(日曜日)，東京上野公園で実施された。友愛会《ゆうあいかい》など15団体1万余人が参加(司会は鈴木文治《すずきぶんじ》)。最後に「万国の労働者万歳《ばんざい》」の三唱《さんしょう》で閉会。以後第16回まで毎年行われる(第17回は，1936年二《に》・二六《にろく》事件の影響で中止)。

2C 労働組合の変遷

1912　友愛会《ゆうあいかい》
- 鈴木文治《すずきぶんじ》らが労資《ろうし》協調と労働者の地位向上をめざす。当初は共済《きょうさい》，修養《しゅうよう》機関的色彩《しきさい》

1914～18　第一次世界大戦
- ヨーロッパを主舞台にした総力戦
- 労働者の権利意識・国民の政治参加要求の高揚《こうよう》

1917　ロシア革命
1918　米騒動
1919　ヴェルサイユ条約(ILO設置)

1919　大日本労働総同盟友愛会
- 本格的労働組合。8時間労働制，治安警察法改正，労働組合の公認，普通選挙の実施等を主張
- 1920年に第1回メーデーを主催

1921　日本労働総同盟(総同盟)
- 労資協調主義から階級闘争主義に転換
- 左派と右派の対立が激化

→ **1925　日本労働組合評議会(評議会)**
左派
- 日本共産党の影響大
- 三《さん》・一五《いちご》事件で活動家が一斉逮捕される
- 1928年に解散命令

→ **1925　日本労働総同盟(総同盟)**
右派
- 社会民衆党(委員長安部磯雄《あべいそお》，書記長片山哲《かたやまてつ》)の基盤
- 1940年，産業報国会設立に同調し解散

4 労働者の家計

4A 工場労働者の家計(1カ月あたり)

	1916年	1919年	1921年
	円(%)	円(%)	円(%)
実収入計	28.51(100.0)	64.37(100.0)	115.19(100.0)
実支出計	26.41(100.0)	60.49(100.0)	110.40(100.0)
飲食物費	11.55(43.7)	34.21(56.6)	41.00(37.1)
住居費	4.90(18.5)	6.10(10.1)	15.04(13.6)
光熱費	1.71(6.5)	4.30(7.1)	6.27(5.7)
その他	8.27(31.3)	15.88(26.2)	48.09(43.6)

4B 「細民」の家計(1カ月あたり) 共出題

	1921年
	円(%)
実収入計	57.93(100.0)
実支出計	56.66(100.0)
飲食物費	34.84(61.5)
住居費	4.48(7.9)
光熱費	4.30(7.6)
その他	13.04(23.0)

(中川清『日本の都市下層』による)

読み解く① 4Aで，1916年と比べ1919年の飲食物費の割合が増加している背景にはどのようなことがあったと考えられるだろうか。

読み解く② 1921年の工場労働者と「細民」の家計を比較すると，実支出の中で「細民」の飲食物費の割合が極めて高い。このことからどのようなことがいえるだろうか。

歴史ナビ **細民**　貧しく生活に困窮する人びとに対する呼称。横山源之助『日本之下層社会』では，人足，日雇，人力車夫，職人などを挙げている。

考察の視点 明治時代中期以降，世界的水準に達した自然科学の研究が出てくるが，それはなぜだろうか。 推移

時期　1868～1912
背景　・政府主導の近代化推進による西洋文化の移植
　　　・高等教育機関の設置，義務教育普及，交通・通信・出版の発達
❶西洋的なものと東洋的なものが混在・併存。独特の二元性
❷国民自身の手による科学や芸術の近代文化の発展

＊1　国権論…国家の権利(国権)が強化されてこそ人民の権利(民権)が保たれるとする思想。
＊2　国家主義…国家の利益を個人の利益に優先させる思想。権力独裁や対外膨張の危険を招く。

1 明治時代の思想

1870年代　西洋思想の導入

民権論
イギリス流自由主義・功利主義
(福沢諭吉《ふくざわゆきち》・中村正直《なかむらまさなお》・田口卯吉《たぐちうきち》)
フランス流自由主義
(中江兆民《なかえちょうみん》・馬場辰猪《ばばたつい》)

対立

国権論＊1
ドイツ流国権論
(加藤弘之《かとうひろゆき》)

1870～80年代　自由民権運動

自由民権運動の高揚《こうよう》　　国権論の退潮《たいちょう》

条約改正問題・欧化政策への批判
朝鮮問題：壬午《じんご》軍乱(1882)，甲申《こうしん》事変(1884)，大阪事件(1885)

1882　井上馨《いのうえかおる》の条約改正問題 P.258

国権論の再台頭《たいとう》

平民的欧化主義
徳富蘇峰《とくとみそほう》　民友社(1887)
　雑誌『国民之《の》友』
政府の貴族的欧化主義を排し，平民(地方実業家)による下からの近代化を説《と》く

論争

近代的民族主義
国粋《こくすい》保存主義
三宅雪嶺《みやけせつれい》・志賀重昂《しがしげたか》・杉浦重剛《すぎうらじゅうごう》
政教社《せいきょうしゃ》(1888)　雑誌『日本人』
日本的伝統を重視
国民主義
陸羯南《くがかつなん》　新聞『日本』
日本国民固有の精神回復を説く

1889　明治憲法
1890　教育勅語《きょういくちょくご》

1894～95　日清戦争 P.260・261

戦争勝利，講和条約締結
三国干渉で獲得した領土を手放す＝思想の決定的変化へ

徳富蘇峰，対外膨張《ぼうちょう》論に転向《てんこう》
陸羯南，対露強硬論に転向

日本主義
高山樗牛《たかやまちょぎゅう》　雑誌『太陽』
海外進出を肯定。君民一体《くんみんいったい》・忠《ちゅう》君愛国《くんあいこく》・キリスト教排撃《はいげき》を主張

1904～05　日露戦争
日比谷焼《ひびやや》打《う》ち事件

政府主導の国家主義＊2が主流
一方で地方・個人の利益を重視する風潮《ふうちょう》も誕生

戊申詔書《ぼしんしょうしょ》(1908) P.266
地方改良運動の推進

煩悶《はんもん》する青年層の増加
労働争議の活発化
社会主義政党の結成

2 主な来日外国人と業績

部門	人　名	来日年	職歴・業績
宗教	フルベッキ(蘭)	1859	政府顧問。伝道《でんどう》・教育
	ヘボン(米)	1859	伝道・医学・教育。聖書和訳
	ジェーンズ(米)	1871	伝道・英語教育
医学	ホフマン(独)	1871	内科・病理学・薬物学
	ベルツ(独)	1876	内科・産科の講義。『ベルツの日記』
教育	クラーク(米)	1876	札幌農学校教頭。農学など
	マレー(米)	1873	文部省顧問。教育制度・女子教育
理科	ミルン(英)	1876	地震学・鉱山学
	モース(米)	1877	動物学。大森貝塚の発見
	ナウマン(独)	1875	地質学。フォッサ＝マグナ指摘
産業	ケプロン(米)	1871	開拓使《かいたくし》顧問。北海道開拓指導
史学	リース(独)	1887	西洋史。日本近代史学の祖
法学	ボアソナード(仏)	1873	政府顧問。刑法・民法の起草《きそう》
	ロエスレル(独)	1878	政府顧問。明治憲法制定に尽力
	モッセ(独)	1886	市制・町村制原案起草など
美術	キヨソネ(伊)	1875	紙幣印刷・銅版画技術
	フォンタネージ(伊)	1876	工部美術学校で油絵教授
	ラグーザ(伊)	1876	工部美術学校で彫刻教授
文芸	ケーベル(露)	1893	西洋哲学・音楽家
	フェノロサ(米) ㋝出題	1878	哲学・理財学。日本美術振興
	ハーン(小泉八雲)(英)	1890	英文学教授。小説家
建築	コンドル(英)	1877	ニコライ堂・鹿鳴館を設計

2-1 ベルツ(1849～1913)

2-2 クラーク(1826～86)

2-3 フェノロサ(1853～1908)

2-4 ハーン(1850～1904)

解説 明治政府は富国強兵・殖産興業《しょくさんこうぎょう》をめざして積極的に外国人を雇い入れ(お雇《やと》い外国人)，大臣級の高給で厚遇《こうぐう》した。彼らは各分野での指導者の養成にあたった。総数は明治時代を通じ約3,000人，ピークは1874～75(明治7～8)年。工部省，ついで文部省が多く雇い，国籍では英が最多で，仏・米・独がこれに続いた。

3 主な自然科学者と業績

部　門	人　名	業　績
医　学	北里柴三郎《きたさとしばさぶろう》	破傷風血清療法《はしょうふうけっせいりょうほう》(1890)・ペスト菌《きん》を発見(1894)
	志賀《しが》　潔《きよし》	赤痢菌《せきりきん》を発見(1897)
薬　学	高峰《たかみね》　譲吉《じょうきち》	アドレナリンを発見(1900)
	鈴木梅太郎《すずきうめたろう》	オリザニン(ビタミンB_1)を創製《そうせい》(1910)
	秦《はた》　佐八郎《さはちろう》	梅毒《ばいどく》療法剤サルバルサンを創製(1910)
地震学	大森《おおもり》　房吉《ふさきち》	大森式地震計(1901)・「大森公式」
天文学	木村《きむら》　栄《ひさし》	緯度変化のZ項を発見(1902)
物理学	長岡半太郎《ながおかはんたろう》	原子模型の理論を発表(1903)
	田中館愛橘《たなかだてあいきつ》	地磁気《ちじき》を測定(1893～96)。航空物理学
化　学	桜井《さくらい》　錠二《じょうじ》	理論化学を普及。理化学研究所の設立に寄与
	下瀬《しもせ》　雅允《まさちか》	下瀬火薬を発明(1893)
植物学	牧野富太郎《まきのとみたろう》	植物分類学に貢献

明治の留学

下の写真は，1887(明治20)年に撮影されたドイツの日本人医学生たちである。彼らの多数は帰国後，東京帝国大学を中心とする大学教授，陸軍省医務局長，病院長などになり，日本医療の近代化に大きな貢献をした。政府は高等諸学校の教授を担当すべき人材の養成を目的として，留学生の派遣に意を用いたのである。中列の右から2番目が北里柴三郎《きたさとしばさぶろう》で，中列の左端は森鷗外《もりおうがい》。北里はドイツで血清《けっせい》療法を考案した。

学校法人北里研究所提供

4 人文・社会科学の発展

部　門	人　名	業　績
国文学	芳賀《はが》　矢一《やいち》	日本文献学の基礎を築く
歴史学	田口《たぐち》　卯吉《うきち》	文明史論。『日本開化《かいか》小史』
	久米《くめ》　邦武《くにたけ》	「神道《しんとう》は祭天《さいてん》の古俗《こぞく》」で筆禍《ひっか》　『米欧回覧実記《べいおうかいらんじっき》』(1878)
	帝大史料編纂掛《へんさんがかり》	『大日本史料《だいにほんしりょう》』『大日本古文書《こもんじょ》』
	那珂《なか》　通世《みちよ》	東洋史研究。『支那《しな》通史』
	白鳥《しらとり》　庫吉《くらきち》	東洋史研究。『西域史研究』
法　学	梅《うめ》　謙次郎《けんじろう》	フランス市民法の導入
	穂積《ほづみ》　八束《やつか》	憲法学者。民法典論争を展開
哲　学	井上哲次郎《いのうえてつじろう》	ドイツ観念論哲学を導入
経済学	金井《かない》　延《のぶる》	ドイツ歴史学派経済学を導入

4-1 久米邦武《くめくにたけ》(1839～1931)

4-2 井上哲次《いのうえてつじ》郎《ろう》(1855～1944)

考察の視点 教育勅語はどのように浸透したのだろうか。推移

明治の文化② 教育

1 明治期教育制度（後半）P.248

1894（明27）	高等学校令公布
1897（明30）	京都帝国大学を設置。帝国大学を東京帝国大学と改称
1900（明33）	小学校令改正（**義務教育**4年制の確立）
1903（明36）	**国定《こくてい》教科書**制度確立
1907（明40）	小学校令改正（義務教育6年に延長）共出題

2 義務教育制度の成立

2A 義務教育制度の変遷

＊高等科の義務教育は戦時非常措置で無期延期

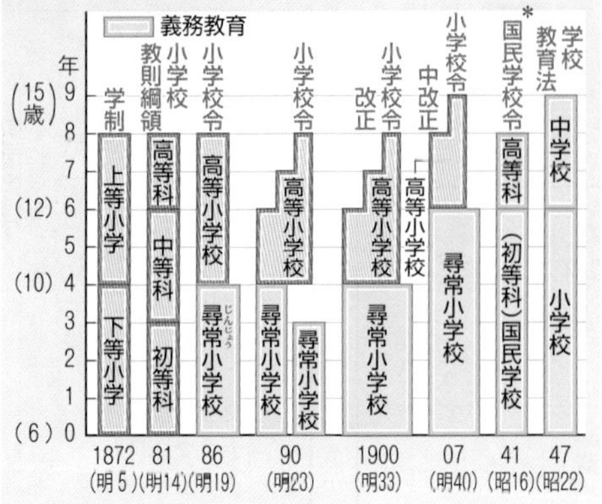

読み解く 2Bのグラフで，就学率の男女計が90%を超えたのはいつか。

2B 義務教育の就学率 出題

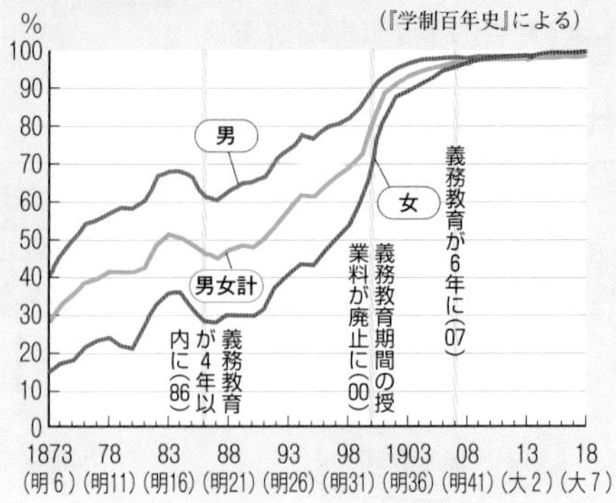

解説 **義務教育制度**が法体系として確立したのは，1900年の**小学校令改正**によってである。1902年には男女計の就学率は90%を超え，1907年には就学年限も4年から6年になった。

3 国家による教育の統制

3A 教育勅語《きょういくちょくご》

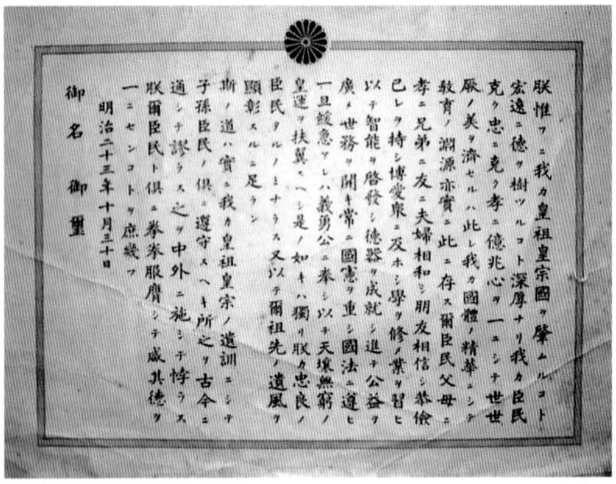
朕惟フニ我カ皇祖皇宗國ヲ肇ムルコト
宏遠ニ德ヲ樹ツルコト深厚ナリ我カ臣民
克ク忠ニ克ク孝ニ億兆心ヲ一ニシテ世世
厥ノ美ヲ濟セルハ此レ我カ國體ノ精華ニシテ
教育ノ淵源亦實ニ此ニ存ス爾臣民父母ニ
孝ニ兄弟ニ友ニ夫婦相和シ朋友相信シ恭儉
己レヲ持シ博愛衆ニ及ホシ學ヲ修メ業ヲ習ヒ
以テ智能ヲ啓發シ德器ヲ成就シ進テ公益ヲ
廣メ世務ヲ開キ常ニ國憲ヲ重シ國法ニ遵ヒ
一旦緩急アレハ義勇公ニ奉シ以テ天壤無窮ノ
皇運ヲ扶翼スヘシ是ノ如キハ獨リ朕カ忠良ノ
臣民タルノミナラス又以テ爾祖先ノ遺風ヲ
顯彰スルニ足ラン
斯ノ道ハ實ニ我カ皇祖皇宗ノ遺訓ニシテ
子孫臣民ノ倶ニ遵守スヘキ所之ヲ古今ニ
通シテ謬ラス之ヲ中外ニ施シテ悖ラス
朕爾臣民ト倶ニ拳拳服膺シテ咸其德ヲ
一ニセンコトヲ庶幾フ
明治二十三年十月三十日
御名御璽

3-1 教育勅語
忠《ちゅう》・孝《こう》などの儒教《じゅきょう》道徳を基礎に，**忠君愛国《ちゅうくんあいこく》**の思想を説く。起草《きそう》に関係したのは元田永孚《もとだながざね》（儒者），井上毅《こわし》（法制局長官）ら。修身《しゅうしん》の授業で教材として使用されるなどし，さまざまな儀式《ぎしき》で奉読《ほうどく》された。戦後，日本国憲法，教育基本法の成立にともない廃止された。

3B 内村鑑三不敬事件《うちむらかんぞうふけい》 セ出題

1891（明治24）年

3-2 内村鑑三（1861～1930）

解説 第一高等中学校の講師であった内村鑑三は教育勅語《きょういくちょくご》奉読式の際，キリスト教徒の信念から天皇の署名のある教育勅語への拝礼《はいれい》を拒否したことを不敬とされ，職を追われた。

3C 国定《こくてい》教科書

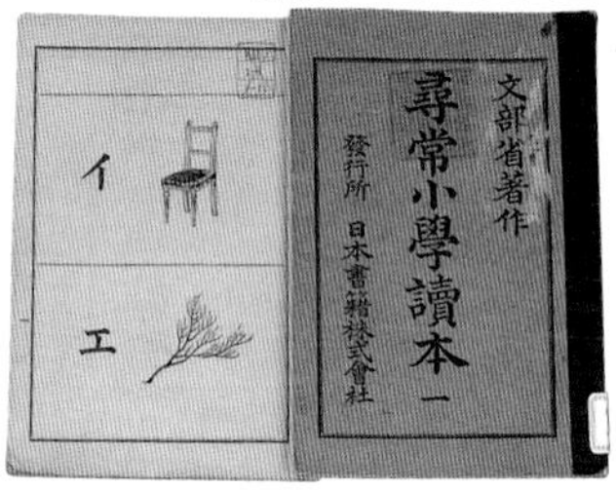

3-3 **最初の尋常小学校国定教科書『小学読本《とくほん》』**
1904（明治37）年から小学校の**国定教科書**使用が始まった。はじめの教材文がイ・エ・ス・シで始まるので「イ・エ・ス・シ」読本ともいう。

4 帝国大学及び明治期創立の主な高等教育機関

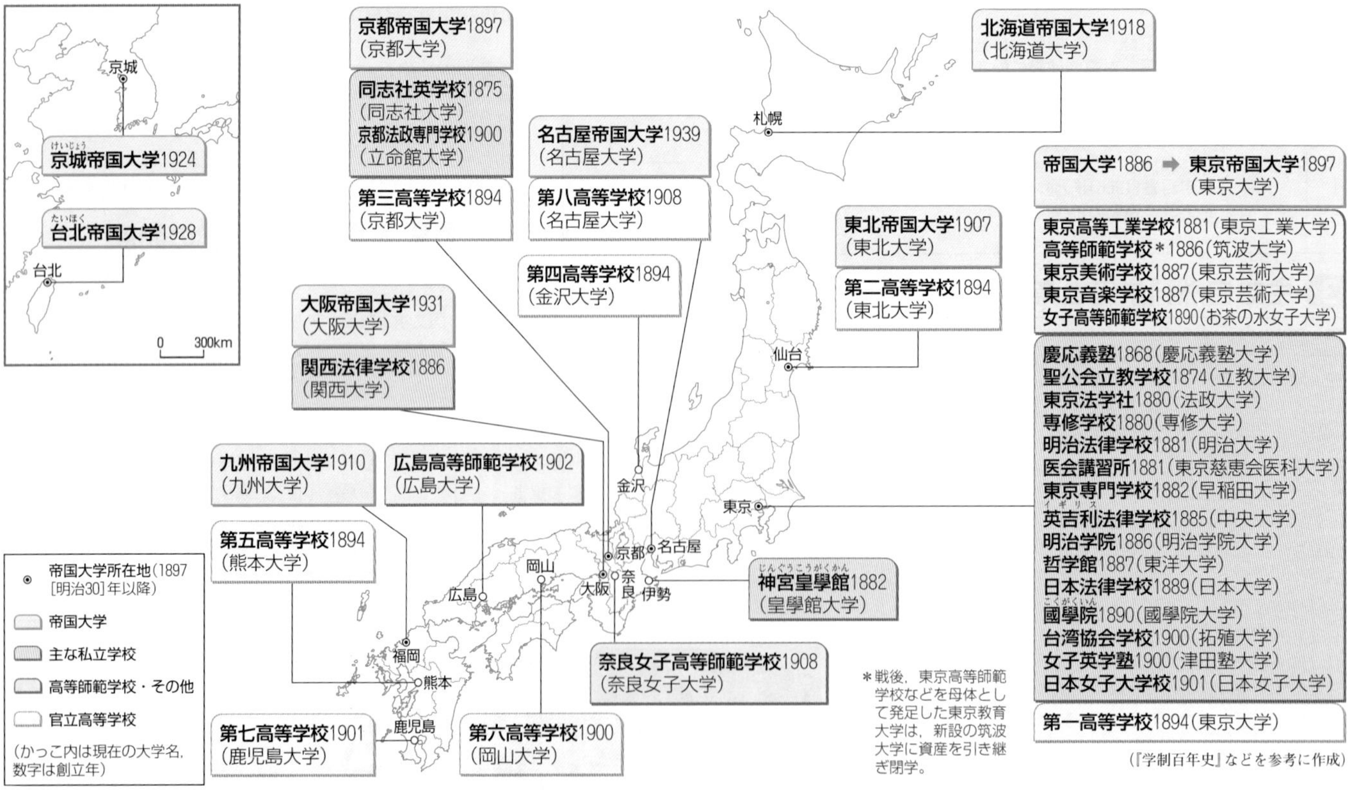

＊戦後，東京高等師範学校などを母体として発足した東京教育大学は，新設の筑波大学に資産を引き継ぎ閉学。

（『学制百年史』などを参考に作成）

歴史ナビ 内村鑑三『余《よ》は如何《いか》にして基督《キリスト》信徒となりし乎《か》』（岩波書店） 内村鑑三の前半生を描いた自伝文学的作品。原典は英文で書かれている。

考察の視点 1880年代から90年代にかけて新聞が相次いで発行された背景を考えてみよう。

明治の文化③ 新聞・雑誌・文学・演劇・音楽

1 主な日刊新聞と雑誌 相互関連

＊は小《こ》新聞(娯楽性を重視した報道紙)

発行年	(日刊)新聞名	関係者
1870	**『横浜毎日新聞』**	島田三郎
1872	**『東京日日新聞』**	福地源一郎《ふくちげんいちろう》
1872	**『日新真事誌《にっしんしんじし》』**	ブラック
1872	『郵便報知《ほうち》新聞』	栗本鋤雲《くりもとじょうん》
1874	『朝野《ちょうや》新聞』	末広重恭《すえひろしげやす》
1874	＊『読売新聞』	子安《こやす》　峻《たかし》
1879	＊『朝日新聞』	村山竜平《むらやまりゅうへい》
1881	『東洋自由新聞』	中江兆民《なかえちょうみん》
1882	**『時事新報《じじしんぽう》』**	福沢諭吉《ふくざわゆきち》
1882	『自由新聞』	板垣退助《いたがきたいすけ》
1888	『東京朝日新聞』	
1888	『大阪毎日新聞』	
1889	『大阪朝日新聞』	
1889	『日本』	陸《くが》　羯南《かつなん》
1890	『国民新聞』	徳富蘇峰《とくとみそほう》
1892	**『万朝報《よろず》』**	黒岩涙香《くろいわるいこう》
1893	『二六《にろく》新報』	秋山定輔《あきやまさだすけ》
1903	『平民新聞』(週刊)	幸徳秋水《こうとくしゅうすい》・堺《さかい》　利彦《としひこ》

発行年	雑誌名	内容	関係者
1874	『明六《めいろく》雑誌』	啓蒙《けいもう》	福沢諭吉《ふくざわゆきち》・森有礼《もりありのり》
1885	『女学《じょがく》雑誌』	女性教育ほか	巌本善治《いわもとよしはる》
1887	『国民之《の》友』	平民主義	徳富蘇峰《とくとみそほう》
1888	『日本人』	国粋《こくすい》主義	三宅雪嶺《みやけせつれい》
1893	『文学界』	文芸	北村透谷《きたむらとうこく》
1895	『太陽』 ㋝出題	総合	高山樗牛《たかやまちょぎゅう》
1895	『少年世界』	少年雑誌	巌谷小波《いわやさざなみ》
1897	『ホトトギス』	俳句	正岡子規《まさおかしき》
1897	『労働世界』	労働機関誌	片山《かたやま》　潜《せん》
1899	『中央公論』	総合	滝田樗陰《たきたちょいん》
1900	『明星《みょうじょう》』	詩歌	与謝野鉄幹《よさのてっかん》・晶子《あきこ》
1908	『アララギ』	短歌	伊藤左千夫《いとうさちお》
1910	『白樺《しらかば》』	人道《じんどう》主義	武者小路実篤《むしゃのこうじさねあつ》
1911	『青鞜《せいとう》』	女性解放	平塚らいてう《ちょう》

解説 政治的な論説を中心とした新聞を大《おお》新聞，瓦版《かわらばん》の系譜をひき，娯楽性を重視した報道紙を小新聞とよぶ。自由民権運動や条約改正問題で世論が高まる中，新聞や雑誌は政治的意見の主張の場として成長した。大新聞は近代文学の育成と普及にも貢献し，小新聞は戯作《げさく》文学の復活を助けた。両者は次第に接近しよび分けも消えた。

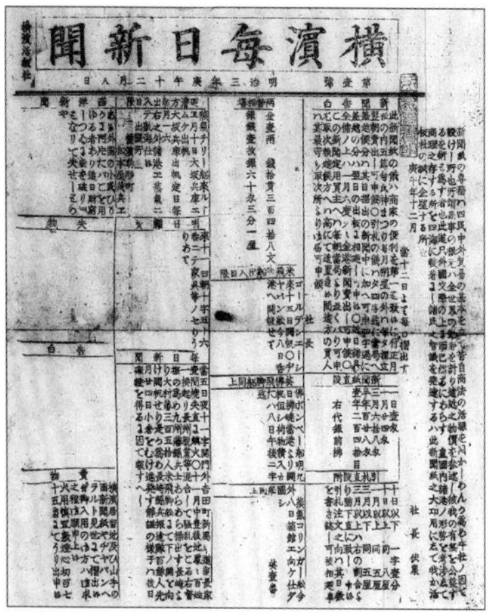
橫濱毎日新聞

1-1 『横浜毎日新聞』第一号(1870.12.8)

洋紙に両面刷，活版で印刷した**日本初の日本語日刊新聞**。**本木昌造《もときしょうぞう》**の鉛製**活版印刷**術を利用。世界や国内の動静，物価などを載せていた。横浜での貿易の商況が掲載されているため，日本各地で販売された。のちに民権派新聞と見なされた。

国立国会図書館蔵

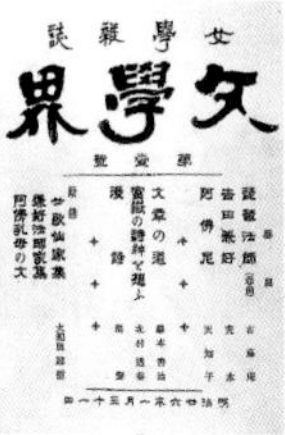

1-2 雑誌『文学界』

(財)日本近代文学館蔵

1-3 雑誌『明星《みょうじょう》』

(財)日本近代文学館蔵

ロマン主義の拠点

2 文学の流れ

戯作《げさく》文学など	写実主義文学	ロマン主義文学	自然主義文学	反自然主義文学
明治初期～明治10年代	明治18～20年代前半	日清戦争前後	日露戦争前後	明治末～大正期
江戸戯作の継承(戯作文学) 仮名垣魯文《かながきろぶん》　『安愚楽鍋《あぐらなべ》』 政治小説 矢野龍溪《やのりゅうけい》　『経国美談《けいこくびだん》』 東海散士《とうかいさんし》　『佳人之奇遇《かじんのきぐう》』 末広鉄腸《すえひろてっちょう》　『雪中梅《せっちゅうばい》』 西洋小説の翻訳《ほんやく》	社会の実情や人間心理をありのままに描く作風。言文一致《げんぶんいっち》体《たい》で書かれ，近代文学の誕生 坪内逍遙《つぼうちしょうよう》　『小説神髄《しんずい》』 二葉亭四迷《ふたばていしめい》　『浮雲《うきぐも》』『あひびき』 山田美妙《やまだびみょう》　『夏木立《なつこだち》』 尾崎紅葉《おざきこうよう》　『金色夜叉《こんじきやしゃ》』 幸田露伴《こうだろはん》　『五重塔《ごじゅうのとう》』	封建道徳からの解放。感情，個性の躍動を重んじる。理想や恋愛に自我を解放しようとした 森鷗外《もりおうがい》　『舞姫《まいひめ》』 樋口一葉《ひぐちいちよう》　『たけくらべ』『にごりえ』 泉鏡花《いずみきょうか》　『高野聖《こうやひじり》』 徳冨蘆花《とくとみろか》　『不如帰《ほととぎす》』 島崎藤村《しまざきとうそん》　『若菜集《わかなしゅう》』 与謝野晶子《よさのあきこ》　『みだれ髪《がみ》』 北村透谷《きたむらとうこく》　『文学界』創刊 ㋝出題	フランス・ロシア文学の影響を受け人間社会の暗い現実をありのままに描く作風 国木田独歩《くにきだどっぽ》　『牛肉と馬鈴薯《ばれいしょ》』 田山花袋《たやまかたい》　『蒲団《ふとん》』 島崎藤村　『破戒《はかい》』 徳田秋声《とくだしゅうせい》　『黴《かび》』 正宗白鳥《まさむねはくちょう》　『何処《どこ》へ』 石川啄木《いしかわたくぼく》　『一握《いちあく》の砂』	高踏《こうとう》派・余裕《よゆう》派 冷静に人生を見つめる 森鷗外　『青年』『雁《がん》』 夏目漱石《なつめそうせき》　『吾輩《わがはい》は猫である』『坊《ぼ》っちゃん』『草枕《くさまくら》』 耽美《たんび》派　官能的な美を求める 永井荷風《ながいかふう》　『すみだ川』 谷崎潤一郎《たにざきじゅんいちろう》　『刺青《しせい》』 白樺《しらかば》派　雑誌『白樺』。人道主義を掲げる 武者小路実篤《むしゃのこうじさねあつ》・志賀直哉《しがなおや》 新思潮《しんしちょう》派　雑誌『新思潮』に由来 芥川龍之介《あくたがわりゅうのすけ》・菊池寛《きくちかん》

2-1 『浮雲《うきぐも》』(二葉亭四迷《ふたばていしめい》著)

2-2 『破戒《はかい》』原稿(島崎藤村《しまざきとうそん》著)

2-3 『みだれ髪《がみ》』(与謝野晶子《よさのあきこ》著)

3 演劇・音楽

歌舞伎《かぶき》	脚本　河竹黙阿弥《かわたけもくあみ》…散切物《ざんぎりもの》(活歴物《かつれき》)	明治初期
	名優の輩出《はいしゅつ》　団菊左《だんきくさ》時代(1890年代) 9代目市川団十郎《いちかわだんじゅうろう》　5代目尾上菊五郎《おのえきくごろう》　初代市川左団次《いちかわさだんじ》	明治中期
新派劇《しんぱ》	従来の歌舞伎(旧派)に対して新しくおこった演劇 壮士芝居《そうししばい》　自由民権運動の鼓吹《こすい》 『経国美談《けいこくびだん》』・オッペケペー節(川上音二郎《かわかみおとじろう》) 現代物　『金色夜叉《こんじきやしゃ》』・『不如帰《ほととぎす》』(伊井蓉峰《いいようほう》)	明治中期(日清戦争前後)
新劇	歌舞伎・新派劇に対するヨーロッパ近代劇 文芸協会(1906～13)　坪内逍遙《つぼうちしょうよう》・島村抱月《しまむらほうげつ》・松井須磨子《まついすまこ》 シェークスピア・イプセンなどの作品を上演 自由劇場(1909～19)　小山内薫《おさないかおる》・2代目市川左団次 イプセン・チェーホフ・ゴーリキーなどの作品を上演	明治後期(日露戦争前後)
音楽	軍楽隊の行進やドラム西洋音楽の受容	幕末～明治初期
	伊沢修二《いさわしゅうじ》により西洋の歌謡を模倣した唱歌が小学校教育で採用	明治中期
	1887年東京音楽学校設立。滝廉太郎《たきれんたろう》らを輩出。日本人が西洋音楽を作曲	明治後期

オッペケペー節(川上音二郎　詞・演出)

〽権利幸福　きらひな人に
自由湯《とう》をば
飲ましたい
オッペケペ
オッペケペッポー
ペッポーポー
かたい上下《かみしも》
かどとれて
マンテルズボンに
人力車
いきな束髪
ボンネット
貴女に紳士の
扮装《いでたち》で
うはべの飾りは
よけれども
政治の思想が　欠乏だ
天地の真理が　わからない
心に自由の　種をまけ
オッペケペ
オッペケペッポー
ペッポーポー(下略)

3-1 オッペケペー節を歌う川上音二郎《かわかみおとじろう》(1864～1911)　時局を風刺《ふうし》し，大衆に民権を啓蒙《けいもう》した演歌。1888(明治21)年頃，高座《こうざ》からこの服装で歌い，人気を博した。新派《しんぱ》の創始者となる。

明治大学博物館蔵

歴史ナビ　**ニュースパーク(日本新聞博物館)**(神奈川県横浜市)　情報社会と新聞・ジャーナリズムの役割を体験しながら学べる施設。横浜のジオラマもある。

明治の文化④ 日本画

考察の視点 工部美術学校が閉鎖され，東京美術学校が西洋画を除外して設立された背景は何だろうか。 相互関連

日本画	悲母観音《ひぼかんのん》(狩野芳崖《かのうほうがい》) 龍虎図《りゅうこず》(橋本雅邦《はしもとがほう》) 黒き猫《ねこ》・落葉《らくよう》(菱田春草《ひしだしゅんそう》) 無我《むが》(横山大観《よこやまたいかん》) アレタ立《ゆうだち》に・雨霽《うせい》(竹内栖鳳《たけうちせいほう》) 大原御幸《おおはらごこう》・木の間の秋(下村観山《しもむらかんざん》)
西洋画	鮭《さけ》(高橋由一《たかはしゆいち》) 収穫《しゅうかく》・春畝《しゅんぽ》(浅井忠《あさいちゅう》) 読書・湖畔《こはん》・舞妓《まいこ》(黒田清輝《くろだせいき》) 某婦人《ぼうふじん》の肖像《しょうぞう》(岡田三郎助《おかださぶろうすけ》) 海の幸《さち》(青木繁《あおきしげる》) 天平《てんぴょう》の面影《おもかげ》(藤島武二《ふじしまたけじ》) 渡頭《ととう》の夕暮《ゆうぐれ》(和田英作《わだえいさく》) 南風《なんぷう》(和田三造《わださんぞう》) 夜汽車(赤松麟作《あかまつりんさく》)

1 日本画と西洋画の流れ

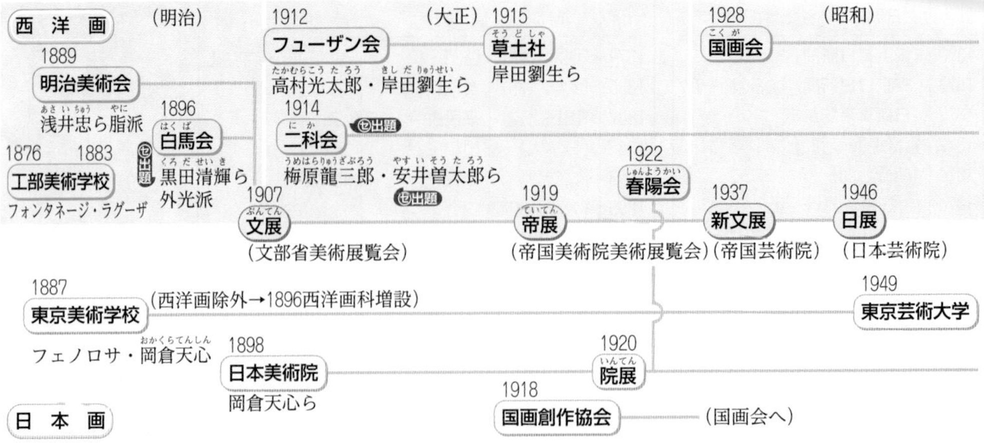

2 日本画

出題

セ出題 2-1 **悲母観音**《ひぼかんのん》(狩野芳崖《かのうほうがい》筆1888年) 漢画の手法に西洋画の手法を加えた。新日本画創造の先達《せんだつ》として活躍。 196×86.5cm 東京藝術大学蔵

2-2 **無我**《むが》(横山大観《よこやまたいかん》筆1897年) 子どもの表情から，仏教の無我の境地を表現した。 143×84.6cm 部分 東京国立博物館蔵

2-3 **アレタ立**《ゆうだち》**に**(竹内栖鳳《たけうちせいほう》筆1909年) 西洋画の技法で描かれた着物と水墨画の帯を巧《たく》みに融合《ゆうごう》させた。 165×84cm 部分 高島屋史料館蔵

2-4 **黒き猫**《ねこ》(菱田春草《ひしだしゅんそう》筆1910年) 西洋画の技法を取り入れて写生と装飾を調和させた。 150×51cm 東京・(財)永青文庫蔵

2-5 **大原御幸**《おおはらごこう》(下村観山《しもむらかんざん》筆1908年) 『平家物語』の一節。大和《やまと》絵と近代的な写生法が自然に調和した近代絵巻物の秀作。 52.3×790.3cm 部分 東京国立近代美術館蔵

2-6 **龍虎図**《りゅうこず》(橋本雅邦《はしもとがほう》筆1895年) それぞれが６曲１双の屏風で，狩野派《かのうは》の豪壮的な伝統を生かしつつ，新しい画法をめざした。 各160.5×369.5cm 部分 東京・静嘉堂文庫美術館蔵

歴史ナビ 岡倉天心『茶の本』(岩波文庫) 岡倉天心が日本や東洋文明の底流に流れている特異な世界観をわかりやすく紹介した名著。

1 西洋画

出題

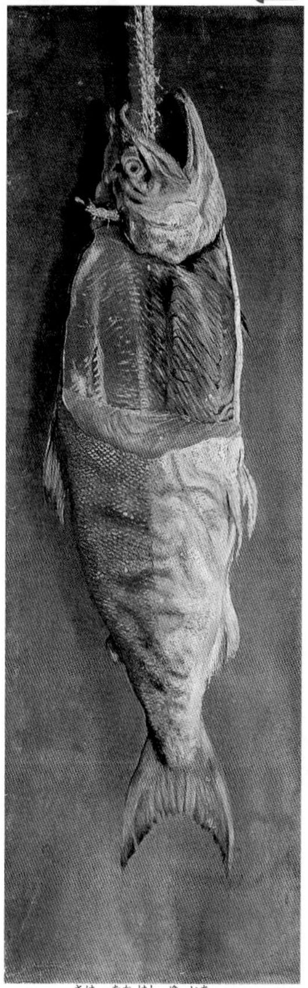

1-1 **鮭《さけ》**(高橋由一《たかはしゆいち》筆1877年頃) 高橋は**蕃書調所《ばんしょしらべしょ》**や外国人居留地《きょりゅうち》で西洋画を学んだ，日本西洋画の先駆者《せんくしゃ》である。

140.0×46.5cm 部分 東京藝術大学蔵

1-2 **収穫《しゅうかく》**(浅井忠《あさいちゅう》筆1890年) **工部《こうぶ》美術学校**で**フォンタネージ**に学んだ。暗めの色調から，**脂派《やには》**とよばれる。

69×97cm

東京藝術大学蔵

1-3 **湖畔《こはん》**(黒田清輝《くろだせいき》筆1897年) 黒田清輝は，**白馬会《はくばかい》**を発足させ，フランス印象派の明るい色彩を取り入れた**外光派**とよばれる作風を確立した。 68.3×83.0cm

東京国立博物館蔵

写真提供 東京文化財研究所

1-4 **渡頭《ととう》の夕暮《ゆうぐれ》**(和《わ》田英作《だえいさく》筆1897年) 和田はのちに東京美術学校校長となる。

127.5×189.5cm

東京藝術大学蔵

1-5 **天平《てんぴょう》の面影《おもかげ》**(藤島武二《ふじしまたけじ》筆1902年) 外光派から離脱し，ロマン主義的に描いた。

198.5×94.0cm 東京・アーティゾン美術館蔵

1-6 **南風《なんぷう》**(和田三《わださん》造《ぞう》筆1907年) 伊豆大《いずおお》島《しま》・海の光・人物が豊かに描写されている外光派の名作。

149×181.5cm

東京国立近代美術館蔵

1-7 **海《うみ》の幸《さち》**(青木繁《あおきしげる》筆1904年) 明治ロマン主義の最高傑作との名声を博《はく》した。こちらを向く女性は恋人の福田たね。夏目漱石《なつめそうせき》に天才と評されたが，1911年に肺結核《はいけっかく》で死去。

70.2×182.0cm 東京・アーティゾン美術館蔵

歴史ナビ **東京国立近代美術館**(東京都千代田区) 明治後期から現代までの美術品を収蔵，展示している美術館。

明治の文化⑥ 彫刻・建築・工芸

考察の視点 彫刻や建築で西洋流の作品がつくられた背景を考えよう。相互関連

彫刻	日本婦人(ラグーザ・伊) 老猿《ろうえん》(高村光雲《たかむらこううん》) 女・坑夫《こうふ》(荻原守衛《おぎわらもりえ》) 伎芸天像《ぎげいてんぞう》(竹内久一《たけうちきゅういち》) 墓守《はかもり》(朝倉文夫《あさくらふみお》) ゆあみ(新海竹太郎《しんかいたけたろう》)
建築	ニコライ堂・鹿鳴館《ろくめいかん》・ 旧岩崎邸(コンドル・英) 日本銀行本店(辰野金吾《たつのきんご》) 旧東宮《きゅうとうぐう》御所《ごしょ》(迎賓館《げいひんかん》赤坂《あかさか》離宮《りきゅう》) (片山東熊《かたやまとうくま》)

1 彫刻

1-1 **日本婦人**(ラグーザ作1880年頃) ラグーザ(1841～1927 イタリア生まれ)は,1876(明治９)年に来日し工部《こうぶ》美術学校で西洋彫刻を指導した。
高さ62.1cm
彫塑(ブロンズ) 東京藝術大学蔵

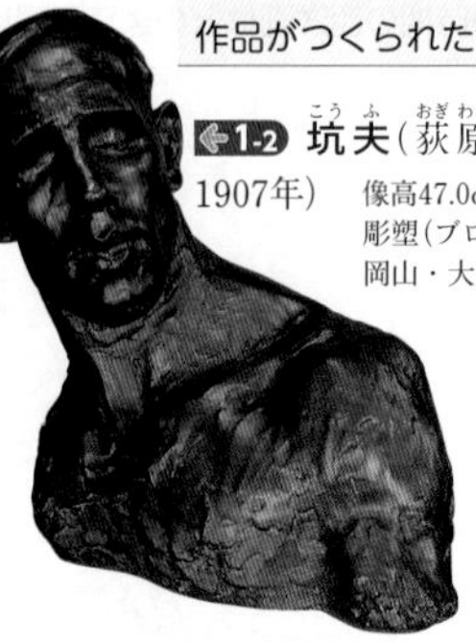

1-2 **坑夫**《こうふ》(荻原守衛《おぎわらもりえ》作1907年) 像高47.0cm
彫塑(ブロンズ)
岡山・大原美術館蔵

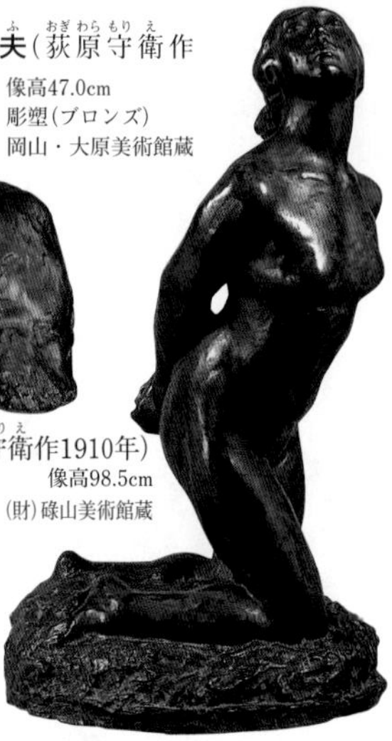

1-3 **女**(荻原守衛《おぎわらもりえ》作1910年)
像高98.5cm
彫塑(ブロンズ) 長野・(財)碌山美術館蔵

1-4 **ゆあみ**(新海竹太郎《しんかいたけたろう》作1907年) 第１回文展《ぶんてん》(1907[明治40]年)に出品,政府買い上げとなった作品。天平《てんぴょう》風のまげを結《ゆ》い,薄布をまとっている。理想化されたプロポーションと清楚《せいそ》な姿態《したい》で,格調高い作品となっている。
像高187cm
彫塑(ブロンズ)
東京国立近代美術館蔵

1-5 **墓守**《はかもり》(朝倉文夫《あさくらふみお》作1910年) 1910(明治43)年の文展《ぶんてん》で２等賞となった作品。写実風の巧《たく》みな作風で活躍した。
像高176cm
彫塑(ブロンズ)
東京・朝倉彫塑館蔵

1-6 **伎芸天像**《ぎげいてんぞう》(竹内久一《たけうちきゅういち》作1893年) 1893(明治26)年シカゴ万国博出品作。木彫《もくちょう》に華麗《かれい》な彩色《さいしき》を施した作品。
像高227.3cm 木彫
東京藝術大学蔵

1-7 **老猿**《ろうえん》(高村光雲《たかむらこううん》作1893年) 1893(明治26)年のシカゴ万国博に出品し優秀賞となった木彫《もくちょう》。伝統的木彫技術と写生を加味《かみ》した技法が特徴。
像高90.9cm 木彫
東京国立博物館蔵

2 建築

2-1 **旧東宮御所**《きゅうとうぐうごしょ》**(迎賓館赤坂離宮**《げいひんかんあかさかりきゅう》**)**(1908年完成・東京) 片山東熊《かたやまとうくま》の代表作。耐震《たいしん》石造２階建てで,ヴェルサイユ宮殿などを模《も》し,ルネサンス様式の装飾が特徴。 国
出題

2-2 **日本銀行本店**(旧館)(1896年完成・東京) コンドルに師事《しじ》した辰野金吾《たつのきんご》の代表作で,ルネサンス様式の石造・煉瓦造《れんがづくり》である。当時の銀行建築の典型的な建物として有名。
出題

2-3 **ニコライ堂**(1891年完成・東京) コンドルの設計・監督。関東大震災《かんとうだいしんさい》後,1929(昭和４)年に復興,多少改変した。煉瓦造《れんがづくり》でビザンチン様式に近い。
高さ約34.5m

3 工芸

3-1 **並河靖之**《なみかわやすゆき》**『七宝**《しっぽう》**花鳥図花瓶**《かちょうずかびん》**』** 宮内庁蔵

3-2 **香蘭社**《こうらんしゃ》**『絵付**《えつけ》**大皿』(有田焼**《ありたやき》**)**
Victoria and Albert Museum

解説 ヨーロッパなどで開かれた万国博覧会に日本の陶磁器《とうじき》・漆器《しっき》・七宝・金工《きんこう》などが出品されて好評を博し,ジャポニスムとよばれる日本ブームが巻きおこった。左はフィラデルフィア万国博覧会(1897[明治30]年)で銅賞を受賞した七宝の文様《もんよう》がほどこされた花瓶,右はパリ万国博覧会(1878[明治11]年)で金賞を受賞した有田焼の大皿。

歴史ナビ **日本銀行本店**(東京都中央区) 旧館は予約をすれば見学できる。日本銀行のサイトにはバーチャル見学ツアーや,金融の資料なども充実している。

考察の視点 大戦景気は，社会をどのように変えたのだろうか。 推移

1 大戦景気

1A 貿易額の推移

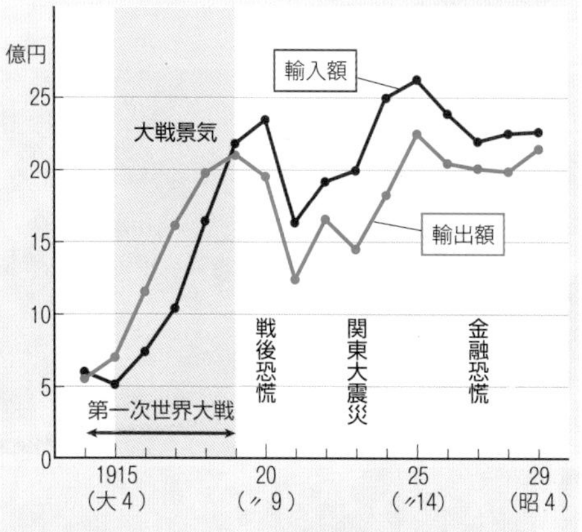

（『現代日本史資料（上）』東京法令出版）

1B 部門別利益率の推移（単位：％）

	1914	1915～16	1917～18	1919～20
銀行	12.3	12.5	16.2	28.8
商事	19.6	**61.0**	**90.6**	36.9
紡績	14.4	30.5	**62.8**	**76.0**
製糖	13.3	25.1	27.0	**41.9**
製粉	11.2	19.5	38.9	**56.8**
鉱業	13.6	27.8	37.0	24.2
海運・造船	13.9	**42.1**	**102.5**	**48.6**
鉄鋼	18.6	18.2	**40.2**	8.0
肥料	11.1	27.1	**44.7**	38.7
電力	9.1	10.2	13.5	12.7
鉄道	7.1	7.9	11.2	13.3
平均	11.5	19.8	36.3	31.1

（『講座日本歴史９』）

1C 農業国から工業国へ

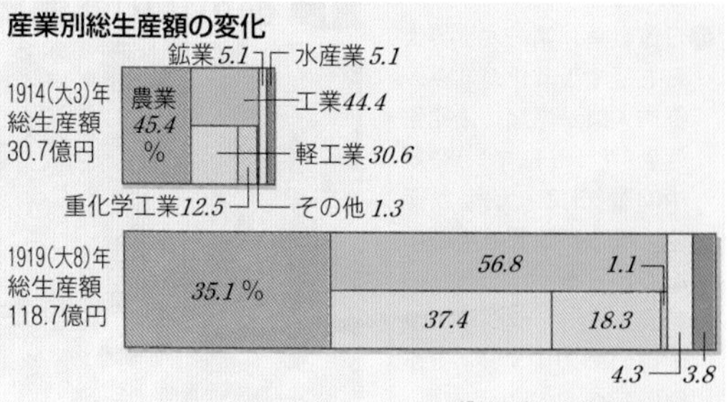

（『日本資本主義発達史年表』）

解説 1914（大正３）年に11億円の**債務国**だった日本は，1920（大正９）年には27億円以上の**債権国**となった。1919（大正８）年には工業生産額が農業生産額を超え，日本はアジア最大の工業国となった。

1D 製造工業生産額の推移

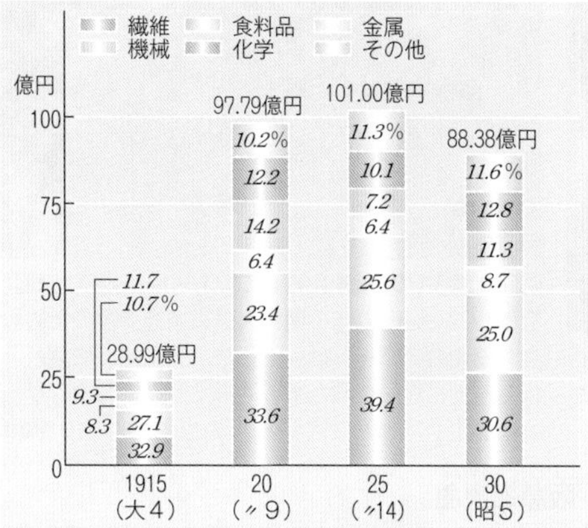

（『近代日本経済史要覧』）

解説 工業生産額は1915～19年の**大戦景気**で，飛躍的な伸びを示した。特に製鉄・機械・造船・電力・化学などの伸びが著しく，**重化学工業中心**の第３次産業革命とも称される。しかし，1920年の戦後恐慌《きょうこう》，1923年の関東大震災以来慢性的不況が続き，1927年には金融恐慌がおこって，再び低迷期が訪れる。

1E 物価指数・賃金指数

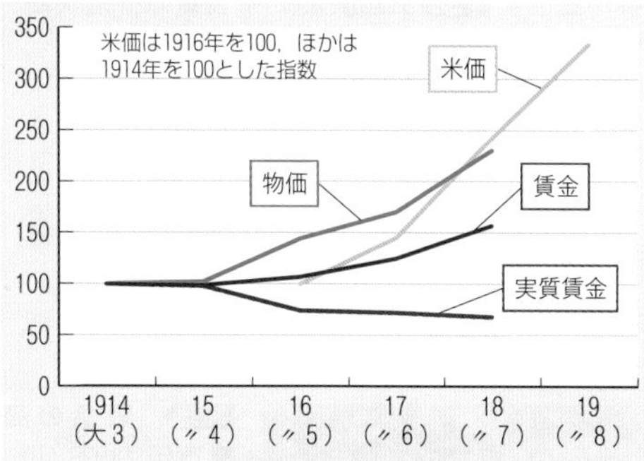

（『大正政治史』，『明治大正国勢総覧』より作成）

読み解く 1Eのグラフの期間において賃金はゆるやかに上昇しているが，多くの国民生活は楽になったのだろうか。 推移

1F 成金《なりきん》の登場

1-1 **戦争成金**（和田邦坊《わだくにぼう》筆） 成金の豪遊《ごうゆう》を「料亭からの帰りに百円札を燃やして靴を探している」と風刺。1920（大正９）年の小学校教員初任給は50円前後で，「百円札」は今の20～30万円の価値。短期間で富豪になる人を，将棋の歩《ふ》などの駒が敵陣に入ると金《きん》に成ることにたとえて「成金」とよんだ。第一次世界大戦の**大戦景気**で「**船成金**」「株成金」「鉄成金」などが現れた。**戦後恐慌**で大部分は没落。

『漫画明治大正史』，さいたま市立漫画会館蔵

1-2 **金子直吉《かねこなおきち》** **鈴木商店《すずきしょうてん》**の大番頭。積極的な事業拡大により鈴木商店を三井物産に並ぶ貿易商社に発展させた。

1-3 **内田信也《うちだのぶや》** 三井物産の船舶主任であったが大戦勃発《ぼっぱつ》を予見して退社。**内田汽船《うちだきせん》**を設立した。

1G 水力発電の発展

1-4 **旧猪苗代《いなわしろ》第一発電所** 1915（大正４）年，福島県・猪苗代水力発電所～東京・田端《たばた》変電所間（225km）の長距離送電が開始された。以降，電動機による電力が中心となった。

国立国会図書館蔵

1H 製造業の原動機馬力数（1905～1919）（単位：千馬力）

年	電動機	蒸気機関	ガス機関	石油機関	水車	合計
1905（明38）	10	111	1	2	11	136
1909（明42）	49	201	11	6	33	299
1913（大２）	136	247	27	5	57	472
1917（大６）	**409**	**303**	33	4	102	851
1918（大７）	578	322	33	5	107	1,045
1919（大８）	718	379	41	7	117	1,263

（南亮進『鉄道と電力』長期経済統計12による）

解説 大戦景気の過程で電力消費量は大幅に増加した。製造業の原動機においては電動機が1917年に馬力数で蒸気機関を抜き，電力は最大のエネルギー産業となった。電灯の農村への普及も進んだ。

1I 50町歩《ちょうぶ》以上地主の推移

（単位：１戸）

年	全国合計
1908	2,574
1912	2,932
1916	3,482
1920	4,249
1923	**5,078**
1926	4,141
1930	3,880
1934	3,543
1940	2,941

（農地改革記録委員会『農地改革顛末概要』による）

解説 第一次世界大戦下，米価の高騰《こうとう》などによって利益をあげた**寄生地主《きせいじぬし》**は，土地を買い集め，50町歩（約50ha）以上を所有する巨大地主は大戦後の1923年に頂点に達している。寄生地主のもとで小作人《こさくにん》は苦しい生活を強いられた。

考察の視点 都市化の進展によって，市民の生活にはどのような変化があらわれただろうか。 推移

時期 1912～36年頃
❶日露《にちろ》戦争・第一次世界大戦を経て工業化が進み，都市人口が増加。俸給《ほうきゅう》生活者（サラリーマン）や新中間層（市民・大衆）が誕生。彼らが消費社会の中心を担った。
❷新聞・雑誌・ラジオ・映画等のマス＝メディアが発達した。
❸衣食住の洋風化・近代化が進んだ。

1 都市化の進展

1-1 新中間層の増加

㋝出題
1-2・3 **職業婦人の増加** バス車掌《しゃしょう》は1924（大正13）年東京市営バスが初採用。電話交換事業は1890（明治23）年から始まり，大正・昭和初期に急増。1916（大正5）年発売の和文タイプライターの影響で，タイピストも女性の仕事として拡大。

1-4 **工事中の丸ビル** 丸ビル（丸《まる》の内《うち》ビルディング）は1923（大正12）年２月に東京駅前に竣工《しゅんこう》。当初は地上８階，地下１階で「東洋一のビル」といわれ，東京名所の一つだった。「東京行進曲」などの歌や小説の舞台にもなった。1999（平成11）年に解体。

1-5 **文化住宅** 大正～昭和期に流行した和洋折衷《わようせっちゅう》住宅。和風住宅の玄関脇に洋間をおき，居間，ガス・水道を完備した台所と浴室があるのが特徴。

1-6 **東京の同潤会《どうじゅんかい》青山アパート**（1926） 同潤会は1923（大正12）年の**関東大震災**復興支援のため設立。同潤会アパートは，大正末～昭和初めに東京・横浜各地に建設された木造もしくは鉄筋《てっきん》コンクリート造《づくり》の集合住宅。 写真提供：毎日新聞社

2 都市生活と市民文化

2-1 **円タク** 「１円タクシー」の略。１円均一料金で大都市（1924年大阪，1926年東京）を走った。 江戸東京博物館蔵

2-2 **百貨店《ひゃっかてん》の発達** 三越《みつこし》は，「三井《みつい》」家と1673（延宝元）年創業時の「越後屋《えちごや》」からなる商号。1928（昭和３）年に「株式会社三越」。三越呉服《ごふく》店意匠《いしょう》部の杉浦非水《すぎうらひすい》のポスター。本店西館修築と新宿分店新築を告知している（1925年）。

2-3 **地下鉄の登場** 1927（昭和２）年12月30日，「東洋唯一の地下鉄道」で日本初の地下鉄（上野～浅草間2.2km）が開通。杉浦非水《すぎうらひすい》のポスター。

3 私鉄と都市開発―阪急《はんきゅう》と東急《とうきゅう》

阪急電鉄（阪神急行電気鉄道）	東急電鉄（東京急行電気鉄道）
1907年設立の箕面有馬《みのおありま》電気軌道《きどう》の実質的な代表者小林一三（1873～1957）は，旅客誘致《りょきゃくゆうち》を目的に沿線の観光開発に努めた。季節ごとの観光誘致案内ポスターや，車内吊り広告やチラシの作成，子どもや家族をターゲットにした遊園地や動物園，野球場等の大衆娯楽《たいしゅうごらく》的な行楽《こうらく》施設をつくった（箕面動物園，宝塚《たからづか》ファミリーランド，宝塚大劇場，西宮《にしのみや》球場）。さらに，宝塚歌劇《かげき》，映画演劇の公演事業を成功させ，関西《かんせい》学院や神戸女学院を誘致して独自の企業文化を育てた。1943年に京阪神《けいはんしん》急行電鉄，1973年に阪急電鉄と改称。	田園調布《でんえんちょうふ》，洗足《せんぞく》の開発・不動産分譲《ぶんじょう》を行った田園都市株式会社（渋沢栄一《しぶさわえいいち》らが1918年設立）の鉄道部門が独立した目黒《めぐろ》蒲田《かまた》電鉄が，1932年に東京急行電鉄と改称。事実上の創業者五島慶太（1882～1959）は，阪急の小林にならい，沿線に娯楽施設，デパート，大学等の学校を誘致し，競合《きょうごう》企業を次々と強引な手法で買収《ばいしゅう》した。1948年，小田急《おだきゅう》，京浜《けいひん》急行，京王帝都《けいおうていと》の鉄道を分離，百貨店部門は東横《とうよこ》百貨店（現東急百貨店），車両製造部門は横浜製作所（現東急車輌製造）に分離された。

3-1 **小林一三《いちぞう》**

3-2 **五島慶太《ごとうけいた》**

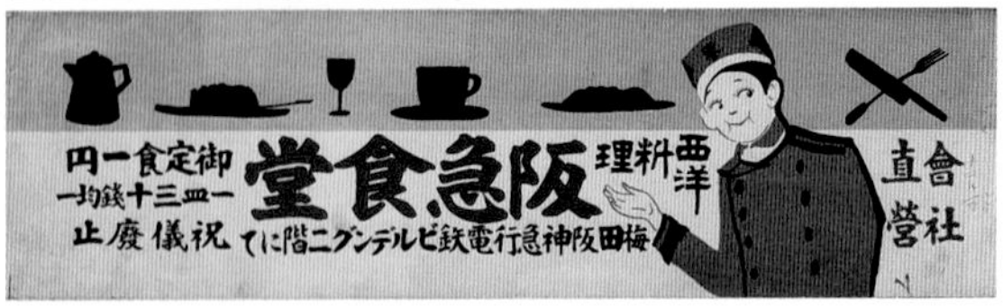

3-3 **阪急の商業宣伝** 1929（昭和４）年，小林は梅田《うめだ》駅に日本初のターミナルデパート阪急百貨店を本格開業させた。洋食を庶民的な値段で提供した大食堂は当時大人気で洋風文化を市民へ広げた。梅田には多くの劇場を建て，関連企業とともに都市開発を進めた。 阪急文化財団池田文庫蔵

歴史ナビ **小林一三記念館**（大阪府池田市） 小林一三の旧邸である洋館「雅俗山荘《がぞくさんそう》」を中心にした施設。収集した美術品なども紹介。

考察の視点 大正～昭和初期に大衆文化が広まったのはなぜだろうか。 相互関連

大正～昭和初期の文化② 大衆文化

1 大衆文化略年表

1895	『東洋経済新報《とうようけいざいしんぽう》』創刊
1899	『中央公論《ちゅうおうこうろん》』創刊
1903	『家庭之友《かていのとも》』創刊
1908	『婦人之友《ふじんのとも》』(羽仁《はに》もと子ら)刊行
1911	帝国劇場落成《らくせい》。レコード・蓄音機《ちくおんき》の普及 セ出題
1912 (大元)	第5回オリンピック(ストックホルム)に初参加。日本活動写真株式会社(日活《にっかつ》)設立
1913 (大2)	芸術座創立 3B 中里介山《なかざとかいざん》『大菩薩峠《だいぼさつとうげ》』が『都《みやこ》新聞』で連載開始
1914 (大3)	宝塚《たからづか》少女歌劇初公演。大正琴《たいしょうごと》の流行。『少年倶楽部《クラブ》』創刊。「カチューシャの唄《うた》」大ヒット(翌年レコード化)
1915	第1回全国中等学校優勝野球大会開催
1916 (大5)	吉野作造《よしのさくぞう》「憲政《けんせい》の本義《ほんぎ》を説《と》いて其有終《そのゆうしゅう》の美を済《な》すの途《みち》を論ず」を『中央公論』に発表。チャップリン映画大人気
1917 (大6)	浅草オペラ開始。『主婦之友《しゅふのとも》』創刊。「コロッケの唄」流行
1918	児童文芸雑誌『赤い鳥』(鈴木三重吉《すずきみえきち》)創刊
1919 (大8)	『改造《かいぞう》』(改造社)創刊 3-2 上野～新橋間に青バス運行
1920 (大9)	東京～箱根間往復大学駅伝競走始まる。「ゴンドラの唄」大ヒット
1921 (大10)	自由学園設立(羽仁もと子)。『種蒔《たねま》く人』(プロレタリア文学)発行。「船頭小唄《せんどうこうた》」大流行
1922 (大11)	初の週刊誌『週刊朝日』『サンデー毎日』創刊。『小学六年生』『コドモノクニ』創刊
1923 (大12)	『文藝春秋《ぶんげいしゅんじゅう》』(菊池寛《きくちかん》)創刊 3-1 東京駅前に丸《まる》ビル(丸の内《うち》ビルディング)完成
1924 (大13)	『大阪毎日新聞』『大阪朝日新聞』100万部突破。築地小劇場《つきじしょうげきじょう》開場 3B 甲子園球場完成。バスガール登場。『キング』(講談社)創刊 3-3
1925	東京放送局，ラジオ放送開始 セ出題
1926 (大15)	日本放送協会(NHK)設立。東京に同潤会《どうじゅんかい》青山アパート完成。最初の円本《えんぽん》(『現代日本文学全集』改造社) 3-4 セ出題
1927 (昭2)	最初の文庫本(『岩波《いわなみ》文庫』)刊行。上野～浅草間に初の地下鉄開通
1928 (昭3)	大相撲《おおずもう》ラジオ実況中継始まる。初の男性普通選挙実施。『戦旗《せんき》』(全日本無産者《むさんしゃ》芸術連盟(ナップ)の機関紙《きかんし》)刊行。ラジオ体操開始
1929 (昭4)	ターミナルデパート阪急《はんきゅう》百貨店(大阪梅田《うめだ》)開店。映画「大学は出たけれど」人気。「東京行進曲」大ヒット
1931	トーキー(有声《ゆうせい》映画)「マダムと女房《にょうぼう》」封切《ふうぎり》 3-9
1932	ラジオ聴取《ちょうしゅ》契約者100万人突破

2 高等教育

2A 高等教育機関の拡充・生徒数の増加

年度	在学者数(万人)				学校数				
	初等教育	中等教育	高等教育	大学	小学校	中学校	高等女学校	高等学校専門学校	大学
1915	674.4	105.8	4.7	1.0	25,578	321	366	96	4
1920	772.8	138.6	5.8	2.2	25,639	368	514	116	16
1930	878.8	238.3	11.2	7.0	25,673	557	975	194	46
1940	1,033.4	367.3	16.3	8.2	25,860	600	1,066	225	47
1945	1,063.5	457.3	29.4	9.9	26,332	776	1,272	342	48

(『近代日本経済史要覧』による)

解説 原敬《はらたかし》内閣時に制定された**大学令**や**高等学校令**(ともに1918年)によって，帝国大学のほかに公立・私立大学の設置や高等学校の増設が認められ，学生数が飛躍的に増加した。高学歴者(インテリ)の増加は大衆文化発展の背景となったが，一方で，第一次世界大戦後の**関東大震災**や**金融恐慌《きんゆうきょうこう》**で不景気が続き，未曽有《みぞう》の大量失業時代を迎えた。

2B 中学校および高等女学校の授業 出題

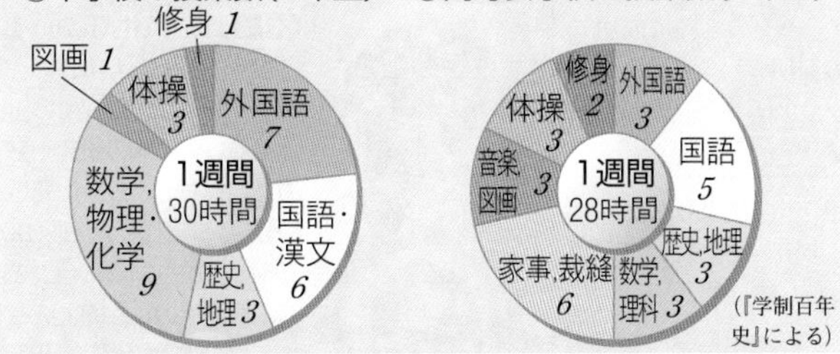

解説 同世代の男子が中学校，女子が高等女学校で学んだ。中学校の学科課程は中学校令施行規則で定められた。学科目は修身，国語・漢文，外国語，歴史，地理，数学，博物，物理・化学，法制・経済，図画，唱歌，体操であった。高等女学校の学科課程は高等女学校施行規則で定められた。学科目は修身，国語，外国語，歴史，地理，数学，理科，図画，家事，裁縫，音楽，体操であった。

読み解く① Ⓐと Ⓑの科目を比較し，異なる点を挙げてみよう。

3 主な大衆文化

3A 総合雑誌

3-1 『**文藝春秋《ぶんげいしゅんじゅう》**』**創刊号**(1923. 1) 文藝春秋社発行。菊池《きくち》寛《かん》が主宰《しゅさい》し，文芸・娯楽を兼《か》ねた総合雑誌に発展。

3-2 『**改造《かいぞう》**』**創刊号**(1919. 4) 改造社発行。民衆解放を編集方針とした大正・昭和の代表的な総合雑誌で定価60銭《せん》。

3-3 『**キング**』**創刊号**(1924.11) 講談社《こうだんしゃ》発行。身近な大衆娯《ご》楽《らく》雑誌で，創刊号は74万部を売る大ヒットとなった。

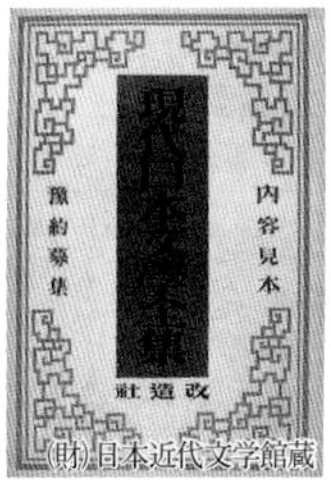

3-4・5 『**現代日本文学全集**』(円本《えんぽん》，改造社)(左)と『**社会思想全集**』(円本，平凡社)(右)の**内容カタログ** 不況ムードの中で，円本は安価の全集物として1930年頃までブームをおこした。

3B 演劇

＊新国劇…歌舞伎を革新した大衆演劇・剣劇 セ出題

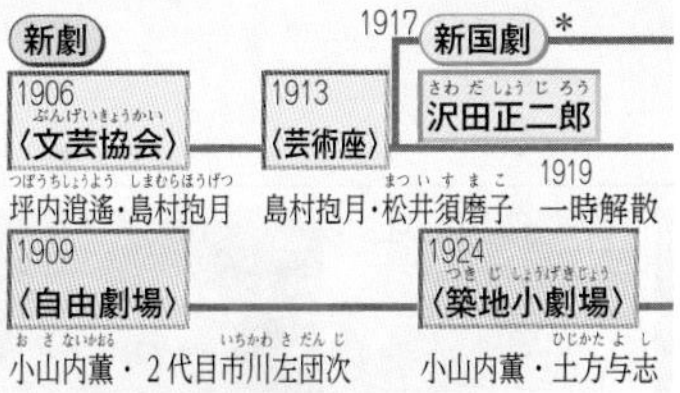

3-6 **築地小劇場《つきじしょうげきじょう》「夜の宿(どん底)」のポスター**(1929) **新劇運動**のメッカであったが，**小山内薫《おさないかおる》**の死後，急速にプロレタリア演劇へ接近していった。

3-7 **松井須磨子《まついすまこ》**(1886～1919) 大正を代表する人気女優。

3C 活動写真(映画)

3-8 **無声映画《むせいえいが》**＊**「雄呂血《おろち》」**(1925)

＊音声が出ないため，活動弁士が場面を説明した。

写真協力 (財)川喜多記念映画文化財団

3-9 **初期の本格的トーキー映画**＊**「マダムと女房《にょうぼう》」**(1931) セ出題

＊映像と音声が一体の映画

3D 音楽

解説 大正～昭和にかけてクラシック音楽が広まり，**山田耕筰《やまだこうさく》**が日本初の交響楽団，日本交響楽協会を設立したほか，**近衛秀麿《このえひでまろ》**(指揮者)や**三浦環《みうらたまき》**(ソプラノ歌手)など国際的に活躍する演奏家も現れた。

3-10 **山田耕筰**(1886～1965) 作曲家・指揮者。

3E 銀座とモボ・モガ

3-11 **銀座のモボとモガ**(林唯一《はやしただいち》筆『風俗雑誌』1930. 7 創刊号)

解説 銀座には，デパート，高級専門店，カフェー，バー，喫茶店，小料理店が集中。華やかな夜の世界をつくりだした。通りではモボ，モガ(モダンボーイ，モダンガール)が闊歩《かっぽ》した。

読み解く② 「モボ」「モガ」とよばれた人たちはどんなファッションをしていたのだろうか。

歴史ナビ (公財)**大宅壮一《おおやそういち》文庫**(東京都世田谷区) 日本初の雑誌図書館。評論家・大宅壮一(1900～70)の収集雑誌を引き継ぐ。明治以降130年余りの雑誌を所蔵。

考察の視点 文学では自然主義にかわってどのような潮流があらわれたのだろうか。推移

1 学問

人文・社会科学	哲学	西田幾多郎《にしだきたろう》	西田哲学の創始。『善《ぜん》の研究』
		和辻《わつじ》 哲郎《てつろう》	『古寺巡礼《こじじゅんれい》』『風土』
	歴史学	津田左右吉《つだそうきち》	記紀《きき》の研究。『神代史《しんだいし》の研究』
		内藤《ないとう》 湖南《こなん》	東洋史の研究。邪馬台国畿内説《やまたいこくきない》
		白鳥《しらとり》 庫吉《くらきち》	東洋史の研究。邪馬台国九州説
	民俗学	柳田《やなぎた》 国男《くにお》	日本民俗学の確立。『遠野《とおの》物語』
		折口《おりくち》 信夫《しのぶ》	文学・芸能を民俗学的観点から研究
	経済学	河上《かわかみ》 肇《はじめ》	マルクス経済学の研究。『貧乏物語』
		野呂栄太郎《のろえいたろう》	マルクス経済学の研究。『日本資本主義発達史講座』編集
	法学	美濃部達吉《みのべたつきち》	天皇機関説《てんのうきかんせつ》を主唱。『憲法撮要《けんぽうさつよう》』
	政治学	上杉《うえすぎ》 慎吉《しんきち》	絶対主義的天皇主権説
		吉野《よしの》 作造《さくぞう》	民本《みんぽん》主義を主張。黎明《れいめい》会を結成
自然科学	医学	野口《のぐち》 英世《ひでよ》	梅毒《ばいどく》スピロヘータの培養《ばいよう》に成功
	物理学	本多光太郎《ほんだこうたろう》	KS磁石鋼《じしゃくこう》の発明
	工学	八木《やぎ》 秀次《ひでつぐ》	超短波用アンテナ(八木アンテナ)発明
	数学	高木《たかぎ》 貞治《ていじ》	数学類体論
	研究機関	北里研究所	1915 北里柴三郎《きたさとしばさぶろう》により創設
		理化学研究所	1917 半官半民。のちに理研コンツェルンに発展
		航空研究所	1918 東京帝大附属
		鉄鋼研究所	1919 東北帝大附属。本多光太郎が設立
		地震研究所	1925 東京帝大附属。関東大震災後，地震学強化のため

1A 人文・社会科学

1-1 河上肇《かわかみはじめ》(1879～1946) 京大教授時代に貧困問題をテーマにした経済評論『貧乏物語』を連載し反響をよんだ。

1-2 西田幾多郎《にしだきたろう》(1870～1945) 禅《ぜん》などの東洋哲学と西洋哲学を対決させ，西田哲学とよばれる独自の思想を完成。

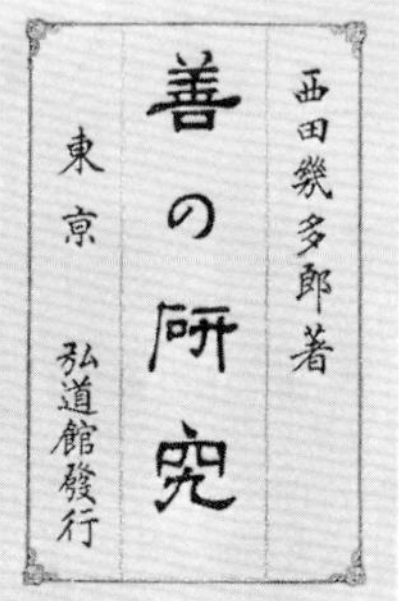

1-3『善の研究』初版本扉 『善の研究』は日木初の哲学書とされる。

1-4 書斎での柳田国男《やなぎたくにお》(1875～1962) 農商務省の官僚であったが国の農政に失望して辞職。独力でわが国の民俗学を切り開いた。その思想は折口信夫《おりくちしのぶ》らに受け継《つ》がれた。

セ出題 1-5 津田左右吉《つだそうきち》(1873～1961) 『古事記』『日本書紀』への合理的な史料批判を行い，1940(昭和15)年には多くの著作が発禁となる。主著『神代史《しんだいし》の研究』。

1B 自然科学

1-6 野口英世《のぐちひでよ》(1876～1928) 1900(明治33)年に渡米し，ロックフェラー研究所の研究員となる。黄熱《おうねつ》病の研究中アフリカで自身も感染し，病死した。

1-7 本多光太郎《ほんだこうたろう》(1870～1954) 強力なKS磁石鋼《じしゃくこう》を開発し，鉄鋼学の世界的権威となる。

1-8 理化学研究所スタッフ 物理学・化学の研究と，産業への応用を目的に1917(大正6)年に創立。

長岡半太郎《ながおかはんたろう》 本多光太郎《ほんだこうたろう》

2 文学

	白樺派《しらかば》	耽美派《たんび》	新思潮派《しんしちょう》	プロレタリア文学	新感覚派	大衆文学	児童文学	その他
特徴	自然主義・耽美主義に対立。人道主義・新理想主義・個人主義を主張。	自然主義の反動として官能的な美を求めた。	白樺派にかわり主流を占めた新現実派の一派。	『種蒔《たねま》く人』『文芸戦線』『戦旗《せんき》』の創刊。無産階級の文学。	文壇《ぶんだん》の既成《きせい》リアリズムに反抗。『文芸時代』で活躍。	大衆向け娯楽雑誌(『キング』など)に掲載された通俗小説。	情緒性《じょうちょせい》・ファンタジーを求めた児童向けの文学。	詩 高村光太郎《たかむらこうたろう》 『道程《どうてい》』 萩原朔太郎《はぎわらさくたろう》 『月に吠《ほ》える』 室生犀星《むろうさいせい》 『抒情小曲集《じょじょうしょうきょくしゅう》』 短歌 斎藤茂吉《さいとうもきち》 『赤光《しゃっこう》』 島木赤彦《しまきあかひこ》 『柹蔭集《しいんしゅう》』 俳句 高浜虚子《たかはまきょし》 河東碧梧桐《かわひがしへきごとう》
作家と作品	武者小路実篤《むしゃのこうじさねあつ》 『友情』『その妹』 志賀直哉《しがなおや》 『暗夜行路《あんやこうろ》』 『城《き》の崎《さき》にて』 有島武郎《ありしまたけお》 『或《あ》る女』 倉田百三《くらたひゃくぞう》 『出家とその弟子』 里見弴《さとみとん》 『多情仏心《たじょうぶっしん》』	永井荷風《ながいかふう》 『腕くらべ』 『冷笑《れいしょう》』 谷崎潤一郎《たにざきじゅんいちろう》 『刺青《しせい》』 『痴人《ちじん》の愛《あい》』 『細雪《ささめゆき》』	菊池寛《きくちかん》 『父帰る』 『恩讐《おんしゅう》の彼方《かなた》に』 山本有三《やまもとゆうぞう》 『女の一生』 『路傍《ろぼう》の石』 芥川龍之介《あくたがわりゅうのすけ》 『羅生門《らしょうもん》』『鼻《はな》』 久米正雄《くめまさお》 『破船《はせん》』	小林多喜二《こばやしたきじ》 セ出題 『蟹工船《かにこうせん》』 葉山嘉樹《はやまよしき》 『海に生くる人々』 徳永直《とくながすなお》 『太陽のない街《まち》』 中野重治《なかのしげはる》 『春さきの風』	横光利一《よこみつりいち》 『日輪《にちりん》』 『機械』 『旅愁《りょしゅう》』 川端康成《かわばたやすなり》 セ出題 『雪国《ゆきぐに》』 『伊豆《いず》の踊子《おどりこ》』	中里介山《なかざとかいざん》 セ出題 『大菩薩峠《だいぼさつとうげ》』 吉川英治《よしかわえいじ》 『鳴門秘帖《なるとひちょう》』 『宮本武蔵《みやもとむさし》』 大佛次郎《おさらぎじろう》 『鞍馬天狗《くらまてんぐ》』 江戸川乱歩《えどがわらんぽ》 『二銭銅貨《にせんどうか》』 直木三十五《なおきさんじゅうご》 『南国太平記《なんごくたいへいき》』	鈴木三重吉《すずきみえきち》 『赤い鳥』を創刊 小川未明《おがわみめい》 『赤い船』 宮沢賢治《みやざわけんじ》 『風《かぜ》の又三郎《またさぶろう》』 『銀河鉄道《ぎんがてつどう》の夜』	

2-1『白樺《しらかば》』創刊号 (1910) 学習院出身の青年文学者を中心に同人雑誌『白樺』を発行，彼らは白樺派とよばれた。

2-3 芥川龍之《あくたがわりゅうの》介《すけ》(1892～1927) 『新思潮《しんしちょう》』で活躍。歴史を題材とした技巧的作品が多い。35歳で自殺。

2-2 白樺派の3人 左から志賀《しが》・武者小路《むしゃのこうじ》・里見《さとみ》。

2-4『新思潮《しんしちょう》』創刊号 (1907) 東大文科学生の同人誌。創刊以来断続的に発行された。第3次(1914年)，第4次(1916～17年)の『新思潮』から出発した文学者が新思潮派。

2-5 小林多喜二《こばやしたきじ》(1903～33) 『蟹工船《かにこうせん》』でその評価は決定的となった。特高《とっこう》警察の拷問《ごうもん》により死亡。

2-6『蟹工船《かにこうせん》』表紙

2-7『太陽のない街《まち》』表紙(1929)

2-8 新感覚派のメンバー 左から川端康成《かわばたやすなり》・片岡鉄平《かたおかてっぺい》・横光《よこみつ》利一《りいち》・池谷新三《いけたにしんざぶ》郎《ろう》。

2-9『機械』表紙(1930)

歴史ナビ 早稲田大学坪内《つぼうち》博士記念演劇博物館(東京都新宿区) 日本で唯一演劇を専門的に扱う博物館。戦前からの貴重な図書・舞台写真・錦絵《にしきえ》などを収蔵。

日本画	生々流転《せいせいるてん》(横山大観《よこやまたいかん》) 夢殿《ゆめどの》・黄瀬川《きせがわ》の陣《じん》(安田靫彦《やすだゆきひこ》) 髪《かみ》(小林古径《こばやしこけい》)　斑猫《はんみょう》(竹内栖鳳《たけうちせいほう》) 洞窟《どうくつ》の頼朝《よりとも》・ローマ使節(前田青邨《まえだせいそん》) 黒船屋《くろふねや》・灯籠流《とうろう》し(竹久夢二《たけひさゆめじ》) 阿倍仲麻呂《あべのなかまろ》明州望月図《めいしゅうぼうげつず》(富岡鉄斎《とみおかてっさい》) 築地明石町《つきじあかしちょう》(鏑木清方《かぶらききよかた》) 彩雨《さいう》(川合玉堂《かわいぎょくどう》) 舞妓林泉《まいこりんせん》・大原女《おはらめ》(土田麦僊《つちだばくせん》) 序《じょ》の舞《まい》(上村松園《うえむらしょうえん》)

1 日本画

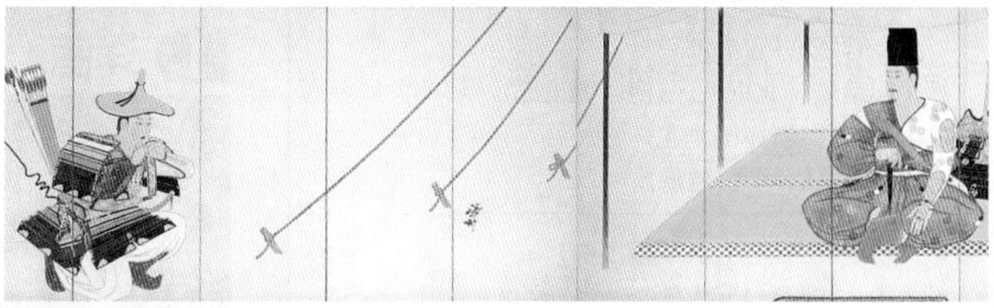

1-1 黄瀬川《きせがわ》の陣《じん》(安田靫彦《やすだゆきひこ》筆 1940～41年)
兄頼朝挙兵《よりともきょへい》の報《ほう》に接した義経《よしつね》は奥州《おうしゅう》藤原《ふじわら》氏のもとから急ぎ参陣《さんじん》。富士川の戦いの翌日，黄瀬川にて感激の対面を果たした。
166.8×370.8cm 部分 東京国立近代美術館蔵

1-2 夢殿《ゆめどの》(安田靫彦《やすだゆきひこ》筆 1912年)　大和絵《やまとえ》の手法で，新日本画創造運動を完成させ，新古典主義を確立した。中国や日本の歴史を題材に独壇場《どくだんじょう》を築いた。
113.5×225.5cm
東京国立博物館蔵

1-3 序《じょ》の舞《まい》(上村松園《うえむらしょうえん》筆 1936年)　231.3×140.4cm 部分
東京藝術大学大学美術館蔵
画像提供：東京藝術大学大学美術館/DNPartcom

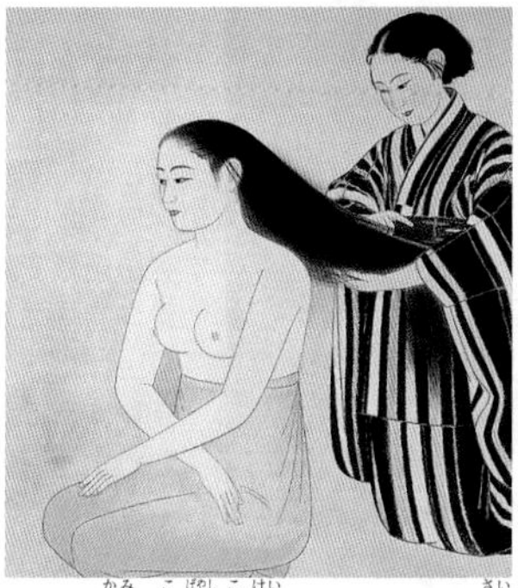

1-4 髪《かみ》(小林古径《こばやしこけい》筆 1931年)　細緻《さいち》な描線《びょうせん》で格調《かくちょう》高い作品を残した。写実性と東洋古典を見直し，新古典主義の作風に至る。173.5×108cm 部分
東京・(公財)永青文庫蔵

1-5 洞窟《どうくつ》の頼朝《よりとも》(前田青邨《まえだせいそん》筆 1929年)
2曲1隻 190.5×269.9cm 東京・大倉集古館蔵

1-6 ローマ使節(前田青邨《まえだせいそん》筆 1927年)
天正遣欧《てんしょうけんおう》使節の正使《せいし》，伊東マンショの晴姿《はれすがた》を描いたもの。戦後，東京芸大教授も務めた。
197×196cm 部分 早稲田大学會津八一記念博物館蔵

1-7 舞妓林泉《まいこりんせん》(土田麦僊《つちだばくせん》筆 1924年)
217.7×102.0cm 東京国立近代美術館蔵

1-8 大原女《おはらめ》(土田麦僊《つちだばくせん》筆 1915年)　大原女とは，京都大原の里から農作物を売りに行く娘。印象派やフレスコ画などの影響を受け，西洋と日本を融合させた新しい日本画を追求した。175.4×373.7cm 右隻・部分 東京・山種美術館蔵

1-9 灯籠流《とうろう》し(竹久夢二《たけひさゆめじ》筆 1929年)　群馬・竹久夢二伊香保記念館蔵

1-10 黒船屋《くろふねや》(竹久夢二《たけひさゆめじ》筆 1919年)　「大正の歌麿《うたまろ》」といわれた美人画の名手竹久夢二の最高傑作。薄い胸，長い手足，つぶらな目が夢二風美人のスタイルである。
130×50.6cm
群馬・竹久夢二伊香保記念館蔵

1-11 斑猫《はんみょう》(竹内栖鳳《たけうちせいほう》筆 1924年)
81.9×101.6cm
重要文化財　部分
東京・山種美術館蔵

1-12 彩雨《さいう》
(川合玉堂《かわいぎょくどう》筆 1940年)
87.7×116.7cm
東京国立近代美術館蔵

1-13 阿倍仲麻呂《あべのなかまろ》在唐詠和歌図(富岡鉄斎《とみおかてっさい》筆 1918年)　島根・足立美術館蔵

1-14 築地明石町《つきじあかしちょう》(鏑木清方《かぶらききよかた》筆 1927年)　江戸浮世絵の系統に学び，風俗画・美人画など清新《せいしん》で抒情《じょじょう》性ある作品を残した。　174×74cm

1-15 生々流転《せいせいるてん》(横山大観《よこやまたいかん》筆 1923年)　彼の芸術観の頂点ともいえる大作。画題は仏教用語で「しょうじょうるてん」と読むのが正しいと思われる。片《かた》ぼかしの独自の墨彩《ぼくさい》法で，人生の流転を水にたとえて描いた長巻図《ちょうかんず》。　55×4,070cm 部分 東京国立近代美術館蔵

歴史ナビ　**竹久夢二《たけひさゆめじ》美術館**(東京都文京区)　大正ロマンを象徴する画家・竹久夢二の作品3,300点を所蔵。常時200点以上の夢二の作品が見られる。

大正〜昭和初期の文化⑤　洋画・彫刻・建築

考察の視点　大正・昭和期の洋画界では，どのような潮流があらわれたのだろうか。P.284 1 も参考にして考えてみよう。 **推移**

洋画	金蓉《きんよう》(安井曽太郎《やすいそうたろう》) 紫禁城《しきんじょう》・北京秋天《ぺきんしゅうてん》(梅原龍三郎《うめはらりゅうざぶろう》) 麗子微笑《れいこびしょう》(岸田劉生《きしだりゅうせい》) Nの家族(小出楢重《こいでならしげ》)
彫刻	転生《てんしょう》・五浦釣人《いづらちょうじん》(平櫛田中《ひらぐしでんちゅう》) 手・鯰《なまず》(高村光太郎《たかむらこうたろう》)
建築	旧帝国ホテル(フランク＝ロイド＝ライト・米) 東京駅(東京中央停車場)(辰野金吾《たつのきんご》) 三越《みつこし》本店(横河民輔《よこかわたみすけ》)

1 洋画

1-1 麗子微笑《れいこびしょう》(岸田劉生《きしだりゅうせい》筆1921年)　外光派画風から，後期印象派や北欧ルネサンス絵画の影響を受けて外光のない写実主義に変化。さらに宋《そう》・元《げん》画に関心を示して東洋的な独自の境地《きょうち》を開いた。「麗子微笑」は一連の麗子像中の代表作。

47×45.5cm 東京国立近代美術館蔵

1-2 紫禁城《しきんじょう》(梅原龍三郎《うめはらりゅうざぶろう》筆1940年)　浅井忠《あさいちゅう》やルノワールに師事《しじ》し，強い色彩で豪快《ごうかい》な東洋的画面をつくり上げた。これは制作旅行で北京を訪れたときの作品で，緑樹の間に浮かんだ朱《しゅ》の楼閣《ろうかく》の鮮《あざ》やかさ，また天空に漂《ただよ》う雲の表現が伸びやかで面白い。

72.7×90.9cm 岡山・大原美術館蔵

1-3 北京秋天《ぺきんしゅうてん》(梅原龍三郎《うめはらりゅうざぶろう》筆1942年)

88.5×72.5cm 東京国立近代美術館蔵

1-5 金蓉《きんよう》(安井曽太郎《やすいそうたろう》筆1934年)　フランスに渡りピサロやセザンヌに傾倒《けいとう》し，その影響を受ける。肖像画《しょうぞうが》に独自の発展を示し，二科会《にかかい》で活躍した。出題

96.5×74.5cm 東京国立近代美術館蔵

1-4 Nの家族(小出楢重《こいでならしげ》筆1919年)　77×89.5cm 岡山・大原美術館蔵

2 彫刻

2-1 転生《てんしょう》(平櫛田中《ひらぐしでんちゅう》作1920年)　高村《たかむら》光雲《こううん》に木彫《もくちょう》を学ぶ。生ぬるいものを嫌う鬼が，人肉を吐《は》き出すようすを表現している。　像高150cm 東京藝術大学蔵

岡山・井原市立田中美術館蔵

2-2 五浦釣人《いづらちょうじん》(平櫛田中《ひらぐしでんちゅう》作1943年)　五浦(茨城県北茨城市)の海岸で，釣りに出かける岡倉天心《おかくらてんしん》を撮影した写真をもとに制作。

像高221cm

2-3 鯰《なまず》(高村光太郎《たかむらこうたろう》作1926年)　光雲《こううん》の長男。渡欧《とおう》してロダンに傾倒《けいとう》した。表面にはざっくりとしたノミ跡を残し，柔らかな木の材質を生かしながら，鯰の存在感が見事に表現されている。　長さ42.5cm 東京国立近代美術館蔵

2-4 手(高村光太郎《たかむらこうたろう》作1917〜18年)　天をさす人さし指を中心に，5本の指がつくり出し支配する空間と形態は，生命感に満ちている。

像高38cm 東京国立近代美術館蔵

3 建築

3-1 旧帝国ホテル本館(1922完成)　フランク＝ロイド＝ライト(米)の設計。主体は鉄筋《てっきん》コンクリートであるが，大谷石《おおやいし》や煉瓦《れんが》の地を生かした装飾により東洋的な美も加えた新手法である。

現在は犬山市明治村に移築

出題

3-3・4 東京駅　(1908着工，1914完成)　正式に「東京」駅と名称が決まったのは開業間際だった。駅舎《えきしゃ》には埼玉県深谷《ふかや》の赤煉瓦《れんが》が使われた。戦争で損傷《そんしょう》。下は2012年10月1日に復元開業した現在の東京駅。

3-2 三越《みつこし》本店　(横河民輔《よこかわたみすけ》設計[横河工務所]1927)　1904(明治37)年に西欧式デパートメントスタイルを採用。1914(大正3)年に横河の設計による鉄骨5階建ての新店舗《てんぽ》を完成。1923(大正12)年の関東大震災で店舗が焼失。横河の設計のもと再建され，1937(昭和12)年に増改築された。　国立国会図書館蔵

歴史ナビ　**高村光太郎《たかむらこうたろう》記念館**(岩手県花巻市)　十和田湖「乙女の像」の中型試作像や妻智恵子の紙絵などを展示している。

戦後恐慌から金融恐慌へ

考察の視点　なぜ金融恐慌はおきたのだろうか。相互関連

1 1920年代の経済と政策の動向

内閣[蔵相]	年	事項
原敬《はらたかし》 [高橋是清《たかはしこれきよ》]	1920 (大9)	**戦後恐慌** ・第一次世界大戦終結でヨーロッパ商品がアジア市場に再登場 ・綿糸《めんし》・生糸《きいと》相場の暴落1A →日本銀行の救済融資等1Cにより半年で沈静化《ちんせい》
山本権兵衛《やまもとごんべえ》② [井上準之助《いのうえじゅんのすけ》]	1923 (大12)	**関東大震災と震災恐慌** ・工場・店舗・商品の焼失。銀行手持ちの手形《てがた》は決済《けっさい》不能に1D ・日銀の特別融資でも震災手形の決済は進まず ・鈴木商店1Eなど不良債権《さいけん》を抱えた企業・銀行は残存
若槻礼次郎《わかつきれいじろう》① [片岡直温《かたおかなおはる》]  1-1 片岡直温 (1859～1934) 衆議院での答弁の中で「東京渡辺銀行が支払いを停止しました」と発言。	1927 (昭2)	**金融恐慌** ⓢ出題 . 1.26　震災手形処理法案提出 **第1段階　片岡蔵相の失言**(. 3.14～) ・片岡蔵相の失言を機に，東京渡辺銀行始め一部の中小銀行の不良な経営状態が暴《あば》かれ，取付《とりつ》け騒ぎに ・銀行の休業続出。日銀，非常貸出し ・震災手形処理法案，貴族院通過 ・台湾銀行，鈴木商店の取引停止(. 3.28)。営業停止(. 4. 2) **第2段階　金融恐慌全国波及**(. 4. 4～) ・政府の台湾銀行特別融資緊急勅令《ちょくれい》案を，枢密院《すうみついん》，否決。若槻内閣総辞職 ・台湾銀行営業停止(. 4.18)。銀行の休業が相次ぎ，取付け騒ぎは全国に
田中義一《たなかぎいち》 [高橋是清]		**第3段階　モラトリアム発令**(. 4.22～) ・田中内閣，3週間のモラトリアム(支払猶予《ゆうよ》令)を実施。4月24日までの3日間，銀行を一斉休業させ，その間に日銀は巨額の救済融資を実施(200円紙幣を500万枚発行1-2) ・金融恐慌，沈静化。モラトリアム，5月12日終了

【金融恐慌の結果】
①銀行法の成立(1927)と不良債権の整理が進行
・中小銀行の金融難は深刻となり，整理・統廃合《とうはいごう》が進み，結果として不良債権整理が断行される
・銀行の取り締まり強化。銀行の合同や銀行業の近代化が進む(特定企業との癒着《ゆちゃく》，担保《たんぽ》無しの多額融資を規制する方向)
・産業界でも中小企業の整理・統廃合が進む
②財閥の発展
・五大銀行へ預金集中2B。財閥が経済界を支配

1A 綿糸《めんし》・生糸《きいと》価格の崩落

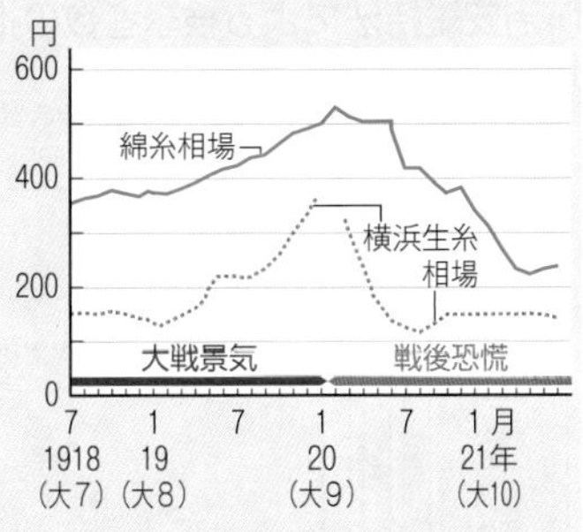

1B 物価と株価の動向

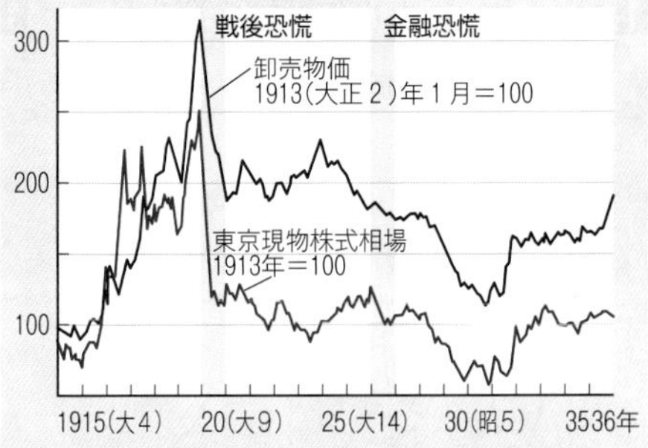

(左図とも『近代日本経済史要覧』による)

1C 日本銀行貸出高(救済融資)

戦後恐慌(1920年)	3.6億円
震災恐慌(1923年)	5.1億円
金融恐慌(1927年)	18.7億円

(『日本歴史大系16』により作成)

不良債権　回収困難な**債権**(貸した金を請求できる権利)。金融機関が，貸付先企業の経営悪化や倒産で回収困難になる可能性が高い債権のこと。震災と関係がない鈴木商店関係の不良債権が多数混入していた。

1D 震災恐慌の構図

❶商社Xが商社Yから商品を仕入れ，手形《てがた》(一定の時期に金額を支払う)を渡す。
❷商社Yは手形を銀行に持参。
❸手形を現金化。
❹銀行は商社Xに手形の決済を求める。
❺ところが商社Xは震災で決済不能に。

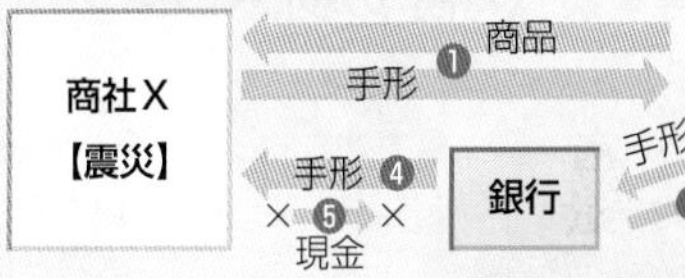

1E 鈴木商店と台湾銀行

【鈴木商店】1877(明治10)年創業
・日清戦争後，台湾に進出
・台湾産の樟脳《しょうのう》と砂糖の販売権を獲得し，台湾銀行との関係が密に
・第一次世界大戦の大戦景気で，台湾銀行が鈴木商店に膨大な貸し付け
・鈴木商店は投機的買い付けで巨額の利益
・戦後恐慌・震災恐慌で鈴木商店の経営は悪化

【台湾銀行】1899(明治32)年設立
・植民地台湾で紙幣発行権をもつ
・台湾の産業開発，華南《かなん》・南洋諸島の貿易金融を目的
・回収不能債権の約80%(2億1,200万円)が鈴木商店関係

1-2 **裏白《うらじろ》紙幣**　恐慌鎮静《ちんせい》化のため，1927(昭和2)年4月25日，政府は印刷が間に合わないため裏が白紙の200円札を急造し，銀行再開に備えた。

2 財閥《ざいばつ》の発展

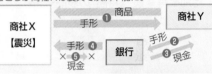

三井
三菱
住友
(三大財閥)
安田
(四大財閥*)
浅野
大倉
古河
川崎
(八大財閥)

*四大財閥の銀行と第一銀行は五大銀行とよばれ，金融恐慌をきっかけに預金が集中した。

解説　**金融恐慌**による五大銀行への預金集中，中小企業の整理・合併を追い風に，**政商**《せいしょう》は事業を多角化して市場を一層支配。事業別に独立した企業を設け，持株会社《もちかぶ》である本社を核として，株式の所有・融資・人的結合によって支配する**財閥**《ざいばつ》(コンツェルン)を形成。政党や軍部に強い影響力をもった。

2A 四大財閥の産業支配(財閥傘下の業種別資本金分布)

出題

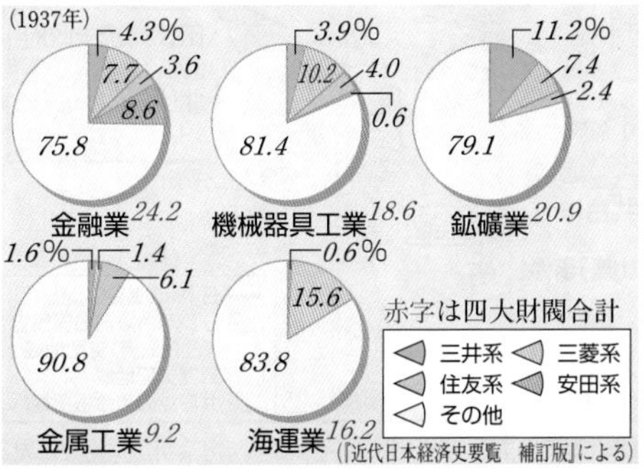

(『近代日本経済史要覧　補訂版』による)

2B 五大銀行*への集中

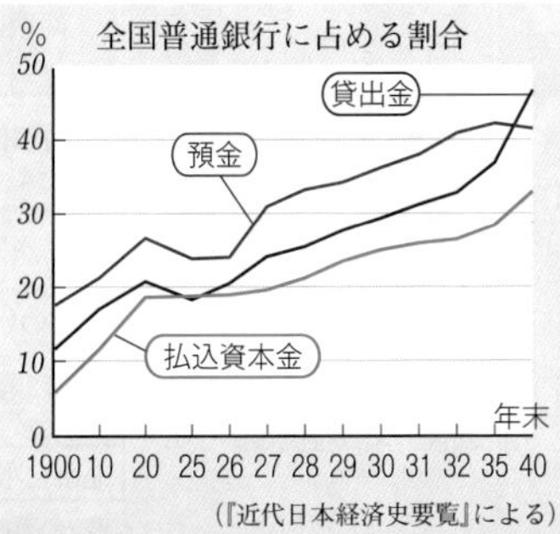

(『近代日本経済史要覧』による)

*三井・三菱・安田・住友・第一の5銀行

2C 財閥の組織(三菱財閥の例)(『日本20世紀館』による)

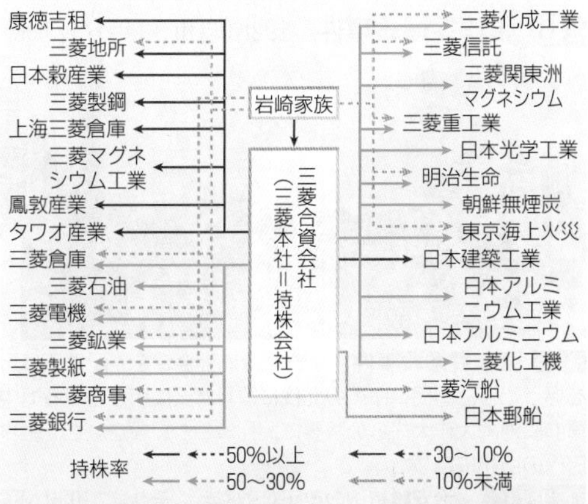

社会主義運動の弾圧と強硬(積極)外交

考察の視点　なぜ田中義一内閣は強硬(積極)外交を展開したのだろうか。　相互関連

1 社会主義運動の高まりと弾圧

1A 労働争議と小作争議の高まり

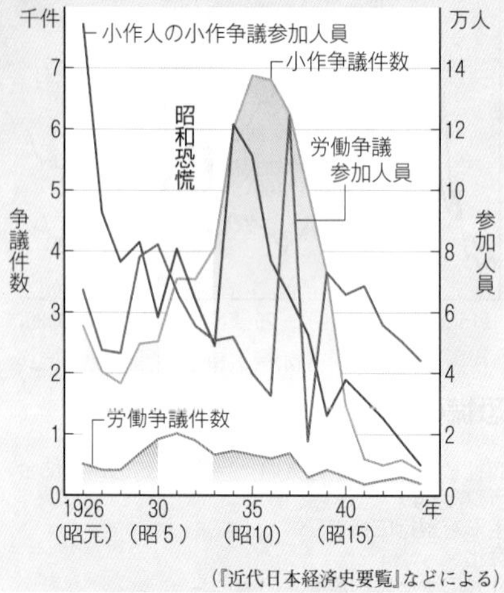

(『近代日本経済史要覧』などによる)

1B 治安維持法による検挙者数の推移

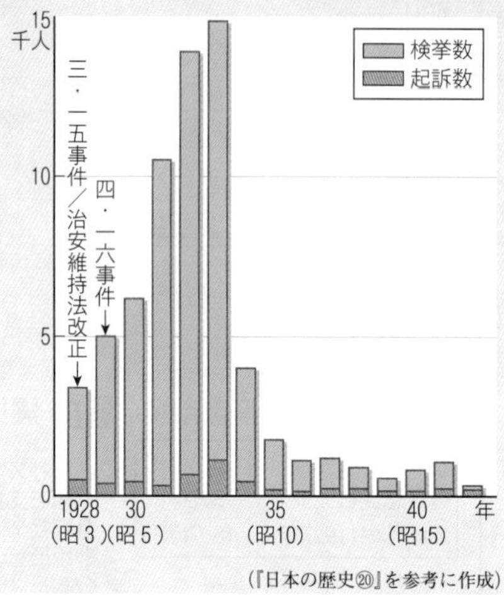

(『日本の歴史⑳』を参考に作成)

㋝出題

解説　1928(昭和3)年，総選挙に労働農民党から党員を立候補させ公然と活動再開した日本共産党を，**田中義一内閣**《たなかぎいち》は徹底的に弾圧した。多数の共産党員や支持者を一斉検挙《いっせいけんきょ》，拷問《ごうもん》を加えて治安維持法違反で起訴した(**三**《さん》**・一五**《いちご》**事件**)。同年，緊急勅令《ちょくれい》で治安維持法を改正し，最高刑に死刑を追加。翌年の**四**《よん》**・一六**《いちろく》**事件**で党の幹部全員が逮捕され，日本共産党は壊滅《かいめつ》状態となった。

読み解く　1Bのグラフで，1933年をピークに以降の検挙者数が減少しているのはなぜだろうか。　相互関連

1-1 三《さん》・一五《いちご》事件を報じる新聞記事(『東京朝日新聞』1928. 4.11)

1C 特別高等警察*(特高)の設置　㋝出題

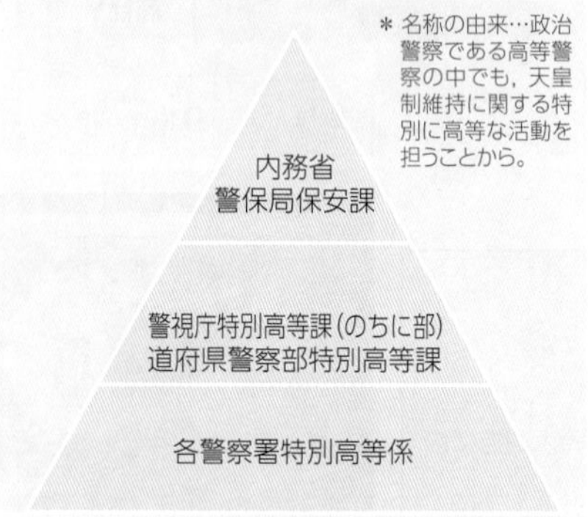

＊名称の由来…政治警察である高等警察の中でも，天皇制維持に関する特別に高等な活動を担うことから。

内務省を頂点とする中央集権性の強い，ピラミッド型の構造

解説　**特別高等警察**(特高)とは，明治末～1945年まで設置された思想警察。内務省管轄《かんかつ》で強大な権限をもち，社会主義者・無政府主義者・在日朝鮮人などに厳重な監視《かんし》体制をとり，検挙・弾圧した。**大逆**《たいぎゃく》**事件**P.266》・P.279》直後，社会主義に対する警察の必要性が強調され，警視庁に特別高等課が設置されたのを手始めに，主要な道府県に設置。1925(大正14)年，**治安維持法**という法的武器を手にし，1928(昭和3)年には**三**《さん》**・一五**《いちご》**事件**を契機《けいき》に拡充され，全県に特別高等課が設置された。1935(昭和10)年に日本共産党を壊滅《かいめつ》に追い込んだ後，戦争政策に反対する自由主義思想なども弾圧。太平洋戦争敗戦後，GHQの指示で解体。

1-2 **四**《よん》**・一六**《いちろく》**事件を報じる新聞記事**(『東京日《にち》日《にち》新聞』1929.11. 6号外)　1929(昭和4)年4月26日に幹部の鍋山貞親《なべやまさだちか》，6月16日に幹部の佐野学《さのまなぶ》が検挙された。両名はのちに獄中《ごくちゅう》で**転向**声明《てんこうせいめい》を出した。

2 田中内閣の強硬(積極)外交

田中義一内閣《たなかぎいち》(立憲政友会《りっけんせいゆうかい》)
外相：田中義一(兼任)　1927(昭和2). 4～29(昭和4). 7

強硬外交(積極外交)　対中国強硬外交。
幣原《しではら》外交を「軟弱外交」と非難

❶**東方会議**《とうほう》(1927. 6)：対中国積極政策を決定
❷**山東出兵**《さんとう》(1927. 5～28. 5)：第1次～第3次。北伐《ほくばつ》阻止，満洲・華北への軍事進出
❸**張作霖爆殺事件**《ちょうさくりんばくさつ》(1928. 6)の責任を取って退陣(満洲某《ぼう》重大事件)

解説　1926年7月以降，蔣介石《しょうかいせき》を中心とする国民党が中国統一をめざして北伐を始めた。1928年末に国民党による国民政府が中国を統一し，列強から権益を中国に取り戻そうとする国権回復運動が盛り上がり，満鉄の経営を脅かした。このような動きに対して田中内閣は強硬外交で臨んだ。

2A 北伐《ほくばつ》と山東《さんとう》出兵

国民政府派…国共合作を基盤とする国民政府樹立をめざす国民革命軍に従った。
反革命派…国民革命派に抗した軍閥。

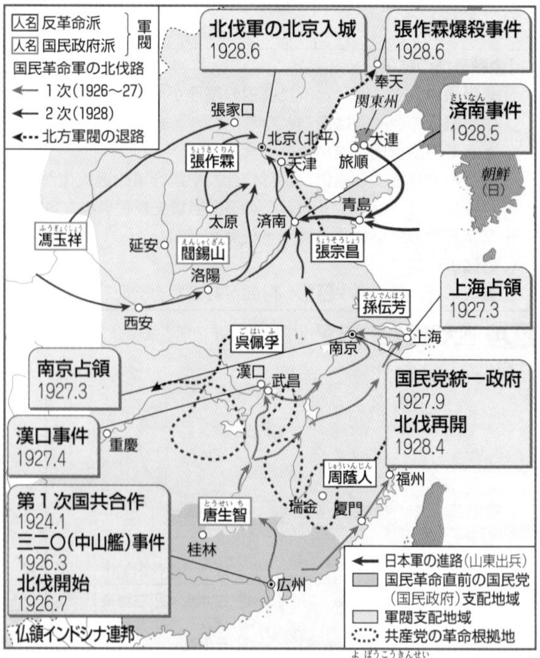

2B 張作霖爆殺事件《ちょうさくりんばくさつ》　1928(昭和3)年6月4日

2-1 張作霖
(1875～1928)

2-2 **張作霖爆殺事件**　張作霖は満洲全域を支配する奉天《ほうてん》(満洲)軍閥《ぐんばつ》。1927年に北京政府の実権を握ったが，国民革命軍の**北伐**に敗れ奉天に引き上げる途中，満洲の直接軍事占領をもくろむ関東軍参謀河本大作大佐《さんぼうこうもとだいさくたいさ》らの陰謀で，列車ごと爆殺された。張作霖の子の**張学良**《ちょうがくりょう》は日本に対抗し国民政府への服属に応じた。

2-3 **青天白日旗**《せいてんはくじつき》(国民党旗)　張学良《ちょうがくりょう》は満洲全土でこの旗を掲げさせ，帰順を表明した。北伐は完了した。

㋝出題
歴史ナビ　**治安維持法の改正**(1928年)　それまで10年以下の懲役《ちょうえき》・禁固《きんこ》だった最高刑が死刑に引き上げられた。1941年には刑期満了後も拘束し続ける予防拘禁制《よぼうこうきんせい》が採用された。

考察の視点 戦後恐慌・震災恐慌・金融恐慌と続く中，井上財政は何をねらい，その結果何をもたらしたのだろうか。

金解禁・昭和恐慌と国民生活

1 井上財政(金解禁《きんかいきん》)と昭和恐慌 相互関連 セ出題

1929(昭和４)年７月～31(昭和６)年12月

1-1 井上準之助《いのうえじゅんのすけ》(1869～1932) 日本銀行第９，11代総裁《そうさい》。山本・浜口・第２次若槻《わかつき》内閣で大蔵大臣に就任。P.299

ねらい	①**金輸出解禁**(**金解禁**)による**金本位制**への復帰(1930年１月から実施) 2 セ出題 ②外国為替《かわせ》相場を安定させ，貿易拡大を図る ③生産性の低い企業，不良債権《ふりょうさいけん》を抱えた企業を整理・淘汰《とうた》し，国際競争力をつける
政策	・緊縮財政 ・産業の合理化＝1931年　重要産業統制法(カルテルの助成と生産・価格の制限)
結果	**昭和恐慌**(「あたかも台風の最中に窓をあけひろげるような結果」の発生) ①緊縮財政による不況 ②世界恐慌(1929.10)の影響で輸出は減少し，輸入は超過→正貨《せいか》(金)が海外へ大量流出 2B ③企業の操業《そうぎょう》短縮・倒産・人員整理→失業者増大 ④農業恐慌(米国向け生糸《きいと》の輸出減による繭《まゆ》価大暴落＝所得減少)* 1D

＊1930年の豊作による米価下落(豊作貧乏)，1931年の大凶作も追い打ちをかける。

1A 農産物価格の下落

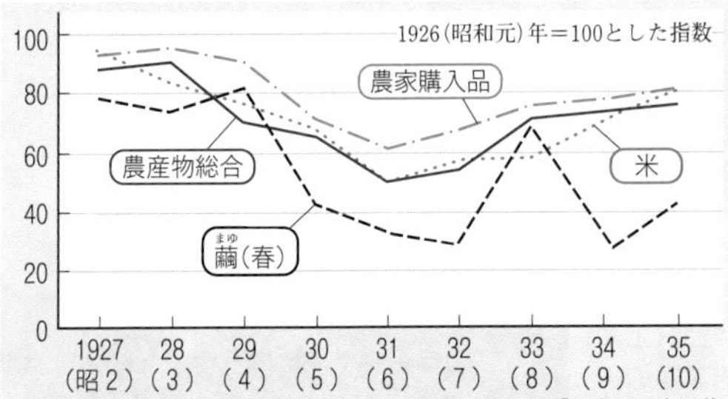

(『日本の歴史24』)

1B 製糸業の盛衰《せいすい》

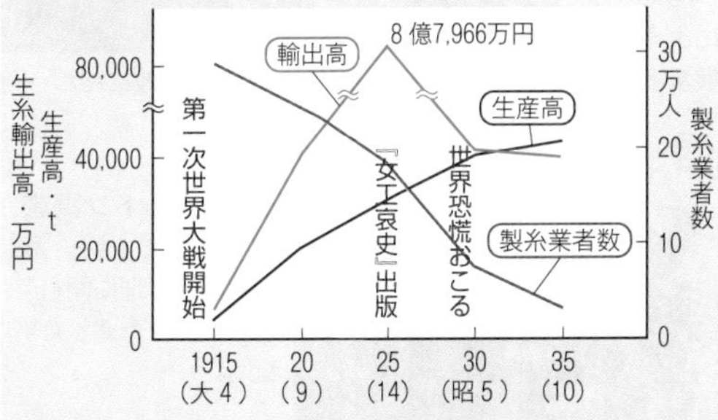

(『現代日本産業発達史』による)

1C 失業者数・物価変動などの推移

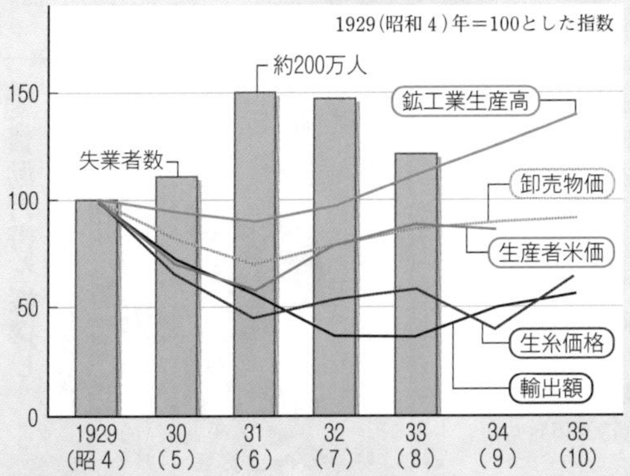

2 金本位制とは

【国内】紙幣と金との兌換《だかん》＝金の保有量で紙幣の発行量が決定
【国外】金の輸出入の自由＝貿易の代金は金で決済《けっさい》
◎メリット＝物価と為替《かわせ》相場が安定
×デメリット＝柔軟な通貨量調節による金融政策ができない

国際物価＝国内物価　　国際収支(輸出と輸入)が均衡

国際物価割高＞国内物価割安
↓
輸出超過＝金の流入
↓
国内の金保有量が増加＝紙幣の発行量増加(インフレ)

国際物価割安＜国内物価割高
↓
輸入超過＝金の流出
↓
国内の金保有量が減少＝紙幣の発行量減少(デフレ)

解説 金本位制では，各国の中央銀行や政府は，金庫に保管する金と同額の紙幣(兌換《だかん》紙幣)を発行する。国際貿易も最終決済は金で行うので，金の自由な国際移動が行われる。天然資源の金の保有量には限界があるので，発行貨幣も一定量に抑えられ，為替《かわせ》相場や物価も自動的に調節される，という楽観的な見方であった。

2A 金輸出の禁止と解禁

	禁止	解禁	再禁止
日　本	**1917．9**	**1930．1**	**1931.12**
イギリス	1919．4	1925．4	1931．9
アメリカ	1917．9	1919．6	1933．4
ド イ ツ	1915.11	1924.10	1931．7
フランス	1915．7	1928．6	1936．9
イタリア	1914．8	1927.12	1934．5

(『近代日本経済史要覧』による)

旧平価《へいか》解禁論(井上準之助《いのうえじゅんのすけ》)	新平価解禁論(石橋湛山《いしばしたんざん》・高橋亀吉《たかはしかめきち》)
【理論】第一次世界大戦前と同じ為替《かわせ》相場(100円＝49.85ドル)による解禁(実質的に円は切り上げ＝円高)。法律改正不要	【理論】当時の為替レート100円＝46.5ドル前後に合わせる(円を切り下げる)。法律改正が必要。少数与党の民政党は消極的
【結果】円高により輸出はしにくくなる。さらに世界恐慌が追い打ち。日本経済はデフレと不況になった	

解説 第一次世界大戦が始まると，欧米諸国は金本位制を停止(金輸出禁止)し，日本も1917年に追随《ついずい》した。戦後，欧米は金本位制に復帰したが，日本は戦後・震災・金融恐慌が続き，日銀が景気浮揚《ふよう》策として多額の特別貸出をした(貨幣流通量が保有する金よりはるかに上回る)ため，金本位制復帰(金解禁)ができなかった。浜口内閣は緊縮財政により貨幣供給量を抑制して金解禁を断行したが，円高不況を招いた(昭和恐慌)。

読み解く 2Bのグラフから，日本から正貨《せいか》(金)が大量に流出したことがわかる。何年に急激に流出しているだろうか。

1D 農業恐慌

1-2 **大根をかじる東北地方の欠食《けっしょく》児童**(1934)　米や生糸《きいと》の価格の暴落による所得減少で「欠食児童」や「女子の身売り」が急増。セ出題

2B 正貨《せいか》の海外流出

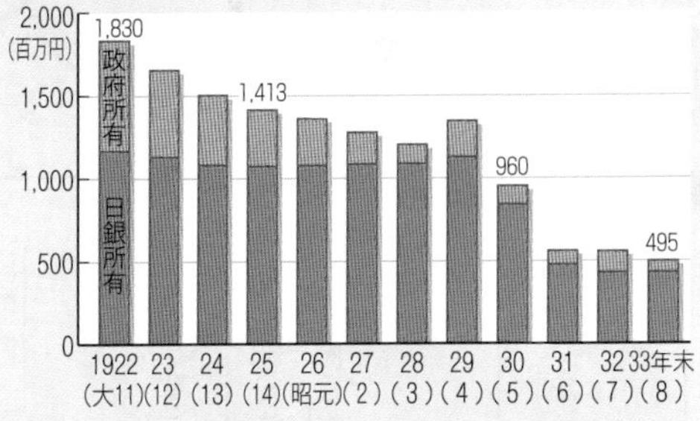

(『近代日本経済史要覧』による)

2C 対米為替《かわせ》相場の動向(平価＝100円) 出題

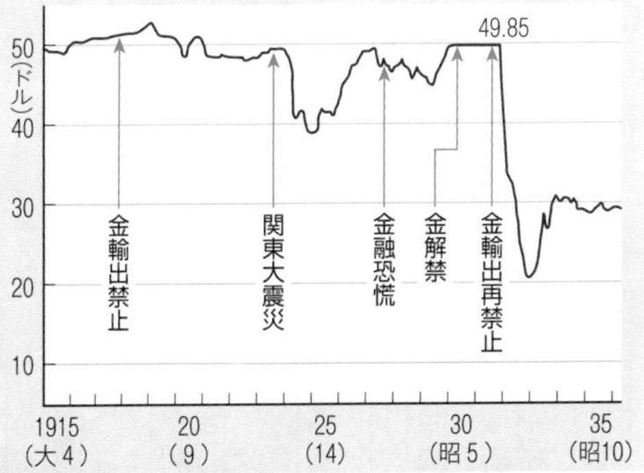

解説 1930年１月，100円＝49.85ドルで金本位制へ復帰(金解禁)した。1931年12月に金輸出再禁止すると一気に円安となり，100円＝20ドルとなった。

歴史ナビ 城山三郎《しろやまさぶろう》『男子の本懐《ほんかい》』(新潮文庫)　金解禁政策に命をかけた浜口雄幸《はまぐちおさち》は，「覚悟を同じくしてくれないか」と井上準之助《いのうえじゅんのすけ》に蔵相就任をかけあったとある。

満洲事変と国際連盟脱退

考察の視点 日本はなぜ満洲事変，国際連盟脱退へと進んだのだろうか。 推移

1 満洲侵略

㊉出題

解説 1920年代後半より始まった中国の**国権回復運動**に危機感を深めた関東軍は，これを武力によって阻止しようと考えた。参謀本部中村震太郎《なかむらしんたろう》が軍隊によって射殺された中村大尉事件(1931)と，同年万宝山で中国農民と朝鮮人が衝突した万宝山事件は，いずれも満洲事変の近因となった。

1A 柳条湖《りゅうじょうこ》事件 1931(昭和６)年９月18日 ㊉出題

解説 **満洲事変**の発端《ほったん》となった**柳条湖事件**は，当時中国兵の満鉄爆破が原因とされたが，実際は板垣征四郎《いたがきせいしろう》大佐・石原莞爾《いしわらかんじ》中佐を中心とする**関東軍**の謀略《ぼうりゃく》だった。

1-1 **板垣征四郎《いたがきせいしろう》**(1885～1948) 関東軍の高級参謀に就任。「智謀の石原」に対し「実行の板垣」とよばれ，満洲事変を主導した。その後建国された満洲国の執政《しっせい》顧問となる。戦後，東京裁判でＡ級戦犯《せんぱん》とされ，絞首刑。

写真：近現代PL／アフロ

1-2 **石原莞爾《いしわらかんじ》**(1889～1949) 関東軍参謀として満洲事変を主導。東洋文明の盟主《めいしゅ》日本と，西洋文明盟主アメリカとの「世界最終戦」論を主張。のち東条英機《とうじょうひでき》と対立し予備役《よびえき》に。病気で戦犯指定免除。

1-3 **上海事変《シャンハイじへん》**(第１次) 1932(昭和７)年１月海軍陸戦隊の閘北《ぎほく》(上海北部)総攻撃のようす。満洲事変から列国の目をそらすため，関東軍が中国人による日本人僧侶襲撃事件を演出して上海占領を画策《かくさく》したが，失敗に終わった。

1B 満洲国組織図

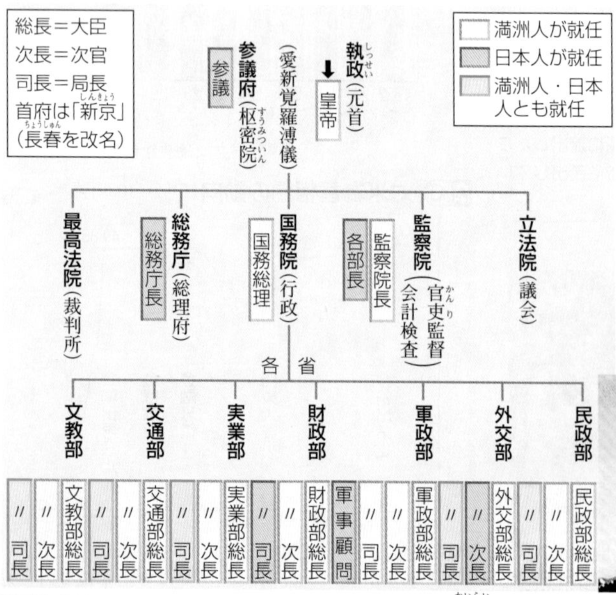

解説 満洲国は関東軍司令部が事実上の政府で，**日本の傀儡《かいらい》国家**であった。実権は日本人の総務庁長や司長が握っていた。

1-4 **愛新覚羅溥儀《あいしんかくらふぎ》**(1906～67)

2 国際連盟脱退 1933(昭和８)年３月通告 ㊉出題

2-1 **リットン調査団**(1932.２～.９) 満洲事変の処理に関して，国際連盟が派遣した調査団。

2-2 **国際連盟脱退を報ずる新聞**(『東京朝日新聞』1933.２.25)

解説 中国の提訴を受けて，国際連盟はリットンを団長とする調査団を派遣。1933年２月の総会で満洲国承認取り消しなどを求める勧告を，42対１で採択した。**松岡洋右《まつおかようすけ》全権**は総会を退場し，日本は３月に**国際連盟脱退**を通告した(1935年発効)。

歴史ナビ **映画「ラストエンペラー」** 1987年公開。イタリア，中国，イギリス合作。清朝最後の皇帝でのちに満洲国皇帝となった愛新覚羅溥儀《あいしんかくらふぎ》の生涯を描いた。

考察の視点 欧米諸国が世界恐慌からなかなか回復できなかったのと比べて，日本が比較的早い時期に恐慌から脱出できた3Bのはなぜだろうか。 比較

恐慌からの脱出

1 井上財政から高橋財政へ

井上財政(1929.7～31.12) P.295》 →	高橋財政(1931.12～36.2)
金解禁＝金本位制復帰	金輸出再禁止＝管理通貨制度実施
●為替《かわせ》相場の安定と輸出増進をめざす ●財政緊縮《きんしゅく》による物価引き下げ，産業合理化による国際競争力強化をめざす ●世界恐慌《きょうこう》と重なり大量の正貨《せいか》(金貨や地金《じきん》)流出・不況深刻化	●円安を利用して輸出増大 ●赤字国債＊1発行による財政膨《ぼう》張《ちょう》政策(軍事費と時局匡救費《じきょくきょうきゅうひ》＊2 4を中心に) ●1933年頃には恐慌以前の生産水準を回復，インフレの進行も(1935頃)

＊1…歳入不足を国債によって補うもの。
＊2…公共土木事業に農民を就労《しゅうろう》させて収入を得させる農村救済の予算。

1A 一般会計歳出の動き

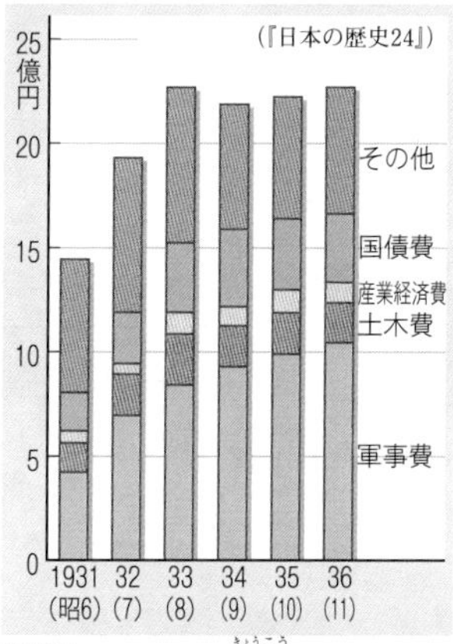

1B 貿易額の推移

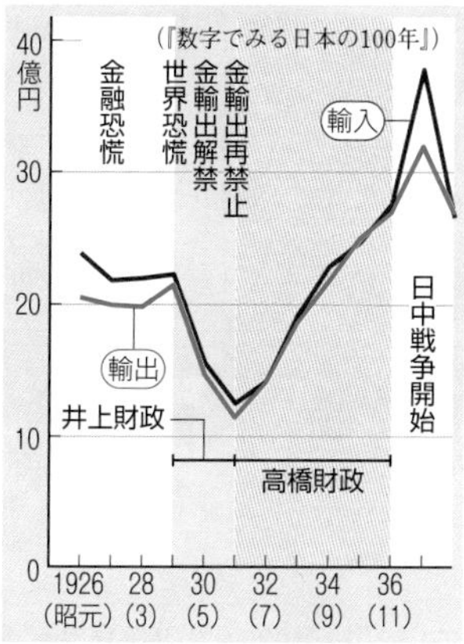

解説 日本の世界恐慌《きょうこう》からの回復は，欧米諸国に比べて極めて早く，生産・国民所得は1933～34年には恐慌前の水準に回復した。井上準之助《いのうえじゅんのすけ》に代わって蔵相に就任した**高橋是清**《たかはしこれきよ》は金輸出再禁止を行い，対内的には赤字国債の発行による軍事費を中心とした膨張財政，対外的には為替《かわせ》相場を低下させる一種のダンピング政策による輸出促進をはかった。軍事費の増大は重化学工業の発展を促し，日本の産業構造は急速に重化学工業の比重を高めた。

2 貿易の状況

2A 貿易市場構成の変化

単位：億円，(　)内は％ (『明治以降本邦主要経済統計』)

区分＼年次	対アメリカ		対イギリス連邦圏(スターリングブロック)		対日本勢力圏(中国・満洲・関東州)		総額	
	輸出	輸入	輸出	輸入	輸出	輸入	輸出	輸入
1931(昭6)	4.25(37.1)	3.42(27.7)	2.59(22.6)	3.72(30.1)	2.21(19.3)	2.36(19.1)	11.47	12.36
33(昭8)	4.92(26.4)	6.21(32.4)	4.34(23.3)	5.86(30.6)	4.11(22.1)	2.81(14.7)	18.61	19.17
35(昭10)	5.36(21.4)	8.10(32.8)	5.99(24.0)	7.61(30.8)	5.75(23.0)	3.50(14.2)	24.99	24.72
37(昭12)	6.39(20.1)	12.70(33.6)	7.13(22.5)	10.03(26.5)	7.91(24.9)	4.37(11.6)	31.75	37.83
39(昭14)	6.42(18.0)	10.02(34.3)	5.08(14.2)	5.35(18.3)	17.47(48.9)	6.83(23.4)	35.76	29.18
40(昭15)	5.69(15.6)	12.41(35.9)	4.60(12.6)	5.15(14.9)	18.67(51.1)	7.56(21.9)	36.56	34.54

解説 列強は世界恐慌《きょうこう》からの脱却を試み，国際的な**ブロック経済化**が進んだ。日本は満洲を中心とする勢力圏の拡大をはかり，同圏への輸出は急増したが，米・英連邦圏との間では1937年の日中戦争開始後も輸入市場の半分以上を同圏が占め(英ブロックの輸出入は縮小したが，**対米依存度**は綿花・石油・屑鉄《くずてつ》・機械を中心に特に高め)，ブロック内での自給が不可能であったことを物語っている。

読み解く 2Aの表で，対アメリカと対日本勢力圏のそれぞれの輸出・輸入の特徴を挙げてみよう。 比較

3 重化学工業の発達

3A 産業構成の重化学工業化

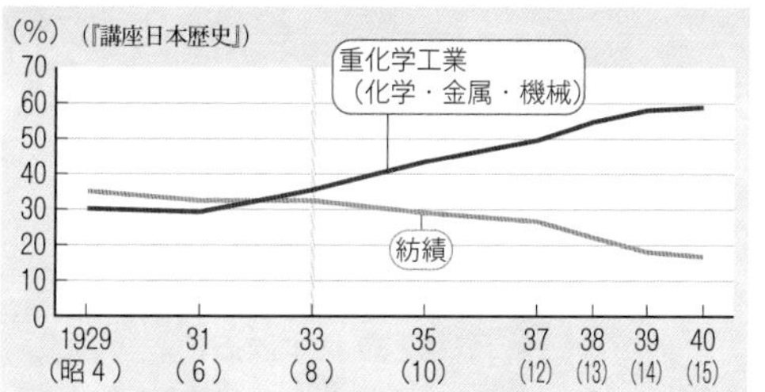

解説 1933年，重化学工業部門の割合が紡績工業を上回り，年々その差を広げ，1937～38年には総生産額の50%を超えた。1934年，八幡製鉄所と財閥系製鉄会社の大合同が行われ，日本製鉄会社が創立され，鋼材の自給が達成された。

3B 各国の工業生産指数

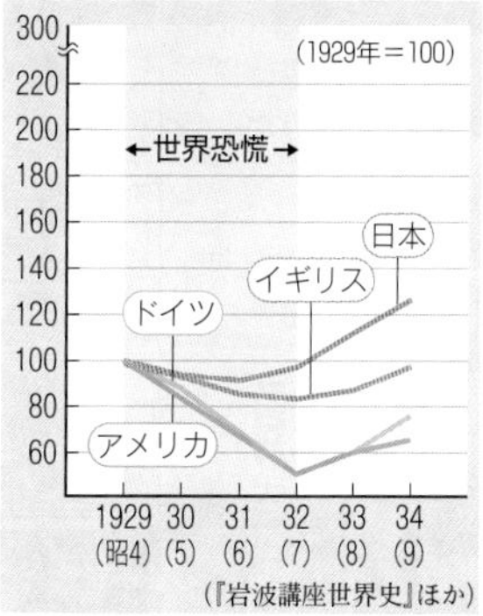

3C 各国失業者の増加

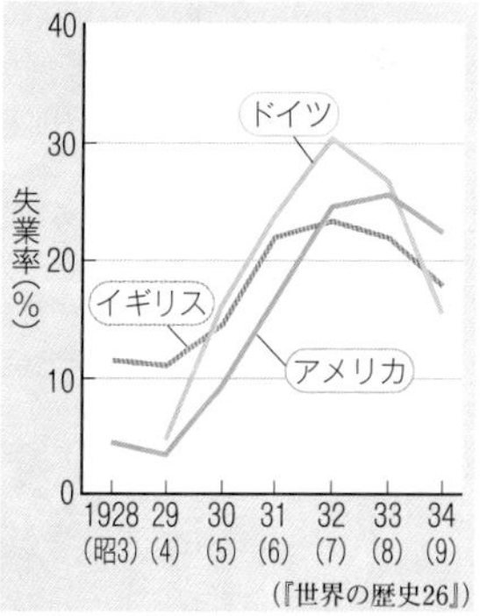

解説 各国の失業率は世界恐慌で急上昇したが，1932年から失業率が下がった。

解説 日本は，1929年の世界恐慌発生時の工業生産指数を1933年に超え，恐慌から脱出した。ドイツでは急激な生産力回復でヒトラー政権の人気が高まった。

3D 主要繊維製品輸出額

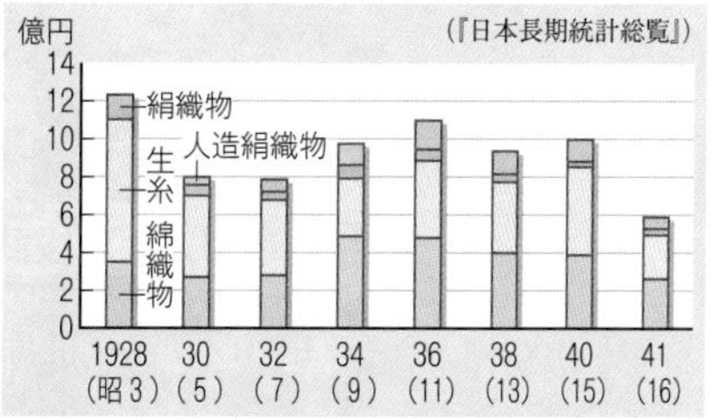

解説 世界恐慌で決定的打撃を受けた絹業に代わり，高橋財政の低為替《かわせ》政策や合理化で競争力を高めた綿業は，イギリスを抜き世界第1位となった。人絹《じんけん》工業も急発展した。

3E 新興《しんこう》財閥

財閥名	持株会社名	創業者名
日産	日本産業(満洲重工設立)	鮎川義介《あいかわよしすけ》
日窒《にっちつ》	日本窒素《ちっそ》肥料(朝鮮の水力発電・化学工業を開発)	野口《のぐち》　遵《したがう》
理研	理化学興業《こうぎょう》	大河内正敏《おおこうちまさとし》
森	昭和電工《でんこう》	森《もり》　矗昶《のぶてる》
日曹《にっそう》	日本曹達《ソーダ》	中野友礼《なかのとものり》

解説 満洲事変後軍需《ぐんじゅ》工場を中心に急成長したコンツェルンである。戦時下の国策に対応して朝鮮・満洲へ積極的に進出した。 セ出題

4 農山漁村経済更生運動《のうさんぎょそんけいざいこうせい》

新潟県立文書館蔵

4-1 **青物市場**(新潟県弥彦村《やひこむら》) 「自力更生《じりきこうせい》の弥彦村」の文字がみえる。

解説 1932(昭和7)年から恐慌《きょうこう》脱出の時局匡救《じきょくきょうきゅう》事業の一つとして，農山漁村経済更生運動が実施された。産業組合(現在の農協)を中心に，村の産業や経済の刷《さっ》新《しん》が図られた。

4-2 **二宮尊徳《にのみやそんとく》(金次郎《きんじろう》)像** 二宮尊徳(金次郎)は，百姓一揆の方法をとらず，政治を口にせず，農民自身の勤勉《きんべん》と倹約《けんやく》で農村の矛盾を解決したことを推奨《すいしょう》するものとして，国定修身《こくていしゅうしん》教科書の教材で取り上げられた(1904年以降)。金次郎の像は，農山漁村経済更生運動《のうさんぎょそんけいざいこうせい》の展開以降に普及した。「金次郎生誕百五十年」(1937年)や，「皇紀《こうき》二千六百年」(1940年)も後押しし，地元の学校に金次郎像を寄付《きふ》することが流行した。1941年の金属類特別回収令で銅像は校庭から供出《きょうしゅつ》された。

歴史ナビ **江戸東京たてもの園**(東京都小金井市) 高橋是清邸の主屋《おもや》と玄関が移築復元されている。1936(昭和11)年の二・二六事件での襲撃は，この主屋の2階でおきた。

ファシズムの進展と政党内閣の崩壊

考察の視点　1931年３月から1936年２月の間，陸軍内ではどのような変化がおきただろうか。 推移

1 ファシズム関連年表

浜口	1930	.４ ロンドン海軍軍備制限条約調印。**統帥権干犯問題**《とうすいけんかんぱん》3B
	(昭５)	.８. 9頃　橋本欣五郎《はしもときんごろう》中佐を中心に陸軍桜会《さくらかい》結成
	1931	.３ **三月事件**(陸軍内クーデタ計画，未遂《みすい》)2A
若槻《わかつき》②	(昭６)	.９ 柳条湖《りゅうじょうこ》事件。満洲事変始まる P.296
		.10 **十月事件**(陸軍内クーデタ計画，未遂)2A
		.12 若槻《わかつき》内閣総辞職。犬養内閣成立。陸相に[皇]荒木貞夫《あらきさだお》
犬養《いぬかい》	1932	.２ **血盟団事件**《けつめいだん》　前蔵相井上準之助《いのうえじゅんのすけ》(.２)・団琢磨《だんたくま》(.３)暗殺3C
	(昭７)	.５ 赤松克麿《あかまつかつまろ》ら，日本国家社会党結成
		五・一五事件。斎藤実《さいとうまこと》内閣成立2B
斎藤	1933	.３ 国際連盟脱退を通告 P.296
	(昭８)	.５ 滝川《たきがわ》事件4B
		.６ 共産党幹部佐野学《さのまなぶ》・鍋山貞親《なべやまさだちか》，国家社会主義への**転向**《てんこう》声明
	1934	.１ 荒木陸相辞任。林銑十郎《はやしせんじゅうろう》陸相就任
	(昭９)	.７ 斎藤内閣総辞職。岡田啓介《おかだけいすけ》内閣成立
岡田		.10 陸軍パンフレット事件2C
		.11 **士官学校事件**
	1935	.２ **天皇機関説問題**《きかん》4B　**国体明徴声明**《こくたいめいちょうせいめい》(.８)[史]　第二次声明(.10)
	(昭10)	.７ [皇]真崎甚三郎《まさきじんざぶろう》教育総監を更迭《こうてつ》。(後任に渡辺錠太郎《わたなべじょうたろう》)1B
		.８ [皇]相沢三郎《あいざわさぶろう》中佐，[統]永田鉄山《ながたてつざん》軍務局長を刺殺(相沢事件)
	1936	.２ **二・二六事件**2D
広田・林		
近衛《このえ》①	1937	.７ 盧溝橋《ろこうきょう》事件。日中戦争始まる P.300
	(昭12)	.８ 北一輝《きたいっき》・西田税《にしだみつぐ》ら処刑

└三井合名会社理事長（団琢磨）

[皇] 皇道派《こうどう》…天皇親政による国家改造をめざす，陸軍の青年将校らの一派。

[統] 統制派《とうせい》…反皇道派。総力戦に対応した近代的国家体制をめざす，陸軍の中堅将校らの一派。

1A 北一輝《きたいっき》の国家改造論 セ出題

1-1 **北一輝**(1883～1937)　国粋主義団体である猶存社《ゆうぞんしゃ》に参加，国家改造運動にかかわった。

解説 北一輝は新潟県佐渡出身で日蓮宗《にちれん》の信者だった。**辛亥革命**《しんがい》(1911)の際，中国に渡って排日運動に直面した北は，日本国内の改革の必要性を痛感し，**皇道派**《こうどう》青年将校に大きな影響を与える『**日本改造法案大綱**《たいこう》』を書き上げた(1923刊)。**二・二六事件**の黒幕的指導者とみなされて軍法会議にかけられ，1937(昭和12)年死刑となったが，北は事件を計画も指導もしていなかった。

『日本改造法案大綱《たいこう》』の内容
- 戒厳令《かいげんれい》施行，憲法停止
- 議会解散，国家改造内閣を組織
- 私有財産制限，大企業国営化
- 華族制度・貴族院等の特権階級廃止

＊国家社会主義(個人の自由抑圧，平等な国民生活実現をめざす)

1B 陸軍の派閥《はばつ》抗争

皇道派《こうどう》　荒木貞夫《あらきさだお》・真崎甚三郎《まさきじんざぶろう》ら	統制派《とうせい》　永田鉄山《ながたてつざん》・東条英機《とうじょうひでき》ら
・三月事件後，宇垣一成《うがきかずしげ》に替わって荒木貞夫が陸相となって勢力伸長 ・天皇親政，反ソ主義，農村救済・反財閥を主張	・荒木の派閥人事への反感と，国家の全目標を国防の充実におく国家戦略(高度国防国家)から形成。1934年に統制派に傾いた林銑十郎《はやしせんじゅうろう》が陸相となって勢力伸長 ・政財界提携の国家総動員体制を主張

真崎甚三郎(皇)教育総監更迭《こうてつ》(1935．７) ➡ **相沢事件**《あいざわ》(1935．８) 相沢三郎《さぶろう》(皇)中佐が，永田鉄山(統)軍務局長を殺害 ➡ **二・二六事件**(1936) 事件後，皇道派が一掃され，統制派が権力を握る

2 軍部のクーデタ

2A 三月事件と十月事件

日本近代史研究会蔵

2-1 橋本欣五郎《はしもときんごろう》(1890～1957)

三月事件(1931．３)　桜会《さくらかい》(橋本欣五郎ら)・陸軍中央部(小磯国昭《こいそくにあき》ら)・民間右翼(大川周明《おおかわしゅうめい》ら)のクーデタ計画。宇垣一成《うがきかずしげ》軍事政権樹立をめざすが，計画不備と宇垣のためらいで未遂《みすい》。事件は戦後まで秘密にされた。

十月事件(1931.10)　桜会(橋本欣五郎ら)・民間右翼(北一輝《きたいっき》・大川周明・西田税《にしだみつぐ》ら)の満洲事変に呼応したクーデタ計画。荒木貞夫《あらきさだお》軍事政権樹立をめざすが，情報が漏《も》れて失敗。軍の政治進出の契機《けいき》をつくった。

2B 五・一五事件　1932(昭和７)年 セ出題

首相官邸警視廳內府邸等を
壯漢隊伍を組み襲撃
ピストル手りう彈を以て
陸海軍制服の軍人等
犬養首相狙撃され
頭部に命中し重態
官邸日本間に侵入
我勝ちに首相へ發砲
二彈命中，すこぶる重態

2-2 事件を報ずる号外(『東京朝日新聞』1932.５.15)

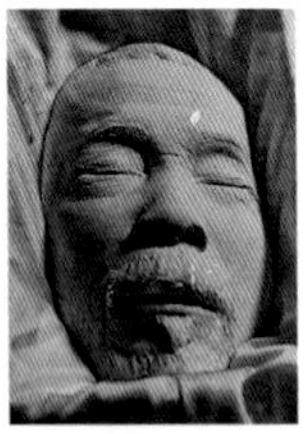

2-3 犬養毅《いぬかいつよし》首相のデスマスク

解説 **犬養首相**は満洲国建国に反対し，海軍青年将校にピストルで射殺された。陸軍は政党内閣の継続に強く反対し，海軍大将**斎藤実**《さいとうまこと》を首相とする**挙国一致内閣**《きょこくいっち》が組閣され，８年間にわたる政党内閣は終わりを告げた。

2C 陸軍パンフレット事件　1934(昭和９)年10月

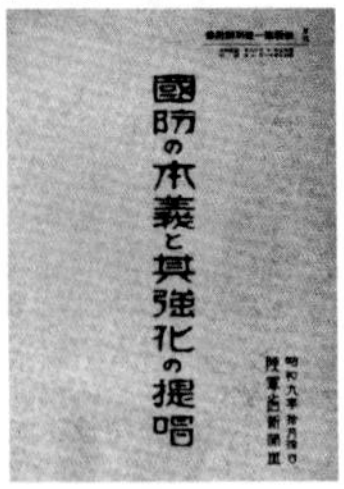

2-4 陸軍パンフレット「国防《こくぼう》の本義《ほんぎ》と其強化《そのきょうか》の提唱《ていしょう》」

解説 1934年10月陸軍省新聞班が発表した「国防の本義と其強化の提唱」は，世界戦争に勝ち抜くために個人主義や自由主義を排撃《はいげき》し，統制経済を実施して，国民と軍隊が一体となって戦争に参加することを求めた。軍部によるファシズム国家建設の宣言ともいうべきものであり，政友・民政両党，財界・言論界が反対，陸軍の釈明《しゃくめい》で一応解決したが，これ以降軍部は公然と政治に介入するようになった。

2D 二・二六事件　1936(昭和11)年 [史]

(『朝日クロニクル　週刊20世紀1936』などによる)

解説 1936年２月26日未明，陸軍皇道《こうどう》派青年将校ら1,400余名がクーデタをおこし，斎藤実《さいとうまこと》内大臣・高橋是清《たかはしこれきよ》蔵相・渡辺錠太郎《わたなべじょうたろう》教育総監らを殺害，東京中枢部を占拠した。事件後陸軍当局は指導者を極刑に処して粛軍《しゅくぐん》人事を進めるとともに，広田内閣への人事介入や軍部大臣現役武官制《ぐんぶだいじんげんえきぶかんせい》の復活など，軍部の発言力は一段と強まった。

2-5 警視庁中庭で待機する決起《けっき》部隊(2.26)

2-6 ２月28日に掲《かか》げられたアドバルーン「勅命《ちょくめい》下る軍旗に手向《たむか》ふな」。勅命により決起《けっき》部隊は反乱部隊とされた。

2E 軍部大臣現役武官制《ぐんぶだいじんげんえきぶかんせい》の復活と強まる軍事色

岡田啓介《おかだけいすけ》内閣(1934．７～36．３) 二・二六事件(1936) ➡ **広田弘毅《ひろたこうき》内閣**(1936．３～37．２) 軍部大臣現役武官制復活 P.262，国策の基準，準戦時体制 ➡ **林銑十郎《はやしせんじゅうろう》内閣**(1937．２～37．６) 軍部と財界の連携を主張 ➡ **近衛文麿《このえふみまろ》①内閣**(1937．６～39．１) 国家総動員法制定(1938)

歴史ナビ　『二・二六事件と郷土兵』(埼玉県)，澤地久枝《さわちひさえ》『妻たちの二・二六事件』(中公文庫)　二・二六事件を多角的・多面的に知ることができる。

3 右翼テロ

3-1 山本宣治
(1889〜1929)

3A 山本宣治《やまもとせんじ》暗殺

解説 山本宣治は苦学の末東大を卒業，生物学者となり，同志社・京大の講師を勤めたが，京都学連事件(左翼学生・教員に対する弾圧事件)で教壇を追われた。

その後，産児制限運動や社会主義運動に従事し，1928(昭和３)年の第１回普通選挙で**労働農民党**の代議士として当選を果たした。**三《さん》・一五《いちご》事件**(1928)ののち，ただ一人の共産党系代議士として孤軍奮闘《こぐんふんとう》し，国会で三・一五事件の弾圧や，治安維持法の改悪を痛烈に批判していた。しかし，国会での活動も束《つか》の間《ま》，1929(昭和４)年３月５日，右翼の七生義団員黒田保久二《くろだほくじ》によって刺殺された。黒田の背後には特高《とっこう》警察P.294があった。

3B 統帥権干犯《とうすいけんかんぱん》問題と浜口《はまぐち》首相狙撃《そげき》事件

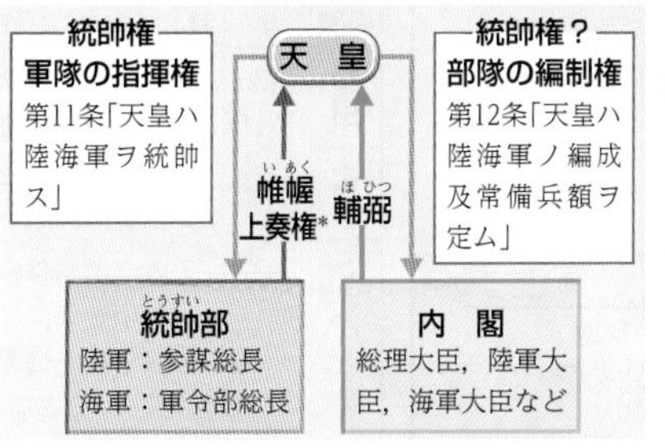

3-3 浜口首相狙撃事件(1930)

3-2 佐郷屋留雄《さごうやとめお》

解説 1930(昭和５)年，補助艦の保有制限に関する**ロンドン会議**が開かれた。浜口雄幸《はまぐちおさち》民政党内閣は若槻礼次郎《わかつきれいじろう》前首相を主席全権として送り，財政緊縮・国際協調の立場から条約に調印した。**補助艦総トン数の対英・米７割**は認められたが，**大型巡洋艦《じゅんようかん》対米７割**は認められず，**軍令部**の強硬な反対を押し切っての調印に対し，犬養毅《いぬかいつよし》ら野党政友会・枢密院・貴族院・右翼・陸海軍の青年将校は猛烈に政府を攻撃した。大日本帝国憲法第12条が第11条と同様に統帥事項にあたり，**統帥権を干犯**する，というのである。憲法第12条を統帥事項と認めない美濃部達吉《みのべたつきち》らの学者も交《まじ》えて統帥権論争も行われた。

結局，総選挙での大勝を背景に，政府は条約の批准《ひじゅん》にこぎつけた。これは政党内閣そして幣原《しではら》外交の勝利であったが，この問題に対処するなかで右翼や軍部は一層勢力を拡大させ，この年の11月，浜口首相は愛国社所属の右翼青年佐郷屋留雄《さごうやとめお》に狙撃されて重傷を負い，これがもとで翌年８月亡くなった。

＊軍の長が統帥事項について直接天皇に進言することを帷幄上奏とよんだ。

3C 血盟団《けつめいだん》事件 ㋝出題 1932(昭和７)年２〜３月

解説 井上日召の指導で国家革新をめざす農村青年らが，一人一殺主義の**血盟団**を結成，政・財界要人20余名の暗殺を計画・決行した。1932年２月小沼正《おぬましょう》が前蔵相**井上準之助《いのうえじゅんのすけ》**を，３月菱沼《ひしぬま》五郎が三井合名会社理事長**団琢磨《だんたくま》**を暗殺。５月には参画していた青年将校らが**五《ご》・一五《いちご》事件**をおこしている。

3-4 井上日召《いのうえにっしょう》(1886〜1967) 日蓮宗《にちれんしゅう》に帰依《きえ》。茨城県で農村青年に国家革新運動を指導。

3-5 井上準之助《いのうえじゅんのすけ》(1869〜1932) 日銀総裁，第２次山本権兵衛《やまもとごんべえ》内閣の蔵相を歴任し，1929(昭和４)年浜口内閣の蔵相として金解禁とデフレ政策を推進。恐慌《きょうこう》時の財政・経済政策の中心人物として右翼に攻撃された。

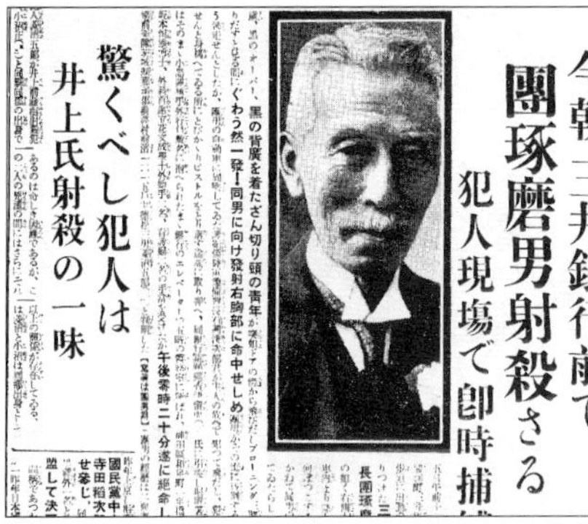
今朝、三井銀行前で
團琢磨男射殺さる
犯人現場で即時捕
驚くべし犯人は
井上氏射殺の一味

3-6 団琢磨男爵射殺の記事《だんたくまだんしゃく》(『東京朝日新聞』1932．３．６) 東京市日本橋区駿河《するが》町の三井銀行本館南側の玄関で射殺された。三井合名会社理事長として財界の中心にあった。団は男爵であった。

4 思想統制

4A 転向《てんこう》の時代

4-1 赤松克麿《あかまつかつまろ》
(1894〜1955)

4-2 佐野学《さのまなぶ》
(1892〜1953)

4-3 鍋山貞親《なべやまさだちか》
(1901〜79)

解説 満洲事変後，社会主義運動への弾圧が激しくなるなかで，赤松克麿は，無産《むさん》政党の国家社会主義派を糾合《きゅうごう》して日本国家社会党を結成した(1932)。獄中《ごくちゅう》にあった共産党最高指導者佐野学・鍋山貞親は獄中声明《せいめい》「共同被告に告《つ》ぐる書」で共産主義からの転向を声明(1933)，これを機に共産党員の転向が続出した。㋝出題

4B 主な思想弾圧事件

㋝出題 **滝川事件** (1933．５)	著書や講演が共産主義的だとして，京大法学部**滝川幸辰《たきがわゆきとき》**教授が休職となった。これに抗議し，京大法学部教授会は全員辞表を提出。
㋝出題 **天皇機関説《きかんせつ》問題** (1935．２)史	貴族院で**菊池武夫《きくちたけお》**男爵《だんしゃく》(陸軍中将)が「機関説は国体《こくたい》に対する緩慢《かんまん》なる謀反《むほん》…美濃部《みのべ》は学匪《がくひ》(世の中を乱す学者)」と弾劾《だんがい》。これを機に軍部・右翼は日本が天皇主権の国家であることを明確にする**国体明徴運動《こくたいめいちょう》**をおこし，岡田内閣は２度の国体明徴声明を発した。美濃部達吉《みのべたつきち》の著書発禁と貴族院議員辞職で問題は終息《しゅうそく》。
矢内原《やないはら》事件 (1937)	東大の植民地政策講座担当の**矢内原忠雄《やないはらただお》**教授は，論文「国家の理想」で軍部の戦争政策を批判。辞職を余儀《よぎ》なくされた。
河合栄治郎《かわいえいじろう》事件 (1938〜39)	**河合栄治郎《かわいえいじろう》**は東大教授で自由主義経済学者。二《に》・二六《にろく》事件を批判して右翼の攻撃対象になった。４著書が発禁。休職処分。
人民戦線事件 (1937〜38)	**コミンテルン**(共産党の国際組織)の方針に基づく扇動《せんどう》活動を行ったとして加藤勘十《かとうかんじゅう》・山川均《やまかわひとし》・鈴木茂三郎《すずきもさぶろう》ら(第１次)，大内兵衛《おおうちひょうえ》・有沢広巳《ありさわひろみ》・美濃部亮吉《みのべりょうきち》らが治安維持法により検挙《けんきょ》(第２次)。

読み解く 「天皇機関説《きかんせつ》」を否定する政府見解として「国体明徴声明《こくたいめいちょうせいめい》」があったが，両者はそれぞれ何を主張していたのだろうか。 **比較**

4-4 小林多喜二《こばやしたきじ》の遺体《いたい》を囲む同志たち
1933(昭和８)年，小林多喜二は，築地《つきじ》署での特高《とっこう》による３時間におよぶ拷問《ごうもん》により殺害された。

4-5 議会において反論する美濃部達吉《みのべたつきち》
(1873〜1948)

4-6 滝川幸辰《たきがわゆきとき》
(1891〜1962)

歴史ナビ **転向《てんこう》** 社会主義者・共産主義者らが，国家権力の圧力などを受けて，その思想を放棄すること。地方では転向後，農山漁村経済更生運動《のうさんぎょそんけいざいこうせい》に参加する者が多かった。

日中戦争

考察の視点 なぜ，日中戦争は泥沼の長期戦となっていったのだろうか。 相互関連

1 中国侵略の拡大 1937(昭和12)～45(昭和20)年

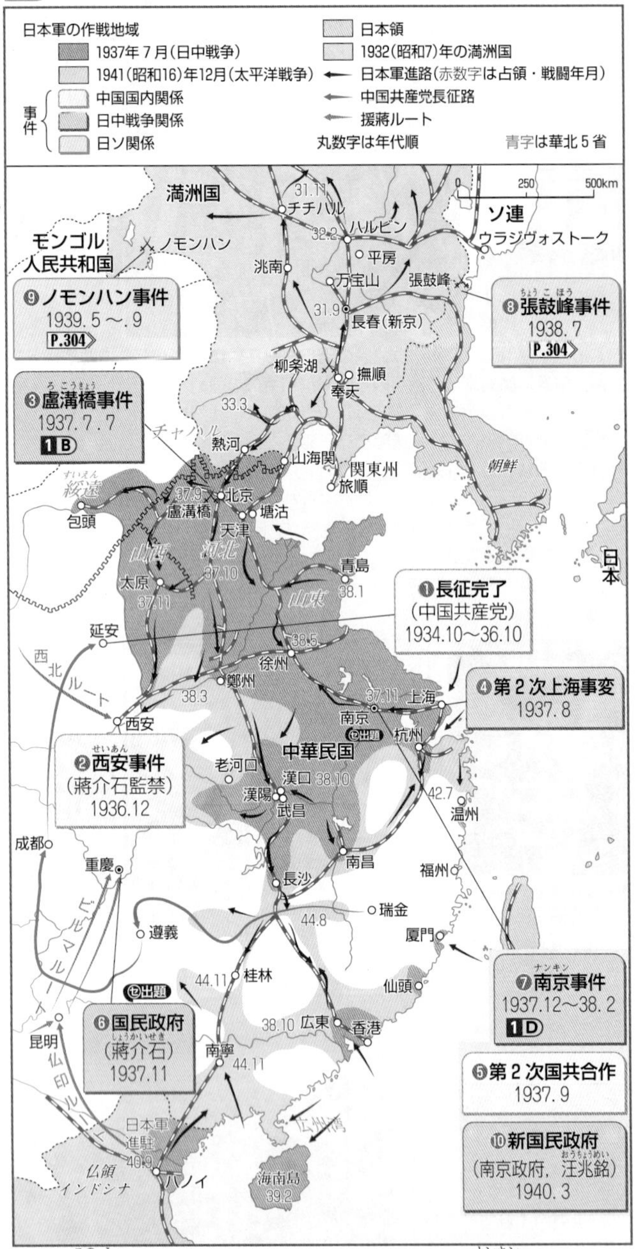

1A 日中戦争関係略年表

内閣	年	月	日本と中国	月	欧米諸国の動き
岡田	1936(昭11)	.1	政府，第一次「北支《ほくし》処理要綱」決定(華北5省❶の「自治」化を企図)	.5	イタリア，エチオピア併合
				.7	スペイン内乱*1勃発
広田		.11	**日独防共協定**調印	.10	**ベルリン・ローマ枢軸**形成
		.12	西安《せいあん》事件❷		
近衛《このえ》①	1937(昭12)	.7	**盧溝橋《ろこうきょう》事件**❸ **日中戦争**開始 ㋝出題		
		.8	**第2次上海《シャンハイ》事変**❹ 政府，「支那軍の暴戻《ぼうれい》を膺懲《ようちょう》*2」を声明《せいめい》，全面戦争に突入		
		.9	第2次国共合作❺		
		.11	トラウトマン和平工作*3開始 **日独伊三国防共協定**調印		
		.12	国民政府，重慶《じゅうけい》遷都❻ **南京《ナンキン》事件**❼	.12	イタリア，国際連盟脱退
	1938(昭13)	.1	**第一次近衛《このえ》声明**		
		.11	**第二次近衛声明**		
		.12	汪兆銘，重慶脱出。**第三次近衛声明**		
平沼	1939(昭14)	.2	日本軍，海南島上陸	.9	ドイツ，ポーランド侵攻 **第二次世界大戦勃発**
		.6	日本軍，英仏天津租界封鎖		
米内	1940(昭15)	.3	南京に汪兆銘政府樹立❿		
近衛②		.9	日本軍，北部仏印進駐《ふついんしんちゅう》。**日独伊三国同盟**調印		
		.11	汪政権と日華基本条約		
近衛③	1941(昭16)	.7	日本軍，南部仏印進駐		
		.9	帝国国策遂行《すいこう》要領決定		
東条		.12	御前会議で対米英蘭開戦決定 日本軍，真珠湾攻撃，**対米宣戦布告** 国民政府(重慶)，日独伊に宣戦		

＊1 スペイン内乱：スペインの人民戦線政府に反対するフランコら軍部の反乱。ドイツ・イタリアの支援もあり反乱派が勝利
＊2 膺懲《ようちょう》：征伐《せいばつ》して懲《こ》らしめること
＊3 トラウトマン和平工作：日本が駐華ドイツ大使のトラウトマンを仲介者として試みた対華和平工作

1-1 **汪兆銘《おうちょうめい》**（1885～1944）

1B 盧溝橋《ろこうきょう》付近要図

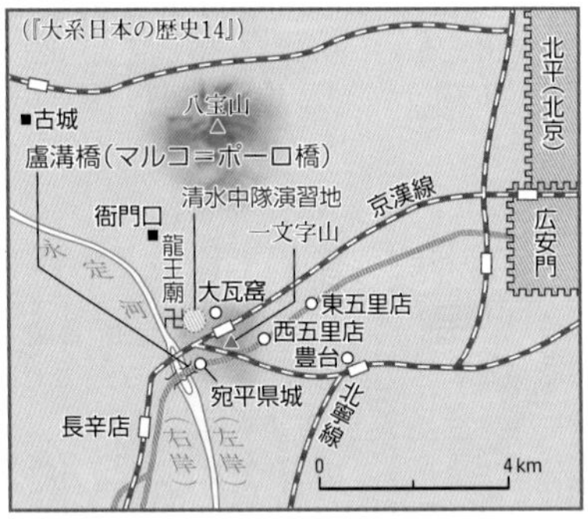

解説 1937(昭和12)年7月7日夜，北京《ペキン》議定書に基づき駐留していた日本軍(清水中隊)が北京郊外で夜間演習中，中国軍陣地のある龍王廟《りゅうおうびょう》の方角から実弾射撃を受け不明兵1名が出て緊迫した(兵は20分後に帰隊)。政府は軍部の拡大派に押されて満洲・朝鮮からの部隊派遣を決定，日中戦争に拡大した。㋝出題

1-2 **盧溝橋** 北京《ペキン》西，永定河《えいていが》の橋。

1C 近衛《このえ》声明 1938(昭和13)年1～12月

第一次近衛声明(1938.1.16) 史

㋝出題 「**国民政府を対手《あいて》とせず**」声明。日中戦争解決にあたり蔣介石《しょうかいせき》政権を相手にせず，新政権の出現を期待するというもの。

第二次近衛声明(1938.11.3)

東亜新秩序《とうあしんちつじょ》声明。日中戦争の目的が日・満《まん》・華《か》3国連帯の「**東亜新秩序建設**」にあるとした。

第三次近衛声明(1938.12.22)

「**善隣《ぜんりん》友好**」「**共同防共**」「**経済提携**」の**近衛三原則**声明。重慶《じゅうけい》を脱出した汪兆銘《おうちょうめい》の親日政権樹立を支援《しえん》するため，日中交渉の条件を示した。

1D 南京《ナンキン》事件 1937(昭和12)～38(昭和13)年

解説 日本軍は南京城の四方を完全に取り囲み，1937(昭和12)年12月12日の午後から夜間にかけて，壮絶な突撃戦を敢行，翌13日に南京城は陥落した。中国軍敗走兵や市民は唯一残された挹江門《ゆうこうもん》から長江へ逃れようとしたが，日本軍飛行機の機銃掃《そう》射《しゃ》を受けたり，溺死《できし》したりした。城内に入った日本軍はこの後2月半ばまでの間に中国兵や民間人の殺害・放火・略奪・暴行などを行った。日本国民には戦後**東京裁判**によって初めて明らかにされた。 →南京城要図

1-3 南京に入城する日本軍

歴史ナビ 石川達三《いしかわたつぞう》『生きてゐ《い》る兵隊』(中公文庫) 南京《ナンキン》事件に関与したとされる第16師団《しだん》33連隊を取材した小説。1938(昭和13)年発表。伏字《ふせじ》復元版が1999(平成11)年に発行された。

考察の視点　満洲移民はどのような理由で行われたのだろうか。　相互関連

1 日本から満洲への移民

1A 満洲移民へ至る歴史

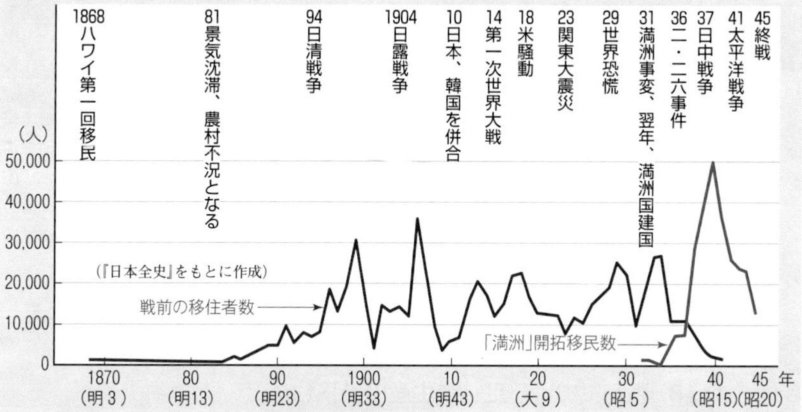

読み解く
1Bの表のように，長野県は満蒙開拓団等の送出数が突出して多かった。それはなぜだろうか。　相互関連

1B 満蒙《まんもう》開拓団等送出数上位県

順位	都道府県名	合計	内訳（人）	
			開拓団	義勇軍
1	長野	37,859	31,264	6,595
2	山形	17,177	13,252	3,925
3	熊本	12,680	9,979	2,701
4	福島	12,673	9,576	3,097
5	新潟	12,651	9,361	3,290
6	宮城	12,419	10,180	2,239
7	岐阜	12,090	9,494	2,596
8	広島	11,172	6,345	4,827
9	東京	11,111	9,116	1,995
10	高知	10,482	9,151	1,331

（『長野県満州開拓史』による）

解説 長野県からの送出数が全国最多となった理由には，次のような背景があった。
①長野県の全県的教育職能団体「信濃教育会」は1886（明治19）年の結成以来，皇国《こうこく》思想に基づく海外発展を精力的に推進した。
②1922（大正11）年，信濃教育会を中心に「信濃海外協会」が設立された。世界恐慌や冷害不作で地方農村が困窮すると，協会は満洲国建国宣言後に「満洲愛国信濃村建設十カ年計画」を策定した。
③協会は海外発展思想に基づき，国策推進の障害は徹底排除し，国策を先取りして積極的に推進した。
④「全国一の養蚕国」長野県の養蚕業衰退，全国的な農村更生運動の一環としての分村分郷移民による満洲移民喧伝《けんでん》，アジアの盟主日本としての自覚を促す「興亜《こうあ》教育」が推進された。

1-1 満洲建国を祝うポスター　島根・祐生出会いの館蔵

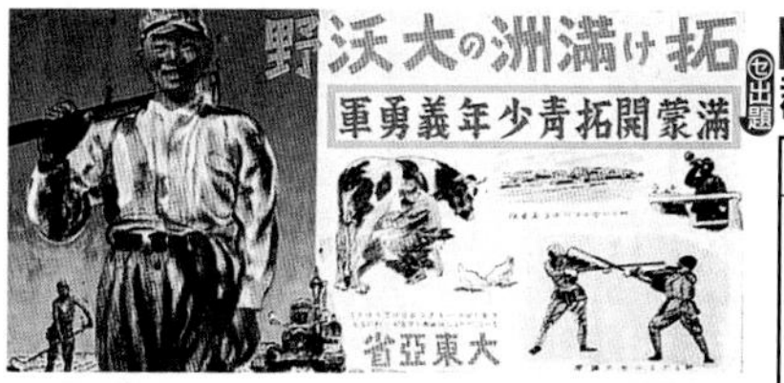

1-2 満洲移民を奨励するポスター　満洲開拓移民の募集には，「王道楽土《おうどうらくど》」や「五族協和《ごぞくきょうわ》*」などをスローガンに喧伝《けんでん》したキャンペーンが大々的に行われた。＊五族＝日本人（赤），満洲人（黄），漢人（青），モンゴル人（白），朝鮮人（黒）。

㊦出題

1C 満蒙《まんもう》開拓青少年義勇軍・長野県郡市別送出番付表　1942年4月1日現在

西			東		
横綱	東筑摩郡	五四一	横綱	下伊那郡	六七五
大関	上水内郡	三五六	大関	諏訪郡	三七九
関脇	小県郡	三二一	関脇	上伊那郡	三四三
小結	更級郡	二四〇	小結	北佐久郡	二四六
前頭	南佐久郡	二三九	前頭	埴科郡	二四〇
同	下高井郡	一八七	同	上高井郡	一八八
同	下水内郡	一四九	同	北安曇郡	一五九
同	西筑摩郡	一三〇	同	南安曇郡	一三四
前頭	飯田市	五六	前頭	松本市	八六
同	上田市	二七	同	長野市	五〇
合計		二二四六	同	岡谷市	二三
総計		四七六八	合計		二五一二

蒙御免
取締役　長野県
勧進元　信濃教育会　各郡市教育会
年寄　拓務省　満洲移住協会　信濃海外協会　義勇軍父兄会

（『長野県教育史　資料編』による）

㊦出題
解説 1931（昭和6）の満洲事変以降，日本からの満洲移民が本格化した。1936（昭和11）年，広田内閣は満洲開拓移民推進計画を決議し，1956（昭和31）年までに500万人の日本人移住を計画・推進した。同時に，20年間に移民住居を100万戸建設する計画も打ち出した。政府は，1938（昭和13）～42（昭和17）年に20万人の農業青年を，1936年に2万人の家族移住者を送出した。加藤完治《かとうかんじ》が移住責任者となり，満洲拓殖公社《たくしょくこうしゃ》（1937年8月設立）が業務を担った。加藤は関東軍将校の東宮鉄男《とうみやかねお》と満蒙開拓移民を推進，満蒙開拓青少年義勇軍の設立にかかわった。1938年，茨城県内原《うちはら》町（のち水戸市）の日本国民高等学校（1935年移転）に隣接して満蒙開拓青少年義勇軍訓練所（内原訓練所）を開設し，8万人を送出した。日本軍が日本海・黄海《こうかい》の制空権・制海権を失った段階で満洲移民は停止された。

「開拓民の辛苦《しんく》　幼な心に記憶」

父は旧満州・ハルビンの貿易商で，僕たち6人兄弟は全員ハルビンで生まれた。終戦は僕が国民学校3年の時で，ハルビンに旧満州北部やソ連国境にいた満蒙《まんもう》開拓団の人たちが逃げてきた。約2週間後，公園でやせこけた彼らの姿を見たが，しばらくして見なくなった。極寒の冬，荷馬車が異様な物を満載して通った。父は僕に見せまいと立ちはだかったが，その荷はかちかちに凍った裸の死体で，千手観音《せんじゅかんのん》が横積みされたようだった。開拓団の人だったのだろう。国策で中国東北部へ送り込まれた満蒙開拓団は約27万人。1945年8月にソ連が参戦，関東軍に置き去りにされ，悲惨を極める逃避行《とうひこう》をして来たのだった。1946年秋，両親と僕たちきょうだいは，団体での強制引き揚《あ》げとなって帰国した。苦労もあったが，開拓団の方々の苦労を思えば何とも言えまい。

（『朝日新聞』2013.1.15）

2 中国残留日本人 P.331

2A 満洲国省別死亡者概数

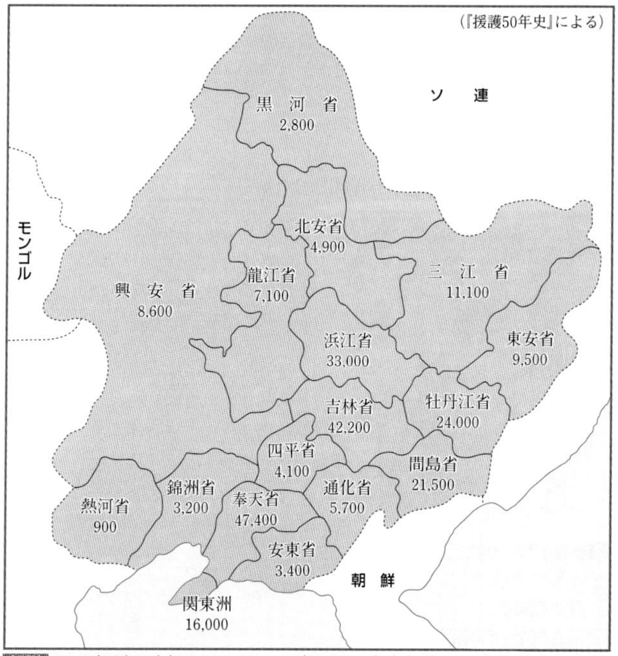

解説 1945（昭和20）年8月8日，ソ連が日ソ中立条約の一方的破棄を宣言し，翌日に中国東北部（満洲国）への侵攻を開始した。既に予期していた関東軍はトラックや車，列車を確保し，軍人家族らはその夜のうちに満洲東部へ避難した。しかし翌日以降に事実を知った多くの民間人らは徒歩で避難するしかなかった。ソ連軍の攻撃を受けての逃避行《とうひこう》中，身寄りのなくなった日本人幼児は縁故《えんこ》または人身売買《じんしんばいばい》で現地の中国人の養子（残留孤児《ざんりゅうこじ》）に，日本人女性は中国人の妻となって生き延びる例もあった（残留婦人）。㊦出題

歴史ナビ 『アニメ絵本　蒼い記憶』（草土文化）　満蒙開拓団の人びとの生活と終戦直後，満蒙開拓団の引揚げ時におこった悲劇を描く。映画化もされている。

戦時体制の強化と国民生活

考察の視点 1937年の日中全面戦争以降，国民の生活はどのように変化したのだろうか。 推移

1 戦時体制の強化

内閣	年	政治・経済	社会・生活・文化
近衛①	1937 (昭12)	.9 臨時資金調整法・輸出入品等臨時措置法公布 .10 **国民精神総動員**中央連盟発足 2A。**企画院を設置** セ出題 .11 宮中《きゅうちゅう》に大本営《だいほんえい》を設置 .12 **矢内原《やないはら》事件** P.299》。第1次人民戦線事件	.5 文部省『国体《こくたい》の本義《ほんぎ》』配布 .12 綿製品・スフ*混用規則制定 *「スフ」とはステープル・ファイバー(短繊維)の略。
近衛①	1938 (昭13)	.2 第2次人民戦線事件 .4 **国家総動員法** 2B・**電力管理法**公布 .10 河合栄治郎《かわいえいじろう》筆禍《ひっか》事件 *植民地に志願兵制度 セ出題	.3 綿糸《めんし》配給統制規則(**初の切符制**) .4 灯火《とうか》管制規則 .5 ガソリン切符制実施 .6 集団勤労作業始まる
平沼	1939 (昭14)	.7 **国民徴用令《こくみんちょうようれい》**公布(16歳以上45歳未満男性，16歳以上25歳未満女性を軍需工場に徴用) 2C	.2 鉄製不急品の回収開始 .4 米穀《べいこく》配給統制法公布。外国映画上映制限
阿部		.10 **価格等統制令**公布(公定価格制) セ出題 共出題	.6 パーマネント・ネオン廃止
米内	1940 (昭15)	.2 **津田左右吉《つだそうきち》**の著書発禁 .3 民政党斎藤隆夫《さいとうたかお》の除名問題 .6 近衛文麿《このえふみまろ》による**新体制運動**開始	.6 **砂糖・マッチ切符制**六大都市で実施 セ出題 共出題 .7 奢侈《しゃし》品等製造販売制限規則(**七《しち》・七《しち》禁令**)公布 セ出題

1A 戦時予算・軍事費の膨張

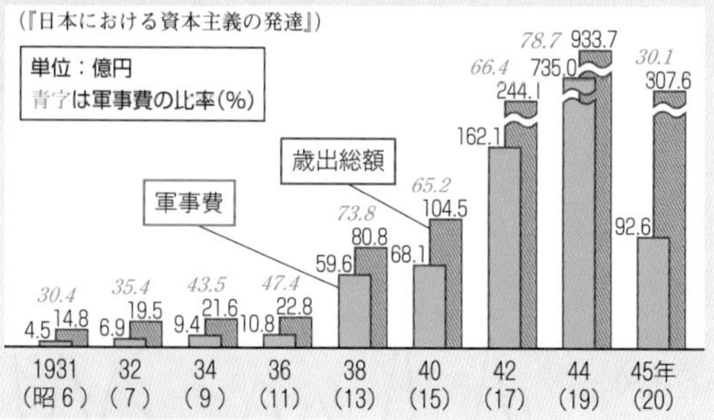

解説 二・二六事件後に成立した広田弘毅《ひろたこうき》内閣は，**馬場鍈一《ばばえいいち》**蔵相を登用して**財政政策(馬場財政)**を行った。第1次近衛《このえ》内閣は**企画院**を設置，**国家総動員法**の制定など，戦時経済統制にのりだした。

読み解く① 1Aのグラフで，1938年から軍事費の比率が急増しているのはなぜだろうか。

1B 戦時における工鉱業生産の推移(指数)

年	1938 (昭和13)	39 (14)	40 (15)	41 (16)	42 (17)	43 (18)	44 (19)	45 (20)
一般工鉱業	131.3	164.0	161.9	169.4	142.7	113.5	86.1	28.5
陸海軍兵器	352	486	729	1,240	1,355	1,805	2,316	566

(『近代日本経済史要覧』)

*一般工鉱業は総合指数，基準(100)は1935～37年加重算術平均。陸海軍兵器は艦船・航空機・弾丸その他の一般兵器を含み，1925年を100とする。ちなみに，1936年は114，37年は190。

読み解く② 1Bの陸海軍兵器の生産指数で，1936年は1925年の何倍になっただろうか。また，1944年は1936年の何倍になっただろうか。 推移

2 国民総動員のための政策

2A 国民精神総動員運動 1937(昭和12)年10月

2-1 **国民精神総動員中央連盟製作のポスター** 「日本精神発揚《はつよう》」「祝祭日には必ず国旗《こっき》を掲《かか》げませう」のコピーが見える。

2-2 **「明日に備へよ 郵便年金」** 軍事費を国家予算で賄《まかな》いきれなくなった政府は，国民に協力をよびかけた。

2-3 **日比谷公会堂で開かれた国民精神総動員大演説会**(1937．9) 背後に三つのスローガンが掲《かか》げられている。

2-4 **興亜奉公日《こうあほうこうび》に縄をなう小学生** 1939(昭和14)年9月より毎月1日は「興亜奉公日」とされた。国民が戦場の労苦をしのんで生活の簡素化《かんそか》を図る日として食堂や喫茶店《きっさてん》は休業，小学生たちも兵士の武運《ぶうん》を祈って神社に参拝《さんぱい》したり，さまざまな勤労奉仕を行ったりした。

解説 日中戦争に際し，国民を戦争協力に動員するため，1937(昭和12)年**第1次近衛文麿《このえふみまろ》内閣**は**国民精神総動員運動**を発足させた。当初の儀式《ぎしき》・行事を通じての精神教化から，貯蓄《ちょちく》増加・国債購入・金属供出《きょうしゅつ》など，国策への経済協力運動が加わった。1940(昭和15)年から**第2次近衛文麿内閣**下の**新体制運動**に引き継がれ，ドイツのナチスを模《も》した一国一党の国民組織の結成をめざした。**大政翼賛会《たいせいよくさんかい》**や**産業報国会《さんぎょうほうこくかい》**が結成され，国民を総力戦体制に導いていった。 セ出題

2B 国家総動員法 史 1938(昭和13)年4月

第一条　本法《ほんぽう》ニ於《おい》テ国家総動員トハ，戦時(戦争ニ準ズベキ事変*ノ場合ヲ含ム，以下之《これ》ニ同ジ)ニ際シ，国防目的達成ノ為《ため》，国ノ全力ヲ最モ有効ニ発揮《はっき》セシムル様《よう》，人的及物的資源ヲ統制運用スルヲ謂《い》フ。

第四条　政府ハ戦時ニ際シ国家総動員上必要アルトキハ勅令《ちょくれい》ノ定ムル所ニ依《よ》リ帝国臣民《しんみん》ヲ徴用《ちょうよう》シテ総動員業務ニ従事セシムルコトヲ得《う》。…

*宣戦布告のない戦争

解説 第一条にあるように，この法律の目的は日中戦争の長期化に対処《たいしょ》するため，国力を最高度に発揮《はっき》できるよう，人的・物的資源を統制運用することであった。しかも「**勅令ノ定ムル所ニ依**」る**委任立法《いにんりっぽう》**であったため，政府は議会の審議《しんぎ》を経《へ》ることなく，社会経済生活の全分野において独裁的統制ができるようになった。

2C 国民徴用令《こくみんちょうようれい》 1939(昭和14)年7月

2-5 **徴用者の壮行会《そうこうかい》** 国家総動員法第4条に基づき，国民を強制的に徴《ちょう》発《はつ》，重要産業に就労させる国民徴用令が公布された。**赤紙召集《あかがみしょうしゅう》**(徴兵)に対し**白紙召集《しろがみ》**といわれ，出征《しゅっせい》兵士にならってにぎにぎしく送り出された。

読み解く③ 2Dの標語で，なぜ「九月一日　禁酒のスタート」なのだろうか。2Aを参考に答えてみよう。 時系列

2D 当時の標語例

1938(昭和13)年
伸びゆく日本　明けゆく世界
日出づる国に　秀づる文化
登り坂だぞ　世界の日本
(中央文化連盟)

1939(昭和14)年
刷新は　今日から家から
職場から　これではならない
戦地へすまぬ　いつも心に奉公日
(家の光社)

飲んでて何が　非常時だ
避けて安全　酒あるところ
まだ判らぬか　酒の害
九月一日　禁酒のスタート
(日本国民禁酒同盟)

アジヤ興せば　世界は晴れる
遂げよ聖戦　興せよ東亜
建設へ　一人残らず　御奉公
興亜のうぶ声　育てる日本
子よ孫よ　続けよ建てよ　新東亜
新秩序　立つまで脱がず　鉄兜
(大阪朝日新聞社)

歴史ナビ **七・七禁令**(1940年) 夏物背広《せびろ》100円，時計50円，ハンカチ1円，靴35円，下駄《げた》7円，香水5円，1人昼食2.5円，夕食5円まで，それ以上は禁止等を規定。

考察の視点 戦時下の文化は，国民にどのような役割を果たしたのだろうか。

時期　1930年代後半～40年代前半
❶ナショナリズムの高まり
❷マルクス主義の思想的影響力の衰退
❸伝統文化への回帰《かいき》

相互関連

1-1 大正デモクラシーを支えた雑誌の表紙にも「撃ちてし止まむ*」と書かれている(1944[昭和19]年)。
＊撃ちてし止まむ…「撃って撃って撃ち負かしてしまえ」の意

1 文学

プロレタリア文学	P.290》　社会主義運動と結びついて興隆したが，弾圧で壊滅
新感覚派文学	P.290》　横光利一・川端康成
戦争文学	火野葦平《ひのあしへい》『麦と兵隊』　石川達三《いしかわたつぞう》『生きてゐ《い》る兵隊』(発売禁止)従軍体験，日本軍兵士の生態《せいたい》を写実《しゃじつ》的に描く
転向《てんこう》文学 セ出題	中野重治《なかのしげはる》『村の家』　島木健作《しまきけんさく》『生活の探求』プロレタリア文学からの転向強要の苦悩を描く
既成作家	島崎藤村《しまざきとうそん》『夜明け前』　谷崎潤一郎《たにざきじゅんいちろう》『細雪《ささめゆき》*』 ＊1943年から連載。軍の圧力で一時発表停止，完成は48年。
伝統文化への回帰	雑誌『日本浪曼派《ろうまんは》』　亀井勝一郎《かついちろう》・保田与重郎《やすだよじゅうろう》 反近代・民族主義の文芸評論

1-2『日本浪曼《ろうまん》派《は》』創刊号の表紙
(財)日本近代文学館蔵

1-3『麦と兵隊』表紙
(財)日本近代文学館蔵

1A 日本文学報国会

1940年の大政翼賛会《たいせいよくさんかい》の結成後，42年に「日本文学報国会」	
目的	「国家の要請《ようせい》するところに従って，国策《こくさく》の周知徹底《しゅうちてってい》，宣伝普及に挺身《ていしん》し，以て国策の施行実践に協力する」。運営費は情報局から支給。機関紙『文学報国』を発行
役員	会長：徳富蘇峰《とくとみそほう》　常任理事：久米正雄《くめまさお》ら　理事：折《おり》口信夫《くちしのぶ》・菊池寛《きくちかん》・佐藤春夫《さとうはるお》・柳田國男《やなぎたくにお》・山本有三《やまもとゆうぞう》・吉川英治《よしかわえいじ》ら　顧問：正力松太郎《しょうりきまつたろう》・藤山愛一郎《ふじやまあいいちろう》・横山《よこやま》大観《たいかん》　賛助《さんじょ》会員：岩波茂雄《いわなみしげお》(岩波書店)・下中弥三郎《しもなかやさぶろう》(平凡社)・佐藤義亮《さとうよしすけ》(新潮社)・秦豊吉《はたとよきち》(東京宝塚劇場)
部会長	小説(徳田秋声《とくだしゅうせい》)　劇文学(武者小路実篤《むしゃのこうじさねあつ》)　評論随筆(高島米峰《たかしまべいほう》)　詩(高村光太郎《たかむらこうたろう》)　短歌(佐佐木信綱《ささきのぶつな》)　俳句(高浜虚子《たかはまきょし》)　国文学(橋本進吉《はしもとしんきち》)　外国文学(茅《ち》野蕭々《のしょうしょう》)　漢詩(市村瓚次郎《いちむらさんじろう》)

2 戦意高揚と絵画・漫画・映画

2A 絵画

藤田嗣治《ふじたつぐはる》と戦争画

太平洋戦争中，軍部は戦争遂行のために美術が有効な役割を果たしうると考え，80人を超す従軍画家を戦地に派遣した。彼らは国策に協力し，戦意高揚《こうよう》のために，あるいは作戦を記録するために戦争画を描いた。藤田嗣治もその１人であった。下の作品は1943(昭和18)年，アラスカ州アリューシャン列島のアッツ島でアメリカ軍の攻撃で日本の守備隊が全滅したことを取材して描いたもので，作品としての評価も高い。戦後，戦争協力への批判の矢面《やおもて》に立たされた藤田は1949(昭和24)年日本を去ってパリに拠点を移す。その後フランス国籍を取得して日本との絆《きずな》を断ち，チューリッヒ(スイス)で生涯《しょうがい》を閉じた。

2-1 アッツ島玉砕《ぎょくさい》(藤田嗣治[レオナール・フジタ]筆1943年)

193.5 × 259.5cm 東京国立近代美術館蔵　© Kimiyo Foujita & SPDA, Tokyo, 2007

2B 漫画

2-2・3 児童雑誌『少年倶楽部《クラブ》』に連載されて人気だった『のらくろ』(田河《たがわ》水泡《すいほう》)と『冒険ダン吉』(島田啓三《しまだけいぞう》)　『のらくろ』は犬の軍隊生活を描いて世相を風刺《ふうし》し，一時休載《きゅうさい》になった。『冒険ダン吉』はネズミのカリ公との南の島での生活を描いたものだが，太平洋戦争前の日本軍の南進政策に呼応《こおう》したものであった。

2C 映画

戦争映画	田坂具隆《たさかともたか》「五人の斥候兵《せっこうへい》」(1938)　阿部豊《あべゆたか》「燃ゆる大空」(1940)　吉《よし》村公三郎《むらこうざぶろう》「間諜《かんちょう》未《いま》だ死せず」　山本嘉次郎《やまもとかじろう》「ハワイ・マレー沖海戦」(1942)　同「加藤隼《かとうはやぶさ》戦闘隊」(1944)
反戦的・厭戦《えんせん》的	亀井文夫《かめいふみお》「上海」(1938)　同「北京」(1938)　同「戦ふ兵隊」(1939→上映禁止)
その他	稲垣浩《いながきひろし》「宮本武蔵《みやもとむさし》」(1940)　溝口健二《みぞぐちけんじ》「元禄忠臣蔵《げんろくちゅうしんぐら》(前後編)」(1941～42)　黒澤明《くろさわあきら》「姿三四郎《すがたさんしろう》」(1943)

3 言論統制・検閲 セ出題

3A 写真の検閲

3-1 掲載《けいさい》が不許可になった日中戦争時の写真　第2次近衛文麿《このえふみまろ》内閣の1940(昭和15)年12月，内閣情報部を改組《かいそ》して**内閣情報局**が設置され，情報収集・宣伝や言論報道の指導・検閲《けんえつ》・取締《とりしま》りを行った。

3B 戦時下の雑誌

読み解く
3-2の写真の赤い囲みにはどのような文字が書かれているだろうか。

3-2『主婦之友』
(1944.12)

3-3『婦人之友《の》』
(1944. 4)

歴史ナビ　『新版　平和博物館　戦争資料館ガイドブック』(青木書店)　日本・世界の博物館等が紹介されており，戦時下の文化を詳しく知ることができる。

第二次世界大戦の勃発

考察の視点 1939年8月の独ソ不可侵条約締結に衝撃を受けた平沼《ひらぬま》首相は，「欧州情勢は複雑怪奇《かいき》」の言葉を残して内閣総辞職した。それはなぜだろうか。

相互関連

1 第二次世界大戦の勃発

1A 関連年表

□はヨーロッパ戦線関連

内閣	年	月	事項
近衛《このえ》①	1937（昭12）	.7	**盧溝橋事件《ろこうきょうじけん》**（日中戦争へ。政府は「支那事変《しなじへん》*」）P.300
		.8	第2次上海《シャンハイ》事変 *初め「北支《ほくし》事変」のちに「支那事変」とよばれた。
		.9	**第2次国共合作《こっきょうがっさく》**（抗日民族統一戦線《こうにちみんぞくとういつせんせん》成立）
		.12	国民政府，重慶《じゅうけい》に移転 日本軍，南京占領（→**南京事件**）P.300
	1938（昭13）	.1	第一次近衛声明「国民政府ヲ対手《あいて》トセス」（交渉による和平の可能性を断つ）
		.3	独，オーストリア（墺）を併合
		.7	張鼓峰《ちょうこほう》事件 2A
		.9	ミュンヘン会談（英仏は独に宥和《ゆうわ》策→独の侵略拡大へ）
		.10	日本軍，広東《カントン》，武漢三鎮《ぶかんさんちん》（漢口《かんこう》・武昌《ぶしょう》・漢陽《かんよう》）占領
		.11	第二次近衛声明「（戦争目的は）日《にち》・満《まん》・華《か》3国連帯による**東亜《とうあ》新秩序**建設」
		.12	第三次近衛声明「（日本と中華民国の提携は）善隣《ぜんりん》友好，共同防共《ぼうきょう》，経済提携の三原則」
平沼	1939（昭14）	.2	日本軍，海南《かいなん》島に上陸
		.5	**ノモンハン事件**（～.9）2B
		.7	米，日米通商航海条約の廃棄を通告
阿部		.9	独，ポーランド侵攻。英・仏，対独宣戦布告（第二次世界大戦勃発）
米内	1940（昭15）	.2	斎藤隆夫《さいとうたかお》の反軍演説 汪兆銘《おうちょうめい》，南京政府樹立
		.6	近衛文麿《ふみまろ》の新体制運動 P.305
近衛②		.9	日本軍，**北部仏印進駐《ふついんしんちゅう》** 日独伊三国同盟調印 P.305
		.11	汪政権と日華基本条約調印

1-1 斎藤隆夫（1870～1949）

1B 大戦時の国際関係

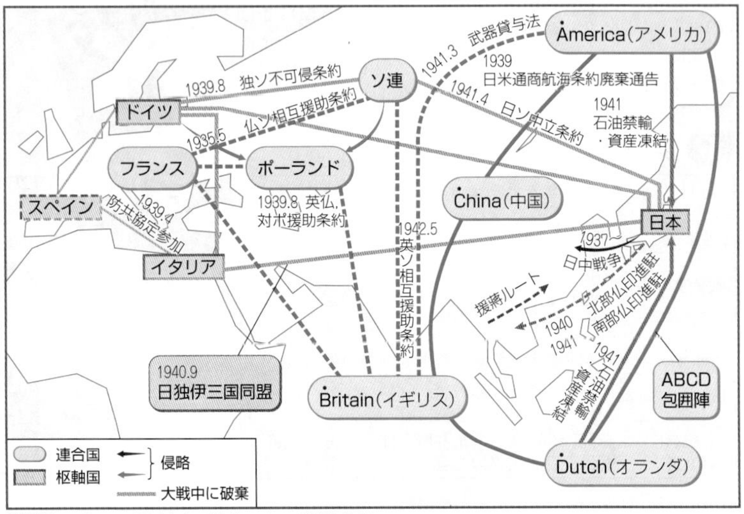

解説 日本は，関東軍の謀略による満洲事変，さらに中国との全面戦争へと戦線を拡大することになった。英米等は中国の**蔣介石《しょうかいせき》**を支援し，日中戦争は長期化した。戦争継続に必要な資源確保を目的に，日本は東南アジアへの進駐《しんちゅう》を行い，当時そこを植民地としていた米・英・蘭などの諸国との利害対立が深刻化した（表向きは「**大東亜《だいとうあ》共栄圏《きょうえいけん》**の建設」を目的に掲げた）。さらに，**日独伊三国同盟**を締結し，日・独・伊3国（枢軸国）はワシントン体制とヴェルサイユ体制の打破をめざした。

1C ヨーロッパ戦線 1939～42年

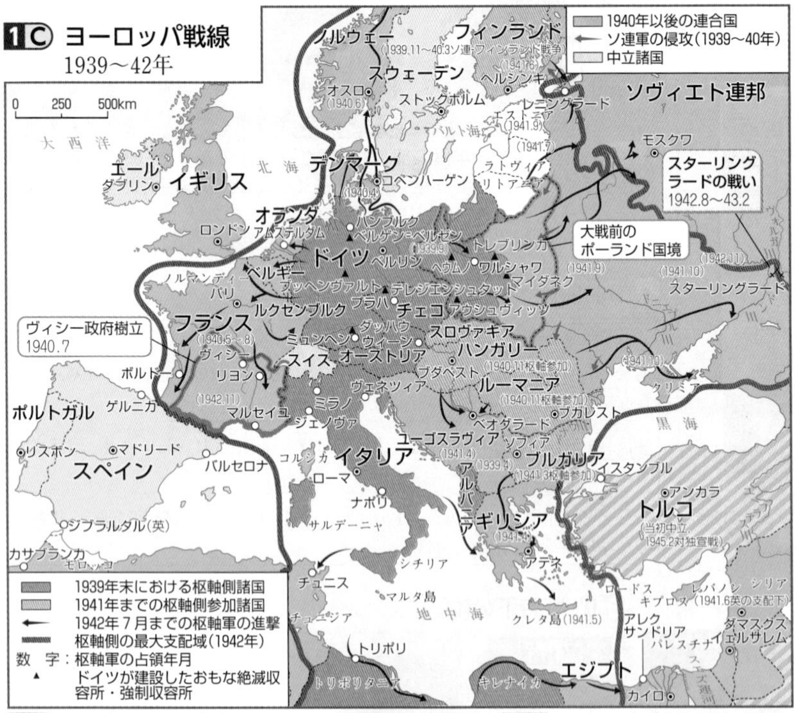

1D ユダヤ人の迫害

1-2 **ユダヤ人の強制収容所**（アウシュヴィッツ＝ビルケナウ収容所）世

1-3 **アンネ＝フランク**

解説 ナチスは各地に強制収容所を建設し，健康なユダヤ人は強制労働，労働に耐えられない者はガス室などで虐殺した。ナチスのユダヤ人虐殺は数百万人におよんだとされる。ユダヤ人のアンネ＝フランクはアムステルダムの隠れ家で日記をつけていたが1944年に捕まり，ベルゲン＝ベルゼン強制収容所で死亡（15歳）。

2 戦域の拡大

2A 張鼓峰《ちょうこほう》事件 1938（昭和13）年

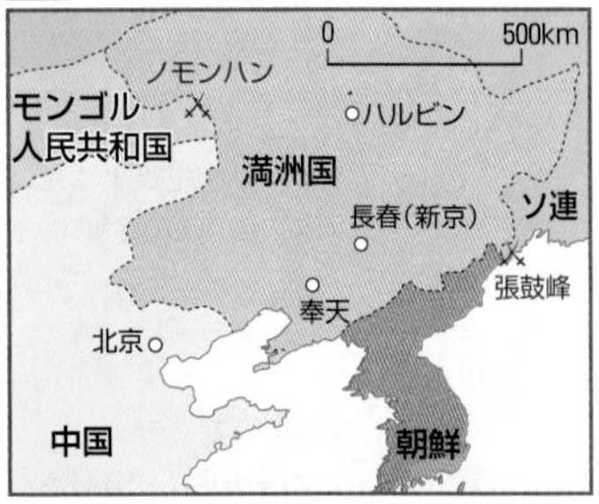

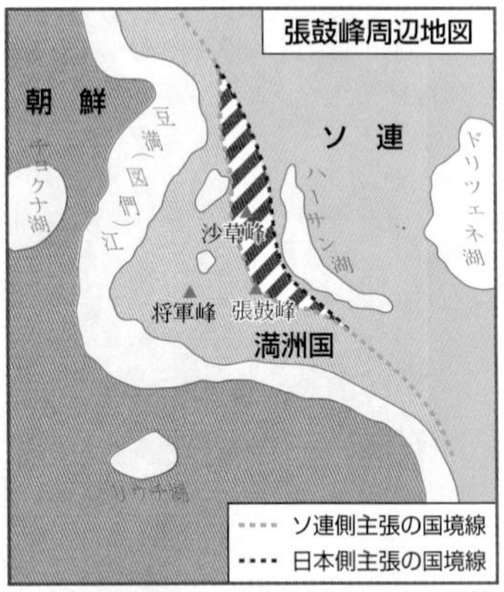

（『太平洋戦争史3 日中戦争Ⅱ』を参考に作成）

解説 1938年7月，戦術的重要地である**張鼓峰**をめぐり，日ソ両軍が衝突した。張鼓峰はソ連と満洲国の東部国境，豆満江の下流に位置し，国境線が不明確であった。張鼓峰を満洲領とする日本と，国境は張鼓峰の頂上を通るとするソ連の主張が対立したが，日本の劣勢の中で外交交渉が行われ，日本が要求を取り下げることで決着した。

2B ノモンハン事件 1939（昭和14）年5～9月

解説 1939年5月，日本側が国境と主張するハルハ河を越えたモンゴル軍と満洲国（日本の傀儡《かいらい》国家）軍が衝突。駆けつけた関東軍（日本軍の一部）がモンゴル軍を撃退した。しかし応援に出動したソ連軍に包囲され全滅した。8月末，関東軍第23師団《しだん》はソ連軍に敗北した。

（『目録20世紀1939』）

考察の視点 なぜ新体制運動を進めようとしたのだろうか。 相互関連

1 新体制ー戦争協力国民総動員のための「革新」運動

1A 新体制運動 1940(昭和15)年6月～

大政翼賛会《たいせいよくさんかい》(1940.10～45.6) 出題

- **総裁**(首相が兼任)
  - **道府県・郡市区町村に支部**(支部長に各長)
    - **隣組《となりぐみ》** 1D
      部落会・町内会の下に5～10軒単位
      国策遂行《こくさくすいこう》最末端組織
  - **大日本翼賛壮年団《よくさんそうねん》**(1942～45)
    (21歳以上有志《ゆうし》青壮年《せいそうねん》の実践部隊)
  - **傘下《さんか》6団体**(1942～45)
    大日本産業報国会 1B
    農業報国連盟
    大日本婦人会
    大日本青少年団
    商業報国会
    日本海運報国団

解説 **政府・大政翼賛会・翼賛政治会**の三位一体《さんみいったい》構造によって戦時下の国内政治を強化する体制ができ上がった。大政翼賛会は**近衛《このえ》新体制運動**から生まれ，ナチスのような一国一党をめざしたが，利害対立から公事結社《こうじけっしゃ》(政治運動の中心としての性格を否定)として創立された。 セ出題

翼賛政治会《よくさんせいじかい》

翼賛議員同盟(1941.9～42.5)
[政党解散，大政翼賛会結成後，衆議院議員定数466人のうち326人が参加して結成]
↓
翼賛選挙(1942.4)
[翼賛政治体制協議会(会長阿《あ》部信行《べのぶゆき》)による候補者の推薦と政府の選挙干渉]
↓
翼賛政治会(1942.5～45.3)
[政府が認めた唯一の政治結社。衆議院から458人，貴族院から326人参加(不参加53人)]
↓
大日本政治会(1945.3～.9)
[本土決戦段階での強力な新党樹立をめざしたが，十分な活動のないまま解散]

解説 翼賛政治会の結成で事実上の**一国一党体制**が成立，議会は政府の協力機関と化した。

1B 大日本産業報国会 1940(昭和15)年11月 セ出題

1-1 大日本産業報国会の創立大会

労働組合の弱体化と戦時体制への労働者の動員をはかる産業報国運動が1930年代半ばから進められ，38(昭和13)年**産業報国連盟**の指導下に工場・事業所に**産業報国会**が結成された。40年**新体制運動**の中で**総同盟**も同調して解散，また労働組合もすべて解散して全国団体の**大日本産業報国会**が結成された。

1C 皇紀《こうき》二千六百年式典 1940(昭和15)年11月10日

1-2 「紀元二千六百年」の横断幕を掲げて行進する産業報国会

解説 **紀元(皇紀)**は初代神武《じんむ》天皇が即位《そくい》したとされるB.C.660年を元年とする紀年法で，西暦1940年は紀元2600年にあたった。この年11月10日，宮城《きゅうじょう》(皇居)前広場では5万人が参加して政府主催《しゅさい》の奉《ほう》祝式典《しゅくしきてん》が挙行《きょこう》され，地方でも奉祝行事が行われた。戦時下の重苦しい気分を転換《てんかん》し，戦争協力への気運《きうん》を盛り上げる狙《ねら》いもあった。日本海軍の零戦《ゼロ》(零式艦上戦闘機《れいしきかんじょうせんとうき》)はこの紀元2600年にちなんで命名《めいめい》された。

1D 部落会・町内会・隣組《となりぐみ》

1-3 工場に集められた梵鐘《ぼんしょう》(金属回収)

解説 **部落会・町内会・隣組**は**国民精神総動員運動**の過程で，国策遂行《こくさくすいこう》の末端機構《まったんきこう》として利用されるようになり，1942(昭和17)年には**大政《たいせい》翼賛会《よくさんかい》**の下部組織として組み込まれることが決定された。その役割は，①政府の方針伝達 ②食料や生活必需品の配給 ③供出《きょうしゅつ》や貯蓄《ちょちく》・戦時国債購入《こくさいこうにゅう》の奨励《しょうれい》 ④防空防火演習 ⑤非国民やスパイがいないかの監視《かんし》などであった。

1E 翼賛選挙《よくさんせんきょ》の結果 1942(昭和17)年4月

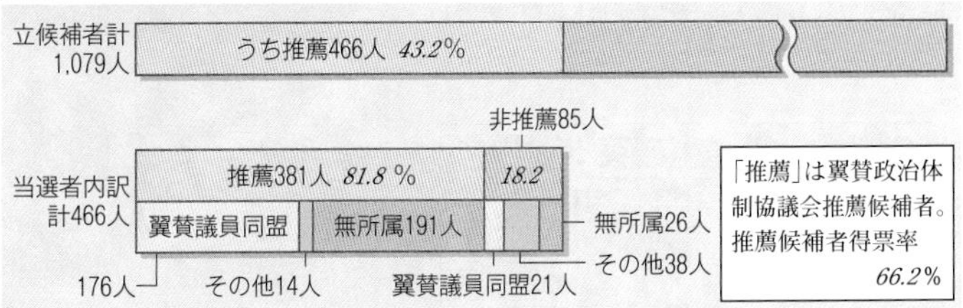

解説 1942年4月の第21回衆議院総選挙は**翼賛選挙**とよばれる。元首相の**阿部信行《あべのぶゆき》**陸軍大将を会長とする**翼賛政治体制協議会(翼協)**が議員定数と同数の466人を一元的に推薦《すいせん》決定した。推薦候補には陸軍が1人5,000円の選挙資金を出す一方，非推薦候補には警察官が干渉《かんしょう》，内務省も言論統制《げんろんとうせい》を行った。推薦候補は381人(81.8%)の当選者を出したが，非推薦者の85人(18.2%)当選は，東条《とうじょう》政権に対する批判の強さを物語る。非推薦の当選者には**尾崎行雄《おざきゆきお》**や**鳩山一郎《はとやまいちろう》**ら旧来の自由主義的政治家がいた。

2 日独伊三国同盟 1940(昭和15)年9月27日調印

2-1 日独伊三国同盟調印式に臨《のぞ》む各国の代表(ベルリン) 日本は南進政策(中国戦線継続のため東南アジアへ進駐)遂行に向けて独・伊と提携強化した。

3 軍国主義教育の徹底ー皇民化政策 P.308

解説 1941(昭和16)年，小学校は**国民学校**に改称され，小学生にも皇国民の自覚がもたされた。小学生は登校すると**奉安殿《ほうあんでん》**に最敬礼することが義務づけられ，軍隊式の教育が強化されていった。

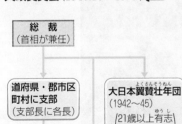

3-1 奉安殿*1の前で捧《ささ》げ銃《つつ》*2する小学生たち

*1 奉安殿…天皇・皇后の写真(御真影《ごしんえい》)と教育勅語の謄本《とうほん》を納めてある施設。
*2 捧《ささ》げ銃《つつ》…体の前に銃口を上に向けてする敬礼。

3-2 小学校1年生の国定教科書「国語」 戦意高揚《こうよう》をはかる軍国主義一色のものになっている。「チテチテタ～」は足並みを揃えて行進するための「進軍ラッパ」のメロディーの擬音。

歴史ナビ 歌「隣組」(岡本一平《おかもといっぺい》作詞，飯田信夫《いいだのぶお》作曲) 1940年6月にラジオ「國民歌謡」で放送され，10月にレコード発売。歌詞は「とんとんとんからりんと隣組～」から始まる。

太平洋戦争の始まり

考察の視点 日米交渉が決裂したのはなぜだろうか。相互関連

1 太平洋戦争関係年表

❶❷は P.307 ❷を参照

近衛《このえ》②	1941（昭16）	.4.13 **日ソ中立条約調印**2A
		.4.16 日米交渉開始
		.6.22 **独ソ戦開始**
近衛③		.7.21 米・英，日本が南部仏印進駐《ふついんしんちゅう》の時は対日経済制裁を実施することで合意
		.7.25 米，在米日本資産を凍結
		.7.28 日本軍，**南部仏印に進駐**2B
		.8. 1 米，対日石油輸出を全面禁止
		.9. 6 御前《ごぜん》会議で「帝国国策遂行《すいこう》要領」決定（対米交渉行き詰まったら米・英・蘭と開戦）
		.10.16 近衛首相（交渉継続）と東条陸相（交渉打ち切り）が対立。近衛内閣総辞職
東条《とうじょう》		.11. 5 御前会議（９月の御前会議を再確認）
		.11.20 米に最終案を提出
		.11.26 米，**ハル＝ノート**を提示3
		.12. 1 御前会議で対米・英・蘭戦を決定
		.12. 8 日本軍，マレー半島コタバル上陸❶。**ハワイ真珠湾奇襲攻撃**❷。**日本，対米・英宣戦布告**4
		.12. 9 中国国民政府，対日宣戦布告
		.12.11 独・伊，対米宣戦

2 南方への進出

2A 日ソ中立条約 史 セ出題

1941（昭和16）年４月

2-1 条約調印後の記念撮影

2B 南部仏印＊進駐《しんちゅう》 1941（昭和16）年７月

2-2 サイゴンに進駐した陸軍の自転車部隊

＊仏印…インドシナ半島のフランス植民地。現在のベトナム・ラオス・カンボジア。

解説 フランスの対独降伏を受け，日本は**援蒋《えんしょう》ルート**遮断《しゃだん》をねらった北部進駐に続き，1941年には日ソ中立条約を締結して北方の安定を確保した上で，石油などの資源確保のため，南部仏印に進駐。硬化したアメリカは対日石油禁輸などの措置をとった。セ出題

3 ハル＝ノート

1941（昭和16）年11月26日

決裂

3-1「ハル＝ノート」を報ずる新聞（『朝日新聞』1941.11.28）

日米會談最高潮に達す
米國、文書を手交
第四次會談 對日態度を要約す
野村大使 ハル長官
日本側に検討を要請 米國務當局談
四國側と緊密連絡
徐中華民國大使 信任状捧呈
上から 來栖大使 野村大使 ハル長官

ハル＝ノートの主な内容

- 満洲事変以前の状態に戻す
- 中国・仏印《ふついん》からの全面的無条件撤退
- 満洲国・汪兆銘《おうちょうめい》政権の否認（蔣介石《しょうかいせき》政権が中国政権）
- 日独伊三国同盟実質的廃棄

4 開戦

4-1 日本軍の真珠《しんじゅ》湾奇襲《きしゅう》攻撃（1941.12. 8）
開戦通告が遅れ，卑劣《ひれつ》な奇襲攻撃として「**リメンバー＝パールハーバー**」の標語の一因となった。

帝國·米英に宣戰を布告す
西太平洋に戰鬪開始
宣戰の大詔渙發さる
Honolulu Star-Bulletin 1st EXTRA
WAR!
(Associated Press by Transpacific Telephone)
SAN FRANCISCO, Dec. 7.—President Roosevelt announced this morning that Japanese planes had attacked Manila and Pearl Harbor.
OAHU BOMBED BY JAPANESE PLANES
SIX KNOWN DEAD, 21 INJURED, AT EMERGENCY HOSPITAL
Attack Made On Island's Defense Areas
Hundreds See City Bombed

4-2・3 開戦を報じる日米の新聞（『朝日新聞』1941.12.9，『Honolulu Star-Bulletin』1941.12. 7）

5 日米の戦力比較

5A 日本の軍需物資国別輸入額 1940（昭和15）年

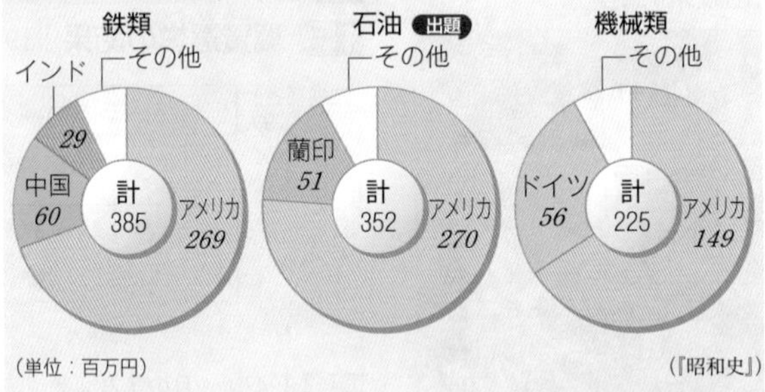

解説 日米開戦直前，日本は鉄類・石油・機械類の約70％をアメリカからの輸入に依存していた。

読み解く 日本が蘭印占領をめざした背景にはどのようなことがあっただろうか。

5B 日米主要物資生産高の比較

（日本の生産高を１とした場合のアメリカの指数）

年	1929（昭４）	1938（昭13）	1941（昭16）	1944（昭19）
石炭	16.1	7.2	9.3	13.8
石油	501.2	485.9	527.9	956.3
鉄鉱石	416.8	37.5	74.0	26.5
銑鉄	38.9	7.3	11.9	15.9
鉄鋼	25.0	4.5	12.1	13.8
銅	12.4	5.3	10.7	11.3
鉛	208.0	31.3	27.4	11.6
計	166.6	60.5	77.9	118.3

（『基本国力動態総覧』）

5C 日米軍事力比較

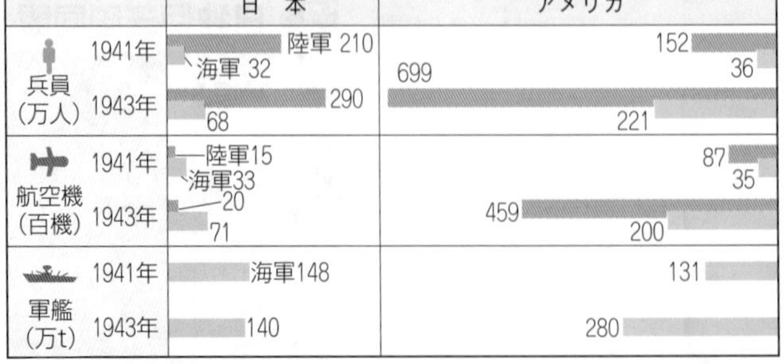

（『現代史資料』）

解説 日本は，欧米特にアメリカへの軍需物資依存度が高かったが，1940（昭和15）年，日米通商航海条約が前年のアメリカ政府による廃棄通告によって失効，日本は資源を求めて東南アジアへの侵略を強めた。日米の戦力の差は歴然《れきぜん》としていた。大型戦艦に主力をおく日本に対し，アメリカは航空機に重点をおいて制空権を掌握《しょうあく》，それが勝敗の分け目となった。石炭・石油・鉄鋼など主要物資の生産高においても，アメリカは日本をはるかにしのいでいた。

歴史ナビ 加藤陽子『**それでも，日本人は「戦争」を選んだ**』（朝日出版社） 太平洋戦争勃発時における日本国内の多様な戦争観が紹介されている。

考察の視点 日本側の視点に立ったとき，太平洋戦争はどのように展開していただろうか。 推移

太平洋戦争の展開

1 関係年表

東《とう》条《じょう》	1942（昭17）	.1.2 日本軍，マニラ占領
		.2.15 日本軍，シンガポール占領④ 1A
		.3.9 ジャワの蘭印《らんいん》軍降伏
		.4.18 米B25爆撃機，日本本土初空襲
		.5.7 コレヒドール島の米軍降伏
		.6.5 日本軍，ミッドウェー海戦で敗北⑤ 1D セ出題
	1943（昭18）	.2.1 日本軍，ガダルカナル島撤退⑦ 1E
		.5.29 アッツ島の日本軍守備隊全滅⑧
		.9.3 伊，無条件降伏
		.11.5 大東亜《だいとうあ》会議（東京）
		.11.22 連合国首脳，カイロ会談 P.313 セ出題
	1944（昭19）	.6.20 日本軍，マリアナ沖海戦で敗北⑩
		.7.4 インパール作戦中止⑨ セ出題
		.7.7 日本軍敗北し，サイパン島陥落⑪ 1G
小《こ》磯《いそ》		.10.23～25 日本軍，レイテ島海戦で敗北⑫ 1H
		.10.25 神風《しんぷう》特別攻撃隊初出撃
		.11.24 米B29爆撃機，マリアナ諸島から日本空襲開始（全国的に空襲が頻発）
	1945（昭20）	.2.4 連合国首脳，ヤルタ会談
		.3.9～.10 米B29爆撃機，東京大空襲⑭
		.3.22 硫黄島《いおうとう》の日本守備隊全滅⑬
		.4.1 米軍，沖縄本島に上陸⑮ P.311
		.4.5 ソ連，日ソ中立条約不延長を通告
鈴木		.5.7 独，無条件降伏
		.6.23 沖縄の日本軍守備隊全滅
		.7.17 連合国首脳，ポツダム会談 P.313
		.8.6 広島に原子爆弾投下⑯ P.312 セ出題
		.8.8 ソ連，対日宣戦布告
		.8.9 長崎に原子爆弾投下⑰ P.312 セ出題
		.8.14 ポツダム宣言受諾《じゅだく》
		.8.15 天皇の玉音《ぎょくおん》放送（ラジオで「終戦」の詔勅《しょうちょく》） P.313

セ出題

2 戦争の展開 1941（昭和16）年12月～45（昭和20）年8月

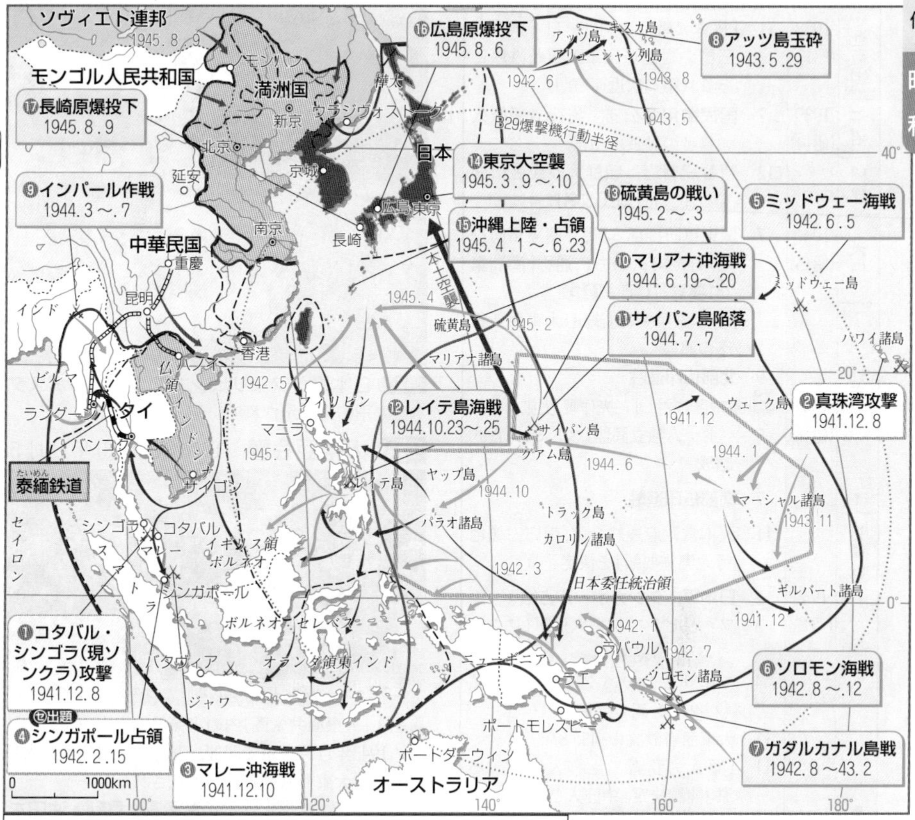

1941年12月・日本の勢力範囲
→ 日本軍の進路
— 1942年夏・日本軍の最大進出線
— 1943年9月30日策定の絶対国防圏
— 1944年7月末の防衛線
--- 終戦時日本軍の防衛線
→ 連合軍の進攻路
連合軍の物資援助ルート（援蔣ルート）
主要戦場
→ 中・ソ軍の進攻路（戦争末期）

読み解く 日本本土が直接攻撃を受けるようになったのはどの時期からだろうか。また，その理由を考えてみよう。

相互関連

1A シンガポール占領 1942年2月

1-1 降伏交渉を行う日本軍の山下奉《やましたとも》文中将《ゆきちゅうじょう》とシンガポール駐留イギリス軍のアーサー＝パーシバル中将。

1B 援蔣《えんしょう》ルート（ビルマルート）遮断《しゃだん》 1942年3月

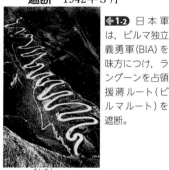

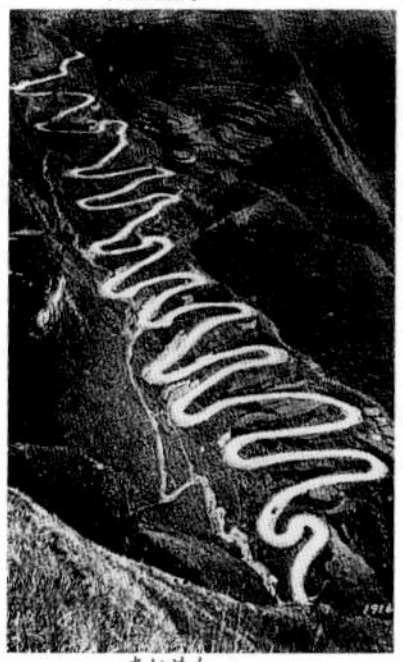

1-2 日本軍は，ビルマ独立義勇軍（BIA）を味方につけ，ラングーンを占領。援蔣ルート（ビルマルート）を遮断。

1C バターン死の行進 1942年4月

1-3 フィリピンのルソン島バターン半島の米軍が降伏。日本軍は約7万人の捕《ほ》虜《りょ》を60km徒歩で護送《ごそう》。飢えと疲労，炎天下の行軍で多数の犠牲を出した。

1D ミッドウェー海戦 1942年6月

1-4 日本海軍は機動部隊の航空母艦《こうくうぼかん》4隻《せき》と艦載機《かんさいき》を一挙に多数喪失。敗戦に向かう戦局の転機となった。写真は，米艦載機の爆撃を受け大破炎上する重巡洋艦「三隈」。

1E ガダルカナル島戦 1942年8月～43年2月

1-5 ソロモン諸島のガダルカナル島での米軍との激戦で，多数の戦死者・餓死者を出して撤退した。

1F 泰緬《たいめん》鉄道 1942年6月～43年10月

1-6 ビルマへの補給路確保のため，タイ（泰）とビルマ（緬）間に建設された鉄道。英・蘭の捕虜を使った過酷な労働で多数の死亡者を出した。 セ出題

1G サイパン島陥落 1944年7月7日

1-7 これにより**絶対国防圏**が破られ，本土空襲が激化。多数の日本人が戦死や自決で命を落とした。写真は万歳《ばんざい》突撃で戦死した日本兵。

1H レイテ島海戦 1944年10月

1-8 アメリカはフィリピンを奪回。日本軍の連合艦隊は壊滅《かいめつ》。**特攻隊攻撃**が行われた。写真はレイテ島に上陸する**マッカーサー**。

歴史ナビ **映画「戦場にかける橋」**（The Bridge on The River Kwai） 1957年公開の英・米合作映画。泰緬鉄道クワイ川鉄橋建設をめぐり，日本軍の捕虜収容所を描く。

「大東亜共栄圏」

考察の視点 なぜ日本は，仏印(フランス領インドシナ)に進駐したのだろうか。そのことで国際関係にどんな問題がおきるようになったのだろうか。

相互関連

1 関連年表

内閣	年	月	事項
近衛《このえ》①	1938(昭13)	.11	「日本の戦争目的は，日《にち》・満《まん》・支《し》三国の提携による**東亜《とうあ》新秩序**にある」(第二次近衛声明)
平沼	1939(昭14)	. 7	**国民徴用令《ちょうようれい》**公布・施行で朝鮮人労務者の動員本格化
阿部		.12	朝鮮総督府，朝鮮人の氏名に関する件公布(**創氏改名《そうしかいめい》**)
米内	1940(昭15)	. 7	関東軍防疫《ぼうえき》部本部，「関東軍防疫給水部本部(のちに通称「満洲**第731部隊《ななさんいち》**」)に改編 2D
近衛②		. 7	「基本国策要綱」決定(大東亜新秩序の建設)
		. 9	**北部仏印進駐《ふついんしんちゅう》**
	1941(昭16)		華北《かほく》解放区に対し「三光《さんこう》作戦」実施(～42)
		. 5	ベトナム独立同盟(ベトミン)正式結成
近衛③		. 7	**南部仏印進駐**
		.11	大本営政府連絡会議「南方占領地行政実施要領」を決定
東条《とうじょう》	1942(昭17)	. 2	**日本軍，シンガポール占領**
		. 3	フィリピンで抗日人民軍(フクバラハップ)結成
		. 4	フィリピンのバターン半島占領(バターン死の行進)
		.11	大東亜省設置(～45. 8)
		.11	「華人労務者内地移入に関する件」閣議決定。中国人を動員
	1943(昭18)	. 8	朝鮮に徴兵制実施。**日本の支援を受け「ビルマ」独立**(～45. 3)
		. 9	「昭和20年度より台湾に徴兵制実施」を決定
		.10	**日本の支援を受けて「フィリピン」独立**(～45. 8)
		.10	泰緬《たいめん》鉄道(タイ～ビルマ)完成
		.10	自由インド仮政府成立
		.11	**大東亜会議**(東京) 2B
	1944(昭19)		仏印(ベトナム)で大量餓死《がし》(日本軍へ供出《きょうしゅつ》と天候不順)(～45)
小磯《こいそ》		. 8	ビルマで抗日運動の秘密組織「反ファシスト人民自由連盟(パサパラ)」結成
		. 9	小磯声明(将来のインドネシア独立を約束)
鈴木	1945(昭20)	. 6	花岡《はなおか》事件(秋田県花岡鉱山で，中国人労働者，蜂起《ほうき》)

2 「大東亜《だいとうあ》*共栄圏《きょうえいけん》」の範囲 *東アジア・東南アジアとその周辺

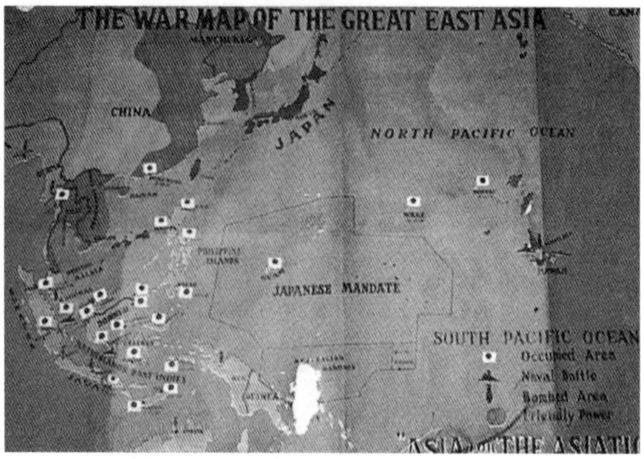

2-1 日本軍がフィリピンで配った宣伝ポスター 占領地などが日の丸で示されている。

解説 「大東亜共栄圏」は欧米諸国の植民地支配から東アジア・東南アジアを解放し，日本を盟主とする共存共栄の国際秩序を目指した構想。「**八紘一宇《はっこういちう》***」を唱《とな》えたが，実際には日本による資源の収奪《しゅうだつ》が行われ，占領各地で反日闘争が高まっていった。

*世界を一つの家となすの意。『日本書紀』の言葉が基。

2A 「大東亜共栄圏」の面積と人口

地域		面積(万km²)	人口(万人)
日本		38.26	7,142.0
朝鮮		22.08	2,432.6
台湾		3.60	587.2
樺太		3.60	41.5
関東州		0.35	136.7
南洋群島		0.21	13.1
中国	満洲国	130.31	4,320.3
中国	蒙古連合自治政府	61.54	550.8
中国	中華民国臨時政府	60.27	11,630.6
中国	中華民国維新政府	35.01	7,864.4
東南アジア	タイ	62.00	1,571.8
東南アジア	仏領インドシナ	63.00	2,385.4
東南アジア	英領マレー	13.60	533.0
東南アジア	英領ボルネオ	21.13	93.1
東南アジア	ビルマ	60.50	1,611.9
東南アジア	蘭領インド	190.43	6,072.7
東南アジア	フィリピン	29.63	1,600.0
計		795.52	48,587.1

(『岩波ブックレット　シリーズ昭和史７』)

2B 大東亜会議　1943(昭和18)年11月５日

解説 「大東亜共栄圏」内の占領地域の戦争協力体制を強化するため1943年11月東京で開催，互恵《ごけい》的経済発展・人種差別撤廃をうたった大東亜共同宣言が採択された。

2-2 油田を攻略する日本軍 ビルマ(ミャンマー)中部のエナンジャン油田。

解説 大東亜共栄圏の範囲を南方へ拡大する要因となったのは，石油・ボーキサイト・錫《すず》など「日《にち》・満《まん》・支《し》」で産しない鉱産資源獲得のためだった。

2C 在日朝鮮人数 セ出題

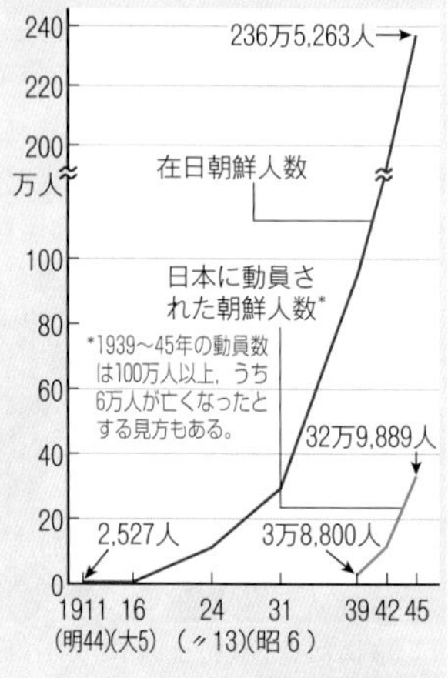

(内務省警保局資料など)

解説 徴兵《ちょうへい》による日本国内の労働力不足を補うため，1939(昭和14)年以降朝鮮人を動員して鉱山・工場などで，苛酷《かこく》な労働に従事させた。1939年から始まる「募集」方式は次第に強制性を増し，1944年以降は朝鮮人にも国民徴用令《ちょうようれい》が適用されたことにより，「徴用」による動員となった。1942(昭和17)年からは中国人の動員も行われた。

2D 満洲第731部隊《ななさんいち》

2-3 旧731部隊研究施設のボイラー残骸《ざんがい》 関東軍防疫《ぼうえき》給水部本部の通称。毒ガスや細菌兵器の研究をし，実際に使用された。また，中国やソ連の捕虜《ほりょ》は「マルタ」(丸太)とよばれ，人体実験の犠牲《ぎせい》となった。

2E 華僑虐殺《かきょう》 セ出題

2-4 日本占領時期死難人民記念碑(血債《けっさい》の塔)(シンガポール) 日本軍は，中国国民政府を経済的に支えてきた中国系移民(華僑)に対し激しい弾圧を加えた。シンガポールとマレー半島各地で多数の華僑を虐殺した。

2F 「皇民化《こうみんか》」政策 セ出題

2-5 朝鮮の「皇民化」政策 皇国臣民《こうこくしんみん》教育振興《しんこう》隊の朝鮮人児童が紀元節《きげんせつ》などの意義を村人に説明しているところ。皇民化として神社参拝《さんぱい》の強制，日本語強制，「創氏改名《そうしかいめい》」なども行われた。

解説 満洲事変から太平洋戦争の間，日本が台湾・朝鮮等の占領地や沖縄で行った強制的な日本化政策を皇民化政策という。現地の住民を教化して戦時動員体制に組み込むことを目的とした。

2G 消された日の丸

解説 孫基禎《ソンギジョン》は植民地朝鮮の「日本人」マラソン選手として1936年ベルリンオリンピックでアジア選手初の金メダルを獲得した。朝鮮の新聞『東亜日報《とうあにっぽう》』は，孫の胸にあった日の丸を消して掲載した。社員は逮捕され，朝鮮総督府の指示で新聞は発行停止処分になった。

歴史ナビ ソン・ギジョン記念館(韓国ソウル市中区万里洞《チュングマンリドン》)　「挑戦・克服・勝利」「民族愛・平和への意思・国の大切さ」「感動と和合」の展示室がある。

考察の視点　❶なぜ都会の子どもたちを地方へ学童疎開《そかい》させたのだろうか。　相互関連
❷疎開した子どもたちのほとんどが「帰りたくない」とアンケートに答えたというが，それはなぜだろうか。

国民生活の崩壊①

1 消耗・窮乏する国民生活

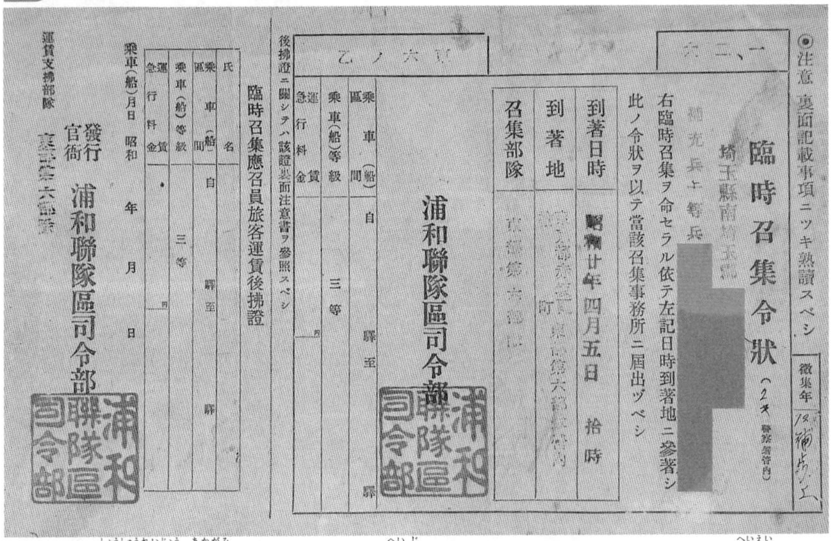
◉注意 裏面記載事項ニツキ熟讀スベシ
徴集年
臨時召集令狀
右臨時召集ヲ命セラル依テ左記日時到著地ニ參著シ
此ノ令狀ヲ以テ當該召集事務所ニ屆出ヅベシ

到著日時	到著地	召集部隊
昭和廿年四月五日 拾時		

浦和聯隊區司令部

後拂證ニ關シテハ該證裏面注意書ヲ參照スベシ

乘車(船)區間	乘車(船)等級	運賃急行料金
自 驛至 驛	三等	円

浦和聯隊區司令部

臨時召集應召員旅客運賃後拂證

氏名	乘車(船)區間	乘車(船)等級	運賃急行料金
	自 驛至 驛	三等	円

乘車(船)月日　昭和　年　月　日
發行官衙　浦和聯隊區司令部
運賃支拂部隊

1-1 臨時召集令状《しょうしゅうれいじょう》(赤紙《あかがみ》)　「赤紙」は役場の兵事《へいじ》係により本人や家族に渡され，本人が兵営《へいえい》にもって行く。村によっては赤紙対象者数が割り当てられ，兵事係や学校の校長が苦悩していた例もあった。敗戦直後に焼却されたものが多く，現存するものは極めて少ない。写真は1938(昭和13)～40(昭和15)年に一度召集され，その後1941(昭和16)年から軍属《ぐんぞく》として中国へ渡った人の赤紙である。その間に二度目の召集として赤紙が自宅へ届けられたために残存した。　埼玉県平和資料館蔵

1A 戦時生産と生活物資の欠乏

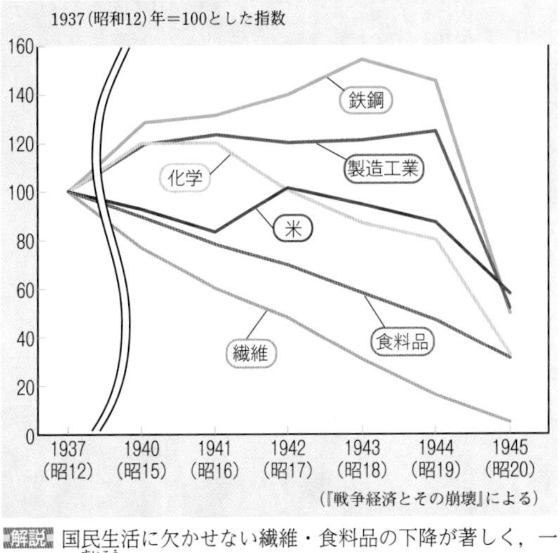

解説　国民生活に欠かせない繊維・食料品の下降が著しく，一方で戦争遂行《すいこう》のための鉄鋼・製造工業(機械)は1943～44年が生産のピークであった。

読み解く①　1Aのグラフで，太平洋戦争開戦後の国民生活はどのような状況であっただろうか。　推移

2 戦時下の国民生活

2-1 第1回学徒出陣《がくとしゅつじん》壮行大会(1943.10.21　明治神宮外《がい》苑《えん》)　1943(昭和18)年10月2日，勅令《ちょくれい》によって理・工・医・教員養成以外の大学・高等専門学校在学生の徴集《ちょうしゅう》延期を廃止。満20歳に達した学生は臨時徴兵検査のうえ，同年12月1日に入《にゅう》営《えい》・入団した。この日7万人の学生の壮行会が行われた。

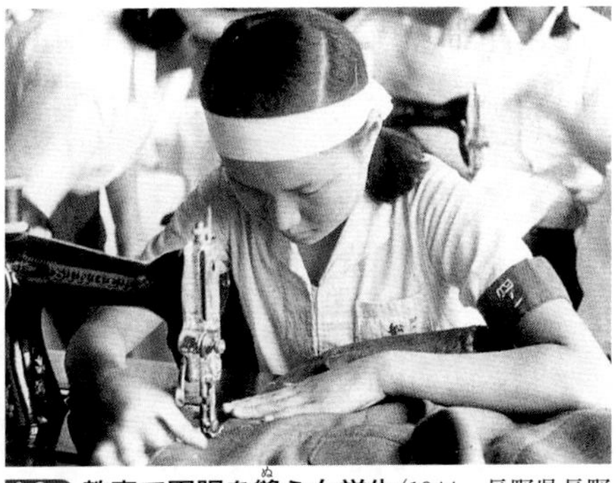
2-2 教室で軍服を縫《ぬ》う女学生(1944　長野県長野高等女学校)　1944(昭和19)年には女学校を中心に学校の工場化が全国的に拡大。生徒は女子挺身《ていしん》隊員として働いた。この時には鉢巻《はちまき》に日の丸はまだない。　㊥出題

2-3 本土決戦に備えた竹槍《たけやり》訓練(1943　山口県下関市)

㊥出題
2-4 学童集団疎開《そかい》(1944　群馬県妙義町)　1944(昭和19)年7月サイパン島が陥落《かんらく》，本土《ほんど》空襲が必至《ひっし》の情勢となり，政府は全国13都市の学童(国民学校初等科3～6年生)を地方に疎開させた。

2-5 ローズヴェルト，チャーチルの似顔絵をたたく小学生(1943　山梨県塩山《えんざん》国民学校)

2-6 千人針《せんにんばり》(1940)　出征《しゅっせい》兵士に，無事の帰国を願って多くの人が針をさして贈った。

読み解く②　❶ 2-1の写真で，理・工・医・教員養成系の学生の徴集《ちょうしゅう》延期が廃止されなかったのはなぜだろうか。
❷ 2-5の写真で，ローズヴェルト，チャーチルの似顔絵を小学生にたたかせているのはなぜだろうか。　相互関連

歴史ナビ　三國一朗《みくにいちろう》『戦中用語集』(岩波新書)　戦争当時の世相や独特の語句などが体験に基づいてコンパクトに解説されている。

国民生活の崩壊②

考察の視点　戦争が長引くにつれて人びとのくらし，子どもたちのくらしにはどのような変化がおきただろうか。　推移

1 生活統制

1-1「ぜいたく追放」の立看板（『国際写真情報』1940年9月号）　1940（昭和15）年8月，国民精神総動員本部は節約《せつやく》をよびかける立看板を東京のあちこちに配置した。

1-2 モンペ姿の女性たち（1942）

1-3 パーマネントの廃止（1939．6）　パーマネントの女性は目の敵《かたき》にされ，通行禁止を決議する町内会もあった。

1-4 サツマイモの配給（1940　東京）　多くの生活必需品・食料が配給制となり，人びとの生活を苦しめた。

1-5 配給制・切符制（長野県神科《かみしな》村）　生活必需品は1940（昭和15）年6月から砂糖とマッチを皮切りに切符制を主要な手段として配給された。㊥出題 ㊤出題

1-6 衣料切符　1942（昭和17）年2月には，衣料品も切符制となった。

1-7 木炭《もくたん》自動車　ガソリン不足から，1938（昭和13）年には木炭自動車が登場した。

1-8 軍服姿の七五三の子どもたち（1941.11　東京・明治神宮）

2 遊びの軍国主義化－「愛國《あいこく》イロハカルタ」

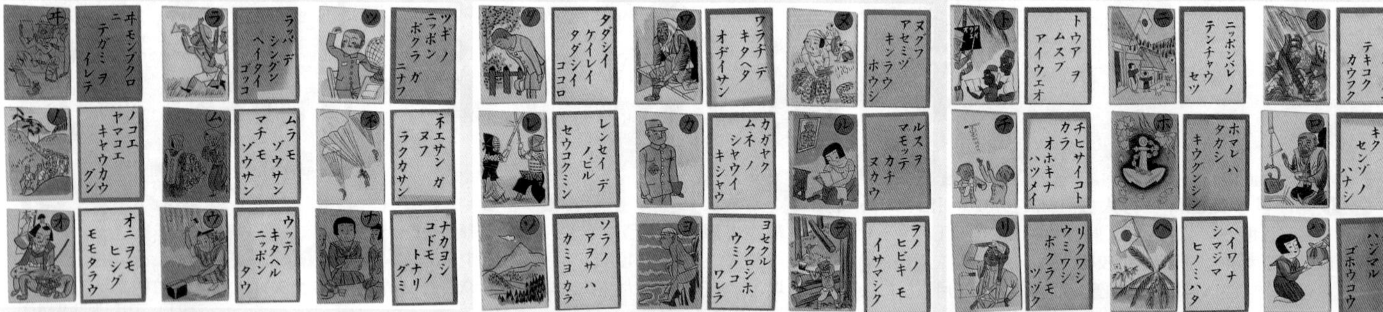

立命館大学国際平和ミュージアム蔵

「愛國イロハカルタ」の読み札に書かれた内容

イセノカミカゼ テキコク カウフク
ロバタ デ キク センゾ ノ ハナシ
「ハイ」デ ハジマル ゴホウコウ
ニッポンバレ ノ テンチョウ セツ
ホマレ ハ タカシ キウグンシン
ヘイワ ナ シマジマ ヒノミハタ
トウア ヲ ムスブ アイウエオ
チヒサイコト カラ オホキナ ハツメイ
リクワシ ウミワシ ボクラモ ツヅク
ヌグフ アセミヅ キンラウ ホウシ
ルス ヲ マモッテ カチ ヌカウ
ヲノ ノ ヒビキ モ イサマシク
ワラヂ デ キタヘタ オヂイサン
カガヤク ムネ ノ シャウイ キシャウ
ヨセクル クロシホ ウミノコ ワレラ（以下略）

読み解く　「愛國イロハカルタ」の読み札イ～ヨを漢字かな混じりの文にしてみよう。

解説　「愛國イロハカルタ」は（財）日本少国民文化協会制定，（財）日本玩具《がんぐ》統制協会が1943（昭和18）年12月10日に発行した。戦意高《こう》揚《よう》を子どもの遊びにも取り入れようとした。例えば1941（昭和16）年12月の真珠湾奇襲の際，5隻《せき》（1隻2人乗り）の特殊潜航艇《せんこうてい》で戦死した特別攻撃隊9人が軍神《ぐんしん》とされた「九軍神」が扱われている。

歴史ナビ　『日本史授業で使いたい教材資料』（清水書院）　原始古代から近現代まで参考となる実物資料，解説，教材化の視点がまとめられている。

考察の視点　沖縄戦はどのような戦争だったのだろうか。　推移

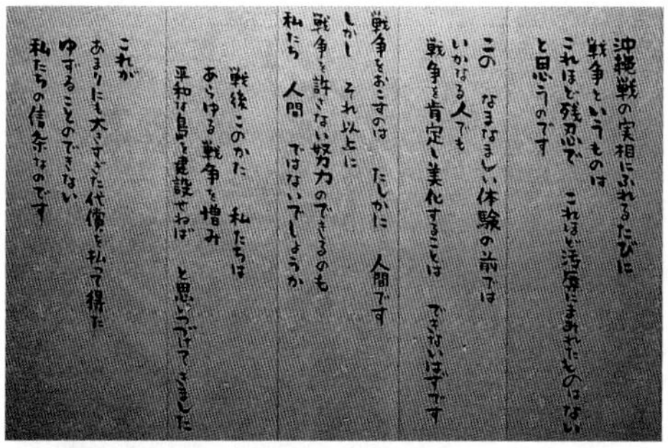

↑沖縄平和祈念資料館の展示のことば　沖縄県立平和祈念資料館蔵

1 沖縄戦における戦没者数

㋝出題

県外出身日本兵	6万5,908人
沖縄県出身軍人・軍属《ぐんぞく》	2万8,228人
一般住民	約9万4,000人
日本側戦没者総数❶	18万8,136人
(うち沖縄県民)	(12万2,228人)
米軍❷	1万2,520人
沖縄戦の戦没者総数❶+❷	20万　656人

(沖縄県援護課資料より)

2 ひめゆり学徒隊と鉄血勤皇隊《てっけつきんのうたい》 ㋝出題

↑2-1 師範《しはん》学校女子部の生徒たち(1944〔昭和19〕年春)

↑2-2 捕虜《ほりょ》になった「鉄血勤皇隊」の少年

解説 1944(昭和19)年12月，第32軍司令部の指示で沖縄師範学校女子部・県立第一高等女学校の生徒222名，教師18名からなる看護隊「ひめゆり学徒隊」が組織された。負傷兵の看護に献身的に協力し，生徒123名，教師13名が若い生命を失った。同じく師範学校・中等学校の男子生徒から「鉄血勤皇隊」が戦闘要員として組織され，実戦に参加，1,780人中890人が戦死した。

3 米軍の上陸と侵攻

↑3-3 牛島満《うしじまみつる》 第32軍司令官

↑3-4 島田叡《しまだあきら》 沖縄県知事

↑3-5 大田《おおた》実《みのる》少将(死後，中将)

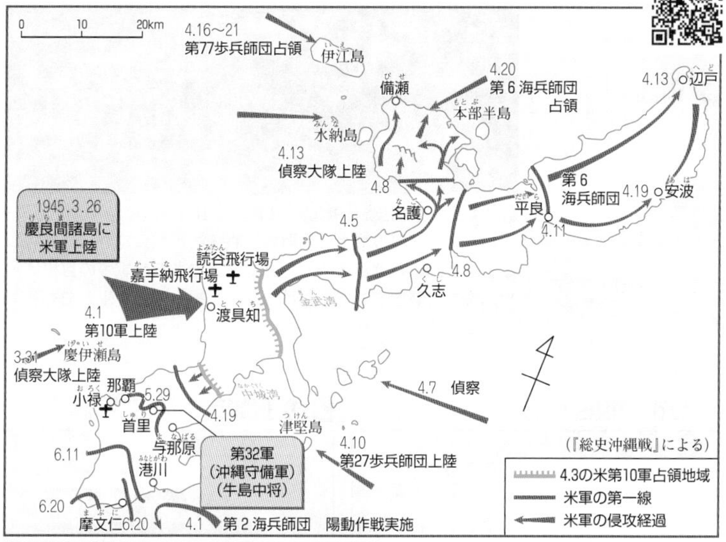

(『総史沖縄戦』による)

↑3-1 米軍の艦砲射撃《かんぽうしゃげき》

↑3-2 壕《ごう》にたてこもる沖縄守備軍への米軍の火炎放射器攻撃

解説 1945(昭和20)年4月，米軍は沖縄本島に上陸した。日本軍は**牛島満**《うしじまみつる》司令官の第32軍が国内唯一の地上戦を戦い，県民4人に1人が犠牲になった。1945年1月から沖縄県知事に就任した**島田叡**《しまだあきら》は，北部への県民疎開《そかい》，食料の分散確保などを迅速《じんそく》に進めて「生き抜く」ことを強く示唆《しさ》し，県民から厚い信頼を得た。6月6日，海軍根拠地隊(陸戦隊)司令官の**大田実**《おおたみのる》少将《しょうしょう》は「沖縄県民斯《か》ク戦ヘリ　県民ニ対シ後世《こうせい》特別ノ御高配《ごこうはい》ヲ賜《たまわ》ランコトヲ」と海軍次官宛に打電した後に自決《じけつ》した。6月23日，牛島司令官が自決し組織的戦闘は終わったが，その後も戦闘状態は続いた。

4 集団自決《じけつ》 ㋝出題

解説 沖縄戦では，一般住民が集団で自殺する悲劇も発生し，これは「集団自決」とよばれている。日本軍の命令による強制もあったとされるが，否定・疑問視する見解もある。

座間味《ざまみ》島での日本軍指揮官梅澤裕《うめざわゆたか》戦隊長と，渡嘉敷《とかしき》島での日本軍指揮官赤松嘉次大尉《あかまつよしつぐたいい》が住民に自決を強いたとされた点について，梅澤本人と赤松弟が「集団自決命令は出していない」として，関連書籍を発行した岩波書店と『沖縄ノート』の著者大江健三郎《おおえけんざぶろう》を相手取って裁判をおこした。2011年4月21日，最高裁第一小法廷は訴えを棄却《ききゃく》した。

↑4-1 集団自決とみられる現場

5 対馬《つしま》丸の悲劇

解説 太平洋戦争末期の1944(昭和19)年8月から翌年3月にかけて，沖縄から約5,590人の学童が熊本・宮崎・大分に疎開《そかい》した。那覇《なは》港を出港した**学童疎開船「対馬丸」**(6,754トン)は1944年8月22日，鹿児島県トカラ列島悪石島《あくせきじま》沖で米軍の潜水艦に撃沈《げきちん》され，789人の学童が今も海底に眠っている。

↓5-1 対馬丸

6 沖縄戦と松代大本営《まつしろだいほんえい》

↓6-1 松代象山《ぞうざん》地下壕《ごう》

解説 1944(昭和19)年7月，サイパン島が陥落《かんらく》し絶対国防圏が破られたのを契機に，軍中枢《ちゅうすう》部は本土決戦に備え，大本営を宮中《きゅうちゅう》から長野県松代に移そうと計画した。本土空襲が始まる1944年11月から工事が始まり，敗戦時には8割方完成していた。沖縄戦はこの間のことである。松代の舞鶴《まいづる》山・象山《ぞうざん》・皆神《みなかみ》山の地下に天皇・皇后の御座所《ござしょ》，政府の省庁，報道機関などを移転する予定だった。動員された延べ300万人の労働者のうち徴用された朝鮮人も約7,000人いた。地元篠《しの》ノ井旭《のいあさひ》高校(現長野俊英《しゅんえい》高校)郷土研究班の調査から，地下壕《ごう》の存在が広く知られるようになり，市民運動の輪も広がって，1989年から一部公開されている。

歴史ナビ　**沖縄の慰霊塔・慰霊碑**　国籍を問わず軍人・民間人の別なくすべての戦没者の氏名を刻んで永久に残す「平和の礎《いしじ》」のほか，各都道府県が建立《こんりゅう》したものが多数ある。㋝出題

本土空襲と原爆投下

考察の視点 原爆投下場所はどのような経過を経て選定されたのだろうか。 **時系列**

1 本土《ほんど》空襲

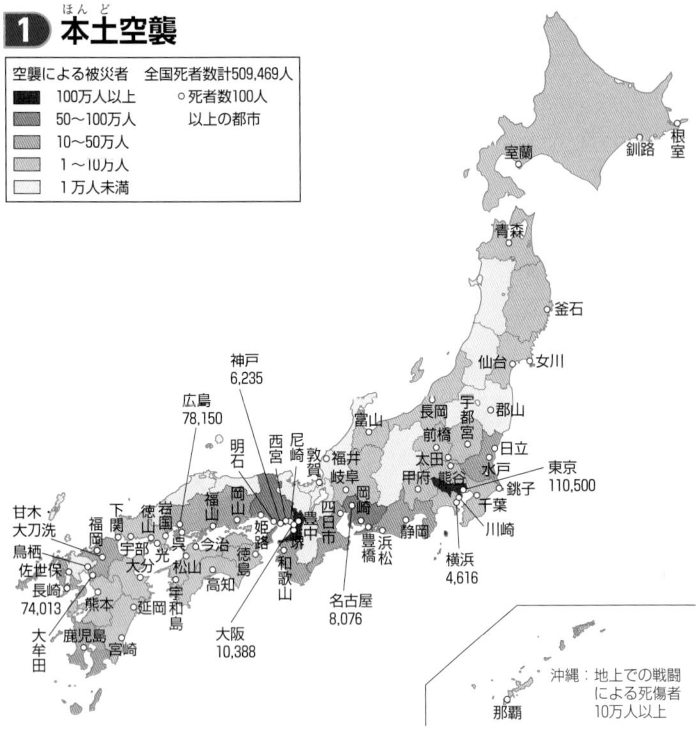

解説 1944(昭和19)年末からの本格的な空襲はマリアナ諸島に設置された米軍航空基地からの**B29**によるもの P.307 で，航空機工場や軍工廠《こうしょう》を狙った高々度精密爆撃だった。1945(昭和20)年３月以降，低空からの**焼夷弾《しょういだん》**爆撃が始まり，東京・名古屋・大阪・神戸などの大都市や地方都市が焼け野原になった。**3月10日未明の東京大空襲**は推定11万人の死者を出し，東京の約４割が焦土《しょうど》と化した。

1-1 東京大空襲(1945.3.9深夜～.3.10未明)

解説 本土空襲の最大の問題は，戦争法規が無視され，無防備な非戦闘員である一般市民の殺戮《さつりく》が目的とされたことである。戦争の目標は，相手国の軍事力や工業力を破壊することだけでなく，相手国民を１人でも多く殺傷し，戦意を喪失《そうしつ》させることに移っていた。

2 原爆投下　広島：1945(昭和20)年８月６日　長崎：1945(昭和20)年８月９日 ㊥出題

2A 原爆投下目標都市の選定過程　1945年

.4.27	米，第１回目標選定委員会。17都市を研究対象(東京湾・川崎・横浜・名古屋・大阪・神戸・京都・広島・呉・八幡・小倉・下関・山口・熊本・福岡・長崎・佐世保)
.5.10～.11	第２回目標選定委。京都・広島・横浜・小倉を目標として勧告
.5.15	ワシントン第20航空軍，「広島・京都・新潟」が「予約された地域(空襲禁止)」と指令
.5.28	第３回目標選定委。京都・広島・新潟に変更
.6.27	広島・京都・新潟に加え，小倉の通常爆撃禁止
.7.25	広島・小倉・長崎・新潟を目標とする投下命令

2B 原爆の規模と被害

	広島	長崎
種類	ウラニウム235	プルトニウム239
TNT　火薬換算の威力	12±1kt(キロトン)	22±2kt
死没者数(1990年厚生省発表)	20万1,990 男　11万　589 女　9万1,258 不詳　243	9万3,966 男　4万8,453 女　4万5,498 不詳　15

2C 広島市の被害状況

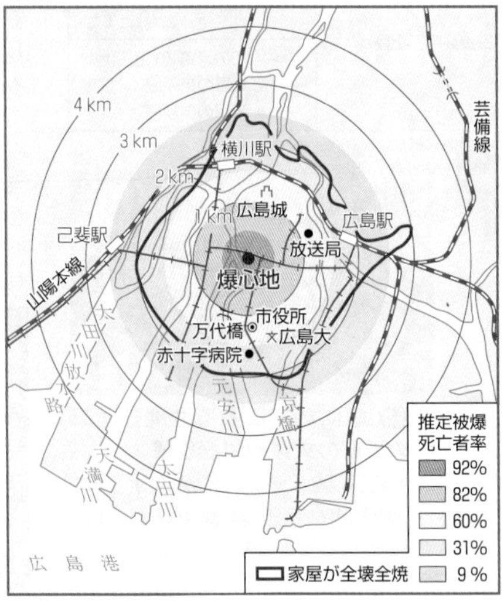

2D 長崎市の被害状況

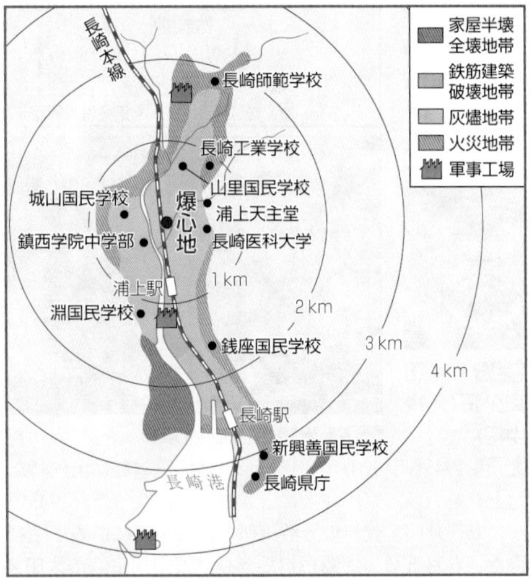

解説 アメリカ陸軍のB29爆撃機「エノラ・ゲイ」号から投下された「リトルボーイ」は，広島の地上580mで爆発，強烈な閃光《せんこう》に続いて熱線と衝撃波《しょうげきは》，爆風と放射線が地上を襲《おそ》った。広島市では，放射線による急性障害が一応おさまった1945(昭和20)年末までに約14万人が亡くなったと推計され(広島市発表)，長崎市では同年末までに７万人以上が亡くなったと推計されている(長崎原爆資料館発表)。生存者も放射能による後遺症《こういしょう》に苦しみ，それは現在も続いている。原爆投下は，人類史上例をみない無差別，大量の破壊と殺戮《さつりく》である。

2-1「リトルボーイ」(広島型)　長さ3.05m 重量4t

2-2「ファットマン」(長崎型)　長さ3.25m 重量4.5t

2-3 広島爆心地の惨状

読み解く 2-5の切手には，アメリカの原爆観が示されている。何と書いてあるだろうか。 **現在**

2-5 アメリカが1995年に発行しようとした記念切手

2-4 原子雲 長崎に投下された原爆によるキノコ状の雲。高度１万mに達した。

平和博物館を創る会提供

歴史ナビ 中沢啓治《なかざわけいじ》『はだしのゲン』(汐文社)　広島で被爆した中岡元少年が戦後の食糧難や被爆者差別に負けず，母・兄・孤児の仲間と生きぬこうとする物語。

考察の視点 日本の戦争終結にあたって，世界的にはどのような取り決めがなされたのだろうか。

時系列

1 連合国の主要会談

■国連の成立に関する会議
■日本に関する会議

❶大西洋上会談
1941．8（米・英）
対独戦争とソ連援助
大西洋憲章発表

❷カサブランカ会議
1943．1（米・英）
対独戦優先。対日戦は潜水艦攻撃による持久戦を展開

❸カイロ会談 ㋝出題
1943.11（米・英・中）
カイロ宣言（対日処理方式，日本の無条件降伏まで戦う）発表

❹テヘラン会談
1943.11～.12（米・英・ソ）
第二戦線の最終的決定
ソ連，対日参戦を表明

❺ダンバートン＝オークス会議
1944．8～.10（米・英・ソ・中）
モスクワ宣言（1943）に基づき，「国連憲章」の原案作成

❻ヤルタ会談
1945．2～.8（米・英・ソ）
対独戦後処理を討議
ソ連の対日参戦など多くの秘密協定の締結

❼サンフランシスコ会議
1945．4（50カ国）
「国連憲章」採択
信託統治制度に関する規定

❽ポツダム会談
1945．7～.8（米・英・ソ）
ポツダム協定（対独処理）
ポツダム宣言（対日処理）

出席した各国首脳	
米：ローズヴェルト トルーマン（ポツダム会談）	英：チャーチル アトリー（ポツダム会談）
ソ：スターリン	中：蔣介石

1A カイロ宣言の主な内容 史料

①太平洋地域の植民地の剝奪《はくだつ》 ②満洲・台湾・澎湖《ほうこ》諸島の中国への返還 ③朝鮮の独立 ④日本の無条件降伏まで戦う

1B ヤルタ秘密協定の主な内容 史料

①ソ連はドイツ降伏後２～３カ月以内に対日参戦 ②ソ連に満洲への権益付与，南樺太返還，千島列島割譲

1C ポツダム宣言の主な内容 史料

①軍国主義の除去 ②連合国の日本占領 ③日本領土の制限 ④日本軍の武装解除 ⑤戦争犯罪人の処罰と民主主義・基本的人権の尊重

解説 **ヤルタ会談**で米・英・ソの対日秘密協定が締結された。これによってソ連は，ナチス＝ドイツ降伏から３カ月後の８月８日，対日宣戦を通告し，**日ソ中立条約を破棄**して翌９日からソ満国境を越えて侵攻した。満洲移民の人びとは置き去りにされる形のなか，悲惨な逃避行をしたり，ソ連軍に捕えられて長く**シベリア抑留《よくりゅう》**という過酷な体験をすることになった。また領土の割譲条項は，その後の北方領土問題の原因ともなった。

2 満洲移民とソ連軍の侵入 P.301》 ㋝出題

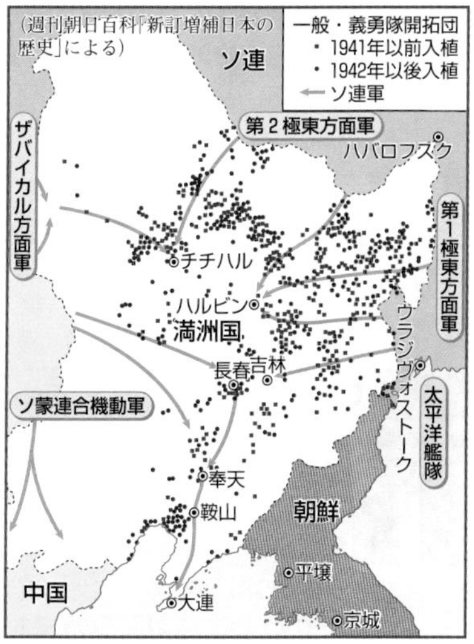

解説 満洲事変後，1936（昭和11）年以降本格化した**満洲移民**は，内地の農村窮乏《きゅうぼう》を救うとともに，関東軍の補助戦力として，対ソ防備などを目的とした。1937年からは16～19歳の青少年を**満蒙開拓青少年義勇軍《まんもうかいたくぎゆうぐん》**に編成，３年間の軍事・農事の現地訓練ののちに入植させる義勇隊開拓団が多くなった。38年からは村を分割して移民する分村移民も行われた。45年８月のソ連参戦で，入植者27万人のうち８万人近くが死亡した。絶望的な状況下，子どもを中国人に預けた母親も多く，**中国残留孤児《ざんりゅうこじ》** P.331》の原因となった。㋝出題

3 日本の敗戦

解説 1945（昭和20）年８月14日の御前《ごぜん》会議でポツダム宣言受諾《じゅだく》が決定し，連合国側に通告した（正式な終戦は９月２日の降伏文書調印日）。８月15日正午に天皇の肉声による終戦詔書をラジオ放送し（**玉音放送《ぎょくおんほうそう》**），国民に諭旨する方法がとられた（内閣情報局総裁下村宏《しもむらひろし》，次長久富達夫《ひさとみたつお》らの着想）。一部の陸軍省幕僚と近衛《このえ》師団参謀《さんぼう》は戦争継続を企図してクーデタ未遂《みすい》事件をおこした。

戰爭終結の大詔渙發さる
新爆彈の慘害に大御心
帝國、四國宣言を受諾
畏し、萬世の爲太平を開く
必ず國威を恢弘
聖斷下る・途は一つ
信義を世界に失ふ勿れ
內閣告諭
詔書

↑3-1 **終戦を伝える新聞記事**（『朝日新聞』1945．8.15）

→3-2 **御文庫附属庫会議室《おぶんこふぞくこかいぎしつ》**（皇居吹上御苑《ふきあげぎょえん》）
1945（昭和20）年８月10日の最高戦争指導会議，14日の御前《ごぜん》会議など，戦争末期の重要会議が開かれた。

4 降伏文書の調印

解説 1945（昭和20）年９月２日，東京湾上の米戦艦《せんかん》「ミズーリ号」上で降伏文書の調印式が行われた。日本側は政府代表**重光葵外相《しげみつまもるがいしょう》**と大本営《だいほんえい》代表梅津美治郎参謀《うめづよしじろうさんぼう》総長が署名，連合国側は**マッカーサー元帥《げんすい》**を含む10名が署名した。調印式場には日米和親条約を結んだペリー提督《ていとく》の旗艦《きかん》に飾られていたものと同じ星条旗が飾られていた。

読み解く① 降伏文書調印式で，日本側代表に重光と梅津の２人が出席しているのはなぜだろうか。 相互関連

5 戦後補償の国際比較－戦後補償問題を考えるための多面的な視点

ドイツ	日　本
●イスラエルとの補償協定（1952） ：35億マルク ナチスの迫害を受けたユダヤ人 ●包括協定（1959，91～93，95，97） ：28億マルク ナチス被害を受けた各対象国国民 ●連邦補償法（1956）：796億マルク ナチスによる被害者でドイツ第三帝国領域に居住していた者。国籍不問 ●連邦返還法（1967）：40億マルク ナチスに強制収用された動産と不動産等物的損害についての補償 ●補償年金法（1992）：10億マルク 旧東ドイツのファシズム抵抗者，その犠牲者に対する年金継続，旧東ドイツにおけるナチス迫害の犠牲者への補償 ●以上に含まれないその他の給付 ：134億マルク	●サンフランシスコ平和条約（1951） ●賠償額等の具体的取り決めは日本に占領されたアジア諸国と日本との個別協定（二国間協定）に委《ゆだ》ねる ●賠償請求権を放棄する代わりに無償経済協力を行う形（準賠償）が多い。その後の日本のＯＤＡ開発援助と日本企業進出の背景となる ●その他の連合国は賠償請求権放棄 ●日本政府は，日本国籍をもたない元植民地の軍人・軍属《ぐんぞく》，慰安婦《いあんふ》などの犠牲者個人への補償，日本国内の空襲犠牲者への補償などは実施していない **その他** ●犠牲者個人に対する補償 第二次世界大戦後の思想。ドイツのナチス迫害犠牲者に対する補償，アメリカ・カナダにおける日系人強制収容者への補償などを実施

読み解く② ドイツと日本の戦争責任・戦後補償問題の処理には，どのような特徴があるだろうか。 比較

占領と国際軍事裁判

考察の視点 日本の軍国主義の解体に大きな影響を与えた国はどこか，指令を担った組織との関係も含めて考えてみよう。 **推移**

1 連合国の日本管理機構

読み解く① ドイツが米・英・仏・ソにより分割占領されたのに対して，日本はどのような占領体制がとられていたのだろうか。 **比較**

＊米，英，中，ソに拒否権，米にのみ中間指令権あり。＊1 1949年にビルマ，パキスタンが加入。

極東委員会FEC （本部：ワシントン）	米，ソ，英，仏，中，フィリピン，オランダ，カナダ，オーストラリア，インド，ニュージーランド （計11カ国）＊1

基本方針 伝達 （1946.2～52.4）

アメリカ政府	大統領（国務長官）➡国務・陸軍・海軍３省調整委員会 ➡統合参謀本部《とうごうさんぼうほんぶ》，陸軍省民政部

連合国（軍）最高司令官総司令部 GHQ／SCAP＊2	連合国（軍）最高司令官（SCAP）／米太平洋陸軍総司令官	諮問《しもん》⇔助言	対日理事会ACJ（本部：東京）
（1945.8～52.4）	①マッカーサー元帥《げんすい》（1945.8～51.4） ②リッジウェイ大将（1951.4～52.4）		米，英，中，ソ （計４カ国）

＊2 General Headquarters of the Supreme Commander for the Allied Powers

指令・監督 → 日本政府 ← 監視 ← 米陸軍第８軍

日本政府 → 実行（ポツダム命令）＊3 → 日本国民

＊3 最高司令官の要求を実施するために日本政府が発した，憲法を超える拘束力をもつ命令。日本国憲法施行前は勅令，施行後は政令の形式で制定された。

1-1 アメリカ大使館にいるマッカーサーを訪問した昭和天皇（1945. 9 .27）

この写真が掲載された新聞各紙を内閣情報局は「不敬《ふけい》」として発売禁止処分としたが，GHQが即日撤回した。

1-2 子どもたちに囲まれる米兵 占領当初，米兵の暴行や掠奪《りゃくだつ》などの不法行為があり，国民には不安やとまどいがあったが，米軍による取り締まり強化で不法行為が減少すると，米兵の気さくな姿勢に対し，米兵を受け入れるようになっていった。

1A 占領下の改革一覧表

ポツダム宣言

6条：軍国主義者の排除　　9条：日本国軍隊の武装解除
10条：民主主義的傾向の復活強化・基本的人権の尊重

↓

五大改革指令

①**婦人の解放**：選挙法改正による女性参政権，民法改正
②**労働組合の結成**：**労働組合法・労働関係調整法・労働基準法**の**労働三法**制定
③**教育の自由主義化**：軍国主義教育（修身・国史・地理）の停止，**教育基本法**・**学校教育法**・**教育委員会法**制定
④**圧政的諸制度の撤廃**：陸海軍解体・軍事工業停止指令，極東国際軍事裁判，治安維持法・特高警察の廃止，政治犯の釈放，天皇制批判の自由，天皇の人間宣言，公職追放令，神道指令（国家と神道の分離）
⑤**経済機構の民主化**：**農地改革**，**財閥《ざいばつ》解体**

2 政治犯の釈放

2-1 釈放された人びと 1945（昭和20）年10月，政治犯で捕えられていた約500人が釈放された。写真の徳田球一《とくだきゅういち》，志賀《しが》義雄《よしお》は共産主義者で，獄中で非転向を貫いた。釈放後，共産党の中枢を担った。

3 公職追放 ㋝出題

A項	戦犯	3,422人
B項	職業軍人	12万2,235
C項	団体役員	3,064
D項	翼賛会《よくさんかい》関係	3万4,396
E項	海外開発機関	488
F項	占領地行政長官	89
G項	その他の軍国主義者・国家主義者	4万6,276
G項内訳	大臣・官吏	145
	特高警察	319
	言論報道	831
	その他在郷軍人会など	

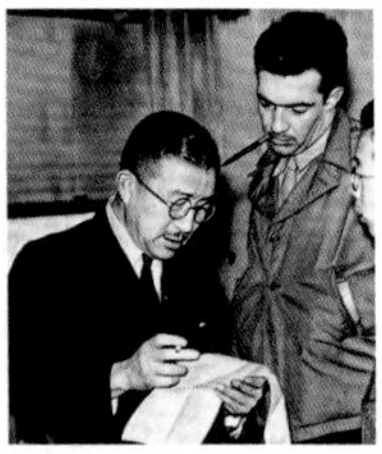

3-1 公職追放令を手に愕然《がくぜん》とする鳩山一郎《はとやまいちろう》 鳩山一郎は首相就任直前であった。

解説 戦争にたずさわった者たちが1946（昭和21）年１月から政界・官界・財界・言論界といった公職から追放された。その後1950（昭和25）年10月には公職追放解除が始まり，1958（昭和33）年に解除は完了した。

4 極東《きょくとう》国際軍事裁判（東京裁判）の判決

4-1 極東国際軍事裁判の法廷 1946（昭和21）年５月に開廷。A級戦犯は絞首刑《こうしゅけい》７名・終《しゅう》身禁固《しんきんこ》16名・有期禁固２名・裁判途中病死または精神的障害による免訴３名となった。また「通常の戦争犯罪」，「人道に対する罪」に問われた者はそれぞれB・C級戦犯（起訴5,416名・死刑937名・終身刑358名・有期刑3,075名。横浜など各地で裁かれた）とされた。「勝者の裁き」が問題視され，インドのパル判事は全員無罪を主張した。1948（昭和23）年11月閉廷。

A級戦犯：侵略戦争計画者として「平和に対する罪」に問われた者。
B・C級戦犯：捕虜虐待などの「通常の戦争犯罪」，非戦闘員殺害など「人道に対する罪」の命令者・実行者。

4A A級戦犯に対する判決

元陸軍出身　元海軍出身　元文官出身
＊のちに釈放された人物

絞首刑	東条英機《とうじょうひでき》　広田弘毅《ひろたこうき》　松井石根《まついいわね》　土肥原賢二《どひはらけんじ》 板垣征四郎《いたがきせいしろう》　木村兵太郎《きむらへいたろう》　武藤章《むとうあきら》
終身禁固	木戸幸一《きどこういち》＊　平沼騏一郎《ひらぬまきいちろう》　賀屋興宣《かやおきのり》＊　嶋田繁太郎《しまだしげたろう》＊ 白鳥敏夫《しらとりとしお》　大島浩《おおしまひろし》＊　星野直樹《ほしのなおき》＊　荒木貞夫《あらきさだお》＊ 小磯国昭《こいそくにあき》　畑俊六《はたしゅんろく》＊　梅津美治郎《うめづよしじろう》　南次郎《みなみじろう》＊ 鈴木貞一《すずきていいち》＊　佐藤賢了《さとうけんりょう》＊　橋本欣五郎《はしもときんごろう》＊　岡敬純《おかたかずみ》＊
禁固20年	東郷茂徳《とうごうしげのり》
禁固７年	重光葵《しげみつまもる》＊

なお，松岡洋右《まつおかようすけ》・永野修身《ながのおさみ》は裁判中に死亡。大川周《おおかわしゅう》明《めい》（思想家）は精神的障害により，免訴《めんそ》された。

読み解く② 右はB・C級横浜裁判所の中を写したもので，元捕虜（左の人物）が被告（右下の人物）をさして何か言っている。どのようなことを言っているのだろうか。

歴史ナビ **映画「明日への遺言」** 戦犯としてB・C級横浜裁判所で裁かれることになった主人公と，裁く側の人の心の変容を描いた作品である。

考察の視点 GHQが財閥解体の際に分割の対象としなかったのはどの分野か。またその分野が分割されなかったことで，その後の財閥にどのような影響をもたらしたか。**相互関連**

民主化政策① 財閥解体・農地改革

1-1 地下金庫から運び出される東京・帝国銀行の証券(上)とその東京支店からの移送(下)

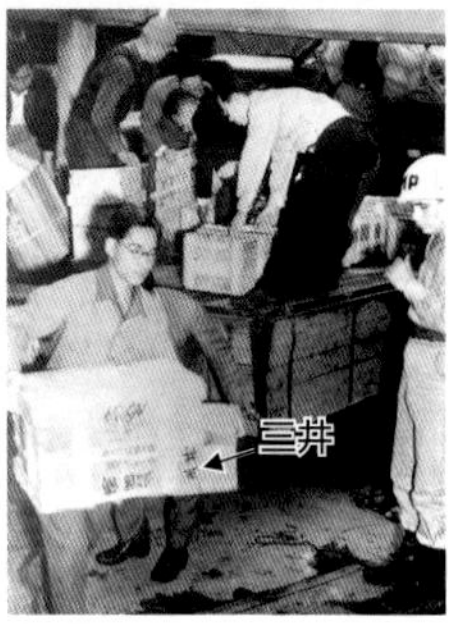

1-2 株券の搬出

1 財閥解体

GHQ(連合国〈軍〉最高司令官総司令部) →指令→ 持《もち》株《かぶ》会社整理委員会

持株会社整理委員会 →指定→ **持株会社・財閥系企業**

①持株会社の解体(計83社)
・四大財閥など28社を解体
・単なる持株会社の性格を超える51社を再建
・その他４社を解体

②財閥家族＊の企業支配力の排除
・所有有価証券の整理委員会への譲渡
・会社役員への就任制限

＊三井11人，岩崎11人，安田10人のち＋１人，住友４人，浅野４人，大倉４人，古河２人，中島５人，野村４人，鮎川１人が指定

持株会社・財閥系企業 →有価証券《ゆうかしょうけん》譲渡(１億6,567万株)(75億1,513万円)→ 持株会社整理委員会

持株会社整理委員会 →一般に売却→ **一般・国民**

③株式所有の分散化
・成就株式の65%，１億765万株を民間(多くは系列社員)に売却

独占禁止法《どくせんきんしほう》(1947.４)

過度経済力集中《かどけいざいりょくしゅうちゅう》排除法《はいじょほう》(1947.12) → **企業**

④企業分割
・325社が過度に経済力が集中していると指定されたが，実際に分割が実施されたのは11社のみ

財閥同族支配力《ざいばつどうぞくしはいりょく》排除法(1948.１)

1A 企業分割

分割前	分割後	その後	合併
王子製紙 1949.8分割	苫小牧製紙《とまこまい》	王子製紙工業	王子製紙 1960.12合併
	本州製紙		
	十条製紙		
三菱《みつびし》重工業 1949.6分割	東日本重工業	三菱日本重工業	三菱重工業 1964.6合併
	中日本重工業	新三菱重工業	
	西日本重工業	三菱造船	
日本製鉄 1950.3分割	八幡《やはた》製鉄		新日本製鉄 1970.3合併
	富士製鉄		
	日鉄汽船	新利海運	
	播磨耐火煉瓦《はりまたいかれんが》	ハリマセラミックス	黒崎播磨

解説 経済の民主化を進めるためにGHQは財閥解体を行った。1945(昭和20)年に四大財閥(三井《みつい》・三菱《みつびし》・住友《すみとも》・安田《やすだ》)を始めとする諸財閥の資産凍結と解体を命じた。翌年**持株会社整理委員会**を発足させ，解体の実施機関とした。しかし大銀行が分割されなかったために財閥の力は残った。

2 農地改革

＊零細自作農創設という側面が，その後の兼業農家の加速度的増加を規定し，農家労働力を他産業へと押し出す力として作用した。

	第一次農地改革	第二次農地改革
実施	1946(昭和21)年２月 農地調整法改正による	1946年10月～1950(昭和25)年７月 **自作農創設特別措置《そち》法** ㋝出題
不在地主《ふざいじぬし》の小作地	全小作地解放	全小作地解放
在村地主保有限度	隣接市町村に在住する者も含む。５町歩《ちょうぶ》まで保有できる	農地のある市町村に在住する者のみ。保有限度は **１町歩**(内地)・４町歩(北海道)
自作農保有制限	なし	３町歩(内地)・12町歩(北海道)
保有面積の計算	個人単位	世帯単位
譲渡の方式	地主・小作人の直接交渉	政府が買収し，小作人へ売り渡す
農地委員会構成	地主５，自作５，小作５人	地主３，自作２，小作５人
小作料	金納《きんのう》(物納でもよい)	金納(小作料率最高25%まで)
結果	寄生《きせい》地主制を温存するものであったため，GHQはさらに徹底した改革を指示	**寄生地主制崩壊**…全小作地の80%以上を解放。 自作農の創出

㋝出題

解説 軍国主義の根源の一つに寄生地主制が挙げられ，軍国主義解体に際し寄生地主制の解消が求められた。第一次農地改革では在村地主に５町歩(５ha)の小作地所有を認めた点など不備があった。第二次農地改革では1946(昭和21)年に自作農創設特別措置法を制定し，在村地主の小作地所有を北海道は４町歩まで，それ以外は１町歩までの所有と改めた。これにより戦前は全農地の半分以上を占めていた小作地は1950(昭和25)年に10%を割り，寄生地主制は消滅した。一方で市街地宅地や山林，原野は改革の対象にならず，山林地主は残存した。また零細《れいさい》経営の自作農が多数創出されることとなった。

寄生地主《きせいじぬし》
自《みずか》らは農業経営をせず，小作人《こさくにん》に貸し付けて高額の現物小作料を取り，それに依存した地主。明治初期から戦前の農村社会で大きな影響力をもっていた。農地改革で消滅。

2A 自作地と小作地の割合 出題

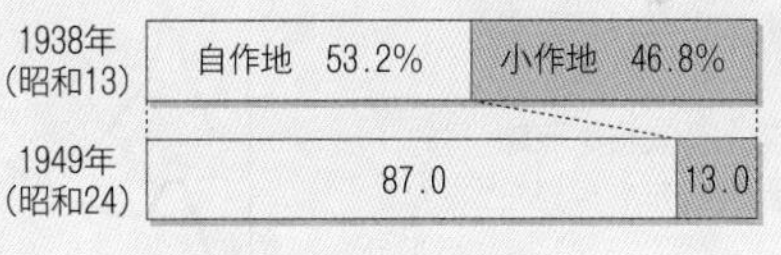

2B 自小作別の農家割合

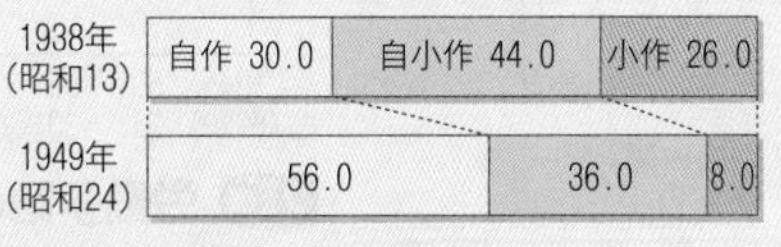

2C 経営耕地別農家割合 出題

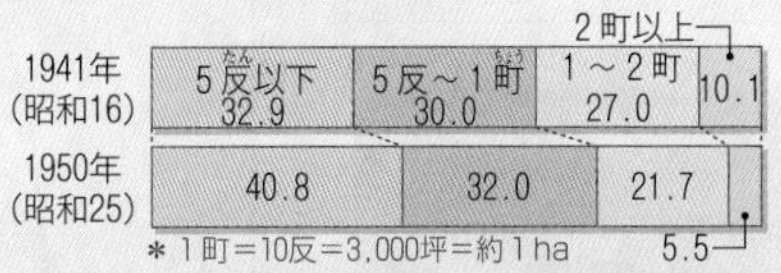

(A～Cともに『農林省統計表』)

2D 地区別小作地率の変化

	農地改革前%	農地改革後%
全国	45.9	9.9
北海道	48.7	6.1
東北	48.2	8.3
関東	50.6	12.2
北陸	49.0	9.1
東山	43.6	10.3
東海	40.5	12.4
近畿	44.9	13.3
中国	40.3	9.8
四国	43.5	9.9
九州	41.0	10.3
府県計	45.5	10.6

(『近代日本経済史要覧』)

2-1 農村民主化のポスター

読み解く このポスターを見て，戦前と戦後の農地はどのように変わったのかを読み解こう。**比較**

歴史ナビ **昭和館**(東京都千代田区) 戦中・戦後の国民生活に関する常設・企画展示を通して当時のようすを知ることができる。

民主化政策② 教育・労働

考察の視点 戦前と戦後の学校制度はどう変わっただろうか。 比較

1 教育の民主化

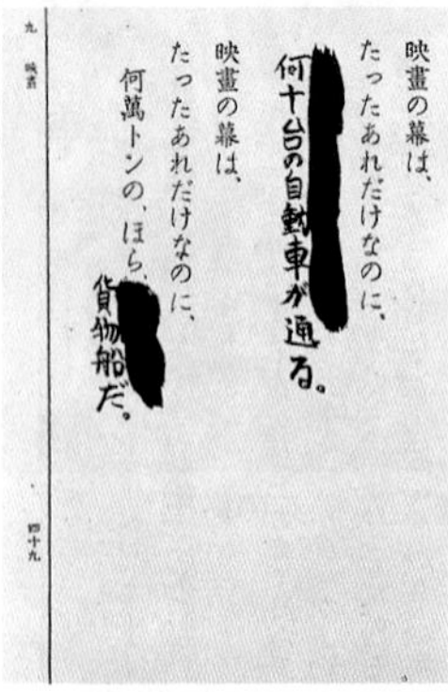

読み解く① 左の写真は墨塗《すみぬ》り教科書といって，軍国主義的な表現箇所に墨が塗られている教科書である。この塗ってある箇所には元々どのようなことが書かれていたのだろうか。

1A 教育法規の制定

教育基本法 1947(昭和22)年3月公布
教育の機会均等，義務教育9年制，男女共学などを規定。

学校教育法 1947年3月公布
6・3・3・4制の単線型《たんせんがた》学校系列を規定。

教育委員会法 1948(昭和23)年7月公布
都道府県，市町村に**教育委員会**を設置。**当初は公選制**《こうせんせい》だったが，**1956**(昭和31)**年に任命制**に変わる。

解説 1946(昭和21)年民主化政策の一環で招かれたアメリカ教育使節団が来日し，上の教育三法制定へとつながった。

1B 学校制度の比較(戦前戦後)

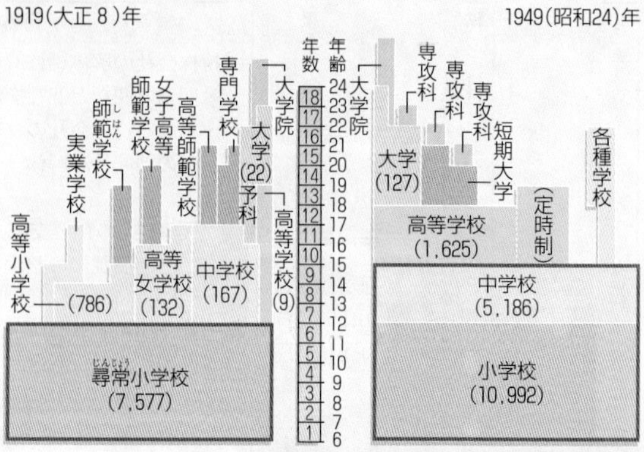

1-1 青空教室 空襲《くうしゅう》で校舎を失った多くの都市では焼け跡の中で授業を行わざるを得なかった。飢餓感《きがかん》との闘《たたか》いは厳しかったが，子どもにも明るさが戻ってきた。

1-2『くにのあゆみ』 GHQが禁止した国史の教科書にかわり，採用された教科書。軍国主義色の強いものから，民主的かつ科学的分析に基づく記述への転換がはかられた。1947(昭和22)年4月に修身《しゅうしん》・歴史・地理・公民にかわる社会科が実施。 玉川大学教育博物館蔵

1-3 シラミ対策のためにDDTをかけられる児童たち 終戦後，DDTは米軍によってもち込まれ，数年間児童や引揚者《ひきあげしゃ》に使用されていた。当時はDDTの危険性が知られていなかった。

2 労働組合結成の助長

2A 労働三法と労働省

①労働三法の制定

労働組合法 1945(昭和20)年12月公布
(幣原内閣)
労働者の団結権，団体交渉権，争議権を保障

労働関係調整法 1946(昭和21)年9月公布
(第1次吉田内閣)
争議調整方法や争議行為の制限を規定

労働基準法 1947(昭和22)年4月公布
(第1次吉田内閣)
労働条件の最低基準を規定

②労働省の設立 1947年9月(片山内閣)

読み解く② 1980年代以降になると労働争議が低減している背景を考えよう。

2-1 復活した第17回メーデー(1946. 5. 1) 1935(昭和10)年を最後に中断されていたメーデーが11年ぶりに復活，皇居前広場には50万人が集まった。食料不足だった当時の状況から「食糧メーデー」「飯米獲得人民大会」ともよばれた。

2B 労働組合組織率の推移

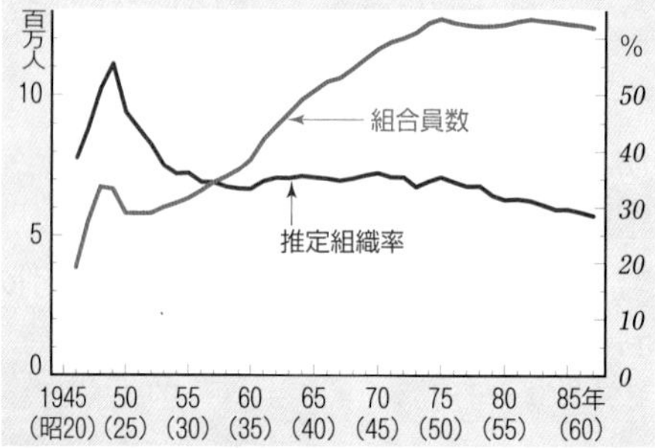

2C 労働争議の推移

出題

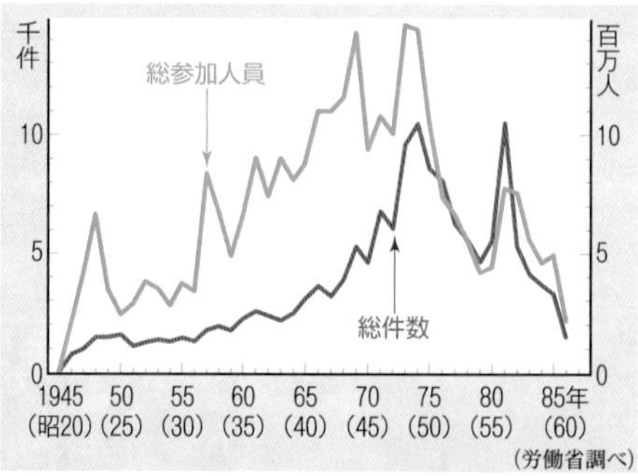

2D 戦後の労働組合の変遷

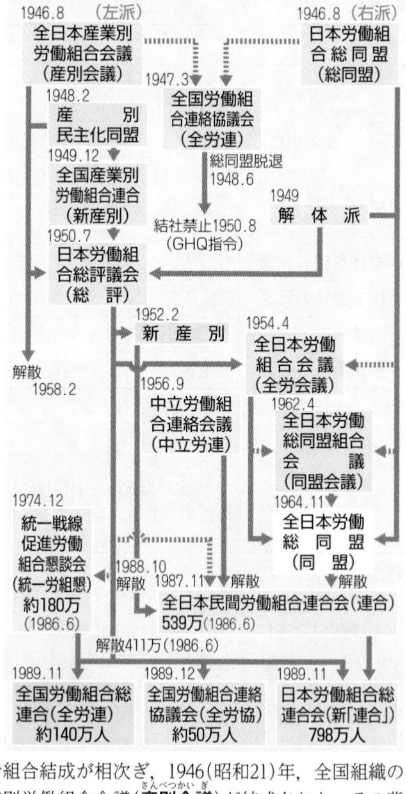

解説 GHQの労働政策は**労働基本権**確立と**労働組合**結成支援《しえん》に重点がおかれ，**労働三法**が整備された。1947(昭和22)年には**労働省**が設置され，初代婦人少年局長に**山川菊栄**《やまかわきくえ》が就任《しゅうにん》した。また，官公庁や民間企業で組合結成が相次ぎ，1946(昭和21)年，全国組織の右派の日本労働組合総同盟(**総同盟**《そうどうめい》)と左派の全日本産業別労働組合会議(**産別会議**《さんべつかいぎ》)が結成された。その背景には戦前に治安維持法で投獄され，戦後釈放された社会主義運動家たちの存在があった。

歴史ナビ 剣道が軍国主義を促進させたと考えたGHQは，戦後の一時期，剣道を禁止した。

政党の復活と日本国憲法の制定

考察の視点 日本国憲法はどのような過程を経て制定されたのだろうか。推移

→日本国憲法(表紙, 部分) (独)国立公文書館蔵

1 政党の復活

1A 政党の変遷

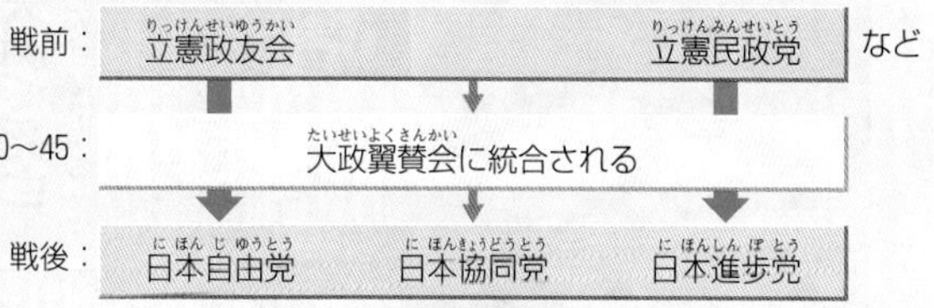

←1-1 **日本自由党結成《にほんじゆうとうけっせい》大会《たいかい》であいさつをする鳩山一郎《はとやまいちろう》**(1945.11) 旧政友会系の日本自由党，旧民政党系の日本進歩党，無産政党の日本社会党など近衛《このえ》新体制の下で消滅した政党が相次いで復活した。

2 衆議院総選挙と女性参政権 ㋤出題

解説 1945(昭和20)年12月に衆議院議員選挙法が改正されて，**女性参政権**が認められ，20歳以上の成人男女に選挙権が与えられた。翌年4月に第22回総選挙が行われた。

↑2-1 **女性が参政権を行使した初の選挙**(1946. 4 .10) 投票所には託児所も出現したが，女性の投票率は66.97%だった(男性78.52%)。

2A 第22回総選挙結果

政党名	当選者数(女性)	得票率(%)
自由党	140(5)	24.4
進歩党	94(6)	18.7
社会党	92(8)	17.8
協同党	14(0)	3.3
共産党	5(1)	3.8
諸　派	38(10)	11.7
無所属	81(9)	20.3
合　計	464(39)	100.0

(『日本の総選挙1946～2003』による)

↑2-2 **第22回総選挙で39名の女性議員が誕生** 5月16日に開会された。

←2-3 **加藤シヅエ**(1897～2001) 第22回衆議院総選挙で当選し，日本社会党に入党。アメリカ滞在時に産児《さんじ》調節運動の必要性を感じ，1947(昭和22)年12月に優生保護法《ゆうせいほごほう》の法案を提出，翌年に成立した。夫は労働運動家の加藤勘十《かとうかんじゅう》。

3 日本国憲法の制定

3A 各党・民間の憲法草案 ㋤出題

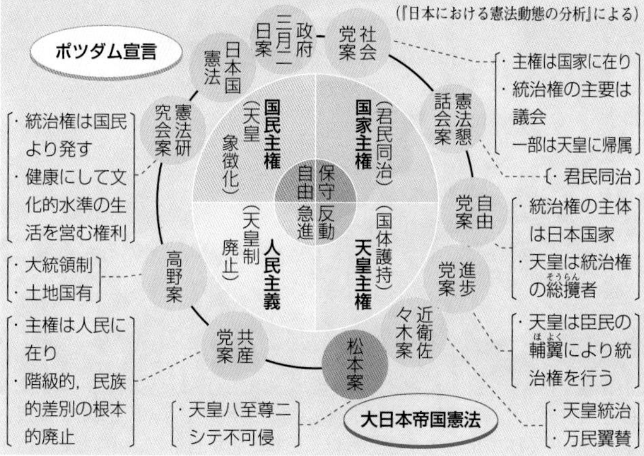

(『日本における憲法動態の分析』による)

解説 政党案は保守的なものが多かったが，学者らによる民間の**憲法研究会**の草案は現憲法に極めて近く，GHQも参考にしたといわれる。

3B 日本国憲法の制定経過

→3-1 松本烝治《まつもとじょうじ》(1877～1954)

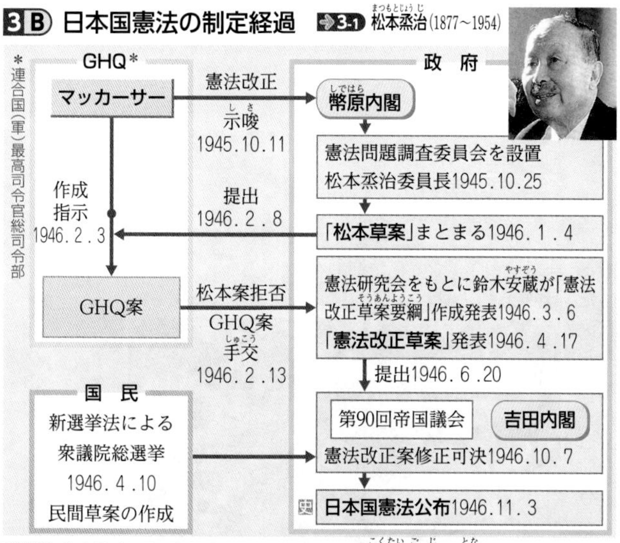

解説 政府作成の松本草案は明治憲法に近く国体護持《こくたいごじ》を唱《とな》えたため，GHQは拒否。そののち，GHQの原案がもとになって作成されたため，「押しつけ憲法」といわれるが，国民は新憲法を支持した。

3C 新憲法に基づく法律の制定・改正

法律・制度	主な内容
改正民法(1947.12)	**戸主《こしゅ》制度**，**家督相続《かとくそうぞく》制度が廃止**され，男女同権・夫婦平等の新しい家族制度規定
地方自治法(1947. 4)	内務官僚《ないむかんりょう》から任命された**都道府県知事・市町村長を公選制**とする。**リコール制**も導入 ＊GHQの指示で内務省廃止
警察法(1947.12)	**国家地方警察**と**自治体警察**の2本立て警察制度(1954年改正で都道府県警察に一本化 P.323》)。**公安委員会**創設
改正刑法(1947.10)	皇室に対する罪(**不敬罪《ふけいざい》・大逆罪《たいぎゃくざい》**)の廃止。女性のみを対象とした**姦通罪《かんつうざい》**の廃止
改正刑事訴訟法(1948. 7)	拷問《ごうもん》，自白の強要など**非民主的な捜査・審理を廃止**。**令状《れいじょう》主義・黙秘《もくひ》権の尊重**など規定
裁判制度(1947.11)	**最高裁判所裁判官国民審査《こくみんしんさ》制度**，**裁判官弾劾《だんがい》制度**導入

↑3-2 **ベアテ=シロタ=ゴードン**(1923～2012) GHQの民間職員として憲法草案作成に携わる。女性の権利条項を担当し，「女性が幸せにならなければ，日本は平和にならない」として民法改正の基礎をつくった。

4 天皇の人間宣言と象徴天皇制 ㋤出題

↑4-1 **すぐ隣にいる昭和天皇に気づかず，姿を求める女性** 1946(昭和21)年1月1日，戦前は**現御神《あきつみかみ》(人間の姿をした神)**とされていた天皇が自ら神格性《しんかくせい》を否定した「**人間宣言《にんげんせんげん》**」を行い，沖縄を除く地方を巡幸《じゅんこう》した。**日本国憲法**では，天皇は政治的権力をもたない「**日本国民統合《とうごう》の象徴《しょうちょう》**」とされた。

↑4-2 **ひめゆりの塔に献花される両陛下** 1993(平成5)年，当時の天皇・皇后両陛下は歴代天皇として初めて沖縄を訪問した。皇太子時代の1975(昭和50)年にも沖縄を訪問したことがあるが，火炎瓶を投げつける者がいるなど，当時は不穏な雰囲気が漂っていた。

考察の視点 戦後のインフレの原因として考えられるものは何だろうか。 相互関連

1 占領下の経済と国民生活

内閣	年代	事項
幣原《しではら》喜重郎《きじゅうろう》	1945.11	GHQ**持株会社《もちかぶがいしゃ》解体**を指令
	(昭20).12	**第一次農地改革**決定
	1946. 2 (昭21)	**金融緊急措置令《きんゆうきんきゅうそちれい》**公布(**預貯金封鎖《よちょきんふうさ》**・**新円切換《きりかえ》**) 共出題
	. 3	**物価統制令**公布
	. 4	持株整理委員会令公布(**財閥解体**)
吉田茂《よしだしげる》①	.10	自作農創設特別措置法公布，**第二次農地改革**決定(翌年開始)
	.12	**傾斜《けいしゃ》生産方式**決定＊インフレ進行(東京小売物価指数昭和9~11年平均の18.9倍)
	1947. 1	**復興金融金庫《ふっこうきんゆうきんこ》**開業(復金インフレ発生)
	(昭22). 4	**独占禁止法**公布
片山哲《かたやまてつ》	.12	**過度経済力集中排除法《かどけいざいりょくしゅうちゅうはいじょ》**公布
芦田均《あしだひとし》		＊主食遅配が全国平均20日となる
吉田茂②③	1948.12	**経済安定九原則**実施を発表
	1949. 3 (昭24)	ドッジ＝ ライン(均衡予算・**単一為替レート**) 史
	. 9	**シャウプ勧告**(税制改革)

2 当時の国民生活

2-1 地方へ買い出しに行く人が多く，客車に乗りきれないようす わずかな食料を求めて人びとは高価な着物などと交換した。

2-2・3 露店闇市《やみいち》(左)(1946.11・東京)**と山口判事**(1913～47)**の死去**(右) 配給不足から闇市が開かれ，人びとは不正を承知で食料などを購入していた。闇米所持など食糧管理法違反を取り締まっていた東京区裁判所経済事犯専任の山口良忠《やまぐちよしただ》判事(当時32歳)は自身の立場を鑑《かんが》み，闇米を一切口にせず，栄養失調で死去した。

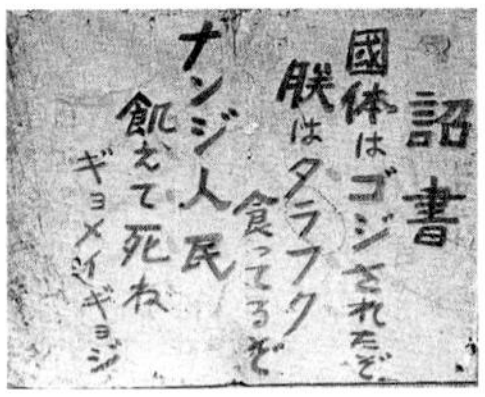

2-4 食糧メーデーで掲げられたプラカード 1946(昭和21)年５月に皇居前広場に学童《がくどう》を含む約25万人が集まった。当時の食料事情は深刻であり，政府に対し人民民主政府の樹立を求めるほどであった。このプラカードを掲げた代表者は不敬罪《ふけいざい》で訴えられたが，大赦《たいしゃ》で不審議《ふしんぎ》となった。 日本近代史研究会提供

3 海外からの引揚げ者(民間人を含む)

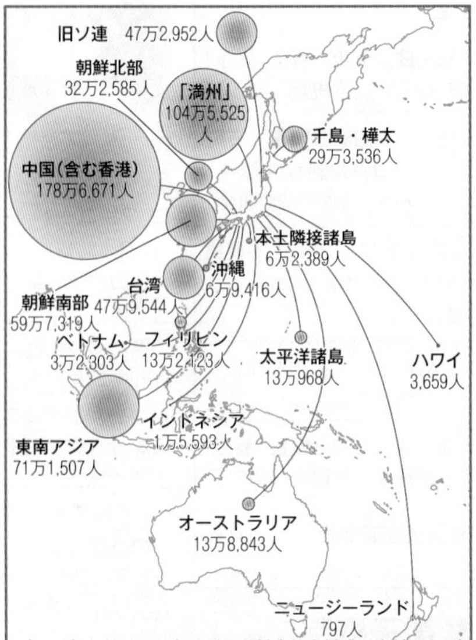

(2004年１月１日現在の厚生労働省社会援護局資料による)

3A 引揚げ者総数

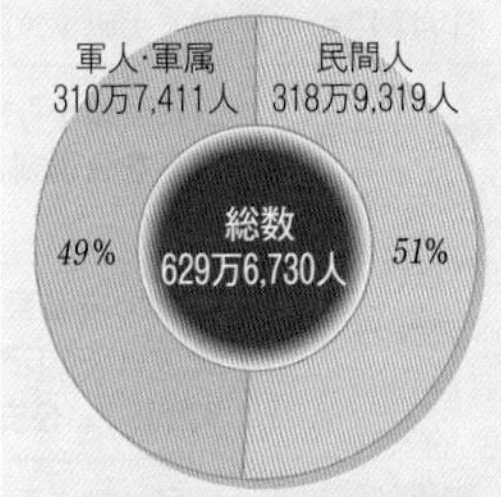

＊上陸地において引揚げ手続きを行った人のみ計上 (厚生労働省資料)

3-1 博多についた釜山《プサン》からの引揚げ船(1945.10) 終戦時，中国大陸や東南アジア，太平洋の島々などに残された日本人は約660万人(当時の日本の総人口の９％)にのぼった。引揚げは，日本政府が船舶・食料などを用意することが困難だったため，アメリカの援助で進められた。

一方で中国東北部やサハリン，千島《ちしま》で捕虜となった日本の軍人と民間人がソ連軍によってシベリアなど各地の強制収容所へ移送され，極寒の中，過酷な肉体労働を課せられた(**シベリア抑留《よくりゅう》**)。食料事情も悪かったこともあり，死者は６万人を超えた。アメリカ，ソ連間で協定が結ばれ，1946(昭和21)年から帰国が始まり56(昭和31)年に最後の帰国者が舞鶴《まいづる》港に着いた。

セ出題

4 インフレの進行 P.320

出題

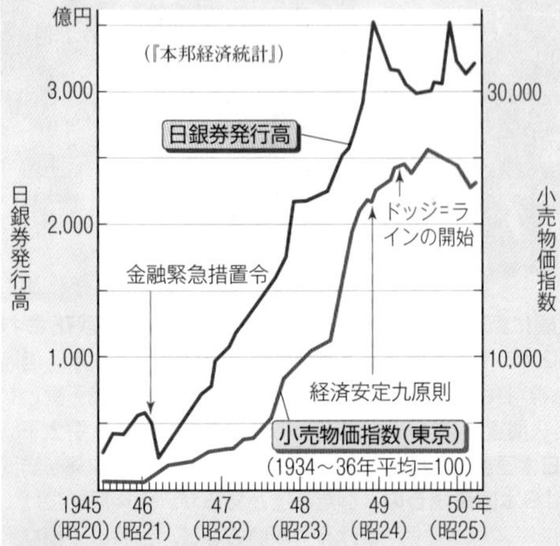

解説 戦後，食料不足とともに日本を脅《おびや》かしたのが**インフレ**であった。政府はインフレ抑制のために1946年**金融緊急措置令《きんゆうきんきゅうそちれい》**を公布。これにより旧円の**預金を封鎖**し，**新円を発行**するとともに新円流通量を制限しようとしたが，効果は一時的であった。1946年**傾斜生産方式**の採用が閣議決定され，翌年**復興金融金庫《ふっこうきんゆうきんこ》**が開業し重要産業に投資が行われたが，インフレはさらに加速した。

ＧＨＱは政府に対し**経済安定九原則**を示し，**ドッジ＝ ライン**(徹底した均衡予算・単一為替レートの設定)によりインフレが収束《しゅうそく》したが，不況が深刻化した。しかし**朝鮮戦争**による**特需《とくじゅ》**で日本経済は復活した。

4-1・2 急ピッチで旧券に証紙《しょうし》を貼《は》る作業員(下)**と証紙貼付銀行券**(右) 1946年の金融緊急措置令による新円への切り換え。新日銀券発行が間に合わず，旧券への証紙の貼り付けでの対応となった。

日本銀行貨幣博物館蔵

歴史ナビ **映画『岸壁の母』** 戦地へ行ったまま帰らぬ息子が引揚げ船で帰ってくるのを舞鶴港で待ち続ける母の姿を描く。

戦後国際情勢の変化 (1945 ～ 70)

考察の視点 1951年のサンフランシスコ平和条約により，日本は独立国としての主権を回復するが，同日調印された日米安全保障条約により，どのようなことが決められたのだろうか。時系列

1 戦後国際政治のあゆみ① 1945～70年 P.329

＊核時計　核戦争の危険度を，午前零時(核爆発)までの残り時間によって表す。

首相	年	日本	
	1945	**ポツダム宣言受諾**	冷戦の激化・米ソの対立
	46	**天皇の人間宣言**	
	(昭21)	極東軍事裁判開始	
		日本国憲法公布	
吉田茂	50	警察予備隊発足	
	(昭25)	**朝鮮特需**で経済復興	
	51	**サンフランシスコ平和**	
	(昭26)	**条約・日米安全保障条**	
		約調印	
	54	**第五福竜丸が被爆**	
	(昭29)	**MSA協定調印**	雪どけ(緊張緩和)
		防衛庁・**自衛隊**発足	
鳩山一郎	55	原水爆禁止世界大会	
	(昭30)	自由民主党結成(**55年体制**成立)	
	56	**日ソ共同宣言→日本国**	
	(昭31)	**連加盟**実現	
岸信介	60	日米新安保条約調印→	
	(昭35)	**60年安保闘争**	
池田勇人	64	オリンピック東京大会	
佐藤栄作	65	**日韓基本条約**調印	
	67	**非核三原則**表明	多極化
	68	小笠原諸島日本復帰	
	(昭43)		
	70	日米新安保自動延長	

米大統領	年	自由主義陣営(西側)	社会主義陣営(東側)	ソ連書記長	中国最高指導者
トルーマン❶	1945	米国原爆保有　ヤルタ会談・ポツダム会談・国連発足		スターリン❶	
	46	**チャーチル「鉄のカーテン」演説**			
	47	**トルーマン=ドクトリン**→	←**コミンフォルム**結成		
		マーシャル=プラン発表　1947－7分前 冷戦が始まり，核の時計が初登場	48　ソ連，ベルリン封鎖(～49)		
	48	大韓民国成立(8月)→	←朝鮮民主主義人民共和国成立(9月)		毛沢東❺
	49	**北大西洋条約機構(NATO)**成立→	←**経済相互援助会議(COMECON)**成立		
		1949－3分前 ソ連が初の原爆実験	ドイツ民主共和国成立(10月)		
		ドイツ連邦共和国成立(9月)→	←**中華人民共和国**成立		
	50	対共産圏輸出統制委員会(COCOM)成立	中ソ友好同盟相互援助条約成立	マレンコフ❷	
		朝鮮戦争(～53)			
	51	サンフランシスコ平和条約			
	53	＊1953－2分前 米ソが水爆実験	スターリン没，東ベルリンで反ソ暴動		
		朝鮮休戦協定調印			
アイゼンハワー❷	54	ジュネーヴ休戦協定調印(インドシナ戦争停戦)			
	55	**ジュネーヴ四巨頭会談**		フルシチョフ❸	
		西独，NATOに加盟→	←**ワルシャワ条約機構(WTO)**成立		
	56		**スターリン批判**		
			ポーランド政変，**ハンガリー動乱**		
	59	**米ソ首脳会談**			
	60	OECD(経済協力開発機構)調印	ソ連，U2型機撃墜		
ケネディ❸	61		ベルリンの壁建設		
	62	**キューバ危機**			
	63		中ソ対立激化		
		部分的核実験停止条約調印(米・英・ソ)			
ジョンソン❹	65	米，北爆開始　**ベトナム戦争(～75)**			
	66	仏，NATO脱退	中国，文化大革命始まる	ブレジネフ❹	
ニクソン❺	68	**核兵器拡散防止条約NPT調印(62カ国)**			
			チェコ事件(ソ連，チェコ侵入)		
	69		**中ソ武力衝突**(珍宝島)		
	70	**米ソSALT(戦略兵器制限交渉)開始**	71　**中国，国連加盟**		

年	第三世界・地域紛争	
1946	インドシナ戦争(～54)	アジア諸国の独立
	中国国共内戦再開	
47	インド・パキスタン独立宣言	
48	**イスラエル建国宣言**	
	⇨**第1次中東戦争**(～49)	
49	インドネシア共和国成立	
51	イラン石油国有化法(⇨54挫折)	
54	周・ネルー会談(**平和五原則**声明)	A・A諸国の台頭
55	アジア・アフリカ会議(バンドン会議)開催(**平和十原則**) セ出題	
56	ナセル，スエズ運河国有化宣言	
	スエズ戦争(第2次中東戦争)	
59	キューバ革命	
60	アフリカで17カ国が独立(**アフリカの年**)	
61	キューバ社会主義宣言	南北問題の顕在化
	第1回非同盟諸国首脳会議	
62	アルジェリア，仏から独立	
63	**アフリカ統一機構(OAU)**結成	
64	第2回非同盟諸国首脳会議(カイロ)	
	第1回国連貿易開発会議(UNCTAD)	
67	第3次中東戦争	
	東南アジア諸国連合(ASEAN)成立	

2 サンフランシスコ平和条約

2A 平和条約の内容

史　(1951. 9. 8調印　52. 4.28発効)

1. 日本と各連合国間の**戦争状態は，条約の効力が生ずる日に終了**する。
2. 日本は**朝鮮の独立を承認**する。**台湾《たいわん》及び澎湖《ほうこ》《ポンフー》諸島・千島《ちしま》列島・樺太《からふと》を放棄《ほうき》**する。
3. **南西諸島・小笠原諸島をアメリカ合衆国の信託統治《しんたくとうち》下**におく。
4. 占領軍は，条約の効力発生後，すみやかに日本から撤退《てったい》する。

2B 平和条約の調印国 P.321

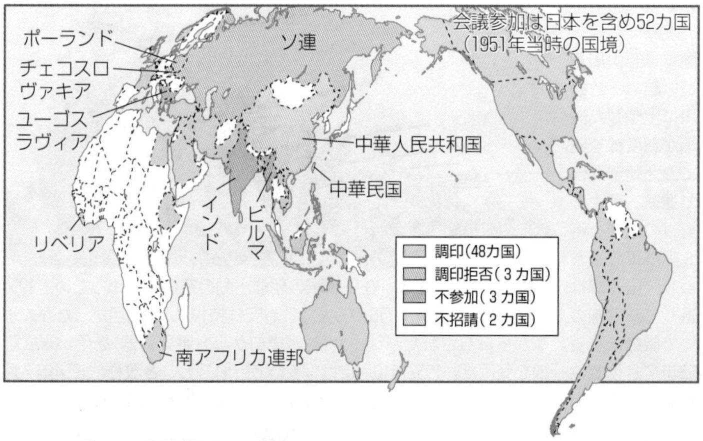

3 冷戦の激化

3-1 キューバ危機(1962)　ソ連はキューバにミサイル基地を建設し，兵器を輸送していることが判明した。アメリカ大統領ケネディは海上封鎖を実施し，米ソ核戦争の危機がせまった。ソ連がミサイル基地を撤去することで危機は回避された。写真は，撤去したミサイルをキューバから輸送するソ連船。

3-2 ベトナム戦争(1965～75)　北のベトナム民主共和国と南のベトナム共和国(アメリカが支援)に分断されていたベトナムでは，アメリカが社会主義国成立をおそれ，1965年，北爆《ほくばく》を開始した。戦争は長期化し，多くの犠牲を払ったうえ，アメリカは1973年に撤退した。写真は枯葉剤《かれはざい》を散布するアメリカ軍。枯葉剤の後遺症は現在でも問題となっている。

占領政策の転換と朝鮮戦争

考察の視点　なぜアメリカは日本の占領政策を転換させたのだろうか。またアメリカが日本に課した政策により日本経済はどのように変わったのだろうか。　相互関連　推移

1 占領政策の転換と日本経済の自立化

（首相）

占領政策の転換

吉田①

1947. 1.31（昭22）　GHQ，**二・一ゼネスト計画の中止を命令**

1-1 二・一ゼネスト計画中止　1947年1月31日午後，マッカーサーのスト中止命令が出され，伊井弥四郎《いいやしろう》共闘会議議長は涙ながらに中止を伝えた。

日本経済の自立化に向けた動き

戦後の経済混乱（軍需《ぐんじゅ》産業崩壊・引揚げ復員《ふくいん》による失業者急増・物資欠乏・インフレ）

- **金融緊急措置令**（1946）で通貨量の縮小をはかる
- **復興金融金庫**（1947）による基幹産業へ復興資金貸付
- **傾斜生産方式**で基幹産業へ資金・資材を重点的に融資する
- **低賃金政策**の実施

↓

インフレが助長され，国民生活が圧迫される

↓

占領政策の転換期を迎える

片山

1948. 1. 6（昭23）　米陸軍長官ロイヤル，「**日本は共産主義への防壁**」と演説。日本に民主化の徹底と経済再建を期待する

芦田

7.31　マッカーサー書簡で**政令201号**公布

12.24　岸信介《きしのぶすけ》らA級戦犯容疑者19人を釈放

1949（昭24）　**下山《しもやま》事件**（7.5），**三鷹《みたか》事件**（7.15），**松川《まつかわ》事件**（8.17）

1-2 Ⓐ下山事件　常磐線綾瀬《じょうばんせんあやせ》駅付近で国鉄総裁の下山定則《しもやまさだのり》が遺体で発見された。国鉄職員の人員整理計画があったため国鉄労組員に嫌疑《けんぎ》がかかった。**Ⓑ三鷹事件**　三鷹駅構内で無人電車が暴走。国鉄労組員に嫌疑がかかった。**Ⓒ松川事件**　東北線松川駅付近で列車が転覆《てんぷく》。実行犯として国鉄労組員や共産党員が逮捕されたが，被告らは全員無罪となった。これらの事件は共産党や労働運動への弾圧であった。

①**経済安定九原則**（1948.12）で日本経済の自立化をはかる　セ出題

1.経費節減《けいひせつげん》・財政の均衡	6.貿易・為替《かわせ》管理の改善
2.徴税計画の改善強化	7.輸出の振興《しんこう》
3.融資《ゆうし》の制限	8.重要国産原料・製品の増産
4.賃金の安定	9.食糧集荷《しゅうか》計画の改善
5.物価統制の強化	

②**ドッジ＝ライン**（1949. 3）で緊縮《きんしゅく》予算，単一為替レート設定（1ドル＝360円）

1-3 ドッジ（右から2人目）**と池田勇人《いけだはやと》大蔵大臣**（左から2人目）

③**シャウプ勧告**（1949. 9）で所得税中心主義をとる

1.**所得税中心主義**　2.地方税を独立税とする　3.青色申告《あおいろしんこく》制度の採用

↓

- インフレの進行防止，資本主義経済再建の基礎ができる
- 不況により中小企業が倒産
- 行政整理・企業整理による失業者急増
- 労働争議の激化・社会不安増大

吉田②～③

1950. 6. 6　マッカーサー，共産党中央委員会委員全員の公職追放を指令

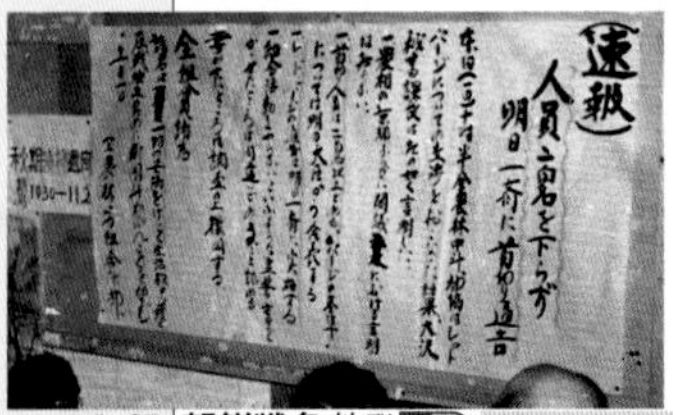

1-4 レッド＝パージ　セ出題　1950年，共産党幹部の公職追放指令を手始めに，報道機関・公務員，民間からも共産主義者が追放された。1950年12月10日時点で民間人約10,000人，公務員約1,000人が解雇された。

6.25　**朝鮮戦争**勃発 1B

朝鮮戦争による特需《とくじゅ》（朝鮮特需）で不況が一転，好景気となる　セ出題

7. 8　マッカーサー，**警察予備隊《けいさつよびたい》**創設指令 1C

7.28　新聞・通信・放送など報道機関の**レッド＝パージ**始まる

10.13　政府，GHQの承認を得て公職追放解除を発表（10,090名）。翌月旧職業軍人に初の公職追放解除（3,250名）　セ出題

1951. 4.11　マッカーサー解任，後任**リッジウェイ中将《ちゅうじょう》**

（昭26）6.20　政財界の公職追放解除（2,958名）

9. 8　**サンフランシスコ平和条約，日米安全保障条約**に調印

1952. 4.28　対日平和条約発効により，**GHQ解散**

1-5 米軍の注文で照明弾の製造をする工場

1A 朝鮮特需による経済の復興

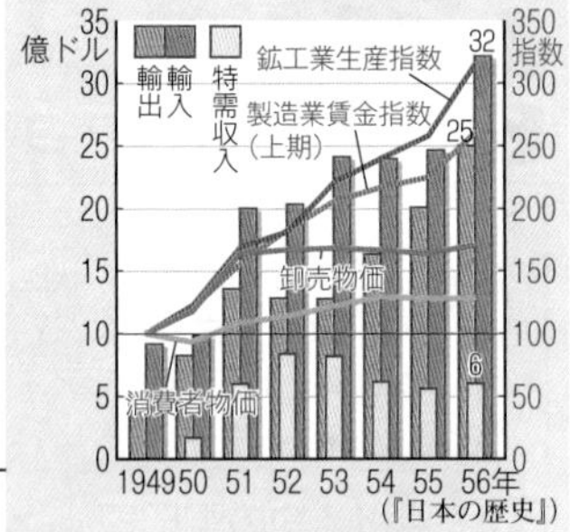

（『日本の歴史』）

1B 朝鮮戦争　1950（昭和25）年6月～53（昭和28）年7月　セ出題

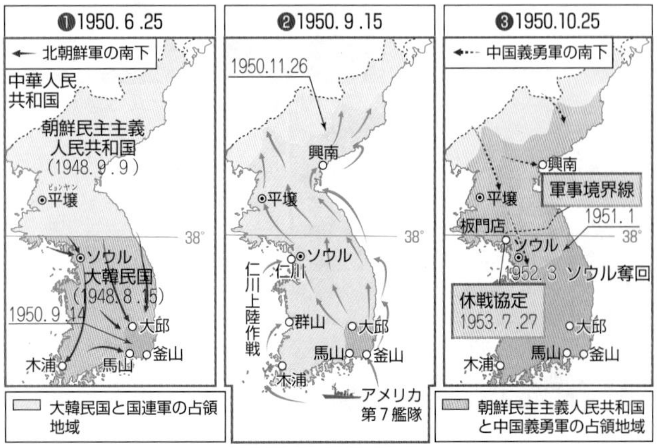

解説　❶北朝鮮軍が38度線を突破，韓国軍を釜山《ふざん》（プサン）周辺に追い詰める。❷仁川《じんせん》（インチョン）に上陸した国連軍が38度線を越えて，北朝鮮北部まで進撃。❸中国義勇軍の支援を得た北朝鮮軍の進撃により，国連軍は後退して38度線の近くで戦線は膠着《こうちゃく》。1953年7月休戦協定が結ばれる。

1C 日本再軍備

1-6 警察予備隊　在日米軍の朝鮮出動の空白を埋めるため，1950年8月発足（定員7万5,000人）。「治安維持」という名目だったが，米軍から貸与されたバズーカ（対戦車ロケット戦発射器）を用い米式訓練を受けた。1952年10月には保安隊（定員11万人）と改称。1954年7月に自衛隊へ改称した（定員15万2,000人。2021年現在24万7,154人）。　セ出題

考察の視点 日本が単独講和を選択することになったのはどの国との関係を重視してか。またその国との関係を維持することによって，日本は何に力を注ぐことができるようになったのだろうか。

講和と安保条約

1 国際社会への復帰

単独講和論
- ソ連などの国を除く52カ国と講和(アメリカを中心とする西側陣営)を求める
- ダレス講和特使が推進

1-1 ダレス(1888～1959)

↓

第３次吉田茂内閣はアメリカとの関係協調や独立回復を優先し，単独講和を選択。

↓

1-5 **サンフランシスコ平和条約(1951.9)に署名《しょめい》する吉田茂主席全権《よしだしげるしゅせきぜんけん》** サンフランシスコ講和会議はアメリカが中心となり条約草案《そうあん》を作成。1952(昭和27)年４月28日，条約発効により日本は独立を回復。写真右から２人目は全権の池田勇人《いけだはやと》(蔵相)。

解説 第二次世界大戦後，世界はアメリカが中心の資本主義を基調とする西側陣営とソ連が中心の社会主義を基調とする東側陣営に分かれていた。この状態は冷戦とよばれ，緊張状態が続いていた。日本もこの冷戦に取り込まれていく。アメリカは日本を西側陣営の一員とするために日本の国際社会への復帰を望んでいた。

1A 単独講和論と全面講和論

全面講和論
- ソ連なども含むすべての交戦国と講和を求める
- 南原繁《なんばらしげる》・安倍能成・大内兵衛らが推進 セ出題

写真：毎日新聞社／アフロ

1-2 安倍能成《あべよししげ》(1883～1966)

1-3 大内兵衛《おおうちひょうえ》(1888～1980)

1-4 **講和に反対するメーデー** ソ連や中国を含んだ全面講和を求めていた。

相互関連

1-6 **吉田首相の言《げん》に激怒《げきど》する南原《なんばら》繁《しげる》総長**(那須良輔《なすりょうすけ》筆) 東大南原総長の全面講和論を吉田は「曲学阿世《きょくがくあせい》の徒《と》」(世俗におもねっている学者)として非難した。全面講和論には米軍駐留継続への反対の意味も含まれていた。

熊本・湯前まんが美術館蔵

1B 日本社会党の分裂 P.323

1-7 **社会党分裂でつかみ合う代議士**(1950. 1)

日本社会党

平和条約，安保条約をめぐり分裂(1951.10) セ出題

左派		右派
反対	← 平和条約 →	賛成
反対	← 安保条約 →	反対

総選挙(1955)

↓

統一

1C 平和条約の締結(調印48カ国) 史 P.319

平和条約調印 48カ国 アメリカ合衆国，イギリスなど
＊コロンビア，ルクセンブルク，インドネシアは署名したが，未批准

調印を拒否 3カ国	会議に招かれたが欠席 3カ国	会議に招かれず 2カ国
ソ連(1956 **日ソ共同宣言**) **ポーランド**(1957 国交回復) **チェコスロヴァキア**(1957 国交回復) 米主導で用意された条約に異議申し立てし拒否。	**インド**(1952 **日印平和条約**) **ビルマ**(現ミャンマー)(1954 **日ビルマ平和条約**) 安保条約の調印がアジアの平和に寄与しないと考えたため。 **ユーゴスラヴィア**(1952 国交回復)	**中華人民共和国**(1972 **日中共同声明**) **中華民国(台湾)**(1952 **日華平和条約**) 中国の代表権をめぐり米英が対立したため。

1D 平和条約締結後の領土

解説 朝鮮，樺太，台湾，千島列島を返還。沖縄，小笠原諸島はアメリカの施政権下におかれた。

2 日米安保と行政協定

- **日米安全保障条約** 史 **(第３次吉田茂内閣)**
(1951. 9. 8調印 52. 4.28発効)
1. アメリカ合衆国に対し，陸海空軍の配備を日本は認める。**米軍は，極東《きょくとう》における平和と安全に寄与《きよ》するため，外国からの侵略や外国の影響で起きた内乱や騒《そう》じょうを鎮圧《ちんあつ》するためにも使用することができる。**
2. 米軍の国内配備などについては**日米行政協定**で決定する。
- **日米行政協定** セ出題
(1952. 2.28調印 52. 4.28発効)
1. 日本は，**在日米軍に基地(施設・区域)を提供**する。
2. 日本は，**在日米軍駐留経費《ちゅうりゅうけいひ》の一部を負担**する。

解説 アメリカ軍は引き続き日本に駐留し，日本は，独立後の安全保障をアメリカに託《たく》すこととなった。

3 アジア諸国への戦後賠償

支払対象国	賠償	準賠償	合計
フィリピン＊	1,902		1,902
韓国		1,020.9	1,020.9
ビルマ＊	720	473.4	1,193.4
インドネシア＊	803.1		803.1
タイ		96	96
南ベトナム＊	140.4		140.4
シンガポール		29.4	29.4
マレーシア		29.4	29.4
カンボジア		15	15
ラオス		10	10
ミクロネシア		18	18
総合計(億円)	3,565.5	1,692.1	5,257.6

※賠償は＊サンフランシスコ平和条約に基づき支払ったもの＊個別の平和条約に基づき支払ったもの。準賠償は経済技術協力協定などによる援助(賠償に準ずる支払い)。(『外交青書』による)

解説 中華人民共和国や中華民国など多くの国が賠償を放棄したが，**フィリピン・南ベトナム**とはサンフランシスコ平和条約に基づき，また**インドネシア・ビルマ**とは個別に**平和条約**を締結し賠償金の支払いをした。

占領期と復興期の文化

考察の視点 戦後の文学において，戦前の体制や習慣を公然と批判できるようになったのはなぜだろうか。 相互関連

時期 1945〜54年頃
❶アメリカの占領政策により，アメリカ的な生活様式や文化が流入した。
❷戦前の支配体制の抑圧・抑制から解放され，表現の自由化と民主化が進んだ。

1 戦後の文化

1A GHQによる検閲

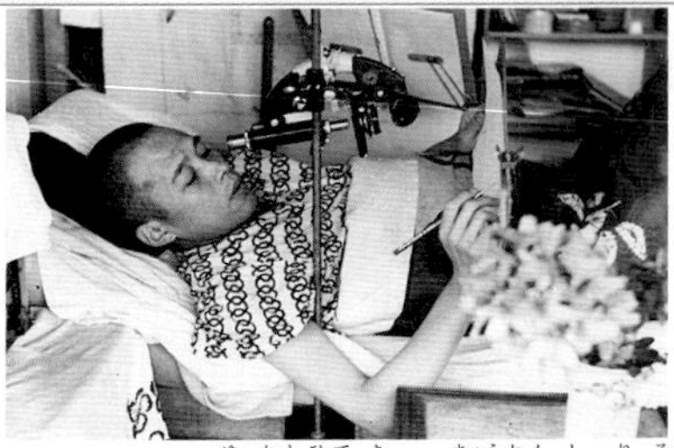

長崎・永井隆記念館蔵

1-1 『長崎の鐘』初版本(左)と原爆症と闘いながら執筆活動する永井隆《ながいたかし》(1908〜51)(右) 『長崎の鐘』は1946(昭和21)年に長崎医科大学放射線科医師の永井隆によって書かれた作品である。原爆の悲惨さと自身の生涯に重点をおいていたが，内容を危惧《きぐ》したGHQの検閲により出版がすぐにはできなかった。旧日本軍によるマニラ虐殺《ぎゃくさつ》に関する『マニラの悲劇』と合本することを条件に，時を経た1949(昭和24)年に出版された。

1B 学問と文学

学問	考古学　登呂《とろ》遺跡・岩宿《いわじゅく》遺跡の発掘
	政治学　丸山真男《まるやままさお》が雑誌『世界』に「超国家主義の論理と心理」を発表(1946)。
	経済史学　大塚久雄《おおつかひさお》が『近代欧州経済史序説』を著す。
	法社会学　川島武宜《かわしまたけよし》が『日本社会の家族的構成』を著す。
	理論物理学　**湯川秀樹《ゆかわひでき》**が中間子理論を提唱し，1949年にノーベル物理学賞を受賞。
	日本学術会議設立(1949) セ出題
	文化財保護法制定(1950)←法隆寺金堂壁画焼損(1949) セ出題
文学	坂口安吾《さかぐちあんご》　無頼派の作家。『堕落論《だらくろん》』『白痴《はくち》』(1946)を著す。推理小説も著す。
	太宰治《だざいおさむ》　『斜陽《しゃよう》』(1947)『人間失格』(1948)
	大岡昇平《おおおかしょうへい》　収容所生活を描いた『俘虜記《ふりょき》』(1948)を著す。知的な批評と分析で知られる。
	谷崎潤一郎《たにざきじゅんいちろう》　『細雪《ささめゆき》』(1948)　1949年文化勲章を受章。
	木下順二《きのしたじゅんじ》　『夕鶴』(1949)　民謡劇と歴史劇の分野で活躍する。
	三島由紀夫《みしまゆきお》　『仮面の告白』(1949)『潮騒』(1954)
	峠三吉《とうげさんきち》　『原爆詩集』(1951)　平和運動を進める。
	野間宏《のまひろし》　『真空地帯』(1952)　軍隊の非人間性を追究した。

1-2 丸山真男《まるやままさお》(1914〜96) 政治学者。日本ファシズムの精神構造を分析した。

1-3 大塚久雄《おおつかひさお》(1907〜96) 経済学者。戦後の論壇《ろんだん》に多大な影響を与えた。

1-4 川島武宜《かわしまたけよし》(1909〜92) 法学者。日本の伝統的な家族制度を封建的として批判した。

1-5 太宰治《だざいおさむ》(1909〜48) 作家。マルクス主義の影響で，社会や自己への複雑な思いを表現。

1-6 谷崎潤一《たにざきじゅんいち》郎《ろう》(1886〜1965) 作家。伝統美への関心が強い。

1-7 三島由紀《みしまゆき》夫《お》(1925〜70) 作家。古典主義的美意識が根底にある作品を残す。

湯川秀樹《ゆかわひでき》と中間子理論《ちゅうかんしりろん》

朝日新聞
湯川博士にノーベル賞
日本人で最初の栄誉
世界に輝く「中間子論」

湯川秀樹(1907〜81)は「中間子が陽子や中性子を互いに強く結びつける」と1935年に予言。この予言は1947年にイギリスの物理学者セシル＝パウエルによって証明された。これにより1949年に日本人初のノーベル賞が授与され，敗戦・占領下で自信喪失の国民に大きな力を与えた。

映画	黒澤明《くろさわあきら》　「羅生門」で1951年ベネチア国際映画祭金獅子賞を受賞。 溝口健二《みぞぐちけんじ》　「西鶴《さいかく》一代女」で1952年ベネチア国際映画祭銀獅子賞を受賞。 今井正　「青い山脈」石坂洋次郎《ようじろう》原作。	歌謡	笠置《かさぎ》シヅ子　「東京ブギウギ」で人気を博す。 美空《みそら》ひばり　戦後歌謡界最大のスター。国民栄誉賞受賞。セ出題 並木路子《なみきみちこ》　映画「そよかぜ」の主題歌「リンゴの唄《うた》」が大ヒット。	メディア・スポーツ	ラジオ　現行のラジオ体操が1951年に復活。 スポーツ中継 テレビ放送　NHKが1953年に本放送を開始。

1C 映画

TOHO／THE KOBAL COLLECTION

1-8 「七人の侍」(1954公開)**と黒澤明《くろさわあきら》**(1910〜98) 「世界のクロサワ」で知られる映画監督。また主演の三船敏郎《みふねとしろう》への国際的評価も定着した。「七人の侍」の影響を受けてアメリカで「荒野の七人」がつくられた。

1-9 「青い山脈」(1949公開) 民主主義的風潮《ふうちょう》を表し，藤山《ふじやま》一郎が歌う主題歌とともに大ヒット。

1D 歌謡界

1-10 笠置《かさぎ》シヅ子(1914〜85) ジャズで一世を風靡《ふうび》した。

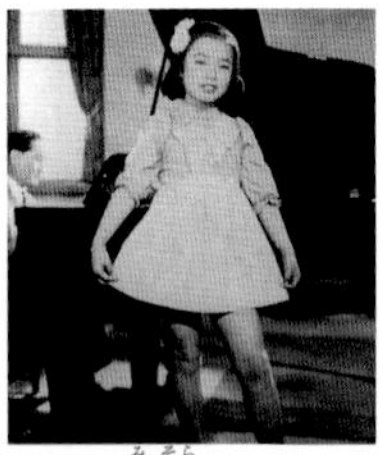

1-11 美空《みそら》ひばり(1937〜89) 天才的才能の持ち主だった。

1-12 「そよかぜ」(1945公開) 主題歌「リンゴの唄《うた》」が明るいメロディーで大ヒット('赤いリンゴに唇《くちびる》寄せて〜')。写真の右端が歌を歌った並木路子《なみきみちこ》。 松竹(株)提供

1E メディア・スポーツ

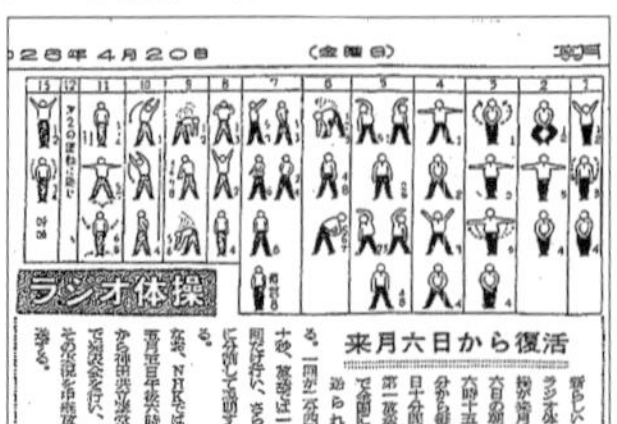

1-13 復活したラジオ体操 1928年に企画され，昭和天皇の御大典記念事業として行われていたが，戦後は軍国主義を推進するという理由で禁止されていた。 国立国会図書館蔵

1-14 古橋広之進《ふるはしひろのしん》(1928〜2009) 「フジヤマのトビウオ」とよばれた。

1-15 白井義男《しらいよしお》(1923〜2003) GHQの一員であったアルビン＝カーン(左)の指導を受け，世界フライ級王者となった。

歴史ナビ **昭和のくらし博物館**(東京都大田区) 1951(昭和26)年建築の住宅を家財道具ごと保存している。

55 年体制の成立

考察の視点 逆コースとはどのような政治をさすのだろうか。 時系列

1 独立回復後の国内再編（逆コース）

治安統制 ㋝出題
・血のメーデー事件（1952. 5 ）
・破壊《はかい》活動防止法公布（1952. 7 ）
　→破壊活動を行った団体を取り締まる
・公安《こうあん》調査庁設置法公布（1952. 7 ）
・新警察法公布（1954. 6 ）
　→警察の中央集権化が確立

自衛力強化
・警察予備隊を保安隊に改組（1952.10）
・ＭＳＡ協定調印（1954. 3 ）㋝出題
　→日本の自衛力強化を義務付けられる
・防衛《ぼうえい》庁，自衛隊発足（1954. 7 ）史

教育統制
・教育二法《きょういくにほう》を公布（1954. 6 ）
　→公立学校教員の政治活動を禁止
・教育委員任命制（1956. 6 ）
　→教育委員を公選制から任命制とし，教育委員会の権限を縮小

1-1 血のメーデー事件（1952. 5. 1）「独立」後初のメーデーは，明治神宮外苑《めいじじんぐうがいえん》広場で集会後，デモ隊は皇居前広場に向かった。デモ隊は約6,000人にもおよび，激しい乱闘となった。警官隊は催涙《さいるい》弾を使用したが効果が上がらず，やむをえず拳銃を発砲して鎮静化させた。写真は催涙弾のピンを抜く警官。

1-2 自衛隊発足（1954. 7） **MSA協定締結**後，自衛力の漸増《ぜんぞう》を要請された日本は，第５次吉田内閣において，保安庁を発展改組して**防衛庁**とし，防衛庁の統《とう》括《かつか》下に**陸・海・空３軍の自衛隊を発足**させた。写真は吉田首相が出席した陸上自衛隊観閲《かんえつ》式。

1A 米軍基地反対闘争 ㋝出題

1-3 内灘《うちなだ》事件（1953） 政府は，石川県議会の反対決議にもかかわらず，石川県内灘村にある米軍試射場の無期限使用を決定。怒った住民は砂丘にいくつもの舟小屋（写真）を建てて抵抗したが，警官隊に排除された。

1-4 砂川《すながわ》事件（1955） 東京都立川米軍基地の拡張に対する砂川町民の反対闘争事件。1956年10月にはピケ隊と警官隊とが衝突し流血事件へと発展。

1B 第五福竜丸事件と原水爆禁止運動 ㋝出題

1-5 ビキニ環礁《かんしょう》沖でのアメリカの水爆実験（1954） 近くで操業していたマグロはえ縄漁船第五福竜丸乗組員が被ばくし，無線長が死亡した。

1-6 第五福竜丸から水揚げされた被ばくマグロを検査する検査官 「死の灰」ともよばれた放射線を浴びたマグロは廃棄され，鮮魚店ではマグロをめぐって混乱が生じた。

1-7 第１回原水爆禁止世界大会（1955） 国民の中に原水爆反対の声が広がり，署名運動が開始され，広島開催へとつながった。

2 55 年体制の成立

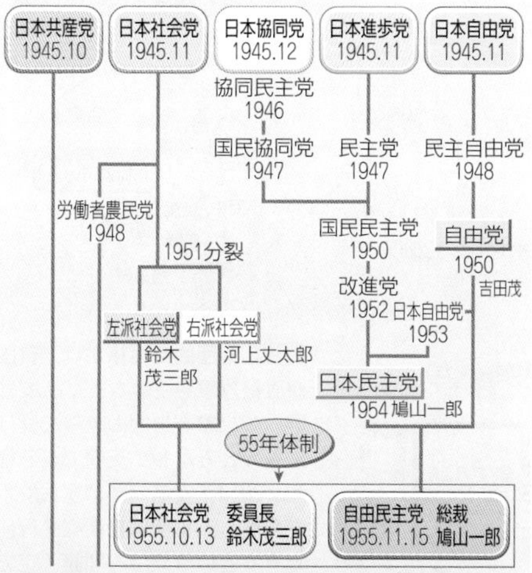

㋝出題
解説 サンフランシスコ平和条約を巡《めぐ》り分裂していた日本社会党の左派・右派 P.321 が憲法改正阻《そ》止《し》を掲《かか》げて1955（昭和30）年10月再統一。これに対し，財界からの要望を受けて保守側の日本民主党と自由党も合同し，「自由民主党」が結成された。ここに議席の３分の２弱を保守勢力が，約３分の１を革新勢力が占める保革対立体制（55年体制）が始まった。 P.337

2-1 左右社会党統一（1955.10.13） 平和条約・安保条約の対応で1951年に分裂した社会党だが，1955年の総選挙で左派社会党が躍進《やくしん》した結果，東京で右派との統一大会を開催《かいさい》。委員長に**鈴木茂三郎《もさぶろう》**，書記長に**浅沼稲次郎《あさぬまいねじろう》**を選出した。

2-2 保守合同・自由民主党発足（1955.11.15） 日本民主党と自由党が政局の安定化を目的に合同し，自由民主党結党大会を東京で開催した。写真は保守合同大演説会（日比谷公会堂）。（1955. 9 .28）

歴史ナビ **東京都立第五福竜丸展示館**（東京都江東区） 第五福竜丸や関係する資料を展示。核兵器の悲惨さや平和の尊さを伝えている。

安保条約の改定と自衛隊

考察の視点　日米新安保条約は，それまでの安保条約とどのような点が異なっていたのだろうか。これに対し，革新側はどのような行動をおこすことになったか。
比較

1 日米新安保条約 P.321 1960(昭和35)年

●**日米相互協力及び安全保障条約(日米新安保条約)**
(岸信介内閣)　(1960. 1.19調印　60. 6.23発効)
1.「日本の施政下《しせいか》にある領域」に限って日米の**共同防衛の義務**を規定。
2.「日本の安全」と「極東《きょくとう》の平和と安全」のために**米軍の駐留《ちゅうりゅう》と基地(施設・区域)使用を認める。**
3．**事前協議制を設ける。**
4．**条約の有効期限は10年**。以後一方の通告があれば1年後に廃棄《はいき》する。
●**日米地位協定**　(1960. 1.19調印　60. 6.23発効)
1．**日米行政協定**の内容を継承する。

解説 新安保条約の問題点として，①日米相互防衛義務が強められ，軍事同盟としての性格が濃厚になったこと②「**極東の範囲**」が明確でないこと③**在日米軍の海外出動や核兵器のもち込みについて「事前協議」**の規定があるが，日本の同意を必要としていないことなどがあげられる。

1-1 **安保改定阻止を求め，国会を取り囲む全学連やデモ隊約2万人**(1960. 6.18)　空前の国民的反対運動となった(**60年安保闘争**)。セ出題

AP. Images

1-2 **ワシントンにおける新安保条約調印**(1960. 1.19)

1-3 **衆議院で自民党が単独強行採決**　1960年5月20日午前0時6分，清瀬一郎議長が本会議で強行採決。参議院を通過せず自然成立。

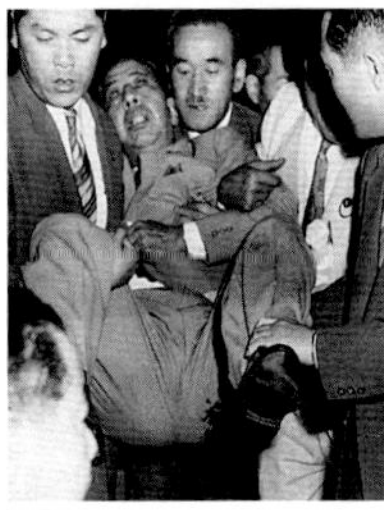

1-4 **暴漢に刺され，秘書らに抱えられる岸信介首相**(1960. 7.14)　退陣する一日前であった。

2 自衛隊関連略年表

吉田	1954	**MSA協定**(日米相互防衛援助協定)調印
	(昭29)	**防衛庁・自衛隊(陸・海・空三隊)**発足
岸	1957	「**国防《こくぼう》の基本方針**」を閣議決定
	1960	**日米新安保条約**調印 1
池田	1962	防衛施設庁発足
佐藤	1970	日米新安保条約の自動延長
	1971	衆議院で**非核《ひかく》三原則**(もたず，つくらず，もち込ませず)決議
	(昭46)	
三木	1976	**防衛費，GNP 1%枠《わく》**を閣議決定
福田	1978	**日米防衛協力のための指針《ししん》(ガイドライン)**合意
中曽根	1987	防衛費GNP 1%枠を撤廃，「**総額明示方式《そうがくめいじ》**」採用を閣議決定
	(昭62)	
海部	1991	**湾岸戦争勃発**
	(平3)	海上自衛隊掃海艇《そうかいてい》をペルシア湾に派遣
宮沢	1992	**PKO協力法(国際平和協力法)**成立
	(平4)	**国際緊急援助隊《きんきゅうえんじょたい》改正法**施行
		自衛隊，カンボジアへPKO参加で派遣 セ出題
橋本	1997	新ガイドライン，日米合意
小渕	1998	ホンジュラス国際緊急援助活動に自衛隊派遣
	1999	**新ガイドライン関連法**成立(**周辺事態安全確保法《しゅうへんじたいあんぜんかくほほう》**など日本周辺有事《ゆうじ》の際の対応を規定)
	(平11)	
小泉	2001	**米同時多発テロ発生**
	(平13)	**テロ対策特別措置法**成立
	2002	海上自衛隊イージス艦をインド洋へ派遣
	2003	**イラク戦争勃発**
	(平15)	**有事関連3法**成立(**武力攻撃事態法《こうげきじたい》**など日本が武力攻撃を受けた際の対応を規定)
		イラク人道復興支援《ふっこうしえん》特別措置法成立
	2004	自衛隊をイラクのサマーワへ派遣
	(平16)	**有事関連7法**成立(**国民保護法**など，有事の際の諸手続きを規定)
安倍	2007	防衛庁が**防衛省**に昇格，防衛施設庁を廃止《はいし》・統合《とうごう》
福田	2008	補給支援特別措置法成立→インド洋で給油・給水(10失効)
	(平20)	
麻生	2009	海賊対処法成立→ソマリア沖で警護活動
安倍	2014	**集団的自衛権**の行使容認を閣議決定 2C
	2015	安全保障関連法成立

2A 防衛関係費の推移

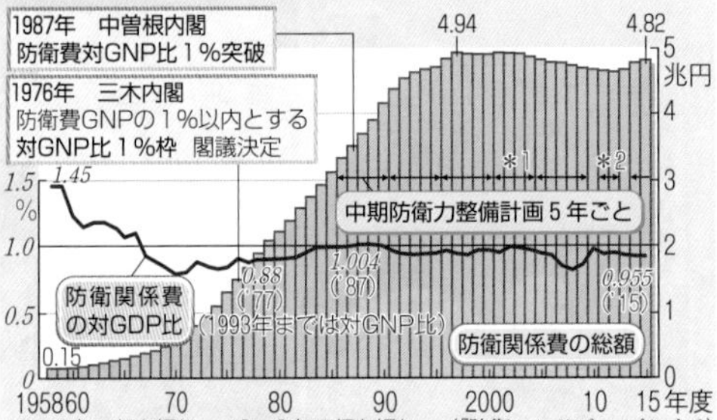

*1　4年で打ち切り。*2　2年で打ち切り。(『防衛ハンドブック』による)

解説 1960年代以降，膨《ふく》れあがる防衛予算に対し，**三木内閣**は**防衛費をGNP比1%枠以内**とすると決定。しかし，経済が低成長時代にはいると，従来の防衛費維持だけで1%枠を超えるため，**中曽根内閣はGNP比1%枠を撤廃《てっぱい》**し，防衛予算総額の限度を示す「**総額明示方式**」を新基準とした(1987年)。

2-1 **合同で防災訓練を行う自衛隊と在日米軍**　共同演習や災害救助などを通し，両者は密接な関係を築いている。

2B 自衛隊と在日米軍の主な基地(施設・区域)　2020年末

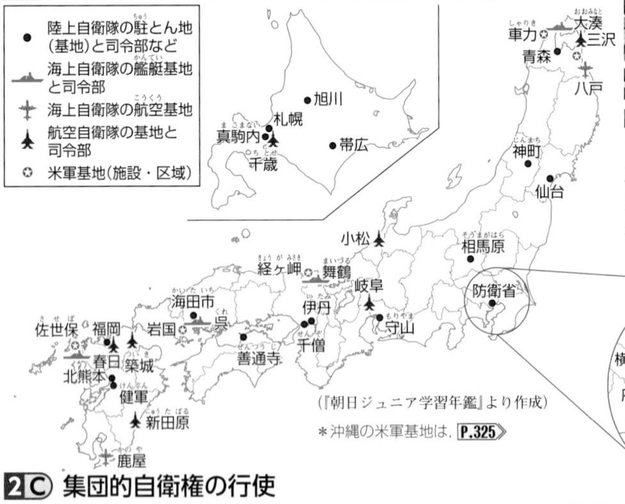

(『朝日ジュニア学習年鑑』より作成)
＊沖縄の米軍基地は，P.325

2C 集団的自衛権の行使

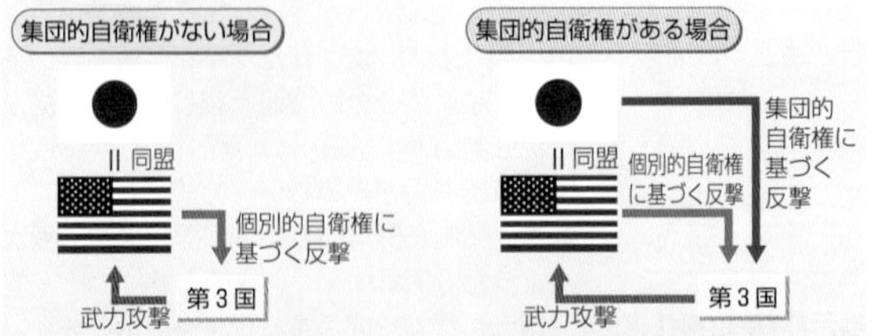

解説 **集団的自衛権**とは，自国が直接攻撃を受けなくても友好国への攻撃を自国も攻撃を受けたものとみなして反撃できる権利。2014年安倍内閣は憲法解釈を変更し，集団的自衛権を行使できるという立場を閣議決定で明らかにした。

基地の島　沖縄

日米両軍による３カ月近い激戦が行われた沖縄。戦後沖縄では米ドルが使われ，車が右側を走行するなど，アメリカの占領下に入っていた。本土復帰後，現在も在日米軍の基地全体の約75%が沖縄に集中し，それに関連する沖縄の負担は大きい。我々はこの問題にいかに取り組めばよいのだろうか。

1 アメリカの支配

1-1 沖縄の通貨Ｂ型軍票　1948年から10年間円表示の**米軍発行のＢ円**が唯一《ゆいいつ》の法定通貨として使用された。1958年に米ドルに切り替えられ，子どもたちは円で算数を習い，実生活ではドルを使う状況だった。　軍票　沖縄県立博物館蔵

1-2 プライス勧告粉砕《ふんさい》を叫ぶ大学生(1956)　住民の基地土地接収への要求をことごとく否定した**プライス勧告**(1956年)に住民の怒りが爆発。「**島ぐるみ闘争**」が展開され，海外にも伝わった。

2 基地問題略年表

（凡例：琉球政府行政主席／沖縄県知事）

		1945	.3　沖縄戦開始～45.6
		1946	GHQ，北緯30度以南の南西諸島を日本より分離統治
吉田茂②～⑤		1948	沖縄の通貨を軍票B円に統一(１B円＝３円)❶
		1951	**サンフランシスコ平和条約**→沖縄，米の施政下に
	比嘉秀平	1952	.4　日本独立回復。沖縄，琉球政府発足(主席任命制)
		1953	.4　米軍「土地収用令」→米軍基地建設 セ出題
		1956	島ぐるみ闘争展開❶　「冷戦下の沖縄“太平洋の要石”」
		1958	通貨のドル切り替え　Keystone of the Pacific
		1960	沖縄県祖国復帰協議会結成 セ出題
佐藤栄作①～③		1965	ベトナム戦争(～75)→B52爆撃機の常駐化 セ出題
	屋良朝苗《やらちょうびょう》	1968	初の主席公選，革新候補屋良朝苗氏当選
		1969	**佐藤・ニクソン会談(日米共同声明72年返還合意)**
		1970	コザ騒動―米軍支配への住民の怒り爆発
		1971	**沖縄返還協定調印**　“核抜き・本土並み”といわれ
	屋良朝苗	1972	**.5.15 沖縄日本復帰**❸　たが，基地縮小されず
		1975	皇太子夫妻(当時)沖縄公式訪問，ひめゆりの塔事件
	西銘順治	1980	米軍用地特別措置法による強制使用の手続き開始
		1982	一坪反戦地主運動開始
中曽根		1987	沖縄県収用委員会，10年間の強制使用を裁決
			沖縄国体開催，日の丸・君が代の反対問題おきる
村山	大田昌秀	1995	米兵による少女暴行事件→**沖縄県民総決起大会**❸
			大田知事，米軍用地使用の代理署名拒否の方針表明
橋本		1996	代理署名訴訟最高裁判決，大田知事敗訴
			普天間《ふてんま》飛行場の７年以内の返還決定
		1997	米軍用地特別措置法改正
小渕	稲嶺恵一《いなみね》	1999	稲嶺知事，普天間代替施設の移設先は名護《なご》市と発表
			→名護市長受け入れ表明・政府閣議決定
森		2000	九州・沖縄サミット開催
小泉		2002	沖縄振興特別措置法施行・沖縄復帰30周年記念式典
鳩山	仲井眞《なかいま》	2009	民主党鳩山首相，普天間基地の移転先を「最低でも県外」と発言
安倍		2012	自民党安倍首相，普天間基地を辺野古に移設と発表
	翁長《おなが》	2014	辺野古移設反対派の翁長氏が知事に当選
	玉城《たまき》	2018	辺野古移設反対派の玉城氏が知事に当選

3 沖縄返還と基地問題

3-1 沖縄復帰記念式典(1972. 5.15)　佐藤首相とニクソン大統領との会談で返還が決定した。

3A 沖縄の米軍基地の現状

(沖縄県知事公室基地対策課資料による)

読み解く　沖縄の米軍基地の面積は沖縄県全体の何%を占めているだろうか。

3-2 小型トレーラー落下事件　1965年6月読谷村親志《よみたんそんおやし》で，パラシュートを付け降下訓練中の小型トレーラーが目標地点を外れ，児童(当時11歳)に直撃し，児童は死亡した。　沖縄県公文書館蔵

3-3 沖縄国際大学に墜落した米軍ヘリコプター(2004.8)　訓練中の在日米軍ヘリコプターが宜野湾《ぎのわん》市の沖縄国際大学に墜落《ついらく》し炎上。事故だけでなく，事故後の対応をめぐって在日米軍に対し批判が強まった。

3-5 住宅街の中の普天間《ふてんま》飛行場　在日米軍専用施設の約75%が沖縄県に集中している。騒音や戦争への不安，在日米軍の不祥事など問題は依然として残っている。鳩山内閣のときに宜野湾《ぎのわん》市にある普天間飛行場(1996年日米特別委員会＝SACOの最終報告で返還が合意されていた)の国外・県外移転案が検討されたが，実行されず現在も難航している。

3-4 1995年，米兵による少女暴行事件に抗議するための沖縄県民総決起大会　宜野《ぎの》湾《わん》市の海浜公園で開かれた大会は，主催者発表で８万5,000人が参加。米軍基地の縮小や日米地位協定の見直しを求める訴えとなった。

3-6 オスプレイ　2012年沖縄に配備された垂直離着陸輸送機。軍事的抑止力《よくしりょく》として期待されるが，安全性の問題から近隣住民の抗議活動があった。

復興と高度経済成長

P.334

考察の視点　高度経済成長期に日本経済はどのように変化したのか。GDP，産業構造，エネルギー，国民生活などの観点から考え，それらがもたらした影響も考えてみよう。

1 戦後日本経済の歩み－復興と高度経済成長

内閣	年	事項	景気	時期
	1945	**ポツダム宣言**受諾《じゅだく》，降伏文書に調印		戦後インフレ
幣原	1946	第一次農地改革実施。**金融緊急措置《きんゆうきんきゅうそち》・物価統制令**		
吉田①	(昭21)	**傾斜生産《けいしゃせいさん》方式**決定(**鉄鋼・石炭の超重点増産**)		
	1947	**復興金融金庫《ふっこうきんゆうきんこ》**開業，独占禁止法公布	不景気	
片山	(昭22)	過度経済力集中排除《しゅうちゅうはいじょ》法公布		
芦田	1948	米，**エロア資金による対日物資供給**開始		
吉田②～⑤	(昭23)	GHQ，**経済安定九原則**を指令		復興期
	1949	**ドッジ＝ラインの提示(超均衡予算，単一為替レート)**		
	(昭24)	**シャウプ勧告**	50	
	1950	**朝鮮戦争勃発《ぼっぱつ》。ガリオア資金**によるパン完全給食	特需景気	
	(昭25)	実施を発表		
	1951	サンフランシスコ講和会議＊鉱工業生産，戦前水準に		
	1952	**IMF(国際通貨基金)・IBRD(世界銀行)に加盟**		
	1954	MSA協定調印	53 55	
鳩山	1955	**GATT(関税および貿易に関する一般協定)に正式加盟**	神武	
	1956	＊経済白書「**もはや戦後ではない**」と発表	57	
岸	1958	日銀，戦後初の公定歩合引き下げ。1万円札発行	58 岩戸景気	
	1959	最低賃金法公布。国民年金法公布		
	1960	**貿易為替《かわせ》自由化大綱《たいこう》決定**(岸内閣)。**国民所得倍増《しょとくばいぞう》**		
池田	(昭35)	**計画・高度経済成長政策発表**(池田内閣)		
	1961	共出題 農業基本法公布。最初の農業白書発表	61	高度経済成長期 2
	1962	新産業都市建設促進法公布	62	
	1963	**GATT11条国(国際収支などを理由とした輸入制**	オリンピック	
	(昭38)	**限を禁止)へ移行** セ出題		
	1964	**IMF8条国(貿易支払や資本移動に対する制限を**		
	(昭39)	**禁止)へ移行。OECD(経済協力開発機構)に加盟。**		
		東海道新幹線開業，オリンピック東京大会開催	64	
佐藤	1965	**名神高速道路開通**	66	
	1966	戦後初の**赤字国債《こくさい》発行**	いざなぎ景気	
	1967	**公害対策基本法**公布　＊ベトナム特需(～70前半)		
	1968	＊**GNP，資本主義諸国でアメリカに次ぎ第2位**		
	1969	**東名高速道路全線開通** セ出題		
	1970	新日本製鉄が発足。**減反政策《げんたんせいさく》**始まる 共出題	70	
	1971	**環境庁発足**。ニクソン大統領，ドルと金の交換停	71	
	(昭46)	止発表(**ニクソン＝ショック**)。**スミソニアン合意**		
		で1ドル＝308円の固定相場制		
田中	1973	円，**変動相場《へんどうそうば》制**に移行。第4次中東戦争勃発，**第**	73	
	(昭48)	**1次石油危機**＊翌年戦後初の**マイナス成長**となる		

読み解く① 1974年に戦後初のマイナス成長となるが，その原因を年表から読み解いてみよう。 相互関連

2 高度経済成長

2A 実質GDP(国内総生産)成長率の推移

時系列

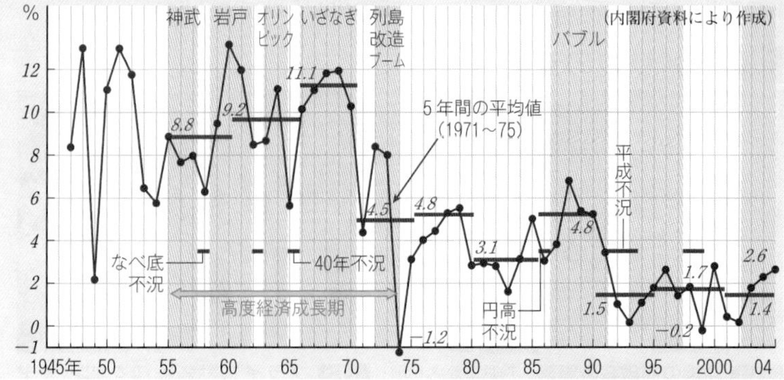

解説 **高度経済成長**の特徴は，**膨大《ぼうだい》な民間設備《せつび》投資《とうし》**にあった。企業は積極的に設備投資を行ったが，これに加えて**石油の安定安値**が続いていたことも高度経済成長の要因の一つであった(1973年10月の**第4次中東戦争**を契機《けいき》としたOAPECの原油価格引上げまで経済成長は続いた)。この高度成長期を通じて，わが国の**産業構造は大きく変化**し，先進国並みに第二・三次産業の比率が増大した。また，**大量消費生活**様式が国民に浸透《しんとう》し，**耐久消費財普及《たいきゅうしょうひざいふきゅう》**など生活水準は向上したが，一方で**農村過疎《かそ》化・都市問題・公害問題**などが深刻化《しんこくか》した。

2-1 いざなぎ景気に沸くデパート売上金の山(1969)

2B 日本の産業別GDPシェアの推移

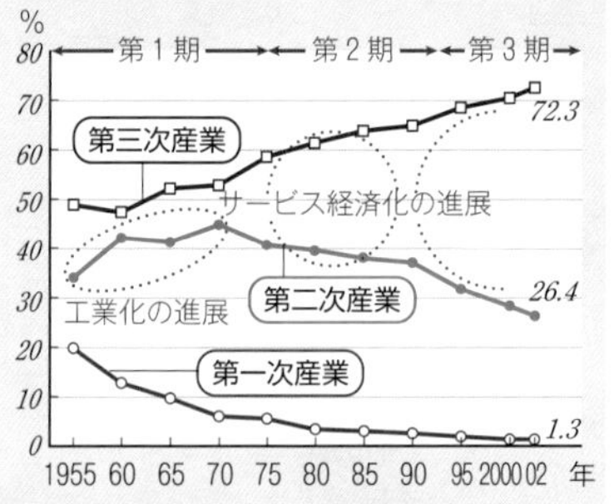

(『通商白書』2002，『国民経済計算年報』による)

解説 1960年代の高度経済成長により，第一次産業の割合は，就業者，所得ともに急減した。第三次産業はこの間増大を続け，特にサービス産業の成長が著《いちじる》しい。

2C エネルギー供給構造の推移

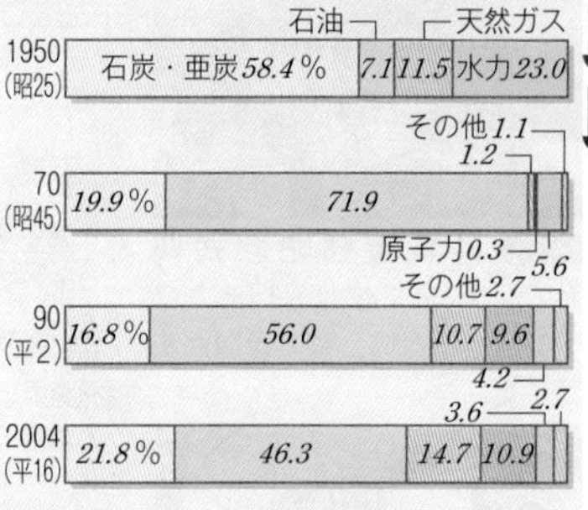

(『日本国勢図会』より作成)

読み解く② 20世紀後半から21世紀にかけ，日本のエネルギー政策はどのように変わってきただろうか。

2D 工業の産業別構成の推移(出荷額)

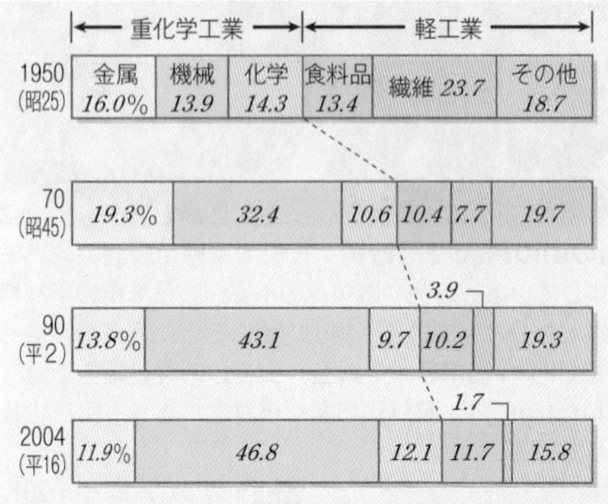

(『日本国勢図会』より作成)

解説 戦前は繊維などの軽工業が工業の中心であったが，2000年代には約30％となっている。それに対し重化学工業は高度経済成長を経て比重が高まり，工業全体の約70％を占めている。

2E 都市の過密化と農村部の過疎化

2-2 **集団就職列車で東京駅に着いた鹿児島県，熊本県の中卒者** 中学・高校を出て，地方から大都市に就職のために上京した学生は「金の卵」とよばれ，高度経済成長を支えた。しかし若者が減少した農村部では過疎化が進んだ。

2-3 **公団住宅の目玉DK** 高度経済成長にともない大都市部の勤労者が増加し，政府は日本住宅公団を設立し公団住宅を建設した。

千葉・松戸市立博物館蔵

2F 専業・兼業農家の割合(上)と農業人口構成(下)

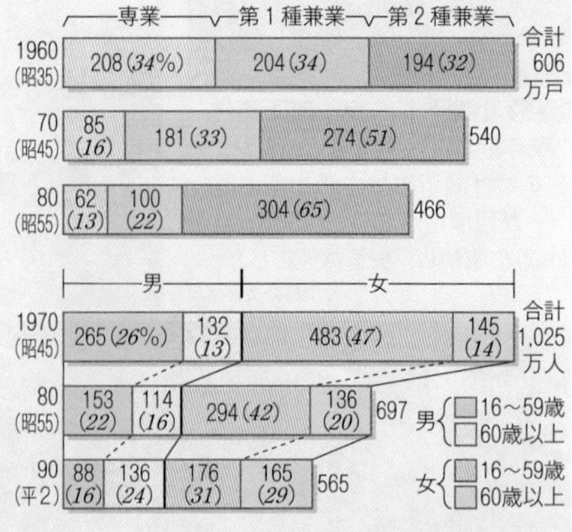

(上下とも農林水産省資料などによる)

解説 農業はじいちゃん・ばあちゃん・かあちゃんによる「三ちゃん農業」へと移行した。また農業の兼業化，農業従事者の高齢化が進んでいる。

考察の視点 公害と環境悪化が進んだのは，日本のどのような政策が背景にあったからだろうか。 相互関連

1 日本の公害・環境問題関係略年表

1878	足尾銅山の鉱毒で渡良瀬川《わたらせがわ》流域に被害
1891	田中正造，衆議院で足尾鉱毒事件を追及
1922	富山県神通《じんづう》川流域で**イタイイタイ病**発見
1949	東京都，全国初の工場公害防止条例制定
1956	熊本県水俣の**水俣《みなまた》病患者**の存在が社会問題化
1961	コンビナート周辺で**四日市《よっかいち》ぜんそく**発生 ㋝出題
1965	阿賀野《あがの》川流域で**新潟水俣病**発生
1967	阿賀野川水銀中毒被害者，昭和電工に損害賠償請求(**四大公害訴訟第1号**)。**公害対策基本法制定**
1968	イタイイタイ病患者，訴訟提起。大気汚染防止法・騒音防止法制定
1969	熊本水俣病患者，訴訟提起
1970	東京で**光化学スモッグ発生**し問題化。**「公害国会」(第64臨時国会)で公害関係14法案成立**。公害対策基本法から「経済調和」条項削除
1971	**環境庁設置**。新潟水俣病裁判，患者側勝訴確定
1972	四日市公害訴訟，患者側勝訴，判決確定。イタイイタイ病公害訴訟控訴審，患者側勝訴確定 大気汚染防止法・水質汚濁防止法(**無過失責任規定**導入)公布
1973	公害健康被害補償《ほしょう》法(**汚染者負担の原則**)公布 水俣病公害訴訟，患者側勝訴，判決確定
1974	大阪空港騒音《そうおん》公害訴訟で「**環境権**」を主張
1981	大阪空港訴訟で最高裁「差止め請求」を却下
1987	モントリオール議定書(オゾン層破壊《はかい》物質対策)
1992	リオデジャネイロで**地球サミット**(持続可能な開発)
1993	**環境基本法**制定(公害対策基本法廃止《はいし》)
1995	熊本水俣病和解し，チッソと補償協定
1997	**環境アセスメント法**制定(99年施行)。**地球温暖化防止京都会議**開催，**京都議定書**採択
1999	ダイオキシン類等対策特別措置法(2000年施行)
2000	循環型社会形成推進《すいしん》基本法制定
2001	環境庁，**環境省**に昇格《しょうかく》
2009	水俣病被害者救済法

2 四大公害訴訟《そしょう》(損害賠償請求訴訟) ㋝出題

	新潟水俣《みなまた》病	四日市《よっかいち》ぜんそく	イタイイタイ病	水俣病
発生状況	1964年から70年にかけて新潟県阿賀野《あがの》川流域で発生	1961年頃から四日市市の石油コンビナート周辺で発生	大正時代から富山県神通《じんづう》川流域で発生	1953年から60年にかけて熊本県水俣湾周辺で発生
原因	工場廃水中のメチル水銀	亜硫酸ガス	カドミウム	工場廃水中のメチル水銀
被告	昭和電工	四日市コンビナート6社	三井金属	チッソ
提訴と判決	1967年6月提訴 1971年9月原告勝訴	1967年9月提訴 1972年7月原告勝訴	1968年3月提訴 1971年6月原告勝訴 1972年8月控訴審被告敗訴	1969年6月提訴 1973年3月原告勝訴
主な争点	因果関係，故意・過失責任	複合公害における因果関係，故意・過失責任	因果関係	故意・過失責任
原告数	76人	12人	33人	138人
請求額	5億2,267万円	2億58万円	6,200万円(一審) 1億5,120万円(控訴審)	15億8,825万円
判決額	2億7,779万円	8,821万円	5,700万円(一審) 1億4,820万円(控訴審)	9億3,730万円

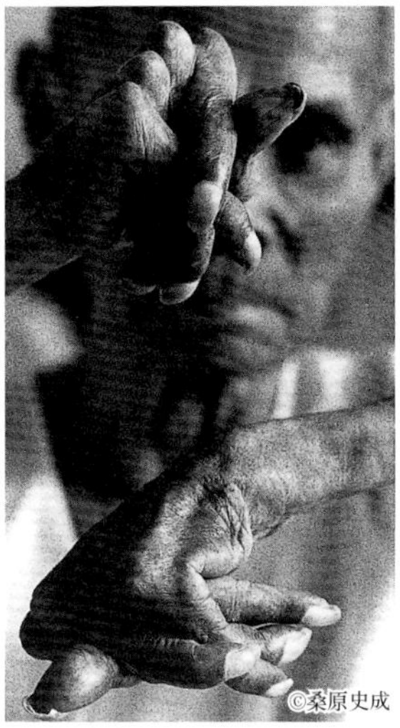
©桑原史成

2-1 元網元漁師の指と手首は硬直して動かない(水俣病の症状)(1966)

2-2 チッソとの直接交渉で「金より体を」とつめ寄る水俣病患者

解説 1950～60年代，熊本県水俣市を中心に大きな被害を出した水俣病が，公式確認されたのは1956年のこと。しかし，チッソが水銀を使う製造設備の運転を中止し，政府が公害病と認めたのは，それから12年後のことだった。2009年，水俣病救済特別措置法が成立したが，その傷あとは癒《い》えてはいない。

2-3 **排煙を出す四日市市のコンビナート(左)と大気汚染の中マスクを付けながら登校する子どもたち(右)** 四日市ぜんそくを含め公害は産業の発展を優先するあまり，人びとの目が環境に向かなかったことも原因の一つであった。

3 公害病の認定患者 2020年12月末現在

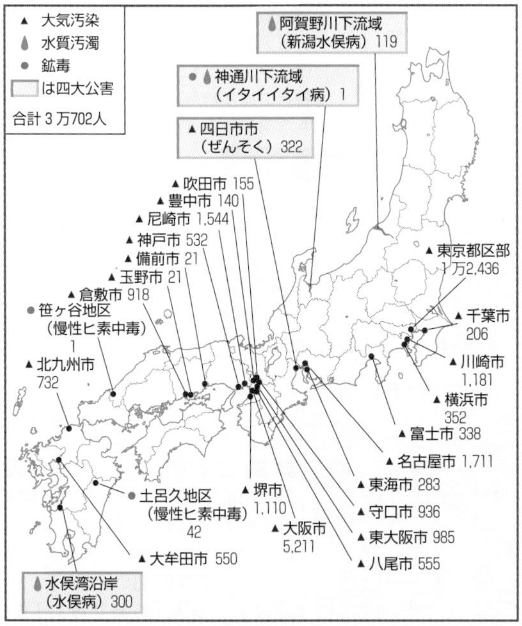

＊数字は公害健康被害補償法の認定患者数(単位＝人)。

(『環境・循環型社会・生物多様性白書』2021などにより作成)

4 日本国内の新たな公害・環境問題

解説 高度経済成長期に発生した**四大公害**に続き，80年代以降は，**環境ホルモン・ダイオキシン・産業廃棄物の不法投棄・アスベスト**といった新たな公害・環境問題が発生している。

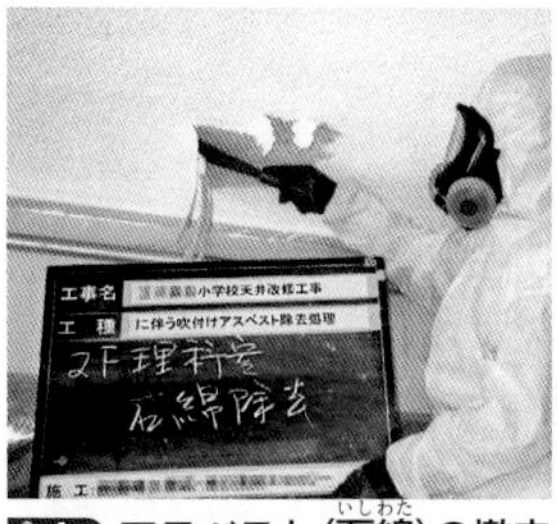

4-1 **アスベスト(石綿《いしわた》)の撤去作業** 耐熱性などに優れ，建築資材に用いられた。肺がんを誘発《ゆうはつ》する物質である。 東京都北区役所提供

4-2 **香川県豊島《てしま》の産廃不法投棄現場** 1975年頃から国内最大級の産業廃棄物の不法投棄が行われた。2017年3月，14年にわたる搬出作業が完了した。

歴史ナビ **石牟礼道子『苦海浄土 わが水俣病』**(講談社文庫) 水俣病を患った患者から作者が聞き取りを行い，その現状を如実に表した作品である。

高度経済成長期の世相・社会

考察の視点　大量生産，大量消費による消費革命の背景には池田勇人首相のどのような経済政策があったのだろうか。

相互関連

1 高度経済成長期の世相

1A 広告にみる時代背景

1-1 **スバル360の広告**　運転歴の浅い女性でも快適に運転できることを強調して，販売に力を入れた。モータリゼーションの幕開けも示していた。

1B 消費革命と衣食住

三種の神器

出題

1-2 電気洗濯機

1-3 白黒テレビ

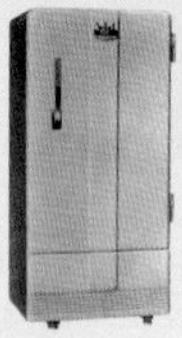

1-4 電気冷蔵庫

新三種の神器（3C）

1-5 Car（自動車）

1-6 Color TV（カラーテレビ）

1-7 Cooler（クーラー）

解説　家電ブーム　1955年以降「三種の神器《じんぎ》」とよばれた電気洗濯機，白黒テレビ，電気冷蔵庫が飛ぶように売れ，消費革命が始まった。一方で大量生産・大量消費にともない，環境問題なども発生した。1960年代後半からはカー（自動車），カラーテレビ，クーラーの「新三種の神器」が普及。頭文字をとって３Ｃともよばれた。

時期　1950年代中頃以降
・経済成長により家庭にメディアが普及し，文化が大衆化した。

1-8 **多《た》摩《ま》ニュータウン**　1965年に都市計画が決定し，1971年入居開始。都市の人口集中にともない，住居の大規模化・郊外化が進んだ。

1-9 **カップヌードル**　1971年に発売され，手軽に食べられるということで大ヒット。お湯の熱さが均等に伝わるように容器と麵の間に隙間があるのが特徴。

2 メディアの普及と文化の大衆化

2A テレビの普及

2-1 **街頭《がいとう》テレビ**（1954）　テレビは各家庭になく，街頭テレビに人びとは群がった。プロレス・プロ野球が人気だった。写真はプロレス力道山対木村戦を見る群衆。

写真：読売新聞／アフロ

2-2 **皇太子（明仁《あきひと》親王）と正田美智子さんの結婚パレード**（1959. 4.10）　沿道《えんどう》は約53万人で埋《う》められ，テレビ各社が中継を行った。視聴者《しちょうしゃ》は推定1,500万人といわれ，テレビ受像機が多く売れた。これをきっかけに**テレビブーム**がおきた。

2B 漫画・アニメ

2-3 **少年週刊誌の発刊**（1959）　1959年に『少年マガジン』，『少年サンデー』が同時発刊された。その後成年誌や女性誌も次々発刊，50年代後半は**「週刊誌ブーム」**でもあった。表紙の長嶋茂雄《ながしましげお》はプロ野球巨人の選手。記録もさることながら記憶に残る選手であった。

2-5 **「あしたのジョー」**（1968連載開始）　施設で育った主人公の矢吹丈がボクシング世界チャンピオンをめざして戦う物語。力石徹との人間関係は圧巻であった。高度経済成長期を舞台に描かれている。1970年テレビアニメ化。

2-4 **カムイ伝**（1964連載開始）　江戸時代，被差別集落出身のカムイ，彼を取り巻く農民，武士を交え階級社会を描いた作品。さまざまな階級の視点から描かれている。

2-6 **「鉄腕アトム」**（1952連載開始）　手塚治虫《てづかおさむ》の漫画。人気を得て1963年からテレビアニメとして登場。人間の心をもつロボットのアトムが主人公で，21世紀を舞台に描かれ，近未来を予想した記述にも注目が集まった。

2C 文学

2-7 **司《し》馬《ば》遼《りょう》太《た》郎《ろう》**（1923～96）　『竜馬がゆく』『国盗り物語』『坂の上の雲』など，「司馬史観」とよばれる独自の歴史観に基づき多くの作品を執筆。

2-8 **松本清張《せいちょう》**（1909～92）　1957年に連載開始された『点と線』は社会派推理小説とよばれ，「ブーム」を引きおこした。

2D スポーツ

2-9 **巨人の王貞治《おうさだはる》**（左），**横綱大鵬《たいほう》**（右）　1960～70年代にかけて「子どもを含めた人びとに人気のあるもの」として「巨人・大鵬・卵焼き」といわれた。

2-10 **第18回オリンピック東京大会開催**　出題　（1964.10.10）　アジアで初めての開催であった。また戦後の復興を世界に示すこととなった。

3 科学の発展

出題

3-1 **日本万国博覧会（大阪万博）開催**（1970. 3～. 9）　高度経済成長期最後を飾《かざ》るお祭り騒ぎとなった。右は岡本太郎デザインのシンボルタワー**「太陽の塔」**の正面。

3-2 **人工衛星「おおすみ」打ち上げ**（1970）　日本初の人工衛星。

写真：毎日新聞社／アフロ

歴史ナビ　**東芝未来科学館**（神奈川県川崎市）　東芝が1961年に創業85周年を記念して開館した東芝科学館を2014年リニューアル。日本の技術史をたどることができる。

考察の視点　冷戦終結後に，地域紛争が増えたのはなぜだろうか。相互関連

戦後国際情勢の変化（1971～現在）

1 戦後国際政治のあゆみ② 1971～現在 P.319》

＊1　1995年に常設化され，OSCE(欧州安全保障協力機構)と改称された。
＊2　終末時計　人類滅亡の日を午前零時とし，それまでの残り時間を表す。米の原子物理学者団体が，考案・発表。

首相	年	日本
佐藤	1971	**沖縄返還協定**調印
田中	72	**日中共同声明**調印
	(昭47)	**＝日中国交回復**
	73	変動相場制移行
	(昭48)	**第1次石油危機**
三木	75	第1回先進国首脳会議
	(昭50)	(サミット)
	76	**ロッキード事件**表面化
福田	78	**日中平和友好条約**
大平	79	**第2次石油危機**
	(昭54)	元号法成立
鈴木	81	第2臨調発足
	(昭56)	
中曽根	86	国鉄民営化法成立
竹下	(昭61)	
海部	91	ペルシア湾に海自掃海
	(平3)	艇派遣
宮沢	92	**PKO協力法**成立
細川	93	コメ部分開放
	(平5)	
橋本	97	アイヌ文化振興法
	(平9)	
小渕		
森		
小泉	2001	テロ対策特措法
	03	**有事関連3法**成立
	(平15)	イラク特措法成立
	04	自衛隊イラク派遣
福田	(平16)	
麻生		
鳩山		
菅	11	2012－5分前 東京電力福島原発事故(11)
野田	(平23)	
安倍	14	集団的自衛権行使容認を閣議決定
	(平26)	
	15	安全保障関連法成立
菅	20	
岸田	21	

時期	米大統領	年	自由主義陣営	社会主義陣営	ソ連/ロシア	中国最高指導者
多極化・デタント(緊張緩和)	ニクソン	1972	**ニクソン，中国訪問**　**米中共同声明**		(書記長)ブレジネフ	
			日中共同声明　**米ソSALT(戦略兵器制限暫定協定)調印**			
		73	第1次石油危機　**東西ドイツ，国連加盟**			
	フォード	75	**欧州安全保障協力会議(CSCE)**＊1**，ヘルシンキ宣言**			
	カーター	78	日中平和友好条約			鄧小平
		79	第2次石油危機　**米ソSALTⅡ調印**	ソ連，アフガニスタン侵攻		
			＊2 1980－7分前 ソ連軍のアフガニスタン侵攻(79)　**米中国交樹立宣言**			
		80		ポーランド自主管理労組「連帯」設立		
新しい冷戦	レーガン	81	1981－4分前 イラン=イラク戦争			
		83	米，グレナダ侵攻　1984－3分前 軍拡競争が激化 米ソ軍縮交渉中断	ソ連，大韓航空機撃墜	アンドロポフ	
		85		**ゴルバチョフ政権成立，「新思考」外交**	チェルネンコ	
		87	**米ソ中距離核戦力(INF)全廃条約調印**	史上初核削減条約	ゴルバチョフ(90～大統領)	
	ブッシュ(父)	88		ソ連，アフガニスタンから撤退		
		89		中ソ30年ぶりの和解・天安門事件		江沢民
新デタント			**冷戦の終結……米ソ首脳マルタ会談**	1989－10分前 冷戦終結		
		90	**東西ドイツ統一**　**欧州安全保障協力会議(CSCE)開催**			
		91	**湾岸戦争(～91)**　**米ソSTARTⅠ調印**			
			1991－17分前 ソ連崩壊で米ソ核戦争の危機遠のく	**ソ連邦崩壊，CIS発足**	エリツィン(ロシア大統領)	
	クリントン	93	ECが**EU(欧州連合)に発展**　**米ロSTARTⅡ調印**			
		95	フランス核実験実施　**NPT無期限延長**	中国，核実験実施		
		96	1995－14分前 仏・中核実験強行　**包括的核実験禁止条約(CTBT)調印**			
		97		香港，中国へ返還		
		99	欧州通貨統合	NATOの「東への拡大」(ポーランド・ハンガリー・チェコ加盟)		
	ブッシュ	2001	**米国同時多発テロ**		プーチン	
		02	**米ロ戦略攻撃戦力削減条約調印**	ロシア，NATOに準加盟		胡錦濤
		04	**EUに東欧の旧社会主義諸国(バルト3国など)加盟**			
		05	英国同時多発テロ			
		08	リーマンショックが世界に波及	ロシア，ジョージアと軍事衝突	メドヴェージェフ	
	オバマ	09	フランス，NATO復帰			
		10	ギリシア財政危機からユーロ危機に	中国GDP，日本を抜き世界第2位に		
			2010－6分前 オバマ大統領の核廃絶運動　**米ロ新START調印**		プーチン	習近平
		14	2017－2分半前 トランプ大統領が核廃絶や気候変動対策に消極的な発言　2018－2分前 北朝鮮の核開発による核戦争の懸念	ロシア，クリミアを編入		
	トランプ	20	イギリスがEU離脱　2020－100秒前 米ロのINF全廃条約失効や気候変動対策の遅れ			
	バイデン	22		**ロシア，ウクライナ侵攻**		

年	第三世界・地域紛争	
1972	南北朝鮮共同声明	
73	ベトナム和平協定調印⇨米軍撤退	
	第4次中東戦争(OAPEC石油戦略発動)	
75	**ベトナム戦争終結**	
78	中東和平会談(米・エジプト・イスラエル)	
79	エジプト=イスラエル平和条約調印	
	イラン革命・カンボジア内戦(～89)	
80	**イラン＝イラク戦争**(～88)	
81	南北サミット	
82	フォークランド紛争	
	イスラエル，レバノン侵攻	
88	イラン=イラク戦争停戦	南南問題・非同盟諸国間の対立
	ビルマ，軍によるクーデタ	
90	**イラク，クウェート侵攻**	
91	**湾岸戦争・ユーゴ分裂**	
	アパルトヘイト終結宣言	
93	**パレスチナ暫定自治協定調印**	
95	ボスニア・ヘルツェゴヴィナ和平合意	
98	インド，パキスタン核実験実施	
	1998－9分前 核兵器の拡散	
99	NATO軍，ユーゴ空爆	
2000	南北朝鮮，初の首脳会議	
01	**米国，アフガニスタン攻撃**	
02	2002－7分前 米ABM制限条約脱退	
03	**イラク戦争**(～11)	
06	北朝鮮，核実験実施　2007－5分前 北朝鮮の核実験，イランの核開発，地球温暖化進行	
08	コソボ，セルビアから独立宣言	
11	「アラブの春」が中東諸国で続く	
	シリア内戦，難民問題発生	
12	北朝鮮，弾道ミサイル発射実験成功	
14	イスラム国の活動が活発化	
18	韓国・北朝鮮両首脳が会談，「板門店宣言」に署名	
21	米軍，アフガニスタンから撤退	

2 冷戦終結から地域紛争へ

2-1 ベルリンの壁崩壊(1989)　東西冷戦のシンボルとして存在し続けたベルリンの壁が28年間の役割を終えた。

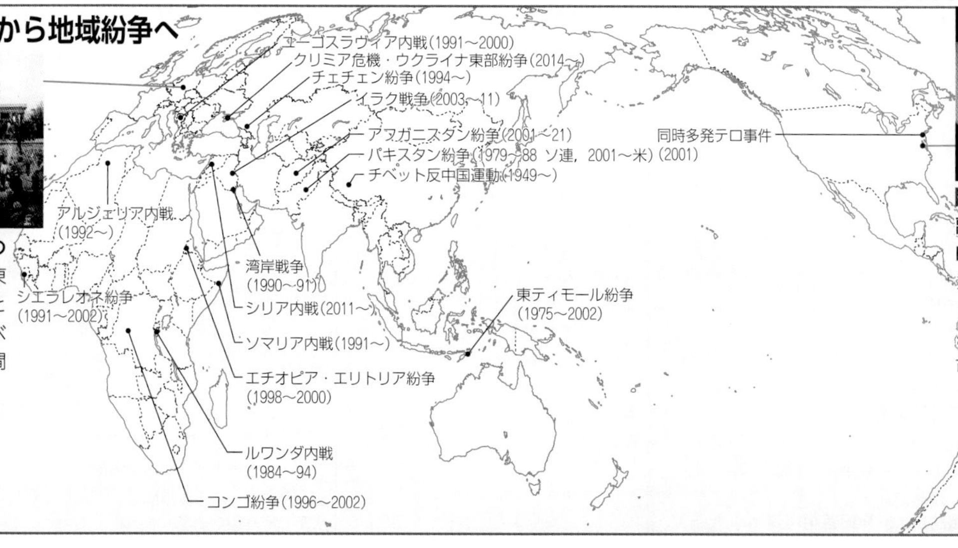

2-2 米ソがINF(中距離核戦力全廃条約)調印(1987)　ソ連書記長ゴルバチョフと米大統領レーガンとの間で調印。これにより核軍縮が実現可能なことが示された。

日韓・日朝外交史

考察の視点 1965年に結ばれた日韓基本条約は1952年から交渉が始まっていた。このように交渉が長くかかったのはなぜだろうか。 相互関連

日韓・日朝外交史・朝鮮半島情勢

日本	韓国大統領	韓国情勢 年月	韓国情勢	北朝鮮情勢 年月	北朝鮮情勢	北朝鮮最高指導者
		1945. 8	日本の敗戦により植民地支配から解放。米ソによる南北分割占領。北緯38度線で分断			
	(大統領) 李承晩	1948. 8	大韓民国成立(大統領は李承晩《りしょうばん》(イスンマン))	1948. 9	朝鮮民主主義人民共和国成立(首相：金日成《きんにっせい》(キムイルソン))	(最高指導者) 金日成
吉田		1950. 6	**朝鮮戦争勃発**。国連安保理，北朝鮮非難決議(ソ連欠席)			
		. 7	「国連軍」設置【米軍主体・司令官マッカーサー】 ＊朝鮮戦争中，日本は特需景気で経済回復基調へ			
		.10	中華人民共和国義勇軍参戦。北朝鮮南下			
		1951. 7	板門店《はんもんてん》(パンムンジョム)にて南北休戦会談開始			
		1952. 3	国連軍ソウル奪回→戦線膠着《こうちゃく》			
		1953. 7	板門店で朝鮮休戦協定調印 ＝南北分断の固定化			
池田		1960. 4	学生革命→李承晩退陣			
		1961. 5	軍事クーデタ			
	朴正熙	1963	朴正熙《ぼくせいき》(パクチョンヒ)大統領就任			
佐藤		1965. 6	**日韓基本条約調印→12月発効**			
				1970年代	主体《チュチェ》思想運動。金日成主席のもとで指導理論が広がり，独裁体制強化	
田中		1973. 8	**金大中《きんだいちゅう》(キムデジュン)事件**			
		1974. 1	**日韓大陸棚協定**			
三木						
福田						
大平		1979.10	朴正熙大統領暗殺			
	全斗煥	1980. 5	光州事件，全斗煥《チョンドゥホアン》大統領就任			
鈴木		1982. 8	**歴史教科書検定問題**で日本に抗議			
中曽根		1983. 1	**中曽根《なかそね》首相，首相初の訪韓**			
竹下	盧泰愚	1987.12	盧泰愚《ノテウ》大統領当選(初めての民主的な政権交代)	1988. 2	北朝鮮による拉致疑惑表面化	
		1988. 9	ソウルオリンピック開催	1990. 9	金丸信《かねまるしん》・田辺誠《たなべまこと》ら，国交樹立をめざし訪朝(金丸訪朝団)	
海部		1990. 5	盧泰愚大統領訪日			
		. 9	ソ連と国交樹立	1991. 1	**日朝国交正常化交渉開始**	
		1991. 9	**韓国・北朝鮮国連同時加盟**実現，南北朝鮮不可侵合意			
		1991	元慰安婦《いあんふ》ら，補償を求め対日訴訟			
宮沢		1992. 1	宮沢首相，**慰安婦問題で韓国に公式謝罪**	1992.11	**日朝国交正常化交渉中断**	
		. 8	中国と国交樹立			
	金泳三	1993. 2	金泳三《キムヨンサム》大統領就任(32年ぶりの文民政権)			
細川		. 8	**細川首相，過去の植民地支配について謝罪**			
村山		1994. 8	村山首相，慰安婦問題で「平和友好交流計画」提唱	1994. 7	金日成主席没	金正日
橋本	金大中	1998. 2	金大中大統領就任。対北朝鮮包容**(太陽)政策**	1997.10	金正日《キムジョンイル》総書記就任(1990年代後半，食糧危機)	
				1998. 8	テポドンミサイル発射か	
				2000. 4	**日朝国交正常化交渉再開→中断**	
		2000. 6	金大中大統領，平壌《ピョンヤン》訪問。初の南北首脳会談。「南北共同宣言」署名			
小泉		2002. 6	サッカーW杯日韓共同開催	2002. 9	**小泉首相訪朝，日朝平壌宣言。** 北朝鮮，拉致を認める	
	盧武鉉	2003. 2	盧武鉉《ノムヒョン》大統領就任	.10	日本人拉致被害者５名帰国	
				2003. 1	核拡散防止条約を脱退	
		2003. 8	北京にて第１回６カ国協議開催			
		2004.12	日韓首脳会談	2004. 5	小泉首相，再訪朝	
		2005. 3	「竹島の日」条例制定(島根県)→竹島問題の摩擦激化	2005. 2	核兵器製造・保有を公式に宣言	
				2006.10	地下核実験成功を宣言	
	李明博	2008. 2	李明博《イミョンバク》大統領就任	2011.12	金正日総書記没	
		2012. 8	李明博大統領竹島に上陸	2012. 4	金正恩《キムジョンウン》第１書記就任	金正恩
安倍	朴槿恵	2013. 2	朴槿恵《パククネ》大統領就任			
		2016. 2	開城工業団地を閉鎖	2016. 2	人工衛星(ミサイル)を発射	
	文在寅	2017. 5	文在寅《ムンジェイン》大統領就任	2017. 8	弾道ミサイル発射，日本上空を通過	
		2018. 4	板門店にて南北首脳会談。「板門店宣言」署名			
岸田	尹錫悦	2022. 5	尹錫悦《ユンソクヨル》大統領就任			
		2023. 3	尹大統領訪日 .5 岸田首相訪韓			

北鮮 韓國に宣戦布告
京城に危機迫る
朝日新聞
東海岸からも上陸
侵入軍 臨津江突破

1 朝鮮戦争開戦を伝える新聞記事

2 日韓会談に反対しソウル市内でデモ集会を行う学生たち(1964. 3. 25)

3 帰国した拉致被害者

1 日韓外交

1A 日韓基本条約 1965(昭和40)年6月22日調印

日韓基本条約の主な内容
- 両国の平和友好を願う
- 日韓併合条約およびそれ以前に結ばれた日韓の取り決めの無効を確認
- 韓国を朝鮮半島における唯一《ゆいいつ》の合法的国家と認める(＝北朝鮮は非合法と認める)

同時に結ばれた４つの協定
- **請求権および経済協力協定**(日本が８億ドルの経済支援を行う代わりに，韓国は日本への賠償請求《ばいしょうせいきゅう》を放棄《ほうき》)
- **在日韓国人の法的地位と待遇の協定**(日本敗戦前から居住の在日韓国人とその子孫の永住権承認)
- **漁業協定**
- **文化財・文化協力協定**

解説 朝鮮戦争中(日本独立回復前)の1951年から日韓交渉が始まり，翌52年の第１次交渉以降64年末からの第７次まで交渉が続いた。日本側の戦前の植民地支配に対する発言から韓国国内で怒《いか》りの声が多くあがり，条約の批准《ひじゅん》に関して両国内で激しい反対運動がおきた。

1B 竹島問題

＊竹島は日本固有の領土で，島根県隠岐《おき》の島町《しまちょう》に属し，総面積は約0.21㎢。

解説 日本は1905年に竹島を正式に島根県に編入し，国際法上も有効であると主張。これに対し韓国は1952年に**李承晩《りしょうばん》ライン**を一方的に設定し，54年からは警備隊を常駐させている。65年の**日韓基本条約**により李承晩ラインは消滅したが，韓国が不法占拠を行うなど解決に至っていない。2005年に島根県議会が２月22日を「竹島の日」と条例で定めると，韓国側は反発を強めた。2012年には，李明博《イミョンバク》大統領が竹島を訪問し，日本政府は強く抗議した。

2 日朝国交正常化交渉

2A 日朝平壌宣言 2002(平成14)年9月

日朝平壌宣言の主な内容
- 国交正常化を早期に実現するための努力をする
- 日本による過去の植民地支配に関する反省とお詫び
- 日本による無償資金協力などの経済協力
- 植民地時代以前に関する過去の請求権を相互に放棄
- 国際法の遵守，核問題・ミサイル問題を含む安全保障上の問題解決を図る
- 在日朝鮮人の地位，文化財の問題について協議する

解説 朝鮮民主主義人民共和国(北朝鮮)は，日本が唯一《ゆいいつ》国交のない国連加盟国である。両国間には，戦前の**日本植民地支配に対する賠償**，**北朝鮮による日本人拉致《らち》問題**や**核開発**などがあり，国交正常化の見通しが立っていない。2002年９月小泉首相が訪朝し，金正日総書記が口頭で北朝鮮特殊機関《とくしゅきかん》による拉致を謝罪《しゃざい》。**日朝平壌《ピョンヤン》宣言**が結ばれ，翌月５人の拉致被害者が帰国した(2004年に拉致被害者家族も帰国)。しかし，日朝平壌宣言は02年10月からの交渉再開に合意したが，現在，交渉は中断している。2016年北朝鮮のミサイル発射に日本が抗議すると，北朝鮮は拉致被害者の特別調査委員会を解体すると発表した。

考察の視点　日中共同声明のポイントは何だろうか。現在

日本	(最高指導者)	年月	日中外交史・中国情勢
		1945. 8	日本敗戦
		1946. 2	通化事件
		. 6	国共内戦再開
吉田	毛沢東	1949.10	中国共産党勝利，「**中華人民共和国**」成立 (国民政府　蔣介石《しょうかいせき》ら，台湾へ)
		1950. 6	朝鮮戦争勃発
		.10	中国人民義勇軍出動
		1951. 9	サンフランシスコ講和会議(両中国招請されず)
		1952. 4	日華平和条約調印(対「中華民国」日台条約)
		. 6	日中第1次貿易協定(民間貿易)
岸		1958. 5	長崎国旗事件(スーパーの展覧会で中国国旗が引き下ろされ捨てられた事件)，日中貿易全面中断
	劉少奇	1959	中ソ対立激化→米中・日中接近
池田		1962.11	**ＬＴ貿易協定**(廖承志《りょうしょうし》－高碕達之助《たかさきたつのすけ》)
佐藤		1966. 5	毛沢東《もうたくとう》，文化大革命開始
	毛沢東	1968. 3	日中貿易交渉妥結　ＬＴ貿易→日中覚書貿易
		1971. 7	キッシンジャー米大統領補佐官極秘訪中
		.10	中華人民共和国国連復帰(招請)・台湾追放脱退
		1972. 2	ニクソン米大統領訪中・米中共同声明発表
田中		. 9	田中首相訪中，**日中共同声明**調印(**日中国交正常化**) →日華平和条約失効・国民政府(台湾)と断交
		1974. 1	日中貿易協定　.4　日中航空協定
三木		1976. 1	周恩来《しゅうおんらい》死去
		. 4	第1次天安門事件　.9　毛沢東死去
		.10	四人組逮捕，華国鋒《かこくほう》政権　鄧小平《とうしょうへい》復活
福田	鄧小平	1978. 4	尖閣諸島の日本領海内に中国船侵入
		. 8	**日中平和友好条約調印**
大平		1979. 1	米中国交正常化
鈴木		1982. 7	歴史教科書検定問題で日本に抗議
中曽根		1983.11	胡耀邦《こようほう》総書記訪日
竹下		1989. 4	李鵬《りほう》首相訪日
海部		. 6	第2次天安門事件(胡耀邦の死をきっかけに民主化を求め北京の天安門広場にいた学生を政府が武力で排除した事件)
宮沢			
細川			
村山			
橋本	江沢民	1997. 2	鄧小平死去，江沢民《こうたくみん》主席が最高実力者になる(改革・開放路線の継続)
小渕		1998.11	江沢民訪日，日中共同宣言発表
		2000.10	朱鎔基《しゅようき》首相訪日
小泉	胡錦濤	2002. 9	日中国交正常化30周年
		2005. 4	反日デモが発生。日本領事館などに被害
		2007. 4	温家宝《おんかほう》首相訪日
		2008. 8	北京オリンピック開催
菅		2010. 9	尖閣《せんかく》諸島で日本の巡視船と中国漁船，衝突
			➡1 巡視《じゅんし》船《せん》に衝突する中国漁船(2010) 
野田		2012. 9	日本政府，尖閣諸島を国有化。中国において反日運動がおきる
安倍	習近平	2018. 5	李克強《りこくきょう》首相訪日
		2019. 6	習近平《しゅうきんぺい》訪日
菅		2020. 1	日中を含む地域的な包括的経済連携協定(RCEP)に署名→2022.1発効
岸田		2022. 3	対中国のODA全事業が終了

1 戦後の日中関係

1A 日中貿易の再開　1962(昭和37)年11月

↑1-1 「覚書」の調印式

解説 1962年に始まる準政府間貿易で，「覚書《おぼえがき》」に調印した日本代表の高碕達之助《たかさきたつのすけ》と中国代表の廖承志《りょうしょうし》の頭文字をとって「**ＬＴ貿易**」とよばれた。1952年から民間貿易として日中貿易は行われていたが，1958年以降，貿易は途絶えていた。第2次池田勇人《いけだはやと》内閣は「政経《せいけい》分離」の方針をとって，ＬＴ貿易に踏み切った。

1B 日中共同声明　1972(昭和47)年9月

日中共同声明の主な内容
- 日本は戦争において中国国民に与えた損害に関する責任を痛感し，深く反省する
- 中華人民共和国政府が中国の唯一の合法政府と認める
- 中華人民共和国政府は日本に対する戦争賠償の請求を放棄する

破棄されることになった条約
- 日華平和条約(中華人民共和国を中国の合法政府と認めたため，台湾と断交)

↑1-2 毛沢東《もうたくとう》，周恩来《しゅうおんらい》との会談に臨む田中首相

解説 1972年のアメリカ大統領ニクソンの電撃訪中を機に米中関係が回復したことを受け，同年，田中角栄首相が訪中し，周恩来首相とともに調印。日本側が過去の戦争責任を痛感・反省し，中国政府が「戦争賠償の請求を放棄する」ことが宣言され，日中国交正常化へとつながった。この声明で「中華人民共和国政府が中国における唯一の合法政府」と承認されたことから，日本は台湾と断交することとなった(＝日華平和条約の破棄。1973年日台《にったい》交流民間協定締結で台湾と経済関係が続いている)。また友好の証《あかし》として上野動物園にパンダ2頭が贈られた。

1C 日中平和友好条約　1978(昭和53)年8月

↑1-3 日中平和友好条約調印

解説 1978年，日本と中華人民共和国との友好関係をさらに深めるために，日中平和友好条約が締結された。主権・領土の相互尊重，相互不可侵，相互内政不干渉《ふかんしょう》が明記された。中国は日本からＯＤＡなどの経済援助を受けることを条件に，戦争の賠償金請求を放棄《ほうき》した。

2 中国残留孤児《ざんりゅうこじ》

Ⓢ出題 P.301

解説 1945(昭和20)年8月8日，ソ連は日ソ中立条約を破棄し，中国東北部に攻め込んだ。その混乱のため，帰国したくても帰国できず，そのまま現地に留まるしかなくなった，およそ13歳未満の日本人の子どもたち(中国残留孤児)が生まれた。

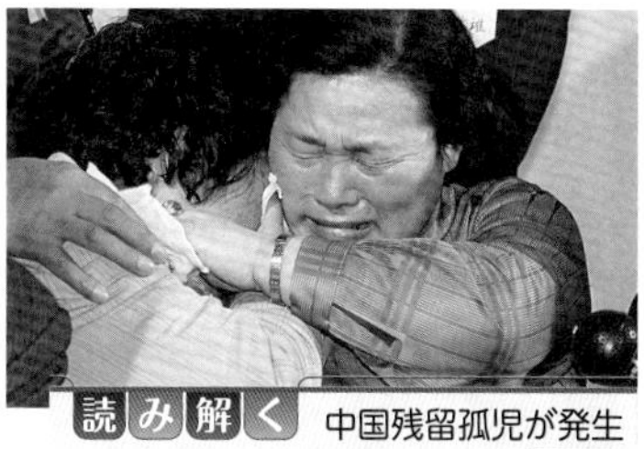

➡2-1 家族と再会した残留孤児(1981. 3. 9)

読み解く 中国残留孤児が発生したのはなぜだろうか。相互関連

3 尖閣《せんかく》諸島

解説 尖閣諸島は1895(明治28)年に日本の領土に編入し，サンフランシスコ平和条約第2章第3条においても認められた日本固有の領土である。しかし1970年代以降，海底資源(石油)開発が表面化すると，中国は「釣魚島」の名称を用いて領有権を主張し，現在でも台湾とともに領有権を主張している。一方，日本政府は「我が国が有効に支配し，領土問題は存在しない」との立場を主張している。2012年，日本政府が尖閣諸島を地権者から購入。

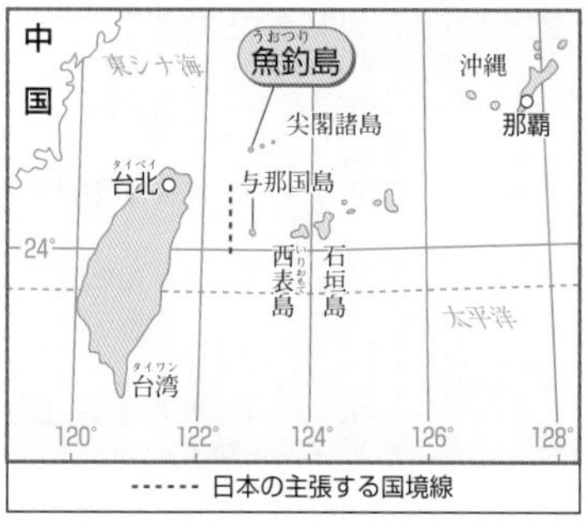

日ソ・日ロ外交史

日本				日ソ・日ロ外交史
	ソヴィエト社会主義共和国連邦	(書記長・第一書記)スターリン	1945. 7	日本，ソ連に和平斡旋《あっせん》を依頼し，拒否される
			. 8	**日ソ中立条約を破棄**して，ソ連宣戦布告 (→ソ連，満洲に進撃→**シベリア抑留《よくりゅう》**問題発生)
			1948. 6	日ソ貿易協定成立
吉田			1951. 9	サンフランシスコ講和会議，ソ連条約調印拒否
			1953. 9	スターリン書記長，死去(→スターリン批判　56～)
鳩山		フルシチョフ	1955. 1	ソ連に国交正常化申し入れ
			1956.10	鳩山首相，訪ソ。**日ソ共同宣言**調印により**日ソ国交回復** (→.12　日本**国連加盟**)
岸				
池田			1961.11	池田首相，「領土問題は未解決である」と通告
			1963. 2	日ソ貿易支払協定調印
			1964.10	フルシチョフ第一書記解任(→ブレジネフ就任)
佐藤		ブレジネフ	1966. 1	日ソ航空協定調印
田中			1973.11	日ソ共同声明
三木			1975. 6	日ソ漁業協定調印
			1976. 9	ソ連戦闘機ミグ25，函館《はこだて》に亡命着陸
福田				
大平				
鈴木			1981. 1	閣議，２月７日を北方領土の日と決定
			1982.11	ブレジネフ書記長，死去
中曽根		アンドロポフ		
		チェルネンコ		
		ゴルバチョフ	1985. 3	ゴルバチョフ書記長，就任 (→**ペレストロイカ**，**グラスノスチ**を断行)
竹下				
海部			1989.12	米ソ首脳会談＝冷戦の終結を確認
			1991.12	ソ連共産党解散・**ソ連邦解体**(→ＣＩＳ成立，ロシア連邦，国連常任理事国の地位継承)
	ロシア連邦	(大統領)エリツィン	1993.10	エリツィン大統領，訪日，東京宣言合意(→領土問題に対する明確な交渉指針を示す)
村山				
橋本			1997.11	クラスノヤルスク合意(→2000年までに平和条約締結約束)
小渕				
森		プーチン	2000. 5	プーチン大統領，就任
			. 9	プーチン大統領，訪日，共同声明発表
			2001. 3	イルクーツク声明
小泉			2003. 1	小泉首相，訪ロ・首脳会談(→日ロ行動計画採択)
			2005	日ロ間の貿易額，100億ドル超に
			.11	プーチン大統領，訪日・首脳会談
			2006. 8	クリル開発計画策定(→2015年までに540億円を投資予定)
安倍				
福田				
麻生		メドヴェージェフ	2009. 5	日ロ首脳会談
鳩山				
菅			2010. 9	中ロ共同声明発表(→第二次大戦の結果による国境は不変)
			2010.11	メドヴェージェフ大統領，高官として初の国後《くなしり》島訪問
野田			2011. 9	ロシア国防省・各省庁の団体，国後島，択捉《えとろふ》島を訪問
安倍		プーチン	2013. 4	日ロ首脳会談(北方領土交渉加速で一致)
			2016.12	プーチン大統領，訪日・首脳会談
菅				
岸田			2022. 3	ロシア外務省，日本との平和条約に関する交渉を中断と発表

1 日ソ共同宣言の調印(1956)

考察の視点　北方領土に関する日本側，ロシア側それぞれの主張を，何を根拠にしているのかも含めて確認してみよう。　時系列

1 戦後の日ソ・日ロ関係史

1A 日ソ共同宣言　1956(昭和31)年10月

日本国とソヴィエト社会主義共和国連邦との共同宣言(抄・要旨)　(1956.10.19署名　56.12.12発効)

1戦争状態の終結
両国の平和および友好関係《ゆうこうかんけい》が回復

4日本国の国連加入
日ソ共同宣言により日本の国連加盟が実現

5未帰還日本国民に対する措置
シベリア抑留者の日本への送還が促進された

6賠償・請求権の放棄　出題
ソ連が日本に対する賠償請求を放棄

9平和条約・領土
平和条約締結後に，歯舞群島《はぼまいぐんとう》，色丹島《しこたんとう》を日本に引き渡す

解説　「自主外交」を掲《かか》げた鳩山内閣P.323はソ連との国交回復を望み，1956(昭和31)年10月，モスクワを訪問し，ソ連のブルガーニン首相との間で共同宣言を調印し，戦争状態は終結した。一方で，「北方領土」問題は棚上げされた状態である。その後，1993年東京宣言，97年クラスノヤルスク宣言，2001年イルクーツク声明などで北方領土問題の解決と，平和条約の早期締結などが確認されているが，いまだ平和条約は締結されておらず，領土問題は未解決のままである。

1B ソ連の日本国連加盟の承認

AP. Images

1-1 **国連安保理での採決に手を挙げて賛成の表示をするソ連・各国代表**　日ソ国交回復により，ソ連は拒否権を行使せず，安保理は全員一致で日本の国連加盟を承諾。総会においても全会一致で日本の国連加盟案が可決され，21年ぶりに日本は念願の国際社会への復帰をはたした。

2 北方領土問題

❶

❷

❸

解説　1945年８月，**日ソ中立条約**を破って参戦したソ連は，**ポツダム宣言**受諾後の18日，シュムシュ島に上陸。その後南下し28日～９月５日の間に北方四島を占領，その状態が約70年以上続いている。日本は，**サンフランシスコ平和条約**により千島列島を放棄したが，北方四島は「かつて一度も外国の領土になったことがないわが国固有の領土」であり，千島列島に含まれないと主張。一方ロシアは，1945年の**ヤルタ協定**で千島列島の領有を英米が合意したことを理由に正統性を主張している。

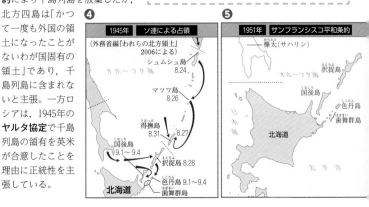

日本領
ロシア領
❶択捉島・得撫島間を国境とする。
❷樺太をロシア領，千島列島すべてを日本領とする。
❸南樺太(北緯50°以南)を日本領とする。
❹ソ連軍がシュムシュ島を占領後，北方四島を占領。
❺日本は南樺太・千島列島を放棄(北方四島は放棄していない)。

❹
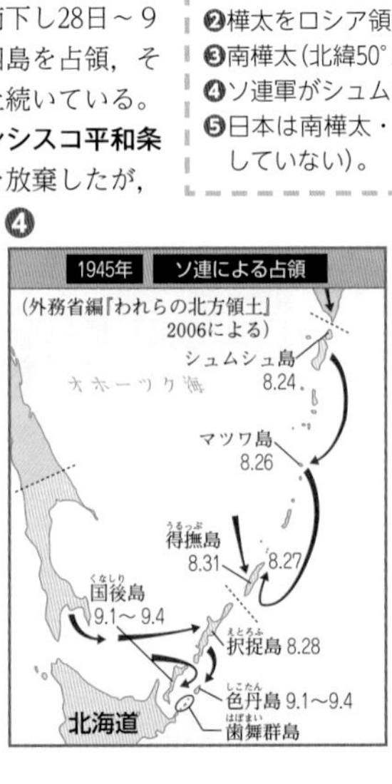

❺

考察の視点 1980年代の日米貿易摩擦はなぜ起こったのか。 相互関連

赤字は防衛関係項目，青字は経済関係項目

日本	(大統領)	年月	日米外交史
		1945. 8	ポツダム宣言受諾。ＧＨＱの統治開始(→ . 9 降伏文書調印)
		1946. 5	極東国際軍事裁判開廷(～48.11)
		1948. 1	ロイヤル，「日本は反共の防壁」と言明
吉田	トルーマン	1950. 1	→マッカーサー，日本の自衛権を主張
		1950. 6	朝鮮戦争勃発《ぼっぱつ》→マッカーサーの指示で**警察予備隊《けいさつよびたい》設置**
		1951. 1	マッカーサー，講和と再軍備の必要を強調。ダレス特使，来日
		. 9	サンフランシスコ講和会議，対日平和条約・日米安保条約
		1952. 2	日米行政協定調印
		. 4	対日平和条約・日米安保条約発効＝独立回復・ＧＨＱ廃止
	アイゼンハワー	1953.10	池田・ロバートソン会談(日本の再軍備の基本合意)
		.12	奄美《あまみ》群島復帰の日米協定調印
		1954. 3	ＭＳＡ協定(→米から経済援助を受け，日本の防衛力漸増《ぜんぞう》)
鳩山		. 7	→防衛庁・自衛隊発足
岸		1957. 6	岸・アイゼンハワー会談。共同声明で日米新時代を強調
		1960. 1	**新安保条約**・日米地位協定調印→**安保闘争**激化
		. 5	新安保条約衆議院単独強行採決→.6 自然承認。新安保批准書交換
池田	ケネディ	1962. 1	ガリオア・エロア資金返済協定調印
	ジョンソン	1964. 4	日本，ＩＭＦ８条国に移行・ＯＥＣＤ加盟
佐藤		1967.11	佐藤首相，訪米，小笠原《おがさわら》諸島返還決定など日米共同声明発表
		1968. 1	米原子力空母エンタープライズ佐世保《させぼ》港寄港→反対運動がおきる
		. 4	小笠原返還協定調印(→.6 小笠原復帰)
	ニクソン	1969.11	佐藤・ニクソン会談(→沖縄の72年の本土復帰実現へ)
		1970. 6	日米安保条約，自動延長入り(→70年安保闘争)
		1971. 6	**沖縄返還協定調印**
		. 8	**ドル危機**→.12 円切り上げ(スミソニアン体制)
		1972. 1	日米繊維協定調印(→この頃から日米間の貿易摩擦が激化)
田中		. 5	沖縄の施政権返還・本土復帰・沖縄県発足
三木	フォード	1976. 2	米上院でロッキード社の日本政府高官への贈賄《ぞうわい》を公表
福田	カーター	1978.11	「日米防衛協力のための指針」＝ガイドライン決定
大平		1980. 2	海上自衛隊，環太平洋合同演習に参加
鈴木	レーガン	1981. 5	対米自動車輸出規制(３年間)。鈴木首相・レーガン大統領会談(→同盟関係強調)
		1982. 1	日米安保協議会，極東有事研究の開始決定
中曽根		1983. 1	中曽根首相訪米時に「日本列島不沈空母《ふちんくうぼ》」「日米運命共同体」発言
		1985. 9	**プラザ合意**(ドル高是正を合意)
竹下		1988. 6	牛肉・オレンジ日米交渉，自由化で決着
海部	ブッシュ(父)	1991. 1	**湾岸戦争**(→日本政府，戦争支援90億ドル支出)
		. 4	ペルシア湾に海上自衛隊の掃海艇《そうかいてい》派遣(機雷除去)
		1992. 6	**ＰＫＯ(国連平和維持活動)協力法**成立
	クリントン	1993.12	日本政府，コメ部分開放決定(細川内閣)
村山		1995. 9	沖縄県在日米軍兵士による少女暴行事件
		.10	8万5,000人参加で沖縄県民総決起大会(→日米地位協定見直し，基地の整理・縮小要求が高まる)
橋本		1996. 4	米軍の普天間《ふてんま》飛行場の７年以内の返還決定
		1997. 9	「日米防衛協力のための指針」改定(新ガイドライン)
小渕		1999. 4	コメ関税化へ移行
森		. 5	**新ガイドライン関連法**成立(周辺事態法など)
小泉	ブッシュ(子)	2001. 9	米，同時多発テロ→アフガニスタン・対テロ戦争
		.10	テロ対策特別措置法成立→米軍への後方支援，自衛隊派遣
		2003. 3	イラク戦争(→.7 イラク復興支援特別措置法成立)
		.12	ＢＳＥにより米国産牛肉輸入停止(05.12 再開→06. 1 再停止)
		2004. 1	自衛隊，イラクへ派遣 . 6 自衛隊，多国籍軍へ参加
		. 8	沖縄県在日米軍のヘリコプター，訓練中に沖縄国際大学に墜落《ついらく》
		2006. 5	在日米軍再編に関する最終報告発表
		. 6	首脳会談(→「新世紀の日米同盟」宣言)
安倍・福田		2007. 2	「日米同盟－2020年，好ましいアジアの実現」文書発表
麻生	オバマ	2009. 7	鳩山首相，普天間基地の移設先を「最低でも(沖縄)県外」と発言
鳩山・菅		2010. 5	普天間基地の県外移設を断念
野田		2012.10	新型輸送機オスプレイ，普天間飛行場に配備
安倍		2014. 4	TPP日米交渉開始
		2016. 5	オバマ大統領，現職のアメリカ大統領として初めて広島を訪問
	トランプ		

1 エンタープライズ佐世保港寄港への反対運動

1 経済

1-1 日本車を破壊するアメリカ人(1980)

読み解く 写真1-1で，アメリカ人が日本車を破壊しているのはなぜだろうか。 時系列

1A 日米貿易摩擦 セ出題

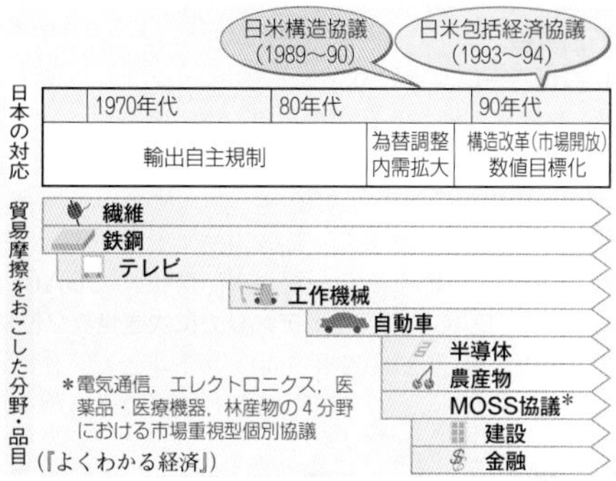

解説 貿易摩擦は1960年代以降に始まった。日本は輸出自主規制や現地生産による赤字解消に努めたが，貿易不均衡は拡大。アメリカ政府は80年代以降は為替調整を，90年代以降は経済構造改革を日本に求め，貿易摩擦は経済摩擦へと転化した。品質の良い日本製品がアメリカ国内に出回り，自国製品が売れず，日本製品への抗議活動が行われた。

1B 「思いやり」予算(在日米軍駐留経費負担)の推移

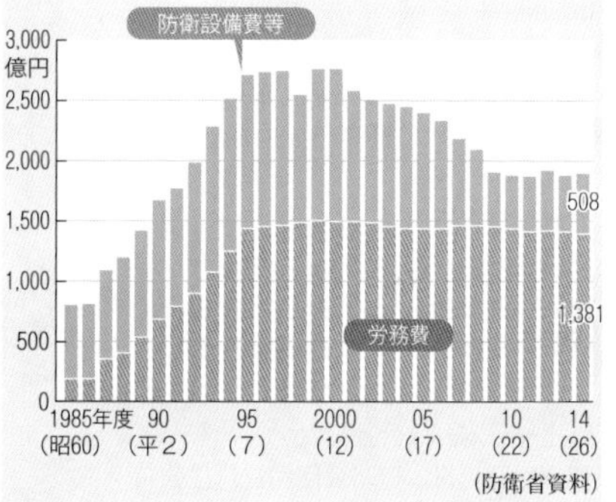

解説 1978年のガイドライン合意で，米軍駐留費の一部を日本が肩代わりすることになった。増加する予算枠とともに，在沖縄海兵隊のグアム移転に伴う移転費の約61億ドルを日本が負担するなど，防衛関係費とともに日本政府財政に大きな影響をおよぼしている。

1C アメリカからの食糧輸入依存(牛肉)

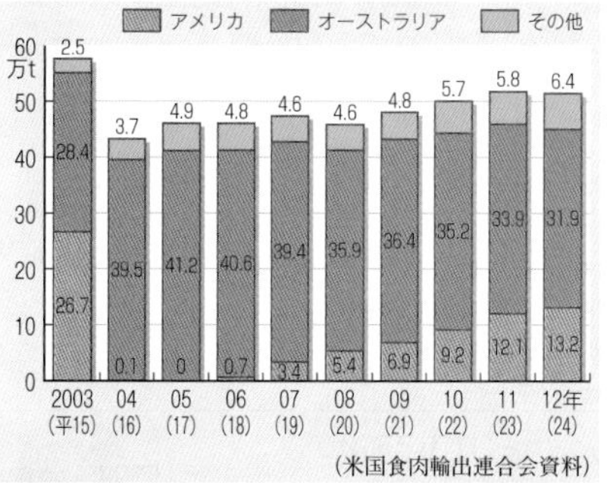

解説 日本の牛肉自給率は低く，多くは輸入に依存している。アメリカからの輸入量はオーストラリアについで多く，輸入量は増加傾向にある。日本人の食の欧米化が進んだことが一因である。

2 政治

解説 2016年５月，現職アメリカ大統領として初めて，オバマ大統領が被爆地の広島を訪問し，平和記念資料館を見学後，原爆死没者慰霊碑に献花をした。その後行われた演説において戦争の悲惨さを述べるとともに，「核なき世界」をめざしていくことを強調した。

2-1 献花したオバマ大統領(右)と安倍首相(左)(2016. 5.27)

高度経済成長の終焉からバブル経済・平成不況

1 高度経済成長後の日本経済の歩み P.326

首相	年	事項	景気
田中	1973	**第1次石油危機➡狂乱物価** 1-1	
	1974	戦後初の**マイナス成長**となる	第1次石油危機
三木武夫	1975	山陽新幹線(岡山—博多間)開通	
	(昭50)	第1回先進国首脳会議(サミット：6カ国で構成)	
	1976	**国際収支黒字**に転化➡貿易摩擦	
	(昭51)	円急騰，1ドル＝175円50銭	
		ロッキード事件で田中前首相逮捕(収賄《しゅうわい》容疑) 1-2	
福田	1978	新東京国際空港(成田)開港	
大平①・②	1979	**第2次石油危機**	
鈴木	1980	**自動車生産世界一**に。世界同時不況	第2次石油危機
	1982	東北・上越新幹線開通。欧米との貿易摩擦激化	
中曽根①〜③	1985	NTT・日本たばこ産業発足，男女雇用機会均等法	円高不況
	(昭60)	5カ国蔵相・中央銀行総裁会議(G5)	
		プラザ合意[*1]➡ドル高是正，円高誘導	
	1986	ウルグアイ・ラウンド(新多角的貿易交渉)開始。**ODA(政府開発援助)実績でDAC加盟国中，アメリカに次ぎ世界2位に**	
	(昭61)		
	1987	国鉄分割民営化，JR発足(中曽根内閣)。1ドル＝120円台	バブル景気
竹下	(昭62)	ルーブル合意[*2]➡円高・ドル安行き過ぎ防止で協調介入	
	1988	青函《せいかん》トンネル，瀬戸大橋開通	
	1989	**消費税(3%)**実施(竹下内閣) 1-3。日米構造協議(〜90)	
海部①・②	(平元)	総評解散，日本労働組合総連合会(新「連合」)発足	
	1991	**バブル経済崩壊**(90〜株価暴落➡地価下落)	平成不況
宮沢	(平3)	牛肉・オレンジ輸入自由化	
細川	1993	55年体制崩壊，環境基本法成立。コメ市場部分開放	
	1994	関西国際空港開港	
村山富市	1995	阪神・淡路大震災，住専問題	回復感なき景気
	(平7)	GATT発展的に解消➡**世界貿易機関(WTO)**へ	
		円相場1ドル＝79円75銭の最高値を記録。金融不安(取りつけ騒ぎ)，株価低迷	
橋本①・②	1996	約3年ぶりの自民党首班内閣	
	1997	**消費税5%に引き上げ**。独禁法改正➡持株会社解禁	
小渕	1998	金融機関の破綻相次ぐ(97〜)。山一證券自主廃業	
	1999	男女共同参画社会基本法公布。コメ関税化受け入れ	
森①・②	2000	九州・沖縄サミット開催。**金融庁**発足	
	2001	郵政事業庁廃止➡日本郵政公社発足	
小泉①〜③	2004	九州新幹線部分開通。日本道路公団民営化法公布	
	2005	中部国際空港(セントレア)開港。郵政民営化法公布	
	2006	量的緩和政策を解除➡6年ぶり公定歩合引き上げ	
安倍①	(平18)	景気拡大がいざなぎ景気をこえ，戦後最長に	
福田	2007	サブプライムローン問題発覚。日本郵政公社が民営化	
麻生	2008	リーマンショックがおきる	
	2009	総選挙で自民党敗北，民主党政権誕生	
菅	2011	東日本大震災。東京電力福島第一原発事故	
野田	2012	消費税増税法案成立。総選挙で民主党敗北，自民党政権復活	
安倍②	2013	TPP交渉に正式参加表明，円安が進行	
	2014	**消費税8%に引き上げ**	
	2019	**消費税10%に引き上げ**	

安定成長(低成長)期（1973〜1986）／バブル経済（1986〜1991）／失われた20年（1991〜）

*1 **プラザ合意** ニューヨークのプラザ・ホテルで開催された5カ国蔵相・中央銀行総裁会議(G5)での合意事項(ドル高の是正のため，各国が協調してドル安を誘導する)。↓1ドル＝240円台が2年間で約2倍の120円台へ。

*2 **ルーブル合意** パリのルーブル宮殿で開催された7カ国蔵(財務)相・中央銀行総裁会議(G7)での合意事項(急激な円高ドル安の動きを抑え，為替相場の安定をはかる)。

1A 主要国の一人あたり国民所得

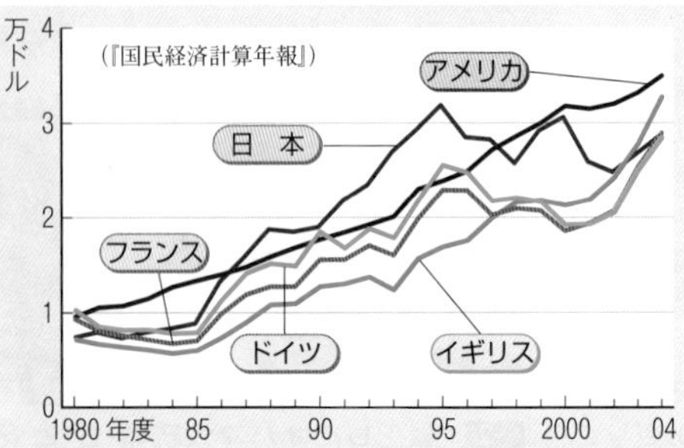

解説 産業構造の転換などにより2度の石油危機を乗り越え，日本経済は安定成長を続けた。一人あたり国民所得は世界最高水準に近づき，海外投資・貿易・途上国援助など日本が対外的に及ぼす影響も大きくなった。

歴史ナビ 九州・沖縄サミットとミレニアム(2000年)を記念して2000円札が発行された。

考察の視点 円・ドルレートの推移は，日本の経済大国化にどのような影響をもたらしたのだろうか。 **推移**

1-1 第1次石油危機による狂乱物価・トイレットペーパーの買いあさりパニック 1973年10月に発生した第4次中東戦争が原因で原油価格は大幅に引き上げられ，経済や市民生活に大きな影響が出た。中でも生活必需品のトイレットペーパー不足は深刻であった。

1B 日本の原油の主な輸入先と輸入量 出題

(単位：万kL)

年	1965	1975	1985	1995	2005
中東	7,380	20,560	13,960	20,733	22,429
インドネシア	613	3,003	2,259	2,077	675
中国		921	1,281	1,369	80
ブルネイ		866	316		
合計(その他の輸入先を含む)	8,360	26,281	19,833	26,389	24,882
中東／合計(%)	88.3	78.2	70.4	78.6	90.1

(『数字でみる日本の100年』)

読み解く① 1980年代に中東からの輸入が減少している理由は何だろうか。 **相互関連**

1-2 ロッキード事件・田中角栄前首相逮捕(1976．7．27) 出題 首相を辞職した2年後，ロッキード社の旅客機導入をめぐる汚職事件で，受託収賄，外国為替・外国貿易管理法違反により逮捕された。前首相だけでなく，国会議員，官僚，航空業界，商社など多くの逮捕者が出て，国内だけでなく海外も巻き込んだ疑獄事件となった。

2 円相場の推移 出題

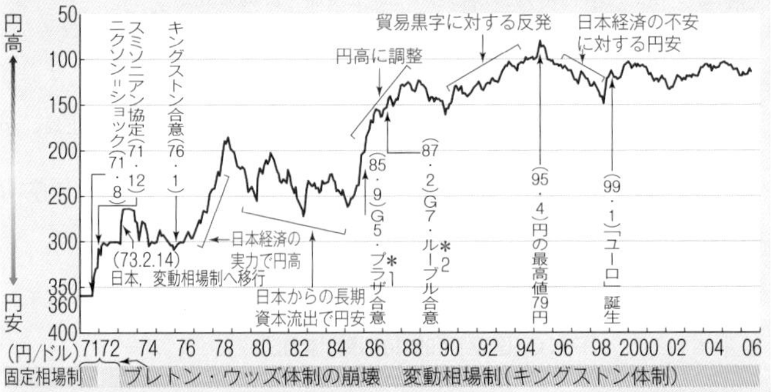

(日本銀行資料など)

読み解く② 1985年のプラザ合意は，その後の日本経済にどのような影響をもたらしたのだろうか。 **相互関連**

3 政府開発援助(ODA)額の推移

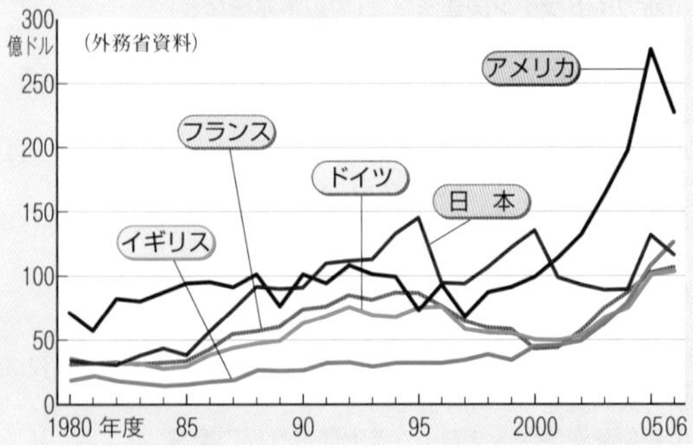

解説 日本のODAは1970年代後半から80年代にかけての計画的拡充期に拡大し，89年にはついに支出純額でアメリカを抜き一時，最大の援助供与国となった。

読み解く③ 日本のODA額は他の主要国と比べてどのようなことがいえるだろうか。 **時系列**

考察の視点　地価や株価が暴騰したほか，内需も拡大したバブル期の特徴を世相から考えてみよう。時系列

バブル期とその前後の世相・社会

1 バブル期とその前後の世相

1A 広告にみる時代背景

1-1 時代を表すリゲインの広告　「24時間戦えますか」というフレーズで有名な，栄養ドリンク剤の広告。バブル期の勢いそのままに，世界でも戦うビジネスマンを応援するイメージだったが，この頃バブル経済の好景気は終焉《しゅうえん》を迎え始めていた。バブル経済崩壊後に制作された同商品の広告では，バブル経済の反動で疲労の蓄積したサラリーマンを癒す路線へと変わり，世相を反映していた。

1B バブル景気と狂乱物価

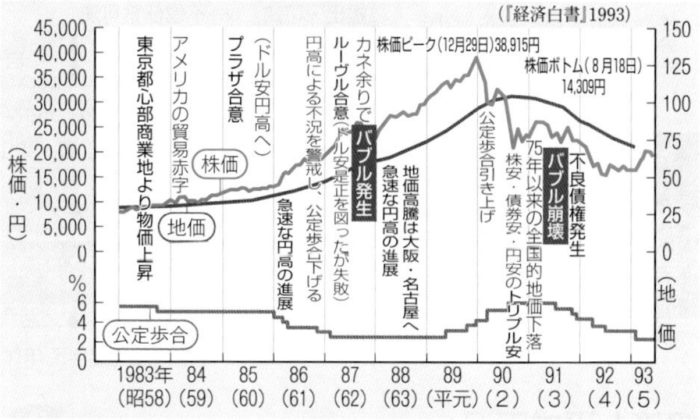

＊株価は日経平均株価，地価は市街地価格指数（1990年3月＝100）の6大都市全用途平均。

解説　株や土地が値上がりすることを期待して，投資目的でゴルフ会員権や高級マンションなどが高額で取り引きされた。しかし，バブルが崩壊すると価格が大幅に下落し，平成不況を引きおこした。

1-2 ファミリーレストランの転換　1970年代にファミリーレストランが増加したが，バブル崩壊後は多くのすかいらーくがガストへ移行するなど，低価格の業態に転換した。

1-3 東京都庁舎　1990（平成2）年に完成。バブル期は建設ラッシュだったが，投資目的もあった。不動産学部を設立した大学もあるくらい建設ラッシュに沸《わ》いた。

2 メディアの普及

2A 携帯電話の登場と発展

NTT技術史料館提供

解説　1980年代から外で使えるショルダーフォンが発売された。重さは約3kgであった。1990年代には折りたたみ式携帯電話（ガラパゴス携帯）が，2000年代にはスマートフォンが普及。

2B 漫画・アニメ・ゲーム

2-1 おしん　1983（昭和58）年放送開始。戦中，戦後の混乱期を舞台に，主人公おしんがさまざまな困難に負けず，成長していくようすを描いた連続テレビ小説。最高視聴率は50%を超え，世界中で放送され共感をよんだ。　写真提供：NHK

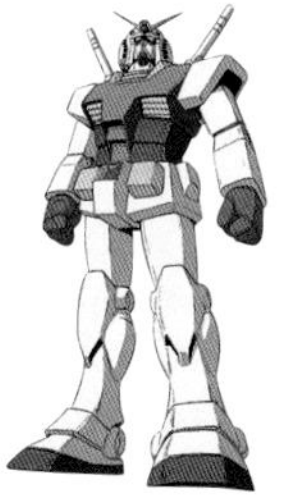

©創通・サンライズ

2-2 機動戦士ガンダム　1979（昭和54）年放送。ロボットアニメに登場人物の成長も描かれ，シリーズが現在も続いている。

2-3 ファミリーコンピュータ　1983（昭和58）年任天堂から発売された。家庭用ゲーム機の代表的存在。　任天堂提供

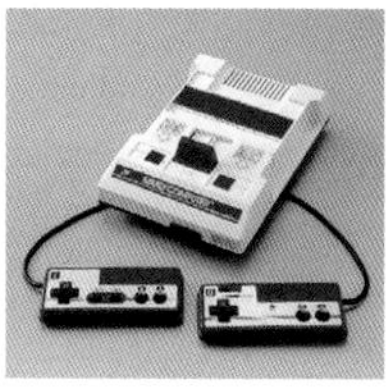

2-4 オヤジギャル（中尊寺《ちゅうそんじ》ゆつ子『スイート・スポット』1989）「スポーツ新聞を車内で読む」，「一人で立ち食いそば屋に入る」など当時典型的だった中年男性と同じ言動をとる若い女性をさす用語。1990（平成2）年流行語大賞受賞。

3 スポーツ

3-1 第58代横綱千代の富士《ちよのふじ》　力士としては小柄《こがら》ながらも，鍛え抜かれた体で31回の優勝を果たした。精悍《せいかん》な顔から「ウルフ」とよばれた。1989（平成元）年角界《かくかい》初の国民栄誉賞を受賞。

4 文学

4-1 村上春樹　作家。1987（昭和62）年発表の『ノルウェイの森』はベストセラーとなった。国内外で人気があり，世界的な文学賞も受賞している。

5 日本人，宇宙へ

写真：毎日新聞社／アフロ

5-1 毛利衛《もうりまもる》　宇宙飛行士。1985（昭和60）年に宇宙飛行士に選ばれ，1992（平成4）年スペースシャトルのエンデバー（右写真）に搭乗《とうじょう》。2000（平成12）年にも宇宙飛行に参加した。

歴史ナビ　**アド・ミュージアム東京**（東京都港区）　近世から現代に至る広告が展示され，世相とのつながりを見ることができる。

冷戦終結後の政治と経済

考察の視点　55年体制の崩壊後，政局はどのように変わっていったのだろうか。　推移

1 55年体制の崩壊　1993（平成５）年

社民連　民社党　公明党　社会党　新生党　日本新党　さきがけ　民主改革連合

1-1 細川連立内閣を発足させた８党派の党首たち

宮沢内閣不信任案提出・可決
・政治改革失敗に対する批判
・自民党内の分裂→自民党一部議員が賛成に投票→不信任案可決

衆議院解散・総選挙

自民党離党，新党結成
羽田孜《はたつとむ》，小沢一郎《おざわいちろう》→新生党
武村正義《たけむらまさよし》，鳩山由紀夫《はとやまゆきお》→新党さきがけ

＊民主改革連合は参議院の会派

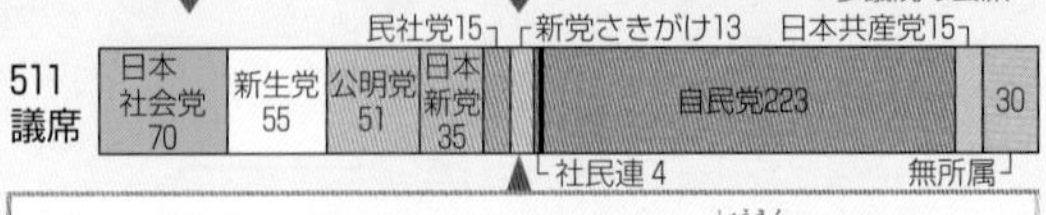

1993.8　連立内閣発足＝55年体制の終焉《しゅうえん》（崩壊）

解説　1993（平成５）年に出された宮沢内閣不信任案は可決され，衆議院が解散し総選挙が行われた。その結果，自民党は過半数を割る223議席にとどまり，非自民８党派による連立内閣が発足。38年間にわたる自民党政権（55年体制）に終止符が打たれた。連立内閣は細川，羽田，村山内閣へと受け継がれたが，1996（平成８）年の衆議院議員総選挙で自民党が復権，その後自民党政権が続いた。自民党は2009（平成21）年に民主党に政権を奪われたが，2012（平成24）年の衆議院議員総選挙，2013（平成25）年の参議院選挙で勝利し復権，安倍晋三政権の経済政策アベノミクス効果や消費税増税を問う2014（平成26）年の衆議院議員総選挙でも勝利した。

2 バブル経済と平成不況

2A 地価と株価にみるバブル経済　出題

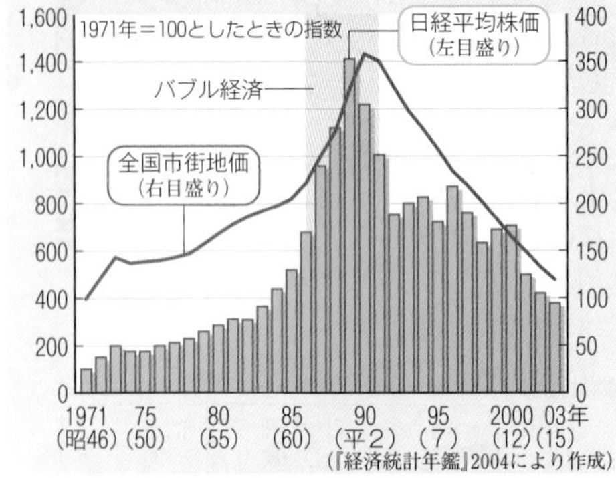

解説　1985（昭和60）年のプラザ合意や２年後のルーヴル合意で「ドル安・円高」へ導かれ，低金利政策で日本経済のバブル現象が始まった。土地や株などへの投資が盛んになる資産インフレを引きおこしたが，1990年後半に株価が暴落。バブルがはじけ，平成不況となった。金融機関は不良債権を抱え，貸し渋りからデフレスパイラルへ陥った。

2B 完全失業者数と完全失業率

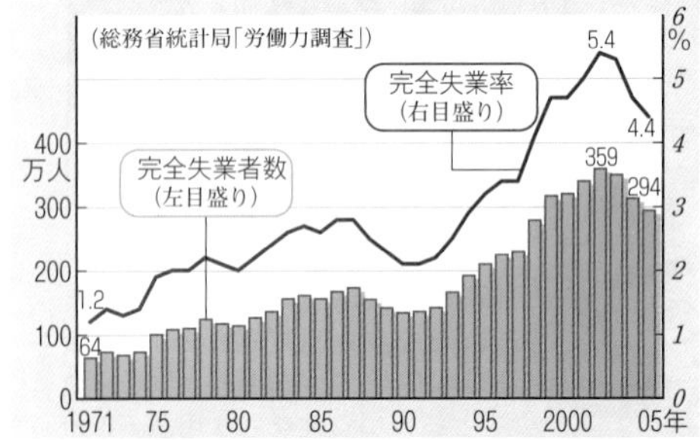

解説　1980年代後半から90年代初め頃まではバブル景気による売り手市場（労働力不足）が続いたが，バブルがはじけると雇用情勢は買い手市場（人手過剰）へ転じた。2000年代には失業率が５％の大台を突破し，学卒求人数は激減し，氷河期とよばれる状態を迎えた。

3 安全神話の崩壊－問われる危機管理

3A 近年おこった大きな災害・原発関連事故

災害・事件	阪神・淡路大震災（1995．1）	M7.3，死者6,434人，不明３人，負傷者４万人以上
	地下鉄サリン事件（1995．3）	オウム真理教信者によりサリン（毒ガス）が散布された無差別テロ事件。死者12人ほか5,000人以上に被害
	新潟県中越地震（2004.10）	M6.8，死者68人，負傷者4,805人
	東日本大震災（2011．3）	M9.0，死者19,759人，不明2,553人，負傷者6,242人。巨大津波の発生が被害を拡大
	熊本地震（2016．4）	M7.3，死者273人，負傷者2,739人。最大震度７を２度観測
原発関連事故	東海村JCO臨界《りんかい》事故（1999．9）	３人が被ばく，うち２人が死亡。さらに救急隊員・関係者ら10人，近隣住民の被ばくも判明
	関西電力美浜《みはま》原発事故（2004．8）	冷却水の蒸気噴出事故により，死者５人，負傷者６人
	東京電力福島第一原発事故（2011．3）	東日本大震災が原因で，炉心溶融《ろしんようゆう》事故が発生，多量の放射性物質が放出。原子力安全・保安院による暫定《ざんてい》評価はレベル７

3-1 阪神・淡路大震災で倒壊した高速道路の橋桁《はしげた》

東京電力提供

3-2 東京電力福島第一原発事故で崩壊した原子炉建屋《たてや》　東日本大震災により原発事故が発生。多量の放射性物質が放出され，多くの被害が出た。

4 現在おきている国際問題

4-2 2011年，シリア内戦により，多くの難民が発生。

4-3 2014年，ＩＳＩＬ《アイシル》＊の活動が活発になる。

＊「イスラム国」を名乗る過激派組織

4-4 2014年，ロシアのプーチン大統領がウクライナのクリミアをロシアに強行併合。2022年，ウクライナへ侵攻。

4-5 2014年，西アフリカでエボラ出血熱が猛威を振るう。

4-7 2016年，北朝鮮が人工衛星（ミサイル）を発射。2017年も発射が続いた。

4-6 2015年，ブラジルを中心にジカ熱が広がる。

4-1 2001年，同時多発テロがおきる。ここにアメリカの「テロとの戦い」が始まった。

歴史ナビ　**18歳選挙権**　2015年，公職選挙法が改正され，選挙権年齢が満18歳以上となった。若者の社会的役割がより大きくなっている。

考察の視点 どのようなときに新たな政党が生まれたり，政党が分裂・統合したりするのだろうか。推移

戦後の政党と国会勢力の変遷

1 戦後のおもな政党の変遷（2023.5.31 現在）

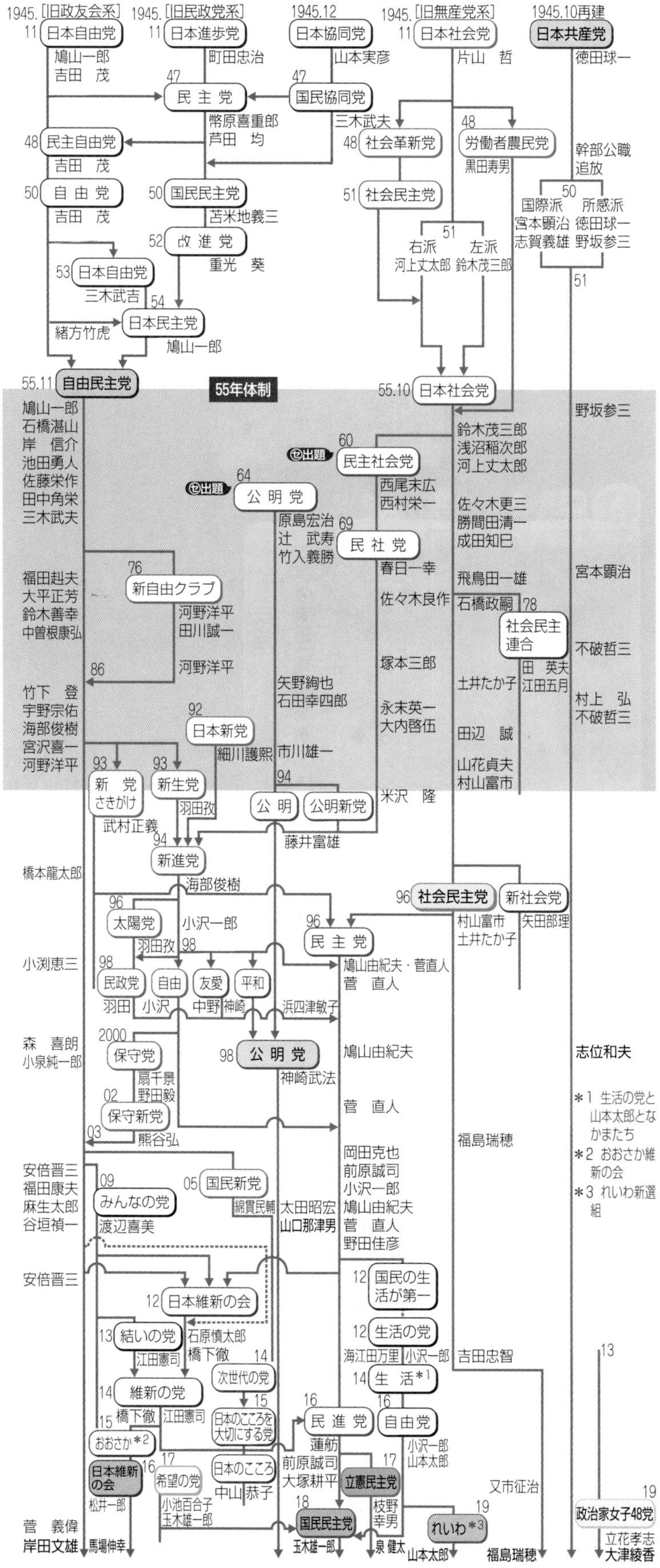

2 衆議院議員総選挙

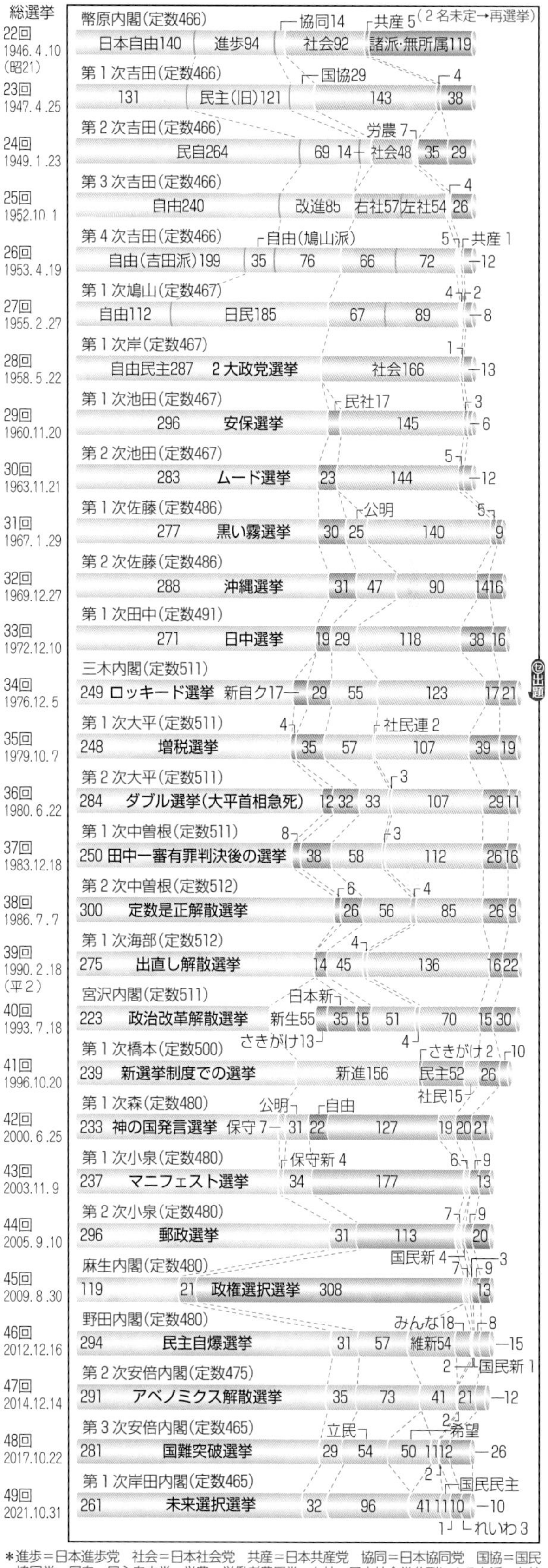

＊進歩＝日本進歩党　社会＝日本社会党　共産＝日本共産党　協同＝日本協同党　国協＝国民協同党　民自＝民主自由党　労農＝労働者農民党　右社＝日本社会党分裂による右派　左社＝日本社会党分裂による左派　日民＝日本民主党　新自ク＝新自由クラブ　社民連＝社会民主連合　さきがけ＝新党さきがけ　社民＝社会民主党　維新＝日本維新の会　みんな＝みんなの党　立民＝立憲民主党　希望＝希望の党　れいわ＝れいわ新選組

海外における日本人の活躍

考察の視点　今後私たちはどのような国際貢献ができるだろうか。　現在

1 国連平和維持活動（ＰＫＯ）協力法に基づく海外派遣

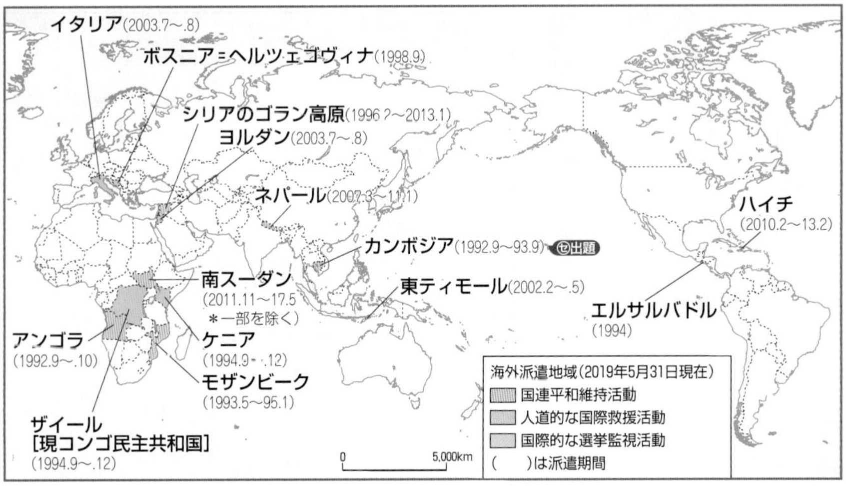

＊国連平和維持活動協力法に基づき，自衛隊や自治体職員や医師，看護師などが海外に派遣された国。当地において国連平和維持活動，人道的な国際救援活動，国際的な選挙監視活動などを行っている。

1-1 2010年洪水被害にあったパキスタンにおいて医療行為を行うJICA国際緊急援助隊の医療チーム

1-2 2013年11月に台風被害を受けたフィリピンで消毒作業を行う自衛隊員　医療関係者を含め，約1,100人におよぶ態勢で救援活動を行った。

写真：読売新聞／アフロ

1-3 南スーダンで道路の整備にあたる自衛隊員　2011年11月に派遣が始まり，救援活動が行われた。

2 日本の技術の輸出

米ボーイング提供

東レ株式会社提供

2-1 アメリカの長距離旅客機ボーイング787（上）と炭素繊維（右）

機体の約70％を海外企業に開発させている。そのうち，これまでの材質より軽くて丈夫《じょうぶ》な炭素繊維を開発した三菱重工業を始めとする日本企業は，約35％を担当していて，日本企業のかかわる割合が大きいことがわかる。

解説 2010年に東洋紡《とうようぼう》はサウジアラビアに合弁会社を設立し，海水を淡水に変える際に用いる海水淡水化用逆浸透膜《ぎゃくしんとうまく》エレメントを開発。その後，サウジアラビア国内で海水淡水化プラント事業を展開し，大きなシェアを有している。

2-2 合弁会社設立調印式（上），海水淡水化用逆浸透膜エレメント（右）

3 歴史遺産に用いられる日本の技術

3-1 破壊されたバーミヤンの大仏 世

3-2 バーミヤン教育文化センター

解説 2001年3月，アフガニスタンのバーミヤンの大仏がイスラーム原理主義勢力のタリバンによって破壊され，文化財が危機に陥った。その状況をみた日本ユネスコ協会連盟が2005年にバーミヤン教育文化センターを設立し，研修活動が行われるなど，バーミヤンの文化財保護に関する人材の養成に寄与した。カンボジアのアンコール遺跡の修復において日本の技術が用いられたように，歴史遺産の保護・保存に日本の技術が必要とされている。

4 海外で活躍する日本人スポーツ選手

写真：アフロ

4-1 大《おお》谷《たに》翔《しょう》平《へい》（1994～）　プロ野球日本ハムを経て，2018年メジャーリーグのエンゼルスに移籍。投手・打者の二刀流で活躍している。

写真：REX／アフロ

4-2 三《み》笘《とま》薫《かおる》（1997～）　Ｊリーグを経て，イングランドで活躍するサッカー選手。2022年W杯で日本代表として強豪を破る立役者となった。

写真：picture alliance／アフロ

4-3 高《たか》梨《なし》沙《さ》羅《ら》（1996～）　女子スキージャンプ選手。ワールドカップにおいて男女通じて歴代最多勝記録をもつ。

写真：森田直樹／アフロスポーツ

4-4 堀《ほり》米《ごめ》雄《ゆう》斗《と》（1999～）　スケートボード選手。2018年プロツアー「ストリート・リーグ」で日本人初の優勝。2021年東京五輪で金メダルを獲得。

考察の視点 クールジャパンが国内，海外に与えた影響は何か。 現在

現代の世相とノーベル賞・国民栄誉賞

1 クールジャパン

1-1 フランスで開かれたジャパンエキスポ

1A 訪日外国人旅行者数の国・地域別推移

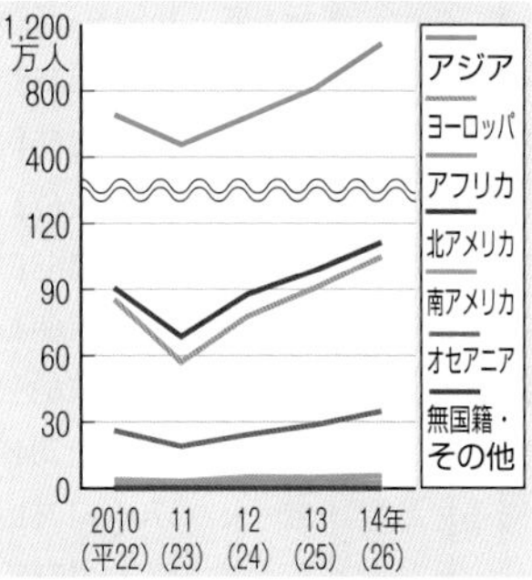

解説 日本のアニメや漫画は海外でも人気がある。このようなコンテンツや日本文化の発信をクールジャパンといい，その動きは年々加速している。

2 ご当地キャラ

2-1 くまモン体操を踊るくまモン

解説 地域振興のために作成されたご当地キャラは別名ゆるキャラ(「ゆるいマスコットキャラクター」の略)ともよばれる。ご当地キャラは地域振興のため誕生したが，その活動は年々大きくなり，イベントやグッズ販売などで経済効果を生んでいる。

3 技術革新

3-1 人型ロボット「Pepper《ペッパー》」 多彩なコミュニケーションをとることが可能。

3-2 燃料電池自動車MIRAI(トヨタ) 走行時にCO_2を出さない自動車。水素エネルギー社会の実現を象徴。

4 日本の世界遺産

丸数字…文化遺産，丸数字…自然遺産

❶法隆寺地域の仏教建造物(1993年12月 奈良県) ❷姫路城(1993年12月 兵庫県)
❸古都京都の文化財(1994年12月 京都府・滋賀県)
❹白川郷・五箇山の合掌造り集落(1995年12月 岐阜県・富山県)
❺原爆ドーム(1996年12月 広島県) ❻厳島神社(1996年12月 広島県)
❼古都奈良の文化財(1998年12月 奈良県)
❽日光の社寺(1999年12月 栃木県)
❾琉球王国のグスク及び関連遺産群(2000年12月 沖縄県)
❿紀伊山地の霊場と参詣道(2004年7月 和歌山県・奈良県・三重県)
⓫石見銀山遺跡とその文化的景観(2007年6月 島根県)
⓬平泉－仏国土(浄土)を表す建築・庭園及び考古学的遺跡群－(2011年6月 岩手県)
⓭富士山－信仰の対象と芸術の源泉(2013年6月 静岡県・山梨県)
⓮富岡製糸場と絹産業遺産群(2014年6月 群馬県)
⓯明治日本の産業革命遺産 製鉄・製鋼，造船，石炭産業(2015年7月 山口県・鹿児島県・静岡県・岩手県・佐賀県・長崎県・福岡県・熊本県)
⓰ル・コルビュジエの建築作品－近代建築への顕著な貢献－(2016年7月 日本[国立西洋美術館]・フランス・ドイツ・スイス・ベルギー・アルゼンチン・インド)
⓱「神宿る島」宗像・沖ノ島と関連遺産群(2017年7月 福岡県)
⓲長崎と天草地方の潜伏キリシタン関連遺産(2018年7月 長崎県・熊本県)
⓳百舌鳥・古市古墳群－古代日本の墳墓群－(2019年7月 大阪府)
⓴北海道・北東北の縄文遺跡群(2021年7月 北海道・青森県・岩手県・秋田県)
①屋久島(1993年12月 鹿児島県) ②白神山地(1993年12月 青森県・秋田県)
③知床(2005年7月 北海道) ④小笠原諸島(2011年6月 東京都)
⑤奄美大島，徳之島，沖縄島北部及び西表島(2021年7月 鹿児島県・沖縄県)

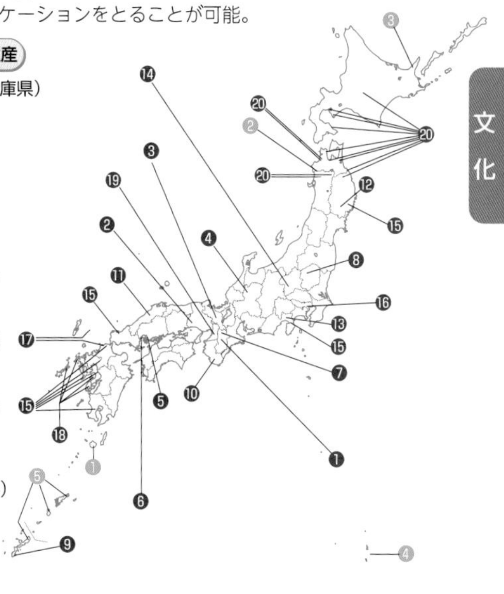

5 ノーベル賞受賞者

物理学 化学 文学 生理学・医学 平和

名前(生没年)	受賞年	研究内容，作品
❶湯川秀樹《ゆかわひでき》(1907~81)	1949	核力の理論による中間子存在の予測
❷朝永振一郎《ともながしんいちろう》(1906~79)	1965	量子電磁力学の基礎的研究
❸川端康成《かわばたやすなり》(1899~1972)	1968	『伊豆の踊子』『雪国』など
❹江崎玲於奈《えさきれおな》(1925~)	1973	半導体，超伝導体に生じるトンネル効果を発見
❺佐藤栄作《さとうえいさく》(1901~75)	1974	非核三原則の提唱
❻福井謙一《ふくいけんいち》(1918~98)	1981	フロンティア軌道理論の提唱
❼利根川進《とねがわすすむ》(1939~)	1987	免疫の遺伝子再構成を解明し，遺伝的原理を発見
❽大江健三郎《おおえけんざぶろう》(1935~2023)	1994	『個人的な体験』『万延元年のフットボール』など
❾白川英樹《しらかわひでき》(1936~)	2000	導電性高分子の発見と開発
❿野依良治《のよりりょうじ》(1938~)	2001	選択的に必要なキラルな物質を不斉合成する手法の発見
⓫小柴昌俊《こしばまさとし》(1926~2020)	2002	素粒子ニュートリノの検出
⓬田中耕一《たなかこういち》(1959~)	2002	ソフトレーザー脱離法の発見
⓭南部陽一郎《なんぶよういちろう》(1921~2015)*	2008	素粒子の自発的対称性の破れの発見
⓮小林誠《こばやしまこと》(1944~)	2008	クォーク3世代，6種類によるCP対称性の破れ現象を実証
⓯益川敏英《ますかわとしひで》(1940~2021)	2008	クォーク3世代，6種類によるCP対称性の破れ現象を実証
⓰下村脩《しもむらおさむ》(1928~2018)	2008	緑色蛍光タンパク質の発見と開発
⓱根岸英一《ねぎしえいいち》(1935~2021)	2010	有機合成法「クロスカップリング」の開発
⓲鈴木章《すずきあきら》(1930~)	2010	有機合成法「クロスカップリング」の開発
⓳山中伸弥《やまなかしんや》(1962~)	2012	iPS細胞(人工多機能性幹細胞)の開発
⓴赤﨑勇《あかさきいさむ》(1929~2021)	2014	青色発光ダイオード(青色LED)の開発
㉑天野浩《あまのひろし》(1960~)	2014	青色発光ダイオード(青色LED)の開発
㉒中村修二《なかむらしゅうじ》(1954~)*	2014	青色発光ダイオード(青色LED)の開発
㉓梶田隆章《かじたたかあき》(1959~)	2015	ニュートリノが質量をもつことを示すニュートリノ振動の発見
㉔大村智《おおむらさとし》(1935~)	2015	アフリカなどに多い感染症に有効な治療薬の発見
㉕大隅良典《おおすみよしのり》(1945~)	2016	細胞によるタンパク質分解「オートファジー」の解明
㉖本庶佑《ほんじょたすく》(1942~)	2018	免疫を抑制するタンパク質を発見，がん新薬を開発
㉗吉野彰《よしのあきら》(1948~)	2019	リチウムイオン電池の開発
㉘真鍋淑郎《まなべしゅくろう》(1931~)*	2021	地球温暖化を予測する気候モデルの開発

*受賞時、米国籍

6 国民栄誉賞受賞者・団体

*国民栄誉賞は内閣総理大臣顕彰の一つである。 は没後受賞

名前(生没年)／団体	受賞年	首相	受賞理由／代表作・主な記録
❶王《おう》 貞治《さだはる》(1940~)	1977	福田赳夫	プロ野球ホームラン世界記録(756本)達成
❷古賀政男《こがまさお》(1904~78)	1978	福田赳夫	「古賀メロディー」作曲による業績
❸長谷川一夫《はせがわかずお》(1908~84)	1984	中曽根康弘	卓越《たくえつ》した演技と映画演劇界への貢献
❹植村直己《うえむらなおみ》(1941~84)	1984	中曽根康弘	世界五大陸最高峰登頂などの功績
❺山下泰裕《やましたやすひろ》(1957~)	1984	中曽根康弘	柔道における精進／前人未踏《ぜんじんみとう》の公式戦203連勝
❻衣笠祥雄《きぬがささちお》(1947~2018)	1987	中曽根康弘	野球における精進／2,215試合連続出場
❼美空《みそら》ひばり(1937~89)	1989	宇野宗佑	歌謡曲を通じて国民に夢と希望を与えた
❽千代《ちよ》の富士貢《ふじみつぐ》(1955~2016)	1989	海部俊樹	相撲《すもう》界への著しい貢献／生涯勝ち星1,045勝
❾藤山一郎《ふじやまいちろう》(1911~93)	1992	宮沢喜一	歌謡曲を通じて国民に希望と励ましを与えた
❿長谷川町子《はせがわまちこ》(1920~92)	1992	宮沢喜一	『サザエさん』で戦後社会に潤いと安らぎを与えた
⓫服部良一《はっとりりょういち》(1907~93)	1993	宮沢喜一	多くの歌謡曲をつくり国民に希望と潤いを与えた
⓬渥美《あつみ》 清《きよし》(1928~96)	1996	橋本龍太郎	「男はつらいよ」シリーズで喜びと潤いを与えた
⓭吉田《よしだ》 正《ただし》(1928~98)	1998	橋本龍太郎	「吉田メロディー」で夢と希望と潤いを与えた
⓮黒澤《くろさわ》 明《あきら》(1910~98)	1998	小渕恵三	数々の名作と世界の映画史に輝かしい足跡《そくせき》
⓯高橋尚子《たかはしなおこ》(1972~)	2000	森 喜朗	女子陸上初の金メダル獲得で感動を与えた
⓰遠藤《えんどう》 実《みのる》(1932~2008)	2009	麻生太郎	名曲を数多く作曲し，国民に夢と希望と潤いを与えた
⓱森《もり》 光子《みつこ》(1920~2012)	2009	麻生太郎	「放浪記」において2,000回を超える主演を達成
⓲森繁久彌《もりしげひさや》(1913~2009)	2009	鳩山由紀夫	優れた演技と歌唱で国民に夢と希望と潤いを与えた
⓳なでしこジャパン	2011	菅 直人	FIFA女子ワールドカップドイツ2011優勝
⓴吉田沙保里《よしださおり》(1982~)	2012	野田佳彦	レスリング世界大会13連覇の前人未到の偉業を達成
㉑大鵬幸喜《たいほうこうき》(1940~2013)	2013	安倍晋三	大相撲史上最多となる32回の幕内優勝
㉒長嶋茂雄《ながしましげお》(1936~)	2013	安倍晋三	国内野球史上に残る輝かしい功績と顕著な貢献
㉓松井秀喜《まついひでき》(1974~)	2013	安倍晋三	野球界に世界的な功績と新たな足跡を残した
㉔伊調馨《いちょうかおり》(1984~)	2016	安倍晋三	レスリングオリンピック4大会連続金メダル
㉕羽生善治《はぶよしはる》(1970~)	2018	安倍晋三	将棋界初の永世七冠を達成
㉖井山裕太《いやまゆうた》(1989~)	2018	安倍晋三	囲碁界初の2度の七冠同時制覇
㉗羽生結弦《はにゅうゆづる》(1994~)	2018	安倍晋三	フィギュアスケートオリンピック2大会連続金メダル
㉘国枝慎吾《くにえだしんご》(1984~)	2023	岸田文雄	車いすテニス生涯ゴールデンスラムを達成

年号一覧

(西暦は改元年を含む)

時代	年号	西暦
飛鳥時代	大《たい》化《か》	645～650
	白《はく》雉《ち》	650～654
	朱《しゅ》鳥《ちょう》	686
	大《たい》宝《ほう》	701～704
	慶《けい》雲《うん》	704～708
奈良時代	和《わ》銅《どう》	708～715
	霊《れい》亀《き》	715～717
	養《よう》老《ろう》	717～724
	神《じん》亀《き》	724～729
	天《てん》平《びょう》	729～749
	天平感宝《かんぽう》	749
	天平勝宝《しょうほう》	749～757
	天平宝字《ほうじ》	757～765
	天平神護《じんご》	765～767
	神護景雲《じんごけいうん》	767～770
	宝《ほう》亀《き》	770～780
	天《てん》応《のう》	781～782
平安時代	延《えん》暦《りゃく》	782～806
	大《だい》同《どう》	806～810
	弘《こう》仁《にん》	810～824
	天《てん》長《ちょう》	824～834
	承《じょう》和《わ》	834～848
	嘉《か》祥《しょう》	848～851
	仁《にん》寿《じゅ》	851～854
	斉《さい》衡《こう》	854～857
	天《てん》安《あん》	857～859
	貞《じょう》観《がん》	859～877
	元《がん》慶《ぎょう》	877～885
	仁《にん》和《な》	885～889
	寛《かん》平《びょう》	889～898
	昌《しょう》泰《たい》	898～901
	延《えん》喜《ぎ》	901～923
	延《えん》長《ちょう》	923～931
	承《じょう》平《へい》	931～938
	天《てん》慶《ぎょう》	938～947
	天《てん》暦《りゃく》	947～957
	天《てん》徳《とく》	957～961
	応《おう》和《わ》	961～964
	康《こう》保《ほう》	964～968
	安《あん》和《な》	968～970
	天《てん》禄《ろく》	970～973
	天《てん》延《えん》	973～976
	貞《じょう》元《げん》	976～978
	天《てん》元《げん》	978～983
	永《えい》観《かん》	983～985
	寛《かん》和《な》	985～987
	永《えい》延《えん》	987～989
	永《えい》祚《そ》	989～990
	正《しょう》暦《りゃく》	990～995
	長《ちょう》徳《とく》	995～999
	長《ちょう》保《ほ》	999～1004
	寛《かん》弘《こう》	1004～1012
	長《ちょう》和《わ》	1012～1017
	寛《かん》仁《にん》	1017～1021
	治《じ》安《あん》	1021～1024
	万《まん》寿《じゅ》	1024～1028
	長《ちょう》元《げん》	1028～1037
	長《ちょう》暦《りゃく》	1037～1040
	長《ちょう》久《きゅう》	1040～1044
	寛《かん》徳《とく》	1044～1046
	永《えい》承《しょう》	1046～1053
	天《てん》喜《ぎ》	1053～1058
	康《こう》平《へい》	1058～1065
	治《じ》暦《りゃく》	1065～1069
	延《えん》久《きゅう》	1069～1074
	承《じょう》保《ほう》	1074～1077
	承《じょう》暦《りゃく》	1077～1081
	永《えい》保《ほ》	1081～1084
	応《おう》徳《とく》	1084～1087
	寛《かん》治《じ》	1087～1094
	嘉《か》保《ほう》	1094～1096
	永《えい》長《ちょう》	1096～1097
	承《じょう》徳《とく》	1097～1099
	康《こう》和《わ》	1099～1104
	長《ちょう》治《じ》	1104～1106
	嘉《か》承《しょう》	1106～1108
	天《てん》仁《にん》	1108～1110
	天《てん》永《えい》	1110～1113
	永《えい》久《きゅう》	1113～1118
	元《げん》永《えい》	1118～1120
	保《ほう》安《あん》	1120～1124
	天《てん》治《じ》	1124～1126
	大《だい》治《じ》	1126～1131
	天《てん》承《しょう》	1131～1132
	長《ちょう》承《しょう》	1132～1135
	保《ほう》延《えん》	1135～1141
	永《えい》治《じ》	1141～1142
	康《こう》治《じ》	1142～1144
	天《てん》養《よう》	1144～1145
	久《きゅう》安《あん》	1145～1151
	仁《にん》平《びょう》	1151～1154
	久《きゅう》寿《じゅ》	1154～1156
	保《ほう》元《げん》	1156～1159
	平《へい》治《じ》	1159～1160
	永《えい》暦《りゃく》	1160～1161
	応《おう》保《ほ》	1161～1163
	長《ちょう》寛《かん》	1163～1165
	永《えい》万《まん》	1165～1166
	仁《にん》安《あん》	1166～1169
	嘉《か》応《おう》	1169～1171
	承《じょう》安《あん》	1171～1175
	安《あん》元《げん》	1175～1177
	治《じ》承《しょう》	1177～1181
	養《よう》和《わ》	1181～1182
	寿《じゅ》永《えい》	1182～1184
	元《げん》暦《りゃく》	1184～1185
	文《ぶん》治《じ》	1185～1190
鎌倉時代	建《けん》久《きゅう》	1190～1199
	正《しょう》治《じ》	1199～1201
	建《けん》仁《にん》	1201～1204
	元《げん》久《きゅう》	1204～1206
	建《けん》永《えい》	1206～1207
	承《じょう》元《げん》	1207～1211
	建《けん》暦《りゃく》	1211～1213
	建《けん》保《ぽう》	1213～1219
	承《じょう》久《きゅう》	1219～1222
	貞《じょう》応《おう》	1222～1224
	元《げん》仁《にん》	1224～1225
	嘉《か》禄《ろく》	1225～1227
	安《あん》貞《てい》	1227～1229
	寛《かん》喜《ぎ》	1229～1232
	貞《じょう》永《えい》	1232～1233
	天《てん》福《ぷく》	1233～1234
	文《ぶん》暦《りゃく》	1234～1235
	嘉《か》禎《てい》	1235～1238
	暦《りゃく》仁《にん》	1238～1239
	延《えん》応《のう》	1239～1240
	仁《にん》治《じ》	1240～1243
	寛《かん》元《げん》	1243～1247
	宝《ほう》治《じ》	1247～1249
	建《けん》長《ちょう》	1249～1256
	康《こう》元《げん》	1256～1257
	正《しょう》嘉《か》	1257～1259
	正《しょう》元《げん》	1259～1260
	文《ぶん》応《おう》	1260～1261
	弘《こう》長《ちょう》	1261～1264
	文《ぶん》永《えい》	1264～1275
	建《けん》治《じ》	1275～1278
	弘《こう》安《あん》	1278～1288
	正《しょう》応《おう》	1288～1293
	永《えい》仁《にん》	1293～1299
	正《しょう》安《あん》	1299～1302
	乾《けん》元《げん》	1302～1303
	嘉《か》元《げん》	1303～1306
	徳《とく》治《じ》	1306～1308
	延《えん》慶《きょう》	1308～1311
	応《おう》長《ちょう》	1311～1312
	正《しょう》和《わ》	1312～1317
	文《ぶん》保《ぽう》	1317～1319
	元《げん》応《おう》	1319～1321
	元《げん》亨《こう》	1321～1324
	正《しょう》中《ちゅう》	1324～1326
	嘉《か》暦《りゃく》	1326～1329
南北朝時代	(南)元徳《げんとく》	1329～1331
	(南)元弘《げんこう》	1331～1334
	(南)建武《けんむ》	1334～1336
	(南)延元《えんげん》	1336～1340
	(南)興国《こうこく》	1340～1346
	(南)正平《しょうへい》	1346～1370
	(南)建徳《けんとく》	1370～1372
	(南)文中《ぶんちゅう》	1372～1375
	(南)天授《てんじゅ》	1375～1381
	(南)弘和《こうわ》	1381～1384
	(南)元中《げんちゅう》	1384～1392
	(北)元徳《げんとく》	1329～1332
	(北)正慶《しょうきょう》	1332～1334
	(北)建武《けんむ》	1334～1338
	(北)暦応《りゃくおう》	1338～1342
	(北)康永《こうえい》	1342～1345
	(北)貞和《じょうわ》	1345～1350
	(北)観応《かんのう》	1350～1352
	(北)文和《ぶんな》	1352～1356
	(北)延文《えんぶん》	1356～1361
	(北)康安《こうあん》	1361～1362
	(北)貞治《じょうじ》	1362～1368
	(北)応安《おうあん》	1368～1375
	(北)永和《えいわ》	1375～1379
	(北)康暦《こうりゃく》	1379～1381
	(北)永徳《えいとく》	1381～1384
	(北)至徳《しとく》	1384～1387
	(北)嘉慶《かきょう》	1387～1389
	(北)康応《こうおう》	1389～1390
	(北)明徳《めいとく》	1390～1394
室町時代	(1392 南北朝合体)	
	応《おう》永《えい》	1394～1428
	正《しょう》長《ちょう》	1428～1429
	永《えい》享《きょう》	1429～1441
	嘉《か》吉《きつ》	1441～1444
	文《ぶん》安《あん》	1444～1449
	宝《ほう》徳《とく》	1449～1452
	享《きょう》徳《とく》	1452～1455
	康《こう》正《しょう》	1455～1457
	長《ちょう》禄《ろく》	1457～1460
	寛《かん》正《しょう》	1460～1466
	文《ぶん》正《しょう》	1466～1467
	応《おう》仁《にん》	1467～1469
	文《ぶん》明《めい》	1469～1487
	長《ちょう》享《きょう》	1487～1489
	延《えん》徳《とく》	1489～1492
	明《めい》応《おう》	1492～1501
	文《ぶん》亀《き》	1501～1504
	永《えい》正《しょう》	1504～1521
	大《たい》永《えい》	1521～1528
	享《きょう》禄《ろく》	1528～1532
	天《てん》文《ぶん》	1532～1555
	弘《こう》治《じ》	1555～1558
	永《えい》禄《ろく》	1558～1570
	元《げん》亀《き》	1570～1573
安土・桃山	天《てん》正《しょう》	1573～1592
	文《ぶん》禄《ろく》	1592～1596
江戸時代	慶《けい》長《ちょう》	1596～1615
	元《げん》和《な》	1615～1624
	寛《かん》永《えい》	1624～1644
	正《しょう》保《ほ》	1644～1648
	慶《けい》安《あん》	1648～1652
	承《じょう》応《おう》	1652～1655
	明《めい》暦《れき》	1655～1658
	万《まん》治《じ》	1658～1661
	寛《かん》文《ぶん》	1661～1673
	延《えん》宝《ぽう》	1673～1681
	天《てん》和《な》	1681～1684
	貞《じょう》享《きょう》	1684～1688
	元《げん》禄《ろく》	1688～1704
	宝《ほう》永《えい》	1704～1711
	正《しょう》徳《とく》	1711～1716
	享《きょう》保《ほう》	1716～1736
	元《げん》文《ぶん》	1736～1741
	寛《かん》保《ぽう》	1741～1744
	延《えん》享《きょう》	1744～1748
	寛《かん》延《えん》	1748～1751
	宝《ほう》暦《れき》	1751～1764
	明《めい》和《わ》	1764～1772
	安《あん》永《えい》	1772～1781
	天《てん》明《めい》	1781～1789
	寛《かん》政《せい》	1789～1801
	享《きょう》和《わ》	1801～1804
	文《ぶん》化《か》	1804～1818
	文《ぶん》政《せい》	1818～1830
	天《てん》保《ぽう》	1830～1844
	弘《こう》化《か》	1844～1848
	嘉《か》永《えい》	1848～1854
	安《あん》政《せい》	1854～1860
	万《まん》延《えん》	1860～1861
	文《ぶん》久《きゅう》	1861～1864
	元《げん》治《じ》	1864～1865
	慶《けい》応《おう》	1865～1868
明治以後	明《めい》治《じ》	1868～1912
	大《たい》正《しょう》	1912～1926
	昭《しょう》和《わ》	1926～1989
	平《へい》成《せい》	1989～2019
	令《れい》和《わ》	2019～

色文字は女帝

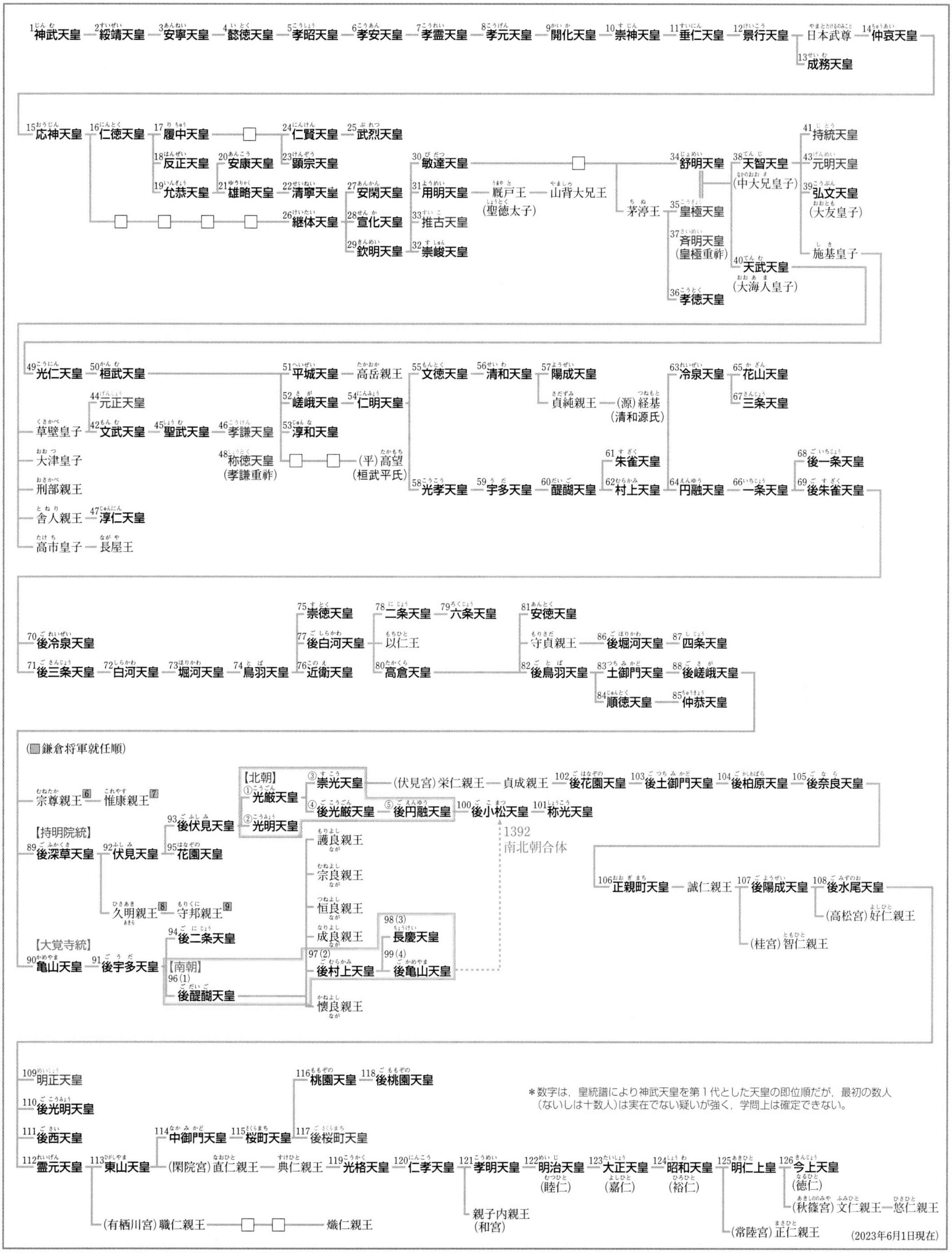

＊数字は，皇統譜により神武天皇を第１代とした天皇の即位順だが，最初の数人（ないしは十数人）は実在でない疑いが強く，学問上は確定できない。

(2023年6月1日現在)

内閣一覧 明治

＊在任期間・在職日数は首相官邸HPによる
＊赤字は外交関係項目

代 首相名	在任期間(在職日数)	主要閣僚
	与党・提携政党(政党内閣　非政党内閣)	
出生地	内閣退陣の理由	

① 伊藤博文《いとうひろぶみ》①

1885.12～1888.4(861日)

大蔵:松方正義　外務:井上馨
内務:山県有朋　文部:森有礼

い

1885.12 内閣制度発足
1886. 3 帝国大学令公布
. 4 学校令公布
.10 ノルマントン号事件
1887.10 大同団結運動・片岡健吉ら，三大事件建白
.12 保安条例公布
1888. 4 市制・町村制公布(翌年施行)

山口県

. 4 枢密院《すうみついん》設置により伊藤が議長に転じ，首相が交代

② 黒田清隆《くろだきよたか》

1888.4～1889.10(544日)

大蔵:松方正義　外務:大隈重信
文部:森有礼

く

1888. 4 枢密院設置
.11 日墨修好通商条約調印
1889. 2 大日本帝国憲法・皇室典範発布。衆議院議員選挙法・貴族院令公布。超然主義表明
. 7 東海道本線全線開通
. 9 大阪天満《てんま》紡績スト

鹿児島県

.10 大隈外相が襲われ，条約改正交渉が中断。内閣総辞職

三条実美《さんじょうさねとみ》＊ 1889.10～1889.12 ＊内大臣三条実美が臨時に首相兼任，一般に歴代内閣に数えない

③ 山県有朋《やまがたありとも》①

1889.12～1891.5(499日)

大蔵:松方正義　外務:青木周蔵

や

1890. 5 府県制・郡制公布
. 7 第1回衆議院議員総選挙
.10 教育勅語発布
.11 第一回帝国議会(～91.3)

山口県

予算案をめぐり民党と対立→解散回避→総辞職

④ 松方正義《まつかたまさよし》①

1891.5～1892.8(461日)

大蔵:松方正義(兼)　外務:青木周蔵
内務:品川弥二郎　海軍:樺山資紀

ま

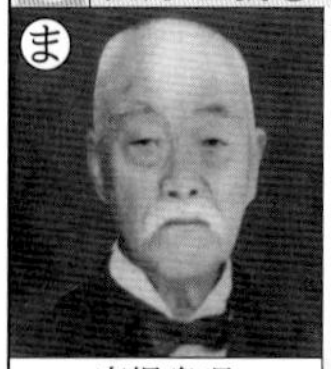

1891. 5 大津事件
. 9 日本鉄道会社，上野～青森間全通
.12 田中正造，足尾鉱毒事件を提起。樺山資紀海相，蛮勇《ばんゆう》演説
1892. 2 第2回衆議院議員総選挙→品川弥二郎内相の選挙干渉
. 5 民法典論争により民法の施行延期

鹿児島県

. 7 第三回帝国議会で軍事予算否決→閣内不統一で総辞職

⑤ 伊藤博文②

1892.8～1896.8(1,485日)

大蔵:松方正義　外務:陸奥宗光
内務:板垣退助

自由党(日清戦争後から)

い

1894. 3 甲午農民戦争
. 6 天津条約により日清両国出兵
. 7 日英通商航海条約調印(→領事裁判権撤廃)
. 8 日清戦争宣戦布告
1895. 4 下関条約調印。三国干渉　. 6 台湾総督府設置
.10 閔妃《びんひ》殺害事件
1896. 6 山県・ロバノフ協定

山口県

. 8 板垣退助を内相に迎える→閣内不統一で総辞職

⑥ 松方正義②

1896.9～1898.1(482日)

大蔵:松方正義(兼)　外務:大隈重信
内務:板垣退助

進歩党

ま

1896. 9 大隈重信が外相として入閣(松隈内閣)
1897. 6 官営八幡製鉄所設立
. 7 労働組合期成会結成
.10 貨幣法施行(金本位制実施)

鹿児島県

.12 地租増徴案をめぐり政府と進歩党の対立が激化→内閣不信任案の提出→議会解散→総辞職

⑦ 伊藤博文③

1898.1～1898.6(170日)

大蔵:井上馨　陸軍:桂太郎
文部:西園寺公望

い

1898. 4 福建《フーチェン》省不割譲条約調印
西・ローゼン協定調印

山口県

. 6 地租増徴案を自由党，進歩党により否決→議会解散。自由党，進歩党は合同して憲政党を結成。伊藤は政府党の結成で対抗しようとするが失敗→総辞職

藩閥政治

⑧ 大隈重信《おおくましげのぶ》①

1898.6～1898.11(132日)

外務:大隈重信(兼)　内務:板垣退助
陸軍:桂太郎　文部:尾崎行雄

憲政党

お

1898. 8 尾崎行雄文相の共和演説事件

↑尾崎行雄《おざきゆきお》

佐賀県

.10 憲政党が憲政党と憲政本党に分裂→総辞職

⑨ 山県有朋②

1898.11～1900.10(711日)

大蔵:松方正義　外務:青木周蔵
陸軍:桂太郎　海軍:山本権兵衛

憲政党

や

1898.12 地租増徴案可決(2.5%→3.3%)
1899. 3 北海道旧土人保護法公布。文官任用令改正
1900. 3 治安警察法公布
. 5 軍部大臣現役武官制制定
. 6 義和団戦争・北清事変

山口県

. 9 憲政党離反，伊藤博文の立憲政友会結成→総辞職

⑩ 伊藤博文④

1900.10～1901.5(204日)

外務:加藤高明　陸軍:桂太郎
海軍:山本権兵衛　逓信:星亨

立憲政友会

い

1901. 2 八幡製鉄所操業開始
. 3 増税案を詔勅により可決(北清事変処理のため)
. 5 社会民主党結成(日本初の社会主義政党)，直後に禁止

↑星《ほし》　亨《とおる》

山口県

予算案をめぐり閣内不統一→総辞職

藩閥政治

⑪ 桂太郎《かつらたろう》①

1901.6～1906.1(1,681日)

外務:小村寿太郎　陸軍:寺内正毅
海軍:山本権兵衛

か

1901. 9 北京議定書調印
.12 田中正造が足尾鉱毒事件で天皇に直訴
1902. 1 日英同盟協約調印
1904. 2 日露戦争宣戦布告。日韓議定書調印
. 8 第1次日韓協約
1905. 9 ポーツマス条約調印。日比谷焼打ち事件。戒厳令発令
.11 第2次日韓協約

山口県

.12 日比谷焼打ち事件で国民の支持を失い総辞職

⑫ 西園寺公望《さいおんじきんもち》①

1906.1～1908.7(920日)

外務:加藤高明　内務:原敬
陸軍:寺内正毅　海軍:斎藤実

立憲政友会

さ

1906. 1 日本社会党結成(翌年禁止)
. 2 漢城に統監府設置
. 3 鉄道国有法公布
. 8 関東都督府設置
.10 サンフランシスコ学童入学拒否事件
.11 南満洲鉄道株式会社設立
1907. 7 ハーグ密使事件。第3次日韓協約。第1次日露協約
. 8 義兵運動

京都府

1908. 7 社会主義運動への元老らの批判や日露戦争後の財政問題で総辞職

⑬ 桂太郎②

1908.7～1911.8(1,143日)

大蔵:桂太郎(兼)　外務:小村寿太郎
陸軍:寺内正毅　海軍:斎藤実

か

1908.10 戊申《ぼしん》詔書発布
.12 東洋拓殖会社設立
1909.10 伊藤博文暗殺
1910. 5 大逆事件
. 7 第2次日露協約
. 8 韓国併合条約　.10 朝鮮総督府設置
1911. 2 日米通商航海条約改正(→関税自主権回復)
. 3 工場法公布

山口県

. 8 立憲政友会との黙約で政権を譲る

桂園時代

●歴代首相の覚え方● いくやま　いまい　おやい　かさか

代 首相名	在任期間(在職日数)	主要閣僚
	与党・提携政党(政党内閣 非政党内閣)	
出生地	内閣退陣の理由	

＊赤字は外交関係項目

桂園時代

14 西園寺公望《さいおんじきんもち》②

1911.8～1912.12(480日)

外務:内田康哉 内務:原敬
陸軍:上原勇作 海軍:斎藤実

京都府

立憲政友会

1912. 7 第3次日露協約。明治天皇崩御。
大正天皇即位，大正に改元
. 8 友愛会結成
.11 閣議で陸軍の2個師団増設を否決

↑上原勇作《うえはらゆうさく》
写真：アフロ

.12 上原勇作陸相，帷幄上奏《いあくじょうそう》権を用いて単独辞職
→後任得られず内閣総辞職

15 桂太郎《かつらたろう》③

1912.12～1913.2(62日)

大蔵:若槻礼次郎 外務:加藤高明
海軍:斎藤実

山口県

1912.12 第1次護憲運動始まる

1913. 2 立憲政友会・立憲国民党，桂内閣不信任案提出
→議会停止→護憲派の民衆，議会を包囲
→護憲運動の激化を受け，総辞職

政党内閣への過渡期

16 山本権兵衛《やまもとごんべえ》①

1913.2～1914.4(421日)

大蔵:高橋是清 内務:原敬
海軍:斎藤実

鹿児島県

立憲政友会

1913. 6 軍部大臣現役武官制改正(予備役《よびえき》・後備役《こうびえき》まで拡大)
. 8 文官任用令改正(勅任官の特別枠を拡大)
.12 立憲同志会結成
1914. 1 シーメンス事件

. 3 シーメンス事件への批判の高まりと，貴族院で海軍軍拡予算を否決され，総辞職

17 大隈重信《おおくましげのぶ》②

1914.4～1916.10(908日)

大蔵:若槻礼次郎 外務:加藤高明
海軍:加藤友三郎 司法:尾崎行雄

佐賀県

立憲同志会

1914. 7 第一次世界大戦始まる
. 8 対ドイツ宣戦布告
1915. 1 中国に二十一カ条の要求を提出
. 6 2個師団増設実現
1916. 7 第4次日露協約
. 9 工場法施行

.10 憲政会結成，外交方針などで元老と対立して総辞職

18 寺内正毅《てらうちまさたけ》

1916.10～1918.9(721日)

大蔵:寺内正毅(兼)
内務:後藤新平 海軍:加藤友三郎

山口県

1917. 1 西原借款《しゃっかん》
. 9 金輸出禁止(金本位制停止)
.11 石井・ランシング協定
1918. 8 シベリア出兵開始。米騒動(～9月)

↑後藤新平《ごとうしんぺい》

. 9 米騒動の責任をとって総辞職

19 原敬《はらたかし》

1918.9～1921.11(1,133日)

大蔵:高橋是清 外務:内田康哉
陸軍:田中義一 海軍:加藤友三郎

岩手県

立憲政友会

1918.12 大学令公布
1919. 3 朝鮮で三・一独立運動
. 5 選挙法改正。中国で五・四運動
. 6 ヴェルサイユ条約調印。人種差別禁止案提出→不採択
1920. 1 国際連盟加盟
. 3 尼港《にこう》事件。戦後恐慌
. 5 日本初のメーデー
1921.10 日本労働総同盟設立
.11 原首相，東京駅頭で刺殺され，総辞職

20 高橋是清《たかはしこれきよ》

1921.11～1922.6(212日)

外務:内田康哉 陸軍:山梨半造
海軍:加藤友三郎

東京都

立憲政友会

1921.11 ワシントン会議開催
.12 四カ国条約調印→日英同盟廃棄
1922. 2 ワシントン海軍軍備制限条約調印。九カ国条約調印→(1923.4 石井・ランシング協定廃棄)
. 3 全国水平社結成
. 4 日本農民組合結成

. 6 立憲政友会の内部対立で総辞職

政党内閣への過渡期

21 加藤友三郎《かとうともさぶろう》

1922.6～1923.8(440日)

外務:内田康哉 陸軍:山梨半造
海軍:加藤友三郎(兼)

広島県

立憲政友会

1922. 6 シベリア撤兵開始(～10月)
. 7 日本共産党結成
1923. 4 石井・ランシング協定廃棄

↑山梨半造《やまなしはんぞう》

. 8 加藤首相病死により総辞職

22 山本権兵衛②

1923.9～1924.1(128日)

大蔵:井上準之助 陸軍:田中義一
司法:平沼騏一郎 文部，逓信:犬養毅

鹿児島県

革新倶楽部

1923. 9 関東大震災(組閣前日)。京浜地区に戒厳令施行。
朝鮮人殺害。亀戸《かめいど》事件。甘粕《あまかす》事件

.12 虎の門事件の責任をとり総辞職

23 清浦奎吾《きようらけいご》

1924.1～1924.6(157日)

陸軍:宇垣一成

熊本県

＊政友本党が支持

1924. 1 第2次護憲運動始まる。
立憲政友会分裂。
政友本党結成，第一党になる

↑宇垣一成《うがきかずしげ》

. 5 総選挙で護憲三派(憲政会・立憲政友会・革新倶楽部)が大勝したことにより総辞職

政党内閣

24 加藤高明《かとうたかあき》①・②

1924.6～1926.1(597日)

大蔵:浜口雄幸 外務:幣原喜重郎
内務:若槻礼次郎 陸軍:宇垣一成

愛知県

護憲三派→憲政会

護憲三派

1924.12 婦人参政権獲得期成同盟会結成
1925. 1 日ソ基本条約調印
. 4 治安維持法公布。宇垣軍縮
. 5 普通選挙法公布。中国で五《ご》・三〇《さんじゅう》事件
. 7 閣内不統一で総辞職

憲政会

1926. 1 京都学連事件
(初の治安維持法違反などによる起訴)
. 1 加藤首相病死により総辞職

「ニコポン」桂 太郎

桂園《けいえん》時代の一方の旗頭である桂太郎の仇名《あだな》の多さは気の毒になるほど。頭の大きさにちなんで「福助《ふくすけ》」「才槌《さいづち》」「臼《うす》」「巨頭翁《きょとうおう》」「大顔児《だいがんじ》」など。如才《じょさい》ないパフォーマンスからは「ニコポン」（にこにこ笑いながらぽんと肩をたたき「そのうち一緒に食事をしよう」などと気安く誘いかけた）が有名である。

←桂太郎の風刺画

歴代首相の覚え方 さかや《酒屋》，お寺は，たか山清いかか

＊赤字は外交関係項目

代 首相名	在任期間(在職日数)	主要閣僚
	与党・提携政党(政党内閣 非政党内閣)	
出生地	内閣退陣の理由	

政党内閣（憲政の常道）

25 若槻礼次郎《わかつきれいじろう》①　1926.1～1927.4(446日)

大蔵:片岡直温　外務:幣原喜重郎
陸軍:宇垣一成　海軍:財部彪

憲政会

1926. 3 労働農民党結成
.12 大正天皇崩御。昭和天皇即位，昭和に改元
1927. 3 金融恐慌
. 4 枢密院で台湾銀行特別融資緊急勅令案を否決され総辞職

→片岡直温《かたおかなおはる》

26 田中義一《たなかぎいち》 ㋝出題　1927.4～1929.7(805日)

大蔵:高橋是清　外務:田中義一(兼)
海軍:岡田啓介

立憲政友会

1927. 4 モラトリアム発令 . 5 第1次山東出兵 . 6 東方会議
1928. 2 第1回普通選挙実施 . 3 三・一五事件 . 4 第2次山東出兵
. 5 済南《さいなん》事件。第3次山東出兵 . 6 張作霖《ちょうさくりん》爆殺事件。治安維持法改正
. 7 特別高等警察設置 . 8 不戦条約(パリ)調印
1929. 4 四・一六事件
. 7 張作霖爆殺事件の処理で天皇から叱責を受け総辞職

27 浜口雄幸《はまぐちおさち》　1929.7～1931.4(652日)

大蔵:井上準之助　外務:幣原喜重郎
陸軍:宇垣一成　海軍:財部彪

立憲民政党

1929.10 世界恐慌→昭和恐慌を誘発
1930. 1 金解禁実施
. 4 ロンドン海軍軍備制限条約調印，統帥権干犯《とうすいけんかんぱん》問題表面化
1931. 3 三月事件 . 4 重要産業統制法公布
. 4 前年に狙撃された傷が悪化し総辞職

28 若槻礼次郎②　1931.4～1931.12(244日)

大蔵:井上準之助
外務:幣原喜重郎

立憲民政党

1931. 9 柳条湖《りゅうじょうこ》事件→満洲事変
.10 十月事件
.12 閣内不統一で総辞職

29 犬養毅《いぬかいつよし》　1931.12～1932.5(156日)

大蔵:高橋是清　外務:犬養毅(兼)
陸軍:荒木貞夫　文部:鳩山一郎

立憲政友会

1931.12 金輸出再禁止
1932. 1 第1次上海事変
. 2 血盟団事件。リットン調査団来日
. 3 関東軍，満洲国建国を宣言
. 5 犬養首相が五・一五事件で暗殺され総辞職

軍部の台頭

30 斎藤実《さいとうまこと》　1932.5～1934.7(774日)

大蔵:高橋是清　外務:広田弘毅
海軍:岡田啓介　文部:鳩山一郎

1932. 9 日満議定書調印→満洲国承認
1933. 3 国際連盟脱退を通告(1935.3発効)
. 5 滝川事件。塘沽《タンクー》停戦協定成立
1934. 1 日本製鉄会社設立
. 7 帝人事件(疑獄事件)で総辞職

31 岡田啓介《おかだけいすけ》　1934.7～1936.3(611日)

大蔵:高橋是清　外務:広田弘毅
陸軍:林銑十郎

1934.12 ワシントン海軍軍備制限条約廃棄を通告
1935. 2 天皇機関説問題化 . 8 国体明徴声明→天皇機関説を否定
1936. 1 ロンドン会議脱退
. 2 二・二六事件，東京に戒厳令発令
. 2 二・二六事件により総辞職

32 広田弘毅《ひろたこうき》　1936.3～1937.2(331日)

外務:広田弘毅(兼)
陸軍:寺内寿一

1936. 5 軍部大臣現役武官制復活
.11 日独防共協定調印
.12 西安《せいあん》事件
1937. 1 軍と政党の対立から総辞職

→寺内寿一《てらうちひさいち》

33 林銑十郎《はやしせんじゅうろう》　1937.2～1937.6(123日)

外務:林銑十郎(兼)
海軍:米内光政

1937. 2 結城蔵相「軍財抱合*」演説
＊軍需産業など重要産業の生産力拡充のために軍部と財界が結合したこと。
. 5 総選挙で政党側が大勝し，総辞職

34 近衛文麿《このえふみまろ》①　1937.6～1939.1(581日)

外務:広田弘毅
陸軍:板垣征四郎　海軍:米内光政

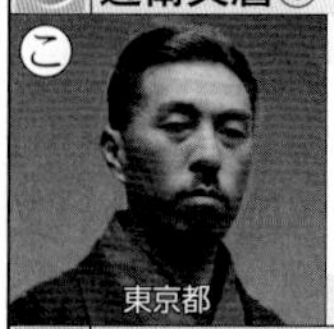

1937. 7 盧溝橋《ろこうきょう》事件，日中戦争始まる . 8 第2次上海事変
.11 日独伊三国防共協定調印 .12 南京《ナンキン》占領
1938. 1 第一次近衛声明 . 4 国家総動員法公布
. 7 張鼓峰《ちょうこほう》事件 .11 第二次近衛声明 .12 第三次近衛声明
1939. 1 防共協定強化問題で閣内不統一，総辞職

35 平沼騏一郎《ひらぬまきいちろう》　1939.1～1939.8(238日)

陸軍:板垣征四郎
海軍:米内光政

1939. 5 ノモンハン事件
. 7 国民徴用令公布。米国，日米通商航海条約廃棄を通告
. 8 独ソ不可侵条約締結に対し「欧州情勢複雑怪奇」と声明，総辞職

36 阿部信行《あべのぶゆき》　1939.8～1940.1(140日)

外務:野村吉三郎
陸軍:畑俊六

1939. 9 第二次世界大戦始まる
→政府は不介入方針を表明
.10 価格等統制令公布
.12 朝鮮総督府，創氏改名公布
1940. 1 政党の内閣不信任運動と陸軍の支持を失ったことにより総辞職

→畑俊六《はたしゅんろく》

37 米内光政《よないみつまさ》　1940.1～1940.7(189日)

陸軍:畑俊六

1940. 3 汪兆銘《おうちょうめい》，南京に国民政府樹立
. 6 近衛文麿，新体制運動本格化
. 7 七《しち》・七《しち》禁令
. 7 畑俊六《はたしゅんろく》陸相が辞表提出，総辞職

軍部の台頭

38 近衛文麿②　1940.7～1941.7(362日)

外務:松岡洋右
陸軍:東条英機

1940. 8 立憲民政党解体により，全政党解体
. 9 北部仏印進駐。日独伊三国同盟調印
.10 大政翼賛会発足 .11 大日本産業報国会設立
1941. 4 日ソ中立条約調印。日米交渉開始
. 7 松岡外相と対立，改組のため総辞職

39 近衛文麿③　1941.7～1941.10(93日)

陸軍:東条英機

1941. 7 南部仏印進駐
. 8 アメリカ，対日石油輸出禁止
. 9 帝国国策遂行要領決定
.10 対米強硬の東条陸相と対立，総辞職

40 東条英機《とうじょうひでき》　1941.10～1944.7(1,009日)

外務:東条英機(兼)，重光葵
陸軍:東条英機(兼)　商工:岸信介

大政翼賛会

1941.12 真珠湾攻撃，対米英宣戦布告。太平洋戦争開始
1942. 4 翼賛選挙 . 6 ミッドウェー海戦で大敗
1943. 9 イタリア無条件降伏 .11 大東亜会議開催
.12 学徒出陣
1944. 7 サイパン島陥落の責任をとり，総辞職

41 小磯国昭《こいそくにあき》　1944.7～1945.4(260日)

外務:重光葵　陸軍:杉山元
海軍:米内光政

大政翼賛会

1944.10 神風特別攻撃隊編成
1945. 2 ヤルタ会談開催
. 3 東京大空襲
. 4 アメリカ軍，沖縄本島上陸
. 4 戦局の悪化，和平工作の失敗で総辞職

→杉山元《すぎやまはじめ》
写真：アフロ

42 鈴木貫太郎《すずきかんたろう》　1945.4～1945.8(133日)

外務:東郷茂徳
陸軍:阿南惟幾　海軍:米内光政

大政翼賛会

1945. 5 ドイツ無条件降伏
. 7 ポツダム会談開催
. 8 広島に原爆投下。ソ連，日本に宣戦布告。長崎に原爆投下
ポツダム宣言受諾。天皇，終戦の詔勅放送(玉音放送)
. 8 降伏とともに総辞職

歴代首相の覚え方 わたし《私》はわい《ハワイ》，サイいる岡広く林近くに平沼あり。よこの東に小鈴さん。

代	首相名	在任期間(在職日数)	主要閣僚
		与党・提携政党(連立内閣　単独内閣)	
出身地・選挙区		内閣退陣の理由	

＊赤字は外交関係項目

43 東久邇宮稔彦《ひがしくにのみやなるひこ》　1945.8～1945.10(54日)

外務：重光葵

ひ

1945. 9 降伏文書調印。
陸海軍解体，軍需品生産停止
.10 ＧＨＱ，人権指令発令

→重光葵《しげみつまもる》
読売新聞社提供

京都府
.10 人権指令を実施不可能として総辞職

44 幣原喜重郎《しではらきじゅうろう》　1945.10～1946.5(226日)

外務：吉田茂
国務：松本烝治

し

1945.10 ＧＨＱ，五大改革指令
.11 財閥解体指令
.12 ＧＨＱ，神道《しんとう》指令・農地改革指令。
衆議院議員選挙法改正(女性参政権実現)。労働組合法公布
1946. 1 天皇の人間宣言。軍国主義者の公職追放指令
. 2 金融緊急措置令

→松本烝治《まつもとじょうじ》

大阪府
. 4 戦後初の総選挙で日本自由党が第一党となり，総辞職

45 吉田茂《よしだしげる》①　1946.5～1947.5(368日)

日本自由党・日本進歩党

大蔵：石橋湛山
外務：吉田茂(兼)

よ

1946. 5 極東国際軍事裁判開廷
.10 第二次農地改革
.11 日本国憲法公布
.12 傾斜生産方式採用
1947. 1 ＧＨＱ，二・一ゼネスト中止命令
. 3 教育基本法公布
. 4 労働基準法・独占禁止法公布
. 5 日本国憲法施行

高知県
. 5 総選挙で社会党が第一党となったため，総辞職

46 片山哲《かたやまてつ》　1947.5～1948.3(292日)

日本社会党・民主党・国民協同党

外務：芦田均

か

1947. 9 労働省設置
.10 国家公務員法公布
.11 農業協同組合法公布 ㋝出題
.12 警察法・過度経済力集中排除法・改正民法公布

神奈川県
1948. 2 党内右派・左派の対立激化で総辞職

47 芦田均《あしだひとし》　1948.3～1948.10(220日)

民主党・日本社会党・国民協同党

文部：森戸辰男

あ

1948. 5 海上保安庁設置
. 7 政令201号公布

京都府
.10 昭和電工疑獄事件で閣僚が逮捕され，総辞職 ㋝出題

占領と民主化政策

48～51 吉田茂②～⑤　1948.10～1954.12(2,248日)

民主自由党→自由党

大蔵：池田勇人　外務：吉田茂(兼)
郵政：佐藤栄作

よ

1948.11 極東国際軍事裁判最終判決
.12 経済安定九原則指令
1949. 3 ドッジ＝ライン
. 4 単一為替レート(1ドル＝360円)
. 8 シャウプ勧告
1950. 6 朝鮮戦争勃発
. 8 警察予備隊発足
. 9 レッド＝パージ方針閣議決定
1951. 9 サンフランシスコ平和条約・日米安全保障条約調印
1952. 2 日米行政協定調印
. 4 ＧＨＱ廃止　. 7 破壊活動防止法公布
.10 警察予備隊，保安隊に改組
1953. 3 バカヤロー解散
1954. 3 第五福竜丸，ビキニ環礁で被爆。ＭＳＡ協定調印
. 7 防衛庁・自衛隊発足

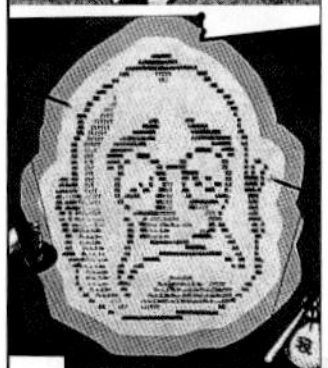

↑吉田茂の風刺画

高知県
.12 造船疑獄事件で反吉田勢力離党，不信任決議前に総辞職 ㋝出題

占領政策の転換

52～54 鳩山一郎《はとやまいちろう》①～③　1954.12～1956.12(745日)

日本民主党→自由民主党

外務：重光葵
通商産業：石橋湛山

は

1955. 8 第1回原水爆禁止世界大会
.10 日本社会党統一
.11 自由民主党結成→55年体制が始まる
1956.10 日ソ共同宣言調印→.12 日本，国際連合加盟

東京都
.12 日ソ国交回復を機に引退を表明，総辞職

55 石橋湛山《いしばしたんざん》　1956.12～1957.2(65日)

自由民主党

大蔵：池田勇人　外務：岸信介

い

静岡県
1957. 2 石橋首相，病気のため総辞職

56・57 岸信介《きしのぶすけ》①・②　1957.2～1960.7(1,241日)

自由民主党

外務：岸信介(兼)
通商産業：池田勇人

き

1957. 9 教職員における勤務評定実施通達→勤評闘争(～58年)
.10 国連安全保障理事会非常任理事国入り
1959.12 三井三池争議始まる(～60年)
1960. 1 日米新安保条約・日米地位協定調印
. 5 日米新安保条約強行採決(→. 6 自然成立)，安保闘争激化

山口県
. 7 新安保条約承認での混乱により，総辞職

58～60 池田勇人《いけだはやと》①～③　1960.7～1964.11(1,575日)

自由民主党

大蔵：田中角栄　通商産業：佐藤栄作
厚生：中山マサ(初の女性閣僚)

い

1960.12 国民所得倍増計画発表
1961. 6 農業基本法公布
1962.11 日中ＬＴ貿易覚書調印
1963. 8 部分的核実験禁止(停止)条約調印
1964. 4 ＩＭＦ8条国に移行。ＯＥＣＤ加盟
.10 オリンピック東京大会開催

↑中山《なかやま》マサ
写真：毎日新聞社／アフロ

広島県
.11 池田首相，病気のため総辞職

61～63 佐藤栄作《さとうえいさく》①～③　1964.11～1972.7(2,798日)

自由民主党

大蔵：田中角栄，福田赳夫　外務：三木武夫
通商産業：大平正芳　運輸：中曽根康弘

さ

1965. 6 日韓基本条約調印
. 8 佐藤首相，沖縄訪問
1967. 8 公害対策基本法公布
.12 非核三原則表明
1968. 4 小笠原返還協定調印
1970. 2 核兵器拡散防止条約調印
. 3 日本万国博覧会開催。よど号事件
. 6 日米新安保条約自動延長
1971. 6 沖縄返還協定調印
. 7 環境庁発足
.12 円切り上げ(1ドル＝308円)
1972. 5 沖縄県発足

山口県
. 7 沖縄返還実現を機に引退表明，総辞職

55年体制

64・65 田中角栄《たなかかくえい》①・②　1972.7～1974.12(886日)

自由民主党

外務：大平正芳
通商産業：中曽根康弘

た

1972. 9 日中共同声明調印→日華平和条約廃棄(台湾と断交)
1973. 2 円の変動相場制移行
.10 第4次中東戦争→第1次石油危機
1974. 6 国土庁設置
.10 田中金脈問題

新潟県
.12 首相の金脈問題を社会から批判され，総辞職

歴代首相の覚え方　ひしよ《秘書》のカア《車》よし，はい《排気》きいい。さとう角で

内閣一覧　戦後②

＊赤字は外交関係項目

代 首相名	在任期間(在職日数) 与党・提携政党(連立内閣　単独内閣)	主要閣僚
出身地・選挙区	内閣退陣の理由	

55年体制

66 三木武夫《みきたけお》 1974.12～1976.12(747日)
み

自由民主党

大蔵:大平正芳

1975.11 第1回先進国首脳会議(パリサミット)参加
1976. 2 ロッキード事件表面化→. 7 田中角栄前首相，逮捕
　.11 防衛費のGNP1%以内を閣議決定

徳島県

　.12 ロッキード事件真相解明に対する党内反発と総選挙での自民党敗北により，総辞職

67 福田赳夫《ふくだたけお》 1976.12～1978.12(714日)
ふ

自由民主党

外務:園田直

1977. 7 領海12海里・200海里漁業水域設定
　. 9 ダッカ日航機ハイジャック事件
1978. 8 日中平和友好条約調印
　.12 OPEC，石油値上げ決定

→園田直《そのだすなお》

群馬県

　.12 自民党総裁予備選挙での敗北により総辞職

68・69 大平正芳《おおひらまさよし》①・② 1978.12～1980.6(554日)
お

自由民主党

大蔵:竹下登　外務:園田直

1979. 6 東京サミット開催　◇この年，第2次石油危機
1980. 6 大平首相，急死。初の衆参同時選挙，自民党圧勝

香川県

内閣不信任案が可決され，国会解散。選挙運動中の首相急死を受け，総辞職

70 鈴木善幸《すずきぜんこう》 1980.7～1982.11(864日)
す

自由民主党

外務:園田直

1982. 8 公職選挙法改正(参議院全国区で拘束名簿式比例代表制を採用)

岩手県

　.11 首相突然の退陣表明で総裁選出馬せず，総辞職

71～73 中曽根康弘《なかそねやすひろ》①～③ 1982.11～1987.11(1,806日)
な

自由民主党

大蔵:竹下登　外務:安倍晋太郎

1985. 4 JT・NTT発足
　. 6 男女雇用機会均等法公布
　. 8 首相，靖国《やすくに》神社公式参拝
　. 9 プラザ合意
1986.12 防衛費，GNP1%枠を突破
1987. 4 JR発足

↑安倍晋太郎《あべしんたろう》

群馬県

　.11 自民党総裁任期延長後，任期満了で退陣，総辞職

74 竹下登《たけしたのぼる》 1987.11～1989.6(576日)
た

自由民主党

大蔵:宮沢喜一　外務:宇野宗佑

1988. 7 リクルート事件発覚
　.12 税制改革6法成立(消費税3%公布など)→89.4 実施
1989. 1 昭和天皇崩御。明仁親王即位，平成に改元

島根県

　. 6 リクルート事件・消費税導入に批判が高まり，総辞職

75 宇野宗佑《うのそうすけ》 1989.6～1989.8(69日)
う

自由民主党

1989. 7 第15回参議院選挙で自民党大敗，参議院で与野党逆転

滋賀県

　. 8 リクルート事件・消費税・コメ問題・首相の女性問題などでの自民党批判による参議院選挙大敗を受け総辞職

76・77 海部俊樹《かいふとしき》①・② 1989.8～1991.11(818日)
か

自由民主党

大蔵:橋本龍太郎

1990. 2 衆議院選挙，自民党安定多数議席確保
1991. 1 湾岸戦争
　. 3 湾岸戦争支援に90億ドル拠出
　. 4 海上自衛隊掃海艇《そうかいてい》をペルシア湾に派遣

愛知県

　.11 自民党総裁の任期満了により総辞職

55年体制の崩壊

78 宮沢喜一《みやざわきいち》 1991.11～1993.8(644日)
み

自由民主党

大蔵:羽田孜　通商産業:森喜朗
郵政:小泉純一郎

1992. 2 佐川急便事件
　. 6 PKO協力法公布
　. 9 自衛隊をカンボジアに派遣
1993. 7 衆議院選挙で自民党過半数割れの大敗

広島県

　. 8 不信任案可決後の解散・総選挙でも大敗，総辞職

非自民連立政権

79 細川護煕《ほそかわもりひろ》 1993.8～1994.4(263日)
ほ

日本新党など8政党

外務:羽田孜

1993. 8 非自民連立政権樹立
　憲政史上初の女性議長誕生(衆議院・土井たか子)
　.12 コメの部分開放受け入れ決定
1994. 1 政治改革関連4法成立(衆議院小選挙区制導入)

熊本県

　. 4 首相の不正政治資金供与問題表面化で，総辞職

80 羽田孜《はたつとむ》 1994.4～1994.6(64日)
は

新生・公明・民社・自由・日本新

長野県

　. 6 内閣不信任案提出前に退陣を表明し，総辞職

自民党を中心とした連立政権

81 村山富市《むらやまとみいち》 1994.6～1996.1(561日)
む

日本社会党・自由民主党・新党さきがけ

外務:河野洋平
通商産業:橋本龍太郎

1994. 6 片山哲内閣以来47年ぶりの社会党首班《しゅはん》内閣
1995. 1 阪神・淡路大震災発生
　. 3 地下鉄サリン事件発生

→河野洋平《こうのようへい》

大分県

1996. 1「人心一新」を理由に退陣表明し，総辞職

82・83 橋本龍太郎《はしもとりゅうたろう》①・② 1996.1～1998.7(932日)
は

自由民主党・社会民主党・新党さきがけ

外務:小渕恵三
厚生:小泉純一郎

1996. 4 日米安保共同宣言発表
　.10 総選挙(初の小選挙区比例代表並立制)
1997. 4 消費税5%に
　. 9 新ガイドライン合意

岡山県

1998. 7 参議院選挙で自民大敗の責任をとり退陣，総辞職

84 小渕恵三《おぶちけいぞう》 1998.7～2000.4(616日)
お

自由民主党・自由党・公明党

大蔵:宮沢喜一　外務:河野洋平

1999. 5 新ガイドライン関連法(周辺事態安全確保法)成立
　. 6 男女共同参画社会基本法公布
　. 8 国旗・国歌法成立
　. 9 東海村核燃料加工施設で臨界事故

群馬県

2000. 4 首相急病，入院により総辞職

85・86 森喜朗《もりよしろう》①・② 2000.4～2001.4(387日)
も

自由民主党・公明党・保守党

大蔵:宮沢喜一　外務:河野洋平

2000. 7 金融庁発足。九州・沖縄サミット開催
　.11 公職選挙法改正(参議院選挙，非拘束名簿式に)
2001. 1 中央省庁の再編

石川県

　. 4 首相の度重なる失言で支持率低下，与党内からも退陣要求，総辞職

87～89 小泉純一郎《こいずみじゅんいちろう》①～③ 2001.4～2006.9(1,980日)
こ

自由民主党・公明党・保守新党(～2003.11)

外務:麻生太郎
安倍晋三(官房長官)

2001. 9 米同時多発テロ　.10 テロ対策特別措置《そち》法成立
2002. 9 日朝平壌宣言→.10 拉致被害者5人，帰国
2003. 3 イラク戦争　. 4 日本郵政公社発足　. 7 イラク復興支援特別措置法成立
2004. 1 自衛隊をイラクに派遣
2005.10 郵政民営化法成立
2006. 8 首相，靖国神社参拝

神奈川県

　. 9 自民党総裁の任期満了により，総辞職

歴代首相の覚え方　三《さん》ふく大《だい》。すきなたけうんとかみ。細いハムはし。おもりのこの

代　首相名	在任期間(在職日数)	主要閣僚
	与党・提携政党(連立内閣　単独内閣)	
出身地・選挙区	内閣退陣の理由	

＊赤字は外交関係項目

（自民党を中心とした連立内閣）

90　安倍晋三《あべしんぞう》①　2006.9～2007.9(366日)　外務：麻生太郎

自由民主党・公明党

2006.12 教育基本法改正
2007. 1 防衛省発足
. 7 参議院選挙で自民党歴史的大敗
. 9 臨時国会所信表明演説後，退陣表明，総辞職

91　福田康夫《ふくだやすお》　2007.9～2008.9(365日)　外務：高村正彦

自由民主党など・公明党

2007.10 郵政民営化
2008. 7 洞爺湖《とうやこ》サミット開催
. 9「ねじれ国会」で政権運営に行きづまり，臨時国会を前に突然の退陣表明，総辞職

92　麻生太郎《あそうたろう》　2008.9～2009.9(358日)

自由民主党・公明党

2009. 3 海上自衛隊護衛艦をソマリア沖に派遣
. 5 裁判員制度開始
. 9 消費者庁発足
8月の衆議院解散総選挙で自民党が歴史的大敗を喫し，総辞職

（民主党を中心とした連立内閣）

93　鳩山由紀夫《はとやまゆきお》　2009.9～2010.6(266日)　外務：岡田克也　国家戦略：菅直人

民主党・社会民主党・国民新党

2009.11 事業仕分け実施
2010. 5 普天間基地の沖縄県外移設断念
. 6 普天間基地移設問題，社民党の連立離脱，首相・小沢幹事長の金銭問題の責任をとり，総辞職

94　菅直人《かんなおと》　2010.6～2011.9(452日)　国土交通：前原誠司　外務：岡田克也

民主党・国民新党

東京都

2010. 7 参議院選挙で民主党敗北，与党過半数割れ
. 9 尖閣諸島で中国漁船衝突事件
2011. 3 東日本大震災発生，東京電力福島第一原発事故発生
. 9 退陣条件の3法案(第2次補正予算案，再生可能エネルギー特別措置法案，特例公債法案)成立ののち，総辞職

95　野田佳彦《のだよしひこ》　2011.9～2012.12(482日)

民主党・国民新党

千葉県

2012. 8 消費税増税法成立，成立に反対の民主党議員多数離党
. 9 尖閣諸島国有化
.12 衆議院総選挙で民主党大敗，自民党大勝で，総辞職

（自民党を中心とした連立内閣）

96～98　安倍晋三②～④　2012.12～2020.9(2,824日)　財務：麻生太郎

自由民主党・公明党

山口県

2013. 7 参議院選挙で自民党大勝，衆参ねじれ状態解消
.12 特定秘密保護法公布→14.12 施行
2014. 4 消費税8%に
. 7 集団的自衛権行使容認のための憲法解釈変更を閣議決定
2015. 6 公職選挙法改正(満18歳以上に選挙権)
. 9 安全保障関連法成立
2016. 4 熊本地震発生
. 5 伊勢志摩サミット開催。オバマ大統領，広島訪問
2018. 6 民法改正(成年年齢を満18歳以上に，2022年施行)
.12 ＴＰＰ11協定発効
2019. 4 明仁天皇退位　. 5 徳仁親王即位，令和に改元
. 6 G20大阪サミット開催　.10 消費税10%に
2020. 1 日本で新型コロナウイルス感染者確認　. 4 緊急事態宣言発令
. 8 持病の悪化を理由に退陣表明，翌月総辞職

（自民党を中心とした連立内閣）

99　菅義偉《すがよしひで》　2020.9～2021.10(384日)　副総理・財務：麻生太郎

自由民主党・公明党

2021. 7 オリンピック東京大会開催
. 8 パラリンピック東京大会開催
.10 新型コロナウイルス対策などへの批判で支持率が低下。衆院の任期満了間近での解散に踏み切れず，総辞職

100・101　岸田文雄《きしだふみお》①・②　2021.10～

自由民主党・公明党

2022. 3 制定後初の電力需給ひっ迫警報発令(東京・東北電力管内)
. 4 改正民法施行(成年年齢を満18歳以上に引き下げ)
. 7 安倍元首相が銃撃され，死去
2023. 5 広島サミット開催

出身地別 内閣総理大臣

＊出身地は原則として，戦前は「出生地」を，戦後は「選挙区」を記載
＊赤字は戦前の内閣総理大臣をあらわす

出身地	代	首相名	出身地	代	首相名
北海道	93	鳩山由紀夫《はとやまゆきお》	大阪府	42	鈴木貫太郎《すずきかんたろう》
岩手県	19	原敬《はらたかし》		44	幣原喜重郎《しではらきじゅうろう》
	30	斎藤実《さいとうまこと》	岡山県	29	犬養毅《いぬかいつよし》
	37	米内光政《よないみつまさ》		35	平沼騏一郎《ひらぬまきいちろう》
	70	鈴木善幸《すずきぜんこう》		82・83	橋本龍太郎《はしもとりゅうたろう》
群馬県	67	福田赳夫《ふくだたけお》	島根県	25・28	若槻礼次郎《わかつきれいじろう》
	71～73	中曽根康弘《なかそねやすひろ》		74	竹下登《たけしたのぼる》
	84	小渕恵三《おぶちけいぞう》	広島県	21	加藤友三郎《かとうともさぶろう》
	91	福田康夫《ふくだやすお》		58～60	池田勇人《いけだはやと》
栃木県	41	小磯国昭《こいそくにあき》		78	宮沢喜一《みやざわきいち》
東京都	20	高橋是清《たかはしこれきよ》		100・101	岸田文雄《きしだふみお》
	34・38・39	近衛文麿《このえふみまろ》	山口県	1・5・7・10	伊藤博文《いとうひろぶみ》
	40	東条英機《とうじょうひでき》		3・9	山県有朋《やまがたありとも》
	52～54	鳩山一郎《はとやまいちろう》		11・13・15	桂太郎《かつらたろう》
	94	菅直人《かんなおと》		18	寺内正毅《てらうちまさたけ》
千葉県	95	野田佳彦《のだよしひこ》		26	田中義一《たなかぎいち》
神奈川県	46	片山哲《かたやまてつ》		56・57	岸信介《きしのぶすけ》
	87～89	小泉純一郎《こいずみじゅんいちろう》		61～63	佐藤栄作《さとうえいさく》
	99	菅義偉《すがよしひで》		90・96～98	安倍晋三《あべしんぞう》
新潟県	64・65	田中角栄《たなかかくえい》	香川県	68・69	大平正芳《おおひらまさよし》
長野県	80	羽田孜《はたつとむ》	徳島県	66	三木武夫《みきたけお》
静岡県	55	石橋湛山《いしばしたんざん》	高知県	27	浜口雄幸《はまぐちおさち》
愛知県	24	加藤高明《かとうたかあき》		45・48～51	吉田茂《よしだしげる》
	76・77	海部俊樹《かいふとしき》	福岡県	32	広田弘毅《ひろたこうき》
石川県	33	林銑十郎《はやしせんじゅうろう》		92	麻生太郎《あそうたろう》
	36	阿部信行《あべのぶゆき》	佐賀県	8・17	大隈重信《おおくましげのぶ》
	85・86	森喜朗《もりよしろう》	熊本県	23	清浦奎吾《きようらけいご》
福井県	31	岡田啓介《おかだけいすけ》		79	細川護熙《ほそかわもりひろ》
滋賀県	75	宇野宗佑《うのそうすけ》	大分県	81	村山富市《むらやまとみいち》
京都府	12・14	西園寺公望《さいおんじきんもち》	鹿児島県	2	黒田清隆《くろだきよたか》
	43	東久邇宮稔彦《ひがしくにのみやなるひこ》		4・6	松方正義《まつかたまさよし》
	47	芦田均《あしだひとし》		16・22	山本権兵衛《やまもとごんべえ》

歴代首相の覚え方　あしふく麻《あさ》。　鳩がかんの安《あん》すき

年表

- 政治・外交，経済・社会欄の青字は外交関係
- 生活・文化欄の赤字は文学関係
- 世界欄の緑字は中国，朝鮮関係
- ◇印は年号，月が不明確な事項

西暦(年号)	政治・経済・社会・文化		朝鮮	中国		世界
70万年前〜	◇ナウマンゾウ・オオツノジカなどが大陸より渡来《とらい》	**旧石器文化** ・岩陰《いわかげ》・洞窟《どうくつ》などに居住，簡単な小屋作りの住まい　・火の使用			50万年前 ◇シナントロプス(北京《ペキン》原人)	[原人] 70万年前〜◇藍田原人《らんでんげんじん》 50万年前◇ピテカントロプス
3万5000年前 3万年前 1万8000年前 1万3000年前	 ◇野尻湖《のじりこ》でナウマンゾウ・オオツノジカ解体される ◇港川人《みなとがわじん》 ◇浜北人《はまきたじん》	・**打製石器《だせい》**の使用 握斧《あくふ》　ナイフ型石器 尖頭器《せんとうき》　細石器《さいせっき》				[旧人] 20万年前◇ネアンデルタール人，ローデシア人
	[成立期]…草創期 ◇**土器の発明**(縄文土器)	**縄文《じょうもん》文化** ・石器は旧石器時代の細石器を使用			1万数千年前 ◇柳江人	[新人] 5万年前◇クロマニョン人
1万年前	[発展期]…早期 ◇**弓矢の発明**，狩猟《しゅりょう》にイヌを利用 ◇気候の温暖化	・竪穴住居で定住化，貝塚の形成 ・石鏃《せきぞく》，磨製《ませい》石斧，石皿，磨石《すりいし》，骨角器《こっかくき》など		殷《いん》	B.C.2500◇黄河《こうが》文明 B.C.1500◇殷《いん》王朝おこる	B.C.3000◇エジプト文明 B.C.2300◇インダス文明
	[成熟期]…前期・中期・後期・晩期 ◇照葉樹林帯の拡大 ◇人口の増加 ◇狩猟とともに植物採集の比重増加	・大規模集落の成立(三内丸山《さんないまるやま》遺跡…青森など) ・地域性をもった縄文土器の多様化 ・耳飾り，腕飾りなど装身具 ・抜歯《ばっし》の風習，土偶《どぐう》・石棒《せきぼう》など，屈葬《くっそう》		B.C.1027 西周《せいしゅう》 B.C.771	B.C.770　周の東遷	B.C.800◇ギリシア都市国家
B.C.900	◇終末期には水稲農耕《すいとうのうこう》が始まる	・黒曜石《こくようせき》，ヒスイなどの交易		春秋・戦国	B.C.551〜479◇孔子《こうし》	B.C.492　ペルシア戦争 B.C.334　アレクサンドロス大王，東方遠征開始
	◇**水稲農耕**の普及(西日本〜東北) ◇**金属器**の使用 ◇**階級社会**の始まり ◇戦争の始まり	**弥生《やよい》文化** ・**弥生土器**の使用 ・高床《たかゆか》倉庫の一般化 ・青銅の祭器(銅剣・銅矛《どうほこ》・銅戈《どうか》・銅鐸《どうたく》など)，鉄の利器(鉄斧《てっぷ》・鉄鎌《てつがま》など) ・農耕具(石包丁・磨製石器・鋤《すき》や鍬《くわ》などの木器)		B.C.221 秦《しん》 B.C.206	B.C.221　秦《しん》の始皇帝《しこうてい》が中国統一	
				前漢《ぜんかん》	B.C.202　劉邦《りゅうほう》，漢(前漢)建国	
B.C. 1世紀	**小国の分立** ◇倭《わ》国，百余国に分立，楽浪郡に遣使《けんし》(『漢書』地理志)	・高地性集落，環濠《かんごう》集落がつくられる	B.C.108 楽浪《らくろう》郡		B.C.108　武帝《ぶてい》，楽浪郡《らくろうぐん》設置	B.C.27　ローマ元首政開始
A.D.57	倭の奴《な》国の王，後漢に朝貢《ちょうこう》，光武帝《こうぶてい》より「漢委奴《かんのわのなの》国王《こくおう》」の印綬《いんじゅ》を賜う(『後漢書《ごかんじょ》』東夷伝《とういでん》)	・甕棺墓《かめかんぼ》・支石墓《しせきぼ》・箱式石棺墓《はこしきせっかんぼ》・方形周溝墓《ほうけいしゅうこうぼ》などの集団墓に加え，卓越《たくえつ》した墳丘墓《ふんきゅうぼ》の成立	馬《ば》韓《かん》・弁《べん》韓《かん》・辰《しん》韓《かん》 高《こう》句《く》麗《り》	A.D.8 新《しん》	8　王莽《おうもう》即位	
	中国冊封《さくほう》体制に編入			25 後漢《ごかん》	25　光武帝，漢(後漢)再興	
107	倭国王帥升《すいしょう》ら，後漢に生口《せいこう》160人献上《けんじょう》(『後漢書』東夷伝)				184　黄巾《こうきん》の乱	116　トラヤヌス帝最大版図
147〜189	倭国大乱(『後漢書』東夷伝)					150◇カニシカ王，仏教保護
239	邪馬台国《やまたいこく》《やまと》の卑弥呼《ひみこ》《め》，魏《ぎ》へ遣使。「親魏倭王《しんぎわおう》」の金印紫綬《しじゅ》，銅鏡を賜う(「魏志」倭人伝)		210 帯《たい》方《ほう》郡	220 魏《ぎ》・呉《ご》・蜀《しょく》	220　三国時代	226　ササン朝ペルシア成立
248頃	卑弥呼没					
266	倭の女王(壱与《いよ》？)，西晋《せいしん》に遣使(『晋書《しんじょ》』)			265 西晋《せいしん》 316		250◇ローマ帝国，キリスト教迫害
	ヤマト政権の成立 ◇**前方後円墳の成立**…統一的政治連合 ◇朝鮮半島への侵出	3C中頃〜4C初◇初期の前方後円墳…箸墓《はしはか》・椿井大塚山《つばいおおつかやま》・桜井茶臼山《さくらいちゃうすやま》古墳 ◇鉄製農具の普及		280 317 東晋《とうしん》	313　高句麗，楽浪・帯方2郡滅ぼす	

天皇	西暦(年号)	政治・外交	経済・社会	生活・文化	朝鮮	中国	世界
	372	百済《くだら》《ひゃくさい》王，七支刀を日本に贈る		[前方後円墳の画一性]			375 ゲルマン人の大移動
	391	倭，百済・新羅《しらぎ》《しんら》を破り高句麗《こうくり》と戦う(高句麗好太王碑文《こうたいおうひぶん》)		・墳形，竪穴式石室，長大な木棺，鏡など呪術的副葬品		386	395 ローマ帝国東西に分裂
	404	倭，高句麗に敗れ後退				五胡十六国 / 東晋《とうしん》	
		王権の強化と中国交渉…倭の五王の時代		372 **石上神宮七支刀**《いそのかみじんぐうしちしとう》〔製作369〕			
応神《おうじん》	413	倭王(讃？)が東晋に遣使(『晋書』)	◇渡来人の増加 大陸の文化・技術を伝える				414 広開土王碑建立
	421	倭王讃《さん》，宋に遣使(『宋書』)		◇前方後円墳の巨大化		420	
仁徳《にんとく》	425	讃，宋に司馬曹達《しばそうたつ》を遣わし，上表《じょうひょう》，方物《ほうぶつ》を献上(『宋書』)		・**大仙陵**《だいせんりょう》・誉田御廟山古墳《こんだごびょうやま》 ・副葬品が，馬具など大陸系の軍事的・政治的なものに変化			
	438	珍《ちん》，宋に遣使(『宋書』)	**氏姓**《しせい》**制度による体制強化**				
履中《りちゅう》	443	済《せい》，宋に遣使し，「安東《あんとう》将軍倭国王」の称号を賜う(『宋書』)				439	439 **北魏**《ほくぎ》**が華北統一(南北朝時代)**
反正《はんぜい》	451	済，「使持節都督倭《しじせつととくわ》・新羅・任那《みまな》・加羅・秦韓《しんかん》・慕韓《ぼかん》・六国諸軍事安東将軍」となる(『宋書』)	◇弓月君《ゆづきのきみ》(秦氏《はたうじ》の祖)・阿知使主《あちのおみ》(東漢氏《やまとのあやうじ》の祖)・王仁《わに》(西文氏《かわちのふみうじ》の祖)などが渡来		加耶《かや》(加羅《から》)	宋《そう》	
允恭《いんぎょう》	462	興《こう》，宋に遣使し，「安東将軍倭国王」の称号を賜う(『宋書』)					
安康《あんこう》	478	武《ぶ》，宋に上表文を提出。「使持節都督倭・新羅・任那・加羅・秦韓・慕韓六国諸軍事安東大将軍倭王」賜う(『宋書』)		471◇**稲荷山古墳出土鉄剣**《いなりやまこふんしゅつどてっけん》(埼玉)			476 西ローマ帝国，滅亡
雄略《ゆうりゃく》				◇**江田船山古墳出土大刀**《えたふなやまこふんしゅつどたち》(熊本)		北魏《ほくぎ》	
	479	武，斉から「鎮東《ちんとう》大将軍」賜う(『南斉書』)				479 / 斉《せい》	
武烈《ぶれつ》	502	武，梁《りょう》から「征東将軍」賜う(『梁書』)		503◇隅田八幡宮《すだはちまんぐう》人物画像鏡		502	
		豪族の対立と中国冊封《さくほう》**体制からの離脱**					
507	507	大伴金村《おおとものかなむら》，越前より継体《けいたい》天皇を迎え，擁立《ようりつ》(『日本書紀』)		513 百済より**五経博士**《ごきょうはかせ》渡来			
継体《けいたい》	512	大連《おおむらじ》大伴金村，「任那《みまな》四県」(加耶西部)を百済に割譲					
	527	筑紫国造《くにのみやつこ》**磐井**《いわい》**の乱**。新羅と結ぶ				梁《りょう》 / 534	
	528	物部麁鹿火《もののべのあらかび》，磐井の乱を鎮圧				535	
531	531	欽明《きんめい》天皇即位(『上宮聖徳法王帝説』)	534 諸国に**屯倉**《みやけ》を設置			東魏 / 西魏	
欽明《きんめい》	540	大伴金村，「任那四県」割譲問題で大連を辞任		538 百済聖明王《せいめいおう》より**仏教公伝**〔『上宮聖徳法王帝説《じょうぐうしょうとくほうおうていせつ》』・『元興寺縁起《がんごうじえんぎ》』，『日本書紀』では552〕			
	552	大臣《おおおみ》**蘇我稲目**《そがのいなめ》と大連《おおむらじ》**物部尾輿**《おこし》が崇仏論争	552 **蘇我稲目**，家に仏像を安置するが，疫病おこり，**物部尾輿**・中臣鎌子《かまこ》が仏像を捨て建物を焼く			550	
(534 安閑《あんかん》)	554	佐伯連《さえきのむらじ》，百済救済に向かう				556 / 557	◇ササン朝ペルシア全盛
(536 宣化《せんか》)	562	新羅，加耶を滅ぼす			562	北斉 / 北周 / 陳《ちん》	
	569	稲目没		**飛鳥**《あすか》**文化**			
572 敏達《びだつ》	572	敏達《びだつ》天皇即位，**物部守屋**《もりや》を大連に，**蘇我馬子**《うまこ》を大臣とする		577 百済から造仏・造寺工ら来日			571 ムハンマド誕生
585 用明《ようめい》						577	
587 崇峻《すしゅん》	587	**蘇我馬子，物部守屋を滅ぼし崇峻**《すしゅん》**天皇を擁立**				581	
592	592	馬子，崇峻天皇を暗殺させる		588 **飛鳥寺**(法興寺)造営着手		589	
		推古朝の政治					592 隋，均田《きんでん》制実施
	593	.4 **厩戸王**《うまやとおう》(**聖徳太子**《しょうとくたいし》)，**推古**《すいこ》**天皇の摂政**となる		593 四天王寺，難波で造営			
	594	.2 仏教興隆の詔《みことのり》					
	600	◇『隋書』に遣隋使の記事		602.10 百済僧**観勒**《かんろく》，暦本献上			
	603	.12 **冠位十二階**《かんいじゅうにかい》を制定		603.11 秦氏，広隆寺を創建			
	604	.4 **憲法十七条**を制定				隋《ずい》	
推古《すいこ》	607	.7 **小野妹子**《おののいもこ》を隋に派遣，翌年**裴世清**《はいせいせい》とともに帰国	607◇国ごとに**屯倉**を設置	607◇**法隆寺(斑鳩**《いかるが》**寺)創建**	高句麗《こうくり》・百済《くだら》《ひゃくさい》・新羅《しらぎ》《しんら》		
	608	.9 小野妹子を隋へ再派遣，**高向玄理**《たかむこのげんり》・**南淵請安**《みなぶちのしょうあん》・僧旻《みん》ら同行し留学					611 隋の煬帝《ようだい》，高句麗遠征失敗
	614	.6 犬上御田鍬《いぬかみのみたすき》らを隋に派遣	613.11 難波《なにわ》への大道を開く	610.3 高句麗僧**曇徴**《どんちょう》，紙・墨・絵の具の製法を伝える		618	618 **唐建国**
	622	.2 厩戸王没，蘇我馬子が権力掌握《しょうあく》		620◇『天皇記』『国記』を選録			
	626	.5 馬子没，**蘇我蝦夷**《えみし》が大臣となる	626◇大飢饉	622◇中宮寺天寿国繡帳《てんじゅこくしゅうちょう》			
628	628	推古天皇没(75歳)		623.3 **法隆寺金堂釈迦**《しゃか》**三尊像**			
629 舒明《じょめい》	629	.1 舒明《じょめい》天皇即位(蝦夷が擁立)		626〜628◇**石舞台**《いしぶたい》古墳			
641	630	.8 第1回**遣唐使**《けんとうし》を送る(**犬上御田鍬**ら)	636◇大干ばつで飢饉	632.10 唐より旻帰国			637 唐で律令制定
642	642	.1 皇后即位(皇極天皇)，蘇我入鹿《いるか》の執政		640.10 唐より高向玄理・南淵請安帰国			
皇極《こうぎょく》	643	.11 入鹿，山背大兄王《やましろのおおえのおう》一族を滅ぼす				唐《とう》	
645	645	.6−12 **中大兄皇子**《なかのおおえのみこ》**・中臣鎌足**《なかとみのかまたり》**らが板蓋宮**《いたぶき》**で入鹿殺害(乙巳**《おうし》**の変)** .6−13 蝦夷自殺	645.8 男女の法を定める	641 **山田寺**《やまだでら》造営開始(蘇我《そが》倉山田石川麻呂《くらやまだのいしかわまろ》)			
孝徳《こうとく》		.6−14 孝徳《こうとく》天皇即位，中大兄を皇太子とし，左大臣・右大臣・内臣《うちつおみ》(鎌足)・国博士《くにのはかせ》(高向玄理・旻)をおく		645.6 『天皇記』・『国記』焼失 .8 仏教興隆の詔			
	645(大化《たいか》元)	.6−19 初めて年号を建て，**大化**とする .8 東国などに国司を任命					

資料編 年表 飛鳥 奈良

天皇	西暦(年号)	政治・外交	経済・社会	生活・文化	朝鮮	中国	世界
孝徳《こうとく》		.12 難波長柄豊碕宮《なにわながらのとよさきのみや》に遷都〔~655〕		白鳳文化	高句麗・百済・新羅		
	646(大化《たいか》2)	.1 **改新の詔《みことのり》**	646.1 屯倉《みやけ》・田荘《たどころ》・名代《なしろ》・子代《こしろ》・部曲《かきべ》を廃止(公地《こうち》公民《こうみん》制)	646.3 厚葬《こうそう》・殉死《じゅんし》禁止(**薄《はく》葬令《そうれい》**)			
	647(大化3)	◇渟足柵《ぬたりのさく》をつくる。翌年磐舟柵《いわふねのさく》をつくる					
	652(白雉《はくち》3)	.1 班田を行う	652◇初めて班田・造籍を行う	650.2 穴戸(長門)国より白雉《はくち》献上され,改元(年号,白雉)			
	653(白雉4)	◇中大兄皇子,天皇と不和になり,皇極《こうぎょく》上皇らと飛鳥河辺行宮《あすかかわべかりのみや》に移る					
654	654	.2 高向玄理《たかむこのげんり》を遣唐使として再派遣,唐で客死《かくし》					
655 斉明《さいめい》(皇極《こうぎょく》重祚《ちょうそ》)	655	.1 斉明天皇(皇極重祚《ちょうそ》)即位					
	658	.4 **阿倍比羅夫《あべのひらふ》,蝦夷《えみし》の征討開始**〔~660〕					
	660	.3 **阿倍比羅夫,粛慎《みしはせ》を討つ** .9 百済の使い,唐・新羅の攻撃で百済滅亡を伝える		660.5 中大兄皇子,漏刻《ろうこく》をつくらせる			660 **百済滅亡**
661	661	.1 天皇百済救済のため九州に向かう .7 天皇,筑紫《つくし》朝倉《あさくら》宮で没す。中大兄皇子の称制《しょうせい》開始					
	663	.8 日本軍,**白村江《はくそんこう》《はくすきのえ》の戦い**で唐・新羅連合軍に敗北					
(中大兄《なかのおおえの》皇子《おうじ》称制《しょうせい》)	664	◇対馬《つしま》・壱岐《いき》・筑紫《つくし》に防人《さきもり》をおき,烽《とぶひ》を設置。筑紫に**水城《みずき》**を築く。翌年筑紫に大野城など,長門に長門城を築城	664.2 冠位二十六階を制定,豪族の氏上《うじのかみ》と民部《たみべ》・家部《やかべ》を定める。				
	667	.3 飛鳥から**近江《おうみ》大津宮**〔~672〕**に遷都**	666◇百済人二千余人を東国へ移す				
668	668	.1 中大兄皇子即位(天智天皇) ◇**近江令《おうみりょう》**制定	668.7 越国《こしのくに》より燃土《もゆるつち》(石炭)・燃水《もゆるみず》(石油)献上される				668 **高句麗滅亡**
天智《てんじ》	669	.10 中臣鎌足に大織冠《たいしょくかん》,大臣の位を授け,藤原の姓を与える		670.4 **斑鳩寺(法隆寺)炎上**			
671	671	.1 大友皇子,太政大臣となる .10 大海人皇子《おおあまのみこ》《おうじ》,吉野へ退く .12 天智天皇没	670.2 **庚午年籍《こうごねんじゃく》**作成				
(弘文《こうぶん》)	672	.6 **壬申《じんしん》の乱** .7 大海人皇子,美濃《みの》・尾張《おわり》の兵を率い,大友《おおとも》皇子破る ◇**飛鳥浄御原宮《あすかきよみはらのみや》**に遷る〔~694〕					
		律令国家の成立					
672 673	673	.2 大海人皇子(天武天皇)即位		678.12 山田寺丈六《じょうろく》の仏像(**興福寺仏頭《こうふくじぶっとう》**)鋳造	676		676 **新羅,朝鮮半島統一**
	681	.2 飛鳥浄御原令の編纂を開始		680.11 薬師寺建立		唐	
天武《てんむ》	683	.2 大津皇子《おおつのみこ(おうじ)》,朝政に参画		681◇『帝紀』『旧辞』,撰録開始 ◇伊勢神宮式年遷宮始まる			687 ピピン,フランク王国の実権掌握
	684	.2 畿内《きない》・信濃《しなの》に遷都候補地を視察させる .10 **八色《やくさ》の姓《かばね》**を制定					
686 (持統《じとう》称制)	686(朱鳥《しゅちょう》元)	.9 天武天皇没。皇后(持統)が称制 .10 大津皇子の変		685.3 山田寺薬師如来像(現興福寺仏頭)開眼《かいげん》			690 **則天武后《そくてんぶこう》,唐の実権掌握**
	689	.6 **飛鳥浄御原令**(22巻)を施行	690.9 **庚寅年籍《こういんねんじゃく》**作成	690.11 元嘉暦《げんかれき》,儀鳳暦《ぎほうれき》を併用◇**高松塚古墳壁画**	698		698 **渤海《ぼっかい》建国**
690 持統 697	694	.12 **藤原京遷都**〔~710〕	694.3 初めて鋳銭司《じゅせんし》《ちゅう》をおく	698.10 **薬師寺**,藤原京に完成			
文武《もんむ》	701(大宝《たいほう》元)	.8 **大宝律令《たいほうりつりょう》,刑部親王《おさかべしんのう》,藤原不比等《ふじわらのふひと》らにより完成**	703.7 庚午年籍を戸籍の根本台帳として永久保存する	700.3 道昭《どうしょう》没,初めて火葬とする			
	704(慶雲《けいうん》元)	◇鍛冶司《かぬちのつかさ》に諸国の印をつくらせる					
	705(慶雲2)	.4 大納言4人を2人とし,初めて中納言3人をおく					
707	708(和銅《わどう》元)	.1 武蔵国より銅献上,和銅と改元	708.5 **和同開珎《わどうかいちん》鋳造**				
元明《げんめい》	710(和銅3)	.3 **平城京《へいじょうきょう》遷都**〔~784〕	711.10 **蓄銭叙位令《ちくせんじょいれい》**	710.3 藤原氏,興福寺造営発願			
	712(和銅5)	.9 **出羽《でわ》国**設置		712.1 『**古事記《こじき》**』撰上(**太安万侶**)			
	713(和銅6)	.4 丹後《たんご》,美作《みまさか》,**大隅《おおすみ》国**を設置		713.5 諸国に『**風土記《ふどき》**』編集命ず	新羅		
715	715(霊亀《れいき》元)	◇里を郷と改め,2~3の里に分ける(郷里制)	717.4 百姓の浮浪,出家を禁止,行基《ぎょうき》の活動禁止				
元正《げんしょう》	718(養老《ようろう》2)	◇藤原不比等らに**養老律令《ようろうりつりょう》**選定をさせる					
	720(養老4)	.3 大伴旅人《おおとものたびと》,隼人《はやと》の反乱を鎮圧	722.閏4 **百万町歩開墾計画**	720.5 『**日本書紀**』撰上(**舎人親王《とねりしんのう》**)	渤《ぼっ》海《かい》		
724	724(神亀《じんき》元)	.2 **聖武天皇**即位,長屋王《ながやおう》が左大臣に就任 .4 藤原宇合《うまかい》,蝦夷の反乱を鎮圧◇陸奥国に多賀《たが》城建設	723.4 **三世一身法《さんぜいっしんほう》**				
	727(神亀4)	.12 **渤海使《ぼっかいし》**,出羽に来日〔~920,計34回〕					726 ビザンツ皇帝レオン3世,聖像禁止令
	729(天平《てんぴょう》元)	.2 **長屋王の変** .8 藤原光明子《こうみょうし》が皇后となる	730.4 皇后宮職に施薬院《せやくいん》をおく	730.3 **薬師寺東塔《とうとう》**建立			
	731(天平3)	.8 参議をおく(藤原宇合《うまかい》・麻呂《まろ》,葛城王《かずらきおう》=橘《たちばな》諸兄《もろえ》ら就任)		733.2 『出雲国風土記』成立			732 フランク王国でトゥール・ポワティエ間の戦い
				天平文化			
聖武《しょうむ》	737(天平9)	◇藤原4子(武智麻呂《むちまろ》,房前《ふささき》,宇合,麻呂),天然痘《てんねんとう》で死す	735◇天然痘大流行〔~737〕	734.1 興福寺十大弟子《じゅうだいでし》,八部衆像《はちぶしゅうぞう》 .11 玄昉,吉備真備帰国			
	738(天平10)	.1 **橘諸兄,右大臣就任**。玄昉《げんぼう》,吉備真備《きびのまきび》登用		739◇**法隆寺夢殿《ほうりゅうじゆめどの》・伝法堂《でんぽうどう》**			
	740(天平12)	.9 **藤原広嗣《ひろつぐ》の乱** .12 天皇,恭仁《くに》京に行幸		741.2 **国分寺《こくぶんじ》・国分尼寺《こくぶんにじ》建立の詔《みことのり》**			
	742(天平14)	.8 紫香楽宮《しがらきのみや》離宮を造営					
	743(天平15)	.5 橘諸兄,左大臣に就任	743.5 **墾田永年私財法《こんでんえいねんしざいほう》**	743.10 **大仏造立の詔**			
	744(天平16)	.2 難波宮《なにわのみや》遷都 .11 紫香楽宮遷都					
	745(天平17)	.5 平城京遷都 .11 玄昉,筑紫観世音寺に左遷					
749	749(天平勝宝《てんぴょうしょうほう》元)	.8 **藤原仲麻呂**,紫微中台《しびちゅうだい》長官となる	749.2 陸奥国より黄金献上				

天皇	摂政	関白	西暦(年号)	政治・外交	経済・社会	生活・文化	朝鮮	中国	世界
孝謙《こうけん》			756(天平勝宝《てんぴょうしょうほう》8)	.2 橘諸兄引退	749.7 私出挙《しすいこ》を禁止。	747.3 新薬師寺創建			750 イスラーム,
			757(天平宝字《てんぴょうほうじ》元)	.5 仲麻呂,**養老律令《ようろうりつりょう》を施行** .7 **橘奈良麻呂《たちばなのならまろ》の変**	諸寺の墾田を制限	◇東大寺三月堂《さんがつどう》,不空《ふくう》			アッバース朝
—758—			758(天平宝字2)	.8 仲麻呂,**恵美押勝《えみのおしかつ》**の名を賜う	757.閏8 防人《さきもり》に東国兵	羂索観音《けんじゃくかんのん》			751 イスラーム
			760(天平宝字4)	.1 恵美押勝(仲麻呂),大師《たいし》(太政大臣)となる	士を送るのをやめ,	751.11『懐風藻《かいふうそう》』完成			軍,タラス河
淳仁《じゅんにん》			761(天平宝字5)	.10 孝謙《こうけん》上皇,保良宮《ほらのみや》で病の際,**道鏡《どうきょう》**に看病受ける	西海道《さいかいどう》7国の兵士を	752.4 **大仏開眼《だいぶつかいげん》**			畔の戦いで唐
			762(天平宝字6)	.6 上皇,押勝(仲麻呂)擁する淳仁天皇を非難,	当てる	754.4 **鑑真《がんじん》**,東大寺に戒壇《かいだん》			を破る
				国政を掌握	758.1 問民苦使《もみくし》の派遣,	を築く◇**鳥毛立女屛風《ちょうもうりつじょびょうぶ》**			755 安史《あんし》の乱
—764—			764(天平宝字8)	.9 **恵美押勝の乱**。道鏡,大臣禅師《だいじんぜんじ》となる .10 淳	各地に**義倉《ぎそう》**増加	756.6 聖武遺品を止倉			〔〜763〕
				仁天皇を淡路に流し,孝謙上皇重祚《ちょうそ》(称徳天皇)	759.5 諸国に常平倉《じょうへいそう》設置	院へ納入			
称徳《しょうとく》			765(天平神護《てんぴょうじんご》元)	.閏10 道鏡,太政大臣禅師となる〔766 法王〕	765.3 寺院以外の墾田	759.8 **唐招提寺《とうしょうだいじ》建立**			768 フランク王
(孝謙			769(神護景雲《じんごけいうん》3)	.9 宇佐八幡神託《うさはちまんしんたく》事件。和気清麻呂《わけのきよまろ》を大隅配流《はいる》。	開発を禁止	◇『**万葉集《まんようしゅう》**』最新歌			国,カール大
重祚)				〔770 召還〕	767.10 陸奥国に伊治《いじ》城	761.1 下野薬師寺,筑			帝
				政治刷新への動き	完成	紫観世音寺に戒壇を			
—770—			770(宝亀《ほうき》元)	.8 称徳天皇没,道鏡下野に左遷	772.10 再び墾田開発の	建立			
光仁《こうにん》				.10 白壁《しらかべ》王即位(光仁天皇)	許可	763.8 儀鳳暦《ぎほうれき》廃止,大《だい》			
			780(宝亀11)	.3 陸奥国伊治郡司の伊治呰麻呂《これはりのあざまろ》の乱	**初期荘園(墾田地系荘園)発展**	衍暦《えんれき》に変える			780 唐,両税法《りょうぜいほう》
—781—			781(天応元)	.4 桓武天皇即位		768.11 春日神社創建			786〜809 アッ
			784(延暦《えんりゃく》3)	.11 **長岡京遷都**(造長岡京宮使《ぐうし》は藤原種継《たねつぐ》)	784.11 国司の職田《しきでん》以外	770.4 百万塔陀羅尼《ひゃくまんとうだらに》			バース朝全盛
			785(延暦4)	.9 種継暗殺。早良《さわら》親王廃太子	の墾田禁止	773.閏7 良弁《ろうべん》没			(イスラーム
				.10 早良親王,淡路配流《あわじはいる》の途中に断食死《だんじきし》	785.7 国司の正税流用	◇石上宅嗣《いそのかみのやかつぐ》の芸亭《うんてい》			文化爛熟期)
桓武《かんむ》			788(延暦7)	◇**蝦夷征討《えみしせいとう》開始**	禁止	**弘仁・貞観文化**			
			792(延暦11)	.6 **辺境以外の軍団を廃止し,健児《こんでい》の制とする**		781〜783 **室生寺《むろうじ》**創建			
			794(延暦13)	.10 **平安京遷都** .11 **山背《やましろ》国を山城国と改める**	795.閏7 **雑徭《ぞうよう》半減**(60	788◇**最澄《さいちょう》,比叡山延暦《ひえいざんえんりゃく》**			
			797(延暦16)	.9 **勘解由使《かげゆし》**設置	日→30日),**公出挙《くすいこ》の**	**寺《じ》創建**			800 フランク王
				.11 **坂上田村麻呂《さかのうえのたむらまろ》,征夷大将軍《せいいたいしょうぐん》に任命**される	**利率減**(5割→3割)	796◇**教王護国寺《きょうおうごこくじ》(東寺)**			国の大帝戴冠
			802(延暦21)	.1 田村麻呂,**胆沢城《いさわじょう》**を築き,鎮守府《ちんじゅふ》を移す	801.6 畿内の班田を一《いっ》	創建			
平城《へいぜい》			803(延暦22)	.3 田村麻呂,**志波城《しわじょう》**を築く	紀《き》(12年)1班とする	797.2『**続日本紀《しょくにほんぎ》**』撰進			
			805(延暦24)	.12 藤原緒嗣《おつぐ》,軍事(征夷)・造作(造都)中止を建		804.3 **最澄《さいちょう》・空海《くうかい》**,遣唐			
—806—				議,平安京造営中止	806.閏6 王臣《おうしん》家等の山	使に随行し唐へ渡る			
—809—			810(弘仁《こうにん》元)	.3 **蔵人所《くろうどどころ》を設置,藤原冬嗣《ふゆつぐ》が蔵人頭になる**	野独占を禁止	805.6 最澄帰国(**天台《てんだい》**			
				.9 **平城太上天皇《へいぜいだいじょう》の変**(**薬子《くすこ》の変**)		**宗《しゅう》**開く)	新	渤	
嵯峨《さが》			811(弘仁2)	.10 征夷大将軍文室綿麻呂《ふんやのわたまろ》,蝦夷を服属させる	812◇国司の職田《しきでん》以外の	806.8 空海帰国(**真言《しんごん》**			
			816(弘仁7)	◇**検非違使《けびいし》**設置	私営田を禁止	**宗《しゅう》**開く)		唐	
			820(弘仁11)	.4 **弘仁格式《こうにんきゃくしき》**成立(藤原冬嗣ら)	823.2 大宰府管内で公《く》	814.6『新撰姓氏録《しんせんしょうじろく》』			
—823—			825(天長《てんちょう》2)	.1 冬嗣,右大臣となる	営田《えいでん》制実施	◇『**凌雲集《りょううんしゅう》**』			
淳和《じゅんな》				.4 冬嗣が左大臣に,緒嗣が右大臣となる	◇**勅旨田《ちょくしでん》,親王賜田《しんのうしでん》**が	816.6 空海,**金剛峯寺《こんごうぶじ》**	羅	海	
—833—			833(天長10)	.2 **令義解《りょうのぎげ》**の撰上(清原夏野ら)	増加	創建			
			838(承和《じょうわ》5)	.7 事実上,最後の遣唐使派遣	◇**院宮王臣家《いんぐうおうしんけ》荘園**の拡大	820.2 最澄,『顕戒論』			
			842(承和9)	.7 **承和《じょうわ》の変**(**伴健岑《とものこわみね》,橘逸勢《たちばなのはやなり》ら流罪**)	840◇群盗頻発する	進上			
				.8 恒貞《つねさだ》親王を廃し,道康《みちやす》親王(良房の妹順子の	◇勅旨田《ちょくしでん》増加	821◇藤原冬嗣,**勧学院《かんがくいん》**			843 ヴェルダン
仁明《にんみょう》				子)が皇太子となる		創立			条約(フラン
			848(嘉祥《かしょう》元)	.1 良房《よしふさ》,右大臣となる		827.5『経国集《けいこくしゅう》』			ク王国三分)
				藤原氏北家の台頭		828.11 空海が**綜芸種智《しゅげいしゅち》**			
—850—			850(嘉祥3)	.4 道康親王(文徳《もんとく》天皇)即位	853◇疱瘡《ほうそう》流行	**院《いん》**創立			
文徳《もんとく》			857(天安《てんあん》元)	.2 **藤原良房**,太政大臣就任		838.7 **円仁《えんにん》**,遣唐使に			
—858—			858(天安2)	.11 惟仁《これひと》親王(清和天皇),9歳で即位,**良房が事実**		同行			
				上摂政の任につく	861.11 武蔵国各郡に検《け》	841.12『**日本後紀《にほんこうき》**』(藤			862 リューリク
	—866—		866(貞観《じょうがん》8)	.閏3 応天門《おうてんもん》が炎上	非違使《びいし》設置	原緒嗣《おつぐ》ら)			のノヴゴロド
				.8 **良房,人臣にして初めて摂政就任**		847.10 円仁帰国			王国
清和《せいわ》	藤原良房《よしふさ》			.9 **応天門の変**(伴善男《とものよしお》,紀豊城《きのとよき》・夏井ら流罪)	867.4 穀価調整のため,	◇**学館院《がっかんいん》**創立			
			869(貞観11)	.9 **貞観格《じょうがんきゃく》**撰上〔871.10 **貞観式**撰上〕	京都に常平所《じょうへいしょ》をおく	853.7 **円珍《えんちん》**,唐の商船			
	—872—		872(貞観14)	.11 **藤原基経《もとつね》,摂政就任**		で入唐			
			873(貞観15)	.4 清和天皇の孫の経基王に源姓を与える(**清和源氏《せいわげんじ》**)		858.6 円珍帰国			
—876—	基経《もとつね》		876(貞観18)	.11 清和天皇27歳で譲位,貞明《さだあきら》親王(陽成《ようぜい》天皇)9	879.12 畿内に官田を設置	861.6 宣明暦《せんみょうれき》採用			875 黄巣《こうそう》の乱
				歳で即位	◇**官省符荘《かんしょうふしょう》**が増加,**不**	〔〜1684〕			〔〜884〕
陽成《ようぜい》			878(元慶《がんぎょう》2)	.3 出羽国で反乱(元慶の乱)	**輸・不入の特権**拡大	869.8『**続日本後紀《しょくにほんこうき》**』			
—884—	—884—		884(元慶8)	.2 時康《ときやす》親王(光孝天皇)即位	884.6 石見で国司と郡	(藤原良房ら)			
光孝《こうこう》				.6 **藤原基経が事実上の関白**	司百姓との争い	876.2 嵯峨院を大覚寺《だいかくじ》			
—887—		基経	887(仁和《にんな》3)	.11 基経に関白の詔。**阿衡《あこう》の紛議**おこる〔〜888〕		と改名			
			889(寛平《かんぴょう》元)	.5 桓武天皇の曾孫高望《たかもち》王に平姓を与える(**桓武平氏《かんむへいし》**)	**寄進地系荘園の発達**	879.11『**日本文徳天皇**			
	—890—			**寛平の治**		**実録**』(藤原基経ら)			
宇多《うだ》			891(寛平3)	.1 基経没 .2 **菅原道真《すがわらのみちざね》**,蔵人頭《くろうどのとう》となる		881◇在原行平,**奨学院《しょうがくいん》**			
			893(寛平5)	.3 唐にいた僧中瓘《ちゅうかん》が,唐の衰退を報告		創立			
			894(寛平6)	.8 道真,遣唐大使に任命されるが,**遣唐使派遣**	895.3 王臣諸家の私出《しすい》				
				中止を建議	挙《こ》禁止				

天皇	摂政 関白	西暦(年号)	政治・外交	経済・社会	生活・文化	朝鮮	中国		世界
897			◇**滝口の武者**をおく	896. *4* 五位以上の私田	◇**密教の加持祈禱《かじきとう》**流行				
		899(昌泰《しょうたい》2)	*.2* 左大臣に藤原時平，右大臣に道真が就任	経営を禁止	◇**神仏習合**(**本地垂迹説《ほんじすいじゃくせつ》**)		渤	唐	
		901(昌泰4)	*.2* 道真,大宰権帥《だざいのごんのそち》に左遷《させん》(昌泰の変)　*.7* 延喜改元	902. *3* **延喜の荘園整理**	すすむ				
			延喜の治	**令,最後の班田の記録**	892. *5*『**類聚国史《るいじゅうこくし》**』(菅	新	海		
		907(延喜《えんぎ》7)	*.11* 藤原時平ら**延喜格《えんぎきゃく》**撰上	◇**田堵《たと》**の成長	原道真)		907	907	907　**唐滅亡**
		914(延喜14)	*.4* **三善清行《みよしのきよゆき》，意見封事《ふうじ》十二箇条を奏上**		◇**薬師寺僧形八幡神像《そうぎょうはちまんしんぞう》**				
醍醐《だいご》			*.8* 藤原忠平《ただひら》，右大臣就任		899◇**教王護国寺両界曼《りょうかいまん》**	羅			916　耶律阿保《やりつあぼ》
		923(延長《えんちょう》元)	*.閏4* 故菅原道真を右大臣に復し，正《しょう》二位を賜		**荼羅《だら》**				機《き》,契丹《きったん》(遼)
			い，左遷の詔書を焼く		**国風文化**				建国
		924(延長2)	*.1* 忠平，左大臣就任		901. *8*『日本三代実録』	918			918　**王建《おうけん》，高《こう》**
		927(延長5)	*.12* 忠平ら**延喜式《えんぎしき》**を撰上		(藤原時平ら)		926		**麗《らい》建国**
930	930	930(延長8)	*.9* 醍醐天皇譲位，忠平が摂政就任		905. *5* 紀貫之《きのつらゆき》ら『**古今**				
		935(承平《じょうへい》5)	*.2* **平将門《たいらのまさかど》**,叔父の平国香《たいらのくにか》を殺害		**和歌集**』撰上			五《ご》	
		936(承平6)	*.6* 前伊予掾《じょう》**藤原純友《すみとも》**が日振島で海賊を帰順させる	937.*11* 富士山噴火	◇『**竹取物語**』				
		939(天慶《てんぎょう》2)	*.11* 将門，常陸，上野，下野の国衙《こくが》を攻め取り，		◇『**伊勢物語**』				936　**高麗，朝**
朱雀《すざく》	忠平《ただひら》		新皇と称する(平将門の乱)		◇『和名類聚抄《わみょうるいじゅうしょう》』(源順《みなもとのしたごう》)				**鮮半島統一**
			.12 純友,讃岐《さぬき》・淡路を襲い,大宰府を焼き討ち		◇『**土佐《とさ》日記**』(**紀貫之**)			代《だい》	
			(藤原純友の乱)		938◇**空也《くうや》**(市聖《いちのひじり》)，都で				
		940(天慶3)	*.2* 平貞盛《さだもり》，藤原秀郷《ひでさと》らが将門を討つ		念仏す		契《きっ》		
	941	941(天慶4)	*.6* 小野好古《よしふる》，源経基らが純友を討つ	◇**国衙領《こくがりょう》**の成立，**遙任《ようにん》**国	940◇『将門記《しょうもんき》』(初の軍				
946			*.11* 忠平，関白就任	司が増える	記物)	高《こう》			
	忠平								
			天暦の治						
村上《むらかみ》	949	949(天暦《てんりゃく》3)	*.8* 忠平没，村上天皇の親政						
		950(天暦4)	*.7* 受領《ずりょう》の赴任しないものを処罰		951.*10* 醍醐寺五重塔建		丹《たん》		
		957(天徳《てんとく》元)	*.12* 菅原文時《ふみとき》,意見封事三箇条(売官停止，奢侈《しゃし》	958. *3* **乾元大宝《けんげんたいほう》**を鋳造	立,和歌所をおき,『後《ご》				
冷泉《れいぜい》			禁止など)	(最後の**本朝《ほんちょう》十二銭**)	撰和歌集《せんわかしゅう》』撰集開始			960	960　**宋建国**
967	967 実頼《さねより》	967(康保《こうほう》4)	*.6* 実頼《さねより》，関白就任　*.12* 源高明《みなもとのたかあきら》左大臣に就任	◇権門寺社に荘園の寄進		麗《らい》	(遼《りょう》)		962　オットー
969	969	969(安和《あんな》2)	*.3* **安和《あんな》の変**(**源満仲《みつなか》**の密告で，**源高明失脚**)，	増加(寄進地系荘園)	◇『大和《やまと》物語』『宇津保《うつぼ》物語』				1世，神聖
伊尹《これただ》	実頼		満仲正五位下となり，中央政界進出	968. *7* 東大寺・興福寺					ローマ帝国
兼通《かねみち》	970	970(天禄《てんろく》元)	*.1* 実頼没，**伊尹《これただ》**摂政就任	の僧兵乱闘					皇帝
円融《えんゆう》	972	972(天禄3)	*.11* 権中納言《ごんちゅうなごん》兼通《かねみち》,大納言兼家《かねいえ》を越え,関白就任	974. *8~9* 疱瘡《ほうそう》流行	974◇『蜻蛉《かげろう》日記』(藤原				
頼忠《よりただ》	977	977(貞元《じょうげん》2)	*.10* **兼通**，弟**兼家**を左遷，頼忠《よりただ》に関白を譲る	◇荘園の寄進，摂関家へ	道綱《みちつな》の母)				979　宋，中国
984	984	986(寛和《かんな》2)	*.6* 兼家，天皇を出家させ，摂政就任	集中	985◇『往生要集《おうじょうようしゅう》』(源信《げんしん》)				を統一
花山《かざん》	989	989(永祚《えいそ》元)	*.6* 頼忠没	984.*11* 永観《えいかん》の荘園整理	◇『**枕草子《まくらのそうし》**』(**清少納言《せいしょうなごん》**)				987　フランス，
986 兼家《かねいえ》	990	990(正暦《しょうりゃく》元)	*.10* 道隆《みちたか》，摂政となる。藤原遵子《じゅんし》が皇后，定子《ていし》	令(延喜《えんぎ》2年以降の					カペー朝
兼家	道隆《みちたか》		が中宮《ちゅうぐう》となる	荘園停止)					
		991(正暦2)	*.9* 皇太后藤原詮子《せんし》を東三条院《ひがしさんじょういん》とする(女院《にょいん》号の初め)	988.*11* 尾張国の郡司・					
	993	993(正暦4)	*.4* 道隆，関白となる	百姓らが,国司藤原元《もと》					
	道隆	994(正暦5)	*.8* 伊周《これちか》，内大臣となる	命《なが》の非法を訴える(**尾《お》**					
一条《いちじょう》	995	995(長徳《ちょうとく》元)	*.5* 道隆に続き道兼没。**道長《みちなが》**,**内覧の宣旨**受ける	**張国郡司百姓等解《わりのくにぐんじひゃくしょうらげ》**)					
	道兼《みちかね》		*.7* **伊周との論争**	994◇諸国疫病流行					
	995	996(長徳2)	*.4* **伊周・隆家左遷**						
			.7 道長，左大臣就任	1000◇疫病流行(翌年まで)				宋《そう》	
	道長《みちなが》		**摂関政治全盛**	1006. *7* 興福寺僧が入京					
	(内覧《ないらん》)	1000(長保《ちょうほう》2)	*.2* 道隆の女，定子を皇后に，道長の女，彰子《しょうし》	し強訴《ごうそ》	1003. *8* 寂照《じゃくしょう》入宋				
1011			を中宮とする	◇強訴が盛んになる	1004◇『和泉式部《いずみしきぶ》日記』			(北	
三条《さんじょう》		1012(長和《ちょうわ》元)	*.2* 道長の女，妍子《けんし》が中宮になる	1015. *3~7* 疫病流行	◇『**紫式部《むらさきしきぶ》日記**』				
1016	1016	1016(長和5)	*.1* **道長**，**摂政**就任	1021.*10* 天皇，春日社に	◇『**源氏物語《げんじものがたり》**』(**紫式部《むらさきしきぶ》**)			宋	1016　デーン人，
	道長 1017	1017(寛仁《かんにん》元)	*.3* **頼通《よりみち》**,**摂政**就任　*.12* 道長,太政大臣となる	行幸，大和国添上《そえかみ》郡	1013◇『和漢朗詠集《わかんろうえいしゅう》』藤原			)	イギリス征
		1018(寛仁2)	*.1* 彰子,太皇太后になる　*.6* 源頼光《よりみつ》,道長の新	を寄進	公任《きんとう》				服
	頼通《よりみち》		邸(土御門《つちみかど》邸)の家具・調度の一切を献上　*.10* 妍子	1040. *6* 長久の荘園整理令	1017. *6* **源信《げんしん》**(**恵心僧都《えしんそうず》**)没				
			を皇太后,威《い》子を中宮とし**道長一家3立后**を達成	1045.*10* **寛徳《かんとく》の荘園整理**	1018. *8*『白氏詩巻《はくししかん》』(藤原				
	1019	1019(寛仁3)	*.4* **刀伊《とい》の入寇**(女真《じょしん》人，対馬・壱岐・筑紫来	**令**(前の国司以後の	行成《ゆきなり》)				
			襲し，**隆家**らが撃退)　*.12* **頼通**，**関白**就任	新立荘園禁止)	1020. *2* **法成寺《ほうじょうじ》**建立				
後一条《ごいちじょう》		1021(治安《じあん》元)	*.7* 藤原公季《きんすえ》が太政大臣，頼通が左大臣，実資《さねすけ》	1055. *3* 天喜の荘園整理	1021◇この年,『**御堂関白《みどうかんぱく》**				
			が右大臣となる	令(寛徳2年以後の	**記《き》**』(**藤原道長**)終了				
		1027(万寿《まんじゅ》4)	*.12* 道長没	新立荘園停止)	◇『**栄華《えいが》物語**』				
		1028(長元《ちょうげん》元)	*.6* **平忠常《ただつね》の乱**〔~31〕	1069. *2* **延久の荘園整理**					
	頼通	1030(長元3)	*.9* **源頼信《よりのぶ》**に忠常《ただつね》追討を命ず	**令，初めて記録荘園**	1032◇この年,『**小右記《しょうゆうき》**』				
後朱雀《ごすざく》		1031(長元4)	*.4* 頼信，忠常降伏を奏上	**券契《けんけい》所を設置**	(**藤原実資《さねすけ》**)終了				
1036		1032(長元5)	*.2* 頼信，美濃守に任命される	1072. *9* 量衡《りょうこう》の制を定む	1052◇この年から末法に				1038　セルジュー
1045		1051(永承《えいしょう》6)	◇**前九年《ぜんくねん》合戦**(陸奥国で安倍頼時《あべのよりとき》が国司に従わ	(**延久の宣旨枡《せんじます》**)	入るとされる				ク朝おこる，
			ず，陸奥守に**源頼義《よりよし》**を任命し遣わす)	1075. *5* 延暦寺《えんりゃくじ》，園城寺《おんじょうじ》	*.3* 頼通が宇治の別				西夏《せいか》建国
		1057(天喜《てんき》5)	*.7* 頼義，頼時を討つが，子の貞任《さだとう》，宗任《むねとう》抗戦	の抗争	邸を平等院と称する				

天皇	院	摂政・関白	西暦(年号)	政治・外交	経済・社会	生活・文化	朝鮮	中国	世界
			1060(康平《こうへい》3)	.7 教通《のりみち》，左大臣就任	1081.3 興福寺僧の強訴	1053.3 **平等院鳳凰《びょうどういんほうおう》堂《どう》建立，阿弥陀《あみだ》如来像《にょらいぞう》(定朝《じょうちょう》)**			
後冷泉《ごれいぜい》			1061(康平4)	.12 頼通，太政大臣就任	.9 **義家**らに園城寺悪僧を追捕させる				
		頼通《よりみち》	1062(康平5)	.9 頼義，貞任を討つ(前九年合戦終わる)					
			1063(康平6)	.2 **頼義**を伊予守，子の**義家《よしいえ》**を出羽守とする	1091.6 **源義家**への荘園寄進禁止	◇『更級日記《さらしなにっき》』(菅原《すがわらの》孝標《たかすえ》の女《むすめ》)			1066 イギリス，ノルマン朝成立
—1068— **後三条《ごさんじょう》**		—1068—	1068(治暦《じりゃく》4)	.7 **後三条天皇**即位(藤原氏を外戚とせず)，**大江匡房《まさふさ》**の登用	1092.5 新立荘園，義家の設立した荘園停止	◇『陸奥話記《むつわき》』			
—1072—			1072(延久《えんきゅう》4)	.12 後三条天皇譲位		1063.8 **鶴岡八幡宮《つるがおかはちまんぐう》創建**(源頼義)			1069 宋，王安《おうあん》石《せき》の新法実施
		教通《のりみち》	1073(延久5)	.1 後三条上皇**院蔵人所《いんくろうどどころ》(院庁)を設置**	1093.8 興福寺僧徒《そうと》，春日大社神木《しんぼく》を奉じ入京し強訴(神木動座《どうざ》の初め)				
				.5 後三条法皇没					
		—1075—	1074(承保《じょうほう》元)	.2 頼通没		1077.12 白河天皇が**法勝寺《ほっしょうじ》**供養			1077 カノッサの屈辱
白河《しらかわ》			1081(永保《えいほう》元)	.10 天皇，石清水《いわしみず》八幡宮行幸の際，源義家に警護させる	1095.10 延暦寺僧徒，日吉《ひよし》神社神輿《しんよ》を奉じ入京を企てる(神輿動座の初め)				
		師実《もろざね》	1083(永保3)	.3 **後三年合戦《ごさんねんかっせん》**[〜87]				遼 / 宋（北宋）	
				院政開始					
—1086—	1086	—1086—	1086(応徳《おうとく》3)	.11 **白河上皇**，堀河天皇(8歳)に譲位し，**院政開始**	1097◇平正盛，私領を六条《ろくじょう》院《いん》に寄進し院に接近	1086.9『後拾遺和《ごしゅういわ》歌集《かしゅう》』(藤原通俊《みちとし》)			
		師実	1087(寛治《かんじ》元)	.12 義家《よしいえ》，清原家衡《いえひら》ら追討を報告(後三年合戦終了)	1099.5 康和《こうわ》の荘園整理令	◇「**源氏物語絵巻《げんじものがたりえまき》**」			
					1105.8 延暦寺僧徒，日吉《ひよし》神人《じにん》，石清水《いわしみず》八幡宮神人が強訴	◇「**高野山聖衆来迎図《こうやさんしょうじゅらいごうず》**」			
堀河《ほりかわ》		—1090— 師実 —1094—	1090(寛治4)	.1 上皇，熊野《くまの》に参詣《さんけい》(**熊野信仰**盛んになる) ◇院の警固に**北面《ほくめん》の武士**をおく		1096.6〜 京都に田楽《でんがく》大流行			1096 第1回十字軍
		師通《もろみち》	1098(承徳《じょうとく》2)	.10 **源義家**が院の昇殿を許される	1108.11 新立荘園停止				
		—1099— —1105— 忠実《ただざね》	1108(天仁《てんにん》元)	.1 **平正盛《まさもり》**，出雲で反乱の**源義親《よしちか》**(義家の子)を討つ .3 源平両氏に延暦寺，園城寺の強訴を防がせる	◇**成功《じょうごう》(売位・売官)の増加** ◇**名主《みょうしゅ》**層の成長	1102.7 堀河天皇，尊勝寺《そんしょうじ》落成供養			
—1107—	**白河**	—1107— 忠実			1118◇二毛作，伊勢で初見	1105.2 藤原清衡《きよひら》，中尊寺建立			
鳥羽《とば》		—1113—	1113(永久《えいきゅう》元)	閏3〜4 興福寺と延暦寺が争乱，検非違使平正盛・源光国らに両寺僧徒の強訴を防がせる	1119.3 法皇，関白忠実の新立荘園5,000町を停止 .5 平正盛に京の強盗を逮捕させる	◇**今様《いまよう》**流行 ◇『**今昔物語集《こんじゃくものがたりしゅう》**』			
		忠実	1116(永久4)	.5 宋の牒状《ちょうじょう》到来		1117◇平泉毛越寺《ひらいずみもうつうじ》庭園	高	1115	1115 金《きん》建国
		—1121— 忠通《ただみち》	1119(元永《げんえい》2)	.12 正盛，鎮西《ちんぜい》の賊徒《ぞくと》を討ち，従《じゅ》四位下に叙される	1120.4 延暦，園城両寺に僧徒の乱行禁止の院宣	1124.8 **平泉中尊寺《ちゅうそんじ》金色堂《こんじきどう》**		1125	1125 金，遼を滅ぼす
—1123—		—1123—		平氏の台頭	1127.5 大治《だいじ》の荘園整理令				
	—1129—	忠通 —1129—	1129(大治《だいじ》4)	.3 **平忠盛《ただもり》，瀬戸内海の海賊追討**	1135.8 桂津《かつらづ》の戸居《とい》(問)男，勅使の船を準備(問丸の初め)	◇『**大鏡《おおかがみ》**』	麗		1126 靖康の変により宋(北宋)滅亡[〜27]
崇徳《すとく》			1132(長承《ちょうしょう》元)	.3 平忠盛，内昇殿を許される		◇「**信貴山縁起絵巻《しぎさんえんぎえまき》**」			
		忠通	1135(保延《ほうえん》元)	.8 忠盛，海賊を捕らえその功により，子の**清盛《きよもり》**が従《じゅ》四位下に叙せられる	◇南都北嶺《なんとほくれい》の争い。強訴が激しい	◇「**伴大納言絵巻《ばんだいなごんえまき》**」			
—1141—	**鳥羽**	—1141—	1139(保延5)	.3 興福寺僧徒の入京を忠盛らに防がせる		◇「**鳥獣人物戯画《ちょうじゅうじんぶつぎが》**」		金《きん》 1127	1127 南宋建国
		忠通	1146(久安《きゅうあん》2)	.2 平清盛，安芸守《あきのかみ》となる	1137.2 興福寺僧徒，神木を奉じ入京強訴				1142 南宋と金の和議
近衛《このえ》		—1150—	1150(久安6)	.9 藤原忠通《ただみち》と頼長《よりなが》争い，頼長が氏長者《うじのちょうじゃ》となる	◇荘園の寄進，院に集中				
		忠通	1154(久寿《きゅうじゅ》元)	.11 源為朝《ためとも》の鎮西での乱行で父為義《ためよし》，右衛《うえ》門尉《もんのじょう》解任	◇**荘園公領制**が確立			南宋	1143 ポルトガル王国成立
—1155—					1141 **八条院領**成立	1160◇**陸奥白水阿弥陀堂《むつしらみずあみだどう》**			
後白河《ごしらかわ》	—1156—		1156(保元《ほうげん》元)	.7 **保元《ほうげん》の乱**(崇徳上皇配流，源為義ら斬首《ざんしゅ》)	1150.8 興福寺，春日神人入京強訴				
—1158—	—1158—	—1158—				1164.9 清盛以下一門，法華経の書写を厳島《いつくしま》神社に奉納(**平家納経《へいけのうきょう》**)			
			1159(平治《へいじ》元)	.12 **平治の乱**(藤原信頼《のぶより》斬首，**平清盛実権掌握**)	1156.閏9 新立荘園の停止 .10 記録所設置				
二条《にじょう》		**基実《もとざね》**			1157.2 内裏造営のため，寺社諸家荘園に諸役を課す				
				平氏政権		.12 蓮華王院《れんげおういん》(**三十三間堂**)創建			
—1165—	**後白河**	—1165—	1160(永暦《えいりゃく》元)	.1 **源義朝《よしとも》，尾張で謀殺**					
六条《ろくじょう》		基実		.3 **源頼朝《よりとも》，伊豆配流**		1167◇**重源《ちょうげん》**入宋			
—1168—		—1166—	1167(仁安《にんあん》2)	.2 **平清盛，太政大臣《だいじょうだいじん》就任**	1165.10 興福寺僧徒，神木を奉じ入京強訴	1168.4 栄西《えいさい》入宋，同年帰国《ようさい》			
		基房《もとふさ》	1170(嘉応《かおう》2)	.5 藤原秀衡《ひでひら》，鎮守府《ちんじゅふ》将軍に任命される					
		—1172—	1172(承安《じょうあん》2)	.2 清盛の娘，徳子《とくこ》を中宮とする	◇**日宋《にっそう》貿易の活発化**	1172◇『今鏡《いまかがみ》』			
高倉《たかくら》		基房		.9 宋より後白河法皇・清盛に方物《ほうぶつ》を献上		1175◇**法然《ほうねん》，専修念仏《せんじゅねんぶつ》**を説く			
			1177(治承《じしょう》元)	.6 **鹿ケ谷《ししがだに》の陰謀**が露顕					
	—1179—	—1179— 基通《もとみち》	1179(治承3)	.11 清盛，院政を強制的に停止し，後白河法皇を鳥羽殿に幽閉		1179◇『**梁塵秘抄《りょうじんひしょう》**』成立 1180.12 平重衡《しげひら》，東大寺・興福寺を焼打ち			
—1180—	—1180— 高倉	—1180—	1180(治承4)	.4 **以仁王《もちひとおう》の令旨《りょうじ》** .5 **源頼政《よりまさ》**挙兵 .6 **福原遷都** .8 **源頼朝**，伊豆で挙兵，石橋山の戦いで敗れる	1180.2 **清盛，大輪田泊《おおわだのとまり》を修築**				1180 フランス，フィリップ2世即位
	—1181—			.9 **源(木曽)義仲《よしなか》**挙兵	.9 宋船が大輪田泊に停泊	1181.8 重源《ちょうげん》，東大寺再建勧進開始			
安徳《あんとく》		基通		.10 頼朝鎌倉に入る。富士川の戦い					
				.11 **侍所《さむらいどころ》**設置(別当：**和田義盛《わだよしもり》**)	1181◇養和《ようわ》の飢饉	1183.2『千載和歌《せんざいわか》集《しゅう》』の撰進を藤原俊成《しゅんぜい》に命ず			
	後白河		1181(養和《ようわ》元)	閏2 清盛没 .5 倶利伽羅峠(砺波山)の戦い	1183.10 頼朝に東海・東山両道の国衙領《こくがりょう》・荘園を本所・領家に還付させ，不服の者の処置を任す				
1183—		—1183—	1183(寿永《じゅえい》2)	.7 義仲入京，法皇，平氏追討の院宣《いんぜん》を下す					
		師家《もろいえ》		.10 **頼朝，東国支配権を獲得**		◇『**保元物語《ほうげんものがたり》**』『**平治物語《へいじものがたり》**』			

天皇	院	摂政関白	執権	西暦(年号)	政治・外交	経済・社会	生活・文化	朝鮮	中国	世界
		1184 基通《もとみち》		1184(寿永《じゅえい》3)	.1 宇治川の戦い(義仲，征《せい》夷大将軍《いたいしょうぐん》となるが，義経《よしつね》らに敗れ粟津《あわづ》で死す) .2 一《いち》の谷《たに》の戦い .10 頼朝，**公文所《くもんじょ》**(別当：**大《おお》江広元《えのひろもと》**)・**問注所《もんちゅうじょ》**(執事：**三善《みよし》康信《やすのぶ》**)設置	1184.3 頼朝，平家没官《もっかん》領500カ所を与えられる(**関東御領《ごりょう》**の初め) .6 頼朝，知行国《ちぎょうこく》3カ国(三河・駿河・武蔵)を与えられ(**関東御分《ごぶん》国《こく》**の初め)，翌年末までに9カ国となる				
1185	後白河《ごしらかわ》			1185(文治《ぶんじ》元)	.2 屋島《やしま》の戦い .3 **壇《だん》の浦《うら》の戦いで平氏滅亡** .11 **頼朝，諸国の守護・地頭設置権，兵粮米徴収権を獲得**		1185.3 頼朝，東大寺に造営費寄進			
					鎌倉幕府の成立					
		1186		1186(文治2)	.3 **諸国の兵粮米徴収を停止**					
				1187(文治3)	.2 **義経《よしつね》，藤原秀衡《ひでひら》を頼る**		1187.3 **栄西**，再度入宋 .9『千載和歌集』(藤原俊成)			
		兼実《かねざね》		1189(文治5)	.閏4 **藤原泰衡《やすひら》，義経を殺害** .9 **頼朝，奥州《おうしゅう》平定**		1189◇**不空羂索観音《ふくうけんじゃくかんのん》**			1189 テムジン，モンゴル統一
後鳥羽《ごとば》				1190(建久《けんきゅう》元)	.11 頼朝入京，権大納言《ごんだいなごん》・右《う》近衛《このえ》大将に任命されるが辞退[.12]		1190.2『山家集』の西行《さいぎょう》没 .10 東大寺上棟			
		1191		1191(建久2)	.1 頼朝，公文所を**政所《まんどころ》**と改称		1191.7 **栄西《えいさい》，帰朝し臨済《りんざい》宗《しゅう》を伝える**	高	南	
	1192	兼実		1192(建久3)	.3 後白河法皇没 .7 **頼朝，征夷大将軍《せいいたいしょうぐん》**となる	1192.3 法皇，皇室領を宣《せん》陽門院《ようもんいん》に譲与(**長講堂《ちょうこうどう》領**成立)			金	
				1193(建久4)	.8 頼朝，弟範頼《のりより》を伊豆に流し殺害	1193.7 宋銭の流通を禁止 1194.11 東海道に新駅増設				
		将軍		1194(建久5)	.3 幕府，諸国守護人の国衙領乱妨を禁止	1195.3 頼朝，長女大姫《おおひめ》入内問題で上洛。東大寺再建の供養	1194.7 朝廷，延暦寺の訴えで禅宗布教禁止	麗	宋	
				1196(建久7)	.11 九条兼実《かねざね》の関白罷免，近《この》衛《え》基通《もとみち》関白復帰	1196.7 幕府，武蔵国を検注	1198.3 法然『選択本願念《せんちゃくほんがんねん》仏集《ぶつしゅう》』			
1198	1198	[1] 源頼朝《よりとも》			**北条氏の台頭と政争**		◇栄西『興禅護国論《こうぜんごこくろん》』			1198 インノケンティウス3世，ローマ教皇
		1199		1199(正治《しょうじ》元)	.1 **頼朝没** .4 **頼家《よりいえ》の独裁やめ13人合議制**		1199.8 東大寺南大門《なんだいもん》(天《てん》竺様《じくよう》)			
		1202 [2] 頼家《よりいえ》		1200(正治2)	.1 梶原景時《かじわらかげとき》の追討《ついとう》，敗死		1201.12 快慶《かいけい》「東大寺僧形八幡神像」			
土御門《つちみかど》		1203	1203 ① 北条時政《ときまさ》	1203(建仁《けんにん》3)	.8 頼家，関東28国地頭職と総守護職を子・一幡に，関西38国地頭職を弟・千幡(実朝)に譲る .9 比企能員《ひきよしかず》の乱。頼家を修禅寺《しゅぜんじ》に幽閉《ゆうへい》。**北条時《ほうじょうとき》政《まさ》，政所別当《まんどころべっとう》就任**		1202◇栄西，建仁寺《けんにんじ》を創建 1203.7 運慶《うんけい》・快慶「金剛力《こんごうりき》士像《しぞう》」(東大寺南大門)			
				1204(元久《げんきゅう》元)	.7 頼家，修禅寺で殺される	1204.10 諸国の地頭の乱行非法を戒める	1205.2 藤原隆信《たかのぶ》没(「源頼朝像」「平重盛像」神護寺《じんごじ》) .3 **藤原定家《さだいえ》ら編『新《しん》古今和歌集《こきんわかしゅう》』**			1204 十字軍，コンスタンティノープル占領
	後鳥羽《ごとば》	[3] 実朝《さねとも》	1205	1205(元久2)	.6 時政，畠山重忠《はたけやましげただ》を討《う》つ .閏7 時政と妻牧《まき》氏，平賀朝《ひらがとも》雅《まさ》の将軍擁立を図り失敗。**義時，政所別当**		1206.11 高弁《こうべん》(明恵《みょうえ》)，栂尾《とがのお》に高山寺《こうざんじ》創建(華厳宗《けごんしゅう》)		1206	1206 **モンゴル帝国建国，チンギス＝ハン即位**
				1207(承元《じょうげん》元)	.4 九条兼実《かねざね》没	1207.3 幕府，武蔵国の開発を命令	1207.2 幕府，専修念仏《せんじゅねんぶつ》禁止[1224, 1227, 1234も]。法然《ほうねん》を土佐，親鸞《しんらん》を越後に配流			
1210				1210(承元4)	.3 幕府，武蔵国の**大田文《おおたぶみ》**をつくる	1211.6 幕府，東海道に新駅設置				
				1213(建保《けんぽう》元)	.5 和田義盛《わだよしもり》挙兵，敗死。**義時，侍所別当《さむらいどころべっとう》兼任**	1215.7 幕府，鎌倉の商人の員数を決定	1212.3 鴨長明《かものちょうめい》『方丈記《ほうじょうき》』 1213.12 源実朝『金槐和歌集《きんかいわかしゅう》』			1215 イギリスのジョン王，大憲章(マグナ＝カルタ)承認
順徳《じゅんとく》				1216(建保4)	.11 実朝《さねとも》，渡宋計画。陳和卿《ちんなけい》に造船命令	**銭貨の流通と社会の変動** ◇農業技術進歩，生産物の商品化	1214.2 栄西『喫茶養生記』 ◇『宇治拾遺物語《うじしゅういものがたり》』			
		1219	② 義時《よしとき》	1219(承久《じょうきゅう》元)	.1 **公暁《くぎょう》，鶴岡《つるがおか》で実朝を暗殺** .6 九条頼経《よりつね》，次期将軍として鎌倉に入る					
					執権政治の確立		1220◇慈円《じえん》『愚管抄《ぐかんしょう》』[一説1222]			
1221 仲恭《ちゅうきょう》 1221	1221			1221(承久3)	.5 **義時追討の院宣《いんぜん》(承久の乱)** .6 **六波羅探題《ろくはらたんだい》**を設置 .7 後鳥羽《ごとば》上皇を隠岐，順徳《じゅんとく》上皇を佐渡に配流《はいる》 .閏10 土御門《つちみかど》上皇を土佐に配流		1221.4 順徳天皇『禁秘抄』			
後堀河《ごほりかわ》	後高倉《ごたかくら》 1223			1223(貞応《じょうおう》2)	.4 幕府，諸国の**大田文**を徴集 .6 **新補地頭《しんぽじとう》**の得分《とくぶん》率法を決定	1230 **寛喜《かんぎ》の飢饉《ききん》(諸国大飢饉，餓死・人身売買激増)**[～31]				

天皇	院	将軍	執権	西暦(年号)	政治・外交	経済・社会	生活・文化	朝鮮	中国	世界
			1224	1224(元仁《げんにん》元)	.6 泰時が執権となる		1224◇**親鸞《しんらん》，浄土真宗《じょうどしんしゅう》開く**(『教行信証《きょうぎょうしんしょう》』)			
後堀河《ごほりかわ》				1225(嘉禄《かろく》元)	.6 大江広元《おおえのひろもと》没 .7 政子没。**時房《ときふさ》が連署**となる .12 **評定衆《ひょうじょうしゅう》**の設置。鎌倉番役の設置					
		1226	③泰時《やすとき》	1226(嘉禄2)	.1 九条頼経《くじょうよりつね》，将軍となる(摂家将軍)		1227◇**道元《どうげん》，帰朝し曹洞宗《そうとうしゅう》伝える**。加藤景正，帰朝し瀬戸焼《せとやき》を始める			
1232 四条《しじょう》	1232 後堀河	④藤原頼経《よりつね》		1232(貞永《じょうえい》元)	.8 **泰時，御成敗式目《ごせいばいしきもく》(貞永式目)を制定**	1235.1 幕府，僧徒の武装を禁止	1232.6 藤原定家『新勅撰《しんちょくせん》和歌集《わかしゅう》』			1231 モンゴル，高麗侵入
	1234			1234(文暦《ぶんりゃく》元)	.6 幕府専修念仏を禁止	1238.6 洛中警護のため篝《かがり》屋《や》48カ所設置			1234	1234 金滅亡
1242 後嵯峨《ごさが》		1244	1242 ④経時《つねとき》	1242(仁治《にんじ》3)	.1 九条道家，皇嗣《こうし》を幕府に諮《はか》る	1239.5 人身売買を禁止	1233◇藤原信実《のぶざね》「三十六歌《か》仙《せん》絵巻」			1237 モンゴル，ロシア諸公を破る〔～40〕
1246	1246		1246	1246(寛元《かんげん》4)	.4 名越光時《なごえみつとき》の乱	.6 幕府，地頭が山僧・富商をその代官とすることを禁止	1238.3 浄光，鎌倉大仏建立 1243.8 九条道家《くじょうみちいえ》，東福寺《とうふくじ》を創建			
		⑤頼嗣《よりつぐ》		1247(宝治《ほうじ》元)	**公武二元政治の展開** .6 **時頼，三浦泰村《やすむら》一族を滅ぼす(宝治合戦)**	1240.2 鎌倉市中の禁制を定める .5 幕府，困窮の地頭が凡下の輩，借上らに所領譲与売買を禁止	1244.7 越前永平寺《えちぜんえいへいじ》創建		南宋	1241 モンゴル，ポーランド・ドイツ侵入(ワールシュタットの戦い)
後深草《ごふかくさ》			⑤時頼《ときより》	1249(建長《けんちょう》元)	.12 **引付衆《ひきつけしゅう》**の設置		◇『平家物語《へいけものがたり》』(信濃前司行《しなののぜんじゆき》長《なが》か)			
	後嵯峨	1252		1252(建長4)	.2 宗尊《むねたか》親王，将軍となる(**皇族将軍**)。五摂家の分立確定		**説話集・新仏教・建築様式の多様化**		蒙古《もうこ》	
1259		⑥宗尊《むねたか》親王	1256	1254(建長6)	.4 宋船の入港5艘と決定 .10 人身売買禁止	1241.10 武蔵開墾 1244.10 幕府，賭博《とばく》を禁止	◇北条実時《さねとき》，金沢《かねざわ》文庫創立 1252◇『十訓抄《じっきんしょう》』			
		1266 ⑦惟康王《これやす》	⑥長時《ながとき》 1264 ⑦政村《まさむら》	1263(弘長《こうちょう》3)	.4 高麗使，日本人の沿岸侵略禁止を要請	**貨幣経済の進展と訴訟の激増** 1247.11 幕府，守護地頭の私的な検注禁止	1253.4 **日蓮《にちれん》，日蓮宗を開く** .11 鎌倉建長寺落慶(蘭溪道隆《らんけいどうりゅう》)			1254 ライン同盟成立
亀山《かめやま》		1270	1268	1268(文永《ぶんえい》5)	**元寇と北条氏の専制** .2 幕府，モンゴルの国書奏上。襲来の防備命令	1250.3 幕府，六波羅に山僧・大和悪党の禁圧を命令	1260.7 日蓮『立正安国論《りっしょうあんこくろん》』 1262.2 西大寺叡尊《えいぞん》，鎌倉に入る			1258 モンゴル，アッバース朝を滅ぼす
	1272			1271(文永8)	.9 蒙古使趙良弼《ちょうりょうひつ》来航 .12 朝廷，伊勢神宮に異国降伏を祈る	1253.10 幕府，薪炭・材木の尺法・出挙利銭の法を決める	1265.12 藤原為家《ためいえ》『続古今和歌集』		1271	1271 元朝の成立
1274	1274			1274(文永11)	.10 **モンゴル軍，壱岐《いき》・対馬《つしま》・筑前《ちくぜん》上陸(文永の役)**	1257◇正嘉《しょうか》・正元《しょうげん》の飢饉〔～58〕	1266.4 蓮華王院再建供養《れんげおういんさいけんくよう》(和様)	高麗		
			⑧時宗《ときむね》	1275(建治《けんじ》元)	.5 幕府，長門《ながと》警備命令 .9 元使杜世忠《とせいちゅう》らを斬殺	.3 園城寺《おんじょうじ》戒壇《かいだん》をめぐり園城寺と興福寺対立	1270.12 金沢文庫焼失 1271.9 日蓮，佐渡に流される			
		⑦源 惟康(賜姓)		1279(弘安《こうあん》2)	.7 幕府，元使一行を博多で斬る	1258.9 諸国に群盗蜂起。幕府，守護による禁圧を命令	1272.12 覚信尼《かくしんに》，親鸞の墳墓を京都大谷に移し廟《びょう》建立(本願寺のおこり)		1279	1279 元，南宋を滅ぼす
				1280(弘安3)	.12 幕府，鎮西守護御家人に異国警固を命令	1262.2 幕府，沽価法《こかのほう》・年紀法・銭負物利子法など決定	1274.2 日蓮許される			
後宇多《ごうだ》	亀山		1284	1281(弘安4)	.7 **元・高麗連合軍，志賀島・長門襲来。大風雨で壊滅(弘安の役)**	1264◇御家人の訴訟激増 .10 幕府，**越訴《おっそ》奉行をおく**	.5 日蓮，身延山久遠《みのぶさんくおん》寺《じ》建立 1274◇**一遍，時宗を開く** 1280◇阿仏尼《あぶつに》『十六夜日記《いざよいにっき》』			
				1285(弘安8)	**得宗政権の強化** .11 **霜月《しもつき》騒動(平頼綱《よりつな》，安達《あだち》泰盛《やすもり》一族を滅ぼす)**。北条氏28国の守護職独占	1270.5 幕府，御家人所領《しょりょう》の入質・売買・和与《わよ》禁止 1272.10 幕府，諸国に大田文の提出命令	1282◇円覚寺創建 1283.8 無住《むじゅう》『沙石集《しゃせきしゅう》』 ◇女性の相続権への規制すすむ			
1287 伏見《ふしみ》	1287 後深草 1290	1287 ⑦惟康親王(宣下)	⑨貞時《さだとき》	1286(弘安9)	.11 弘安の役の恩賞。両皇統迭立《てつりつ》の議がおこる	1275.10 阿氐河荘《あてがわのしょう》荘民の訴状	◇刀匠岡崎正宗《まさむね》			1291 スイス，独立運動発生
1298	1298 伏見			1292(正応《しょうおう》5)	.10 高麗使来日	**◇銭貨の流通が飛躍的に増加**				
後伏見《ごふしみ》 1301 後二条《ごにじょう》 1308	1301 後宇多 1308	1289 ⑧久明《ひさあき》親王 1308	1301 ⑩師時《もろとき》 1311 ⑪宗宣《むねのぶ》	1293(永仁《えいにん》元)	.3 鎮西探題設置 .4 平頼綱《よりつな》の乱(内管領長崎氏実権掌握)	**御家人の衰退と悪党の活躍** 1286.2 幕府，御家人を所領内に悪党を隠すことを禁止	1293.2「蒙古襲来絵詞《もうこしゅうらいえことば》」 1299.8 円伊『一遍上人絵《いっぺんしょうにんえ》伝《でん》』 ◇中稲《なかて》の栽培(品種の進歩)		元《げん》	1299 オスマン帝国建国
花園《はなぞの》 1318	伏見 1313 後伏見 1318		1312 ⑫熙時《ひろとき》	1317(文保《ぶんぽう》元)	**朝権回復への動き** .4 **文保の和談**(幕府，両統迭立を朝廷に提案)	1293.4 鎌倉大地震(死者2万余人)	◇鍬など農具の商品化 1315.3 鎌倉大火			1309 教皇のバビロン捕囚
後醍醐《ごだいご》	後宇多 1321	⑨守邦《もりくに》親王	1315 ⑬基時《もととき》 1315	1321(元亨《げんこう》元)	.12 院政廃止，後醍醐親政。北条高時，田楽闘犬にふける。長崎高資《たかすけ》専権	.7 九州に悪党鎮圧命令 1297.3 **永仁の徳政令** 1298.2 幕府，徳政令を打ち切る	1322.8 虎関師錬《こかんしれん》『元亨釈書《げんこうしゃくしょ》』 ◇大徳寺《だいとくじ》創建			
			⑭高時《たかとき》	1324(正中《しょうちゅう》元)	.9 **正中の変(討幕計画)**					
1331			1326 1327	1325(正中2)	.7 幕府，建長寺《けんちょうじ》船を元に派遣 .8 日野資朝《ひのすけとも》，佐渡配流《はいる》	1300.7 幕府，**所領の質入売買禁止。越訴《おっそ》禁止**	1330◇**兼好法師《けんこうほうし》『徒然草《つれづれぐさ》』**〔～36〕			1328 フランス，ヴァロワ朝
	1331	⑮金沢貞顕《さだあき》		1331(元弘《げんこう》元・元徳《げんとく》3)	.5 **元弘の変** .8 後醍醐天皇，笠置《かさぎ》へ .9 楠木正成《くすのきまさしげ》挙兵 .9 **幕府，光厳《こうごん》天皇擁立**	1302◇幕府が諸国の一向宗徒を禁圧 1306.4 日本商船，元で貿易(日元貿易)				
【南朝】 【北朝】光厳《こうごん》	後伏見		⑯守時《もりとき》	1332(元弘2・正慶《しょうけい》元)	.3 後醍醐天皇，隠岐配流 .11 尊雲《そんうん》法親王，還俗し(護《もり》良《よし》親王)，吉野に挙兵。楠木正成，千早《ちはや》城に拠る	1310.6 幕府，刈田狼藉《かりたろうぜき》への罰則強化 1323.5 鎌倉大地震				

将軍

→ 初代尊氏

→ 3代義満

→ 6代義教

→ 8代義政

→ 9代義尚

→ 15代義昭

天皇	院/北朝	将軍	執権	西暦(年号)	政治・外交【南朝】	(北朝年号)	政治・外交【北朝】	経済・社会	生活・文化	朝鮮	中国	世界
	1333	1333	1333	1333(元弘《げんこう》3・正慶《しょうけい》2)	**建武の新政** .閏2 後醍醐天皇，隠岐を脱出，名和長年に迎えられる　.5 **足利高氏六波羅攻略，新田義貞《にったよしさだ》鎌倉攻略，鎌倉幕府滅亡** .6 後醍醐天皇，京都へ帰る .10 **後醍醐，記録所《きろくしょ》を復活し，雑訴決断所《ざっそけつだんしょ》・武者所《むしゃどころ》を設置**			**幕府の寺社本所領保護と社会不安**				
				1334(建武《けんむ》元)	.1 **建武と改元**　.11 護良《もりよし(もりなが)》親王，鎌倉配流			1334.1 大内裏造営のため紙幣発行	1334.1 後醍醐天皇『建武年中行事』。南禅寺，五山の第一となる			
				1335(建武2)	.7 **中先代《なかせんだい》の乱**。足利直義《ただよし》，護良親王を殺害　.10 足利尊氏，建武政権に叛《そむ》く			.5 徳政令発布 ◇**二条河原の落書**				
					南北朝の動乱							
後醍醐《ごだいご》	1336【北朝】			1336(延元《えんげん》元)	.12 後醍醐，吉野遷幸(**南北朝分裂**)	1336(建武3)	尊氏入洛，西走・東上，幕府開く .5 尊氏，湊《みなと》川の戦いで楠木正成《くすのきまさしげ》を破る .11 **建武式目制定**	1336◇山城《やましろ》・丹波《たんば》の土民蜂起《どみんほうき》す 1337.10 幕府，諸将の占領する寺社・国衙領の返還を命令	1339◇西芳寺《さいほうじ》庭園。**北畠親房《きたばたけちかふさ》『神皇正統記《じんのうしょうとうき》』** 1340.2 北畠親房『職原抄《しょくげんしょう》』			
	光明《こうみょう》	1338		1338(延元3)	.5 北畠顕家《きたばたけあきいえ》敗死　.7 新田義貞敗死	1338(暦応《りゃくおう》元)	.8 **尊氏，征夷大将軍となる**		1342.4 五山《ござん》・十刹《じっさつ》の制を制定 1345.8 天龍寺落慶供養		元	1338 英仏百年戦争〔～1453〕
—1339—				1339(延元4・暦応2)	.8 後醍醐天皇没	1342(興国《こうこく》3)	.12 尊氏，天龍寺船を派遣	1340.4 幕府，武士の寺社本所領押領を厳禁	1347◇『奥州後三年記』 1349.6 四条河原の勧進能大盛行(**連歌・能楽の流行**)			
	—1348—			1348(正平《しょうへい》3)	.1 楠木正行《くすのきまさつら》，**四条畷《しじょうなわて》に敗死**。後村上，賀名生《あのう》に逃げる(南朝衰退)	1348(貞和《じょうわ》4) 1349(貞和5)	◇高師直《こうのもろなお》，河内に勢力浸透，吉野攻略 .9 足利基氏，関東管領として東下	1346.2 幕府，私闘・苅田狼藉を禁止。諸国新関・津料を停止す 1352.7 幕府，近江《おうみ》・美濃《みの》・尾張《おわり》3国本所領の半分を兵粮料《ひょうろうりょう》所とする(**半済令《はんぜいれい》**)	◇『梅松論《ばいしょうろん》』なる 1351.8 度会《わたらい》家行(伊勢神道大成)没			1347 ヨーロッパに黒死病大流行
後村上《ごむらかみ》	崇光《すこう》	①足利《あしかが》尊氏《たかうじ》		1350(正平5)	.12 直義の帰服承認	1350(観応《かんのう》元)	.10 **尊氏，弟直義らを追討(観応の擾乱《じょうらん》** ～52)	1354◇近江に土一揆 1355◇伏見の土民蜂起 1356.8 幕府，争乱の国以外の半済令停止	1356.3 **二条良基《にじょうよしもと》『菟玖波集《つくばしゅう》』** .9 尊円法親王《そんえんほっしんのう》(青蓮院流《しょうれんいんりゅう》，日本流書道の完成)没	高		
				1351(正平6)	.1 南軍桃井直常《ももいなおつね》入京 .12 尊氏，南朝に降伏	1351(観応2)	.2 尊氏・直義和睦。高師直殺害 .8 直義，北陸逃亡	**荘園侵略と守護領国制の進展** 1362.5 幕府，美濃・尾張の本所領を半済地とする	1364.5 堺の道祐《どうゆう》『論語集解《ろんごしゅうげ》』(正平版《しょうへいばん》論語)開版 1369◇竹田昌慶，入明し医術を学ぶ	麗		1351 元に紅巾の乱 1358 フランス，ジャックリーの乱
	—1352—	—1358— ②義詮《よしあきら》				1352(観応3)	.2 尊氏，直義を毒殺	1365.2 幕府，春日社造営棟別銭《むなべつせん》を諸国に賦課	◇『太平記』			
—1368—	後光厳《ごこうごん》 —1371—	—1368—		1369(正平24)	◇明，征西将軍懐良《かねよし》親王に倭寇禁圧を要求	1369(応安《おうあん》2) 1371(応安4)	.1 楠木正儀《まさのり》，義満に降伏 .2 今川貞世《いまがわさだよ》，九州探題《たんだい》となる	1368.3 武蔵平一揆，鎌倉公方足利氏満《うじみつ》に叛《そむ》く	◇『増鏡《ますかがみ》』 1372.12 二条良基《よしもと》『応安新式《おうあんしんしき》』 1374◇**観阿弥《かんあみ》・世阿弥《ぜあみ》，今熊野神社で猿楽《さるがく》上演**		1368	1368 **朱元璋《しゅげんしょう》，元を追い，明建国** 1370 ティムール朝成立
長慶《ちょうけい》				1378(天授《てんじゅ》4)	.9 菊池武朝《たけとも》敗北	1378(永和4)	.3 **義満，室町新邸に移る**	.6 幕府，寺社本所領の半済法制定(応安の半済令)	1376◇絶海中津《ぜっかいちゅうしん》，明より帰国			
	後円融《ごえんゆう》			1380(天授6)	.5 小山義政《おやまよしまさ》，南朝方となる	1380(康暦《こうりゃく》2)	.6 鎌倉公方氏《くぼううじ》満《みつ》，小山《おやま》氏追討 .9 高麗の将李《り》成桂《せいけい》，倭寇撃退		1378 犬追物の大流行 ◇**五山《ござん》文学の隆盛** ◇六古窯の盛行			1381 イギリス，ワット＝タイラーの乱。明，賦役黄冊制定
—1383—	—1382—	③義満《よしみつ》		1383(弘和《こうわ》3)	.3 懐良親王没	1383(永徳《えいとく》3)	◇明の洪武帝《こうぶてい》，日本との通交を断つ		1382.11 相国寺《しょうこくじ》創建		明《ミン》	
				1384(元中《げんちゅう》元・至徳《しとく》元)	この年倭寇，明・高麗の各地を侵す							
後亀山《ごかめやま》	後小松《ごこまつ》			1388(元中5)	楠木正秀《くすのきまさひで》，河内で敗北	1388(嘉慶《かきょう》2)	.9 義満，東国遊覧	1387◇南九州の国一揆	1386.7 五山の座位を定め，南禅寺を五山の上位とする			
				1389(元中6)		1389(康応《こうおう》元)	.3 義満，安芸《あき》厳島《いつくしま》遊覧	1389◇山名氏清一族ら11カ国の守護兼任(**六分の一衆《ろくぶんのいちしゅう》〈六分一殿《ろくぶいちどの》〉**)				
				1390(元中7)		1390(明徳《めいとく》元)	.閏3 美濃守護**土岐《とき》康行の乱**					
				1391(元中8)		1391(明徳2)	.12 **山名氏清《やまなうじきよ》の乱(明徳の乱)**	**幕府の財源と商業の発展**				

天皇	将軍	西暦(年号)	政治・外交	経済・社会	生活・文化	朝鮮	中国	世界
1392	③義満《よしみつ》	1392(元中《げんちゅう》9・明徳《めいとく》3)	.閏10 **後亀山天皇帰京** ――**南北朝合体**――	1392. 1 大内義弘《おおうちよしひろ》, 堺を経営		1392		1392 李成桂《りせいけい》, 朝鮮建国
			室町幕府の確立と日明貿易					
		1393(明徳4)	倭寇《わこう》, 明・高麗を侵す	1393.11 幕府, 洛中の土倉酒屋役を決定				1393 ティムール, 西アジアを統一
	―1394―	1394(応永《おうえい》元)	.12 **義満, 太政大臣となる**		1397◇**鹿苑寺金閣《ろくおんじきんかく》を造営**			
		1398(応永5)	◇義満, 三管領・四職の制を整える					1396 オスマン帝国, ヨーロッパ騎士軍を破る
		1399(応永6)	.12 **応永《おうえい》の乱(大内義弘, 堺で挙兵)**					
後小松《ごこまつ》		1401(応永8)	. 5 **義満, 遣明使として祖阿《そあ》・肥富《こいつみ》を派遣**	1402. 7 備後の守護山名時《やまなとき》熙《ひろ》, 太田荘を守護請とす	1400◇**世阿弥《ぜあみ》『花伝書《かでんしょ》』**をあらわす			1400 メディチ家, フィレンツェ市政を独占
		1402(応永9)	. 9 義満, 明使の国書を受く	1406. 8 幕府, 室町第修理のため山城に段銭《たんせん》賦課	◇如拙《じょせつ》「瓢鮎図《ひょうねんず》」			
		1404(応永11)	. 5 **義満, 明使より勘合を初めて受く(勘合貿易の開始)**	1407. 7 幕府, 京都に地口《じくち》銭を課す	◇草木灰など肥料の普及 ◇嫁取りが増える 1401. 3 相国寺, 五山第一刹《さつ》となる			1405 明の鄭和《ていわ》, 南海遠征
	④義持《よしもち》		**東国の戦乱と守護大名の分権化**					
		1409(応永16)	. 7 足利持氏《もちうじ》, 鎌倉公方となる	1409.11 幕府, 諸国及び京都の率分関を廃止する	1402. 2 今川貞世『難太平記』			1410 明の永楽帝北征
―1412―		1411(応永18)	. 9 義持, 明使の入京を許可せず(国交の一時的断絶)	1413. 9 加茂太田《かもおおた》社造営のため, 段銭, 棟別銭《むなべつせん》を課す	1408. 6 明兆《みんちょう》「涅槃図《ねはんず》」			
		1415(応永22)	. 5 関東管領上杉氏憲《うえすぎうじのり》(禅秀《ぜんしゅう》), 足利持氏と不和		1415. 5 興福寺東金堂再建(和様)			
		1416(応永23)	.10 **上杉禅秀の乱**(持氏に反抗して挙兵)					
		1418(応永25)	. 5 足利持氏, 上総本一揆を討つ	1421◇諸国に飢饉。疫病流行す	1420～21◇全国大旱飢饉			
称光《しょうこう》		1419(応永26)	. 6 **応永の外寇《がいこう》**(宗氏ら対馬来寇《らいこう》の朝鮮兵を撃退)	1426. 6 近江坂本の馬借一揆入京	◇生花《いけばな》・茶の湯が流行し始める			1419 フス戦争〔～36〕
	―1423― ⑤義量《よしかず》	1423(応永30)	. 8 幕府, 今川範政らに持氏を討たせる .11 持氏謝罪	**惣村の発達と徳政要求**	1422. 1 一条兼良《いちじょうかねよし》『公事根源《くじこんげん》』 1424. 8 義持, 朝鮮に大蔵《だいぞう》経版木を求むが拒否される			
	―1425―	1424(応永31)	. 2 幕府, 鎌倉府と和睦	1428. 9 **正長《しょうちょう》の徳政一揆**(近江山城の郷民徳政要求)				
―1428―		1427(応永34)	.10 幕府, 播磨の赤松満祐《あかまつみつすけ》追討					
	―1429―	1429(永享《えいきょう》元)	**◇琉球で尚巴志《しょうはし》, 三山(山北《さんほく》・中山《ちゅうざん》・山南《さんなん》)を統一し琉球王国建国**	1429. 1 播磨《はりま》の土一揆 . 2 丹波土一揆	1430.11 **世阿弥『申楽談儀《さるがくだんぎ》』**成る			1429 ジャンヌ＝ダルク, オルレアンの包囲を破る
		1432(永享4)	. 8 義教, 明と復交。**勘合貿易復活**	1432. 4 伊勢神三郡の土一揆 ◇大和土一揆	1433. 4 将軍義教, 勧進能《かんじんのう》を見る	朝《ちょう》		
		1435(永享7)	. 1 足利持氏, 陸奥の足利満貞《みつさだ》を討つ					
	⑥義教《よしのり》	1438(永享10)	. 8 **永享《えいきょう》の乱(幕府, 持氏を追討)**〔～39. 2〕	1436. 5 幕府, 貸借弁償の制を決定	◇下駄《げた》・草履《ぞうり》の普及		明	
		1440(永享12)	. 3 **結城《ゆうき》合戦(持氏の遺児, 結城氏朝《うじとも》と共に挙兵)**〔～41. 4〕	1441. 8 **嘉吉《かきつ》の徳政一揆** .閏9 **徳政令発布**	1439.閏1 **上杉憲実《うえすぎのりざね》, 足利学校を再興**			
	―1441― ―1442― ⑦義勝《よしかつ》	1441(嘉吉《かきつ》元)	. 6 **嘉吉《かきつ》の変(赤松満祐, 将軍義教を誘殺)**	1442. 6 京中酒屋に課税 1444.閏6 幕府, 内裏造営段銭《たんせん》を諸国に賦課	. 6 飛鳥井雅世《あすかいまさよ》『新続古今和歌集』(勅撰の最後)	鮮《せん》		
後花園《ごはなぞの》	―1443―	1443(嘉吉3)	**◇癸亥約条《きがいやくじょう》**(対馬の宗貞盛《そうさだもり》, 朝鮮との交易条約締結)	1446. 7 大和馬借一揆, 奈良に侵入	1448◇飢饉・疫病大流行			1448 グーテンベルク, 活字印刷術の発明
	―1449―	1449(宝徳《ほうとく》元)	. 1 足利成氏《しげうじ》を鎌倉公方とする		1450. 6 龍安寺《りょうあんじ》創建			
		1450(宝徳2)	. 4 上杉房顕《ふさあき》・長尾景仲《ながおかげなか》, 足利成氏を攻撃	1447. 7 山城西岡の土一揆, 徳政要求で入京 ◇近江・河内・山城・大和に土一揆	1451.10 義成《よししげ》(改名して義政), 北小路邸に学問所を設立			
		1451(宝徳3)	. 7 琉球船, 兵庫へ入港					1453 オスマン帝国, ビザンツ帝国を滅ぼす
		1454(享徳《きょうとく》3)	. 4 畠山氏に家督争いおこる .12 享徳の乱〔～77〕	1448. 5 幕府, 地下人の集会を禁止	1453◇「一休和尚《いっきゅうおしょう》画像」(大《だい》徳寺《とくじ》真珠庵《しんじゅあん》)			
		1455(康正《こうしょう》元)	. 6 **成氏, 下総国古河《こが》に移る(古河公方)**		1456◇金春禅竹《こんぱるぜんちく》『歌舞髄脳記《かぶずいのうき》』			
		1457(長禄《ちょうろく》元)	. 4 太田道灌, 江戸城を築く .12 **義政, 政知《まさとも》を伊豆堀越に派遣(堀越公方)**	1451.10 大和の徳政一揆 1452. 4 鎌倉府, 関銭を納めずに小田原通行を禁止する	1458. 2 朝鮮より大蔵経贈られる			1462 ロシア, モスクワ大公イヴァン3世即位
		1461(寛正《かんしょう》2)	.10 幕府, 成氏の追討を関東諸将に命令		. 3 尼寺《あまでら》の制を定める			
―1464―	⑧義政《よしまさ》	1464(寛正5)	.12 義尋《ぎじん》, 還俗《げんぞく》して名を義視《よしみ》と改める		1461.11 幕府, 天龍寺に勘合符授与			
		1465(寛正6)	.11 義政夫人・日野富子, 義尚《よしひさ》を生む	1453. 5 幕府, 大神宮造営の段銭を諸国に賦課				
		1466(文正《ぶんしょう》元)	. 7 幕府, 斯波義廉《しばよしかど》を退け義敏《よしとし》をたてる(翌年義廉管領)	1454. 9 山城の土一揆, 徳政要求。享徳徳政令	◇立花《たてはな》の流行 1464. 4 義政, 糺河原《ただすがわら》で勧《かん》進猿楽《じんさるがく》を見る			
			応仁の乱と幕府・天皇の衰退	1457. 6 河内の一揆	1465. 8 義政, 東山山荘の地を定める			
後土御門《ごつちみかど》		1467(応仁《おうにん》元)	. 5 **応仁の乱(山名持豊《もちとよ》ら西軍, 細川勝元《かつもと》ら東軍)**〔～77.11〕	.11 山城の土一揆 1459. 8 幕府, 京都の新関七口《ななくち》の関銭を大神宮造営料にあてる	1469. 5 雪舟《せっしゅう》, 明より帰国 .10 幕府, 土佐光信《とさみつのぶ》を絵所預とす			
		1468(応仁2)	◇公卿僧侶, 多く地方に下る					
		1471(文明《ぶんめい》3)	. 3 古河《こが》公方成氏と堀越公方政知戦う。西軍諸将, 分国での反乱により多く帰国	1461◇寛正《かんしょう》の大飢饉(死者多数, 年貢未進, 逃散等)	1470.12 瑞渓周鳳《ずいけいしゅうほう》『善隣《ぜんりん》国宝記』			
	―1473―	1473(文明5)	. 3 山名持豊没 . 5 細川勝元没 .12 義尚, 将軍就任	1465◇山城西岡の一揆 **自治村落の形成と一揆の発展**	1472.12 一条兼良『花鳥余情《かちょうよせい》』			
		1474(文明6)	. 4 山名政豊《まさとよ》, 細川政元《まさもと》講和 . 9 義政, 朝鮮に明の勘合を求む		1474. 2 一休宗純《いっきゅうそうじゅん》, 大徳寺住持《じゅうじ》となる			1479 スペイン王国の成立

天皇	将軍	西暦(年号)	政治・外交	経済・社会	生活・文化	朝鮮	中国	世界
後土御門《ごつちみかど》	⑨義尚《よしひさ》	1477(文明《ぶんめい》9)	.11 **畠山義就《よしひろ》ら帰国。土岐成頼，義視《よしみ》を奉じて帰国。大内政弘《まさひろ》ら帰国(応仁の乱終わる)**	1474.11 加賀一向宗徒蜂起(翌年蓮如《れんにょ》吉崎道場を去る)	1478. 2 桂庵玄樹《けいあんげんじゅ》，島津忠昌《しまづただまさ》に招かれ薩摩に赴く(薩南学派の始まり)			1480 モスクワ大公国，モンゴルより独立
	⑩義稙《よしたね》	1487(長享《ちょうきょう》元)	. 9 足利義尚，六角高頼《ろっかくたかより》を討つ .11 上杉顕定《あきさだ》(山内《やまのうち》)と上杉定正《さだまさ》(扇谷《おおぎがやつ》)，敵対す(関東分裂)	1478. 1 内裏修理のため京都七口《ななくち》の関料徴収 .12 山城の土一揆，関所撤廃を要求	1479. 4 蓮如，山科《やましな》に本願寺再興 1480. 7 一条兼良『樵談治要《しょうだんちよう》』			1488 ポルトガル人ディアス，喜望峰到達
	1489		**戦国大名の領国経営**	1480. 9 京都土一揆，酒屋土倉を連日攻撃する	◇木綿栽培始まる(三河木綿)			
	1490	1491(延徳《えんとく》3)	◇**北条早雲《そううん》，伊豆に自立する**		1481. 6 桂庵玄樹・伊地知重《いじちしげ》貞《さだ》『大学章句《だいがくしょうく》』			
—1500—	1493	1495(明応《めいおう》4)	. 9 北条早雲，小田原城を奪取	1482◇東山山荘造営のため，段銭夫役を課す				1492 コロンブス，バハマ諸島発見
	1494 —1508—	1510(永正《えいしょう》7)	. 4 三浦《さんぽ》の邦人，釜山浦《ふざんぽ》攻略(**三浦の乱**)		.11 一休宗純没			
	⑪義澄《よしずみ》	1513(永正10)	. 6 蝦夷でアイヌが蜂起	1485.12 **山城の国一揆**，畠山軍の撤兵要求〔翌年国中の掟《おきて》を制定〕〔～93〕	◇肉食のタブー視衰退。**豆腐《とうふ》・醤油《しょうゆ》など日本料理の基本が形成される**			
		1515(永正12)	. 6 **蠣崎光弘《かきざきみつひろ》，アイヌの首長を誘殺**					1498 ヴァスコ＝ダ＝ガマ，カリカットに到達
後柏原《ごかしわばら》	⑩義稙	1517(永正14)	. 8 今川氏親《うじちか》，斯波義達《しばよしたつ》を破り遠江を領国化する	1488. 6 **加賀の一向一揆**，守護富樫政親《とがしまさちか》を自殺さす〔～1580〕	1485◇慈照寺東求堂《じしょうじとうぐどう》完成			
—1526—	—1521—	1523(大永《たいえい》3)	.閏3 京極高清《きょうごくたかきよ》，浅井亮政《あざいすけまさ》により近江追放さる . 4 寧波《ニンポー》の乱(大内・細川の使者，明で争乱) . 6 大内義興《よしおき》，安芸《あき》に尼子経久《あまこつねひさ》と戦う	1490.閏8 京都，大和に土一揆	1488. 1 宗祇《そうぎ》ら『水無瀬三吟《みなせさんぎん》百韻《ひゃくいん》』 1489. 2 **慈照寺銀閣《じしょうじぎんかく》上棟**			1510 **三浦《さんぽ》の乱** 1517 ルターの宗教改革
		1536(天文《てんぶん》5)	. 7 **天文法華《てんぶんほっけ》の乱(延暦寺僧徒，法華宗徒と対立)**	1498. 8 大地震により浜名湖外海とつながる。甲斐大飢饉〔翌年京都大雨洪水〕	1495. 6 宗祇『新撰菟玖波集《しんせんつくばしゅう》』 1496. 9 **蓮如，石山御坊《いしやまごぼう》を創建**(のちの**石山本願寺**)			1519 マゼラン，世界周航
	⑫義晴《よしはる》	1539(天文8)	. 4 大内義隆《よしたか》，勘合貿易開始	◇諸国飢饉死者多し	1499. 6 龍安寺《りょうあんじ》石庭完成			1524 ドイツ農民戦争始まる
		1542(天文11)	. 8 斎藤利政《としまさ》(道三《どうさん》)，主の土岐頼芸《ときよりなり》を美濃から追放	1505.10 幕府，**撰銭令《えりぜに》**を発布〔1508，09，12にも発布〕	1502. 5 村田珠光《むらたじゅこう》没(茶道の祖) . 7 宗祇没			
後奈良《ごなら》		1543(天文12)	. 8 ポルトガル人種子島《たねがしま》に漂着し，鉄砲を伝える	**領国経済の発展と城下町の繁栄**	1504◇東国飢饉，疫病大流行〔～05〕			1533 インカ帝国滅亡
	—1546—	1546(天文15)	. 4 北条氏康《うじやす》，扇谷上杉氏を滅ぼす	1518.10 大内義興《よしおき》，領内に撰銭令				
		1547(天文16)	. 5 大内義隆，遣明船派遣(最後の遣明船)		1511. 2 吉田兼倶《よしだかねとも》没(唯一神道《ゆいいつしんとう》)			1547 ロシア，イヴァン4世，ツァーリ(皇帝)と称す
		1548(天文17)	. 3 今川義元，織田信秀《のぶひで》と戦う	◇北条早雲，家訓21カ条を作成(小田原の繁栄)	1518. 8『閑吟集《かんぎんしゅう》』			
		1550(天文19)	. 7 ポルトガル船初めて平戸入港		1528. 7 阿佐井野宗瑞《あさいのそうずい》『医書《いしょ》大全《たいぜん》』			
		1551(天文20)	. 9 大内義隆《よしたか》，陶晴賢《すえはるかた》に滅ぼされる	1524◇今川氏親《うじちか》，検地を行う(戦国検地)				
—1557—		1555(弘治《こうじ》元)	. 4 織田信長，清洲《きよす》城に入る .10 毛利元就《もとなり》，陶晴賢を討つ	1526. 4 今川氏親，今川仮名《いまがわかな》目録《もくろく》を制定	◇山崎宗鑑《そうかん》『犬筑波集《いぬつくばしゅう》』 ◇御伽草子《おとぎぞうし》の流行	朝		
	⑬義輝《よしてる》	1559(永禄《えいろく》2)	. 2 織田信長 ・. 4 長尾景虎《ながおかげとら》上洛し，義輝に謁す		1549. 7 **フランシスコ＝ザビエル鹿児島へ上陸(キリスト教伝来)**			
			織豊政権の成立	1532. 8 山科本願寺，法華宗徒に焼かれ，大坂に移る(法華一揆～36)			明	
		1560(永禄3)	. 5 **尾張桶狭間の戦い**		◇欧州より毛織物輸入			
		1561(永禄4)	. 3 長尾景虎(輝虎《てるとら》)，北条氏康を小田原に攻める .閏3 景虎，関東管領《かんれい》となり上杉氏を嗣《つ》ぐ . 9 **上杉景虎(謙信《けんしん》)，武田晴信《はるのぶ》(信玄《しんげん》)と川中島で戦う**〔1553，55，58，64にも合戦〕	1536. 4 伊達稙宗《たねむね》，塵芥集《じんかいしゅう》を制定 1539◇公卿職人山口に下向 1546. 8 堺会合衆《さかいかいごうしゅう》，三好軍を堺より撤兵さす	1550. 9 ザビエル，京都・山口に布教 1555.10 武野紹鷗《たけのじょうおう》没(茶道《さどう》) 1559. 8 ガスパル＝ヴィレラ上洛	鮮		
	—1565—	1565(永禄8)	. 5 足利義輝，三好義継《みよしよしつぐ》・松永久秀《まつながひさひで》らに殺される . 7 義輝の弟一乗院覚慶《いちじょういんかくけい》(足利義昭)，近江に逃れる	1547. 6 武田晴信，家法55カ条制定(甲州法度之次第《こうしゅうはっとのしだい》) 1559◇大友義鎮《よししげ》(宗麟)，豊後府中を開港，外国人貿易を許可 ◇ヤソ会アルメイダ，豊後に病院を建設	**キリスト教の普及** 1560◇**幕府，ガスパル＝ヴィレラに布教許可**			1566 ロンドン取引所の開始
	—1568—	1567(永禄10)	. 8 信長，斎藤龍興《たつおき》の美濃稲葉山《みのいなばやま》城を陥し，岐阜と改称。ポルトガル船，長崎に来航		1562. 6 大村純忠《おおむらすみただ》，ポルトガル人に肥前横瀬の港を開き教会の建立を許可			
	⑭義栄《よしひで》 —1568—	1568(永禄11)	◇この年ポルトガル船，長崎で初交易 . 9 **信長，足利義昭を奉じ入洛**	**信長・秀吉の郷村支配**	1563. 6 ルイス＝フロイス来日			
正親町《おおぎまち》	⑮義昭《よしあき》	1570(元亀《げんき》元)	. 6 姉川の戦い(信長，朝倉義景《よしかげ》・浅井長政《ながまさ》を滅ぼす) . 9 本願寺顕如《ほんがんじけんにょ》光佐，諸国の門徒に檄し，信長と戦わせる(石山合戦～80)	1563◇三河の一向一揆蜂起 1564. 2 **三河の一向一揆，家康に降《くだ》る** 1566. 4 今川氏真《うじざね》，富士大宮を楽市とする	1566◇狩野永徳《かのうえいとく》，京都大徳寺聚光院の襖絵を描く 1567.10 松永久秀と三好《みよし》三人衆との抗争で東大寺大仏殿焼失			1570 イスパニア(スペイン)人，フィリピンに拠る
		1571(元亀2)	. 9 **信長，延暦寺堂塔を焼く(延暦寺焼打ち)**					
		1572(元亀3)	.12 三方原《みかたがはら》の戦い(信玄，家康を遠江三方原に破る)	1567.10 **信長，美濃加納《みのかのう》を楽市とする**	1568◇大村純忠，ヤソ会堂を大村・長崎に建立。永禄年中，三味線《しゃみせん》渡来			1571 スペイン，マニラを占領。レパントの海戦
	1573	1573(天正《てんしょう》元)	. 4 武田信玄没 . 7 **信長，義昭を追放する(室町幕府滅亡)**	1568.10 信長，摂津・和泉に矢銭を徴収し，諸国の関所を撤廃する	1569. 4 **信長，ルイス＝フロイスの京都居住許可**(宣教師の京都在住を許可)			
		1575(天正3)	. 5 **長篠の戦い**(信長，家康と三河長篠に武田勝頼《かつより》を破る) . 8 信長，越前一向一揆平定	1569. 1 信長，堺の町衆に矢銭を課す . 3 信長，撰銭令を発布 ◇信長，内裏を修復	1574. 6 狩野永徳「洛中洛外《らくちゅうらくがい》図屏風《ずびょうぶ》」を描く			1579 イギリス人，初めてインドへ
		1576(天正4)	. 2 **信長，近江に安土城《あづちじょう》を築城し移る**					1580 スペイン・ポルトガル同君連合成立
		1580(天正8)	.閏3 本願寺顕如光佐，信長と和睦《わぼく》(石山合戦終結) . 6 イギリス商船，平戸に来航	1574. 9 **信長，伊勢長島の一向一揆を平定**〔1570～〕	1575.11 大友義統《おおともよしむね》，洗礼を受ける			
		1582(天正10)	. 3 天目山《てんもくざん》の戦い(信長，武田氏を滅ぼす) . 6 **本能寺の変(信長没)。山崎の戦い**，明智光秀，土民に殺される。清洲会議	1577. 2 信長，紀伊の根来《ねごろ》・雑《ざい》賀《か》一揆と戦う . 6 **信長，安土城下を楽市とする**	1578. 8 大友宗麟《そうりん》，洗礼を受ける			1581 オランダ独立宣言

天皇	将軍	西暦(年号)	政治・外交	経済・社会	生活・文化	朝鮮	中国	世界
		1583(天正《てんしょう》11)	.4 **秀吉，柴田勝家《かついえ》を賤《しず》ヶ岳《たけ》の戦いで破る** .8 大坂城築城開始	1578.9 北条氏政，武蔵《むさし》世田《せた》谷新宿《がやしんじゅく》を楽市とする	1579.5 安土宗論(浄土宗貞《てい》安《あん》と法華宗日珖《にっこう》) ◇オルガンティーノ，安土に寺院建立			1583　ガリレイ，振子の等時性発見
		1584(天正12)	.4 **小牧《こまき》・長久手《ながくて》の戦い**(秀吉，家康と和睦) .6 スペイン商船，平戸に来航	1580.11 柴田勝家，加賀の一向一揆を討つ				
		1585(天正13)	.7 **秀吉，関白となる** .8 長宗我部元親《ちょうそかべもとちか》，秀吉に降伏(四国平定)	1582.7 **秀吉，山城の検地を行う(太閤検地始まる)**	1581◇信長，ヴァリニャーノに学校建設許可			1585　天正遣欧使節，教皇(グレゴリウス13世)に謁見
—1586—		1586(天正14)	.12 秀吉，太政大臣となり**豊臣《とよとみ》**の姓を受ける	1585.3 秀吉，根来《ねごろ》・雑賀一揆鎮圧	1582.1 **大村・有馬氏ら，ローマ教皇に使者派遣**(**天正遣欧《てんしょうけんおう》使節**)〔～90〕			
		1587(天正15)	.5 島津義久《しまづよしひさ》，秀吉に降る(九州平定) .6 **バテレン追放令を発布**	1587◇天正通宝鋳造	1583.9 **秀吉，大坂城を築く**〔～88〕			
		1588(天正16)	.4 後陽成《ごようぜい》天皇，聚楽第に行幸 .7 秀吉，海賊取締令を発布	1588.7 **秀吉，刀狩令◇大小判鋳造**	1587.9 聚楽第《じゅらくてい》《だい》成る .10 秀吉，北野に大茶湯を催す			1588　イギリス，スペインの無敵艦隊を破る
		1589(天正17)	.9 秀吉，諸大名に妻子の滞京を命じる					
		1590(天正18)	.7 小田原平定(北条氏滅亡)。秀吉，奥州征討に出発 .8 家康，関東に移封され江戸城を居城に .9 **秀吉，京都に凱旋《がいせん》(全国統一完成)**		1588.5 秀吉，京都東山に方広寺大仏殿建立 1590.6 ヴァリニャーノ，遣欧使節を連れて帰り，印刷機を伝える			1589　フランス，ブルボン朝開始
		1591(天正19)	.7 秀吉，ポルトガル印度《いんど》総督に貿易を求める .9 フィリピンに入貢を促す .8 **身分統制令発布**	1591.3 **秀吉，諸国を検地**	1591.2 千利休自刃			
		1592(文禄《ぶんろく》元)	.1 **文禄の役**〔～93〕 ◇秀吉，朱印船制度を設ける		1592◇肥前天草にてキリシタン・天草版『平家物語』『伊曽保《いそほ》物語』『どちりなきりしたん』刊行			
		1594(文禄3)	.8 伏見城完成し，秀吉入城					1595　オランダ人，ジャワに到達
		1596(慶長《けいちょう》元)	.9 スペイン船サン＝フェリペ号，土佐に漂着		1596.6 秀吉，伏見《ふしみ》城で能興行			
		1597(慶長2)	.1 **慶長の役**〔～98〕	1597.3 秀吉，五人組・十人組の制を定める。長宗我《ちょうそか》部元親《べもとちか》，法度を定める	.11 **長崎で26聖人殉教**			
		1598(慶長3)	.8 秀吉没 .12 日本軍の朝鮮よりの撤兵ほぼ終了		1598.3 醍醐寺三宝院《だいごじさんぽういん》五重塔成る			1598　ユグノー戦争終わる(ナントの王令)
後陽成《ごようぜい》		1600(慶長5)	.3 オランダ船リーフデ号豊後《ぶんご》に漂着 .5 ウィリアム＝アダムズ・ヤン＝ヨーステンら家康に謁見《えっけん》 .9 **関ヶ原《せきがはら》の戦い**	**封建的規制の強化** 1601.1 東海道に伝馬《てんま》制度を設ける .5 伏見に銀座をおき，丁銀・豆板銀を鋳造	**キリスト教の弾圧と儒学の興隆** 1600◇狩野長信「花下遊楽図屏風」	朝鮮	明	1600　**英，東インド会社設立**
			徳川政権の成立		1602.2 東本願寺創建(東西本願寺の分立) ◇海北友松《かいほうゆうしょう》「山水図屏風」			1602　蘭，東インド会社設立
	—1603— 1 徳川《とくがわ》家康《いえやす》 —1605—	1603(慶長8)	.2 **家康，征夷大将軍《せいいたいしょうぐん》に任命され江戸幕府開く**		1603.4 **出雲お国《くに》，京都で歌《か》舞伎《ぶき》踊り**			1603　英，エリザベス1世没，ステュアート朝創立
		1604(慶長9)	.5 家康，**糸割符《いとわっぷ》制度を制定**。内外貿易船に朱印状《しゅいんじょう》下付。朝鮮国王，対馬《つしま》住民の釜山《ふざん》《(プサン)》浦《ぽ》での交易承認					
		1607(慶長12)	.5 朝鮮国使節来日〔以後，将軍の代替りごとに来日〕	1607◇**角倉了以《すみのくらりょうい》**，富士川に舟運を通じる	1607.4 **林羅山《はやしらざん》，幕府の儒官となる**			1604　仏，東インド会社設立
		1609(慶長14)	.1 豊臣秀頼，方広寺の再建に着手 .2 **島津家久《しまづいえひさ》，琉球《りゅうきゅう》に出兵** .3 対馬の宗《そう》氏と朝鮮国との間に己酉《きゆう》約条 .7 オランダとの貿易開始(平戸《ひらど》に商館建設) .9 幕府，西国大名の500石積以上の大船没収。ルソン前総督ドン＝ロドリゴ上総《かずさ》に漂着	1608◇伏見の銀座を京都に移す。大坂に銀座を設置 1609.7 金・銀・銭の比価を永楽銭1貫文＝鐚銭《びたせん》4貫文＝銀50匁《もんめ》＝金1両とする	1609.3 松島瑞巌《ずいがん》寺方丈の上棟式行われる			
		1610(慶長15)	.6 ドン＝ロドリゴ帰国の際，**田中勝介をスペイン領メキシコ(ノヴィスパン)に派遣**		1610◇姫路城・名古屋城築城。足尾銅山発見			
—1611—		1611(慶長16)	.11 明国商人に長崎での貿易許可					
		1612(慶長17)	.3 **幕領(直轄領)に禁教令**	1612◇駿府の銀座を江戸に移す				
	2 秀忠《ひでただ》	1613(慶長18)	.9 イギリスとの貿易開始(平戸に商館建設)。伊達政宗《だてまさむね》，支倉常長《はせくらつねなが》を欧州に派遣(慶長遣欧使節)〔～20〕 .12 全国に禁教令					1613　ロシア，ロマノフ朝成立
		1614(慶長19)	.7 豊臣秀頼，京都方広寺大仏殿再建(鐘銘《しょうめい》事件) .10 **大坂冬の陣**		1614.9 **高山右近《たかやまうこん》**・内藤如安《ないとうじょあん》らキリシタン148人をマニラ・マカオへ追放			1615　支倉常長，教皇パウロ5世に謁見
後水尾《ごみずのお》		1615(元和《げんな》元)	.4 **大坂夏の陣(豊臣氏滅亡)**。一国一城令 .7 **武家諸法度・禁中並公家諸法度**・諸宗諸本山諸法度の制定					1616　後金の建国
		1616(元和2)	.4 家康没 .8 ヨーロッパ船の来航地を長崎・平戸に限定	1616.10 人身売買・煙草《たばこ》づくりなどの禁止	1617◇日光東照宮社殿竣工 .2 家康，東照大権現の神号を受ける			1619　蘭，バタヴィア市を建設
		1619(元和5)	.6 福島正則を武家諸法度違反で改易 .7 徳川頼宣《よりのぶ》を和歌山に移し，三家成立	1617.3 吉原遊廓《よしわらゆうかく》の開設許可 1619◇**菱垣廻船《ひがきかいせん》の創設**	1619.9 藤原惺窩《せいか》没 ◇**桂離宮**造営			1620　清教徒，北米に移住
		1620(元和6)	.6 秀忠の娘和子《かずこ》入内 .8 支倉常長，帰国					

将軍

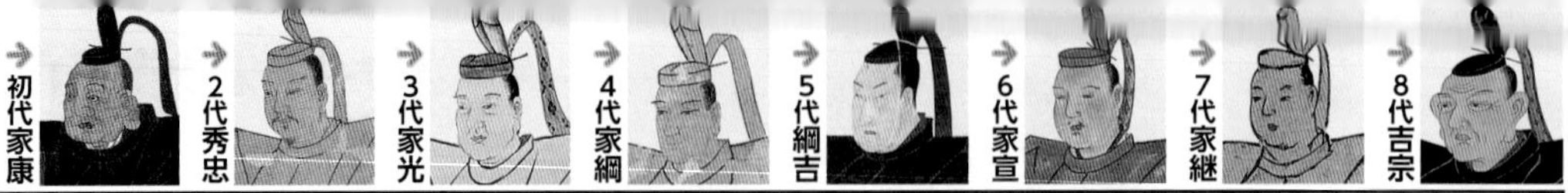

天皇	将軍	西暦(年号)	政治・外交	経済・社会	生活・文化	朝鮮	中国	世界
	—1623—	1623(元和《げんな》9)	.8 幕府，皇室御料1万石献上 .11 イギリス，平戸の商館閉鎖		1622.8 元和大殉教《げんなだいじゅんきょう》(キリシタン55名を長崎立山で処刑)			
		1624(寛永《かんえい》元)	.3 スペイン船の来航禁止 .12 朝鮮使節，家光に謁見	1625.8 関所通行・伝馬などの規則改定	1624◇日光東照宮陽明門竣工 1625.11 僧天海，上野寛永寺を創建			1624 オランダ，台湾を占領〔～61〕
		1627(寛永4)	.7 **紫衣《しえ》事件**〔1629.7 大徳寺沢庵《たくあん》らを陸奥・出羽に流刑〕					1628 英，権利の請願
—1629—		1629(寛永6)	.11 後水尾《ごみずのお》天皇，紫衣事件で退位		1629◇**絵踏始まる** .10 女舞・女歌舞伎の禁止			
		1630(寛永7)	◇山田長政，シャムで殺害					
		1631(寛永8)	.6 海外渡航に老中奉書を交付(**奉書船の始まり**)		1630◇**キリスト教の書籍輸入禁止** ◇林羅山，上野忍ヶ岡《しのぶがおか》に学寮を建設		明	
		1632(寛永9)	.5 肥後の加藤忠弘《かとうただひろ》を改易 .12 大目付設置					
		1633(寛永10)	.2 **奉書船以外の海外渡航の禁止。海外渡航者の帰国を制限**	1633.3 黒田騒動を断罪，栗《くり》山大膳《やまだいぜん》流刑	◇貞門派俳諧《ていもんははいかい》盛ん			1633 英，ベンガル植民開始
	3家光《いえみつ》	1634(寛永11)	.8 譜代大名の妻子を江戸へおくことを命じる					
明正《めいしょう》		1635(寛永12)	.5 外国船の入港を長崎に限定。**日本人の海外渡航・帰国の禁止** .6 **武家諸法度の改定**(**参勤交代制**など) .11 寺社奉行設置					
		1636(寛永13)	.5 長崎出島の完成，ポルトガル人を移す	1636.6 江戸と近江坂本に銭座設置(**寛永通宝**鋳造)。箱根関所法度の制定	1636.4 日光東照宮完成		1636	1636 **後金，国号を清と改称**
		1637(寛永14)	.10 **島原の乱**〔～38〕		1641◇熊沢蕃山《くまざわばんざん》，**花畠教場**設立			
		1639(寛永16)	.7 **ポルトガル船の来航禁止**		1647◇**酒井田柿右衛門，赤絵焼**に成功			
		1640(寛永17)	.6 **宗門改役《しゅうもんあらためやく》設置**(**寺請制度**の始まり)	1637.10 幕府，**五人組**の強化				1642 **ピューリタン革命**〔～49〕
		1641(寛永18)	.4 オランダ商館を平戸より長崎出島へ(鎖国の完成)	1641◇寛永の飢饉〔～42〕 ◇**オランダ風説書**始まる	1652.6 若衆歌舞伎《わかしゅかぶき》禁止 1654.7 **隠元《いんげん》**，来日。**黄檗宗《おうばくしゅう》**を伝える			
—1643—			**武断政治から文治政治へ**	1643.3 **田畑永代売買《えいたいばいばい》の禁止令** ◇田畑勝手作りの禁			1644	1644 **明の滅亡**
		1649(慶安《けいあん》2)	.10 鄭成功《ていせいこう》，日本へ援軍依頼		1657.7 **徳川光圀《みつくに》，『大日本史』の編纂《へんさん》開始**			
後光明《ごこうみょう》	—1651—	1651(慶安4)	.4 家光没。**慶安の変(由井《ゆい》(比《ひ》)正雪《しょうせつ》の乱)** .12 幕府，**末期養子《まつごようし》の禁止の緩和**	1644.3 糸割符制度改定 1649◇慶安《けいあん》の触書《ふれがき》の公布	1659.6 隠元《いんげん》，**黄檗《おうばく》山万福寺**を創建			1651 英，航海法発布
		1652(承応《じょうおう》元)	.9 承応の変。江戸市中の浪人を改める	1652.5 佐倉惣五郎《さくらそうごろう》一揆				
—1654—		1655(明暦《めいれき》元)	.4 糸割符制度を廃し，相対《あいたい》貿易とする	1655.8 宿駅人馬《しゅくえきじんば》の制	1662.2 **伊藤仁斎《じんさい》**，京都に**古《こ》義堂《ぎどう》**を開塾	朝鮮		
後西《ごさい》		1659(万治《まんじ》2)	.8 江戸城本丸の造営竣工(天守閣の廃止)	1657.1 **明暦《めいれき》の大火**(振袖《ふりそで》火事)				1660 英，王政復古
—1663—		1663(寛文《かんぶん》3)	.5 武家諸法度改定。**殉死《じゅんし》の禁止**	1663◇三都に定《じょう》飛脚問屋成立	1665◇**山鹿素行《やまがそこう》『聖教要録《せいきょうようろく》』**(翌年赤穂に幽閉)			
		1665(寛文5)	.7 諸大名の人質(証人)を停止。諸宗寺院法度・諸社禰宜《ねぎ》神主法度の制定		1668◇岡山藩**閑谷《しずたに》学校**創設〔1701 完成〕			1661 鄭成功，台湾占領。英，ボンベイ獲得
	4家綱《いえつな》	1669(寛文9)	.4 **不受不施派の寺請禁止** .7 アイヌ族長，**シャクシャインの戦い**〔～72〕		1670◇林羅山，鵞峰撰『本朝《ほんちょう》通鑑《つがん》』完成			1664 仏，東インド会社再興
			文治政治の展開		1673.5 **市川団十郎**，江戸で**荒事**演じる			
霊元《れいげん》		1671(寛文11)	.4 仙台藩の伊達《だて》騒動を幕府裁断 .10 諸代官に**宗旨人別帳《しゅうしにんべつちょう》**(**宗門改《しゅうもんあらため》帳**)の作成を命じる	1671.7 **河村瑞賢《かわむらずいけん》，東廻り海運開設** 1672◇**河村瑞賢，西廻り海運開設** 1673.6 **分地制限令** .8 三井高利《たかとし》，江戸・京都に越後屋呉服店を開く	1674◇**関孝和《せきたかかず》『発微算法《はつびさんぽう》』**刊 1675◇西山宗因《そういん》，談林派俳諧を確立			
		1679(延宝《えんぽう》7)	.10 越後騒動		1678.2 **坂田藤十郎《とうじゅうろう》**，大坂で**和事**を確立			
	—1680—	1680(延宝8)	.5 将軍後継者に綱吉を決定					
		1681(天和《てんな》元)	.1 評定所規則の制定 .6 越後騒動を断罪 .12 堀田正俊，大老となる〔～84〕	**町人の台頭** 1681◇上州沼田藩，杉木茂《も》左《ざ》衛門《えもん》幕府へ直訴(磔《はりつけ》茂左衛門一揆)	**元禄文化の開花** 1681◇綱吉，護国寺建立		清《シン》	1683 鄭氏降伏し，台湾，清領となる
		1682(天和2)	.6 勘定吟味役設置		1682.9 **井原西鶴《いはらさいかく》『好色一代男』**刊			
		1683(天和3)	.7 武家諸法度改定(末期養子許可，殉死の禁止)	1682.12 江戸大火(八百屋お七の火事)	1684.12 **渋川春海《しぶかわはるみ》，初代幕府天文方**となる			1685 仏，ナントの王令廃止
		1685(貞享《じょうきょう》2)	.1 糸割符制度復活。長崎貿易額制限(中国船銀6,000貫・オランダ船銀3,000貫)	1684.10 宣命《せんみょう》暦を**貞享《じょうきょう》暦**に変える	1685◇竹本義太夫《ぎだゆう》，大坂竹本座創立			1686 英，カルカッタ建設
—1687—			.7 **生類憐《しょうるいあわれ》みの令**を出す〔こののち，頻発〕					
	5綱吉《つなよし》	1688(元禄《げんろく》元)	.11 **柳沢吉保《やなぎさわよしやす》，側用人となる**〔1694 老中，1698 老中筆頭，1706 大老〕 .12 中国船の長崎来航を70隻に制限	1686.10 信濃松本藩の嘉助騒動 1688.12 大坂堂島に米穀取引所を設立	◇宮崎友禅，友禅染を創始 1688.1 西鶴『日本永代蔵』刊 ◇**契沖《けいちゅう》『万葉代匠記《まんようだいしょうき》』**できる			1688 英，**名誉革命**
		1689(元禄2)	.4 長崎に唐人屋敷が完成	1691.5 別子銅山開坑(住友友芳)	1689.3 **芭蕉**，奥の細道の旅に出る			1689 清・露，ネルチンスク条約。英，権利の章典
		1690(元禄3)	.8 ドイツ人ケンペル，オランダ商館医師として来日	1694◇**江戸に十組《とくみ》問屋仲間成立**〔1813 公認〕 ◇**大阪に二十四組問屋仲間成立**〔1784 公認〕	.12 歌学方設置。北村季吟を任命			
東山《ひがしやま》		1695(元禄8)	.11 武蔵中野の犬小屋に野犬収容					1699 清，英に広東貿易を許す
		1696(元禄9)	.4 **荻原重秀《おぎわらしげひで》，勘定奉行となる**〔1712 罷免〕		1690.7 **湯島に聖堂を創建し，林鳳岡《ほうこう》邸内の廟殿を移す**			
		1700(元禄13)	◇中国船の長崎来航は8隻，オランダ船は5隻と定める	1695.8 **荻原重秀，金銀貨を改鋳**(元字金銀)	1691.1 林鳳岡，大学頭就任			1701 **スペイン継承戦争**。プロイセン王国創立
		1702(元禄15)	.12 赤穂浪士大石良雄《おおいしよしお》ら吉良義央《きらよしなか》を討つ		1692.1 西鶴『世間胸算用』刊。浮世草子全盛。元禄模様流行			
		1705(宝永《ほうえい》2)	.1 禁裏御料《きんりごりょう》1万石増進(計3万石)	1698.9 江戸大火(勅額《ちょくがく》火事)				
		1708(宝永5)	.8 宣教師シドッチ，屋久島に来着	1705◇**御蔭参《おかげまい》り流行**				

9代家重

10代家治

11代家斉

12代家慶

13代家定

14代家茂

15代慶喜

天皇	将軍	西暦(年号)	政治・外交
			正徳の政治
—1709—	—1709—	1709(宝永《ほうえい》6)	.1 **新井白石《あらいはくせき》・間部詮房《まなべあきふさ》を登用**。生類憐みの令を廃止
	6 **家宣《いえのぶ》**	1710(宝永7)	◇武家諸法度を国文体に改定 .8 閑院宮《かんいんのみや》家の創設
		1711(正徳《しょうとく》元)	.2 **朝鮮使節の待遇の簡素化**
	1712	1712(正徳2)	.9 荻原重秀を罷免《ひめん》
	1713	1715(正徳5)	.1 **海舶互市《かいはくごし》新例**(正徳新令…清船30隻・銀6,000貫, オランダ船2隻・銀3,000貫に制限)
	7 **家継《いえつぐ》**		
	—1716—	1716(享保《きょうほう》元)	.5 紀州の吉宗, 将軍となる。新井白石ら罷免
			享保の改革
		1717(享保2)	.2 **大岡忠相《ただすけ》(越前守)を江戸町奉行に登用**
中御門《なかみかど》		1719(享保4)	.10 吉宗, 朝鮮使節に引見, 待遇を旧に復する .11 **相対済《あいたいすま》し令**〔〜1729〕 ◇定免制《じょうめんせい》始まる
		1720(享保5)	.12 キリスト教以外の漢訳洋書の輸入制限緩和
		1721(享保6)	.2 **田中丘隅《たなかきゅうぐ》**『民間省要』完成(翌年吉宗に献上) .8 **目安箱《めやすばこ》**を評定所門前におく
		1722(享保7)	.7 **上《あ》げ米《まい》**を実施し, 参勤期限を緩和〔1730 廃止〕
		1723(享保8)	.6 **足高《たしだか》の制**を定める
	8 **吉宗《よしむね》**	1724(享保9)	.6 倹約令を出す。札差を109人とする
		1730(享保15)	.4 諸大名の上げ米を停止し, 参勤交代を旧に復する .11 吉宗の子宗武《むねたけ》, 三卿の一つ田安《たやす》家をおこす
—1735—		1736(元文《げんぶん》元)	.6 産銅減少のため清船の来航を年間25隻とする
		1739(元文4)	.3 青木昆陽《あおきこんよう》を登用 .5 ロシア探検船, 陸奥・安房・伊豆沿海に出没 .7 幕府, 海防を厳しくする
桜町《さくらまち》		1740(元文5)	.11 吉宗の子宗尹《むねただ》, 三卿の一つ一橋《ひとつばし》家をおこす
		1742(寛保《かんぽう》2)	.4 **公事方御定書《くじかたおさだめがき》を制定**。産銅減少のため銅の輸出を制限 .11 清船の来航を年10隻とする
		1744(寛保4)	◇『御触書寛保集成《おふれがきかんぽうしゅうせい》』を編集
	—1745—	1746(延享《えんきょう》3)	.3 長崎貿易をオランダ船2隻, 中国船10隻に制限。倹約令を出す
—1747—		1749(寛延《かんえん》2)	.1 長崎貿易の中国船を15隻に .5 **定免制**を全幕領に施行
	9 **家重《いえしげ》**	1751(宝暦《ほうれき》元)	.6 吉宗没
		1753(宝暦3)	.4 諸大名に備荒貯穀《びこうちょこく》を命じる
桃園《ももぞの》		1756(宝暦6)	.5 若年寄大岡忠光《ただみつ》を側用人とする
		1758(宝暦8)	.7 **宝暦事件**(竹内式部《たけのうちしきぶ》を捕らえ, 公家17人処罰)
		1759(宝暦9)	.2 **山県大弐《やまがただいに》『柳子《りゅうし》新論』**を著し政治を批判
	—1760—	1761(宝暦11)	.12 米価下落による買米資金として, 大坂の富商に御用金を命ず
—1762—		1762(宝暦12)	.5 清水重好《しげよし》, 10万石を給せられ三卿成立
		1764(明和《めいわ》元)	.3 長崎貿易輸出不振につき, **俵物**の生産を奨励
		1765(明和2)	◇オランダ船から初めて金銀銭を輸入
後桜町《ごさくらまち》			
	10 **家治《いえはる》**		**田沼の政治**
		1767(明和4)	.7 **田沼意次《おきつぐ》を側用人とする**
—1770—			.8 **明和事件**(山県大弐死刑, 竹内式部流罪)
		1772(安永《あんえい》元)	.1 **田沼意次, 老中となる**。大坂天満青物市場問屋・仲買株を許可
後桃園《ごももぞの》			.6 大坂綿屋仲間を公認
		1773(安永2)	.4 菱垣廻船問屋株を公認 .9 江戸炭薪仲買組合を定める

経済・社会

- 1707.11 富士山大噴火, 宝永山できる
- 1710.4 金銀を改鋳(永字銀・乾字金など)
- 1711.6 越後蒲原郡の農民, 信濃川護岸工事で大庄屋と争う(与茂七《よもしち》騒動)
- .11 安房北条藩の農民, 江戸に出訴(万石騒動)
- 1714.3 絵島《えじま》事件(大奥老女《おおおくろうじょ》絵島らを処罰)
- .5 **金銀を改鋳し古制に戻す(正徳金銀)**
- 1720.3 江戸大火
- .8 **江戸町火消《まちびけし》いろは組創設**。会津御蔵入騒動
- 1721.3 江戸大火
- .8 **小石川養生所**を設置。江戸市中諸商人・職人に組合結成させる
- 1724.7 江戸蔵前《くらまえ》の**札差《ふださし》組合**を公認
- 1726.8 新田検地条目を制定
- .12 美作一揆
- 1730.8 **大坂堂島の米市場を公認**
- 1732◇**享保の飢饉**(西日本に大虫害)
- 1733◇江戸で打ちこわし
- 1735.10 米価下落を防ぐため最低価格制定
- 1736.5 正徳金銀改鋳し, 元《げん》文《ぶん》金銀を鋳造
- 1743◇**甘藷《かんしょ》栽培を奨励**
- 1745.7 京都西陣高機《たかばた》仲間成立

百姓一揆・打ちこわしの激増

- 1754◇木曽川改修工事を島津氏に命じる
- .3 筑後久留米《ちくごくるめ》一揆 ◇貞《じょう》享《きょう》暦を廃し宝暦《ほうれき》暦を使用
- 1755◇奥羽地方で冷害のため大飢饉 .11 美濃郡上《みのぐじょう》一揆
- 1756.6 米価騰貴のため米商に買占め禁止
- .11 阿波五社《ごしゃ》騒動
- 1761.12 信濃上田藩全領の農民強訴
- 1762.2 寺院への田畑寄進を禁止
- 1763.11 江戸神田に朝鮮人参座を設置
- 1764.閏12 信濃・上野・下野・武蔵の農民20万人蜂起(伝馬騒動)
- 1765.9 五匁銀の発行
- 1768.1 大坂・新潟湊で打ちこわし .4 真鍮銭《しんちゅうせん》(四文銭)鋳造する
- 1770◇諸国大干ばつ〔〜71〕
- 1771.4 **伊勢御蔭参《おかげまい》り盛行**〔〜.7〕
- .12 飛驒農民, 年貢米の江戸廻送等に反対して打ちこわし

生活・文化

- 1694.4 葵《あおい》祭再興
- .6 菱川師宣没
- .10 松尾芭蕉没
- 1695.3 西川如見《じょけん》『華夷《かい》通商考』
- 1696◇**宮崎安貞《やすさだ》『農業全書』**〔97 刊〕
- 1703.5 **近松門左衛門《ちかまつもんざえもん》**の『**曽根崎心中**』初演
- 1708.5 **貝原益軒《かいばらえきけん》『大和本草《やまとほんぞう》』**できる
- 1709◇新井白石, シドッチを訊問 .3 東大寺大仏殿再建 ◇寺子屋普及
- 1712◇**白石『読史余論《とくしよろん》』**
- 1713.1 益軒『養生訓』
- .3 白石『采覧異言《さいらんいげん》』
- 1715.11 **近松『国性《こくせん》(姓)爺合《やかっ》戦《せん》』**初演。**白石『西洋紀聞』**
- 1716.10 白石『折たく柴の記』
- 1717◇**荻生徂徠《おぎゅうそらい》**, 古文辞学を説く(**蘐園《けんえん》学派**の成立)
- 1722◇出版書籍業の取締令を出す
- ◇荻生徂徠『政談』を吉宗に献上
- 1724.5 大坂に**懐徳堂《かいとくどう》**設立
- 1728◇荷田春満《かだのあずままろ》『創学校啓《そうがくこうけい》』
- 1729.3 **太宰春台《だざいしゅんだい》『経済録』**できる
- ◇**石田梅岩《ばいがん》**, 京都で**心学**の講席を開く
- 1735.2 **青木昆陽『蕃薯考《ばんしょこう》』**
- 1740◇青木昆陽・野呂元丈に蘭語修得命令
- ◇上方で読本盛ん
- 1744◇幕府, 江戸神田に天文台設置
- 1746.8 竹田出雲《いずも》『菅原伝授《すがわらでんじゅ》手習鑑《てならいかがみ》』初演
- 1748.8 **竹田出雲『仮名手本《かなでほん》忠臣蔵《ちゅうしんぐら》』**初演

宝暦・天明期の文化

- 1754.閏2 山脇東洋《やまわきとうよう》ら初めて囚人の死体解剖
- 1755.2 **安藤昌益《あんどうしょうえき》『自然《しぜん》《じねん》真営《しんえい》道《どう》』**できる
- 1759.1 **山脇東洋『蔵志《ぞうし》』**
- .2 **山県大弐《やまがただいに》『柳子《りゅうし》新論』**
- 1763◇本居宣長《もとおりのりなが》, 松坂で真淵《まぶち》に会い入門
- 1764.2 平賀源内, 火浣布《かかんふ》(石綿)を創製
- 1765.7 **柄井川柳《からいせんりゅう》『誹風柳多留《はいふうやなぎだる》』**初篇刊
- ◇**鈴木春信**, **錦絵《にしきえ》**を創始
- ◇賀茂真淵《かものまぶち》『国意考』
- ◇円山応挙《まるやまおうきょ》「雪松図」
- 1768.4 **上田秋成《あきなり》『雨月《うげつ》物語』**
- 1771.3 前野良沢《りょうたく》ら, 千住小塚原で死刑囚の腑分け
- ◇本居宣長「直毘霊《なおびのみたま》」
- .8 与謝蕪村《よさぶそん》・池大雅《いけのたいが》「十便十宜図《じゅうべんじゅうぎず》」

朝鮮

朝鮮

中国

清

世界

- 1703 ピョートル1世, ペテルブルク建設
- 1707 大ブリテン王国成立
- 1708 合同東インド会社設立。イングランド銀行の独占強化
- 1721 ウォルポール首相(責任内閣制度の始め)
- 1723 清, キリスト教を禁止
- 1732 英, 北米にジョージア植民地建設
- 1740 **オーストリア継承戦争**〔〜48〕
- 1743 蘭, ジャワ東北部を獲得
- 1745 英艦隊, ポンディシェリを包囲
- 1748 モンテスキュー『法の精神』。アーヘンの和約
- 1750◇イギリス, アメリカ貿易を完全に掌握
- 1755 **清, 琉球王国に授印**
- 1756 七年戦争〔〜63〕
- 1757 プラッシーの戦い
- 1762 ルソー『社会契約論』刊
- 1763 パリ条約
- 1769 **ワット, 蒸気機関の改良に成功**。アークライト, 紡績機の特許権獲得

資料編 年表 江戸

天皇	将軍	西暦(年号)	政治・外交	経済・社会	生活・文化	朝鮮	中国	世界
		1778(安永《あんえい》7)	◇長崎港より輸出する俵物の生産を奨励 .6 ロシア船，蝦夷地厚岸《あっけし》に来航し，松前藩に通商要求〔翌年拒否〕	1772.2 江戸大火(目黒行人坂《ぎょうにんざか》火事)。風水害のため諸国凶作 .10 **樽廻船問屋株公認**	1773◇薩摩藩校造士館・演武館設立 1774.8 **前野良沢・杉田玄白《げんぱく》ら『解体新書』**			1772 第1回ポーランド分割
—1779—								
		1780(安永9)	.8 大坂の江戸組・堺筋組・油町組，毛綿仕入積問屋株を公認	1773.閏3 飛騨百姓一揆(大原騒動) .4 **菱垣廻船問屋株を公認** ◇諸国に疫病流行	1776.4 米沢藩校興譲館再興			1776 **米，独立宣言**。スミス『国富論』
	10家治《いえはる》	1782(天明《てんめい》2)	.7 **下総印旛沼《しもうさいんばぬま》干拓に着手**		.11 **平賀源内，エレキテル**完成			
		1783(天明3)	.1 田沼意知《おきとも》，若年寄となる .7 伊勢の船頭**大黒屋光太夫《だいこくやこうだゆう》**らアリューシャンに漂流	1775◇米沢藩，国産会所を設置 1780.8 大坂に鉄座，江戸・京・大坂に真鍮座を設置	1779◇**洒落本《しゃれぼん》**，**黄表紙**流行			1779 仏，農奴廃止令
		1784(天明4)	.3 佐野政言《まさこと》，田沼意知を刺殺 .8 大坂の二十四組江戸積問屋株仲間を公認	1782◇冷害のため諸国大飢饉，奥羽地方餓死多数(**天明の飢饉**)〔～1787〕	1782.6 幕府，天文台を浅草に設置			1781 カント『純粋理性批判』刊行
		1785(天明5)	.2 蝦夷地開拓を企て調査させる。**長崎俵物役所**の設置		◇広島藩校修道館《しゅうどうかん》設立 1783.1 **工藤平助《くどうへいすけ》『赤蝦夷風説考《あかえぞふうせつこう》』**			1783 パリ条約(英，アメリカ合衆国の独立承認)
	—1786—	1786(天明6)	.2 下総印旛沼・手賀《てが》沼の干拓着手，間もなく中止 .8 田沼意次ら失脚 ◇**最上徳内《もがみとくない》ら千島を探検し得撫《うるっぷ》に至る**	1783.7 **浅間山大噴火** 1784◇春・夏，諸国飢饉 1785.12 大坂町人へ御用金を命じる	.9 大槻玄沢《おおつきげんたく》『**蘭学階梯《かいてい》**』完成〔1788.3 刊行〕 .9 司馬江漢《しばこうかん》，日本銅《どう》版画を創製 1784◇ツンベルグ，スウェーデンで『日本植物誌』を出版			1785 カートライト，力織機を発明
			寛政の改革					
	—1787—	1787(天明7)	.6 **松平定信《まつだいらさだのぶ》，老中就任**。一部の諸座・問屋株廃止 .8 **倹約令発布**	1786.7 関東・陸奥で大洪水 1787.5 **江戸・大坂など各地で打ちこわし**(天明の打ちこわし)	1785.9 林子平《はやししへい》『三国通覧図説』刊行			
		1789(寛政《かんせい》元)	.2 **尊号一件**おこる .9 **棄捐令《きえんれい》**の発布。諸大名に**囲米《かこいまい》**を命じる		1786.8 大槻玄沢，私塾**芝蘭《しらん》堂**を設立			1789 **フランス革命**。人権宣言を発する
		1790(寛政2)	.5 **寛政異学の禁** .9 オランダ貿易制限(船数1隻，銅60万斤) .11 旧里帰農令	1788.1 京都大火(御所・二条城火災)	1790.5 **寛政異学の禁**。一枚絵・好色本などの出版取り締まりを厳しくする			
		1791(寛政3)	.9 異国船渡来時の処置指令(長崎回航令) .12 **七分積金《しちぶつみきん》の制**	1790.2 **人足寄場を江戸石川島に設置**				1791 仏，国民立法議会開会
		1792(寛政4)	◇砲術練習場を武蔵徳丸原に設置 .9 **ロシア使節ラクスマンら漂民光太夫を護送して根室に来航**，通商要求 .11 尊号一件の落着	.11 江戸で帰村奨励の触《ふれ》を出す 1791.1 江戸市中銭湯の混浴を禁止	.9 本居宣長の『古事記伝』の刊行開始 1791.3 **山東京伝《さんとうきょうでん》**の『仕懸《しかけ》文庫』など絶版，手鎖			1792 パリ民衆，国王を幽閉，共和政を宣言
		1793(寛政5)	.3 松平定信，房総海岸等を巡視。沿海諸藩に海防を命じる .7 定信，老中退任(将軍家斉の大御所政治始まる)	1793.2 武左衛門一揆	.4 **林子平『海国兵談』**刊 1792.5 **『海国兵談』を絶版にし，林子平を蟄居《ちっきょ》処分**	朝鮮		1793 仏，ジャコバン派の独裁
			家斉と藩政改革の時代					
光格《こうかく》		1795(寛政7)	.11 高橋至時《よしとき》，幕府天文方に就任		1793.7 塙保己一《はなわほきいち》，**和学講談所**設立			
		1796(寛政8)	.8 英人ブロートン，室蘭《むろらん》に来航。翌年にかけ日本沿岸を測量		1794◇**東洲斎写楽**，翌年にかけて活躍し，姿を消す		清	1794 仏，ロベスピエール処刑
	11家斉《いえなり》	1797(寛政9)	.8 イギリス船，室蘭に来航 .11 ロシア人，択捉《えとろふ》島に上陸。外国船漂着の穏便処置を諸大名に指令		1796◇**稲村三伯《いなむらさんぱく》『ハルマ和解《わげ》』** 1797.12 **昌平坂《しょうへいざか》学問所(聖堂)を官立とする**			1796 清，アヘン輸入禁止
		1798(寛政10)	.7 **近藤重蔵，択捉島に「大日本恵土呂府《えとろふ》」の標柱を建てる**	1798.12 諸藩の勝手な米札発行を禁止	1798.6 **本居宣長『古事記伝』**			1798 マルサス『人口論』。ナポレオンのエジプト遠征
		1799(寛政11)	.1 東蝦夷地《えぞち》を直轄とする .7 高田屋嘉兵衛《かへえ》，択捉航路を開拓	1799◇江戸・大坂で米価騰貴《とうき》のため打ちこわし	.8 本多利明《ほんだとしあき》『西域《せいいき》物語』，『経世秘策後篇』			
		1800(寛政12)	.閏4 **伊能忠敬《いのうただたか》，蝦夷地を測量**〔翌年より全国の測量を開始〕〔～16〕		◇**滑稽本《こっけいぼん》**流行			1799 ナポレオン，クーデタ
		1801(享和《きょうわ》元)	.6 富山元十郎《とみやまげんじゅうろう》ら得撫《うるっぷ》島に「天長地久大日本属島」の標柱を建てる	1801.7 幕領・諸藩の百姓・町人に苗字帯刀の許可禁止	**化政文化**			
		1802(享和2)	.2 蝦夷奉行(のち箱館奉行)を設置 ◇近藤重蔵ら択捉島を視察	1802.7 諸国洪水，江戸の被害最大	1802.10 志筑忠雄《しづきただお》『暦象新書』 ◇**十返舎一九《じっぺんしゃいっく》『東海道中膝栗毛』**初編刊			1802 ベトナム統一，阮朝《げんちょう》樹立。英・仏，アミアンの和約
		1804(文化《ぶんか》元)	.9 **ロシア使節レザノフ，長崎に来航し通商を要求**〔翌年，幕府拒否〕		1804.5 喜多川歌麿《きたがわうたまろ》処罰			
		1805(文化2)	.1 ロシア船来航につき諸大名に警戒を命じる .6 関東取締出役(八州廻《はっしゅうまわ》り)の設置		1805.10 紀伊の医師華岡青洲《はなおかせいしゅう》，初めて麻酔剤を用い乳癌を手術			1804 **ナポレオン，皇帝になる**
		1806(文化3)	.1 **文化の薪水《しんすい》給与令**	1806.3 江戸芝の大火(丙寅《ひのえとら》の大火)				
		1807(文化4)	.2 西蝦夷地を直轄地とする .5 樺太・択捉島にロシア船来航し，会所を襲う .10 松前奉行設置	.10 江戸町人に御用金を課す				1806 **神聖ローマ帝国滅亡**
		1808(文化5)	.4 松田伝十郎・間宮林蔵《まみやりんぞう》ら樺太探検，間宮海峡を発見 .8 **英艦フェートン号事件**	.12 江戸上水道修復				
		1809(文化6)	.6 樺太を北蝦夷と改称	1809◇江戸伊勢町に米会所設立	1809.1 **式亭三馬『浮世風呂』**前編刊			
		1810(文化7)	.2 相模《さがみ》・安房《あわ》海岸に白河・会津両藩により砲台築造	1810.12 大坂町人に御用金を課す	1811.5 式亭三馬『浮世床』初編刊 ◇天文方に**蛮書和解御用掛《ばんしょわげごようがかり》**を設立			1810 **オランダ，フランスに併合**
		1811(文化8)	.6 ロシア艦長ゴローウニンを国後《くなしり》島で捕らえる					
		1812(文化9)	.8 **高田屋嘉兵衛《たかだやかへえ》**が国後海上でロシア艦に捕らえられる	1813.3 幕府，十組問屋仲間65組1,995人に株札交付し，以後の新規加入禁止	◇平田篤胤《あつたね》『古道大意』			1812 ナポレオン，ロシア遠征
		1813(文化10)	.9 ゴローウニン事件解決(ゴローウニンと高田屋嘉兵衛交換)	.10 善光寺町で打ちこわし	1813◇海保青陵《かいほせいりょう》『稽古談《けいこだん》』			

天皇	将軍	西暦(年号)	政治・外交	経済・社会	生活・文化	世界
		1814(文化《ぶんか》11)	◇箱館《はこだて》・松前などの蝦夷地守備兵を引き上げる	1816◇幕府，諸国の人口調査	1814.11 **曲亭馬琴《きょくていばきん》『南総里見八犬伝』**第1輯《しゅう》	1814 **ウィーン会議**
—1817—		1817(文化14)	.9 イギリス船，浦賀来航 .11 オランダ商館長ゾーフ，日本を去る	.閏8 畿内・東海道風雨洪水	◇読本《よみほん》流行	1815 神聖同盟成立
		1818(文政《ぶんせい》元)	.5 英人ゴルドン，浦賀来航。貿易要求(幕府拒否)	1818.4 真文《しんもん》二分判を鋳造 1819.6 草文《そうもん》小判・一分判を鋳造	1815.4 **杉田玄白『蘭学事始《らんがくことはじめ》』** 1819◇小林一茶《いっさ》『おらが春』	1816 アルゼンチン独立宣言
		1821(文政4)	◇諸国代官手代の不正を粛正 .12 東西蝦夷地を松前氏に返還	1821◇近畿・東海・山陰大風雨	◇塙保己一《はなわほきいち》『群書類従《ぐんしょるいじゅう》』正編刊行〔続編，1822〕	1819 英，シンガポール占領
		1822(文政5)	.3 小田原藩主，二宮尊徳《にのみやそんとく》を登用	1822.8 西国にコレラ流行	1820.8 **山片蟠桃《やまがたばんとう》『夢の代《しろ》』**	
		1823(文政6)	.7 ドイツ人医師**シーボルト**，オランダ商館医として長崎に来航	1823.5 摂津・河内・和泉で国訴	1821.7 **伊能忠敬「大日本沿海輿地全図」**完成〔没後〕	1823 モンロー宣言
	11家斉《いえなり》	1824(文政7)	.5 イギリス捕鯨船員，常陸大津浜《ひたちおおつはま》に上陸 .8 同じく薩摩宝島《さつまたからじま》に上陸		1823.7 オランダ商館医師**シーボルト**着任	
		1825(文政8)	.2 **異国船打払令(無二念打払令)**		1824◇**シーボルト，長崎郊外鳴《なる》滝《たき》に塾**	
		1827(文政10)	.12 薩摩藩**調所広郷《ずしょひろさと》**の財政改革始まる			
		1828(文政11)	◇幕府，諸国に人別帳の提出を命ずる .10 **シーボルト事件**	1829.3 江戸大火(己丑《つちのとうし》の大火)	1827.5 **頼山陽《らいさんよう》『日本外史』** ◇佐藤信淵『経済要録』	
		1830(天保《てんぽう》元)	.1 水戸藩主徳川斉昭《なりあき》，藩政改革に着手。薩摩藩，砂糖専売を強化	1830.閏3~8 **伊勢御蔭参り流行** .7 京都大地震	1829.1 柳亭種彦《りゅうていたねひこ》『修紫田舎源《にせむらさきいなかげん》氏《じ》』初編刊	1830 パリ七月革命
		1834(天保5)	.1 幕府，関東諸国に江戸廻米を命ずる .3 **水野忠邦《みずのただくに》，老中となる**〔~43〕	1831.7 防長大一揆 .11 諸国石高を調査	1832.1 為永春水《ためながしゅんすい》『春色梅児誉《しゅんしょくうめごよ》美《み》』初編刊	
仁孝《にんこう》	—1837—	1837(天保8)	.2 **大塩の乱**(大坂) .6 国学者**生田万《いくたよろず》の乱**(越後柏崎)。**モリソン号事件**(アメリカ商船)	1833◇**天保の飢饉**〔~1839〕 1835.9 **天保通宝**(百文銭)を鋳造 1836◇駿府・大坂で打ちこわし	1833◇**歌川(安藤)広重《ひろしげ》「東海道五十三次」**	
		1838(天保9)	.8 長州藩，**村田清風《せいふう》**を起用し藩政改革	◇奥羽飢饉，死者・流民多数	1838.10 **高野長英『戊戌《ぼじゅつ》夢物語』**。	
		1839(天保10)	.5 **蛮社《ばんしゃ》の獄**(尚歯《しょうし》会の渡辺崋山《わたなべかざん》を蟄居，高《たか》野長英《のちょうえい》を終身禁獄)	.8 甲斐郡内騒動 .9 三河加茂一揆	**渡辺崋山《かざん》『慎機論《しんきろん》』**。中山みき，天理教を開く	
		1840(天保11)	.7 オランダ船が長崎に入港し，アヘン戦争を伝える	1838.4 江戸日本橋・神田大火	◇**緒方洪庵《おがたこうあん》，適々斎塾《てきてきさいじゅく》**開く	1840 **アヘン戦争**〔~42〕
			天保の改革			
		1841(天保12)	.閏1 家斉没 .3 徳川斉昭《なりあき》，大砲を鋳造 .5 **水野忠邦，天保の改革。倹約令** .12 **株仲間解散**	1841.12 各種株仲間・問屋・組合を禁止		
	12家慶《いえよし》	1842(天保13)	.7 **天保の薪水《しんすい》給与令** .9 諸大名以下の自国または他国物産の専売禁止	1842◇江戸諸色掛名主に物価値下げ命令	1842.6 絵草紙などの出版統制。人情本禁止。**為永春水・柳亭種彦を処罰**	1842 **南京条約**
		1843(天保14)	.3 **人返《ひとがえ》しの法** .4 長州藩，村田清風建策の37ヵ年賦皆済仕法を施行 .6 印旛沼開墾。江戸町人に御用金を命じる。**上知《じょうち》令**。棄捐《きえん》令 .閏9 水野忠邦老中免職。阿部正弘《あべまさひろ》，老中就任	◇大坂菱垣廻船積二十四組問屋の株札停止		1844 清，望厦《ぼうか》条約，黄埔《こうほ》条約 1846 アメリカ=メキシコ戦争〔~48〕。穀物法廃止(英)
		1844(弘化《こうか》元)	.3 仏船，琉球にて通商要求 .5 徳川斉昭謹慎 .7 **オランダ国王開国勧告**	1850.2 江戸大火		
—1846—		1846(弘化3)	.4 江川太郎左衛門《たろうざえもん》，伊豆七島巡視 .閏5 **米使ビッドル浦賀に来航**，通商要求	.10 **佐賀藩，反射炉**を築造 1851.3 十組問屋ほか株仲間の再興許可		1848 共産党宣言。フランス二月革命
			尊王攘夷から倒幕運動へ			
	—1853—	1853(嘉永《かえい》6)	.6 **ペリー，浦賀に来航**。幕府，久里浜で国書受領 .7 幕府，国書を諸大名に示し意見を聞く。**ロシア使節プチャーチン，長崎に来航**	◇江戸と大坂の窮民に施米 **開国と物価騰貴** 1853.2 関東地震	1851◇**本木昌造，鉛製活字**を製造 1852.2 水戸藩『大日本史』173巻を朝廷・幕府に献上〔完成は1905年〕	1851 **太平天国の乱**〔~64〕
		1854(安政《あんせい》元)	.1 ペリー再来 .3 **日米和親条約締結(神奈川条約)**。吉田松陰《よしだしょういん》，下田で米艦に密航を求め拒絶され，捕らえられる .7 日章旗を日本国総船印に制定 .8 日英和親条約に調印 .12 **日露和親条約調印(国境画定)**	.8 高島秋帆《たかしましゅうはん》の禁固を解く。諸大名に品川台場などの築造を命ず .9 幕府，大船建造の禁を解く	**西洋文化の導入** 1854◇河竹黙阿弥《かわたけもくあみ》，歌舞伎を再興 .12 講武場設置	1852 第2回イギリス=ビルマ戦争 1855 パリ万国博覧会
孝明《こうめい》	13家定《いえさだ》	1855(安政2)	.2 幕府，蝦夷地を再び直轄地とする .6 幕府，諸大名・旗本に洋式調練を命じる .10 **堀田《ほった》正睦《まさよし》，老中首座となる** .12 日蘭和親条約調印	1854◇韮山で反射炉築造〔~57完成〕 .4 京都大火，皇居炎上 1855.1 諸国寺院の梵鐘《ぼんしょう》を鉄砲に改鋳の布告	1855.1 江川太郎左衛門没。天文方蛮書和解御用掛を独立させ，**洋学所**を建てる 1856.2 **洋学所を蕃書調所《ばんしょしらべしょ》と改称**	1856 **クリミア戦争**終わる。**第2次アヘン戦争**〔~60〕
		1856(安政3)	.7 アメリカ総領事**ハリス**，下田に着任		◇板倉勝明『甘雨亭叢書』刊	
		1857(安政4)	.5 日米約定(下田協約)締結 .12 幕府，米と通商条約を締結すべき旨を朝廷に伝える	.10 江戸大地震(安政大地震) 1856.6 二分判金の通用布令 1857◇鉄銭箱館通宝を鋳造	◇**松下村塾《しょうかそんじゅく》**を開く 1857◇村上英俊『仏蘭西詞林』 ◇広重「名所江戸百景」を描く	1857 **シパーヒーの大反乱**〔~59〕。英仏連合軍，広東を占領
	—1858—	1858(安政5)	.2 堀田正睦，条約勅許を奏請 .3 天皇，条約調印却下 .4 **井伊直弼《いいなおすけ》，大老就任** .6 **日米修好通商条約・貿易章程に調印。紀伊徳川慶福《よしとみ》(家茂)を継嗣と決定** .7 徳川斉《なり》昭《あき》・慶恕《よしくみ》・越前松平慶永《よしなが》らに謹慎。蘭・露・英と修好通商条約に調印 .8 外国奉行水野忠徳《ただのり》・永井尚志《なおゆき》を米に派遣 .9 仏と修好通商条約調印 ◇**安政の大獄**〔~59〕	1858.2 江戸大火 .6 江戸神田のお玉が池に種痘所設置。加・越・能一円の大米騒動 ◇コレラ流行	1858.5 伊東玄朴《いとうげんぼく》ら江戸に種痘館開設。幕府，洋書の研究奨励。旗本子弟の蕃書調所就学許可 .10 **福沢諭吉，江戸鉄砲洲に私塾(慶応義塾《けいおうぎじゅく》の始め)**	1858 清，ロシアとアイグン条約。英仏米露と天津条約。ムガル帝国滅亡。スエズ運河会社設立

天皇	将軍	西暦(年号)	政治・外交	経済・社会	生活・文化	世界
孝明《こうめい》	14家茂《いえもち》	1859(安政《あんせい》6)	.5 英駐日総領事オールコック着任 .9 武家諸法度を発布。梅田雲浜《うめだうんぴん》獄死 .10 吉田松陰，橋本左内ら刑死	1859.5 外国貨幣の同種同量通用を布告 .6 **横浜・長崎・箱館を開港**	1859.7 シーボルト再び長崎に来る .9 米宣教師ヘボン来日	1859 フランス，サイゴンを占領。ミル『自由論』刊。ダーウィン『種の起源』刊
		1860(万延《まんえん》元)	.1 **安藤信正《のぶまさ》，老中就任**。条約批准交換のため外国奉行新見正興《しんみまさおき》ら渡米。**勝安房守《あわのかみ》(海舟《かいしゅう》)**ら咸臨丸《かんりんまる》でアメリカに向かう .3 **桜田門外の変** .10 皇女和宮《こうじょかずのみや》，将軍家茂への降嫁《こうか》が勅許〔1862.2 婚儀(江戸城)〕	1860.閏3 **五品江戸廻送《ごひんえどかいそう》令** ◇箱館五稜郭《はこだてごりょうかく》完成	1860.1 河竹黙阿弥「三人吉三廓初買」江戸市村座で初演 .7 江戸下谷種痘所を官立とし，幼児に種痘を命じる .9 長崎に養生所設置，ポンペ教鞭を執る	1860 **北京条約**
		1861(文久《ぶんきゅう》元)	.3 ロシア軍艦，対馬の占領を企図〔.4 島民と衝突〕 .5 東禅寺事件	1861.4 江戸に疱瘡《ほうそう》流行 .6 会津大火 .10 横浜大火	1861.10 種痘所を**西洋医学所**と改称 .11『The Japan Herald』刊	1861 ロシア，農奴解放令。イタリア王国成立。**南北戦争**〔～65〕
		1862(文久2)	.1 **坂下門外の変** .4 寺田屋事件 .5 大原重徳・**島津久光**ら東下 .7 **一橋慶喜を将軍後見職として幕政改革を行う(文久の改革)** .8 **生麦事件** .閏8 松平容保《かたもり》を京都守護職に任命。参勤交代制度を緩和 .11 幕議，攘夷の勅旨に従うと決定 .12 高杉晋作ら品川御殿山の英国公使館襲撃	1862◇近畿各地に幕政・商人批判の張紙しきり。この年，上野国高崎・岩代国信夫岡村・播磨美濃郡・伊予大洲領小藪・信濃・大隅奄美大島などに農民一揆	1862.5 蕃書調所を**洋書調所**と改称，神田一橋門外に移転 .8「官板海外新聞」刊 ◇『英和対訳袖珍辞書』刊(英和辞書の最初)	1862 安南，仏とサイゴン条約
		1863(文久3)	.3 幕府・上京中の浪士組に東帰を命じる(近藤勇ら京都残留，新撰組と称す) .4 幕府，5月10日を攘夷期限と上奏 .5 長州藩，下関で外国船砲撃 .6 **奇兵隊編成** .7 薩英《さつえい》戦争 .8 天誅組《てんちゅうぐみ》の変。**八月十八日の政変** .10 生野の変	1863.6 江戸大火 .7 二条城門に将軍弾劾文 .10 長崎・江戸・京都市中に天誅の張紙	1863.2 西洋医学所を医学所と改称 .5 井上馨《かおる》・伊藤博《ひろ》文《ぶみ》ら英留学のため出発 .8 洋書調所を**開成所**と改称	1863 リンカン，奴隷解放宣言。カンボジア，フランスの保護領となる
		1864(元治《げんじ》元)	.3 仏公使ロッシュ着任 .6 **池田屋事件** .7 **禁門の変(蛤御門《はまぐりごもん》の変)。第1次長州征討** .8 四国艦隊下関砲撃事件 .10 長州藩，幕府への恭順謝罪	1864.3 天誅の張紙しきり .7 佐久間象山暗殺	1864.4 岸田吟香《ぎんこう》，「海外新聞」発行 ◇幕臣関口鉄之助《せきぐちてつのすけ》，長崎で洋式軍楽を伝習	1864 第1インターナショナル結成
		1865(慶応《けいおう》元)	.1 高杉晋作ら馬関に挙兵(藩論を幕府への対抗に一変) .閏5 英公使パークス着任 .10 条約勅許	1865.9 横須賀製鉄所建設	1865.1 長崎大浦天主堂完成	1865 リンカン暗殺
	1866 15慶喜《よしのぶ》	1866(慶応2)	.1 **薩長《さっちょう》連合成立** .5 英・米・仏・蘭と改税約書調印 .6 第2次長州征討〔～.8〕 .7 家茂没 .12 **慶喜，将軍となる**。孝明天皇没	1866◇諸国凶作。米価騰貴。この年，**各地に農民一揆。江戸・大坂で大規模な打ちこわし**	1866.4 学術修業及び貿易のための渡航許可。英公使館員アーネスト＝サトウ『英国策論』執筆 .12 **福沢諭吉『西洋事情』**(初編)	1866 プロイセン＝オーストリア戦争
1867 明治《めいじ》	1867	1867(慶応3)	.5 兵庫開港勅許。板垣・中岡・西郷，倒幕を密約 .9 薩長芸3藩，挙兵倒幕を約す .10 土佐藩(山内豊信)，幕府へ大政奉還の建白。**討幕の密勅。徳川慶喜，大政奉還** .12 **王政復古を宣言。小御所《こごしょ》会議**(慶喜に辞官納地令)	1867◇この年，各地に農民一揆 .8 名古屋地方に**ええじゃないか**，東海道・江戸・京畿その他一円に拡大 .11 坂本龍馬《さかもとりょうま》，中岡慎太郎《なかおかしんたろう》殺害	1867.6 長崎奉行，キリスト教徒68人逮捕 .9 米宣教師ヘボン『和英語林集成』完成 .10 柳川春三《やながわしゅんさん》『西洋雑誌』刊	1867 マラッカ・シンガポールなど英の植民地となる
		1868(明治《めいじ》元)	**明治維新(維新政府の成立と幕藩体制の解体)** .1 鳥羽《とば》・伏見《ふしみ》の戦い(**戊辰《ぼしん》戦争**おこる)。徳川慶喜追討令。外国公使に和親の方針を告げる。三職七科の新官制 .3 **五箇条の誓文《せいもん》と五榜《ごぼう》の掲示** .閏4 **政体書**公布 .5 奥羽越列藩同盟の結成。彰義隊の戦い .7 江戸を東京と改称 .9 明治と改元，一世一元《いっせいいちげん》の制。会津《あいづ》藩降伏	**封建的制限の撤廃と身分制の再編成** 1868.3 東征《とうせい》軍の鼓笛《こてき》隊，♬「宮さん宮さん」を演奏して行軍 .4 ハワイへ契約移民 .閏4 **長崎浦上《うらがみ》のキリシタン弾圧，各国領事抗議** .5 太政官札《だじょうかんさつ》を発行。商法大意を頒布《はんぷ》	**文明開化と生活洋風化の始まり** 1868.2 **「中外《ちゅうがい》新聞」(柳川春三)** .3 **神仏分離令《しんぶつぶんりれい》，廃仏毀釈《はいぶつきしゃく》**の運動おこる。討幕軍，携行食にパンを利用 .4 福沢諭吉《ふくざわゆきち》，本格的な英学塾の**慶応義塾《けいおうぎじゅく》**開設 .閏4「江湖《こうこ》新聞」(福地源一郎《ふくちげんいちろう》)創刊	
		1869(明治2)	.1 **薩長土肥4藩主，版籍奉還《はんせきほうかん》**を上表 .3 公議所開院 .5 箱館五稜郭《はこだてごりょうかく》開城，榎本武揚《えのもとたけあき》ら降伏(戊辰戦争終結) .6 **版籍奉還《はんせきほうかん》を許可**。華族・士族の称を設ける .7 官制改革，二官六省の制，開拓使を設置 .8 蝦夷地《えぞち》を北海道と改称	1869.1 関所《せきしょ》廃止。横井小楠《よこいしょうなん》刺殺 .2 造幣局《ぞうへいきょく》設置。東京為替《かわせ》会社開業 .11 大村益次郎暗殺 ◇全国に農民の世直し騒動続発	1869.5 出版条例公布 .7 昌平坂《しょうへいざか》学校を**大学校**とする .12 **電信開通** ◇東京と神戸で牛肉スキヤキ屋開業 ◇福沢諭吉『世界国尽《せかいくにづくし》』 ◇人力車の発明 .12 大学校を大学，医学所を大学東校，開成所を大学南校とする	1869 米，大陸横断鉄道開通。スエズ運河開通
		1870(明治3)	.9 平民に苗字(名字)を許可 .10 兵制，海軍は英式，陸軍は仏式に統一 .閏10 工部省《こうぶしょう》設置 .12 新律綱領《しんりつこうりょう》制定	1870.6 官営前橋製糸場開設 .9 苗字の許可 .10 岩崎弥太郎《やたろう》，海運事業の九十九《つくも》商会設立(三菱商会の前身)	1870.1 **大教《たいきょう》宣布の詔**，神道を国教化 .3 本木昌造，活版印刷開始 .10 **中村正直《まさなお》『西国立志編《さいごくりっしへん》』** .12 日刊の**「横浜毎日新聞」**	1870 **プロイセン＝フランス戦争**〔～71〕。仏，第三共和政。伊，統一完了
		1871(明治4)	.2 薩長土3藩から親兵を徴集 .4 戸籍法 .7 **廃藩置県《はいはんちけん》(1使3府302県)**。太政官制《だじょうかんせい》を改め，正院・左院・右院を設ける。日清修好条規調印 .10 岩倉使節団を欧米に派遣〔.11 出発〕 .11 県を統合(1使3府72県) .12 **琉球漂流民殺害事件**	1871.1 東京～京都～大阪間に郵便制度開始 .5 **新貨条例制定(金本位制，円単位，十進法)** .6 長崎～上海間に海底電線 .8 えた・非人の称を廃止。散髪・脱刀令 .9 田畑勝手作りを許可(耕作の自由)	1871.3 **郵便開始** .4 仮名垣魯文《かながきろぶん》，戯作《げさく》『安愚楽鍋《あぐらなべ》』。散髪で洋服の普及始まる .7 **文部省**設置 .9 熊本洋学校開校 .11 津田《つだ》梅子ら米国留学	1871 **ドイツ帝国成立**。パリ＝コミューン
		1872(明治5) ＊1872(明治5)年12月3日の改暦以前は太陰暦の年月日を使用	**明治政府の三大改革(地租改正・徴兵令・学制)** .1 **壬申《じんしん》戸籍**編成 .2 陸軍省・海軍省設置 .8 **学制《がくせい》**公布。伝馬《てんま》・助郷《すけごう》廃止 .9 琉球藩設置〔～79〕 .10 人身《じんしん》売買禁止 .11 **徴兵《ちょうへい》の詔書と告諭** .12 **太陽暦《たいようれき》**採用により12月3日が明治6年1月1日＊	1872.1 身分を皇族・華族・士族・平民とする .2 **田畑永代《えいたい》売買の禁止令を解禁** .9 **新橋～横浜間に鉄道開通** .10 **官営富岡《とみおか》製糸場**開業 .11 **国立銀行条例**制定 **地租改正と殖産興業・政商の成長**	1872.2 **福沢諭吉『学問のすゝめ』**。第1回京都博覧会開会 .5 東京に師範学校開校 .12 **太陽暦採用**	1872 独・墺・露の皇帝がベルリンで会談

天皇	西暦(年号)	政治・外交	経済・社会	生活・文化	世界
	1873(明治《めいじ》６)	. 1 徴兵令公布 . 5 美作《みまさか》(岡山)で徴兵令反対の血税一揆 . 6 改定律例公布 . 7 **地租改正条例** . 9 岩倉具視《ともみ》ら帰国 .10 **征韓論《せいかんろん》敗北**，西郷隆《たか》盛《もり》・板垣退助《たいすけ》・後藤象二郎《しょうじろう》ら下野(**明治六年の政変**) .11 内務省設置 .12 秩禄奉還《ちつろくほうかん》決まる	1873. 1 紀元節・天長節制定 . 2 仇討《あだうち》禁止。ウィーン万国博覧会に参加 1874. 6 **三田演説会開会**	1873. 1 紀元《きげん》節・天長《てんちょう》節など祝日制定 . 2 キリスト教黙認，禁制の高札撤去 . 8 **明六《めいろく》社**結成 ◇野球が紹介される 1874. 3 **明六社『明六雑誌』発行**。	1873 朝鮮の大院君失脚，閔《びん》氏政権
	1874(明治７)	**自由民権運動の開始と士族の反乱** . 1 愛国公党《あいこくこうとう》結成。東京警視庁設置。板垣・後藤ら**民撰議院設立建白書提出** . 2 佐賀の乱 . 4 板垣・片岡健吉ら立志社結成 . 5 台湾出兵	. 7 東京銀座一帯，煉瓦造《れんがづくり》の洋風街 . 9 電信条例制定 .12 **ガス灯点灯**(東京銀座)	東京女子師範学校設立 . 9「朝野新聞」 .11「読売新聞」創刊 1875. 6 東京気象台設立	1874 第１回万国郵便会議。露，ナロードニキ運動
	1875(明治８)	. 1 英・仏，横浜駐屯《ちゅうとん》軍の引揚げ。大阪会議［～. 2］ . 2 板垣ら愛国社結成 . 4 漸次《ぜんじ》立憲政体樹立の詔。元老院《げんろういん》・大審院《だいしんいん》設置 . 5 樺太《からふと》・千島《ちしま》交換条約調印 . 6 地方官会議開会。讒謗律《ざんぼうりつ》・新聞紙条例制定 . 9 出版条例改正し検閲を定める。江華島《こうかとう》事件 .11 英，小笠原《おがさわら》諸島を日本領と認める	1875. 5 三菱《みつびし》汽船会社設立。屯《とん》田《でん》兵の入植開始 1876. 3 日曜全休・土曜半休制 . 5 上野公園開園 . 7 三井銀行・三井物産開業 . 8 国立銀行条例改正	. 7 津田仙，学農社設立 . 8 ナウマン(地質学)来日。**福沢諭吉『文明論之概略《ぶんめいろんのがいりゃく》』** . 9 商法講習所設立(一橋大の前身) .11 新島襄，同志社英学校設立 ◇ビールの売出しの広告	1875 清，同治帝没，西太后に実権。メートル法条約。英政府，スエズ運河の株買収
	1876(明治９)	. 2 **日朝修好条規**調印 . 3 廃刀令 . 8 金禄《きんろく》公債証書発行条例(秩禄処分) .10 敬神党《けいしんとう》(神風連《じんぷうれん》)の乱・秋月《あきづき》の乱・萩《はぎ》の乱。小笠原諸島領有を通告 .12 三重県などに地租改正反対の農民一揆	. 9 マッチ製造 1877. 3 大阪～京都間鉄道全通 . 5 佐野常民《つねたみ》ら，博愛社を	1876. 4 開智小学校落成(松本市。現在，重要文化財) . 9 クラーク(科学)来日，札幌	1876 青年トルコ党のクーデタ 1877 英領インド
	1877(明治10)	. 1 地租《ちそ》軽減の詔書(地価の３％から2.5％に) . 2 **西南戦争始まる** . 5 木戸孝允《たかよし》没 . 6 立志社，国会開設の建白 . 9 西郷ら自殺(西南戦争終わる)	創立(日本赤十字社の前身) . 6 万国郵便連合条約に加盟 . 8 第１回**内国勧業博覧会**	農学校開校(北海道大の前身) .11 東京女子師範学校に幼稚園開園	帝国成立。ロシア＝トルコ戦争
	1878(明治11)	. 5 大久保利通《としみち》暗殺(紀尾井坂の変) . 7 郡区町村編制法・府県会規則・地方税規則の**地方三新法制定**。米と関税改定約書調印，英の反対で失効 . 8 近衛《このえ》砲兵隊の反乱(竹橋《たけばし》事件) . 9 愛国社再興大会 .12 参謀本部設置，統帥権独立	開催。コレラ流行 1878. 6 東京株式取引所開業 . 7 金禄公債証書発行開始 1879. 1 万国電信条約に加入 . 6 群馬県会で廃娼《はいしょう》運動始	1877. 4 東京大学開設 . 9 田口卯吉《うきち》『日本開化小史』。**米人モース，大森貝塚を発掘** 1878. 1 駒場農学校開校 . 4 工部大学校開校	1878 ベルリン会議。独人バイヤーがインジゴ合成
明治《めいじ》	1879(明治12)	. 3 東京府会開く(府県会の始め) . 4 琉球藩廃止，**沖縄県設置**(**琉球処分**) . 6 靖国《やすくに》神社開設 . 8 前米大統領グラント来日 . 9 教育令公布 .10 徴兵令改正，免役範囲縮小 .11 愛国社，国会開設上奏の署名運動を決議	まる .10 安積疏水起工［82 完成］ ◇政府2000錘紡機を導入。コレラ大流行(死者10万人以上) **松方デフレと農民生活の困窮**	. 5 パリ万国博覧会に参加 . 6 新富座開場。フェノロサ来日 1879. 1「朝日新聞」創刊。田口卯吉主宰『東京経済雑誌』創刊 . 4 **植木枝盛《えもり》『民権自由論』**	1879 エディソン，電球発明
	1880(明治13)	**自由民権運動の展開と諸事件激化** . 3 愛国社第４回大会，**国会期成同盟を結成** . 4 集会条例制定 . 7 刑法・治罪《ちざい》法公布 .11 工場払下《はらいさ》げ概則《がいそく》制定	1880. 1 交詢社設立 . 2 横浜正金《しょうきん》銀行開業 . 4 三菱為替店開業(三菱銀行の前身) .12 最後の仇討《あだ》ち事件	◇北海道でチーズ製造販売 **近代文化の発達と都市近代化の開始** 1880. 3 村田銃の発明 . 8 専修学校創立(専修大の	1880 清の李鴻章，海軍創設
	1881(明治14)	. 4 農商務省設置 . 7 岩倉具視《ともみ》，憲法制定意見書 .10 **明治十四年の政変**(参議大隈重信《おおくましげのぶ》ら免官)。**国会開設の勅諭《ちょくゆ》**発布。**自由党結成**(総理板垣退助)	1881. 7 開拓使官有物払下げ事件 .10 松方正義《まつかたまさよし》，大蔵卿就任，紙幣整理(松方財政)	前身) . 9 東京法学社創立(法政大の前身)	1881 露帝アレクサンドル２世暗殺
	1882(明治15)	. 1 **軍人勅諭発布**。井上馨《かおる》，条約改正交渉 . 2 開拓使廃止 . 3 伊藤博文《ひろぶみ》，憲法調査のため渡欧。**立憲改進党結成**(総理大隈重信)。**立憲帝政党結成**(福地源一郎ら) . 6 **日本銀行**条例制定 . 7 朝鮮ソウルで**壬午《じんご》軍乱**(事変) . 8 朝鮮と済物浦《さいもっぽ》条約 .11 板垣・後藤象二郎渡欧。**福島事件**［～.12］	.11 日本鉄道会社設立 1882. 4 板垣退助，岐阜で遭難 . 5 東洋社会党結成 . 6 **新橋～日本橋間に鉄道馬車** .10 車会党結成 .11 銀座でアーク灯点灯	.10「**君が代**」作曲 .12 明治法律学校創立(明大の前身) 1881. 3 西園寺公望《さいおんじきんもち》，「東洋自由新聞」創刊 . 5 東京職工学校創立(東京	1882 独・墺・伊三国同盟。英，エジプト占領
	1883(明治16)	. 3 高田事件 . 4 新聞紙条例改正，自由党大会，改進党攻撃を決議 . 6 板垣ら帰国 .12 徴兵《ちょうへい》令改正(免役制を猶予制に，兵役年限を12年に延長)	1883. 5 国立銀行条例再改正 . 7 大阪紡績開業，夜業実施 .11 **鹿鳴館《ろくめいかん》開館**	工大の前身) 1882. 3 上野動物園・博物館開設 . 8『新体詩抄』	
	1884(明治17)	. 3 制度取調局設置，憲法・皇室典範起草 . 5 群馬事件 . 7 華族令《かぞくれい》制定 . 9 **加波山《かばさん》事件** .10 自由党解党。**秩父《ちちぶ》事件**［～.11］ .12 朝鮮ソウルで**甲申《こうしん》事変**。名古屋事件。飯田事件。大隈重信，立憲改進党脱党	◇この年演歌の流行 1884◇**松方デフレと凶作で，農民生活困窮** . 6 日本鉄道会社，上野～高崎間開通 **企業の勃興と社会問題の発生**	.10 東京専門学校創立(のち早大)。加藤弘之『人権新説』。**中江兆民《ちょうみん》『民約訳解《みんやくやくかい》』**(ルソー『民約論』) 1883. 1 馬場辰猪《たつい》『天賦《てんぷ》人権論』	1884 清仏戦争［～85］
内閣総理大臣 -1885.12-	1885(明治18)	**明治憲法体制の成立と条約改正の難航** . 4 天津《てんしん》条約調印 .11 大阪事件 .12 **内閣制度確立**	1885. 1 ハワイ第１回移民927人横浜出発 . 5 兌換《だかん》銀行	. 3 **矢野龍溪《りゅうけい》『経国美談《けいこくびだん》』** . 7 官報発行	1885 インド国民
①伊藤《いとう》 博文《ひろぶみ》	1886(明治19)	. 1 北海道庁設置 . 5 井上馨外相，第１回条約改正会議開催 . 6 静岡事件 .10 大同団結運動の提唱。ノルマントン号事件	券発行(銀本位制) . 8 神奈川大磯《おおいそ》で海水浴場開く . 9 日本郵船設立	1884. 3 弥生《やよい》土器，東京本郷弥生町で発見 .11 人類学会設立	会議開催。ガソリン自動車発明
①	1887(明治20)	. 6 伊藤博文，憲法起草開始 .10 **後藤象二郎ら，大同団結運動**。片岡健吉ら**三大事件建白** .12 **保安条例**公布	1886. 6 雨宮製糸の女工，同盟罷業 1887. 3 所得税法公布 . 5 **博**	◇オルガン製造始まる 1885. 2 尾崎紅葉《こうよう》ら硯友《けんゆう》社結成 . 3 福沢諭吉『**脱亜《だつあ》論**』	1886 英，ビルマ併合 1887 独露再保障
-1888. 4- ②黒田《くろだ》 清隆《きよたか》	1888(明治21)	. 4 市制・町村制公布(１道３府43県)。枢密院《すうみついん》設置(議長伊藤博文) . 5 鎮台を**師団**に改編 . 6 枢密院で憲法草案審議 .11 メキシコと対等条約の修好通商条約調印	**愛社を日本赤十字社と改称** .10 横浜に上水道敷設 .12 日本鉄道会社，上野～仙台間開通	. 7 ナウマン『日本列島生成論』 . 9 **坪内逍遙《しょうよう》『小説神髄《しょうせつしんずい》』**	条約。仏領インドシナ連邦成立

内閣総理大臣	西暦(年号)
②黒田《くろだ》 清隆《きよたか》	1889(明治《めいじ》22)
1889.10	
1889.12	
③山県《やまがた》 有朋《ありとも》①	1890(明治23)
—1891. 5—	1891(明治24)
④松方《まつかた》 正義《まさよし》①	1892(明治25)
—1892. 8—	1893(明治26)
⑤伊藤《いとう》 博文《ひろぶみ》②	1894(明治27)
	1895(明治28)
	1896(明治29)
—1896. 9—	
⑥松方 正義②	1897(明治30)
—1898. 1—	1898(明治31)
⑦伊藤 博文③	
—1898. 6—	
⑧大隈《おおくま》 重信《しげのぶ》①	
—1898.11—	
⑨山県 有朋②	1899(明治32)
	1900(明治33)
—1900.10—	
⑩伊藤 博文④	1901(明治34)
—1901. 6—	
⑪桂《かつら》 太郎《たろう》①	

政治・外交

1889(明治22)
. 2 **大日本帝国憲法**発布・皇室典範《こうしつてんぱん》制定。衆議院議員選挙法・貴族院令公布。**黒田首相，超然《ちょうぜん》主義表明**
. 4 『ザ・タイムス』(ロンドン)，大隈外相の条約改正案論評，世間湧《わ》く
.10 大隈外相，襲われ条約交渉中止
.10～12 三条実美暫定内閣

初期議会と藩閥政府の抗争

1890(明治23)
. 4 商法・民法(一部)・民事訴訟法公布
. 5 府県制・郡制公布 . 7 **第1回衆議院議員総選挙**
. 9 **立憲自由党結成** .10 刑事訴訟法公布
.11 **第1回帝国議会**

1891(明治24)
. 3 **立憲自由党，自由党と改称** . 5 **大津事件**
.12 田中正造《しょうぞう》，足尾《あしお》鉱毒事件の最初の質問書。樺山《かばやま》海相，蛮勇《ばんゆう》演説

1892(明治25)
. 2 第2回衆議院議員総選挙，流血の選挙干渉
. 3 品川弥二郎《やじろう》内相，選挙干渉責任問題で辞職
. 5 帝国議会，選挙干渉問責 . 6 品川弥二郎ら，国会協会結成 .11 大井憲太郎ら東洋自由党結成

1893(明治26)
. 2 衆議院，内閣弾劾《だんがい》上奏案可決 . 5 海軍軍令部設置。戦時大本営条例公布 . 7 陸奥宗光《むつむねみつ》外相，条約改正交渉開始 .10 文官任用令公布

条約改正と日清戦争

1894(明治27)
. 3～5 **朝鮮で甲午《こうご》農民戦争(東学《とうがく》の乱)**
. 6 清，朝鮮出兵。日本，出兵通告 . 7 **日英通商航海条約調印**。朝鮮王宮を占領。豊島《ほうとう》沖海戦
. 8 **日清戦争開始**。平壌《ピョンヤン》占領。 . 9 **黄海《こうかい》海戦**
.11 旅順《りょじゅん》占領

1895(明治28)
. 2 **威海衛《いかいえい》**占領，清の北洋艦隊降伏 . 4 **下関条約調印**。**独・仏・露，三国干渉** . 5 遼東半島，清に還付。台湾島民反乱，台湾民主国を宣言
.10 朝鮮ソウルで日本人がクーデタ，閔妃《びんひ》を殺害

1896(明治29)
. 3 進歩党結成(総裁大隈重信)。酒造税法・葉《は》煙草《たばこ》専売法公布。台湾総督府条例公布 . 4 民法(財産法)公布 . 6 山県・ロバノフ協定(朝鮮に関する日露協定) . 7 日清通商航海条約調印 . 9 大隈重信入閣(松隈内閣)

1897(明治30)
. 3 渡良瀬《わたらせ》川流域の農民2,000人，**足尾鉱毒について上京陳情** .10 貨幣法施行(**金本位制確立**)
. 7 松本で普通選挙同盟会結成

1898(明治31)
. 1 北海道・沖縄県に徴兵令施行
. 4 清と福建《フーチェン》省不割譲条約
. 6 民法(家族法)公布。自由・進歩党合同し，**憲政党**結成。保安条例廃止。**隈板《わいはん》内閣成立**(最初の政党内閣) . 8 尾崎行雄《ゆきお》文相，共和演説
.10 尾崎文相辞職。憲政党分裂
.12 地租増徴案可決，地価の2.5%から3.3%に

日清戦後経営の展開と日英同盟

1899(明治32)
. 3 商法改正。文官任用令改正
. 4 官営八幡《やはた》製鉄所，大冶《ターイエ》鉄山鉱石輸入契約
. 5 京仁鉄道設立 . 7 軍機保護法《ぐんきほごほう》公布。日英通商航海条約実施，内地雑居《ないちざっきょ》始まる
.10 幸徳秋水《こうとくしゅうすい》ら普通選挙期成同盟会組織
.12 第1回ハーグ平和会議で国際紛争平和的処理条約など3条約調印

1900(明治33)
. 1 普通選挙同盟会，請願書を衆議院に提出。社会主義協会発足 . 2 田中正造，鉱毒事件について衆議院で質問演説 . 3 **治安《ちあん》警察法公布**。**衆議院議員選挙法改正**(直接国税10円以上) . 5 軍部大臣現役武官制 . 6 **義和団《ぎわだん》鎮圧のため陸軍派遣(北清事変)** . 9 **伊藤博文，立憲政友会《りっけんせいゆうかい》結成**

1901(明治34)
. 3 貴族院に詔勅で増税案可決を命令
. 5 **片山潜《せん》ら社会民主党結成**，即日禁止
. 9 北京議定書調印(辛丑《しんちゅう》条約) .10 英と同盟交渉に入る .12 伊藤博文，訪露して協定交渉(不成立)。田中正造，鉱毒事件で天皇に直訴

経済・社会

1888. 1 山陽鉄道会社設立
. 6 高島炭鉱鉱夫虐待《ぎゃくたい》問題おこる
.12 特許・商標・意匠条例公布

1889. 2 森有礼《ありのり》暗殺 . 7 **東海道本線**，新橋～神戸間全通
. 9 大阪天満《てんま》紡績でスト
.11 地租条例改正 ◇町村合併すすむ

1890◇**最初の経済恐慌** . 3 岩崎弥之助に東京丸の内一帯払下げ ◇綿糸生産高が輸入高を超える
.11 帝国ホテル開業
.12 **東京・横浜に電話入る**

1891. 1 東京・大阪商業会議所設立
. 3 度量衡法《どりょうこうほう》で**メートル法採用**
. 9 日本鉄道会社，上野～青森間全通 .10 濃尾《のうび》大地震

1892. 2 出口直《でぐちなお》，大本《おおもと》教開教
. 3 久米邦武筆禍《くめくにたけひっか》事件
. 5 帝国通信社設立

1893. 4 信越線，碓氷《うすい》峠をアプト式で開通

産業革命の進行と労働運動の始まり

1894. 1 大阪天満紡績でスト
. 6 山陽鉄道，広島まで開通
. 8 軍事公債8,000万円募集(応募額1億6,730万円余)。新聞記事の事前検閲令公布施行 ◇軍歌が流行

1895. 2 **京都に最初の市街電車**。「野球」の訳語登場 . 9 住友銀行設立。日本救世軍創設
.12 上海《シャンハイ》紡績・日本精製糖会社設立 ◇**賠償金2億両《テール》(3.1億円)で企業熱勃興**

1896. 3 航海奨励法など公布。輸入綿花・羊毛関税廃止
. 4 日本勧業銀行法公布
. 6 **三陸地方に大津波**，死者27,122人，流失10,390戸(津波最大被害)

1897. 7 高野房太郎《ふさたろう》ら労働組合期成会設立 ◇**米が入超となる**

1898. 2 日本鉄道，上野～青森間でスト。富岡製糸場でスト
. 8 **豊田佐吉，動力織機の特許** .10 **幸徳秋水ら社会主義研究会結成** .12 羽仁もと子，最初の女性新聞記者

1899. 2 東京～大阪，東京～神戸間に市外電話開通 . 3 特許法・意匠法・商標法・耕地整理法公布 . 5 **山陽鉄道で初めて食堂車** . 7 台湾銀行設立。輸出税全廃 ◇ペスト最初の流行

1900◇マルクス主義，日本に紹介される . 3 未成年者喫煙禁止法。産業組合法・郵便法・電信法公布 . 4 金融恐慌《きんゆうきょうこう》おこる

産業資本と社会主義運動の成立

1901. 2 愛国婦人会設立
. 6 官設鉄道，学生定期券発行
. 7 **官営八幡《やはた》製鉄所，高炉・転炉に火入れ**
.10 日本労働者大懇親会開催

生活・文化

1886. 3 **帝国大学令公布**
. 4 **小学校令公布**
. 5 「毎日新聞」創刊
.11 東京日本橋に喫茶店

1887. 2 **『国民之友』創刊**
.10 東京美術学校・東京音楽学校開校(東京芸大の前身)

1888. 4 **三宅雪嶺《みやけせつれい》ら政教社結成**，『日本人』発刊
. 6 東京天文台設置

1889. 2 **陸羯南《くがかつなん》ら『日本』創刊**
. 6 浅井忠《ちゅう》ら明治美術会創立

1890. 4 ハーン(文学)来日
.10 **教育勅語発布**

1891. 1 内村鑑三《かんぞう》，不敬事件
. 2 川上音二郎《おとじろう》，壮士《そうし》劇
.11 幸田露伴《ろはん》『五重塔《ごじゅうのとう》』

1892.11 「万朝報」発刊。北里柴三郎《しばさぶろう》，伝染病研究所創立

1893. 1 **北村透谷《とうこく》ら『文学界』創刊**。ケーベル(哲学)来日
. 7 黒田清輝《せいき》，フランスから帰国，2年後に「朝妝《ちょうしょう》」を発表

近代的学問・芸術の発展

1894. 5 北村透谷《とうこく》自殺
. 6 **高等学校令公布**
.10 志賀重昂《しがしげたか》『日本風景論』
.12 三菱第1号館，**東京丸の内ビル街の始まり**

1895. 1 『太陽』創刊。高等女学校規程公布。**樋口一葉《いちよう》『たけくらべ』**
. 4 考古学会設立。黒田清輝《せいき》「朝妝《ちょうしょう》」，論議をよぶ
. 8 『文庫』創刊
.10 富士山頂で気象観測開始

1896. 2 横山大観ら日本絵画協会設立 . 6 黒田清輝ら白馬《はくば》会設立 .11 **キネトスコープ(映画)の公開**
. 7 与謝野鉄幹《よさのてっかん》『東西南北』

1897. 1 尾崎紅葉《おざきこうよう》『金色夜叉《こんじきやしゃ》』。『ホトトギス』創刊
. 4 **社会問題研究会結成**
. 6 京都帝国大学創立
. 8 **島崎藤村《とうそん》『若菜集《わかなしゅう》』**
.10 黒田清輝「湖畔」
.12 志賀潔《きよし》，赤痢菌発見

1898. 2 正岡子規《しき》『歌よみに与ふる書』
.10 岡倉天心《てんしん》ら日本美術院創立
.11 徳冨蘆花《とくとみろか》『不如帰《ほととぎす》』

1899. 1 **『中央公論』発刊**
. 2 実業学校令・高等女学校令・私立学校令など公布 . 4 土井晩翠《どいばんすい》『天《てん》地有情《ちうじょう》』。**横山源之助『日本之《の》下層社会』**
. 6 最初の日本映画製作
.12 東京で上水道落成

世界

1888 オーストラリア，白豪主義
1889 パリで第2インターナショナル結成
1890 ビスマルク独首相引退。第1回メーデー
1891 シベリア鉄道起工。露仏同盟
1892 露・仏軍事協約
1893 仏，ラオスを保護国化。ディーゼル機関発明
1894 仏，ドレフュス事件。孫文《そんぶん》，ハワイで興中《こうちゅう》会を組織
1895 興中会，広州蜂起をはかる。レントゲン，X線発見
1896 露，東清鉄道敷設権獲得。フィリピン，アギナルドの蜂起
1897 独，膠州《こうしゅう》湾占領。露艦隊，旅順《りょじゅん》入港
1898 **中国の半植民地化激化。清，戊戌《ぼじゅつ》の政変**。アメリカ＝スペイン戦争，米がハワイ併合
1899 **米が中国の門戸《もんこ》開放宣言**。南アフリカ戦争[～02]
1900 **義和団《ぎわだん》戦争。8カ国，清に共同出兵**
1901 オーストラリア連邦成立。露，東清鉄道完成

内閣総理大臣	西暦(年号)	政治・外交	経済・社会	生活・文化	世界
	1902(明治《めいじ》35)	.1 日英同盟協約締結 .2 最初の普通選挙法案，衆議院に提出(否決) .4 衆議院議員選挙法改正(市部選出議員増加)	1902.1 八甲田《はっこうだ》山麓で青森連隊遭難 ◇紡績業，操業短縮 .6 卓球紹介される .12 三井物産，上海紡織公司設立	1900.4 **与謝野鉄幹『明星《みょうじょう》』発行** .5 大和田建樹《おおわだたてき》**「鉄道唱歌」** .9 **津田梅子，女子英学塾設立**	1902 露・清，満洲撤兵協約(露，不履行)
	1903(明治36)	.5 衆議院，海軍拡張案可決(六六艦隊) .7 西園寺公望《さいおんじきんもち》，政友会総裁就任 .8 頭山満《とうやまみつる》ら，対露同志会結成 .10 小村・ローゼン間で日露交渉開始 .11 **幸徳・堺ら平民社結成**，非戦論主張，「平民新聞」発行 .12 連合艦隊を編成 **日露戦争とポーツマス条約**	1903.3 農商務省編『職工事情』 .5 長崎三菱造船所でスト。藤村《ふじむら》操，華厳滝《けごんのたき》で自殺 .6 東京帝大七博士ら対露強硬論発表 .7 YMCA設立 .10 最初の映画常設館(浅草) .11 **野球の早慶戦始まる**	1901.3 **国木田独歩『武蔵野』** .4 **日本女子大学校開校。幸徳秋水『廿《にじゅう》世紀之怪物帝国主義』** .8 **与謝野晶《よさのあき》子《こ》『みだれ髪』** .11『音楽之友』創刊 ◇高峰譲吉，アドレナリン発見	1903 露，満洲占領完了。ライト兄弟，飛行に成功
⑪桂《かつら》　太郎《たろう》①	1904(明治37)	.1 清国に最初の借款《しゃっかん》供与(300万円)。露に最終協商案提案(回答なし) .2 ロシアと交渉打ち切り。仁川《じんせん》に上陸。対露宣戦布告，**日露戦争始まる。日韓《にっかん》議定書調印**。第1回英貨公債募集，旅順口閉塞作戦開始 .8 第1次日韓協約。黄海海戦。遼陽《りょうよう》会戦 .9 徴兵令改正(兵役年限延長) .10 沙河《さが》会戦 .11 旅順総攻撃	**大陸への進出と社会運動の発展** 1904.1 社会主義協会，婦人講演会 .2 国債募集開始 .3 平民新聞「与露国社会党書」掲載 .5 **英貨公債，ロンドン・ニューヨークで募集開始**	1902.2 木村栄《ひさし》，緯度《いど》変化のZ項発見 .6 伊東忠太，雲崗石窟《うんこうせっくつ》と石仏発見 .8 大谷光端，中央アジア探検へ .9 山崎直方，氷河地形を指摘	1904 英仏協商。米，パナマ運河会社買収
	1905(明治38)	.1 **旅順開城**。講和条件を米国に申し入れ .3 **奉天《ほうてん》会戦** .5 **日本海海戦** .7 樺太《からふと》占領。桂《かつら》・タフト協定 .8 第2次日英同盟 .9 **ポーツマス条約調印。東京日比谷で講和反対国民大会**，焼打ち。戒厳令 .11 第2次日韓協約(外交権，日本に) **韓国併合と日露戦後経営政策**	.7 非常特別税法の煙草《たばこ》専売法公布 .11 社会主義協会結社禁止。千人針《せんにんばり》・慰問袋始まる 1905.1 相続税法・塩専売法公布 .5 平民社で五月一日茶話会(メーデー) .10 平民社解散	.12 教科書疑獄《ぎごく》事件おこる 1903.4 **国定教科書制度成立** .7 幸徳秋水『社会主義神髄《しんずい》』。三浦環《たまき》ら，最初のオペラ上演 **近代文化の広汎な展開**	1905 第1次ロシア革命。第1次モロッコ事件。**孫文，中国同盟会結成**。アインシュタイン，特殊相対性理論
—1906. 1—	1906(明治39)	.1 西川光次郎ら日本平民党，堺利彦ら日本社会党結成〔2月，日本平民党が合流〕 .2 **韓国統監府《とうかんふ》設置**(初代統監伊藤博文)・**日本社会党第1回大会** .3 米・英，満洲の門戸開放を要求 .6 露より北緯50度以南の樺太を受領 .8 関東都督府官制公布 .11 **南満洲鉄道株式会社設立**	1906.1 陸軍・海軍記念日制定 .3 東京市電運賃値上げに反対運動，焼打ち。**鉄道国有法** .4 報徳会設立 .5 医師法公布	1904.1 木下尚江《なおえ》『火《ひ》の柱』 .4 国定教科書，使用開始 .9 **与謝野晶子「君死に給《たま》ふこと勿《なか》れ」** .11 平民新聞に『共産党宣言』訳載 .12 三越《みつこし》呉服店(百貨店)設立	1906 インド国民会議カルカッタ大会，スワラージなど4決議
⑫ 西園寺公望《さいおんじきんもち》①	1907(明治40)	.2 日本社会党路線で対立，結社禁止 .3 樺太庁官制公布 .6 日仏協約 .7 ハーグ密使派遣で，伊藤統監，韓国皇帝を追及(ハーグ密使事件)。第3次日韓協約(内政権を掌握)。**第1次日露協約調印** .8 ソウルで韓国軍解散式，反乱全土に広がる(**義兵運動**)	1907◇**戦後恐慌始まる** .2 **足尾銅山で暴動**。別子銅山などに波及。豊田式織機㈱設立 .6 足尾鉱毒の谷中《やなか》村取り壊し 1908.1 **ハワイ移民を停止** .3 東京麻布《あざぶ》連隊などで集団脱営	◇**東京の電灯10万を超す** 1905.1 **夏目漱石《そうせき》『吾輩《わがはい》は猫である』** .7『みづゑ』創刊 .10 上田敏《びん》訳『海潮音《かいちょうおん》』 ◇中国人留学生約1万人	1907 米，新移民法。英露協商で三国協商成立
—1908. 7—	1908(明治41)	.3 石油消費税など増税諸法公布 .6 東京神田錦輝館《きんきかん》で荒畑寒村ら赤旗《あかはた》事件 .7 西園寺内閣総辞職 .10 **戊申《ぼしん》詔書発布** .11 高平・ルート協定(米と太平洋の現状維持)	.4 最初のブラジル移民 .8 別子《べっし》銅山四阪島《しさかじま》精錬所の煙害問題激化。東洋拓殖会社設立	1906.2 文芸協会発会。『大日本史』完成 .3 堺利彦ら『社会主義研究』創刊。島崎藤村《とうそん》『破戒《はかい》』	1908 青年トルコ革命。清，宣《せん》統《とう》帝即位
	1909(明治42)	.3 織物消費税全廃大会 .5 新聞紙法公布 .7 閣議で韓国併合の方針確定 .9 満洲に関する日清協約調印 .10 伊藤博文，ハルビンで韓国人安重根に射殺される .12 米，満洲鉄道中立化提案	1909.4 種痘《しゅとう》法公布。タカジアスターゼ特許 .5 国技館落成 .12 産業組合中央会設立。山手線で電車運転 ◇**綿布出超となる**。生糸輸出，中国を抜き世界1位	.4 夏目漱石『坊っちゃん』・『草枕』 1907.1 泉鏡花《いずみきょうか》『婦系図《おんなけいず》』	1909 ピアリ，北極に達する
⑬桂　太郎②	1910(明治43)	.1 満洲鉄道中立案拒否 .3 中央倶楽部・立憲国民党結成 .5 **大逆《たいぎゃく》事件の検挙始まる**(幸《こう》徳秋水《とくしゅうすい》ら) .7 第2次日露協約調印，満洲を両国の特殊利益地域に分割 .8 **韓国併合に関する日韓条約調印**(朝鮮と改称，植民地とする)。朝鮮総督《そうとく》府設置(初代総督寺内正毅《まさたけ》) .9 朝鮮で土地調査事業開始 **明治の終末，社会矛盾の激化**	1910.1 逗子《ずし》開成中学生ら，七里ヶ浜で遭難 .5 ハレー彗星接近で不安 1911.1 スキー，新潟県高田に始まる .3 工場法・電気事業法公布。東京にカフェー	.3 小学校令改正，**義務教育6年** .6 東北帝国大学設立 .10 第1回文部省美術展覧会(文展) 1908.2 荻原守衛《おぎわらもりえ》帰国，ロダンの作風を伝える .4 奈良女子高等師範学校設立	1910 清国に対する英・仏・独・米四国借款団成立
—1911. 8—	1911(明治44)	.1 大逆事件に判決，幸徳秋水ら12名の死刑執行 .2 日米通商航海条約改正(**関税自主権回復**) .3 普通選挙法案，衆議院通過(貴族院で否決) .7 第3次日英同盟協約調印 .8 警視庁，特別高等課設置 .10 片山潜ら社会党結成，即日禁止	.7 大日本体育協会設立 .11 **仏の活動写真ジゴマ大評判** .12 東京市電，大晦日《おおみそか》にスト 1912.5 信越線碓氷《うすい》峠で電気機関車試用 .6 新橋～下関間に展望車つきの特急	.10『アララギ』創刊 ◇高峰譲吉タカジアスターゼ創成 1909.1 森鷗外ら『スバル』創刊 .2 小山内薫《おさないかおる》ら，自由劇場設立	1911 第2次モロッコ事件。中国で**辛亥《しんがい》革命**。フォード，自動車の大量生産
	1912(明治45)	.6 露と共に清国に対する六国借款《しゃっかん》団加入 .7 第3次日露協約調印(内蒙古を分割)。	.7 有楽町にタクシー会社 **重工業の発達と社会運動の高揚**	.3 北原白秋《はくしゅう》『邪宗門《じゃしゅうもん》』	
⑭ 西園寺公望② —1912.12— ⑮桂　太郎③	1912(大正《たいしょう》元)	**明治天皇没**。大正天皇践祚《せんそ》。大正と改元 .11 西園寺首相，師団増設繰延《くりのべ》問題につき，元老山県と会談，意見一致せず。陸相上原勇作，朝鮮に2個師団増設案を提出，閣議否決 .12 陸相単独辞職，陸相後任難のため内閣総辞職(**陸軍ストライキ**)。桂に組閣命令	1912.8 **鈴木文治《ぶんじ》ら友愛会設立** .9 乃木希典《のぎまれすけ》夫婦殉死《じゅんし》(殉死の是非につき世論わく) ◇稲の作付面積300万haを超える ◇発電量，水力が火力を超える	.5 宮城道雄《みやぎみちお》「水の変態《へんたい》」 .10 菱田春草《ひしだしゅんそう》「落葉」。楽《らく》浪《ろう》郡の古墳群の発掘 .12 竹久夢二《たけひさゆめじ》「夢二画集」	1912 **中華民国**成立

内閣総理大臣	西暦(年号)	政治・外交	経済・社会	生活・文化	世　界
—1913. 2— ⑯山本権兵衛《やまもとごんべえ》①	1913(大正《たいしょう》2)	**第1次護憲運動** .1 **憲政擁護大会**，政友会・国民党も「閥族打破・憲政擁護」を推進。桂首相，新党(立憲同志会)の組織化を推進 .2 政友・国民両党，桂内閣弾劾《だんがい》決議案提出，議会5日間停会，憤激した民衆暴動。**桂内閣総辞職(大正政変)** .6 **軍部大臣現役武官制改正** .10 中華民国承認。桂太郎没 .12 立憲同志会結成(総裁加藤高明《たかあき》)	1913.1 平塚らいてう《らいちょう》(明《はる》)『新しい女』発表 .2 青鞜《せいとう》社講演会。東京での内閣弾劾《だんがい》国民大会騒擾化《そうじょうか》，破壊焼打ちの交番70余，軍隊出動。御木本幸吉《みきもとこうきち》，養殖真珠法の特許 ◇東北・北海道大凶作(平年の10~20%)	1910.4 **武者小路実篤《むしゃのこうじさねあつ》ら『白《しら》樺《かば》』創刊** .5『三田《みた》文学』創刊 .6 柳田国男《やなぎたくにお》『遠野《とおの》物語』。**長塚節《たかし》『土《つち》』** .10 菱田春草「黒き猫」。荻原碌山「女」 .12 **石川啄木《たくぼく》『一握《いちあく》の砂《すな》』**。『どん底』(ゴーリキー)初演	1912 孫文《そんぶん》，臨時大総統。**清朝滅亡**。**中華民《ちゅうかみん》国《こく》成立**。袁世《えんせい》凱《がい》，臨時大総統。中国国民党成立。バルカン同盟結成。第1次バルカン戦争(パン=スラヴ主義諸国対トルコ)
—1914. 4—	1914(大正3)	.1 **シーメンス事件**(海軍高官収賄《しゅうわい》)，院内外の批判高まり，予算不成立 .3 山本内閣総辞職。清浦奎吾《きようらけいご》，命を受けるも組閣できず **第一次世界大戦参戦** .8-23 独に宣戦布告 .10 独領南洋諸島占領 .11 青島《チンタオ》占領	1914.1 桜島大噴火 .3 東京上野で東京大正博覧会 .8 大戦勃発で株価大暴落，生糸暴落，銀行の取付け等経済界動揺	1911.1 **西田幾多郎《きたろう》『善の研究』**。鈴木梅太郎，オリザニンを発見 .2 **南北朝正閏《せいじゅん》問題おこる** .3 **帝国劇場開場** .8 朝鮮教育令公布 .9 **『青鞜《せいとう》』**創刊	1913 第2次バルカン戦争(ブルガリア，三国同盟側へ)。袁世凱，大総統就任
⑰大隈《おおくま》 重信《しげのぶ》②	1915(大正4)	.1-18 **中国に二十一カ条の要求提出** .5-7 最後通牒《つうちょう》発令 .5-25 調印 .6 2個師団増設案，議会を通過 .6~7 内外政策への批判(貴族院と元老)から内閣改造	1915.3 猪苗代《いなわしろ》水力発電所完成，**初の長距離送電に成功** .9 低落を続けた米価暴落 .12 株価暴騰(**大戦景気始まる**)	1912.3 美濃部達吉《みのべたつきち》『憲法講話』(天皇機関説) .4『悲しき玩具《がんぐ》』の石川啄木没	
—1916.10—	1916(大正5)	.1 大隈首相爆弾を投げられる(不発) .7 第4次日露協約(第三国の中国支配を防ぐ秘密協定) .9 5年前に制定されていた工場法，3ヵ月延期されようやく施行 .10 寺内内閣に協力する政友会に対し，非政友が合同して**憲政会結成**(総裁加藤高明)	1916.1 **吉野作造，民本《みんぽん》主義を唱導** .6 友愛会婦人部設置(初の労組婦人部) ◇船会社中心に成金《なりきん》続出。貿易収支大幅な黒字	**市民の自覚と大衆文化の登場** 1912.7 第5回オリンピック(ストックホルム)初参加 .10 大杉栄ら『近代思想』創刊。フューザン会(高村光太郎《こうたろう》ら)展 ◇レコード会社の設立相次ぐ	1914 **サライェヴォ事件**。墺，セルビアに宣戦布告(**第一次世界大戦勃《ぼっ》発《ぱつ》**)。パナマ運河開通
⑱寺内《てらうち》 正毅《まさたけ》	1917(大正6)	.1 西原借款《しゃっかん》開始〔.7 段祺瑞《だんきずい》政権援助による日本権益確保をめざすことに決定〕 .2 日本の駆逐艦《くちくかん》，地中海へ出動(英の要請) .6 臨時外交調査会発足 .9 金輸出禁止(事実上の金本位制停止) .11 **石井・ランシング協定**〔1923 廃棄〕。25師団・八八艦隊の新国防案発表	1917.6 三菱長崎造船所スト。ストライキ続発(398件) ◇会社の新設・増資盛ん。**貿易収支未曽有の黒字**	1913.1 森鷗外『阿部一族』。第1回東洋オリンピック(マニラ)参加 .7 島村抱月・松井須磨子《すまこ》ら芸術座創立 .8 岩波書店開業 .9 中里介山『大菩薩《だいぼさつ》峠』連載開始	1915 伊，三国同盟を破棄，墺に宣戦布告 1916 袁世凱，帝位に。帝政取り消しを宣言
—1918. 9—	1918(大正7)	.1 英，ウラジヴォストークへの共同出兵提案。政府，軍艦2隻派遣 .3 市町村義務教育費国庫負担法公布 .5 日華共同防敵軍事協定締結 .7 **富山県に米騒動おこる**〔以後1道3府35県におよぶ〕 .8 **シベリア出兵を宣言**〔.6 英が提案〕 .9 寺内内閣総辞職，**原敬内閣**(初の本格的政党内閣) .12 大学令公布(公私立大を初めて認可)	1918.5 満鉄鞍山《アンシャン》製鉄所設置 ◇スペイン風邪流行し，翌年にかけて死者15万人 .8 **米価暴騰，米騒動に**(全国で延べ70万人参加，起訴7,708人) .12 **吉野作造・福田徳三ら黎明《れいめい》会《かい》結成**。東大学生ら新人会結成	1914.3 **東京駅完成**(辰野金吾)。芸術座「復活」初演。中山晋平《しんぺい》作曲♬「カチューシャの唄」大流行 .4 阿部次郎『三太郎の日記』 .10 二科会創立。日本美術院再興展(院展)	1917 独，無制限潜水艦作戦。ロシア三月革命。**米，参戦**。ロシア十一月革命
	1919(大正8)	**大戦の終結と国際協調外交** .2 普選期成大会開催。普選運動各地に拡大 .3 朝鮮に**三・一独立運動** .4 関東庁令等改正(軍民分離)と弾圧強化 .5 選挙法改正(直接国税3円以上，小選挙区)。中国に**五・四運動**(反日・反帝運動) .6 ヴェルサイユ条約調印。ILO加盟	1919.2 大原社会問題研究所設立 .3 友愛会，労働組合公認・普選要求運動活発化 .8 大日本労働総同盟友愛会と改称。大川周明・北一輝ら猶存社結成 ◇労働争議激増，件数(2,388)，参加人数(33万5,000余人)とも戦前の最高 ◇工業生産，農業を超える	1915.8 第1回全国中等学校優勝野球大会開催(豊中グラウンド) .10 夕刊の発行開始 .11 芥川龍之介『羅生門』 .12 北里研究所開所	1918 **ウィルソンの14カ条平和原則**。ソ連，独墺と単独講和。ドイツ革命(独皇帝退位)。**第一次世界大戦終結**
⑲原《はら》 敬《たかし》	1920(大正9)	.1 **国際連盟に正式加入**(英仏伊と共に常任理事国) .2 東京で普選大示威行進(7.5万人)，普選法審議中に議会解散 .3 尼港《にこう》事件 .4 日銀，財界救済の非常貸出を声明 .7 海軍拡張(八八艦隊計画)案可決，建艦競争激化 .10 第1回国勢調査実施(総人口7,698万8,379人，内地5,596万3,053人)。間島事件 .11 尾崎・犬養ら普選同盟会結成	**戦後恐慌と労働運動の発展** 1920.2 八幡製鉄所大争議「溶鉱炉の火は消えたり」(浅倉健三) .3 株価暴落，**戦後恐慌**始まる。平塚らいてう・市川房枝ら**新婦人協会結成** .5 **日本最初のメーデー** .12 大杉栄・堺利彦・山川均ら日本社会主義同盟創立〔1921 解散命令〕	1916.1 森鷗外『高瀬舟』 .2 芥川龍之介『鼻』 .3 山極《やまぎわ》勝三郎，皮膚《ひふ》癌の人工発生に成功 .9 河上肇《はじめ》『貧乏物語』 ◇チャップリン映画大人気 1917.1 菊池寛『父帰る』 .2 萩原朔太郎《さくたろう》『月に吠える』 .3 理化学研究所設立 .4 沢田正二郎，新国劇創立 .6 **本多光太郎，KS磁石鋼発明**	1919 コミンテルン創立。**ヴェルサイユ条約**。**独，ヴァイマル憲法** 1920 **国際連盟発足**(米ソ不参加)。カリフォルニア州，排日土地法実施
—1921.11—	1921(大正10)	**国際協調外交の進展と第2次護憲運動** .10 原首相，文官初の海軍大臣事務管理に(陸軍反対) .11 原首相，東京駅頭で刺殺，内閣総辞職。皇太子裕仁《ひろひと》，摂政に就任。**ワシントン会議開催** .12 **四カ国条約調印**，日英同盟終了	1921.4 伊藤野枝ら赤瀾会《せきらんかい》結成 .6~8 神戸三菱・川崎両造船所スト(戦前最大の争議)，軍隊出動 .9 安田善次郎《やすだぜんじろう》暗殺 .10 大日本労働総同盟友愛会，**日本労働総同盟**(総同盟)と改称 ◇銀行の合同進行		1921 ソ連，新経済政策(ネップ)開始。**中国共産党結成**。米移民制限法制定。伊，ファシスト党成立。**ワシントン会議**〔~22.2〕
⑳高橋《たかはし》 是清《これきよ》 —1922. 6—	1922(大正11)	.2 ワシントン海軍軍備制限条約・九カ国条約調印。衆議院，野党3派の統一普選法案否決。衆議院，陸軍軍備縮小建議案可決 .3 貴族院，過激社会運動取締法案修正可決(衆議院で審議未了) .4 治安警察法第5条一部削除(女性の政談集会許可) .7 **日本共産党非合法に結成** .10 シベリア撤兵完了 .11 尾崎・犬養ら革新倶楽部《クラブ》結成	1922.3 **全国水平社創立大会**(京都) .4 **日本農民組合結成**(神戸) .7 有島武郎，小作人に農場を解放 .8 日本経済連盟会結成	1918◇浅草オペラ全盛 .4 小学校国語読本『ハナ・ハト』(第3期国定教科書) .7 **鈴木三重吉《みえきち》『赤い鳥』**創刊 .11 武者小路実篤ら宮崎県児湯郡木城村に「新しき村」建設開始	

内閣総理大臣	西暦(年号)	政治・外交	経済・社会	生活・文化	世　界
㉑加藤友三郎《かとうともさぶろう》 —1923. 9— ㉒山本権兵衛《やまもとごんべえ》②	1923(大正《たいしょう》12)	. *3* 衆議院，普選法否決。中国，二十一カ条廃棄と旅順・大連回収を要求(日本拒絶)，排日運動拡大　. *4* **石井・ランシング協定廃棄** . *9*−*1* **関東大震災**(死者・行方不明者14万人余)，京浜地区に戒厳令〔～11月15日〕，亀戸《かめいど》事件，甘《あま》粕《かす》事件(大杉栄《おおすぎさかえ》・伊藤野枝らを殺害)，朝鮮人虐殺(犠牲者6,000人以上)　.*11* 国民精神作興詔書 .*12* **虎の門事件**(山本内閣引責辞職)	1923. *3* 水平社と国粋会の乱闘事件(奈良) . *6* 有島武郎自殺 . *9* **震災で関東経済界麻痺《まひ》**，30日間の支払猶予令	1919. *3* **有島武郎《たけお》『或る女』** . *4*『改造』創刊 . *5* 和辻哲郎《わつじてつろう》『古寺巡礼《こじじゅんれい》』 . *8* 津田左右吉《つだそうきち》『古事記及び日本書紀の新研究』 . *9* 帝国美術院設立 .*10* 第1回帝展	1922　**ムッソリーニ，ローマ進軍**。オスマン帝国滅亡(ケマル)。ソヴィエト社会主義共和国連邦樹立宣言
—1924. 1— ㉓清浦《きようら》 奎吾《けいご》 —1924. 6—	1924(大正13)	. *1* 政友会・憲政会・革新倶楽部の３派有志，清浦特権内閣打倒運動を開始(**第２次護憲運動**)，政友会分裂，政友本党を結成，第一党に . *5* 総選挙で護憲三派大勝(憲政151，政友105，革新30，政友本党109)　. *6* 護憲三派連立内閣 . *9* 普選法案大綱決定 .*12* **婦人参政権獲得期成同盟会**〔1925 婦選獲得同盟と改称〕結成(市川房枝ら)	1924. *2* 総同盟，現実主義へ方向転換宣言，内紛激化 . *3*～*4* 国本社(平沼騏一郎《ひらぬまきいちろう》)・行地会(大川周明)結成 . *4* メートル法使用開始 . *7* 小作調停法公布(この年の小作争議1,532件，参加11万余人)	1920. *1* 森戸辰男『クロポトキンの社会思想の研究』で禁固２か月。**賀川豊彦『死線を越えて』**　. *2* 早稲田・慶応，大学として認可(以後私立大学として20校認可)　. *6*『資本論』全訳(高畠素之)刊行開始　◇通俗小説流行	1923　仏ルール占領。独マルク紙幣大暴落。トルコ共和国成立(ケマル大統領) 1924　中国，**第1次国共合作成立**。米，排日移民法を成立させる。英・伊・仏，ソ連を承認
㉔加藤《かとう》 高明《たかあき》① —1925. 8—	1925(大正14)	. *1* 北京で日ソ基本条約調印(**国交回復**) . *3* **治安維持法**，その10日後に**普通選挙法**公布 . *4* 政友会総裁に田中義一。４個師団廃止(宇垣軍縮)　. *6* 中国の五・三〇事件弾圧のため日英米仏陸戦隊上陸 . *7* 閣内不統一で内閣総辞職	1925. *4* **中学・師範・高専に軍事教練を実施**。総同盟，第１次分裂 . *5* 左派日本労働組合評議会(評議会)結成 . *8* 内務省，労働組合法案発表(組合の権利の保障)	1921. *1* 志賀直哉『暗夜行路(前編)』　. *2*『**種蒔《たねま》く人**』**創刊**　.*10*『思想』創刊 ◇♬「船頭小唄」(枯れすすき)大流行 **《 教養文化と大衆文化の進展 》**	1925　孫文没。**五・三〇事件**，各地に反帝運動拡大。ロカルノ条約調印
㉔加藤 高明② —1926. 1— ㉕若槻礼次郎《わかつきれいじろう》①	1926(大正15)	. *1* 京都学連事件(初の治安維持法・出版法違反，不敬罪で起訴)　. *3* **労働農民党**(杉山元治郎)結成〔この年，日本農民党(平野力三《ひらのりきぞう》)，社会民衆党(安部磯雄)，日本労農党(三輪寿壮《じゅそう》)が結成，無産政党側は四分五裂となる〕　. *4* 労働争議調停法・治安警察法改正(17・30条削除 強制調停と労働運動の制限緩和)公布　. *5* 文相，学生・生徒の社会科学研究・批判厳禁を通達	1926. *1* 共同印刷争議 . *4* 日本楽器争議。日本農民組合分裂。全日本農民組合同盟結成 . *5* 新潟木崎村小作争議 ◇怪事件続出(田中義一機密費流用疑惑，松島遊廓，朴烈怪写真など)	1922. *1*『前衛』創刊 . *4*『サンデー毎日』『週刊朝日』創刊　◇童話雑誌創刊盛ん . *7* 帝国ホテル完成(ライト) .*11* アインシュタイン来日，相対性理論ブーム	1926　**北伐開始**。独，国際連盟に加入。英帝国会議開催(自治領の自治権承認)。伊，特別治安維持法成立
—1927. 4—	1926(昭和《しょうわ》元) 1927(昭和２)	.*12* 天皇没(48歳)，摂政裕仁親王即位，**昭和**と改元 . *3* 片岡蔵相，東京渡辺銀行が破綻したと失言。**金融恐慌始まる**。震災手形損失補償公債法・震災手形善後処理法公布　. *4* **枢密院《すうみついん》，台湾銀行特別融資緊急勅令案否決**，若槻内閣総辞職。**３週間のモラトリアム**(支払猶予《ゆうよ》令)**実施**(緊急勅令) . *5* **第１次山東《さんとう》出兵**　. *6* **立憲民政党結成**(浜口雄幸)。**東方会議**(対華強硬策)　. *7* コミンテルン日本問題特別委「27年テーゼ」決定	. *6* 道府県に学務部設置 1927. *1* 明治節制定 . *4* 各地に銀行取付け騒ぎおこる。日銀非常貸出６億8,000万円支出。鈴木商店破産。政府，銀行の合同を促進。大日本連合女子青年団創立 . *5* 東洋モスリン争議 . *8* 初のスポーツ放送	1923. *1*『文藝春秋』創刊。萩原朔太郎『青猫』　. *5* **北《きた》一輝《いっき》『日本改造法案大綱』** . *9* 横山大観「生々流転」 ◇御茶の水に文化アパート完成 1924. *6* **築地《つきじ》小劇場開場**。『文芸戦線』創刊 . *8* 甲子園球場竣工	1927　国民革命軍，南京占領，蔣介石のクーデタ，国共分離
㉖田中《たなか》 義一《ぎいち》	1928(昭和３)	. *2* 初の**普通選挙実施**(無産各派８名当選) . *3* 共産党員大検挙(**三・一五事件**) . *4* 第２次山東出兵　. *5* 済南《さいなん》事件。第３次山東出兵。張作霖《ちょうさくりん》に満洲引揚げを勧告 . *6* 奉天引き揚げ中の張作霖を爆殺(**満洲某重《まんしゅうぼうじゅう》大事件《だいじけん》**)。緊急勅令により治安維持法改悪(死刑・無期追加)　. *7* 全府県に特別高等警察課設置 . *8* 不戦条約調印(パリ)	.*11* 北原泰作《たいさく》，軍隊内差別で天皇に直訴　.*12* 地下鉄開通(上野～浅草，10銭) 1928. *2*『赤旗』創刊 . *4* 新人会・各帝大社研に解散命令。日本商工会議所設立 . *5* 全国農民組合結成	.*10*『文芸時代』創刊 ◇震災の教訓から女性の洋装が広まる。モダン・ガール，アッパッパ大流行。円タク出現(大阪) .*11*『キング』創刊 1925. *3* **東京放送局ラジオ放送開始**　. *5*『家の光』創刊	1928　国民党，北伐再開決定。**不戦条約**(パリ)調印。ソ連，第１次五カ年計画開始
—1929. 7—	1929(昭和４)	. *3* 旧労農党代議士山本宣治《せんじ》暗殺 . *4* 共産党大検挙(**四・一六事件**) . *6* 中国国民政府を正式に公認 . *7* 張作霖爆殺事件の責任者処分発表(河本《こうもと》大佐停職)，田中内閣総辞職，浜口内閣成立(幣原《しではら》外交再開)。蔵相に井上準之助就任 .*10* 犬養毅，政友会総裁に就任　.*11* 新労農党結成(大山郁夫《いくお》)。朝鮮光州で学生の反日デモ，全土に波及。大蔵省，金解禁の省令公布	**《 世界恐慌と不況の深刻化 》** 1929. *3* 大学卒業生の就職難深刻化(東大就職率約30％) ◇教員の俸給不払・減俸・解雇全国化 . *6* 朝鮮疑獄 . *7* 改正工場法施行(女性・年少者の深夜業禁止) . *8*～*9* 私鉄疑獄 .*11* 産業合理化審議会設置 ◇生糸・絹製品輸出最高	. *7* 細井和喜蔵《わきぞう》『女工哀《あい》史《し》』刊 . *9* 東京六大学野球リーグ開始　◇セーラー服流行 1926. *1* 川端康成『伊豆の踊子』。葉山嘉樹『セメント樽の中の手紙』 . *8* 吉川英治『鳴門秘帖』連載開始。日本放送協会設立	1929　英ソ国交回復。**米，株式市場大暴落，世界恐慌に拡大**
㉗浜口《はまぐち》 雄幸《おさち》	1930(昭和５)	**《 ファシズムの台頭と大陸進出 》** . *1* **金輸出解禁**。ロンドン会議参加(全権若槻礼次郎) . *4* **軍備制限条約に調印，統帥権干犯《とうすいけんかんぱん》として政治問題化** . *9* 中堅将校，桜会結成 .*10* 台湾に反日暴動(霧社事件) .*11* 浜口首相，狙撃され重傷	1930. *4* 温情主義の鐘紡で減給反対のスト　◇世界恐慌波及し，操業短縮激化。日銀の正貨準備，1919年以来の最低を記録(９億6,000万円) . *6* 生糸価格暴落(1896年以来の安値) .*10* 特急「燕」運転開始	.*12* 改造社『**現代日本文学全集**』**刊行開始**，円本時代に入る　◇モダンガール(モガ)の断髪流行 1927. *1*『世界大思想全集』 . *4* 映画鞍馬《くらま》天狗シリーズ封切 . *7* 芥川龍之介自殺。岩波文庫発刊	1930　**ロンドン海軍軍備制限条約**。独，不況深刻化。蔣介石，第1次討共戦開始

内閣総理大臣	西暦(年号)	政治・外交
㉗浜口《はまぐち》 雄幸《おさち》 —1931. 4— ㉘若槻礼次郎《わかつきれいじろう》② —1931.12—	1931(昭和《しょうわ》6)	.1 血盟団結成 .3 三月事件 .6 中村大尉事件 .7 万宝山事件 .9−18 関東軍，柳条湖《りゅうじょうこ》付近の満鉄線路爆破(**満洲事変の開始**)，政府不拡大を声明 .10 十月事件。国際連盟理事会，満洲撤兵勧告案を13対1(日本)で可決 .12 閣内不統一で総辞職。**金輸出再禁止**
㉙犬養《いぬかい》 毅《つよし》 —1932. 5—	1932(昭和7)	.1 **上海《シャンハイ》事変**おこる(第1次上海事変) .2 リットン調査団来日 .3 **満洲国建国** .5 犬養首相射殺(**五・一五事件**) .9 **満洲国承認，日満議定書調印** .10 リットン報告書公表
㉚斎藤《さいとう》 実《まこと》	1933(昭和8)	.2 熱河省進攻。連盟総会，日本の満洲撤退勧告案を42対1で可決。松岡洋右代表退場 .3 **国際連盟脱退を通告**〔1935. 3 **発効**〕 .5 滝川事件。塘沽《タンクー》停戦協定成立 .7 神兵隊事件
—1934. 7—	1934(昭和9)	.3 満洲国帝制実施(皇帝溥儀《ふぎ》) .7 帝人人絹疑獄で内閣総辞職 .12 **ワシントン海軍軍備制限条約廃棄を米に通告**
㉛岡田《おかだ》 啓介《けいすけ》	1935(昭和10)	.2 美濃部達吉《みのべたつきち》の天皇機関説問題化 .6 梅津《うめづ》・何応欽《かおうきん》協定(華北進出) .8 **国体明徴声明《こくたいめいちょうせいめい》**。相沢事件(永田鉄山刺殺)
—1936. 3— ㉜広田《ひろた》 弘毅《こうき》	1936(昭和11)	.1 ロンドン会議(第2次)から脱退 .2 皇道派のクーデタ(**二・二六事件**)，東京に戒厳令〔〜.7〕 .5 **軍部大臣現役武官制復活** .11 **日独防共協定調印** .12 ワシントン海軍軍備制限条約失効
—1937. 2— ㉝林《はやし》 銑十郎《せんじゅうろう》 —1937. 6—	1937(昭和12)	.7−7 **盧溝橋《ろこうきょう》事件(日中戦争開始)**。現地協定成立後，軍中央・政府とも華北での総攻撃を命ず .8 上海で日中両軍交戦開始(第2次上海事変)，政府不拡大方針を放棄 .10 連盟，日本の行動を九カ国条約・不戦条約違反と決議 .11 トラウトマン和平工作。**日独伊防共協定調印** .12 **南京《ナンキン》占領，南京事件**
㉞近衛《このえ》 文麿《ふみまろ》①	1938(昭和13)	.1 政府，和平工作打切り，**国民政府を対手とせずと声明(第一次近衛声明)** .4 **国家総動員法公布** .5 徐州占領 .7 張鼓峰《ちょうこほう》事件 .10 広東・武漢三鎮占領 .11 政府，**東亜新秩序建設を声明(第二次近衛声明)** .12 **汪兆銘《おうちょうめい》の重慶脱出。日中国交調整の近衛三原則を声明(第三次近衛声明)**
—1939. 1— ㉟平沼騏一郎《ひらぬまきいちろう》 —1939. 8— ㊱阿部《あべ》 信行《のぶゆき》	1939(昭和14)	.5 **ノモンハン事件** .7 **米，通商航海条約廃棄を通告**〔1940. 1 **失効**〕 .8 平沼内閣，独ソ不可侵条約締結に対し「欧州情勢は複雑怪奇」と声明して総辞職 .9 政府，**欧州戦争不介入と声明** .11 日米国交調整の会談(野村外相・グルー大使)開始
—1940. 1— ㊲米内《よない》 光政《みつまさ》 —1940. 7— ㊳近衛 文麿②	1940(昭和15)	.2 斎藤隆夫軍部を批判，議員除名 .3 汪兆銘，南京に国民政府樹立(親日政権) .6 近衛の「新体制運動」本格化 .7 近衛内閣，基本国策要綱。大本営政府連絡会議，武力行使を含む南進政策決定 .8 民政党解党(全政党解党終了) .9 北部仏印へ進駐開始。**日独伊三国同盟調印** .10 **大政翼賛会《たいせいよくさんかい》発足**
—1941. 7— ㊴近衛 文麿③ —1941.10— ㊵東条《とうじょう》 英機《ひでき》	1941(昭和16)	.4 **日ソ中立条約調印。日米交渉開始(ハル国務長官・野村吉三郎大使)** .7 米，在米日本資産凍結(英・蘭印も)。南部仏印進駐 .9 **翼賛議員同盟成立**。「帝国国策遂行《すいこう》要領(10月下旬目途に対米英蘭戦争準備完成)」決定。閣内不統一で内閣総辞職，軍部要求の再検討を条件に東条に組閣命令 .11 御前会議で対米交渉不成立の場合12月初頭に武力発動を決定。米，ハル＝ノートを提示。ハワイ作戦部隊出動。 .12−1 御前会議で対米英蘭開戦を決定 .12−8 **日本軍マレー上陸，ハワイ真珠湾奇襲攻撃，対米英宣戦布告** .12−10 **マレー沖海戦。グアム島占領。フィリピン上陸**

経済・社会

1931. 4 **重要産業統制法施行**(カルテル結成を推進)。全国産業団体連合会結成 .9 清水トンネル開通(9,702m)。金輸出再禁止をみこした財閥のドル買い活発化(財閥批判強まる)
◇**北海道・東北大飢饉《ききん》**，女子の身売り盛ん。**農村恐慌《きょうこう》深刻**

1932. 2〜3 井上準之助前蔵相・団琢磨《だんたくま》三井合名理事長，血盟団員に射殺される

1933. 3 三陸大地震大津波死者1,535人 ◇三原山投身自殺続出。綿布輸出世界一となる

1934. 1 **製鉄6社合同し日本製鉄㈱設立**(鉄鋼トラストの成立)
.4 三菱重工業設立
◇東北地方冷害，大凶作

1935. 5 戦前最後のメーデー(第16回)
◇小作争議6,824件(戦前最高)

1936◇労働組合員42万人(戦前最高)
.3 **電力国家管理案発表**，財界動揺
.6 台湾拓殖株式会社設立

1937◇軍需景気 .9 臨時資金調整法・輸出入品等臨時措置法公布(金融・貿易の戦時統制開始)
.10 **国民精神総動員中央連盟創立**。企画院設置
.12 労農派一斉検挙(第1次人民戦線事件)。日本無産党・日本労働組合全国評議会結社禁止
◇争議参加人員戦前最高

戦時統制経済の強化

1938. 2 大内兵衛ら検挙(第2次人民戦線事件)
.4 **農地調整法公布**。電力管理法・**日本発送電株式会社法公布(電力国家管理の開始)**
.7 オリンピック東京大会・万国博の開催延期発表

1939. 4 米穀配給統制法 .7 **国民徴用令公布**。9月1日以後毎月1日を興亜奉公日《こうあほうこうび》とする
.9 初の「興亜奉公日」(以後毎月1日)。零式戦闘機初の試験飛行 .10 価格等統制令(9月18日の水準価格で据置《すえお》き)

1940. 7 日本労働総同盟など解散
.8 大日本農民組合解散
.10 米穀管理規則公布(米の割当供出制)。配給切符制開始
.11 「皇紀2600年」記念式典。**大日本産業報国会結成**
.12 内閣情報局設置

1941. 1 大日本青少年団結成
.3 治安維持法改正(予防拘《こう》禁《きん》制新設) .4 小学校を国民学校とする。**生活必需物資統制令公布**(配給統制の全面化)
.7 全国の隣組《となりぐみ》，一斉に常会を開催 .10 ゾルゲ事件
.11 **米穀通帳制(主食配給基準2合3勺《じゃく》)** .12 戦艦「大和」完成

生活・文化

プロレタリア芸術と大衆文化

1928. 3 全日本無産者芸術連盟(ナップ)結成 .5『戦旗』創刊 .8 林芙美子『放浪記』 .11 高柳健次郎，初のテレビ実験に成功

1929. 1〜4 日本プロレタリア美術家・映画・劇場・作家・音楽家の各同盟成立
.3 築地小劇場分裂
.4 島崎藤村『夜明け前』
.5 小林多喜二『蟹工船』
.6 徳永直『太陽のない街』

1930. 4「黄金バット」大人気
.5 共産党シンパ事件(中野重治・三木清ら検挙)
.11 堀辰雄『聖家族』
◇エロ・グロ・ナンセンス文化盛ん

1931. 1 中学に公民科，柔剣道を必修とする。学生・生徒の〈左傾事件〉最高に
.8 初の本格的トーキー「マダムと女房」封切 ◇♬「酒は涙かため息か」流行

1932. 5『日本資本主義発達史講座』刊行開始
.8 国民精神文化研究所設立
.12 白木屋デパート火事

1933. 2 小林多喜二虐殺
.3 尾崎士郎『人生劇場』
.11 野呂栄太郎検挙

1934. 9 室戸台風(死者等約3,000人)
.12 プロ野球団創立

1935. 2 湯川秀樹，中間子論発表 .4 **美濃部達吉著『憲法撮要《さつよう》』など3著書発売禁止**
.9 芥川賞・直木賞創設

1936. 8 ベルリンオリンピック，前畑秀子ら日本選手大活躍
.11 国会議事堂完成
.12 堀辰雄『風立ちぬ』

1937◇**文化勲章制定**
.4 永井荷風『濹東綺譚《ぼくとうきたん》』
.5 文部省『国体の本義』発行 .6 川端康成『雪国』
.11 矢内原《やないはら》忠雄筆禍《ひっか》事件〔〜.12〕
◇慰問袋・千人針盛ん

1938◇**厚生省設置，国民健康保険法**
.2 石川達三『生きてゐる兵隊』発禁
.8 火野葦平《あしへい》『麦と兵隊』
.10 河合栄治郎筆禍事件

言論・思想の統制

1939. 3 大学も軍事教練必修に。NHK，テレビ試験放送
.4 青年学校義務制に
.6 長髪パーマネント禁止
◇東レ，ナイロン66合成に成功

世界

1931 スペイン革命。英，金本位制離脱，各国これに続く。中華ソヴィエト共和国臨時政府成立

1932 オタワ会議。ナチ党第一党に

1933 **ヒトラー**首相就任，独全権委任法可決。ローズヴェルト大統領，**ニューディール開始**。独，国際連盟脱退

1934 ソ連，国際連盟加入。中国共産党長征

1935 独，再軍備宣言。中共抗日統一戦線提唱(**八・一宣言**)

1936 スペイン内戦。ベルリン・ローマ枢軸結成。**西安事件**

1937 独，ゲルニカ空襲。中国，**第2次国共合作成立**。**伊，日独防共協定に参加，国際連盟脱退**

1938 独，墺を併合。**ミュンヘン会談**。独，ズデーテン進駐

1939 独，チェコに侵入。伊，アルバニア併合。独伊軍事同盟調印
.8−23 独ソ不可侵条約調印
.9−1 **独軍ポーランド侵入(第二次世界大戦始まる)**。ソ連，ポーランド東部占領
.12 国際連盟，ソ連を除名

1940 英，ダンケルク撤退。伊，対英仏宣戦
.6−14 独軍，パリ入城

内閣総理大臣	西暦(年号)	政治・外交	経済・社会	生活・文化	世界
㊵東条《とうじょう》 英機《ひでき》 —1944. 7— ㊶小磯《こいそ》 国昭《くにあき》 —1945. 4— ㊷鈴木貫太郎《すずきかんたろう》 —1945. 8— ㊸東久邇宮稔彦《ひがしくにのみやなるひこ》 —1945.10— ㊹幣原喜重郎《しではらきじゅうろう》 —1946. 5— ㊺吉田《よしだ》 茂《しげる》① —1947. 5— ㊻片山《かたやま》 哲《てつ》 —1948. 3— ㊼芦田《あしだ》 均《ひとし》 —1948.10— ㊽吉田 茂② —1949. 2— ㊾吉田 茂③	1942(昭和《しょうわ》17) 1943(昭和18) 1944(昭和19) 1945(昭和20) 1946(昭和21) 1947(昭和22) 1948(昭和23) 1949(昭和24)	**太平洋戦争** 1942 .1 マニラ占領 .2 シンガポール占領 .3 ラングーン占領。ジャワのオランダ軍降伏 .4 バターン半島占領。米B25爆撃機，本土初空襲。**翼賛選挙**《よくさん》(推薦381，非推薦85) .6 ミッドウェー海戦 .10 ガダルカナル島の攻防 1943 .2 ガダルカナル島撤退 .4 山本五十六《いそろく》連合艦隊司令長官戦死 .5 アッツ島日本守備隊玉砕 .7 キスカ島の日本軍撤退。東京都制実施 .11 **大東亜会議開催**(東京) 1944 .2 決戦非常措置要綱決定 .3 インパール作戦 .6 米軍サイパン上陸，マリアナ沖海戦(空母の大半を失う) .7 **サイパン島日本軍玉砕**，内閣総辞職 .8 グアム・テニアン日本軍玉砕 .10 神風特別攻撃隊編成 .11 B29爆撃機，東京初空襲 1945 .3 硫黄《いおう》島日本軍玉砕 .4–1 米軍，沖縄に上陸〔.6–23 占領〕 .4–5 ソ連，日ソ中立条約不延長を通告〔期限は1946. 4 まで〕 .7 ソ連に和平斡旋《あっせん》依頼拒否される .7–28 ポツダム宣言黙殺の首相談話 .8–6 **広島に原爆投下** .8–8 ソ連，対日宣戦布告，満洲に進撃 .8–9 **長崎に原爆投下** .8–14 ポツダム宣言受諾 .8–15 **戦争終結の詔書《しょうしょ》を放送(玉音《ぎょくおん》放送)**，内閣総辞職 **太平洋戦争の敗戦と戦後の民主化** .9–2 降伏文書に調印 .9–11 GHQ，東条ら戦犯容疑者逮捕を指令 .10 **GHQ，治安維持《ちあんいじ》法廃止，政治犯釈放，特高《とっこう》警察の罷免を指令**。内閣総辞職。日本共産党再建。**GHQ，五大改革を指令**，憲法改正を示唆 .11–6 **GHQ，財閥解体を指令**。日本社会党，日本自由党，日本進歩党結成。近衛文麿《このえふみまろ》自殺。**新選挙法成立(女性参政権)** 1946 .1–1 **天皇人間宣言** .1–4 **GHQ，軍国主義者の公職追放を指令** .2–13 GHQ，憲法改正要綱(松本試案)を拒否し，GHQ案を手交 .3–6 政府，憲法改正草案要綱発表，GHQこれを承認 .4 新選挙法による総選挙 .5 東京裁判開廷〔～1948.11〕 .11–3 **日本国憲法公布** 1947 .1–18 全官公労共闘委員会，**二・一ゼネスト宣言** .1–31 GHQ，ゼネスト中止指令 .3 国民協同党，日本民主党結成 .3–31 **教育基本法・学校教育法公布**(6・3・3・4制) .4 第1回統一地方選挙，第1回参議院議員選挙，第23回衆議院議員総選挙(社会143・自由131・民主124・国民協同31)，**労働基準法・独占禁止法**・地方自治法公布 .5–3 **日本国憲法施行** .5–20 第1特別国会召集 .6–1 片山哲内閣成立(社会・民主・国協連立) .9 労働省発足 .10 国家公務員法公布，改正刑法公布(不敬《ふけい》罪・姦通《かんつう》罪廃止) .12 **改正民法公布**(「家」制度廃止) 1948 .2 党内対立から内閣総辞職 .3 民主自由党結成，地方自治体警察発足 .5 海上保安庁設置(英ソ中「武装軍復活のおそれ」と批判) .6 日ソ貿易協定成立 .7 教育委員会法公布。**政令201号公布(公務員の争議行為禁止)** .10 昭和電工事件で内閣総辞職 .11 国家公務員法改正，人事院発足。**東京裁判判決**(東条ら7名絞首刑) 1949 .1 総選挙(民自党過半数・社会惨敗・共産躍進) 最高裁判所裁判官初の国民審査 .3 **ドッジ公使，経済安定策(ドッジ＝ライン)を指示** .4 団体等規正令公布 .7 マ元帥「日本は反共の防壁」と言明 .8 **シャウプ税制勧告**。人事院規則制定(政治活動制限) .10 都公安条例公布	1942. 1 食塩配給制。ガス使用割当制。毎月8日を大詔奉戴日《たいしょうほうたいび》とする .2 衣料点数切符制。愛国婦人会・国防婦人会等を統合して大日本婦人会結成。**食糧管理法公布** ◇銑鉄生産，戦前の最高，以後激減 1943. 1 間接税中心の増税実施 .6 学徒戦時動員体制確立要綱決定 .9 上野動物園の猛獣薬殺。25歳未満の未婚女性の勤労動員実施 .10 文科系学生の徴兵猶予《ゆうよ》停止，**学徒出陣**壮行会挙行 .12 徴兵適齢1年繰《くり》下げ(19歳) 1944. 6 昭和新山誕生 .8 学童の集団疎開開始。学徒勤労令公布 .12 東海大地震 ◇国民総武装開始(竹槍訓練など) 1945. 3–9～10 **東京大空襲** .3–15 大都市における疎開強化要綱決定 .3–18 決戦教育措置要綱決定(国民学校初等科を除き4月から1年間授業停止) .6–30 花岡鉱山事件 **国民経済の破産と経済の民主化** ◇政治犯3,000名出獄 .11 政府，4大財閥の解体計画をGHQに提出。GHQ，政府案承認，**持株会社《もちかぶかいしゃ》整理委員会設立**・財閥資産凍結《とうけつ》などを指令 .12 **農地改革指令**，農地調整法改正公布(**第一次農地改革**〔1946. 2–1 施行〕)。労働組合法公布〔1946. 3–1 施行〕 1946. 2 **金融緊急措置令**(新円切換え・旧円預貯金は封鎖)。食糧緊急措置令公布 .3 物価統制令公布 .5 **メーデー復活**。食糧メーデー .8 日本労働組合総同盟・全日本産業別労働組合会議結成。経団連創立 .9 **労働関係調整法・生活保護法公布** .10 **農地調整法改正・自作農創設特別措置法成立(第二次農地改革開始)**。復興金融金庫法公布 1947. 3 農地の収用開始〔～1950〕 .6 制限付民間貿易再開許可 .7 **公正取引委員会発足** .8 古橋広之進，水泳400m自由型で世界新 .11 農業協同組合法・職業安定法公布 .12 児童福祉法公布。**過度経済力集中排除法**・臨時石炭鉱業管理法(3年間の国家管理) 1948. 1 帝銀事件 .2 集中排除法指定(第1次257社，第2次68社) .4 GHQ，祝祭日の国旗掲揚を許可 .6 福井大地震 .7 優生保護法公布。国民の祝日法(9日)制定 .9 主婦連合会・全国学生自治会連合(全学連)結成 .12 **GHQ，経済安定九原則を発表**	1940. 2 **津田左右吉《つだそうきち》『神代史の研究』など発禁**，出版法違反で起訴 .4 織田作之助『夫婦善哉』 .8 新協・新築地劇団を解散させる .10 ダンスホール閉鎖 1941. 1 大日本青少年団結成 .2 情報局，執筆禁止者リスト内示 .5 新聞連盟設立 .6 日本基督教団《きりすときょうだん》設立 .7 文部省『臣民《しんみん》の道』刊 .12 米映画上映禁止。言論出版集会結社等臨時取締法 ◇女性のモンペ姿急増 1942. 2 中島敦『古譚』(山月記など) .5 日本文学報国会結成。高村光太郎『道程』 .12 大日本言論報国会結成 1943. 1 英米楽曲1,000曲の演奏禁止 .9 学徒体育大会を禁止 ◇野球用語に英語使用禁止 1944. 1 中等学校以上の男女学徒勤労動員 .2 軍事教育全面強化 .11 太宰治『津軽』 1945. 3 国民勤労動員令公布(労働力根こそぎ動員)。初等科以外の授業停止 .5 戦時教育令公布 .7 主食の配布1割減 **自由の回復とその統制** ◇**プレスコード指令** .9 文部省，戦時教材削除を通達(墨ぬり教科書) .10 ♬「りんごの唄」大流行。「赤旗」再刊 .12 GHQ，修身・日本歴史・地理の授業停止を指令 ◇闇市の出現 1946. 1『中央公論』『改造』復刊。『世界』創刊。第1回日展 .3 米教育使節団が来日。宮本百合子『播州平野』 .4 坂口安吾《あんご》『堕落論』 .6 食糧メーデーのプラカード事件 .9 文部省『くにのあゆみ』発行。第1回国民体育大会 .10 GHQ，歴史授業再開を許可 .11 当用漢字，新かなづかい決定 1947. 1 学校給食開始 .3 竹山道雄『ビルマの竪琴』 .3～12 学習指導要領発表 .4–1 **6・3・3・4制実施** .6 日教組結成。石坂洋次郎『青い山脈』 .7 登呂《とろ》遺跡発掘。太宰治《だざいおさむ》『斜陽《しゃよう》』 .8 文部省『新しい憲法のはなし』	1941. 6–22 **独ソ戦争開始** .8–12 **大西洋憲章発表** .12–8 独軍，モスクワ占領に失敗。独・伊，米に宣戦布告 1942 連合国26カ国，**大西洋憲章に調印**。米ソ相互援助条約調印。米，原子核分裂に成功 1943 スターリングラードで独軍敗北 .9–8 伊，無条件降伏 .11 **カイロ会談。テヘラン会談** 1944. 6 連合軍ノルマンディー上陸。**ブレトン＝ウッズ会議**。パリ解放 1945. 2 **ヤルタ会談** .5 独軍，無条件降伏 .7 **ポツダム会談** .7–26 **ポツダム宣言**を発表 .10 **国際連合発足** 1946. 7 フィリピン共和国成立。中国，全面的内戦に入る .12 インドシナ戦争開始 1947. 3 **トルーマン＝ドクトリン，マーシャル＝プラン発表**。インド・パキスタン独立宣言。コミンフォルム結成。GATT調印 1948. 4 ソ連，ベルリン封鎖。イスラエル共和国成立(→第1次中東戦争)。**大韓民国，朝鮮民主主義人民共和国成立**。世界人権宣言

内閣総理大臣	西暦(年号)	政治・外交
	1950(昭和《しょうわ》25)	.3 自由党結成 .4 公職選挙法公布 .6 GHQ，日本共産党幹部の追放指令 .7 新聞社などでレッド＝パージ始まる .7−8 マ元帥，警察予備隊の創設，海上保安庁の増員を指令 .8 **警察予備隊の設置** .9−1 **レッド＝パージ方針閣議決定** .10 公職追放解除始まる
㊾吉田《よしだ》 茂《しげる》③	1951(昭和26)	.2 社会民主党結成 .4 マッカーサー罷免 .6 第1次公職追放解除〔.8 第2次〕 .9−8 サンフランシスコ講和会議，**サンフランシスコ平和条約・日米安全保障条約調印** .10 社会党，両条約をめぐり左右両派に分裂
		独立と国際社会への復帰
—1952.10—	1952(昭和27)	.2 改進党結成(総裁重光葵《しげみつまもる》)。**日米行政協定調印** .4−28 **対日平和・日米安保両条約発効。GHQ解散。日華平和条約調印** .6 日中貿易協定 .7 **破壊活動防止法公布** .10 **警察予備隊を保安隊に改組**
㊿吉田 茂④ —1953. 5—	1953(昭和28)	.3 内閣不信任案可決，国会解散(バカヤロー解散) .10 池田・ロバートソン会談 .11 鳩山派自由党復帰 .12 奄美《あまみ》群島復帰の日米協定調印
(51)吉田 茂⑤ —1954.12—	1954(昭和29)	.3 **MSA協定調印** .4 造船疑獄《ぎごく》事件で法相指揮権発動 .6 **教育二法**(教員の政治活動制限)・改正警察法(国家地方警察と自治体警察の廃止)公布 .7−1 **防衛庁・自衛隊発足** .11 日本民主党結成(総裁鳩山《はとやま》一郎)
(52)鳩山《はとやま》 一郎《いちろう》① —1955. 3— (53)鳩山 一郎② —1955.11—	1955(昭和30)	.1 ソ連，国交正常化を申し入れ .2 第27回総選挙(革新系3分の1を確保) .10 **両派社会党統一** .11 **自由民主党結成(保守合同なる)** .12 **原子力基本法公布**
(54)鳩山 一郎③ —1956.12—	1956(昭和31)	.5 原子力3法公布。日ソ漁業条約調印 .10 **日ソ共同宣言(国交回復)** .12 **国連総会，日本加盟可決**
(55)石橋《いしばし》 湛山《たんざん》 —1957. 2— (56)岸《きし》 信介《のぶすけ》①	1957(昭和32)	.6 岸・アイゼンハワー会談，日米新時代強調の共同声明 .10 日本，国連安保理非常任理事国に当選 .12 日ソ通商条約調印
—1958. 6—	1958(昭和33)	.5 話し合い解散による総選挙 .10 安保条約改定交渉開始。警察官職務執行法改正案国会提出，反対運動盛り上がる〔.11 審議未了〕
	1959(昭和34)	.3 安保条約改定阻止国民会議結成 .4 皇太子成婚。安保条約改定交渉再開
(57)岸 信介② —1960. 7— (58)池田《いけだ》 勇人《はやと》① —1960.12—	1960(昭和35)	.1−19 **日米新安保条約・日米地位協定調印** .1 民主社会党結成 .5−19 政府・自民党，新安保条約と会期延長を単独強行採決〔以後国会空白状態・デモ隊連日国会包囲〕(**60年安保闘争**) .6 **全学連，国会構内に入り女子学生1名死亡。**岸内閣，アイゼンハワー訪日延期要請。暴漢，河上丈太郎襲撃 .6−19 **新安保条約自然成立** .6−23 新安保条約批准書交換・発効 .10 **浅沼社会党委員長，立会演説中に刺殺される** .11 総選挙
		経済優先の政治と繁栄の中での対立運動
	1961(昭和36)	.6 防衛2法改正(自衛隊を13個師団に改編)，**農業基本法公布**
(59)池田 勇人②	1962(昭和37)	.1 ガリオア・エロア返済協定調印 .7 参議院選挙 .11 日中LT貿易協定，日英通商航海条約
—1963.12—	1963(昭和38)	.1 米，原子力潜水艦日本寄港申し入れ。以後反対運動おこる .2 日ソ貿易支払い協定調印 .7 新産業都市13，工業整備特別地域6を指定 .8 **部分的核実験停止条約調印** .11 総選挙
(60)池田 勇人③ —1964.11— (61)佐藤《さとう》 栄作《えいさく》①	1964(昭和39)	.4 **IMF 8条国に移行**，自由化率93%に。**OECDに加盟** .9 政府対韓国の2,000万ドルの援助決定 .10 池田首相病気療養 .11 佐藤内閣成立。公明党結成。米原子力潜水艦佐世保に入港

経済・社会
1949.4 **GHQ，1ドル360円の為替レート設定** .6 日本国有鉄道・日本専売公社発足，独禁法改正(制限緩和) .7 **下山《しもやま》事件。三鷹《みたか》事件** .8 **松川《まつかわ》事件** .9 教員にレッド＝パージ始まる .12 全国産業別労働組合連合(新産別)結成
1950.5 特需景気 .7 企業にもレッド＝パージ始まる。**日本労働組合総評議会(総評)**結成 .8 GHQ，全労連解散命令
1951.2 電力9社発足(ポツダム政令)。住民登録法公布 .6 **ILO・ユネスコ加盟** ◇鉱工業生産，戦前の水準にもどる
朝鮮特需と経済の自立
1952.5 **血のメーデー事件** .8 **IMF・IBRDに加盟** .9〜10 電産・炭労スト
1953.6 内灘《うちなだ》闘争 .8 三井三池炭鉱争議 .9 **独占禁止法改正施行(合理化・不況カルテル容認)** .12 水俣病《みなまたびょう》患者第1号発病
1954.3 **第五福竜丸，ビキニで被爆**(水爆マグロの恐怖広まる)。自由党憲法調査会発足 .4 全日本労働組合会議(全労)結成 .9 洞爺《とうや》丸転覆(死亡1,155人)
1955.6 第1回日本母親大会 .8 **第1回原水爆禁止世界大会** .9 **GATT(ガット)加盟** ◇神武《じんむ》景気始まる
1956.1 **原子力委員会発足** .7 経済白書，「もはや戦後ではない」を流行させる ◇**設備投資ブーム** ◇造船高世界一に
1957.12 **文部省，勤評実施を通達**
1958.3 関門国道トンネル開通 .12 1万円札発行 ◇公定歩合引き下げ(戦後初めて)・不況到来(**なべ底不況**)
1959.1 メートル法実施 .4 **最低賃金法施行** ◇炭鉱合理化をめぐるスト続発 .9 伊勢湾台風(死者・行方不明5,200余人) .11 **国民年金法**施行 .12 **三井三池《みついみいけ》争議** ◇景気回復(**岩戸《いわと》景気**)
1960.1 政府，貿易為替の自由化大綱決定。三井三池労組無期限スト(三池闘争)。東証ダウ平均1,000円の大台突破(株式ブーム) .12 **所得倍増計画・高度成長経済政策**
高度経済成長と貿易・資本の自由化
1961.7 小児マヒ流行
1963.5 狭山《さやま》事件 .6 **黒四発電所完工** .9 松川事件再上告審で全員無罪確定 .11 三池三川鉱で458名ガス爆発死 ◇火力発電量，水力を超える
1964.6 三菱系3重工合併し三菱重工発足 .10 **東海道新幹線開業**(東京・新大阪間4時間)

生活・文化
1948.2 大岡昇平『俘虜記』 .3 文部省，新制大学を認可(12校) .6 太宰治『人間失格』，太宰自殺。教育勅語失効
1949.1 木下順二『夕鶴』。法隆寺金堂壁画焼失 .5 国立学校設置法公布(**国立新制大学69校発足**) .8 井伏鱒二『本日休診』 .9 岩宿遺跡発掘 .10 『きけわだつみのこえ』刊 .11 **湯川秀樹《ゆかわひでき》，ノーベル物理学賞受賞**
1950.4 吉川英治『新平家物語』連載開始 .5 文化財保護法公布 .7 金閣焼失 .6 伊藤整訳『チャタレイ夫人の恋人』発禁
1951.1 野間宏『真空地帯』 .6 ユネスコに正式加入 .9 **民間放送開始**。「羅生《らしょう》門《もん》」ベネチア国際映画祭金獅子賞受賞 ◇パチンコ大流行
1952.7 ヘルシンキオリンピックに戦後初出場 .12 国立近代美術館開館
電化生活と映像文化
1953.2 **NHKテレビ本放送開始** .8 民間テレビ放送も開始 ◇蛍光灯普及 ◇街頭テレビ人気
1954.1 平城京発掘調査開始 .9 映画「二十四の瞳《ひとみ》」 ◇電気洗濯機急速に普及
1955.1 **法隆寺金堂昭和大修理完了**。重要無形文化財指定始まる .7 石原慎太郎『太陽の季節』
1956.10 **文部省，教科書調査官を設置** .11 深沢七郎『楢山節考《ならやまぶしこう》』
1957.1 **南極に昭和基地設営** .6 エサキダイオード発明 .9 国産ロケット1号機発射
1958.12 東京タワー完成
1959.6 国立西洋美術館開館
1960.9 **カラーテレビ本放送開始** ◇即席ラーメン発売 ◇プレハブ住宅登場
都市的文化の普及と国際文化交流
1961.10 **文部省，中学校一斉学力テスト実施** .9 国産第1号原子炉点火
1963.10 **東海村で原子力発電開始** .12 教科書無償措置法公布
1964.4 ミロのヴィーナス展 .8 東京の水不足深刻化。出稼ぎ急増 .10 **第18回オリンピック東京大会開催**

世　界
1949.4 **NATO，COMECON成立** .9 ソ連，原爆所有公表 .10−1 **中華人民共和国成立。東西ドイツ成立**
1950.1 英，中国承認 .2 中ソ友好同盟相互援助条約調印 .6−25 **朝鮮戦争勃発** .7−7 国連軍結成決議 .10−25 中国人民義勇軍出動
1951 第1回アジア競技大会開催(日本参加) .7 朝鮮休戦予備会談開催
1952 韓国，李承晩ライン宣言。エジプト革命
1953 **スターリン没** .7 **朝鮮休戦協定調印。**ソ連，水爆実験に成功
1954 米，ビキニ水域で水爆実験。ジュネーヴ休戦協定調印
1955 **AA会議**(バンドン)。ワルシャワ条約機構成立。**ジュネーヴ4巨頭会談**
1956 スターリン批判。コミンフォルム解散。**ハンガリー動乱。スエズ戦争(第2次中東戦争)**
1957 **EEC成立。**ソ連，人工衛星1号打ち上げに成功
1958 米，人工衛星1号打ち上げ。仏，第5共和政に
1959 キューバ革命。中ソ対立激化
1960 李承晩政権崩壊。OECD結成。国連総会，植民地独立宣言採択。南ベトナム解放民族戦線結成

内閣総理大臣	西暦(年号)	政治・外交	経済・社会	生活・文化	世界
	1965(昭和《しょうわ》40)	.1 佐藤首相訪米 .4 **ILO87号条約承認** .6 **日韓基本条約調印**〔.12 発効〕 .7 都議会選挙で社会党第1党に .8 佐藤首相，戦後首相として初の沖縄訪問	1964.11 全日本労働総同盟(同盟)結成 ◇企業倒産戦後最高(4,212件) 1965. 2 原水禁国民会議(社会党・総評)結成 .5 戦後最大の証券不況(山一証券事件)	1965. 6 家永教科書訴訟提訴 .10 **朝永振一郎《ともながしんいちろう》，ノーベル物理学賞受賞**	1961 米・キューバ，国交断絶。ソ連，ヴォストーク1号打ち上げ成功
(61)佐藤《さとう》 栄作《えいさく》①	1966(昭和41)	.1 日ソ航空協定調印 .7 成田市三里塚《さんりづか》に新空港建設を正式に決定 .10 総評，ベトナム反戦統一スト決行(21日を国際反戦デーに) .12 建国記念日審議会が2月11日を答申，政令公布	.7 **名神高速道路全通** 1966. 1 **第1回赤字国債《こくさい》発行** ◇景気上昇(**いざなぎ景気**)	1966◇旅客機墜落事故続く。ミニスカート大流行 .6 ビートルズ来日 ◇丙午《ひのえうま》で出生前年比25%減(20世紀最低)	1962.10 **キューバ危機** 1963. 8 **米英ソ，部分的核実験禁止条約調印**。ケネディ暗殺
—1967. 2—	1967(昭和42)	.1 第31回総選挙 .4 **東京都知事に革新系の美濃部亮吉《みのべりょうきち》当選** .7 **資本取引自由化実施**。防衛2法改正案成立 .8 **公害対策基本法公布**。健康保険特別法成立 .10 吉田茂没，戦後初の国葬 .11 佐藤首相訪米。**小笠原《おがさわら》返還決定等日米共同声明発表**	1967. 2 初の建国記念日 ◇ベトナム特需5億ドル以上	.11 国立劇場開場 1967◇テレビ受信契約数2,000万突破，普及率83%。自動車保有台数1,000万台突破	1964 ソ連共産党書記長フルシチョフ解任。中国，原爆実験に成功
(62)佐藤 栄作②	1968(昭和43)	.3 日中貿易交渉妥結し，LT貿易から日中覚書貿易と改称 .4 小笠原返還協定調印。八幡《やはた》製鉄と富士製鉄合併発表 .6 **小笠原諸島復帰** .10 学生の国際反戦デモ暴動化，騒乱罪《そうらんざい》適用(新宿事件) .11 **沖縄主席初公選，革新系屋良朝苗《やらちょうびょう》当選**	1968◇**全国115の大学で学園紛争**，特に日大紛争，東大紛争は顕著 .5 **厚生省，イタイイタイ病・水俣病《みなまたびょう》の原因を企業排出物と認定** ◇国民総生産(GNP)1,428億ドル，米国に次ぎ第2位	1968. 6 **文化庁**発足 .8 日本初の心臓移植手術 .10 **川端康《かわばたやす》成《なり》，ノーベル文学賞受賞**。メキシコオリンピック ◇**3C時代**	1965 **米，北ベトナム爆撃(北爆開始)**。インドネシアで九・三〇事件 1966 ソ連，ルナ9号月面軟着陸。**中国，文化大革命開始**
	1969(昭和44)	.1 **東大安田講堂に機動隊導入** .3 首相，核抜き本土なみ沖縄返還方針を言明 .4−28 沖縄デー，各地で集会とデモ .5 初の公害白書発表 .7 **同和対策事業特別措置法公布**。ジュネーヴ軍縮委員会に日本初参加 .10 **自民，安保自動継続決定** .11 佐藤・ニクソン会談(沖縄の72年本土復帰実現) .12 第32回総選挙(自民圧勝，社会大敗)	1969. 1 東大・東教大入試中止 .5 **東名高速道路全通** .10 **公正取引委，八幡・富士合併を認可**	1969◇高校学園紛争 .10 文部省，高校生の政治活動禁止を通達	1967 第3次中東戦争。中国，水爆実験 1968 OAPEC結成。ベトナム和平パリ会談開催。核兵器拡散防止条約調印。**ソ連軍，チェコ侵入**
—1970. 1—	1970(昭和45)	.2 **核兵器拡散《かくさん》防止条約に調印** .3 赤軍派による日航機「よど」号乗っ取り .6−23 **日米新安保条約，自動延長入り** .7 **家永《いえなが》教科書裁判，東京地裁が教科書検定違憲判決** .11 三島由紀夫事件。社会党訪中団，中国と共同声明 .12 公害関係14法成立	1970. 3 大阪で**日本万国博覧会**(参加77国，入場者6,421万人) .7 光化学スモッグ被害発生 .9 成田空港第1次強制測量 .10 いざなぎ景気終息 ◇田子の浦ヘドロ公害問題化。経済成長率実質10.3%，5年連続2桁《けた》成長	1970. 2 **初の人工衛星「おおすみ」打ち上げに成功** ◇交通事故の死者史上最高	1969 中ソ，国境で武力衝突。南ベトナム共和国臨時革命政府樹立。**アポロ11号月面着陸**
(63)佐藤 栄作③	1971(昭和46)	.6−17 **沖縄返還協定調印** .7 **環境庁発足** .8−16 **ニクソン＝ショック**で東京株式市場史上最大の暴落 .12−19 **10カ国蔵相会議で円の切り上げ(1ドル＝308円16.88%)決定(スミソニアン体制)**	1971. 2 **成田空港建設第1次強制代執行** .6 首都圏一帯で光化学スモッグ発生。**イタイイタイ病で原告勝訴** .7 自衛隊機，全日空機に追突162人死亡(岩手県雫石《しずくいし》町) .9 **新潟水俣病で原告勝訴**	《映像文化と情報化社会の進行》 1971. 9 科学衛星ミュー4S打ち上げ成功 ◇ジーパン・長髪流行	1970 **核兵器拡散防止条約発効**。SALT本会議開始。パレスチナゲリラ，旅客機を連続ハイジャック 1971. 8−15 **ニクソン，金とドルの交換一時停止など発表** .10 国連総会，中国招請・台湾追放を可決
—1972. 7— (64)田中《たなか》 角栄《かくえい》① —1972.12—	1972(昭和47)	**《沖縄祖国復帰と日中国交回復》** .2 モンゴルと国交樹立。バングラデシュ人民共和国の承認 .5−15 **沖縄の施政権返還，沖縄県発足** .8 日本列島改造問題懇談会初会合 .9−25 田中首相中国訪問 .9−29 **日中共同声明調印**。日台条約失効，国府と断交	1972. 2 連合赤軍浅間山荘事件 .7 **四日市ぜんそく訴訟，原告勝訴** **《公害問題と石油危機》** 1973. 2 **円変動相場制に移行** .3 **水俣病《みなまたびょう》訴訟，原告勝訴**	1972. 2 札幌冬季五輪開催 .3 **高松塚《たかまつづか》古墳壁画発見**。山陽新幹線新大阪～岡山間開通。有吉佐和子『恍惚《こうこつ》の人』 .8 第20回ミュンヘンオリンピック ◇パンダ大人気	1972. 2 **ニクソン訪中，米中共同声明** .5 ニクソン訪ソ，**戦略兵器制限条約(SALT I)調印**
(65)田中 角栄②	1973(昭和48)	.5 東独と国交樹立 .8−8 **金大中連行事件** .9 **北ベトナムと国交樹立** .9−7 **長沼ナイキ基地訴訟で自衛隊違憲判決(札幌地裁)**	.4 **最高裁，尊属殺人罪違憲の新判決** .4−27 **春闘史上初のゼネスト決行**(20.1%の賃上げ実現)	1973.10 筑波大学発足。**江崎玲於奈《えさきれおな》，ノーベル物理学賞受賞**	
—1974.12—	1974(昭和49)	.1 日中貿易協定，日韓大陸棚協定 .4 日中航空協定 .7 第1次教科書訴訟で東京地裁，検定制合憲と判決 .10 **田中金脈問題** .11 フォード大統領来日 .12 田中内閣総辞職	.10 **第1次石油危機** .11 電力・石油の使用制限，日用品の買い占め騒ぎ〔**狂乱物価**，異常インフレ ～74. 1〕。関門橋開通	1974. 4 モナ＝リザ展 .10 **佐藤栄作，ノーベル平和賞受賞**	1973. 1 **拡大EC発足。ベトナム和平協定調印** .10−6 **第4次中東戦争勃発**
(66)三木《みき》 武夫《たけお》	1975(昭和50)	.4 東京・大阪・神奈川に革新知事 .5 南ベトナム臨時革命政府承認 .9 天皇・皇后訪米 .11 三木首相，第1回先進国首脳会議に出席 .12 財政特例法で2兆2,900億円の赤字国債発行	1974. 4−11 600万人の春闘ゼネスト決行 .8 原子力船むつ出港。企業爆破相次ぐ ◇電力節約のためネオン消えテレビの深夜放映中止。**戦後初のマイナス成長**，倒産1万1,000余件	1975. 3 山陽新幹線(岡山～博多)開通 .7 沖縄海洋博開催 .12 第2次教科書訴訟で違憲判決(東京高裁)	1975. 4 ベトナム戦争終結 .11 第1回先進国首脳会議(サミット)
—1976.12— (67)福田《ふくだ》 赳夫《たけお》	1976(昭和51)	.2 **米上院多国籍企業小委でロッキード社の日本政府高官への贈賄を公表** .5 国会，核拡散防止条約批准 .7−27 **東京地検，ロッキード事件の受託収賄《じゅたくしゅうわい》容疑で田中前首相を逮捕〔8月橋本元運輸相も〕** .8 札幌高裁，長沼ナイキ基地訴訟で自衛隊違憲判決取り消し .12 第34回総選挙(自民249に減)，内閣総辞職	1975◇倒産1万2,000余件，2年続きで過去最高。**公労協，スト権奪還スト**〔～.12−3〕	1976◇専修学校発足。自動車保有台数3,000万台突破 .4 薬師寺金堂落慶式	1976. 1 周恩来首相没 .7 南北ベトナム統一宣言 .9−9 毛沢東主席没

昭和・平成時代

内閣総理大臣	西暦(年号)	政治・外交	経済・社会	生活・文化	世界
(67)福田《ふくだ》 赳夫《たけお》	1977(昭和《しょうわ》52)	.4 革新自由連合結成 .6 独占禁止法改正 .7 領海12海里・200海里漁業水域設定。参議院議員選挙 .11 第3次全国総合開発計画決定	1976.1 公共料金(郵便料金・国鉄運賃など)大幅値上げ .11 天皇在位50年式典	1977.2 初の静止衛星「きく2号」打ち上げ .4 初の高速増殖炉常陽《じょうよう》に原子の火ともる	
—1978.12—	1978(昭和53)	.3 社会民主連合結成 .4 尖閣《せんかく》諸島領海侵入で日中関係緊迫 .8–12 **日中平和友好条約調印** .11 自民党総裁予備選で大平新総裁確定。第4回安保協議委，**日米防衛協力のための指針決定**	1977.1 ロッキード裁判初公判 .8 原水爆禁止世界大会，14年ぶりに統一開催 .9 田子の浦ヘドロ公害訴訟，原告勝訴。日航機ハイジャック事件	1978.4 植村直己《うえむらなおみ》，単独で北極点到達 .9 **稲荷山《いなりやま》古墳出土鉄剣銘文解読に成功**	1979 **米中の国交樹立。**イラン革命。英サッチャー内閣成立。**第2次戦略兵器制限条約(SALTⅡ)調印**
(68)大平《おおひら》 正芳《まさよし》① —1979.11—	1979(昭和54)	.4 統一地方選挙，東京・大阪とも保守当選 .6 **元号《げんごう》法成立**。東京サミット開催 .10 第35回総選挙(自民248で惨敗) .11 首班指名に自民党から2人立候補，決選投票で第2次大平内閣成立	1978.5 **新東京国際空港(成田)開港** 1979.3 定年男女差別に違法の判決 ◇第2次石油危機	1979.1 **国公立初の共通一次入試実施**。太安《おおのやす》万侶《まろ》の墓誌出土	1980.1 イスラエル・エジプト国交樹立 .9 **イラン=イラク戦争勃発**
(69)大平 正芳② —1980.7—	1980(昭和55)	.6–12 大平首相急死 .6–22 **第36回衆院・第12回参院史上初の同日選挙(自民284で大勝)** .7 鈴木内閣成立	1980.5 改正民法成立(配偶者法定相続1/3から1/2へ)。自動車生産台数世界一(1,104万台)	1980◇小学校でゆとりの時間新設 .9 プルトニウム燃料の国産化成功 .10 東大寺大仏殿昭和大修理完了	1981.1 第40代米大統領にレーガン就任。社会党のミッテラン，仏大統領に当選 .10 エジプト，サダト大統領暗殺
		世界の中の日本	**世界不況の中で**		
(70)鈴木《すずき》 善幸《ぜんこう》	1981(昭和56)	.2–7 初の「北方領土の日」。ローマ法王来日，広島で平和アピール .5 日米首脳会談，同盟関係を強調 .7 陸海空3自衛隊，初の総合演習 .10 鈴木首相，初の南北サミットに出席 .11 ロッキード裁判，小佐野賢治《おさのけんじ》に有罪判決	1981◇国際障害者年 .3 **第1回中国残留日本人孤児(47人)来日，肉親探し始まる**。失業者128万人戦後最高。**最高裁，定年制の男女差別を無効とする**	1981.10 **福井謙一，ノーベル化学賞受賞**	1982.4 **フォークランド戦争勃発** [.7 停戦] .11 ソ連ブレジネフ書記長没
—1982.11—	1982(昭和57)	.7 教科書検定は「歴史的事実を改ざん」と中国・韓国が抗議，外交問題化する .8 **公職選挙法改正公布(参院全国区は比例代表制に)** .12 超緊縮型予算案，**防衛費+6.5%と突出**	1982◇貿易摩擦激化 .2 日航羽田沖事故 .12 全日本民間労組協議会(全民労協，425万人)発足 .6 東北新幹線開通 .11 上越新幹線開通	1982.4 最高裁，第2次教科書訴訟で高裁差戻しを命ず	
(71)中曽根《なかそね》康弘《やすひろ》① —1983.12—	1983(昭和58)	.1 中曽根，日本の首相として初めて韓国訪問 .1–17 首相訪米，「日米運命共同体」「日本列島を不沈空母のように」表明 .6–26 第13回参議院選挙(全国区が初めて比例代表制となり，18政党で争う) .10 **ロッキード裁判，田中元首相に懲役4年の実刑判決** .11 レーガン米大統領来日。中国共産党胡耀邦《こようほう》総書記来日 .12–18 第37回総選挙，投票率戦後最低の67.9%，自民党(286→250)敗北で与野党伯仲《はくちゅう》	1983.5 日本海中部地震(M7.7) .6 国債の発行残高100兆円を突破 .7 **免田事件再審で無罪判決**	1983.1 青函トンネル開通 .2 初の実用静止通信衛星「さくら2号a」打ち上げ	1983 ソ連，大韓航空機を撃墜 .10 米等，グレナダ侵攻 1984.2 ソ連，アンドロポフ書記長没 .10 インド，ガンディー首相暗殺 .12 英・中，香港返還で合意
	1984(昭和59)	.3 中曽根首相訪中 .5 国籍法・戸籍法改正(父母両系主義に) .9 韓国の全斗煥《チョンドゥファン》大統領来日	1984.3 グリコ事件 .7 松山事件，再審無罪確定 .10 森永脅迫事件	1984.1 初の実用放送衛星「ゆり2号a」打ち上げ .7 **島根県荒神谷《こうじんだに》遺跡で358本の銅剣出土** ◇平均寿命男女とも世界一に(男74.2歳，女79.78歳)	1985.3 ソ連，チェルネンコ書記長没
(72)中曽根康弘②	1985(昭和60)	.1 中曽根首相訪米 .5 **男女雇用機会均等法成立** .8 **中曽根首相，戦後の首相で初の靖国神社公式参拝**	1985.4 **日本電信電話株式会社(NTT)**，日本たばこ産業株式会社発足 .7 徳島ラジオ商事件で死後再審に無罪 .8 日本航空のジャンボ旅客機墜落，520人死亡		1986.1 スペイン・ポルトガルECに加盟 .4 ソ連，チェルノブイリ原発事故
—1986.7— (73)中曽根康弘③	1986(昭和61)	.5 東京サミット開催。定数是正「8増7減案」成立 .7 衆参同日選挙で自民党圧勝(衆院304議席) .9 社会党委員長に土井たか子就任(初の女性党首)			1987 米ソ，INF全廃条約調印 1988.8 イラン=イラク戦争，国連安保理で停戦調停決着
—1987.11—	1987(昭和62)	.5 売上税法案廃案。**防衛費GNP1%枠を撤廃**(総額明示方式採用)	1987.4 **国鉄分割民営化，JR11社発足** .11 教育課程審議会，高校社会科廃止を決定(1994年から)	1985.9 奈良県**藤ノ木《ふじのき》古墳**で朱塗りの石棺を発見	
(74)竹下《たけした》 登《のぼる》	1988(昭和63)	.6 税制改革大綱決定(「消費税」税率3%)。牛肉・オレンジ日米交渉，自由化で決着 .10 国会で**リクルート疑惑**が問題となる .12 税制改革法成立	1988.3 青函トンネル開業 .4 瀬戸大橋開通	1987.12 **利根川進，ノーベル生理学・医学賞受賞**	1989.1 第41代米大統領にブッシュ就任 .5 中ソ首脳会談 .6 **中国，第2次天安門事件** .12 米ソ首脳会談(冷戦終結)
—1989.6— (75)宇野《うの》 宗佑《そうすけ》 —1989.8—	1989(平成《へいせい》元)	.1 昭和天皇没(87歳)，明仁《あきひと》親王即位，**平成《へいせい》**元年スタート .2 昭和天皇「大喪《たいそう》の礼」 .4 **消費税**(3%)スタート。中国李鵬《りほう》首相来日 .7 参院選自民大敗，与野党逆転	1989.3 文部省，小・中・高新学習指導要領告示 .11 日本労働組合総連合会(新「連合」)発足	1989.3 弥生時代の大環濠集落，佐賀県**吉《よし》野ヶ里《のがり》遺跡**が注目を集める .6 衛星放送，本放送を開始	1990.3 ソ連，初代大統領にゴルバチョフ就任 .10 東西ドイツ統一
(76)海部《かいふ》 俊樹《としき》① —1990.2— (77)海部 俊樹②	1990(平成2)	.2 衆院選，自民安定多数確保。社会党大躍進 .5 韓国の盧泰愚《ノテウ》大統領来日，天皇「お言葉」(謝罪問題一応の決着) .9 日朝3党が国交樹立をめざして，共同宣言発表	1991.6 長崎県の雲仙・普賢岳で大規模火砕流発生 .7 巨額の損失補てんで証券不祥事。株価大幅下落['90.10~**バブル経済崩壊**]	1990.12 TBS秋山豊寛，日本人初の宇宙飛行成功(ソ連，ソユーズTM11号)	1991.1 **湾岸戦争** .6 アパルトヘイト終結宣言 .7 ワルシャワ条約機構解体。米ソ，START調印 .12 **ソ連邦解体**
—1991.11—	1991(平成3)	.3 湾岸戦争支援90億ドルを含む補正予算成立 .4 ペルシア湾に海上自衛隊の掃海艇《そうかいてい》を派遣			
(78)宮沢《みやざわ》 喜一《きいち》	1992(平成4)	.1 宮沢首相，朝鮮人慰安婦《いあんふ》問題で韓国に公式謝罪 .6 **PKO協力法成立**	1992.3 暴力団対策法施行 .12 GNPマイナス成長	1992.6 奈良県**唐古《からこ》・鍵《かぎ》遺跡**で，弥生中期の楼閣を描いた土器を発見	
—1993.8— (79)細川《ほそかわ》 護熙《もりひろ》	1993(平成5)	.3 金丸前副総裁，巨額脱税事件で逮捕 .7 衆院選，新党躍進 .8 **非自民連立内閣成立** .9 現職の社会党委員長が初めて韓国訪問 .11 環境基本法成立 .12 政府，コメ部分開放決定	1993.7 北海道南西沖地震(M7.8) .9 公定歩合，史上最低の1.75%	1993.6 皇太子成婚。冷夏，コメ大凶作	1992.4 ユーゴ解体 .6 米ロ首脳会談で大幅核軍縮

内閣総理大臣	西暦(年号)	政治・外交	経済・社会	生活・文化	世界
—1994. 4— (80)羽田《はた》 孜《つとむ》 —1994. 6—	1994(平成《へいせい》6)	. 1 政治改革関連4法成立 . 6 羽田内閣総辞職。47年ぶりに社会党首相誕生 . 7 ナポリサミット開催 . 9 社会党，自衛隊・安保条約，「日の丸」・「君が代」を容認 .12 原爆被爆者援護法成立，新進党結成	1994. 6 円高・ドル安止まらず。松本サリン事件 . 9 関西国際空港(大阪・泉州沖)開港 1995. 1 **阪神・淡路大震災(M7.3)**	1994. 7 向井千秋，日本人女性初の宇宙飛行 . 8 青森県**三内丸山《さんないまるやま》遺跡**で，国内最大級の縄文集落を発見	1993. 1 第42代米大統領にクリントン就任 . 2 金泳三韓国大統領就任，32年ぶりの文民政治
(81)村山《むらやま》 富市《とみいち》	1995(平成7)	. 5 青島都知事，世界都市博覧会の中止を決定 . 6 介護休業法成立 .10 太田沖縄県知事，在日米軍基地用地強制使用代理署名を拒否 .11 APEC大阪で開催	. 3 東京で地下鉄サリン事件。オウム真理教施設，大規模強制捜査。國松警察庁長官，狙撃される	.10 **大江健三郎，ノーベル文学賞受賞** 1995◇野茂英雄大リーグで大活躍	. 9 イスラエル・PLO相互承認，暫定自治調印 1994. 5 南ア大統領にマ
—1996. 1— (82) 橋本龍太郎《はしもとりゅうたろう》① —1996.11—	1996(平成8)	. 1 村山首相辞任，橋本内閣成立。社会党，**社会民主党**に党名変更 . 4 **クリントン大統領来日，日米安保共同宣言発表** . 9 民主党結成 .10 初めての小選挙区比例代表並立制による衆院選，自民党政権復活 .12 ペルーでゲリラが日本大使公邸を占拠	. 6 全日空機ハイジャック事件 .10 熊本水俣病訴訟終結 1996. 3 HIV訴訟で和解成立 .12 厚生省汚職事件 1997. 3 茨城県東海村動燃再	1996.12 島根県**加茂岩倉遺跡**で大量の銅鐸が出土。原爆ドーム・厳島神社が世界遺産に登録 1997. 5 今村昌平監督，「うなぎ」で2度目のカンヌ国	ンデラ氏，白人支配に幕 . 7 北朝鮮，金日成主席没 1995. 1 世界貿易機関(WTO)発足 . 9 フランス核実験
(83) 橋本龍太郎②	1997(平成9)	. 4 改正特措法が成立。沖縄米軍基地暫定使用 . 5 アイヌ文化振興法成立 . 8 家永《いえなが》教科書裁判(3次訴訟)，最高裁が4カ所の違法を確定し終結 .11 **財政構造改革法**成立 .12 新進党解党(6党に分裂)。介護保険法成立	処理工場で爆発事故 . 4 消費税5％に引き上げ . 5 野村証券事件 . 6 第一勧銀事件 .11 北海道拓殖銀行，都銀初の経営破綻。	際映画祭最優秀作品賞受賞。鹿児島県上野原遺跡で，国内最大級・最古級の縄文集落を発見 1998. 1 奈良県**黒塚古墳**から三角縁神獣鏡出土	再開 .11 イスラエルのラビン首相暗殺 .12 ボスニア和平調印 1997. 2 中国，鄧小平没 . 7 **香港，中国へ返**
—1998. 7—	1998(平成10)	. 4 新「民主党」結成 . 6 省庁改革法成立(1府12省庁，2001年から) . 7 参院選で自民党大敗，民主党・共産党躍進。橋本首相辞任 .11 4年ぶりに公明党復活	1998. 3 山一証券が自主廃業 . 5 失業率，初の4％突破 . 6 **金融監督庁**発足 ◇日本経済不況深刻化	. 3 奈良県キトラ古墳で彩色壁画発見 1999. 1 最古の通貨「富本銭」が奈良県飛鳥池遺跡で大	**還(一国二制度)** .12 温暖化防止京都会議，京都議定書採択 1998. 5 インド・パキス
(84)小渕《おぶち》 恵三《けいぞう》	1999(平成11)	. 1 自自連立小渕改造内閣発足 . 4 都知事に石原慎太郎当選 . 5 新ガイドライン関連法成立 . 8 国旗・国歌法，通信傍受法成立	1999. 3 日産自動車・ルノー資本提携，世界第4位グループに	量出土 2000. 6 皇太后逝去，97歳 .10 **白川英樹，ノーベル**	タンが相次ぎ核実験 1999. 1 EUの単一通貨「ユーロ」誕生
—2000. 4— (85)森《もり》 喜朗《よしろう》①	2000(平成12)	. 5 ストーカー規制法成立 . 6 衆院選，民主躍進 . 7 九州・沖縄サミット開催	. 9 茨城県東海村核燃料加工施設で臨界事故	**化学賞受賞**。旧石器ねつ造事件	2000. 6 韓国・北朝鮮両首脳が「朝鮮半島統
—2000. 7— (86)森 喜朗② —2001. 4—	2001(平成13)	. 5 ハンセン病隔離は違憲と熊本地裁。政府は控訴断念 . 7 参院選挙で自民党圧勝(小泉効果) .10 テロ対策特別措置法成立	2000. 3 有珠山23年ぶりに噴火 . 6 三宅島噴火，全島民避難 . 7 二千円札発行	2001.10 **野依良治，ノーベル化学賞受賞** 2002. 5 日韓共催サッカーW	一目指す」共同宣言に署名 2001. 1 第43代米大統領にブッシュ就任
	2002(平成14)	. 8 住民基本台帳ネットワーク稼動 . 9 平壌で初の日朝首脳会談が行われる(平壌宣言)	2001. 3 政府戦後初めて「緩やかなデフレ」と発表	杯開催 .10 **小柴昌俊(物理学)，**	. 9 米，同時多発テロ .11 地球温暖化防
(87)～(89) 小泉純一郎《こいずみじゅんいちろう》	2003(平成15)	. 6 有事関連3法成立 . 8 イラク復興支援特別措置法公布	. 8 狂牛病(BSE)の発生が国内で確認	**田中耕一(化学)，ノーベル賞受賞**	止・京都議定書最終合意
①～③	2004(平成16)	. 2 イラク復興支援特別措置法に基づき，陸自衛隊がイラクへ派遣される . 7 第20回参院選で自民敗北，民主党躍進	2002. 4 ペイオフ解禁 .10 北朝鮮拉致被害者帰国 2003. 5 りそな銀行に公的資	2003. 3 宮崎駿監督アニメ「千と千尋の神隠し」，アカデミー賞受賞	2002. 1 ユーロ現金流通開始 2003. 3 米英軍イラク空
	2005(平成17)	. 4 個人情報保護法全面施行 . 9 郵政民営化法案参院否決で衆院解散，総選挙	金注入 2004. 1 鳥インフルエンザ発	. 4 日米欧の国際チームがヒトゲノム解読完了宣言	爆 .12 イラクのフセイン元大統領が米
—2006. 9—	2006(平成18)	. 8 小泉首相が終戦記念日に靖国神社を公式参拝	生・拡大 .11 新紙幣発行	. 5 弥生時代が500年早いとする報告発表	軍に拘束される 2004. 5 拡大EU発足(25
(90)安倍《あべ》 晋三《しんぞう》① —2007. 9—	2007(平成19)	. 5 憲法改正手続法である国民投票法成立 . 7 第21回参院選で自民党歴史的大敗，民主党躍進初の第一党	2005. 3 愛知万博開催 . 4 日本とメキシコFTA発効	2006. 3 野球の国・地域別対抗戦(WBC)で王ジャパ	カ国体制) 2005. 7 ロンドンで大規模多発テロ
(91)福田《ふくだ》 康夫《やすお》	2008(平成20)	. 7 洞爺湖サミット開催	2006. 7 日銀，量的緩和政策	ン初代世界一	2006. 7 イスラエル，レ
—2008. 9— (92)麻生《あそう》 太郎《たろう》 —2009. 9—	2009(平成21)	. 5 裁判員制度開始 . 8 第45回衆院総選挙で自民歴史的大惨敗，民主第一党 .11 事業仕分け実施	を解除。6年ぶりに公定歩合を引き上げ 2007.10 郵政民営化	2008.10 **南部陽一郎・小林誠・益川敏英(物理学)，下村脩(化学)，ノーベル賞受賞**	バノンに侵攻 2008. 5 中国・四川大地震 . 9 リーマン＝ショック
(93)鳩山由紀夫《はとやまゆきお》 —2010. 6— (94)菅《かん》 直人《なおと》	2010(平成22)	. 4 高校授業料無償化 . 7 第22回参院選で民主敗北，与党過半数割れ . 8 米駐日大使・国連事務総長，広島平和記念式典に初出席 .10 尖閣諸島沖で中国漁船と海上保安庁巡視船が衝突	2009. 4 新型インフルエンザ発生・流行 2010. 4 宮崎県で口蹄疫《こうていえき》感染・流行 . 9 日本振興銀行が経営破綻し，初のペイオフ発動	2009. 2 滝田洋二郎監督「おくりびと」，加藤久仁生監督「つみきのいえ」，アカデミー賞受賞 2010.10 **根岸英一・鈴木章，**	2009. 1 米国初の黒人大統領にオバマ就任 2010.12 チュニジアで反政府デモ。その後，アラブ諸国に飛び火
—2011. 9—	2011(平成23)	. 6 東日本大震災復興基本法成立 . 7 電気使用制限発動(東京電力・東北電力管内)	2011. 3 **東日本大震災**(国内最大のM9.0)，**東京電力**	**ノーベル化学賞受賞** 2011. 7 サッカー女子W杯初優勝	2011.12 北朝鮮，金正日総書記没，金正恩体制
(95)野田《のだ》 佳彦《よしひこ》 —2012.12—	2012(平成24)	. 8 **消費税増税法成立** . 9 尖閣諸島国有化 .12 第46回衆院総選挙で民主党大敗，自民党大勝	**福島第一原発事故発生** 2013. 7 TPP交渉に正式参加	2012.10 **山中伸弥，ノーベル生理学・医学賞受賞**	2013. 2 韓国，初の女性大統領に朴槿恵就任
(96)安倍 晋三②	2013(平成25)	. 7 第23回参院選で自民党大勝	2014. 4 消費税8％に引き上げ	2014.10 **赤﨑勇・天野浩・中村**	2014. 3 ロシアがクリミ
—2014.12—	2014(平成26)	. 7 **集団的自衛権行使容認**を閣議決定	. 9 御嶽山《おんたけさん》噴火	**修二，ノーベル物理学賞受賞**	ア半島に侵攻・占領
(97)安倍 晋三③	2015(平成27)	. 6 公職選挙法改正(**満18歳以上に選挙権**) . 9 **安全保障関連法**成立	2015. 8 九州電力川内《せんだい》原発再稼働	2015.10 **梶田隆章(物理学)，大村智(生理学・医学)ノーベル賞受賞**	2015. 4 ネパール大地震 2017. 1 米大統領にトランプ就任

平成・令和時代

内閣総理大臣	西暦(年号)	政治・外交	経済・社会	生活・文化	世　界
(97)安倍《あべ》 晋三《しんぞう》③	2016(平成《へいせい》28)	. 5 伊勢志摩サミット開催。オバマ大統領，広島訪問	2016. 4 熊本地震発生	2016.10 **大隅良典，ノーベル生理学・医学賞受賞**	2017. 5 韓国大統領に文《ムン》在寅《ジェイン》就任
	2017(平成29)	. 6 天皇退位等特例法公布	2017. 7 九州北部豪雨発生		2018. 4 韓国・北朝鮮両首脳が会談，「板門店宣言」に署名
—2017.11—					
	2018(平成30)	. 6 民法改正(**成年年齢を満18歳以上に**引き下げ，2022年施行) .12 **TPP11協定**発効	2018. 7「平成30年７月豪雨」発生 . 9 北海道胆《い》振《ぶり》東部地震発生	2018.10 **本庶佑，ノーベル生理学・医学賞受賞**	. 6 初の米朝首脳会談 2019.12 中国・武漢で新型コロナウイルス感染症(COVID-19)発生
(98)安倍 晋三④	2019(平成31) 2019(令和《れいわ》元)	. 4 明仁天皇退位 . 5 徳仁《なるひと》親王即位，**令和**元年スタート . 6 G20大阪サミット開催	2019.10 消費税10%に引き上げ。「令和元年台風第19号」発生	2019.10 **吉野彰，ノーベル化学賞受賞**。沖縄・首里城正殿焼失	2020. 1 イギリスがEU離脱 . 3 **WHOが新型コロナウイルス感染症のパンデミックを宣言**
—2020. 9—	2020(令和２)		2020. 1 日本で新型コロナウイルス感染者確認	2020. 1 地質時代名に「チバニアン」決定	
(99)菅《すが》 義偉《よしひで》 **(100)岸田文雄《きしだふみお》①**	2021(令和３)	. 9 デジタル庁発足	. 4 ７都府県に**緊急事態宣言発令**。以降，全国へ拡大 . 7「令和2年7月豪雨」発生 2021. 7「令和３年梅雨前線豪雨等による災害」発生	2021. 1 大学入学共通テスト実施 . 7 東京オリンピック開催 . 8 東京パラリンピック開催 .10 **眞鍋淑郎，ノーベル物理学賞受賞**	2021. 1 米大統領にバイデン就任。核兵器禁止条約発効 . 2 ミャンマーで国軍によるクーデタが発生
—2021.10— —2021.11—					
	2022(令和４)	. 4 改正民法施行(成年年齢を満18歳以上に引き下げ) . 7 安倍元首相が銃撃され，死去	2022. 3 制定後初の電力需給ひっ迫警報発令(東京・東北電力管内)		2022. 2 **ロシアがウクライナへ侵攻** . 5 韓国大統領に尹錫悦就任
(101)岸田文雄②	2023(令和５)	. 3 文化庁，京都で業務開始(中央省庁初の移転) . 4 こども家庭庁発足 . 5 広島サミット開催	2023. 5 新型コロナウイルスが５類感染症に移行 . 8 そごう・西武，スト決行	2023. 3 WBCで栗山ジャパン世界一 .10 藤井聡太，史上初の将棋の全八大タイトル制覇	2023. 2 トルコ・シリア大地震 .10 **ハマスが対イスラエル大規模作戦，イスラエルが報復**

＊青字は人名　下線頁は写真が掲載されています。

あ

い

う

え

お

か

写真所蔵・提供一覧(敬称略)　相澤忠洋記念館／(公財)愛知県埋蔵文化財センター／会津美里町教育委員会／会津若松市／青森県教育庁文化財保護課／青森県立郷土館／秋田県立近代美術館／秋田県立博物館／秋田市立秋田城跡歴史資料館／あきる野市五日市郷土館／朝倉彫塑館／朝日新聞社／足利学校／飛鳥園／飛鳥資料館／飛鳥寺／明日香村教育委員会／足立美術館／厚木市郷土資料館／アド・ミュージアム東京／天草市立天草キリシタン館／アマナイメージズ／天野山金剛寺／アメリカ公文書館／安養院／安楽寿院／飯塚市歴史資料館／医学写真研究所／斑鳩町教育委員会／壱岐市教育委員会／石上神宮／(公財)石川県埋蔵文化財センター／石川県立図書館／石川県立美術館／石黒コレクション／石橋財団石橋美術館／石山寺／和泉市教育委員会／和泉市久保惣記念美術館／板橋区立郷土資料館／(公財)市川房枝記念会女性と政治センター／一乗谷朝倉氏遺跡資料館／一関市博物館／一宮市博物館／市原市教育委員会／(公財)逸翁美術館／厳島神社／出雲大社／(公財)出光美術館／伊藤隆之・ハユマ／(公財)茨城県教育財団／斐川町教育委員会／今城塚古代歴史館／今堀日吉神社古文書管理委員会／岩宿博物館／岩手県文化振興事業団埋蔵文化財センター／(株)岩波書店／印刷博物館／Victoria and Albert Museum／ウィングス・フォト・エンタープライズ／上杉神社稽照殿／魚津市教育委員会／宇治市歴史資料館／臼杵市役所／(公財)永青文庫／永保寺／AP／WWP／AP Images／株式会社NHKエンタープライズ／NHKきんきメディアプラン／NHK放送博物館／NTT情報ネットワーク総合研究所／MOA美術館／円覚寺／延暦寺／大分県立歴史博物館／大倉集古館／(公財)大倉文化財団／大阪商工会議所／大阪城天守閣／(公財)大阪府文化財センター／大阪府立弥生文化博物館／大阪歴史博物館／大田区立郷土博物館／太田市教育委員会／大田市教育委員会／(公財)大原美術館／大神神社／大山町教育委員会／大湯ストーンサークル館／岡谷蚕糸博物館／岡谷美術考古館／岡山県古代吉備文化財センター／小城市教育委員会／沖縄県立博物館／沖縄県立平和祈念資料館／沖縄県立埋蔵文化財センター／沖縄タイムス メディアシステム本部 資料室／小郡市教育委員会／お茶の水女子大学ジェンダー研究センター／お茶の水図書館／小浜神社／園城寺／懐徳堂記念会／外務省外交史料館／(公財)柿衛文庫／楽音寺／鹿児島県上野原縄文の森展示館／鹿児島県立図書館／鹿児島県立埋蔵文化財センター／橿原市教育委員会／GAS MUSEUM がす資料館／学校法人北里研究所 北里柴三郎記念室／神奈川県立近代美術館／神奈川県立歴史博物館／河北町紅花資料館／鎌倉市教育委員会／かみつけの里博物館／唐津市教育委員会／川越市教育委員会／(公財)川端康成記念会／願成寺／願成就院／観心寺／(一社)観世会／神田明神／喜多院／北区飛鳥山博物館／北野天満宮／(公財)北野美術館／キッコーマン国際食文化研究センター／九州国立博物館／九州大学総合研究博物館／九州歴史資料館／(公財)教育事業団埋蔵文化財調査室／行元寺／行田市郷土博物館／共同通信社／京都国立博物館／(公財)京都市生涯学習振興財団／京都市埋蔵文化財研究所／京都市歴史資料館／京都大学総合博物館／京都大学附属図書館／玉泉寺ハリス記念館／清水寺／櫛引八幡宮／宮内庁京都事務所／宮内庁三の丸尚蔵館／宮内庁正倉院事務所／宮内庁書陵部／宮内庁 総務課報道室／久留米市埋蔵文化財センター／呉市教育委員会／(公財)黒船館／群馬県教育委員会／(公財)群馬県埋蔵文化財調査事業団／群馬県立図書館／群馬県立日本絹の里／群馬県立文書館／慶應義塾大学信濃町メディアセンター／慶應義塾大学文学部民族学考古学研究室／慶應義塾大学三田メディアセンター／月刊沖縄社／憲政記念館／建長寺／建仁寺／金剛峯寺／高台寺／講談社／高知県立坂本龍馬記念館／高知市立市民図書館／高知市立自由民権記念館／(公財)高津古文化会館／高伝寺／高徳院／豪徳寺／興福寺／神戸市立図書館／神戸市立博物館〔Photo:Kobe City Museum/DNPartcom〕／光明寺／高野山持明院／高野山明王院／高野山霊宝館／広隆寺／Corbis／郡山市教育委員会／古河歴史博物館／国書刊行会／国土交通省関東地方整備局甲府河川国道事務所／国土地理院／国文学研究資料館／国分寺市教育委員会／国立科学博物館／国立公文書館／国立国会図書館／国立歴史民俗博物館／五島美術館／小西酒造株式会社／小松市教育委員会／ColBase／西大寺／埼玉県平和資料館／埼玉県立熊谷図書館／埼玉県立博物館／埼玉県立さきたま史跡の博物館／埼玉県立文書館／埼玉県立歴史と民俗の博物館／さいたま市立漫画会館／Cynet Photo／西芳寺／堺市教育委員会／堺市博物館／堺市立図書館／株式会社酒井著作権事務所／佐賀県教育委員会／佐賀県立名護屋城博物館／相模原市教育委員会／桜井市教育委員会／佐渡博物館／佐野市教育委員会／三時知恩寺／サントリー美術館／三仏寺／株式会社サンライズ／C.P.C photo／JTBフォト／滋賀県安土城考古博物館／滋賀県立琵琶湖文化館／滋賀大学経済学部附属史料館／信貴山朝護孫子寺／時事通信フォト／慈照寺／静岡県立中央図書館／静岡市教育委員会／静岡市立登呂博物館／静岡浅間神社／品川歴史館／渋川市教育委員会／四天王寺／島根県教育委員会／島根県教育庁埋蔵文化財調査センター／島根県立古代出雲歴史博物館／島根・祐生出会いの館／島原市／下野市教育委員会／JICA／首都大学東京図書情報センター／寿福寺／順天堂大学医学部／祥雲寺／常栄寺／小学館／常光寺美術館／浄光明寺／尚古集成館／常在寺／聖衆来迎寺／清浄光寺／松竹株式会社／聖徳太子御廟所　叡福寺／浄土真宗本願寺派／称名寺／勝林寺／聖林寺／浄瑠璃寺／神宮司庁／神宮徴古館農業館／心月寺／神護寺／真宗大谷派(東本願寺)／新宿歴史博物館／真正極楽寺／新薬師寺／水産航空／(公財)水府明徳会／(公財)水平社博物館／株式会社すかいらーく／隅田八幡神社／住友史料館／静嘉堂文庫美術館／成城大学民俗学研究所／清凉寺／関ヶ原町歴史民俗資料館／株式会社セブン・イレブン・ジャパン／セブンフォト／千光寺／善光寺／仙台市博物館／泉涌寺／早雲寺／崇福寺／袖ケ浦市郷土博物館／外ヶ浜町大山ふるさと資料館／第一三共ヘルスケア／大英博物館／大英図書館／大覚寺／醍醐寺／大仙院／大通寺／大徳寺／胎内市教育委員会／高崎市教育委員会／高島市教育委員会／高島屋史料館／高槻市教育委員会／高野長英記念館／田川市石炭・歴史博物館／(公財)竹久夢二伊香保記念館／たばこと塩の博物館／玉川大学教育博物館／玉名市立歴史博物館こころピア／達磨寺／田原市博物館／田原本町教育委員会／炭素繊維協会／知恩院／茅ヶ崎市教育委員会／竹生島神社／千曲市立森将軍塚古墳館／智積院／地底の森ミュージアム／致道博物館／茅野市尖石縄文考古館／千葉県立中央博物館／千葉市立郷土博物館／千葉市立加曽利貝塚博物館／茶の湯美術館／中央公論新社／(公財)中近東文化センター／中宮寺／中尊寺／長興寺／長善寺／鎮国守国神社／築土神社／筑波大学附属図書館／つくばみらい市立間宮林蔵記念館／津市教育委員会／対馬芳洲会／津田塾大学津田梅子資料室／嬬恋郷土資料館／帝国ホテル／鉄道博物館／電通／天理大学附属天理図書館／天龍寺／東京経済大学図書館／東京藝術大学大学美術館／東京国立近代美術館〔Photo:MOMAT/DNPartcom〕／東京国立博物館〔Image:TNM Image Archives〕／東京大学工学系研究科／東京大学史料編纂所／東京大学総合研究博物館／東京大学総合図書館／東京大学大学院法学政治学研究科附属近代日本法政史料センター／東京大学明治新聞雑誌文庫／東京都江戸東京博物館〔画像提供:東京都江戸東京博物館/DNPartcom〕／東京都教育委員会／東京都現代美術館／東京都復興記念館／東京都埋蔵文化財センター／東京都立中央図書館／東京都歴史文化財団イメージアーカイブ／東京文化財研究所／東寺／等持院／同志社大学／(公財)藤樹書院／唐招提寺／東書文庫／東大寺／東大寺法華堂／東宝アド／東北大学附属図書館／東北歴史博物館／洞爺湖町教育委員会／東洋計量史資料館(東洋計器)／(公財)東洋文庫／東洋紡(株)／十日町市博物館／遠野市教育委員会／栂尾山高山寺／(公財)徳川記念財団／徳川美術館〔徳川美術館所蔵　ⓒ徳川美術館イメージアーカイブ/DNPartcom〕／徳川林政史研究所／(公財)徳川黎明会／栃木県教育委員会／栃木県立博物館／土津神社／鳥取県立博物館／鳥取県立埋蔵文化財センター／鳥取大学医学部 機能形態統御学講座 形態解析学分野／富岡市／トヨタ自動車株式会社／豊田市郷土資料館／豊橋市文化財センター／内藤記念くすり博物館／中　淳志／永井隆記念館／長岡市科学博物館／長崎県教育委員会／長崎大学附属図書館／長崎歴史文化博物館／中種子町教育委員会／長野県埋蔵文化財センター／長野県立歴史館／中村プレイス(株)／(公財)鍋島報效会／奈良県立橿原考古学研究所／奈良県立橿原考古学研究所附属博物館／奈良国立博物館／奈良市教育委員会／奈良市人権啓発センター／奈良文化財研究所／成島毘沙門堂／南山大学人類学博物館／難波別院／新潟県立文書館／仁井田神社／二条城／二尊院／日光東照宮／日清食品ホールディングス／日本海事科学振興財団 船の科学館／日本甲冑騎馬研究会／日本旧石器学会／日本共産党中央委員会／日本銀行金融研究所アーカイブ／日本銀行金融研究所貨幣博物館／日本近代史研究会／(公財)日本近代文学館／日本女子大学／日本新聞博物館／(公財)日本相撲協会／日本漫画資料館／日本綿業復興会／日本郵船歴史資料館／(公社)日本ユネスコ協会連盟／(公財)根津美術館／農山漁村文化協会／農林水産省経営局／野口英世記念会／野尻湖発掘調査団／野々市市教育委員会／芳賀ライブラリー／萩博物館／筥崎宮／函館市中央図書館／函館市縄文文化交流センター館長／(公財)畠山記念館／八戸市埋蔵文化財センター是川縄文館／浜松市博物館／阪急電鉄株式会社／阪急文化財団　池田文庫／PPS通信社／東近江市教育委員会／東大阪市郷土博物館／PIXTA／彦根城博物館／(公財)美術院／飛驒高山まちの博物館／平等院／兵庫県神河町薬王子神社／兵庫県立考古博物館／兵庫県立歴史博物館／平泉文化遺産センター／(公財)平賀源内先生顕彰会／平戸観光資料館／弘前市教育委員会／(公財)広島県教育事業団／広島県立歴史博物館／広島大学大学院文学研究科考古学研究室／フォトライブラリー／深浦町観光協会／富貴寺／福井県教育委員会／福井県立若狭歴史博物館／福岡県教育委員会／福岡県地域史研究所／福岡市博物館／福岡市美術館／福岡市埋蔵文化財センター／福島県歴史資料館／富士重工業株式会社／藤田美術館／不審菴／扶桑社／物流博物館／船橋市西図書館／部落解放同盟中央本部／文化庁／豊後高田市観光課／平安神宮／平和博物館を創る会／便利堂／法界寺／宝鏡寺／宝慶寺／宝生院／法政大学大原社会問題研究所／法隆寺／ボストン美術館／北海道大学附属図書館／北海道埋蔵文化財センター／法華寺／本願寺／本法寺／毎日新聞社／前田育徳会／町田市教育委員会／松浦市教育委員会／松浦史料博物館／(公財)松浦歴史資料館／松戸市立博物館／松前町郷土資料館／丸善雄松堂／曼殊院／萬福寺／(公社)三木文庫／三島大社／三井記念美術館／(公財)三井文庫／三越伊勢丹ホールディングス／三越史料編纂室／三菱地所株式会社／三菱史料館／三菱東京ＵＦＪ銀行貨幣資料館／みどり市大間々博物館／水無瀬神宮／港区立郷土歴史館所蔵／南伊勢町教育委員会／MIHO MUSEUM／美作市教育委員会／宮若市教育委員会／妙喜庵／妙智院／妙法院門跡／妙法華寺／三次市教育委員会／向日市教育委員会／向日市文化資料館／虫プロダクション株式会社／宗像大社神宝館／村田清風記念館／室生寺／明治神宮外苑聖徳記念絵画館／明治大学図書館／明治大学博物館／毛越寺／毛利博物館／(公財)毛利報公会／最上徳内記念館／薬師寺／野洲市立歴史民俗資料館／山形県立博物館／山川菊栄記念会／山口県文書館／山種美術館／山梨県立考古博物館／八女市教育委員会／有志八幡講十八箇院／郵政博物館／有楽苑文化部／ユニオン光学株式会社／ユニフォトプレス／湯前まんが美術館／(公財)陽明文庫／横浜開港資料館／横浜市中央図書館／(公財)横浜市ふるさと歴史財団／横浜市歴史博物館／横浜美術館／横浜みなと博物館／米子市教育委員会／米沢市上杉博物館／読売新聞社／理化学研究所／立命館大学国際平和ミュージアム／龍谷大学図書館／龍福寺／両足院／龍安寺／臨済寺／輪王寺／瑠璃光寺／(公財)冷泉時雨亭文庫／歴史館いずみさの／歴史公園鞠智城・温故創生館／鹿苑寺／(公財)碌山美術館／六所神社／六波羅蜜寺／若宮八幡宮／早稲田大学會津八一記念博物館／早稲田大学演劇博物館／早稲田大学図書館　その他多数の個人の方々。　写真協力　コーベット・フォトエージェンシー／Cynet Photo

※本文写真所蔵中,(独)＝独立行政法人　※権利者(著作権者・所蔵者)が不明のため,掲載許可手続のとれなかったものがございます。お気づきの場合は,小社までお知らせください。

現在の中央省庁，方位・時刻表，干支表，度量衡

現在の中央省庁

(2023年7月1日現在)

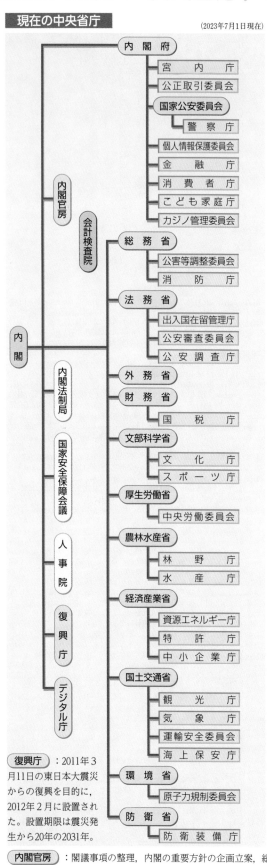

- 内閣
  - 内閣官房
  - 内閣法制局
  - 国家安全保障会議
  - 人事院
  - 復興庁
  - デジタル庁
  - 内閣府
    - 宮内庁
    - 公正取引委員会
    - 国家公安委員会
      - 警察庁
    - 個人情報保護委員会
    - 金融庁
    - 消費者庁
    - こども家庭庁
    - カジノ管理委員会
  - 総務省
    - 公害等調整委員会
    - 消防庁
  - 法務省
    - 出入国在留管理庁
    - 公安審査委員会
    - 公安調査庁
  - 外務省
  - 財務省
    - 国税庁
  - 文部科学省
    - 文化庁
    - スポーツ庁
  - 厚生労働省
    - 中央労働委員会
  - 農林水産省
    - 林野庁
    - 水産庁
  - 経済産業省
    - 資源エネルギー庁
    - 特許庁
    - 中小企業庁
  - 国土交通省
    - 観光庁
    - 気象庁
    - 運輸安全委員会
    - 海上保安庁
  - 環境省
    - 原子力規制委員会
  - 防衛省
    - 防衛装備庁
- 会計検査院

復興庁：2011年3月11日の東日本大震災からの復興を目的に，2012年2月に設置された。設置期限は震災発生から20年の2031年。

内閣官房：閣議事項の整理，内閣の重要方針の企画立案，総合調整，情報の収集調査などを担当する。

内閣府：2001年に新設。首相・内閣官房を補佐する。

(参考：『現代用語の基礎知識2007』自由国民社などによる)

方位・時刻表

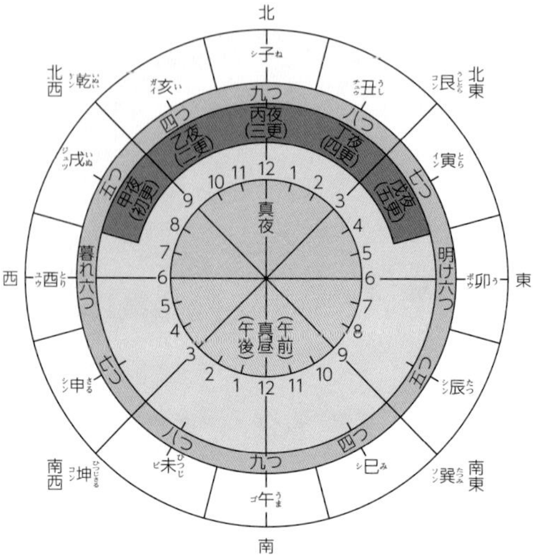

江戸時代の不定時法

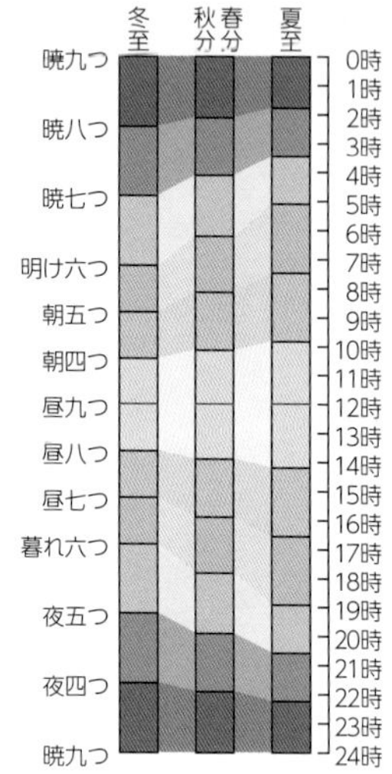

干支表

五行《ごぎょう》	木		火		土		金		水	
十干《じっかん》	甲《きのえ》《コウ》	乙《きのと》《オツ》	丙《ひのえ》《ヘイ》	丁《ひのと》《テイ》	戊《つちのえ》《ボ》	己《つちのと》《キ》	庚《かのえ》《コウ》	辛《かのと》《シン》	壬《みずのえ》《ジン》	癸《みずのと》《キ》

十二支《じゅうにし》	子《ね》《シ》(鼠)	丑《うし》《チュウ》(牛)	寅《とら》《イン》(虎)	卯《う》《ボウ》(兎)	辰《たつ》《シン》(竜)	巳《み》《シ》(蛇)	午《うま》《ゴ》(馬)	未《ひつじ》《ビ》(羊)	申《さる》《シン》(猿)	酉《とり》《ユウ》(鶏)	戌《いぬ》《ジュツ》(犬)	亥《い》《ガイ》(猪)

干支順位表

各欄の左上の数に60の倍数を加えると西暦年になる。

4 甲子《きのえね》(カッシ)	5 乙丑《きのとうし》《イツチュウ》	6 丙寅《ひのえとら》《ヘイイン》	7 丁卯《ひのとう》《テイボウ》	8 戊辰《つちのえたつ》《ボシン》	9 己巳《つちのとみ》《キシ》	10 庚午《かのえうま》《コウゴ》	11 辛未《かのとひつじ》《シンビ》	12 壬申《みずのえさる》《ジンシン》	13 癸酉《みずのととり》《キユウ》	14 甲戌《きのえいぬ》《コウジュツ》	15 乙亥《きのとい》《イツガイ》
16 丙子《ひのえね》《ヘイシ》	17 丁丑《ひのとうし》《テイチュウ》	18 戊寅《つちのえとら》《ボイン》	19 己卯《つちのとう》《キボウ》	20 庚辰《かのえたつ》《コウシン》	21 辛巳《かのとみ》《シンシ》	22 壬午《みずのえうま》《ジンゴ》	23 癸未《みずのとひつじ》《キビ》	24 甲申《きのえさる》《コウシン》	25 乙酉《きのととり》《イツユウ》	26 丙戌《ひのえいぬ》《ヘイジュツ》	27 丁亥《ひのとい》《テイガイ》
28 戊子《つちのえね》《ボシ》	29 己丑《つちのとうし》《キチュウ》	30 庚寅《かのえとら》《コウイン》	31 辛卯《かのとう》《シンボウ》	32 壬辰《みずのえたつ》《ジンシン》	33 癸巳《みずのとみ》《キシ》	34 甲午《きのえうま》《コウゴ》	35 乙未《きのとひつじ》《イツビ》	36 丙申《ひのえさる》《ヘイシン》	37 丁酉《ひのととり》《テイユウ》	38 戊戌《つちのえいぬ》《ボジュツ》	39 己亥《つちのとい》《キガイ》
40 庚子《かのえね》《コウシ》	41 辛丑《かのとうし》《シンチュウ》	42 壬寅《みずのえとら》《ジンイン》	43 癸卯《みずのとう》《キボウ》	44 甲辰《きのえたつ》《コウシン》	45 乙巳《きのとみ》《イツシ》	46 丙午《ひのえうま》《ヘイゴ》	47 丁未《ひのとひつじ》《テイビ》	48 戊申《つちのえさる》《ボシン》	49 己酉《つちのととり》《キユウ》	50 庚戌《かのえいぬ》《コウジュツ》	51 辛亥《かのとい》《シンガイ》
52 壬子《みずのえね》《ジンシ》	53 癸丑《みずのとうし》《キチュウ》	54 甲寅《きのえとら》《コウイン》	55 乙卯《きのとう》《イツボウ》	56 丙辰《ひのえたつ》《ヘイシン》	57 丁巳《ひのとみ》《テイシ》	58 戊午《つちのえうま》《ボゴ》	59 己未《つちのとひつじ》《キビ》	0 庚申《かのえさる》《コウシン》	1 辛酉《かのととり》《シンユウ》	2 壬戌《みずのえいぬ》《ジンジュツ》	3 癸亥《みずのとい》《キガイ》

度量衡(尺貫法)

長さ(曲尺《かねじゃく》)	1	里《り》	=	36	町	=	3,927m(約4km)
	1	町《ちょう》	=	60	間	=	109.08m
	1	間《けん》(歩《ぶ》)	=	6	尺	=	181.8cm(約180cm)
	1	丈《じょう》	=	10	尺	=	303cm
	1	尺《しゃく》	=	10	寸	=	30.3cm
	1	寸《すん》	=	10	分	=	3.03cm(約3cm)
面積	1	町《ちょう》	=	10	段(反)	=	9,900m^2(約1ha)
	1	段《たん》(反《たん》)	=	10	畝	=	990m^2
	1	畝《せ》	=	30	歩	=	99m^2(約1a)
	1	歩《ぶ》	=	1	坪《つぼ》	=	3.3m^2(1間四方)
量・容積	1	石《こく》	=	10	斗		
	1	斗《と》	=	10	升		
	1	升《しょう》	=	10	合(約1.8リットル)		
	1	合《ごう》	=	10	勺《しゃく》		
重さ	1	貫《かん》	=	1,000	匁		
	1	斤《きん》	=	160	匁	=	600g
	1	匁《もんめ》	=	10	分	=	3.75g
	1	分《ぶ》	=	10	厘		
	1	厘《りん》	=	10	毛《もう》		

系図・職制図一覧　1

鎌倉幕府中期の職制　本誌 P.130

承久の乱以前設置（薄い網）　承久の乱以後設置（濃い網）　元寇《げんこう》後設置（白）　（　）は設置年。

- 将軍
  - 評定会議〔執権・連署・評定衆等の合議（13名：1225年）〕
    - 執権《しっけん》（1203）　将軍補佐。初代は政《まん》所別当《どころべっとう》の北条時政《ときまさ》
    - 連署《れんしょ》（1225）　執権補佐。初代は北条時房《ときふさ》
    - 評定衆《ひょうじょうしゅう》（1225）　合議による政務と裁判。有力御家人ら11名で創設
  - 中央
    - 侍《さむらい》所《どころ》（1180）
    - 公文所《くもんじょ》（1184）→政《まん》所《どころ》（1191）
    - 問注所《もんちゅうじょ》（1184）〔引付衆設置後は訴訟の受理〕
    - 引付衆《ひきつけしゅう》（1249）〔最初は御家人の所領に関する裁判を担当。裁判の公正・迅速《じんそく》化〕
  - 地方
    - 京都守護（1185）→六波羅探題《ろくはらたんだい》（1221）〔京都内外の警備，朝廷の監視。尾張《おわり》（中期以降は三河《みかわ》）以西諸国の裁判・軍事・政務の一切を統轄。初代は北条泰時《やすとき》・時房《ときふさ》。北条氏任命〕
    - 長門《ながと》探題（1276）〔モンゴルに備えて設置。長門・周防《すおう》2国の守護兼任。北条氏任命〕
    - 鎮西奉行《ちんぜいぶぎょう》（1185）→鎮西探題（1293）〔鎮西（九州）の御家人の統率・軍事・行政・裁判。北条氏任命〕
    - 奥州総奉行《おうしゅうそうぶぎょう》（1189）
    - 守《しゅ》護《ご》（1185）
    - 地《じ》頭《とう》（1185）〔1223年制定の新補率法《しんぽりっぽう》適用者は新補地頭《しんぽじとう》，ほかは本補《ほんぽ》地頭とする〕

建武政府の組織図　本誌 P.144

- 天皇
  - 中央（京都）
    - 記録所《きろくしょ》（行政・司法など重要政務）
    - 恩賞方《おんしょうがた》（恩賞事務）
    - 雑訴決断所《ざっそけつだんしょ》（所領関係の裁判）
    - 武者所《むしゃどころ》（京都の治安維持）
  - 地方
    - 鎌倉将軍府（成良《なりよし(なりなが)》親王・足利直義《あしかがただよし》）
    - 陸奥《むつ》将軍府（義良《のりよし》親王・北畠顕家《きたばたけあきいえ》）
    - 国司・守護（諸国に併置）

室町幕府の職制　本誌 P.147

- 将軍（公方《くぼう》）
  - 中央
    - 奉公衆《ほうこうしゅう》　将軍の直轄《ちょっかつ》軍。通常は在京して将軍の護衛《ごえい》・御料所《ごりょうしょ》管理
    - 管《かん》領《れい》〔将軍補佐　三管領《さんかんれい》　細川《ほそかわ》・斯波《しば》・畠山《はたけやま》〕
      - 評定衆《ひょうじょうしゅう》　一般政務の合議－引付衆《ひきつけしゅう》　訴訟
      - 問注所《もんちゅうじょ》　記録・訴訟関係文書の保管（長官は執事：町野《まちの》・太田《おおた》）
      - 政《まん》所《どころ》　将軍家の家政，財政管理（長官は執事：二階堂→伊勢）
      - 侍《さむらい》所《どころ》　京都市中警備・軍事〔長官は所司《しょし》。四職《ししき》－赤松《あかまつ》・京極《きょうごく》・山名《やまな》・一色《いっしき》〕
  - 地方
    - 鎌倉府《かまくらふ》　関東10カ国統轄《とうかつ》
      - 鎌倉公方《かまくらくぼう》〔足利基氏《あしかがもとうじ》の子孫が世襲《せしゅう》〕－関東管領《かんとうかんれい》〔鎌倉公方を補佐。上杉《うえすぎ》氏が世襲〕－評定衆・問注所・政所・侍所
    - 奥州探題《おうしゅうたんだい》　陸奥《むつ》の統治（大崎《おおさき》→伊達《だて》）
    - 羽州《うしゅう》探題　出羽《でわ》の統治（最上《もがみ》）
    - 九州探題　九州の統治（今川→渋川《しぶかわ》）
    - 守護－地頭　在京して幕府に出仕

武家政権の職制図

江戸幕府のおもな職制　本誌 P.184

譜代大名（白）　旗本より任命（網）

- 将軍
  - 大《たい》老《ろう》〔幕府の最高職，1名。常置ではない。江戸時代を通じて13名のみ。**酒井忠清《さかいただきよ》**，**井伊直弼《いいなおすけ》**らが著名〕
  - 老《ろう》中《じゅう》（政務総括　4～5名　月番制）〔**松平定信《まつだいらさだのぶ》**　**水野忠邦《みずのただくに》**　**阿部正弘《あべまさひろ》**　など〕
    - 高《こう》家《け》〔儀式・典礼，勅使《ちょくし》公家衆の接待などを司《つかさど》る。26家が世襲，**吉良上野介《きらこうずけのすけ》**などが有名〕
    - 大番頭《おおばんがしら》〔番方の一つ。江戸城及び江戸市中の警備。12組設置〕－大番組頭
    - 大目付《おおめつけ》〔大名の監察。4～5名。**柳生宗矩《やぎゅうむねのり》**らが初任〕
    - ＊町奉行《まちぶぎょう》（江戸）〔江戸市中の行政・司法・警察を管轄。2名。南・北町奉行所が月番《つきばん》で執務。**大岡忠相《ただすけ》**（南町），**遠山景元《かげもと》**（北町）らが有名〕
    - ＊勘定《かんじょう》奉行〔幕領の租税徴収・幕府財政の運営・幕領の訴訟を取り扱う。4～5名〕
      - 郡代（美濃・飛驒など）〔10万石以上の幕領の民政担当〕
      - 代官
    - 勘定吟味役《ぎんみやく》〔勘定奉行所以下の行政を監察。4～6名〕
    - 関東郡代〔関東の幕領支配〕
    - 道中《どうちゅう》奉行〔五街道宿場の道路・旅宿・飛脚・伝馬などを管轄。大目付と勘定奉行が兼務〕
    - 城《じょう》代《だい》〔将軍に代わり城を守衛。駿府《すんぷ》・伏見《ふしみ》（1619廃止）・二条（1699廃止）〕
    - 町奉行〔京都・大坂・駿府〕－遠国奉行《おんごくぶぎょう》
    - 奉行〔伏見・長崎・佐渡《さど》・山田・日光・奈良・堺《さかい》・下田《しもだ》・浦賀《うらが》・箱館《はこだて》・新潟〕－遠国奉行
  - 側用人《そばようにん》〔常時将軍の側近にあって，その命を老中に伝える。1名。**柳沢吉保《やなぎさわよしやす》**，**間部詮房《まなべあきふさ》**，**田沼意次《たぬまおきつぐ》**らが著名〕
  - 若年寄《わかどしより》（老中補佐　3～5名　月番制）
    - 書院番頭《しょいんばんがしら》〔番方《ばんかた》の一つ。江戸城の警備，〕－書院番組頭《しょいんばんくみがしら》
    - 小姓組番頭《こしょうぐみばんがしら》〔将軍の出行，市中巡回の護衛〕－小姓組組頭《こしょうぐみくみがしら》など
    - 目《め》付《つけ》〔旗本・御家人の監察。10名前後。月番制〕
  - ＊寺社《じしゃ》奉行〔全国の寺社，寺社領の管理，宗教統制全般を司る。4名。月番制〕
  - 京都所司代《しょしだい》〔京都の護衛，朝廷の監察，京都周辺8カ国の幕領の訴訟，西国大名の監察など。1名〕
  - 大坂城代《じょうだい》〔大坂城の守護，城下諸役人の統率，西国諸大名の監察。1名〕

＊は三奉行

評定所《ひょうじょうしょ》…最高司法機関。三奉行・大目付らで構成され，式日には老中も出席

月番《つきばん》制…1カ月交替で勤務する方法。1人が月番として勤務，ほかは非番。大事は合議制

2　大王（天皇）家・蘇我氏・藤原氏系図

大王（天皇）家・蘇我氏関係系図　本誌 *P.65, 66, 74*

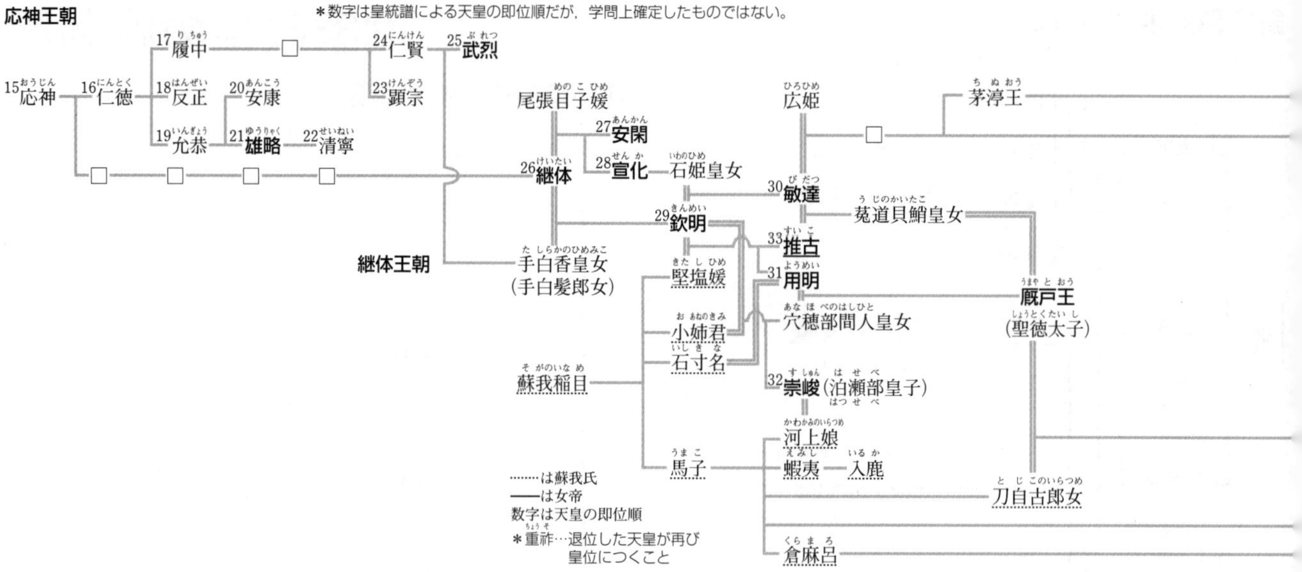

皇室・藤原氏関係系図　本誌 *P.83, 103*

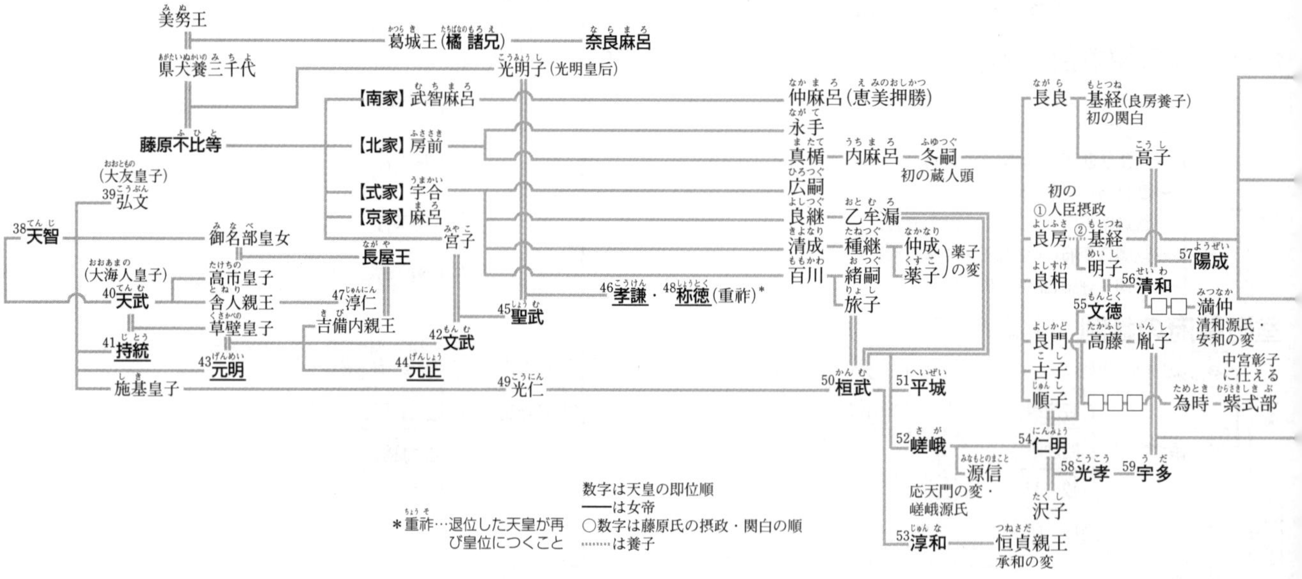

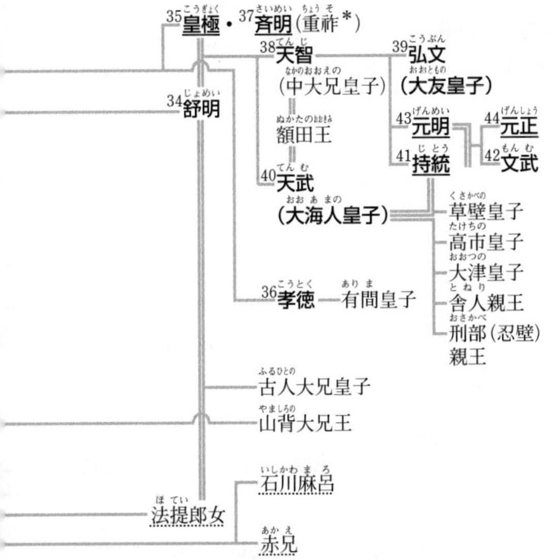

35皇極《こうぎょく》・37斉明《さいめい》(重祚《ちょうそ》*)
38天智《てんじ》
(中大兄皇子《なかのおおえのおうじ》)
39弘文《こうぶん》
(大友皇子《おおともの》)
34舒明《じょめい》
額田王《ぬかたのおおきみ》
43元明《げんめい》
44元正《げんしょう》
41持統《じとう》
42文武《もんむ》
40天武《てんむ》
(大海人皇子《おおあまの》)
草壁皇子《くさかべの》
高市皇子《たけちの》
大津皇子《おおつの》
舎人親王《とねり》
刑部《おさかべ》(忍壁)親王
36孝徳《こうとく》
有間皇子《ありま》
古人大兄皇子《ふるひとの》
山背大兄王《やましろの》
石川麻呂《いしかわまろ》
法提郎女《ほてい》
赤兄《あかえ》

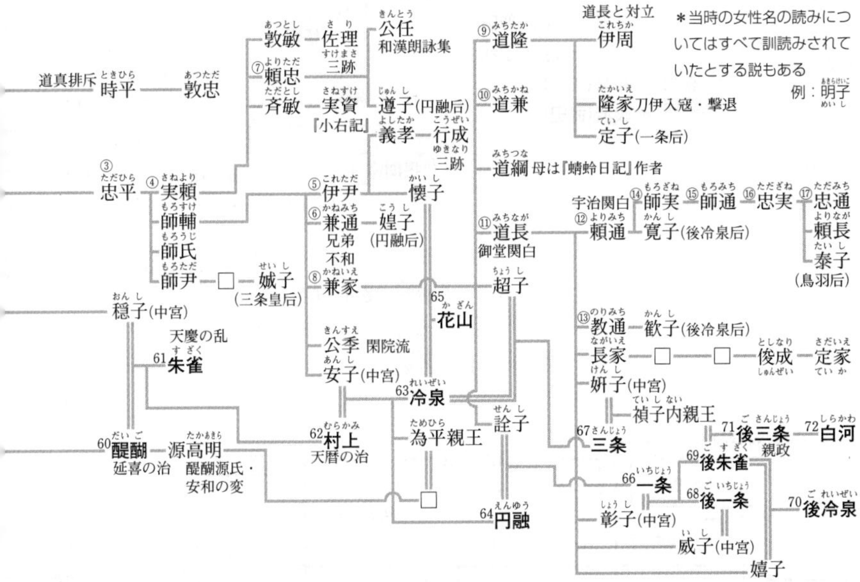

道真排斥
時平《ときひら》
敦忠《あつただ》
敦敏《あつとし》
佐理《さり》
公任《きんとう》
和漢朗詠集
⑦頼忠《よりただ》
三跡
斉敏《ただとし》
実資《さねすけ》
『小右記』
遵子《じゅんし》(円融后)
義孝《よしたか》
行成《こうぜい》
三跡
③忠平《ただひら》
④実頼《さねより》
師輔《もろすけ》
師氏《もろうじ》
師尹《もろただ》
□
娍子《せいし》
(三条皇后)
⑤伊尹《これただ》
懐子《かいし》
⑥兼通《かねみち》
兄弟不和
媓子《こうし》
(円融后)
⑧兼家《かねいえ》
65花山《かざん》
超子《ちょうし》
穏子《おんし》(中宮)
天慶の乱
61朱雀《すざく》
公季《きんすえ》 閑院流
安子《あんし》(中宮)
63冷泉《れいぜい》
62村上《むらかみ》
天暦の治
為平親王《ためひら》
□
60醍醐《だいご》
延喜の治
源高明《たかあきら》
醍醐源氏・安和の変
64円融《えんゆう》
⑨道隆《みちたか》
道長と対立
伊周《これちか》
⑩道兼《みちかね》
隆家《たかいえ》 刀伊入寇・撃退
定子《ていし》(一条后)
道綱《みちつな》 母は『蜻蛉日記』作者
⑪道長《みちなが》
御堂関白
宇治関白
⑫頼通《よりみち》
⑭師実《もろざね》
⑮師通《もろみち》
⑯忠実《ただざね》
⑰忠通《ただみち》
頼長《よりなが》
泰子《たいし》
(鳥羽后)
寛子《かんし》(後冷泉后)
⑬教通《のりみち》
歓子《かんし》(後冷泉后)
長家《ながいえ》
□
□
俊成《としなり》《しゅんぜい》
定家《さだいえ》《ていか》
妍子《けんし》(中宮)
禎子内親王《ていしない》
詮子《せんし》
67三条《さんじょう》
71後三条《ごさんじょう》
72白河《しらかわ》
69後朱雀《ごすざく》
親政
66一条《いちじょう》
68後一条《ごいちじょう》
70後冷泉《ごれいぜい》
彰子《しょうし》(中宮)
威子《いし》(中宮)
嬉子
*当時の女性名の読みについてはすべて訓読みされていたとする説もある
例：明子《あきらけいこ》《めいし》

4 平氏・源氏・北条氏・摂関家・皇室系図

平氏系図

本誌 *P.113, 122*

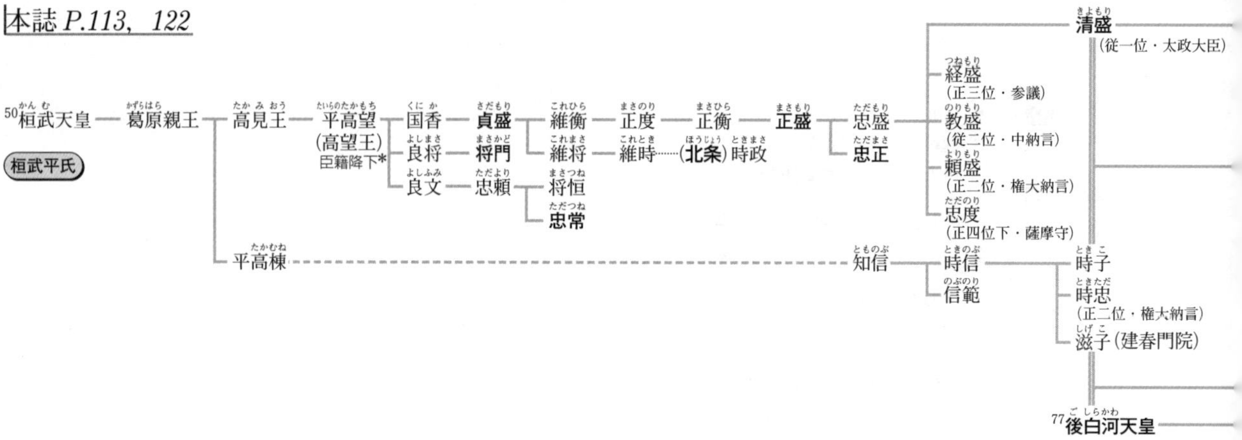

源氏・北条氏・摂関家関係系図

本誌 *P.113, 128, 130*

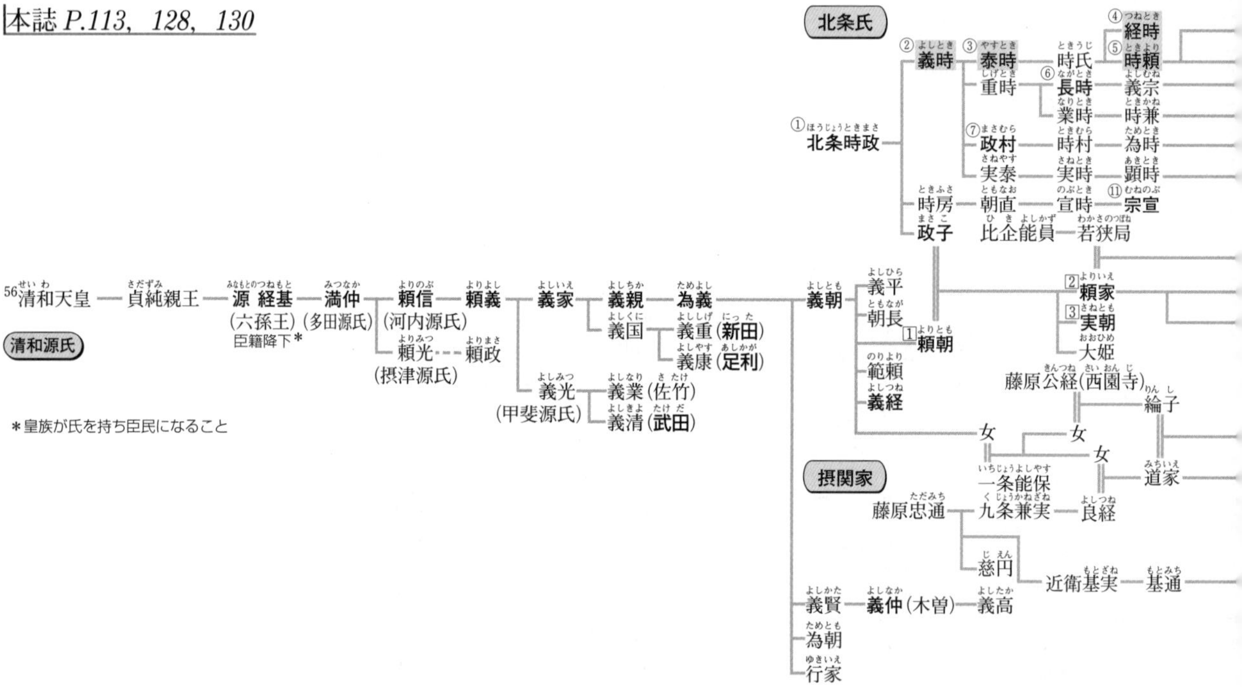

＊皇族が氏を持ち臣民になること

院政期〜南北朝期の皇室系図

本誌 *P.120, 130, 144*

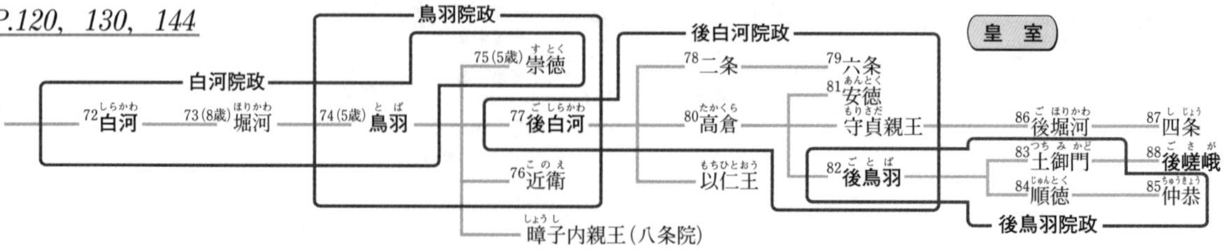

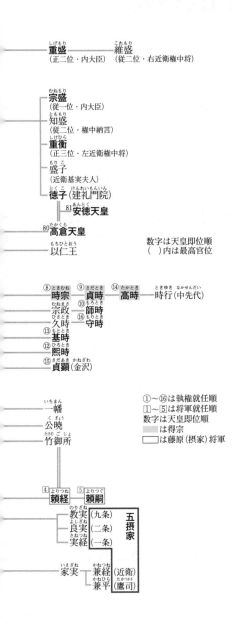

重盛《しげもり》—維盛《これもり》
(正二位・内大臣)　(従二位・右近衛権中将)

宗盛《むねもり》
(従一位・内大臣)
知盛《とももり》
(従二位・権中納言)
重衡《しげひら》
(正三位・左近衛権中将)
盛子《もりこ》
(近衛基実夫人)
徳子《とくこ》(建礼門院《けんれいもんいん》)
81安徳天皇《あんとく》
80高倉天皇《たかくら》
以仁王《もちひとおう》

数字は天皇即位順
(　)内は最高官位

⑧時宗《ときむね》—⑨貞時《さだとき》—⑭高時《たかとき》—時行《ときゆき》(中先代《なかせんだい》)
宗政《むねまさ》—⑩師時《もろとき》
久時《ひさとき》—⑯守時《もりとき》
⑬基時《もととき》
⑫熙時《ひろとき》
⑮貞顕《さだあき》(金沢《かねざわ》)

一幡《いちまん》
公暁《くぎょう》
竹御所《たけのごしょ》
[4]頼経《よりつね》—[5]頼嗣《よりつぐ》
教実《のりざね》(九条)
良実《よしざね》(二条)
実経《さねつね》(一条)
家実《いえざね》—兼経《かねつね》(近衛)
　　　　—兼平《かねひら》(鷹司《たかつかさ》)
五摂家

①〜⑯は執権就任順
[1]〜[5]は将軍就任順
数字は天皇即位順
▨は得宗
□は藤原(摂家)将軍

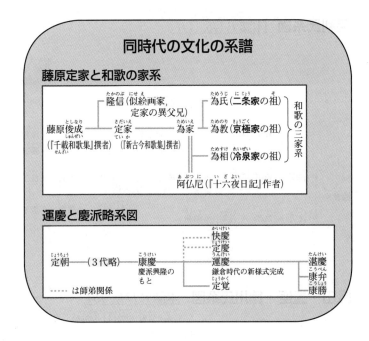

同時代の文化の系譜

藤原定家と和歌の家系

藤原俊成《としなり》《しゅんぜい》(『千載《せんざい》和歌集』撰者)
—隆信《たかのぶ》(似絵《にせえ》画家,定家の異父兄)
—定家《さだいえ》《ていか》(『新古今和歌集』撰者)—為家《ためいえ》
　　—為氏《ためうじ》(二条《にじょう》家の祖《そ》)
　　—為教《ためのり》(京極《きょうごく》家の祖)
　　—為相《ためすけ》(冷泉《れいぜい》家の祖)
　　和歌の三家系
　　＝阿仏尼《あぶつに》(『十六夜《いざよい》日記』作者)

運慶と慶派略系図

定朝《じょうちょう》—(3代略)—康慶《こうけい》(慶派興隆のもと)
　—快慶《かいけい》
　—定慶《じょうけい》
　—運慶《うんけい》(鎌倉時代の新様式完成)—湛慶《たんけい》・康弁《こうべん》・康勝《こうしょう》
　—定覚《じょうかく》
┅┅ は師弟関係

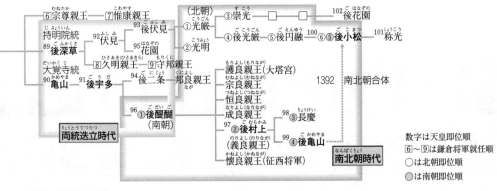

[6]宗尊《むねたか》親王—[7]惟康《これやす》親王
持明院統《じみょういん》
89後深草《ごふかくさ》—92伏見《ふしみ》—93後伏見《ごふしみ》—(北朝)①光厳《こうごん》—③崇光《すこう》—□—□—102後花園《ごはなぞの》
　　　　　　　　　　　　　　　　　　　　　　　—④後光厳《ごこうごん》—⑤後円融《ごえんゆう》—100⑥⑤後小松《ごこまつ》—101称光《しょうこう》
　　　　　　—95花園《はなぞの》
　　　　　　　　　　②光明《こうみょう》
　—[8]久明《ひさあき(ひさあきら)》親王—[9]守邦《もりくに》親王
大覚寺統《だいかくじ》
90亀山《かめやま》—91後宇多《ごうだ》—94後二条《ごにじょう》—邦良《くによし》《なが》親王
　　　　　　—96①後醍醐《ごだいご》(南朝)
　　　　　　　—護良《もりよし(もりなが)》親王(大塔宮)
　　　　　　　—宗良《むねよし(むねなが)》親王
　　　　　　　—恒良《つねよし(つねなが)》親王
　　　　　　　—成良《なりよし(なりなが)》親王
　　　　　　　—97②後村上《ごむらかみ》—98③長慶《ちょうけい》
　　　　　　　　　　　　　　—99④後亀山《ごかめやま》
　　　　　　　—(義良《のりよし(のりなが)》親王)
　　　　　　　—懐良《かねよし(かねなが)》親王(征西将軍)
1392　南北朝合体
両統迭立時代《りょうとうてつりつ》
南北朝時代《なんぼくちょう》

数字は天皇即位順
[6]〜[9]は鎌倉将軍就任順
○は北朝即位順
●は南朝即位順

6　足利氏系図／織田・豊臣・徳川氏系図

足利氏系図　本誌 *P.145，147*

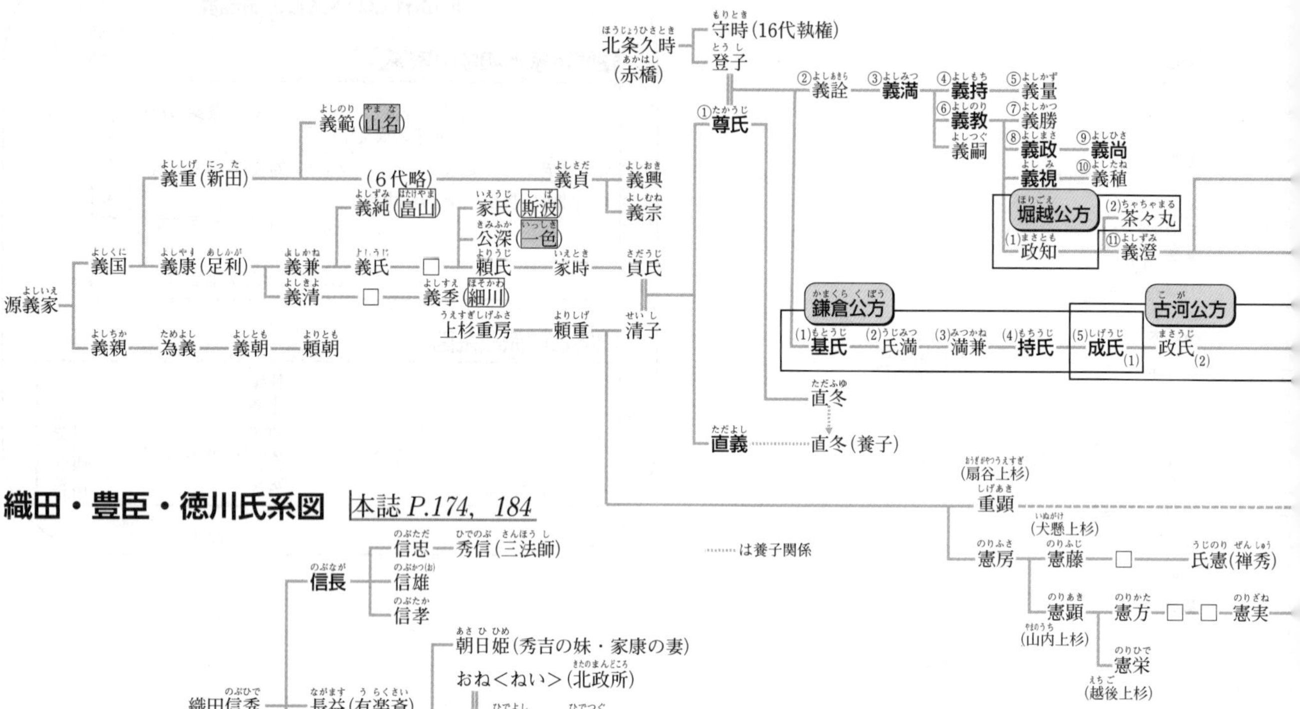

織田・豊臣・徳川氏系図　本誌 *P.174，184*

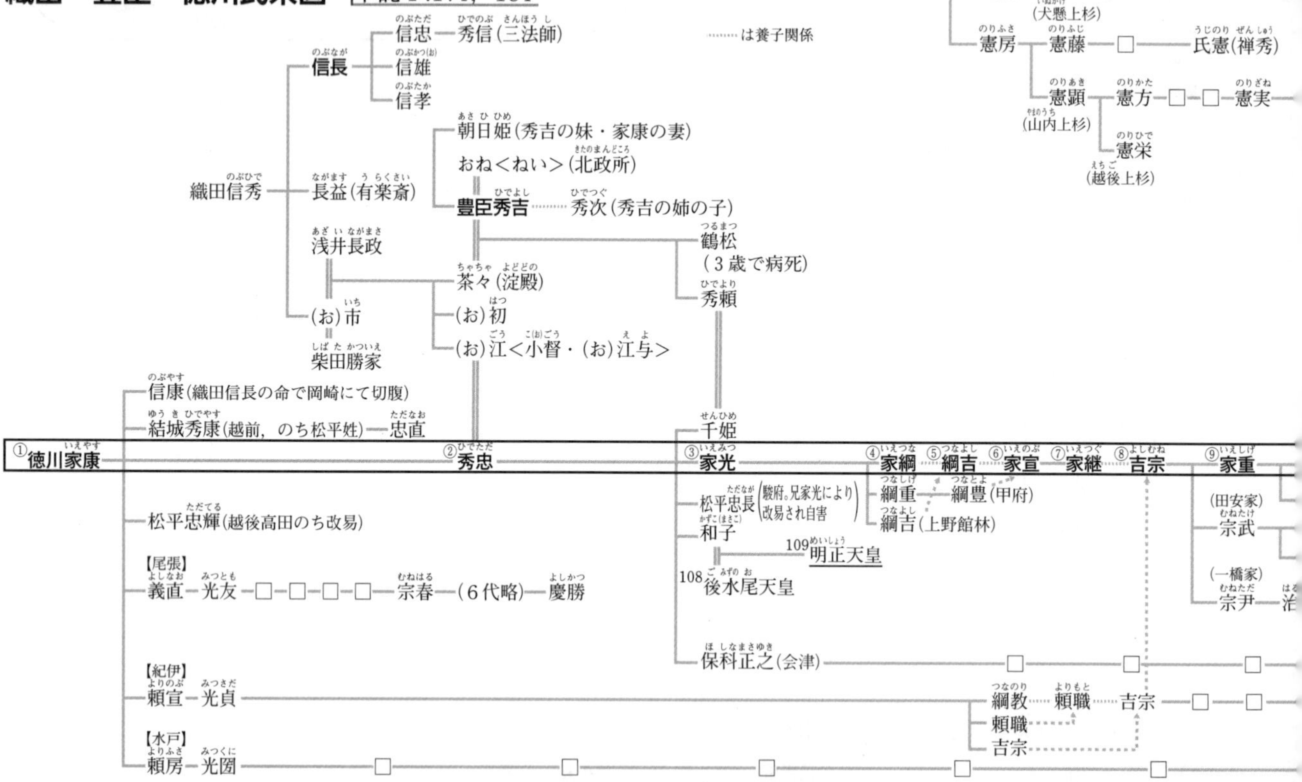

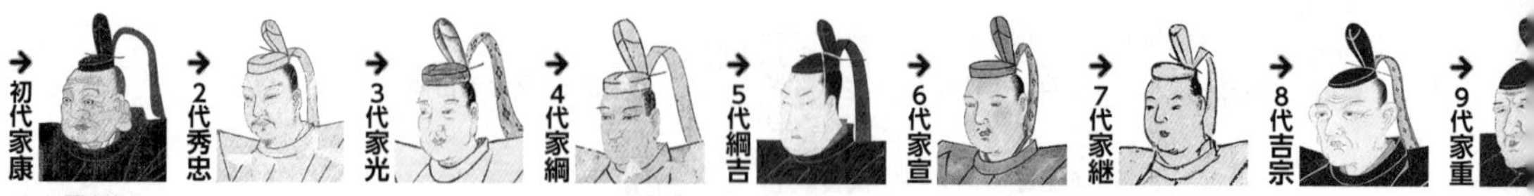

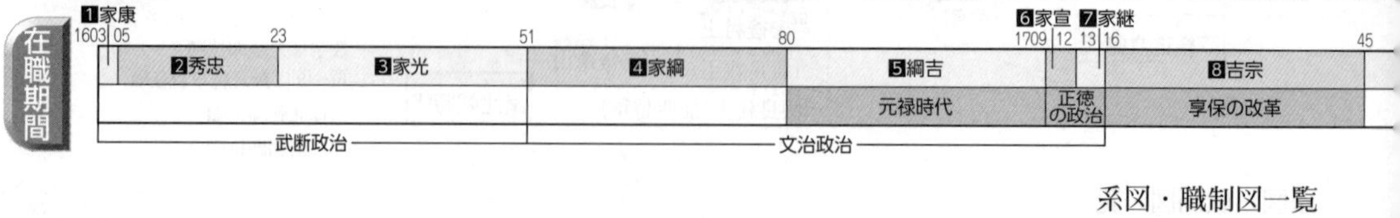

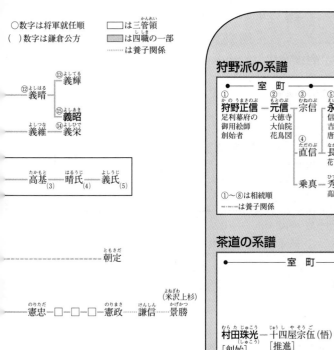

○数字は将軍就任順
( )数字は鎌倉公方
□は三管領《かんれい》
■は四職《ししき》の一部
……は養子関係

⑫義晴《よしはる》—⑬義輝《よしてる》
⑫義晴《よしはる》—⑮**義昭**《よしあき》
義維《よしつな》—⑭義栄《よしひで》

高基《たかもと》(3)—晴氏《はるうじ》(4)—義氏《よしうじ》(5)

……朝定《ともさだ》

憲忠《のりただ》—□—□—□—憲政《のりまさ》……謙信《けんしん》……景勝《かげかつ》(米沢《よねざわ》上杉)

同時代の文化の系譜

狩野派の系譜

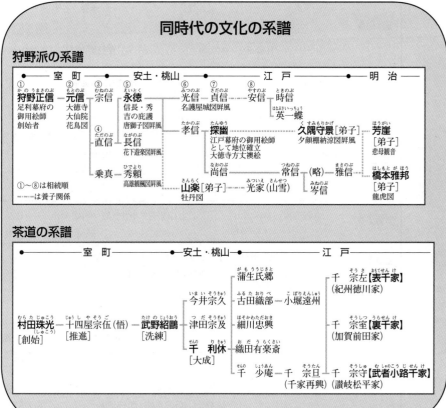

●—— 室　町 ——●—— 安土・桃山 ——●—— 江　戸 ——●—— 明　治 ——

①**狩野正信**《かのうまさのぶ》　足利幕府の御用絵師創始者
—②**元信**《もとのぶ》　大徳寺大仙院花鳥図
—③宗信《むねのぶ》
—④直信《ただのぶ》
—乗真—秀頼《ひでより》　高雄観楓図屏風

直信—⑤**永徳**《えいとく》　信長・秀吉の庇護　唐獅子図屏風
直信—長信《ながのぶ》　花下遊楽図屏風

永徳—⑥光信《みつのぶ》　名護屋城図屏風—⑦貞信《さだのぶ》……⑧安信《やすのぶ》—時信《ときのぶ》
安信—英一蝶《はなぶさいっちょう》

永徳—孝信《たかのぶ》—**探幽**《たんゆう》　江戸幕府の御用絵師として地位確立　大徳寺方丈襖絵
探幽……**久隅守景**《くすみもりかげ》[弟子]　夕顔棚納涼図屏風
孝信—尚信《なおのぶ》—常信《つねのぶ》—(略)—雅信《まさのぶ》
常信—岑信《みねのぶ》

永徳……**山楽**《さんらく》[弟子]　牡丹図……光家《みついえ》(山雪《さんせつ》)

雅信……**芳崖**《ほうがい》[弟子]　悲母観音
雅信……**橋本雅邦**《はしもとがほう》[弟子]　龍虎図

①～⑧は相続順
……は養子関係

茶道の系譜

●—— 室　町 ——●—安土・桃山—●—— 江　戸 ——

村田珠光《むらたじゅこう》(しゅこう)[創始]—十四屋宗伍《じゅうしやそうご》(悟)[推進]—**武野紹鷗**《たけのじょうおう》[洗練]

武野紹鷗—今井宗久《いまいそうきゅう》
武野紹鷗—津田宗及《つだそうぎゅう》
武野紹鷗—**千　利休**《せんのりきゅう》[大成]

千利休—蒲生氏郷《がもううじさと》
千利休—古田織部《ふるたおりべ》—小堀遠州《こぼりえんしゅう》
千利休—細川忠興《ほそかわただおき》
千利休—織田有楽斎《おだうらくさい》
千利休—千《せんの》　少庵《しょうあん》—千　宗旦《そうたん》(千家再興)

千宗旦—千　宗左《そうさ》**【表千家】**《おもてせんけ》(紀州徳川家)
千宗旦—千　宗室《そうしつ》**【裏千家】**《うらせんけ》(加賀前田家)
千宗旦—千　宗守《そうしゅ》**【武者小路千家】**《むしゃのこうじせんけ》(讃岐松平家)

数字は天皇即位順。○数字は将軍就任順。
……は養子関係。——は女帝。【　】は三家。(　)は三卿。

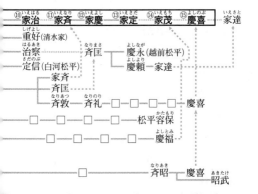

⑩**家治**《いえはる》……⑪**家斉**《いえなり》—⑫**家慶**《いえよし》—⑬**家定**《いえさだ》……⑭**家茂**《いえもち》……⑮**慶喜**《よしのぶ》……家達《いえさと》

重好《しげよし》(清水家)
治察《はるあき》……斉匡《なりまさ》—慶永《よしなが》(越前松平)
斉匡—慶頼《よしより》—家達……家達
定信《さだのぶ》(白河松平)
家斉……⑪家斉
斉匡……斉匡
斉敦《なりあつ》—斉礼《なりのり》—□—□—□—□—慶喜
□—□—□—□—松平容保《かたもり》
□—□—□—□—慶福《よしとみ》……⑭家茂
□—斉昭《なりあき》—慶喜……⑮慶喜
斉昭—昭武《あきたけ》

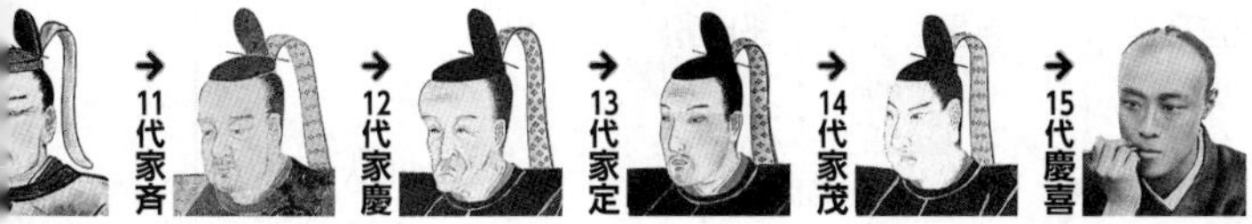

86 87		1837	53	58	66 67
10家治	11家斉	12家慶	13家定	14家茂	15慶喜
田沼時代	寛政の改革 / 大御所政治	天保の改革		安政の改革	

写真所蔵・提供(敬称略)：(公財)徳川記念財団／徳川美術館所蔵　ⓒ徳川美術館イメージアーカイブ／DNP artcom／日光東照宮宝物館／日本カメラ博物館
写真協力：Cynet Photo

8 江戸時代の学問の系統

本誌 P.205, 212

(注)人物の年代は40歳のとき　＊寛政の三博士(岡田寒泉のあと古賀精里)

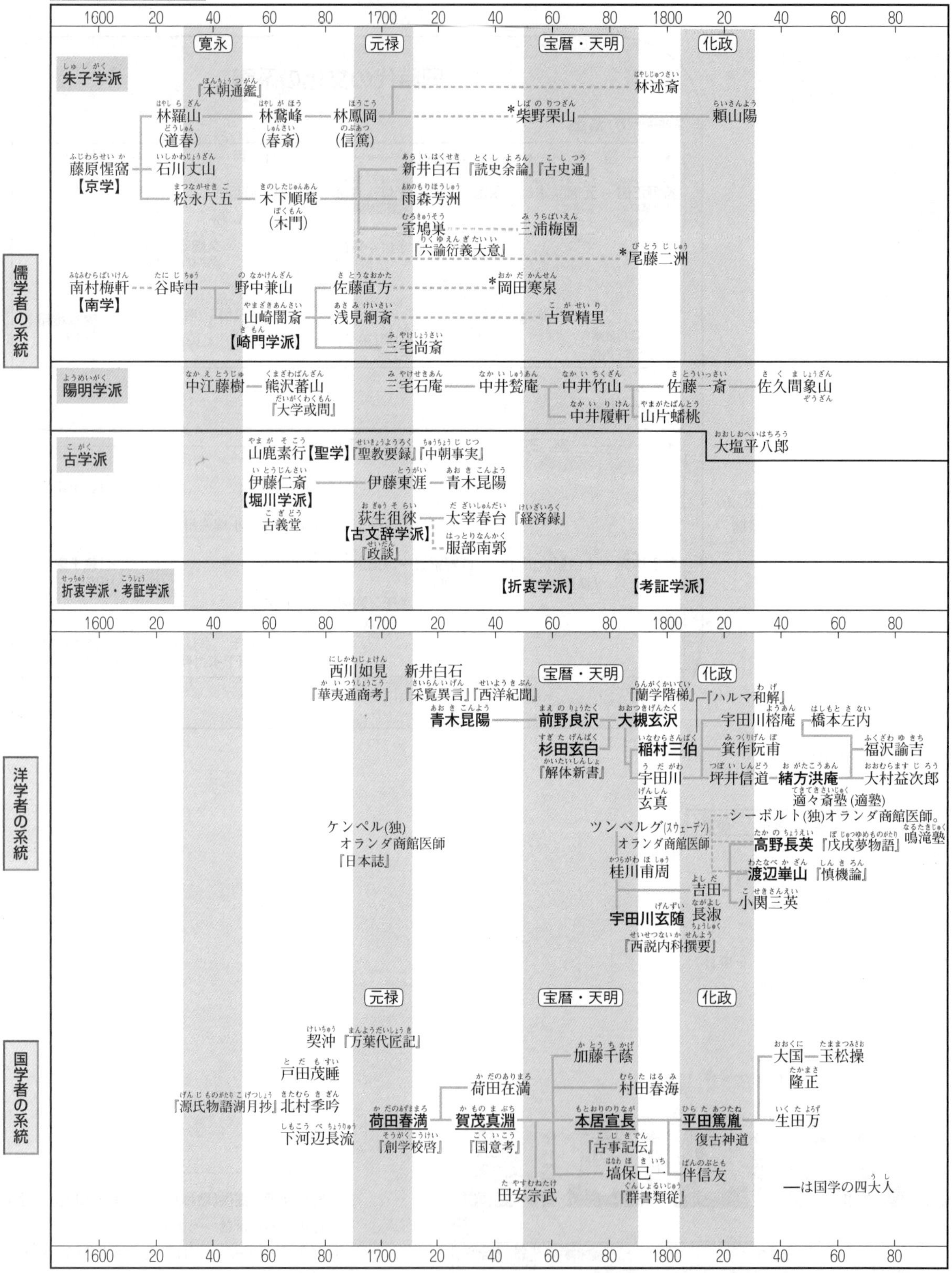

必修 日本史史料210選

原始・古代

中　世

近　世

近　代

現　代

各史料名の下に⏬で記載したページは,『日本史のライブラリー』の参照ページです。

A1XP

とうほう

年　組　番	
年　組　番	

原始・古代

1 岩宿の発見

P.41

[1]山寺山にのぼる細い道の近くまできて、赤土の断面に目を向けたとき、私はそこに見なれないものがなかば突きささるような状態で見えているのに気がついた。……じつにみごとというほかはない、**黒曜石《こくようせき》**[2]**の槍《やり》先形をした石器ではないか**。……「ついに見つけた！定形石器、それも槍先形をした石器を。この赤土の中に……」……もう間違いない。赤城山麓《あかぎさんろく》の赤土（関東ローム層）のなかに、土器をいまだ知らず、石器だけを使って生活した祖先《そせん》の生きた跡《あと》があったのだ。

〔「岩宿《いわじゅく》」の発見──幻《まぼろし》の旧石器を求めて〕

言葉 [1]山寺山に……：ここからは、槍先形との定形石器の発見について記したもので、一九四九（昭和二四）年七月のことである [2]黒曜石：半透明ガラス質の火山岩。打ち割ると鋭利な刃ができるため、ナイフ、石槍《せきそう》、石鏃《せきぞく》などの剥片《はくへん》石器の素材となった

読み解く 関東ローム層から石器が見つかったことで、この人物が「ついに見つけた」と興奮している理由を考えよう。

2 紀元前後の倭国《わこく》

P.52

夫《そ》れ楽浪《らくろう》[1]海中《かいちゅう》に倭人《わじん》[2]有《あ》り。分《わか》れて百余国《ひゃくよこく》と為《な》る。歳時《さいじ》を以《もっ》て来《きた》り、献見《けんけん》すと云《い》ふ。

〔『漢書《かんじょ》』地理志《ちりし》〕

言葉 [1]楽浪：紀元前一〇八年、前漢の武帝が朝鮮北部を征服して設置したという四郡（楽浪《らくろう》・臨屯《りんとん》・真番《しんばん》・玄菟《げんと》）の一。現在の平壌《ピョンヤン》付近 [2]倭人：古代日本人に対する中国の古称

現代語訳 朝鮮の楽浪郡の海の向こうに住む倭人は百余りの小国に分かれている。彼らは定期的に楽浪郡に使者を送って貢物を持ってあいさつに来るという。

読み解く 当時の倭人はなぜ「歳時を以て来り、献見」したのだろうか。

3 一～二世紀の倭国《わこく》

P.52

建武中元《けんむちゅうげん》二年、倭《わ》の奴国《なこく》[1]、奉貢朝賀《ほうこうちょうが》す。使人《しじん》自《みずか》ら大夫《たいふ》[2]と称《しょう》す。倭国《わこく》の極南界《きょくなんかい》なり。**光武《こうぶ》[3]賜《たま》ふに印綬《いんじゅ》[4]を以《もっ》てす。**

安帝《あんてい》[5]の永初《えいしょ》元年、倭《わ》の国王帥升《こくおうすいしょう》[6]等《ら》、生口《せいこう》[7]百六十人を献《けん》じ、請見《せいけん》を願《ねが》ふ。

桓《かん》・霊《れい》[8]の間《あいだ》、倭国《わこく》大《おお》いに乱《みだ》れ、更々相攻伐《こもごもあいこうばつ》し、歴《れき》年主《ねんあるじ》なし。

〔『後漢書《ごかんじょ》』東夷伝《とういでん》〕

言葉 [1]奴国：福岡県博多湾付近にあったと推定される小国。『魏志』にも見られる [2]大夫：中国古代の官名。漢代では論議をつかさどる官名で、一般に大臣をいう [3]光武：後漢初代の光武帝（在位二五～五七） [4]印綬：印とそれにつける組み紐《ひも》 [5]安帝：後漢六代皇帝（在位一〇七～一二五） [6]帥升：他書には師升とある [7]生口：奴隷のこと。捕虜、留学生、捕魚者の説もある [8]桓・霊：後漢十一代の桓帝（在位一四七～一六七）、十二代の霊帝（在位一六八～一八九）

現代語訳 建武中元二（五七）年、倭の奴国は使者を都に送り、貢物を奉じてあいさつに来た。使者は自分を大夫と称した。奴国は倭国の最南端にある。これに対して光武帝は印綬を与えた。

安帝の永初元（一〇七）年、倭国王帥升等は奴隷百六十人を献上し、皇帝にお会いしたいと願った。

桓帝と霊帝の時代（二世紀後半）に、倭国は内乱が続き、長い間統一されなかった。

4 邪馬台国《やまたいこく》

P.52・53

(1) **邪馬台国**

倭人《わじん》は帯方《たいほう》[1]の東南大海《とうなんたいかい》の中《なか》にあり、山島《さんとう》に依《よ》りて国邑《こくゆう》をなす。**旧《もと》百余国《よこく》。漢《かん》の時《とき》朝見《ちょうけん》する者《もの》あり、今《いま》、使訳《しやく》通《つう》ずる所《ところ》三十国《こく》。**郡《ぐん》より倭《わ》に至《いた》るには、海岸《かいがん》に循《したが》つて水行《すいこう》し、……**邪《や》馬壹国《またいこく》[2]に至《いた》る。**……

(2) **風俗**

……**下戸《げこ》、大人《たいじん》と道路《どうろ》に相逢《あいあ》へば、逡巡《しゅんじゅん》して草《そう》に入《い》り、辞《じ》を伝《つた》へ事《こと》を説《と》くには、或《あるい》は蹲《うずくま》り或《あるい》は跪《ひざまず》き、両手《りょうて》は地《ち》に拠《よ》り、これが恭敬《きょうけい》を為《な》す。**……

(3) **女王卑弥呼**

その国《くに》、本《もと》また男子《だんし》を以《もっ》て王《おう》となし、住《とど》まること七、八十年。倭国乱《わこくみだ》れ、相攻伐《あいこうばつ》すること歴年《れきねん》、乃《すなわ》ち共《とも》に一《いち》女子《じょし》を立《た》てて王《おう》となす。名《な》づけて卑弥呼《ひみこ》といふ。鬼道《きどう》[3]に事《つか》へ、能《よ》く衆《しゅう》を惑《まど》はす。……

(4) **魏との交渉**

景初《けいしょ》二年[4]**六月、倭《わ》の女王《じょおう》、大夫難升米《たいふなしめ》等《ら》を遣《つか》はして郡《ぐん》に詣《いた》り、天子《てんし》**[5]**に詣《いた》りて朝献《ちょうけん》せむことを求《もと》む。**

……

その年《とし》十二月、詔書《しょうしょ》して倭《わ》の女王《じょおう》に報《ほう》じて曰《いわ》く、「……**今汝《いまなんじ》を以《もっ》て親魏倭王《しんぎわおう》となし、金印紫綬《きんいんしじゅ》**[6]を仮《ゆる》し、装封《そうふう》して帯方《たいほう》の太守《たいしゅ》に付《ふ》し仮授《かじゅ》せしむ。……」と。

……

(5) **卑弥呼死後の状況**

卑弥呼《ひみこ》以《もっ》て死《し》す。大《おお》いに冢《つか》を作《つく》る。径《けい》百余歩《よぶ》[7]、徇《じゅん》葬《そう》[8]する者《もの》、奴婢《ぬひ》百余人《よにん》。更《さら》に男王《だんおう》を立《た》てしも、国《くに》中服《じゅうふく》せず。更々相誅殺《こもごもあいちゅうさつ》し、当時《とうじ》千余人《よにん》を殺《ころ》す。また卑弥呼《ひみこ》の宗女《そうじょ》[9]壹与《いよ》[10]年《とし》十三なるを立《た》てて王《おう》となし、国《くに》中遂《じゅうつい》に定《さだ》まる。

〔『魏志《ぎし》』倭人伝《わじんでん》〕

言葉 [1]帯方：後漢末の建安年間（一九六～二二〇）に遼東太守公孫康が楽浪郡の南半を割いて設置した郡 [2]邪馬壹国：通説では邪馬臺（台）国の誤り [3]鬼道：一般に呪術《じゅじゅつ》の意。女王卑弥呼の巫女《みこ》＝シャーマン的性格を現しているといわれ、祭政一致の支配体制を物語る。鬼道については、中国の道教との関連を指摘する説もある [4]景初二年：景初三（二三九）年の誤りとするのが通説。二三八年に魏は公孫淵を滅して、楽浪・帯方郡を勢力下におさめた [5]天子：魏の皇帝明帝 [6]金印紫綬：後漢の制では、玉印黄赤綬（皇帝）、金印朱綬、金印紫綬（最高の大臣級）、銀印青綬の順になっている [7]径百余歩：一歩＝一・五メートル説によれば、百五十メートル（一・八メートル、〇・三メートル説もある） [8]徇葬：貴人の死に従う者を葬る殉葬のこと [9]宗女：一族の女 [10]壹与：臺与（とよ）の誤りとする説もある

現代語訳 倭人は帯方郡の東南方の大海の中にあって、山がちな島に国をつくっている。もと百余国に分かれていた。漢代に朝貢する者があったが、現在魏に使者（や通訳）を送って来る国は三十国である。

帯方郡から倭に行くには、朝鮮半島の海岸沿いに航行し、

……邪馬台国に至る。……

……身分の低い人が身分の高い人と道で出会うと、後ずさりして草むらに入り、話をする時は、うずくまるかひざまずき、両手を地につけて、つつしみうやまう。……

邪馬台国では、前は男王を立てて、七、八〇年過ごしたが、倭国内が乱れて、何年間も戦争が続いたので、共同で一人の女子を王として立てた。この女王の名は卑弥呼といい、呪術にたくみで、人民をうまく信頼させ支配している。……

景初三（二三九）年六月、倭の女王が大夫難升米らを帯方郡に派遣し、魏の皇帝に謁見して朝貢することを求めた。……

その年十二月、詔書で倭の女王に報じられたのは「……今、あなたを親魏倭王に任じ、金印紫綬を授けるが、これは封をして帯方郡長官にことづける。……」というものだった。……

卑弥呼が死んで、大きな墓をつくった。直径が百余歩で、殉死した奴隷が百人を超えた。卑弥呼の死後、再び男王が立てられたが、国中が服従せず、互いに殺し合い、千人を超える死者が出た。そこで卑弥呼の一族の女で十三歳の壱与を王に擁立して、ようやく国中がおさまった。

読み解く 景初二年に邪馬台国が魏に使いを送ったのはなぜだろうか。

5 朝鮮半島への進出

➡P.52・59

百残《ひゃくざん》[1]・新羅《しんら》は旧是《もとこ》れ属民《ぞくみん》なり、由来朝貢《ゆらいちょうこう》す。而《しか》るに倭《わ》は、辛卯《かのとう》の年《とし》[2]を以《もっ》て来《きた》り海《うみ》を渡《わた》り、百残《ひゃくざん》□□新羅《しらぎ》を破《やぶ》り、以《もっ》て臣民《しんみん》と為《な》す。……

〔高句麗広開土王碑文《こうくりこうかいどおうひぶん》〕

言葉 [1]百残：百済のこと。「残」は悪い意味をこめた用字　[2]辛卯の年：西暦三九一年とされる。原文は「倭以辛卯年来渡海破百残□□新羅以為臣民」で、「渡海破百残」の主語は倭ではなく、高句麗だとする説もある

現代語訳 百済・新羅は我が国に古くから服属し、朝貢してきた。しかし倭が辛卯の年（三九一年）に渡海して百済や新羅を破り、服属させてしまった。

読み解く 倭が辛卯の年（三九一年）に海を渡って高句麗と戦ったことは、当時の倭国のどのような状況を推定させるか。

6 倭《わ》の五王《ごおう》

➡P.52・59

……興死《こうし》して弟《おとうと》武《ぶ》立《た》ち、自《みずか》ら使持節都督倭《しじせつととくわ》・百済《くだら》・新羅《しらぎ》・任那《みまな》・加羅《から》・秦韓《しんかん》・慕韓《ぼかん》七国諸軍事《こくしょぐんじ》、安東大将軍《あんとうだいしょうぐん》、倭国王《わこくおう》と称《しょう》す。

順帝《じゅんてい》[1]の昇明《しょうめい》二年（四七八）、使《し》を遣《つか》はして表《ひょう》を上《たてまつ》る。曰《いわ》く、「封国《ほうこく》[2]は偏遠《へんえん》にして、藩《はん》を外《そと》に作《な》す。昔《むかし》より祖禰《そでい》[3]躬《みずか》ら甲冑《かっちゅう》を擐《つらぬ》き、山川《さんせん》を跋渉《ばっしょう》し、寧処《ねいしょ》に遑《いとま》あらず。東《ひがし》は毛人《もうじん》[4]を征《せい》すること五十五国《こく》、西《にし》は衆夷《しゅうい》[5]を服《ふく》すること六十六国《こく》、渡《わた》りて海北《かいほく》[6]を平《たいら》ぐること九十五国《こく》。王道融泰《おうどうゆうたい》にして、土《つち》を廓《ひら》き畿《き》を遐《はる》かにす。……」と。

〔『宋書《そうじょ》』倭国伝《わこくでん》〕

言葉 [1]順帝：宋の八代皇帝（在位四七七～四七九）　[2]封国：王として封ぜられた国の意　[3]祖禰：父祖の意。また、禰は彌（弥）の誤りだとし、梁書《りょうしょ》にいう武の祖父（宋書の珍）をさすという説もある　[4]毛人：蝦夷《えみし》をさすか　[5]衆夷：熊襲《くまそ》などをさすか　[6]海北：朝鮮半島をさす

現代語訳 ……興が死んで弟の武が即位し、自ら「使持節都督倭・百済・新羅・任那・加羅・秦韓・慕韓七国諸軍事、安東大将軍、倭国王」と称した。

順帝の昇明二（四七八）年、武は使者を派遣して上表し、次のように述べた。「私の国は中国からはるか遠くにあり、辺鄙なところを支配しています。昔から私の祖先は自ら甲冑をつけ、山河をかけめぐり、休む暇もなく国土の平定に努めました。東の蝦夷の五十五国、西の熊襲等の六十六国、海を渡り朝鮮の九十五国を平定しました。王権が行き届いて平安で、国土も広大です。……」と。

読み解く 「興死して弟武立ち」から、倭国の王権の在り方についてわかることは何だろうか。

7 漢字の使用

➡P.60

●稲荷山《いなりやま》古墳《こふん》出土《しゅつど》鉄剣銘《てっけんめい》

（表）辛亥年《かのとい》[1]七月中記《しる》す。乎獲居臣《おわけのおみ》、上祖《かみつおや》の名《な》は意冨比垝《おおひこ》[2]、其《そ》の児《こ》多加利足尼《たかりすくね》、其《そ》の児名《こな》は弖已加利獲居《てよかりわけ》、其《そ》の児名《こな》は多加披次獲居《たかひしわけ》、其《そ》の児名《こな》は多沙鬼獲居《たさきわけ》、其《そ》の児名《こな》は半弖比《はてひ》、

（裏）其《そ》ノ児名《こな》は加差披余《かさひよ》、其《そ》の児名《こな》は乎獲居臣《おわけのおみ》、世々《よよ》**杖刀人《じょうとうじん》の首《おさ》**と為《な》り、奉事《ほうじ》し来《きた》り今《いま》に至《いた》る。**獲加多支鹵大王《わかたけるのおおきみ》の寺《てら》**[3]、斯鬼宮《しきのみや》に在《あ》る時《とき》、吾天下《われてんか》を左治《さじ》し、此《こ》の百練《ひゃくれん》の利刀《りとう》を作《つく》らしめ、吾《わ》が奉事《ほうじ》せる根原《こんげん》を記《しる》す也《なり》。

言葉 [1]辛亥年：四七一年説が有力　[2]意冨比垝：記紀の伝承にある大彦命（崇神天皇が各地に派遣した四道将軍のひとりで、北陸道を征服した）とする説がある。大彦命は阿倍臣・膳《かしわで》臣の祖とされるので、この説では乎獲居臣は畿内豪族となる　[3]寺：ここでは朝廷の意

現代語訳 ●稲荷山古墳出土鉄剣銘

（表）辛亥（四七一）年七月に記した。オワケの臣、祖先の名はオオヒコ、その子の名はタカリスクネ、その子の名はテヨカリワケ、その子の名はタカヒシワケ、その子の名はタサキワケ、その子の名はハテヒ

（裏）その子の名はカサヒヨ、その子の名はオワケの臣。代々武官の長として大王にお仕えして今に至った。ワカタケル大王の朝廷が斯鬼宮にあった時、私が大王の統治を補佐し、このすばらしい刀をつくらせて、私がお仕えしている経緯を記すものである。

読み解く この史料中の「杖刀人」や江田船山古墳出土大刀銘に見える「典曹人」から、当時のヤマト政権の政治組織がどのようなものだったとわかるだろうか。

8 仏教の伝来

➡P.65

志癸嶋《しきしま》の天皇《すめらみこと》[1]の御世《みよ》、**戊午《つちのえうま》の年《とし》十月十二日、百斉国主明王《くだらのこくしゅめいおう》、始《はじ》めて仏像経教《ぶつぞうきょうきょう》并《なら》びに僧等《そうら》を度《わた》し奉《たてまつ》る。**勅《ちょく》して蘇我稲目宿禰《そがのいなめのすくね》の大臣《おおおみ》に授《さず》けて興隆《こうりゅう》せしむる也《なり》。

〔上宮聖徳法王帝説《じょうぐうしょうとくほうおうていせつ》〕

言葉 [1]志癸嶋の天皇：欽明天皇。大和国の磯城島《しきしま》に金刺《かねさしの》宮《みや》を置いたことによる

現代語訳 欽明《きんめい》天皇の治世、戊午の年（五三八年）十月十二日、百済《くだら》の聖明王《せいめいおう》が初めて仏像《ぶつぞう》・経典《きょうてん》・僧侶《そうりょ》らを送ってきた。天皇は詔勅《しょうちょく》を出し、蘇我稲目《そがのいなめ》にそれらを授《さず》け、仏教の興隆をはかったのである。

9 憲法十七条《けんぽうじゅうしちじょう》

P.66

一《ひとつ》に曰《のたまわ》く、和《やわらぎ》を以《もっ》て貴《とうと》しとし[1]、忤《さから》ふること無《な》きを宗《むね》とせよ。……
二《ふたつ》に曰《のたまわ》く、篤《あつ》く三宝《さんぼう》を敬《うやま》へ。三宝《さんぼう》とは仏《ほとけ》・法《のり》・僧《ほうし》なり。
……
三《みつ》に曰《のたまわ》く、詔《みことのり》を承《うけたまわ》りては必《かなら》ず謹《つつ》しめ、君《きみ》をば則《すなわ》ち天《あめ》とす、臣《やっこらま》をば則《すなわ》ち地《つち》とす。……
四《よつ》に曰《のたまわ》く、群卿百寮《まえつきみたちつかさつかさ》[2]、礼《いやび》を以《もっ》て本《もと》とせよ。其《そ》れ民《たみ》を治《おさ》むるが本《もと》、要《かなら》ず礼《いやび》に在《あ》り。……
十二《とおあまりふたつ》に曰《のたまわ》く、国司《くにのみこともち》[3]・国造《くにのみやつこ》、百姓《おおみたから》[4]に斂《おさ》めとること勿《なか》れ。国《くに》に二《ふたり》の君《きみ》非《あら》ず、民《おおみたから》に両《ふたり》の主《あるじ》無《な》し。
〔日本書紀《にほんしょき》〕
……

言葉 [1]和を以て貴しとし：『礼記』や『論語』からの引用。このような儒家思想による引用句が多い [2]群卿百寮：群卿は国政に参画する上級の官吏をさし、百寮は様々な役人をさす [3]国司：律令制的国司制はこの当時成立していない。「国司」という言葉が使われていることから、憲法十七条は後世の偽作とする説（津田左右吉説など）もあったが、内容の綴密な検討により推古朝の時代のものであるとする説の方が有力となっている（もちろん、用字などは書紀編者による改変がある） [4]百姓：古代の一般有姓者の総称。部民や奴婢は含まれない

現代語訳 一条 和を大切《たいせつ》にし、逆《さか》らうことのないようにしなさい。……
二条 三宝《さんぼう》を熱心に崇拝《すうはい》しなさい。三宝とは仏像《ぶつぞう》・経《きょう》典《てん》・僧侶《そうりょ》のことである。……
三条 天皇の命令である詔《みことのり》に対しては、必ずこれに服従《ふくじゅう》しなさい。君主こそ天であり、臣《しん》は地に相当《そうとう》する。……
四条 官吏《かんり》は礼を基本としなさい。人民を統治する基本は礼である。……
十二条 地方官の国司《くにのつかさ》・国造《くにのみやつこ》は、百姓から勝手に税をとってはならない。国土や人民には二人の王はありえない。

読み解く 憲法十七条で、豪族たちに求めたことは何だろうか。

10 遣隋使《けんずいし》の派遣（隋書）

P.52・66

大業《たいぎょう》三年[1]、其《そ》の王《おう》、多利思比孤《たりしひこ》、使《し》[2]を遣《つか》はして朝貢《ちょうこう》す。……其《そ》の国書《こくしょ》に曰《いわ》く「日《ひ》出《い》づる処《ところ》の天子《てんし》、書《しょ》を日《ひ》没《ぼっ》する処《ところ》の天子《てんし》に致《いた》す。恙《つつが》無《な》きや、云々《うんぬん》」と。帝《みかど》、之《これ》を覧《み》て悦《よろこ》ばず、鴻臚卿《こうろけい》[3]に謂《い》ひて曰《いわ》く「蛮夷《ばんい》の書《しょ》、無礼《ぶれい》なる者《もの》有《あ》り、復《ま》た以《もっ》て聞《ぶん》する勿《なか》れ」と。明《みょう》年《ねん》、上《しょう》[4]、文林郎《ぶんりんろう》[5]裴清《はいせい》を遣《つか》はして倭国《わこく》に使《つかい》せしむ。
〔『隋書《ずいしょ》』倭国伝《わこくでん》〕

言葉 [1]大業三年：六〇七年。当時の皇帝は煬帝《ようだい》（在位六〇四～六一八） [2]使：小野妹子《おののいもこ》をさす [3]鴻臚卿：隋の外交事務を担当する高官 [4]上：煬帝をさす [5]文林郎：裴《はい》世清《せいせい》のこと。文林郎は日本の令制《りょうせい》では少初位《そい》上（三十階中二十九位）

現代語訳 煬帝《ようだい》の大業《たいぎょう》三（六〇七）年、倭王のタリシヒコが使者を送り朝貢《ちょうこう》してきた。……その国書には「日が出る国の天子が、日が没《ぼっ》する国の天子に書を送ります。お変わりありませんか……」とあった。煬帝《ようだい》はこれを見て不機嫌になり、鴻臚卿《こうろけい》（外務長官）に「蕃夷の国の文書で、大変無礼《ぶれい》なところがある。二度と奏上《そうじょう》し耳に入れるようなことはするな」と言われた。翌六〇八年、煬帝は、文林郎《ぶんりんろう》という官位の低い地位にあった裴世清《はいせいせい》を倭国に使者として派遣した。

11 遣隋使の派遣（日本書紀）

P.66

辛巳《しんし》[1]、唐の客《まろうど》裴世清、罷《まか》り帰りぬ。則《すなわ》ち復《また》小野妹子臣を以て大使《おおつかい》とす。……爰《ここ》に天皇、唐の帝を聘《とぶら》ふ。其の辞《ことば》に曰く、「東《やまと》の天皇、敬《つつし》みて西《もろこし》の皇帝《きみ》に白《もう》す。……」と。是《こ》の時に、唐の国に遣はす学生倭《やまとの》漢直福因《あやのあたいふくいん》・奈羅訳語恵明《ならのおさえみょう》・高向漢人玄理《たかむこのあやひとげんり》・新漢《いまきのあや》人大圀《ひとおおくに》、学問僧新漢人日文《にちもん》[2]・南淵漢人請安《みなぶちのあやひとしょうあん》・志賀《しがの》漢人慧隠《あやひとえおん》・新漢人広済《こうさい》等、幷《あわ》せて八人なり。
〔日本書紀《にほんしょき》〕

言葉 [1]辛巳：推古一六（六〇八）年の九月一一日 [2]日文：旻（みん）。舒明四年八月条以降は僧旻と見える。高向玄理とともに、帰国後大化改新で国博士となる

現代語訳 九月一一日、隋の使者裴世清が帰国した。そこで再び小野妹子を隋へ送った。……その時、天皇は隋の皇帝へのあいさつの書の中で「東の天皇が、つつしんで西の皇帝に申し上げる。……」と書いた。この時に隋に派遣された学生は、倭漢直福因・奈羅訳語恵明・高向漢人玄理・新漢人大圀、学問僧新漢人日文・南淵漢人請安・志賀漢人慧隠・新漢人広済ら、合わせて八人だった。

12 改新《かいしん》の詔《みことのり》

P.74

其《そ》の一《はじめ》に曰《のたまわ》く、昔在《むかし》の天皇《すめらみことたち》等の立《た》てたまへる子代《こしろ》の民《おおみたから》[1]、処処《ところどころ》の屯倉《みやけ》[2]、及《およ》び、別《こと》には臣《おみ》[3]・連《むらじ》・伴造《とものみやつこ》・国造《くにのみやつこ》・村首《むらのおびと》の所有《たもて》る部曲《かきべ》の民《おおみたから》[4]、処《ところ》処《どころ》の田荘《たどころ》[5]を罷《や》めよ。仍《よ》りて食封《へひと》《じきふ》[6]を大夫《まえつきみ》[7]より以上《かみつかた》に賜《たま》ふこと、各《おのおの》差《しな》有《あ》らむ。……
其《そ》の二《つぎ》に曰《のたまわ》く、初《はじ》めて京師《みさと》を修《おさ》め、畿内《きない》・国司《くにのみこともち》[8]・郡司《こおりのみやつこ》[9]・関塞《せきそこ》[10]・斥候《うかみ》[11]・防人《さきもり》[12]・駅馬《はゆま》[13]・伝馬《つたわりうま》[14]を置《お》き、及《およ》び鈴契《すずしるし》[15]を造《つく》り、山河《やまかわ》を定《さだ》めよ。……
其《そ》の三《つぎ》に曰《のたまわ》く、初《はじ》めて戸籍《こせき》・計帳《けいちょう》[16]・班田収授《はんでんしゅうじゅ》之《の》法《ほう》を造《つく》れ。……
其《そ》の四《つぎ》に曰《のたまわ》く、旧《もと》の賦役《えつき》[17]を罷《や》めて、田《た》の調《みつぎ》を行《おこな》へ。
……別《こと》に戸別《へごと》の調《みつぎ》[18]を収《と》れ。……
〔日本書紀《にほんしょき》〕

言葉 [1]子代の民：名代《なしろ》とともに皇室のための直属民 [2]屯倉：皇室の直轄領 [3]臣：以下の称号は、当時の豪族の代表的な姓や地位を表した慣用句 [4]部曲の民：豪族の私有民 [5]田荘：豪族の私有地 [6]食封：皇族や官職にあるものに一定数の戸（封戸）を支給し、そこから納められる税の大部分を与える制度 [7]大夫：国政審議に参画する高官。令制では五位以上の者をさす [8]畿内・国司：畿内国の司と読む説もある [9]郡司：郡は大宝令施行以後の呼称。それ以前は「評」であったことが『藤原宮出土木簡』で確認されている [10]関塞：関所ととりで [11]斥候：北辺の守備兵か [12]防人：辺境、特に大宰府管内の守備兵 [13]駅馬：官道（宿駅）に置かれた公用の馬 [14]伝馬：郡に置かれた公用の馬 [15]鈴契：鈴は諸国に、契は関に置いた、駅馬・伝馬使用のための証明 [16]計帳：調庸を賦課するための台帳 [17]旧の賦役：従来行われた貢納や力役 [18]戸別の調：戸を単位として賦課する税

現代語訳 その一は、これまで歴代の天皇が設定した皇室の私有民である子代《こしろ》の民《たみ》や朝廷の直轄地である屯倉《みやけ》、とりわけ豪族の臣《おみ》・連《むらじ》・伴造《とものみやつこ》・国造《くにのみやつこ》、村の首長である村首《むらのおびと》らがもっていた私有民の部曲《かきべ》や私有地の田荘《たどころ》を廃止しなさい。そのかわり、国政に参与する地位の大夫《まえつきみ》以上には食封《じきふ》を各々冠位に応じて支給する。……
その二は、都の制度を新設し、畿内・国司・郡司や関（軍事用地）・守備連絡兵・辺境防備《へんきょうぼうび》兵、官道の宿駅に置く馬、

各郡に置く馬を設置し　駅鈴と木札を造り、国郡の境を確定しなさい。……

その三は、戸籍《こせき》・計帳《けいちょう》・班田収授法《はんでんしゅうじゅのほう》を造りなさい。……

その四は、従来の課役徴発《かえきちょうはつ》は廃止し、田に賦課《ふか》する調を徴収しなさい。……別に、戸ごとに賦課《ふか》する調も徴収しなさい。……

読み解く　日本書紀の記事である「改新の詔」は当時作られたものではないという学説がある。それはなぜか、この史料に基づいて答えよう。

13 令《りょう》の諸制度

P.76・78・79

●戸令《こりょう》第八

凡《およ》そ戸《こ》は、五十戸《こ》を以《もっ》て里《り》[1]**と為《せ》よ。里毎《りごと》に長《おさ》一人を置《お》け。**……

凡《およ》そ**戸籍《こせき》は、六年に一たび造《つく》れ。**十一月上旬《じょうじゅん》より起《おこ》して式《しき》[2]に依《より》て勘《かんが》へ造《つく》れ。……

●田令《でんりょう》第九

凡《およ》そ田《た》は、長《なが》さ卅《（三十）》歩《ぶ》[3]・広《ひろ》さ十二歩《ぶ》を段《たん》と為《せ》よ。十段《たん》を町《ちょう》と為《せ》よ。**段《たん》の租稲《そとう》二束《そく》二把《わ》、**町《ちょう》の租稲《そとう》廿《（二十）》二束《そく》。

凡《およ》そ口分田《くぶんでん》を給《たま》はんことは、男《おとこ》に二段《たん》、女《おんな》は三分の一を減《げん》ぜよ。五年以下《ねんいか》[4]には給《たま》はざれ。……

凡《およ》そ田《た》は、六年《ねん》に一たび班《たま》へ。……若《も》し身死《みし》したるを以《もっ》て田《た》を退《かえ》すべくんば、班年《はんねん》に至《いた》らん毎《ごと》に、即《すなわ》ち、収《と》り授《たま》ふ[5]に従《よ》れ。

●賦役令《ぶやくりょう》第十

凡《およ》そ調《ちょう》[6]の絹《きぬ》・絁《あしぎぬ》[7]・糸《いと》・綿《わた》[8]・布《ぬの》[9]は、並《ならび》に郷土《くに》の所出《しょしゅつ》に随《したが》へよ。正丁《せいてい》[10]一人に絹《きぬ》・絁《あしぎぬ》八尺《しゃく》五寸《すん》。……

凡《およ》そ**正丁《せいてい》の歳役《さいえき》**[11]**は十日。若《も》し庸《よう》**[12]**を収《と》る須《べ》くば布《ぬの》二丈《じょう》六尺《しゃく》。**……

凡《およ》そ令条《りょうじょう》の外《ほか》の**雑徭《ぞうよう》**[13]**は、人毎《ひとごと》に均《ひと》しく使《つか》へ。総《すべ》て六十日《にち》を過《す》ぐることを得《え》ざれ。**

●軍防令《ぐんぼうりょう》第十七

凡《およ》そ兵士《へいし》の簡《えら》び点《ささ》む次《ついで》は、……同戸《どうこ》の内《うち》に**三丁毎《ていごと》に一丁を取れ。**

凡《およ》そ兵士《へいし》の上番《じょうばん》せむは、京《きょう》に向《むか》はむは一年《ねん》、防《ふせぎ》に向《むか》はむは三年《ねん》、行程《こうてい》を計《かぞ》へず。……凡《およ》そ兵士《へいし》の京《きょう》に向《むか》ふをば**衛士《えじ》**と名《な》づく。辺《ほとり》を守《まも》るをば**防人《さきもり》**と名《な》づく。

〔令義解《りょうのぎげ》〕

言葉　[1]里：律令制下の地方行政区画の最小単位　[2]式：造籍式（式は律令の施行細則）　[3]歩：一歩は当時の五尺で約一・八メートル　[4]五年以下：五歳以下　[5]収り授ふ：いわゆる班田収授法の骨子をなす規定であるが、六年ごとに収授するといっても、死亡など、変動がない限りは、同じ田を継続して耕作し得た　[6]調：律令制の基本的物納課税。地方の産物を納める　[7]絁：粗製の絹　[8]綿：真綿のこと。木綿ではない　[9]布：麻の布　[10]正丁：二十一～六十歳の良民男性で身体上の障害のない者　[11]歳役：一年に十日間上京して中央政府に使役される義務　[12]庸：歳役の代わりに納める麻布　[13]雑徭：地方国衙《こくが》に対する労役　[14]三丁毎に一丁を取れ：実際には一国の正丁の総数の三分の一を兵士にした

現代語訳　●戸令《こりょう》第八

五十戸で一里としなさい。里には里長を一人設《もう》けなさい。……

戸籍は六年ごとに一回作成しなさい。十一月上旬《じょうじゅん》から始め、令の施行細則である「式」に従って作成せよ。……

●田令《でんりょう》第九

水田は、長さ三十歩《ぶ》、幅《はば》十二歩を一段《たん》とし、十段で一町としなさい。一段から田租として稲を二束《そく》二把《わ》、一町から二十二束を徴収《ちょうしゅう》しなさい。

口分田《くぶんでん》は、男性に二段、女性に一段百二十歩を与え、五歳以下のものには与えない。……

水田は、六年に一度与えなさい。……死亡して田を返す場合は班田《はんでん》を行う年に国に返却《へんきゃく》させなさい。

●賦役令《ぶやくりょう》第十

調《ちょう》として納める絹《きぬ》・絁《あしぎぬ》（目の粗い絹の一種）・生糸《きいと》・真綿《まわた》・麻布《あさぬの》は、地域の実情に従って行いなさい。二十一歳から六十歳までの男性一人は、絹・絁ならば八尺《しゃく》五寸《すん》。……

二十一歳から六十歳までの男性が、朝廷への労役《ろうえき》負担として納める歳役《さいえき》は年間十日としなさい。庸布《ようふ》で代納させる場合は二丈六尺としなさい。……

令で規定されているもの以外の地方国衙に納める労役負担の雑徭《ぞうよう》は、均等《きんとう》に一人六十日を過ぎないようにしなさい。

●軍防令《ぐんぼうりょう》第十七

兵士は、……郷戸《ごうこ》の内で三人の正丁《せいてい》に一人の割合で出させなさい。

兵士としての勤務は、京都へ行く者は一年、辺境へ行く者は三年とし、その任地に行くのにかかる日数は勤務年数に加えることはしない。……京に行く兵士のことを衛士《えじ》といい、辺境を守る兵士のことを防人《さきもり》という。

14 天皇の神格化

P.75

壬申《じんしん》の年《とし》の乱《らん》[1]の平定《へいてい》しぬる以後《のち》の歌《うた》二首《しゅ》

大君《おおきみ》[2]**は神《かみ》にし坐《ま》せば**赤駒《あかごま》の匍匐《はらば》ふ田井《たい》を都《みやこ》[3]となしつ

大伴御行《おおとものみゆき》[4]

大君《おおきみ》は神《かみ》にし坐《ま》せば水鳥《みずとり》の多集《すだ》く水沼《みぬま》[5]を都《みやこ》となしつ

作者不詳《さくしゃふしょう》

天皇《てんのう》、雷岳《いかづちのおか》に御遊《いでま》しし時《とき》、柿本人麻呂《かきのもとのひとまろ》の作《つく》る歌《うた》一首《しゅ》

大君《おおきみ》は神《かみ》にし坐《ま》せば天雲《あまくも》の雷《いかづち》の上《うえ》に廬《いお》らせるかも

柿本人麻呂《かきのもとのひとまろ》[6]

〔万葉集《まんようしゅう》〕

言葉　[1]壬申の乱：六七二年　[2]大君：この三首の大君はいずれも天武天皇　[3]都：飛鳥浄御原宮《あすかきよみはら》をさす　[4]大伴御行：（?～七〇一）壬申の乱で天武天皇を助けて功があり、天武・持統朝に仕えた官人　[5]水鳥の多集く水沼：水鳥がたくさん巣をつくっているような沼　[6]柿本人麻呂：（生没年不詳）持統・文武朝に仕えた。万葉集最高の歌人といわれる

現代語訳　壬申の乱を平定した後の歌二首

大君（天皇）は神でいらっしゃるので、栗毛の馬が腹ばいになるようなたんぼでも、都になさった。

大伴御行

大君は神でいらっしゃるので、水鳥が群れ集う沼地でも、都になさった。

作者不詳

天皇が雷岳に行幸《ぎょうこう》（外出）した時に柿本人麻呂が作った歌一首

大君は神でいらっしゃるので、空の雲の上に仮の宮をつくっていらっしゃる。

柿本人麻呂

読み解く　「水鳥の多集く水沼を都となしつ」とされた都城はどこか。またなぜわざわざ都を歌にしたのだろうか。

15 貧窮問答歌《ひんきゅうもんどうか》

P.84

風《かぜ》まじへ　雨降《あめふ》る夜《よる》の　雨《あめ》まじへ　雪降《ゆきふ》る夜《よる》は　術《すべ》もなく　寒《さむ》く……我《われ》よりも　貧《まず》しき人《ひと》の　父母《ちちはは》は　飢《う》ゑ寒《こご》ゆらむ　妻子《めこ》どもは　吟《によ》び泣《な》くらむ　この時《とき》は　いかにしつつか　汝《な》が世《よ》は渡《わた》る

天地《あめつち》は　広《ひろ》しと言《い》へど　吾《あ》がためは　狭《さ》くやなりぬる　日月《ひつき》は　明《あか》しと言《い》へど　吾《あ》がためは　照《て》りや給《たま》はぬ　人皆《ひとみな》か　吾《あ》のみや然《しか》る　わくらばに①　人《ひと》とはあるを　人《ひと》なみに　我《あれ》もなれるを②　綿《わた》もなき　布肩衣《ぬのかたぎぬ》の　海松《みる》のごと　わわけさがれる③　襤褸《かがふ》④のみ　肩《かた》にうちかけ　伏《ふ》せ廬《いほ》⑤の　曲《ま》げ廬《いほ》⑥の内《うち》に　直土《ひたつち》に⑦　藁《わら》解《と》き敷《し》きて　父母《ちちはは》は　枕《まくら》の方《かた》に　妻子《めこ》どもは　足《あと》の方《かた》に　囲《かく》みゐて　憂《うれ》ひさまよひ⑧　かまどには　火気《ほけ》吹《ふ》き立《た》てず　こしき⑨には　蜘蛛《くも》の巣懸《すか》きて　飯炊《いひかし》ぐ　ことも忘《わす》れて　ぬえ鳥《どり》⑩の　呻吟《のどよ》ひをるに　いとのきて⑪　短《みじか》きものを　端切《はしき》ると　言《い》へるがごとく　**しもと⑫取《と》る　里長《さとおさ》⑬が声《こえ》は　寝屋処《ねやど》⑭まで　来立《きた》ち呼《よ》ばひぬ　かくばかり　術《すべ》なきものか　世《よ》の中《なか》の道《みち》**

世《よ》の中《なか》を　憂《う》しと恥《やさ》し⑮と　思《おも》へども　飛《と》び立《た》ちかねつ　鳥《とり》にしあらねば

〔万葉集《まんようしゅう》〕

言葉　①わくらばに：偶然に　②我もなれるを：自分も成人しているのに　③わわけさがれる：ずたずたに裂けてたれ下がっている　④襤褸：ぼろ　⑤伏せ廬：低く伏したような小屋　⑥曲げ廬：曲がった小屋。廬とは当時の庶民の竪穴住居を示す言葉　⑦直土に：地面に直接に　⑧憂ひさまよひ：嘆きうめいて　⑨こしき：米をむして炊く器　⑩ぬえ鳥：トラツグミのことで、「のどよふ」の枕詞　⑪いとのきて：副詞。そうでなくてさえ。以下端切るまでは当時のことわざ　⑫しもと：罪人を打つために用いる木の枝で作ったむち　⑬里長：令の規定で五十戸を一里とし里には里長を一人置いた　⑭寝屋処：寝室の入口　⑮恥し：恥ずかしい

現代語訳　風まじりの雨が降り、その雨に雪がまじるような夜は、どうしようもなく寒い。……しかし、私よりもっと貧しい人の父母は飢《う》えと寒さにふるえ、妻や子はかぼそい声で食物を求めて泣いていることだろう。そんな時、どうやってあなたは生きているのか。

天地は広くても、自分のためにはせまく身の置き場もない。太陽や月は明るくても、自分のために照ってはくれない。だれでもそうなのだろうか。それとも自分だけなのか。たまたま人と生まれた限りは、人なみに自分も成長し働いているのに、真綿《まわた》もなければ、布肩衣も海草のように破れすり切れ、ぼろ衣だけを身にまとうのがやっとである。低い屋根のつぶれかかった家の中で土にじかに藁《わら》を敷《し》いて、枕元《まくらもと》に父母、足元《あしもと》に妻子が自分をとり囲むように寝て嘆《なげ》き悲しんでいる。かまどやこしきには火の気《け》もなく蜘蛛《くも》の巣がかかり、長いこと御飯を炊《た》くことさえ忘れている。それなのに格別に短い物をさらにその端を切るという諺《ことわざ》のように鞭《むち》をもった里《さと》長《おさ》は戸口にまで催促《さいそく》にやってくる。これほどこの世を生きていくことは何とも仕方のないものか。

この世で生きていくことは本当につらく恥ずかしいことばかりだと思うけれど、鳥でもないので逃げることもできない。

16 農民の労苦

P.79

和銅《わどう》五年春正月乙酉《きのととり》①、詔《みことのり》して曰《のたまわ》く、「**諸国の役民《えきみん》、郷に帰るの日、食糧②絶《た》へ乏《とぼ》しくして、多く道路に饉《う》ゑて、溝壑《こうがく》に転塡《てんてん》すること、其《そ》の類《たぐい》少なからず。**国司等宜《よろ》しく勤《つと》めて撫養《ぶよう》③を加へ、量《はか》りて賑恤《しんじゅつ》④すべし。如《も》し死する者有らば、且《しばら》く埋葬《まいそう》を加へ、其の姓名を録《しる》して、本属に報ぜよ。」と。

〔続日本紀《しょくにほんぎ》〕

言葉　①乙酉：七一二年一月一六日　②食糧：貢納や都での労役のための旅費は、公民の自弁が原則だった　③撫養：なでやしなうこと　④賑恤：あわれみ救うこと

現代語訳　和銅五（七一二）年正月一六日に天皇が詔書で言われることには「諸国から（京へ上った）労役民が、郷里へ帰る途中で、道路で飢え、路傍の溝などに転げ落ちることが多い。諸国の国司たちは彼らに保護を加え、必要に応じて食料などを施せ。飢死したものについては、埋葬し、その姓名を記録しておいて、本籍地に連絡してやれ。」と。

読み解く　この史料のような労苦の中で、農民たちはどのような行動をとっていったと考えられるだろうか。

17 浮浪人《ふろうにん》の増加

P.84

（霊亀《れいき》元年）五月辛巳《かのとみ》①朔《ついたち》。諸国の朝《ちょう》集《しゅう》使《し》②に勅《ちょく》して曰《のたまわ》く、「天下の百姓、多く本貫《ほんがん》③に背《そむ》き、他郷に流宕《るとう》して、課役を規避《きひ》す。其《そ》の浮浪逗留《とうりゅう》して、三月以上を経《ふ》る者は、**即《すなわ》ち土断《どだん》して調庸を輸せしむること、**当国の法に随《したが》へ。……」と。（養老《ようろう》元年五月）丙辰《ひのえたつ》④。詔《みことのり》して曰く、「率土《そつど》の百姓、四方に浮浪し、課役を規避して、遂《つい》に王臣⑤に仕《つか》へ、或《あるい》は資人《しじん》⑥を望み、或は得度《とくど》⑦を求む。王臣本属《ほんぞく》を経《へ》ずして、私《わたくし》に自ら駈使《くし》し、国郡に嘱請《しょくせい》して、遂に其《その》志《こころざし》を成す。……」と。

〔続日本紀〕

言葉　①辛巳：七一五年五月一日　②朝集使：律令制下で一年間の国郡の政治を中央に報告する使い　③本貫：本籍地　④丙辰：七一七年五月一七日　⑤王臣：皇族や臣下の上級官人　⑥資人：「つかいびと」「とねり」と訓じ、親王や上級官人の護衛や雑務に従事した　⑦得度：政府の許可による正式の出家

現代語訳　霊亀元（七一五）年五月一日。諸国の朝集使に次のように命じた。「天下の百姓の多くは本籍地を離れ、他所に流浪して税を逃れている。そのように浮浪逗留して三カ月以上経つ者は、その地で調・庸を納め、その国の法に従うこと。……」と。

養老元（七九七）年五月一七日。次のように詔を発した。「全国の百姓は各地に浮浪し、税を逃れて、ついに皇族や上級官人に仕え、雑務に従事したり、出家して僧になったりすることを望んでいる。皇族や上級官人は、本籍地の役所を経ないで、（浮浪人を）使い、国や郡の役所に頼んで、遂には私的に使うようになる。……」と。

読み解く　浮浪人の増加は律令国家の財政にどのような影響を与えただろうか。

18 国分寺《こくぶんじ》の建立

P.82・83

（天平《てんぴょう》十三年三月）乙巳《きのとみ》①、詔《みことのり》して曰《のたまわ》く、……**宜《よろ》しく天下《あめのした》の諸国《しょこく》をして各々《おのおの》敬《つつし》んで七重塔《しちじゅうのとう》一区《いっく》を造《つく》り、幷《なら》びに金光明最勝王経《こんこうみょうさいしょうおうきょう》②・妙法蓮華経《みょうほうれんげきょう》③各《おのおの》一部《いちぶ》④を写《うつさ》しむべし。**朕《われ》又別《またべつ》に、金字《こんじ》の金光明最勝王経《こんこうみょうさいしょうおうきょう》を写《うつ》して、塔毎《とうごと》に各《おのおの》一部《いちぶ》を置《お》かしめむと擬《ほっ》す。……又国毎《またくにごと》の僧寺《そうじ》には封《ふ》五十戸《こ》、水田《すいでん》十町《ちょう》を施《ほどこ》せ。尼寺《にじ》には水田《すいでん》十町《ちょう》。僧寺《そうじ》には必《かなら》ず廿《(二十)》僧《ほうし》有《あ》らしめ、其《そ》

の寺の名を金光明四天王護国之寺と為し、尼寺には一十尼《に》ありて、其《そ》の寺《てら》の名《な》を法華滅罪之寺《ほっけめつざいのてら》と為《な》せ。
〔続日本紀《しょくにほんぎ》〕

言葉 ①乙巳：七四一年三月二十四日。ただしこれは誤りで、正しくは二月十四日 ②金光明最勝王経：「本経を持する国王人民は、諸天これを擁護すべし」とされる鎮護国家の仏教経典 ③妙法蓮華経：釈迦《しゃか》の王舎城での八年間の説法を結集したとされる仏教教典。この経の霊験功徳はいかなる重障をも克服できると信じられた ④各一部：各十部とした書もある

現代語訳 天平十三（七四一）年三月二十四日に、聖武天皇が詔を出した。「……全国に命じて、各々七重塔一区画を建立し、金光明最勝王経と妙法蓮華経を一部ずつ写させよ。私も、それとは別に、自分で金字で金光明最勝王経を写して、諸国の塔ごとに一部ずつを置こうと思う。（この造塔と写経の功徳により）……また、各国は、僧寺（国分寺）には封戸《ふこ》五十戸・水田十町を寄進し、尼寺（国分尼寺）には水田十町を寄進せよ。僧寺には必ず二十人の僧を置き、その寺の名を金光明四天王護国之寺とせよ。尼寺には必ず十人の尼を置き、その寺の名を法華滅罪之寺とせよ。」と。

読み解く この詔でなぜ「金光明最勝王経」「妙法蓮華経」を写経することを命じたのだろうか。

19 大仏の造立

▶P.83

（天平《てんぴょう》十五年）冬《ふゆ》十月辛巳《かのとみ》①、詔《みことのり》して曰《のたまわ》く、「……粤《ここ》に天平《てんぴょう》十五年歳《ほし》癸未《みずのとひつじ》に次《やど》る十月十五日を以《もっ》て、菩薩《ぼさつ》の大願《たいがん》②を発《おこ》して盧舎那仏《るしゃなぶつ》③の金銅像《こんどうぞう》一軀《いっく》を造《つく》り奉《たてまつ》る。……夫《そ》れ天下《てんか》の富《とみ》を有《たも》つ者《もの》は朕《われ》なり、天下《てんか》の勢《いきおい》を有《たも》つ者《もの》も朕《われ》なり。此《こ》の富勢《ふせい》を以《もっ》て此《こ》の尊像《そんぞう》を造《つく》る。事《こと》や成《な》り易《やす》く、心《こころ》や至《いた》り難《がた》し。……」
〔続日本紀《しょくにほんぎ》〕

言葉 ①辛巳：七四三年十月十五日 ②菩薩の大願：仏教興隆の悲願。菩薩とは、衆生救済をし、仏になるため修行する者をいう ③盧舎那仏：元来太陽を意味し、光明のように全世界に広がる仏とされる。奈良時代には、華厳《けごん》宗の中心仏とされた

現代語訳 天平十五（七四三）年十月十五日、聖武天皇は詔を出され、「……ここに天平十五年十月十五日、菩薩がめざすようにすべての衆生を救済し地上に極楽を実現したいという悲願《ひがん》をおこして、盧舎那仏の金銅像一体を造る。……本来、天下の財富をもつのは朕であり、天下の権力も朕がもつ。この財と権力をもってすれば尊像造立は容易であるが、本来の祈願の主旨《しゅし》は徹底できない。……」

読み解く 聖武天皇はなぜ「事や成り易く、心や至り難し」と言っているのだろうか。

20 三世一身法《さんぜいっしんほう》

▶P.85・110

（養老《ようろう》七年夏《なつ》四月）辛亥《かのとい》①。太政官奏《だいじょうかんそう》すらく、「頃者《このごろ》百姓《ひゃくせい》漸《ようや》く多《おお》くして、田池《でんち》窄狭《さくきょう》なり。望《のぞ》み請《こ》ふらくは、天下《てんか》に勧《すす》め課《おお》せて田疇《でんちゅう》②を開闢《ひら》③かしめむ。其《そ》の新《あら》たに溝池《こうち》を造《つく》り、開墾《かいこん》を営《いとな》む者《もの》有《あ》らば、多少《たしょう》に限《かぎ》らず給《きゅう》して三世《さんぜ》④に伝《つた》へしめむ。若《も》し旧《もと》の溝池《こうち》を逐《お》はば、其《そ》の一身《いっしん》に給《きゅう》せむ」と。奏可《そうか》す。
〔続日本紀《しょくにほんぎ》〕

言葉 ①辛亥：七二三年四月十七日 ②田疇：田地 ③開闢：開墾のこと ④三世：田令の規定からすれば、三世は子・孫・曾孫の三代と考えられるが、本人・子・孫の三代とする説もある

現代語訳 養老七（七二三）年四月十七日、太政官は（元正）天皇の裁可を求め次のように奏上した。「最近、百姓が増えたのに田地はせまい。よって、全国に田地の開墾《かいこん》を奨励《しょうれい》したい。溝池《みぞいけ》を新設して開墾した土地はその面積の多少にかかわらず三代にわたる相続を認めたい。もし、荒廃《こうはい》した溝・池を再開発して開墾した土地は本人一代に限り私有を認めたい」と。この申請を天皇は認可した。

21 墾田永年私財法《こんでんえいねんしざいほう》

▶P.85・110

（天平《てんぴょう》十五年五月）乙丑《きのとうし》①。詔《みことのり》して曰《のたまわ》く、「聞《き》くならく、墾田《こんでん》は養老《ようろう》七年の格《きゃく》②に依《よ》るに、限満《かぎりみ》つるの後《のち》、例《れい》に依《よ》りて収授《しゅうじゅ》す。是《これ》に由《よ》りて、農夫《のうふ》怠倦《たいけん》し、開《ひら》ける地《ち》復《ま》た荒《あれ》る、と。今《いま》より以後《いご》は、任《まま》に私財《しざい》と為《な》し、三世一身《さんぜいっしん》を論《ろん》ずること無《な》く、咸悉《みなことごと》く永年《えいねん》取《と》る莫《なか》れ。其《そ》の親王《しんのう》の一品《いっぽん》③及《およ》び一位《いちい》④には五百町《ちょう》、二品《にほん》及《およ》び二位《にい》には四百町《ちょう》、……初位《そい》已下《いか》庶人《しょにん》に至《いた》るまでには十町、但《ただ》し郡司《ぐんじ》には、大領《かみ》《たいりょう》⑤・少領《すけ》に三十町《ちょう》、主政《じょう》・主帳《さかん》《しゅちょう》に十町《ちょう》。……」と。
〔続日本紀《しょくにほんぎ》〕

言葉 ①乙丑：七四三年五月二十七日 ②養老七年の格：七二三年の三世一身法をさす。格は律令の修正・追加の法令 ③一品：親王（天皇の兄弟や皇子）の位階は一品から四品まで四階級あった ④一位：官人の位階は一位から八位及び初位まで三十階があった ⑤大領：郡司の四等官の長官（かみ）

現代語訳 天平十五（七四三）年五月二十七日、（聖武）天皇が命令書を下して言うことには、「聞くところによると、開発田が養老七年格によって、（三世または一身の）期間ののちは、恒例によって公有地となり収授されるので、農民が耕作を怠り、一度開発されてもすぐまた荒れてしまうということである。今後は開発田を意のままに私財として所有させ、三世一身という期限に関係なく、没収して公有化することは永久にやめよ。一品の親王と一位の貴族は五百町、二品と二位は四百町、……初位から庶民までは十町までの範囲で私有を許す。ただし郡司は、その長官・次官に三十町、三等官・四等官に十町とする。……」と。

読み解く 墾田永年私財法は、なぜ墾田の開発を貴族官人に限り、その開発面積にも制限を設けたのだろうか。

22 古事記の編纂

▶P.83・90

……阿礼に勅語《ちょくご》して帝皇《すめらみこと》の日継《ひつぎ》①及び先代の旧辞を誦習《よみなら》②はしめたまひき。……焉《ここ》に於《おい》て旧辞の誤り忤《たが》へるを惜《おし》み、先紀《せんき》③の謬《あやま》り錯《みだ》れるを正さむとして、和銅《わどう》四年④九月十八日を以《もっ》て、臣安万侶に詔して、稗田阿礼が誦《よ》む所の勅語⑤の旧辞を撰録して、以て献上《けんじょう》せしむ者《てへり》⑥。
〔『古事記《こじき》』序《じょ》〕

言葉 ①日継：皇室の系図のようなものか ②誦習：暗誦させた。または成文について訓法を習わせた ③先紀：帝紀、前出の帝皇の日継をさす ④和銅四年：七一一年 ⑤勅語：天武天皇の勅語 ⑥者：「てへり」と読み「といへり」の意

現代語訳 ……（天皇は）阿礼に命じて、累代の天皇の地位の継承関係や、昔の物語を暗誦させたのであった。……それゆえ、今、（元明天皇は）旧辞の誤りを残念に思われ、帝紀の誤りや不統一を正そうとされて、和銅四（七一一）年九月一八日に、天皇の臣である私安万侶に命じて『稗田阿礼が天武天皇の命令により暗誦した旧辞を撰び記録して、献上せよ』

と命令された。

読み解く 太安万侶が詔を承って旧辞を記録したと述べていることは、古事記のどのような性格を示しているだろうか。

23 平安遷都

▶▶P.98

(延暦《えんりゃく》十三年十月)丁卯《ひのとう》[1]、……都を遷《うつ》す。詔《みことのり》して曰《のたま》わく、云々《うんぬん》。「葛野《かどの》[2]の大宮の地は、山川も麗《うるわ》しく、四方《よも》の国の百姓の参出《まいりい》で来《こ》む事も便《たよ》りにして云々。」……十一月丁丑《ひのとうし》(八日)、詔す。「……**此《こ》の国山河《さんが》襟帯《きんたい》、自然に城《き》を作《な》す。斯《こ》の形勝《けいしょう》に因《よ》り、新号を制すべし。宜《よろ》しく山背国《やましろのくに》を改めて山城国と為《な》すべし**」と。又《また》子来《しらい》の民、謳歌《おうか》の輩《ともがら》[3]、異口同辞《いくどうじ》、号して**平安京**と曰《い》ふ。〔日本紀略《にほんきりゃく》〕

言葉 [1]延暦十三年十月丁卯：七九四年一〇月二八日 [2]葛野：山城国葛野郡 [3]子来の民・謳歌の輩：天子の徳を慕う人々やたたえる人々

現代語訳 延暦一三(七九四)年一〇月二八日、遷都する。次のように詔を発した。「葛野の地は山川も美しく、まわりの国の人々が来るのにも便利な地である」と。……一一月八日に「……この国は、山が襟のようにそびえ、河が帯のように流れ、自然の要害となっている。この景観に合う年号を定めるべきである。また、山背国を改めて山城国とするように」と詔を発した。天皇の徳のもとに集まる人々や、徳をたたえる人々は、口をそろえて、「平安京」といった。

読み解く この詔で述べている遷都の理由は何だろうか。

24 平安京《へいあんきょう》造都の中止——徳政相論《とくせいそうろん》

▶▶P.98

(延暦《えんりゃく》二十四年十二月壬寅《みずのえとら》)[1]是《こ》の日《ひ》、中納言《ちゅうなごん》近衛大将《このえのたいしょう》従三位《じゅさんみ》藤原朝臣《ふじわらのあそん》内麻呂《うちまろ》、殿上《でんじょう》に侍《じ》す。勅《ちょく》有《あ》りて、参議《さんぎ》右衛士督《うえじのかみ》従四位下《じゅしいげ》藤原朝臣《ふじわらのあそん》緒嗣《おつぐ》と参議《さんぎ》左大弁《さだいべん》正四位下《しょうしいげ》菅野朝臣《すがののあそん》真道《まみち》とをして、天下《てんか》の徳政《とくせい》を相論《そうろん》せしむ。時《とき》に緒嗣《おつぐ》、議《ぎ》して云《いわ》く、**「方今《いま》、天下《てんか》の苦《くる》しむ所《ところ》は軍事《ぐんじ》と造作《ぞうさく》[2]なり。此《こ》の両事《りょうじ》を停《とど》めば百姓安《ひゃくせいやす》んぜむ」**と。真道《まみち》、異議《いぎ》を確執《かくしつ》[3]して肯《あ》えて聴《き》かず。帝《みかど》[4]、緒嗣《おつぐ》の議《ぎ》を善《よ》しとし、即《すなわ》ち停廃《ちょうはい》[5]に従《したが》ふ。〔日本後紀《にほんこうき》〕

言葉 [1]延暦二十四年十二月壬寅：八〇五年十二月七日 [2]軍事と造作：蝦夷《えみし》征討と平安京造営をさす [3]確執：自分の意見を強く主張して、譲らないこと [4]帝：桓武天皇 [5]停廃：中止

現代語訳 (延暦二十四(八〇五)年十二月七日)この日、藤原内麻呂が殿上に侍していたが、天皇の命令を受けて藤原緒嗣と菅野真道が天下の徳政について議論することになった。緒嗣は「今、天下の民衆が苦しんでいる原因は蝦夷の征討と平安京造営である。この二つの事業を停止すれば民衆は安んじることでしょう」と建議した。真道は異議を強く唱え同意しなかったが、桓武天皇は緒嗣の建議をよしとして、二つの事業は中止されることになった。

読み解く なぜ「天下の苦しむ所は軍事と造作なり」と藤原緒嗣は主張したのだろうか。

25 格式の編纂

▶▶P.98

蓋《けだ》し聞く、律は懲粛《ちょうしゅく》を以《もっ》て宗《むね》と為《な》し、令は勧誡《かんかい》を以て本となす。格《きゃく》は則《すなわ》ち時を量《はか》りて制を立て、式は則ち闕《か》けたるを補ひ遺《のこ》れるを拾《ひろ》ふ。……律令は是《こ》れ政に従ふの本《もと》たり、格式は乃《すなわ》ち職を守るの要《かなめ》たり。方今《いま》、律令は頻《しき》りに刊脩《かんしゅう》を経《へ》たりと雖《いえど》も、格式は未《いま》だ編緝《へんしゅう》を加へず。……上は大宝元年[1]より起こし、下は弘仁十年[2]に迄《いた》る、都《すべ》て式冊(四十)巻、格十巻と為す。〔類聚三代格《るいじゅうさんだいきゃく》〕

言葉 [1]大宝元年：七〇一年 [2]弘仁十年：八一九年

現代語訳 聞くところによると、律は懲らしめ慎ませることを主とし、令は善を勧めて悪を戒めることを主とする。格は時勢に応じて定め、式は足りないところを補っている。……律令は政治の根本であり、格式は職を守るために必要なことである。現在、律令は何度も改訂されてきたが、格式はこれまで編纂されてこなかった。……大宝元(七〇一)年から弘仁一〇(八一九)年までのすべての式を四〇巻に、格を一〇巻にまとめた。

26 延喜の荘園整理令

▶▶P.111

太政官符《だいじょうかんふ》す

応《まさ》に勅旨開田《ちょくしかいでん》[1]、并《なら》びに諸院諸宮[2]及《およ》び五位以上、百姓の田地舎宅《しゃたく》を買取り閑地《かんち》荒田《こうでん》を占《せん》請《せい》するを停止《ちょうじ》すべき事

〔類聚三代格《るいじゅうさんだいきゃく》〕

言葉 [1]勅旨開田：勅旨田の開発のこと。勅旨田とは律令制度の解体期に多く設置された皇室領荘園で、特権的な免税地であった [2]諸院諸宮：院宮に住む上級の皇族などをいう

現代語訳 太政官命令 勅旨田を開発すること、また、諸院諸宮と五位以上の貴族が、百姓の田地や屋敷を買い取って、(それを中心に)空閑地や荒廃田の(開発のための)囲い込みを申請すること、以上の二形態の開発を禁止する。

読み解く 延喜の荘園整理令で禁じられたことを二つまとめ、なぜこの二つが禁じられたのか考えてみよう。

27 税制の破綻——意見封事十二箇条《いけんふうじじゅうにかじょう》

▶▶P.105・110・111

臣《しん》[1]、去《さ》る寛平《かんぴょう》五年[2]、備中介《びっちゅうのすけ》に任《にん》ず。彼《か》の国《くに》の下道郡《しもつみちのこおり》に、邇磨郷《にまのごう》[3]有《あ》り。爰《ここ》に彼《か》の国《くに》の風土記《ふどき》を見《み》るに、**皇極天皇《こうぎょくてんのう》六年**[4]に、大唐《だいとう》の将軍《しょうぐん》蘇定方《そていほう》、新羅《しらぎ》の軍《ぐん》を率《ひき》ゐ百済《くだら》を伐《う》つ。百済使《くだらし》を遣《つか》はして救《すく》はむことを乞《こ》ふ。天皇《てんのう》筑紫《つくし》に行幸《ぎょうこう》して、将《まさ》に救兵《きゅうへい》を出《だ》さむとす。……路《みち》に下道郡《しもつみちのこおり》に宿《やど》したまふ。一郷《いちごう》を見《み》るに戸邑《こゆう》甚《はなは》だ盛《さかん》なり。天皇《てんのう》詔《みことのり》を下《くだ》し、試《こころ》みに此《こ》の郷《さと》の軍士《ぐんし》を徴《め》す。即《すなわ》ち勝兵《しょうへい》[5]**二万人《まんにん》**を得《え》たり。天皇大《てんのうおお》いに悦《よろこ》び、此《こ》の邑《むら》を名《な》づけて二万郷《にまのごう》と曰《い》ふ。後《のち》に改《あらた》めて邇磨郷《にまのごう》と曰《い》ふ。……

天平神護《てんぴょうじんご》年中[6]、右大臣《うだいじん》吉備朝臣《きびのあそん》[7]、大臣《だいじん》を以《もっ》て本《ほん》郡《ごうり》の大領《かみ》《たいりょう》を兼《か》ぬ。試《こころ》みに此《こ》の郷《さと》の戸口《ここう》を計《かぞう》るに、**纔《わずか》に課丁《かちょう》[8]千九百余人有《あ》るのみ**。**貞観《じょうがん》**[9]の初《はじ》め、故民《こみん》部卿《ぶきょう》藤原保則朝臣《ふじわらのやすのりあそん》、彼《か》の国《くに》の介《すけ》たりし時《とき》、……大《だい》帳《ちょう》[10]を計《はか》るの次《ついで》に、其《そ》の課丁《かちょう》を閲《けみ》する[11]に、**七十余人有《あ》るのみ**。某《それがし》、任《にん》に到《いた》り又此《またこ》の郷《さと》の戸口《ここう》を閲《けみ》するに、**老丁《ろうてい》[12]二人、正丁《せいてい》[13]四人、中男《ちゅうなん》[14]三人有《あ》るのみ**。去《さ》る延《えん》喜《ぎ》十一年[15]、彼《か》の国《くに》の介《すけ》藤原公利《ふじわらのきみとし》、任満《にんみ》ちて都《みやこ》に帰《かえ》る。

清行問ふ、「邇磨郷の戸口当今幾何ぞ」と。公利答へて曰《いわ》く、**「一人も有《あ》ること無《な》し」**と。謹《つつし》みて年紀《ねんき》を計《かぞう》るに、皇極天皇《こうぎょくてんのう》六年庚申《かのえさる》より、延喜《えんぎ》十一年辛未《かのとひつじ》に至《いた》るまで、纔《わずか》に二百五十二年、衰弊《すいへい》の速《すみや》かなること亦《また》既《すで》に此《かく》の如《ごと》し。一郷《いちごう》を以《もっ》て之《これ》を推《お》すに、天下《てんか》の虚耗《きょもう》[16]、掌《たなごころ》を指《さ》して知《し》るべし。〔本朝文粋《ほんちょうもんずい》〕

言葉　[1]臣：三善清行　[2]寛平五年：八九三年　[3]邇磨郷：現在の岡山県倉敷市真備町。吉備真備の出身地　[4]皇極天皇六年：六六〇年。実際には、皇極が重祚《ちょうそ》した斉明天皇六年　[5]勝兵：すぐれた兵士　[6]天平神護年中：七六五～七六七年　[7]吉備朝臣：吉備真備。七六七年以後右大臣。ただし、郡司兼任はしていないと思われる　[8]課丁：調庸を負担する農民　[9]貞観：八五九～八七七年　[10]大帳：大計帳。年毎の戸口の異動や当年の徴税額を計したもの　[11]閲する：調査する　[12]老丁：六十一～六十五歳の男子　[13]正丁：二十一～六十歳の男子　[14]中男：十七～二十歳の男子　[15]延喜十一年：九一一年　[16]虚耗：すり減ってなくなってしまうこと

現代語訳　私は、去る寛平五（八九三）年に備中国の介（国司の次官）に任ぜられました。その国の下道郡に邇磨郷があります。この国の風土記を見ますと、**皇極天皇六（六六〇）年**に、唐の将軍蘇定方が新羅軍を率いて百済を討ったので、百済は日本に使者を派遣して救援を求めてきました。天皇は筑紫に行幸して、援軍を派遣しようとされました。……途中、下道郡に宿営しましたが、ある郷を見ると家々が非常ににぎわっていました。そこで天皇は詔を出され、試みにこの郡から兵士を徴発すると、すぐれた兵士二万人を得ることができました。そこで、天皇は大いに喜び、この村を二万郷と名付けました。のちに邇磨郷と改められたのです。……

天平神護年間（七六五～七六七）に、右大臣吉備真備が、大臣のままこの郡の大領（郡司の長官）を兼ねました。当時、この郷の人口を調べると、**課丁はわずか一九〇〇余人**になっていました。**貞観年間**（八五九～八七七）の初め頃、亡くなった民部卿の藤原保則がその国の介だった時、……大帳を作成するついでに、この郷の課丁を数えると七〇余人になっていました。私が赴任してこの人口を調べたところ、老丁二人、**正丁四人、中男三人**しかいませんでした。去る延喜一一（九一一）年、この国の介藤原公利が任期を終え都に帰ってきました。私が邇磨郷の人口は現在何人かと問うと、公利はひとりもいないと答えました。初めからの年代を数えてみますと、皇極天皇六年から延喜一一年までは、わずかに二五二年間です。しかし、（この郷の）衰退が急速であることは今述べたとおりです。一郷の例から推察するに天下が疲弊していることは、自らの掌をさすように明らかです。

読み解く　備中国の邇磨郷はなぜこの史料のように衰退したのだろうか。

28 遣唐使派遣の中止 ▶P.103

諸公卿《くぎょう》[1]をして遣唐使《けんとうし》の進止《しんし》を議定《ぎじょう》せしめんことを請《こ》ふの状

右、臣某《しんそれがし》謹《つつし》んで、在唐《ざいとう》の僧中瓘《ちゅうかん》、去年三月[2]商客王訥《おうとつ》等に附《ふ》して到る所の録記《ろくき》を案ずるに、大唐の凋弊《ちょうへい》[3]これに載《の》すること具《つぶさ》なり。……臣等伏《ふ》して旧記を撿《けん》するに、度々《たびたび》の使等《つかい》、或《あるい》は海を渡りて命《めい》に堪《た》へざる者あり。或《あるい》は賊《ぞく》に遭《あ》ひて遂《つい》に身を亡《ほろ》ぼす者ありしも、唯未《ただいま》だ唐に至りて、難阻飢寒《なんそきかん》の悲《かなしみ》ありしことを見ず。中瓘申し報ずる所の如《ごと》くば、未然《みぜん》の事、推《お》して知るべし。臣等伏して願《ねが》くは、中瓘録記の状を以《もっ》て、遍《あまね》く公卿《くぎょう》・博士に下し、詳《つまびら》かに其《そ》の可否《かひ》を定められん事を。国の大事にして独《ひと》り身の為《ため》のみにあらず。且《かつ》は款誠《かんせい》を陳《の》べて伏して処分を請ふ。謹んで言《もう》す。

寛平《かんぴょう》六年（八九四）九月十四日　大使[4]参議《さんぎ》[5]勘解由次《かげゆのす》官《け》[6]従四位下兼守《じゅしいげけんしゅ》[7]左大弁行《さだいべんこう》[8]式部権大輔《しきぶごんのたいふ》[9]春宮亮《とうぐうのすけ》[10]菅原朝臣《すがわらのあそん》某

〔菅家文草《かんけぶんそう》〕

言葉　[1]公卿：太政大臣・左右大臣を公、大中納言・参議・三位以上の朝官を卿という　[2]去年三月：八九三（寛平五）年三月中瓘が唐の国勢の疲弊を報じた。太政官は翌年七月二二日返牒《へんちょう》（返事）を送ってこれを賞し砂金《さきん》一五〇両を下賜した　[3]大唐の凋弊：唐は安史の乱（七五六～六三）で衰退し、黄巣の乱（八七五～八四）で混乱を極めた。結局、遣唐使中止後一三年で滅亡するに至った（九〇七）　[4]大使：遣唐大使　[5]参議：大臣や大中納言とともに国政を議する高官　[6]勘解由次官：勘解由使局（官吏交替の監察）の次官　[7]守：官位が相当せず、官は高いが位の低い場合に記す　[8]行：官位が相当せず、官は低いが位の高い場合に記す　[9]式部権大輔：式部省の権官の次官。権官は令制の正官以外の官　[10]春宮亮：春宮坊の次官

現代語訳　公卿の人々によって遣唐使を派遣するか中止するかが討議決定されるように請う書状

右のことについて、私（菅原道真）は、唐に滞在中の僧中瓘が去年三月に唐の商人王訥らに託して送ってきた記録を見ましたが、そこには、大唐国の衰退の様子が詳細に載せられていました。……私どもがこれまでの古い記録を調べてみましたところ、何回にもわたった遣唐使のなかには、海を渡っても使命を果たせなかった者や、賊難にかかって身を滅ぼす者はいましたが、唐で通行困難や飢え寒さの目にあったりした者はありませんでした。それに対し、中瓘の報告によれば、これからは、（遣唐使がどんなひどい目にあうか）、まったく予断を許しません。そこで、中瓘の記録を写して、すべての公卿や博士に配って、遣唐使派遣の可否を具体的に審議し決定することをお願いします。このことは国家の大事なので上申しているのでありまして、ただ（遣唐使の任務を仰せつかっている）私個人の身の安全のために上申しているのではございません。ここに、私の誠心を述べて、謹んで処置を請うものです。謹言。

寛平六（八九四）年九月一四日　大使参議勘解由次官従四位下兼守左大弁行式部権大輔春宮亮菅原朝臣某

読み解く　この史料で道真が述べている遣唐使の中止の理由は何だろうか。

29 摂政・関白のはじめ ▶P.103

(1) **摂政のはじめ**

天安《てんあん》二年[1]戊寅《つちのえとら》　摂政《せっしょう》従一位《じゅいちい》藤良房《とうのよしふさ》

五十五　十一月七日宣旨《せんじ》[2]にて摂政と為《な》す。〔公卿補任《くぎょうぶにん》〕

（貞観八年[3]八月）十九日辛卯《かのとう》、太政大臣《だいじょう》[4]に勅《ちょく》し**て天下の政《まつりごと》を摂行《せっこう》せしむ。**〔日本三代実録《にほんさんだいじつろく》〕

(2) **関白のはじめ**

摂政太政大臣[5]に万機《ばんき》を関白《かんぱく》せしむるの詔《みことのり》を賜《たま》ふ。詔して、「朕《ちん》[6]涼徳《りょうとく》を以《もっ》て茲《ここ》に乾符《けんぷ》[7]を奉《ほう》ず。鳳《ほう》扆《い》[8]に臨みて薄氷を履《ふ》むが如く、龍軒《りゅうけん》を撫《ぶ》して淵水《えんすい》を渉《わた》るが若《ごと》し。太政大臣の保護扶持《ぶじ》に非《あら》ざるよりは、何《いずくん》ぞ宝命を黄図《とうと》に恢《ひろ》め、旋機《せんき》を紫極《しきょく》に正しうするを得むや。嗚呼《ああ》、三代[9]政《まつりごと》を摂《と》り、一心に忠を輸《いた》す。先帝[10]聖明《せいめい》にして、其《そ》の摂録《せつろく》[11]を抑《あお》ぐ。朕の沖眇《ちゅうびょう》、重ぬるに弧煢《こけい》を以《もっ》てす。**其れ万機《ばんき》の巨細《こさい》、百官己《おのれ》に総《す》べ、**

皆太政大臣に関白[12]し、然《しか》る後奏下《そうげ》すること一《いつ》に旧事《きゅうじ》の如《ごと》くせよ。主者《つかさどるもの》施行せよ」と。

仁和三年[13]十一月廿《（二十）》一日
〔政事要略《せいじようりゃく》〕

言葉 [1]天安二年：八五八年 [2]宣旨：天皇の命を伝える文書の一形式で、綸旨《りんじ》と並んで簡単な形式で出された [3]貞観八年：八六六年 [4]太政大臣：藤原良房 [5]摂政太政大臣：藤原基経 [6]朕：宇多天皇 [7]乾符：天皇であるしるし [8]鳳扆：天子の座。玉座 [9]三代：清和・陽成・光孝の三代をさす [10]先帝：光孝天皇 [11]摂録：摂政 [12]関白：「あずかりもうす」。（太政大臣を）経由し奏上する [13]仁和三年：八八七年

現代語訳 （摂政のはじめ）
天安二（八五八）年、摂政従一位藤原良房五五歳を、一一月七日に天皇の命により摂政とする。
（貞観八（八六六）年八月）一九日、太政大臣に命じて、天下の政治を天皇に代わって行わせた。
（関白のはじめ）
摂政太政大臣（藤原基経）に政治全般にわたって意見を述べるようにという詔が出された。「私は徳の低い身でありながら天皇となった。天皇の座にあるのは薄氷を踏むようなもので、天皇の車で深い川を渡るような（不安な）状態である。太政大臣の助けがなければ、どうして天命を広め、天皇の使命を正しく行うことができようか。ああ、（基経は）これまで三代の天皇のもとで政治を行い、忠を尽くした。先代（光孝天皇）は徳にすぐれていながら基経を摂政に任じた。私は微力であり、さらに孤独で頼る者もない。すべての政務及び官職について、（太政大臣が）自ら統括し、太政大臣を経由して奏上し、その後に命令を下すことはこれまでどおりにしなさい。この詔を施行しなさい」と。
仁和三（八八七）年一一月二一日

30 応天門《おうてんもん》の変

▶P.103・124

今《いま》は昔《むかし》、水尾《みのお》の御門《みかど》[1]の御時《おんとき》に、応天門《おうてんもん》[2]焼《や》けぬ。人《ひと》の付《つ》けたるになんありける。それを伴善男《とものよしお》[3]といふ大納言《だいなごん》、「これは信《まこと》の大臣《おとど》[4]のしわざなり」と大《おお》やけに申《もうし》ければ、その大臣《おとど》を罪《つみ》せんとさせ給《たま》ひけるに、忠《ちゅう》仁公《じんこう》[5]、……この事《こと》を聞《き》きおどろき給《たま》ひて……御前《ごぜん》に参《まい》り給《たまひ》て、この事申《こともう》す。「人《ひと》の讒言《ざんげん》にも侍《はべ》らん。大事《だいじ》になさせ給事《たまうこと》、いと異様《ことよう》の事也《ことなり》。かかる事《こと》は返〻《かえすがえす》よくただして、まこと、そらごとあらはして、おこなはせ給《たまう》べきなり」と……。

応天門《おうてんもん》を焼《やい》て、信《まこと》の大臣《おとど》におほせて、かの大臣《おとど》を罪《つみ》させて、一《いち》の大納言《だいなごん》なれば、大臣《おとど》にならんとかまへける事《こと》の、かへりてわが身《み》罪《つみ》せられけん、いかにくやしかりけむ。
〔宇治拾遺物語《うじしゅういものがたり》〕

言葉 [1]水尾の御門：清和天皇 [2]応天門：平安京大内裏の朝堂院の南面の門。応天門炎上は八六六（貞観八）年閏三月のこと [3]伴善男：八六四（貞観六）年に大納言となったが、応天門の変で伊豆へ配流《はいる》された [4]信の大臣：源信。嵯峨天皇皇子で、左大臣の地位にいた [5]忠仁公：藤原良房。太政大臣

現代語訳 今は昔、清和天皇の時代に応天門が焼けた。誰かが放火したのである。それについて大納言の伴善男が「これは左大臣源信のしわざである」と公言していたので、左大臣源信が処罰されそうになったとき、藤原良房が……この事を聞いて驚いて、……天皇の御前に参りでて「人の讒言です。そんな讒言を真に受けて大事にしてしまい、源信を処罰してしまうことはおかしなことです。このようなことは返す返すもよくただして、嘘偽りがないか正してから処罰を行うべきです」と申し出た。……
応天門を焼いて源信にその罪を着させようとしたために、首席大納言になり、さらに大臣になろうとしていた伴善男が逆にその罪のために処罰されてしまうとは、なんとも悔しかったことであろう。

読み解く 源信は事実上失脚しているが、宇治拾遺物語は藤原良房がかばったように書いている。なぜだろうか。

31 藤原道長《ふじわらのみちなが》の栄華

▶P.103

（寛仁《かんにん》二年十月）十六日乙巳《きのとみ》、今日《きょう》、**女御《にょうご》[1]藤原《ふじわらの》威子《いし》を以《もっ》て皇后《こうごう》に立《た》つるの日《ひ》なり。**前太政大臣《さきのだいじょうだいじん》の第三《だいさん》の娘《むすめ》なり。一家《いっか》にして三后《さんこう》[2]を立《た》つ、未《いま》だ曾《か》つて有《あ》らず。……太閤《たいこう》[3]下官《げかん》[4]を招《まね》き呼《よ》びて云《い》ふ、和歌《わか》を読《よ》まんと欲《ほっ》す。必《かなら》ず和《わ》す[5]べし者《てへり》。答《こた》へて云《い》ふ、何《いずくん》ぞ和《わ》し奉《たてまつ》らざらんやと。又云《またい》ふ、誇《ほこ》りたる歌《うた》になむ有《あ》る。但《ただ》し宿構《しゅくこう》[6]に非《あら》ず者《てへり》。**此《こ》の世《よ》をば我《わ》が世《よ》とぞ思《おも》ふ望月《もちづき》[7]の虧《かけ》たる事《こと》も無《な》しと思《おも》へば。**余申《よもう》して云《い》ふ、御歌優美《おんうたゆうび》なり。酬答《しゅうとう》するに方《すべ》無《な》し。満座《まんざ》只此《ただこ》の御歌《おんうた》を誦《じゅ》す可《べ》しと。……
〔小右記《しょうゆうき》〕

言葉 [1]女御：天皇の后妃の一つ。初めは地位が低かったが、このころには皇后に次ぐ。摂関家の娘も女御を経て皇后に上がる [2]三后：道長の長女彰子《しょうし》が一条中宮、次女の妍子《けんし》が三条中宮となっていた [3]太閤：前関白の唐名。道長 [4]下官：自分をさす卑称 [5]和す：返歌を詠む [6]宿構：あらかじめ作る [7]望月：十五夜の満月

現代語訳 （寛仁二（一〇一八）年、十月）十六日今日、女《にょう》御《ご》だった藤原威子《いし》が後《ご》一条《いちじょう》天皇の皇后（中宮職のこと）の位につかれた。（彼女は前太政大臣である藤原道長の三女。一家から三人の皇后を出したのは歴史上に例がない。）……道長は実資《さねすけ》を呼び寄せて「和歌を詠みたいので、返歌をつくってほしい」と言った。実資は「喜んで返歌をしましょう」と答えた。すると道長は「誇《ほこ》った歌であるが、あらかじめ作っておいたものではない」と言って「此《こ》の世をば我が世とぞ思う望月《もちづき》のかけたることも無しと思えば」と詠んだ。実資は「大変優美な和歌です。まずい返歌など、そえる手だてはありません。むしろ、皆で唱詠《しょうえい》しましょう」と答えた。……

32 古今和歌集仮名序

▶P.106

やまとうた[1]は、ひとのこゝろをたねとして、よろづのことの葉とぞなれりける。世中にある人、ことわざ[2]しげきものなれば、心におもふことを、見るもの、きくものにつけて、いひいだせるなり。花になくうぐひす、みづにすむかはづ[3]のこゑをきけば、いきとしいけるもの、いづれかうたをよまざりける。ちからをもいれずして、あめつちをうごかし、めに見えぬ鬼神《きじん》をも、あはれとおもはせ、おとこ女のなかをもやはらげ、たけきものゝふ[4]のこゝろをも、なぐさむるは歌なり。
〔古今和歌集《こきんわかしゅう》〕

言葉 [1]やまとうた：和歌のこと [2]ことわざ：行い [3]かはづ：かえる [4]ものゝふ：武士

現代語訳 和歌は人の心をもとにして、様々な言葉となってあらわれている。この世に生きている人はいろいろな出来事に出会うので、心に思うこと、見るもの、聞くものを（歌に）あらわしている。花の枝で鳴く鶯や水に住む蛙の声を聴いて、歌を詠まないものがいるだろうか。力も入れずに天地の神々を動かし、目に見えない鬼神をも感動させ、男女の間柄を親しくさせ、勇猛な武士の心をもなごませるのが歌なのである。

33 土佐日記

P.106

をとこ《男》もすなる日記といふものを、をむな《女》もしてみんとてするなり。それのとし《某年》[1]のしはす《十二月》のはつか《二〇日》あまりひとひのひ《日》のいぬ《戌》のとき[2]に、かどで《門出》す。そのよし《由》、いさゝかものにかきつく。〔土佐日記《とさにっき》〕

言葉　[1]それのとし：九三四（承平四）年　[2]いぬのとき：午後七時から九時の間

現代語訳　男が書く日記というものを、女も書いてみようと思い、記したものである。ある年（延喜五（九三四）年）の一二月二一日午後七時から九時の間に出発した。その次第を少し書きつける。

34 往生要集《おうじょうようしゅう》

P.108

夫《そ》れ往生極楽《おうじょうごくらく》の教行《きょうぎょう》は、濁世《じょくせ》[1]末代《まつだい》[2]の目足《もくそく》[3]なり。道俗貴賤《どうぞくきせん》、誰《だれ》か帰《き》せざる者《もの》あらん。但《ただ》し、顕密《けんみつ》[4]の教《きょう》法《ほう》は、其文一《そのもんいつ》に非《あら》ず。事理《じり》の業因《ごういん》[5]は、其《そ》の行《ぎょう》惟《こ》れ多《おお》し。利智精進《りちしょうじん》の人《ひと》は、未《いま》だ難《かた》しと為《な》さず。予《よ》の如《ごと》き頑《がん》魯《ろ》の者《もの》[6]、豈《あ》に敢《あえ》てせんや。是《こ》の故《ゆえ》に念仏《ねんぶつ》の一門《いちもん》に依《よ》りて、聊《いささ》か経論《きょうろん》の要文《ようもん》[7]を集《あつ》む。之《これ》を披《ひら》き之《これ》を修《しゅう》するに、覚《さと》り易《やす》く行《おこな》ひ易《やす》し。……〔往生要集《おうじょうようしゅう》　序《じょ》〕

言葉　[1]濁世：濁った世　[2]末代：末法の世の中　[3]目足：道標、導き　[4]顕密：顕教と密教　[5]事理の業因：悟りを開き成仏するために必要な修行　[6]頑魯の者：頭が固く愚かな者　[7]要文：経論の中の重要な典拠

現代語訳　極楽に往生するための教理と修行は、濁った末世に生きるものにとっての導きの糸である。僧・俗人・貴族・庶民を問わず、皆、それに帰依していくのは当然だ。ただ、顕教・密教の教えは、その内容が多岐にわたり、往生するために必要な行いもいろいろと多い。それでも、智力にすぐれていて精進できる人にとっては困難でないだろうが、私のように愚かな者は、ためらわざるを得ない。だから、念仏の宗派の立場から、経論の中の重要部分の抜き書きを、ここに集めてみた。この本（往生要集）を開いて学べば、教理を覚り易く、修行も容易になるだろう。

読み解く　なぜ源信は「往生極楽の教行は、濁世末代の目足なり」と書いたのだろうか。

35 梁塵秘抄《りょうじんひしょう》——今様《いまよう》

P.108(浄土教)・125(今様)

浄土《じょうど》は数多《あまた》あむなれど、弥陀《みだ》の浄土《じょうど》ぞ勝《すぐ》れたる、九品《ここのしな》[1]なむなれど、下品下《げぼんげ》にてもありぬべし

弥陀《みだ》の誓《ちかい》ぞ頼《たの》もしき、十悪五逆《じゅうあくごぎゃく》の人《ひと》[2]なれど、一《ひと》たび御名《みな》を唱《とな》ふれば、来迎引接《らいごういんじょう》疑《うたが》はず

舞《ま》ゑ〳〵蝸牛《かたつむり》[3]舞《ま》はぬものならば、馬《うま》の子《こ》や牛《うし》の子《こ》に蹴《け》させてむ、踏破《ふみわら》せてむ、真《まこと》に愛《うつく》しく舞《ま》うたらば、華《はな》の園《えん》まで遊《あそ》ばせむ

〔梁塵秘抄《りょうじんひしょう》〕

言葉　[1]九品：西方浄土に往生する人には九段階があるともいう。　[2]十悪五逆の人：罪深い凡夫　[3]蝸牛：「まいまいつむり」とも。触角を振って歩く姿が「舞う」と見られた

現代語訳　浄土にもいろいろあるというけれど、阿弥陀様の浄土がいい。その中でも九品あるというけれど、一番下の下品下でもよいから往生したい。

阿弥陀様の誓願は頼もしい。十悪五逆の悪業を積んでいても、一度仏を念じて御名を唱えれば、臨終のとき、浄土から来迎され、浄土へ引き導いてくださる。

（頭上の触角を振って）舞え舞え、蝸牛。舞わないなら（僕らが番している）馬や牛の子に蹴らせて殻を破らせるぞ。美しく舞ったら、お花畑まで連れてって、遊ばせてやる。

36 尾張国《おわりのくに》郡司《ぐんじ》百姓《ひゃくせい》等《ら》解《げ》[1]

P.105・110

尾張国《おわりのくに》の郡司百姓《ぐんじひゃくせい》[2]等解《らげ》し申《もう》す官裁《かんさい》を請《こ》ふの事《こと》

裁断《さいだん》せられんことを請《こ》ふ、当国守藤原朝臣元命《とうこくのかみふじわらあそんもとなが》[3]、三箇年内《かねんない》[4]に責《せ》め取《と》る非法《ひほう》の官物《かんもつ》[5]、并《なら》びに濫行横法《らんぎょうおうほう》卅《三十》一箇条《かじょう》の愁状《しゅうじょう》

一、《一条》裁断《さいだん》せられんことを請《こ》ふ、例挙《れいこ》[6]の外《ほか》に三箇年内《かねんない》に収納《しゅうのう》せる加徴《かちょう》の正税《しょうぜい》[7]卌《四十》三万千二百卌八束《そく》の息《そく》利《り》十二万九千三百七十四束《そく》四把《ぱ》一分《ぶ》の事《こと》……

一、《三〇条》裁断《さいだん》せられんことを請《こ》ふ、守元命朝臣《かみもとながあそん》、京《みやこ》自《よ》り下向《げこう》するに、毎度引率《まいどいんそつ》する有官散位《うかんさんみ》[8]の従類《じゅうのたぐい》、同《おな》じく不善《ふぜん》の輩《ともがら》[9]の事《こと》……

……望《のぞ》み請《こ》ふらくは件《くだん》の元命朝臣《もとながあそん》を停止《ちょうじ》し、改《あらた》めて良吏《りょうり》を任《にん》じ、以《もっ》て将《まさ》に他国《たこく》の牧宰《ぼくさい》をして治国優民《ちこくゆうみん》の褒賞《ほうしょう》を知《し》らしめんことを。仍《よ》りて具《つぶ》さに三十一箇《か》条《じょう》の事状《じじょう》を勒《ろく》し、謹《つつし》みて解《げ》す。〔尾張国解《おわりのくにげ》〕

言葉　[1]解：令制で、下から上へ差し出す文書形式　[2]百姓：古代では百姓《ひゃくせい》と読み、奴婢等以外の国家に直接隷属する身分を示す　[3]元命：藤原魚名（北家房前の子）の子孫　[4]三箇年内：国司の任期は、このころ通常四年。この訴訟は任期切れの時期を狙って起され、再任を阻止した　[5]官物：官に納められた税の総称　[6]例挙：恒例の出挙稲貸付《すいことうかしつけ》。国ごとにその額が決まっており、その利息が地方官衙《かんが》の主要財源　[7]正税：国郡の正倉に備蓄された租税の稲。出挙（種籾の高利強制貸付）の元本　[8]有官散位：有位者で官についているものを有官、いないものを散位という　[9]不善の輩：元命は彼らに、検田、納税、百姓の弾圧などの仕事をさせた

現代語訳　尾張国の郡司と百姓が太政官の裁判を請願すること

国守の藤原元命が、今まで三か年の間に行った非法な税の収奪と無法行為、しめて三十一か条に関する私たちの嘆願書を裁いて頂くようお願いします。

一、定例の出挙以外に、この三年間正税四十三万千二百四十八束の利息として十二万九千三百七十四束四把一分を徴収したことについて裁断して頂きたい。

一、元命が、京から下向の度に引率してくる有官・散位の従者とよからぬ者たちについて裁断して頂きたい。

……この元命朝臣を罷免《ひめん》して、良い官吏を任命して頂き、諸国の国司に良い国政をすればその賞があることを知らせたいのです。……よって、細かに三十一か条にわたって述べて、謹んで申し上げます。

読み解く　尾張国の郡司百姓などが国守藤原元命を訴えた非法の内容を史料から挙げてみよう。

37 荘園《しょうえん》の寄進——鹿子木荘《かのこぎのしょう》の例

P.110・111

鹿子木《かのこぎ》の事《こと》[1]

一　当寺《とうじ》の相承《そうしょう》は、開発領主《かいはつりょうしゅ》[2]沙弥《しゃみ》[3]寿妙《じゅみょう》嫡《ちゃく》々相伝《そうでん》の次第なり。

一　寿妙《じゅみょう》の末流高方《まつりゅうたかかた》[4]の時《とき》、権威《けんい》を借《か》らんが為《た》めに、実政《さねまさ》[5]卿《きょう》を以《もっ》て領家《りょうけ》と号《ごう》し、年貢《ねんぐ》四百石《こく》を以《もっ》て割《さ》き分《わか》ち、高方《たかかた》は庄家《しょうけ》領掌進退《りょうしょうしんたい》の預所職《あずかりどころしき》[6]となる。

一　実政《さねまさ》の末流願西《まつりゅうがんさい》[7]微力《びりょく》の間《あいだ》、国衙《こくが》の乱妨《らんぼう》を防《ふせ》が

ず。この故《ゆえ》に願西《がんさい》、領家得分《りょうけとくぶん》二百石《こく》を以《もっ》て、高陽《かやの》院内親王《いんないしんのう》[8]に寄進《きしん》す。……これ則《すなわ》ち本家《ほんけ》の始《はじ》めなり。
〔東寺百合文書《とうじひゃくごうもんじょ》〕
……

言葉　[1]鹿子木の事：鹿子木荘のことで肥後国飽田郡にあった　[2]開発領主：その地を最初に開いた本来の領主（根本領主とも呼ばれた）　[3]沙弥：入門直後の正式に僧侶にならないものをいう　[4]高方：中原高方。寿妙の孫　[5]実政：藤原実政。寄進を受けた一〇八六年には、太宰大弐《だざいのだいに》従《じゅ》二位であった　[6]預所職：現地を掌握する荘官の名称の一つ　[7]願西：刑部大輔藤原隆道の法名、実政の曽孫　[8]高陽院内親王：鳥羽天皇の娘

現代語訳　鹿子木のこと
一、この荘園を東寺が伝承しているのは、開発領主の沙弥寿妙の子孫が代々継承してきたからである。
一、寿妙の子孫の高方の時、権威を借りようとして藤原実政卿を領家として、年貢四百石を上納することとし、高方は現地を管理支配する預所職となった。
一、実政の子孫の願西は力がなかったので国衙の干渉を防げなかった。そこで願西は領家の得分のうち二百石を高陽院内親王に寄進した。……これがこの荘園の本家の初めである。

38 延久《えんきゅう》の荘園整理令《しょうえんせいりれい》

▶▶P.110・111・120

延久元年《えんきゅうがんねん》二月廿《（二十）》三日、寛徳《かんとく》二年[1]以後《いご》の新立《しんりゅう》荘《しょう》園《えん》を停止《ちょうじ》すべし。たとひ彼《か》の年以往《いおう》と雖《いえど》も、立券《りっけん》[2]分《ぶん》明《みょう》ならず、国務《こくむ》に妨《さまた》げある者《もの》は、同《おな》じく停止《ちょうじ》の由宣《よしせん》下《げ》す。……
閏《うるう》二月[3]十一日、始《はじ》めて記録庄園券契所《きろくしょうえんけんけいじょ》[4]を置《お》き、寄人《よりうど》[5]等《ら》を定《さだ》む。
〔百錬抄《ひゃくれんしょう》〕

言葉　[1]寛徳二年：一〇四五年。この年には、寛徳荘園整理令が出され、新立の荘園を停止した　[2]立券：国家による荘園設立許可書の発行手続のこと　[3]閏二月：延久元年の閏月は二月ではなく十月である。史料の日付は疑問　[4]記録庄園券契所：各荘園の証拠書類（券契）の調査機関　[5]寄人：記録荘園券契所の職員

現代語訳　（『百錬抄』の）延久元（一〇六九）年二月二十三日条」「寛徳二（一〇四五）年以後に新立された荘園を廃止し、またそれ以前に設立されたものでもその証拠書類が明瞭でなく、国司の地方行政の障害になるものは同じく廃止せよ」という（後三条）天皇の命令が下された。……
閏二月十一日、初めて記録荘園券契所を置き、その職員を決めた。

読み解く　記録荘園券契所の職務をまとめてみよう。

39 平将門《たいらのまさかど》の乱

▶▶P.112

「……苟《いや》しくも将門《まさかど》、刹帝《せったい》[1]の苗裔《びょうえい》[2]、三世《さんせい》の末葉《まつよう》[3]なり。同《おな》じくは八国《はっこく》より始《はじ》めて、兼《か》ねて王城《おうじょう》を虜領《りょりょう》せむと欲《おも》ふ。今《いま》すべからく諸国《しょこく》の印鎰《いんやく》[4]を奪《うば》ひ、一向《いっこう》に受領《ずりょう》の限《かぎ》りを官堵《かんと》[5]に追《お》ひ上《あ》げてむ。然《しか》れば且《か》つは掌《たなごころ》に八国《はっこく》を入《い》れ、且《か》つは腰《こし》に万民《ばんみん》を附《つ》けむ」てへり。……また数千の兵《つわもの》を帯《たい》して、天慶《てんぎょう》二年十二月十一日を以《もっ》て、先《ま》ず下野国《しもつけのくに》に渡《わた》る。……将門《まさかど》、同月十五日を以《もっ》て上毛野《かみつけの》[6]に遷《うつ》る。……将門《まさかど》を名《な》づけて新皇《しんのう》と曰《い》ふ。……
〔将門記《しょうもんき》〕

言葉　[1]刹帝：帝王の血筋　[2]苗裔：子孫　[3]三世の末葉：将門が、高望王《たかもち》（桓武平氏の祖、九世紀末に上総国に土着）の三世孫であることをさすか　[4]印鎰：印は国印。鎰は鍵（国印の入った櫃《ひつ》の鍵、または国の税を納めた倉庫の鍵）。これを奪うとは、国守の実権を奪うことを意味する　[5]官堵：官都。京都　[6]上毛野：上野国

現代語訳　「……いやしくも私は天皇の血を引く、高望王《たかもち》の三世の子孫である。同じことならば、関東八か国から始めて、都まで征服しようと思う。今はまず、諸国の国印と正倉の鍵を奪い、すべての国司（受領）を都へ追い返そう。そうすれば八国を支配下に置き、万民を支配することになろう。」と言った。……また、数千人の兵を従えて、天慶二（九三九）年十二月十一日に下野国に入った。……将門は同（十二）月十五日に上野国に進んだ。……将門を新皇と呼んだ。……

40 院政《いんせい》の開始

▶▶P.120

白河院《しらかわいん》……天下《あめのした》ヲ治給《おさめたまう》コト十四年。……世《よ》ノ政《まつりごと》ヲハジメテ院《いん》[1]中《ちゅう》ニテシラセ給《たまう》。後《のち》ニ出家《しゅっけ》セサセ給《たまい》テモ猶《なお》ソノマヽ、ニテ御一期《おんいちご》[2]ハスゴサセマシ〳〵キ。……此御代《このみよ》ニハ院《いん》ニテ政《まつりごと》ヲキカセ給《たま》ヘバ、執柄《しっぺい》[3]ハタヾ職《しょく》ニソナハリタルバカリニナリヌ。サレドコレヨリ又《また》フルキスガタハ一変《いっぺん》スルニヤ侍《はべり》ケン。執柄《しっぺい》世《よ》ヲオコナハレシカド、宣旨《せんじ》[4]・官符《かんぷ》[5]ニテコソ天下《てんか》ノ事《こと》ハ施行《せこう》セラレシニ、此御時《このみよ》ヨリ院宣《いんぜん》[6]・庁御下文《ちょうのおんくだしぶみ》[7]ヲオモクセラレシニヨリテ、在位《ざいい》ノ君《きみ》[8]又位《またはくらい》ニソナハリ給《たま》ヘルバカリナリ。世《よ》ノ末《すえ》ニナレルスガタナルベキニヤ。
〔神皇正統記《じんのうしょうとうき》〕

言葉　[1]院：太上天皇（上皇）の御所。上皇その人の敬称でもある　[2]御一期：御一生　[3]執柄：摂政・関白の別称　[4]宣旨：詔勅より簡単な手続きで出される天皇命令　[5]官符：太政官から命令を下達する文書　[6]院宣：院の命令を下達する公文書。院司が院の仰せを受けて出す奉書の形式　[7]御下文：院庁下文。院庁から出す公式文書　[8]在位ノ君：天皇

現代語訳　白河上皇が……天皇として国を治められたのは十四年間であった。……その後、初めて院で政治をし、出家して法皇となられても、亡くなるまで院政を続けられたのである。……白河上皇の治世は、院で政治が処理されたので、摂関はただ名前だけのものとなった。（この点だけみると摂関の存在しない昔に戻ったかのようだが）しかし、実はこの時から古い政治の姿が一変していったのである。というのは、以前は摂関が政治を指導していても、天皇の宣旨や官符によって命令がされていたのに、この時から院宣や院庁下文の役割が重くなって、天皇自身も、形式的に位におられるという、名前だけの存在になられてしまったからである。世も末の姿であろう。

読み解く　白河上皇の政治は、それまでとどのような違いがあっただろうか。

41 平氏の繁栄

▶P.120

六波羅殿《ろくはらどの》[1]の御一家《ごいっか》の君達《きんだち》[2]といひてしかば、花族《かしょく》[3]も栄耀《えいゆう》[4]も面《おもて》をむかへ肩《かた》をならぶる人《ひと》なし。**されば入道相国《にゅうどうしょうこく》[5]のこじうと、平大納言時忠卿《へいだいなごんときただきょう》ののたまひけるは、「此一門《このいちもん》にあらざらむ人《ひと》は皆人非人《みなにんぴにん》なるべし」とぞのたまひける。**……惣《そう》じて一門《いちもん》の公卿《くぎょう》[6]十六人《にん》、殿上人《てんじょうびと》[7]卅《(三十)》余人《よにん》、諸国《しょこく》の受領《ずりょう》、衛府《えふ》、諸司《しょし》、都合《つごう》六十余人《よにん》なり。世《よ》には又人《またひと》なくぞみえられける。……**日本秋津嶋《にほんあきつしま》は纔《わずか》に六十六箇国《かこく》、平家知行《へいけちぎょう》の国《くに》[8]卅余箇国《さんじゅうよかこく》、既《すで》に半国《はんこく》にこえたり。某外庄園田畠《そのほかしょうえんでんばた》いくらといふ数《かず》を知《しら》ず。**綺羅《きら》充満《じゅうまん》して、堂上《どうじょう》花《はな》の如《ごと》し。軒騎《けんき》[9]群集《ぐんしゅう》して、門前市《もんぜんいち》をなす。……〔平家物語《へいけものがたり》〕

言葉 [1]六波羅殿：平清盛のこと。京都六波羅に屋敷があったための呼称 [2]君達：貴族の子息。貴公子 [3]花族：華族の誤り。摂関家に次ぐ家柄の清華家のこと [4]栄耀：英雄の誤りで、華族と同じ [5]入道相国：出家した太政大臣で平清盛をさす [6]公卿：朝廷の最高機関の構成員。公とは大臣、卿は大納言・中納言・参議及び三位以上の上級官人をさす [7]殿上人：清涼殿の殿上の間に昇ることを許された四位・五位の廷臣の通称 [8]知行の国：知行国。一国の支配権が、特定個人に与えられるもの。与えられた知行国主は国司（守）を推薦する権利を持ち、朝廷へわずかな額を納めるほかは、自分の収入にすることができた [9]軒騎：車に乗ることと馬に乗ること。またその車馬

現代語訳 平清盛殿の一族の貴公子たちといえば、華族でも英雄でも対等につきあえる人はいなかった。そういう状態なので、清盛の妻の弟、平時忠は「この平家一門でなければ人ではない」と言ったものだ。……すべて合わせると、一門の公卿が十六人、殿上人が三十余人、諸国の受領や衛府・諸司の長官が六十余人にも上った。世の中には、平家一門以外には人がいないように思われた。……

日本は、わずか六十六か国なのに、平家の知行国は三十余か国で、半分以上を占めている。そのほか、荘園や田畑の領有はどのくらいあるのかわからない。きらびやかな服装の人々が満ちあふれて、屋敷には花が咲いたようである。その門前には、車や馬が群がって市場のようなにぎやかさである。……

読み解く 「此一門にあらざらむ人は皆人非人なるべし」とは、当時のどのような状況をあらわしているだろうか。

42 福原遷都

▶P.128

治承《じしょう》四年水無月《みなづき》の比《ころ》、にはかに都遷《うつ》り侍《はべ》りき。いと思ひの外《ほか》なりし事なり。おほかた、この京[1]のはじめを聞けることは、嵯峨《さが》の天皇の御時[2]、都と定まりにけるより後、すでに四百余歳を経《へ》たり[3]。ことなるゆゑなくて、たやすく改まるべくもあらねば、これを世の人安からず憂《うれ》へあへる、実《げ》にことわりにも過ぎたり。されど、とかく言ふかひなくて、帝《みかど》[4]より始め奉《たてまつ》りて、大臣、公卿《くぎょう》みな悉《ことごと》く移ろひ給《たま》ひぬ。……軒《のき》を争ひし人のすまひ、日を経つゝ荒《あ》れゆく。家はこぼたれて淀河《よどがわ》[5]に浮び、地は目のまへに畠となる。人の心みな改りて、たゞ馬・鞍《くら》のみ重くす。牛・車を用する人なし。西南海《せいなんかい》[6]の領所《りょうしょ》を願ひて、東北[7]の庄園《しょうえん》を好まず。その時おのづから事の便《たよ》りありて、津《つ》の国[8]の今の京[9]に至れり。所のありさまを見るに、その地、程狭《ほどせま》くて条里《じょうり》を割《わ》るに足《た》らず。……古京はすでに荒れて、新都はいまだ成らず。〔方丈記《ほうじょうき》〕

言葉 [1]この京：平安京 [2]嵯峨天皇の御時：桓武天皇の平安京遷都より、平城太上天皇の変（八一〇）を経て都が確定した認識が強かったのであろう [3]四百余歳を経たり：誇張した表現で、実際は四〇〇年に満たない [4]帝：安徳天皇 [5]淀河：淀川。京都から流れ大阪湾に注ぐ [6]西南海：西海道九か国と南海道六か国。平氏の勢力範囲 [7]東北：東海道一五か国・東山道八か国と北陸道七か国。源氏の勢力範囲 [8]津の国：摂津国 [9]今の京：福原

現代語訳 治承四（一一八〇）年六月頃、突然遷都《せんと》が行われた。まったく思いもかけないことであった。だいたい、この都の始まりについて聞くところによれば、これは嵯峨天皇の御代に都と定まったもので、その後すでに四〇〇年余りを経過している。（都は）特別の理由もなしに簡単に変えてよいはずのものではないから、この遷都を人々が不安がり、心配したのもまことに当然すぎることであった。しかし、あれこれいっても仕方がなく、安徳天皇を始めとして、大臣や公卿たちもみなすべて移転された。……豪華を競っていた京の住宅は日に日に荒れていった。家は取り壊されて、その材木は筏《いかだ》に組まれて淀川に浮かび、宅地はまたたくまに畑となった。人々の心もみな変わり、武士風の乗馬が流行して馬・鞍のみを重んじ、公家風の牛車を使う人はいない。西海道・南海道の領地を欲しがり、東国・北国の荘園を嫌うしまつだ。その頃私（鴨長明）は、用事のついでに摂津国の福原に行った。そこのようすを見ると、土地は狭く、町割りをすることもできない。……平安京はすでに荒れ果てて、新しい都はまだ完成していない。

43 東国支配権の獲得

▶P.128

(寿永《じゅえい》二年閏《うるう》十月)[1]十三日、……**東海《とうかい》・東山《とうざん》・北陸三道《ほくりくさんどう》の庄園《しょうえん》、国領《こくりょう》[2]本《もと》の如《ごと》く領知《りょうち》すべきの由《よし》、宣下《せんげ》せらるべきの旨《むね》、頼朝申《よりとももう》し請《こ》ふ。**仍《よ》って宣旨《せんじ》[3]を下《くだ》さるるの処《ところ》、北陸道許《ほくりくどうばか》りは義仲《よしなか》を恐《おそ》るるに依《より》て其《そ》の宣旨《せんじ》を成《な》されず。頼朝《よりとも》これを聞《き》かば、定《さだ》めて鬱《うつ》を結《むす》ぶか。……

寿永《じゅえい》二年閏《うるう》十月二十二日、……東海《とうかい》・東山道等《とうさんどうとう》の庄公[4]服さざるの輩《ともがら》あらば、頼朝《よりとも》に触《ふ》れ沙汰《さた》を致《いた》すべしと云々《うんぬん》。〔玉葉《ぎょくよう》〕

言葉 [1]寿永二年閏十月：一一八三年閏十月。閏月は太陰暦において、季節と暦のずれを調整するため設けられた月 [2]国領：国衙領《こくがりょう》 [3]宣旨：天皇の命令を伝える公文書 [4]庄公：荘園と国衙領

現代語訳 寿永二（一一八三）年閏十月十三日、……東海・東山・北陸三道の荘園・国衙領を従来通り支配せよとの命令が下されるように頼朝が申し入れた。それにより宣旨が下されたのだが、北陸道だけは義仲を恐れて除外した。頼朝がこれを聞けばきっと不満を抱くであろう。……

寿永二（一一八三）年閏十月二十二日、……東海・東山道などで、それに従わない荘園・国衙領があれば、頼朝の命令で追討させるということである。

44 守護《しゅご》・地頭《じとう》の設置

▶P.129

(文治元年《ぶんじがんねん》十一月)十二日……凡《およ》そ今度《こんど》の次第《しだい》[1]関東《かんとう》の重事《ちょうじ》たるの間《あいだ》、……因幡前司広元《いなばのぜんじひろもと》[2]申《もう》して云《いわ》く、「……**此《こ》の次《ついで》を以《もっ》て、諸国《しょこく》に御沙汰《ごさた》を交《まじ》へ、国衙《こくが》・庄園毎《しょうえんごと》に、守護《しゅご》・地頭《じとう》を補《ぶ》せらるれば、強《あなが》ち怖《おそ》るる所《ところ》有《あ》るべからず。**早《はや》く申《もう》し請《こ》[3]はしめ給《たま》ふべし」と云々《うんぬん》。二品《にほん》[4]殊《こと》に甘心《かんしん》し、此《こ》の儀《ぎ》を以《もっ》て治定《じじょう》す。

……（文治元年十一月）廿《（二十）》八日……**諸国《しょこく》平均《へいきん》に守護《しゅご》地頭《じとう》を補任《ぶにん》し、権門勢家《けんもんせいか》庄公《しょうこう》[5]を論《ろん》ぜず、兵粮米《ひょうろうまい》[6]段別五升《だんべつごしょう》[7]を宛《あ》て課《か》すべきの由《よし》**、今夜《こんや》北条殿《ほうじょうどの》藤中納言経房卿《とうのちゅうなごんつねふさきょう》[8]に謁《えつ》し申《もう》すと云々《うんぬん》。〔吾妻鏡《あづまかがみ》〕

言葉 [1]今度の次第：頼朝の叔父行家と弟義経が反逆したこと、または、二人の申請で後白河法皇が頼朝追討の院宣を出したこと　[2]因幡前司広元：公文所の別当職にあった前因幡守大江広元　[3]申し請：朝廷に申請する　[4]二品：二位のことで、頼朝をさす。頼朝はこの年四月に従二位となっていた　[5]権門勢家庄公：有力貴族の荘園や国衙領　[6]兵粮米：戦時に将兵の食料として徴収した米　[7]段別五升：田畑一段あたり五升　[8]藤中納言経房卿：藤原経房

現代語訳 文治元（一一八五）年十一月十二日……およそこの度の事態は、鎌倉幕府にとって重大なことなので、……大江広元が申し上げるには、「……この機会に、諸国に命令を出して、国衙領・荘園ごとに守護・地頭を置くことにすれば、それほど恐れることもなくなるでしょう。この案を早急に申請されたらいかがですか。」とのことであった。頼朝公はずいぶんと感心し、そのように決定した。……

文治元年十一月二十八日……諸国に一様に守護・地頭を任命し、有力貴族の荘園や国衙領に関わりなく、兵粮米として一段につき五升ずつ課すべき旨を、今夜北条時政殿が中納言の藤原経房卿に面会し申し入れたとのことである。

読み解く これによって、地頭にどのような権利が認められたただろうか。

45 北条義時追討《ほうじょうよしときついとう》の宣旨《せんじ》

▸P.131

右弁官《うべんかん》下す。五畿内《ごきない》・諸国東海・東山・北陸・山陰・山陽・南海・大宰府

応《まさ》に早く陸奥守《むつのかみ》平義時朝臣《あそん》[1]の身を追討し、院庁《いんのちょう》に参り裁断を蒙《こうむ》らしむべき、諸国庄園守護人地頭等の事。

右、内大臣[2]宣《せん》す。勅《ちょく》を奉《うけたまわ》るに、近曾《さいつころ》関東の成敗《せいばい》と称し天下の政務を乱す。纔《わずか》に将軍[3]の名を帯《お》ぶると雖《いえど》も、猶以《なおもっ》て幼稚の齢《よわい》に在《あ》り。然《しか》る間、彼の義時朝臣、偏《ひと》へに言詞を教命[4]に仮り、恣《ほしいまま》に裁断を都鄙《とひ》に致す。剰《あまつさ》へ己《おの》が威《い》を燿《かがや》かし、皇憲[5]を忘れたるが如し。之《これ》を政道に論ずるに、謀反《むへん》[6]と謂《い》ふべし。早く五畿七道の諸国に下知《げち》し、彼朝臣を追討せしめよ。**兼《かね》て又諸国庄園守護人地頭等、言上《ごんじょう》を経《ふ》べきの旨《むね》あらば、各《おのおの》院庁に参り、宜《よろ》しく上奏《じょうそう》を経べし。**……

承久《じょうきゅう》三年五月十五日　〔小松美一郎《こまつよしいちろう》氏所蔵文書〕

言葉 [1]平義時朝臣：北条義時　[2]内大臣：久我通光　[3]将軍：一二一九（承久元）年に九条家から迎えられた摂家将軍頼経　[4]教命：将軍の命令だが、ここでは北条政子の命令を示す　[5]皇憲：律令など朝廷の法秩序　[6]謀反：律の八虐の筆頭。天皇を殺し国家を危うくする犯罪

現代語訳 右弁官は五畿内（山城国・大和国・河内国・和泉国・摂津国）と諸国（東海・東山・北陸・山陰・山陽・南海・大宰府）に命令する。

諸国庄園守護人地頭等は早急に陸奥守平義時朝臣（北条義時）を追討し、院庁に出頭して裁断を受けなければならない事

このことについて、内大臣（久我通光）が広く告げる。天皇の命令を次の通り受けるに、近ごろ鎌倉幕府の裁きと称して、天下の政治を乱している。かろうじて将軍の名はついているものの、（九条頼経は）まだまだ幼齢である。その間に、かの北条義時は、むやみに将軍の言葉をかりて、勝手に国中に裁定を下している。それればかりか自己の威勢を誇り、朝廷の定めた法令を忘れているかのようである。これは正しい政治のあり方からすれば謀反というべき行いである。早急に諸国に命令を下し、かの朝臣（＝義時）その人を追討せよ。また、諸国の荘園の守護・地頭たちは、申し立てることがあれば、院庁に出頭して申し立てなさい。

承久三（一二二一）年五月十五日

46 尼将軍北条政子《あましょうぐんほうじょうまさこ》の演説

▸P.131

（承久《じょうきゅう》三年五月）十九日、……二品《にほん》[1]家人《けにん》等《ら》を簾《れん》下《か》[2]に招《まね》き、秋田城介景盛《あきたじょうのすけかげもり》[3]を以《もっ》て示《しめ》し含《ふく》めて曰《いわ》く、皆心《みなこころ》を一《いつ》にして奉《うけたまわ》るべし。是最期《これさいご》の詞《ことば》なり。**故右《こう》大将軍《だいしょうぐん》[4]、朝敵《ちょうてき》を征罰《せいばつ》し、関東《かんとう》を草創《そうそう》[5]してより以降《このかた》、官位《かんい》と云《い》ひ、俸禄《ほうろく》と云《い》ひ、其《そ》の恩既《おんすで》に山岳《さんがく》よりも高《たか》く、溟渤《めいぼつ》[6]よりも深《ふか》し。報謝《ほうしゃ》の志《こころざし》浅《あさ》からんや。**而《しか》るに今《いま》逆臣《ぎゃくしん》の讒《そしり》に依《よ》り、非義《ひぎ》の綸旨《りんじ》[7]を下《くだ》さる。名《な》を惜《お》しむの族《やから》は、早《はや》く秀康《ひでやす》[8]・胤義《たねよし》[9]等《ら》を討《う》ち取《と》り、三代将《さんだいしょう》軍《ぐん》[10]の遺跡《いせき》を全《まっと》うすべし。但《ただ》し院中《いんちゅう》[11]に参《さん》ぜんと欲《ほっ》する者《もの》、只今申《ただいまもう》し切《き》るべし者《てえれば》、群参《ぐんさん》の士《し》悉《ことごと》く命《めい》に応《おう》じ、且《か》つは涙《なみだ》に溺《おぼ》れ返報《へんぽう》を申《もう》すに委《くわ》しからず。只命《ただいのち》を軽《かろ》んじて恩《おん》に酬《むく》いんことを思《おも》ふ。〔吾妻鏡《あづまかがみ》〕

言葉 [1]二品：当時従二位であった北条政子　[2]簾下：簾は、すだれ。当時身分の高い人は直接顔を見せず、簾を隔てて対面した　[3]秋田城介景盛：政子の側近安達景盛　[4]故右大将軍：源頼朝　[5]関東を草創：鎌倉幕府の開設　[6]溟渤：大海　[7]綸旨：宣旨より簡単な手続きで蔵人から出される天皇の命令だが、ここでは義時追討の宣旨をさす　[8]秀康：藤原秀康。北面の武士の一人で後鳥羽上皇の寵臣　[9]胤義：三浦胤義。有力御家人三浦義村の弟。京都大番役で在京中に上皇方に参加した　[10]三代将軍：源頼朝・頼家・実朝　[11]院中：後鳥羽上皇の御所

現代語訳 承久三（一二二一）年五月十九日……北条政子は御家人等を近くに招集し、安達景盛を通じて「皆心を一つにして聞きなさい。これが最後の言葉です。故右大将軍頼朝公が、朝敵を征討し鎌倉幕府を開いて以来、皆が得た官位や俸禄など考え合わせると、その恩は山よりも高く海よりも深いものです。それに感謝し報いようとする気持ちは、決して浅いはずはありません。ところが今、反逆者による偽りの告げ口で、誤った綸旨が下されました。名誉を重んじる者は、早く藤原秀康や三浦胤義らを討ち取り、三代にわたる将軍のあとを守りなさい。ただし上皇方に味方したい者は、今はっきりと申し出なさい」と言うと、集まった家来たちはすべて政子の命令に従い、感激の涙で返事もできないほどであった。ひたすら命をかけて、御恩に報いようと思うばかりであった。

読み解く 北条政子は、源頼朝によって御家人たちがどのような恩恵を受けたといっているか。

47 承久《じょうきゅう》の乱の評価

▸P.131

……王者《おうじゃ》ノ軍《いくさ》ト云《いう》ハ、トガ《（咎）》アルヲ討《とう》ジテ、キズナキヲバホロボ《（滅）》サズ。頼朝高官《よりともこうかん》ニノボ《（昇）》リ、守護《しゅご》ノ職《しょく》ヲ給《たまわる》、コレミナ法皇《ほうおう》[1]ノ勅裁也《ちょくさいなり》。ワタクシニヌス《（盗）》メリトハサダ《（定）》メガタシ。後室《こうしつ》[2]ソノ跡《あと》ヲハカ《（計）》ラヒ、義時《よしとき》[3]久《ひさし》ク彼《かれ》ガ権《けん》ヲトリテ、人望《じんぼう》ニソム《（背）》カザリシカバ、下《しも》ニハイマダ《（未）》キズ有《あり》トイフベカラズ、一往《いちおう》ノイハ《（謂）》レ[4]バカ

リニテ追討セラレンハ、上ノ御トガトヤ申ベキ。謀叛《ほん》オコシタル朝敵《ちょうてき》ノ利《り》(至)ヲ得《え》タル[6]ニハ比量《ひりょう》セラレガタシ。カ、レバ時ノイタラズ、天ノユル(許)サヌコトハウタガ(疑)ヒナシ。
〔神皇正統記《じんのうしょうとうき》〕

言葉 [1]法皇：後白河法皇　[2]後室：頼朝の未亡人の北条政子　[3]義時：北条義時。執権政治を確立し、権力を握った　[4]一往ノイハレ：源氏将軍の断絶など　[5]上：承久の乱を企てた後鳥羽上皇をさす　[6]謀叛オコシ…利ヲ得タル：後醍醐天皇の建武政府から離脱し、南北朝の抗争で優位に立つ足利尊氏を念頭に置いている

現代語訳 ……王者のいくさというものは、罪のある者を討つのであって、罪科のないものを滅ぼすことはしない。頼朝が高い官職を得、守護の職を与えられたのは、すべて後白河法皇自らの裁定によるものである。これを勝手に盗み取ったものだとはいえない。政子がその跡を受け継ぎ、北条義時も長く権力を握って、人望に背かなかったのだから、臣下として欠点があったとはいえない。(源家将軍の断絶など) ひととおりの理由だけで追討するのは、君主として後鳥羽上皇の過ちであったと言わざるを得ないだろう。謀叛を起こした朝敵が利益を手に入れるのとは比較できない。このように見てくると、時機も熟さず、天も許さないことは疑いのないことである。

48 新補地頭

P.131

一　得分《とくぶん》の事
右、宣旨《せんじ》[1]の状の如《ごと》くば、仮令《けりょう》、**田畠 各《おのおの》拾(十)一町の内、十町は領家国司の分、一丁(町)は地頭の分、広博《こうはく》狭《きょう》小《しょう》を嫌《いと》はず、此《こ》の率法《りっぽう》を以《もっ》て免給《めんきゅう》の上、加徴《かちょう》[2]は段《たん》別《べつ》に五升《しょう》を充《あ》て行はるべしと云々《うんぬん》。**
〔新編追加《しんぺんついか》〕

言葉 [1]宣旨：一二二三(貞応二)年六月一五日に出された後堀河天皇の宣旨　[2]加徴：地頭に与えられた土地(地頭給田)以外の田畑から地頭の収益として徴収できる年貢米

現代語訳 一　地頭の収益について
右のことについて、宣旨によると「たとえば田畑一一町あるとすれば、一〇町は領家・国司の取り分、一町は地頭の分とし、土地の広い狭いにかかわりなく、この比率によって土地を地頭に支給し、さらに加徴米を一段につき五升を与えよ」ということである。

読み解く 新補地頭にはどのような権利が認められたか。

49 式目制定《しきもくせいてい》の趣旨

P.131

さてこの式目《しきもく》をつくられ候《そうろう》事《こと》は、……ま事《こと》にさせる本文《ほんぶん》[1]にすがりたる事候《ことそうら》はねども、たゞ道理《どうり》[2]の**おすところを記《しる》され候者也《そうろうものなり》。**……この状《じょう》は法令《ほうれい》[3]のおしへに違《い》するところなど少々《しょうしょう》候《そうら》へども、……あまねく人《ひと》に心《こころ》えやすからせんために、**武家《ぶけ》の人《ひと》への、はからひのためばかりに候《そうろう》。これによりて京都《きょうと》の御沙汰《ごさた》[4]、律令《りつりょう》のおきて聊《いささか》もあらたまるべきにあらず候也《そうろうなり》。**……京都人々《きょうとのひとびと》の中《なか》に謗難《ぼうなん》を加事候《くわうることそうら》はゞ、此趣《このおもむき》を御《お》心《こころ》え候《そうろう》て御問答《ごもんどう》あるべく候《そうろう》。恐々謹言《きょうきょうきんげん》[5]。
貞永元九月十一日　武蔵守《むさしのかみ》[6]在
駿河守《するがのかみ》[7]殿《どの》
〔貞永式目《じょうえいしきもく》　唯浄裏書本《ゆいじょううらがきぼん》〕

言葉 [1]本文：依りどころとなる法理上の原典　[2]道理：武家社会の慣習や道徳　[3]法令：律令格式　[4]京都の御沙汰：朝廷の御裁断　[5]恐々謹言：書状の終わりに記して、相手に対して敬意を表す文言　[6]武蔵守：執権北条泰時　[7]駿河守：泰時の弟で六波羅探題の北条重時

現代語訳 さて、この式目の制定にあたり、……たしかにこれというべきほどの原典によったということはないが、ただ道理のさし示すことを記したのである。……この式目の内容は律令格式の説くところとは少し異なっているが、……広く人々が納得できるために、武家の人々の便宜となるように定めたものである。これによって朝廷の御裁断や、律令の規定が少しも変更されるものではない。……京都の人々の中で非難するものがあったら、この趣旨を心得て対処なさるように。
恐々謹言
貞永元(一二三二)年九月十一日　武蔵守(北条泰時)判
駿河守(北条重時)殿

読み解く この式目の対象となったのは、どのような人びとか。史料中の文言で答えよう。

50 御成敗式目《ごせいばいしきもく》

P.131

一(第三条)**諸国守護人奉行《しょこくしゅごにんぶぎょう》[1]の事《こと》**
右《みぎ》、**右大将家《うだいしょうけ》[2]の御時定《おんときさだ》め置《お》かるる所《ところ》は、大番催《おおばんさい》促《そく》[3]・謀叛《むほん》・殺害人《せつがいにん》**付《つ》けたり、夜討《ようち》、強盗《ごうとう》、山賊《さんぞく》、海賊《かいぞく》**等《ら》の事也《ことなり》。**
……

一(第五条)**諸国地頭《しょこくじとう》、年貢所当《ねんぐしょとう》[4]を抑留《よくりゅう》せしむるの事《こと》**
右《みぎ》、年貢《ねんぐ》を抑留《よくりゅう》するの由《よし》、本所《ほんじょ》の訴訟《そしょう》あらば、即《すなわ》ち結解《けちげ》を遂《と》げ勘定《かんじょう》を請《う》くべし。……
一(第八条)御下文《おんくだしぶみ》を帯《たい》すと雖《いえど》も知行《ちぎょう》せしめず年序《ねんじょ》を経《ふ》る所《しょ》領《りょう》の事《こと》
右《みぎ》、**当知行《とうちぎょう》の後《あと》、廿(二十)ヶ年を過《す》ぎば、右大将家《うだいしょうけ》の例《れい》に任《まか》せて理非《りひ》を論《ろん》ぜず改替《かいたい》する能《あた》はず、**……
一(第二三条)**女人養子《にょにんようし》の事《こと》**
右《みぎ》、法意《ほうい》[5]の如《ごと》くばこれを許《ゆる》さずと雖《いえど》も、大将家《たいしょうけ》御時《おんとき》以来《いらい》当世《とうせい》に至《いた》るまで、**其《そ》の子《こ》無《な》き女人《にょにん》等《ら》、所領《しょりょう》[6]を養子《ようし》に譲《ゆず》り与《あた》ふる事《こと》不易《ふえき》の法《ほう》[7]あげて計《かぞ》ふるべからず、**……
〔御成敗式目《ごせいばいしきもく》〕

言葉 [1]守護人奉行：守護が職務として遂行すべき事柄　[2]右大将家：源頼朝　[3]大番催促：御家人が交代で京都警備をする京都大番役を、守護が催促・指揮する権限　[4]所当：年貢と同じ意味　[5]法意：律令の規定　[6]所領：私的所有の土地のこと　[7]不易の法：ある年代を限って、それ以前の決定や裁決を変更しない法令。ここでは武家の慣習法のこと

現代語訳 一　諸国の守護が遂行すべき職務のこと
頼朝公の時に定められたのは大番催促、謀叛人・殺害人(夜討・強盗・山賊・海賊を付け加える)の取り締まりなどのことである。……
一　諸国の地頭が(荘園領主に送るべき)年貢をおさえとどめること
このことについて、年貢をおさえとどめていると、荘園領主の訴えがあれば、すぐに決算をし、荘園領主側の監査を受けなければならない。……
一　将軍の下文を持っているのに、実際の支配をしないままで一定の年数が過ぎた所領のこと
このことについて、実際に土地支配をして二十年以上ならば、頼朝公の先例によって支配権の正当性のいかんにかかわらず、(その者の権利を認め)土地支配をやめさせることはしない。……
一　女子が養子をとって家督を継がせること
このことについて、律令の見解では許されていないが、頼朝公以来現在まで、子どものいない女子が土地を養子に譲り与えることは、変わることのない武家の法で、数え切れないほど先例がある。……

読み解く 守護の権限をどのように規定しているだろうか。

51 蒙古の牒状《ちょうじょう》[1]

P.134

上天《しょうてん》の眷命《けんめい》せる[2]**大蒙古国《だいもうここく》皇帝[3]書を日本国王[4]に奉《たてまつ》る。**朕《ちん》[5]惟《おも》ふに、古《いにしえ》より小国の君、境土《きょうど》相接するは尚《なお》講信修睦《こうしんしゅうぼく》に務む。況《いわ》んや我が祖宗《そそう》[6]は天の明《めい》命《めい》を受け、区夏《くか》[7]を奄有《えんゆう》す。遐方《かほう》異域の威《い》を畏《おそ》れ徳に懐《なつ》く者数へつくすべからず。……高麗《こうらい》は朕の東藩《とうはん》[8]なり。日本は高麗に密邇《みつじ》し、開国以来、亦《また》時に中国に通ず。朕の躬《み》に至つて一乗《いちじょう》の使《つかい》も以《もっ》て和好《わこう》を通ずること無し。尚《なお》王の国これを知ること未だ審《つまびらか》ならざるを恐る。故《ゆえ》に特に使を遣《つか》はし、書を持して朕が志を布告せしむ。冀《こいねがわ》くは、**今より以往《いおう》、問を通じ好《よしみ》を結び、以て相親睦《しんぼく》せん。**且《か》つ聖人は四海《しかい》を以て家と為《な》す。相通好せざるは豈《あに》一家の理ならんや。**兵を用ふるに至るは、夫《そ》れ孰《いずれ》か好む所ならん。**王其《そ》れ之《これ》を図《はか》れ。不宣《ふせん》[9]

至元三年[10]八月　日　〔東大寺尊勝院蔵本《とうだいじそんしょういんぞうほん》　蒙古国牒状《もうここくちょうじょう》〕

言葉　[1]牒状：上下関係のない役所間で用いられた文書　[2]上天の眷命せる：天帝の恩寵（目をかけられ、いつくしみ）を受けていること　[3]皇帝：ソビライ　[4]日本国王：亀山天皇　[5]朕：皇帝の自称　[6]祖宗：現在までの歴代の君主　[7]区夏：区は区域で夏は中華。天下をさす　[8]藩：一地方の鎮圧を任されている属国　[9]不宣：「すべてを語り尽くしてはいないが」という意味で、友人間の書簡に使われる止め句　[10]至元三年：元の年号で一二六六年

現代語訳　天のいつくしみを受ける大蒙古国の皇帝が、書を日本国王に差し上げる。朕が考えるには、昔から小国の国王も、国境が接すれば音信を交わし友好に努めてきた。まして、わが祖先は天の命令を受け天下を領有してきた。はるか遠方の異国から、その威をおそれ、徳になついてくる者は数限りない。……高麗は朕の東方の属国である。日本は高麗に近接し、開国以来、時には中国にも使いを遣わしてきた。が、朕の代になってからは、親交を結ぶ一人の使者も送ってこない。まだ、王の国（日本）がこうした事情をはっきりとは知らないのではないかと心配している。そこで特に使いを派遣し、文書で朕の意志を知らせる。今後は、互いに訪問して友好を結び、親睦を深めていくよう願うものである。また、聖人は全世界を一つの家とするという。互いに通好しないで、どうして一つの家だといえよう。兵を用いることは誰が望もうか。王はそのことをよく考え対応されたい。不宣。

至元三（一二六六）年八月　日

52 地頭《じとう》の非法に抵抗する農民

P.111

阿《あ》テ河《がわ》[1]ノ上村百姓《かみむらひゃくしょう》ラツツシテ《謹》言上《ごんじょう》

一　ヲンサイモク《御材木》[2]ノコト、アルイワチトウ《地頭》ノキヤウシヤウ《京上》[3]、アルイワチカフ《近夫》[4]トマウシ、**カクノコトクノ人フ《人夫》ヲ、チトウノカタエセメ《責》ツカワレ《使》候《そうら》ヘハ、ヲ《テ》マヒマ候《そうら》ワス候《そうろう》、**……テウマウ《逃亡》ノアト《跡》[5]ノムキ《麦》マキ《蒔》ケト候《そうらい》テ、ヲイモトシ《追戻》候《そうら》イヌ、ヲレラカコノムキマカヌモノナラハ、**メコトモ《女子供》[6]ヲヲイコメ、ミミ《耳》ヲキリ、ハナ《鼻》ヲソキ、カミ《髪》ヲキリテ、アマ《尼》ニナシテ、ナワホタ《縄絆》シヲウチテ、サエナマ《苛》ント候《そうろ》ウテ、**セメセンカウ《責詮考》セラレ候《そうろう》アイタ、ヲサイモクイヨイヨヲソ《遅》ナワリ候《そうら》イヌ、ソノウエ百姓《ひゃくしょう》ノサイケイチウ《在家一宇》[7]、チトウトノ《地頭殿》エコホチ《毀》トリ《取》候《そうら》イヌ。

ケンチカンネン《建治元年》十月廿八日　百姓ラ《等》カ上《たてまつ》ル

〔高野山文書《こうやさんもんじょ》〕

言葉　[1]阿テ河：紀伊国（現在の和歌山県）にあった荘園、阿氏河荘　[2]ヲンサイモク（御材木）：年貢として領家（寂楽寺）に納入する材木　[3]キヤウシヤウ（京上）：大番役などで上京すること　[4]チカフ（近夫）：近所の用事といって使われる人夫役。ケカウ（下向）と読んで、京から帰る意に解する説もある　[5]テウマウ（逃亡）ノアト（跡）：農民が逃亡して耕す者のいなくなった土地　[6]メコトモ（女子供）：逃亡者の妻子　[7]サイケイチウ（在家一宇）：（農民の）家一軒

現代語訳　阿氏河荘上村の百姓らが謹んで申し上げます。

一御材木の納入が遅れている件につきましては、地頭が京へ上るからとか、近夫だといって、かように人夫として地頭にこき使われますと、全く暇などありません。……逃亡した百姓の畑に麦をまけとむりやり連れ戻します。お前たちがこの麦をまかなければ、女子供を捕えて押し込め、耳を切り、鼻をそぎ落とし、髪を切って尼にし、縄でしばって虐待するといって責められるので、御材木の貢進はますます遅くなってしまいました。その上、百姓の家屋一軒が地頭によって解体して取られてしまいました。

建治元（一二七五）年一〇月二十八日　百姓等が申し上げます

読み解く　農民たちは年貢である木材の納入が遅れている理由をどのように説明しているだろうか。

53 御家人《ごけにん》・非御家人の動員

P.134

蒙古人《もうこびと》対馬《つしま》[1]・壱岐《いき》[2]に襲来《しゅうらい》し、既《すで》に合戦《かっせん》を致《いた》すの由《よし》、覚恵《かくえ》[3]注《ちゅう》し申《もう》す所《ところ》なり。早《はや》く来《きた》る廿《二十》日以前《いぜん》に安芸《あき》[4]に下向《げこう》し、彼《か》の凶徒《きょうと》[5]寄《よ》せ来《き》たらば、国中《くにじゅう》の地頭《じとう》御家人《ごけにん》ならびに本所《ほんじょ》・領家《りょうけ》一円《いちえん》の地《ち》の住人《じゅうにん》[6]等《ら》を相《あ》い催《もよお》し、禦戦《ふせぎたたか》わしむべし。更《さら》に緩怠《かんたい》あるべからざるの状《じょう》、仰《おお》せによって執達件《しったつくだん》の如《ごと》し。

文永十一《一二七四》年十一月一日　武蔵守《むさしのかみ》[7]在判
相模守《さがみ》[8]在判

武田五郎次郎[9]殿

〔東寺百合文書《とうじひゃくごうもんじょ》〕

言葉　[1]対馬：現長崎県対馬市　[2]壱岐：現長崎県壱岐市　[3]覚恵：少弐資能　[4]安芸：広島県西部　[5]彼の凶徒：元軍　[6]本所・領家一円の地の住人：荘園領主が独占的に支配している所領の住人（非御家人）　[7]武蔵守：連署北条義政　[8]相模守：執権北条時宗　[9]武田五郎次郎：安芸国守護の武田信時

現代語訳　蒙古人が対馬・壱岐に襲来し、すでに合戦がおこなわれたと少弐資能が報告してきた。急いで、来る二十日までに安芸に行き、元軍が押し寄せていたなら、国中の地頭・御家人並びに荘園領主一円領の住人などを召集して、防戦させなさい。手ぬかりがないための通達として、（将軍の）仰せで以上のことを伝える。

54 永仁《えいにん》の徳政令《とくせいれい》

P.135

一　越訴《おっそ》[1]を停止《ちょうじ》すべきの事《こと》……

一　質券売買地《しちけんばいばいち》の事《こと》

右《みぎ》、**所領《しょりょう》を以《もっ》て或《あるい》は質券《しちけん》に入《い》れ流《なが》し、或《あるい》は売買《ばいばい》せしむるの条《じょう》、御家人等《ごけにんら》侘傺《たてい》の基《もとい》なり。向後《きょうこう》に於《おい》ては停止《ちょうじ》に従《したが》ふべし。以前《いぜん》沽却《こきゃく》の分《ぶん》に至《いた》りては、本主《ほんしゅ》をして領掌《りょうしょう》[2]せしむべし。但《ただ》し或《あるい》は御下文《おんくだしぶみ》・下知状《げちじょう》[3]を成《な》し給《たま》ひて、或《あるい》は知行《ちぎょう》廿《二十》箇年《かねん》[4]を過《す》ぐるは、公私《こうし》の領《りょう》を論《ろん》ぜず今更相違《いまさらそうい》有《あ》るべからず。**……次《つぎ》に非御家《ひごけ》

人、凡下の輩質券買得地の事、年紀[5]を過ぐると雖も売主《うりぬし》をして知行《ちぎょう》せしむべし。

一　**利銭出挙《りせんすいこ》[6]の事《こと》**

……自今以後《じこんいご》成敗《せいばい》[7]に及《およ》ばず、……

永仁《えいにん》五年七月廿《（二十）》二日

〔東寺百合文書《とうじひゃくごうもんじょ》〕

言葉　[1]越訴：訴訟の判決を不服とするものが起こす再審請求　[2]領掌：領有し、現実に支配権を行使すること　[3]御下文・下知状：いずれも幕府から出される公文書。ここでは土地の売買・譲渡を認めた文書のこと　[4]知行廿箇年：御成敗式目に示された、二十年間実際に支配している所領は占有者のものになるという時効規定　[5]年紀：[4]と同じ二十か年のこと　[6]利銭出挙：利息のついた金銭貸借　[7]成敗：訴訟の受理

現代語訳　一　再審の請求は受けつけない……

一　質入れされたり、売買された土地のこと。

このことについて、所領を質に入れ流したり売買したりすることは、御家人の困窮のもとである。今後はやめるように。以前に売った土地は、本来の持ち主（御家人）が領有し支配すべきである。ただし、（売った相手が御家人である時は）幕府が売買を認めた下文や下知状を出していて、その所領を知行して二十年を過ぎている場合には、幕府からの恩給地か、先祖代々の私領かを問わず、今さらとり返せない。……ただ、御家人以外の武士や一般庶民が御家人から買い取った土地は、二十年を過ぎていても、売り主の御家人が知行すべきである。

一　利息つきの金銭貸借のこと

……今後は、金銭貸借の訴訟は一切取り上げない。……

永仁五（一二九七）年七月二十二日

読み解く　この法令で、どのようなことが禁止（「停止」）されたのだろうか。

55 二毛作《にもうさく》の普及

P.136

諸国の百姓田の稲を苅《かり》取るの後、其《そ》の跡《あと》に麦を蒔《ま》く。田麦《たむぎ》と号して、領主等、件《くだん》の麦の所当《しょとう》[1]を徴取《ちょうしゅ》すと云々《うんぬん》。租税の法豈然《あにしか》るべけんや[2]。自今《じこん》以後、田麦の所当を取るべからず。宜《よろ》しく農民の依怙《えこ》たるべし。この旨《むね》を存じ、備後《びんご》・備前《びぜん》両国の御家人等に下知せしむべきの状、仰《おお》せに依《よ》って執達《しったつ》件の如《ごと》し[3]。

文永元《（一二六四）》年四月廿《（二十）》六日　武蔵守《むさしのかみ》[4]判

相模《さがみ》守[5]判

因幡前司《いなばのぜんじ》[6]殿

〔新編追加《しんぺんついか》〕

言葉　[1]所当：年貢のこと　[2]租税の……べけんや：のち遅くとも室町時代には裏作への所当の賦課は一般的になる　[3]執達件の如し：上位の意向を受け下位に発給する書状の結びに使われる　[4]武蔵守：執権北条長時　[5]相模守：連署北条政村　[6]因幡前司：備前・備後の守護長井泰重

現代語訳　諸国の百姓が田の稲を刈った後に麦を蒔いている。これを田麦と称して、領主はこの麦から年貢を徴収するという。（これは）租税の法として合法ではない。今後は、田麦から年貢を徴収してはならない。（田麦は）農民の収入としなさい。この趣旨を備後・備前両国の御家人に命令する。（将軍の）仰せにより、これを伝える。

文永元（一二六四）年四月二六日　武蔵守判

相模守判

因幡前司殿

読み解く　田の稲を刈り取ったあと、何を栽培していたのか。

56 法然《ほうねん》の思想

P.137

もろこし我がてう《（朝）》に、もろもろの智者《ちしゃ》達のさた《（沙汰）》し申さるゝ、観念の念ニモ非《あら》ズ。又学文《がくもん》をして念の心[1]を悟《さと》リテ申《もうす》念仏ニモ非ズ。たゞ**往生極楽《おうじょうごくらく》のためニハ、南無阿弥陀仏《なむあみだぶつ》と申《もうし》て、疑なく往生スルゾト思《おもい》とりテ、申外《もうすほか》ニハ別ノ子さい《（細）》候《そうら》ハず。**但三心《ただしさんじん》[2]四修《ししゅ》[3]と申事ノ候ハ、皆決定《けつじょう》して南無阿弥陀仏にて往生スルゾト思フ内ニ籠《こも》り候也《なり》。此外《このほか》ニをくふか《（奥深）》き事を存ぜバ、二尊[4]ノあハれみニハヅレ、本願[5]ニもれ候べし。念仏ヲ信ゼン人ハ、たとひ一代ノ法ヲ能々《よくよく》学ストモ、一《いち》文不知《もんふち》ノ愚とん《（鈍）》の身ニナシテ、尼入道《あまにゅうどう》ノ無ち《（知）》ノともがらニ同《おなじう》しテ、ちしや《（智者）》ノふるまひヲせずして、**只《ただ》一かう《（向）》に念仏すべし。**

〔一枚起請文《いちまいきしょうもん》〕

言葉　[1]念の心：ひたすら思いを集中させること　[2]三心：至誠心・深心・廻向発願心　[3]四修：中国の善導が説く恭敬修・無余修・無間修・長時修　[4]二尊：釈迦如来と阿弥陀如来　[5]本願：阿弥陀仏が一切衆生を救済するためおこした願

現代語訳　（私の説く念仏は）中国や日本の高僧の方が理解して説かれてきた（静めた心で仏のお姿を想い描く）観念の念仏ではない。また、仏の教えを学びとり、念仏の意味を深く理解した上で唱える念仏でもない。極楽浄土へ往生を遂げるためには、ただひたすらに「南無阿弥陀仏」と唱え、一点の疑いもなく「必ず極楽浄土に往生するのだ」と思い定めて唱えることにほかならない。ただし、念仏を唱える上で、三つの心構えと四つの態度が必要とされるが、それらは「『南無阿弥陀仏』と唱えて必ず往生するのだ」と思い定める中に自ずと備わっているのである。（もし私が）このこと以外に念仏の奥深い教えを知って隠しているならば、二尊（釈迦如来と阿弥陀如来）の慈悲にそむくことになる。念仏の教えを信じる者たちは、たとえ釈迦が生涯をかけて説いた教えをしっかり学んだとしても、学問のひとかけらも知らない愚か者として、仏の教えを学んでいない人（が心の底から念仏をとなえているの）と同じように、決して知恵のあるような振る舞いをせず、ただひたすら念仏を唱えなさい。

読み解く　この史料で、極楽往生するためには、どうしたらよいと述べているだろうか。

57 親鸞《しんらん》の思想

P.137

一　**「善人《ぜんにん》[1]なをもちて往生《おうじょう》をとぐ、いはんや悪人《あくにん》[2]をや。**しかるを、世《よ》のひとつねにいはく、『悪人《あくにん》なを往生《おうじょう》す、いかにいはんや善人《ぜんにん》をや』と。この条《じょう》、一《いっ》旦《たん》そのいはれあるににたれども、本願他力《ほんがんたりき》[3]の意趣《いしゅ》にそむけり。そのゆへは、自力作善《じりきさぜん》[4]の人《ひと》は、ひとへに他力《たりき》をたのむこゝろかけたるあひだ、弥陀《みだ》[5]の本願《ほんがん》にあらず。……煩悩具足《ぼんのうぐそく》[6]のわれらは、いづれの行《ぎょう》にても生死《しょうじ》[7]をはなるゝことあるべからざるを哀《あわれみ》たまひて、願《がん》をおこしたまふ本意《ほい》、悪人成仏《あくにんじょうぶつ》のためなれば、**他力《たりき》をたのみたてまつる悪人《あくにん》、もとも往生《おうじょう》の正因《しょういん》なり。よりて善人《ぜんにん》だにこそ往生《おうじょう》すれ、まして悪人《あくにん》は」**と、仰《おおせ》さふらひき。

〔歎異抄《たんにしょう》〕

言葉　[1]善人：造寺・造仏・写経などの善行を積もうとする人　[2]悪人：煩悩に狂わされて善行を積む力もない人　[3]本願他力：念仏する者を救済しようとする本願を立てた阿弥陀如来を信じてすがること　[4]自力作善：自分の修行や努力で善行を積み往生しようとすること　[5]弥陀：阿弥陀如来　[6]煩悩具足：心身を煩わし、悩ます迷いをすべて備えているこ

と [7]生死：生まれたり死んだりという輪廻に苦しむこと

現代語訳 一 「善人ですら極楽往生することができる。まして悪人が極楽浄土へ行くのは当然である。にもかかわらず、ふだん世間の人は『悪人でさえ極楽へ行くのだから、善人が行くのは当然ではないか』という。この考えは一応もっともなようにみえるけれども、実は（阿弥陀如来の）他力本願の教えの趣旨に背いている。そのわけは、自ら修行や善行を積むことができる人は、ひたすら阿弥陀如来の力にすがろうという心に欠けているために、阿弥陀如来の本来の救済の対象ではない。……あらゆる煩悩を持つ我々は、どのような修行をしても、苦悩に満ちた迷いの世界を離れられない。そのことを哀れに思われて、阿弥陀如来は救済の願をお立てになったのであり、その真意は悪人を成仏させようとしたのだから、阿弥陀如来におすがりしようとする悪人こそが、最も救済されるにふさわしい。だから善人でさえ極楽往生できる、まして悪人が往生できるのは当然だ」と（親鸞が）仰せになった。

読み解く この史料で「他力」とは、何の力を指しているか。

58 日蓮《にちれん》の思想

P.137

若《も》し先《ま》づ国土を安んじて、現当《げんとう》[1]を祈らんと欲せば、速《すみや》かに情慮《じょうりょ》を廻《めぐ》らし、急《いそ》いで対治《たいじ》を加へよ。所以《ゆえん》は何《いか》ん。薬師経《やくしきょう》の七難[2]の内、五難忽《たちま》ちに起り二難猶《なお》残せり。所以《いわゆる》「**他国侵逼《しんぴつ》の難、自界叛逆《じかいほんぎゃく》の難**」なり。大集経《だいじっきょう》の三災[3]の内、二災早く顕《あら》はれ一災未だ起らず。所以「**兵革《へいかく》の災《わざわい》**」なり。金光明《こんこうみょう》経の内、種種《しゅじゅ》の災過《さいか》一一《いちいち》起ると雖《いえど》も、「他方の怨賊《えんぞく》国内を侵掠《しんりゃく》する」、此《こ》の災未だ露《あら》はれず、此の難未だ来らず。仁王《にんのう》経の七難[4]の内、六難今盛にして一難未だ現ぜず。所以「**四方の賊《ぞく》来つて国を侵《おか》すの難**」なり。……

〔立正安国論《りっしょうあんこくろん》〕

言葉 [1]現当：現世と来世 [2]薬師経の七難：人衆疾疫《にんしゅうしつやく》（人々の病気）・他国侵逼・自界叛逆・星宿変怪《へんげ》（星の運行異常）・日月薄蝕（日蝕月蝕）・非時風雨（時ならぬ風雨）・過時不雨（時が過ぎても雨降らぬ）の七災難 [3]大集経の三災：穀貴《こくき》（穀物の払底）・兵革・疫病の三災害 [4]仁王経の七難：日月・星宿・衆火（火災）・時節・悪風・亢旱《こうかん》（日照り）・悪賊の各難

現代語訳 もしも、第一に国土の平和と自分の現世・後世の安楽を願おうというのならば、すみやかに考えをめぐらして、（災難の）対策を立てるのがよい。なぜなら、薬師経の説く七つの難のうち、五つの難が相次いで起き、まだ二つの難を残している。その二難とは、「他国に侵略される難」と「国内で反乱の起きる難」のことである。また、大集経の説く三つの災いのうち、二つはすでに現れたが、一つはまだ起こっていない。それは「戦乱の災」である。さらに、金光明経の説くいろいろの災害がすでに起きているが、「他国の賊が国内を侵し掠奪する」という災難はまだ現れていない。仁王経の説く七難の内の六難は今盛んに起きているが、一難だけはまだ現れない。それは、「四方から賊が国を襲い侵略する、という難」である。……

59 道元の思想

P.137

一日《いちじつ》奘《じょう》[1]問云《とうていはく》、叢林《そうりん》[2]ノ勤学《きんがく》ノ行履《あんり》[3]ト云《いう》ハ如何《いかん》。**示云《じにいはく》、只管打坐《しかんたざ》[4]也《なり》**。或《あるい》ハ閣上《かくじょう》、或楼《あるいはろう》下ニシテ、常坐《じょうざ》ヲイトナム。人ニ交《まじわ》リ物語ヲセズ、聾者《ろうしゃ》ノ如ク瘂者《あしゃ》ノ如クニシテ、常ニ独坐ヲ好ム也。

〔正法眼蔵随聞記《しょうぼうげんぞうずいもんき》〕

言葉 [1]奘：筆者の孤雲《こうん》懐奘 [2]叢林：修行僧の集まる道場 [3]行履：日常の一切の行為 [4]只管打坐：ただひたすら坐禅をすること

現代語訳 ある日、私（懐奘）が「修行の道場で、骨身惜しまずに仏道を学ぶ行いとはどのようなものですか」と質問した。

道元禅師が答えられたのは「ひたすら坐禅を組むことである。高殿の上でも下でも、寺院で適当な場所を見つけて、常に坐禅をするのだ。人といっしょになっておしゃべりせず、耳や口の不自由な人のようになって、いつもひとり坐禅を組むことを好きになるのだ。」との教えであった。

60 慈円《じえん》の歴史観

P.138

年《とし》ニソヘ《（添）》日《ひ》ニソヘテハ、物《もの》ノ道理《どうり》[1]ヲノミ思《おもい》ツヾケテ、老《おい》ノネザメ《（寝覚）》ヲモナグサメ《（慰）》ツヽ、イトヾ、年《とし》モカタブキ《（傾）》マカル《（罷）》マヽニ、世中《よのなか》モヒサシク《（久）》ミ《（見）》テ侍《はべ》レバ、昔《むかし》ヨリウツリ《（移）》マカル道理《どうり》モアハレニオボエ《（覚）》テ、……**保元《ほうげん》以後《いご》ノコトハミナ乱世《らんせい》ニテ侍《はべ》レバ、ワロキ事《こと》ニテ**ノミアランズルヲハバカリ《（憚）》テ、人《ひと》モ申《もうし》ヲカ《（置）》ヌニヤトヲロカ《（愚）》ニ覚《おぼえ》テ、ヒトスヂ《（一筋）》ニ世《よ》ノウツリ《（移）》カハリ《（変）》オトロヘ《（衰）》クダルコトハリ《（理）》、ヒトスヂヲ申《もう》サバヤトオモヒテ、思《おも》ヒツヾ《（続）》クレバ、マコトニイ《（言）》ハレテノミ覚《おぼ》ユルヲ……コノヤウニテ世《よ》ノ道理《どうり》ノウツリユク事《こと》ヲタ《（立）》テムニハ、**一切《いっさい》ノ法《ほう》[2]ハタヾ道理《どうり》ト云《いう》二文字《にもじ》ガモ《（持）》ツナリ。其外《そのほか》ニハナニモナキ也《なり》**。……

〔愚管抄《ぐかんしょう》〕

言葉 [1]道理：避けることのできない必然、人の守るべき規範などだが、慈円はそこに歴史の推移を見いだそうとし、また仏教的な「道理」の考え方も取り入れた [2]法：存在。真理

現代語訳 年のたつにつけ、日のたつにつけて、物の道理ばかりを考え続け、年老いてふとめざめがちな夜半のなぐさめなどにしたりして、いよいよ生涯も終わりに近づこうとしているが、世間をずいぶん長く見てきたので、世の中が移り変わってきた道理も心にしみじみと感じられる。……保元の乱以後はすべて乱世のことで、悪いことばかりになるのを嫌って語り伝えないのであろうか。それも馬鹿げているので、世の中が推移し衰退してきた一本の道理の道を、申し述べてみたいとずっと考えつづけていると、すべては道理に当てはまっているように思える。……

このように世の道理というものが移り変わっていくことを明らかにしようとするならば、すべての存在は道理という二文字によってのみ支えられている。それ以外には何もない（ことがわかってくる）。……

61 新政の成立

P.144

保元平治治承《ほうげんへいじじしょう》より以来《このかた》、武家《ぶけ》の沙汰《さた》として政務《せいむ》を恣《ほしいまま》にせしかども、元弘《げんこう》三年の今《いま》は天下《てんか》一統《いっとう》に成《なり》しこそめづらしけれ。**君《きみ》[1]の御聖断《ごせいだん》は延喜天暦《えんぎてんりゃく》[2]のむかしに立帰《たちかえり》て、武家《ぶけ》安寧《あんねい》に民屋謳歌《みんおくおうか》し**、いつしか諸国《しょこく》に国司守護《こくししゅご》を定《さだめ》、卿相雲客《けいしょううんかく》[3]各《おのおの》其位階《そのいかい》に登《のぼ》りし躰《てい》、実《まこと》に目出度《めでた》かりし善政《ぜんせい》なり。……**今《いま》の例《れい》は昔《むかし》の新儀《しんぎ》なり、朕《ちん》[4]が新儀《しんぎ》は未来《みらい》の先例《せんれい》たるべし**とて新《あら》たなる勅《ちょく》裁《さい》漸《ようや》くきこえけり。……爰《ここ》に京都《きょうと》の聖断《せいだん》を聞奉《ききたてまつ》るに、記録所《きろくしょ》[5]決断所《けつだんしょ》を、

かるといへども、近臣臨時に内奏[6]を経て非義を申行《おこなう》間《あいだ》、綸言《りんげん》[7]朝《あした》に変《へん》じ暮《くれ》に改《あらたま》りしほどに諸人《しょにん》の浮《ふ》沈《ちん》掌《たなごころ》を返《かえ》すがごとし。……又《また》、天下《てんか》一同《いちどう》の法《ほう》[8]を以《もって》安堵《あんど》の綸旨《りんじ》[9]を下《くだ》さるといへ共《ども》、所帯《しょたい》をめさる、輩《ともがら》恨《うらみ》を含《ふくむ》時分《じぶん》、**公家《くげ》に口《くち》ずさみあり。尊氏《たかうじ》なしといふ詞《ことば》を好《この》みつかひける。**……〔梅松論《ばいしょうろん》〕

言葉 [1]君：後醍醐天皇 [2]延喜天暦：一〇世紀の醍醐・村上天皇の治世の年号。天皇親政の理想的な時代とされた [3]卿相雲客：公卿と殿上人 [4]朕：天皇の自称で、後醍醐天皇のこと [5]記録所：後三条天皇設置の記録荘園券契所がその起源。その後、断続的に存続したが、後醍醐天皇は一三二一年に親政とともに設置、政務の中心機関としており、建武の新政にあたり、一三三四年、再興し拡充した [6]内奏：側近の蔵人や天皇の側室などを通じ、天皇と直接連絡をとること [7]綸言：天皇の言葉 [8]天下一同の法：一三三三（元弘三）年七月の「諸国平均安堵法」をさす [9]綸旨：天皇の意向を受けた蔵人によって発給される文書。天皇の意志を最も直接的に伝えるものとして後醍醐天皇は重用し、絶対・万能とした

現代語訳 保元・平治や治承の乱の時以来、武家が思いのままに政治を行ってきたが、元弘三（一三三三）年の今、天下が（朝廷によって）統一できたことは、大変すばらしい。天皇のお考えは、延喜・天暦の時代にたち返り、皆が平和に暮らす政治を行うことである。諸国に国司や守護をおき、公卿や殿上人がそれぞれの位階にのぼった様子はまことに立派な善政である。……「今、先例となっているものは、そもそも昔は新しい方法であった。私の新しいやり方は未来の先例となるであろう。」と、新しい政治を次々と行っていった。……

さて京都の天皇の政治について聞くところによると、記録所や雑訴決断所を置いたけれども、側近が内密《ないみつ》に天皇に申し上げ、道理にはずれたことを行うので、天皇の命令はすぐに変更され、人々の浮き沈みも激しい。……また（北条方に味方した者以外は）一律に現在の知行を安堵する綸旨が出されたが、所領を没収された人々が恨みを持ち始めると、公家の間にひそかに、「（政権の要職に）尊氏なし」ということばがはやった。

読み解く 後醍醐天皇は「朕が新儀は未来の先例たるべし」と述べて、どのような政治を行おうとしたのだろうか。

62 二条河原《にじょうがわら》の落書《らくしょ》

▶P.144

口遊《くちずさみ》[1] 去年八月二条河原《にじょうがわらの》[2]落書《らくしょ》云々《うんぬん》 元年歟《か》

此比《このごろ》都《みやこ》ニハヤル物《もの》、夜討《ようち》強盗《ごうとう》謀綸旨《にせりんじ》[3]、召人《めしうど》[4]早馬《はやうま》虚騒動《そらそうどう》、生頸《なまくび》[5]還俗《げんぞく》自由《じゆう》出家《しゅっけ》、俄大名《にわかだいみょう》迷者《まよいもの》、安堵《あんど》[6]恩賞《おんしょう》虚軍《そらいくさ》、本領《ほんりょう》ハナル、訴訟人《そしょうにん》、文書入《もんじょいれ》タル細葛《ほそつづら》、追従《ついしょう》讒人《ざんにん》禅律僧《ぜんりつそう》、下克上《げこくじょう》[7]スル成出者《なりでもの》、器用《きよう》堪否《かんぷ》沙《さ》汰《た》モナク、モル（洩）、人《ひと》ナキ決断所《けつだんじょ》[8]、キツケヌ冠《かんむり》上《うえ》ノキヌ[9]、持《もち》モナラハヌ笏《しゃく》[10]持《もち》テ、内裏《だいり》マシハリ（交）珍《めずら》シヤ、……〔建武年間記《けんむねんかんき》〕

言葉 [1]口遊：噂 [2]二条河原：当時内裏があった二条富小路に近い賀茂川の河原 [3]綸旨：天皇の意向を受け、蔵人が出す文書。後醍醐天皇が好んで使用した [4]召人：捕らわれた犯罪者 [5]生頸：辻斬りや斬首刑によるものか [6]安堵：土地の領有権や知行権を確認してもらうこと [7]下克上：下剋上。下のものが上のものをしのぐこと [8]決断所：雑訴決断所 [9]上ノキヌ：束帯用の上衣 [10]笏：正装したときに持つ薄い板

現代語訳 噂《うわさ》 去年八月二条河原の落書云々 （建武）元（一三三四）年か

最近都ではやるのは、夜討ち、強盗、にせの綸旨。囚人、急使の早馬、理由のない騒動。生首が転がり、僧が俗人に戻り、俗人が勝手に出家する。急に大名になる者、一方で路頭《ろとう》に迷う者。本領安堵や恩賞欲しさに、いくさをでっち上げる者。本領を没収された者が、証拠文書を入れた細い籠を持って上京する。おべっかを使う者、他人の悪口を言う者、政治に介入する僧、下剋上で成り上がった者。才能は関係なく誰でも構わず寄人《よりうど》に任用する雑訴決断所。着なれない冠や公家装束《しょうぞく》をつけ、持ちなれない笏を持って、内裏に出入りするようすも珍しい。……

読み解く 史料から「謀綸旨」が横行していることがわかるが、偽の綸旨が多く出されるほど、綸旨の重要性が高まったのはなぜだろうか。

63 室町幕府《むろまちばくふ》の政治方針—建武式目《けんむしきもく》

▶P.144

鎌倉元《かまくらもと》の如《ごと》く柳営《りゅうえい》[1]たるべきか。他所《たしょ》[2]たるべきや否《いな》やの事《こと》……

居処《きょしょ》の興廃《こうはい》は、政道《せいどう》の善悪《ぜんあく》によるべし。……ただし、**諸人《しょにん》もし遷移《せんい》せんと欲《ほっ》せば、衆人《しゅうじん》の情《じょう》にしたがふべきか。**

政道《せいどう》の事《こと》 ……

一 倹約《けんやく》を行《おこな》はるべき事《こと》

一 群飲佚遊《ぐんいんいつゆう》を制《せい》せらるべき事《こと》

一 私宅《したく》の点定《てんじょう》[3]を止《や》めらるべき事《こと》

一 京中《きょうじゅう》の空地《あきち》[4]、本主《ほんしゅ》に返《かえ》さるべき事《こと》

一 無尽銭《むじんせん》土倉《どそう》[5]を興行《こうぎょう》せらるべき事《こと》

一 諸国《しょこく》の守護人《しゅごにん》、ことに政務《せいむ》の器用《きよう》を択《えら》ばるべき事《こと》

一 権貴《けんき》[6]并《なら》びに女性《にょしょう》禅律僧《ぜんりっそう》[7]の口入《くにゅう》を止《とど》めらるべき事《こと》

……以上《いじょう》十七箇条《かじょう》、大概斯《たいがいかく》の如《ごと》し。……遠《とお》くは延喜《えんぎ》天暦《てんりゃく》両聖《りょうせい》[8]の徳化《とくか》を訪《と》ひ、近《ちか》くは義時泰時《よしときやすとき》父子《ふし》の行状《ぎょうじょう》を以《もっ》て近代《きんだい》の師《し》となす。ことに万人《ばんにん》帰仰《きぎょう》の政道《せいどう》を施《ほどこ》されば、四海安全《しかいあんぜん》の基《もとい》たるべきか。

建武《けんむ》三年十一月七日

真恵《しんえ》[9]

是円《ぜえん》[10]

〔建武式目《けんむしきもく》〕

言葉 [1]柳営：幕府 [2]他所：ここでは京都を想定 [3]私宅の点定：建武新政時に京都へ入った武士が多数の民家を取りあげて使ったことを指す [4]京中の空地：元弘の変以来、京都市街の多くが戦乱で焼失した [5]無尽銭土倉：質物を預かって金融を行う業者。次第に「土倉」と呼ぶようになる。無尽銭は貸付金のこと [6]権貴：権門（官位が高く権勢がある家柄の）貴族 [7]禅律僧：禅宗と律宗の僧 [8]延喜天暦両聖：醍醐・村上天皇 [9]真恵：是円の弟 [10]是円：中原是円（章賢《のりかた》）。鎌倉幕府・建武政権・室町幕府で活躍した法律家の武士

現代語訳 鎌倉を以前のように幕府の所在地とすべきか、よそへ移すべきか否かのこと……

政権所在地が栄えるのもすたれるのも政治のよしあしにかかっている。……ただし、多くの人々が他の場所へ移りたいと望むなら、その気持ちに従うべきであろう。

政治の方法のこと……

一 倹約につとめること

一 大勢集まって酒を飲んだり、勝手気ままな遊興は禁じること

一 個人の住宅の収用をやめるべきこと

一 京都市中の空地は、もとの持ち主に返すべきこと

一　無尽銭土倉といった金融業を盛んにすること
一　諸国の守護には、特に政治の実務にすぐれた人物を登用すること
一　権門貴族、女性や禅宗・律宗の僧の政治への干渉をさせないようにすること
……以上の十七か条、概略はこの通りである。……古くは延喜・天暦の治における両天皇の徳に学び、最近では北条義時・泰時父子の業績を模範として、特にすべての人が仰ぎ服するような政治を行うことが、世の中の平和のための基礎となるであろう。
建武三（一三三六）年十一月七日　真恵　是円

読み解く　建武式目は、室町幕府の施政方針を示したものであるが、幕府の所在地をどのように決めるとしているだろうか。

64 守護《しゅご》大名《だいみょう》の成長

P.147

一　**諸国《しょこく》の守護《しゅご》たる人廉直《ひとれんちょく》を先《さき》とすべき事《こと》。**
諸国《しょこく》の国司《こくし》は一任《いちにん》四ケ年に過《す》ぎず。当時《とうじ》[1]の守護職《しゅごしき》は昔《むかし》の国司《こくし》におなじといへども、子々孫々《ししそんそん》に伝《つたえ》て知行《ちぎょう》をいたすことは、春秋《しゅんじゅう》[2]の時《とき》の十二諸侯《しょこう》、戦国《せんごく》[3]の世《よ》の七雄《しちゆう》にことならず。……[4]然《しか》るに**当時《とうじ》の躰《てい》たらく、上裁《じょうさい》[5]にもかゝはらず、下知《げち》[6]にもしたがはず、ほしいまゝに権威《けんい》をもて他人《たにん》の所帯《しょたい》を押領《おうりょう》し、富《とみ》に富《とみ》をかさね、欲《よく》に欲《よく》をくはふる事《こと》は、**さしあたりてことかけたるゆへにはあらず。只無用《ただむよう》の事《こと》のしたきと人《ひと》かずをおほくそへんとのため成《なる》べし。
〔樵談治要《しょうだんちよう》〕

言葉　[1]当時：現在のことをさす　[2]春秋：中国の春秋時代（前八～前五世紀）　[3]戦国：中国の戦国時代（前五～前三世紀）　[4]この中略部分では、頼朝時代、御成敗式目及び建武式目における守護についての規定が述べられている　[5]上裁：将軍の裁定　[6]下知：将軍の意向を受けた命令

現代語訳　一　諸国の守護となる人は、心が清く正直な人を優先すべきこと。
諸国の国司の一回の任期は四年間に過ぎない。現在の守護職は、昔の国司と同じような職だというけれど、子々孫々にまで相伝して支配していることは、中国の春秋時代の十二諸侯や、戦国時代の七雄と同様である。……しかるに現代のありさまは、将軍の裁定にもかかわらず、幕府の命令にも従うこともなく、思いのままに権威をふるって他人の所領を侵略し、富を蓄積し、あくなき欲望をいだくのは、当座の生活に困っているからではない。ただ余計なことをしたいのと、（家臣の）人数を増やしたいためなのであろう。

65 半済令《はんぜいれい》

P.147

寺社本所領《じしゃほんじょりょう》の事《こと》、観応《かんのう》三年七月廿(二十)四日の御沙汰《ごさた》
……**近江《おうみ》・美濃《みの》・尾張《おわり》[1]三箇国《かこく》、本所領《ほんじょりょう》半分《はんぶん》の事《こと》、兵粮料所《ひょうろうりょうしょ》[2]として、当年一作《とうねんいっさく》、軍勢《ぐんぜい》に預《あず》け置《お》くべきの由《よし》、守護人等《しゅごにんら》に相触《あいふ》れおわんぬ。半分《はんぶん》に於《お》ては、宜《よろ》しく本所《ほんじょ》に分《わ》け渡《わた》すべし。**……
〔建武以来追加《けんむいらいついか》〕

言葉　[1]近江・美濃・尾張：滋賀・岐阜・愛知県で、尊氏方の佐々木・土岐らの守護国　[2]兵粮料所：兵糧米にあてるため武士に給与した土地

現代語訳　寺院、神社、公家などの荘園に関すること、観応三（一三五二）年七月二十四日の御命令
……近江・美濃・尾張の三か国の荘園については、その半分を兵糧米を徴収する所領と指定し、本年一年の収穫に限り、（守護の）軍勢に預け置くことを守護人にはすでに知らせておいた。残り半分は必ず荘園領主側に渡すこと。……

読み解く　近江・美濃・尾張の三カ国については、年貢の半分を守護が徴収してよいとされたが、徴収した年貢はおもに何にあてられたか。

66 守護請《しゅごうけ》

P.147

高野領《こうやりょう》備後国《びんごのくに》太田庄《おおたのしょう》[1]幷《ならびに》桑原方《くわばらがた》[2]地頭職《じとうしき》尾道倉敷《おのみちくらしき》[3]以下《いか》の事《こと》、**下地《したじ》に於《お》いては知行《ちぎょう》致《いた》し、年貢《ねんぐ》に至《いた》りては毎年千石《まいねんせんごく》を寺《てら》に納《おさ》むべきの旨《むね》、**山名右衛門佐《やまなうえもんのすけ》入道常熙《にゅうどうじょうき》[4]に仰《おお》せられ畢《おわ》んぬ。早《はや》く存知《ぞんち》すべきの由《よし》、仰《おお》せ下《くだ》さる所《ところ》なり。仍《よっ》て執達件《しったつくだん》の如《ごと》し。
応永《おうえい》九年(一四〇二)七月十九日
沙弥《しゃみ》[5]（花押《かおう》）
当寺衆徒中《とうじしゅうとちゅう》
〔高野山文書《こうやさんもんじょ》〕

言葉　[1]太田庄：広島県世羅郡にあった荘園　[2]桑原方：太田庄は太田郷と桑原郷から構成された　[3]尾道倉敷：現広島県尾道市にあった、年貢物を輸送する際に一時納めておく太田荘の倉敷地《くらしきち》（倉庫・敷地）　[4]常熙：備後の守護山名時熙《ときひろ》　[5]沙弥：管領畠山基国《もとくに》

現代語訳　高野山領である備後国太田荘と桑原郷の地頭職、尾道倉敷などのこと。現地の支配は守護が行い、年貢は毎年千石を高野山金剛峯寺に納めるよう、山名右衛門佐入道常熙に命ぜられた。早くこの趣旨を理解し徹底するようにとのご命令である。……
応永九（一四〇二）年七月十九日
畠山基国
高野山金剛峯寺の僧兵へ

67 足軽《あしがる》の活動

P.151

一　足《あし》がる(軽)[1]といふ者《もの》ながく停止《ちょうじ》せらるべき事《こと》
むかしより天下《てんか》のみだるゝ事《こと》は侍《はべ》れど、**足《あし》がるといふ事《こと》は旧記《きゅうき》[2]などにもしるさゞる名目也《みょうもくなり》。……此《この》たびはじめて出来《いでき》たれる足《あし》がるは、超過《ちょうか》したる悪党《あくとう》なり。**其故《そのゆえ》は洛中洛外《らくちゅうらくがい》の諸社《しょしゃ》・諸寺《しょじ》・五山十刹《ござんじっさつ》[3]・公家《くげ》・門跡《もんぜき》[4]の滅亡《めつぼう》はかれらが所行也《しょぎょうなり》。かたきのたて籠《こも》たらん所《ところ》にをいては力《ちから》なし。さもなき所々《しょしょ》をうちやぶり、或《あるい》は火《ひ》をかけて財宝《ざいほう》をみさぐる(見探)事《こと》は、ひとへにひる強盗《ごうとう》といふべし。かゝるためしは先代未聞《せんだいみもん》の事《こと》也《なり》。……
〔樵談治要《しょうだんちよう》〕

言葉　[1]足がる：徒歩で戦闘に参加する雑兵　[2]旧記：古い記録　[3]五山十刹：室町時代に制定された禅宗寺院の格式で、ここでは京都五山とそれに次ぐ十か寺のこと　[4]門跡：皇族や摂関家子息らが住する格式の高い寺院

現代語訳　一　足軽というものは長く禁止されるべきこと
昔から世の中が乱れたことはあるが、足軽ということは古い記録などにもない呼び名である。……このたび（応仁の乱で）初めて現れた足軽は、並はずれた悪党である。その理由は、都の内外の神社・寺院・五山十刹・公家・門跡寺院が荒れ果てたのは彼らのしわざである。それが敵のたてこもった所なら仕方がない。そうでないところを破壊したり、放火したりして財宝を略奪することは、まるで白昼強盗とでもいうべきだ。こんな例は今まで聞いたこともない。

読み解く　都内外の神社や寺院などが荒廃したのは足軽の仕業であるとしているが、足軽をどのようなものであると述べているか。

68 惣《そう》の規約

▼P.150

定《さだむ》今堀《いまぼり》[1]**地下《じげ》掟《おきて》之事《のこと》**

合《あわせて》 延徳《えんとく》元年 己酉《つちのととり》十一月四日

一 他所《よ そ》之《の》人《ひと》を地下《じげ》ニ請人《うけにん》候《そうら》ハて、置《お》くべからざる事《こと》。

一 惣《そう》ノ地《ち》ト私《わたくし》ノ地《ち》ト、サイメ相論《そうろん》[2]ハ、金《かね》ニテすますヘシ。

一 犬《いぬ》かうへからす[3]事《こと》。

一 二月・六月サルカク[4]ノ六ヲ、壱貫文《いっかんもん》ツ《(ず)》、、惣銭ヲ出スヘキ者也《ものなり》。

一 家売《いえう》タル人《ひと》ノ方《かた》ヨリ、百文《もん》ニハ三文《もん》ツ、、壱貫文《いっかんもん》ニハ卅《(三十)》文《もん》ツ、、惣《そう》へ出《だ》スヘキ者也《ものなり》。**此旨《このむね》ヲ背《そむ》ク村《むら》人《びと》ハ、座《ざ》**[5]**ヲヌクヘキ也《なり》。**

一 堀《ほり》[6]ヨリ東《ひがし》ヲハ、屋敷《やしき》ニスヘカラス者《もの》なり。

〔今堀日吉神社文書《いまぼりひえじんじゃもんじょ》〕

言葉 [1]今堀：近江国蒲生《がもう》郡得珍保《とくちんのほう》今堀郷。現、滋賀県東近江市あたりにあった延暦寺荘園の一郷村 [2]サイメ相論：サイメは際目、境界、相論は訴訟や論争 [3]犬かうへからす：犬を飼うことを禁じた理由は、①今堀郷の鎮守である日吉神社の使いが、犬を天敵とする猿であるため、②狂犬病の流行を防ぐため、③犬が畑を荒らすため、④倹約のため、⑤犬を飼える特殊な優越者の出現を防ぐためなどと考えられる [4]サルカク：神事の際に行う猿楽能 [5]座：村の神社を中心に神事を行う組織で宮座のこと [6]堀：今堀郷が環濠集落であったことを示す

現代語訳 定める、**今堀郷の郷内の人々が守るべき掟のこと**

寄合での決定、延徳元（一四八九）年十一月四日

一 よその人を、郷内に身元保証人がいなければ置いてはならないこと。

一 惣で管理する共有地と私有地との境界の訴訟は金銭で処理すること。

一 犬を飼ってはいけないこと。

一 二月と六月に行われる猿楽能の一座に出す禄（祝儀）は、一貫文ずつ惣の費用から出すこと。

一 家を売った人は百文につき三文ずつ、一貫文については三十文ずつ惣へ出すこと。**これに違反した村人は、宮座から追放する。**

一 堀より東側は屋敷としてはならない。

読み解く この時代の争いごとは自力で解決することが一般的であったが、惣村内のもめごとを力の争いにしないための規定がある。その規定を抜き出してみよう。

69 正長《しょうちょう》の徳政《とくせい》一揆《いっき》

▼P.150

正長《しょうちょう》元年九月 日、**一天下《いってんか》の土民《どみん》**[1]**蜂起《ほうき》す。徳政《とくせい》**[2]**と号《ごう》し、酒屋《さかや》、土倉《どそう》**[3]**、寺院《じいん》**[4]**等《とう》を破却《はきゃく》せしめ、雑物《ぞうもつ》等《とう》恣《ほしいまま》にこれを取《と》り、借銭《しゃくせん》等《とう》悉《ことごと》くこれを破《やぶ》る。**官領《かんれい》[5]これを成敗《せいばい》す。**凡《およ》そ亡国《ぼうこく》の基《もとい》、これに過《す》ぐべからず。**日本《にほん》開白《かいびゃく》以来《いらい》、**土民《どみん》蜂起《ほうき》是《こ》れ初《はじ》めなり。**

〔大乗院日記目録《だいじょういんにっきもくろく》〕

言葉 [1]土民：下級武士を含む農民 [2]徳政：金銭の貸借関係を破棄すること [3]酒屋、土倉：高利貸業者 [4]寺院：寺院も寄進された祠堂《しどう》銭を運用し、高利貸を営んでいた [5]官領：管領畠山満家

現代語訳 正長元（一四二八）年九月 日天下の土民が暴動を起こした。徳政だと言って酒屋・土倉・寺院などを破壊し、質入れした品物を奪ったり、借用証文などを破った。管領はこれを処罰した。そもそも国が滅びる原因でこれ以上のものはない。日本が始まって以来土民の暴動は初めてである。

読み解く この史料はどのような立場の人が記したのだろうか。また、そう考えた理由は何か。

70 柳生《やぎゅう》の徳政一揆《とくせいいっき》

▼P.150

正長《しょうちょう》元年ヨリサキ《(前)》者《は》カンヘ四カンカウ[1]ニヲヰメ《(負目)》アルヘカラス

〔柳生《やぎゅう》の徳政碑文《とくせいひぶん》〕

言葉 [1]カンヘ四カンカウ：神戸四か郷。大柳生・坂原・小柳生・邑地

現代語訳 正長元（一四二八）年以前は、神戸四カ郷に負債は存在しない。

読み解く なぜ、「ヲヰメ（負目）」＝債務が存在しなくなったのだろうか。

71 播磨《はりま》の土一揆

▼P.150

（正長二年正月二十九日）……或人《あるひと》曰《い》はく、**播磨《はりま》国の土民《どみん》、旧冬の京辺の如《ごと》く**[1]**蜂起《ほうき》す。**国中の侍《さむらい》を悉《ことごと》く攻《せ》むるの間、諸庄園代《しょしょうえんだい》[2]之《しかのみならず》加守護[3]方の軍兵、彼らの為《ため》に或《ある》いは命を失ひ、或は追落《おいおと》さる。一国の騒動希代《きだい》の法なりと云々《うんぬん》。**凡《およ》そ土民侍をして国中に在《あ》らしむべからざる所と云々。**乱世の至《いたり》なり。仍《よっ》て赤松入道《にゅうどう》[4]発向《はっこう》し了《おわ》んぬ者《てえり》。

〔薩戒記《さっかいき》〕

言葉 [1]旧冬の京辺の如く：正長の徳政一揆をさす [2]諸庄園代：荘官の現地代官で地侍層 [3]守護：播磨守護赤松満祐 [4]赤松入道：[3]に同じ

現代語訳 正長二（一四二九）年正月二九日……ある人が次のように語った。「播磨国の土民が去年の冬の京都周辺のように蜂起して国中の侍をことごとく攻撃したので、荘園の現地代官だけでなく、守護方の武士は、命を失ったり、追放されたりした。一国の騒動としては、とてもまれな例だ」という。そもそも、土民たちは「侍たちを国中には居させない」と言っているとのことだ。乱世の極みである。そのため赤松満祐が軍勢を進発させたと。

72 嘉吉《かきつ》の変

▼P.147

（嘉吉《かきつ》元年六月）廿《(二十)》五日、晴《はれ》。昨日《きのう》の儀《ぎ》粗《あらあら》聞《き》く。……猿楽《さるがく》初《はじまり》時分《じぶん》、内方《うちかた》ととめく《(轟)》。何事《なにごと》そと御尋《おたず》ねあり。雷鳴《らいめい》かなと三条《さんじょう》申《もう》さるるの処《ところ》、**御後《おうしろ》の障子《しょうじ》引《ひき》あけて、武士《ぶし》数輩《すうはい》出《いで》て則《すなわ》ち公方《くぼう》を討《う》ち申《もう》す。**……御前《ごぜん》に於《おい》て腹切《はらき》る人《ひと》なし。赤松《あかまつ》落《お》ち行《ゆ》き、追懸《おいかけ》て討《う》つ人《ひと》なし。未《み》練謂《れんい》はん量《ばかり》なし。諸大名《しょだいみょう》同心《どうしん》か。其《そ》の意《い》を得《え》ざる事《こと》なり。所詮《しょせん》、赤松《あかまつ》討《う》ちたるべき御企《おんくわだて》露顕《ろけん》の間《あいだ》、遮《さえぎり》て討《う》ち申《もう》すと云々《うんぬん》。**自業自得《じごうじとく》、果《はた》して無力《むりょく》の事《こと》か。将軍《しょうぐん》此《かく》の如《ごと》き犬死《いぬじに》、古来《こらい》其《そ》の例《れい》を聞《き》かざる事《こと》なり。**

〔看聞日記《かんもんにっき》〕

現代語訳 嘉吉元（一四四一）年六月二十五日、晴れ。昨日の事件のことを聞いた。……猿楽が始まると、屋敷内で騒音が響き将軍足利義教が「なにごとか」と尋ねた。「雷鳴かな」と三条実雅が言ったとき、義教の背後の障子から武

士が数人入り素早く公方（将軍）を討った。……将軍の前で腹を切る者はなかった。赤松満祐は逃走し、追いかけて討つ者はいない。不手際である。諸大名は赤松に同調しているのであろうか、わからない。結局は、赤松を討つという義教の企てがばれたので、赤松が先手を打って討ち果たしたのだ。将軍の自業自得だが、将軍が無力なだけだろうか。将軍がこのように犬死にするとは前代未聞である。

73 応仁《おうにん》の乱

P.151

応仁《おうにん》丁亥《ひのとい》ノ歳《とし》、天下《てんか》大《おおい》ニ動乱《どうらん》シ、ソレヨリ永《なが》ク五《ご》畿《き》七道《しちどう》悉《ことごと》ク乱《みだ》ル、其起《そのおこり》ヲ尋《たずね》ルニ、尊氏将軍《たかうじしょうぐん》ノ七代《だい》目《め》ノ将軍義政公《しょうぐんよしまさこう》ノ天下《てんか》ノ成敗《せいばい》ヲ有道《うどう》ノ管領《かんれい》ニ任《まか》セズ、只《ただ》御台所《みだいどころ》[1]或《あるい》ハ香樹院《きょうじゅいん》或《あるい》ハ春日局《かすがのつぼね》[2]ナド云《いう》、理非《りひ》ヲモ弁《わきま》ヘズ、公事《くじ》[3]政道《せいどう》ヲモ知《し》リ給《たま》ハザル青女房《あおにょうぼう》比《び》丘《く》尼《に》[4]達《たち》計《はから》ヒトシテ、酒宴婬楽《しゅえんいんらく》ノ紛《まぎ》レニ申沙汰《もうしさた》セラレ、亦《また》伊勢守貞親《いせのかみさだちか》[5]ヤ鹿苑院《ろくおんいん》ノ蔭涼軒《いんりょうけん》[6]ナンド評定《ひょうじょう》セラレケレバ、……

……**応仁《おうにん》ノ一変《いっぺん》ハ仏法王法《ぶっぽうおうほう》[7]トモニ破滅《はめつ》シ、諸宗皆《しょしゅうみな》悉《ことごと》ク絶《たえ》ハテヌルヲ感歎《かんたん》ニ堪《た》ヘズ飯尾彦六左衛門尉《いいおひころくざえもんのじょう》[8]、一首《いっしゅ》ノ歌《うた》ヲ詠《えい》ジケル、**

汝《なれ》ヤシル都《みやこ》ハ野辺《のべ》ノ夕雲雀《ゆうひばり》
アガルヲ見《み》テモ落《おつ》ル涙《なみだ》ハ

〔応仁記《おうにんき》〕

言葉 [1]御台所：将軍義政の妻日野富子　[2]香樹院或ハ春日局：ともに義政のそばに仕える女性　[3]公事：訴訟　[4]青女房比丘尼：青女房は若い未熟な女性のことで春日局、比丘尼は尼のことで香樹院をそれぞれさす　[5]伊勢守貞親：政所執事の伊勢貞親　[6]鹿苑院ノ蔭涼軒：鹿苑院は禅宗寺院行政を管轄する僧録のいる所で相国寺内にあり、副僧録は鹿苑院の一画の蔭涼軒にいた。ここで蔭涼軒とは副僧録で政治に口出しした季瓊真蘂《きけいしんずい》をさす　[7]仏法王法：仏教と政治　[8]飯尾彦六左衛門尉：室町幕府の評定衆の一人か

現代語訳 応仁元（一四六七）年、**天下は大動乱となり、それ以来長期にわたって全国各地が戦争状態となった。**その原因を求めると、足利尊氏から数えて七代目（将軍としては八代目）の将軍義政公は政治を有能な管領に任せず、ただ夫人の日野富子や香樹院、春日局などの善悪の判断もつかず、裁判や政治のこともわからない若い女房や尼たちに宴会やみだらな遊楽の席で政務を処理させたためである。また、伊勢貞親や鹿苑院の季瓊真蘂などが合議で決め……

……**今度の応仁の乱では仏教も政治も破滅し、各宗派もことごとく絶え果ててしまった。**その歎きに堪えきれず、飯尾彦六左衛門尉が一首歌を詠んだ。

あなたは知っているでしょうか。**都はすっかり焼け野原となってしまい、（以前は都で見なかった）ヒバリが飛び立っている。そのヒバリがあがるのを見るにつけても、落ちるのは涙ばかりです。**

読み解く 政治が乱れた理由をどのように述べているだろうか。

74 山城《やましろ》の国一揆《くにいっき》

P.150

（文明《ぶんめい》十七年十二月十一日）……**今日《きょう》山城国人《やましろこくじん》[1]集会《しゅうかい》す。**上《うえ》ハ六十歳下《さいした》ハ十五六歳《さい》ト云々《うんぬん》**同《おな》じく一国中《いっこくじゅう》の土民等《どみんら》群《ぐん》集《しゅう》す。今度《このたび》両陣《りょうじん》[2]の時宜《じぎ》[3]を申《もう》し定《さだ》めんが為《ため》と云々《うんぬん》。然《しか》るべきか。但《ただ》し又《また》下極上《げこくじょう》[4]の至《いたり》なり。**両陣《りょうじん》の返事《へんじ》問答《もんどう》の様《さま》如何《いかん》、未《いま》だ聞《き》かず。……

〔大乗院寺社雑事記《だいじょういんじしゃぞうじき》〕

言葉 [1]国人：領主的な在地武士　[2]両陣：南山城でにらみ合いを続ける畠山政長方と畠山義就方の両軍　[3]時宜：対応・措置　[4]下極上：下剋上

現代語訳 文明十七（一四八五）年十二月十一日……山城の国人が集会した。上は六十歳から下は十五・六歳だという。同様に国中の土民も集まった。今度の畠山両陣についての措置を決めるのだ。もっともなことである。しかしまた下剋上の極みである。両陣の返事や話し合いはどんな様子であろうか。まだ聞いていない。

読み解く どのような状況を「下極上の至」としているだろうか。

75 加賀《かが》の一向一揆《いっこういっき》

P.150

（長享《ちょうきょう》二年六月二十五日）……叔和西堂《しゅくわせいどう》[1]語《かた》りて云《いわ》く、今月《こんげつ》五日、越前府中《えちぜんふちゅう》[2]に行《い》く。其以前《そのいぜん》、越前合力勢《えちぜんごうりきぜい》[3]賀州《がしゅう》[4]に赴《おもむ》く。然《しか》りと雖《いえど》も、**一揆衆《いっきしゅう》二十万人、富樫《とがし》城《じょう》[5]を取回《とりま》く。故《ゆえ》を以《もっ》て同《どう》九日城《しろ》を攻落《せめおと》せる。皆生《みなしょう》害《がい》す。**而《しか》して富樫一家《とがしいっか》の者《もの》[6]一人《ひとり》これを取立《とりた》つ。

〔蔭涼軒日録《いんりょうけんにちろく》〕

百姓《ひゃくしょう》トリ立《た》テ富樫《とがし》ニテ候間《そうろうあいだ》、百姓《ひゃくしょう》ノウチツヨク成《な》リテ近年《きんねん》ハ百姓《ひゃくしょう》ノ持《もち》タル国《くに》ノヤウニナリ行《ゆ》キ候《そうろう》コトニテ候《そうろう》。

〔実悟記拾遺《じつごきしゅうい》〕

言葉 [1]叔和西堂：禅僧の名前　[2]越前府中：現福井県越前市　[3]越前合力勢：将軍義尚の命で出動した隣国越前の朝倉貞景の援軍　[4]賀州：加賀国（現石川県）　[5]富樫城：加賀国守護富樫政親の居城高尾《たこう》城（金沢市）　[6]富樫一家の者：富樫泰高

現代語訳 長享二（一四八八）年六月二十五日……叔和西堂が言うには、今月五日に越前府中へ行った。それより前、越前軍が加賀を助けに行った。しかし一揆衆二十万人が富樫城を包囲したので同九日城が陥落し、皆自害した。そこで富樫一族の一人を守護に取り立てた。

百姓たちが取り立てた富樫（守護）なので百姓が次第に強くなり、近年は百姓が支配している国のようになってしまった。

読み解く どのような状況を「百姓ノ持タル国」といったのだろうか。

76 義満《よしみつ》の対明国書《たいみんこくしょ》

P.148

日《に》本准三后《ほんじゅんさんごう》[1]某《それがし》書《しょ》を大明皇帝陛下《だいみんこうていへいか》[2]に上《たてまつ》る。日《に》本国《ほんこく》開闢《かいびゃく》以来《いらい》、聘問《へいもん》を上邦《じょうほう》[3]に通《つう》ぜざることなし。某《それがし》、幸《さいわい》に国鈞《こくきん》を乗《と》り、海内《かいだい》虞《おそれ》なし。特《とく》に往古《おうこ》の規《き》法《ほう》に遵《したが》ひ、**肥富《こいづみ》[4]をして祖阿《そあ》[5]に相副《あいそ》へ、好《よしみ》を通《つう》じて方物《ほうぶつ》[6]を献《けん》ぜしむ。**……海島《かいとう》に漂寄《ひょうき》の者《もの》[7]幾許人《いくばくにん》を捜《そう》尋《じん》し、之《これ》を還《かえ》す。某《それがし》誠惶誠恐《せいこうせいきょう》、頓首《とんしゅ》々々謹言《きんげん》[8]。

〔善隣国宝記《ぜんりんこくほうき》〕

言葉 [1]准三后：太皇太后・皇太后・皇后に準ずる位。足利義満　[2]大明皇帝陛下：明の第二代皇帝の恵帝　[3]上邦：明に対する敬称　[4]肥富：副使の博多商人　[5]祖阿：正使の禅僧　[6]方物：その地方に産する物　[7]漂寄の者：倭寇が中国沿岸から奪い連れて来た者　[8]謹言：手紙の末尾に用いて、敬意を表す語

現代語訳 日本国の准三后である私（足利義満）が、国書を大明国の皇帝陛下に差し上げます。日本は開国以来、あいさつの使いを貴国に送らなかったことはありません。私は幸いにも国政をつかさどり、国内を平和に治めています。特に昔

からの方式に従って、肥富を祖阿に同行させ、日本の土産物を献上させます。……また、日本に漂着した人を何人かさがし出したので、送還します。恐れ謹み、敬意を表して申し上げます。

77 明《みん》の国書《こくしょ》

▶P.148

……茲《ここに》爾《なんじ》**日本国王《にほんこくおう》源《みなもとの》道義《どうぎ》**[1]、心王室《こころおうしつ》[2]に存《そん》し、君《きみ》を愛《あい》するの誠《まこと》を懐《いだ》き、波濤《はとう》を踰越《ゆえつ》し、使《つかい》を遣《つかわ》して来《らい》朝《ちょう》し、逋流《ほりゅう》の人《ひと》を帰《かえ》し、……朕《ちん》甚《はなは》だ嘉《よみ》す。……今《いま》使者《ししゃ》道彝《どうい》・一如《いちにょ》を遣《つかわ》し、大統暦《だいとうれき》[3]を班示《はんじ》し、正朔《せいさく》を奉《ほう》ぜ[4]しめ、錦綺《きんき》[5]二十匹《ひき》を賜《たま》ふ。至《いた》らば領《りょう》すべし。

建文《けんぶん》四年二月初六日

〔善隣国宝記《ぜんりんこくほうき》〕

言葉 [1]源道義：足利義満。道義は義満の号 [2]王室：明の王室。当時の皇帝は建文帝（恵帝） [3]大統暦：明の暦 [4]正朔を奉ぜ…：大統暦を使用することは、明を宗主国として宗属することを意味する [5]錦綺：錦と綾絹

現代語訳 ……ここに日本国王源道義が、わが王室に思いを寄せ、忠義の誠を持って荒波の海を越えて、使いを派遣して来朝し漂流民を返したこと、……朕はほめたたえる。……使者の道彝・一如を派遣し大統暦を授け、宗属国として認め、錦綺二十匹を与える。到着したら受け取れ。

建文四（一四〇二）年二月六日

78 蓮如《れんにょ》の布教

▶P.159

夫《それ》、人間《にんげん》の浮生《ふしょう》[1]なる相《そう》[2]をつら〱観《かん》ずるに、おほよそはかなきものは、この世《よ》の始中終《しちゅうじゅう》[3]まぼろしのごとくなる一期《いちご》[4]なり。されば、いまだ万歳《まんざい》の人身《にんじん》をうけたりといふ事《こと》をきかず。一生《いっしょう》すぎやすし。いまにいたりて、たれか百年《ひゃくねん》の形体《ぎょうたい》[5]をたもつべきや。我《われ》やさき、人《ひと》やさき、けふともしらず、あすともしらず、をくれさきだつ人《ひと》は、もとのしづく、すゑの露《つゆ》[6]よりもしげしといへり。されば、朝《あした》には紅顔《こうがん》ありて、夕《ゆうべ》には白骨《はっこつ》となれる身《み》なり。すでに無常《むじょう》の風《かぜ》[7]きたりぬれば、すなはちふたつのまなこたちまちにとぢ、ひとつのいきながくたえぬれば、紅顔《こうがん》むなしく変《へん》じて、桃李《とうり》のよそほひをうしなひぬるときは、六親眷属《ろくしんけんぞく》[8]あつまりて、なげきかなしめども、更《さら》にその甲斐《かい》あるべからず。さてしもあるべき事《こと》ならねばとて、野外《やがい》におくりて、夜半《よわ》のけぶりとなしはてぬれば、たゞ白骨《はっこつ》のみぞのこれり。あはれといふも中《なか》〱をろかなり。されば、人間《にんげん》のはかなき事《こと》は、老少不定《ろうしょうふじょう》のさかひなれば、**たれの人《ひと》もはやく後生《ごしょう》[9]の一大事《いちだいじ》を心《こころ》にかけて、阿弥陀仏《あみだぶつ》をふかくたのみまいらせて、念仏《ねんぶつ》まうすべきものなり。**あなかしこ〱。

〔御文《おふみ》〕

言葉 [1]浮生：はかない人生 [2]相：姿。かたち [3]始中終：すべて [4]一期：一生 [5]形体：人間の体 [6]もとのしづく、すゑの露：葉の先の露も、もとの方のしずくも、早かれ遅かれいずれは消えていくこと。人の寿命についてのたとえで使用される [7]無常の風：風が花を散らすように無常が人の命を奪う [8]六親眷属：一切の親族 [9]後生：死後の世界のこと

現代語訳 人間のはかない一生の様子をよくよく観察すると、何がはかないといって、この世のすべてのものが幻のように思われる人間の一生ほどはかないものはない。だから万年もの寿命を持った人間が生まれたということは聞いたことがない。一生はたちまち過ぎてゆく。この今の時代に誰が百年も生きられよう。自分が先に死ぬかあるいは人が先なのか、今日死ぬのか明日なのかもわからない。生き残る人と先に死んでいく人のようすは、たとえにいう、「本のしずく、末の露」よりもせわしいといえる。だから、朝には血色のよい紅顔の若者が、夕には死んで白骨となるのである。無常の風が吹いてくれば、すぐに両目を閉じ、息も絶えてしまうので、紅顔もむなしく変わり、桃や李《すもも》の花のような美しい姿もなくなってしまった時にはもう、すべての親族が嘆き悲しんだところでどうしようもない。そこで、そうもしていられないことと野辺の送りをし、夜の（荼毘《だび》の）煙と変わってしまえば、ただ白骨だけが残るのである。これをあわれだといってみてもはじまらない。だから人間の命ははかなく、老人であろうが少年であろうが必ず死ぬ境遇にあるので、誰もが早く来世の極楽往生を心にかけ阿弥陀仏にすがって、念仏を唱えるべきである。あなかしこ　あなかしこ

読み解く 蓮如は、極楽往生するために、どうしたらよいと述べているか。

79 分国法《ぶんこくほう》

▶P.161

一 **当家塁館《とうけるいかん》[1]の外《ほか》、必《かなら》ず国中《くにじゅう》に城郭《じょうかく》を構《かま》へさせらる間敷《まじく》候《そうろう》。**総《すべ》て大身《たいしん》の輩《ともがら》[2]をば、悉《ことごと》く一乗《いちじょう》の谷《たに》[3]へ引越《ひっこ》さしめて、其《そ》の郷《ごう》其《そ》の村《むら》には、ただ代官《だいかん》下司《げす》[4]のみ据置《すえお》かるべき事《こと》。

一 **私領《しりょう》の名田《みょうでん》[5]の外《ほか》、恩地領《おんちりょう》[6]左右《そう》無《な》く沽却《こきゃく》[7]せしむるのこと、停止《ちょうじ》せしめ訖《おわ》んぬ。**……

〔朝倉孝景条々《あさくらたかかげじょうじょう》〕

一 内儀《ないぎ》を得《え》ずして**他国《たこく》へ音物書札《いんもつしょさつ》を遣《つか》はす事《こと》、一向《いっこう》これを停止《ちょうじ》せしめ畢《おわ》んぬ。**……

〔甲州法度之次第《こうしゅうはっとのしだい》〕

一 **喧嘩口論《けんかこうろん》堅《かた》く停止《ちょうじ》の事《こと》。**……此《こ》の旨《むね》に背《そむ》き、互《たがい》に勝負《しょうぶ》に及《およ》ばば**理非《りひ》に寄《よ》らず双方成敗《そうほうせいばい》すべし。**……

〔長宗我部元親百箇条《ちょうそかべもとちかひゃくかじょう》〕

一 **駿遠《すんえん》[8]両国《りょうこく》の輩《ともがら》、或《あるいは》わたくしとして他国《たこく》より嫁《よめ》を取《とり》、或《あるい》は婿《むこ》に取《とり》、娘《むすめ》をつかはす事《こと》、自今以後之《じこんいごこれ》を停止《ちょうじ》し畢《おわ》んぬ。**

〔今川仮名目録《いまがわかなもくろく》〕

一 **百姓《ひゃくしょう》、地頭《じとう》の年貢所当《ねんぐしょとう》[9]相《あい》つとめず、他領《たりょう》へ罷《まか》り去《さ》る事《こと》、盗人《ぬすびと》の罪科《ざいか》たるべし。**……

〔塵芥集《じんかいしゅう》〕

言葉 [1]当家塁館：朝倉氏の居城 [2]大身の輩：有力な家臣 [3]一乗の谷：朝倉氏の城下町。現福井市 [4]下司：下級役人 [5]私領の名田：先祖伝来の領地や買い取った土地 [6]恩地領：恩賞として与えられた領地 [7]沽却：売却 [8]駿遠：駿河・遠江（ともに現静岡県）で今川氏の領国 [9]年貢所当：年貢及びその他の雑税

現代語訳 一 朝倉家の居城のほかに、決して国中には城を造ってはいけない。すべて有力な家臣たちは残らず一乗谷の城下に引っ越させて、村々には代官や下級役人だけを置くようにすること。

一 もともとの自分の所領を除いて、主君から恩賞として与えられた領地を理由もなく売ることは禁止する。……

一 あらかじめ許可を得ずに他国へ贈り物や手紙を送ることは一切禁止する。……

一 喧嘩口論は堅く禁止する。……この命令に反して、お互

いに勝負するようなことがあれば理由にかかわらず両方とも処罰する。……

一 駿河・遠江両国の今川氏の家臣は、勝手に他の国から嫁をもらったり、婿を迎えたり、娘を嫁にやったりすることは今後禁止する。

一 百姓が地頭の年貢や雑税を納めず、他領へ逃げ込んだときは盗みの罪とする。……

読み解く 「長宗我部元親百箇条」で喧嘩や口論を禁止しているが、もし喧嘩をした場合にはどのように処罰されたか。

80 農業生産力の発達

P.152

（応永《おうえい》二十七年）[1]六月　阿麻沙只《あまがさき》[2]に宿して日本を詠《よ》む

日本の農家は、秋に畓《た》[3]を耕して大小麦を種《ま》き、明年初夏に大小麦を刈《か》りて苗種《びょうしゅ》[4]を種き、秋初《しゅうしょ》に稲を刈りて木麦《そば》を種き、冬初に木麦を刈りて大小麦を種く。一畓に一年三たび種く。乃《すなわ》ち川塞《ふさ》がれば則《すなわ》ち畓と為《な》し、川決すれば則ち田[5]となす。

〔老松堂日本行録《ろうしょうどうにほんこうろく》〕

言葉 [1]応永二十七年：一四二〇年　[2]阿麻沙只：現兵庫県尼崎市　[3]畓：水田　[4]苗種：稲の種もみ　[5]田：陸田（乾田）

現代語訳 応永二七（一四二〇）年六月、尼崎で日本のことを詠んだ。

日本の農家は、秋に水田を耕して大麦・小麦を蒔き、翌年の初夏に大麦・小麦を刈って稲の種もみを蒔いて初秋に稲を刈って蕎麦の種を蒔き、初冬に蕎麦を刈って、大麦・小麦を蒔く。一つの水田に一年に三度、種を蒔いて（収穫して）いる。これは、川の流れをふさいで（灌漑して）水田とし、堰を切って水を落として陸田（乾田）としているからである。

読み解く この史料には、三毛作のようすが記されているが、三毛作が可能になった理由を史料から読み取ってみよう。

81 自由都市堺《さかい》

P.165

堺《さかい》[1]の町《まち》は甚《はなは》だ広大《こうだい》にして、大《おお》いなる商人《しょうにん》多数《たすう》あり。此《こ》の町《まち》はベニス[2]市《し》の如《ごと》く執政官《しっせいかん》[3]に依《よ》りて治《おさ》めらる。

〔一五六一年ガスパル＝ヴィレラ書簡《しょかん》「耶蘇会士日本通信《やそかいしにほんつうしん》」〕

日本全国《にほんぜんこく》、当堺《とうさかい》の町《まち》より安全《あんぜん》なる所《ところ》なく、他《た》の諸《しょ》国《こく》において動乱《どうらん》あるも、此《こ》の町《まち》にはかつてなく、敗者《はいしゃ》も勝者《しょうしゃ》も、此《こ》の町《まち》に来住《らいじゅう》すれば皆平和《みなへいわ》に生活《せいかつ》し、諸《しょ》人相和《じんあいわ》し、他人《たにん》に害《がい》を加《くわ》ふる者《もの》なし。……町《まち》は甚《はなは》だ堅《けん》固《ご》にして、西方《せいほう》は海《うみ》[4]を以《もっ》て、又他《またた》の側《がわ》は深《ふか》き堀《ほり》[5]を以《もっ》てかこまれ、常《つね》に水充満《みずじゅうまん》せり。

〔一五六二年同「耶蘇会士日本通信《やそかいしにほんつうしん》」〕

言葉 [1]堺：現大阪府堺市　[2]ベニス：イタリアの都市　[3]執政官：堺で合議制により市政を担当した会合衆　[4]海：現大阪湾　[5]堀：環濠《かんごう》

現代語訳 堺の町はとても広く、大商人が多数いる。この町はベニスのように執政官によって治められている。

日本全国でこの堺の町より安全な場所はなく、他の諸国で戦乱があってもこの町には全くなく、敗者も勝者もこの町に来住すれば、皆平和に生活し、各自が仲良く暮らし他人に危害を加えるものもいない。……町の守りはとても堅固で、西方は海、他方は深い堀で囲まれ、つねに水が満たされている。

近　世

82 鉄砲の伝来

P.172

天文《てんぶん》癸卯《みずのとう》[1]秋八月二十五丁酉《ひのととり》、我が西村小浦《こうら》[2]に一大船あり。**何国《いずれのくに》より来るか知らず、船客百余人[3]、其《そ》の形類《るい》せず、其の語通ぜず、見る者以《もっ》て奇怪《きかい》となす。**……手に一物《いちもつ》を携《たずさ》う。長さ二三尺《しゃく》[4]其の体《てい》たるや中通り外直《そとなお》く、重きを以て質《しつ》となす。その中常に通《とおる》と雖《いえど》も其の底は密塞《みっそく》を要す。其の傍《そば》に一穴《いっけつ》あり、火を通ずるの路《みち》なり。形象物の比倫《ひりん》すべきなきなり。妙《みょう》薬《やく》を其の中に入れ、添《そ》ふるに小団鉛《しょうだんえん》を以てす。先に一小白《しょうはく》を岸畔《がんはん》に置き、親《みずか》ら一物を手にして其の身を修め、其の目を眇《すがめ》にして其の一穴より火を放つ。則《すなわ》ち立中《たちあた》らざるところなし。其の発するや撃電光《げきでんこう》の如《ごと》く、其の鳴るや驚雷《きょうらい》の如く、聞く者其の耳を掩《おお》わざるはなし。……**時堯《ときたか》[5]其の価《あたい》の高くして及び難きを言はずして、蛮種《ばんしゅ》の二鉄炮《てっぽう》を求め、以て家珍《かちん》となす。**

〔鉄炮記《てっぽうき》〕

言葉 [1]天文癸卯：一五四三（天文《てんぶん》一二）年　[2]小浦：種子島の港　[3]船客百余人：アントーニオ＝ガルバンの『諸国新旧発見記』には、中国人の船（ジャンク）に三人のポルトガル人が乗って一五四二年ジャポエス（日本）の一島に漂着したとある　[4]長さ二三尺：約六〇～九〇センチメートル　[5]時堯：種子島時堯《たねがしまときたか》（一五二八～七九年）。種子島の島主

現代語訳 天文一二（一五四三）年八月二五日、（種子島の）西村小浦に大きな船が着いた。どこの国から来たかは不明である。船には百人余りが乗っており、姿形は似ている者がなく、言葉は通じず、見るからに奇怪であった。……手に一物を携えていた。長さは二～三尺、形状は中が空洞で外はまっすぐで重い。その中は空洞であるが、底は密閉されている必要があった。傍らに穴があり、火を通すためのものである。火薬をその中に入れ、小さな鉛の弾を入れた。小さな白い的を岩のそばに置き、自らその一物を手にして身構え、片目を閉じて、穴から火を放った。（弾が）命中しないことはなかった。激しい電光のようなものを発し、雷が鳴ったようで、耳を覆わない者はなかった。……種子島時堯は高価で入手し難かったにもかかわらず、二丁の鉄砲を購入し、家宝とした。

> **読み解く** 日本に初めて鉄砲を伝えた人びとに出会った際、種子島の島民はどのような印象を抱いただろうか。

83 楽市《らくいち》令

P.173

定《さだむ》　安土山下町《あづちさんかちょう》[1]中《じゅう》

一　当所中《とうしょちゅう》楽市《らくいち》[2]として仰《おお》せ付《つ》けらるるの上《うえ》は、諸《しょ》座《ざ》・諸役《しょやく》・諸公事《しょくじ》[3]等《とう》、悉《ことごと》く免許《めんきょ》の事《こと》。

一　普請《ふしん》[4]免除《めんじょ》の事《こと》。……

一　伝馬《てんま》[5]免除《めんじょ》の事《こと》。

一　分国中徳政《ぶんこくちゅうとくせい》[6]、これを行《おこな》ふと雖《いえど》も、当所中《とうしょちゅう》は免《めん》除《じょ》の事《こと》。

〔八幡町共有文書《はちまんちょうきょうゆうもんじょ》〕

言葉 [1]安土山下町：織田信長の築いた安土城下の町々　[2]楽市：自由な商いを認め、様々な制限や諸税を撤廃した市場　[3]諸座・諸役・諸公事：座に関する規制・役務《えきむ》・雑税など　[4]普請：土木工事への徴発の負担のこと。普請役　[5]伝馬：運搬用の馬を出す徴発の負担のこと。伝馬役　[6]徳政：債権・債務の破棄をいう。徳政令

現代語訳　安土城下の町中に対して定める

一　当地一帯に楽市を布告した以上は、さまざまな座の規制・座役《ざやく》などの役務・公事等の諸税、すべて免除する。

一　普請役は免除する。……

一　伝馬役は免除する。

一　（信長の）領国内で徳政を施行することがあっても、当地一帯ではこれを実施しない。

84 太閤検地《たいこうけんち》

P.174・175

一　仰《おお》せ出《いだ》され候《そうろう》趣《おもむき》、国人《こくじん》[1]并《なら》びに百姓共《ひゃくしょうども》に合《が》点《てん》行《ゆ》き候様《そうろうよう》に、能々《よくよく》申聞《もうしき》かすべく候《そうろう》。自然《じねん》[2]、相《あい》届《とど》かざる覚悟《かくご》の輩《ともがら》これあるに於《おい》ては、城主《じょうしゅ》にて候《そうら》はば、其《その》もの城《しろ》へ追入《おいい》れ、各《おのおの》相談《そうだん》、一人《ひとり》も残《のこ》し置《お》かず、なできり《（撫斬）》に申付《もうしつ》くべく候《そうろう》。百姓以下《ひゃくしょういか》に至《いた》るまで、相届《あいとど》かざるに付《つい》ては、一郷《ごう》も二郷《ごう》も悉《ことごと》くなでぎり仕《つかまつ》るべく候《そうろう》。六十余州《よしゅう》堅《かた》く仰《おお》せ付《つ》けられ、出羽奥《でわおう》州《しゅう》[3]迄《まで》そさうにはさせらる間敷《まじく》候《そうろう》。たとへ亡所《ぼうしょ》[4]に成候《なりそうろう》ても苦《くる》しからず候間《そうろうあいだ》、其意《そのい》を得《う》べく候《そうろう》。山《やま》のおく、海《うみ》はろかい《（櫓櫂）》のつづき候迄《そうろうまで》、念《ねん》を入《い》るべき事《こと》専一《せんいつ》に候《そうろう》。……

（天正《てんしょう》十八年）[5]八月十二日　秀吉朱印《ひでよししゅいん》

浅野弾正少弼《あさのだんじょうしょうひつ》[6]どのへ

〔浅野家文書《あさのけもんじょ》〕

言葉 [1]国人：在地領主。主に地頭や荘官の系譜を持つ者　[2]自然：もしも　[3]出羽奥州：東北地方　[4]亡所：耕作者がいなくなった荒れ地　[5]天正十八年：一五九〇年　[6]浅野弾正少弼：浅野長政。のちの五奉行のひとり

現代語訳　一　仰せ出された検地命令の趣旨については、国人・百姓たちが納得できるように、よく申し聞かせなさい。もし、命令に従わない者たちがあった場合には、城主ならばその者を城へ追い入れ、検地責任者らが相談の上、一人残らず斬りすてるよう命令しなさい。百姓以下の者たちまでが、命令を聞こうとしないようであれば、一郷でも二郷でもことごとく斬りすててしまいなさい。日本全国六十余州全域にわたって仰せつけられた（検地命令である）ので、出羽・陸奥に至るまで手ぬかりがあってはならない。たとえ耕作者がいなくなり、土地が荒廃してもかまわぬから、その趣旨を十分承知しておきなさい。山の奥まで、また海は櫓や櫂の続く限り、念を入れて実施することが肝心である。……

八月十二日　秀吉朱印

浅野弾正少弼殿へ

> **読み解く** 検地を実施するにあたり、秀吉はどのような決意で臨んだのだろうか。

85 刀狩令《かたながりれい》

P.174

一　諸国百姓《しょこくひゃくしょう》、刀《かたな》[1]、脇指《わきざし》[2]、弓《ゆみ》、やり、てつぱう其外武具《そのほかぶぐ》のたぐひ所持候事《しょじそうろうこと》、堅《かた》く御停止候《ごちょうじそうろう》。其子細《そのしさい》は、入《い》らざる道具《どうぐ》をあひたくはへ、年貢所《ねんぐしょ》当《とう》[3]を難渋《なんじゅう》せしめ、自然一揆《じねんいっき》を企《くわだ》て、給人《きゅうにん》[4]にたいし非儀《ひぎ》の動《はたらき》をなすやから《（族）》、勿論御成敗《もちろんごせいばい》あるべし。……

一　右取《みぎとり》をかるべき刀《かたな》、脇指《わきざし》、ついえにさせらるべき儀《ぎ》にあらず候《そうろう》の間《あいだ》、今度大仏建立《このたびだいぶつこんりゅう》[5]の釘《くぎ》かすがひに仰《おお》せ付《つ》けらるべし。……

天正《てんしょう》十六年　七月八日　秀吉朱印《ひでよししゅいん》

〔小早川家文書《こばやかわけもんじょ》〕

言葉 [1]刀：刃渡《はわた》りが二尺（約六〇センチメートル）以上のもの　[2]脇指：短い刀。刃渡りが一～二尺未満のもの　[3]年貢所当：年貢やその他の雑税　[4]給人：大名の下に服属し、家臣化した在地の支配者。江戸時代には、実際に領地を与えられている大名家臣をいう　[5]大仏建立：京都の六波羅に建立された方広寺の大仏

現代語訳　一　諸国の百姓たちが、刀、短刀、弓、槍、鉄砲その他の武器武具の類を所持することを、堅く禁止する。そのわけは、不必要な武具類を百姓たちが手もとにたくわえていると、年貢やその他の雑税の納入をしぶったり、万一一揆を企てて領主に不法な行為をする者たちがあったりすれば、当然処罰しなければならない。……

一　右のように取り上げた刀、短刀等は、無駄にしてしまうのではなく、今度の大仏造営に際し、その建立用の釘、かすがいの材料にするよう命ずるものである。……

天正十六（一五八八）年七月八日　秀吉朱印

86 バテレン（宣教師《せんきょうし》）追放令《ついほうれい》

P.174・175

定《さだむ》（抄）

一　日本《にほん》は神国《しんこく》たる処《ところ》、きりしたん国《こく》[1]より邪法《じゃほう》[2]を授《さず》け候儀《そうろうぎ》、太《はなはだ》以《もっ》て然《しか》るべからず候事《そうろうこと》。

一　其国郡《そのこくぐん》の者《もの》を近付《ちかづ》け、門徒《もんと》になし、神社仏閣《じんじゃぶっかく》を打《うち》破《やぶ》るの由《よし》、前代未聞《ぜんだいみもん》に候《そうろう》。……

一　伴天連《ばてれん》[3]其知恵《そのちえ》の法《ほう》を以《もっ》て、心《こころ》ざし次第《しだい》に檀那《だんな》[4]を持《も》ち候《そうろう》と思召《おぼしめ》され候《そうら》へば、右《みぎ》の如《ごと》く日域《にちいき》[5]の仏《ぶっ》法《ぽう》を相破《あいやぶ》る事曲事《ことくせごと》に候条《そうろうじょう》、伴天連儀日本《ばてれんのぎにほん》の地《ち》にはおかせられ間敷候間《まじくそうろうあいだ》、今日《きょう》より廿《（二十）》日の間《あいだ》に用意《ようい》仕《つかまつ》り、帰国《きこく》すべく候《そうろう》。……

一　黒船《くろふね》[6]の儀《ぎ》は商売《しょうばい》の事《こと》に候間《そうろうあいだ》、各別《かくべつ》に候《そうろう》の条《じょう》、年月《としつき》を経《へ》、諸事売買《しょじばいばい》いたすべき事《こと》。

天正《てんしょう》十五年　六月十九日

〔松浦家文書《まつらけもんじょ》〕

言葉 [1]きりしたん国：キリスト教国　[2]邪法：キリスト教の教え　[3]伴天連：ポルトガル語パードレのあて字。宣教師またはキリスト教　[4]檀那：信者　[5]日域：日本国内　[6]黒船：ポルトガル・イスパニアなどの南蛮船。外装を腐食防止のため黒色塗料で塗っていたので黒船と呼ばれた。幕末のペ

リー艦隊等も黒船と呼ばれる

現代語訳　定め

一　日本は神国であるのに、キリスト教国から邪法（キリスト教）を授け広めるということは、まったくけしからぬことである。

一　諸大名が自分の領地の者をキリスト教に近づけて信者とし、神社仏閣を破壊しているとのことは、前代未聞のことである。……

一　宣教師がいろいろな智恵を使い、思い通りに信者を増やしていると秀吉公はお考えになっておられたのに、このように日本の仏教を破壊するということは、あってはならないことであり、宣教師を日本の地に留めておくことはできない。よって、今日から二十日間のうちに用意を整えて帰国しなさい。……

一　南蛮船の渡来は商売のためであるから、特別に取り扱うこととする。今後とも商売は行うがよい。

天正十五（一五八七）年六月十九日

87 武《ぶ》家《け》諸《しょ》法《はっ》度《と》・元《げん》和《な》令《れい》

▶P.183・195

一（第一条）文武弓馬《ぶんぶきゅうば》の道《みち》①、専《もっぱ》ら相嗜《あいたしな》むべき事《こと》。……

一（第六条）諸国《しょこく》の居城《きょじょう》、修補《しゅうほ》をなすといへども必《かなら》ず言上《ごんじょう》すべし。況《いわ》んや新儀《しんぎ》の構営《こうえい》②堅《かた》く停止《ちょうじ》せしむる事《こと》。

……

慶長《けいちょう》廿《（二十）》年③卯《う》七月　日　〔御触書寛保集成《おふれがきかんぽうしゅうせい》〕

言葉　①文武弓馬の道：学問や武術　②新儀の構営：新たに城を構えること　③慶長廿年：この年の七月十三日に元和と改元。発布の日は七月七日

現代語訳　一　学問・武術の修業にひたすら心がけて励むこと。……

一　諸国の居城を修繕《しゅうぜん》する場合であっても、必ず届け出なければならない。まして、新たな築城《ちくじょう》は厳禁する。……

慶長二十（一六一五）年七月　日

88 武《ぶ》家《け》諸《しょ》法《はっ》度《と》・寛《かん》永《えい》令《れい》

▶P.183・195

一（第二条）大名小名《だいみょうしょうみょう》、在《ざい》①江戸交替《えどこうたい》②相定《あいさだ》むる所《ところ》なり。毎歳夏《まいとしなつ》四月③中参勤致《ちゅうさんきんいた》すべし。従者《じゅうしゃ》の員数近来甚《いんずうきんらいはなは》だ多《おお》し。且《かつ》は国郡《こくぐん》の費《ついえ》、且《かつ》は人民《じんみん》の労《つかれ》なり。向後《きょうこう》其《そ》の相応《そうおう》④を以《もっ》て之《これ》を減少《げんしょう》すべし。……

一（第一七条）五百石《こく》以上《いじょう》の船《ふね》停止《ちょうじ》の事《こと》。……

寛永《かんえい》十二年六月廿《（二十）》一日　御朱印《ごしゅいん》⑤　〔御触書寛保集成《おふれがきかんぽうしゅうせい》〕

言葉　①在：各大名の国元　②交替：参勤交代　③夏四月：陰暦では四月から六月が夏　④相応：大名の格式、家格に応じての意味　⑤御朱印：将軍の印

現代語訳　一　大小の大名は、国元と江戸に交代で居住するように定める。毎年夏の四月中に参勤しなくてはならない。その際のお供の者の人数が最近非常に多い。これは国元の出費となり、また領民の労苦ともなる。今後は大名の家格に応じて減らしなさい。……

一　五百石積以上の船の建造を禁止する。……

寛永十二（一六三五）年六月二十一日　御朱印

読み解く　五百石以上の船の建造を禁止したのはなぜだろうか。

89 禁《きん》中《ちゅう》並《ならびに》公《く》家《げ》諸《しょ》法《はっ》度《と》

▶P.185

一（第一条）天子諸芸能《てんししょげいのう》の事《こと》。第一御学問也《だいいちおんがくもんなり》。……

一（第四条）摂家《せっけ》①たりといへども、其《そ》の器用《きよう》②無《な》き者《もの》、三公《さんこう》③摂関《せっかん》④に任《にん》ぜらるべからず、況《いわ》んや其《そ》の外《ほか》をや。

一（第七条）武家《ぶけ》の官位《かんい》は公家当官《くげとうかん》の外《ほか》⑤たるべき事《こと》。

一（第一六条）紫衣《しえ》⑥の寺《てら》、住持職《じゅうじしょく》、先規希有《せんきけう》の事《こと》なり。近年《きんねん》猥《みだ》りに勅許《ちょっきょ》の事《こと》、且《かつう（かつ）》は臈次《ろうじ》⑦を乱《みだ》し且《かつ》は官寺《かんじ》を汚《けが》す。甚《はなは》だ然《しか》るべからず。……

慶長《けいちょう》廿《（二十）》乙卯《きのとう》年七月日　〔御当家令条《ごとうけれいじょう》〕

言葉　①摂家：摂政・関白に任命される家柄。一条・二条・五条・近衛・鷹司の五摂家　②器用：能力、学識　③三公：太政大臣・左大臣・右大臣　④摂関：摂政と関白　⑤公家当官の外：官位令に規定される公家の官位とは別扱い　⑥紫衣：勅許によって着用を許される紫色の法衣・袈裟　⑦臈次：僧侶が受戒後、修業を積んだ年数により決められる序列

現代語訳　一　天子が身につけるべきことは、学問をもって第一とすべきである。……

一　摂関家の者であっても、能力や才能のない者が太政大臣・左大臣・右大臣、摂政・関白に任命されることがあってはならない。ましてその他の家柄《いえがら》の者については言うまでもない。

一　武家に与える官位は、公家の官位とは別枠（定員外）のものとする。

一　紫衣を許された寺の住持職は、かつては、極めてまれだった。近頃、ひんぱんに紫衣が授けられている。これは、一方では僧の序列《じょれつ》の秩序《ちつじょ》を乱し、他方では官寺の名を傷つけるものであり、とてもよろしくないことである。……

慶長二十（一六一五）年七月日

90 為政者の農民観

百姓《ひゃくしょう》は天下《てんか》の根本也《こんぽんなり》。是《これ》を治《おさ》めるに法《ほう》①あり、先《ま》ず一人一人《ひとりひとり》の田地《でんち》の境目《さかいめ》②をよく立《た》て、さて一年の入用《にゅうよう》作食《さくじき》をつもらせ、其余《そのよ》を年貢《ねんぐ》に収《おさ》むべし。百姓《ひゃくしょう》は財《ざい》の余《あま》らぬように、不足《ふそく》なきやうに、治《おさ》むること道《みち》なり。毎年立毛《まいとしたちげ》③の上《うえ》を以《もっ》て納《おさ》むること、古《いにしえ》の聖人《せいじん》の法《ほう》なり。斯《かく》の如《ごと》く収《おさ》める時《とき》は過不及《かふきゅう》なし。又《また》九月十月の間《あいだ》に、国《くに》の中《なか》の道橋《みちはし》を造営《ぞうえい》して、往還《おうかん》の煩《わずらい》なき様《よう》にすべし。入用《にゅうよう》は公儀《こうぎ》より扶助《ふじょ》すべし。此外《このほか》に少《すこ》しも民《たみ》をつかふべからず。又田地《またでんち》になき米《こめ》をとり、横役《よこやく》④に懸《かかり》て、百姓《ひゃくしょう》つかるゝ時《とき》は、田《た》にこえをする力《ちから》なく、田畠《たはた》をかへす事《こと》も半作成《はんさくなり》に依《より》て、物成《ものなり》⑤あしく、此故《これゆえ》に国《くに》つかれ民亡《たみほろ》び、天下国家《てんかこっか》の費《ついえ》一倍二倍にあらず。〔本佐録《ほんさろく》〕

百姓《ひゃくしょう》は飢寒《きかん》に困窮《こんきゅう》せぬ程《ほど》に養《やしな》ふべし。豊《ゆたか》なるに過《すぎ》れば、農事《のうじ》を厭《いと》ひ、業《ぎょう》を易《かう》る者多《ものおお》し、困窮《こんきゅう》すれば離散《りさん》す。〔本佐録《ほんさろく》〕

東照宮《とうしょうぐう》⑥上意《じょうい》に、郷村《ごうそん》の百姓共《ひゃくしょうども》は死《し》なぬ様《よう》に、生《い》きぬ様《よう》にと合点致《がてんいた》し、収納申付様《しゅうのうもうしつくよう》にとの上意《じょうい》は、毎年《まいとし》御代官《おだいかん》⑦衆《しゅう》、支配所《しはいじょ》へ御暇賜《おいとまたまわ》る節《せつ》、仰《おお》せ出《いだ》されしと云《い》へり。〔昇平夜話《しょうへいやわ》〕

家中《かちゅう》士共《さむらいども》、百姓計《ひゃくしょうばかり》ヲ大切《たいせつ》ニ仕《つかまつり》、士共《さむらいども》ヲハ有《あり》なしに仕候《つかまつりそうろう》と申由《もうすゆえ》ニ候《そうろう》。扨々《さてさて》愚知千万《ぐちせんばん》なる義《ぎ》ニ候《そうろう》。去年当年士共迷惑仕候《さむらいどもめいわくつかまつりそうろう》ハ百姓《ひゃくしょう》のならさる故《ゆえ》とハ不レ知《しらず》候哉《そうろうや》。米《こめ》ノ出来《でき》て君臣町人《くんしんちょうにん》ともニやしな《（養）》ハるゝハ、民《たみ》か蔵《くら》なる事《こと》を不レ存《ぞんぜず》候《そうろう》哉《や》。此《かく》の如《ごと》く民《たみ》ニ力《ちから》ヲ尽《つく》スハ、当暮《とうくれ》⑧より士共《さむらいども》ニ物成能《ものなりよく》とらせ、町人《ちょうにん》もうり物《もの》をしてすき《（過）》、飢《うえ》ふちをやめ申《もう》すべくためニて候《そうろう》。〔池田光政日記《いけだみつまさにっき》〕

言葉　①法：治めるこつ　②田地の境目：検地で決定された

各人の所持田畑の境界 3立毛：生育中の稲のことであるが、ここでは収穫量を調べる検見《けみ》をさす 4横役：無理な課役 5物成：作物の収穫。年貢 6東照宮：徳川家康を祀《まつ》った神社のことであるが、ここでは家康のこと 7代官：直轄地（幕府領）に派遣され、年貢収納等の支配を行う役人 8当暮：その年の暮れ

読み解く 『本佐録』で「百姓は天下の根本」といわれているのはなぜだろうか。

91 田畑《でんぱた》永代《えいたい》売買《ばいばい》の禁止令《きんしれい》

▶P.194

一 身上《しんしょう》1能《よ》き百姓《ひゃくしょう》は田地《でんち》を買《か》い取《と》り、弥《いよいよ》宜《よろし》く成《な》り、身体《しんだい》2成《な》らざる者《もの》は田畑《でんぱた》沽却《こきゃく》3せしめ、猶々《なおなお》身上《しんしょう》成《な》るべからざるの間《あいだ》、**向後《きょうこう》田畑《でんぱた》売買《ばいばい》停止《ちょうじ》たるべき事《こと》。**

〔御触書寛保集成《おふれがきかんぽうしゅうせい》〕

言葉 1身上：財産 2身体：財産。身上と同義語 3沽却：売却

現代語訳 一 財産を持っている百姓は田地を買い取り、ますます裕福になっていく。財産のない百姓は、田畑を売却してしまい、ますます貧しくなってしまう。それゆえ、今後、田畑の売買は禁止する。

読み解く 百姓が田畑を売却することを禁じたのはなぜだろうか。

92 分地《ぶんち》制限令

▶P.194

●寛文一三（一六七三）年令

一 **名主《なぬし》百姓、田畑持《もち》候大積《おおづも》り1、名主弐拾《（二十）》石《こく》以上、百姓は拾《（十）》石以上、それより内に持候者は石高《こくだか》猥《みだ》りに分け申間敷旨《もうすまじきむね》御公儀《ごこうぎ》2様より仰渡《おおせわた》され候《そうろう》**間《あいだ》、自今《じこん》以後3其旨堅相守《そのむねかたくあいまもり》申すべき旨仰付けられかしこみ奉《たてまつ》り候。若相背《もしあいそむき》申《もうし》候はば、何様《なによう》の曲事《くせごと》4も仰付けらるべく候事。

〔憲教類典《けんきょうるいてん》〕

言葉 1大積り：おおよその見積もり。概算 2御公儀：幕府 3自今以後：今後 4曲事：処罰

現代語訳 一 名主や百姓が所有する田畑は、おおよそ名主は二〇石以上、（名主以外の）百姓は一〇石以上であり、それより少ない田畑を持っている者は、みだりに土地を分けてはいけないと幕府から命令が出されました。今後はその旨を堅く守るようにとのことつつしんで承知しました。もし、この命令に背くことがあればどのような処罰もお受けします。

93 慶安《けいあん》の触書《ふれがき》1

一 公儀《こうぎ》御法度《ごはっと》2を怠《おこた》り、地頭《じとう》3代官《だいかん》4の事《こと》をおろそかに存《ぞん》ぜず、さて**又《また》名主《なぬし》5組頭《くみがしら》6をは真《まこと》の親《おや》とおもふべき事《こと》。**

一 **男《おとこ》は作《さく》をかせき、女房《にょうぼう》ハおはた7をかせき夕《ゆう》なべを仕《つかまつ》り、夫婦《ふうふ》ともにかせき申《もう》すべし。**……

一 百姓《ひゃくしょう》は衣類《いるい》の儀《ぎ》、布《ぬの》・木綿《もめん》より外《ほか》は、帯《おび》・衣裏《きぬうら》にも仕《つかまつ》る間敷事《まじきこと》。

……**年貢《ねんぐ》さへすまし候《そうら》へば、百姓《ひゃくしょう》ほど心易《こころやす》きものはこれなく、**……よくよく身持《みもち》をかせき申《もう》すべきもの也《なり》。

〔徳川禁令考《とくがわきんれいこう》〕

言葉 1慶安の触書：近年、存在が疑問視されている 2公儀御法度：幕府の法令 3地頭：知行地を持つ旗本 4代官：幕府の直轄地に派遣された役人 5名主：村を代表する村役人 6組頭：名主の補佐役人 7おはた：苧機《おはた》か。青苧《あおそ》からとった糸で機を織り衣料を作ること

現代語訳 一 幕府の法令を守らなかったり、旗本や代官のことをおろそかに思ったりせず、そしてまた、名主や組頭を本当の親と思いなさい。

一 男は農業に従事し、女房は苧機織りに精を出して夜なべ仕事をし、夫婦ともに仕事に打ち込むべきである。……

一 百姓の衣類は、麻布・木綿以外のものは、帯・着物の裏地にも用いてはならない。

……年貢さえ納めれば、百姓ほど気楽なものはないので、

……十分に働いて生活していくべきである。

94 寛永十九年の農村法令

一 祭礼・仏事《ぶつじ》など結構《けっこう》に仕《つかまつ》るまじき事。

一 男女衣類の事、これ以前より御法度《ごはっと》の如《ごと》く、庄屋は絹紬《つむぎ》・布・木綿を着すべし。わき百姓1は布・もめんたるべし。右の外《ほか》は、えり・帯《おび》などにも仕るまじき事。

一 嫁とりなどに乗物《のりもの》無用の事。

一 似合わざる家作《かさく》、自今《じこん》以後仕るまじき事。

一 御料《ごりょう》2・私領《しりょう》共に、本田畑にたばこ作らざるように申しつくべき事。

一 荷鞍《にくら》に毛氈《もうせん》3をかけ、乗り申すまじき事。

一 来春より在々所々において、地頭・代官、木苗を植え置き、林を仕立て候様申しつくべき事。

〔御当家令条《ごとうけれいじょう》〕

言葉 1わき百姓：本百姓より低い身分の小農民 2御料：幕府の直轄領 3毛氈：獣毛を原料としたフェルト。敷物などに用いる

現代語訳 一 祭礼・仏事などを派手に行ってはいけない。

一 男女の衣服については、これ以前から法令で定めてあるように、庄屋は、絹紬《つむぎ》・麻布《あさぬの》・木綿《もめん》を着ることとする。一般の百姓は、麻布・木綿を着ること。これ以外は、襟《えり》や、帯などであっても用いてはならない。

一 婚礼などの時でも、武家の使うような上等な駕籠《かご》を使ってはならない。

一 身分不相応な家は、今後建ててはならない。

一 幕府の直轄領でも大名や旗本の領地でも、本田や本畑にたばこを栽培しないように申しつける。

一 馬の荷鞍《にぐら》にぜいたくな敷物をかけて、乗ってはならない。

一 来年の春から、あちこちの村里において、領主の旗本や天領の代官は、苗木を植えて、林をつくるように申しつける。

95 糸割符《いとわっぷ》制度の成立

▶P.187～189

顕糸《けんし》百丸《がん》1、**京**、同百二十丸 **堺**、**同百丸長崎**

右の節、本多上野介《ほんだこうずけのすけ》2、板倉伊賀守《いたくらいがのかみ》3判在《はんあ》り、左の通り、

黒船4着岸《ちゃくがん》の時、定め置年寄共《おくとしよりども》、糸ノ直《ね》いたさゝる以前に、諸商人長崎へ入るべからず候。いと《（糸）》の直相定め候上は、万《よろず》望み次第《しだい》商売致すへき者也《なり》。

慶長九年五月三日

〔通航一覧《つうこういちらん》〕

言葉 1顕糸百丸：絹糸百丸。一丸は五〇斤《きん》（三〇キログラム） 2本多上野介：本多正純 3板倉伊賀守：板倉勝重 4黒船：黒色塗装した欧米船

現代語訳　生糸一〇〇丸、京都、同一二〇丸　堺、同一〇〇丸　長崎

右について、本多正純、板倉勝重の判（花押）があり、左の通りとする。

黒船が着岸したら、担当の役人が生糸の価格を決める前に、商人たちが長崎に入ってはならない。生糸の価格が決まったら、自由に売買をしてよい。

慶長九（一六〇四）年五月三日

読み解く　糸割符制度によって日本にはどのような利点があっただろうか。

96 鎖《さ》国《こく》令《れい》

P.188

●寛永《かんえい》十年令《ねんれい》

一 (第一条) **異国《いこく》え奉書船《ほうしょせん》[1]の外《ほか》、舟遣《ふねつかわ》し候《そうろう》儀《ぎ》、堅《かた》く停止《ちょうじ》の事《こと》。**

一 (第二条) **奉書船《ほうしょせん》の外《ほか》に、日本人《にほんじん》異国《いこく》え遣《つかわ》し申《もう》すまじく候《そうろう》。**

……

一 (第一二条) 異国船《いこくせん》につみ来《きた》り候《そうろう》白糸《しらいと》[2]、直段《ねだん》を立《た》て候《そうろう》て、残《のこ》らず五ヶ所《しょ》[3]へ割符《わっぷ》仕《つかまつ》るべきの事《こと》。

●寛永《かんえい》十二年令《ねんれい》

一 (第一条) **異国《いこく》え日本《にほん》の船《ふね》これを遣《つかわ》すの儀《ぎ》、堅《かた》く停止《ちょうじ》の事《こと》。**

一 (第二条) **日本人《にほんじん》異国《いこく》え遣《つかわ》し申《もう》すまじく候《そうろう》。**……

一 (第三条) 異国《いこく》え渡《わた》り住宅《じゅうたく》仕《つかまつ》りこれある日本人来《にほんじんきた》り候《そうら》はば、死罪申《しざいもう》し付《つ》くべき事《こと》。

●寛永十六年令

……**自今以後《じこんいご》、かれうた[4]渡海《とかい》の儀《ぎ》、これを停止《ちょうじ》せられ畢《おわ》んぬ。**此上若《このうえも》し差渡《さしわた》るにおいては其船《そのふね》を破却《はきゃく》し、幷《なら》びに乗来《のりきた》る者速《ものすみやか》に斬罪《ざんざい》に処《しょ》せられるべきの旨《むね》、仰《おお》せ出《いだ》さるる所也《ところなり》。……

〔徳川禁令考《とくがわきんれいこう》〕

言葉　[1]奉書船：将軍の朱印状に加え、渡航を許可する老中奉書を与えられた貿易船　[2]白糸：中国産の生糸　[3]五ヶ所：長崎・京都・堺・大坂・江戸の糸割符仲間　[4]かれうた：ここではポルトガルの帆船をさす

現代語訳　●寛永一〇（一六三三）年令

一　海外へ、奉書船以外の船を派遣《はけん》することを厳禁する。

一　奉書船以外の船で、日本人を外国へ派遣してはならない。

……

一　外国船に積んできた中国産の生糸は、値段を決めて残らず五か所へ分配しなさい。

●寛永一二（一六三五）年令

一　外国へ、日本の船を派遣することを厳禁する。

一　日本人を外国へ派遣してはならない。……

一　外国に渡り居住していた日本人が帰ってきたら、死罪を命じる。

●寛永一六（一六三九）年令

……今後、ポルトガル船の来航は禁止された。この上、さらに来航してくる者があればその船を破壊し、また来航してきた者はただちに斬罪に処することが命じられた。……

97 武家諸法度・天《てん》和《な》令

P.195

一　文武忠孝《ぶんぶちゅうこう》を励《はげ》まし、礼儀を正《ただ》すべき事。

一　養子《ようし》は同姓相応《そうおう》の者を撰び、若《も》しこれ無きにおゐては、由緒《ゆいしょ》を正し、存生《ぞんしょう》の内に言上《ごんじょう》致すべし。**五拾《（十）》以上拾七以下の輩《ともがら》、末期《まつご》[1]に及び養子を致すといへども、吟味《ぎんみ》の上これを立つべし。**縦《たと》へ実子といへども、筋目《すじめ》[2]違ひたる儀《ぎ》これを立つべからざる事。

附《つけたり》、**殉死《じゅんし》[3]の儀、弥《いよい》よ制禁《せいきん》[4]せしむ事。**（第一二条）

天和三年[5]七月廿《（二十）》五日

〔御触書寛保集成《おふれがきかんぽうしゅうせい》〕

言葉　[1]末期：臨終　[2]筋目：家柄、家格のこと　[3]殉死：主君の死に殉じて自尽《じじん》（自殺）すること　[4]弥よ制禁：一六六三（寛文三）年殉死の禁が口頭で布達されたが、成文化されるのは天和令から　[5]天和三年：一六八三年

現代語訳　一　文武・忠孝に励み、礼儀を正しくすること。

一　養子は同族で家格の相応しい者を選び、若しこのような者がいないときには、由緒正しい者を選び、生きているうちに幕府に届け出ること。五〇歳以上、一七歳以下の者が、臨終の際に養子を申し出ても、よく調べて養子を認めることができる。たとえ実子であっても、血筋が大名として相応しくない場合は（跡継ぎに）立ててはならない。殉死することを、以前にも増して固く禁止する。

天和三（一六八三）年七月二十五日

読み解く　末期養子を認めるようになったのはなぜだろうか。

98 生類《しょうるい》憐《あわれ》みの令《れい》

P.196

一　捨子《すてご》これ有《あ》り候《そうら》はば、早速届《さっそくとど》くるに及《およ》ばず、其《そ》の所《ところ》の者《もの》いたはり置《お》き、直《ただち》に養《やしな》ひ候《そうろう》か、又《また》は望《のぞみ》の者《もの》これ有《あ》り候《そうら》はば、遣《つか》はすべく候《そうろう》。急度《きっと》[1]付《つ》け届《とどけ》[2]に及《およ》ばず候事《そうろうこと》。

一　主無《あるじな》き犬《いぬ》[3]、頃日《けいじつ》[4]は食物給《しょくもつあたえ》させ申《もう》さず候様《そうろうよう》に相聞《あいきこ》へ候《そうろう》。畢竟《ひっきょう》[5]食物給《しょくもつあたえ》させ候《そうら》えば、其《そ》の人《ひと》の犬《いぬ》の様《よう》に罷《まか》り成《な》り、以後迄《いごまで》六《むつ》ヶ敷事《かしきこと》と存《ぞん》じ、いたはり申《もう》さずと相聞《あいきこ》へ、不届《ふとどき》[6]に候《そうろう》。向後《きょうこう》[7]左様《さよう》これ無《な》き様相心得《ようあいこころう》べき事《こと》。

一　**犬計《いぬばかり》に限《かぎ》らず、惣《そう》じて生類《しょうるい》[8]人々《ひとびと》慈悲《じひ》の心《こころ》を本《もと》といたし、あはれみ候《そうろう》儀《ぎ》肝要《かんよう》の事《こと》。**

卯四月[9]日

〔御当家令条《ごとうけれいじょう》〕

言葉　[1]急度：すぐに、速やかに　[2]付け届：訴え、届け出ること　[3]主無き犬：飼い主のいない犬　[4]頃日：このごろ、日頃　[5]畢竟：結局　[6]不届：不埒《ふらち》、心得違い　[7]向後：今後　[8]生類：生き物　[9]卯四月：一六八七年四月

99 貨幣改鋳《かいちゅう》

P.196

今《いま》、重秀《しげひで》[1]が議《はか》り申《もう》す所《ところ》は、御料《ごりょう》[2]すべて四百万石《ごく》、歳々《としどし》に納《おさめ》られる、所《ところ》の金《きん》は凡《およ》そ七十六、七万両《りょう》余《あまり》……余《あま》る所《ところ》は四十六、七万両《りょう》なり。……**しかるに只《ただ》今《いま》、御蔵《おくら》にある所《ところ》の金《きん》、わづかに三十七万両《りょう》にすぎず。**……**元禄《げんろく》八年の九月より金銀《きんぎん》の製《せい》を改《あらた》め造《つく》らる。**これより此《この》かた、歳々《としどし》に収《おさ》められし所《ところ》の公利《こうり》[3]、総計金《そうけいきん》凡《およそ》五百万両《りょう》、これを以《もっ》てつねにその足《た》らざる所《ところ》を補《おぎな》ひしに、おなじき十六年の冬《ふゆ》、大地震《おおじしん》によりて傾《かたむ》き壊《こわ》れし所々《しょしょ》を修治《しゅうじ》せらるゝに至《いたり》て、**彼歳々《かのとしどし》に収《おさ》められし所《ところ》の公利《こうり》も忽《たちまち》につきぬ。**

〔折《おり》たく柴《しば》の記《き》〕

言葉　[1]重秀：荻原《おぎわら》重秀（一六五八～一七一三）。一六八七（貞享四）年勘定吟味《かんじょうぎんみ》役に任命され、元禄の貨幣改鋳《かいちゅう》を実行、のち、勘定奉行となる　[2]御料：幕府直轄地、天領　[3]公利：この場合は、貨幣改鋳による差益金

現代語訳　このたび、勘定奉行荻原重秀《かんじょうぶぎょうおぎわらしげひで》が提議《ていぎ》するのには、

幕府直轄地は全部で四百万石である。毎年納入される金《きん》は大体七十六、七万両ほどで……残りは四十六、七万両ほどである。……それなのに現在、御金蔵《ごきんぞう》にある金《きん》は、たった三十七万両たらずである。……元禄《げんろく》八（一六九五）年九月より金銀貨幣の改鋳がなされた。それから今まで、毎年幕府に納められた差益額《さえきがく》は、総計で大体五百万両となり、これを使っていつも不足分を補充《ほじゅう》してきたが、同じ元禄十六（一七〇三）年の冬に、大地震のため傾いたり、壊れたりした所を修理してきたので、毎年納められていた差益金もまたたく間《ま》に使い果たしてしまった。

読み解く　これを提案した人物の氏名とその当時の役職名は何か。

100 海船互市新例《かいはくごししんれい》（長崎新令《ながさきしんれい》・正徳新令《しょうとくしんれい》）

P.189・196

一　長崎《ながさき》表《おもて》廻銅《かいどう》[1]、凡《およそ》一年の定数《じょうすう》四百万斤《きん》[2]より四百五拾《(十)》万斤迄《きんまで》の間《あいだ》を以《もっ》て、其限《そのかぎり》とすべき事《こと》。

……

一　唐人方《とうじんかた》商売《しょうばい》の法《ほう》、凡《およそ》一年の船数《せんすう》、口船《くちぶね》[3]、奥船《おくぶね》[4]合《あわ》せて三拾艘《(十)そう》、すべて銀高《ぎんだか》六千貫目《かんめ》に限《かぎ》り、其内銅《そのうちどう》三百万斤《きん》[5]を相渡《あいわた》すべき事《こと》。……

一　阿蘭陀人《オランダじん》商売《しょうばい》の法《ほう》、凡《およそ》一年の船数《せんすう》弐艘《(二)そう》、凡《すべ》て銀《ぎん》高《だか》三千貫目《かんめ》限《かぎ》り、其内銅《そのうちどう》百五拾《(十)》万斤《きん》を渡《わた》すべき事《こと》。

……

正徳《しょうとく》五年正月十一日　〔徳川禁令考《とくがわきんれいこう》〕

言葉　[1]廻銅：当時の唯一の外国貿易港長崎へ送る輸出銅　[2]四百万斤：一斤＝六百グラム　[3]口船：南京《ナンキン》、寧波《ニンポー》、厦門《アモイ》など日本に近い港を発航地とする船　[4]奥船：広東《カントン》以南を発航地とする船　[5]其内銅三百万斤：取り引き総額銀六千貫目に対する支払いとして、銅三百万斤や海産物をもってあてることを定めた

現代語訳　一　長崎へ廻送《かいそう》の輸出用の銅は、おおむね一年の定められた額として、四百万斤《きん》から四百五十万斤の間に制限しなさい。……

一　中国人との取り引き方法は、おおむね一年間の船数を、中国本土からの船(口船)と南方からの船(奥船)を合わせて三十隻《せき》とし、総額は銀に換算して六千貫目を限度とし、そのうち銅で三百万斤支払うようにしなさい。……

一　オランダ人との取り引き方法は、おおむね一年間の船数を二隻とし、総額は銀に換算して三千貫目を限度とし、そのうち銅で百五十万斤支払うようにしなさい。……

正徳五(一七一五)年正月十一日

101 読史余論《とくしよろん》

P.205・206

本朝《ほんちょう》天下《てんか》の大勢《たいせい》、九変《へん》して武家《ぶけ》の代《だい》となり、武家《ぶけ》の代《だい》また五変《へん》して、当代《とうだい》に及《およ》ぶ総論《そうろん》の事《こと》。……

武家《ぶけ》は、源頼朝《みなもとのよりとも》、幕府《ばくふ》を開《ひらき》て、父子《ふし》三代天下兵《だいてんかひょう》馬《ば》の権《けん》を司《つかさ》どれり。凡《およそ》三十三年〈**一変**〉[1]。平義時《たいらのよしとき》[2]、承久《じょうきゅう》の乱《らん》後、天下《てんか》の権《けん》を執《と》る。そののち七代《だい》凡《およそ》百十二年、高時《たかとき》[3]が代《だい》に至《いたり》て滅《ほろ》ぶ〈**二変**〉[4]。……

後醍醐《ごだいご》中興《ちゅうこう》ののち、源尊氏反《みなもとのたかうじはん》して、天子蒙塵《てんしもうじん》、尊氏《たかうじ》、光明院《こうみょういん》を北朝《ほくちょう》の主《しゅ》となして、みづから幕府《ばくふ》を開《ひら》く。子孫相継《しそんあいつぎ》て十二代《だい》におよぶ。凡《およそ》二百卅《(三十)》八年《ねん》〈**三変**〉[5]。……

足利殿《あしかがどの》の末《すえ》、織田家勃興《おだけぼっこう》して将軍《しょうぐん》を廃《はい》し[6]、天子《てんし》を挟《はさ》みて天下《てんか》に令《れい》せんと謀《はか》りしかど、事未《こといま》だ成《な》らずして、凡《およそ》十年がほど、其臣光秀《そのしんみつひで》に弑《しい》せらる。豊臣家《とよとみけ》、其故《そのこ》智《ち》を用《もち》ひ、みづから関白《かんぱく》となりて天下《てんか》の権《けん》を恣《ほしいまま》にせしこと、凡《およそ》十五年《ねん》〈**四変**〉。

そののち終《つい》に当代《とうだい》の世《よ》となる〈**五変**〉。　〔読史余論《とくしよろん》〕

言葉　[1]一変：鎌倉幕府の成立をさす　[2]平義時：北条義時のこと　[3]高時：北条高時のこと　[4]二変：北条氏の台頭、執権政治をさす　[5]三変：後醍醐天皇による建武の中興を経て、室町幕府が成立したことをさす　[6]織田家勃興して将軍を廃し：一五七三（天正元）年の織田信長による足利義昭の京都追放（室町幕府の滅亡）をさす。また、このことを「四変」とした

現代語訳　我が国の政体が、九回変化して武家の時代となり、武家の時代が五回変化して現在に至るまでの総論。……

武家は源頼朝が幕府を開いてから、父子三代にわたり権力を握った。約三十三年間であった〈一変〉。平義時(北条義時)が、承久の乱の後政権を握り、その後七代約百十二年間が経過して、北条高時の代になって滅んだ〈二変〉。……

後醍醐天皇による建武《けんむ》の中興ののち、源尊氏（足利尊氏）が反乱を起こし、天皇が都から逃れたので、尊氏は光明天皇を北朝の天皇として擁立《ようりつ》し、自分は幕府を開いた。子孫が継いで十二代に及んだ。約二百三十八年間であった〈三変〉。

……

足利氏のあとに、織田家が台頭して将軍を廃止し、天皇を擁立して天下に号令しようとしたが、そのことが成就《じょうじゅ》しないうちに、約十年ほどで家臣明智《かしんあけち》光秀に殺害された。豊臣家は古人の智略を用いて、みずから関白となり、天下の権力を握っていること約十五年間であった〈四変〉。

その後、ついに現在の徳川家の時代となった〈五変〉。

102 大名の財政難

P.209

今ノ世ノ諸侯《しょこう》ハ大モ小モ皆首《こうべ》ヲタレテ町人ニ無心《むしん》[1]ヲイヒ、江戸・京都・大坂其外《そのほか》、処々《しょしょ》ノ富商《ふしょう》ヲ憑《たのん》デ、其続《つづ》ケ計《ばかり》ニテ世ヲ渡ル。……凡《およ》ソ廉恥《れんち》ヲ忘レテ不仁不《ふじんふ》義《ぎ》ヲ行フ人、比々《ひひ》[2]トシテ皆是《これ》ナリ。諸侯スラ然《しか》ルナリ。況《いわん》ヤ、薄禄《はくろく》ノ士大夫《したいふ》[3]ヲヤ。風俗ノ敗《やぶ》レ、悲シムニ余レリ。　〔経済録《けいざいろく》〕

言葉　[1]無心：ものをねだり、金を借りること　[2]比々：どれもこれも　[3]士大夫：ここでは家老や一般武士をいう

現代語訳　近頃の大名は大小関係なく町人に頭を下げ、金を借り、江戸・京都・大坂そのほか、各地の富商に頼み、その援助だけを頼りに生活している。……およそ羞恥心を忘れ、人として守るべき道を守らない。誰も彼もみなこのようであり、大名でさえそうである。ましてや収入の少ない武士たちはなおさらである。風俗の乱れを悲しむに余りある。

読み解く　①「無心ヲイヒ」とはどのようなことだろうか。②また、なぜ大名や武士らはそうしなければならなかったのだろうか。

103 相対済《あいたいすま》し令《れい》

P.209

一　近年金銀出入《きんねんきんぎんでいり》[1]段々多《だんだんおお》く成《な》り、評定所《ひょうじょうしょ》[2]寄合《よりあい》の節《せつ》も此儀《このぎ》を専《もっぱ》ら取扱《とりあつか》ひ、公事訴訟《くじそしょう》は末《すえ》に罷《まか》り成《な》り、評定《ひょうじょう》の本旨《ほんし》を失《うしな》ひ候《そうろう》。借金銀《かりきんぎん》・買懸《かいがか》り[3]等《とう》の儀《ぎ》は、人々相対《ひとびとあいたい》[4]の上《うえ》の事《こと》に候得《そうらえ》ば、自今《じこん》は三奉行所《さんぶぎょうしょ》[5]にて済口《すみくち》[6]の取扱《とりあつか》ひ致《いた》す間敷《まじく》候《そうろう》。……

一　只今迄《ただいままで》奉行《ぶぎょう》にて取上《とりあ》げ、日切《ひぎり》[7]に申《もう》し付《つ》け、段々《だんだん》済寄《すましよ》り候《そうろう》金銀《きんぎん》の出入《でいり》も、向後罷《きょうこうまか》り出《い》で間敷《まじ》き由《よし》申《もう》し付《つ》くべく候事《そうろうこと》。以上《いじょう》。　〔御触書寛保集成《おふれがきかんぽうしゅうせい》〕

言葉 [1]出入：もめごとの意味。原告・被告双方の対審《たいしん》により判決を下す裁判、もしくは手続きを意味し、原告側の訴えをもって審理を開始 [2]評定所：三奉行及び老中らにより構成される幕府の訴訟裁決の最高機関 [3]買懸り：売掛《か》け、買掛《か》けなど取引上の問題 [4]人々相対：原告と被告の当事者相互 [5]三奉行所：寺社・勘定・江戸町奉行の三奉行所 [6]済口：内済《ないさい》（和解）の意味 [7]日切：日限を限って

現代語訳 一　近年、金銭貸借関係の訴訟が次第に多くなってきて、評定所での集まりのさい、これらの訴訟ばかり扱うので、他の一般の訴訟の取扱いが隅《すみ》にやられて、評定所は本来の役割を失っている。金銀の借用や売掛け・買掛けなど金銭問題は、当事者相互の談合で決めるべきことなので、これからは三奉行所では和解の取扱いをしないことにする。……

一　現在まで奉行所で取り上げ、指定期間内の債務決済を申し渡し、次第に両者が和解しつつある金銭貸借の訴訟も、今後は訴え出てはならない旨を申し渡す。以上。

読み解く　これ以降、金銭に関する問題はどのように解決するようになっただろうか。

104 上《あ》げ米《まい》の令《れい》

▶P.209

御《お》旗本《はたもと》に召《め》し置《お》かれ候《そうろう》御家人《ごけにん》、御代々《おんだいだい》段々《だんだん》相増《あいま》し候《そうろう》。御蔵入高《おくらいりだか》[1]も先規《せんき》よりは多《おお》く候得共《そうらえども》、御切米《おきりまい》御《お》扶持方《ふちかた》[2]、其外《そのほか》表立《おもてだ》ち候《そうろう》御用筋《ごようすじ》の渡方《わたしかた》に引合《ひきあい》候《そうろう》ては、畢竟年々《ひっきょうねんねん》不足《ふそく》の事《こと》に候《そうろう》。……それに付《つき》御代々《おんだいだい》御《おん》沙汰《さた》[3]もこれなき事《こと》に候得共《そうらえども》、**万石以上《まんごくいじょう》の面々《めんめん》より八木《はちぼく》[4]差《さ》し上《あ》げ候様《そうろうよう》に仰《おお》せ付《つ》けらるべしと思《おぼ》し召《め》し、**左候《さそうら》はねば、御家人《ごけにん》の内数《うちすう》百人《にん》、御扶持《おふち》を召《め》し放《はな》さるべきより外《ほか》はこれ無《な》く候故《そうろうゆえ》、御恥辱《おんちじょく》をも顧《かえり》みられず仰《おお》せ出《いだ》され候《そうろう》。**高《たか》一万石《ごく》につき八木《はちぼく》百石《こく》積《つも》り差《さ》し上《あ》げらるべく候《そうろう》。**……これに依《よ》り**在江戸半年充御免《ざいえどはんとしあてごめん》**成《な》され候《そうろう》間《あいだ》[5]、緩々休息《ゆるゆるきゅうそく》いたし候《そうろう》様《よう》にと仰《おお》せ出《いだ》され候《そうろう》。

〔御触書寛保集成《おふれがきかんぽうしゅうせい》〕

言葉 [1]御蔵入高：幕府領（天領）からの年貢収納高 [2]御切米御扶持方：知行地を持たない家臣に給付する米で、石・俵単位で与えたものを切米、何人扶持という形で与えたものを扶持米という。一人扶持は蔵米一日五合の割合 [3]御沙汰：この場合は将軍の命令、指示、決定等の意味 [4]八木：米の異称。「米」の字形が八と木に分けられることによるという [5]在江戸半年充御免成され候：参勤交代は、江戸と国元一年交代を原則としていた

現代語訳 御《お》旗本《はたもと》に任用された御家人の員数《いんずう》は、将軍の代ごとに次第に増加してきた。天領の年貢収入も以前より多くなっているが、切米・扶持米などの俸禄米《ほうろくまい》や、その他の主要な経常支出と引き合わせると、結局毎年不足なのである。……そこで、代々の将軍からは命令もなかったことなのだが、一万石以上の大名たちから米を提出するように命令しようと将軍がお考えになられた。そうしなければ、御家人のうち数百人の俸禄を取り上げる以外に方法がないので、恥を忍《しの》ばれて命令を出されたのである。持高一万石当《あ》たり米百石の割合で提出しなさい。……これを行うことにより参勤交代の江戸在府期間を半年ずつ免除するので、ゆっくり（国元で）休むようにしなさいと命令された。

読み解く　①万石以上の面々　②八木　③在江戸半年充御免　とはそれぞれどのような意味か。

105 足高《たしだか》の制《せい》

▶P.209

諸役人《しょやくにん》、役柄《やくがら》に応《おう》ぜざる小身《しょうしん》の面々《めんめん》[1]、前々《まえまえ》より御《おん》役料《やくりょう》定《さだ》め置《お》かれ下《くだ》され候処《そうろうところ》[2]、知行《ちぎょう》[3]の高下《こうげ》これ有《あ》る故《ゆえ》、今迄《いままで》定《さだ》め置《お》かれ候《そうろう》御役料《おんやくりょう》にては、小身《しょうしん》の者《もの》御奉公《ごほうこう》続《つづき》兼申《かねもう》すべく候《そうろう》。これに依《よっ》て、今度《このたび》御吟《ごぎん》味《み》これ有《あ》り、**役柄《やくがら》により其場《そのば》不相応《ふそうおう》に小身《しょうしん》にて御役《おんやく》勤《つと》め候者《そうろうもの》は、御役勤《おんやくつと》め候内御足高《そうろううちおんたしだか》[4]仰《おお》せ付《つ》けられ、**御役料増減《おんやくりょうぞうげん》これ有《あ》り、別紙《べっし》の通《とお》り相極《あいき》め候《そうろう》。

〔御触書寛保集成《おふれがきかんぽうしゅうせい》〕

言葉 [1]小身の面々：家禄、禄高の低い者 [2]前々より……下され候処：元禄年間に定められた役料規定では、支給役料が一定であったので、小禄の者ほど負担の軽減に結びつかなかった [3]知行：家禄、禄高の意味 [4]御足高：具体的には役職ごとに基準家禄を設け、これに満たない小禄の者に、基準家禄との差額を在職期間中支給した

現代語訳 幕府の諸役人のうち、役職に応じた家禄に達していない者たちには、以前から一定の役料が下されていたが、禄高の高い者や低い者がいるので、今までにお定めになった役料では、禄高の低い者は勤務を続けていくことができなくなってきている。このため、今回調査が行われ、役職により（その）役職に不相応な小禄者でありながら勤務している者には、在職期間中足高をお命じになられ、別紙にあるように役料の増減を定められた。

106 公事方御定書《くじかたおさだめがき》

▶P.209

二十六　賄賂差出《わいろさしだ》し候者御仕置《そうろうものおしおき》[1]の事《こと》

公事《くじ》[2]諸願其外請負事等《しょねがいそのほかうけおいごととう》に付《つい》て

一　賄賂差出《わいろさしだ》し候者《そうろうもの》並《ならび》に、取持致《とりもちいた》し候者《そうろうもの》　軽追《けいつい》放《ほう》[3]

但《ただ》し賄賂請《わいろう》け候者《そうろうもの》、其品相返《そのしなあいかえ》し、申《もう》し出《い》づるにおゐては、賄賂差出《わいろさしだ》し候者並《そうろうものならび》に取持致《とりもちいた》し候者《そうろうもの》ともに、村役人《むらやくにん》に候《そうら》はば役儀取上《やくぎとりあ》げ、平百姓《ひらひゃくしょう》に候《そうら》はば過料《かりょう》[4]申《もう》し付《つ》くべき事《こと》。

五十六　盗人御仕置《ぬすびとおしおき》の事《こと》

一　人《ひと》を殺《ころ》し盗《ぬすみ》いたし候者《そうろうもの》　引廻《ひきまわし》の上獄門《うえごくもん》[5]

一　追剝《おいは》ぎいたし候者《そうろうもの》　獄門《ごくもん》

一　手元《てもと》にこれある品《しな》をふと盗《ぬす》み取《と》り候類《そうろうたぐい》

金子《きんす》は拾《（十）》両《りょう》より以上《いじょう》、雑物《ぞうもつ》は代金《だいきん》につもり拾《じゅう》両位《りょうくらい》より以上《いじょう》は　死罪《しざい》[6]

金子《きんす》は拾両《じゅうりょう》より以下《いか》、雑物《ぞうもつ》は代金《だいきん》につもり拾《じゅう》両位《りょうくらい》より以下《いか》は　入墨《いれずみ》[7]　敲《たたき》[8]

七十一　人殺並《ひところしならび》に疵付等御仕置《きずつけとうおしおき》の事《こと》

一　主殺《あるじごろし》[9]　二日《ふつか》さらし[10]　一日引廻《ひきまわし》、鋸挽《のこぎりびき》[11]の上《うえ》、磔《はりつけ》[12]

一　主人に手《て》負《お》わせ候者《そうろうもの》　さらしの上《うえ》、磔《はりつけ》

一　獄門《ごくもん》　浅草《あさくさ》、品川《しながわ》[13]におゐて、獄門《ごくもん》にかける。

……

一　火罪《かざい》　引廻《ひきまわし》の上《うえ》、浅草《あさくさ》、品川《しながわ》におゐて、火罪《かざい》申《もう》し付《つけ》る。……

〔徳川禁令考《とくがわきんれいこう》〕

言葉 [1]御仕置：罰すること [2]公事：ここでは訴訟の意 [3]軽追放：江戸十里四方、京・大坂等への立入禁止と、田畑の没収処分 [4]過料：罰金刑 [5]獄門：いわゆるさらし首 [6]死罪：首を刎《は》ねる斬首《ざんしゅ》の刑 [7]入墨：左腕の肘《ひじ》の下に幅三分（約一センチメートル）程度の輪状の入墨を二筋つける

[8]敲：牢屋敷の門前において鞭《むち》で五十もしくは百回打たれる刑　[9]主殺：主人殺し　[10]さらし：民衆に見せる　[11]鋸挽：罪人の両肩を刀で傷つけ、竹鋸に血をつけそのそばに置き、鋸で罪人の身体を引きたい者に引かせる刑　[12]磔：十字形に組んだ木材に罪人を縛りつけて、左右両側より脇腹から肩口へ鑓《やり》で刺し貫く刑　[13]浅草、品川：小塚原《こづかっぱら》、鈴ケ森の刑場

107 商品経済の浸透

➡P.209

その上昔《むかし》は在々《ざいざい》[1]に銭殊《こと》の外《ほか》に払底《ふってい》にて、一切《いっさい》の物《もの》を銭《ぜに》にては買《か》わず。皆《みな》、米麦《こめむぎ》にて買《か》いたること……**元《げん》禄《ろく》の頃《ころ》より田舎《いなか》へも銭行渡《ぜにいきわた》りて、銭《ぜに》にて物《もの》を買《か》うことになりたり。**……この五、六十年前《まえ》は、伽羅《きゃら》の油《あぶら》付《つ》くる事《こと》もなし。元結《もとゆい》[2]は手前《てまえ》にてより、あるいは主人《しゅじん》の下《した》を用《もち》ゆる。きざみ烟草《たばこ》世間《せけん》になく、葉《は》たばこを調《ととの》える故《ゆえ》に、あたい（値）半《なかば》より内《うち》也《なり》。判銭《はんせん》[3]もわずかの事《こと》也《なり》。口入銭《くちいれせん》[4]という事《こと》はなし。……これらを考《かんが》え見《み》れば、下々《しもじも》の一人《ひとり》の身《み》の上《うえ》にても物入《ものい》り多《おお》き世界《せかい》になりたり。それより段々《だんだん》よき人《ひと》ほど、一人《ひとり》の身《み》の上《うえ》に物入《ものい》りの多《おお》くなりたり。〔政談《せいだん》〕

言葉　[1]在々：村々　[2]元結：髻《もとどり》を結び束ねるもの　[3]判銭：保証人に支払う礼金　[4]口入銭：奉公人周旋《しゅうせん》業者に支払う礼金

現代語訳　……昔はとくに村々には貨幣が流通せず、一切の物を銭ではなく米や麦で買っていた……元禄の頃から田舎にも貨幣経済が広がり、銭で物を買うようになったという。……この五十～六十年前（十七世紀半ば）には、香料入りの鬢《びん》付け油をつけることもなかったし、髻《もとどり》を束ねる元結も自分でよったり、主人のお下がりを使った。きざみたばこは世間になく、葉たばこを自分で調合したので、値段は半額以下であった。保証人への礼金はわずかだったし、口入銭（奉公人周旋業者への礼金）などというものはなかった。……これらのことを考えてみれば、下々の人々でもお金がかかる物入りの時代になったといえる。それより身分の上の者は、上にいけばいくほどお金がかかる時代になったといえよう。

108 棄捐令《きえんれい》

➡P.215

寛政《かんせい》元酉年《とり》[1]　九月　大目付《おおめつけ》[2]え

此度《このたび》御《お》蔵米取《くらまいどり》[3]御《お》旗本《はたもと》御家人《ごけにん》勝手向《かってむき》[4]御救《おすくい》のため、蔵宿《くらやど》[5]借金《しゃっきん》仕法《しほう》御《ご》改正《かいせい》仰《おお》せ出《いだ》され候事《そうろうこと》。

一　御旗本御家人蔵宿共《おはたもとごけにんくらやどども》より借入金《かりいれきん》利《り》足（息）の儀《ぎ》は、向《きょう》**後《こう》金《きん》壱（一）両《りょう》に付銀六分宛《つきぎんろくぶんあて》[6]の積《つも》り、利下《りさ》げ[7]申《もう》し渡《わた》し**候間《そうろうあいだ》、借《か》り方《かた》の儀《ぎ》は是迄《これまで》の通《とおり》蔵宿《くらやど》と相対《あいたい》[8]に致《いた》すべき事《こと》。……

一　**旧来《きゅうらい》の借金《しゃっきん》は勿論《もちろん》、六ケ年以前辰年《いぜんたつのとし》[9]までに借《かり》請候《うけそうろう》金子《きんす》は、古借新借《こがりしんがり》の差別《さべつ》無《な》く、棄捐《きえん》[10]の積《つも》り相心得《あいこころう》べき事《こと》。**……

右之《みぎの》趣《おもむき》万石《ごく》以下《いか》之《の》面々《めんめん》え相触《あいふ》れらるべく候《そうろう》。〔御触書天保集成《おふれがきてんぽうしゅうせい》〕

言葉　[1]寛政元酉年：一七八九年　[2]大目付：老中のもとで諸大名を監察する役。文書の伝達役ともなった　[3]御蔵米取：蔵米給与のこと。当初は直接、旗本・御家人に給与されていたが、その後札差《ふださし》が旗本・御家人の委託《いたく》を受けて、受け取りや売却を代行するようになった　[4]勝手向：暮らし向き、生計、家計のこと　[5]蔵宿：札差の別称　[6]金壱両に付銀六分宛：一か月についての利息。一年間では十二パーセントとなる　[7]利下げ：利息の引き下げ　[8]相対：貸し主と借り主との話し合い　[9]六ケ年以前辰年：一七八四（天明四）年のこと　[10]棄捐：債権者（札差）に債権を放棄させること

現代語訳　寛政元（一七八九）年九月　大目付《おおめつけ》へ

今度、浅草御蔵《おくら》より俸禄米《ほうろくまい》を受ける旗本《はたもと》・御家人《ごけにん》の家計を救《すく》うため、蔵米《くらまい》取引き商人（札差《ふださし》）との借金の方法を改正する命令が発せられた。

一　旗本・御家人の札差たちからの借金の利息《りそく》は、今後金一両について銀六分とし、利率の引き下げを命ずるが、借金の仕方はこれまでのように札差と相互《そうご》の話し合いで決めなさい。……

一　古くからの借金はいうまでもなく、六年前の天明四（一七八四）年までに借りた金銭は、古い新しいの区別なく、債権の破棄を命ずるのでそのように承知しなさい。……

右の趣旨を一万石以下の人々（旗本・御家人）へ触れるようにしなさい。

109 寛政異学の禁《かんせいいがくのきん》

➡P.215

寛政《かんせい》二庚戌年《かのえいぬ》[1]　五月廿（二十）四日

学派《がくは》維持《いじ》の儀《ぎ》に付申達《つきもうしたっ》す　林大学頭《はやしだいがくのかみ》[2]え

朱学《しゅがく》の儀《ぎ》は、慶長《けいちょう》以来《いらい》御代々《おんだいだい》御信用《ごしんよう》の御事《おんこと》にて、已《すで》に其方家代々《そなたのいえだいだい》[3]右学風《みぎがくふう》維持《いじ》の事《こと》仰《おお》せ付《つ》け置《お》かれ候得《そうらえ》ば、油断《ゆだん》無《な》く正学《せいがく》[4]相励《あいはげ》み、門人共《もんじんども》取立《とりたて》申《もう》すべき筈《はず》に候《そうろう》。然《しか》る処《ところ》、近来《ちかごろ》世上《せじょう》種々《しゅしゅ》新規《しんき》の説《せつ》[5]をなし、異学《いがく》[6]流《りゅう》行《こう》し、風俗《ふうぞく》を破《やぶ》り候類《そうろうたぐい》これ有《あ》り、全《まった》く正学衰微《せいがくすいび》の故《ゆえ》に候哉《そうろうや》、甚《はなは》だ相済《あいす》まざる事《こと》にて候《そうろう》。……此度聖堂《このたびせいどう》[7]御《お》取締《とりしまり》厳重《げんじゅう》に仰《おお》せ付《つ》けられ、柴野彦助《しばのひこすけ》・岡田清助《おかだせいすけ》[8]儀《ぎ》も右御用《みぎごよう》仰《おお》せ付《つ》けられ候事《そうろうこと》に候得《そうらえ》ば、能々《よくよく》此旨《このむね》申《もう》し談《だん》じ、**急度門人共異学相禁《きっともんじんどもいがくあいきん》じ、猶又自門《なおまたじもん》に限《かぎ》らず他門《たもん》[9]に申《もう》し合《あわ》せ、正学講窮《せいがくこうきゅう》致《いた》し**人材取立《じんざいとりた》て候様相心掛《そうろうようあいこころが》け申《もう》すべく候事《そうろうこと》。〔徳川禁令考《とくがわきんれいこう》〕

言葉　[1]寛政二庚戌年：一七九〇年　[2]林大学頭：林信敬《のぶたか》　[3]其方家代々：徳川家康以来、代々の将軍に仕えた林羅山《らざん》（道春《どうしゅん》）以降の林家《りんけ》をさす　[4]正学：朱子学をさす　[5]世上種々新規の説：朱子学以外に古義《こぎ》学派、蘐園《けんえん》学派などの儒《じゅ》学の諸派が並存している状況を示す　[6]異学：朱子学以外の儒学の諸派をさす　[7]聖堂：この場合は聖堂学問所のこと。本来聖堂とは孔子廟《こうしびょう》をさす。一六九〇（元禄三）年上野忍《しのぶ》ケ岡《おか》の林羅山の家塾にあったものが、湯島昌平坂《ゆしましょうへいざか》に移転された　[8]柴野彦助・岡田清助：それぞれ柴野栗山《りつざん》・岡田寒泉《かんせん》のことで、尾藤二洲《びとうにしゅう》とともに「寛政の三博士」と呼ばれた　[9]他門：林家の朱子学以外の朱子学を修めた者

現代語訳　寛政二（一七九〇）年五月二十四日

朱子学派の維持について林大学頭《かみ》へ申し渡す。

朱子学のことは、慶長年間（一五九六～一六一五年）以来、代々の将軍が御信用なされていることで、すでにお前（林述斎《じゅつさい》）の家が代々朱子学の学風の維持を命令されているのだから、気を許すことなく正学（朱子学）の修養に励《はげ》み、門下生の養育に当たる約束であった。ところが、最近世間では様々《さまざま》の新学説を唱え、異学（古学《こがく》・折衷《せっちゅう》学など）が流行し、風俗を乱《みだ》す者たちがいるが、それはすべて朱子学が衰退したためであろうか、大変よろしくないことである。……このたび、湯島聖堂《ゆしませいどう》の学問所の取締りを厳重にするように命令され、柴野彦助《しばのひこすけ》（彦輔《ひこすけ》・栗山《りつざん》）、岡田清助《おかだせいすけ》（寒泉《かんせん》）たちにも右の用務をいいつけられたからには、十分この命令の趣旨を申し伝

え、必ず門下生の異学修得を禁止し、その上また、自分の門下生ばかりでなく、他の儒家の門派とも話し合って、朱子学の講義や研究に励み、学才のある人物を育成するよう心がけるべきである。

読み解く 幕府の学問所で異学の修得が禁じられたのはなぜだろうか。

110 旧里帰農《きゅうりきのう》令

▶P.215

寛政《かんせい》二戌《いぬ》年[1] 十一月
大目付《おおめつけ》[2] え

在方《ざいかた》[3] より当地[4] え出《い》で居《お》り候《そうろう》者、故郷え立ち帰り度《たく》存《ぞん》じ候得共《そうらえども》、路用金《ろようきん》[5]調《ととの》い難《がた》く候か、立ち帰り候ても夫食《ぶじき》[6] 農具代など差し支《つか》え候ものは、町役人差し添《そ》え願い出るべく候。吟味《ぎんみ》の上夫々《それぞれ》御手当《おてあて》下さるべく候。

〔御触書天保集成《おふれがきてんぽうしゅうせい》〕

言葉 [1]寛政二戌年：一七九〇年 [2]大目付：老中のもとで大名を監察する役。文書の伝達も行った [3]在方：村々のこと [4]当地：江戸のこと [5]路用金：旅費のこと [6]夫食：食料とする米穀のこと

現代語訳 寛政二戌（一七九〇）年十一月 大目付へ
村々から江戸に出て暮らしている者のうち、故郷に帰りたくても、旅費を調達できずにいるか、故郷に帰っても食料や農具代に困る者は、町役人に願い出ること。審査の上、それぞれに手当を支給する。

111 異国船《いこくせん》（無二念《むにねん》）打払令《うちはらいれい》[1]

▶P.216・217

異国船渡来《いこくせんとらい》の節取《せつとり》計方《はからいかた》、前々《まえまえ》より数度《すうど》仰《おお》せ出《いだ》されこれ有《あ》り、おろしや船《ふね》の儀《ぎ》については、文化《ぶんか》の度改《たびあらた》めて相触《あいふ》れ候《そうろう》次第《しだい》[2]も候処《そうろうところ》、いきりすの船《ふね》、先年《せんねん》長崎《ながさき》において狼藉《ろうぜき》に及《およ》び[3]、近来《きんらい》は所々《しょしょ》へ小船《こぶね》にて乗《のり》寄《よ》せ、薪水食料《しんすいしょくりょう》を乞《こ》ひ、去年《きょねん》に至《いた》り候《そうろう》ては猥《みだり》に上《じょう》陸致《りくいた》し[4]、……一体《いったい》いきりすに限《かぎ》らず、南蛮《なんばん》[5]・西洋《せいよう》の儀《ぎ》は御制禁邪教《ごせいきんじゃきょう》の国《くに》に候間《そうろうあいだ》、**以来何《いらいいず》れの浦方《うらかた》においても異国船乗寄《いこくせんのりよせ》候《そうろう》を見受《みうけ》候《そうら》はば、其所《そのところ》に有合《ありあわせ》候人夫《そうろうにんぶ》を以《もっ》て、有無《うむ》に及《およ》ばず一図《いちず》に打払《うちはら》い、**逃延《にげのび》候《そうら》はば追船等差出《おいぶねとうさしだ》すに及《およ》ばず、其分《そのぶん》に差置《さしお》き、若《も》し押《お》して上陸《じょうりく》いたし候《そうら》はば、搦捕又《からめとりまた》は打留《うちとど》め候《そうろう》ても苦《くる》しからず候《そうろう》。……阿蘭陀船《おらんだせん》は見分《みわけ》も相成《あいなり》かね申《もう》すべく、右等《みぎら》の船《ふね》、万一見損《みそこな》ひ、打誤《うちあやま》り候共《そうらえども》、御察度《ごさっと》はこれある間敷候間《まじくそうろうあいだ》、**二念無《にねんな》く、打払《うちはらい》を心掛《こころが》け、**図《ず》を失《うしな》はざる取計候処《とりはからいそうろうところ》、専要《せんよう》の事《こと》に候《そうろう》……

〔御触書天保集成《おふれがきてんぽうしゅうせい》〕

言葉 [1]異国船（無二念）打払令：一八二五（文政八）年二月発布 [2]文化の度改めて相触れ候次第：一八〇六（文化三）年薪水給与令（文化の撫恤《ぶじゅつ》令）のこと [3]長崎において狼藉に及び：一八〇八（文化五）年、英国軍艦フェートン号がオランダ国旗を掲げて長崎港に侵入し、オランダ商館員を捕え薪水、食料を奪った事件。長崎奉行松平康英は責任をとって自殺した [4]上陸致し：一八二四（文政七）年七月のイギリス捕鯨船員の常陸大津浜や薩摩宝島への上陸をさしている [5]南蛮：ポルトガルとイスパニアのこと

現代語訳 外国船が渡来した場合の取り扱《あつか》い方については、前にも数回ご命じになられている。ロシア船については文化三（一八〇六）年に改めて通達があったばかりだが、イギリス船は、先年、長崎において乱暴をし、近年あちこちの港へ小船でやって来ては薪水・食料を求め、去年などは不法に上陸して、……本来、イギリスだけでなく、南蛮・西洋の国々は日本で禁止しているキリスト教国であるので、今後はどの海辺の村にでも外国船が見えたら、そこに居あわせた者たちで必ずただちに打ち払い、逃げた時には追跡の船を出さないでそのままにしておき、もし、無理に上陸するような時には、捕えて殺してもやむを得ない。……オランダ船は見分けがつけにくく、そのような船を、万が一、見損なってまちがって打ってもおとがめはない筈《はず》だから、ただ専一《せんいつ》に打ち払いに心がけ、時機をのがさないようにすることが大切である。……

読み解く この法令はなぜこの時期に出されたのだろうか。

112 大塩《おおしお》の乱—大塩平八郎《へいはちろう》の檄文《げきぶん》[1]

▶P.217

此節《このせつ》は米価弥々高値《べいかいよいよたかね》に相成《あいな》り、大坂《おおさか》の奉行并諸《ぶぎょうならびにしょ》役人共《やくにんども》、万物一体《ばんぶついったい》の仁《じん》[2]を忘《わす》れ得手勝手《えてかって》[3]の政道《せいどう》を致《いた》し、……是《ここ》に於《おい》て蟄居《ちっきょ》[4]の我等《われら》最早堪忍成難《もはやかんにんなりがた》く……此《この》度有志《たびゆうし》の者《もの》と申合《もうしあわ》せ、下民《げみん》を悩《なや》まし苦《くる》しめ候役人共《そうろうやくにんども》を先《ま》づ誅伐《ちゅうばつ》いたし、引続《ひきつづ》き驕《おごり》に長《ちょう》じ居《おり》候大坂市中《そうろうおおさかしちゅう》の金持《かねもち》の町人共《ちょうにんども》を誅戮《ちゅうりく》に及《およ》び申《もう》すべく候間《そうろうあいだ》、右《みぎ》の者《もの》共《ども》の穴蔵《あなぐら》に貯《たくわ》へ置《お》き候金銀銭等《そうろうきんぎんぜにとう》、諸蔵屋敷《しょくらやしき》[5]に隠《かく》し置《お》き候俵米《そうろうたわらまい》、夫々分散配当致《それぞれぶんさんはいとういた》し遣《つかわ》し候間《そうろうあいだ》、摂《せっ》・河《か》・泉《せん》・播《ばん》[6]の内《うち》、田畑所持致《たはたしょじいた》さざる者《もの》、縦令《たとい》所持《しょじ》候共《そうらえども》、父母妻子家内《ふぼさいしかない》の養方出来難《やしないできがた》き程《ほど》の難渋者《なんじゅうしゃ》へは、右金米等取《みぎきんまいとうと》らせ遣《つかわ》し候間《そうろうあいだ》、何日《なんにち》にても、大坂市中《おおさかしちゅう》に騒動起《そうどうおこ》り候《そうろう》と聞伝《ききつた》へ候《そうら》はば、里数《りすう》を厭《いとわ》ず一刻《いっこく》も早《はや》く大坂《おおさか》へ向《む》け馳《は》せ参《さん》ずべく候《そうろう》。面々《めんめん》へ右米金分遣《みぎまいきんわけつかわし》申《もう》すべく候《そうろう》。

天保《てんぽう》八丁酉《ひのととり》年月日
摂河泉播村々《せっかせんばんむらむら》庄屋年寄百姓并小百姓共《しょうやとしよりひゃくしょうならびにこひゃくしょうども》え

〔大塩平八郎檄文《おおしおへいはちろうのげきぶん》〕

言葉 [1]檄文：自分の信義を衆人にふれる文書。ふれぶみ [2]万物一体の仁：仁は儒教の考え方の基本。この仁の実践が可能ならば万物がすべて調和し、発展するという考え方に基づく [3]得手勝手：でたらめ [4]蟄居：家にこもっていること。ここでは、政治上の役職を退いたことをさす [5]蔵屋敷：諸大名が米や国産物を売りさばくため設けた倉庫施設 [6]摂・河・泉・播：摂津《せっつ》・河内《かわち》・和泉《いずみ》・播磨《はりま》。いずれも現在の大阪市及びその周辺

現代語訳 このごろは米の値段《ねだん》がますます高騰《こうとう》しているのに、大坂の町奉行《まちぶぎょう》や諸役人たちは、万物一体《ばんぶついったい》の仁《じん》の考えを忘れて好き勝手な政治をしている。……こうなっては隠居《いんきょ》中の私などでも、もう我慢ができない。……今度有志の者と語り合って、下々の民を悩まし苦しめる役人たちをまず誅伐《ちゅうばつ》し、続いておごりにふけっている大坂市中の金持ちの町人たちの誅伐を実施しよう。そこで、右の者たちが穴蔵《あなぐら》に蓄えている金銀銭や、各蔵屋敷の中に隠している俵米《たわらまい》を、それぞれ分け与えるつもりでいる。摂津《せっつ》・河内《かわち》・和泉《いずみ》・播磨《はりま》諸国のうちで田畑を持っていない者、たとえ持っていても、父母妻子など家族を養《やしな》うのが不可能なほど生活に困っている者へは、右の金《かね》や米をやろう。だからいつでも、大坂の町中で騒動が起こったといううわさを伝え聞いたなら、いくら遠くても、一刻も早く大坂に向かってかけつけて来なさい。そうすればそれぞれに、右の米や金《かね》を分け与えるつもりである。
天保八丁酉（一八三七）年月日
摂津・河内・和泉・播磨村々の庄屋、年寄、百姓並びに小百姓どもへ

113 株仲間解散令《かぶなかまかいさんれい》

P.217

仲間株札《なかまかぶふだ》[1]は勿論此外都《もちろんこのほかすべ》て問屋仲間《といやなかま》幷組合抔《ならびにくみあいなど》と唱候《となえそうろう》儀相成《ぎあいな》らざる旨《むね》、十組問屋《とくみといや》[2]共《ども》え申渡書《もうしわたしがき》

菱垣廻船《ひがきかいせん》[3]積問屋《つみといや》[4]
十組問屋共《とくみといやども》

其方共儀《そなたどものぎ》、是迄年々金《これまでねんねんきん》壱《(一)》万弐《(二)》百両冥加上納《りょうみょうがじょうのう》[5]致《いたし》来《きた》り候処《そうろうところ》、**問屋共不正《といやどもふせい》の趣《おもむき》に相聞《あいきこえ》候《そうろう》に付《つき》、以来《いらい》上納《じょうのう》に及《およ》ばず候《そうろう》**。尤《もっと》も、向後仲間株札《きょうこうなかまかぶふだ》は勿論《もちろん》、**此《この》外共都《ほかともすべ》て問屋仲間《といやなかま》幷組合抔《ならびにくみあいなど》と唱候《となえそうろう》儀《ぎ》は、相成《あいな》らず候《そうろう》。**

天保《てんぽう》十二丑《うし》年[6]十二月十三日　〔徳川禁令考《とくがわきんれいこう》〕

言葉　[1]仲間株札：株仲間の鑑札《かんさつ》　[2]十組問屋：一六九四（元禄七）年成立。大坂からの下《くだ》り荷物を扱う問屋仲間として発足した　[3]菱垣廻船：江戸・大坂間の定期的廻船だが、樽《たる》廻船におされていた　[4]積問屋：発送先と発送する商品が固定化している事業問屋　[5]冥加上納：一八一三（文化一〇）年以降、菱垣廻船積問屋六十五組は、合計一万二百両の冥加金を毎年幕府に納め、その代わりに問屋仲間による流通独占が認められていた　[6]天保十二丑年：一八四一年

現代語訳　株仲間成員証の鑑札《かんさつ》行使はもちろん、そのほか全て問屋仲間や問屋組合の名称を使うことを禁止する旨を、十組《とくみ》問屋たちへ申し渡す書。

菱垣廻船積問屋《ひがきかいせんつみとんや》、十組問屋《とくみとんや》の者たち

お前たちは、これまで毎年金一万二百両の冥加金を上納してきたが、問屋たちに不正行為があるとの噂があるので、今後は上納しなくともよい。ただし、今後は株仲間鑑札の使用はもちろん、このほか全て問屋仲間や問屋組合などと称してはいけない。

天保十二（一八四一）年十二月十三日

読み解く　なぜ株仲間を解散させようとしたのだろうか。

114 人返しの法

P.217

諸国人別改方《あらためかた》の儀《ぎ》、此度仰《このたびおお》せ出《いだ》され候《そうろう》に付《つい》ては、自今《じこん》以後、在方《ざいかた》[1]のもの身上相仕舞《しんしょうあいしまい》[2]**江戸人別に入《いり》候儀決《けっし》て相成《あいな》らず候間《あいだ》**、……

一　近年御府内《ごふない》[3]へ入込《いりこみ》、妻子等もこれ無く、裏店《うらだな》[4]借受《かりうけ》候ものの内には、一期住《いちごずみ》同様のものもこれ有るべく、左様《さよう》の類者《たぐいのもの》、呼戻《よびもど》し、**在方人別相減らざる様取計《とりはから》ひ申すべき事。**

〔徳川禁令考《とくがわきんれいこう》〕

言葉　[1]在方：農村　[2]身上相仕舞：身上＝身代《しんだい》、財産。財産をなくす、家屋敷や家財を売り払って家を引き払う。ここでは、後者の意味　[3]御府内：江戸　[4]裏店：裏通りや路地《ろじ》にある小家

現代語訳　諸国の人口調査について、この度申し渡されたのは、今後、農村の者が家を引き払って江戸の住人となることは決してあってはならない。……

一　近年江戸に入り、妻や子もなく、裏長屋などに住む者の中には、一年契約の奉公人同様の者もいる。このような者は呼び戻して、農村の人口が減らないように取りはからうこと。

115 上知令《じょうちれい》《あげち》

P.217

御料所《ごりょうしょ》[1]の内《うち》、薄地《はくち》[2]多《おお》く、御収納免合《ごしゅうのうめんあい》[3]相劣《あいおと》り、**……当時御料所《とうじごりょうしょ》より私領《しりょう》の方高免《かたたかめん》の土地《とち》多《おお》く之有《これあ》り候《そうろう》は、不都合《ふつごう》の儀《ぎ》と存《ぞん》じ奉《たてまつ》り候《そうろう》。**……幸《さいわ》い此度江《このたびえ》**戸大坂最寄御取締《どおおさかもよりおとりしま》りのため上知《あげち》仰《おお》せ付《つ》けられ候《そうろう》**、右《みぎ》領分其《りょうぶんそ》の余飛地《あまりとびち》[4]の領分《りょうぶん》にも、高免《たかめん》の場所《ばしょ》も之有《これあ》り、御沙汰次第差上《ごさたしだいさしあ》げ、代知《かえち》[5]の儀《ぎ》いか様《よう》にも苦《くる》しからず候得共《そうらえども》、……有難《ありがた》く安心仕《あんしんつかまつ》るべく候《そうろう》。……

天保《てんぽう》十四年[6]八月十八日　〔徳川禁令考《とくがわきんれいこう》〕

言葉　[1]御料所：幕府領（天領）　[2]薄地：地味が悪く収穫の少ない土地　[3]免合：租率をいう　[4]其の余飛地：大名領地のうち、一円的な城付きの領地に対し、遠隔地に分散している知行地。特に譜代大名に多くみられる　[5]代知：代替の知行地　[6]天保十四年：一八四三年

現代語訳　幕府直轄地の中には、やせ地が多く、収穫が少なく年貢収納における年貢率が低く、……現在幕府直轄地より大名・旗本領の方が年貢率の高い土地が多くあるのは、不都合なことと思われる。……幸いにも今度江戸・大坂周辺を管理するため知行地の返上をお命じになられた。江戸・大坂周辺の領地その他の飛地の領地にも、年貢率の高い土地があるので、幕府の命令に従って返上し、その代替の領地についてはどのようなところでもよいが、……ありがたく拝領《はいりょう》すべきである。……

天保十四（一八四三）年八月十八日

読み解く　幕府はなぜこの法令を発したのだろうか。その目的と考えられることを二点答えよう。

116 国学の発達――本居宣長《もとおりのりなが》の思想

P.212

がくもんして道[1]をしらむとならば、まづ漢意《からごころ》[2]をきよくのぞきさるべし。から意《こころ》の清くのぞこらぬほどは[3]、いかに古書《こしょ》をよみても考へても、古《いにしえ》の意はしりがたく、古のこゝろをしらでは、道はしりがたきわざになむ有《あり》ける。**そも〳〵道は、もと[4]学問をして知ることにはあらず、生《うま》れながらの真心《まごころ》[5]なるぞ。道には有ける、真心とは、よくもあしくも、うまれつきたるまゝの心をいふ。**然《しか》るに後《のち》の世《よ》の人は、おしなべてかの漢意にのみうつりて、真心をばうしなひはてたれば、今は学問《がくもん》せざれば、道をえしらざるにこそあれ。

〔玉勝間《たまがつま》〕

言葉　[1]道：古道《こどう》（いにしえのみち）　[2]漢意：主として儒教的な価値観や規範をさす　[3]のぞこらぬほどは：取り除かないうちは　[4]もと：本来、元来の意味　[5]真心：素直でおおらかな、人間の自然な感情

現代語訳　学問で道を知ろうとすれば、最初に漢意をすべて取り除かねばならない。漢意をすべて取り除かないうちは、どんなに古書を読んだり考えても、古代の精神は理解しがたく、古代の精神を知らなくては、道は理解しがたいものである。そもそも道というものは、本来学問によって理解し得るものではない。生まれたままの真心（人為を排し自然の感情のままに生きようとする心）こそが大切である。古道（いにしへのみち）の核心である真心とは、好むと好まざるとにかかわらず生まれついたままの自然の心のことである。しかしながら後世の人は、一様にこの漢意にのみ心を奪われ、真心をすっかり失ってしまっているので、現在では学問を修めなければ、道を理解することができない（と考えてしまっている）。

117 蘭学事始《らんがくことはじめ》――蘭学《らんがく》の研究《けんきゅう》

P.212

其翌日《そのよくじつ》[1]良沢《りょうたく》が宅[2]に集《あつ》まり、前日《ぜんじつ》のことを語《かた》り合《あ》ひ、**先《ま》づ彼《か》のターヘル＝アナトミア[3]の書《しょ》にうち向《むか》ひ**

しに、誠《まこと》に艫舵《ろかじ》なき船《ふね》の大海《たいかい》に乗《の》り出だせしが如《ごと》く、茫洋《ぼうよう》として寄《よ》るべきかたなく、只《ただ》あきれにあきれて居《い》たる迄《まで》なり。……

〔蘭学事始《らんがくことはじめ》〕

言葉 [1]其翌日：一七七一（明和八）年三月四日に小塚原の刑場で、前野良沢、杉田玄白らがターヘル＝アナトミアと対照して死体解剖をした翌五日 [2]良沢が宅：中津藩医前野良沢の家は築地鉄砲洲の藩邸にあった。集まったのは良沢、玄白ら [3]ターヘル＝アナトミア：ドイツ人クルムスの『解剖図譜』のオランダ語訳本。解剖医書

現代語訳 その翌日、前野良沢の家に集まって、前日のことを話し合い、ともかくもあの「ターヘル＝アナトミア」の本に向かったが、本当に、艫《ろ》も舵《かじ》もない船で大海に乗りだしたようで、広くて見当がつかず、頼れるものもなく、ただあきれ返るばかりであった。……

読み解く この成果としてのちに刊行された解剖書は何か。

118 階級社会の否定—安藤昌益《しょうえき》の思想

➡P.213

上《かみ》ニ立《たち》テ不耕貪食《ふこうたんじき》シ、天道《てんどう》ヲ盗《ぬす》ム[1]、是《こ》レ盗根《とうこん》ナリ。此《こ》ノ根《ね》従《よ》リ枝葉《しよう》ノ賊《ぞく》下《しも》ニ生《は》ユ。盗《ぬすみ》ハ万悪《ばんあく》[2]ノ根ナリ。**故《ゆえ》ニ天下ノ万悪・妄惑《もうわく》[3]ハ、上ノ不耕・貪食ニ出《い》ヅ。**……上ノ欲侈《よくし》[4]ハ、下民《かみん》ノ直耕《ちょくこう》[5]責《せめ》取ルニ有リ。故ニ民窮《たみきゅう》ス。窮スル則《すなわ》チ必ズ賊心《ぞくしん》[6]起ル。故ニ上ノ法度《はっと》、信伏《しんぷく》スルコト無《な》シ。上之《これ》ヲ憎《にく》ム。**信伏セザルハ乃《すなわ》チ上侈欲《しよく》ノ罪ナリ。**……上、下ヲ慈《いつくしま》ザル則チ、下、上ノ恩《おん》ニ亢《ほこ》ル[7]コト無シ。下、上ヲ貴《とうとば》ザル則チ、上、下ノ敬《うやまい》ニ侈《おご》ルコト無シ。上侈リ無ク、下亢ルコト無キ則チ、上下有テ、上下ノ分境《ぶんきょう》[8]無シ。此《ここ》ニ於《おい》テ無欲・無盗・無乱・無賊・無悪・無病・無患《むかん》ニシテ**活真《かっしん》ノ世**[9]ナリ。

〔自然《しぜん》《じねん》真営道《しんえいどう》〕

言葉 [1]天道ヲ盗ム：天の道理、自然の法則に反すること [2]万悪：すべての悪事 [3]妄惑：世の乱れ [4]欲侈：奢侈《しゃし》（過度のぜいたく）の欲 [5]直耕：直接に農業生産に従事すること。昌益の思想の中心となる語 [6]賊心：悪事をなそうとする心 [7]亢ル：たかぶる、自慢するの意味 [8]上下ノ分境：上下の身分に基づく差別 [9]活真ノ世：天の摂理、自然の法則にかなった世の中

現代語訳 人の上に立ち耕作することなく貪《むさぼ》り、天の道理に反するのは、盗みの根本である。この根から枝葉の賊が下の者たちの間に生ずる。盗みはすべての悪事の源である。それゆえ、世の中のすべての悪事や乱れは、人の上に立つ者が耕作せず貪ることをしているためである。……上の者の奢侈《しゃし》の欲は、民衆が直接耕作して得た生産物を責め取ることに存している。このために民衆は困窮する。困窮すれば必ず悪事をなそうとする心が起こる。だから為政者の法規に人々が信《しん》服《ぷく》することはない。為政者はこのことを憎むけれど、民衆が心服しないのは為政者が奢侈の罪を犯しているからである。……為政者が民衆を慈しむことがなければ、民衆は為政者の恩を誇ることはない。民衆が為政者を貴ばなければ、為政者が民衆の敬意に驕《おご》ることがない。為政者に驕りがなく、民衆に誇ることがなければ、為政者と民衆の区別はあっても、上下の身分の差別はない。このようにして貪る心がなく、盗みがなく、世の中の乱れがなく、害もなく、悪もなく、病気もなく、患いもない天の摂理にかなった世の中になる。

119 海国兵談《かいこくへいだん》—林子平《はやししへい》の海防論《かいぼうろん》

➡P.213・215・216

当世《とうせい》の俗習《ぞくしゅう》[1]にて、異国船《いこくせん》の入津《にゅうしん》[2]は長崎《ながさき》に限《かぎり》たる事《こと》にて、別《べつ》の浦《うら》え船《ふね》を寄《よす》る事《こと》は決《けっ》して成《な》らざる事《こと》と思《おも》へり。実《じつ》に太平《たいへい》に鼓腹《こふく》する[3]人《ひと》と云《いう》べし。……当時《とうじ》[4]長《なが》崎《さき》に厳重《げんじゅう》に石火矢《いしびや》の備有《そなえあり》て、却《かえっ》て、安房《あわ》[5]・相模《さがみ》[6]の海港《かいこう》に其備《そのそなえ》なし。此事甚《このことはなは》だ不審《いぶかし》。**細《こま》かに思《おも》へば、江《え》戸《ど》の日本橋《にほんばし》より唐《から》、阿蘭陀《おらんだ》まで境《さかい》なしの水路《すいろ》也《なり》。然《しか》るを此《ここ》に備《そな》へずして、長崎《ながさき》にのみ備《そなう》るは何《なん》ぞや。**

〔海国兵談《かいこくへいだん》〕

言葉 [1]俗習：風習、習慣 [2]入津：入港 [3]太平に鼓腹する：鼓腹とは、腹つづみを打って楽しむこと。つまり、太平の世に慣れてしまっている様子 [4]当時：現在 [5]安房：東海道の一国で、現在の千葉県。房総半島の南端地域 [6]相模：東海道の一国で、現在の神奈川県。安房国とともに江戸（東京）湾の出入口にあたる浦賀水道の沿岸地

現代語訳 今の世間の習慣として、外国船の寄港は長崎に限られていて、他《ほか》の港に船が接岸《せつがん》することは絶対にありえないと思っている。これは大変平安無事に慣《な》れた人というべきである。……現在、長崎には厳重な砲台の設備があるのに、（江戸周辺の）安房《あわ》・相模《さがみ》の港にその設備がない。これは非常に不可解である。よく考えてみると、江戸日本橋から、清国・オランダまでは境界のない水路で続いている。それなのにこ（江戸周辺）を防備しないで、長崎だけを防備するのはどういうことなのだろうか。

120 経世秘策《けいせいひさく》—本多利明の開国論

➡P.219

……日本ハ海国ナレバ、渡海《とかい》運送交易ハ固《もと》ヨリ国《こく》君《くん》[1]ノ天職《てんしょく》最第一《さいだいいち》ノ国務ナレバ、万国《ばんこく》へ船舶《せんぱく》ヲ遣《や》リテ、国用《こくよう》ノ要用《ようよう》タル産物及ビ金銀銅ヲ抜《ぬ》キ取《とり》テ日本へ入レ、国力ヲ厚クスベキハ海国具足《ぐそく》ノ仕方《しかた》ナリ[2]。

〔経世秘策《けいせいひさく》〕

言葉 [1]国君：将軍 [2]海国具足ノ仕方ナリ：海国であれば当然の（行うべき）方法である

現代語訳 ……日本は海に囲まれた国なのだから、海外へ渡り、海運を行い、貿易を行うことは、本来将軍の仕事のなかで最も重要な政務であり、万国に船を派遣し、我が国に必要な産物及び金銀銅などを選んで日本に輸入し、国力を盛んにすることは海国にとって当然の方法である。

121 モリソン号事件

➡P.216

イギリス[1]は日本に対し敵国にはこれ無く、いはば付合《つきあい》もこれ無き他人に候処《そうろうところ》、**今般漂浪人《ひょうろうにん》[2]を憐《あわれ》み仁《じん》義《ぎ》を名として態々《わざわざ》送り来り候者を、何事も取合《とりあい》申さず、直《ただち》に打払《うちはらい》[3]に相成《あいな》り候はば、日本は民を憐まざる不仁《ふじん》の国と存ずべく候。**

〔戊戌夢物語《ぼじゅつゆめものがたり》〕

言葉 [1]イギリス：モリソン号を長英らはイギリス船と思いこむ。実際は米商人の船 [2]漂浪人：漂流民。モリソン号は、一八三七（天保八）年に将来の通商を目的にしつつ日本人漂流民の送還を行おうとした [3]打払：一八二五（文政八）年の無二念打払令を適用し、モリソン号に砲撃を加え追い返したことを想起

現代語訳 イギリスは日本の敵国ではなく、いわば付き合いもない他人であるが、今回、漂流民を憐れんで仁義を名目としてわざわざ送ってきたものを、何も対応せず、ただちに追い返してしまったら、日本は民を大切にしない、仁義に背く国と思われてしまう。

122 天《てん》保《ぽう》の薪《しん》水《すい》給《きゅう》与《よ》令《れい》

▶P.216・217

異国船渡来《いこくせんとらい》の節《せつ》、二念《にねん》無く打払《うちはら》ひ申すべき旨《むね》①、文《ぶん》政《せい》八年仰《おお》せ出《いだ》され候《そうろう》。然《しか》る処《ところ》、当時万事《ばんじ》御改正にて、享保寛政《きょうほうかんせい》の御政事《ごせいじ》に復《ふく》され②、何事によらず御仁政《ごじんせい》③を施《ほどこ》され度《たし》との有難《ありがた》き思召《おぼしめし》に候。右に付《つい》ては、外国のものにても、難風《なんぷう》に逢《あ》ゐ漂流《ひょうりゅう》にて食物薪水《しんすい》を乞《こ》ひ候迄《まで》に渡来《わたりきた》り候を、其《その》事情相分《あいわ》からざるに、一図《いちず》に打払ひ候ては、万国に対せられ候御所置《ごしょち》とも思召されず候。これにより、**文化三年異国船渡来の節取計方《とりはからいかた》の儀《ぎ》に付《つ》き仰せ出され候趣《おもむき》④に相復《あいふく》し候様《よう》仰せ出され候間《あいだ》**、異国船と見受《みうけ》候はば、得《とく》と様子《ようす》相糺《あいただ》し、食料薪水等乏《とぼ》しく、帰帆《きはん》成り難《がた》き趣候はば、望《のぞみ》の品相応《そうおう》に与へ、帰帆致すべき旨申諭《もうしさと》し、尤《もっと》も上陸は致させ間敷《まじく》候。

〔徳川禁令考《とくがわきんれいこう》〕

言葉 ①二念無く打払ひ申すべき旨：一八二五（文政八）年の異国船打払令のこと ②享保寛政の御政事に復され：この法令が出された一八四二（天保一三）年は、享保・寛政の改革を理想とする天保の改革の過程にあった ③御仁政：仁政とは慈悲深い政治の意 ④文化三年異国船……仰せ出され候趣：一八〇六（文化三）年の文化の撫恤《ぶじゅつ》令のこと

現代語訳 外国船が渡来した時は、迷うことなく打払うべきことを一八二五（文政八）年にご命じになられた。しかしながら、現在はすべてのことについて改革が実施され、享保・寛政の（改革）政治に戻されて、何事にも慈悲深い政治を実施されたいとのありがたいお考えである。このこと（外国船渡来時の取り扱い）については、外国のものであっても暴風雨に遭遇して漂流し、食料や薪・水を求めるために渡来してきたのに、その事情もわからないのにただちに打払うことは、すべての国に対しての（適切な）御処置とはお考えにならない。このような訳で、一八〇六（文化三）年の外国船渡来の時の対処の仕方についてご命じになられた趣旨に戻すようご命じになられたので、外国船を見かけたならばよく事情を調査し、食料や薪水が乏しいため帰国できないのであれば、希望の品物を適宜与えて帰国するよう言い聞かせるがよい。もっとも上陸はさせないようにせよ。

読み解く 異国船への対応がこのように変化したのは、この当時におこった対外的な事件が関係している。それはどのようなことだろうか。

近代

123 オランダ国王の開国勧告

▶P.230

謹て古今の時勢を通考するに、天下の民は速《すみやか》に相親む者にして、其勢《いきおい》は人力のよく防ぐ所にあらず。蒸汽船を創製①せしよりこのかた、各国相距《へだた》ること遠きも、猶《なお》近きに異ならず。**斯《かく》の如《ごと》く互に好《よし》みを通ずるの時に当《あた》り、独《ひと》り国を鎖《とざ》して万国と相親まざるは、人の好《よ》みする所にあらず。**貴国歴代の法に異国人と交《まじわり》を結ぶ事を厳禁し給ひしは、欧羅巴洲《ヨーロッパ》にて遍《あまね》く知る処なり。……これ殿下②に丁寧に忠告する所なり。

〔丁未雑記〕

言葉 ①蒸汽船を創製：一八〇七（文化四）年アメリカ人フルトンが発明 ②殿下：将軍のこと。十二代将軍家慶

現代語訳 これまでの世の中の動きを考えてみると、世界中の人びとはすぐに仲良くなるものであって、その動きは人の力で防げるものではありません。蒸気船がつくられて以来、世界中の国は遠く離れていながら、あたかも近くにあることと変わらないかのようです。このように、お互い親しく交流をする世の中にありながら、国交を閉ざしてしまうのは、好ましくありません。あなたの国が昔からの法律で外国との交流を厳禁しているのはヨーロッパで広く知られています。……以上のことを将軍に忠告いたします。

読み解く オランダは、蒸気船の発明により世界はどのように変化したと、日本に伝えているだろうか。

124 日《にち》米《べい》和《わ》親《しん》条《じょう》約《やく》①

▶P.230・231

第一条 日本《にほん》と合衆国《がっしゅうこく》とは、其《そ》の人民永世不朽《じんみんえいせいふきゅう》の和《わ》親《しん》を取結《とりむす》ひ、場所《ばしょ》・人柄《ひとがら》の差別《さべつ》これなき事《こと》。

第二条 **伊豆下田《いずしもだ》・松前地《まつまえち》②箱館《はこだて》**の両港《りょうこう》は、日本政府《にほんせいふ》に於《おい》て、亜墨利加《アメリカ》船薪水《せんしんすい》・食料《しょくりょう》・石炭欠乏《せきたんけつぼう》の品《しな》を、日本《にほん》にて調《ととの》ひ候丈《そうろうだけ》は給《きゅう》し候《そうろう》為《た》め、渡来《とらい》の儀差免《ぎさしゆる》し候《そうろう》。……

第九条 **日本政府《にほんせいふ》、外国人《がいこくじん》え当節《とうせつ》亜墨利加人《アメリカじん》え差免《さしゆる》さず候廉《そうろうかど》相免《あいゆる》し候節《そうろうせつ》は、亜墨利加人《アメリカじん》えも同様差免《どうようさしゆる》し申《もう》すべし。**右《みぎ》に付談判猶予《つきだんぱんゆうよ》致《いた》さず候事《そうろうこと》。

〔幕末外国関係文書《ばくまつがいこくかんけいもんじょ》〕

言葉 ①日米和親条約：一八五四（安政元）年三月三日横浜で調印 ②松前地：蝦夷地の最南端。現在の北海道渡島《おしま》半島南部

現代語訳 第一条 日本と合衆国政府は、両国人民の永久不変の親睦を結び、場所や人によって差別しないこと。
第二条 伊豆の下田、松前の箱館の両港については、日本政府は、アメリカ船が薪・水・食料・石炭等の欠乏の品を日本で調達できる限りは補給できるよう、アメリカ船の来航を許可する。……
第九条 日本政府が外国人に対して、今回アメリカ人に許可しなかった事柄を許可した際には、アメリカ人へも同様の事柄を許可する。このことは会議をせずにただちに行うこと。

読み解く 第九条は、何を取り決めている内容だろうか。

125 日《にち》露《ろ》和《わ》親《しん》条《じょう》約《やく》①

▶P.230・251

第一条 今《いま》より後《のち》、両国末永《りょうこくすえなが》く真実懇《しんじつねんごろ》にして、おのおの其《そ》の所領《しょりょう》に於《おい》て互に保護《ほご》し、人命《じんめい》は勿論《もちろん》、什物《じゅうもつ》②に於《おい》ても損害《そんがい》なかるへし。

第二条 今《いま》より後《のち》、**日本国《にほんこく》と魯西亜国《ロシアこく》との境《さかい》、「エトロプ」島《とう》③と「ウルップ」島《とう》④との間《あいだ》に在《あ》るへし。**「エトロプ」全島《ぜんとう》は日本《にほん》に属《ぞく》し、「ウルップ」全島《ぜんとう》、夫《それ》より北《きた》の方《かた》「クリル」諸島《しょとう》⑤は魯西亜《ロシア》に属《ぞく》す。「カラフト」島《とう》⑥に至《いた》りては、日本国《にほんこく》と魯西亜国《ロシアこく》との間《あいだ》に於《おい》て界《かい》を分《わか》たす、是《これ》まで仕来《しきたり》の通《とおり》たるへし。

第三条 日本政府《にほんせいふ》、**魯西亜船《ロシアせん》の為《ため》に箱館《はこだて》、下田《しもだ》、長崎《ながさき》の三港《こう》を開《ひら》く。**……

第八条 魯西亜人《ロシアじん》の日本国《にほんこく》に在《あ》る、日本人《にほんじん》の魯西亜国《ロシアこく》に在《あ》る、是《これ》を待《ま》つ事緩優《ことかんゆう》にして禁錮《きんこ》する事《こと》なし。然《しか》れ共《ども》、若《も》し法《ほう》を犯《おか》す者《もの》あらは、是《これ》を取押《とりおさ》へ処置《しょち》するに、おのおの其《そ》の本国《ほんごく》の法度《はっと》を以《もっ》てすへし。

第九条 両国近隣《りょうごくきんりん》の故《ゆえ》を以《もっ》て、日本国《にほんこく》にて向後《きょうこう》⑦他国《たこく》へ許《ゆる》す処《ところ》の諸件《しょけん》は、同時《どうじ》に魯西亜人《ロシアじん》にも差免《さしゆる》すへし。

言葉　1日露和親条約：一八五四（安政元）年十二月二十一日下田で調印　2什物：日常用いる器具　3「エトロプ」島：択捉島《えとろふ》　4「ウルップ」島：得撫島《うるっぷ》　5「クリル」諸島：千島列島　6「カラフト」島：樺太《からふと》。一八〇八年に間宮林蔵が探検し、島であることを確認した　7向後：これ以後

読み解く　ロシアとの間で、なぜ国境線を画定する必要があったのだろうか。また、それはどのような意味を持つのだろうか。

126 日米修好通商条約《にちべいしゅうこうつうしょうじょうやく》[1]

P.230・231

第三条　下田《しもだ》・箱館港《はこだてこう》[2]の外《ほか》、次《つぎ》にいふ所《ところ》の場所《ばしょ》を、左《ひだり》の期限《きげん》より開《ひら》くへし。

神奈川[3]　午三月より凡十五ヶ月の後より　西洋紀元千八百五十九年七月四日
長崎　同断　同断
新潟[4]　同断凡二十ヶ月の後より　千八百六十年一月一日
兵庫[5]　同断凡五十六ヶ月の後より　千八百六十三年一月一日
……神奈川港《かながわこう》を開《ひら》く後《のち》六箇月《かげつ》にして下田港《しもだこう》は鎖《とざ》すへし。此箇条《このかじょう》の内《うち》に載《のせ》たる各地《かくち》は、亜墨利加人《アメリカじん》に居留《きょりゅう》を許《ゆる》すへし。

……

第四条　総《すべ》て国地《こくち》に輸入《ゆにゅう》・輸出《ゆしゅつ》の品々《しなじな》、別冊《べっさつ》[6]の通《とお》り、日本役所《にほんやくしょ》へ、運上《うんじょう》を納《おさ》むへし。……

第六条　**日本人《にほんじん》に対《たい》し、法《ほう》を犯《おか》せる亜墨利加人《アメリカじん》は、亜墨利加《アメリカ》コンシュル裁断所《さいだんじょ》にて吟味《ぎんみ》の上《うえ》、亜墨利加《アメリカ》の法度《はっと》を以《もっ》て罰《ばっ》すへし。亜墨利加人《アメリカじん》へ対《たい》し、法《ほう》を犯《おか》したる日本人《にほんじん》は、日本役人糺《にほんやくにんただし》の上《うえ》、日本《にほん》の法度《はっと》を以《もっ》て罰《ばっ》すへし。**

〔幕末外国関係文書《ばくまつがいこくかんけいもんじょ》〕

言葉　1日米修好通商条約：一八五八（安政五）年六月十九日調印　2下田・函館港：一八五四年の日米和親条約によって開港された　3神奈川：現在の神奈川県横浜市の神奈川区の一部にあたる。東海道の宿場として栄え、開港場に指定されたが、実際には神奈川宿の南にあたる横浜村が開港場として開かれた　4新潟：実際に開港されるのは一八六八（明治元）年十一月十九日　5兵庫：実際には兵庫の東に接する神戸・二ツ茶屋・走水の三か村にまたがる沿岸部に、一八六七（慶応三）年十二月七日開港された（神戸港）　6別冊：この条約に付属する「貿易章程」のこと

現代語訳　第三条　下田・箱館港のほか、次の場所を左の期限から開港する。
神奈川（この三月から一五か月後から　西暦一八五九年七月四日）
長崎（神奈川と同じ）
新潟（二〇か月後から　一八六〇年一月一日）
兵庫（五六か月後から　一八六三年一月一日）……神奈川港の開港後、六か月を経過して下田港は閉鎖する。この箇条（第三条）に記してある各地においては、アメリカ人の居住を認める。……

第四条　すべて国内に輸入、国内から輸出する品物については、別冊の規定通りに、日本の役所へ関税を納めるように。

……

第六条　日本人に対して犯罪を犯したアメリカ人は、アメリカの領事裁判所において取り調べの上、アメリカの法律をもってこれを罰する。アメリカ人に対して犯罪を犯した日本人は、日本の役人が取り調べの上、日本の法律をもってこれを罰する。

読み解く　第四条の「別冊」とは何を指すのだろうか。これによりどのような貿易が行われたのだろうか。

127 五品江戸廻送令

P.232

神奈川御開港《ごかいこう》[1]、外国貿易仰《おお》せ出《いだ》され候《そうろう》に付《つき》、**諸《しょ》商人共一己《どもいっこ》の利徳《りとく》に泥《なず》み、競《きそい》て相場《そうば》糶上《せりあ》げ、荷元《にもと》を買受《かいう》け、直《ただち》に御開港場所え相廻《あいまわ》し候に付、**御府内《ごふない》[2]に入津《にゅうしん》[3]の荷物相減《あいへ》り、諸色払底《しょしきふってい》に相成《な》り、難儀致《なんぎいた》し候趣《おもむき》相聞《きこ》へ候には、当分《とうぶん》の内左の通《とおり》仰せ出され候。

一、**雑穀《ざっこく》**　一、**水油《みずあぶら》**　一、**蠟《ろう》**　一、**呉服《ごふく》**　一、**糸**[4]

右の品々《しなじな》に限り、貿易荷物の分は、都《すべ》て御府内より相廻し候筈《はず》に候間《あいだ》、在々《ざいざい》より決《けっ》して神奈川表え積出《つみだ》し申《もうす》間敷《まじく》候。……

〔続徳川実紀《しょくとくがわじっき》〕

言葉　1神奈川御開港：実際には一八五九（安政六）年に横浜が開港　2御府内：江戸　3入津：船が港に入ること。ここでは、入荷《にゅうか》の意　4糸：生糸

128 大政奉還

P.226・236

臣《しん》慶喜《よしのぶ》謹《つつしみ》テ皇国時運《こうこくじうん》[1]ノ沿革《えんかく》ヲ考《かんがえ》候《そうろう》ニ、昔シ王《おう》綱紐《こうちゅう》ヲ解《と》キ[2]相家《しょうか》[3]権ヲ執《と》リ、保平《ほうへい》ノ乱[4]政権武門《ぶもん》ニ移リテヨリ、祖宗《そそう》[5]ニ至《いた》リ更ニ寵眷《ちょうけん》[6]ヲ蒙《こうむ》リ、二百余年子孫相受《しそんあいうけ》、臣其《その》職[7]奉《ほう》スト雖《いえど》モ、政刑《せいけい》[8]当《とう》ヲ失フコト不レ少《すくなからず》。今日ノ形勢ニ至リ候モ、畢竟薄徳《ひっきょうはくとく》ノ所レ致《いたすところ》、慙懼《ざんく》ニ堪《た》ヘス[9]候。況《いわん》ヤ当今《とうこん》外国ノ交際日ニ盛《さかん》ナルニヨリ、愈々《いよいよ》朝権一途《ちょうけんいっと》ニ出不レ申《いでもうさず》候テハ、綱紀《こうき》[10]難レ立《たちがたく》候間、**従来ノ旧習ヲ改メ、政権ヲ朝廷ニ奉レ帰《かえしたてまつり》、広ク天下ノ公議《こうぎ》[11]ヲ尽《つく》シ、聖断《せいだん》[12]ヲ仰《あお》キ、同心《どうしん》協力、共ニ皇国ヲ保護仕候得《つかまつりそうらえ》ハ、必ス海外万国ト並《ならび》立ツヘク候。**臣慶喜国家ニ所レ尽《つくすところ》、是《これ》ニ過《す》キスト奉レ存《ぞんじたてまつり》候。去《さ》リ乍《なが》ラ猶見込《なおみこみ》ノ儀《ぎ》モ之《これ》有リ候得ハ、申聞《もうしき》クヘキ旨《むね》、諸侯《しょこう》え相達《あいたっ》シ置《おき》候。之ニ依《より》テ此《この》段謹テ奏聞《そうもん》[13]仕候。以上

十月十四日[14]　慶喜

〔維新史《いしんし》〕

言葉　1時運：時のめぐり合わせ。歴史の変遷の意味　2王綱紐ヲ解キ：天皇による政治がくずれたこと　3相家：大臣の家、藤原摂関家　4保平ノ乱：保元・平治の乱　5祖宗：祖先、ここでは徳川家康をさしている　6寵眷：寵愛《ちょうあい》すること　7其職：将軍職　8政刑：政治と刑罰　9慙懼ニ堪ヘス：恥ずかしい限りである　10綱紀：国家の大綱、秩序　11公議：議論、評議　12聖断：天皇の決断、決定　13奏聞：天子に奏上《そうじょう》すること　14十月十四日：一八六七（慶応三）年一〇月一四日

現代語訳　天皇の臣である私慶喜が、謹んで皇国の歴史的変遷を考えてみるに、昔天皇による政治がくずれ、藤原摂関家が政権を握り、保元の乱・平治の乱を経て政治の実権は武家に移り、徳川将軍家の祖家康に至り格別な待遇を朝廷から与えられて、二百余年子孫の者が（将軍職を）継承し、臣（慶喜）もこの職（将軍職）にあるけれど、政治や司法の面で適切さを失うことも少なくありません。今日の状況になりましたのも、結局私の不徳の致すところで、恥ずかしい限りであります。まして諸外国との交際が日ごとに盛んになり、いよいよ政権が統一されていなければ、国家を治める根本の原則が立ちにくいので、今までの古い習慣を改め、政権を朝廷に返還し、広く天下の議論を尽くし、天皇の決断を仰ぎ、心を合わせ協力し、共に皇国を守っていけば、必ず海外諸国と肩を並

べることができましょう。臣慶喜が国家に尽くすことは、これ以外にないと考えます。しかしながら、なおどのようにすべきか意見があれば、申し述べるよう諸大名に知らせてあります。このようなわけで、以上のことを謹んで申し上げます。

一〇月一四日　慶喜

129 王政復古《おうせいふっこ》の大号令《だいごうれい》[1]

P.236

徳川内府《とくがわないふ》[2]、従前《さきに》御委任《ごいにん》ノ大政返上《たいせいへんじょう》、将軍職《しょうぐんしょく》辞退《じたい》ノ両条《りょうじょう》、今般断然《こんぱんだんぜん》聞《きこ》シ食《め》サレ候《そうろう》。抑《そもそも》癸丑《みずのとうし》[3]以来《いらい》未曾有《みぞう》ノ国難《こくなん》、先帝《せんてい》[4]頻年宸襟《ひんねんしんきん》[5]ヲ悩《なや》マサレ候御次第《そうろうおんしだい》、衆庶《しゅうしょ》ノ知《し》ル所《ところ》ニ候《そうろう》。之《これ》ニ依《より》テ叡慮《えいりょ》[6]ヲ決《けっ》セラレ、王《おう》政復古《せいふっこ》、国威挽回《こくいばんかい》ノ御基《おんもとい》立《た》テサセラレ候間《そうろうあいだ》、**自今《じこん》、摂関《せっかん》・幕府等廃絶《ばくふとうはいぜつ》、即今先仮《そっこんまずかり》ニ総裁《そうさい》[7]・議定《ぎじょう》[8]・参与《さんよ》[9]ノ三職《さんしょく》ヲ置《おか》レ、万機《ばんき》行《おこな》ハセラルヘシ。**

〔維新史《いしんし》〕

言葉 [1]王政復古の大号令：一八六七（慶応三）年十二月九日布告　[2]内府：内大臣。慶喜のこと　[3]癸丑：一八五三（嘉永六）年、ペリー来航の年　[4]先帝：前天皇、孝明天皇のこと　[5]宸襟：天皇の心　[6]叡慮：天皇の考え　[7]総裁：すべての事項を決定する最高の官職　[8]議定：政務を分掌し、議事に参加する　[9]参与：議定の下で実務を担当する

現代語訳　内大臣徳川慶喜がこれまで天皇から委任されてきた大権を返上し、また将軍職を辞退するという二点について、このたびきっぱりとお許しになられた。そもそも癸丑の年（一八五三年）以来いまだかつてない国難について、先の孝明天皇が毎年お心を悩まされてきたことは、多くの人々が知るところである。そこで明治天皇は決断を下され、王政復古、国威回復の基本を樹立されたので、今後は摂政・関白や幕府などを廃止し、ただちにまず仮に総裁・議定・参与の三職を設置し、国の政治を行わせることとした。

130 五箇条《ごかじょう》の誓文《せいもん》[1]

P.238

一　**広《ひろ》ク会議《かいぎ》ヲ興《おこ》シ、万機公論《ばんきこうろん》ニ決《けっ》スヘシ**

一　上下《しょうか》心《こころ》ヲ一《いつ》ニシテ、盛《さかん》ニ経綸《けいりん》[2]ヲ行《おこな》フヘシ

一　官武《かんぶ》一途《いっと》庶民《しょみん》ニ至《いた》ル迄《まで》、各《おのおの》其《その》志《こころざし》ヲ遂《と》ケ、人心《じんしん》ヲシテ倦《う》マサラシメンコトヲ要《よう》ス

一　**旧来《きゅうらい》ノ陋習《ろうしゅう》[3]ヲ破《やぶ》リ、天地《てんち》ノ公道《こうどう》ニ基《もとづ》クヘシ**

一　智識《ちしき》ヲ世界《せかい》ニ求《もと》メ、大《おおい》ニ皇基《こうき》ヲ振起《しんき》スヘシ

我国《わがくに》未曽有《みぞう》ノ変革《へんかく》ヲ為《なさ》ントシ、**朕躬《ちんみ》ヲ以《もっ》テ衆《しゅう》ニ先《さき》ンシ、天地神明《てんちしんめい》ニ誓《ちか》ヒ、大《おおい》ニ斯国是《このこくぜ》[4]ヲ定《さだ》メ**万民保全《ばんみんほぜん》ノ道《みち》ヲ立《たて》ントス。衆亦此旨趣《しゅうまたこのししゅ》ニ基《もとづ》キ、協心努力《きょうしんどりょく》セヨ。

〔法令全書《ほうれいぜんしょ》〕

言葉 [1]五箇条の誓文：一八六八（明治元）年三月十四日公布　[2]経綸：政治、治国済民の方策　[3]旧来ノ陋習：古い習慣、ここでは尊皇攘夷運動をさす　[4]国是：国家の政治上の基本方針

現代語訳

一　広く会議を起こし、重要な事柄はすべて公の議論のもとに決定されなければならない。

一　上のものも下のものも心を一つにして、盛んに国家を治め整えなければならない。

一　公家も武家も一体となり、庶民に至るまで、その意志を貫徹し、人の心に怠け心を起こさせないようにすることが大切である。

一　旧来の悪習を改め、万国公法に基づいて政治は行われるべきである。

一　知識を広く世界に求め、大いに天皇の政治を盛んにしなければならない。

わが国がいまだかつて経験したことの無い変革を成し遂げ、私は国民の先頭にたって、天地の神々に誓い、大いに国家の基本方針を定め、国民を安んずる道を立てようとしている。国民はこの趣旨をよく汲んでともに協力し努力せよ。

読み解く　「旧来の陋習」とは何を指すのだろうか。

131 五榜《ごぼう》の掲示《けいじ》[1]

P.238

同日《どうじつ》、旧幕府《きゅうばくふ》の掲榜《けいぼう》[2]を撤《てっ》し、更《あらた》めて五条《ごじょう》を掲示《けいじ》す。

第一榜《ぼう》　一　**人《ひと》タルモノ五倫《ごりん》ノ道《みち》[3]ヲ正《ただ》シクスヘキ事《こと》**

一　鰥寡孤独《かんかこどく》癈疾《はいしつ》ノ者《もの》ヲ憫《あわれ》ムヘキ事《こと》

一　人《ひと》ヲ殺《ころ》シ家《いえ》ヲ焼《や》キ財《ざい》ヲ盗《ぬす》ム等《など》ノ悪業《あくぎょう》アル間敷事《まじきこと》

第二榜《ぼう》　曰《いわ》ク、**党《とう》ヲ樹《た》テ強訴《ごうそ》シ或《あるい》ハ相率《あいひきい》テ田里《でんり》ヲ去《さ》ル[4]コト勿《なか》レ**

第三榜《ぼう》　曰《いわ》ク、**切支丹邪宗門《きりしたんじゃしゅうもん》[5]ハ旧《きゅう》ニ仍《よ》リテ之《これ》ヲ厳《げん》禁《きん》ス**

以上三榜永世《いじょうさんぼうえいせい》の定法《じょうほう》とす

第四榜《ぼう》　外国人《がいこくじん》ニ対《たい》シテ暴行《ぼうこう》ヲ為《な》スヲ禁《きん》ス

第五榜《ぼう》　浦逃《ほとう》[6]ヲ禁《きん》ス

以上二榜一時《いじょうにぼういちじ》の掲示《けいじ》とす。

〔明治政史《めいじせいし》〕

言葉 [1]五榜の掲示：一八六八年三月十五日掲示　[2]掲榜：立札のこと　[3]五倫ノ道：君臣・父子・夫婦・長幼・朋友の間で守るべき道　[4]党ヲ樹テ……田里ヲ去ル：一揆・強訴・逃散　[5]邪宗門：キリスト教のこと　[6]逋逃：逃亡

現代語訳　本日、旧幕府の高札を廃止し、改めて五か条にわたる掲示を示す。

第一榜　一　人たるものは五倫の道を全うしなければならない。

一　身寄りの無いものや身体に障害をもつものにあわれみの心をもたねばならない。

一　殺人や放火、盗みなど悪行をはたらいてはならない。

第二榜　徒党を組んで強訴したり、兆散したりしてはならない。

第三榜　キリスト教は旧来のとおりこれを厳禁とする。

以上三札を永久の決まりとする。

第四榜　外国人に対して暴行を働くことは禁止である。

第五榜　浮浪・本国脱走を禁止する。

以上二札は一時的な掲示とする。

読み解く　第一榜や第三榜から、新政府と江戸幕府の民衆政策を比較してみよう。一八七三（明治六）年キリスト教が解禁されたのはなぜだろうか。

132 政体書

P.238・239

一　大《おおい》ニ斯国是《このこくぜ》[1]ヲ定メ制度規律ヲ建《たつ》ルハ、御誓文《ごせいもん》[2]ヲ以《もっ》テ目的トス。……

一　**天下ノ権力総《すべ》テ之《これ》ヲ太政官《だじょうかん》ニ帰《き》ス、**則《すなわち》政令二《に》途《と》ニ出《いず》ルノ患《うれい》ナカラシム、**太政官ノ権力ヲ分《わか》ツテ、立法行法《ぎょうほう》[3]司法ノ三権トス。**則《すなわち》偏重《へんちょう》ノ患《うれい》[4]無カラシムルナリ

一　立法官ハ行法官ヲ兼《か》ヌルヲ得ス、行法官ハ立法官ヲ兼ヌルヲ得ス。……

一　各府各藩各県**皆貢士《みなこうし》[5]ヲ出シ議員トス、**議事ノ制ヲ立ツルハ輿論公議《よろんこうぎ》ヲ執《と》ル所以《ゆえん》ナリ

一　**諸官四年ヲ以テ交代ス。公撰入札《こうせんにゅうさつ》[6]ノ法ヲ用フ**

ヘシ、但《ただし》今後初度交代《しょたびこうたい》ノ時其《その》一部ノ半《なかば》ヲ残シ、二年ヲ延《のば》シテ交代ス、断続宜《だんぞくよろし》キヲ得セシムルナリ、若《も》シ其人衆望《しゅうぼう》ノ所属アッテ難《がたき》レ去《さり》者ハ猶《なお》数年ヲ延サザルヲ得ス
〔明治政史《めいじせいし》〕

言葉 [1]国是：国政上の基本方針 [2]御誓文：五箇条の誓文 [3]行法：行政 [4]偏重ノ患：一か所に権力が集中すること [5]各府各藩各県皆貢士：府・藩・県の推挙により、それぞれの意見を代表する者 [6]公撰入札：選挙。ただし、一八六九（明治二）年五月一四日の一回行われたのみ、しかも被選挙資格者は公卿と諸侯のみ、選挙資格者は一部高級官僚のみであった

133 版籍奉還―薩長土肥四藩主の上表文

P.238・239・252

薩《さっ》長《ちょう》土《と》肥《ひ》四藩主連署《れんしょ》シ版籍《はんせき》[1]奉還《ほうかん》ノ表《ひょう》[2]ヲ上《たてまつ》ル。……抑《そもそも》臣等《ら》居《お》ル所ハ即《すなわ》チ天子ノ土、臣等ノ牧《ぼく》スル[3]所ハ即チ天子ノ民《たみ》ナリ。安《いずく》ンソ私《わたくし》ニ有スヘケンヤ。今謹《つつしん》テ其《その》版籍ヲ収《おさ》メテ之《これ》ヲ上ル。
〔法令全書《ほうれいぜんしょ》〕

言葉 [1]版籍：版は版図（領土）、籍は戸籍（人民）の意味 [2]表：臣下から君主に奉る文書 [3]牧スル：治める、司《つかさど》る

現代語訳 薩摩・長州・土佐・肥前の四藩主が連名で、版籍奉還の文書を差し出します。……そもそも私たち天皇の臣下の居る所は天皇の土地であり、私たちの治める民は天皇の民であります。どうしてこれらを私たちが所有することができましょうか。今、謹んでその土地と人民とを朝廷に返上致します。……

134 廃藩置県《はいはんちけん》の詔《みことのり》[1]

P.239

朕《ちん》曩《さき》ニ諸藩版籍奉還《しょはんはんせきほうかん》ノ議《ぎ》ヲ聴納《ちょうのう》[2]シ、新《あらた》ニ知藩事《ちはんじ》[3]ヲ命《めい》シ、各《おのおの》其職《そのしょく》ヲ奉《ほう》セシム、然《しか》ルニ数《すう》百年因襲《ねんいんしゅう》ノ久《ひさし》キ、或《あるい》ハ其名《そのめい》アリテ其実《そのじつ》挙《あが》ラサル者《もの》アリ。……仍《よっ》テ今更《いまさら》ニ藩《はん》ヲ廃《はい》シ県《けん》ト為《な》ス。是務《これつとめ》テ冗《じょう》ヲ去《さ》リ簡《かん》ニ就《つ》キ[4]、有名無実《ゆうめいむじつ》ノ弊《へい》ヲ除《のぞ》キ、政令多岐《せいれいたき》ノ憂《うれい》無《な》カラシメントス[5]、汝群臣《なんじぐんしん》其《そ》レ朕《ちん》カ意《い》ヲ体《たい》セヨ。
〔法令全書《ほうれいぜんしょ》〕

言葉 [1]廃藩置県の詔：一八七一（明治四）年七月十四日公布 [2]聴納：聞き入れること [3]知藩事：旧藩主を旧領地に任命。この年の藩政改革で藩の石高《こくだか》の十分の一を家禄《かろく》として支給された [4]冗ヲ去リ簡ニ就キ：無駄を省いて簡素化する [5]政令…無カラシメントス：中央集権の強化をはかること

現代語訳 私は以前に諸藩の版籍奉還の申し出を聞き入れ、新しく知藩事《ちはんじ》を命じ、その職につかせた。ところが数百年にわたる古いしきたりのため、名ばかりで実《じつ》があがらない者がいる。……そこで今、さらに藩をなくして県を置く。これはできる限り無駄を省いて簡素にし、法令が多方面から出される問題点を無くそうとするものである。なんじら群臣は、この朕の意図することを理解しなさい。

読み解く 「…政令多岐ノ憂無カラシメントス…」からどのような支配体制が整備されたとわかるか。

135 徴兵告諭《ちょうへいこくゆ》

P.240

我朝《わがちょう》上古《じょうこ》ノ制《せい》、海内挙《かいだいあげ》テ兵《へい》ナラサルハナシ、……凡《およ》ソ天地《てんち》ノ間《あいだ》、一事一物《いちじいちぶつ》トシテ税《ぜい》アラサルハナシ、以《もっ》テ国用《こくよう》ニ充《あ》ツ。然《しか》ラハ則《すなわ》チ人《ひと》タルモノ、固《もと》ヨリ心力《しんりょく》ヲ尽《つく》シ国《くに》ニ報《ほう》セサルヘカラス。西人之《せいじんこれ》ヲ称《しょう》シテ血税《けつぜい》[1]ト云《い》フ。其生血《そのせいけつ》ヲ以《もっ》テ国《くに》ニ報《ほう》スルノ謂《いい》ナリ。……西洋《せいよう》諸国《しょこく》、数百年来《ねんらい》、研究《けんきゅう》実践《じっせん》以《もっ》テ兵制《へいせい》ヲ定《さだ》ム。……故《ゆえ》ニ今其長《いまそのちょう》スル所《ところ》ヲ取《と》リ、古昔《こせき》ノ軍制《ぐんせい》ヲ補《おぎな》ヒ、海陸《かいりく》二軍《ぐん》ヲ備《そな》ヘ、全国四民男児《ぜんこくしみんだんじ》二十歳《さい》ニ至《いた》ル者《もの》ハ、尽《ことごと》ク兵《へい》籍《せき》ニ編入《へんにゅう》シ、以《もっ》テ緩急《かんきゅう》ノ用《よう》ニ備《そな》フヘシ。
明治《めいじ》五年壬申《じんしん》十一月二十八日
〔法令全書《ほうれいぜんしょ》〕

言葉 [1]血税：身血を国家にささげて租税とする意味で、兵役義務のこと。これが国民の血をしぼり取ることと誤解された面もあって、徴兵反対の大規模な一揆が各地に起こり、十数万の農民が参加した

現代語訳 わが国の上古の制度は、全国民皆兵士であった。……およそ世の中で税金のかからない物は一つとしてなく、この税を国費に当てるのである。ならば人間たるもの当然真《ま》心《ごころ》をもって国に報《むく》いなければならない。西洋人はこれを血《けつ》税《ぜい》と呼ぶ。自らの血によって国に報いるという意味である。……西洋の諸国は数百年来の研究と実践《じっせん》により、その兵制を定めている。……だから今、その長所を取り入れ、日本古来の軍制を補い、海軍と陸軍の二軍を備え、全国の士・農・工・商のすべての人民男子で二十歳になった者を全て兵籍に編入し、国家の緊急《きんきゅう》時に備えなければならない。
明治五（一八七二）年壬申十一月二十八日

読み解く 人びとは「血税」にどのような反応を示したのだろうか。

136 地租改正布告及条例《ちそかいせいふこくおよびじょうれい》

P.242

今般《こんぱん》地租改正《ちそかいせい》ニ付《つき》、旧来田畑貢納《きゅうらいでんばたこうのう》ノ法《ほう》ハ悉《ことごとく》皆相《みなあい》廃《はい》シ、更《さら》ニ地券《ちけん》[1]調査《ちょうさ》相済《あいすみ》次第《しだい》土地《とち》ノ代価《だいか》ニ随《したが》ヒ百分ノ三ヲ以《もっ》テ地租《ちそ》ト相定《あいさだ》ムヘキ旨仰《むねおお》セ出《いだ》サレ候《そうろう》条《じょう》、改正《かいせい》ノ旨趣《ししゅ》別紙《べっし》条例《じょうれい》ノ通《とおり》相心得《あいこころう》ヘシ。

地租改正条例《ちそかいせいじょうれい》

第二章 地租改正施行相成候上《ちそかいせいせこうあいなりそうろううえ》ハ、土地《とち》ノ原価《げんか》ニ随《したが》ヒ賦税致《ふぜいいた》シ候《そうろう》ニ付《つき》、以後仮令豊熟《いごたといほうじゅく》ノ年《とし》ト雖《いえど》モ増《ぞう》税申付《ぜいもうしつ》ケサルハ勿論《もちろん》、違作《いさく》[2]ノ年柄之有《としがらこれあ》リ候《そうろう》トモ、減租《げんそ》ノ儀《ぎ》一切相成《いっさいあいな》ラス候事《そうろうこと》。
〔法令全書《ほうれいぜんしょ》〕

言葉 [1]地券：明治政府が発行した土地所有の権利証。一八七二（明治五）年に、全国の土地についてその所有者に交付された。これを壬申地券《じんしんちけん》と呼ぶ。一八七三年の地租改正により壬申地券と引き換えに新地券を発行した。所有者名、地目《ちもく》、反別《たんべつ》、地価が記載された [2]違作：凶作。幕府領の場合、享保期から定免《じょうめん》制が採用されるが、その場合でも三割以上の不（凶）作ならば検見《けんみ》を行い、年貢減免が実施されていた

現代語訳 今回の地租改正により、従来の田畑への税とりたて法はすべて止《や》めて、地券《ちけん》の調査がすみ次第、地価の百分の三を地租とすると命令が出された。改正の趣旨は別紙条例にあるので、心得なさい。

地租改正条例

第二章 地租改正が実施《じっし》されたからには、土地の価格に従って課税《かぜい》するので、これからはたとえ豊作の年でも増税はしないが、凶作の年であっても減税することは一切しない。

137 学問《がくもん》のすゝめ[1]

P.247

天《てん》は人《ひと》の上《うえ》に人《ひと》を造《つく》らず[2]、人《ひと》の下《した》に人《ひと》を造《つく》らずと云《い》へり。されば天《てん》より人《ひと》を生《しょう》ずるには、万人《ばんにん》は万人《ばん》、皆同《みなおな》じ位《くらい》にして、生《うま》れながら貴賤上下《きせんじょうげ》の差別《さべつ》なく、万物《ばんぶつ》の霊《れい》たる身《み》と心《こころ》との働《はたらき》を以《もっ》て、天地《てんち》の間《あいだ》にある

よろづの物《もの》[3]を資《と》り、以《もっ》て衣食住《いしょくじゅう》の用《よう》を達《たっ》し、自由《じゆう》自在《じざい》、互《たがい》に人《ひと》の妨《さまた》げをなさずして、各《おのおの》安楽《あんらく》に此世《このよ》を渡《わた》らしめ給《たま》ふの趣意《しゅい》なり。……実語教《じつごきょう》[4]に、人学《ひとまな》ばざれば智《ち》なし、智《ち》なき者《もの》は愚人《ぐじん》なりとあり。されば賢人《じん》と愚人《ぐじん》との別《べつ》は、学《まな》ぶと学《まな》ばざるとに由《よ》りて出来《でき》るものなり。

〔学問《がくもん》のすゝめ〕

言葉 [1]学問のすゝめ：福沢諭吉の代表的著作。一八七二（明治五）～七六（明治九）年に十七冊の小冊子として刊行され、のちに一冊にまとめられた。各編とも約二十万部刊行され、偽版も多く出るなどベストセラーとなった　[2]天は人の上に人を造らず：ルソー等の天賦《てんぷ》人権思想の影響がみられる　[3]よろづの物：すべての事、万事　[4]実語教：儒学の経典である経書の中から、格言を抄録した児童の教訓書。学問と道徳の実践の大切さを説いている。江戸時代には刊本として広まり、寺子屋の教科書として使われた

現代語訳 天は人の上に人を造らないし、また人の下にも人を造らないという。だから生まれながらの人間は、万人が万人皆《みな》同じ位《くらい》で、生まれながら貴《とうと》い・賤《いや》しいとか上・下の差別はなく、万物の霊長《れいちょう》（人間）としての身心《しんしん》の働きを持ち、天地自然界に存在する様々《さまざま》な物質を使って衣食住に当て、自由な存在として互いに他人の邪魔《じゃま》をせず、各人が安らかに人生を過ごせるようにとの計《はか》らいからなのである。……実語教という書物によれば、人は学ばなければ知恵を得ることはできず、知恵なき者は愚かな人とある。そうであるから、賢い人とおろかな人との差は学問をするかしないかの差なのである。

138 学制《がくせい》の公布 ―学事奨励《がくじしょうれい》ニ関《かん》スル被仰出書《おおせいだされしょ》[1]

▶P.248

人《ひと》能《よ》ク其才《そのさい》ノアル所《ところ》ニ応《おう》シ勉励《べんれい》シテ之《これ》ニ従事《じゅうじ》シ、而《しか》シテ後《のち》初《はじめ》テ生《せい》ヲ治《おさ》メ産《さん》ヲ興《おこ》シ業《ぎょう》ヲ昌《さかん》ニスルヲ得《う》ヘシ。サレハ**学問《がくもん》ハ身《み》ヲ立《たつ》ルノ財本共云《ざいほんともいう》ヘキ者《もの》ニシテ、人《ひと》タルモノ誰《だれ》カ学《まな》ハスシテ可《か》ナランヤ**。……之《これ》ニ依《より》テ今般《こんぱん》文部省《もんぶしょう》[2]ニ於《おい》テ学制《がくせい》[3]ヲ定《さだ》メ、追々教則《おいおいきょうそく》[4]ヲモ改正《かいせい》シ布告《ふこく》ニ及《およ》フヘキニツキ、自今以後《じこんいご》一般ノ人民《じんみん》華士族農工《かしぞくのうこう》商及婦女子《しょうおよびふじょし》、**必《かなら》ス邑《むら》[5]ニ不学《ふがく》ノ戸《こ》ナク、家《いえ》ニ不学《ふがく》ノ人《ひと》ナカラシメン事《こと》ヲ期《き》ス**。人ノ父兄《ふけい》タルモノ宜《よろし》ク此意《このい》ヲ体認《たいにん》シ、其愛育《そのあいいく》ノ情《じょう》ヲ厚《あつ》クシ、其子弟《そのしてい》ヲシテ必《かなら》ス学《がく》ニ従事《じゅうじ》セシメサルヘカラサルモノナリ。

〔法令全書《ほうれいぜんしょ》〕

言葉 [1]学事奨励ニ関スル被仰出書：一八七二（明治五）年八月二日太政官布告　[2]文部省：一八七一年設立、文部卿大木喬任《たかとう》により学制が起草される　[3]学制：近代的学校制度を定めた法令。フランスの学制を手本に、全国を八大学区、各大学区を三十二中学区、各中学区を二百十小学区に分け、全国で八大学校、二百五十六中学校、五万三千七百六十小学校を開設する計画を示しピラミッド型の学制を作った。実質的な就学率は三割程度であった。一八七九（明治十二）年の教育令により廃止　[4]教則：教育課程、教授法の基準。同年に小学校教則が、翌年には師範学校教則が出された　[5]邑：村と同義

現代語訳 人はよくその才能に応じて勉め励んで学問に従い、そして初めて財産を増やし、家業を盛んにすることができる。だから学問は、身を立てる資本ともいうべきものであって、人たる者は誰でも学ばなければいけないのである。……こうして今回、文部省では学制を定め、順次《じゅんじ》教授に関する規則も改正し布告する予定であるので、今後一般の人民（華族・士族・農民・工人・商人及び婦女子を問《と》わず）は、必ず村に不学の家がないように、家には不学の人がないように願いたい。人の父兄たる者はよくこの意味を認識して、子弟への愛育の情を深め、子弟を必ず学校に通わせせなければならない。

読み解く 新政府は、なぜ近代的な教育制度を導入したのだろうか。

139 岩倉使節団 ―ビスマルク[1]の談話

▶P.238・250

夜外務宰相《さいしょう》ビスマルク侯《こう》ヨリ招宴《しょうえん》……方今《ほうこん》世界ノ各国、ミナ親睦《しんぼく》礼儀ヲ以テ相交《あいまじわ》ルトハイヘトモ、是全《これまった》ク表面ノ名儀《めいぎ》ニテ、其陰《かげ》ニ私ニ於《おい》テハ強弱相凌《しの》キ、大小相侮《あなど》ルノ情形ナリ……カノ所謂《いわゆ》ル公法[2]ハ、列国ノ権利ヲ保全スル典常《てんじょう》トハイヘトモ、大国ノ利ヲ争フヤ、己《おのれ》ニ利アレハ、公法ヲ執《と》ヘテ動カサス、若《も》シ不利ナレハ、翻《ひるがえ》スニ兵威《へいい》ヲ以テス、固《もとよ》リ常守アルナシ。

〔米欧回覧実記《べいおうかいらんじっき》〕

言葉 [1]ビスマルク：ドイツ帝国宰相。鉄血政策と呼ばれる富国強兵・対外強硬策を推進　[2]公法：国際法

読み解く 使節団は、ビスマルクからどのような考えを聞かされたのだろうか。

140 日朝修好条規《にっちょうしゅうこうじょうき》[1]

▶P.251

第一款《かん》　朝鮮国《ちょうせんこく》ハ自主《じしゅ》ノ邦《くに》[2]ニシテ日本国《にほんこく》ト平等《びょうどう》ノ権《けん》ヲ保有《ほゆう》セリ。嗣後《じご》両国和親《りょうこくわしん》ノ実《じつ》ヲ表《ひょう》セント欲《ほっ》スルニハ彼此《ひし》互ニ同等《どうとう》ノ礼義《れいぎ》ヲ以《もっ》テ相接待《あいせったい》シ、毫《ごう》モ侵《しん》越猜嫌《えつさいけん》スル事《こと》アルヘカラス。……

第八款　嗣後《じご》日本国政府《にほんこくせいふ》ヨリ朝鮮国指定各口《ちょうせんこくしていかく》(港)ヘ時宜《じぎ》ニ随《したが》ヒ日本商民《にほんしょうみん》ヲ管理《かんり》スルノ官《かん》ヲ設《もう》ケ置《お》クヘシ。若《も》シ両国《りょうこく》ニ交渉《こうしょう》スル事件《じけん》アル時《とき》ハ該官《がいかん》ヨリ其所《そのところ》ノ地方長官《ちほうちょうかん》ニ会商《かいしょう》シテ弁理《べんり》セン。

第十款　**日本国人民《にほんこくじんみん》、朝鮮国指定《ちょうせんこくしてい》ノ各口《かくこう》ニ在留中《ざいりゅうちゅう》、若《も》シ罪科《ざいか》ヲ犯《おか》シ朝鮮国人民《ちょうせんこくじんみん》ニ交渉《こうしょう》スル事件《じけん》ハ総《すべ》テ日本国官員《にほんこくかんいん》ノ審断《しんだん》ニ帰《き》スヘシ**[3]。若《も》シ朝鮮国人民罪《ちょうせんこくじんみんざい》科《か》ヲ犯《おか》シ日本国人民《にほんこくじんみん》ニ交渉《こうしょう》スル事件《じけん》ハ均《ひと》シク朝鮮《ちょうせん》国官員《こくかんいん》ノ査弁《さべん》ニ帰《き》スヘシ。

〔大日本外交文書《だいにほんがいこうぶんしょ》〕

言葉 [1]日朝修好条規：一八七六（明治九）年二月二十六日調印　[2]自主ノ邦：現実には清国は朝鮮を属国とみなしており、このことがその後の日清両国の紛争の種となった　[3]日本国人民……審断ニ帰スヘシ：治外法権＝領事裁判権をさす。これがのちに日本商人の不法行為を大目に見、その不法を助長する結果になった。たとえば、一八八一（明治十四）年下半期において二千人に足りない居留民のうち二百四十八人が刑事犯罪を犯しているが、このうち処分されたのは三十六人であった

現代語訳 第一款　朝鮮国は自主の国であり、日本国と平等の権利を保有する。今後両国の和親の成果を勝ち取るためには、両国が互いに同等の礼儀で応待し合い、相手を犯し踏み入ったり、憎みきらったりしてはならない。……
第八款　今後日本政府は、朝鮮国が指定した各港へは、好きな時に、日本人商人を管理するための領事を設け置くことができる。もし両国間に交渉の必要な事件があるときは、この領事がそこの地方長官と会合し相談し処理する。
第十款　日本国の人民が、朝鮮国の指定した各港に在留中において、もし罪科を犯し朝鮮国の人民と関係する事件が生じた際には、日本国の官員の審断に任せる。もし朝鮮の人民が罪科を犯し日本人民に関係する事件であれば、同様に朝鮮国官員の処理に任せる。

読み解く 朝鮮を「自主ノ邦ニシテ日本国ト平等ノ権ヲ保有」と位置付けたのはなぜだろうか。

141 樺太《からふと》・千島《ちしま》交換条約《こうかんじょうやく》[1]

▶▶P.251

第一款《かん》　大日本国皇帝陛下《だいにほんこくこうていへいか》ハ其後胤《そのこういん》[2]ニ至《いた》ル迄《まで》、現今《げんこん》樺太島《からふととう》即《すなわち》薩哈嗹島《サハリンとう》ノ一部ヲ所領《しょりょう》スルノ権理《けんり》及《および》君主《くんしゅ》ニ属《ぞく》スル一切《いっさい》ノ権理《けんり》ヲ全魯西亜国皇帝陛下《ぜんロシアこくこうていへいか》ニ譲《ゆず》リ、而《じ》今而後《こんじご》[3]**樺太全島《からふとぜんとう》ハ悉《ことごと》ク魯西亜帝国《ロシアていこく》ニ属《ぞく》シ「ラペルーズ」海峡《かいきょう》[4]ヲ以《もっ》テ両国《りょうこく》ノ境界《きょうかい》トス。**

第二款《かん》　全魯西亜国皇帝陛下《ぜんロシアこくこうていへいか》ハ、第一款《かん》ニ記《き》セル樺太《からふと》島《とう》即《すなわち》薩哈嗹島《サハリンとう》ノ権理《けんり》ヲ受《うけ》シ代《かわり》トシテ、其後胤《そのこういん》ニ至《いた》ル迄《まで》、現今所領《げんこんしょりょう》「クリル」群島《ぐんとう》[5]即《すなわ》チ第一「シュムシュ」島《とう》……第十八「ウルップ」島共計《とうどもけい》十八島《とう》ノ権理《けんり》及《およ》ヒ君主《くんしゅ》ニ属《ぞく》スル一切《いっさい》ノ権理《けんり》ヲ大日本国皇帝陛下《だいにほんこくこうていへいか》ニ譲《ゆず》リ、**而今而後《じこんじご》「クリル」全島《ぜんとう》ハ日本帝国《にほんていこく》ニ属《ぞく》シ、東《カム》察加地方《チャツカちほう》「ラパッカ」岬《みさき》ト「シュムシュ」島《とう》ノ間《あいだ》ナル海峡《かいきょう》ヲ以《もっ》テ両国《りょうこく》ノ境界《きょうかい》トス。**

〔大日本外交文書《だいにほんがいこうぶんしょ》〕

言葉　[1]樺太・千島交換条約：一八七五（明治八）年五月七日調印　[2]後胤：子孫　[3]而今而後：今後　[4]「ラペルーズ」海峡：宗谷海峡のことをさす。北海道と樺太間の海峡。フランス人ラペルーズが一七八七（天明七）年に発見したことにちなむ　[5]「クリル」群島：千島列島

現代語訳　第一款　大日本国天皇は末代《まつだい》に至るまで、現樺太島（サハリン島）の一部を所有する権利と君主に属する全《すべ》ての権利をロシア皇帝に譲り、今から以後、樺太全島は全てロシア帝国に属し、ラペルーズ海峡をもって両国の境界とする。

第二款　ロシア皇帝は第一款に記した樺太島の権利を受けとる代《かわ》りとして、その末代に至るまで現在所有するクリル群島即ち第一シュムシュ島（占守島）……第十八ウルップ島（得撫島）など計十八島の権利と君主に属する全ての権利を大日本国天皇に譲り、今後、クリル全群島は日本帝国に所属し、カムチャツカ地方のラパッカ岬とシュムシュ島の間の海峡をもって両国の境界とする。

142 民撰議院設立《みんせんぎいんせつりつ》の建白書《けんぱくしょ》[1]

▶▶P.253

臣等《しんら》[2]伏《ふ》シテ方今政権《ほうこんせいけん》ノ帰《き》スル所《ところ》ヲ察《さっ》スルニ、**上帝《かみてい》室《しつ》ニ在《あ》ラス、下人民《しもじんみん》ニ在《あ》ラス、而《しか》シテ独有司《ひとりゆうし》[3]ニ帰《き》ス。**……臣等《しんら》愛国《あいこく》ノ情《じょう》自《おのずか》ラ已《や》ム能《あた》ハス、乃《すなわ》チ之《これ》ヲ振救《しんきゅう》スルノ道《みち》ヲ講求《こうきゅう》スルニ、**唯天下《ただてんか》ノ公議《こうぎ》ヲ張《は》ルニ在《あ》ル而已《のみ》。天下《てんか》ノ公議《こうぎ》ヲ張《は》ルハ、民撰議院《みんせんぎいん》ヲ立《たつ》ルニ在《あ》ル而已《のみ》。**……

〔日新真事誌《にっしんしんじし》〕

言葉　[1]民撰議院設立の建白書：一八七四（明治七）年一月十七日左院提出　[2]臣等：建白書提出者の自称。提出者は、征韓論分裂で下野した前参議板垣退助（土佐）、副島種臣（肥前）、後藤象二郎（土佐）、江藤新平（肥前）とイギリス帰りの小室信夫（阿波）、古沢滋（土佐）、前東京府知事由利公正（越前）、前大蔵大丞岡本健三郎（土佐）の八人。起草者は古沢である　[3]有司：政府の官僚。「有司専制」と非難された。具体的には岩倉具視や大久保利通をさしている

現代語訳　我々が考えてみると、近頃の政権を独占しているのは、上の天皇でも、下の人民でもなく、ひとえに政府の役人なのである。……我々の国を愛する心情は消すことができず、そこでこのひどい状態を救う道を追求すれば、それは広範な人民が議論を行うことにしかあり得ない。そして、このような議論を行うには、民撰による議院をつくる以外にない。

読み解く　この史料では、政治権力を握っているのは誰としているか。

143 漸次《ぜんじ》立憲政体樹立の詔《みことのり》

▶▶P.253

朕即位《ちんそくい》ノ初首《はじめしゅ》トシテ群臣《ぐんしん》ヲ会シ五事《ごじ》ヲ以《もっ》テ神明《しんめい》ニ誓《ちか》ヒ[1]、国是《こくぜ》ヲ定メ万民保全ノ道ヲ求ム。……朕今誓《せい》**文《もん》ノ意ヲ拡充シ茲《ここ》ニ元老院《げんろういん》[2]ヲ設ケ以テ立法ノ源《みなもと》ヲ広メ、大審院《だいしんいん》[3]ヲ置キ以テ審判《しんぱん》ノ権ヲ鞏《かた》クシ、又《また》地方官ヲ召集シ以テ民情ヲ通《つう》シ公益《こうえき》ヲ図リ、漸次《ぜんじ》ニ国家立憲ノ政体ヲ立テ、**汝衆庶《なんじしゅうしょ》ト倶《とも》ニ其慶《そのけい》ニ頼ラント欲《ほっ》ス。汝衆庶或《あるい》ハ旧ニ泥《なず》ミ故《こ》ニ慣《な》ル、コト莫《な》ク、又或ハ進ムニ軽ク為《な》スニ急ナルコト莫《な》ク、其《そ》レ能《よ》ク朕カ旨《むね》ヲ体《たい》シテ翼賛《よくさん》スル所アレ。

〔法令全書〕

言葉　[1]五事ヲ以テ神明ニ誓ヒ：五箇条の誓文のこと　[2]元老院：それまでの左院《さいん》・右院《ういん》に代わり設置された立法機関　[3]大審院：最高・最終の司法機関

読み解く　「…誓文ノ意ヲ拡充シ…」とは、130の五箇条の誓文のどの部分を指しているのか。

144 新聞紙条例《しんぶんしじょうれい》・讒謗律《ざんぼうりつ》[1]

▶▶P.253

●新聞紙条例《しんぶんしじょうれい》

第十二条　新聞紙若《しんぶんしも》シクハ雑誌雑報《ざっしざっぽう》[2]ニ於《おい》テ人《ひと》ヲ教唆《きょうさ》[3]シテ罪《つみ》ヲ犯《おか》サシメタル者《もの》ハ犯《おか》ス者《もの》ト同罪《どうざい》。……

第十三条　**政府《せいふ》ヲ変壊《へんかい》[4]シ国家《こっか》ヲ顚覆《てんぷく》スルノ論《ろん》ヲ載《の》セ騒乱《そうらん》ヲ煽起《せんき》[5]セントスル者《もの》ハ、**禁獄《きんごく》一年以上《ねんいじょう》三年《ねん》ニ至《いた》ル迄《まで》ヲ科《か》ス。……

〔法令全書《ほうれいぜんしょ》〕

●讒謗律《ざんぼうりつ》

第一条　凡《およ》ソ事実《じじつ》ノ有無《うむ》ヲ論《ろん》セス人《ひと》ノ栄誉《めいよ》ヲ害《がい》スヘキノ行事《ぎょうじ》[6]ヲ摘発公布《てきはつこうふ》スル者之《ものこれ》ヲ讒毀《ざんき》[7]トス。人《ひと》ノ行事《ぎょうじ》ヲ挙《あぐ》ルニ非《あら》スシテ悪名《あくめい》ヲ以《もっ》テ人《ひと》ニ加《くわ》ヘ公布《こうふ》スル者《もの》之《これ》ヲ誹謗《ひぼう》[8]トス。……

第四条　**官吏《かんり》ノ職務《しょくむ》ニ関《かん》シ讒毀《ざんき》スル者《もの》**ハ禁獄《きんごく》十日以《い》上《じょう》二年以下《ねんいか》罰金《ばっきん》十円以上《えんいじょう》五百円以下《えんいか》、**誹謗《ひぼう》スル者《もの》**ハ禁獄《きんごく》五日以上《いじょう》一年以下《ねんいか》罰金《ばっきん》五円以上《えんいじょう》三百円以《えんい》下《か》。

〔法令全書《ほうれいぜんしょ》〕

言葉　[1]新聞紙条例・讒謗律：一八七五（明治八）年六月二十八日公布　[2]雑報：さまざまな報道　[3]教唆：そそのかすこと　[4]変壊：破壊して変えること　[5]煽起：あおって引き起こすこと　[6]行事：行ったことがら。事実　[7]讒毀：人のことを悪く言い、名誉を傷つけること　[8]誹謗：他を悪く言うこと。そしること

現代語訳　●新聞紙条例

第十二条　新聞紙あるいは雑誌や雑報において、他人をそそのかして犯罪を犯させた者は、犯した者と同罪である。

……

第十三条　政府を倒し、国家をくつがえそうとする論文を掲《けい》載し、騒動や内乱を扇動《せんどう》しようとする者は禁獄一年以上を科す。

●讒謗律

第一条　一般に事実の有る無しにかかわらず、人の栄誉をそこなう行為をあばき公表することを「讒毀」とする。人の行為を論ずるのではなく、人の悪評判を宣伝、公表することを「誹謗」とする。……

第四条　官吏の職務について「讒毀」する者は禁獄十日以上二年以下、罰金十円以上五百円以下。「誹謗」する者は禁獄五日以上一年以下、罰金五円以上三百円以下。

読み解く　なぜ政府は、新聞を規制したのだろうか。

145 集会条例

P.253

第一条 **政治ニ関スル事項ヲ講談論議《こうだんろんぎ》スル為《た》メ公衆ヲ集ムル者ハ**、開会三日前ニ講談論議ノ事項、講談論議スル人ノ姓名住所、会同《かいどう》[1]ノ場所、年月日ヲ詳記《しょうき》シ、**其《その》会主又《また》ハ会長幹事等ヨリ管轄《かんかつ》警察署ニ届出テ、其認可《にんか》ヲ受ク可《べ》シ。**

第六条 派出《はしゅつ》ノ警察官ハ認可ノ証ヲ開示《かいじ》[2]セサルトキ、講談論議ノ届書ニ掲《かか》ケサル事項ニ亘《わた》ルトキ、又ハ人ヲ罪戻《ざいれい》[3]ニ教唆《きょうさ》[4]誘導《ゆうどう》スルノ意ヲ含ミ、又ハ公衆ノ安寧《あんねい》ニ妨害アリト認ムルトキ、及ヒ集会ニ臨《のぞ》ムヲ得サル者ニ退去ヲ命シテ之《これ》ニ従ハサルトキハ、全会ヲ解散セシムヘシ。

第七条 政治ニ関スル事項ヲ講談論議スル集会ニ、陸海軍人常備《じょうび》[5]予備《よび》[6]後備《こうび》[7]ノ名籍ニ在《あ》ル者、警察官、官立公立私立学校ノ教員生徒、農業工芸ノ見習生ハ之ニ臨会シ又ハ其社ニ加入スルコトヲ得ス。

第九条 政治ニ関スル事項ヲ講談論議スル為メ、屋外《おくがい》ニ於《おい》テ公衆ノ集会ヲ催《もよお》スコトヲ得ス。

〔法令全書〕

言葉 [1]会同：寄り集まること。会合。集会 [2]開示：明らかにし示すこと [3]罪戻：罪、とが。罪過 [4]教唆：そそのかすこと [5]常備：現役軍人。兵役は三年間 [6]予備：予備役の軍人。現役終了後三年間在籍 [7]後備：後備役の軍人。予備役終了後四年間在籍

146 国会開設《こっかいかいせつ》の勅諭《ちょくゆ》[1]

P.253・254

嚮《さき》ニ**明治《めいじ》八年ニ元老院《げんろういん》**[2]ヲ設《もう》ケ、**十一年ニ府県会《ふけんかい》**[3]ヲ開《ひら》カシム。此《こ》レ皆漸次基《みなぜんじもとい》ヲ創《はじ》メ、序《ついで》ニ循《したが》テ歩《ほ》ヲ進《すす》ムルノ道《みち》ニ由《よ》ルニ非《あら》サルハ莫《な》シ。爾有衆《なんじゆうしゅう》[4]亦朕《またちん》カ心《こころ》ヲ諒《りょう》トセン。……**将《まさ》ニ明治《めいじ》二十三年ヲ期《き》シ、議員《ぎいん》ヲ召《め》シ国会《こっかい》ヲ開《ひら》キ、以《もっ》テ朕《ちん》カ初志《しょし》ヲ成《な》サントス。**……

〔法令全書《ほうれいぜんしょ》〕

言葉 [1]国会開設の勅諭：一八八一（明治十四）年十月十二日公布 [2]元老院：一八七五（明治八）年大阪会議の結果、立法権確立のため左院の後身として設置。実際には政府の諮問機関 [3]府県会：一八七八（明治十一）年府県会規則によって定められた地方議会。民権運動のなかの地方民会設立の要求を形式的容認。議員は民選であったが権限は弱く財政審議権だけに限られた。一八九〇（明治二十三）年府県制の施行で廃止 [4]爾有衆：人民

現代語訳 先に、明治八年には元老院を設け、十一年には府県会を開かせた。これもみな、徐々に基礎を作り、順序に従って前進しようとしているからにほかならない。なんじら人民よ、朕の心を理解せよ。……今ここに、明治二十三年を期して議員を集め、国会を開いて朕の初志を達成したいと思う。

読み解く 史料では、政府はどのように立憲体制を整えてきたと言っているだろうか。

147 三大事件建白書

P.253・255・258

第一 某等《それがしら》[1]が政府に要《もと》むべき者は、**租税徴収を軽減する**に在《あ》るなり。……

第二 某等が政府に要むべき者は、**言論集会を自由に**するに在るなり。……

第三 某等が政府に要むべき者は、**外交失策を挽回《ばんかい》**するに在るなり。……抑《そもそ》も条約改正を為《な》すは治外《ちがい》法権を破り、海関《かいかん》税権を収めん[2]が為《ため》なり。既《すで》に然《しか》せんと欲すれば、内地雑居[3]を許さゞるを得ず。而《しか》して其《その》利害相償《あいつぐな》はざる而已《のみ》ならず、単に害ありて利なきを見るなり。国家栄辱《えいじょく》の繫《かか》る所は果《はた》して如何《いか》なるべき乎《か》、或《あるい》は外国裁判官の多数を以《もっ》て成る。……其実之《じつこれ》を日本の裁判所なりと謂《い》ふを得べき耶《や》。夫《そ》れ裁判権は国家三大権の一なり。……外国政府をして此《この》法典の制定は果して泰西の元則《げんそく》に基くや否《いな》や[4]を鑑査する権を行はしめんが為めにして、今後法律を変更することあるも亦《ま》た同く然せざるを得ざるなり。若《も》し一たび之を許さば立法権も亦た外人の手に帰し、日本帝国独立の主権は果して何《いず》くに在る乎。

〔自由党史〕

言葉 [1]某等：片岡健吉を代表とする高知県有志 [2]海関税権を収めん：関税自主権の獲得 [3]内地雑居：外国人に国内居住、営業、動産・不動産取得を認めること [4]泰西の元則に基くや否や：立法権まで失うことになると批判している

読み解く 外交失策とは具体的に何を指しているのだろうか。

148 保安条例《ほあんじょうれい》[1]

P.253

第四条 **皇居又《こうきょまた》ハ行在所《あんざいしょ》[2]ヲ距《へだ》タル三里以内《りいない》ノ地《ち》ニ住《じゅう》居又《きょまた》ハ寄宿《きしゅく》スル者《もの》ニシテ、内乱《ないらん》ヲ陰謀《いんぼう》シ又《また》ハ教唆《きょうさ》シ又《また》ハ治安《ちあん》ヲ妨害《ぼうがい》スルノ虞《おそれ》アリト認《みと》ムルトキハ、警《けい》視総監又《しそうかんまた》ハ地方長官《ちほうちょうかん》ハ内務大臣《ないむだいじん》[3]ノ認可《にんか》ヲ経《へ》、期《き》日又《じつまた》ハ時間《じかん》ヲ限《かぎ》リ退去《たいきょ》ヲ命《めい》シ、三年以内同一《いないどういつ》ノ距離《きょり》内《ない》ニ出入寄《でいりき》宿又《しゅくまた》ハ住居《じゅうきょ》ヲ禁《きん》スルコトヲ得《う》。**

〔法令全書《ほうれいぜんしょ》〕

言葉 [1]保安条例：一八八七（明治二十）年十二月二十五日公布 [2]行在所：天皇が地方巡幸した際の仮の住まい [3]内務大臣：内務省は民衆行政一般を担当。特にこの時期には警察行政を中心に社会運動への取り締まりに力を発揮した。時の内務大臣は山県有朋

現代語訳 第四条 皇居《こうきょ》または仮御所《かりごしょ》から三里以内の地に居住または寄宿《きしゅく》する者で、内乱を計画し、人をそそのかし、治安を乱《みだ》すおそれがあると認めた時は、警視総監《けいしそうかん》または地方長官は内務大臣の許可を得て、期日《きじつ》と時間を制限し退去を命じ、三年以内は同一の距離《きょり》内に出入り、寄宿、居住することを禁ずることができる。

149 私擬憲法《しぎけんぽう》

P.254

●東洋大日本国国憲按《とうようだいにほんこくこっけんあん》[1]（植木枝盛《うえきえもり》）

第四十二条 日本人民《にほんじんみん》ハ法律上《ほうりつじょう》ニ於《おい》テ平等《びょうどう》トナス

第四十九条 日本人民《にほんじんみん》ハ思想《しそう》ノ自由《じゆう》ヲ有《ゆう》ス

第七十二条 **政府《せいふ》恣《ほしいまま》ニ国憲《こっけん》[2]ニ背《そむ》キ擅《ほしいまま》ニ人民《じんみん》ノ自《じ》由権利《ゆうけんり》ヲ侵害《しんがい》シ建国《けんこく》ノ旨趣《ししゅ》[3]ヲ妨《さまた》クルトキハ日本国《にほんこく》民《みん》ハ之《これ》ヲ覆滅《ふくめつ》[4]シテ新政府《しんせいふ》ヲ建設《けんせつ》スルコトヲ得《う》**

〔秘書類纂《ひしょるいさん》〕

言葉 [1]東洋大日本国国憲按：一八八一（明治十四）年起草

[2]国憲：憲法　[3]旨趣：本来の目的　[4]覆滅：倒す。人民の革命権を規定している

現代語訳　●東洋大日本国国憲按（植木枝盛）

第四十二条　日本の人民は法律の上で平等である。

第四十九条　日本の人民は思想の自由を有する。

第七十二条　政府が思いのままに憲法にそむき、勝手《かって》に人民の自由の権利を侵害し、建国の趣旨を妨げるときは、日本国民はこの政府を倒して新政府を建設することができる。

読み解く　第七十二条では、憲法の性格をどのように規定しているだろうか。

150 大日本帝国憲法《だいにほんていこくけんぽう》[1]

▶P.256

第一条　**大日本帝国《だいにほんていこく》ハ万世一系《ばんせいいっけい》**[2]**ノ天皇之《てんのうこれ》ヲ統治《とうち》ス**

第三条　**天皇《てんのう》ハ神聖《しんせい》ニシテ侵《おか》スヘカラス**[3]

第四条　**天皇《てんのう》ハ国《くに》ノ元首《げんしゅ》ニシテ統治権《とうちけん》ヲ総攬《そうらん》**[4]**シ此《こ》ノ憲法《けんぽう》ノ条規《じょうき》ニ依《よ》リ之《これ》ヲ行《おこな》フ**

第五条　天皇《てんのう》ハ**帝国議会《ていこくぎかい》ノ協賛《きょうさん》**[5]ヲ以《もっ》テ立法権《りっぽうけん》ヲ行《おこな》フ

第八条　天皇《てんのう》ハ公共《こうきょう》ノ安全《あんぜん》ヲ保持《ほじ》シ又《また》ハ其《そ》ノ災厄《さいやく》ヲ避《さ》クル為《ため》緊急《きんきゅう》ノ必要《ひつよう》ニ由《よ》リ帝国議会《ていこくぎかい》閉会《へいかい》ノ場合《ばあい》ニ於《おい》テ**法律《ほうりつ》ニ代《かわ》ルヘキ勅令《ちょくれい》**[6]**ヲ発《はっ》ス**……

第十一条　**天皇《てんのう》ハ陸海軍《りくかいぐん》ヲ統帥《とうすい》**[7]**ス**

第十二条　天皇《てんのう》ハ陸海軍《りくかいぐん》ノ編制《へんせい》及《および》常備兵額《じょうびへいがく》ヲ定《さだ》ム

第十四条　天皇《てんのう》ハ**戒厳《かいげん》**[8]**ヲ宣告《せんこく》ス**

第二十条　日本臣民《にほんしんみん》ハ法律《ほうりつ》ノ定《さだ》ムル所《ところ》ニ従《したが》ヒ**兵役《へいえき》ノ義務《ぎむ》**[9]ヲ有《ゆう》ス

第二十八条　日本臣民《にほんしんみん》ハ安寧秩序《あんねいちつじょ》ヲ妨《さまた》ケス及《および》**臣民《しんみん》タルノ義務《ぎむ》ニ背《そむ》カサル限《かぎり》ニ於《おい》テ信教《しんきょう》ノ自由《じゆう》ヲ有《ゆう》ス**

第二十九条　日本臣民《にほんしんみん》ハ**法律《ほうりつ》ノ範囲内《はんいない》ニ於《おい》テ**言論著作《げんろんちょさく》印行《いんこう》[10]集会《しゅうかい》及《および》結社《けっしゃ》ノ自由《じゆう》ヲ有《ゆう》ス

第三十三条　帝国議会《ていこくぎかい》ハ**貴族院《きぞくいん》**[11]**衆議院《しゅうぎいん》ノ両院《りょういん》**ヲ以《もっ》テ成立《せいりつ》ス

〔法令全書《ほうれいぜんしょ》〕

言葉　[1]大日本帝国憲法：一八八九（明治二十二）年二月十一日発布　[2]万世一系：天照大神《あまてらすおおみかみ》以来、連綿《れんめん》として変わることのない皇室の系統　[3]神聖ニシテ侵スヘカラス：（神聖）不可侵とは君主無答責を意味する。つまり君主は法律・政治上の責任を負わず、刑事の訴追を受けることはない　[4]総攬：一手に掌握すること　[5]協賛：力を合わせて協力すること　[6]勅令：緊急勅令。天皇大権の一つ　[7]統帥：軍隊をまとめ率いること。軍隊の最高指揮権、天皇大権の一つ。統帥権は内閣から独立した権限とされたため、解釈をめぐり軍部と内閣の対立も多く、軍部による政治支配を生んだ　[8]戒厳：戦争、内乱に際し法律を停止し、軍の権力下に置くこと。関東大震災、二・二六事件において施行　[9]兵役ノ義務：ほかに納税の義務も規定（第二十一条）　[10]印行：図書の印刷、発行　[11]貴族院：皇族・華族、勅選多額納税者、帝国学士院会員から成る。衆議院と対抗

現代語訳　第一条　大日本帝国は万世一系《ばんせいいっけい》の天皇が統治《とうち》する。

第三条　天皇は神聖《しんせい》なるもので神とみなしてこれを侵《おか》してはならない。

第四条　天皇は国の元首《げんしゅ》で統治権を全《すべ》て掌握《しょうあく》し、この憲法の規定により国を統治する。

第五条　天皇は帝国議会の助力《じょりょく》を得て立法権を取り行う。

第八条　天皇は公共の安全を保《たも》ち災難《さいなん》をさけるため、緊急《きんきゅう》必要時でかつ帝国議会閉会時においては法律にかわる勅令《ちょくれい》を発することができる。……

第十一条　天皇は陸・海軍を指揮統率《しきとうそつ》するものとする。

第十二条　天皇は陸海軍の編制と常備の軍事費を定める。

第十四条　天皇は戒厳令を宣言する。

第二十条　日本の臣民（国民）は法律の定めるところにより兵役の義務を有する。

第二十八条　日本の臣民（国民）は社会の安全や秩序を妨げない限り、また臣民（国民）の義務に反しない限りにおいて信教の自由を有する。

第二十九条　日本臣民は法律の定める範囲内において言論・著作・印刷《いんさつ》・集会・結社の自由を保持する。

第三十三条　帝国議会は貴族院と衆議院の両院から成る。

読み解く　第三条と第四条との間では、どのような点が矛盾しているだろうか。

151 明治民法

▶P.257

第十四条　妻カ左ニ掲《かか》ケタル行為ヲ為《な》スニハ**夫ノ許可ヲ受クルコトヲ要ス**[1]

第七百四十九条　**家族ハ戸主《こしゅ》**[2]**ノ意ニ反シテ其居所《そのいどころ》ヲ定ムルコトヲ得ス**

第七百五十条　**家族カ婚姻《こんいん》又《また》ハ養子縁組《ようしえんぐみ》ヲ為スニハ戸主ノ同意ヲ得ルコトヲ要ス**

第七百七十二条　**子カ婚姻ヲ為スニハ其家ニ在《あ》ル父母ノ同意ヲ得ルコトヲ要ス**

第八百十三条　夫婦ノ一方ハ左ノ場合ニ限リ離婚ノ訴《うったえ》ヲ提起《ていき》スルコトヲ得《う》

一　配偶者《はいぐうしゃ》カ重婚《じゅうこん》ヲ為シタルトキ

二　**妻カ姦通《かんつう》**[3]**ヲ為シタルトキ**

三　夫カ姦淫罪《かんいんざい》[4]ニ因《よ》リテ刑ニ処セラレタルトキ

第九百八十六条　家督《かとく》相続人ハ相続開始ノ時ヨリ前戸主ノ有セシ権利義務ヲ承継《しょうけい》ス

〔法令全書〕

言葉　[1]妻カ……要ス：明治民法においては妻は法律上無能力者と規定され、借財、財産の売買、訴訟、贈与等夫の許可を必要とした　[2]戸主：一家の首長　[3]姦通：有夫の婦人と夫以外の男子とが私通し、関係を持つこと　[4]姦淫罪：強制猥褻《わいせつ》罪・強姦《ごうかん》罪・淫行《いんこう》勧誘罪の総称

読み解く　民法で示された、社会の最小単位は何だろうか。

152 北海道旧土人保護法[1]

第一条　北海道旧土人《どじん》[2]ニシテ農業ニ従事スル者又《また》ハ従事セムト欲スル者ニハ一戸ニ付《つき》土地一万五千坪《つぼ》以内ヲ限リ無償《むしょう》下付《かふ》スルコトヲ得《う》

第四条　北海道旧土人ニシテ貧困《ひんこん》ナル者ニハ農具及《および》種子ヲ給スルコトヲ得

第五条　北海道旧土人ニシテ疾病《しっぺい》ニ罹《かか》リ自費治療スルコト能《あた》ハサル者ニハ薬価ヲ給スルコトヲ得

第七条　北海道旧土人ノ貧困ナル者ノ子弟ニシテ就《しゅう》学《がく》スル者ニハ授業料ヲ給スルコトヲ得

第九条　北海道旧土人ノ部落ヲ為《な》シタル場所ニハ国庫ノ費用ヲ以《もっ》テ小学校ヲ設クルコトヲ得

第十条　北海道庁長官ハ北海道旧土人共有財産ヲ管理スルコトヲ得……

〔法令全書〕

言葉　[1]北海道旧土人保護法：一九九七（平成九）年五月一四日、アイヌ文化振興法の成立により廃止　[2]旧土人：アイヌ民族のこと。土人はその差別的な呼び方

読み解く　政府はアイヌの人びとにどのような産業を奨励しようとしているだろうか。

153 黒《くろ》田《だ》首相の超然主義《ちょうぜんしゅぎ》演説[1]

P.257

憲法《けんぽう》ハ敢《あえ》テ臣民《しんみん》ノ一辞《いちじ》ヲ容《い》ル[2]、所《ところ》ニ非《あらさ》ルハ勿論《もちろん》ナリ。唯《た》タ施政上《しせいじょう》ノ意見《いけん》ハ人々其所説《ひとびとそのしょせつ》ヲ異《い》ニシ、其合《そのごう》同《どう》スル者相投《ものあいとう》シテ団結《だんけつ》ヲナシ、所謂政党《いわゆるせいとう》ナル者《もの》ノ社会《しゃかい》ニ存立《そんりつ》スルハ亦情勢《またじょうせい》ノ免《まぬか》レサル所《ところ》ナリ。**然《しか》レトモ政《せい》府《ふ》ハ常《つね》ニ一定《いってい》ノ方向《ほうこう》ヲ取《と》リ、超然《ちょうぜん》[3]トシテ政党《せいとう》ノ外《そと》ニ立《た》チ、至公至正《しこうしせい》[4]ノ道《みち》ニ居《お》ラサル可《べか》ラス。**……

〔明治政史《めいじせいし》〕

言葉 [1]黒田首相の超然主義演説：一八八九（明治二十二）年二月十二日 [2]一辞ヲ容ル、：口をさしはさむ [3]超然：ある物事に関係せず、その外にいて行う主義 [4]至公至正：この上なく公正な

現代語訳 憲法には国民が意見をさしはさむべきものでないことは勿論《もちろん》である。だが、施政《しせい》上の意見は各人により異《こと》なり、同じ意見の者同士が団結し、政党などができることは時代の流れでやむを得ない。しかしながら、政府はいつも一定の主義を守り、政党の動きにとらわれることなく政党の外に立ち、この上なく公正な立場にいなければならない。……

154 脱亜論《だつあろん》[1]

P.260

左《さ》れば今日《こんにち》の謀《はかりごと》を為《な》すに、我国《わがくに》は隣国《りんごく》の開明《かいめい》を待《まっ》て共《とも》に亜細亜《アジア》を興《おこ》すの猶予《ゆうよ》ある可《べか》らず、寧《むし》ろ其伍《そのご》[2]を**脱《だっ》して西洋《せいよう》の文明国《ぶんめいこく》と進退《しんたい》を共《とも》にし、其支那《そのしな》朝鮮《ちょうせん》に接《せっ》するの法《ほう》も隣国《りんごく》なるが故《ゆえ》にとて特別《とくべつ》の会釈《えしゃく》に及《およ》ばず、正《まさ》に西洋人《せいようじん》が之《これ》に接《せっ》するの風《ふう》に従《したがい》て処分《しょぶん》すべきのみ。**悪友《あくゆう》を親《した》しむ者《もの》は共《とも》に悪名《あくめい》を免《まぬ》かる可《べか》らず。**我《わ》れは心《こころ》に於《おい》て亜細亜《アジア》東方《とうほう》の悪友《あくゆう》を謝絶《しゃぜつ》[3]するものなり。**

〔時事新報《じじしんぽう》〕

言葉 [1]脱亜論：一八八五（明治十八）年三月十六日「時事新報」に発表 [2]伍：仲間 [3]謝絶：断わること。拒絶すること

現代語訳 今日の日本の計画としては、隣国（朝鮮・中国）の近代化を待って、協力してアジアを発展させるという余裕はなく、むしろその仲間を抜けて西洋の文明国と行動を共にし、中国・朝鮮と応対する方法も、隣国だからといって特別に思いやる必要はなく、西洋人が中国・朝鮮と応対するようにやるのが正当である。悪友と親しくする者は、共に悪名を避けることはできない。私は心の中でアジア東方の悪友（朝鮮・中国）を断わるものである。

155 下関条約《しものせきじょうやく》[1]

P.261

第一条 **清国《しんこく》ハ朝鮮国《ちょうせんこく》ノ完全無欠《かんぜんむけつ》ナル独立自主《どくりつじしゅ》ノ国《くに》タルコトヲ確認《かくにん》ス。**……

第二条 清国《しんこく》ハ左記《さき》ノ土地《とち》ノ主権並《しゅけんならび》ニ該地方《がいちほう》ニ在《あ》ル城塁《じょうるい》、兵器製造所及官有物《へいきせいぞうしょおよびかんゆうぶつ》ヲ永遠日本国《えいえんにほんこく》ニ割与《かつよ》ス。

一 **左《ひだり》ノ経界内《けいかいない》ニ在《あ》ル奉天省南部《ほうてんしょうなんぶ》ノ地《ち》[2]**……

二 **台湾全島及《たいわんぜんとうおよび》其《そ》ノ附属諸島嶼《ふぞくしょとうしょ》**

三 **澎湖《ほうこ》《ポンフー》列島《れっとう》**……

第四条 清国《しんこく》ハ**軍費賠償金《ぐんぴばいしょうきん》[3]トシテ庫平銀《こへいぎん》二億両《テール》[4]**ヲ日本国《にほんこく》ニ支払《しはら》フヘキコトヲ約《やく》ス、……

〔日本外交文書《にほんがいこうぶんしょ》〕

言葉 [1]下関条約：一八九五（明治二十八）年四月十七日調印 [2]奉天省南部ノ地：遼東半島のこと [3]賠償金：日清戦争の日本の戦費は二億四十七万円であり、清国から得た賠償金は三億六千万円以上であったから、損失を補ってはるかに上まわるものであった [4]庫平銀二億両：庫平は清朝の標準の「はかり」。当時の日本円にして約三億円

現代語訳 第一条 清国は朝鮮国が完全に独立した自主国家であることを確認する。……

第二条 清国は左記の土地の主権と、そこにある城・兵器製造所と公共物《こうきょうぶつ》を永久に日本に譲り渡す。

一 左の境界内にある奉天省《ほうてんしょう》南部の地……

二 台湾《たいわん》全島とその付属《ふぞく》する島々

三 澎湖《ほうこ》《ポンフー》列島……

第四条 清国は軍費賠償金《ばいしょうきん》として、清国の公定貨幣である庫平銀二億両《テール》(日本円で約三億円)を日本国に支払《しはら》うことを約《やく》束《そく》する。……

読み解く 日清戦争は、何を求めた戦争だったのだろうか。

156 立憲政友会宣言《りっけんせいゆうかいせんげん》[1]

P.262

抑《そもそも》閣臣《かくしん》の任免《にんめん》は憲法上《けんぽうじょう》の大権《たいけん》[2]に属《ぞく》し、其簡抜択《そのかんばつたく》用《よう》[3]或《あるい》は政党員《せいとういん》よりし或《あるい》は党外《とうがい》の士《し》を以《もっ》てす。皆元首《みなげんしゅ》の自由意志《じゆういし》に存《そん》す。而《しか》して其已《そのすで》に挙《あ》げられて輔弼《ほひつ》[4]の職《しょく》に就《つ》き献替《けんたい》[5]のことを行《おこな》ふや党員政友《とういんせいゆう》と雖《いえど》も決《けっ》して外《そと》より之《これ》に容喙《ようかい》[6]するを許《ゆる》さず。……

〔立憲政友会史《りっけんせいゆうかいし》〕

言葉 [1]立憲政友会宣言：一九〇〇（明治三十三）年八月二十五日発表 [2]大権：天皇大権。天皇が議会の協力なしに独立して行使できる権限 [3]簡抜択用：選び抜くこと [4]輔弼：天皇を補佐すること [5]献替：主君を補佐し、可否を申し上げること [6]容喙：余計な口出し

現代語訳 内閣の大臣の任免は、天皇大権（天皇が日本を統治する権限）に属し、政党員から、あるいは政党員外から選び、用いる。それは皆元首（天皇）の自由意思である。大臣として用いられて、天皇を補佐する職務に就き、天皇に可否を申し上げるについては、政友会党員といえども、横合いから余計な口出しをしてはならない。……

157 日英同盟協約《にちえいどうめいきょうやく》[1]

P.263・264

第一条 ……**大不列顛国《だいブリテンこく》[2]ニ取《と》リテハ主《おも》トシテ清国《しんこく》ニ関《かん》シ、又日本国《またにほんこく》ニ取《と》リテハ、其清国《そのしんこく》ニ於《おい》テ有《ゆう》スル利《り》益《えき》ニ加《くわ》フルニ、韓国《かんこく》ニ於《おい》テ政治上並《せいじじょうならび》ニ商業上《しょうぎょうじょう》及工業上《およびこうぎょうじょう》格段《かくだん》ニ利益《りえき》ヲ有《ゆう》スルヲ以《もっ》テ、**……両締《りょうてい》約国執《やくこくいず》レモ該利益《がいりえき》ヲ擁護《ようご》スル為《た》メ必要欠《ひつようか》クヘカラサル措置《そち》ヲ執《と》リ得《う》ヘキコトヲ承認《しょうにん》ス。

第二条 若《も》シ日本国又《にほんこくまた》ハ大不列顛国《だいブリテンこく》ノ一方《いっぽう》カ、上記《じょうき》各自《かくじ》ノ利益《りえき》ヲ防護《ぼうご》スル上《うえ》ニ於《おい》テ、**別国《べっこく》ト戦端《せんたん》ヲ開《ひら》クニ至《いた》リタル時《とき》ハ、他《た》ノ一方《いっぽう》ノ締約国《ていやくこく》ハ厳正中立《げんせいちゅうりつ》ヲ守《まも》リ、**併《あわ》セテ其同盟国《そのどうめいこく》ニ対《たい》シテ、他国《たこく》カ交戦《こうせん》ニ加《くわ》ハルヲ妨《さまた》クルコトニ努《つと》ムヘシ。

〔日本外交文書《にほんがいこうぶんしょ》〕

言葉 [1]日英同盟協約：一九〇二（明治三十五）年一月三十日調印。一九〇五年に改訂され、同盟の範囲をインドまで拡大した第二次協約が結ばれた。さらに一九一一年に再改訂され、ドイツを仮想敵国とする第三次協約を締結した。しかし、一九二一年のワシントン会議での四カ国条約締結に伴い終了が同意された [2]大不列顛国：イギリスのこと

現代語訳 第一条 ……イギリスにとっては主として清国を、日本にとっては清国への利益に加えて韓国においても政治上・商業上・工業上で特別な利益を保持するので……両締

約国は共にその利益を守るため、必要不可欠《ふかけつ》な処置《しょち》をとることができることを承認する。

第二条　もし日本または英国のいずれか一方が、上記の各々の利益を守るために第三国と戦争状態《じょうたい》に入った場合には、他の一方の国は厳《きび》しく中立を守り、併せてその同盟国に対して、他国が交戦に参加しないよう努《つと》めなければならない。

読み解く　イギリスが日本と同盟を結んだ背景は何だろうか。

158　東大七博士満洲問題意見書

▶▶P.263

東京帝国大学教授富井、戸水、寺尾、高橋、中村、金井、小野塚の七博士が、桂首相に提出したる満洲問題の意見書は左の如《ごと》し。……

蓋《けだ》し露国は問題を朝鮮によりて起さんと欲すが如し。何となれば争議の中心を朝鮮におくときは、満洲を当然露国の勢力内に帰したるものと解釈し得るの便宜《べんぎ》あればなり。故《ゆえ》に極東現時の問題は、必ず満洲の保全に就《つい》て之《これ》を決せざるべからず。……噫《ああ》、我邦人は千歳《せんざい》の好機を失はゞ、遂《つい》に我邦の存立を危《あや》うすることを自覚せざるべからず。姑息《こそく》の策[1]に甘んじて曠日弥久《こうじつびきゅう》[2]するの弊《へい》は、結局自屈の運命を待つものに外《ほか》ならず。故《ゆえ》に曰《いわ》く、今日の時機に於《おい》て最後の決心を以て此《この》大問題を解決せよと。

〔東京朝日新聞〕

言葉　[1]姑息の策：一時のがれの手段　[2]曠日弥久：日をむなしくして長引くこと

読み解く　主戦論や159の非戦論はなぜ新聞を通じて訴えたのだろうか。

159　反戦・非戦の思想

▶▶P.263

(1)　**内村鑑三《うちむらかんぞう》の非戦論**

余《よ》は日露非開戦論者である許《ばか》りでない。戦争絶対的反対論者である。戦争は人を殺すことである。爾《し》うして人を殺すことは大罪悪である。爾うして大罪悪を犯して個人も国家も永久に利益を収め得よう筈《はず》はない。……勿論サーベル[1]が政権を握《にぎ》る今日の日本に於《おい》て、余の戦争廃止論が直《ただち》に行はれようとは、余と雖《いえど》も望まない。

〔万朝報《よろずちょうほう》〕

(2)　**幸徳秋水《こうとくしゅうすい》（平民社）の反戦論**

……**故《ゆえ》に吾人は戦争既《すで》に来るの今日以後と雖も、吾人の口あり、吾人の筆あり紙ある限りは、戦争反対を絶叫すべし。**而して露国に於《お》ける吾人同胞《どうほう》平民も必ずや亦同一の態度方法に出るを信ず。否《いな》英米独仏の平民、殊《こと》に吾人の同志は益々《ますます》競《きそ》ふて吾人の事業を援助すべきを信ずる也。

〔平民新聞《へいみんしんぶん》〕

言葉　[1]サーベル：陸軍大将桂太郎をさす

読み解く　幸徳秋水はどのような理由で非戦論を唱えたのだろうか。

160　君《きみ》死《し》にたまふこと勿《なか》れ[1]　―与謝野晶子《よさのあきこ》

▶▶P.263

あゝをとうと[2]よ君《きみ》を泣《な》く
君《きみ》死《し》にたまふことなかれ
末《すえ》に生《うま》れし君《きみ》なれば
親《おや》のなさけはまさりしも
親《おや》は刃《やいば》をにぎらせて
人《ひと》を殺《ころ》せとをしへしや
人《ひと》を殺《ころ》して死《し》ねよとて
二十四までをそだてしや
……

〔明星《みょうじょう》〕

言葉　[1]君死にたまふこと勿れ：一九〇四（明治三十七）年『明星』九月号に掲載　[2]をとうと：晶子の弟、籌三郎《ちゅうさぶろう》。日露戦争に出兵。この詩は旅順港包囲網の激戦のなかにいる弟の無事を祈りうたったもの。籌三郎は無事帰還している

現代語訳　ああ、弟よ。あなたを思って私は泣いています。
決してあなたが死ぬことがありませんように。
末子として生まれたあなたですから、
親の愛情が厚いことはあっても、
親は刃を握らせて、
人を殺せと教えたことがあったでしょうか。
人を殺して死ねと、二十四まで育てたのでしょうか。
……

161　ポーツマス条約《じょうやく》[1]

▶▶P.264

第二条　**露西亜帝国政府《ロシアていこくせいふ》ハ、日本国《にほんこく》カ韓国《かんこく》ニ於《おい》テ政事《せいじ》上《じょう》、軍事上《ぐんじじょう》及《および》経済上《けいざいじょう》ノ卓絶《たくぜつ》[2]ナル利益《りえき》ヲ有《ゆう》スルコトヲ承認《しょうにん》シ、**日本帝国政府《にほんていこくせいふ》カ韓国《かんこく》ニ於《おい》テ必要《ひつよう》ト認《みと》ムル指導《しどう》、保護《ほご》及《および》監理《かんり》ノ措置《そち》ヲ執《と》ルニ方《あた》リ之《これ》ヲ阻礙《そがい》[3]シ又《また》ハ之《これ》ニ干渉《かんしょう》セサルコトヲ約《やく》ス[4]……

第五条　露西亜帝国政府《ロシアていこくせいふ》ハ清国政府《しんこくせいふ》ノ承諾《しょうだく》ヲ以《もっ》テ、**旅順口《りょじゅんこう》、大連《だいれん》並《ならびに》其《そ》ノ附近《ふきん》ノ領土《りょうど》及《および》領水《りょうすい》[5]ノ租借権《そしゃくけん》**……ヲ日本帝国政府《にほんていこくせいふ》ニ移転《いてん》譲渡《じょうと》ス[6]……

第六条　露西亜帝国政府《ロシアていこくせいふ》ハ**長春《ちょうしゅん》（寛城子《かんじょうし》）旅順口《りょじゅんこう》間《かん》ノ鉄道《てつどう》**及《および》其《そ》ノ一切《いっさい》ノ支線《しせん》並《ならびに》同地方《どうちほう》ニ於《おい》テ之《これ》ニ附属《ふぞく》スル一切《いっさい》ノ権利《けんり》、特権《とっけん》及《および》財産《ざいさん》……ヲ、補償《ほしょう》ヲ受《う》クルコトナク且《かつ》清国政府《しんこくせいふ》ノ承諾《しょうだく》ヲ以《もっ》テ日本帝国《にほんていこく》政府《せいふ》ニ移転《いてん》譲渡《じょうと》スヘキコトヲ約《やく》ス……

第九条　露西亜帝国政府《ロシアていこくせいふ》ハ**薩哈嗹島《サハリンとう》[7]南部《なんぶ》及《および》其《そ》ノ附《ふ》近《きん》ニ於《お》ケル一切《いっさい》ノ島嶼《とうしょ》並《ならびに》該地方《がいちほう》ニ於《お》ケル一切《いっさい》ノ公《こう》共営造物《きょうえいぞうぶつ》及《および》財産《ざいさん》ヲ完全《かんぜん》ナル主権《しゅけん》ト共《とも》ニ永遠《えいえん》日本帝《にほんてい》国政府《こくせいふ》ニ譲与《じょうよ》ス**、其《そ》ノ譲与地域《じょうよちいき》ノ北方境界《ほっぽうきょうかい》ハ**北緯《ほくい》五十度《ど》**ト定《さだ》ム……

〔日本外交年表竝主要文書《にほんがいこうねんぴょうならびにしゅようぶんしょ》〕

言葉　[1]ポーツマス条約：一九〇五（明治三十八）年九月五日調印　[2]卓絶：他に例がないほど抜きん出てすぐれていること　[3]阻礙：隔てさえぎる　[4]干渉セサルコトヲ約ス：韓国に対する日本の特殊権益はロシアによっても承認され、やがて日韓併合によって、韓国は日本に吸収合併された　[5]領水：領海のこと　[6]譲渡ス：関東州の租借権（ある国が他国の領土の一部を借りて一定期間統治すること）が日本側に譲渡された　[7]薩哈嗹島：樺太のこと

現代語訳　第二条　ロシア帝国政府は、日本が韓国において政治・軍事・経済上の非常に優越した権益《けんえき》を所有することを承認し、日本帝国政府が韓国で必要と認める指導・保護・監督と管理の行動をとるに当たり、これをさまたげたり干渉しないことを約束する。……

第五条　ロシア帝国政府は、清国政府の承諾《しょうだく》によって、旅《りょ》順港《じゅんこう》・大連《だいれん》とその付近の領土・領海の租借権《そしゃくけん》……を日本

帝国政府に移転譲渡する。……

第六条　ロシア帝国政府は長春《ちょうしゅん》（寛城子）旅順港間の鉄道およびその一切の支線と、同地方においてそれらの鉄道に付属する一切の権利、特権、財産……を、無償で、かつ清国政府の承諾により日本帝国政府に移転譲渡することを約束する。……

第九条　ロシア帝国政府は樺太《からふと》南部とその付近におけるすべての島々、ならびにその地方の一切の公共建造物・財産を、完全な主権とともに、永久に日本帝国政府に譲り与える。譲与する地域の北方境界は、北緯五十度と定める。……

162 日韓協約《にっかんきょうやく》（第一～三次）

➡P.264・265

●第一次日韓協約《にっかんきょうやく》――一九〇四年八月二十二日調印

一　韓国《かんこく》[1]政府《せいふ》ハ日本政府《にほんせいふ》ノ推薦《すいせん》スル**日本人《にほんじん》一名《めい》ヲ財《ざい》務《む》顧問《こもん》**トシテ韓国政府《かんこくせいふ》ニ傭聘《ようへい》シ、財務《ざいむ》ニ関《かん》スル事項《じこう》ハ総《すべ》テ其意見《そのいけん》ヲ詢《と》ヒ施行《せこう》スヘシ。[2]

一　韓国政府《かんこくせいふ》ハ日本政府《にほんせいふ》ノ推薦《すいせん》スル**外国人《がいこくじん》一名《めい》ヲ外交《がいこう》顧問《こもん》**トシテ外部《がいぶ》[3]ニ傭聘《ようへい》シ、外交《がいこう》ニ関《かん》スル要務《ようむ》ハ総《すべ》テ其意見《そのいけん》ヲ詢《と》ヒ施行《せこう》スヘシ。

一　韓国政府《かんこくせいふ》ハ外国《がいこく》トノ条約締結《じょうやくていけつ》其他《そのた》重要《じゅうよう》ナル外交《がいこう》案件《あんけん》、即《すなわち》外国人《がいこくじん》ニ対《たい》スル特権譲《とっけんじょう》与《よ》若《もし》クハ契約等《けいやくとう》ノ処理《しょり》ニ関《かん》シテハ、予《あらかじ》メ日本政府《にほんせいふ》ト協議《きょうぎ》スヘシ。[4]

〔日本外交年表《にほんがいこうねんぴょう》 竝《ならびに》主要文書《しゅようぶんしょ》〕

●第二次日韓協約《にっかんきょうやく》（韓国保護条約《かんこくほごじょうやく》）――一九〇五年十一月十七日調印

第一条　日本国政府《にほんこくせいふ》ハ在東京外務省《ざいとうきょうがいむしょう》ニ由《よ》リ**今後《こんご》韓国《かんこく》ノ外国《がいこく》ニ対《たい》スル関係《かんけい》及《および》事務《じむ》ヲ監理《かんり》指揮《しき》スヘク**、日《に》本国《ほんこく》ノ外交代表者《がいこうだいひょうしゃ》及《および》領事《りょうじ》ハ外国《がいこく》ニ於《お》ケル韓国《かんこく》ノ臣民《しんみん》及《および》利益《りえき》ヲ保護《ほご》スヘシ。

第二条　韓国政府《かんこくせいふ》ハ今後《こんご》日本国政府《にほんこくせいふ》ノ仲介《ちゅうかい》ニ由《よ》ラスシテ、国際的性質《こくさいてきせいしつ》ヲ有《ゆう》スル何等《なんら》ノ条約《じょうやく》若《もし》クハ約束《やくそく》ヲナササルコトヲ約《やく》ス。[5]

第三条　日本国政府《にほんこくせいふ》ハ其代表者《そのだいひょうしゃ》トシテ韓国皇帝陛下《かんこくこうていへいか》ノ闕下《けっか》[6]**ニ一名《めい》ノ統監《とうかん》[7]（レヂデントゼネラル）ヲ置《お》ク。統監《とうかん》ハ専《もっぱ》ラ外交《がいこう》ニ関《かん》スル事項《じこう》ヲ管理《かんり》スル為《た》メ京城《けいじょう》ニ駐在《ちゅうざい》シ、**親《した》シク韓国皇帝陛下《かんこくこうていへいか》ニ内謁《ないえつ》[8]スルノ権利《けんり》ヲ有《ゆう》ス。……

〔日本外交年表《にほんがいこうねんぴょう》 竝《ならびに》主要文書《しゅようぶんしょ》〕

●第三次日韓協約《にっかんきょうやく》――一九〇七年七月二十四日調印

第一条　韓国政府《かんこくせいふ》ハ**施政《しせい》[9]改善《かいぜん》ニ関《かん》シ統監《とうかん》ノ指導《しどう》ヲ受《う》クルコト。**

第二条　**韓国政府《かんこくせいふ》ノ法令《ほうれい》ノ制定《せいてい》及《およ》ビ重要《じゅうよう》ナル行政上《ぎょうせいじょう》ノ処分《しょぶん》ハ予《あらかじ》メ統監《とうかん》ノ承認《しょうにん》ヲ経《へ》ルコト。**

第四条　韓国高等官吏《かんこくこうとうかんり》ノ任免《にんめん》ハ統監《とうかん》ノ同意《どうい》ヲ以《もっ》テ之《これ》ヲ行《おこな》フコト。

第五条　韓国政府《かんこくせいふ》ハ統監《とうかん》ノ推薦《すいせん》スル日本人《にほんじん》ヲ韓国官吏《かんこくかんり》ニ任命《にんめい》スルコト。

〔日本外交年表《にほんがいこうねんぴょう》 竝《ならびに》主要文書《しゅようぶんしょ》〕

言葉　[1]韓国：朝鮮は一八九七年に大韓《だいかん》と改称し、この国号は一九一〇年の韓国併合まで続いた　[2]財務ニ関スル……施行スヘシ：この条により韓国政府の財政権が事実上日本政府の監督下に入った　[3]外部：韓国の外務省　[4]予メ日本政府ト協議スヘシ：この条により韓国の外交権が制限された　[5]日本国政府ノ……コトヲ約ス：これにより第一条と合わせて韓国の外交権は完全に奪われた　[6]闕下：天子の前　[7]統監：韓国の外交権を接収した日本が京城（ソウル）に設置した機関。初代統監には伊藤博文《いとうひろぶみ》が任命　[8]内謁：内々に皇帝などの貴人に面会すること　[9]施政：政治を行うこと。このか条により韓国の内政権が日本の指導下に入った

読み解く　第一次～第三次の協約にかけて、日本はどのようにして韓国を保護国化していったのだろうか。

163 韓国併合《かんこくへいごう》

➡P.265・266

●韓国併合条約《かんこくへいごうじょうやく》[1]

第一条　韓国皇帝《かんこくこうてい》[2]陛下《へいか》ハ**韓国全部《かんこくぜんぶ》ニ関《かん》スル一切《いっさい》ノ統《とう》治権《ちけん》ヲ完全且永久《かんぜんかつえいきゅう》ニ日本国皇帝陛下《にほんこくこうていへいか》ニ譲与《じょうよ》ス。**

第二条　日本国皇帝陛下《にほんこくこうていへいか》ハ前条《ぜんじょう》ニ掲《かか》ケタル譲与《じょうよ》ヲ受《じゅ》諾《だく》シ、且《かつ》**全然《ぜんぜん》韓国《かんこく》ヲ日本帝国《にほんていこく》ニ併合《へいごう》スルコトヲ承《しょう》諾《だく》ス。**

第六条　日本国政府《にほんこくせいふ》ハ前記併合《ぜんきへいごう》ノ結果《けっか》トシテ**全然韓国《ぜんぜんかんこく》ノ施政《しせい》ヲ担任《たんにん》シ、**同地《どうち》ニ施行《しこう》スル法規《ほうき》ヲ遵守《じゅんしゅ》スル韓人《かんじん》ノ身体及《しんたいおよび》財産《ざいさん》ニ対《たい》シ十分《じゅうぶん》ナル保護《ほご》ヲ与《あた》ヘ、且《かつ》其福利《そのふくり》ノ増進《ぞうしん》ヲ図《はか》ルヘシ。〔日本外交年表《にほんがいこうねんぴょう》 竝《ならびに》主要文書《しゅようぶんしょ》〕

言葉　[1]韓国併合条約：一九一〇（明治四十三）年八月二十二日調印。この条約に基づき日本政府は朝鮮総督府《ちょうせんそうとくふ》を設置。初代総督には寺内正毅が任命された　[2]韓国皇帝：第二十七代皇帝李拓《りたく》。第三条・四条において、皇帝及びその一族はその地位、名誉を保障され経済的にも十分な歳費を支給された

現代語訳　●韓国併合条約

第一条　韓国皇帝陛下（二十七代李拓）は、韓国全部についてのすべての統治権を完全かつ永久に日本国皇帝陛下に譲与する。

第二条　日本国皇帝陛下は前条に掲げた譲与を受け入れ、かつ韓国全部を日本帝国に併合することを承諾する。

第六条　日本国政府は前記の併合の結果として、すべて韓国の政治をひきうけ、韓国に施行される法規に従う韓国人の身体や財産に対し、十分な保護を与え、その幸福と利益の増進を図るものとする。

164 製糸女工《せいしじょこう》の実態

➡P.279

余《よ》嘗《かつ》て桐生《きりゅう》、足利《あしかが》の機業地《きぎょうち》[1]に遊《あそ》び、聞《き》いて極楽《ごくらく》観《み》て地獄《じごく》、職工自身《しょくこうじしん》が然《し》かく口《くち》にせると同《おな》じく、余《よ》も亦《ま》たその境遇《きょうぐう》の甚《はなはだ》しきを見《み》て之《これ》を案外《あんがい》なりとせり。而《し》かも足利《あしかが》、桐生《きりゅう》を辞《じ》して前橋《まえばし》に至《いた》り、製糸職《せいししょっ》工《こう》に接《せっ》し、更《さら》に織物職工《おりものしょっこう》より甚《はなはだ》しきに驚《おどろ》ける也《なり》。労《ろう》働時間《どうじかん》の如《ごと》き忙《いそが》しき時《とき》は、朝床《あさとこ》を出《い》でゝ直《ただち》に業《ぎょう》に服《ふく》し、夜業《やぎょう》十二時《じ》に及《およ》ぶこと稀《まれ》ならず[2]。食物《しょくもつ》はワリ麦《むぎ》[3]六分《ぶ》に米《こめ》四分《ぶ》、寝室《しんしつ》は豚小屋《ぶたごや》に類《るい》して醜陋《しゅうろう》[4]見《み》るべからず。……

〔日本之下層社会《にほんのかそうしゃかい》〕

言葉　[1]機業地：機織りの盛んな所。ここでは絹織物　[2]夜業十二時に及ぶこと稀ならず：当時製糸女工の労働時間は十八時間にも及んだ　[3]ワリ麦：粗くひいた大麦　[4]醜陋：みにくく、いやしい

現代語訳　私は以前桐生・足利の絹織物の産地を訪れたが、「聞いて極楽、見て地獄」（話に聞けば極楽のようだが、実際見れば地獄のようだ）と、職工自身が口にしているように、私もまた職工たちの生活のあまりのひどさを見て、これは予想外だと感じた。しかも足利・桐生を離れて前橋に行き、製糸職工に会うと、さらに織物職工よりもひどい生活であるのに驚いた。労働時間など忙しい時は、朝床を出てそのまま仕

事につき、夜十二時までおよぶこともまれではない。食事は大麦六割に米四割で、寝室は豚小屋に似てきたならしく、とても見られない。……

読み解く この史料の当時、製糸女工の労働時間はどれくらいであっただろうか。

165 足尾鉱毒事件《あしおこうどくじけん》[1]

P.279

伏《ふし》テ惟《おもんみ》ルニ、政府当局《せいふとうきょく》ヲシテ能《よ》ク其責《そのせき》ヲ竭《つく》サシメ、以《もっ》テ陛下《へいか》ノ赤子《せきし》[2]ヲシテ日月《ひづき》ノ恩《おん》ニ光被《こうひ》セシムルノ途《みち》他《ほか》ナシ。渡良瀬川《わたらせがわ》ノ水源《すいげん》ヲ清《きよ》ムル其《その》一ナリ。河身《こうしん》ヲ修築《しゅうちく》シテ其天然《そのてんねん》ノ旧《きゅう》ニ復《ふく》スル其《その》二ナリ。激甚《げきじん》ノ毒土《どくど》ヲ除去《じょきょ》スル其《その》三ナリ。沿岸無量《えんがんむりょう》ノ天産《てんさん》ヲ復活《ふっかつ》スル其《その》四ナリ。多数町村《たすうちょうそん》ノ頽廃《たいはい》セルモノヲ恢復《かいふく》スル其《その》五ナリ。**加毒《かどく》ノ鉱業《こうぎょう》ヲ止《と》メ毒水毒屑《どくすいどくくず》[3]ノ流出《りゅうしゅつ》ヲ根絶《こんぜつ》スル其《その》六ナリ。**……

明治《めいじ》三十四年十二月

草莽《そうもう》ノ微臣《びしん》田中正造《たなかしょうぞう》誠恐誠惶頓首頓首《せいきょうせいこうとんしゅとんしゅ》[4]

〔田中正造全集《たなかしょうぞうぜんしゅう》〕

言葉 [1]足尾鉱毒事件：一九〇一（明治三十四）年十二月十日田中正造、天皇に直訴　[2]赤子：人民。天皇を親とみたて、人民を子とした言葉　[3]毒屑：有毒な屑　[4]誠恐誠惶頓首頓首：誠恐誠惶は恐れ慎むこと。頓首は頭を地につけて敬意を表すこと。ともに文の終尾に書いて敬意を表す言葉

現代語訳 恐れ多くもつくづく考えますに、政府当局によくその任務をまっとうさせ、それによって天皇陛下の赤子である人民に自然の恵みを受けさせる他に方法はありません。渡良瀬川の水源を清めることがその一つ目です。川の流れを改修して、もとのような自然の流れにもどすことがその二つ目です。きわめて激しい毒素を含んだ土を除去することがその三つめです。渡良瀬川の天然の恵みを復活させることがその四つめです。衰えすたれた多数の町村を回復することがその五つめです。毒を流している精錬所の操業を止め、毒水と有毒な屑《くず》の流出を根絶することがその六つめです。……

明治三十四（一九〇一）年十二月

取るに足らない民間人田中正造が恐れ慎んで申し上げました

読み解く 「加毒ノ鉱業」とは具体的に何を指しているのだろうか。

166 工場法《こうじょうほう》[1]

P.279・280

第一条　本法《ほんぽう》ハ左《ひだり》ノ各号《かくごう》ノ一ニ該当《がいとう》スル工場《こうじょう》ニ之《これ》ヲ適用《てきよう》ス

一、**常時《じょうじ》十五人以上《にんいじょう》ノ職工《しょっこう》[2]ヲ使用《しよう》スルモノ**

第二条　**工業主《こうぎょうぬし》ハ十二歳未満《さいみまん》ノ者《もの》ヲシテ工場《こうじょう》ニ於《おい》テ就業《しゅうぎょう》セシムルコトヲ得《え》ス。**……

第三条　**工業主《こうぎょうぬし》ハ十五歳未満《さいみまん》ノ者及《ものおよび》女子ヲシテ一日《にち》ニ付《つき》十二時間《じかん》ヲ超《こ》エテ就業《しゅうぎょう》セシムルコトヲ得《え》ス**

〔法令全書《ほうれいぜんしょ》〕

言葉 [1]工場法：一九一一（明治四十四）年三月二十九日公布　[2]十五人以上ノ職工：一九二三（大正十二）年には十人以上が対象となる。当時、労働組合期成会は五人以上を対象とするよう要求していた

現代語訳 第一条　この法律は、左の各号の一つにあてはまる工場に適用する。

一、常に十五人以上の職工を使用するもの

第二条　工業主は十二歳未満の者を工場で働かせることはできない。……

第三条　工業主は十五歳未満の者および女性に、一日につき十二時間を超えて働かせることはできない。

読み解く この法律の問題点は何だろうか。また、この法の意義は何だろうか。

167 治安警察法《ちあんけいさつほう》[1]

P.279

第五条　**左《ひだり》ニ掲《かか》クル者《もの》ハ政事《せいじ》[2]上《じょう》ノ結社《けっしゃ》ニ加入《かにゅう》スルコトヲ得《え》ス**

一、現役及招集中《げんえきおよびしょうしゅうちゅう》ノ予備後備《よびこうび》ノ陸海軍軍人《りくかいぐんぐんじん》。二、警察官《けいさつかん》。三、神官神職僧侶《しんかんしんしょくそうりょ》其《そ》ノ他諸宗教師《たしょしゅうきょうし》。四、官立公立私立学校《かんりつこうりつしりつがっこう》ノ教員学生生徒《きょういんがくせいせいと》。五、女子《じょし》。六、未成年者《みせいねんしゃ》。七、公権《こうけん》[3]剥奪及停止中《はくだつおよびていしちゅう》ノ者《もの》。

女子《じょし》[4]及《および》未成年者《みせいねんしゃ》ハ公衆《こうしゅう》ヲ会同《かいどう》スル政談集会《せいだんしゅうかい》ニ会《かい》同《どう》シ、若《もし》ハ其《そ》ノ発起人《ほっきにん》タルコトヲ得《え》ス

〔法令全書《ほうれいぜんしょ》〕

言葉 [1]治安警察法：一九〇〇（明治三十三）年三月十日公布　[2]政事：政治に同じ　[3]公権：公法上認められた権利。この場合は参政権、国務要求権（裁判を受ける権利等）及び自由権等、個人の国家に対する権利　[4]女子：女子の政治集会への参加を禁止した条項。この撤廃が女性解放運動の一つの目標となり、新婦人協会（一九二〇年結成）は運動を展開、一九二二年に撤廃された。女性の結社への加入を禁止した一項は残されたため、第五条全廃を求める運動がその後も続いた

現代語訳 第五条　左に掲げる者は政治に関する結社に加入してはならない。

一、現役及び招集中の予備役・後備役の陸海軍軍人。二、警察官。三、神官・神職・僧侶・その他宗教者。四、官公私立学校の教員・学生・生徒。五、女子。六、未成年者。七、公権剥奪及び停止者。

女性や未成年者は大衆の集まる政治集会に参加したり、またはその発起人になってはならない。

読み解く 女性の政治的な活動はどのように規定されているだろうか。

168 教育勅語《きょういくちょくご》[1]

P.282

朕《ちん》惟《おも》フニ我《わ》カ皇祖皇宗《こうそこうそう》[2]、国《くに》ヲ肇《はじ》ムルコト宏遠《こうえん》ニ徳《とく》ヲ樹《た》ツルコト深厚《しんこう》ナリ。我《わ》カ臣民《しんみん》克《よ》ク忠《ちゅう》ニ克《よ》ク孝《こう》ニ億兆《おくちょう》心《こころ》ヲ一《いつ》ニシテ、世々《よよ》厥《そ》ノ美《び》ヲ済《な》セルハ、此《こ》レ我《わ》カ国体《こくたい》ノ精華《せいか》[3]ニシテ、教育《きょういく》ノ淵源《えんげん》亦《また》実《じつ》ニ此《ここ》ニ存《そん》ス。爾臣民《なんじしんみん》、父母《ふぼ》ニ孝《こう》ニ、兄弟《けいてい》ニ友《ゆう》ニ、夫婦《ふうふ》相和《あいわ》シ、朋《ほう》友相信《ゆうあいしん》シ、恭倹己《きょうけんおの》レヲ持《じ》シ[4]博愛《はくあい》衆《しゅう》ニ及《およ》ホシ、学《がく》ヲ修《おさ》メ業《ぎょう》ヲ習《なら》ヒ以《もっ》テ智能《ちのう》ヲ啓発《けいはつ》シ徳器《とくき》[5]ヲ成就《じょうじゅ》シ、進《すすみ》テ公益《こうえき》ヲ広《ひろ》メ世務《せいむ》ヲ開《ひら》キ、常《つね》ニ国憲《こっけん》ヲ重《おもん》シ国法《こくほう》ニ遵《したが》ヒ、**一旦緩急《いったんかんきゅう》[6]アレハ義勇公《ぎゆうこう》ニ奉《ほう》シ、以《もっ》テ天壌無窮《てんじょうむきゅう》[7]ノ皇運《こううん》ヲ扶翼《ふよく》スヘシ**[8]。……

〔官報《かんぽう》〕

言葉 [1]教育勅語：一八九〇（明治二十三）年十月三十日発布。明治憲法下で天皇が国務大臣の副署を要せず臣民に示した意志表示　[2]皇祖皇宗：天照大神に始まる歴代の天皇　[3]精華：すぐれてうるわしいこと　[4]恭倹己レヲ持シ：人に対してうやうやしく慎み深いこと　[5]徳器：徳行と才能　[6]緩急：危急の場合　[7]天壌無窮：天地とともにきわまりのないこと　[8]皇運ヲ扶翼スヘシ：皇室の発展を助けるようにしなければならない

現代語訳 朕（明治天皇）が考えるに、我が祖先の天照大神と、

その子孫である歴代天皇が国づくりを始めたのははるか昔のことで、その恩徳（めぐみ）は深く厚いものであった。我が臣民もよく臣下の義務（忠孝）をつくし、心を一つにして代々その美徳をなしてきたのは我が国のすぐれた点であり、教育の根本精神もまたここにある。お前たち臣民も、父母に孝行を尽くし、兄弟は仲良く、夫婦はむつまじく、友は信じ合い、自分を慎み深くし、広く人々を愛し、学業を修得し知能を高めてりっぱな人格をつくりあげ、進んで公共の利益を広めて世の務めに励み、常に憲法を重んじて法律に従い、ひとたび国の非常時ともなれば義勇を持って国のために働き、天地のように永遠につづく皇室の運命を守り助けなければならない。……

169 第二次桂《かつら》内閣初閣議における桂の発言

P.267

抑《そもそも》立憲《りっけん》ノ要義《ようぎ》ニ於《おい》テ内閣大臣《ないかくだいじん》輔弼《ほひつ》[1]ノ責任《せきにん》ハ、瞭々《りょうりょう》火《ひ》ヲ見《み》ルカ如《ごと》ク一毫其疑《いちごうそのうたがい》ヲ存《ぞん》セスト雖《いえども》、従来《じゅうらい》ノ慣行《かんこう》或《あるい》ハ政事《せいじ》ヲ閣外《かくがい》ノ元勲《げんくん》[2]ニ私議《しぎ》シ、殆《ほとんど》後進《こうしん》カ先輩《せんぱい》ニ対《たい》スル一《いち》ノ礼譲《れいじょう》視《し》スルノ観《かん》ヲ呈《てい》シ、随《したがっ》テ一面《いちめん》ハ元勲《げんくん》ニ累《るい》ヲ嫁《か》スルノ嫌《きらい》ヲ生《しょう》シ、一面《いちめん》ハ閣臣《かくしん》タル自家《じか》ノ本領《ほんりょう》ヲ忘《わす》ルヽカ如《ごと》キモノアリ。……故《ゆえ》ニ太郎《たろう》就任《しゅうにん》ノ初《はじめ》ニ於《おい》テ深《ふか》ク之《これ》ヲ鑑《かんが》ミ此微衷《このびちゅう》ヲ元勲諸氏《げんくんしょし》ノ聡明《そうめい》ニ訴《うった》ヘシニ、深《ふか》ク之《これ》ヲ諒《りょう》トシ将来《しょうらい》ハ閣臣《かくしん》進《すすみ》テ此弊《このへい》ヲ廃《はい》スヘシ、元勲《げんくん》モ亦《また》喜《よろこび》テ之《これ》ヲ避《さ》クヘキヲ以《もっ》テ互《たがい》ニ誓言《せいげん》セリ。

〔桂太郎関係文書〕

言葉 [1]輔弼：君主の政治に対して補佐や進言をすること。[2]元勲：元老のこと。明治維新に功績のあった人びと。当時存命だったのは、山県有朋、松方正義、西園寺公望ら

現代語訳 そもそも立憲制の重要な点として、内閣の大臣が輔弼の責任を負っていることは、火を見るように明らかで、全く疑問の余地はないけれども、これまでの慣行では、政治に関する事柄を閣僚でない元勲に私的に相談しており、このことはまるで後輩が先輩に対して行うべき礼儀であるかのように思われている。そのため一面では、元勲に責任が及ぶ弊害が生じ、もう一面では、閣僚としての自らの責任に無自覚な者がいる。……

そのため太郎（桂太郎）は首相就任に当たってこのことを深く考え、思うところを聡明なる元勲のみなさんに訴えたところ、私の考えに深く同意し、将来は内閣の大臣が進んでこの弊害を廃すべきである、元勲も喜んでこの弊害を避けるように努める、ということを互いに誓い合った。

170 尾崎行雄《おざきゆきお》の内閣弾劾演説《ないかくだんがいえんぜつ》[1]

P.267

彼等《かれら》[2]は常《つね》に口《くち》を開《ひら》けば直《ただ》ちに忠愛《ちゅうあい》を唱《とな》へ、恰《あたか》も忠君愛国《ちゅうくんあいこく》は自分《じぶん》の一手専売《いってせんばい》の如《ごと》く唱《とな》へてありまするが、其為《そのな》すところを見《み》れば、**常《つね》に玉座《ぎょくざ》[3]の蔭《かげ》に隠《かく》れて政敵《せいてき》を狙撃《そげき》するが如《ごと》き挙動《きょどう》を執《と》って居《お》るのである。**（拍手《はくしゅ》起《おこ》る）**彼等《かれら》は玉座《ぎょくざ》を以《もっ》て胸壁《きょうへき》となし、詔勅《しょうちょく》を以《もっ》て弾丸《だんがん》に代《か》へて政敵《せいてき》を倒《たお》さんとするものではないか。**……

〔大日本憲政史《だいにほんけんせいし》〕

言葉 [1]尾崎行雄の内閣弾劾演説：一九一三（大正二）年二月五日桂首相を弾劾 [2]彼等：桂首相を筆頭とする藩閥、軍閥、官僚など [3]玉座：天皇の座

現代語訳 いつでも彼らは口を開けばすぐに忠愛を語り、あたかも忠君愛国が自分たちの専売であるかのように唱えていますが、その行為を見れば、**常に天皇の陰に隠れて政敵を倒そうとするような行動をとっているのである。**（拍手が起こる）**彼らは天皇の玉座を防壁とし、詔勅を弾丸にかえて政敵を倒そうとするものではないか。**……

読み解く 「彼等」とはどのような政治勢力を指しているだろうか。

171 大正新時代の天佑《てんゆう》―井上馨《いのうえかおる》書簡[1]

一、今回欧洲《こんかいおうしゅう》ノ大禍乱《だいからん》[2]ハ、日本国運《にほんこくうん》ノ発展《はってん》ニ対《たい》スル**大正新時代《たいしょうしんじだい》ノ天佑《てんゆう》**[3]ニシテ、日本国《にほんこく》ハ直《ただち》ニ挙国一致《きょこくいっち》ノ団結《だんけつ》ヲ以《もっ》テ、此天佑《このてんゆう》ヲ享受《きょうじゅ》セザルベカラズ。

一、此天佑《このてんゆう》ヲ全《まっと》ウセンガ為《ため》ニ、内《うち》ニ於《おい》テハ比年囂々《ひねんごうごう》タリシ廃減税等《はいげんぜいとう》ノ党論《とうろん》[4]ヲ中止《ちゅうし》シ、財政《ざいせい》ノ基礎《きそ》ヲ強固《きょうこ》ニシ、一切《いっさい》ノ党争《とうそう》ヲ排《はい》シ、国論《こくろん》ヲ世界《せかい》ノ大勢《おおぜい》ニ随伴《ずいはん》セシムル様指導《ようしどう》シ、以《もっ》テ外交《がいこう》ノ方針《ほうしん》ヲ確立《かくりつ》セザルベカラズ。

一、此戦局《このせんきょく》ト共《とも》ニ、英《えい》・仏《ふつ》・露《ろ》ノ団結一致《だんけついっち》ハ更《さら》ニ強固《きょうこ》ニナルト共《とも》ニ、日本《にほん》ハ右三国《みぎさんこく》ト一致団結《いっちだんけつ》シテ、茲《ここ》ニ**東洋《とうよう》ニ対《たい》スル日本《にほん》ノ利権《りけん》ヲ確立《かくりつ》セザルベカラズ。**

〔世外井上公伝《せがいいのうえこうでん》〕

言葉 [1]井上馨書簡：一九一四年八月八日提言 [2]欧洲ノ大禍乱：第一次世界大戦のこと [3]天佑：天の助け [4]廃減税等ノ党論：当時憲政擁護会では、営業税・織物消費税・通行税の三税廃止を要求して悪税撤廃運動を起こしていた

読み解く 「東洋ニ対スル日本ノ利権」とはどの地域を指すだろうか。

172 二十一カ条《じょう》の要求《ようきゅう》[1]

P.269

第一号　山東省《さんとうしょう》[2]に関《かん》する件《けん》　第一条　**支那国政府《しなこくせいふ》[3]ハ独逸国《ドイツこく》カ山東省《さんとうしょう》ニ関《かん》シ条約其他《じょうやくそのた》ニ依《よ》リ支那国《しなこく》ニ対《たい》シテ有《ゆう》スル一切《いっさい》ノ権利《けんり》、利益《りえき》、譲与《じょうよ》等《とう》ノ処分《しょぶん》ニ付《つき》、日本国政府《にほんこくせいふ》カ独逸国政府《ドイツこくせいふ》ト協定《きょうてい》スヘキ一切《いっさい》ノ事項《じこう》ヲ承認《しょうにん》スヘキコトヲ約《やく》ス**

第二号　南満洲及《みなみまんしゅうおよ》び東部内蒙古《とうぶうちもうこ》[4]に関《かん》する件《けん》　第一条　**両締約国《りょうていやくこく》ハ旅順《りょじゅん》、大連租借期限《だいれんそしゃくきげん》[5]竝《ならびに》南満洲《みなみまんしゅう》及《および》安奉《あんぽう》両鉄道《りょうてつどう》[6]各期限《かくきげん》ヲ何《いず》レモ更《さら》ニ九十九ケ年《ねん》ツツ延長《えんちょう》スヘキコトヲ約《やく》ス**

第三号　漢冶萍公司《かんやひょうコンス》[7]に関《かん》する件《けん》　第一条　**両締約国《りょうていやくこく》ハ将来適当《しょうらいてきとう》ノ時機《じき》ニ於《おい》テ漢冶萍公司《かんやひょうコンス》ヲ両国《りょうこく》ノ合弁《ごうべん》トナスコト……**

第四号　沿岸不割譲《えんがんふかつじょう》に関《かん》する件《けん》　支那国政府《しなこくせいふ》ハ支那《しな》国沿岸《こくえんがん》ノ港湾及島嶼《こうわんおよびとうしょ》ヲ他国《たこく》ニ譲与《じょうよ》シ若《もし》クハ貸与《たいよ》セサルヘキコトヲ約《やく》ス

〔日本外交年表竝主要文書《にほんがいこうねんぴょうならびにしゅようぶんしょ》〕

言葉 [1]二十一カ条の要求：一九一五（大正四）年一月十八日提出 [2]山東省：当時山東半島では、ドイツが青島の租借権、鉄道敷設権、鉱山採掘権などの利権を所有 [3]支那国政府：中華民国の袁世凱《えんせいがい》政府。辛亥《しんがい》革命により清朝を倒して成立した中華民国であったが、当時袁世凱が大総統として孫文《そんぶん》らの革命派を弾圧、専制権力を拡大しつつあった [4]東部内蒙古：満洲地方に接続するモンゴル高原南部を内蒙古といい、日本は満洲とともに内蒙古への進出をはかった。北部の外蒙古にはロシアが進出していたが、一九一一年には独立を宣言していた [5]旅順、大連租借期限：ポーツマス条約を受けて日清間に条約が結ばれ、日本が租借、期限は一九二三年までであった [6]南満洲及安奉両鉄道：南満洲鉄道は長春～大連間、安奉鉄道は安東～奉天間の鉄道 [7]漢冶萍公司：中国最

大の製鉄会社

現代語訳 第一号【山東省に関する件】 第一条 中国政府は、ドイツが山東省に関して条約その他によって中国に対して現在持っているすべての権利、利益、譲与などの処分について、日本国政府がドイツ国政府と協定する一切のことがらを承認することを約束する。

第二号【南満洲及び東部内蒙古に関する件】 第一条 日中両国は旅順、大連の租借期限、並びに南満洲鉄道と安奉鉄道のそれぞれ租借期限をいずれも九十九か年ずつ延長することを約束する。

第三号【漢冶萍公司に関する件】 第一条 日中両国は将来の適当な時期に、漢冶萍公司を両国の合弁事業とすること。

……

第四号【沿岸不割譲に関する件】 中国政府は、中国沿岸の港湾および島々を（日本以外の）他国に譲ったり貸与したりしないことを約束する。

読み解く これらの要求の目的は何だろうか。

173 石井・ランシング協定

P.269

合衆国政府ハ**日本国カ支那《しな》ニ於《お》テ特殊ノ利益[1]ヲ有スルコトヲ承認ス。**……尤《もっと》モ支那ノ領土主権ハ完全ニ存在スルモノニシテ、……日本国及合衆国両政府ハ毫《ごう》モ[2]支那ノ独立又《また》ハ領土保全ヲ侵害スルノ目的ヲ有スルモノニ非《あら》サルコトヲ声明ス。且《かつ》右両国政府ハ常ニ**支那ニ於テ所謂《いわゆる》門戸《もんこ》開放又ハ商工業ニ対スル機会均等ノ主義ヲ支持スル**コトヲ声明ス。

〔日本外交年表《にほんがいこうねんぴょう》 竝《ならびに》 主要文書《しゅようぶんしょ》〕

言葉 [1]特殊ノ利益：日本は政治的権益を含むとし、アメリカは経済的権益に限ると対立 [2]毫モ：少しも

読み解く アメリカが強く主張したことは何だろうか。

174 民本主義《みんぽんしゅぎ》――吉野作造《よしのさくぞう》

P.270・280

民本主義《みんぽんしゅぎ》[1]といふ文字《もんじ》は、日本語《にほんご》としては極《きわ》めて新《あたら》しい用例《ようれい》である。従来《じゅうらい》は民主主義《みんしゅしゅぎ》といふ語《ご》を以《もっ》て普《ふ》通《つう》に唱《とな》へられて居《お》つたやうだ。……**我々《われわれ》が視《み》て以《もっ》て憲《けん》政《せい》の根柢《こんてい》と為《な》すところのものは、政治上《せいじじょう》一般民衆《いっぱんみんしゅう》を重《おも》んじ、其間《そのかん》に貴賤《きせん》上下《じょうげ》の別《べつ》を立《た》てず、而《し》かも国体《こくたい》[2]の君主制《くんしゅせい》たると共和制《きょうわせい》たるとを問《と》はず、普《あまね》く通用《つうよう》する所《ところ》の主義《しゅぎ》たるが故《ゆえ》に、民本主義《みんぽんしゅぎ》といふ比較的《ひかくてき》新《あたら》しい用語《ようご》が一番適当《いちばんてきとう》であるかと思《おも》ふ。**

〔中央公論《ちゅうおうこうろん》〕

言葉 [1]民本主義：デモクラシーの訳語の一つ。すでに明治期に新聞「万朝報」で使用されいくつかの用法があったが、吉野作造により詳細に定義された [2]国体：主権または統治権の所在で区別した国家体制

現代語訳 「民本主義」というのは日本語としてはとても新しい用例である。従来は民主主義というのが普通に呼ばれていた。……我々の観点から考えるに、憲政の根本は、一般民衆の利益・幸福を最も重視することにある。民衆の間に貴賤の区別を設けず、国家の体制が君主制であろうと共和制であろうと広くあてはまることから、民本主義という比較的新しい用語が、日本に最適であると思う。

読み解く なぜ、民主主義ではなく民本主義という名称となったのだろうか。

175 米騒動

P.269・270

富山県中新川《なかにいかわ》郡西水橋《にしみずはし》町[1]町民の大部分は出稼《でかせぎ》業者なるが、本年度は出稼先なる樺太《からふと》は不漁にて帰路《きろ》の路銀《ろぎん》[2]にも差支《さしつか》ふる有様にて生活頗《すこぶ》る窮迫《きゅうはく》し、加ふるに昨今の米価暴騰《ぼうとう》にて困窮《こんきゅう》愈《いよ》々其極《そのきわみ》に達し居《お》れるが、**三日午後七時漁師町一帯の女房連二百名は海岸に集合して三隊に分れ、**一は浜方《はまかた》有志、一は町有志、一は浜地の米屋及び米所有者を襲《おそ》ひ、所有米は他に売らざること及び此際《このさい》義俠《ぎきょう》的[3]に米の廉売《れんばい》[4]を嘆願《たんがん》し、之《これ》を聞かざれば家を焼払ひ一家を鏖殺《おうさつ》[5]すべしと脅迫《きょうはく》し事態頗る穏《おだや》かならず、斯《か》くと聞き東水橋警察署より巡《じゅん》査《さ》数名を出動させ、必死となりて解散を命じたるに漸《ようや》く午後十一時頃より解散せるも、一部の女達は米屋の附近を徘徊《はいかい》[6]し米を他に売るを警戒し居れり。

〔一九一八年八月五日『東京朝日新聞』〕

言葉 [1]西水橋町：現、富山市 [2]路銀：旅費 [3]義俠的：おとこぎで [4]廉売：安売り [5]鏖殺：皆殺しにする [6]徘徊：うろうろと歩きまわる

176 青鞜社《せいとうしゃ》――『青鞜《せいとう》』発刊に際して

P.273

元始《げんし》[1]、女性《じょせい》は実《じつ》に太陽《たいよう》であった。真正《しんせい》の人《ひと》であった。今《いま》、女性《じょせい》は月《つき》である。他《た》に依《よ》って生《い》き、他《た》の光《ひかり》によって輝《かがや》く、病人《びょうにん》のような蒼白《あおじろ》い顔《かお》の月《つき》である。偖《さ》てこゝに「青鞜《せいとう》」は初声《うぶごえ》を上《あ》げた。

〔青鞜《せいとう》〕

言葉 [1]元始：もと。初め

現代語訳 もともと、女性は太陽であり、本当の人間であった。しかし今、女性は月である。他（男性）の力によって生き、その光によって輝く青白い顔の月である。さてここに『青鞜』は産声を上げた。

読み解く 青鞜社が設立された意義は何だろうか。

177 原敬《はらたかし》首相の普選に対する考え

P.270

階級制度打破《かいきゅうせいどだは》[1]と云《い》ふが如《ごと》き、現在《げんざい》の社会組織《しゃかいそしき》[2]に向《むか》って打撃《だげき》を試《こころ》みんとする趣旨《しゅし》より、**納税資格《のうぜいしかく》を撤廃《てっぱい》すと云《い》ふが如《ごと》きは、実《じつ》に危険極《きけんきわま》る次第《しだい》にて**此《こ》の民衆《みんしゅう》の強要《きょうよう》に因《よ》り、現代組織《げんだいそしき》を破壊《はかい》する様《よう》の勢《いきおい》を作《つく》らば、**実《じつ》に国家《こっか》の基礎《きそ》を危《あやう》うするものなれば、寧《むし》ろ此際《このさい》、議《ぎ》会《かい》を解散《かいさん》して政界《せいかい》の一新《いっしん》を計《はか》るの外《ほか》なきかと思《おも》ふ。**

〔原敬日記《はらたかしにっき》〕

言葉 [1]階級制度打破：ここでは急進的な社会主義者の主張 [2]社会組織：資本主義国家内の階級社会

現代語訳 階級制度の打破というように、現在の資本主義社会の体制に対して、打撃を与えようとする目的で納税資格の撤廃を主張するようなことは、実に危険きわまることである。こうした民衆の強要を受け入れ、現在の社会組織を破壊するような情勢になれば、実に国家の基礎を危うくするものであり、むしろこの際は議会を解散して、政界の一新をはかるほかはないものと思う。

読み解く 本格的な政党内閣を成立させた原は、普通選挙にたいしてどのような意見を持っていたのだろうか。

178 普通選挙法《ふつうせんきょほう》の成立

P.274・280

●普通選挙法《ふつうせんきょほう》[1]

第五条　帝国臣民《ていこくしんみん》タル**男子《だんし》ニシテ年齢満《ねんれいまん》二十五年《ねん》以《い》上《じょう》ノ者《もの》ハ選挙権《せんきょけん》ヲ有《ゆう》ス。**帝国臣民《ていこくしんみん》タル**男子《だんし》ニシテ年齢満《ねんれいまん》三十年以上《ねんいじょう》ノ者《もの》ハ被選挙権《ひせんきょけん》ヲ有《ゆう》ス。**

〔官報《かんぽう》〕

言葉　[1]普通選挙法：一九二五（大正十四）年三月二十九日成立、五月五日公布

現代語訳　●普通選挙法

第五条　帝国臣民であって満二十五歳以上の男性は選挙権を有する。帝国臣民であって満三十歳以上の男性は被選挙権を有する。

179 治安維持法《ちあんいじほう》

P.274・280

●治安維持法《ちあんいじほう》[1]

第一条　**国体《こくたい》[2]ヲ変革《へんかく》シ又《また》ハ私有財産制度《しゆうざいさんせいど》ヲ否認《ひにん》スルコトヲ目的《もくてき》トシテ結社《けっしゃ》ヲ組織《そしき》シ又《また》ハ情《じょう》ヲ知《し》リテ之《これ》ニ加入《かにゅう》シタル者《もの》ハ十年以下《ねんいか》ノ懲役《ちょうえき》[3]又ハ禁錮《きんこ》[4]ニ処《しょ》ス**

前項《ぜんこう》ノ未遂罪《みすいざい》ハ之《これ》ヲ罰《ばっ》ス

〔官報《かんぽう》〕

●改正治安維持法《かいせいちあんいじほう》[5]

第一条　国体《こくたい》ヲ変革《へんかく》スルコトヲ目的《もくてき》トシテ結社《けっしゃ》ヲ組織《そしき》シタル者《もの》、又《また》ハ結社《けっしゃ》ノ役員《やくいん》其《そ》ノ他指導者《たしどうしゃ》タル任務《にんむ》ニ従事《じゅうじ》シタル者《もの》ハ**死刑《しけい》又《また》ハ無期《むき》若《もしく》ハ五年以上《いじょう》ノ懲《ちょう》役《えき》若《もしく》ハ禁錮《きんこ》ニ処《しょ》シ**、……

〔官報《かんぽう》〕

言葉　[1]治安維持法：一九二五（大正十四）年四月二十二日加藤高明内閣が公布　[2]国体：主権または統治権の所在により区別した国家体制。ここでは天皇を頂点とする当時の国家体制　[3]懲役：刑務所に拘置して労働に従事させる刑罰　[4]禁錮：拘置はするが、労働に従事させない刑罰　[5]改正治安維持法：一九二八（昭和三）年六月二十九日田中義一内閣において緊急勅令で公布

現代語訳　●治安維持法

第一条　天皇制を変革したり、私有財産制度を否定することを目的に結社を組織した者、または事情を知りながらそれに加入した者は、十年以下の懲役または禁錮にする。

前項の未遂罪も処罰する。

●改正治安維持法

第一条　天皇制を変革することを目的とした結社を組織した者や、その役員など指導的な任務に当たった者は死刑又は無期あるいは五年以上の懲役・禁錮刑に処する。……

読み解く　「国体ヲ変革シ、又ハ私有財産制度ヲ否認スルコトヲ目的」とするとは、どのような勢力を指すか。また、どのように改正されただろうか。

180 ワシントン海軍軍備制限条約[1]

P.272

第一条　締約国《ていやくこく》[2]ハ本条約《ほんじょうやく》ノ規定《きてい》ニ従《したが》ヒ**各自《かくじ》ノ海軍《かいぐん》軍備《ぐんび》ヲ制限《せいげん》スヘキコトヲ約定《やくじょう》ス。**

第四条　各締約国《かくていやくこく》ノ主力艦《しゅりょくかん》[3]合計代換噸数《ごうけいだいかんとんすう》[4]ハ基準《きじゅん》排水量《はいすいりょう》[5]ニ於《おい》テ合衆国《がっしゅうこく》五十二万五千噸《とん》、英帝国《えいていこく》五十二万五千噸《とん》、仏蘭西国《フランスこく》十七万五千噸《とん》、伊太利国《イタリアこく》十七万五千噸《とん》、日本国《にほんこく》三十一万五千噸《とん》ヲ超《こ》ユルコトヲ得《え》ス。

〔日本外交年表竝主要文書《にほんがいこうねんぴょうならびにしゅようぶんしょ》〕

言葉　[1]ワシントン海軍軍備制限条約：一九二二（大正十一）年二月六日調印。日本全権は加藤友三郎　[2]締約国：米・英・仏・伊・日の五カ国　[3]主力艦：戦艦、巡洋戦艦をさす　[4]代換噸数：将来、老齢艦などを廃棄し、それに代わる建造をした場合の合計トン数　[5]基準排水量：船の重量表示。水上に浮かぶ船体が排除した水の総重量が、船体の重量に等しくなる

現代語訳　第一条　締約国はこの条約の規定に従って、各国の海軍軍備を制限すべきことを取り決める。

第四条　各締約国の主力艦の合計トン数は、基準排水量においてアメリカ五十二万五千トン、イギリス五十二万五千トン、フランス十七万五千トン、イタリア十七万五千トン、日本三十一万五千トンを超えないこと。

読み解く　本条約で世界的な軍備制限条約が結ばれた背景は何だろうか。

181 金融恐慌

P.293

現内閣《げんないかく》[1]ハ一銀行《ぎんこう》一商店《しょうてん》ノ救済《きゅうさい》ニ熱心《ねっしん》ナルモ、支《シ》那《ナ》方面《ほうめん》ノ我《わ》ガ居留民《きょりゅうみん》及《および》対支貿易《たいしぼうえき》ニ付《つい》テハ何等《なんら》施《ほどこ》ス所《ところ》ナク、唯々我等《ただただわれら》ノ耳《みみ》ニ達《たっ》スルモノハ、其《そ》ノ惨憺《さんたん》タル暴状《ぼうじょう》ト、而《しか》シテ政府《せいふ》ガ弾圧手段《だんあつしゅだん》ヲ用《もち》ヒテ、之等《これら》ノ報道《ほうどう》ヲ新聞《しんぶん》ニ掲載《けいさい》スルコトヲ禁止《きんし》シタルコトナリ。……

〔伯爵伊東巳代治《はくしゃくいとうみよじ》〕

言葉　[1]現内閣：第一次若槻礼次郎内閣（憲政会）。一九二六（大正十五）年一月～一九二七（昭和二）年四月

現代語訳　若槻内閣は、台湾銀行と鈴木商店の救済には熱心であるが、中国の日本人居留民や対中国貿易については無策で、我々が聞くのはその無残な状況と、新聞による事実の報道を政府が弾圧しているということだ。

読み解く　伊東が属する枢密院は若槻内閣に対してどのような姿勢を持っていただろうか。

182 国際連盟脱退《こくさいれんめいだったい》[1]

P.296

本年《ほんねん》二月二十四日臨時総会《りんじそうかい》ノ採択《さいたく》セル報告書《ほうこくしょ》[2]ハ、帝国《ていこく》カ東洋《とうよう》ノ平和《へいわ》ヲ確保《かくほ》セントスル外何等異図《ほかなんらいと》ナキノ精神《せいしん》ヲ顧《かえり》ミサルト同時《どうじ》ニ、事実《じじつ》ノ認定及之《にんていおよびこれ》ニ基《もとづ》ク論断《ろんだん》ニ於《おい》テ甚《はなはだ》シキ誤謬《ごびゅう》ニ陥《おちい》リ、就中《なかんずく》九月十八日事件《じけん》[3]当時及其《とうじおよびそ》ノ後《ご》ニ於《お》ケル日本軍《にほんぐん》ノ行動《こうどう》ヲ以《もっ》テ自衛権《じえいけん》ノ発動《はつどう》ニ非《あら》ス[4]ト臆断《おくだん》シ、……仍《よっ》テ**帝国政府《ていこくせいふ》ハ此《こ》ノ上連《うえれん》盟《めい》ト協力《きょうりょく》スルノ余地《よち》ナキヲ信《しん》シ**、連盟規約第《れんめいきやくだい》一条第三項《じょうだいこう》ニ基《もとづ》キ**帝国《ていこく》カ国際連盟《こくさいれんめい》ヨリ脱退《だったい》スルコトヲ通告《つうこく》スルモノナリ。**

〔日本外交年表竝主要文書《にほんがいこうねんぴょうならびにしゅようぶんしょ》〕

言葉　[1]国際連盟脱退：一九三三（昭和八）年三月二十七日詔書発布　[2]報告書：リットン報告書　[3]九月十八日事件：柳条湖事件　[4]自衛権ノ発動ニ非ス：リットン報告書第四章に「日本軍ノ軍事行動ハ正当ナル自衛手段ト認ムルコトヲ得ズ」とある

現代語訳　本年（一九三三年）二月二十四日の国際連盟臨時総会が採択したリットン報告書は、日本が東洋の平和を確保しようとする以外に何らの意図もないことを考慮しないと同時に、事実の認定とそれに基づく結論において、はなはだしい誤りを犯している。とりわけ柳条湖事件当時と、その後の日本軍の行動を自衛権の発動ではないと、いいかげんな推測で判断し、……よって日本政府は、これ以上連盟と協力する余地のないことを確信し、連盟規約に基づいて国際連盟からの脱退を通告する。

読み解く　報告書とは具体的に何か、またどのような内容だったのだろうか。

183 天皇《てんのう》機関説《きかんせつ》問題[1] ――一身上の弁明・美濃部達吉

▶P.299

……所謂《いわゆる》機関説《きかんせつ》と申《もう》しまするのは、国家《こっか》それ自身《じしん》を一《ひと》つの生命《せいめい》あり、それ自身《じしん》に目的《もくてき》を有《ゆう》する恒久的《こうきゅうてき》の団体《だんたい》、即《すなわ》ち法律学上《ほうりつがくじょう》の言葉《ことば》を以《もっ》て申《もう》せば一《ひと》つの法人《ほうじん》と観念《かんねん》いたしまして、天皇《てんのう》は此法人《このほうじん》たる国家《こっか》の元首《げんしゅ》たる地位《ちい》に存《まし》まし、国家《こっか》を代表《だいひょう》して一切《いっさい》の権利《けんり》を総覧《そうらん》し給《たま》ひ、天皇《てんのう》が憲法《けんぽう》に従《したが》って行《おこな》はせられまする行為《こうい》が、即《すなわ》ち国家《こっか》の行為《こうい》たる効力《こうりょく》を生《しょう》ずると云《い》ふことを言《い》ひ現《あら》はすものであります。

〔第六七回帝国議会貴族院速記録〕

言葉 [1]天皇機関説問題：一九三五（昭和十）年二月十八日、貴族院議員陸軍中将菊池武夫が、貴族院で美濃部達吉の天皇機関説を攻撃（天皇機関説問題の始まり）

現代語訳 いわゆる天皇機関説というのは、国家自身を、一つの生命をもち、目的をもつ恒久的な団体、つまり法律学上の言葉を使えば、一つの法人と考えるものであって、天皇は、この法人である国家の元首の地位にあり、国家を代表してすべての権利を一手に握り、天皇が憲法に従って行う行為が、国家の行為としての効力をもつということを言い表すものである。

184 国体明徴声明《こくたいめいちょうせいめい》[1]

▶P.298・299

大日本帝国統治《だいにほんていこくとうち》の大権《たいけん》は儼《げん》として天皇《てんのう》に存《そん》すること明《あきら》かなり。若《も》し**夫《そ》れ統治権《とうちけん》が天皇《てんのう》に存《そん》せずして、天《てん》皇《のう》は之《これ》を行使《こうし》する為《ため》の機関《きかん》なりと為《な》すが如《ごと》きは、是《こ》れ全《まった》く万邦無比《ばんぽうむひ》なる我《わ》が国体《こくたい》の本義《ほんぎ》を愆《あやま》るものなり。**近時憲法学説《きんじけんぽうがくせつ》を繞《めぐ》り国体《こくたい》の本義《ほんぎ》に関連《かんれん》して兎角《とかく》の論議《ろんぎ》を見《み》るに至《いた》れるは寔《まこと》に遺憾《いかん》に堪《た》へず。政府《せいふ》は愈々国体《いよいよこくたい》の明徴《めいちょう》に力《ちから》を効《いた》し其《そ》の精華《せいか》を発揚《はつよう》せんことを期《き》す。

〔官報《かんぽう》〕

言葉 [1]国体明徴声明：一九三五（昭和十）年八月三日発表。政府が天皇機関説は国体に反すると声明したもの（第一次国体明徴声明）。十月十五日にも再声明が出されている（第二次国体明徴声明）

現代語訳 大日本帝国統治の大権は、厳然として天皇にあるということは明らかである。統治権が天皇になく、天皇は統治権を行使するための機関であるとするような学説は、あらゆる国のなかで比べるもののない我が天皇制の正しい意味を誤るものである。近頃憲法学説をめぐり、天皇制の正しい意味についていろいろな論議をみるようになったのは、大変残念でならない。政府はますます天皇制を明らかにすることに努め、その真価をふるいおこして欲しい。

読み解く 「統治権が天皇に存せずして、天皇は之を行使する為の機関なり」とする学説を何と言うか。

185 二・二六事件蹶起趣意書《けっきしゅい》

▶P.298

謹《つつし》んで惟《おもんみ》るに我が神洲《しんしゅう》たる所以《ゆえん》は、万世一神《ばんせいいっしん》たる天皇陛下御統率の下《もと》に、挙国《きょこく》一体生成化育《せいせいかいく》を遂《と》げ、終《つい》に八紘一宇《はっこういちう》[1]を完了するの国体《こくたい》に存す。此《こ》の国体の尊厳秀絶《しゅうぜつ》は天祖肇国《ちょうこく》[2]、神武《じんむ》建国より明治維新を経《へ》て益々《ますます》体制を整へ、今や方《まさ》に万邦《ばんぽう》に向って開顕《かいけん》進展を遂ぐべきの秋《とき》なり。然《しか》るに頃来遂《けいらいつい》に不逞兇悪《ふていきょうあく》の徒蔟出《とぞくしゅつ》して、私心私欲を恣《ほしいまま》にし、至尊《しそん》絶対の尊厳を藐視《びょうし》し、僭上之《せんじょうこ》れ働き、万民の生成化育を阻碍《そがい》して、塗炭《とたん》の疾苦《しっく》に呻吟《しんぎん》せしめ、随《したがっ》て外侮外患《がいぶがいかん》[3]日を逐《お》うて激化す。所謂《いわゆる》元老[4]・重臣[5]・軍閥・財閥・官僚・政党等は此の国体破壊の元兇《げんきょう》なり。

〔蹶起《けっき》趣意書〕

言葉 [1]八紘一宇：八紘は四方・四隅、一宇は一軒の家。世界を一つの家とすること [2]天祖肇国：天照大神《あまてらすおおみかみ》がこの国を創造したという神話 [3]外侮外患：外国から受ける侮りと被る心配事 [4]元老：ここでは西園寺公望 [5]重臣：主に首相経験者で、後継首相の選任にあたった

186 第一次近衛声明《だいじこのえせいめい》[1]

▶P.300

帝国政府《ていこくせいふ》ハ南京攻略《ナンキンこうりゃく》[2]後尚《ごな》ホ支那国民政府《シナこくみんせいふ》[3]ノ反省《はんせい》ニ最後《さいご》ノ機会《きかい》ヲ与《あた》フルタメ今日《こんにち》ニ及《およ》ヘリ。然《しか》ルニ国民《こくみん》政府《せいふ》ハ帝国《ていこく》ノ真意《しんい》ヲ解《かい》セス漫《みだ》リニ抗戦《こうせん》ヲ策《さく》シ、内民人《うちみんじん》塗炭《とたん》ノ苦《くるし》ミヲ察《さっ》セス外東亜全局《そととうあぜんきょく》ノ和平《わへい》ヲ顧《かえり》ミル所《ところ》ナシ。**仍《よっ》テ帝国政府《ていこくせいふ》ハ爾後国民政府《じごこくみんせいふ》ヲ対手《あいて》トセス、帝国《ていこく》ト真《しん》ニ提携《ていけい》スルニ足《た》ル新興支那政権《しんこうシナせいけん》[4]ノ成立発展《せいりつはってん》ヲ期《き》待《たい》シ、是《これ》ト両国国交《りょうこくこっこう》ヲ調整《ちょうせい》シテ更生新支那《こうせいしんシナ》ノ建設《けんせつ》ニ協力《きょうりょく》セントス。**……

〔日本外交年表竝主要文書《にほんがいこうねんぴょうならびにしゅようぶんしょ》〕

言葉 [1]第一次近衛声明：一九三八（昭和十三）年一月十六日声明 [2]南京攻略：一九三七年十二月十三日占領。この南京侵攻の際、日本軍は南京市民を無差別虐殺し、二十～三十万人を殺害したとされる（南京事件） [3]支那国民政府：蔣介石《しょうかいせき》の国民政府 [4]新興支那政権：近衛声明に呼応して重慶を脱出した汪兆銘《おうちょうめい》は、一九四〇年に南京政府を樹立して日本の傀儡《かいらい》となった

現代語訳 日本政府は南京占領後も、中国国民政府に対し最後の反省の機会を与える交渉を継続してきた。しかし国民政府は日本の真意を理解せず、むやみに抗戦を計画し、中国民衆の苦難や東アジア全体の平和を考慮していない。よって、日本政府は今後国民政府を交渉の相手とせず、日本と提携できる新政府の成立を待って、その政府との間に国交を開き、新生中国の建設に協力したい。

読み解く 戦争相手である「国民政府ヲ対手トセス（ズ）」、日中戦争はどのように推移したのだろうか。

187 国家総動員法《こっかそうどういんほう》[1]

▶P.302

第一条　本法《ほんぽう》ニ於《おい》テ国家総動員《こっかそうどういん》トハ、**戦時《せんじ》（戦争《せんそう》ニ準《じゅん》ズベキ事変《じへん》[2]ノ場合《ばあい》ヲ含《ふく》ム、以下之《いかこれ》ニ同《おな》ジ）ニ際《さい》シ、国防目的達成《こくぼうもくてきたっせい》ノ為《ため》、国《くに》ノ全力《ぜんりょく》ヲ最《もっと》モ有効《ゆうこう》ニ発揮《はっき》セシムル様《よう》、人的及物的資源《じんてきおよびぶってきしげん》ヲ統制運用《とうせいうんよう》スルヲ謂《い》フ。**

第四条　政府《せいふ》ハ戦時《せんじ》ニ際《さい》シ国家総動員《こっかそうどういん》上必要《じょうひつよう》アルトキハ勅令《ちょくれい》[3]ノ定《さだ》ムル所《ところ》ニ依《よ》リ帝国臣民《ていこくしんみん》ヲ徴用《ちょうよう》シテ総動員業務《そうどういんぎょうむ》[4]ニ従事《じゅうじ》セシムルコトヲ得《う》。但《ただ》シ兵役《へいえき》法《ほう》[5]ノ適用《てきよう》ヲ妨《さまた》ケス

〔官報《かんぽう》〕

言葉 [1]国家総動員法：一九三八（昭和十三）年四月一日公布、五月五日施行 [2]事変：国際間での宣戦布告のない戦争 [3]勅令：帝国議会の議決によらず、天皇が裁可（許可）した法令。この場合は具体的に国民徴用令、船員徴用令、医療関係者徴用令などをさす。白紙召集状 [4]総動員業務：物資生産・運輸・金融・衛生・教育・宣伝などが第三条にあげられている [5]兵役法：徴兵令のこと

現代語訳 第一条　この法律で国家総動員というのは、戦時（戦争に準ずる事変の場合も含む、以下同様）において、戦争

国防の目的の達成のために、国のあらゆる力を最も有効に発揮できるよう人的・物的資源を統制し、運用することをいう。

第四条　政府は戦争時において国家総動員の必要がある時は勅令の定めによって、国民を徴用し、総動員業務に従わせることができる。ただし兵役法の適用を妨げない。

読み解く　この法により、帝国議会と内閣の関係性はどのように変化するだろうか。

188 日独伊三国同盟《にちどくいさんごくどうめい》[1]

P.305

第一条　日本国《にほんこく》ハ、独逸国及伊太利国《ドイツこくおよびイタリアこく》ノ欧洲《おうしゅう》ニ於《お》ケル新秩序《しんちつじょ》[2]建設《けんせつ》ニ関《かん》シ、指導的地位《しどうてきちい》ヲ認《みと》メ且之《かつこれ》ヲ尊《そん》重《ちょう》ス。

第二条　独逸国及伊太利国《ドイツこくおよびイタリアこく》ハ、日本国《にほんこく》ノ大東亜《だいとうあ》ニ於《お》ケル新秩序《しんちつじょ》[3]建設《けんせつ》ニ関《かん》シ、指導的地位《しどうてきちい》ヲ認《みと》メ且之《かつこれ》ヲ尊重《そんちょう》ス。

第三条　……三締約国中何《いず》レカノ一国カ、現ニ欧洲戦争又《また》ハ日支《にっし》紛争ニ参入シ居《お》ラサル一国[4]ニ依《より》テ攻撃セラレタルトキハ、三国ハ有ラユル政治的、経済的及軍事的方法ニ依リ相互ニ援助スヘキコトヲ約ス。

〔日本外交年表竝主要文書《にほんがいこうねんぴょうならびにしゅようぶんしょ》〕

言葉　[1]日独伊三国同盟：一九四〇（昭和十五）年九月二十七日ベルリンで調印　[2]欧洲ニ於ケル新秩序：従来の英仏主導のヴェルサイユ体制を打破するため、世界大戦の勃発などの行動、すなわち独伊同盟、独伊がとった行動をさす　[3]大東亜ニ於ケル新秩序：日本が東アジアにおいて主導権を握ることを意味し、日中戦争の勃発、汪兆銘《おうちょうめい》の南京政府樹立などをさす　[4]参入シ居ラサル一国：アメリカ合衆国をさす

現代語訳　第一条　日本国は、ドイツやイタリアが欧州新秩序建設の指導的地位にあることを認め、尊重する。

第二条　ドイツやイタリアは、日本国が大東亜新秩序建設の指導的地位にあることを認め、尊重する。

第三条　……条約締結国中でいずれかの一国が、現在のヨーロッパ戦争、または日支紛争（日中戦争）に参入していない一国によって攻撃されたときは、三国はあらゆる政治的・経済的及び軍事的方法によって相互に援助しなければならない。

189 日ソ中立条約《にっちゅうりつじょうやく》[1]

P.306

第一条　両締約国《りょうていやくこく》ハ両国間《りょうこくかん》ニ平和《へいわ》及友好《およびゆうこう》ノ関係《かんけい》ヲ維《い》持《じ》シ且相互《かつそうご》ニ他方締約国《たほうていやくこく》ノ**領土《りょうど》ノ保全及不可侵《ほぜんおよびふかしん》**[2]**ヲ尊重《そんちょう》スヘキコトヲ約《やく》ス。**

第二条　締約国《ていやくこく》ノ一方《いっぽう》カ一又《また》ハ二以上《いじょう》ノ第《だい》三国《ごく》ヨリノ軍事行動《ぐんじこうどう》ノ対象《たいしょう》ト為《な》ル場合《ばあい》ニハ他方締約国《たほうていやくこく》ハ該《がい》**紛争《ふんそう》ノ全期間中中立《ぜんきかんちゅうちゅうりつ》ヲ守《まも》ルヘシ。**

第三条　本条約《ほんじょうやく》ハ両締約国《りょうていやくこく》ニ於《おい》テ其《そ》ノ批准《ひじゅん》ヲ了《りょう》シタル日《ひ》ヨリ実施《じっし》セラルヘク且《かつ》五年《ねん》ノ期間満了《きかんまんりょう》ノ一年《ねん》前《まえ》ニ本条約《ほんじょうやく》ノ廃棄《はいき》ヲ通告《つうこく》セサルトキハ、本条約《ほんじょうやく》ハ次《つぎ》ノ五年間自動的《ねんかんじどうてき》ニ延長《えんちょう》セラレタルモノト認《みと》メラルヘシ。

〔日本外交年表竝主要文書《にほんがいこうねんぴょうならびにしゅようぶんしょ》〕

言葉　[1]日ソ中立条約：一九四一（昭和十六）年四月十三日調印　[2]不可侵：侵害を許さないこと。侵略しないこと

190 カイロ宣言《せんげん》[1]

P.313

同盟国《どうめいこく》[2]ノ目的《もくてき》ハ日本国《にほんこく》ヨリ千九百十四年《ねん》ノ第《だい》一次《じ》世界戦争《せかいせんそう》ノ開始以後《かいしいご》ニ於《おい》テ日本国《にほんこく》カ奪取《だっしゅ》シ又《また》ハ占領《せんりょう》シタル**太平洋《たいへいよう》ニ於《お》ケル一切《いっさい》ノ島嶼《とうしょ》**[3]**ヲ剝奪《はくだつ》スルコト並《ならび》ニ満洲《まんしゅう》**[4]**、台湾及澎湖島《たいわんおよびほうことう》**[5]**ノ如《ごと》キ日本国《にほんこく》カ清国人《しんこくじん》ヨリ盗取《とうしゅ》シタル一切《いっさい》ノ地域《ちいき》ヲ中華民国《ちゅうかみんこく》ニ返還《へんかん》スルコトニ在《あ》リ。**……

前記三大国《ぜんきさんだいこく》ハ朝鮮《ちょうせん》ノ人民《じんみん》ノ奴隷状態《どれいじょうたい》ニ留意《りゅうい》シ軈《やが》テ**朝鮮《ちょうせん》ヲ自由且独立《じゆうかつどくりつ》ノモノタラシムルノ決意《けつい》ヲ有《ゆう》ス。**

〔日本外交年表竝主要文書《にほんがいこうねんぴょうならびにしゅようぶんしょ》〕

言葉　[1]カイロ宣言：一九四三（昭和十八）年十一月二十七日署名。ローズヴェルト（米）、チャーチル（英）、蔣介石《しょうかいせき》（中）がカイロで会談し、対日戦の処理について行った宣言　[2]同盟国：アメリカ、イギリス、中華民国　[3]太平洋ニ於ケル一切ノ島嶼：第一次世界大戦後、旧ドイツ領南洋諸島は、日本が国際連盟の委任統治領として支配していた　[4]満洲：中国東北部。日本軍により、満洲国が建てられていた　[5]澎湖島：下関条約により日本が獲得した澎湖諸島

現代語訳　同盟国の目的は、一九一四年の第一次世界大戦開始以後、日本国が奪ったり占領した太平洋における一切の島々を取り戻し、満洲・台湾・澎湖諸島などのように日本国が奪い取った一切の地域を中華民国に返還させることである。……

英・米・中の三大国は、日本の植民地として奴隷状態にある朝鮮人民に配慮し、朝鮮を独立させるつもりである。

191 ヤルタ協定《きょうてい》[1]

P.313

「ドイツ」国《こく》カ降伏《こうふく》シ且《かつ》「ヨーロッパ」ニ於《お》ケル戦《せん》争《そう》終結《しゅうけつ》シタル後二月又《のちふたつきまた》ハ三月《みつき》ヲ経《へ》テ「ソヴィエト」連邦《れんぽう》カ左《ひだり》ノ条件《じょうけん》ニ依《よ》リ連合国《れんごうこく》ニ与《くみ》シテ日本《にほん》ニ対《たい》スル戦争《せんそう》ニ参加《さんか》スヘキコトヲ協定《きょうてい》セリ。……

〔日本外交年表竝主要文書《にほんがいこうねんぴょうならびにしゅようぶんしょ》〕

言葉　[1]ヤルタ協定：一九四五（昭和二十）年二月、クリミア半島のヤルタで、ローズヴェルト（米）、チャーチル（英）、スターリン（ソ）が会談した時の秘密協定。翌四十六年二月十一日発表

現代語訳　ドイツが降伏し、ヨーロッパでの戦争が終結してから二、三ヶ月後に、ソ連が次の条件で連合国に加わり、対日参戦することを協定する。……

192 ポツダム宣言《せんげん》[1]

P.313

一、吾等合衆国大統領《われらがっしゅうこくだいとうりょう》[2]、中華民国政府主席《ちゅうかみんこくせいふしゅせき》[3]及《および》「グレート・ブリテン」国総理大臣《こくそうりだいじん》[4]ハ吾等《われら》ノ数億《すうおく》ノ国《こく》民《みん》ヲ代表《だいひょう》シ協議《きょうぎ》ノ上《うえ》日本国《にほんこく》ニ対《たい》シ今次《こんじ》ノ戦争《せんそう》ヲ終《しゅう》結《けつ》スルノ機会《きかい》ヲ与《あた》フルコトニ意見一致《いけんいっち》セリ。

八、「カイロ」宣言《せんげん》ノ条項《じょうこう》ハ履行《りこう》セラルヘク、又《また》**日本国《にほんこく》ノ主権《しゅけん》ハ本州《ほんしゅう》、北海道《ほっかいどう》、九州及四国並《きゅうしゅうおよびしこくならび》ニ吾等《われら》ノ決定《けってい》スル諸小島《しょしょうとう》ニ局限《きょくげん》セラルヘシ。**

九、**日本国軍隊《にほんこくぐんたい》ハ、完全《かんぜん》ニ武装《ぶそう》ヲ解除《かいじょ》セラレタル後《のち》、**各自《かくじ》ノ家庭《かてい》ニ復帰《ふっき》シ[5]、平和的且生産的《へいわてきかつせいさんてき》ノ生活《せいかつ》ヲ営《いとな》ムノ機会《きかい》ヲ得《え》シメラルヘシ。

十三、吾等《われら》ハ日本国政府《にほんこくせいふ》カ直《ただち》ニ全日本国軍隊《ぜんにほんこくぐんたい》ノ無条《むじょう》件降伏《けんこうふく》ヲ宣言《せんげん》シ、且右行動《かつみぎこうどう》ニ於《お》ケル同政府《どうせいふ》ノ誠意《せいい》ニ

付《つき》、適当且充分《てきとうかつじゅうぶん》ナル保障《ほしょう》ヲ提供《ていきょう》センコトヲ同政府《どうせいふ》ニ対《たい》シ要求《ようきゅう》ス。右以外《みぎいがい》ノ日本国《にほんこく》ノ選択《せんたく》ハ迅速且完《じんそくかっかん》全《ぜん》ナル壊滅《かいめつ》アルノミトス。

〔日本外交年表《にほんがいこうねんぴょう》竝《ならびに》主要文書《しゅようぶんしょ》〕

言葉 [1]ポツダム宣言：一九四五（昭和二十）年七月二十六日発表、日本は八月十四日受諾。米英中三国の首脳の名で発表された対日戦争終結条件及び戦後処理方針に関する共同宣言。ポツダム会談では議題とならず会談期間中に、トルーマン（米）がチャーチル（英）に提示、蔣介石《しょうかいせき》（中）に電信で合意を得た [2]大統領：トルーマン [3]主席：蔣介石 [4]総理大臣：アトリー。ポツダム会談中、イギリスでは総選挙が行われ、労働党が勝ったため、宣言の署名はアトリーが行っている [5]各自ノ家庭ニ復帰シ：敗戦時本土外にあった日本兵力は合わせて計三百三十万余であったとされる

現代語訳 一、アメリカ大統領（トルーマン）・中華民国主席（蔣介石）・イギリス首相（アトリー）は各国の数億国民を代表し協議した結果、日本にこの戦争終結の機会を与えることで、意見が一致した。

八、カイロ宣言の条項が実行され、日本国の主権は本州・北海道・九州・四国と当方で決定する諸小島に限定される。

九、日本軍は完全に武装解除した後、兵隊は各家庭に戻り、平和的・生産的な生活をする機会が与えられる。

十三、日本政府が、ただちに全日本軍の無条件降伏を宣言し、軍のその行動について、日本政府が誠意を持って保障することを要求する。これ以外の選択は日本国の迅速で完全な壊滅を招くのみである。

読み解く 日本が保有していた植民地はどうなったのだろうか。

現代

193 天皇の人間宣言

P.317

朕《ちん》ト爾等国民《なんじらこくみん》トノ間ノ紐帯《ちゅうたい》ハ、終始相互《しゅうしそうご》ノ信頼《しんらい》ト敬愛《けいあい》トニ依《よ》リテ結《むす》バレ、単《たん》ナル神話《しんわ》ト伝説《でんせつ》トニ依《よ》リテ生《しょう》ゼルモノニ非《あら》ズ。天皇《てんのう》ヲ以《もっ》テ現御神《あきつみかみ》[1]トシ、且日《かつに》本国民《ほんこくみん》ヲ以《もっ》テ他《た》ノ民族《みんぞく》ニ優越《ゆうえつ》セル民族《みんぞく》ニシテ、延《ひい》テ世《せ》界《かい》ヲ支配《しはい》スベキ運命《うんめい》ヲ有《ゆう》ストノ架空《かくう》ナル観念《かんねん》[2]ニ基《もとづ》クモノニモ非《あら》ズ。……

〔官報《かんぽう》〕

言葉 [1]現御神：現人神（人間の姿となって現れる神） [2]架空ナル観念：太平洋戦争中に盛んに宣伝された、大和民族最優秀論や八紘一宇《はっこういちう》（全世界を一つの家のごとく支配する）の考え方をさす

現代語訳 私と君達国民とは、相互の信頼と敬愛とによって結ばれているのであって、単なる神話と伝説に基づくものではない。天皇を現人神《あらひとがみ》とし、日本国民は他の民族より優れた民族で、世界を支配すべき運命にあるというような架空の信念に基づくものではない。

読み解く 「架空ナル観念」とはどのようなことだろうか。

194 日本国憲法《にほんこくけんぽう》[1]（前文《ぜんぶん》）

P.317

日本国民《にほんこくみん》は、正当《せいとう》に選挙《せんきょ》された国会《こっかい》における代表《だいひょう》者《しゃ》を通《つう》じて行動《こうどう》し、われらとわれらの子孫《しそん》のために、諸国民《しょこくみん》との協和《きょうわ》による成果《せいか》と、わが国全土《くにぜんど》にわたつて自由《じゆう》のもたらす恵沢《けいたく》を確保《かくほ》し、政府《せいふ》の行為《こうい》によつて再《ふたた》び戦争《せんそう》の惨禍《さんか》が起《おこ》ることのないやうにすることを決意《けつい》し、ここに主権《しゅけん》が国民《こくみん》に存《そん》することを宣言《せんげん》し、この憲法《けんぽう》を確定《かくてい》する。……

〔官報《かんぽう》〕

言葉 [1]日本国憲法：一九四五（昭和二十）年十月四日、最高司令官マッカーサーが憲法改正を指示。翌年幣原内閣は松本案を提示したが、ＧＨＱはこれを拒否、改めてＧＨＱが原案を提示し草案が作成された。一九四六（昭和二十一）年十一月三日公布、翌年五月三日施行

195 教育基本法《きょういくきほんほう》[1]

P.314・316

われらは個人《こじん》の尊厳《そんげん》を重《おも》んじ、真理《しんり》と平和《へいわ》を希求《ききゅう》する人間《にんげん》の育成《いくせい》を期《き》するとともに、普遍的《ふへんてき》にしてしかも個性《こせい》ゆたかな文化《ぶんか》の創造《そうぞう》をめざす教育《きょういく》を普及徹底《ふきゅうてってい》しなければならない。

第一条（教育《きょういく》の目的《もくてき》）教育《きょういく》は、人格《じんかく》の完成《かんせい》をめざし、平和的《へいわてき》な国家《こっか》及《およ》び社会《しゃかい》の形成者《けいせいしゃ》として、真理《しんり》と正義《せいぎ》を愛《あい》し、個人《こじん》の価値《かち》をたっとび、勤労《きんろう》と責任《せきにん》を重《おも》んじ、自主的精神《じしゅてきせいしん》に充《み》ちた心身《しんしん》ともに健康《けんこう》な国民《こくみん》の育《いく》成《せい》を期《き》して行《おこな》われなければならない。

〔官報《かんぽう》〕

言葉 [1]教育基本法：一九四七（昭和二十二）年三月三十一日公布、四月一日施行

196 ドッジ声明

P.318・320・326

……すなわち日本の経済は両足を地につけていず、竹馬にのっているようなものだ。竹馬の片足は米国の援助[1]、他方は国内的な補助金[2]の機構である。竹馬の足をあまり高くしすぎると転《ころ》んで首を折る危険がある。今ただちにそれをちゞめることが必要だ。つゞけて外国の援助を仰ぎ、補助金を増大し、物価を引きあげることはインフレの激化を来《きた》すのみならず、国家を自滅に導く恐れが十分にある。

〔一九四九年三月八日『朝日新聞』〕

言葉 [1]米国の援助：ガリオア・エロア資金をさす [2]国内的な補助金：価格調整補給金など政府の補給金のこと

読み解く 「竹馬の足をあまり高くしすぎると転んで首を折る」とは何の例えだろうか。

197 サンフランシスコ平和条約《へいわじょうやく》[1]

P.319・321

第一条(a) 日本国《にほんこく》と各連合国《かくれんごうこく》との間《あいだ》の戦争状態《せんそうじょうたい》は、第《だい》二十三条《じょう》[2]の定《さだ》めるところによりこの条約《じょうやく》が日《に》

本国《ほんこく》と当該連合国《とうがいれんごうこく》との間《あいだ》に効力《こうりょく》を生《しょう》ずる日《ひ》[3]に終《しゅう》了《りょう》する。

(b) **連合国《れんごうこく》は、日本国及《にほんこくおよ》びその領水《りょうすい》[4]に対《たい》する日本《にほん》国民《こくみん》の完全《かんぜん》な主権《しゅけん》を承認《しょうにん》する。**

第二条(a) 日本国《にほんこく》は、朝鮮《ちょうせん》の独立《どくりつ》を承認《しょうにん》して、……朝鮮《ちょうせん》に対《たい》するすべての権利《けんり》・権原《けんげん》[5]及《およ》び請求権《せいきゅうけん》を放棄《ほうき》する。

(b) 日本国《にほんこく》は、台湾《たいわん》及《およ》び澎湖諸島《ほうこしょとう》に対《たい》するすべての権利《けんり》、権原及《けんげんおよ》び請求権《せいきゅうけん》を放棄《ほうき》する。

(c) 日本国《にほんこく》は、千島列島並《ちしまれっとうなら》びに日本国《にほんこく》が千九百五年《ねん》九月《がつ》五日《か》のポーツマス条約《じょうやく》の結果《けっか》として主権《しゅけん》を獲《かく》得《とく》した樺太《からふと》の一部及《いちぶおよ》びこれに近接《きんせつ》する諸島《しょとう》に対《たい》するすべての権利《けんり》、権原及《けんげんおよ》び請求権《せいきゅうけん》を放棄《ほうき》する。……

第六条(a) 連合国《れんごうこく》のすべての占領軍《せんりょうぐん》は、……九十日《にち》以内《いない》に、日本国《にほんこく》から撤退《てったい》しなければならない。但《ただ》し、**この規定《きてい》は、一又《また》は二以上《いじょう》の連合国《れんごうこく》を一方《いっぽう》とし、日本国《にほんこく》を他方《たほう》として双方《そうほう》の間《あいだ》に締結《ていけつ》された若《も》しくは締結《ていけつ》される二国間若《こくかんも》しくは多数国間《たすうこくかん》の協定《きょうてい》に基《もと》づく、又《また》はその結果《けっか》としての外国軍隊《がいこくぐんたい》の日本国《にほんこく》の領域《りょういき》における駐《ちゅう》とん・[6]又《また》は駐留《ちゅうりゅう》を妨《さまた》げるものではない。**

……

〔日本外交主要文書《にほんがいこうしゅようぶんしょ》・年表《ねんぴょう》〕

言葉 [1]サンフランシスコ平和条約：一九五一（昭和二十六）年九月八日調印 [2]第二十三条：批准《ひじゅん》についての規定 [3]効力を生ずる日：一九五二（昭和二十七）年四月二十八日 [4]領水：領海のこと。このころは三海里（一海里は約一八五二メートル） [5]権原：権利を発生させる法的な根拠 [6]駐とん：軍隊がその地に長くとどまっていること。日米安全保障条約を締結するためにこの部分を入れ、その結果占領軍は駐留軍となる

読み解く 「二国間若しくは多数国間の協定」とは具体的には何を指しているのだろうか。

198 日米安全保障条約

P.321

●日米安全保障条約（安保条約）

平和条約は、日本国が主権国として集団的安全保障取極《とりきめ》を締結する権利を有することを承認し、さらに、国際連合憲章は、すべての国が個別的及び集団的自衛の固有の権利を有することを承認している。

これらの権利の行使として、日本国は、その防衛のための暫定措置《ざんていそち》として、日本国に対する武力攻撃を阻《そ》止《し》するため日本国内及びその附近にアメリカ合衆国がその軍隊を維持することを希望する。

アメリカ合衆国は、平和と安全のために、現在、若干《じゃっかん》の自国軍隊を日本国内及びその附近に維持する意思がある。……

よって、両国は、次のとおり協定した。

第一条 平和条約及びこの条約の効力発生と同時に、**アメリカ合衆国の陸軍・空軍及び海軍を日本国内及びその附近に配備する権利を、日本国は許与し、アメリカ合衆国はこれを受諾《じゅだく》する。この軍隊は極東《きょくとう》[1]における国際の平和と安全の維持に寄与《きよ》し、並びに、一又は二以上の外部の国による教唆《きょうさ》又は干渉《かんしょう》によって引き起された、日本国における大規模の内乱及び騒《そう》じょうを鎮圧するため、日本国政府の明示の要請に応じて与えられる援助を含めて、外部からの武力攻撃に対する日本国の安全に寄与するために使用することができる。**

第三条[2] アメリカ合衆国の軍隊の日本国内及びその附近における配備を規律する条件は、両政府間の行政協定で決定する。

〔日本外交主要文書・年表〕

言葉 [1]極東：政府は極東の範囲の解釈を二転三転させ、新安保条約に際しては「フィリピン以北……中国の一部、沿海州など」として中ソの反発を招き、ベトナム戦争ではベトナムまでを極東に含めた [2]第三条：これに基づき、日米行政協定が結ばれ、一九五二（昭和二七）年安保条約とともに発効

読み解く この条約によって、アメリカ合衆国はどのような権限を得たのだろうか。

199 マッカーサー・昭和二五年「年頭の辞」

P.333

新しい年を迎えるにあたって、現在あらゆる日本人がひとしく不安にかられている二つの極めて重要な未解決の問題がある。その一つは中国が共産主義の支配下にはいったため[1]全世界的なイデオロギーの闘争が日本に身近なものとなったことであり、もう一つは対日講和会議の開催が手続にかんする各国の意見の対立[2]から遅れていることである。……[3]この憲法の規定は日本人みずから考え出したものであり、もっとも高い道義的理想にもとづいているばかりでなく、これほど根本的に健全で実行可能な憲法の規定はいまだかつてどこの国にもなかったのである。**この憲法の規定はたとえどのような理屈《りくつ》をならべようとも、相手側から仕《し》掛《か》けてきた攻撃にたいする自己防衛の冒《おか》しがたい権利を全然否定したものとは絶対に解釈できない。**

〔一九五〇年一月一日『朝日新聞』〕

言葉 [1]中国が……はいったため：一九四九（昭和二四）年の中華人民共和国成立をさす [2]各国の意見の対立：アメリカはソ連の主張する拒否権（米英中ソが持つ）を認めず、三分の二の多数決方式を主張した [3]この中略部分では、日本の憲法が戦力と武力による安全保障を放棄したことは、決して「夢想」ではないと説く

読み解く マッカーサーの発言は日本の自衛権を認めるものであるが、この年に発足した武装部隊は何か。

200 自衛隊法

P.323・324

第三条 **自衛隊は、わが国の平和と独立を守り、国の安全を保つため、直接侵略及び間接侵略に対しわが国を防衛することを主たる任務とし、必要に応じ、公共の秩序の維持に当るものとする。**

第七条 内閣総理大臣は、内閣を代表して自衛隊の最高の指揮監督権を有する。

第七十六条 内閣総理大臣は、外部からの武力攻撃（外

部からの武力攻撃のおそれのある場合を含む。）に際して、わが国を防衛するため必要があると認める場合には、国会の承認……を得て、自衛隊の全部又は一部の出動を命ずることができる。ただし、特に緊急の必要がある場合には、国会の承認を得ないで出動を命ずることができる。

〔官報〕

読み解く　自衛隊の最高指揮権を有しているのは誰か。

201 もはや戦後ではない

P.326

……いまや経済の回復による浮揚力はほぼ使い尽《つ》くされた。なるほど、貧乏な日本のこと故《ゆえ》、世界の他の国々にくらべれば、消費や投資の潜在《せんざい》需要はまだ高いかもしれないが、戦後の一時期にくらべれば、その欲望の熾烈《しれつ》さは明かに減少した。もはや「戦後」ではない。われわれはいまや異った事態に当面しようとしている。回復を通じての成長は終った。今後の成長は近代化によって支えられる。そして近代化の進歩も速かにしてかつ安定的な経済の成長によって初めて可能となるのである。

〔一九五六年度版　経済白書〕

202 日《にっ》ソ共同宣言《きょうどうせんげん》[1]

P.332

一、日本国《にほんこく》とソヴィエト社会主義《しゃかいしゅぎ》共《きょう》和《わ》国連邦《こくれんぽう》との間《あいだ》の戦争状態《せんそうじょうたい》[2]は、この宣言《せんげん》が効力《こうりょく》を生《しょう》ずる日《ひ》に終《しゅう》了《りょう》し、両国《りょうこく》の間《あいだ》に平和《へいわ》及《およ》び友好善隣関係《ゆうこうぜんりんかんけい》が回復《かいふく》される。

四、ソヴィエト社会主義《しゃかいしゅぎ》共《きょう》和《わ》国連邦《こくれんぽう》は、国際連合《こくさいれんごう》への加入《かにゅう》[3]に関《かん》する日本国《にほんこく》の申請《しんせい》を支持《しじ》するものとする。

ソヴィエト社会主義《しゃかいしゅぎ》共《きょう》和《わ》国連邦《こくれんぽう》は日本国《にほんこく》の要望《ようぼう》にこたえ、かつ日本国《にほんこく》の利益《りえき》を考慮《こうりょ》して、歯舞群島《はぼまいぐんとう》および色丹島《しこたんとう》[4]を日本国《にほんこく》に引《ひ》き渡《わた》すことに同意《どうい》する。ただし、これらの諸島《しょとう》は日本国《にほんこく》とソヴィエト社《しゃ》会主義《かいしゅぎ》共《きょう》和《わ》国連邦《こくれんぽう》との間《あいだ》の平和《へいわ》条約《じょうやく》が締結《ていけつ》された後《のち》に、現実《げんじつ》に引《ひ》き渡《わた》されるものとする。

〔日本外交主要文書《にほんがいこうしゅようぶんしょ》・年表《ねんぴょう》〕

言葉 [1]日ソ共同宣言：一九五六（昭和三十一）年十月十九日調印　[2]戦争状態：ソ連はヤルタ協定に従い日ソ中立条約を破棄し、一九四五（昭和二十）年八月八日、満洲及び南樺太に進撃したことより始まる　[3]国際連合への加入：この日ソ国交正常化により、一九五六（昭和三十一）年十二月十九日国連総会は日本の加盟を可決　[4]歯舞群島および色丹島：北海道の一部、現在ロシアが領有

読み解く　この共同宣言で日ソ間が合意したことを三点挙げよ。

203 日米新安全保障条約《にちべいしんあんぜんほしょうじょうやく》

P.324

●日米相互《にちべいそうご》協力《きょうりょく》及《およ》び安全保障《あんぜんほしょう》条約《じょうやく》（新安保条約《しんあんぽじょうやく》）[1]

第五条　各締約国《かくていやくこく》は、日本《にほん》の施政《しせい》の下《もと》にある領域《りょういき》における、いずれか一方《いっぽう》に対《たい》する武力《ぶりょく》攻撃《こうげき》が、自国《じこく》の平和《へいわ》及《およ》び安全《あんぜん》を危《あや》うくするものであることを認《みと》め、自国《じこく》の憲法上《けんぽうじょう》の規定《きてい》及《およ》び手続《てつづき》に従《したが》って共通《きょうつう》の危険《きけん》に対処《たいしょ》するように行動《こうどう》することを宣言《せんげん》する。

第六条[2]　日本国《にほんこく》の安全《あんぜん》に寄与《きよ》し、並《なら》びに極東《きょくとう》における国際《こくさい》の平和《へいわ》及《およ》び安全《あんぜん》の維持《いじ》に寄与《きよ》するため、アメリカ合衆国《がっしゅうこく》は、その陸軍《りくぐん》、空軍《くうぐん》及《およ》び海軍《かいぐん》が日本国《にほんこく》において施設《しせつ》及《およ》び区域《くいき》を使用《しよう》することを許《ゆる》される。

〔日本外交主要文書《にほんがいこうしゅようぶんしょ》・年表《ねんぴょう》〕

言葉 [1]新安保条約：一九六〇（昭和三十五）年一月十九日調印　[2]第六条：具体的には、日米行政協定を継承した日米地位協定で、施設・区域と日本国内での米軍の地位が定められ、また交換公文で、米軍装備の重大な変更、日本からの戦闘作戦行動のための施設・区域の使用には事前協議が行われることとされた

204 日韓基本条約《にっかんきほんじょうやく》[1]

P.330

日本国《にほんこく》及《および》大韓民国《だいかんみんこく》は……両国《りょうこく》の相互《そうご》の福祉《ふくし》及《およ》び共《きょう》通《つう》の利益《りえき》の増進《ぞうしん》のため、並《なら》びに国際《こくさい》の平和《へいわ》及《およ》び安全《あんぜん》の維持《いじ》のために、両国《りょうこく》が国際連合憲章《こくさいれんごうけんしょう》の原則《げんそく》に適合《てきごう》して緊密《きんみつ》に協力《きょうりょく》することが重要《じゅうよう》であることを認《みと》め……次《つぎ》の諸条《しょじょう》を協定《きょうてい》した。

第一条　両締約国間《りょうていやくこくかん》に外交《がいこう》及《およ》び領事《りょうじ》関係《かんけい》が開設《かいせつ》される。……

第二条　千九百十年八月二十二日[2]以前《いぜん》に大日本帝国《だいにほんていこく》と大韓帝国《だいかんていこく》との間《あいだ》で締結《ていけつ》されたすべての条約《じょうやく》及《およ》び協定《きょうてい》は、もはや無効《むこう》であることが確認《かくにん》される。

第三条　大韓民国政府《だいかんみんこくせいふ》は、国際連合総会決議《こくさいれんごうそうかいけつぎ》[3]第百九十五号《ごう》（Ⅲ）に明《あき》らかにされているとおりの朝鮮《ちょうせん》にある唯一《ゆいいつ》の合法的《ごうほうてき》な政府《せいふ》であることが確認《かくにん》される。

〔日本外交主要文書《にほんがいこうしゅようぶんしょ》・年表《ねんぴょう》〕

言葉 [1]日韓基本条約：一九六五（昭和四十）年六月二十二日調印　[2]千九百十年八月二十二日：一九一〇（明治四十三）年八月二十二日、韓国併合条約調印の日　[3]国際連合総会決議：韓国の統治権は北緯三十八度以南に限定するというもので、半島における唯一合法政権であることを明記したい韓国の要求が全面的には認められなかった

読み解く　「千九百十年八月二十二日」には何があったのだろうか。

205 沖縄返還協定《おきなわへんかんきょうてい》[1]

P.325

第一条　1　アメリカ合衆国《がっしゅうこく》は、2に定義《ていぎ》する琉《りゅう》球《きゅう》諸島《しょとう》及《およ》び大東諸島《だいとうしょとう》に関《かん》し、千九百五十一年九月八日にサンフランシスコ市《し》で署名《しょめい》された日本国《にほんこく》との平和《へいわ》条約《じょうやく》第三条《だいさんじょう》の規定《きてい》に基《もと》づくすべての権利《けんり》及《およ》び利益《りえき》を、この協定《きょうてい》の効力《こうりょく》発生《はっせい》の日《ひ》から日本国《にほんこく》のために放棄《ほうき》する。……

第三条　1　日本国《にほんこく》は、千九百六十年一月十九日にワシントンで署名《しょめい》された日本国《にほんこく》とアメリカ合衆国《がっしゅうこく》との間《あいだ》の相互《そうご》協力《きょうりょく》及《およ》び安全保障《あんぜんほしょう》条約《じょうやく》及《およ》びこれに関《かん》する取極《とりきめ》に従《したが》い、この協定《きょうてい》の効力《こうりょく》発生《はっせい》の日《ひ》にアメリカ合衆国《がっしゅうこく》に対《たい》し琉球《りゅうきゅう》諸島《しょとう》及《およ》び大東諸島《だいとうしょとう》における施設《しせつ》及《およ》び区域《くいき》の使用《しよう》を許《ゆる》す。

〔官報《かんぽう》〕

言葉 [1]沖縄返還協定：正式には「琉球諸島及び大東諸島

に関する日本国とアメリカ合衆国との間の協定」という。
一九七一（昭和四十六）年六月十七日調印

206 日中共同声明[1]

P.331

日本側《にほんがわ》は、過去《かこ》において日本国《にほんこく》が戦争《せんそう》を通《つう》じて中《ちゅう》国国民《ごくこくみん》に重大《じゅうだい》な損害《そんがい》を与《あた》えたことについての責任《せきにん》を痛感《つうかん》し、深《ふか》く反省《はんせい》する。また日本側《にほんがわ》は中華人民共和《ちゅうかじんみんきょうわ》国政府《こくせいふ》が提起《ていき》した「復交三原則《ふっこうさんげんそく》[2]」を十分理解《じゅうぶんりかい》する立《たち》場《ば》に立《た》って国交正常化《こっこうせいじょうか》の実現《じつげん》をはかるという見解《けんかい》を再確認《さいかくにん》する。中国側《ちゅうごくがわ》は、これを歓迎《かんげい》するものである。

……

二、**日本国政府《にほんこくせいふ》は、中華人民共和国政府《ちゅうかじんみんきょうわこくせいふ》が中国《ちゅうごく》の唯《ゆい》一《いつ》の合法政府《ごうほうせいふ》であることを承認《しょうにん》する。**

〔日本外交主要文書《にほんがいこうしゅようぶんしょ》・年表《ねんぴょう》〕

言葉 [1]日中共同声明：一九七二（昭和四十七）年九月二十九日、田中角栄首相と周恩来首相との間で調印 [2]復交三原則：①中華人民共和国政府が中国の唯一の合法政府であること、②台湾は中華人民共和国の領土の不可分の一部であること、③日本と台湾の平和条約は不法・無効であること

読み解く 日中共同声明によって日本と台湾の関係はどうなったのだろうか。

207 日中平和友好条約[1]

P.331

第二条　**両締約国は、そのいずれも、アジア・太平洋地域においても又は他のいずれの地域においても覇権を求めるべきではなく、また、このような覇権を確立しようとする他のいかなる国又は国の集団による試みにも反対することを表明する。**

第四条　**この条約は、第三国との関係に関する各締約国の立場に影響を及ぼすものではない。**

〔日本外交主要文書《にほんがいこうしゅようぶんしょ》・年表《ねんぴょう》〕

言葉 [1]日中平和友好条約：正式には「日本国と中華人民共和国との間の平和条約」

208 PKO協力法[1]

P.338

第一条（目的）　この法律は、国際連合平和維持活動[2]及び人道的な国際救援活動に対し適切かつ迅速《じんそく》な協力を行うため、国際平和協力業務実施計画及び国際平和協力業務実施要領の策定《さくてい》手続、国際平和協力隊の設置等について定めることにより、国際平和協力業務の実施体制を整備するとともに、これらの活動に対する物資協力のための措置《そち》等を講じ、もって我が国が国際連合を中心とした国際平和のための努力に積極的に寄与することを目的とする。

第二条（国際連合平和維持活動及び人道的な国際救援活動に対する協力の基本原則）　政府は、この法律に基づく国際平和協力業務の実施、物資協力、これらについての国以外の者の協力等（以下「国際平和協力業務の実施等」という。）を適切に組み合わせるとともに、国際平和協力業務の実施等に携わる者の創意と知見を活用することにより、国際連合平和維持活動及び人道的な国際救援活動に効果的に協力するものとする。

2　国際平和協力業務の実施等は、武力による威嚇又は武力の行使に当たるものであってはならない。

〔官報〕

言葉 [1]PKO協力法：正式には、「国際連合平和維持活動等に対する協力に関する法律」という [2]平和維持活動：(Peace-Keeping Operations) 第二次世界大戦後、米ソの対立によって、国連憲章第七章で唱えられた集団安全保障が実現されなかったため、紛争の平和的解決をめざして、独自に考え出された活動である。主たる活動は紛争の拡大の防止、停戦の監視、または選挙の監視のほか、非武装の監視団と軽火器を保有する平和維持軍である

読み解く この法律によって、日本はどのようなことができることになったのだろうか。

209 戦後五十年決議

本院は、戦後五十年にあたり、全世界の戦没者及び戦争等による犠牲者に対し、追悼の誠を捧げる。

また、世界の近代史上における数々の植民地支配や侵略的行為に思いをいたし、我が国が過去に行ったこうした行為や他国民とくにアジアの諸国民に与えた苦痛を認識し、深い反省の念を表明する。

我々は、過去の戦争についての歴史観の相違を超え、歴史の教訓を謙虚に学び、平和な国際社会を築いていかなければならない。

本院は、日本国憲法の掲げる恒久平和の理念の下、世界の国々と手を携えて、人類共生の未来を切り開く決意をここに表明する。

右決議する。

〔官報号外〕

210 アイヌ文化振興法[1]

第一条（目的）　この法律は、アイヌ[2]の人々の誇りの源泉であるアイヌの伝統及びアイヌ文化（以下「アイヌの伝統等」という。）が置かれている状況にかんがみ、アイヌ文化の振興並びにアイヌの伝統等に関する国民に対する知識の普及及び啓発（以下「アイヌ文化の振興《しんこう》等」という。）を図《はか》るための施策を推進することにより、**アイヌの人々の民族としての誇りが尊重される社会の実現**を図り、あわせて我が国の多様な文化の発展に寄与することを目的とする。

第二条（定義）　この法律において「アイヌ文化」とは、アイヌ語並びにアイヌにおいて継承《けいしょう》されてきた音楽、舞踊、工芸その他の文化的所産及びこれから発展した文化的所産をいう。

〔官報〕

言葉 [1]アイヌ文化振興法：正式には、「アイヌ文化の振興並びにアイヌの伝統等に関する知識の普及及び啓発に関する法律」という [2]アイヌ：北海道、樺太などに住む一種族

P.　□考察の視点　□読み解く　□①　□②　□③

年　組　番

「考察の視点」・「読み解く」解答例

年　組　番	
年　組　番	

太字：記述すべき重要用語

頁	問	解答例
		巻頭特集《テーマ史》　Qの解答例
8	Q	武蔵国を東海道に替えることにより，東山道は上野国と下野国を直接結ぶことができ利便性が良くなった。東海道は海路を使わず，武蔵国経由で陸路により通行できるようになった。
4	Q	G. マードックによる「世界224種族の性別分業」(『日本農耕社会の成立過程』)によると次のとおり。「骨・角・貝の加工」男性優位指数93（完全男性優位を100とする），「土器の製作」同18，「石の加工」同95，「果実・木の実の採集」24，「海獣の狩猟」99，「狩猟」98，「小動物の捕獲」95，「漁労」86，「網の製作」74，「家屋の建設」77，「燃料集め」23，「調理」9，「水運び」8，「入れ墨など身体加飾」47，「衣類の製作と修繕」16。
7	Q	耕地化された平野部は生産性が高く，幕府は被災地復興より領主の財源となる年貢の確保を優先したため。
8	考	考古学的方法だけだと**相対年代**しか測定できず，より正確な**絶対年代**を知るためには自然科学的方法の活用が必要となるから。年代が測定されることが考古学や歴史学の研究の土台となり，史実の解明に繋がることになる。
8	読	政庁は**2回建てなおされた**。政庁は掘立柱で建てられ後の建て替えで**礎石が使用**された。藤原純友の乱で**焼失**した。この場所は，旧石器時代からヒトの痕跡があった。
9	考	ヴュルム氷期で海水面が低下し**一部大陸と陸続き**であり，**火山活動**が活発であった。また，大陸から**大型動物**が移動してきた。
0	考	アジア大陸南部に起源をもつ縄文人に，朝鮮半島から移動してきた北アジア系の人びとが**混血**して，その後，食生活や様々な自然環境の要因を経て現在の日本人が形成されたと考えられている。
1	考	本土の土壌は**火山灰**による酸性土壌で骨が残りにくいが，沖縄は，珊瑚などの**石灰岩質**の土壌なので骨が残りやすい。
2	考	旧石器時代の人びとは，**移動生活**が基本であり，住居も移動に適した**テントのような住居**であったので，　住居としての痕跡がほとんど残らなかったと考えられている。
3	考	気候の温暖化にともないドングリ類などの食料となる**植物の利用**が主流となり，狩猟においても大型獣が絶滅し**弓矢**を使用して中小型動物を狙った。また，**縄文海進**により海岸部での漁労もおこなうようになった。
4	考	材料となる産出地以外からも多く出土しているので，**遠隔地間での交易**が行われていたことが推測される。
5	考	狩猟採集中心の生活の中で，あらゆる自然現象に霊魂が宿ると考え，呪術によって，豊穣を祈り，災いを避けようとする**アニミズム**的な精神を宿していた。
	考	四季がはっきりとなる自然環境の変化にともない，**食料が安定的に確保**できるようになったため。
	考	中国・朝鮮から伝えられた水稲耕作技術をともなう弥生文化は，**前期に九州北部から西日本に**展開し，**弥生時代中期以降，関東から東北南部に**広がった。

本誌頁	問	解答例
47	読	前期から後期まで連続している遺跡は**近畿地方までの西日本に多く**，中期から後期の遺跡は**東日本にも多く分布**している。
48	考	水稲農耕の必要から定住して**「ムラ」**が形成され，水田の造成，稲作など**共同労働**の必要が生じて大きな集団が形成された。
49	考	縄文時代までの**アニミズム的な意識**から，稲の成長を祈るなどの**農耕儀礼**を中心とした意識へと変化した。
49	読	❶えぶり，鋤，石包丁 ❷初期の水田は，湿地を水田に転化した**湿田**が多く，身体が泥の中に沈むのを防ぐための田下駄が使用されたから。
50	考	水田や灌漑設備の建設のために**共同労働**が行われるようになり，それを指揮する**ムラ**のリーダーの力が大きくなり，また，豊かな収穫を祈願するため**司祭者**の地位が高まったと考えられる。こうして**身分差**が生まれ，蓄積された**余剰生産**をめぐる争いなどもあって，**政治的社会**が形成された。
50	読	❶戦いの痕跡が残された人骨，**高地性集落**や**環濠集落**，弥生中期以降にみられる大量の武器など ❷副葬品を伴う**甕棺墓**や**支石墓**などの特別な葬制，**四隅突出型墳丘墓**や**墳丘墓**などの大型の首長墓の出現など
51	考	**青銅器**の多くは実用的ではなく，**祭祀**に用いられたと考えられる。このことからまだ呪術的な社会だったと考えられる。
51	読	共通の祭器を用いる地域圏が成立していたことが推定される。
52	考	中国や朝鮮半島の先進的な文物を独占し，列島内において**優位な政治的立場**を確保するため。
53	考	**近畿説**をとれば，３世紀前半に近畿地方から九州北部に大きな政治的連合が成立していたことになり，のちの**ヤマト政権**とつながる。**九州説**をとれば，小範囲の政治的連合しか成立していないことになる。どちらの立場に立つかにより，３世紀から４世紀の日本の歴史像が全く異なってしまうから。
54	考	**寒冷化**にともなって**人びとの移動が促進**され，政治的な安定が失われ，「倭国大乱」のような状況が生まれたと考えられる。
54	読	近畿地方を中心とした**広域の政治連合**が形成されたから。
55	考	墳丘の形態の違いや大きさの差は，**地位や権力の高さや強さ**を表しているが，大王や有力者の墓は，前方後円墳→方墳→八角墳と推移しているので，**形態自体に何らかの意味**があると考えられる。
56	考	近畿地方に巨大古墳が存在することから，初期の**ヤマト政権の中心が近畿地方**にあったことが推定され，また古墳が集中している**地方には大きな政治権力**が存在したことが推定される。
56	読	特に近畿地方の前方後円墳が巨大であり，権力の中心であることがわかる。またその勢力範囲は，**北は東北南部，南は九州南部**までであった。
57	考	前期は呪術的な副葬品から**司祭者的な首長**，中期は武具や馬具から**軍事的な首長**，後期は冠や装飾馬具などの装飾品から政治的に**権威をもった首長**へと変遷した。

本誌頁	問	解答例
59	考	中国南朝からの**官爵の授与**である。これにより，国内での支配をより強固にし，朝鮮半島勢力に対する対外的な立場を不利にならないようにするためである。
60	考	５世紀後半には，「**ワカタケル＝武＝雄略大王**」の勢力が関東から九州までおよんでいたと考えられる。
61	考	大陸や朝鮮半島とのより活発な交流が行われるようになるとともに，受容した技術が**王権の強化**をもたらした。
62	読	ムラには弥生時代の集落に見られる**防御用の環濠**などはなく，竪穴住居を中心に，家畜小屋や高床倉庫など建築物や祭祀場があり，湧き水や川を利用した水田や畑のほか馬の放牧地などもあった。
63	考	**自然の力**に神を感じ，**巨石や巨木**などに神が宿ると考え，祭祀の対象とした。また**氏の祖先神**も祀るようになったと考えられている。
64	考	大和を中心として周辺に大型の古墳群が点々と存在することから，ヤマト政権の大王は複数の家系を出自とする，**連合政権的性格**をもっていたと考えられる。
64	読	近畿地方中央部の**大和に集中**している。
65	考	**ヤマト政権**は関東地方から九州地方の地方豪族を支配する体制を徐々に整え，直轄地である**屯倉**や直轄民の**名代・子代**などを各地に設置した。
65	読	大王の位をめぐる政治的混乱の中で，前の王朝に入り婿する形で，権力を確立したと考えられる。
66	考	隋の中国統一と朝鮮半島情勢の変化という国際的緊張が高まるなかで，**大王**を中心とする**中央集権的な体制**の確立をめざした。
66	読	❶隋の皇帝と倭の天皇を，同じ**「天子」**という言葉で表して，**「対等」**の立場を主張しているから。 ❷７世紀初めには**隋**と**高句麗**との関係が悪化し，高句麗との戦争が目前に迫っていたから。
67	考	建築・美術・音楽・芸能・文学・料理・医学などの**文化や技術面**，また国家との関係が深まり**政治面**にも及んだ。
68	考	古代ギリシアのエンタシスが法隆寺などにみられたり，西アジア起源の獅子狩文様が錦にみられたり，忍冬唐草文様が見られたりするなど，**西方文化の影響**を受けた文化が栄えた。
69	考	中国風の先進的で壮大な建築物をみて，その華麗さに驚くとともに，建立した**権力の大きさ**を実感したと想像される。
70	考	中国や朝鮮で信仰されている仏教を受容して倭も文化的な先進性を獲得すること，渡来系の人びとと結んで**先進的な政治を行うことなどを望んだ**ことが背景である。
71	考	北魏様式は，正面観照性や**アルカイックスマイル**などを特徴とした厳しい表情であるのに対して，南朝様式では**柔和な優しい表情**である。
72	考	日本最初の仏師と言われている鞍作鳥など，**渡来系技術者**の一族を中心にした集団によって作成されたと考えられる。
74	考	**唐の高句麗遠征**など国際的緊張の中で，日本も**中央集権化**と国内統一の必要にせまられ，**中大兄皇子**が律令国家の成立をめざす改新政治を主導した。しかし**百済**滅亡・高句麗滅亡など半島情勢への対応のため，その成立には長い時間がかかることになった。

解答例

本誌頁	問	解答例
75	考	**改新の詔**で基本方針が示されたが，百済滅亡などの東アジア情勢の緊迫への対応で，**律令国家**建設は遅れ，**天智天皇**の死後の**壬申の乱**に勝利した**天武天皇**とその妃の**持統天皇**のもとで官僚制の形成が進んだ。その後文武天皇の**大宝律令**によってようやく完成をみた。
75	読	当初の不利な情勢を覆して，**壬申の乱**で勝利したから。
76	考	伝統的な地方豪族から終身制で任命された**郡司**が実際の民衆支配を担ったと考えられている。
76	読	東アジア情勢の緊張の中，**軍団**を速やかに移動させる軍事道路を建設する必要があった。また**律令国家**の勢威を示す目的もあった。
77	考	特定の貴族の氏族が天皇家を中心として**律令国家の権力を独占していくために**，経済的な特権や政治的特権，社会身分上の特権を得た。
78	考	三世一身法・墾田永年私財法により**墾田が増加**すると墾田や乗田などと口分田を明確に区分する必要が生じ，政府が戸籍を基にした**土地管理を正確に行うため**条里制地割がつくられたと考えられる。
79	考	成年男子にかかる調庸や，労働税としての**雑徭・兵役・運脚**などに加えて**公出挙**などもあり，貧窮問答歌からも推測されるように負担感は大きなものがあったと想像される。
80	考	唐から**先進的な政治制度や文化**を吸収するために，ほぼ20年おきを目途に派遣された。
80	読	7世紀までは朝鮮半島の沿岸を通っていたが，**新羅との関係が悪化**したため，8世紀には**南路**を通るようになった。
81	考	中国の**都城制**にならった壮大な都を建設することにより，国内的には**政治的権威**を民衆に誇示し，国際的には唐王朝と並ぶ大国として日本をアピールしようとしたから。
81	読	律令国家の威信を示す場，国家的な儀礼の場として，広大な道路が整備された。
82	考	**蝦夷**や**隼人**という「異民族」を支配している「帝国」であることを見せることによって，**律令国家**の強大さを誇示しようとした。
83	考	**天然痘**の流行や**長屋王の変・藤原広嗣の乱**などの争乱による社会の不安を**仏教の力**で鎮護してもらうため。
83	読	奈良時代初期には藤原不比等が律令制を推進して権力を握ったが，死後長屋王が政権の中心となった。これを退けた不比等の4人の子どもたちが一時政権を握ったが，天然痘で相次いで病死，光明皇后の異母兄の橘諸兄が政権を担当した。引退後は藤原仲麻呂が政権を独占したが，孝謙上皇と対立し敗死すると称徳天皇のもと，僧侶の道鏡が政権を握ったが，天皇の死後，失脚し，再び藤原氏が政権の中心となった。
84	考	**課役**の負担，**公出挙**や**賃租**の負担もあり，生活に余裕はなく，天候不順や虫害などにより飢饉も発生して不安定な生活が続いていたと考えられている。
84	読	浮浪・逃亡者の多くは，**課役**（**調**や**庸**など）や**兵役を逃れるため**に本貫地から浮浪・逃亡したと考えられる。
85	考	政府が掌握する田地を拡大し，政府の**土地支配の強化**を図ろうとする目的で発布されたが，大寺社や貴族の墾田開発が進み，大規模な**初期荘園**が成立した。
87	考	天武・持統天皇の時代に，東アジアの政治情勢の**危機的状況が緩和**され，唐をまねた**律令国家の建設**が大きく前進したから。
88	考	飛鳥仏は**厳めしく人間離れした表情**をしているのに対して白鳳仏は**ふっくらとしたおおらかな人間的な表情**をしている。鋳造技術でも白鳳仏は一段と進んでいる。
89	考	白鳳期には，大陸の文化を積極的に取り入れるために**複数回遣唐使が派遣**され，大陸と日本との交流が活発だったから。

本誌頁	問	解答例
90	考	律令国家の確立による国家意識の高まりの中で，国家の形成や発展の歴史を示し，**律令国家権力の正当性を示す**ため。
91	考	**礎石**や**瓦**を用いた壮大な建物で，**均整がとれた堂々とした建築物**である。
91	読	塔が回廊の外に移り，ますます**金堂中心**の伽藍配置となっている。
92	考	**細かい細工**が自由にでき，表情豊かにつくることができる。
92	読	筆と巻物（経典）。筆と経典は**仏教の智慧**を示している。
93	考	微妙な造形を表現するための細工が可能で，**柔らかい表現**や**写実的な表現**を行うことができる点。
94	考	当時の唐は世界的な帝国で，西アジアからの人びとが交易のため唐にやってきたため，**唐を経由**して日本にも西アジアの工芸品がもたらされた。
95	考	**唐を経由**して，中央アジアや西アジアのモチーフが日本に伝えられたから。
96	考	桓武天皇は自らの政権基盤を強固なものとするために，**人心を一新**しようとして，水陸の便の良い南山背に遷都した。**仏教を自らの統制下におくため**にも遷都が必要であった。
97	考	都市機能の中心が**左京**に移り，**右京**は低湿地でしばしば水害に見舞われたこともあって，**衰退**していった。
98	考	桓武天皇は遷都を行い，**勘解由使**の設置，**班田**の12年1班，**雑徭の半減**など，律令制の再興を図った。蝦夷の反乱には**坂上田村麻呂**の活躍や**健児制**による軍制改革で，一時的には成功したが，**「軍事と造作」**は国家財政や民衆の大きな負担となり，805年に中止した。
99	考	**唐風の文化**が栄え，特に**漢文学**が重要視された。**空海・最澄**によって仏教の革新が行われ，**密教**が盛んになり，重厚で神秘的な芸術が発展した。
100	考	**神仏習合**の風潮が広まり，**古来の山岳信仰**と結びついて，**密教**では山岳が修行の場として重んじられるようになったから。
101	考	**一木造**，**翻波式**の衣文などの特徴があり，厳かで神秘的な印象をもつ。また豊満で官能性が高いものもある。**密教**で重要視される仏像が多く制作された。
102	考	**密教**の世界観を示したもので，**大日如来**を中心に諸仏や菩薩を配置して，**仏の世界を図示**している。
103	考	良房・基経と**天皇家の外戚**となり，承和の変や応天門の変などで**他の貴族を没落させ**，権力を掌握した。
104	考	太政官を通じて全国支配が行われたが，主な政務は**公卿によって審議（陣定）され**，摂政の決裁，または関白の了解のもと天皇の決裁で実施された。
105	考	任国に赴任する最上席の国司（受領）に大きな権限と責任を負わせるようになり，受領は有力農民（田堵）に田地の耕作を請け負わせて，**田畑を課税単位として**官物や臨時雑役を課すようになった。
106	考	**かな文字**は漢字に比べて人びとの感情や感覚を生き生きと伝えることが可能になり，優れた**文学作品**が生まれ，多くの女流作家も活躍した。
106	読	例1：春過而　夏来良之　白妙能　衣乾有　天香久山（はるすぎて　なつきたるらし　しろたへのころもほしたり　あまのかぐやま） 例2：阿女二不良礼多（あめにふられた）
107	考	中国文化の受容がすすむとともに，**日本人の感性に合わせて**文化の変容が進み，文化の日本化が進んだと考えられる。唐の衰退とともに遣唐使が中止されたことも影響している。
107	読	上巳＝ひな祭り，端午＝端午の節句，七夕＝たなばた，新嘗の祭り＝勤労感謝の日など
108	考	地方における**治安の乱れや戦乱**などが続き，**貴族層に不安感**が広がって，末法思想と結びつき，阿弥陀浄土への往生を願う浄土教が盛んになった。
108	読	3-1の図と比較すると，**阿弥陀如来が立っている点や，その雲が高速に落下**しているように描かれている。

本誌頁	問	解答例
109	考	阿弥陀如来に救われて**極楽往生**することを願っ人びとは，阿弥陀如来に**優しさ**を求めたから。
111	考	延喜の荘園整理令は，私有地の拡大を防ぎ，国の支配地を確保するためであった。延久の荘園理令以後は**国衙領と荘園を明確に分別**し，荘園領制のもとで，権門が荘園・知行国を確保できようにするために発布した。
111	読	荘園が拡大し，**国内の半分以上が荘園**になっていることがわかる。
112	考	天慶の乱を鎮圧した武士の家系が代々，武名と芸を継承する**兵の家として成立**し，各地の反乱**押領使や追捕使として派遣**されるようになったら。
112	読	摂関家や天皇家の武力として，貴族のそばにひえていたため，**「侍ふ者」（そばに控えている者**から侍とよばれるようになった。
113	考	**兵の家として**清和源氏が平忠常の乱や前九年合後三年合戦で勢力を拡大した。一方桓武平氏は羽上皇と結んで**院の武力として台頭**し，源義親乱の鎮圧や瀬戸内海の海賊を討伐して，勢力を大した。
113	読	清衡は藤原経清の子で，母が前九年合戦の後，原武貞に再嫁したため清原氏を名乗った。**後三合戦で清原家衡を滅ぼし旧姓に復した。**
120	考	この時期には仏教は貴族社会に本格的に浸透しおり，ことに末法思想が広がる中で，上皇自身**仏教に深く帰依**していた。
120	読①	頼通の甥と姪の子（**血縁関係は遠い**）。
120	読②	白河院政:1095年，院に北面の武士を設置。1098源義家が院の昇殿を許される。1108年，平正盛源義親を討つ。1129年，平忠盛が瀬戸内海の海を追討。 鳥羽院政：1132年，忠盛が内昇殿を許される。1146年，平清盛が安芸守に任ぜられる。
121	考	**私的な土地所有**の展開，院や大寺社，**武士の台**など，社会を実力で動かそうという風潮のはじりなど，**それ以前の時代と大きく違う面が見ら****たから**。
122	考	清盛の娘（徳子）を高倉天皇の中宮に入れ，生れた安徳**天皇の外戚**となったこと，経済的基盤**荘園や知行国**であったことなど。
123	考	聖などの布教者が**浄土教**を全国に広め，各地の方豪族が**阿弥陀堂**などを建立したから。
124	読	右から左へ**詞書と絵を交互に見て**，鑑賞した（手で開き，右手で巻き取りながら，肩の幅くらを開いて鑑賞していた）。
125	考	伝統的な貴族文化が，**武士や庶民による新興文**を取り入れることで，院政期の文化が形成されから。
126	考	源頼義以来，源氏とのゆかりが深く，三方を山南を海に臨む**守りやすい地形**であったから。
127	考	鎌倉幕府は大倉から宇都宮辻子，さらに若宮大と移転した。**北条泰時・時頼邸や北条高時**（得**邸に非常に近い**場所であることがわかる。
128	考	東国には自分に従わない勢力もいたため，まずらの**勢力基盤である東国を固める**ため。また，のことを踏まえた配下の千葉常胤ら有力御家人追撃に反対したこと。など
129	考	❶幕府の支配を支える**御家人を統率する機関**がけられた。 ❷反乱軍であった頼朝が朝廷（後白河法皇）か**東国支配権**を認められた。 ❸実際の政治で必要な**政務や裁判を行う機関**がけられた。 ❹**守護・地頭**による地方支配を進めることがでた。 ❺「幕府」とはもともとは**近衛大将の陣営**（居を指す言葉であった。 ❻頼朝が**征夷大将軍という幕府の首長**である役に就くことができた。

本誌頁	問	解答例
30	考	執権政治の特徴は**合議制**にあったといえるが，連署や評定衆の設置はこれを具体化するものであった。
30	読①	源氏将軍：頼朝，頼家，実朝 藤原将軍：頼経，頼嗣 皇族将軍：宗尊親王，惟康親王，久明親王，守邦親王
30	読②	1200年，**梶原景時**を追討（時政）。1203年，**比企能員**を謀殺(時政)。1205年，**畠山重忠**を追討(時政)。1213年，**和田義盛**が挙兵・敗死（義時）。1247年，**三浦泰村**を追討（時頼）。
31	考	院政期以来，各地に開発領主として勢力を拡大してきた武士は，**御家人として幕府のもとに組織**され，**地頭に任命**されて所領支配を保障された。しかし，この時代は畿内の貴族・大寺社など**荘園領主の力もまだ強く**残っており，政治・経済両面で**二元的な支配**がなされていた。
31	読	畿内や西国には，承久の乱で破れた**後鳥羽上皇方の貴族や武士の所領**が多く，幕府はそれらを**没収**し戦功のあった御家人に与えた。
32	考	惣領制はこの頃の武士社会における**一族の結合の仕組み**で，所領を分割しても**惣領**を中心にまとまっていた。幕府はこれに基づき，**軍役や課役**などの負担を惣領を通じて行った。惣領はそれを**庶子**に配分して奉仕した。
2	読	❶**櫓門**があり，弓矢・楯がおかれている。周囲を**板塀**や**堀**で囲み，外部からの襲撃に備えている。**竹藪**があり，矢の材料を確保している。馬を飼育している（厩が板敷きなのは**馬**を大切にしていたから？）。従者（**家子郎等**）がいる。など ❷馬：「**弓馬の道**」とよばれるように武士にとって乗馬は欠かすことのできない能力であった。 鷹：**鷹狩り**をしていた。 犬：古くから人に飼われ，**番犬・猟犬**として人に仕えた。あるいは鷹狩りに用いられたものか（日本では犬を食用とする風習はなかった）。 猿：馬の守り神として飼われていた（日光東照宮の有名な三猿は神馬の小屋にある）。
3	考	幕府の力が強まるとともに，地頭である武士たちも支配を拡大していき，荘園領主との間に紛争をおこすことも増えた。これを解決する方法として**地頭請所**や**下地中分**が行われた。
3	読	❶**南北が逆**に示されている。北に広がる海は日本海である。中央に東郷湖がある。海，湖に**舟**が描かれている。湖の周りに**水田**や**馬**，**家屋**が描かれている。南の山のふもとには**神社**や**寺院**が描かれている。**朱線**（**中分線**）が4本見える。朱線の両脇に花押が2つ書かれている。　など ❷**下地中分**のため。 ❸この荘園に**地頭**がいるということは，1185年の守護・地頭設置以降のことである。また，伯耆国は西国に属しているので，幕府の力が西国に及ぶようになった承久の乱（1221年）以降のことと推測される。
4	考	1274年の文永の役の時には，まだ元と戦っていた**南宋は1276年に滅亡**している。そのため1281年の弘安の役では，降伏した**南宋軍が江南軍という形で編成**されて参戦していた。
4	読①	❶馬に乗った武士が攻撃されている。元軍は（**歩兵で**）**集団戦法**である。元軍の用いた「**てつはう**」が炸裂している。など ❷竹崎季長が追い詰められて窮地にある状態というよりも，逃げる元軍を追撃している場面となる。
4	読②	戦闘服を着ているのは兵士で**モンゴル人**で，船を操っているのは**高麗人**か。ドラをたたくのはモンゴル人，太鼓をたたくのは高麗人か。顔つきの違いから**元軍が混成軍であった**ことが読みとれる。など
5	考	幕府政治の根幹となっていた**御家人層の窮乏**（その背景には十分な恩賞を与えられないまま3度目に備える**軍事的負担**と，**分割相続**の繰り返しによる所領の細分化，そして**貨幣経済の発展**という状況があった）。

本誌頁	問	解答例
135	読	**窮乏する御家人**を救おうとしたが，その**効果は一時的**で，態度を硬化した借上たちの金融引き締めにより，貧しい御家人はさらに窮乏した。
136	考	❶農業生産力の向上によって，**余剰生産物が商品として流通**し，**商工業や貨幣経済の発達**をもたらした。 ❷遠隔地からの現物輸送が困難だったため。さらに，金銭の輸送を手形で代用する**為替**も使われた。
137	考	祈禱や学問中心の旧仏教に腐敗がみられるなか，**武士や庶民など広い階層を対象とする新仏教**が誕生した。その特徴は選び取られた**一つの道**（**念仏・題目・禅**）**によって救われる**という信仰であった。これに刺激を受けた**旧仏教側**でも，**戒律を重んじる**とともに，貧者や病人の救済・治療などの**社会事業**に力を尽くす動きがみられた。
138	考	承久の乱後，全国的支配権を強化した幕府のもとで，北条氏など上級武士の間には**政治を考える必要から学問への関心**が起こった（北条時頼が『貞観政要』を書写させたり，**金沢実時が金沢文庫を設立**して和漢の書を集めたりしている）。
138	読	**伊予国に生まれ**，善光寺，熊野本宮などその足跡は**九州から奥州まで**及んだ。
139	考	**造東大寺勧進職**に任じられた**重源**は諸国を回って資金調達を行った。これに**藤原秀衡や源頼朝も大いに協力**した。
140	考	**平重衡の焼打ち**により天平彫刻が多く焼失したため，鎌倉時代の南都復興事業の中で，多くの仏像が**運慶・快慶ら奈良仏師**によってつくられたから。
141	考	仏像の身体の**筋肉**，衣服の**ひだ**や**表情**などにみられる。特に目には写実性を高めるために「**玉眼**」という手法が用いられた。
141	読	6体の阿弥陀如来（**南無阿弥陀仏**という念仏を表している）。
142	考	この時代，彫刻と同様に絵画でも**写実性**が追求されたことと，個性に対する関心が高まってきたことから（**禅宗の僧侶が師僧の肖像画である頂相を崇拝**する風習もこの頃中国から伝わっている）。
142	読	「法然上人絵伝」や「一遍上人絵伝」などの高僧の伝記，「北野天神縁起絵巻」や「石山寺縁起絵巻」などの寺社の縁起（由来や霊験伝説），「平治物語絵巻」や「蒙古襲来絵詞」などの合戦絵がある。そのほかに，P.143の1-7･1-8のように，因果応報を説く六道絵もあった。
143	考	**仏教の教えを民衆に広めるため**に制作されたから。
144	考	後醍醐天皇のもとに，**楠木正成**ら畿内近国の悪党的武士や，**足利高氏・新田義貞**ら御家人が結集して幕府を滅ぼしたが，**天皇親政をめざす後醍醐天皇**，**荘園制に抵抗する悪党的武士**，**得宗専制政治に不満をもつ御家人**とそれぞれの「反幕府」の理由は異なっていた。
144	読	（両統迭立時代の）**大覚寺統の傍流**に属していた。
145	考	**惣領制解体**の中で，各地の**武士団内部では分裂と対立がおこり**，惣領が北朝につけば，惣領からの自立を図る庶子が南朝につくというような状況が生まれた。また，北朝を擁立した**足利政権の内紛**（**観応の擾乱**）もこれに拍車をかけた。
146	考	**右京は低湿地**であったために早い時期に荒廃し，**居住地は左京に集中**した。その後，**応仁の乱で荒廃**した京都は**町衆によって復興**され，平安京の範囲を超えて上京が成立した。秀吉の御土居はこれらの**京都の町域の変化**を経て築かれたから。なお，秀吉は上京・下京の**総構**（そうがまえ＝堀や土塁による防御施設）**を破却**し，**統一権力として京都の範囲を示す**御土居を築いたという。
147	考	評定衆・引付衆，問注所・政所・侍所，守護・地頭などは鎌倉幕府にならったが，**執権は管領**となった。また，幕府が京都におかれたため，**鎌倉には鎌倉府をおいた**。など
147	読	**細川，斯波，畠山とも足利氏の一族**（一門）であった。
148	考	臣下として明の皇帝に**朝貢するという形式が屈辱的**であると考えたから。

本誌頁	問	解答例
149	考	**明の海禁政策**のもとに**琉球は中継貿易で栄えた**。日本には**明の銅銭**，**生糸**，絹織物，陶磁器，**東南アジアの香辛料**，象牙などをもたらした。また，**蝦夷地の鮭や昆布**などの海産物も**津軽の十三湊**を窓口に日本にもたらされた。
150	考	土一揆（徳政一揆）は**民衆**（**農民・都市民**）が主体で，**徳政発布など経済的要求**が中心であった。国一揆は**国人**（**武士**）が主体で，**守護大名の支配に対抗**した。一向一揆は**本山**（**石山本願寺**）**の指示**のもとに，**一向宗の坊主や門徒の国人・地侍・農民**が，**信仰を守るため**に戦国大名や織田信長と戦った。
150	読①	前に進めば**極楽に往生**できる。後ろに退けば無間地獄に落ちる。
150	読②	正長元年ヨリサキ者（は）カンヘ四カンカウニヲイメアルヘカラス（正長元年より前については，神戸4カ郷に負債はないものとする）
151	考	**足利将軍家の家督問題**，**管領**（**畠山・斯波家**）**の家督問題**のほか，**幕府内の勢力争い**も絡み，状況が複雑であった。これに各地の守護たちもそれぞれの思惑で参戦したため。
151	読	味方の**足軽たちの狼藉**（略奪行為）を止めようとしている（足軽などの傭兵を使う側にも頭の痛い問題だった）。
152	考	①**牛馬耕**の普及。②**二毛作**に加え畿内・瀬戸内では三毛作。③**肥料**（**刈敷・草木灰・下肥**）の普及。④**水車などによる灌漑**・排水施設の整備。など
152	読	❶海水を撒いた浜をならす女性。❷海水の入った桶を運ぶ男性。❸海水を塩釜で煮詰める男性。
153	考	**明銭が日明貿易の主な輸入品**であったことや商工業の活発化，多数の**土倉**が営業していたことなどからうかがえる。また，各地の中世遺跡からは，大甕などに入った**大量の埋納銭**が出土している（P.149歴史ナビ）。
154	考	坂本や大津は琵琶湖の，鳥羽や淀は淀川の港であり，東国や西国からここまで船で運んだ物資を陸揚げし，京都に運んだから。
155	考	南北朝の動乱で既成の秩序が崩壊すると，**新興武士**たちは**華美で人目を引く**風俗や傍若無人な振る舞いで**伝統的権威を否定**した。これをバサラといい，その代表的人物が佐々木道誉であった。
156	考	幕府の保護を受けた五山の禅僧たちには，中国からの**渡来僧や中国帰りの留学僧**も多く，**宋学の研究や漢詩文の創作**も盛んであった。**日明貿易で経典や書籍も輸入**されており，そうした中で**五山版の出版**も行われた。
156	読	こうした問いは**禅問答**といって正しい答えはない。**考える過程が大切**であり，知的な遊びともいえる。絵の上部に記された文は，将軍義持のこの発問に京都五山の31人の禅僧たちが答えたものである。周崇の答えのほかに「瓢箪で押さえたナマズで吸い物をつくろう。ご飯がなければ砂でも炊こう」という答えや，「ナマズを捕まえるのなら，ナマズが竹に跳び上がるのを待とう」などというものもあった。
157	考	**水を用いずに石と砂だけで山水を表現**する作庭方法で，山水画の境地を造園にも表そうとした。
157	読	**畳**を敷き（畳の数で部屋の広さを表し），角柱を用いる。部屋を仕切るのは**襖や明障子**で，現代では珍しくなったが，**床の間や違い棚，付書院**なども備えた。
158	考	連歌は**集団で楽しめる**ことから，**社交の手段**ともなった。**連歌師が各地を回って普及につとめ**，大名や武士だけでなく民衆の間にも広まった。
159	考	幕府の保護を受けていた**五山派の活動が，幕府の衰退とともに停滞**したのに対し，同じ禅宗の**林下や浄土真宗・日蓮宗は，地方武士や民衆**（農民や都市の商工業者）**への布教**を通して支持を広げたから。
160	考	**応仁の乱で都が荒廃**したため，**公家や禅僧**などの文化人が各地の大名たちの保護を求めて，**地方に下った**から。また，**戦国大名**も自らの権威づけのために，**文化の摂取に積極的**であった。

本誌頁	問	解答例
161	考	戦国大名は**分国法**などを定めて**家臣団を統制**し，領国の支配を行った。**検地**を行い**農民支配を強化**するとともに，**都市をつくり商工業を振興**させた。守護大名のように**幕府の権威に頼ることなく，それぞれの地域を支配**した。
162	読	❶将軍御所に向かう**行列の主は（この屏風を贈られた）上杉謙信**と考えられている。 ❷職業：米屋，馬借，大原女，桂女，振売，扇屋，髪結床，一服一銭，湯女など 子どもの楽しみ：毬打，猿回し，相撲など ❸左隻・右から：鞍馬寺，上賀茂神社，神護寺，金閣，龍安寺，北野天神，相国寺，天龍寺，広隆寺，西芳寺など 右隻・右から：東寺，三十三間堂，清水寺，八坂の塔，祇園社，知恩院，南禅寺，聖護院，銀閣，吉田神社，比叡山など
165	考	**商工業の発達によって流通が増大**し，人びとの経済活動が活発になったことが挙げられる。**海外貿易港としての堺や博多**のほか，国内流通のための**港町や宿場町**も発達した。戦国大名は領国の政治・経済・文化の中心として**城下町**を建設したほか，**寺社の門前町**も発達した。特に**浄土真宗**の勢力の強い地域では**寺内町**が建設された。
172	考	1発撃つごとに次の**弾込めに時間がかかり，雨天**時は火縄や火薬が濡れて**使用できなかった**。
173	考	**延暦寺**や**一向一揆**といった宗教的権威をもち仏教という信仰で結ばれた寺院勢力は，**信長が全国統一を進める上で抵抗勢力となる**ものでありそれを制圧する必要があったから。
174	考	九州平定を終え，天下統一まであと一歩となった秀吉が，**天皇の権威を利用**して，諸大名に関白としての自分に忠誠を誓わせた。
175	考	領主の自己申告である指出検地と異なり，太閤検地は秀吉の命令に基づき**全国統一基準で実測**し，生産力を**石高**で把握した。
176	考	城郭が防御を第一とした軍事的なものから，**領国経営の中核**として民衆に権力を誇示する**政治的なものに変化**したから。
177	考	**巨大な石垣**や**水濠**，**壮麗な重層の天守閣**などにより威容を備えており，内部は金地に濃い色彩の**濃絵**で装飾されていた。権力を手にした**大名たちが自らの威光を示す**といった性格が強い。
177	読	**将軍が座す一の間**と，諸大名が控える**二の間の間には，段差**を設けるとともに，背景に松を大きく描き将軍の権威を演出した。
178	考	近世という新しい時代をつくり出していった**信長・秀吉**や**諸大名**，そして**豪商**たち。
179	読	**濃絵**は**金箔地に青や緑を彩色**した絵画でこの時代に生まれた。これに対し，**水墨画**は室町時代以来描かれ，**墨の濃淡で自然や人物を表現**している。
180	考	豪商の経済力や文化は，**全国統一に利用**でき，意思疎通を図る目的でも豪商らを**取次**役として用いた。
181	考	南蛮人の服装やしぐさ，大型船など**それまで見たことのない文物や風俗に接し，その新鮮さを視点とした**素材に注目して描かれている。
182	考	豊臣秀頼が大坂城におり，名目的に**秀吉以来の地位**をたもっていたから。
182	読	関ヶ原の戦いで西軍についた大名は**改易・転封・**大幅な**減封**を受け，**東軍についた大名は加増**された。
183	考	父祖伝来の所領を本領安堵してきた大名であっても，幕府や将軍の政策により**転封**や**減封**が頻繁に実施されるようになったから。
183	読	全国の要地に徳川の一門や譜代大名を配置し，**外様大名は遠隔地に配置**された。**一門や譜代大名を要地に配置**することにより，幕府権力を安定させようとした。
184	考	**権力の集中や腐敗を防ぐ**こと，従者として**奉公する機会を増やす**こと，**重要な案件を非番の者も含め同じ役職の者で協議できる**ことなどが考えられる。
184	読	約1世紀で，歳入は約2倍となり，歳入に占める**年貢の割合が減少**した。御用金や貨幣改鋳益金の割合が増加している。
185	考	寺院ごとに檀家における出生，死亡や結婚，転居などが記録されているので，**人口動態調査の史料**となる。
186	読①	朝鮮通信使（異国の使者）が江戸城に入城する姿を描くことにより，**異国が将軍に服属しているという印象**をもたせるため。
186	読②	❶「江戸図屏風」では江戸城を詳細に描いているが,「江戸名所図屏風」では簡略化して描いている。 ❷「江戸図屏風」では高札をみる庶民の姿が描かれているが,「江戸名所図屏風」に描かれている民衆は，高札場の前を素通りしている。
187	考	後期倭寇の活動や豊臣政権の朝鮮出兵により，中国（明）の日本に対する不信感と警戒心は根強く，**正式な国交を結ぶことができなかった**ため。
188	考	キリスト教の**禁教の徹底**と，幕府が貿易の利益を独占し，西国大名が貿易によって富強になるのを防ぐため。
189	考	銀の産出量が減少したため，**銀の流出を防ぐ**ことを目的に，貿易を制限した。
189	読①	輸入品：**綿織物**などの繊維 輸出品：**銅**
189	読②	持ち物を検査している。
190	考	日本の領域ではないが，**薩摩藩**や**松前藩**による支配を通じて，幕府に服属させた。
191	考	霊廟建築：**日光東照宮**。桃山文化の影響を受けた豪華な装飾彫刻が施されている。 数寄屋造：**桂離宮**。書院造に草庵風の茶室を取り入れている。
192	考	雄大な構図をもつ装飾画，霊廟建築の豪華な装飾彫刻，茶の湯など。
192	読	三味線，双六，煙草盆，長キセル
193	考	百姓は古代では「ひやくせい」と読み，皇族以外の人民の総称であった。近世では,「ひゃくしょう」と読み，屋敷地と田畑をもち，**検地帳**に登録されて**年貢を納入**する者をよんだ。大部分は農民であったが，年貢を納める漁民，職人，商人なども含まれていた。
193	読	出産によって死亡することが多かったから。
194	考	近世の村では，**惣村**以来の共同体としての慣行や自治運営は受け継がれたが，軍事的・政治的な力は抑制され，**幕藩体制の末端機構**として位置づけられた。
195	考	家臣は主人個人に仕えるのではなく，**主家に奉公する主従の関係**が明確になり，下剋上はありえなくなった。
196	考	**殺生を禁じ**（命を大切にし），戦国時代以来の武力によって相手を殺傷することによって上昇をはかる価値観を否定しようとした。
196	読	❶**金**の含有率が低い。 ❷金の含有量を減らして小判の発行数を増やすことにより，差益による**増収を図る**とともに，鉱山の採掘量減少に伴う金の不足や**貨幣需要の増大に対応**した。
197	考	原料の**綿花**栽培は農業における**商品作物生産**の中心となり，その拡大に伴い，**干鰯・〆粕・油粕**などの**金肥**の需要が高まり，漁業の発展も促した。さらに，染料の**藍**栽培や染色業，綿織物業など多くの関連産業が各地で発達し，流通経済を活発化させた。
197	読	17世紀初頭から，幕府や諸藩の主導や，商人の資力などにより**新田開発**が進んだため。
198	考	紀州からの移住者により伝えられた**九十九里浜**の**鰯地引網**により，畿内の**綿作**の肥料となる**干鰯**が生産され，さらに**江戸地回り物**として需要が増大した醤油の醸造技術が紀伊半島から房総半島に伝えられ，**銚子**や**野田**が産地となった。
199	考	**全国的な物資の流通**が盛んになり，江戸・大坂などの**都市と地方との経済的な結びつき**が強まった。
200	考	**金貨**は両・分などの単位の**計数（表示）貨幣**で，**銀貨**は目方を量って使う**秤量貨幣**だった。また，金貨は東日本で，銀貨は西日本で主に流通した。
200	読	客が店舗を訪れ，実際に**商品を見て購入**するこや，「**現金かけねなし**」の記載があるように，金取引で（掛売をせず），値引きもしなかった。
202	読	農山漁村で**仕事のない者**（次男・三男など）が身で江戸に出て，**奉公や出稼ぎ**を行っていたた（なお，諸藩の江戸詰め武士たちも単身だったの武家人口も男性が多かった）。
204	考	社会が安定し，**経済の中心地**の町人たちにゆとが生まれたから。
205	考	朱子学が君臣・父子の別をわきまえ，**上下関係重んじる**学問であったため。
206	考	農学，医学，和算などの**実用的**な学問。
207	考	幕府，大名，豪商など
208	考	明快な構図や色彩による**装飾性の強い**画風。
209	考	商品・貨幣経済の進展により，**農村の階層分化**・**都市の発展**がみられた。これに伴い，領主の**年**・**収納が減少し財政基盤が揺らぐ**とともに，消費活が豊かになり支出が増大したため。
209	読①	禄高の少ない者が多く登用されるようになった。
209	読②	米価下落を防ぐために江戸町人に買いしめさせり，大坂堂島に米相場の実施を公認したり，米下落を防ぐための最低価格を定めたりするなどの対策の後，米価は上昇しており，効果はあったいえる。
210	考	利貸して質に取った田畑を集めて地主となり，農に成長した有力農民と，田畑を失って小作人なるか，年季奉公や日用稼ぎに従事する者とに化し，両者の対立が深まって，**村方騒動が頻発**し
210	読①	5石未満の小農層。5～20石の中農のうち，困して田畑を手放す者が多くなったから。
210	読②	石高が10石で年貢米と雑税を合算すると5石9 2升だから，59.2%となる。肥料や農具は購入ていた。
211	考	積極的な**商業政策**を行い，経済活動を活発にしそこから得られる富の一部を財源に取り込もうした。
211	読	**銅**。幕府は長崎貿易における**金銀の国外流出を**ぐ**ため**，銅による取引を奨励していた。
212	考	**実学**を奨励し，キリスト教に直接関係のない**漢**・**洋書の輸入を認め**られ，これにより，本草学なが隆盛し朝鮮人参の国産化なども図られた。ま**青木昆陽**や**野呂元丈**らがオランダ語習得を命じれ蘭学興隆の基礎が築かれた。
213	考	庶民も生業や生活の上で読み・書きの知識が必となり，**寺子屋**で学んだから。
214	考	**蘭学の興隆**を背景に，**平賀源内**の洋風画が小田直武らの**秋田蘭画**といわれる一派や**司馬江漢**ら受け継がれた。
215	考	①**旧里帰農令**　**囲米の制**　出稼ぎ制限　公金貸助郷役の軽減　②旧里帰農令　囲米の制　**七**・**積金**　**人足寄場**の設置　物価引き下げ令　③旧帰農令は農村の人口回復とともに都市下層民をらし治安の安定を図った。囲米も全国の大名に蓄を命じるとともに，江戸の七分積金による**町**・**所**の備蓄米など都市でも実施された。共通するらいは，**本百姓体制**の解体を抑え，村・町の再を図ることにあった。
216	考	**ロシア船の来航**に危機感をもった幕府は，アイを同化し蝦夷地を内国化するとともに，国境を定して**防備の充実を図るため**，蝦夷地を直轄し
217	考	この時期には，**内憂外患**に苦慮する**幕府の権力弱体化**していた一方で，**藩の自立化**傾向が進み発言力が強まっていたため。
217	読	老中**水野忠邦**らに三方領知替えの中止を嘆願すため，**駕籠訴**（要人が駕籠で通過する場所に待けて訴状を出すこと）しようとしているところ [掲載部分は大老井伊直亮（なおあき・井伊直弼の兄養父）への駕籠訴の場面]

頁	問	解答例
8	考	大藩であることや，有能な中・下級武士を藩政の中枢に参加させたことなど。これらの藩は**雄藩**として，幕末の政局に強い発言力をもつようになった。
8	読	B→C→A
9	考	**ロシア**をはじめとする**異国船の接近**により，欧米列強の**軍事力**や政治・文化の源泉である**キリスト教**への危機感が高まり，近代科学の導入に向けて実学が重視されるとともに，キリスト教の脅威に対抗しうる思想形成が模索された。
9	読	雪の結晶。土井利位は雪の結晶を「雪華」と命名し，観察結果を『雪華図説』（正・続）にまとめて出版した。
20	考	読書（**滑稽本・人情本・読本**等），**歌舞伎**や相撲見物，寺社参詣・物見遊山，富突（くじ）など
21	考	浮世絵の**構図・色彩・線描**などに影響を受け，これらの技法を用いて，日常の風景を印象的にとらえることを試みた。
22	読	地震による被害ののち，倒壊した家屋の再建が始まり，材木屋や大工などが利益を上げ，それらが循環して**復興景気**につながっていったことを象徴している。
30	考	産業革命により灯油の需要が拡大し，鯨油獲得のための**捕鯨業**が繁栄していた。捕鯨船は日本近海にも来ており，その薪水補給や**貯炭場**として，また，**対清国貿易船**のための寄港地を求めていた。
30	読	日本人にとって未知の欧米の高度な科学技術を示し，**開国**による利点を強調して**条約交渉を有利に進めようとした**。
1	考	欧米諸国との貿易が始まり，取引は**居留地**において外国人商人と日本人商人が銀貨を用いて行った。貿易港は**横浜**，相手国は**イギリス**が一番多かった。
2	考	主な輸出品であった**生糸**などが開港場へ直送され，江戸で品薄になったことや，金貨流出対策の**貨幣改鋳**によりインフレとなったこと。
2	読①	欧米の製品は**機械生産のために安価**であり，国内製品より売れたから。
2	読②	**生糸**。1Aのグラフでは1863年の輸出額の75.8%，1865年の輸出額の79.4%が生糸である。
3	考	南紀派は従来から幕閣を構成している**譜代大名**，一橋派は，幕政から遠ざけられていた**親藩大名**と**雄藩**とよばれる一部の有力外様大名の政治連合である。
4	考	両藩ともに実際に欧米列強と交戦することで実力差を体感し，攘夷の不可能を悟り，**倒幕**を優先する方針で藩論を統一した。薩摩藩は薩英戦争の経験から**イギリスに接近**し開明政策に転じた。
4	読	下関砲台を占領したのは，イギリス・フランス・アメリカ・オランダの**4カ国の連合軍**だったから。
5	考	民衆の社会変革への期待を背景に，世の平均化を求め，富裕な地主，村役人，**横浜貿易**で利益をあげる**生糸商人**などが襲撃の対象となった。
6	考	**公議政体論**に基づく徳川家による**支配体制の再構築を企図**して大政奉還を行った。
7	考	新政府は三井・小野らの豪商からの借金で財政をまかない，**太政官札**や**民部省札**などの**不換紙幣**を発行した。諸藩は藩札を発行し，贋金を私鋳した。
7	読	錦の御旗を掲げ，優勢に描かれている左側に描かれている。
8	考	五箇条の誓文は公議世論の尊重，**開国和親**の方針を示し，五榜の掲示は徒党や**キリスト教の禁止**など，旧幕府の対民衆政策を引き継いでいた。
8	読	薩摩藩，長州藩，土佐藩，肥前藩
	考	版籍奉還では旧藩主を知藩事に任命したが，農民一揆の高揚などに対してより**強力な中央集権国家を樹立する必要**があったため，廃藩置県で知藩事を罷免し，**府知事・県令**を任命した。
	読	（各々で調べてみて，現在に至るまでを追ってみると地域の歴史も垣間見えるだろう。）
	考	**廃刀令**と**秩禄処分**によって特権が廃止され，下級士族は**金禄公債**の額面も低く，生活が困窮したため。

本誌頁	問	解答例
241	読	**西南戦争がおこったこと**や窮乏した士族の不満が読み取れる（ちなみに，この絵が描かれたのは1877年３月で，西南戦争の熊本城攻防戦の真っ最中のことであった）。
242	考	税制の不一致や負担の不公平を解消し，**近代税制を確立**することで財源の安定が目的だった。
242	読	❶政府の配分は減少，地主の配分は増加，小作農の配分は微減となった。 ❷新しい税が増加したことにより，地租の割合は減少した。
244	考	**工部省**は**官営事業**中心の政策を行っていた。**内務省**は**民間産業**の近代化政策をおこなった。
244	読	炭坑の**石炭**を輸出や国内で利用するために港に運ぶため。
245	考	1876（明治９）年に**国立銀行条例**を改正し兌換義務を廃止すると，**金禄公債証書**を手にした華族・士族や商人・地主によって各地に国立銀行が設立されたため。
246	考	西洋から新しいものが流入して**便利さ**を感じるとともに，**政府からの押し付け**も感じていたと思われる。
246	読	日本人の習慣には欧米人からみると「**未開**」と取られるものが多かったため，それらをみられないようにするため。
247	考	**天皇の神格化**を進め，天皇の名のもとに**中央集権体制**を強固なものにするため。
247	読	❶神仏分離令以前では**神仏習合**が行われていたため。 ❷神仏分離令にはじまる**廃仏毀釈運動**によって破壊された。
248	考	江戸時代は，身分により教育機関や内容が異なり，庶民は私的な教育施設である**寺子屋**で，個別指導により自発的に学んだが，明治初期には，**国民皆学**のもと，身分･性別にかかわらず**義務教育**となり，小学校では全国一律の内容が一斉に教授された。
250	考	欧米近代国家の政治や産業の発展状況を細かく視察することにより，**近代化の方針を定める**こととなった。
250	読	和装であるが，ブーツを履くなどの**和洋折衷**となっている。
251	考	江華島事件など，**武力による威圧**を行い，日本にとって有利な**不平等条約**を締結させた。
252	考	農民は**地租改正**や**徴兵令**などに反対し，士族は**秩禄処分**などによる特権の廃止に反対したため。
252	読	1884年。**松方デフレの影響**により，農村の困窮が深刻となったため。
253	考	漸次立憲政体樹立の詔を出す一方で，**讒謗律や新聞紙条例，集会条例などで弾圧**を図った。開拓使官有物払下げ事件に対応して，**国会開設の勅諭**を出し，開設の準備を進めた。
254	考	政府は**君主権**を強大化したものを構想したのに対し，民間では国民の**自由**や**民主主義**を意識した内容が多かった。
254	読	**国会開設**を主張する**大隈**が，**黒田**との争いに負けて下野したことを風刺している。
255	考	激化期には軍隊までも動員して武力鎮圧を図った。再燃期には**保安条例**や**新聞紙条例改正**で弾圧を行うとともに，**大隈重信**，**板垣退助**を政府に登用し，批判を弱めた。
256	考	小国であったドイツが，**君主権**を強大化して**富国強兵**を行い，結果としてヨーロッパで強国になったことにならおうとしたから。
256	読①	めざすべき手本としてとらえ，病死や暗殺などにならないよう，政敵たちから守ってくれるご利益があるように奉っている。
256	読②	ベルツは，民衆が憲法の内容を知らないと思っていたから。
257	考	第一議会から第四議会までは民党が「**政費節減・民力休養**」を掲げ政府の**軍備拡張**について対立した。第五・第六議会ではおもに**条約改正問題**で対立した。
257	読	薩摩藩，長州藩

本誌頁	問	解答例
258	読	猿真似ということで，**鹿鳴館**に代表される明治政府の**欧化政策**を批判的にみている。
259	考	**ロシアの南下を懸念するイギリス**が態度を軟化したから。
260	考	日本は近代化を進めようとする**改革派**を支援していた。清は宗主国の立場から，**保守派**を支援した。
260	読	朝鮮。日本と清は朝鮮を狙っており，ロシアはそのようすをうかがっている。
261	考	大本営は**台湾統治**のために広島に残ったが，住民が軍事占領に激しく抵抗し，占領まで時間がかかったため。
262	考	**軍備拡張**や産業育成を行うために**増税**が必要であり，政党の協力を得て，円滑に政治を運営しようとしたため。
263	考	ロシアが満洲に鉄道を敷設し，朝鮮半島への影響力を強めた。そこで満洲と韓国の支配を相互に承認，妥協する**満韓交換論**と，イギリスと同盟を組み戦争を行う**日英同盟論**が日本国内で争われ，日英同盟締結を機に開戦へと進んだ。
263	読	❶栗を焼く人…ロシア，中央の少年…日本，太った紳士…イギリス，痩せ型の紳士…アメリカ ❷朝鮮（大韓帝国）
264	考	ロシアは**北満洲**を，日本は**南満洲**を相互に承認することで，**満洲の利権**を確保しようと考えたため。
265	考	日清戦争後から本格化し，**台湾**，日露戦争後に**南樺太・関東州**，**朝鮮**，第一次世界大戦後に**南洋諸島**と広がった。1920年代後半から中国で**国権回復運動**が進展すると（→本誌P.296），**関東軍**は中国東北部進出を進め，「**満洲国**」建国へと支配影響範囲を拡大した。
266	考	**軍備拡張や増税への不満**が高まっており，農村に個人主義や自由主義が広まることをおそれたため。
266	読	**日露戦争の戦費**の返済のため，増税や税の新設などで生活難に陥ったため。
267	考	**日露戦争**後の財政難で緊縮財政の中，**第２次西園寺内閣**は陸軍の軍拡要求を拒絶した。しかし陸軍は**軍部大臣現役武官制**を使って西園寺内閣を総辞職させた。替わった**第３次桂内閣**は長州閥で陸軍の要求を代弁し，天皇の詔勅も利用した。その結果，**第１次護憲運動**によって総辞職に追い込まれたから。
267	読	二個師団増設
268	考	イギリスの**３Ｃ政策**とドイツの**３Ｂ政策**の対立。合わせて，**パン=ゲルマン主義**のドイツと**パン=スラヴ主義**のロシアの対立。これが**サライェヴォ事件**をきっかけに**第一次世界大戦に発展**したから。
268	読	募兵（米国イラストレーターのジェームズ・モンゴメリー・フラッグがアメリカ陸軍への応募を促すために作った。「アメリカ陸軍に君が必要だ」。）
269	考	**日英同盟**締結による英国の依頼（後に英国は依頼を取りやめるが）と，東アジアのドイツ領を獲得して**国際的地位を高めようとした**ため（国内では「天祐」と捉える意見もあった）。
269	読	青島，南方。また，地図中矢印のキャプションにもあるように地中海にも赴き，連合国軍輸送船の護衛にあたった。
270	考	民衆の期待の一つには，普通選挙の実現があったが，**納税資格の引き下げにとどまった**。高等教育の充実，鉄道路線の拡張などの政策を進めたものの，**利益誘導政治や汚職事件に対して，民衆の批判**は高まった。
271	考	ヨーロッパ諸民族にのみ**民族自決権**を適用した**ヴェルサイユ体制**だったが，それが影響して朝鮮や中国でも**民族独立**の機運が高まったから。
272	考	海軍の**主力艦**・航空母艦の軍縮，**山梨半造**陸相による平時兵力削減等の陸軍初の軍縮，**幣原喜重郎**外相による**対英米協調外交**や**対中国内政不干渉**，**宇垣一成**陸相による４個師団削減などの軍縮が行われた（学校に**軍事教練**を設けて失業将校対策とした）。

本誌頁	問	解答例
272	読	第一次世界大戦後の国際協調主義を反映した**軍縮政策**が推進された時期だったため。
273	考	民法にみられるように，**前近代的な家制度**における立場，**政治活動の制限**などからの解放を求めた。後には**女性参政権の獲得**をめざした。
274	考	**第一次世界大戦**後，**普通選挙**を求める動きが高まった。1919年に**原敬**内閣は，有権者の資格を「**直接国税3円以上を納める満25歳以上の男子**」とした。その後**清浦奎吾**内閣の**超然内閣**ができると，**護憲三派**による**第2次護憲運動**がおきた。そして衆議院第1党の**憲政会**（**加藤高明**総裁）を中心とする**護憲三派内閣**ができた。1925年に**満25歳以上の男子**に有権者資格を与える**普通選挙法**を公布したが，女性参政権は認められなかった。第1党が総辞職した後は第2党に交代したが，後継内閣は第2党として出発し，総選挙で勢力拡大を図った。
274	読	この時，大政党に有利な**小選挙区制**から，小政党も進出しやすい**中選挙区制**に変わり，普通選挙で有権者は4倍増の1,200万人となった。新有権者は社会主義系政党（**無産政党**）に投票するのではないかとも思われたが，実際は二大政党の**政友会**と**民政党**の勝敗に関心が集中した。結果は政民両党の議席数が217対216，無産政党は8だった。
275	考	多くの中小農民が**小作農**へ没落することが相次いだ。彼らが手放した資本は地主へ集中し，**寄生地主制**の基盤ができあがった。
275	読	1877年の**西南戦争**の影響を受けて米価は上昇し，政府が軍備調達のため**不換紙幣**を乱発したことを受けて，紙幣価値は**インフレーション**により下落していた。
276	考	**生糸**。幕末以来，生糸は最大の輸出品であり，製糸業は**欧米向けの輸出産業**として発達した。
277	考	繭から生糸をつくるのが製糸業，綿花から綿糸をつくるのが紡績業である。繭や器械が国産で発展した製糸業と，綿花と機械を**輸入に頼り発展した紡績業**との違いがあった。
277	読	❶1894年　❷1890年　❸1897年
278	考	政府は軍備拡張をめざしており，政府の補助や保護のもとで発展していった。
278	読①	造船業。政府の保護を受けた海運の発展もこれを支えた。
278	読②	1906年に**鉄道国有法が公布**され，民営鉄道が国有にされたから。
279	考	繊維産業の人々が多く，その多くが女性であった。彼女たち**女工**（**工女**）の多くが苦しい家計を助けるために出稼ぎに来た**小作農家の子女**たちであり，**低賃金で長時間の労働に従事**した。
280	考	ヨーロッパで労働者の権利拡張や国民の政治参加を求める声が高まった。日本でも大戦景気が労働者を大幅増加させ，1919年に本格的労働組合（大日本労働総同盟友愛会）が結成された。さらに，**ロシア革命**と**ソ連成立の影響**で**日本共産党**も非合法に結成されるなど，労働者の権利意識が高まったから。
280	読①	1918年にシベリア出兵を当て込み**米の投機的な買い占め**が起こり，**米価が急騰**したことが考えられる。
280	読②	衣食住のうち，もっとも不可欠な飲食物の価格は抑えることができず，実収入から支出される飲食物費の割合は高くなる。
281	考	明治初期，**お雇い外国人**の招へいや高等教育機関が整備されたことで海外に**留学**した人々の研究の成果がこの時期に出始めたため。
282	考	学校のさまざまな行事では必ず奉読され，また，**修身の授業**でも教材として活用された。
282	読	1902年
283	考	**自由民権運動**や国会開設，**条約改正問題**などの世論の高まりがあった。
284	考	急激な**欧化主義への批判**が高まっていて，日本の伝統への回帰が主張されるようになっていたため。

本誌頁	問	解答例
285	考	1876年に**工部美術学校**が開校し，工学基礎としての西洋美術技法の教育を開始するが，7年後に閉校した。しかし，ここで学んだ**浅井忠**が1889年に**明治美術会**を設立した。1896年にはフランスから帰国した**黒田清輝**らが**白馬会**を設立するとともに，**東京美術学校**にも西洋画科が新設されるなど次第に盛んになった。
286	考	政府の保護により，**お雇い外国人**に学んだり留学したりして西洋流の技術を学んだから。
287	考	重化学工業分野の工業生産力が飛躍的に増加し，都市の**工場労働者が増加**した。物価の上昇は都市の工場労働者の生活を直撃し，農村では，寄生地主制のもと**階層分化が進んだ**。
287	読	物価，米価，賃金のいずれも上昇しているが，**物価や米価等の高騰**は賃金以上に激しかったため，「**実質賃金**」**は低下**していく事態にあった。そのため生活は楽にはならなかった。
288	考	俸給生活者（**サラリーマン**）や**職業婦人**が登場した。新聞・雑誌・**ラジオ**などのマスメディアが発達した。衣食住の洋風化・近代化が進み，和洋折衷の「**文化住宅**」が増えた。私鉄による沿線都市開発も進んだ。
289	考	原敬内閣時に制定された**大学令**や**高等学校令**によって高学歴者が増えたこと，新聞・**ラジオ**のほかにも雑誌・演劇・映画・音楽等が人々の生活に広く根づくようになったから。
289	読①	男子の方が外国語の授業数が多い，女子は漢文がない，男子は物理・化学だが女子は理科，女子は数学・理科の授業数が少ない分家事，裁縫があるなど
289	読②	モボ：山高帽にステッキ，セーラーパンツ。 モガ：帽子（クロッシェ）にスカート。
290	考	大正時代になると，自然主義にかわって，志賀直哉や武者小路実篤の「**白樺派**」，永井荷風や谷崎潤一郎の「**耽美派**」，菊池寛や芥川龍之介らの「**新思潮派**」が活躍した。また，新聞や雑誌に掲載された中里介山や吉川英治らの「**大衆文学**」も人気を博した。また，小林多喜二などの「**プロレタリア文学**」も注目された。
292	考	洋画では西洋の手法を理解した上で独自の画風をうち立てようとする動きが見られた。文展に対抗して，**安井曽太郎・梅原龍三郎**らの**二科会**や，**岸田劉生**らの**春陽会**などの洋画の在野勢力が活躍した。
293	考	**戦後恐慌**，**震災恐慌**が完全に収束しない中，その処理法案の審議中に**片岡蔵相の失言**があり，取り付け騒ぎが起こったため。**若槻礼次郎**内閣は**台湾銀行**を緊急勅令により救済しようとしたが，**枢密院**で否決され，若槻内閣は総辞職し，恐慌は全国に波及したから。
294	考	1926年半ばから中国で**蔣介石の国民党**が**北伐**を開始し，1928年末には**国権回復運動**が高まった。田中首相は，これを幣原外相による「**協調外交**」という弱腰政策が助長した結果であり，これでは満洲権益（**満鉄**の経営等）に悪影響が出ると考えたから。
294	読	1928年に**治安維持法**が改正され，多くの社会主義者らが検挙され，国家社会主義へ転向していったため。
295	考	**金輸出解禁**（**金解禁**）による**金本位制**復帰を果たす（1930年1月実施）ことで，外国為替相場の安定と貿易拡大，国内企業の国際競争力をつけて（中小企業の淘汰を進める）経済安定を図ろうとした。為替相場も第一次世界大戦前の水準に設定した。しかし実施直前の1929年10月から**世界恐慌**がおき，**昭和恐慌**（緊縮財政による不況，失業者の増大，世界恐慌による米国市場縮小による農業恐慌）が深刻化した。
295	読	1931年

本誌頁	問	解答例
296	考	1920年代後半から中国で**北伐**や**国権回復運動**が高まると，日本は満洲権益（**満鉄**の経営等）に危機感をもった。**関東軍**は1931年に**柳条湖事件**から満洲事変をおこし，日本は1932年に「**満洲国**」を建国した。中国の提訴を受けた**国際連盟**は**リットン調査団**を派遣し，勧告を出した。主張が認められなかったと判断した日本は国際連盟を脱退した。
297	考	対内的には**高橋財政**による**金輸出再禁止**（**管理通貨制度**）の実施により**赤字国債**を発行し，軍事費を中心とした**膨張財政**をとり，これを受けて日本の**重化学工業化**が進んだ。対外的には**為替相場**を低下させる（円安にする）**ダンピング政策**による輸出促進を図ったため。
297	読	総額に占める割合（%）が，対アメリカ：輸出が減少し，輸入が増加した。対日本勢力圏：輸出が増加し，輸入が減少した。
298	考	1931年の**三月事件**後，**北一輝**の国家社会主義的内容の主張に感化された**皇道派**が勢力を伸長させた。しかし1934年に**荒木貞夫**から**林銑十郎**へ陸相が替わると，高度国防国家・**国家総動員体制**構築を主張する**統制派**の勢力が伸長した。1935年に皇道派による，統制派幹部を殺害する**相沢事件**や1936年の**二・二六事件**がおこると，皇道派の一掃が行われ，統制派が権力を握った。
299	読	天皇機関説：「法人としての国家が統治権の主体であり，**天皇は国家の最高機関として統治権を行使**」とする考え方。 国体明徴声明：「**天皇は主権者**であり，統治権の行使に制限はない」とする政府声明。
300	考	**第1次近衛内閣**が**不拡大方針**を変更して日本軍が兵力を増強すると，中国の共産党と**国共合作**をしていた国民政府は，重慶など奥地に退いて徹底抗戦し，全面戦争となった。さらに**第一次近衛声明**で「**国民政府を対手とせず**」としたことで，**蔣介石**政府との和平交渉の機会が完全に失われたから。一方で，中国には「**援蔣ルート**」など英米からの補給がなされていて，日本との戦争継続が可能になっていたから。
301	考	**世界恐慌**などで日本の農村が疲弊していたため。特に東北などの農村部が多く，農業恐慌などの影響が強いと考えられる。また，ソ連に対する兵力という側面もあった。
301	読	信濃教育会が**皇国思想**に基づく海外発展に力を入れており，恐慌等で農村が困窮すると，国策を先取りする形で積極的に推進した。そのために推進障害の排除や，アジアの盟主日本としての興亜教育が推進されたから。
302	考	**国民精神総動員運動**や**新体制運動**などにより，戦争協力に動員させられた。**総力戦体制**のため，切符制，のちに**配給制**となるなど生活必需品への統制が強まり，食料難が深刻になっていった。
302	読①	**日中戦争**が始まったため。
302	読②	1936年：1.14倍 1944年：約20.3倍
302	読③	9月1日が**興亜奉公日**とされたため。
303	考	戦争で国民生活は窮乏したが，**戦意高揚**（勇ましく戦地に向かう，命を惜しまず国のために命を捧げる等）は維持する必要があり，文学・絵画・音画・映画もそれに沿って作られた。厭戦ムードにつながるものは**検閲**して，国民の目に触れないようにした。
303	読	滅敵生活
304	考	**日独防共協定**を結んでいるはずのドイツが，共国であるソ連と**独ソ不可侵条約**を結んだため。
305	考	長引く日中戦争を徹底継続するためには，ドイやイタリアのように，強力な大衆組織を基盤とる**一党指導体制を樹立する**必要があったため。た，1940年当時はドイツが破竹の勢いで勝利をねていたため，ドイツを模倣し連携を強化するとが，日本の事態打開に有効だと考えられていため。

頁	問	解答例
6	考	1941年11月26日にアメリカの**ハル国務長官**が示した外交文書「**ハル=ノート**」（米国政府の正式提案ではなく「覚書」）には，中国・仏印からの無条件撤退や，**日独伊三国軍事同盟**の実質的破棄等が列記されるなど，**満洲事変**以前の状態への復帰を要求されたため。それまでの日本の対応は全く否定されたと，日本側は受け取ったため。
06	読	**アメリカの対日石油輸出禁止**により，別の石油入手先を創出するため。
07	考	1941年12月の**コタバル・シンゴラ**，**真珠湾**攻撃の奇襲攻撃からしばらくは日本軍有利な展開であったが，1942年６月の**ミッドウェー海戦**敗戦を機に形勢は逆転し，それ以降は米軍に追い詰められていく展開となった。
	読	1944年７月の**サイパン島陥落**以降。ここを占領されることによって，アメリカ軍の**B29爆撃機**が日本本土まで往復して飛行することが可能になり，**空襲が激化**した。
8	考	長引く**日中戦争**を継続するためには，**石油・ボーキサイト・錫**などの日本では獲得できない資源を手に入れる必要があったから。しかしその結果，当時，東アジア・東南アジアを植民地にしていた欧米諸国（とりわけ**米英**）**と利害対立**することになった。
9	考	❶**本土空襲が激化**し，米軍による都市部を狙った無差別爆撃が行われたため，**都市の防空強化**を円滑に進めるため。さらに，必至の情勢となった**本土決戦に備えて**，将来の戦士を確保するねらいもあった。 ❷肉親に会いたい気持ちは山々だったが，自分が我慢することがお国のためになると思っていた。
9	読①	繊維や食料品の生産量の下降が著しく，国民生活は厳しい状況であった。
9	読②	❶**兵器の開発**や戦場での**医療**，国内の**教員確保**など，戦争継続のために不可欠だったため。 ❷米英に対する**敵愾心育成**のため。
0	考	切符制や**配給制**のもとで物資が足りず，代用品の割合が増えていった。贅沢は禁止され，生活が切り詰められていった。また，戦意高揚に役立つ情報だけが強調された。
0	読	伊勢の神風　敵国　降伏 炉端　で　聞く　先祖　の　話 「はい」で　始まる　御奉公 日本晴れ　の　天長節 誉れは　高し　九軍神 平和　な　島々　日の御旗 東亜　を　結ぶ　あいうえお 小さいこと　から　大きな　発明 陸鷲　海鷲　僕らも　続く 拭う　汗水　勤労　奉仕 留守　を　守って　勝ち　抜こう 斧　の　響き　も　勇ましく 草鞋　で　鍛えた　おじいさん 輝く　胸の　傷痍　徽章 寄せ来る　黒潮　海の子　我ら
1	考	沖縄戦は，本土決戦のための「時間かせぎ」のために**軍民一体化**して戦うことを求められた戦争であった。軍民あわせて約20万人が犠牲となる甚大な被害を出した。
2	考	第１回目標選定会議で軍事的政治的に重要な都市を17選定し，第３回でそのうちから**京都・広島・新潟**が候補とされた。さらに**小倉**を加えた４都市に投下命令が出された。投下を「目視」できる**気象条件**も考慮された。
	読	（広島・長崎の）原爆が戦争終結を早めた。（Atomic bombs hasten war's end）1945年８月（August 1945）。
	考	**カイロ宣言・ヤルタ会談**を経て，日本の**無条件降伏**と戦後処理方針を定めた**ポツダム宣言**が決められた。
	読①	**政府の代表者**と，**軍部の代表者**それぞれの調印が求められたため。
	読②	ドイツは**個人賠償**が中心であるのに対し，日本は**国家賠償**が中心である。

本誌頁	問	解答例
314	考	アメリカ。日本政府への指令，監督を行うのが**ＧＨＱ**であり，ＧＨＱへの影響力をもっていたのもアメリカ政府であったため，**アメリカ主導**により日本の軍国主義解体が進められていった。
314	読①	**極東委員会**はあったものの，**事実上アメリカによる単独占領**であり，統治についてもＧＨＱの指令・勧告に基づいて日本政府が政治を行う**間接統治**の方法がとられた。
314	読②	「この人が私に対して（捕虜虐待などの）戦争犯罪を犯した」などといっている（と想像される）。
315	考	**財閥系の銀行**。財閥系企業を支えていたのは資本である銀行であったから，銀行が分割を免れたことで，後に財閥は力を取り戻すことができた。
315	読	**小作地が減り**（**小作農が自作農となり**），高額な小作料を取られることもなくなった。こうして生まれた（零細な）自作農たちの農業経営を支援する農業協同組合が設立された。など
316	考	義務教育が実質６年から現代と同じ**９年に延長**され，**６・３・３・４制**の新学制が発足した。**男女共学**が原則となったほか，旧来の高等学校・専門学校・師範学校は大学に昇格したため，大学数は急増した。
316	読①	「何十台の自動車が通る」←「何十台の**戦車**が通る」，「何萬トンの，ほら，貨物船だ」←「何萬トンの，ほら，**軍艦**だ」などの**軍事に関する用語**。
316	読②	経済大国化するとともに**労使協調路線**が定着したことや，労働者の連帯意識が薄れ，個人主義が広がったことなどが考えられる。
317	考	ＧＨＱは最初，日本政府に憲法改正を指示した。これに応じて作成されたのが「**松本草案**」であるが，内容が天皇の統治権を認めるものだったため，**ＧＨＱ**はこれを**拒否**し，**自ら改正草案を作成**して，これを日本政府に提示した。これをもとに若干の加筆修正を経たのち，**帝国議会で可決成立**したのが「日本国憲法」である。
318	考	海外からの引揚げ者で人口が増えたこと，極端な**物資の不足**と戦後処理にともなう**通貨の増発**によって，悪性のインフレーションとなった。
319	考	**引き続きアメリカ軍が日本国内に駐留**を続けることが決まった。
320	考	国際的な東西の対立を受けて，アメリカは日本を「占領国」という見方から，「対東側陣営」のための**西側陣営の一員**という見方に変えたから。アメリカが指示した政策により日本経済は**復興を遂げることができた**。
321	考	**アメリカ**。アメリカとの協調関係を優先し，アメリカによる安全保障に依存することで，再軍備の負担を避けて**経済復興**に力をそそぐことができるようになった。
322	考	戦前の支配体制の抑圧から解放され，憲法でも**表現の自由**が保障されたから。
323	考	敗戦直後から進められてきた**民主化政策に逆行**しているようにみられる政治。1951年以降，第３次吉田内閣は，**治安法制の整備**，**自衛力強化**，**教育統制**などを進めたため，一見すると**戦前の政治**に受け取られる一面があった。
324	考	**アメリカの日本防衛義務が明文化**されるとともに，日本の施政下にある領域に限ってではあったが，**日米の共同防衛義務**が規定された。これに対して革新側は，アメリカの世界戦略に巻き込まれる危険性が高まるとして反対運動を組織し，**60年安保闘争**をおこした。
325	読	約８％
326	考	ＧＤＰの成長率が10%を超えた年も多い（平均で10%を上回った）。それを産業別に見ると，**第一次産業の比率が下がり**，**第三次産業の増大**が著しい。第二次産業では重化学工業の比率が高まった。エネルギーでは**石炭から石油への転換**が進んだ。国民生活への影響では，大量消費生活様式が浸透し，耐久消費財など生活水準は向上したが，**農村過疎化・都市問題・公害問題などが深刻化**した。

本誌頁	問	解答例
326	読①	1973年の**第４次中東戦争**による**第１次石油危機**。**原油価格**が**高騰**し，安価な原油の安定的な供給という高度経済成長を支えていた条件が崩れた。
326	読②	1950年代には**石炭が中心**であったが，1970年代にかけての**高度経済成長期に石油への依存**が高まった。しかし，２度に及ぶ石油危機を経てそれに代わる**原子力や天然ガスの普及**を拡大させ，エネルギーの多様化が進んだ。
327	考	経済成長のための**経済優先政策**が背景にあったから。企業による工場廃水や大気汚染など**公害対策**は二の次にされた。
328	考	1960年，岸首相にかわった池田首相による**所得倍増計画**により個人所得が増加し，都市化の進展による生活様式の変化とあいまって**大衆消費社会**が形成された。
329	考	米ソによる地域を越えた統制がなくなったことで，各国家において**宗教**や**民族的な対立**が多くなり，**地域的覇権をめざす動き**がおきるようになったから。
330	考	植民地時代の事後処理や漁業問題などの**対立が続いたから**。しかし1961年の朴正熙政権成立後は韓国側の対日姿勢にも変化が生じ，合意が成立した。
331	考	①日本は中華人民共和国政府が中国の**唯一の合法政府**であることを承認する，②中国は日本に対する**戦争賠償の請求を放棄**する。
331	読	ソ連軍が満洲に侵入し，現地の日本人を守る関東軍が崩壊。さらにソ連軍の抑留などで**現地の日本人家族が離散**したり，死別したりする混乱の中，子どもを中国人に託すしかなかったから。
332	考	日本側：歯舞・色丹・国後・択捉のいわゆる北方領土は，1951年のサンフランシスコ平和条約で放棄した**千島列島に含まれない我が国固有の領土**である。 ロシア側：1945年にアメリカ・イギリス・ソ連の間で結んだ**ヤルタ協定**で，千島列島はソ連にすべて引き渡すことが認められている。
333	考	第１次石油危機以降，日本は省エネなどの政策により不況を脱出し，**自動車**や**半導体**などを中心にアメリカなどへの輸出を伸ばした。このことがアメリカの**貿易赤字**をもたらした。
333	読	1980年代に**日本の自動車の対米輸出が急増**し，アメリカの自動車産業は大きな打撃を受けたから。自分たちの仕事を奪われるという不満から日本車を破壊して抗議活動をしている。
334	考	1980年代には円高傾向が進み，日本の地価や株価が高騰し**バブル景気を醸成**した。
334	読①	イラン革命を契機に起こった**第２次石油危機**のため。
334	読②	**ドル安・円高**が加速し，輸出産業を中心に**不況が深刻化**した（その後内需に主導されて景気が回復した）。
334	読③	1980年代中頃よりイギリス・フランス・ドイツを抜き，1989年には**一時**アメリカを抜いて**世界最大の援助供与国**となった。2000年以降はアメリカの伸びが著しく，他国も増えている中で，日本の供与額は相対的に低下している。
335	考	建設ラッシュ，コンビニエンスストアや量販店の成長，外食産業の成長，携帯電話の普及など
336	考	複数の政党による**連立内閣**へと移行した。しかし，その後は再び自民党政権へ戻った。
337	考	第二次世界大戦後の民主化など体制が大きく変化したときや，政治が国民から信頼を失い，非難されるとき。
338	考	（一人ひとり考えてみよう。）
339	考	国内ではゆるキャラによる地域振興が進み，**地域の経済活性化**の一翼を担っている。海外にも日本のアニメなどが伝わり，その影響で日本を訪れる**外国人観光客が増加**し，インバウンド効果が出ている。

必修 日本史史料210選「読み解く」解答例

番号	解答例
1	約３万年前の地層である関東ローム層から打製石器が発見され，日本で**旧石器文化が存在した**ことが初めて明らかになるから。
2	**中国や朝鮮の先進文化**を獲得するため。
4	邪馬台国は他の小国家連合（狗奴国）と戦いを行っており，**魏の後ろ盾を得るため**。
5	倭国が少なくとも西日本を何らかの形で統合していたことと，**朝鮮半島の権益が倭国の王権に不可欠なものだった**ことが推定される。
6	王権が特定の一族に掌握されており，**世襲的なものになってきている**ことがわかる。
7	王権に従属する豪族を「○○人」という**職名を付けて組織化していた**ことがわかる。
9	**王権に対する従属**を求め，大王の官僚としての意識をもつように促した。
12	**「天皇」「国司」「郡司」**など当時には使われていなかった言葉が使用されているから。
14	**藤原京**。中国風の**都城**を建設したことが誇るべきことだったから。
16	課役の厳しさを逃れるために**浮浪**や**逃亡**が増加した。
17	税を逃れる公民の増加は，律令国家の**税収の減少**を招き，律令体制を弛緩させた。
18	**国家を鎮護**し，災いを払う経典だから。
19	天下の権を握っている自分は仏像を作ることはできる。しかし仏教の本当の心を実現することは天皇だけではできないと考えているから。
21	公地公民制の根幹は堅持し，令に規定がなかった**墾田を法制化して，律令土地制度の中に組み込む**ことをねらった法だったから。
22	律令国家の完成とともに，**国家意識を高揚させる一環として**歴史書の編纂が行われたことを示す。
23	景勝の地であるとともに，**交通の便がよい**こと。
24	都の**造営に徴発**されることと東北地方の**蝦夷との戦い**の鎮圧のために動員されることが公民の過重な負担となっていたから。
26	**勅旨田を開発**すること，皇族・貴族が開発のために**空閑地・荒廃地の囲い込み**をすることの２つを禁じた。律令体制の行き詰まりが顕在化したため，違法な土地占有に制限を加えた。
27	律令制の収奪が厳しいために**浮浪・逃亡が増加**したことや，律令制の弛緩が進み，**公民の掌握が戸籍・計帳などでできなくなってしまった**から。
28	**唐の衰退**が著しく進んでいることが唐に滞在している僧から伝えられており，渡海の大変さや途中の治安の悪さなどもますますひどくなりそうだから。
30	宇治拾遺物語は鎌倉時代初期に書かれたもので，当時の摂関家をはじめ公家の主だったものが良房の子孫であったから。
34	末法の世では，阿弥陀仏のみが衆生を救う唯一の仏であり，阿弥陀の浄土へ往生するためには，浄土教の教えと修行のみが役にたつと考えられていたから。
36	定まっている公出挙の外に膨大な出挙を課したこと，都より不善をなす従者を多数従えてきたことなど。
38	不正な荘園の摘発，書類不備の荘園の没収のために，各荘園の**証拠書類の調査**を行う。
40	**摂政・関白は名ばかり**となり，**院宣や院庁下文の役割が大きくなり**，天皇も形式的な地位となった。
41	平氏一門と関係をもたなければ，高い地位にのぼることができなかった。
44	田畑**１段あたり５升の兵糧米の徴収**が認められた。
46	官位や俸禄を得ることができた。
48	11町のうち１町分の年貢と，１段あたり５升の加徴米を得る権利。
49	武家の人。（律令格式を否定しているのではないことを主張している）
50	御家人が交代で行う**京都大番役の催促，謀叛・殺害人の取り締まり**。
52	地頭が人夫として酷使し，わずかに残った者にも逃亡した農民の土地に麦をまけといって連れ戻してしまうので，木材の納入にかける余裕がない。
54	御家人が所領を質入れしたり，売却したりすること。
55	麦。
56	ひたすら「南無阿弥陀仏」と唱え（念仏を唱え），疑いなく往生すると思うこと。
57	阿弥陀如来。
61	先例にとらわれず，新しい政治を行おうとした。
62	後醍醐天皇がすべての**土地所有権の確認に天皇の綸旨が必要であるとした**から。
63	これまでと同じ鎌倉にするか，他所（京都）にするかは，多くの人びとの気持ちに従うべきであるとしている。
65	南北朝の内乱を戦っている守護の軍勢の兵粮（食糧）。
67	「ひる強盗」（白昼強盗）ともいうべきもの。
68	惣ノ地ト私ノ地ト，サイメ相論ハ，金二テすますヘシ。
69	支配層。民衆の蜂起を「亡国の基」としているから。
70	**徳政令**で，債務が破棄されたから。
73	善悪の判断がつかず，政治や裁判のこともわからない若い女房や尼たちに宴会の席などで政務の判断をさせたから。
74	国人や農民が集会をして，立場が上の守護の畠山に対する措置を話し合っていること。
75	百姓が新たに守護を取り立て，そのもとで百姓の力が強くなった状況。
78	阿弥陀仏にすがって，念仏を唱えるべきである。
79	喧嘩をした両者を処罰する（喧嘩両成敗）。
80	**灌漑**をして水田とし，堰を切って水を落として**乾田**としているから。
82	容姿は似ている者がなく，言葉も通じないのでとても奇怪な印象を抱いた。
84	徹底的に検地する意思を明らかにし，それに従わない者は城主でも百姓でも斬り捨てるという厳しい姿勢を示した。
88	**日本人の海外渡航を禁じた政策**と連動し，大名にも外洋を航海できるような大型船の建造を禁止した。
90	百姓は幕藩領主に**年貢を納入**し，それが財政の基盤として重要であったから。
91	百姓にとって田畑はかけがえのない生産手段で，それを売却すれば**本百姓の農家経営が成り立たなくなり，領主の財政にも影響が生じる**ため。
95	幕府側が中国産輸入生糸の価格を決定することで貿易上の支出をできるだけ抑止することにつながった。
97	跡継ぎのいない大名家が改易されれば，**牢人となる武士が大量に発生**し，その中には幕府への不満から反乱を企てる者が出現するため。
99	人物：**荻原重秀**　役職：**勘定吟味役**
102	①「無心」とは借金のことで，それを裕福な商人らに強要した。②貨幣経済の進展により年貢米を換金していた武士の家計が諸色高値米価安に苦しんでいたため。
103	幕府の**評定所**などが介入せず，**当事者同士での話し合いで解決（内済）**することになった。
104	①大名　②米　③**参勤交代**での江戸在府期間を半年免除する。
109	世間の風紀を乱し，幕府の政治に悪影響を及ぼすと考えられたから。
111	18世紀後半以降，**列強が接近し開国や通商を要求**するようになり，それを**対外的な危機**と判断したため。
113	幕府は，当時の物価高の原因を株仲間が高い利益を求めて物価をつり上げていると考えていたから。
115	①幕府の財政収入の増加を図るため。 ②江戸・大坂を幕府が一括して管轄するため。
117	**解体新書**
122	**オランダ風説書**により**アヘン戦争**で清がイギリスに敗れたという事実を認識した。
123	移動距離が短縮され，世界の一体化が進んだとしている。
124	**アメリカへの最恵国待遇**を与えることを規定している。
125	ゴローウニン事件など江戸時代からロシアとの間で事件が起こっていたため。日本も主権が及ぶ範囲を画定する**主権国家体制**に移行した。
126	**貿易章程**のこと。これにより協定関税により貿易が行われていた。
130	尊王攘夷運動のこと。
131	儒教的道徳観やキリスト教の禁止など同様の政策が行われた。**条約改正の交渉を進めていくため**に，欧米諸国同様「信教の自由」を認めた。
134	中央集権体制が整備されたこと。
135	（「血税」とは兵役義務のことを指しており）徴兵に反対する大規模な一揆が各地で起こった。
138	共通語を使用し，共通の価値観をもつ国民を育成するため。
139	帝国主義における列強を中心とした国際関係について，各国が親睦の念と礼儀を保ちながら交際しているのは建前のことであって，裏面ではひそかに強弱のせめぎあいがあり，大小各国の相互不信があるということ。
140	朝鮮を清国の冊封体制から切り離し，主権国家体制に組み込み自由に外交政策を実施できるように求めたため。
142	政府官僚としている。
143	「広ク会議ヲ興シ，万機公論ニ決スヘシ」を指している。
144	新聞が当時の重要なメディアであり，**新聞を通じて反政府的な運動が広がることを恐れた**ため。
146	漸進的に元老院や府県会を設置し，立憲政体を整え としている。
147	井上馨外交への批判。（この前年にはノルマントン 事件があった）
149	**人民の自由や権利を守るもの**であり，それを妨げる 府への抵抗権を認めている。
150	絶対君主としての天皇の規定（第３条）と**立憲君主** しての天皇の規定（第４条）。
151	家族を社会の最小単位とした。
152	農業を奨励している。
155	清国に朝鮮が独立国であり，冊封体制下の属国では いことを認めさせること。
157	**ロシアの南下**は，インド，中国のイギリス権益へ 威となったが，南アフリカ戦争の長期化により， アに力を向ける余裕がなかった。
158	新聞を中心とするマスメディアが発達し，人びとに 響を与えたため。
159	平民（権力を持たない民衆）の立場からの戦争反対 あり，これは敵対するロシアや世界の平民の人びと も必ず理解されると信じているから。
162	韓国政府に**日本人顧問を採用させ**（第一次），その **外交権を掌握**し（第二次），最終的に**内政権を掌握** た（第三次）。
164	およそ18時間ほどの労働時間であった。
165	古河が経営する足尾銅山の精錬作業を指す。
166	問題点：10人未満の工場，16歳以上の男性には適用 れず，多くの労働者が適用外となった。 意義：就業時間を決めるなど，日本で初めての**労働** **を保護する法律**が出されたこと。
167	政治集会への参加や政治結社への加入が禁止された
170	桂太郎を中心とした藩閥，軍閥，官僚勢力を指す。
171	**山東省のドイツ利権**を指し，中国への進出をはかる 図がわかる。
172	（第一次世界大戦で列強各国が中国から後退したす をねらって）中国における日本の権益を確立すること
173	中国の**領土保全**と**門戸開放**を強く主張した。
174	憲法で天皇主権が規定されていたため，民衆の意向 基づく政党，議会中心の政治である**民主主義の趣旨** **残しつつ，主権は天皇にあるとする**民本主義を唱え
176	日本で初めて，女性の権利拡張・女性解放を主張した
177	資本主義社会を維持するために，普通選挙には反対 立場であった。
179	社会主義，共産主義，無政府主義などを指す。最高 が死刑に引き上げられた。
180	第一次世界大戦の教訓は，列強による建艦競争を招 **列強各国の財政を圧迫**したため。
181	若槻内閣の対中国外交の方針に反対の立場に立って る。
182	リットン報告書のこと。柳条湖事件，関東軍による 洲占領は自衛行為と認められない。満洲国は否定さ た。一方で，満洲に条約上認められた日本の権益が るとした。
184	**天皇機関説**を指す。
186	解決策が見いだせず泥沼化していくことになった。
187	政府が議会の決定や承認によらず，政策を実行する とができる。
192	明治以来獲得した植民地はすべて失うこととなった
193	天皇を現人神とし，日本国民の優越性を説き，世界 支配すべき運命をもつとした戦前の考え方を指して る。
196	外国の援助や補助金を増大させることが**インフレの** **化をもたらす**こと。
197	日米安全保障条約。
198	陸軍・海軍・空軍を日本国内及びその付近に配置す ことができる権限。
199	警察予備隊。
200	内閣総理大臣。
202	①日ソ間の戦争の終結，②日本の国際連合加盟をソ が支持，③日ソ平和条約が締結された時に（北方領 の）歯舞群島と色丹島を日本に引き渡す。
204	韓国併合条約が締結され，日本が韓国を植民地化し
206	日本と台湾政府との外交関係は断絶することになっ （ただし，貿易など民間レベルでは密接な関係が続 ている）。
208	国際連合平和維持活動に参加するための**自衛隊の海** **派遣**が可能になった。